Criminal Law
Judicial Interpretations and Guiding Cases

中华人民共和国
刑法及司法解释指导案例全书

第五版

中国法制出版社
CHINA LEGAL PUBLISHING HOUSE

编辑说明

刑法是我国法律体系中规定犯罪、刑事责任和刑罚的基本法律。我国于1979年7月1日制定了一部统一的刑法，并于1997年3月14日进行了修订，现已通过十二个修正案以及一部单行刑法，并通过了十三个有关刑法的立法解释；除此之外，与刑法相关的司法解释、司法文件也有几百件之多。全面梳理我国数量繁多的刑事法律及司法解释，反映我国的立法动态，显得尤为重要。为满足社会各界尤其是公检法系统、律师和刑法教研人员对刑法及相关法律法规、司法解释学习、查阅、使用的需要，我们精心编辑出版了《中华人民共和国刑法及司法解释指导案例全书》，该书前四版在市场上取得了广大读者的一致认可，均上市不久即全面售罄。为满足读者进一步的学习、查阅、使用需要，在第四版基础上，我们删除了失效和废止文件，新增了修订、修正和新颁布的法律文件，并更新了最高人民法院、最高人民检察院新公布的指导案例和公报案例。

本书特点如下：

一、收录全面、体系完整

1. 全面收录1979年刑法颁布至2023年12月现行有效的刑事法律、行政法规、部门规章、司法解释等文件。全书收录文件总计413件。

2. 为方便读者理解、应用刑法相关法律法规及司法解释，全面收录最高人民法院、最高人民检察院公布的指导案例154件，重点收录最高人民法院公报案例裁判要旨、裁判摘要或案例要旨45件。

二、编排合理、查找方便

1. 本书基于刑法的章节安排，将相关法律法规、司法解释按照九个大类编排。具体划分为综合，犯罪与刑罚，危害公共安全罪，破坏社会主义市场经济秩序罪，侵犯公民人身权利、民主权利罪，侵犯财产罪，妨害社会管理秩序罪，贪污贿赂罪、渎职罪，其他各罪。此外，最后的刑事程序部分为读者提供必要的刑事程序法律法规及司法解释。

2. 为方便读者查找，在各大类下，根据主题或罪名再分子类，子类中的文件综合考虑时间先后顺序和关联度高低排列。

3. 考虑到部分文件在划分类别时可能存在交叉或重叠，为避免重复收录，便于查阅，本书在目录中设置了“存目”，原处收录全文，存目处标出参见处，以便检索。

4. 对于部分重要的法律文件，逐条加注条旨，专业简洁，方便读者快速、准确地了解条文内容。

三、动态增补、超值服务

1. 赠送目录电子版，电子检索，纸书翻阅，使用更加方便，扫描下方二维码即可获取。

2. 赠送2023年最高人民法院、最高人民检察院公布的典型案例电子版，扫描下方二维码即可获取。

由于编者水平所限，书中难免存在疏漏之处，在使用本书过程中如有任何的建议和意见，还望不吝赐教，提出您的宝贵意见，以帮助我们不断修订完善。

编者

2024年1月

扫描二维码

下载目录及典型案例电子版

总 目 录

* 括号外的数码指目录所在页码；括号内的数码指正文所在页码。

目　录*

一、综　合

* 本目录中的时间为法律文件的公布时间或最后一次修正、修订的公布时间。另对法律以黑体字表示，方便查找。

二、犯罪与刑罚

1. 侦查、强制措施

2. 罪名

6. 刑罚

7. 量刑

8. 自首和立功

◎指导案例

◎公报案例

三、危害公共安全罪

1. 危险行为犯罪

2. 破坏特定对象的犯罪

3. 妨害对公司、企业的管理秩序罪

4. 破坏金融管理秩序罪

5. 金融诈骗罪

6. 危害税收征管罪

7. 侵犯知识产权罪

8. 扰乱市场秩序罪

◎**指导案例**

◎公报案例

五、侵犯公民人身权利、民主权利罪

◎指导案例

六、侵犯财产罪

1. 抢劫罪、抢夺罪

2. 盗窃罪、诈骗罪、敲诈勒索罪

◎指导案例

◎公报案例

七、妨害社会管理秩序罪

1. 扰乱公共秩序罪

7. 走私、贩卖、运输、制造毒品罪

8. 组织、强迫、引诱、容留、介绍卖淫罪

9. 制作、贩卖、传播淫秽物品罪

◎指导案例

◎公报案例

八、贪污贿赂罪、渎职罪

1. 贪污、挪用公款罪

2. 贿赂犯罪

3. **渎职罪**

◎指导案例

九、其他各罪

十、刑事程序

一、综　合

中华人民共和国刑法

（1979年7月1日第五届全国人民代表大会第二次会议通过　1997年3月14日第八届全国人民代表大会第五次会议修订　根据1998年12月29日第九届全国人民代表大会常务委员会第六次会议通过的《全国人民代表大会常务委员会关于惩治骗购外汇、逃汇和非法买卖外汇犯罪的决定》、1999年12月25日第九届全国人民代表大会常务委员会第十三次会议通过的《中华人民共和国刑法修正案》、2001年8月31日第九届全国人民代表大会常务委员会第二十三次会议通过的《中华人民共和国刑法修正案（二）》、2001年12月29日第九届全国人民代表大会常务委员会第二十五次会议通过的《中华人民共和国刑法修正案（三）》、2002年12月28日第九届全国人民代表大会常务委员会第三十一次会议通过的《中华人民共和国刑法修正案（四）》、2005年2月28日第十届全国人民代表大会常务委员会第十四次会议通过的《中华人民共和国刑法修正案（五）》、2006年6月29日第十届全国人民代表大会常务委员会第二十二次会议通过的《中华人民共和国刑法修正案（六）》、2009年2月28日第十一届全国人民代表大会常务委员会第七次会议通过的《中华人民共和国刑法修正案（七）》、2009年8月27日第十一届全国人民代表大会常务委员会第十次会议通过的《全国人民代表大会常务委员会关于修改部分法律的决定》、2011年2月25日第十一届全国人民代表大会常务委员会第十九次会议通过的《中华人民共和国刑法修正案（八）》、2015年8月29日第十二届全国人民代表大会常务委员会第十六次会议通过的《中华人民共和国刑法修正案（九）》、2017年11月4日第十二届全国人民代表大会常务委员会第三十次会议通过的《中华人民共和国刑法修正案（十）》、2020年12月26日第十三届全国人民代表大会常务委员会第二十四次会议通过的《中华人民共和国刑法修正案（十一）》修正和2023年12月29日第十四届全国人民代表大会常务委员会第七次会议通过的《中华人民共和国刑法修正案（十二）》修正）①

目　　录

① 刑法、历次刑法修正案、涉及修改刑法的决定的施行日期，分别依据各法律所规定的施行日期确定。

另，总则部分条文主旨为编者所加，分则部分条文主旨是根据司法解释确定罪名所加。

第一编　总　　则

第一章　刑法的任务、基本原则和适用范围

第一条　【立法宗旨】为了惩罚犯罪，保护人民，根据宪法，结合我国同犯罪作斗争的具体经验及实际情况，制定本法。

第二条　【本法任务】中华人民共和国刑法的任务，是用刑罚同一切犯罪行为作斗争，以保卫国家安全，保卫人民民主专政的政权和社会主义制度，保护国有财产和劳动群众集体所有的财产，保护公民私人

所有的财产，保护公民的人身权利、民主权利和其他权利，维护社会秩序、经济秩序，保障社会主义建设事业的顺利进行。

第三条　【罪刑法定】法律明文规定为犯罪行为的，依照法律定罪处刑；法律没有明文规定为犯罪行为的，不得定罪处刑。

第四条　【适用刑法人人平等】对任何人犯罪，在适用法律上一律平等。不允许任何人有超越法律的特权。

第五条　【罪责刑相适应】刑罚的轻重，应当与犯罪分子所犯罪行和承担的刑事责任相适应。

第六条　【属地管辖权】凡在中华人民共和国领域内犯罪的，除法律有特别规定的以外，都适用本法。

凡在中华人民共和国船舶或者航空器内犯罪的，也适用本法。

犯罪的行为或者结果有一项发生在中华人民共和国领域内的，就认为是在中华人民共和国领域内犯罪。

第七条　【属人管辖权】中华人民共和国公民在中华人民共和国领域外犯本法规定之罪的，适用本法，但是按本法规定的最高刑为三年以下有期徒刑的，可以不予追究。

中华人民共和国国家工作人员和军人在中华人民共和国领域外犯本法规定之罪的，适用本法。

第八条　【保护管辖权】外国人在中华人民共和国领域外对中华人民共和国国家或者公民犯罪，而按本法规定的最低刑为三年以上有期徒刑的，可以适用本法，但是按照犯罪地的法律不受处罚的除外。

第九条　【普遍管辖权】对于中华人民共和国缔结或者参加的国际条约所规定的罪行，中华人民共和国在所承担条约义务的范围内行使刑事管辖权的，适用本法。

第十条　【对外国刑事判决的消极承认】凡在中华人民共和国领域外犯罪，依照本法应当负刑事责任的，虽然经过外国审判，仍然可以依照本法追究，但是在外国已经受过刑罚处罚的，可以免除或者减轻处罚。

第十一条　【外交代表刑事管辖豁免】享有外交特权和豁免权的外国人的刑事责任，通过外交途径解决。

第十二条　【刑法溯及力】中华人民共和国成立以后本法施行以前的行为，如果当时的法律不认为是犯罪的，适用当时的法律；如果当时的法律认为是犯罪的，依照本法总则第四章第八节的规定应当追诉的，按照当时的法律追究刑事责任，但是如果本法不认为是犯罪或者处刑较轻的，适用本法。

本法施行以前，依照当时的法律已经作出的生效判决，继续有效。

第二章　犯　　罪

第一节　犯罪和刑事责任

第十三条　【犯罪概念】一切危害国家主权、领土完整和安全，分裂国家、颠覆人民民主专政的政权和推翻社会主义制度，破坏社会秩序和经济秩序，侵犯国有财产或者劳动群众集体所有的财产，侵犯公民私人所有的财产，侵犯公民的人身权利、民主权利和其他权利，以及其他危害社会的行为，依照法律应当受刑罚处罚的，都是犯罪，但是情节显著轻微危害不大的，不认为是犯罪。

第十四条　【故意犯罪】明知自己的行

为会发生危害社会的结果，并且希望或者放任这种结果发生，因而构成犯罪的，是故意犯罪。

故意犯罪，应当负刑事责任。

第十五条 【过失犯罪】应当预见自己的行为可能发生危害社会的结果，因为疏忽大意而没有预见，或者已经预见而轻信能够避免，以致发生这种结果的，是过失犯罪。

过失犯罪，法律有规定的才负刑事责任。

第十六条 【不可抗力和意外事件】行为在客观上虽然造成了损害结果，但是不是出于故意或者过失，而是由于不能抗拒或者不能预见的原因所引起的，不是犯罪。

第十七条 【刑事责任年龄】已满十六周岁的人犯罪，应当负刑事责任。

已满十四周岁不满十六周岁的人，犯故意杀人、故意伤害致人重伤或者死亡、强奸、抢劫、贩卖毒品、放火、爆炸、投放危险物质罪的，应当负刑事责任。

已满十二周岁不满十四周岁的人，犯故意杀人、故意伤害罪，致人死亡或者以特别残忍手段致人重伤造成严重残疾，情节恶劣，经最高人民检察院核准追诉的，应当负刑事责任。

对依照前三款规定追究刑事责任的不满十八周岁的人，应当从轻或者减轻处罚。

因不满十六周岁不予刑事处罚的，责令其父母或者其他监护人加以管教；在必要的时候，依法进行专门矫治教育。①

第十七条之一 【已满七十五周岁的人的刑事责任】已满七十五周岁的人故意犯罪的，可以从轻或者减轻处罚；过失犯罪的，应当从轻或者减轻处罚。②

第十八条 【特殊人员的刑事责任能力】精神病人在不能辨认或者不能控制自己行为的时候造成危害结果，经法定程序鉴定确认的，不负刑事责任，但是应当责令他的家属或者监护人严加看管和医疗；在必要的时候，由政府强制医疗。

间歇性的精神病人在精神正常的时候犯罪，应当负刑事责任。

尚未完全丧失辨认或者控制自己行为能力的精神病人犯罪的，应当负刑事责任，但是可以从轻或者减轻处罚。

醉酒的人犯罪，应当负刑事责任。

第十九条 【又聋又哑的人或盲人犯罪的刑事责任】又聋又哑的人或者盲人犯罪，可以从轻、减轻或者免除处罚。

第二十条 【正当防卫】为了使国家、公共利益、本人或者他人的人身、财产和其他权利免受正在进行的不法侵害，而采取的制止不法侵害的行为，对不法侵害人造成损害的，属于正当防卫，不负刑事责任。

正当防卫明显超过必要限度造成重大损害的，应当负刑事责任，但是应当减轻或

---

① 根据 2020 年 12 月 26 日《中华人民共和国刑法修正案（十一）》修改。原条文为："已满十六周岁的人犯罪，应当负刑事责任。

"已满十四周岁不满十六周岁的人，犯故意杀人、故意伤害致人重伤或者死亡、强奸、抢劫、贩卖毒品、放火、爆炸、投毒罪的，应当负刑事责任。

"已满十四周岁不满十八周岁的人犯罪，应当从轻或者减轻处罚。

"因不满十六周岁不予刑事处罚的，责令他的家长或者监护人加以管教；在必要的时候，也可以由政府收容教养。"——编者注，下同。

② 根据 2011 年 2 月 25 日《中华人民共和国刑法修正案（八）》增加。

者免除处罚。

对正在进行行凶、杀人、抢劫、强奸、绑架以及其他严重危及人身安全的暴力犯罪，采取防卫行为，造成不法侵害人伤亡的，不属于防卫过当，不负刑事责任。

第二十一条　【紧急避险】为了使国家、公共利益、本人或者他人的人身、财产和其他权利免受正在发生的危险，不得已采取的紧急避险行为，造成损害的，不负刑事责任。

紧急避险超过必要限度造成不应有的损害的，应当负刑事责任，但是应当减轻或者免除处罚。

第一款中关于避免本人危险的规定，不适用于职务上、业务上负有特定责任的人。

第二节　犯罪的预备、未遂和中止

第二十二条　【犯罪预备】为了犯罪，准备工具、制造条件的，是犯罪预备。

对于预备犯，可以比照既遂犯从轻、减轻处罚或者免除处罚。

第二十三条　【犯罪未遂】已经着手实行犯罪，由于犯罪分子意志以外的原因而未得逞的，是犯罪未遂。

对于未遂犯，可以比照既遂犯从轻或者减轻处罚。

第二十四条　【犯罪中止】在犯罪过程中，自动放弃犯罪或者自动有效地防止犯罪结果发生的，是犯罪中止。

对于中止犯，没有造成损害的，应当免除处罚；造成损害的，应当减轻处罚。

第三节　共同犯罪

第二十五条　【共同犯罪概念】共同犯罪是指二人以上共同故意犯罪。

二人以上共同过失犯罪，不以共同犯罪论处；应当负刑事责任的，按照他们所犯的罪分别处罚。

第二十六条　【主犯】组织、领导犯罪集团进行犯罪活动的或者在共同犯罪中起主要作用的，是主犯。

三人以上为共同实施犯罪而组成的较为固定的犯罪组织，是犯罪集团。

对组织、领导犯罪集团的首要分子，按照集团所犯的全部罪行处罚。

对于第三款规定以外的主犯，应当按照其所参与的或者组织、指挥的全部犯罪处罚。

第二十七条　【从犯】在共同犯罪中起次要或者辅助作用的，是从犯。

对于从犯，应当从轻、减轻处罚或者免除处罚。

第二十八条　【胁从犯】对于被胁迫参加犯罪的，应当按照他的犯罪情节减轻处罚或者免除处罚。

第二十九条　【教唆犯】教唆他人犯罪的，应当按照他在共同犯罪中所起的作用处罚。教唆不满十八周岁的人犯罪的，应当从重处罚。

如果被教唆的人没有犯被教唆的罪，对于教唆犯，可以从轻或者减轻处罚。

第四节　单位犯罪

第三十条　【单位负刑事责任的范围】公司、企业、事业单位、机关、团体实施的危害社会的行为，法律规定为单位犯罪的，应当负刑事责任。

第三十一条　【单位犯罪的处罚原则】单位犯罪的，对单位判处罚金，并对其直接负责的主管人员和其他直接责任人员判处刑罚。本法分则和其他法律另有规定的，依照规定。

第三章 刑 罚

第一节 刑罚的种类

第三十二条 【主刑和附加刑】刑罚分为主刑和附加刑。

第三十三条 【主刑种类】主刑的种类如下：

（一）管制；

（二）拘役；

（三）有期徒刑；

（四）无期徒刑；

（五）死刑。

第三十四条 【附加刑种类】附加刑的种类如下：

（一）罚金；

（二）剥夺政治权利；

（三）没收财产。

附加刑也可以独立适用。

第三十五条 【驱逐出境】对于犯罪的外国人，可以独立适用或者附加适用驱逐出境。

第三十六条 【赔偿经济损失与民事优先原则】由于犯罪行为而使被害人遭受经济损失的，对犯罪分子除依法给予刑事处罚外，并应根据情况判处赔偿经济损失。

承担民事赔偿责任的犯罪分子，同时被判处罚金，其财产不足以全部支付的，或者被判处没收财产的，应当先承担对被害人的民事赔偿责任。

第三十七条 【非刑罚性处置措施】对于犯罪情节轻微不需要判处刑罚的，可以免予刑事处罚，但是可以根据案件的不同情况，予以训诫或者责令具结悔过、赔礼道歉、赔偿损失，或者由主管部门予以行政处罚或者行政处分。

第三十七条之一 【利用职业便利实施犯罪的禁业限制】因利用职业便利实施犯罪，或者实施违背职业要求的特定义务的犯罪被判处刑罚的，人民法院可以根据犯罪情况和预防再犯罪的需要，禁止其自刑罚执行完毕之日或者假释之日起从事相关职业，期限为三年至五年。

被禁止从事相关职业的人违反人民法院依照前款规定作出的决定的，由公安机关依法给予处罚；情节严重的，依照本法第三百一十三条的规定定罪处罚。

其他法律、行政法规对其从事相关职业另有禁止或者限制性规定的，从其规定。①

第二节 管 制

第三十八条 【管制的期限与执行机关】管制的期限，为三个月以上二年以下。

判处管制，可以根据犯罪情况，同时禁止犯罪分子在执行期间从事特定活动，进入特定区域、场所，接触特定的人。②

对判处管制的犯罪分子，依法实行社区矫正。③

违反第二款规定的禁止令的，由公安机关依照《中华人民共和国治安管理处罚

---

① 根据2015年8月29日《中华人民共和国刑法修正案（九）》增加。

② 根据2011年2月25日《中华人民共和国刑法修正案（八）》增加一款，作为第二款。

③ 根据2011年2月25日《中华人民共和国刑法修正案（八）》修改。原条文为："被判处管制的犯罪分子，由公安机关执行。"

法》的规定处罚。①

第三十九条　【被管制罪犯的义务与权利】被判处管制的犯罪分子，在执行期间，应当遵守下列规定：

（一）遵守法律、行政法规，服从监督；

（二）未经执行机关批准，不得行使言论、出版、集会、结社、游行、示威自由的权利；

（三）按照执行机关规定报告自己的活动情况；

（四）遵守执行机关关于会客的规定；

（五）离开所居住的市、县或者迁居，应当报经执行机关批准。

对于被判处管制的犯罪分子，在劳动中应当同工同酬。

第四十条　【管制期满解除】被判处管制的犯罪分子，管制期满，执行机关应即向本人和其所在单位或者居住地的群众宣布解除管制。

第四十一条　【管制刑期的计算和折抵】管制的刑期，从判决执行之日起计算；判决执行以前先行羁押的，羁押一日折抵刑期二日。

第三节　拘　　役

第四十二条　【拘役的期限】拘役的期限，为一个月以上六个月以下。

第四十三条　【拘役的执行】被判处拘役的犯罪分子，由公安机关就近执行。

在执行期间，被判处拘役的犯罪分子每月可以回家一天至两天；参加劳动的，可以酌量发给报酬。

第四十四条　【拘役刑期的计算和折抵】拘役的刑期，从判决执行之日起计算；判决执行以前先行羁押的，羁押一日折抵刑期一日。

第四节　有期徒刑、无期徒刑

第四十五条　【有期徒刑的期限】有期徒刑的期限，除本法第五十条、第六十九条规定外，为六个月以上十五年以下。

第四十六条　【有期徒刑与无期徒刑的执行】被判处有期徒刑、无期徒刑的犯罪分子，在监狱或者其他执行场所执行；凡有劳动能力的，都应当参加劳动，接受教育和改造。

第四十七条　【有期徒刑刑期的计算与折抵】有期徒刑的刑期，从判决执行之日起计算；判决执行以前先行羁押的，羁押一日折抵刑期一日。

第五节　死　　刑

第四十八条　【死刑、死缓的适用对象及核准程序】死刑只适用于罪行极其严重的犯罪分子。对于应当判处死刑的犯罪分子，如果不是必须立即执行的，可以判处死刑同时宣告缓期二年执行。

死刑除依法由最高人民法院判决的以外，都应当报请最高人民法院核准。死刑缓期执行的，可以由高级人民法院判决或者核准。

第四十九条　【死刑适用对象的限制】犯罪的时候不满十八周岁的人和审判的时候怀孕的妇女，不适用死刑。

审判的时候已满七十五周岁的人，不适用死刑，但以特别残忍手段致人死亡的

① 根据2011年2月25日《中华人民共和国刑法修正案（八）》增加一款，作为第四款。

除外。①

第五十条 【死缓变更】判处死刑缓期执行的,在死刑缓期执行期间,如果没有故意犯罪,二年期满以后,减为无期徒刑;如果确有重大立功表现,二年期满以后,减为二十五年有期徒刑;如果故意犯罪,情节恶劣的,报请最高人民法院核准后执行死刑;对于故意犯罪未执行死刑的,死刑缓期执行的期间重新计算,并报最高人民法院备案。②

对被判处死刑缓期执行的累犯以及因故意杀人、强奸、抢劫、绑架、放火、爆炸、投放危险物质或者有组织的暴力性犯罪被判处死刑缓期执行的犯罪分子,人民法院根据犯罪情节等情况可以同时决定对其限制减刑。③

第五十一条 【死缓期间及减为有期徒刑的刑期计算】死刑缓期执行的期间,从判决确定之日起计算。死刑缓期执行减为有期徒刑的刑期,从死刑缓期执行期满之日起计算。

第六节 罚 金

第五十二条 【罚金数额的裁量】判处罚金,应当根据犯罪情节决定罚金数额。

第五十三条 【罚金的缴纳】罚金在判决指定的期限内一次或者分期缴纳。期满不缴纳的,强制缴纳。对于不能全部缴纳罚金的,人民法院在任何时候发现被执行人有可以执行的财产,应当随时追缴。

由于遭遇不能抗拒的灾祸等原因缴纳确实有困难的,经人民法院裁定,可以延期缴纳、酌情减少或者免除。④

第七节 剥夺政治权利

第五十四条 【剥夺政治权利的含义】剥夺政治权利是剥夺下列权利:

(一)选举权和被选举权;

(二)言论、出版、集会、结社、游行、示威自由的权利;

(三)担任国家机关职务的权利;

(四)担任国有公司、企业、事业单位和人民团体领导职务的权利。

第五十五条 【剥夺政治权利的期限】剥夺政治权利的期限,除本法第五十七条规定外,为一年以上五年以下。

判处管制附加剥夺政治权利的,剥夺政治权利的期限与管制的期限相等,同时执行。

---

① 根据2011年2月25日《中华人民共和国刑法修正案(八)》增加一款,作为第二款。

② 根据2015年8月29日《中华人民共和国刑法修正案(九)》修改。原第一款条文为:“判处死刑缓期执行的,在死刑缓期执行期间,如果没有故意犯罪,二年期满以后,减为无期徒刑;如果确有重大立功表现,二年期满以后,减为二十五年有期徒刑;如果故意犯罪,查证属实的,由最高人民法院核准,执行死刑。”

③ 根据2011年2月25日《中华人民共和国刑法修正案(八)》修改。原条文为:“判处死刑缓期执行的,在死刑缓期执行期间,如果没有故意犯罪,二年期满以后,减为无期徒刑;如果确有重大立功表现,二年期满以后,减为十五年以上二十年以下有期徒刑;如果故意犯罪,查证属实的,由最高人民法院核准,执行死刑。”

④ 根据2015年8月29日《中华人民共和国刑法修正案(九)》修改。原条文为:“罚金在判决指定的期限内一次或者分期缴纳。期满不缴纳的,强制缴纳。对于不能全部缴纳罚金的,人民法院在任何时候发现被执行人有可以执行的财产,应当随时追缴。如果由于遭遇不能抗拒的灾祸缴纳确实有困难的,可以酌情减少或者免除。”

第五十六条　【剥夺政治权利的附加、独立适用】对于危害国家安全的犯罪分子应当附加剥夺政治权利；对于故意杀人、强奸、放火、爆炸、投毒、抢劫等严重破坏社会秩序的犯罪分子，可以附加剥夺政治权利。

独立适用剥夺政治权利的，依照本法分则的规定。

第五十七条　【对死刑、无期徒刑犯罪剥夺政治权利的适用】对于被判处死刑、无期徒刑的犯罪分子，应当剥夺政治权利终身。

在死刑缓期执行减为有期徒刑或者无期徒刑减为有期徒刑的时候，应当把附加剥夺政治权利的期限改为三年以上十年以下。

第五十八条　【剥夺政治权利的刑期计算、效力与执行】附加剥夺政治权利的刑期，从徒刑、拘役执行完毕之日或者从假释之日起计算；剥夺政治权利的效力当然施用于主刑执行期间。

被剥夺政治权利的犯罪分子，在执行期间，应当遵守法律、行政法规和国务院公安部门有关监督管理的规定，服从监督；不得行使本法第五十四条规定的各项权利。

第八节　没 收 财 产

第五十九条　【没收财产的范围】没收财产是没收犯罪分子个人所有财产的一部或者全部。没收全部财产的，应当对犯罪分子个人及其扶养的家属保留必需的生活费用。

在判处没收财产的时候，不得没收属于犯罪分子家属所有或者应有的财产。

第六十条　【以没收的财产偿还债务】没收财产以前犯罪分子所负的正当债务，需要以没收的财产偿还的，经债权人请求，应当偿还。

第四章　刑罚的具体运用

第一节　量　　刑

第六十一条　【量刑的一般原则】对于犯罪分子决定刑罚的时候，应当根据犯罪的事实、犯罪的性质、情节和对于社会的危害程度，依照本法的有关规定判处。

第六十二条　【从重处罚与从轻处罚】犯罪分子具有本法规定的从重处罚、从轻处罚情节的，应当在法定刑的限度以内判处刑罚。

第六十三条　【减轻处罚】犯罪分子具有本法规定的减轻处罚情节的，应当在法定刑以下判处刑罚；本法规定有数个量刑幅度的，应当在法定量刑幅度的下一个量刑幅度内判处刑罚。①

犯罪分子虽然不具有本法规定的减轻处罚情节，但是根据案件的特殊情况，经最高人民法院核准，也可以在法定刑以下判处刑罚。

第六十四条　【犯罪物品的处理】犯罪分子违法所得的一切财物，应当予以追缴或者责令退赔；对被害人的合法财产，应当及时返还；违禁品和供犯罪所用的本人财物，应当予以没收。没收的财物和罚金，一律上缴国库，不得挪用和自行处理。

---

① 根据2011年2月25日《中华人民共和国刑法修正案（八）》修改。原第一款条文为："犯罪分子具有本法规定的减轻处罚情节的，应当在法定刑以下判处刑罚。"

第二节 累 犯

第六十五条 【一般累犯】被判处有期徒刑以上刑罚的犯罪分子,刑罚执行完毕或者赦免以后,在五年以内再犯应当判处有期徒刑以上刑罚之罪的,是累犯,应当从重处罚,但是过失犯罪和不满十八周岁的人犯罪的除外。①

前款规定的期限,对于被假释的犯罪分子,从假释期满之日起计算。

第六十六条 【特别累犯】危害国家安全犯罪、恐怖活动犯罪、黑社会性质的组织犯罪的犯罪分子,在刑罚执行完毕或者赦免以后,在任何时候再犯上述任一类罪的,都以累犯论处。②

第三节 自首和立功

第六十七条 【自首和坦白】犯罪以后自动投案,如实供述自己的罪行的,是自首。对于自首的犯罪分子,可以从轻或者减轻处罚。其中,犯罪较轻的,可以免除处罚。

被采取强制措施的犯罪嫌疑人、被告人和正在服刑的罪犯,如实供述司法机关还未掌握的本人其他罪行的,以自首论。

犯罪嫌疑人虽不具有前两款规定的自首情节,但是如实供述自己罪行的,可以从轻处罚;因其如实供述自己罪行,避免特别严重后果发生的,可以减轻处罚。③

第六十八条 【立功】犯罪分子有揭发他人犯罪行为,查证属实的,或者提供重要线索,从而得以侦破其他案件等立功表现的,可以从轻或者减轻处罚;有重大立功表现的,可以减轻或者免除处罚。④

第四节 数罪并罚

第六十九条 【数罪并罚的一般原则】判决宣告以前一人犯数罪的,除判处死刑和无期徒刑的以外,应当在总和刑期以下、数刑中最高刑期以上,酌情决定执行的刑期,但是管制最高不能超过三年,拘役最高不能超过一年,有期徒刑总和刑期不满三十五年的,最高不能超过二十年,总和刑期在三十五年以上的,最高不能超过二十五年。

数罪中有判处有期徒刑和拘役的,执行有期徒刑。数罪中有判处有期徒刑和管制,或者拘役和管制的,有期徒刑、拘役执行完毕后,管制仍须执行。⑤

数罪中有判处附加刑的,附加刑仍须执行,其中附加刑种类相同的,合并执行,

① 根据2011年2月25日《中华人民共和国刑法修正案(八)》修改。原第一款条文为:“被判处有期徒刑以上刑罚的犯罪分子,刑罚执行完毕或者赦免以后,在五年以内再犯应当判处有期徒刑以上刑罚之罪的,是累犯,应当从重处罚,但是过失犯罪除外。”

② 根据2011年2月25日《中华人民共和国刑法修正案(八)》修改。原条文为:“危害国家安全的犯罪分子在刑罚执行完毕或者赦免以后,在任何时候再犯危害国家安全罪的,都以累犯论处。”

③ 根据2011年2月25日《中华人民共和国刑法修正案(八)》增加一款,作为第三款。

④ 根据2011年2月25日《中华人民共和国刑法修正案(八)》修改,本条删去第二款。原条文为:“犯罪后自首又有重大立功表现的,应当减轻或者免除处罚。”

⑤ 根据2015年8月29日《中华人民共和国刑法修正案(九)》增加一款,作为第二款。原第二款作为第三款。

种类不同的，分别执行。①

第七十条　【判决宣告后发现漏罪的并罚】判决宣告以后，刑罚执行完毕以前，发现被判刑的犯罪分子在判决宣告以前还有其他罪没有判决的，应当对新发现的罪作出判决，把前后两个判决所判处的刑罚，依照本法第六十九条的规定，决定执行的刑罚。已经执行的刑期，应当计算在新判决决定的刑期以内。

第七十一条　【判决宣告后又犯新罪的并罚】判决宣告以后，刑罚执行完毕以前，被判刑的犯罪分子又犯罪的，应当对新犯的罪作出判决，把前罪没有执行的刑罚和后罪所判处的刑罚，依照本法第六十九条的规定，决定执行的刑罚。

第五节　缓　　刑

第七十二条　【缓刑的适用条件】对于被判处拘役、三年以下有期徒刑的犯罪分子，同时符合下列条件的，可以宣告缓刑，对其中不满十八周岁的人、怀孕的妇女和已满七十五周岁的人，应当宣告缓刑：

（一）犯罪情节较轻；

（二）有悔罪表现；

（三）没有再犯罪的危险；

（四）宣告缓刑对所居住社区没有重大不良影响。

宣告缓刑，可以根据犯罪情况，同时禁止犯罪分子在缓刑考验期限内从事特定活动，进入特定区域、场所，接触特定的人。

被宣告缓刑的犯罪分子，如果被判处附加刑，附加刑仍须执行。②

第七十三条　【缓刑的考验期限】拘役的缓刑考验期限为原判刑期以上一年以下，但是不能少于二个月。

有期徒刑的缓刑考验期限为原判刑期以上五年以下，但是不能少于一年。

缓刑考验期限，从判决确定之日起计算。

第七十四条　【累犯不适用缓刑】对于累犯和犯罪集团的首要分子，不适用缓刑。③

第七十五条　【缓刑犯应遵守的规定】被宣告缓刑的犯罪分子，应当遵守下列规定：

（一）遵守法律、行政法规，服从监督；

（二）按照考察机关的规定报告自己的活动情况；

（三）遵守考察机关关于会客的规定；

（四）离开所居住的市、县或者迁居，应当报经考察机关批准。

第七十六条　【缓刑的考验及其积极后果】对宣告缓刑的犯罪分子，在缓刑考验期限内，依法实行社区矫正，如果没有本法

---

① 根据2011年2月25日《中华人民共和国刑法修正案（八）》修改。原条文为：“判决宣告以前一人犯数罪的，除判处死刑和无期徒刑的以外，应当在总和刑期以下、数刑中最高刑期以上，酌情决定执行的刑期，但是管制最高不能超过三年，拘役最高不能超过一年，有期徒刑最高不能超过二十年。

“如果数罪中有判处附加刑的，附加刑仍须执行。”

② 根据2011年2月25日《中华人民共和国刑法修正案（八）》修改。原条文为：“对于被判处拘役、三年以下有期徒刑的犯罪分子，根据犯罪分子的犯罪情节和悔罪表现，适用缓刑确实不致再危害社会的，可以宣告缓刑。

“被宣告缓刑的犯罪分子，如果被判处附加刑，附加刑仍须执行。”

③ 根据2011年2月25日《中华人民共和国刑法修正案（八）》修改。原条文为：“对于累犯，不适用缓刑。”

第七十七条规定的情形，缓刑考验期满，原判的刑罚就不再执行，并公开予以宣告。①

第七十七条 【缓刑的撤销及其处理】 被宣告缓刑的犯罪分子，在缓刑考验期限内犯新罪或者发现判决宣告以前还有其他罪没有判决的，应当撤销缓刑，对新犯的罪或者新发现的罪作出判决，把前罪和后罪所判处的刑罚，依照本法第六十九条的规定，决定执行的刑罚。

被宣告缓刑的犯罪分子，在缓刑考验期限内，违反法律、行政法规或者国务院有关部门关于缓刑的监督管理规定，或者违反人民法院判决中的禁止令，情节严重的，应当撤销缓刑，执行原判刑罚。②

第六节 减 刑

第七十八条 【减刑条件与限度】 被判处管制、拘役、有期徒刑、无期徒刑的犯罪分子，在执行期间，如果认真遵守监规，接受教育改造，确有悔改表现的，或者有立功表现的，可以减刑；有下列重大立功表现之一的，应当减刑：

（一）阻止他人重大犯罪活动的；

（二）检举监狱内外重大犯罪活动，经查证属实的；

（三）有发明创造或者重大技术革新的；

（四）在日常生产、生活中舍己救人的；

（五）在抗御自然灾害或者排除重大事故中，有突出表现的；

（六）对国家和社会有其他重大贡献的。

减刑以后实际执行的刑期不能少于下列期限：

（一）判处管制、拘役、有期徒刑的，不能少于原判刑期的二分之一；

（二）判处无期徒刑的，不能少于十三年；

（三）人民法院依照本法第五十条第二款规定限制减刑的死刑缓期执行的犯罪分子，缓期执行期满后依法减为无期徒刑的，不能少于二十五年，缓期执行期满后依法减为二十五年有期徒刑的，不能少于二十年。③

第七十九条 【减刑程序】 对于犯罪分子的减刑，由执行机关向中级以上人民法院提出减刑建议书。人民法院应当组成合议庭进行审理，对确有悔改或者立功事实的，裁定予以减刑。非经法定程序不得减刑。

第八十条 【无期徒刑减刑的刑期计算】 无期徒刑减为有期徒刑的刑期，从裁定减刑之日起计算。

---

① 根据2011年2月25日《中华人民共和国刑法修正案（八）》修改。原条文为："被宣告缓刑的犯罪分子，在缓刑考验期限内，由公安机关考察，所在单位或者基层组织予以配合，如果没有本法第七十七条规定的情形，缓刑考验期满，原判的刑罚就不再执行，并公开予以宣告。"

② 根据2011年2月25日《中华人民共和国刑法修正案（八）》修改。原第二款条文为："被宣告缓刑的犯罪分子，在缓刑考验期限内，违反法律、行政法规或者国务院公安部门有关缓刑的监督管理规定，情节严重的，应当撤销缓刑，执行原判刑罚。"

③ 根据2011年2月25日《中华人民共和国刑法修正案（八）》修改。原第二款条文为："减刑以后实际执行的刑期，判处管制、拘役、有期徒刑的，不能少于原判刑期的二分之一；判处无期徒刑的，不能少于十年。"

第七节　假　　释

第八十一条　【假释的适用条件】被判处有期徒刑的犯罪分子，执行原判刑期二分之一以上，被判处无期徒刑的犯罪分子，实际执行十三年以上，如果认真遵守监规，接受教育改造，确有悔改表现，没有再犯罪的危险的，可以假释。如果有特殊情况，经最高人民法院核准，可以不受上述执行刑期的限制。

对累犯以及因故意杀人、强奸、抢劫、绑架、放火、爆炸、投放危险物质或者有组织的暴力性犯罪被判处十年以上有期徒刑、无期徒刑的犯罪分子，不得假释。

对犯罪分子决定假释时，应当考虑其假释后对所居住社区的影响。①

第八十二条　【假释的程序】对于犯罪分子的假释，依照本法第七十九条规定的程序进行。非经法定程序不得假释。

第八十三条　【假释的考验期限】有期徒刑的假释考验期限，为没有执行完毕的刑期；无期徒刑的假释考验期限为十年。

假释考验期限，从假释之日起计算。

第八十四条　【假释犯应遵守的规定】被宣告假释的犯罪分子，应当遵守下列规定：

（一）遵守法律、行政法规，服从监督；

（二）按照监督机关的规定报告自己的活动情况；

（三）遵守监督机关关于会客的规定；

（四）离开所居住的市、县或者迁居，应当报经监督机关批准。

第八十五条　【假释考验及其积极后果】对假释的犯罪分子，在假释考验期限内，依法实行社区矫正，如果没有本法第八十六条规定的情形，假释考验期满，就认为原判刑罚已经执行完毕，并公开予以宣告。②

第八十六条　【假释的撤销及其处理】被假释的犯罪分子，在假释考验期限内犯新罪，应当撤销假释，依照本法第七十一条的规定实行数罪并罚。

在假释考验期限内，发现被假释的犯罪分子在判决宣告以前还有其他罪没有判决的，应当撤销假释，依照本法第七十条的规定实行数罪并罚。

被假释的犯罪分子，在假释考验期限内，有违反法律、行政法规或者国务院有关部门关于假释的监督管理规定的行为，尚未构成新的犯罪的，应当依照法定程序撤销假释，收监执行未执行完毕的刑罚。③

---

① 根据2011年2月25日《中华人民共和国刑法修正案（八）》修改。原条文为："被判处有期徒刑的犯罪分子，执行原判刑期二分之一以上，被判处无期徒刑的犯罪分子，实际执行十年以上，如果认真遵守监规，接受教育改造，确有悔改表现，假释后不致再危害社会的，可以假释。如果有特殊情况，经最高人民法院核准，可以不受上述执行刑期的限制。

"对累犯以及因杀人、爆炸、抢劫、强奸、绑架等暴力性犯罪被判处十年以上有期徒刑、无期徒刑的犯罪分子，不得假释。"

② 根据2011年2月25日《中华人民共和国刑法修正案（八）》修改。原条文为："被假释的犯罪分子，在假释考验期限内，由公安机关予以监督，如果没有本法第八十六条规定的情形，假释考验期满，就认为原判刑罚已经执行完毕，并公开予以宣告。"

③ 根据2011年2月25日《中华人民共和国刑法修正案（八）》修改。原第三款条文为："被假释的犯罪分子，在假释考验期限内，有违反法律、行政法规或者国务院公安部门有关假释的监督管理规定的行为，尚未构成新的犯罪的，应当依照法定程序撤销假释，收监执行未执行完毕的刑罚。"

第八节　时　　效

第八十七条　【追诉时效期限】犯罪经过下列期限不再追诉：

（一）法定最高刑为不满五年有期徒刑的，经过五年；

（二）法定最高刑为五年以上不满十年有期徒刑的，经过十年；

（三）法定最高刑为十年以上有期徒刑的，经过十五年；

（四）法定最高刑为无期徒刑、死刑的，经过二十年。如果二十年以后认为必须追诉的，须报请最高人民检察院核准。

第八十八条　【不受追诉时效限制】在人民检察院、公安机关、国家安全机关立案侦查或者在人民法院受理案件以后，逃避侦查或者审判的，不受追诉期限的限制。

被害人在追诉期限内提出控告，人民法院、人民检察院、公安机关应当立案而不予立案的，不受追诉期限的限制。

第八十九条　【追诉期限的计算与中断】追诉期限从犯罪之日起计算；犯罪行为有连续或者继续状态的，从犯罪行为终了之日起计算。

在追诉期限以内又犯罪的，前罪追诉的期限从犯后罪之日起计算。

第五章　其他规定

第九十条　【民族自治地方刑法适用的变通】民族自治地方不能全部适用本法规定的，可以由自治区或者省的人民代表大会根据当地民族的政治、经济、文化的特点和本法规定的基本原则，制定变通或者补充的规定，报请全国人民代表大会常务委员会批准施行。

第九十一条　【公共财产的范围】本法所称公共财产，是指下列财产：

（一）国有财产；

（二）劳动群众集体所有的财产；

（三）用于扶贫和其他公益事业的社会捐助或者专项基金的财产。

在国家机关、国有公司、企业、集体企业和人民团体管理、使用或者运输中的私人财产，以公共财产论。

第九十二条　【公民私人所有财产的范围】本法所称公民私人所有的财产，是指下列财产：

（一）公民的合法收入、储蓄、房屋和其他生活资料；

（二）依法归个人、家庭所有的生产资料；

（三）个体户和私营企业的合法财产；

（四）依法归个人所有的股份、股票、债券和其他财产。

第九十三条　【国家工作人员的范围】本法所称国家工作人员，是指国家机关中从事公务的人员。

国有公司、企业、事业单位、人民团体中从事公务的人员和国家机关、国有公司、企业、事业单位委派到非国有公司、企业、事业单位、社会团体从事公务的人员，以及其他依照法律从事公务的人员，以国家工作人员论。

第九十四条　【司法工作人员的范围】本法所称司法工作人员，是指有侦查、检察、审判、监管职责的工作人员。

第九十五条　【重伤】本法所称重伤，是指有下列情形之一的伤害：

（一）使人肢体残废或者毁人容貌的；

（二）使人丧失听觉、视觉或者其他器官机能的；

（三）其他对于人身健康有重大伤害的。

第九十六条　【违反国家规定之含义】本法所称违反国家规定，是指违反全国人民代表大会及其常务委员会制定的法律和决定，国务院制定的行政法规、规定的行政措施、发布的决定和命令。

第九十七条　【首要分子的范围】本法所称首要分子，是指在犯罪集团或者聚众犯罪中起组织、策划、指挥作用的犯罪分子。

第九十八条　【告诉才处理的含义】本法所称告诉才处理，是指被害人告诉才处理。如果被害人因受强制、威吓无法告诉的，人民检察院和被害人的近亲属也可以告诉。

第九十九条　【以上、以下、以内之界定】本法所称以上、以下、以内，包括本数。

第一百条　【前科报告制度】依法受过刑事处罚的人，在入伍、就业的时候，应当如实向有关单位报告自己曾受过刑事处罚，不得隐瞒。

犯罪的时候不满十八周岁被判处五年有期徒刑以下刑罚的人，免除前款规定的报告义务。①

第一百零一条　【总则的效力】本法总则适用于其他有刑罚规定的法律，但是其他法律有特别规定的除外。

第二编　分　则

第一章　危害国家安全罪

第一百零二条　【背叛国家罪】勾结外国，危害中华人民共和国的主权、领土完整和安全的，处无期徒刑或者十年以上有期徒刑。

与境外机构、组织、个人相勾结，犯前款罪的，依照前款的规定处罚。

第一百零三条　【分裂国家罪】组织、策划、实施分裂国家、破坏国家统一的，对首要分子或者罪行重大的，处无期徒刑或者十年以上有期徒刑；对积极参加的，处三年以上十年以下有期徒刑；对其他参加的，处三年以下有期徒刑、拘役、管制或者剥夺政治权利。

【煽动分裂国家罪】煽动分裂国家、破坏国家统一的，处五年以下有期徒刑、拘役、管制或者剥夺政治权利；首要分子或者罪行重大的，处五年以上有期徒刑。

第一百零四条　【武装叛乱、暴乱罪】组织、策划、实施武装叛乱或者武装暴乱的，对首要分子或者罪行重大的，处无期徒刑或者十年以上有期徒刑；对积极参加的，处三年以上十年以下有期徒刑；对其他参加的，处三年以下有期徒刑、拘役、管制或者剥夺政治权利。

策动、胁迫、勾引、收买国家机关工作人员、武装部队人员、人民警察、民兵进行武装叛乱或者武装暴乱的，依照前款的规定从重处罚。

第一百零五条　【颠覆国家政权罪】组织、策划、实施颠覆国家政权、推翻社会主义制度的，对首要分子或者罪行重大的，处无期徒刑或者十年以上有期徒刑；对积极参加的，处三年以上十年以下有期徒刑；对其他参加的，处三年以下有期徒刑、拘役、

① 根据2011年2月25日《中华人民共和国刑法修正案（八）》增加一款，作为第二款。

管制或者剥夺政治权利。

【煽动颠覆国家政权罪】以造谣、诽谤或者其他方式煽动颠覆国家政权、推翻社会主义制度的，处五年以下有期徒刑、拘役、管制或者剥夺政治权利；首要分子或者罪行重大的，处五年以上有期徒刑。

第一百零六条 【与境外勾结的处罚规定】与境外机构、组织、个人相勾结，实施本章第一百零三条、第一百零四条、第一百零五条规定之罪的，依照各该条的规定从重处罚。

第一百零七条 【资助危害国家安全犯罪活动罪】境内外机构、组织或者个人资助实施本章第一百零二条、第一百零三条、第一百零四条、第一百零五条规定之罪的，对直接责任人员，处五年以下有期徒刑、拘役、管制或者剥夺政治权利；情节严重的，处五年以上有期徒刑。①

第一百零八条 【投敌叛变罪】投敌叛变的，处三年以上十年以下有期徒刑；情节严重或者带领武装部队人员、人民警察、民兵投敌叛变的，处十年以上有期徒刑或者无期徒刑。

第一百零九条 【叛逃罪】国家机关工作人员在履行公务期间，擅离岗位，叛逃境外或者在境外叛逃的，处五年以下有期徒刑、拘役、管制或者剥夺政治权利；情节严重的，处五年以上十年以下有期徒刑。

掌握国家秘密的国家工作人员叛逃境外或者在境外叛逃的，依照前款的规定从重处罚。②

第一百一十条 【间谍罪】有下列间谍行为之一，危害国家安全的，处十年以上有期徒刑或者无期徒刑；情节较轻的，处三年以上十年以下有期徒刑：

（一）参加间谍组织或者接受间谍组织及其代理人的任务的；

（二）为敌人指示轰击目标的。

第一百一十一条 【为境外窃取、刺探、收买、非法提供国家秘密、情报罪】为境外的机构、组织、人员窃取、刺探、收买、非法提供国家秘密或者情报的，处五年以上十年以下有期徒刑；情节特别严重的，处十年以上有期徒刑或者无期徒刑；情节较轻的，处五年以下有期徒刑、拘役、管制或者剥夺政治权利。

第一百一十二条 【资敌罪】战时供给敌人武器装备、军用物资资敌的，处十年以上有期徒刑或者无期徒刑；情节较轻的，处三年以上十年以下有期徒刑。

第一百一十三条 【危害国家安全罪适用死刑、没收财产的规定】本章上述危害国家安全罪行中，除第一百零三条第二款、第一百零五条、第一百零七条、第一百零九条外，对国家和人民危害特别严重、情节特别恶劣的，可以判处死刑。

犯本章之罪的，可以并处没收财产。

---

① 根据2011年2月25日《中华人民共和国刑法修正案（八）》修改。原条文为："境内外机构、组织或者个人资助境内组织或者个人实施本章第一百零二条、第一百零三条、第一百零四条、第一百零五条规定之罪的，对直接责任人员，处五年以下有期徒刑、拘役、管制或者剥夺政治权利；情节严重的，处五年以上有期徒刑。"

② 根据2011年2月25日《中华人民共和国刑法修正案（八）》修改。原条文为："国家机关工作人员在履行公务期间，擅离岗位，叛逃境外或者在境外叛逃，危害中华人民共和国国家安全的，处五年以下有期徒刑、拘役、管制或者剥夺政治权利；情节严重的，处五年以上十年以下有期徒刑。

"掌握国家秘密的国家工作人员犯前款罪的，依照前款的规定从重处罚。"

第二章　危害公共安全罪

第一百一十四条　【放火罪】【决水罪】【爆炸罪】【投放危险物质罪】【以危险方法危害公共安全罪】放火、决水、爆炸以及投放毒害性、放射性、传染病病原体等物质或者以其他危险方法危害公共安全，尚未造成严重后果的，处三年以上十年以下有期徒刑。①

第一百一十五条　【放火罪】【决水罪】【爆炸罪】【投放危险物质罪】【以危险方法危害公共安全罪】放火、决水、爆炸以及投放毒害性、放射性、传染病病原体等物质或者以其他危险方法致人重伤、死亡或者使公私财产遭受重大损失的，处十年以上有期徒刑、无期徒刑或者死刑。②

【失火罪】【过失决水罪】【过失爆炸罪】【过失投放危险物质罪】【过失以危险方法危害公共安全罪】过失犯前款罪的，处三年以上七年以下有期徒刑；情节较轻的，处三年以下有期徒刑或者拘役。

第一百一十六条　【破坏交通工具罪】破坏火车、汽车、电车、船只、航空器，足以使火车、汽车、电车、船只、航空器发生倾覆、毁坏危险，尚未造成严重后果的，处三年以上十年以下有期徒刑。

第一百一十七条　【破坏交通设施罪】破坏轨道、桥梁、隧道、公路、机场、航道、灯塔、标志或者进行其他破坏活动，足以使火车、汽车、电车、船只、航空器发生倾覆、毁坏危险，尚未造成严重后果的，处三年以上十年以下有期徒刑。

第一百一十八条　【破坏电力设备罪】【破坏易燃易爆设备罪】破坏电力、燃气或者其他易燃易爆设备，危害公共安全，尚未造成严重后果的，处三年以上十年以下有期徒刑。

第一百一十九条　【破坏交通工具罪】【破坏交通设施罪】【破坏电力设备罪】【破坏易燃易爆设备罪】破坏交通工具、交通设施、电力设备、燃气设备、易燃易爆设备，造成严重后果的，处十年以上有期徒刑、无期徒刑或者死刑。

【过失损坏交通工具罪】【过失损坏交通设施罪】【过失损坏电力设备罪】【过失损坏易燃易爆设备罪】过失犯前款罪的，处三年以上七年以下有期徒刑；情节较轻的，处三年以下有期徒刑或者拘役。

第一百二十条　【组织、领导、参加恐怖组织罪】组织、领导恐怖活动组织的，处十年以上有期徒刑或者无期徒刑，并处没收财产；积极参加的，处三年以上十年以下有期徒刑，并处罚金；其他参加的，处三年以下有期徒刑、拘役、管制或者剥夺政治权利，可以并处罚金。

犯前款罪并实施杀人、爆炸、绑架等犯

---

① 根据2001年12月29日《中华人民共和国刑法修正案(三)》修改。原条文为："放火、决水、爆炸、投毒或者以其他危险方法破坏工厂、矿场、油田、港口、河流、水源、仓库、住宅、森林、农场、谷场、牧场、重要管道、公共建筑物或者其他公私财产，危害公共安全，尚未造成严重后果的，处三年以上十年以下有期徒刑。"

② 根据2001年12月29日《中华人民共和国刑法修正案(三)》修改。原第一款条文为："放火、决水、爆炸、投毒或者以其他危险方法致人重伤、死亡或者使公私财产遭受重大损失的，处十年以上有期徒刑、无期徒刑或者死刑。"

罪的，依照数罪并罚的规定处罚。①

第一百二十条之一 【帮助恐怖活动罪】资助恐怖活动组织、实施恐怖活动的个人的，或者资助恐怖活动培训的，处五年以下有期徒刑、拘役、管制或者剥夺政治权利，并处罚金；情节严重的，处五年以上有期徒刑，并处罚金或者没收财产。

为恐怖活动组织、实施恐怖活动或者恐怖活动培训招募、运送人员的，依照前款的规定处罚。

单位犯前两款罪的，对单位判处罚金，并对其直接负责的主管人员和其他直接责任人员，依照第一款的规定处罚。②

第一百二十条之二 【准备实施恐怖活动罪】有下列情形之一的，处五年以下有期徒刑、拘役、管制或者剥夺政治权利，并处罚金；情节严重的，处五年以上有期徒刑，并处罚金或者没收财产：

（一）为实施恐怖活动准备凶器、危险物品或者其他工具的；

（二）组织恐怖活动培训或者积极参加恐怖活动培训的；

（三）为实施恐怖活动与境外恐怖活动组织或者人员联络的；

（四）为实施恐怖活动进行策划或者其他准备的。

有前款行为，同时构成其他犯罪的，依照处罚较重的规定定罪处罚。③

第一百二十条之三 【宣扬恐怖主义、极端主义、煽动实施恐怖活动罪】以制作、散发宣扬恐怖主义、极端主义的图书、音频视频资料或者其他物品，或者通过讲授、发布信息等方式宣扬恐怖主义、极端主义的，或者煽动实施恐怖活动的，处五年以下有期徒刑、拘役、管制或者剥夺政治权利，并处罚金；情节严重的，处五年以上有期徒刑，并处罚金或者没收财产。④

第一百二十条之四 【利用极端主义破坏法律实施罪】利用极端主义煽动、胁迫群众破坏国家法律确立的婚姻、司法、教育、社会管理等制度实施的，处三年以下有期徒刑、拘役或者管制，并处罚金；情节严重的，处三年以上七年以下有期徒刑，并处罚金；情节特别严重的，处七年以上有期徒

---

① 根据2001年12月29日《中华人民共和国刑法修正案（三）》第一次修改。原第一款条文为：“组织、领导和积极参加恐怖活动组织的，处三年以上十年以下有期徒刑；其他参加的，处三年以下有期徒刑、拘役或者管制。”

根据2015年8月29日《中华人民共和国刑法修正案（九）》第二次修改。原条文为：“组织、领导恐怖活动组织的，处十年以上有期徒刑或者无期徒刑；积极参加的，处三年以上十年以下有期徒刑；其他参加的，处三年以下有期徒刑、拘役、管制或者剥夺政治权利。

“犯前款罪并实施杀人、爆炸、绑架等犯罪的，依照数罪并罚的规定处罚。”

② 根据2001年12月29日《中华人民共和国刑法修正案（三）》增加。根据2015年8月29日《中华人民共和国刑法修正案（九）》修改。原条文为：“资助恐怖活动组织或者实施恐怖活动的个人的，处五年以下有期徒刑、拘役、管制或者剥夺政治权利，并处罚金；情节严重的，处五年以上有期徒刑，并处罚金或者没收财产。

“单位犯前款罪的，对单位判处罚金，并对其直接负责的主管人员和其他直接责任人员，依照前款的规定处罚。”

③ 根据2015年8月29日《中华人民共和国刑法修正案（九）》增加。

④ 根据2015年8月29日《中华人民共和国刑法修正案（九）》增加。

刑，并处罚金或者没收财产。①

第一百二十条之五　【强制穿戴宣扬恐怖主义、极端主义服饰、标志罪】以暴力、胁迫等方式强制他人在公共场所穿着、佩戴宣扬恐怖主义、极端主义服饰、标志的，处三年以下有期徒刑、拘役或者管制，并处罚金。②

第一百二十条之六　【非法持有宣扬恐怖主义、极端主义物品罪】明知是宣扬恐怖主义、极端主义的图书、音频视频资料或者其他物品而非法持有，情节严重的，处三年以下有期徒刑、拘役或者管制，并处或者单处罚金。③

第一百二十一条　【劫持航空器罪】以暴力、胁迫或者其他方法劫持航空器的，处十年以上有期徒刑或者无期徒刑；致人重伤、死亡或者使航空器遭受严重破坏的，处死刑。

第一百二十二条　【劫持船只、汽车罪】以暴力、胁迫或者其他方法劫持船只、汽车的，处五年以上十年以下有期徒刑；造成严重后果的，处十年以上有期徒刑或者无期徒刑。

第一百二十三条　【暴力危及飞行安全罪】对飞行中的航空器上的人员使用暴力，危及飞行安全，尚未造成严重后果的，处五年以下有期徒刑或者拘役；造成严重后果的，处五年以上有期徒刑。

第一百二十四条　【破坏广播电视设施、公用电信设施罪】破坏广播电视设施、公用电信设施，危害公共安全的，处三年以上七年以下有期徒刑；造成严重后果的，处七年以上有期徒刑。

【过失损坏广播电视设施、公用电信设施罪】过失犯前款罪的，处三年以上七年以下有期徒刑；情节较轻的，处三年以下有期徒刑或者拘役。

第一百二十五条　【非法制造、买卖、运输、邮寄、储存枪支、弹药、爆炸物罪】非法制造、买卖、运输、邮寄、储存枪支、弹药、爆炸物的，处三年以上十年以下有期徒刑；情节严重的，处十年以上有期徒刑、无期徒刑或者死刑。

【非法制造、买卖、运输、储存危险物质罪】非法制造、买卖、运输、储存毒害性、放射性、传染病病原体等物质，危害公共安全的，依照前款的规定处罚。④

单位犯前两款罪的，对单位判处罚金，并对其直接负责的主管人员和其他直接责任人员，依照第一款的规定处罚。

第一百二十六条　【违规制造、销售枪支罪】依法被指定、确定的枪支制造企业、销售企业，违反枪支管理规定，有下列行为之一的，对单位判处罚金，并对其直接负责的主管人员和其他直接责任人员，处五年以下有期徒刑；情节严重的，处五年以上十年以下有期徒刑；情节特别严重的，处十年以上有期徒刑或者无期徒刑：

（一）以非法销售为目的，超过限额或者不按照规定的品种制造、配售枪支的；

（二）以非法销售为目的，制造无号、

---

① 根据2015年8月29日《中华人民共和国刑法修正案（九）》增加。

② 根据2015年8月29日《中华人民共和国刑法修正案（九）》增加。

③ 根据2015年8月29日《中华人民共和国刑法修正案（九）》增加。

④ 根据2001年12月29日《中华人民共和国刑法修正案（三）》修改。原第二款条文为："非法买卖、运输核材料的，依照前款的规定处罚。"

重号、假号的枪支的；

（三）非法销售枪支或者在境内销售为出口制造的枪支的。

第一百二十七条 【盗窃、抢夺枪支、弹药、爆炸物、危险物质罪】盗窃、抢夺枪支、弹药、爆炸物的，或者盗窃、抢夺毒害性、放射性、传染病病原体等物质，危害公共安全的，处三年以上十年以下有期徒刑；情节严重的，处十年以上有期徒刑、无期徒刑或者死刑。

【抢劫枪支、弹药、爆炸物、危险物质罪】【盗窃、抢夺枪支、弹药、爆炸物、危险物质罪】抢劫枪支、弹药、爆炸物的，或者抢劫毒害性、放射性、传染病病原体等物质，危害公共安全的，或者盗窃、抢夺国家机关、军警人员、民兵的枪支、弹药、爆炸物的，处十年以上有期徒刑、无期徒刑或者死刑。①

第一百二十八条 【非法持有、私藏枪支、弹药罪】违反枪支管理规定，非法持有、私藏枪支、弹药的，处三年以下有期徒刑、拘役或者管制；情节严重的，处三年以上七年以下有期徒刑。

【非法出租、出借枪支罪】依法配备公务用枪的人员，非法出租、出借枪支的，依照前款的规定处罚。

【非法出租、出借枪支罪】依法配置枪支的人员，非法出租、出借枪支，造成严重后果的，依照第一款的规定处罚。

单位犯第二款、第三款罪的，对单位判处罚金，并对其直接负责的主管人员和其他直接责任人员，依照第一款的规定处罚。

第一百二十九条 【丢失枪支不报罪】依法配备公务用枪的人员，丢失枪支不及时报告，造成严重后果的，处三年以下有期徒刑或者拘役。

第一百三十条 【非法携带枪支、弹药、管制刀具、危险物品危及公共安全罪】非法携带枪支、弹药、管制刀具或者爆炸性、易燃性、放射性、毒害性、腐蚀性物品，进入公共场所或者公共交通工具，危及公共安全，情节严重的，处三年以下有期徒刑、拘役或者管制。

第一百三十一条 【重大飞行事故罪】航空人员违反规章制度，致使发生重大飞行事故，造成严重后果的，处三年以下有期徒刑或者拘役；造成飞机坠毁或者人员死亡的，处三年以上七年以下有期徒刑。

第一百三十二条 【铁路运营安全事故罪】铁路职工违反规章制度，致使发生铁路运营安全事故，造成严重后果的，处三年以下有期徒刑或者拘役；造成特别严重后果的，处三年以上七年以下有期徒刑。

第一百三十三条 【交通肇事罪】违反交通运输管理法规，因而发生重大事故，致人重伤、死亡或者使公私财产遭受重大损失的，处三年以下有期徒刑或者拘役；交通运输肇事后逃逸或者有其他特别恶劣情节的，处三年以上七年以下有期徒刑；因逃逸致人死亡的，处七年以上有期徒刑。

第一百三十三条之一 【危险驾驶罪】在道路上驾驶机动车，有下列情形之一的，处拘役，并处罚金：

（一）追逐竞驶，情节恶劣的；

---

① 根据2001年12月29日《中华人民共和国刑法修正案（三）》修改。原条文为："盗窃、抢夺枪支、弹药、爆炸物的，处三年以上十年以下有期徒刑；情节严重的，处十年以上有期徒刑、无期徒刑或者死刑。

"抢劫枪支、弹药、爆炸物或者盗窃、抢夺国家机关、军警人员、民兵的枪支、弹药、爆炸物的，处十年以上有期徒刑、无期徒刑或者死刑。"

（二）醉酒驾驶机动车的；

（三）从事校车业务或者旅客运输，严重超过额定乘员载客，或者严重超过规定时速行驶的；

（四）违反危险化学品安全管理规定运输危险化学品，危及公共安全的。

机动车所有人、管理人对前款第三项、第四项行为负有直接责任的，依照前款的规定处罚。

有前两款行为，同时构成其他犯罪的，依照处罚较重的规定定罪处罚。①

第一百三十三条之二　【妨害安全驾驶罪】对行驶中的公共交通工具的驾驶人员使用暴力或者抢控驾驶操纵装置，干扰公共交通工具正常行驶，危及公共安全的，处一年以下有期徒刑、拘役或者管制，并处或者单处罚金。

前款规定的驾驶人员在行驶的公共交通工具上擅离职守，与他人互殴或者殴打他人，危及公共安全的，依照前款的规定处罚。

有前两款行为，同时构成其他犯罪的，依照处罚较重的规定定罪处罚。②

第一百三十四条　【重大责任事故罪】在生产、作业中违反有关安全管理的规定，因而发生重大伤亡事故或者造成其他严重后果的，处三年以下有期徒刑或者拘役；情节特别恶劣的，处三年以上七年以下有期徒刑。

【强令、组织他人违章冒险作业罪】强令他人违章冒险作业，或者明知存在重大事故隐患而不排除，仍冒险组织作业，因而发生重大伤亡事故或者造成其他严重后果的，处五年以下有期徒刑或者拘役；情节特别恶劣的，处五年以上有期徒刑。③

第一百三十四条之一　【危险作业罪】在生产、作业中违反有关安全管理的规定，有下列情形之一，具有发生重大伤亡事故或者其他严重后果的现实危险的，处一年以下有期徒刑、拘役或者管制：

（一）关闭、破坏直接关系生产安全的监控、报警、防护、救生设备、设施，或者篡改、隐瞒、销毁其相关数据、信息的；

（二）因存在重大事故隐患被依法责令停产停业、停止施工、停止使用有关设备、设施、场所或者立即采取排除危险的整改措施，而拒不执行的；

（三）涉及安全生产的事项未经依法批准或者许可，擅自从事矿山开采、金属冶炼、建筑施工，以及危险物品生产、经营、储

---

① 根据2011年2月25日《中华人民共和国刑法修正案（八）》增加。根据2015年8月29日《中华人民共和国刑法修正案（九）》修改。原条文为："在道路上驾驶机动车追逐竞驶，情节恶劣的，或者在道路上醉酒驾驶机动车的，处拘役，并处罚金。

"有前款行为，同时构成其他犯罪的，依照处罚较重的规定定罪处罚。"

② 根据2020年12月26日《中华人民共和国刑法修正案（十一）》增加。

③ 根据2006年6月29日《中华人民共和国刑法修正案（六）》第一次修改。原条文为："工厂、矿山、林场、建筑企业或者其他企业、事业单位的职工，由于不服管理、违反规章制度，或者强令工人违章冒险作业，因而发生重大伤亡事故或者造成其他严重后果的，处三年以下有期徒刑或者拘役；情节特别恶劣的，处三年以上七年以下有期徒刑。"

根据2020年12月26日《中华人民共和国刑法修正案（十一）》第二次修改。原第二款条文为："强令他人违章冒险作业，因而发生重大伤亡事故或者造成其他严重后果的，处五年以下有期徒刑或者拘役；情节特别恶劣的，处五年以上有期徒刑。"

存等高度危险的生产作业活动的。①

第一百三十五条 【重大劳动安全事故罪】安全生产设施或者安全生产条件不符合国家规定，因而发生重大伤亡事故或者造成其他严重后果的，对直接负责的主管人员和其他直接责任人员，处三年以下有期徒刑或者拘役；情节特别恶劣的，处三年以上七年以下有期徒刑。②

第一百三十五条之一 【大型群众性活动重大安全事故罪】举办大型群众性活动违反安全管理规定，因而发生重大伤亡事故或者造成其他严重后果的，对直接负责的主管人员和其他直接责任人员，处三年以下有期徒刑或者拘役；情节特别恶劣的，处三年以上七年以下有期徒刑。③

第一百三十六条 【危险物品肇事罪】违反爆炸性、易燃性、放射性、毒害性、腐蚀性物品的管理规定，在生产、储存、运输、使用中发生重大事故，造成严重后果的，处三年以下有期徒刑或者拘役；后果特别严重的，处三年以上七年以下有期徒刑。

第一百三十七条 【工程重大安全事故罪】建设单位、设计单位、施工单位、工程监理单位违反国家规定，降低工程质量标准，造成重大安全事故的，对直接责任人员，处五年以下有期徒刑或者拘役，并处罚金；后果特别严重的，处五年以上十年以下有期徒刑，并处罚金。

第一百三十八条 【教育设施重大安全事故罪】明知校舍或者教育教学设施有危险，而不采取措施或者不及时报告，致使发生重大伤亡事故的，对直接责任人员，处三年以下有期徒刑或者拘役；后果特别严重的，处三年以上七年以下有期徒刑。

第一百三十九条 【消防责任事故罪】违反消防管理法规，经消防监督机构通知采取改正措施而拒绝执行，造成严重后果的，对直接责任人员，处三年以下有期徒刑或者拘役；后果特别严重的，处三年以上七年以下有期徒刑。

第一百三十九条之一 【不报、谎报安全事故罪】在安全事故发生后，负有报告职责的人员不报或者谎报事故情况，贻误事故抢救，情节严重的，处三年以下有期徒刑或者拘役；情节特别严重的，处三年以上七年以下有期徒刑。④

第三章 破坏社会主义市场经济秩序罪

第一节 生产、销售伪劣商品罪

第一百四十条 【生产、销售伪劣产品罪】生产者、销售者在产品中掺杂、掺假，以假充真，以次充好或者以不合格产品冒充合格产品，销售金额五万元以上不满二十万元的，处二年以下有期徒刑或者拘役，并处或者单处销售金额百分之五十以上二倍以下罚金；销售金额二十万元以上不满五

① 根据2020年12月26日《中华人民共和国刑法修正案(十一)》增加。

② 根据2006年6月29日《中华人民共和国刑法修正案(六)》修改。原条文为："工厂、矿山、林场、建筑企业或者其他企业、事业单位的劳动安全设施不符合国家规定，经有关部门或者单位职工提出后，对事故隐患仍不采取措施，因而发生重大伤亡事故或者造成其他严重后果的，对直接责任人员，处三年以下有期徒刑或者拘役；情节特别恶劣的，处三年以上七年以下有期徒刑。"

③ 根据2006年6月29日《中华人民共和国刑法修正案(六)》增加。

④ 根据2006年6月29日《中华人民共和国刑法修正案(六)》增加。

十万元的,处二年以上七年以下有期徒刑,并处销售金额百分之五十以上二倍以下罚金;销售金额五十万元以上不满二百万元的,处七年以上有期徒刑,并处销售金额百分之五十以上二倍以下罚金;销售金额二百万元以上的,处十五年有期徒刑或者无期徒刑,并处销售金额百分之五十以上二倍以下罚金或者没收财产。

第一百四十一条　【生产、销售、提供假药罪】生产、销售假药的,处三年以下有期徒刑或者拘役,并处罚金;对人体健康造成严重危害或者有其他严重情节的,处三年以上十年以下有期徒刑,并处罚金;致人死亡或者有其他特别严重情节的,处十年以上有期徒刑、无期徒刑或者死刑,并处罚金或者没收财产。①

药品使用单位的人员明知是假药而提供给他人使用的,依照前款的规定处罚。②

第一百四十二条　【生产、销售、提供劣药罪】生产、销售劣药,对人体健康造成严重危害的,处三年以上十年以下有期徒刑,并处罚金;后果特别严重的,处十年以上有期徒刑或者无期徒刑,并处罚金或者没收财产。

药品使用单位的人员明知是劣药而提供给他人使用的,依照前款的规定处罚。③

第一百四十二条之一　【妨害药品管理罪】违反药品管理法规,有下列情形之一,足以严重危害人体健康的,处三年以下有期徒刑或者拘役,并处或者单处罚金;对人体健康造成严重危害或者有其他严重情节的,处三年以上七年以下有期徒刑,并处罚金:

(一)生产、销售国务院药品监督管理部门禁止使用的药品的;

(二)未取得药品相关批准证明文件生产、进口药品或者明知是上述药品而销售的;

(三)药品申请注册中提供虚假的证明、数据、资料、样品或者采取其他欺骗手段的;

(四)编造生产、检验记录的。

有前款行为,同时又构成本法第一百四十一条、第一百四十二条规定之罪或者

---

① 根据2011年2月25日《中华人民共和国刑法修正案(八)》修改。原第一款条文为:“生产、销售假药,足以严重危害人体健康的,处三年以下有期徒刑或者拘役,并处或者单处销售金额百分之五十以上二倍以下罚金;对人体健康造成严重危害的,处三年以上十年以下有期徒刑,并处销售金额百分之五十以上二倍以下罚金;致人死亡或者对人体健康造成特别严重危害的,处十年以上有期徒刑、无期徒刑或者死刑,并处销售金额百分之五十以上二倍以下罚金或者没收财产。”

② 根据2020年12月26日《中华人民共和国刑法修正案(十一)》修改。原条文为:“生产、销售假药的,处三年以下有期徒刑或者拘役,并处罚金;对人体健康造成严重危害或者有其他严重情节的,处三年以上十年以下有期徒刑,并处罚金;致人死亡或者有其他特别严重情节的,处十年以上有期徒刑、无期徒刑或者死刑,并处罚金或者没收财产。

“本条所称假药,是指依照《中华人民共和国药品管理法》的规定属于假药和按假药处理的药品、非药品。”

③ 根据2020年12月26日《中华人民共和国刑法修正案(十一)》修改。原条文为:“生产、销售劣药,对人体健康造成严重危害的,处三年以上十年以下有期徒刑,并处销售金额百分之五十以上二倍以下罚金;后果特别严重的,处十年以上有期徒刑或者无期徒刑,并处销售金额百分之五十以上二倍以下罚金或者没收财产。

“本条所称劣药,是指依照《中华人民共和国药品管理法》的规定属于劣药的药品。”

其他犯罪的,依照处罚较重的规定定罪处罚。①

第一百四十三条 【生产、销售不符合安全标准的食品罪】生产、销售不符合食品安全标准的食品,足以造成严重食物中毒事故或者其他严重食源性疾病的,处三年以下有期徒刑或者拘役,并处罚金;对人体健康造成严重危害或者有其他严重情节的,处三年以上七年以下有期徒刑,并处罚金;后果特别严重的,处七年以上有期徒刑或者无期徒刑,并处罚金或者没收财产。②

第一百四十四条 【生产、销售有毒、有害食品罪】在生产、销售的食品中掺入有毒、有害的非食品原料的,或者销售明知掺有有毒、有害的非食品原料的食品的,处五年以下有期徒刑,并处罚金;对人体健康造成严重危害或者有其他严重情节的,处五年以上十年以下有期徒刑,并处罚金;致人死亡或者有其他特别严重情节的,依照本法第一百四十一条的规定处罚。③

第一百四十五条 【生产、销售不符合标准的医用器材罪】生产不符合保障人体健康的国家标准、行业标准的医疗器械、医用卫生材料,或者销售明知是不符合保障人体健康的国家标准、行业标准的医疗器械、医用卫生材料,足以严重危害人体健康的,处三年以下有期徒刑或者拘役,并处销售金额百分之五十以上二倍以下罚金;对人体健康造成严重危害的,处三年以上十年以下有期徒刑,并处销售金额百分之五十以上二倍以下罚金;后果特别严重的,处十年以上有期徒刑或者无期徒刑,并处销售金额百分之五十以上二倍以下罚金或者没收财产。④

第一百四十六条 【生产、销售不符合安全标准的产品罪】生产不符合保障人身、财产安全的国家标准、行业标准的电器、压力容器、易燃易爆产品或者其他不符合保障人身、财产安全的国家标准、行业标准的产品,或者销售明知是以上不符合保障人

① 根据2020年12月26日《中华人民共和国刑法修正案(十一)》增加。

② 根据2011年2月25日《中华人民共和国刑法修正案(八)》修改。原条文为:"生产、销售不符合卫生标准的食品,足以造成严重食物中毒事故或者其他严重食源性疾患的,处三年以下有期徒刑或者拘役,并处或者单处销售金额百分之五十以上二倍以下罚金;对人体健康造成严重危害的,处三年以上七年以下有期徒刑,并处销售金额百分之五十以上二倍以下罚金;后果特别严重的,处七年以上有期徒刑或者无期徒刑,并处销售金额百分之五十以上二倍以下罚金或者没收财产。"

③ 根据2011年2月25日《中华人民共和国刑法修正案(八)》修改。原条文为:"在生产、销售的食品中掺入有毒、有害的非食品原料的,或者销售明知掺有有毒、有害的非食品原料的食品的,处五年以下有期徒刑或者拘役,并处或者单处销售金额百分之五十以上二倍以下罚金;造成严重食物中毒事故或者其他严重食源性疾患,对人体健康造成严重危害的,处五年以上十年以下有期徒刑,并处销售金额百分之五十以上二倍以下罚金;致人死亡或者对人体健康造成特别严重危害的,依照本法第一百四十一条的规定处罚。"

④ 根据2002年12月28日《中华人民共和国刑法修正案(四)》修改。原条文为:"生产不符合保障人体健康的国家标准、行业标准的医疗器械、医用卫生材料,或者销售明知是不符合保障人体健康的国家标准、行业标准的医疗器械、医用卫生材料,对人体健康造成严重危害的,处五年以下有期徒刑,并处销售金额百分之五十以上二倍以下罚金;后果特别严重的,处五年以上十年以下有期徒刑,并处销售金额百分之五十以上二倍以下罚金,其中情节特别恶劣的,处十年以上有期徒刑或者无期徒刑,并处销售金额百分之五十以上二倍以下罚金或者没收财产。"

身、财产安全的国家标准、行业标准的产品，造成严重后果的，处五年以下有期徒刑，并处销售金额百分之五十以上二倍以下罚金；后果特别严重的，处五年以上有期徒刑，并处销售金额百分之五十以上二倍以下罚金。

第一百四十七条　【生产、销售伪劣农药、兽药、化肥、种子罪】生产假农药、假兽药、假化肥，销售明知是假的或者失去使用效能的农药、兽药、化肥、种子，或者生产者、销售者以不合格的农药、兽药、化肥、种子冒充合格的农药、兽药、化肥、种子，使生产遭受较大损失的，处三年以下有期徒刑或者拘役，并处或者单处销售金额百分之五十以上二倍以下罚金；使生产遭受重大损失的，处三年以上七年以下有期徒刑，并处销售金额百分之五十以上二倍以下罚金；使生产遭受特别重大损失的，处七年以上有期徒刑或者无期徒刑，并处销售金额百分之五十以上二倍以下罚金或者没收财产。

第一百四十八条　【生产、销售不符合卫生标准的化妆品罪】生产不符合卫生标准的化妆品，或者销售明知是不符合卫生标准的化妆品，造成严重后果的，处三年以下有期徒刑或者拘役，并处或者单处销售金额百分之五十以上二倍以下罚金。

第一百四十九条　【对生产销售伪劣商品行为的法条适用】生产、销售本节第一百四十一条至第一百四十八条所列产品，不构成各该条规定的犯罪，但是销售金额在五万元以上的，依照本节第一百四十条的规定定罪处罚。

生产、销售本节第一百四十一条至第一百四十八条所列产品，构成各该条规定的犯罪，同时又构成本节第一百四十条规定之罪的，依照处罚较重的规定定罪处罚。

第一百五十条　【单位犯本节规定之罪的处理】单位犯本节第一百四十条至第一百四十八条规定之罪的，对单位判处罚金，并对其直接负责的主管人员和其他直接责任人员，依照各该条的规定处罚。

第二节　走私罪

第一百五十一条　【走私武器、弹药罪】【走私核材料罪】【走私假币罪】走私武器、弹药、核材料或者伪造的货币的，处七年以上有期徒刑，并处罚金或者没收财产；情节特别严重的，处无期徒刑，并处没收财产；情节较轻的，处三年以上七年以下有期徒刑，并处罚金。

【走私文物罪】【走私贵重金属罪】【走私珍贵动物、珍贵动物制品罪】走私国家禁止出口的文物、黄金、白银和其他贵重金属或者国家禁止进出口的珍贵动物及其制品的，处五年以上十年以下有期徒刑，并处罚金；情节特别严重的，处十年以上有期徒刑或者无期徒刑，并处没收财产；情节较轻的，处五年以下有期徒刑，并处罚金。

【走私国家禁止进出口的货物、物品罪】走私珍稀植物及其制品等国家禁止进出口的其他货物、物品的，处五年以下有期徒刑或者拘役，并处或者单处罚金；情节严重的，处五年以上有期徒刑，并处罚金。

单位犯本条规定之罪的，对单位判处罚金，并对其直接负责的主管人员和其他直接责任人员，依照本条各款的规定处罚。①

第一百五十二条 【走私淫秽物品罪】以牟利或者传播为目的，走私淫秽的影片、录像带、录音带、图片、书刊或者其他淫秽物品的，处三年以上十年以下有期徒刑，并处罚金；情节严重的，处十年以上有期徒刑或者无期徒刑，并处罚金或者没收财产；情节较轻的，处三年以下有期徒刑、拘役或者管制，并处罚金。

【走私废物罪】逃避海关监管将境外固体废物、液态废物和气态废物运输进境，情节严重的，处五年以下有期徒刑，并处或者单处罚金；情节特别严重的，处五年以上有期徒刑，并处罚金。②

单位犯前两款罪的，对单位判处罚金，并对其直接负责的主管人员和其他直接责任人员，依照前两款的规定处罚。③

第一百五十三条 【走私普通货物、物品罪】走私本法第一百五十一条、第一百五十二条、第三百四十七条规定以外的货物、物品的，根据情节轻重，分别依照下列规定处罚：

（一）走私货物、物品偷逃应缴税额较大或者一年内曾因走私被给予二次行政处罚后又走私的，处三年以下有期徒刑或者拘役，并处偷逃应缴税额一倍以上五倍以下罚金。

（二）走私货物、物品偷逃应缴税额巨大或者有其他严重情节的，处三年以上十年以下有期徒刑，并处偷逃应缴税额一倍以上五倍以下罚金。

（三）走私货物、物品偷逃应缴税额特别巨大或者有其他特别严重情节的，处十年以上有期徒刑或者无期徒刑，并处偷逃应缴税额一倍以上五倍以下罚金或者没收

---

① 根据2009年2月28日《中华人民共和国刑法修正案（七）》第一次修改。原第三款条文为："走私国家禁止进出口的珍稀植物及其制品的，处五年以下有期徒刑，并处或者单处罚金；情节严重的，处五年以上有期徒刑，并处罚金。"

根据2011年2月25日《中华人民共和国刑法修正案（八）》第二次修改。原条文为："走私武器、弹药、核材料或者伪造的货币的，处七年以上有期徒刑，并处罚金或者没收财产；情节较轻的，处三年以上七年以下有期徒刑，并处罚金。

"走私国家禁止出口的文物、黄金、白银和其他贵重金属或者国家禁止进出口的珍贵动物及其制品的，处五年以上有期徒刑，并处罚金；情节较轻的，处五年以下有期徒刑，并处罚金。

"走私珍稀植物及其制品等国家禁止进出口的其他货物、物品的，处五年以下有期徒刑或者拘役，并处或者单处罚金；情节严重的，处五年以上有期徒刑，并处罚金。

"犯第一款、第二款罪，情节特别严重的，处无期徒刑或者死刑，并处没收财产。

"单位犯本条规定之罪的，对单位判处罚金，并对其直接负责的主管人员和其他直接责任人员，依照本条各款的规定处罚。"

根据2015年8月29日《中华人民共和国刑法修正案（九）》第三次修改。原第一款条文为："走私武器、弹药、核材料或者伪造的货币的，处七年以上有期徒刑，并处罚金或者没收财产；情节特别严重的，处无期徒刑或者死刑，并处没收财产；情节较轻的，处三年以上七年以下有期徒刑，并处罚金。"

② 根据2002年12月28日《中华人民共和国刑法修正案（四）》增加一款，作为第二款，原第二款改为本条第三款。

③ 根据2002年12月28日《中华人民共和国刑法修正案（四）》修改。本款原条文为："单位犯前款罪的，对单位判处罚金，并对其直接负责的主管人员和其他直接责任人员，依照前款的规定处罚。"

财产。①

单位犯前款罪的,对单位判处罚金,并对其直接负责的主管人员和其他直接责任人员,处三年以下有期徒刑或者拘役;情节严重的,处三年以上十年以下有期徒刑;情节特别严重的,处十年以上有期徒刑。

对多次走私未经处理的,按照累计走私货物、物品的偷逃应缴税额处罚。

第一百五十四条　【走私普通货物、物品罪的特殊形式】下列走私行为,根据本节规定构成犯罪的,依照本法第一百五十三条的规定定罪处罚:

(一)未经海关许可并且未补缴应缴税额,擅自将批准进口的来料加工、来件装配、补偿贸易的原材料、零件、制成品、设备等保税货物,在境内销售牟利的;

(二)未经海关许可并且未补缴应缴税额,擅自将特定减税、免税进口的货物、物品,在境内销售牟利的。

第一百五十五条　【以走私罪论处的间接走私行为】下列行为,以走私罪论处,依照本节的有关规定处罚:

(一)直接向走私人非法收购国家禁止进口物品的,或者直接向走私人非法收购走私进口的其他货物、物品,数额较大的;

(二)在内海、领海、界河、界湖运输、收购、贩卖国家禁止进出口物品的,或者运输、收购、贩卖国家限制进出口货物、物品,数额较大,没有合法证明的。②

第一百五十六条　【走私共犯】与走私罪犯通谋,为其提供贷款、资金、帐号、发票、证明,或者为其提供运输、保管、邮寄或者其他方便的,以走私罪的共犯论处。

第一百五十七条　【武装掩护走私、抗拒缉私的刑事处罚规定】武装掩护走私的,依照本法第一百五十一条第一款的规定从重处罚。③

---

① 根据2011年2月25日《中华人民共和国刑法修正案(八)》修改。原第一款条文为:"走私本法第一百五十一条、第一百五十二条、第三百四十七条规定以外的货物、物品的,根据情节轻重,分别依照下列规定处罚:

"(一)走私货物、物品偷逃应缴税额在五十万元以上的,处十年以上有期徒刑或者无期徒刑,并处偷逃应缴税额一倍以上五倍以下罚金或者没收财产;情节特别严重的,依照本法第一百五十一条第四款的规定处罚。

"(二)走私货物、物品偷逃应缴税额在十五万元以上不满五十万元的,处三年以上十年以下有期徒刑,并处偷逃应缴税额一倍以上五倍以下罚金;情节特别严重的,处十年以上有期徒刑或者无期徒刑,并处偷逃应缴税额一倍以上五倍以下罚金或者没收财产。

"(三)走私货物、物品偷逃应缴税额在五万元以上不满十五万元的,处三年以下有期徒刑或者拘役,并处偷逃应缴税额一倍以上五倍以下罚金。"

② 根据2002年12月28日《中华人民共和国刑法修正案(四)》修改。原条文为:"下列行为,以走私罪论处,依照本节的有关规定处罚:

"(一)直接向走私人非法收购国家禁止进口物品的,或者直接向走私人非法收购走私进口的其他货物、物品,数额较大的;

"(二)在内海、领海运输、收购、贩卖国家禁止进出口物品的,或者运输、收购、贩卖国家限制进出口货物、物品,数额较大,没有合法证明的;

"(三)逃避海关监管将境外固体废物运输进境的。"

③ 根据2011年2月25日《中华人民共和国刑法修正案(八)》修改。原第一款条文为:"武装掩护走私的,依照本法第一百五十一条第一款、第四款的规定从重处罚。"

以暴力、威胁方法抗拒缉私的,以走私罪和本法第二百七十七条规定的阻碍国家机关工作人员依法执行职务罪,依照数罪并罚的规定处罚。

第三节 妨害对公司、企业的管理秩序罪

第一百五十八条 【虚报注册资本罪】申请公司登记使用虚假证明文件或者采取其他欺诈手段虚报注册资本,欺骗公司登记主管部门,取得公司登记,虚报注册资本数额巨大、后果严重或者有其他严重情节的,处三年以下有期徒刑或者拘役,并处或者单处虚报注册资本金额百分之一以上百分之五以下罚金。

单位犯前款罪的,对单位判处罚金,并对其直接负责的主管人员和其他直接责任人员,处三年以下有期徒刑或者拘役。

第一百五十九条 【虚假出资、抽逃出资罪】公司发起人、股东违反公司法的规定未交付货币、实物或者未转移财产权,虚假出资,或者在公司成立后又抽逃其出资,数额巨大、后果严重或者有其他严重情节的,处五年以下有期徒刑或者拘役,并处或者单处虚假出资金额或者抽逃出资金额百分之二以上百分之十以下罚金。

单位犯前款罪的,对单位判处罚金,并对其直接负责的主管人员和其他直接责任人员,处五年以下有期徒刑或者拘役。

第一百六十条 【欺诈发行证券罪】在招股说明书、认股书、公司、企业债券募集办法等发行文件中隐瞒重要事实或者编造重大虚假内容,发行股票或者公司、企业债券、存托凭证或者国务院依法认定的其他证券,数额巨大、后果严重或者有其他严重情节的,处五年以下有期徒刑或者拘役,并处或者单处罚金;数额特别巨大、后果特别严重或者有其他特别严重情节的,处五年以上有期徒刑,并处罚金。

控股股东、实际控制人组织、指使实施前款行为的,处五年以下有期徒刑或者拘役,并处或者单处非法募集资金金额百分之二十以上一倍以下罚金;数额特别巨大、后果特别严重或者有其他特别严重情节的,处五年以上有期徒刑,并处非法募集资金金额百分之二十以上一倍以下罚金。

单位犯前两款罪的,对单位判处非法募集资金金额百分之二十以上一倍以下罚金,并对其直接负责的主管人员和其他直接责任人员,依照第一款的规定处罚。①

第一百六十一条 【违规披露、不披露重要信息罪】依法负有信息披露义务的公司、企业向股东和社会公众提供虚假的或者隐瞒重要事实的财务会计报告,或者对依法应当披露的其他重要信息不按照规定披露,严重损害股东或者其他人利益,或者有其他严重情节的,对其直接负责的主管人员和其他直接责任人员,处五年以下有期徒刑或者拘役,并处或者单处罚金;情节特别严重的,处五年以上十年以下有期徒

---

① 根据2020年12月26日《中华人民共和国刑法修正案(十一)》修改。原条文为:"在招股说明书、认股书、公司、企业债券募集办法中隐瞒重要事实或者编造重大虚假内容,发行股票或者公司、企业债券,数额巨大、后果严重或者有其他严重情节的,处五年以下有期徒刑或者拘役,并处或者单处非法募集资金金额百分之一以上百分之五以下罚金。

"单位犯前款罪的,对单位判处罚金,并对其直接负责的主管人员和其他直接责任人员,处五年以下有期徒刑或者拘役。"

刑，并处罚金。

前款规定的公司、企业的控股股东、实际控制人实施或者组织、指使实施前款行为的，或者隐瞒相关事项导致前款规定的情形发生的，依照前款的规定处罚。

犯前款罪的控股股东、实际控制人是单位的，对单位判处罚金，并对其直接负责的主管人员和其他直接责任人员，依照第一款的规定处罚。①

第一百六十二条　【妨害清算罪】公司、企业进行清算时，隐匿财产，对资产负债表或者财产清单作虚伪记载或者在未清偿债务前分配公司、企业财产，严重损害债权人或者其他人利益的，对其直接负责的主管人员和其他直接责任人员，处五年以下有期徒刑或者拘役，并处或者单处二万元以上二十万元以下罚金。

第一百六十二条之一　【隐匿、故意销毁会计凭证、会计帐簿、财务会计报告罪】隐匿或者故意销毁依法应当保存的会计凭证、会计帐簿、财务会计报告，情节严重的，处五年以下有期徒刑或者拘役，并处或者单处二万元以上二十万元以下罚金。

单位犯前款罪的，对单位判处罚金，并对其直接负责的主管人员和其他直接责任人员，依照前款的规定处罚。②

第一百六十二条之二　【虚假破产罪】公司、企业通过隐匿财产、承担虚构的债务或者以其他方法转移、处分财产，实施虚假破产，严重损害债权人或者其他人利益的，对其直接负责的主管人员和其他直接责任人员，处五年以下有期徒刑或者拘役，并处或者单处二万元以上二十万元以下罚金。③

第一百六十三条　【非国家工作人员受贿罪】公司、企业或者其他单位的工作人员，利用职务上的便利，索取他人财物或者非法收受他人财物，为他人谋取利益，数额较大的，处三年以下有期徒刑或者拘役，并处罚金；数额巨大或者有其他严重情节的，处三年以上十年以下有期徒刑，并处罚金；数额特别巨大或者有其他特别严重情节的，处十年以上有期徒刑或者无期徒刑，并处罚金。④

公司、企业或者其他单位的工作人员在经济往来中，利用职务上的便利，违反国

---

① 根据2006年6月29日《中华人民共和国刑法修正案（六）》第一次修改。原条文为："公司向股东和社会公众提供虚假的或者隐瞒重要事实的财务会计报告，严重损害股东或者其他人利益的，对其直接负责的主管人员和其他直接责任人员，处三年以下有期徒刑或者拘役，并处或者单处二万元以上二十万元以下罚金。"

根据2020年12月26日《中华人民共和国刑法修正案（十一）》第二次修改。原条文为："依法负有信息披露义务的公司、企业向股东和社会公众提供虚假的或者隐瞒重要事实的财务会计报告，或者对依法应当披露的其他重要信息不按照规定披露，严重损害股东或者其他人利益，或者有其他严重情节的，对其直接负责的主管人员和其他直接责任人员，处三年以下有期徒刑或者拘役，并处或者单处二万元以上二十万元以下罚金。"

② 根据1999年12月25日《中华人民共和国刑法修正案》增加。

③ 根据2006年6月29日《中华人民共和国刑法修正案（六）》增加。

④ 根据2020年12月26日《中华人民共和国刑法修正案（十一）》修改。原第一款条文为："公司、企业或者其他单位的工作人员利用职务上的便利，索取他人财物或者非法收受他人财物，为他人谋取利益，数额较大的，处五年以下有期徒刑或者拘役；数额巨大的，处五年以上有期徒刑，可以并处没收财产。"

家规定,收受各种名义的回扣、手续费,归个人所有的,依照前款的规定处罚。

国有公司、企业或者其他国有单位中从事公务的人员和国有公司、企业或者其他国有单位委派到非国有公司、企业以及其他单位从事公务的人员有前两款行为的,依照本法第三百八十五条、第三百八十六条的规定定罪处罚。①

第一百六十四条　【对非国家工作人员行贿罪】为谋取不正当利益,给予公司、企业或者其他单位的工作人员以财物,数额较大的,处三年以下有期徒刑或者拘役,并处罚金;数额巨大的,处三年以上十年以下有期徒刑,并处罚金。

【对外国公职人员、国际公共组织官员行贿罪】为谋取不正当商业利益,给予外国公职人员或者国际公共组织官员以财物的,依照前款的规定处罚。

单位犯前两款罪的,对单位判处罚金,并对其直接负责的主管人员和其他直接责任人员,依照第一款的规定处罚。

行贿人在被追诉前主动交待行贿行为的,可以减轻处罚或者免除处罚。②

第一百六十五条　【非法经营同类营业罪】国有公司、企业的董事、监事、高级管理人员,利用职务便利,自己经营或者为他人经营与其所任职公司、企业同类的营业,获取非法利益,数额巨大的,处三年以下有期徒刑或者拘役,并处或者单处罚金;数额特别巨大的,处三年以上七年以下有期徒刑,并处罚金。③

其他公司、企业的董事、监事、高级管理人员违反法律、行政法规规定,实施前款

---

① 根据2006年6月29日《中华人民共和国刑法修正案(六)》修改。原条文为:"公司、企业的工作人员利用职务上的便利,索取他人财物或者非法收受他人财物,为他人谋取利益,数额较大的,处五年以下有期徒刑或者拘役;数额巨大的,处五年以上有期徒刑,可以并处没收财产。

"公司、企业的工作人员在经济往来中,违反国家规定,收受各种名义的回扣、手续费,归个人所有的,依照前款的规定处罚。

"国有公司、企业中从事公务的人员和国有公司、企业委派到非国有公司、企业从事公务的人员有前两款行为的,依照本法第三百八十五条、第三百八十六条的规定定罪处罚。"

② 根据2006年6月29日《中华人民共和国刑法修正案(六)》第一次修改。原第一款条文为:"为谋取不正当利益,给予公司、企业的工作人员以财物,数额较大的,处三年以下有期徒刑或者拘役;数额巨大的,处三年以上十年以下有期徒刑,并处罚金。"

根据2011年2月25日《中华人民共和国刑法修正案(八)》第二次修改。原条文为:"为谋取不正当利益,给予公司、企业或者其他单位的工作人员以财物,数额较大的,处三年以下有期徒刑或者拘役;数额巨大的,处三年以上十年以下有期徒刑,并处罚金。

"单位犯前款罪的,对单位判处罚金,并对其直接负责的主管人员和其他直接责任人员,依照前款的规定处罚。

"行贿人在被追诉前主动交待行贿行为的,可以减轻处罚或者免除处罚。"

根据2015年8月29日《中华人民共和国刑法修正案(九)》第三次修改。原第一款条文为:"为谋取不正当利益,给予公司、企业或者其他单位的工作人员以财物,数额较大的,处三年以下有期徒刑或者拘役;数额巨大的,处三年以上十年以下有期徒刑,并处罚金。"

③ 根据2023年12月29日《中华人民共和国刑法修正案(十二)》修改。原第一款条文为:"国有公司、企业的董事、经理利用职务便利,自己经营或者为他人经营与其所任职公司、企业同类的营业,获取非法利益,数额巨大的,处三年以下有期徒刑或者拘役,并处或者单处罚金;数额特别巨大的,处三年以上七年以下有期徒刑,并处罚金。"

行为,致使公司、企业利益遭受重大损失的,依照前款的规定处罚。①

第一百六十六条　【为亲友非法牟利罪】国有公司、企业、事业单位的工作人员,利用职务便利,有下列情形之一,致使国家利益遭受重大损失的,处三年以下有期徒刑或者拘役,并处或者单处罚金;致使国家利益遭受特别重大损失的,处三年以上七年以下有期徒刑,并处罚金:

(一)将本单位的盈利业务交由自己的亲友进行经营的;

(二)以明显高于市场的价格从自己的亲友经营管理的单位采购商品、接受服务或者以明显低于市场的价格向自己的亲友经营管理的单位销售商品、提供服务的;

(三)从自己的亲友经营管理的单位采购、接受不合格商品、服务的。②

其他公司、企业的工作人员违反法律、行政法规规定,实施前款行为,致使公司、企业利益遭受重大损失的,依照前款的规定处罚。③

第一百六十七条　【签订、履行合同失职被骗罪】国有公司、企业、事业单位直接负责的主管人员,在签订、履行合同过程中,因严重不负责任被诈骗,致使国家利益遭受重大损失的,处三年以下有期徒刑或者拘役;致使国家利益遭受特别重大损失的,处三年以上七年以下有期徒刑。

第一百六十八条　【国有公司、企业、事业单位人员失职罪】【国有公司、企业、事业单位人员滥用职权罪】国有公司、企业的工作人员,由于严重不负责任或者滥用职权,造成国有公司、企业破产或者严重损失,致使国家利益遭受重大损失的,处三年以下有期徒刑或者拘役;致使国家利益遭受特别重大损失的,处三年以上七年以下有期徒刑。

国有事业单位的工作人员有前款行为,致使国家利益遭受重大损失的,依照前款的规定处罚。

国有公司、企业、事业单位的工作人员,徇私舞弊,犯前两款罪的,依照第一款的规定从重处罚。④

第一百六十九条　【徇私舞弊低价折股、出售国有资产罪】国有公司、企业或者其上级主管部门直接负责的主管人员,徇私舞弊,将国有资产低价折股或者低价出售,致使国家利益遭受重大损失的,处三年以下有期徒刑或者拘役;致使国家利益遭

① 根据2023年12月29日《中华人民共和国刑法修正案(十二)》增加一款作为第二款。

② 根据2023年12月29日《中华人民共和国刑法修正案(十二)》修改。原第一款条文为:“国有公司、企业、事业单位的工作人员,利用职务便利,有下列情形之一,使国家利益遭受重大损失的,处三年以下有期徒刑或者拘役,并处或者单处罚金;致使国家利益遭受特别重大损失的,处三年以上七年以下有期徒刑,并处罚金:

“(一)将本单位的盈利业务交由自己的亲友进行经营的;

“(二)以明显高于市场的价格向自己的亲友经营管理的单位采购商品或者以明显低于市场的价格向自己的亲友经营管理的单位销售商品的;

“(三)向自己的亲友经营管理的单位采购不合格商品的。”

③ 根据2023年12月29日《中华人民共和国刑法修正案(十二)》增加一款作为第二款。

④ 根据1999年12月25日《中华人民共和国刑法修正案》修改。原条文为:“国有公司、企业直接负责的主管人员,徇私舞弊,造成国有公司、企业破产或者严重亏损,致使国家利益遭受重大损失的,处三年以下有期徒刑或者拘役。”

受特别重大损失的,处三年以上七年以下有期徒刑。

其他公司、企业直接负责的主管人员,徇私舞弊,将公司、企业资产低价折股或者低价出售,致使公司、企业利益遭受重大损失的,依照前款的规定处罚。①

第一百六十九条之一　【背信损害上市公司利益罪】上市公司的董事、监事、高级管理人员违背对公司的忠实义务,利用职务便利,操纵上市公司从事下列行为之一,致使上市公司利益遭受重大损失的,处三年以下有期徒刑或者拘役,并处或者单处罚金;致使上市公司利益遭受特别重大损失的,处三年以上七年以下有期徒刑,并处罚金:

(一)无偿向其他单位或者个人提供资金、商品、服务或者其他资产的;

(二)以明显不公平的条件,提供或者接受资金、商品、服务或者其他资产的;

(三)向明显不具有清偿能力的单位或者个人提供资金、商品、服务或者其他资产的;

(四)为明显不具有清偿能力的单位或者个人提供担保,或者无正当理由为其他单位或者个人提供担保的;

(五)无正当理由放弃债权、承担债务的;

(六)采用其他方式损害上市公司利益的。

上市公司的控股股东或者实际控制人,指使上市公司董事、监事、高级管理人员实施前款行为的,依照前款的规定处罚。

犯前款罪的上市公司的控股股东或者实际控制人是单位的,对单位判处罚金,并对其直接负责的主管人员和其他直接责任人员,依照第一款的规定处罚。②

第四节　破坏金融管理秩序罪

第一百七十条　【伪造货币罪】伪造货币的,处三年以上十年以下有期徒刑,并处罚金;有下列情形之一的,处十年以上有期徒刑或者无期徒刑,并处罚金或者没收财产:

(一)伪造货币集团的首要分子;

(二)伪造货币数额特别巨大的;

(三)有其他特别严重情节的。③

第一百七十一条　【出售、购买、运输假币罪】出售、购买伪造的货币或者明知是伪造的货币而运输,数额较大的,处三年以下有期徒刑或者拘役,并处二万元以上二十万元以下罚金;数额巨大的,处三年以上十年以下有期徒刑,并处五万元以上五十万元以下罚金;数额特别巨大的,处十年以上有期徒刑或者无期徒刑,并处五万元以上五十万元以下罚金或者没收财产。

【金融工作人员购买假币、以假币换取货币罪】银行或者其他金融机构的工作人

---

① 根据2023年12月29日《中华人民共和国刑法修正案(十二)》增加一款作为第二款。

② 根据2006年6月29日《中华人民共和国刑法修正案(六)》增加。

③ 根据2015年8月29日《中华人民共和国刑法修正案(九)》修改。原条文为:“伪造货币的,处三年以上十年以下有期徒刑,并处五万元以上五十万元以下罚金;有下列情形之一的,处十年以上有期徒刑、无期徒刑或者死刑,并处五万元以上五十万元以下罚金或者没收财产:

“(一)伪造货币集团的首要分子;

“(二)伪造货币数额特别巨大的;

“(三)有其他特别严重情节的。”

员购买伪造的货币或者利用职务上的便利,以伪造的货币换取货币的,处三年以上十年以下有期徒刑,并处二万元以上二十万元以下罚金;数额巨大或者有其他严重情节的,处十年以上有期徒刑或者无期徒刑,并处二万元以上二十万元以下罚金或者没收财产;情节较轻的,处三年以下有期徒刑或者拘役,并处或者单处一万元以上十万元以下罚金。

伪造货币并出售或者运输伪造的货币的,依照本法第一百七十条的规定定罪从重处罚。

第一百七十二条　【持有、使用假币罪】明知是伪造的货币而持有、使用,数额较大的,处三年以下有期徒刑或者拘役,并处或者单处一万元以上十万元以下罚金;数额巨大的,处三年以上十年以下有期徒刑,并处二万元以上二十万元以下罚金;数额特别巨大的,处十年以上有期徒刑,并处五万元以上五十万元以下罚金或者没收财产。

第一百七十三条　【变造货币罪】变造货币,数额较大的,处三年以下有期徒刑或者拘役,并处或者单处一万元以上十万元以下罚金;数额巨大的,处三年以上十年以下有期徒刑,并处二万元以上二十万元以下罚金。

第一百七十四条　【擅自设立金融机构罪】未经国家有关主管部门批准,擅自设立商业银行、证券交易所、期货交易所、证券公司、期货经纪公司、保险公司或者其他金融机构的,处三年以下有期徒刑或者拘役,并处或者单处二万元以上二十万元以下罚金;情节严重的,处三年以上十年以下有期徒刑,并处五万元以上五十万元以下罚金。

【伪造、变造、转让金融机构经营许可证、批准文件罪】伪造、变造、转让商业银行、证券交易所、期货交易所、证券公司、期货经纪公司、保险公司或者其他金融机构的经营许可证或者批准文件的,依照前款的规定处罚。

单位犯前两款罪的,对单位判处罚金,并对其直接负责的主管人员和其他直接责任人员,依照第一款的规定处罚。①

第一百七十五条　【高利转贷罪】以转贷牟利为目的,套取金融机构信贷资金高利转贷他人,违法所得数额较大的,处三年以下有期徒刑或者拘役,并处违法所得一倍以上五倍以下罚金;数额巨大的,处三年以上七年以下有期徒刑,并处违法所得一倍以上五倍以下罚金。

单位犯前款罪的,对单位判处罚金,并对其直接负责的主管人员和其他直接责任人员,处三年以下有期徒刑或者拘役。

第一百七十五条之一　【骗取贷款、票据承兑、金融票证罪】以欺骗手段取得银行或者其他金融机构贷款、票据承兑、信用证、保函等,给银行或者其他金融机构造成重大损失的,处三年以下有期徒刑或者拘

---

①　根据1999年12月25日《中华人民共和国刑法修正案》修改。原条文为:"未经中国人民银行批准,擅自设立商业银行或者其他金融机构的,处三年以下有期徒刑或者拘役,并处或者单处二万元以上二十万元以下罚金;情节严重的,处三年以上十年以下有期徒刑,并处五万元以上五十万元以下罚金。

"伪造、变造、转让商业银行或者其他金融机构经营许可证的,依照前款的规定处罚。

"单位犯前两款罪的,对单位判处罚金,并对其直接负责的主管人员和其他直接责任人员,依照第一款的规定处罚。"

役,并处或者单处罚金;给银行或者其他金融机构造成特别重大损失或者有其他特别严重情节的,处三年以上七年以下有期徒刑,并处罚金。①

单位犯前款罪的,对单位判处罚金,并对其直接负责的主管人员和其他直接责任人员,依照前款的规定处罚。②

第一百七十六条 【非法吸收公众存款罪】非法吸收公众存款或者变相吸收公众存款,扰乱金融秩序的,处三年以下有期徒刑或者拘役,并处或者单处罚金;数额巨大或者有其他严重情节的,处三年以上十年以下有期徒刑,并处罚金;数额特别巨大或者有其他特别严重情节的,处十年以上有期徒刑,并处罚金。

单位犯前款罪的,对单位判处罚金,并对其直接负责的主管人员和其他直接责任人员,依照前款的规定处罚。

有前两款行为,在提起公诉前积极退赃退赔,减少损害结果发生的,可以从轻或者减轻处罚。③

第一百七十七条 【伪造、变造金融票证罪】有下列情形之一,伪造、变造金融票证的,处五年以下有期徒刑或者拘役,并处或者单处二万元以上二十万元以下罚金;情节严重的,处五年以上十年以下有期徒刑,并处五万元以上五十万元以下罚金;情节特别严重的,处十年以上有期徒刑或者无期徒刑,并处五万元以上五十万元以下罚金或者没收财产:

(一)伪造、变造汇票、本票、支票的;

(二)伪造、变造委托收款凭证、汇款凭证、银行存单等其他银行结算凭证的;

(三)伪造、变造信用证或者附随的单据、文件的;

(四)伪造信用卡的。

单位犯前款罪的,对单位判处罚金,并对其直接负责的主管人员和其他直接责任人员,依照前款的规定处罚。

第一百七十七条之一 【妨害信用卡管理罪】有下列情形之一,妨害信用卡管理的,处三年以下有期徒刑或者拘役,并处或者单处一万元以上十万元以下罚金;数量巨大或者有其他严重情节的,处三年以上十年以下有期徒刑,并处二万元以上二十万元以下罚金:

(一)明知是伪造的信用卡而持有、运输的,或者明知是伪造的空白信用卡而持有、运输,数量较大的;

(二)非法持有他人信用卡,数量较大的;

(三)使用虚假的身份证明骗领信用卡的;

---

① 根据2020年12月26日《中华人民共和国刑法修正案(十一)》修改。原第一款条文为:"以欺骗手段取得银行或者其他金融机构贷款、票据承兑、信用证、保函等,给银行或者其他金融机构造成重大损失或者有其他严重情节的,处三年以下有期徒刑或者拘役,并处或者单处罚金;给银行或者其他金融机构造成特别重大损失或者有其他特别严重情节的,处三年以上七年以下有期徒刑,并处罚金。"

② 根据2006年6月29日《中华人民共和国刑法修正案(六)》增加。

③ 根据2020年12月26日《中华人民共和国刑法修正案(十一)》修改。原条文为:"非法吸收公众存款或者变相吸收公众存款,扰乱金融秩序的,处三年以下有期徒刑或者拘役,并处或者单处二万元以上二十万元以下罚金;数额巨大或者有其他严重情节的,处三年以上十年以下有期徒刑,并处五万元以上五十万元以下罚金。

"单位犯前款罪的,对单位判处罚金,并对其直接负责的主管人员和其他直接责任人员,依照前款的规定处罚。"

（四）出售、购买、为他人提供伪造的信用卡或者以虚假的身份证明骗领的信用卡的。

【窃取、收买、非法提供信用卡信息罪】窃取、收买或者非法提供他人信用卡信息资料的，依照前款规定处罚。

银行或者其他金融机构的工作人员利用职务上的便利，犯第二款罪的，从重处罚。①

第一百七十八条　【伪造、变造国家有价证券罪】伪造、变造国库券或者国家发行的其他有价证券，数额较大的，处三年以下有期徒刑或者拘役，并处或者单处二万元以上二十万元以下罚金；数额巨大的，处三年以上十年以下有期徒刑，并处五万元以上五十万元以下罚金；数额特别巨大的，处十年以上有期徒刑或者无期徒刑，并处五万元以上五十万元以下罚金或者没收财产。

【伪造、变造股票、公司、企业债券罪】伪造、变造股票或者公司、企业债券，数额较大的，处三年以下有期徒刑或者拘役，并处或者单处一万元以上十万元以下罚金；数额巨大的，处三年以上十年以下有期徒刑，并处二万元以上二十万元以下罚金。

单位犯前两款罪的，对单位判处罚金，并对其直接负责的主管人员和其他直接责任人员，依照前两款的规定处罚。

第一百七十九条　【擅自发行股票、公司、企业债券罪】未经国家有关主管部门批准，擅自发行股票或者公司、企业债券，数额巨大、后果严重或者有其他严重情节的，处五年以下有期徒刑或者拘役，并处或者单处非法募集资金金额百分之一以上百分之五以下罚金。

单位犯前款罪的，对单位判处罚金，并对其直接负责的主管人员和其他直接责任人员，处五年以下有期徒刑或者拘役。

第一百八十条　【内幕交易、泄露内幕信息罪】证券、期货交易内幕信息的知情人员或者非法获取证券、期货交易内幕信息的人员，在涉及证券的发行，证券、期货交易或者其他对证券、期货交易价格有重大影响的信息尚未公开前，买入或者卖出该证券，或者从事与该内幕信息有关的期货交易，或者泄露该信息，或者明示、暗示他人从事上述交易活动，情节严重的，处五年以下有期徒刑或者拘役，并处或者单处违法所得一倍以上五倍以下罚金；情节特别严重的，处五年以上十年以下有期徒刑，并处违法所得一倍以上五倍以下罚金。

单位犯前款罪的，对单位判处罚金，并对其直接负责的主管人员和其他直接责任人员，处五年以下有期徒刑或者拘役。

内幕信息、知情人员的范围，依照法律、行政法规的规定确定。

【利用未公开信息交易罪】证券交易所、期货交易所、证券公司、期货经纪公司、基金管理公司、商业银行、保险公司等金融机构的从业人员以及有关监管部门或者行业协会的工作人员，利用因职务便利获取的内幕信息以外的其他未公开的信息，违反规定，从事与该信息相关的证券、期货交易活动，或者明示、暗示他人从事相关交易

---

①　根据2005年2月28日《中华人民共和国刑法修正案（五）》增加。

活动，情节严重的，依照第一款的规定处罚。①

第一百八十一条 【编造并传播证券、期货交易虚假信息罪】编造并且传播影响证券、期货交易的虚假信息，扰乱证券、期货交易市场，造成严重后果的，处五年以下有期徒刑或者拘役，并处或者单处一万元以上十万元以下罚金。

【诱骗投资者买卖证券、期货合约罪】证券交易所、期货交易所、证券公司、期货经纪公司的从业人员，证券业协会、期货业协会或者证券期货监督管理部门的工作人员，故意提供虚假信息或者伪造、变造、销毁交易记录，诱骗投资者买卖证券、期货合约，造成严重后果的，处五年以下有期徒刑或者拘役，并处或者单处一万元以上十万元以下罚金；情节特别恶劣的，处五年以上十年以下有期徒刑，并处二万元以上二十万元以下罚金。

单位犯前两款罪的，对单位判处罚金，并对其直接负责的主管人员和其他直接责任人员，处五年以下有期徒刑或者拘役。②

第一百八十二条 【操纵证券、期货市场罪】有下列情形之一，操纵证券、期货市场，影响证券、期货交易价格或者证券、期货交易量，情节严重的，处五年以下有期徒刑或者拘役，并处或者单处罚金；情节特别严重的，处五年以上十年以下有期徒刑，并处罚金：

（一）单独或者合谋，集中资金优势、持股或者持仓优势或者利用信息优势联合或

① 根据1999年12月25日《中华人民共和国刑法修正案》第一次修改。原条文为“证券交易内幕信息的知情人员或者非法获取证券交易内幕信息的人员，在涉及证券的发行、交易或者其他对证券的价格有重大影响的信息尚未公开前，买入或者卖出该证券，或者泄露该信息，情节严重的，处五年以下有期徒刑或者拘役，并处或者单处违法所得一倍以上五倍以下罚金；情节特别严重的，处五年以上十年以下有期徒刑，并处违法所得一倍以上五倍以下罚金。

“单位犯前款罪的，对单位判处罚金，并对其直接负责的主管人员和其他直接责任人员，处五年以下有期徒刑或者拘役。

“内幕信息的范围，依照法律、行政法规的规定确定。

“知情人员的范围，依照法律、行政法规的规定确定。”

根据2009年2月28日《中华人民共和国刑法修正案（七）》第二次修改。原第一款条文为：“证券、期货交易内幕信息的知情人员或者非法获取证券、期货交易内幕信息的人员，在涉及证券的发行，证券、期货交易或者其他对证券、期货交易价格有重大影响的信息尚未公开前，买入或者卖出该证券，或者从事与该内幕信息有关的期货交易，或者泄露该信息，情节严重的，处五年以下有期徒刑或者拘役，并处或者单处违法所得一倍以上五倍以下罚金；情节特别严重的，处五年以上十年以下有期徒刑，并处违法所得一倍以上五倍以下罚金。”

根据2009年2月28日《中华人民共和国刑法修正案（七）》增加一款，作为第四款。

② 根据1999年12月25日《中华人民共和国刑法修正案》修改。原条文为：“编造并且传播影响证券交易的虚假信息，扰乱证券交易市场，造成严重后果的，处五年以下有期徒刑或者拘役，并处或者单处一万元以上十万元以下罚金。

“证券交易所、证券公司的从业人员，证券业协会或者证券管理部门的工作人员，故意提供虚假信息或者伪造、变造、销毁交易记录，诱骗投资者买卖证券，造成严重后果的，处五年以下有期徒刑或者拘役，并处或者单处一万元以上十万元以下罚金；情节特别恶劣的，处五年以上十年以下有期徒刑，并处二万元以上二十万元以下罚金。

“单位犯前两款罪的，对单位判处罚金，并对其直接负责的主管人员和其他直接责任人员，处五年以下有期徒刑或者拘役。”

者连续买卖的；

（二）与他人串通，以事先约定的时间、价格和方式相互进行证券、期货交易的；

（三）在自己实际控制的帐户之间进行证券交易，或者以自己为交易对象，自买自卖期货合约的；

（四）不以成交为目的，频繁或者大量申报买入、卖出证券、期货合约并撤销申报的；

（五）利用虚假或者不确定的重大信息，诱导投资者进行证券、期货交易的；

（六）对证券、证券发行人、期货交易标的公开作出评价、预测或者投资建议，同时进行反向证券交易或者相关期货交易的；

（七）以其他方法操纵证券、期货市场的。

单位犯前款罪的，对单位判处罚金，并对其直接负责的主管人员和其他直接责任人员，依照前款的规定处罚。①

第一百八十三条 **【职务侵占罪】**保险公司的工作人员利用职务上的便利，故意编造未曾发生的保险事故进行虚假理赔，骗取保险金归自己所有的，依照本法第二百七十一条的规定定罪处罚。

【贪污罪】国有保险公司工作人员和国有保险公司委派到非国有保险公司从事公务的人员有前款行为的，依照本法第三百八十二条、第三百八十三条的规定定罪处罚。

---

① 根据1999年12月25日《中华人民共和国刑法修正案》第一次修改。原条文为："有下列情形之一，操纵证券交易价格，获取不正当利益或者转嫁风险，情节严重的，处五年以下有期徒刑或者拘役，并处或者单处违法所得一倍以上五倍以下罚金：

"（一）单独或者合谋，集中资金优势、持股优势或者利用信息优势联合或者连续买卖，操纵证券交易价格的；

"（二）与他人串通，以事先约定的时间、价格和方式相互进行证券交易或者相互买卖并不持有的证券，影响证券交易价格或者证券交易量的；

"（三）以自己为交易对象，进行不转移证券所有权的自买自卖，影响证券交易价格或者证券交易量的；

"（四）以其他方法操纵证券交易价格的。

"单位犯前款罪的，对单位判处罚金，并对其直接负责的主管人员和其他直接责任人员，处五年以下有期徒刑或者拘役。"

根据2006年6月29日《中华人民共和国刑法修正案（六）》第二次修改。原条文为："有下列情形之一，操纵证券、期货交易价格，获取不正当利益或者转嫁风险，情节严重的，处五年以下有期徒刑或者拘役，并处或者单处违法所得一倍以上五倍以下罚金：

"（一）单独或者合谋，集中资金优势、持股或者持仓优势或者利用信息优势联合或者连续买卖，操纵证券、期货交易价格的；

"（二）与他人串通，以事先约定的时间、价格和方式相互进行证券、期货交易，或者相互买卖并不持有的证券，影响证券、期货交易价格或者证券、期货交易量的；

"（三）以自己为交易对象，进行不转移证券所有权的自买自卖，或者以自己为交易对象，自买自卖期货合约，影响证券、期货交易价格或者证券、期货交易量的；

"（四）以其他方法操纵证券、期货交易价格的。

"单位犯前款罪的，对单位判处罚金，并对其直接负责的主管人员和其他直接责任人员，处五年以下有期徒刑或者拘役。"

根据2020年12月26日《中华人民共和国刑法修正案（十一）》第三次修改。原第一款条文为："有下列情形之一，操纵证券、期货市场，情节严重的，处五年以下有期徒刑或者拘役，并处或者单处罚金；情节特别严重的，处五年以上十年以下有期徒刑，并处罚金：

"（一）单独或者合谋，集中资金优势、持股或者持仓优势或者利用信息优势联合或者连续买卖，操纵证券、期货交易价格或者证券、期货交易量的；

"（二）与他人串通，以事先约定的时间、价格和方式相互进行证券、期货交易，影响证券、期货交易价格或者证券、期货交易量的；

"（三）在自己实际控制的帐户之间进行证券交易，或者以自己为交易对象，自买自卖期货合约，影响证券、期货交易价格或者证券、期货交易量的；

"（四）以其他方法操纵证券、期货市场的。"

第一百八十四条 【金融机构工作人员受贿犯罪如何定罪处罚的规定】银行或者其他金融机构的工作人员在金融业务活动中索取他人财物或者非法收受他人财物，为他人谋取利益的，或者违反国家规定，收受各种名义的回扣、手续费，归个人所有的，依照本法第一百六十三条的规定定罪处罚。

国有金融机构工作人员和国有金融机构委派到非国有金融机构从事公务的人员有前款行为的，依照本法第三百八十五条、第三百八十六条的规定定罪处罚。

第一百八十五条 【挪用资金罪】商业银行、证券交易所、期货交易所、证券公司、期货经纪公司、保险公司或者其他金融机构的工作人员利用职务上的便利，挪用本单位或者客户资金的，依照本法第二百七十二条的规定定罪处罚。

【挪用公款罪】国有商业银行、证券交易所、期货交易所、证券公司、期货经纪公司、保险公司或者其他国有金融机构的工作人员和国有商业银行、证券交易所、期货交易所、证券公司、期货经纪公司、保险公司或者其他国有金融机构委派到前款规定中的非国有机构从事公务的人员有前款行为的，依照本法第三百八十四条的规定定罪处罚。①

第一百八十五条之一 【背信运用受托财产罪】商业银行、证券交易所、期货交易所、证券公司、期货经纪公司、保险公司或者其他金融机构，违背受托义务，擅自运用客户资金或者其他委托、信托的财产，情节严重的，对单位判处罚金，并对其直接负责的主管人员和其他直接责任人员，处三年以下有期徒刑或者拘役，并处三万元以上三十万元以下罚金；情节特别严重的，处三年以上十年以下有期徒刑，并处五万元以上五十万元以下罚金。

【违法运用资金罪】社会保障基金管理机构、住房公积金管理机构等公众资金管理机构，以及保险公司、保险资产管理公司、证券投资基金管理公司，违反国家规定运用资金的，对其直接负责的主管人员和其他直接责任人员，依照前款的规定处罚。②

第一百八十六条 【违法发放贷款罪】银行或者其他金融机构的工作人员违反国家规定发放贷款，数额巨大或者造成重大损失的，处五年以下有期徒刑或者拘役，并处一万元以上十万元以下罚金；数额特别巨大或者造成特别重大损失的，处五年以上有期徒刑，并处二万元以上二十万元以下罚金。

银行或者其他金融机构的工作人员违反国家规定，向关系人发放贷款的，依照前款的规定从重处罚。③

---

① 根据1999年12月25日《中华人民共和国刑法修正案》修改。原条文为："银行或者其他金融机构的工作人员利用职务上的便利，挪用本单位或者客户资金的，依照本法第二百七十二条的规定定罪处罚。

"国有金融机构工作人员和国有金融机构委派到非国有金融机构从事公务的人员有前款行为的，依照本法第三百八十四条的规定定罪处罚。"

② 根据2006年6月29日《中华人民共和国刑法修正案（六）》增加。

③ 根据2006年6月29日《中华人民共和国刑法修正案（六）》修改。原第一款、第二款条文为："银行或者其他金融机构的工作人员违反法律、行政法规规定，向关系人发放信用贷款或者发放担保贷款的条件优于其他借款人同类贷款的条件，造成较大损失的，处五年以下有期徒刑或者拘役，并处一万元以上十万元以下罚金；造成重大损失的，处五年以上有期徒刑，并处二万元以上二十万元以下罚金。

"银行或者其他金融机构的工作人员违反法律、行政法规规定，向关系人以外的其他人发放贷款，造成重大损失的，处五年以下有期徒刑或者拘役，并处一万元以上十万元以下罚金；造成特别重大损失的，处五年以上有期徒刑，并处二万元以上二十万元以下罚金。"

单位犯前两款罪的，对单位判处罚金，并对其直接负责的主管人员和其他直接责任人员，依照前两款的规定处罚。

关系人的范围，依照《中华人民共和国商业银行法》和有关金融法规确定。

第一百八十七条　【吸收客户资金不入账罪】银行或者其他金融机构的工作人员吸收客户资金不入帐，数额巨大或者造成重大损失的，处五年以下有期徒刑或者拘役，并处二万元以上二十万元以下罚金；数额特别巨大或者造成特别重大损失的，处五年以上有期徒刑，并处五万元以上五十万元以下罚金。①

单位犯前款罪的，对单位判处罚金，并对其直接负责的主管人员和其他直接责任人员，依照前款的规定处罚。

第一百八十八条　【违规出具金融票证罪】银行或者其他金融机构的工作人员违反规定，为他人出具信用证或者其他保函、票据、存单、资信证明，情节严重的，处五年以下有期徒刑或者拘役；情节特别严重的，处五年以上有期徒刑。②

单位犯前款罪的，对单位判处罚金，并对其直接负责的主管人员和其他直接责任人员，依照前款的规定处罚。

第一百八十九条　【对违法票据承兑、付款、保证罪】银行或者其他金融机构的工作人员在票据业务中，对违反票据法规定的票据予以承兑、付款或者保证，造成重大损失的，处五年以下有期徒刑或者拘役；造成特别重大损失的，处五年以上有期徒刑。

单位犯前款罪的，对单位判处罚金，并对其直接负责的主管人员和其他直接责任人员，依照前款的规定处罚。

第一百九十条　【逃汇罪】公司、企业或者其他单位，违反国家规定，擅自将外汇存放境外，或者将境内的外汇非法转移到境外，数额较大的，对单位判处逃汇数额百分之五以上百分之三十以下罚金，并对其直接负责的主管人员和其他直接责任人员，处五年以下有期徒刑或者拘役；数额巨大或者有其他严重情节的，对单位判处逃汇数额百分之五以上百分之三十以下罚金，并对其直接负责的主管人员和其他直接责任人员，处五年以上有期徒刑。③

第一百九十一条　【洗钱罪】为掩饰、隐瞒毒品犯罪、黑社会性质的组织犯罪、恐怖活动犯罪、走私犯罪、贪污贿赂犯罪、破坏金融管理秩序犯罪、金融诈骗犯罪的所得及其产生的收益的来源和性质，有下列行为之一的，没收实施以上犯罪的所得及其产生的收益，处五年以下有期徒刑或者拘役，并处或者单处罚金；情节严重的，处

---

① 根据2006年6月29日《中华人民共和国刑法修正案(六)》修改。原第一款条文为：“银行或者其他金融机构的工作人员以牟利为目的，采取吸收客户资金不入帐的方式，将资金用于非法拆借、发放贷款，造成重大损失的，处五年以下有期徒刑或者拘役，并处二万元以上二十万元以下罚金；造成特别重大损失的，处五年以上有期徒刑，并处五万元以上五十万元以下罚金。”

② 根据2006年6月29日《中华人民共和国刑法修正案(六)》修改。原第一款条文为：“银行或者其他金融机构的工作人员违反规定，为他人出具信用证或者其他保函、票据、存单、资信证明，造成较大损失的，处五年以下有期徒刑或者拘役；造成重大损失的，处五年以上有期徒刑。”

③ 根据1998年12月29日《全国人民代表大会常务委员会关于惩治骗购外汇、逃汇和非法买卖外汇犯罪的决定》修改。原条文为：“国有公司、企业或者其他国有单位，违反国家规定，擅自将外汇存放境外，或者将境内的外汇非法转移到境外，情节严重的，对单位判处罚金，并对其直接负责的主管人员和其他直接责任人员，处五年以下有期徒刑或者拘役。”

五年以上十年以下有期徒刑,并处罚金:

(一)提供资金帐户的;

(二)将财产转换为现金、金融票据、有价证券的;

(三)通过转帐或者其他支付结算方式转移资金的;

(四)跨境转移资产的;

(五)以其他方法掩饰、隐瞒犯罪所得及其收益的来源和性质的。

单位犯前款罪的,对单位判处罚金,并对其直接负责的主管人员和其他直接责任人员,依照前款的规定处罚。①

第五节 金融诈骗罪

第一百九十二条 【集资诈骗罪】以非法占有为目的,使用诈骗方法非法集资,数额较大的,处三年以上七年以下有期徒刑,并处罚金;数额巨大或者有其他严重情节的,处七年以上有期徒刑或者无期徒刑,并处罚金或者没收财产。

---

① 根据2001年12月29日《中华人民共和国刑法修正案(三)》第一次修改。原条文为:"明知是毒品犯罪、黑社会性质的组织犯罪、走私犯罪的违法所得及其产生的收益,为掩饰、隐瞒其来源和性质,有下列行为之一的,没收实施以上犯罪的违法所得及其产生的收益,处五年以下有期徒刑或者拘役,并处或者单处洗钱数额百分之五以上百分之二十以下罚金;情节严重的,处五年以上十年以下有期徒刑,并处洗钱数额百分之五以上百分之二十以下罚金:

"(一)提供资金帐户的;

"(二)协助将财产转换为现金或者金融票据的;

"(三)通过转帐或者其他结算方式协助资金转移的;

"(四)协助将资金汇往境外的;

"(五)以其他方法掩饰、隐瞒犯罪的违法所得及其收益的性质和来源的。

"单位犯前款罪的,对单位判处罚金,并对其直接负责的主管人员和其他直接责任人员,处五年以下有期徒刑或者拘役。"

根据2006年6月29日《中华人民共和国刑法修正案(六)》第二次修改。原第一款条文为:"明知是毒品犯罪、黑社会性质的组织犯罪、恐怖活动犯罪、走私犯罪的违法所得及其产生的收益,为掩饰、隐瞒其来源和性质,有下列行为之一的,没收实施以上犯罪的违法所得及其产生的收益,处五年以下有期徒刑或者拘役,并处或者单处洗钱数额百分之五以上百分之二十以下罚金;情节严重的,处五年以上十年以下有期徒刑,并处洗钱数额百分之五以上百分之二十以下罚金:

"(一)提供资金帐户的;

"(二)协助将财产转换为现金或者金融票据的;

"(三)通过转帐或者其他结算方式协助资金转移的;

"(四)协助将资金汇往境外的;

"(五)以其他方法掩饰、隐瞒犯罪的违法所得及其收益的来源和性质的。"

根据2020年12月26日《中华人民共和国刑法修正案(十一)》第三次修改。原条文为:"明知是毒品犯罪、黑社会性质的组织犯罪、恐怖活动犯罪、走私犯罪、贪污贿赂犯罪、破坏金融管理秩序犯罪、金融诈骗犯罪的所得及其产生的收益,为掩饰、隐瞒其来源和性质,有下列行为之一的,没收实施以上犯罪的所得及其产生的收益,处五年以下有期徒刑或者拘役,并处或者单处洗钱数额百分之五以上百分之二十以下罚金;情节严重的,处五年以上十年以下有期徒刑,并处洗钱数额百分之五以上百分之二十以下罚金:

"(一)提供资金帐户的;

"(二)协助将财产转换为现金、金融票据、有价证券的;

"(三)通过转帐或者其他结算方式协助资金转移的;

"(四)协助将资金汇往境外的;

"(五)以其他方法掩饰、隐瞒犯罪所得及其收益的来源和性质的。

"单位犯前款罪的,对单位判处罚金,并对其直接负责的主管人员和其他直接责任人员,处五年以下有期徒刑或者拘役;情节严重的,处五年以上十年以下有期徒刑。"

单位犯前款罪的，对单位判处罚金，并对其直接负责的主管人员和其他直接责任人员，依照前款的规定处罚。①

第一百九十三条　【贷款诈骗罪】有下列情形之一，以非法占有为目的，诈骗银行或者其他金融机构的贷款，数额较大的，处五年以下有期徒刑或者拘役，并处二万元以上二十万元以下罚金；数额巨大或者有其他严重情节的，处五年以上十年以下有期徒刑，并处五万元以上五十万元以下罚金；数额特别巨大或者有其他特别严重情节的，处十年以上有期徒刑或者无期徒刑，并处五万元以上五十万元以下罚金或者没收财产：

（一）编造引进资金、项目等虚假理由的；

（二）使用虚假的经济合同的；

（三）使用虚假的证明文件的；

（四）使用虚假的产权证明作担保或者超出抵押物价值重复担保的；

（五）以其他方法诈骗贷款的。

第一百九十四条　【票据诈骗罪】有下列情形之一，进行金融票据诈骗活动，数额较大的，处五年以下有期徒刑或者拘役，并处二万元以上二十万元以下罚金；数额巨大或者有其他严重情节的，处五年以上十年以下有期徒刑，并处五万元以上五十万元以下罚金；数额特别巨大或者有其他特别严重情节的，处十年以上有期徒刑或者无期徒刑，并处五万元以上五十万元以下罚金或者没收财产：

（一）明知是伪造、变造的汇票、本票、支票而使用的；

（二）明知是作废的汇票、本票、支票而使用的；

（三）冒用他人的汇票、本票、支票的；

（四）签发空头支票或者与其预留印鉴不符的支票，骗取财物的；

（五）汇票、本票的出票人签发无资金保证的汇票、本票或者在出票时作虚假记载，骗取财物的。

【金融凭证诈骗罪】使用伪造、变造的委托收款凭证、汇款凭证、银行存单等其他银行结算凭证的，依照前款的规定处罚。

第一百九十五条　【信用证诈骗罪】有下列情形之一，进行信用证诈骗活动的，处五年以下有期徒刑或者拘役，并处二万元以上二十万元以下罚金；数额巨大或者有其他严重情节的，处五年以上十年以下有期徒刑，并处五万元以上五十万元以下罚金；数额特别巨大或者有其他特别严重情节的，处十年以上有期徒刑或者无期徒刑，并处五万元以上五十万元以下罚金或者没收财产：

（一）使用伪造、变造的信用证或者附随的单据、文件的；

（二）使用作废的信用证的；

（三）骗取信用证的；

（四）以其他方法进行信用证诈骗活动的。

第一百九十六条　【信用卡诈骗罪】有下列情形之一，进行信用卡诈骗活动，数额

---

① 根据2020年12月26日《中华人民共和国刑法修正案（十一）》修改。原条文为："以非法占有为目的，使用诈骗方法非法集资，数额较大的，处五年以下有期徒刑或者拘役，并处二万元以上二十万元以下罚金；数额巨大或者有其他严重情节的，处五年以上十年以下有期徒刑，并处五万元以上五十万元以下罚金；数额特别巨大或者有其他特别严重情节的，处十年以上有期徒刑或者无期徒刑，并处五万元以上五十万元以下罚金或者没收财产。"

较大的,处五年以下有期徒刑或者拘役,并处二万元以上二十万元以下罚金;数额巨大或者有其他严重情节的,处五年以上十年以下有期徒刑,并处五万元以上五十万元以下罚金;数额特别巨大或者有其他特别严重情节的,处十年以上有期徒刑或者无期徒刑,并处五万元以上五十万元以下罚金或者没收财产:

(一)使用伪造的信用卡,或者使用以虚假的身份证明骗领的信用卡的;

(二)使用作废的信用卡的;

(三)冒用他人信用卡的;

(四)恶意透支的。

前款所称恶意透支,是指持卡人以非法占有为目的,超过规定限额或者规定期限透支,并且经发卡银行催收后仍不归还的行为。

盗窃信用卡并使用的,依照本法第二百六十四条的规定定罪处罚。①

第一百九十七条　【有价证券诈骗罪】使用伪造、变造的国库券或者国家发行的其他有价证券,进行诈骗活动,数额较大的,处五年以下有期徒刑或者拘役,并处二万元以上二十万元以下罚金;数额巨大或者有其他严重情节的,处五年以上十年以下有期徒刑,并处五万元以上五十万元以下罚金;数额特别巨大或者有其他特别严重情节的,处十年以上有期徒刑或者无期徒刑,并处五万元以上五十万元以下罚金或者没收财产。

第一百九十八条　【保险诈骗罪】有下列情形之一,进行保险诈骗活动,数额较大的,处五年以下有期徒刑或者拘役,并处一万元以上十万元以下罚金;数额巨大或者有其他严重情节的,处五年以上十年以下有期徒刑,并处二万元以上二十万元以下罚金;数额特别巨大或者有其他特别严重情节的,处十年以上有期徒刑,并处二万元以上二十万元以下罚金或者没收财产:

(一)投保人故意虚构保险标的,骗取保险金的;

(二)投保人、被保险人或者受益人对发生的保险事故编造虚假的原因或者夸大损失的程度,骗取保险金的;

(三)投保人、被保险人或者受益人编造未曾发生的保险事故,骗取保险金的;

(四)投保人、被保险人故意造成财产损失的保险事故,骗取保险金的;

(五)投保人、受益人故意造成被保险人死亡、伤残或者疾病,骗取保险金的。

有前款第四项、第五项所列行为,同时

---

① 根据2005年2月28日《中华人民共和国刑法修正案(五)》修改。原条文为:"有下列情形之一,进行信用卡诈骗活动,数额较大的,处五年以下有期徒刑或者拘役,并处二万元以上二十万元以下罚金;数额巨大或者有其他严重情节的,处五年以上十年以下有期徒刑,并处五万元以上五十万元以下罚金;数额特别巨大或者有其他特别严重情节的,处十年以上有期徒刑或者无期徒刑,并处五万元以上五十万元以下罚金或者没收财产:

"(一)使用伪造的信用卡的;

"(二)使用作废的信用卡的;

"(三)冒用他人信用卡的;

"(四)恶意透支的。

"前款所称恶意透支,是指持卡人以非法占有为目的,超过规定限额或者规定期限透支,并且经发卡银行催收后仍不归还的行为。

"盗窃信用卡并使用的,依照本法第二百六十四条的规定定罪处罚。"

构成其他犯罪的，依照数罪并罚的规定处罚。

单位犯第一款罪的，对单位判处罚金，并对其直接负责的主管人员和其他直接责任人员，处五年以下有期徒刑或者拘役；数额巨大或者有其他严重情节的，处五年以上十年以下有期徒刑；数额特别巨大或者有其他特别严重情节的，处十年以上有期徒刑。

保险事故的鉴定人、证明人、财产评估人故意提供虚假的证明文件，为他人诈骗提供条件的，以保险诈骗的共犯论处。

第一百九十九条　（删去）①

第二百条　【单位犯金融诈骗罪的处罚规定】单位犯本节第一百九十四条、第一百九十五条规定之罪的，对单位判处罚金，并对其直接负责的主管人员和其他直接责任人员，处五年以下有期徒刑或者拘役，可以并处罚金；数额巨大或者有其他严重情节的，处五年以上十年以下有期徒刑，并处罚金；数额特别巨大或者有其他特别严重情节的，处十年以上有期徒刑或者无期徒刑，并处罚金。②

第六节　危害税收征管罪

第二百零一条　【逃税罪】纳税人采取欺骗、隐瞒手段进行虚假纳税申报或者不申报，逃避缴纳税款数额较大并且占应纳税额百分之十以上的，处三年以下有期徒刑或者拘役，并处罚金；数额巨大并且占应纳税额百分之三十以上的，处三年以上七年以下有期徒刑，并处罚金。

扣缴义务人采取前款所列手段，不缴或者少缴已扣、已收税款，数额较大的，依照前款的规定处罚。

对多次实施前两款行为，未经处理的，按照累计数额计算。

有第一款行为，经税务机关依法下达追缴通知后，补缴应纳税款，缴纳滞纳金，已受行政处罚的，不予追究刑事责任；但是，五年内因逃避缴纳税款受过刑事处罚或者被税务机关给予二次以上行政处罚的

---

①　根据2011年2月25日《中华人民共和国刑法修正案（八）》修改。原条文为："犯本节第一百九十二条、第一百九十四条、第一百九十五条规定之罪，数额特别巨大并且给国家和人民利益造成特别重大损失的，处无期徒刑或者死刑，并处没收财产。"

根据2015年8月29日《中华人民共和国刑法修正案（九）》删除。原条文为："犯本节第一百九十二条规定之罪，数额特别巨大并且给国家和人民利益造成特别重大损失的，处无期徒刑或者死刑，并处没收财产。"

②　根据2011年2月25日《中华人民共和国刑法修正案（八）》第一次修改。原条文为："单位犯本节第一百九十二条、第一百九十四条、第一百九十五条规定之罪的，对单位判处罚金，并对其直接负责的主管人员和其他直接责任人员，处五年以下有期徒刑或者拘役；数额巨大或者有其他严重情节的，处五年以上十年以下有期徒刑；数额特别巨大或者有其他特别严重情节的，处十年以上有期徒刑或者无期徒刑。"

根据2020年12月26日《中华人民共和国刑法修正案（十一）》第二次修改。原条文为："单位犯本节第一百九十二条、第一百九十四条、第一百九十五条规定之罪的，对单位判处罚金，并对其直接负责的主管人员和其他直接责任人员，处五年以下有期徒刑或者拘役，可以并处罚金；数额巨大或者有其他严重情节的，处五年以上十年以下有期徒刑，并处罚金；数额特别巨大或者有其他特别严重情节的，处十年以上有期徒刑或者无期徒刑，并处罚金。"

除外。[①]

第二百零二条 【抗税罪】以暴力、威胁方法拒不缴纳税款的，处三年以下有期徒刑或者拘役，并处拒缴税款一倍以上五倍以下罚金；情节严重的，处三年以上七年以下有期徒刑，并处拒缴税款一倍以上五倍以下罚金。

第二百零三条 【逃避追缴欠税罪】纳税人欠缴应纳税款，采取转移或者隐匿财产的手段，致使税务机关无法追缴欠缴的税款，数额在一万元以上不满十万元的，处三年以下有期徒刑或者拘役，并处或者单处欠缴税款一倍以上五倍以下罚金；数额在十万元以上的，处三年以上七年以下有期徒刑，并处欠缴税款一倍以上五倍以下罚金。

第二百零四条 【骗取出口退税罪】以假报出口或者其他欺骗手段，骗取国家出口退税款，数额较大的，处五年以下有期徒刑或者拘役，并处骗取税款一倍以上五倍以下罚金；数额巨大或者有其他严重情节的，处五年以上十年以下有期徒刑，并处骗取税款一倍以上五倍以下罚金；数额特别巨大或者有其他特别严重情节的，处十年以上有期徒刑或者无期徒刑，并处骗取税款一倍以上五倍以下罚金或者没收财产。

纳税人缴纳税款后，采取前款规定的欺骗方法，骗取所缴纳的税款的，依照本法第二百零一条的规定定罪处罚；骗取税款超过所缴纳的税款部分，依照前款的规定处罚。

第二百零五条 【虚开增值税专用发票、用于骗取出口退税、抵扣税款发票罪】虚开增值税专用发票或者虚开用于骗取出口退税、抵扣税款的其他发票的，处三年以下有期徒刑或者拘役，并处二万元以上二十万元以下罚金；虚开的税款数额较大或者有其他严重情节的，处三年以上十年以下有期徒刑，并处五万元以上五十万元以下罚金；虚开的税款数额巨大或者有其他特别严重情节的，处十年以上有期徒刑或者无期徒刑，并处五万元以上五十万元以下罚金或者没收财产。

单位犯本条规定之罪的，对单位判处罚金，并对其直接负责的主管人员和其他直接责任人员，处三年以下有期徒刑或者拘役；虚开的税款数额较大或者有其他严重情节的，处三年以上十年以下有期徒刑；虚开的税款数额巨大或者有其他特别严重情节的，处十年以上有期徒刑或者无期徒刑。

虚开增值税专用发票或者虚开用于骗取出口退税、抵扣税款的其他发票，是指有为他人虚开、为自己虚开、让他人为自己虚

---

① 根据2009年2月28日《中华人民共和国刑法修正案（七）》修改。原条文为："纳税人采取伪造、变造、隐匿、擅自销毁帐簿、记帐凭证，在帐簿上多列支出或者不列、少列收入，经税务机关通知申报而拒不申报或者进行虚假的纳税申报的手段，不缴或者少缴应纳税款，偷税数额占应纳税额的百分之十以上不满百分之三十并且偷税数额在一万元以上不满十万元的，或者因偷税被税务机关给予二次行政处罚又偷税的，处三年以下有期徒刑或者拘役，并处偷税数额一倍以上五倍以下罚金；偷税数额占应纳税额的百分之三十以上并且偷税数额在十万元以上的，处三年以上七年以下有期徒刑，并处偷税数额一倍以上五倍以下罚金。

"扣缴义务人采取前款所列手段，不缴或者少缴已扣、已收税款，数额占应缴税额的百分之十以上并且数额在一万元以上的，依照前款的规定处罚。

"对多次犯有前两款行为，未经处理的，按照累计数额计算。"

开、介绍他人虚开行为之一的。①

第二百零五条之一　【虚开发票罪】虚开本法第二百零五条规定以外的其他发票,情节严重的,处二年以下有期徒刑、拘役或者管制,并处罚金;情节特别严重的,处二年以上七年以下有期徒刑,并处罚金。

单位犯前款罪的,对单位判处罚金,并对其直接负责的主管人员和其他直接责任人员,依照前款的规定处罚。②

第二百零六条　【伪造、出售伪造的增值税专用发票罪】伪造或者出售伪造的增值税专用发票的,处三年以下有期徒刑、拘役或者管制,并处二万元以上二十万元以下罚金;数量较大或者有其他严重情节的,处三年以上十年以下有期徒刑,并处五万元以上五十万元以下罚金;数量巨大或者有其他特别严重情节的,处十年以上有期徒刑或者无期徒刑,并处五万元以上五十万元以下罚金或者没收财产。

单位犯本条规定之罪的,对单位判处罚金,并对其直接负责的主管人员和其他直接责任人员,处三年以下有期徒刑、拘役或者管制;数量较大或者有其他严重情节的,处三年以上十年以下有期徒刑;数量巨大或者有其他特别严重情节的,处十年以上有期徒刑或者无期徒刑。③

第二百零七条　【非法出售增值税专用发票罪】非法出售增值税专用发票的,处三年以下有期徒刑、拘役或者管制,并处二万元以上二十万元以下罚金;数量较大的,处三年以上十年以下有期徒刑,并处五万元以上五十万元以下罚金;数量巨大的,处十年以上有期徒刑或者无期徒刑,并处五万元以上五十万元以下罚金或者没收财产。

第二百零八条　【非法购买增值税专用发票、购买伪造的增值税专用发票罪】非法购买增值税专用发票或者购买伪造的增值税专用发票的,处五年以下有期徒刑或者拘役,并处或者单处二万元以上二十万元以下罚金。

非法购买增值税专用发票或者购买伪造的增值税专用发票又虚开或者出售的,分别依照本法第二百零五条、第二百零六条、第二百零七条的规定定罪处罚。

第二百零九条　【非法制造、出售非法制造的用于骗取出口退税、抵扣税款发票罪】伪造、擅自制造或者出售伪造、擅自制造的可以用于骗取出口退税、抵扣税款的其他发票的,处三年以下有期徒刑、拘役或者管制,并处二万元以上二十万元以下罚金;数量巨大的,处三年以上七年以下有期徒刑,并处五万元以上五十万元以下罚金;数量特别巨大的,处七年以上有期徒刑,并处五万元以上五十万元以下罚金或者没收财产。

【非法制造、出售非法制造的发票罪】伪造、擅自制造或者出售伪造、擅自制造的

① 根据2011年2月25日《中华人民共和国刑法修正案(八)》修改,本条删去第二款。原第二款条文为:"有前款行为骗取国家税款,数额特别巨大,情节特别严重,给国家利益造成特别重大损失的,处无期徒刑或者死刑,并处没收财产。"

② 根据2011年2月25日《中华人民共和国刑法修正案(八)》增加。

③ 根据2011年2月25日《中华人民共和国刑法修正案(八)》修改,本条删去第二款。原第二款条文为:"伪造并出售伪造的增值税专用发票,数量特别巨大,情节特别严重,严重破坏经济秩序的,处无期徒刑或者死刑,并处没收财产。"

前款规定以外的其他发票的,处二年以下有期徒刑、拘役或者管制,并处或者单处一万元以上五万元以下罚金;情节严重的,处二年以上七年以下有期徒刑,并处五万元以上五十万元以下罚金。

【非法出售用于骗取出口退税、抵扣税款发票罪】非法出售可以用于骗取出口退税、抵扣税款的其他发票的,依照第一款的规定处罚。

【非法出售发票罪】非法出售第三款规定以外的其他发票的,依照第二款的规定处罚。

第二百一十条 【盗窃罪】盗窃增值税专用发票或者可以用于骗取出口退税、抵扣税款的其他发票的,依照本法第二百六十四条的规定定罪处罚。

【诈骗罪】使用欺骗手段骗取增值税专用发票或者可以用于骗取出口退税、抵扣税款的其他发票的,依照本法第二百六十六条的规定定罪处罚。

第二百一十条之一 【持有伪造的发票罪】明知是伪造的发票而持有,数量较大的,处二年以下有期徒刑、拘役或者管制,并处罚金;数量巨大的,处二年以上七年以下有期徒刑,并处罚金。

单位犯前款罪的,对单位判处罚金,并对其直接负责的主管人员和其他直接责任人员,依照前款的规定处罚。①

第二百一十一条 【单位犯危害税收征管罪的处罚规定】单位犯本节第二百零一条、第二百零三条、第二百零四条、第二百零七条、第二百零八条、第二百零九条规定之罪的,对单位判处罚金,并对其直接负责的主管人员和其他直接责任人员,依照各该条的规定处罚。

第二百一十二条 【税收征缴优先原则】犯本节第二百零一条至第二百零五条规定之罪,被判处罚金、没收财产的,在执行前,应当先由税务机关追缴税款和所骗取的出口退税款。

第七节 侵犯知识产权罪

第二百一十三条 【假冒注册商标罪】未经注册商标所有人许可,在同一种商品、服务上使用与其注册商标相同的商标,情节严重的,处三年以下有期徒刑,并处或者单处罚金;情节特别严重的,处三年以上十年以下有期徒刑,并处罚金。②

第二百一十四条 【销售假冒注册商标的商品罪】销售明知是假冒注册商标的商品,违法所得数额较大或者有其他严重情节的,处三年以下有期徒刑,并处或者单处罚金;违法所得数额巨大或者有其他特别严重情节的,处三年以上十年以下有期徒刑,并处罚金。③

第二百一十五条 【非法制造、销售非法制造的注册商标标识罪】伪造、擅自制造他人注册商标标识或者销售伪造、擅自制

---

① 根据2011年2月25日《中华人民共和国刑法修正案(八)》增加。

② 根据2020年12月26日《中华人民共和国刑法修正案(十一)》修改。原条文为:"未经注册商标所有人许可,在同一种商品上使用与其注册商标相同的商标,情节严重的,处三年以下有期徒刑或者拘役,并处或者单处罚金;情节特别严重的,处三年以上七年以下有期徒刑,并处罚金。"

③ 根据2020年12月26日《中华人民共和国刑法修正案(十一)》修改。原条文为:"销售明知是假冒注册商标的商品,销售金额数额较大的,处三年以下有期徒刑或者拘役,并处或者单处罚金;销售金额数额巨大的,处三年以上七年以下有期徒刑,并处罚金。"

造的注册商标标识，情节严重的，处三年以下有期徒刑，并处或者单处罚金；情节特别严重的，处三年以上十年以下有期徒刑，并处罚金。①

第二百一十六条　【假冒专利罪】假冒他人专利，情节严重的，处三年以下有期徒刑或者拘役，并处或者单处罚金。

第二百一十七条　【侵犯著作权罪】以营利为目的，有下列侵犯著作权或者与著作权有关的权利的情形之一，违法所得数额较大或者有其他严重情节的，处三年以下有期徒刑，并处或者单处罚金；违法所得数额巨大或者有其他特别严重情节的，处三年以上十年以下有期徒刑，并处罚金：

（一）未经著作权人许可，复制发行、通过信息网络向公众传播其文字作品、音乐、美术、视听作品、计算机软件及法律、行政法规规定的其他作品的；

（二）出版他人享有专有出版权的图书的；

（三）未经录音录像制作者许可，复制发行、通过信息网络向公众传播其制作的录音录像的；

（四）未经表演者许可，复制发行录有其表演的录音录像制品，或者通过信息网络向公众传播其表演的；

（五）制作、出售假冒他人署名的美术作品的；

（六）未经著作权人或者与著作权有关的权利人许可，故意避开或者破坏权利人为其作品、录音录像制品等采取的保护著作权或者与著作权有关的权利的技术措施的。②

第二百一十八条　【销售侵权复制品罪】以营利为目的，销售明知是本法第二百一十七条规定的侵权复制品，违法所得数额巨大或者有其他严重情节的，处五年以下有期徒刑，并处或者单处罚金。③

第二百一十九条　【侵犯商业秘密罪】有下列侵犯商业秘密行为之一，情节严重的，处三年以下有期徒刑，并处或者单处罚金；情节特别严重的，处三年以上十年以下有期徒刑，并处罚金：

（一）以盗窃、贿赂、欺诈、胁迫、电子侵入或者其他不正当手段获取权利人的商业秘密的；

---

① 根据2020年12月26日《中华人民共和国刑法修正案（十一）》修改。原条文为："伪造、擅自制造他人注册商标标识或者销售伪造、擅自制造的注册商标标识，情节严重的，处三年以下有期徒刑、拘役或者管制，并处或者单处罚金；情节特别严重的，处三年以上七年以下有期徒刑，并处罚金。"

② 根据2020年12月26日《中华人民共和国刑法修正案（十一）》修改。原条文为："以营利为目的，有下列侵犯著作权情形之一，违法所得数额较大或者有其他严重情节的，处三年以下有期徒刑或者拘役，并处或者单处罚金；违法所得数额巨大或者有其他特别严重情节的，处三年以上七年以下有期徒刑，并处罚金：

"（一）未经著作权人许可，复制发行其文字作品、音乐、电影、电视、录像作品、计算机软件及其他作品的；

"（二）出版他人享有专有出版权的图书的；

"（三）未经录音录像制作者许可，复制发行其制作的录音录像的；

"（四）制作、出售假冒他人署名的美术作品的。"

③ 根据2020年12月26日《中华人民共和国刑法修正案（十一）》修改。原条文为："以营利为目的，销售明知是本法第二百一十七条规定的侵权复制品，违法所得数额巨大的，处三年以下有期徒刑或者拘役，并处或者单处罚金。"

(二)披露、使用或者允许他人使用以前项手段获取的权利人的商业秘密的;

(三)违反保密义务或者违反权利人有关保守商业秘密的要求,披露、使用或者允许他人使用其所掌握的商业秘密的。

明知前款所列行为,获取、披露、使用或者允许他人使用该商业秘密的,以侵犯商业秘密论。

本条所称权利人,是指商业秘密的所有人和经商业秘密所有人许可的商业秘密使用人。①

第二百一十九条之一 【为境外窃取、刺探、收买、非法提供商业秘密罪】为境外的机构、组织、人员窃取、刺探、收买、非法提供商业秘密的,处五年以下有期徒刑,并处或者单处罚金;情节严重的,处五年以上有期徒刑,并处罚金。②

第二百二十条 【单位犯侵犯知识产权罪的处罚规定】单位犯本节第二百一十三条至第二百一十九条之一规定之罪的,对单位判处罚金,并对其直接负责的主管人员和其他直接责任人员,依照本节各该条的规定处罚。③

第八节 扰乱市场秩序罪

第二百二十一条 【损害商业信誉、商品声誉罪】捏造并散布虚伪事实,损害他人的商业信誉、商品声誉,给他人造成重大损失或者有其他严重情节的,处二年以下有期徒刑或者拘役,并处或者单处罚金。

第二百二十二条 【虚假广告罪】广告主、广告经营者、广告发布者违反国家规定,利用广告对商品或者服务作虚假宣传,情节严重的,处二年以下有期徒刑或者拘役,并处或者单处罚金。

第二百二十三条 【串通投标罪】投标人相互串通投标报价,损害招标人或者其他投标人利益,情节严重的,处三年以下有期徒刑或者拘役,并处或者单处罚金。

投标人与招标人串通投标,损害国家、集体、公民的合法利益的,依照前款的规定处罚。

第二百二十四条 【合同诈骗罪】有下列情形之一,以非法占有为目的,在签订、履行合同过程中,骗取对方当事人财物,数额较大的,处三年以下有期徒刑或者拘役,

---

① 根据2020年12月26日《中华人民共和国刑法修正案(十一)》修改。原条文为:"有下列侵犯商业秘密行为之一,给商业秘密的权利人造成重大损失的,处三年以下有期徒刑或者拘役,并处或者单处罚金;造成特别严重后果的,处三年以上七年以下有期徒刑,并处罚金:

"(一)以盗窃、利诱、胁迫或者其他不正当手段获取权利人的商业秘密的;

"(二)披露、使用或者允许他人使用以前项手段获取的权利人的商业秘密的;

"(三)违反约定或者违反权利人有关保守商业秘密的要求,披露、使用或者允许他人使用其所掌握的商业秘密的。

"明知或者应知前款所列行为,获取、使用或者披露他人的商业秘密的,以侵犯商业秘密论。

"本条所称商业秘密,是指不为公众所知悉,能为权利人带来经济利益,具有实用性并经权利人采取保密措施的技术信息和经营信息。

"本条所称权利人,是指商业秘密的所有人和经商业秘密所有人许可的商业秘密使用人。"

② 根据2020年12月26日《中华人民共和国刑法修正案(十一)》增加。

③ 根据2020年12月26日《中华人民共和国刑法修正案(十一)》修改。原条文为:"单位犯本节第二百一十三条至第二百一十九条规定之罪的,对单位判处罚金,并对其直接负责的主管人员和其他直接责任人员,依照本节各该条的规定处罚。"

并处或者单处罚金；数额巨大或者有其他严重情节的，处三年以上十年以下有期徒刑，并处罚金；数额特别巨大或者有其他特别严重情节的，处十年以上有期徒刑或者无期徒刑，并处罚金或者没收财产：

（一）以虚构的单位或者冒用他人名义签订合同的；

（二）以伪造、变造、作废的票据或者其他虚假的产权证明作担保的；

（三）没有实际履行能力，以先履行小额合同或者部分履行合同的方法，诱骗对方当事人继续签订和履行合同的；

（四）收受对方当事人给付的货物、货款、预付款或者担保财产后逃匿的；

（五）以其他方法骗取对方当事人财物的。

第二百二十四条之一　【组织、领导传销活动罪】组织、领导以推销商品、提供服务等经营活动为名，要求参加者以缴纳费用或者购买商品、服务等方式获得加入资格，并按照一定顺序组成层级，直接或者间接以发展人员的数量作为计酬或者返利依据，引诱、胁迫参加者继续发展他人参加，骗取财物，扰乱经济社会秩序的传销活动的，处五年以下有期徒刑或者拘役，并处罚金；情节严重的，处五年以上有期徒刑，并处罚金。①

第二百二十五条　【非法经营罪】违反国家规定，有下列非法经营行为之一，扰乱市场秩序，情节严重的，处五年以下有期徒刑或者拘役，并处或者单处违法所得一倍以上五倍以下罚金；情节特别严重的，处五年以上有期徒刑，并处违法所得一倍以上五倍以下罚金或者没收财产：

（一）未经许可经营法律、行政法规规定的专营、专卖物品或者其他限制买卖的物品的；

（二）买卖进出口许可证、进出口原产地证明以及其他法律、行政法规规定的经营许可证或者批准文件的；

（三）未经国家有关主管部门批准非法经营证券、期货、保险业务的，或者非法从事资金支付结算业务的；②

（四）其他严重扰乱市场秩序的非法经营行为。

第二百二十六条　【强迫交易罪】以暴力、威胁手段，实施下列行为之一，情节严重的，处三年以下有期徒刑或者拘役，并处或者单处罚金；情节特别严重的，处三年以上七年以下有期徒刑，并处罚金：

（一）强买强卖商品的；

（二）强迫他人提供或者接受服务的；

（三）强迫他人参与或者退出投标、拍卖的；

（四）强迫他人转让或者收购公司、企业的股份、债券或者其他资产的；

（五）强迫他人参与或者退出特定的经营活动的。③

---

① 根据2009年2月28日《中华人民共和国刑法修正案（七）》增加。

② 根据1999年12月25日《中华人民共和国刑法修正案》增加一项，作为第三项，原第三项改为第四项。根据2009年2月28日《中华人民共和国刑法修正案（七）》修改。1999年12月25日增加的第三项原条文为："未经国家有关主管部门批准，非法经营证券、期货或者保险业务的"。

③ 根据2011年2月25日《中华人民共和国刑法修正案（八）》修改。原条文为："以暴力、威胁手段强买强卖商品、强迫他人提供服务或者强迫他人接受服务，情节严重的，处三年以下有期徒刑或者拘役，并处或者单处罚金。"

第二百二十七条 【伪造、倒卖伪造的有价票证罪】伪造或者倒卖伪造的车票、船票、邮票或者其他有价票证,数额较大的,处二年以下有期徒刑、拘役或者管制,并处或者单处票证价额一倍以上五倍以下罚金;数额巨大的,处二年以上七年以下有期徒刑,并处票证价额一倍以上五倍以下罚金。

【倒卖车票、船票罪】倒卖车票、船票,情节严重的,处三年以下有期徒刑、拘役或者管制,并处或者单处票证价额一倍以上五倍以下罚金。

第二百二十八条 【非法转让、倒卖土地使用权罪】以牟利为目的,违反土地管理法规,非法转让、倒卖土地使用权,情节严重的,处三年以下有期徒刑或者拘役,并处或者单处非法转让、倒卖土地使用权价额百分之五以上百分之二十以下罚金;情节特别严重的,处三年以上七年以下有期徒刑,并处非法转让、倒卖土地使用权价额百分之五以上百分之二十以下罚金。

第二百二十九条 【提供虚假证明文件罪】承担资产评估、验资、验证、会计、审计、法律服务、保荐、安全评价、环境影响评价、环境监测等职责的中介组织的人员故意提供虚假证明文件,情节严重的,处五年以下有期徒刑或者拘役,并处罚金;有下列情形之一的,处五年以上十年以下有期徒刑,并处罚金:

(一)提供与证券发行相关的虚假的资产评估、会计、审计、法律服务、保荐等证明文件,情节特别严重的;

(二)提供与重大资产交易相关的虚假的资产评估、会计、审计等证明文件,情节特别严重的;

(三)在涉及公共安全的重大工程、项目中提供虚假的安全评价、环境影响评价等证明文件,致使公共财产、国家和人民利益遭受特别重大损失的。

有前款行为,同时索取他人财物或者非法收受他人财物构成犯罪的,依照处罚较重的规定定罪处罚。

【出具证明文件重大失实罪】第一款规定的人员,严重不负责任,出具的证明文件有重大失实,造成严重后果的,处三年以下有期徒刑或者拘役,并处或者单处罚金。①

第二百三十条 【逃避商检罪】违反进出口商品检验法的规定,逃避商品检验,将必须经商检机构检验的进口商品未报经检验而擅自销售、使用,或者将必须经商检机构检验的出口商品未报经检验合格而擅自出口,情节严重的,处三年以下有期徒刑或者拘役,并处或者单处罚金。

第二百三十一条 【单位犯扰乱市场秩序罪的处罚规定】单位犯本节第二百二十一条至第二百三十条规定之罪的,对单位判处罚金,并对其直接负责的主管人员和其他直接责任人员,依照本节各该条的规定处罚。

---

① 根据2020年12月26日《中华人民共和国刑法修正案(十一)》修改。原条文为:"承担资产评估、验资、验证、会计、审计、法律服务等职责的中介组织的人员故意提供虚假证明文件,情节严重的,处五年以下有期徒刑或者拘役,并处罚金。

"前款规定的人员,索取他人财物或者非法收受他人财物,犯前款罪的,处五年以上十年以下有期徒刑,并处罚金。

"第一款规定的人员,严重不负责任,出具的证明文件有重大失实,造成严重后果的,处三年以下有期徒刑或者拘役,并处或者单处罚金。"

第四章　侵犯公民人身权利、民主权利罪

第二百三十二条　【故意杀人罪】故意杀人的，处死刑、无期徒刑或者十年以上有期徒刑；情节较轻的，处三年以上十年以下有期徒刑。

第二百三十三条　【过失致人死亡罪】过失致人死亡的，处三年以上七年以下有期徒刑；情节较轻的，处三年以下有期徒刑。本法另有规定的，依照规定。

第二百三十四条　【故意伤害罪】故意伤害他人身体的，处三年以下有期徒刑、拘役或者管制。

犯前款罪，致人重伤的，处三年以上十年以下有期徒刑；致人死亡或者以特别残忍手段致人重伤造成严重残疾的，处十年以上有期徒刑、无期徒刑或者死刑。本法另有规定的，依照规定。

第二百三十四条之一　【组织出卖人体器官罪】组织他人出卖人体器官的，处五年以下有期徒刑，并处罚金；情节严重的，处五年以上有期徒刑，并处罚金或者没收财产。

未经本人同意摘取其器官，或者摘取不满十八周岁的人的器官，或者强迫、欺骗他人捐献器官的，依照本法第二百三十四条、第二百三十二条的规定定罪处罚。

违背本人生前意愿摘取其尸体器官，或者本人生前未表示同意，违反国家规定，违背其近亲属意愿摘取其尸体器官的，依照本法第三百零二条的规定定罪处罚。①

第二百三十五条　【过失致人重伤罪】过失伤害他人致人重伤的，处三年以下有期徒刑或者拘役。本法另有规定的，依照规定。

第二百三十六条　【强奸罪】以暴力、胁迫或者其他手段强奸妇女的，处三年以上十年以下有期徒刑。

奸淫不满十四周岁的幼女的，以强奸论，从重处罚。

强奸妇女、奸淫幼女，有下列情形之一的，处十年以上有期徒刑、无期徒刑或者死刑：

（一）强奸妇女、奸淫幼女情节恶劣的；

（二）强奸妇女、奸淫幼女多人的；

（三）在公共场所当众强奸妇女、奸淫幼女的；

（四）二人以上轮奸的；

（五）奸淫不满十周岁的幼女或者造成幼女伤害的；

（六）致使被害人重伤、死亡或者造成其他严重后果的。②

第二百三十六条之一　【负有照护职

---

① 根据2011年2月25日《中华人民共和国刑法修正案（八）》增加。

② 根据2020年12月26日《中华人民共和国刑法修正案（十一）》修改。原条文为：“以暴力、胁迫或者其他手段强奸妇女的，处三年以上十年以下有期徒刑。

“奸淫不满十四周岁的幼女的，以强奸论，从重处罚。

“强奸妇女、奸淫幼女，有下列情形之一的，处十年以上有期徒刑、无期徒刑或者死刑：

“（一）强奸妇女、奸淫幼女情节恶劣的；

“（二）强奸妇女、奸淫幼女多人的；

“（三）在公共场所当众强奸妇女的；

“（四）二人以上轮奸的；

“（五）致使被害人重伤、死亡或者造成其他严重后果的。”

责人员性侵罪】对已满十四周岁不满十六周岁的未成年女性负有监护、收养、看护、教育、医疗等特殊职责的人员,与该未成年女性发生性关系的,处三年以下有期徒刑;情节恶劣的,处三年以上十年以下有期徒刑。

有前款行为,同时又构成本法第二百三十六条规定之罪的,依照处罚较重的规定定罪处罚。①

第二百三十七条 【强制猥亵、侮辱罪】以暴力、胁迫或者其他方法强制猥亵他人或者侮辱妇女的,处五年以下有期徒刑或者拘役。

聚众或者在公共场所当众犯前款罪的,或者有其他恶劣情节的,处五年以上有期徒刑。②

【猥亵儿童罪】猥亵儿童的,处五年以下有期徒刑;有下列情形之一的,处五年以上有期徒刑:

(一)猥亵儿童多人或者多次的;

(二)聚众猥亵儿童的,或者在公共场所当众猥亵儿童,情节恶劣的;

(三)造成儿童伤害或者其他严重后果的;

(四)猥亵手段恶劣或者有其他恶劣情节的。③

第二百三十八条 【非法拘禁罪】非法拘禁他人或者以其他方法非法剥夺他人人身自由的,处三年以下有期徒刑、拘役、管制或者剥夺政治权利。具有殴打、侮辱情节的,从重处罚。

犯前款罪,致人重伤的,处三年以上十年以下有期徒刑;致人死亡的,处十年以上有期徒刑。使用暴力致人伤残、死亡的,依照本法第二百三十四条、第二百三十二条的规定定罪处罚。

为索取债务非法扣押、拘禁他人的,依照前两款的规定处罚。

国家机关工作人员利用职权犯前三款罪的,依照前三款的规定从重处罚。

第二百三十九条 【绑架罪】以勒索财物为目的绑架他人的,或者绑架他人作为人质的,处十年以上有期徒刑或者无期徒刑,并处罚金或者没收财产;情节较轻的,处五年以上十年以下有期徒刑,并处罚金。

犯前款罪,杀害被绑架人的,或者故意伤害被绑架人,致人重伤、死亡的,处无期徒刑或者死刑,并处没收财产。

以勒索财物为目的偷盗婴幼儿的,依照前两款的规定处罚。④

---

① 根据2020年12月26日《中华人民共和国刑法修正案(十一)》增加。

② 根据2015年8月29日《中华人民共和国刑法修正案(九)》修改。原条文为:"以暴力、胁迫或者其他方法强制猥亵妇女或者侮辱妇女的,处五年以下有期徒刑或者拘役。

"聚众或者在公共场所当众犯前款罪的,处五年以上有期徒刑。

"猥亵儿童的,依照前两款的规定从重处罚。"

③ 根据2020年12月26日《中华人民共和国刑法修正案(十一)》修改。原第三款条文为:"猥亵儿童的,依照前两款的规定从重处罚。"

④ 根据2009年2月28日《中华人民共和国刑法修正案(七)》第一次修改。原条文为:"以勒索财物为目的绑架他人的,或者绑架他人作为人质的,处十年以上有期徒刑或者无期徒刑,并处罚金或者没收财产;致使被绑架人死亡或者杀害被绑架人的,处死刑,并处没收财产。

"以勒索财物为目的偷盗婴幼儿的,依照前款的规定处罚。"

根据2015年8月29日《中华人民共和国刑法修正案(九)》第二次修改。原第二款条文为:"犯前款罪,致使被绑架人死亡或者杀害被绑架人的,处死刑,并处没收财产。"

第二百四十条　【拐卖妇女、儿童罪】拐卖妇女、儿童的，处五年以上十年以下有期徒刑，并处罚金；有下列情形之一的，处十年以上有期徒刑或者无期徒刑，并处罚金或者没收财产；情节特别严重的，处死刑，并处没收财产：

（一）拐卖妇女、儿童集团的首要分子；

（二）拐卖妇女、儿童三人以上的；

（三）奸淫被拐卖的妇女的；

（四）诱骗、强迫被拐卖的妇女卖淫或者将被拐卖的妇女卖给他人迫使其卖淫的；

（五）以出卖为目的，使用暴力、胁迫或者麻醉方法绑架妇女、儿童的；

（六）以出卖为目的，偷盗婴幼儿的；

（七）造成被拐卖的妇女、儿童或者其亲属重伤、死亡或者其他严重后果的；

（八）将妇女、儿童卖往境外的。

拐卖妇女、儿童是指以出卖为目的，有拐骗、绑架、收买、贩卖、接送、中转妇女、儿童的行为之一的。

第二百四十一条　【收买被拐卖的妇女、儿童罪】收买被拐卖的妇女、儿童的，处三年以下有期徒刑、拘役或者管制。

收买被拐卖的妇女，强行与其发生性关系的，依照本法第二百三十六条的规定定罪处罚。

收买被拐卖的妇女、儿童，非法剥夺、限制其人身自由或者有伤害、侮辱等犯罪行为的，依照本法的有关规定定罪处罚。

收买被拐卖的妇女、儿童，并有第二款、第三款规定的犯罪行为的，依照数罪并罚的规定处罚。

收买被拐卖的妇女、儿童又出卖的，依照本法第二百四十条的规定定罪处罚。

收买被拐卖的妇女、儿童，对被买儿童没有虐待行为，不阻碍对其进行解救的，可以从轻处罚；按照被买妇女的意愿，不阻碍其返回原居住地的，可以从轻或者减轻处罚。①

第二百四十二条　【妨害公务罪】以暴力、威胁方法阻碍国家机关工作人员解救被收买的妇女、儿童的，依照本法第二百七十七条的规定定罪处罚。

【聚众阻碍解救被收买的妇女、儿童罪】聚众阻碍国家机关工作人员解救被收买的妇女、儿童的首要分子，处五年以下有期徒刑或者拘役；其他参与者使用暴力、威胁方法的，依照前款的规定处罚。

第二百四十三条　【诬告陷害罪】捏造事实诬告陷害他人，意图使他人受刑事追究，情节严重的，处三年以下有期徒刑、拘役或者管制；造成严重后果的，处三年以上十年以下有期徒刑。

国家机关工作人员犯前款罪的，从重处罚。

不是有意诬陷，而是错告，或者检举失实的，不适用前两款的规定。

第二百四十四条　【强迫劳动罪】以暴力、威胁或者限制人身自由的方法强迫他人劳动的，处三年以下有期徒刑或者拘役，并处罚金；情节严重的，处三年以上十年以下有期徒刑，并处罚金。

明知他人实施前款行为，为其招募、运

① 根据2015年8月29日《中华人民共和国刑法修正案（九）》修改。原第六款条文为："收买被拐卖的妇女、儿童，按照被买妇女的意愿，不阻碍其返回原居住地的，对被买儿童没有虐待行为，不阻碍对其进行解救的，可以不追究刑事责任。"

送人员或者有其他协助强迫他人劳动行为的,依照前款的规定处罚。

单位犯前两款罪的,对单位判处罚金,并对其直接负责的主管人员和其他直接责任人员,依照第一款的规定处罚。①

第二百四十四条之一 【雇用童工从事危重劳动罪】违反劳动管理法规,雇用未满十六周岁的未成年人从事超强度体力劳动的,或者从事高空、井下作业的,或者在爆炸性、易燃性、放射性、毒害性等危险环境下从事劳动,情节严重的,对直接责任人员,处三年以下有期徒刑或者拘役,并处罚金;情节特别严重的,处三年以上七年以下有期徒刑,并处罚金。

有前款行为,造成事故,又构成其他犯罪的,依照数罪并罚的规定处罚。②

第二百四十五条 【非法搜查罪】【非法侵入住宅罪】非法搜查他人身体、住宅,或者非法侵入他人住宅的,处三年以下有期徒刑或者拘役。

司法工作人员滥用职权,犯前款罪的,从重处罚。

第二百四十六条 【侮辱罪】【诽谤罪】以暴力或者其他方法公然侮辱他人或者捏造事实诽谤他人,情节严重的,处三年以下有期徒刑、拘役、管制或者剥夺政治权利。

前款罪,告诉的才处理,但是严重危害社会秩序和国家利益的除外。

通过信息网络实施第一款规定的行为,被害人向人民法院告诉,但提供证据确有困难的,人民法院可以要求公安机关提供协助。③

第二百四十七条 【刑讯逼供罪】【暴力取证罪】司法工作人员对犯罪嫌疑人、被告人实行刑讯逼供或者使用暴力逼取证人证言的,处三年以下有期徒刑或者拘役。致人伤残、死亡的,依照本法第二百三十四条、第二百三十二条的规定定罪从重处罚。

第二百四十八条 【虐待被监管人罪】监狱、拘留所、看守所等监管机构的监管人员对被监管人进行殴打或者体罚虐待,情节严重的,处三年以下有期徒刑或者拘役;情节特别严重的,处三年以上十年以下有期徒刑。致人伤残、死亡的,依照本法第二百三十四条、第二百三十二条的规定定罪从重处罚。

监管人员指使被监管人殴打或者体罚虐待其他被监管人的,依照前款的规定处罚。

第二百四十九条 【煽动民族仇恨、民族歧视罪】煽动民族仇恨、民族歧视,情节严重的,处三年以下有期徒刑、拘役、管制或者剥夺政治权利;情节特别严重的,处三年以上十年以下有期徒刑。

第二百五十条 【出版歧视、侮辱少数民族作品罪】在出版物中刊载歧视、侮辱少数民族的内容,情节恶劣,造成严重后果的,对直接责任人员,处三年以下有期徒刑、拘役或者管制。

第二百五十一条 【非法剥夺公民宗教信仰自由罪】【侵犯少数民族风俗习惯

---

① 根据2011年2月25日《中华人民共和国刑法修正案(八)》修改。原条文为:"用人单位违反劳动管理法规,以限制人身自由方法强迫职工劳动,情节严重的,对直接责任人员,处三年以下有期徒刑或者拘役,并处或者单处罚金。"

② 根据2002年12月28日《中华人民共和国刑法修正案(四)》增加。

③ 根据2015年8月29日《中华人民共和国刑法修正案(九)》增加一款,作为第三款。

罪】国家机关工作人员非法剥夺公民的宗教信仰自由和侵犯少数民族风俗习惯，情节严重的，处二年以下有期徒刑或者拘役。

第二百五十二条　【侵犯通信自由罪】隐匿、毁弃或者非法开拆他人信件，侵犯公民通信自由权利，情节严重的，处一年以下有期徒刑或者拘役。

第二百五十三条　【私自开拆、隐匿、毁弃邮件、电报罪】邮政工作人员私自开拆或者隐匿、毁弃邮件、电报的，处二年以下有期徒刑或者拘役。

犯前款罪而窃取财物的，依照本法第二百六十四条的规定定罪从重处罚。

第二百五十三条之一　【侵犯公民个人信息罪】违反国家有关规定，向他人出售或者提供公民个人信息，情节严重的，处三年以下有期徒刑或者拘役，并处或者单处罚金；情节特别严重的，处三年以上七年以下有期徒刑，并处罚金。

违反国家有关规定，将在履行职责或者提供服务过程中获得的公民个人信息，出售或者提供给他人的，依照前款的规定从重处罚。

窃取或者以其他方法非法获取公民个人信息的，依照第一款的规定处罚。

单位犯前三款罪的，对单位判处罚金，并对其直接负责的主管人员和其他直接责任人员，依照各该款的规定处罚。①

第二百五十四条　【报复陷害罪】国家机关工作人员滥用职权、假公济私，对控告人、申诉人、批评人、举报人实行报复陷害的，处二年以下有期徒刑或者拘役；情节严重的，处二年以上七年以下有期徒刑。

第二百五十五条　【打击报复会计、统计人员罪】公司、企业、事业单位、机关、团体的领导人，对依法履行职责、抵制违反会计法、统计法行为的会计、统计人员实行打击报复，情节恶劣的，处三年以下有期徒刑或者拘役。

第二百五十六条　【破坏选举罪】在选举各级人民代表大会代表和国家机关领导人员时，以暴力、威胁、欺骗、贿赂、伪造选举文件、虚报选举票数等手段破坏选举或者妨害选民和代表自由行使选举权和被选举权，情节严重的，处三年以下有期徒刑、拘役或者剥夺政治权利。

第二百五十七条　【暴力干涉婚姻自由罪】以暴力干涉他人婚姻自由的，处二年以下有期徒刑或者拘役。

犯前款罪，致使被害人死亡的，处二年以上七年以下有期徒刑。

第一款罪，告诉的才处理。

第二百五十八条　【重婚罪】有配偶而重婚的，或者明知他人有配偶而与之结婚的，处二年以下有期徒刑或者拘役。

第二百五十九条　【破坏军婚罪】明知是现役军人的配偶而与之同居或者结婚的，处三年以下有期徒刑或者拘役。

---

①　根据2009年2月28日《中华人民共和国刑法修正案（七）》增加。根据2015年8月29日《中华人民共和国刑法修正案（九）》修改。原条文为："国家机关或者金融、电信、交通、教育、医疗等单位的工作人员，违反国家规定，将本单位在履行职责或者提供服务过程中获得的公民个人信息，出售或者非法提供给他人，情节严重的，处三年以下有期徒刑或者拘役，并处或者单处罚金。

"窃取或者以其他方法非法获取上述信息，情节严重的，依照前款的规定处罚。

"单位犯前两款罪的，对单位判处罚金，并对其直接负责的主管人员和其他直接责任人员，依照各该款的规定处罚。"

利用职权、从属关系，以胁迫手段奸淫现役军人的妻子的，依照本法第二百三十六条的规定定罪处罚。

第二百六十条 【虐待罪】虐待家庭成员，情节恶劣的，处二年以下有期徒刑、拘役或者管制。

犯前款罪，致使被害人重伤、死亡的，处二年以上七年以下有期徒刑。

第一款罪，告诉的才处理，但被害人没有能力告诉，或者因受到强制、威吓无法告诉的除外。①

第二百六十条之一 【虐待被监护、看护人罪】对未成年人、老年人、患病的人、残疾人等负有监护、看护职责的人虐待被监护、看护的人，情节恶劣的，处三年以下有期徒刑或者拘役。

单位犯前款罪的，对单位判处罚金，并对其直接负责的主管人员和其他直接责任人员，依照前款的规定处罚。

有第一款行为，同时构成其他犯罪的，依照处罚较重的规定定罪处罚。②

第二百六十一条 【遗弃罪】对于年老、年幼、患病或者其他没有独立生活能力的人，负有扶养义务而拒绝扶养，情节恶劣的，处五年以下有期徒刑、拘役或者管制。

第二百六十二条 【拐骗儿童罪】拐骗不满十四周岁的未成年人，脱离家庭或者监护人的，处五年以下有期徒刑或者拘役。

第二百六十二条之一 【组织残疾人、儿童乞讨罪】以暴力、胁迫手段组织残疾人或者不满十四周岁的未成年人乞讨的，处三年以下有期徒刑或者拘役，并处罚金；情节严重的，处三年以上七年以下有期徒刑，并处罚金。③

第二百六十二条之二 【组织未成年人进行违反治安管理活动罪】组织未成年人进行盗窃、诈骗、抢夺、敲诈勒索等违反治安管理活动的，处三年以下有期徒刑或者拘役，并处罚金；情节严重的，处三年以上七年以下有期徒刑，并处罚金。④

第五章 侵犯财产罪

第二百六十三条 【抢劫罪】以暴力、胁迫或者其他方法抢劫公私财物的，处三年以上十年以下有期徒刑，并处罚金；有下列情形之一的，处十年以上有期徒刑、无期徒刑或者死刑，并处罚金或者没收财产：

（一）入户抢劫的；

（二）在公共交通工具上抢劫的；

（三）抢劫银行或者其他金融机构的；

（四）多次抢劫或者抢劫数额巨大的；

（五）抢劫致人重伤、死亡的；

（六）冒充军警人员抢劫的；

（七）持枪抢劫的；

（八）抢劫军用物资或者抢险、救灾、救济物资的。

第二百六十四条 【盗窃罪】盗窃公私财物，数额较大的，或者多次盗窃、入户盗窃、携带凶器盗窃、扒窃的，处三年以下有期徒刑、拘役或者管制，并处或者单处罚金；数额巨大或者有其他严重情节的，处三

---

① 根据2015年8月29日《中华人民共和国刑法修正案（九）》修改。原第三款条文为："第一款罪，告诉的才处理。"

② 根据2015年8月29日《中华人民共和国刑法修正案（九）》增加。

③ 根据2006年6月29日《中华人民共和国刑法修正案（六）》增加。

④ 根据2009年2月28日《中华人民共和国刑法修正案（七）》增加。

年以上十年以下有期徒刑,并处罚金;数额特别巨大或者有其他特别严重情节的,处十年以上有期徒刑或者无期徒刑,并处罚金或者没收财产。①

第二百六十五条 【盗窃罪】以牟利为目的,盗接他人通信线路、复制他人电信码号或者明知是盗接、复制的电信设备、设施而使用的,依照本法第二百六十四条的规定定罪处罚。

第二百六十六条 【诈骗罪】诈骗公私财物,数额较大的,处三年以下有期徒刑、拘役或者管制,并处或者单处罚金;数额巨大或者有其他严重情节的,处三年以上十年以下有期徒刑,并处罚金;数额特别巨大或者有其他特别严重情节的,处十年以上有期徒刑或者无期徒刑,并处罚金或者没收财产。本法另有规定的,依照规定。

第二百六十七条 【抢夺罪】抢夺公私财物,数额较大的,或者多次抢夺的,处三年以下有期徒刑、拘役或者管制,并处或者单处罚金;数额巨大或者有其他严重情节的,处三年以上十年以下有期徒刑,并处罚金;数额特别巨大或者有其他特别严重情节的,处十年以上有期徒刑或者无期徒刑,并处罚金或者没收财产。②

携带凶器抢夺的,依照本法第二百六十三条的规定定罪处罚。

第二百六十八条 【聚众哄抢罪】聚众哄抢公私财物,数额较大或者有其他严重情节的,对首要分子和积极参加的,处三年以下有期徒刑、拘役或者管制,并处罚金;数额巨大或者有其他特别严重情节的,处三年以上十年以下有期徒刑,并处罚金。

第二百六十九条 【转化的抢劫罪】犯盗窃、诈骗、抢夺罪,为窝藏赃物、抗拒抓捕或者毁灭罪证而当场使用暴力或者以暴力相威胁的,依照本法第二百六十三条的规定定罪处罚。

第二百七十条 【侵占罪】将代为保管的他人财物非法占为己有,数额较大,拒不退还的,处二年以下有期徒刑、拘役或者罚金;数额巨大或者有其他严重情节的,处二年以上五年以下有期徒刑,并处罚金。

将他人的遗忘物或者埋藏物非法占为己有,数额较大,拒不交出的,依照前款的规定处罚。

本条罪,告诉的才处理。

第二百七十一条 【职务侵占罪】公司、企业或者其他单位的工作人员,利用职务上的便利,将本单位财物非法占为己有,数额较大的,处三年以下有期徒刑或者拘役,并处罚金;数额巨大的,处三年以上十

---

① 根据2011年2月25日《中华人民共和国刑法修正案(八)》修改。原条文为:“盗窃公私财物,数额较大或者多次盗窃的,处三年以下有期徒刑、拘役或者管制,并处或者单处罚金;数额巨大或者有其他严重情节的,处三年以上十年以下有期徒刑,并处罚金;数额特别巨大或者有其他特别严重情节的,处十年以上有期徒刑或者无期徒刑,并处罚金或者没收财产;有下列情形之一的,处无期徒刑或者死刑,并处没收财产:

“(一)盗窃金融机构,数额特别巨大的;

“(二)盗窃珍贵文物,情节严重的。”

② 根据2015年8月29日《中华人民共和国刑法修正案(九)》修改。原第一款条文为:“抢夺公私财物,数额较大的,处三年以下有期徒刑、拘役或者管制,并处或者单处罚金;数额巨大或者有其他严重情节的,处三年以上十年以下有期徒刑,并处罚金;数额特别巨大或者有其他特别严重情节的,处十年以上有期徒刑或者无期徒刑,并处罚金或者没收财产。”

年以下有期徒刑,并处罚金;数额特别巨大的,处十年以上有期徒刑或者无期徒刑,并处罚金。①

国有公司、企业或者其他国有单位中从事公务的人员和国有公司、企业或者其他国有单位委派到非国有公司、企业以及其他单位从事公务的人员有前款行为的,依照本法第三百八十二条、第三百八十三条的规定定罪处罚。

第二百七十二条 【挪用资金罪】公司、企业或者其他单位的工作人员,利用职务上的便利,挪用本单位资金归个人使用或者借贷给他人,数额较大、超过三个月未还的,或者虽未超过三个月,但数额较大、进行营利活动的,或者进行非法活动的,处三年以下有期徒刑或者拘役;挪用本单位资金数额巨大的,处三年以上七年以下有期徒刑;数额特别巨大的,处七年以上有期徒刑。

国有公司、企业或者其他国有单位中从事公务的人员和国有公司、企业或者其他国有单位委派到非国有公司、企业以及其他单位从事公务的人员有前款行为的,依照本法第三百八十四条的规定定罪处罚。

有第一款行为,在提起公诉前将挪用的资金退还的,可以从轻或者减轻处罚。其中,犯罪较轻的,可以减轻或者免除处罚。②

第二百七十三条 【挪用特定款物罪】挪用用于救灾、抢险、防汛、优抚、扶贫、移民、救济款物,情节严重,致使国家和人民群众利益遭受重大损害的,对直接责任人员,处三年以下有期徒刑或者拘役;情节特别严重的,处三年以上七年以下有期徒刑。

第二百七十四条 【敲诈勒索罪】敲诈勒索公私财物,数额较大或者多次敲诈勒索的,处三年以下有期徒刑、拘役或者管制,并处或者单处罚金;数额巨大或者有其他严重情节的,处三年以上十年以下有期徒刑,并处罚金;数额特别巨大或者有其他特别严重情节的,处十年以上有期徒刑,并处罚金。③

第二百七十五条 【故意毁坏财物罪】故意毁坏公私财物,数额较大或者有其他严重情节的,处三年以下有期徒刑、拘役或者罚金;数额巨大或者有其他特别严重情节的,处三年以上七年以下有期徒刑。

第二百七十六条 【破坏生产经营罪】

---

① 根据2020年12月26日《中华人民共和国刑法修正案(十一)》修改。原第一款条文为:“公司、企业或者其他单位的人员,利用职务上的便利,将本单位财物非法占为己有,数额较大的,处五年以下有期徒刑或者拘役;数额巨大的,处五年以上有期徒刑,可以并处没收财产。”

② 根据2020年12月26日《中华人民共和国刑法修正案(十一)》修改。原条文为:“公司、企业或者其他单位的工作人员,利用职务上的便利,挪用本单位资金归个人使用或者借贷给他人,数额较大、超过三个月未还的,或者虽未超过三个月,但数额较大、进行营利活动的,或者进行非法活动的,处三年以下有期徒刑或者拘役;挪用本单位资金数额巨大的,或者数额较大不退还的,处三年以上十年以下有期徒刑。

“国有公司、企业或者其他国有单位中从事公务的人员和国有公司、企业或者其他国有单位委派到非国有公司、企业以及其他单位从事公务的人员有前款行为的,依照本法第三百八十四条的规定定罪处罚。”

③ 根据2011年2月25日《中华人民共和国刑法修正案(八)》修改。原条文为:“敲诈勒索公私财物,数额较大的,处三年以下有期徒刑、拘役或者管制;数额巨大或者有其他严重情节的,处三年以上十年以下有期徒刑。”

由于泄愤报复或者其他个人目的,毁坏机器设备、残害耕畜或者以其他方法破坏生产经营的,处三年以下有期徒刑、拘役或者管制;情节严重的,处三年以上七年以下有期徒刑。

第二百七十六条之一 【拒不支付劳动报酬罪】以转移财产、逃匿等方法逃避支付劳动者的劳动报酬或者有能力支付而不支付劳动者的劳动报酬,数额较大,经政府有关部门责令支付仍不支付的,处三年以下有期徒刑或者拘役,并处或者单处罚金;造成严重后果的,处三年以上七年以下有期徒刑,并处罚金。

单位犯前款罪的,对单位判处罚金,并对其直接负责的主管人员和其他直接责任人员,依照前款的规定处罚。

有前两款行为,尚未造成严重后果,在提起公诉前支付劳动者的劳动报酬,并依法承担相应赔偿责任的,可以减轻或者免除处罚。①

第六章 妨害社会管理秩序罪

第一节 扰乱公共秩序罪

第二百七十七条 【妨害公务罪】以暴力、威胁方法阻碍国家机关工作人员依法执行职务的,处三年以下有期徒刑、拘役、管制或者罚金。

以暴力、威胁方法阻碍全国人民代表大会和地方各级人民代表大会代表依法执行代表职务的,依照前款的规定处罚。

在自然灾害和突发事件中,以暴力、威胁方法阻碍红十字会工作人员依法履行职责的,依照第一款的规定处罚。

故意阻碍国家安全机关、公安机关依法执行国家安全工作任务,未使用暴力、威胁方法,造成严重后果的,依照第一款的规定处罚。

【袭警罪】暴力袭击正在依法执行职务的人民警察的,处三年以下有期徒刑、拘役或者管制;使用枪支、管制刀具,或者以驾驶机动车撞击等手段,严重危及其人身安全的,处三年以上七年以下有期徒刑。②

第二百七十八条 【煽动暴力抗拒法律实施罪】煽动群众暴力抗拒国家法律、行政法规实施的,处三年以下有期徒刑、拘役、管制或者剥夺政治权利;造成严重后果的,处三年以上七年以下有期徒刑。

第二百七十九条 【招摇撞骗罪】冒充国家机关工作人员招摇撞骗的,处三年以下有期徒刑、拘役、管制或者剥夺政治权利;情节严重的,处三年以上十年以下有期徒刑。

冒充人民警察招摇撞骗的,依照前款的规定从重处罚。

第二百八十条 【伪造、变造、买卖国家机关公文、证件、印章罪】【盗窃、抢夺、毁灭国家机关公文、证件、印章罪】伪造、变造、买卖或者盗窃、抢夺、毁灭国家机关的公文、证件、印章的,处三年以下有期徒刑、拘役、管制或者剥夺政治权利,并处罚金;情节严重的,处三年以上十年以下有期徒

---

① 根据2011年2月25日《中华人民共和国刑法修正案(八)》增加。

② 根据2015年8月29日《中华人民共和国刑法修正案(九)》增加一款,作为第五款。

根据2020年12月26日《中华人民共和国刑法修正案(十一)》修改。原第五款条文为:“暴力袭击正在依法执行职务的人民警察的,依照第一款的规定从重处罚。”

刑,并处罚金。

【伪造公司、企业、事业单位、人民团体印章罪】伪造公司、企业、事业单位、人民团体的印章的,处三年以下有期徒刑、拘役、管制或者剥夺政治权利,并处罚金。

【伪造、变造、买卖身份证件罪】伪造、变造、买卖居民身份证、护照、社会保障卡、驾驶证等依法可以用于证明身份的证件的,处三年以下有期徒刑、拘役、管制或者剥夺政治权利,并处罚金;情节严重的,处三年以上七年以下有期徒刑,并处罚金。①

第二百八十条之一 【使用虚假身份证件、盗用身份证件罪】在依照国家规定应当提供身份证明的活动中,使用伪造、变造的或者盗用他人的居民身份证、护照、社会保障卡、驾驶证等依法可以用于证明身份的证件,情节严重的,处拘役或者管制,并处或者单处罚金。

有前款行为,同时构成其他犯罪的,依照处罚较重的规定定罪处罚。②

第二百八十条之二 【冒名顶替罪】盗用、冒用他人身份,顶替他人取得的高等学历教育入学资格、公务员录用资格、就业安置待遇的,处三年以下有期徒刑、拘役或者管制,并处罚金。

组织、指使他人实施前款行为的,依照前款的规定从重处罚。

国家工作人员有前两款行为,又构成其他犯罪的,依照数罪并罚的规定处罚。③

第二百八十一条 【非法生产、买卖警用装备罪】非法生产、买卖人民警察制式服装、车辆号牌等专用标志、警械,情节严重的,处三年以下有期徒刑、拘役或者管制,并处或者单处罚金。

单位犯前款罪的,对单位判处罚金,并对其直接负责的主管人员和其他直接责任人员,依照前款的规定处罚。

第二百八十二条 【非法获取国家秘密罪】以窃取、刺探、收买方法,非法获取国家秘密的,处三年以下有期徒刑、拘役、管制或者剥夺政治权利;情节严重的,处三年以上七年以下有期徒刑。

【非法持有国家绝密、机密文件、资料、物品罪】非法持有属于国家绝密、机密的文件、资料或者其他物品,拒不说明来源与用途的,处三年以下有期徒刑、拘役或者管制。

第二百八十三条 【非法生产、销售专用间谍器材、窃听、窃照专用器材罪】非法生产、销售专用间谍器材或者窃听、窃照专用器材的,处三年以下有期徒刑、拘役或者管制,并处或者单处罚金;情节严重的,处三年以上七年以下有期徒刑,并处罚金。

单位犯前款罪的,对单位判处罚金,并对其直接负责的主管人员和其他直接责任

---

① 根据2015年8月29日《中华人民共和国刑法修正案(九)》修改。原条文为:"伪造、变造、买卖或者盗窃、抢夺、毁灭国家机关的公文、证件、印章的,处三年以下有期徒刑、拘役、管制或者剥夺政治权利;情节严重的,处三年以上十年以下有期徒刑。

"伪造公司、企业、事业单位、人民团体的印章的,处三年以下有期徒刑、拘役、管制或者剥夺政治权利。

"伪造、变造居民身份证的,处三年以下有期徒刑、拘役、管制或者剥夺政治权利;情节严重的,处三年以上七年以下有期徒刑。"

② 根据2015年8月29日《中华人民共和国刑法修正案(九)》增加。

③ 根据2020年12月26日《中华人民共和国刑法修正案(十一)》增加。

人员,依照前款的规定处罚。①

第二百八十四条　【非法使用窃听、窃照专用器材罪】非法使用窃听、窃照专用器材,造成严重后果的,处二年以下有期徒刑、拘役或者管制。

第二百八十四条之一　【组织考试作弊罪】在法律规定的国家考试中,组织作弊的,处三年以下有期徒刑或者拘役,并处或者单处罚金;情节严重的,处三年以上七年以下有期徒刑,并处罚金。

为他人实施前款犯罪提供作弊器材或者其他帮助的,依照前款的规定处罚。

【非法出售、提供试题、答案罪】为实施考试作弊行为,向他人非法出售或者提供第一款规定的考试的试题、答案的,依照第一款的规定处罚。

【代替考试罪】代替他人或者让他人代替自己参加第一款规定的考试的,处拘役或者管制,并处或者单处罚金。②

第二百八十五条　【非法侵入计算机信息系统罪】违反国家规定,侵入国家事务、国防建设、尖端科学技术领域的计算机信息系统的,处三年以下有期徒刑或者拘役。

【非法获取计算机信息系统数据、非法控制计算机信息系统罪】违反国家规定,侵入前款规定以外的计算机信息系统或者采用其他技术手段,获取该计算机信息系统中存储、处理或者传输的数据,或者对该计算机信息系统实施非法控制,情节严重的,处三年以下有期徒刑或者拘役,并处或者单处罚金;情节特别严重的,处三年以上七年以下有期徒刑,并处罚金。

【提供侵入、非法控制计算机信息系统程序、工具罪】提供专门用于侵入、非法控制计算机信息系统的程序、工具,或者明知他人实施侵入、非法控制计算机信息系统的违法犯罪行为而为其提供程序、工具,情节严重的,依照前款的规定处罚。

单位犯前三款罪的,对单位判处罚金,并对其直接负责的主管人员和其他直接责任人员,依照各该款的规定处罚。③

第二百八十六条　【破坏计算机信息系统罪】违反国家规定,对计算机信息系统功能进行删除、修改、增加、干扰,造成计算机信息系统不能正常运行,后果严重的,处五年以下有期徒刑或者拘役;后果特别严重的,处五年以上有期徒刑。

违反国家规定,对计算机信息系统中存储、处理或者传输的数据和应用程序进行删除、修改、增加的操作,后果严重的,依照前款的规定处罚。

故意制作、传播计算机病毒等破坏性程序,影响计算机系统正常运行,后果严重的,依照第一款的规定处罚。

单位犯前三款罪的,对单位判处罚金,并对其直接负责的主管人员和其他直接责任人员,依照第一款的规定处罚。④

第二百八十六条之一　【拒不履行信息网络安全管理义务罪】网络服务提供者

---

① 根据2015年8月29日《中华人民共和国刑法修正案(九)》修改。原条文为:“非法生产、销售窃听、窃照等专用间谍器材的,处三年以下有期徒刑、拘役或者管制。”

② 根据2015年8月29日《中华人民共和国刑法修正案(九)》增加。

③ 根据2009年2月28日《中华人民共和国刑法修正案(七)》增加两款,作为第二款、第三款。根据2015年8月29日《中华人民共和国刑法修正案(九)》增加一款,作为第四款。

④ 根据2015年8月29日《中华人民共和国刑法修正案(九)》增加一款,作为第四款。

不履行法律、行政法规规定的信息网络安全管理义务,经监管部门责令采取改正措施而拒不改正,有下列情形之一的,处三年以下有期徒刑、拘役或者管制,并处或者单处罚金:

(一)致使违法信息大量传播的;

(二)致使用户信息泄露,造成严重后果的;

(三)致使刑事案件证据灭失,情节严重的;

(四)有其他严重情节的。

单位犯前款罪的,对单位判处罚金,并对其直接负责的主管人员和其他直接责任人员,依照前款的规定处罚。

有前两款行为,同时构成其他犯罪的,依照处罚较重的规定定罪处罚。①

第二百八十七条 【利用计算机实施犯罪的定罪处罚】利用计算机实施金融诈骗、盗窃、贪污、挪用公款、窃取国家秘密或者其他犯罪的,依照本法有关规定定罪处罚。

第二百八十七条之一 【非法利用信息网络罪】利用信息网络实施下列行为之一,情节严重的,处三年以下有期徒刑或者拘役,并处或者单处罚金:

(一)设立用于实施诈骗、传授犯罪方法、制作或者销售违禁物品、管制物品等违法犯罪活动的网站、通讯群组的;

(二)发布有关制作或者销售毒品、枪支、淫秽物品等违禁物品、管制物品或者其他违法犯罪信息的;

(三)为实施诈骗等违法犯罪活动发布信息的。

单位犯前款罪的,对单位判处罚金,并对其直接负责的主管人员和其他直接责任人员,依照第一款的规定处罚。

有前两款行为,同时构成其他犯罪的,依照处罚较重的规定定罪处罚。②

第二百八十七条之二 【帮助信息网络犯罪活动罪】明知他人利用信息网络实施犯罪,为其犯罪提供互联网接入、服务器托管、网络存储、通讯传输等技术支持,或者提供广告推广、支付结算等帮助,情节严重的,处三年以下有期徒刑或者拘役,并处或者单处罚金。

单位犯前款罪的,对单位判处罚金,并对其直接负责的主管人员和其他直接责任人员,依照第一款的规定处罚。

有前两款行为,同时构成其他犯罪的,依照处罚较重的规定定罪处罚。③

第二百八十八条 【扰乱无线电通讯管理秩序罪】违反国家规定,擅自设置、使用无线电台(站),或者擅自使用无线电频率,干扰无线电通讯秩序,情节严重的,处三年以下有期徒刑、拘役或者管制,并处或者单处罚金;情节特别严重的,处三年以上七年以下有期徒刑,并处罚金。④

单位犯前款罪的,对单位判处罚金,并对其直接负责的主管人员和其他直接责任人员,依照前款的规定处罚。

---

① 根据2015年8月29日《中华人民共和国刑法修正案(九)》增加。

② 根据2015年8月29日《中华人民共和国刑法修正案(九)》增加。

③ 根据2015年8月29日《中华人民共和国刑法修正案(九)》增加。

④ 根据2015年8月29日《中华人民共和国刑法修正案(九)》修改。原第一款条文为:"违反国家规定,擅自设置、使用无线电台(站),或者擅自占用频率,经责令停止使用后拒不停止使用,干扰无线电通讯正常进行,造成严重后果的,处三年以下有期徒刑、拘役或者管制,并处或者单处罚金。"

第二百八十九条　【故意伤害罪】【故意杀人罪】【抢劫罪】聚众“打砸抢”，致人伤残、死亡的，依照本法第二百三十四条、第二百三十二条的规定定罪处罚。毁坏或者抢走公私财物的，除判令退赔外，对首要分子，依照本法第二百六十三条的规定定罪处罚。

第二百九十条　【聚众扰乱社会秩序罪】聚众扰乱社会秩序，情节严重，致使工作、生产、营业和教学、科研、医疗无法进行，造成严重损失的，对首要分子，处三年以上七年以下有期徒刑；对其他积极参加的，处三年以下有期徒刑、拘役、管制或者剥夺政治权利。

【聚众冲击国家机关罪】聚众冲击国家机关，致使国家机关工作无法进行，造成严重损失的，对首要分子，处五年以上十年以下有期徒刑；对其他积极参加的，处五年以下有期徒刑、拘役、管制或者剥夺政治权利。

【扰乱国家机关工作秩序罪】多次扰乱国家机关工作秩序，经行政处罚后仍不改正，造成严重后果的，处三年以下有期徒刑、拘役或者管制。

【组织、资助非法聚集罪】多次组织、资助他人非法聚集，扰乱社会秩序，情节严重的，依照前款的规定处罚。①

第二百九十一条　【聚众扰乱公共场所秩序、交通秩序罪】聚众扰乱车站、码头、民用航空站、商场、公园、影剧院、展览会、运动场或者其他公共场所秩序，聚众堵塞交通或者破坏交通秩序，抗拒、阻碍国家治安管理工作人员依法执行职务，情节严重的，对首要分子，处五年以下有期徒刑、拘役或者管制。

第二百九十一条之一　【投放虚假危险物质罪】【编造、故意传播虚假恐怖信息罪】投放虚假的爆炸性、毒害性、放射性、传染病病原体等物质，或者编造爆炸威胁、生化威胁、放射威胁等恐怖信息，或者明知是编造的恐怖信息而故意传播，严重扰乱社会秩序的，处五年以下有期徒刑、拘役或者管制；造成严重后果的，处五年以上有期徒刑。

【编造、故意传播虚假信息罪】编造虚假的险情、疫情、灾情、警情，在信息网络或者其他媒体上传播，或者明知是上述虚假信息，故意在信息网络或者其他媒体上传播，严重扰乱社会秩序的，处三年以下有期徒刑、拘役或者管制；造成严重后果的，处三年以上七年以下有期徒刑。②

第二百九十一条之二　【高空抛物罪】从建筑物或者其他高空抛掷物品，情节严重的，处一年以下有期徒刑、拘役或者管制，并处或者单处罚金。

有前款行为，同时构成其他犯罪的，依照处罚较重的规定定罪处罚。③

第二百九十二条　【聚众斗殴罪】聚众

---

① 根据2015年8月29日《中华人民共和国刑法修正案(九)》修改。原第一款条文为：“聚众扰乱社会秩序，情节严重，致使工作、生产、营业和教学、科研无法进行，造成严重损失的，对首要分子，处三年以上七年以下有期徒刑；对其他积极参加的，处三年以下有期徒刑、拘役、管制或者剥夺政治权利。”增加二款，作为第三款、第四款。

② 根据2001年12月29日《中华人民共和国刑法修正案(三)》增加。根据2015年8月29日《中华人民共和国刑法修正案(九)》增加一款，作为第二款。

③ 根据2020年12月26日《中华人民共和国刑法修正案(十一)》增加。

斗殴的,对首要分子和其他积极参加的,处三年以下有期徒刑、拘役或者管制;有下列情形之一的,对首要分子和其他积极参加的,处三年以上十年以下有期徒刑:

(一)多次聚众斗殴的;

(二)聚众斗殴人数多,规模大,社会影响恶劣的;

(三)在公共场所或者交通要道聚众斗殴,造成社会秩序严重混乱的;

(四)持械聚众斗殴的。

聚众斗殴,致人重伤、死亡的,依照本法第二百三十四条、第二百三十二条的规定定罪处罚。

第二百九十三条 【寻衅滋事罪】有下列寻衅滋事行为之一,破坏社会秩序的,处五年以下有期徒刑、拘役或者管制:

(一)随意殴打他人,情节恶劣的;

(二)追逐、拦截、辱骂、恐吓他人,情节恶劣的;

(三)强拿硬要或者任意损毁、占用公私财物,情节严重的;

(四)在公共场所起哄闹事,造成公共场所秩序严重混乱的。

纠集他人多次实施前款行为,严重破坏社会秩序的,处五年以上十年以下有期徒刑,可以并处罚金。①

第二百九十三条之一 【催收非法债务罪】有下列情形之一,催收高利放贷等产生的非法债务,情节严重的,处三年以下有期徒刑、拘役或者管制,并处或者单处罚金:

(一)使用暴力、胁迫方法的;

(二)限制他人人身自由或者侵入他人住宅的;

(三)恐吓、跟踪、骚扰他人的。②

第二百九十四条 【组织、领导、参加黑社会性质组织罪】组织、领导黑社会性质的组织的,处七年以上有期徒刑,并处没收财产;积极参加的,处三年以上七年以下有期徒刑,可以并处罚金或者没收财产;其他参加的,处三年以下有期徒刑、拘役、管制或者剥夺政治权利,可以并处罚金。

【入境发展黑社会组织罪】境外的黑社会组织的人员到中华人民共和国境内发展组织成员的,处三年以上十年以下有期徒刑。

【包庇、纵容黑社会性质组织罪】国家机关工作人员包庇黑社会性质的组织,或者纵容黑社会性质的组织进行违法犯罪活动的,处五年以下有期徒刑;情节严重的,处五年以上有期徒刑。

犯前三款罪又有其他犯罪行为的,依照数罪并罚的规定处罚。

黑社会性质的组织应当同时具备以下特征:

(一)形成较稳定的犯罪组织,人数较多,有明确的组织者、领导者,骨干成员基本固定;

---

① 根据2011年2月25日《中华人民共和国刑法修正案(八)》修改。原条文为:"有下列寻衅滋事行为之一,破坏社会秩序的,处五年以下有期徒刑、拘役或者管制:

"(一)随意殴打他人,情节恶劣的;

"(二)追逐、拦截、辱骂他人,情节恶劣的;

"(三)强拿硬要或者任意损毁、占用公私财物,情节严重的;

"(四)在公共场所起哄闹事,造成公共场所秩序严重混乱的。"

② 根据2020年12月26日《中华人民共和国刑法修正案(十一)》增加。

（二）有组织地通过违法犯罪活动或者其他手段获取经济利益，具有一定的经济实力，以支持该组织的活动；

（三）以暴力、威胁或者其他手段，有组织地多次进行违法犯罪活动，为非作恶，欺压、残害群众；

（四）通过实施违法犯罪活动，或者利用国家工作人员的包庇或者纵容，称霸一方，在一定区域或者行业内，形成非法控制或者重大影响，严重破坏经济、社会生活秩序。①

第二百九十五条　【传授犯罪方法罪】传授犯罪方法的，处五年以下有期徒刑、拘役或者管制；情节严重的，处五年以上十年以下有期徒刑；情节特别严重的，处十年以上有期徒刑或者无期徒刑。②

第二百九十六条　【非法集会、游行、示威罪】举行集会、游行、示威，未依照法律规定申请或者申请未获许可，或者未按照主管机关许可的起止时间、地点、路线进行，又拒不服从解散命令，严重破坏社会秩序的，对集会、游行、示威的负责人和直接责任人员，处五年以下有期徒刑、拘役、管制或者剥夺政治权利。

第二百九十七条　【非法携带武器、管制刀具、爆炸物参加集会、游行、示威罪】违反法律规定，携带武器、管制刀具或者爆炸物参加集会、游行、示威的，处三年以下有期徒刑、拘役、管制或者剥夺政治权利。

第二百九十八条　【破坏集会、游行、示威罪】扰乱、冲击或者以其他方法破坏依法举行的集会、游行、示威，造成公共秩序混乱的，处五年以下有期徒刑、拘役、管制或者剥夺政治权利。

第二百九十九条　【侮辱国旗、国徽、国歌罪】在公共场合，故意以焚烧、毁损、涂划、玷污、践踏等方式侮辱中华人民共和国国旗、国徽的，处三年以下有期徒刑、拘役、管制或者剥夺政治权利。

在公共场合，故意篡改中华人民共和国国歌歌词、曲谱，以歪曲、贬损方式奏唱国歌，或者以其他方式侮辱国歌，情节严重的，依照前款的规定处罚。③

第二百九十九条之一　【侵害英雄烈士名誉、荣誉罪】侮辱、诽谤或者以其他方式侵害英雄烈士的名誉、荣誉，损害社会公

---

① 根据2011年2月25日《中华人民共和国刑法修正案（八）》修改。原条文为："组织、领导和积极参加以暴力、威胁或者其他手段，有组织地进行违法犯罪活动，称霸一方，为非作恶，欺压、残害群众，严重破坏经济、社会生活秩序的黑社会性质的组织的，处三年以上十年以下有期徒刑；其他参加的，处三年以下有期徒刑、拘役、管制或者剥夺政治权利。

"境外的黑社会组织的人员到中华人民共和国境内发展组织成员的，处三年以上十年以下有期徒刑。

"犯前两款罪又有其他犯罪行为的，依照数罪并罚的规定处罚。

"国家机关工作人员包庇黑社会性质的组织，或者纵容黑社会性质的组织进行违法犯罪活动的，处三年以下有期徒刑、拘役或者剥夺政治权利；情节严重的，处三年以上十年以下有期徒刑。"

② 根据2011年2月25日《中华人民共和国刑法修正案（八）》修改。原条文为："传授犯罪方法的，处五年以下有期徒刑、拘役或者管制；情节严重的，处五年以上有期徒刑；情节特别严重的，处无期徒刑或者死刑。"

③ 根据2017年11月4日《中华人民共和国刑法修正案（十）》增加第二款。原条文为："在公众场合故意以焚烧、毁损、涂划、玷污、践踏等方式侮辱中华人民共和国国旗、国徽的，处三年以下有期徒刑、拘役、管制或者剥夺政治权利。"

共利益，情节严重的，处三年以下有期徒刑、拘役、管制或者剥夺政治权利。①

第三百条 【组织、利用会道门、邪教组织、利用迷信破坏法律实施罪】组织、利用会道门、邪教组织或者利用迷信破坏国家法律、行政法规实施的，处三年以上七年以下有期徒刑，并处罚金；情节特别严重的，处七年以上有期徒刑或者无期徒刑，并处罚金或者没收财产；情节较轻的，处三年以下有期徒刑、拘役、管制或者剥夺政治权利，并处或者单处罚金。

【组织、利用会道门、邪教组织、利用迷信致人重伤、死亡罪】组织、利用会道门、邪教组织或者利用迷信蒙骗他人，致人重伤、死亡的，依照前款的规定处罚。

犯第一款罪又有奸淫妇女、诈骗财物等犯罪行为的，依照数罪并罚的规定处罚。②

第三百零一条 【聚众淫乱罪】聚众进行淫乱活动的，对首要分子或者多次参加的，处五年以下有期徒刑、拘役或者管制。

【引诱未成年人聚众淫乱罪】引诱未成年人参加聚众淫乱活动的，依照前款的规定从重处罚。

第三百零二条 【盗窃、侮辱、故意毁坏尸体、尸骨、骨灰罪】盗窃、侮辱、故意毁坏尸体、尸骨、骨灰的，处三年以下有期徒刑、拘役或者管制。③

第三百零三条 【赌博罪】以营利为目的，聚众赌博或者以赌博为业的，处三年以下有期徒刑、拘役或者管制，并处罚金。

【开设赌场罪】开设赌场的，处五年以下有期徒刑、拘役或者管制，并处罚金；情节严重的，处五年以上十年以下有期徒刑，并处罚金。

【组织参与国(境)外赌博罪】组织中华人民共和国公民参与国(境)外赌博，数额巨大或者有其他严重情节的，依照前款的规定处罚。④

第三百零四条 【故意延误投递邮件罪】邮政工作人员严重不负责任，故意延误投递邮件，致使公共财产、国家和人民利益遭受重大损失的，处二年以下有期徒刑或者拘役。

---

① 根据2020年12月26日《中华人民共和国刑法修正案(十一)》增加。

② 根据2015年8月29日《中华人民共和国刑法修正案(九)》修改。原条文为："组织和利用会道门、邪教组织或者利用迷信破坏国家法律、行政法规实施的，处三年以上七年以下有期徒刑；情节特别严重的，处七年以上有期徒刑。

"组织和利用会道门、邪教组织或者利用迷信蒙骗他人，致人死亡的，依照前款的规定处罚。

"组织和利用会道门、邪教组织或者利用迷信奸淫妇女、诈骗财物的，分别依照本法第二百三十六条、第二百六十六条的规定定罪处罚。"

③ 根据2015年8月29日《中华人民共和国刑法修正案(九)》修改。原条文为："盗窃、侮辱尸体的，处三年以下有期徒刑、拘役或者管制。"

④ 根据2006年6月29日《中华人民共和国刑法修正案(六)》第一次修改。原条文为："以营利为目的，聚众赌博、开设赌场或者以赌博为业的，处三年以下有期徒刑、拘役或者管制，并处罚金。"

根据2020年12月26日《中华人民共和国刑法修正案(十一)》第二次修改。原条文为："以营利为目的，聚众赌博或者以赌博为业的，处三年以下有期徒刑、拘役或者管制，并处罚金。

"开设赌场的，处三年以下有期徒刑、拘役或者管制，并处罚金；情节严重的，处三年以上十年以下有期徒刑，并处罚金。"

第二节 妨害司法罪

第三百零五条 【伪证罪】在刑事诉讼中，证人、鉴定人、记录人、翻译人对与案件有重要关系的情节，故意作虚假证明、鉴定、记录、翻译，意图陷害他人或者隐匿罪证的，处三年以下有期徒刑或者拘役；情节严重的，处三年以上七年以下有期徒刑。

第三百零六条 【辩护人、诉讼代理人毁灭证据、伪造证据、妨害作证罪】在刑事诉讼中，辩护人、诉讼代理人毁灭、伪造证据，帮助当事人毁灭、伪造证据，威胁、引诱证人违背事实改变证言或者作伪证的，处三年以下有期徒刑或者拘役；情节严重的，处三年以上七年以下有期徒刑。

辩护人、诉讼代理人提供、出示、引用的证人证言或者其他证据失实，不是有意伪造的，不属于伪造证据。

第三百零七条 【妨害作证罪】以暴力、威胁、贿买等方法阻止证人作证或者指使他人作伪证的，处三年以下有期徒刑或者拘役；情节严重的，处三年以上七年以下有期徒刑。

【帮助毁灭、伪造证据罪】帮助当事人毁灭、伪造证据，情节严重的，处三年以下有期徒刑或者拘役。

司法工作人员犯前两款罪的，从重处罚。

第三百零七条之一 【虚假诉讼罪】以捏造的事实提起民事诉讼，妨害司法秩序或者严重侵害他人合法权益的，处三年以下有期徒刑、拘役或者管制，并处或者单处罚金；情节严重的，处三年以上七年以下有期徒刑，并处罚金。

单位犯前款罪的，对单位判处罚金，并对其直接负责的主管人员和其他直接责任人员，依照前款的规定处罚。

有第一款行为，非法占有他人财产或者逃避合法债务，又构成其他犯罪的，依照处罚较重的规定定罪从重处罚。

司法工作人员利用职权，与他人共同实施前三款行为的，从重处罚；同时构成其他犯罪的，依照处罚较重的规定定罪从重处罚。①

第三百零八条 【打击报复证人罪】对证人进行打击报复的，处三年以下有期徒刑或者拘役；情节严重的，处三年以上七年以下有期徒刑。

第三百零八条之一 【泄露不应公开的案件信息罪】司法工作人员、辩护人、诉讼代理人或者其他诉讼参与人，泄露依法不公开审理的案件中不应当公开的信息，造成信息公开传播或者其他严重后果的，处三年以下有期徒刑、拘役或者管制，并处或者单处罚金。

有前款行为，泄露国家秘密的，依照本法第三百九十八条的规定定罪处罚。

【披露、报道不应公开的案件信息罪】公开披露、报道第一款规定的案件信息，情节严重的，依照第一款的规定处罚。

单位犯前款罪的，对单位判处罚金，并对其直接负责的主管人员和其他直接责任人员，依照第一款的规定处罚。②

第三百零九条 【扰乱法庭秩序罪】有下列扰乱法庭秩序情形之一的，处三年以下有期徒刑、拘役、管制或者罚金：

---

① 根据2015年8月29日《中华人民共和国刑法修正案(九)》增加。

② 根据2015年8月29日《中华人民共和国刑法修正案(九)》增加。

（一）聚众哄闹、冲击法庭的；

（二）殴打司法工作人员或者诉讼参与人的；

（三）侮辱、诽谤、威胁司法工作人员或者诉讼参与人，不听法庭制止，严重扰乱法庭秩序的；

（四）有毁坏法庭设施，抢夺、损毁诉讼文书、证据等扰乱法庭秩序行为，情节严重的。①

第三百一十条　【窝藏、包庇罪】明知是犯罪的人而为其提供隐藏处所、财物，帮助其逃匿或者作假证明包庇的，处三年以下有期徒刑、拘役或者管制；情节严重的，处三年以上十年以下有期徒刑。

犯前款罪，事前通谋的，以共同犯罪论处。

第三百一十一条　【拒绝提供间谍犯罪、恐怖主义犯罪、极端主义犯罪证据罪】明知他人有间谍犯罪或者恐怖主义、极端主义犯罪行为，在司法机关向其调查有关情况、收集有关证据时，拒绝提供，情节严重的，处三年以下有期徒刑、拘役或者管制。②

第三百一十二条　【掩饰、隐瞒犯罪所得、犯罪所得收益罪】明知是犯罪所得及其产生的收益而予以窝藏、转移、收购、代为销售或者以其他方法掩饰、隐瞒的，处三年以下有期徒刑、拘役或者管制，并处或者单处罚金；情节严重的，处三年以上七年以下有期徒刑，并处罚金。

单位犯前款罪的，对单位判处罚金，并对其直接负责的主管人员和其他直接责任人员，依照前款的规定处罚。③

第三百一十三条　【拒不执行判决、裁定罪】对人民法院的判决、裁定有能力执行而拒不执行，情节严重的，处三年以下有期徒刑、拘役或者罚金；情节特别严重的，处三年以上七年以下有期徒刑，并处罚金。

单位犯前款罪的，对单位判处罚金，并对其直接负责的主管人员和其他直接责任人员，依照前款的规定处罚。④

第三百一十四条　【非法处置查封、扣押、冻结的财产罪】隐藏、转移、变卖、故意毁损已被司法机关查封、扣押、冻结的财产，情节严重的，处三年以下有期徒刑、拘役或者罚金。

第三百一十五条　【破坏监管秩序罪】依法被关押的罪犯，有下列破坏监管秩序行为之一，情节严重的，处三年以下有期徒刑：

（一）殴打监管人员的；

（二）组织其他被监管人破坏监管秩

---

① 根据2015年8月29日《中华人民共和国刑法修正案（九）》修改。原条文为："聚众哄闹、冲击法庭，或者殴打司法工作人员，严重扰乱法庭秩序的，处三年以下有期徒刑、拘役、管制或者罚金。"

② 根据2015年8月29日《中华人民共和国刑法修正案（九）》修改。原条文为："明知他人有间谍犯罪行为，在国家安全机关向其调查有关情况、收集有关证据时，拒绝提供，情节严重的，处三年以下有期徒刑、拘役或者管制。"

③ 根据2006年6月29日《中华人民共和国刑法修正案（六）》修改。原条文为："明知是犯罪所得的赃物而予以窝藏、转移、收购或者代为销售的，处三年以下有期徒刑、拘役或者管制，并处或者单处罚金。"

根据2009年2月28日《中华人民共和国刑法修正案（七）》增加一款，作为第二款。

④ 根据2015年8月29日《中华人民共和国刑法修正案（九）》修改。原条文为："对人民法院的判决、裁定有能力执行而拒不执行，情节严重的，处三年以下有期徒刑、拘役或者罚金。"

序的；

（三）聚众闹事，扰乱正常监管秩序的；

（四）殴打、体罚或者指使他人殴打、体罚其他被监管人的。

第三百一十六条　【脱逃罪】依法被关押的罪犯、被告人、犯罪嫌疑人脱逃的，处五年以下有期徒刑或者拘役。

【劫夺被押解人员罪】劫夺押解途中的罪犯、被告人、犯罪嫌疑人的，处三年以上七年以下有期徒刑；情节严重的，处七年以上有期徒刑。

第三百一十七条　【组织越狱罪】组织越狱的首要分子和积极参加的，处五年以上有期徒刑；其他参加的，处五年以下有期徒刑或者拘役。

【暴动越狱罪】【聚众持械劫狱罪】暴动越狱或者聚众持械劫狱的首要分子和积极参加的，处十年以上有期徒刑或者无期徒刑；情节特别严重的，处死刑；其他参加的，处三年以上十年以下有期徒刑。

第三节　妨害国（边）境管理罪

第三百一十八条　【组织他人偷越国（边）境罪】组织他人偷越国（边）境的，处二年以上七年以下有期徒刑，并处罚金；有下列情形之一的，处七年以上有期徒刑或者无期徒刑，并处罚金或者没收财产：

（一）组织他人偷越国（边）境集团的首要分子；

（二）多次组织他人偷越国（边）境或者组织他人偷越国（边）境人数众多的；

（三）造成被组织人重伤、死亡的；

（四）剥夺或者限制被组织人人身自由的；

（五）以暴力、威胁方法抗拒检查的；

（六）违法所得数额巨大的；

（七）有其他特别严重情节的。

犯前款罪，对被组织人有杀害、伤害、强奸、拐卖等犯罪行为，或者对检查人员有杀害、伤害等犯罪行为的，依照数罪并罚的规定处罚。

第三百一十九条　【骗取出境证件罪】以劳务输出、经贸往来或者其他名义，弄虚作假，骗取护照、签证等出境证件，为组织他人偷越国（边）境使用的，处三年以下有期徒刑，并处罚金；情节严重的，处三年以上十年以下有期徒刑，并处罚金。

单位犯前款罪的，对单位判处罚金，并对其直接负责的主管人员和其他直接责任人员，依照前款的规定处罚。

第三百二十条　【提供伪造、变造的出入境证件罪】【出售出入境证件罪】为他人提供伪造、变造的护照、签证等出入境证件，或者出售护照、签证等出入境证件的，处五年以下有期徒刑，并处罚金；情节严重的，处五年以上有期徒刑，并处罚金。

第三百二十一条　【运送他人偷越国（边）境罪】运送他人偷越国（边）境的，处五年以下有期徒刑、拘役或者管制，并处罚金；有下列情形之一的，处五年以上十年以下有期徒刑，并处罚金：

（一）多次实施运送行为或者运送人数众多的；

（二）所使用的船只、车辆等交通工具不具备必要的安全条件，足以造成严重后果的；

（三）违法所得数额巨大的；

（四）有其他特别严重情节的。

在运送他人偷越国（边）境中造成被运送人重伤、死亡，或者以暴力、威胁方法抗拒检查的，处七年以上有期徒刑，并处罚金。

犯前两款罪,对被运送人有杀害、伤害、强奸、拐卖等犯罪行为,或者对检查人员有杀害、伤害等犯罪行为的,依照数罪并罚的规定处罚。

第三百二十二条 【偷越国(边)境罪】违反国(边)境管理法规,偷越国(边)境,情节严重的,处一年以下有期徒刑、拘役或者管制,并处罚金;为参加恐怖活动组织、接受恐怖活动培训或者实施恐怖活动,偷越国(边)境的,处一年以上三年以下有期徒刑,并处罚金。①

第三百二十三条 【破坏界碑、界桩罪】【破坏永久性测量标志罪】故意破坏国家边境的界碑、界桩或者永久性测量标志的,处三年以下有期徒刑或者拘役。

第四节 妨害文物管理罪

第三百二十四条 【故意损毁文物罪】故意损毁国家保护的珍贵文物或者被确定为全国重点文物保护单位、省级文物保护单位的文物的,处三年以下有期徒刑或者拘役,并处或者单处罚金;情节严重的,处三年以上十年以下有期徒刑,并处罚金。

【故意损毁名胜古迹罪】故意损毁国家保护的名胜古迹,情节严重的,处五年以下有期徒刑或者拘役,并处或者单处罚金。

【过失损毁文物罪】过失损毁国家保护的珍贵文物或者被确定为全国重点文物保护单位、省级文物保护单位的文物,造成严重后果的,处三年以下有期徒刑或者拘役。

第三百二十五条 【非法向外国人出售、赠送珍贵文物罪】违反文物保护法规,将收藏的国家禁止出口的珍贵文物私自出售或者私自赠送给外国人的,处五年以下有期徒刑或者拘役,可以并处罚金。

单位犯前款罪的,对单位判处罚金,并对其直接负责的主管人员和其他直接责任人员,依照前款的规定处罚。

第三百二十六条 【倒卖文物罪】以牟利为目的,倒卖国家禁止经营的文物,情节严重的,处五年以下有期徒刑或者拘役,并处罚金;情节特别严重的,处五年以上十年以下有期徒刑,并处罚金。

单位犯前款罪的,对单位判处罚金,并对其直接负责的主管人员和其他直接责任人员,依照前款的规定处罚。

第三百二十七条 【非法出售、私赠文物藏品罪】违反文物保护法规,国有博物馆、图书馆等单位将国家保护的文物藏品出售或者私自送给非国有单位或者个人的,对单位判处罚金,并对其直接负责的主管人员和其他直接责任人员,处三年以下有期徒刑或者拘役。

第三百二十八条 【盗掘古文化遗址、古墓葬罪】盗掘具有历史、艺术、科学价值的古文化遗址、古墓葬的,处三年以上十年以下有期徒刑,并处罚金;情节较轻的,处三年以下有期徒刑、拘役或者管制,并处罚金;有下列情形之一的,处十年以上有期徒刑或者无期徒刑,并处罚金或者没收财产:

(一)盗掘确定为全国重点文物保护单位和省级文物保护单位的古文化遗址、古墓葬的;

(二)盗掘古文化遗址、古墓葬集团的首要分子;

(三)多次盗掘古文化遗址、古墓葬的;

---

① 根据2015年8月29日《中华人民共和国刑法修正案(九)》修改。原条文为:"违反国(边)境管理法规,偷越国(边)境,情节严重的,处一年以下有期徒刑、拘役或者管制,并处罚金。"

（四）盗掘古文化遗址、古墓葬，并盗窃珍贵文物或者造成珍贵文物严重破坏的。①

【盗掘古人类化石、古脊椎动物化石罪】盗掘国家保护的具有科学价值的古人类化石和古脊椎动物化石的，依照前款的规定处罚。

第三百二十九条　【抢夺、窃取国有档案罪】抢夺、窃取国家所有的档案的，处五年以下有期徒刑或者拘役。

【擅自出卖、转让国有档案罪】违反档案法的规定，擅自出卖、转让国家所有的档案，情节严重的，处三年以下有期徒刑或者拘役。

有前两款行为，同时又构成本法规定的其他犯罪的，依照处罚较重的规定定罪处罚。

第五节　危害公共卫生罪

第三百三十条　【妨害传染病防治罪】违反传染病防治法的规定，有下列情形之一，引起甲类传染病以及依法确定采取甲类传染病预防、控制措施的传染病传播或者有传播严重危险的，处三年以下有期徒刑或者拘役；后果特别严重的，处三年以上七年以下有期徒刑：

（一）供水单位供应的饮用水不符合国家规定的卫生标准的；

（二）拒绝按照疾病预防控制机构提出的卫生要求，对传染病病原体污染的污水、污物、场所和物品进行消毒处理的；

（三）准许或者纵容传染病病人、病原携带者和疑似传染病病人从事国务院卫生行政部门规定禁止从事的易使该传染病扩散的工作的；

（四）出售、运输疫区中被传染病病原体污染或者可能被传染病病原体污染的物品，未进行消毒处理的；

（五）拒绝执行县级以上人民政府、疾病预防控制机构依照传染病防治法提出的预防、控制措施的。②

单位犯前款罪的，对单位判处罚金，并对其直接负责的主管人员和其他直接责任

① 根据2011年2月25日《中华人民共和国刑法修正案（八）》修改。原第一款条文为："盗掘具有历史、艺术、科学价值的古文化遗址、古墓葬的，处三年以上十年以下有期徒刑，并处罚金；情节较轻的，处三年以下有期徒刑、拘役或者管制，并处罚金；有下列情形之一的，处十年以上有期徒刑、无期徒刑或者死刑，并处罚金或者没收财产：

"（一）盗掘确定为全国重点文物保护单位和省级文物保护单位的古文化遗址、古墓葬的；

"（二）盗掘古文化遗址、古墓葬集团的首要分子；

"（三）多次盗掘古文化遗址、古墓葬的；

"（四）盗掘古文化遗址、古墓葬，并盗窃珍贵文物或者造成珍贵文物严重破坏的。"

② 根据2020年12月26日《中华人民共和国刑法修正案（十一）》修改。原第一款条文为："违反传染病防治法的规定，有下列情形之一，引起甲类传染病传播或者有传播严重危险的，处三年以下有期徒刑或者拘役；后果特别严重的，处三年以上七年以下有期徒刑：

"（一）供水单位供应的饮用水不符合国家规定的卫生标准的；

"（二）拒绝按照卫生防疫机构提出的卫生要求，对传染病病原体污染的污水、污物、粪便进行消毒处理的；

"（三）准许或者纵容传染病病人、病原携带者和疑似传染病病人从事国务院卫生行政部门规定禁止从事的易使该传染病扩散的工作的；

"（四）拒绝执行卫生防疫机构依照传染病防治法提出的预防、控制措施的。"

人员,依照前款的规定处罚。

甲类传染病的范围,依照《中华人民共和国传染病防治法》和国务院有关规定确定。

第三百三十一条 【传染病菌种、毒种扩散罪】从事实验、保藏、携带、运输传染病菌种、毒种的人员,违反国务院卫生行政部门的有关规定,造成传染病菌种、毒种扩散,后果严重的,处三年以下有期徒刑或者拘役;后果特别严重的,处三年以上七年以下有期徒刑。

第三百三十二条 【妨害国境卫生检疫罪】违反国境卫生检疫规定,引起检疫传染病传播或者有传播严重危险的,处三年以下有期徒刑或者拘役,并处或者单处罚金。

单位犯前款罪的,对单位判处罚金,并对其直接负责的主管人员和其他直接责任人员,依照前款的规定处罚。

第三百三十三条 【非法组织卖血罪】【强迫卖血罪】非法组织他人出卖血液的,处五年以下有期徒刑,并处罚金;以暴力、威胁方法强迫他人出卖血液的,处五年以上十年以下有期徒刑,并处罚金。

有前款行为,对他人造成伤害的,依照本法第二百三十四条的规定定罪处罚。

第三百三十四条 【非法采集、供应血液、制作、供应血液制品罪】非法采集、供应血液或者制作、供应血液制品,不符合国家规定的标准,足以危害人体健康的,处五年以下有期徒刑或者拘役,并处罚金;对人体健康造成严重危害的,处五年以上十年以下有期徒刑,并处罚金;造成特别严重后果的,处十年以上有期徒刑或者无期徒刑,并处罚金或者没收财产。

【采集、供应血液、制作、供应血液制品事故罪】经国家主管部门批准采集、供应血液或者制作、供应血液制品的部门,不依照规定进行检测或者违背其他操作规定,造成危害他人身体健康后果的,对单位判处罚金,并对其直接负责的主管人员和其他直接责任人员,处五年以下有期徒刑或者拘役。

第三百三十四条之一 【非法采集人类遗传资源、走私人类遗传资源材料罪】违反国家有关规定,非法采集我国人类遗传资源或者非法运送、邮寄、携带我国人类遗传资源材料出境,危害公众健康或者社会公共利益,情节严重的,处三年以下有期徒刑、拘役或者管制,并处或者单处罚金;情节特别严重的,处三年以上七年以下有期徒刑,并处罚金。①

第三百三十五条 【医疗事故罪】医务人员由于严重不负责任,造成就诊人死亡或者严重损害就诊人身体健康的,处三年以下有期徒刑或者拘役。

第三百三十六条 【非法行医罪】未取得医生执业资格的人非法行医,情节严重的,处三年以下有期徒刑、拘役或者管制,并处或者单处罚金;严重损害就诊人身体健康的,处三年以上十年以下有期徒刑,并处罚金;造成就诊人死亡的,处十年以上有期徒刑,并处罚金。

【非法进行节育手术罪】未取得医生执业资格的人擅自为他人进行节育复通手术、假节育手术、终止妊娠手术或者摘取宫内节育器,情节严重的,处三年以下有期徒刑、拘役或者管制,并处或者单处罚金;严

---

① 根据2020年12月26日《中华人民共和国刑法修正案(十一)》增加。

重损害就诊人身体健康的，处三年以上十年以下有期徒刑，并处罚金；造成就诊人死亡的，处十年以上有期徒刑，并处罚金。

第三百三十六条之一　【非法植入基因编辑、克隆胚胎罪】将基因编辑、克隆的人类胚胎植入人体或者动物体内，或者将基因编辑、克隆的动物胚胎植入人体内，情节严重的，处三年以下有期徒刑或者拘役，并处罚金；情节特别严重的，处三年以上七年以下有期徒刑，并处罚金。①

第三百三十七条　【妨害动植物防疫、检疫罪】违反有关动植物防疫、检疫的国家规定，引起重大动植物疫情的，或者有引起重大动植物疫情危险，情节严重的，处三年以下有期徒刑或者拘役，并处或者单处罚金。②

单位犯前款罪的，对单位判处罚金，并对其直接负责的主管人员和其他直接责任人员，依照前款的规定处罚。

第六节　破坏环境资源保护罪

第三百三十八条　【污染环境罪】违反国家规定，排放、倾倒或者处置有放射性的废物、含传染病病原体的废物、有毒物质或者其他有害物质，严重污染环境的，处三年以下有期徒刑或者拘役，并处或者单处罚金；情节严重的，处三年以上七年以下有期徒刑，并处罚金；有下列情形之一的，处七年以上有期徒刑，并处罚金：

（一）在饮用水水源保护区、自然保护地核心保护区等依法确定的重点保护区域排放、倾倒、处置有放射性的废物、含传染病病原体的废物、有毒物质，情节特别严重的；

（二）向国家确定的重要江河、湖泊水域排放、倾倒、处置有放射性的废物、含传染病病原体的废物、有毒物质，情节特别严重的；

（三）致使大量永久基本农田基本功能丧失或者遭受永久性破坏的；

（四）致使多人重伤、严重疾病，或者致人严重残疾、死亡的。

有前款行为，同时构成其他犯罪的，依照处罚较重的规定定罪处罚。③

第三百三十九条　【非法处置进口的固体废物罪】违反国家规定，将境外的固体废物进境倾倒、堆放、处置的，处五年以下有期徒刑或者拘役，并处罚金；造成重大环境污染事故，致使公私财产遭受重大损失或者严重危害人体健康的，处五年以上十年以下有期徒刑，并处罚金；后果特别严重

① 根据2020年12月26日《中华人民共和国刑法修正案（十一）》增加。

② 根据2009年2月28日《中华人民共和国刑法修正案（七）》修改。原第一款条文为："违反进出境动植物检疫法的规定，逃避动植物检疫，引起重大动植物疫情的，处三年以下有期徒刑或者拘役，并处或者单处罚金。"

③ 根据2011年2月25日《中华人民共和国刑法修正案（八）》第一次修改。原条文为："违反国家规定，向土地、水体、大气排放、倾倒或者处置有放射性的废物、含传染病病原体的废物、有毒物质或者其他危险废物，造成重大环境污染事故，致使公私财产遭受重大损失或者人身伤亡的严重后果的，处三年以下有期徒刑或者拘役，并处或者单处罚金；后果特别严重的，处三年以上七年以下有期徒刑，并处罚金。"

根据2020年12月26日《中华人民共和国刑法修正案（十一）》第二次修改。原条文为："违反国家规定，排放、倾倒或者处置有放射性的废物、含传染病病原体的废物、有毒物质或者其他有害物质，严重污染环境的，处三年以下有期徒刑或者拘役，并处或者单处罚金；后果特别严重的，处三年以上七年以下有期徒刑，并处罚金。"

的,处十年以上有期徒刑,并处罚金。

【擅自进口固体废物罪】未经国务院有关主管部门许可,擅自进口固体废物用作原料,造成重大环境污染事故,致使公私财产遭受重大损失或者严重危害人体健康的,处五年以下有期徒刑或者拘役,并处罚金;后果特别严重的,处五年以上十年以下有期徒刑,并处罚金。

以原料利用为名,进口不能用作原料的固体废物、液态废物和气态废物的,依照本法第一百五十二条第二款、第三款的规定定罪处罚。①

第三百四十条　【非法捕捞水产品罪】违反保护水产资源法规,在禁渔区、禁渔期或者使用禁用的工具、方法捕捞水产品,情节严重的,处三年以下有期徒刑、拘役、管制或者罚金。

第三百四十一条　【危害珍贵、濒危野生动物罪】非法猎捕、杀害国家重点保护的珍贵、濒危野生动物的,或者非法收购、运输、出售国家重点保护的珍贵、濒危野生动物及其制品的,处五年以下有期徒刑或者拘役,并处罚金;情节严重的,处五年以上十年以下有期徒刑,并处罚金;情节特别严重的,处十年以上有期徒刑,并处罚金或者没收财产。

【非法狩猎罪】违反狩猎法规,在禁猎区、禁猎期或者使用禁用的工具、方法进行狩猎,破坏野生动物资源,情节严重的,处三年以下有期徒刑、拘役、管制或者罚金。

【非法猎捕、收购、运输、出售陆生野生动物罪】违反野生动物保护管理法规,以食用为目的非法猎捕、收购、运输、出售第一款规定以外的在野外环境自然生长繁殖的陆生野生动物,情节严重的,依照前款的规定处罚。②

第三百四十二条　【非法占用农用地罪】违反土地管理法规,非法占用耕地、林地等农用地,改变被占用土地用途,数量较大,造成耕地、林地等农用地大量毁坏的,处五年以下有期徒刑或者拘役,并处或者单处罚金。③

第三百四十二条之一　【破坏自然保护地罪】违反自然保护地管理法规,在国家公园、国家级自然保护区进行开垦、开发活动或者修建建筑物,造成严重后果或者有其他恶劣情节的,处五年以下有期徒刑或者拘役,并处或者单处罚金。

有前款行为,同时构成其他犯罪的,依照处罚较重的规定定罪处罚。④

第三百四十三条　【非法采矿罪】违反矿产资源法的规定,未取得采矿许可证擅自采矿,擅自进入国家规划矿区、对国民经济具有重要价值的矿区和他人矿区范围采矿,或者擅自开采国家规定实行保护性开采的特定矿种,情节严重的,处三年以下有期徒刑、拘役或者管制,并处或者单处罚金;情节特别严重的,处三年以上七年以下

---

① 根据 2002 年 12 月 28 日《中华人民共和国刑法修正案(四)》修改。原第三款条文为:"以原料利用为名,进口不能用作原料的固体废物的,依照本法第一百五十五条的规定定罪处罚。"

② 根据 2020 年 12 月 26 日《中华人民共和国刑法修正案(十一)》增加。

③ 根据 2001 年 8 月 31 日《中华人民共和国刑法修正案(二)》修改。原条文为:"违反土地管理法规,非法占用耕地改作他用,数量较大,造成耕地大量毁坏的,处五年以下有期徒刑或者拘役,并处或者单处罚金。"

④ 根据 2020 年 12 月 26 日《中华人民共和国刑法修正案(十一)》增加。

有期徒刑,并处罚金。①

【破坏性采矿罪】违反矿产资源法的规定,采取破坏性的开采方法开采矿产资源,造成矿产资源严重破坏的,处五年以下有期徒刑或者拘役,并处罚金。

第三百四十四条　【危害国家重点保护植物罪】违反国家规定,非法采伐、毁坏珍贵树木或者国家重点保护的其他植物的,或者非法收购、运输、加工、出售珍贵树木或者国家重点保护的其他植物及其制品的,处三年以下有期徒刑、拘役或者管制,并处罚金;情节严重的,处三年以上七年以下有期徒刑,并处罚金。②

第三百四十四条之一　【非法引进、释放、丢弃外来入侵物种罪】违反国家规定,非法引进、释放或者丢弃外来入侵物种,情节严重的,处三年以下有期徒刑或者拘役,并处或者单处罚金。③

第三百四十五条　【盗伐林木罪】盗伐森林或者其他林木,数量较大的,处三年以下有期徒刑、拘役或者管制,并处或者单处罚金;数量巨大的,处三年以上七年以下有期徒刑,并处罚金;数量特别巨大的,处七年以上有期徒刑,并处罚金。

【滥伐林木罪】违反森林法的规定,滥伐森林或者其他林木,数量较大的,处三年以下有期徒刑、拘役或者管制,并处或者单处罚金;数量巨大的,处三年以上七年以下有期徒刑,并处罚金。

【非法收购、运输盗伐、滥伐的林木罪】非法收购、运输明知是盗伐、滥伐的林木,情节严重的,处三年以下有期徒刑、拘役或者管制,并处或者单处罚金;情节特别严重的,处三年以上七年以下有期徒刑,并处罚金。

盗伐、滥伐国家级自然保护区内的森林或者其他林木的,从重处罚。④

第三百四十六条　【单位犯破坏环境资源保护罪的处罚规定】单位犯本节第三百三十八条至第三百四十五条规定之罪的,对单位判处罚金,并对其直接负责的主管人员和其他直接责任人员,依照本节各该条的规定处罚。

---

① 根据2011年2月25日《中华人民共和国刑法修正案(八)》修改。原第一款条文为:“违反矿产资源法的规定,未取得采矿许可证擅自采矿的,擅自进入国家规划矿区、对国民经济具有重要价值的矿区和他人矿区范围采矿的,擅自开采国家规定实行保护性开采的特定矿种,经责令停止开采后拒不停止开采,造成矿产资源破坏的,处三年以下有期徒刑、拘役或者管制,并处或者单处罚金;造成矿产资源严重破坏的,处三年以上七年以下有期徒刑,并处罚金。”

② 根据2002年12月28日《中华人民共和国刑法修正案(四)》修改。原条文为:“违反森林法的规定,非法采伐、毁坏珍贵树木的,处三年以下有期徒刑、拘役或者管制,并处罚金;情节严重的,处三年以上七年以下有期徒刑,并处罚金。”

③ 根据2020年12月26日《中华人民共和国刑法修正案(十一)》增加。

④ 根据2002年12月28日《中华人民共和国刑法修正案(四)》修改。原条文为:“盗伐森林或者其他林木,数量较大的,处三年以下有期徒刑、拘役或者管制,并处或者单处罚金;数量巨大的,处三年以上七年以下有期徒刑,并处罚金;数量特别巨大的,处七年以上有期徒刑,并处罚金。

“违反森林法的规定,滥伐森林或者其他林木,数量较大的,处三年以下有期徒刑、拘役或者管制,并处或者单处罚金;数量巨大的,处三年以上七年以下有期徒刑,并处罚金。

“以牟利为目的,在林区非法收购明知是盗伐、滥伐的林木,情节严重的,处三年以下有期徒刑、拘役或者管制,并处或者单处罚金;情节特别严重的,处三年以上七年以下有期徒刑,并处罚金。

“盗伐、滥伐国家级自然保护区内的森林或者其他林木的,从重处罚。”

第七节　走私、贩卖、运输、制造毒品罪

第三百四十七条　【走私、贩卖、运输、制造毒品罪】走私、贩卖、运输、制造毒品，无论数量多少，都应当追究刑事责任，予以刑事处罚。

走私、贩卖、运输、制造毒品，有下列情形之一的，处十五年有期徒刑、无期徒刑或者死刑，并处没收财产：

（一）走私、贩卖、运输、制造鸦片一千克以上、海洛因或者甲基苯丙胺五十克以上或者其他毒品数量大的；

（二）走私、贩卖、运输、制造毒品集团的首要分子；

（三）武装掩护走私、贩卖、运输、制造毒品的；

（四）以暴力抗拒检查、拘留、逮捕，情节严重的；

（五）参与有组织的国际贩毒活动的。

走私、贩卖、运输、制造鸦片二百克以上不满一千克、海洛因或者甲基苯丙胺十克以上不满五十克或者其他毒品数量较大的，处七年以上有期徒刑，并处罚金。

走私、贩卖、运输、制造鸦片不满二百克、海洛因或者甲基苯丙胺不满十克或者其他少量毒品的，处三年以下有期徒刑、拘役或者管制，并处罚金；情节严重的，处三年以上七年以下有期徒刑，并处罚金。

单位犯第二款、第三款、第四款罪的，对单位判处罚金，并对其直接负责的主管人员和其他直接责任人员，依照各该款的规定处罚。

利用、教唆未成年人走私、贩卖、运输、制造毒品，或者向未成年人出售毒品的，从重处罚。

对多次走私、贩卖、运输、制造毒品，未经处理的，毒品数量累计计算。

第三百四十八条　【非法持有毒品罪】非法持有鸦片一千克以上、海洛因或者甲基苯丙胺五十克以上或者其他毒品数量大的，处七年以上有期徒刑或者无期徒刑，并处罚金；非法持有鸦片二百克以上不满一千克、海洛因或者甲基苯丙胺十克以上不满五十克或者其他毒品数量较大的，处三年以下有期徒刑、拘役或者管制，并处罚金；情节严重的，处三年以上七年以下有期徒刑，并处罚金。

第三百四十九条　【包庇毒品犯罪分子罪】【窝藏、转移、隐瞒毒品、毒赃罪】包庇走私、贩卖、运输、制造毒品的犯罪分子的，为犯罪分子窝藏、转移、隐瞒毒品或者犯罪所得的财物的，处三年以下有期徒刑、拘役或者管制；情节严重的，处三年以上十年以下有期徒刑。

缉毒人员或者其他国家机关工作人员掩护、包庇走私、贩卖、运输、制造毒品的犯罪分子的，依照前款的规定从重处罚。

犯前两款罪，事先通谋的，以走私、贩卖、运输、制造毒品罪的共犯论处。

第三百五十条　【非法生产、买卖、运输制毒物品、走私制毒物品罪】违反国家规定，非法生产、买卖、运输醋酸酐、乙醚、三氯甲烷或者其他用于制造毒品的原料、配剂，或者携带上述物品进出境，情节较重的，处三年以下有期徒刑、拘役或者管制，并处罚金；情节严重的，处三年以上七年以下有期徒刑，并处罚金；情节特别严重的，处七年以上有期徒刑，并处罚金或者没收财产。

明知他人制造毒品而为其生产、买卖、运输前款规定的物品的，以制造毒品罪的

共犯论处。①

单位犯前两款罪的，对单位判处罚金，并对其直接负责的主管人员和其他直接责任人员，依照前两款的规定处罚。

第三百五十一条　【非法种植毒品原植物罪】非法种植罂粟、大麻等毒品原植物的，一律强制铲除。有下列情形之一的，处五年以下有期徒刑、拘役或者管制，并处罚金：

（一）种植罂粟五百株以上不满三千株或者其他毒品原植物数量较大的；

（二）经公安机关处理后又种植的；

（三）抗拒铲除的。

非法种植罂粟三千株以上或者其他毒品原植物数量大的，处五年以上有期徒刑，并处罚金或者没收财产。

非法种植罂粟或者其他毒品原植物，在收获前自动铲除的，可以免除处罚。

第三百五十二条　【非法买卖、运输、携带、持有毒品原植物种子、幼苗罪】非法买卖、运输、携带、持有未经灭活的罂粟等毒品原植物种子或者幼苗，数量较大的，处三年以下有期徒刑、拘役或者管制，并处或者单处罚金。

第三百五十三条　【引诱、教唆、欺骗他人吸毒罪】引诱、教唆、欺骗他人吸食、注射毒品的，处三年以下有期徒刑、拘役或者管制，并处罚金；情节严重的，处三年以上七年以下有期徒刑，并处罚金。

【强迫他人吸毒罪】强迫他人吸食、注射毒品的，处三年以上十年以下有期徒刑，并处罚金。

引诱、教唆、欺骗或者强迫未成年人吸食、注射毒品的，从重处罚。

第三百五十四条　【容留他人吸毒罪】容留他人吸食、注射毒品的，处三年以下有期徒刑、拘役或者管制，并处罚金。

第三百五十五条　【非法提供麻醉药品、精神药品罪】依法从事生产、运输、管理、使用国家管制的麻醉药品、精神药品的人员，违反国家规定，向吸食、注射毒品的人提供国家规定管制的能够使人形成瘾癖的麻醉药品、精神药品的，处三年以下有期徒刑或者拘役，并处罚金；情节严重的，处三年以上七年以下有期徒刑，并处罚金。向走私、贩卖毒品的犯罪分子或者以牟利为目的，向吸食、注射毒品的人提供国家规定管制的能够使人形成瘾癖的麻醉药品、精神药品的，依照本法第三百四十七条的规定定罪处罚。

单位犯前款罪的，对单位判处罚金，并对其直接负责的主管人员和其他直接责任人员，依照前款的规定处罚。

第三百五十五条之一　【妨害兴奋剂管理罪】引诱、教唆、欺骗运动员使用兴奋剂参加国内、国际重大体育竞赛，或者明知运动员参加上述竞赛而向其提供兴奋剂，情节严重的，处三年以下有期徒刑或者拘役，并处罚金。

组织、强迫运动员使用兴奋剂参加国内、国际重大体育竞赛的，依照前款的规定从重处罚。②

---

① 根据2015年8月29日《中华人民共和国刑法修正案（九）》修改。原第一款、第二款条文为：“违反国家规定，非法运输、携带醋酸酐、乙醚、三氯甲烷或者其他用于制造毒品的原料或者配剂进出境的，或者违反国家规定，在境内非法买卖上述物品的，处三年以下有期徒刑、拘役或者管制，并处罚金；数量大的，处三年以上十年以下有期徒刑，并处罚金。

“明知他人制造毒品而为其提供前款规定的物品的，以制造毒品罪的共犯论处。”

② 根据2020年12月26日《中华人民共和国刑法修正案（十一）》增加。

第三百五十六条 【毒品犯罪的再犯】因走私、贩卖、运输、制造、非法持有毒品罪被判过刑，又犯本节规定之罪的，从重处罚。

第三百五十七条 【毒品犯罪及毒品数量的计算】本法所称的毒品，是指鸦片、海洛因、甲基苯丙胺（冰毒）、吗啡、大麻、可卡因以及国家规定管制的其他能够使人形成瘾癖的麻醉药品和精神药品。

毒品的数量以查证属实的走私、贩卖、运输、制造、非法持有毒品的数量计算，不以纯度折算。

第八节 组织、强迫、引诱、容留、介绍卖淫罪

第三百五十八条 【组织卖淫罪】【强迫卖淫罪】组织、强迫他人卖淫的，处五年以上十年以下有期徒刑，并处罚金；情节严重的，处十年以上有期徒刑或者无期徒刑，并处罚金或者没收财产。

组织、强迫未成年人卖淫的，依照前款的规定从重处罚。

犯前两款罪，并有杀害、伤害、强奸、绑架等犯罪行为的，依照数罪并罚的规定处罚。

【协助组织卖淫罪】为组织卖淫的人招募、运送人员或者有其他协助组织他人卖淫行为的，处五年以下有期徒刑，并处罚金；情节严重的，处五年以上十年以下有期徒刑，并处罚金。①

第三百五十九条 【引诱、容留、介绍卖淫罪】引诱、容留、介绍他人卖淫的，处五年以下有期徒刑、拘役或者管制，并处罚金；情节严重的，处五年以上有期徒刑，并处罚金。

【引诱幼女卖淫罪】引诱不满十四周岁的幼女卖淫的，处五年以上有期徒刑，并处罚金。

第三百六十条 【传播性病罪】明知自己患有梅毒、淋病等严重性病卖淫、嫖娼的，处五年以下有期徒刑、拘役或者管制，并处罚金。②

第三百六十一条 【利用本单位条件犯罪的定罪及处罚规定】旅馆业、饮食服务业、文化娱乐业、出租汽车业等单位的人员，利用本单位的条件，组织、强迫、引诱、容留、介绍他人卖淫的，依照本法第三百五

---

① 根据2011年2月25日《中华人民共和国刑法修正案（八）》第一次修改。原第三款条文为："协助组织他人卖淫的，处五年以下有期徒刑，并处罚金；情节严重的，处五年以上十年以下有期徒刑，并处罚金。"

根据2015年8月29日《中华人民共和国刑法修正案（九）》第二次修改。原条文为："组织他人卖淫或者强迫他人卖淫的，处五年以上十年以下有期徒刑，并处罚金；有下列情形之一的，处十年以上有期徒刑或者无期徒刑，并处罚金或者没收财产：

"（一）组织他人卖淫，情节严重的；

"（二）强迫不满十四周岁的幼女卖淫的；

"（三）强迫多人卖淫或者多次强迫他人卖淫的；

"（四）强奸后迫使卖淫的；

"（五）造成被强迫卖淫的人重伤、死亡或者其他严重后果的。

"有前款所列情形之一，情节特别严重的，处无期徒刑或者死刑，并处没收财产。

"为组织卖淫的人招募、运送人员或者有其他协助组织他人卖淫行为的，处五年以下有期徒刑，并处罚金；情节严重的，处五年以上十年以下有期徒刑，并处罚金。"

② 根据2015年8月29日《中华人民共和国刑法修正案（九）》修改，本条删去第二款。原第二款条文为："嫖宿不满十四周岁的幼女的，处五年以上有期徒刑，并处罚金。"

十八条、第三百五十九条的规定定罪处罚。

前款所列单位的主要负责人，犯前款罪的，从重处罚。

第三百六十二条　【为违法犯罪分子通风报信的定罪及处罚】旅馆业、饮食服务业、文化娱乐业、出租汽车业等单位的人员，在公安机关查处卖淫、嫖娼活动时，为违法犯罪分子通风报信，情节严重的，依照本法第三百一十条的规定定罪处罚。

第九节　制作、贩卖、传播淫秽物品罪

第三百六十三条　【制作、复制、出版、贩卖、传播淫秽物品牟利罪】以牟利为目的，制作、复制、出版、贩卖、传播淫秽物品的，处三年以下有期徒刑、拘役或者管制，并处罚金；情节严重的，处三年以上十年以下有期徒刑，并处罚金；情节特别严重的，处十年以上有期徒刑或者无期徒刑，并处罚金或者没收财产。

【为他人提供书号出版淫秽书刊罪】为他人提供书号，出版淫秽书刊的，处三年以下有期徒刑、拘役或者管制，并处或者单处罚金；明知他人用于出版淫秽书刊而提供书号的，依照前款的规定处罚。

第三百六十四条　【传播淫秽物品罪】传播淫秽的书刊、影片、音像、图片或者其他淫秽物品，情节严重的，处二年以下有期徒刑、拘役或者管制。

【组织播放淫秽音像制品罪】组织播放淫秽的电影、录像等音像制品的，处三年以下有期徒刑、拘役或者管制，并处罚金；情节严重的，处三年以上十年以下有期徒刑，并处罚金。

制作、复制淫秽的电影、录像等音像制品组织播放的，依照第二款的规定从重处罚。

向不满十八周岁的未成年人传播淫秽物品的，从重处罚。

第三百六十五条　【组织淫秽表演罪】组织进行淫秽表演的，处三年以下有期徒刑、拘役或者管制，并处罚金；情节严重的，处三年以上十年以下有期徒刑，并处罚金。

第三百六十六条　【单位实施有关淫秽物品犯罪的处罚】单位犯本节第三百六十三条、第三百六十四条、第三百六十五条规定之罪的，对单位判处罚金，并对其直接负责的主管人员和其他直接责任人员，依照各该条的规定处罚。

第三百六十七条　【淫秽物品的界定】本法所称淫秽物品，是指具体描绘性行为或者露骨宣扬色情的诲淫性的书刊、影片、录像带、录音带、图片及其他淫秽物品。

有关人体生理、医学知识的科学著作不是淫秽物品。

包含有色情内容的有艺术价值的文学、艺术作品不视为淫秽物品。

第七章　危害国防利益罪

第三百六十八条　【阻碍军人执行职务罪】以暴力、威胁方法阻碍军人依法执行职务的，处三年以下有期徒刑、拘役、管制或者罚金。

【阻碍军事行动罪】故意阻碍武装部队军事行动，造成严重后果的，处五年以下有期徒刑或者拘役。

第三百六十九条　【破坏武器装备、军事设施、军事通信罪】破坏武器装备、军事设施、军事通信的，处三年以下有期徒刑、拘役或者管制；破坏重要武器装备、军事设施、军事通信的，处三年以上十年以下有期徒刑；情节特别严重的，处十年以上有期徒

刑、无期徒刑或者死刑。

【过失损坏武器装备、军事设施、军事通信罪】过失犯前款罪，造成严重后果的，处三年以下有期徒刑或者拘役；造成特别严重后果的，处三年以上七年以下有期徒刑。

战时犯前两款罪的，从重处罚。①

第三百七十条　【故意提供不合格武器装备、军事设施罪】明知是不合格的武器装备、军事设施而提供给武装部队的，处五年以下有期徒刑或者拘役；情节严重的，处五年以上十年以下有期徒刑；情节特别严重的，处十年以上有期徒刑、无期徒刑或者死刑。

【过失提供不合格武器装备、军事设施罪】过失犯前款罪，造成严重后果的，处三年以下有期徒刑或者拘役；造成特别严重后果的，处三年以上七年以下有期徒刑。

单位犯第一款罪的，对单位判处罚金，并对其直接负责的主管人员和其他直接责任人员，依照第一款的规定处罚。

第三百七十一条　【聚众冲击军事禁区罪】聚众冲击军事禁区，严重扰乱军事禁区秩序的，对首要分子，处五年以上十年以下有期徒刑；对其他积极参加的，处五年以下有期徒刑、拘役、管制或者剥夺政治权利。

【聚众扰乱军事管理区秩序罪】聚众扰乱军事管理区秩序，情节严重，致使军事管理区工作无法进行，造成严重损失的，对首要分子，处三年以上七年以下有期徒刑；对其他积极参加的，处三年以下有期徒刑、拘役、管制或者剥夺政治权利。

第三百七十二条　【冒充军人招摇撞骗罪】冒充军人招摇撞骗的，处三年以下有期徒刑、拘役、管制或者剥夺政治权利；情节严重的，处三年以上十年以下有期徒刑。

第三百七十三条　【煽动军人逃离部队罪】【雇用逃离部队军人罪】煽动军人逃离部队或者明知是逃离部队的军人而雇用，情节严重的，处三年以下有期徒刑、拘役或者管制。

第三百七十四条　【接送不合格兵员罪】在征兵工作中徇私舞弊，接送不合格兵员，情节严重的，处三年以下有期徒刑或者拘役；造成特别严重后果的，处三年以上七年以下有期徒刑。

第三百七十五条　【伪造、变造、买卖武装部队公文、证件、印章罪】【盗窃、抢夺武装部队公文、证件、印章罪】伪造、变造、买卖或者盗窃、抢夺武装部队公文、证件、印章的，处三年以下有期徒刑、拘役、管制或者剥夺政治权利；情节严重的，处三年以上十年以下有期徒刑。

【非法生产、买卖武装部队制式服装罪】非法生产、买卖武装部队制式服装，情节严重的，处三年以下有期徒刑、拘役或者管制，并处或者单处罚金。②

【伪造、盗窃、买卖、非法提供、非法使用武装部队专用标志罪】伪造、盗窃、买卖或者非法提供、使用武装部队车辆号牌等专用标志，情节严重的，处三年以下有期徒

---

① 根据2005年2月28日《中华人民共和国刑法修正案(五)》修改。原条文为："破坏武器装备、军事设施、军事通信的，处三年以下有期徒刑、拘役或者管制；破坏重要武器装备、军事设施、军事通信的，处三年以上十年以下有期徒刑；情节特别严重的，处十年以上有期徒刑、无期徒刑或者死刑。战时从重处罚。"

② 根据2009年2月28日《中华人民共和国刑法修正案(七)》修改。原第二款条文为："非法生产、买卖武装部队制式服装、车辆号牌等专用标志，情节严重的，处三年以下有期徒刑、拘役或者管制，并处或者单处罚金。"

刑、拘役或者管制，并处或者单处罚金；情节特别严重的，处三年以上七年以下有期徒刑，并处罚金。①

单位犯第二款、第三款罪的，对单位判处罚金，并对其直接负责的主管人员和其他直接责任人员，依照各该款的规定处罚。②

第三百七十六条　【战时拒绝、逃避征召、军事训练罪】预备役人员战时拒绝、逃避征召或者军事训练，情节严重的，处三年以下有期徒刑或者拘役。

【战时拒绝、逃避服役罪】公民战时拒绝、逃避服役，情节严重的，处二年以下有期徒刑或者拘役。

第三百七十七条　【战时故意提供虚假敌情罪】战时故意向武装部队提供虚假敌情，造成严重后果的，处三年以上十年以下有期徒刑；造成特别严重后果的，处十年以上有期徒刑或者无期徒刑。

第三百七十八条　【战时造谣扰乱军心罪】战时造谣惑众，扰乱军心的，处三年以下有期徒刑、拘役或者管制；情节严重的，处三年以上十年以下有期徒刑。

第三百七十九条　【战时窝藏逃离部队军人罪】战时明知是逃离部队的军人而为其提供隐蔽处所、财物，情节严重的，处三年以下有期徒刑或者拘役。

第三百八十条　【战时拒绝、故意延误军事订货罪】战时拒绝或者故意延误军事订货，情节严重的，对单位判处罚金，并对其直接负责的主管人员和其他直接责任人员，处五年以下有期徒刑或者拘役；造成严重后果的，处五年以上有期徒刑。

第三百八十一条　【战时拒绝军事征收、征用罪】战时拒绝军事征收、征用，情节严重的，处三年以下有期徒刑或者拘役。

第八章　贪污贿赂罪

第三百八十二条　【贪污罪】国家工作人员利用职务上的便利，侵吞、窃取、骗取或者以其他手段非法占有公共财物的，是贪污罪。

受国家机关、国有公司、企业、事业单位、人民团体委托管理、经营国有财产的人员，利用职务上的便利，侵吞、窃取、骗取或者以其他手段非法占有国有财物的，以贪污论。

与前两款所列人员勾结，伙同贪污的，以共犯论处。

第三百八十三条　【对贪污罪的处罚】对犯贪污罪的，根据情节轻重，分别依照下列规定处罚：

（一）贪污数额较大或者有其他较重情节的，处三年以下有期徒刑或者拘役，并处罚金。

（二）贪污数额巨大或者有其他严重情节的，处三年以上十年以下有期徒刑，并处罚金或者没收财产。

（三）贪污数额特别巨大或者有其他特别严重情节的，处十年以上有期徒刑或者无期徒刑，并处罚金或者没收财产；数额特别巨大，并使国家和人民利益遭受特别重大损失的，处无期徒刑或者死刑，并处没收财产。

---

① 根据2009年2月28日《中华人民共和国刑法修正案（七）》增加一款，作为第三款。原第三款改为第四款。

② 根据2009年2月28日《中华人民共和国刑法修正案（七）》修改。本款原条文为："单位犯第二款罪的，对单位判处罚金，并对其直接负责的主管人员和其他直接责任人员，依照该款的规定处罚。"

对多次贪污未经处理的，按照累计贪污数额处罚。

犯第一款罪，在提起公诉前如实供述自己罪行、真诚悔罪、积极退赃，避免、减少损害结果的发生，有第一项规定情形的，可以从轻、减轻或者免除处罚；有第二项、第三项规定情形的，可以从轻处罚。

犯第一款罪，有第三项规定情形被判处死刑缓期执行的，人民法院根据犯罪情节等情况可以同时决定在其死刑缓期执行二年期满依法减为无期徒刑后，终身监禁，不得减刑、假释。①

第三百八十四条 【挪用公款罪】国家工作人员利用职务上的便利，挪用公款归个人使用，进行非法活动的，或者挪用公款数额较大、进行营利活动的，或者挪用公款数额较大、超过三个月未还的，是挪用公款罪，处五年以下有期徒刑或者拘役；情节严重的，处五年以上有期徒刑。挪用公款数额巨大不退还的，处十年以上有期徒刑或者无期徒刑。

挪用用于救灾、抢险、防汛、优抚、扶贫、移民、救济款物归个人使用的，从重处罚。

第三百八十五条 【受贿罪】国家工作人员利用职务上的便利，索取他人财物的，或者非法收受他人财物，为他人谋取利益的，是受贿罪。

国家工作人员在经济往来中，违反国家规定，收受各种名义的回扣、手续费，归个人所有的，以受贿论处。

第三百八十六条 【对受贿罪的处罚】对犯受贿罪的，根据受贿所得数额及情节，依照本法第三百八十三条的规定处罚。索贿的从重处罚。

第三百八十七条 【单位受贿罪】国家机关、国有公司、企业、事业单位、人民团体，索取、非法收受他人财物，为他人谋取利益，情节严重的，对单位判处罚金，并对其直接负责的主管人员和其他直接责任人员，处三年以下有期徒刑或者拘役；情节特别严重的，处三年以上十年以下有期徒刑。②

前款所列单位，在经济往来中，在帐外暗中收受各种名义的回扣、手续费的，以受贿论，依照前款的规定处罚。

第三百八十八条 【受贿罪】国家工作人员利用本人职权或者地位形成的便利条件，通过其他国家工作人员职务上的行为，为请托人谋取不正当利益，索取请托人财物或者收受请托人财物的，以受贿论处。

---

① 根据2015年8月29日《中华人民共和国刑法修正案(九)》修改。原条文为："对犯贪污罪的，根据情节轻重，分别依照下列规定处罚：

"(一)个人贪污数额在十万元以上的，处十年以上有期徒刑或者无期徒刑，可以并处没收财产；情节特别严重的，处死刑，并处没收财产。

"(二)个人贪污数额在五万元以上不满十万元的，处五年以上有期徒刑，可以并处没收财产；情节特别严重的，处无期徒刑，并处没收财产。

"(三)个人贪污数额在五千元以上不满五万元的，处一年以上七年以下有期徒刑；情节严重的，处七年以上十年以下有期徒刑。个人贪污数额在五千元以上不满一万元，犯罪后有悔改表现、积极退赃的，可以减轻处罚或者免予刑事处罚，由其所在单位或者上级主管机关给予行政处分。

"(四)个人贪污数额不满五千元，情节较重的，处二年以下有期徒刑或者拘役；情节较轻的，由其所在单位或者上级主管机关酌情给予行政处分。

"对多次贪污未经处理的，按照累计贪污数额处罚。"

② 根据2023年12月29日《中华人民共和国刑法修正案(十二)》修改。原第一款条文为："国家机关、国有公司、企业、事业单位、人民团体，索取、非法收受他人财物，为他人谋取利益，情节严重的，对单位判处罚金，并对其直接负责的主管人员和其他直接责任人员，处五年以下有期徒刑或者拘役。"

第三百八十八条之一　【利用影响力受贿罪】国家工作人员的近亲属或者其他与该国家工作人员关系密切的人，通过该国家工作人员职务上的行为，或者利用该国家工作人员职权或者地位形成的便利条件，通过其他国家工作人员职务上的行为，为请托人谋取不正当利益，索取请托人财物或者收受请托人财物，数额较大或者有其他较重情节的，处三年以下有期徒刑或者拘役，并处罚金；数额巨大或者有其他严重情节的，处三年以上七年以下有期徒刑，并处罚金；数额特别巨大或者有其他特别严重情节的，处七年以上有期徒刑，并处罚金或者没收财产。

离职的国家工作人员或者其近亲属以及其他与其关系密切的人，利用该离职的国家工作人员原职权或者地位形成的便利条件实施前款行为的，依照前款的规定定罪处罚。①

第三百八十九条　【行贿罪】为谋取不正当利益，给予国家工作人员以财物的，是行贿罪。

在经济往来中，违反国家规定，给予国家工作人员以财物，数额较大的，或者违反国家规定，给予国家工作人员以各种名义的回扣、手续费的，以行贿论处。

因被勒索给予国家工作人员以财物，没有获得不正当利益的，不是行贿。

第三百九十条　【对行贿罪的处罚】对犯行贿罪的，处三年以下有期徒刑或者拘役，并处罚金；因行贿谋取不正当利益，情节严重的，或者使国家利益遭受重大损失的，处三年以上十年以下有期徒刑，并处罚金；情节特别严重的，或者使国家利益遭受特别重大损失的，处十年以上有期徒刑或者无期徒刑，并处罚金或者没收财产。

有下列情形之一的，从重处罚：

（一）多次行贿或者向多人行贿的；

（二）国家工作人员行贿的；

（三）在国家重点工程、重大项目中行贿的；

（四）为谋取职务、职级晋升、调整行贿的；

（五）对监察、行政执法、司法工作人员行贿的；

（六）在生态环境、财政金融、安全生产、食品药品、防灾救灾、社会保障、教育、医疗等领域行贿，实施违法犯罪活动的；

（七）将违法所得用于行贿的。

行贿人在被追诉前主动交待行贿行为的，可以从轻或者减轻处罚。其中，犯罪较轻的，对调查突破、侦破重大案件起关键作用的，或者有重大立功表现的，可以减轻或者免除处罚。②

---

① 根据2009年2月28日《中华人民共和国刑法修正案（七）》增加。

② 根据2015年8月29日《中华人民共和国刑法修正案（九）》第一次修改。原条文为："对犯行贿罪的，处五年以下有期徒刑或者拘役；因行贿谋取不正当利益，情节严重的，或者使国家利益遭受重大损失的，处五年以上十年以下有期徒刑；情节特别严重的，处十年以上有期徒刑或者无期徒刑，可以并处没收财产。

"行贿人在被追诉前主动交待行贿行为的，可以减轻处罚或者免除处罚。"

根据2023年12月29日《中华人民共和国刑法修正案（十二）》第二次修改。原条文为："对犯行贿罪的，处五年以下有期徒刑或者拘役，并处罚金；因行贿谋取不正当利益，情节严重的，或者使国家利益遭受重大损失的，处五年以上十年以下有期徒刑，并处罚金；情节特别严重的，或者使国家利益遭受特别重大损失的，处十年以上有期徒刑或者无期徒刑，并处罚金或者没收财产。

"行贿人在被追诉前主动交待行贿行为的，可以从轻或者减轻处罚。其中，犯罪较轻的，对侦破重大案件起关键作用的，或者有重大立功表现的，可以减轻或者免除处罚。"

第三百九十条之一 【对有影响力的人行贿罪】为谋取不正当利益，向国家工作人员的近亲属或者其他与该国家工作人员关系密切的人，或者向离职的国家工作人员或者其近亲属以及其他与其关系密切的人行贿的，处三年以下有期徒刑或者拘役，并处罚金；情节严重的，或者使国家利益遭受重大损失的，处三年以上七年以下有期徒刑，并处罚金；情节特别严重的，或者使国家利益遭受特别重大损失的，处七年以上十年以下有期徒刑，并处罚金。

单位犯前款罪的，对单位判处罚金，并对其直接负责的主管人员和其他直接责任人员，处三年以下有期徒刑或者拘役，并处罚金。①

第三百九十一条 【对单位行贿罪】为谋取不正当利益，给予国家机关、国有公司、企业、事业单位、人民团体以财物的，或者在经济往来中，违反国家规定，给予各种名义的回扣、手续费的，处三年以下有期徒刑或者拘役，并处罚金；情节严重的，处三年以上七年以下有期徒刑，并处罚金。②

单位犯前款罪的，对单位判处罚金，并对其直接负责的主管人员和其他直接责任人员，依照前款的规定处罚。

第三百九十二条 【介绍贿赂罪】向国家工作人员介绍贿赂，情节严重的，处三年以下有期徒刑或者拘役，并处罚金。③

介绍贿赂人在被追诉前主动交待介绍贿赂行为的，可以减轻处罚或者免除处罚。

第三百九十三条 【单位行贿罪】单位为谋取不正当利益而行贿，或者违反国家规定，给予国家工作人员以回扣、手续费，情节严重的，对单位判处罚金，并对其直接负责的主管人员和其他直接责任人员，处三年以下有期徒刑或者拘役，并处罚金；情节特别严重的，处三年以上十年以下有期徒刑，并处罚金。因行贿取得的违法所得归个人所有的，依照本法第三百八十九条、第三百九十条的规定定罪处罚。④

第三百九十四条 【贪污罪】国家工作人员在国内公务活动或者对外交往中接受

① 根据2015年8月29日《中华人民共和国刑法修正案(九)》增加。

② 根据2015年8月29日《中华人民共和国刑法修正案(九)》第一次修改。原第一款条文为:“为谋取不正当利益,给予国家机关、国有公司、企业、事业单位、人民团体以财物的,或者在经济往来中,违反国家规定,给予各种名义的回扣、手续费的,处三年以下有期徒刑或者拘役。”

根据2023年12月29日《中华人民共和国刑法修正案(十二)》第二次修改。原第一款条文为:“为谋取不正当利益,给予国家机关、国有公司、企业、事业单位、人民团体以财物的,或者在经济往来中,违反国家规定,给予各种名义的回扣、手续费的,处三年以下有期徒刑或者拘役,并处罚金。”

③ 根据2015年8月29日《中华人民共和国刑法修正案(九)》修改。原第一款条文为:“向国家工作人员介绍贿赂,情节严重的,处三年以下有期徒刑或者拘役。”

④ 根据2015年8月29日《中华人民共和国刑法修正案(九)》第一次修改。原条文为:“单位为谋取不正当利益而行贿,或者违反国家规定,给予国家工作人员以回扣、手续费,情节严重的,对单位判处罚金,并对其直接负责的主管人员和其他直接责任人员,处五年以下有期徒刑或者拘役。因行贿取得的违法所得归个人所有的,依照本法第三百八十九条、第三百九十条的规定定罪处罚。”

根据2023年12月29日《中华人民共和国刑法修正案(十二)》第二次修改。原条文为:“单位为谋取不正当利益而行贿,或者违反国家规定,给予国家工作人员以回扣、手续费,情节严重的,对单位判处罚金,并对其直接负责的主管人员和其他直接责任人员,处五年以下有期徒刑或者拘役,并处罚金。因行贿取得的违法所得归个人所有的,依照本法第三百八十九条、第三百九十条的规定定罪处罚。”

礼物,依照国家规定应当交公而不交公,数额较大的,依照本法第三百八十二条、第三百八十三条的规定定罪处罚。

第三百九十五条　【巨额财产来源不明罪】国家工作人员的财产、支出明显超过合法收入,差额巨大的,可以责令该国家工作人员说明来源,不能说明来源的,差额部分以非法所得论,处五年以下有期徒刑或者拘役;差额特别巨大的,处五年以上十年以下有期徒刑。财产的差额部分予以追缴。①

【隐瞒境外存款罪】国家工作人员在境外的存款,应当依照国家规定申报。数额较大、隐瞒不报的,处二年以下有期徒刑或者拘役;情节较轻的,由其所在单位或者上级主管机关酌情给予行政处分。

第三百九十六条　【私分国有资产罪】国家机关、国有公司、企业、事业单位、人民团体,违反国家规定,以单位名义将国有资产集体私分给个人,数额较大的,对其直接负责的主管人员和其他直接责任人员,处三年以下有期徒刑或者拘役,并处或者单处罚金;数额巨大的,处三年以上七年以下有期徒刑,并处罚金。

【私分罚没财物罪】司法机关、行政执法机关违反国家规定,将应当上缴国家的罚没财物,以单位名义集体私分给个人的,依照前款的规定处罚。

第九章　渎 职 罪

第三百九十七条　【滥用职权罪】【玩忽职守罪】国家机关工作人员滥用职权或者玩忽职守,致使公共财产、国家和人民利益遭受重大损失的,处三年以下有期徒刑或者拘役;情节特别严重的,处三年以上七年以下有期徒刑。本法另有规定的,依照规定。

国家机关工作人员徇私舞弊,犯前款罪的,处五年以下有期徒刑或者拘役;情节特别严重的,处五年以上十年以下有期徒刑。本法另有规定的,依照规定。

第三百九十八条　【故意泄露国家秘密罪】【过失泄露国家秘密罪】国家机关工作人员违反保守国家秘密法的规定,故意或者过失泄露国家秘密,情节严重的,处三年以下有期徒刑或者拘役;情节特别严重的,处三年以上七年以下有期徒刑。

非国家机关工作人员犯前款罪的,依照前款的规定酌情处罚。

第三百九十九条　【徇私枉法罪】司法工作人员徇私枉法、徇情枉法,对明知是无罪的人而使他受追诉、对明知是有罪的人而故意包庇不使他受追诉,或者在刑事审判活动中故意违背事实和法律作枉法裁判的,处五年以下有期徒刑或者拘役;情节严重的,处五年以上十年以下有期徒刑;情节特别严重的,处十年以上有期徒刑。

【民事、行政枉法裁判罪】在民事、行政审判活动中故意违背事实和法律作枉法裁判,情节严重的,处五年以下有期徒刑或者拘役;情节特别严重的,处五年以上十年以下有期徒刑。

【执行判决、裁定失职罪】【执行判决、裁定滥用职权罪】在执行判决、裁定活动

① 根据2009年2月28日《中华人民共和国刑法修正案(七)》修改。原第一款条文为:“国家工作人员的财产或者支出明显超过合法收入,差额巨大的,可以责令说明来源。本人不能说明其来源是合法的,差额部分以非法所得论,处五年以下有期徒刑或者拘役,财产的差额部分予以追缴。”

中,严重不负责任或者滥用职权,不依法采取诉讼保全措施、不履行法定执行职责,或者违法采取诉讼保全措施、强制执行措施,致使当事人或者其他人的利益遭受重大损失的,处五年以下有期徒刑或者拘役;致使当事人或者其他人的利益遭受特别重大损失的,处五年以上十年以下有期徒刑。

司法工作人员收受贿赂,有前三款行为的,同时又构成本法第三百八十五条规定之罪的,依照处罚较重的规定定罪处罚。①

第三百九十九条之一　【枉法仲裁罪】依法承担仲裁职责的人员,在仲裁活动中故意违背事实和法律作枉法裁决,情节严重的,处三年以下有期徒刑或者拘役;情节特别严重的,处三年以上七年以下有期徒刑。②

第四百条　【私放在押人员罪】司法工作人员私放在押的犯罪嫌疑人、被告人或者罪犯的,处五年以下有期徒刑或者拘役;情节严重的,处五年以上十年以下有期徒刑;情节特别严重的,处十年以上有期徒刑。

【失职致使在押人员脱逃罪】司法工作人员由于严重不负责任,致使在押的犯罪嫌疑人、被告人或者罪犯脱逃,造成严重后果的,处三年以下有期徒刑或者拘役;造成特别严重后果的,处三年以上十年以下有期徒刑。

第四百零一条　【徇私舞弊减刑、假释、暂予监外执行罪】司法工作人员徇私舞弊,对不符合减刑、假释、暂予监外执行条件的罪犯,予以减刑、假释或者暂予监外执行的,处三年以下有期徒刑或者拘役;情节严重的,处三年以上七年以下有期徒刑。

第四百零二条　【徇私舞弊不移交刑事案件罪】行政执法人员徇私舞弊,对依法应当移交司法机关追究刑事责任的不移交,情节严重的,处三年以下有期徒刑或者拘役;造成严重后果的,处三年以上七年以下有期徒刑。

第四百零三条　【滥用管理公司、证券职权罪】国家有关主管部门的国家机关工作人员,徇私舞弊,滥用职权,对不符合法律规定条件的公司设立、登记申请或者股票、债券发行、上市申请,予以批准或者登记,致使公共财产、国家和人民利益遭受重大损失的,处五年以下有期徒刑或者拘役。

上级部门强令登记机关及其工作人员实施前款行为的,对其直接负责的主管人员,依照前款的规定处罚。

第四百零四条　【徇私舞弊不征、少征税款罪】税务机关的工作人员徇私舞弊,不征或者少征应征税款,致使国家税收遭受重大损失的,处五年以下有期徒刑或者拘

---

① 根据2002年12月28日《中华人民共和国刑法修正案(四)》修改。原条文为:"司法工作人员徇私枉法、徇情枉法,对明知是无罪的人而使他受追诉、对明知是有罪的人而故意包庇不使他受追诉,或者在刑事审判活动中故意违背事实和法律作枉法裁判的,处五年以下有期徒刑或者拘役;情节严重的,处五年以上十年以下有期徒刑;情节特别严重的,处十年以上有期徒刑。

"在民事、行政审判活动中故意违背事实和法律作枉法裁判,情节严重的,处五年以下有期徒刑或者拘役;情节特别严重的,处五年以上十年以下有期徒刑。

"司法工作人员贪赃枉法,有前两款行为的,同时又构成本法第三百八十五条规定之罪的,依照处罚较重的规定定罪处罚。"

② 根据2006年6月29日《中华人民共和国刑法修正案(六)》增加。

役;造成特别重大损失的,处五年以上有期徒刑。

第四百零五条　【徇私舞弊发售发票、抵扣税款、出口退税罪】税务机关的工作人员违反法律、行政法规的规定,在办理发售发票、抵扣税款、出口退税工作中,徇私舞弊,致使国家利益遭受重大损失的,处五年以下有期徒刑或者拘役;致使国家利益遭受特别重大损失的,处五年以上有期徒刑。

【违法提供出口退税凭证罪】其他国家机关工作人员违反国家规定,在提供出口货物报关单、出口收汇核销单等出口退税凭证的工作中,徇私舞弊,致使国家利益遭受重大损失的,依照前款的规定处罚。

第四百零六条　【国家机关工作人员签订、履行合同失职被骗罪】国家机关工作人员在签订、履行合同过程中,因严重不负责任被诈骗,致使国家利益遭受重大损失的,处三年以下有期徒刑或者拘役;致使国家利益遭受特别重大损失的,处三年以上七年以下有期徒刑。

第四百零七条　【违法发放林木采伐许可证罪】林业主管部门的工作人员违反森林法的规定,超过批准的年采伐限额发放林木采伐许可证或者违反规定滥发林木采伐许可证,情节严重,致使森林遭受严重破坏的,处三年以下有期徒刑或者拘役。

第四百零八条　【环境监管失职罪】负有环境保护监督管理职责的国家机关工作人员严重不负责任,导致发生重大环境污染事故,致使公私财产遭受重大损失或者造成人身伤亡的严重后果的,处三年以下有期徒刑或者拘役。

第四百零八条之一　【食品、药品监管渎职罪】负有食品药品安全监督管理职责的国家机关工作人员,滥用职权或者玩忽职守,有下列情形之一,造成严重后果或者有其他严重情节的,处五年以下有期徒刑或者拘役;造成特别严重后果或者有其他特别严重情节的,处五年以上十年以下有期徒刑:

(一)瞒报、谎报食品安全事故、药品安全事件的;

(二)对发现的严重食品药品安全违法行为未按规定查处的;

(三)在药品和特殊食品审批审评过程中,对不符合条件的申请准予许可的;

(四)依法应当移交司法机关追究刑事责任不移交的;

(五)有其他滥用职权或者玩忽职守行为的。①

徇私舞弊犯前款罪的,从重处罚。②

第四百零九条　【传染病防治失职罪】从事传染病防治的政府卫生行政部门的工作人员严重不负责任,导致传染病传播或者流行,情节严重的,处三年以下有期徒刑或者拘役。

第四百一十条　【非法批准征收、征用、占用土地罪】【非法低价出让国有土地使用权罪】国家机关工作人员徇私舞弊,违反土地管理法规,滥用职权,非法批准征收、征用、占用土地,或者非法低价出让国

---

①　根据2020年12月26日《中华人民共和国刑法修正案(十一)》修改。原第一款条文为:“负有食品安全监督管理职责的国家机关工作人员,滥用职权或者玩忽职守,导致发生重大食品安全事故或者造成其他严重后果的,处五年以下有期徒刑或者拘役;造成特别严重后果的,处五年以上十年以下有期徒刑。”

②　根据2011年2月25日《中华人民共和国刑法修正案(八)》增加。

有土地使用权,情节严重的,处三年以下有期徒刑或者拘役;致使国家或者集体利益遭受特别重大损失的,处三年以上七年以下有期徒刑。

第四百一十一条 【放纵走私罪】海关工作人员徇私舞弊,放纵走私,情节严重的,处五年以下有期徒刑或者拘役;情节特别严重的,处五年以上有期徒刑。

第四百一十二条 【商检徇私舞弊罪】国家商检部门、商检机构的工作人员徇私舞弊,伪造检验结果的,处五年以下有期徒刑或者拘役;造成严重后果的,处五年以上十年以下有期徒刑。

【商检失职罪】前款所列人员严重不负责任,对应当检验的物品不检验,或者延误检验出证、错误出证,致使国家利益遭受重大损失的,处三年以下有期徒刑或者拘役。

第四百一十三条 【动植物检疫徇私舞弊罪】动植物检疫机关的检疫人员徇私舞弊,伪造检疫结果的,处五年以下有期徒刑或者拘役;造成严重后果的,处五年以上十年以下有期徒刑。

【动植物检疫失职罪】前款所列人员严重不负责任,对应当检疫的检疫物不检疫,或者延误检疫出证、错误出证,致使国家利益遭受重大损失的,处三年以下有期徒刑或者拘役。

第四百一十四条 【放纵制售伪劣商品犯罪行为罪】对生产、销售伪劣商品犯罪行为负有追究责任的国家机关工作人员,徇私舞弊,不履行法律规定的追究职责,情节严重的,处五年以下有期徒刑或者拘役。

第四百一十五条 【办理偷越国(边)境人员出入境证件罪】【放行偷越国(边)境人员罪】负责办理护照、签证以及其他出入境证件的国家机关工作人员,对明知是企图偷越国(边)境的人员,予以办理出入境证件的,或者边防、海关等国家机关工作人员,对明知是偷越国(边)境的人员,予以放行的,处三年以下有期徒刑或者拘役;情节严重的,处三年以上七年以下有期徒刑。

第四百一十六条 【不解救被拐卖、绑架妇女、儿童罪】对被拐卖、绑架的妇女、儿童负有解救职责的国家机关工作人员,接到被拐卖、绑架的妇女、儿童及其家属的解救要求或者接到其他人的举报,而对被拐卖、绑架的妇女、儿童不进行解救,造成严重后果的,处五年以下有期徒刑或者拘役。

【阻碍解救被拐卖、绑架妇女、儿童罪】负有解救职责的国家机关工作人员利用职务阻碍解救的,处二年以上七年以下有期徒刑;情节较轻的,处二年以下有期徒刑或者拘役。

第四百一十七条 【帮助犯罪分子逃避处罚罪】有查禁犯罪活动职责的国家机关工作人员,向犯罪分子通风报信、提供便利,帮助犯罪分子逃避处罚的,处三年以下有期徒刑或者拘役;情节严重的,处三年以上十年以下有期徒刑。

第四百一十八条 【招收公务员、学生徇私舞弊罪】国家机关工作人员在招收公务员、学生工作中徇私舞弊,情节严重的,处三年以下有期徒刑或者拘役。

第四百一十九条 【失职造成珍贵文物损毁、流失罪】国家机关工作人员严重不负责任,造成珍贵文物损毁或者流失,后果严重的,处三年以下有期徒刑或者拘役。

第十章 军人违反职责罪

第四百二十条 【军人违反职责罪的概念】军人违反职责,危害国家军事利益,依照法律应当受刑罚处罚的行为，是军人违反职责罪。

第四百二十一条　【战时违抗命令罪】战时违抗命令，对作战造成危害的，处三年以上十年以下有期徒刑；致使战斗、战役遭受重大损失的，处十年以上有期徒刑、无期徒刑或者死刑。

第四百二十二条　【隐瞒、谎报军情罪】【拒传、假传军令罪】故意隐瞒、谎报军情或者拒传、假传军令，对作战造成危害的，处三年以上十年以下有期徒刑；致使战斗、战役遭受重大损失的，处十年以上有期徒刑、无期徒刑或者死刑。

第四百二十三条　【投降罪】在战场上贪生怕死，自动放下武器投降敌人的，处三年以上十年以下有期徒刑；情节严重的，处十年以上有期徒刑或者无期徒刑。

投降后为敌人效劳的，处十年以上有期徒刑、无期徒刑或者死刑。

第四百二十四条　【战时临阵脱逃罪】战时临阵脱逃的，处三年以下有期徒刑；情节严重的，处三年以上十年以下有期徒刑；致使战斗、战役遭受重大损失的，处十年以上有期徒刑、无期徒刑或者死刑。

第四百二十五条　【擅离、玩忽军事职守罪】指挥人员和值班、值勤人员擅离职守或者玩忽职守，造成严重后果的，处三年以下有期徒刑或者拘役；造成特别严重后果的，处三年以上七年以下有期徒刑。

战时犯前款罪的，处五年以上有期徒刑。

第四百二十六条　【阻碍执行军事职务罪】以暴力、威胁方法，阻碍指挥人员或者值班、值勤人员执行职务的，处五年以下有期徒刑或者拘役；情节严重的，处五年以上十年以下有期徒刑；情节特别严重的，处十年以上有期徒刑或者无期徒刑。战时从重处罚。①

第四百二十七条　【指使部属违反职责罪】滥用职权，指使部属进行违反职责的活动，造成严重后果的，处五年以下有期徒刑或者拘役；情节特别严重的，处五年以上十年以下有期徒刑。

第四百二十八条　【违令作战消极罪】指挥人员违抗命令，临阵畏缩，作战消极，造成严重后果的，处五年以下有期徒刑；致使战斗、战役遭受重大损失或者有其他特别严重情节的，处五年以上有期徒刑。

第四百二十九条　【拒不救援友邻部队罪】在战场上明知友邻部队处境危急请求救援，能救援而不救援，致使友邻部队遭受重大损失的，对指挥人员，处五年以下有期徒刑。

第四百三十条　【军人叛逃罪】在履行公务期间，擅离岗位，叛逃境外或者在境外叛逃，危害国家军事利益的，处五年以下有期徒刑或者拘役；情节严重的，处五年以上有期徒刑。

驾驶航空器、舰船叛逃的，或者有其他特别严重情节的，处十年以上有期徒刑、无期徒刑或者死刑。

第四百三十一条　【非法获取军事秘密罪】以窃取、刺探、收买方法，非法获取军事秘密的，处五年以下有期徒刑；情节严重的，处五年以上十年以下有期徒刑；情节特别严重的，处十年以上有期徒刑。

① 根据2015年8月29日《中华人民共和国刑法修正案（九）》修改。原条文为：“以暴力、威胁方法，阻碍指挥人员或者值班、值勤人员执行职务的，处五年以下有期徒刑或者拘役；情节严重的，处五年以上有期徒刑；致人重伤、死亡的，或者有其他特别严重情节的，处无期徒刑或者死刑。战时从重处罚。”

【为境外窃取、刺探、收买、非法提供军事秘密罪】为境外的机构、组织、人员窃取、刺探、收买、非法提供军事秘密的，处五年以上十年以下有期徒刑；情节严重的，处十年以上有期徒刑、无期徒刑或者死刑。①

第四百三十二条　【故意泄露军事秘密罪】【过失泄露军事秘密罪】违反保守国家秘密法规，故意或者过失泄露军事秘密，情节严重的，处五年以下有期徒刑或者拘役；情节特别严重的，处五年以上十年以下有期徒刑。

战时犯前款罪的，处五年以上十年以下有期徒刑；情节特别严重的，处十年以上有期徒刑或者无期徒刑。

第四百三十三条　【战时造谣惑众罪】战时造谣惑众，动摇军心的，处三年以下有期徒刑；情节严重的，处三年以上十年以下有期徒刑；情节特别严重的，处十年以上有期徒刑或者无期徒刑。②

第四百三十四条　【战时自伤罪】战时自伤身体，逃避军事义务的，处三年以下有期徒刑；情节严重的，处三年以上七年以下有期徒刑。

第四百三十五条　【逃离部队罪】违反兵役法规，逃离部队，情节严重的，处三年以下有期徒刑或者拘役。

战时犯前款罪的，处三年以上七年以下有期徒刑。

第四百三十六条　【武器装备肇事罪】违反武器装备使用规定，情节严重，因而发生责任事故，致人重伤、死亡或者造成其他严重后果的，处三年以下有期徒刑或者拘役；后果特别严重的，处三年以上七年以下有期徒刑。

第四百三十七条　【擅自改变武器装备编配用途罪】违反武器装备管理规定，擅自改变武器装备的编配用途，造成严重后果的，处三年以下有期徒刑或者拘役；造成特别严重后果的，处三年以上七年以下有期徒刑。

第四百三十八条　【盗窃、抢夺武器装备、军用物资罪】盗窃、抢夺武器装备或者军用物资的，处五年以下有期徒刑或者拘役；情节严重的，处五年以上十年以下有期徒刑；情节特别严重的，处十年以上有期徒刑、无期徒刑或者死刑。

盗窃、抢夺枪支、弹药、爆炸物的，依照本法第一百二十七条的规定处罚。

第四百三十九条　【非法出卖、转让武器装备罪】非法出卖、转让军队武器装备的，处三年以上十年以下有期徒刑；出卖、转让大量武器装备或者有其他特别严重情节的，处十年以上有期徒刑、无期徒刑或者死刑。

第四百四十条　【遗弃武器装备罪】违抗命令，遗弃武器装备的，处五年以下有期徒刑或者拘役；遗弃重要或者大量武器装备的，或者有其他严重情节的，处五年以上有期徒刑。

第四百四十一条　【遗失武器装备罪】

① 根据2020年12月26日《中华人民共和国刑法修正案(十一)》修改。原第二款条文为："为境外的机构、组织、人员窃取、刺探、收买、非法提供军事秘密的，处十年以上有期徒刑、无期徒刑或者死刑。"

② 根据2015年8月29日《中华人民共和国刑法修正案(九)》修改。原条文为："战时造谣惑众，动摇军心的，处三年以下有期徒刑；情节严重的，处三年以上十年以下有期徒刑。

"勾结敌人造谣惑众，动摇军心的，处十年以上有期徒刑或者无期徒刑；情节特别严重的，可以判处死刑。"

遗失武器装备,不及时报告或者有其他严重情节的,处三年以下有期徒刑或者拘役。

第四百四十二条 【擅自出卖、转让军队房地产罪】违反规定,擅自出卖、转让军队房地产,情节严重的,对直接责任人员,处三年以下有期徒刑或者拘役;情节特别严重的,处三年以上十年以下有期徒刑。

第四百四十三条 【虐待部属罪】滥用职权,虐待部属,情节恶劣,致人重伤或者造成其他严重后果的,处五年以下有期徒刑或者拘役;致人死亡的,处五年以上有期徒刑。

第四百四十四条 【遗弃伤病军人罪】在战场上故意遗弃伤病军人,情节恶劣的,对直接责任人员,处五年以下有期徒刑。

第四百四十五条 【战时拒不救治伤病军人罪】战时在救护治疗职位上,有条件救治而拒不救治危重伤病军人的,处五年以下有期徒刑或者拘役;造成伤病军人重残、死亡或者有其他严重情节的,处五年以上十年以下有期徒刑。

第四百四十六条 【战时残害居民、掠夺居民财物罪】战时在军事行动地区,残害无辜居民或者掠夺无辜居民财物的,处五年以下有期徒刑;情节严重的,处五年以上十年以下有期徒刑;情节特别严重的,处十年以上有期徒刑、无期徒刑或者死刑。

第四百四十七条 【私放俘虏罪】私放俘虏的,处五年以下有期徒刑;私放重要俘虏、私放俘虏多人或者有其他严重情节的,处五年以上有期徒刑。

第四百四十八条 【虐待俘虏罪】虐待俘虏,情节恶劣的,处三年以下有期徒刑。

第四百四十九条 【战时缓刑】在战时,对被判处三年以下有期徒刑没有现实危险宣告缓刑的犯罪军人,允许其戴罪立功,确有立功表现时,可以撤销原判刑罚,不以犯罪论处。

第四百五十条 【本章适用范围】本章适用于中国人民解放军的现役军官、文职干部、士兵及具有军籍的学员和中国人民武装警察部队的现役警官、文职干部、士兵及具有军籍的学员以及文职人员、执行军事任务的预备役人员和其他人员。①

第四百五十一条 【战时的概念】本章所称战时,是指国家宣布进入战争状态、部队受领作战任务或者遭敌突然袭击时。

部队执行戒严任务或者处置突发性暴力事件时,以战时论。

附 则

第四百五十二条 【施行日期】本法自1997年10月1日起施行。

列于本法附件一的全国人民代表大会常务委员会制定的条例、补充规定和决定,已纳入本法或者已不适用,自本法施行之日起,予以废止。

列于本法附件二的全国人民代表大会常务委员会制定的补充规定和决定予以保留。其中,有关行政处罚和行政措施的规定继续有效;有关刑事责任的规定已纳入本法,自本法施行之日起,适用本法规定。

① 根据2020年12月26日《中华人民共和国刑法修正案(十一)》修改。原条文为:“本章适用于中国人民解放军的现役军官、文职干部、士兵及具有军籍的学员和中国人民武装警察部队的现役警官、文职干部、士兵及具有军籍的学员以及执行军事任务的预备役人员和其他人员。”

附件一：

全国人民代表大会常务委员会制定的下列条例、补充规定和决定，已纳入本法或者已不适用，自本法施行之日起，予以废止：

1. 中华人民共和国惩治军人违反职责罪暂行条例

2. 关于严惩严重破坏经济的罪犯的决定

3. 关于严惩严重危害社会治安的犯罪分子的决定

4. 关于惩治走私罪的补充规定

5. 关于惩治贪污罪贿赂罪的补充规定

6. 关于惩治泄露国家秘密犯罪的补充规定

7. 关于惩治捕杀国家重点保护的珍贵、濒危野生动物犯罪的补充规定

8. 关于惩治侮辱中华人民共和国国旗国徽罪的决定

9. 关于惩治盗掘古文化遗址古墓葬犯罪的补充规定

10. 关于惩治劫持航空器犯罪分子的决定

11. 关于惩治假冒注册商标犯罪的补充规定

12. 关于惩治生产、销售伪劣商品犯罪的决定

13. 关于惩治侵犯著作权的犯罪的决定

14. 关于惩治违反公司法的犯罪的决定

15. 关于处理逃跑或者重新犯罪的劳改犯和劳教人员的决定

附件二：

全国人民代表大会常务委员会制定的下列补充规定和决定予以保留，其中，有关行政处罚和行政措施的规定继续有效；有关刑事责任的规定已纳入本法，自本法施行之日起，适用本法规定：

1. 关于禁毒的决定①

2. 关于惩治走私、制作、贩卖、传播淫秽物品的犯罪分子的决定

3. 关于严禁卖淫嫖娼的决定②

4. 关于严惩拐卖、绑架妇女、儿童的犯罪分子的决定

5. 关于惩治偷税、抗税犯罪的补充规定③

6. 关于严惩组织、运送他人偷越国(边)境犯罪的补充规定④

7. 关于惩治破坏金融秩序犯罪的决定

8. 关于惩治虚开、伪造和非法出售增值税专用发票犯罪的决定

---

① 根据《中华人民共和国禁毒法》第七十一条的规定，本决定自2008年6月1日起废止。

② 根据《全国人民代表大会常务委员会关于废止有关收容教育法律规定和制度的决定》，该决定中第四条第二款、第四款，以及据此实行的收容教育制度自2019年12月29日起废止。

③ 根据《全国人民代表大会常务委员会关于废止部分法律的决定》，该补充规定自2009年6月27日起废止。

④ 根据《全国人民代表大会常务委员会关于废止部分法律的决定》，该补充规定自2009年6月27日起废止。

全国人民代表大会常务委员会关于《中华人民共和国刑法》第二百九十四条第一款的解释

（2002年4月28日第九届全国人民代表大会常务委员会第二十七次会议通过）

全国人民代表大会常务委员会讨论了刑法第二百九十四条第一款规定的"黑社会性质的组织"的含义问题，解释如下：

刑法第二百九十四条第一款规定的"黑社会性质的组织"应当同时具备以下特征：

（一）形成较稳定的犯罪组织，人数较多，有明确的组织者、领导者，骨干成员基本固定；

（二）有组织地通过违法犯罪活动或者其他手段获取经济利益，具有一定的经济实力，以支持该组织的活动；

（三）以暴力、威胁或者其他手段，有组织地多次进行违法犯罪活动，为非作恶，欺压、残害群众；

（四）通过实施违法犯罪活动，或者利用国家工作人员的包庇或者纵容，称霸一方，在一定区域或者行业内，形成非法控制或者重大影响，严重破坏经济、社会生活秩序。

现予公告。

全国人民代表大会常务委员会关于《中华人民共和国刑法》第三百八十四条第一款的解释

（2002年4月28日第九届全国人民代表大会常务委员会第二十七次会议通过）

全国人民代表大会常务委员会讨论了刑法第三百八十四条第一款规定的国家工作人员利用职务上的便利，挪用公款"归个人使用"的含义问题，解释如下：

有下列情形之一的，属于挪用公款"归个人使用"：

（一）将公款供本人、亲友或者其他自然人使用的；

（二）以个人名义将公款供其他单位使用的；

（三）个人决定以单位名义将公款供其他单位使用，谋取个人利益的。

现予公告。

全国人民代表大会常务委员会关于《中华人民共和国刑法》第三百一十三条的解释

（2002年8月29日第九届全国人民代表大会常务委员会第二十九次会议通过）

全国人民代表大会常务委员会讨论了刑法第三百一十三条规定的"对人民法院的判决、裁定有能力执行而拒不执行，情节严重"的含义问题，解释如下：

刑法第三百一十三条规定的"人民法

院的判决、裁定”，是指人民法院依法作出的具有执行内容并已发生法律效力的判决、裁定。人民法院为依法执行支付令、生效的调解书、仲裁裁决、公证债权文书等所作的裁定属于该条规定的裁定。

下列情形属于刑法第三百一十三条规定的“有能力执行而拒不执行，情节严重”的情形：

（一）被执行人隐藏、转移、故意毁损财产或者无偿转让财产、以明显不合理的低价转让财产，致使判决、裁定无法执行的；

（二）担保人或者被执行人隐藏、转移、故意毁损或者转让已向人民法院提供担保的财产，致使判决、裁定无法执行的；

（三）协助执行义务人接到人民法院协助执行通知书后，拒不协助执行，致使判决、裁定无法执行的；

（四）被执行人、担保人、协助执行义务人与国家机关工作人员通谋，利用国家机关工作人员的职权妨害执行，致使判决、裁定无法执行的；

（五）其他有能力执行而拒不执行，情节严重的情形。

国家机关工作人员有上述第四项行为的，以拒不执行判决、裁定罪的共犯追究刑事责任。国家机关工作人员收受贿赂或者滥用职权，有上述第四项行为的，同时又构成刑法第三百八十五条、第三百九十七条规定之罪的，依照处罚较重的规定定罪处罚。

现予公告。

全国人民代表大会常务委员会关于《中华人民共和国刑法》第九章渎职罪主体适用问题的解释

（2002年12月28日第九届全国人民代表大会常务委员会第三十一次会议通过）

全国人大常委会根据司法实践中遇到的情况，讨论了刑法第九章渎职罪主体的适用问题，解释如下：

在依照法律、法规规定行使国家行政管理职权的组织中从事公务的人员，或者在受国家机关委托代表国家机关行使职权的组织中从事公务的人员，或者虽未列入国家机关人员编制但在国家机关中从事公务的人员，在代表国家机关行使职权时，有渎职行为，构成犯罪的，依照刑法关于渎职罪的规定追究刑事责任。

现予公告。

全国人民代表大会常务委员会关于《中华人民共和国刑法》有关信用卡规定的解释

（2004年12月29日第十届全国人民代表大会常务委员会第十三次会议通过）

全国人民代表大会常务委员会根据司法实践中遇到的情况，讨论了刑法规定的“信用卡”的含义问题，解释如下：

刑法规定的“信用卡”，是指由商业银

行或者其他金融机构发行的具有消费支付、信用贷款、转账结算、存取现金等全部功能或者部分功能的电子支付卡。

现予公告。

全国人民代表大会常务委员会关于《中华人民共和国刑法》有关文物的规定适用于具有科学价值的古脊椎动物化石、古人类化石的解释

（2005年12月29日第十届全国人民代表大会常务委员会第十九次会议通过）

全国人民代表大会常务委员会根据司法实践中遇到的情况，讨论了关于走私、盗窃、损毁、倒卖或者非法转让具有科学价值的古脊椎动物化石、古人类化石的行为适用刑法有关规定的问题，解释如下：

刑法有关文物的规定，适用于具有科学价值的古脊椎动物化石、古人类化石。

现予公告。

全国人民代表大会常务委员会关于《中华人民共和国刑法》有关出口退税、抵扣税款的其他发票规定的解释

（2005年12月29日第十届全国人民代表大会常务委员会第十九次会议通过）

全国人民代表大会常务委员会根据司法实践中遇到的情况，讨论了刑法规定的“出口退税、抵扣税款的其他发票”的含义问题，解释如下：

刑法规定的“出口退税、抵扣税款的其他发票”，是指除增值税专用发票以外的，具有出口退税、抵扣税款功能的收付款凭证或者完税凭证。

现予公告。

全国人民代表大会常务委员会关于《中华人民共和国刑法》第九十三条第二款的解释

（2000年4月29日第九届全国人民代表大会常务委员会第十五次会议通过　根据2009年8月27日第十一届全国人民代表大会常务委员会第十次会议《关于修改部分法律的决定》修正）

全国人民代表大会常务委员会讨论了村民委员会等村基层组织人员在从事哪些工作时属于刑法第九十三条第二款规定的“其他依照法律从事公务的人员”，解释如下：

村民委员会等村基层组织人员协助人民政府从事下列行政管理工作，属于刑法第九十三条第二款规定的“其他依照法律从事公务的人员”：

（一）救灾、抢险、防汛、优抚、扶贫、移民、救济款物的管理；

（二）社会捐助公益事业款物的管理；

（三）国有土地的经营和管理；

（四）土地征收、征用补偿费用的管理；

（五）代征、代缴税款；

（六）有关计划生育、户籍、征兵工作；

（七）协助人民政府从事的其他行政管理工作。

村民委员会等村基层组织人员从事前款规定的公务，利用职务上的便利，非法占有公共财物、挪用公款、索取他人财物或者非法收受他人财物，构成犯罪的，适用刑法第三百八十二条和第三百八十三条贪污罪、第三百八十四条挪用公款罪、第三百八十五条和第三百八十六条受贿罪的规定。

现予公告。

全国人民代表大会常务委员会关于《中华人民共和国刑法》第二百二十八条、第三百四十二条、第四百一十条的解释

（2001年8月31日第九届全国人民代表大会常务委员会第二十三次会议通过　根据2009年8月27日第十一届全国人民代表大会常务委员会第十次会议《关于修改部分法律的决定》修正）

全国人民代表大会常务委员会讨论了刑法第二百二十八条、第三百四十二条、第四百一十条规定的“违反土地管理法规”和第四百一十条规定的“非法批准征收、征用、占用土地”的含义问题，解释如下：

刑法第二百二十八条、第三百四十二条、第四百一十条规定的“违反土地管理法规”，是指违反土地管理法、森林法、草原法等法律以及有关行政法规中关于土地管理的规定。

刑法第四百一十条规定的“非法批准征收、征用、占用土地”，是指非法批准征收、征用、占用耕地、林地等农用地以及其他土地。

现予公告。

全国人民代表大会常务委员会关于《中华人民共和国刑法》第三十条的解释

（2014年4月24日第十二届全国人民代表大会常务委员会第八次会议通过）

全国人民代表大会常务委员会根据司法实践中遇到的情况，讨论了刑法第三十条的含义及公司、企业、事业单位、机关、团体等单位实施刑法规定的危害社会的行为，法律未规定追究单位的刑事责任的，如何适用刑法有关规定的问题，解释如下：

公司、企业、事业单位、机关、团体等单位实施刑法规定的危害社会的行为，刑法分则和其他法律未规定追究单位的刑事责任的，对组织、策划、实施该危害社会行为的人依法追究刑事责任。

现予公告。

全国人民代表大会常务委员会关于《中华人民共和国刑法》第一百五十八条、第一百五十九条的解释

（2014年4月24日第十二届全国人民代表大会常务委员会第八次会议通过）

全国人民代表大会常务委员会讨论了公司法修改后刑法第一百五十八条、第一百五十九条对实行注册资本实缴登记制、认缴登记制的公司的适用范围问题，解释如下：

刑法第一百五十八条、第一百五十九条的规定，只适用于依法实行注册资本实缴登记制的公司。

现予公告。

全国人民代表大会常务委员会关于《中华人民共和国刑法》第二百六十六条的解释

（2014年4月24日第十二届全国人民代表大会常务委员会第八次会议通过）

全国人民代表大会常务委员会根据司法实践中遇到的情况，讨论了刑法第二百六十六条的含义及骗取养老、医疗、工伤、失业、生育等社会保险金或者其他社会保障待遇的行为如何适用刑法有关规定的问题，解释如下：

以欺诈、伪造证明材料或者其他手段骗取养老、医疗、工伤、失业、生育等社会保险金或者其他社会保障待遇的，属于刑法第二百六十六条规定的诈骗公私财物的行为。

现予公告。

全国人民代表大会常务委员会关于《中华人民共和国刑法》第三百四十一条、第三百一十二条的解释

（2014年4月24日第十二届全国人民代表大会常务委员会第八次会议通过）

全国人民代表大会常务委员会根据司法实践中遇到的情况，讨论了刑法第三百四十一条第一款规定的非法收购国家重点保护的珍贵、濒危野生动物及其制品的含义和收购刑法第三百四十一条第二款规定的非法狩猎的野生动物如何适用刑法有关规定的问题，解释如下：

知道或者应当知道是国家重点保护的珍贵、濒危野生动物及其制品，为食用或者其他目的而非法购买的，属于刑法第三百四十一条第一款规定的非法收购国家重点保护的珍贵、濒危野生动物及其制品的行为。

知道或者应当知道是刑法第三百四十一条第二款规定的非法狩猎的野生动物而购买的，属于刑法第三百一十二条第一款规定的明知是犯罪所得而收购的行为。

现予公告。

全国人民代表大会常务委员会关于对中华人民共和国缔结或者参加的国际条约所规定的罪行行使刑事管辖权的决定

（1987年6月23日第六届全国人民代表大会常务委员会第二十一次会议通过）

第六届全国人民代表大会常务委员会第二十一次会议决定，对于中华人民共和国缔结或者参加的国际条约所规定的罪行，中华人民共和国在所承担条约义务的范围内，行使刑事管辖权。

附：

几个公约的有关条款

一、《关于防止和惩处侵害应受国际保护人员包括外交代表的罪行的公约》

第三条第二款：

“每一缔约国应同样采取必要措施，于嫌疑犯在本国领土内，而本国不依第八条规定将该犯引渡至本条第一款所指明的国家时，对这些罪行确定其管辖权。”

第七条：

“缔约国于嫌疑犯在其领土内时，如不予以引渡，则应毫无例外，并不得不当稽延，将案件交付主管当局，以便依照本国法律规定的程序提起刑事诉讼。”

二、《海牙公约》

第四条第二款：

“当被指称的罪犯在缔约国领土内，而该国未按第八条的规定将此人引渡给本条第一款所指的任一国家时，该缔约国应同样采取必要措施，对这种罪行实施管辖权。”

第七条：

“在其境内发现被指称的罪犯的缔约国，如不将此人引渡，则不论罪行是否在其境内发生，应无例外地将此案件提交其主管当局以便起诉。该当局按照本国法律以对待任何严重性质的普通罪行案件的同样方式作出决定。”

三、《蒙特利尔公约》

第五条第二款：

“当被指称的罪犯在缔约国领土内，而该国未按第八条的规定将此人引渡给本条第一款所指的任一国家时，该缔约国应同样采取必要措施，对第一条第一款（甲）、（乙）和（丙）项所指的罪行，以及对第一条第二款所列与这些款项有关的罪行实施管辖权。”

第七条与《海牙公约》第七条相同。

四、《核材料实体保护公约》

第八条第二款：

“每一缔约国应同样采取必要措施，以便在被控犯人在该国领土内未按第十一条规定将其引渡给第一款所述任何国家时，对这些罪行确立其管辖权。”

五、《反对劫持人质国际公约》

第五条第二款：

“每一缔约国于嫌疑犯在本国领土内，而不将该嫌疑犯引渡至本条第一款所指国家时，也应采取必要措施，对第一条所称的罪行确立其管辖权。”

第八条第一款：

“领土内发现嫌疑犯的缔约国，如不将该人引渡，应毫无例外地而且不论罪行是否在其领土内发生，通过该国法律规定的程序，将案件送交该国主管机关，以便提起公诉。此等机关应按该国法律处理任何普通严重罪行案件的方式作出判决。”

全国人民代表大会常务委员会关于惩治破坏金融秩序犯罪的决定

（1995 年 6 月 30 日第八届全国人民代表大会常务委员会第十四次会议通过 1995 年 6 月 30 日中华人民共和国主席令第 52 号公布　自公布之日起施行）

为了惩治伪造货币和金融票据诈骗、信用证诈骗、非法集资诈骗等破坏金融秩

序的犯罪,特作如下决定:

一、伪造货币的,处三年以上十年以下有期徒刑,并处五万元以上五十万元以下罚金。有下列情形之一的,处十年以上有期徒刑、无期徒刑或者死刑,并处没收财产:

(一) 伪造货币集团的首要分子;

(二) 伪造货币数额特别巨大的;

(三) 有其他特别严重情节的。

二、出售、购买伪造的货币或者明知是伪造的货币而运输,数额较大的,处三年以下有期徒刑或者拘役,并处二万元以上二十万元以下罚金;数额巨大的,处三年以上十年以下有期徒刑,并处五万元以上五十万元以下罚金;数额特别巨大的,处十年以上有期徒刑或者无期徒刑,并处没收财产。

银行或者其他金融机构的工作人员购买伪造的货币或者利用职务上的便利,以伪造的货币换取货币的,处三年以上十年以下有期徒刑,并处二万元以上二十万元以下罚金;数额巨大或者有其他严重情节的,处十年以上有期徒刑或者无期徒刑,并处没收财产;情节较轻的,处三年以下有期徒刑或者拘役,并处或者单处一万元以上十万元以下罚金。

伪造货币并出售或者运输伪造的货币的,依照第一条的规定从重处罚。

三、走私伪造的货币的,依照全国人民代表大会常务委员会《关于惩治走私罪的补充规定》的有关规定处罚。

四、明知是伪造的货币而持有、使用,数额较大的,处三年以下有期徒刑或者拘役,并处一万元以上十万元以下罚金;数额巨大的,处三年以上十年以下有期徒刑,并处二万元以上二十万元以下罚金;数额特别巨大的,处十年以上有期徒刑,并处五万元以上五十万元以下罚金或者没收财产。

五、变造货币,数额较大的,处三年以下有期徒刑或者拘役,并处一万元以上十万元以下罚金;数额巨大的,处三年以上十年以下有期徒刑,并处二万元以上二十万元以下罚金。

六、未经中国人民银行批准,擅自设立商业银行或者其他金融机构的,处三年以下有期徒刑或者拘役,并处或者单处二万元以上二十万元以下罚金;情节严重的,处三年以上十年以下有期徒刑,并处五万元以上五十万元以下罚金。

伪造、变造、转让商业银行或者其他金融机构经营许可证的,依照前款的规定处罚。

单位犯前两款罪的,对单位判处罚金,并对直接负责的主管人员和其他直接责任人员,依照第一款的规定处罚。

七、非法吸收公众存款或者变相吸收公众存款,扰乱金融秩序的,处三年以下有期徒刑或者拘役,并处或者单处二万元以上二十万元以下罚金;数额巨大或者有其他严重情节的,处三年以上十年以下有期徒刑,并处五万元以上五十万元以下罚金。

单位犯前款罪的,对单位判处罚金,并对直接负责的主管人员和其他直接责任人员,依照前款的规定处罚。

八、以非法占有为目的,使用诈骗方法非法集资的,处三年以下有期徒刑或者拘役,并处二万元以上二十万元以下罚金;数额巨大或者有其他严重情节的,处三年以上十年以下有期徒刑,并处五万元以上五十万元以下罚金;数额特别巨大或者有其他特别严重情节的,处十年以上有期徒刑、无期徒刑或者死刑,并处没收财产。

单位犯前款罪的,对单位判处罚金,并

对直接负责的主管人员和其他直接责任人员,依照前款的规定处罚。

九、银行或者其他金融机构的工作人员违反法律、行政法规规定,向关系人发放信用贷款或者发放担保贷款的条件优于其他借款人同类贷款的条件,造成较大损失的,处五年以下有期徒刑或者拘役,并处一万元以上十万元以下罚金;造成重大损失的,处五年以上有期徒刑,并处二万元以上二十万元以下罚金。

银行或者其他金融机构的工作人员违反法律、行政法规规定,玩忽职守或者滥用职权,向关系人以外的其他人发放贷款,造成重大损失的,处五年以下有期徒刑或者拘役,并处一万元以上十万元以下罚金;造成特别重大损失的,处五年以上有期徒刑,并处二万元以上二十万元以下罚金。

单位犯前两款罪的,对单位判处罚金,并对直接负责的主管人员和其他直接责任人员,依照前两款的规定处罚。

十、有下列情形之一,以非法占有为目的,诈骗银行或者其他金融机构的贷款,数额较大的,处五年以下有期徒刑或者拘役,并处二万元以上二十万元以下罚金;数额巨大或者有其他严重情节的,处五年以上十年以下有期徒刑,并处五万元以上五十万元以下罚金;数额特别巨大或者有其他特别严重情节的,处十年以上有期徒刑或者无期徒刑,并处没收财产:

(一)编造引进资金、项目等虚假理由的;

(二)使用虚假的经济合同的;

(三)使用虚假的证明文件的;

(四)使用虚假的产权证明作担保的;

(五)以其他方法诈骗贷款的。

十一、有下列情形之一,伪造、变造金融票证的,处五年以下有期徒刑或者拘役,并处二万元以上二十万元以下罚金;情节严重的,处五年以上十年以下有期徒刑,并处五万元以上五十万元以下罚金;情节特别严重的,处十年以上有期徒刑或者无期徒刑,并处没收财产:

(一)伪造、变造汇票、本票、支票的;

(二)伪造、变造委托收款凭证、汇款凭证、银行存单等其他银行结算凭证的;

(三)伪造、变造信用证或者附随的单据、文件的;

(四)伪造信用卡的。

单位犯前款罪的,对单位判处罚金,并对直接负责的主管人员和其他责任人员,依照前款的规定处罚。

十二、有下列情形之一,进行金融票据诈骗活动,数额较大的,处五年以下有期徒刑或者拘役,并处二万元以上二十万元以下罚金;数额巨大或者有其他严重情节的,处五年以上十年以下有期徒刑,并处五万元以上五十万元以下罚金;数额特别巨大或者有其他特别严重情节的,处十年以上有期徒刑、无期徒刑或者死刑,并处没收财产:

(一)明知是伪造、变造的汇票、本票、支票而使用的;

(二)明知是作废的汇票、本票、支票而使用的;

(三)冒用他人的汇票、本票、支票的;

(四)签发空头支票或者与其预留印鉴不符的支票,骗取财物的;

(五)汇票、本票的出票人签发无资金保证的汇票、本票或者在出票时作虚假记载,骗取财物的。

使用伪造、变造的委托收款凭证、汇款凭证、银行存单等其他银行结算凭证的,依照前款的规定处罚。

单位犯前两款罪的，对单位判处罚金，并对直接负责的主管人员和其他直接责任人员，依照第一款的规定处罚。

十三、有下列情形之一，进行信用证诈骗活动的，处五年以下有期徒刑或者拘役，并处二万元以上二十万元以下罚金；数额巨大或者有其他严重情节的，处五年以上十年以下有期徒刑，并处五万元以上五十万元以下罚金；数额特别巨大或者有其他特别严重情节的，处十年以上有期徒刑、无期徒刑或者死刑，并处没收财产：

（一）使用伪造、变造的信用证或者附随的单据、文件的；

（二）使用作废的信用证的；

（三）骗取信用证的；

（四）以其他方法进行信用证诈骗活动的。

单位犯前款罪的，对单位判处罚金，并对直接负责的主管人员和其他直接责任人员，依照前款的规定处罚。

十四、有下列情形之一，进行信用卡诈骗活动，数额较大的，处五年以下有期徒刑或者拘役，并处二万元以上二十万元以下罚金；数额巨大或者有其他严重情节的，处五年以上十年以下有期徒刑，并处五万元以上五十万元以下罚金；数额特别巨大或者有其他特别严重情节的，处十年以上有期徒刑或者无期徒刑，并处没收财产：

（一）使用伪造的信用卡的；

（二）使用作废的信用卡的；

（三）冒用他人信用卡的；

（四）恶意透支的。

盗窃信用卡并使用的，依照刑法关于盗窃罪的规定处罚。

十五、银行或者其他金融机构的工作人员违反规定为他人出具信用证或者其他保函、票据、资信证明，造成较大损失的，处五年以下有期徒刑或者拘役；造成重大损失的，处五年以上有期徒刑。

单位犯前款罪的，对单位判处罚金，并对直接负责的主管人员和其他直接负责人员，依照前款的规定处罚。

十六、有下列情形之一，进行保险诈骗活动，数额较大的，处五年以下有期徒刑或者拘役，并处一万元以上十万元以下罚金；数额巨大或者有其他严重情节的，处五年以上十年以下有期徒刑，并处二万元以上二十万元以下罚金；数额特别巨大或者有其他特别严重情节的，处十年以上有期徒刑，并处没收财产：

（一）投保人故意虚构保险标的，骗取保险金的；

（二）投保人、被保险人或者受益人对发生的保险事故编造虚假的原因或者夸大损失的程度，骗取保险金的；

（三）投保人、被保险人或者受益人编造未曾发生的保险事故，骗取保险金的；

（四）投保人、被保险人故意造成财产损失的保险事故，骗取保险金的；

（五）投保人、受益人故意造成被保险人死亡、伤残或者疾病，骗取保险金的。

有前款第（四）项、第（五）项所列行为，同时构成其他犯罪的，依照刑法数罪并罚的规定处罚。

保险事故的鉴定人、证明人、财产评估人故意提供虚假的证明文件，为他人诈骗提供条件的，以保险诈骗的共犯论处。

单位犯第一款罪的，对单位判处罚金，并对直接负责的主管人员和其他直接责任人员，依照第一款的规定处罚。

十七、保险公司的工作人员利用职务上的便利,故意编造未曾发生的保险事故进行虚假理赔,骗取保险金的,分别依照全国人民代表大会常务委员会《关于惩治贪污罪贿赂罪的补充规定》和《关于惩治违反公司法的犯罪的决定》的有关规定处罚。

十八、银行或者其他金融机构的工作人员在金融业务活动中索取、收受贿赂,或者违反国家规定收受各种名义的回扣、手续费的,分别依照全国人民代表大会常务委员会《关于惩治贪污罪贿赂罪的补充规定》和《关于惩治违反公司法的犯罪的决定》的有关规定处罚。

十九、银行或者其他金融机构的工作人员利用职务上的便利,挪用单位或者客户资金的,分别依照全国人民代表大会常务委员会《关于惩治贪污罪贿赂罪的补充规定》和《关于惩治违反公司法的犯罪的决定》的有关规定处罚。

二十、银行或者其他金融机构的工作人员,与本决定规定的进行金融诈骗活动的犯罪分子串通,为其诈骗活动提供帮助的,以共犯论处。

二十一、有本决定第二条、第四条、第五条、第十一条、第十二条、第十四条、第十六条规定的行为,情节轻微不构成犯罪的,可以由公安机关处十五日以下拘留、五千元以下罚款。

二十二、犯本决定规定之罪的违法所得应当予以追缴或者责令退赔被害人;供犯罪使用的财物一律没收。

伪造、变造的货币,伪造、变造、作废的票据、信用证、信用卡或者其他银行结算凭证一律收缴,上交中国人民银行统一销毁。

收缴伪造、变造的货币的具体办法由中国人民银行制定。

二十三、本决定所称的货币是指人民币和外币。

二十四、本决定自公布之日起施行。

全国人民代表大会常务委员会关于惩治虚开、伪造和非法出售增值税专用发票犯罪的决定

(1995年10月30日第八届全国人民代表大会常务委员会第十六次会议通过　1995年10月30日中华人民共和国主席令第57号公布　自公布之日起施行)

为了惩治虚开、伪造和非法出售增值税专用发票和其他发票进行偷税、骗税等犯罪活动,保障国家税收,特作如下决定:

一、虚开增值税专用发票的,处三年以下有期徒刑或者拘役,并处二万元以上二十万元以下罚金;虚开的税款数额较大或者有其他严重情节的,处三年以上十年以下有期徒刑,并处五万元以上五十万元以下罚金;虚开的税款数额巨大或者有其他特别严重情节的,处十年以上有期徒刑或者无期徒刑,并处没收财产。

有前款行为骗取国家税款,数额特别巨大、情节特别严重、给国家利益造成特别重大损失的,处无期徒刑或者死刑,并处没收财产。

虚开增值税专用发票的犯罪集团的首要分子,分别依照前两款的规定从重处罚。

虚开增值税专用发票是指有为他人虚开、为自己虚开、让他人为自己虚开、介绍他人虚开增值税专用发票行为之一的。

二、伪造或者出售伪造的增值税专用发票的,处三年以下有期徒刑或者拘役,并处二万元以上二十万元以下罚金;数量较

大或者有其他严重情节的，处三年以上十年以下有期徒刑，并处五万元以上五十万元以下罚金；数量巨大或者有其他特别严重情节的，处十年以上有期徒刑或者无期徒刑，并处没收财产。

伪造并出售伪造的增值税专用发票，数量特别巨大、情节特别严重、严重破坏经济秩序的，处无期徒刑或者死刑，并处没收财产。

伪造、出售伪造的增值税专用发票的犯罪集团的首要分子，分别依照前两款的规定从重处罚。

三、非法出售增值税专用发票的，处三年以下有期徒刑或者拘役，并处二万元以上二十万元以下罚金；数量较大的，处三年以上十年以下有期徒刑，并处五万元以上五十万元以下罚金；数量巨大的，处十年以上有期徒刑或者无期徒刑，并处没收财产。

四、非法购买增值税专用发票或者购买伪造的增值税专用发票的，处五年以下有期徒刑、拘役，并处或者单处二万元以上二十万元以下罚金。

非法购买增值税专用发票或者购买伪造的增值税专用发票又虚开或者出售的，分别依照第一条、第二条、第三条的规定处罚。

五、虚开用于骗取出口退税、抵扣税款的其他发票的，依照本决定第一条的规定处罚。

虚开用于骗取出口退税、抵扣税款的其他发票是指有为他人虚开、为自己虚开、让他人为自己虚开、介绍他人虚开用于骗取出口退税、抵扣税款的其他发票行为之一的。

六、伪造、擅自制造或者出售伪造、擅自制造的可以用于骗取出口退税、抵扣税款的其他发票的，处三年以下有期徒刑或者拘役，并处二万元以上二十万元以下罚金；数量巨大的，处三年以上七年以下有期徒刑，并处五万元以上五十万元以下罚金；数量特别巨大的，处七年以上有期徒刑，并处没收财产。

伪造、擅自制造或者出售伪造、擅自制造的前款规定以外的其他发票的，比照刑法第一百二十四条的规定处罚。

非法出售可以用于骗取出口退税、抵扣税款的其他发票的，依照第一款的规定处罚。

非法出售前款规定以外的其他发票的，比照刑法第一百二十四条的规定处罚。

七、盗窃增值税专用发票或者其他发票的，依照刑法关于盗窃罪的规定处罚。

使用欺骗手段骗取增值税专用发票或者其他发票的，依照刑法关于诈骗罪的规定处罚。

八、税务机关或者其他国家机关的工作人员有下列情形之一的，依照本决定的有关规定从重处罚：

（一）与犯罪分子相勾结，实施本决定规定的犯罪的；

（二）明知是虚开的发票，予以退税或者抵扣税款的；

（三）明知犯罪分子实施本决定规定的犯罪，而提供其他帮助的。

九、税务机关的工作人员违反法律、行政法规的规定，在发售发票、抵扣税款、出口退税工作中玩忽职守，致使国家利益遭受重大损失的，处五年以下有期徒刑或者拘役；致使国家利益遭受特别重大损失的，处五年以上有期徒刑。

十、单位犯本决定第一条、第二条、第三条、第四条、第五条、第六条、第七条第二款规定之罪的，对单位判处罚金，并对直接负责的主管人员和其他直接责任人员依照各该条的规定追究刑事责任。

十一、有本决定第二条、第三条、第四条第一款、第六条规定的行为，情节显著轻微，尚不构成犯罪的，由公安机关处十五日以下拘留、五千元以下罚款。

十二、对追缴犯本决定规定之罪的犯罪分子的非法抵扣和骗取的税款，由税务机关上交国库，其他的违法所得和供犯罪使用的财物一律没收。

供本决定规定的犯罪所使用的发票和伪造的发票一律没收。

十三、本决定自公布之日起施行。

全国人民代表大会常务委员会关于惩治骗购外汇、逃汇和非法买卖外汇犯罪的决定

（1998年12月29日第九届全国人民代表大会常务委员会第六次会议通过 1998年12月29日中华人民共和国主席令第14号公布 自公布之日起施行）

为了惩治骗购外汇、逃汇和非法买卖外汇的犯罪行为，维护国家外汇管理秩序，对刑法作如下补充修改：

一、有下列情形之一，骗购外汇，数额较大的，处五年以下有期徒刑或者拘役，并处骗购外汇数额百分之五以上百分之三十以下罚金；数额巨大或者有其他严重情节的，处五年以上十年以下有期徒刑，并处骗购外汇数额百分之五以上百分之三十以下罚金；数额特别巨大或者有其他特别严重情节的，处十年以上有期徒刑或者无期徒刑，并处骗购外汇数额百分之五以上百分之三十以下罚金或者没收财产：

（一）使用伪造、变造的海关签发的报关单、进口证明、外汇管理部门核准件等凭证和单据的；

（二）重复使用海关签发的报关单、进口证明、外汇管理部门核准件等凭证和单据的；

（三）以其他方式骗购外汇的。

伪造、变造海关签发的报关单、进口证明、外汇管理部门核准件等凭证和单据，并用于骗购外汇的，依照前款的规定从重处罚。

明知用于骗购外汇而提供人民币资金的，以共犯论处。

单位犯前三款罪的，对单位依照第一款的规定判处罚金，并对其直接负责的主管人员和其他直接责任人员，处五年以下有期徒刑或者拘役；数额巨大或者有其他严重情节的，处五年以上十年以下有期徒刑；数额特别巨大或者有其他特别严重情节的，处十年以上有期徒刑或者无期徒刑。

二、买卖伪造、变造的海关签发的报关单、进口证明、外汇管理部门核准件等凭证和单据或者国家机关的其他公文、证件、印章的，依照刑法第二百八十条的规定定罪处罚。

三、将刑法第一百九十条修改为：公司、企业或者其他单位，违反国家规定，擅自将外汇存放境外，或者将境内的外汇非法转移到境外，数额较大的，对单位判处逃汇数额百分之五以上百分之三十以下罚金，并对其直接负责的主管人员和其他直接责任人员，处五年以下有期徒刑或者拘役；数额巨大或者有其他严重情节的，对单位判处逃汇数额百分之五以上百分之三十以下罚金，并对其直接负责的主管人员和其他直接责任人员，处五年以上有期徒刑。

四、在国家规定的交易场所以外非法买卖外汇，扰乱市场秩序，情节严重的，依照刑法第二百二十五条的规定定罪处罚。

单位犯前款罪的，依照刑法第二百三十一条的规定处罚。

五、海关、外汇管理部门以及金融机构、从事对外贸易经营活动的公司、企业或者其他单位的工作人员与骗购外汇或者逃汇的行为人通谋，为其提供购买外汇的有关凭证或者其他便利的，或者明知是伪造、变造的凭证和单据而售汇、付汇的，以共犯论，依照本决定从重处罚。

六、海关、外汇管理部门的工作人员严重不负责任，造成大量外汇被骗购或者逃汇，致使国家利益遭受重大损失的，依照刑法第三百九十七条的规定定罪处罚。

七、金融机构、从事对外贸易经营活动的公司、企业的工作人员严重不负责任，造成大量外汇被骗购或者逃汇，致使国家利益遭受重大损失的，依照刑法第一百六十七条的规定定罪处罚。

八、犯本决定规定之罪，依法被追缴、没收的财物和罚金，一律上缴国库。

九、本决定自公布之日起施行。

全国人民代表大会常务委员会关于取缔邪教组织、防范和惩治邪教活动的决定

（1999年10月30日第九届全国人民代表大会常务委员会第十二次会议通过）

为了维护社会稳定，保护人民利益，保障改革开放和社会主义现代化建设的顺利进行，必须取缔邪教组织、防范和惩治邪教活动。根据宪法和有关法律，特作如下决定：

一、坚决依法取缔邪教组织，严厉惩治邪教组织的各种犯罪活动。邪教组织冒用宗教、气功或者其他名义，采用各种手段扰乱社会秩序，危害人民群众生命财产安全和经济发展，必须依法取缔，坚决惩治。人民法院、人民检察院和公安、国家安全、司法行政机关要各司其职，共同做好这项工作。对组织和利用邪教组织破坏国家法律、行政法规实施，聚众闹事，扰乱社会秩序，以迷信邪说蒙骗他人，致人死亡，或者奸淫妇女、诈骗财物等犯罪活动，依法予以严惩。

二、坚持教育与惩罚相结合，团结、教育绝大多数被蒙骗的群众，依法严惩极少数犯罪分子。在依法处理邪教组织的工作中，要把不明真相参与邪教活动的人同组织和利用邪教组织进行非法活动、蓄意破坏社会稳定的犯罪分子区别开来。对受蒙骗的群众不予追究。对构成犯罪的组织者、策划者、指挥者和骨干分子，坚决依法追究刑事责任；对于自首或者有立功表现的，可以依法从轻、减轻或者免除处罚。

三、在全体公民中深入持久地开展宪法和法律的宣传教育，普及科学文化知识。依法取缔邪教组织，惩治邪教活动，有利于保护正常的宗教活动和公民的宗教信仰自由。要使广大人民群众充分认识邪教组织严重危害人类、危害社会的实质，自觉反对和抵制邪教组织的影响，进一步增强法制观念，遵守国家法律。

四、防范和惩治邪教活动，要动员和组织全社会的力量，进行综合治理。各级人民政府和司法机关应当认真落实责任制，把严防邪教组织的滋生和蔓延，防范和惩

治邪教活动作为一项重要任务长期坚持下去,维护社会稳定。

全国人民代表大会常务委员会关于严禁卖淫嫖娼的决定

（1991 年 9 月 4 日第七届全国人民代表大会常务委员会第二十一次会议通过 根据 2009 年 8 月 27 日第十一届全国人民代表大会常务委员会第十次会议《关于修改部分法律的决定》修正）

为了严禁卖淫、嫖娼,严惩组织、强迫、引诱、容留、介绍他人卖淫的犯罪分子,维护社会治安秩序和良好的社会风气,对刑法有关规定作如下补充修改:

一、组织他人卖淫的,处十年以上有期徒刑或者无期徒刑,并处一万元以下罚金或者没收财产;情节特别严重的,处死刑,并处没收财产。

协助组织他人卖淫的,处三年以上十年以下有期徒刑,并处一万元以下罚金;情节严重的,处十年以上有期徒刑,并处一万元以下罚金或者没收财产。

二、强迫他人卖淫的,处五年以上十年以下有期徒刑,并处一万元以下罚金;有下列情形之一的,处十年以上有期徒刑或者无期徒刑,并处一万元以下罚金或者没收财产;情节特别严重的,处死刑,并处没收财产:

（一）强迫不满十四岁的幼女卖淫的;

（二）强迫多人卖淫或者多次强迫他人卖淫的;

（三）强奸后迫使卖淫的;

（四）造成被强迫卖淫的人重伤、死亡或者其他严重后果的。

三、引诱、容留、介绍他人卖淫的,处五年以下有期徒刑或者拘役,并处五千元以下罚金;情节严重的,处五年以上有期徒刑,并处一万元以下罚金;情节较轻的,依照《中华人民共和国治安管理处罚法》的规定处罚。

引诱不满十四岁的幼女卖淫的,依照本决定第二条关于强迫不满十四岁的幼女卖淫的规定处罚。

四、卖淫、嫖娼的,依照《中华人民共和国治安管理处罚法》的规定处罚。

对卖淫、嫖娼的,可以由公安机关会同有关部门强制集中进行法律、道德教育和生产劳动,使之改掉恶习。期限为六个月至二年。具体办法由国务院规定。

因卖淫、嫖娼被公安机关处理后又卖淫、嫖娼的,实行劳动教养,并由公安机关处五千元以下罚款。

对卖淫、嫖娼的,一律强制进行性病检查。对患有性病的,进行强制治疗。

五、明知自己患有梅毒、淋病等严重性病卖淫、嫖娼的,处五年以下有期徒刑、拘役或者管制,并处五千元以下罚金。

嫖宿不满十四岁的幼女的,依照刑法关于强奸罪的规定处罚。

六、旅馆业、饮食服务业、文化娱乐业、出租汽车业等单位的人员,利用本单位的条件,组织、强迫、引诱、容留、介绍他人卖淫的,依照本决定第一条、第二条、第三条的规定处罚。

前款所列单位的主要负责人,有前款规定的行为的,从重处罚。

七、旅馆业、饮食服务业、文化娱乐业、出租汽车业等单位,对发生在本单位的卖淫、嫖娼活动,放任不管、不采取措施制止的，由公安机关处一万元以上十万元以下罚款，并可以责令其限期整顿、停业整顿，经整顿仍不改正的，由工商行政主管部门吊销营业执照；对直接负责的主管人员和其他直接责任人员，由本单位或者上级主管部门予以行政处分，由公安机关处一千元以下罚款。

八、旅馆业、饮食服务业、文化娱乐业、出租汽车业等单位的负责人和职工，在公安机关查处卖淫、嫖娼活动时，隐瞒情况或者为违法犯罪分子通风报信的，依照刑法第一百六十二条的规定处罚。

九、有查禁卖淫、嫖娼活动职责的国家工作人员，为使违法犯罪分子逃避处罚，向其通风报信、提供便利的，依照刑法第一百八十八条的规定处罚。

犯前款罪，事前与犯罪分子通谋的，以共同犯罪论处。

十、组织、强迫、引诱、容留、介绍他人卖淫以及卖淫的非法所得予以没收。

罚没收入一律上缴国库。

十一、本决定自公布之日起施行。

全国人民代表大会常务委员会关于废止有关收容教育法律规定和制度的决定

（2019年12月28日第十三届全国人民代表大会常务委员会第十五次会议通过　2019年12月28日中华人民共和国主席令第42号公布　自2019年12月29日起施行）

第十三届全国人民代表大会常务委员会第十五次会议决定：

一、废止《全国人民代表大会常务委员会关于严禁卖淫嫖娼的决定》第四条第二款、第四款，以及据此实行的收容教育制度。

二、在收容教育制度废止前，依法作出的收容教育决定有效；收容教育制度废止后，对正在被依法执行收容教育的人员，解除收容教育，剩余期限不再执行。

本决定自2019年12月29日起施行。

全国人民代表大会常务委员会关于维护互联网安全的决定

（2000年12月28日第九届全国人民代表大会常务委员会第十九次会议通过　根据2009年8月27日第十一届全国人民代表大会常务委员会第十次会议《关于修改部分法律的决定》修正）

我国的互联网，在国家大力倡导和积极推动下，在经济建设和各项事业中得到日益广泛的应用，使人们的生产、工作、学习和生活方式已经开始并将继续发生深刻的变化，对于加快我国国民经济、科学技术的发展和社会服务信息化进程具有重要作用。同时，如何保障互联网的运行安全和信息安全问题已经引起全社会的普遍关注。为了兴利除弊，促进我国互联网的健康发展，维护国家安全和社会公共利益，保护个人、法人和其他组织的合法权益，特作如下决定：

一、为了保障互联网的运行安全，对有下列行为之一，构成犯罪的，依照刑法有关规定追究刑事责任：

（一）侵入国家事务、国防建设、尖端科学技术领域的计算机信息系统；

（二）故意制作、传播计算机病毒等破坏性程序，攻击计算机系统及通信网络，致使计算机系统及通信网络遭受损害；

（三）违反国家规定，擅自中断计算机网络或者通信服务，造成计算机网络或者通信系统不能正常运行。

二、为了维护国家安全和社会稳定，对有下列行为之一，构成犯罪的，依照刑法有关规定追究刑事责任：

（一）利用互联网造谣、诽谤或者发表、传播其他有害信息，煽动颠覆国家政权、推翻社会主义制度，或者煽动分裂国家、破坏国家统一；

（二）通过互联网窃取、泄露国家秘密、情报或者军事秘密；

（三）利用互联网煽动民族仇恨、民族歧视，破坏民族团结；

（四）利用互联网组织邪教组织、联络邪教组织成员，破坏国家法律、行政法规实施。

三、为了维护社会主义市场经济秩序和社会管理秩序，对有下列行为之一，构成犯罪的，依照刑法有关规定追究刑事责任：

（一）利用互联网销售伪劣产品或者对商品、服务作虚假宣传；

（二）利用互联网损害他人商业信誉和商品声誉；

（三）利用互联网侵犯他人知识产权；

（四）利用互联网编造并传播影响证券、期货交易或者其他扰乱金融秩序的虚假信息；

（五）在互联网上建立淫秽网站、网页，提供淫秽站点链接服务，或者传播淫秽书刊、影片、音像、图片。

四、为了保护个人、法人和其他组织的人身、财产等合法权利，对有下列行为之一，构成犯罪的，依照刑法有关规定追究刑事责任：

（一）利用互联网侮辱他人或者捏造事实诽谤他人；

（二）非法截获、篡改、删除他人电子邮件或者其他数据资料，侵犯公民通信自由和通信秘密；

（三）利用互联网进行盗窃、诈骗、敲诈勒索。

五、利用互联网实施本决定第一条、第二条、第三条、第四条所列行为以外的其他行为，构成犯罪的，依照刑法有关规定追究刑事责任。

六、利用互联网实施违法行为，违反社会治安管理，尚不构成犯罪的，由公安机关依照《治安管理处罚法》予以处罚；违反其他法律、行政法规，尚不构成犯罪的，由有关行政管理部门依法给予行政处罚；对直接负责的主管人员和其他直接责任人员，依法给予行政处分或者纪律处分。

利用互联网侵犯他人合法权益，构成民事侵权的，依法承担民事责任。

七、各级人民政府及有关部门要采取积极措施，在促进互联网的应用和网络技术的普及过程中，重视和支持对网络安全技术的研究和开发，增强网络的安全防护能力。有关主管部门要加强对互联网的运行安全和信息安全的宣传教育，依法实施有效的监督管理，防范和制止利用互联网进行的各种违法活动，为互联网的健康发展创造良好的社会环境。从事互联网业务的单位要依法开展活动，发现互联网上出现违法犯罪行为和有害信息时，要采取措施，停止传输有害信息，并及时向有关机关报告。任何单位和个人在利用互联网时，都要遵纪守法,抵制各种违法犯罪行为和有害信息。人民法院、人民检察院、公安机关、国家安全机关要各司其职,密切配合,依法严厉打击利用互联网实施的各种犯罪活动。要动员全社会的力量,依靠全社会的共同努力,保障互联网的运行安全与信息安全,促进社会主义精神文明和物质文明建设。

全国人民代表大会常务委员会关于严惩拐卖、绑架妇女、儿童的犯罪分子的决定

(1991年9月4日第七届全国人民代表大会常务委员会第二十一次会议通过　根据2009年8月27日第十一届全国人民代表大会常务委员会第十次会议《关于修改部分法律的决定》修正)

为了严惩拐卖、绑架妇女、儿童的犯罪分子,保护妇女、儿童的人身安全,维护社会治安秩序,对刑法有关规定作如下补充修改:

一、拐卖妇女、儿童的,处五年以上十年以下有期徒刑,并处一万元以下罚金;有下列情形之一的,处十年以上有期徒刑或者无期徒刑,并处一万元以下罚金或者没收财产;情节特别严重的,处死刑,并处没收财产:

(一) 拐卖妇女、儿童集团的首要分子;

(二) 拐卖妇女、儿童三人以上的;

(三) 奸淫被拐卖的妇女的;

(四) 诱骗、强迫被拐卖的妇女卖淫或者将被拐卖的妇女卖给他人迫使其卖淫的;

(五) 造成被拐卖的妇女、儿童或者其亲属重伤、死亡或者其他严重后果的;

(六) 将妇女、儿童卖往境外的。

拐卖妇女、儿童是指以出卖为目的,有拐骗、收买、贩卖、接送、中转妇女、儿童的行为之一的。

二、以出卖为目的,使用暴力、胁迫或者麻醉方法绑架妇女、儿童的,处十年以上有期徒刑或者无期徒刑,并处一万元以下罚金或者没收财产;情节特别严重的,处死刑,并处没收财产。

以出卖或者勒索财物为目的,偷盗婴幼儿的,依照本条第一款的规定处罚。

以勒索财物为目的绑架他人的,依照本条第一款的规定处罚。

三、严禁收买被拐卖、绑架的妇女、儿童。收买被拐卖、绑架的妇女、儿童的,处三年以下有期徒刑、拘役或者管制。

收买被拐卖、绑架的妇女,强行与其发生性关系的,依照刑法关于强奸罪的规定处罚。

收买被拐卖、绑架的妇女、儿童,非法剥夺、限制其人身自由或者有伤害、侮辱、虐待等犯罪行为的,依照刑法的有关规定处罚。

收买被拐卖、绑架的妇女、儿童,并有本条第二款、第三款规定的犯罪行为的,依照刑法关于数罪并罚的规定处罚。

收买被拐卖、绑架的妇女、儿童又出卖的,依照本决定第一条的规定处罚。

收买被拐卖、绑架的妇女、儿童,按照被买妇女的意愿,不阻碍其返回原居住地的,对被买儿童没有虐待行为,不阻碍对其进行解救的,可以不追究刑事责任。

四、任何个人或者组织不得阻碍对被拐卖、绑架的妇女、儿童的解救,并不得向

被拐卖、绑架的妇女、儿童及其家属或者解救人索要收买妇女、儿童的费用和生活费用;对已经索取的收买妇女、儿童的费用和生活费用,予以追回。

以暴力、威胁方法阻碍国家工作人员解救被收买的妇女、儿童的,依照刑法第一百五十七条的规定处罚;协助转移、隐藏或者以其他方法阻碍国家工作人员解救被收买的妇女、儿童,未使用暴力、威胁方法的,依照治安管理处罚法的规定处罚。

聚众阻碍国家工作人员解救被收买的妇女、儿童的首要分子,处五年以下有期徒刑或者拘役;其他参与者,依照本条第二款的规定处罚。

五、各级人民政府对被拐卖、绑架的妇女、儿童负有解救职责,解救工作由公安机关会同有关部门负责执行。负有解救职责的国家工作人员接到被拐卖、绑架的妇女、儿童及其家属的解救要求或者接到其他人的举报,而对被拐卖、绑架的妇女、儿童不进行解救,造成严重后果的,依照刑法第一百八十七条的规定处罚;情节较轻的,予以行政处分。

负有解救职责的国家工作人员利用职务阻碍解救的,处二年以上七年以下有期徒刑;情节较轻的,处二年以下有期徒刑或者拘役。

六、拐卖、绑架妇女、儿童的非法所得予以没收。

罚没收入一律上缴国库。

七、本决定自公布之日起施行。

全国人民代表大会常务委员会关于惩治走私、制作、贩卖、传播淫秽物品的犯罪分子的决定

(1990年12月28日第七届全国人民代表大会常务委员会第十七次会议通过 根据2009年8月27日第十一届全国人民代表大会常务委员会第十次会议《关于修改部分法律的决定》修正)

为了惩治走私、制作、贩卖、传播淫秽的书刊、影片、录像带、录音带、图片或者其他淫秽物品的犯罪分子,维护社会治安秩序,加强社会主义精神文明建设,抵制资产阶级腐朽思想的侵蚀,特作如下决定:

一、以牟利或者传播为目的,走私淫秽物品的,依照关于惩治走私罪的补充规定处罚。不是为了牟利、传播,携带、邮寄少量淫秽物品进出境的,依照海关法的有关规定处罚。

二、以牟利为目的,制作、复制、出版、贩卖、传播淫秽物品的,处三年以下有期徒刑或者拘役,并处罚金;情节严重的,处三年以上十年以下有期徒刑,并处罚金;情节特别严重的,处十年以上有期徒刑或者无期徒刑,并处罚金或者没收财产。情节较轻的,由公安机关依照治安管理处罚法的有关规定处罚。

为他人提供书号,出版淫秽书刊的,处三年以下有期徒刑或者拘役,并处或者单处罚金;明知他人用于出版淫秽书刊而提供书号的,依照前款的规定处罚。

三、在社会上传播淫秽的书刊、影片、录像带、录音带、图片或者其他淫秽物品,

情节严重的,处二年以下有期徒刑或者拘役。情节较轻的,由公安机关依照治安管理处罚法的有关规定处罚。

组织播放淫秽的电影、录像等音像制品的,处三年以下有期徒刑或者拘役,可以并处罚金;情节严重的,处三年以上十年以下有期徒刑,并处罚金。情节较轻的,由公安机关依照治安管理处罚法的有关规定处罚。

制作、复制淫秽的电影、录像等音像制品组织播放的,依照第二款的规定从重处罚。

向不满十八岁的未成年人传播淫秽物品的,从重处罚。

不满十六岁的未成年人传抄、传看淫秽的图片、书刊或者其他淫秽物品的,家长、学校应当加强管教。

四、利用淫秽物品进行流氓犯罪的,依照刑法第一百六十条的规定处罚;流氓犯罪集团的首要分子,或者进行流氓犯罪活动危害特别严重的,依照关于严惩严重危害社会治安的犯罪分子的决定第一条的规定,可以在刑法规定的最高刑以上处刑,直至判处死刑。

利用淫秽物品传授犯罪方法的,依照关于严惩严重危害社会治安的犯罪分子的决定第二条的规定处罚,情节特别严重的,处无期徒刑或者死刑。

五、单位有本决定第一条、第二条、第三条规定的违法犯罪行为的,对其直接负责的主管人员和其他直接责任人员,依照各该条的规定处罚,对单位判处罚金或者予以罚款,行政主管部门并可以责令停业整顿或者吊销执照。

六、有下列情节之一的,依照本决定有关规定从重处罚:

（一）犯罪集团的首要分子;

（二）国家工作人员利用工作职务便利,走私、制作、复制、出版、贩卖、传播淫秽物品的;

（三）管理录像、照像、复印等设备的人员,利用所管理的设备,犯有本决定第二条、第三条、第四条规定的违法犯罪行为的;

（四）成年人教唆不满十八岁的未成年人走私、制作、复制、贩卖、传播淫秽物品的。

七、淫秽物品和走私、制作、复制、出版、贩卖、传播淫秽物品的违法所得以及属于本人所有的犯罪工具,予以没收。没收的淫秽物品,按照国家规定销毁。罚没收入一律上缴国库。

八、本决定所称淫秽物品,是指具体描绘性行为或者露骨宣扬色情的诲淫性的书刊、影片、录像带、录音带、图片及其他淫秽物品。

有关人体生理、医学知识的科学著作不是淫秽物品。

包含有色情内容的有艺术价值的文学、艺术作品不视为淫秽物品。

淫秽物品的种类和目录,由国务院有关主管部门规定。

九、本决定自公布之日起施行。

全国人民代表大会常务委员会关于在中华人民共和国成立七十周年之际对部分服刑罪犯予以特赦的决定

（2019年6月29日第十三届全国人民代表大会常务委员会第十一次会议通过）

第十三届全国人民代表大会常务委员会第十一次会议审议了全国人民代表大会

常务委员会委员长会议关于提请审议《全国人民代表大会常务委员会关于在中华人民共和国成立七十周年之际对部分服刑罪犯予以特赦的决定(草案)》的议案,为庆祝中华人民共和国成立70周年,体现依法治国理念和人道主义精神,根据宪法,决定对依据2019年1月1日前人民法院作出的生效判决正在服刑的下列罪犯实行特赦:

一、参加过中国人民抗日战争、中国人民解放战争的;

二、中华人民共和国成立以后,参加过保卫国家主权、安全和领土完整对外作战的;

三、中华人民共和国成立以后,为国家重大工程建设做过较大贡献并获得省部级以上"劳动模范""先进工作者""五一劳动奖章"等荣誉称号的;

四、曾系现役军人并获得个人一等功以上奖励的;

五、因防卫过当或者避险过当,被判处三年以下有期徒刑或者剩余刑期在一年以下的;

六、年满七十五周岁、身体严重残疾且生活不能自理的;

七、犯罪的时候不满十八周岁,被判处三年以下有期徒刑或者剩余刑期在一年以下的;

八、丧偶且有未成年子女或者有身体严重残疾、生活不能自理的子女,确需本人抚养的女性,被判处三年以下有期徒刑或者剩余刑期在一年以下的;

九、被裁定假释已执行五分之一以上假释考验期的,或者被判处管制的。

上述九类对象中,具有以下情形之一的,不得特赦:

(一)第二、三、四、七、八、九类对象中系贪污受贿犯罪,军人违反职责犯罪,故意杀人、强奸、抢劫、绑架、放火、爆炸、投放危险物质或者有组织的暴力性犯罪,黑社会性质的组织犯罪,贩卖毒品犯罪,危害国家安全犯罪,恐怖活动犯罪的罪犯,其他有组织犯罪的主犯,累犯的;

(二)第二、三、四、九类对象中剩余刑期在十年以上的和仍处于无期徒刑、死刑缓期执行期间的;

(三)曾经被特赦又因犯罪被判处刑罚的;

(四)不认罪悔改的;

(五)经评估具有现实社会危险性的。

对本决定施行之日符合上述条件的服刑罪犯,经人民法院依法作出裁定后,予以释放。

本决定自2019年6月29日起施行。

中华人民共和国监察法

(2018年3月20日第十三届全国人民代表大会第一次会议通过　2018年3月20日中华人民共和国主席令第3号公布　自公布之日起施行)

第一章　总　　则

第一条　为了深化国家监察体制改革,加强对所有行使公权力的公职人员的监督,实现国家监察全面覆盖,深入开展反腐败工作,推进国家治理体系和治理能力现代化,根据宪法,制定本法。

第二条　坚持中国共产党对国家监察工作的领导,以马克思列宁主义、毛泽东思想、邓小平理论、“三个代表”重要思想、科学发展观、习近平新时代中国特色社会主义思想为指导，构建集中统一、权威高效的中国特色国家监察体制。

第三条　各级监察委员会是行使国家监察职能的专责机关，依照本法对所有行使公权力的公职人员（以下称公职人员）进行监察，调查职务违法和职务犯罪，开展廉政建设和反腐败工作，维护宪法和法律的尊严。

第四条　监察委员会依照法律规定独立行使监察权，不受行政机关、社会团体和个人的干涉。

监察机关办理职务违法和职务犯罪案件，应当与审判机关、检察机关、执法部门互相配合，互相制约。

监察机关在工作中需要协助的，有关机关和单位应当根据监察机关的要求依法予以协助。

第五条　国家监察工作严格遵照宪法和法律，以事实为根据，以法律为准绳；在适用法律上一律平等，保障当事人的合法权益；权责对等，严格监督；惩戒与教育相结合，宽严相济。

第六条　国家监察工作坚持标本兼治、综合治理，强化监督问责，严厉惩治腐败；深化改革、健全法治，有效制约和监督权力；加强法治教育和道德教育，弘扬中华优秀传统文化，构建不敢腐、不能腐、不想腐的长效机制。

第二章　监察机关及其职责

第七条　中华人民共和国国家监察委员会是最高监察机关。

省、自治区、直辖市、自治州、县、自治县、市、市辖区设立监察委员会。

第八条　国家监察委员会由全国人民代表大会产生，负责全国监察工作。

国家监察委员会由主任、副主任若干人、委员若干人组成，主任由全国人民代表大会选举，副主任、委员由国家监察委员会主任提请全国人民代表大会常务委员会任免。

国家监察委员会主任每届任期同全国人民代表大会每届任期相同，连续任职不得超过两届。

国家监察委员会对全国人民代表大会及其常务委员会负责，并接受其监督。

第九条　地方各级监察委员会由本级人民代表大会产生，负责本行政区域内的监察工作。

地方各级监察委员会由主任、副主任若干人、委员若干人组成，主任由本级人民代表大会选举，副主任、委员由监察委员会主任提请本级人民代表大会常务委员会任免。

地方各级监察委员会主任每届任期同本级人民代表大会每届任期相同。

地方各级监察委员会对本级人民代表大会及其常务委员会和上一级监察委员会负责，并接受其监督。

第十条　国家监察委员会领导地方各级监察委员会的工作，上级监察委员会领导下级监察委员会的工作。

第十一条　监察委员会依照本法和有关法律规定履行监督、调查、处置职责：

（一）对公职人员开展廉政教育，对其依法履职、秉公用权、廉洁从政从业以及道德操守情况进行监督检查；

（二）对涉嫌贪污贿赂、滥用职权、玩忽职守、权力寻租、利益输送、徇私舞弊以及浪费国家资财等职务违法和职务犯罪进行调查；

（三）对违法的公职人员依法作出政务处分决定；对履行职责不力、失职失责的领导人员进行问责；对涉嫌职务犯罪的，将调查结果移送人民检察院依法审查、提起公诉；向监察对象所在单位提出监察建议。

第十二条 各级监察委员会可以向本级中国共产党机关、国家机关、法律法规授权或者委托管理公共事务的组织和单位以及所管辖的行政区域、国有企业等派驻或者派出监察机构、监察专员。

监察机构、监察专员对派驻或者派出它的监察委员会负责。

第十三条 派驻或者派出的监察机构、监察专员根据授权，按照管理权限依法对公职人员进行监督，提出监察建议，依法对公职人员进行调查、处置。

第十四条 国家实行监察官制度，依法确定监察官的等级设置、任免、考评和晋升等制度。

第三章 监察范围和管辖

第十五条 监察机关对下列公职人员和有关人员进行监察：

（一）中国共产党机关、人民代表大会及其常务委员会机关、人民政府、监察委员会、人民法院、人民检察院、中国人民政治协商会议各级委员会机关、民主党派机关和工商业联合会机关的公务员，以及参照《中华人民共和国公务员法》管理的人员；

（二）法律、法规授权或者受国家机关依法委托管理公共事务的组织中从事公务的人员；

（三）国有企业管理人员；

（四）公办的教育、科研、文化、医疗卫生、体育等单位中从事管理的人员；

（五）基层群众性自治组织中从事管理的人员；

（六）其他依法履行公职的人员。

第十六条 各级监察机关按照管理权限管辖本辖区内本法第十五条规定的人员所涉监察事项。

上级监察机关可以办理下一级监察机关管辖范围内的监察事项，必要时也可以办理所辖各级监察机关管辖范围内的监察事项。

监察机关之间对监察事项的管辖有争议的，由其共同的上级监察机关确定。

第十七条 上级监察机关可以将其所管辖的监察事项指定下级监察机关管辖，也可以将下级监察机关有管辖权的监察事项指定给其他监察机关管辖。

监察机关认为所管辖的监察事项重大、复杂，需要由上级监察机关管辖的，可以报请上级监察机关管辖。

第四章 监察权限

第十八条 监察机关行使监督、调查职权，有权依法向有关单位和个人了解情况，收集、调取证据。有关单位和个人应当如实提供。

监察机关及其工作人员对监督、调查过程中知悉的国家秘密、商业秘密、个人隐私，应当保密。

任何单位和个人不得伪造、隐匿或者毁灭证据。

第十九条 对可能发生职务违法的监察对象，监察机关按照管理权限，可以直接或者委托有关机关、人员进行谈话或者要求说明情况。

第二十条　在调查过程中，对涉嫌职务违法的被调查人，监察机关可以要求其就涉嫌违法行为作出陈述，必要时向被调查人出具书面通知。

对涉嫌贪污贿赂、失职渎职等职务犯罪的被调查人，监察机关可以进行讯问，要求其如实供述涉嫌犯罪的情况。

第二十一条　在调查过程中，监察机关可以询问证人等人员。

第二十二条　被调查人涉嫌贪污贿赂、失职渎职等严重职务违法或者职务犯罪，监察机关已经掌握其部分违法犯罪事实及证据，仍有重要问题需要进一步调查，并有下列情形之一的，经监察机关依法审批，可以将其留置在特定场所：

（一）涉及案情重大、复杂的；

（二）可能逃跑、自杀的；

（三）可能串供或者伪造、隐匿、毁灭证据的；

（四）可能有其他妨碍调查行为的。

对涉嫌行贿犯罪或者共同职务犯罪的涉案人员，监察机关可以依照前款规定采取留置措施。

留置场所的设置、管理和监督依照国家有关规定执行。

第二十三条　监察机关调查涉嫌贪污贿赂、失职渎职等严重职务违法或者职务犯罪，根据工作需要，可以依照规定查询、冻结涉案单位和个人的存款、汇款、债券、股票、基金份额等财产。有关单位和个人应当配合。

冻结的财产经查明与案件无关的，应当在查明后三日内解除冻结，予以退还。

第二十四条　监察机关可以对涉嫌职务犯罪的被调查人以及可能隐藏被调查人或者犯罪证据的人的身体、物品、住处和其他有关地方进行搜查。在搜查时，应当出示搜查证，并有被搜查人或者其家属等见证人在场。

搜查女性身体，应当由女性工作人员进行。

监察机关进行搜查时，可以根据工作需要提请公安机关配合。公安机关应当依法予以协助。

第二十五条　监察机关在调查过程中，可以调取、查封、扣押用以证明被调查人涉嫌违法犯罪的财物、文件和电子数据等信息。采取调取、查封、扣押措施，应当收集原物原件，会同持有人或者保管人、见证人，当面逐一拍照、登记、编号，开列清单，由在场人员当场核对、签名，并将清单副本交财物、文件的持有人或者保管人。

对调取、查封、扣押的财物、文件，监察机关应当设立专用账户、专门场所，确定专门人员妥善保管，严格履行交接、调取手续，定期对账核实，不得毁损或者用于其他目的。对价值不明物品应当及时鉴定，专门封存保管。

查封、扣押的财物、文件经查明与案件无关的，应当在查明后三日内解除查封、扣押，予以退还。

第二十六条　监察机关在调查过程中，可以直接或者指派、聘请具有专门知识、资格的人员在调查人员主持下进行勘验检查。勘验检查情况应当制作笔录，由参加勘验检查的人员和见证人签名或者盖章。

第二十七条　监察机关在调查过程中，对于案件中的专门性问题，可以指派、聘请有专门知识的人进行鉴定。鉴定人进行鉴定后，应当出具鉴定意见，并且签名。

第二十八条 监察机关调查涉嫌重大贪污贿赂等职务犯罪，根据需要，经过严格的批准手续，可以采取技术调查措施，按照规定交有关机关执行。

批准决定应当明确采取技术调查措施的种类和适用对象，自签发之日起三个月以内有效；对于复杂、疑难案件，期限届满仍有必要继续采取技术调查措施的，经过批准，有效期可以延长，每次不得超过三个月。对于不需要继续采取技术调查措施的，应当及时解除。

第二十九条 依法应当留置的被调查人如果在逃，监察机关可以决定在本行政区域内通缉，由公安机关发布通缉令，追捕归案。通缉范围超出本行政区域的，应当报请有权决定的上级监察机关决定。

第三十条 监察机关为防止被调查人及相关人员逃匿境外，经省级以上监察机关批准，可以对被调查人及相关人员采取限制出境措施，由公安机关依法执行。对于不需要继续采取限制出境措施的，应当及时解除。

第三十一条 涉嫌职务犯罪的被调查人主动认罪认罚，有下列情形之一的，监察机关经领导人员集体研究，并报上一级监察机关批准，可以在移送人民检察院时提出从宽处罚的建议：

（一）自动投案，真诚悔罪悔过的；

（二）积极配合调查工作，如实供述监察机关还未掌握的违法犯罪行为的；

（三）积极退赃，减少损失的；

（四）具有重大立功表现或者案件涉及国家重大利益等情形的。

第三十二条 职务违法犯罪的涉案人员揭发有关被调查人职务违法犯罪行为，查证属实的，或者提供重要线索，有助于调查其他案件的，监察机关经领导人员集体研究，并报上一级监察机关批准，可以在移送人民检察院时提出从宽处罚的建议。

第三十三条 监察机关依照本法规定收集的物证、书证、证人证言、被调查人供述和辩解、视听资料、电子数据等证据材料，在刑事诉讼中可以作为证据使用。

监察机关在收集、固定、审查、运用证据时，应当与刑事审判关于证据的要求和标准相一致。

以非法方法收集的证据应当依法予以排除，不得作为案件处置的依据。

第三十四条 人民法院、人民检察院、公安机关、审计机关等国家机关在工作中发现公职人员涉嫌贪污贿赂、失职渎职等职务违法或者职务犯罪的问题线索，应当移送监察机关，由监察机关依法调查处置。

被调查人既涉嫌严重职务违法或者职务犯罪，又涉嫌其他违法犯罪的，一般应当由监察机关为主调查，其他机关予以协助。

第五章 监察程序

第三十五条 监察机关对于报案或者举报，应当接受并按照有关规定处理。对于不属于本机关管辖的，应当移送主管机关处理。

第三十六条 监察机关应当严格按照程序开展工作，建立问题线索处置、调查、审理各部门相互协调、相互制约的工作机制。

监察机关应当加强对调查、处置工作全过程的监督管理，设立相应的工作部门履行线索管理、监督检查、督促办理、统计分析等管理协调职能。

第三十七条　监察机关对监察对象的问题线索,应当按照有关规定提出处置意见,履行审批手续,进行分类办理。线索处置情况应当定期汇总、通报,定期检查、抽查。

第三十八条　需要采取初步核实方式处置问题线索的,监察机关应当依法履行审批程序,成立核查组。初步核实工作结束后,核查组应当撰写初步核实情况报告,提出处理建议。承办部门应当提出分类处理意见。初步核实情况报告和分类处理意见报监察机关主要负责人审批。

第三十九条　经过初步核实,对监察对象涉嫌职务违法犯罪,需要追究法律责任的,监察机关应当按照规定的权限和程序办理立案手续。

监察机关主要负责人依法批准立案后,应当主持召开专题会议,研究确定调查方案,决定需要采取的调查措施。

立案调查决定应当向被调查人宣布,并通报相关组织。涉嫌严重职务违法或者职务犯罪的,应当通知被调查人家属,并向社会公开发布。

第四十条　监察机关对职务违法和职务犯罪案件,应当进行调查,收集被调查人有无违法犯罪以及情节轻重的证据,查明违法犯罪事实,形成相互印证、完整稳定的证据链。

严禁以威胁、引诱、欺骗及其他非法方式收集证据,严禁侮辱、打骂、虐待、体罚或者变相体罚被调查人和涉案人员。

第四十一条　调查人员采取讯问、询问、留置、搜查、调取、查封、扣押、勘验检查等调查措施,均应当依照规定出示证件,出具书面通知,由二人以上进行,形成笔录、报告等书面材料,并由相关人员签名、盖章。

调查人员进行讯问以及搜查、查封、扣押等重要取证工作,应当对全过程进行录音录像,留存备查。

第四十二条　调查人员应当严格执行调查方案,不得随意扩大调查范围、变更调查对象和事项。

对调查过程中的重要事项,应当集体研究后按程序请示报告。

第四十三条　监察机关采取留置措施,应当由监察机关领导人员集体研究决定。设区的市级以下监察机关采取留置措施,应当报上一级监察机关批准。省级监察机关采取留置措施,应当报国家监察委员会备案。

留置时间不得超过三个月。在特殊情况下,可以延长一次,延长时间不得超过三个月。省级以下监察机关采取留置措施的,延长留置时间应当报上一级监察机关批准。监察机关发现采取留置措施不当的,应当及时解除。

监察机关采取留置措施,可以根据工作需要提请公安机关配合。公安机关应当依法予以协助。

第四十四条　对被调查人采取留置措施后,应当在二十四小时以内,通知被留置人员所在单位和家属,但有可能毁灭、伪造证据,干扰证人作证或者串供等有碍调查情形的除外。有碍调查的情形消失后,应当立即通知被留置人员所在单位和家属。

监察机关应当保障被留置人员的饮食、休息和安全,提供医疗服务。讯问被留置人员应当合理安排讯问时间和时长,讯问笔录由被讯问人阅看后签名。

被留置人员涉嫌犯罪移送司法机关

后，被依法判处管制、拘役和有期徒刑的，留置一日折抵管制二日，折抵拘役、有期徒刑一日。

第四十五条 监察机关根据监督、调查结果，依法作出如下处置：

（一）对有职务违法行为但情节较轻的公职人员，按照管理权限，直接或者委托有关机关、人员，进行谈话提醒、批评教育、责令检查，或者予以诫勉；

（二）对违法的公职人员依照法定程序作出警告、记过、记大过、降级、撤职、开除等政务处分决定；

（三）对不履行或者不正确履行职责负有责任的领导人员，按照管理权限对其直接作出问责决定，或者向有权作出问责决定的机关提出问责建议；

（四）对涉嫌职务犯罪的，监察机关经调查认为犯罪事实清楚，证据确实、充分的，制作起诉意见书，连同案卷材料、证据一并移送人民检察院依法审查、提起公诉；

（五）对监察对象所在单位廉政建设和履行职责存在的问题等提出监察建议。

监察机关经调查，对没有证据证明被调查人存在违法犯罪行为的，应当撤销案件，并通知被调查人所在单位。

第四十六条 监察机关经调查，对违法取得的财物，依法予以没收、追缴或者责令退赔；对涉嫌犯罪取得的财物，应当随案移送人民检察院。

第四十七条 对监察机关移送的案件，人民检察院依照《中华人民共和国刑事诉讼法》对被调查人采取强制措施。

人民检察院经审查，认为犯罪事实已经查清，证据确实、充分，依法应当追究刑事责任的，应当作出起诉决定。

人民检察院经审查，认为需要补充核实的，应当退回监察机关补充调查，必要时可以自行补充侦查。对于补充调查的案件，应当在一个月内补充调查完毕。补充调查以二次为限。

人民检察院对于有《中华人民共和国刑事诉讼法》规定的不起诉的情形的，经上一级人民检察院批准，依法作出不起诉的决定。监察机关认为不起诉的决定有错误的，可以向上一级人民检察院提请复议。

第四十八条 监察机关在调查贪污贿赂、失职渎职等职务犯罪案件过程中，被调查人逃匿或者死亡，有必要继续调查的，经省级以上监察机关批准，应当继续调查并作出结论。被调查人逃匿，在通缉一年后不能到案，或者死亡的，由监察机关提请人民检察院依照法定程序，向人民法院提出没收违法所得的申请。

第四十九条 监察对象对监察机关作出的涉及本人的处理决定不服的，可以在收到处理决定之日起一个月内，向作出决定的监察机关申请复审，复审机关应当在一个月内作出复审决定；监察对象对复审决定仍不服的，可以在收到复审决定之日起一个月内，向上一级监察机关申请复核，复核机关应当在二个月内作出复核决定。复审、复核期间，不停止原处理决定的执行。复核机关经审查，认定处理决定有错误的，原处理机关应当及时予以纠正。

第六章 反腐败国际合作

第五十条 国家监察委员会统筹协调与其他国家、地区、国际组织开展的反腐败国际交流、合作，组织反腐败国际条约实施工作。

第五十一条　国家监察委员会组织协调有关方面加强与有关国家、地区、国际组织在反腐败执法、引渡、司法协助、被判刑人的移管、资产追回和信息交流等领域的合作。

第五十二条　国家监察委员会加强对反腐败国际追逃追赃和防逃工作的组织协调,督促有关单位做好相关工作:

(一)对于重大贪污贿赂、失职渎职等职务犯罪案件,被调查人逃匿到国(境)外,掌握证据比较确凿的,通过开展境外追逃合作,追捕归案;

(二)向赃款赃物所在国请求查询、冻结、扣押、没收、追缴、返还涉案资产;

(三)查询、监控涉嫌职务犯罪的公职人员及其相关人员进出国(境)和跨境资金流动情况,在调查案件过程中设置防逃程序。

第七章　对监察机关和监察人员的监督

第五十三条　各级监察委员会应当接受本级人民代表大会及其常务委员会的监督。

各级人民代表大会常务委员会听取和审议本级监察委员会的专项工作报告,组织执法检查。

县级以上各级人民代表大会及其常务委员会举行会议时,人民代表大会代表或者常务委员会组成人员可以依照法律规定的程序,就监察工作中的有关问题提出询问或者质询。

第五十四条　监察机关应当依法公开监察工作信息,接受民主监督、社会监督、舆论监督。

第五十五条　监察机关通过设立内部专门的监督机构等方式,加强对监察人员执行职务和遵守法律情况的监督,建设忠诚、干净、担当的监察队伍。

第五十六条　监察人员必须模范遵守宪法和法律,忠于职守、秉公执法,清正廉洁、保守秘密;必须具有良好的政治素质,熟悉监察业务,具备运用法律、法规、政策和调查取证等能力,自觉接受监督。

第五十七条　对于监察人员打听案情、过问案件、说情干预的,办理监察事项的监察人员应当及时报告。有关情况应当登记备案。

发现办理监察事项的监察人员未经批准接触被调查人、涉案人员及其特定关系人,或者存在交往情形的,知情人应当及时报告。有关情况应当登记备案。

第五十八条　办理监察事项的监察人员有下列情形之一的,应当自行回避,监察对象、检举人及其他有关人员也有权要求其回避:

(一)是监察对象或者检举人的近亲属的;

(二)担任过本案的证人的;

(三)本人或者其近亲属与办理的监察事项有利害关系的;

(四)有可能影响监察事项公正处理的其他情形的。

第五十九条　监察机关涉密人员离岗离职后,应当遵守脱密期管理规定,严格履行保密义务,不得泄露相关秘密。

监察人员辞职、退休三年内,不得从事与监察和司法工作相关联且可能发生利益冲突的职业。

第六十条　监察机关及其工作人员有下列行为之一的,被调查人及其近亲属有权向该机关申诉：

（一）留置法定期限届满，不予以解除的；

（二）查封、扣押、冻结与案件无关的财物的；

（三）应当解除查封、扣押、冻结措施而不解除的；

（四）贪污、挪用、私分、调换以及违反规定使用查封、扣押、冻结的财物的；

（五）其他违反法律法规、侵害被调查人合法权益的行为。

受理申诉的监察机关应当在受理申诉之日起一个月内作出处理决定。申诉人对处理决定不服的，可以在收到处理决定之日起一个月内向上一级监察机关申请复查，上一级监察机关应当在收到复查申请之日起二个月内作出处理决定，情况属实的，及时予以纠正。

第六十一条 对调查工作结束后发现立案依据不充分或者失实，案件处置出现重大失误，监察人员严重违法的，应当追究负有责任的领导人员和直接责任人员的责任。

第八章 法律责任

第六十二条 有关单位拒不执行监察机关作出的处理决定，或者无正当理由拒不采纳监察建议的，由其主管部门、上级机关责令改正，对单位给予通报批评；对负有责任的领导人员和直接责任人员依法给予处理。

第六十三条 有关人员违反本法规定，有下列行为之一的，由其所在单位、主管部门、上级机关或者监察机关责令改正，依法给予处理：

（一）不按要求提供有关材料，拒绝、阻碍调查措施实施等拒不配合监察机关调查的；

（二）提供虚假情况，掩盖事实真相的；

（三）串供或者伪造、隐匿、毁灭证据的；

（四）阻止他人揭发检举、提供证据的；

（五）其他违反本法规定的行为，情节严重的。

第六十四条 监察对象对控告人、检举人、证人或者监察人员进行报复陷害的；控告人、检举人、证人捏造事实诬告陷害监察对象的，依法给予处理。

第六十五条 监察机关及其工作人员有下列行为之一的，对负有责任的领导人员和直接责任人员依法给予处理：

（一）未经批准、授权处置问题线索，发现重大案情隐瞒不报，或者私自留存、处理涉案材料的；

（二）利用职权或者职务上的影响干预调查工作、以案谋私的；

（三）违法窃取、泄露调查工作信息，或者泄露举报事项、举报受理情况以及举报人信息的；

（四）对被调查人或者涉案人员逼供、诱供，或者侮辱、打骂、虐待、体罚或者变相体罚的；

（五）违反规定处置查封、扣押、冻结的财物的；

（六）违反规定发生办案安全事故，或者发生安全事故后隐瞒不报、报告失实、处置不当的；

（七）违反规定采取留置措施的；

（八）违反规定限制他人出境，或者不按规定解除出境限制的；

（九）其他滥用职权、玩忽职守、徇私舞

弊的行为。

第六十六条　违反本法规定，构成犯罪的，依法追究刑事责任。

第六十七条　监察机关及其工作人员行使职权，侵犯公民、法人和其他组织的合法权益造成损害的，依法给予国家赔偿。

第九章　附　　则

第六十八条　中国人民解放军和中国人民武装警察部队开展监察工作，由中央军事委员会根据本法制定具体规定。

第六十九条　本法自公布之日起施行。《中华人民共和国行政监察法》同时废止。

中华人民共和国未成年人保护法

（1991年9月4日第七届全国人民代表大会常务委员会第二十一次会议通过　2006年12月29日第十届全国人民代表大会常务委员会第二十五次会议第一次修订　根据2012年10月26日第十一届全国人民代表大会常务委员会第二十九次会议《关于修改〈中华人民共和国未成年人保护法〉的决定》修正　2020年10月17日第十三届全国人民代表大会常务委员会第二十二次会议第二次修订）

第一章　总　　则

第一条　为了保护未成年人身心健康，保障未成年人合法权益，促进未成年人德智体美劳全面发展，培养有理想、有道德、有文化、有纪律的社会主义建设者和接班人，培养担当民族复兴大任的时代新人，根据宪法，制定本法。

第二条　本法所称未成年人是指未满十八周岁的公民。

第三条　国家保障未成年人的生存权、发展权、受保护权、参与权等权利。

未成年人依法平等地享有各项权利，不因本人及其父母或者其他监护人的民族、种族、性别、户籍、职业、宗教信仰、教育程度、家庭状况、身心健康状况等受到歧视。

第四条　保护未成年人，应当坚持最有利于未成年人的原则。处理涉及未成年人事项，应当符合下列要求：

（一）给予未成年人特殊、优先保护；

（二）尊重未成年人人格尊严；

（三）保护未成年人隐私权和个人信息；

（四）适应未成年人身心健康发展的规律和特点；

（五）听取未成年人的意见；

（六）保护与教育相结合。

第五条　国家、社会、学校和家庭应当对未成年人进行理想教育、道德教育、科学教育、文化教育、法治教育、国家安全教育、健康教育、劳动教育，加强爱国主义、集体主义和中国特色社会主义的教育，培养爱祖国、爱人民、爱劳动、爱科学、爱社会主义的公德，抵制资本主义、封建主义和其他腐朽思想的侵蚀，引导未成年人树立和践行社会主义核心价值观。

第六条　保护未成年人，是国家机关、武装力量、政党、人民团体、企业事业单位、社会组织、城乡基层群众性自治组织、未成年人的监护人以及其他成年人的共同责任。

国家、社会、学校和家庭应当教育和帮助未成年人维护自身合法权益,增强自我保护的意识和能力。

第七条 未成年人的父母或者其他监护人依法对未成年人承担监护职责。

国家采取措施指导、支持、帮助和监督未成年人的父母或者其他监护人履行监护职责。

第八条 县级以上人民政府应当将未成年人保护工作纳入国民经济和社会发展规划,相关经费纳入本级政府预算。

第九条 县级以上人民政府应当建立未成年人保护工作协调机制,统筹、协调、督促和指导有关部门在各自职责范围内做好未成年人保护工作。协调机制具体工作由县级以上人民政府民政部门承担,省级人民政府也可以根据本地实际情况确定由其他有关部门承担。

第十条 共产主义青年团、妇女联合会、工会、残疾人联合会、关心下一代工作委员会、青年联合会、学生联合会、少年先锋队以及其他人民团体、有关社会组织,应当协助各级人民政府及其有关部门、人民检察院、人民法院做好未成年人保护工作,维护未成年人合法权益。

第十一条 任何组织或者个人发现不利于未成年人身心健康或者侵犯未成年人合法权益的情形,都有权劝阻、制止或者向公安、民政、教育等有关部门提出检举、控告。

国家机关、居民委员会、村民委员会、密切接触未成年人的单位及其工作人员,在工作中发现未成年人身心健康受到侵害、疑似受到侵害或者面临其他危险情形的,应当立即向公安、民政、教育等有关部门报告。

有关部门接到涉及未成年人的检举、控告或者报告,应当依法及时受理、处置,并以适当方式将处理结果告知相关单位和人员。

第十二条 国家鼓励和支持未成年人保护方面的科学研究,建设相关学科、设置相关专业,加强人才培养。

第十三条 国家建立健全未成年人统计调查制度,开展未成年人健康、受教育等状况的统计、调查和分析,发布未成年人保护的有关信息。

第十四条 国家对保护未成年人有显著成绩的组织和个人给予表彰和奖励。

第二章 家庭保护

第十五条 未成年人的父母或者其他监护人应当学习家庭教育知识,接受家庭教育指导,创造良好、和睦、文明的家庭环境。

共同生活的其他成年家庭成员应当协助未成年人的父母或者其他监护人抚养、教育和保护未成年人。

第十六条 未成年人的父母或者其他监护人应当履行下列监护职责:

(一)为未成年人提供生活、健康、安全等方面的保障;

(二)关注未成年人的生理、心理状况和情感需求;

(三)教育和引导未成年人遵纪守法、勤俭节约,养成良好的思想品德和行为习惯;

(四)对未成年人进行安全教育,提高未成年人的自我保护意识和能力;

(五)尊重未成年人受教育的权利,保障适龄未成年人依法接受并完成义务教育；

（六）保障未成年人休息、娱乐和体育锻炼的时间，引导未成年人进行有益身心健康的活动；

（七）妥善管理和保护未成年人的财产；

（八）依法代理未成年人实施民事法律行为；

（九）预防和制止未成年人的不良行为和违法犯罪行为，并进行合理管教；

（十）其他应当履行的监护职责。

第十七条　未成年人的父母或者其他监护人不得实施下列行为：

（一）虐待、遗弃、非法送养未成年人或者对未成年人实施家庭暴力；

（二）放任、教唆或者利用未成年人实施违法犯罪行为；

（三）放任、唆使未成年人参与邪教、迷信活动或者接受恐怖主义、分裂主义、极端主义等侵害；

（四）放任、唆使未成年人吸烟（含电子烟，下同）、饮酒、赌博、流浪乞讨或者欺凌他人；

（五）放任或者迫使应当接受义务教育的未成年人失学、辍学；

（六）放任未成年人沉迷网络，接触危害或者可能影响其身心健康的图书、报刊、电影、广播电视节目、音像制品、电子出版物和网络信息等；

（七）放任未成年人进入营业性娱乐场所、酒吧、互联网上网服务营业场所等不适宜未成年人活动的场所；

（八）允许或者迫使未成年人从事国家规定以外的劳动；

（九）允许、迫使未成年人结婚或者为未成年人订立婚约；

（十）违法处分、侵吞未成年人的财产或者利用未成年人牟取不正当利益；

（十一）其他侵犯未成年人身心健康、财产权益或者不依法履行未成年人保护义务的行为。

第十八条　未成年人的父母或者其他监护人应当为未成年人提供安全的家庭生活环境，及时排除引发触电、烫伤、跌落等伤害的安全隐患；采取配备儿童安全座椅、教育未成年人遵守交通规则等措施，防止未成年人受到交通事故的伤害；提高户外安全保护意识，避免未成年人发生溺水、动物伤害等事故。

第十九条　未成年人的父母或者其他监护人应当根据未成年人的年龄和智力发展状况，在作出与未成年人权益有关的决定前，听取未成年人的意见，充分考虑其真实意愿。

第二十条　未成年人的父母或者其他监护人发现未成年人身心健康受到侵害、疑似受到侵害或者其他合法权益受到侵犯的，应当及时了解情况并采取保护措施；情况严重的，应当立即向公安、民政、教育等部门报告。

第二十一条　未成年人的父母或者其他监护人不得使未满八周岁或者由于身体、心理原因需要特别照顾的未成年人处于无人看护状态，或者将其交由无民事行为能力、限制民事行为能力、患有严重传染性疾病或者其他不适宜的人员临时照护。

未成年人的父母或者其他监护人不得使未满十六周岁的未成年人脱离监护单独生活。

第二十二条　未成年人的父母或者其他监护人因外出务工等原因在一定期限内不能完全履行监护职责的，应当委托具有照护能力的完全民事行为能力人代为照护;无正当理由的,不得委托他人代为照护。

未成年人的父母或者其他监护人在确定被委托人时,应当综合考虑其道德品质、家庭状况、身心健康状况、与未成年人生活情感上的联系等情况,并听取有表达意愿能力未成年人的意见。

具有下列情形之一的,不得作为被委托人:

(一)曾实施性侵害、虐待、遗弃、拐卖、暴力伤害等违法犯罪行为;

(二)有吸毒、酗酒、赌博等恶习;

(三)曾拒不履行或者长期怠于履行监护、照护职责;

(四)其他不适宜担任被委托人的情形。

第二十三条 未成年人的父母或者其他监护人应当及时将委托照护情况书面告知未成年人所在学校、幼儿园和实际居住地的居民委员会、村民委员会,加强和未成年人所在学校、幼儿园的沟通;与未成年人、被委托人至少每周联系和交流一次,了解未成年人的生活、学习、心理等情况,并给予未成年人亲情关爱。

未成年人的父母或者其他监护人接到被委托人、居民委员会、村民委员会、学校、幼儿园等关于未成年人心理、行为异常的通知后,应当及时采取干预措施。

第二十四条 未成年人的父母离婚时,应当妥善处理未成年子女的抚养、教育、探望、财产等事宜,听取有表达意愿能力未成年人的意见。不得以抢夺、藏匿未成年子女等方式争夺抚养权。

未成年人的父母离婚后,不直接抚养未成年子女的一方应当依照协议、人民法院判决或者调解确定的时间和方式,在不影响未成年人学习、生活的情况下探望未成年子女,直接抚养的一方应当配合,但被人民法院依法中止探望权的除外。

第三章 学校保护

第二十五条 学校应当全面贯彻国家教育方针,坚持立德树人,实施素质教育,提高教育质量,注重培养未成年学生认知能力、合作能力、创新能力和实践能力,促进未成年学生全面发展。

学校应当建立未成年学生保护工作制度,健全学生行为规范,培养未成年学生遵纪守法的良好行为习惯。

第二十六条 幼儿园应当做好保育、教育工作,遵循幼儿身心发展规律,实施启蒙教育,促进幼儿在体质、智力、品德等方面和谐发展。

第二十七条 学校、幼儿园的教职员工应当尊重未成年人人格尊严,不得对未成年人实施体罚、变相体罚或者其他侮辱人格尊严的行为。

第二十八条 学校应当保障未成年学生受教育的权利,不得违反国家规定开除、变相开除未成年学生。

学校应当对尚未完成义务教育的辍学未成年学生进行登记并劝返复学;劝返无效的,应当及时向教育行政部门书面报告。

第二十九条 学校应当关心、爱护未成年学生,不得因家庭、身体、心理、学习能力等情况歧视学生。对家庭困难、身心有障碍的学生,应当提供关爱;对行为异常、学习有困难的学生,应当耐心帮助。

学校应当配合政府有关部门建立留守未成年学生、困境未成年学生的信息档案,开展关爱帮扶工作。

第三十条　学校应当根据未成年学生身心发展特点，进行社会生活指导、心理健康辅导、青春期教育和生命教育。

第三十一条　学校应当组织未成年学生参加与其年龄相适应的日常生活劳动、生产劳动和服务性劳动，帮助未成年学生掌握必要的劳动知识和技能，养成良好的劳动习惯。

第三十二条　学校、幼儿园应当开展勤俭节约、反对浪费、珍惜粮食、文明饮食等宣传教育活动，帮助未成年人树立浪费可耻、节约为荣的意识，养成文明健康、绿色环保的生活习惯。

第三十三条　学校应当与未成年学生的父母或者其他监护人互相配合，合理安排未成年学生的学习时间，保障其休息、娱乐和体育锻炼的时间。

学校不得占用国家法定节假日、休息日及寒暑假期，组织义务教育阶段的未成年学生集体补课，加重其学习负担。

幼儿园、校外培训机构不得对学龄前未成年人进行小学课程教育。

第三十四条　学校、幼儿园应当提供必要的卫生保健条件，协助卫生健康部门做好在校、在园未成年人的卫生保健工作。

第三十五条　学校、幼儿园应当建立安全管理制度，对未成年人进行安全教育，完善安保设施、配备安保人员，保障未成年人在校、在园期间的人身和财产安全。

学校、幼儿园不得在危及未成年人人身安全、身心健康的校舍和其他设施、场所中进行教育教学活动。

学校、幼儿园安排未成年人参加文化娱乐、社会实践等集体活动，应当保护未成年人的身心健康，防止发生人身伤害事故。

第三十六条　使用校车的学校、幼儿园应当建立健全校车安全管理制度，配备安全管理人员，定期对校车进行安全检查，对校车驾驶人进行安全教育，并向未成年人讲解校车安全乘坐知识，培养未成年人校车安全事故应急处理技能。

第三十七条　学校、幼儿园应当根据需要，制定应对自然灾害、事故灾难、公共卫生事件等突发事件和意外伤害的预案，配备相应设施并定期进行必要的演练。

未成年人在校内、园内或者本校、本园组织的校外、园外活动中发生人身伤害事故的，学校、幼儿园应当立即救护，妥善处理，及时通知未成年人的父母或者其他监护人，并向有关部门报告。

第三十八条　学校、幼儿园不得安排未成年人参加商业性活动，不得向未成年人及其父母或者其他监护人推销或者要求其购买指定的商品和服务。

学校、幼儿园不得与校外培训机构合作为未成年人提供有偿课程辅导。

第三十九条　学校应当建立学生欺凌防控工作制度，对教职员工、学生等开展防治学生欺凌的教育和培训。

学校对学生欺凌行为应当立即制止，通知实施欺凌和被欺凌未成年学生的父母或者其他监护人参与欺凌行为的认定和处理；对相关未成年学生及时给予心理辅导、教育和引导；对相关未成年学生的父母或者其他监护人给予必要的家庭教育指导。

对实施欺凌的未成年学生，学校应当根据欺凌行为的性质和程度，依法加强管教。对严重的欺凌行为，学校不得隐瞒，应当及时向公安机关、教育行政部门报告，并配合相关部门依法处理。

第四十条　学校、幼儿园应当建立预防性侵害、性骚扰未成年人工作制度。对性侵害、性骚扰未成年人等违法犯罪行为，学校、幼儿园不得隐瞒，应当及时向公安机关、教育行政部门报告，并配合相关部门依法处理。

学校、幼儿园应当对未成年人开展适合其年龄的性教育，提高未成年人防范性侵害、性骚扰的自我保护意识和能力。对遭受性侵害、性骚扰的未成年人，学校、幼儿园应当及时采取相关的保护措施。

第四十一条 婴幼儿照护服务机构、早期教育服务机构、校外培训机构、校外托管机构等应当参照本章有关规定，根据不同年龄阶段未成年人的成长特点和规律，做好未成年人保护工作。

第四章 社会保护

第四十二条 全社会应当树立关心、爱护未成年人的良好风尚。

国家鼓励、支持和引导人民团体、企业事业单位、社会组织以及其他组织和个人，开展有利于未成年人健康成长的社会活动和服务。

第四十三条 居民委员会、村民委员会应当设置专人专岗负责未成年人保护工作，协助政府有关部门宣传未成年人保护方面的法律法规，指导、帮助和监督未成年人的父母或者其他监护人依法履行监护职责，建立留守未成年人、困境未成年人的信息档案并给予关爱帮扶。

居民委员会、村民委员会应当协助政府有关部门监督未成年人委托照护情况，发现被委托人缺乏照护能力、怠于履行照护职责等情况，应当及时向政府有关部门报告，并告知未成年人的父母或者其他监护人，帮助、督促被委托人履行照护职责。

第四十四条 爱国主义教育基地、图书馆、青少年宫、儿童活动中心、儿童之家应当对未成年人免费开放；博物馆、纪念馆、科技馆、展览馆、美术馆、文化馆、社区公益性互联网上网服务场所以及影剧院、体育场馆、动物园、植物园、公园等场所，应当按照有关规定对未成年人免费或者优惠开放。

国家鼓励爱国主义教育基地、博物馆、科技馆、美术馆等公共场馆开设未成年人专场，为未成年人提供有针对性的服务。

国家鼓励国家机关、企业事业单位、部队等开发自身教育资源，设立未成年人开放日，为未成年人主题教育、社会实践、职业体验等提供支持。

国家鼓励科研机构和科技类社会组织对未成年人开展科学普及活动。

第四十五条 城市公共交通以及公路、铁路、水路、航空客运等应当按照有关规定对未成年人实施免费或者优惠票价。

第四十六条 国家鼓励大型公共场所、公共交通工具、旅游景区景点等设置母婴室、婴儿护理台以及方便幼儿使用的坐便器、洗手台等卫生设施，为未成年人提供便利。

第四十七条 任何组织或者个人不得违反有关规定，限制未成年人应当享有的照顾或者优惠。

第四十八条 国家鼓励创作、出版、制作和传播有利于未成年人健康成长的图书、报刊、电影、广播电视节目、舞台艺术作品、音像制品、电子出版物和网络信息等。

第四十九条 新闻媒体应当加强未成年人保护方面的宣传，对侵犯未成年人合法权益的行为进行舆论监督。新闻媒体采访报道涉及未成年人事件应当客观、审慎和适度，不得侵犯未成年人的名誉、隐私和其他合法权益。

第五十条　禁止制作、复制、出版、发布、传播含有宣扬淫秽、色情、暴力、邪教、迷信、赌博、引诱自杀、恐怖主义、分裂主义、极端主义等危害未成年人身心健康内容的图书、报刊、电影、广播电视节目、舞台艺术作品、音像制品、电子出版物和网络信息等。

第五十一条　任何组织或者个人出版、发布、传播的图书、报刊、电影、广播电视节目、舞台艺术作品、音像制品、电子出版物或者网络信息，包含可能影响未成年人身心健康内容的，应当以显著方式作出提示。

第五十二条　禁止制作、复制、发布、传播或者持有有关未成年人的淫秽色情物品和网络信息。

第五十三条　任何组织或者个人不得刊登、播放、张贴或者散发含有危害未成年人身心健康内容的广告；不得在学校、幼儿园播放、张贴或者散发商业广告；不得利用校服、教材等发布或者变相发布商业广告。

第五十四条　禁止拐卖、绑架、虐待、非法收养未成年人，禁止对未成年人实施性侵害、性骚扰。

禁止胁迫、引诱、教唆未成年人参加黑社会性质组织或者从事违法犯罪活动。

禁止胁迫、诱骗、利用未成年人乞讨。

第五十五条　生产、销售用于未成年人的食品、药品、玩具、用具和游戏游艺设备、游乐设施等，应当符合国家或者行业标准，不得危害未成年人的人身安全和身心健康。上述产品的生产者应当在显著位置标明注意事项，未标明注意事项的不得销售。

第五十六条　未成年人集中活动的公共场所应当符合国家或者行业安全标准，并采取相应安全保护措施。对可能存在安全风险的设施，应当定期进行维护，在显著位置设置安全警示标志并标明适龄范围和注意事项；必要时应当安排专门人员看管。

大型的商场、超市、医院、图书馆、博物馆、科技馆、游乐场、车站、码头、机场、旅游景区景点等场所运营单位应当设置搜寻走失未成年人的安全警报系统。场所运营单位接到求助后，应当立即启动安全警报系统，组织人员进行搜寻并向公安机关报告。

公共场所发生突发事件时，应当优先救护未成年人。

第五十七条　旅馆、宾馆、酒店等住宿经营者接待未成年人入住，或者接待未成年人和成年人共同入住时，应当询问父母或者其他监护人的联系方式、入住人员的身份关系等有关情况；发现有违法犯罪嫌疑的，应当立即向公安机关报告，并及时联系未成年人的父母或者其他监护人。

第五十八条　学校、幼儿园周边不得设置营业性娱乐场所、酒吧、互联网上网服务营业场所等不适宜未成年人活动的场所。营业性歌舞娱乐场所、酒吧、互联网上网服务营业场所等不适宜未成年人活动场所的经营者，不得允许未成年人进入；游艺娱乐场所设置的电子游戏设备，除国家法定节假日外，不得向未成年人提供。经营者应当在显著位置设置未成年人禁入、限入标志；对难以判明是否是未成年人的，应当要求其出示身份证件。

第五十九条　学校、幼儿园周边不得设置烟、酒、彩票销售网点。禁止向未成年人销售烟、酒、彩票或者兑付彩票奖金。

烟、酒和彩票经营者应当在显著位置设置不向未成年人销售烟、酒或者彩票的标志；对难以判明是否是未成年人的，应当要求其出示身份证件。

任何人不得在学校、幼儿园和其他未成年人集中活动的公共场所吸烟、饮酒。

第六十条 禁止向未成年人提供、销售管制刀具或者其他可能致人严重伤害的器具等物品。经营者难以判明购买者是否是未成年人的，应当要求其出示身份证件。

第六十一条 任何组织或者个人不得招用未满十六周岁未成年人，国家另有规定的除外。

营业性娱乐场所、酒吧、互联网上网服务营业场所等不适宜未成年人活动的场所不得招用已满十六周岁的未成年人。

招用已满十六周岁未成年人的单位和个人应当执行国家在工种、劳动时间、劳动强度和保护措施等方面的规定，不得安排其从事过重、有毒、有害等危害未成年人身心健康的劳动或者危险作业。

任何组织或者个人不得组织未成年人进行危害其身心健康的表演等活动。经未成年人的父母或者其他监护人同意，未成年人参与演出、节目制作等活动，活动组织方应当根据国家有关规定，保障未成年人合法权益。

第六十二条 密切接触未成年人的单位招聘工作人员时，应当向公安机关、人民检察院查询应聘者是否具有性侵害、虐待、拐卖、暴力伤害等违法犯罪记录；发现其具有前述行为记录的，不得录用。

密切接触未成年人的单位应当每年定期对工作人员是否具有上述违法犯罪记录进行查询。通过查询或者其他方式发现其工作人员具有上述行为的，应当及时解聘。

第六十三条 任何组织或者个人不得隐匿、毁弃、非法删除未成年人的信件、日记、电子邮件或者其他网络通讯内容。

除下列情形外，任何组织或者个人不得开拆、查阅未成年人的信件、日记、电子邮件或者其他网络通讯内容：

（一）无民事行为能力未成年人的父母或者其他监护人代未成年人开拆、查阅；

（二）因国家安全或者追查刑事犯罪依法进行检查；

（三）紧急情况下为了保护未成年人本人的人身安全。

第五章　网络保护

第六十四条 国家、社会、学校和家庭应当加强未成年人网络素养宣传教育，培养和提高未成年人的网络素养，增强未成年人科学、文明、安全、合理使用网络的意识和能力，保障未成年人在网络空间的合法权益。

第六十五条 国家鼓励和支持有利于未成年人健康成长的网络内容的创作与传播，鼓励和支持专门以未成年人为服务对象、适合未成年人身心健康特点的网络技术、产品、服务的研发、生产和使用。

第六十六条 网信部门及其他有关部门应当加强对未成年人网络保护工作的监督检查，依法惩处利用网络从事危害未成年人身心健康的活动，为未成年人提供安全、健康的网络环境。

第六十七条 网信部门会同公安、文化和旅游、新闻出版、电影、广播电视等部门根据保护不同年龄阶段未成年人的需要，确定可能影响未成年人身心健康网络信息的种类、范围和判断标准。

第六十八条　新闻出版、教育、卫生健康、文化和旅游、网信等部门应当定期开展预防未成年人沉迷网络的宣传教育，监督网络产品和服务提供者履行预防未成年人沉迷网络的义务，指导家庭、学校、社会组织互相配合，采取科学、合理的方式对未成年人沉迷网络进行预防和干预。

任何组织或者个人不得以侵害未成年人身心健康的方式对未成年人沉迷网络进行干预。

第六十九条　学校、社区、图书馆、文化馆、青少年宫等场所为未成年人提供的互联网上网服务设施，应当安装未成年人网络保护软件或者采取其他安全保护技术措施。

智能终端产品的制造者、销售者应当在产品上安装未成年人网络保护软件，或者以显著方式告知用户未成年人网络保护软件的安装渠道和方法。

第七十条　学校应当合理使用网络开展教学活动。未经学校允许，未成年学生不得将手机等智能终端产品带入课堂，带入学校的应当统一管理。

学校发现未成年学生沉迷网络的，应当及时告知其父母或者其他监护人，共同对未成年学生进行教育和引导，帮助其恢复正常的学习生活。

第七十一条　未成年人的父母或者其他监护人应当提高网络素养，规范自身使用网络的行为，加强对未成年人使用网络行为的引导和监督。

未成年人的父母或者其他监护人应当通过在智能终端产品上安装未成年人网络保护软件、选择适合未成年人的服务模式和管理功能等方式，避免未成年人接触危害或者可能影响其身心健康的网络信息，合理安排未成年人使用网络的时间，有效预防未成年人沉迷网络。

第七十二条　信息处理者通过网络处理未成年人个人信息的，应当遵循合法、正当和必要的原则。处理不满十四周岁未成年人个人信息的，应当征得未成年人的父母或者其他监护人同意，但法律、行政法规另有规定的除外。

未成年人、父母或者其他监护人要求信息处理者更正、删除未成年人个人信息的，信息处理者应当及时采取措施予以更正、删除，但法律、行政法规另有规定的除外。

第七十三条　网络服务提供者发现未成年人通过网络发布私密信息的，应当及时提示，并采取必要的保护措施。

第七十四条　网络产品和服务提供者不得向未成年人提供诱导其沉迷的产品和服务。

网络游戏、网络直播、网络音视频、网络社交等网络服务提供者应当针对未成年人使用其服务设置相应的时间管理、权限管理、消费管理等功能。

以未成年人为服务对象的在线教育网络产品和服务，不得插入网络游戏链接，不得推送广告等与教学无关的信息。

第七十五条　网络游戏经依法审批后方可运营。

国家建立统一的未成年人网络游戏电子身份认证系统。网络游戏服务提供者应当要求未成年人以真实身份信息注册并登录网络游戏。

网络游戏服务提供者应当按照国家有关规定和标准，对游戏产品进行分类，作出适龄提示，并采取技术措施，不得让未成年人接触不适宜的游戏或者游戏功能。

网络游戏服务提供者不得在每日二十二时至次日八时向未成年人提供网络游戏服务。

第七十六条 网络直播服务提供者不得为未满十六周岁的未成年人提供网络直播发布者账号注册服务;为年满十六周岁的未成年人提供网络直播发布者账号注册服务时,应当对其身份信息进行认证,并征得其父母或者其他监护人同意。

第七十七条 任何组织或者个人不得通过网络以文字、图片、音视频等形式,对未成年人实施侮辱、诽谤、威胁或者恶意损害形象等网络欺凌行为。

遭受网络欺凌的未成年人及其父母或者其他监护人有权通知网络服务提供者采取删除、屏蔽、断开链接等措施。网络服务提供者接到通知后,应当及时采取必要的措施制止网络欺凌行为,防止信息扩散。

第七十八条 网络产品和服务提供者应当建立便捷、合理、有效的投诉和举报渠道,公开投诉、举报方式等信息,及时受理并处理涉及未成年人的投诉、举报。

第七十九条 任何组织或者个人发现网络产品、服务含有危害未成年人身心健康的信息,有权向网络产品和服务提供者或者网信、公安等部门投诉、举报。

第八十条 网络服务提供者发现用户发布、传播可能影响未成年人身心健康的信息且未作显著提示的,应当作出提示或者通知用户予以提示;未作出提示的,不得传输相关信息。

网络服务提供者发现用户发布、传播含有危害未成年人身心健康内容的信息的,应当立即停止传输相关信息,采取删除、屏蔽、断开链接等处置措施,保存有关记录,并向网信、公安等部门报告。

网络服务提供者发现用户利用其网络服务对未成年人实施违法犯罪行为的,应当立即停止向该用户提供网络服务,保存有关记录,并向公安机关报告。

第六章 政府保护

第八十一条 县级以上人民政府承担未成年人保护协调机制具体工作的职能部门应当明确相关内设机构或者专门人员,负责承担未成年人保护工作。

乡镇人民政府和街道办事处应当设立未成年人保护工作站或者指定专门人员,及时办理未成年人相关事务;支持、指导居民委员会、村民委员会设立专人专岗,做好未成年人保护工作。

第八十二条 各级人民政府应当将家庭教育指导服务纳入城乡公共服务体系,开展家庭教育知识宣传,鼓励和支持有关人民团体、企业事业单位、社会组织开展家庭教育指导服务。

第八十三条 各级人民政府应当保障未成年人受教育的权利,并采取措施保障留守未成年人、困境未成年人、残疾未成年人接受义务教育。

对尚未完成义务教育的辍学未成年学生,教育行政部门应当责令父母或者其他监护人将其送入学校接受义务教育。

第八十四条 各级人民政府应当发展托育、学前教育事业,办好婴幼儿照护服务机构、幼儿园,支持社会力量依法兴办母婴室、婴幼儿照护服务机构、幼儿园。

县级以上地方人民政府及其有关部门应当培养和培训婴幼儿照护服务机构、幼儿园的保教人员,提高其职业道德素质和业务能力。

第八十五条 各级人民政府应当发展职业教育,保障未成年人接受职业教育或者职业技能培训,鼓励和支持人民团体、企业事业单位、社会组织为未成年人提供职业技能培训服务。

第八十六条 各级人民政府应当保障具有接受普通教育能力、能适应校园生活的残疾未成年人就近在普通学校、幼儿园接受教育;保障不具有接受普通教育能力的残疾未成年人在特殊教育学校、幼儿园接受学前教育、义务教育和职业教育。

各级人民政府应当保障特殊教育学校、幼儿园的办学、办园条件,鼓励和支持社会力量举办特殊教育学校、幼儿园。

第八十七条 地方人民政府及其有关部门应当保障校园安全,监督、指导学校、幼儿园等单位落实校园安全责任,建立突发事件的报告、处置和协调机制。

第八十八条 公安机关和其他有关部门应当依法维护校园周边的治安和交通秩序,设置监控设备和交通安全设施,预防和制止侵害未成年人的违法犯罪行为。

第八十九条 地方人民政府应当建立和改善适合未成年人的活动场所和设施,支持公益性未成年人活动场所和设施的建设和运行,鼓励社会力量兴办适合未成年人的活动场所和设施,并加强管理。

地方人民政府应当采取措施,鼓励和支持学校在国家法定节假日、休息日及寒暑假期将文化体育设施对未成年人免费或者优惠开放。

地方人民政府应当采取措施,防止任何组织或者个人侵占、破坏学校、幼儿园、婴幼儿照护服务机构等未成年人活动场所的场地、房屋和设施。

第九十条 各级人民政府及其有关部门应当对未成年人进行卫生保健和营养指导,提供卫生保健服务。

卫生健康部门应当依法对未成年人的疫苗预防接种进行规范,防治未成年人常见病、多发病,加强传染病防治和监督管理,做好伤害预防和干预,指导和监督学校、幼儿园、婴幼儿照护服务机构开展卫生保健工作。

教育行政部门应当加强未成年人的心理健康教育,建立未成年人心理问题的早期发现和及时干预机制。卫生健康部门应当做好未成年人心理治疗、心理危机干预以及精神障碍早期识别和诊断治疗等工作。

第九十一条 各级人民政府及其有关部门对困境未成年人实施分类保障,采取措施满足其生活、教育、安全、医疗康复、住房等方面的基本需要。

第九十二条 具有下列情形之一的,民政部门应当依法对未成年人进行临时监护:

(一)未成年人流浪乞讨或者身份不明,暂时查找不到父母或者其他监护人;

(二)监护人下落不明且无其他人可以担任监护人;

(三)监护人因自身客观原因或者因发生自然灾害、事故灾难、公共卫生事件等突发事件不能履行监护职责,导致未成年人监护缺失;

(四)监护人拒绝或者怠于履行监护职责,导致未成年人处于无人照料的状态;

(五)监护人教唆、利用未成年人实施违法犯罪行为,未成年人需要被带离安置;

(六)未成年人遭受监护人严重伤害或者面临人身安全威胁,需要被紧急安置;

（七）法律规定的其他情形。

第九十三条 对临时监护的未成年人，民政部门可以采取委托亲属抚养、家庭寄养等方式进行安置，也可以交由未成年人救助保护机构或者儿童福利机构进行收留、抚养。

临时监护期间，经民政部门评估，监护人重新具备履行监护职责条件的，民政部门可以将未成年人送回监护人抚养。

第九十四条 具有下列情形之一的，民政部门应当依法对未成年人进行长期监护：

（一）查找不到未成年人的父母或者其他监护人；

（二）监护人死亡或者被宣告死亡且无其他人可以担任监护人；

（三）监护人丧失监护能力且无其他人可以担任监护人；

（四）人民法院判决撤销监护人资格并指定由民政部门担任监护人；

（五）法律规定的其他情形。

第九十五条 民政部门进行收养评估后，可以依法将其长期监护的未成年人交由符合条件的申请人收养。收养关系成立后，民政部门与未成年人的监护关系终止。

第九十六条 民政部门承担临时监护或者长期监护职责的，财政、教育、卫生健康、公安等部门应当根据各自职责予以配合。

县级以上人民政府及其民政部门应当根据需要设立未成年人救助保护机构、儿童福利机构，负责收留、抚养由民政部门监护的未成年人。

第九十七条 县级以上人民政府应当开通全国统一的未成年人保护热线，及时受理、转介侵犯未成年人合法权益的投诉、举报；鼓励和支持人民团体、企业事业单位、社会组织参与建设未成年人保护服务平台、服务热线、服务站点，提供未成年人保护方面的咨询、帮助。

第九十八条 国家建立性侵害、虐待、拐卖、暴力伤害等违法犯罪人员信息查询系统，向密切接触未成年人的单位提供免费查询服务。

第九十九条 地方人民政府应当培育、引导和规范有关社会组织、社会工作者参与未成年人保护工作，开展家庭教育指导服务，为未成年人的心理辅导、康复救助、监护及收养评估等提供专业服务。

第七章 司法保护

第一百条 公安机关、人民检察院、人民法院和司法行政部门应当依法履行职责，保障未成年人合法权益。

第一百零一条 公安机关、人民检察院、人民法院和司法行政部门应当确定专门机构或者指定专门人员，负责办理涉及未成年人案件。办理涉及未成年人案件的人员应当经过专门培训，熟悉未成年人身心特点。专门机构或者专门人员中，应当有女性工作人员。

公安机关、人民检察院、人民法院和司法行政部门应当对上述机构和人员实行与未成年人保护工作相适应的评价考核标准。

第一百零二条 公安机关、人民检察院、人民法院和司法行政部门办理涉及未成年人案件，应当考虑未成年人身心特点和健康成长的需要，使用未成年人能够理解的语言和表达方式，听取未成年人的意见。

第一百零三条 公安机关、人民检察院院、人民法院、司法行政部门以及其他组织和个人不得披露有关案件中未成年人的姓名、影像、住所、就读学校以及其他可能识别出其身份的信息，但查找失踪、被拐卖未成年人等情形除外。

第一百零四条　对需要法律援助或者司法救助的未成年人，法律援助机构或者公安机关、人民检察院、人民法院和司法行政部门应当给予帮助，依法为其提供法律援助或者司法救助。

法律援助机构应当指派熟悉未成年人身心特点的律师为未成年人提供法律援助服务。

法律援助机构和律师协会应当对办理未成年人法律援助案件的律师进行指导和培训。

第一百零五条　人民检察院通过行使检察权，对涉及未成年人的诉讼活动等依法进行监督。

第一百零六条　未成年人合法权益受到侵犯，相关组织和个人未代为提起诉讼的，人民检察院可以督促、支持其提起诉讼；涉及公共利益的，人民检察院有权提起公益诉讼。

第一百零七条　人民法院审理继承案件，应当依法保护未成年人的继承权和受遗赠权。

人民法院审理离婚案件，涉及未成年子女抚养问题的，应当尊重已满八周岁未成年子女的真实意愿，根据双方具体情况，按照最有利于未成年子女的原则依法处理。

第一百零八条　未成年人的父母或者其他监护人不依法履行监护职责或者严重侵犯被监护的未成年人合法权益的，人民法院可以根据有关人员或者单位的申请，依法作出人身安全保护令或者撤销监护人资格。

被撤销监护人资格的父母或者其他监护人应当依法继续负担抚养费用。

第一百零九条　人民法院审理离婚、抚养、收养、监护、探望等案件涉及未成年人的，可以自行或者委托社会组织对未成年人的相关情况进行社会调查。

第一百一十条　公安机关、人民检察院、人民法院讯问未成年犯罪嫌疑人、被告人，询问未成年被害人、证人，应当依法通知其法定代理人或者其成年亲属、所在学校的代表等合适成年人到场，并采取适当方式，在适当场所进行，保障未成年人的名誉权、隐私权和其他合法权益。

人民法院开庭审理涉及未成年人案件，未成年被害人、证人一般不出庭作证；必须出庭的，应当采取保护其隐私的技术手段和心理干预等保护措施。

第一百一十一条　公安机关、人民检察院、人民法院应当与其他有关政府部门、人民团体、社会组织互相配合，对遭受性侵害或者暴力伤害的未成年被害人及其家庭实施必要的心理干预、经济救助、法律援助、转学安置等保护措施。

第一百一十二条　公安机关、人民检察院、人民法院办理未成年人遭受性侵害或者暴力伤害案件，在询问未成年被害人、证人时，应当采取同步录音录像等措施，尽量一次完成；未成年被害人、证人是女性的，应当由女性工作人员进行。

第一百一十三条　对违法犯罪的未成年人，实行教育、感化、挽救的方针，坚持教育为主、惩罚为辅的原则。

对违法犯罪的未成年人依法处罚后，在升学、就业等方面不得歧视。

第一百一十四条　公安机关、人民检察院、人民法院和司法行政部门发现有关单位未尽到未成年人教育、管理、救助、看护等保护职责的,应当向该单位提出建议。被建议单位应当在一个月内作出书面回复。

第一百一十五条 公安机关、人民检察院、人民法院和司法行政部门应当结合实际,根据涉及未成年人案件的特点,开展未成年人法治宣传教育工作。

第一百一十六条 国家鼓励和支持社会组织、社会工作者参与涉及未成年人案件中未成年人的心理干预、法律援助、社会调查、社会观护、教育矫治、社区矫正等工作。

第八章 法律责任

第一百一十七条 违反本法第十一条第二款规定,未履行报告义务造成严重后果的,由上级主管部门或者所在单位对直接负责的主管人员和其他直接责任人员依法给予处分。

第一百一十八条 未成年人的父母或者其他监护人不依法履行监护职责或者侵犯未成年人合法权益的,由其居住地的居民委员会、村民委员会予以劝诫、制止;情节严重的,居民委员会、村民委员会应当及时向公安机关报告。

公安机关接到报告或者公安机关、人民检察院、人民法院在办理案件过程中发现未成年人的父母或者其他监护人存在上述情形的,应当予以训诫,并可以责令其接受家庭教育指导。

第一百一十九条 学校、幼儿园、婴幼儿照护服务等机构及其教职员工违反本法第二十七条、第二十八条、第三十九条规定的,由公安、教育、卫生健康、市场监督管理等部门按照职责分工责令改正;拒不改正或者情节严重的,对直接负责的主管人员和其他直接责任人员依法给予处分。

第一百二十条 违反本法第四十四条、第四十五条、第四十七条规定,未给予未成年人免费或者优惠待遇的,由市场监督管理、文化和旅游、交通运输等部门按照职责分工责令限期改正,给予警告;拒不改正的,处一万元以上十万元以下罚款。

第一百二十一条 违反本法第五十条、第五十一条规定的,由新闻出版、广播电视、电影、网信等部门按照职责分工责令限期改正,给予警告,没收违法所得,可以并处十万元以下罚款;拒不改正或者情节严重的,责令暂停相关业务、停产停业或者吊销营业执照、吊销相关许可证,违法所得一百万元以上的,并处违法所得一倍以上十倍以下的罚款,没有违法所得或者违法所得不足一百万元的,并处十万元以上一百万元以下罚款。

第一百二十二条 场所运营单位违反本法第五十六条第二款规定、住宿经营者违反本法第五十七条规定的,由市场监督管理、应急管理、公安等部门按照职责分工责令限期改正,给予警告;拒不改正或者造成严重后果的,责令停业整顿或者吊销营业执照、吊销相关许可证,并处一万元以上十万元以下罚款。

第一百二十三条 相关经营者违反本法第五十八条、第五十九条第一款、第六十条规定的,由文化和旅游、市场监督管理、烟草专卖、公安等部门按照职责分工责令限期改正,给予警告,没收违法所得,可以并处五万元以下罚款;拒不改正或者情节严重的,责令停业整顿或者吊销营业执照、吊销相关许可证,可以并处五万元以上五十万元以下罚款。

第一百二十四条　违反本法第五十九条第二款规定，在学校、幼儿园和其他未成年人集中活动的公共场所吸烟、饮酒的，由卫生健康、教育、市场监督管理等部门按照职责分工责令改正，给予警告，可以并处五百元以下罚款；场所管理者未及时制止的，由卫生健康、教育、市场监督管理等部门按照职责分工给予警告，并处一万元以下罚款。

第一百二十五条　违反本法第六十一条规定的，由文化和旅游、人力资源和社会保障、市场监督管理等部门按照职责分工责令限期改正，给予警告，没收违法所得，可以并处十万元以下罚款；拒不改正或者情节严重的，责令停产停业或者吊销营业执照、吊销相关许可证，并处十万元以上一百万元以下罚款。

第一百二十六条　密切接触未成年人的单位违反本法第六十二条规定，未履行查询义务，或者招用、继续聘用具有相关违法犯罪记录人员的，由教育、人力资源和社会保障、市场监督管理等部门按照职责分工责令限期改正，给予警告，并处五万元以下罚款；拒不改正或者造成严重后果的，责令停业整顿或者吊销营业执照、吊销相关许可证，并处五万元以上五十万元以下罚款，对直接负责的主管人员和其他直接责任人员依法给予处分。

第一百二十七条　信息处理者违反本法第七十二条规定，或者网络产品和服务提供者违反本法第七十三条、第七十四条、第七十五条、第七十六条、第七十七条、第八十条规定的，由公安、网信、电信、新闻出版、广播电视、文化和旅游等有关部门按照职责分工责令改正，给予警告，没收违法所得，违法所得一百万元以上的，并处违法所得一倍以上十倍以下罚款，没有违法所得或者违法所得不足一百万元的，并处十万元以上一百万元以下罚款，对直接负责的主管人员和其他责任人员处一万元以上十万元以下罚款；拒不改正或者情节严重的，并可以责令暂停相关业务、停业整顿、关闭网站、吊销营业执照或者吊销相关许可证。

第一百二十八条　国家机关工作人员玩忽职守、滥用职权、徇私舞弊，损害未成年人合法权益的，依法给予处分。

第一百二十九条　违反本法规定，侵犯未成年人合法权益，造成人身、财产或者其他损害的，依法承担民事责任。

违反本法规定，构成违反治安管理行为的，依法给予治安管理处罚；构成犯罪的，依法追究刑事责任。

第九章　附　　则

第一百三十条　本法中下列用语的含义：

（一）密切接触未成年人的单位，是指学校、幼儿园等教育机构；校外培训机构；未成年人救助保护机构、儿童福利机构等未成年人安置、救助机构；婴幼儿照护服务机构、早期教育服务机构；校外托管、临时看护机构；家政服务机构；为未成年人提供医疗服务的医疗机构；其他对未成年人负有教育、培训、监护、救助、看护、医疗等职责的企业事业单位、社会组织等。

（二）学校，是指普通中小学、特殊教育学校、中等职业学校、专门学校。

（三）学生欺凌，是指发生在学生之间，一方蓄意或者恶意通过肢体、语言及网络等手段实施欺压、侮辱,造成另一方人身伤害、财产损失或者精神损害的行为。

第一百三十一条 对中国境内未满十八周岁的外国人、无国籍人,依照本法有关规定予以保护。

第一百三十二条 本法自2021年6月1日起施行。

中华人民共和国预防未成年人犯罪法

(1999年6月28日第九届全国人民代表大会常务委员会第十次会议通过 根据2012年10月26日第十一届全国人民代表大会常务委员会第二十九次会议《关于修改〈中华人民共和国预防未成年人犯罪法〉的决定》修正 2020年12月26日第十三届全国人民代表大会常务委员会第二十四次会议修订)

第一章 总 则

第一条 为了保障未成年人身心健康,培养未成年人良好品行,有效预防未成年人违法犯罪,制定本法。

第二条 预防未成年人犯罪,立足于教育和保护未成年人相结合,坚持预防为主、提前干预,对未成年人的不良行为和严重不良行为及时进行分级预防、干预和矫治。

第三条 开展预防未成年人犯罪工作,应当尊重未成年人人格尊严,保护未成年人的名誉权、隐私权和个人信息等合法权益。

第四条 预防未成年人犯罪,在各级人民政府组织下,实行综合治理。

国家机关、人民团体、社会组织、企业事业单位、居民委员会、村民委员会、学校、家庭等各负其责、相互配合,共同做好预防未成年人犯罪工作,及时消除滋生未成年人违法犯罪行为的各种消极因素,为未成年人身心健康发展创造良好的社会环境。

第五条 各级人民政府在预防未成年人犯罪方面的工作职责是:

(一)制定预防未成年人犯罪工作规划;

(二)组织公安、教育、民政、文化和旅游、市场监督管理、网信、卫生健康、新闻出版、电影、广播电视、司法行政等有关部门开展预防未成年人犯罪工作;

(三)为预防未成年人犯罪工作提供政策支持和经费保障;

(四)对本法的实施情况和工作规划的执行情况进行检查;

(五)组织开展预防未成年人犯罪宣传教育;

(六)其他预防未成年人犯罪工作职责。

第六条 国家加强专门学校建设,对有严重不良行为的未成年人进行专门教育。专门教育是国民教育体系的组成部分,是对有严重不良行为的未成年人进行教育和矫治的重要保护处分措施。

省级人民政府应当将专门教育发展和专门学校建设纳入经济社会发展规划。县级以上地方人民政府成立专门教育指导委员会,根据需要合理设置专门学校。

专门教育指导委员会由教育、民政、财政、人力资源社会保障、公安、司法行政、人民检察院、人民法院、共产主义青年团、妇女联合会、关心下一代工作委员会、专门学校等单位,以及律师、社会工作者等人员组成,研究确定专门学校教学、管理等相关工作。

专门学校建设和专门教育具体办法，由国务院规定。

第七条　公安机关、人民检察院、人民法院、司法行政部门应当由专门机构或者经过专业培训、熟悉未成年人身心特点的专门人员负责预防未成年人犯罪工作。

第八条　共产主义青年团、妇女联合会、工会、残疾人联合会、关心下一代工作委员会、青年联合会、学生联合会、少年先锋队以及有关社会组织，应当协助各级人民政府及其有关部门、人民检察院和人民法院做好预防未成年人犯罪工作，为预防未成年人犯罪培育社会力量，提供支持服务。

第九条　国家鼓励、支持和指导社会工作服务机构等社会组织参与预防未成年人犯罪相关工作，并加强监督。

第十条　任何组织或者个人不得教唆、胁迫、引诱未成年人实施不良行为或者严重不良行为，以及为未成年人实施上述行为提供条件。

第十一条　未成年人应当遵守法律法规及社会公共道德规范，树立自尊、自律、自强意识，增强辨别是非和自我保护的能力，自觉抵制各种不良行为以及违法犯罪行为的引诱和侵害。

第十二条　预防未成年人犯罪，应当结合未成年人不同年龄的生理、心理特点，加强青春期教育、心理关爱、心理矫治和预防犯罪对策的研究。

第十三条　国家鼓励和支持预防未成年人犯罪相关学科建设、专业设置、人才培养及科学研究，开展国际交流与合作。

第十四条　国家对预防未成年人犯罪工作有显著成绩的组织和个人，给予表彰和奖励。

第二章　预防犯罪的教育

第十五条　国家、社会、学校和家庭应当对未成年人加强社会主义核心价值观教育，开展预防犯罪教育，增强未成年人的法治观念，使未成年人树立遵纪守法和防范违法犯罪的意识，提高自我管控能力。

第十六条　未成年人的父母或者其他监护人对未成年人的预防犯罪教育负有直接责任，应当依法履行监护职责，树立优良家风，培养未成年人良好品行；发现未成年人心理或者行为异常的，应当及时了解情况并进行教育、引导和劝诫，不得拒绝或者怠于履行监护职责。

第十七条　教育行政部门、学校应当将预防犯罪教育纳入学校教学计划，指导教职员工结合未成年人的特点，采取多种方式对未成年学生进行有针对性的预防犯罪教育。

第十八条　学校应当聘任从事法治教育的专职或者兼职教师，并可以从司法和执法机关、法学教育和法律服务机构等单位聘请法治副校长、校外法治辅导员。

第十九条　学校应当配备专职或者兼职的心理健康教育教师，开展心理健康教育。学校可以根据实际情况与专业心理健康机构合作，建立心理健康筛查和早期干预机制，预防和解决学生心理、行为异常问题。

学校应当与未成年学生的父母或者其他监护人加强沟通，共同做好未成年学生心理健康教育；发现未成年学生可能患有精神障碍的，应当立即告知其父母或者其他监护人送相关专业机构诊治。

第二十条　教育行政部门应当会同有

关部门建立学生欺凌防控制度。学校应当加强日常安全管理,完善学生欺凌发现和处置的工作流程,严格排查并及时消除可能导致学生欺凌行为的各种隐患。

第二十一条 教育行政部门鼓励和支持学校聘请社会工作者长期或者定期进驻学校,协助开展道德教育、法治教育、生命教育和心理健康教育,参与预防和处理学生欺凌等行为。

第二十二条 教育行政部门、学校应当通过举办讲座、座谈、培训等活动,介绍科学合理的教育方法,指导教职员工、未成年学生的父母或者其他监护人有效预防未成年人犯罪。

学校应当将预防犯罪教育计划告知未成年学生的父母或者其他监护人。未成年学生的父母或者其他监护人应当配合学校对未成年学生进行有针对性的预防犯罪教育。

第二十三条 教育行政部门应当将预防犯罪教育的工作效果纳入学校年度考核内容。

第二十四条 各级人民政府及其有关部门、人民检察院、人民法院、共产主义青年团、少年先锋队、妇女联合会、残疾人联合会、关心下一代工作委员会等应当结合实际,组织、举办多种形式的预防未成年人犯罪宣传教育活动。有条件的地方可以建立青少年法治教育基地,对未成年人开展法治教育。

第二十五条 居民委员会、村民委员会应当积极开展有针对性的预防未成年人犯罪宣传活动,协助公安机关维护学校周围治安,及时掌握本辖区内未成年人的监护、就学和就业情况,组织、引导社区社会组织参与预防未成年人犯罪工作。

第二十六条 青少年宫、儿童活动中心等校外活动场所应当把预防犯罪教育作为一项重要的工作内容,开展多种形式的宣传教育活动。

第二十七条 职业培训机构、用人单位在对已满十六周岁准备就业的未成年人进行职业培训时,应当将预防犯罪教育纳入培训内容。

第三章 对不良行为的干预

第二十八条 本法所称不良行为,是指未成年人实施的不利于其健康成长的下列行为:

(一)吸烟、饮酒;

(二)多次旷课、逃学;

(三)无故夜不归宿、离家出走;

(四)沉迷网络;

(五)与社会上具有不良习性的人交往,组织或者参加实施不良行为的团伙;

(六)进入法律法规规定未成年人不宜进入的场所;

(七)参与赌博、变相赌博,或者参加封建迷信、邪教等活动;

(八)阅览、观看或者收听宣扬淫秽、色情、暴力、恐怖、极端等内容的读物、音像制品或者网络信息等;

(九)其他不利于未成年人身心健康成长的不良行为。

第二十九条 未成年人的父母或者其他监护人发现未成年人有不良行为的,应当及时制止并加强管教。

第三十条 公安机关、居民委员会、村民委员会发现本辖区内未成年人有不良行为的,应当及时制止,并督促其父母或者其他监护人依法履行监护职责。

第三十一条　学校对有不良行为的未成年学生，应当加强管理教育，不得歧视；对拒不改正或者情节严重的，学校可以根据情况予以处分或者采取以下管理教育措施：

（一）予以训导；

（二）要求遵守特定的行为规范；

（三）要求参加特定的专题教育；

（四）要求参加校内服务活动；

（五）要求接受社会工作者或者其他专业人员的心理辅导和行为干预；

（六）其他适当的管理教育措施。

第三十二条　学校和家庭应当加强沟通，建立家校合作机制。学校决定对未成年学生采取管理教育措施的，应当及时告知其父母或者其他监护人；未成年学生的父母或者其他监护人应当支持、配合学校进行管理教育。

第三十三条　未成年学生偷窃少量财物，或者有殴打、辱骂、恐吓、强行索要财物等学生欺凌行为，情节轻微的，可以由学校依照本法第三十一条规定采取相应的管理教育措施。

第三十四条　未成年学生旷课、逃学的，学校应当及时联系其父母或者其他监护人，了解有关情况；无正当理由的，学校和未成年学生的父母或者其他监护人应当督促其返校学习。

第三十五条　未成年人无故夜不归宿、离家出走的，父母或者其他监护人、所在的寄宿制学校应当及时查找，必要时向公安机关报告。

收留夜不归宿、离家出走未成年人的，应当及时联系其父母或者其他监护人、所在学校；无法取得联系的，应当及时向公安机关报告。

第三十六条　对夜不归宿、离家出走或者流落街头的未成年人，公安机关、公共场所管理机构等发现或者接到报告后，应当及时采取有效保护措施，并通知其父母或者其他监护人、所在的寄宿制学校，必要时应当护送其返回住所、学校；无法与其父母或者其他监护人、学校取得联系的，应当护送未成年人到救助保护机构接受救助。

第三十七条　未成年人的父母或者其他监护人、学校发现未成年人组织或者参加实施不良行为的团伙，应当及时制止；发现该团伙有违法犯罪嫌疑的，应当立即向公安机关报告。

第四章　对严重不良行为的矫治

第三十八条　本法所称严重不良行为，是指未成年人实施的有刑法规定、因不满法定刑事责任年龄不予刑事处罚的行为，以及严重危害社会的下列行为：

（一）结伙斗殴，追逐、拦截他人，强拿硬要或者任意损毁、占用公私财物等寻衅滋事行为；

（二）非法携带枪支、弹药或者弩、匕首等国家规定的管制器具；

（三）殴打、辱骂、恐吓，或者故意伤害他人身体；

（四）盗窃、哄抢、抢夺或者故意损毁公私财物；

（五）传播淫秽的读物、音像制品或者信息等；

（六）卖淫、嫖娼，或者进行淫秽表演；

（七）吸食、注射毒品，或者向他人提供毒品；

（八）参与赌博赌资较大；

（九）其他严重危害社会的行为。

第三十九条 未成年人的父母或者其他监护人、学校、居民委员会、村民委员会发现有人教唆、胁迫、引诱未成年人实施严重不良行为的,应当立即向公安机关报告。公安机关接到报告或者发现有上述情形的,应当及时依法查处;对人身安全受到威胁的未成年人,应当立即采取有效保护措施。

第四十条 公安机关接到举报或者发现未成年人有严重不良行为的,应当及时制止,依法调查处理,并可以责令其父母或者其他监护人消除或者减轻违法后果,采取措施严加管教。

第四十一条 对有严重不良行为的未成年人,公安机关可以根据具体情况,采取以下矫治教育措施:

(一)予以训诫;

(二)责令赔礼道歉、赔偿损失;

(三)责令具结悔过;

(四)责令定期报告活动情况;

(五)责令遵守特定的行为规范,不得实施特定行为、接触特定人员或者进入特定场所;

(六)责令接受心理辅导、行为矫治;

(七)责令参加社会服务活动;

(八)责令接受社会观护,由社会组织、有关机构在适当场所对未成年人进行教育、监督和管束;

(九)其他适当的矫治教育措施。

第四十二条 公安机关在对未成年人进行矫治教育时,可以根据需要邀请学校、居民委员会、村民委员会以及社会工作服务机构等社会组织参与。

未成年人的父母或者其他监护人应当积极配合矫治教育措施的实施,不得妨碍阻挠或者放任不管。

第四十三条 对有严重不良行为的未成年人,未成年人的父母或者其他监护人、所在学校无力管教或者管教无效的,可以向教育行政部门提出申请,经专门教育指导委员会评估同意后,由教育行政部门决定送入专门学校接受专门教育。

第四十四条 未成年人有下列情形之一的,经专门教育指导委员会评估同意,教育行政部门会同公安机关可以决定将其送入专门学校接受专门教育:

(一)实施严重危害社会的行为,情节恶劣或者造成严重后果;

(二)多次实施严重危害社会的行为;

(三)拒不接受或者配合本法第四十一条规定的矫治教育措施;

(四)法律、行政法规规定的其他情形。

第四十五条 未成年人实施刑法规定的行为、因不满法定刑事责任年龄不予刑事处罚的,经专门教育指导委员会评估同意,教育行政部门会同公安机关可以决定对其进行专门矫治教育。

省级人民政府应当结合本地的实际情况,至少确定一所专门学校按照分校区、分班级等方式设置专门场所,对前款规定的未成年人进行专门矫治教育。

前款规定的专门场所实行闭环管理,公安机关、司法行政部门负责未成年人的矫治工作,教育行政部门承担未成年人的教育工作。

第四十六条 专门学校应当在每个学期适时提请专门教育指导委员会对接受专门教育的未成年学生的情况进行评估。对经评估适合转回普通学校就读的,专门教育指导委员会应当向原决定机关提出书面建议,由原决定机关决定是否将未成年学生转回普通学校就读。

原决定机关决定将未成年学生转回普通学校的，其原所在学校不得拒绝接收；因特殊情况，不适宜转回原所在学校的，由教育行政部门安排转学。

第四十七条　专门学校应当对接受专门教育的未成年人分级分类进行教育和矫治，有针对性地开展道德教育、法治教育、心理健康教育，并根据实际情况进行职业教育；对没有完成义务教育的未成年人，应当保证其继续接受义务教育。

专门学校的未成年学生的学籍保留在原学校，符合毕业条件的，原学校应当颁发毕业证书。

第四十八条　专门学校应当与接受专门教育的未成年人的父母或者其他监护人加强联系，定期向其反馈未成年人的矫治和教育情况，为父母或者其他监护人、亲属等看望未成年人提供便利。

第四十九条　未成年人及其父母或者其他监护人对本章规定的行政决定不服的，可以依法提起行政复议或者行政诉讼。

第五章　对重新犯罪的预防

第五十条　公安机关、人民检察院、人民法院办理未成年人刑事案件，应当根据未成年人的生理、心理特点和犯罪的情况，有针对性地进行法治教育。

对涉及刑事案件的未成年人进行教育，其法定代理人以外的成年亲属或者教师、辅导员等参与有利于感化、挽救未成年人的，公安机关、人民检察院、人民法院应当邀请其参加有关活动。

第五十一条　公安机关、人民检察院、人民法院办理未成年人刑事案件，可以自行或者委托有关社会组织、机构对未成年犯罪嫌疑人或者被告人的成长经历、犯罪原因、监护、教育等情况进行社会调查；根据实际需要并经未成年犯罪嫌疑人、被告人及其法定代理人同意，可以对未成年犯罪嫌疑人、被告人进行心理测评。

社会调查和心理测评的报告可以作为办理案件和教育未成年人的参考。

第五十二条　公安机关、人民检察院、人民法院对于无固定住所、无法提供保证人的未成年人适用取保候审的，应当指定合适成年人作为保证人，必要时可以安排取保候审的未成年人接受社会观护。

第五十三条　对被拘留、逮捕以及在未成年犯管教所执行刑罚的未成年人，应当与成年人分别关押、管理和教育。对未成年人的社区矫正，应当与成年人分别进行。

对有上述情形且没有完成义务教育的未成年人，公安机关、人民检察院、人民法院、司法行政部门应当与教育行政部门相互配合，保证其继续接受义务教育。

第五十四条　未成年犯管教所、社区矫正机构应当对未成年犯、未成年社区矫正对象加强法治教育，并根据实际情况对其进行职业教育。

第五十五条　社区矫正机构应当告知未成年社区矫正对象安置帮教的有关规定，并配合安置帮教工作部门落实或者解决未成年社区矫正对象的就学、就业等问题。

第五十六条　对刑满释放的未成年人，未成年犯管教所应当提前通知其父母或者其他监护人按时接回，并协助落实安置帮教措施。没有父母或者其他监护人、无法查明其父母或者其他监护人的，未成年犯管教所应当提前通知未成年人原户籍所在地或者居住地的司法行政部门安排人员按时接回,由民政部门或者居民委员会、村民委员会依法对其进行监护。

第五十七条 未成年人的父母或者其他监护人和学校、居民委员会、村民委员会对接受社区矫正、刑满释放的未成年人,应当采取有效的帮教措施,协助司法机关以及有关部门做好安置帮教工作。

居民委员会、村民委员会可以聘请思想品德优秀,作风正派,热心未成年人工作的离退休人员、志愿者或其他人员协助做好前款规定的安置帮教工作。

第五十八条 刑满释放和接受社区矫正的未成年人,在复学、升学、就业等方面依法享有与其他未成年人同等的权利,任何单位和个人不得歧视。

第五十九条 未成年人的犯罪记录依法被封存的,公安机关、人民检察院、人民法院和司法行政部门不得向任何单位或者个人提供,但司法机关因办案需要或者有关单位根据国家有关规定进行查询的除外。依法进行查询的单位和个人应当对相关记录信息予以保密。

未成年人接受专门矫治教育、专门教育的记录,以及被行政处罚、采取刑事强制措施和不起诉的记录,适用前款规定。

第六十条 人民检察院通过依法行使检察权,对未成年人重新犯罪预防工作等进行监督。

第六章 法律责任

第六十一条 公安机关、人民检察院、人民法院在办理案件过程中发现实施严重不良行为的未成年人的父母或者其他监护人不依法履行监护职责的,应当予以训诫,并可以责令其接受家庭教育指导。

第六十二条 学校及其教职员工违反本法规定,不履行预防未成年人犯罪工作职责,或者虐待、歧视相关未成年人的,由教育行政等部门责令改正,通报批评;情节严重的,对直接负责的主管人员和其他直接责任人员依法给予处分。构成违反治安管理行为的,由公安机关依法予以治安管理处罚。

教职员工教唆、胁迫、引诱未成年人实施不良行为或者严重不良行为,以及品行不良、影响恶劣的,教育行政部门、学校应当依法予以解聘或者辞退。

第六十三条 违反本法规定,在复学、升学、就业等方面歧视相关未成年人的,由所在单位或者教育、人力资源社会保障等部门责令改正;拒不改正的,对直接负责的主管人员或者其他直接责任人员依法给予处分。

第六十四条 有关社会组织、机构及其工作人员虐待、歧视接受社会观护的未成年人,或者出具虚假社会调查、心理测评报告的,由民政、司法行政等部门对直接负责的主管人员或者其他直接责任人员依法给予处分,构成违反治安管理行为的,由公安机关予以治安管理处罚。

第六十五条 教唆、胁迫、引诱未成年人实施不良行为或者严重不良行为,构成违反治安管理行为的,由公安机关依法予以治安管理处罚。

第六十六条 国家机关及其工作人员在预防未成年人犯罪工作中滥用职权、玩忽职守、徇私舞弊的,对直接负责的主管人员和其他直接责任人员,依法给予处分。

第六十七条 违反本法规定,构成犯罪的,依法追究刑事责任。

第七章　附　　则

第六十八条　本法自 2021 年 6 月 1 日起施行。

中华人民共和国反有组织犯罪法

（2021 年 12 月 24 日第十三届全国人民代表大会常务委员会第三十二次会议通过　2021 年 12 月 24 日中华人民共和国主席令第 101 号公布　自 2022 年 5 月 1 日起施行）

第一章　总　　则

第一条　为了预防和惩治有组织犯罪，加强和规范反有组织犯罪工作，维护国家安全、社会秩序、经济秩序，保护公民和组织的合法权益，根据宪法，制定本法。

第二条　本法所称有组织犯罪，是指《中华人民共和国刑法》第二百九十四条规定的组织、领导、参加黑社会性质组织犯罪，以及黑社会性质组织、恶势力组织实施的犯罪。

本法所称恶势力组织，是指经常纠集在一起，以暴力、威胁或者其他手段，在一定区域或者行业领域内多次实施违法犯罪活动，为非作恶，欺压群众，扰乱社会秩序、经济秩序，造成较为恶劣的社会影响，但尚未形成黑社会性质组织的犯罪组织。

境外的黑社会组织到中华人民共和国境内发展组织成员、实施犯罪，以及在境外对中华人民共和国国家或者公民犯罪的，适用本法。

第三条　反有组织犯罪工作应当坚持总体国家安全观，综合运用法律、经济、科技、文化、教育等手段，建立健全反有组织犯罪工作机制和有组织犯罪预防治理体系。

第四条　反有组织犯罪工作应当坚持专门工作与群众路线相结合，坚持专项治理与系统治理相结合，坚持与反腐败相结合，坚持与加强基层组织建设相结合，惩防并举、标本兼治。

第五条　反有组织犯罪工作应当依法进行，尊重和保障人权，维护公民和组织的合法权益。

第六条　监察机关、人民法院、人民检察院、公安机关、司法行政机关以及其他有关国家机关，应当根据分工，互相配合，互相制约，依法做好反有组织犯罪工作。

有关部门应当动员、依靠村民委员会、居民委员会、企业事业单位、社会组织，共同开展反有组织犯罪工作。

第七条　任何单位和个人都有协助、配合有关部门开展反有组织犯罪工作的义务。

国家依法对协助、配合反有组织犯罪工作的单位和个人给予保护。

第八条　国家鼓励单位和个人举报有组织犯罪。

对举报有组织犯罪或者在反有组织犯罪工作中作出突出贡献的单位和个人，按照国家有关规定给予表彰、奖励。

第二章　预防和治理

第九条　各级人民政府和有关部门应当依法组织开展有组织犯罪预防和治理工

作，将有组织犯罪预防和治理工作纳入考评体系。

村民委员会、居民委员会应当协助人民政府以及有关部门开展有组织犯罪预防和治理工作。

第十条 承担有组织犯罪预防和治理职责的部门应当开展反有组织犯罪宣传教育，增强公民的反有组织犯罪意识和能力。

监察机关、人民法院、人民检察院、公安机关、司法行政机关应当通过普法宣传、以案释法等方式，开展反有组织犯罪宣传教育。

新闻、广播、电视、文化、互联网信息服务等单位，应当有针对性地面向社会开展反有组织犯罪宣传教育。

第十一条 教育行政部门、学校应当会同有关部门建立防范有组织犯罪侵害校园工作机制，加强反有组织犯罪宣传教育，增强学生防范有组织犯罪的意识，教育引导学生自觉抵制有组织犯罪，防范有组织犯罪的侵害。

学校发现有组织犯罪侵害学生人身、财产安全，妨害校园及周边秩序的，有组织犯罪组织在学生中发展成员的，或者学生参加有组织犯罪活动的，应当及时制止，采取防范措施，并向公安机关和教育行政部门报告。

第十二条 民政部门应当会同监察机关、公安机关等有关部门，对村民委员会、居民委员会成员候选人资格进行审查，发现因实施有组织犯罪受过刑事处罚的，应当依照有关规定及时作出处理；发现有组织犯罪线索的，应当及时向公安机关报告。

第十三条 市场监管、金融监管、自然资源、交通运输等行业主管部门应当会同公安机关，建立健全行业有组织犯罪预防和治理长效机制，对相关行业领域内有组织犯罪情况进行监测分析，对有组织犯罪易发的行业领域加强监督管理。

第十四条 监察机关、人民法院、人民检察院、公安机关在办理案件中发现行业主管部门有组织犯罪预防和治理工作存在问题的，可以书面向相关行业主管部门提出意见建议。相关行业主管部门应当及时处理并书面反馈。

第十五条 公安机关可以会同有关部门根据本地有组织犯罪情况，确定预防和治理的重点区域、行业领域或者场所。

重点区域、行业领域或者场所的管理单位应当采取有效措施，加强管理，并及时将工作情况向公安机关反馈。

第十六条 电信业务经营者、互联网服务提供者应当依法履行网络信息安全管理义务，采取安全技术防范措施，防止含有宣扬、诱导有组织犯罪内容的信息传播；发现含有宣扬、诱导有组织犯罪内容的信息的，应当立即停止传输，采取消除等处置措施，保存相关记录，并向公安机关或者有关部门报告，依法为公安机关侦查有组织犯罪提供技术支持和协助。

网信、电信、公安等主管部门对含有宣扬、诱导有组织犯罪内容的信息，应当按照职责分工，及时责令有关单位停止传输、采取消除等处置措施，或者下架相关应用、关闭相关网站、关停相关服务。有关单位应当立即执行，并保存相关记录，协助调查。对互联网上来源于境外的上述信息，电信主管部门应当采取技术措施，及时阻断传播。

第十七条 国务院反洗钱行政主管部门、国务院其他有关部门、机构应当督促金融机构和特定非金融机构履行反洗钱义务。发现与有组织犯罪有关的可疑交易活动的,有关主管部门可以依法进行调查,经调查不能排除洗钱嫌疑的,应当及时向公安机关报案。

第十八条　监狱、看守所、社区矫正机构对有组织犯罪的罪犯,应当采取有针对性的监管、教育、矫正措施。

有组织犯罪的罪犯刑满释放后,司法行政机关应当会同有关部门落实安置帮教等必要措施,促进其顺利融入社会。

第十九条　对因组织、领导黑社会性质组织被判处刑罚的人员,设区的市级以上公安机关可以决定其自刑罚执行完毕之日起,按照国家有关规定向公安机关报告个人财产及日常活动。报告期限不超过五年。

第二十条　曾被判处刑罚的黑社会性质组织的组织者、领导者或者恶势力组织的首要分子开办企业或者在企业中担任高级管理人员的,相关行业主管部门应当依法审查,对其经营活动加强监督管理。

第二十一条　移民管理、海关、海警等部门应当会同公安机关严密防范境外的黑社会组织入境渗透、发展、实施违法犯罪活动。

出入境证件签发机关、移民管理机构对境外的黑社会组织的人员,有权决定不准其入境、不予签发入境证件或者宣布其入境证件作废。

移民管理、海关、海警等部门发现境外的黑社会组织的人员入境的,应当及时通知公安机关。发现相关人员涉嫌违反我国法律或者发现涉嫌有组织犯罪物品的,应当依法扣留并及时处理。

第三章　案件办理

第二十二条　办理有组织犯罪案件,应当以事实为根据,以法律为准绳,坚持宽严相济。

对有组织犯罪的组织者、领导者和骨干成员,应当严格掌握取保候审、不起诉、缓刑、减刑、假释和暂予监外执行的适用条件,充分适用剥夺政治权利、没收财产、罚金等刑罚。

有组织犯罪的犯罪嫌疑人、被告人自愿如实供述自己的罪行,承认指控的犯罪事实,愿意接受处罚的,可以依法从宽处理。

第二十三条　利用网络实施的犯罪,符合本法第二条规定的,应当认定为有组织犯罪。

为谋取非法利益或者形成非法影响,有组织地进行滋扰、纠缠、哄闹、聚众造势等,对他人形成心理强制,足以限制人身自由、危及人身财产安全,影响正常社会秩序、经济秩序的,可以认定为有组织犯罪的犯罪手段。

第二十四条　公安机关应当依法运用现代信息技术,建立有组织犯罪线索收集和研判机制,分级分类进行处置。

公安机关接到对有组织犯罪的报案、控告、举报后,应当及时开展统计、分析、研判工作,组织核查或者移送有关主管机关依法处理。

第二十五条　有关国家机关在履行职责时发现有组织犯罪线索,或者接到对有组织犯罪的举报的,应当及时移送公安机关等主管机关依法处理。

第二十六条　公安机关核查有组织犯

罪线索,可以按照国家有关规定采取调查措施。公安机关向有关单位和个人收集、调取相关信息和材料的,有关单位和个人应当如实提供。

第二十七条 公安机关核查有组织犯罪线索,经县级以上公安机关负责人批准,可以查询嫌疑人员的存款、汇款、债券、股票、基金份额等财产信息。

公安机关核查黑社会性质组织犯罪线索,发现涉案财产有灭失、转移的紧急风险的,经设区的市级以上公安机关负责人批准,可以对有关涉案财产采取紧急止付或者临时冻结、临时扣押的紧急措施,期限不得超过四十八小时。期限届满或者适用紧急措施的情形消失的,应当立即解除紧急措施。

第二十八条 公安机关核查有组织犯罪线索,发现犯罪事实或者犯罪嫌疑人的,应当依照《中华人民共和国刑事诉讼法》的规定立案侦查。

第二十九条 公安机关办理有组织犯罪案件,可以依照《中华人民共和国出境入境管理法》的规定,决定对犯罪嫌疑人采取限制出境措施,通知移民管理机构执行。

第三十条 对有组织犯罪案件的犯罪嫌疑人、被告人,根据办理案件和维护监管秩序的需要,可以采取异地羁押、分别羁押或者单独羁押等措施。采取异地羁押措施的,应当依法通知犯罪嫌疑人、被告人的家属和辩护人。

第三十一条 公安机关在立案后,根据侦查犯罪的需要,依照《中华人民共和国刑事诉讼法》的规定,可以采取技术侦查措施、实施控制下交付或者由有关人员隐匿身份进行侦查。

第三十二条 犯罪嫌疑人、被告人检举、揭发重大犯罪的其他共同犯罪人或者提供侦破重大案件的重要线索或者证据,同案处理可能导致其本人或者近亲属有人身危险的,可以分案处理。

第三十三条 犯罪嫌疑人、被告人积极配合有组织犯罪案件的侦查、起诉、审判等工作,有下列情形之一的,可以依法从宽处罚,但对有组织犯罪的组织者、领导者应当严格适用:

(一)为查明犯罪组织的组织结构及其组织者、领导者、首要分子的地位、作用提供重要线索或者证据的;

(二)为查明犯罪组织实施的重大犯罪提供重要线索或者证据的;

(三)为查处国家工作人员涉有组织犯罪提供重要线索或者证据的;

(四)协助追缴、没收尚未掌握的赃款赃物的;

(五)其他为查办有组织犯罪案件提供重要线索或者证据的情形。

对参加有组织犯罪组织的犯罪嫌疑人、被告人不起诉或者免予刑事处罚的,可以根据案件的不同情况,依法予以训诫、责令具结悔过、赔礼道歉、赔偿损失,或者由主管部门予以行政处罚或者处分。

第三十四条 对黑社会性质组织的组织者、领导者,应当依法并处没收财产。对其他组织成员,根据其在犯罪组织中的地位、作用以及所参与违法犯罪活动的次数、性质、违法所得数额、造成的损失等,可以依法并处罚金或者没收财产。

第三十五条 对有组织犯罪的罪犯,执行机关应当依法从严管理。

黑社会性质组织的组织者、领导者或者恶势力组织的首要分子被判处十年以上有期徒刑、无期徒刑、死刑缓期二年执行的，应当跨省、自治区、直辖市异地执行刑罚。

第三十六条　对被判处十年以上有期徒刑、无期徒刑、死刑缓期二年执行的黑社会性质组织的组织者、领导者或者恶势力组织的首要分子减刑的，执行机关应当依法提出减刑建议，报经省、自治区、直辖市监狱管理机关复核后，提请人民法院裁定。

对黑社会性质组织的组织者、领导者或者恶势力组织的首要分子假释的，适用前款规定的程序。

第三十七条　人民法院审理黑社会性质组织犯罪罪犯的减刑、假释案件，应当通知人民检察院、执行机关参加审理，并通知被报请减刑、假释的罪犯参加，听取其意见。

第三十八条　执行机关提出减刑、假释建议以及人民法院审理减刑、假释案件，应当充分考虑罪犯履行生效裁判中财产性判项、配合处置涉案财产等情况。

第四章　涉案财产认定和处置

第三十九条　办理有组织犯罪案件中发现的可用以证明犯罪嫌疑人、被告人有罪或者无罪的各种财物、文件，应当依法查封、扣押。

公安机关、人民检察院、人民法院可以依照《中华人民共和国刑事诉讼法》的规定查询、冻结犯罪嫌疑人、被告人的存款、汇款、债券、股票、基金份额等财产。有关单位和个人应当配合。

第四十条　公安机关、人民检察院、人民法院根据办理有组织犯罪案件的需要，可以全面调查涉嫌有组织犯罪的组织及其成员的财产状况。

第四十一条　查封、扣押、冻结、处置涉案财物，应当严格依照法定条件和程序进行，依法保护公民和组织的合法财产权益，严格区分违法所得与合法财产、本人财产与其家属的财产，减少对企业正常经营活动的不利影响。不得查封、扣押、冻结与案件无关的财物。经查明确实与案件无关的财物，应当在三日以内解除查封、扣押、冻结，予以退还。对被害人的合法财产，应当及时返还。

查封、扣押、冻结涉案财物，应当为犯罪嫌疑人、被告人及其扶养的家属保留必需的生活费用和物品。

第四十二条　公安机关可以向反洗钱行政主管部门查询与有组织犯罪相关的信息数据，提请协查与有组织犯罪相关的可疑交易活动，反洗钱行政主管部门应当予以配合并及时回复。

第四十三条　对下列财产，经县级以上公安机关、人民检察院或者人民法院主要负责人批准，可以依法先行出售、变现或者变卖、拍卖，所得价款由扣押、冻结机关保管，并及时告知犯罪嫌疑人、被告人或者其近亲属：

（一）易损毁、灭失、变质等不宜长期保存的物品；

（二）有效期即将届满的汇票、本票、支票等；

（三）债券、股票、基金份额等财产，经权利人申请，出售不损害国家利益、被害人利益，不影响诉讼正常进行的。

第四十四条　公安机关、人民检察院应当对涉案财产审查甄别。在移送审查起诉、提起公诉时，应当对涉案财产提出处理意见。

在审理有组织犯罪案件过程中，应当对与涉案财产的性质、权属有关的事实、证据进行法庭调查、辩论。人民法院应当依法作出判决,对涉案财产作出处理。

第四十五条 有组织犯罪组织及其成员违法所得的一切财物及其孳息、收益,违禁品和供犯罪所用的本人财物,应当依法予以追缴、没收或者责令退赔。

依法应当追缴、没收的涉案财产无法找到、灭失或者与其他合法财产混合且不可分割的,可以追缴、没收其他等值财产或者混合财产中的等值部分。

被告人实施黑社会性质组织犯罪的定罪量刑事实已经查清,有证据证明其在犯罪期间获得的财产高度可能属于黑社会性质组织犯罪的违法所得及其孳息、收益,被告人不能说明财产合法来源的,应当依法予以追缴、没收。

第四十六条 涉案财产符合下列情形之一的,应当依法予以追缴、没收:

(一)为支持或者资助有组织犯罪活动而提供给有组织犯罪组织及其成员的财产;

(二)有组织犯罪组织成员的家庭财产中实际用于支持有组织犯罪活动的部分;

(三)利用有组织犯罪组织及其成员的违法犯罪活动获得的财产及其孳息、收益。

第四十七条 黑社会性质组织犯罪案件的犯罪嫌疑人、被告人逃匿,在通缉一年后不能到案,或者犯罪嫌疑人、被告人死亡,依照《中华人民共和国刑法》规定应当追缴其违法所得及其他涉案财产的,依照《中华人民共和国刑事诉讼法》有关犯罪嫌疑人、被告人逃匿、死亡案件违法所得的没收程序的规定办理。

第四十八条 监察机关、公安机关、人民检察院发现与有组织犯罪相关的洗钱以及掩饰、隐瞒犯罪所得、犯罪所得收益等犯罪的,应当依法查处。

第四十九条 利害关系人对查封、扣押、冻结、处置涉案财物提出异议的,公安机关、人民检察院、人民法院应当及时予以核实,听取其意见,依法作出处理。

公安机关、人民检察院、人民法院对涉案财物作出处理后,利害关系人对处理不服的,可以提出申诉或者控告。

第五章 国家工作人员涉有组织犯罪的处理

第五十条 国家工作人员有下列行为的,应当全面调查,依法作出处理:

(一)组织、领导、参加有组织犯罪活动的;

(二)为有组织犯罪组织及其犯罪活动提供帮助的;

(三)包庇有组织犯罪组织、纵容有组织犯罪活动的;

(四)在查办有组织犯罪案件工作中失职渎职的;

(五)利用职权或者职务上的影响干预反有组织犯罪工作的;

(六)其他涉有组织犯罪的违法犯罪行为。

国家工作人员组织、领导、参加有组织犯罪的,应当依法从重处罚。

第五十一条 监察机关、人民法院、人民检察院、公安机关、司法行政机关应当加强协作配合,建立线索办理沟通机制,发现国家工作人员涉嫌本法第五十条规定的违法犯罪的线索,应当依法处理或者及时移送主管机关处理。

任何单位和个人发现国家工作人员与有组织犯罪有关的违法犯罪行为,有权向监察机关、人民检察院、公安机关等部门报案、控告、举报。有关部门接到报案、控告、举报后,应当及时处理。

第五十二条 依法查办有组织犯罪案件或者依照职责支持、协助查办有组织犯罪案件的国家工作人员,不得有下列行为:

(一)接到报案、控告、举报不受理,发现犯罪信息、线索隐瞒不报、不如实报告,或者未经批准、授权擅自处置、不移送犯罪线索、涉案材料;

(二)向违法犯罪人员通风报信,阻碍案件查处;

(三)违背事实和法律处理案件;

(四)违反规定查封、扣押、冻结、处置涉案财物;

(五)其他滥用职权、玩忽职守、徇私舞弊的行为。

第五十三条 有关机关接到对从事反有组织犯罪工作的执法、司法工作人员的举报后,应当依法处理,防止犯罪嫌疑人、被告人等利用举报干扰办案、打击报复。

对利用举报等方式歪曲捏造事实,诬告陷害从事反有组织犯罪工作的执法、司法工作人员的,应当依法追究责任;造成不良影响的,应当按照规定及时澄清事实,恢复名誉,消除不良影响。

第六章 国际合作

第五十四条 中华人民共和国根据缔结或者参加的国际条约,或者按照平等互惠原则,与其他国家、地区、国际组织开展反有组织犯罪合作。

第五十五条 国务院有关部门根据国务院授权,代表中国政府与外国政府和有关国际组织开展反有组织犯罪情报信息交流和执法合作。

国务院公安部门应当加强跨境反有组织犯罪警务合作,推动与有关国家和地区建立警务合作机制。经国务院公安部门批准,边境地区公安机关可以与相邻国家或者地区执法机构建立跨境有组织犯罪情报信息交流和警务合作机制。

第五十六条 涉及有组织犯罪的刑事司法协助、引渡,依照有关法律的规定办理。

第五十七条 通过反有组织犯罪国际合作取得的材料可以在行政处罚、刑事诉讼中作为证据使用,但依据条约规定或者我方承诺不作为证据使用的除外。

第七章 保障措施

第五十八条 国家为反有组织犯罪工作提供必要的组织保障、制度保障和物质保障。

第五十九条 公安机关和有关部门应当依照职责,建立健全反有组织犯罪专业力量,加强人才队伍建设和专业训练,提升反有组织犯罪工作能力。

第六十条 国务院和县级以上地方各级人民政府应当按照事权划分,将反有组织犯罪工作经费列入本级财政预算。

第六十一条 因举报、控告和制止有组织犯罪活动,在有组织犯罪案件中作证,本人或者其近亲属的人身安全面临危险的,公安机关、人民检察院、人民法院应当按照有关规定,采取下列一项或者多项保护措施:

(一)不公开真实姓名、住址和工作单位等个人信息;

(二)采取不暴露外貌、真实声音等出庭作证措施;

（三）禁止特定的人接触被保护人员；

（四）对人身和住宅采取专门性保护措施；

（五）变更被保护人员的身份，重新安排住所和工作单位；

（六）其他必要的保护措施。

第六十二条 采取本法第六十一条第三项、第四项规定的保护措施，由公安机关执行。根据本法第六十一条第五项规定，变更被保护人员身份的，由国务院公安部门批准和组织实施。

公安机关、人民检察院、人民法院依法采取保护措施，有关单位和个人应当配合。

第六十三条 实施有组织犯罪的人员配合侦查、起诉、审判等工作，对侦破案件或者查明案件事实起到重要作用的，可以参照证人保护的规定执行。

第六十四条 对办理有组织犯罪案件的执法、司法工作人员及其近亲属，可以采取人身保护、禁止特定的人接触等保护措施。

第六十五条 对因履行反有组织犯罪工作职责或者协助、配合有关部门开展反有组织犯罪工作导致伤残或者死亡的人员，按照国家有关规定给予相应的待遇。

第八章 法律责任

第六十六条 组织、领导、参加黑社会性质组织，国家机关工作人员包庇、纵容黑社会性质组织，以及黑社会性质组织、恶势力组织实施犯罪的，依法追究刑事责任。

境外的黑社会组织的人员到中华人民共和国境内发展组织成员、实施犯罪，以及在境外对中华人民共和国国家或者公民犯罪的，依法追究刑事责任。

第六十七条 发展未成年人参加黑社会性质组织、境外的黑社会组织，教唆、诱骗未成年人实施有组织犯罪，或者实施有组织犯罪侵害未成年人合法权益的，依法从重追究刑事责任。

第六十八条 对有组织犯罪的罪犯，人民法院可以依照《中华人民共和国刑法》有关从业禁止的规定，禁止其从事相关职业，并通报相关行业主管部门。

第六十九条 有下列情形之一，尚不构成犯罪的，由公安机关处五日以上十日以下拘留，可以并处一万元以下罚款；情节较重的，处十日以上十五日以下拘留，并处一万元以上三万元以下罚款；有违法所得的，除依法应当返还被害人的以外，应当予以没收：

（一）参加境外的黑社会组织的；

（二）积极参加恶势力组织的；

（三）教唆、诱骗他人参加有组织犯罪组织，或者阻止他人退出有组织犯罪组织的；

（四）为有组织犯罪活动提供资金、场所等支持、协助、便利的；

（五）阻止他人检举揭发有组织犯罪、提供有组织犯罪证据，或者明知他人有有组织犯罪行为，在司法机关向其调查有关情况、收集有关证据时拒绝提供的。

教唆、诱骗未成年人参加有组织犯罪组织或者阻止未成年人退出有组织犯罪组织，尚不构成犯罪的，依照前款规定从重处罚。

第七十条 违反本法第十九条规定，不按照公安机关的决定如实报告个人财产及日常活动的，由公安机关给予警告，并责令改正；拒不改正的，处五日以上十日以下拘留，并处三万元以下罚款。

第七十一条 金融机构等相关单位未依照本法第二十七条规定协助公安机关采

取紧急止付、临时冻结措施的，由公安机关责令改正；拒不改正的，由公安机关处五万元以上二十万元以下罚款，并对直接负责的主管人员和其他直接责任人员处五万元以下罚款；情节严重的，公安机关可以建议有关主管部门对直接负责的主管人员和其他直接责任人员依法给予处分。

第七十二条　电信业务经营者、互联网服务提供者有下列情形之一的，由有关主管部门责令改正；拒不改正或者情节严重的，由有关主管部门依照《中华人民共和国网络安全法》的有关规定给予处罚：

（一）拒不为侦查有组织犯罪提供技术支持和协助的；

（二）不按照主管部门的要求对含有宣扬、诱导有组织犯罪内容的信息停止传输、采取消除等处置措施、保存相关记录的。

第七十三条　有关国家机关、行业主管部门拒不履行或者拖延履行反有组织犯罪法定职责，或者拒不配合反有组织犯罪调查取证，或者在其他工作中滥用反有组织犯罪工作有关措施的，由其上级机关责令改正；情节严重的，对负有责任的领导人员和直接责任人员，依法给予处分；构成犯罪的，依法追究刑事责任。

第七十四条　有关部门和单位、个人应当对在反有组织犯罪工作过程中知悉的国家秘密、商业秘密和个人隐私予以保密。违反规定泄露国家秘密、商业秘密和个人隐私的，依法追究法律责任。

第七十五条　国家工作人员有本法第五十条、第五十二条规定的行为，构成犯罪的，依法追究刑事责任；尚不构成犯罪的，依法给予处分。

第七十六条　有关单位和个人对依照本法作出的行政处罚和行政强制措施决定不服的，可以依法申请行政复议或者提起行政诉讼。

第九章　附　　则

第七十七条　本法自 2022 年 5 月 1 日起施行。

中华人民共和国
反电信网络诈骗法

（2022 年 9 月 2 日第十三届全国人民代表大会常务委员会第三十六次会议通过　2022 年 9 月 2 日中华人民共和国主席令第 119 号公布　自 2022 年 12 月 1 日起施行）

第一章　总　　则

第一条　为了预防、遏制和惩治电信网络诈骗活动，加强反电信网络诈骗工作，保护公民和组织的合法权益，维护社会稳定和国家安全，根据宪法，制定本法。

第二条　本法所称电信网络诈骗，是指以非法占有为目的，利用电信网络技术手段，通过远程、非接触等方式，诈骗公私财物的行为。

第三条　打击治理在中华人民共和国境内实施的电信网络诈骗活动或者中华人民共和国公民在境外实施的电信网络诈骗活动，适用本法。

境外的组织、个人针对中华人民共和国境内实施电信网络诈骗活动的，或者为他人针对境内实施电信网络诈骗活动提供产品、服务等帮助的，依照本法有关规定处理和追究责任。

第四条 反电信网络诈骗工作坚持以人民为中心，统筹发展和安全；坚持系统观念、法治思维，注重源头治理、综合治理；坚持齐抓共管、群防群治，全面落实打防管控各项措施，加强社会宣传教育防范；坚持精准防治，保障正常生产经营活动和群众生活便利。

第五条 反电信网络诈骗工作应当依法进行，维护公民和组织的合法权益。

有关部门和单位、个人应当对在反电信网络诈骗工作过程中知悉的国家秘密、商业秘密和个人隐私、个人信息予以保密。

第六条 国务院建立反电信网络诈骗工作机制，统筹协调打击治理工作。

地方各级人民政府组织领导本行政区域内反电信网络诈骗工作，确定反电信网络诈骗目标任务和工作机制，开展综合治理。

公安机关牵头负责反电信网络诈骗工作，金融、电信、网信、市场监管等有关部门依照职责履行监管主体责任，负责本行业领域反电信网络诈骗工作。

人民法院、人民检察院发挥审判、检察职能作用，依法防范、惩治电信网络诈骗活动。

电信业务经营者、银行业金融机构、非银行支付机构、互联网服务提供者承担风险防控责任，建立反电信网络诈骗内部控制机制和安全责任制度，加强新业务涉诈风险安全评估。

第七条 有关部门、单位在反电信网络诈骗工作中应当密切协作，实现跨行业、跨地域协同配合、快速联动，加强专业队伍建设，有效打击治理电信网络诈骗活动。

第八条 各级人民政府和有关部门应当加强反电信网络诈骗宣传，普及相关法律和知识，提高公众对各类电信网络诈骗方式的防骗意识和识骗能力。

教育行政、市场监管、民政等有关部门和村民委员会、居民委员会，应当结合电信网络诈骗受害群体的分布等特征，加强对老年人、青少年等群体的宣传教育，增强反电信网络诈骗宣传教育的针对性、精准性，开展反电信网络诈骗宣传教育进学校、进企业、进社区、进农村、进家庭等活动。

各单位应当加强内部防范电信网络诈骗工作，对工作人员开展防范电信网络诈骗教育；个人应当加强电信网络诈骗防范意识。单位、个人应当协助、配合有关部门依照本法规定开展反电信网络诈骗工作。

第二章 电信治理

第九条 电信业务经营者应当依法全面落实电话用户真实身份信息登记制度。

基础电信企业和移动通信转售企业应当承担对代理商落实电话用户实名制管理责任，在协议中明确代理商实名制登记的责任和有关违约处置措施。

第十条 办理电话卡不得超出国家有关规定限制的数量。

对经识别存在异常办卡情形的，电信业务经营者有权加强核查或者拒绝办卡。具体识别办法由国务院电信主管部门制定。

国务院电信主管部门组织建立电话用户开卡数量核验机制和风险信息共享机制，并为用户查询名下电话卡信息提供便捷渠道。

第十一条 电信业务经营者对监测识别的涉诈异常电话卡用户应当重新进行实名核验，根据风险等级采取有区别的、相应的核验措施。对未按规定核验或者核验未通过的,电信业务经营者可以限制、暂停有关电话卡功能。

第十二条　电信业务经营者建立物联网卡用户风险评估制度,评估未通过的,不得向其销售物联网卡;严格登记物联网卡用户身份信息;采取有效技术措施限定物联网卡开通功能、使用场景和适用设备。

单位用户从电信业务经营者购买物联网卡再将载有物联网卡的设备销售给其他用户的,应当核验和登记用户身份信息,并将销量、存量及用户实名信息传送给号码归属的电信业务经营者。

电信业务经营者对物联网卡的使用建立监测预警机制。对存在异常使用情形的,应当采取暂停服务、重新核验身份和使用场景或者其他合同约定的处置措施。

第十三条　电信业务经营者应当规范真实主叫号码传送和电信线路出租,对改号电话进行封堵拦截和溯源核查。

电信业务经营者应当严格规范国际通信业务出入口局主叫号码传送,真实、准确向用户提示来电号码所属国家或者地区,对网内和网间虚假主叫、不规范主叫进行识别、拦截。

第十四条　任何单位和个人不得非法制造、买卖、提供或者使用下列设备、软件:

(一)电话卡批量插入设备;

(二)具有改变主叫号码、虚拟拨号、互联网电话违规接入公用电信网络等功能的设备、软件;

(三)批量账号、网络地址自动切换系统,批量接收提供短信验证、语音验证的平台;

(四)其他用于实施电信网络诈骗等违法犯罪的设备、软件。

电信业务经营者、互联网服务提供者应当采取技术措施,及时识别、阻断前款规定的非法设备、软件接入网络,并向公安机关和相关行业主管部门报告。

第三章　金融治理

第十五条　银行业金融机构、非银行支付机构为客户开立银行账户、支付账户及提供支付结算服务,和与客户业务关系存续期间,应当建立客户尽职调查制度,依法识别受益所有人,采取相应风险管理措施,防范银行账户、支付账户等被用于电信网络诈骗活动。

第十六条　开立银行账户、支付账户不得超出国家有关规定限制的数量。

对经识别存在异常开户情形的,银行业金融机构、非银行支付机构有权加强核查或者拒绝开户。

中国人民银行、国务院银行业监督管理机构组织有关清算机构建立跨机构开户数量核验机制和风险信息共享机制,并为客户提供查询名下银行账户、支付账户的便捷渠道。银行业金融机构、非银行支付机构应当按照国家有关规定提供开户情况和有关风险信息。相关信息不得用于反电信网络诈骗以外的其他用途。

第十七条　银行业金融机构、非银行支付机构应当建立开立企业账户异常情形的风险防控机制。金融、电信、市场监管、税务等有关部门建立开立企业账户相关信息共享查询系统,提供联网核查服务。

市场主体登记机关应当依法对企业实名登记履行身份信息核验职责;依照规定对登记事项进行监督检查,对可能存在虚假登记、涉诈异常的企业重点监督检查,依法撤销登记的,依照前款的规定及时共享信息;为银行业金融机构、非银行支付机构进行客户尽职调查和依法识别受益所有人提供便利。

第十八条 银行业金融机构、非银行支付机构应当对银行账户、支付账户及支付结算服务加强监测,建立完善符合电信网络诈骗活动特征的异常账户和可疑交易监测机制。

中国人民银行统筹建立跨银行业金融机构、非银行支付机构的反洗钱统一监测系统,会同国务院公安部门完善与电信网络诈骗犯罪资金流转特点相适应的反洗钱可疑交易报告制度。

对监测识别的异常账户和可疑交易,银行业金融机构、非银行支付机构应当根据风险情况,采取核实交易情况、重新核验身份、延迟支付结算、限制或者中止有关业务等必要的防范措施。

银行业金融机构、非银行支付机构依照第一款规定开展异常账户和可疑交易监测时,可以收集异常客户互联网协议地址、网卡地址、支付受理终端信息等必要的交易信息、设备位置信息。上述信息未经客户授权,不得用于反电信网络诈骗以外的其他用途。

第十九条 银行业金融机构、非银行支付机构应当按照国家有关规定,完整、准确传输直接提供商品或者服务的商户名称、收付款客户名称及账号等交易信息,保证交易信息的真实、完整和支付全流程中的一致性。

第二十条 国务院公安部门会同有关部门建立完善电信网络诈骗涉案资金即时查询、紧急止付、快速冻结、及时解冻和资金返还制度,明确有关条件、程序和救济措施。

公安机关依法决定采取上述措施的,银行业金融机构、非银行支付机构应当予以配合。

第四章 互联网治理

第二十一条 电信业务经营者、互联网服务提供者为用户提供下列服务,在与用户签订协议或者确认提供服务时,应当依法要求用户提供真实身份信息,用户不提供真实身份信息的,不得提供服务:

(一)提供互联网接入服务;

(二)提供网络代理等网络地址转换服务;

(三)提供互联网域名注册、服务器托管、空间租用、云服务、内容分发服务;

(四)提供信息、软件发布服务,或者提供即时通讯、网络交易、网络游戏、网络直播发布、广告推广服务。

第二十二条 互联网服务提供者对监测识别的涉诈异常账号应当重新核验,根据国家有关规定采取限制功能、暂停服务等处置措施。

互联网服务提供者应当根据公安机关、电信主管部门要求,对涉案电话卡、涉诈异常电话卡所关联注册的有关互联网账号进行核验,根据风险情况,采取限期改正、限制功能、暂停使用、关闭账号、禁止重新注册等处置措施。

第二十三条 设立移动互联网应用程序应当按照国家有关规定向电信主管部门办理许可或者备案手续。

为应用程序提供封装、分发服务的,应当登记并核验应用程序开发运营者的真实身份信息,核验应用程序的功能、用途。

公安、电信、网信等部门和电信业务经营者、互联网服务提供者应当加强对分发平台以外途径下载传播的涉诈应用程序重点监测、及时处置。

第二十四条　提供域名解析、域名跳转、网址链接转换服务的,应当按照国家有关规定,核验域名注册、解析信息和互联网协议地址的真实性、准确性,规范域名跳转,记录并留存所提供相应服务的日志信息,支持实现对解析、跳转、转换记录的溯源。

第二十五条　任何单位和个人不得为他人实施电信网络诈骗活动提供下列支持或者帮助:

(一)出售、提供个人信息;

(二)帮助他人通过虚拟货币交易等方式洗钱;

(三)其他为电信网络诈骗活动提供支持或者帮助的行为。

电信业务经营者、互联网服务提供者应当依照国家有关规定,履行合理注意义务,对利用下列业务从事涉诈支持、帮助活动进行监测识别和处置:

(一)提供互联网接入、服务器托管、网络存储、通讯传输、线路出租、域名解析等网络资源服务;

(二)提供信息发布或者搜索、广告推广、引流推广等网络推广服务;

(三)提供应用程序、网站等网络技术、产品的制作、维护服务;

(四)提供支付结算服务。

第二十六条　公安机关办理电信网络诈骗案件依法调取证据的,互联网服务提供者应当及时提供技术支持和协助。

互联网服务提供者依照本法规定对有关涉诈信息、活动进行监测时,发现涉诈违法犯罪线索、风险信息的,应当依照国家有关规定,根据涉诈风险类型、程度情况移送公安、金融、电信、网信等部门。有关部门应当建立完善反馈机制,将相关情况及时告知移送单位。

第五章　综合措施

第二十七条　公安机关应当建立完善打击治理电信网络诈骗工作机制,加强专门队伍和专业技术建设,各警种、各地公安机关应当密切配合,依法有效惩处电信网络诈骗活动。

公安机关接到电信网络诈骗活动的报案或者发现电信网络诈骗活动,应当依照《中华人民共和国刑事诉讼法》的规定立案侦查。

第二十八条　金融、电信、网信部门依照职责对银行业金融机构、非银行支付机构、电信业务经营者、互联网服务提供者落实本法规定情况进行监督检查。有关监督检查活动应当依法规范开展。

第二十九条　个人信息处理者应当依照《中华人民共和国个人信息保护法》等法律规定,规范个人信息处理,加强个人信息保护,建立个人信息被用于电信网络诈骗的防范机制。

履行个人信息保护职责的部门、单位对可能被电信网络诈骗利用的物流信息、交易信息、贷款信息、医疗信息、婚介信息等实施重点保护。公安机关办理电信网络诈骗案件,应当同时查证犯罪所利用的个人信息来源,依法追究相关人员和单位责任。

第三十条　电信业务经营者、银行业金融机构、非银行支付机构、互联网服务提供者应当对从业人员和用户开展反电信网络诈骗宣传，在有关业务活动中对防范电信网络诈骗作出提示，对本领域新出现的电信网络诈骗手段及时向用户作出提醒，对非法买卖、出租、出借本人有关卡、账户、账号等被用于电信网络诈骗的法律责任作出警示。

新闻、广播、电视、文化、互联网信息服务等单位，应当面向社会有针对性地开展反电信网络诈骗宣传教育。

任何单位和个人有权举报电信网络诈骗活动，有关部门应当依法及时处理，对提供有效信息的举报人依照规定给予奖励和保护。

第三十一条 任何单位和个人不得非法买卖、出租、出借电话卡、物联网卡、电信线路、短信端口、银行账户、支付账户、互联网账号等，不得提供实名核验帮助；不得假冒他人身份或者虚构代理关系开立上述卡、账户、账号等。

对经设区的市级以上公安机关认定的实施前款行为的单位、个人和相关组织者，以及因从事电信网络诈骗活动或者关联犯罪受过刑事处罚的人员，可以按照国家有关规定记入信用记录，采取限制其有关卡、账户、账号等功能和停止非柜面业务、暂停新业务、限制入网等措施。对上述认定和措施有异议的，可以提出申诉，有关部门应当建立健全申诉渠道、信用修复和救济制度。具体办法由国务院公安部门会同有关主管部门规定。

第三十二条 国家支持电信业务经营者、银行业金融机构、非银行支付机构、互联网服务提供者研究开发有关电信网络诈骗反制技术，用于监测识别、动态封堵和处置涉诈异常信息、活动。

国务院公安部门、金融管理部门、电信主管部门和国家网信部门等应当统筹负责本行业领域反制技术措施建设，推进涉电信网络诈骗样本信息数据共享，加强涉诈用户信息交叉核验，建立有关涉诈异常信息、活动的监测识别、动态封堵和处置机制。

依据本法第十一条、第十二条、第十八条、第二十二条和前款规定，对涉诈异常情形采取限制、暂停服务等处置措施的，应当告知处置原因、救济渠道及需要提交的资料等事项，被处置对象可以向作出决定或者采取措施的部门、单位提出申诉。作出决定的部门、单位应当建立完善申诉渠道，及时受理申诉并核查，核查通过的，应当即时解除有关措施。

第三十三条 国家推进网络身份认证公共服务建设，支持个人、企业自愿使用，电信业务经营者、银行业金融机构、非银行支付机构、互联网服务提供者对存在涉诈异常的电话卡、银行账户、支付账户、互联网账号，可以通过国家网络身份认证公共服务对用户身份重新进行核验。

第三十四条 公安机关应当会同金融、电信、网信部门组织银行业金融机构、非银行支付机构、电信业务经营者、互联网服务提供者等建立预警劝阻系统，对预警发现的潜在被害人，根据情况及时采取相应劝阻措施。对电信网络诈骗案件应当加强追赃挽损，完善涉案资金处置制度，及时返还被害人的合法财产。对遭受重大生活困难的被害人，符合国家有关救助条件的，有关方面依照规定给予救助。

第三十五条 经国务院反电信网络诈骗工作机制决定或者批准，公安、金融、电信等部门对电信网络诈骗活动严重的特定地区，可以依照国家有关规定采取必要的临时风险防范措施。

第三十六条　对前往电信网络诈骗活动严重地区的人员，出境活动存在重大涉电信网络诈骗活动嫌疑的，移民管理机构可以决定不准其出境。

因从事电信网络诈骗活动受过刑事处罚的人员，设区的市级以上公安机关可以根据犯罪情况和预防再犯罪的需要，决定自处罚完毕之日起六个月至三年以内不准其出境，并通知移民管理机构执行。

第三十七条　国务院公安部门等会同外交部门加强国际执法司法合作，与有关国家、地区、国际组织建立有效合作机制，通过开展国际警务合作等方式，提升在信息交流、调查取证、侦查抓捕、追赃挽损等方面的合作水平，有效打击遏制跨境电信网络诈骗活动。

第六章　法律责任

第三十八条　组织、策划、实施、参与电信网络诈骗活动或者为电信网络诈骗活动提供帮助，构成犯罪的，依法追究刑事责任。

前款行为尚不构成犯罪的，由公安机关处十日以上十五日以下拘留；没收违法所得，处违法所得一倍以上十倍以下罚款，没有违法所得或者违法所得不足一万元的，处十万元以下罚款。

第三十九条　电信业务经营者违反本法规定，有下列情形之一的，由有关主管部门责令改正，情节较轻的，给予警告、通报批评，或者处五万元以上五十万元以下罚款；情节严重的，处五十万元以上五百万元以下罚款，并可以由有关主管部门责令暂停相关业务、停业整顿、吊销相关业务许可证或者吊销营业执照，对其直接负责的主管人员和其他直接责任人员，处一万元以上二十万元以下罚款：

（一）未落实国家有关规定确定的反电信网络诈骗内部控制机制的；

（二）未履行电话卡、物联网卡实名制登记职责的；

（三）未履行对电话卡、物联网卡的监测识别、监测预警和相关处置职责的；

（四）未对物联网卡用户进行风险评估，或者未限定物联网卡的开通功能、使用场景和适用设备的；

（五）未采取措施对改号电话、虚假主叫或者具有相应功能的非法设备进行监测处置的。

第四十条　银行业金融机构、非银行支付机构违反本法规定，有下列情形之一的，由有关主管部门责令改正，情节较轻的，给予警告、通报批评，或者处五万元以上五十万元以下罚款；情节严重的，处五十万元以上五百万元以下罚款，并可以由有关主管部门责令停止新增业务、缩减业务类型或者业务范围、暂停相关业务、停业整顿、吊销相关业务许可证或者吊销营业执照，对其直接负责的主管人员和其他直接责任人员，处一万元以上二十万元以下罚款：

（一）未落实国家有关规定确定的反电信网络诈骗内部控制机制的；

（二）未履行尽职调查义务和有关风险管理措施的；

（三）未履行对异常账户、可疑交易的风险监测和相关处置义务的；

（四）未按照规定完整、准确传输有关交易信息的。

第四十一条　电信业务经营者、互联网服务提供者违反本法规定，有下列情形之一的，由有关主管部门责令改正，情节较轻的，给予警告、通报批评，或者处五万元以上五十万元以下罚款；情节严重的，处五十万元以上五百万元以下罚款，并可以由有关主管部门责令暂停相关业务、停业整顿、关闭网站或者应用程序、吊销相关业务许可证或者吊销营业执照，对其直接负责的主管人员和其他直接责任人员，处一万元以上二十万元以下罚款：

（一）未落实国家有关规定确定的反电信网络诈骗内部控制机制的；

（二）未履行网络服务实名制职责，或者未对涉案、涉诈电话卡关联注册互联网账号进行核验的；

（三）未按照国家有关规定，核验域名注册、解析信息和互联网协议地址的真实性、准确性，规范域名跳转，或者记录并留存所提供相应服务的日志信息的；

（四）未登记核验移动互联网应用程序开发运营者的真实身份信息或者未核验应用程序的功能、用途，为其提供应用程序封装、分发服务的；

（五）未履行对涉诈互联网账号和应用程序，以及其他电信网络诈骗信息、活动的监测识别和处置义务的；

（六）拒不依法为查处电信网络诈骗犯罪提供技术支持和协助，或者未按规定移送有关违法犯罪线索、风险信息的。

第四十二条　违反本法第十四条、第二十五条第一款规定的，没收违法所得，由公安机关或者有关主管部门处违法所得一倍以上十倍以下罚款，没有违法所得或者违法所得不足五万元的，处五十万元以下罚款；情节严重的，由公安机关并处十五日以下拘留。

第四十三条　违反本法第二十五条第二款规定，由有关主管部门责令改正，情节较轻的，给予警告、通报批评，或者处五万元以上五十万元以下罚款；情节严重的，处五十万元以上五百万元以下罚款，并可以由有关主管部门责令暂停相关业务、停业整顿、关闭网站或者应用程序，对其直接负责的主管人员和其他直接责任人员，处一万元以上二十万元以下罚款。

第四十四条　违反本法第三十一条第一款规定的，没收违法所得，由公安机关处违法所得一倍以上十倍以下罚款，没有违法所得或者违法所得不足二万元的，处二十万元以下罚款；情节严重的，并处十五日以下拘留。

第四十五条　反电信网络诈骗工作有关部门、单位的工作人员滥用职权、玩忽职守、徇私舞弊，或者有其他违反本法规定行为，构成犯罪的，依法追究刑事责任。

第四十六条　组织、策划、实施、参与电信网络诈骗活动或者为电信网络诈骗活动提供相关帮助的违法犯罪人员，除依法承担刑事责任、行政责任以外，造成他人损害的，依照《中华人民共和国民法典》等法律的规定承担民事责任。

电信业务经营者、银行业金融机构、非银行支付机构、互联网服务提供者等违反本法规定，造成他人损害的，依照《中华人民共和国民法典》等法律的规定承担民事责任。

第四十七条　人民检察院在履行反电信网络诈骗职责中，对于侵害国家利益和社会公共利益的行为，可以依法向人民法院提起公益诉讼。

第四十八条　有关单位和个人对依照本法作出的行政处罚和行政强制措施决定不服的，可以依法申请行政复议或者提起行政诉讼。

第七章　附　　则

第四十九条　反电信网络诈骗工作涉及的有关管理和责任制度，本法没有规定的，适用《中华人民共和国网络安全法》、《中华人民共和国个人信息保护法》、《中华人民共和国反洗钱法》等相关法律规定。

第五十条　本法自2022年12月1日起施行。

最高人民法院关于适用刑法时间效力规定若干问题的解释

（1997年9月25日最高人民法院审判委员会第937次会议通过　1997年9月25日最高人民法院公告公布　自1997年10月1日起施行　法释〔1997〕5号）

为正确适用刑法，现就人民法院1997年10月1日以后审理的刑事案件，具体适用修订前的刑法或者修订后的刑法的有关问题规定如下：

第一条　对于行为人1997年9月30日以前实施的犯罪行为，在人民检察院、公安机关、国家安全机关立案侦查或者在人民法院受理案件以后，行为人逃避侦查或者审判，超过追诉期限或者被害人在追诉期限内提出控告，人民法院、人民检察院、公安机关应当立案而不予立案，超过追诉期限的，是否追究行为人的刑事责任，适用修订前的刑法第七十七条的规定。

第二条　犯罪分子1997年9月30日以前犯罪，不具有法定减轻处罚情节，但是根据案件的具体情况需要在法定刑以下判处刑罚的，适用修订前的刑法第五十九条第二款的规定。

第三条　前罪判处的刑罚已经执行完毕或者赦免，在1997年9月30日以前又犯应当判处有期徒刑以上刑罚之罪，是否构成累犯，适用修订前的刑法第六十一条的规定；1997年10月1日以后又犯应当判处有期徒刑以上刑罚之罪的，是否构成累犯，适用刑法第六十五条的规定。

第四条　1997年9月30日以前被采取强制措施的犯罪嫌疑人、被告人或者1997年9月30日以前犯罪，1997年10月1日以后仍在服刑的罪犯，如实供述司法机关还未掌握的本人其他罪行的，适用刑法第六十七条第二款的规定。

第五条　1997年9月30日以前犯罪的犯罪分子，有揭发他人犯罪行为，或者提供重要线索，从而得以侦破其他案件等立功表现的，适用刑法第六十八条的规定。

第六条　1997年9月30日以前犯罪被宣告缓刑的犯罪分子，在1997年10月1日以后的缓刑考验期间又犯新罪、被发现漏罪或者违反法律、行政法规或者国务院公安部门有关缓刑的监督管理规定，情节严重的，适用刑法第七十七条的规定，撤销缓刑。

第七条　1997年9月30日以前犯罪，1997年10月1日以后仍在服刑的犯罪分子，因特殊情况，需要不受执行刑期限制假释的，适用刑法第八十一条第一款的规定，报经最高人民法院核准。

第八条　1997年9月30日以前犯罪，1997年10月1日以后仍在服刑的累犯以及因杀人、爆炸、抢劫、强奸、绑架等暴力性犯罪被判处10年以上有期徒刑、无期徒刑的犯罪分子，适用修订前的刑法第七十三条的规定，可以假释。

第九条 1997年9月30日以前被假释的犯罪分子,在1997年10月1日以后的假释考验期内,又犯新罪、被发现漏罪或者违反法律、行政法规或者国务院公安部门有关假释的监督管理规定的,适用刑法第八十六条的规定,撤销假释。

第十条 按照审判监督程序重新审判的案件,适用行为时的法律。

最高人民法院关于适用刑法第十二条几个问题的解释

(1997年12月23日最高人民法院审判委员会第952次会议通过 1997年12月31日最高人民法院公告公布 自1998年1月13日起施行 法释〔1997〕12号)

修订后的《中华人民共和国刑法》1997年10月1日施行以来,一些地方法院就刑法第十二条适用中的几个具体问题向我院请示。现解释如下:

第一条 刑法第十二条规定的"处刑较轻",是指刑法对某种犯罪规定的刑罚即法定刑比修订前刑法轻。法定刑较轻是指法定最高刑较轻;如果法定最高刑相同,则指法定最低刑较轻。

第二条 如果刑法规定的某一犯罪只有一个法定刑幅度,法定最高刑或者最低刑是指该法定刑幅度的最高刑或者最低刑;如果刑法规定的某一犯罪有两个以上的法定刑幅度,法定最高刑或者最低刑是指具体犯罪行为应当适用的法定刑幅度的最高刑或者最低刑。

第三条 1997年10月1日以后审理1997年9月30日以前发生的刑事案件,如果刑法规定的定罪处刑标准、法定刑与修订前刑法相同的,应当适用修订前的刑法。

最高人民法院关于《中华人民共和国刑法修正案(八)》时间效力问题的解释

(2011年4月20日最高人民法院审判委员会第1519次会议通过 2011年4月25日最高人民法院公告公布 自2011年5月1日起施行 法释〔2011〕9号)

为正确适用《中华人民共和国刑法修正案(八)》,根据刑法有关规定,现就人民法院2011年5月1日以后审理的刑事案件,具体适用刑法的有关问题规定如下:

第一条 对于2011年4月30日以前犯罪,依法应当判处管制或者宣告缓刑的,人民法院根据犯罪情况,认为确有必要同时禁止犯罪分子在管制期间或者缓刑考验期内从事特定活动,进入特定区域、场所,接触特定人的,适用修正后刑法第三十八条第二款或者第七十二条第二款的规定。

犯罪分子在管制期间或者缓刑考验期内,违反人民法院判决中的禁止令的,适用修正后刑法第三十八条第四款或者第七十七条第二款的规定。

第二条 2011年4月30日以前犯罪,判处死刑缓期执行的,适用修正前刑法第五十条的规定。

被告人具有累犯情节,或者所犯之罪是故意杀人、强奸、抢劫、绑架、放火、爆炸、投放危险物质或者有组织的暴力性犯罪,罪行极其严重,根据修正前刑法判处死刑缓期执行不能体现罪刑相适应原则,而根据修正后刑法判处死刑缓期执行同时决定限制减刑可以罚当其罪的,适用修正后刑法第五十条第二款的规定。

第三条　被判处有期徒刑以上刑罚,刑罚执行完毕或者赦免以后,在2011年4月30日以前再犯应当判处有期徒刑以上刑罚之罪的,是否构成累犯,适用修正前刑法第六十五条的规定;但是,前罪实施时不满十八周岁的,是否构成累犯,适用修正后刑法第六十五条的规定。

曾犯危害国家安全犯罪,刑罚执行完毕或者赦免以后,在2011年4月30日以前再犯危害国家安全犯罪的,是否构成累犯,适用修正前刑法第六十六条的规定。

曾被判处有期徒刑以上刑罚,或者曾犯危害国家安全犯罪、恐怖活动犯罪、黑社会性质的组织犯罪,在2011年5月1日以后再犯罪的,是否构成累犯,适用修正后刑法第六十五条、第六十六条的规定。

第四条　2011年4月30日以前犯罪,虽不具有自首情节,但是如实供述自己罪行的,适用修正后刑法第六十七条第三款的规定。

第五条　2011年4月30日以前犯罪,犯罪后自首又有重大立功表现的,适用修正前刑法第六十八条第二款的规定。

第六条　2011年4月30日以前一人犯数罪,应当数罪并罚的,适用修正前刑法第六十九条的规定;2011年4月30日前后一人犯数罪,其中一罪发生在2011年5月1日以后的,适用修正后刑法第六十九条的规定。

第七条　2011年4月30日以前犯罪,被判处无期徒刑的罪犯,减刑以后或者假释前实际执行的刑期,适用修正前刑法第七十八条第二款、第八十一条第一款的规定。

第八条　2011年4月30日以前犯罪,因具有累犯情节或者系故意杀人、强奸、抢劫、绑架、放火、爆炸、投放危险物质或者有组织的暴力性犯罪并被判处十年以上有期徒刑、无期徒刑的犯罪分子,2011年5月1日以后仍在服刑的,能否假释,适用修正前刑法第八十一条第二款的规定;2011年4月30日以前犯罪,因其他暴力性犯罪被判处十年以上有期徒刑、无期徒刑的犯罪分子,2011年5月1日以后仍在服刑的,能否假释,适用修正后刑法第八十一条第二款、第三款的规定。

最高人民法院关于《中华人民共和国刑法修正案(九)》时间效力问题的解释

(2015年10月19日最高人民法院审判委员会第1664次会议通过　2015年10月29日最高人民法院公告公布　自2015年11月1日起施行　法释〔2015〕19号)

为正确适用《中华人民共和国刑法修正案(九)》,根据《中华人民共和国刑法》第十二条规定,现就人民法院2015年11月1日以后审理的刑事案件,具体适用修正前后刑法的有关问题规定如下:

第一条　对于2015年10月31日以前因利用职业便利实施犯罪,或者实施违背职业要求的特定义务的犯罪的,不适用修正后刑法第三十七条之一第一款的规定。其他法律、行政法规另有规定的,从其规定。

第二条　对于被判处死刑缓期执行的犯罪分子,在死刑缓期执行期间,且在2015年10月31日以前故意犯罪的,适用修正后刑法第五十条第一款的规定。

第三条 对于2015年10月31日以前一人犯数罪,数罪中有判处有期徒刑和拘役,有期徒刑和管制,或者拘役和管制,予以数罪并罚的,适用修正后刑法第六十九条第二款的规定。

第四条 对于2015年10月31日以前通过信息网络实施的刑法第二百四十六条第一款规定的侮辱、诽谤行为,被害人向人民法院告诉,但提供证据确有困难的,适用修正后刑法第二百四十六条第三款的规定。

第五条 对于2015年10月31日以前实施的刑法第二百六十条第一款规定的虐待行为,被害人没有能力告诉,或者因受到强制、威吓无法告诉的,适用修正后刑法第二百六十条第三款的规定。

第六条 对于2015年10月31日以前组织考试作弊,为他人组织考试作弊提供作弊器材或者其他帮助,以及非法向他人出售或者提供考试试题、答案,根据修正前刑法应当以非法获取国家秘密罪、非法生产、销售间谍专用器材罪或者故意泄露国家秘密罪等追究刑事责任的,适用修正前刑法的有关规定。但是,根据修正后刑法第二百八十四条之一的规定处刑较轻的,适用修正后刑法的有关规定。

第七条 对于2015年10月31日以前以捏造的事实提起民事诉讼,妨害司法秩序或者严重侵害他人合法权益,根据修正前刑法应当以伪造公司、企业、事业单位、人民团体印章罪或者妨害作证罪等追究刑事责任的,适用修正前刑法的有关规定。但是,根据修正后刑法第三百零七条之一的规定处刑较轻的,适用修正后刑法的有关规定。

实施第一款行为,非法占有他人财产或者逃避合法债务,根据修正前刑法应当以诈骗罪、职务侵占罪或者贪污罪等追究刑事责任的,适用修正前刑法的有关规定。

第八条 对于2015年10月31日以前实施贪污、受贿行为,罪行极其严重,根据修正前刑法判处死刑缓期执行不能体现罪刑相适应原则,而根据修正后刑法判处死刑缓期执行同时决定在其死刑缓期执行二年期满依法减为无期徒刑后,终身监禁,不得减刑、假释可以罚当其罪的,适用修正后刑法第三百八十三条第四款的规定。根据修正前刑法判处死刑缓期执行足以罚当其罪的,不适用修正后刑法第三百八十三条第四款的规定。

第九条 本解释自2015年11月1日起施行。

最高人民法院关于审理走私、非法经营、非法使用兴奋剂刑事案件适用法律若干问题的解释

(2019年11月12日最高人民法院审判委员会第1781次会议通过　2019年11月18日最高人民法院公告公布　自2020年1月1日起施行　法释〔2019〕16号)

为依法惩治走私、非法经营、非法使用兴奋剂犯罪,维护体育竞赛的公平竞争,保护体育运动参加者的身心健康,根据《中华人民共和国刑法》《中华人民共和国刑事诉讼法》的规定,制定本解释。

第一条 运动员、运动员辅助人员走私兴奋剂目录所列物质,或者其他人员以在体育竞赛中非法使用为目的走私兴奋剂目录所列物质,涉案物质属于国家禁止进出口的货物、物品,具有下列情形之一的,

应当依照刑法第一百五十一条第三款的规定，以走私国家禁止进出口的货物、物品罪定罪处罚：

（一）一年内曾因走私被给予二次以上行政处罚后又走私的；

（二）用于或者准备用于未成年人运动员、残疾人运动员的；

（三）用于或者准备用于国内、国际重大体育竞赛的；

（四）其他造成严重恶劣社会影响的情形。

实施前款规定的行为，涉案物质不属于国家禁止进出口的货物、物品，但偷逃应缴税额一万元以上或者一年内曾因走私被给予二次以上行政处罚后又走私的，应当依照刑法第一百五十三条的规定，以走私普通货物、物品罪定罪处罚。

对于本条第一款、第二款规定以外的走私兴奋剂目录所列物质行为，适用《最高人民法院、最高人民检察院关于办理走私刑事案件适用法律若干问题的解释》（法释〔2014〕10号）规定的定罪量刑标准。

第二条　违反国家规定，未经许可经营兴奋剂目录所列物质，涉案物质属于法律、行政法规规定的限制买卖的物品，扰乱市场秩序，情节严重的，应当依照刑法第二百二十五条的规定，以非法经营罪定罪处罚。

第三条　对未成年人、残疾人负有监护、看护职责的人组织未成年人、残疾人在体育运动中非法使用兴奋剂，具有下列情形之一的，应当认定为刑法第二百六十条之一规定的“情节恶劣”，以虐待被监护、看护人罪定罪处罚：

（一）强迫未成年人、残疾人使用的；

（二）引诱、欺骗未成年人、残疾人长期使用的；

（三）其他严重损害未成年人、残疾人身心健康的情形。

第四条　在普通高等学校招生、公务员录用等法律规定的国家考试涉及的体育、体能测试等体育运动中，组织考生非法使用兴奋剂的，应当依照刑法第二百八十四条之一的规定，以组织考试作弊罪定罪处罚。

明知他人实施前款犯罪而为其提供兴奋剂的，依照前款的规定定罪处罚。

第五条　生产、销售含有兴奋剂目录所列物质的食品，符合刑法第一百四十三条、第一百四十四条规定的，以生产、销售不符合安全标准的食品罪、生产、销售有毒、有害食品罪定罪处罚。

第六条　国家机关工作人员在行使反兴奋剂管理职权时滥用职权或者玩忽职守，造成严重兴奋剂违规事件，严重损害国家声誉或者造成恶劣社会影响，符合刑法第三百九十七条规定的，以滥用职权罪、玩忽职守罪定罪处罚。

依法或者受委托行使反兴奋剂管理职权的单位的工作人员，在行使反兴奋剂管理职权时滥用职权或者玩忽职守的，依照前款规定定罪处罚。

第七条　实施本解释规定的行为，涉案物质属于毒品、制毒物品等，构成有关犯罪的，依照相应犯罪定罪处罚。

第八条　对于是否属于本解释规定的“兴奋剂”“兴奋剂目录所列物质”“体育运动”“国内、国际重大体育竞赛”等专门性问题，应当依据《中华人民共和国体育法》《反兴奋剂条例》等法律法规，结合国务院体育主管部门出具的认定意见等证据材料作出认定。

第九条　本解释自2020年1月1日起施行。

最高人民法院、最高人民检察院关于不再追诉去台人员在中华人民共和国成立前的犯罪行为的公告

（1988年3月14日）

台湾同胞来祖国大陆探亲旅游的日益增多。这对于促进海峡两岸的"三通"和实现祖国和平统一大业将起到积极的作用。为此，对去台人员中在中华人民共和国成立前在大陆犯有罪行的，根据《中华人民共和国刑法》第七十六条关于对犯罪追诉时效的规定的精神，决定对其当时所犯罪行不再追诉。

来祖国大陆的台湾同胞应遵守国家的法律，其探亲、旅游、贸易、投资等正当活动，均受法律保护。

最高人民法院、最高人民检察院关于不再追诉去台人员在中华人民共和国成立后当地人民政权建立前的犯罪行为的公告

（1989年9月7日 〔89〕高检会〔研〕字第12号）

最高人民法院、最高人民检察院1988年3月14日《关于不再追诉去台人员在中华人民共和国成立前的犯罪行为的公告》发布以后，引起各方面的积极反响。为了进一步发展祖国大陆与台湾地区的经济、文化交流和人员往来，促进祖国和平统一大业，现根据《中华人民共和国刑法》的规定，再次公告如下：

一、对去台人员在中华人民共和国成立后、犯罪地地方人民政权建立前所犯罪行，不再追诉。

二、去台人员在中华人民共和国成立后、犯罪地地方人民政权建立前犯有罪行，并连续或继续到当地人民政权建立后的，追诉期限从犯罪行为终了之日起计算。凡符合《中华人民共和国刑法》第七十六条规定的，不再追诉。其中法定最高刑为无期徒刑、死刑的，经过二十年，也不再追诉。如果认为必须追诉的，由最高人民检察院核准。

三、对于去台湾以外其他地区和国家的人员在中华人民共和国成立前，或者在中华人民共和国成立后、犯罪地地方人民政权建立前所犯的罪行，分别按照最高人民法院、最高人民检察院《关于不再追诉去台人员在中华人民共和国成立前的犯罪行为的公告》精神和本公告第一条、第二条的规定办理。

最高人民检察院关于检察工作中具体适用修订刑法第十二条若干问题的通知

（1997年10月6日 高检发释字〔1997〕4号）

地方各级人民检察院，各级军事检察院：

根据修订刑法第十二条的规定，现对发生在1997年9月30日以前，1997年10月1日后尚未处理或者正在处理的行为如何适用法律的若干问题通知如下：

一、如果当时的法律（包括1979年刑

法,中华人民共和国惩治军人违反职责罪暂行条例,全国人大常委会关于刑事法律的决定、补充规定,民事、经济、行政法律中"依照"、"比照"刑法有关条款追究刑事责任的法律条文,下同)、司法解释认为是犯罪的,修订刑法不认为是犯罪的,依法不再追究刑事责任。已经立案、侦查的,撤销案件;审查起诉的,作出不起诉决定;已经起诉的,建议人民法院退回案件,予以撤销;已经抗诉的,撤回抗诉。

二、如果当时的法律认为是犯罪的,修订刑法也认为是犯罪的,按从旧兼从轻的原则依法追究刑事责任:

1. 罪名、构成要件、情节以及法定刑没有变化的,适用当时的法律追究刑事责任。

2. 罪名、构成要件、情节以及法定刑已经变化的,根据从轻的原则,确定适用当时的法律或者修订刑法追究刑事责任。

三、如果当时的法律不认为是犯罪的,修订刑法认为是犯罪的,适用当时的法律;但行为连续或者继续到1997年10月1日以后的,对10月1日以后构成犯罪的行为适用修订刑法追究刑事责任。

最高人民检察院关于对跨越修订刑法施行日期的继续犯罪、连续犯罪以及其他同种数罪应如何具体适用刑法问题的批复

(1998年12月2日　高检发释字〔1998〕6号)

四川省人民检察院:

你院川检发研(1998)10号《关于对连续犯罪、继续犯罪如何具体适用刑法第十二条的有关问题的请示》收悉,经研究,批复如下:

对于开始于1997年9月30日以前,继续或者连续到1997年10月1日以后的行为,以及在1997年10月1日前后分别实施的同种类数罪,如果原刑法和修订刑法都认为是犯罪并且应当追诉,按照下列原则决定如何适用法律:

一、对于开始于1997年9月30日以前,继续到1997年10月1日以后终了的继续犯罪,应当适用修订刑法一并进行追诉。

二、对于开始于1997年9月30日以前,连续到1997年10月1日以后的连续犯罪,或者在1997年10月1日前后分别实施同种类数罪,其中罪名、构成要件、情节以及法定刑均没有变化的,应当适用修订刑法,一并进行追诉;罪名、构成要件、情节以及法定刑已经变化的,也应当适用修订刑法,一并进行追诉,但是修订刑法比原刑法所规定的构成要件和情节较为严格,或者法定刑较重的,在提起公诉时应当提出酌情从轻处理意见。

最高人民检察院关于《全国人民代表大会常务委员会关于〈中华人民共和国刑法〉第九十三条第二款的解释》的时间效力的批复

(2000年6月29日　高检发研字〔2000〕15号)

天津市人民检察院:

你院"关于《全国人民代表大会常务委员会关于〈中华人民共和国刑法〉第九十三

条第二款的解释》的实施时间问题的请示"收悉。经研究,批复如下:

《全国人民代表大会常务委员会关于〈中华人民共和国刑法〉第九十三条第二款的解释》是对刑法第九十三条第二款关于"其他依照法律从事公务的人员"规定的进一步明确,并不是对刑法的修改。因此,该《解释》的效力适用于修订刑法的施行日期,其溯及力适用修订刑法第12条的规定。

最高人民法院、最高人民检察院关于适用刑事司法解释时间效力问题的规定

(2001年12月16日 高检发释字〔2001〕5号)

为正确适用司法解释办理案件,现对适用刑事司法解释时间效力问题提出如下意见:

一、司法解释是最高人民法院对审判工作中具体应用法律问题和最高人民检察院对检察工作中具体应用法律问题所作的具有法律效力的解释,自发布或者规定之日起施行,效力适用于法律的施行期间。

二、对于司法解释实施前发生的行为,行为时没有相关司法解释,司法解释施行后尚未处理或者正在处理的案件,依照司法解释的规定办理。

三、对于新的司法解释实施前发生的行为,行为时已有相关司法解释,依照行为时的司法解释办理,但适用新的司法解释对犯罪嫌疑人、被告人有利的,适用新的司法解释。

四、对于在司法解释施行前已办结的案件,按照当时的法律和司法解释,认定事实和适用法律没有错误的,不再变动。

最高人民法院、最高人民检察院、公安部关于办理海上发生的违法犯罪案件有关问题的通知

(2007年9月17日 公通字〔2007〕60号)

各省、自治区、直辖市高级人民法院、人民检察院、公安厅(局),解放军军事法院、军事检察院,新疆维吾尔自治区高级人民法院生产建设兵团分院、新疆生产建设兵团人民检察院、公安局:

为维护我国国家安全和海域治安秩序,保护公共财产和公民人身财产安全,及时、有效地办理发生在海上的违法犯罪案件,现就有关问题通知如下:

一、公安机关海上执法任务由沿海省、自治区、直辖市公安边防总队及其所属的海警支队、海警大队承担。在办理海上治安行政案件和刑事案件时,公安边防总队行使地(市)级人民政府公安机关的职权,海警支队行使县级人民政府公安机关的职权,海警大队行使公安派出所的职权,分别以自己名义作出决定和制作法律文书。

二、对省、自治区、直辖市公安边防总队及其下设的海警支队管辖海域的划分,应当充分考虑执法办案工作的需要,可以不受行政区划海域划分的限制。

海警支队的管辖海域由其隶属的省、自治区、直辖市公安边防总队划定,报公安部边防管理局和所在省、自治区、直辖市公安厅、局备案,并抄送所在地省、自治区、直

辖市高级人民法院、人民检察院。

沿海省、自治区、直辖市公安边防总队的管辖海域由公安部边防管理局划定，并抄送最高人民法院、最高人民检察院。

三、海上发生的一般治安行政案件，由违法行为发生海域海警大队管辖；重大、复杂、涉外的治安行政案件，由违法行为发生海域海警支队管辖；如果由违法嫌疑人居住地公安机关管辖更为适宜的，可以由违法嫌疑人居住地的公安机关管辖。

海上发生的刑事案件，由犯罪行为发生海域海警支队管辖；如果由犯罪嫌疑人居住地或者主要犯罪行为发生地公安机关管辖更为适宜的，可以由犯罪嫌疑人居住地或者主要犯罪行为发生地的公安机关管辖；对管辖有争议或者情况特殊的刑事案件，可报请上级公安机关指定管辖。

同一省、自治区、直辖市内跨海警支队管辖海域的行政案件和刑事案件，由违法犯罪行为发生海域海警支队协商确定管辖；协商不成的，由省、自治区、直辖市公安边防总队指定管辖。

跨省、自治区、直辖市管辖海域的行政案件和刑事案件，由违法犯罪行为发生海域省、自治区、直辖市公安边防总队协商确定管辖；协商不成的，由公安部边防管理局指定管辖。

四、海警支队办理刑事案件，需要提请批准逮捕或者移送审查起诉的，依法向所在地人民检察院提请或者移送，人民检察院应当依法进行审查并作出决定。

人民检察院提起公诉的海上犯罪案件，同级人民法院依法审判。人民法院判处管制、剥夺政治权利以及决定暂予监外执行、缓刑、假释的，由罪犯居住地公安机关执行。

五、公民、法人或者其他组织对海警大队作出的具体行政行为不服而依法申请行政复议的，由该海警大队隶属的海警支队依法办理。

公民、法人或者其他组织对海警支队作出的具体行政行为不服而依法申请行政复议的，由该海警支队隶属的省、自治区、直辖市公安边防总队依法办理。

六、公民、法人或者其他组织认为公安边防海警作出的具体行政行为侵犯其合法权益的，可以依法提起行政诉讼。作出决定的公安边防海警应当依法出庭应诉。

七、公民、法人或者其他组织认为公安边防海警违法行使职权侵犯其合法权益造成损害而向公安机关申请国家赔偿的，由作出决定的公安边防海警依法办理。

对公安边防海警作出的有关刑事赔偿决定不服的，可以向其上一级机关申请复议。对复议决定不服的，可以向人民法院赔偿委员会提出赔偿申请。

对公安边防海警作出的有关行政赔偿决定不服的，可以向人民法院提起行政赔偿诉讼。对具体的行政行为不服的，可以在申请行政复议和提起行政诉讼时，一并提出行政赔偿请求。

八、对海上违法犯罪案件的调查处理、侦查、提起公诉和审判，分别依照《刑事诉讼法》《治安管理处罚法》等相关法律、法规、规章和司法解释的规定办理。

公安边防海警办理行政复议、参与行政诉讼、进行国家赔偿等，分别依照《行政诉讼法》《行政复议法》《国家赔偿法》等相关法律、法规、规章和司法解释的规定办理。

各地接本通知后，请认真贯彻执行。

执行中遇到的问题，请及时分别报告最高人民法院、最高人民检察院、公安部。

最高人民法院关于在裁判文书中如何表述修正前后刑法条文的批复

（2012年2月20日最高人民法院审判委员会第1542次会议通过　2012年5月15日最高人民法院公告公布　自2012年6月1日起施行　法释〔2012〕7号）

各省、自治区、直辖市高级人民法院，解放军军事法院，新疆维吾尔自治区高级人民法院生产建设兵团分院：

近来，一些法院就在裁判文书中引用修正前后刑法条文如何具体表述问题请示我院。经研究，批复如下：

一、根据案件情况，裁判文书引用1997年3月14日第八届全国人民代表大会第五次会议修订的刑法条文，应当根据具体情况分别表述：

（一）有关刑法条文在修订的刑法施行后未经修正，或者经过修正，但引用的是现行有效条文，表述为“《中华人民共和国刑法》第××条”。

（二）有关刑法条文经过修正，引用修正前的条文，表述为“1997年修订的《中华人民共和国刑法》第××条”。

（三）有关刑法条文经两次以上修正，引用经修正、且为最后一次修正前的条文，表述为“经××××年《中华人民共和国刑法修正案（×）》修正的《中华人民共和国刑法》第××条”。

二、根据案件情况，裁判文书引用1997年3月14日第八届全国人民代表大会第五次会议修订前的刑法条文，应当表述为“1979年《中华人民共和国刑法》第××条”。

三、根据案件情况，裁判文书引用有关单行刑法条文，应当直接引用相应该条例、补充规定或者决定的具体条款。

四、《最高人民法院关于在裁判文书中如何引用修订前、后刑法名称的通知》（法〔1997〕192号）、《最高人民法院关于在裁判文书中如何引用刑法修正案的批复》（法释〔2007〕7号）不再适用。

最高人民法院关于进一步加强刑事冤错案件国家赔偿工作的意见

（2015年1月12日　法〔2015〕12号）

为进一步提升刑事冤错案件国家赔偿工作质效，切实加强人权司法保护，促进国家机关及其工作人员依法行使职权，根据《中华人民共和国国家赔偿法》，结合工作实际，提出如下意见。

一、坚持依法赔偿。各级人民法院要认真贯彻落实党的十八大和十八届三中、四中全会精神，紧紧围绕习近平总书记提出的“努力让人民群众在每一个司法案件中都感受到公平正义”的目标，认真做好刑事冤错案件的国家赔偿工作。要坚持依法赔偿原则，恪守职权法定、范围法定、程序法定和标准法定的要求，依法、及时、妥善地处理刑事冤错案件引发的国家赔偿纠纷。坚持公开公正原则，严格依法办案，规范工作流程，加强司法公开，自觉接受监督。坚持司法为民原则，不断创新和完善工作机制，延伸国家赔偿工作职能。

二、做好刑事审判与国家赔偿的衔接。各级人民法院要建立健全刑事冤错案件宣告无罪与国家赔偿工作的内部衔接机制，做到关口前移、联合会商、提前应对。对于拟宣告无罪并可能引发国家赔偿的案件，刑事审判（含审判监督）部门要在宣判前及时通知本院国家赔偿办案机构，国家赔偿办案机构接到通知后要及时形成赔偿工作预案，必要时要共同做好整体工作方案。对再审改判宣告无罪并依法享有申请国家赔偿权利的当事人，人民法院要在宣判的同时依照刑事诉讼法司法解释的规定告知其在判决发生法律效力后有依法申请国家赔偿的权利。

三、加强对赔偿请求人的诉权保护和法律释明。各级人民法院要坚持以法治思维、法治方式审查处理刑事冤错案件引发的国家赔偿纠纷，切实依法保障赔偿请求人申请赔偿的权利。要依法做好立案工作，准确把握立案的法定条件，畅通求偿渠道，不得以实体审理标准代替立案审查标准。要认真贯彻执行《最高人民法院、司法部关于加强国家赔偿法律援助工作的意见》，切实为经济困难的赔偿请求人申请赔偿提供便利。要认真对待赔偿请求人提出的各项权利诉求，引导其依法、理性求偿，发现赔偿请求明显超出法律规定的范围或者依法应当赔偿而赔偿请求人没有主张的，人民法院要依法、及时予以释明。

四、提升执法办案的规范性和透明度。各级人民法院要严格执行国家赔偿法和相关司法解释的规定，确保程序合法公正。要不断创新和完善工作机制，加强审判管理，进一步提升立案、审理、决定、执行等各环节的规范化水平。要针对国家赔偿案件的特点，创新司法公开的形式，拓展司法公开的广度和深度，自觉接受人大、政协、检察机关和社会各界的监督。要加强直接、实时监督，对于重大、疑难、复杂案件决定组织听证或者质证的，可以邀请人大代表、政协委员、检察机关代表、律师代表、群众代表等参与旁听，也可以通过其他适当方式公开听证或者质证的过程，进一步提升刑事冤错案件国家赔偿工作的透明度。

五、严格依法开展协商和作出决定。各级人民法院要充分运用国家赔偿法规定的协商机制，与赔偿请求人就赔偿方式、赔偿项目和赔偿数额进行协商。经协商达成协议的，依法制作国家赔偿决定书确认协议内容；协商不成的，依法作出国家赔偿决定。针对具体赔偿项目，有明确赔偿标准的，严格执行法定赔偿标准；涉及精神损害赔偿的，按照《最高人民法院关于人民法院赔偿委员会审理国家赔偿案件适用精神损害赔偿若干问题的意见》办理。要注意加强文书说理，充分说明认定的案件事实和依据，准确援引法律和司法解释规定，确保说理全面、透彻、准确，语言通俗易懂，增强人民群众对国家赔偿决定的认同感。

六、加强国家赔偿决定执行工作。各级人民法院要积极协调、督促财政部门等做好生效国家赔偿决定的执行工作，共同维护生效法律文书的法律权威。赔偿请求人向作为赔偿义务机关的人民法院申请支付赔偿金的，被申请法院要依法审查并及时将审查结果通知赔偿请求人。人民法院受理赔偿请求人的支付申请后，要严格依照预算管理权限在七日内向财政部门提出支付申请。财政部门受理后超过法定期限未拨付赔偿金的，人民法院要积极协调催办并将进展情况及时反馈给赔偿请求人。赔偿请求人就决定执行、赔偿金支付等事宜进行咨询的,人民法院要及时予以回应。

七、积极推进善后安抚和追偿追责等工作。各级人民法院要在依法、及时、妥善处理刑事赔偿案件的同时,根据案件具体情况,沟通协调政府职能部门或者有关社会组织,促进法定赔偿与善后安抚、社会帮扶救助的衔接互补,推动形成刑事冤错案件国家赔偿纠纷的多元、实质化解机制。要深入研究和完善国家赔偿法规定的追偿追责制度,严格依法开展刑事冤错案件的追偿追责工作。积极回应人民群众关切,既要做好正面宣传引导工作,又要根据舆情进展情况,动态、及时、主动、客观地进行回应,为刑事冤错案件的国家赔偿工作营造良好的社会氛围。

八、加强对新情况新问题的调查研究。各级人民法院要不断总结刑事冤错案件国家赔偿工作经验,密切关注重大、疑难、敏感问题和典型案件。对工作中发现的新情况新问题,要认真梳理提炼,深入分析研究,尽早提出对策,必要时及时层报最高人民法院。

最高人民法院、最高人民检察院、公安部、司法部关于依法惩治妨害新型冠状病毒感染肺炎疫情防控违法犯罪的意见

(2020年2月6日　法发〔2020〕7号)

为依法惩治妨害新型冠状病毒感染肺炎疫情防控违法犯罪行为,保障人民群众生命安全和身体健康,保障社会安定有序,保障疫情防控工作顺利开展,根据有关法律、司法解释的规定,制定本意见。

一、提高政治站位,充分认识疫情防控时期维护社会大局稳定的重大意义

各级人民法院、人民检察院、公安机关、司法行政机关要切实把思想和行动统一到习近平总书记关于新型冠状病毒感染肺炎疫情防控工作的系列重要指示精神上来,坚决贯彻落实党中央决策部署、中央应对新型冠状病毒感染肺炎疫情工作领导小组工作安排,按照中央政法委要求,增强"四个意识"、坚定"四个自信"、做到"两个维护",始终将人民群众的生命安全和身体健康放在第一位,坚决把疫情防控作为当前压倒一切的头等大事来抓,用足用好法律规定,依法及时、从严惩治妨害疫情防控的各类违法犯罪,为坚决打赢疫情防控阻击战提供有力法治保障。

二、准确适用法律,依法严惩妨害疫情防控的各类违法犯罪

(一)依法严惩抗拒疫情防控措施犯罪。故意传播新型冠状病毒感染肺炎病原体,具有下列情形之一,危害公共安全的,依照刑法第一百一十四条、第一百一十五条第一款的规定,以以危险方法危害公共安全罪定罪处罚:

1. 已经确诊的新型冠状病毒感染肺炎病人、病原携带者,拒绝隔离治疗或者隔离期未满擅自脱离隔离治疗,并进入公共场所或者公共交通工具的;

2. 新型冠状病毒感染肺炎疑似病人拒绝隔离治疗或者隔离期未满擅自脱离隔离治疗,并进入公共场所或者公共交通工具,造成新型冠状病毒传播的。

其他拒绝执行卫生防疫机构依照传染病防治法提出的防控措施,引起新型冠状

病毒传播或者有传播严重危险的，依照刑法第三百三十条的规定，以妨害传染病防治罪定罪处罚。

以暴力、威胁方法阻碍国家机关工作人员（含在依照法律、法规规定行使国家有关疫情防控行政管理职权的组织中从事公务的人员，在受国家机关委托代表国家机关行使疫情防控职权的组织中从事公务的人员，虽未列入国家机关人员编制但在国家机关中从事疫情防控公务的人员）依法履行为防控疫情而采取的防疫、检疫、强制隔离、隔离治疗等措施的，依照刑法第二百七十七条第一款、第三款的规定，以妨害公务罪定罪处罚。暴力袭击正在依法执行职务的人民警察的，以妨害公务罪定罪，从重处罚。

（二）依法严惩暴力伤医犯罪。在疫情防控期间，故意伤害医务人员造成轻伤以上的严重后果，或者对医务人员实施撕扯防护装备、吐口水等行为，致使医务人员感染新型冠状病毒的，依照刑法第二百三十四条的规定，以故意伤害罪定罪处罚。

随意殴打医务人员，情节恶劣的，依照刑法第二百九十三条的规定，以寻衅滋事罪定罪处罚。

采取暴力或者其他方法公然侮辱、恐吓医务人员，符合刑法第二百四十六条、第二百九十三条规定的，以侮辱罪或者寻衅滋事罪定罪处罚。

以不准离开工作场所等方式非法限制医务人员人身自由，符合刑法第二百三十八条规定的，以非法拘禁罪定罪处罚。

（三）依法严惩制假售假犯罪。在疫情防控期间，生产、销售伪劣的防治、防护产品、物资，或者生产、销售用于防治新型冠状病毒感染肺炎的假药、劣药，符合刑法第一百四十条、第一百四十一条、第一百四十二条规定的，以生产、销售伪劣产品罪，生产、销售假药罪或者生产、销售劣药罪定罪处罚。

在疫情防控期间，生产不符合保障人体健康的国家标准、行业标准的医用口罩、护目镜、防护服等医用器材，或者销售明知是不符合标准的医用器材，足以严重危害人体健康的，依照刑法第一百四十五条的规定，以生产、销售不符合标准的医用器材罪定罪处罚。

（四）依法严惩哄抬物价犯罪。在疫情防控期间，违反国家有关市场经营、价格管理等规定，囤积居奇，哄抬疫情防控急需的口罩、护目镜、防护服、消毒液等防护用品、药品或者其他涉及民生的物品价格，牟取暴利，违法所得数额较大或者有其他严重情节，严重扰乱市场秩序的，依照刑法第二百二十五条第四项的规定，以非法经营罪定罪处罚。

（五）依法严惩诈骗、聚众哄抢犯罪。在疫情防控期间，假借研制、生产或者销售用于疫情防控的物品的名义骗取公私财物，或者捏造事实骗取公众捐赠款物，数额较大的，依照刑法第二百六十六条的规定，以诈骗罪定罪处罚。

在疫情防控期间，违反国家规定，假借疫情防控的名义，利用广告对所推销的商品或者服务作虚假宣传，致使多人上当受骗，违法所得数额较大或者有其他严重情节的，依照刑法第二百二十二条的规定，以虚假广告罪定罪处罚。

在疫情防控期间，聚众哄抢公私财物特别是疫情防控和保障物资，数额较大或者有其他严重情节的，对首要分子和积极参加者，依照刑法第二百六十八条的规定，以聚众哄抢罪定罪处罚。

（六）依法严惩造谣传谣犯罪。编造虚假的疫情信息，在信息网络或者其他媒体上传播，或者明知是虚假疫情信息，故意在信息网络或者其他媒体上传播，严重扰乱社会秩序的，依照刑法第二百九十一条之一第二款的规定，以编造、故意传播虚假信息罪定罪处罚。

编造虚假信息，或者明知是编造的虚假信息，在信息网络上散布，或者组织、指使人员在信息网络上散布，起哄闹事，造成公共秩序严重混乱的，依照刑法第二百九十三条第一款第四项的规定，以寻衅滋事罪定罪处罚。

利用新型冠状病毒感染肺炎疫情，制造、传播谣言，煽动分裂国家、破坏国家统一，或者煽动颠覆国家政权、推翻社会主义制度的，依照刑法第一百零三条第二款、第一百零五条第二款的规定，以煽动分裂国家罪或者煽动颠覆国家政权罪定罪处罚。

网络服务提供者不履行法律、行政法规规定的信息网络安全管理义务，经监管部门责令采取改正措施而拒不改正，致使虚假疫情信息或者其他违法信息大量传播的，依照刑法第二百八十六条之一的规定，以拒不履行信息网络安全管理义务罪定罪处罚。

对虚假疫情信息案件，要依法、精准、恰当处置。对恶意编造虚假疫情信息，制造社会恐慌，挑动社会情绪，扰乱公共秩序，特别是恶意攻击党和政府，借机煽动颠覆国家政权、推翻社会主义制度的，要依法严惩。对于因轻信而传播虚假信息，危害不大的，不以犯罪论处。

（七）依法严惩疫情防控失职渎职、贪污挪用犯罪。在疫情防控工作中，负有组织、协调、指挥、灾害调查、控制、医疗救治、信息传递、交通运输、物资保障等职责的国家机关工作人员，滥用职权或者玩忽职守，致使公共财产、国家和人民利益遭受重大损失的，依照刑法第三百九十七条的规定，以滥用职权罪或者玩忽职守罪定罪处罚。

卫生行政部门的工作人员严重不负责任，不履行或者不认真履行防治监管职责，导致新型冠状病毒感染肺炎传播或者流行，情节严重的，依照刑法第四百零九条的规定，以传染病防治失职罪定罪处罚。

从事实验、保藏、携带、运输传染病菌种、毒种的人员，违反国务院卫生行政部门的有关规定，造成新型冠状病毒毒种扩散，后果严重的，依照刑法第三百三十一条的规定，以传染病毒种扩散罪定罪处罚。

国家工作人员，受委托管理国有财产的人员，公司、企业或者其他单位的人员，利用职务便利，侵吞、截留或者以其他手段非法占有用于防控新型冠状病毒感染肺炎的款物，或者挪用上述款物归个人使用，符合刑法第三百八十二条、第三百八十三条、第二百七十一条、第三百八十四条、第二百七十二条规定的，以贪污罪、职务侵占罪、挪用公款罪、挪用资金罪定罪处罚。挪用用于防控新型冠状病毒感染肺炎的救灾、优抚、救济等款物，符合刑法第二百七十三条规定的，对直接责任人员，以挪用特定款物罪定罪处罚。

（八）依法严惩破坏交通设施犯罪。在疫情防控期间，破坏轨道、桥梁、隧道、公路、机场、航道、灯塔、标志或者进行其他破坏活动，足以使火车、汽车、电车、船只、航空器发生倾覆、毁坏危险的，依照刑法第一百一十七条、第一百一十九条第一款的规定，以破坏交通设施罪定罪处罚。

办理破坏交通设施案件，要区分具体情况，依法审慎处理。对于为了防止疫情蔓延，未经批准擅自封路阻碍交通，未造成严重后果的，一般不以犯罪论处，由主管部门予以纠正。

（九）依法严惩破坏野生动物资源犯罪。非法猎捕、杀害国家重点保护的珍贵、濒危野生动物的，或者非法收购、运输、出售国家重点保护的珍贵、濒危野生动物及其制品的，依照刑法第三百四十一条第一款的规定，以非法猎捕、杀害珍贵、濒危野生动物罪或者非法收购、运输、出售珍贵、濒危野生动物、珍贵、濒危野生动物制品罪定罪处罚。

违反狩猎法规，在禁猎区、禁猎期或者使用禁用的工具、方法进行狩猎，破坏野生动物资源，情节严重的，依照刑法第三百四十一条第二款的规定，以非法狩猎罪定罪处罚。

违反国家规定，非法经营非国家重点保护野生动物及其制品（包括开办交易场所、进行网络销售、加工食品出售等），扰乱市场秩序，情节严重的，依照刑法第二百二十五条第四项的规定，以非法经营罪定罪处罚。

知道或者应当知道是国家重点保护的珍贵、濒危野生动物及其制品，为食用或者其他目的而非法购买，符合刑法第三百四十一条第一款规定的，以非法收购珍贵、濒危野生动物、珍贵、濒危野生动物制品罪定罪处罚。

知道或者应当知道是非法狩猎的野生动物而购买，符合刑法第三百一十二条规定的，以掩饰、隐瞒犯罪所得罪定罪处罚。

（十）依法严惩妨害疫情防控的违法行为。实施上述（一）至（九）规定的行为，不构成犯罪的，由公安机关根据治安管理处罚法有关虚构事实扰乱公共秩序，扰乱单位秩序、公共场所秩序、寻衅滋事，拒不执行紧急状态下的决定、命令，阻碍执行职务，冲闯警戒带、警戒区，殴打他人，故意伤害，侮辱他人，诈骗，在铁路沿线非法挖掘坑穴、采石取沙，盗窃、损毁路面公共设施，损毁铁路设施设备，故意损毁财物、哄抢公私财物等规定，予以治安管理处罚，或者由有关部门予以其他行政处罚。

对于在疫情防控期间实施有关违法犯罪的，要作为从重情节予以考量，依法体现从严的政策要求，有力惩治震慑违法犯罪，维护法律权威，维护社会秩序，维护人民群众生命安全和身体健康。

三、健全完善工作机制，保障办案效果和安全

（一）及时查处案件。公安机关对于妨害新型冠状病毒感染肺炎疫情防控的案件，要依法及时立案查处，全面收集固定证据。对于拒绝隔离治疗或者隔离期未满擅自脱离隔离治疗的人员，公安机关要依法协助医疗机构和有关部门采取强制隔离治疗措施。要严格规范公正文明执法。

（二）强化沟通协调。人民法院、人民检察院、公安机关、司法行政机关要加强沟通协调，确保案件顺利侦查、起诉、审判、交付执行。对重大、敏感、复杂案件，公安机关要及时听取人民检察院的意见建议。对社会影响大、舆论关注度高的重大案件，要加强组织领导，按照依法处置、舆论引导、社会面管控“三同步”要求，及时向社会通报案件进展情况，澄清事实真相，做好舆论引导工作。

（三）保障诉讼权利。要依法保障犯罪嫌疑人、被告人的各项诉讼权利特别是辩护权。要按照刑事案件律师辩护全覆盖的要求，积极组织律师为没有委托辩护人的被告人依法提供辩护或者法律帮助。各级司法行政机关要加强对律师辩护代理工作的指导监督，引导广大律师依法依规履行辩护代理职责，切实维护犯罪嫌疑人、被告人的合法权益，保障法律正确实施。

（四）加强宣传教育。人民法院、人民检察院、公安机关、司法行政机关要认真落实“谁执法谁普法”责任制，结合案件办理深入细致开展法治宣传教育工作。要选取典型案例，以案释法，加大警示教育，震慑违法犯罪分子，充分展示坚决依法严惩此类违法犯罪、维护人民群众生命安全和身体健康的决心。要引导广大群众遵纪守法，不信谣、不传谣，依法支持和配合疫情防控工作，为疫情防控工作的顺利开展营造良好的法治和社会环境。

（五）注重办案安全。在疫情防控期间，办理妨害新型冠状病毒感染肺炎疫情防控案件，办案人员要注重自身安全，提升防范意识，增强在履行接处警、抓捕、羁押、讯问、审判、执行等职能时的自我保护能力和防范能力。除依法必须当面接触的情形外，可以尽量采取书面审查方式，必要时，可以采取视频等方式讯问犯罪嫌疑人、询问被害人、证人、听取辩护律师意见。人民法院在疫情防控期间审理相关案件的，在坚持依法公开审理的同时，要最大限度减少人员聚集，切实维护诉讼参与人、旁听群众、法院干警的安全和健康。

最高人民法院、最高人民检察院、中国海警局关于海上刑事案件管辖等有关问题的通知

（2020年2月20日　海警〔2020〕1号）

各省、自治区、直辖市高级人民法院、人民检察院，解放军军事法院、军事检察院，新疆维吾尔自治区高级人民法院生产建设兵团分院、新疆生产建设兵团人民检察院，中国海警局各分局、直属局，沿海省、自治区、直辖市海警局：

为依法惩治海上犯罪，维护国家主权、安全、海洋权益和海上秩序，根据《中华人民共和国刑事诉讼法》《全国人民代表大会常务委员会关于中国海警局行使海上维权执法职权的决定》以及其他相关法律，现就海上刑事案件管辖等有关问题通知如下：

一、对海上发生的刑事案件，按照下列原则确定管辖：

（一）在中华人民共和国内水、领海发生的犯罪，由犯罪地或者被告人登陆地的人民法院管辖，如果由被告人居住地的人民法院审判更为适宜的，可以由被告人居住地的人民法院管辖；

（二）在中华人民共和国领域外的中国船舶内的犯罪，由该船舶最初停泊的中国口岸所在地或者被告人登陆地、入境地的人民法院管辖；

（三）中国公民在中华人民共和国领海以外的海域犯罪，由其登陆地、入境地、离境前居住地或者现居住地的人民法院管辖；被害人是中国公民的，也可以由被害人离境前居住地或者现居住地的人民法院

管辖;

(四)外国人在中华人民共和国领海以外的海域对中华人民共和国国家或者公民犯罪,根据《中华人民共和国刑法》应当受到处罚的,由该外国人登陆地、入境地、入境后居住地的人民法院管辖,也可以由被害人离境前居住地或者现居住地的人民法院管辖;

(五)对中华人民共和国缔结或者参加的国际条约所规定的罪行,中华人民共和国在所承担的条约义务的范围内行使刑事管辖权的,由被告人被抓获地、登陆地或者入境地的人民法院管辖。

前款第一项规定的犯罪地包括犯罪行为发生地和犯罪结果发生地。前款第二项至第五项规定的入境地,包括进入我国陆地边境、领海以及航空器降落在我国境内的地点。

二、海上发生的刑事案件的立案侦查,由海警机构根据本通知第一条规定的管辖原则进行。

依据第一条规定确定的管辖地未设置海警机构的,由有关海警局商同级人民检察院、人民法院指定管辖。

三、沿海省、自治区、直辖市海警局办理刑事案件,需要提请批准逮捕或者移送起诉的,依法向所在地省级人民检察院提请或者移送。

沿海省、自治区、直辖市海警局下属海警局,中国海警局各分局、直属局办理刑事案件,需要提请批准逮捕或者移送起诉的,依法向所在地设区的市级人民检察院提请或者移送。

海警工作站办理刑事案件,需要提请批准逮捕或者移送起诉的,依法向所在地基层人民检察院提请或者移送。

四、人民检察院对于海警机构移送起诉的海上刑事案件,按照刑事诉讼法、司法解释以及本通知的有关规定进行审查后,认为应当由其他人民检察院起诉的,应当将案件移送有管辖权的人民检察院。

需要按照刑事诉讼法、司法解释以及本通知的有关规定指定审判管辖的,海警机构应当在移送起诉前向人民检察院通报,由人民检察院协商同级人民法院办理指定管辖有关事宜。

五、对人民检察院提起公诉的海上刑事案件,人民法院经审查认为符合刑事诉讼法、司法解释以及本通知有关规定的,应当依法受理。

六、海警机构办理刑事案件应当主动接受检察机关监督,与检察机关建立信息共享平台,定期向检察机关通报行政执法与刑事司法衔接,刑事立案、破案,采取强制措施等情况。

海警机构所在地的人民检察院依法对海警机构的刑事立案、侦查活动实行监督。

海警机构办理重大、疑难、复杂的刑事案件,可以商请人民检察院介入侦查活动,并听取人民检察院的意见和建议。人民检察院认为确有必要时,可以派员介入海警机构的侦查活动,对收集证据、适用法律提出意见,监督侦查活动是否合法,海警机构应当予以配合。

本通知自印发之日起施行。各地接本通知后,请认真贯彻执行。执行中遇到的问题,请及时分别报告最高人民法院、最高人民检察院、中国海警局。

最高人民法院、最高人民检察院、公安部关于办理涉窨井盖相关刑事案件的指导意见

（2020年3月16日　高检发〔2020〕3号）

近年来，因盗窃、破坏窨井盖等行为导致人员伤亡事故多发，严重危害公共安全和人民群众生命财产安全，社会反映强烈。要充分认识此类行为的社会危害性、运用刑罚手段依法惩治的必要性，完善刑事责任追究机制，维护人民群众“脚底下的安全”，推动窨井盖问题的综合治理。为依法惩治涉窨井盖相关犯罪，切实维护公共安全和人民群众合法权益，提升办案质效，根据《中华人民共和国刑法》等法律规定，提出以下意见。

一、盗窃、破坏正在使用中的社会机动车通行道路上的窨井盖，足以使汽车、电车发生倾覆、毁坏危险，尚未造成严重后果的，依照刑法第一百一十七条的规定，以破坏交通设施罪定罪处罚；造成严重后果的，依照刑法第一百一十九条第一款的规定处罚。

过失造成严重后果的，依照刑法第一百一十九条第二款的规定，以过失损坏交通设施罪定罪处罚。

二、盗窃、破坏人员密集往来的非机动车道、人行道以及车站、码头、公园、广场、学校、商业中心、厂区、社区、院落等生产生活、人员聚集场所的窨井盖，足以危害公共安全，尚未造成严重后果的，依照刑法第一百一十四条的规定，以以危险方法危害公共安全罪定罪处罚；致人重伤、死亡或者使公私财产遭受重大损失的，依照刑法第一百一十五条第一款的规定处罚。

过失致人重伤、死亡或者使公私财产遭受重大损失的，依照刑法第一百一十五条第二款的规定，以过失以危险方法危害公共安全罪定罪处罚。

三、对于本意见第一条、第二条规定以外的其他场所的窨井盖，明知会造成人员伤亡后果而实施盗窃、破坏行为，致人受伤或者死亡的，依照刑法第二百三十四条、第二百三十二条的规定，分别以故意伤害罪、故意杀人罪定罪处罚。

过失致人重伤或者死亡的，依照刑法第二百三十五条、第二百三十三条的规定，分别以过失致人重伤罪、过失致人死亡罪定罪处罚。

四、盗窃本意见第一条、第二条规定以外的其他场所的窨井盖，且不属于本意见第三条规定的情形，数额较大，或者多次盗窃的，依照刑法第二百六十四条的规定，以盗窃罪定罪处罚。

故意毁坏本意见第一条、第二条规定以外的其他场所的窨井盖，且不属于本意见第三条规定的情形，数额较大或者有其他严重情节的，依照刑法第二百七十五条的规定，以故意毁坏财物罪定罪处罚。

五、在生产、作业中违反有关安全管理的规定，擅自移动窨井盖或者未做好安全防护措施等，发生重大伤亡事故或者造成其他严重后果的，依照刑法第一百三十四条第一款的规定，以重大责任事故罪定罪处罚。

窨井盖建设、设计、施工、工程监理单位违反国家规定，降低工程质量标准，造成重大安全事故的，依照刑法第一百三十七条的规定，以工程重大安全事故罪定罪

处罚。

六、生产不符合保障人身、财产安全的国家标准、行业标准的窨井盖,或者销售明知是不符合保障人身、财产安全的国家标准、行业标准的窨井盖,造成严重后果的,依照刑法第一百四十六条的规定,以生产、销售不符合安全标准的产品罪定罪处罚。

七、知道或者应当知道是盗窃所得的窨井盖及其产生的收益而予以窝藏、转移、收购、代为销售或者以其他方法掩饰、隐瞒的,依照刑法第三百一十二条和《最高人民法院关于审理掩饰、隐瞒犯罪所得、犯罪所得收益刑事案件适用法律若干问题的解释》的规定,以掩饰、隐瞒犯罪所得、犯罪所得收益罪定罪处罚。

八、在窨井盖采购、施工、验收、使用、检查过程中负有决定、管理、监督等职责的国家机关工作人员玩忽职守或者滥用职权,致使公共财产、国家和人民利益遭受重大损失的,依照刑法第三百九十七条的规定,分别以玩忽职守罪、滥用职权罪定罪处罚。

九、在依照法律、法规规定行使窨井盖行政管理职权的公司、企业、事业单位中从事公务的人员以及在受国家机关委托代表国家机关行使窨井盖行政管理职权的组织中从事公务的人员,玩忽职守或者滥用职权,致使公共财产、国家和人民利益遭受重大损失的,依照刑法第三百九十七条和《全国人民代表大会常务委员会关于〈中华人民共和国刑法〉第九章渎职罪主体适用问题的解释》的规定,分别以玩忽职守罪、滥用职权罪定罪处罚。

十、对窨井盖负有管理职责的其他公司、企业、事业单位的工作人员,严重不负责任,导致人员坠井等事故,致人重伤或者死亡,符合刑法第二百三十五条、第二百三十三条规定的,分别以过失致人重伤罪、过失致人死亡罪定罪处罚。

十一、国家机关工作人员利用职务上的便利,收受他人财物,为他人谋取与窨井盖相关利益,同时构成受贿罪和刑法分则第九章规定的渎职犯罪的,除刑法另有规定外,以受贿罪和渎职犯罪数罪并罚。

十二、本意见所称的"窨井盖",包括城市、城乡结合部和乡村等地的窨井盖以及其他井盖。

最高人民法院、最高人民检察院、公安部关于依法适用正当防卫制度的指导意见

(2020年8月28日　法发〔2020〕31号)

为依法准确适用正当防卫制度,维护公民的正当防卫权利,鼓励见义勇为,弘扬社会正气,把社会主义核心价值观融入刑事司法工作,根据《中华人民共和国刑法》和《中华人民共和国刑事诉讼法》的有关规定,结合工作实际,制定本意见。

一、总体要求

1. 把握立法精神,严格公正办案。正当防卫是法律赋予公民的权利。要准确理解和把握正当防卫的法律规定和立法精神,对于符合正当防卫成立条件的,坚决依法认定。要切实防止"谁能闹谁有理""谁死伤谁有理"的错误做法,坚决捍卫"法不能向不法让步"的法治精神。

2. 立足具体案情,依法准确认定。要立足防卫人防卫时的具体情境,综合考虑案件发生的整体经过,结合一般人在类似

情境下的可能反应,依法准确把握防卫的时间、限度等条件。要充分考虑防卫人面临不法侵害时的紧迫状态和紧张心理,防止在事后以正常情况下冷静理性、客观精确的标准去评判防卫人。

3. 坚持法理情统一,维护公平正义。认定是否构成正当防卫、是否防卫过当以及对防卫过当裁量刑罚时,要注重查明前因后果,分清是非曲直,确保案件处理于法有据、于理应当、于情相容,符合人民群众的公平正义观念,实现法律效果与社会效果的有机统一。

4. 准确把握界限,防止不当认定。对于以防卫为名行不法侵害之实的违法犯罪行为,要坚决避免认定为正当防卫或者防卫过当。对于虽具有防卫性质,但防卫行为明显超过必要限度造成重大损害的,应当依法认定为防卫过当。

二、正当防卫的具体适用

5. 准确把握正当防卫的起因条件。正当防卫的前提是存在不法侵害。不法侵害既包括侵犯生命、健康权利的行为,也包括侵犯人身自由、公私财产等权利的行为;既包括犯罪行为,也包括违法行为。不应将不法侵害不当限缩为暴力侵害或者犯罪行为。对于非法限制他人人身自由、非法侵入他人住宅等不法侵害,可以实行防卫。不法侵害既包括针对本人的不法侵害,也包括危害国家、公共利益或者针对他人的不法侵害。对于正在进行的拉拽方向盘、殴打司机等妨害安全驾驶、危害公共安全的违法犯罪行为,可以实行防卫。成年人对于未成年人正在实施的针对其他未成年人的不法侵害,应当劝阻、制止;劝阻、制止无效的,可以实行防卫。

6. 准确把握正当防卫的时间条件。正当防卫必须是针对正在进行的不法侵害。对于不法侵害已经形成现实、紧迫危险的,应当认定为不法侵害已经开始;对于不法侵害虽然暂时中断或者被暂时制止,但不法侵害人仍有继续实施侵害的现实可能性的,应当认定为不法侵害仍在进行;在财产犯罪中,不法侵害人虽已取得财物,但通过追赶、阻击等措施能够追回财物的,可以视为不法侵害仍在进行;对于不法侵害人确已失去侵害能力或者确已放弃侵害的,应当认定为不法侵害已经结束。对于不法侵害是否已经开始或者结束,应当立足防卫人在防卫时所处情境,按照社会公众的一般认知,依法作出合乎情理的判断,不能苛求防卫人。对于防卫人因为恐慌、紧张等心理,对不法侵害是否已经开始或者结束产生错误认识的,应当根据主客观相统一原则,依法作出妥当处理。

7. 准确把握正当防卫的对象条件。正当防卫必须针对不法侵害人进行。对于多人共同实施不法侵害的,既可以针对直接实施不法侵害的人进行防卫,也可以针对在现场共同实施不法侵害的人进行防卫。明知侵害人是无刑事责任能力人或者限制刑事责任能力人的,应当尽量使用其他方式避免或者制止侵害;没有其他方式可以避免、制止不法侵害,或者不法侵害严重危及人身安全的,可以进行反击。

8. 准确把握正当防卫的意图条件。正当防卫必须是为了使国家、公共利益、本人或者他人的人身、财产和其他权利免受不法侵害。对于故意以语言、行为等挑动对方侵害自己再予以反击的防卫挑拨,不应认定为防卫行为。

9. 准确界分防卫行为与相互斗殴。防卫行为与相互斗殴具有外观上的相似性,准确区分两者要坚持主客观相统一原则,通过综合考量案发起因、对冲突升级是否有过错、是否使用或者准备使用凶器、是否采用明显不相当的暴力、是否纠集他人参与打斗等客观情节,准确判断行为人的主观意图和行为性质。

因琐事发生争执,双方均不能保持克制而引发打斗,对于有过错的一方先动手且手段明显过激,或者一方先动手,在对方努力避免冲突的情况下仍继续侵害的,还击一方的行为一般应当认定为防卫行为。

双方因琐事发生冲突,冲突结束后,一方又实施不法侵害,对方还击,包括使用工具还击的,一般应当认定为防卫行为。不能仅因行为人事先进行防卫准备,就影响对其防卫意图的认定。

10. 防止将滥用防卫权的行为认定为防卫行为。对于显著轻微的不法侵害,行为人在可以辨识的情况下,直接使用足以致人重伤或者死亡的方式进行制止的,不应认定为防卫行为。不法侵害系因行为人的重大过错引发,行为人在可以使用其他手段避免侵害的情况下,仍故意使用足以致人重伤或者死亡的方式还击的,不应认定为防卫行为。

三、防卫过当的具体适用

11. 准确把握防卫过当的认定条件。根据刑法第二十条第二款的规定,认定防卫过当应当同时具备"明显超过必要限度"和"造成重大损害"两个条件,缺一不可。

12. 准确认定"明显超过必要限度"。防卫是否"明显超过必要限度",应当综合不法侵害的性质、手段、强度、危害程度和防卫的时机、手段、强度、损害后果等情节,考虑双方力量对比,立足防卫人防卫时所处情境,结合社会公众的一般认知作出判断。在判断不法侵害的危害程度时,不仅要考虑已经造成的损害,还要考虑造成进一步损害的紧迫危险性和现实可能性。不应当苛求防卫人必须采取与不法侵害基本相当的反击方式和强度。通过综合考量,对于防卫行为与不法侵害相差悬殊、明显过激的,应当认定防卫明显超过必要限度。

13. 准确认定"造成重大损害"。"造成重大损害"是指造成不法侵害人重伤、死亡。造成轻伤及以下损害的,不属于重大损害。防卫行为虽然明显超过必要限度但没有造成重大损害的,不应认定为防卫过当。

14. 准确把握防卫过当的刑罚裁量。防卫过当应当负刑事责任,但是应当减轻或者免除处罚。要综合考虑案件情况,特别是不法侵害人的过错程度、不法侵害的严重程度以及防卫人面对不法侵害的恐慌、紧张等心理,确保刑罚裁量适当、公正。对于因侵害人实施严重贬损他人人格尊严、严重违反伦理道德的不法侵害,或者多次、长期实施不法侵害所引发的防卫过当行为,在量刑时应当充分考虑,以确保案件处理既经得起法律检验,又符合社会公平正义观念。

四、特殊防卫的具体适用

15. 准确理解和把握"行凶"。根据刑法第二十条第三款的规定,下列行为应当认定为"行凶":(1)使用致命性凶器,严重危及他人人身安全的;(2)未使用凶器或者未使用致命性凶器,但是根据不法侵害的人数、打击部位和力度等情况,确已严重危及他人人身安全的。虽然尚未造成实际损害,但已对人身安全造成严重、紧迫危险的,可以认定为“行凶”。

16. 准确理解和把握“杀人、抢劫、强奸、绑架”。刑法第二十条第三款规定的“杀人、抢劫、强奸、绑架”,是指具体犯罪行为而不是具体罪名。在实施不法侵害过程中存在杀人、抢劫、强奸、绑架等严重危及人身安全的暴力犯罪行为的,如以暴力手段抢劫枪支、弹药、爆炸物或者以绑架手段拐卖妇女、儿童的,可以实行特殊防卫。有关行为没有严重危及人身安全的,应当适用一般防卫的法律规定。

17. 准确理解和把握“其他严重危及人身安全的暴力犯罪”。刑法第二十条第三款规定的“其他严重危及人身安全的暴力犯罪”,应当是与杀人、抢劫、强奸、绑架行为相当,并具有致人重伤或者死亡的紧迫危险和现实可能的暴力犯罪。

18. 准确把握一般防卫与特殊防卫的关系。对于不符合特殊防卫起因条件的防卫行为,致不法侵害人伤亡的,如果没有明显超过必要限度,也应当认定为正当防卫,不负刑事责任。

五、工作要求

19. 做好侦查取证工作。公安机关在办理涉正当防卫案件时,要依法及时、全面收集与案件相关的各类证据,为案件的依法公正处理奠定事实根基。取证工作要及时,对冲突现场有视听资料、电子数据等证据材料的,应当第一时间调取;对冲突过程的目击证人,要第一时间询问。取证工作要全面,对证明案件事实有价值的各类证据都应当依法及时收集,特别是涉及判断是否属于防卫行为、是正当防卫还是防卫过当以及有关案件前因后果等的证据。

20. 依法公正处理案件。要全面审查事实证据,认真听取各方意见,高度重视犯罪嫌疑人、被告人及其辩护人提出的正当防卫或者防卫过当的辩解、辩护意见,并及时核查,以准确认定事实、正确适用法律。要及时披露办案进展等工作信息,回应社会关切。对于依法认定为正当防卫的案件,根据刑事诉讼法的规定,及时作出不予立案、撤销案件、不批准逮捕、不起诉的决定或者被告人无罪的判决。对于防卫过当案件,应当依法适用认罪认罚从宽制度;对于犯罪情节轻微,依法不需要判处刑罚或者免除刑罚的,人民检察院可以作出不起诉决定。对于不法侵害人涉嫌犯罪的,应当依法及时追诉。人民法院审理第一审的涉正当防卫案件,社会影响较大或者案情复杂的,由人民陪审员和法官组成合议庭进行审理;社会影响重大的,由人民陪审员和法官组成七人合议庭进行审理。

21. 强化释法析理工作。要围绕案件争议焦点和社会关切,以事实为根据、以法律为准绳,准确、细致地阐明案件处理的依据和理由,强化法律文书的释法析理,有效回应当事人和社会关切,使办案成为全民普法的法治公开课,达到办理一案、教育一片的效果。要尽最大可能做好矛盾化解工作,促进社会和谐稳定。

22. 做好法治宣传工作。要认真贯彻“谁执法、谁普法”的普法责任制,做好以案说法工作,使正当防卫案件的处理成为全民普法和宣扬社会主义核心价值观的过程。要加大涉正当防卫指导性案例、典型案例的发布力度,旗帜鲜明保护正当防卫者和见义勇为人的合法权益,弘扬社会正气,同时引导社会公众依法、理性、和平解决琐事纠纷,消除社会戾气,增进社会和谐。

最高人民检察院法律政策研究室关于国家机关、国有公司、企业委派到非国有公司、企业从事公务但尚未依照规定程序获取该单位职务的人员是否适用刑法第九十三条第二款问题的答复

（2004 年 11 月 3 日　〔2004〕高检研发第 17 号）

重庆市人民检察院法律政策研究室：

你院《关于受委派的国家工作人员未按法定程序取得非国有公司职务是否适用刑法第九十二条第二款以国家工作人员论的请示》（渝检（研）〔2003〕6 号）收悉。经研究，答复如下：

对于国家机关、国有公司、企业委派到非国有公司、企业从事公务但尚未依照规定程序获取该单位职务的人员，涉嫌职务犯罪的，可以依照刑法第九十三条第二款关于"国家机关、国有公司、企业委派到非国有公司、企业、事业单位、社会团体从事公务的人员"，"以国家工作人员论"的规定追究刑事责任。

二、犯罪与刑罚

1. 侦查、强制措施

最高人民法院、最高人民检察院、公安部关于羁押犯罪嫌疑人、被告人实行换押和羁押期限变更通知制度的通知

(2014 年 3 月 3 日　公监管〔2014〕96 号)

各省、自治区、直辖市高级人民法院，人民检察院，公安厅、局，解放军军事法院、军事检察院，新疆维吾尔自治区高级人民法院生产建设兵团分院，新疆生产建设兵团人民检察院、公安局：

为正确执行《中华人民共和国刑事诉讼法》，准确掌握在押犯罪嫌疑人、被告人羁押期限，有效预防和纠正超期羁押，维护在押犯罪嫌疑人、被告人合法权益，公安机关、人民检察院、人民法院羁押犯罪嫌疑人、被告人实行换押和羁押期限变更通知制度。现就有关事项通知如下：

一、换押和通知范围

（一）换押范围

具有下列情形之一的，办案机关应当办理换押手续：

1. 侦查机关侦查终结，移送人民检察院审查起诉的；

2. 人民检察院退回侦查机关补充侦查的，以及侦查机关补充侦查完毕后重新移送人民检察院审查起诉的；

3. 人民检察院提起公诉，移送人民法院审理的；

4. 审理过程中，人民检察院建议补充侦查，人民法院决定延期审理的，以及人民检察院补充侦查完毕后提请人民法院恢复审理的；

5. 人民检察院对人民法院第一审判决或者裁定提出抗诉以及被告人、自诉人及其法定代理人不服人民法院第一审判决或者裁定提出上诉，第二审人民法院受理的；

6. 第二审人民法院裁定撤销原判，发回原审人民法院重新审判的；

7. 中级人民法院判处死刑的第一审案件进入死刑复核程序，或者死刑复核法院与第二审人民法院不属同一法院，案件进入死刑复核程序，以及死刑复核后人民法院裁定不核准死刑发回重新审判的；

8. 案件在侦查、审查起诉以及审判阶段改变办案机关的。

（二）羁押期限变更通知范围

具有下列情形之一的，办案机关应当将变更后的羁押期限书面通知看守所：

1. 依法延长拘留时间的；

2. 依法延长逮捕后的侦查羁押期限、审查起诉期限、审理期限的；

3. 发现犯罪嫌疑人另有重要罪行，重新计算侦查羁押期限的；

4. 因犯罪嫌疑人不讲真实姓名、住址，身份不明，不计算羁押期限以及从查清其身份之日起开始计算侦查羁押期限的；

5. 适用简易程序审理的案件转为第一审普通程序的；

6. 因精神病鉴定停止计算羁押期限以及恢复计算羁押期限的；

7. 审理过程中，人民法院决定中止审理以及恢复审理的；

8. 死刑复核法院与第二审人民法院为同一法院，案件进入死刑复核程序的；

9. 羁押期限改变的其他情形。

二、换押和通知程序

（一）换押程序

换押时，由移送机关填写《换押证》并加盖公章，一联送达看守所，其余各联随案移送。接收机关接收案件后，填写《换押证》，加盖公章后送达看守所。

对进入最高人民法院死刑复核程序的，由移送案件的高级人民法院填写《换押证》并加盖公章，送达看守所。最高人民法院发回重审的死刑案件，由接收案件的人民法院填写《换押证》并加盖公章，送达看守所。

（二）羁押期限变更通知程序

对于办案机关未改变，但是羁押期限发生变化的，办案机关应当在原法定羁押期限届满前，填写《变更羁押期限通知书》送达看守所。其中因犯罪嫌疑人、被告人不讲真实姓名、住址，身份不明等不计算羁押期限，或者因精神病鉴定停止计算羁押期限，以及恢复计算羁押期限的，办案机关应当在该情形出现或者消失后 3 日内，将《变更羁押期限通知书》送达看守所。

（三）送达方式

《换押证》和《变更羁押期限通知书》一般应当直接送达。不能直接送达的，可以邮寄送达或者传真送达。邮寄途中时间不计入移送机关或者接收机关办案期限，接收机关签收邮件时间为收案时间；传真送达的，应当随后将原件及时送达。

三、《提讯提解证》的办理和使用

办案机关将犯罪嫌疑人、被告人送看守所羁押时，应当在《拘留证》或者《逮捕证》上注明法定羁押起止时间。看守所在办案机关的《提讯提解证》上加盖提讯专用章，注明法定羁押起止时间。

换押后，看守所凭接收机关的《换押证》在其《提讯提解证》上加盖提讯专用章，注明法定羁押起止时间。

对羁押期限变更的，不需要重新办理《提讯提解证》，但需在《提讯提解证》上注明新的法定羁押起止时间和变更原因，所标注内容应当与《变更羁押期限通知书》中内容一致。

对死刑复核案件，最高人民法院凭第二审或者第一审人民法院的《提讯提解证》对被告人进行现场提讯或者远程视频提讯。其中进行现场提讯的，最高人民法院工作人员应当同时出具有效工作证明。

对超过《提讯提解证》上注明的法定羁押起止时间，没有《提讯提解证》，或者《提讯提解证》中注明的提解出所情形不符合有关规定，办案机关要求提讯或者提解的，看守所应当拒绝提讯或者提解。

四、超期羁押责任

凡不按照上述规定办理换押手续和羁押期限变更通知手续，造成超期羁押的，应当依照法律和有关规定追究办案机关有关负责人员的纪律责任或者法律责任。

五、法律文书制作

执行上述规定所需要的法律文书由公安机关、人民检察院、人民法院自行制作(具体式样附后)。《公安机关刑事法律文书式样(2012版)》(公通字〔2012〕62号)中的《换押证》、《延长侦查羁押期限通知书》、《计算/重新计算侦查羁押期限通知书》、《提讯提解证》不再使用。

附件:1.《换押证》式样(略)

2.《变更羁押期限通知书》式样(略)

3.《提讯提解证》式样(略)

公安机关讯问犯罪嫌疑人录音录像工作规定

(2014年9月5日 公通字〔2014〕33号)

第一章 总 则

第一条 为保证公安机关依法讯问取证,规范讯问犯罪嫌疑人录音录像工作,保障犯罪嫌疑人的合法权益,根据《中华人民共和国刑事诉讼法》、《公安机关办理刑事案件程序规定》的有关规定,制定本规定。

第二条 讯问犯罪嫌疑人录音录像,是指公安机关讯问犯罪嫌疑人,在文字记录的同时,利用录音录像设备对讯问过程进行全程音视频同步记录。

第三条 对讯问过程进行录音录像,应当对每一次讯问全程不间断进行,保持完整性,不得选择性地录制,不得剪接、删改。

第四条 对下列重大犯罪案件,应当对讯问过程进行录音录像:

(一)可能判处无期徒刑、死刑的案件;

(二)致人重伤、死亡的严重危害公共安全犯罪、严重侵犯公民人身权利犯罪案件;

(三)黑社会性质组织犯罪案件,包括组织、领导黑社会性质组织,入境发展黑社会组织,包庇、纵容黑社会性质组织等犯罪案件;

(四)严重毒品犯罪案件,包括走私、贩卖、运输、制造毒品,非法持有毒品数量大的,包庇走私、贩卖、运输、制造毒品的犯罪分子情节严重的,走私、非法买卖制毒物品数量大的犯罪案件;

(五)其他故意犯罪案件,可能判处十年以上有期徒刑的。

前款规定的"讯问",既包括在执法办案场所进行的讯问,也包括对不需要拘留、逮捕的犯罪嫌疑人在指定地点或者其住处进行的讯问,以及紧急情况下在现场进行的讯问。

本条第一款规定的"可能判处无期徒刑、死刑的案件"和"可能判处十年以上有期徒刑的案件",是指应当适用的法定刑或者量刑档次包含无期徒刑、死刑、十年以上有期徒刑的案件。

第五条 在办理刑事案件过程中,在看守所讯问或者通过网络视频等方式远程讯问犯罪嫌疑人的,应当对讯问过程进行录音录像。

第六条 对具有下列情形之一的案件,应当对讯问过程进行录音录像:

(一)犯罪嫌疑人是盲、聋、哑人,未成年人或者尚未完全丧失辨认或者控制自己行为能力的精神病人,以及不通晓当地通用的语言文字的;

(二)犯罪嫌疑人反侦查能力较强或者

供述不稳定，翻供可能性较大的；

（三）犯罪嫌疑人作无罪辩解和辩护人可能作无罪辩护的；

（四）犯罪嫌疑人、被害人、证人对案件事实、证据存在较大分歧的；

（五）共同犯罪中难以区分犯罪嫌疑人相关责任的；

（六）引发信访、舆论炒作风险较大的；

（七）社会影响重大、舆论关注度高的；

（八）其他重大、疑难、复杂情形。

第七条 各级公安机关应当积极创造条件，尽快实现对所有刑事案件讯问过程全程录音录像。装备财务、警务保障、科技、信通等部门应当为讯问录音录像工作提供保障和支持。

第二章 录 制

第八条 对讯问过程进行录音录像，可以使用专门的录制设备，也可以通过声像监控系统进行。

第九条 讯问开始前，应当做好录音录像的准备工作，对讯问场所及录音录像设备进行检查和调试，确保设备运行正常、时间显示准确。

第十条 录音录像应当自讯问开始时开始，至犯罪嫌疑人核对讯问笔录、签字捺指印后结束。讯问笔录记载的起止时间应当与讯问录音录像资料反映的起止时间一致。

第十一条 对讯问过程进行录音录像，应当对侦查人员、犯罪嫌疑人、其他在场人员、讯问场景和计时装置、温度计显示的信息进行全面摄录，图像应当显示犯罪嫌疑人正面中景。有条件的地方，可以通过画中画技术同步显示侦查人员正面画面。

讯问过程中出示证据和犯罪嫌疑人辨认证据、核对笔录、签字捺指印的过程应当在画面中予以反映。

第十二条 讯问录音录像的图像应当清晰稳定，话音应当清楚可辨，能够真实反映讯问现场的原貌，全面记录讯问过程，并同步显示日期和24小时制时间信息。

第十三条 在制作讯问笔录时，侦查人员可以对犯罪嫌疑人的供述进行概括，但涉及犯罪的时间、地点、作案手段、作案工具、被害人情况、主观心态等案件关键事实的，讯问笔录记载的内容应当与讯问录音录像资料记录的犯罪嫌疑人供述一致。

第十四条 讯问过程中，因存储介质空间不足、技术故障等客观原因导致不能录音录像的，应当中止讯问，并视情及时采取更换存储介质、排除故障、调换讯问室、更换移动录音录像设备等措施。

对于本规定第四条规定以外的案件，因案情紧急、排除中止情形所需时间过长等原因不宜中止讯问的，可以继续讯问。有关情况应当在讯问笔录中载明，并由犯罪嫌疑人签字确认。

第十五条 中止讯问的情形消失后继续讯问的，应当同时进行录音录像。侦查人员应当在录音录像开始后，口头说明中断的原因、起止时间等情况，在讯问笔录中载明并由犯罪嫌疑人签字确认。

第三章 资料管理和使用

第十六条 办案部门应当指定办案人员以外的人员保管讯问录音录像资料，不得由办案人员自行保管。讯问录音录像资料的保管条件应当符合公安声像档案管理有关规定，保密要求应当与本案讯问笔录一致。

有条件的地方，可以对讯问录音录像资料实行信息化管理，并与执法办案信息系统关联。

案件侦查终结后，应当将讯问录音录像资料和案件卷宗一并移交档案管理部门保管。

第十七条 讯问录音录像资料应当刻录光盘保存或者利用磁盘等存储设备存储。

刻录光盘保存的，应当制作一式两份，在光盘标签或者封套上标明制作单位、制作人、制作时间、被讯问人、案件名称及案件编号，一份装袋密封作为正本，一份作为副本。对一起案件中的犯罪嫌疑人多次讯问的，可以将多次讯问的录音录像资料刻录在同一张光盘内。刻录完成后，办案人员应当在24小时内将光盘移交保管人员，保管人员应当登记入册并与办案人员共同签名。

利用磁盘等存储设备存储的，应当在讯问结束后立即上传到专门的存储设备中，并制作数据备份；必要时，可以转录为光盘。

第十八条 刑事诉讼过程中，除因副本光盘损坏、灭失需要重新复制，或者对副本光盘的真实性存在疑问需要查阅外，不得启封正本光盘。确需调取正本光盘的，应当经办案部门负责人批准，使用完毕后应当及时重新封存。

第十九条 公安机关办案和案件审核、执法监督、核查信访投诉等工作需要使用讯问录音录像资料的，可以调取副本光盘或者通过信息系统调阅。

人民法院、人民检察院依法调取讯问录音录像资料的，办案部门应当在三日内将副本光盘移交人民法院、人民检察院。利用磁盘等存储设备存储的，应当转录为光盘后移交。

第二十条 调取光盘时，保管人员应当在专门的登记册上登记调取人员、时间、事由、预计使用时间、审批人等事项，并由调取人员和保管人员共同签字。

对调取、使用的光盘，有关单位应当妥善保管，并在使用完毕后及时交还保管人员。

调取人归还光盘时，保管人员应当进行检查、核对，有损毁、调换、灭失等情况的，应当如实记录，并报告办案部门负责人。

第二十一条 通过信息系统调阅讯问录音录像资料的，应当综合考虑部门职责、岗位性质、工作职权等因素，严格限定使用权限，严格落实管理制度。

第四章 监督与责任

第二十二条 讯问录音录像工作和讯问录音录像资料的管理使用情况，应当纳入所在单位案件审核和执法质量考评范围。

对本规定第四条规定的案件，办案部门在报送审核时应当同时提交讯问录音录像资料。审核部门应当重点审查是否存在以下情形：

（一）以刑讯逼供等非法方法收集证据；

（二）未在讯问室讯问犯罪嫌疑人；

（三）未保证犯罪嫌疑人的饮食和必要的休息时间；

（四）讯问笔录记载的起止时间与讯问录音录像资料反映的起止时间不一致；

（五）讯问笔录与讯问录音录像资料内

容严重不符。

对本规定第四条规定以外的案件，存在刑讯逼供等非法取证嫌疑的，审核部门应当对讯问录音录像资料进行审查。

第二十三条 审核部门发现具有下列情形之一的，不得将犯罪嫌疑人供述作为提请批准逮捕、移送审查起诉的依据：

（一）存在本规定第二十二条第二款第一项情形的；

（二）存在本规定第二十二条第二款第二项至第五项情形而未进行补正、解释，或者经补正、解释后仍不能有效证明讯问过程合法性的。

第二十四条 对违反本规定，具有下列情形之一的，应当根据有关规定追究有关单位和人员的责任：

（一）未对本规定第四条规定的案件讯问过程进行录音录像，导致有关证据被人民法院、人民检察院依法排除的；

（二）讯问笔录与讯问录音录像资料内容严重不符，影响证据效力的；

（三）对讯问录音录像资料进行剪接、删改的；

（四）未按规定保管，致使讯问录音录像资料毁损、灭失、泄露的；

（五）私自或者违规调取、使用、披露讯问录音录像资料，影响案件办理或者侵犯当事人合法权益的；

（六）其他违反本规定，应当追究责任的。

第五章 附 则

第二十五条 公安机关办理刑事案件，需要对询问被害人、证人过程进行录音录像的，适用本规定。

第二十六条 公安机关办理行政案件，需要对询问违法嫌疑人、被侵害人、证人过程进行录音录像的，参照本规定执行。

第二十七条 本规定自2014年10月1日起施行。各地公安机关可以根据本规定，结合本地实际制定实施细则，并报上一级公安机关备案。

公安机关受理行政执法机关移送涉嫌犯罪案件规定

（2016年6月16日 公通字〔2016〕16号）

第一条 为规范公安机关受理行政执法机关移送涉嫌犯罪案件工作，完善行政执法与刑事司法衔接工作机制，根据有关法律、法规，制定本规定。

第二条 对行政执法机关移送的涉嫌犯罪案件，公安机关应当接受，及时录入执法办案信息系统，并检查是否附有下列材料：

（一）案件移送书，载明移送机关名称、行政违法行为涉嫌犯罪罪名、案件主办人及联系电话等。案件移送书应当附移送材料清单，并加盖移送机关公章；

（二）案件调查报告，载明案件来源、查获情况、嫌疑人基本情况、涉嫌犯罪的事实、证据和法律依据、处理建议等；

（三）涉案物品清单，载明涉案物品的名称、数量、特征、存放地等事项，并附采取行政强制措施、现场笔录等表明涉案物品来源的相关材料；

（四）附有鉴定机构和鉴定人资质证明或者其他证明文件的检验报告或者鉴定

意见；

（五）现场照片、询问笔录、电子数据、视听资料、认定意见、责令整改通知书等其他与案件有关的证据材料。

移送材料表明移送案件的行政执法机关已经或者曾经作出有关行政处罚决定的，应当检查是否附有有关行政处罚决定书。

对材料不全的，应当在接受案件的二十四小时内书面告知移送的行政执法机关在三日内补正。但不得以材料不全为由，不接受移送案件。

第三条 对接受的案件，公安机关应当按照下列情形分别处理：

（一）对属于本公安机关管辖的，迅速进行立案审查；

（二）对属于公安机关管辖但不属于本公安机关管辖的，移送有管辖权的公安机关，并书面告知移送案件的行政执法机关；

（三）对不属于公安机关管辖的，退回移送案件的行政执法机关，并书面说明理由。

第四条 对接受的案件，公安机关应当立即审查，并在规定的时间内作出立案或者不立案的决定。

决定立案的，应当书面通知移送案件的行政执法机关。对决定不立案的，应当说明理由，制作不予立案通知书，连同案卷材料在三日内送达移送案件的行政执法机关。

第五条 公安机关审查发现涉嫌犯罪案件移送材料不全、证据不充分的，可以就证明有犯罪事实的相关证据要求等提出补充调查意见，商请移送案件的行政执法机关补充调查。必要时，公安机关可以自行调查。

第六条 对决定立案的，公安机关应当自立案之日起三日内与行政执法机关交接涉案物品以及与案件有关的其他证据材料。

对保管条件、保管场所有特殊要求的涉案物品，公安机关可以在采取必要措施固定留取证据后，商请行政执法机关代为保管。

移送案件的行政执法机关在移送案件后，需要作出责令停产停业、吊销许可证等行政处罚，或者在相关行政复议、行政诉讼中，需要使用已移送公安机关证据材料的，公安机关应当协助。

第七条 单位或者个人认为行政执法机关办理的行政案件涉嫌犯罪，向公安机关报案、控告、举报或者自首的，公安机关应当接受，不得要求相关单位或者人员先行向行政执法机关报案、控告、举报或者自首。

第八条 对行政执法机关移送的涉嫌犯罪案件，公安机关立案后决定撤销案件的，应当将撤销案件决定书连同案卷材料送达移送案件的行政执法机关。对依法应当追究行政法律责任的，可以同时向行政执法机关提出书面建议。

第九条 公安机关应当定期总结受理审查行政执法机关移送涉嫌犯罪案件情况，分析衔接工作中存在的问题，并提出意见建议，通报行政执法机关、同级人民检察院。必要时，同时通报本级或者上一级人民政府，或者实行垂直管理的行政执法机关的上一级机关。

第十条 公安机关受理行政执法机关移送涉嫌犯罪案件，依法接受人民检察院的法律监督。

第十一条 公安机关可以根据法律法规,联合同级人民检察院、人民法院、行政执法机关制定行政执法机关移送涉嫌犯罪案件类型、移送标准、证据要求、法律文书等文件。

第十二条 本规定自印发之日起实施。

行政执法机关移送涉嫌犯罪案件的规定

(2001年7月9日中华人民共和国国务院令第310号公布 根据2020年8月7日《国务院关于修改〈行政执法机关移送涉嫌犯罪案件的规定〉的决定》修订 2020年8月7日中华人民共和国国务院令第730号公布 自2020年8月7日起施行)

第一条 为了保证行政执法机关向公安机关及时移送涉嫌犯罪案件,依法惩罚破坏社会主义市场经济秩序罪、妨害社会管理秩序罪以及其他罪,保障社会主义建设事业顺利进行,制定本规定。

第二条 本规定所称行政执法机关,是指依照法律、法规或者规章的规定,对破坏社会主义市场经济秩序、妨害社会管理秩序以及其他违法行为具有行政处罚权的行政机关,以及法律、法规授权的具有管理公共事务职能、在法定授权范围内实施行政处罚的组织。

第三条 行政执法机关在依法查处违法行为过程中,发现违法事实涉及的金额、违法事实的情节、违法事实造成的后果等,根据刑法关于破坏社会主义市场经济秩序罪、妨害社会管理秩序罪等罪的规定和最高人民法院、最高人民检察院关于破坏社会主义市场经济秩序罪、妨害社会管理秩序罪等罪的司法解释以及最高人民检察院、公安部关于经济犯罪案件的追诉标准等规定,涉嫌构成犯罪,依法需要追究刑事责任的,必须依照本规定向公安机关移送。

知识产权领域的违法案件,行政执法机关根据调查收集的证据和查明的案件事实,认为存在犯罪的合理嫌疑,需要公安机关采取措施进一步获取证据以判断是否达到刑事案件立案追诉标准的,应当向公安机关移送。

第四条 行政执法机关在查处违法行为过程中,必须妥善保存所收集的与违法行为有关的证据。

行政执法机关对查获的涉案物品,应当如实填写涉案物品清单,并按照国家有关规定予以处理。对易腐烂、变质等不宜或者不易保管的涉案物品,应当采取必要措施,留取证据;对需要进行检验、鉴定的涉案物品,应当由法定检验、鉴定机构进行检验、鉴定,并出具检验报告或者鉴定结论。

第五条 行政执法机关对应当向公安机关移送的涉嫌犯罪案件,应当立即指定2名或者2名以上行政执法人员组成专案组专门负责,核实情况后提出移送涉嫌犯罪案件的书面报告,报经本机关正职负责人或者主持工作的负责人审批。

行政执法机关正职负责人或者主持工作的负责人应当自接到报告之日起3日内作出批准移送或者不批准移送的决定。决定批准的,应当在24小时内向同级公安机关移送;决定不批准的,应当将不予批准的理由记录在案。

第六条 行政执法机关向公安机关移送涉嫌犯罪案件,应当附有下列材料:

(一)涉嫌犯罪案件移送书;

（二）涉嫌犯罪案件情况的调查报告；

（三）涉案物品清单；

（四）有关检验报告或者鉴定结论；

（五）其他有关涉嫌犯罪的材料。

第七条 公安机关对行政执法机关移送的涉嫌犯罪案件，应当在涉嫌犯罪案件移送书的回执上签字；其中，不属于本机关管辖的，应当在24小时内转送有管辖权的机关，并书面告知移送案件的行政执法机关。

第八条 公安机关应当自接受行政执法机关移送的涉嫌犯罪案件之日起3日内，依照刑法、刑事诉讼法以及最高人民法院、最高人民检察院关于立案标准和公安部关于公安机关办理刑事案件程序的规定，对所移送的案件进行审查。认为有犯罪事实，需要追究刑事责任，依法决定立案的，应当书面通知移送案件的行政执法机关；认为没有犯罪事实，或者犯罪事实显著轻微，不需要追究刑事责任，依法不予立案的，应当说明理由，并书面通知移送案件的行政执法机关，相应退回案卷材料。

第九条 行政执法机关接到公安机关不予立案的通知书后，认为依法应当由公安机关决定立案的，可以自接到不予立案通知书之日起3日内，提请作出不予立案决定的公安机关复议，也可以建议人民检察院依法进行立案监督。

作出不予立案决定的公安机关应当自收到行政执法机关提请复议的文件之日起3日内作出立案或者不予立案的决定，并书面通知移送案件的行政执法机关。移送案件的行政执法机关对公安机关不予立案的复议决定仍有异议的，应当自收到复议决定通知书之日起3日内建议人民检察院依法进行立案监督。

公安机关应当接受人民检察院依法进行的立案监督。

第十条 行政执法机关对公安机关决定不予立案的案件，应当依法作出处理；其中，依照有关法律、法规或者规章的规定应当给予行政处罚的，应当依法实施行政处罚。

第十一条 行政执法机关对应当向公安机关移送的涉嫌犯罪案件，不得以行政处罚代替移送。

行政执法机关向公安机关移送涉嫌犯罪案件前已经作出的警告，责令停产停业，暂扣或者吊销许可证、暂扣或者吊销执照的行政处罚决定，不停止执行。

依照行政处罚法的规定，行政执法机关向公安机关移送涉嫌犯罪案件前，已经依法给予当事人罚款的，人民法院判处罚金时，依法折抵相应罚金。

第十二条 行政执法机关对公安机关决定立案的案件，应当自接到立案通知书之日起3日内将涉案物品以及与案件有关的其他材料移交公安机关，并办结交接手续；法律、行政法规另有规定的，依照其规定。

第十三条 公安机关对发现的违法行为，经审查，没有犯罪事实，或者立案侦查后认为犯罪事实显著轻微，不需要追究刑事责任，但依法应当追究行政责任的，应当及时将案件移送同级行政执法机关，有关行政执法机关应当依法作出处理。

第十四条 行政执法机关移送涉嫌犯罪案件，应当接受人民检察院和监察机关依法实施的监督。

任何单位和个人对行政执法机关违反本规定，应当向公安机关移送涉嫌犯罪案件而不移送的，有权向人民检察院、监察机关或者上级行政执法机关举报。

第十五条 行政执法机关违反本规定,隐匿、私分、销毁涉案物品的,由本级或者上级人民政府,或者实行垂直管理的上级行政执法机关,对其正职负责人根据情节轻重,给予降级以上的处分;构成犯罪的,依法追究刑事责任。

对前款所列行为直接负责的主管人员和其他直接责任人员,比照前款的规定给予处分;构成犯罪的,依法追究刑事责任。

第十六条 行政执法机关违反本规定,逾期不将案件移送公安机关的,由本级或者上级人民政府,或者实行垂直管理的上级行政执法机关,责令限期移送,并对其正职负责人或者主持工作的负责人根据情节轻重,给予记过以上的处分;构成犯罪的,依法追究刑事责任。

行政执法机关违反本规定,对应当向公安机关移送的案件不移送,或者以行政处罚代替移送的,由本级或者上级人民政府,或者实行垂直管理的上级行政执法机关,责令改正,给予通报;拒不改正的,对其正职负责人或者主持工作的负责人给予记过以上的处分;构成犯罪的,依法追究刑事责任。

对本条第一款、第二款所列行为直接负责的主管人员和其他直接责任人员,分别比照前两款的规定给予处分;构成犯罪的,依法追究刑事责任。

第十七条 公安机关违反本规定,不接受行政执法机关移送的涉嫌犯罪案件,或者逾期不作出立案或者不予立案的决定的,除由人民检察院依法实施立案监督外,由本级或者上级人民政府责令改正,对其正职负责人根据情节轻重,给予记过以上的处分;构成犯罪的,依法追究刑事责任。

对前款所列行为直接负责的主管人员和其他直接责任人员,比照前款的规定给予处分;构成犯罪的,依法追究刑事责任。

第十八条 有关机关存在本规定第十五条、第十六条、第十七条所列违法行为,需要由监察机关依法给予违法的公职人员政务处分的,该机关及其上级主管机关或者有关人民政府应当依照有关规定将相关案件线索移送监察机关处理。

第十九条 行政执法机关在依法查处违法行为过程中,发现公职人员有贪污贿赂、失职渎职或者利用职权侵犯公民人身权利和民主权利等违法行为,涉嫌构成职务犯罪的,应当依照刑法、刑事诉讼法、监察法等法律规定及时将案件线索移送监察机关或者人民检察院处理。

第二十条 本规定自公布之日起施行。

最高人民检察院关于推进行政执法与刑事司法衔接工作的规定

(2021年9月6日 高检发释字〔2021〕4号)

第一条 为了健全行政执法与刑事司法衔接工作机制,根据《中华人民共和国人民检察院组织法》《中华人民共和国行政处罚法》《中华人民共和国刑事诉讼法》等有关规定,结合《行政执法机关移送涉嫌犯罪案件的规定》,制定本规定。

第二条 人民检察院开展行政执法与刑事司法衔接工作,应当严格依法、准确及时,加强与监察机关、公安机关、司法行政机关和行政执法机关的协调配合,确保行政执法与刑事司法有效衔接。

第三条 人民检察院开展行政执法与刑事司法衔接工作由负责捕诉的部门按照管辖案件类别办理。负责捕诉的部门可以在办理时听取其他办案部门的意见。

本院其他办案部门在履行检察职能过程中,发现涉及行政执法与刑事司法衔接线索的,应当及时移送本院负责捕诉的部门。

第四条 人民检察院依法履行职责时,应当注意审查是否存在行政执法机关对涉嫌犯罪案件应当移送公安机关立案侦查而不移送,或者公安机关对行政执法机关移送的涉嫌犯罪案件应当立案侦查而不立案侦查的情形。

第五条 公安机关收到行政执法机关移送涉嫌犯罪案件后应当立案侦查而不立案侦查,行政执法机关建议人民检察院依法监督的,人民检察院应当依法受理并进行审查。

第六条 对于行政执法机关应当依法移送涉嫌犯罪案件而不移送,或者公安机关应当立案侦查而不立案侦查的举报,属于本院管辖且符合受理条件的,人民检察院应当受理并进行审查。

第七条 人民检察院对本规定第四条至第六条的线索审查后,认为行政执法机关应当依法移送涉嫌犯罪案件而不移送的,经检察长批准,应当向同级行政执法机关提出检察意见,要求行政执法机关及时向公安机关移送案件并将有关材料抄送人民检察院。人民检察院应当将检察意见抄送同级司法行政机关,行政执法机关实行垂直管理的,应当将检察意见抄送其上级机关。

行政执法机关收到检察意见后无正当理由仍不移送的,人民检察院应当将有关情况书面通知公安机关。

对于公安机关可能存在应当立案而不立案情形的,人民检察院应当依法开展立案监督。

第八条 人民检察院决定不起诉的案件,应当同时审查是否需要对被不起诉人给予行政处罚。对被不起诉人需要给予行政处罚的,经检察长批准,人民检察院应当向同级有关主管机关提出检察意见,自不起诉决定作出之日起三日以内连同不起诉决定书一并送达。人民检察院应当将检察意见抄送同级司法行政机关,主管机关实行垂直管理的,应当将检察意见抄送其上级机关。

检察意见书应当写明采取和解除刑事强制措施,查封、扣押、冻结涉案财物以及对被不起诉人予以训诫或者责令具结悔过、赔礼道歉、赔偿损失等情况。对于需要没收违法所得的,人民检察院应当将查封、扣押、冻结的涉案财物一并移送。对于在办案过程中收集的相关证据材料,人民检察院可以一并移送。

第九条 人民检察院提出对被不起诉人给予行政处罚的检察意见,应当要求有关主管机关自收到检察意见书之日起两个月以内将处理结果或者办理情况书面回复人民检察院。因情况紧急需要立即处理的,人民检察院可以根据实际情况确定回复期限。

第十条 需要向上级有关单位提出检察意见的,应当层报其同级人民检察院决定并提出,或者由办理案件的人民检察院制作检察意见书后,报上级有关单位的同级人民检察院审核并转送。

需要向下级有关单位提出检察意见

的,应当指令对应的下级人民检察院提出。

需要异地提出检察意见的,应当征求有关单位所在地同级人民检察院意见。意见不一致的,层报共同的上级人民检察院决定。

第十一条 有关单位在要求的期限内不回复或者无正当理由不作处理的,经检察长决定,人民检察院可以将有关情况书面通报同级司法行政机关,或者提请上级人民检察院通报其上级机关。必要时可以报告同级党委和人民代表大会常务委员会。

第十二条 人民检察院发现行政执法人员涉嫌职务违法、犯罪的,应当将案件线索移送监察机关处理。

第十三条 行政执法机关就刑事案件立案追诉标准、证据收集固定保全等问题咨询人民检察院,或者公安机关就行政执法机关移送的涉嫌犯罪案件主动听取人民检察院意见建议的,人民检察院应当及时答复。书面咨询的,人民检察院应当在七日以内书面回复。

人民检察院在办理案件过程中,可以就行政执法专业问题向相关行政执法机关咨询。

第十四条 人民检察院应当定期向有关单位通报开展行政执法与刑事司法衔接工作的情况。发现存在需要完善工作机制等问题的,可以征求被建议单位的意见,依法提出检察建议。

第十五条 人民检察院根据工作需要,可以会同有关单位研究分析行政执法与刑事司法衔接工作中的问题,提出解决方案。

第十六条 人民检察院应当配合司法行政机关建设行政执法与刑事司法衔接信息共享平台。已经接入信息共享平台的人民检察院,应当自作出相关决定之日起七日以内,录入相关案件信息。尚未建成信息共享平台的人民检察院,应当及时向有关单位通报相关案件信息。

第十七条 本规定自公布之日起施行,《人民检察院办理行政执法机关移送涉嫌犯罪案件的规定》(高检发释字〔2001〕4号)同时废止。

2. 罪名

最高人民法院关于执行《中华人民共和国刑法》确定罪名的规定①

(1997年12月9日最高人民法院审判委员会第951次会议通过 1997年12月11日最高人民法院公告公布 自1997年12月16日起施行 法释〔1997〕9号)

为正确理解、执行第八届全国人民代表大会第五次会议通过的修订的《中华人民共和国刑法》,统一认定罪名,现根据修订的《中华人民共和国刑法》,对刑法分则中罪名规定如下:

---

① 最高人民法院、最高人民检察院陆续联合发布了七个补充规定,请参见后文。

第一章 危害国家安全罪

刑法条文		罪 名
第102条		背叛国家罪
第103条	第1款	分裂国家罪
	第2款	煽动分裂国家罪
第104条		武装叛乱、暴乱罪
第105条	第1款	颠覆国家政权罪
	第2款	煽动颠覆国家政权罪
第107条		资助危害国家安全犯罪活动罪
第108条		投敌叛变罪
第109条		叛逃罪
第110条		间谍罪
第111条		为境外窃取、刺探、收买、非法提供国家秘密、情报罪
第112条		资敌罪

第二章 危害公共安全罪

第114条、第115条第1款	放火罪
	决水罪
	爆炸罪
	投毒罪
	以危险方法危害公共安全罪
第115条 第2款	失火罪
	过失决水罪
	过失爆炸罪
	过失投毒罪
	过失以危险方法危害公共安全罪
第116条、第119条第1款	破坏交通工具罪
第117条、第119条第1款	破坏交通设施罪
第118条、第119条第1款	破坏电力设备罪
	破坏易燃易爆设备罪
第119条 第2款	过失损坏交通工具罪
	过失损坏交通设施罪
	过失损坏电力设备罪

		过失损坏易燃易爆设备罪
第 120 条		组织、领导、参加恐怖组织罪
第 121 条		劫持航空器罪
第 122 条		劫持船只、汽车罪
第 123 条		暴力危及飞行安全罪
第 124 条	第 1 款	破坏广播电视设施、公用电信设施罪
	第 2 款	过失损坏广播电视设施、公用电信设施罪
第 125 条	第 1 款	非法制造、买卖、运输、邮寄、储存枪支、弹药、爆炸物罪
	第 2 款	非法买卖、运输核材料罪
第 126 条		违规制造、销售枪支罪
第 127 条	第 1 款、第 2 款	盗窃、抢夺枪支、弹药、爆炸物罪
	第 2 款	抢劫枪支、弹药、爆炸物罪
第 128 条	第 1 款	非法持有、私藏枪支、弹药罪
	第 2 款、第 3 款	非法出租、出借枪支罪
第 129 条		丢失枪支不报罪
第 130 条		非法携带枪支、弹药、管制刀具、危险物品危及公共安全罪
第 131 条		重大飞行事故罪
第 132 条		铁路运营安全事故罪
第 133 条		交通肇事罪
第 134 条		重大责任事故罪
第 135 条		重大劳动安全事故罪
第 136 条		危险物品肇事罪
第 137 条		工程重大安全事故罪
第 138 条		教育设施重大安全事故罪
第 139 条		消防责任事故罪

第三章 破坏社会主义市场经济秩序罪

第一节 生产、销售伪劣商品罪

第 140 条		生产、销售伪劣产品罪
第 141 条		生产、销售假药罪
第 142 条		生产、销售劣药罪
第 143 条		生产、销售不符合卫生标准的食品罪
第 144 条		生产、销售有毒、有害食品罪

第 145 条		生产、销售不符合标准的医用器材罪
第 146 条		生产、销售不符合安全标准的产品罪
第 147 条		生产、销售伪劣农药、兽药、化肥、种子罪
第 148 条		生产、销售不符合卫生标准的化妆品罪

第二节 走 私 罪

第 151 条	第 1 款	走私武器、弹药罪
		走私核材料罪
		走私假币罪
	第 2 款	走私文物罪
		走私贵重金属罪
		走私珍贵动物、珍贵动物制品罪
	第 3 款	走私珍稀植物、珍稀植物制品罪
第 152 条		走私淫秽物品罪
第 153 条		走私普通货物、物品罪
第 155 条	第(3)项	走私固体废物罪

第三节 妨害对公司、企业的管理秩序罪

第 158 条		虚报注册资本罪
第 159 条		虚假出资、抽逃出资罪
第 160 条		欺诈发行股票、债券罪
第 161 条		提供虚假财会报告罪
第 162 条		妨害清算罪
第 163 条		公司、企业人员受贿罪
第 164 条		对公司、企业人员行贿罪
第 165 条		非法经营同类营业罪
第 166 条		为亲友非法牟利罪
第 167 条		签订、履行合同失职被骗罪
第 168 条		徇私舞弊造成破产、亏损罪
第 169 条		徇私舞弊低价折股、出售国有资产罪

第四节 破坏金融管理秩序罪

第 170 条		伪造货币罪
第 171 条	第 1 款	出售、购买、运输假币罪
	第 2 款	金融工作人员购买假币、以假币换取货币罪
第 172 条		持有、使用假币罪

第 173 条		变造货币罪
第 174 条	第 1 款	擅自设立金融机构罪
	第 2 款	伪造、变造、转让金融机构经营许可证罪
第 175 条		高利转贷罪
第 176 条		非法吸收公众存款罪
第 177 条		伪造、变造金融票证罪
第 178 条	第 1 款	伪造、变造国家有价证券罪
	第 2 款	伪造、变造股票、公司、企业债券罪
第 179 条		擅自发行股票、公司、企业债券罪
第 180 条		内幕交易、泄露内幕信息罪
第 181 条	第 1 款	编造并传播证券交易虚假信息罪
	第 2 款	诱骗投资者买卖证券罪
第 182 条		操纵证券交易价格罪
第 186 条	第 1 款	违法向关系人发放贷款罪
	第 2 款	违法发放贷款罪
第 187 条		用账外客户资金非法拆借、发放贷款罪
第 188 条		非法出具金融票证罪
第 189 条		对违法票据承兑、付款、保证罪
第 190 条		逃汇罪
第 191 条		洗钱罪

第五节　金融诈骗罪

第 192 条		集资诈骗罪
第 193 条		贷款诈骗罪
第 194 条	第 1 款	票据诈骗罪
	第 2 款	金融凭证诈骗罪
第 195 条		信用证诈骗罪
第 196 条		信用卡诈骗罪
第 197 条		有价证券诈骗罪
第 198 条		保险诈骗罪

第六节　危害税收征管罪

第 201 条		偷税罪
第 202 条		抗税罪
第 203 条		逃避追缴欠税罪
第 204 条	第 1 款	骗取出口退税罪

第 205 条		虚开增值税专用发票、用于骗取出口退税、抵扣税款发票罪
第 206 条		伪造、出售伪造的增值税专用发票罪
第 207 条		非法出售增值税专用发票罪
第 208 条	第 1 款	非法购买增值税专用发票、购买伪造的增值税专用发票罪
第 209 条	第 1 款	非法制造、出售非法制造的用于骗取出口退税、抵扣税款发票罪
	第 2 款	非法制造、出售非法制造的发票罪
	第 3 款	非法出售用于骗取出口退税、抵扣税款发票罪
	第 4 款	非法出售发票罪

第七节 侵犯知识产权罪

第 213 条		假冒注册商标罪
第 214 条		销售假冒注册商标的商品罪
第 215 条		非法制造、销售非法制造的注册商标标识罪
第 216 条		假冒专利罪
第 217 条		侵犯著作权罪
第 218 条		销售侵权复制品罪
第 219 条		侵犯商业秘密罪

第八节 扰乱市场秩序罪

第 221 条		损害商业信誉、商品声誉罪
第 222 条		虚假广告罪
第 223 条		串通投标罪
第 224 条		合同诈骗罪
第 225 条		非法经营罪
第 226 条		强迫交易罪
第 227 条	第 1 款	伪造、倒卖伪造的有价票证罪
	第 2 款	倒卖车票、船票罪
第 228 条		非法转让、倒卖土地使用权罪
第 229 条	第 1 款、第 2 款	中介组织人员提供虚假证明文件罪
	第 3 款	中介组织人员出具证明文件重大失实罪
第 230 条		逃避商检罪

第四章 侵犯公民人身权利、民主权利罪

第 232 条		故意杀人罪

第 233 条		过失致人死亡罪
第 234 条		故意伤害罪
第 235 条		过失致人重伤罪
第 236 条	第 1 款	强奸罪
	第 2 款	奸淫幼女罪
第 237 条	第 1 款	强制猥亵、侮辱妇女罪
	第 3 款	猥亵儿童罪
第 238 条		非法拘禁罪
第 239 条		绑架罪
第 240 条		拐卖妇女、儿童罪
第 241 条	第 1 款	收买被拐卖的妇女、儿童罪
第 242 条	第 2 款	聚众阻碍解救被收买的妇女、儿童罪
第 243 条		诬告陷害罪
第 244 条		强迫职工劳动罪
第 245 条		非法搜查罪
		非法侵入住宅罪
第 246 条		侮辱罪
		诽谤罪
第 247 条		刑讯逼供罪
		暴力取证罪
第 248 条		虐待被监管人罪
第 249 条		煽动民族仇恨、民族歧视罪
第 250 条		出版歧视、侮辱少数民族作品罪
第 251 条		非法剥夺公民宗教信仰自由罪
		侵犯少数民族风俗习惯罪
第 252 条		侵犯通信自由罪
第 253 条	第 1 款	私自开拆、隐匿、毁弃邮件、电报罪
第 254 条		报复陷害罪
第 255 条		打击报复会计、统计人员罪
第 256 条		破坏选举罪
第 257 条		暴力干涉婚姻自由罪
第 258 条		重婚罪
第 259 条	第 1 款	破坏军婚罪
第 260 条		虐待罪
第 261 条		遗弃罪
第 262 条		拐骗儿童罪

第五章　侵犯财产罪

第 263 条		抢劫罪
第 264 条		盗窃罪
第 266 条		诈骗罪
第 267 条	第 1 款	抢夺罪
第 268 条		聚众哄抢罪
第 270 条		侵占罪
第 271 条	第 1 款	职务侵占罪
第 272 条	第 1 款	挪用资金罪
第 273 条		挪用特定款物罪
第 274 条		敲诈勒索罪
第 275 条		故意毁坏财物罪
第 276 条		破坏生产经营罪

第六章　妨害社会管理秩序罪

第一节　扰乱公共秩序罪

第 277 条		妨害公务罪
第 278 条		煽动暴力抗拒法律实施罪
第 279 条		招摇撞骗罪
第 280 条	第 1 款	伪造、变造、买卖国家机关公文、证件、印章罪
		盗窃、抢夺、毁灭国家机关公文、证件、印章罪
	第 2 款	伪造公司、企业、事业单位、人民团体印章罪
	第 3 款	伪造、变造居民身份证罪
第 281 条		非法生产、买卖警用装备罪
第 282 条	第 1 款	非法获取国家秘密罪
	第 2 款	非法持有国家绝密、机密文件、资料、物品罪
第 283 条		非法生产、销售间谍专用器材罪
第 284 条		非法使用窃听、窃照专用器材罪
第 285 条		非法侵入计算机信息系统罪
第 286 条		破坏计算机信息系统罪
第 288 条		扰乱无线电通讯管理秩序罪
第 290 条	第 1 款	聚众扰乱社会秩序罪

	第 2 款	聚众冲击国家机关罪
第 291 条		聚众扰乱公共场所秩序、交通秩序罪
第 292 条	第 1 款	聚众斗殴罪
第 293 条		寻衅滋事罪
第 294 条	第 1 款	组织、领导、参加黑社会性质组织罪
	第 2 款	入境发展黑社会组织罪
	第 4 款	包庇、纵容黑社会性质组织罪
第 295 条		传授犯罪方法罪
第 296 条		非法集会、游行、示威罪
第 297 条		非法携带武器、管制刀具、爆炸物参加集会、游行、示威罪
第 298 条		破坏集会、游行、示威罪
第 299 条		侮辱国旗、国徽罪
第 300 条	第 1 款	组织、利用会道门、邪教组织、利用迷信破坏法律实施罪
	第 2 款	组织、利用会道门、邪教组织、利用迷信致人死亡罪
第 301 条	第 1 款	聚众淫乱罪
	第 2 款	引诱未成年人聚众淫乱罪
第 302 条		盗窃、侮辱尸体罪
第 303 条		赌博罪
第 304 条		故意延误投递邮件罪

第二节　妨害司法罪

第 305 条		伪证罪
第 306 条		辩护人、诉讼代理人毁灭证据、伪造证据、妨害作证罪
第 307 条	第 1 款	妨害作证罪
	第 2 款	帮助毁灭、伪造证据罪
第 308 条		打击报复证人罪
第 309 条		扰乱法庭秩序罪
第 310 条		窝藏、包庇罪
第 311 条		拒绝提供间谍犯罪证据罪
第 312 条		窝藏、转移、收购、销售赃物罪
第 313 条		拒不执行判决、裁定罪
第 314 条		非法处置查封、扣押、冻结的财产罪
第 315 条		破坏监管秩序罪
第 316 条	第 1 款	脱逃罪
	第 2 款	劫夺被押解人员罪

第 317 条	第 1 款	组织越狱罪
	第 2 款	暴动越狱罪
		聚众持械劫狱罪

第三节 妨害国(边)境管理罪

第 318 条		组织他人偷越国(边)境罪
第 319 条		骗取出境证件罪
第 320 条		提供伪造、变造的出入境证件罪
		出售出入境证件罪
第 321 条		运送他人偷越国(边)境罪
第 322 条		偷越国(边)境罪
第 323 条		破坏界碑、界桩罪
		破坏永久性测量标志罪

第四节 妨害文物管理罪

第 324 条	第 1 款	故意损毁文物罪
	第 2 款	故意损毁名胜古迹罪
	第 3 款	过失损毁文物罪
第 325 条		非法向外国人出售、赠送珍贵文物罪
第 326 条		倒卖文物罪
第 327 条		非法出售、私赠文物藏品罪
第 328 条	第 1 款	盗掘古文化遗址、古墓葬罪
	第 2 款	盗掘古人类化石、古脊椎动物化石罪
第 329 条	第 1 款	抢夺、窃取国有档案罪
	第 2 款	擅自出卖、转让国有档案罪

第五节 危害公共卫生罪

第 330 条		妨害传染病防治罪
第 331 条		传染病菌种、毒种扩散罪
第 332 条		妨害国境卫生检疫罪
第 333 条	第 1 款	非法组织卖血罪
		强迫卖血罪
第 334 条	第 1 款	非法采集、供应血液、制作、供应血液制品罪
	第 2 款	采集、供应血液、制作、供应血液制品事故罪
第 335 条		医疗事故罪
第 336 条	第 1 款	非法行医罪

	第2款	非法进行节育手术罪
第337条		逃避动植物检疫罪

第六节　破坏环境资源保护罪

第338条		重大环境污染事故罪
第339条	第1款	非法处置进口的固体废物罪
	第2款	擅自进口固体废物罪
第340条		非法捕捞水产品罪
第341条	第1款	非法猎捕、杀害珍贵、濒危野生动物罪
		非法收购、运输、出售珍贵、濒危野生动物、珍贵、濒危野生动物制品罪
	第2款	非法狩猎罪
第342条		非法占用耕地罪
第343条	第1款	非法采矿罪
	第2款	破坏性采矿罪
第344条		非法采伐、毁坏珍贵树木罪
第345条	第1款	盗伐林木罪
	第2款	滥伐林木罪
	第3款	非法收购盗伐、滥伐的林木罪

第七节　走私、贩卖、运输、制造毒品罪

第347条		走私、贩卖、运输、制造毒品罪
第348条		非法持有毒品罪
第349条	第1款、第2款	包庇毒品犯罪分子罪
	第1款	窝藏、转移、隐瞒毒品、毒赃罪
第350条	第1款	走私制毒物品罪
		非法买卖制毒物品罪
第351条		非法种植毒品原植物罪
第352条		非法买卖、运输、携带、持有毒品原植物种子、幼苗罪
第353条	第1款	引诱、教唆、欺骗他人吸毒罪
	第2款	强迫他人吸毒罪
第354条		容留他人吸毒罪
第355条		非法提供麻醉药品、精神药品罪

第八节　组织、强迫、引诱、容留、介绍卖淫罪

第358条	第1款	组织卖淫罪

		强迫卖淫罪
	第 3 款	协助组织卖淫罪
第 359 条	第 1 款	引诱、容留、介绍卖淫罪
	第 2 款	引诱幼女卖淫罪
第 360 条	第 1 款	传播性病罪
	第 2 款	嫖宿幼女罪

第九节　制作、贩卖、传播淫秽物品罪

第 363 条	第 1 款	制作、复制、出版、贩卖、传播淫秽物品牟利罪
	第 2 款	为他人提供书号出版淫秽书刊罪
第 364 条	第 1 款	传播淫秽物品罪
	第 2 款	组织播放淫秽音像制品罪
第 365 条		组织淫秽表演罪

第七章　危害国防利益罪

第 368 条	第 1 款	阻碍军人执行职务罪
	第 2 款	阻碍军事行动罪
第 369 条		破坏武器装备、军事设施、军事通信罪
第 370 条	第 1 款	故意提供不合格武器装备、军事设施罪
	第 2 款	过失提供不合格武器装备、军事设施罪
第 371 条	第 1 款	聚众冲击军事禁区罪
	第 2 款	聚众扰乱军事管理区秩序罪
第 372 条		冒充军人招摇撞骗罪
第 373 条		煽动军人逃离部队罪
		雇用逃离部队军人罪
第 374 条		接送不合格兵员罪
第 375 条	第 1 款	伪造、变造、买卖武装部队公文、证件、印章罪
		盗窃、抢夺武装部队公文、证件、印章罪
	第 2 款	非法生产、买卖军用标志罪
第 376 条	第 1 款	战时拒绝、逃避征召、军事训练罪
	第 2 款	战时拒绝、逃避服役罪
第 377 条		战时故意提供虚假敌情罪
第 378 条		战时造谣扰乱军心罪
第 379 条		战时窝藏逃离部队军人罪
第 380 条		战时拒绝、故意延误军事订货罪

第381条		战时拒绝军事征用罪

第八章　贪污贿赂罪

第382条		贪污罪
第384条		挪用公款罪
第385条		受贿罪
第387条		单位受贿罪
第389条		行贿罪
第391条		对单位行贿罪
第392条		介绍贿赂罪
第393条		单位行贿罪
第395条	第1款	巨额财产来源不明罪
	第2款	隐瞒境外存款罪
第396条	第1款	私分国有资产罪
	第2款	私分罚没财物罪

第九章　渎　职　罪

第397条		滥用职权罪
		玩忽职守罪
第398条		故意泄露国家秘密罪
		过失泄露国家秘密罪
第399条	第1款	徇私枉法罪
	第2款	枉法裁判罪
第400条	第1款	私放在押人员罪
	第2款	失职致使在押人员脱逃罪
第401条		徇私舞弊减刑、假释、暂予监外执行罪
第402条		徇私舞弊不移交刑事案件罪
第403条		滥用管理公司、证券职权罪
第404条		徇私舞弊不征、少征税款罪
第405条	第1款	徇私舞弊发售发票、抵扣税款、出口退税罪
	第2款	违法提供出口退税凭证罪
第406条		国家机关工作人员签订、履行合同失职罪
第407条		违法发放林木采伐许可证罪
第408条		环境监管失职罪

第409条		传染病防治失职罪
第410条		非法批准征用、占用土地罪
		非法低价出让国有土地使用权罪
第411条		放纵走私罪
第412条	第1款	商检徇私舞弊罪
	第2款	商检失职罪
第413条	第1款	动植物检疫徇私舞弊罪
	第2款	动植物检疫失职罪
第414条		放纵制售伪劣商品犯罪行为罪
第415条		办理偷越国(边)境人员出入境证件罪
		放行偷越国(边)境人员罪
第416条	第1款	不解救被拐卖、绑架妇女、儿童罪
	第2款	阻碍解救被拐卖、绑架妇女、儿童罪
第417条		帮助犯罪分子逃避处罚罪
第418条		招收公务员、学生徇私舞弊罪
第419条		失职造成珍贵文物损毁、流失罪

第十章　军人违反职责罪

第421条		战时违抗命令罪
第422条		隐瞒、谎报军情罪
		拒传、假传军令罪
第423条		投降罪
第424条		战时临阵脱逃罪
第425条		擅离、玩忽军事职守罪
第426条		阻碍执行军事职务罪
第427条		指使部属违反职责罪
第428条		违令作战消极罪
第429条		拒不救援友邻部队罪
第430条		军人叛逃罪
第431条	第1款	非法获取军事秘密罪
	第2款	为境外窃取、刺探、收买、非法提供军事秘密罪
第432条		故意泄露军事秘密罪
		过失泄露军事秘密罪
第433条		战时造谣惑众罪

第 434 条	战时自伤罪
第 435 条	逃离部队罪
第 436 条	武器装备肇事罪
第 437 条	擅自改变武器装备编配用途罪
第 438 条	盗窃、抢夺武器装备、军用物资罪
第 439 条	非法出卖、转让武器装备罪
第 440 条	遗弃武器装备罪
第 441 条	遗失武器装备罪
第 442 条	擅自出卖、转让军队房地产罪
第 443 条	虐待部属罪
第 444 条	遗弃伤病军人罪
第 445 条	战时拒不救治伤病军人罪
第 446 条	战时残害居民、掠夺居民财物罪
第 447 条	私放俘虏罪
第 448 条	虐待俘虏罪

最高人民法院、最高人民检察院关于执行《中华人民共和国刑法》确定罪名的补充规定

（2002 年 3 月 15 日最高人民法院审判委员会第 1193 次会议、最高人民检察院第九届检察委员会第 100 次会议通过　2002 年 3 月 15 日最高人民法院、最高人民检察院公告公布　自 2002 年 3 月 26 日起施行　法释〔2002〕7 号）

为正确理解、执行《中华人民共和国刑法》和全国人民代表大会常务委员会《关于惩治骗购外汇、逃汇和非法买卖外汇犯罪的决定》、《中华人民共和国刑法修正案》、《中华人民共和国刑法修正案（二）》、《中华人民共和国刑法修正案（三）》（以下分别简称为《决定》、《修正案》及《修正案（二）》、《修正案（三）》），统一认定罪名，现对最高人民法院《关于执行〈中华人民共和国刑法〉确定罪名的规定》、最高人民检察院《关于适用刑法分则规定的犯罪的罪名的意见》作如下补充、修改：

刑法条文	罪　名
第 114 条、第 115 条第 1 款（《修正案（三）》第 1、2 条）	投放危险物质罪（取消投毒罪罪名）
第 115 条第 2 款（《修正案（三）》第 1、2 条）	过失投放危险物质罪（取消过失投毒罪罪名）
第 120 条之一（《修正案（三）》第 4 条）	资助恐怖活动罪

刑法条文	罪　　名
第125条第2款 (《修正案(三)》第5条)	非法制造、买卖、运输、储存危险物质罪 (取消非法买卖、运输核材料罪罪名)
第127条第1款、第2款 (《修正案(三)》 第6条第1款、第2款)	盗窃、抢夺枪支、弹药、爆炸物、危险物质罪
第127条第2款 (《修正案(三)》第6条第2款)	抢劫枪支、弹药、爆炸物、危险物质罪
第162条之一 (《修正案》第1条)	隐匿、故意销毁会计凭证、会计账簿、财务会计报告罪
第168条 (《修正案》第2条)	国有公司、企业、事业单位人员失职罪国有公司、企业、事业 单位人员滥用职权罪(取消徇私舞弊造成破产、亏损罪罪名)
第174条第2款 (《修正案》第3条)	伪造、变造、转让金融机构经营许可证、批准文件罪
第181条第1款 (《修正案》第5条第1款)	编造并传播证券、期货交易虚假信息罪
第181条第2款 (《修正案》第5条第2款)	诱骗投资者买卖证券、期货合约罪
第182条 (《修正案》第6条)	操纵证券、期货交易价格罪
《决定》第1条	骗购外汇罪
第229条第1款、第2款 第3款	提供虚假证明文件罪(取消中介组织人员提供虚假证明文件罪罪名) 出具证明文件重大失实罪(取消中介组织人员出具证明文件 重大失实罪罪名)
第236条	强奸罪(取消奸淫幼女罪罪名)
第291条之一 (《修正案(三)》第8条)	投放虚假危险物质罪 编造、故意传播虚假恐怖信息罪
第342条 (《修正案(二)》)	非法占用农用地罪(取消非法占用耕地罪罪名)
第397条	滥用职权罪、玩忽职守罪(取消国家机关工作人员徇私舞弊罪罪名)
第399条第1款 第2款	徇私枉法罪(取消枉法追诉、裁判罪) 民事、行政枉法裁判罪(取消枉法裁判罪)
第406条	国家机关工作人员签订、履行合同失职被骗罪 (取消国家机关工作人员签订、履行合同失职罪)

最高人民法院、最高人民检察院原有关罪名问题的规定与本规定不一致的，以本规定为准。

最高人民法院、最高人民检察院关于执行《中华人民共和国刑法》确定罪名的补充规定(二)

(2003年8月6日最高人民法院审判委员会第1283次会议、2003年8月12日最高人民检察院第十届检察委员会第7次会议通过 2003年8月15日最高人民法院、最高人民检察院公告公布 自2003年8月21日起施行 法释〔2003〕12号)

为统一认定罪名,根据《中华人民共和国刑法修正案(四)》(以下简称《刑法修正案(四)》)的规定,现对最高人民法院《关于执行〈中华人民共和国刑法〉确定罪名的规定》、最高人民检察院《关于适用刑法分则规定的犯罪的罪名的意见》作如下补充、修改:

刑法条文	罪　　名
第152条第2款 (《刑法修正案(四)》第2条)	走私废物罪 (取消刑法原第155条第3项走私固体废物罪罪名)
第244条之一 (《刑法修正案(四)》第4条)	雇用童工从事危重劳动罪
第344条 (《刑法修正案(四)》第6条)	非法采伐、毁坏国家重点保护植物罪;非法收购、运输、加工、出售国家重点保护植物、国家重点保护植物制品罪 (取消非法采伐、毁坏珍贵树木罪罪名)
第345条第3款 (《刑法修正案(四)》第7条第3款)	非法收购、运输盗伐、滥伐的林木罪 (取消非法收购盗伐、滥伐的林木罪罪名)
第399条第3款 (《刑法修正案(四)》第8条第3款)	执行判决、裁定失职罪;执行判决、裁定滥用职权罪

最高人民法院、最高人民检察院关于执行《中华人民共和国刑法》确定罪名的补充规定(三)

(2007年8月27日最高人民法院审判委员会第1436次会议、2007年9月7日最高人民检察院第十届检察委员会第82次会议通过 2007年10月25日最高人民法院、最高人民检察院公告公布 自2007年11月6日起施行 法释〔2007〕16号)

根据《中华人民共和国刑法修正案(五)》(以下简称《刑法修正案(五)》)、《中华人民共和国刑法修正案(六)》(以下简称《刑法修正案(六)》)的规定,现对最高人民法院《关于执行〈中华人民共和国刑法〉确定罪名的规定》,最高人民检察院《关于适用刑法分则规定的犯罪的罪名的意见》,最高人民法院、最高人民检察院《关于执行〈中华人民共和国刑法〉确定罪名的补充规定》作如下补充、修改:

刑法条文	罪　名
第 134 条第 2 款 (《刑法修正案(六)》第 1 条第 2 款)	强令违章冒险作业罪
第 135 条之一 (《刑法修正案(六)》第 3 条)	大型群众性活动重大安全事故罪
第 139 条之一 (《刑法修正案(六)》第 4 条)	不报、谎报安全事故罪
第 161 条 (《刑法修正案(六)》第 5 条)	违规披露、不披露重要信息罪 (取消提供虚假财会报告罪罪名)
第 162 条之二 (《刑法修正案(六)》第 6 条)	虚假破产罪
第 163 条 (《刑法修正案(六)》第 7 条)	非国家工作人员受贿罪 (取消公司、企业人员受贿罪罪名)
第 164 条 (《刑法修正案(六)》第 8 条)	对非国家工作人员行贿罪 (取消对公司、企业人员行贿罪罪名)
第 169 条之一 (《刑法修正案(六)》第 9 条)	背信损害上市公司利益罪
第 175 条之一 (《刑法修正案(六)》第 10 条)	骗取贷款、票据承兑、金融票证罪
第 177 条之一第 1 款 (《刑法修正案(五)》第 1 条第 1 款)	妨害信用卡管理罪
第 177 条之一第 2 款 (《刑法修正案(五)》第 1 条第 2 款)	窃取、收买、非法提供信用卡信息罪
第 182 条 (《刑法修正案(六)》第 11 条)	操纵证券、期货市场罪 (取消操纵证券、期货交易价格罪罪名)
第 185 条之一第 1 款 (《刑法修正案(六)》第 12 条第 1 款)	背信运用受托财产罪
第 185 条之一第 2 款 (《刑法修正案(六)》第 12 条第 2 款)	违法运用资金罪
第 186 条 (《刑法修正案(六)》第 13 条)	违法发放贷款罪 (取消违法向关系人发放贷款罪罪名)
第 187 条 (《刑法修正案(六)》第 14 条)	吸收客户资金不入账罪 (取消用账外客户资金非法拆借、发放贷款罪罪名)
第 188 条 (《刑法修正案(六)》第 15 条)	违规出具金融票证罪 (取消非法出具金融票证罪罪名)

刑法条文	罪　　名
第 262 条之一 (《刑法修正案(六)》第 17 条)	组织残疾人、儿童乞讨罪
第 303 条第 2 款 (《刑法修正案(六)》第 18 条第 2 款)	开设赌场罪
第 312 条 (《刑法修正案(六)》第 19 条)	掩饰、隐瞒犯罪所得、犯罪所得收益罪 (取消窝藏、转移、收购、销售赃物罪罪名)
第 369 条第 2 款 (《刑法修正案(五)》第 3 条第 2 款)	过失损坏武器装备、军事设施、军事通信罪
第 399 条之一 (《刑法修正案(六)》第 20 条)	枉法仲裁罪

最高人民法院、最高人民检察院关于执行《中华人民共和国刑法》确定罪名的补充规定(四)

(2009 年 9 月 21 日最高人民法院审判委员会第 1474 次会议、2009 年 9 月 28 日最高人民检察院第十一届检察委员会第 20 次会议通过　2009 年 10 月 14 日最高人民法院、最高人民检察院公告公布　自 2009 年 10 月 16 日起施行　法释〔2009〕13 号)

《最高人民法院、最高人民检察院关于执行〈中华人民共和国刑法〉确定罪名的补充规定(四)》已于 2009 年 9 月 21 日由最高人民法院审判委员会第 1474 次会议、2009 年 9 月 28 日由最高人民检察院第十一届检察委员会第 20 次会议通过,现予公布,自 2009 年 10 月 16 日起施行。

根据《中华人民共和国刑法修正案(七)》(以下简称《刑法修正案(七)》)的规定,现对最高人民法院《关于执行〈中华人民共和国刑法〉确定罪名的规定》、最高人民检察院《关于适用刑法分则规定的犯罪的罪名的意见》作如下补充、修改:

刑法条文	罪　　名
第 151 条第 3 款 (《刑法修正案(七)》第 1 条)	走私国家禁止进出口的货物、物品罪 (取消走私珍稀植物、珍稀植物制品罪罪名)
第 180 条第 4 款 (《刑法修正案(七)》第 2 条第 2 款)	利用未公开信息交易罪
第 201 条 (《刑法修正案(七)》第 3 条)	逃税罪 (取消偷税罪罪名)
第 224 条之一 (《刑法修正案(七)》第 4 条)	组织、领导传销活动罪

刑法条文	罪　　名
第253条之一第1款 （《刑法修正案（七）》第7条第1款）	出售、非法提供公民个人信息罪
第253条之一第2款 （《刑法修正案（七）》第7条第2款）	非法获取公民个人信息罪
第262条之二 （《刑法修正案（七）》第8条）	组织未成年人进行违反治安管理活动罪
第285条第2款 （《刑法修正案（七）》第9条第1款）	非法获取计算机信息系统数据、非法控制计算机信息系统罪
第285条第3款 （《刑法修正案（七）》第9条第2款）	提供侵入、非法控制计算机信息系统程序、工具罪
第337条第1款 （《刑法修正案（七）》第11条）	妨害动植物防疫、检疫罪 （取消逃避动植物检疫罪罪名）
第375条第2款 （《刑法修正案（七）》第12条第1款）	非法生产、买卖武装部队制式服装罪 （取消非法生产、买卖军用标志罪罪名）
第375条第3款 （《刑法修正案（七）》第12条第2款）	伪造、盗窃、买卖、非法提供、非法使用武装部队专用标志罪
第388条之一 （《刑法修正案（七）》第13条）	利用影响力受贿罪

最高人民法院、最高人民检察院关于执行《中华人民共和国刑法》确定罪名的补充规定（五）

（2011年4月21日最高人民法院审判委员会第1520次会议、2011年4月13日最高人民检察院第十一届检察委员会第60次会议通过　2011年4月27日最高人民法院、最高人民检察院公告公布　自2011年5月1日起施行　法释〔2011〕10号）

根据《中华人民共和国刑法修正案（八）》（以下简称《刑法修正案（八）》）的规定，现对最高人民法院《关于执行〈中华人民共和国刑法〉确定罪名的规定》、最高人民检察院《关于适用刑法分则规定的犯罪的罪名的意见》作如下补充、修改：

刑法条文	罪　　名
第133条之一 （《刑法修正案（八）》第22条）	危险驾驶罪
第143条 （《刑法修正案（八）》第24条）	生产、销售不符合安全标准的食品罪 （取消生产、销售不符合卫生标准的食品罪罪名）

刑法条文	罪　名
第 164 条第 2 款 (《刑法修正案(八)》第 29 条第 2 款)	对外国公职人员、国际公共组织官员行贿罪
第 205 条之一 (《刑法修正案(八)》第 33 条)	虚开发票罪
第 210 条之一 (《刑法修正案(八)》第 35 条)	持有伪造的发票罪
第 234 条之一第 1 款 (《刑法修正案(八)》第 37 条第 1 款)	组织出卖人体器官罪
第 244 条 (《刑法修正案(八)》第 38 条)	强迫劳动罪 (取消强迫职工劳动罪罪名)
第 276 条之一 (《刑法修正案(八)》第 41 条)	拒不支付劳动报酬罪
第 338 条 (《刑法修正案(八)》第 46 条)	污染环境罪 (取消重大环境污染事故罪罪名)
第 408 条之一 (《刑法修正案(八)》第 49 条)	食品监管渎职罪

最高人民法院、最高人民检察院关于执行《中华人民共和国刑法》确定罪名的补充规定(六)

(2015 年 10 月 19 日最高人民法院审判委员会第 1664 次会议、2015 年 10 月 21 日最高人民检察院第十二届检察委员会第 42 次会议通过　2015 年 10 月 30 日最高人民法院、最高人民检察院公告公布　自 2015 年 11 月 1 日起施行　法释〔2015〕20 号)

根据《中华人民共和国刑法修正案(九)》(以下简称《刑法修正案(九)》)和《全国人民代表大会常务委员会关于修改部分法律的决定》的有关规定,现对最高人民法院《关于执行〈中华人民共和国刑法〉确定罪名的规定》、最高人民检察院《关于适用刑法分则规定的犯罪的罪名的意见》作如下补充、修改:

刑法条文	罪　名
第一百二十条之一 (《刑法修正案(九)》第六条)	帮助恐怖活动罪 (取消资助恐怖活动罪罪名)
第一百二十条之二 (《刑法修正案(九)》第七条)	准备实施恐怖活动罪

刑法条文	罪　名
第一百二十条之三 (《刑法修正案(九)》第七条)	宣扬恐怖主义、极端主义、煽动实施恐怖活动罪
第一百二十条之四 (《刑法修正案(九)》第七条)	利用极端主义破坏法律实施罪
第一百二十条之五 (《刑法修正案(九)》第七条)	强制穿戴宣扬恐怖主义、极端主义服饰、标志罪
第一百二十条之六 (《刑法修正案(九)》第七条)	非法持有宣扬恐怖主义、极端主义物品罪
第二百三十七条第一款、第二款 (《刑法修正案(九)》第十三条第一款、第二款)	强制猥亵、侮辱罪 (取消强制猥亵、侮辱妇女罪罪名)
第二百五十三条之一 (《刑法修正案(九)》第十七条)	侵犯公民个人信息罪 (取消出售、非法提供公民个人信息罪和 非法获取公民个人信息罪罪名)
第二百六十条之一 (《刑法修正案(九)》第十九条)	虐待被监护、看护人罪
第二百八十条第三款 (《刑法修正案(九)》第二十二条第三款)	伪造、变造、买卖身份证件罪 (取消伪造、变造居民身份证罪罪名)
第二百八十条之一 (《刑法修正案(九)》第二十三条)	使用虚假身份证件、盗用身份证件罪
第二百八十三条 (《刑法修正案(九)》第二十四条)	非法生产、销售专用间谍器材、窃听、窃照专用器材罪 (取消非法生产、销售间谍专用器材罪罪名)
第二百八十四条之一第一款、第二款 (《刑法修正案(九)》第二十五条第一款、第二款)	组织考试作弊罪
第二百八十四条之一第三款 (《刑法修正案(九)》第二十五条第三款)	非法出售、提供试题、答案罪
第二百八十四条之一第四款 (《刑法修正案(九)》第二十五条第四款)	代替考试罪
第二百八十六条之一 (《刑法修正案(九)》第二十八条)	拒不履行信息网络安全管理义务罪
第二百八十七条之一 (《刑法修正案(九)》第二十九条)	非法利用信息网络罪
第二百八十七条之二 (《刑法修正案(九)》第二十九条)	帮助信息网络犯罪活动罪

刑法条文	罪　名
第二百九十条第三款 (《刑法修正案(九)》第三十一条第二款)	扰乱国家机关工作秩序罪
第二百九十条第四款 (《刑法修正案(九)》第三十一条第三款)	组织、资助非法聚集罪
第二百九十一条之一第二款 (《刑法修正案(九)》第三十二条)	编造、故意传播虚假信息罪
第三百条第二款 (《刑法修正案(九)》第三十三条第二款)	组织、利用会道门、邪教组织、 利用迷信致人重伤、死亡罪 (取消组织、利用会道门、邪教组织、 利用迷信致人死亡罪罪名)
第三百零二条 (《刑法修正案(九)》第三十四条)	盗窃、侮辱、故意毁坏尸体、尸骨、骨灰罪 (取消盗窃、侮辱尸体罪罪名)
第三百零七条之一 (《刑法修正案(九)》第三十五条)	虚假诉讼罪
第三百零八条之一第一款 (《刑法修正案(九)》第三十六条第一款)	泄露不应公开的案件信息罪
第三百零八条之一第三款 (《刑法修正案(九)》第三十六条第三款)	披露、报道不应公开的案件信息罪
第三百一十一条 (《刑法修正案(九)》第三十八条)	拒绝提供间谍犯罪、恐怖主义犯罪、 极端主义犯罪证据罪 (取消拒绝提供间谍犯罪证据罪罪名)
第三百五十条 (《刑法修正案(九)》第四十一条)	非法生产、买卖、运输制毒物品、走私制毒物品罪 (取消走私制毒物品罪和非法买卖制毒物品罪罪名)
第三百六十条第二款 (《刑法修正案(九)》第四十三条)	取消嫖宿幼女罪罪名
第三百八十一条 (《全国人民代表大会常务委员会关于 修改部分法律的决定》第二条)	战时拒绝军事征收、征用罪 (取消战时拒绝军事征用罪罪名)
第三百九十条之一 (《刑法修正案(九)》第四十六条)	对有影响力的人行贿罪
第四百一十条 (《全国人民代表大会常务委员会关于 修改部分法律的决定》第二条)	非法批准征收、征用、占用土地罪 (取消非法批准征用、占用土地罪罪名)

本规定自 2015 年 11 月 1 日起施行。

最高人民法院、最高人民检察院关于执行《中华人民共和国刑法》确定罪名的补充规定（七）

（2021年2月22日最高人民法院审判委员会第1832次会议、2021年2月26日最高人民检察院第十三届检察委员会第63次会议通过　2021年2月26日最高人民法院、最高人民检察院公告公布　自2021年3月1日起施行　法释〔2021〕2号）

根据《中华人民共和国刑法修正案（十）》（以下简称《刑法修正案（十）》）、《中华人民共和国刑法修正案（十一）》（以下简称《刑法修正案（十一）》），结合司法实践反映的情况，现对《最高人民法院关于执行〈中华人民共和国刑法〉确定罪名的规定》《最高人民检察院关于适用刑法分则规定的犯罪的罪名的意见》作如下补充、修改：

刑法条文	罪　名
第一百三十三条之二 （《刑法修正案（十一）》第二条）	妨害安全驾驶罪
第一百三十四条第二款 （《刑法修正案（十一）》第三条）	强令、组织他人违章冒险作业罪 （取消强令违章冒险作业罪罪名）
第一百三十四条之一 （《刑法修正案（十一）》第四条）	危险作业罪
第一百四十一条 （《刑法修正案（十一）》第五条）	生产、销售、提供假药罪 （取消生产、销售假药罪罪名）
第一百四十二条 （《刑法修正案（十一）》第六条）	生产、销售、提供劣药罪 （取消生产、销售劣药罪罪名）
第一百四十二条之一 （《刑法修正案（十一）》第七条）	妨害药品管理罪
第一百六十条 （《刑法修正案（十一）》第八条）	欺诈发行证券罪 （取消欺诈发行股票、债券罪罪名）
第二百一十九条之一 （《刑法修正案（十一）》第二十三条）	为境外窃取、刺探、收买、非法提供商业秘密罪
第二百三十六条之一 （《刑法修正案（十一）》第二十七条）	负有照护职责人员性侵罪
第二百七十七条第五款 （《刑法修正案（十一）》第三十一条）	袭警罪

刑法条文	罪　　名
第二百八十条之二 （《刑法修正案（十一）》第三十二条）	冒名顶替罪
第二百九十一条之二 （《刑法修正案（十一）》第三十三条）	高空抛物罪
第二百九十三条之一 （《刑法修正案（十一）》第三十四条）	催收非法债务罪
第二百九十九条 （《刑法修正案（十》）	侮辱国旗、国徽、国歌罪 （取消侮辱国旗、国徽罪罪名）
第二百九十九条之一 （《刑法修正案（十一）》第三十五条）	侵害英雄烈士名誉、荣誉罪
第三百零三条第三款 （《刑法修正案（十一）》第三十六条）	组织参与国（境）外赌博罪
第三百三十四条之一 （《刑法修正案（十一）》第三十八条）	非法采集人类遗传资源、走私人类遗传资源材料罪
第三百三十六条之一 （《刑法修正案（十一）》第三十九条）	非法植入基因编辑、克隆胚胎罪
第三百四十一条第一款	危害珍贵、濒危野生动物罪 （取消非法猎捕、杀害珍贵、濒危野生动物罪和非法收购、运输、出售珍贵、濒危野生动物、珍贵、濒危野生动物制品罪罪名）
第三百四十一条第三款 （《刑法修正案（十一）》第四十一条）	非法猎捕、收购、运输、出售陆生野生动物罪
第三百四十二条之一 （《刑法修正案（十一）》第四十二条）	破坏自然保护地罪
第三百四十四条	危害国家重点保护植物罪 （取消非法采伐、毁坏国家重点保护植物罪和非法收购、运输、加工、出售国家重点保护植物、国家重点保护植物制品罪罪名）
第三百四十四条之一 （《刑法修正案（十一）》第四十三条）	非法引进、释放、丢弃外来入侵物种罪
第三百五十五条之一 （《刑法修正案（十一）》第四十四条）	妨害兴奋剂管理罪
第四百零八条之一 （《刑法修正案（十一）》第四十五条）	食品、药品监管渎职罪 （取消食品监管渎职罪罪名）

本规定自 2021 年 3 月 1 日起施行。

3. 刑事责任

最高人民法院关于审理未成年人刑事案件具体应用法律若干问题的解释

（2005年12月12日最高人民法院审判委员会第1373次会议通过　2006年1月11日最高人民法院公告公布　自2006年1月23日起施行　法释〔2006〕1号）

为正确审理未成年人刑事案件，贯彻“教育为主，惩罚为辅”的原则，根据刑法等有关法律的规定，现就审理未成年人刑事案件具体应用法律的若干问题解释如下：

第一条　本解释所称未成年人刑事案件，是指被告人实施被指控的犯罪时已满十四周岁不满十八周岁的案件。

第二条　刑法第十七条规定的“周岁”，按照公历的年、月、日计算，从周岁生日的第二天起算。

第三条　审理未成年人刑事案件，应当查明被告人实施被指控的犯罪时的年龄。裁判文书中应当写明被告人出生的年、月、日。

第四条　对于没有充分证据证明被告人实施被指控的犯罪时已经达到法定刑事责任年龄且确实无法查明的，应当推定其没有达到相应法定刑事责任年龄。

相关证据足以证明被告人实施被指控的犯罪时已经达到法定刑事责任年龄，但是无法准确查明被告人具体出生日期的，应当认定其达到相应法定刑事责任年龄。

第五条　已满十四周岁不满十六周岁的人实施刑法第十七条第二款规定以外的行为，如果同时触犯了刑法第十七条第二款规定的，应当依照刑法第十七条第二款的规定确定罪名，定罪处罚。

第六条　已满十四周岁不满十六周岁的人偶尔与幼女发生性行为，情节轻微、未造成严重后果的，不认为是犯罪。

第七条　已满十四周岁不满十六周岁的人使用轻微暴力或者威胁，强行索要其他未成年人随身携带的生活、学习用品或者钱财数量不大，且未造成被害人轻微伤以上或者不敢正常到校学习、生活等危害后果的，不认为是犯罪。

已满十六周岁不满十八周岁的人具有前款规定情形的，一般也不认为是犯罪。

第八条　已满十六周岁不满十八周岁的人出于以大欺小、以强凌弱或者寻求精神刺激，随意殴打其他未成年人、多次对其他未成年人强拿硬要或者任意损毁公私财物，扰乱学校及其他公共场所秩序，情节严重的，以寻衅滋事罪定罪处罚。

第九条　已满十六周岁不满十八周岁的人实施盗窃行为未超过三次，盗窃数额虽已达到“数额较大”标准，但案发后能如实供述全部盗窃事实并积极退赃，且具有下列情形之一的，可以认定为“情节显著轻微危害不大”，不认为是犯罪：

（一）系又聋又哑的人或者盲人；

（二）在共同盗窃中起次要或者辅助作用，或者被胁迫；

（三）具有其他轻微情节的。

已满十六周岁不满十八周岁的人盗窃未遂或者中止的，可不认为是犯罪。

已满十六周岁不满十八周岁的人盗窃自己家庭或者近亲属财物，或者盗窃其他亲属财物但其他亲属要求不予追究的，可以不按犯罪处理。

第十条 已满十四周岁不满十六周岁的人盗窃、诈骗、抢夺他人财物，为窝藏赃物、抗拒抓捕或者毁灭罪证，当场使用暴力，故意伤害致人重伤或者死亡，或者故意杀人的，应当分别以故意伤害罪或者故意杀人罪定罪处罚。

已满十六周岁不满十八周岁的人犯盗窃、诈骗、抢夺罪，为窝藏赃物、抗拒抓捕或者毁灭罪证而当场使用暴力或者以暴力相威胁的，应当依照刑法第二百六十九条的规定定罪处罚；情节轻微的，可不以抢劫罪定罪处罚。

第十一条 对未成年罪犯适用刑罚，应当充分考虑是否有利于未成年罪犯的教育和矫正。

对未成年罪犯量刑应当依照刑法第六十一条的规定，并充分考虑未成年人实施犯罪行为的动机和目的、犯罪时的年龄、是否初次犯罪、犯罪后的悔罪表现、个人成长经历和一贯表现等因素。对符合管制、缓刑、单处罚金或者免予刑事处罚适用条件的未成年罪犯，应当依法适用管制、缓刑、单处罚金或者免予刑事处罚。

第十二条 行为人在达到法定刑事责任年龄前后均实施了犯罪行为，只能依法追究其达到法定刑事责任年龄后实施的犯罪行为的刑事责任。

行为人在年满十八周岁前后实施了不同种犯罪行为，对其年满十八周岁以前实施的犯罪应当依法从轻或者减轻处罚。行为人在年满十八周岁前后实施了同种犯罪行为，在量刑时应当考虑对年满十八周岁以前实施的犯罪，适当给予从轻或者减轻处罚。

第十三条 未成年人犯罪只有罪行极其严重的，才可以适用无期徒刑。对已满十四周岁不满十六周岁的人犯罪一般不判处无期徒刑。

第十四条 除刑法规定“应当”附加剥夺政治权利外，对未成年犯罪一般不判处附加剥夺政治权利。

如果对未成年犯罪判处附加剥夺政治权利的，应当依法从轻判处。

对实施被指控犯罪时未成年、审判时已成年的罪犯判处附加剥夺政治权利，适用前款的规定。

第十五条 对未成年罪犯实施刑法规定的“并处”没收财产或者罚金的犯罪，应当依法判处相应的财产刑；对未成年罪犯实施刑法规定的“可以并处”没收财产或者罚金的犯罪，一般不判处财产刑。

对未成年罪犯判处罚金刑时，应当依法从轻或者减轻判处，并根据犯罪情节，综合考虑其缴纳罚金的能力，确定罚金数额。但罚金的最低数额不得少于五百元人民币。

对被判处罚金刑的未成年罪犯，其监护人或者其他人自愿代为垫付罚金的，人民法院应当允许。

第十六条 对未成年罪犯符合刑法第七十二条第一款规定的，可以宣告缓刑。如果同时具有下列情形之一，对其适用缓刑确实不致再危害社会的，应当宣告缓刑：

（一）初次犯罪；

（二）积极退赃或赔偿被害人经济损失；

（三）具备监护、帮教条件。

第十七条 未成年罪犯根据其所犯罪行，可能被判处拘役、三年以下有期徒刑，

如果悔罪表现好,并具有下列情形之一的,应当依照刑法第三十七条的规定免予刑事处罚:

(一)系又聋又哑的人或者盲人;

(二)防卫过当或者避险过当;

(三)犯罪预备、中止或者未遂;

(四)共同犯罪中从犯、胁从犯;

(五)犯罪后自首或者有立功表现;

(六)其他犯罪情节轻微不需要判处刑罚的。

第十八条 对未成年罪犯的减刑、假释,在掌握标准上可以比照成年罪犯依法适度放宽。

未成年罪犯能认罪服法,遵守监规,积极参加学习、劳动的,即可视为"确有悔改表现"予以减刑,其减刑的幅度可以适当放宽,间隔的时间可以相应缩短。符合刑法第八十一条第一款规定的,可以假释。

未成年罪犯在服刑期间已经成年的,对其减刑、假释可以适用上述规定。

第十九条 刑事附带民事案件的未成年被告人有个人财产的,应当由本人承担民事赔偿责任,不足部分由监护人予以赔偿,但单位担任监护人的除外。

被告人对被害人物质损失的赔偿情况,可以作为量刑情节予以考虑。

第二十条 本解释自2006年1月23日起施行。

《最高人民法院关于办理未成年人刑事案件适用法律的若干问题的解释》(法发〔1995〕9号)自本解释公布之日起不再执行。

全国人民代表大会常务委员会法制工作委员会关于已满十四周岁不满十六周岁的人承担刑事责任范围问题的答复意见

(2002年7月24日 法工委复字〔2002〕12号)

最高人民检察院:

关于你单位4月8日来函收悉,经研究,现答复如下:

刑法第十七条第二款规定的八种犯罪,是指具体犯罪行为而不是具体罪名。对于刑法第十七条中规定的"犯故意杀人、故意伤害致人重伤或者死亡",是指只要故意实施了杀人、伤害行为并且造成了致人重伤、死亡后果的,都应负刑事责任。而不是指只有犯故意杀人罪、故意伤害罪的,才负刑事责任,绑架撕票的,不负刑事责任。对司法实践中出现的已满十四周岁不满十六周岁的人绑架人质后杀害被绑架人、拐卖妇女、儿童而故意造成被拐卖妇女、儿童重伤或死亡的行为,依据刑法是应当追究其刑事责任的。

最高人民检察院法律政策研究室关于相对刑事责任年龄的人承担刑事责任范围有关问题的答复

(2003年4月18日 〔2003〕高检研发第13号)

四川省人民检察院研究室:

你院关于相对刑事责任年龄的人承担

刑事责任范围问题的请示（川检发办〔2002〕47号）收悉。经研究，答复如下：

一、相对刑事责任年龄的人实施了刑法第十七条第二款规定的行为，应当追究刑事责任的，其罪名应当根据所触犯的刑法分则具体条文认定。对于绑架后杀害被绑架人的，其罪名应认定为绑架罪。

二、相对刑事责任年龄的人实施了刑法第二百六十九条规定的行为的，应当依照刑法第二百六十三条的规定，以抢劫罪追究刑事责任。但对情节显著轻微，危害不大的，可根据刑法第十三条的规定，不予追究刑事责任。

4. 共同犯罪

最高人民法院、最高人民检察院、公安部关于如何处理有同案犯在逃的共同犯罪案件的通知

（1982年4月5日）

通知各省、市、自治区高级人民法院、人民检察院、公安厅（局）：

据江西、安徽、浙江、福建、广东、黑龙江、湖北、陕西、河南、内蒙等地反映，有一些县、市公检法三机关在处理共同犯罪案件过程中，有的案件因同案犯在逃，影响了对在押犯的依法处理。其中有的超过法定羁押时限，长期拖延不决；有的不了了之，放纵了犯罪分子，引起群众不满。为了及时有力地打击刑事犯罪活动，保护国家和人民的利益，特对如何处理这类案件通知如下：

（一）公安机关应对在逃的同案犯，组织力量，切实采取有力措施，积极追捕归案。

（二）同案犯在逃，对在押犯的犯罪事实已查清并有确实、充分证据的，应按照刑事诉讼法规定的诉讼程序，该起诉的起诉，该定罪判刑的定罪判刑。

如在逃跑的同案犯逮捕归案后，对已按上项办法处理的罪犯查明还有其他罪没有判决时，可以按照刑事诉讼法规定的诉讼程序对新查明的罪行进行起诉和判决。人民法院应依照刑法第六十五条和全国人民代表大会常务委员会《关于处理逃跑或者重新犯罪的劳改犯和劳教人员的决定》的有关规定判处这类案件。

（三）由于同案犯在逃，在押犯主要犯罪事实情节不清并缺乏证据的，可根据不同情况，分别采取依法报请延长羁押期限、监视居住、取保候审等办法，继续侦查，抓紧结案。

（四）由于同案犯在逃，没有确实证据证明在押犯的犯罪事实的，或已查明的情节显著轻微的，应予先行释放，在同案犯追捕归案、查明犯罪事实后再作处理。

最高人民法院、最高人民检察院、公安部关于当前办理集团犯罪案件中具体应用法律的若干问题的解答

（1984年6月15日 〔84〕法研字第9号）

《中华人民共和国刑法》第二章第三节“共同犯罪”的有关条文：

第二十二条第一款：共同犯罪是指二人以上共同故意犯罪。

第二十三条:组织、领导犯罪集团进行犯罪活动的或者在共同犯罪中起主要作用的,是主犯。

对于主犯,除本法分则已有规定的以外,应当从重处罚。

第二十四条:在共同犯罪中起次要或者辅助作用的,是从犯。

对于从犯,应当比照主犯从轻、减轻处罚或者免除处罚。

第二十五条:对于被胁迫、被诱骗参加犯罪的,应当按照他的犯罪情节,比照从犯减轻处罚或者免除处罚。

第二十六条第一款:教唆他人犯罪的,应当按照他在共同犯罪中所起的作用处罚。教唆不满十八岁的人犯罪的,应当从重处罚。

《中华人民共和国刑法》第五章"其他规定"的有关条文:

第八十六条:本法所说的首要分子是指在犯罪集团或者聚众犯罪中起组织、策划、指挥作用的犯罪分子。

一、怎样办理团伙犯罪的案件?

办理团伙犯罪的重大案件,应当在党的方针政策指导下,依照刑法和《全国人民代表大会常务委员会关于严惩严重危害社会治安的犯罪分子的决定》的有关规定执行。鉴于在刑法和全国人大常委会的有关决定中,只有共同犯罪和犯罪集团的规定,在法律文书中,应当统一使用法律规定的提法。即:

办理团伙犯罪案件,凡其中符合刑事犯罪集团基本特征的,应按犯罪集团处理;不符合犯罪集团基本特征的,就按一般共同犯罪处理,并根据其共同犯罪的事实和情节,该重判的重判,该轻判的轻判。

对犯罪团伙既要坚决打击,又必须打准。不要把三人以上共同犯罪,但罪行较轻、危害较小的案件当作犯罪团伙,进而当作"犯罪集团"来严厉打击。

二、在办案实践中怎样认定刑事犯罪集团?

刑事犯罪集团一般应具备下列基本特征:

(1)人数较多(三人以上),重要成员固定或基本固定。

(2)经常纠集一起进行一种或数种严重的刑事犯罪活动。

(3)有明显的首要分子。有的首要分子是在纠集过程中形成的,有的首要分子在纠集开始时就是组织者和领导者。

(4)有预谋地实施犯罪活动。

(5)不论作案次数多少,对社会造成的危害或其具有的危险性都很严重。

刑事犯罪集团的首要分子,是指在该集团中起组织、策划、指挥作用的犯罪分子(见刑法第二十三条、第八十六条)。首要分子可以是一名,也可以不只一名。首要分子应对该集团经过预谋、有共同故意的全部罪行负责。集团的其他成员,应按其地位和作用,分别对其参与实施的具体罪行负责。如果某个成员实施了该集团共同故意犯罪范围以外的其他犯罪,则应由他个人负责。

对单一的犯罪集团,应按其所犯的罪定性;对一个犯罪集团犯多种罪的,应按其主罪定性;犯罪集团成员或一般共同犯罪的共犯,犯数罪的,分别按数罪并罚的原则处罚。

三、为什么对共同犯罪的案件必须坚持全案审判?

办理共同犯罪案件特别是集团犯罪案件,除对其中已逃跑的成员可以另案处理外，一定要把全案的事实查清，然后对应当追究刑事责任的同案人，全案起诉，全案判处。切不要全案事实还没有查清，就急于杀掉首要分子或主犯，或者把案件拆散，分开处理。这样做，不仅可能造成定罪不准，量刑失当，而且会造成死无对证，很容易漏掉同案成员的罪行，甚至漏掉罪犯，难以做到依法"从重从快，一网打尽"。

四、办理犯罪集团和一般共同犯罪中的重大案件，怎样执行党的政策，做到区别对待？

办理上述两类案件，应根据犯罪分子在犯罪活动中的地位、作用及危害大小，依照党的政策和刑法、全国人大常委会有关决定的规定，实行区别对待。

对犯罪集团的首要分子和其他主犯，一般共同犯罪中的重大案件的主犯，应依法从重严惩，其中罪行特别严重、不杀不足以平民愤的，应依法判处死刑。

上述两类案件的从犯，应根据其不同的犯罪情节，比照主犯依法从轻、减轻或者免除刑罚。对于胁从犯，应比照从犯依法减轻处罚或免除处罚。犯罪情节轻微，不需要追究刑事责任的，可以免予起诉或由公安部门作其他处理。

对于同犯罪集团成员有一般来往，而无犯罪行为的人，不要株连。

五、有些犯罪分子参加几起共同犯罪活动，应如何办理这些案件？

对这类案件，应分案判处，不能凑合成一案处理。某罪犯主要参加那个案件的共同犯罪活动，就列入那个案件去处理（在该犯参加的其他案件中可注明该犯已另案处理）。

公安部、最高人民法院、最高人民检察院、司法部关于办理流窜犯罪案件中一些问题的意见的通知

（1989年12月13日　〔89〕公发27号）

各省、自治区、直辖市公安厅、局，高级人民法院，人民检察院，司法厅、局：

流窜犯罪是当前严重危害社会治安的一个突出问题，必须依法予以严厉打击。流窜犯罪具有易地作案，骚扰面广，社会危害大等特点。这类案件，一般抓获难、查证更难，往往给侦查、批捕、起诉、审判工作带来诸多困难。为了及时有效地惩处流窜犯罪分子，现对办理流窜犯罪案件中的一些具体问题，提出以下意见：

一、关于流窜犯的认定

流窜犯是指跨市、县管辖范围作案的犯罪分子。

凡构成犯罪且符合下列条件之一的，属于流窜犯罪分子：

1. 跨市、县管辖范围连续作案的；

2. 在居住地作案后，逃跑到外省、市、县继续作案的。

有下列情形之一的，不视为流窜犯罪分子：

1. 确属到外市、县旅游、经商、做工等，在当地偶尔犯罪的；

2. 在其居住地与外市、县的交界处边沿结合部进行犯罪的。

二、关于流窜犯罪团伙案件的认定和处理

凡三人以上经常纠结在一起进行流窜

犯罪活动的,为流窜犯罪团伙。对流窜犯罪团伙案件,只要符合犯罪集团基本特征的按犯罪集团处理,不符合犯罪集团特征的按共同犯罪处理。对于只抓获了流窜犯罪团伙的一部分案犯,短期内不能将全部案犯抓获归案的案件,可根据已查清的犯罪事实、证据,分清罪责,对已抓获的该逮捕、起诉、判刑的案犯,要先行批捕、起诉、审判。对在逃的案犯,待抓获后再依法另行处理。

三、关于流窜犯罪案件的定案处理

1. 对流窜犯罪事实和证据材料,公安机关要认真调查核实,对其主要犯罪事实应做到证据充分、确凿。在人民检察院批捕、起诉,人民法院审判以及律师辩护过程中,均应考虑到流窜犯罪分子易地作案,查证十分困难的实际情况,只要基本事实清楚和基本证据确凿,应及时批捕、起诉、审判。对抓获的案犯,如有个别犯罪事实一时难以查清的,可暂不认定,就已经查证核实的事实,依法及时作出处理。对于共同犯罪案件,原则上应一案处理。如果有的同案犯在短期内不能追捕归案的,可对已抓获的案犯就已查清的犯罪事实依法处理,不能久拖不决。

2. 涉及刑事责任年龄界限的案件,必须查清核实被告人的出生年月日。经调查,确实无法查清的,可先按被告人交代的年龄收审、批捕,但是需要定罪量刑的,必须查证清楚。

3. 流窜犯因盗窃或扒窃被抓获后,赃款赃物虽未查获,但其供述的事实、情节与被害人的陈述(包括报案登记)、同案人的供述相一致的,或者其供述与被害人的陈述(包括报案登记)和其他间接证据相一致的,应予认定。

4. 被查获的流窜犯供述的盗窃或扒窃事实、情节与缴获的赃款赃物、同案人的供述相一致,或者被告人的供述与缴获的赃款赃物和其他间接证据相一致,如果找不到被害人和报案登记的,也应予以认定。

5. 流窜犯在盗窃或扒窃时被当场抓获,除缴获当次作案的赃款赃物外,还从其身上或其临时落脚点搜获的其他数额较大的款物,被告人否认系作案所得,但不能说明其合法来源的,只要这些款物在名称、品种、特征、数量等方面均与被害人的陈述或报案登记、同案人的供述相吻合,亦应认定为赃款赃物。

6. 流窜犯作案虽未被当场抓获,但同案人的供述,被害人的陈述、其他间接证据能相互吻合,确能证实其作案的时间、地点、情节、手段、次数和作案所得的赃款赃物数额的,也应予以认定。

7. 对于需要判处死刑的罪犯,在查证核实时,应当特别慎重,务必把事实和证据搞清、搞准、搞扎实。

四、关于认定流窜犯罪赃款赃物的数额起点

在办理流窜盗窃或者扒窃案件时,既要看其作案所得的数额,又应看其作案的手段、情节及社会危害程度。对那些抓获时作案所得的款物数额虽略低于当地非流窜犯罪的同类案件的数额标准,但情节恶劣、构成犯罪的,也要依法定罪判刑;对多次作案,属惯犯、累犯的,亦应依法从重惩处。

五、关于流窜犯罪案件的管辖范围

根据《刑事诉讼法》有关规定,对罪该逮捕、判刑的流窜犯罪分子,原则上由抓获地处理。流出地和其他犯罪地公安机关应负责向抓获地公安机关提供有关违法犯罪证据材料。在逃劳改犯、劳教人员流窜多处进行犯罪被抓获后,可由主罪地公安、司法机关处理,处理后原则上仍送回原劳改、劳教单位执行。抓获的在逃未决犯、通缉案犯,已批准逮捕、刑事拘留和收容审查潜逃的案犯,除重新犯罪罪行特别严重者由抓获地处理外,原则上由原办案单位公安机关提回处理。案件管辖不明的,由最先发现的公安机关或上级指定的公安机关办理。

5. 单位犯罪

最高人民法院关于审理单位犯罪案件具体应用法律有关问题的解释

(1999年6月18日最高人民法院审判委员会第1069次会议通过　1999年6月25日最高人民法院公告公布　自1999年7月3日起施行　法释〔1999〕14号)

为依法惩治单位犯罪活动,根据刑法的有关规定,现对审理单位犯罪案件具体应用法律的有关问题解释如下:

第一条　刑法第三十条规定的“公司、企业、事业单位”,既包括国有、集体所有的公司、企业、事业单位,也包括依法设立的合资经营、合作经营企业和具有法人资格的独资、私营等公司、企业、事业单位。

第二条　个人为进行违法犯罪活动而设立的公司、企业、事业单位实施犯罪的,或者公司、企业、事业单位设立后,以实施犯罪为主要活动的,不以单位犯罪论处。

第三条　盗用单位名义实施犯罪,违法所得由实施犯罪的个人私分的,依照刑法有关自然人犯罪的规定定罪处罚。

最高人民法院关于在审理经济纠纷案件中涉及经济犯罪嫌疑若干问题的规定

(1998年4月9日最高人民法院审判委员会第974次会议通过　根据2020年12月23日最高人民法院审判委员会第1823次会议通过的《最高人民法院关于修改〈最高人民法院关于在民事审判工作中适用《中华人民共和国工会法》若干问题的解释〉等二十七件民事类司法解释的决定》修正　2020年12月29日最高人民法院公告公布　自2021年1月1日起施行　法释〔2020〕17号)

根据《中华人民共和国民法典》《中华人民共和国刑法》《中华人民共和国民事诉讼法》《中华人民共和国刑事诉讼法》等有关规定,对审理经济纠纷案件中涉及经济犯罪嫌疑问题作以下规定:

第一条　同一自然人、法人或非法人组织因不同的法律事实,分别涉及经济纠纷和经济犯罪嫌疑的,经济纠纷案件和经济犯罪嫌疑案件应当分开审理。

第二条　单位直接负责的主管人员和其他直接责任人员,以为单位骗取财物为目的,采取欺骗手段对外签订经济合同,骗取的财物被该单位占有、使用或处分构成犯罪的,除依法追究有关人员的刑事责任,责令该单位返还骗取的财物外,如给被害人造成经济损失的,单位应当承担赔偿责任。

第三条　单位直接负责的主管人员和其他直接责任人员,以该单位的名义对外签订经济合同,将取得的财物部分或全部占为己有构成犯罪的，除依法追究行为人的刑事责任外，该单位对行为人因签订、履行该经济合同造成的后果，依法应当承担民事责任。

第四条 个人借用单位的业务介绍信、合同专用章或者盖有公章的空白合同书，以出借单位名义签订经济合同，骗取财物归个人占有、使用、处分或者进行其他犯罪活动，给对方造成经济损失构成犯罪的，除依法追究借用人的刑事责任外，出借业务介绍信、合同专用章或者盖有公章的空白合同书的单位，依法应当承担赔偿责任。但是，有证据证明被害人明知签订合同对方当事人是借用行为，仍与之签订合同的除外。

第五条 行为人盗窃、盗用单位的公章、业务介绍信、盖有公章的空白合同书，或者私刻单位的公章签订经济合同，骗取财物归个人占有、使用、处分或者进行其他犯罪活动构成犯罪的，单位对行为人该犯罪行为所造成的经济损失不承担民事责任。

行为人私刻单位公章或者擅自使用单位公章、业务介绍信、盖有公章的空白合同书以签订经济合同的方法进行的犯罪行为，单位有明显过错，且该过错行为与被害人的经济损失之间具有因果关系的，单位对该犯罪行为所造成的经济损失，依法应当承担赔偿责任。

第六条 企业承包、租赁经营合同期满后，企业按规定办理了企业法定代表人的变更登记，而企业法人未采取有效措施收回其公章、业务介绍信、盖有公章的空白合同书，或者没有及时采取措施通知相对人，致原企业承包人、租赁人得以用原承包、租赁企业的名义签订经济合同，骗取财物占为己有构成犯罪的，该企业对被害人的经济损失，依法应当承担赔偿责任。但是，原承包人、承租人利用擅自保留的公章、业务介绍信、盖有公章的空白合同书以原承包、租赁企业的名义签订经济合同，骗取财物占为己有构成犯罪的，企业一般不承担民事责任。

单位聘用的人员被解聘后，或者受单位委托保管公章的人员被解除委托后，单位未及时收回其公章，行为人擅自利用保留的原单位公章签订经济合同，骗取财物占为己有构成犯罪，如给被害人造成经济损失的，单位应当承担赔偿责任。

第七条 单位直接负责的主管人员和其他直接责任人员，将单位进行走私或其他犯罪活动所得财物以签订经济合同的方法予以销售，买方明知或者应当知道的，如因此造成经济损失，其损失由买方自负。但是，如果买方不知该经济合同的标的物是犯罪行为所得财物而购买的，卖方对买方所造成的经济损失应当承担民事责任。

第八条 根据《中华人民共和国刑事诉讼法》第一百零一条第一款的规定，被害人或其法定代理人、近亲属对本规定第二条因单位犯罪行为造成经济损失的，对第四条、第五条第一款、第六条应当承担刑事责任的被告人未能返还财物而遭受经济损失提起附带民事诉讼的，受理刑事案件的人民法院应当依法一并审理。被害人或其法定代理人、近亲属因被害人遭受经济损失也有权对单位另行提起民事诉讼。若被害人或其法定代理人、近亲属另行提起民事诉讼的，有管辖权的人民法院应当依法受理。

第九条 被害人请求保护其民事权利的诉讼时效在公安机关、检察机关查处经济犯罪嫌疑期间中断。如果公安机关决定撤销涉嫌经济犯罪案件或者检察机关决定不起诉的，诉讼时效从撤销案件或决定不起诉之次日起重新计算。

第十条 人民法院在审理经济纠纷案件中，发现与本案有牵连，但与本案不是同一法律关系的经济犯罪嫌疑线索、材料，应将犯罪嫌疑线索、材料移送有关公安机关或检察机关查处，经济纠纷案件继续审理。

第十一条 人民法院作为经济纠纷受理的案件，经审理认为不属经济纠纷案件而有经济犯罪嫌疑的，应当裁定驳回起诉，将有关材料移送公安机关或检察机关。

第十二条 人民法院已立案审理的经济纠纷案件，公安机关或检察机关认为有经济犯罪嫌疑，并说明理由附有关材料函告受理该案的人民法院的，有关人民法院应当认真审查。经过审查，认为确有经济犯罪嫌疑的，应当将案件移送公安机关或检察机关，并书面通知当事人，退还案件受理费；如认为确属经济纠纷案件的，应当依法继续审理，并将结果函告有关公安机关或检察机关。

最高人民法院关于审理单位犯罪案件对其直接负责的主管人员和其他直接责任人员是否区分主犯、从犯问题的批复

（2000年9月30日 法释〔2000〕31号）

湖北省高级人民法院：

你院鄂高法〔1999〕374号《关于单位犯信用证诈骗罪案件中对其"直接负责的主管人员"和"其他直接责任人员"是否划分主从犯问题的请示》收悉。经研究，答复如下：

在审理单位故意犯罪案件时，对其直接负责的主管人员和其他直接责任人员，可不区分主犯、从犯，按照其在单位犯罪中所起的作用判处刑罚。

最高人民检察院关于涉嫌犯罪单位被撤销、注销、吊销营业执照或者宣告破产的应如何进行追诉问题的批复

（2002年7月9日 高检发释字〔2002〕4号）

四川省人民检察院：

你院《关于对已注销的单位原犯罪行为是否应当追诉的请示》（川检发研〔2001〕25号）收悉。经研究，批复如下：

涉嫌犯罪的单位被撤销、注销、吊销营业执照或者宣告破产的，应当根据刑法关于单位犯罪的相关规定，对实施犯罪行为的该单位直接负责的主管人员和其他直接责任人员追究刑事责任，对该单位不再追诉。

最高人民法院研究室关于企业犯罪后被合并应当如何追究刑事责任问题的答复

（1998年11月18日）

人民检察院起诉时该犯罪企业已被合并到一个新企业的，仍应依法追究原犯罪企业及其直接负责的主管人员和其他直接人员的刑事责任。人民法院审判时，对被告单位应列原犯罪企业名称，但注明已被

并入新的企业,对被告单位所判处的罚金数额以其并入新的企业的财产及收益为限。

最高人民法院研究室关于外国公司、企业、事业单位在我国领域内犯罪如何适用法律问题的答复

(2003 年 10 月 15 日　法研〔2003〕153 号)

天津市高级人民法院:

你院津高法〔2003〕30 号《关于韩国注册企业在我国犯走私普通货物罪能否按单位犯罪处理的请示》收悉。经研究,答复如下:

符合我国法人资格条件的外国公司、企业、事业单位,在我国领域内实施危害社会的行为,依照我国《刑法》构成犯罪的,应当依照我国《刑法》关于单位犯罪的规定追究刑事责任。

个人为在我国领域内进行违法犯罪活动而设立的外国公司、企业、事业单位实施犯罪的,或者外国公司、企业、事业单位设立后在我国领域内以实施违法犯罪为主要活动的,不以单位犯罪论处。

公安部关于村民委员会可否构成单位犯罪主体问题的批复

(2007 年 3 月 1 日　公复字〔2007〕1 号)

内蒙古自治区公安厅:

你厅《关于村支书、村主任以村委会的名义实施犯罪可否构成单位犯罪的请示》(内公字〔2006〕164 号)收悉。现批复如下:

根据《刑法》第三十条的规定,单位犯罪主体包括公司、企业、事业单位、机关、团体。按照《村民委员会组织法》第二条的规定,村民委员会是村民自我管理、自我教育、自我服务的基层群众性自治组织,不属于《刑法》第三十条列举的范围。因此,对以村民委员会名义实施犯罪的,不应以单位犯罪论,可以依法追究直接负责的主管人员和其他直接责任人员的刑事责任。

6. 刑罚

最高人民法院关于罪犯在判刑前被公安机关收容审查、行政拘留的日期仍应折抵刑期的复函

(1981 年 9 月 17 日　〔81〕法研字第 26 号)

山东、甘肃省高级人民法院:

你们〔81〕鲁法研字第 15 号和甘法研字〔1981〕第 012 号报告均已收悉。关于罪犯在判刑前被公安机关收容审查和因同一犯罪行为被行政拘留的日期是否继续折抵刑期的问题,我们同意你们的意见,仍应按照我院 1978 年 7 月 11 日《关于罪犯在公安机关收容审查期间可否折抵刑期的批复》、1979 年 1 月 19 日《关于罪犯在公安机关收容审查期间折抵刑期两个具体问题的批复》和 1957 年 9 月 30 日《关于行政拘留日期应否折抵刑期等问题的批复》的规定,予以折抵刑期。

最高人民法院、最高人民检察院、公安

部1981年3月18日《关于侦查羁押期限从何时起算问题的联合通知》，是解释刑事诉讼法第九十二条规定的对被告人在侦查中的羁押不得超过二个月的期限应从何时起算的问题。我院上述三个批复的规定，则是解决罪犯被收容审查和因同一犯罪行为被行政拘留而实际上剥夺了人身自由的时间也应计算折抵刑期的问题。这三个批复与《联合通知》并不矛盾，仍应继续执行。

全国人民代表大会常务委员会法制工作委员会、最高人民法院、最高人民检察院、公安部、司法部、民政部关于正在服刑的罪犯和被羁押的人的选举权问题的联合通知

（1984年3月24日　法工委联字〔84〕1号）

各省、自治区、直辖市高级法院、检察院，公安、司法、民政厅（局）：

全国县、乡两级人民代表大会代表的选举工作，正在逐步展开。在当前严厉打击严重危害社会治安的刑事犯罪活动的情况下，对于过去已判刑、但没有附加剥夺政治权利的严重刑事罪犯和被羁押正在受侦查、起诉、审判的人是否准许行使选举权问题，有些地方提出一些问题和意见，经研究后，现做如下通知，望遵照执行：

一、1983年3月全国人大常委会通过的《关于县级以下人民代表大会代表直接选举的若干规定》，对于已被判刑的罪犯和被羁押正在受侦查、起诉、审判的人的选举权问题已经作了规定。这一规定是根据宪法关于公民的选举权、被选举权的规定的原则确定的，是适当的，在这次县、乡直接选举工作中，仍应贯彻执行。

二、对这次严厉打击严重危害社会治安的刑事犯罪活动中因反革命案或者严重破坏社会秩序案被羁押正在受侦查、起诉、审判的人，应当依照法律规定经人民检察院或者人民法院决定，在被羁押期间停止行使选举权利；其他未经人民检察院或者人民法院决定停止行使选举权利的，应准予行使选举权利。

三、对正在服刑的反革命罪犯和被判处死刑、无期徒刑的其他罪犯，凡是没有附加剥夺政治权利的，应当由人民法院依照审判监督程序，判处附加剥夺政治权利；被判处有期徒刑（包括原判死缓、无期徒刑后减为有期徒刑的）、现正在服刑的故意杀人、强奸、放火、爆炸、投毒、抢劫、流氓、盗窃（重大）等严重破坏社会秩序的罪犯，凡是需要剥夺选举权利的，也可由人民法院依照审判监督程序，判处附加剥夺政治权利。如果原来是第一审生效的案件，应当由上一级人民法院提审；如果原来是第二审生效的案件，应当由第二审人民法院再审。根据刑事诉讼法第一百五十条的规定，依照上述程序所做的判决、裁定，是终审的判决、裁定，不得上诉。

四、今后对于反革命罪犯和判处死刑、无期徒刑的其他罪犯，各级人民法院在审判时，应当依照刑法第五十二条、第五十三条的规定，一律同时判处附加剥夺政治权利；对于严重破坏社会秩序的罪犯，需要剥夺政治权利的，也应依照刑法第五十二条的规定，同时判处附加剥夺政治权利。

五、对准予行使选举权利的被羁押的

人和正在服刑的罪犯,经选举委员会和执行羁押、监禁的机关共同决定,可以在原户口所在地参加选举,也可以在劳改场所参加选举;可以在流动票箱投票,也可以委托有选举权的亲属或者其他选民代为投票。

最高人民法院关于对故意伤害、盗窃等严重破坏社会秩序的犯罪分子能否附加剥夺政治权利问题的批复

(1997年12月31日　法释〔1997〕11号)

福建省高级人民法院:

你院《关于对故意伤害、盗窃(重大)等犯罪分子被判处有期徒刑的,能否附加剥夺政治权利的请示》收悉。经研究,答复如下:

根据刑法第五十六条规定,对于故意杀人、强奸、放火、爆炸、投毒、抢劫等严重破坏社会秩序的犯罪分子,可以附加剥夺政治权利。对故意伤害、盗窃等其他严重破坏社会秩序的犯罪,犯罪分子主观恶性较深、犯罪情节恶劣、罪行严重的,也可以依法附加剥夺政治权利。

最高人民法院关于对怀孕妇女在羁押期间自然流产审判时是否可以适用死刑问题的批复

(1998年8月7日　法释〔1998〕18号)

河北省高级人民法院:

你院冀高法〔1998〕40号《关于审判时对怀孕妇女在公安预审羁押期间自然流产,是否适用死刑的请示》收悉。经研究,答复如下:

怀孕妇女因涉嫌犯罪在羁押期间自然流产后,又因同一事实被起诉、交付审判的,应当视为"审判的时候怀孕的妇女",依法不适用死刑。

最高人民法院关于刑事裁判文书中刑期起止日期如何表述问题的批复

(2000年2月13日最高人民法院审判委员会第1099次会议通过　2000年2月29日最高人民法院公告公布　自2000年3月4日起施行　法释〔2000〕7号)

江西省高级人民法院:

你院赣高法〔1999〕第151号《关于裁判文书中刑期起止时间如何表述的请示》收悉。经研究,答复如下:

根据刑法第四十一条、第四十四条、第四十七条和《法院刑事诉讼文书样式》(样本)的规定,判处管制、拘役、有期徒刑的,应当在刑事裁判文书中写明刑种、刑期和主刑刑期的起止日期及折抵办法。刑期从判决执行之日起计算。判决执行以前先行羁押的,羁押一日折抵刑期一日(判处管制刑的,羁押一日折抵刑期二日),即自××××年××月××日(羁押之日)起至××××年××月××日止。羁押期间取保候审的,刑期的终止日顺延。

最高人民法院关于适用财产刑若干问题的规定

（2000年11月15日最高人民法院审判委员会第1139次会议通过　2000年12月13日最高人民法院公告公布　自2000年12月19日起施行　法释〔2000〕45号）

为正确理解和执行刑法有关财产刑的规定，现就适用财产刑的若干问题规定如下：

第一条　刑法规定“并处”没收财产或者罚金的犯罪，人民法院在对犯罪分子判处主刑的同时，必须依法判处相应的财产刑；刑法规定“可以并处”没收财产或者罚金的犯罪，人民法院应当根据案件具体情况及犯罪分子的财产状况，决定是否适用财产刑。

第二条　人民法院应当根据犯罪情节，如违法所得数额、造成损失的大小等，并综合考虑犯罪分子缴纳罚金的能力，依法判处罚金。刑法没有明确规定罚金数额标准的，罚金的最低数额不能少于一千元。

对未成年人犯罪应当从轻或者减轻判处罚金，但罚金的最低数额不能少于五百元。

第三条　依法对犯罪分子所犯数罪分别判处罚金的，应当实行并罚，将所判处的罚金数额相加，执行总和数额。

一人犯数罪依法同时并处罚金和没收财产的，应当合并执行；但并处没收全部财产的，只执行没收财产刑。

第四条　犯罪情节较轻，适用单处罚金不致再危害社会并具有下列情形之一的，可以依法单处罚金：

（一）偶犯或者初犯；

（二）自首或者有立功表现的；

（三）犯罪时不满十八周岁的；

（四）犯罪预备、中止或者未遂的；

（五）被胁迫参加犯罪的；

（六）全部退赃并有悔罪表现的；

（七）其他可以依法单处罚金的情形。

第五条　刑法第五十三条规定的“判决指定的期限”应当在判决书中予以确定；“判决指定的期限”应为从判决发生法律效力第二日起最长不超过三个月。

第六条　刑法第五十三条规定的“由于遭遇不能抗拒的灾祸缴纳确实有困难的”，主要是指因遭受火灾、水灾、地震等灾祸而丧失财产；罪犯因重病、伤残等而丧失劳动能力，或者需要罪犯抚养的近亲属患有重病，需支付巨额医药费等，确实没有财产可供执行的情形。

具有刑法第五十三条规定“可以酌情减少或者免除”事由的，由罪犯本人、亲属或者犯罪单位向负责执行的人民法院提出书面申请，并提供相应的证明材料。人民法院审查以后，根据实际情况，裁定减少或者免除应当缴纳的罚金数额。

第七条　刑法第六十条规定的“没收财产以前犯罪分子所负的正当债务”，是指犯罪分子在判决生效前所负他人的合法债务。

第八条　罚金刑的数额应当以人民币为计算单位。

第九条　人民法院认为依法应当判处被告人财产刑的，可以在案件审理过程中，决定扣押或者冻结被告人的财产。

第十条　财产刑由第一审人民法院执行。

犯罪分子的财产在异地的，第一审人

民法院可以委托财产所在地人民法院代为执行。

第十一条 自判决指定的期限届满第二日起，人民法院对于没有法定减免事由不缴纳罚金的，应当强制其缴纳。

对于隐藏、转移、变卖、损毁已被扣押、冻结财产情节严重的，依照刑法第三百一十四条的规定追究刑事责任。

最高人民法院关于统一行使死刑案件核准权有关问题的决定

（2006年12月13日最高人民法院审判委员会第1409次会议通过　2006年12月28日最高人民法院公告公布　自2007年1月1日起施行　法释〔2006〕12号）

第十届全国人民代表大会常务委员会第二十四次会议通过了《关于修改〈中华人民共和国人民法院组织法〉的决定》，将人民法院组织法原第十三条修改为第十二条："死刑除依法由最高人民法院判决的以外，应当报请最高人民法院核准。"修改人民法院组织法的决定自2007年1月1日起施行。根据修改后的人民法院组织法第十二条的规定，现就有关问题决定如下：

（一）自2007年1月1日起，最高人民法院根据全国人民代表大会常务委员会有关决定和人民法院组织法原第十三条的规定发布的关于授权高级人民法院和解放军军事法院核准部分死刑案件的通知（见附件），一律予以废止。

（二）自2007年1月1日起，死刑除依法由最高人民法院判决的以外，各高级人民法院和解放军军事法院依法判处和裁定的，应当报请最高人民法院核准。

（三）2006年12月31日以前，各高级人民法院和解放军军事法院已经核准的死刑立即执行的判决、裁定，依法仍由各高级人民法院、解放军军事法院院长签发执行死刑的命令。

附件：

最高人民法院发布的下列关于授权高级人民法院核准部分死刑案件自本通知施行之日起予以废止：

一、《最高人民法院关于对几类现行犯授权高级人民法院核准死刑的若干具体规定的通知》（发布日期：1980年3月18日）

二、《最高人民法院关于执行全国人民代表大会常务委员会〈关于死刑案件核准问题的决定〉的几项通知》（发布日期：1981年6月11日）

三、《最高人民法院关于授权高级人民法院核准部分死刑案件的通知》（发布日期：1983年9月7日）

四、《最高人民法院关于授权云南省高级人民法院核准部分毒品犯罪死刑案件的通知》（发布日期：1991年6月6日）

五、《最高人民法院关于授权广东省高级人民法院核准部分毒品犯罪死刑案件的通知》（发布日期：1993年8月18日）

六、《最高人民法院关于授权广西壮族自治区、四川省、甘肃省高级人民法院核准部分毒品犯罪死刑案件的通知》（发布日期：1996年3月19日）

七、《最高人民法院关于授权贵州省高级人民法院核准部分毒品犯罪死刑案件的通知》（发布日期：1997年6月23日）

八、《最高人民法院关于授权高级人民

法院和解放军军事法院核准部分死刑案件的通知》(发布日期:1997年9月26日)

最高人民法院关于死刑缓期执行限制减刑案件审理程序若干问题的规定

(2011年4月20日最高人民法院审判委员会第1519次会议通过 2011年4月25日最高人民法院公告公布 自2011年5月1日起施行 法释〔2011〕8号)

为正确适用《中华人民共和国刑法修正案(八)》关于死刑缓期执行限制减刑的规定,根据刑事诉讼法的有关规定,结合审判实践,现就相关案件审理程序的若干问题规定如下:

第一条 根据刑法第五十条第二款的规定,对被判处死刑缓期执行的累犯以及因故意杀人、强奸、抢劫、绑架、放火、爆炸、投放危险物质或者有组织的暴力性犯罪被判处死刑缓期执行的犯罪分子,人民法院根据犯罪情节、人身危险性等情况,可以在作出裁判的同时决定对其限制减刑。

第二条 被告人对第一审人民法院作出的限制减刑判决不服的,可以提出上诉。被告人的辩护人和近亲属,经被告人同意,也可以提出上诉。

第三条 高级人民法院审理或者复核判处死刑缓期执行并限制减刑的案件,认为原判对被告人判处死刑缓期执行适当,但判决限制减刑不当的,应当改判,撤销限制减刑。

第四条 高级人民法院审理判处死刑缓期执行没有限制减刑的上诉案件,认为原判事实清楚、证据充分,但应当限制减刑的,不得直接改判,也不得发回重新审判。确有必要限制减刑的,应当在第二审判决、裁定生效后,按照审判监督程序重新审判。

高级人民法院复核判处死刑缓期执行没有限制减刑的案件,认为应当限制减刑的,不得以提高审级等方式对被告人限制减刑。

第五条 高级人民法院审理判处死刑的第二审案件,对被告人改判死刑缓期执行的,如果符合刑法第五十条第二款的规定,可以同时决定对其限制减刑。

高级人民法院复核判处死刑后没有上诉、抗诉的案件,认为应当改判死刑缓期执行并限制减刑的,可以提审或者发回重新审判。

第六条 最高人民法院复核死刑案件,认为对被告人可以判处死刑缓期执行并限制减刑的,应当裁定不予核准,并撤销原判,发回重新审判。

一案中两名以上被告人被判处死刑,最高人民法院复核后,对其中部分被告人改判死刑缓期执行的,如果符合刑法第五十条第二款的规定,可以同时决定对其限制减刑。

第七条 人民法院对被判处死刑缓期执行的被告人所作的限制减刑决定,应当在判决书主文部分单独作为一项予以宣告。

第八条 死刑缓期执行限制减刑案件审理程序的其他事项,依照刑事诉讼法和有关司法解释的规定执行。

最高人民法院、最高人民检察院、公安部、司法部关于对判处管制、宣告缓刑的犯罪分子适用禁止令有关问题的规定(试行)

(2011年4月28日 法发〔2011〕9号)

为正确适用《中华人民共和国刑法修正案(八)》,确保管制和缓刑的执行效果,根据刑法和刑事诉讼法的有关规定,现就判处管制、宣告缓刑的犯罪分子适用禁止令的有关问题规定如下:

第一条 对判处管制、宣告缓刑的犯罪分子,人民法院根据犯罪情况,认为从促进犯罪分子教育矫正、有效维护社会秩序的需要出发,确有必要禁止其在管制执行期间、缓刑考验期限内从事特定活动,进入特定区域、场所,接触特定人的,可以根据刑法第三十八条第二款、第七十二条第二款的规定,同时宣告禁止令。

第二条 人民法院宣告禁止令,应当根据犯罪分子的犯罪原因、犯罪性质、犯罪手段、犯罪后的悔罪表现、个人一贯表现等情况,充分考虑与犯罪分子所犯罪行的关联程度,有针对性地决定禁止其在管制执行期间、缓刑考验期限内"从事特定活动,进入特定区域、场所,接触特定的人"的一项或者几项内容。

第三条 人民法院可以根据犯罪情况,禁止判处管制、宣告缓刑的犯罪分子在管制执行期间、缓刑考验期限内从事以下一项或者几项活动:

(一)个人为进行违法犯罪活动而设立公司、企业、事业单位或者在设立公司、企业、事业单位后以实施犯罪为主要活动的,禁止设立公司、企业、事业单位;

(二)实施证券犯罪、贷款犯罪、票据犯罪、信用卡犯罪等金融犯罪的,禁止从事证券交易、申领贷款、使用票据或者申领、使用信用卡等金融活动;

(三)利用从事特定生产经营活动实施犯罪的,禁止从事相关生产经营活动;

(四)附带民事赔偿义务未履行完毕,违法所得未追缴、退赔到位,或者罚金尚未足额缴纳的,禁止从事高消费活动;

(五)其他确有必要禁止从事的活动。

第四条 人民法院可以根据犯罪情况,禁止判处管制、宣告缓刑的犯罪分子在管制执行期间、缓刑考验期限内进入以下一类或者几类区域、场所:

(一)禁止进入夜总会、酒吧、迪厅、网吧等娱乐场所;

(二)未经执行机关批准,禁止进入举办大型群众性活动的场所;

(三)禁止进入中小学校区、幼儿园园区及周边地区,确因本人就学、居住等原因,经执行机关批准的除外;

(四)其他确有必要禁止进入的区域、场所。

第五条 人民法院可以根据犯罪情况,禁止判处管制、宣告缓刑的犯罪分子在管制执行期间、缓刑考验期限内接触以下一类或者几类人员:

(一)未经对方同意,禁止接触被害人及其法定代理人、近亲属;

(二)未经对方同意,禁止接触证人及其法定代理人、近亲属;

(三)未经对方同意,禁止接触控告人、批评人、举报人及其法定代理人、近亲属;

(四)禁止接触同案犯;

（五）禁止接触其他可能遭受其侵害、滋扰的人或者可能诱发其再次危害社会的人。

第六条 禁止令的期限，既可以与管制执行、缓刑考验的期限相同，也可以短于管制执行、缓刑考验的期限，但判处管制的，禁止令的期限不得少于三个月，宣告缓刑的，禁止令的期限不得少于二个月。

判处管制的犯罪分子在判决执行以前先行羁押以致管制执行的期限少于三个月的，禁止令的期限不受前款规定的最短期限的限制。

禁止令的执行期限，从管制、缓刑执行之日起计算。

第七条 人民检察院在提起公诉时，对可能判处管制、宣告缓刑的被告人可以提出宣告禁止令的建议。当事人、辩护人、诉讼代理人可以就应否对被告人宣告禁止令提出意见，并说明理由。

公安机关在移送审查起诉时，可以根据犯罪嫌疑人涉嫌犯罪的情况，就应否宣告禁止令及宣告何种禁止令，向人民检察院提出意见。

第八条 人民法院对判处管制、宣告缓刑的被告人宣告禁止令的，应当在裁判文书主文部分单独作为一项予以宣告。

第九条 禁止令由司法行政机关指导管理的社区矫正机构负责执行。

第十条 人民检察院对社区矫正机构执行禁止令的活动实行监督。发现有违反法律规定的情况，应当通知社区矫正机构纠正。

第十一条 判处管制的犯罪分子违反禁止令，或者被宣告缓刑的犯罪分子违反禁止令尚不属情节严重的，由负责执行禁止令的社区矫正机构所在地的公安机关依照《中华人民共和国治安管理处罚法》第六十条的规定处罚。

第十二条 被宣告缓刑的犯罪分子违反禁止令，情节严重的，应当撤销缓刑，执行原判刑罚。原作出缓刑裁判的人民法院应当自收到当地社区矫正机构提出的撤销缓刑建议书之日起一个月内依法作出裁定。人民法院撤销缓刑的裁定一经作出，立即生效。

违反禁止令，具有下列情形之一的，应当认定为“情节严重”：

（一）三次以上违反禁止令的；

（二）因违反禁止令被治安管理处罚后，再次违反禁止令的；

（三）违反禁止令，发生较为严重危害后果的；

（四）其他情节严重的情形。

第十三条 被宣告禁止令的犯罪分子被依法减刑时，禁止令的期限可以相应缩短，由人民法院在减刑裁定中确定新的禁止令期限。

最高人民法院关于死刑复核及执行程序中保障当事人合法权益的若干规定

（2019年4月29日最高人民法院审判委员会第1767次会议通过　2019年8月8日最高人民法院公告公布　自2019年9月1日起施行　法释〔2019〕12号）

为规范死刑复核及执行程序，依法保障当事人合法权益，根据《中华人民共和国刑事诉讼法》和有关法律规定，结合司法实际，制定本规定。

第一条 高级人民法院在向被告人送达依法作出的死刑裁判文书时，应当告知其在最高人民法院复核死刑阶段有权委托辩护律师，并将告知情况记入宣判笔录；被告人提出由其近亲属代为委托辩护律师的，除因客观原因无法通知的以外，高级人民法院应当及时通知其近亲属，并将通知情况记录在案。

第二条 最高人民法院复核死刑案件，辩护律师应当自接受委托或者受指派之日起十日内向最高人民法院提交有关手续，并自接受委托或者指派之日起一个半月内提交辩护意见。

第三条 辩护律师提交相关手续、辩护意见及证据等材料的，可以经高级人民法院代收并随案移送，也可以寄送至最高人民法院。

第四条 最高人民法院复核裁定作出后，律师提交辩护意见及证据材料的，应当接收并出具接收清单；经审查，相关意见及证据材料可能影响死刑复核结果的，应当暂停交付执行或者停止执行，但不再办理接收委托辩护手续。

第五条 最高人民法院复核裁定下发后，受委托进行宣判的人民法院应当在宣判后五日内将裁判文书送达辩护律师。

对被害人死亡的案件，被害人近亲属申请获取裁判文书的，受委托进行宣判的人民法院应当提供。

第六条 第一审人民法院在执行死刑前，应当告知罪犯可以申请会见其近亲属。

罪犯申请会见并提供具体联系方式的，人民法院应当通知其近亲属。对经查找确实无法与罪犯近亲属取得联系的，或者其近亲属拒绝会见的，应当告知罪犯。罪犯提出通过录音录像等方式留下遗言的，人民法院可以准许。

通知会见的相关情况，应当记录在案。

第七条 罪犯近亲属申请会见的，人民法院应当准许，并在执行死刑前及时安排，但罪犯拒绝会见的除外。

罪犯拒绝会见的情况，应当记录在案并及时告知其近亲属，必要时应当进行录音录像。

第八条 罪犯提出会见近亲属以外的亲友，经人民法院审查，确有正当理由的，可以在确保会见安全的情况下予以准许。

第九条 罪犯申请会见未成年子女的，应当经未成年子女的监护人同意；会见可能影响未成年人身心健康的，人民法院可以采取视频通话等适当方式安排会见，且监护人应当在场。

第十条 会见由人民法院负责安排，一般在罪犯羁押场所进行。

第十一条 会见罪犯的人员应当遵守羁押场所的规定。违反规定的，应当予以警告；不听警告的，人民法院可以终止会见。

实施威胁、侮辱司法工作人员，或者故意扰乱羁押场所秩序，妨碍执行公务等行为，情节严重的，依法追究法律责任。

第十二条 会见情况应当记录在案，附卷存档。

第十三条 本规定自 2019 年 9 月 1 日起施行。

最高人民法院以前发布的司法解释和规范性文件，与本规定不一致的，以本规定为准。

公安部关于对被判处拘役的罪犯在执行期间回家问题的批复

(2001年1月31日 公复字〔2001〕2号)

北京市公安局:

你局《关于加拿大籍罪犯罪典华在拘役期间回家问题的请示》(京公法字〔2001〕24号)收悉。现批复如下:

《刑法》第四十三条第二款规定,“在执行期间,被判处拘役的犯罪分子每月可以回家一至两天”。根据上述规定,是否准许被判处拘役的罪犯回家,应当根据其在服刑期间表现以及准许其回家是否会影响剩余刑期的继续执行等情况综合考虑,由负责执行的拘役所、看守所提出建议,报其所属的县级以上公安机关决定。被判处拘役的外国籍罪犯提出回家申请的,由地方级以上公安机关决定,并由决定机关将有关情况报上级公安机关备案。对于准许回家的,应当发给国家证明,告知其应当按时返回监管场所和不按时返回将要承担的法律责任,并将准许回家的决定送同级人民检察院。被判处拘役的罪犯在决定机关辖区内有固定住处的,可允许其回固定住处,没有固定住处的,可在决定机关为其指定的居所每月与其家人团聚一天至两天。拘役所、看守所根据被判处拘役的罪犯在服刑及回家期间表现,认为不宜继续准许其回家的,应当提出建议,报原决定机关决定。对于被判处拘役的罪犯在回家期间逃跑的,应当按照《刑法》第三百一十六条的规定以脱逃罪追究其刑事责任。

7. 量刑

最高人民法院关于贯彻宽严相济刑事政策的若干意见

(2010年2月8日 法发〔2010〕9号)

宽严相济刑事政策是我国的基本刑事政策,贯穿于刑事立法、刑事司法和刑罚执行的全过程,是惩办与宽大相结合政策在新时期的继承、发展和完善,是司法机关惩罚犯罪,预防犯罪,保护人民,保障人权,正确实施国家法律的指南。为了在刑事审判工作中切实贯彻执行这一政策,特制定本意见。

一、贯彻宽严相济刑事政策的总体要求

1. 贯彻宽严相济刑事政策,要根据犯罪的具体情况,实行区别对待,做到该宽则宽,当严则严,宽严相济,罚当其罪,打击和孤立极少数,教育、感化和挽救大多数,最大限度地减少社会对立面,促进社会和谐稳定,维护国家长治久安。

2. 要正确把握宽与严的关系,切实做到宽严并用。既要注意克服重刑主义思想影响,防止片面从严,也要避免受轻刑化思想影响,一味从宽。

3. 贯彻宽严相济刑事政策,必须坚持严格依法办案,切实贯彻落实罪刑法定原则、罪刑相适应原则和法律面前人人平等原则,依照法律规定准确定罪量刑。从宽和从严都必须依照法律规定进行,做到宽严有据,罚当其罪。

4. 要根据经济社会的发展和治安形

势的变化，尤其要根据犯罪情况的变化，在法律规定的范围内，适时调整从宽和从严的对象、范围和力度。要全面、客观把握不同时期不同地区的经济社会状况和社会治安形势，充分考虑人民群众的安全感以及惩治犯罪的实际需要，注重从严打击严重危害国家安全、社会治安和人民群众利益的犯罪。对于犯罪性质尚不严重，情节较轻和社会危害性较小的犯罪，以及被告人认罪、悔罪，从宽处罚更有利于社会和谐稳定的，依法可以从宽处理。

5. 贯彻宽严相济刑事政策，必须严格依法进行，维护法律的统一和权威，确保良好的法律效果。同时，必须充分考虑案件的处理是否有利于赢得广大人民群众的支持和社会稳定，是否有利于瓦解犯罪，化解矛盾，是否有利于罪犯的教育改造和回归社会，是否有利于减少社会对抗，促进社会和谐，争取更好的社会效果。要注意在裁判文书中充分说明裁判理由，尤其是从宽或从严的理由，促使被告人认罪服法，注重教育群众，实现案件裁判法律效果和社会效果的有机统一。

二、准确把握和正确适用依法从“严”的政策要求

6. 宽严相济刑事政策中的从“严”，主要是指对于罪行十分严重、社会危害性极大，依法应当判处重刑或死刑的，要坚决地判处重刑或死刑；对于社会危害大或者具有法定、酌定从重处罚情节，以及主观恶性深、人身危险性大的被告人，要依法从严惩处。在审判活动中通过体现依法从“严”的政策要求，有效震慑犯罪分子和社会不稳定分子，达到有效遏制犯罪、预防犯罪的目的。

7. 贯彻宽严相济刑事政策，必须毫不动摇地坚持依法严惩严重刑事犯罪的方针。对于危害国家安全犯罪、恐怖组织犯罪、邪教组织犯罪、黑社会性质组织犯罪、恶势力犯罪、故意危害公共安全犯罪等严重危害国家政权稳固和社会治安的犯罪，故意杀人、故意伤害致人死亡、强奸、绑架、拐卖妇女儿童、抢劫、重大抢夺、重大盗窃等严重暴力犯罪和严重影响人民群众安全感的犯罪，走私、贩卖、运输、制造毒品等毒害人民健康的犯罪，要作为严惩的重点，依法从重处罚。尤其对于极端仇视国家和社会，以不特定人为侵害对象，所犯罪行特别严重的犯罪分子，该重判的要坚决依法重判，该判处死刑的要坚决依法判处死刑。

8. 对于国家工作人员贪污贿赂、滥用职权、失职渎职的严重犯罪，黑恶势力犯罪、重大安全责任事故、制售伪劣食品药品所涉及的国家工作人员职务犯罪，发生在社会保障、征地拆迁、灾后重建、企业改制、医疗、教育、就业等领域严重损害群众利益、社会影响恶劣、群众反映强烈的国家工作人员职务犯罪，发生在经济社会建设重点领域、重点行业的严重商业贿赂犯罪等，要依法从严惩处。

对于国家工作人员职务犯罪和商业贿赂犯罪中性质恶劣、情节严重、涉案范围广、影响面大的，或者案发后隐瞒犯罪事实、毁灭证据、订立攻守同盟、负案潜逃等拒不认罪悔罪的，要坚决依法从严惩处。

对于被告人犯罪所得数额不大，但对国家财产和人民群众利益造成重大损失、社会影响极其恶劣的职务犯罪和商业贿赂犯罪案件，也应依法从严惩处。

要严格掌握职务犯罪法定减轻处罚情节的认定标准与减轻处罚的幅度，严格控制依法减轻处罚后判处三年以下有期徒刑适用缓刑的范围,切实规范职务犯罪缓刑、免予刑事处罚的适用。

9. 当前和今后一段时期,对于集资诈骗、贷款诈骗、制贩假币以及扰乱、操纵证券、期货市场等严重危害金融秩序的犯罪,生产、销售假药、劣药、有毒有害食品等严重危害食品药品安全的犯罪,走私等严重侵害国家经济利益的犯罪,造成严重后果的重大安全责任事故犯罪,重大环境污染、非法采矿、盗伐林木等各种严重破坏环境资源的犯罪等,要依法从严惩处,维护国家的经济秩序,保护广大人民群众的生命健康安全。

10. 严惩严重刑事犯罪,必须充分考虑被告人的主观恶性和人身危险性。对于事先精心预谋、策划犯罪的被告人,具有惯犯、职业犯等情节的被告人,或者因故意犯罪受过刑事处罚、在缓刑、假释考验期内又犯罪的被告人,要依法严惩,以实现刑罚特殊预防的功能。

11. 要依法从严惩处累犯和毒品再犯。凡是依法构成累犯和毒品再犯的,即使犯罪情节较轻,也要体现从严惩处的精神。尤其是对于前罪为暴力犯罪或被判处重刑的累犯,更要依法从严惩处。

12. 要注重综合运用多种刑罚手段,特别是要重视依法适用财产刑,有效惩治犯罪。对于法律规定有附加财产刑的,要依法适用。对于侵财型和贪利型犯罪,更要注重通过依法适用财产刑使犯罪分子受到经济上的惩罚,剥夺其重新犯罪的能力和条件。要切实加大财产刑的执行力度,确保刑罚的严厉性和惩罚功能得以实现。被告人非法占有、处置被害人财产不能退赃的,在决定刑罚时,应作为重要情节予以考虑,体现从严处罚的精神。

13. 对于刑事案件被告人,要严格依法追究刑事责任,切实做到不枉不纵。要在确保司法公正的前提下,努力提高司法效率。特别是对于那些严重危害社会治安,引起社会关注的刑事案件,要在确保案件质量的前提下,抓紧审理,及时宣判。

三、准确把握和正确适用依法从“宽”的政策要求

14. 宽严相济刑事政策中的从“宽”,主要是指对于情节较轻、社会危害性较小的犯罪,或者罪行虽然严重,但具有法定、酌定从宽处罚情节,以及主观恶性相对较小、人身危险性不大的被告人,可以依法从轻、减轻或者免除处罚;对于具有一定社会危害性,但情节显著轻微危害不大的行为,不作为犯罪处理;对于依法可不监禁的,尽量适用缓刑或者判处管制、单处罚金等非监禁刑。

15. 被告人的行为已经构成犯罪,但犯罪情节轻微,或者未成年人、在校学生实施的较轻犯罪,或者被告人具有犯罪预备、犯罪中止、从犯、胁从犯、防卫过当、避险过当等情节,依法不需要判处刑罚的,可以免予刑事处罚。对免予刑事处罚的,应当根据刑法第三十七条规定,做好善后、帮教工作或者交由有关部门进行处理,争取更好的社会效果。

16. 对于所犯罪行不重、主观恶性不深、人身危险性较小、有悔改表现、不致再危害社会的犯罪分子,要依法从宽处理。对于其中具备条件的,应当依法适用缓刑或者管制、单处罚金等非监禁刑。同时配合做好社区矫正,加强教育、感化、帮教、挽救工作。

17. 对于自首的被告人,除了罪行极其严重、主观恶性极深、人身危险性极大,或者恶意地利用自首规避法律制裁者以外，一般均应当依法从宽处罚。

对于亲属以不同形式送被告人归案或协助司法机关抓获被告人而认定为自首的，原则上都应当依法从宽处罚；有的虽然不能认定为自首，但考虑到被告人亲属支持司法机关工作，促使被告人到案、认罪、悔罪，在决定对被告人具体处罚时，也应当予以充分考虑。

18. 对于被告人检举揭发他人犯罪构成立功的，一般均应当依法从宽处罚。对于犯罪情节不是十分恶劣，犯罪后果不是十分严重的被告人立功的，从宽处罚的幅度应当更大。

19. 对于较轻犯罪的初犯、偶犯，应当综合考虑其犯罪的动机、手段、情节、后果和犯罪时的主观状态，酌情予以从宽处罚。对于犯罪情节轻微的初犯、偶犯，可以免予刑事处罚；依法应当予以刑事处罚的，也应当尽量适用缓刑或者判处管制、单处罚金等非监禁刑。

20. 对于未成年人犯罪，在具体考虑其实施犯罪的动机和目的、犯罪性质、情节和社会危害程度的同时，还要充分考虑其是否属于初犯，归案后是否悔罪，以及个人成长经历和一贯表现等因素，坚持"教育为主、惩罚为辅"的原则和"教育、感化、挽救"的方针进行处理。对于偶尔盗窃、抢夺、诈骗，数额刚达到较大的标准，案发后能如实交代并积极退赃的，可以认定为情节显著轻微，不作为犯罪处理。对于罪行较轻的，可以依法适当多适用缓刑或者判处管制、单处罚金等非监禁刑；依法可免予刑事处罚的，应当免予刑事处罚。对于犯罪情节严重的未成年人，也应当依照刑法第十七条第三款的规定予以从轻或者减轻处罚。对于已满十四周岁不满十六周岁的未成年犯罪人，一般不判处无期徒刑。

21. 对于老年人犯罪，要充分考虑其犯罪的动机、目的、情节、后果以及悔罪表现等，并结合其人身危险性和再犯可能性，酌情予以从宽处罚。

22. 对于因恋爱、婚姻、家庭、邻里纠纷等民间矛盾激化引发的犯罪，因劳动纠纷、管理失当等原因引发、犯罪动机不属恶劣的犯罪，因被害方过错或者基于义愤引发的或者具有防卫因素的突发性犯罪，应酌情从宽处罚。

23. 被告人案发后对被害人积极进行赔偿，并认罪、悔罪的，依法可以作为酌定量刑情节予以考虑。因婚姻家庭等民间纠纷激化引发的犯罪，被害人及其家属对被告人表示谅解的，应当作为酌定量刑情节予以考虑。犯罪情节轻微，取得被害人谅解的，可以依法从宽处理，不需判处刑罚的，可以免予刑事处罚。

24. 对于刑事被告人，如果采取取保候审、监视居住等非羁押性强制措施足以防止发生社会危险性，且不影响刑事诉讼正常进行的，一般可不采取羁押措施。对人民检察院提起公诉而被告人未被采取逮捕措施的，除存在被告人逃跑、串供、重新犯罪等具有人身危险性或者可能影响刑事诉讼正常进行的情形外，人民法院一般可不决定逮捕被告人。

四、准确把握和正确适用宽严"相济"的政策要求

25. 宽严相济刑事政策中的"相济"，主要是指在对各类犯罪依法处罚时，要善于综合运用宽和严两种手段，对不同的犯罪和犯罪分子区别对待，做到严中有宽、宽以济严；宽中有严、严以济宽。

26. 在对严重刑事犯罪依法从严惩处的同时，对被告人具有自首、立功、从犯等法定或酌定从宽处罚情节的，还要注意宽以济严，根据犯罪的具体情况，依法应当或可以从宽的，都应当在量刑上予以充分考虑。

27. 在对较轻刑事犯罪依法从轻处罚的同时，要注意严以济宽，充分考虑被告人是否具有屡教不改、严重滋扰社会、群众反映强烈等酌定从严处罚的情况，对于不从严不足以有效惩戒者，也应当在量刑上有所体现，做到济之以严，使犯罪分子受到应有处罚，切实增强改造效果。

28. 对于被告人同时具有法定、酌定从严和法定、酌定从宽处罚情节的案件，要在全面考察犯罪的事实、性质、情节和对社会危害程度的基础上，结合被告人的主观恶性、人身危险性、社会治安状况等因素，综合作出分析判断，总体从严，或者总体从宽。

29. 要准确理解和严格执行"保留死刑，严格控制和慎重适用死刑"的政策。对于罪行极其严重的犯罪分子，论罪应当判处死刑的，要坚决依法判处死刑。要依法严格控制死刑的适用，统一死刑案件的裁判标准，确保死刑只适用于极少数罪行极其严重的犯罪分子。拟判处死刑的具体案件定罪或者量刑的证据必须确实、充分，得出唯一结论。对于罪行极其严重，但只要是依法可不立即执行的，就不应当判处死刑立即执行。

30. 对于恐怖组织犯罪、邪教组织犯罪、黑社会性质组织犯罪和进行走私、诈骗、贩毒等犯罪活动的犯罪集团，在处理时要分别情况，区别对待：对犯罪组织或集团中的为首组织、指挥、策划者和骨干分子，要依法从严惩处，该判处重刑或死刑的要坚决判处重刑或死刑；对受欺骗、胁迫参加犯罪组织、犯罪集团或只是一般参加者，在犯罪中起次要、辅助作用的从犯，依法应当从轻或减轻处罚，符合缓刑条件的，可以适用缓刑。

对于群体性事件中发生的杀人、放火、抢劫、伤害等犯罪案件，要注意重点打击其中的组织、指挥、策划者和直接实施犯罪行为的积极参与者；对因被煽动、欺骗、裹胁而参加，情节较轻，经教育确有悔改表现的，应当依法从宽处理。

31. 对于一般共同犯罪案件，应当充分考虑各被告人在共同犯罪中的地位和作用，以及在主观恶性和人身危险性方面的不同，根据事实和证据能分清主从犯的，都应当认定主从犯。有多名主犯的，应在主犯中进一步区分出罪行最为严重者。对于多名被告人共同致死一名被害人的案件，要进一步分清各被告人的作用，准确确定各被告人的罪责，以做到区别对待；不能以分不清主次为由，简单地一律判处重刑。

32. 对于过失犯罪，如安全责任事故犯罪等，主要应当根据犯罪造成危害后果的严重程度、被告人主观罪过的大小以及被告人案发后的表现等，综合掌握处罚的宽严尺度。对于过失犯罪后积极抢救、挽回损失或者有效防止损失进一步扩大的，要依法从宽。对于造成的危害后果虽然不是特别严重，但情节特别恶劣或案发后故意隐瞒案情，甚至逃逸，给及时查明事故原因和迅速组织抢救造成贻误的，则要依法从重处罚。

33. 在共同犯罪案件中，对于主犯或首要分子检举、揭发同案地位、作用较次犯罪分子构成立功的，从轻或者减轻处罚应当从严掌握，如果从轻处罚可能导致全案量刑失衡的，一般不予从轻处罚；如果检举、揭发的是其他犯罪案件中罪行同样严重的犯罪分子，或者协助抓获的是同案中的其他主犯、首要分子的，原则上应予依法从轻或者减轻处罚。对于从犯或犯罪集团中的一般成员立功，特别是协助抓获主犯、首要分子的，应当充分体现政策，依法从轻、减轻或者免除处罚。

34. 对于危害国家安全犯罪、故意危害公共安全犯罪、严重暴力犯罪、涉众型经济犯罪等严重犯罪；恐怖组织犯罪、邪教组织犯罪、黑恶势力犯罪等有组织犯罪的领导者、组织者和骨干分子；毒品犯罪再犯的严重犯罪者；确有执行能力而拒不依法积极主动缴付财产执行财产刑或确有履行能力而不积极主动履行附带民事赔偿责任的，在依法减刑、假释时，应当从严掌握。对累犯减刑时，应当从严掌握。拒不交代真实身份或对减刑、假释材料弄虚作假，不符合减刑、假释条件的，不得减刑、假释。

对于因犯故意杀人、爆炸、抢劫、强奸、绑架等暴力犯罪，致人死亡或严重残疾而被判处死刑缓期二年执行或无期徒刑的罪犯，要严格控制减刑的频度和每次减刑的幅度，要保证其相对较长的实际服刑期限，维护公平正义，确保改造效果。

对于未成年犯、老年犯、残疾罪犯、过失犯、中止犯、胁从犯、积极主动缴付财产执行财产刑或履行民事赔偿责任的罪犯、因防卫过当或避险过当而判处徒刑的罪犯以及其他主观恶性不深、人身危险性不大的罪犯，在依法减刑、假释时，应当根据悔改表现予以从宽掌握。对认罪服法，遵守监规，积极参加学习、劳动，确有悔改表现的，依法予以减刑，减刑的幅度可以适当放宽，间隔的时间可以相应缩短。符合刑法第八十一条第一款规定的假释条件的，应当依法多适用假释。

五、完善贯彻宽严相济刑事政策的工作机制

35. 要注意总结审判经验，积极稳妥地推进量刑规范化工作。要规范法官的自由裁量权，逐步把量刑纳入法庭审理程序，增强量刑的公开性和透明度，充分实现量刑的公正和均衡，不断提高审理刑事案件的质量和效率。

36. 最高人民法院将继续通过总结审判经验，制发典型案例，加强审判指导，并制定关于案例指导制度的规范性文件，推进对贯彻宽严相济刑事政策案例指导制度的不断健全和完善。

37. 要积极探索人民法庭受理轻微刑事案件的工作机制，充分发挥人民法庭便民、利民和受案、审理快捷的优势，进一步促进轻微刑事案件及时审判，确保法律效果和社会效果的有机统一。

38. 要充分发挥刑事简易程序节约司法资源、提高审判效率、促进司法公正的功能，进一步强化简易程序的适用。对于被告人对被指控的基本犯罪事实无异议，并自愿认罪的第一审公诉案件，要依法进一步强化普通程序简化审的适用力度，以保障符合条件的案件都能得到及时高效的审理。

39. 要建立健全符合未成年人特点的刑事案件审理机制，寓教于审，惩教结合，通过科学、人性化的审理方式，更好地实现“教育、感化、挽救”的目的，促使未成年犯罪人早日回归社会。要积极推动有利于未成年犯罪人改造和管理的各项制度建设。对公安部门针对未成年人在缓刑、假释期间违法犯罪情况报送的拟撤销未成年犯罪人的缓刑或假释的报告，要及时审查，并在法定期限内及时做出决定，以真正形成合力，共同做好未成年人犯罪的惩戒和预防工作。

40. 对于刑事自诉案件，要尽可能多做化解矛盾的调解工作，促进双方自行和解。对于经过司法机关做工作，被告人认罪悔过，愿意赔偿被害人损失，取得被害人谅解，从而达成和解协议的，可以由自诉人撤回起诉，或者对被告人依法从轻或免予刑事处罚。对于可公诉、也可自诉的刑事案件，检察机关提起公诉的，人民法院应当依法进行审理，依法定罪处罚。对民间纠纷引发的轻伤害等轻微刑事案件，诉至法院后当事人自行和解的，应当予以准许并记录在案。人民法院也可以在不违反法律规定的前提下，对此类案件尝试做一些促进和解的工作。

41. 要尽可能把握一切有利于附带民事诉讼调解结案的积极因素，多做促进当事人双方和解的辨法析理工作，以更好地落实宽严相济刑事政策，努力做到案结事了。要充分发挥被告人、被害人所在单位、社区基层组织、辩护人、诉讼代理人和近亲属在附带民事诉讼调解工作中的积极作用，协调各方共同做好促进调解工作，尽可能通过调解达成民事赔偿协议并以此取得被害人及其家属对被告人的谅解，化解矛盾，促进社会和谐。

42. 对于因受到犯罪行为侵害、无法及时获得有效赔偿、存在特殊生活困难的被害人及其亲属，由有关方面给予适当的资金救助，有利于化解矛盾纠纷，促进社会和谐稳定。各地法院要结合当地实际，在党委、政府的统筹协调和具体指导下，落实好、执行好刑事被害人救助制度，确保此项工作顺利开展，取得实效。

43. 对减刑、假释案件，要采取开庭审理与书面审理相结合的方式。对于职务犯罪案件，尤其是原为县处级以上领导干部罪犯的减刑、假释案件，要一律开庭审理。对于故意杀人、抢劫、故意伤害等严重危害社会治安的暴力犯罪分子，有组织犯罪案件中的首要分子和其他主犯以及其他重大、有影响案件罪犯的减刑、假释，原则上也要开庭审理。书面审理的案件，拟裁定减刑、假释的，要在羁押场所公示拟减刑、假释人员名单，接受其他在押罪犯的广泛监督。

44. 要完善对刑事审判人员贯彻宽严相济刑事政策的监督机制，防止宽严失当、枉法裁判、以权谋私。要改进审判考核考评指标体系，完善错案认定标准和错案责任追究制度，完善法官考核机制。要切实改变单纯以改判率、发回重审率的高低来衡量刑事审判工作质量和法官业绩的做法。要探索建立既能体现审判规律、符合法官职业特点，又能准确反映法官综合素质和司法能力的考评体制，对法官审理刑事案件质量，落实宽严相济刑事政策，实现刑事审判法律效果和社会效果有机统一进行全面、科学的考核。

45. 各级人民法院要加强与公安机关、国家安全机关、人民检察院、司法行政机关等部门的联系和协调，建立经常性的工作协调机制，共同研究贯彻宽严相济刑事政策的工作措施，及时解决工作中出现的具体问题。要根据“分工负责、相互配合、相互制约”的法律原则，加强与公安机关、人民检察院的工作联系，既各司其职，又进一步形成合力，不断提高司法公信，维护司法权威。要在律师辩护代理、法律援助、监狱提请减刑假释、开展社区矫正等方面加强与司法行政机关的沟通和协调，促进宽严相济刑事政策的有效实施。

最高人民法院关于在审判执行工作中切实规范自由裁量权行使保障法律统一适用的指导意见

（2012年2月28日 法发〔2012〕7号）

中国特色社会主义法律体系如期形成，标志着依法治国基本方略的贯彻实施进入了一个新阶段，人民法院依法履行职责、维护法制统一、建设社会主义法治国家的责任更加重大。我国正处在重要的社会转型期，审判工作中不断出现新情况、新问题；加之，我国地域辽阔、人口众多、民族多样性等诸多因素，造成经济社会发展不平衡。这就要求人民法院在强化法律统一适用的同时，正确运用司法政策，规范行使自由裁量权，充分发挥自由裁量权在保障法律正确实施，维护当事人合法权益，维护司法公正，提升司法公信力等方面的积极作用。现就人民法院在审判执行工作中切实规范自由裁量权行使，保障法律统一适用的若干问题，提出以下指导意见：

一、正确认识自由裁量权。自由裁量权是人民法院在审理案件过程中，根据法律规定和立法精神，秉持正确司法理念，运用科学方法，对案件事实认定、法律适用以及程序处理等问题进行分析和判断，并最终作出依法有据、公平公正、合情合理裁判的权力。

二、自由裁量权的行使条件。人民法院在审理案件过程中，对下列情形依法行使自由裁量权：（一）法律规定由人民法院根据案件具体情况进行裁量的；（二）法律规定由人民法院从几种法定情形中选择其一进行裁量，或者在法定的范围、幅度内进行裁量的；（三）根据案件具体情况需要对法律精神、规则或者条文进行阐释的；（四）根据案件具体情况需要对证据规则进行阐释或者对案件涉及的争议事实进行裁量认定的；（五）根据案件具体情况需要行使自由裁量权的其他情形。

三、自由裁量权的行使原则。（一）合法原则。要严格依据法律规定，遵循法定程序和正确裁判方法，符合法律、法规和司法解释的精神以及基本法理的要求，行使自由裁量权。不能违反法律明确、具体的规定。（二）合理原则。要从维护社会公平正义的价值观出发，充分考虑公共政策、社会主流价值观念、社会发展的阶段性、社会公众的认同度等因素，坚持正确的裁判理念，努力增强行使自由裁量权的确定性和可预测性，确保裁判结果符合社会发展方向。（三）公正原则。要秉持司法良知，恪守职业道德，坚持实体公正与程序公正并重。坚持法律面前人人平等，排除干扰，保持中立，避免偏颇。注重裁量结果与社会公众对公平正义普遍理解的契合性，确保裁判结果符合司法公平正义的要求。（四）审慎原则。要严把案件事实关、程序关和法律适用关，在充分理解法律精神、依法认定案件事实的基础上，审慎衡量、仔细求证，同时注意司法行为的适当性和必要性，努力实现办案的法律效果和社会效果的有机统一。

四、正确运用证据规则。行使自由裁量权，要正确运用证据规则，从保护当事人合法权益、有利查明事实和程序正当的角度，合理分配举证责任，全面、客观、准确认定证据的证明力，严格依证据认定案件事实，努力实现法律事实与客观事实的统一。

五、正确运用法律适用方法。行使自由裁量权，要处理好上位法与下位法、新法与旧法、特别法与一般法的关系，正确选择所应适用的法律；难以确定如何适用法律的，应按照立法法的规定报请有关机关裁决，以维护社会主义法制的统一。对同一事项同一法律存在一般规定和特别规定的，应优先适用特别规定。要正确把握法律、法规和司法解释中除明确列举之外的概括性条款规定，确保适用结果符合立法原意。

六、正确运用法律解释方法。行使自由裁量权，要结合立法宗旨和立法原意、法律原则、国家政策、司法政策等因素，综合运用各种解释方法，对法律条文作出最能实现社会公平正义、最具现实合理性的解释。

七、正确运用利益衡量方法。行使自由裁量权，要综合考量案件所涉各种利益关系，对相互冲突的权利或利益进行权衡与取舍，正确处理好公共利益与个人利益、人身利益与财产利益、生存利益与商业利益的关系，保护合法利益，抑制非法利益，努力实现利益最大化、损害最小化。

八、强化诉讼程序规范。行使自由裁量权，要严格依照程序法的规定，充分保障各方当事人的诉讼权利。要充分尊重当事人的处分权，依法保障当事人的辩论权，对可能影响当事人实体性权利或程序性权利的自由裁量事项，应将其作为案件争议焦点，充分听取当事人的意见；要完善相对独立的量刑程序，将量刑纳入庭审过程；要充分保障当事人的知情权，并根据当事人的要求，向当事人释明行使自由裁量权的依据、考量因素等事项。

九、强化审判组织规范。要进一步强化合议庭审判职责，确保全体成员对案件审理、评议、裁判过程的平等参与，充分发挥自由裁量权行使的集体把关机制。自由裁量权的行使涉及对法律条文的阐释、对不确定概念的理解、对证据规则的把握以及其他可能影响当事人重大实体性权利或程序性权利事项，且有重大争议的，可报请审判委员会讨论决定，确保法律适用的统一。

十、强化裁判文书规范。要加强裁判文书中对案件事实认定理由的论证，使当事人和社会公众知悉法院对证据材料的认定及采信理由。要公开援引和适用的法律条文，并结合案件事实阐明法律适用的理由，充分论述自由裁量结果的正当性和合理性，提高司法裁判的公信力和权威性。

十一、强化审判管理。要加强院长、庭长对审判活动的管理。要将自由裁量权的行使纳入案件质量评查范围，建立健全长效机制，完善评查标准。对自由裁量内容不合法、违反法定程序、结果显失公正以及其他不当行使自由裁量权的情形，要结合审判质量考核的相关规定予以处理；裁判确有错误，符合再审条件的，要按照审判监督程序进行再审。

十二、合理规范审级监督。要正确处理依法改判与维护司法裁判稳定性的关系，不断总结和规范二审、再审纠错原则，努力实现裁判标准的统一。下级人民法院依法正当行使自由裁量权作出的裁判结果，上级人民法院应当依法予以维持；下级人民法院行使自由裁量权明显不当的，上级人民法院可以予以撤销或变更；原审人民法院行使自由裁量权显著不当的，要按照审判监督程序予以撤销或变更。

十三、加强司法解释。最高人民法院要针对审判实践中的新情况、新问题，及时开展有针对性的司法调研。通过司法解释或司法政策，细化立法中的原则性条款和幅度过宽条款，规范选择性条款和授权条款，统一法律适用标准。要进一步提高司法解释和司法政策的质量，及时清理已过时或与新法产生冲突的司法解释，避免引起歧义或规则冲突。

十四、加强案例指导。各级人民法院要及时收集、整理涉及自由裁量权行使的典型案例，逐级上报最高人民法院。最高人民法院在公布的指导性案例中，要有针对性地筛选出在诉讼程序展开、案件事实认定和法律适用中涉及自由裁量事项的案例，对考量因素和裁量标准进行类型化。上级人民法院要及时掌握辖区内自由裁量权的行使情况，不断总结审判经验，提高自由裁量权行使的质量。

十五、不断统一裁判标准。各级人民法院内部对同一类型案件行使自由裁量权的，要严格、准确适用法律、司法解释，参照指导性案例，努力做到类似案件类似处理。下级人民法院对所审理的案件，认为存在需要统一裁量标准的，要书面报告上级人民法院。在案件审理中，发现不同人民法院对同类案件的处理存在明显不同裁量标准的，要及时将情况逐级上报共同的上级人民法院予以协调解决。自由裁量权的行使涉及具有普遍法律适用意义的新型、疑难问题的，要逐级书面报告最高人民法院。

十六、加强法官职业保障。要严格执行宪法、法官法的规定，增强法官职业荣誉感，保障法官正当行使自由裁量权。要大力建设学习型法院，全面提升司法能力。要加强法制宣传，引导社会和公众正确认识自由裁量权在司法审判中的必要性、正当性，不断提高社会公众对依法行使自由裁量权的认同程度。

十七、防止权力滥用。要进一步拓展司法公开的广度和深度，自觉接受人大、政协、检察机关和社会各界的监督。要深入开展廉洁司法教育，建立健全执法过错责任追究和防止利益冲突等制度规定，积极推进人民法院廉政风险防控机制建设，切实加强对自由裁量权行使的监督，对滥用自由裁量权并构成违纪违法的人员，要依据有关法律法规及纪律规定进行严肃处理。

最高人民法院、最高人民检察院关于常见犯罪的量刑指导意见(试行)

(2021年6月16日　法发〔2021〕21号)

为进一步规范量刑活动，落实宽严相济刑事政策和认罪认罚从宽制度，增强量刑公开性，实现量刑公正，根据刑法、刑事诉讼法和有关司法解释等规定，结合司法实践，制定本指导意见。

一、量刑的指导原则

(一)量刑应当以事实为根据，以法律为准绳，根据犯罪的事实、性质、情节和对于社会的危害程度，决定判处的刑罚。

(二)量刑既要考虑被告人所犯罪行的轻重，又要考虑被告人应负刑事责任的大小，做到罪责刑相适应，实现惩罚和预防犯罪的目的。

(三)量刑应当贯彻宽严相济的刑事政策，做到该宽则宽，当严则严，宽严相济，罚当其罪，确保裁判政治效果、法律效果和社会效果的统一。

(四)量刑要客观、全面把握不同时期

不同地区的经济社会发展和治安形势的变化，确保刑法任务的实现；对于同一地区同一时期案情相似的案件，所判处的刑罚应当基本均衡。

二、量刑的基本方法

量刑时，应当以定性分析为主，定量分析为辅，依次确定量刑起点、基准刑和宣告刑。

（一）量刑步骤

1. 根据基本犯罪构成事实在相应的法定刑幅度内确定量刑起点。

2. 根据其他影响犯罪构成的犯罪数额、犯罪次数、犯罪后果等犯罪事实，在量刑起点的基础上增加刑罚量确定基准刑。

3. 根据量刑情节调节基准刑，并综合考虑全案情况，依法确定宣告刑。

（二）调节基准刑的方法

1. 具有单个量刑情节的，根据量刑情节的调节比例直接调节基准刑。

2. 具有多个量刑情节的，一般根据各个量刑情节的调节比例，采用同向相加、逆向相减的方法调节基准刑；具有未成年人犯罪、老年人犯罪、限制行为能力的精神病人犯罪、又聋又哑的人或者盲人犯罪，防卫过当、避险过当、犯罪预备、犯罪未遂、犯罪中止，从犯、胁从犯和教唆犯等量刑情节的，先适用该量刑情节对基准刑进行调节，在此基础上，再适用其他量刑情节进行调节。

3. 被告人犯数罪，同时具有适用于个罪的立功、累犯等量刑情节的，先适用该量刑情节调节个罪的基准刑，确定个罪所应判处的刑罚，再依法实行数罪并罚，决定执行的刑罚。

（三）确定宣告刑的方法

1. 量刑情节对基准刑的调节结果在法定刑幅度内，且罪责刑相适应的，可以直接确定为宣告刑；具有应当减轻处罚情节的，应当依法在法定最低刑以下确定宣告刑。

2. 量刑情节对基准刑的调节结果在法定最低刑以下，具有法定减轻处罚情节，且罪责刑相适应的，可以直接确定为宣告刑；只有从轻处罚情节的，可以依法确定法定最低刑为宣告刑；但是根据案件的特殊情况，经最高人民法院核准，也可以在法定刑以下判处刑罚。

3. 量刑情节对基准刑的调节结果在法定最高刑以上的，可以依法确定法定最高刑为宣告刑。

4. 综合考虑全案情况，独任审判员或合议庭可以在20%的幅度内对调节结果进行调整，确定宣告刑。当调节后的结果仍不符合罪责刑相适应原则的，应当提交审判委员会讨论，依法确定宣告刑。

5. 综合全案犯罪事实和量刑情节，依法应当判处无期徒刑以上刑罚、拘役、管制或者单处附加刑、缓刑、免予刑事处罚的，应当依法适用。

（四）判处罚金刑，应当以犯罪情节为根据，并综合考虑被告人缴纳罚金的能力，依法决定罚金数额。

（五）适用缓刑，应当综合考虑被告人的犯罪情节、悔罪表现、再犯罪的危险以及宣告缓刑对所居住社区的影响，依法作出决定。

三、常见量刑情节的适用

量刑时应当充分考虑各种法定和酌定量刑情节，根据案件的全部犯罪事实以及量刑情节的不同情形，依法确定量刑情节的适用及其调节比例。对黑恶势力犯罪、严重暴力犯罪、毒品犯罪、性侵未成年人犯罪等危害严重的犯罪，在确定从宽的幅度时，应当从严掌握；对犯罪情节较轻的犯罪，应当充分体现从宽。具体确定各个量刑情节的调节比例时，应当综合平衡调节幅度与实际增减刑罚量的关系，确保罪责刑相适应。

（一）对于未成年人犯罪，综合考虑未成年人对犯罪的认知能力、实施犯罪行为的动机和目的、犯罪时的年龄、是否初犯、偶犯、悔罪表现、个人成长经历和一贯表现等情况，应当予以从宽处罚。

1. 已满十二周岁不满十六周岁的未成年人犯罪，减少基准刑的30%-60%；

2. 已满十六周岁不满十八周岁的未成年人犯罪，减少基准刑的10%-50%。

（二）对于已满七十五周岁的老年人故意犯罪，综合考虑犯罪的性质、情节、后果等情况，可以减少基准刑的40%以下；过失犯罪的，减少基准刑的20%-50%。

（三）对于又聋又哑的人或者盲人犯罪，综合考虑犯罪性质、情节、后果以及聋哑人或者盲人犯罪时的控制能力等情况，可以减少基准刑的50%以下；犯罪较轻的，可以减少基准刑的50%以上或者依法免除处罚。

（四）对于未遂犯，综合考虑犯罪行为的实行程度、造成损害的大小、犯罪未得逞的原因等情况，可以比照既遂犯减少基准刑的50%以下。

（五）对于从犯，综合考虑其在共同犯罪中的地位、作用等情况，应当予以从宽处罚，减少基准刑的20%-50%；犯罪较轻的，减少基准刑的50%以上或者依法免除处罚。

（六）对于自首情节，综合考虑自首的动机、时间、方式、罪行轻重、如实供述罪行的程度以及悔罪表现等情况，可以减少基准刑的40%以下；犯罪较轻的，可以减少基准刑的40%以上或者依法免除处罚。恶意利用自首规避法律制裁等不足以从宽处罚的除外。

（七）对于坦白情节，综合考虑如实供述罪行的阶段、程度、罪行轻重以及悔罪表现等情况，确定从宽的幅度。

1. 如实供述自己罪行的，可以减少基准刑的20%以下；

2. 如实供述司法机关尚未掌握的同种较重罪行的，可以减少基准刑的10%-30%；

3. 因如实供述自己罪行，避免特别严重后果发生的，可以减少基准刑的30%-50%。

（八）对于当庭自愿认罪的，根据犯罪的性质、罪行的轻重、认罪程度以及悔罪表现等情况，可以减少基准刑的10%以下。依法认定自首、坦白的除外。

（九）对于立功情节，综合考虑立功的大小、次数、内容、来源、效果以及罪行轻重等情况，确定从宽的幅度。

1. 一般立功的，可以减少基准刑的20%以下；

2. 重大立功的，可以减少基准刑的20%-50%；犯罪较轻的，减少基准刑的50%以上或者依法免除处罚。

（十）对于退赃、退赔的，综合考虑犯罪性质，退赃、退赔行为对损害结果所能弥补的程度，退赃、退赔的数额及主动程度等情况，可以减少基准刑的30%以下；对抢劫等严重危害社会治安犯罪的，应当从严掌握。

（十一）对于积极赔偿被害人经济损失并取得谅解的，综合考虑犯罪性质、赔偿数额、赔偿能力以及认罪悔罪表现等情况，可以减少基准刑的40%以下；积极赔偿但没有取得谅解的，可以减少基准刑的30%以下;尽管没有赔偿,但取得谅解的,可以减少基准刑的20%以下。对抢劫、强奸等严重危害社会治安犯罪的,应当从严掌握。

(十二)对于当事人根据刑事诉讼法第二百八十八条达成刑事和解协议的,综合考虑犯罪性质、赔偿数额、赔礼道歉以及真诚悔罪等情况,可以减少基准刑的50%以下;犯罪较轻的,可以减少基准刑的50%以上或者依法免除处罚。

(十三)对于被告人在羁押期间表现好的,可以减少基准刑的10%以下。

(十四)对于被告人认罪认罚的,综合考虑犯罪的性质、罪行的轻重、认罪认罚的阶段、程度、价值、悔罪表现等情况,可以减少基准刑的30%以下;具有自首、重大坦白、退赃退赔、赔偿谅解、刑事和解等情节的,可以减少基准刑的60%以下,犯罪较轻的,可以减少基准刑的60%以上或者依法免除处罚。认罪认罚与自首、坦白、当庭自愿认罪、退赃退赔、赔偿谅解、刑事和解、羁押期间表现好等量刑情节不作重复评价。

(十五)对于累犯,综合考虑前后罪的性质、刑罚执行完毕或赦免以后至再犯罪时间的长短以及前后罪罪行轻重等情况,应当增加基准刑的10%-40%,一般不少于3个月。

(十六)对于有前科的,综合考虑前科的性质、时间间隔长短、次数、处罚轻重等情况,可以增加基准刑的10%以下。前科犯罪为过失犯罪和未成年人犯罪的除外。

(十七)对于犯罪对象为未成年人、老年人、残疾人、孕妇等弱势人员的,综合考虑犯罪的性质、犯罪的严重程度等情况,可以增加基准刑的20%以下。

(十八)对于在重大自然灾害、预防、控制突发传染病疫情等灾害期间故意犯罪的,根据案件的具体情况,可以增加基准刑的20%以下。

四、常见犯罪的量刑

(一)交通肇事罪

1. 构成交通肇事罪的,根据下列情形在相应的幅度内确定量刑起点:

(1)致人重伤、死亡或者使公私财产遭受重大损失的,在二年以下有期徒刑、拘役幅度内确定量刑起点。

(2)交通运输肇事后逃逸或者有其他特别恶劣情节的,在三年至五年有期徒刑幅度内确定量刑起点。

(3)因逃逸致一人死亡的,在七年至十年有期徒刑幅度内确定量刑起点。

2. 在量刑起点的基础上,根据事故责任、致人重伤、死亡的人数或者财产损失的数额以及逃逸等其他影响犯罪构成的犯罪事实增加刑罚量,确定基准刑。

3. 构成交通肇事罪的,综合考虑事故责任、危害后果、赔偿谅解等犯罪事实、量刑情节,以及被告人的主观恶性、人身危险性、认罪悔罪表现等因素,决定缓刑的适用。

(二)危险驾驶罪

1. 构成危险驾驶罪的,依法在一个月至六个月拘役幅度内确定宣告刑。

2. 构成危险驾驶罪的,根据危险驾驶行为、实际损害后果等犯罪情节,综合考虑被告人缴纳罚金的能力,决定罚金数额。

3. 构成危险驾驶罪的,综合考虑危险驾驶行为、危害后果等犯罪事实、量刑情节,以及被告人主观恶性、人身危险性、认罪悔罪表现等因素,决定缓刑的适用。

(三)非法吸收公众存款罪

1. 构成非法吸收公众存款罪的,根据下列情形在相应的幅度内确定量刑起点:

(1)犯罪情节一般的,在一年以下有期

徒刑、拘役幅度内确定量刑起点。

(2)达到数额巨大起点或者有其他严重情节的,在三年至四年有期徒刑幅度内确定量刑起点。

(3)达到数额特别巨大起点或者有其他特别严重情节的,在十年至十二年有期徒刑幅度内确定量刑起点。

2. 在量刑起点的基础上,根据非法吸收存款数额等其他影响犯罪构成的犯罪事实增加刑罚量,确定基准刑。

3. 对于在提起公诉前积极退赃退赔,减少损害结果发生的,可以减少基准刑的40%以下;犯罪较轻的,可以减少基准刑的40%以上或者依法免除处罚。

4. 构成非法吸收公众存款罪的,根据非法吸收公众存款数额、存款人人数、给存款人造成的直接经济损失数额等犯罪情节,综合考虑被告人缴纳罚金的能力,决定罚金数额。

5. 构成非法吸收公众存款罪的,综合考虑非法吸收存款数额、存款人人数、给存款人造成的直接经济损失数额、清退资金数额等犯罪事实、量刑情节,以及被告人主观恶性、人身危险性、认罪悔罪表现等因素,决定缓刑的适用。

(四)集资诈骗罪

1. 构成集资诈骗罪的,根据下列情形在相应的幅度内确定量刑起点:

(1)达到数额较大起点的,在三年至四年有期徒刑幅度内确定量刑起点。

(2)达到数额巨大起点或者有其他严重情节的,在七年至九年有期徒刑幅度内确定量刑起点。依法应当判处无期徒刑的除外。

2. 在量刑起点的基础上,根据集资诈骗数额等其他影响犯罪构成的犯罪事实增加刑罚量,确定基准刑。

3. 构成集资诈骗罪的,根据犯罪数额、危害后果等犯罪情节,综合考虑被告人缴纳罚金的能力,决定罚金数额。

4. 构成集资诈骗罪的,综合考虑犯罪数额、诈骗对象、危害后果、退赃退赔等犯罪事实、量刑情节,以及被告人主观恶性、人身危险性、认罪悔罪表现等因素,决定缓刑的适用。

(五)信用卡诈骗罪

1. 构成信用卡诈骗罪的,根据下列情形在相应的幅度内确定量刑起点:

(1)达到数额较大起点的,在二年以下有期徒刑、拘役幅度内确定量刑起点。

(2)达到数额巨大起点或者有其他严重情节的,在五年至六年有期徒刑幅度内确定量刑起点。

(3)达到数额特别巨大起点或者有其他特别严重情节的,在十年至十二年有期徒刑幅度内确定量刑起点。依法应当判处无期徒刑的除外。

2. 在量刑起点的基础上,根据信用卡诈骗数额等其他影响犯罪构成的犯罪事实增加刑罚量,确定基准刑。

3. 构成信用卡诈骗罪的,根据诈骗手段、犯罪数额、危害后果等犯罪情节,综合考虑被告人缴纳罚金的能力,决定罚金数额。

4. 构成信用卡诈骗罪的,综合考虑诈骗手段、犯罪数额、危害后果、退赃退赔等犯罪事实、量刑情节,以及被告人主观恶性、人身危险性、认罪悔罪表现等因素,决定缓刑的适用。

(六)合同诈骗罪

1. 构成合同诈骗罪的,根据下列情形在相应的幅度内确定量刑起点:

(1)达到数额较大起点的,在一年以下

有期徒刑、拘役幅度内确定量刑起点。

(2)达到数额巨大起点或者有其他严重情节的,在三年至四年有期徒刑幅度内确定量刑起点。

(3)达到数额特别巨大起点或者有其他特别严重情节的,在十年至十二年有期徒刑幅度内确定量刑起点。依法应当判处无期徒刑的除外。

2. 在量刑起点的基础上,根据合同诈骗数额等其他影响犯罪构成的犯罪事实增加刑罚量,确定基准刑。

3. 构成合同诈骗罪的,根据诈骗手段、犯罪数额、损失数额、危害后果等犯罪情节,综合考虑被告人缴纳罚金的能力,决定罚金数额。

4. 构成合同诈骗罪的,综合考虑诈骗手段、犯罪数额、危害后果、退赃退赔等犯罪事实、量刑情节,以及被告人主观恶性、人身危险性、认罪悔罪表现等因素,决定缓刑的适用。

(七)故意伤害罪

1. 构成故意伤害罪的,根据下列情形在相应的幅度内确定量刑起点:

(1)故意伤害致一人轻伤的,在二年以下有期徒刑、拘役幅度内确定量刑起点。

(2)故意伤害致一人重伤的,在三年至五年有期徒刑幅度内确定量刑起点。

(3)以特别残忍手段故意伤害致一人重伤,造成六级严重残疾的,在十年至十三年有期徒刑幅度内确定量刑起点。依法应当判处无期徒刑以上刑罚的除外。

2. 在量刑起点的基础上,根据伤害后果、伤残等级、手段残忍程度等其他影响犯罪构成的犯罪事实增加刑罚量,确定基准刑。

故意伤害致人轻伤的,伤残程度可以在确定量刑起点时考虑,或者作为调节基准刑的量刑情节。

3. 构成故意伤害罪的,综合考虑故意伤害的起因、手段、危害后果、赔偿谅解等犯罪事实、量刑情节,以及被告人的主观恶性、人身危险性、认罪悔罪表现等因素,决定缓刑的适用。

(八)强奸罪

1. 构成强奸罪的,根据下列情形在相应的幅度内确定量刑起点:

(1)强奸妇女一人的,在三年至六年有期徒刑幅度内确定量刑起点。

奸淫幼女一人的,在四年至七年有期徒刑幅度内确定量刑起点。

(2)有下列情形之一的,在十年至十三年有期徒刑幅度内确定量刑起点:强奸妇女、奸淫幼女情节恶劣的;强奸妇女、奸淫幼女三人的;在公共场所当众强奸妇女、奸淫幼女的;二人以上轮奸妇女的;奸淫不满十周岁的幼女或者造成幼女伤害的;强奸致被害人重伤或者造成其他严重后果的。依法应当判处无期徒刑以上刑罚的除外。

2. 在量刑起点的基础上,根据强奸妇女、奸淫幼女情节恶劣程度、强奸人数、致人伤害后果等其他影响犯罪构成的犯罪事实增加刑罚量,确定基准刑。

强奸多人多次的,以强奸人数作为增加刑罚量的事实,强奸次数作为调节基准刑的量刑情节。

3. 构成强奸罪的,综合考虑强奸的手段、危害后果等犯罪事实、量刑情节,以及被告人的主观恶性、人身危险性、认罪悔罪表现等因素,从严把握缓刑的适用。

(九)非法拘禁罪

1. 构成非法拘禁罪的,根据下列情形在相应的幅度内确定量刑起点:

(1)犯罪情节一般的,在一年以下有期

徒刑、拘役幅度内确定量刑起点。

(2)致一人重伤的,在三年至五年有期徒刑幅度内确定量刑起点。

(3)致一人死亡的,在十年至十三年有期徒刑幅度内确定量刑起点。

2. 在量刑起点的基础上,根据非法拘禁人数、拘禁时间、致人伤亡后果等其他影响犯罪构成的犯罪事实增加刑罚量,确定基准刑。

非法拘禁多人多次的,以非法拘禁人数作为增加刑罚量的事实,非法拘禁次数作为调节基准刑的量刑情节。

3. 有下列情节之一的,增加基准刑的10%-20%:

(1)具有殴打、侮辱情节的;

(2)国家机关工作人员利用职权非法扣押、拘禁他人的。

4. 构成非法拘禁罪的,综合考虑非法拘禁的起因、时间、危害后果等犯罪事实、量刑情节,以及被告人的主观恶性、人身危险性、认罪悔罪表现等因素,决定缓刑的适用。

(十)抢劫罪

1. 构成抢劫罪的,根据下列情形在相应的幅度内确定量刑起点:

(1)抢劫一次的,在三年至六年有期徒刑幅度内确定量刑起点。

(2)有下列情形之一的,在十年至十三年有期徒刑幅度内确定量刑起点:入户抢劫的;在公共交通工具上抢劫的;抢劫银行或者其他金融机构的;抢劫三次或者抢劫数额达到数额巨大起点的;抢劫致一人重伤的;冒充军警人员抢劫的;持枪抢劫的;抢劫军用物资或者抢险、救灾、救济物资的。依法应当判处无期徒刑以上刑罚的除外。

2. 在量刑起点的基础上,根据抢劫情节严重程度、抢劫数额、次数、致人伤害后果等其他影响犯罪构成的犯罪事实增加刑罚量,确定基准刑。

3. 构成抢劫罪的,根据抢劫的数额、次数、手段、危害后果等犯罪情节,综合考虑被告人缴纳罚金的能力,决定罚金数额。

4. 构成抢劫罪的,综合考虑抢劫的起因、手段、危害后果等犯罪事实、量刑情节,以及被告人的主观恶性、人身危险性、认罪悔罪表现等因素,从严把握缓刑的适用。

(十一)盗窃罪

1. 构成盗窃罪的,根据下列情形在相应的幅度内确定量刑起点:

(1)达到数额较大起点的,二年内三次盗窃的,入户盗窃的,携带凶器盗窃的,或者扒窃的,在一年以下有期徒刑、拘役幅度内确定量刑起点。

(2)达到数额巨大起点或者有其他严重情节的,在三年至四年有期徒刑幅度内确定量刑起点。

(3)达到数额特别巨大起点或者有其他特别严重情节的,在十年至十二年有期徒刑幅度内确定量刑起点。依法应当判处无期徒刑的除外。

2. 在量刑起点的基础上,根据盗窃数额、次数、手段等其他影响犯罪构成的犯罪事实增加刑罚量,确定基准刑。

多次盗窃,数额达到较大以上的,以盗窃数额确定量刑起点,盗窃次数可以作为调节基准刑的量刑情节;数额未达到较大的,以盗窃次数确定量刑起点,超过三次的次数作为增加刑罚量的事实。

3. 构成盗窃罪的,根据盗窃的数额、次数、手段、危害后果等犯罪情节,综合考虑被告人缴纳罚金的能力,在一千元以上盗窃数额二倍以下决定罚金数额;没有盗窃数额或者盗窃数额无法计算的,在一千元以上十万元以下判处罚金。

4. 构成盗窃罪的,综合考虑盗窃的起因、数额、次数、手段、退赃退赔等犯罪事实、量刑情节,以及被告人的主观恶性、人身危险性、认罪悔罪表现等因素,决定缓刑的适用。

(十二)诈骗罪

1. 构成诈骗罪的,根据下列情形在相应的幅度内确定量刑起点:

(1)达到数额较大起点的,在一年以下有期徒刑、拘役幅度内确定量刑起点。

(2)达到数额巨大起点或者有其他严重情节的,在三年至四年有期徒刑幅度内确定量刑起点。

(3)达到数额特别巨大起点或者有其他特别严重情节的,在十年至十二年有期徒刑幅度内确定量刑起点。依法应当判处无期徒刑的除外。

2. 在量刑起点的基础上,根据诈骗数额等其他影响犯罪构成的犯罪事实增加刑罚量,确定基准刑。

3. 构成诈骗罪的,根据诈骗的数额、手段、危害后果等犯罪情节,综合考虑被告人缴纳罚金的能力,决定罚金数额。

4. 构成诈骗罪的,综合考虑诈骗的起因、手段、数额、危害后果、退赃退赔等犯罪事实、量刑情节,以及被告人的主观恶性、人身危险性、认罪悔罪表现等因素,决定缓刑的适用。对实施电信网络诈骗的,从严把握缓刑的适用。

(十三)抢夺罪

1. 构成抢夺罪的,根据下列情形在相应的幅度内确定量刑起点:

(1)达到数额较大起点或者二年内三次抢夺的,在一年以下有期徒刑、拘役幅度内确定量刑起点。

(2)达到数额巨大起点或者有其他严重情节的,在三年至五年有期徒刑幅度内确定量刑起点。

(3)达到数额特别巨大起点或者有其他特别严重情节的,在十年至十二年有期徒刑幅度内确定量刑起点。依法应当判处无期徒刑的除外。

2. 在量刑起点的基础上,根据抢夺数额、次数等其他影响犯罪构成的犯罪事实增加刑罚量,确定基准刑。

多次抢夺,数额达到较大以上的,以抢夺数额确定量刑起点,抢夺次数可以作为调节基准刑的量刑情节;数额未达到较大的,以抢夺次数确定量刑起点,超过三次的次数作为增加刑罚量的事实。

3. 构成抢夺罪的,根据抢夺的数额、次数、手段、危害后果等犯罪情节,综合考虑被告人缴纳罚金的能力,决定罚金数额。

4. 构成抢夺罪的,综合考虑抢夺的起因、数额、手段、次数、危害后果、退赃退赔等犯罪事实、量刑情节,以及被告人的主观恶性、人身危险性、认罪悔罪表现等因素,决定缓刑的适用。

(十四)职务侵占罪

1. 构成职务侵占罪的,根据下列情形在相应的幅度内确定量刑起点:

(1)达到数额较大起点的,在一年以下有期徒刑、拘役幅度内确定量刑起点。

(2)达到数额巨大起点的,在三年至四年有期徒刑幅度内确定量刑起点。

(3)达到数额特别巨大起点的,在十年至十一年有期徒刑幅度内确定量刑起点。依法应当判处无期徒刑的除外。

2. 在量刑起点的基础上,根据职务侵占数额等其他影响犯罪构成的犯罪事实增加刑罚量，确定基准刑。

3. 构成职务侵占罪的，根据职务侵占的数额、危害后果等犯罪情节，综合考虑被告人缴纳罚金的能力，决定罚金数额。

4. 构成职务侵占罪的，综合考虑职务侵占的数额、手段、危害后果、退赃退赔等犯罪事实、量刑情节，以及被告人的主观恶性、人身危险性、认罪悔罪表现等因素，决定缓刑的适用。

（十五）敲诈勒索罪

1. 构成敲诈勒索罪的，根据下列情形在相应的幅度内确定量刑起点：

（1）达到数额较大起点的，或者二年内三次敲诈勒索的，在一年以下有期徒刑、拘役幅度内确定量刑起点。

（2）达到数额巨大起点或者有其他严重情节的，在三年至五年有期徒刑幅度内确定量刑起点。

（3）达到数额特别巨大起点或者有其他特别严重情节的，在十年至十二年有期徒刑幅度内确定量刑起点。

2. 在量刑起点的基础上，根据敲诈勒索数额、次数、犯罪情节严重程度等其他影响犯罪构成的犯罪事实增加刑罚量，确定基准刑。

多次敲诈勒索，数额达到较大以上的，以敲诈勒索数额确定量刑起点，敲诈勒索次数可以作为调节基准刑的量刑情节；数额未达到较大的，以敲诈勒索次数确定量刑起点，超过三次的次数作为增加刑罚量的事实。

3. 构成敲诈勒索罪的，根据敲诈勒索的数额、手段、次数、危害后果等犯罪情节，综合考虑被告人缴纳罚金的能力，在二千元以上敲诈勒索数额的二倍以下决定罚金数额；被告人没有获得财物的，在二千元以上十万元以下判处罚金。

4. 构成敲诈勒索罪的，综合考虑敲诈勒索的手段、数额、次数、危害后果、退赃退赔等犯罪事实、量刑情节，以及被告人的主观恶性、人身危险性、认罪悔罪表现等因素，决定缓刑的适用。

（十六）妨害公务罪

1. 构成妨害公务罪的，在二年以下有期徒刑、拘役幅度内确定量刑起点。

2. 在量刑起点的基础上，根据妨害公务造成的后果、犯罪情节严重程度等其他影响犯罪构成的犯罪事实增加刑罚量，确定基准刑。

3. 构成妨害公务罪，依法单处罚金的，根据妨害公务的手段、危害后果、造成的人身伤害以及财物毁损情况等犯罪情节，综合考虑被告人缴纳罚金的能力，决定罚金数额。

4. 构成妨害公务罪的，综合考虑妨害公务的手段、造成的人身伤害、财物的毁损及社会影响等犯罪事实、量刑情节，以及被告人的主观恶性、人身危险性、认罪悔罪表现等因素，决定缓刑的适用。

（十七）聚众斗殴罪

1. 构成聚众斗殴罪的，根据下列情形在相应的幅度内确定量刑起点：

（1）犯罪情节一般的，在二年以下有期徒刑、拘役幅度内确定量刑起点。

（2）有下列情形之一的，在三年至五年有期徒刑幅度内确定量刑起点：聚众斗殴三次的；聚众斗殴人数多，规模大，社会影响恶劣的；在公共场所或者交通要道聚众斗殴，造成社会秩序严重混乱的；持械聚众斗殴的。

2. 在量刑起点的基础上，根据聚众斗殴人数、次数、手段严重程度等其他影响犯罪构成的犯罪事实增加刑罚量，确定基准刑。

3. 构成聚众斗殴罪的，综合考虑聚众斗殴的手段、危害后果等犯罪事实、量刑情节，以及被告人的主观恶性、人身危险性、认罪悔罪表现等因素，决定缓刑的适用。

（十八）寻衅滋事罪

1. 构成寻衅滋事罪的，根据下列情形在相应的幅度内确定量刑起点：

（1）寻衅滋事一次的，在三年以下有期徒刑、拘役幅度内确定量刑起点。

（2）纠集他人三次寻衅滋事（每次都构成犯罪），严重破坏社会秩序的，在五年至七年有期徒刑幅度内确定量刑起点。

2. 在量刑起点的基础上，根据寻衅滋事次数、伤害后果、强拿硬要他人财物或任意损毁、占用公私财物数额等其他影响犯罪构成的犯罪事实增加刑罚量，确定基准刑。

3. 构成寻衅滋事罪，判处五年以上十年以下有期徒刑，并处罚金的，根据寻衅滋事的次数、危害后果、对社会秩序的破坏程度等犯罪情节，综合考虑被告人缴纳罚金的能力，决定罚金数额。

4. 构成寻衅滋事罪的，综合考虑寻衅滋事的具体行为、危害后果、对社会秩序的破坏程度等犯罪事实、量刑情节，以及被告人的主观恶性、人身危险性、认罪悔罪表现等因素，决定缓刑的适用。

（十九）掩饰、隐瞒犯罪所得、犯罪所得收益罪

1. 构成掩饰、隐瞒犯罪所得、犯罪所得收益罪的，根据下列情形在相应的幅度内确定量刑起点：

（1）犯罪情节一般的，在一年以下有期徒刑、拘役幅度内确定量刑起点。

（2）情节严重的，在三年至四年有期徒刑幅度内确定量刑起点。

2. 在量刑起点的基础上，根据犯罪数额等其他影响犯罪构成的犯罪事实增加刑罚量，确定基准刑。

3. 构成掩饰、隐瞒犯罪所得、犯罪所得收益罪的，根据掩饰、隐瞒犯罪所得及其收益的数额、犯罪对象、危害后果等犯罪情节，综合考虑被告人缴纳罚金的能力，决定罚金数额。

4. 构成掩饰、隐瞒犯罪所得、犯罪所得收益罪的，综合考虑掩饰、隐瞒犯罪所得及其收益的数额、危害后果、上游犯罪的危害程度等犯罪事实、量刑情节，以及被告人的主观恶性、人身危险性、认罪悔罪表现等因素，决定缓刑的适用。

（二十）走私、贩卖、运输、制造毒品罪

1. 构成走私、贩卖、运输、制造毒品罪的，根据下列情形在相应的幅度内确定量刑起点：

（1）走私、贩卖、运输、制造鸦片一千克，海洛因、甲基苯丙胺五十克或者其他毒品数量达到数量大起点的，量刑起点为十五年有期徒刑。依法应当判处无期徒刑以上刑罚的除外。

（2）走私、贩卖、运输、制造鸦片二百克，海洛因、甲基苯丙胺十克或者其他毒品数量达到数量较大起点的，在七年至八年有期徒刑幅度内确定量刑起点。

（3）走私、贩卖、运输、制造鸦片不满二百克，海洛因、甲基苯丙胺不满十克或者其他少量毒品的，可以在三年以下有期徒刑、拘役幅度内确定量刑起点；情节严重的，在三年至四年有期徒刑幅度内确定量刑起点。

2. 在量刑起点的基础上，根据毒品犯罪次数、人次、毒品数量等其他影响犯罪构成的犯罪事实增加刑罚量，确定基准刑。

3. 有下列情节之一的，增加基准刑的10%-30%：

(1)利用、教唆未成年人走私、贩卖、运输、制造毒品的;

(2)向未成年人出售毒品的;

(3)毒品再犯。

4. 有下列情节之一的,可以减少基准刑的30%以下:

(1)受雇运输毒品的;

(2)毒品含量明显偏低的;

(3)存在数量引诱情形的。

5. 构成走私、贩卖、运输、制造毒品罪的,根据走私、贩卖、运输、制造毒品的种类、数量、危害后果等犯罪情节,综合考虑被告人缴纳罚金的能力,决定罚金数额。

6. 构成走私、贩卖、运输、制造毒品罪的,综合考虑走私、贩卖、运输、制造毒品的种类、数量、危害后果等犯罪事实、量刑情节,以及被告人的主观恶性、人身危险性、认罪悔罪表现等因素,从严把握缓刑的适用。

(二十一)非法持有毒品罪

1. 构成非法持有毒品罪的,根据下列情形在相应的幅度内确定量刑起点:

(1)非法持有鸦片一千克以上、海洛因或者甲基苯丙胺五十克以上或者其他毒品数量大的,在七年至九年有期徒刑幅度内确定量刑起点。依法应当判处无期徒刑的除外。

(2)非法持有毒品情节严重的,在三年至四年有期徒刑幅度内确定量刑起点。

(3)非法持有鸦片二百克、海洛因或者甲基苯丙胺十克或者其他毒品数量较大的,在一年以下有期徒刑、拘役幅度内确定量刑起点。

2. 在量刑起点的基础上,根据毒品数量等其他影响犯罪构成的犯罪事实增加刑罚量,确定基准刑。

3. 构成非法持有毒品罪的,根据非法持有毒品的种类、数量等犯罪情节,综合考虑被告人缴纳罚金的能力,决定罚金数额。

4. 构成非法持有毒品罪的,综合考虑非法持有毒品的种类、数量等犯罪事实、量刑情节,以及被告人主观恶性、人身危险性、认罪悔罪表现等因素,从严把握缓刑的适用。

(二十二)容留他人吸毒罪

1. 构成容留他人吸毒罪的,在一年以下有期徒刑、拘役幅度内确定量刑起点。

2. 在量刑起点的基础上,根据容留他人吸毒的人数、次数等其他影响犯罪构成的犯罪事实增加刑罚量,确定基准刑。

3. 构成容留他人吸毒罪的,根据容留他人吸毒的人数、次数、违法所得数额、危害后果等犯罪情节,综合考虑被告人缴纳罚金的能力,决定罚金数额。

4. 构成容留他人吸毒罪的,综合考虑容留他人吸毒的人数、次数、危害后果等犯罪事实、量刑情节,以及被告人主观恶性、人身危险性、认罪悔罪表现等因素,决定缓刑的适用。

(二十三)引诱、容留、介绍卖淫罪

1. 构成引诱、容留、介绍卖淫罪的,根据下列情形在相应的幅度内确定量刑起点:

(1)情节一般的,在二年以下有期徒刑、拘役幅度内确定量刑起点。

(2)情节严重的,在五年至七年有期徒刑幅度内确定量刑起点。

2. 在量刑起点的基础上,根据引诱、容留、介绍卖淫的人数等其他影响犯罪构成的犯罪事实增加刑罚量,确定基准刑。

3. 旅馆业、饮食服务业、文化娱乐业、出租汽车业等单位的主要负责人,利用本单位的条件,引诱、容留、介绍他人卖淫的,增加基准刑的10%-20%。

4. 构成引诱、容留、介绍卖淫罪的，根据引诱、容留、介绍卖淫的人数、次数、违法所得数额、危害后果等犯罪情节，综合考虑被告人缴纳罚金的能力，决定罚金数额。

5. 构成引诱、容留、介绍卖淫罪的，综合考虑引诱、容留、介绍卖淫的人数、次数、危害后果等犯罪事实、量刑情节，以及被告人主观恶性、人身危险性、认罪悔罪表现等因素，决定缓刑的适用。

五、附则

（一）本指导意见规范上列二十三种犯罪判处有期徒刑的案件。其他判处有期徒刑的案件，可以参照量刑的指导原则、基本方法和常见量刑情节的适用规范量刑。

（二）各省、自治区、直辖市高级人民法院、人民检察院应当结合当地实际，共同制定实施细则。

（三）本指导意见自2021年7月1日起实施。最高人民法院2017年3月9日《关于实施修订后的〈关于常见犯罪的量刑指导意见〉的通知》（法发〔2017〕7号）同时废止。

人民检察院办理认罪认罚案件开展量刑建议工作的指导意见

（2021年12月3日　高检发办字〔2021〕120号）

为深入贯彻落实宽严相济刑事政策，规范人民检察院办理认罪认罚案件量刑建议工作，促进量刑公开公正，加强对检察机关量刑建议活动的监督制约，根据刑事诉讼法、人民检察院刑事诉讼规则等规定，结合检察工作实际，制定本意见。

第一章　一般规定

第一条　犯罪嫌疑人认罪认罚的，人民检察院应当就主刑、附加刑、是否适用缓刑等提出量刑建议。

对认罪认罚案件，人民检察院应当在全面审查证据、查明事实、准确认定犯罪的基础上提出量刑建议。

第二条　人民检察院对认罪认罚案件提出量刑建议，应当坚持以下原则：

（一）宽严相济。应当根据犯罪的具体情况，综合考虑从重、从轻、减轻或者免除处罚等各种量刑情节提出量刑建议，做到该宽则宽，当严则严，宽严相济，轻重有度。

（二）依法建议。应当根据犯罪的事实、性质、情节和对于社会的危害程度等，依照刑法、刑事诉讼法以及相关司法解释的规定提出量刑建议。

（三）客观公正。应当全面收集、审查有罪、无罪、罪轻、罪重、从宽、从严等证据，依法听取犯罪嫌疑人、被告人、辩护人或者值班律师、被害人及其诉讼代理人的意见，客观公正提出量刑建议。

（四）罪责刑相适应。提出量刑建议既要体现认罪认罚从宽，又要考虑犯罪嫌疑人、被告人所犯罪行的轻重、应负的刑事责任和社会危险性的大小，确保罚当其罪，避免罪责刑失衡。

（五）量刑均衡。涉嫌犯罪的事实、情节基本相同的案件，提出的量刑建议应当保持基本均衡。

第三条　人民检察院对认罪认罚案件提出量刑建议，应当符合以下条件：

（一）犯罪事实清楚，证据确实、充分；

（二）提出量刑建议所依据的法定从

重、从轻、减轻或者免除处罚等量刑情节已查清；

(三)提出量刑建议所依据的酌定从重、从轻处罚等量刑情节已查清。

第四条 办理认罪认罚案件，人民检察院一般应当提出确定刑量刑建议。对新类型、不常见犯罪案件，量刑情节复杂的重罪案件等，也可以提出幅度刑量刑建议，但应当严格控制所提量刑建议的幅度。

第五条 人民检察院办理认罪认罚案件提出量刑建议，应当按照有关规定对听取意见情况进行同步录音录像。

第二章 量刑证据的审查

第六条 影响量刑的基本事实和各量刑情节均应有相应的证据加以证明。

对侦查机关移送审查起诉的案件，人民检察院应当审查犯罪嫌疑人有罪和无罪、罪重和罪轻、从宽和从严的证据是否全部随案移送，未随案移送的，应当通知侦查机关在指定时间内移送。侦查机关应当收集而未收集量刑证据的，人民检察院可以通知侦查机关补充相关证据或者退回侦查机关补充侦查，也可以自行补充侦查。

对于依法需要判处财产刑的案件，人民检察院应当要求侦查机关收集并随案移送涉及犯罪嫌疑人财产状况的证据材料。

第七条 对于自首情节，应当重点审查投案的主动性、供述的真实性和稳定性等情况。

对于立功情节，应当重点审查揭发罪行的轻重、提供的线索对侦破案件或者协助抓捕其他犯罪嫌疑人所起的作用、被检举揭发的人可能或者已经被判处的刑罚等情况。犯罪嫌疑人提出检举、揭发犯罪立功线索的，应当审查犯罪嫌疑人掌握线索的来源、有无移送侦查机关、侦查机关是否开展调查核实等。

对于累犯、惯犯以及前科、劣迹等情节，应当调取相关的判决、裁定、释放证明等材料，并重点审查前后行为的性质、间隔长短、次数、罪行轻重等情况。

第八条 人民检察院应当根据案件情况对犯罪嫌疑人犯罪手段、犯罪动机、主观恶性、是否和解谅解、是否退赃退赔、有无前科劣迹等酌定量刑情节进行审查，并结合犯罪嫌疑人的家庭状况、成长环境、心理健康情况等进行审查，综合判断。

有关个人品格方面的证据材料不得作为定罪证据，但与犯罪相关的个人品格情况可以作为酌定量刑情节予以综合考虑。

第九条 人民检察院办理认罪认罚案件提出量刑建议，应当听取被害人及其诉讼代理人的意见，并将犯罪嫌疑人是否与被害方达成调解协议、和解协议或者赔偿被害方损失，取得被害方谅解，是否自愿承担公益损害修复及赔偿责任等，作为从宽处罚的重要考虑因素。

犯罪嫌疑人自愿认罪并且有赔偿意愿，但被害方拒绝接受赔偿或者赔偿请求明显不合理，未能达成调解或者和解协议的，可以综合考量赔偿情况及全案情节对犯罪嫌疑人予以适当从宽，但罪行极其严重、情节极其恶劣的除外。

必要时，人民检察院可以听取侦查机关、相关行政执法机关、案发地或者居住地基层组织和群众的意见。

第十条 人民检察院应当认真审查侦查机关移送的关于犯罪嫌疑人社会危险性和案件对所居住社区影响的调查评估意

见。侦查机关未委托调查评估,人民检察院拟提出判处管制、缓刑量刑建议的,一般应当委托犯罪嫌疑人居住地的社区矫正机构或者有关组织进行调查评估,必要时,也可以自行调查评估。

调查评估意见是人民检察院提出判处管制、缓刑量刑建议的重要参考。人民检察院提起公诉时,已收到调查评估材料的,应当一并移送人民法院,已经委托调查评估但尚未收到调查评估材料的,人民检察院经审查全案情况认为犯罪嫌疑人符合管制、缓刑适用条件的,可以提出判处管制、缓刑的量刑建议,同时将委托文书随案移送人民法院。

第三章 量刑建议的提出

第十一条 人民检察院应当按照有关量刑指导意见规定的量刑基本方法,依次确定量刑起点、基准刑和拟宣告刑,提出量刑建议。对新类型、不常见犯罪案件,可以参照相关量刑规范和相似案件的判决提出量刑建议。

第十二条 提出确定刑量刑建议应当明确主刑适用刑种、刑期和是否适用缓刑。

建议判处拘役的,一般应当提出确定刑量刑建议。

建议判处附加刑的,应当提出附加刑的类型。

建议判处罚金刑的,应当以犯罪情节为根据,综合考虑犯罪嫌疑人缴纳罚金的能力提出确定的数额。

建议适用缓刑的,应当明确提出。

第十三条 除有减轻处罚情节外,幅度刑量刑建议应当在法定量刑幅度内提出,不得兼跨两种以上主刑。

建议判处有期徒刑的,一般应当提出相对明确的量刑幅度。建议判处六个月以上不满一年有期徒刑的,幅度一般不超过二个月;建议判处一年以上不满三年有期徒刑的,幅度一般不超过六个月;建议判处三年以上不满十年有期徒刑的,幅度一般不超过一年;建议判处十年以上有期徒刑的,幅度一般不超过二年。

建议判处管制的,幅度一般不超过三个月。

第十四条 人民检察院提出量刑建议应当区别认罪认罚的不同诉讼阶段、对查明案件事实的价值和意义、是否确有悔罪表现,以及罪行严重程度等,综合考量确定从宽的限度和幅度。在从宽幅度上,主动认罪认罚优于被动认罪认罚,早认罪认罚优于晚认罪认罚,彻底认罪认罚优于不彻底认罪认罚,稳定认罪认罚优于不稳定认罪认罚。

认罪认罚的从宽幅度一般应当大于仅有坦白,或者虽认罪但不认罚的从宽幅度。对犯罪嫌疑人具有自首、坦白情节,同时认罪认罚的,应当在法定刑幅度内给予相对更大的从宽幅度。

第十五条 犯罪嫌疑人虽然认罪认罚,但所犯罪行具有下列情形之一的,提出量刑建议应当从严把握从宽幅度或者依法不予从宽:

(一)危害国家安全犯罪、恐怖活动犯罪、黑社会性质组织犯罪的首要分子、主犯;

(二)犯罪性质和危害后果特别严重、犯罪手段特别残忍、社会影响特别恶劣的;

(三)虽然罪行较轻但具有累犯、惯犯等恶劣情节的;

（四）性侵等严重侵害未成年人的；

（五）其他应当从严把握从宽幅度或者不宜从宽的情形。

第十六条 犯罪嫌疑人既有从重又有从轻、减轻处罚情节，应当全面考虑各情节的调节幅度，综合分析提出量刑建议，不能仅根据某一情节一律从轻或者从重。

犯罪嫌疑人具有减轻处罚情节的，应当在法定刑以下提出量刑建议，有数个量刑幅度的，应当在法定量刑幅度的下一个量刑幅度内提出量刑建议。

第十七条 犯罪嫌疑人犯数罪，同时具有立功、累犯等量刑情节的，先适用该量刑情节调节个罪基准刑，分别提出量刑建议，再依法提出数罪并罚后决定执行的刑罚的量刑建议。人民检察院提出量刑建议时应当分别列明个罪量刑建议和数罪并罚后决定执行的刑罚的量刑建议。

第十八条 对于共同犯罪案件，人民检察院应当根据各犯罪嫌疑人在共同犯罪中的地位、作用以及应当承担的刑事责任分别提出量刑建议。提出量刑建议时应当注意各犯罪嫌疑人之间的量刑平衡。

第十九条 人民检察院可以根据案件实际情况，充分考虑提起公诉后可能出现的退赃退赔、刑事和解、修复损害等量刑情节变化，提出满足相应条件情况下的量刑建议。

第二十条 人民检察院可以借助量刑智能辅助系统分析案件、计算量刑，在参考相关结论的基础上，结合案件具体情况，依法提出量刑建议。

第二十一条 检察官应当全面审查事实证据，准确认定案件性质，根据量刑情节拟定初步的量刑建议，并组织听取意见。

案件具有下列情形之一的，检察官应当向部门负责人报告或者建议召开检察官联席会议讨论，确定量刑建议范围后再组织听取意见：

（一）新类型、不常见犯罪；

（二）案情重大、疑难、复杂的；

（三）涉案犯罪嫌疑人人数众多的；

（四）性侵未成年人的；

（五）与同类案件或者关联案件处理结果明显不一致的；

（六）其他认为有必要报告或讨论的。

检察官应当按照有关规定在权限范围内提出量刑建议。案情重大、疑难、复杂的，量刑建议应当由检察长或者检察委员会讨论决定。

第四章 听取意见

第二十二条 办理认罪认罚案件，人民检察院应当依法保障犯罪嫌疑人获得有效法律帮助。犯罪嫌疑人要求委托辩护人的，应当充分保障其辩护权，严禁要求犯罪嫌疑人解除委托。

对没有委托辩护人的，应当及时通知值班律师为犯罪嫌疑人提供法律咨询、程序选择建议、申请变更强制措施等法律帮助。对符合通知辩护条件的，应当通知法律援助机构指派律师为其提供辩护。

人民检察院应当为辩护人、值班律师会见、阅卷等提供便利。

第二十三条 对法律援助机构指派律师为犯罪嫌疑人提供辩护，犯罪嫌疑人的监护人、近亲属又代为委托辩护人的，应当听取犯罪嫌疑人的意见，由其确定辩护人人选。犯罪嫌疑人是未成年人的，应当听取其监护人意见。

第二十四条 人民检察院在听取意见

时，应当将犯罪嫌疑人享有的诉讼权利和认罪认罚从宽的法律规定，拟认定的犯罪事实、涉嫌罪名、量刑情节，拟提出的量刑建议及法律依据告知犯罪嫌疑人及其辩护人或者值班律师。

人民检察院听取意见可以采取当面、远程视频等方式进行。

第二十五条 人民检察院应当充分说明量刑建议的理由和依据，听取犯罪嫌疑人及其辩护人或者值班律师对量刑建议的意见。

犯罪嫌疑人及其辩护人或者值班律师对量刑建议提出不同意见，或者提交影响量刑的证据材料，人民检察院经审查认为犯罪嫌疑人及其辩护人或者值班律师意见合理的，应当采纳，相应调整量刑建议，审查认为意见不合理的，应当结合法律规定、全案情节、相似案件判决等作出解释、说明。

第二十六条 人民检察院在听取意见的过程中，必要时可以通过出示、宣读、播放等方式向犯罪嫌疑人开示或部分开示影响定罪量刑的主要证据材料，说明证据证明的内容，促使犯罪嫌疑人认罪认罚。

言词证据确需开示的，应注意合理选择开示内容及方式，避免妨碍诉讼、影响庭审。

第二十七条 听取意见后，达成一致意见的，犯罪嫌疑人应当签署认罪认罚具结书。有刑事诉讼法第一百七十四条第二款不需要签署具结书情形的，不影响对其提出从宽的量刑建议。

犯罪嫌疑人有辩护人的，应当由辩护人在场见证具结并签字，不得绕开辩护人安排值班律师代为见证具结。辩护人确因客观原因无法到场的，可以通过远程视频方式见证具结。

犯罪嫌疑人自愿认罪认罚，没有委托辩护人，拒绝值班律师帮助的，签署具结书时，应当通知值班律师到场见证，并在具结书上注明。值班律师对人民检察院量刑建议、程序适用有异议的，检察官应当听取其意见，告知其确认犯罪嫌疑人认罪认罚的自愿性后应当在具结书上签字。

未成年犯罪嫌疑人签署具结书时，其法定代理人应当到场并签字确认。法定代理人无法到场的，合适成年人应当到场签字确认。法定代理人、辩护人对未成年人认罪认罚有异议的，未成年犯罪嫌疑人不需要签署具结书。

第二十八条 听取意见过程中，犯罪嫌疑人及其辩护人或者值班律师提供可能影响量刑的新的证据材料或者提出不同意见，需要审查、核实的，可以中止听取意见。人民检察院经审查、核实并充分准备后可以继续听取意见。

第二十九条 人民检察院提起公诉后开庭前，被告人自愿认罪认罚的，人民检察院可以组织听取意见。达成一致的，被告人应当在辩护人或者值班律师在场的情况下签署认罪认罚具结书。

第三十条 对于认罪认罚案件，犯罪嫌疑人签署具结书后，没有新的事实和证据，且犯罪嫌疑人未反悔的，人民检察院不得撤销具结书、变更量刑建议。除发现犯罪嫌疑人认罪悔罪不真实、认罪认罚后又反悔或者不履行具结书中需要履行的赔偿损失、退赃退赔等情形外，不得提出加重犯罪嫌疑人刑罚的量刑建议。

第三十一条 人民检察院提出量刑建议，一般应当制作量刑建议书，与起诉书一并移送人民法院。对于案情简单、量刑情节简单,适用速裁程序的案件,也可以在起诉书中载明量刑建议。

量刑建议书中应当写明建议对犯罪嫌疑人科处的主刑、附加刑、是否适用缓刑等及其理由和依据,必要时可以单独出具量刑建议理由说明书。适用速裁程序审理的案件,通过起诉书载明量刑建议的,可以在起诉书中简化说理。

第五章 量刑建议的调整

第三十二条 人民法院经审理,认为量刑建议明显不当或者认为被告人、辩护人对量刑建议的异议合理,建议人民检察院调整量刑建议的,人民检察院应当认真审查,认为人民法院建议合理的,应当调整量刑建议,认为人民法院建议不当的,应当说明理由和依据。

人民检察院调整量刑建议,可以制作量刑建议调整书移送人民法院。

第三十三条 开庭审理前或者休庭期间调整量刑建议的,应当重新听取被告人及其辩护人或者值班律师的意见。

庭审中调整量刑建议,被告人及其辩护人没有异议的,人民检察院可以当庭调整量刑建议并记录在案。当庭无法达成一致或者调整量刑建议需要履行相应报告、决定程序的,可以建议法庭休庭,按照本意见第二十四条、第二十五条的规定组织听取意见,履行相应程序后决定是否调整。

适用速裁程序审理认罪认罚案件,需要调整量刑建议的,应当在庭前或者当庭作出调整。

第三十四条 被告人签署认罪认罚具结书后,庭审中反悔不再认罪认罚的,人民检察院应当了解反悔的原因,被告人明确不再认罪认罚的,人民检察院应当建议人民法院不再适用认罪认罚从宽制度,撤回从宽量刑建议,并建议法院在量刑时考虑相应情况。依法需要转为普通程序或者简易程序审理的,人民检察院应当向人民法院提出建议。

第三十五条 被告人认罪认罚而庭审中辩护人作无罪辩护的,人民检察院应当核实被告人认罪认罚的真实性、自愿性。被告人仍然认罪认罚的,可以继续适用认罪认罚从宽制度,被告人反悔不再认罪认罚的,按照本意见第三十四条的规定处理。

第三十六条 检察官应当在职责权限范围内调整量刑建议。根据本意见第二十一条规定,属于检察官职责权限范围内的,可以由检察官调整量刑建议并向部门负责人报告备案;属于检察长或者检察委员会职责权限范围内的,应当由检察长或者检察委员会决定调整。

第六章 量刑监督

第三十七条 人民法院违反刑事诉讼法第二百零一条第二款规定,未告知人民检察院调整量刑建议而直接作出判决的,人民检察院一般应当以违反法定程序为由依法提出抗诉。

第三十八条 认罪认罚案件审理中,人民法院认为量刑建议明显不当建议人民检察院调整,人民检察院不予调整或者调整后人民法院不予采纳,人民检察院认为判决、裁定量刑确有错误的,应当依法提出抗诉,或者根据案件情况,通过提出检察建议或者发出纠正违法通知书等进行监督。

第三十九条 认罪认罚案件中,人民法院采纳人民检察院提出的量刑建议作出判决、裁定,被告人仅以量刑过重为由提出上诉,因被告人反悔不再认罪认罚致从宽量刑明显不当的,人民检察院应当依法提出抗诉。

第七章 附 则

第四十条 人民检察院办理认罪认罚二审、再审案件,参照本意见提出量刑建议。

第四十一条 本意见自发布之日起施行。

最高人民法院研究室关于如何理解“在法定刑以下判处刑罚”问题的答复

(2012年5月30日 法研〔2012〕67号)

广东省高级人民法院:

你院粤高法〔2012〕120号《关于对具有减轻处罚情节的案件在法定刑以下判处刑罚问题的请示》收悉。经研究,答复如下:

刑法第六十三条第一款规定的“在法定刑以下判处刑罚”,是指在法定量刑幅度的最低刑以下判处刑罚。刑法分则中规定的“处十年以上有期徒刑、无期徒刑或者死刑”,是一个量刑幅度,而不是“十年以上有期徒刑”、“无期徒刑”和“死刑”三个量刑幅度。

8. 自首和立功

最高人民法院关于处理自首和立功具体应用法律若干问题的解释

(1998年4月6日最高人民法院审判委员会第972次会议通过 1998年4月17日最高人民法院公告公布 自1998年5月9日起施行 法释〔1998〕8号)

为正确认定自首和立功,对具有自首或者立功表现的犯罪分子依法适用刑罚,现就具体应用法律的若干问题解释如下:

第一条 根据刑法第六十七条第一款的规定,犯罪以后自动投案,如实供述自己的罪行的,是自首。

(一)自动投案,是指犯罪事实或者犯罪嫌疑人未被司法机关发觉,或者虽被发觉,但犯罪嫌疑人尚未受到讯问、未被采取强制措施时,主动、直接向公安机关、人民检察院或者人民法院投案。

犯罪嫌疑人向其所在单位、城乡基层组织或者其他有关负责人员投案的;犯罪嫌疑人因病、伤或者为了减轻犯罪后果,委托他人先代为投案,或者先以信电投案的;罪行尚未被司法机关发觉,仅因形迹可疑,被有关组织或者司法机关盘问、教育后,主动交代自己的罪行的;犯罪后逃跑,在被通缉、追捕过程中,主动投案的;经查实确已准备去投案,或者正在投案途中,被公安机关捕获的,应当视为自动投案。

并非出于犯罪嫌疑人主动,而是经亲

友规劝、陪同投案的;公安机关通知犯罪嫌疑人的亲友,或者亲友主动报案后,将犯罪嫌疑人送去投案的,也应当视为自动投案。

犯罪嫌疑人自动投案后又逃跑的,不能认定为自首。

(二)如实供述自己的罪行,是指犯罪嫌疑人自动投案后,如实交代自己的主要犯罪事实。

犯有数罪的犯罪嫌疑人仅如实供述所犯数罪中部分犯罪的,只对如实供述部分犯罪的行为,认定为自首。

共同犯罪案件中的犯罪嫌疑人,除如实供述自己的罪行,还应当供述所知的同案犯,主犯则应当供述所知其他同案犯的共同犯罪事实,才能认定为自首。

犯罪嫌疑人自动投案并如实供述自己的罪行后又翻供的,不能认定为自首;但在一审判决前又能如实供述的,应当认定为自首。

第二条 根据刑法第六十七条第二款的规定,被采取强制措施的犯罪嫌疑人、被告人和已宣判的罪犯,如实供述司法机关尚未掌握的罪行,与司法机关已掌握的或者判决确定的罪行属不同种罪行的,以自首论。

第三条 根据刑法第六十七条第一款的规定,对于自首的犯罪分子,可以从轻或者减轻处罚;对于犯罪较轻的,可以免除处罚。具体确定从轻、减轻还是免除处罚,应当根据犯罪轻重,并考虑自首的具体情节。

第四条 被采取强制措施的犯罪嫌疑人、被告人和已宣判的罪犯,如实供述司法机关尚未掌握的罪行,与司法机关已掌握的或者判决确定的罪行属同种罪行的,可以酌情从轻处罚;如实供述的同种罪行较重的,一般应当从轻处罚。

第五条 根据刑法第六十八条第一款的规定,犯罪分子到案后有检举、揭发他人犯罪行为,包括共同犯罪案件中的犯罪分子揭发同案犯共同犯罪以外的其他犯罪,经查证属实;提供侦破其他案件的重要线索,经查证属实;阻止他人犯罪活动;协助司法机关抓捕其他犯罪嫌疑人(包括同案犯);具有其他有利于国家和社会的突出表现的,应当认定为有立功表现。

第六条 共同犯罪案件的犯罪分子到案后,揭发同案犯共同犯罪事实的,可以酌情予以从轻处罚。

第七条 根据刑法第六十八条第一款的规定,犯罪分子有检举、揭发他人重大犯罪行为,经查证属实;提供侦破其他重大案件的重要线索,经查证属实;阻止他人重大犯罪活动;协助司法机关抓捕其他重大犯罪嫌疑人(包括同案犯);对国家和社会有其他重大贡献等表现的,应当认定为有重大立功表现。

前款所称"重大犯罪"、"重大案件"、"重大犯罪嫌疑人"的标准,一般是指犯罪嫌疑人、被告人可能被判处无期徒刑以上刑罚或者案件在本省、自治区、直辖市或者全国范围内有较大影响等情形。

最高人民法院关于被告人对行为性质的辩解是否影响自首成立问题的批复

(2004年3月23日最高人民法院审判委员会第1312次会议通过 2004年3月26日最高人民法院公告公布 自2004年4月1日起施行 法释〔2004〕2号)

广西壮族自治区高级人民法院:

你院2003年6月10日《关于被告人

对事实性质的辩解是否影响投案自首的成立的请示》收悉。经研究,答复如下:

根据刑法第六十七条第一款和最高人民法院《关于处理自首和立功具体应用法律若干问题的解释》第一条的规定,犯罪以后自动投案,如实供述自己的罪行的,是自首。被告人对行为性质的辩解不影响自首的成立。

最高人民法院、最高人民检察院关于办理职务犯罪案件认定自首、立功等量刑情节若干问题的意见

(2009年3月12日　法发〔2009〕13号)

为依法惩处贪污贿赂、渎职等职务犯罪,根据刑法和相关司法解释的规定,结合办案工作实际,现就办理职务犯罪案件有关自首、立功等量刑情节的认定和处理问题,提出如下意见:

一、关于自首的认定和处理

根据刑法第六十七条第一款的规定,成立自首需同时具备自动投案和如实供述自己的罪行两个要件。犯罪事实或者犯罪分子未被办案机关掌握,或者虽被掌握,但犯罪分子尚未受到调查谈话、讯问,或者未被宣布采取调查措施或者强制措施时,向办案机关投案的,是自动投案。在此期间如实交代自己的主要犯罪事实的,应当认定为自首。

犯罪分子向所在单位等办案机关以外的单位、组织或者有关负责人员投案的,应当视为自动投案。

没有自动投案,在办案机关调查谈话、讯问、采取调查措施或者强制措施期间,犯罪分子如实交代办案机关掌握的线索所针对的事实的,不能认定为自首。

没有自动投案,但具有以下情形之一的,以自首论:(1)犯罪分子如实交代办案机关未掌握的罪行,与办案机关已掌握的罪行属不同种罪行的;(2)办案机关所掌握线索针对的犯罪事实不成立,在此范围外犯罪分子交代同种罪行的。

单位犯罪案件中,单位集体决定或者单位负责人决定而自动投案,如实交代单位犯罪事实的,或者单位直接负责的主管人员自动投案,如实交代单位犯罪事实的,应当认定为单位自首。单位自首的,直接负责的主管人员和直接责任人员未自动投案,但如实交代自己知道的犯罪事实的,可以视为自首;拒不交代自己知道的犯罪事实或者逃避法律追究的,不应当认定为自首。单位没有自首,直接责任人员自动投案并如实交代自己知道的犯罪事实的,对该直接责任人员应当认定为自首。

对于具有自首情节的犯罪分子,办案机关移送案件时应当予以说明并移交相关证据材料。

对于具有自首情节的犯罪分子,应当根据犯罪的事实、性质、情节和对于社会的危害程度,结合自动投案的动机、阶段、客观环境,交代犯罪事实的完整性、稳定性以及悔罪表现等具体情节,依法决定是否从轻、减轻或者免除处罚以及从轻、减轻处罚的幅度。

二、关于立功的认定和处理

立功必须是犯罪分子本人实施的行为。为使犯罪分子得到从轻处理,犯罪分子的亲友直接向有关机关揭发他人犯罪行为,提供侦破其他案件的重要线索,或者协助司法机关抓捕其他犯罪嫌疑人的,不应

当认定为犯罪分子的立功表现。

据以立功的他人罪行材料应当指明具体犯罪事实；据以立功的线索或者协助行为对于侦破案件或者抓捕犯罪嫌疑人要有实际作用。犯罪分子揭发他人犯罪行为时没有指明具体犯罪事实的；揭发的犯罪事实与查实的犯罪事实不具有关联性的；提供的线索或者协助行为对于其他案件的侦破或者其他犯罪嫌疑人的抓捕不具有实际作用的，不能认定为立功表现。

犯罪分子揭发他人犯罪行为，提供侦破其他案件重要线索的，必须经查证属实，才能认定为立功。审查是否构成立功，不仅要审查办案机关的说明材料，还要审查有关事实和证据以及与案件定性处罚相关的法律文书，如立案决定书、逮捕决定书、侦查终结报告、起诉意见书、起诉书或者判决书等。

据以立功的线索、材料来源有下列情形之一的，不能认定为立功：(1)本人通过非法手段或者非法途径获取的；(2)本人因原担任的查禁犯罪等职务获取的；(3)他人违反监管规定向犯罪分子提供的；(4)负有查禁犯罪活动职责的国家机关工作人员或者其他国家工作人员利用职务便利提供的。

犯罪分子检举、揭发的他人犯罪，提供侦破其他案件的重要线索，阻止他人的犯罪活动，或者协助司法机关抓捕的其他犯罪嫌疑人，犯罪嫌疑人、被告人依法可能被判处无期徒刑以上刑罚的，应当认定为有重大立功表现。其中，可能被判处无期徒刑以上刑罚，是指根据犯罪行为的事实、情节可能判处无期徒刑以上刑罚。案件已经判决的，以实际判处的刑罚为准。但是，根据犯罪行为的事实、情节应当判处无期徒刑以上刑罚，因被判刑人有法定情节经依法从轻、减轻处罚后判处有期徒刑的，应当认定为重大立功。

对于具有立功情节的犯罪分子，应当根据犯罪的事实、性质、情节和对于社会的危害程度，结合立功表现所起作用的大小、所破获案件的罪行轻重、所抓获犯罪嫌疑人可能判处的法定刑以及立功的时机等具体情节，依法决定是否从轻、减轻或者免除处罚以及从轻、减轻处罚的幅度。

三、关于如实交代犯罪事实的认定和处理

犯罪分子依法不成立自首，但如实交代犯罪事实，有下列情形之一的，可以酌情从轻处罚：(1)办案机关掌握部分犯罪事实，犯罪分子交代了同种其他犯罪事实的；(2)办案机关掌握的证据不充分，犯罪分子如实交代有助于收集定案证据的。

犯罪分子如实交代犯罪事实，有下列情形之一的，一般应当从轻处罚：(1)办案机关仅掌握小部分犯罪事实，犯罪分子交代了大部分未被掌握的同种犯罪事实的；(2)如实交代对于定案证据的收集有重要作用的。

四、关于赃款赃物追缴等情形的处理

贪污案件中赃款赃物全部或者大部分追缴的，一般应当考虑从轻处罚。

受贿案件中赃款赃物全部或者大部分追缴的，视具体情况可以酌定从轻处罚。

犯罪分子及其亲友主动退赃或者在办案机关追缴赃款赃物过程中积极配合的，在量刑时应当与办案机关查办案件过程中依职权追缴赃款赃物的有所区别。

职务犯罪案件立案后，犯罪分子及其亲友自行挽回的经济损失，司法机关或者犯罪分子所在单位及其上级主管部门挽回的经济损失，或者因客观原因减少的经济损失，不予扣减，但可以作为酌情从轻处罚的情节。

最高人民法院关于处理自首和立功若干具体问题的意见

（2010年12月22日　法发〔2010〕60号）

为规范司法实践中对自首和立功制度的运用，更好地贯彻落实宽严相济刑事政策，根据刑法、刑事诉讼法和《最高人民法院关于处理自首和立功具体应用法律若干问题的解释》（以下简称《解释》）等规定，对自首和立功若干具体问题提出如下处理意见：

一、关于"自动投案"的具体认定

《解释》第一条第（一）项规定七种应当视为自动投案的情形，体现了犯罪嫌疑人投案的主动性和自愿性。根据《解释》第一条第（一）项的规定，犯罪嫌疑人具有以下情形之一的，也应当视为自动投案：1. 犯罪后主动报案，虽未表明自己是作案人，但没有逃离现场，在司法机关询问时交代自己罪行的；2. 明知他人报案而在现场等待，抓捕时无拒捕行为，供认犯罪事实的；3. 在司法机关未确定犯罪嫌疑人，尚在一般性排查询问时主动交代自己罪行的；4. 因特定违法行为被采取劳动教养、行政拘留、司法拘留、强制隔离戒毒等行政、司法强制措施期间，主动向执行机关交代尚未被掌握的犯罪行为的；5. 其他符合立法本意，应当视为自动投案的情形。

罪行未被有关部门、司法机关发觉，仅因形迹可疑被盘问、教育后，主动交代了犯罪事实的，应当视为自动投案，但有关部门、司法机关在其身上、随身携带的物品、驾乘的交通工具等处发现与犯罪有关的物品的，不能认定为自动投案。

交通肇事后保护现场、抢救伤者，并向公安机关报告的，应认定为自动投案，构成自首的，因上述行为同时系犯罪嫌疑人的法定义务，对其是否从宽、从宽幅度要适当从严掌握。交通肇事逃逸后自动投案，如实供述自己罪行的，应认定为自首，但应依法以较重法定刑为基准，视情形决定对其是否从宽处罚以及从宽处罚的幅度。

犯罪嫌疑人被亲友采用捆绑等手段送到司法机关，或者在亲友带领侦查人员前来抓捕时无拒捕行为，并如实供认犯罪事实的，虽然不能认定为自动投案，但可以参照法律对自首的有关规定酌情从轻处罚。

二、关于"如实供述自己的罪行"的具体认定

《解释》第一条第（二）项规定如实供述自己的罪行，除供述自己的主要犯罪事实外，还应包括姓名、年龄、职业、住址、前科等情况。犯罪嫌疑人供述的身份等情况与真实情况虽有差别，但不影响定罪量刑的，应认定为如实供述自己的罪行。犯罪嫌疑人自动投案后隐瞒自己的真实身份等情况，影响对其定罪量刑的，不能认定为如实供述自己的罪行。

犯罪嫌疑人多次实施同种罪行的，应当综合考虑已交代的犯罪事实与未交代的犯罪事实的危害程度，决定是否认定为如实供述主要犯罪事实。虽然投案后没有交代全部犯罪事实，但如实交代的犯罪情节重于未交代的犯罪情节，或者如实交代的犯罪数额多于未交代的犯罪数额，一般应认定为如实供述自己的主要犯罪事实。无法区分已交代的与未交代的犯罪情节的严重程度，或者已交代的犯罪数额与未交代的犯罪数额相当，一般不认定为如实供述自己的主要犯罪事实。

犯罪嫌疑人自动投案时虽然没有交代自己的主要犯罪事实，但在司法机关掌握其主要犯罪事实之前主动交代的，应认定为如实供述自己的罪行。

三、关于“司法机关还未掌握的本人其他罪行”和“不同种罪行”的具体认定

犯罪嫌疑人、被告人在被采取强制措施期间，向司法机关主动如实供述本人的其他罪行，该罪行能否认定为司法机关已掌握，应根据不同情形区别对待。如果该罪行已被通缉，一般应以该司法机关是否在通缉令发布范围内作出判断，不在通缉令发布范围内的，应认定为还未掌握，在通缉令发布范围内的，应视为已掌握；如果该罪行已录入全国公安信息网络在逃人员信息数据库，应视为已掌握。如果该罪行未被通缉、也未录入全国公安信息网络在逃人员信息数据库，应以该司法机关是否已实际掌握该罪行为标准。

犯罪嫌疑人、被告人在被采取强制措施期间如实供述本人其他罪行，该罪行与司法机关已掌握的罪行属同种罪行还是不同种罪行，一般应以罪名区分。虽然如实供述的其他罪行的罪名与司法机关已掌握犯罪的罪名不同，但如实供述的其他犯罪与司法机关已掌握的犯罪属选择性罪名或者在法律、事实上密切关联，如因受贿被采取强制措施后，又交代因受贿为他人谋取利益行为，构成滥用职权罪的，应认定为同种罪行。

四、关于立功线索来源的具体认定

犯罪分子通过贿买、暴力、胁迫等非法手段，或者被羁押后与律师、亲友会见过程中违反监管规定，获取他人犯罪线索并“检举揭发”的，不能认定为有立功表现。

犯罪分子将本人以往查办犯罪职务活动中掌握的，或者从负有查办犯罪、监管职责的国家工作人员处获取的他人犯罪线索予以检举揭发的，不能认定为有立功表现。

犯罪分子亲友为使犯罪分子“立功”，向司法机关提供他人犯罪线索、协助抓捕犯罪嫌疑人的，不能认定为犯罪分子有立功表现。

五、关于“协助抓捕其他犯罪嫌疑人”的具体认定

犯罪分子具有下列行为之一，使司法机关抓获其他犯罪嫌疑人的，属于《解释》第五条规定的“协助司法机关抓捕其他犯罪嫌疑人”：1. 按照司法机关的安排，以打电话、发信息等方式将其他犯罪嫌疑人（包括同案犯）约至指定地点的；2. 按照司法机关的安排，当场指认、辨认其他犯罪嫌疑人（包括同案犯）的；3. 带领侦查人员抓获其他犯罪嫌疑人（包括同案犯）的；4. 提供司法机关尚未掌握的其他案件犯罪嫌疑人的联络方式、藏匿地址的，等等。

犯罪分子提供同案犯姓名、住址、体貌特征等基本情况，或者提供犯罪前、犯罪中掌握、使用的同案犯联络方式、藏匿地址，司法机关据此抓捕同案犯的，不能认定为协助司法机关抓捕同案犯。

六、关于立功线索的查证程序和具体认定

被告人在一、二审审理期间检举揭发他人犯罪行为或者提供侦破其他案件的重要线索，人民法院经审查认为该线索内容具体、指向明确的，应及时移交有关人民检察院或者公安机关依法处理。

侦查机关出具材料,表明在三个月内还不能查证并抓获被检举揭发的人,或者不能查实的,人民法院审理案件可不再等待查证结果。

被告人检举揭发他人犯罪行为或者提供侦破其他案件的重要线索经查证不属实,又重复提供同一线索,且没有提出新的证据材料的,可以不再查证。

根据被告人检举揭发破获的他人犯罪案件,如果已有审判结果,应当依据判决确认的事实认定是否查证属实;如果被检举揭发的他人犯罪案件尚未进入审判程序,可以依据侦查机关提供的书面查证情况认定是否查证属实。检举揭发的线索经查确有犯罪发生,或者确定了犯罪嫌疑人,可能构成重大立功,只是未能将犯罪嫌疑人抓获归案的,对可能判处死刑的被告人一般要留有余地,对其他被告人原则上应酌情从轻处罚。

被告人检举揭发或者协助抓获的人的行为构成犯罪,但因法定事由不追究刑事责任、不起诉、终止审理的,不影响对被告人立功表现的认定;被告人检举揭发或者协助抓获的人的行为应判处无期徒刑以上刑罚,但因具有法定、酌定从宽情节,宣告刑为有期徒刑或者更轻刑罚的,不影响对被告人重大立功表现的认定。

七、关于自首、立功证据材料的审查

人民法院审查的自首证据材料,应当包括被告人投案经过、有罪供述以及能够证明其投案情况的其他材料。投案经过的内容一般应包括被告人投案时间、地点、方式等。证据材料应加盖接受被告人投案的单位的印章,并有接受人员签名。

人民法院审查的立功证据材料,一般应包括被告人检举揭发材料及证明其来源的材料、司法机关的调查核实材料、被检举揭发人的供述等。被检举揭发案件已立案、侦破,被检举揭发人被采取强制措施、公诉或者审判的,还应审查相关的法律文书。证据材料应加盖接收被告人检举揭发材料的单位的印章,并有接收人员签名。

人民法院经审查认为证明被告人自首、立功的材料不规范、不全面的,应当由检察机关、侦查机关予以完善或者提供补充材料。

上述证据材料在被告人被指控的犯罪一、二审审理时已形成的,应当经庭审质证。

八、关于对自首、立功的被告人的处罚

对具有自首、立功情节的被告人是否从宽处罚、从宽处罚的幅度,应当考虑其犯罪事实、犯罪性质、犯罪情节、危害后果、社会影响、被告人的主观恶性和人身危险性等。自首的还应考虑投案的主动性、供述的及时性和稳定性等。立功的还应考虑检举揭发罪行的轻重、被检举揭发的人可能或者已经被判处的刑罚、提供的线索对侦破案件或者协助抓捕其他犯罪嫌疑人所起作用的大小等。

具有自首或者立功情节的,一般应依法从轻、减轻处罚;犯罪情节较轻的,可以免除处罚。类似情况下,对具有自首情节的被告人的从宽幅度要适当宽于具有立功情节的被告人。

虽然具有自首或者立功情节,但犯罪情节特别恶劣、犯罪后果特别严重、被告人主观恶性深、人身危险性大,或者在犯罪前即为规避法律、逃避处罚而准备自首、立功的,可以不从宽处罚。

对于被告人具有自首、立功情节，同时又有累犯、毒品再犯等法定从重处罚情节的，既要考虑自首、立功的具体情节，又要考虑被告人的主观恶性、人身危险性等因素，综合分析判断，确定从宽或者从严处罚。累犯的前罪为非暴力犯罪的，一般可以从宽处罚，前罪为暴力犯罪或者前、后罪为同类犯罪的，可以不从宽处罚。

在共同犯罪案件中，对具有自首、立功情节的被告人的处罚，应注意共同犯罪人以及首要分子、主犯、从犯之间的量刑平衡。犯罪集团的首要分子、共同犯罪的主犯检举揭发或者协助司法机关抓捕同案地位、作用较次的犯罪分子的，从宽处罚与否应当从严掌握，如果从轻处罚可能导致全案量刑失衡的，一般不从轻处罚；如果检举揭发或者协助司法机关抓捕的是其他案件中罪行同样严重的犯罪分子，一般应依法从宽处罚。对于犯罪集团的一般成员、共同犯罪的从犯立功的，特别是协助抓捕首要分子、主犯的，应当充分体现政策，依法从宽处罚。

最高人民法院、最高人民检察院、公安部、外交部关于敦促在逃境外经济犯罪人员投案自首的通告

（2014年10月11日　公经〔2014〕503号）

为贯彻落实宽严相济刑事政策，依法惩处各类经济犯罪行为，维护国家经济安全和市场经济秩序、促进社会公平正义和社会和谐稳定，同时给在逃境外经济犯罪嫌疑人、被告人、罪犯（以下统称在逃境外经济犯罪人员）以改过自新、争取宽大处理的机会，根据刑法、刑事诉讼法的有关规定，特通告如下：

一、在逃境外经济犯罪人员自本通告发布之日起至2014年12月1日前向我公安机关、人民检察院、人民法院，或通过我驻外使领馆向我公安机关、人民检察院、人民法院自动投案，如实供述自己罪行，自愿回国的，可以依法从轻或者减轻处罚。其中，积极挽回受害单位或受害人经济损失的，可以减轻处罚；犯罪较轻的，可以免除处罚。

二、在逃境外经济犯罪人员委托他人先代为投案或者先以信函、电报、电话等方式投案，本人随后回国到案的，视为自动投案。

三、在逃境外经济犯罪人员的亲友应当积极规劝其尽快回国投案自首。经亲友规劝、陪同投案的，或者亲友主动报案后将在逃境外经济犯罪人员送去投案的，视为自动投案。

四、在逃境外经济犯罪人员有检举、揭发他人犯罪行为，经查证属实的，提供重要线索，从而得以侦破其他案件的，或者有积极协助司法机关抓获其他在逃境外经济犯罪人员等立功表现的，可以依法从轻或者减轻处罚；有重大立功表现的，可以依法减轻或者免除处罚。

五、在规定期限内拒不投案自首的，司法机关将依法从严惩处。窝藏、包庇犯罪人员，帮助犯罪人员毁灭、伪造证据，掩饰、隐瞒犯罪所得、犯罪所得收益的，将依法追究刑事责任。

六、鼓励、保护有关组织和个人积极举报在逃境外经济犯罪人员，动员、规劝在逃境外经济犯罪人员投案自首。对威胁、报复举报人、控告人，构成犯罪的，依法追究

刑事责任。

七、本通告所称经济犯罪，包括公安机关立案侦查的各类经济犯罪，检察机关立案侦查的贪污贿赂等职务犯罪适用本通告。

八、本通告自发布之日起施行。

最高人民法院、最高人民检察院、公安部、司法部关于跨省异地执行刑罚的黑恶势力罪犯坦白检举构成自首立功若干问题的意见

（2019年10月21日　司发〔2019〕5号）

各省、自治区、直辖市高级人民法院、人民检察院、公安厅（局）、司法厅（局），新疆维吾尔自治区高级人民法院生产建设兵团分院、新疆生产建设兵团人民检察院、公安局、司法局、监狱管理局：

为认真贯彻落实中央开展扫黑除恶专项斗争的部署要求，根据刑法、刑事诉讼法和有关司法解释、规范性文件的规定，现对办理跨省异地执行刑罚的黑恶势力罪犯坦白交代本人犯罪和检举揭发他人犯罪案件提出如下意见：

一、总体工作要求

1. 人民法院、人民检察院、公安机关、监狱要充分认识黑恶势力犯罪的严重社会危害，在办理案件中加强沟通协调，促使黑恶势力罪犯坦白交代本人犯罪和检举揭发他人犯罪，进一步巩固和扩大扫黑除恶专项斗争成果。

2. 人民法院、人民检察院、公安机关、监狱在办理跨省异地执行刑罚的黑恶势力罪犯坦白、检举构成自首、立功案件中，应当贯彻宽严相济刑事政策，充分发挥职能作用，坚持依法办案，快办快结，保持密切配合，形成合力，实现政治效果、法律效果和社会效果的统一。

二、排查和移送案件线索

3. 监狱应当依法从严管理跨省异地执行刑罚的黑恶势力罪犯，积极开展黑恶势力犯罪线索排查，加大政策宣讲力度，教育引导罪犯坦白交代司法机关还未掌握的本人其他犯罪行为，鼓励罪犯检举揭发他人犯罪行为。

4. 跨省异地执行刑罚的黑恶势力罪犯检举揭发他人犯罪行为、提供重要线索，或者协助司法机关抓捕其他犯罪嫌疑人的，各部门在办案中应当采取必要措施，保护罪犯及其近亲属人身和财产安全。

5. 跨省异地执行刑罚的黑恶势力罪犯坦白、检举的，监狱应当就基本犯罪事实、涉案人员和作案时间、地点等情况对罪犯进行询问，形成书面材料后报省级监狱管理机关。省级监狱管理机关根据案件性质移送原办案侦查机关所在地省级公安机关、人民检察院或者其他省级主管部门。

6. 原办案侦查机关所在地省级公安机关、人民检察院收到监狱管理机关移送的案件线索材料后，应当进行初步审查。经审查认为属于公安机关或者人民检察院管辖的，应当按照有关管辖的规定处理。经审查认为不属于公安机关或者人民检察院管辖的，应当及时退回移送的省级监狱管理机关，并书面说明理由。

三、办理案件程序

7. 办案侦查机关收到罪犯坦白、检举案件线索或者材料后，应当及时进行核实。依法不予立案的，应当说明理由，并将不予

立案通知书送达罪犯服刑监狱。依法决定立案的,应当在立案后十日内,将立案情况书面告知罪犯服刑监狱。依法决定撤销案件的,应当将案件撤销情况书面告知罪犯服刑监狱。

8. 人民检察院审查起诉跨省异地执行刑罚的黑恶势力罪犯坦白、检举案件,依法决定不起诉的,应当在作出不起诉决定后十日内将有关情况书面告知罪犯服刑监狱。

9. 人民法院审理跨省异地执行刑罚的黑恶势力罪犯坦白案件,可以依法适用简易程序、速裁程序。有条件的地区,可以通过远程视频方式开庭审理。判决生效后十日内,人民法院应当向办案侦查机关和罪犯服刑监狱发出裁判文书。

10. 跨省异地执行刑罚的黑恶势力罪犯在服刑期间,检举揭发他人犯罪、提供重要线索,或者协助司法机关抓捕其他犯罪嫌疑人的,办案侦查机关应当在人民法院判决生效后十日内根据人民法院判决对罪犯是否构成立功或重大立功提出书面意见,与案件相关材料一并送交监狱。

11. 跨省异地执行刑罚的黑恶势力罪犯在原审判决生效前,检举揭发他人犯罪活动、提供重要线索,或者协助司法机关抓捕其他犯罪嫌疑人的,在原审判决生效后才被查证属实的,参照本意见第10条情形办理。

12. 跨省异地执行刑罚的黑恶势力罪犯检举揭发他人犯罪,构成立功或者重大立功的,监狱依法向人民法院提请减刑。对于检举他人犯罪行为基本属实,但未构成立功或者重大立功的,监狱可以根据有关规定给予日常考核奖励或者物质奖励。

13. 公安机关、人民检察院、人民法院认为需要提审跨省异地执行刑罚的黑恶势力罪犯的,提审人员应当持工作证等有效证件和县级以上公安机关、人民检察院、人民法院出具的介绍信等证明材料到罪犯服刑监狱进行提审。

14. 公安机关、人民检察院、人民法院认为需要将异地执行刑罚的黑恶势力罪犯跨省解回侦查、起诉、审判的,办案地省级公安机关、人民检察院、人民法院应当先将解回公函及相关材料送监狱所在地省级公安机关、人民检察院、人民法院审核。经审核确认无误的,监狱所在地省级公安机关、人民检察院、人民法院应当出具确认公函,与解回公函及材料一并转送监狱所在地省级监狱管理机关审批。监狱所在地省级监狱管理机关应当在收到上述材料后三日内作出是否批准的书面决定。批准将罪犯解回侦查、起诉、审判的,办案地公安机关、人民检察院、人民法院应当派员到监狱办理罪犯离监手续。案件办理结束后,除将罪犯依法执行死刑外,应当将罪犯押解回原服刑监狱继续服刑。

15. 本意见所称"办案侦查机关",是指依法对案件行使侦查权的公安机关、人民检察院。

最高人民法院研究室关于罪犯在刑罚执行期间的发明创造能否按照重大立功表现作为对其漏罪审判时的量刑情节问题的答复

(2011年6月14日　法研〔2011〕79号)

青海省高级人民法院:

你院(2010)青刑终字第62号《关于被告人在刑罚执行期间的发明创造能否按照重大立功表现作为对其漏罪审判时的量刑

情节问题的请示》收悉。经研究,答复如下:

罪犯在服刑期间的发明创造构成立功或者重大立功的,可以作为依法减刑的条件予以考虑,但不能作为追诉漏罪的法定量刑情节考虑。

9. 数罪并罚

最高人民法院关于判决宣告后又发现被判刑的犯罪分子的同种漏罪是否实行数罪并罚问题的批复

(1993 年 4 月 16 日　法复〔1993〕3 号)

江西省高级人民法院:

你院赣高法〔1992〕39 号《关于判决宣告后又发现被判刑的犯罪分子的同种漏罪是否按数罪并罚处理的请示》收悉。经研究,答复如下:

人民法院的判决宣告并已发生法律效力以后,刑罚还没有执行完毕以前,发现被判刑的犯罪分子在判决宣告以前还有其他罪没有判决的,不论新发现的罪与原判决的罪是否属于同种罪,都应当依照刑法第六十五条的规定实行数罪并罚。但如果在第一审人民法院的判决宣告以后,被告人提出上诉或者人民检察院提出抗诉,判决尚未发生法律效力的,第二审人民法院在审理期间,发现原审被告人在第一审判决宣告以前还有同种漏罪没有判决的,第二审人民法院应当依照刑事诉讼法第一百三十六条第(三)项的规定,裁定撤销原判,发回原审人民法院重新审判,第一审人民法院重新审判时,不适用刑法关于数罪并罚的规定。

最高人民法院关于刘文占减刑一案的答复

(2007 年 8 月 11 日　〔2006〕刑监他字第 7 号)

河北省高级人民法院:

你院〔1999〕冀刑执字第 486 号减刑裁定,没有法定程序、法定理由撤销。

罪犯刘文占犯盗窃罪被判处无期徒刑,减为有期徒刑十八年之后,发现其在判决宣告之前犯有强奸罪、抢劫罪。沧州市中级人民法院作出新的判决,对刘文占以强奸罪、抢劫罪分别定罪量刑,数罪并罚,决定对罪犯刘文占执行无期徒刑是正确的。

现监狱报请为罪犯刘文占减刑,你院在计算刑期时,应将罪犯刘文占第一次减为有期徒刑十八年之后至漏罪判决之间已经执行的刑期予以扣除。

最高人民法院关于在执行附加刑剥夺政治权利执行期间犯新罪应如何处理的批复

(2009 年 3 月 30 日最高人民法院审判委员会第 1465 次会议通过　2009 年 5 月 25 日最高人民法院公告公布　自 2009 年 6 月 10 日起施行　法释〔2009〕10 号)

上海市高级人民法院:

你院《关于被告人在执行附加刑剥夺

政治权利期间重新犯罪适用法律问题的请示》(沪高法〔2008〕24号)收悉。经研究,批复如下:

一、对判处有期徒刑并处剥夺政治权利的罪犯,主刑已执行完毕,在执行附加刑剥夺政治权利期间又犯新罪,如果所犯新罪无须附加剥夺政治权利的,依照刑法第七十一条的规定数罪并罚。

二、前罪尚未执行完毕的附加刑剥夺政治权利的刑期从新罪的主刑有期徒刑执行之日起停止计算,并依照刑法第五十八条规定从新罪的主刑有期徒刑执行完毕之日或者假释之日起继续计算;附加刑剥夺政治权利的效力施用于新罪的主刑执行期间。

三、对判处有期徒刑的罪犯,主刑已执行完毕,在执行附加刑剥夺政治权利期间又犯新罪,如果所犯新罪也剥夺政治权利的,依照刑法第五十五条、第五十七条、第七十一条的规定并罚。

最高人民法院研究室关于罪犯在服刑期间又犯罪被服刑地法院以数罪并罚论处的现前罪改判应当由哪一个法院决定执行刑罚问题的电话答复

(1991年6月18日)

福建省高级人民法院:

你院〔1991〕闽法刑二字第79号《关于罪犯在服刑期间又犯罪被服刑地法院以数罪并罚论处的,现前罪改判应当由哪一个法院决定执行刑罚问题的请示》收悉。经研究,答复如下:

这类问题,我们曾于1989年答复过湖北省高级人民法院,答复意见是:对于再审改判前因犯新罪被加刑的罪犯,在对其前罪再审时,应当将罪犯犯后罪时判决中关于前罪与后罪并罚的内容撤销,并把经再审改判后的前罪没有执行完的刑罚和后罪已判处的刑罚,按照刑法第六十六条的规定实行数罪并罚。关于原前罪与后罪并罚的判决由哪个法院撤销,应当视具体情况确定:如果再审法院是对后罪作出判决的法院的上级法院,或者是对后罪作出判决的同一法院,可以由再审法院撤销,否则,应当由对后罪作出判决的法院撤销。

请你们按照上述意见办理。

全国人民代表大会常务委员会法制工作委员会关于对被告人在罚金刑执行完毕前又犯新罪的罚金应否与未执行完毕的罚金适用数罪并罚问题的答复意见

(2017年11月26日 法工办复〔2017〕2号)

最高人民检察院办公厅:

你厅《关于对被告人在罚金刑执行完毕前又犯新罪的罚金应否与未执行完毕的罚金适用数罪并罚问题征求意见的函》(高检办字〔2017〕281号)收悉。经研究,答复如下:

刑法第七十一条中的"刑罚执行完毕以前"应是指主刑执行完毕以前。如果被告人主刑已执行完毕,只是罚金尚未执行完毕的,根据刑法第五十三条的规定,人民法院在任何时候发现有可以执行的财产，应当随时追缴。因此，被告人前罪主刑已执行完毕，罚金尚未执行完毕的，应当由人民法院继续执行尚未执行完毕的罚金，不必与新罪判处的罚金数罪并罚。

特此函复。

10. 缓刑

最高人民法院关于撤销缓刑时罪犯在宣告缓刑前羁押的时间能否折抵刑期问题的批复

（2002年4月8日最高人民法院审判委员会第1220次会议通过　2002年4月10日最高人民法院公告公布　自2002年4月18日起施行　法释〔2002〕11号）

各省、自治区、直辖市高级人民法院，解放军军事法院，新疆维吾尔自治区高级人民法院生产建设兵团分院：

最近，有的法院反映，关于在撤销缓刑时罪犯在宣告缓刑前羁押的时间能否折抵刑期的问题不明确。经研究，批复如下：

根据刑法第七十七条的规定，对被宣告缓刑的犯罪分子撤销缓刑执行原判刑罚的，对其在宣告缓刑前羁押的时间应当折抵刑期。

最高人民法院、最高人民检察院关于办理职务犯罪案件严格适用缓刑、免予刑事处罚若干问题的意见

（2012年8月8日　法发〔2012〕17号）

为进一步规范贪污贿赂、渎职等职务犯罪案件缓刑、免予刑事处罚的适用，确保办理职务犯罪案件的法律效果和社会效果，根据刑法有关规定并结合司法工作实际，就职务犯罪案件缓刑、免予刑事处罚的具体适用问题，提出以下意见：

一、严格掌握职务犯罪案件缓刑、免予刑事处罚的适用。职务犯罪案件的刑罚适用直接关系反腐败工作的实际效果。人民法院、人民检察院要深刻认识职务犯罪的严重社会危害性，正确贯彻宽严相济刑事政策，充分发挥刑罚的惩治和预防功能。要在全面把握犯罪事实和量刑情节的基础上严格依照刑法规定的条件适用缓刑、免予刑事处罚，既要考虑从宽情节，又要考虑从严情节；既要做到刑罚与犯罪相当，又要做到刑罚执行方式与犯罪相当，切实避免缓刑、免予刑事处罚不当适用造成的消极影响。

二、具有下列情形之一的职务犯罪分子，一般不适用缓刑或者免予刑事处罚：

（一）不如实供述罪行的；

（二）不予退缴赃款赃物或者将赃款赃物用于非法活动的；

（三）属于共同犯罪中情节严重的主犯的；

（四）犯有数个职务犯罪依法实行并罚或者以一罪处理的；

（五）曾因职务违纪违法行为受过行政处分的；

（六）犯罪涉及的财物属于救灾、抢险、防汛、优抚、扶贫、移民、救济、防疫等特定款物的；

（七）受贿犯罪中具有索贿情节的；

（八）渎职犯罪中徇私舞弊情节或者滥用职权情节恶劣的；

（九）其他不应适用缓刑、免予刑事处罚的情形。

三、不具有本意见第二条规定的情形，全部退缴赃款赃物，依法判处三年有期徒刑以下刑罚，符合刑法规定的缓刑适用条件的贪污、受贿犯罪分子，可以适用缓刑；符合刑法第三百八十三条第一款第（三）项的规定，依法不需要判处刑罚的，可以免予刑事处罚。

不具有本意见第二条所列情形，挪用公款进行营利活动或者超过三个月未还构成犯罪，一审宣判前已将公款归还，依法判处三年有期徒刑以下刑罚，符合刑法规定的缓刑适用条件的，可以适用缓刑；在案发前已归还，情节轻微，不需要判处刑罚的，可以免予刑事处罚。

四、人民法院审理职务犯罪案件时应当注意听取检察机关、被告人、辩护人提出的量刑意见，分析影响性案件案发前后的社会反映，必要时可以征求案件查办等机关的意见。对于情节恶劣、社会反映强烈的职务犯罪案件，不得适用缓刑、免予刑事处罚。

五、对于具有本意见第二条规定的情形之一，但根据全案事实和量刑情节，检察机关认为确有必要适用缓刑或者免予刑事处罚并据此提出量刑建议的，应经检察委员会讨论决定；审理法院认为确有必要适用缓刑或者免予刑事处罚的，应经审判委员会讨论决定。

最高人民法院、最高人民检察院、公安部、司法部关于对因犯罪在大陆受审的台湾居民依法适用缓刑实行社区矫正有关问题的意见

（2016年7月26日　法发〔2016〕33号）

为维护因犯罪在大陆受审的台湾居民的合法权益，保障缓刑的依法适用和执行，根据《中华人民共和国刑法》《中华人民共和国刑事诉讼法》和《社区矫正实施办法》等有关规定，结合工作实际，制定本意见。

第一条　对因犯罪被判处拘役、三年以下有期徒刑的台湾居民，如果其犯罪情节较轻、有悔罪表现、没有再犯罪的危险且宣告缓刑对所居住社区没有重大不良影响的，人民法院可以宣告缓刑，对其中不满十八周岁的人、怀孕的妇女和已满七十五周岁的人，应当宣告缓刑。

第二条　人民检察院建议对被告人宣告缓刑的，应当说明依据和理由。

被告人及其法定代理人、辩护人提出宣告缓刑的请求，应当说明理由，必要时需提交经过台湾地区公证机关公证的被告人在台湾地区无犯罪记录证明等相关材料。

第三条　公安机关、人民检察院、人民法院需要委托司法行政机关调查评估宣告缓刑对社区影响的，可以委托犯罪嫌疑人、被告人在大陆居住地的县级司法行政机关，也可以委托适合协助社区矫正的下列单位或者人员所在地的县级司法行政机关：

（一）犯罪嫌疑人、被告人在大陆的工作单位或者就读学校；

（二）台湾同胞投资企业协会、台湾同胞投资企业；

（三）其他愿意且有能力协助社区矫正的单位或者人员。

已经建立涉台社区矫正专门机构的地方，可以委托该机构所在地的县级司法行政机关调查评估。

根据前两款规定仍无法确定接受委托的调查评估机关的，可以委托办理案件的公安机关、人民检察院、人民法院所在地的县级司法行政机关。

第四条 司法行政机关收到委托后，一般应当在十个工作日内向委托机关提交调查评估报告；对提交调查评估报告的时间另有规定的，从其规定。

司法行政机关开展调查评估，可以请当地台湾同胞投资企业协会、台湾同胞投资企业以及犯罪嫌疑人、被告人在大陆的监护人、亲友等协助提供有关材料。

第五条 人民法院对被告人宣告缓刑时，应当核实其居住地或者本意见第三条规定的有关单位、人员所在地，书面告知被告人应当自判决、裁定生效后十日内到社区矫正执行地的县级司法行政机关报到，以及逾期报到的法律后果。

缓刑判决、裁定生效后，人民法院应当在十日内将判决书、裁定书、执行通知书等法律文书送达社区矫正执行地的县级司法行政机关，同时抄送该地县级人民检察院和公安机关。

第六条 对被告人宣告缓刑的，人民法院应当及时作出不准出境决定书，同时依照有关规定办理边控手续。

实施边控的期限为缓刑考验期限。

第七条 对缓刑犯的社区矫正，由其在大陆居住地的司法行政机关负责指导管理、组织实施；在大陆没有居住地的，由本意见第三条规定的有关司法行政机关负责。

第八条 为缓刑犯确定的社区矫正小组可以吸收下列人员参与：

（一）当地台湾同胞投资企业协会、台湾同胞投资企业的代表；

（二）在大陆居住或者工作的台湾同胞；

（三）缓刑犯在大陆的亲友；

（四）其他愿意且有能力参与社区矫正工作的人员。

第九条 根据社区矫正需要，司法行政机关可以会同相关部门，协调台湾同胞投资企业协会、台湾同胞投资企业等，为缓刑犯提供工作岗位、技能培训等帮助。

第十条 对于符合条件的缓刑犯，可以依据《海峡两岸共同打击犯罪及司法互助协议》，移交台湾地区执行。

第十一条 对因犯罪在大陆受审、执行刑罚的台湾居民判处管制、裁定假释、决定或者批准暂予监外执行，实行社区矫正的，可以参照适用本意见的有关规定。

第十二条 本意见自2017年1月1日起施行。

最高人民检察院法律政策研究室关于对数罪并罚决定执行刑期为三年以下有期徒刑的犯罪分子能否适用缓刑问题的复函

（1998年9月17日　〔1998〕高检研发第16号）

山东省人民检察院研究室：

你院鲁检发研字〔1998〕第10号《关于对数罪并罚决定执行刑期三年以下的犯罪

分子能否适用缓刑的请示》收悉，经研究，答复如下：

根据刑法第七十二条的规定，可以适用缓刑的对象是被判处拘役、三年以下有期徒刑的犯罪分子；条件是根据犯罪分子的犯罪情节和悔罪表现，适用缓刑确实不致再危害社会。对于判决宣告以前犯数罪的犯罪分子，只要判决执行的刑罚为拘役、三年以下有期徒刑，且符合根据犯罪分子的犯罪情节和悔罪表现，适用缓刑确实不致再危害社会的案件，依法可以适用缓刑。

11. 减刑、假释

最高人民法院关于罪犯因漏罪、新罪数罪并罚时原减刑裁定应如何处理的意见

（2012年1月18日　法〔2012〕44号）

各省、自治区、直辖市高级人民法院，解放军军事法院，新疆维吾尔自治区高级人民法院生产建设兵团分院：

近期，我院接到一些地方高级人民法院关于判决宣告以后，刑罚执行完毕以前，罪犯因漏罪或者又犯新罪数罪并罚时，原减刑裁定应如何处理的请示。为统一法律适用，经研究，提出如下意见：

罪犯被裁定减刑后，因被发现漏罪或者又犯新罪而依法进行数罪并罚时，经减刑裁定减去的刑期不计入已经执行的刑期。

在此后对因漏罪数罪并罚的罪犯依法减刑，决定减刑的频次、幅度时，应当对其原经减刑裁定减去的刑期酌予考虑。

最高人民法院关于减刑、假释案件审理程序的规定

（2014年4月10日最高人民法院审判委员会第1611次会议通过　2014年4月23日最高人民法院公告公布　自2014年6月1日起施行　法释〔2014〕5号）

为进一步规范减刑、假释案件的审理程序，确保减刑、假释案件审理的合法、公正，根据《中华人民共和国刑法》《中华人民共和国刑事诉讼法》有关规定，结合减刑、假释案件审理工作实际，制定本规定。

第一条　对减刑、假释案件，应当按照下列情形分别处理：

（一）对被判处死刑缓期执行的罪犯的减刑，由罪犯服刑地的高级人民法院在收到同级监狱管理机关审核同意的减刑建议书后一个月内作出裁定；

（二）对被判处无期徒刑的罪犯的减刑、假释，由罪犯服刑地的高级人民法院在收到同级监狱管理机关审核同意的减刑、假释建议书后一个月内作出裁定，案情复杂或者情况特殊的，可以延长一个月；

（三）对被判处有期徒刑和被减为有期徒刑的罪犯的减刑、假释，由罪犯服刑地的中级人民法院在收到执行机关提出的减刑、假释建议书后一个月内作出裁定，案情复杂或者情况特殊的，可以延长一个月；

（四）对被判处拘役、管制的罪犯的减刑，由罪犯服刑地中级人民法院在收到同级执行机关审核同意的减刑、假释建议书后一个月内作出裁定。

对暂予监外执行罪犯的减刑，应当根

据情况，分别适用前款的有关规定。

第二条 人民法院受理减刑、假释案件，应当审查执行机关移送的下列材料：

（一）减刑或者假释建议书；

（二）终审法院裁判文书、执行通知书、历次减刑裁定书的复印件；

（三）罪犯确有悔改或者立功、重大立功表现的具体事实的书面证明材料；

（四）罪犯评审鉴定表、奖惩审批表等；

（五）其他根据案件审理需要应予移送的材料。

报请假释的，应当附有社区矫正机构或者基层组织关于罪犯假释后对所居住社区影响的调查评估报告。

人民检察院对报请减刑、假释案件提出检察意见的，执行机关应当一并移送受理减刑、假释案件的人民法院。

经审查，材料齐备的，应当立案；材料不齐的，应当通知执行机关在三日内补送，逾期未补送的，不予立案。

第三条 人民法院审理减刑、假释案件，应当在立案后五日内将执行机关报请减刑、假释的建议书等材料依法向社会公示。

公示内容应当包括罪犯的个人情况、原判认定的罪名和刑期、罪犯历次减刑情况、执行机关的建议及依据。

公示应当写明公示期限和提出意见的方式。公示期限为五日。

第四条 人民法院审理减刑、假释案件，应当依法由审判员或者由审判员和人民陪审员组成合议庭进行。

第五条 人民法院审理减刑、假释案件，除应当审查罪犯在执行期间的一贯表现外，还应当综合考虑犯罪的具体情节、原判刑罚情况、财产刑执行情况、附带民事裁判履行情况、罪犯退赃退赔等情况。

人民法院审理假释案件，除应当审查第一款所列情形外，还应当综合考虑罪犯的年龄、身体状况、性格特征、假释后生活来源以及监管条件等影响再犯罪的因素。

执行机关以罪犯有立功表现或重大立功表现为由提出减刑的，应当审查立功或重大立功表现是否属实。涉及发明创造、技术革新或者其他贡献的，应当审查该成果是否系罪犯在执行期间独立完成，并经有关主管机关确认。

第六条 人民法院审理减刑、假释案件，可以采取开庭审理或者书面审理的方式。但下列减刑、假释案件，应当开庭审理：

（一）因罪犯有重大立功表现报请减刑的；

（二）报请减刑的起始时间、间隔时间或者减刑幅度不符合司法解释一般规定的；

（三）公示期间收到不同意见的；

（四）人民检察院有异议的；

（五）被报请减刑、假释罪犯系职务犯罪罪犯，组织（领导、参加、包庇、纵容）黑社会性质组织犯罪罪犯，破坏金融管理秩序和金融诈骗犯罪罪犯及其他在社会上有重大影响或社会关注度高的；

（六）人民法院认为其他应当开庭审理的。

第七条 人民法院开庭审理减刑、假释案件，应当通知人民检察院、执行机关及被报请减刑、假释罪犯参加庭审。

人民法院根据需要，可以通知证明罪犯确有悔改表现或者立功、重大立功表现的证人，公示期间提出不同意见的人，以及鉴定人、翻译人员等其他人员参加庭审。

第八条 开庭审理应当在罪犯刑罚执行场所或者人民法院确定的场所进行。有条件的人民法院可以采取视频开庭的方式进行。

在社区执行刑罚的罪犯因重大立功被报请减刑的，可以在罪犯服刑地或者居住地开庭审理。

第九条 人民法院对于决定开庭审理的减刑、假释案件，应当在开庭三日前将开庭的时间、地点通知人民检察院、执行机关、被报请减刑、假释罪犯和有必要参加庭审的其他人员，并于开庭三日前进行公告。

第十条 减刑、假释案件的开庭审理由审判长主持，应当按照以下程序进行：

（一）审判长宣布开庭，核实被报请减刑、假释罪犯的基本情况；

（二）审判长宣布合议庭组成人员、检察人员、执行机关代表及其他庭审参加人；

（三）执行机关代表宣读减刑、假释建议书，并说明主要理由；

（四）检察人员发表检察意见；

（五）法庭对被报请减刑、假释罪犯确有悔改表现或立功表现、重大立功表现的事实以及其他影响减刑、假释的情况进行调查核实；

（六）被报请减刑、假释罪犯作最后陈述；

（七）审判长对庭审情况进行总结并宣布休庭评议。

第十一条 庭审过程中，合议庭人员对报请理由有疑问的，可以向被报请减刑、假释罪犯、证人、执行机关代表、检察人员提问。

庭审过程中，检察人员对报请理由有疑问的，在经审判长许可后，可以出示证据，申请证人到庭，向被报请减刑、假释罪犯及证人提问并发表意见。被报请减刑、假释罪犯对报请理由有疑问的，在经审判长许可后，可以出示证据，申请证人到庭，向证人提问并发表意见。

第十二条 庭审过程中，合议庭对证据有疑问需要进行调查核实，或者检察人员、执行机关代表提出申请的，可以宣布休庭。

第十三条 人民法院开庭审理减刑、假释案件，能够当庭宣判的应当当庭宣判；不能当庭宣判的，可以择期宣判。

第十四条 人民法院书面审理减刑、假释案件，可以就被报请减刑、假释罪犯是否符合减刑、假释条件进行调查核实或听取有关方面意见。

第十五条 人民法院书面审理减刑案件，可以提讯被报请减刑罪犯；书面审理假释案件，应当提讯被报请假释罪犯。

第十六条 人民法院审理减刑、假释案件，应当按照下列情形分别处理：

（一）被报请减刑、假释罪犯符合法律规定的减刑、假释条件的，作出予以减刑、假释的裁定；

（二）被报请减刑的罪犯符合法律规定的减刑条件，但执行机关报请的减刑幅度不适当的，对减刑幅度作出相应调整后作出予以减刑的裁定；

（三）被报请减刑、假释罪犯不符合法律规定的减刑、假释条件的，作出不予减刑、假释的裁定。

在人民法院作出减刑、假释裁定前，执行机关书面申请撤回减刑、假释建议的，是否准许，由人民法院决定。

第十七条 减刑、假释裁定书应当写明罪犯原判和历次减刑情况，确有悔改表现或者立功、重大立功表现的事实和理由，以及减刑、假释的法律依据。

裁定减刑的，应当注明刑期的起止时间；裁定假释的，应当注明假释考验期的起止时间。

裁定调整减刑幅度或者不予减刑、假释的,应当在裁定书中说明理由。

第十八条 人民法院作出减刑、假释裁定后,应当在七日内送达报请减刑、假释的执行机关、同级人民检察院以及罪犯本人。作出假释裁定的,还应当送达社区矫正机构或者基层组织。

第十九条 减刑、假释裁定书应当通过互联网依法向社会公布。

第二十条 人民检察院认为人民法院减刑、假释裁定不当,在法定期限内提出书面纠正意见的,人民法院应当在收到纠正意见后另行组成合议庭审理,并在一个月内作出裁定。

第二十一条 人民法院发现本院已经生效的减刑、假释裁定确有错误的,应当依法重新组成合议庭进行审理并作出裁定;上级人民法院发现下级人民法院已经生效的减刑、假释裁定确有错误的,应当指令下级人民法院另行组成合议庭审理,也可以自行依法组成合议庭进行审理并作出裁定。

第二十二条 最高人民法院以前发布的司法解释和规范性文件,与本规定不一致的,以本规定为准。

最高人民检察院关于对职务犯罪罪犯减刑、假释、暂予监外执行案件实行备案审查的规定

(2014年6月23日 高检发监字〔2014〕5号)

第一条 为了强化对职务犯罪罪犯减刑、假释、暂予监外执行的法律监督,加强上级人民检察院对下级人民检察院办理刑罚变更执行案件工作的领导,根据《中华人民共和国刑法》、《中华人民共和国刑事诉讼法》和《中华人民共和国监狱法》等有关规定,结合检察工作实际,制定本规定。

第二条 人民检察院对职务犯罪罪犯减刑、假释、暂予监外执行案件实行备案审查,按照下列情形分别处理:

(一)对原厅局级以上职务犯罪罪犯减刑、假释、暂予监外执行的案件,人民检察院应当在收到减刑、假释裁定书或者暂予监外执行决定书后十日以内,逐案层报最高人民检察院备案审查;

(二)对原县处级职务犯罪罪犯减刑、假释、暂予监外执行的案件,人民检察院应当在收到减刑、假释裁定书或者暂予监外执行决定书后十日以内,逐案层报省级人民检察院备案审查。

第三条 人民检察院报请备案审查减刑、假释案件,应当填写备案审查登记表,并附下列材料的复印件:

(一)刑罚执行机关提请减刑、假释建议书;

(二)人民法院减刑、假释裁定书;

(三)人民检察院向刑罚执行机关、人民法院提出的书面意见;

罪犯有重大立功表现裁定减刑、假释的案件,还应当附重大立功表现相关证明材料的复印件。

第四条 人民检察院报请备案审查暂予监外执行案件,应当填写备案审查登记表,并附下列材料的复印件:

(一)刑罚执行机关提请暂予监外执行意见书或者审批表;

(二)决定或者批准机关暂予监外执行决定书;

（三）人民检察院向刑罚执行机关、暂予监外执行决定或者批准机关提出的书面意见；

（四）罪犯的病情诊断、鉴定意见以及相关证明材料。

第五条 上级人民检察院认为有必要的，可以要求下级人民检察院补报相关材料。下级人民检察院应当在收到通知后三日以内，按照要求报送。

第六条 最高人民检察院和省级人民检察院收到备案审查材料后，应当指定专人进行登记和审查，并在收到材料后十日以内，分别作出以下处理：

（一）对于职务犯罪罪犯减刑、假释、暂予监外执行不当的，应当通知下级人民检察院依法向有关单位提出纠正意见。其中，省级人民检察院认为高级人民法院作出的减刑、假释裁定或者省级监狱管理局、省级公安厅（局）作出的暂予监外执行决定不当的，应当依法提出纠正意见；

（二）对于职务犯罪罪犯减刑、假释、暂予监外执行存在疑点或者可能存在违法违规问题的，应当通知下级人民检察院依法进行调查核实。

第七条 下级人民检察院收到上级人民检察院对备案审查材料处理意见的通知后，应当立即执行，并在收到通知后三十日以内，报告执行情况。

第八条 省级人民检察院应当将本年度原县处级以上职务犯罪罪犯减刑、假释、暂予监外执行的名单，以及本年度职务犯罪罪犯减刑、假释、暂予监外执行的数量和比例对比情况，与人民法院、公安机关、监狱管理机关等有关单位核对后，于次年一月底前，报送最高人民检察院。

第九条 对于职务犯罪罪犯减刑、假释、暂予监外执行的比例明显高于其他罪犯的相应比例的，人民检察院应当对职务犯罪罪犯减刑、假释、暂予监外执行案件进行逐案复查，查找和分析存在的问题，依法向有关单位提出意见或者建议。

第十条 最高人民检察院和省级人民检察院应当每年对职务犯罪罪犯减刑、假释、暂予监外执行情况进行分析和总结，指导和督促下级人民检察院落实有关要求。

第十一条 本规定中的职务犯罪，是指贪污贿赂犯罪，国家工作人员的渎职犯罪，国家机关工作人员利用职权实施的非法拘禁、非法搜查、刑讯逼供、暴力取证、虐待被监管人、报复陷害、破坏选举的侵犯公民人身权利、公民民主权利的犯罪。

第十二条 本规定自发布之日起施行。

附件：1. 职务犯罪罪犯减刑、假释、暂予监外执行备案审查登记表（略）

2. 职务犯罪罪犯减刑、假释、暂予监外执行名单一览表（略）

3. 职务犯罪罪犯减刑、假释、暂予监外执行数量和比例情况对比表（略）

人民检察院办理减刑、假释案件规定

（2014年8月1日 高检发监字〔2014〕8号）

第一条 为了进一步加强和规范减刑、假释法律监督工作，确保刑罚变更执行合法、公正，根据《中华人民共和国刑法》、《中华人民共和国刑事诉讼法》和《中华人民共和国监狱法》等有关规定，结合检察工作实际，制定本规定。

第二条 人民检察院依法对减刑、假释案件的提请、审理、裁定等活动是否合法实行法律监督。

第三条 人民检察院办理减刑、假释案件,应当按照下列情形分别处理:

(一)对减刑、假释案件提请活动的监督,由对执行机关承担检察职责的人民检察院负责;

(二)对减刑、假释案件审理、裁定活动的监督,由人民法院的同级人民检察院负责;同级人民检察院对执行机关不承担检察职责的,可以根据需要指定对执行机关承担检察职责的人民检察院派员出席法庭;下级人民检察院发现减刑、假释裁定不当的,应当及时向作出减刑、假释裁定的人民法院的同级人民检察院报告。

第四条 人民检察院办理减刑、假释案件,依照规定实行统一案件管理和办案责任制。

第五条 人民检察院收到执行机关移送的下列减刑、假释案件材料后,应当及时进行审查:

(一)执行机关拟提请减刑、假释意见;

(二)终审法院裁判文书、执行通知书、历次减刑裁定书;

(三)罪犯确有悔改表现、立功表现或者重大立功表现的证明材料;

(四)罪犯评审鉴定表、奖惩审批表;

(五)其他应当审查的案件材料。

对拟提请假释案件,还应当审查社区矫正机构或者基层组织关于罪犯假释后对所居住社区影响的调查评估报告。

第六条 具有下列情形之一的,人民检察院应当进行调查核实:

(一)拟提请减刑、假释罪犯系职务犯罪罪犯,破坏金融管理秩序和金融诈骗犯罪罪犯,黑社会性质组织犯罪罪犯,严重暴力恐怖犯罪罪犯,或者其他在社会上有重大影响、社会关注度高的罪犯;

(二)因罪犯有立功表现或者重大立功表现拟提请减刑的;

(三)拟提请减刑、假释罪犯的减刑幅度大、假释考验期长、起始时间早、间隔时间短或者实际执行刑期短的;

(四)拟提请减刑、假释罪犯的考核计分高、专项奖励多或者鉴定材料、奖惩记录有疑点的;

(五)收到控告、举报的;

(六)其他应当进行调查核实的。

第七条 人民检察院可以采取调阅复制有关材料、重新组织诊断鉴别、进行文证鉴定、召开座谈会、个别询问等方式,对下列情况进行调查核实:

(一)拟提请减刑、假释罪犯在服刑期间的表现情况;

(二)拟提请减刑、假释罪犯的财产刑执行、附带民事裁判履行、退赃退赔等情况;

(三)拟提请减刑罪犯的立功表现、重大立功表现是否属实,发明创造、技术革新是否系罪犯在服刑期间独立完成并经有关主管机关确认;

(四)拟提请假释罪犯的身体状况、性格特征、假释后生活来源和监管条件等影响再犯罪的因素;

(五)其他应当进行调查核实的情况。

第八条 人民检察院可以派员列席执行机关提请减刑、假释评审会议,了解案件有关情况,根据需要发表意见。

第九条 人民检察院发现罪犯符合减刑、假释条件,但是执行机关未提请减刑、假释的,可以建议执行机关提请减刑、假释。

第十条 人民检察院收到执行机关抄

送的减刑、假释建议书副本后,应当逐案进行审查,可以向人民法院提出书面意见。发现减刑、假释建议不当或者提请减刑、假释违反法定程序的,应当在收到建议书副本后十日以内,依法向审理减刑、假释案件的人民法院提出书面意见,同时将检察意见书副本抄送执行机关。案情复杂或者情况特殊的,可以延长十日。

第十一条 人民法院开庭审理减刑、假释案件的,人民检察院应当指派检察人员出席法庭,发表检察意见,并对法庭审理活动是否合法进行监督。

第十二条 出席法庭的检察人员不得少于二人,其中至少一人具有检察官职务。

第十三条 检察人员应当在庭审前做好下列准备工作:

(一)全面熟悉案情,掌握证据情况,拟定法庭调查提纲和出庭意见;

(二)对执行机关提请减刑、假释有异议的案件,应当收集相关证据,可以建议人民法院通知相关证人出庭作证。

第十四条 庭审开始后,在执行机关代表宣读减刑、假释建议书并说明理由之后,检察人员应当发表检察意见。

第十五条 庭审过程中,检察人员对执行机关提请减刑、假释有疑问的,经审判长许可,可以出示证据,申请证人出庭作证,要求执行机关代表出示证据或者作出说明,向被提请减刑、假释的罪犯及证人提问并发表意见。

第十六条 法庭调查结束时,在被提请减刑、假释罪犯作最后陈述之前,经审判长许可,检察人员可以发表总结性意见。

第十七条 庭审过程中,检察人员认为需要进一步调查核实案件事实、证据,需要补充鉴定或者重新鉴定,或者需要通知新的证人到庭的,应当建议休庭。

第十八条 检察人员发现法庭审理活动违反法律规定的,应当在庭审后及时向本院检察长报告,依法向人民法院提出纠正意见。

第十九条 人民检察院收到人民法院减刑、假释裁定书副本后,应当及时审查下列内容:

(一)人民法院对罪犯裁定予以减刑、假释,以及起始时间、间隔时间、实际执行刑期、减刑幅度或者假释考验期是否符合有关规定;

(二)人民法院对罪犯裁定不予减刑、假释是否符合有关规定;

(三)人民法院审理、裁定减刑、假释的程序是否合法;

(四)按照有关规定应当开庭审理的减刑、假释案件,人民法院是否开庭审理;

(五)人民法院减刑、假释裁定书是否依法送达执行并向社会公布。

第二十条 人民检察院经审查认为人民法院减刑、假释裁定不当的,应当在收到裁定书副本后二十日以内,依法向作出减刑、假释裁定的人民法院提出书面纠正意见。

第二十一条 人民检察院对人民法院减刑、假释裁定提出纠正意见的,应当监督人民法院在收到纠正意见后一个月以内重新组成合议庭进行审理并作出最终裁定。

第二十二条 人民检察院发现人民法院已经生效的减刑、假释裁定确有错误的,应当向人民法院提出书面纠正意见,提请人民法院按照审判监督程序依法另行组成合议庭重新审理并作出裁定。

第二十三条 人民检察院收到控告、举报或者发现司法工作人员在办理减刑、假释案件中涉嫌违法的,应当依法进行调查,并根据情况,向有关单位提出纠正违法意见,建议更换办案人,或者建议予以纪律处分;构成犯罪的,依法追究刑事责任。

第二十四条 人民检察院办理职务犯罪罪犯减刑、假释案件,按照有关规定实行备案审查。

第二十五条 本规定自发布之日起施行。最高人民检察院以前发布的有关规定与本规定不一致的,以本规定为准。

监狱提请减刑假释工作程序规定

(2003 年 4 月 2 日司法部令第 77 号公布 2014 年 10 月 11 日司法部令第 130 号修订 自 2014 年 12 月 1 日起施行)

第一章 总 则

第一条 为规范监狱提请减刑、假释工作程序,根据《中华人民共和国刑法》、《中华人民共和国刑事诉讼法》、《中华人民共和国监狱法》等有关规定,结合刑罚执行工作实际,制定本规定。

第二条 监狱提请减刑、假释,应当根据法律规定的条件和程序进行,遵循公开、公平、公正的原则,严格实行办案责任制。

第三条 被判处有期徒刑和被减刑为有期徒刑的罪犯的减刑、假释,由监狱提出建议,提请罪犯服刑地的中级人民法院裁定。

第四条 被判处死刑缓期二年执行的罪犯的减刑,被判处无期徒刑的罪犯的减刑、假释,由监狱提出建议,经省、自治区、直辖市监狱管理局审核同意后,提请罪犯服刑地的高级人民法院裁定。

第五条 省、自治区、直辖市监狱管理局和监狱分别成立减刑假释评审委员会,由分管领导及刑罚执行、狱政管理、教育改造、狱内侦查、生活卫生、劳动改造、政工、监察等有关部门负责人组成,分管领导任主任。监狱管理局、监狱减刑假释评审委员会成员不得少于 9 人。

第六条 监狱提请减刑、假释,应当由分监区或者未设分监区的监区人民警察集体研究,监区长办公会议审核,监狱刑罚执行部门审查,监狱减刑假释评审委员会评审,监狱长办公会议决定。

省、自治区、直辖市监狱管理局刑罚执行部门审查监狱依法定程序提请的减刑、假释建议并出具意见,报请分管副局长召集减刑假释评审委员会审核后,报局长审定,必要时可以召开局长办公会议决定。

第二章 监狱提请减刑、假释的程序

第七条 提请减刑、假释,应当根据法律规定的条件,结合罪犯服刑表现,由分监区人民警察集体研究,提出提请减刑、假释建议,报经监区长办公会议审核同意后,由监区报送监狱刑罚执行部门审查。

直属分监区或者未设分监区的监区,由直属分监区或者监区人民警察集体研究,提出提请减刑、假释建议,报送监狱刑罚执行部门审查。

分监区、直属分监区或者未设分监区的监区人民警察集体研究以及监区长办公会议审核情况,应当有书面记录,并由与会人员签名。

第八条 监区或者直属分监区提请减刑、假释,应当报送下列材料:

（一）《罪犯减刑（假释）审核表》；

（二）监区长办公会议或者直属分监区、监区人民警察集体研究会议的记录；

（三）终审法院裁判文书、执行通知书、历次减刑裁定书的复印件；

（四）罪犯计分考核明细表、罪犯评审鉴定表、奖惩审批表和其他有关证明材料；

（五）罪犯确有悔改表现或者立功、重大立功表现的具体事实的书面证明材料。

第九条 监狱刑罚执行部门收到监区或者直属分监区对罪犯提请减刑、假释的材料后，应当就下列事项进行审查：

（一）需提交的材料是否齐全、完备、规范；

（二）罪犯确有悔改或者立功、重大立功表现的具体事实的书面证明材料是否来源合法；

（三）罪犯是否符合法定减刑、假释的条件；

（四）提请减刑、假释的建议是否适当。

经审查，对材料不齐全或者不符合提请条件的，应当通知监区或者直属分监区补充有关材料或者退回；对相关材料有疑义的，应当提讯罪犯进行核查；对材料齐全、符合提请条件的，应当出具审查意见，连同监区或者直属分监区报送的材料一并提交监狱减刑假释评审委员会评审。提请罪犯假释的，还应当委托县级司法行政机关对罪犯假释后对所居住社区影响进行调查评估，并将调查评估报告一并提交。

第十条 监狱减刑假释评审委员会应当召开会议，对刑罚执行部门审查提交的提请减刑、假释建议进行评审，提出评审意见。会议应当有书面记录，并由与会人员签名。

监狱可以邀请人民检察院派员列席减刑假释评审委员会会议。

第十一条 监狱减刑假释评审委员会经评审后，应当将提请减刑、假释的罪犯名单以及减刑、假释意见在监狱内公示。公示内容应当包括罪犯的个人情况、原判罪名及刑期、历次减刑情况、提请减刑假释的建议及依据等。公示期限为5个工作日。公示期内，如有监狱人民警察或者罪犯对公示内容提出异议，监狱减刑假释评审委员会应当进行复核，并告知复核结果。

第十二条 监狱应当在减刑假释评审委员会完成评审和公示程序后，将提请减刑、假释建议送人民检察院征求意见。征求意见后，监狱减刑假释评审委员会应当将提请减刑、假释建议和评审意见连同人民检察院意见，一并报请监狱长办公会议审议决定。监狱对人民检察院意见未予采纳的，应当予以回复，并说明理由。

第十三条 监狱长办公会议决定提请减刑、假释的，由监狱长在《罪犯减刑（假释）审核表》上签署意见，加盖监狱公章，并由监狱刑罚执行部门根据法律规定制作《提请减刑建议书》或者《提请假释建议书》，连同有关材料一并提请人民法院裁定。人民检察院对提请减刑、假释提出的检察意见，应当一并移送受理减刑、假释案件的人民法院。

对本规定第四条所列罪犯决定提请减刑、假释的，监狱应当将《罪犯减刑（假释）审核表》连同有关材料报送省、自治区、直辖市监狱管理局审核。

第十四条 监狱在向人民法院提请减刑、假释的同时，应当将提请减刑、假释的建议书副本抄送人民检察院。

第十五条 监狱提请人民法院裁定减刑、假释，应当提交下列材料：

（一）《提请减刑建议书》或者《提请假释建议书》；

（二）终审法院裁判文书、执行通知书、历次减刑裁定书的复印件；

（三）罪犯计分考核明细表、评审鉴定表、奖惩审批表；

（四）罪犯确有悔改或者立功、重大立功表现的具体事实的书面证明材料；

（五）提请假释的，应当附有县级司法行政机关关于罪犯假释后对所居住社区影响的调查评估报告；

（六）根据案件情况需要提交的其他材料。

对本规定第四条所列罪犯提请减刑、假释的，应当同时提交省、自治区、直辖市监狱管理局签署意见的《罪犯减刑（假释）审核表》。

第三章 监狱管理局审核提请减刑、假释建议的程序

第十六条 省、自治区、直辖市监狱管理局刑罚执行部门收到监狱报送的提请减刑、假释建议的材料后，应当进行审查。审查中发现监狱报送的材料不齐全或者有疑义的，应当通知监狱补充有关材料或者作出说明。审查无误后，应当出具审查意见，报请分管副局长召集评审委员会进行审核。

第十七条 监狱管理局分管副局长主持完成审核后，应当将审核意见报请局长审定；分管副局长认为案件重大或者有其他特殊情况的，可以建议召开局长办公会议审议决定。

监狱管理局审核同意对罪犯提请减刑、假释的，由局长在《罪犯减刑（假释）审核表》上签署意见，加盖监狱管理局公章。

第四章 附 则

第十八条 人民法院开庭审理减刑、假释案件的，监狱应当派员参加庭审，宣读提请减刑、假释建议书并说明理由，配合法庭核实相关情况。

第十九条 分监区、直属分监区或者未设分监区的监区人民警察集体研究会议、监区长办公会议、监狱评审委员会会议、监狱长办公会议、监狱管理局评审委员会会议、监狱管理局局长办公会议的记录和本规定第十五条所列的材料，应当存入档案并永久保存。

第二十条 违反法律规定和本规定提请减刑、假释，涉嫌违纪的，依照有关处分规定追究相关人员责任；涉嫌犯罪的，移送司法机关依法追究刑事责任。

第二十一条 监狱办理职务犯罪罪犯减刑、假释案件，应当按照有关规定报请备案审查。

第二十二条 本规定自2014年12月1日起施行。

最高人民法院关于办理减刑、假释案件具体应用法律的规定

（2016年9月19日最高人民法院审判委员会第1693次会议通过 2016年11月14日最高人民法院公告公布 自2017年1月1日起施行 法释〔2016〕23号）

为确保依法公正办理减刑、假释案件，依据《中华人民共和国刑法》《中华人民共和国刑事诉讼法》《中华人民共和国监狱

法》和其他法律规定，结合司法实践，制定本规定。

第一条 减刑、假释是激励罪犯改造的刑罚制度，减刑、假释的适用应当贯彻宽严相济刑事政策，最大限度地发挥刑罚的功能，实现刑罚的目的。

第二条 对于罪犯符合刑法第七十八条第一款规定"可以减刑"条件的案件，在办理时应当综合考察罪犯犯罪的性质和具体情节、社会危害程度、原判刑罚及生效裁判中财产性判项的履行情况、交付执行后的一贯表现等因素。

第三条 "确有悔改表现"是指同时具备以下条件：

（一）认罪悔罪；

（二）遵守法律法规及监规，接受教育改造；

（三）积极参加思想、文化、职业技术教育；

（四）积极参加劳动，努力完成劳动任务。

对职务犯罪、破坏金融管理秩序和金融诈骗犯罪、组织（领导、参加、包庇、纵容）黑社会性质组织犯罪等罪犯，不积极退赃、协助追缴赃款赃物、赔偿损失，或者服刑期间利用个人影响力和社会关系等不正当手段意图获得减刑、假释的，不认定其"确有悔改表现"。

罪犯在刑罚执行期间的申诉权利应当依法保护，对其正当申诉不能不加分析地认为是不认罪悔罪。

第四条 具有下列情形之一的，可以认定为有"立功表现"：

（一）阻止他人实施犯罪活动的；

（二）检举、揭发监狱内外犯罪活动，或者提供重要的破案线索，经查证属实的；

（三）协助司法机关抓捕其他犯罪嫌疑人的；

（四）在生产、科研中进行技术革新，成绩突出的；

（五）在抗御自然灾害或者排除重大事故中，表现积极的；

（六）对国家和社会有其他较大贡献的。

第（四）项、第（六）项中的技术革新或者其他较大贡献应当由罪犯在刑罚执行期间独立或者为主完成，并经省级主管部门确认。

第五条 具有下列情形之一的，应当认定为有"重大立功表现"：

（一）阻止他人实施重大犯罪活动的；

（二）检举监狱内外重大犯罪活动，经查证属实的；

（三）协助司法机关抓捕其他重大犯罪嫌疑人的；

（四）有发明创造或者重大技术革新的；

（五）在日常生产、生活中舍己救人的；

（六）在抗御自然灾害或者排除重大事故中，有突出表现的；

（七）对国家和社会有其他重大贡献的。

第（四）项中的发明创造或者重大技术革新应当是罪犯在刑罚执行期间独立或者为主完成并经国家主管部门确认的发明专利，且不包括实用新型专利和外观设计专利；第（七）项中的其他重大贡献应当由罪犯在刑罚执行期间独立或者为主完成，并经国家主管部门确认。

第六条 被判处有期徒刑的罪犯减刑起始时间为：不满五年有期徒刑的，应当执行一年以上方可减刑；五年以上不满十年有期徒刑的，应当执行一年六个月以上方可减刑；十年以上有期徒刑的，应当执行二年以上方可减刑。有期徒刑减刑的起始时间自判决执行之日起计算。

确有悔改表现或者有立功表现的，一次减刑不超过九个月有期徒刑；确有悔改表现并有立功表现的，一次减刑不超过一年有期徒刑；有重大立功表现的，一次减刑不超过一年六个月有期徒刑；确有悔改表现并有重大立功表现的，一次减刑不超过二年有期徒刑。

被判处不满十年有期徒刑的罪犯，两次减刑间隔时间不得少于一年；被判处十年以上有期徒刑的罪犯，两次减刑间隔时间不得少于一年六个月。减刑间隔时间不得低于上次减刑减去的刑期。

罪犯有重大立功表现的，可以不受上述减刑起始时间和间隔时间的限制。

第七条 对符合减刑条件的职务犯罪罪犯，破坏金融管理秩序和金融诈骗犯罪罪犯，组织、领导、参加、包庇、纵容黑社会性质组织犯罪罪犯，危害国家安全犯罪罪犯，恐怖活动犯罪罪犯，毒品犯罪集团的首要分子及毒品再犯，累犯，确有履行能力而不履行或者不全部履行生效裁判中财产性判项的罪犯，被判处十年以下有期徒刑的，执行二年以上方可减刑，减刑幅度应当比照本规定第六条从严掌握，一次减刑不超过一年有期徒刑，两次减刑之间应当间隔一年以上。

对被判处十年以上有期徒刑的前款罪犯，以及因故意杀人、强奸、抢劫、绑架、放火、爆炸、投放危险物质或者有组织的暴力性犯罪被判处十年以上有期徒刑的罪犯，数罪并罚且其中两罪以上被判处十年以上有期徒刑的罪犯，执行二年以上方可减刑，减刑幅度应当比照本规定第六条从严掌握，一次减刑不超过一年有期徒刑，两次减刑之间应当间隔一年六个月以上。

罪犯有重大立功表现的，可以不受上述减刑起始时间和间隔时间的限制。

第八条 被判处无期徒刑的罪犯在刑罚执行期间，符合减刑条件的，执行二年以上，可以减刑。减刑幅度为：确有悔改表现或者有立功表现的，可以减为二十二年有期徒刑；确有悔改表现并有立功表现的，可以减为二十一年以上二十二年以下有期徒刑；有重大立功表现的，可以减为二十年以上二十一年以下有期徒刑；确有悔改表现并有重大立功表现的，可以减为十九年以上二十年以下有期徒刑。无期徒刑罪犯减为有期徒刑后再减刑时，减刑幅度依照本规定第六条的规定执行。两次减刑间隔时间不得少于二年。

罪犯有重大立功表现的，可以不受上述减刑起始时间和间隔时间的限制。

第九条 对被判处无期徒刑的职务犯罪罪犯，破坏金融管理秩序和金融诈骗犯罪罪犯，组织、领导、参加、包庇、纵容黑社会性质组织犯罪罪犯，危害国家安全犯罪罪犯，恐怖活动犯罪罪犯，毒品犯罪集团的首要分子及毒品再犯，累犯以及因故意杀人、强奸、抢劫、绑架、放火、爆炸、投放危险物质或者有组织的暴力性犯罪的罪犯，确有履行能力而不履行或者不全部履行生效裁判中财产性判项的罪犯，数罪并罚被判处无期徒刑的罪犯，符合减刑条件的，执行三年以上方可减刑，减刑幅度应当比照本规定第八条从严掌握，减刑后的刑期最低不得少于二十年有期徒刑；减为有期徒刑后再减刑时，减刑幅度比照本规定第六条从严掌握，一次不超过一年有期徒刑，两次减刑之间应当间隔二年以上。

罪犯有重大立功表现的，可以不受上述减刑起始时间和间隔时间的限制。

第十条 被判处死刑缓期执行的罪犯减为无期徒刑后,符合减刑条件的,执行三年以上方可减刑。减刑幅度为:确有悔改表现或者有立功表现的,可以减为二十五年有期徒刑;确有悔改表现并有立功表现的,可以减为二十四年以上二十五年以下有期徒刑;有重大立功表现的,可以减为二十三年以上二十四年以下有期徒刑;确有悔改表现并有重大立功表现的,可以减为二十二年以上二十三年以下有期徒刑。

被判处死刑缓期执行的罪犯减为有期徒刑后再减刑时,比照本规定第八条的规定办理。

第十一条 对被判处死刑缓期执行的职务犯罪罪犯,破坏金融管理秩序和金融诈骗犯罪罪犯,组织、领导、参加、包庇、纵容黑社会性质组织犯罪罪犯,危害国家安全犯罪罪犯,恐怖活动犯罪罪犯,毒品犯罪集团的首要分子及毒品再犯,累犯以及因故意杀人、强奸、抢劫、绑架、放火、爆炸、投放危险物质或者有组织的暴力性犯罪的罪犯,确有履行能力而不履行或者不全部履行生效裁判中财产性判项的罪犯,数罪并罚被判处死刑缓期执行的罪犯,减为无期徒刑后,符合减刑条件的,执行三年以上方可减刑,一般减为二十五年有期徒刑,有立功表现或者重大立功表现的,可以比照本规定第十条减为二十三年以上二十五年以下有期徒刑;减为有期徒刑后再减刑时,减刑幅度比照本规定第六条从严掌握,一次不超过一年有期徒刑,两次减刑之间应当间隔二年以上。

第十二条 被判处死刑缓期执行的罪犯经过一次或者几次减刑后,其实际执行的刑期不得少于十五年,死刑缓期执行期间不包括在内。

死刑缓期执行罪犯在缓期执行期间不服从监管、抗拒改造,尚未构成犯罪的,在减为无期徒刑后再减刑时应当适当从严。

第十三条 被限制减刑的死刑缓期执行罪犯,减为无期徒刑后,符合减刑条件的,执行五年以上方可减刑。减刑间隔时间和减刑幅度依照本规定第十一条的规定执行。

第十四条 被限制减刑的死刑缓期执行罪犯,减为有期徒刑后再减刑时,一次减刑不超过六个月有期徒刑,两次减刑间隔时间不得少于二年。有重大立功表现的,间隔时间可以适当缩短,但一次减刑不超过一年有期徒刑。

第十五条 对被判处终身监禁的罪犯,在死刑缓期执行期满依法减为无期徒刑的裁定中,应当明确终身监禁,不得再减刑或者假释。

第十六条 被判处管制、拘役的罪犯,以及判决生效后剩余刑期不满二年有期徒刑的罪犯,符合减刑条件的,可以酌情减刑,减刑起始时间可以适当缩短,但实际执行的刑期不得少于原判刑期的二分之一。

第十七条 被判处有期徒刑罪犯减刑时,对附加剥夺政治权利的期限可以酌减。酌减后剥夺政治权利的期限,不得少于一年。

被判处死刑缓期执行、无期徒刑的罪犯减为有期徒刑时,应当将附加剥夺政治权利的期限减为七年以上十年以下,经过一次或者几次减刑后,最终剥夺政治权利的期限不得少于三年。

第十八条 被判处拘役或者三年以下有期徒刑,并宣告缓刑的罪犯,一般不适用减刑。

前款规定的罪犯在缓刑考验期内有重大立功表现的,可以参照刑法第七十八条的规定予以减刑,同时应当依法缩减其缓刑考验期。缩减后，拘役的缓刑考验期限不得少于二个月，有期徒刑的缓刑考验期限不得少于一年。

第十九条 对在报请减刑前的服刑期间不满十八周岁，且所犯罪行不属于刑法第八十一条第二款规定情形的罪犯，认罪悔罪，遵守法律法规及监规，积极参加学习、劳动，应当视为确有悔改表现。

对上述罪犯减刑时，减刑幅度可以适当放宽，或者减刑起始时间、间隔时间可以适当缩短，但放宽的幅度和缩短的时间不得超过本规定中相应幅度、时间的三分之一。

第二十条 老年罪犯、患严重疾病罪犯或者身体残疾罪犯减刑时，应当主要考察其认罪悔罪的实际表现。

对基本丧失劳动能力，生活难以自理的上述罪犯减刑时，减刑幅度可以适当放宽，或者减刑起始时间、间隔时间可以适当缩短，但放宽的幅度和缩短的时间不得超过本规定中相应幅度、时间的三分之一。

第二十一条 被判处有期徒刑、无期徒刑的罪犯在刑罚执行期间又故意犯罪，新罪被判处有期徒刑的，自新罪判决确定之日起三年内不予减刑；新罪被判处无期徒刑的，自新罪判决确定之日起四年内不予减刑。

罪犯在死刑缓期执行期间又故意犯罪，未被执行死刑的，死刑缓期执行的期间重新计算，减为无期徒刑后，五年内不予减刑。

被判处死刑缓期执行罪犯减刑后，在刑罚执行期间又故意犯罪的，依照第一款规定处理。

第二十二条 办理假释案件，认定“没有再犯罪的危险”，除符合刑法第八十一条规定的情形外，还应当根据犯罪的具体情节、原判刑罚情况，在刑罚执行中的一贯表现，罪犯的年龄、身体状况、性格特征，假释后生活来源以及监管条件等因素综合考虑。

第二十三条 被判处有期徒刑的罪犯假释时，执行原判刑期二分之一的时间，应当从判决执行之日起计算，判决执行以前先行羁押的，羁押一日折抵刑期一日。

被判处无期徒刑的罪犯假释时，刑法中关于实际执行刑期不得少于十三年的时间，应当从判决生效之日起计算。判决生效以前先行羁押的时间不予折抵。

被判处死刑缓期执行的罪犯减为无期徒刑或者有期徒刑后，实际执行十五年以上，方可假释，该实际执行时间应当从死刑缓期执行期满之日起计算。死刑缓期执行期间不包括在内，判决确定以前先行羁押的时间不予折抵。

第二十四条 刑法第八十一条第一款规定的“特殊情况”，是指有国家政治、国防、外交等方面特殊需要的情况。

第二十五条 对累犯以及因故意杀人、强奸、抢劫、绑架、放火、爆炸、投放危险物质或者有组织的暴力性犯罪被判处十年以上有期徒刑、无期徒刑的罪犯，不得假释。

因前款情形和犯罪被判处死刑缓期执行的罪犯，被减为无期徒刑、有期徒刑后，也不得假释。

第二十六条 对下列罪犯适用假释时可以依法从宽掌握：

（一）过失犯罪的罪犯、中止犯罪的罪犯、被胁迫参加犯罪的罪犯；

（二）因防卫过当或者紧急避险过当而被判处有期徒刑以上刑罚的罪犯；

（三）犯罪时未满十八周岁的罪犯；

（四）基本丧失劳动能力、生活难以自理，假释后生活确有着落的老年罪犯、患严重疾病罪犯或者身体残疾罪犯；

（五）服刑期间改造表现特别突出的罪犯；

（六）具有其他可以从宽假释情形的罪犯。

罪犯既符合法定减刑条件，又符合法定假释条件的，可以优先适用假释。

第二十七条 对于生效裁判中有财产性判项，罪犯确有履行能力而不履行或者不全部履行的，不予假释。

第二十八条 罪犯减刑后又假释的，间隔时间不得少于一年；对一次减去一年以上有期徒刑后，决定假释的，间隔时间不得少于一年六个月。

罪犯减刑后余刑不足二年，决定假释的，可以适当缩短间隔时间。

第二十九条 罪犯在假释考验期内违反法律、行政法规或者国务院有关部门关于假释的监督管理规定的，作出假释裁定的人民法院，应当在收到报请机关或者检察机关撤销假释建议书后及时审查，作出是否撤销假释的裁定，并送达报请机关，同时抄送人民检察院、公安机关和原刑罚执行机关。

罪犯在逃的，撤销假释裁定书可以作为对罪犯进行追捕的依据。

第三十条 依照刑法第八十六条规定被撤销假释的罪犯，一般不得再假释。但依照该条第二款被撤销假释的罪犯，如果罪犯对漏罪曾作如实供述但原判未予认定，或者漏罪系其自首，符合假释条件的，可以再假释。

被撤销假释的罪犯，收监后符合减刑条件的，可以减刑，但减刑起始时间自收监之日起计算。

第三十一条 年满八十周岁、身患疾病或者生活难以自理、没有再犯罪危险的罪犯，既符合减刑条件，又符合假释条件的，优先适用假释；不符合假释条件的，参照本规定第二十条有关的规定从宽处理。

第三十二条 人民法院按照审判监督程序重新审理的案件，裁定维持原判决、裁定的，原减刑、假释裁定继续有效。

再审裁判改变原判决、裁定的，原减刑、假释裁定自动失效，执行机关应当及时报请有管辖权的人民法院重新作出是否减刑、假释的裁定。重新作出减刑裁定时，不受本规定有关减刑起始时间、间隔时间和减刑幅度的限制。重新裁定时应综合考虑各方面因素，减刑幅度不得超过原裁定减去的刑期总和。

再审改判为死刑缓期执行或者无期徒刑的，在新判决减为有期徒刑之时，原判决已经实际执行的刑期一并扣减。

再审裁判宣告无罪的，原减刑、假释裁定自动失效。

第三十三条 罪犯被裁定减刑后，刑罚执行期间因故意犯罪而数罪并罚时，经减刑裁定减去的刑期不计入已经执行的刑期。原判死刑缓期执行减为无期徒刑、有期徒刑，或者无期徒刑减为有期徒刑的裁定继续有效。

第三十四条 罪犯被裁定减刑后，刑罚执行期间因发现漏罪而数罪并罚的，原减刑裁定自动失效。如漏罪系罪犯主动交代的，对其原减去的刑期，由执行机关报请有管辖权的人民法院重新作出减刑裁定，予以确认；如漏罪系有关机关发现或者他人检举揭发的，由执行机关报请有管辖权的人民法院，在原减刑裁定减去的刑期总和之内，酌情重新裁定。

第三十五条 被判处死刑缓期执行的

罪犯,在死刑缓期执行期内被发现漏罪,依据刑法第七十条规定数罪并罚,决定执行死刑缓期执行的,死刑缓期执行期间自新判决确定之日起计算,已经执行的死刑缓期执行期间计入新判决的死刑缓期执行期间内,但漏罪被判处死刑缓期执行的除外。

第三十六条 被判处死刑缓期执行的罪犯,在死刑缓期执行期满后被发现漏罪,依据刑法第七十条规定数罪并罚,决定执行死刑缓期执行的,交付执行时对罪犯实际执行无期徒刑,死缓考验期不再执行,但漏罪被判处死刑缓期执行的除外。

在无期徒刑减为有期徒刑时,前罪死刑缓期执行减为无期徒刑之日起至新判决生效之日止已经实际执行的刑期,应当计算在减刑裁定决定执行的刑期以内。

原减刑裁定减去的刑期依照本规定第三十四条处理。

第三十七条 被判处无期徒刑的罪犯在减为有期徒刑后因发现漏罪,依据刑法第七十条规定数罪并罚,决定执行无期徒刑的,前罪无期徒刑生效之日起至新判决生效之日止已经实际执行的刑期,应当在新判决的无期徒刑减为有期徒刑时,在减刑裁定决定执行的刑期内扣减。

无期徒刑罪犯减为有期徒刑后因发现漏罪判处三年有期徒刑以下刑罚,数罪并罚决定执行无期徒刑的,在新判决生效后执行一年以上,符合减刑条件的,可以减为有期徒刑,减刑幅度依照本规定第八条、第九条的规定执行。

原减刑裁定减去的刑期依照本规定第三十四条处理。

第三十八条 人民法院作出的刑事判决、裁定发生法律效力后,在依照刑事诉讼法第二百五十三条、第二百五十四条的规定将罪犯交付执行刑罚时,如果生效裁判中有财产性判项,人民法院应当将反映财产性判项执行、履行情况的有关材料一并随案移送刑罚执行机关。罪犯在服刑期间本人履行或者其亲属代为履行生效裁判中财产性判项的,应当及时向刑罚执行机关报告。刑罚执行机关报请减刑时应随案移送以上材料。

人民法院办理减刑、假释案件时,可以向原一审人民法院核实罪犯履行财产性判项的情况。原一审人民法院应当出具相关证明。

刑罚执行期间,负责办理减刑、假释案件的人民法院可以协助原一审人民法院执行生效裁判中的财产性判项。

第三十九条 本规定所称"老年罪犯",是指报请减刑、假释时年满六十五周岁的罪犯。

本规定所称"患严重疾病罪犯",是指因患有重病,久治不愈,而不能正常生活、学习、劳动的罪犯。

本规定所称"身体残疾罪犯",是指因身体有肢体或者器官残缺、功能不全或者丧失功能,而基本丧失生活、学习、劳动能力的罪犯,但是罪犯犯罪后自伤致残的除外。

对刑罚执行机关提供的证明罪犯患有严重疾病或者有身体残疾的证明文件,人民法院应当审查,必要时可以委托有关单位重新诊断、鉴定。

第四十条 本规定所称"判决执行之日",是指罪犯实际送交刑罚执行机关之日。

本规定所称"减刑间隔时间",是指前一次减刑裁定送达之日起至本次减刑报请之日止的期间。

第四十一条 本规定所称“财产性判项”是指判决罪犯承担的附带民事赔偿义务判项,以及追缴、责令退赔、罚金、没收财产等判项。

第四十二条 本规定自2017年1月1日起施行。以前发布的司法解释与本规定不一致的,以本规定为准。

最高人民法院关于办理减刑、假释案件具体应用法律的补充规定

(2019年3月25日最高人民法院审判委员会第1763次会议通过 2019年4月24日最高人民法院公告公布 自2019年6月1日起施行 法释〔2019〕6号)

为准确把握宽严相济刑事政策,严格执行《最高人民法院关于办理减刑、假释案件具体应用法律的规定》,现对《中华人民共和国刑法修正案(九)》施行后,依照刑法分则第八章贪污贿赂罪判处刑罚的原具有国家工作人员身份的罪犯的减刑、假释补充规定如下:

第一条 对拒不认罪悔罪的,或者确有履行能力而不履行或者不全部履行生效裁判中财产性判项的,不予假释,一般不予减刑。

第二条 被判处十年以上有期徒刑,符合减刑条件的,执行三年以上方可减刑;被判处不满十年有期徒刑,符合减刑条件的,执行二年以上方可减刑。

确有悔改表现或者有立功表现的,一次减刑不超过六个月有期徒刑;确有悔改表现并有立功表现的,一次减刑不超过九个月有期徒刑;有重大立功表现的,一次减刑不超过一年有期徒刑。

被判处十年以上有期徒刑的,两次减刑之间应当间隔二年以上;被判处不满十年有期徒刑的,两次减刑之间应当间隔一年六个月以上。

第三条 被判处无期徒刑,符合减刑条件的,执行四年以上方可减刑。

确有悔改表现或者有立功表现的,可以减为二十三年有期徒刑;确有悔改表现并有立功表现的,可以减为二十二年以上二十三年以下有期徒刑;有重大立功表现的,可以减为二十一年以上二十二年以下有期徒刑。

无期徒刑减为有期徒刑后再减刑时,减刑幅度比照本规定第二条的规定执行。两次减刑之间应当间隔二年以上。

第四条 被判处死刑缓期执行的,减为无期徒刑后,符合减刑条件的,执行四年以上方可减刑。

确有悔改表现或者有立功表现的,可以减为二十五年有期徒刑;确有悔改表现并有立功表现的,可以减为二十四年六个月以上二十五年以下有期徒刑;有重大立功表现的,可以减为二十四年以上二十四年六个月以下有期徒刑。

减为有期徒刑后再减刑时,减刑幅度比照本规定第二条的规定执行。两次减刑之间应当间隔二年以上。

第五条 罪犯有重大立功表现的,减刑时可以不受上述起始时间和间隔时间的限制。

第六条 对本规定所指贪污贿赂罪犯适用假释时,应当从严掌握。

第七条 本规定自2019年6月1日起施行。此前发布的司法解释与本规定不一致的,以本规定为准。

最高人民法院、最高人民检察院、公安部、司法部关于加强减刑、假释案件实质化审理的意见

（2021年12月1日 法发〔2021〕31号）

减刑、假释制度是我国刑罚执行制度的重要组成部分。依照我国法律规定，减刑、假释案件由刑罚执行机关提出建议书，报请人民法院审理裁定，人民检察院依法进行监督。为严格规范减刑、假释工作，确保案件审理公平、公正，现就加强减刑、假释案件实质化审理提出如下意见。

一、准确把握减刑、假释案件实质化审理的基本要求

1. 坚持全面依法审查。审理减刑、假释案件应当全面审查刑罚执行机关报送的材料，既要注重审查罪犯交付执行后的一贯表现，同时也要注重审查罪犯犯罪的性质、具体情节、社会危害程度、原判刑罚及生效裁判中财产性判项的履行情况等，依法作出公平、公正的裁定，切实防止将考核分数作为减刑、假释的唯一依据。

2. 坚持主客观改造表现并重。审理减刑、假释案件既要注重审查罪犯劳动改造、监管改造等客观方面的表现，也要注重审查罪犯思想改造等主观方面的表现，综合判断罪犯是否确有悔改表现。

3. 坚持严格审查证据材料。审理减刑、假释案件应当充分发挥审判职能作用，坚持以审判为中心，严格审查各项证据材料。认定罪犯是否符合减刑、假释法定条件，应当有相应证据予以证明；对于没有证据证实或者证据不确实、不充分的，不得裁定减刑、假释。

4. 坚持区别对待。审理减刑、假释案件应当切实贯彻宽严相济刑事政策，具体案件具体分析，区分不同情形，依法作出裁定，最大限度地发挥刑罚的功能，实现刑罚的目的。

二、严格审查减刑、假释案件的实体条件

5. 严格审查罪犯服刑期间改造表现的考核材料。对于罪犯的计分考核材料，应当认真审查考核分数的来源及其合理性等，如果存在考核分数与考核期不对应、加扣分与奖惩不对应、奖惩缺少相应事实和依据等情况，应当要求刑罚执行机关在规定期限内作出说明或者补充。对于在规定期限内不能作出合理解释的考核材料，不作为认定罪犯确有悔改表现的依据。

对于罪犯的认罪悔罪书、自我鉴定等自书材料，要结合罪犯的文化程度认真进行审查，对于无特殊原因非本人书写或者自书材料内容虚假的，不认定罪犯确有悔改表现。

对于罪犯存在违反监规纪律行为的，应当根据行为性质、情节等具体情况，综合分析判断罪犯的改造表现。罪犯服刑期间因违反监规纪律被处以警告、记过或者禁闭处罚的，可以根据案件具体情况，认定罪犯是否确有悔改表现。

6. 严格审查罪犯立功、重大立功的证据材料，准确把握认定条件。对于检举、揭发监狱内外犯罪活动，或者提供重要破案线索的，应当注重审查线索的来源。对于揭发线索来源存疑的，应当进一步核查，如果查明线索系通过贿买、暴力、威胁或者违反监规等非法手段获取的，不认定罪犯具有立功或者重大立功表现。

对于技术革新、发明创造,应当注重审查罪犯是否具备该技术革新、发明创造的专业能力和条件,对于罪犯明显不具备相应专业能力及条件、不能说明技术革新或者发明创造原理及过程的,不认定罪犯具有立功或者重大立功表现。

对于阻止他人实施犯罪活动,协助司法机关抓捕其他犯罪嫌疑人,在日常生产、生活中舍己救人,在抗御自然灾害或者排除重大事故中有积极或者突出表现的,除应当审查有关部门出具的证明材料外,还应当注重审查能够证明上述行为的其他证据材料,对于罪犯明显不具备实施上述行为能力和条件的,不认定罪犯具有立功或者重大立功表现。

严格把握"较大贡献"或者"重大贡献"的认定条件。该"较大贡献"或者"重大贡献",是指对国家、社会具有积极影响,而非仅对个别人员、单位有贡献和帮助。对于罪犯在警示教育活动中现身说法的,不认定罪犯具有立功或者重大立功表现。

7. 严格审查罪犯履行财产性判项的能力。罪犯未履行或者未全部履行财产性判项,具有下列情形之一的,不认定罪犯确有悔改表现:

(1)拒不交代赃款、赃物去向;

(2)隐瞒、藏匿、转移财产;

(3)有可供履行的财产拒不履行。

对于前款罪犯,无特殊原因狱内消费明显超出规定额度标准的,一般不认定罪犯确有悔改表现。

8. 严格审查反映罪犯是否有再犯罪危险的材料。对于报请假释的罪犯,应当认真审查刑罚执行机关提供的反映罪犯服刑期间现实表现和生理、心理状况的材料,并认真审查司法行政机关或者有关社会组织出具的罪犯假释后对所居住社区影响的材料,同时结合罪犯犯罪的性质、具体情节、社会危害程度、原判刑罚及生效裁判中财产性判项的履行情况等,综合判断罪犯假释后是否具有再犯罪危险性。

9. 严格审查罪犯身份信息、患有严重疾病或者身体有残疾的证据材料。对于上述证据材料有疑问的,可以委托有关单位重新调查、诊断、鉴定。对原判适用《中华人民共和国刑事诉讼法》第一百六十条第二款规定判处刑罚的罪犯,在刑罚执行期间不真心悔罪,仍不讲真实姓名、住址,且无法调查核实清楚的,除具有重大立功表现等特殊情形外,一律不予减刑、假释。

10. 严格把握罪犯减刑后的实际服刑刑期。正确理解法律和司法解释规定的最低服刑期限,严格控制减刑起始时间、间隔时间及减刑幅度,并根据罪犯前期减刑情况和效果,对其后续减刑予以总体掌握。死刑缓期执行、无期徒刑罪犯减为有期徒刑后再减刑时,在减刑间隔时间及减刑幅度上,应当从严把握。

三、切实强化减刑、假释案件办理程序机制

11. 充分发挥庭审功能。人民法院开庭审理减刑、假释案件,应当围绕罪犯实际服刑表现、财产性判项执行履行情况等,认真进行法庭调查。人民检察院应当派员出庭履行职务,并充分发表意见。人民法院对于有疑问的证据材料,要重点进行核查,必要时可以要求有关机关或者罪犯本人作出说明,有效发挥庭审在查明事实、公正裁判中的作用。

12. 健全证人出庭作证制度。人民法院审理减刑、假释案件,应当通知罪犯的管教干警、同监室罪犯、公示期间提出异议的人员以及其他了解情况的人员出庭作证。开庭审理前，刑罚执行机关应当提供前述证人名单，人民法院根据需要从名单中确定相应数量的证人出庭作证。证人到庭后，应当对其进行详细询问，全面了解被报请减刑、假释罪犯的改造表现等情况。

13. 有效行使庭外调查核实权。人民法院、人民检察院对于刑罚执行机关提供的罪犯确有悔改表现、立功表现等证据材料存有疑问的，根据案件具体情况，可以采取讯问罪犯、询问证人、调取相关材料、与监所人民警察座谈、听取派驻监所检察人员意见等方式，在庭外对相关证据材料进行调查核实。

14. 强化审判组织的职能作用。人民法院审理减刑、假释案件，合议庭成员应当对罪犯是否符合减刑或者假释条件、减刑幅度是否适当、财产性判项是否执行履行等情况，充分发表意见。对于重大、疑难、复杂的减刑、假释案件，合议庭必要时可以提请院长决定提交审判委员会讨论，但提请前应当先经专业法官会议研究。

15. 完善财产性判项执行衔接机制。人民法院刑事审判部门作出具有财产性判项内容的刑事裁判后，应当及时按照规定移送负责执行的部门执行。刑罚执行机关对罪犯报请减刑、假释时，可以向负责执行财产性判项的人民法院调取罪犯财产性判项执行情况的有关材料，负责执行的人民法院应当予以配合。刑罚执行机关提交的关于罪犯财产性判项执行情况的材料，可以作为人民法院认定罪犯财产性判项执行情况和判断罪犯是否具有履行能力的依据。

16. 提高信息化运用水平。人民法院、人民检察院、刑罚执行机关要进一步提升减刑、假释信息化建设及运用水平，充分利用减刑、假释信息化协同办案平台、执行信息平台及大数据平台等，采用远程视频开庭等方式，不断完善案件办理机制。同时，加强对减刑、假释信息化协同办案平台和减刑、假释、暂予监外执行信息网的升级改造，不断拓展信息化运用的深度和广度，为提升减刑、假释案件办理质效和加强权力运行制约监督提供科技支撑。

四、大力加强减刑、假释案件监督指导及工作保障

17. 不断健全内部监督。人民法院、人民检察院、刑罚执行机关要进一步强化监督管理职责，严格落实备案审查、专项检查等制度机制，充分发挥层级审核把关作用。人民法院要加强文书的释法说理，进一步提升减刑、假释裁定公信力。对于发现的问题及时责令整改，对于确有错误的案件，坚决依法予以纠正，对于涉嫌违纪违法的线索，及时移交纪检监察部门处理。

18. 高度重视外部监督。人民法院、人民检察院要自觉接受同级人民代表大会及其常委会的监督，主动汇报工作，对于人大代表关注的问题，认真研究处理并及时反馈，不断推进减刑、假释工作规范化开展；人民法院、刑罚执行机关要依法接受检察机关的法律监督，认真听取检察机关的意见、建议，支持检察机关巡回检察等工作，充分保障检察机关履行检察职责；人民法院、人民检察院、刑罚执行机关均要主动接受社会监督，积极回应人民群众关切。

19. 着力强化对下指导。人民法院、人民检察院、刑罚执行机关在减刑、假释工作中，遇到法律适用难点问题或者其他重大政策问题，应当及时向上级机关请示报告。上级机关应当准确掌握下级机关在减刑、假释工作中遇到的突出问题，加强研究和指导,并及时收集辖区内减刑、假释典型案例层报。最高人民法院、最高人民检察院应当适时发布指导性案例,为下级人民法院、人民检察院依法办案提供指导。

20. 切实加强工作保障。人民法院、人民检察院、刑罚执行机关应当充分认识减刑、假释工作所面临的新形势、新任务、新要求,坚持各司其职、分工负责、相互配合、相互制约的原则,不断加强沟通协作。根据工作需要,配足配强办案力量,加强对办案人员的业务培训,提升能力素质,建立健全配套制度机制,确保减刑、假释案件实质化审理公正、高效开展。

最高人民法院研究室关于假释时间效力法律适用问题的答复

(2011年7月15日 法研〔2011〕97号)

安徽省高级人民法院:

你院(2011)皖刑他字第10号《关于假释时间效力法律适用问题的请示》收悉。经研究,答复如下:

一、根据刑法第十二条的规定,应当以行为实施时,而不是审判时,作为新旧法选择适用的判断基础。故《最高人民法院关于适用刑法时间效力规定若干问题的解释》第八条规定的"1997年9月30日以前犯罪,1997年10月1日以后仍在服刑的累犯以及因杀人、爆炸、抢劫、强奸、绑架等暴力性犯罪被判处十年以上有期徒刑、无期徒刑的犯罪分子",包括1997年9月30日以前犯罪,已被羁押尚未判决的犯罪分子。

二、经《中华人民共和国刑法修正案(八)》修正前刑法第八十一条第二款规定的"暴力性犯罪",不仅包括杀人、爆炸、抢劫、强奸、绑架五种,也包括故意伤害等其他暴力性犯罪。

12. 赃款赃物处理

中国人民银行、最高人民法院、最高人民检察院、公安部、司法部关于没收储蓄存款缴库和公证处查询存款问题几点补充规定

(1983年7月4日 〔83〕银发字第203号)

中国人民银行各省、市、自治区分行,各省、市、自治区高级人民法院、人民检察院、公安厅、司法厅:

在办理经济领域中的违法犯罪案件中,涉及没收个人在银行的储蓄存款问题,除经人民法院判决的案件按照〔80〕储字第18号联合通知的规定办理外,现对人民检察院、公安机关直接处理的案件以及收到当事人以匿名或化名的方式交出的存款单(折),应如何处理等问题,补充规定如下:

一、人民检察院决定免予起诉、撤销案件或者不起诉的案件,被告人交出或者被人民检察院、公安机关查获的被告人的储蓄存款单(折),经查明确系被告人非法所得的赃款,人民检察院作出没收的决定之后,银行依据人民检察院的《免予起诉决定书》(附没收清单)或者由检察长签署的《没收通知书》和存款单(折),办理提款或者缴库手续。

二、对于收到以匿名或化名的方式交出的储蓄存款单(折),凡由人民检察院、公

安机关受理的,经认真调查仍无法寄交人的,在收到该项存款单(折)半年以后,并经与银行核对确有该项存款的,根据县以上(含县)人民检察院检察长或者公安局局长签署的决定办理缴库手续。如属于其他单位接受的,由接受单位备函开具清单送交县以上人民检察院或公安机关办理缴库手续。

三、没收缴库的储蓄存款,银行采取转账方式支付,并均不计付利息。

四、没收的储蓄存款缴库后,如查出不该没收的,由原经办单位负责办理退库手续,并将款项退还当事人。上缴国库后一段时间应付储户的利息由财政上负担。

五、公证处在办理继承权公证的过程中,需要向银行核实有关储蓄存款情况时,须提供存款储蓄所的名称、户名,账号,日期、金额等线索,银行应协助办理。

以上各点希研究贯彻执行。

最高人民法院关于转发财政部《关于重申国家罚没收入一律上缴国库的通知》的通知

(1985年4月13日　法(司)发〔1985〕9号)

各省、自治区、直辖市高级人民法院、解放军军事法院、铁路运输高级人民法院:

现将财政部〔85〕财预字第47号《关于重申国家罚、没收入一律上缴国库的通知》转发给你们,请按通知规定的精神,立即组织力量对所属各级人民法院尚未处理的罚款和没收的财物进行彻底清点,造册登记。依照规定变价后如数上缴国库,不得自行提成和留用。并请将检查清理情况于6月20日前报最高人民法院。

附:

财政部关于重申国家罚没收入一律上缴国库的通知

各省、自治区、直辖市财政厅(局),沈阳、大连、哈尔滨、西安、武汉、广州、重庆市财政局,高法院、高检院、公安部、海关总署、国家工商行政管理局、物价局、海洋局、文物局、交通部、林业部、建设部、农牧渔业部、卫生部、铁道部、经贸部、司法部及其他有关部委局,中国人民银行总行、中国银行、中央总金库,加发:南京市财政局:

各级政法机关和行政执法机关依法收缴的罚没款和没收物资变价款,都应作为罚没收入如数上缴国库的问题,国务院、中纪委早有明确指示。财政部根据国务院、中纪委的指示精神,于1982年又以〔82〕财预字第91号、78号通知《关于罚没财物管理办法》和《关于追回赃物的财务处理办法》,对有关问题作了具体规定。据了解,全国大多数地区和部门贯彻执行了国务院、中纪委的指示和上述两个具体规定,把各项罚没收入及时足额地上缴国库。据反映,也有少数地区的部门,擅自截留应上缴国库的罚没收入,乱搞计划外基建,乱买高级设备和消费品,滥发奖金,请客送礼,个别单位甚至乱拿乱借或低价私分罚没物资。这不仅在经济上给国家造成损失,更严重的是腐蚀了一些干部,给国家执法机关造成不良的政治影响。这种新的不正之风,必须坚决制止,立即纠正。根据中央和国务院领导同志指示精神,现对有关规定再重申如下:

一、认真整顿和清理查处经济案件的罚款和没收的财物。

中央纪委1982年7月14日中纪

〔1982〕31号《关于纠正当前处理经济犯罪案件中存在的'重罚轻刑'现象通知》中规定:"各地区、各部门自收到本通知之日起,应责成有关单位对尚未处理的罚款和没收的财物都要立即进行彻底清点、造册登记,依照规定变价后如数上缴国库。任何部门单位和个人一律不得自行提成和留用。"各级财政部门要在政府统一领导下,会同审计机关再次认真督促检查,彻底整顿和清理罚款和没收的财物,对应交未交的罚没收入,应及时足额地收缴入库;已经挪用的,原则上要如数追回,"贪赃枉法"的,要报告领导机关依法严肃处理。

二、各项罚没收入,一律上缴国库,任何地区、部门和单位都不得坐支截留。1982年7月国务院常务会议原则同意的东南沿海三省第三次打击走私工作会议情况汇报中指出:现行的对走私、投机倒把案件的罚没收入提成和奖励办法,执行中弊病很多,使一些单位滋长了本位主义"向钱看"的倾向,有的对应该法办的"以罚代刑",有的滥发奖金和私分赃物,使一些干部职工受到腐蚀。为了杜绝这些流弊,各项罚没收入一律上缴财政,办案部门不得自行提成和坐支截留,其所需的办案费用,由财政部门另行专项拨付(见国务院办公厅〔1992〕第10号参阅文件)。各地区、各部门、各单位都要认真贯彻执行国务院上述指示,和随后经国务院批准由财政部制发的《关于罚没财物管理办法》的具体规定。重申,各级公安、检察、法院等政法机关和海关、工商管理、物价、交通等行政执法机关依法处理走私贩私、投机倒把、违反物价管理、治安管理、交通管理等案件,依法收缴的罚没款和罚没物资变价款,都必须作为罚没收入及时足额地上缴国库,各有关部门和单位,都不得自行提成、截留或坐支(海关总署按国务院国发〔1984〕167号文件办理,下同)。依法追回贪污盗窃等案件的赃款和赃物变价款,除依法归还原主部分外,也都要如数上缴国库。对于屡催不缴的,各级财政部门除报告领导严肃处理外,有权从其行政事业经费中扣缴。

三、依法没收的各种物资,任何部门、任何人都不得私自动用。各级政法机关和行政执法机关对于依法收缴保管的各种物资,必须严格按照财政部《关于罚没财物管理办法》有关罚没财物的处理原则的规定进行处理。即属于商业部门经营范围的商品,一律交由指定的国营商业单位负责变价处理,不得内部处理。商业部门对经销的罚没物资,也必须纳入正常销售渠道投入市场,不准内部处理;属于金银、有价证券、文物、毒品等物资,应及时交由专管机构或专营企业收兑或收购。凡是乱拿、乱借或低价私分罚没物资的,应以"贪赃枉法"论,必须依法追究责任,进行严肃处理。

四、因办案需要增加的费用,应由财政机关核实退库,不得自行坐支留用。打击经济领域和其他领域犯罪活动,是各级政法机关和行政执法机关的职能和任务,其办案所需费用,包括正常的办案费用,国家预算都已有安排。有的执法机关,如海关、工商行政管理机关,由于侦缉调查任务较重,还要支付告发检举人奖金等,因此,除正常行政事业经费外,财政部《关于罚没财物管理办法》规定:因办案需要增加的费用,由案件主办单位定期编报用款计划,由财政机关核准后,在入库的罚没收入的20%至30%以内掌握退库,统一安排使用,以弥补正常经费的不足。但是,办案费用,必须由财政机关统一掌握退库核拨,不得从罚没收入中自行坐支留用。否则,不仅造成预算执行的紊乱,而且脱离财政监督和制约,容易产生流弊。各地如有自行坐支留用的,应即按国家统一规定改过来。坚持“收支两条线”的原则。至于公安等机关因参加查缉走私等案件需要增加的办案费用补助,由案件主办单位(海关或工商管理等部门)从财政机关核拨的办案费用中酌情分拨。公安等联合办案单位,不与财政机关直接发生办案费用的领拨关系。

各级政法机关和行政执法机关的罚没收入按规定全部上缴国库后,各级财政机关对于不另外领取办案费用的执法机关,应在贯彻国务院关于节俭压缩行政经费的原则下,在安排经费支出预算时,要考虑这些执法机关的业务特点,对其办案所需的、必不可少的经费予以妥善安排。

以上各点,请各省、自治区、直辖市财政部门、审计机关、中央各政法机关和行政执法机关,根据国务院、中纪委的指示精神以及我部有关制度办法,迅速布置并做好整顿和清理检查工作。有关检查情况,请于 6 月底以前报财政部,以便汇总报告中央和国务院。

最高人民法院关于被告人亲属主动为被告人退缴赃款应如何处理的批复

(1987 年 8 月 26 日)

广东省高级人民法院:

你院〔1986〕粤法刑经文字第 42 号《关于被告人亲属主动为被告人退缴赃款法院应如何处理的请示报告》收悉。经研究,答复如下:

一、被告人是成年人,其违法所得都由自己挥霍,无法追缴的,应责令被告人退赔,其家属没有代为退赔的义务。

被告人在家庭共同财产中有其个人应有部分的,只能在其个人应有部分的范围内,责令被告人退赔。

二、如果被告人的违法所得有一部分用于家庭日常生活,对这部分违法所得,被告人和家属均有退赔义务。

三、如果被告人对责令其本人退赔的违法所得已无实际上的退赔能力,但其亲属应被告人的请求,或者主动提出并征得被告人的同意,自愿代被告人退赔部分或者全部违法所得的,法院也可考虑其具体情况,收下其亲属自愿代被告人退赔的款项,并视为被告人主动退赔的款项。

四、属于以上三种情况,已作了退赔的,均可视为被告人退赃较好,可以依法适当从宽处罚。

五、如果被告人的罪行应当判处死刑,并必须执行,属于以上第一、二两种情况的,法院可以接收退赔的款项;属于以上第三种情况的,其亲属自愿代为退赔的款项,法院不应接收。

最高人民检察院、最高人民法院、国家税务局关于办理偷税、抗税案件追缴税款统一由税务机关缴库的规定

(1991 年 10 月 31 日　高检会〔1991〕31 号)

最近,一些地方在办理偷税、抗税犯罪案件中,对追缴的偷税、抗税款(包括滞纳

金,下同)、罚款如何上交财政的问题发生分歧意见,要求对此作出明确规定。经研究,现作出以下规定:

一、根据《中华人民共和国刑法》第一百二十一条规定的精神,偷税、抗税构成犯罪的,应当按照税收法规补税。这部分税款属于国家应征税款的一部分,对其处理不能按一般赃款对待,不宜由人民检察院或者人民法院追缴后直接上交地方财政,应当由税务机关依法征收,并办理上交国库手续。

二、税务机关移送人民检察院处理的偷税、抗税犯罪案件,移送前可先行依法追缴税款,将所收税款的证明随案移送人民检察院。

三、人民检察院直接受理的偷税、抗税案件,已追缴的税款,应当由税务机关办理补缴税款手续。案件提起公诉时,将所收税款的证明随卷移送人民法院。

四、偷税、抗税案件经人民法院判决应当予以追缴或退回的税款,判决生效后,由税务机关依据判决书收缴或退回。对被告人和其他当事人以及有关单位,拒绝依据判决书缴纳或划拨税款的,由人民法院强制执行。

最高人民法院、最高人民检察院、公安部、国家计划委员会关于统一赃物估价工作的通知

(1994年4月22日　法发〔1994〕9号)

各省、自治区、直辖市高级人民法院,人民检察院,公安厅(局),物价局(委员会):

为了进一步做好赃物估价工作,统一估价原则和估价标准,正确办理刑事案件,现就赃物估价工作的有关事项通知如下:

一、人民法院、人民检察院、公安机关在办理刑事案件过程中,对于价格不明或者价格难以确定的赃物应当估价。案件移送时,应附《赃物估价鉴定结论书》。

二、国家计委及地方各级政府物价管理部门是赃物估价的主管部门,其设立的价格事务所是指定的赃物估价机构。

三、人民法院、人民检察院、公安机关在办案中需要对赃物估价时,应当出具估价委托书,委托案件管辖地的同级物价管理部门设立的价格事务所进行估价。估价委托书一般应当载明赃物的品名、牌号、规格、数量、来源、购置时间、以及违法犯罪获得赃物的时间、地点等有关情况。

四、价格事务所应当参照最高人民法院、最高人民检察院1992年12月11日《关于办理盗窃案件具体应用法律的若干问题的解释》第三条的规定估价。价格事务所应当在接受估价委托后七日内作出估价鉴定结论,但另有约定的除外。

五、价格事务所对赃物估价后,应当出具统一制作的《赃物估价鉴定结论书》,由估价工作人员签名并加盖价格事务所印章。

六、委托估价的机关应当对《赃物估价鉴定结论书》进行审查。如果对同级价格事务所出具的《赃物估价鉴定结论书》提出异议,可退回价格事务所重新鉴定或者委托上一级价格事务所复核。经审查,确认无误的赃物估价鉴定结论,才能作为定案的根据。国家计委指定的直属价格事务所是赃物估价的最终复核裁定机构。

七、赃物估价是一项严肃的工作。各级政府价格主管部门及其价格事务所应积极配合人民法院、人民检察院、公安机关认

真做好这项工作。一些尚未组建价格事务所的地区,赃物估价工作暂由物价管理部门承担。

八、关于赃物估价的具体规定和办法,另行制定。

本通知自下达之日起执行。

最高人民法院、最高人民检察院、公安部关于刑事案件涉扶贫领域财物依法快速返还的若干规定

(2020年7月24日　高检发〔2020〕12号)

第一条　为规范扶贫领域涉案财物快速返还工作,提高扶贫资金使用效能,促进国家惠民利民政策落实,根据《中华人民共和国刑法》《中华人民共和国刑事诉讼法》等法律和有关规定,制定本规定。

第二条　本规定所称涉案财物,是指办案机关办理有关刑事案件过程中,查封、扣押、冻结的与扶贫有关的财物及孳息,以及由上述财物转化而来的财产。

第三条　对于同时符合下列条件的涉案财物,应当依法快速返还有关个人、单位或组织:

(一)犯罪事实清楚,证据确实充分;

(二)涉案财物权属关系已经查明;

(三)有明确的权益被侵害的个人、单位或组织;

(四)返还涉案财物不损害其他被害人或者利害关系人的利益;

(五)不影响诉讼正常进行或者案件公正处理;

(六)犯罪嫌疑人、被告人以及利害关系人对涉案财物快速返还没有异议。

第四条　人民法院、人民检察院、公安机关办理有关扶贫领域刑事案件,应当依法积极追缴涉案财物,对于本办案环节具备快速返还条件的,应当及时快速返还。

第五条　人民法院、人民检察院、公安机关对追缴到案的涉案财物,应当及时调查、审查权属关系。

对于权属关系未查明的,人民法院可以通知人民检察院,由人民检察院通知前一办案环节补充查证,或者由人民检察院自行补充侦查。

第六条　公安机关办理涉扶贫领域财物刑事案件期间,可以就涉案财物处理等问题听取人民检察院意见,人民检察院应当提出相关意见。

第七条　人民法院、人民检察院、公安机关认为涉案财物符合快速返还条件的,应当在作出返还决定五个工作日内返还有关个人、单位或组织。

办案机关返还涉案财物时,应当制作返还财物清单,注明返还理由,由接受个人、单位或组织在返还财物清单上签名或者盖章,并将清单、照片附卷。

第八条　公安机关、人民检察院在侦查阶段、审查起诉阶段返还涉案财物的,在案件移送人民检察院、人民法院时,应当将返还财物清单随案移送,说明返还的理由并附相关证据材料。

未快速返还而随案移送的涉案财物,移送机关应当列明权属情况、提出处理建议并附相关证据材料。

第九条　对涉案财物中易损毁、灭失、变质等不宜长期保存的物品,易贬值的汽车等物品,市场价格波动大的债券、股票、基金份额等财产,有效期即将届满

的汇票、本票、支票等,经权利人同意或者申请,并经人民法院、人民检察院、公安机关主要负责人批准,可以及时依法出售、变现或者先行变卖、拍卖。所得款项依照本规定快速返还,或者按照有关规定处理。

第十条 人民法院、人民检察院应当跟踪了解有关单位和村(居)民委员会等组织对返还涉案财物管理发放情况,跟进开展普法宣传教育,对于管理环节存在漏洞的,要及时提出司法建议、检察建议,确保扶贫款物依法正确使用。

第十一条 发现快速返还存在错误的,应当由决定快速返还的机关及时纠正,依法追回返还财物;侵犯财产权的,依据《中华人民共和国国家赔偿法》第十八条及有关规定处理。

第十二条 本规定自印发之日起施行。

最高人民法院经济审判庭关于云南省玉溪汽车总站运销服务部收到的云南邮电劳动服务公司正大服务部退还的联营投资款应否作为赃款返还原主问题的电话答复

(1989年3月29日)

云南省高级人民法院:

你院法经字〔1988〕第18号请示收悉。关于云南省玉溪汽车总站运销服务部(以下简称运销服务部)收到的云南邮电劳动服务公司正大服务部(以下简称正大服务部)退还的96000元联营投资款,应否作为赃款返还原主的问题,经研究认为:诈骗犯卢鼎虽是正大服务部的经理,但正大服务部退还运销服务部96000元联营投资款,则是根据双方的还款协议。依据该协议退款,是正大服务部正常的经营活动,并非卢的个人行为,与卢诈骗云南省景洪县民族家具厂300000元货款的犯罪行为是两回事。因此,同意你院意见,即正大服务部退还运销服务部的96000元联营投资款,不应作为赃款处理。

指导案例

指导案例144号:张那木拉正当防卫案

【关键词】

刑事/正当防卫/特殊防卫/行凶/宣告无罪

【裁判要点】

1. 对于使用致命性凶器攻击他人要害部位,严重危及他人人身安全的行为,应当认定为刑法第二十条第三款规定的"行凶",可以适用特殊防卫的有关规定。

2. 对于多人共同实施不法侵害,部分不法侵害人已被制伏,但其他不法侵害人仍在继续实施侵害的,仍然可以进行防卫。

【相关法条】

《中华人民共和国刑法》第20条

【基本案情】

张那木拉与其兄张某1二人均在天津市西青区打工。2016年1月11日,张某1与案外人李某某驾驶机动车发生交通事故。事故发生后,李某某驾车逃逸。在处理事故过程中,张那木拉一方认为交警处置懈怠。此后，张那木拉听说周某强在交警队有人脉关系，遂通过鱼塘老板牛某找到周某强，请周某强向交警“打招呼”，周某强应允。3月10日，张那木拉在交警队处理纠纷时与交警发生争吵，这时恰巧周某强给张那木拉打来电话，张那木拉以为周某强能够压制交警，就让交警直接接听周某强的电话，张那木拉此举引起周某强不满，周某强随即挂掉电话。次日，牛某在电话里提醒张那木拉小心点，周某强对此事没完。

3月12日早上8时许，张那木拉与其兄张某1及赵某在天津市西青区鱼塘旁的小屋内闲聊，周某强纠集丛某、张某2、陈某2新，由丛某驾车，并携带了陈某2新事先准备好的两把砍刀，至天津市西青区张那木拉暂住处（分为里屋外屋）。四人首次进入张那木拉暂住处确认张那木拉在屋后，随即返回车内，取出事前准备好的两把砍刀。其中，周某强、陈某2新二人各持砍刀一把，丛某、张某2分别从鱼塘边操起铁锨、铁锤再次进入张那木拉暂住处。张某1见状上前将走在最后边的张某2截在外屋，二人发生厮打。周某强、陈某2新、丛某进入里屋内，三人共同向屋外拉拽张那木拉，张那木拉向后挣脱。此刻，周某强、陈某2新见张那木拉不肯出屋，持刀砍向张那木拉后脑部，张那木拉随手在茶几上抓起一把尖刀捅刺了陈某2新的胸部，陈某2新被捅后退到外屋，随后倒地。其间，丛某持铁锨击打张那木拉后脑处。周某强、丛某见陈某2新倒地后也跑出屋外。张那木拉将尖刀放回原处。此时，其发现张某2仍在屋外与其兄张某1相互厮打，为防止张某1被殴打，其到屋外，随手拿起门口处的铁锨将正挥舞砍刀的周某强打入鱼塘中，周某强爬上岸后张那木拉再次将其打落水中，最终致周某强左尺骨近段粉碎性骨折，其所持砍刀落入鱼塘中。此时，张某1已经将张某2手中的铁锤夺下，并将张某2打落鱼塘中。张那木拉随即拨打电话报警并在现场等待。陈某2新被送往医院后，因单刃锐器刺破心脏致失血性休克死亡；张那木拉头皮损伤程度构成轻微伤；周某强左尺骨损伤程度构成轻伤一级。

【裁判结果】

天津市西青区人民法院于2017年12月13日作出（2016）津0111刑初576号刑事附带民事判决，以被告人张那木拉犯故意伤害罪，判处有期徒刑十二年六个月。被告人张那木拉以其系正当防卫、不构成犯罪为由提出上诉。天津市第一中级人民法院于2018年12月14日作出（2018）津01刑终326号刑事附带民事判决，撤销天津市西青区人民法院（2016）津0111刑初576号刑事附带民事判决，宣告张那木拉无罪。

【裁判理由】

法院生效裁判认为，张那木拉的行为系正当防卫行为，而且是刑法第二十条第三款规定的特殊防卫行为。本案中，张那木拉是在周某强、陈某2新等人突然闯入其私人场所，实施严重不法侵害的情况下进行反击的。周某强、陈某2新等四人均提前准备了作案工具，进入现场时两人分别手持长约50厘米的砍刀，一人持铁锨，一人持铁锤，而张那木拉一方是并无任何思想准备的。周某强一方闯入屋内后径行对张那木拉实施拖拽，并在张那木拉转身向后挣脱时，使用所携带的凶器砸砍张那木拉后脑部。从侵害方人数、所持凶器、打击部位等情节看,以普通人的认识水平判断,应当认为不法侵害已经达到现实危害张那木拉的人身安全、危及其生命安全的程度,属于刑法第二十条第三款规定的“行凶”。张那木拉为制止正在进行的不法侵害,顺手从身边抓起一把平时生活所用刀具捅刺不法侵害人,具有正当性,属于正当防卫。

另外,监控录像显示陈某2新倒地后,周某强跑向屋外后仍然挥舞砍刀,此时张那木拉及其兄张某1人身安全面临的危险并没有完全排除,其在屋外打伤周某强的行为仍然属于防卫行为。

根据刑法第二十条第三款的规定,对正在进行行凶、杀人、抢劫、强奸、绑架以及其他严重危及人身安全的暴力犯罪,采取防卫行为,造成不法侵害人伤亡的,不属于防卫过当,不负刑事责任。本案中,张那木拉的行为虽然造成了一死一伤的后果,但是属于制止不法侵害的正当防卫行为,依法不负刑事责任。

检例第45号:陈某正当防卫案

【关键词】

未成年人　故意伤害　正当防卫　不批准逮捕

【要旨】

在被人殴打、人身权利受到不法侵害的情况下,防卫行为虽然造成了重大损害的客观后果,但是防卫措施并未明显超过必要限度的,不属于防卫过当,依法不负刑事责任。

【基本案情】

陈某,未成年人,某中学学生。

2016年1月初,因陈某在甲的女朋友的网络空间留言示好,甲纠集乙等人,对陈某实施了殴打。

1月10日中午,甲、乙、丙等6人(均为未成年人),在陈某就读的中学门口,见陈某从大门走出,有人提议陈某向老师告发他们打架,要去问个说法。甲等人尾随一段路后拦住陈某质问,陈某解释没有告状,甲等人不肯罢休,抓住并围殴陈某。乙的3位朋友(均为未成年人)正在附近,见状加入围殴陈某。其中,有人用膝盖顶击陈某的胸口、有人持石块击打陈某的手臂、有人持钢管击打陈某的背部,其他人对陈某或勒脖子或拳打脚踢。陈某掏出随身携带的折叠式水果刀(刀身长8.5厘米,不属于管制刀具),乱挥乱刺后逃脱。部分围殴人员继续追打并从后投掷石块,击中陈某的背部和腿部。陈某逃进学校,追打人员被学校保安拦住。陈某在反击过程中刺中了甲、乙和丙,经鉴定,该3人的损伤程度均构成重伤二级。陈某经人身检查,见身体多处软组织损伤。

案发后,陈某所在学校向司法机关提交材料,证实陈某遵守纪律、学习认真、成绩优秀,是一名品学兼优的学生。

公安机关以陈某涉嫌故意伤害罪立案侦查,并对其采取刑事拘留强制措施,后提请检察机关批准逮捕。检察机关根据审查认定的事实,依据刑法第二十条第一款的规定,认为陈某的行为属于正当防卫,不负刑事责任,决定不批准逮捕。公安机关将陈某释放同时要求复议。检察机关经复议,维持原决定。

检察机关在办案过程中积极开展释法说理工作,甲等人的亲属在充分了解事实经过和法律规定后,对检察机关的处理决定表示认可。

【不批准逮捕的理由】

公安机关认为，陈某的行为虽有防卫性质，但已明显超过必要限度，属于防卫过当，涉嫌故意伤害罪。检察机关则认为，陈某的防卫行为没有明显超过必要限度，不属于防卫过当，不构成犯罪。主要理由如下：

第一，陈某面临正在进行的不法侵害，反击行为具有防卫性质。任何人面对正在进行的不法侵害，都有予以制止、依法实施防卫的权利。本案中，甲等人借故拦截陈某并实施围殴，属于正在进行的不法侵害，陈某的反击行为显然具有防卫性质。

第二，陈某随身携带刀具，不影响正当防卫的认定。对认定正当防卫有影响的，并不是防卫人携带了可用于自卫的工具，而是防卫人是否有相互斗殴的故意。陈某在事前没有与对方约架斗殴的意图，被拦住后也是先解释退让，最后在遭到对方围打时才被迫还手，其随身携带水果刀，无论是日常携带还是事先有所防备，都不影响对正当防卫作出认定。

第三，陈某的防卫措施没有明显超过必要限度，不属于防卫过当。陈某的防卫行为致实施不法侵害的3人重伤，客观上造成了重大损害，但防卫措施并没有明显超过必要限度。陈某被9人围住殴打，其中有人使用了钢管、石块等工具，双方实力相差悬殊，陈某借助水果刀增强防卫能力，在手段强度上合情合理。并且，对方在陈某逃脱时仍持续追打，共同侵害行为没有停止，所以就制止整体不法侵害的实际需要来看，陈某持刀挥刺也没有不相适应之处。综合来看，陈某的防卫行为虽有致多人重伤的客观后果，但防卫措施没有明显超过必要限度，依法不属于防卫过当。

【指导意义】

刑法第二十条第一款规定，“为了使国家、公共利益、本人或者他人的人身、财产和其他权利免受正在进行的不法侵害，而采取的制止不法侵害的行为，对不法侵害人造成损害的，属于正当防卫，不负刑事责任”。司法实践通常称这种正当防卫为“一般防卫”。

一般防卫有限度要求，超过限度的属于防卫过当，需要负刑事责任。刑法规定的限度条件是“明显超过必要限度造成重大损害”，具体而言，行为人的防卫措施虽明显超过必要限度但防卫结果客观上并未造成重大损害，或者防卫结果虽客观上造成重大损害但防卫措施并未明显超过必要限度，均不能认定为防卫过当。本案中，陈某为了保护自己的人身安全而持刀反击，就所要保护的权利性质以及与侵害方的手段强度比较来看，不能认为防卫措施明显超过了必要限度，所以即使防卫结果在客观上造成了重大损害，也不属于防卫过当。

正当防卫既可以是为了保护自己的合法权益，也可以是为了保护他人的合法权益。《中华人民共和国未成年人保护法》第六条第二款也规定，“对侵犯未成年人合法权益的行为，任何组织和个人都有权予以劝阻、制止或者向有关部门提出检举或者控告”。对于未成年人正在遭受侵害的，任何人都有权介入保护，成年人更有责任予以救助。但是，冲突双方均为未成年人的，成年人介入时，应当优先选择劝阻、制止的方式；劝阻、制止无效的，在隔离、控制或制服侵害人时，应当注意手段和行为强度的适度。

检察机关办理正当防卫案件遇到争议时，应当根据《最高人民检察院关于实行检察官以案释法制度的规定》，适时、主动进行释法说理工作。对事实认定、法律适用和办案程序等问题进行答疑解惑,开展法治宣传教育,保障当事人和其他诉讼参与人的合法权利,努力做到案结事了。

人民检察院审查逮捕时,应当严把事实关、证据关和法律适用关。根据查明的事实,犯罪嫌疑人的行为属于正当防卫,不负刑事责任的,应当依法作出不批准逮捕的决定,保障无罪的人不受刑事追究。

【相关规定】

《中华人民共和国刑法》第二十条

《中华人民共和国刑事诉讼法》第九十条、第九十二条

检例第47号:
于海明正当防卫案

【关键词】

行凶　正当防卫　撤销案件

【要旨】

对于犯罪故意的具体内容虽不确定,但足以严重危及人身安全的暴力侵害行为,应当认定为刑法第二十条第三款规定的"行凶"。行凶已经造成严重危及人身安全的紧迫危险,即使没有发生严重的实害后果,也不影响正当防卫的成立。

【基本案情】

于海明,男,1977年3月18日出生,某酒店业务经理。

2018年8月27日21时30分许,于海明骑自行车在江苏省昆山市震川路正常行驶,刘某醉酒驾驶小轿车(经检测,血液酒精含量87mg/100ml),向右强行闯入非机动车道,与于海明险些碰擦。刘某的一名同车人员下车与于海明争执,经同行人员劝解返回时,刘某突然下车,上前推搡、踢打于海明。虽经劝解,刘某仍持续追打,并从轿车内取出一把砍刀(系管制刀具),连续用刀面击打于海明颈部、腰部、腿部。刘某在击打过程中将砍刀甩脱,于海明抢到砍刀,刘某上前争夺,在争夺中于海明捅刺刘某的腹部、臀部,砍击其右胸、左肩、左肘。刘某受伤后跑向轿车,于海明继续追砍2刀均未砍中,其中1刀砍中轿车。刘某跑离轿车,于海明返回轿车,将车内刘某的手机取出放入自己口袋。民警到达现场后,于海明将手机和砍刀交给处警民警(于海明称,拿走刘某的手机是为了防止对方打电话召集人员报复)。刘某逃离后,倒在附近绿化带内,后经送医抢救无效,因腹部大静脉等破裂致失血性休克于当日死亡。于海明经人身检查,见左颈部条形挫伤1处、左胸季肋部条形挫伤1处。

8月27日当晚公安机关以"于海明故意伤害案"立案侦查,8月31日公安机关查明了本案的全部事实。9月1日,江苏省昆山市公安局根据侦查查明的事实,依据《中华人民共和国刑法》第二十条第三款的规定,认定于海明的行为属于正当防卫,不负刑事责任,决定依法撤销于海明故意伤害案。其间,公安机关依据相关规定,听取了检察机关的意见,昆山市人民检察院同意公安机关的撤销案件决定。

【检察机关的意见和理由】

检察机关的意见与公安机关的处理意见一致,具体论证情况和理由如下:

第一,关于刘某的行为是否属于"行凶"的问题。在论证过程中有意见提出,刘某仅使用刀面击打于海明,犯罪故意的具体内容不确定,不宜认定为行凶。论证后认为,对行凶的认定,应当遵循刑法第二十条第三款的规定,以"严重危及人身安全的

暴力犯罪”作为把握的标准。刘某开始阶段的推搡、踢打行为不属于“行凶”，但从持砍刀击打后，行为性质已经升级为暴力犯罪。刘某攻击行为凶狠，所持凶器可轻易致人死伤，随着事态发展，接下来会造成什么样的损害后果难以预料，于海明的人身安全处于现实的、急迫的和严重的危险之下。刘某具体抱持杀人的故意还是伤害的故意不确定，正是许多行凶行为的特征，而不是认定的障碍。因此，刘某的行为符合“行凶”的认定标准，应当认定为“行凶”。

第二，关于刘某的侵害行为是否属于“正在进行”的问题。在论证过程中有意见提出，于海明抢到砍刀后，刘某的侵害行为已经结束，不属于正在进行。论证后认为，判断侵害行为是否已经结束，应看侵害人是否已经实质性脱离现场以及是否还有继续攻击或再次发动攻击的可能。于海明抢到砍刀后，刘某立刻上前争夺，侵害行为没有停止，刘某受伤后又立刻跑向之前藏匿砍刀的汽车，于海明此时作不间断的追击也符合防卫的需要。于海明追砍两刀均未砍中，刘某从汽车旁边跑开后，于海明也未再追击。因此，在于海明抢得砍刀顺势反击时，刘某既未放弃攻击行为也未实质性脱离现场，不能认为侵害行为已经停止。

第三，关于于海明的行为是否属于正当防卫的问题。在论证过程中有意见提出，于海明本人所受损伤较小，但防卫行为却造成了刘某死亡的后果，二者对比不相适应，于海明的行为属于防卫过当。论证后认为，不法侵害行为既包括实害行为也包括危险行为，对于危险行为同样可以实施正当防卫。认为“于海明与刘某的伤情对比不相适应”的意见，只注意到了实害行为而忽视了危险行为，这种意见实际上是要求防卫人应等到暴力犯罪造成一定的伤害后果才能实施防卫，这不符合及时制止犯罪、让犯罪不能得逞的防卫需要，也不适当地缩小了正当防卫的依法成立范围，是不正确的。本案中，在刘某的行为因具有危险性而属于“行凶”的前提下，于海明采取防卫行为致其死亡，依法不属于防卫过当，不负刑事责任，于海明本人是否受伤或伤情轻重，对正当防卫的认定没有影响。公安机关认定于海明的行为系正当防卫，决定依法撤销案件的意见，完全正确。

【指导意义】

刑法第二十条第三款规定，“对正在进行行凶、杀人、抢劫、强奸、绑架以及其他严重危及人身安全的暴力犯罪，采取防卫行为，造成不法侵害人伤亡的，不属于防卫过当，不负刑事责任”。司法实践通常称这种正当防卫为“特殊防卫”。

刑法作出特殊防卫的规定，目的在于进一步体现“法不能向不法让步”的秩序理念，同时肯定防卫人以对等或超过的强度予以反击，即使造成不法侵害人伤亡，也不必顾虑可能成立防卫过当因而构成犯罪的问题。司法实践中，如果面对不法侵害人“行凶”性质的侵害行为，仍对防卫人限制过苛，不仅有违立法本意，也难以取得制止犯罪，保护公民人身权利不受侵害的效果。

适用本款规定，“行凶”是认定的难点，对此应当把握以下两点：一是必须是暴力犯罪，对于非暴力犯罪或一般暴力行为，不能认定为行凶；二是必须严重危及人身安全，即对人的生命、健康构成严重危险。在具体案件中，有些暴力行为的主观故意尚未通过客观行为明确表现出来，或者行为人本身就是持概括故意予以实施，这类行为的故意内容虽不确定，但已表现出多种故意的可能，其中只要有现实可能造成他人重伤或死亡的，均应当认定为“行凶”。

正当防卫以不法侵害正在进行为前提。所谓正在进行，是指不法侵害已经开始但尚未结束。不法侵害行为多种多样、性质各异，判断是否正在进行，应就具体行为和现场情境作具体分析。判断标准不能机械地对刑法上的着手与既遂作出理解、判断，因为着手与既遂侧重的是侵害人可罚性的行为阶段问题，而侵害行为正在进行，侧重的是防卫人的利益保护问题。所以，不能要求不法侵害行为已经加诸被害人身上，只要不法侵害的现实危险已经迫在眼前，或者已达既遂状态但侵害行为没有实施终了的，就应当认定为正在进行。

需要强调的是，特殊防卫不存在防卫过当的问题，因此不能作宽泛的认定。对于因民间矛盾引发、不法与合法对立不明显以及夹杂泄愤报复成分的案件，在认定特殊防卫时应当十分慎重。

【相关规定】

《中华人民共和国刑法》第二十条

检例第48号：侯雨秋正当防卫案

【关键词】

聚众斗殴　故意伤害　正当防卫　不起诉

【要旨】

单方聚众斗殴的，属于不法侵害，没有斗殴故意的一方可以进行正当防卫。单方持械聚众斗殴，对他人的人身安全造成严重危险的，应当认定为刑法第二十条第三款规定的“其他严重危及人身安全的暴力犯罪”。

【基本案情】

侯雨秋，男，1981年5月18日出生，务工人员。

侯雨秋系葛某经营的养生会所员工。2015年6月4日22时40分许，某足浴店股东沈某因怀疑葛某等人举报其店内有人卖淫嫖娼，遂纠集本店员工雷某、柴某等4人持棒球棍、匕首赶至葛某的养生会所。沈某先行进入会所，无故推翻大堂盆栽挑衅，与葛某等人扭打。雷某、柴某等人随后持棒球棍、匕首冲入会所，殴打店内人员，其中雷某持匕首两次刺中侯雨秋右大腿。其间，柴某所持棒球棍掉落，侯雨秋捡起棒球棍挥打，击中雷某头部致其当场倒地。该会所员工报警，公安人员赶至现场，将沈某等人抓获，并将侯雨秋、雷某送医救治。雷某经抢救无效，因严重颅脑损伤于6月24日死亡。侯雨秋的损伤程度构成轻微伤，该会所另有2人被打致轻微伤。

公安机关以侯雨秋涉嫌故意伤害罪，移送检察机关审查起诉。浙江省杭州市人民检察院根据审查认定的事实，依据《中华人民共和国刑法》第二十条第三款的规定，认为侯雨秋的行为属于正当防卫，不负刑事责任，决定对侯雨秋不起诉。

【不起诉的理由】

检察机关认为，本案沈某、雷某等人的行为属于刑法第二十条第三款规定的“其他严重危及人身安全的暴力犯罪”，侯雨秋对此采取防卫行为，造成不法侵害人之一雷某死亡，依法不属于防卫过当，不负刑事责任。主要理由如下：

第一，沈某、雷某等人的行为属于“其他严重危及人身安全的暴力犯罪”。判断不法侵害行为是否属于刑法第二十条第三款规定的“其他”犯罪，应当以本款列举的杀人、抢劫、强奸、绑架为参照,通过比较暴力程度、危险程度和刑法给予惩罚的力度等综合作出判断。本案沈某、雷某等人的行为,属于单方持械聚众斗殴,构成犯罪的法定最低刑虽然不重,与一般伤害罪相同,但刑法第二百九十二条同时规定,聚众斗殴,致人重伤、死亡的,依照刑法关于故意伤害致人重伤、故意杀人的规定定罪处罚。刑法作此规定表明,聚众斗殴行为常可造成他人重伤或者死亡,结合案件具体情况,可以判定聚众斗殴与故意致人伤亡的犯罪在暴力程度和危险程度上是一致的。本案沈某、雷某等共5人聚众持棒球棍、匕首等杀伤力很大的工具进行斗殴,短时间内已经打伤3人,应当认定为“其他严重危及人身安全的暴力犯罪”。

第二,侯雨秋的行为具有防卫性质。侯雨秋工作的养生会所与对方的足浴店,尽管存在生意竞争关系,但侯雨秋一方没有斗殴的故意,本案打斗的起因系对方挑起,打斗的地点也系在本方店内,所以双方攻击与防卫的关系清楚明了。沈某纠集雷某等人聚众斗殴属于正在进行的不法侵害,没有斗殴故意的侯雨秋一方可以进行正当防卫,因此侯雨秋的行为具有防卫性质。

第三,侯雨秋的行为不属于防卫过当,不负刑事责任。本案沈某、雷某等人的共同侵害行为,严重危及他人人身安全,侯雨秋为保护自己和本店人员免受暴力侵害,而采取防卫行为,造成不法侵害人之一雷某死亡,依据刑法第二十条第三款的规定,不属于防卫过当,不负刑事责任。

【指导意义】

刑法第二十条第三款规定的“其他严重危及人身安全的暴力犯罪”的认定,除了在方法上,以本款列举的四种罪行为参照,通过比较暴力程度、危险程度和刑法给予惩罚的力度作出判断以外,还应当注意把握以下几点:一是不法行为侵害的对象是人身安全,即危害人的生命权、健康权、自由权和性权利。人身安全之外的财产权利、民主权利等其他合法权利不在其内,这也是特殊防卫区别于一般防卫的一个重要特征;二是不法侵害行为具有暴力性,且应达到犯罪的程度。对本款列举的杀人、抢劫、强奸、绑架应作广义的理解,即不仅指这四种具体犯罪行为,也包括以此种暴力行为作为手段,而触犯其他罪名的犯罪行为,如以抢劫为手段的抢劫枪支、弹药、爆炸物的行为,以绑架为手段的拐卖妇女、儿童的行为,以及针对人的生命、健康而采取的放火、爆炸、决水等行为;三是不法侵害行为应当达到一定的严重程度,即有可能造成他人重伤或死亡的后果。需要强调的是,不法侵害行为是否已经造成实际伤害后果,不必然影响特殊防卫的成立。此外,针对不法侵害行为对他人人身安全造成的严重危险,可以实施特殊防卫。

在共同不法侵害案件中,“行凶”与“其他严重危及人身安全的暴力犯罪”,在认定上可以有一定交叉,具体可结合全案行为特征和各侵害人的具体行为特征作综合判定。另外,对于寻衅滋事行为,不宜直接认定为“其他严重危及人身安全的暴力犯罪”,寻衅滋事行为暴力程度较高、严重危及他人人身安全的,可分别认定为刑法第二十条第三款规定中的行凶、杀人或抢劫。需要说明的是,侵害行为最终成立何种罪名,对防卫人正当防卫的认定没有影响。

人民检察院审查起诉时,应当严把事

实关、证据关和法律适用关。根据查明的事实，犯罪嫌疑人的行为属于正当防卫，不负刑事责任的，应当依法作出不起诉的决定，保障无罪的人不受刑事追究。

【相关规定】

《中华人民共和国刑法》第二十条

《中华人民共和国刑事诉讼法》第一百七十七条

检例第70号：宣告缓刑罪犯蔡某等12人减刑监督案

【关键词】

缓刑罪犯减刑　持续跟进监督　地方规范性文件法律效力　最终裁定纠正违法意见

【要旨】

对于判处拘役或者三年以下有期徒刑并宣告缓刑的罪犯，在缓刑考验期内确有悔改表现或者有一般立功表现，一般不适用减刑。在缓刑考验期内有重大立功表现的，可以参照刑法第七十八条的规定予以减刑。人民法院对宣告缓刑罪犯裁定减刑适用法律错误的，人民检察院应当依法提出纠正意见。人民法院裁定维持原减刑裁定的，人民检察院应当继续予以监督。

【基本案情】

罪犯蔡某，女，1966年9月6日出生，因犯受贿罪于2009年12月22日被江苏省南京市雨花台区人民法院判处有期徒刑三年，缓刑四年，缓刑考验期自2010年1月4日起至2014年1月3日止。另有罪犯陈某某、丁某某、胡某等11人分别因犯故意伤害、盗窃、诈骗等罪被人民法院判处有期徒刑并宣告缓刑。上述12名缓刑罪犯，分别在南京市的7个市辖区接受社区矫正。

2013年1月，南京市司法局以蔡某等12名罪犯在社区矫正期间确有悔改表现为由，向南京市中级人民法院提出减刑建议。2013年2月7日，南京市中级人民法院以蔡某等12名罪犯能认罪服法、遵守法律法规和社区矫正相关规定、确有悔改表现为由，依照刑法第七十八条规定，分别对上述罪犯裁定减去六个月、三个月不等的有期徒刑，并相应缩短缓刑考验期。

【检察机关监督情况】

线索发现　2014年8月，南京市人民检察院在开展减刑、假释、暂予监外执行专项检察活动中发现，南京市中级人民法院对2014年8月之前作出的部分减刑、假释裁定，未按法定期限将裁定书送达南京市人民检察院，随后依法提出书面纠正意见。南京市中级人民法院接受监督意见，将减刑、假释裁定书送达南京市人民检察院。南京市人民检察院通过将减刑、假释裁定书与辖区内在押人员信息库和社区矫正对象信息库进行逐一比对，发现南京市中级人民法院对蔡某等12名缓刑罪犯裁定减刑可能不当。

调查核实　为查明蔡某等12名缓刑罪犯是否符合减刑条件，南京市人民检察院牵头，组织有关区人民检察院联合调查，调取了蔡某等12名罪犯在社区矫正期间的原始档案材料，并实地走访社区矫正部门、基层街道社区，了解相关罪犯在社区矫正期间实际表现、奖惩、有无重大立功表现等情况。经调查核实，蔡某等12名缓刑罪犯，虽然在社区矫正期间能够认罪服法，认真参加各类矫治活动，按期报告法定事项，受到多次表扬，均确有悔改表现，但是均无重大立功表现。

监督意见　南京市人民检察院经审查认为，南京市中级人民法院对没有重大立功表现的缓刑罪犯裁定减刑，违反了《最高人民法院关于办理减刑、假释案件具体应用法律若干问题的规定》（法释〔2012〕2号）第十三条“判处拘役或者三年以下有期徒刑并宣告缓刑的罪犯，一般不适用减刑。前款规定的罪犯在缓刑考验期限内有重大立功表现的，可以参照刑法第七十八条的规定，予以减刑，同时应依法缩减其缓刑考验期限。拘役的缓刑考验期限不能少于二个月，有期徒刑的缓刑考验期限不能少于一年”的规定，依法应当予以纠正。2014年10月14日南京市人民检察院向南京市中级人民法院分别发出12份《纠正不当减刑裁定意见书》。南京市中级人民法院重新组成合议庭对上述案件进行审理，2014年12月4日作出了维持对蔡某等12名罪犯减刑的刑事裁定。主要理由是，依据2004年、2006年江苏省、南京市两级人民法院、人民检察院、公安机关、司法行政机关先后制定的有关社区矫正规范性文件的有关规定，蔡某等12名罪犯在社区矫正期间受到多次表扬，确有悔改表现，可以给予减刑，因此原刑事裁定并无不当。经再次审查，南京市人民检察院认为南京市中级人民法院的刑事裁定仍违反法律规定，于2014年12月24日向该院发出《纠正违法通知书》，要求该院纠正。

2015年1月8日，南京市中级人民法院重新另行组成合议庭对上述案件进行了审理；南京市人民检察院依法派员出庭，宣读了《纠正违法通知书》，发表了检察意见；南京市司法局作为提请减刑的机关，派员出庭发表意见，认为在社区矫正试点期间，为了调动社区矫正对象接受矫正积极性，江苏省、南京市有关部门先后制定规范性文件，规定对获得多次表扬的社区矫正对象可以给予减刑。这些规范性文件目前还没有废止，可以作为减刑的依据。出庭检察人员指出，2012年3月1日实施的《社区矫正实施办法》（司发通〔2012〕12号）明确规定，符合法定减刑条件是为社区矫正人员办理减刑的前提，因此，对缓刑罪犯减刑应当适用法律和司法解释的规定，不应当适用与法律和司法解释相冲突的地方规范性文件。

监督结果　2015年1月21日，南京市中级人民法院重新作出刑事裁定，同意南京市人民检察院的纠正意见，认定该院对蔡某等12名缓刑罪犯作出的原减刑裁定、原再审减刑裁定，系适用法律错误，分别裁定撤销原减刑裁定、原再审减刑裁定，对蔡某等12名缓刑罪犯不予减刑，剩余缓刑考验期继续执行。裁定生效后，南京市中级人民法院及时将法律文书交付执行机关执行，蔡某等12名罪犯在法定期限内到原区司法局报到，接受社区矫正。

【指导意义】

1. 人民法院减刑裁定适用法律错误，人民检察院应当依法监督纠正。人民检察院在办理减刑、假释案件时，应准确把握法院减刑、假释裁定所依据规范性文件。对于地方人民法院、人民检察院制定的司法解释性文件，应当根据《最高人民法院 最高人民检察院关于地方人民法院、人民检察院不得制定司法解释性质文件的通知》予以清理。人民法院依据地方人民法院、人民检察院制定的司法解释性文件作出裁定的，属于适用法律错误，人民检察院应当依法向人民法院提出书面监督纠正意见，监督人民法院重新组成合议庭进行审理。

2. 人民法院对没有重大立功表现的缓刑罪犯裁定减刑的,人民检察院应当予以监督纠正。减刑、假释是我国重要的刑罚执行制度,不符合法定条件和非经法定程序,不得减刑、假释。根据有关法律和司法解释的规定,判处拘役或者三年以下有期徒刑并宣告缓刑的罪犯,一般不适用减刑;在缓刑考验期限内有重大立功表现的,可以参照刑法第七十八条的规定,予以减刑。因此,对缓刑罪犯适用减刑的法定条件是在缓刑考验期限内有重大立功表现。根据《社区矫正法》的有关规定,人民检察院依法对社区矫正工作实行法律监督,发现社区矫正机构对宣告缓刑的罪犯向人民法院提出减刑建议不当的,应当依法提出纠正意见;发现人民法院对于确有悔改表现或者有一般立功表现但没有重大立功表现的缓刑罪犯裁定减刑的,应当依法向人民法院发出《纠正不当减刑裁定意见书》,申明监督理由、依据和意见,监督人民法院重新组成合议庭进行审理并作出最终裁定。

3. 人民检察院发现人民法院已经生效的减刑、假释裁定仍有错误的,应当继续向人民法院提出书面纠正意见。人民检察院对人民法院减刑、假释的裁定提出纠正意见后,应当监督人民法院在收到纠正意见后一个月内重新组成合议庭进行审理,并监督人民法院重新作出的裁定是否符合法律规定。人民法院重新作出的裁定仍不符合法律规定的,人民检察院应当继续向人民法院提出纠正意见,提请人民法院按照审判监督程序依法另行组成合议庭重新审理并作出裁定。对人民法院仍然不采纳纠正意见的,人民检察院应当提请上级人民检察院继续监督。

【相关规定】

《中华人民共和国刑法》第七十八条 被判处管制、拘役、有期徒刑、无期徒刑的犯罪分子,在执行期间,如果认真遵守监规,接受教育改造,确有悔改表现的,或者有立功表现的,可以减刑;有下列重大立功表现之一的,应当减刑:

(一)阻止他人重大犯罪活动的;

(二)检举监狱内外重大犯罪活动,经查证属实的;

(三)有发明创造或者重大技术革新的;

(四)在日常生产、生活中舍己救人的;

(五)在抗御自然灾害或者排除重大事故中,有突出表现的;

(六)对国家和社会有其他重大贡献的。

减刑以后实际执行的刑期不能少于下列期限:

(一)判处管制、拘役、有期徒刑的,不能少于原判刑期的二分之一;

(二)判处无期徒刑的,不能少于十三年;

(三)人民法院依照本法第五十条第二款规定限制减刑的死刑缓期执行的犯罪分子,缓期执行期满后依法减为无期徒刑的,不能少于二十五年,缓期执行期满后依法减为二十五年有期徒刑的,不能少于二十年。

《最高人民法院关于办理减刑、假释案件具体应用法律若干问题的规定》(法释〔2012〕2号)第十三条 判处拘役或者三年以下有期徒刑并宣告缓刑的罪犯,一般不适用减刑。

前款规定的罪犯在缓刑考验期限内有重大立功表现的,可以参照刑法第七十八条的规定，予以减刑，同时应依法缩减其缓刑考验期限。拘役的缓刑考验期限不能少于二个月，有期徒刑的缓刑考验期限不能少于一年。

《人民检察院刑事诉讼规则》（高检发释字〔2019〕4号）第六百四十一条　人民检察院对人民法院减刑、假释的裁定提出纠正意见后，应当监督人民法院是否在收到纠正意见后一个月以内重新组成合议庭进行审理，并监督重新作出的裁定是否符合法律规定。对最终裁定不符合法律规定的，应当向同级人民法院提出纠正意见。

《最高人民法院 最高人民检察院 公安部 司法部社区矫正实施办法》（司发通〔2012〕12号）第二十八条　社区矫正人员符合法定减刑条件的，由居住地县级司法行政机关提出减刑建议书并附相关证明材料，经地（市）级司法行政机关审核同意后提请社区矫正人员居住地的中级人民法院裁定。人民法院应当自收到之日起一个月内依法裁定；暂予监外执行罪犯的减刑，案情复杂或者情况特殊的，可以延长一个月。司法行政机关减刑建议书和人民法院减刑裁定书副本，应当同时抄送社区矫正人员居住地同级人民检察院和公安机关。

检例第71号：罪犯康某假释监督案

【关键词】

未成年罪犯　假释适用　帮教

【要旨】

人民检察院办理未成年罪犯减刑、假释监督案件，应当比照成年罪犯依法适当从宽把握假释条件。对既符合法定减刑条件又符合法定假释条件的，可以建议刑罚执行机关优先适用假释。审查未成年罪犯是否符合假释条件时，应当结合犯罪的具体情节、原判刑罚情况、刑罚执行中的表现、家庭帮教能力和条件等因素综合认定。

【基本案情】

罪犯康某，男，1999年9月29日出生，汉族，初中文化。2016年12月23日因犯抢劫罪被河南省安阳市中级人民法院终审判处有期徒刑三年，并处罚金人民币1000元，刑期至2018年11月13日。康某因系未成年罪犯，于2017年1月20日被交付到河南省郑州未成年犯管教所执行刑罚。2018年6月，郑州未成年犯管教所在办理减刑过程中，认定康某认真遵守监规，接受教育改造，确有悔改表现，拟对其提请减刑。

【检察机关监督情况】

线索发现　2018年6月，郑州未成年犯管教所就罪犯康某提请减刑征求检察机关意见，郑州市人民检察院审查认为，康某符合法定减刑条件，同时符合法定假释条件，依据相关司法解释规定可以优先适用假释。与对罪犯适用减刑相比，假释更有利于促进罪犯教育改造和融入社会。

调查核实　为了确保监督意见的准确性，派驻检察室根据假释的条件重点开展了以下调查核实工作：一是对康某改造表现进行考量。通过询问罪犯、监管民警及相关人员，查阅计分考核材料，认定康某在服刑期间确有悔改表现。二是对康某原判犯罪情节进行考量。通过审查案卷材料，查明康某虽系抢劫犯罪，但其犯罪时系在校学生，犯罪情节较轻，且罚金刑已履行完毕。三是对康某假释后是否具有再犯罪危险进行考量。结合司法局出具的“关于对康某适用假释调查评估意见书”，走访调取了康某居住地村支书、邻居等人的证言，证实康某犯罪前表现良好，无犯罪前科和劣迹，且上述人员均愿意协助监管帮教康某。四是对康某家庭是否具有监管条件和能力进行考量。通过走访康某原在校班主任，其证实康某在校期间系班干部，学习刻苦，乐于助人，无违反校规校纪情况；康某的父母职业稳定，认识到康某所犯罪行的社会危险性，对康某假释后监管帮教有明确可行的措施和计划。

监督意见　2018年6月26日，郑州市人民检察院提出对罪犯康某依法提请假释的检察意见。郑州未成年犯管教所接受检察机关的意见，于2018年6月28日向郑州市中级人民法院提请审核裁定。为增强假释庭审效果，督促罪犯父母协助落实帮教措施，郑州市人民检察院提出让康某的父母参加假释庭审的建议并被郑州市中级人民法院采纳。

监督结果　2018年7月27日，郑州市中级人民法院在郑州未成年犯管教所开庭审理罪犯康某假释案。庭审中，检察人员发表了依法对康某假释的检察意见，对康某成长经历、犯罪轨迹、性格特征、原判刑罚执行、假释后监管条件和帮教措施等涉及康某假释的问题进行了说明。康某的父母以及郑州未成年犯管教所百余名未成年服刑罪犯旁听了庭审，康某父母检讨了在教育孩子问题上的不足并提出了假释后的家庭帮教措施，百余名未成年罪犯受到了很好的法治教育。2018年7月30日，郑州市中级人民法院依法对罪犯康某裁定假释。

【指导意义】

1. 罪犯既符合法定减刑条件又符合法定假释条件的，可以优先适用假释。减刑、假释都是刑罚变更执行的重要方式，与减刑相比，假释更有利于维护裁判的权威和促进罪犯融入社会、预防罪犯再犯罪。目前，世界其他法治国家多数是实行单一假释制度或者是假释为主、减刑为辅的刑罚变更执行制度。但在我国司法实践中，减刑、假释适用不平衡，罪犯减刑比例一般在百分之二十多，假释比例只有百分之一左右，假释适用率低。人民检察院在办理减刑、假释案件时，应当充分发挥减刑、假释制度的不同价值功能，对既符合法定减刑条件又符合法定假释条件的罪犯，可以建议刑罚执行机关提请人民法院优先适用假释。

2. 对犯罪时未满十八周岁的罪犯适用假释可以依法从宽掌握，综合各种因素判断罪犯是否符合假释条件。人民检察院办理犯罪时未满十八周岁的罪犯假释案件，应当综合罪犯犯罪情节、原判刑罚、服刑表现、身心特点、监管帮教等因素依法从宽掌握。特别是对初犯、偶犯和在校学生等罪犯，假释后其家庭和社区具有帮教能力和条件的，可以建议刑罚执行机关和人民法院依法适用假释。对罪犯“假释后有无再犯罪危险”的审查判断，人民检察院应当根据相关法律和司法解释的规定，结合未成年罪犯犯罪的具体情节、原判刑罚情况，其在刑罚执行中的一贯表现、帮教条件（包括其身体状况、性格特征、被假释后生活来源以及帮教环境等因素）综合考虑。

3. 对犯罪时未满十八周岁的罪犯假释案件，人民检察院可以建议罪犯的父母参加假释庭审。将未成年人罪犯父母到庭制度引入假释案件审理中，有助于更好地调查假释案件相关情况，客观准确地适用法律，保障罪犯的合法权益，督促罪犯假释后社会帮教责任的落实，有利于发挥司法机关、家庭和社会对罪犯改造帮教的合力作用，促进罪犯的权益保护和改造教育，实现办案的政治效果、法律效果和社会效果的有机统一。

4. 人民检察院应当做好罪犯监狱刑罚执行和社区矫正法律监督工作的衔接，继续加强对假释的罪犯社区矫正活动的法律监督。监狱罪犯被裁定假释实行社区矫正后，检察机关应当按照《中华人民共和国社区矫正法》的有关规定，监督有关部门做好罪犯的交付、接收等工作，并应当做好对社区矫正机构对罪犯社区矫正活动的监督，督促社区矫正机构对罪犯进行法治、道德等方面的教育，组织其参加公益活动，增强其法治观念，提高其道德素质和社会责任感，帮助其融入社会，预防和减少犯罪。

【相关规定】

《中华人民共和国刑法》第八十一条　被判处有期徒刑的犯罪分子，执行原判刑期二分之一以上，被判处无期徒刑的犯罪分子，实际执行十三年以上，如果遵守监规，接受教育改造，确有悔改表现，没有再犯罪的危险的，可以假释。如果有特殊情况的，经最高人民法院核准，可以不受上述执行刑期的限制。

对累犯以及因故意杀人、强奸、抢劫、绑架、放火、爆炸、投放危险物质或者有组织的暴力犯罪被判处十年以上有期徒刑、无期徒刑的犯罪分子，不得假释。

对犯罪分子决定假释时，应当考虑其假释后对所居住社区的影响。

第八十二条　对于犯罪分子的假释，依照本法第七十九条的程序进行。非经法定程序不得假释。

《中华人民共和国刑事诉讼法》第二百七十三条　被判处管制、拘役、有期徒刑或者无期徒刑的罪犯，在执行期间确有悔改表现或者立功表现，应当依法予以减刑、假释的时候，由执行机关提出建议书，报请人民法院审核裁定，并将建议书副本抄送人民检察院。人民检察院可以向人民法院提出书面意见。

第二百七十四条　人民检察院认为人民法院减刑、假释裁定不当，应当在收到裁定书副本后二十日以内，向人民法院提出书面纠正意见。人民法院应当在收到纠正意见后一个月内重新组成合议庭进行审理，作出最终裁定。

《中华人民共和国未成年人保护法》第五十条　公安机关、人民检察院、人民法院以及司法行政部门，应当依法履行职责，在司法活动中保护未成年人的合法权益。

《中华人民共和国预防未成年人犯罪法》第四十七条　未成年人的父母或者其他监护人和学校、城市居民委员会、农村村民委员会，对因不满十六周岁而不予刑事处罚、免予刑事处罚的未成年人，或者被判处非监禁刑罚、被判处刑罚宣告缓刑、被假释的未成年人，应当采取有效地帮教措施，协助司法机关做好未成年人的教育、挽救工作。

《中华人民共和国社区矫正法》第三十六条　社区矫正机构根据需要，对社区矫正对象进行法治、道德等教育，增强其法治观念，提高其道德素质和悔罪意识。

对社区矫正对象的教育应当根据其个体特征、日常表现等实际情况，充分考虑其工作和生活情况，因人施教。

第四十二条　社区矫正机构可以根据

社区矫正对象的个人特长,组织其参加公益活动,修复社会关系,培养社会责任感。

《最高人民法院关于办理减刑、假释案件具体应用法律的规定》第二十六条　对下列罪犯适用假释时可以依法从宽掌握:

(一)过失犯罪的罪犯、中止犯罪的罪犯、被胁迫参加犯罪的罪犯;

(二)因防卫过当或者紧急避险过当而被判处有期徒刑以上刑罚的罪犯;

(三)犯罪时未满十八周岁的罪犯;

(四)基本丧失劳动能力、生活难以自理,假释后生活确有着落的老年罪犯、患严重疾病罪犯或者身体残疾罪犯;

(五)服刑期间改造表现特别突出的罪犯;

(六)具有其他可以从宽假释情形的罪犯

罪犯既符合法定减刑条件,又符合法定假释条件的,可以优先适用假释。

检例第72号:
罪犯王某某暂予监外执行监督案

【关键词】

暂予监外执行监督　徇私舞弊　不计入执行刑期　贿赂　技术性证据的审查

【要旨】

人民检察院对违法暂予监外执行进行法律监督时,应当注意发现和查办背后的相关司法工作人员职务犯罪。对司法鉴定意见、病情诊断意见的审查,应当注重对其及所依据的原始资料进行重点审查。发现不符合暂予监外执行条件的罪犯通过非法手段暂予监外执行的,应当依法监督纠正。办理暂予监外执行案件时,应当加强对鉴定意见等技术性证据的联合审查。

【基本案情】

罪犯王某某,男,1966年4月3日出生,个体工商户。2010年9月16日,因犯保险诈骗罪被辽宁省营口市站前区人民法院判处有期徒刑五年,并处罚金人民币十万元。

罪犯王某某审前未被羁押但被判处实刑,交付执行过程中,罪犯王某某及其家属以其身体有病为由申请暂予监外执行,法院随后启动保外就医鉴定工作。2011年5月17日,营口市站前区人民法院依据营口市中医院司法鉴定所出具的罪犯疾病伤残司法鉴定书,因罪犯王某某患"2型糖尿病"、"脑梗塞",符合《罪犯保外就医疾病伤残范围》(司发〔1990〕247号)第十条规定,决定对其暂予监外执行一年。一年期满后,经社区矫正机构提示和检察机关督促,法院再次启动暂予监外执行鉴定工作,委托营口市中医院司法鉴定所进行鉴定。期间,营口市中医院司法鉴定所被上级主管部门依法停业整顿,未能及时出具鉴定意见书。2014年7月29日,营口市站前区人民法院依据营口市中医院司法鉴定所出具的罪犯疾病伤残司法鉴定书,以罪犯王某某患有"高血压病3期,极高危"、"糖尿病合并多发性脑梗塞",符合《罪犯保外就医疾病伤残范围》(司发〔1990〕247号)第三条、第十条规定,决定对其暂予监外执行一年。

2015年1月16日,营口市站前区人民法院因罪犯王某某犯保险诈骗犯罪属于"三类罪犯"、所患疾病为"高血压",依据2014年12月1日起施行的《暂予监外执行规定》,要求该罪犯提供经诊断短期内有生命危险的证明。罪犯王某某因无法提供上述证明被营口市站前区人民法院决定收监执行剩余刑期有期徒刑三年,已经暂予监外执行的两年计入执行刑期。2015年9月8日，罪犯王某某被交付执行刑罚。

【检察机关监督情况】

线索发现　2016年3月，辽宁省营口市人民检察院在对全市两级法院决定暂予监外执行案件进行检察中发现，营口市站前区人民法院对罪犯王某某决定暂予监外执行所依据的病历资料、司法鉴定书等证据材料有诸多疑点，于是调取了该罪犯的法院暂予监外执行卷宗、社区矫正档案、司法鉴定档案等。经审查发现：罪犯王某某在进行司法鉴定时，负责对其进行查体的医生与本案鉴定人不是同一人，卷宗材料无法证实鉴定人是否见过王某某本人；罪犯王某某2011年5月17日、2014年7月29日两次得到暂予监外执行均因其患有“脑梗塞”，但两次司法鉴定中均未做过头部CT检查。

立案侦查　营口市人民检察院经审查认为，罪犯王某某暂予监外执行过程中有可能存在违纪或违法问题，依法决定对该案进行调查核实。检察人员调取了罪犯王某某在营口市中心医院的住院病历等书证与鉴定档案等进行比对，协调监狱对罪犯王某某重新进行头部CT检查，对时任营口市中医院司法鉴定所负责人赵某、营口市中级人民法院技术科科长张某及其他相关人员进行询问。经过调查核实，检察机关基本查明了罪犯王某某违法暂予监外执行的事实，认为相关工作人员涉嫌职务犯罪。2016年4月10日，营口市人民检察院以营口市中级人民法院技术科科长张某、营口市中医院司法鉴定所负责人赵某涉嫌徇私舞弊暂予监外执行犯罪，依法对其立案侦查。经侦查查明：2010年12月至2013年5月，张某在任营口市中级人民法院技术科科长期间，受罪犯王某某亲友等人请托，在明知罪犯王某某不符合保外就医条件的情况下，利用其负责鉴定业务对外进行委托的职务便利，两次指使营口市中医院司法鉴定所负责人赵某为罪犯王某某作出虚假的符合保外就医条件的罪犯疾病伤残司法鉴定意见。赵某在明知罪犯王某某不符合保外就医条件的情况下，违规签发了罪犯王某某因患“糖尿病合并脑梗塞”、符合保外就医条件的司法鉴定书，导致罪犯王某某先后两次被法院决定暂予监外执行。期间，张某收受罪犯王某某亲友给付好处费人民币五万元，赵某收受张某给付的好处费人民币七千元。同时，检察机关注意到罪犯王某某的亲友为帮助王某某违法暂予监外执行，向营口市中级人民法院技术科科长张某等人行贿，但综合考虑相关情节和因素后，检察机关当时决定不立案追究其刑事责任。

监督结果　案件侦查终结后，检察机关以张某构成受贿罪、徇私舞弊暂予监外执行罪，赵某构成徇私舞弊暂予监外执行罪，依法向人民法院提起公诉。2017年5月27日，人民法院以张某犯受贿罪、徇私舞弊暂予监外执行罪，赵某犯徇私舞弊暂予监外执行罪，对二人定罪处罚。

判决生效后，检察机关依法向营口市站前区人民法院发出《纠正不当暂予监外执行决定意见书》，提出罪犯王某某在不符合保外就医条件的情况下，通过他人贿赂张某、赵某等人谋取了虚假的疾病伤残司法鉴定意见；营口市站前区人民法院依据虚假鉴定意见作出的暂予监外执行决定显属不当，建议法院依法纠正2011年5月17日和2014年7月29日对罪犯王某某作出的两次不当暂予监外执行决定。

营口市站前区人民法院采纳了检察机关的监督意见，作出《收监执行决定书》，认定“罪犯王某某贿赂司法鉴定人员，被二次鉴定为符合暂予监外执行条件，人民法院以此为依据决定对其暂予监外执行合计二年，上述二年暂予监外执行期限不计入已执行刑期”。后罪犯王某某被收监再执行有期徒刑二年。

【指导意义】

1. 人民检察院对暂予监外执行进行法律监督时，应注重发现和查办违法暂予监外执行背后的相关司法工作人员职务犯罪案件。实践中，违法暂予监外执行案件背后往往隐藏着司法腐败。因此，检察机关在监督纠正违法暂予监外执行的同时，应当注意发现和查办违法监外执行背后存在的相关司法工作人员职务犯罪案件，把刑罚变更执行法律监督与职务犯罪侦查工作相结合，以监督促侦查，以侦查促监督，不断提升法律监督质效。在违法暂予监外执行案件中，一些罪犯亲友往往通过贿赂相关司法工作人员等手段，帮助罪犯违法暂予监外执行，这是违法暂予监外执行中较为常见的一种现象，对于情节严重的，应当依法追究其刑事责任。

2. 对司法鉴定意见、病情诊断意见的审查，应当注重对其及所依据的原始资料进行重点审查。检察人员办理暂予监外执行监督案件时，应当在审查鉴定意见、病情诊断的基础上，对鉴定意见、病情诊断所依据的原始资料进行重点审查，包括罪犯以往就医病历资料、病情诊断所依据的体检记录、住院病案、影像学报告、检查报告单等，判明原始资料以及鉴定意见和病情诊断的真伪、资料的证明力、鉴定人员的资质、产生资料的程序等问题，以及是否能够据此得出鉴定意见、病情诊断所阐述的结论性意见，相关鉴定部门及鉴定人的鉴定行为是否合法有效等。经审查发现疑点的应进行调查核实，可以邀请有专门知识的人参加。同时，也可以视情况要求有关部门重新组织或者自行组织诊断、检查或者鉴别。

3. 办理暂予监外执行案件时，应当加强对鉴定意见等技术性证据的联合审查。司法实践中，负责直接办理暂予监外执行监督案件的刑事执行检察察人员一般缺乏专业性的医学知识，为确保检察意见的准确性，刑事执行检察人员在办理暂予监外执行监督案件时，应当委托检察技术人员对鉴定意见等技术性证据进行审查，检察技术人员应当协助刑事执行检察人员审查或者组织审查案件中涉及的鉴定意见等技术性证据。刑事执行检察人员可以将技术性证据审查意见作为审查判断证据的参考，也可以作为决定重新鉴定、补充鉴定或提出检察建议的依据。

【相关规定】

《中华人民共和国刑法》第四百零一条　司法工作人员徇私舞弊，对不符合减刑、假释、暂予监外执行条件的罪犯，予以减刑、假释或者暂予监外执行的，处三年以下有期徒刑或者拘役；情节严重的，处三年以上七年以下有期徒刑。

《中华人民共和国刑事诉讼法》第二百六十七条　决定或者批准暂予监外执行的机关应当将暂予监外执行决定抄送人民检察院。人民检察院认为暂予监外执行不当的，应当自接到通知之日起一个月以内将书面意见送交决定或者批准暂予监外执行的机关，决定或者批准暂予监外执行的机关接到人民检察院的书面意见后，应当立即对该决定进行重新核查。

第二百六十八条　对暂予监外执行的罪犯,有下列情形之一的,应当及时收监:(一)发现不符合暂予监外执行条件的;(二)严重违反有关暂予监外执行监督管理规定的;(三)暂予监外执行的情形消失后,罪犯刑期未满的。对于人民法院决定暂予监外执行的罪犯应当予以收监的,由人民法院作出决定,将有关的法律文书送达公安机关、监狱或者其他执行机关。不符合暂予监外执行条件的罪犯通过贿赂等非法手段被暂予监外执行的,在监外执行的期间不计入执行刑期。罪犯在暂予监外执行期间脱逃的,脱逃的期间不计入执行刑期。罪犯在暂予监外执行期间死亡的,执行机关应当及时通知监狱或者看守所。

最高人民法院、最高人民检察院、公安部、司法部、国家卫生计生委《暂予监外执行规定》第二十九条 人民检察院发现暂予监外执行的决定或者批准机关、监狱、看守所、社区矫正机构有违法情形的,应当依法提出纠正意见。

第三十条 人民检察院认为暂予监外执行不当的,应当自接到决定书之日起一个月以内将书面意见送交决定或者批准暂予监外执行的机关,决定或者批准暂予监外执行的机关接到人民检察院的书面意见后,应当立即对该决定进行重新核查。

第三十一条 人民检察院可以向有关机关、单位调阅有关材料、档案,可以调查、核实有关情况,有关机关、单位和人员应当予以配合。人民检察院认为必要时,可以自行组织或者要求人民法院、监狱、看守所对罪犯重新组织进行诊断、检查或者鉴别。

第三十二条 在暂予监外执行执法工作中,司法工作人员或者从事诊断、检查、鉴别等工作的相关人员有玩忽职守、徇私舞弊、滥用职权等违法违纪行为的,依法给予相应的处分;构成犯罪的,依法追究刑事责任。

检例第131号:社区矫正对象孙某某撤销缓刑监督案

【关键词】

社区矫正监督　违反规定外出、出境　调查核实　撤销缓刑

【要旨】

人民检察院应当加强对社区矫正机构监督管理和教育帮扶社区矫正对象等社区矫正工作的法律监督,保证社区矫正活动依法进行。人民检察院开展社区矫正法律监督,应当综合运用查阅档案、调查询问、信息核查等多种方式,查明社区矫正中是否存在违法情形,精准提出监督意见。对宣告缓刑的社区矫正对象违反法律、行政法规和监督管理规定的,应当结合违法违规的客观事实和主观情节,准确认定是否属于"情节严重"应予撤销缓刑情形。对符合撤销缓刑情形但社区矫正机构未依法向人民法院提出撤销缓刑建议的,人民检察院应当向社区矫正机构提出纠正意见;对社区矫正工作中存在普遍性、倾向性违法问题或者有重大隐患的,人民检察院应当提出检察建议。

【基本案情】

社区矫正对象孙某某,男,1978年9月出生,2016年7月6日因犯非法买卖枪支罪被天津市滨海新区人民法院判处有期徒刑三年,宣告缓刑四年,缓刑考验期自2016年7月17日至2020年7月16日止。孙某某在北京市海淀区某镇司法所接受社区矫正。2019年,北京市海淀区人民检

察院在日常监督时发现孙某某存在未经批准擅自外出、出境等应当撤销缓刑情形，依法监督社区矫正机构提请人民法院对孙某某撤销缓刑，收监执行原判有期徒刑三年。

【检察机关履职过程】

线索发现　2019年，海淀区人民检察院在日常监督中发现，社区矫正对象孙某某在被实施电子监管期间，电子定位轨迹出现中断情形，孙某某可能存在故意逃避监管等违法违规行为。

调查核实　海淀区人民检察院开展了以下调查核实工作。一是通过查看社区矫正综合管理平台和社区矫正档案，发现司法所对孙某某进行监督管理时，缺乏实地查访、信息核查等监管措施。二是向铁路、航空、出入境等部门调取孙某某社区矫正期间出行信息，并与请假批准手续记录对比，发现孙某某在被实施电子监管期间故意对电子定位装置不充电擅自外出一次，在被摘除电子定位装置（因法律法规调整，孙某某不再符合使用电子定位装置条件）后又利用每个月到司法所当面报到的间隔期间擅自外出二十余次，最长一次达十九天，其中违法出境两次、累计十一天。三是对孙某某进行询问，其对未经批准擅自外出的事实予以承认。

监督意见　海淀区人民检察院经审查认为，孙某某在社区矫正期间多次违规外出并两次违法出境，违反了《中华人民共和国刑法》第七十五条、《中华人民共和国出境入境管理法》第十二条及《社区矫正实施办法》（2020年7月1日废止，有关规定内容被2020年7月1日起施行的《中华人民共和国社区矫正法实施办法》吸收）第二十五条规定，且情节严重，于2019年5月24日向海淀区司法局提出纠正意见，建议其向法院提出撤销缓刑建议。同时，向海淀区某镇司法所制发《纠正违法通知书》，依法纠正社区矫正监管教育措施落实不到位等问题。为促进本辖区社区矫正工作全面规范提升，海淀区人民检察院对近三年办理的社区矫正监督案件进行全面梳理，针对发现的监督管理中存在的普遍性、倾向性问题，于2019年10月21日向海淀区司法局发出《检察建议书》，建议：建立有效监督管理机制，综合运用实地查访、信息化核查、通信联络等方式，准确掌握社区矫正对象实际情况；加强与出入境管理部门以及公安派出所的沟通协作和信息互通，采取有效措施防止社区矫正对象违法出境和违规外出等问题的发生。

监督结果　2019年6月19日，海淀区司法局向天津市滨海新区人民法院制发《撤销缓刑建议书》。2019年7月22日，滨海新区人民法院作出刑事裁定，撤销孙某某宣告缓刑四年，收监执行原判有期徒刑三年。同时，海淀区司法局采纳检察建议进行了整改：一是完善自身督察机制。采取专项督察、定项督察、随机督察、派驻督察等方式，进一步强化社区矫正监管教育措施的落实。二是完善与出入境管理部门及公安派出所的协作和信息互通机制。在采取原有出入境备案措施基础上，全面落实社区矫正对象护照、港澳台通行证暂停使用制度；同时加强与公安派出所的信息互通机制，及时排查社区矫正对象有无违规出行和违法出境等情况。三是加强社区矫正与法律监督配合机制。邀请检察机关共同研判社区矫正执法风险、开展线上线下警示教育，形成司法合力，以监督促社区矫正规范提升。四是对相关责任人员予以党政纪处分。

【指导意义】

（一）人民检察院开展社区矫正法律监督工作，应依法全面履行法律监督职责，确保社区矫正法的正确实施。《中华人民共和国社区矫正法》规定，对被判处管制、宣告缓刑、假释和暂予监外执行的罪犯，依法实行社区矫正，并规定人民检察院依法对社区矫正工作实行法律监督。人民检察院应当加强对社区矫正机构监督管理和教育帮扶社区矫正对象等社区矫正工作的法律监督，保证社区矫正工作依法进行，促进社区矫正对象顺利融入社会，预防社区矫正对象再次违法犯罪。在开展社区矫正监督工作时，应当加强对社区矫正档案和信息管理平台中社区矫正对象的日常监管教育、请假外出审批、考核奖惩等有关情况的审查。对于发现的违法违规监督线索，要及时开展调查核实，查清违法违规事实，准确适用法律，精准提出监督意见，更好地满足人民群众对司法公正和社会和谐稳定的需求。

（二）人民检察院办理撤销缓刑监督案件时，应当全面考量行为人主客观情形，依法判断是否符合"其他违反有关法律、行政法规和监督管理规定，情节严重"的撤销缓刑情形。现行《中华人民共和国社区矫正法实施办法》第四十六条第一款第五项沿用了2012年3月1日实施的《社区矫正实施办法》（2020年7月1日废止）第二十五条第一款第五项的规定，对社区矫正对象撤销缓刑情形规定了兜底性条款，即有"其他违反有关法律、行政法规和监督管理规定，情节严重的情形"，应当提出撤销缓刑建议。认定是否达到"情节严重"时，应当全面考量社区矫正对象违反有关法律、行政法规和监督管理规定行为的性质、次数、频率、手段、事由、后果等客观事实，并在准确把握其主观恶性大小的基础上作出综合认定。具有撤销缓刑情形而社区矫正机构未依法提出撤销缓刑建议的，人民检察院应当向社区矫正机构提出纠正意见，监督社区矫正机构向人民法院提出撤销缓刑建议。

（三）人民检察院应当依法监督社区矫正机构加强对社区矫正对象的监督管理，完善与公安机关等的沟通协作机制，防止社区矫正对象非法出境。社区矫正对象在社区矫正期间应当遵守外出、报告、会客等监管规定。依据《中华人民共和国出境入境管理法》规定，被判处刑罚尚未执行完毕的罪犯，不准出境。人民检察院应当监督社区矫正机构加强对社区矫正对象遵守禁止出境等规定情况的监督管理，督促社区矫正机构会同公安机关等部门完善沟通协作和信息互通机制，防止社区矫正对象非法出境。

（四）对社区矫正工作中存在的普遍性、倾向性违法问题和重大隐患，人民检察院应当充分运用检察建议等提升监督效果。检察建议是检察机关履行法律监督职责的重要方式。人民检察院办理社区矫正监督案件时，发现社区矫正机构存在的普遍性问题和管理漏洞，应充分运用检察建议，依法依规提出有针对性的建议，督促执行机关整改落实、规范管理、堵塞漏洞，最大限度地发挥法律监督促进社会治理的效果，实现法律监督工作和社区矫正工作的双促进、双提升。

【相关规定】

《中华人民共和国刑法》第七十五条、第七十七条

《中华人民共和国出境入境管理法》第十二条

《中华人民共和国社区矫正法》第二十七条

《中华人民共和国社区矫正法实施办法》第二十七条、第四十六条(2020 年 7 月 1 日起施行)

《社区矫正实施办法》第十三条、第二十五条(2012 年 3 月 1 日起施行,2020 年 7 月 1 日废止)

《人民检察院刑事诉讼规则》第六百四十四条

《人民检察院检察建议工作规定》第九条

检例第 133 号:社区矫正对象王某减刑监督案

【关键词】

社区矫正监督　见义勇为　重大立功　减刑监督　检察听证

【要旨】

人民检察院开展社区矫正法律监督工作,应当坚持客观公正立场,既监督纠正社区矫正中的违法行为,又依法维护社区矫正对象合法权益。发现宣告缓刑的社区矫正对象有见义勇为、抢险救灾等突出表现的,应当监督相关部门审查确定是否属于重大立功情形,是否符合减刑条件。对有重大社会影响的减刑监督案件,人民检察院可以召开听证会,围绕社区矫正对象是否符合重大立功等重点内容进行听证,结合原判罪名情节、社区矫正期间表现等依法提出检察建议。

【基本案情】

社区矫正对象王某,男,1989 年 6 月出生,2018 年 3 月 14 日因犯诈骗罪被浙江省德清县人民法院判处有期徒刑三年,宣告缓刑四年,并处罚金人民币六万元,缓刑考验期自 2018 年 3 月 27 日至 2022 年 3 月 26 日止。王某在浙江省德清县某街道司法所接受社区矫正。社区矫正期间,王某能够积极接受教育管理,各方面表现良好。

2019 年 11 月 12 日上午,王某在德清县某街道进行社区服务时,发现社区卫生服务站门口的道路上,一辆正在施工的热熔划线工程车上的液化气罐突然起火,危及周边安全。王某见状主动上前施救,并成功排除险情。经德清县人民检察院监督,王某的行为被法院依法认定为重大立功,符合减刑的法定条件。湖州市中级人民法院依法裁定对王某减去有期徒刑六个月,缩减缓刑考验期一年。

【检察机关履职过程】

线索发现　救火事件经新闻媒体报道后,德清县人民检察院检察人员通过查看现场照片,并与德清县社区矫正机构确认,主动救火的人是社区矫正对象王某。德清县人民检察院认为,王某的行为可能构成重大立功情形,符合减刑条件。

调查核实　德清县人民检察院将王某主动救火的情况向社区矫正机构反映,但社区矫正机构未及时进行核查。检察机关随即开展调查核实等工作。一是审查救火事件的基本事实和证据。通过走访事发现场,询问事发地社区工作人员、社区医生、道路施工人员、消防救援人员及周边群众,收集调取现场照片等证据,了解到当日工程车上的液化气罐突然起火,王某发现后三次往返火场灭火,最后爬上工程车徒手将有随时被引爆风险的 7 个液化气罐全部拧紧,成功排除一起重大火灾爆炸险情。

灭火过程中，王某身体多处受伤。事发地位于德清县城闹市区，来往车辆和行人较多，周边均为居民区，一旦发生爆炸可能造成重大事故。二是审查王某在社区矫正期间的表现情况。全面调取王某的社区矫正档案材料，询问王某和社区矫正机构工作人员，了解到王某原判罚金刑已履行完毕，其在社区矫正期间能够认罪悔罪，遵守法律法规和监督管理规定，积极参加教育学习和社区服务，月度考核中多次获得表扬。三是论证是否符合重大立功情形。会同公安机关、人民法院和社区矫正机构等部门，就王某的行为是否属于重大立功表现等问题进行分析论证，推动社区矫正机构有针对性地开展调查取证。2019 年 12 月 25 日，德清县人民检察院向德清县公安局发出王某见义勇为举荐书，德清县公安局核实后于 2020 年 1 月 3 日依法确定王某的行为系见义勇为。四是召开公开听证会。考虑到王某见义勇为行为已被媒体宣传报道，具有较大的社会影响，德清县人民检察院围绕是否构成重大立功等问题组织召开检察听证会，邀请省市县三级人大代表和政协委员、社区矫正机构代表等人员作为听证员，当事人及其代理律师也参加听证。听证员认为，王某见义勇为行为成功排除了一起重大事故，符合重大立功的条件，有力传播了社会正能量，建议德清县人民检察院依法监督德清县司法局对王某提请减刑。

监督意见　2020 年 4 月 17 日，德清县人民检察院依法向德清县司法局提出对社区矫正对象王某提请减刑的检察建议。

监督结果　2020 年 7 月 1 日，湖州市司法局在审查德清县司法局报送的减刑建议书后，向湖州市中级人民法院提出减刑建议。湖州市中级人民法院经审理认为，社区矫正对象王某在排除重大事故中有见义勇为行为，且表现突出，构成重大立功，符合减刑的法定条件。2020 年 7 月 13 日，湖州市中级人民法院依法裁定对王某减去有期徒刑六个月，缩减缓刑考验期一年。

【指导意义】

（一）人民检察院开展社区矫正法律监督工作，发现宣告缓刑社区矫正对象有重大立功线索的，应当监督社区矫正机构进行调查核实，依法维护社区矫正对象合法权益。根据有关法律和司法解释的规定，宣告缓刑的罪犯，一般不适用减刑；在缓刑考验期内有重大立功表现的，可以参照《中华人民共和国刑法》第七十八条的规定，予以减刑。因此，人民检察院在监督工作中发现社区矫正对象有见义勇为等突出表现，可能构成重大立功的，应当监督社区矫正机构及时进行调查，依法予以确认。必要时，人民检察院可以自行开展调查核实。

（二）人民检察院在办理减刑监督案件时，可以通过公开听证方式听取各方意见，最大程度凝聚共识，确保案件办理质效。人民检察院办理有重大社会影响的社区矫正对象减刑监督案件，可以运用公开听证方式开展案件审查工作，广泛听取意见，并通过以案释法，弘扬社会主义核心价值观。在听证过程中，应重点围绕社区矫正对象的行为是否符合《中华人民共和国刑法》第七十八条规定的重大立功情形听取意见。人民检察院综合听证员意见，结合社区矫正对象见义勇为的具体表现、有效避免或阻止发生的危害后果，以及原判罪名情节、社会危害程度和社区矫正期间表现等因素，经审慎研究，依法认定符合减刑条件的，应当向刑罚执行机关提出提请减刑的检察建议。

【相关规定】

《中华人民共和国刑法》第七十八条

《中华人民共和国刑事诉讼法》第二百七十三条

《中华人民共和国社区矫正法》第三十三条

《中华人民共和国社区矫正法实施办法》第三十三条、第四十二条（2020年7月1日起施行）

《最高人民法院关于办理减刑、假释案件具体应用法律的规定》第五条、第十八条

《人民检察院刑事诉讼规则》第六百四十四条

《人民检察院办理减刑、假释案件规定》第九条

检例第159号：吴某某、杨某某刑事申诉公开听证案

【关键词】

刑事申诉　刑事责任年龄　附带民事诉讼执行监督　司法救助　反向审视

【要旨】

对于因司法机关依法改变原处理决定，但未对当事人释法说理引起刑事申诉的，检察机关应当充分做好释法说理，必要时组织检察听证，弥补原案办理中的缺陷，促进案结事了。要认真做好检察听证前的准备工作。出现申诉人不信任、不配合等抵触情形的，要做好情绪疏导工作，必要时争取当地有关部门支持配合，共同解开"心结"，确保听证顺利举行。办案过程中发现申诉人因案致困，符合司法救助条件的，应当及时给予救助帮扶。对于反向审视发现的原案办理中履职不到位或者不规范司法等问题，应当促使相关检察机关提出切实可行的整改措施，进一步规范司法行为，提升案件办理质效。

【基本案情】

申诉人吴某某、杨某某，系吴某坚抢劫案被害人吴某辉的近亲属。

2008年1月28日12时许，原审被告人吴某坚携带匕首在广西壮族自治区平南县大将客运中心乘坐被害人吴某辉的二轮摩托车，谎称去平南县官成镇横岭村。当摩托车行驶至平金公路转入横岭村的村级道路时，吴某坚用匕首连续捅刺吴某辉数刀。随后，吴某坚搜吴某辉的身体，抢走吴某辉的诺基亚牌手机1部、现金2元，并抢走吴某辉的二轮摩托车，逃离现场。经法医鉴定，吴某辉系颈动脉离断大出血死亡。2008年10月17日，贵港市人民检察院以吴某坚涉嫌抢劫罪向贵港市中级人民法院提起公诉。2009年8月20日，贵港市中级人民法院以吴某坚犯抢劫罪，判处其有期徒刑十五年。吴某坚以其犯罪时不满14周岁为由提出上诉。2010年7月30日，广西壮族自治区高级人民法院以原判认定事实不清、证据不足为由，裁定撤销原判，发回重审。同年12月28日，贵港市人民检察院以事实、证据有变化为由向贵港市中级人民法院申请撤回起诉，退回公安机关补充侦查。同年12月31日，贵港市中级人民法院裁定准许撤回起诉。2012年1月19日，贵港市中级人民法院经审理由吴某某、杨某某提起的附带民事诉讼，判决赔偿被告人吴某某、杨某某经济损失141075元。吴某某、杨某某不服，提出上诉。2012

年5月4日，广西壮族自治区高级人民法院裁定驳回上诉，维持原判。吴某某、杨某某仍不服，以原审被告人吴某坚案发时已年满14周岁，构成抢劫罪为由，提出申诉。广西壮族自治区人民检察院审查认为申诉人的申诉理由不成立，审查结案。申诉人仍不服，向最高人民检察院提出申诉。

【检察听证过程】

听证前准备。经初步审查，本案是否为未成年人作案，存在罪与非罪的重大争议。案件办理过程中未向申诉人充分释法说理，检察机关撤回起诉并退回公安机关补充侦查后长期“挂案”，原审被告人未赔礼道歉、未充分履行民事赔偿义务，申诉人生活非常困难，未能及时获得司法救助，导致申诉人长年信访申诉，不接受司法机关作出的决定。最高人民检察院组成由大检察官为主办检察官的办案组，认真审查申诉材料，调阅了原案全部卷宗，核实相关证据，听取原案承办人意见，围绕案件争议焦点即原审被告人吴某坚作案时是否年满14周岁进行重点调查核实。鉴于本案疑难复杂，办案组决定召开听证会，公开审查此案。

听证会前，办案组检察官两赴案发地，当面听取申诉人意见，实地了解申诉人家庭情况，耐心引导申诉人依法理性维权。在听证会前一天，申诉人突然提出不参加听证会，办案组及时协调当地检察机关和政府部门共同对申诉人开展心理疏导，确保听证会如期召开。针对原审被告人吴某坚案发后未被教育惩戒，未认错悔过等情形，办案组要求当地检察机关找到已经成家立业的吴某坚，对其进行严肃批评教育，吴某坚表示认错悔过，将尽自己所能赔偿被害人经济损失。

公开听证。2021年6月18日，吴某某、杨某某刑事申诉案公开听证会在广西壮族自治区贵港市人民检察院检察听证室举行，办案组主办检察官主持听证会。申诉人及其委托代理人充分阐述申诉理由，原案一审公诉人就审查起诉情况、二审承办检察官就建议法院发回重审情况、二审主审法官就法院决定发回重审情况、重审案件公诉人就发回重审后检察机关撤回起诉情况、广西壮族自治区人民检察院办理申诉案件的检察官就申诉案件审查情况等详尽阐述和举证、示证，认真回应申诉人的诉求，并围绕争议焦点逐一释法说理。

听证会上，办案组检察官就吴某坚作案时是否年满14周岁，存在两组证据的情况向申诉人充分予以展示。一组认定吴某坚出生于1993年6月24日（农历端午节），作案时已年满14周岁的证据，有吴某坚的供述、嫌疑人信息登记表、在校学生名册、学籍卡、相关证人证言和公安部骨龄鉴定意见等。吴某坚供述系听其母亲讲出生于农历1993年5月5日，但该供述与其母亲的证言相矛盾；嫌疑人信息登记表所载吴某坚出生时间，为犯罪嫌疑人自述时间；在校学生名册、学籍卡所记载吴某坚的出生时间亦为其本人自行填报；一些证人证言表示，不知道吴某坚的具体出生日期；公安部骨龄鉴定意见证实吴某坚年龄为17±1岁，即使采信该骨龄鉴定意见认定吴某坚作案时16周岁，也与其他证据证实吴某坚作案时不满15周岁有较大差距。另一组证实吴某坚出生于1994年6月13日（农历端午节），作案时未满14周岁的证据，有证人柯某某（接生吴某坚的人）、王某、吴某成等人证言以及《未落实常住人口登记表》、水文资料等。其中，柯某某证言证实吴某坚是其唯一接生的孩子，因此印象深刻。之所以记得吴某坚出生于1994年，是因为当年是其嫁到江口镇以来洪水最大的一年，家里的房子都被洪水冲塌了。贵港市防汛办《贵港市浔江、郁江历次洪水记录》证实，1994年7月该市贵港站经历建国后第一大洪水，该书证与柯某某的证言能够相互印证；证人王某证言证实，其与吴某坚之母同年怀孕，且在吴某坚出生三四个月后其子于1994年10月出生；证人吴某成证言证实，之所以记得其子与吴某坚同岁（1994年出生）是因为“我们同祠堂，得男丁的要在清明节的时候抓阉鸡拜祖，所以记得很清楚”；《未落实常住人口登记表》证实，2007年12月人口普查时吴某坚登记出生日期为1994年。

五名听证员在充分听取案件事实和证据的基础上，经认真评议，形成听证意见，一致认为本案现有证据不足以证实原审被告人吴某坚作案时已满14周岁，骨龄鉴定意见也未能准确确定案发时吴某坚的真实年龄，而吴某坚在作案时的真实年龄是其应否承担刑事责任的关键，因此不能简单依骨龄鉴定意见认定，而应结合全案证据综合认定。故认定原审被告人吴某坚作案时已满14周岁的证据不足，检察机关撤回起诉并退回公安机关补充侦查的处理决定并无不当。鉴于被害人吴某辉死亡后，其妻子外出打工，下落不明；申诉人吴某某、杨某某以及被害人吴某辉的儿子吴某林祖孙三人目前仅靠每月870元左右的低保和养老金维持生活，无其他经济收入，加上申诉人吴某某、杨某某体弱多病，吴某林目前就读初中，尚未成年，祖孙三人的生活极为困难，符合国家司法救助条件，建议检察机关给予其国家司法救助。

办案组在全面审查案件的基础上，参考听证意见，在听证会上向申诉人说明，由于原审被告人吴某坚未在医院出生，没有出生证明，出生时其父母未向户籍管理部门申报户口，吴某坚的出生年龄无法通过出生证明、户籍证明等材料证实，根据《最高人民法院关于审理未成年人刑事案件具体应用法律若干问题的解释》第四条第一款“对于没有充分证据证明被告人实施被指控的犯罪时已经达到法定刑事责任年龄且确实无法查明的，应当推定其没有达到相应法定刑事责任年龄”的规定，推定吴某坚犯罪时未达到法定刑事责任年龄，故原办案机关综合全案证据所做处理决定，于法有据，并无不当，申诉人的申诉理由不能成立。办案组还当场播放了当地检察机关录制的吴某坚认错悔过和主动表示赔偿被害人经济损失的视频。申诉人表示服从检察机关作出的处理决定，承诺息诉罢访。

后续工作。2021年8月9日，贵港市人民检察院向公安机关发出撤销案件的检察建议书。8月10日，平南县公安局决定撤销此案。当地检察机关还依职权启动附带民事诉讼判决执行监督程序，向人民法院发出检察建议书，建议督促原审被告人吴某坚支付赔偿款。后吴某坚将3万元赔偿款汇至人民法院执行账户，并承诺今后每月履行3300元剩余赔偿款。为解决申诉人实际困难，广西壮族自治区三级检察院联合给予申诉人国家司法救助金，会同当地党委政法委、教委、妇联等部门，给予吴某林相应的民政救助，并开展心理辅导等。

广西壮族自治区人民检察院在全区范围就本案办理过程中，检察机关撤回起诉并退回公安机关补充侦查后长期“挂案”，检察机关既没有依法及时作出不起诉决定，也没有建议公安机关撤销案件；未对法院发回重审以及检察机关撤回起诉的具体理由和依据作出说明;未对被害人家属进行必要的释法说理,并给予帮扶救助;未对原审被告人吴某坚进行帮教,并移送相关部门采取相应的管束措施;未对附带民事诉讼判决执行情况跟进监督,导致赔偿款一直未执行到位,案未结、事未了等办案中的问题,开展专题反向审视,提出整改意见并督促落实,对相关责任人进行了责任追究。最高人民检察院向全国检察机关通报该案办理情况,要求各级检察机关进一步压实首办责任,建立常态化重复信访治理机制。

【指导意义】

(一)人民检察院组织检察听证,应当认真做好各项准备工作。对决定举行检察听证的刑事申诉案件,承办检察官在听证前要全面阅卷,充分了解案件事实、证据及焦点问题,并对相关问题进行调查核实。对于矛盾激化、诉求强烈的申诉案件,应当做好申诉人情绪引导和安抚工作,使其理解和自愿参加听证。

(二)人民检察院办理刑事申诉案件,发现申诉人因案致困,符合司法救助条件的,应当及时给予救助帮扶。在办理刑事申诉案件过程中,发现申诉人因案导致生活困难,经调查核实其经济收入、生活状况后,认为其符合司法救助条件的,应当主动告知其申请救助的方式,及时按程序提供救助。要联合社会各方力量,多渠道、更大力度解决申诉人的实际困难,给予申诉人更多的人文关怀、帮扶救济,让人民群众在司法案件的办理中不仅感受到公平正义,还感受到司法的温度。

(三)人民检察院办理刑事申诉案件,应当通过反向审视,对原案办理中的问题和瑕疵进行针对性整改。办理刑事申诉案件具有检视整个刑事诉讼过程的独特优势。要通过全面审查案件和公开听证,反向审视检察环节存在的履职不到位或者司法不规范等问题和瑕疵,促使相关检察机关提出切实可行的整改措施,并认真落实。要依规依纪追究相关人员司法责任,促进规范司法行为、严格依法办案,提升案件办理质效,增强司法公信力。

【相关规定】

《中华人民共和国刑法》第十七条、第二百六十三条

《最高人民法院关于执行〈中华人民共和国刑事诉讼法〉若干问题的解释》(1998年9月8日施行)第一百七十七条(现为2021年3月1日施行《最高人民法院关于适用〈中华人民共和国刑事诉讼法〉的解释》第二百九十六条)

《最高人民法院关于审理未成年人刑事案件具体应用法律若干问题的解释》(2006年1月23日施行)第四条第一款

《人民检察院民事诉讼监督规则(试行)》(2013年11月18日施行)第四十一条第三项(现为2021年8月1日施行的《人民检察院民事诉讼监督规则》第三十七条第五项)

《人民检察院审查案件听证工作规定》(2020年9月14日施行)第二条、第四条、第六条

检例第195号:
罪犯向某假释监督案

【关键词】

大数据监督模型　线索发现　再犯罪危险指标量化评估　优先适用假释　“派驻+巡回”检察机制

【要旨】

人民检察院办理假释监督案件可以充分运用大数据等手段进行审查,对既符合减刑又符合假释条件的案件,监狱未优先提请假释的,应依法监督监狱优先提请假释。可以对“再犯罪的危险”进行指标量化评估,增强判断的客观性、科学性。对罪犯再犯罪危险的量化评估应以证据为中心,提升假释监督案件的实质化审查水平。注重发挥“派驻+巡回”检察机制优势,充分运用巡回检察成果,以“巡回切入、派驻跟进”的方式,依法推进假释制度适用。

【基本案情】

罪犯向某,男,1991年12月出生,户籍所在地湖北省来凤县绿水镇。

2014年10月28日,向某等三人驾车途中与被害人张某某产生纠纷,在争执过程中发生打斗,向某持随手捡起的砖块击打被害人张某某头部,张某某经送医抢救无效后死亡。2015年8月25日,向某因犯故意伤害罪被山东省临清市人民法院判处有期徒刑十年六个月,刑期至2025年5月2日止。该犯不服,提出上诉后被法院裁定驳回上诉,维持原判。2016年1月8日,向某被交付山东省聊城监狱执行刑罚。聊城市中级人民法院于2018年7月26日、2020年11月16日分别裁定对向某减刑九个月,刑期至2023年11月2日止。

【检察机关履职过程】

线索发现。2022年4月底,聊城市人民检察院对聊城监狱开展机动巡回检察,重点检察假释案件办理情况。派驻聊城监狱检察室将派驻检察日常履职掌握的涉减刑、假释相关监管信息提供给巡回检察组。巡回检察组将信息输入大数据监督模型,发现向某可能既符合减刑条件又符合假释条件,属于可以依法优先适用假释的情形,鉴于监狱已将向某列入了拟提请减刑对象,遂决定启动对向某进行再犯罪危险评估。

调查核实。聊城市人民检察院坚持以证据为中心,按照假释的有关法律法规及相关司法解释,依据“再犯罪危险系数评估法”,对原罪基本情况(包括前科劣迹、主从犯、既未遂等)、服刑期间表现情况(包括劳动任务完成情况、违规违纪次数、年均计分考核情况等)、罪犯主体情况(包括职业经历、健康程度、技能特长、监管干警和同监室人员评价等)、假释后生活及监管情况(包括婚姻状况、家庭关系、固定住所、出狱后就业途径等)四个方面多项具体指标进行定性定量分析。依据证据对各项指标进行正负面定性评定,以1和-1作为正面负面限值,根据程度轻重或有无计算各指标权重进行定量评定。通过定性定量分析,评定罪犯是否具有“再犯罪的危险”。

聊城市人民检察院依据该评估法,围绕证据的调取及审查运用开展了以下工作:一是调取原案卷宗材料综合评定罪犯主观恶性、人身危险性、社会危害程度。向某虽构成故意伤害罪(致人死亡),但归案后认罪态度较好,一审判决前积极主动赔偿被害人家属并取得谅解。二是审查监狱日常计分考核、劳动改造、教育改造、历次减刑、派驻检察工作记录等客观材料,调取其所在监室、劳动场所监控资料,并与监管民警、罪犯、相关人员进行谈话了解,综合评定其改造表现。三是询问罪犯户籍地和经常居住地相关人员、监管民警、同监室罪犯等,确定其生理、心理、认知正常,人格健全,无成瘾情况。四是征求社区矫正机构、基层组织、家庭成员、有关村民意见,确定假释后生活保障及监管条件。经了解，向某姐夫田某愿意为其提供工作条件并保证稳定收入，当地接纳程度、监管条件较好。五是召开有监狱民警、社区矫正工作人员、心理专家等参与的公开听证会，听证员均认为向某认真遵守监规，接受教育改造，确有悔改表现，认定其没有"再犯罪的危险"证据确实充分，同意检察院对罪犯向某适用假释的建议。

监督意见。聊城市人民检察院依据上述证据材料，综合评定向某各项指标，认为其没有再犯罪的危险，符合假释适用条件，根据相关规定，可依法优先适用假释，遂于2022年6月15日向聊城监狱提出对向某依法提请假释的检察意见。聊城监狱采纳检察机关的意见，于同年7月25日向聊城市中级人民法院提请对向某予以假释。

监督结果。2022年9月15日，聊城市中级人民法院依法对罪犯向某裁定假释，假释考验期至2023年11月2日止。向某假释后，由聊城监狱干警送至湖北省来凤县绿水镇司法所报到。聊城市人民检察院定期与聊城监狱、湖北当地司法所及所在地村委会联系沟通，了解到向某按期接受社区矫正监管教育，与周边村民相处融洽，现已融入正常生活。

此案办理后，聊城市人民检察院与聊城监狱召开联席会议，就假释适用的实体条件及"再犯罪危险系数评估法"达成共识，进一步完善假释适用大数据监督模型，形成常态化筛选机制。监狱依据模型设定的指标进一步完善罪犯具体监管信息，快速筛查出可能符合假释适用条件的罪犯，再结合相关证据材料，作出是否提请假释的决定。检察机关通过该模型开展同步监督。2022年12月至2023年8月，筛选出16件符合假释条件的案件，已由法院裁定假释7件。

【指导意义】

（一）根据相关司法解释精神，对既符合减刑又符合假释条件的罪犯，应当监督刑罚执行机关依法优先提请假释。假释制度能够更好实现刑罚特殊预防功能，促进罪犯更好更快融入社会，司法解释规定，对同时符合法定减刑条件和法定假释条件的罪犯，可以优先适用假释。在办理假释案件过程中，可以将罪犯执行的刑期、服刑期间表现、财产性判项履行等情况作为基本要素，运用大数据监督模型，通过数据比对分析，发现可能既符合减刑又符合假释条件的案件线索。应当注重发挥减刑、假释制度的不同价值功能，通过调查核实，认定罪犯既符合减刑条件又符合假释条件，刑罚执行机关未优先提请的，应当建议其优先提请假释，依法推进假释制度适用。

（二）人民检察院在办理假释监督案件时，可以进行指标量化评估，科学客观认定罪犯是否有"再犯罪的危险"。要依据相关法律法规及司法解释，综合考量假释适用实体条件中的各项要素。在认定罪犯是否有"再犯罪的危险"时，可以将认定标准细化为"原罪基本情况、服刑期间表现情况、罪犯主体情况、假释后生活及监管情况"等方面的具体指标，进行定性定量评估，参考量化分值得出结论，增强假释制度适用的客观性、科学性。要秉持客观公正立场，全面收集、依法审查原审卷宗、自书材料、服刑期间现实表现等主客观证据材料，提升假释案件实质化审查水平。

（三）人民检察院应当充分发挥"派驻+巡回"检察机制优势，依法推进假释制度适用。对假释案件数量少、监狱适用主动性不高等问题,人民检察院可以通过开展机动巡回检察等方式监督监狱予以纠正。通过派驻检察日常监督掌握的涉减刑、假释相关监管信息,以巡回检察与派驻检察的相互协同、相互促进,提升假释案件检察监督质效。

【相关规定】

《中华人民共和国刑法》第八十一条、第八十二条

《人民检察院刑事诉讼规则》第六百三十六条

《最高人民法院关于办理减刑、假释案件具体应用法律的规定》第二十二条、第二十五条、第二十六条

《人民检察院巡回检察工作规定》第十四条

《最高人民法院、最高人民检察院、公安部、司法部关于加强减刑、假释案件实质化审理的意见》第三条

检例第196号:罪犯杨某某假释监督案

【关键词】

禁止适用假释范围　能动履职　再犯罪的危险　抚养未成年子女

【要旨】

人民检察院在日常监督履职中发现罪犯符合假释法定条件而未被提请假释的,应当依法建议刑罚执行机关启动假释提请程序。要准确把握禁止适用假释的罪犯范围,对于故意杀人罪等严重暴力犯罪罪犯,没有被判处十年以上有期徒刑、无期徒刑且不是累犯的,不属于禁止适用假释的情形,可在综合判断其主观恶性、服刑期间现实表现等基础上,对于符合假释条件的,依法提出适用假释意见。注重贯彻宽严相济刑事政策,对有未成年子女确需本人抚养且配偶正在服刑等特殊情况的罪犯,可以依法提出从宽适用假释的建议。

【基本案情】

罪犯杨某某,女,1984年9月出生,户籍所在地重庆市渝北区木耳镇。

杨某某与被害人周某存在不正当男女关系被丈夫刘某发现。杨某某为摆脱与周某之间的关系,在明知刘某及刘某甲等人欲殴打被害人周某的情况下,将周某邀约至自己家中,周某被刘某及刘某甲等人以菜刀、铁锤、木凳打击的方式故意杀害致死。2014年11月27日,杨某某因犯故意杀人罪被重庆市第一中级人民法院判处有期徒刑七年,刑期至2021年2月11日止。2014年12月23日,杨某某被交付重庆市女子监狱执行刑罚。2017年3月30日,重庆市第五中级人民法院裁定对杨某某减刑九个月,刑期至2020年5月11日止。

【检察机关履职过程】

线索发现。2018年3月,重庆市人民检察院第五分院(以下简称重庆市第五分院)派驻重庆市女子监狱检察室检察官在日常履职过程中,通过与罪犯谈话得知:杨某某家有两名未成年子女确需其抚养,其本人担心家中老人及两个年幼子女的生活学习,希望获得假释,早日出狱承担起母亲和家庭的责任。经了解,监狱已掌握杨某某希望被提请假释的情况,但考虑到杨某某犯故意杀人罪属于重罪罪犯不宜提请假释,故未将其纳入拟提请假释考察对象。重庆市第五分院为查明杨某某是否符合假释适用条件开展调查核实。

调查核实。重庆市第五分院重点围绕

杨某某是否符合假释条件开展了以下调查核实工作:一是研判杨某某的违法犯罪情况。杨某某并非犯意提起者,也未直接实施侵害行为,被判处有期徒刑七年,其主观恶性、人身危险性、社会危害性较其配偶刘某有明显区别。同时,杨某某对被害人亲属进行了民事赔偿,并已取得被害人亲属的谅解,本案财产性判项履行完毕。二是评估杨某某服刑期间现实表现。通过询问罪犯、监管民警、查阅计分考核材料等了解到,杨某某服刑以来认罪服法,遵守监规,服从安排,在监狱医院帮助护理病犯,确有悔改表现。三是调查杨某某的家庭经济情况。杨某某的配偶刘某、配偶的父亲刘某甲因共同实施故意杀人罪入狱服刑;家中两个未成年子女小学在读,由体弱多病的婆婆一人照顾,家庭缺乏收入来源,三口人仅依靠低保金生活,经济困难,确需杨某某承担抚养未成年子女等义务。四是评估杨某某个人基本情况和心理状况。杨某某身体健康,监狱提供的评估报告显示其心理状态良好,入狱前从事销售工作,是家庭收入的主要来源,其本人抚养教育子女、承担家庭责任的意愿强烈。五是评估其假释后的监管条件。建议监狱委托杨某某居住地社区矫正机构开展社区矫正调查评估。经调查,该罪犯具备社区矫正监管条件,可以适用社区矫正。综合分析研判全案事实、证据,认定杨某某人身危险性较低、没有再犯罪的危险、服刑期间现实表现较好,假释后能自食其力,具备社区监管条件。

监督意见。2018年4月6日,重庆市第五分院建议重庆市女子监狱对罪犯杨某某依法启动假释程序。重庆市女子监狱采纳了检察意见,于同年5月24日向重庆市第五中级人民法院提请对罪犯杨某某予以假释。

监督结果。2018年6月29日,重庆市第五中级人民法院依法裁定对罪犯杨某某予以假释,假释考验期限至2020年5月11日止。经重庆市第五分院跟踪回访,杨某某在社区矫正期间遵守社区矫正各项规定,表现良好,在社区矫正机构帮助下找到稳定工作,家庭生活条件得到较大改善,教育帮扶效果明显,其女儿因成绩优异,被一所重点中学录取。

【指导意义】

(一)人民检察院在日常检察履职过程中发现符合假释法定条件而未被提请假释的罪犯,应依法建议刑罚执行机关提请假释。人民检察院不仅应对提请假释案件的程序、条件是否符合法律规定进行监督,还应当在日常检察履职过程中,注重通过与罪犯谈话、列席假释评审委员会、查阅会议记录等方式发现监督线索,对符合假释条件而未被提请假释的罪犯,应当建议刑罚执行机关提请假释,依法推进假释制度适用。

(二)准确把握刑法第八十一条第二款禁止适用假释的案件范围,结合罪犯的主观恶性、服刑期间的表现等综合判断“再犯罪的危险”。我国刑法第八十一条第二款规定,“对累犯以及因故意杀人、强奸、抢劫、绑架、放火、爆炸、投放危险物质或者有组织的暴力性犯罪被判处十年以上有期徒刑、无期徒刑的犯罪分子,不得假释”。人民检察院在办理假释监督案件时,应准确把握禁止假释的条件和范围。对于故意杀人罪等严重暴力犯罪,没有被判处十年以上有期徒刑、无期徒刑,且不是累犯的,要结合罪犯的主观恶性、犯罪行为的危害程度、在共同犯罪中的作用、服刑期间现实表现、社区监管条件等综合判断有无再犯罪危险，符合假释条件的，可以依法提出适用假释的建议。

（三）对有未成年子女确需本人抚养等特殊情形的罪犯，符合法定假释条件的，要充分考虑案件办理的社会效果，提出依法从宽适用假释的建议。人民检察院对假释案件开展监督时，既要严格按照法律规定的条件、程序规范办理，又要贯彻落实宽严相济刑事政策，对符合假释条件，因配偶正在服刑有未成年子女确需本人抚养，或者父母等因患病、残疾、长期生活不能自理确需本人照顾等特殊情形的罪犯，可以提出依法从宽适用假释的建议。通过依法积极适用假释，既感化罪犯，促使其真诚悔改，又维护家庭、社会和谐稳定，实现假释案件办理政治效果、社会效果和法律效果的有机统一。

【相关规定】

《中华人民共和国刑法》第八十一条、第八十二条

《中华人民共和国刑事诉讼法》（2012年修正）第二百六十二条（现为2018年修正后的第二百七十三条）

《最高人民法院关于办理减刑、假释案件具体应用法律的规定》第二十二条、第二十三条、第二十五条、第二十六条

《人民检察院办理减刑、假释案件规定》第九条

检例第197号：罪犯刘某某假释监督案

【关键词】

单位犯罪　直接负责的主管人员假释　财产性判项履行　调查核实　公开听证

【要旨】

人民检察院办理涉及单位犯罪罪犯的假释监督案件，应分别审查罪犯个人和涉罪单位的财产性判项履行情况。对于罪犯个人财产性判项全部履行，涉罪单位财产性判项虽未履行或未全部履行，但不能归责于罪犯个人原因的，一般不影响对罪犯的假释。除实质化审查单位犯罪的罪犯原判刑罚、犯罪情节、刑罚执行中的表现等因素外，还应重点调查核实罪犯假释后对单位财产性判项履行的实际影响，实现假释案件办理"三个效果"有机统一。

【基本案情】

罪犯刘某某，男，1970年8月出生，户籍所在地山东省邹平市青阳镇，案发前为山东某实业有限公司等三家公司实际控制人。

山东某实业有限公司等三家公司为缓解资金压力，公司人员伪造虚假的工业品买卖合同，修改公司财务报表、隐瞒真实财务状况，向银行骗取贷款、票据承兑5400万元（判决前，已偿还银行贷款870万元）。2019年4月28日，山东某实业有限公司等三家公司因单位犯骗取贷款、票据承兑罪，被山东省邹平市人民法院判处罚金共计11万元，并追缴三家公司违法所得，刘某某作为单位直接负责的主管人员被判处有期徒刑四年一个月，并处罚金6万元，刑期至2022年2月26日止。2019年6月4日，刘某某被交付山东省鲁中监狱（以下简称鲁中监狱）执行刑罚。

【检察机关履职过程】

线索发现。2020年9月9日，山东省淄博市城郊地区人民检察院（以下简称淄博城郊地区检察院）收到罪犯刘某某妻子林某某的信访材料，请求检察机关监督鲁

中监狱为其丈夫刘某某提请假释。淄博城郊地区检察院经与监狱沟通了解到，林某某此前也多次向监狱反映希望对刘某某适用假释的请求，但监狱未对其提请假释。为查明刘某某是否符合假释条件，淄博城郊地区检察院遂决定开展调查核实。

调查核实。为了确保监督意见的准确性，淄博城郊地区检察院重点开展了以下工作：一是加强沟通，找准争议焦点。分别从鲁中监狱和山东省淄博市中级人民法院了解到，两单位均以刘某某实控企业的财产性判项未全部履行为由，认为对刘某某适用假释可能存在风险。二是开展调查核实，各方达成共识。围绕争议焦点，办案人员与涉案企业部分员工进行了座谈，调取了刘某某实控企业资产评估报告，实地走访刘某某实控企业和被害银行，对刘某某实控企业贷款偿还能力和社会影响进行核查。经调查核实，刘某某实控企业在涉案前经营状况良好，提供就业岗位600余个，销售收入60亿元；现有资产6230万元（包括写字楼、苗木等资产），涉罪单位的相关资产已被人民法院依法查控以履行相应财产性判项，但因无法立即变现，尚未完全履行财产性判项。刘某某案发后，其妻子林某某积极提交公司资产状况的材料，偿还部分利息；银行出具谅解书，希望刘某某尽快假释出狱经营公司；刘某某本人表示出狱后会尽心经营公司，尽快偿还所骗贷款。三是全面考察评估，开展实质化审查。通过审查监狱档案材料、法院卷宗材料，查明刘某某具有自首情节，已向法庭提供了大于逾期贷款数额的资产评估报告，取得涉案银行的谅解；在监狱服刑期间认罪悔罪，遵守法律法规和监规纪律，接受教育改造，没有被处罚记录，三次获得表扬奖励，执行期间足额履行财产刑；社区矫正机构对刘某某进行了社会调查评估，认定其不具有社会危险性，对所居住社区未发现有不良影响。四是开展检察听证，以公开促公正。2020年11月20日，淄博城郊地区检察院邀请法学专家、律师、民营企业家等参加听证会，公开听取社会各界意见。各方均认为适用假释能更好地帮助刘某某回归社会、服务社会，充分发挥假释罪犯对涉罪单位财产性判项履行的积极作用。

监督意见。淄博城郊地区检察院认为，对刘某某适用假释能够促进企业恢复生产经营，更好帮助企业履行财产性判项。2020年12月15日，向鲁中监狱提出对罪犯刘某某依法提请假释的检察意见。鲁中监狱采纳了检察意见，于2021年1月18日向淄博市中级人民法院提请对罪犯刘某某予以假释。

监督结果。2021年1月27日，淄博市中级人民法院依法对罪犯刘某某裁定假释，假释考验期限至2022年2月26日止。刘某某假释后认真遵守社区矫正相关规定，积极配合法院对单位财产性判项的执行，并在涉案公司之一山东某生态实业有限公司投入90余万元，聘用员工60余人，企业得以恢复生产经营，避免了企业经营停滞、资产缩水对涉罪单位履行财产性判项造成更大不利影响。

【指导意义】

（一）单位犯罪生效裁判中有财产性判项未履行或未全部履行的，非归责于罪犯个人的原因，一般不影响对罪犯个人适用假释。人民检察院办理涉及单位犯罪罪犯的假释监督案件，应分别审查罪犯个人和涉罪单位的财产性判项履行情况。如果罪犯已经履行个人财产性判项，其主观恶性不大、取得被害人谅解且积极协助履行单位财产性判项的，不宜将单位犯罪财产性判项履行情况作为限制对罪犯个人适用假释的考量因素。如确有证据证实该罪犯滥用对公司支配地位或公司法人独立地位，隐藏、转移、故意毁损财产或者无偿转让财产、以明显不合理的低价转让财产等，妨害单位履行财产性判项的，不应认定该罪犯确有悔改表现，不能适用假释。

（二）人民检察院办理涉及单位犯罪罪犯的假释监督案件，应当重点调查核实罪犯假释后的社会影响，实现"三个效果"有机统一。人民检察院在办理涉单位犯罪罪犯假释案件过程中，除审查罪犯是否符合法定假释条件外，还应当重点审查罪犯假释后是否对单位履行财产性判项存在不利影响、是否影响社会安全稳定等。要充分发挥假释制度激励罪犯积极改造的价值功能，将刑罚执行对企业正常生产经营的负面影响降到最低，确保案件办理政治效果、社会效果和法律效果的有机统一。

【相关规定】

《中华人民共和国刑法》第八十一条、第八十二条

《最高人民法院关于办理减刑、假释案件具体应用法律的规定》第二十二条、第二十三条

《人民检察院办理减刑、假释案件规定》第六条、第九条

检例第198号：罪犯邹某某假释监督案

【关键词】

假释刑期条件　执行原判刑期二分之一　先行羁押　折抵刑期

【要旨】

人民检察院应当准确把握假释罪犯的服刑期限条件，被判处有期徒刑的罪犯"执行原判刑期二分之一以上"的期限，包括罪犯在监狱中服刑刑期和罪犯判决执行前先行羁押期限。注重通过个案办理，推动司法行政机关及时调整不符合法律规定和立法原意的相关规定，保障法律统一正确实施。

【基本案情】

罪犯邹某某，男，1977年7月出生，户籍所在地江苏省江阴市。

邹某某在担任江苏某投资股份有限公司销售部经理、总经理助理、副总经理期间，通过销售、购买沥青等业务，非法索取或者收受客户好处费318.95465万元；利用担任该投资公司副总经理的职务便利，通过私自购买空白的收款收据，私刻该投资公司财务专用章等方式，非法占有供货公司支付给该投资公司的银行承兑汇票贴息现金人民币21.7908万元。2017年3月29日，邹某某被江苏省无锡市公安局刑事拘留，2019年4月19日，因犯非国家工作人员受贿罪、职务侵占罪被江苏省江阴市人民法院判处有期徒刑六年六个月，并处没收财产人民币30万元，继续追缴违法所得人民币318.95465万元，刑期至2023年9月27日止。该犯不服，提出上诉。2020年6月2日，江苏省无锡市中级人民法院作出刑事裁定，驳回上诉，维持原判。后邹某某被交付江苏省浦口监狱执行刑罚。

【检察机关履职过程】

线索发现。2022年5月，江苏省南京市钟山地区人民检察院（以下简称钟山地区检察院）在审查浦口监狱报送的罪犯减

刑假释案卷材料时，发现监狱拟对罪犯邹某某不予提请假释存在问题。浦口监狱认为，根据江苏省监狱管理局相关规定，对原判刑期不长，在监狱服刑时间较短的罪犯适用假释时，严格控制假释考验期，在监狱实际服刑时间一般应超过原判刑期的二分之一。罪犯邹某某属于该规定情形，不符合提请假释条件。钟山地区检察院认为，浦口监狱以该规定为依据对邹某某不予提请假释存在问题，应当予以监督纠正。

调查核实。围绕罪犯邹某某是否符合假释条件，钟山地区检察院开展了以下工作：一是调取起诉书、刑事判决书、刑事裁定书、刑事案件执行通知书、罪犯结案登记表等原始档案材料。证实罪犯邹某某在交付浦口监狱执行前，因案情疑难复杂已在无锡市某看守所先行羁押三年五个月，加上在浦口监狱执行的一年八个月，共计执行有期徒刑五年一个月，已执行原判刑期二分之一以上。二是核实罪犯邹某某认罪悔罪表现。通过对该犯奖励审批表、计分考核累计台账、罪犯评审鉴定表、改造小结、认罪悔罪书等材料的审查，认定该犯在浦口监狱服刑期间能够遵守监规，接受教育改造，努力完成劳动任务，财产性判项已全部履行，确有悔改表现。根据无锡市某看守所出具的羁押期间表现情况鉴定表等材料，认定该犯在所期间能遵守相关规定，表现较好。三是审查罪犯出监危险性评估报告、调查评估意见书等材料，证实该犯再犯罪危险性等级为低度，具备家庭监管条件，可适用社区矫正。

监督意见。钟山地区检察院审查后认为，根据《最高人民法院关于办理减刑、假释案件具体应用法律的规定》第二十三条，“被判处有期徒刑的罪犯假释时，执行原判刑期二分之一的时间，应当从判决执行之日起计算，判决执行以前先行羁押的，羁押一日折抵刑期一日”的规定，“执行原判刑期二分之一以上”不仅包括交付监狱实际执行的刑期，也包括判决执行以前先行羁押的期限。江苏省监狱管理局相关规定不符合法律和司法解释，不应当作为办案依据。2022 年 5 月 31 日，钟山地区检察院综合考虑邹某某犯罪情节、刑罚执行中的一贯表现、假释后监管条件等因素，向浦口监狱提出对其依法提请假释的检察意见。浦口监狱采纳钟山地区检察院的意见，于 2022 年 6 月 20 日向南京市中级人民法院提请对罪犯邹某某予以假释。

监督结果。2022 年 8 月 5 日，南京市中级人民法院裁定对罪犯邹某某予以假释，假释考验期限至 2023 年 9 月 27 日止。裁定生效后，钟山地区检察院积极与江苏省监狱管理局沟通，建议撤销关于假释执行刑期的相关规定，此后该规定被废止。

【指导意义】

（一）刑法规定适用假释须“执行原判刑期二分之一以上”的期限，应当包含罪犯在监狱中服刑刑期和判决执行前先行羁押期限。根据刑法规定，“执行原判刑期二分之一以上”是依法适用假释的前提条件。为充分保障罪犯合法权益，按照刑法中刑期折抵的规定，“执行原判刑期二分之一以上”应包含罪犯先行羁押期限。在罪犯符合“执行原判刑期二分之一以上”的刑期条件的基础上，检察机关还要结合罪犯交付执行刑罚后的教育改造情况、认罪悔罪表现、在羁押期间的表现情况、调查评估意见等综合考虑罪犯“再犯罪的危险”，依法提出对罪犯适用假释的检察意见。

（二）人民检察院在对假释案件监督中

应当注重通过个案办理推动法律适用的统一规范。人民检察院在办理假释监督案件过程中,要加强对法律、司法解释的正确理解和准确适用,依法实现个案办理公平公正。同时,也要通过个案办理加强类案监督,对执法司法机关出于认识不同可能导致司法适用中出现偏差的相关内部规定、政策性文件等,推动相关机关及时调整修正,保障法律统一正确实施。

【相关规定】

《中华人民共和国刑法》第四十七条、第八十一条、第八十二条

《最高人民法院关于办理减刑、假释案件具体应用法律的规定》第二十三条、第四十条

检例第199号:罪犯唐某假释监督案

【关键词】

毒品犯罪　虚假证明材料　悔改表现　不适用假释

【要旨】

人民检察院要加强对再犯罪危险性高的罪犯,如毒品犯罪罪犯等假释适用条件的审查把关。要深入开展调查核实工作,注重实质化审查,准确认定涉毒罪犯是否确有悔改表现和有无再犯罪危险。罪犯采取不正当手段获取虚假证明材料意图获得假释的,表明主观上未能真诚悔罪,不能认定其确有悔改表现。在办理假释监督案件过程中,发现违纪违法等问题线索的,应依法移送相关机关办理,延伸监督效果。

【基本案情】

罪犯唐某,男,1988年3月出生,户籍所在地湖南省衡阳县金兰镇。

2017年1月4日,唐某因犯贩卖毒品罪被湖南省衡阳县人民法院判处有期徒刑十年,并处罚金人民币3万元,刑期至2024年11月19日止。唐某提出上诉,2017年6月7日,被湖南省衡阳市中级人民法院裁定驳回上诉,维持原判。后唐某被交付湖南省雁南监狱执行刑罚。

【检察机关履职过程】

线索发现。2022年4月,雁南监狱对罪犯唐某拟提请假释征求检察机关意见,衡阳市华新地区人民检察院(以下简称华新地区检察院)进行审查,发现案卷中存在一份衡阳县公安局某派出所于2019年8月19日出具的证实唐某无吸毒史证明材料。案卷中还存在一份该派出所于2021年9月29日出具的上述证明材料作废的《声明》。华新地区检察院针对存在矛盾的两份材料开展调查核实。

调查核实。为查明案件事实,提出精准的监督意见,华新地区检察院重点开展了以下工作:一是对唐某提请假释证据的真实性、合法性进行调查核实。通过询问派出所负责人、公安民警及相关人员,查阅原审判决法律文书,认定唐某的哥哥唐某甲明知唐某有吸毒史,为使其获得假释,到公安派出所开具唐某无吸毒史的证明。二是对唐某是否确有悔改表现进行调查核实。调查发现,虽然唐某在服刑期间基本能够遵守监规纪律,但其明知自己有吸毒史,却多次与哥哥唐某甲通讯、会见,要求唐某甲获取无吸毒史的证明。三是对唐某是否具有再犯罪危险进行调查核实。通过对唐某居住地村委会部分村民、村干部等人进行调查走访,了解到唐某未婚未育,姐姐外嫁,哥哥唐某甲长年在外地工作,经济状况较好。与罪犯唐某谈话,其明确表示

出狱后要随唐某甲外出工作和生活。鉴于唐某甲在本案中使用不正当手段获取派出所虚假证明文件，又曾因犯交通肇事罪被检察机关作出不起诉处理，不宜由其承担协助监管唐某的责任。另外，唐某系贩卖毒品案件的主犯，有吸毒史，社会危害程度较高，再犯罪可能性较大。四是对衡阳县公安局某派出所出具的证明材料进行调查核实。经向该派出所负责人和相关民警、辅警了解情况，调阅公安机关出具的相关证明文件，发现派出所出具证明存在审核把关不严、公章使用不规范等问题。

监督意见。2022 年 10 月 26 日，华新地区检察院向雁南监狱出具不同意对罪犯唐某提请假释的检察意见，并将衡阳县公安局某派出所涉嫌违纪违法线索移送衡阳县纪委监委派驻县公安局纪检监察组。

监督结果。2022 年 10 月 28 日，雁南监狱采纳了华新地区检察院不同意对罪犯唐某提请假释的意见。衡阳县纪委监委派驻县公安局纪检监察组对检察机关移送的涉嫌违纪违法线索查实后，于 2023 年 5 月 16 日对该所相关人员予以党纪政务处分。

【指导意义】

（一）人民检察院要加强对再犯罪危险性高的罪犯，如毒品犯罪罪犯等假释适用条件的审查把关。人民检察院办理假释监督案件，既要依法推进假释制度适用，对于符合假释条件而监狱未提请的罪犯，依法监督监狱提请假释；又要严格把关，发现不符合假释条件的罪犯，监狱不当提请假释的，坚决依法监督纠正。要把改造难度大、再犯罪危险性高的罪犯作为监督重点。对毒品犯罪罪犯，赌博罪、盗窃罪等犯罪中的常业或者常习犯等，在适用假释时要从严把握，提升假释监督案件办理质效。

（二）人民检察院办理假释监督案件，要深入开展调查核实工作，准确认定涉毒罪犯是否确有悔改表现和有无再犯罪危险。要严格审查涉毒罪犯假释案件相关证据材料。罪犯通过亲属采取不正当手段获取虚假证明材料意图获得假释的，表明其主观上未能真诚悔罪，不能认定其确有悔改表现。对于毒品犯罪罪犯有吸毒史，且家庭成员不具备协助社区矫正机构做好社区矫正工作条件，存在再犯罪危险的，依法不应当适用假释。

（三）人民检察院在办理假释监督案件过程中，发现违纪违法等问题线索的，应依法移送相关机关办理，延伸监督效果。要注重发现假释案件办理中不当履职背后的深层次问题，强化对出具虚假证明材料、社区矫正调查评估弄虚作假等问题的调查核实力度，发现违纪违法或犯罪线索，属于检察机关管辖，构成徇私舞弊假释罪等犯罪的要坚决立案查处；对不属于检察机关管辖的，应依法移送相关机关处理。要与纪检监察机关、公安机关等形成工作合力，延伸法律监督的效果。

【相关规定】

《中华人民共和国刑法》第八十一条、第八十二条

《中华人民共和国刑事诉讼法》（2018 年修正）第二百七十六条

《最高人民法院关于办理减刑、假释案件具体应用法律的规定》第三条第二款、第二十二条

《最高人民法院、最高人民检察院、公安部、司法部关于加强减刑、假释案件实质化审理的意见》第三条

公报案例

1. 福州市人民检察院诉彭某故意杀人案①

【裁判摘要】

行为人因吸毒后产生神志异常而实施危害社会的行为，构成犯罪的，依法应当承担刑事责任。

2. 天津市人民检察院第一分院诉李某、袁某京、胡某珍、东某、燕某峰、刘某1、刘某荣、刘某2绑架案②

【裁判摘要】

根据《中华人民共和国刑法》第二十五条的规定，共同犯罪是指二人以上共同故意犯罪，各共同犯罪人必须具有共同犯罪的故意。所谓共同犯罪的故意，是指各共同犯罪人通过意思联络，知道自己是和他人配合共同实施犯罪，认识到共同犯罪行为的性质以及该行为所导致的危害社会的结果，并且希望或者放任这种结果的发生。如果行为人并不了解他人真正的犯罪意图，不清楚他人所实施的犯罪行为的性质，而是被他人蒙骗或者出于自己的错误认识，在错误理解犯罪性质的情况下参与他人实施的犯罪，则不能认定该行为人与他人实施了共同犯罪，而应当依据该行为人的犯罪实际情况，按照主客观一致的原则正确定罪处罚。

① 案例来源：《最高人民法院公报》2007年第7期。
② 案例来源：《最高人民法院公报》2008年第8期。

2. 天津市人民检察院第一分院诉李某某、黄某京、胡某强、赵某、郝某辉、刘某[illegible]、刘某荣、宋[illegible]销售假药案

[illegible]

三、危害公共安全罪

1. 危险行为犯罪

最高人民法院、最高人民检察院关于办理妨害预防、控制突发传染病疫情等灾害的刑事案件具体应用法律若干问题的解释

（2003年5月13日最高人民法院审判委员会第1269次会议、2003年5月13日最高人民检察院第十届检察委员会第3次会议通过　2003年5月14日最高人民法院、最高人民检察院公告公布　自2003年5月15日起施行　法释〔2003〕8号）

为依法惩治妨害预防、控制突发传染病疫情等灾害的犯罪活动，保障预防、控制突发传染病疫情等灾害工作的顺利进行，切实维护人民群众的身体健康和生命安全，根据《中华人民共和国刑法》等有关法律规定，现就办理相关刑事案件具体应用法律的若干问题解释如下：

第一条　故意传播突发传染病病原体，危害公共安全的，依照刑法第一百一十四条、第一百一十五条第一款的规定，按照以危险方法危害公共安全罪定罪处罚。

患有突发传染病或者疑似突发传染病而拒绝接受检疫、强制隔离或者治疗，过失造成传染病传播，情节严重，危害公共安全的，依照刑法第一百一十五条第二款的规定，按照过失以危险方法危害公共安全罪定罪处罚。

第二条　在预防、控制突发传染病疫情等灾害期间，生产、销售伪劣的防治、防护产品、物资，或者生产、销售用于防治传染病的假药、劣药，构成犯罪的，分别依照刑法第一百四十条、第一百四十一条、第一百四十二条的规定，以生产、销售伪劣产品罪，生产、销售假药罪或者生产、销售劣药罪定罪，依法从重处罚。

第三条　在预防、控制突发传染病疫情等灾害期间，生产用于防治传染病的不符合保障人体健康的国家标准、行业标准的医疗器械、医用卫生材料，或者销售明知是用于防治传染病的不符合保障人体健康的国家标准、行业标准的医疗器械、医用卫生材料，不具有防护、救治功能，足以严重危害人体健康的，依照刑法第一百四十五条的规定，以生产、销售不符合标准的医用器材罪定罪，依法从重处罚。

医疗机构或者个人，知道或者应当知道系前款规定的不符合保障人体健康的国家标准、行业标准的医疗器械、医用卫生材料而购买并有偿使用的，以销售不符合标准的医用器材罪定罪，依法从重处罚。

第四条　国有公司、企业、事业单位的工作人员，在预防、控制突发传染病疫情等

灾害的工作中,由于严重不负责任或者滥用职权,造成国有公司、企业破产或者严重损失,致使国家利益遭受重大损失的,依照刑法第一百六十八条的规定,以国有公司、企业、事业单位人员失职罪或者国有公司、企业、事业单位人员滥用职权罪定罪处罚。

第五条 广告主、广告经营者、广告发布者违反国家规定,假借预防、控制突发传染病疫情等灾害的名义,利用广告对所推销的商品或者服务作虚假宣传,致使多人上当受骗,违法所得数额较大或者有其他严重情节的,依照刑法第二百二十二条的规定,以虚假广告罪定罪处罚。

第六条 违反国家在预防、控制突发传染病疫情等灾害期间有关市场经营、价格管理等规定,哄抬物价、牟取暴利,严重扰乱市场秩序,违法所得数额较大或者有其他严重情节的,依照刑法第二百二十五条第(四)项的规定,以非法经营罪定罪,依法从重处罚。

第七条 在预防、控制突发传染病疫情等灾害期间,假借研制、生产或者销售用于预防、控制突发传染病疫情等灾害用品的名义,诈骗公私财物数额较大的,依照刑法有关诈骗罪的规定定罪,依法从重处罚。

第八条 以暴力、威胁方法阻碍国家机关工作人员、红十字会工作人员依法履行为防治突发传染病疫情等灾害而采取的防疫、检疫、强制隔离、隔离治疗等预防、控制措施的,依照刑法第二百七十七条第一款、第三款的规定,以妨害公务罪定罪处罚。

第九条 在预防、控制突发传染病疫情等灾害期间,聚众"打砸抢",致人伤残、死亡的,依照刑法第二百八十九条、第二百三十四条、第二百三十二条的规定,以故意伤害罪或者故意杀人罪定罪,依法从重处罚。对毁坏或者抢走公私财物的首要分子,依照刑法第二百八十九条、第二百六十三条的规定,以抢劫罪定罪,依法从重处罚。

第十条 编造与突发传染病疫情等灾害有关的恐怖信息,或者明知是编造的此类恐怖信息而故意传播,严重扰乱社会秩序的,依照刑法第二百九十一条之一的规定,以编造、故意传播虚假恐怖信息罪定罪处罚。

利用突发传染病疫情等灾害,制造、传播谣言,煽动分裂国家、破坏国家统一,或者煽动颠覆国家政权、推翻社会主义制度的,依照刑法第一百零三条第二款、第一百零五条第二款的规定,以煽动分裂国家罪或者煽动颠覆国家政权罪定罪处罚。

第十一条 在预防、控制突发传染病疫情等灾害期间,强拿硬要或者任意损毁、占用公私财物情节严重,或者在公共场所起哄闹事,造成公共场所秩序严重混乱的,依照刑法第二百九十三条的规定,以寻衅滋事罪定罪,依法从重处罚。

第十二条 未取得医师执业资格非法行医,具有造成突发传染病病人、病原携带者、疑似突发传染病病人贻误诊治或者造成交叉感染等严重情节的,依照刑法第三百三十六条第一款的规定,以非法行医罪定罪,依法从重处罚。

第十三条 违反传染病防治法等国家有关规定,向土地、水体、大气排放、倾倒或者处置含传染病病原体的废物、有毒物质或者其他危险废物,造成突发传染病传播等重大环境污染事故,致使公私财产遭受重大损失或者人身伤亡的严重后果的,依照刑法第三百三十八条的规定,以重大环境污染事故罪定罪处罚。

第十四条 贪污、侵占用于预防、控制突发传染病疫情等灾害的款物或者挪用归个人使用,构成犯罪的,分别依照刑法第三百八十二条、第三百八十三条、第二百七十一条、第三百八十四条、第二百七十二条的规定,以贪污罪、侵占罪、挪用公款罪、挪用资金罪定罪,依法从重处罚。

挪用用于预防、控制突发传染病疫情等灾害的救灾、优抚、救济等款物,构成犯罪的,对直接责任人员,依照刑法第二百七十三条的规定,以挪用特定款物罪定罪处罚。

第十五条 在预防、控制突发传染病疫情等灾害的工作中,负有组织、协调、指挥、灾害调查、控制、医疗救治、信息传递、交通运输、物资保障等职责的国家机关工作人员,滥用职权或者玩忽职守,致使公共财产、国家和人民利益遭受重大损失的,依照刑法第三百九十七条的规定,以滥用职权罪或者玩忽职守罪定罪处罚。

第十六条 在预防、控制突发传染病疫情等灾害期间,从事传染病防治的政府卫生行政部门的工作人员,或者在受政府卫生行政部门委托代表政府卫生行政部门行使职权的组织中从事公务的人员,或者虽未列入政府卫生行政部门人员编制但在政府卫生行政部门从事公务的人员,在代表政府卫生行政部门行使职权时,严重不负责任,导致传染病传播或者流行,情节严重的,依照刑法第四百零九条的规定,以传染病防治失职罪定罪处罚。

在国家对突发传染病疫情等灾害采取预防、控制措施后,具有下列情形之一的,属于刑法第四百零九条规定的"情节严重":

(一)对发生突发传染病疫情等灾害的地区或者突发传染病病人、病原携带者、疑似突发传染病病人,未按照预防、控制突发传染病疫情等灾害工作规范的要求做好防疫、检疫、隔离、防护、救治等工作,或者采取的预防、控制措施不当,造成传染范围扩大或者疫情、灾情加重的;

(二)隐瞒、缓报、谎报或者授意、指使、强令他人隐瞒、缓报、谎报疫情、灾情,造成传染范围扩大或者疫情、灾情加重的;

(三)拒不执行突发传染病疫情等灾害应急处理指挥机构的决定、命令,造成传染范围扩大或者疫情、灾情加重的;

(四)具有其他严重情节的。

第十七条 人民法院、人民检察院办理有关妨害预防、控制突发传染病疫情等灾害的刑事案件,对于有自首、立功等悔罪表现的,依法从轻、减轻、免除处罚或者依法作出不起诉决定。

第十八条 本解释所称"突发传染病疫情等灾害",是指突然发生,造成或者可能造成社会公众健康严重损害的重大传染病疫情、群体性不明原因疾病以及其他严重影响公众健康的灾害。

最高人民法院关于醉酒驾车犯罪法律适用问题的意见

(2009年9月11日 法发〔2009〕47号)

为依法严肃处理醉酒驾车犯罪案件,统一法律适用标准,充分发挥刑罚惩治和预防犯罪的功能,有效遏制酒后和醉酒驾车犯罪的多发、高发态势,切实维护广大人民群众的生命健康安全,有必要对醉酒驾车犯罪法律适用问题作出统一规范。

一、准确适用法律，依法严惩醉酒驾车犯罪

刑法规定，醉酒的人犯罪，应当负刑事责任。行为人明知酒后驾车违法、醉酒驾车会危害公共安全，却无视法律醉酒驾车，特别是在肇事后继续驾车冲撞，造成重大伤亡，说明行为人主观上对持续发生的危害结果持放任态度，具有危害公共安全的故意。对此类醉酒驾车造成重大伤亡的，应依法以以危险方法危害公共安全罪定罪。

2009年9月8日公布的两起醉酒驾车犯罪案件中，被告人黎景全和被告人孙伟铭都是在严重醉酒状态下驾车肇事，连续冲撞，造成重大伤亡。其中，黎景全驾车肇事后，不顾伤者及劝阻他的众多村民的安危，继续驾车行驶，致2人死亡，1人轻伤；孙伟铭长期无证驾驶，多次违反交通法规，在醉酒驾车与其他车辆追尾后，为逃逸继续驾车超限速行驶，先后与4辆正常行驶的轿车相撞，造成4人死亡、1人重伤。被告人黎景全和被告人孙伟铭在醉酒驾车发生交通事故后，继续驾车冲撞行驶，其主观上对他人伤亡的危害结果明显持放任态度，具有危害公共安全的故意。二被告人的行为均已构成以危险方法危害公共安全罪。

二、贯彻宽严相济刑事政策，适当裁量刑罚

根据刑法第一百一十五条第一款的规定，醉酒驾车，放任危害结果发生，造成重大伤亡事故，构成以危险方法危害公共安全罪的，应处以十年以上有期徒刑、无期徒刑或者死刑。具体决定对被告人的刑罚时，要综合考虑此类犯罪的性质、被告人的犯罪情节、危害后果及其主观恶性、人身危险性。一般情况下，醉酒驾车构成本罪的，行为人在主观上并不希望、也不追求危害结果的发生，属于间接故意犯罪，行为的主观恶性与以制造事端为目的而恶意驾车撞人并造成重大伤亡后果的直接故意犯罪有所不同，因此，在决定刑罚时，也应当有所区别。此外，醉酒状态下驾车，行为人的辨认和控制能力实际有所减弱，量刑时也应酌情考虑。

被告人黎景全和被告人孙伟铭醉酒驾车犯罪案件，依法没有适用死刑，而是分别判处无期徒刑，主要考虑到二被告人均系间接故意犯罪，与直接故意犯罪相比，主观恶性不是很深，人身危险性不是很大；犯罪时驾驶车辆的控制能力有所减弱；归案后认罪、悔罪态度较好，积极赔偿被害方的经济损失，一定程度上获得了被害方的谅解。广东省高级人民法院和四川省高级人民法院的终审裁判对二被告人的量刑是适当的。

三、统一法律适用，充分发挥司法审判职能作用

为依法严肃处理醉酒驾车犯罪案件，遏制酒后和醉酒驾车对公共安全造成的严重危害，警示、教育潜在违规驾驶人员，今后，对醉酒驾车，放任危害结果的发生，造成重大伤亡的，一律按照本意见规定，并参照附发的典型案例，依法以以危险方法危害公共安全罪定罪量刑。

为维护生效裁判的既判力，稳定社会关系，对于此前已经处理过的将特定情形的醉酒驾车认定为交通肇事罪的案件，应维持终审裁判，不再变动。

本意见执行中有何情况和问题，请及时层报最高人民法院。

附件：有关醉酒驾车犯罪案例（略）

最高人民法院、最高人民检察院、公安部关于依法惩治妨害公共交通工具安全驾驶违法犯罪行为的指导意见

（2019年1月8日）

各省、自治区、直辖市高级人民法院、人民检察院、公安厅（局），新疆维吾尔自治区高级人民法院生产建设兵团分院，新疆生产建设兵团人民检察院、公安局：

近期，一些地方接连发生在公共交通工具上妨害安全驾驶的行为。有的乘客仅因琐事纷争，对正在驾驶公共交通工具的驾驶人员实施暴力干扰行为，造成重大人员伤亡、财产损失，严重危害公共安全，社会反响强烈。为依法惩治妨害公共交通工具安全驾驶违法犯罪行为，维护公共交通安全秩序，保护人民群众生命财产安全，根据有关法律规定，制定本意见。

一、准确认定行为性质，依法从严惩处妨害安全驾驶犯罪

（一）乘客在公共交通工具行驶过程中，抢夺方向盘、变速杆等操纵装置，殴打、拉拽驾驶人员，或者有其他妨害安全驾驶行为，危害公共安全，尚未造成严重后果的，依照刑法第一百一十四条的规定，以以危险方法危害公共安全罪定罪处罚；致人重伤、死亡或者使公私财产遭受重大损失的，依照刑法第一百一十五条第一款的规定，以以危险方法危害公共安全罪定罪处罚。

实施前款规定的行为，具有以下情形之一的，从重处罚：

1. 在夜间行驶或者恶劣天气条件下行驶的公共交通工具上实施的；

2. 在临水、临崖、急弯、陡坡、高速公路、高架道路、桥隧路段及其他易发生危险的路段实施的；

3. 在人员、车辆密集路段实施的；

4. 在实际载客10人以上或者时速60公里以上的公共交通工具上实施的；

5. 经他人劝告、阻拦后仍然继续实施的；

6. 持械袭击驾驶人员的；

7. 其他严重妨害安全驾驶的行为。

实施上述行为，即使尚未造成严重后果，一般也不得适用缓刑。

（二）乘客在公共交通工具行驶过程中，随意殴打其他乘客，追逐、辱骂他人，或者起哄闹事，妨害公共交通工具运营秩序，符合刑法第二百九十三条规定的，以寻衅滋事罪定罪处罚；妨害公共交通工具安全行驶，危害公共安全的，依照刑法第一百一十四条、第一百一十五条第一款的规定，以以危险方法危害公共安全罪定罪处罚。

（三）驾驶人员在公共交通工具行驶过程中，与乘客发生纷争后违规操作或者擅离职守，与乘客厮打、互殴，危害公共安全，尚未造成严重后果的，依照刑法第一百一十四条的规定，以以危险方法危害公共安全罪定罪处罚；致人重伤、死亡或者使公私财产遭受重大损失的，依照刑法第一百一十五条第一款的规定，以以危险方法危害公共安全罪定罪处罚。

（四）对正在进行的妨害安全驾驶的违法犯罪行为，乘客等人员有权采取措施予以制止。制止行为造成违法犯罪行为人损害，符合法定条件的，应当认定为正当防卫。

（五）正在驾驶公共交通工具的驾驶人

员遭到妨害安全驾驶行为侵害时，为避免公共交通工具倾覆或者人员伤亡等危害后果发生，采取紧急制动或者躲避措施，造成公共交通工具、交通设施损坏或者人身损害，符合法定条件的，应当认定为紧急避险。

（六）以暴力、威胁方法阻碍国家机关工作人员依法处置妨害安全驾驶违法犯罪行为、维护公共交通秩序的，依照刑法第二百七十七条的规定，以妨害公务罪定罪处罚；暴力袭击正在依法执行职务的人民警察的，从重处罚。

（七）本意见所称公共交通工具，是指公共汽车、公路客运车，大、中型出租车等车辆。

二、加强协作配合，有效维护公共交通安全秩序

妨害公共交通工具安全驾驶行为具有高度危险性，极易诱发重大交通事故，造成重大人身伤亡、财产损失，严重威胁公共安全。各级人民法院、人民检察院和公安机关要高度重视妨害安全驾驶行为的现实危害，深刻认识维护公共交通秩序对于保障人民群众生命财产安全与社会和谐稳定的重大意义，准确认定行为性质，依法从严惩处，充分发挥刑罚的震慑、教育作用，预防、减少妨害安全驾驶不法行为发生。

公安机关接到妨害安全驾驶相关警情后要及时处警，采取果断措施予以处置；要妥善保护事发现场，全面收集、提取证据，特别是注意收集行车记录仪、道路监控等视听资料。人民检察院应当对公安机关的立案、侦查活动进行监督；对于公安机关提请批准逮捕、移送审查起诉的案件，符合逮捕、起诉条件的，应当依法予以批捕、起诉。人民法院应当及时公开、公正审判。对于妨害安全驾驶行为构成犯罪的，严格依法追究刑事责任；尚不构成犯罪但构成违反治安管理行为的，依法给予治安管理处罚。

在办理案件过程中，人民法院、人民检察院和公安机关要综合考虑公共交通工具行驶速度、通行路段情况、载客情况、妨害安全驾驶行为的严重程度及对公共交通安全的危害大小、行为人认罪悔罪表现等因素，全面准确评判，充分彰显强化保障公共交通安全的价值导向。

三、强化宣传警示教育，提升公众交通安全意识

人民法院、人民检察院、公安机关要积极回应人民群众关切，对于社会影响大、舆论关注度高的重大案件，在依法办案的同时要视情向社会公众发布案件进展情况。要广泛拓展传播渠道，尤其是充分运用微信公众号、微博等网络新媒体，及时通报案件信息、澄清事实真相，借助焦点案事件向全社会传递公安和司法机关坚决惩治妨害安全驾驶违法犯罪的坚定决心，提升公众的安全意识、规则意识和法治意识。

办案单位要切实贯彻“谁执法、谁普法”的普法责任制，以各种有效形式开展以案释法，选择妨害安全驾驶犯罪的典型案例进行庭审直播，或者邀请专家学者、办案人员进行解读，阐明妨害安全驾驶行为的违法性、危害性。要坚持弘扬社会正气，选择及时制止妨害安全驾驶行为的见义勇为事例进行褒扬，向全社会广泛宣传制止妨害安全驾驶行为的正当性、必要性。

各地各相关部门要认真贯彻执行。执行中遇有问题，请及时上报。

最高人民法院关于依法妥善审理高空抛物、坠物案件的意见

（2019年10月21日　法发〔2019〕25号）

近年来，高空抛物、坠物事件不断发生，严重危害公共安全，侵害人民群众合法权益，影响社会和谐稳定。为充分发挥司法审判的惩罚、规范和预防功能，依法妥善审理高空抛物、坠物案件，切实维护人民群众“头顶上的安全”，保障人民安居乐业，维护社会公平正义，依据《中华人民共和国刑法》《中华人民共和国侵权责任法》等相关法律，提出如下意见。

一、加强源头治理，监督支持依法行政，有效预防和惩治高空抛物、坠物行为

1. 树立预防和惩治高空抛物、坠物行为的基本理念。人民法院要切实贯彻以人民为中心的发展理念，将预防和惩治高空抛物、坠物行为作为当前和今后一段时期的重要任务，充分发挥司法职能作用，保护人民群众生命财产安全。要积极推动预防和惩治高空抛物、坠物行为的综合治理、协同治理工作，及时排查整治安全隐患，确保人民群众“头顶上的安全”，不断增强人民群众的幸福感、安全感。要努力实现依法制裁、救济损害与维护公共安全、保障人民群众安居乐业的有机统一，促进社会和谐稳定。

2. 积极推动将高空抛物、坠物行为的预防与惩治纳入诉源治理机制建设。切实发挥人民法院在诉源治理中的参与、推动、规范和保障作用，加强与公安、基层组织等的联动，积极推动和助力有关部门完善防范高空抛物、坠物的工作举措，形成有效合力。注重发挥司法建议作用，对在审理高空抛物、坠物案件中发现行政机关、基层组织、物业服务企业等有关单位存在的工作疏漏、隐患风险等问题，及时提出司法建议，督促整改。

3. 充分发挥行政审判促进依法行政的职能作用。注重发挥行政审判对预防和惩治高空抛物、坠物行为的积极作用，切实保护受害人依法申请行政机关履行保护其人身权、财产权等合法权益法定职责的权利，监督行政机关依法行使行政职权、履行相应职责。受害人等行政相对方对行政机关在履职过程中违法行使职权或者不作为提起行政诉讼的，人民法院应当依法及时受理。

二、依法惩处构成犯罪的高空抛物、坠物行为，切实维护人民群众生命财产安全

4. 充分认识高空抛物、坠物行为的社会危害性。高空抛物、坠物行为损害人民群众人身、财产安全，极易造成人身伤亡和财产损失，引发社会矛盾纠纷。人民法院要高度重视高空抛物、坠物行为的现实危害，深刻认识运用刑罚手段惩治情节和后果严重的高空抛物、坠物行为的必要性和重要性，依法惩治此类犯罪行为，有效防范、坚决遏制此类行为发生。

5. 准确认定高空抛物犯罪。对于高空抛物行为，应当根据行为人的动机、抛物场所、抛掷物的情况以及造成的后果等因素，全面考量行为的社会危害程度，准确判断行为性质，正确适用罪名，准确裁量刑罚。

故意从高空抛弃物品，尚未造成严重后果，但足以危害公共安全的，依照刑法第一百一十四条规定的以危险方法危害公共安全罪定罪处罚；致人重伤、死亡或者使公

私财产遭受重大损失的,依照刑法第一百一十五条第一款的规定处罚。为伤害、杀害特定人员实施上述行为的,依照故意伤害罪、故意杀人罪定罪处罚。

6. 依法从重惩治高空抛物犯罪。具有下列情形之一的,应当从重处罚,一般不得适用缓刑:(1)多次实施的;(2)经劝阻仍继续实施的;(3)受过刑事处罚或者行政处罚后又实施的;(4)在人员密集场所实施的;(5)其他情节严重的情形。

7. 准确认定高空坠物犯罪。过失导致物品从高空坠落,致人死亡、重伤,符合刑法第二百三十三条、第二百三十五条规定的,依照过失致人死亡罪、过失致人重伤罪定罪处罚。在生产、作业中违反有关安全管理规定,从高空坠落物品,发生重大伤亡事故或者造成其他严重后果的,依照刑法第一百三十四条第一款的规定,以重大责任事故罪定罪处罚。

三、坚持司法为民、公正司法,依法妥善审理高空抛物、坠物民事案件

8. 加强高空抛物、坠物民事案件的审判工作。人民法院在处理高空抛物、坠物民事案件时,要充分认识此类案件中侵权行为给人民群众生命、健康、财产造成的严重损害,把维护人民群众合法权益放在首位。针对此类案件直接侵权人查找难、影响面广、处理难度大等特点,要创新审判方式,坚持多措并举,依法严惩高空抛物行为人,充分保护受害人。

9. 做好诉讼服务与立案释明工作。人民法院对高空抛物、坠物案件,要坚持有案必立、有诉必理,为受害人线上线下立案提供方便。在受理从建筑物中抛掷物品、坠落物品造成他人损害的纠纷案件时,要向当事人释明尽量提供具体明确的侵权人,尽量限缩"可能加害的建筑物使用人"范围,减轻当事人诉累。对侵权人不明又不能依法追加其他责任人的,引导当事人通过多元化纠纷解决机制化解矛盾、补偿损失。

10. 综合运用民事诉讼证据规则。人民法院在适用侵权责任法第八十七条裁判案件时,对能够证明自己不是侵权人的"可能加害的建筑物使用人",依法予以免责。要加大依职权调查取证力度,积极主动向物业服务企业、周边群众、技术专家等询问查证,加强与公安部门、基层组织等沟通协调,充分运用日常生活经验法则,最大限度查找确定直接侵权人并依法判决其承担侵权责任。

11. 区分坠落物、抛掷物的不同法律适用规则。建筑物及其搁置物、悬挂物发生脱落、坠落造成他人损害的,所有人、管理人或者使用人不能证明自己没有过错的,人民法院应当适用侵权责任法第八十五条的规定,依法判决其承担侵权责任;有其他责任人的,所有人、管理人或者使用人赔偿后向其他责任人主张追偿权的,人民法院应予支持。从建筑物中抛掷物品造成他人损害的,应当尽量查明直接侵权人,并依法判决其承担侵权责任。

12. 依法确定物业服务企业的责任。物业服务企业不履行或者不完全履行物业服务合同约定或者法律法规规定、相关行业规范确定的维修、养护、管理和维护义务,造成建筑物及其搁置物、悬挂物发生脱落、坠落致使他人损害的,人民法院依法判决其承担侵权责任。有其他责任人的,物业服务企业承担责任后,向其他责任人行使追偿权的,人民法院应予支持。物业服务企业隐匿、销毁、篡改或者拒不向人民法院提供相应证据,导致案件事实难以认定的，应当承担相应的不利后果。

13. 完善相关的审判程序机制。人民法院在审理疑难复杂或社会影响较大的高空抛物、坠物民事案件时，要充分运用人民陪审员、合议庭、主审法官会议等机制，充分发挥院、庭长的监督职责。涉及侵权责任法第八十七条适用的，可以提交院审判委员会讨论决定。

四、注重多元化解，坚持多措并举，不断完善预防和调处高空抛物、坠物纠纷的工作机制

14. 充分发挥多元解纷机制的作用。人民法院应当将高空抛物、坠物民事案件的处理纳入到建设一站式多元解纷机制的整体工作中，加强诉前、诉中调解工作，有效化解矛盾纠纷，努力实现法律效果与社会效果相统一。要根据每一个高空抛物、坠物案件的具体特点，带着对受害人的真挚感情，为当事人解难题、办实事，尽力做好调解工作，力促案结事了人和。

15. 推动完善社会救助工作。要充分运用诉讼费缓减免和司法救助制度，依法及时对经济上确有困难的高空抛物、坠物案件受害人给予救济。通过案件裁判、规则指引积极引导当事人参加社会保险转移风险、分担损失。支持各级政府有关部门探索建立高空抛物事故社会救助基金或者进行试点工作，对受害人损害进行合理分担。

16. 积极完善工作举措。要通过多种形式特别是人民群众喜闻乐见的方式加强法治宣传，持续强化以案释法工作，充分发挥司法裁判规范、指导、评价、引领社会价值的重要作用，大力弘扬社会主义核心价值观，形成良好社会风尚。要深入调研高空抛物、坠物案件的司法适用疑难问题，认真总结审判经验。对审理高空抛物、坠物案件中发现的新情况、新问题，及时层报最高人民法院。

最高人民法院、最高人民检察院、公安部、司法部关于办理醉酒危险驾驶刑事案件的意见

（2023 年 12 月 13 日　高检发办字〔2023〕187 号）

为维护人民群众生命财产安全和道路交通安全，依法惩治醉酒危险驾驶（以下简称醉驾）违法犯罪，根据刑法、刑事诉讼法等有关规定，结合执法司法实践，制定本意见。

一、总体要求

第一条　人民法院、人民检察院、公安机关办理醉驾案件，应当坚持分工负责，互相配合，互相制约，坚持正确适用法律，坚持证据裁判原则，严格执法，公正司法，提高办案效率，实现政治效果、法律效果和社会效果的有机统一。人民检察院依法对醉驾案件办理活动实行法律监督。

第二条　人民法院、人民检察院、公安机关办理醉驾案件，应当全面准确贯彻宽严相济刑事政策，根据案件的具体情节，实行区别对待，做到该宽则宽，当严则严，罚当其罪。

第三条　人民法院、人民检察院、公安机关和司法行政机关应当坚持惩治与预防相结合，采取多种方式强化综合治理、诉源治理，从源头上预防和减少酒后驾驶行为发生。

二、立案与侦查

第四条 在道路上驾驶机动车，经呼气酒精含量检测，显示血液酒精含量达到80毫克/100毫升以上的，公安机关应当依照刑事诉讼法和本意见的规定决定是否立案。对情节显著轻微、危害不大，不认为是犯罪的，不予立案。

公安机关应当及时提取犯罪嫌疑人血液样本送检。认定犯罪嫌疑人是否醉酒，主要以血液酒精含量鉴定意见作为依据。

犯罪嫌疑人经呼气酒精含量检测，显示血液酒精含量达到80毫克/100毫升以上，在提取血液样本前脱逃或者找人顶替的，可以以呼气酒精含量检测结果作为认定其醉酒的依据。

犯罪嫌疑人在公安机关依法检查时或者发生道路交通事故后，为逃避法律追究，在呼气酒精含量检测或者提取血液样本前故意饮酒的，可以以查获后血液酒精含量鉴定意见作为认定其醉酒的依据。

第五条 醉驾案件中"道路""机动车"的认定适用道路交通安全法有关"道路""机动车"的规定。

对机关、企事业单位、厂矿、校园、居民小区等单位管辖范围内的路段是否认定为"道路"，应当以其是否具有"公共性"，是否"允许社会机动车通行"作为判断标准。只允许单位内部机动车、特定来访机动车通行的，可以不认定为"道路"。

第六条 对醉驾犯罪嫌疑人、被告人，根据案件具体情况，可以依法予以拘留或者取保候审。具有下列情形之一的，一般予以取保候审：

（一）因本人受伤需要救治的；

（二）患有严重疾病，不适宜羁押的；

（三）系怀孕或者正在哺乳自己婴儿的妇女；

（四）系生活不能自理的人的唯一扶养人；

（五）其他需要取保候审的情形。

对符合取保候审条件，但犯罪嫌疑人、被告人不能提出保证人，也不交纳保证金的，可以监视居住。对违反取保候审、监视居住规定的犯罪嫌疑人、被告人，情节严重的，可以予以逮捕。

第七条 办理醉驾案件，应当收集以下证据：

（一）证明犯罪嫌疑人情况的证据材料，主要包括人口信息查询记录或者户籍证明等身份证明；驾驶证、驾驶人信息查询记录；犯罪前科记录、曾因饮酒后驾驶机动车被查获或者行政处罚记录、本次交通违法行政处罚决定书等；

（二）证明醉酒检测鉴定情况的证据材料，主要包括呼气酒精含量检测结果、呼气酒精含量检测仪标定证书、血液样本提取笔录、鉴定委托书或者鉴定机构接收检材登记材料、血液酒精含量鉴定意见、鉴定意见通知书等；

（三）证明机动车情况的证据材料，主要包括机动车行驶证、机动车信息查询记录、机动车照片等；

（四）证明现场执法情况的照片，主要包括现场检查机动车、呼气酒精含量检测、提取与封装血液样本等环节的照片，并应当保存相关环节的录音录像资料；

（五）犯罪嫌疑人供述和辩解。

根据案件具体情况，还应当收集以下证据：

（一）犯罪嫌疑人是否饮酒、驾驶机动

车有争议的,应当收集同车人员、现场目击证人或者共同饮酒人员等证人证言、饮酒场所及行驶路段监控记录等;

(二)道路属性有争议的,应当收集相关管理人员、业主等知情人员证言、管理单位或者有关部门出具的证明等;

(三)发生交通事故的,应当收集交通事故认定书、事故路段监控记录、人体损伤程度等鉴定意见、被害人陈述等;

(四)可能构成自首的,应当收集犯罪嫌疑人到案经过等材料;

(五)其他确有必要收集的证据材料。

第八条 对犯罪嫌疑人血液样本提取、封装、保管、送检、鉴定等程序,按照公安部、司法部有关道路交通安全违法行为处理程序、鉴定规则等规定执行。

公安机关提取、封装血液样本过程应当全程录音录像。血液样本提取、封装应当做好标记和编号,由提取人、封装人、犯罪嫌疑人在血液样本提取笔录上签字。犯罪嫌疑人拒绝签字的,应当注明。提取的血液样本应当及时送往鉴定机构进行血液酒精含量鉴定。因特殊原因不能及时送检的,应当按照有关规范和技术标准保管检材并在五个工作日内送检。

鉴定机构应当对血液样品制备和仪器检测过程进行录音录像。鉴定机构应当在收到送检血液样本后三个工作日内,按照有关规范和技术标准进行鉴定并出具血液酒精含量鉴定意见,通知或者送交委托单位。

血液酒精含量鉴定意见作为证据使用的,办案单位应当自收到血液酒精含量鉴定意见之日起五个工作日内,书面通知犯罪嫌疑人、被告人、被害人或者其法定代理人。

第九条 具有下列情形之一,经补正或者作出合理解释的,血液酒精含量鉴定意见可以作为定案的依据;不能补正或者作出合理解释的,应当予以排除:

(一)血液样本提取、封装、保管不规范的;

(二)未按规定的时间和程序送检、出具鉴定意见的;

(三)鉴定过程未按规定同步录音录像的;

(四)存在其他瑕疵或者不规范的取证行为的。

三、刑事追究

第十条 醉驾具有下列情形之一,尚不构成其他犯罪的,从重处理:

(一)造成交通事故且负事故全部或者主要责任的;

(二)造成交通事故后逃逸的;

(三)未取得机动车驾驶证驾驶汽车的;

(四)严重超员、超载、超速驾驶的;

(五)服用国家规定管制的精神药品或者麻醉药品后驾驶的;

(六)驾驶机动车从事客运活动且载有乘客的;

(七)驾驶机动车从事校车业务且载有师生的;

(八)在高速公路上驾驶的;

(九)驾驶重型载货汽车的;

(十)运输危险化学品、危险货物的;

(十一)逃避、阻碍公安机关依法检查的;

(十二)实施威胁、打击报复、引诱、贿买证人、鉴定人等人员或者毁灭、伪造证据等妨害司法行为的；

（十三）二年内曾因饮酒后驾驶机动车被查获或者受过行政处罚的；

（十四）五年内曾因危险驾驶行为被判决有罪或者作相对不起诉的；

（十五）其他需要从重处理的情形。

第十一条 醉驾具有下列情形之一的，从宽处理：

（一）自首、坦白、立功的；

（二）自愿认罪认罚的；

（三）造成交通事故，赔偿损失或者取得谅解的；

（四）其他需要从宽处理的情形。

第十二条 醉驾具有下列情形之一，且不具有本意见第十条规定情形的，可以认定为情节显著轻微、危害不大，依照刑法第十三条、刑事诉讼法第十六条的规定处理：

（一）血液酒精含量不满150毫克/100毫升的；

（二）出于急救伤病人员等紧急情况驾驶机动车，且不构成紧急避险的；

（三）在居民小区、停车场等场所因挪车、停车入位等短距离驾驶机动车的；

（四）由他人驾驶至居民小区、停车场等场所短距离接替驾驶停放机动车的，或者为了交由他人驾驶，自居民小区、停车场等场所短距离驶出的；

（五）其他情节显著轻微的情形。

醉酒后出于急救伤病人员等紧急情况，不得已驾驶机动车，构成紧急避险的，依照刑法第二十一条的规定处理。

第十三条 对公安机关移送审查起诉的醉驾案件，人民检察院综合考虑犯罪嫌疑人驾驶的动机和目的、醉酒程度、机动车类型、道路情况、行驶时间、速度、距离以及认罪悔罪表现等因素，认为属于犯罪情节轻微的，依照刑法第三十七条、刑事诉讼法第一百七十七条第二款的规定处理。

第十四条 对符合刑法第七十二条规定的醉驾被告人，依法宣告缓刑。具有下列情形之一的，一般不适用缓刑：

（一）造成交通事故致他人轻微伤或者轻伤，且负事故全部或者主要责任的；

（二）造成交通事故且负事故全部或者主要责任，未赔偿损失的；

（三）造成交通事故后逃逸的；

（四）未取得机动车驾驶证驾驶汽车的；

（五）血液酒精含量超过180毫克/100毫升的；

（六）服用国家规定管制的精神药品或者麻醉药品后驾驶的；

（七）采取暴力手段抗拒公安机关依法检查，或者实施妨害司法行为的；

（八）五年内曾因饮酒后驾驶机动车被查获或者受过行政处罚的；

（九）曾因危险驾驶行为被判决有罪或者作相对不起诉的；

（十）其他情节恶劣的情形。

第十五条 对被告人判处罚金，应当根据醉驾行为、实际损害后果等犯罪情节，综合考虑被告人缴纳罚金的能力，确定与主刑相适应的罚金数额。起刑点一般不应低于道路交通安全法规定的饮酒后驾驶机动车相应情形的罚款数额；每增加一个月拘役，增加一千元至五千元罚金。

第十六条 醉驾同时构成交通肇事罪、过失以危险方法危害公共安全罪、以危险方法危害公共安全罪等其他犯罪的，依照处罚较重的规定定罪，依法从严追究刑事责任。

醉酒驾驶机动车，以暴力、威胁方法阻碍公安机关依法检查，又构成妨害公务罪、袭警罪等其他犯罪的，依照数罪并罚的规定处罚。

第十七条 犯罪嫌疑人醉驾被现场查获后，经允许离开，再经公安机关通知到案或者主动到案，不认定为自动投案；造成交通事故后保护现场、抢救伤者，向公安机关报告并配合调查的，应当认定为自动投案。

第十八条 根据本意见第十二条第一款、第十三条、第十四条处理的案件，可以将犯罪嫌疑人、被告人自愿接受安全驾驶教育、从事交通志愿服务、社区公益服务等情况作为作出相关处理的考量因素。

第十九条 对犯罪嫌疑人、被告人决定不起诉或者免予刑事处罚的，可以根据案件的不同情况，予以训诫或者责令具结悔过、赔礼道歉、赔偿损失，需要给予行政处罚、处分的，移送有关主管机关处理。

第二十条 醉驾属于严重的饮酒后驾驶机动车行为。血液酒精含量达到80毫克/100毫升以上，公安机关应当在决定不予立案、撤销案件或者移送审查起诉前，给予行为人吊销机动车驾驶证行政处罚。根据本意见第十二条第一款处理的案件，公安机关还应当按照道路交通安全法规定的饮酒后驾驶机动车相应情形，给予行为人罚款、行政拘留的行政处罚。

人民法院、人民检察院依据本意见第十二条第一款、第十三条处理的案件，对被不起诉人、被告人需要予以行政处罚的，应当提出检察意见或者司法建议，移送公安机关依照前款规定处理。公安机关应当将处理情况通报人民法院、人民检察院。

四、快速办理

第二十一条 人民法院、人民检察院、公安机关和司法行政机关应当加强协作配合，在遵循法定程序、保障当事人权利的前提下，因地制宜建立健全醉驾案件快速办理机制，简化办案流程，缩短办案期限，实现醉驾案件优质高效办理。

第二十二条 符合下列条件的醉驾案件，一般应当适用快速办理机制：

（一）现场查获，未造成交通事故的；

（二）事实清楚，证据确实、充分，法律适用没有争议的；

（三）犯罪嫌疑人、被告人自愿认罪认罚的；

（四）不具有刑事诉讼法第二百二十三条规定情形的。

第二十三条 适用快速办理机制办理的醉驾案件，人民法院、人民检察院、公安机关一般应当在立案侦查之日起三十日内完成侦查、起诉、审判工作。

第二十四条 在侦查或者审查起诉阶段采取取保候审措施的，案件移送至审查起诉或者审判阶段时，取保候审期限尚未届满且符合取保候审条件的，受案机关可以不再重新作出取保候审决定，由公安机关继续执行原取保候审措施。

第二十五条 对醉驾被告人拟提出缓刑量刑建议或者宣告缓刑的，一般可以不进行调查评估。确有必要的，应当及时委托社区矫正机构或者有关社会组织进行调查评估。受委托方应当及时向委托机关提供调查评估结果。

第二十六条 适用简易程序、速裁程序的醉驾案件，人民法院、人民检察院、公安机关和司法行政机关可以采取合并式、要素式、表格式等方式简化文书。

具备条件的地区,可以通过一体化的网上办案平台流转、送达电子卷宗、法律文书等,实现案件线上办理。

五、综 合 治 理

第二十七条 人民法院、人民检察院、公安机关和司法行政机关应当积极落实普法责任制,加强道路交通安全法治宣传教育,广泛开展普法进机关、进乡村、进社区、进学校、进企业、进单位、进网络工作,引导社会公众培养规则意识,养成守法习惯。

第二十八条 人民法院、人民检察院、公安机关和司法行政机关应当充分运用司法建议、检察建议、提示函等机制,督促有关部门、企事业单位,加强本单位人员教育管理,加大驾驶培训环节安全驾驶教育,规范代驾行业发展,加强餐饮、娱乐等涉酒场所管理,加大警示提醒力度。

第二十九条 公安机关、司法行政机关应当根据醉驾服刑人员、社区矫正对象的具体情况,制定有针对性的教育改造、矫正方案,实现分类管理、个别化教育,增强其悔罪意识、法治观念,帮助其成为守法公民。

六、附　　则

第三十条 本意见自2023年12月28日起施行。《最高人民法院 最高人民检察院 公安部关于办理醉酒驾驶机动车刑事案件适用法律若干问题的意见》(法发〔2013〕15号)同时废止。

2. 破坏特定对象的犯罪

最高人民法院关于审理破坏公用电信设施刑事案件具体应用法律若干问题的解释

(2004年8月26日最高人民法院审判委员会第1322次会议通过　2004年12月30日最高人民法院公告公布　自2005年1月11日起施行　法释〔2004〕21号)

为维护公用电信设施的安全和通讯管理秩序,依法惩治破坏公用电信设施犯罪活动,根据刑法有关规定,现就审理这类刑事案件具体应用法律的若干问题解释如下:

第一条 采用截断通信线路、损毁通信设备或者删除、修改、增加电信网计算机信息系统中存储、处理或者传输的数据和应用程序等手段,故意破坏正在使用的公用电信设施,具有下列情形之一的,属于刑法第一百二十四条规定的“危害公共安全”,依照刑法第一百二十四条第一款规定,以破坏公用电信设施罪处三年以上七年以下有期徒刑:

(一)造成火警、匪警、医疗急救、交通事故报警、救灾、抢险、防汛等通信中断或者严重障碍,并因此贻误救助、救治、救灾、抢险等,致使人员死亡一人、重伤三人以上或者造成财产损失三十万元以上的;

(二)造成二千以上不满一万用户通信中断一小时以上,或者一万以上用户通信中断不满一小时的;

（三）在一个本地网范围内，网间通信全阻、关口局至某一局向全部中断或网间某一业务全部中断不满二小时或者直接影响范围不满五万（用户×小时）的；

（四）造成网间通信严重障碍，一日内累计二小时以上不满十二小时的；

（五）其他危害公共安全的情形。

第二条 实施本解释第一条规定的行为，具有下列情形之一的，属于刑法第一百二十四条第一款规定的“严重后果”，以破坏公用电信设施罪处七年以上有期徒刑：

（一）造成火警、匪警、医疗急救、交通事故报警、救灾、抢险、防汛等通信中断或者严重障碍，并因此贻误救助、救治、救灾、抢险等，致使人员死亡二人以上、重伤六人以上或者造成财产损失六十万元以上的；

（二）造成一万以上用户通信中断一小时以上的；

（三）在一个本地网范围内，网间通信全阻、关口局至某一局向全部中断或网间某一业务全部中断二小时以上或者直接影响范围五万（用户×小时）以上的；

（四）造成网间通信严重障碍，一日内累计十二小时以上的；

（五）造成其他严重后果的。

第三条 故意破坏正在使用的公用电信设施尚未危害公共安全，或者故意毁坏尚未投入使用的公用电信设施，造成财物损失，构成犯罪的，依照刑法第二百七十五条规定，以故意毁坏财物罪定罪处罚。

盗窃公用电信设施价值数额不大，但是构成危害公共安全犯罪的，依照刑法第一百二十四条的规定定罪处罚；盗窃公用电信设施同时构成盗窃罪和破坏公用电信设施罪的，依照处罚较重的规定定罪处罚。

第四条 指使、组织、教唆他人实施本解释规定的故意犯罪行为的，按照共犯定罪处罚。

第五条 本解释中规定的公用电信设施的范围、用户数、通信中断和严重障碍的标准和时间长度，依据国家电信行业主管部门的有关规定确定。

最高人民法院、最高人民检察院关于办理盗窃油气、破坏油气设备等刑事案件具体应用法律若干问题的解释

（2006年11月20日最高人民法院审判委员会第1406次会议、2006年12月11日最高人民检察院第十届检察委员会第66次会议通过　2007年1月15日最高人民法院、最高人民检察院公告公布　自2007年1月19日起施行　法释〔2007〕3号）

为维护油气的生产、运输安全，依法惩治盗窃油气、破坏油气设备等犯罪，根据刑法有关规定，现就办理这类刑事案件具体应用法律的若干问题解释如下：

第一条 在实施盗窃油气等行为过程中，采用切割、打孔、撬砸、拆卸、开关等手段破坏正在使用的油气设备的，属于刑法第一百一十八条规定的“破坏燃气或者其他易燃易爆设备”的行为；危害公共安全，尚未造成严重后果的，依照刑法第一百一十八条的规定定罪处罚。

第二条 实施本解释第一条规定的行为，具有下列情形之一的，属于刑法第一百一十九条第一款规定的“造成严重后果”，依照刑法第一百一十九条第一款的规定定

罪处罚：

（一）造成一人以上死亡、三人以上重伤或者十人以上轻伤的；

（二）造成井喷或者重大环境污染事故的；

（三）造成直接经济损失数额在五十万元以上的；

（四）造成其他严重后果的。

第三条 盗窃油气或者正在使用的油气设备，构成犯罪，但未危害公共安全的，依照刑法第二百六十四条的规定，以盗窃罪定罪处罚。

盗窃油气，数额巨大但尚未运离现场的，以盗窃未遂定罪处罚。

为他人盗窃油气而偷开油气井、油气管道等油气设备阀门排放油气或者提供其他帮助的，以盗窃罪的共犯定罪处罚。

第四条 盗窃油气同时构成盗窃罪和破坏易燃易爆设备罪的，依照刑法处罚较重的规定定罪处罚。

第五条 明知是盗窃犯罪所得的油气或者油气设备，而予以窝藏、转移、收购、加工、代为销售或者以其他方法掩饰、隐瞒的，依照刑法第三百一十二条的规定定罪处罚。

实施前款规定的犯罪行为，事前通谋的，以盗窃犯罪的共犯定罪处罚。

第六条 违反矿产资源法的规定，非法开采或者破坏性开采石油、天然气资源的，依照刑法第三百四十三条以及《最高人民法院关于审理非法采矿、破坏性采矿刑事案件具体应用法律若干问题的解释》的规定追究刑事责任。

第七条 国家机关工作人员滥用职权或者玩忽职守，实施下列行为之一，致使公共财产、国家和人民利益遭受重大损失的，依照刑法第三百九十七条的规定，以滥用职权罪或者玩忽职守罪定罪处罚：

（一）超越职权范围，批准发放石油、天然气勘查、开采、加工、经营等许可证的；

（二）违反国家规定，给不符合法定条件的单位、个人发放石油、天然气勘查、开采、加工、经营等许可证的；

（三）违反《石油天然气管道保护条例》等国家规定，在油气设备安全保护范围内批准建设项目的；

（四）对发现或者经举报查实的未经依法批准、许可擅自从事石油、天然气勘查、开采、加工、经营等违法活动不予查封、取缔的。

第八条 本解释所称的“油气”，是指石油、天然气。其中，石油包括原油、成品油；天然气包括煤层气。

本解释所称“油气设备”，是指用于石油、天然气生产、储存、运输等易燃易爆设备。

最高人民法院、最高人民检察院、公安部关于办理盗窃油气、破坏油气设备等刑事案件适用法律若干问题的意见

（2018年9月28日 法发〔2018〕18号）

为依法惩治盗窃油气、破坏油气设备等犯罪，维护公共安全、能源安全和生态安全，根据《中华人民共和国刑法》《中华人民共和国刑事诉讼法》和《最高人民法院、最高人民检察院关于办理盗窃油气、破坏油气设备等刑事案件具体应用法律若干问题的解释》等法律、司法解释的规定，结合工作实际，制定本意见。

一、关于危害公共安全的认定

在实施盗窃油气等行为过程中，破坏正在使用的油气设备，具有下列情形之一的，应当认定为刑法第一百一十八条规定的“危害公共安全”：

（一）采用切割、打孔、撬砸、拆卸手段的，但是明显未危害公共安全的除外；

（二）采用开、关等手段，足以引发火灾、爆炸等危险的。

二、关于盗窃油气未遂的刑事责任

着手实施盗窃油气行为，由于意志以外的原因未得逞，具有下列情形之一的，以盗窃罪（未遂）追究刑事责任：

（一）以数额巨大的油气为盗窃目标的；

（二）已将油气装入包装物或者运输工具，达到“数额较大”标准三倍以上的；

（三）携带盗油卡子、手摇钻、电钻、电焊枪等切割、打孔、撬砸、拆卸工具的；

（四）其他情节严重的情形。

三、关于共犯的认定

在共同盗窃油气、破坏油气设备等犯罪中，实际控制、为主出资或者组织、策划、纠集、雇佣、指使他人参与犯罪的，应当依法认定为主犯；对于其他人员，在共同犯罪中起主要作用的，也应当依法认定为主犯。

在输油输气管道投入使用前擅自安装阀门，在管道投入使用后将该阀门提供给他人盗窃油气的，以盗窃罪、破坏易燃易爆设备罪等有关犯罪的共同犯罪论处。

四、关于内外勾结盗窃油气行为的处理

行为人与油气企业人员勾结共同盗窃油气，没有利用油气企业人员职务便利，仅仅是利用其易于接近油气设备、熟悉环境等方便条件的，以盗窃罪的共同犯罪论处。

实施上述行为，同时构成破坏易燃易爆设备罪的，依照处罚较重的规定定罪处罚。

五、关于窝藏、转移、收购、加工、代为销售被盗油气行为的处理

明知是犯罪所得的油气而予以窝藏、转移、收购、加工、代为销售或者以其他方式掩饰、隐瞒，符合刑法第三百一十二条规定的，以掩饰、隐瞒犯罪所得罪追究刑事责任。

“明知”的认定，应当结合行为人的认知能力、所得报酬、运输工具、运输路线、收购价格、收购形式、加工方式、销售地点、仓储条件等因素综合考虑。

实施第一款规定的犯罪行为，事前通谋的，以盗窃罪、破坏易燃易爆设备罪等有关犯罪的共同犯罪论处。

六、关于直接经济损失的认定

《最高人民法院、最高人民检察院关于办理盗窃油气、破坏油气设备等刑事案件具体应用法律若干问题的解释》第二条第三项规定的“直接经济损失”包括因实施盗窃油气等行为直接造成的油气损失以及采取抢修堵漏等措施所产生的费用。

对于直接经济损失数额，综合油气企业提供的证据材料、犯罪嫌疑人、被告人及其辩护人所提辩解、辩护意见等认定；难以确定的，依据价格认证机构出具的报告，结合其他证据认定。

油气企业提供的证据材料，应当有工作人员签名和企业公章。

七、关于专门性问题的认定

对于油气的质量、标准等专门性问题，综合油气企业提供的证据材料、犯罪嫌疑人、被告人及其辩护人所提辩解、辩护意见等认定；难以确定的，依据司法鉴定机构出具的鉴定意见或者国务院公安部门指定的机构出具的报告,结合其他证据认定。

油气企业提供的证据材料,应当有工作人员签名和企业公章。

最高人民法院关于审理破坏电力设备刑事案件具体应用法律若干问题的解释

(2007年8月13日最高人民法院审判委员会第1435次会议通过　2007年8月15日最高人民法院公告公布　自2007年8月21日起施行　法释〔2007〕15号)

为维护公共安全,依法惩治破坏电力设备等犯罪活动,根据刑法有关规定,现就审理这类刑事案件具体应用法律的若干问题解释如下:

第一条　破坏电力设备,具有下列情形之一的,属于刑法第一百一十九条第一款规定的"造成严重后果",以破坏电力设备罪判处十年以上有期徒刑、无期徒刑或者死刑:

(一)造成一人以上死亡、三人以上重伤或者十人以上轻伤的;

(二)造成一万以上用户电力供应中断六小时以上,致使生产、生活受到严重影响的;

(三)造成直接经济损失一百万元以上的;

(四)造成其他危害公共安全严重后果的。

第二条　过失损坏电力设备,造成本解释第一条规定的严重后果的,依照刑法第一百一十九条第二款的规定,以过失损坏电力设备罪判处三年以上七年以下有期徒刑;情节较轻的,处三年以下有期徒刑或者拘役。

第三条　盗窃电力设备,危害公共安全,但不构成盗窃罪的,以破坏电力设备罪定罪处罚;同时构成盗窃罪和破坏电力设备罪的,依照刑法处罚较重的规定定罪处罚。

盗窃电力设备,没有危及公共安全,但应当追究刑事责任的,可以根据案件的不同情况,按照盗窃罪等犯罪处理。

第四条　本解释所称电力设备,是指处于运行、应急等使用中的电力设备;已经通电使用,只是由于枯水季节或电力不足等原因暂停使用的电力设备;已经交付使用但尚未通电的电力设备。不包括尚未安装完毕,或者已经安装完毕但尚未交付使用的电力设备。

本解释中直接经济损失的计算范围,包括电量损失金额,被毁损设备材料的购置、更换、修复费用,以及因停电给用户造成的直接经济损失等。

最高人民法院关于审理破坏广播电视设施等刑事案件具体应用法律若干问题的解释

(2011年5月23日最高人民法院审判委员会第1523次会议通过　2011年6月7日最高人民法院公告公布　自2011年6月13日起施行　法释〔2011〕13号)

为依法惩治破坏广播电视设施等犯罪活动,维护广播电视设施运行安全,根据刑法有关规定,现就审理这类刑事案件具体应用法律的若干问题解释如下:

第一条　采取拆卸、毁坏设备,剪割缆线，删除、修改、增加广播电视设备系统中存储、处理、传输的数据和应用程序，非法占用频率等手段，破坏正在使用的广播电视设施，具有下列情形之一的，依照刑法第一百二十四条第一款的规定，以破坏广播电视设施罪处三年以上七年以下有期徒刑：

（一）造成救灾、抢险、防汛和灾害预警等重大公共信息无法发布的；

（二）造成县级、地市（设区的市）级广播电视台中直接关系节目播出的设施无法使用，信号无法播出的；

（三）造成省级以上广播电视传输网内的设施无法使用，地市（设区的市）级广播电视传输网内的设施无法使用三小时以上，县级广播电视传输网内的设施无法使用十二小时以上，信号无法传输的；

（四）其他危害公共安全的情形。

第二条 实施本解释第一条规定的行为，具有下列情形之一的，应当认定为刑法第一百二十四条第一款规定的“造成严重后果”，以破坏广播电视设施罪处七年以上有期徒刑：

（一）造成救灾、抢险、防汛和灾害预警等重大公共信息无法发布，因此贻误排除险情或者疏导群众，致使一人以上死亡、三人以上重伤或者财产损失五十万元以上，或者引起严重社会恐慌、社会秩序混乱的；

（二）造成省级以上广播电视台中直接关系节目播出的设施无法使用，信号无法播出的；

（三）造成省级以上广播电视传输网内的设施无法使用三小时以上，地市（设区的市）级广播电视传输网内的设施无法使用十二小时以上，县级广播电视传输网内的设施无法使用四十八小时以上，信号无法传输的；

（四）造成其他严重后果的。

第三条 过失损坏正在使用的广播电视设施，造成本解释第二条规定的严重后果的，依照刑法第一百二十四条第二款的规定，以过失损坏广播电视设施罪处三年以上七年以下有期徒刑；情节较轻的，处三年以下有期徒刑或者拘役。

过失损坏广播电视设施构成犯罪，但能主动向有关部门报告，积极赔偿损失或者修复被损坏设施的，可以酌情从宽处罚。

第四条 建设、施工单位的管理人员、施工人员，在建设、施工过程中，违反广播电视设施保护规定，故意或者过失损毁正在使用的广播电视设施，构成犯罪的，以破坏广播电视设施罪或者过失损坏广播电视设施罪定罪处罚。其定罪量刑标准适用本解释第一至三条的规定。

第五条 盗窃正在使用的广播电视设施，尚未构成盗窃罪，但具有本解释第一条、第二条规定情形的，以破坏广播电视设施罪定罪处罚；同时构成盗窃罪和破坏广播电视设施罪的，依照处罚较重的规定定罪处罚。

第六条 破坏正在使用的广播电视设施未危及公共安全，或者故意毁坏尚未投入使用的广播电视设施，造成财物损失数额较大或者有其他严重情节的，以故意毁坏财物罪定罪处罚。

第七条 实施破坏广播电视设施犯罪，并利用广播电视设施实施煽动分裂国家、煽动颠覆国家政权、煽动民族仇恨、民族歧视或者宣扬邪教等行为，同时构成其他犯罪的，依照处罚较重的规定定罪处罚。

第八条 本解释所称广播电视台中直接关系节目播出的设施、广播电视传输网内的设施,参照国家广播电视行政主管部门和其他相关部门的有关规定确定。

3. 违反特定物品管理的犯罪

最高人民法院、最高人民检察院关于办理非法制造、买卖、运输、储存毒鼠强等禁用剧毒化学品刑事案件具体应用法律若干问题的解释

(2003年8月29日最高人民法院审判委员会第1287次会议、2003年2月13日最高人民检察院第九届检察委员会第119次会议通过 2003年9月4日最高人民法院、最高人民检察院公告公布 自2003年10月1日起施行 法释〔2003〕14号)

为依法惩治非法制造、买卖、运输、储存毒鼠强等禁用剧毒化学品的犯罪活动,维护公共安全,根据刑法有关规定,现就办理这类刑事案件具体应用法律的若干问题解释如下:

第一条 非法制造、买卖、运输、储存毒鼠强等禁用剧毒化学品,危害公共安全,具有下列情形之一的,依照刑法第一百二十五条的规定,以非法制造、买卖、运输、储存危险物质罪,处三年以上十年以下有期徒刑:

(一)非法制造、买卖、运输、储存原粉、原液、原药、制剂50克以上,或者饵料2千克以上的;

(二)在非法制造、买卖、运输、储存过程中致人重伤、死亡或者造成公私财产损失10万元以上的。

第二条 非法制造、买卖、运输、储存毒鼠强等禁用剧毒化学品,具有下列情形之一的,属于刑法第一百二十五条规定的"情节严重",处十年以上有期徒刑、无期徒刑或者死刑:

(一)非法制造、买卖、运输、储存原粉、原液、制剂500克以上,或者饵料20千克以上的;

(二)在非法制造、买卖、运输、储存过程中致3人以上重伤、死亡,或者造成公私财产损失20万元以上的;

(三)非法制造、买卖、运输、储存原粉、原药、制剂50克以上不满500克,或者饵料2千克以上不满20千克,并具有其他严重情节的。

第三条 单位非法制造、买卖、运输、储存毒鼠强等禁用剧毒化学品的,依照本解释第一条、第二条规定的定罪量刑标准执行。

第四条 对非法制造、买卖、运输、储存毒鼠强等禁用剧毒化学品行为负有查处职责的国家机关工作人员,滥用职权或者玩忽职守,致使公共财产、国家和人民利益遭受重大损失的,依照刑法第三百九十七条的规定,以滥用职权罪或者玩忽职守罪追究刑事责任。

第五条 本解释施行以前,确因生产、生活需要而非法制造、买卖、运输、储存毒鼠强等禁用剧毒化学品饵料自用,没有造成严重社会危害的,可以依照刑法第十三条的规定,不作为犯罪处理。

本解释施行以后,确因生产、生活需

要而非法制造、买卖、运输、储存毒鼠强等禁用剧毒化学品饵料自用，构成犯罪，但没有造成严重社会危害，经教育确有悔改表现的，可以依法从轻、减轻或者免除处罚。

第六条 本解释所称"毒鼠强等禁用剧毒化学品"，是指国家明令禁止的毒鼠强、氟乙酰胺、氟乙酸钠、毒鼠硅、甘氟。

最高人民法院关于审理非法制造、买卖、运输枪支、弹药、爆炸物等刑事案件具体应用法律若干问题的解释

（2001年5月10日最高人民法院审判委员会第1174次会议通过 根据2009年11月9日最高人民法院审判委员会第1476次会议通过的《最高人民法院关于修改〈关于审理非法制造、买卖、运输枪支、弹药、爆炸物等刑事案件具体应用法律若干问题的解释〉的决定》修正 2009年11月16日最高人民法院公告公布 自2010年1月1日起施行 法释〔2009〕18号）

为依法严惩非法制造、买卖、运输枪支、弹药、爆炸物等犯罪活动，根据刑法有关规定，现就审理这类案件具体应用法律的若干问题解释如下：

第一条 个人或者单位非法制造、买卖、运输、邮寄、储存枪支、弹药、爆炸物，具有下列情形之一的，依照刑法第一百二十五条第一款的规定，以非法制造、买卖、运输、邮寄、储存枪支、弹药、爆炸物罪定罪处罚：

（一）非法制造、买卖、运输、邮寄、储存军用枪支一支以上的；

（二）非法制造、买卖、运输、邮寄、储存以火药为动力发射枪弹的非军用枪支一支以上或者以压缩气体等为动力的其他非军用枪支二支以上的；

（三）非法制造、买卖、运输、邮寄、储存军用子弹十发以上、气枪铅弹五百发以上或者其他非军用子弹一百发以上的；

（四）非法制造、买卖、运输、邮寄、储存手榴弹一枚以上的；

（五）非法制造、买卖、运输、邮寄、储存爆炸装置的；

（六）非法制造、买卖、运输、邮寄、储存炸药、发射药、黑火药一千克以上或者烟火药三千克以上、雷管三十枚以上或者导火索、导爆索三十米以上的；

（七）具有生产爆炸物品资格的单位不按照规定的品种制造，或者具有销售、使用爆炸物品资格的单位超过限额买卖炸药、发射药、黑火药十千克以上或者烟火药三十千克以上、雷管三百枚以上或者导火索、导爆索三百米以上的；

（八）多次非法制造、买卖、运输、邮寄、储存弹药、爆炸物的；

（九）虽未达到上述最低数量标准，但具有造成严重后果等其他恶劣情节的。

介绍买卖枪支、弹药、爆炸物的，以买卖枪支、弹药、爆炸物罪的共犯论处。

第二条 非法制造、买卖、运输、邮寄、储存枪支、弹药、爆炸物，具有下列情形之一的，属于刑法第一百二十五条第一款规定的"情节严重"：

（一）非法制造、买卖、运输、邮寄、储存枪支、弹药、爆炸物的数量达到本解释第一条第（一）、（二）、（三）、（六）、（七）项规定的最低数量标准五倍以上的；

（二）非法制造、买卖、运输、邮寄、储存手榴弹三枚以上的；

（三）非法制造、买卖、运输、邮寄、储存爆炸装置，危害严重的；

（四）达到本解释第一条规定的最低数量标准，并具有造成严重后果等其他恶劣情节的。

第三条 依法被指定或者确定的枪支制造、销售企业，实施刑法第一百二十六条规定的行为，具有下列情形之一的，以违规制造、销售枪支罪定罪处罚：

（一）违规制造枪支五支以上的；

（二）违规销售枪支二支以上的；

（三）虽未达到上述最低数量标准，但具有造成严重后果等其他恶劣情节的。

具有下列情形之一的，属于刑法第一百二十六条规定的“情节严重”：

（一）违规制造枪支二十支以上的；

（二）违规销售枪支十支以上的；

（三）达到本条第一款规定的最低数量标准，并具有造成严重后果等其他恶劣情节的。

具有下列情形之一的，属于刑法第一百二十六条规定的“情节特别严重”：

（一）违规制造枪支五十支以上的；

（二）违规销售枪支三十支以上的；

（三）达到本条第二款规定的最低数量标准，并具有造成严重后果等其他恶劣情节的。

第四条 盗窃、抢夺枪支、弹药、爆炸物，具有下列情形之一的，依照刑法第一百二十七条第一款的规定，以盗窃、抢夺枪支、弹药、爆炸物罪定罪处罚：

（一）盗窃、抢夺以火药为动力的发射枪弹非军用枪支一支以上或者以压缩气体等为动力的其他非军用枪支二支以上的；

（二）盗窃、抢夺军用子弹十发以上、气枪铅弹五百发以上或者其他非军用子弹一百发以上的；

（三）盗窃、抢夺爆炸装置的；

（四）盗窃、抢夺炸药、发射药、黑火药一千克以上或者烟火药三千克以上、雷管三十枚以上或者导火索、导爆索三十米以上的；

（五）虽未达到上述最低数量标准，但具有造成严重后果等其他恶劣情节的。

具有下列情形之一的，属于刑法第一百二十七条第一款规定的“情节严重”：

（一）盗窃、抢夺枪支、弹药、爆炸物的数量达到本条第一款规定的最低数量标准五倍以上的；

（二）盗窃、抢夺军用枪支的；

（三）盗窃、抢夺手榴弹的；

（四）盗窃、抢夺爆炸装置，危害严重的；

（五）达到本条第一款规定的最低数量标准，并具有造成严重后果等其他恶劣情节的。

第五条 具有下列情形之一的，依照刑法第一百二十八条第一款的规定，以非法持有、私藏枪支、弹药罪定罪处罚：

（一）非法持有、私藏军用枪支一支的；

（二）非法持有、私藏以火药为动力发射枪弹的非军用枪支一支或者以压缩气体等为动力的其他非军用枪支二支以上的；

（三）非法持有、私藏军用子弹二十发以上，气枪铅弹一千发以上或者其他非军用子弹二百发以上的；

（四）非法持有、私藏手榴弹一枚以上的；

（五）非法持有、私藏的弹药造成人员伤亡、财产损失的。

具有下列情形之一的，属于刑法第一百二十八条第一款规定的“情节严重”：

（一）非法持有、私藏军用枪支二支以上的；

（二）非法持有、私藏以火药为动力发射枪弹的非军用枪支二支以上或者以压缩气体等为动力的其他非军用枪支五支以上的；

（三）非法持有、私藏军用子弹一百发以上，气枪铅弹五千发以上或者其他非军用子弹一千发以上的；

（四）非法持有、私藏手榴弹三枚以上的；

（五）达到本条第一款规定的最低数量标准，并具有造成严重后果等其他恶劣情节的。

第六条 非法携带枪支、弹药、爆炸物进入公共场所或者公共交通工具，危及公共安全，具有下列情形之一的，属于刑法第一百三十条规定的“情节严重”：

（一）携带枪支或者手榴弹的；

（二）携带爆炸装置的；

（三）携带炸药、发射药、黑火药五百克以上或者烟火药一千克以上、雷管二十枚以上或者导火索、导爆索二十米以上的；

（四）携带的弹药、爆炸物在公共场所或者公共交通工具上发生爆炸或者燃烧，尚未造成严重后果的；

（五）具有其他严重情节的。

行为人非法携带本条第一款第（三）项规定的爆炸物进入公共场所或者公共交通工具，虽未达到上述数量标准，但拒不交出的，依照刑法第一百三十条的规定定罪处罚；携带的数量达到最低数量标准，能够主动、全部交出的，可不以犯罪论处。

第七条 非法制造、买卖、运输、邮寄、储存、盗窃、抢夺、持有、私藏、携带成套枪支散件的，以相应数量的枪支计；非成套枪支散件以每三十件为一成套枪支散件计。

第八条 刑法第一百二十五条第一款规定的“非法储存”，是指明知是他人非法制造、买卖、运输、邮寄的枪支、弹药而为其存放的行为，或者非法存放爆炸物的行为。

刑法第一百二十八条第一款规定的“非法持有”，是指不符合配备、配置枪支、弹药条件的人员，违反枪支管理法律、法规的规定，擅自持有枪支、弹药的行为。

刑法第一百二十八条第一款规定的“私藏”，是指依法配备、配置枪支、弹药的人员，在配备、配置枪支、弹药的条件消除后，违反枪支管理法律、法规的规定，私自藏匿所配备、配置的枪支、弹药且拒不交出的行为。

第九条 因筑路、建房、打井、整修宅基地和土地等正常生产、生活需要，以及因从事合法的生产经营活动而非法制造、买卖、运输、邮寄、储存爆炸物，数量达到本解释第一条规定标准，没有造成严重社会危害，并确有悔改表现的，可依法从轻处罚；情节轻微的，可以免除处罚。

具有前款情形，数量虽达到本解释第二条规定标准的，也可以不认定为刑法第一百二十五条第一款规定的“情节严重”。

在公共场所、居民区等人员集中区域非法制造、买卖、运输、邮寄、储存爆炸物，或者因非法制造、买卖、运输、邮寄、储存爆炸物三年内受到两次以上行政处罚又实施上述行为，数量达到本解释规定标准的，不适用前两款量刑的规定。

第十条 实施非法制造、买卖、运输、邮寄、储存、盗窃、抢夺、持有、私藏其他弹药、爆炸物品等行为,参照本解释有关条文规定的定罪量刑标准处罚。

最高人民检察院关于将公务用枪用作借债质押的行为如何适用法律问题的批复

(1998 年 11 月 3 日 高检发释字〔1998〕4 号)

重庆市人民检察院:

你院渝检(研)〔1998〕8 号《关于将公务用枪用作借债抵押的行为是否构成犯罪及适用法律的请示》收悉。经研究,批复如下:

依法配备公务用枪的人员,违反法律规定,将公务用枪用作借债质押物,使枪支处于非依法持枪人的控制、使用之下,严重危害公共安全,是刑法第一百二十八条第二款所规定的非法出借枪支行为的一种形式,应以非法出借枪支罪追究刑事责任;对接受枪支质押的人员,构成犯罪的,根据刑法第一百二十八条第一款的规定,应以非法持有枪支罪追究其刑事责任。

最高人民法院、最高人民检察院关于涉以压缩气体为动力的枪支、气枪铅弹刑事案件定罪量刑问题的批复

(2018 年 1 月 25 日最高人民法院审判委员会第 1732 次会议、2018 年 3 月 2 日最高人民检察院第十二届检察委员会第 74 次会议通过 2018 年 3 月 8 日最高人民法院、最高人民检察院公告公布 自 2018 年 3 月 30 日起施行 法释〔2018〕8 号)

各省、自治区、直辖市高级人民法院、人民检察院,解放军军事法院、军事检察院,新疆维吾尔自治区高级人民法院生产建设兵团分院、新疆生产建设兵团人民检察院:

近来,部分高级人民法院、省级人民检察院就如何对非法制造、买卖、运输、邮寄、储存、持有、私藏、走私以压缩气体为动力的枪支、气枪铅弹(用铅、铅合金或者其他金属加工的气枪弹)行为定罪量刑的问题提出请示。经研究,批复如下:

一、对于非法制造、买卖、运输、邮寄、储存、持有、私藏、走私以压缩气体为动力且枪口比动能较低的枪支的行为,在决定是否追究刑事责任以及如何裁量刑罚时,不仅应当考虑涉案枪支的数量,而且应当充分考虑涉案枪支的外观、材质、发射物、购买场所和渠道、价格、用途、致伤力大小、是否易于通过改制提升致伤力,以及行为人的主观认知、动机目的、一贯表现、违法所得、是否规避调查等情节,综合评估社会危害性,坚持主客观相统一,确保罪责刑相适应。

二、对于非法制造、买卖、运输、邮寄、

储存、持有、私藏、走私气枪铅弹的行为，在决定是否追究刑事责任以及如何裁量刑罚时，应当综合考虑气枪铅弹的数量、用途以及行为人的动机目的、一贯表现、违法所得、是否规避调查等情节，综合评估社会危害性，确保罪责刑相适应。

最高人民法院、最高人民检察院、公安部、工业和信息化部、住房和城乡建设部、交通运输部、应急管理部、国家铁路局、中国民用航空局、国家邮政局关于依法惩治涉枪支、弹药、爆炸物、易燃易爆危险物品犯罪的意见

（2021 年 12 月 28 日　法发〔2021〕35 号）

为依法惩治涉枪支、弹药、爆炸物、易燃易爆危险物品犯罪，维护公共安全，保护人民群众生命财产安全，根据《中华人民共和国刑法》《中华人民共和国刑事诉讼法》《中华人民共和国安全生产法》《行政执法机关移送涉嫌犯罪案件的规定》等法律、行政法规和相关司法解释的规定，结合工作实际，制定本意见。

一、总体要求

1. 严禁非法制造、买卖、运输、邮寄、储存、持有、私藏、走私枪支、弹药、爆炸物；严禁未经批准和许可擅自生产、储存、使用、经营、运输易燃易爆危险物品；严禁违反安全管理规定生产、储存、使用、经营、运输易燃易爆危险物品。依法严厉打击涉枪支、弹药、爆炸物、易燃易爆危险物品违法犯罪。

2. 人民法院、人民检察院、公安机关、有关行政执法机关应当充分认识涉枪支、弹药、爆炸物、易燃易爆危险物品违法犯罪的社会危害性，坚持人民至上、生命至上，统筹发展和安全，充分发挥工作职能，依法严惩涉枪支、弹药、爆炸物、易燃易爆危险物品违法犯罪，为经济社会发展提供坚实安全保障，不断增强人民群众获得感、幸福感、安全感。

3. 人民法院、人民检察院、公安机关、有关行政执法机关应当按照法定职责分工负责、配合协作，加强沟通协调，在履行职责过程中发现涉嫌枪支、弹药、爆炸物、易燃易爆危险物品犯罪的，应当及时相互通报情况，共同进行防范和惩治，维护社会治安大局稳定。

二、正确认定犯罪

4. 非法制造、买卖、运输、邮寄、储存、盗窃、抢夺、抢劫、持有、私藏、走私枪支、弹药、爆炸物，并利用该枪支、弹药、爆炸物实施故意杀人、故意伤害、抢劫、绑架等犯罪的，依照数罪并罚的规定处罚。

5. 违反危险化学品安全管理规定，未经依法批准或者许可擅自从事易燃易爆危险物品道路运输活动，或者实施其他违反危险化学品安全管理规定通过道路运输易燃易爆危险物品的行为，危及公共安全的，依照刑法第一百三十三条之一第一款第四项的规定，以危险驾驶罪定罪处罚。

在易燃易爆危险物品生产、经营、储存等高度危险的生产作业活动中违反有关安全管理的规定，有下列情形之一，具有发生重大伤亡事故或者其他严重后果的现实危险的，依照刑法第一百三十四条之一第三项的规定，以危险作业罪定罪处罚：

（1）委托无资质企业或者个人储存易

燃易爆危险物品的；

(2)在储存的普通货物中夹带易燃易爆危险物品的；

(3)将易燃易爆危险物品谎报或者匿报为普通货物申报、储存的；

(4)其他涉及安全生产的事项未经依法批准或者许可，擅自从事易燃易爆危险物品生产、经营、储存等活动的情形。

实施前两款行为，同时构成刑法第一百三十条规定之罪等其他犯罪的，依照处罚较重的规定定罪处罚；导致发生重大伤亡事故或者其他严重后果，符合刑法第一百三十四条、第一百三十五条、第一百三十六条等规定的，依照各该条的规定定罪从重处罚。

6. 在易燃易爆危险物品生产、储存、运输、使用中违反有关安全管理的规定，实施本意见第 5 条前两款规定以外的其他行为，导致发生重大事故，造成严重后果，符合刑法第一百三十六条等规定的，以危险物品肇事罪等罪名定罪处罚。

7. 实施刑法第一百三十六条规定等行为，向负有安全生产监督管理职责的部门不报、谎报或者迟报相关情况的，从重处罚；同时构成刑法第一百三十九条之一规定之罪的，依照数罪并罚的规定处罚。

8. 在水路、铁路、航空易燃易爆危险物品运输生产作业活动中违反有关安全管理的规定，有下列情形之一，明知存在重大事故隐患而不排除，足以危害公共安全的，依照刑法第一百一十四条的规定，以以危险方法危害公共安全罪定罪处罚；致人重伤、死亡或者使公私财产遭受重大损失的，依照刑法第一百一十五条第一款的规定处罚：

(1)未经依法批准或者许可，擅自从事易燃易爆危险物品运输的；

(2)委托无资质企业或者个人承运易燃易爆危险物品的；

(3)在托运的普通货物中夹带易燃易爆危险物品的；

(4)将易燃易爆危险物品谎报或者匿报为普通货物托运的；

(5)其他在水路、铁路、航空易燃易爆危险物品运输活动中违反有关安全管理规定的情形。

非法携带易燃易爆危险物品进入水路、铁路、航空公共交通工具或者有关公共场所，危及公共安全，情节严重的，依照刑法第一百三十条的规定，以非法携带危险物品危及公共安全罪定罪处罚。

9. 通过邮件、快件夹带易燃易爆危险物品，或者将易燃易爆危险物品谎报为普通物品交寄，符合本意见第 5 条至第 8 条规定的，依照各该条的规定定罪处罚。

三、准确把握刑事政策

10. 对于非法制造、买卖、运输、邮寄、储存、持有、私藏、走私枪支、弹药，以及非法制造、买卖、运输、邮寄、储存爆炸物的行为，应当依照刑法和《最高人民法院关于审理非法制造、买卖、运输枪支、弹药、爆炸物等刑事案件具体应用法律若干问题的解释》《最高人民法院、最高人民检察院关于办理走私刑事案件适用法律若干问题的解释》等规定，从严追究刑事责任。

11. 对于非法制造、买卖、运输、邮寄、储存、持有、私藏、走私以压缩气体为动力且枪口比动能较低的枪支以及气枪铅弹的行为，应当依照刑法和《最高人民法院、最高人民检察院关于涉以压缩气体为动力的枪支、气枪铅弹刑事案件定罪量刑问题的批复》的规定，综合考虑案件情节，综合评估社会危害性，坚持主客观相统一，决定是否追究刑事责任以及如何裁量刑罚，确保罪责刑相适应。

12. 利用信息网络非法买卖枪支、弹药、爆炸物、易燃易爆危险物品，或者利用寄递渠道非法运输枪支、弹药、爆炸物、易燃易爆危险物品，依法构成犯罪的，从严追究刑事责任。

13. 确因正常生产、生活需要，以及因从事合法的生产经营活动而非法生产、储存、使用、经营、运输易燃易爆危险物品，依法构成犯罪，没有造成严重社会危害，并确有悔改表现的，可以从轻处罚。

14. 将非法枪支、弹药、爆炸物主动上交公安机关，或者将未经依法批准或者许可生产、储存、使用、经营、运输的易燃易爆危险物品主动上交行政执法机关处置的，可以从轻处罚；未造成实际危害后果，犯罪情节轻微不需要判处刑罚的，可以依法不起诉或者免予刑事处罚；成立自首的，可以依法从轻、减轻或者免除处罚。

有揭发他人涉枪支、弹药、爆炸物、易燃易爆危险物品犯罪行为，查证属实的，或者提供重要线索，从而得以侦破其他涉枪支、弹药、爆炸物、易燃易爆危险物品案件等立功表现的，可以依法从轻或者减轻处罚；有重大立功表现的，可以依法减轻或者免除处罚。

四、加强行政执法与刑事司法衔接

15. 有关行政执法机关在查处违法行为过程中发现涉嫌枪支、弹药、爆炸物、易燃易爆危险物品犯罪的，应当立即指定 2 名或者 2 名以上行政执法人员组成专案组专门负责，核实情况后提出移送涉嫌犯罪案件的书面报告，报本机关正职负责人或者主持工作的负责人审批。

有关行政执法机关正职负责人或者主持工作的负责人应当自接到报告之日起 3 日内作出批准移送或者不批准移送的决定。决定批准移送的，应当在 24 小时内向同级公安机关移送，并将案件移送书抄送同级人民检察院；决定不批准移送的，应当将不予批准的理由记录在案。

16. 有关行政执法机关向公安机关移送涉嫌枪支、弹药、爆炸物、易燃易爆危险物品犯罪案件，应当附下列材料：

(1)涉嫌犯罪案件移送书，载明移送案件的行政执法机关名称、涉嫌犯罪的罪名、案件主办人和联系电话，并应当附移送材料清单和回执，加盖公章；

(2)涉嫌犯罪案件情况的调查报告，载明案件来源、查获枪支、弹药、爆炸物、易燃易爆危险物品情况、犯罪嫌疑人基本情况、涉嫌犯罪的主要事实、证据和法律依据、处理建议等；

(3)涉案物品清单，载明涉案枪支、弹药、爆炸物、易燃易爆危险物品的具体类别和名称、数量、特征、存放地点等，并附采取行政强制措施、现场笔录等表明涉案枪支、弹药、爆炸物、易燃易爆危险物品来源的材料；

(4)有关检验报告或者鉴定意见，并附鉴定机构和鉴定人资质证明；没有资质证明的，应当附其他证明文件；

(5)现场照片、询问笔录、视听资料、电子数据、责令整改通知书等其他与案件有关的证据材料。

有关行政执法机关对违法行为已经作出行政处罚决定的，还应当附行政处罚决定书及执行情况说明。

17. 公安机关对有关行政执法机关移送的涉嫌枪支、弹药、爆炸物、易燃易爆危险物品犯罪案件,应当在案件移送书的回执上签字或者出具接受案件回执,并依照有关规定及时进行审查处理。不得以材料不全为由不接受移送案件。

18. 人民检察院应当依照《行政执法机关移送涉嫌犯罪案件的规定》《最高人民检察院关于推进行政执法与刑事司法衔接工作的规定》《安全生产行政执法与刑事司法衔接工作办法》等规定,对有关行政执法机关移送涉嫌枪支、弹药、爆炸物、易燃易爆危险物品犯罪案件,以及公安机关的立案活动,依法进行法律监督。

有关行政执法机关对公安机关的不予立案决定有异议的,可以建议人民检察院进行立案监督。

19. 公安机关、有关行政执法机关在办理涉枪支、弹药、爆炸物、易燃易爆危险物品违法犯罪案件过程中,发现公职人员有贪污贿赂、失职渎职或者利用职权侵犯公民人身权利和民主权利等违法行为,涉嫌构成职务犯罪的,应当依法及时移送监察机关或者人民检察院处理。

20. 有关行政执法机关在行政执法和查办涉枪支、弹药、爆炸物、易燃易爆危险物品案件过程中收集的物证、书证、视听资料、电子数据以及对事故进行调查形成的报告,在刑事诉讼中可以作为证据使用。

21. 有关行政执法机关对应当向公安机关移送的涉嫌枪支、弹药、爆炸物、易燃易爆危险物品犯罪案件,不得以行政处罚代替案件移送。

有关行政执法机关向公安机关移送涉嫌枪支、弹药、爆炸物、易燃易爆危险物品犯罪案件的,已经作出的警告、责令停产停业、暂扣或者吊销许可证、暂扣或者吊销执照的行政处罚决定,不停止执行。

22. 人民法院对涉枪支、弹药、爆炸物、易燃易爆危险物品犯罪案件被告人判处罚金、有期徒刑或者拘役的,有关行政执法机关已经依法给予的罚款、行政拘留,应当依法折抵相应罚金或者刑期。有关行政执法机关尚未给予罚款的,不再给予罚款。

对于人民检察院依法决定不起诉或者人民法院依法免予刑事处罚的案件,需要给予行政处罚的,由有关行政执法机关依法给予行政处罚。

五、其他问题

23. 本意见所称易燃易爆危险物品,是指具有爆炸、易燃性质的危险化学品、危险货物等,具体范围依照相关法律、行政法规、部门规章和国家标准确定。依照有关规定属于爆炸物的除外。

24. 本意见所称有关行政执法机关,包括民用爆炸物品行业主管部门、燃气管理部门、交通运输主管部门、应急管理部门、铁路监管部门、民用航空主管部门和邮政管理部门等。

25. 本意见自 2021 年 12 月 31 日起施行。

最高人民检察院法律政策研究室关于非法制造、买卖、运输、储存以火药为动力发射弹药的大口径武器的行为如何适用法律问题的答复

(2004 年 11 月 3 日 〔2004〕高检研发第 18 号)

河北省人民检察院法律政策研究室:

你室《关于私自制造大口径以火药为

动力发射弹药的武器应如何认定的请示》收悉。经研究,答复如下:

对于非法制造、买卖、运输、储存以火药为动力发射弹药的大口径武器的行为,应当依照刑法第一百二十五条第一款的规定,以非法制造、买卖、运输、储存枪支罪追究刑事责任。

公安部关于涉弩违法犯罪行为的处理及性能鉴定问题的批复

(2006 年 5 月 25 日　公复字〔2006〕2 号)

天津市公安局:

你局《关于对弩的法律适用及性能鉴定问题的请示》(津公法指〔2006〕4 号)收悉。现批复如下:

一、弩是一种具有一定杀伤能力的运动器材,但其结构和性能不符合《中华人民共和国枪支管理法》对枪支的定义,不属于枪支范畴。因此,不能按照《最高人民法院关于审理非法制造、买卖、运输枪支、弹药、爆炸物等刑事案件具体应用法律若干问题的解释》(法释〔2001〕15 号)追究刑事责任,仍应按照《公安部、国家工商行政管理局关于加强弩管理的通知》(公治〔1999〕1646 号)的规定,对非法制造、销售、运输、持有弩的登记收缴,消除社会治安隐患。

二、对弩的鉴定工作,不能参照公安部《公安机关涉案枪支弹药性能鉴定工作规定》(公通字〔2001〕68 号)进行。鉴于目前社会上非法制造、销售、运输、持有的弩均为制式产品,不存在非制式弩的情况,因此不需要进行技术鉴定。

4. 重大责任事故犯罪

最高人民法院关于审理交通肇事刑事案件具体应用法律若干问题的解释

(2000 年 11 月 10 日最高人民法院审判委员会第 1136 次会议通过　2000 年 11 月 15 日最高人民法院公告公布　自 2000 年 11 月 21 日起施行　法释〔2000〕33 号)

为依法惩处交通肇事犯罪活动,根据刑法有关规定,现将审理交通肇事刑事案件具体应用法律的若干问题解释如下:

第一条　从事交通运输人员或者非交通运输人员,违反交通运输管理法规发生重大交通事故,在分清事故责任的基础上,对于构成犯罪的,依照刑法第一百三十三条的规定定罪处罚。

第二条　交通肇事具有下列情形之一的,处三年以下有期徒刑或者拘役:

(一)死亡一人或者重伤三人以上,负事故全部或者主要责任的;

(二)死亡三人以上,负事故同等责任的;

(三)造成公共财产或者他人财产直接损失,负事故全部或者主要责任,无能力赔偿数额在三十万元以上的。

交通肇事致一人以上重伤,负事故全部或者主要责任,并具有下列情形之一的,以交通肇事罪定罪处罚:

(一)酒后、吸食毒品后驾驶机动车辆的;

（二）无驾驶资格驾驶机动车辆的；

（三）明知是安全装置不全或者安全机件失灵的机动车辆而驾驶的；

（四）明知是无牌证或者已报废的机动车辆而驾驶的；

（五）严重超载驾驶的；

（六）为逃避法律追究逃离事故现场的。

第三条 “交通运输肇事后逃逸”，是指行为人具有本解释第二条第一款规定和第二款第（一）至（五）项规定的情形之一，在发生交通事故后，为逃避法律追究而逃跑的行为。

第四条 交通肇事具有下列情形之一的，属于“有其他特别恶劣情节”，处三年以上七年以下有期徒刑：

（一）死亡二人以上或者重伤五人以上，负事故全部或者主要责任的；

（二）死亡六人以上，负事故同等责任的；

（三）造成公共财产或者他人财产直接损失，负事故全部或者主要责任，无能力赔偿数额在六十万元以上的。

第五条 “因逃逸致人死亡”，是指行为人在交通肇事后为逃避法律追究而逃跑，致使被害人因得不到救助而死亡的情形。

交通肇事后，单位主管人员、机动车辆所有人、承包人或者乘车人指使肇事人逃逸，致使被害人因得不到救助而死亡的，以交通肇事罪的共犯论处。

第六条 行为人在交通肇事后为逃避法律追究，将被害人带离事故现场后隐藏或者遗弃，致使被害人无法得到救助而死亡或者严重残疾的，应当分别依照刑法第二百三十二条、第二百三十四条第二款的规定，以故意杀人罪或者故意伤害罪定罪处罚。

第七条 单位主管人员、机动车辆所有人或者机动车辆承包人指使、强令他人违章驾驶造成重大交通事故，具有本解释第二条规定情形之一的，以交通肇事罪定罪处罚。

第八条 在实行公共交通管理的范围内发生重大交通事故的，依照刑法第一百三十三条和本解释的有关规定办理。

在公共交通管理的范围外，驾驶机动车辆或者使用其他交通工具致人伤亡或者致使公共财产或者他人财产遭受重大损失，构成犯罪的，分别依照刑法第一百三十四条、第一百三十五条、第二百三十三条等规定定罪处罚。

第九条 各省、自治区、直辖市高级人民法院可以根据本地实际情况，在三十万元至六十万元、六十万元至一百万元的幅度内，确定本地区执行本解释第二条第一款第（三）项、第四条第（三）项的起点数额标准，并报最高人民法院备案。

最高人民法院、最高人民检察院关于办理危害生产安全刑事案件适用法律若干问题的解释

（2015年11月9日最高人民法院审判委员会第1665次会议、2015年12月9日最高人民检察院第十二届检察委员会第44次会议通过　2015年12月14日最高人民法院、最高人民检察院公告公布　自2015年12月16日起施行　法释〔2015〕22号）

为依法惩治危害生产安全犯罪，根据刑法有关规定，现就办理此类刑事案件适用法律的若干问题解释如下：

第一条 刑法第一百三十四条第一款规定的犯罪主体,包括对生产、作业负有组织、指挥或者管理职责的负责人、管理人员、实际控制人、投资人等人员,以及直接从事生产、作业的人员。

第二条 刑法第一百三十四条第二款规定的犯罪主体,包括对生产、作业负有组织、指挥或者管理职责的负责人、管理人员、实际控制人、投资人等人员。

第三条 刑法第一百三十五条规定的"直接负责的主管人员和其他直接责任人员",是指对安全生产设施或者安全生产条件不符合国家规定负有直接责任的生产经营单位负责人、管理人员、实际控制人、投资人,以及其他对安全生产设施或者安全生产条件负有管理、维护职责的人员。

第四条 刑法第一百三十九条之一规定的"负有报告职责的人员",是指负有组织、指挥或者管理职责的负责人、管理人员、实际控制人、投资人,以及其他负有报告职责的人员。

第五条 明知存在事故隐患、继续作业存在危险,仍然违反有关安全管理的规定,实施下列行为之一的,应当认定为刑法第一百三十四条第二款规定的"强令他人违章冒险作业":

(一)利用组织、指挥、管理职权,强制他人违章作业的;

(二)采取威逼、胁迫、恐吓等手段,强制他人违章作业的;

(三)故意掩盖事故隐患,组织他人违章作业的;

(四)其他强令他人违章作业的行为。

第六条 实施刑法第一百三十二条、第一百三十四条第一款、第一百三十五条、第一百三十五条之一、第一百三十六条、第一百三十九条规定的行为,因而发生安全事故,具有下列情形之一的,应当认定为"造成严重后果"或者"发生重大伤亡事故或者造成其他严重后果",对相关责任人员,处三年以下有期徒刑或者拘役:

(一)造成死亡一人以上,或者重伤三人以上的;

(二)造成直接经济损失一百万元以上的;

(三)其他造成严重后果或者重大安全事故的情形。

实施刑法第一百三十四条第二款规定的行为,因而发生安全事故,具有本条第一款规定情形的,应当认定为"发生重大伤亡事故或者造成其他严重后果",对相关责任人员,处五年以下有期徒刑或者拘役。

实施刑法第一百三十七条规定的行为,因而发生安全事故,具有本条第一款规定情形的,应当认定为"造成重大安全事故",对直接责任人员,处五年以下有期徒刑或者拘役,并处罚金。

实施刑法第一百三十八条规定的行为,因而发生安全事故,具有本条第一款第一项规定情形的,应当认定为"发生重大伤亡事故",对直接责任人员,处三年以下有期徒刑或者拘役。

第七条 实施刑法第一百三十二条、第一百三十四条第一款、第一百三十五条、第一百三十五条之一、第一百三十六条、第一百三十九条规定的行为,因而发生安全事故,具有下列情形之一的,对相关责任人员,处三年以上七年以下有期徒刑:

(一)造成死亡三人以上或者重伤十人以上,负事故主要责任的;

(二)造成直接经济损失五百万元以上,负事故主要责任的;

（三）其他造成特别严重后果、情节特别恶劣或者后果特别严重的情形。

实施刑法第一百三十四条第二款规定的行为，因而发生安全事故，具有本条第一款规定情形的，对相关责任人员，处五年以上有期徒刑。

实施刑法第一百三十七条规定的行为，因而发生安全事故，具有本条第一款规定情形的，对直接责任人员，处五年以上十年以下有期徒刑，并处罚金。

实施刑法第一百三十八条规定的行为，因而发生安全事故，具有下列情形之一的，对直接责任人员，处三年以上七年以下有期徒刑：

（一）造成死亡三人以上或者重伤十人以上，负事故主要责任的；

（二）具有本解释第六条第一款第一项规定情形，同时造成直接经济损失五百万元以上并负事故主要责任的，或者同时造成恶劣社会影响的。

第八条 在安全事故发生后，负有报告职责的人员不报或者谎报事故情况，贻误事故抢救，具有下列情形之一的，应当认定为刑法第一百三十九条之一规定的“情节严重”：

（一）导致事故后果扩大，增加死亡一人以上，或者增加重伤三人以上，或者增加直接经济损失一百万元以上的；

（二）实施下列行为之一，致使不能及时有效开展事故抢救的：

1. 决定不报、迟报、谎报事故情况或者指使、串通有关人员不报、迟报、谎报事故情况的；

2. 在事故抢救期间擅离职守或者逃匿的；

3. 伪造、破坏事故现场，或者转移、藏匿、毁灭遇难人员尸体，或者转移、藏匿受伤人员的；

4. 毁灭、伪造、隐匿与事故有关的图纸、记录、计算机数据等资料以及其他证据的；

（三）其他情节严重的情形。

具有下列情形之一的，应当认定为刑法第一百三十九条之一规定的“情节特别严重”：

（一）导致事故后果扩大，增加死亡三人以上，或者增加重伤十人以上，或者增加直接经济损失五百万元以上的；

（二）采用暴力、胁迫、命令等方式阻止他人报告事故情况，导致事故后果扩大的；

（三）其他情节特别严重的情形。

第九条 在安全事故发生后，与负有报告职责的人员串通，不报或者谎报事故情况，贻误事故抢救，情节严重的，依照刑法第一百三十九条之一的规定，以共犯论处。

第十条 在安全事故发生后，直接负责的主管人员和其他直接责任人员故意阻挠开展抢救，导致人员死亡或者重伤，或者为了逃避法律追究，对被害人进行隐藏、遗弃，致使被害人因无法得到救助而死亡或者重度残疾的，分别依照刑法第二百三十二条、第二百三十四条的规定，以故意杀人罪或者故意伤害罪定罪处罚。

第十一条 生产不符合保障人身、财产安全的国家标准、行业标准的安全设备，或者明知安全设备不符合保障人身、财产安全的国家标准、行业标准而进行销售，致使发生安全事故，造成严重后果的，依照刑法第一百四十六条的规定，以生产、销售不符合安全标准的产品罪定罪处罚。

第十二条 实施刑法第一百三十二条、第一百三十四条至第一百三十九条之一规定的犯罪行为，具有下列情形之一的，从重处罚：

（一）未依法取得安全许可证件或者安全许可证件过期、被暂扣、吊销、注销后从事生产经营活动的；

（二）关闭、破坏必要的安全监控和报警设备的；

（三）已经发现事故隐患，经有关部门或者个人提出后，仍不采取措施的；

（四）一年内曾因危害生产安全违法犯罪活动受过行政处罚或者刑事处罚的；

（五）采取弄虚作假、行贿等手段，故意逃避、阻挠负有安全监督管理职责的部门实施监督检查的；

（六）安全事故发生后转移财产意图逃避承担责任的；

（七）其他从重处罚的情形。

实施前款第五项规定的行为，同时构成刑法第三百八十九条规定的犯罪的，依照数罪并罚的规定处罚。

第十三条 实施刑法第一百三十二条、第一百三十四条至第一百三十九条之一规定的犯罪行为，在安全事故发生后积极组织、参与事故抢救，或者积极配合调查、主动赔偿损失的，可以酌情从轻处罚。

第十四条 国家工作人员违反规定投资入股生产经营，构成本解释规定的有关犯罪的，或者国家工作人员的贪污、受贿犯罪行为与安全事故发生存在关联性的，从重处罚；同时构成贪污、受贿犯罪和危害生产安全犯罪的，依照数罪并罚的规定处罚。

第十五条 国家机关工作人员在履行安全监督管理职责时滥用职权、玩忽职守，致使公共财产、国家和人民利益遭受重大损失的，或者徇私舞弊，对发现的刑事案件依法应当移交司法机关追究刑事责任而不移交，情节严重的，分别依照刑法第三百九十七条、第四百零二条的规定，以滥用职权罪、玩忽职守罪或者徇私舞弊不移交刑事案件罪定罪处罚。

公司、企业、事业单位的工作人员在依法或者受委托行使安全监督管理职责时滥用职权或者玩忽职守，构成犯罪的，应当依照《全国人民代表大会常务委员会关于〈中华人民共和国刑法〉第九章渎职罪主体适用问题的解释》的规定，适用渎职罪的规定追究刑事责任。

第十六条 对于实施危害生产安全犯罪适用缓刑的犯罪分子，可以根据犯罪情况，禁止其在缓刑考验期限内从事与安全生产相关联的特定活动；对于被判处刑罚的犯罪分子，可以根据犯罪情况和预防再犯罪的需要，禁止其自刑罚执行完毕之日或者假释之日起三年至五年内从事与安全生产相关的职业。

第十七条 本解释自2015年12月16日起施行。本解释施行后，《最高人民法院、最高人民检察院关于办理危害矿山生产安全刑事案件具体应用法律若干问题的解释》（法释〔2007〕5号）同时废止。最高人民法院、最高人民检察院此前发布的司法解释和规范性文件与本解释不一致的，以本解释为准。

最高人民法院、最高人民检察院关于办理危害生产安全刑事案件适用法律若干问题的解释(二)

(2022年9月19日最高人民法院审判委员会第1875次会议、2022年10月25日由最高人民检察院第十三届检察委员会第106次会议通过　2022年12月15日最高人民法院、最高人民检察院公告公布　自2022年12月19日起施行　法释〔2022〕19号)

为依法惩治危害生产安全犯罪,维护公共安全,保护人民群众生命安全和公私财产安全,根据《中华人民共和国刑法》《中华人民共和国刑事诉讼法》和《中华人民共和国安全生产法》等规定,现就办理危害生产安全刑事案件适用法律的若干问题解释如下:

第一条　明知存在事故隐患,继续作业存在危险,仍然违反有关安全管理的规定,有下列情形之一的,属于刑法第一百三十四条第二款规定的"强令他人违章冒险作业":

(一)以威逼、胁迫、恐吓等手段,强制他人违章作业的;

(二)利用组织、指挥、管理职权,强制他人违章作业的;

(三)其他强令他人违章冒险作业的情形。

明知存在重大事故隐患,仍然违反有关安全管理的规定,不排除或者故意掩盖重大事故隐患,组织他人作业的,属于刑法第一百三十四条第二款规定的"冒险组织作业"。

第二条　刑法第一百三十四条之一规定的犯罪主体,包括对生产、作业负有组织、指挥或者管理职责的负责人、管理人员、实际控制人、投资人等人员,以及直接从事生产、作业的人员。

第三条　因存在重大事故隐患被依法责令停产停业、停止施工、停止使用有关设备、设施、场所或者立即采取排除危险的整改措施,有下列情形之一的,属于刑法第一百三十四条之一第二项规定的"拒不执行":

(一)无正当理由故意不执行各级人民政府或者负有安全生产监督管理职责的部门依法作出的上述行政决定、命令的;

(二)虚构重大事故隐患已经排除的事实,规避、干扰执行各级人民政府或者负有安全生产监督管理职责的部门依法作出的上述行政决定、命令的;

(三)以行贿等不正当手段,规避、干扰执行各级人民政府或者负有安全生产监督管理职责的部门依法作出的上述行政决定、命令的。

有前款第三项行为,同时构成刑法第三百八十九条行贿罪、第三百九十三条单位行贿罪等犯罪的,依照数罪并罚的规定处罚。

认定是否属于"拒不执行",应当综合考虑行政决定、命令是否具有法律、行政法规等依据,行政决定、命令的内容和期限要求是否明确、合理,行为人是否具有按照要求执行的能力等因素进行判断。

第四条　刑法第一百三十四条第二款和第一百三十四条之一第二项规定的"重大事故隐患",依照法律、行政法规、部门规章、强制性标准以及有关行政规范性文件进行认定。

刑法第一百三十四条之一第三项规定的“危险物品”，依照安全生产法第一百一十七条的规定确定。

对于是否属于“重大事故隐患”或者“危险物品”难以确定的，可以依据司法鉴定机构出具的鉴定意见、地市级以上负有安全生产监督管理职责的部门或者其指定的机构出具的意见，结合其他证据综合审查，依法作出认定。

第五条 在生产、作业中违反有关安全管理的规定，有刑法第一百三十四条之一规定情形之一，因而发生重大伤亡事故或者造成其他严重后果，构成刑法第一百三十四条、第一百三十五条至第一百三十九条等规定的重大责任事故罪、重大劳动安全事故罪、危险物品肇事罪、工程重大安全事故罪等犯罪的，依照该规定定罪处罚。

第六条 承担安全评价职责的中介组织的人员提供的证明文件有下列情形之一的，属于刑法第二百二十九条第一款规定的“虚假证明文件”：

(一)故意伪造的；

(二)在周边环境、主要建(构)筑物、工艺、装置、设备设施等重要内容上弄虚作假，导致与评价期间实际情况不符，影响评价结论的；

(三)隐瞒生产经营单位重大事故隐患及整改落实情况、主要灾害等级等情况，影响评价结论的；

(四)伪造、篡改生产经营单位相关信息、数据、技术报告或者结论等内容，影响评价结论的；

(五)故意采用存疑的第三方证明材料、监测检验报告，影响评价结论的；

(六)有其他弄虚作假行为，影响评价结论的情形。

生产经营单位提供虚假材料、影响评价结论，承担安全评价职责的中介组织的人员对评价结论与实际情况不符无主观故意的，不属于刑法第二百二十九条第一款规定的“故意提供虚假证明文件”。

有本条第二款情形，承担安全评价职责的中介组织的人员严重不负责任，导致出具的证明文件有重大失实，造成严重后果的，依照刑法第二百二十九条第三款的规定追究刑事责任。

第七条 承担安全评价职责的中介组织的人员故意提供虚假证明文件，有下列情形之一的，属于刑法第二百二十九条第一款规定的“情节严重”：

(一)造成死亡一人以上或者重伤三人以上安全事故的；

(二)造成直接经济损失五十万元以上安全事故的；

(三)违法所得数额十万元以上的；

(四)两年内因故意提供虚假证明文件受过两次以上行政处罚，又故意提供虚假证明文件的；

(五)其他情节严重的情形。

在涉及公共安全的重大工程、项目中提供虚假的安全评价文件，有下列情形之一的，属于刑法第二百二十九条第一款第三项规定的“致使公共财产、国家和人民利益遭受特别重大损失”：

(一)造成死亡三人以上或者重伤十人以上安全事故的；

(二)造成直接经济损失五百万元以上安全事故的；

(三)其他致使公共财产、国家和人民利益遭受特别重大损失的情形。

承担安全评价职责的中介组织的人员

有刑法第二百二十九条第一款行为,在裁量刑罚时,应当考虑其行为手段、主观过错程度、对安全事故的发生所起作用大小及其获利情况、一贯表现等因素,综合评估社会危害性,依法裁量刑罚,确保罪责刑相适应。

第八条 承担安全评价职责的中介组织的人员,严重不负责任,出具的证明文件有重大失实,有下列情形之一的,属于刑法第二百二十九条第三款规定的“造成严重后果”:

(一)造成死亡一人以上或者重伤三人以上安全事故的;

(二)造成直接经济损失一百万元以上安全事故的;

(三)其他造成严重后果的情形。

第九条 承担安全评价职责的中介组织犯刑法第二百二十九条规定之罪的,对该中介组织判处罚金,并对其直接负责的主管人员和其他直接责任人员,依照本解释第七条、第八条的规定处罚。

第十条 有刑法第一百三十四条之一行为,积极配合公安机关或者负有安全生产监督管理职责的部门采取措施排除事故隐患,确有悔改表现,认罪认罚的,可以依法从宽处罚;犯罪情节轻微不需要判处刑罚的,可以不起诉或者免予刑事处罚;情节显著轻微危害不大的,不作为犯罪处理。

第十一条 有本解释规定的行为,被不起诉或者免予刑事处罚,需要给予行政处罚、政务处分或者其他处分的,依法移送有关主管机关处理。

第十二条 本解释自2022年12月19日起施行。最高人民法院、最高人民检察院此前发布的司法解释与本解释不一致的,以本解释为准。

最高人民法院关于加大对涉及重大公共安全事故等案件的审判力度全力维护社会稳定的通知

(2004年6月4日 法〔2004〕107号)

各省、自治区、直辖市高级人民法院,解放军军事法院,新疆维吾尔自治区高级人民法院生产建设兵团分院:

一段时间以来,各地连续发生一些重大公共安全事故,特别是火灾、公众聚集场所人员死亡、危险化学品泄漏、爆炸、道路交通等事故,以及假冒伪劣商品损害人民群众生命健康的案件,给人民群众生命财产安全造成了重大损失,影响了社会秩序。对于已经发生的重大公共安全事故和安全生产工作中存在的隐患,国家有关部门采取积极的应对措施予以处理和防范。一些构成犯罪的案件或者民事、行政案件已诉至人民法院,进入司法程序处理。为切实做好此类案件的审判工作,依法维护公共安全,维护公民、法人和其他组织的合法权益,现就有关问题通知如下:

一、各级人民法院要从维护社会稳定的高度,认识审理好涉及重大公共安全事故等案件的重要性和迫切性。公共安全关系到广大人民群众的根本利益,关系到改革发展稳定的大局。依法保障广大人民群众的生命财产安全,是各级人民法院践行“三个代表”重要思想,落实司法为民要求的重要内容。各级人民法院要充分认识确保社会公共领域安全的严峻性,增强做好这项工作的责任感、紧迫感;充分认识新形势下保障公共安全的长期性、艰巨性和复杂性，牢固树立常抓不懈的思想，进一步加大对相关案件的审理力度，严惩各类危害公共安全、危害人民群众生命健康和财产安全的违法犯罪活动，切实维护社会稳定，依法促进经济社会全面协调发展。

二、深入研究涉及重大公共安全事故案件的法律适用问题，保护人民群众生命健康和财产安全。涉及重大公共安全事故的案件牵涉面广，法律关系复杂，为社会广泛关注。有关人民法院应当依照法律和司法解释的有关规定，抓紧研究相关的法律适用问题，确保案件审判取得法律效果与社会效果的有机统一。特别是对于发生在学校、地铁、商场、工矿企业、建设工地、化学危险品仓库、加油站、餐饮娱乐场所、大型社会活动和人员密集公共场所的安全责任事故案件；生产、销售伪劣商品损害人民群众生命健康和财产安全的案件；在传染病防治工作中发生的案件；违反国家规定，严重扰乱市场经济秩序的案件；以及因相关责任人玩忽职守、失职渎职、责任不落实导致重特大事故构成犯罪的案件，要抓紧制定相应的审判工作预案，坚决依法严惩危害国家和人民利益的犯罪行为，有效遏制此类犯罪案件的发生；及时处理有关损害赔偿的民事责任问题，使受害人及时、有效地得到司法救济。

三、切实抓好大案要案的审判工作，把加强司法审判与加强司法宣传结合起来。对于已经起诉到法院的涉及重大公共安全事故的案件，受案法院要将其作为当前审判工作的一项重点任务，主要领导要切实负起领导责任，抽调精干审判力量，严把案件的事实关、证据关、程序关和适用法律关，保证此类案件的依法及时审结。要精心做好此类案件的开庭审判工作，确保定案事实清楚、证据确实充分、审判程序合法、裁判公正及时。各级人民法院在办理相关案件的过程中，要把加强司法审判与加强司法宣传结合起来，通过公开审判、公开宣判、庭审直播等形式，扩大审判的社会效果，教育、帮助生产单位、有关部门和人民群众增强公共安全意识和生产安全意识，提高安全防范能力，充分发挥审判一案、教育一片的法制宣传作用，以有效地预防和遏制类似案件的发生。

四、加强司法建议工作，促进依法行政和重大公共安全事故应急处理机制的健全。各级人民法院在审判工作中，要注重认真分析此类案件的特点，归纳总结重大公共安全事故发生的原因，查找问题、发现隐患，有针对性地向有关部门提出司法建议，防范和化解各类风险，促进行政机关依法行政，堵塞公共安全管理方面的漏洞，促进经济社会的协调健康发展。

以上通知，请认真遵照执行。对于在审判工作中遇到的新情况，新问题，要积极争取党委、人大和政府的支持，并及时向上级人民法院报告，以确保各项审判职能作用的充分发挥，为全面建设小康社会提供更加有力的司法保障。

最高人民法院、最高人民检察院、公安部等关于严格依法及时办理危害生产安全刑事案件的通知

（2008年6月6日　高检会〔2008〕5号）

各省、自治区、直辖市高级人民法院、人民检察院、公安厅（局）、监察厅（局）、安全生产监督管理局，新疆维吾尔自治区高级人

民法院生产建设兵团分院、新疆生产建设兵团人民检察院、公安局、监察局、安全生产监督管理局，各省级煤矿安全监察机构：

为充分发挥刑事诉讼活动对预防重大生产安全责任事故的重要作用，维护法律权威，保障人民群众生命财产安全，促进社会和谐稳定，推动经济社会又好又快发展，根据中华人民共和国《刑法》、《刑事诉讼法》、《安全生产法》、《关于办理危害矿山生产安全刑事案件具体应用法律若干问题的解释》和国务院《生产安全事故报告和调查处理条例》等法律法规的规定，现就严格依法及时办理危害生产安全刑事案件的有关事项通知如下：

一、进一步提高对办理危害生产安全刑事案件重要性的认识。各级人民法院、人民检察院、公安机关、监察机关、安全生产监督管理部门和煤矿安全监察机构要从维护法律权威，促进在全社会实现公平正义的高度，充分认识及时、严肃、认真办理危害生产安全刑事案件的重要性和紧迫性，采取更加有效的措施，加大工作力度，提高办案质量和效率，促进生产安全形势持续稳定好转，实现办案的法律效果与社会效果的有机统一。

二、安全生产监督管理部门、煤矿安全监察机构和负有安全生产监督管理职责的有关部门接到事故报告后，应当按规定及时通知公安机关、监察机关、工会和人民检察院。

有关单位和人员要严格履行保护现场和重要痕迹、物证的义务。因抢救人员、防止事故扩大以及疏通交通等原因，需要移动事故现场物件的，应当做出标志，绘制现场简图并做出书面记录，妥善保存现场重要痕迹、物证。任何单位和个人不得破坏事故现场、毁灭相关证据。

相关单位、部门要在事故调查组的统一组织协调下开展调查取证、现场勘验、技术鉴定等工作，查明事故发生的经过、原因、人员伤亡情况及直接经济损失，认定事故的性质和事故责任，在法定期限内完成事故调查处理工作，并将处理意见抄送有关单位、部门。

事故调查过程中，发现涉嫌犯罪的，事故调查组应当及时将有关材料或者复印件移交公安机关、检察机关。

三、公安机关、人民检察院根据事故的性质和造成的危害后果，对涉嫌构成犯罪的，应当按照案件管辖规定，及时立案侦查，采取强制措施和侦查措施。犯罪嫌疑人逃匿的，公安机关应当迅速开展追捕工作。要全面收集证明犯罪嫌疑人有罪无罪以及犯罪情节轻重的证据材料。对容易灭失的痕迹、物证应当首先采取措施提取、固定。

需要有关部门进行鉴定的，公安机关、检察机关应当及时建议事故调查组组织鉴定，也可以自行组织鉴定，事故调查组组织鉴定、或者委托有关部门鉴定、或者公安机关、检察机关自行组织鉴定的，鉴定报告原则上应当自委托或者决定之日起20日内作出。不涉及机械、电气、瓦斯、化学、有毒有害物(气)体、锅炉压力容器、起重机械、地质勘察、工程设计与施工质量、火灾以及非法开采、破坏矿产资源量认定等专业技术问题的，不需要进行鉴定，相关事实和证据符合法定条件的，可以逮捕、公诉和审判。

四、人民法院、人民检察院、公安机关在办理危害生产安全刑事案件中应当分工负责，互相配合、互相制约。公安机关对已经被刑事拘留的犯罪嫌疑人，在提请批准逮捕前可以先行通知检察机关，听取检察机关对收集、固定证据和开展技术鉴定工作的意见、建议。检察机关应当加强与公安机关的联系配合,认真做好审查批准逮捕工作。公安机关办理的危害生产安全案件中被采取强制措施的犯罪嫌疑人,如系人民检察院办理的渎职等职务犯罪案件的证人或者同案犯,人民检察院需要对其进行询问或者讯问的,可商公安机关予以配合,公安机关应当予以配合。公安机关办理危害生产安全刑事案件涉及渎职等职务犯罪案件的,如果涉嫌主罪属于公安机关管辖的,由公安机关为主侦查,人民检察院予以配合;如果涉嫌主罪属于人民检察院管辖的,由人民检察院为主侦查,公安机关予以配合。

人民法院、人民检察院和公安机关要坚持以事实为根据,以法律为准绳,贯彻宽严相济的刑事政策,依法从快侦查、审查批准逮捕、审查起诉和审判,尽可能提高办案效率。证明案件事实、性质、危害后果以及犯罪嫌疑人刑事责任的证据具备的,应当提起公诉和审判。不能以变更监视居住、取保候审为名压案不办。

五、加强业务指导和案件督办。上级公安机关、人民检察院对危害生产安全的重特大刑事案件可以直接组织办理,获取主要证据后,指定下级公安机关、人民检察院侦查终结,也可以采取挂牌督办、派员参办等方法,专人负责,全程跟踪。上级公安机关、人民检察院要支持下级机关依法办案,帮助他们排除干扰和阻力,研究解决办案过程中遇到的重大疑难问题。对发案地人民法院、人民检察院、公安机关办理确有困难的案件,上级人民法院、人民检察院、公安机关可以指定管辖、异地交办。

六、人民法院、人民检察院、公安机关、监察机关、安全生产监督管理部门、煤矿安全监察机构,对生产安全责任事故刑事案件的事实、性质认定、证据采信、法律适用以及责任追究有意见分歧的,应当加强协调沟通。协调后意见仍然不一致的,各自向上级机关(部门)报告,由上级机关(部门)协调解决。

公安机关、人民检察院对危害生产安全刑事案件的犯罪嫌疑人采取拘留、逮捕等强制措施的,人民法院作出判决的,应当及时通报事故调查组或者相关职能部门。在案件办理过程中,由于事实、证据或者案件性质发生变化,需要改变原处理决定的,也应当及时通报事故调查组或者相关职能部门。

七、严肃查办谎报瞒报事故行为。对有关单位和个人故意干扰、阻碍办案,或者毁灭、伪造证据、转移藏匿物证书证,或者拒不提供证据资料等违纪违法行为,监察机关要追究直接责任人和有关领导的责任;违反治安管理的,由公安机关进行治安管理处罚;构成犯罪的,依法追究刑事责任,对国家机关工作人员徇私枉法、帮助犯罪分子逃避处罚以及滥用职权、玩忽职守的,检察机关、监察机关要严肃查处;构成犯罪的,依法追究刑事责任。

八、提高工作透明度,主动接受社会监督,生产安全领域刑事案件的调查、判决情况要及时向社会公布,以取信于民。

九、本通知所提出的各项要求适用于《生产安全事故报告和调查处理条例》规定的生产经营活动中发生的造成人身伤亡或者直接经济损失的生产安全事故的报告、调查处理和侦查、公诉、审判工作,环境污染事故、核设施事故、国防科研生产事故的报告、调查处理以及侦查、公诉、审判工作不适用本通知。

最高人民法院关于进一步加强危害生产安全刑事案件审判工作的意见

（2011年12月30日 法发〔2011〕20号）

为依法惩治危害生产安全犯罪，促进全国安全生产形势持续稳定好转，保护人民群众生命财产安全，现就进一步加强危害生产安全刑事案件审判工作，制定如下意见。

一、高度重视危害生产安全刑事案件审判工作

1. 充分发挥刑事审判职能作用，依法惩治危害生产安全犯罪，是人民法院为大局服务、为人民司法的必然要求。安全生产关系到人民群众生命财产安全，事关改革、发展和稳定的大局。当前，全国安全生产状况呈现总体稳定、持续好转的发展态势，但形势依然严峻，企业安全生产基础依然薄弱；非法、违法生产，忽视生产安全的现象仍然十分突出；重特大生产安全责任事故时有发生，个别地方和行业重特大责任事故上升。一些重特大生产安全责任事故举国关注，相关案件处理不好，不仅起不到应有的警示作用，不利于生产安全责任事故的防范，也损害党和国家形象，影响社会和谐稳定。各级人民法院要从政治和全局的高度，充分认识审理好危害生产安全刑事案件的重要意义，切实增强工作责任感，严格依法、积极稳妥地审理相关案件，进一步发挥刑事审判工作在创造良好安全生产环境、促进经济平稳较快发展方面的积极作用。

2. 采取有力措施解决存在的问题，切实加强危害生产安全刑事案件审判工作。近年来，各级人民法院依法审理危害生产安全刑事案件，一批严重危害生产安全的犯罪分子及相关职务犯罪分子受到法律制裁，对全国安全生产形势持续稳定好转发挥了积极促进作用。2010年，监察部、国家安全生产监督管理总局会同最高人民法院等部门对部分省市重特大生产安全事故责任追究落实情况开展了专项检查。从检查的情况来看，审判工作总体情况是好的，但仍有个别案件在法律适用或者宽严相济刑事政策具体把握上存在问题，需要切实加强指导。各级人民法院要高度重视，确保相关案件审判工作取得良好的法律效果和社会效果。

二、危害生产安全刑事案件审判工作的原则

3. 严格依法，从严惩处。对严重危害生产安全犯罪，尤其是相关职务犯罪，必须始终坚持严格依法、从严惩处。对于人民群众广泛关注、社会反映强烈的案件要及时审结，回应人民群众关切，维护社会和谐稳定。

4. 区分责任，均衡量刑。危害生产安全犯罪，往往涉案人员较多，犯罪主体复杂，既包括直接从事生产、作业的人员，也包括对生产、作业负有组织、指挥或者管理职责的负责人、管理人员、实际控制人、投资人等，有的还涉及国家机关工作人员渎职犯罪。对相关责任人的处理，要根据事故原因、危害后果、主体职责、过错大小等因素，综合考虑全案，正确划分责任，做到罪责刑相适应。

5. 主体平等，确保公正。审理危害生产安全刑事案件，对于所有责任主体，都必须严格落实法律面前人人平等的刑法原则,确保刑罚适用公正,确保裁判效果良好。

三、正确确定责任

6. 审理危害生产安全刑事案件,政府或相关职能部门依法对事故原因、损失大小、责任划分作出的调查认定,经庭审质证后,结合其他证据,可作为责任认定的依据。

7. 认定相关人员是否违反有关安全管理规定,应当根据相关法律、行政法规,参照地方性法规、规章及国家标准、行业标准,必要时可参考公认的惯例和生产经营单位制定的安全生产规章制度、操作规程。

8. 多个原因行为导致生产安全事故发生的,在区分直接原因与间接原因的同时,应当根据原因行为在引发事故中所具作用的大小,分清主要原因与次要原因,确认主要责任和次要责任,合理确定罪责。

一般情况下,对生产、作业负有组织、指挥或者管理职责的负责人、管理人员、实际控制人、投资人,违反有关安全生产管理规定,对重大生产安全事故的发生起决定性、关键性作用的,应当承担主要责任。

对于直接从事生产、作业的人员违反安全管理规定,发生重大生产安全事故的,要综合考虑行为人的从业资格、从业时间、接受安全生产教育培训情况、现场条件、是否受到他人强令作业、生产经营单位执行安全生产规章制度的情况等因素认定责任,不能将直接责任简单等同于主要责任。

对于负有安全生产管理、监督职责的工作人员,应根据其岗位职责、履职依据、履职时间等,综合考察工作职责、监管条件、履职能力、履职情况等,合理确定罪责。

四、准确适用法律

9. 严格把握危害生产安全犯罪与以其他危险方法危害公共安全罪的界限,不应将生产经营中违章违规的故意不加区别地视为对危害后果发生的故意。

10. 以行贿方式逃避安全生产监督管理,或者非法、违法生产、作业,导致发生重大生产安全事故,构成数罪的,依照数罪并罚的规定处罚。

违反安全生产管理规定,非法采矿、破坏性采矿或排放、倾倒、处置有害物质严重污染环境,造成重大伤亡事故或者其他严重后果,同时构成危害生产安全犯罪和破坏环境资源保护犯罪的,依照数罪并罚的规定处罚。

11. 安全事故发生后,负有报告职责的国家工作人员不报或者谎报事故情况,贻误事故抢救,情节严重,构成不报、谎报安全事故罪,同时构成职务犯罪或其他危害生产安全犯罪的,依照数罪并罚的规定处罚。

12. 非矿山生产安全事故中,认定"直接负责的主管人员和其他直接责任人员"、"负有报告职责的人员"的主体资格,认定构成"重大伤亡事故或者其他严重后果"、"情节特别恶劣",不报、谎报事故情况,贻误事故抢救,"情节严重"、"情节特别严重"等,可参照最高人民法院、最高人民检察院《关于办理危害矿山生产安全刑事案件具体应用法律若干问题的解释》的相关规定。

五、准确把握宽严相济刑事政策

13. 审理危害生产安全刑事案件,应综合考虑生产安全事故所造成的伤亡人数、经济损失、环境污染、社会影响、事故原因与被告人职责的关联程度、被告人主观过错大小、事故发生后被告人的施救表现、履行赔偿责任情况等,正确适用刑罚,确保裁判法律效果和社会效果相统一。

14. 造成《关于办理危害矿山生产安全刑事案件具体应用法律若干问题的解释》第四条规定的“重大伤亡事故或者其他严重后果”,同时具有下列情形之一的,也可以认定为刑法第一百三十四条、第一百三十五条规定的“情节特别恶劣”:

(一)非法、违法生产的;

(二)无基本劳动安全设施或未向生产、作业人员提供必要的劳动防护用品,生产、作业人员劳动安全无保障的;

(三)曾因安全生产设施或者安全生产条件不符合国家规定,被监督管理部门处罚或责令改正,一年内再次违规生产致使发生重大生产安全事故的;

(四)关闭、故意破坏必要安全警示设备的;

(五)已发现事故隐患,未采取有效措施,导致发生重大事故的;

(六)事故发生后不积极抢救人员,或者毁灭、伪造、隐藏影响事故调查的证据,或者转移财产逃避责任的;

(七)其他特别恶劣的情节。

15. 相关犯罪中,具有以下情形之一的,依法从重处罚:

(一)国家工作人员违反规定投资入股生产经营企业,构成危害生产安全犯罪的;

(二)贪污贿赂行为与事故发生存在关联性的;

(三)国家工作人员的职务犯罪与事故存在直接因果关系的;

(四)以行贿方式逃避安全生产监督管理,或者非法、违法生产、作业的;

(五)生产安全事故发生后,负有报告职责的国家工作人员不报或者谎报事故情况,贻误事故抢救,尚未构成不报、谎报安全事故罪的;

(六)事故发生后,采取转移、藏匿、毁灭遇难人员尸体,或者毁灭、伪造、隐藏影响事故调查的证据,或者转移财产,逃避责任的;

(七)曾因安全生产设施或者安全生产条件不符合国家规定,被监督管理部门处罚或责令改正,一年内再次违规生产致使发生重大生产安全事故的。

16. 对于事故发生后,积极施救,努力挽回事故损失,有效避免损失扩大;积极配合调查,赔偿受害人损失的,可依法从宽处罚。

六、依法正确适用缓刑和减刑、假释

17. 对于危害后果较轻,在责任事故中不负主要责任,符合法律有关缓刑适用条件的,可以依法适用缓刑,但应注意根据案件具体情况,区别对待,严格控制,避免适用不当造成的负面影响。

18. 对于具有下列情形的被告人,原则上不适用缓刑:

(一)具有本意见第14条、第15条所规定的情形的;

(二)数罪并罚的。

19. 宣告缓刑,可以根据犯罪情况,同时禁止犯罪分子在缓刑考验期限内从事与安全生产有关的特定活动。

20. 办理与危害生产安全犯罪相关的减刑、假释案件,要严格执行刑法、刑事诉讼法和有关司法解释规定。是否决定减刑、假释,既要看罪犯服刑期间的悔改表现,还要充分考虑原判认定的犯罪事实、性质、情节、社会危害程度等情况。

七、加强组织领导,注意协调配合

21. 对于重大、敏感案件,合议庭成员

要充分做好庭审前期准备工作，全面、客观掌握案情，确保案件开庭审理稳妥顺利、依法公正。

22. 审理危害生产安全刑事案件，涉及专业技术问题的，应有相关权威部门出具的咨询意见或者司法鉴定意见；可以依法邀请具有相关专业知识的人民陪审员参加合议庭。

23. 对于审判工作中发现的安全生产事故背后的渎职、贪污贿赂等违法犯罪线索，应当依法移送有关部门处理。对于情节轻微，免予刑事处罚的被告人，人民法院可建议有关部门依法给予行政处罚或纪律处分。

24. 被告人具有国家工作人员身份的，案件审结后，人民法院应当及时将生效的裁判文书送达行政监察机关和其他相关部门。

25. 对于造成重大伤亡后果的案件，要充分运用财产保全等法定措施，切实维护被害人依法获得赔偿的权利。对于被告人没有赔偿能力的案件，应当依靠地方党委和政府做好善后安抚工作。

26. 积极参与安全生产综合治理工作。对于审判中发现的安全生产管理方面的突出问题，应当发出司法建议，促使有关部门强化安全生产意识和制度建设，完善事故预防机制，杜绝同类事故发生。

27. 重视做好宣传工作。对于社会关注的典型案件，要重视做好审判情况的宣传报道，规范裁判信息发布，及时回应社会的关切，充分发挥重大、典型案件的教育警示作用。

28. 各级人民法院要在依法履行审判职责的同时，及时总结审判经验，深入开展调查研究，推动审判工作水平不断提高。上级法院要以辖区内发生的重大生产安全责任事故案件为重点，加强对下级法院危害生产安全刑事案件审判工作的监督和指导，适时检查此类案件的审判情况，提出有针对性的指导意见。

最高人民法院研究室关于被告人阮某重大劳动安全事故案有关法律适用问题的答复

（2009年12月25日　法研〔2009〕228号）

陕西省高级人民法院：

你院陕高法〔2009〕288号《关于被告人阮某重大劳动安全事故案有关法律适用问题的请示》收悉。经研究，答复如下：

用人单位违反职业病防治法的规定，职业病危害预防设施不符合国家规定，因而发生重大伤亡事故或者造成其他严重后果的，对直接负责的主管人员和其他直接责任人员，可以依照刑法第一百三十五条的规定，以重大劳动安全事故罪定罪处罚。

指导案例

指导案例13号：王召成等非法买卖、储存危险物质案

【关键词】

刑事　非法买卖　储存危险物质　毒害性物质

【裁判要点】

1. 国家严格监督管理的氰化钠等剧毒化学品，易致人中毒或者死亡，对人体、环境具有极大的毒害性和危险性，属于刑

法第一百二十五条第二款规定的“毒害性”物质。

2.“非法买卖”毒害性物质,是指违反法律和国家主管部门规定,未经有关主管部门批准许可,擅自购买或者出售毒害性物质的行为,并不需要兼有买进和卖出的行为。

【相关法条】

《中华人民共和国刑法》第一百二十五条第二款

【基本案情】

公诉机关指控:被告人王召成、金国森、孙永法、钟伟东、周智明非法买卖氰化钠,危害公共安全,且系共同犯罪,应当以非法买卖危险物质罪追究刑事责任,但均如实供述自己的罪行,购买氰化钠用于电镀,未造成严重后果,可以从轻处罚,并建议对五被告人适用缓刑。

被告人王召成的辩护人辩称:氰化钠系限用而非禁用剧毒化学品,不属于毒害性物质,王召成等人擅自购买氰化钠的行为,不符合刑法第一百二十五条第二款规定的构成要件,在未造成严重后果的情形下,不应当追究刑事责任,故请求对被告人宣告无罪。

法院经审理查明:被告人王召成、金国森在未依法取得剧毒化学品购买、使用许可的情况下,约定由王召成出面购买氰化钠。2006 年 10 月至 2007 年年底,王召成先后 3 次以每桶 1000 元的价格向倪荣华(另案处理)购买氰化钠,共支付给倪荣华 40000 元。2008 年 8 月至 2009 年 9 月,王召成先后 3 次以每袋 975 元的价格向李光明(另案处理)购买氰化钠,共支付给李光明 117000 元。王召成、金国森均将上述氰化钠储存在浙江省绍兴市南洋五金有限公司其二人各自承包车间的带锁仓库内,用于电镀生产。其中,王召成用总量的三分之一,金国森用总量的三分之二。2008 年 5 月和 2009 年 7 月,被告人孙永法先后共用 2000 元向王召成分别购买氰化钠 1 桶和 1 袋。2008 年 7、8 月间,被告人钟伟东以每袋 1000 元的价格向王召成购买氰化钠 5 袋。2009 年 9 月,被告人周智明以每袋 1000 元的价格向王召成购买氰化钠 3 袋。孙永法、钟伟东、周智明购得氰化钠后,均储存于各自车间的带锁仓库或水槽内,用于电镀生产。

【裁判结果】

浙江省绍兴市越城区人民法院于 2012 年 3 月 31 日作出(2011)绍越刑初字第 205 号刑事判决,以非法买卖、储存危险物质罪,分别判处被告人王召成有期徒刑三年,缓刑五年;被告人金国森有期徒刑三年,缓刑四年六个月;被告人钟伟东有期徒刑三年,缓刑四年;被告人周智明有期徒刑三年,缓刑三年六个月;被告人孙永法有期徒刑三年,缓刑三年。宣判后,五被告人均未提出上诉,判决已发生法律效力。

【裁判理由】

法院生效裁判认为:被告人王召成、金国森、孙永法、钟伟东、周智明在未取得剧毒化学品使用许可证的情况下,违反国务院《危险化学品安全管理条例》等规定,明知氰化钠是剧毒化学品仍非法买卖、储存,危害公共安全,其行为均已构成非法买卖、储存危险物质罪,且系共同犯罪。关于王召成的辩护人提出的辩护意见,经查,氰化钠虽不属于禁用剧毒化学品,但系列入危险化学品名录中严格监督管理的限用的剧毒化学品,易致人中毒或者死亡,对人体、环境具有极大的毒害性和极度危险性,极易对环境和人的生命健康造成重大威胁和危害，属于刑法第一百二十五条第二款规定的“毒害性”物质；“非法买卖”毒害性物质，是指违反法律和国家主管部门规定，未经有关主管部门批准许可，擅自购买或者出售毒害性物质的行为，并不需要兼有买进和卖出的行为；王召成等人不具备购买、储存氰化钠的资格和条件，违反国家有关监管规定，非法买卖、储存大量剧毒化学品，逃避有关主管部门的安全监督管理，破坏危险化学品管理秩序，已对人民群众的生命、健康和财产安全产生现实威胁，足以危害公共安全，故王召成等人的行为已构成非法买卖、储存危险物质罪，上述辩护意见不予采纳。王召成、金国森、孙永法、钟伟东、周智明到案后均能如实供述自己的罪行，且购买氰化钠用于电镀生产，未发生事故，未发现严重环境污染，没有造成严重后果，依法可以从轻处罚。根据五被告人的犯罪情节及悔罪表现等情况，对其可依法宣告缓刑。公诉机关提出的量刑建议，王召成、钟伟东、周智明请求从轻处罚的意见，予以采纳，故依法作出如上判决。

指导案例32号：张某某、金某危险驾驶案

【关键词】

刑事　危险驾驶罪　追逐竞驶　情节恶劣

【裁判要点】

1. 机动车驾驶人员出于竞技、追求刺激、斗气或者其他动机，在道路上曲折穿行、快速追赶行驶的，属于《中华人民共和国刑法》第一百三十三条之一规定的“追逐竞驶”。

2. 追逐竞驶虽未造成人员伤亡或财产损失，但综合考虑超过限速、闯红灯、强行超车、抗拒交通执法等严重违反道路交通安全法的行为，足以威胁他人生命、财产安全的，属于危险驾驶罪中“情节恶劣”的情形。

【相关法条】

《中华人民共和国刑法》第一百三十三条之一

【基本案情】

2012年2月3日20时20分许，被告人张某某、金某相约驾驶摩托车出去享受大功率摩托车的刺激感，约定“陆家浜路、河南南路路口是目的地，谁先到谁就等谁”。随后，由张某某驾驶无牌的本田大功率二轮摩托车（经过改装），金某驾驶套牌的雅马哈大功率二轮摩托车（经过改装），从上海市浦东新区乐园路99号车行出发，行至杨高路、巨峰路路口掉头沿杨高路由北向南行驶，经南浦大桥到陆家浜路下桥，后沿河南南路经复兴东路隧道、张杨路回到张某某住所。全程28.5公里，沿途经过多个公交站点、居民小区、学校和大型超市。在行驶途中，二被告人驾车在密集车流中反复并线、曲折穿插、多次闯红灯、大幅度超速行驶。当行驶至陆家浜路、河南南路路口时，张某某、金某遇执勤民警检查，遂驾车沿河南南路经复兴东路隧道、张杨路逃离。其中，在杨高南路浦建路立交（限速60km/h）张某某行驶速度115km/h、金某行驶速度98km/h；在南浦大桥桥面（限速60km/h）张某某行驶速度108km/h、金某行驶速度108km/h；在南浦大桥陆家浜路引桥下匝道（限速40km/h）张某某行驶速度大于59km/h、金某行驶速度大于68km/h；在复兴东路隧道（限速60km/h）

张某某行驶速度102km/h、金某行驶速度99km/h。

2012年2月5日21时许，被告人张某某被抓获到案后，如实供述上述事实，并向公安机关提供被告人金某的手机号码。金某接公安机关电话通知后于2月6日21时许主动投案，并如实供述上述事实。

【裁判结果】

上海市浦东新区人民法院于2013年1月21日作出(2012)浦刑初字第4245号刑事判决：被告人张某某犯危险驾驶罪，判处拘役四个月，缓刑四个月，并处罚金人民币四千元；被告人金某犯危险驾驶罪，判处拘役三个月，缓刑三个月，并处罚金人民币三千元。宣判后，二被告人均未上诉，判决已发生法律效力。

【裁判理由】

法院生效裁判认为：根据《中华人民共和国刑法》第一百三十三条之一第一款规定，“在道路上驾驶机动车追逐竞驶，情节恶劣的”构成危险驾驶罪。刑法规定的“追逐竞驶”，一般指行为人出于竞技、追求刺激、斗气或者其他动机，二人或二人以上分别驾驶机动车，违反道路交通安全规定，在道路上快速追赶行驶的行为。本案中，从主观驾驶心态上看，二被告人张某某、金某到案后先后供述“心里面想找点享乐和刺激”“在道路上穿插、超车、得到心理满足”；在面临红灯时，“刹车不舒服、逢车必超”“前方有车就变道曲折行驶再超越”。二被告人上述供述与相关视听资料相互印证，可以反映出其追求刺激、炫耀驾驶技能的竞技心理。从客观行为上看，二被告人驾驶超标大功率的改装摩托车，为追求速度，多次随意变道、闯红灯、大幅超速等严重违章。从行驶路线看，二被告人共同自浦东新区乐园路99号出发，至陆家浜路、河南南路路口接人，约定了竞相行驶的起点和终点。综上，可以认定二被告人的行为属于危险驾驶罪中的“追逐竞驶”。

关于本案被告人的行为是否属于“情节恶劣”，应从其追逐竞驶行为的具体表现、危害程度、造成的危害后果等方面，综合分析其对道路交通秩序、不特定多人生命、财产安全威胁的程度是否“恶劣”。本案中，二被告人追逐竞驶行为，虽未造成人员伤亡和财产损失，但从以下情形分析，属于危险驾驶罪中的“情节恶劣”：第一，从驾驶的车辆看，二被告人驾驶的系无牌和套牌的大功率改装摩托车；第二，从行驶速度看，总体驾驶速度很快，多处路段超速达50%以上；第三，从驾驶方式看，反复并线、穿插前车、多次闯红灯行驶；第四，从对待执法的态度看，二被告人在民警盘查时驾车逃离；第五，从行驶路段看，途经的杨高路、张杨路、南浦大桥、复兴东路隧道等均系城市主干道，沿途还有多处学校、公交和地铁站点、居民小区、大型超市等路段，交通流量较大，行驶距离较长，在高速驾驶的刺激心态下和躲避民警盘查的紧张心态下，极易引发重大恶性交通事故。上述行为，给公共交通安全造成一定危险，足以威胁他人生命、财产安全，故可以认定二被告人追逐竞驶的行为属于危险驾驶罪中的“情节恶劣”。

被告人张某某到案后如实供述所犯罪行，依法可以从轻处罚。被告人金某投案自首，依法亦可以从轻处罚。鉴于二被告人在庭审中均已认识到行为的违法性及社会危害性，保证不再实施危险驾驶行为，并多次表示认罪悔罪，且其行为尚未造成他人人身、财产损害后果，故依法作出如上判决。

检例第94号：余某某等人重大劳动安全事故重大责任事故案

【关键词】

重大劳动安全事故罪　重大责任事故罪　关联案件办理　追诉漏罪漏犯检察建议

【要旨】

办理危害生产安全刑事案件，要根据案发原因及涉案人员的职责和行为，准确适用重大责任事故罪和重大劳动安全事故罪。要全面审查案件事实证据，依法追诉漏罪漏犯，准确认定责任主体和相关人员责任，并及时移交职务违法犯罪线索。针对事故中暴露出的相关单位安全管理漏洞和监管问题，要及时制发检察建议，督促落实整改。

【基本案情】

被告人余某某，男，湖北A化工集团股份有限公司（简称A化工集团）原董事长、当阳市B矸石发电有限责任公司（简称B矸石发电公司，该公司由A化工集团投资控股）原法定代表人。

被告人张某某，男，A化工集团物资供应公司原副经理。

被告人双某某，男，B矸石发电公司原总经理。

被告人赵某某，男，A化工集团原副总经理、总工程师。

被告人叶某某，男，A化工集团生产部原部长。

被告人赵玉某，男，B矸石发电公司原常务副总经理兼总工程师。

被告人王某某，男，B矸石发电公司原锅炉车间主任。

2015年6月，B矸石发电公司热电联产项目开工建设。施工中，余某某、双某某为了加快建设进度，在采购设备时，未按湖北省发展与改革委员会关于该项目须公开招投标的要求，自行组织邀请招标。张某某收受无生产资质的重庆某仪表有限公司（简称仪表公司）负责人李某某给予的4000元好处费及钓鱼竿等财物，向其采购了质量不合格的“一体焊接式长颈喷嘴”（简称喷嘴），安装在2号、3号锅炉高压主蒸汽管道上。项目建成后，余某某、双某某擅自决定试生产。

2016年8月10日凌晨，B矸石发电公司锅炉车间当班员工巡检时发现集中控制室前楼板滴水、2号锅炉高压主蒸汽管道保温层漏汽。赵玉某、王某某赶到现场，未发现滴水情况和泄漏点，未进一步探查。8月11日11时许，锅炉运行人员发现事故喷嘴附近有泄漏声音且温度比平时高，赵玉某指示当班员工继续加强监控。13时许，2号锅炉主蒸汽管道蒸汽泄漏更加明显且伴随高频啸叫声。赵玉某、王某某未按《锅炉安全技术规程》《锅炉运行规程》等规定下达紧急停炉指令。13时50分至14时20分，叶某某先后三次接到B矸石发电公司生产科副科长和A化工集团生产调度中心调度员电话报告“2号锅炉主蒸汽管道有泄漏，请求停炉”。叶某某既未到现场处置，也未按规定下达停炉指令。14时30分，叶某某向赵某某报告“蒸汽管道泄漏，电厂要求停炉”。赵某某未按规定下达停炉指令，亦未到现场处置。14时49分，2号锅炉高压主蒸汽管道上的喷嘴发生爆裂，致使大量高温蒸汽喷入事故区域，造成22人死亡、4人受伤，直接经济损失2313万元。

【检察机关履职过程】

（一）介入侦查

事故发生后，当阳市公安局以涉嫌重大责任事故罪对余某某、双某某、张某某、赵玉某、王某某、赵某某、叶某某等人立案侦查并采取强制措施。当阳市人民检察院提前介入，参加公安机关案情研讨，从三个方面提出取证重点：一是查明事故企业在立项审批、设备采购、项目建设及招投标过程中是否存在违法违规行为；二是查明余某某等人对企业安全生产的管理职责；三是查明在事故过程中，余某某等人的履职情况及具体行为。当阳市公安局补充完善上述证据，侦查终结后，于2017年1月23日至2月22日对余某某等7人以涉嫌重大责任事故罪先后向当阳市人民检察院移送起诉。

（二）审查起诉

该事故涉及的系列案件共11件14人，除上述7人外，还包括湖北省特种设备检验检测研究院宜昌分院、当阳市发展与改革局、当阳市质监局工作人员涉嫌的渎职犯罪，A化工集团有关人员涉嫌的帮助毁灭证据犯罪以及仪表公司涉嫌的生产、销售伪劣产品犯罪。当阳市人民检察院按照案件类型成立多个办案组，根据案件的难易程度调配力量，保证各办案组的审查起诉工作协调推进。由于不同罪名的案情存在密切关联，为使各办案组掌握全部案情，办案部门定期召开检察官联席会议，统一协调系列案件的办理。

当阳市人民检察院审查认为：本次事故发生的最主要原因是B矸石发电公司所采购的喷嘴系质量不合格的劣质产品，直接原因是主蒸汽管道蒸汽泄漏形成重大安全隐患时，相关管理人员没有按照操作规程及时停炉，作出正确处置。余某某、双某某作为A化工集团负责人和B矸石发电公司管理者，在热电联产项目设备采购过程中，未按审批内容公开招标，自行组织邀请招标，监督管理不到位，致使采购人员采购了质量不合格的喷嘴；张某某作为A化工集团电气设备采购负责人，收受投标人好处费，怠于履行职责，未严格审查投标单位是否具备相关生产资质，采购了无资质厂家生产的存在严重安全隐患的劣质产品，3人的主要责任均在于未依法依规履职，致使B矸石发电公司的安全生产设施和条件不符合国家规定，从而导致本案事故的发生，涉嫌构成重大劳动安全事故罪。赵某某作为A化工集团副总经理、总工程师，叶某某作为该集团生产部部长，赵玉某作为B矸石发电公司的副总经理，王某某作为该公司锅炉车间主任，对B矸石发电公司的安全生产均负有直接管理职责，4人在高压蒸汽管道出现漏汽、温度异常并伴随高频啸叫声的危险情况下，未按操作规程采取紧急停炉措施，导致重大伤亡事故发生，4人的主要责任在于生产、作业过程中违反有关安全管理规定，涉嫌构成重大责任事故罪。

同时，当阳市人民检察院在办案中发现，赵某某在事故发生后同意A化工集团安全部部长孙某某（以帮助毁灭证据罪另案处理）将集团办公系统中储存的13万余份关于集团内部岗位职责的电子数据（该数据对查清公司高层管理人员在事故中的责任具有重要作用）删除，涉嫌帮助毁灭证据罪，遂依法予以追加起诉。

2017年5月至6月，当阳市人民检察院先后以余某某、双某某、张某某涉嫌重大劳动安全事故罪，赵玉某、王某某、叶某某涉嫌重大责任事故罪，赵某某涉嫌重大责任事故罪、帮助毁灭证据罪向当阳市人民法院提起公诉。

(三)指控与证明犯罪

当阳市人民法院分别于2017年6月20日、7月4日、7月20日公开开庭审理上述案件。各被告人对公诉指控的犯罪事实及出示的证据均不持异议,当庭认罪。余某某的辩护人提出余某某不构成犯罪,理由是:(1)A化工集团虽然是B矸石发电公司的控股股东,余某某是法定代表人,但只负责B矸石发电公司的投资和重大技改。B矸石发电公司作为独立的企业法人实行总经理负责制,人员招聘任免、日常管理生产、设备采购均由B矸石发电公司自己负责。(2)该事故系多因一果,原因包括设计不符合标准规范要求、事故喷嘴是质量不合格的劣质产品,不能将设计方及不合格产品生产方的责任转嫁由B矸石发电公司承担。公诉人针对辩护意见答辩:(1)A化工集团作为B矸石发电公司的控股股东,对B矸石发电公司实行人力资源、财务、物资采购、生产调度的"四统一"管理。余某某既是A化工集团的董事长,又是B矸石发电公司的法定代表人,是企业安全生产的第一责任人。其违规决定采取邀请招标的方式采购设备,致使B矸石发电公司采购了质量不合格的喷嘴。(2)本案事故发生的主要原因为喷嘴质量不合格,同时相关管理人员在生产、作业中违反安全管理规定,操作不当,各方都应当在自己职责范围内承担相应的法律责任,不能因为追究其中一方的责任就减轻或免除其他人的责任。因此,应以重大劳动安全事故罪追究余某某的刑事责任。

(四)处理结果

2018年8月21日,当阳市人民法院以重大劳动安全事故罪分别判处被告人余某某、双某某、张某某有期徒刑五年、四年、五年;以重大责任事故罪、帮助毁灭证据罪分别判处被告人赵某某有期徒刑四年、六个月,数罪并罚决定执行四年三个月;以重大责任事故罪分别判处被告人叶某某、赵玉某、王某某有期徒刑四年、五年、四年。各被告人均未上诉,判决已生效。

(五)办理关联案件

一是依法惩处生产、销售不符合安全标准的产品犯罪。本案事故发生的最主要原因是安装在主蒸汽管道上的喷嘴质量不合格。2017年2月17日,当阳市公安局对喷嘴生产企业仪表公司负责人李某某以涉嫌生产、销售伪劣产品罪向当阳市人民检察院移送起诉。当阳市人民检察院经审查认为,李某某明知生产的喷嘴将被安装于高压蒸汽管道上,直接影响生产安全和他人人身、财产安全,但其为追求经济利益,在不具备生产高温高压设备资质和条件的情况下,通过查看书籍、网上查询的方法自行设计、制造了喷嘴,并伪造产品检测报告和合格证,销售给B矸石发电公司,其行为属于生产、销售不符合保障人身、财产安全国家标准、行业标准的产品,造成特别严重后果的情况。本案中的喷嘴既属于伪劣产品,也属于不符合安全标准的产品,李某某的行为同时构成生产、销售伪劣产品罪和生产、销售不符合安全标准的产品罪,根据刑法第149条第2款规定,应当依照处罚较重的生产、销售不符合安全标准的产品罪定罪处罚。5月22日,当阳市人民检察院以该罪对李某某提起公诉。同时,追加起诉了仪表公司为单位犯罪。后李某某及仪表公司被以生产、销售不符合安全标准的产品罪判处刑罚。

二是依法追究职务犯罪。当阳市人民检察院办理本案过程中,依照当时的法定权限深挖事故背后的国家工作人员职务犯罪。查明:当阳市发展和改革局原副局长杨某未落实省、市发展与改革委员会文件要求,未对B矸石发电公司设备采购招投标工作进行监管,致使该公司自行组织邀标,采购了质量严重不合格的喷嘴;当阳市质量技术监督局特监科原科长赵某怠于履行监管职责,未对B矸石发电公司特种设备的安装、使用进行监督检查;宜昌市特种设备检验检测研究院技术负责人韩某、压力管道室主任饶某、副主任洪某在对发生事故的高压主蒸汽管道安装安全质量监督检验工作中,未严格执行国家行业规范,对项目建设和管道安装过程中的违法违规问题没有监督纠正,致使存在严重质量缺陷和安全隐患的高压主蒸汽管道顺利通过监督检验并运行。2017年3月至5月,当阳市人民检察院分别对5人以玩忽职守罪提起公诉(另,饶某还涉嫌构成挪用公款罪)。2018年8月21日,当阳市人民法院分别以玩忽职守罪判处5人有期徒刑三年六个月至有期徒刑三年缓刑四年不等。后5人均提出上诉,宜昌市中级人民法院裁定驳回上诉,维持原判。判决已生效。

(六)制发检察建议

针对本案反映出的当阳市人民政府及有关职能部门怠于履行职责、相关工作人员责任意识不强、相关企业安全生产观念淡薄等问题,2017年8月16日,当阳市人民检察院向当阳市人民政府及市发展和改革局、市质量技术监督局分别发出检察建议,提出组织相关部门联合执法、在全市范围内开展安全生产大检查、加强对全市重大项目工程建设和招投标工作的监督管理、加强对全市特种设备及相关人员的监督管理、加大对企业安全生产知识的宣传等有针对性的意见建议。被建议单位高度重视,通过开展重点行业领域专项整治活动、联合执法等措施,认真整改落实。检察建议促进当地政府有关部门加强了安全生产监管,相关企业提升了安全生产管理水平。

【指导意义】

(一)准确适用重大责任事故罪与重大劳动安全事故罪。两罪主体均为生产经营活动的从业者,法定最高刑均为七年以下有期徒刑。两罪的差异主要在于行为特征不同,重大责任事故罪是行为人"在生产、作业中违反有关安全管理的规定";重大劳动安全事故罪是生产经营单位的"安全生产设施或者安全生产条件不符合国家规定"。实践中,安全生产事故发生的原因如果仅为生产、作业中违反有关安全管理的规定,或者仅为提供的安全生产设施或条件不符合国家规定,罪名较易确定;如果事故发生系上述两方面混合因素所致,两罪则会出现竞合,此时,应当根据相关涉案人员的工作职责和具体行为来认定其罪名。具体而言,对企业安全生产负有责任的人员,在生产、作业过程中违反安全管理规定的,应认定为重大责任事故罪;对企业安全生产设施或者安全生产条件不符合国家规定负有责任的人员,应认定为重大劳动安全事故罪;如果行为人的行为同时包括在生产、作业中违反有关安全管理的规定和提供安全生产设施或条件不符合国家规定,为全面评价其行为,应认定为重大责任事故罪。

(二)准确界定不同责任人员和责任单位的罪名,依法追诉漏罪漏犯,向相关部门移交职务违法犯罪线索。安全生产刑事案件,有的涉案人员较多,既有一线的直接责任人员,也有管理层的实际控制人,还有负责审批监管的国家工作人员;有的涉及罪名较广,包括生产、销售不符合安全标准的产品罪、玩忽职守罪、受贿罪、帮助毁灭证据罪等;除了自然人犯罪,有的还包括单位犯罪。检察机关办案中,要注重深挖线索,准确界定相关人员责任,发现漏罪漏犯要及时追诉。对负有监管职责的国家工作人员,涉嫌渎职犯罪或者违纪违法的,及时将线索移交相关部门处理。

(三)充分发挥检察建议作用,以办案促安全生产治理。安全生产事关企业健康发展,人民群众人身财产安全,社会和谐稳定。党的十九大报告指出,要"树立安全发展理念,弘扬生命至上、安全第一的思想,健全公共安全体系,完善安全生产责任制,坚决遏制重特大安全事故,提升防灾减灾救灾能力"。检察机关要认真贯彻落实,充分履行检察职能,在依法严厉打击危害企业安全生产犯罪的同时,针对办案中发现的安全生产方面的监管漏洞或怠于履行职责等问题,要积极主动作为,在充分了解有关部门职能范围的基础上,有针对性地制发检察建议,并持续跟踪落实情况,引导企业树牢安全发展理念,督促政府相关部门加强安全生产监管,实现以办案促进治理,为安全生产保驾护航。

【相关规定】

《中华人民共和国刑法》第一百三十四条、第一百三十五条、第一百四十六条、第一百四十九条、第三百零七条第二款、第三百九十七条

《最高人民法院、最高人民检察院关于办理危害生产安全刑事案件适用法律若干问题的解释》第一条、第三条

《最高人民法院关于进一步加强危害生产安全刑事案件审判工作的意见》

检例第95号:宋某某等人重大责任事故案

【关键词】

事故调查报告　证据审查　责任划分　不起诉　追诉漏犯

【要旨】

对相关部门出具的安全生产事故调查报告,要综合全案证据进行审查,准确认定案件事实和相关人员责任。要正确区分相关涉案人员的责任和追责方式,发现漏犯及时追诉,对不符合起诉条件的,依法作出不起诉处理。

【基本案情】

被告人宋某某,男,山西A煤业公司(隶属于山西B煤业公司)原矿长。

被告人杨某,男,A煤业公司原总工程师。

被不起诉人赵某某,男,A煤业公司原工人。

2016年5月,宋某某作为A煤业公司矿长,在3号煤层配采项目建设过程中,违反《关于加强煤炭建设项目管理的通知》(发改能源〔2006〕1039号)要求,在没有施工单位和监理单位的情况下,即开始自行组织工人进行施工,并与周某某(以伪造公司印章罪另案处理)签订虚假的施工、监理合同以应付相关单位的验收。杨某作为该矿的总工程师,违反《煤矿安全规程》(国家安全监管总局令第87号)要求,未结合实际情况加强设计和制订安全措施,在3号煤层配采施工遇到旧巷时仍然采用常规

设计,且部分设计数据与相关要求不符,导致旧巷扩刷工程对顶煤支护的力度不够。2017年3月9日3时50分许,该矿施工人员赵某某带领4名工人在3101综采工作面运输顺槽和联络巷交岔口处清煤时,发生顶部支护板塌落事故,导致上覆煤层坍塌,造成3名工人死亡,赵某某及另一名工人受伤,直接经济损失635.9万元。

【检察机关履职过程】

(一)补充侦查

2017年5月5日,长治市事故联合调查组认定宋某某、赵某某分别负事故的主要责任、直接责任,二人行为涉嫌重大责任事故罪,建议由公安机关依法处理,并建议对杨某等相关人员给予党政纪处分或行政处罚。2018年3月18日,长治市公安局上党分局对赵某某、宋某某以涉嫌重大责任事故罪立案侦查,并于5月31日移送长治市上党区(案发时为长治县)人民检察院审查起诉。

上党区人民检察院审查认为,该案相关人员责任不明、部分事实不清,公安机关结合事故调查报告作出的一些结论性事实认定缺乏证据支撑。如调查报告和公安机关均认定赵某某在发现顶板漏煤的情况下未及时组织人员撤离,其涉嫌构成重大责任事故罪。检察机关审查发现,认定该事实的证据主要是工人冯某某的证言,但其说法前后不一,现有证据不足以认定该事实。为查清赵某某的责任,上党区人民检察院开展自行侦查,调查核实相关证人证言等证据。再如调查报告和公安机关均认定总工程师杨某"在运输顺槽遇到旧巷时仍然采用常规设计,未结合实际情况及时修改作业规程或补充安全技术措施",但是公安机关移送的案卷材料中,没有杨某的设计图纸,也没有操作规程的相关规定。针对上述问题检察机关二次退回补充侦查,要求补充杨某的设计图纸、相关操作规程等证据材料;并就全案提出补充施工具体由谁指挥、宋某某和股东代表是否有过商议、安检站站长以及安检员职责等补查意见,以查清相关人员具体行为和责任。后公安机关补充完善了上述证据,查清了相关人员责任等案件事实。

(二)准确认定相关人员责任

上党区人民检察院经审查,认为事故发生的主要原因有:一是该矿违反规定自行施工,项目安全管理不到位;二是项目扩刷支护工程设计不符合行业标准要求。在分清主要和次要原因、直接和间接原因的基础上,上党区人民检察院对事故责任人进行了准确区分,作出相应处理。

第一,依法追究主要责任人宋某某的刑事责任。检察机关审查认为,《关于加强煤炭建设项目管理的通知》要求建设单位要按有关规定,通过招投标方式,结合煤矿建设施工的灾害特点,确定施工和监理单位。宋某某作为建设单位A煤业公司的矿长,是矿井安全生产第一责任人,负责全矿安全生产工作,为节约成本,其违反上述通知要求,在没有施工单位和监理单位(均要求具备相关资质)的情况下,弄虚作假应付验收,无资质情况下自行组织工人施工,长期危险作业,最终发生该起事故,其对事故的发生负主要责任。且事故发生后,其对事故的迟报负直接责任。遂对宋某某以重大责任事故罪向上党区人民法院提起公诉。

第二,依法对赵某某作出不起诉决定。事故调查报告认定赵某某对事故的发生负直接责任,认为赵某某在发现漏煤时未组织人员撤离而是继续清煤导致了事故的发生，公安机关对其以重大责任事故罪移送起诉。检察机关审查起诉过程中，经自行侦查，发现案发地点当时是否出现过顶板漏煤的情况存在疑点，赵某某、冯某某和其他案发前经过此处及上一班工人的证言，均不能印证现场存在漏煤的事实，不能证明赵某某对危害结果的发生有主观认识，无法确定赵某某的责任。因此，依据刑事诉讼法第 175 条第 4 款规定，对赵某某作出不起诉决定。

第三，依法追诉漏犯杨某。公安机关未对杨某移送起诉，检察机关认为，《煤矿安全规程》要求，在采煤工作面遇过断层、过老空区时应制定安全措施，采用锚杆、锚索等支护形式加强支护。杨某作为 A 煤业公司总工程师，负责全矿技术工作，其未按照上述规程要求，加强安全设计，履行岗位职责不到位，对事故的发生负主要责任。虽然事故调查报告建议"吊销其安全生产管理人员安全生产知识和管理能力考核合格证"，但行政处罚不能代替刑事处罚。因此，依法对杨某以涉嫌重大责任事故罪予以追诉。

(三)指控与证明犯罪

庭审中，被告人宋某某辩称，是 A 煤业公司矿委会集体决定煤矿自行组织工人施工的，并非其一个人的责任。公诉人答辩指出，虽然自行组织施工的决定是由矿委会作出的，但是宋某某作为矿长，是矿井安全生产的第一责任人，明知施工应当由有资质的施工单位进行且应在监理单位监理下施工，仍自行组织工人施工，且在工程日常施工过程中安全管理不到位，最终导致了该起事故的发生，其对事故的发生负主要责任，应当以重大责任事故罪追究其刑事责任。

(四)处理结果

2018 年 12 月 21 日，上党区人民法院作出一审判决，认定宋某某、杨某犯重大责任事故罪，考虑到二人均当庭认罪悔罪，如实供述自己的犯罪事实，具有坦白情节，且 A 煤业公司积极对被害方进行赔偿，分别判处二人有期徒刑三年，缓刑三年。二被告人均未提出上诉，判决已生效。

事故发生后，主管部门对 A 煤业公司作出责令停产整顿四个月、暂扣《安全生产许可证》、罚款 270 万元的行政处罚。对宋某某开除党籍，吊销矿长安全资格证，给予其终生不得担任矿长职务、处年收入 80%罚款等处罚；对杨某给予吊销安全生产知识和管理能力考核合格证的处罚。对 A 煤业公司生产副矿长、安全副矿长等 5 人分别予以吊销安全生产知识和管理能力考核合格证、撤销职务、留党察看、罚款或解除合同等处理；对 B 煤业公司董事长、总经理、驻 A 煤业公司安检员等 9 人分别给予相应的党政纪处分及行政处罚；对长治市上党区原煤炭工业局总工程师、煤炭工业局驻 A 煤业公司原安检员等 10 人分别给予相应的党政纪处分。对时任长治县县委书记、县长等 4 人也给予相应的党政纪处分。

【指导意义】

(一)安全生产事故调查报告在刑事诉讼中可以作为证据使用，应结合全案证据进行审查。安全生产事故发生后，相关部门作出的事故调查报告，与收集调取的物证、书证、视听资料、电子数据等相关证据材料一并移送给司法机关后，调查报告和这些证据材料在刑事诉讼中可以作为证据使用。调查报告对事故原因、事故性质、责任认定、责任者处理等提出的具体意见和建议,是检察机关办案中是否追究相关人员刑事责任的重要参考,但不应直接作为定案的依据,检察机关应结合全案证据进行审查,准确认定案件事实和涉案人员责任。对于调查报告中未建议移送司法机关处理,侦查(调查)机关也未移送起诉的人员,检察机关审查后认为应当追究刑事责任的,要依法追诉。对于调查报告建议移送司法机关处理,侦查(调查)机关移送起诉的涉案人员,检察机关审查后认为证据不足或者不应当追究刑事责任的,应依法作出不起诉决定。

(二)通过补充侦查完善证据体系,查清涉案人员的具体行为和责任大小。危害生产安全刑事案件往往涉案人员较多,案发原因复杂,检察机关应当根据案件特点,从案发直接原因和间接原因、主要原因和次要原因、涉案人员岗位职责、履职过程、违反有关管理规定的具体表现和事故发生后的施救经过、违规行为与结果之间的因果关系等方面进行审查,证据有欠缺的,应当通过自行侦查或退回补充侦查,补充完善证据,准确区分和认定各涉案人员的责任,做到不枉不纵。

(三)准确区分责任,注重多层次、多手段惩治相关涉案人员。对涉案人员身份多样的案件,要按照各涉案人员在事故中有无主观过错、违反了哪方面职责和规定、具体行为表现及对事故发生所起的作用等,确定其是否需要承担刑事责任。对于不予追究刑事责任的涉案人员,相关部门也未进行处理的,发现需要追究党政纪责任,禁止其从事相关行业,或者应对其作出行政处罚的,要及时向有关部门移送线索,提出意见和建议。确保多层次的追责方式能起到惩戒犯罪、预防再犯、促进安全生产的作用。

【相关规定】

《中华人民共和国刑法》第一百三十四条第一款

《中华人民共和国刑事诉讼法》第一百七十一条、第一百七十五条

《人民检察院刑事诉讼规则》第三百五十六条、三百六十七条

《最高人民法院、最高人民检察院关于办理危害生产安全刑事案件适用法律若干问题的解释》第一条、第六条

《最高人民法院关于进一步加强危害生产安全刑事案件审判工作的意见》第四条、第六条、第八条

检例第96号:黄某某等人重大责任事故、谎报安全事故案

【关键词】

谎报安全事故罪　引导侦查取证　污染处置　化解社会矛盾

【要旨】

检察机关要充分运用行政执法和刑事司法衔接工作机制,通过积极履职,加强对线索移送和立案的法律监督。认定谎报安全事故罪,要重点审查谎报行为与贻误事故抢救结果之间的因果关系。对同时构成重大责任事故罪和谎报安全事故罪的,应当数罪并罚。应注重督促涉事单位或有关部门及时赔偿被害人损失,有效化解社会矛盾。安全生产事故涉及生态环境污染等公益损害的,刑事检察部门要和公益诉讼检察部门加强协作配合,督促协同行政监管部门,统筹运用法律、行政、经济等手段严格落实企业主体责任,修复受损公益,防

控安全风险。

【基本案情】

被告人黄某某,男,福建A石油化工实业有限公司(简称A公司)原法定代表人兼执行董事。

被告人雷某某,男,A公司原副总经理。

被告人陈某某,男,A公司原常务副总经理兼安全生产管理委员会主任。

被告人陈小某,男,A公司码头原操作工。

被告人刘某某,男,A公司码头原操作班长。

被告人林某某,男,B船务有限公司(简称B公司)"天桐1"船舶原水手。

被告人叶某某,男,B公司"天桐1"船舶原水手长。

被告人徐某某,男,A公司原安全环保部经理。

2018年3月,C材料科技有限公司(简称C公司)与A公司签订货品仓储租赁合同,租用A公司3005#、3006#储罐用于存储其向福建某石油化工有限公司购买的工业用裂解碳九(简称碳九)。同年,B公司与C公司签订船舶运输合同,委派"天桐1"船舶到A公司码头装载碳九。

同年11月3日16时许,"天桐1"船舶靠泊在A公司2000吨级码头,准备接运A公司3005#储罐内的碳九。18时30分许,当班的刘某某、陈小某开始碳九装船作业,因码头吊机自2018年以来一直处于故障状态,二人便违规操作,人工拖拽输油软管,将岸上输送碳九的管道终端阀门和船舶货油总阀门相连接。陈小某用绳索把输油软管固定在岸上操作平台的固定支脚上,船上值班人员将船上的输油软管固定在船舶的右舷护栏上。19时许,刘某某、陈小某打开码头输油阀门开始输送碳九。其间,被告人徐某某作为值班经理,刘某某、陈小某作为现场操作班长及操作工,叶某某、林某某作为值班水手长及水手,均未按规定在各自职责范围内对装船情况进行巡查。4日凌晨,输油软管因两端被绳索固定致下拉长度受限而破裂,约69.1吨碳九泄漏,造成A公司码头附近海域水体、空气等受到污染,周边69名居民身体不适接受治疗。泄漏的碳九越过围油栏扩散至附近海域网箱养殖区,部分浮体被碳九溶解,导致网箱下沉。

事故发生后,雷某某到达现场向A公司生产运行部副经理卢某和计量员庄某核实碳九泄漏量,在得知实际泄漏量约有69.1吨的情况后,要求船方隐瞒事故原因和泄漏量。黄某某、雷某某、陈某某等人经商议,决定在对外通报及向相关部门书面报告中谎报事故发生的原因是法兰垫片老化、碳九泄漏量为6.97吨。A公司也未按照海上溢油事故专项应急预案等有关规定启动一级应急响应程序,导致不能及时有效地组织应急处置人员开展事故抢救工作,直接贻误事故抢救时机,进一步扩大事故危害后果,并造成不良的社会影响。经审计,事故造成直接经济损失672.73万元。经泉州市生态环境局委托,生态环境部华南环境科学研究所作出技术评估报告,认定该起事故泄露的碳九是一种组分复杂的混合物,其中含量最高的双环戊二烯为低毒化学品,长期接触会刺激眼睛、皮肤、呼吸道及消化道系统,遇明火、高热或与氧化剂接触,有引起燃烧爆炸的危险。本次事故泄露的碳九对海水水质的影响天数为25天,对海洋沉积物及潮间带泥滩的影响天数为100天,对海洋生物质量的影响天数为51天,对海洋生态影响的最大时间以潮间带残留污染物全部挥发计,约100天。

【检察机关履职过程】

(一)介入侦查

经事故调查组认定,该事故为企业生产管理责任不落实引发的化学品泄漏事故。事故发生后,泉州市泉港区人民检察院与泉州市及泉港区原安监部门、公安机关等共同就事故定性与侦查取证方向问题进行会商。泉港区人民检察院根据已掌握的情况并听取省、市两级检察院指导意见,提出涉案人员可能涉嫌重大责任事故罪、谎报安全事故罪。2018年11月10日、11月23日,泉港公安分局分别以涉嫌上述两罪对黄某某等8人立案侦查。泉港区人民检察院提前介入引导侦查,提出取证方向和重点:尽快固定现场证据,调取能体现涉案人员违规操作及未履行日常隐患排查和治理职责的相关证据,及船舶安全管理文件、复合软管使用操作规程、油船码头安全作业规程、A公司操作规程等证据材料;根据案件定性,加强对犯罪现场的勘验,强化勘验现场与言词证据的印证关系;注重客观证据的收集,全面调取监控视频、语音通话、短信、聊天记录等电子证据。侦查过程中,持续跟进案件办理,就事实认定、强制措施适用、办案程序规范等进一步提出意见建议。11月24日,泉港区人民检察院对相关责任人员批准逮捕后,发出《逮捕案件继续侦查取证意见书》,要求公安机关及时调取事故调查报告,收集固定直接经济损失、人员受损、环境污染等相关证据,委托相关机构出具涉案碳九属性的检验报告,调取A公司谎报事故发生原因、泄漏量以及谎报贻误抢救时机等相关证据材料,并全程跟踪、引导侦查取证工作。上述证据公安机关均补充到位,为后续案件办理奠定了扎实的基础。

(二)审查起诉

案件移送起诉后,泉港区人民检察院成立以检察长为主办检察官的办案组,针对被告人陈某某及其辩护人提出的陈某某虽被任命为常务副总经理职务,但并未实际参与安全生产,也未履行安全生产工作职责,其不构成重大责任事故罪的意见,及时要求公安机关调取A公司内部有关材料,证实了陈某某实际履行A公司安全生产职责,系安全生产第一责任人的事实。针对公安机关出具的陈某某、刘某某、陈小某系主动投案的到案经过说明与案件实际情况不符等问题,通过讯问被告人、向事故调查组核实等方式自行侦查进行核实。经查,公安机关根据掌握的线索,先后将陈某某、刘某某、陈小某带至办案中心进行审查,3人均不具备到案的主动性。本案未经退回补充侦查,2019年6月6日,泉港区人民检察院以黄某某、雷某某、陈某某涉嫌重大责任事故罪、谎报安全事故罪,以陈小某等5人涉嫌重大责任事故罪向泉港区人民法院提起公诉,并分别提出量刑建议。

(三)指控与证明犯罪

鉴于该案重大复杂,泉港区人民检察院建议法院召开庭前会议,充分听取被告人、辩护人的意见。2019年7月5日,泉港区人民法院开庭审理此案。庭审中,部分被告人及辩护人提出黄某某、雷某某、陈某某的谎报行为未贻误抢救时机,不构成谎报安全事故罪;被告人陈某某不具有安全生产监管责任,不构成重大责任事故罪;对部分被告人应当适用缓刑等辩解和辩护意见。公诉人针对上述辩护意见有针对性地对各被告人展开讯问,并全面出示证据,充分证实了检察机关指控的各被告人的犯罪事实清楚、证据确实充分。针对黄某某等人的行为不构成谎报安全事故罪的辩解,公诉人答辩指出,黄某某等人合谋并串通他人瞒报碳九泄露数量,致使A公司未能采取最高级别的一级响应(溢油量50吨以上),而只是采取最低级别的三级响应(溢油量10吨以下)。按照规定,一级响应需要全公司和社会力量参与应急,三级响应则仅需运行部门和协议单位参与应急。黄某某等人的谎报行为贻误了事故救援时机,导致直接经济损失扩大,同时造成了恶劣社会影响,依法构成谎报安全事故罪。针对陈某某不构成重大责任事故罪的辩解,公诉人指出,根据补充调取的书证及相关证人证言、被告人供述和辩解等证据,足以证实陈某某在案发前被任命为常务副总经理兼安全生产管理委员会主任,并已实际履行职务,系A公司安全生产第一责任人,其未在责任范围内有效履行安全生产管理职责,未发现并制止企业日常经营中长期存在的违规操作行为,致使企业在生产、作业过程中存在重大安全隐患,最终导致本案事故的发生,其应当对事故的发生承担主要责任,构成重大责任事故罪。针对应当对部分被告人适用缓刑的辩护意见,公诉人指出,本案性质恶劣,后果严重,不应对被告人适用缓刑。公诉人在庭审中的意见均得到一、二审法院的采纳。

(四)处理结果

2019年10月8日,泉港区人民法院作出一审判决,采纳检察机关指控的事实、罪名及量刑建议。对被告人黄某某以重大责任事故罪、谎报安全事故罪分别判处有期徒刑三年六个月、一年六个月,数罪并罚决定执行四年六个月;对被告人雷某某以重大责任事故罪、谎报安全事故罪分别判处有期徒刑二年六个月、二年三个月,数罪并罚决定执行四年三个月;对被告人陈某某以重大责任事故罪、谎报安全事故罪分别判处有期徒刑一年六个月,数罪并罚决定执行二年六个月。对陈小某等5名被告人,以重大责任事故罪判处有期徒刑一年六个月至二年三个月不等。禁止黄某某、雷某某在判决规定期限内从事与安全生产相关的职业。雷某某等6人不服一审判决,提出上诉。2019年12月2日,泉州市中级人民法院裁定驳回上诉,维持原判。判决已生效。

(五)污染处置

该起事故造成码头附近海域及海上网箱养殖区被污染,部分区域空气刺鼻,当地医院陆续接治接触泄漏碳九的群众69名,其中留院观察11名。泄漏的碳九越过围油栏扩散至网箱养殖区约300亩,直接影响海域面积约0.6平方公里,受损网箱养殖区涉及养殖户152户、养殖面积99单元。针对事故造成的危害后果,泉港区人民检察院认真听取被害人的意见和诉求,积极协调政府相关职能部门督促A公司赔偿事故周边群众的经济损失。在一审判决前,A公司向受损养殖户回购了受污染的网箱养殖鲍鱼等海产品,及时弥补了养殖户损失,化解了社会矛盾。

泉港区人民检察院在提前介入侦查过程中,发现事故对附近海域及大气造成污染,刑事检察部门与公益诉讼检察部门同步介入,密切协作配合,根据当地行政执法与刑事司法衔接工作规定,及时启动重大案件会商机制,联系环保、海洋与渔业等部门,实地查看污染现场,了解事件进展情况。并针对案件性质、可能导致的后果等情况进行风险评估研判,就污染监测鉴定、公私财产损失计算、海域污染清理、修复等事宜对公安机关侦查和环保部门取证工作提出意见建议。前期取证工作,为泉州市生态环境局向厦门海事法院提起海洋自然资源与生态环境损害赔偿诉讼,奠定了良好基础。

【指导意义】

(一)准确认定谎报安全事故罪。一是本罪主体为特殊主体,是指对安全事故负有报告职责的人员,一般为发生安全事故的单位中负有组织、指挥或者管理职责的负责人、管理人员、实际控制人、投资人以及其他负有报告职责的人员,不包括没有法定或者职务要求报告义务的普通工人。二是认定本罪,应重点审查谎报事故的行为与贻误事故抢救结果之间是否存在刑法上的因果关系。只有谎报事故的行为造成贻误事故抢救的后果,即造成事故后果扩大或致使不能及时有效开展事故抢救,才可能构成本罪。如果事故已经完成抢救,或者没有抢救时机(危害结果不可能加重或扩大),则不构成本罪。构成重大责任事故罪,同时又构成谎报安全事故罪的,应当数罪并罚。

(二)健全完善行政执法与刑事司法衔接工作机制,提升法律监督实效。检察机关要认真贯彻落实国务院《行政执法机关移送涉嫌犯罪案件的规定》和中共中央办公厅、国务院办公厅转发的原国务院法制办等八部门《关于加强行政执法与刑事司法衔接工作的意见》以及应急管理部、公安部、最高人民法院、最高人民检察院联合制定的《安全生产行政执法与刑事司法衔接工作办法》,依照本地有关细化规定,加强相关执法司法信息交流、规范案件移送、加强法律监督。重大安全生产事故发生后,检察机关可通过查阅案件资料、参与案件会商等方式及时了解案情,从案件定性、证据收集、法律适用等方面提出意见建议,发现涉嫌犯罪的要及时建议相关行政执法部门向公安机关或者监察机关移送线索,着力解决安全生产事故有案不移、以罚代刑、有案不立等问题,形成查处和治理重大安全生产事故的合力。

(三)重视被害人权益保障,化解社会矛盾。一些重大安全生产事故影响范围广泛,被害人人数众多,人身损害和财产损失交织。检察机关办案中应高度重视维护被害人合法权益,注重听取被害人意见,全面掌握被害人诉求。要加强与相关职能部门的沟通配合,督促事故单位尽早赔偿被害人损失,及时回应社会关切,有效化解社会矛盾,确保实现办案政治效果、法律效果和社会效果相统一。

(四)安全生产事故涉及生态环境污染的,刑事检察部门要和公益诉讼检察部门加强协作配合,减少公共利益损害。化工等领域的安全生产事故,造成生态环境污染破坏的,刑事检察部门和公益诉讼检察部门要加强沟通,探索"一案双查",提高效率,及时通报情况、移送线索,需要进行公益损害鉴定的,及时引导公安机关在侦查过程中进行鉴定。要积极与行政机关磋商,协同追究事故企业刑事、民事、生态损害赔偿责任。推动建立健全刑事制裁、民事赔偿和生态补偿有机衔接的生态环境修复责任制度。依托办理安全生产领域刑事案件,同步办好所涉及的生态环境和资源保护等领域公益诉讼案件,积极稳妥推进安全生产等新领域公益诉讼检察工作。

【相关法律规定】

《中华人民共和国刑法》第二十五条、第六十九条、第一百三十四条第一款、第一百三十九条之一

《最高人民法院、最高人民检察院关于办理危害生产安全刑事案件适用法律若干问题的解释》第一条、第四条、第六条、第七条、第八条、第十六条

国务院《行政执法机关移送涉嫌犯罪案件的规定》

中共中央办公厅、国务院办公厅转发的原国务院法制办等八部门《关于加强行政执法与刑事司法衔接工作的意见》

应急管理部、公安部、最高人民法院、最高人民检察院《安全生产行政执法与刑事司法衔接工作办法》

检例第97号：夏某某等人重大责任事故案

【关键词】

重大责任事故罪　交通肇事罪　捕后引导侦查　审判监督

【要旨】

内河运输中发生的船舶交通事故，相关责任人员可能同时涉嫌交通肇事罪和重大责任事故罪，要根据运输活动是否具有营运性质以及相关人员的具体职责和行为，准确适用罪名。重大责任事故往往涉案人员较多，因果关系复杂，要准确认定涉案单位投资人、管理人员及相关国家工作人员等涉案人员的刑事责任。

【基本案情】

被告人夏某某，男，原“X号”平板拖船股东、经营者、驾驶员。

被告人刘某某，男，原“X号”平板拖船驾驶员、平板拖船联营股东。

被告人左某某，男，原平板拖船联营股东、经营者。

被告人段某某，男，原“X号”平板拖船联营股东、经营者。

被告人夏英某，男，原“X号”平板拖船股东、经营者。

2012年3月，在左某某的召集下，“X号”等四艘平板拖船的股东夏某某、刘某某、段某某、伍某某等十余人经协商签订了联营协议，左某某负责日常经营管理及财务，并与段某某共同负责船只调度；夏某某、夏英某、刘某某负责“X号”平板拖船的具体经营。在未依法取得船舶检验合格证书、船舶登记证书、水路运输许可证、船舶营业运输证等经营资质的情况下，上述四艘平板拖船即在湖南省安化县资江河段部分水域进行货运车辆的运输业务。

2012年12月8日晚12时许，按照段某某的调度安排，夏某某、刘某某驾驶的“X号”在安化县烟溪镇十八渡码头搭载四台货运车，经资江水域柘溪水库航道前往安化县平口镇。因“X号”无车辆固定装置，夏某某、刘某某仅在车辆左后轮处塞上长方形木条、三角木防止其滑动，并且未要求驾乘人员离开驾驶室实行“人车分离”。次日凌晨3时许，“X号”行驶至平口镇安平村河段时，因刘某某操作不当，船体发生侧倾，致使所搭载的四台货运车辆滑入柘溪水库，沉入水中。该事故造成10名司乘人员随车落水，其中9人当场溺亡，直接经济损失100万元。

【检察机关履职过程】

（一）捕后引导侦查

事故发生后，“X号”驾驶员夏某某、刘

某某主动投案，安化县公安局对二人以涉嫌重大责任事故罪立案侦查，经检察机关批准，对二人采取逮捕措施。安化县人民检察院审查批准逮捕时认为，在案证据仅能证明事故经过及后果，而证明联营体的组建、经营管理及是否违反安全生产规定的证据尚未到位。作出批捕决定的同时，提出详细的继续取证提纲，要求公安机关进一步查清四艘平板拖船的投资、经营管理情况及联营协议各方是否制定并遵守相关安全生产管理规定等。后公安机关补充完善了上述证据，对夏某某、刘某某以涉嫌重大责任事故罪向安化县人民检察院移送起诉。

（二）指控和证明犯罪

安化县人民检察院经审查，对夏某某、刘某某以涉嫌重大责任事故罪向安化县人民法院提起公诉。安化县人民法院公开开庭审理此案，庭审中，辩护律师辩称：该案若定性为重大责任事故罪，刘某某不是事故船舶股东，应宣判无罪；若定性为交通肇事罪，夏某某不是肇事驾驶员，也没有指使或强令违章驾驶行为，应宣判无罪。对此，公诉人出示事故调查报告、其他股东等证人证言、收据等证据，指出刘某某既是联营船舶的股东，又接受联营组织安排与夏某某一起负责经营管理“X号”；夏某某、刘某某在日常经营管理中，实施了非法运输、违规夜间航行、违规超载、无证驾驶或放任无证驾驶等违反安全管理规定的行为，二人均构成重大责任事故罪。安化县人民法院经审理认为该案是在公共交通管理范围内发生的水上交通事故，遂改变定性以交通肇事罪认定罪名。

（三）提出抗诉

检察机关审查后认为一审判决认定罪名有误，遂以一审判决适用法律确有错误为由，依法提出抗诉。主要理由：(1)联营船舶非法营运，长期危险作业。一是四艘船舶系左某某、夏某某、刘某某等股东分别委托他人非法制造，均未取得船舶检验合格证书、船舶登记证书、水路运输许可证、船舶营业运输证等经营资质，非法从事货运车辆运输经营。二是违反规定未配备适格船员。联营协议仅确定了利益分配方案和经营管理人员，左某某、段某某作为联营组织的管理人员，夏英某、夏某某、刘某某作为联营船舶的经营管理人员，违反《中华人民共和国安全生产法》《中华人民共和国内河交通安全管理条例》等规定，未制定安全作业管理规定，未配备拥有适任证的船员。三是联营船舶长期危险作业。未按规定组织船员参加安全生产教育培训，未在船舶上设置固定货运车辆的设施和安全救援设施，且无视海事、交通管理等部门多次作出的停航等行政处罚，无视“禁止夜间渡运、禁止超载、货运车辆人车分离”等安全规定，甚至私自拆除相关部门在船舶上加装的固定限载措施，长期危险营运。(2)夏某某、刘某某系“X号”经营管理人员和驾驶人员，认定重大责任事故罪更能全面准确评价二人的行为。夏某某、刘某某是联营船舶经营管理人员，对上述违规和危险作业情况明知，且长期参与营运，又是事故当晚驾驶人员，实施了超载运输、无证驾驶、超速行驶等违规行为，二人同时违反了有关安全管理的规定和交通运输法规，因而发生重大事故，由于联营船舶运输活动具有营运性质，是生产经营活动，不仅是交通运输，以重大责任事故罪认定罪名更为准确，更能全面评价二人的行为。益阳市中级人民法院二审改变一审罪名认定，支持检察机关抗诉意见。

(四)依法追究股东等管理人员的刑事责任

事故发生后,公安机关分别对左某某、夏英某、段某某等股东以非法经营罪立案侦查,并提请安化县人民检察院批准逮捕。安化县人民检察院审查后,认为缺少事故调查报告、犯罪嫌疑人明知存在安全隐患等方面证据,以事实不清、证据不足为由不批捕。公安机关遂变更强制措施为监视居住,期满后解除,后3人逃匿。公安机关于2015年4月1日对该3人决定刑事拘留并上网追逃。左某某于2016年8月1日被抓获归案,段某某、夏英某分别于2017年11月4日、5日主动投案。后公安机关以涉嫌重大责任事故罪分别将3人移送安化县人民检察院审查起诉。

安化县人民检察院经审查认为,该起事故是联营船舶长期以来严重违反相关安全管理规定危险作业造成的,左某某系联营的召集者,负责日常经营管理、调度及会计事务;段某某实际履行调度职责,且在案发当晚调度事故船只"X号"承载业务;夏英某系事故船舶"X号"的主要经营管理人员,3人对事故发生均负有重要责任,均涉嫌构成重大责任事故罪,先后于2016年12月28日对左某某、2018年8月10日对段某某、夏英某向安化县人民法院提起公诉。此外,对于伍某某等其他联营股东,检察机关审查后认为,其或者未参与经营、管理,或者仅负责"X号"外其他联营船舶的经营、管理,不能认定其对事故的发生负有主要责任或者直接责任,可不予追究刑事责任。

法院审理阶段,左某某及其辩护律师在庭审中,提出联营船舶风险各自承担、左某某不是管理者、联营体已于案发前几天即2012年12月4日解散等辩解。公诉人指出,尽管夏英某、段金某等股东的证言均证实左某某与夏英某于2012年12月4日在电话联系时发生争执并声称要散伙,但股东之间并未就解散进行协商;且左某某记载的联营账目上仍记载了2012年12月5日"X号"加油、修理等经营费用。因此,左某某是联营体管理者,事故发生时联营体仍处于存续状态。法院采纳了检察机关的意见。

(五)处理结果

2015年8月20日,安化县人民法院以交通肇事罪分别判处夏某某、刘某某有期徒刑四年六个月。安化县人民检察院抗诉后,益阳市中级人民法院于2015年12月21日以重大责任事故罪分别判处夏某某、刘某某有期徒刑四年六个月。判决已生效。2017年5月25日,安化县人民法院以重大责任事故罪判处左某某有期徒刑三年,左某某提起上诉,二审发回重审,该院作出相同判决,左某某再次上诉后,二审法院裁定维持原判。2018年9月19日,安化县人民法院以重大责任事故罪分别判处段某某、夏英某有期徒刑三年,缓刑五年。二人未上诉,判决已生效。

事故发生后,负有监管责任的相关国家工作人员被依法问责。安化县地方海事处原副主任刘雄某、航道股股长姜某某等6人,因负有直接安全监管责任,未认真履行职责,或在发现重大安全隐患后没有采取积极、有效的监管措施,被追究玩忽职守罪的刑事责任。安化县交通运输局原党组成员、工会主席余某某等9人分别被给予警告、严重警告、记过、撤职等党政纪处分。

【指导意义】

（一）准确适用交通肇事罪与重大责任事故罪。两罪均属危害公共安全犯罪，前罪违反的是“交通运输法规”，后罪违反的是“有关安全管理的规定”。一般情况下，在航道、公路等公共交通领域，违反交通运输法规驾驶机动车辆或者其他交通工具，致人伤亡或者造成其他重大财产损失，构成犯罪的，应认定为交通肇事罪；在停车场、修理厂、进行农耕生产的田地等非公共交通领域，驾驶机动车辆或者其他交通工具，造成人员伤亡或者财产损失，构成犯罪的，应区分情况，分别认定为重大责任事故罪、重大劳动安全事故罪、过失致人死亡罪等罪名。需要指出的是，对于从事营运活动的交通运输组织来说，航道、公路既是公共交通领域，也是其生产经营场所，“交通运输法规”同时亦属交通运输组织的“安全管理的规定”，交通运输活动的负责人、投资人、驾驶人员等违反有关规定导致在航道、公路上发生交通事故，造成人员伤亡或者财产损失的，可能同时触犯交通肇事罪与重大责任事故罪。鉴于两罪前两档法定刑均为七年以下有期徒刑（交通肇事罪有因逃逸致人死亡判处七年以上有期徒刑的第三档法定刑），要综合考虑行为人对交通运输活动是否负有安全管理职责、对事故发生是否负有直接责任、所实施行为违反的主要是交通运输法规还是其他安全管理的法规等，准确选择适用罪名。具有营运性质的交通运输活动中，行为人既违反交通运输法规，也违反其他安全管理规定（如未取得安全许可证、经营资质、不配备安全设施等），发生重大事故的，由于该类运输活动主要是一种生产经营活动，并非单纯的交通运输行为，为全面准确评价行为人的行为，一般可按照重大责任事故罪认定。交通运输活动的负责人、投资人等负有安全监管职责的人员违反有关安全管理规定，造成重大事故发生，应认定为重大责任事故罪；驾驶人员等一线运输人员违反交通运输法规造成事故发生的，应认定为交通肇事罪。

（二）准确界定因果关系，依法认定投资人、实际控制人等涉案人员及相关行政监管人员的刑事责任。危害生产安全案件往往多因一果，涉案人员较多，既有直接从事生产、作业的人员，又有投资人、实际控制人等，还可能涉及相关负有监管职责的国家工作人员。投资人、实际控制人等一般并非现场作业人员，确定其行为与事故后果之间是否存在刑法意义上的因果关系是个难点。如果投资人、实际控制人等实施了未取得经营资质和安全生产许可证、未制定安全生产管理规定或规章制度、不提供安全生产条件和必要设施等不履行安全监管职责的行为，在此情况下进行生产、作业，导致发生重大伤亡事故或者造成其他严重后果的，不论事故发生是否介入第三人违规行为或者其他因素，均不影响认定其行为与事故后果之间存在刑法上的因果关系，应当依法追究其刑事责任。对发案单位的生产、作业负有安全监管、查处等职责的国家工作人员，不履行或者不正确履行工作职责，致使发案单位违规生产、作业或者危险状态下生产、作业，发生重大安全事故的，其行为也是造成危害结果发生的重要原因，应以渎职犯罪追究其刑事责任。

【相关规定】

《中华人民共和国刑法》第一百三十三条、第一百三十四条第一款

《最高人民法院、最高人民检察院关于办理危害生产安全刑事案件适用法律若干问题的解释》第一条

《中华人民共和国安全生产法》(2009年)第二、四、五、十六、十七、十八、四十九、五十、五十一条

《中华人民共和国内河交通安全管理条例》(2011年)第六、九、十五、二十一、二十二条

检例第182号：宋某某危险驾驶二审、再审抗诉案

【关键词】

接续抗诉　危险驾驶罪　不起诉的内部监督制约　司法鉴定的审查判断

【要旨】

人民检察院应当依法规范行使不起诉权，通过备案审查等方式加强对不起诉决定的内部监督制约，着力提高审查起诉工作水平和办案质量。对于就同一专门性问题有两份或者两份以上的司法鉴定意见，且结论不一致时，检察人员要注重从鉴定主体的合规性、鉴定程序的合法性、鉴定方法的科学性、鉴定材料的充分性及分析论证的合理性等方面进行实质化审查。对于提出抗诉的案件，为确保抗诉效果，人民检察院可以通过自行侦查进一步补强证据，充分支持抗诉意见和理由，通过接续抗诉，持续监督，全面履行刑事审判监督职责，维护司法公正。

【基本案情】

被告人宋某某，男，1980年2月出生，海南省海口市某局原科员。

2015年11月16日20时22分许，被告人宋某某驾车自西向东从海口市滨海大道右拐驶入长怡路，行驶至长怡新村东门处停下，宋某某从车上下来走到马路对面人行道上睡觉。这一过程被正在长怡新村东门站岗的武警战士张某某看到，张某某遂向排长温某某、班长陈某某报告，二人随即赶到现场查看，当时在该路段巡逻的城管队员发现该情况后报警，随后交警到达现场处理。经抽血检验，宋某某血样酒精浓度为213mg/100ml。同日19时40分许，被害人张某驾驶电动车在海口市滨海大道长安路口处被一车辆碰撞，肇事车辆逃逸。经鉴定，事故现场的散落物系从宋某某轿车的前车头右侧部位分离出来的，确认该轿车前车头右侧部位碰撞到电动车的后尾部。被害人张某损伤程度评定为轻微伤。同年11月18日，宋某某因涉嫌危险驾驶罪被海口市公安局决定取保候审。案发后，宋某某妻子吴某某与被害人张某达成协议，一次性赔偿被害人经济损失42000元，张某对车主表示谅解。

公安机关侦查终结后，2015年12月18日以宋某某涉嫌危险驾驶罪向海口市秀英区人民检察院移送审查起诉。2016年6月3日，秀英区人民检察院认为该案认定宋某某危险驾驶的事实不清、证据不足，不符合起诉条件，对宋某某作出不起诉决定，同日报上级检察院备案审查。海口市人民检察院审查后报海南省人民检察院。海南省人民检察院经审查，认为不起诉决定有误，要求秀英区人民检察院纠正。2017年3月23日，秀英区人民检察院撤销原不起诉决定，同月29日以危险驾驶罪对宋某某提起公诉。2017年9月28日，秀英区人民法院经审理认为，检察机关指控宋某某犯危险驾驶罪的事实不清、证据不足，判决宋某某无罪。

【检察机关履职过程】

(一)第一次二审抗诉

2017年10月9日,秀英区人民检察院向海口市中级人民法院提出抗诉。2017年11月18日,海口市人民检察院支持抗诉。

针对一审法院关于"检察机关证明涉案车辆由宋某某驾驶的证据均属间接证据,尚不能形成完整的证据链,不能排除其间有其他人驾驶车辆的可能性,依据现有证据不能排除合理怀疑,难以得出唯一结论,检察机关指控被告人犯危险驾驶罪的事实不清、证据不足"的无罪判决理由,海口市检察机关认为,一审法院片面采信被告人辩解,确有错误,在案证据足以证实案发时宋某某系该涉案车辆驾驶员。

1. 有充分证据证实案发时宋某某系该车驾驶员。本案目击证人张某某证言客观详细,多次证言稳定一致,能够证实宋某某从车上下来,且当时车上只有一人;温某某等多名证人证言均证实宋某某就是醉酒躺在绿化带边人行道上的人;出警经过、到案经过及《道路交通事故认定书》等书证,亦认定宋某某是该车驾驶员。

2. 宋某某关于小轿车不是其驾驶的辩解不应采信。宋某某辩解小轿车由"魏某"驾驶,但"魏某"身份信息无法核实,其手机号码已经停机,宋某某关于如何认识"魏某"以及两人偶然碰到并一起吃饭的辩解前后矛盾;目击证人张某某证实宋某某系从驾驶位下车,多名证人均证实醉卧街边的宋某某身边无人陪伴,车内没有其他人;宋某某供述只喝了一罐啤酒,但一罐啤酒致餐后近5个小时的宋某某血液酒精浓度含量高达213mg/100ml,处于严重醉酒状态且大量呕吐,不符合常理。因此,宋某某的辩解无其他证据印证,且其辩解理由超出日常生活经验,内容真实性存疑,宋某某的辩解不应采信。

同时,为充分说明抗诉意见和理由,检察机关在提出抗诉后,提取了案发路段的监控录像检材并委托广东杰思特声像资料司法鉴定所进行了鉴定,鉴定意见(以下简称"粤杰思图像鉴定意见")为:"送检监控录像记录:2015年11月16日20时20分41秒,出现在'滨海大道——长怡路'被监控路面的银灰色嫌疑小轿车驾驶员,与被鉴定人宋某某,是同一人"。

2017年12月28日,海口市中级人民法院裁定发回秀英区人民法院重审。在秀英区人民法院审理过程中,被告人宋某某不服"粤杰思图像鉴定意见",秀英区人民法院分别委托西南政法大学司法鉴定中心、广东天正司法鉴定中心对上述视频监控图像与被告人宋某某的同一性进行重新鉴定。2018年9月20日、21日,西南政法大学司法鉴定中心、广东天正司法鉴定中心分别作出书面意见,认为检材人像颜面高度模糊,不具备视频人像鉴定条件。2018年12月4日,秀英区人民法院经审理认为,证实宋某某犯危险驾驶罪的证据不足,不能排除合理怀疑,再次判决宋某某无罪。

(二)第二次二审抗诉

2018年12月13日,秀英区人民检察院第二次提出抗诉。2019年5月17日,海口市人民检察院支持抗诉。

除第一次二审抗诉时提出的抗诉理由之外,海口市人民检察院提出以下抗诉意见和理由:

1. 秀英区人民法院未采纳"粤杰思图像鉴定意见"不当。"粤杰思图像鉴定意见"内容客观真实,鉴定程序合法,鉴定机构和鉴定人适格,应采信作为本案的证据之一使用。一是调取在案的鉴定机构及鉴定人资质证书及侦查机关到广东省司法厅调取的两名鉴定人资质证明等证据,证实鉴定机构及鉴定人适格。二是该鉴定意见与此前该图像鉴定中心第一次鉴定出具的“是一名男性”的意见,是根据不同委托范围而出具的鉴定意见,并不矛盾,而是进一步证实了本案事实。且该份证据仅是本案的其中一份证据,并非唯一,该份证据与在案其他证据共同达到确实、充分的证明程度,共同证明本案事实。三是秀英区人民法院重新委托的西南政法大学司法鉴定中心和广东天正司法鉴定中心所作的“不能对同一份检材进行鉴定”的意见,并不能否定“粤杰思图像鉴定意见”的客观真实性。

2. 道路交通管理部门出具的《道路交通事故认定书》和《道路交通安全违法行为处理通知书》是本案证据链重要一环,认定事故发生是由于宋某某醉酒驾驶机动车,肇事后逃逸和当事人张某驾驶电动自行车未在非机动车道内行驶而造成的,据此认定宋某某承担事故的全部责任。该份证据佐证了张某某的证言,也与其他证据所证实的内容相互吻合,形成证据链,一审判决对此不予采信明显不当。

海口市中级人民法院经审理认为,用以证明本案事实的证人张某某的证言没有其他证据与之印证,不能排除合理怀疑;西南政法大学司法鉴定中心和广东天正司法鉴定中心均认定同样的检材不具备人像鉴定条件,而“粤杰思图像鉴定意见”所依据的同样检材作出同一性结论意见,比较论证后“粤杰思图像鉴定意见”缺乏可靠性。原审判决认定事实和适用法律正确,据此认定原审被告人宋某某无罪正确。2019年9月2日,海口市中级人民法院作出终审裁定,驳回抗诉,维持原判。

(三)再审抗诉

2019年9月29日,海口市人民检察院认为原判确有错误,提请海南省人民检察院按照审判监督程序抗诉。2019年12月27日,海南省人民检察院向海南省高级人民法院提出抗诉。抗诉期间,承办检察官新发现了案发路面监控抓拍的影像资料,遂委托上海市人民检察院司法鉴定中心对该影像中出现的小轿车驾驶员与原审被告人宋某某进行同一性鉴定。鉴定意见再次证实,案发当晚该车驾驶员所穿的上衣款式、颜色及驾驶员发际线和鼻部特征比对该车车主宋某某醉卧、抽血时所穿的上衣款式、颜色及发际线和鼻部特征,二者具有相似或者相同特征。综合分析原有证据和调取出示的新证据,全案证据更加确实、充分,证据链更加完整,完全排除他人驾车的可能性,能够得出宋某某醉酒驾车的唯一性结论。

(四)抗诉结果

2021年6月7日,海南省高级人民法院采纳抗诉意见,裁定撤销原判,改判原审被告人宋某某犯危险驾驶罪,判处拘役六个月,并处罚金二万元。

【指导意义】

(一)人民检察院应当依法规范行使不起诉权,加强对不起诉决定的内部监督制约。依据《人民检察院刑事诉讼规则》,上级人民检察院对于下级人民检察院确有错误的不起诉决定,应当予以撤销或者指令下级人民检察院纠正。对于存在较大争议、具有较大影响的案件,下级人民检察院经审查决定不起诉的,要及时向上级人民检察院备案,上级人民检察院发现存在错误的，应当及时予以纠正。为保证不起诉决定的公正性，各级检察院要充分认识建立健全备案审查工作制度的重要性，及时发现并纠正错误决定，有必要组织听证的，要及时召开不起诉听证会；加强对下业务指导，通过开展定期分析、情况通报、类案总结等，着力提高审查起诉工作水平和办案质量。

（二）人民检察院在办理抗诉案件过程中，要充分履行法律监督职能，坚持接续抗诉、持续监督，确保案件裁判结果公正，以“小案”的客观公正办理体现检察担当。检察机关应当充分履行法律监督职能，上级检察院要加强对下级检察院抗诉工作的指导，紧扣抗诉重点，严把抗诉标准，形成监督合力。对下级检察院正确的抗诉意见，法院不予采纳的，上级检察院应当提供有力支持，与下级检察院接续监督，一抗到底，通过上下级检察院持续监督，确保错误裁判被监督纠正。要用心用情办好每一件“小案”，这是检察机关客观公正义务的基本要求，展现了检察担当和为民情怀。

（三）强化对司法鉴定意见的实质性审查，确保审查结论的客观性、科学性。人民检察院如果发现案件就同一专门性问题有两份或者两份以上的鉴定意见，且结论不一致的，确有必要时，可以依法决定补充鉴定或者重新鉴定。对于司法鉴定意见要加强分析比对和判断鉴别，从鉴定主体的合规性、鉴定程序的合法性、鉴定方法的科学性、鉴定材料的充分性及分析论证的合理性等方面进行实质化审查，结合案件其他事实证据，分析得出科学的审查结论。

【相关规定】

《中华人民共和国刑法》第一百三十三条之一

《中华人民共和国刑事诉讼法》（2018年修正）第二百二十八条、第二百三十二条、第二百三十六条、第二百五十四条

《人民检察院刑事诉讼规则（试行）》（2013年1月施行）第四百二十五条、第五百九十一条（现为2019年施行的《人民检察院刑事诉讼规则》第三百八十九条、第五百九十一条）

公报案例

1. 郑州市中原区人民检察院诉高某先、乔某杰过失致人死亡案①

【裁判摘要】

幼儿教育单位的负责人明知本单位接送幼儿的专用车辆有安全隐患，不符合行车要求，而不采取必要的检修措施，仍让他人使用该车接送幼儿，以至在车辆发生故障后，驾驶人员违规操作引起车辆失火，使被接送的幼儿多人伤亡，该负责人的行为构成刑法第一百三十八条规定的教育设施重大安全事故罪。

2. 淮安市人民检察院诉康某永、王某危险物品肇事案②

【裁判摘要】

一、有危险货物运输从业资格的人员，

① 案例来源：《最高人民法院公报》2005年第1期。

② 案例来源：《最高人民法院公报》2006年第8期。

明知使用具有安全隐患的机动车超载运输剧毒化学品，有可能引发危害公共安全的事故，却轻信能够避免，以致这种事故发生并造成严重后果的，构成刑法第一百三十六条规定的危险物品肇事罪。

二、从事剧毒化学品运输工作的专业人员，在发生交通事故致使剧毒化学品泄漏后，有义务利用随车配备的应急处理器材和防护用品抢救对方车辆上的受伤人员，有义务在现场附近设置警戒区域，有义务及时报警并在报警时主动说明危险物品的特征、可能发生的危害，以及需要采取何种救助工具与救助方式才能防止、减轻以至消除危害，有义务在现场等待抢险人员的到来，利用自己对剧毒危险化学品的专业知识以及对运输车辆构造的了解，协助抢险人员处置突发事故。从事剧毒化学品运输工作的专业人员不履行这些义务，应当对由此造成的特别严重后果承担责任。

3. 江苏省泰州市人民检察院诉王某平以危险方法危害公共安全、销售伪劣产品、虚报注册资本案①

【裁判摘要】

行为人明知会发生危害他人身体健康的后果，但基于非法牟利的目的，放任这种结果的发生，向药品生产企业销售假冒的药用辅料用于生产药品，致使药品投入市场后发生致人重伤、死亡的严重后果，其行为构成以危险方法危害公共安全罪。

4. 安徽省颍上县人民检察院诉龚某田交通肇事案②

【裁判摘要】

交通肇事案件中，已作为入罪要件的逃逸行为，不能再作为对被告人加重处罚的量刑情节而予以重复评价。

5. 重庆市沙坪坝区人民检察院诉李旭晨以危险方法危害公共安全案③

【裁判摘要】

行为人明知楼下系人流密集的学校操场，仍故意从高空连续抛物，其行为足以危及不特定多数人的生命健康和财产安全，并实际造成一人重伤的严重后果，应依法以以危险方法危害公共安全罪追究刑事责任。

① 案例来源：《最高人民法院公报》2009 年第 1 期。
② 案例来源：《最高人民法院公报》2017 年第 6 期。
③ 案例来源：《最高人民法院公报》2020 年第 5 期。

四、破坏社会主义市场经济秩序罪

1. 生产、销售伪劣商品罪

最高人民法院、最高人民检察院关于办理生产、销售伪劣商品刑事案件具体应用法律若干问题的解释

（2001 年 4 月 5 日最高人民法院审判委员会第 1168 次会议、2001 年 3 月 30 日最高人民检察院第九届检察委员会第 84 次会议通过　2001 年 4 月 9 日最高人民法院、最高人民检察院公告公布　自 2001 年 4 月 10 日起施行　法释〔2001〕10 号）

为依法惩治生产、销售伪劣商品犯罪活动，根据刑法有关规定，现就办理这类案件具体应用法律的若干问题解释如下：

第一条　刑法第一百四十条规定的"在产品中掺杂、掺假"，是指在产品中掺入杂质或者异物，致使产品质量不符合国家法律、法规或者产品明示质量标准规定的质量要求，降低、失去应有使用性能的行为。

刑法第一百四十条规定的"以假充真"，是指以不具有某种使用性能的产品冒充具有该种使用性能的产品的行为。

刑法第一百四十条规定的"以次充好"，是指以低等级、低档次产品冒充高等级、高档次产品，或者以残次、废旧零配件组合、拼装后冒充正品或者新产品的行为。

刑法第一百四十条规定的"不合格产品"，是指不符合《中华人民共和国产品质量法》第二十六条第二款规定的质量要求的产品。

对本条规定的上述行为难以确定的，应当委托法律、行政法规规定的产品质量检验机构进行鉴定。

第二条　刑法第一百四十条、第一百四十九条规定的"销售金额"，是指生产者、销售者出售伪劣产品后所得和应得的全部违法收入。

伪劣产品尚未销售，货值金额达到刑法第一百四十条规定的销售金额三倍以上的，以生产、销售伪劣产品罪（未遂）定罪处罚。

货值金额以违法生产、销售的伪劣产品的标价计算；没有标价的，按照同类合格产品的市场中间价格计算。货值金额难以确定的，按照国家计划委员会、最高人民法院、最高人民检察院、公安部 1997 年 4 月 22 日联合发布的《扣押、追缴、没收物品估价管理办法》的规定，委托指定的估价机构确定。

多次实施生产、销售伪劣产品行为，未经处理的，伪劣产品的销售金额或者货值金额累计计算。

第三条 经省级以上药品监督管理部门设置或者确定的药品检验机构鉴定,生产、销售的假药具有下列情形之一的,应认定为刑法第一百四十一条规定的"足以严重危害人体健康":

(一)含有超标准的有毒有害物质的;

(二)不含所标明的有效成份,可能贻误诊治的;

(三)所标明的适应症或者功能主治超出规定范围,可能造成贻误诊治的;

(四)缺乏所标明的急救必需的有效成份的。

生产、销售的假药被使用后,造成轻伤、重伤或者其他严重后果的,应认定为"对人体健康造成严重危害"。

生产、销售的假药被使用后,致人严重残疾,三人以上重伤、十人以上轻伤或者造成其他特别严重后果的,应认定为"对人体健康造成特别严重危害"。

第四条 经省级以上卫生行政部门确定的机构鉴定,食品中含有可能导致严重食物中毒事故或者其他严重食源性疾患的超标准的有害细菌或者其他污染物的,应认定为刑法第一百四十三条规定的"足以造成严重食物中毒事故或者其他严重食源性疾患"。

生产、销售不符合卫生标准的食品被食用后,造成轻伤、重伤或者其他严重后果的,应认定为"对人体健康造成严重危害"。

生产、销售不符合卫生标准的食品被食用后,致人死亡、严重残疾、三人以上重伤,十人以上轻伤或者造成其他特别严重后果的。应认定为"后果特别严重"。

第五条 生产、销售的有毒、有害食品被食用后,造成轻伤、重伤或者其他严重后果的,应认定为刑法第一百四十四条规定的"对人体健康造成严重危害"。

生产、销售的有毒、有害食品被食用后,致人严重残疾、三人以上重伤、十人以上轻伤或者造成其他特别严重后果的,应认定为"对人体健康造成特别严重危害"。

第六条 生产、销售不符合标准的医疗器械、医用卫生材料,致人轻伤或者其他严重后果的,应认定为刑法第一百四十五条规定的"对人体健康造成严重危害"。

生产、销售不符合标准的医疗器械、医用卫生材料,造成感染病毒性肝炎等难以治愈的疾病、一人以上重伤、三人以上轻伤或者其他严重后果的,应认定为"后果特别严重"。

生产、销售不符合标准的医疗器械、医用卫生材料,致人死亡、严重残疾、感染艾滋病、三人以上重伤、十人以上轻伤或者造成其他特别严重后果的,应认定为"情节特别恶劣"。

医疗机构或者个人,知道或者应当知道是不符合保障人体健康的国家标准、行业标准的医疗器械、医用卫生材料而购买、使用,对人体健康造成严重危害的,以销售不符合标准的医用器材罪定罪处罚。

没有国家标准、行业标准的医疗器械,注册产品标准可视为"保障人体健康的行业标准"。

第七条 刑法第一百四十七条规定的生产、销售伪劣农药、兽药、化肥、种子罪中"使生产遭受较大损失",一般以二万元为起点;"重大损失",一般以十万元为起点;"特别重大损失",一般以五十万元为起点。

第八条 国家机关工作人员徇私舞弊,对生产、销售伪劣商品犯罪不履行法律规定的查处职责,具有下列情形之一的,属于刑法第四百一十四条规定的“情节严重”:

(一)放纵生产、销售假药或者有毒、有害食品犯罪行为的;

(二)放纵依法可能判处二年有期徒刑以上刑罚的生产、销售、伪劣商品犯罪行为的;

(三)对三个以上有生产、销售伪劣商品犯罪行为的单位或者个人不履行追究职责的;

(四)致使国家和人民利益遭受重大损失或者造成恶劣影响的。

第九条 知道或者应当知道他人实施生产、销售伪劣商品犯罪,而为其提供贷款、资金、账号、发票、证明、许可证件,或者提供生产、经营场所或者运输、仓储、保管、邮寄等便利条件,或者提供制假生产技术的,以生产、销售伪劣商品犯罪的共犯论处。

第十条 实施生产、销售伪劣商品犯罪,同时构成侵犯知识产权、非法经营等其他犯罪的,依照处罚较重的规定定罪处罚。

第十一条 实施刑法第一百四十条至第一百四十八条规定的犯罪,又以暴力、威胁方法抗拒查处,构成其他犯罪的,依照数罪并罚的规定处罚。

第十二条 国家机关工作人员参与生产、销售伪劣商品犯罪的,从重处罚。

最高人民法院、最高人民检察院关于办理非法生产、销售、使用禁止在饲料和动物饮用水中使用的药品等刑事案件具体应用法律若干问题的解释

(最高人民法院审判委员会第1237次会议、最高人民检察院第九届检察委员会第109次会议通过　2002年8月16日最高人民法院公告公布　自2002年8月23日起施行　法释〔2002〕26号)

为依法惩治非法生产、销售、使用盐酸克仑特罗(Clenbuterol Hydrochloride,俗称“瘦肉精”)等禁止在饲料和动物饮用水中使用的药品等犯罪活动,维护社会主义市场经济秩序,保护公民身体健康,根据刑法有关规定,现就办理这类刑事案件具体应用法律的若干问题解释如下:

第一条 未取得药品生产、经营许可证件和批准文号,非法生产、销售盐酸克仑特罗等禁止在饲料和动物饮用水中使用的药品,扰乱药品市场秩序,情节严重的,依照刑法第二百二十五条第(一)项的规定,以非法经营罪追究刑事责任。

第二条 在生产、销售的饲料中添加盐酸克仑特罗等禁止在饲料和动物饮用水中使用的药品,或者销售明知是添加有该类药品的饲料,情节严重的,依照刑法第二百二十五条第(四)项的规定,以非法经营罪追究刑事责任。

第三条 使用盐酸克仑特罗等禁止在饲料和动物饮用水中使用的药品或者含有该类药品的饲料养殖供人食用的动物,或

者销售明知是使用该类药品或者含有该类药品的饲料养殖的供人食用的动物的,依照刑法第一百四十四条的规定,以生产、销售有毒、有害食品罪追究刑事责任。

第四条 明知是使用盐酸克仑特罗等禁止在饲料和动物饮用水中使用的药品或者含有该类药品的饲料养殖的供人食用的动物,而提供屠宰等加工服务,或者销售其制品的,依照刑法第一百四十四条的规定,以生产、销售有毒、有害食品罪追究刑事责任。

第五条 实施本解释规定的行为,同时触犯刑法规定的两种以上犯罪的,依照处罚较重的规定追究刑事责任。

第六条 禁止在饲料和动物饮用水中使用的药品,依照国家有关部门公告的禁止在饲料和动物饮用水中使用的药物品种目录确定。

附:

农业部、卫生部、国家药品监督管理局公告的《禁止在饲料和动物饮用水中使用的药物品种目录》

一、肾上腺素受体激动剂

1. 盐酸克仑特罗(Clenbuterol Hydrochloride):中华人民共和国药典(以下简称药典)2000年二部P605。β2肾上腺素受体激动药。

2. 沙丁胺醇(Salbutamol):药典2000年二部P316。β2肾上腺素受体激动药。

3. 硫酸沙丁胺醇(Salbutamol Sulfate):药典2000年二部P870。β2肾上腺素受体激动药。

4. 莱克多巴胺(Ractopamine):一种β兴奋剂,美国食品和药物管理局(FDA)已批准,中国未批准。

5. 盐酸多巴胺(Dopamine Hydrochloride):药典2000年二部P591。多巴胺受体激动药。

6. 西巴特罗(Cimaterol):美国氰胺公司开发的产品,一种β兴奋剂,FDA未批准。

7. 硫酸特布他林(Terbutaline Sulfate):药典2000年二部P890。β2肾上腺受体激动药。

二、性激素

8. 己烯雌酚(Diethylstibestrol):药典2000年二部P42。雌激素类药。

9. 雌二醇(Estradiol):药典2000年二部P1005。雌激素类药。

10. 戊酸雌二醇(Estradiol Valcrate):药典2000年二部P124。雌激素类药。

11. 苯甲酸雌二醇(Estradiol Benzoate):药典2000年二部P369。雌激素类药。中华人民共和国兽药典(以下简称兽药典)2000年版一部P109。雌激素类药。用于发情不明显动物的催情及胎衣滞留、死胎的排除。

12. 氯烯雌醚(Chlorotrianisene)药典2000年二部P919。

13. 炔诺醇(Ethinylestradiol)药典2000年二部P422。

14. 炔诺醚(Quinestrol)药典2000年二部P424。

15. 醋酸氯地孕酮(Chlormadinoneacetate)药典2000年二部P1037。

16. 左炔诺孕酮(Levonorgestrel)药典

2000 年二部 P107。

17. 炔诺酮(Norethisterone)药典 2000 年二部 P420。

18. 绒毛膜促性腺激素(绒促性素)(Chorionic Gonadotrophin):药典 2000 年二部 P534。促性腺激素药。兽药典 2000 年版一部 P146。激素类药。用于性功能障碍、习惯性流产及卵巢囊肿等。

19. 促卵泡生长激素(尿促性素主要含卵泡刺激 FSHT 和黄体生成素 LH)(Menotropins):药典 2000 年二部 P321。促性腺激素类药。

三、蛋白同化激素

20. 碘化酪蛋白(Iodinated Casein):蛋白同化激素类,为甲状腺素的前驱物质,具有类似甲状腺素的生理作用。

21. 苯丙酸诺龙及苯丙酸诺龙注射液(Nandrolonephenylpro - pionate)药典 2000 年二部 P365。

四、精神药品

22. (盐酸)氯丙嗪(Chlorpromazine Hydrochloride):药典 2000 年二部 P676。抗精神病药。兽药典 2000 年版一部 P177。镇静药。用于强化麻醉以及使动物安静等。

23. 盐酸异丙嗪(Promethazine Hydrochloride):药典 2000 年二部 P602。抗组胺药。兽药典 2000 年版一部 P164。抗组胺药。用于变态反应性疾病,如荨麻疹、血清病等。

24. 安定(地西泮)(Diazepam):药典 2000 年二部 P214。抗焦虑药、抗惊厥药。兽药典 2000 年版一部 P61。镇静药、抗惊厥药。

25. 苯巴比妥(Phenobarbital):药典 2000 年二部 P362。镇静催眠药、抗惊厥药。兽药典 2000 年版一部 P103。巴比妥类药。缓解脑炎、破伤风、士的宁中毒所致的惊厥。

26. 苯巴比妥钠(Phenobarbital Sodium)。兽药典 2000 年版一部 P105。巴比妥类药。缓解脑炎、破伤风、士的宁中毒所致的惊厥。

27. 巴比妥(Barbital):兽药典 2000 年版一部 P27。中枢抑制和增强解热镇痛。

28. 异戊巴比妥(Amobarbital):药典 2000 年二部 P252。催眠药、抗惊厥药。

29. 异戊巴比妥钠(Amobarbital Sodium):兽药典 2000 年版一部 P82。巴比妥类药。用于小动物的镇静、抗惊厥和麻醉。

30. 利血平(Reserpine):药典 2000 年二部 P304。抗高血压药。

31. 艾司唑仑(Estazolam)。

32. 甲丙氨脂(Meprobamate)。

33. 咪达唑仑(Midazolam)。

34. 硝西泮(Nitrazepam)。

35. 奥沙西泮(Oxazepam)。

36. 匹莫林(Pemoline)。

37. 三唑仑(Triazolam)。

38. 唑吡旦(Zolpidem)。

39. 其他国家管制的精神药品。

五、各种抗生素滤渣

40. 抗生素滤渣:该类物质是抗生素类产品生产过程中产生的工业三废,因含有微量抗生素成份,在饲料和饲养过程中使用后对动物有一定的促生长作用。但对养殖业的危害很大,一是容易引起耐药性,二是由于未做安全性试验,存在各种安全隐患。

最高人民法院、最高人民检察院关于办理危害食品安全刑事案件适用法律若干问题的解释

(2021年12月13日最高人民法院审判委员会第1856次会议、2021年12月29日最高人民检察院第十三届检察委员会第84次会议通过　2021年12月30日最高人民法院、最高人民检察院公告公布　自2022年1月1日起施行　法释〔2021〕24号)

为依法惩治危害食品安全犯罪,保障人民群众身体健康、生命安全,根据《中华人民共和国刑法》《中华人民共和国刑事诉讼法》的有关规定,对办理此类刑事案件适用法律的若干问题解释如下:

第一条　生产、销售不符合食品安全标准的食品,具有下列情形之一的,应当认定为刑法第一百四十三条规定的“足以造成严重食物中毒事故或者其他严重食源性疾病”:

(一)含有严重超出标准限量的致病性微生物、农药残留、兽药残留、生物毒素、重金属等污染物质以及其他严重危害人体健康的物质的;

(二)属于病死、死因不明或者检验检疫不合格的畜、禽、兽、水产动物肉类及其制品的;

(三)属于国家为防控疾病等特殊需要明令禁止生产、销售的;

(四)特殊医学用途配方食品、专供婴幼儿的主辅食品营养成分严重不符合食品安全标准的;

(五)其他足以造成严重食物中毒事故或者严重食源性疾病的情形。

第二条　生产、销售不符合食品安全标准的食品,具有下列情形之一的,应当认定为刑法第一百四十三条规定的“对人体健康造成严重危害”:

(一)造成轻伤以上伤害的;

(二)造成轻度残疾或者中度残疾的;

(三)造成器官组织损伤导致一般功能障碍或者严重功能障碍的;

(四)造成十人以上严重食物中毒或者其他严重食源性疾病的;

(五)其他对人体健康造成严重危害的情形。

第三条　生产、销售不符合食品安全标准的食品,具有下列情形之一的,应当认定为刑法第一百四十三条规定的“其他严重情节”:

(一)生产、销售金额二十万元以上的;

(二)生产、销售金额十万元以上不满二十万元,不符合食品安全标准的食品数量较大或者生产、销售持续时间六个月以上的;

(三)生产、销售金额十万元以上不满二十万元,属于特殊医学用途配方食品、专供婴幼儿的主辅食品的;

(四)生产、销售金额十万元以上不满二十万元,且在中小学校园、托幼机构、养老机构及周边面向未成年人、老年人销售的;

(五)生产、销售金额十万元以上不满二十万元,曾因危害食品安全犯罪受过刑事处罚或者二年内因危害食品安全违法行

为受过行政处罚的；

（六）其他情节严重的情形。

第四条 生产、销售不符合食品安全标准的食品，具有下列情形之一的，应当认定为刑法第一百四十三条规定的“后果特别严重”：

（一）致人死亡的；

（二）造成重度残疾以上的；

（三）造成三人以上重伤、中度残疾或者器官组织损伤导致严重功能障碍的；

（四）造成十人以上轻伤、五人以上轻度残疾或者器官组织损伤导致一般功能障碍的；

（五）造成三十人以上严重食物中毒或者其他严重食源性疾病的；

（六）其他特别严重的后果。

第五条 在食品生产、销售、运输、贮存等过程中，违反食品安全标准，超限量或者超范围滥用食品添加剂，足以造成严重食物中毒事故或者其他严重食源性疾病的，依照刑法第一百四十三条的规定以生产、销售不符合安全标准的食品罪定罪处罚。

在食用农产品种植、养殖、销售、运输、贮存等过程中，违反食品安全标准，超限量或者超范围滥用添加剂、农药、兽药等，足以造成严重食物中毒事故或者其他严重食源性疾病的，适用前款的规定定罪处罚。

第六条 生产、销售有毒、有害食品，具有本解释第二条规定情形之一的，应当认定为刑法第一百四十四条规定的“对人体健康造成严重危害”。

第七条 生产、销售有毒、有害食品，具有下列情形之一的，应当认定为刑法第一百四十四条规定的“其他严重情节”：

（一）生产、销售金额二十万元以上不满五十万元的；

（二）生产、销售金额十万元以上不满二十万元，有毒、有害食品数量较大或者生产、销售持续时间六个月以上的；

（三）生产、销售金额十万元以上不满二十万元，属于特殊医学用途配方食品、专供婴幼儿的主辅食品的；

（四）生产、销售金额十万元以上不满二十万元，且在中小学校园、托幼机构、养老机构及周边面向未成年人、老年人销售的；

（五）生产、销售金额十万元以上不满二十万元，曾因危害食品安全犯罪受过刑事处罚或者二年内因危害食品安全违法行为受过行政处罚的；

（六）有毒、有害的非食品原料毒害性强或者含量高的；

（七）其他情节严重的情形。

第八条 生产、销售有毒、有害食品，生产、销售金额五十万元以上，或者具有本解释第四条第二项至第六项规定的情形之一的，应当认定为刑法第一百四十四条规定的“其他特别严重情节”。

第九条 下列物质应当认定为刑法第一百四十四条规定的“有毒、有害的非食品原料”：

（一）因危害人体健康，被法律、法规禁止在食品生产经营活动中添加、使用的物质；

（二）因危害人体健康，被国务院有关部门列入《食品中可能违法添加的非食用物质名单》《保健食品中可能非法添加的物质名单》和国务院有关部门公告的禁用农药、《食品动物中禁止使用的药品及其他化合物清单》等名单上的物质；

（三）其他有毒、有害的物质。

第十条 刑法第一百四十四条规定的"明知",应当综合行为人的认知能力、食品质量、进货或者销售的渠道及价格等主、客观因素进行认定。

具有下列情形之一的,可以认定为刑法第一百四十四条规定的"明知",但存在相反证据并经查证属实的除外:

(一)长期从事相关食品、食用农产品生产、种植、养殖、销售、运输、贮存行业,不依法履行保障食品安全义务的;

(二)没有合法有效的购货凭证,且不能提供或者拒不提供销售的相关食品来源的;

(三)以明显低于市场价格进货或者销售且无合理原因的;

(四)在有关部门发出禁令或者食品安全预警的情况下继续销售的;

(五)因实施危害食品安全行为受过行政处罚或者刑事处罚,又实施同种行为的;

(六)其他足以认定行为人明知的情形。

第十一条 在食品生产、销售、运输、贮存等过程中,掺入有毒、有害的非食品原料,或者使用有毒、有害的非食品原料生产食品的,依照刑法第一百四十四条的规定以生产、销售有毒、有害食品罪定罪处罚。

在食用农产品种植、养殖、销售、运输、贮存等过程中,使用禁用农药、食品动物中禁止使用的药品及其他化合物等有毒、有害的非食品原料,适用前款的规定定罪处罚。

在保健食品或者其他食品中非法添加国家禁用药物等有毒、有害的非食品原料的,适用第一款的规定定罪处罚。

第十二条 在食品生产、销售、运输、贮存等过程中,使用不符合食品安全标准的食品包装材料、容器、洗涤剂、消毒剂,或者用于食品生产经营的工具、设备等,造成食品被污染,符合刑法第一百四十三条、第一百四十四条规定的,以生产、销售不符合安全标准的食品罪或者生产、销售有毒、有害食品罪定罪处罚。

第十三条 生产、销售不符合食品安全标准的食品,有毒、有害食品,符合刑法第一百四十三条、第一百四十四条规定的,以生产、销售不符合安全标准的食品罪或者生产、销售有毒、有害食品罪定罪处罚。同时构成其他犯罪的,依照处罚较重的规定定罪处罚。

生产、销售不符合食品安全标准的食品,无证据证明足以造成严重食物中毒事故或者其他严重食源性疾病,不构成生产、销售不符合安全标准的食品罪,但构成生产、销售伪劣产品罪,妨害动植物防疫、检疫罪等其他犯罪的,依照该其他犯罪定罪处罚。

第十四条 明知他人生产、销售不符合食品安全标准的食品,有毒、有害食品,具有下列情形之一的,以生产、销售不符合安全标准的食品罪或者生产、销售有毒、有害食品罪的共犯论处:

(一)提供资金、贷款、账号、发票、证明、许可证件的;

(二)提供生产、经营场所或者运输、贮存、保管、邮寄、销售渠道等便利条件的;

(三)提供生产技术或者食品原料、食品添加剂、食品相关产品或者有毒、有害的非食品原料的;

(四)提供广告宣传的;

(五)提供其他帮助行为的。

第十五条 生产、销售不符合食品安全全标准的食品添加剂，用于食品的包装材料、容器、洗涤剂、消毒剂，或者用于食品生产经营的工具、设备等，符合刑法第一百四十条规定的，以生产、销售伪劣产品罪定罪处罚。

生产、销售用超过保质期的食品原料、超过保质期的食品、回收食品作为原料的食品，或者以更改生产日期、保质期、改换包装等方式销售超过保质期的食品、回收食品，适用前款的规定定罪处罚。

实施前两款行为，同时构成生产、销售不符合安全标准的食品罪，生产、销售不符合安全标准的产品罪等其他犯罪的，依照处罚较重的规定定罪处罚。

第十六条 以提供给他人生产、销售食品为目的，违反国家规定，生产、销售国家禁止用于食品生产、销售的非食品原料，情节严重的，依照刑法第二百二十五条的规定以非法经营罪定罪处罚。

以提供给他人生产、销售食用农产品为目的，违反国家规定，生产、销售国家禁用农药、食品动物中禁止使用的药品及其他化合物等有毒、有害的非食品原料，或者生产、销售添加上述有毒、有害的非食品原料的农药、兽药、饲料、饲料添加剂、饲料原料，情节严重的，依照前款的规定定罪处罚。

第十七条 违反国家规定，私设生猪屠宰厂(场)，从事生猪屠宰、销售等经营活动，情节严重的，依照刑法第二百二十五条的规定以非法经营罪定罪处罚。

在畜禽屠宰相关环节，对畜禽使用食品动物中禁止使用的药品及其他化合物等有毒、有害的非食品原料，依照刑法第一百四十四条的规定以生产、销售有毒、有害食品罪定罪处罚；对畜禽注水或者注入其他物质，足以造成严重食物中毒事故或者其他严重食源性疾病的，依照刑法第一百四十三条的规定以生产、销售不符合安全标准的食品罪定罪处罚；虽不足以造成严重食物中毒事故或者其他严重食源性疾病，但符合刑法第一百四十条规定的，以生产、销售伪劣产品罪定罪处罚。

第十八条 实施本解释规定的非法经营行为，非法经营数额在十万元以上，或者违法所得数额在五万元以上的，应当认定为刑法第二百二十五条规定的“情节严重”；非法经营数额在五十万元以上，或者违法所得数额在二十五万元以上的，应当认定为刑法第二百二十五条规定的“情节特别严重”。

实施本解释规定的非法经营行为，同时构成生产、销售伪劣产品罪，生产、销售不符合安全标准的食品罪，生产、销售有毒、有害食品罪，生产、销售伪劣农药、兽药罪等其他犯罪的，依照处罚较重的规定定罪处罚。

第十九条 违反国家规定，利用广告对保健食品或者其他食品作虚假宣传，符合刑法第二百二十二条规定的，以虚假广告罪定罪处罚；以非法占有为目的，利用销售保健食品或者其他食品诈骗财物，符合刑法第二百六十六条规定的，以诈骗罪定罪处罚。同时构成生产、销售伪劣产品罪等其他犯罪的，依照处罚较重的规定定罪处罚。

第二十条 负有食品安全监督管理职责的国家机关工作人员，滥用职权或者玩忽职守，构成食品监管渎职罪，同时构成徇私舞弊不移交刑事案件罪、商检徇私舞弊罪、动植物检疫徇私舞弊罪、放纵制售伪劣商品犯罪行为罪等其他渎职犯罪的，依照处罚较重的规定定罪处罚。

负有食品安全监督管理职责的国家机关工作人员滥用职权或者玩忽职守,不构成食品监管渎职罪,但构成前款规定的其他渎职犯罪的,依照该其他犯罪定罪处罚。

负有食品安全监督管理职责的国家机关工作人员与他人共谋,利用其职务行为帮助他人实施危害食品安全犯罪行为,同时构成渎职犯罪和危害食品安全犯罪共犯的,依照处罚较重的规定定罪从重处罚。

第二十一条 犯生产、销售不符合安全标准的食品罪,生产、销售有毒、有害食品罪,一般应当依法判处生产、销售金额二倍以上的罚金。

共同犯罪的,对各共同犯罪人合计判处的罚金一般应当在生产、销售金额的二倍以上。

第二十二条 对实施本解释规定之犯罪的犯罪分子,应当依照刑法规定的条件,严格适用缓刑、免予刑事处罚。对于依法适用缓刑的,可以根据犯罪情况,同时宣告禁止令。

对于被不起诉或者免予刑事处罚的行为人,需要给予行政处罚、政务处分或者其他处分的,依法移送有关主管机关处理。

第二十三条 单位实施本解释规定的犯罪的,对单位判处罚金,并对直接负责的主管人员和其他直接责任人员,依照本解释规定的定罪量刑标准处罚。

第二十四条 "足以造成严重食物中毒事故或者其他严重食源性疾病""有毒、有害的非食品原料"等专门性问题难以确定的,司法机关可以依据鉴定意见、检验报告、地市级以上相关行政主管部门组织出具的书面意见,结合其他证据作出认定。必要时,专门性问题由省级以上相关行政主管部门组织出具书面意见。

第二十五条 本解释所称"二年内",以第一次违法行为受到行政处罚的生效之日与又实施相应行为之日的时间间隔计算确定。

第二十六条 本解释自2022年1月1日起施行。本解释公布实施后,《最高人民法院、最高人民检察院关于办理危害食品安全刑事案件适用法律若干问题的解释》(法释〔2013〕12号)同时废止;之前发布的司法解释与本解释不一致的,以本解释为准。

最高人民法院、最高人民检察院关于办理危害药品安全刑事案件适用法律若干问题的解释

(2022年2月28日最高人民法院审判委员会第1865次会议、2022年2月25日最高人民检察院第十三届检察委员会第92次会议通过 2022年3月3日最高人民法院、最高人民检察院公告公布 自2022年3月6日起施行 高检发释字〔2022〕1号)

为依法惩治危害药品安全犯罪,保障人民群众生命健康,维护药品管理秩序,根据《中华人民共和国刑法》《中华人民共和国刑事诉讼法》及《中华人民共和国药品管理法》等有关规定,现就办理此类刑事案件适用法律的若干问题解释如下:

第一条 生产、销售、提供假药,具有下列情形之一的,应当酌情从重处罚:

(一)涉案药品以孕产妇、儿童或者危重病人为主要使用对象的;

(二)涉案药品属于麻醉药品、精神药

品、医疗用毒性药品、放射性药品、生物制品，或者以药品类易制毒化学品冒充其他药品的；

(三)涉案药品属于注射剂药品、急救药品的；

(四)涉案药品系用于应对自然灾害、事故灾难、公共卫生事件、社会安全事件等突发事件的；

(五)药品使用单位及其工作人员生产、销售假药的；

(六)其他应当酌情从重处罚的情形。

第二条 生产、销售、提供假药，具有下列情形之一的，应当认定为刑法第一百四十一条规定的“对人体健康造成严重危害”：

(一)造成轻伤或者重伤的；

(二)造成轻度残疾或者中度残疾的；

(三)造成器官组织损伤导致一般功能障碍或者严重功能障碍的；

(四)其他对人体健康造成严重危害的情形。

第三条 生产、销售、提供假药，具有下列情形之一的，应当认定为刑法第一百四十一条规定的“其他严重情节”：

(一)引发较大突发公共卫生事件的；

(二)生产、销售、提供假药的金额二十万元以上不满五十万元的；

(三)生产、销售、提供假药的金额十万元以上不满二十万元，并具有本解释第一条规定情形之一的；

(四)根据生产、销售、提供的时间、数量、假药种类、对人体健康危害程度等，应当认定为情节严重的。

第四条 生产、销售、提供假药，具有下列情形之一的，应当认定为刑法第一百四十一条规定的“其他特别严重情节”：

(一)致人重度残疾以上的；

(二)造成三人以上重伤、中度残疾或者器官组织损伤导致严重功能障碍的；

(三)造成五人以上轻度残疾或者器官组织损伤导致一般功能障碍的；

(四)造成十人以上轻伤的；

(五)引发重大、特别重大突发公共卫生事件的；

(六)生产、销售、提供假药的金额五十万元以上的；

(七)生产、销售、提供假药的金额二十万元以上不满五十万元，并具有本解释第一条规定情形之一的；

(八)根据生产、销售、提供的时间、数量、假药种类、对人体健康危害程度等，应当认定为情节特别严重的。

第五条 生产、销售、提供劣药，具有本解释第一条规定情形之一的，应当酌情从重处罚。

生产、销售、提供劣药，具有本解释第二条规定情形之一的，应当认定为刑法第一百四十二条规定的“对人体健康造成严重危害”。

生产、销售、提供劣药，致人死亡，或者具有本解释第四条第一项至第五项规定情形之一的，应当认定为刑法第一百四十二条规定的“后果特别严重”。

第六条 以生产、销售、提供假药、劣药为目的，合成、精制、提取、储存、加工炮制药品原料，或者在将药品原料、辅料、包装材料制成成品过程中，进行配料、混合、制剂、储存、包装的，应当认定为刑法第一百四十一条、第一百四十二条规定的“生产”。

药品使用单位及其工作人员明知是假药、劣药而有偿提供给他人使用的，应当认定为刑法第一百四十一条、第一百四十二条规定的“销售”;无偿提供给他人使用的,应当认定为刑法第一百四十一条、第一百四十二条规定的“提供”。

第七条 实施妨害药品管理的行为,具有下列情形之一的,应当认定为刑法第一百四十二条之一规定的“足以严重危害人体健康”:

(一)生产、销售国务院药品监督管理部门禁止使用的药品,综合生产、销售的时间、数量、禁止使用原因等情节,认为具有严重危害人体健康的现实危险的;

(二)未取得药品相关批准证明文件生产药品或者明知是上述药品而销售,涉案药品属于本解释第一条第一项至第三项规定情形的;

(三)未取得药品相关批准证明文件生产药品或者明知是上述药品而销售,涉案药品的适应症、功能主治或者成分不明的;

(四)未取得药品相关批准证明文件生产药品或者明知是上述药品而销售,涉案药品没有国家药品标准,且无核准的药品质量标准,但检出化学药成分的;

(五)未取得药品相关批准证明文件进口药品或者明知是上述药品而销售,涉案药品在境外也未合法上市的;

(六)在药物非临床研究或者药物临床试验过程中故意使用虚假试验用药品,或者瞒报与药物临床试验用药品相关的严重不良事件的;

(七)故意损毁原始药物非临床研究数据或者药物临床试验数据,或者编造受试动物信息、受试者信息、主要试验过程记录、研究数据、检测数据等药物非临床研究数据或者药物临床试验数据,影响药品的安全性、有效性和质量可控性的;

(八)编造生产、检验记录,影响药品的安全性、有效性和质量可控性的;

(九)其他足以严重危害人体健康的情形。

对于涉案药品是否在境外合法上市,应当根据境外药品监督管理部门或者权利人的证明等证据,结合犯罪嫌疑人、被告人及其辩护人提供的证据材料综合审查,依法作出认定。

对于“足以严重危害人体健康”难以确定的,根据地市级以上药品监督管理部门出具的认定意见,结合其他证据作出认定。

第八条 实施妨害药品管理的行为,具有本解释第二条规定情形之一的,应当认定为刑法第一百四十二条之一规定的“对人体健康造成严重危害”。

实施妨害药品管理的行为,足以严重危害人体健康,并具有下列情形之一的,应当认定为刑法第一百四十二条之一规定的“有其他严重情节”:

(一)生产、销售国务院药品监督管理部门禁止使用的药品,生产、销售的金额五十万元以上的;

(二)未取得药品相关批准证明文件生产、进口药品或者明知是上述药品而销售,生产、销售的金额五十万元以上的;

(三)药品申请注册中提供虚假的证明、数据、资料、样品或者采取其他欺骗手段,造成严重后果的;

(四)编造生产、检验记录,造成严重后果的;

(五)造成恶劣社会影响或者具有其他严重情节的情形。

实施刑法第一百四十二条之一规定的行为,同时又构成生产、销售、提供假药罪、生产、销售、提供劣药罪或者其他犯罪的，依照处罚较重的规定定罪处罚。

第九条 明知他人实施危害药品安全犯罪，而有下列情形之一的，以共同犯罪论处：

（一）提供资金、贷款、账号、发票、证明、许可证件的；

（二）提供生产、经营场所、设备或者运输、储存、保管、邮寄、销售渠道等便利条件的；

（三）提供生产技术或者原料、辅料、包装材料、标签、说明书的；

（四）提供虚假药物非临床研究报告、药物临床试验报告及相关材料的；

（五）提供广告宣传的；

（六）提供其他帮助的。

第十条 办理生产、销售、提供假药、生产、销售、提供劣药、妨害药品管理等刑事案件，应当结合行为人的从业经历、认知能力、药品质量、进货渠道和价格、销售渠道和价格以及生产、销售方式等事实综合判断认定行为人的主观故意。具有下列情形之一的，可以认定行为人有实施相关犯罪的主观故意，但有证据证明确实不具有故意的除外：

（一）药品价格明显异于市场价格的；

（二）向不具有资质的生产者、销售者购买药品，且不能提供合法有效的来历证明的；

（三）逃避、抗拒监督检查的；

（四）转移、隐匿、销毁涉案药品、进销货记录的；

（五）曾因实施危害药品安全违法犯罪行为受过处罚，又实施同类行为的；

（六）其他足以认定行为人主观故意的情形。

第十一条 以提供给他人生产、销售、提供药品为目的，违反国家规定，生产、销售不符合药用要求的原料、辅料，符合刑法第一百四十条规定的，以生产、销售伪劣产品罪从重处罚；同时构成其他犯罪的，依照处罚较重的规定定罪处罚。

第十二条 广告主、广告经营者、广告发布者违反国家规定，利用广告对药品作虚假宣传，情节严重的，依照刑法第二百二十二条的规定，以虚假广告罪定罪处罚。

第十三条 明知系利用医保骗保购买的药品而非法收购、销售，金额五万元以上的，应当依照刑法第三百一十二条的规定，以掩饰、隐瞒犯罪所得罪定罪处罚；指使、教唆、授意他人利用医保骗保购买药品，进而非法收购、销售，符合刑法第二百六十六条规定的，以诈骗罪定罪处罚。

对于利用医保骗保购买药品的行为人是否追究刑事责任，应当综合骗取医保基金的数额、手段、认罪悔罪态度等案件具体情节，依法妥当决定。利用医保骗保购买药品的行为人是否被追究刑事责任，不影响对非法收购、销售有关药品的行为人定罪处罚。

对于第一款规定的主观明知，应当根据药品标志、收购渠道、价格、规模及药品追溯信息等综合认定。

第十四条 负有药品安全监督管理职责的国家机关工作人员，滥用职权或者玩忽职守，构成药品监管渎职罪，同时构成商检徇私舞弊罪、商检失职罪等其他渎职犯罪的，依照处罚较重的规定定罪处罚。

负有药品安全监督管理职责的国家机关工作人员滥用职权或者玩忽职守，不构成药品监管渎职罪，但构成前款规定的其他渎职犯罪的，依照该其他犯罪定罪处罚。

负有药品安全监督管理职责的国家机关工作人员与他人共谋，利用其职务便利帮助他人实施危害药品安全犯罪行为，同时构成渎职犯罪和危害药品安全犯罪共犯的，依照处罚较重的规定定罪从重处罚。

第十五条 对于犯生产、销售、提供假药罪、生产、销售、提供劣药罪、妨害药品管理罪的，应当结合被告人的犯罪数额、违法所得，综合考虑被告人缴纳罚金的能力，依法判处罚金。罚金一般应当在生产、销售、提供的药品金额二倍以上；共同犯罪的，对各共同犯罪人合计判处的罚金一般应当在生产、销售、提供的药品金额二倍以上。

第十六条 对于犯生产、销售、提供假药罪、生产、销售、提供劣药罪、妨害药品管理罪的，应当依照刑法规定的条件，严格缓刑、免予刑事处罚的适用。对于被判处刑罚的，可以根据犯罪情况和预防再犯罪的需要，依法宣告职业禁止或者禁止令。《中华人民共和国药品管理法》等法律、行政法规另有规定的，从其规定。

对于被不起诉或者免予刑事处罚的行为人，需要给予行政处罚、政务处分或者其他处分的，依法移送有关主管机关处理。

第十七条 单位犯生产、销售、提供假药罪、生产、销售、提供劣药罪、妨害药品管理罪的，对单位判处罚金，并对直接负责的主管人员和其他直接责任人员，依照本解释规定的自然人犯罪的定罪量刑标准处罚。

单位犯罪的，对被告单位及其直接负责的主管人员、其他直接责任人员合计判处的罚金一般应当在生产、销售、提供的药品金额二倍以上。

第十八条 根据民间传统配方私自加工药品或者销售上述药品，数量不大，且未造成他人伤害后果或者延误诊治的，或者不以营利为目的实施带有自救、互助性质的生产、进口、销售药品的行为，不应当认定为犯罪。

对于是否属于民间传统配方难以确定的，根据地市级以上药品监督管理部门或者有关部门出具的认定意见，结合其他证据作出认定。

第十九条 刑法第一百四十一条、第一百四十二条规定的“假药”“劣药”，依照《中华人民共和国药品管理法》的规定认定。

对于《中华人民共和国药品管理法》第九十八条第二款第二项、第四项及第三款第三项至第六项规定的假药、劣药，能够根据现场查获的原料、包装，结合犯罪嫌疑人、被告人供述等证据材料作出判断的，可以由地市级以上药品监督管理部门出具认定意见。对于依据《中华人民共和国药品管理法》第九十八条第二款、第三款的其他规定认定假药、劣药，或者是否属于第九十八条第二款第二项、第三款第六项规定的假药、劣药存在争议的，应当由省级以上药品监督管理部门设置或者确定的药品检验机构进行检验，出具质量检验结论。司法机关根据认定意见、检验结论，结合其他证据作出认定。

第二十条 对于生产、提供药品的金额，以药品的货值金额计算；销售药品的金额，以所得和可得的全部违法收入计算。

第二十一条 本解释自2022年3月6日起施行。本解释公布施行后，《最高人民法院、最高人民检察院关于办理危害药品安全刑事案件适用法律若干问题的解释》（法释〔2014〕14号）、《最高人民法院、最高人民检察院关于办理药品、医疗器械注册申请材料造假刑事案件适用法律若干问题的解释》(法释〔2017〕15号)同时废止。

最高人民法院关于审理生产、销售伪劣商品刑事案件有关鉴定问题的通知

(2001年5月21日　法〔2001〕70号)

各省、自治区、直辖市高级人民法院,解放军军事法院,新疆维吾尔自治区高级人民法院生产建设兵团分院:

自全国开展整顿和规范市场经济秩序工作以来,各地人民法院陆续受理了一批生产、销售伪劣产品、假冒商标和非法经营等严重破坏社会主义市场经济秩序的犯罪案件。此类案件中涉及的生产、销售的产品,有的纯属伪劣产品,有的则只是侵犯知识产权的产品。由于涉案产品是否"以假充真"、"以次充好"、"以不合格产品冒充合格产品",直接影响到对被告人的定罪及处刑,为准确适用刑法和《最高人民法院、最高人民检察院关于办理生产、销售伪劣商品刑事案件具体应用法律若干问题的解释》(以下简称《解释》),严惩假冒伪劣商品犯罪,不放纵和轻纵犯罪分子,现就审理生产、销售伪劣商品、假冒商标和非法经营等严重破坏社会主义市场经济秩序的犯罪案件中可能涉及的假冒伪劣商品的有关鉴定问题通知如下:

一、对于提起公诉的生产、销售伪劣产品、假冒商标、非法经营等严重破坏社会主义市场经济秩序的犯罪案件,所涉生产、销售的产品是否属于"以假充真"、"以次充好"、"以不合格产品冒充合格产品"难以确定的,应当根据《解释》第一条第五款的规定,由公诉机关委托法律、行政法规规定的产品质量检验机构进行鉴定。

二、根据《解释》第三条和第四条的规定,人民法院受理的生产、销售假药犯罪案件和生产、销售不符合卫生标准的食品犯罪案件,均需有"省级以上药品监督管理部门设置或者确定的药品检验机构"和"省级以上卫生行政部门确定的机构"出具的鉴定结论。

三、经鉴定确系伪劣商品,被告人的行为既构成生产、销售伪劣产品罪,又构成生产、销售假药罪或者生产、销售不符合卫生标准的食品罪,或者同时构成侵犯知识产权、非法经营等其他犯罪的,根据刑法第一百四十九条第二款和《解释》第十条的规定,应当依照处罚较重的规定定罪处罚。

最高人民法院、最高人民检察院、公安部、国家烟草专卖局关于办理假冒伪劣烟草制品等刑事案件适用法律问题座谈会纪要

(2003年12月23日　高检会〔2003〕4号)

生产、销售假冒伪劣烟草制品等犯罪行为严重破坏国家烟草专卖制度,扰乱社会主义市场经济秩序,侵害消费者合法权益。2001年以来,公安部、国家烟草专卖局联合开展了卷烟打假专项行动,取得了显著成效。同时,在查处生产、销售假冒伪劣烟草制品等犯罪案件过程中也遇到了一些适用法律方面的问题。为此,最高人民法

院、最高人民检察院、公安部、国家烟草专卖局于2003年8月4日至6日在昆明召开了办理假冒伪劣烟草制品等刑事案件适用法律问题座谈会。最高人民法院、最高人民检察院、公安部、国家烟草专卖局以及部分省、自治区、直辖市法院、检察院、公安厅(局)、烟草专卖局等单位的有关人员参加了会议。全国人大常委会法工委刑法室应邀派员参加了会议。与会人员在总结办案经验的基础上,根据法律和司法解释的有关规定,就办理假冒伪劣烟草制品等刑事案件中一些带有普遍性的具体适用法律问题进行了广泛讨论并形成了共识。纪要如下:

一、关于生产、销售伪劣烟草制品行为适用法律问题

(一)关于生产伪劣烟草制品尚未销售或者尚未完全销售行为定罪量刑问题

根据刑法第一百四十条的规定,生产、销售伪劣烟草制品,销售金额在五万元以上的,构成生产、销售伪劣产品罪。

根据《最高人民法院、最高人民检察院关于办理生产、销售伪劣商品刑事案件具体应用法律若干问题的解释》的有关规定,销售金额是指生产者、销售者出售伪劣烟草制品后所得和应得的全部违法收入。伪劣烟草制品尚未销售,货值金额达到刑法第一百四十条规定的销售金额三倍(十五万元)以上的,以生产、销售伪劣产品罪(未遂)定罪处罚。货值金额以违法生产、销售的伪劣产品的标价计算;没有标价的,按照同类合格产品的市场中间价格计算。货值金额难以确定的,按照国家计划委员会、最高人民法院、最高人民检察院、公安部1997年4月22日联合发布的《扣押、追缴、没收物品估价管理办法》的规定,委托指定的估价机构确定。

伪劣烟草制品尚未销售,货值金额分别达到十五万元以上不满二十万元、二十万元以上不满五十万元、五十万元以上不满二百万元、二百万元以上的,分别依照刑法第一百四十条规定的各量刑档次定罪处罚。

伪劣烟草制品的销售金额不满五万元,但与尚未销售的伪劣烟草制品的货值金额合计达到十五万元以上的,以生产、销售伪劣产品罪(未遂)定罪处罚。

生产伪劣烟草制品尚未销售,无法计算货值金额,有下列情形之一的,以生产.销售伪劣产品罪(未遂)定罪处罚:

1. 生产伪劣烟用烟丝数量在1000公斤以上的;

2. 生产伪劣烟用烟叶数量在1500公斤以上的。

(二)关于非法生产、拼装、销售烟草专用机械行为定罪处罚问题

非法生产、拼装、销售烟草专用机械行为,依照刑法第一百四十条的规定,以生产、销售伪劣产品罪追究刑事责任。

二、关于销售明知是假冒烟用注册商标的烟草制品行为中的"明知"问题

根据刑法第二百一十四条的规定,销售明知是假冒烟用注册商标的烟草制品,销售金额较大的,构成销售假冒注册商标的商品罪。

"明知",是指知道或应当知道。有下列情形之一的,可以认定为"明知":

1. 以明显低于市场价格进货的;

2. 以明显低于市场价格销售的;

3. 销售假冒烟用注册商标的烟草制品被发现后转移、销毁物证或者提供虚假证明、虚假情况的;

4. 其他可以认定为明知的情形。

三、关于非法经营烟草制品行为适用法律问题

未经烟草专卖行政主管部门许可，无生产许可证、批发许可证、零售许可证，而生产、批发、零售烟草制品，具有下列情形之一的，依照刑法第二百二十五条的规定定罪处罚：

1. 个人非法经营数额在五万元以上的，或者违法所得数额在一万元以上的；

2. 单位非法经营数额在五十万元以上的，或者违法所得数额在十万元以上的；

3. 曾因非法经营烟草制品行为受过二次以上行政处罚又非法经营的，非法经营数额在二万元以上的；

四、关于共犯问题

知道或者应当知道他人实施本纪要第一条至第三条规定的犯罪行为，仍实施下列行为之一的，应认定为共犯，依法追究刑事责任：

1. 直接参与生产、销售假冒伪劣烟草制品或者销售假冒烟用注册商标的烟草制品或者直接参与非法经营烟草制品并在其中起主要作用的；

2. 提供房屋、场地、设备、车辆、贷款、资金、账号、发票、证明、技术等设施和条件，用于帮助生产、销售、储存、运输假冒伪劣烟草制品、非法经营烟草制品的；

3. 运输假冒伪劣烟草制品的。

上述人员中有检举他人犯罪经查证属实，或者提供重要线索，有立功表现的，可以从轻或减轻处罚；有重大立功表现的，可以减轻或者免除处罚。

五、国家机关工作人员参与实施本纪要第一条至第三条规定的犯罪行为的处罚问题

根据《最高人民法院、最高人民检察院关于办理生产、销售伪劣商品刑事案件具体应用法律若干问题的解释》的规定，国家机关工作人员参与实施本纪要第一条至第三条规定的犯罪行为的，从重处罚。

六、关于一罪与数罪问题

行为人的犯罪行为同时构成生产、销售伪劣产品罪、销售假冒注册商标的商品罪、非法经营罪等罪的，依照处罚较重的规定定罪处罚。

七、关于窝藏、转移非法制售的烟草制品行为的定罪处罚问题

明知是非法制售的烟草制品而予以窝藏、转移的，依照刑法第三百一十二条的规定，以窝藏、转移赃物罪定罪处罚。

窝藏、转移非法制售的烟草制品，事前与犯罪分子通谋的，以共同犯罪论处。

八、关于以暴力、威胁方法阻碍烟草专卖执法人员依法执行职务行为的定罪处罚问题

以暴力、威胁方法阻碍烟草专卖执法人员依法执行职务的，依照刑法第二百七十七条的规定，以妨害公务罪定罪处罚。

九、关于煽动群众暴力抗拒烟草专卖法律实施行为的定罪处罚问题

煽动群众暴力抗拒烟草专卖法律实施的，依照刑法第二百七十八条的规定，以煽动暴力抗拒法律实施罪定罪处罚。

十、关于鉴定问题

假冒伪劣烟草制品的鉴定工作，由国家烟草专卖行政主管部门授权的省级以上烟草产品质量监督检验机构，按照国家烟草专卖局制定的假冒伪劣卷烟鉴别检验管理办法和假冒伪劣卷烟鉴别检验规程等有关规定进行。

假冒伪劣烟草专用机械的鉴定由国家质量监督部门，或其委托的国家烟草质量监督检验中心，根据烟草行业的有关技术标准进行。

十一、关于烟草制品、卷烟的范围

本纪要所称烟草制品指卷烟、雪茄烟、烟丝、复烤烟叶、烟叶、卷烟纸、滤嘴棒、烟用丝束。

本纪要所称卷烟包括散支烟和成品烟。

最高人民法院、最高人民检察院、公安部关于依法严惩“地沟油”犯罪活动的通知

（2012年1月9日　公通字〔2012〕1号）

各省、自治区、直辖市高级人民法院、人民检察院、公安厅（局），解放军军事法院、军事检察院，新疆维吾尔自治区高级人民法院生产建设兵团分院，新疆生产建设兵团人民检察院、公安局：

为依法严惩“地沟油”犯罪活动，切实保障人民群众的生命健康安全，根据刑法和有关司法解释的规定，现就有关事项通知如下：

一、依法严惩“地沟油”犯罪，切实维护人民群众食品安全

“地沟油”犯罪，是指用餐厨垃圾、废弃油脂、各类肉及肉制品加工废弃物等非食品原料，生产、加工“食用油”，以及明知是利用“地沟油”生产、加工的油脂而作为食用油销售的行为。“地沟油”犯罪严重危害人民群众身体健康和生命安全，严重影响国家形象，损害党和政府的公信力。各级公安机关、检察机关、人民法院要认真贯彻《刑法修正案（八）》对危害食品安全犯罪从严打击的精神，依法严惩“地沟油”犯罪，坚决打击“地沟油”进入食用领域的各种犯罪行为，坚决保护人民群众切身利益。对于涉及多地区的“地沟油”犯罪案件，各地公安机关、检察机关、人民法院要在案件管辖、调查取证等方面通力合作，形成打击合力，切实维护人民群众食品安全。

二、准确理解法律规定，严格区分犯罪界限

（一）对于利用“地沟油”生产“食用油”的，依照刑法第144条生产有毒、有害食品罪的规定追究刑事责任。

（二）明知是利用“地沟油”生产的“食用油”而予以销售的，依照刑法第144条销售有毒、有害食品罪的规定追究刑事责任。认定是否“明知”，应当结合犯罪嫌疑人、被告人的认知能力，犯罪嫌疑人、被告人及其同案人的供述和辩解，证人证言，产品质量，进货渠道及进货价格、销售渠道及销售价格等主、客观因素予以综合判断。

（三）对于利用“地沟油”生产的“食用油”，已经销售出去没有实物，但是有证据证明系已被查实生产、销售有毒、有害食品犯罪事实的上线提供的，依照刑法第144条销售有毒、有害食品罪的规定追究刑事责任。

（四）虽无法查明“食用油”是否系利用“地沟油”生产、加工，但犯罪嫌疑人、被告人明知该“食用油”来源可疑而予以销售的，应分别情形处理：经鉴定，检出有毒、有害成分的，依照刑法第144条销售有毒、有害食品罪的规定追究刑事责任；属于不符合安全标准的食品的，依照刑法第143条销售不符合安全标准的食品罪追究刑事责任；属于以假充真、以次充好、以不合格产品冒充合格产品或者假冒注册商标，构成犯罪的，依照刑法第140条销售伪劣产品

罪或者第213条假冒注册商标罪、第214条销售假冒注册商标的商品罪追究刑事责任。

（五）知道或应当知道他人实施以上第（一）、（二）、（三）款犯罪行为，而为其掏捞、加工、贩运“地沟油”，或者提供贷款、资金、账号、发票、证明、许可证件，或者提供技术、生产、经营场所、运输、仓储、保管等便利条件的，依照本条第（一）、（二）、（三）款犯罪的共犯论处。

（六）对违反有关规定，掏捞、加工、贩运“地沟油”，没有证据证明用于生产“食用油”的，交由行政部门处理。

（七）对于国家工作人员在食用油安全监管和查处“地沟油”违法犯罪活动中滥用职权、玩忽职守、徇私枉法，构成犯罪的，依照刑法有关规定追究刑事责任。

三、准确把握宽严相济刑事政策在食品安全领域的适用

在对“地沟油”犯罪定罪量刑时，要充分考虑犯罪数额、犯罪分子主观恶性及其犯罪手段、犯罪行为对人民群众生命安全和身体健康的危害、对市场经济秩序的破坏程度、恶劣影响等。对于具有累犯、前科、共同犯罪的主犯、集团犯罪的首要分子等情节，以及犯罪数额巨大、情节恶劣、危害严重，群众反映强烈，给国家和人民利益造成重大损失的犯罪分子，依法严惩，罪当判处死刑的，要坚决依法判处死刑。对在同一条生产销售链上的犯罪分子，要在法定刑幅度内体现严惩源头犯罪的精神，确保生产环节与销售环节量刑的整体平衡。对于明知是“地沟油”而非法销售的公司、企业，要依法从严追究有关单位和直接责任人员的责任。对于具有自首、立功、从犯等法定情节的犯罪分子，可以依法从宽处理。要严格把握适用缓刑、免予刑事处罚的条件。对依法必须适用缓刑的，一般同时宣告禁止令，禁止其在缓刑考验期内从事与食品生产、销售等有关的活动。

各地执行情况，请及时上报。

最高人民法院关于进一步加强涉种子刑事审判工作的指导意见

（2022年3月2日　法〔2022〕66号）

为深入贯彻落实中央关于种业振兴决策部署，依法惩治涉种子犯罪，全面净化种业市场，维护国家种源安全，加快种业振兴，根据有关法律规定，制定本意见。

一、切实提高政治站位，深刻认识进一步加强涉种子刑事审判工作的重要意义。农业现代化，种子是基础。党中央高度重视种业发展，把种源安全提升到关系国家安全的战略高度。种子制假售假和套牌侵权等违法犯罪，严重扰乱种业市场秩序，妨害种业健康发展，危害国家种源安全。各级人民法院要提高思想认识，不断增强工作责任感，提高涉种子刑事审判能力水平，提升案件审判质效。

二、充分发挥刑事审判职能作用，坚持依法从严惩处的基本要求。要依法加大对制假售假、套牌侵权和破坏种质资源等涉种子犯罪的惩处力度，重拳出击，形成震慑，有效维护种子生产经营者、使用者的合法权益，净化种业市场，维护国家种源安全，为种业健康发展提供有力刑事司法保障。

三、准确适用法律，依法严惩种子制假售假犯罪。对销售明知是假的或者失去使用效能的种子,或者生产者、销售者以不合格的种子冒充合格的种子,使生产遭受较大损失的,依照刑法第一百四十七条的规定以生产、销售伪劣种子罪定罪处罚。

对实施生产、销售伪劣种子行为,因无法认定使生产遭受较大损失等原因,不构成生产、销售伪劣种子罪,但是销售金额在五万元以上的,依照刑法第一百四十条的规定以生产、销售伪劣产品罪定罪处罚。同时构成假冒注册商标罪等其他犯罪的,依照处罚较重的规定定罪处罚。

四、立足现有罪名,依法严惩种子套牌侵权相关犯罪。假冒品种权以及未经许可或者超出委托规模生产、繁殖授权品种种子对外销售等种子套牌侵权行为,经常伴随假冒注册商标、侵犯商业秘密等其他犯罪行为。审理此类案件时要把握这一特点,立足刑法现有规定,通过依法适用与种子套牌侵权密切相关的假冒注册商标罪,销售假冒注册商标的商品罪,非法制造、销售非法制造的注册商标标识罪,侵犯商业秘密罪,为境外窃取、刺探、收买、非法提供商业秘密罪等罪名,实现对种子套牌侵权行为的依法惩处。同时,应当将种子套牌侵权行为作为从重处罚情节,加大对此类犯罪的惩处力度。

五、保护种质资源,依法严惩破坏种质资源犯罪。非法采集或者采伐天然种质资源,符合刑法第三百四十四条规定的,以危害国家重点保护植物罪定罪处罚。

在种质资源库、种质资源保护区或者种质资源保护地实施上述行为的,应当酌情从重处罚。

六、贯彻落实宽严相济的刑事政策,确保裁判效果。实施涉种子犯罪,具有下列情形之一的,应当酌情从重处罚:针对稻、小麦、玉米、棉花、大豆等主要农作物种子实施的,曾因涉种子犯罪受过刑事处罚的,二年内曾因涉种子违法行为受过行政处罚的,其他应当酌情从重处罚的情形。

对受雇佣或者受委托参与种子生产、繁殖的,要综合考虑社会危害程度、在共同犯罪中的地位作用、认罪悔罪表现等情节,准确适用刑罚。犯罪情节轻微的,可以依法免予刑事处罚;情节显著轻微危害不大的,不以犯罪论处。

七、依法解决鉴定难问题,准确认定伪劣种子。对是否属于假的、失去使用效能的或者不合格的种子,或者使生产遭受的损失难以确定的,可以依据具有法定资质的种子质量检验机构出具的鉴定意见、检验报告,农业农村、林业和草原主管部门出具的书面意见,农业农村主管部门所属的种子管理机构组织出具的田间现场鉴定书等,结合其他证据作出认定。

八、坚持多措并举,健全完善工作机制。各级人民法院要加强与农业农村主管部门、林业和草原主管部门、公安机关、检察机关等部门的协作配合,推动构建专业咨询和信息互通渠道,建立健全涉种子行政执法与刑事司法衔接长效工作机制,有效解决伪劣种子的认定,涉案物品的保管、移送和处理,案件信息共享等问题。

各级人民法院要延伸审判职能,参与综合治理。对涉种子刑事审判中发现的监管问题、违法犯罪线索,应当及时向有关单位进行通报,必要时应当发送司法建议,形成有效合力,实现源头治理,全面净化种业市场,积极推动种业健康发展。

2. 走私罪

最高人民检察院关于擅自销售进料加工保税货物的行为法律适用问题的解释

（2000年9月29日最高人民检察院第九届检察委员会第70次会议通过　2000年10月16日最高人民检察院公告公布　自2000年10月16日起施行　高检发释字〔2000〕3号）

为依法办理走私犯罪案件，根据海关法等法律的有关规定，对擅自销售进料加工保税货物的行为法律适用问题解释如下：

保税货物是指经海关批准未办理纳税手续进境，在境内储存、加工、装配后复运出境的货物。经海关批准进口的进料加工的货物属于保税货物。未经海关许可并且未补缴应缴税额，擅自将批准进口的进料加工的原材料、零件、制成品、设备等保税货物，在境内销售牟利，偷逃应缴税额在五万元以上的，依照刑法第一百五十四条、第一百五十三条的规定，以走私普通货物、物品罪追究刑事责任。

最高人民法院、最高人民检察院关于办理走私刑事案件适用法律若干问题的解释

（2014年2月24日最高人民法院审判委员会第1608次会议、2014年6月13日最高人民检察院第十二届检察委员会第23次会议通过　2014年8月12日最高人民法院、最高人民检察院公告公布　自2014年9月10日起施行　法释〔2014〕10号）

为依法惩治走私犯罪活动，根据刑法有关规定，现就办理走私刑事案件适用法律的若干问题解释如下：

第一条　走私武器、弹药，具有下列情形之一的，可以认定为刑法第一百五十一条第一款规定的“情节较轻”：

（一）走私以压缩气体等非火药为动力发射枪弹的枪支二支以上不满五支的；

（二）走私气枪铅弹五百发以上不满二千五百发，或者其他子弹十发以上不满五十发的；

（三）未达到上述数量标准，但属于犯罪集团的首要分子，使用特种车辆从事走私活动，或者走私的武器、弹药被用于实施犯罪等情形的；

（四）走私各种口径在六十毫米以下常规炮弹、手榴弹或者枪榴弹等分别或者合计不满五枚的。

具有下列情形之一的，依照刑法第一百五十一条第一款的规定处七年以上有期徒刑，并处罚金或者没收财产：

（一）走私以火药为动力发射枪弹的枪支一支，或者以压缩气体等非火药为动力

发射枪弹的枪支五支以上不满十支的;

(二)走私第一款第二项规定的弹药,数量在该项规定的最高数量以上不满最高数量五倍的;

(三)走私各种口径在六十毫米以下常规炮弹、手榴弹或者枪榴弹等分别或者合计达到五枚以上不满十枚,或者各种口径超过六十毫米以上常规炮弹合计不满五枚的;

(四)达到第一款第一、二、四项规定的数量标准,且属于犯罪集团的首要分子,使用特种车辆从事走私活动,或者走私的武器、弹药被用于实施犯罪等情形的。

具有下列情形之一的,应当认定为刑法第一百五十一条第一款规定的"情节特别严重":

(一)走私第二款第一项规定的枪支,数量超过该项规定的数量标准的;

(二)走私第一款第二项规定的弹药,数量在该项规定的最高数量标准五倍以上的;

(三)走私第二款第三项规定的弹药,数量超过该项规定的数量标准,或者走私具有巨大杀伤力的非常规炮弹一枚以上的;

(四)达到第二款第一项至第三项规定的数量标准,且属于犯罪集团的首要分子,使用特种车辆从事走私活动,或者走私的武器、弹药被用于实施犯罪等情形的。

走私其他武器、弹药,构成犯罪的,参照本条各款规定的标准处罚。

第二条 刑法第一百五十一条第一款规定的"武器、弹药"的种类,参照《中华人民共和国进口税则》及《中华人民共和国禁止进出境物品表》的有关规定确定。

第三条 走私枪支散件,构成犯罪的,依照刑法第一百五十一条第一款的规定,以走私武器罪定罪处罚。成套枪支散件以相应数量的枪支计,非成套枪支散件以每三十件为一套枪支散件计。

第四条 走私各种弹药的弹头、弹壳,构成犯罪的,依照刑法第一百五十一条第一款的规定,以走私弹药罪定罪处罚。具体的定罪量刑标准,按照本解释第一条规定的数量标准的五倍执行。

走私报废或者无法组装并使用的各种弹药的弹头、弹壳,构成犯罪的,依照刑法第一百五十三条的规定,以走私普通货物、物品罪定罪处罚;属于废物的,依照刑法第一百五十二条第二款的规定,以走私废物罪定罪处罚。

弹头、弹壳是否属于前款规定的"报废或者无法组装并使用"或者"废物",由国家有关技术部门进行鉴定。

第五条 走私国家禁止或者限制进出口的仿真枪、管制刀具,构成犯罪的,依照刑法第一百五十一条第三款的规定,以走私国家禁止进出口的货物、物品罪定罪处罚。具体的定罪量刑标准,适用本解释第十一条第一款第六、七项和第二款的规定。

走私的仿真枪经鉴定为枪支,构成犯罪的,依照刑法第一百五十一条第一款的规定,以走私武器罪定罪处罚。不以牟利或者从事违法犯罪活动为目的,且无其他严重情节的,可以依法从轻处罚;情节轻微不需要判处刑罚的,可以免予刑事处罚。

第六条 走私伪造的货币,数额在二千元以上不满二万元,或者数量在二百张(枚)以上不满二千张(枚)的,可以认定为刑法第一百五十一条第一款规定的"情节较轻"。

具有下列情形之一的,依照刑法第一

百五十一条第一款的规定处七年以上有期徒刑，并处罚金或者没收财产：

（一）走私数额在二万元以上不满二十万元，或者数量在二千张（枚）以上不满二万张（枚）的；

（二）走私数额或者数量达到第一款规定的标准，且具有走私的伪造货币流入市场等情节的。

具有下列情形之一的，应当认定为刑法第一百五十一条第一款规定的“情节特别严重”：

（一）走私数额在二十万元以上，或者数量在二万张（枚）以上的；

（二）走私数额或者数量达到第二款第一项规定的标准，且属于犯罪集团的首要分子，使用特种车辆从事走私活动，或者走私的伪造货币流入市场等情形的。

第七条 刑法第一百五十一条第一款规定的“货币”，包括正在流通的人民币和境外货币。伪造的境外货币数额，折合成人民币计算。

第八条 走私国家禁止出口的三级文物二件以下的，可以认定为刑法第一百五十一条第二款规定的“情节较轻”。

具有下列情形之一的，依照刑法第一百五十一条第二款的规定处五年以上十年以下有期徒刑，并处罚金：

（一）走私国家禁止出口的二级文物不满三件，或者三级文物三件以上不满九件的；

（二）走私国家禁止出口的三级文物不满三件，且具有造成文物严重毁损或者无法追回等情节的。

具有下列情形之一的，应当认定为刑法第一百五十一条第二款规定的“情节特别严重”：

（一）走私国家禁止出口的一级文物一件以上，或者二级文物三件以上，或者三级文物九件以上的；

（二）走私国家禁止出口的文物达到第二款第一项规定的数量标准，且属于犯罪集团的首要分子，使用特种车辆从事走私活动，或者造成文物严重毁损、无法追回等情形的。

第九条 走私国家一、二级保护动物未达到本解释附表中（一）规定的数量标准，或者走私珍贵动物制品数额不满二十万元的，可以认定为刑法第一百五十一条第二款规定的“情节较轻”。

具有下列情形之一的，依照刑法第一百五十一条第二款的规定处五年以上十年以下有期徒刑，并处罚金：

（一）走私国家一、二级保护动物达到本解释附表中（一）规定的数量标准的；

（二）走私珍贵动物制品数额在二十万元以上不满一百万元的；

（三）走私国家一、二级保护动物未达到本解释附表中（一）规定的数量标准，但具有造成该珍贵动物死亡或者无法追回等情节的。

具有下列情形之一的，应当认定为刑法第一百五十一条第二款规定的“情节特别严重”：

（一）走私国家一、二级保护动物达到本解释附表中（二）规定的数量标准的；

（二）走私珍贵动物制品数额在一百万元以上的；

（三）走私国家一、二级保护动物达到本解释附表中（一）规定的数量标准，且属于犯罪集团的首要分子，使用特种车辆从事走私活动，或者造成该珍贵动物死亡、无法追回等情形的。

不以牟利为目的，为留作纪念而走私珍贵动物制品进境，数额不满十万元的，可以免予刑事处罚；情节显著轻微的，不作为犯罪处理。

第十条 刑法第一百五十一条第二款规定的“珍贵动物”，包括列入《国家重点保护野生动物名录》中的国家一、二级保护野生动物，《濒危野生动植物种国际贸易公约》附录Ⅰ、附录Ⅱ中的野生动物，以及驯养繁殖的上述动物。

走私本解释附表中未规定的珍贵动物的，参照附表中规定的同属或者同科动物的数量标准执行。

走私本解释附表中未规定珍贵动物的制品的，按照《最高人民法院、最高人民检察院、国家林业局、公安部、海关总署关于破坏野生动物资源刑事案件中涉及的CITES附录Ⅰ和附录Ⅱ所列陆生野生动物制品价值核定问题的通知》(林濒发〔2012〕239号)的有关规定核定价值。

第十一条 走私国家禁止进出口的货物、物品，具有下列情形之一的，依照刑法第一百五十一条第三款的规定处五年以下有期徒刑或者拘役，并处或者单处罚金：

(一)走私国家一级保护野生植物五株以上不满二十五株，国家二级保护野生植物十株以上不满五十株，或者珍稀植物、珍稀植物制品数额在二十万元以上不满一百万元的；

(二)走私重点保护古生物化石或者未命名的古生物化石不满十件，或者一般保护古生物化石十件以上不满五十件的；

(三)走私禁止进出口的有毒物质一吨以上不满五吨，或者数额在二万元以上不满十万元的；

(四)走私来自境外疫区的动植物及其产品五吨以上不满二十五吨，或者数额在五万元以上不满二十五万元的；

(五)走私木炭、硅砂等妨害环境、资源保护的货物、物品十吨以上不满五十吨，或者数额在十万元以上不满五十万元的；

(六)走私旧机动车、切割车、旧机电产品或者其他禁止进出口的货物、物品二十吨以上不满一百吨，或者数额在二十万元以上不满一百万元的；

(七)数量或者数额未达到本款第一项至第六项规定的标准，但属于犯罪集团的首要分子，使用特种车辆从事走私活动，造成环境严重污染，或者引起甲类传染病传播、重大动植物疫情等情形的。

具有下列情形之一的，应当认定为刑法第一百五十一条第三款规定的“情节严重”：

(一)走私数量或者数额超过前款第一项至第六项规定的标准的；

(二)达到前款第一项至第六项规定的标准，且属于犯罪集团的首要分子，使用特种车辆从事走私活动，造成环境严重污染，或者引起甲类传染病传播、重大动植物疫情等情形的。

第十二条 刑法第一百五十一条第三款规定的“珍稀植物”，包括列入《国家重点保护野生植物名录》《国家重点保护野生药材物种名录》《国家珍贵树种名录》中的国家一、二级保护野生植物、国家重点保护的野生药材、珍贵树木，《濒危野生动植物种国际贸易公约》附录Ⅰ、附录Ⅱ中的野生植物，以及人工培育的上述植物。

本解释规定的“古生物化石”，按照《古生物化石保护条例》的规定予以认定。走私具有科学价值的古脊椎动物化石、古人类化石，构成犯罪的，依照刑法第一百五十一条第二款的规定，以走私文物罪定罪处罚。

第十三条 以牟利或者传播为目的，走私淫秽物品，达到下列数量之一的，可以认定为刑法第一百五十二条第一款规定的“情节较轻”：

（一）走私淫秽录像带、影碟五十盘（张）以上不满一百盘（张）的；

（二）走私淫秽录音带、音碟一百盘（张）以上不满二百盘（张）的；

（三）走私淫秽扑克、书刊、画册一百副（册）以上不满二百副（册）的；

（四）走私淫秽照片、画片五百张以上不满一千张的；

（五）走私其他淫秽物品相当于上述数量的。

走私淫秽物品在前款规定的最高数量以上不满最高数量五倍的，依照刑法第一百五十二条第一款的规定处三年以上十年以下有期徒刑，并处罚金。

走私淫秽物品在第一款规定的最高数量五倍以上，或者在第一款规定的最高数量以上不满五倍，但属于犯罪集团的首要分子，使用特种车辆从事走私活动等情形的，应当认定为刑法第一百五十二条第一款规定的“情节严重”。

第十四条 走私国家禁止进口的废物或者国家限制进口的可用作原料的废物，具有下列情形之一的，应当认定为刑法第一百五十二条第二款规定的“情节严重”：

（一）走私国家禁止进口的危险性固体废物、液态废物分别或者合计达到一吨以上不满五吨的；

（二）走私国家禁止进口的非危险性固体废物、液态废物分别或者合计达到五吨以上不满二十五吨的；

（三）走私国家限制进口的可用作原料的固体废物、液态废物分别或者合计达到二十吨以上不满一百吨的；

（四）未达到上述数量标准，但属于犯罪集团的首要分子，使用特种车辆从事走私活动，或者造成环境严重污染等情形的。

具有下列情形之一的，应当认定为刑法第一百五十二条第二款规定的“情节特别严重”：

（一）走私数量超过前款规定的标准的；

（二）达到前款规定的标准，且属于犯罪集团的首要分子，使用特种车辆从事走私活动，或者造成环境严重污染等情形的；

（三）未达到前款规定的标准，但造成环境严重污染且后果特别严重的。

走私置于容器中的气态废物，构成犯罪的，参照前两款规定的标准处罚。

第十五条 国家限制进口的可用作原料的废物的具体种类，参照国家有关部门的规定确定。

第十六条 走私普通货物、物品，偷逃应缴税额在十万元以上不满五十万元的，应当认定为刑法第一百五十三条第一款规定的“偷逃应缴税额较大”；偷逃应缴税额在五十万元以上不满二百五十万元的，应当认定为“偷逃应缴税额巨大”；偷逃应缴税额在二百五十万元以上的，应当认定为“偷逃应缴税额特别巨大”。

走私普通货物、物品，具有下列情形之一，偷逃应缴税额在三十万元以上不满五十万元的，应当认定为刑法第一百五十三条第一款规定的“其他严重情节”；偷逃应缴税额在一百五十万元以上不满二百五十万元的，应当认定为“其他特别严重情节”：

（一）犯罪集团的首要分子；

(二)使用特种车辆从事走私活动的;

(三)为实施走私犯罪,向国家机关工作人员行贿的;

(四)教唆、利用未成年人、孕妇等特殊人群走私的;

(五)聚众阻挠缉私的。

第十七条 刑法第一百五十三条第一款规定的"一年内曾因走私被给予二次行政处罚后又走私"中的"一年内",以因走私第一次受到行政处罚的生效之日与"又走私"行为实施之日的时间间隔计算确定;"被给予二次行政处罚"的走私行为,包括走私普通货物、物品以及其他货物、物品;"又走私"行为仅指走私普通货物、物品。

第十八条 刑法第一百五十三条规定的"应缴税额",包括进出口货物、物品应当缴纳的进出口关税和进口环节海关代征税的税额。应缴税额以走私行为实施时的税则、税率、汇率和完税价格计算;多次走私的,以每次走私行为实施时的税则、税率、汇率和完税价格逐票计算;走私行为实施时间不能确定的,以案发时的税则、税率、汇率和完税价格计算。

刑法第一百五十三条第三款规定的"多次走私未经处理",包括未经行政处理和刑事处理。

第十九条 刑法第一百五十四条规定的"保税货物",是指经海关批准,未办理纳税手续进境,在境内储存、加工、装配后应予复运出境的货物,包括通过加工贸易、补偿贸易等方式进口的货物,以及在保税仓库、保税工厂、保税区或者免税商店内等储存、加工、寄售的货物。

第二十条 直接向走私人非法收购走私进口的货物、物品,在内海、领海、界河、界湖运输、收购、贩卖国家禁止进出口的物品,或者没有合法证明,在内海、领海、界河、界湖运输、收购、贩卖国家限制进出口的货物、物品,构成犯罪的,应当按照走私货物、物品的种类,分别依照刑法第一百五十一条、第一百五十二条、第一百五十三条、第三百四十七条、第三百五十条的规定定罪处罚。

刑法第一百五十五条第二项规定的"内海",包括内河的入海口水域。

第二十一条 未经许可进出口国家限制进出口的货物、物品,构成犯罪的,应当依照刑法第一百五十一条、第一百五十二条的规定,以走私国家禁止进出口的货物、物品罪等罪名定罪处罚;偷逃应缴税额,同时又构成走私普通货物、物品罪的,依照处罚较重的规定定罪处罚。

取得许可,但超过许可数量进出口国家限制进出口的货物、物品,构成犯罪的,依照刑法第一百五十三条的规定,以走私普通货物、物品罪定罪处罚。

租用、借用或者使用购买的他人许可证,进出口国家限制进出口的货物、物品的,适用本条第一款的规定定罪处罚。

第二十二条 在走私的货物、物品中藏匿刑法第一百五十一条、第一百五十二条、第三百四十七条、第三百五十条规定的货物、物品,构成犯罪的,以实际走私的货物、物品定罪处罚;构成数罪的,实行数罪并罚。

第二十三条 实施走私犯罪,具有下列情形之一的,应当认定为犯罪既遂:

(一)在海关监管现场被查获的;

(二)以虚假申报方式走私,申报行为实施完毕的;

(三)以保税货物或者特定减税、免税

进口的货物、物品为对象走私,在境内销售的,或者申请核销行为实施完毕的。

第二十四条 单位犯刑法第一百五十一条、第一百五十二条规定之罪,依照本解释规定的标准定罪处罚。

单位犯走私普通货物、物品罪,偷逃应缴税额在二十万元以上不满一百万元的,应当依照刑法第一百五十三条第二款的规定,对单位判处罚金,并对其直接负责的主管人员和其他直接责任人员,处三年以下有期徒刑或者拘役;偷逃应缴税额在一百万元以上不满五百万元的,应当认定为“情节严重”;偷逃应缴税额在五百万元以上的,应当认定为“情节特别严重”。

第二十五条 本解释发布实施后,《最高人民法院关于审理走私刑事案件具体应用法律若干问题的解释》(法释〔2000〕30号)、《最高人民法院关于审理走私刑事案件具体应用法律若干问题的解释(二)》(法释〔2006〕9号)同时废止。之前发布的司法解释与本解释不一致的,以本解释为准。

附表

最高人民法院、最高人民检察院《关于办理走私刑事案件适用法律若干问题的解释》附表

中文名	拉丁文名	级别	(一)	(二)
蜂猴	Nycticebus spp.	I	3	4
熊猴	Macaca assamensis	I	2	3
台湾猴	Macaca cyclopis	I	1	2
豚尾猴	Macaca nemestrina	I	2	3
叶猴(所有种)	Presbytis spp.	I	1	2
金丝猴(所有种)	Rhinopithecus spp.	I		1
长臂猿(所有种)	Hylobates spp.	I	1	2
马来熊	Helarctos malayanus	I	2	3
大熊猫	Ailuropoda melanoleuca	I		1
紫貂	Martes zibellina	I	3	4
貂熊	Gulo gulo	I	2	3
熊狸	Arctictis binturong	I	1	2
云豹	Neofelis nebulosa	I		1
豹	Panthera pardus	I		1
雪豹	Panthera uncia	I		1
虎	Panthera tigris	I		1

中文名	拉丁文名	级别	(一)	(二)
亚洲象	Elephas maximus	Ⅰ		1
蒙古野驴	Equus hemionus	Ⅰ	2	3
西藏野驴	Equus kiang	Ⅰ	3	5
野马	Equus przewalskii	Ⅰ		1
野骆驼	Camelus ferus (=bactrianum)	Ⅰ	1	2
鼷鹿	Tragulus javanicus	Ⅰ	2	3
黑麂	Muntiacus crinifrons	Ⅰ	1	2
白唇鹿	Cervus albirostris	Ⅰ	1	2
坡鹿	Cervus eldi	Ⅰ	1	2
梅花鹿	Cervus nippon	Ⅰ	2	3
豚鹿	Cervus porcinus	Ⅰ	2	3
麋鹿	Elaphurus davidianus	Ⅰ	1	2
野牛	Bos gaurus	Ⅰ	1	2
野牦牛	Bos mutus (=grunniens)	Ⅰ	2	3
普氏原羚	Procapra przewalskii	Ⅰ	1	2
藏羚	Pantholops hodgsoni	Ⅰ	2	3
高鼻羚羊	Saiga tatarica	Ⅰ		1
扭角羚	Budorcas taxicolor	Ⅰ	1	2
台湾鬣羚	Capricornis crispus	Ⅰ	2	3
赤斑羚	Naemorhedus cranbrooki	Ⅰ	2	4
塔尔羊	Hemitragus jemlahicus	Ⅰ	2	4
北山羊	Capra ibex	Ⅰ	2	4
河狸	Castor fiber	Ⅰ	1	2
短尾信天翁	Diomedea albatrus	Ⅰ	2	4
白腹军舰鸟	Fregata andrewsi	Ⅰ	2	4
白鹳	Ciconia ciconia	Ⅰ	2	4
黑鹳	Ciconia nigra	Ⅰ	2	4
朱环	Nipponia nippon	Ⅰ		1
中华沙秋鸭	Mergus squamatus	Ⅰ	2	3
金雕	Aquila chrysaetos	Ⅰ	2	4
白肩雕	Aquila heliaca	Ⅰ	2	4

中文名	拉丁文名	级别	(一)	(二)
玉带海雕	Haliaeetus leucoryphus	Ⅰ	2	4
白尾海雕	Haliaeetus albcilla	Ⅰ	2	3
虎头海雕	Haliaeetus pelagicus	Ⅰ	2	4
拟兀鹫	Pseudogyps bengalensis	Ⅰ	2	4
胡兀鹫	Gypaetus barbatus	Ⅰ	2	4
细嘴松鸡	Tetrao parvirostris	Ⅰ	3	5
斑尾榛鸡	Tetrastes sewerzowi	Ⅰ	3	5
雉鹑	Tetraophasis obscurus	Ⅰ	3	5
四川山鹧鸪	Arborophila rufipectus	Ⅰ	3	5
海南山鹧鸪	Arborophila ardens	Ⅰ	3	5
黑头角雉	Tragopan melanocephalus	Ⅰ	2	3
红胸角雉	Tragopan satyra	Ⅰ	2	4
灰腹角雉	Tragopan blythii	Ⅰ	2	3
黄腹角雉	Tragopan caboti	Ⅰ	2	3
虹雉(所有种)	Lophophorus spp.	Ⅰ	2	4
褐马鸡	Crossoptilon mantchuricum	Ⅰ	2	3
蓝鹇	Lophura swinhoii	Ⅰ	2	3
黑颈长尾雉	Syrmaticus humiae	Ⅰ	2	4
白颈长尾雉	Syrmaticus ewllioti	Ⅰ	2	4
黑长尾雉	Syrmaticus mikado	Ⅰ	2	4
孔雀雉	Polyplectron bicalcaratum	Ⅰ	2	3
绿孔雀	Pavo muticus	Ⅰ	2	3
黑颈鹤	Grus nigricollis	Ⅰ	2	3
白头鹤	Grus monacha	Ⅰ	2	3
丹顶鹤	Grus japonensis	Ⅰ	2	3
白鹤	Grus leucogeranus	Ⅰ	2	3
赤颈鹤	Grus antigone	Ⅰ	1	2
鸨(所有种)	Otis spp.	Ⅰ	4	6
遗鸥	Larus relictus	Ⅰ	2	4
四爪陆龟	Testudo horsfieldi	Ⅰ	4	8
蜥鳄	Shinisaurus crocodilurus	Ⅰ	2	4

中文名	拉丁文名	级别	(一)	(二)
巨蜥	Varanus salvator	Ⅰ	2	4
蟒	Python molurus	Ⅰ	2	4
扬子鳄	Alligator sinensis	Ⅰ	1	2
中华蛩蠊	Galloisiana sinensis	Ⅰ	3	6
金斑喙凤蝶	Teinopalpus aureus	Ⅰ	3	6
短尾猴	Macaca arctoides	Ⅱ	6	10
猕猴	Macaca mulatta	Ⅱ	6	10
藏酋猴	Macaca thibetana	Ⅱ	6	10
穿山甲	Manis pentadactyla	Ⅱ	8	16
豺	Cuon alpinus	Ⅱ	4	6
黑熊	Selenarctos thibetanus	Ⅱ	3	5
棕熊(包括马熊)	Ursus arctos(U. a. pruinosus)	Ⅱ	3	5
小熊猫	Ailurus fulgens	Ⅱ	3	5
石貂	Martes foina	Ⅱ	4	10
黄喉貂	Martes flavigula	Ⅱ	4	10
斑林狸	Pronodon pardicolor	Ⅱ	4	8
大灵猫	Viverra zibetha	Ⅱ	3	5
小灵猫	Viverricula indica	Ⅱ	4	8
草原斑猫	Felis lybica (=silvestris)	Ⅱ	4	8
荒漠猫	Felis bieti	Ⅱ	4	10
丛林猫	Felis chaus	Ⅱ	4	8
猞猁	Felis lynx	Ⅱ	2	3
兔狲	Felis manul	Ⅱ	3	5
金猫	Felis temmincki	Ⅱ	4	8
渔猫	Felis viverrinus	Ⅱ	4	8
麝(所有种)	Moschus spp.	Ⅱ	3	5
河麂	Hydropotes inermis	Ⅱ	4	8
马鹿(含白臀鹿)	Cervus elaphus (C. e. macneilli)	Ⅱ	4	6
水鹿	Cervus unicolor	Ⅱ	3	5
驼鹿	Alces alces	Ⅱ	3	5
黄羊	Procapra gutturosa	Ⅱ	8	15

中文名	拉丁文名	级别	(一)	(二)
藏原羚	Procapra picticaudata	Ⅱ	4	8
鹅喉羚	Gazella subgutturosa	Ⅱ	4	8
鬣羚	Capricornis sumatraensis	Ⅱ	3	4
斑羚	Naemorhedus goral	Ⅱ	4	8
岩羊	Pseudois nayaur	Ⅱ	4	8
盘羊	Ovis ammon	Ⅱ	3	5
海南兔	Lepus peguensis hainanus	Ⅱ	6	10
雪兔	Lepus timidus	Ⅱ	6	10
塔里木兔	Lepus yarkandensis	Ⅱ	20	40
巨松鼠	Ratufa bicolor	Ⅱ	6	10
角辟鹈	Podiceps auritus	Ⅱ	6	10
赤颈辟鹈	Podiceps grisegena	Ⅱ	6	8
鹈鹕(所有种)	Pelecanus spp.	Ⅱ	4	8
鲣鸟(所有种)	Sula spp.	Ⅱ	6	10
海鸬鹚	Phalacrocorax pelagicus	Ⅱ	4	8
黑颈鸬鹚	Phalacrocorax niger	Ⅱ	4	8
黄嘴白鹭	Egretta eulophotes	Ⅱ	6	10
岩鹭	Egretta sacra	Ⅱ	6	20
海南虎斑	Gorsachius magnificus	Ⅱ	6	10
小苇	Ixbrychus minutus	Ⅱ	6	10
彩鹳	Ibis leucocephalus	Ⅱ	3	4
白环	Threskiornis aethiopicus	Ⅱ	4	8
黑环	Pseudibis papillosa	Ⅱ	4	8
彩环	Plegadis falcinellus	Ⅱ	4	8
白琵鹭	Platalea leucorodia	Ⅱ	4	8
黑脸琵鹭	Platalea ninor	Ⅱ	4	8
红胸黑雁	Branta ruficollis	Ⅱ	4	8
白额雁	Anser albifrons	Ⅱ	6	10
天鹅(所有种)	Cygnus spp.	Ⅱ	6	10
鸳鸯	Aix galericulata	Ⅱ	6	10
其他鹰类	(Accipitridae)	Ⅱ	4	8

中文名	拉丁文名	级别	(一)	(二)
隼科(所有种)	Falconidae	Ⅱ	6	10
黑琴鸡	Lyrurus tetrix	Ⅱ	4	8
柳雷鸟	Lagopus lagopus	Ⅱ	4	8
岩雷鸟	Lagopus mutus	Ⅱ	6	10
镰翅鸡	Falcipennis falcipennis	Ⅱ	3	4
花尾榛鸡	Tetrastes bonasia	Ⅱ	10	20
雪鸡(所有种)	Tetraogallus spp.	Ⅱ	10	20
血雉	Ithaginis cruentus	Ⅱ	4	6
红腹角雉	Tragopan temminckii	Ⅱ	4	6
藏马鸡	Crossoptilon crossoptilon	Ⅱ	4	6
蓝马鸡	Crossoptilon aurtum	Ⅱ	4	10
黑鹇	Lophura leucomelana	Ⅱ	6	8
白鹇	Lophura nycthemera	Ⅱ	6	10
原鸡	Gallus gallus	Ⅱ	6	8
勺鸡	Pucrasia macrolopha	Ⅱ	6	8
白冠长尾雉	Syrmaticus reevesii	Ⅱ	4	6
锦鸡(所有种)	Chrysolophus spp.	Ⅱ	4	8
灰鹤	Grus grus	Ⅱ	4	8
沙丘鹤	Grus canadensis	Ⅱ	4	8
白枕鹤	Grus vipio	Ⅱ	4	8
蓑羽鹤	Anthropoides virgo	Ⅱ	6	10
长脚秧鸡	Crex crex	Ⅱ	6	10
姬田鸡	Porzana parva	Ⅱ	6	10
棕背田鸡	Porzana bicolor	Ⅱ	6	10
花田鸡	Coturnicops noveboracensis	Ⅱ	6	10
铜翅水雉	Metopidius indicus	Ⅱ	6	10
小杓鹬	Numenius borealis	Ⅱ	8	15
小青脚鹬	Tringa guttifer	Ⅱ	6	10
灰燕行	Glareola lactea	Ⅱ	6	10
小鸥	Larus minutus	Ⅱ	6	10
黑浮鸥	Chlidonias niger	Ⅱ	6	10

中文名	拉丁文名	级别	(一)	(二)
黄嘴河燕鸥	Sterna aurantia	Ⅱ	6	10
黑嘴端凤头燕鸥	Thalasseus zimmermanni	Ⅱ	4	8
黑腹沙鸡	Pterocles orientalis	Ⅱ	4	8
绿鸠(所有种)	Treron spp.	Ⅱ	6	8
黑颏果鸠	Ptilinopus leclancheri	Ⅱ	6	10
皇鸠(所有种)	Ducula spp.	Ⅱ	6	10
斑尾林鸽	Columba palumbus	Ⅱ	6	10
鹃鸠(所有种)	Macropygia spp.	Ⅱ	6	10
鹦鹉科(所有种)	Psittacidae.	Ⅱ	6	10
鸦鹃(所有种)	Centropus spp.	Ⅱ	6	10
号形目(所有种)	STRIGIFORMES	Ⅱ	6	10
灰喉针尾雨燕	Hirundapus cochinchinensis	Ⅱ	6	10
凤头雨燕	Hemiprocne longipennis	Ⅱ	6	10
橙胸咬鹃	Harpactes oreskios	Ⅱ	6	10
蓝耳翠鸟	Alcedo meninting	Ⅱ	6	10
鹳嘴翠鸟	Pelargopsis capensis	Ⅱ	6	10
黑胸蜂虎	Merops leschenaulti	Ⅱ	6	10
绿喉蜂虎	Merops orientalis	Ⅱ	6	10
犀鸟科(所有种)	Bucertidae	Ⅱ	4	8
白腹黑啄木鸟	Dryocopus javensis	Ⅱ	6	10
阔嘴鸟科(所有种)	Eurylaimidae	Ⅱ	6	10
八色鸫科(所有种)	Pittidae	Ⅱ	6	10
凹甲陆龟	Manouria impressa	Ⅱ	6	10
大壁虎	Gekko gecko	Ⅱ	10	20
虎纹蛙	Rana tigrina	Ⅱ	100	200
伟铗	Atlasjapyx atlas	Ⅱ	6	10
尖板曦箭蜓	Heliogomphus retroflexus	Ⅱ	6	10
宽纹北箭蜓	Ophiogomphus spinicorne	Ⅱ	6	10

中文名	拉丁文名	级别	(一)	(二)
中华缺翅虫	Zorotypus sinensis	Ⅱ	6	10
墨脱缺翅虫	Zorotypus medoensis	Ⅱ	6	10
拉步甲	Carabus (Coptolabrus) lafossei	Ⅱ	6	10
硕步甲	Carabus (Apotopterus) davidi	Ⅱ	6	10
彩臂金龟(所有种)	Cheirotonus spp.	Ⅱ	6	10
叉犀金龟	Allomyrina davidis	Ⅱ	6	10
双尾褐凤蝶	Bhutanitis mansfieldi	Ⅱ	6	10
三尾褐凤蝶	Bhutanitis thaidina dongchuanensis	Ⅱ	6	10
中华虎凤蝶	Luehdorfia chinensis huashanensis	Ⅱ	6	10
阿波罗绢蝶	Parnassius apollo	Ⅱ	6	10

最高人民法院、最高人民检察院、海关总署关于办理走私刑事案件适用法律若干问题的意见

(2002年7月8日　法〔2002〕139号)

为研究解决近年来公安、司法机关在办理走私刑事案件中遇到的新情况、新问题,最高人民法院、最高人民检察院、海关总署共同开展了调查研究,根据修订后的刑法及有关司法解释的规定,在总结侦查、批捕、起诉、审判工作经验的基础上,就办理走私刑事案件的程序、证据以及法律适用等问题提出如下意见:

一、关于走私犯罪案件的管辖问题

根据刑事诉讼法的规定,走私犯罪案件由犯罪地的走私犯罪侦查机关立案侦查。走私犯罪案件复杂,环节多,其犯罪地可能涉及多个犯罪行为发生地,包括货物、物品的进口(境)地、出口(境)地、报关地、核销地等。如果发生刑法第一百五十四条、第一百五十五条规定的走私犯罪行为的,走私货物、物品的销售地、运输地、收购地和贩卖地均属于犯罪行为的发生地。对有多个走私犯罪行为发生地的,由最初受理的走私犯罪侦查机关或者由主要犯罪地的走私犯罪侦查机关管辖。对管辖有争议的,由共同的上级走私犯罪侦查机关指定管辖。

对发生在海(水)上的走私犯罪案件由该辖区的走私犯罪侦查机关管辖,但对走私船舶有跨辖区连续追缉情形的,由缉获走私船舶的走私犯罪侦查机关管辖。

人民检察院受理走私犯罪侦查机关提请批准逮捕、移送审查起诉的走私犯罪案件,人民法院审理人民检察院提起公诉的走私犯罪案件,按照《最高人民法院、最高人民检察院、公安部、司法部、海关总署关于走私犯罪侦查机关办理走私犯罪案件适用刑事诉讼程序若干问题的通知》(署侦

〔1998〕742号）的有关规定执行。

二、关于电子数据证据的收集、保全问题

走私犯罪侦查机关对于能够证明走私犯罪案件真实情况的电子邮件、电子合同、电子账册、单位内部的电子信息资料等电子数据应当作为刑事证据予以收集、保全。

侦查人员应当对提取、复制电子数据的过程制作有关文字说明，记明案由、对象、内容，提取、复制的时间、地点，电子数据的规格、类别、文件格式等，并由提取、复制电子数据的制作人、电子数据的持有人和能够证明提取、复制过程的见证人签名或者盖章，附所提取、复制的电子数据一并随案移送。

电子数据的持有人不在案或者拒绝签字的，侦查人员应当记明情况；有条件的可将提取、复制有关电子数据的过程拍照或者录像。

三、关于办理走私普通货物、物品刑事案件偷逃应缴税额的核定问题

在办理走私普通货物、物品刑事案件中，对走私行为人涉嫌偷逃应缴税额的核定，应当由走私犯罪案件管辖地的海关出具《涉嫌走私的货物、物品偷逃税款海关核定证明书》（以下简称《核定证明书》）。海关出具的《核定证明书》，经走私犯罪侦查机关、人民检察院、人民法院审查确认，可以作为办案的依据和定罪量刑的证据。

走私犯罪侦查机关、人民检察院和人民法院对《核定证明书》提出异议或者因核定偷逃税额的事实发生变化，认为需要补充核定或者重新核定的，可以要求原出具《核定证明书》的海关补充核定或者重新核定。

走私犯罪嫌疑人、被告人或者辩护人对《核定证明书》有异议，向走私犯罪侦查机关、人民检察院或者人民法院提出重新核定申请的，经走私犯罪侦查机关、人民检察院或者人民法院同意，可以重新核定。

重新核定应当另行指派专人进行。

四、关于走私犯罪嫌疑人的逮捕条件

对走私犯罪嫌疑人提请逮捕和审查批准逮捕，应当依照刑事诉讼法第六十条规定的逮捕条件来办理。一般按照下列标准掌握：

（一）有证据证明有走私犯罪事实

1. 有证据证明发生了走私犯罪事实

有证据证明发生了走私犯罪事实，须同时满足下列两项条件：

（1）有证据证明发生了违反国家法律、法规，逃避海关监管的行为；

（2）查扣的或者有证据证明的走私货物、物品的数量、价值或者偷逃税额达到刑法及相关司法解释规定的起刑点。

2. 有证据证明走私犯罪事实系犯罪嫌疑人实施的

有下列情形之一，可认为走私犯罪事实系犯罪嫌疑人实施的：

（1）现场查获犯罪嫌疑人实施走私犯罪的；

（2）视听资料显示犯罪嫌疑人实施走私犯罪的；

（3）犯罪嫌疑人供认的；

（4）有证人证言指证的；

（5）有同案的犯罪嫌疑人供述的；

（6）其他证据能够证明犯罪嫌疑人实施走私犯罪的。

3. 证明犯罪嫌疑人实施走私犯罪行为的证据已经查证属实的

符合下列证据规格要求之一，属于证明犯罪嫌疑人实施走私犯罪行为的证据已经查证属实的：

(1)现场查获犯罪嫌疑人实施犯罪，有现场勘查笔录、留置盘问记录、海关扣留查问笔录或者海关查验（检查）记录等证据证实的；

(2)犯罪嫌疑人的供述有其他证据能够印证的；

(3)证人证言能够相互印证的；

(4)证人证言或者同案犯供述能够与其他证据相互印证的；

(5)证明犯罪嫌疑人实施走私犯罪的其他证据已经查证属实的。

（二）可能判处有期徒刑以上的刑罚

是指根据刑法第一百五十一条、第一百五十二条、第一百五十三条、第三百四十七条、第三百五十条等规定和《最高人民法院关于审理走私刑事案件具体应用法律若干问题的解释》等有关司法解释的规定，结合已查明的走私犯罪事实，对走私犯罪嫌疑人可能判处有期徒刑以上的刑罚。

（三）采取取保候审、监视居住等方法，尚不足以防止发生社会危险性而有逮捕必要的

主要是指：走私犯罪嫌疑人可能逃跑、自杀、串供、干扰证人作证以及伪造、毁灭证据等妨碍刑事诉讼活动的正常进行的，或者存在行凶报复、继续作案可能的。

五、关于走私犯罪嫌疑人、被告人主观故意的认定问题

行为人明知自己的行为违反国家法律法规，逃避海关监管，偷逃进出境货物、物品的应缴税额，或者逃避国家有关进出境的禁止性管理，并且希望或者放任危害结果发生的，应认定为具有走私的主观故意。

走私主观故意中的“明知”是指行为人知道或者应当知道所从事的行为是走私行为。具有下列情形之一的，可以认定为“明知”，但有证据证明确属被蒙骗的除外：

（一）逃避海关监管，运输、携带、邮寄国家禁止进出境的货物、物品的；

（二）用特制的设备或者运输工具走私货物、物品的；

（三）未经海关同意，在非设关的码头、海（河）岸、陆路边境等地点，运输（驳载）、收购或者贩卖非法进出境货物、物品的；

（四）提供虚假的合同、发票、证明等商业单证委托他人办理通关手续的；

（五）以明显低于货物正常进（出）口的应缴税额委托他人代理进（出）口业务的；

（六）曾因同一种走私行为受过刑事处罚或者行政处罚的；

（七）其他有证据证明的情形。

六、关于行为人对其走私的具体对象不明确的案件的处理问题

走私犯罪嫌疑人主观上具有走私犯罪故意，但对其走私的具体对象不明确的，不影响走私犯罪构成，应当根据实际的走私对象定罪处罚。但是，确有证据证明行为人因受蒙骗而对走私对象发生认识错误的，可以从轻处罚。

七、关于走私珍贵动物制品行为的处罚问题

走私珍贵动物制品的，应当根据刑法第一百五十一条第二、四、五款和《最高人民法院关于审理走私刑事案件具体应用法律若干问题的解释》（以下简称《解释》）第四条的有关规定予以处罚，但同时具有下列情形，情节较轻的，一般不以犯罪论处：

（一）珍贵动物制品购买地允许交易；

（二）入境人员为留作纪念或者作为礼

品而携带珍贵动物制品进境,不具有牟利目的的。

同时具有上述两种情形,达到《解释》第四条第三款规定的量刑标准的,一般处五年以下有期徒刑,并处罚金;达到《解释》第四条第四款规定的量刑标准的,一般处五年以上有期徒刑,并处罚金。

八、关于走私旧汽车、切割车等货物、物品的行为的定罪问题

走私刑法第一百五十一条、第一百五十二条、第三百四十七条、第三百五十条规定的货物、物品以外的,已被国家明令禁止进出口的货物、物品,例如旧汽车、切割车、侵犯知识产权的货物、来自疫区的动植物及其产品等,应当依照刑法第一百五十三条的规定,以走私普通货物、物品罪追究刑事责任。

九、关于利用购买的加工贸易登记手册、特定减免税批文等涉税单证进口货物行为的定性处理问题

加工贸易登记手册、特定减免税批文等涉税单证是海关根据国家法律法规以及有关政策性规定,给予特定企业用于保税货物经营管理和减免税优惠待遇的凭证。利用购买的加工贸易登记手册、特定减免税批文等涉税单证进口货物,实质是将一般贸易货物伪报为加工贸易保税货物或者特定减免税货物进口,以达到偷逃应缴税款的目的,应当适用刑法第一百五十三条以走私普通货物、物品罪定罪处罚。如果行为人与走私分子通谋出售上述涉税单证,或者在出卖批文后又以提供印章、向海关伪报保税货物、特定减免税货物等方式帮助买方办理进口通关手续的,对卖方依照刑法第一百五十六条以走私罪共犯定罪处罚。买卖上述涉税单证情节严重尚未进口货物的,依照刑法第二百八十条的规定定罪处罚。

十、关于在加工贸易活动中骗取海关核销行为的认定问题

在加工贸易经营活动中,以假出口、假结转或者利用虚假单证等方式骗取海关核销,致使保税货物、物品脱离海关监管,造成国家税款流失,情节严重的,依照刑法第一百五十三条的规定,以走私普遍货物、物品罪追究刑事责任。但有证据证明因不可抗力原因导致保税货物脱离海关监管,经营人无法办理正常手续而骗取海关核销的,不认定为走私犯罪。

十一、关于伪报价格走私犯罪案件中实际成交价格的认定问题

走私犯罪案件中的伪报价格行为,是指犯罪嫌疑人、被告人在进出口货物、物品时,向海关申报进口或者出口的货物、物品的价格低于或者高于进出口货物的实际成交价格。

对实际成交价格的认定,在无法提取真、伪两套合同、发票等单证的情况下,可以根据犯罪嫌疑人、被告人的付汇渠道、资金流向、会计账册、境内外收发货人的真实交易方式,以及其他能够证明进出口货物实际成交价格的证据材料综合认定。

十二、关于出售走私货物已缴纳的增值税应否从走私偷逃应缴税额中扣除的问题

走私犯罪嫌疑人为出售走私货物而开具增值税专用发票并缴纳增值税,是其走私行为既遂后在流通领域获违法所得的一种手段,属于非法开具增值税专用发票。对走私犯罪嫌疑人因出售走私货物而实际缴纳走私货物增值税的,在核定走私货物偷逃应缴税额时,不应当将其已缴纳的增值税额从其走私偷逃应缴税额中扣除。

十三、关于刑法第一百五十四条规定的“销售牟利”的理解问题

刑法第一百五十四条第(一)、(二)项规定的“销售牟利”,是指行为人主观上为了牟取非法利益而擅自销售海关监管的保税货物、特定减免税货物。该种行为是否构成犯罪,应当根据偷逃的应缴税额是否达到刑法第一百五十三条及相关司法解释规定的数额标准予以认定。实际获利与否或者获利多少并不影响其定罪。

十四、关于海上走私犯罪案件如何追究运输人的刑事责任问题

对刑法第一百五十五条第(二)项规定的实施海上走私犯罪行为的运输人、收购人或者贩卖人应当追究刑事责任。对运输人,一般追究运输工具的负责人或者主要责任人的刑事责任,但对于事先通谋的、集资走私的、或者使用特殊的走私运输工具从事走私犯罪活动的,可以追究其他参与人员的刑事责任。

十五、关于刑法第一百五十六条规定的“与走私罪犯通谋”的理解问题

通谋是指犯罪行为人之间事先或者事中形成的共同的走私故意。下列情形可以认定为通谋:

(一)对明知他人从事走私活动而同意为其提供贷款、资金、账号、发票、证明、海关单证,提供运输、保管、邮寄或者其他方便的;

(二)多次为同一走私犯罪分子的走私行为提供前项帮助的。

十六、关于放纵走私罪的认定问题

依照刑法第四百一十一条的规定,负有特定监管义务的海关工作人员徇私舞弊,利用职权,放任、纵容走私犯罪行为,情节严重的,构成放纵走私罪。放纵走私行为,一般是消极的不作为。如果海关工作人员与走私分子通谋,在放纵走私过程中以积极的行为配合走私分子逃避海关监管或者在放纵走私之后分得赃款的,应以共同走私犯罪追究刑事责任。

海关工作人员收受贿赂又放纵走私的,应以受贿罪和放纵走私罪数罪并罚。

十七、关于单位走私犯罪案件诉讼代表人的确定及其相关问题

单位走私犯罪案件的诉讼代表人,应当是单位的法定代表人或者主要负责人。单位的法定代表人或者主要负责人被依法追究刑事责任或者因其他原因无法参与刑事诉讼的,人民检察院应当另行确定被告单位的其他负责人作为诉讼代表人参加诉讼。

接到出庭通知的被告单位的诉讼代表人应当出庭应诉。拒不出庭的,人民法院在必要的时候,可以拘传到庭。

对直接负责的主管人员和其他直接责任人员均无法归案的单位走私犯罪案件,只要单位走私犯罪的事实清楚、证据确实充分,且能够确定诉讼代表人代表单位参与刑事诉讼活动的,可以先行追究该单位的刑事责任。

被告单位没有合适人选作为诉讼代表人出庭的,因不具备追究该单位刑事责任的诉讼条件,可按照单位犯罪的条款先行追究单位犯罪中直接负责的主管人员或者其他直接责任人员的刑事责任。人民法院在对单位犯罪中直接负责的主管人员或者直接责任人员进行判决时,对于扣押、冻结的走私货物、物品、违法所得以及属于犯罪单位所有的走私犯罪工具,应当一并判决予以追缴、没收。

十八、关于单位走私犯罪及其直接负责的主管人员和直接责任人员的认定问题

具备下列特征的,可以认定为单位走

私犯罪：

（1）以单位的名义实施走私犯罪，即由单位集体研究决定，或者由单位的负责人或者被授权的其他人员决定、同意；

（2）为单位谋取不正当利益或者违法所得大部分归单位所有。

依照《最高人民法院关于审理单位犯罪案件具体应用法律有关问题的解释》第二条的规定，个人为进行违法犯罪活动而设立的公司、企业、事业单位实施犯罪的，或者个人设立公司、企业、事业单位后，以实施犯罪为主要活动的，不以单位犯罪论处。单位是否以实施犯罪为主要活动，应根据单位实施走私行为的次数、频度、持续时间、单位进行合法经营的状况等因素综合考虑认定。

根据单位人员在单位走私犯罪活动中所发挥的不同作用，对其直接负责的主管人员和其他直接责任人员，可以确定为一人或者数人。对于受单位领导指派而积极参与实施走私犯罪行为的人员，如果其行为在走私犯罪的主要环节起重要作用的，可以认定为单位犯罪的直接责任人员。

十九、关于单位走私犯罪后发生分立、合并或者其他资产重组情形以及单位被依法注销、宣告破产等情况下，如何追究刑事责任的问题

单位走私犯罪后，单位发生分立、合并或者其他资产重组等情况的，只要承受该单位权利义务的单位存在，应当追究单位走私犯罪的刑事责任。走私单位发生分立、合并或者其他资产重组后，原单位名称发生更改的，仍以原单位（名称）作为被告单位。承受原单位权利义务的单位法定代表人或者负责人为诉讼代表人。

单位走私犯罪后，发生分立、合并或者其他资产重组情形，以及被依法注销、宣告破产等情况的，无论承受该单位权利义务的单位是否存在，均应追究原单位直接负责的主管人员和其他直接责任人员的刑事责任。

人民法院对原走私单位判处罚金的，应当将承受原单位权利义务的单位作为被执行人。罚金超出新单位所承受的财产的，可在执行中予以减除。

二十、关于单位与个人共同走私普通货物、物品案件的处理问题

单位和个人（不包括单位直接负责的主管人员和其他直接责任人员）共同走私的，单位和个人均应对共同走私所偷逃应缴税额负责。

对单位和个人共同走私偷逃应缴税额为5万元以上不满25万元的，应当根据其在案件中所起的作用，区分不同情况做出处理。单位起主要作用的，对单位和个人均不追究刑事责任，由海关予以行政处理；个人起主要作用的，对个人依照刑法有关规定追究刑事责任，对单位由海关予以行政处理。无法认定单位或个人起主要作用的，对个人和单位分别按个人犯罪和单位犯罪的标准处理。

单位和个人共同走私偷逃应缴税额超过25万元且能区分主、从犯的，应当按照刑法关于主、从犯的有关规定，对从犯从轻、减轻处罚或者免除处罚。

二十一、关于单位走私犯罪案件自首的认定问题

在办理单位走私犯罪案件中，对单位集体决定自首的，或者单位直接负责的主管人员自首的，应当认定单位自首。认定单位自首后，如实交代主要犯罪事实的单位负责的其他主管人员和其他直接责任人员，可视为自首，但对拒不交代主要犯罪事实或逃避法律追究的人员，不以自首论。

二十二、关于共同走私犯罪案件如何判处罚金刑问题

审理共同走私犯罪案件时，对各共同犯罪人判处罚金的总额应掌握在共同走私行为偷逃应缴税额的一倍以上五倍以下。

二十三、关于走私货物、物品、走私违法所得以及走私犯罪工具的处理问题

在办理走私犯罪案件过程中，对发现的走私货物、物品、走私违法所得以及属于走私犯罪分子所有的犯罪工具，走私犯罪侦查机关应当及时追缴，依法予以查扣、冻结。在移送审查起诉时应当将扣押物品文件清单、冻结存款证明文件等材料随案移送，对于扣押的危险品或者鲜活、易腐、易失效、易贬值等不宜长期保存的货物、物品，已经依法先行变卖、拍卖的，应当随案移送变卖、拍卖物品清单以及原物的照片或者录像资料；人民检察院在提起公诉时应当将上述扣押物品文件清单、冻结存款证明和变卖、拍卖物品清单一并移送；人民法院在判决走私罪案件时，应当对随案清单、证明文件中载明的款、物审查确认并依法判决予以追缴、没收；海关根据人民法院的判决和海关法的有关规定予以处理，上缴中央国库。

二十四、关于走私货物、物品无法扣押或者不便扣押情况下走私违法所得的追缴问题

在办理走私普通货物、物品犯罪案件中，对于走私货物、物品因流入国内市场或者投入使用，致使走私货物、物品无法扣押或者不便扣押的，应当按照走私货物、物品的进出口完税价格认定违法所得予以追缴；走私货物、物品实际销售价格高于进出口完税价格的，应当按照实际销售价格认定违法所得予以追缴。

最高人民法院关于严格执行有关走私案件涉案财物处理规定的通知

（2006年4月30日　法〔2006〕114号）

各省、自治区、直辖市高级人民法院，解放军军事法院，新疆维吾尔自治区高级人民法院生产建设兵团分院：

日前，据海关总署反映，有的地方法院在审理走私刑事案件中有不判或部分判决涉案赃款赃物的现象。对人民法院没有判决追缴、没收的涉案财物，海关多以行政处罚的方式予以没收或收缴，从而导致行政诉讼等不良后果。为严肃规范执法，现就有关规定重申如下：

关于刑事案件赃款赃物的处理问题，相关法律、司法解释已经规定的很明确。《海关法》第九十二条规定，“海关依法扣留的货物、物品、运输工具，在人民法院判决或者海关处罚决定作出之前，不得处理”；“人民法院判决没收或者海关决定没收的走私货物、物品、违法所得、走私运输工具、特制设备，由海关依法统一处理，所得价款和海关决定处以的罚款，全部上缴中央国库。”《最高人民法院、最高人民检察院、海关总署关于办理走私刑事案件适用法律若干问题的意见》第二十三条规定，“人民法院在判决走私罪案件时，应当对随案清单、证明文件中载明的款、物审查确认并依法判决予以追缴、没收；海关根据人民法院的判决和海关法的有关规定予以处理，上缴中央国库。”

据此，地方各级人民法院在审理走私犯罪案件时，对涉案的款、物等，应当严格遵循并切实执行上述法律、司法解释的规定，依法作出追缴、没收的判决。对于在审理走私犯罪案件中遇到的新情况、新问题，要加强与海关等相关部门的联系和协调，对于遇到的适用法律的新问题，应当及时报告最高人民法院。

最高人民法院关于审理走私犯罪案件适用法律有关问题的通知

（2011年4月26日　法〔2011〕163号）

各省、自治区、直辖市高级人民法院，解放军军事法院，新疆维吾尔自治区高级人民法院生产建设兵团分院：

《中华人民共和国刑法修正案（八）》（以下简称《刑法修正案（八）》）将于2011年5月1日起施行。《刑法修正案（八）》对走私犯罪作了较大修改。为切实做好走私犯罪审判工作，现就审理走私犯罪案件适用法律的有关问题通知如下：

一、《刑法修正案（八）》取消了走私普通货物、物品罪定罪量刑的数额标准，《刑法修正案（八）》施行后，新的司法解释出台前，各地人民法院在审理走私普通货物、物品犯罪案件时，可参照适用修正前的刑法及《最高人民法院关于审理走私刑事案件具体应用法律若干问题的解释》（法释〔2000〕30号）规定的数额标准。

二、对于一年内曾因走私被给予二次行政处罚后又走私需要追究刑事责任的，具体的定罪量刑标准可由各地人民法院结合案件具体情况和本地实际确定。各地人民法院要依法审慎稳妥把握好案件的法律适用和政策适用，争取社会效果和法律效果的统一。

三、各地人民法院在审理走私犯罪案件中遇到的新情况新问题，请及时层报最高人民法院。

特此通知。

最高人民法院、最高人民检察院、海关总署、公安部、中国海警局关于打击粤港澳海上跨境走私犯罪适用法律若干问题的指导意见

（2021年12月14日　署缉发〔2021〕141号）

近一时期来，粤港澳海上跨境走私冻品等犯罪频发，严重破坏海关监管秩序和正常贸易秩序。走私冻品存在疫情传播风险，严重危害公共卫生安全和食品安全。走私犯罪分子为实施犯罪或逃避追缉，采取暴力抗拒执法，驾驶改装船舶高速行驶冲撞等方式，严重威胁海上正常航行安全。为严厉打击粤港澳海上跨境走私，现就当前比较突出的法律适用问题提出以下指导意见：

一、非设关地走私进口未取得国家检验检疫准入证书的冻品，应认定为国家禁止进口的货物，构成犯罪的，按走私国家禁止进出口的货物罪定罪处罚。其中，对走私来自境外疫区的冻品，依据《最高人民法院、最高人民检察院关于办理走私刑事案件适用法律若干问题的解释》（法释〔2014〕10号，以下简称《解释》）第十一条第一款第四项和第二款规定定罪处罚。对

走私来自境外非疫区的冻品，或者无法查明是否来自境外疫区的冻品，依据《解释》第十一条第一款第六项和第二款规定定罪处罚。

二、走私犯罪分子在实施走私犯罪或者逃避追缉过程中，实施碰撞、挤别、抛撒障碍物、超高速行驶、强光照射驾驶人员等危险行为，危害公共安全的，以走私罪和以危险方法危害公共安全罪数罪并罚。以暴力、威胁方法抗拒缉私执法，以走私罪和袭警罪或者妨害公务罪数罪并罚。武装掩护走私的，依照刑法第一百五十一条第一款规定从重处罚。

三、犯罪嫌疑人真实姓名、住址无法查清的，按其绰号或者自报的姓名、住址认定，并在法律文书中注明。

犯罪嫌疑人的国籍、身份，根据其入境时的有效证件认定；拥有两国以上护照的，以其入境时所持的护照认定其国籍。

犯罪嫌疑人国籍不明的，可以通过出入境管理部门协助查明，或者以有关国家驻华使、领馆出具的证明认定；确实无法查明国籍的，以无国籍人员对待。

四、对用于运输走私冻品等货物的船舶、车辆，按照以下原则处置：

（一）对“三无”船舶，无法提供有效证书的船舶、车辆，依法予以没收、收缴或者移交主管机关依法处置；

（二）对走私犯罪分子自有的船舶、车辆或者假挂靠、长期不作登记、虚假登记等实为走私分子所有的船舶、车辆，作为犯罪工具依法没收；

（三）对所有人明知或者应当知道他人实施走私冻品等犯罪而出租、出借的船舶、车辆，依法予以没收。

具有下列情形之一的，可以认定船舶、车辆出租人、出借人明知或者应当知道他人实施违法犯罪，但有证据证明确属被蒙骗或者有其他相反证据的除外：

（一）出租人、出借人未经有关部门批准，擅自将船舶改装为可运载冻品等货物用的船舶，或者进行伪装的；

（二）出租人、出借人默许实际承运人将船舶改装为可运载冻品等货物用船舶，或者进行伪装的；

（三）因出租、出借船舶、车辆用于走私受过行政处罚，又出租、出借给同一走私人或者同一走私团伙使用的；

（四）出租人、出借人拒不提供真实的实际承运人信息，或者提供虚假的实际承运人信息的；

（五）其他可以认定明知或者应当知道的情形。

是否属于“三无”船舶，按照《“三无”船舶联合认定办法》（署缉发〔2021〕88号印发）规定认定。

五、对查封、扣押的未取得国家检验检疫准入证书的冻品，走私犯罪事实已基本查清的，在做好拍照、录像、称量、勘验、检查等证据固定工作和保留样本后，依照《罚没走私冻品处置办法（试行）》（署缉发〔2015〕289号印发）和《海关总署 财政部关于查获走私冻品由地方归口处置的通知》（署财函〔2019〕300号）规定，先行移交有关部门作无害化处理。

六、办理粤港澳海上以外其他地区非设关地走私刑事案件，可以参照本意见的精神依法处理。

3. 妨害对公司、企业的管理秩序罪

最高人民法院关于如何认定国有控股、参股股份有限公司中的国有公司、企业人员的解释

（2005年7月31日最高人民法院审判委员会第1359次会议通过 2005年8月1日最高人民法院公告公布 自2005年8月11日起施行 法释〔2005〕10号）

为准确认定刑法分则第三章第三节中的国有公司、企业人员，现对国有控股、参股的股份有限公司中的国有公司、企业人员解释如下：

国有公司、企业委派到国有控股、参股公司从事公务的人员，以国有公司、企业人员论。

最高人民检察院、公安部关于严格依法办理虚报注册资本和虚假出资抽逃出资刑事案件的通知

（2014年5月20日 公经〔2014〕247号）

各省、自治区、直辖市人民检察院，公安厅、局，新疆生产建设兵团人民检察院、公安局：

2013年12月28日，第十二届全国人民代表大会常务委员会第六次会议通过了关于修改《中华人民共和国公司法》的决定，自2014年3月1日起施行。2014年4月24日，第十二届全国人民代表大会常务委员会第八次会议通过了《全国人大常委会关于刑法第一百五十八条、第一百五十九条的解释》。为了正确执行新修改的公司法和全国人大常委会立法解释，现就严格依法办理虚报注册资本和虚假出资、抽逃出资刑事案件的有关要求通知如下：

一、充分认识公司法修改对案件办理工作的影响。新修改的公司法主要涉及三个方面：一是将注册资本实缴登记制改为认缴登记制，除对公司注册资本实缴有另行规定的以外，取消了公司法定出资期限的规定，采取公司股东（发起人）自主约定认缴出资额、出资方式、出资期限等并记载于公司章程的规定。二是放宽注册资本登记条件，除对公司注册资本最低限额有另行规定的以外，取消了公司最低注册资本限制、公司设立时股东（发起人）的首次出资比例以及货币出资比例限制。三是简化登记事项和登记文件，有限责任公司股东认缴出资额、公司实收资本不再作为登记事项，公司登记时不需要提交验资报告。全国人大常委会立法解释规定："刑法第一百五十八条、第一百五十九条的规定，只适用于依法实行注册资本实缴登记制的公司。"新修改的公司法和上述立法解释，必将对公安机关、检察机关办理虚报注册资本和虚假出资、抽逃出资刑事案件产生重大影响。各级公安机关、检察机关要充分认识新修改的公司法和全国人大常委会立法解释的重要意义，深刻领会其精神实质，力争在案件办理工作中准确适用，并及时了解掌握本地区虚报注册资本和虚假出资、抽逃出资案件新情况、新问题以及其他相关犯罪态势，进一步提高办理虚报注册资本和虚

假出资、抽逃出资刑事案件的能力和水平。

二、严格把握罪与非罪的界限。根据新修改的公司法和全国人大常委会立法解释,自2014年3月1日起,除依法实行注册资本实缴登记制的公司(参见《国务院关于印发注册资本登记制度改革方案的通知》(国发〔2014〕7号))以外,对申请公司登记的单位和个人不得以虚报注册资本罪追究刑事责任;对公司股东、发起人不得以虚假出资、抽逃出资罪追究刑事责任。对依法实行注册资本实缴登记制的公司涉嫌虚报注册资本和虚假出资、抽逃出资犯罪的,各级公安机关、检察机关依照刑法和《立案追诉标准(二)》的相关规定追究刑事责任时,应当认真研究行为性质和危害后果,确保执法办案的法律效果和社会效果。

三、依法妥善处理跨时限案件。各级公安机关、检察机关对发生在2014年3月1日以前尚未处理或者正在处理的虚报注册资本和虚假出资、抽逃出资刑事案件,应当按照刑法第十二条规定的精神处理:除依法实行注册资本实缴登记制的公司以外,依照新修改的公司法不再符合犯罪构成要件的案件,公安机关已经立案侦查的,应当撤销案件;检察机关已经批准逮捕的,应当撤销批准逮捕决定,并监督公安机关撤销案件;检察机关审查起诉的,应当作出不起诉决定;检察机关已经起诉的,应当撤回起诉并作出不起诉决定;检察机关已经抗诉的,应当撤回抗诉。

四、进一步加强工作联系和沟通。各级公安机关、检察机关应当加强工作联系,对重大、疑难、复杂案件,主动征求意见,共同研究案件定性和法律适用等问题;应当加强与人民法院、工商行政管理等部门的工作联系,建立健全案件移送制度和有关工作协作制度,全面掌握公司注册资本制度改革后面临的经济犯罪态势;上级公安机关、检察机关应当加强对下级公安机关、检察机关的指导,确保虚报注册资本和虚假出资、抽逃出资案件得到依法妥善处理。

各地在执行中遇到的问题,请及时报告最高人民检察院和公安部。

全国人民代表大会常务委员会法制工作委员会关于对“隐匿、销毁会计凭证、会计账簿、财务会计报告构成犯罪的主体范围”问题的答复意见

(2002年1月14日 法工委复字〔2002〕3号)

审计署:

你署2001年11月22日来函(审函〔2001〕126号)收悉,经研究,现答复如下:

根据全国人大常委会1999年12月25日刑法修正案第一条的规定,任何单位和个人在办理会计事务时对依法应当保存的会计凭证、会计账簿、财务会计报告,进行隐匿、销毁,情节严重的,构成犯罪,应当依法追究其刑事责任。

根据刑事诉讼法第十八条关于刑事案件侦查管辖的规定,除法律规定的特定案件由人民检察院立案侦查以外,其他刑事案件的侦查应由公安机关进行。隐匿、销毁会计凭证、会计账簿、财务会计报告,构成犯罪的,应当由公安机关立案侦查。

最高人民检察院研究室关于中国农业发展银行及其分支机构的工作人员法律适用问题的答复

（2002年9月23日 〔2002〕高检研发第16号）

湖北省人民检察院研究室：

你院关于中国农业发展银行工作人员法律适用问题的请示（鄂检文〔2001〕50号）收悉。经研究，答复如下：

中国农业发展银行及其分支机构的工作人员严重不负责任或者滥用职权，构成犯罪的，应当依照刑法第一百六十八条的规定追究刑事责任。

公安部关于对涉嫌非法出具金融票证犯罪案件涉及的部分法律问题的批复

（2003年1月27日 公经〔2003〕88号）

四川省公安厅：

你厅《关于“4·20”案等案件涉及的部分法律问题的请示》（公厅经发〔2002〕97号）收悉。现批复如下：

一、关于损失的认定问题

对于借款人有下列情形之一，其借款不能归还的，应认定为损失：

（一）法院宣布借款人破产，已清算完毕的；

（二）借款人被依法撤销、关闭、解散，并终止法人资格的；

（三）借款人虽未被依法终止法人资格，但生产经营活动已停止，借款人已名存实亡的；

（四）借款人的经营活动虽未停止，但公司、企业已亏损严重，资不抵债的；

（五）其他应认定为损失的情形。

关于损失的认定时间，应分为定罪损失和量刑损失两种情形来考虑：定罪损失是立案损失、成罪损失，应以公安机关立案时为标准；量刑损失是法院审理案件时的实际损失，以确定最终量刑幅度。

二、关于用资人行为的定性问题

在金融机构及其工作人员非法出具金融票证等破坏金融管理秩序犯罪活动中，用资人的行为能否被认定为金融诈骗犯罪，首先应当考察其主观上是否有非法占有的故意。对此，可参照最高人民法院2001年1月21日印发的《全国法院审理金融犯罪案件工作座谈会纪要》（法〔2001〕8号）中的有关内容，即对于行为人通过诈骗的方法非法获取资金，造成数额较大资金不能归还，并具有下列情形之一的，可以认定为具有非法占有的目的：

（一）明知没有归还能力而大量骗取资金的；

（二）非法获取资金后逃跑的；

（三）肆意挥霍骗取资金的；

（四）使用骗取的资金进行违法犯罪活动的；

（五）抽逃、转移资金、隐匿财产，以逃避返还资金的；

（六）隐匿、销毁账目，或者搞假破产、假倒闭，以逃避返还资金的；

（七）其他非法占有资金、拒不返还的行为。

公安部经济犯罪侦查局关于马党权变造货币案中变造货币数额认定问题的批复

(2003 年 11 月 12 日　公经〔2003〕1329 号)

江西省公安厅经侦总队：

你总队《关于马党权变造货币一案有关司法解释的请示》(赣公传发〔2003〕569 号)收悉。经研究,现批复如下：

犯罪嫌疑人以货币为基本材料,采用挖补、撕揭、拼凑等方法,改变货币的外在形态,变造货币的数额应以实际变造出的货币的票面数额计算,包括被因挖补、撕揭而改变了外在形态的货币,但已灭失的货币除外。

最高人民法院刑事审判第二庭关于国有公司人员滥用职权犯罪追溯期限等问题的答复

(2005 年 1 月 13 日)

公安部经济犯罪侦查局：

你局公经〔2004〕1914 号《关于对一案件法律适用问题征求意见的函》收悉。经研究,答复如下：

一、对于本案行为人的行为应适用 1999 年 12 月 25 日《中华人民共和国刑法修正案(二)》的规定,以国有公司失职罪或滥用职权罪追究其刑事责任。

二、国有公司人员滥用职权或失职罪的追诉期限应从损失结果发生之日起计算。就本案而言,追诉期限应以法律意义上的损失发生为标准,即以人民法院民事终审判决之日起计算。

公安部经济犯罪侦查局关于对非法占有他人股权是否构成职务侵占罪问题的工作意见

(2005 年 6 月 24 日)

近年来,许多地方公安机关就公司股东之间或者被委托人采用非法手段侵占股权,是否涉嫌职务侵占罪问题请示我局。对此问题,我局多次召开座谈会并分别征求了高检、高法及人大法工委刑法室等有关部门的意见。近日,最高人民法院刑事审判第二庭书面答复我局:对于公司股东之间或者被委托人利用职务便利,非法占有公司股东股权的行为,如果能够认定行为人主观上具有非法占有他人财物的目的,则可对其利用职务便利,非法占有公司管理中的股东股权的行为以职务侵占罪论处。

现予网上公布,供各地公安机关办理类似案件时借鉴参考。

公安部经济犯罪侦查局关于对违法发放贷款案件中损失认定问题的批复

(2007 年 7 月 27 日　公经〔2007〕1458 号)

福建省公安厅经侦总队：

你总队《关于违法发放贷款案件中损

失认定问题的请示》(闽公经〔2007〕157号)已收悉。经研究,现批复如下:

在案件侦办过程中,如有证据证明犯罪嫌疑人实施了违法、违规发放贷款的行为,只要发生贷款已无法收回的情况且达到追诉标准的,就应视为《刑法》第一百八十六条所规定的造成损失。案中提及的未到期贷款及其利息,如确定不能追回,应视为犯罪损失。

公安部办公厅关于若干经济犯罪案件如何统计涉案总价值、挽回经济损失数额的批复

(2008年11月5日　公经〔2008〕214号)

云南省公安厅警令部:

《云南省公安厅警令部关于经济犯罪案件如何统计涉案金额、挽回经济损失数等有关问题的请示》(云公警令〔2008〕22号)收悉。经研究,批复如下:

一、虚报注册资本案按照虚报数额统计涉案总价值;虚假出资、抽逃出资案按照虚假或抽逃的出资数额统计涉案总价值。

二、贷款诈骗案按照诈骗的贷款数额统计涉案总价值。

三、走私假币案、伪造货币案、出售、购买、运输假币案、金融工作人员购买假币、以假币换取货币案、持有、使用假币案、变造货币案,按照已经查证属实的伪造、变造的货币的面值统计涉案总价值。

伪造、变造的外国货币以及香港、澳门、台湾地区货币的面值,按照立案时国家外汇管理机关公布的外汇牌价折算成人民币后统计。

四、危害税收征管案按照以下方法统计涉案总价值:

(一)偷税案按照偷税数额统计涉案总价值。

(二)抗税案按照拒缴税款额统计涉案总价值。

(三)逃避追缴欠税案按照欠缴税款额统计涉案总价值。

(四)骗取出口退税案按照骗取税款额统计涉案总价值。

(五)虚开增值税专用发票、用于骗取出口退税、抵扣税款发票案按照价税合计额统计涉案总价值。

(六)伪造、出售伪造的增值税专用发票案、非法出售增值税专用发票案、非法购买增值税专用发票、购买伪造的增值税专用发票案,发票已经填开或打印金额的,按照价税合计额统计涉案总价值;发票未填开或打印金额的,不统计涉案总价值。

(七)非法制造、出售非法制造的用于骗取出口退税、抵扣税款发票案、非法出售用于骗取出口退税、抵扣税款发票案,发票已经填开或打印、印刷金额的,按照票面金额统计涉案总价值;票面既有价款额又有税款额的,按照价税合计额统计涉案总价值;发票未填开或打印、印刷金额的,不统计涉案总价值。

(八)非法制造、出售非法制造的发票案、非法出售发票案,发票已经填开或打印、印刷金额的,按照票面金额统计涉案总价值;发票未填开或打印、印刷金额的,不统计涉案总价值。

五、挽回经济损失额按照实际追缴的赃款以及赃物折价统计。

4. 破坏金融管理秩序罪

最高人民法院关于审理骗购外汇、非法买卖外汇刑事案件具体应用法律若干问题的解释

（1998年8月28日最高人民法院审判委员会第1018次会议通过　1998年8月28日最高人民法院公告公布　自1998年9月1日起施行　法释〔1998〕20号）

为依法惩处骗购外汇、非法买卖外汇的犯罪行为，根据刑法的有关规定，现对审理骗购外汇、非法买卖外汇案件具体应用法律的若干问题解释如下：

第一条　以进行走私、逃汇、洗钱、骗税等犯罪活动为目的，使用虚假、无效的凭证、商业单据或者采取其他手段向外汇指定银行骗购外汇的，应当分别按照刑法分则第三章第二节、第一百九十条、第一百九十一条和第二百零四条等规定定罪处罚。

非国有公司、企业或者其他单位，与国有公司、企业或者其他国有单位勾结逃汇的，以逃汇罪的共犯处罚。

第二条　伪造、变造、买卖海关签发的报关单、进口证明、外汇管理机关的核准件等凭证或者购买伪造、变造的上述凭证的，按照刑法第二百八十条第一款的规定定罪处罚。

第三条　在外汇指定银行和中国外汇交易中心及其分中心以外买卖外汇，扰乱金融市场秩序，具有下列情形之一的，按照刑法第二百二十五条第（三）项的规定定罪处罚：

（一）非法买卖外汇二十万美元以上的；

（二）违法所得五万元人民币以上的。

第四条　公司、企业或者其他单位，违反有关外贸代理业务的规定，采用非法手段，或者明知是伪造、变造的凭证、商业单据，为他人向外汇指定银行骗购外汇，数额在五百万美元以上或者违法所得五十万元人民币以上的，按照刑法第二百二十五条第（三）项的规定定罪处罚。

居间介绍骗购外汇一百万美元以上或者违法所得十万元人民币以上的，按照刑法第二百二十五条第（三）项的规定定罪处罚。

第五条　海关、银行、外汇管理机关工作人员与骗购外汇的行为人通谋，为其提供购买外汇的有关凭证，或者明知是伪造、变造的凭证和商业单据而出售外汇，构成犯罪的，按照刑法的有关规定从重处罚。

第六条　实施本解释规定的行为，同时触犯二个以上罪名的，择一重罪从重处罚。

第七条　根据刑法第六十四条规定，骗购外汇、非法买卖外汇的，其违法所得予以追缴，用于骗购外汇、非法买卖外汇的资金予以没收，上缴国库。

第八条　骗购、非法买卖不同币种的外汇的，以案发时国家外汇管理机关制定的统一折算率折合后依照本解释处罚。

最高人民法院关于审理伪造货币等案件具体应用法律若干问题的解释

（2000年4月20日最高人民法院审判委员会第1110次会议通过　2000年9月8日最高人民法院公告公布　自2000年9月14日起施行　法释〔2000〕26号）

为依法惩治伪造货币，出售、购买、运输假币等犯罪活动，根据刑法的有关规定，现就审理这类案件具体应用法律的若干问题解释如下：

第一条　伪造货币的总面额在二千元以上不满三万元或者币量在二百张（枚）以上不足三千张（枚）的，依照刑法第一百七十条的规定，处三年以上十年以下有期徒刑，并处五万元以上五十万元以下罚金。

伪造货币的总面额在三万元以上的，属于“伪造货币数额特别巨大”。

行为人制造货币版样或者与他人事前通谋，为他人伪造货币提供版样的，依照刑法第一百七十条的规定定罪处罚。

第二条　行为人购买假币后使用，构成犯罪的，依照刑法第一百七十一条的规定，以购买假币罪定罪，从重处罚。

行为人出售、运输假币构成犯罪，同时有使用假币行为的，依照刑法第一百七十一条、第一百七十二条的规定，实行数罪并罚。

第三条　出售、购买假币或者明知是假币而运输，总面额在四千元以上不满五万元的，属于“数额较大”；总面额在五万元以上不满二十万元的，属于“数额巨大”；总面额在二十万元以上的，属于“数额特别巨大”，依照刑法第一百七十一条第一款的规定定罪处罚。

第四条　银行或者其他金融机构的工作人员购买假币或者利用职务上的便利，以假币换取货币，总面额在四千元以上不满五万元或者币量在四百张（枚）以上不足五千张（枚）的，处三年以上十年以下有期徒刑，并处二万元以上二十万元以下罚金；总面额在五万元以上或者币量在五千张（枚）以上或者有其他严重情节的，处十年以上有期徒刑或者无期徒刑，并处二万元以上二十万元以下罚金或者没收财产；总面额不满人民币四千元或者币量不足四百张（枚）或者具有其他情节较轻情形的，处三年以下有期徒刑或者拘役，并处或者单处一万元以上十万元以下罚金。

第五条　明知是假币而持有、使用，总面额在四千元以上不满五万元的，属于“数额较大”；总面额在五万元以上不满二十万元的，属于“数额巨大”；总面额在二十万元以上的，属于“数额特别巨大”，依照刑法第一百七十二条的规定定罪处罚。

第六条　变造货币的总面额在二千元以上不满三万元的，属于“数额较大”；总面额在三万元以上的，属于“数额巨大”，依照刑法第一百七十三条的规定定罪处罚。

第七条　本解释所称“货币”是指可在国内市场流通或者兑换的人民币和境外货币。

货币面额应当以人民币计算，其他币种以案发时国家外汇管理机关公布的外汇牌价折算成人民币。

最高人民法院关于审理伪造货币等案件具体应用法律若干问题的解释(二)

(2010年10月11日最高人民法院审判委员会第1498次会议通过 2010年10月20日最高人民法院公告公布 自2010年11月3日起施行 法释〔2010〕14号)

为依法惩治伪造货币、变造货币等犯罪活动,根据刑法有关规定和近一个时期的司法实践,就审理此类刑事案件具体应用法律的若干问题解释如下:

第一条 仿照真货币的图案、形状、色彩等特征非法制造假币,冒充真币的行为,应当认定为刑法第一百七十条规定的“伪造货币”。

对真货币采用剪贴、挖补、揭层、涂改、移位、重印等方法加工处理,改变真币形态、价值的行为,应当认定为刑法第一百七十三条规定的“变造货币”。

第二条 同时采用伪造和变造手段,制造真伪拼凑货币的行为,依照刑法第一百七十条的规定,以伪造货币罪定罪处罚。

第三条 以正在流通的境外货币为对象的假币犯罪,依照刑法第一百七十条至第一百七十三条的规定定罪处罚。

假境外货币犯罪的数额,按照案发当日中国外汇交易中心或者中国人民银行授权机构公布的人民币对该货币的中间价折合成人民币计算。中国外汇交易中心或者中国人民银行授权机构未公布汇率中间价的境外货币,按照案发当日境内银行人民币对该货币的中间价折算成人民币,或者该货币在境内银行、国际外汇市场对美元汇率,与人民币对美元汇率中间价进行套算。

第四条 以中国人民银行发行的普通纪念币和贵金属纪念币为对象的假币犯罪,依照刑法第一百七十条至第一百七十三条的规定定罪处罚。

假普通纪念币犯罪的数额,以面额计算;假贵金属纪念币犯罪的数额,以贵金属纪念币的初始发售价格计算。

第五条 以使用为目的,伪造停止流通的货币,或者使用伪造的停止流通的货币的,依照刑法第二百六十六条的规定,以诈骗罪定罪处罚。

第六条 此前发布的司法解释与本解释不一致的,以本解释为准。

最高人民法院关于审理洗钱等刑事案件具体应用法律若干问题的解释

(2009年9月21日最高人民法院审判委员会第1474次会议通过 2009年11月4日最高人民法院公告公布 自2009年11月11日起施行 法释〔2009〕15号)

为依法惩治洗钱,掩饰、隐瞒犯罪所得、犯罪所得收益,资助恐怖活动等犯罪活动,根据刑法有关规定,现就审理此类刑事案件具体应用法律的若干问题解释如下:

第一条 刑法第一百九十一条、第三百一十二条规定的“明知”,应当结合被告人的认知能力,接触他人犯罪所得及其收益的情况,犯罪所得及其收益的种类、数额,犯罪所得及其收益的转换、转移方式以及被告人的供述等主、客观因素进行认定。

具有下列情形之一的，可以认定被告人明知系犯罪所得及其收益，但有证据证明确实不知道的除外：

（一）知道他人从事犯罪活动，协助转换或者转移财物的；

（二）没有正当理由，通过非法途径协助转换或者转移财物的；

（三）没有正当理由，以明显低于市场的价格收购财物的；

（四）没有正当理由，协助转换或者转移财物，收取明显高于市场的“手续费”的；

（五）没有正当理由，协助他人将巨额现金散存于多个银行账户或者在不同银行账户之间频繁划转的；

（六）协助近亲属或者其他关系密切的人转换或者转移与其职业或者财产状况明显不符的财物的；

（七）其他可以认定行为人明知的情形。

被告人将刑法第一百九十一条规定的某一上游犯罪的犯罪所得及其收益误认为刑法第一百九十一条规定的上游犯罪范围内的其他犯罪所得及其收益的，不影响刑法第一百九十一条规定的“明知”的认定。

第二条 具有下列情形之一的，可以认定为刑法第一百九十一条第一款第（五）项规定的“以其他方法掩饰、隐瞒犯罪所得及其收益的来源和性质”：

（一）通过典当、租赁、买卖、投资等方式，协助转移、转换犯罪所得及其收益的；

（二）通过与商场、饭店、娱乐场所等现金密集型场所的经营收入相混合的方式，协助转移、转换犯罪所得及其收益的；

（三）通过虚构交易、虚设债权债务、虚假担保、虚报收入等方式，协助将犯罪所得及其收益转换为“合法”财物的；

（四）通过买卖彩票、奖券等方式，协助转换犯罪所得及其收益的；

（五）通过赌博方式，协助将犯罪所得及其收益转换为赌博收益的；

（六）协助将犯罪所得及其收益携带、运输或者邮寄出入境的；

（七）通过前述规定以外的方式协助转移、转换犯罪所得及其收益的。

第三条 明知是犯罪所得及其产生的收益而予以掩饰、隐瞒，构成刑法第三百一十二条规定的犯罪，同时又构成刑法第一百九十一条或者第三百四十九条规定的犯罪的，依照处罚较重的规定定罪处罚。

第四条 刑法第一百九十一条、第三百一十二条、第三百四十九条规定的犯罪，应当以上游犯罪事实成立为认定前提。上游犯罪尚未依法裁判，但查证属实的，不影响刑法第一百九十一条、第三百一十二条、第三百四十九条规定的犯罪的审判。

上游犯罪事实可以确认，因行为人死亡等原因依法不予追究刑事责任的，不影响刑法第一百九十一条、第三百一十二条、第三百四十九条规定的犯罪的认定。

上游犯罪事实可以确认，依法以其他罪名定罪处罚的，不影响刑法第一百九十一条、第三百一十二条、第三百四十九条规定的犯罪的认定。

本条所称“上游犯罪”，是指产生刑法第一百九十一条、第三百一十二条、第三百四十九条规定的犯罪所得及其收益的各种犯罪行为。

第五条 刑法第一百二十条之一规定的“资助”，是指为恐怖活动组织或者实施恐怖活动的个人筹集、提供经费、物资或者提供场所以及其他物质便利的行为。

刑法第一百二十条之一规定的“实施恐怖活动的个人”,包括预谋实施、准备实施和实际实施恐怖活动的个人。

最高人民法院关于审理非法集资刑事案件具体应用法律若干问题的解释

(2010年11月22日最高人民法院审判委员会第1502次会议通过　根据2021年12月30日最高人民法院审判委员会第1860次会议通过的《最高人民法院关于修改〈最高人民法院关于审理非法集资刑事案件具体应用法律若干问题的解释〉的决定》修正　2022年2月23日最高人民法院公告公布　自2022年3月1日起施行　法释〔2022〕5号)

为依法惩治非法吸收公众存款、集资诈骗等非法集资犯罪活动,根据《中华人民共和国刑法》的规定,现就审理此类刑事案件具体应用法律的若干问题解释如下:

第一条　违反国家金融管理法律规定,向社会公众(包括单位和个人)吸收资金的行为,同时具备下列四个条件的,除刑法另有规定的以外,应当认定为刑法第一百七十六条规定的“非法吸收公众存款或者变相吸收公众存款”:

(一)未经有关部门依法许可或者借用合法经营的形式吸收资金;

(二)通过网络、媒体、推介会、传单、手机信息等途径向社会公开宣传;

(三)承诺在一定期限内以货币、实物、股权等方式还本付息或者给付回报;

(四)向社会公众即社会不特定对象吸收资金。

未向社会公开宣传,在亲友或者单位内部针对特定对象吸收资金的,不属于非法吸收或者变相吸收公众存款。

第二条　实施下列行为之一,符合本解释第一条第一款规定的条件的,应当依照刑法第一百七十六条的规定,以非法吸收公众存款罪定罪处罚:

(一)不具有房产销售的真实内容或者不以房产销售为主要目的,以返本销售、售后包租、约定回购、销售房产份额等方式非法吸收资金的;

(二)以转让林权并代为管护等方式非法吸收资金的;

(三)以代种植(养殖)、租种植(养殖)、联合种植(养殖)等方式非法吸收资金的;

(四)不具有销售商品、提供服务的真实内容或者不以销售商品、提供服务为主要目的,以商品回购、寄存代售等方式非法吸收资金的;

(五)不具有发行股票、债券的真实内容,以虚假转让股权、发售虚构债券等方式非法吸收资金的;

(六)不具有募集基金的真实内容,以假借境外基金、发售虚构基金等方式非法吸收资金的;

(七)不具有销售保险的真实内容,以假冒保险公司、伪造保险单据等方式非法吸收资金的;

(八)以网络借贷、投资入股、虚拟币交易等方式非法吸收资金的;

(九)以委托理财、融资租赁等方式非法吸收资金的;

（十）以提供“养老服务”、投资“养老项目”、销售“老年产品”等方式非法吸收资金的；

（十一）利用民间“会”“社”等组织非法吸收资金的；

（十二）其他非法吸收资金的行为。

第三条 非法吸收或者变相吸收公众存款，具有下列情形之一的，应当依法追究刑事责任：

（一）非法吸收或者变相吸收公众存款数额在100万元以上的；

（二）非法吸收或者变相吸收公众存款对象150人以上的；

（三）非法吸收或者变相吸收公众存款，给存款人造成直接经济损失数额在50万元以上的。

非法吸收或者变相吸收公众存款数额在50万元以上或者给存款人造成直接经济损失数额在25万元以上，同时具有下列情节之一的，应当依法追究刑事责任：

（一）曾因非法集资受过刑事追究的；

（二）二年内曾因非法集资受过行政处罚的；

（三）造成恶劣社会影响或者其他严重后果的。

第四条 非法吸收或者变相吸收公众存款，具有下列情形之一的，应当认定为刑法第一百七十六条规定的“数额巨大或者有其他严重情节”：

（一）非法吸收或者变相吸收公众存款数额在500万元以上的；

（二）非法吸收或者变相吸收公众存款对象500人以上的；

（三）非法吸收或者变相吸收公众存款，给存款人造成直接经济损失数额在250万元以上的。

非法吸收或者变相吸收公众存款数额在250万元以上或者给存款人造成直接经济损失数额在150万元以上，同时具有本解释第三条第二款第三项情节的，应当认定为“其他严重情节”。

第五条 非法吸收或者变相吸收公众存款，具有下列情形之一的，应当认定为刑法第一百七十六条规定的“数额特别巨大或者有其他特别严重情节”：

（一）非法吸收或者变相吸收公众存款数额在5000万元以上的；

（二）非法吸收或者变相吸收公众存款对象5000人以上的；

（三）非法吸收或者变相吸收公众存款，给存款人造成直接经济损失数额在2500万元以上的。

非法吸收或者变相吸收公众存款数额在2500万元以上或者给存款人造成直接经济损失数额在1500万元以上，同时具有本解释第三条第二款第三项情节的，应当认定为“其他特别严重情节”。

第六条 非法吸收或者变相吸收公众存款的数额，以行为人所吸收的资金全额计算。在提起公诉前积极退赃退赔，减少损害结果发生的，可以从轻或者减轻处罚；在提起公诉后退赃退赔的，可以作为量刑情节酌情考虑。

非法吸收或者变相吸收公众存款，主要用于正常的生产经营活动，能够在提起公诉前清退所吸收资金，可以免予刑事处罚；情节显著轻微危害不大的，不作为犯罪处理。

对依法不需要追究刑事责任或者免予刑事处罚的，应当依法将案件移送有关行政机关。

第七条 以非法占有为目的，使用诈骗方法实施本解释第二条规定所列行为的,应当依照刑法第一百九十二条的规定,以集资诈骗罪定罪处罚。

使用诈骗方法非法集资,具有下列情形之一的,可以认定为"以非法占有为目的":

(一)集资后不用于生产经营活动或者用于生产经营活动与筹集资金规模明显不成比例,致使集资款不能返还的;

(二)肆意挥霍集资款,致使集资款不能返还的;

(三)携带集资款逃匿的;

(四)将集资款用于违法犯罪活动的;

(五)抽逃、转移资金、隐匿财产,逃避返还资金的;

(六)隐匿、销毁账目,或者搞假破产、假倒闭,逃避返还资金的;

(七)拒不交代资金去向,逃避返还资金的;

(八)其他可以认定非法占有目的的情形。

集资诈骗罪中的非法占有目的,应当区分情形进行具体认定。行为人部分非法集资行为具有非法占有目的的,对该部分非法集资行为所涉集资款以集资诈骗罪定罪处罚;非法集资共同犯罪中部分行为人具有非法占有目的,其他行为人没有非法占有集资款的共同故意和行为的,对具有非法占有目的的行为人以集资诈骗罪定罪处罚。

第八条 集资诈骗数额在10万元以上的,应当认定为"数额较大";数额在100万元以上的,应当认定为"数额巨大"。

集资诈骗数额在50万元以上,同时具有本解释第三条第二款第三项情节的,应当认定为刑法第一百九十二条规定的"其他严重情节"。

集资诈骗的数额以行为人实际骗取的数额计算,在案发前已归还的数额应予扣除。行为人为实施集资诈骗活动而支付的广告费、中介费、手续费、回扣,或者用于行贿、赠与等费用,不予扣除。行为人为实施集资诈骗活动而支付的利息,除本金未归还可予折抵本金以外,应当计入诈骗数额。

第九条 犯非法吸收公众存款罪,判处三年以下有期徒刑或者拘役,并处或者单处罚金的,处五万元以上一百万元以下罚金;判处三年以上十年以下有期徒刑的,并处十万元以上五百万元以下罚金;判处十年以上有期徒刑的,并处五十万元以上罚金。

犯集资诈骗罪,判处三年以上七年以下有期徒刑的,并处十万元以上五百万元以下罚金;判处七年以上有期徒刑或者无期徒刑的,并处五十万元以上罚金或者没收财产。

第十条 未经国家有关主管部门批准,向社会不特定对象发行、以转让股权等方式变相发行股票或者公司、企业债券,或者向特定对象发行、变相发行股票或者公司、企业债券累计超过200人的,应当认定为刑法第一百七十九条规定的"擅自发行股票或者公司、企业债券"。构成犯罪的,以擅自发行股票、公司、企业债券罪定罪处罚。

第十一条 违反国家规定,未经依法核准擅自发行基金份额募集基金,情节严重的,依照刑法第二百二十五条的规定,以非法经营罪定罪处罚。

第十二条 广告经营者、广告发布者违反国家规定,利用广告为非法集资活动相关的商品或者服务作虚假宣传,具有下列情形之一的，依照刑法第二百二十二条的规定，以虚假广告罪定罪处罚：

（一）违法所得数额在10万元以上的；

（二）造成严重危害后果或者恶劣社会影响的；

（三）二年内利用广告作虚假宣传，受过行政处罚二次以上的；

（四）其他情节严重的情形。

明知他人从事欺诈发行证券，非法吸收公众存款，擅自发行股票、公司、企业债券，集资诈骗或者组织、领导传销活动等集资犯罪活动，为其提供广告等宣传的，以相关犯罪的共犯论处。

第十三条 通过传销手段向社会公众非法吸收资金，构成非法吸收公众存款罪或者集资诈骗罪，同时又构成组织、领导传销活动罪的，依照处罚较重的规定定罪处罚。

第十四条 单位实施非法吸收公众存款、集资诈骗犯罪的，依照本解释规定的相应自然人犯罪的定罪量刑标准，对单位判处罚金，并对其直接负责的主管人员和其他直接责任人员定罪处罚。

第十五条 此前发布的司法解释与本解释不一致的，以本解释为准。

最高人民法院关于非法集资刑事案件性质认定问题的通知

（2011年8月18日 法〔2011〕262号）

各省、自治区、直辖市高级人民法院，解放军军事法院，新疆维吾尔自治区高级人民法院生产建设兵团分院：

为依法、准确、及时审理非法集资刑事案件，现就非法集资性质认定的有关问题通知如下：

一、行政部门对于非法集资的性质认定，不是非法集资案件进入刑事程序的必经程序。行政部门未对非法集资作出性质认定的，不影响非法集资刑事案件的审判。

二、人民法院应当依照刑法和《最高人民法院关于审理非法集资刑事案件具体应用法律若干问题的解释》等有关规定认定案件事实的性质，并认定相关行为是否构成犯罪。

三、对于案情复杂、性质认定疑难的案件，人民法院可以在有关部门关于是否符合行业技术标准的行政认定意见的基础上，根据案件事实和法律规定作出性质认定。

四、非法集资刑事案件的审判工作涉及领域广、专业性强，人民法院在审理此类案件当中要注意加强与有关行政主（监）管部门以及公安机关、人民检察院的配合。审判工作中遇到重大问题难以解决的，请及时报告最高人民法院。

最高人民法院、最高人民检察院、公安部关于办理非法集资刑事案件适用法律若干问题的意见

（2014年3月25日 公通字〔2014〕16号）

各省、自治区、直辖市高级人民法院，人民检察院，公安厅、局，解放军军事法院、军事检察院，新疆维吾尔自治区高级人民法院生产建设兵团分院，新疆生产建设兵团人民检察院、公安局：

为解决近年来公安机关、人民检察院、人民法院在办理非法集资刑事案件中遇到

的问题,依法惩治非法吸收公众存款、集资诈骗等犯罪,根据刑法、刑事诉讼法的规定,结合司法实践,现就办理非法集资刑事案件适用法律问题提出以下意见:

一、关于行政认定的问题

行政部门对于非法集资的性质认定,不是非法集资刑事案件进入刑事诉讼程序的必经程序。行政部门未对非法集资作出性质认定的,不影响非法集资刑事案件的侦查、起诉和审判。

公安机关、人民检察院、人民法院应当依法认定案件事实的性质,对于案情复杂、性质认定疑难的案件,可参考有关部门的认定意见,根据案件事实和法律规定作出性质认定。

二、关于"向社会公开宣传"的认定问题

《最高人民法院关于审理非法集资刑事案件具体应用法律若干问题的解释》第一条第一款第二项中的"向社会公开宣传",包括以各种途径向社会公众传播吸收资金的信息,以及明知吸收资金的信息向社会公众扩散而予以放任等情形。

三、关于"社会公众"的认定问题

下列情形不属于《最高人民法院关于审理非法集资刑事案件具体应用法律若干问题的解释》第一条第二款规定的"针对特定对象吸收资金"的行为,应当认定为向社会公众吸收资金:

(一)在向亲友或者单位内部人员吸收资金的过程中,明知亲友或者单位内部人员向不特定对象吸收资金而予以放任的;

(二)以吸收资金为目的,将社会人员吸收为单位内部人员,并向其吸收资金的。

四、关于共同犯罪的处理问题

为他人向社会公众非法吸收资金提供帮助,从中收取代理费、好处费、返点费、佣金、提成等费用,构成非法集资共同犯罪的,应当依法追究刑事责任。能够及时退缴上述费用的,可依法从轻处罚;其中情节轻微的,可以免除处罚;情节显著轻微、危害不大的,不作为犯罪处理。

五、关于涉案财物的追缴和处置问题

向社会公众非法吸收的资金属于违法所得。以吸收的资金向集资参与人支付的利息、分红等回报,以及向帮助吸收资金人员支付的代理费、好处费、返点费、佣金、提成等费用,应当依法追缴。集资参与人本金尚未归还的,所支付的回报可予折抵本金。

将非法吸收的资金及其转换财物用于清偿债务或者转让给他人,有下列情形之一的,应当依法追缴:

(一)他人明知是上述资金及财物而收取的;

(二)他人无偿取得上述资金及财物的;

(三)他人以明显低于市场的价格取得上述资金及财物的;

(四)他人取得上述资金及财物系源于非法债务或者违法犯罪活动的;

(五)其他依法应当追缴的情形。

查封、扣押、冻结的易贬值及保管、养护成本较高的涉案财物,可以在诉讼终结前依照有关规定变卖、拍卖。所得价款由查封、扣押、冻结机关予以保管,待诉讼终结后一并处置。

查封、扣押、冻结的涉案财物,一般应在诉讼终结后,返还集资参与人。涉案财物不足全部返还的,按照集资参与人的集资额比例返还。

六、关于证据的收集问题

办理非法集资刑事案件中,确因客观

条件的限制无法逐一收集集资参与人的言词证据的，可结合已收集的集资参与人的言词证据和依法收集并查证属实的书面合同、银行账户交易记录、会计凭证及会计账簿、资金收付凭证、审计报告、互联网电子数据等证据，综合认定非法集资对象人数和吸收资金数额等犯罪事实。

七、关于涉及民事案件的处理问题

对于公安机关、人民检察院、人民法院正在侦查、起诉、审理的非法集资刑事案件，有关单位或者个人就同一事实向人民法院提起民事诉讼或者申请执行涉案财物的，人民法院应当不予受理，并将有关材料移送公安机关或者检察机关。

人民法院在审理民事案件或者执行过程中，发现有非法集资犯罪嫌疑的，应当裁定驳回起诉或者中止执行，并及时将有关材料移送公安机关或者检察机关。

公安机关、人民检察院、人民法院在侦查、起诉、审理非法集资刑事案件中，发现与人民法院正在审理的民事案件属同一事实，或者被申请执行的财物属于涉案财物的，应当及时通报相关人民法院。人民法院经审查认为确属涉嫌犯罪的，依照前款规定处理。

八、关于跨区域案件的处理问题

跨区域非法集资刑事案件，在查清犯罪事实的基础上，可以由不同地区的公安机关、人民检察院、人民法院分别处理。

对于分别处理的跨区域非法集资刑事案件，应当按照统一制定的方案处置涉案财物。

国家机关工作人员违反规定处置涉案财物，构成渎职等犯罪的，应当依法追究刑事责任。

最高人民法院、最高人民检察院、公安部关于办理非法集资刑事案件若干问题的意见

（2019年1月30日　公通字〔2019〕2号）

为依法惩治非法吸收公众存款、集资诈骗等非法集资犯罪活动，维护国家金融管理秩序，保护公民、法人和其他组织合法权益，根据刑法、刑事诉讼法等法律规定，结合司法实践，现就办理非法吸收公众存款、集资诈骗等非法集资刑事案件有关问题提出以下意见：

一、关于非法集资的“非法性”认定依据问题

人民法院、人民检察院、公安机关认定非法集资的“非法性”，应当以国家金融管理法律法规作为依据。对于国家金融管理法律法规仅作原则性规定的，可以根据法律规定的精神并参考中国人民银行、中国银行保险监督管理委员会、中国证券监督管理委员会等行政主管部门依照国家金融管理法律法规制定的部门规章或者国家有关金融管理的规定、办法、实施细则等规范性文件的规定予以认定。

二、关于单位犯罪的认定问题

单位实施非法集资犯罪活动，全部或者大部分违法所得归单位所有的，应当认定为单位犯罪。

个人为进行非法集资犯罪活动而设立的单位实施犯罪的，或者单位设立后，以实施非法集资犯罪活动为主要活动的，不以单位犯罪论处，对单位中组织、策划、实施非法集资犯罪活动的人员应当以自然人犯

罪依法追究刑事责任。

判断单位是否以实施非法集资犯罪活动为主要活动,应当根据单位实施非法集资的次数、频度、持续时间、资金规模、资金流向、投入人力物力情况、单位进行正当经营的状况以及犯罪活动的影响、后果等因素综合考虑认定。

三、关于涉案下属单位的处理问题

办理非法集资刑事案件中,人民法院、人民检察院、公安机关应当全面查清涉案单位,包括上级单位(总公司、母公司)和下属单位(分公司、子公司)的主体资格、层级、关系、地位、作用、资金流向等,区分情况依法作出处理。

上级单位已被认定为单位犯罪,下属单位实施非法集资犯罪活动,且全部或者大部分违法所得归下属单位所有的,对该下属单位也应当认定为单位犯罪。上级单位和下属单位构成共同犯罪的,应当根据犯罪单位的地位、作用,确定犯罪单位的刑事责任。

上级单位已被认定为单位犯罪,下属单位实施非法集资犯罪活动,但全部或者大部分违法所得归上级单位所有的,对下属单位不单独认定为单位犯罪。下属单位中涉嫌犯罪的人员,可以作为上级单位的其他直接责任人员依法追究刑事责任。

上级单位未被认定为单位犯罪,下属单位被认定为单位犯罪的,对上级单位中组织、策划、实施非法集资犯罪的人员,一般可以与下属单位按照自然人与单位共同犯罪处理。

上级单位与下属单位均未被认定为单位犯罪的,一般以上级单位与下属单位中承担组织、领导、管理、协调职责的主管人员和发挥主要作用的人员作为主犯,以其他积极参加非法集资犯罪的人员作为从犯,按照自然人共同犯罪处理。

四、关于主观故意的认定问题

认定犯罪嫌疑人、被告人是否具有非法吸收公众存款的犯罪故意,应当依据犯罪嫌疑人、被告人的任职情况、职业经历、专业背景、培训经历、本人因同类行为受到行政处罚或者刑事追究情况以及吸收资金方式、宣传推广、合同资料、业务流程等证据,结合其供述,进行综合分析判断。

犯罪嫌疑人、被告人使用诈骗方法非法集资,符合《最高人民法院关于审理非法集资刑事案件具体应用法律若干问题的解释》第四条规定的,可以认定为集资诈骗罪中"以非法占有为目的"。

办案机关在办理非法集资刑事案件中,应当根据案件具体情况注意收集运用涉及犯罪嫌疑人、被告人的以下证据:是否使用虚假身份信息对外开展业务;是否虚假订立合同、协议;是否虚假宣传,明显超出经营范围或者夸大经营、投资、服务项目及盈利能力;是否吸收资金后隐匿、销毁合同、协议、账目;是否传授或者接受规避法律、逃避监管的方法,等等。

五、关于犯罪数额的认定问题

非法吸收或者变相吸收公众存款构成犯罪,具有下列情形之一的,向亲友或者单位内部人员吸收的资金应当与向不特定对象吸收的资金一并计入犯罪数额:

(一)在向亲友或者单位内部人员吸收资金的过程中,明知亲友或者单位内部人员向不特定对象吸收资金而予以放任的;

(二)以吸收资金为目的,将社会人员

吸收为单位内部人员,并向其吸收资金的;

（三）向社会公开宣传,同时向不特定对象、亲友或者单位内部人员吸收资金的。

非法吸收或者变相吸收公众存款的数额,以行为人所吸收的资金全额计算。集资参与人收回本金或者获得回报后又重复投资的数额不予扣除,但可以作为量刑情节酌情考虑。

六、关于宽严相济刑事政策把握问题

办理非法集资刑事案件,应当贯彻宽严相济刑事政策,依法合理把握追究刑事责任的范围,综合运用刑事手段和行政手段处置和化解风险,做到惩处少数、教育挽救大多数。要根据行为人的客观行为、主观恶性、犯罪情节及其地位、作用、层级、职务等情况,综合判断行为人的责任轻重和刑事追究的必要性,按照区别对待原则分类处理涉案人员,做到罚当其罪、罪责刑相适应。

重点惩处非法集资犯罪活动的组织者、领导者和管理人员,包括单位犯罪中的上级单位（总公司、母公司）的核心层、管理层和骨干人员,下属单位（分公司、子公司）的管理层和骨干人员,以及其他发挥主要作用的人员。

对于涉案人员积极配合调查、主动退赃退赔、真诚认罪悔罪的,可以依法从轻处罚;其中情节轻微的,可以免除处罚;情节显著轻微、危害不大的,不作为犯罪处理。

七、关于管辖问题

跨区域非法集资刑事案件按照《国务院关于进一步做好防范和处置非法集资工作的意见》（国发〔2015〕59 号）确定的工作原则办理。如果合并侦查、诉讼更为适宜的,可以合并办理。

办理跨区域非法集资刑事案件,如果多个公安机关都有权立案侦查的,一般由主要犯罪地公安机关作为案件主办地,对主要犯罪嫌疑人立案侦查和移送审查起诉;由其他犯罪地公安机关作为案件分办地根据案件具体情况,对本地区犯罪嫌疑人立案侦查和移送审查起诉。

管辖不明或者有争议的,按照有利于查清犯罪事实、有利于诉讼的原则,由其共同的上级公安机关协调确定或者指定有关公安机关作为案件主办地立案侦查。需要提请批准逮捕、移送审查起诉、提起公诉的,由分别立案侦查的公安机关所在地的人民检察院、人民法院受理。

对于重大、疑难、复杂的跨区域非法集资刑事案件,公安机关应当在协调确定或者指定案件主办地立案侦查的同时,通报同级人民检察院、人民法院。人民检察院、人民法院参照前款规定,确定主要犯罪地作为案件主办地,其他犯罪地作为案件分办地,由所在地的人民检察院、人民法院负责起诉、审判。

本条规定的"主要犯罪地",包括非法集资活动的主要组织、策划、实施地,集资行为人的注册地、主要营业地、主要办事机构所在地,集资参与人的主要所在地等。

八、关于办案工作机制问题

案件主办地和其他涉案地办案机关应当密切沟通协调,协同推进侦查、起诉、审判、资产处置工作,配合有关部门最大限度追赃挽损。

案件主办地办案机关应当统一负责主要犯罪嫌疑人、被告人涉嫌非法集资全部犯罪事实的立案侦查、起诉、审判，防止遗漏犯罪事实；并应就全案处理政策、追诉主要犯罪嫌疑人、被告人的证据要求及诉讼时限、追赃挽损、资产处置等工作要求，向其他涉案地办案机关进行通报。其他涉案地办案机关应当对本地区犯罪嫌疑人、被告人涉嫌非法集资的犯罪事实及时立案侦查、起诉、审判，积极协助主办地处置涉案资产。

案件主办地和其他涉案地办案机关应当建立和完善证据交换共享机制。对涉及主要犯罪嫌疑人、被告人的证据，一般由案件主办地办案机关负责收集，其他涉案地提供协助。案件主办地办案机关应当及时通报接收涉及主要犯罪嫌疑人、被告人的证据材料的程序及要求。其他涉案地办案机关需要案件主办地提供证据材料的，应当向案件主办地办案机关提出证据需求，由案件主办地收集并依法移送。无法移送证据原件的，应当在移送复制件的同时，按照相关规定作出说明。

九、关于涉案财物追缴处置问题

办理跨区域非法集资刑事案件，案件主办地办案机关应当及时归集涉案财物，为统一资产处置做好基础性工作。其他涉案地办案机关应当及时查明涉案财物，明确其来源、去向、用途、流转情况，依法办理查封、扣押、冻结手续，并制作详细清单，对扣押款项应当设立明细账，在扣押后立即存入办案机关唯一合规账户，并将有关情况提供案件主办地办案机关。

人民法院、人民检察院、公安机关应当严格依照刑事诉讼法和相关司法解释的规定，依法移送、审查、处理查封、扣押、冻结的涉案财物。对审判时尚未追缴到案或者尚未足额退赔的违法所得，人民法院应当判决继续追缴或者责令退赔，并由人民法院负责执行，处置非法集资职能部门、人民检察院、公安机关等应当予以配合。

人民法院对涉案财物依法作出判决后，有关地方和部门应当在处置非法集资职能部门统筹协调下，切实履行协作义务，综合运用多种手段，做好涉案财物清运、财产变现、资金归集、资金清退等工作，确保最大限度减少实际损失。

根据有关规定，查封、扣押、冻结的涉案财物，一般应在诉讼终结后返还集资参与人。涉案财物不足全部返还的，按照集资参与人的集资额比例返还。退赔集资参与人的损失一般优先于其他民事债务以及罚金、没收财产的执行。

十、关于集资参与人权利保障问题

集资参与人，是指向非法集资活动投入资金的单位和个人，为非法集资活动提供帮助并获取经济利益的单位和个人除外。

人民法院、人民检察院、公安机关应当通过及时公布案件进展、涉案资产处置情况等方式，依法保障集资参与人的合法权利。集资参与人可以推选代表人向人民法院提出相关意见和建议；推选不出代表人的，人民法院可以指定代表人。人民法院可以视案件情况决定集资参与人代表人参加或者旁听庭审，对集资参与人提起附带民事诉讼等请求不予受理。

十一、关于行政执法与刑事司法衔接问题

处置非法集资职能部门或者有关行政主管部门，在调查非法集资行为或者行政执法过程中，认为案情重大、疑难、复杂的，可以商请公安机关就追诉标准、证据固定等问题提出咨询或者参考意见；发现非法集资行为涉嫌犯罪的，应当按照《行政执法机关移送涉嫌犯罪案件的规定》等规定，履行相关手续，在规定的期限内将案件移送公安机关。

人民法院、人民检察院、公安机关在办理非法集资刑事案件过程中，可商请处置非法集资职能部门或者有关行政主管部门指派专业人员配合开展工作，协助查阅、复制有关专业资料，就案件涉及的专业问题出具认定意见。涉及需要行政处理的事项，应当及时移交处置非法集资职能部门或者有关行政主管部门依法处理。

十二、关于国家工作人员相关法律责任问题

国家工作人员具有下列行为之一，构成犯罪的，应当依法追究刑事责任：

（一）明知单位和个人所申请机构或者业务涉嫌非法集资，仍为其办理行政许可或者注册手续的；

（二）明知所主管、监管的单位有涉嫌非法集资行为，未依法及时处理或者移送处置非法集资职能部门的；

（三）查处非法集资过程中滥用职权、玩忽职守、徇私舞弊的；

（四）徇私舞弊不向司法机关移交非法集资刑事案件的；

（五）其他通过职务行为或者利用职务影响，支持、帮助、纵容非法集资的。

最高人民法院、最高人民检察院关于办理内幕交易、泄露内幕信息刑事案件具体应用法律若干问题的解释

（2011年10月31日最高人民法院审判委员会第1529次会议、2012年2月27日最高人民检察院第十一届检察委员会第72次会议通过　2012年3月29日最高人民法院、最高人民检察院公告公布　自2012年6月1日起施行　法释〔2012〕6号）

为维护证券、期货市场管理秩序，依法惩治证券、期货犯罪，根据刑法有关规定，现就办理内幕交易、泄露内幕信息刑事案件具体应用法律的若干问题解释如下：

第一条　下列人员应当认定为刑法第一百八十条第一款规定的“证券、期货交易内幕信息的知情人员”：

（一）证券法第七十四条规定的人员；

（二）期货交易管理条例第八十五条第十二项规定的人员。

第二条　具有下列行为的人员应当认定为刑法第一百八十条第一款规定的“非法获取证券、期货交易内幕信息的人员”：

（一）利用窃取、骗取、套取、窃听、利诱、刺探或者私下交易等手段获取内幕信息的；

（二）内幕信息知情人员的近亲属或者其他与内幕信息知情人员关系密切的人员，在内幕信息敏感期内，从事或者明示、暗示他人从事，或者泄露内幕信息导致他人从事与该内幕信息有关的证券、期货交易，相关交易行为明显异常，且无正当理由

或者正当信息来源的；

（三）在内幕信息敏感期内，与内幕信息知情人员联络、接触，从事或者明示、暗示他人从事，或者泄露内幕信息导致他人从事与该内幕信息有关的证券、期货交易，相关交易行为明显异常，且无正当理由或者正当信息来源的。

第三条 本解释第二条第二项、第三项规定的“相关交易行为明显异常”，要综合以下情形，从时间吻合程度、交易背离程度和利益关联程度等方面予以认定：

（一）开户、销户、激活资金账户或者指定交易（托管）、撤销指定交易（转托管）的时间与该内幕信息形成、变化、公开时间基本一致的；

（二）资金变化与该内幕信息形成、变化、公开时间基本一致的；

（三）买入或者卖出与内幕信息有关的证券、期货合约时间与内幕信息的形成、变化和公开时间基本一致的；

（四）买入或者卖出与内幕信息有关的证券、期货合约时间与获悉内幕信息的时间基本一致的；

（五）买入或者卖出证券、期货合约行为明显与平时交易习惯不同的；

（六）买入或者卖出证券、期货合约行为，或者集中持有证券、期货合约行为与该证券、期货公开信息反映的基本面明显背离的；

（七）账户交易资金进出与该内幕信息知情人员或者非法获取人员有关联或者利害关系的；

（八）其他交易行为明显异常情形。

第四条 具有下列情形之一的，不属于刑法第一百八十条第一款规定的从事与内幕信息有关的证券、期货交易：

（一）持有或者通过协议、其他安排与他人共同持有上市公司百分之五以上股份的自然人、法人或者其他组织收购该上市公司股份的；

（二）按照事先订立的书面合同、指令、计划从事相关证券、期货交易的；

（三）依据已被他人披露的信息而交易的；

（四）交易具有其他正当理由或者正当信息来源的。

第五条 本解释所称“内幕信息敏感期”是指内幕信息自形成至公开的期间。

证券法第六十七条第二款所列“重大事件”的发生时间，第七十五条规定的“计划”、“方案”以及期货交易管理条例第八十五条第十一项规定的“政策”、“决定”等的形成时间，应当认定为内幕信息的形成之时。

影响内幕信息形成的动议、筹划、决策或者执行人员，其动议、筹划、决策或者执行初始时间，应当认定为内幕信息的形成之时。

内幕信息的公开，是指内幕信息在国务院证券、期货监督管理机构指定的报刊、网站等媒体披露。

第六条 在内幕信息敏感期内从事或者明示、暗示他人从事或者泄露内幕信息导致他人从事与该内幕信息有关的证券、期货交易，具有下列情形之一的，应当认定为刑法第一百八十条第一款规定的“情节严重”：

（一）证券交易成交额在五十万元以上的；

（二）期货交易占用保证金数额在三十万元以上的；

（三）获利或者避免损失数额在十五万

元以上的；

（四）三次以上的；

（五）具有其他严重情节的。

第七条 在内幕信息敏感期内从事或者明示、暗示他人从事或者泄露内幕信息导致他人从事与该内幕信息有关的证券、期货交易，具有下列情形之一的，应当认定为刑法第一百八十条第一款规定的“情节特别严重”：

（一）证券交易成交额在二百五十万元以上的；

（二）期货交易占用保证金数额在一百五十万元以上的；

（三）获利或者避免损失数额在七十五万元以上的；

（四）具有其他特别严重情节的。

第八条 二次以上实施内幕交易或者泄露内幕信息行为，未经行政处理或者刑事处理的，应当对相关交易数额依法累计计算。

第九条 同一案件中，成交额、占用保证金额、获利或者避免损失额分别构成情节严重、情节特别严重的，按照处罚较重的数额定罪处罚。

构成共同犯罪的，按照共同犯罪行为人的成交总额、占用保证金总额、获利或者避免损失总额定罪处罚，但判处各被告人罚金的总额应掌握在获利或者避免损失总额的一倍以上五倍以下。

第十条 刑法第一百八十条第一款规定的“违法所得”，是指通过内幕交易行为所获利益或者避免的损失。

内幕信息的泄露人员或者内幕交易的明示、暗示人员未实际从事内幕交易的，其罚金数额按照因泄露而获悉内幕信息人员或者被明示、暗示人员从事内幕交易的违法所得计算。

第十一条 单位实施刑法第一百八十条第一款规定的行为，具有本解释第六条规定情形之一的，按照刑法第一百八十条第二款的规定定罪处罚。

最高人民法院、最高人民检察院关于办理妨害信用卡管理刑事案件具体应用法律若干问题的解释

（2009年10月12日最高人民法院审判委员会第1475次会议、2009年11月12日最高人民检察院第十一届检察委员会第22次会议通过 根据2018年7月30日最高人民法院审判委员会第1745次会议、2018年10月19日最高人民检察院第十三届检察委员会第7次会议通过的《最高人民法院、最高人民检察院关于修改〈关于办理妨害信用卡管理刑事案件具体应用法律若干问题的解释〉的决定》修正 2018年11月28日最高人民法院、最高人民检察院公告公布 自2018年12月1日起施行 法释〔2018〕19号）

为依法惩治妨害信用卡管理犯罪活动，维护信用卡管理秩序和持卡人合法权益，根据《中华人民共和国刑法》规定，现就办理这类刑事案件具体应用法律的若干问题解释如下：

第一条 复制他人信用卡、将他人信用卡信息资料写入磁条介质、芯片或者以其他方法伪造信用卡一张以上的，应当认定为刑法第一百七十七条第一款第四项规定的“伪造信用卡”，以伪造金融票证罪定

罪处罚。

伪造空白信用卡十张以上的,应当认定为刑法第一百七十七条第一款第四项规定的"伪造信用卡",以伪造金融票证罪定罪处罚。

伪造信用卡,有下列情形之一的,应当认定为刑法第一百七十七条规定的"情节严重":

(一)伪造信用卡五张以上不满二十五张的;

(二)伪造的信用卡内存款余额、透支额度单独或者合计数额在二十万元以上不满一百万元的;

(三)伪造空白信用卡五十张以上不满二百五十张的;

(四)其他情节严重的情形。

伪造信用卡,有下列情形之一的,应当认定为刑法第一百七十七条规定的"情节特别严重":

(一)伪造信用卡二十五张以上的;

(二)伪造的信用卡内存款余额、透支额度单独或者合计数额在一百万元以上的;

(三)伪造空白信用卡二百五十张以上的;

(四)其他情节特别严重的情形。

本条所称"信用卡内存款余额、透支额度",以信用卡被伪造后发卡行记录的最高存款余额、可透支额度计算。

第二条 明知是伪造的空白信用卡而持有、运输十张以上不满一百张的,应当认定为刑法第一百七十七条之一第一款第一项规定的"数量较大";非法持有他人信用卡五张以上不满五十张的,应当认定为刑法第一百七十七条之一第一款第二项规定的"数量较大"。

有下列情形之一的,应当认定为刑法第一百七十七条之一第一款规定的"数量巨大":

(一)明知是伪造的信用卡而持有、运输十张以上的;

(二)明知是伪造的空白信用卡而持有、运输一百张以上的;

(三)非法持有他人信用卡五十张以上的;

(四)使用虚假的身份证明骗领信用卡十张以上的;

(五)出售、购买、为他人提供伪造的信用卡或者以虚假的身份证明骗领的信用卡十张以上的。

违背他人意愿,使用其居民身份证、军官证、士兵证、港澳居民往来内地通行证、台湾居民来往大陆通行证、护照等身份证明申领信用卡的,或者使用伪造、变造的身份证明申领信用卡的,应当认定为刑法第一百七十七条之一第一款第三项规定的"使用虚假的身份证明骗领信用卡"。

第三条 窃取、收买、非法提供他人信用卡信息资料,足以伪造可进行交易的信用卡,或者足以使他人以信用卡持卡人名义进行交易,涉及信用卡一张以上不满五张的,依照刑法第一百七十七条之一第二款的规定,以窃取、收买、非法提供信用卡信息罪定罪处罚;涉及信用卡五张以上的,应当认定为刑法第一百七十七条之一第一款规定的"数量巨大"。

第四条 为信用卡申请人制作、提供虚假的财产状况、收入、职务等资信证明材料,涉及伪造、变造、买卖国家机关公文、证件、印章,或者涉及伪造公司、企业、事业单位、人民团体印章,应当追究刑事责任的,依照刑法第二百八十条的规定,分别以伪造、变造、买卖国家机关公文、证件、印章罪和伪造公司、企业、事业单位、人民团体印章罪定罪处罚。

承担资产评估、验资、验证、会计、审计、法律服务等职责的中介组织或其人员，为信用卡申请人提供虚假的财产状况、收入、职务等资信证明材料，应当追究刑事责任的，依照刑法第二百二十九条的规定，分别以提供虚假证明文件罪和出具证明文件重大失实罪定罪处罚。

第五条 使用伪造的信用卡、以虚假的身份证明骗领的信用卡、作废的信用卡或者冒用他人信用卡，进行信用卡诈骗活动，数额在五千元以上不满五万元的，应当认定为刑法第一百九十六条规定的“数额较大”；数额在五万元以上不满五十万元的，应当认定为刑法第一百九十六条规定的“数额巨大”；数额在五十万元以上的，应当认定为刑法第一百九十六条规定的“数额特别巨大”。

刑法第一百九十六条第一款第三项所称“冒用他人信用卡”，包括以下情形：

（一）拾得他人信用卡并使用的；

（二）骗取他人信用卡并使用的；

（三）窃取、收买、骗取或者以其他非法方式获取他人信用卡信息资料，并通过互联网、通讯终端等使用的；

（四）其他冒用他人信用卡的情形。

第六条 持卡人以非法占有为目的，超过规定限额或者规定期限透支，经发卡银行两次有效催收后超过三个月仍不归还的，应当认定为刑法第一百九十六条规定的“恶意透支”。

对于是否以非法占有为目的，应当综合持卡人信用记录、还款能力和意愿、申领和透支信用卡的状况、透支资金的用途、透支后的表现、未按规定还款的原因等情节作出判断。不得单纯依据持卡人未按规定还款的事实认定非法占有目的。

具有以下情形之一的，应当认定为刑法第一百九十六条第二款规定的“以非法占有为目的”，但有证据证明持卡人确实不具有非法占有目的的除外：

（一）明知没有还款能力而大量透支，无法归还的；

（二）使用虚假资信证明申领信用卡后透支，无法归还的；

（三）透支后通过逃匿、改变联系方式等手段，逃避银行催收的；

（四）抽逃、转移资金，隐匿财产，逃避还款的；

（五）使用透支的资金进行犯罪活动的；

（六）其他非法占有资金，拒不归还的情形。

第七条 催收同时符合下列条件的，应当认定为本解释第六条规定的“有效催收”：

（一）在透支超过规定限额或者规定期限后进行；

（二）催收应当采用能够确认持卡人收悉的方式，但持卡人故意逃避催收的除外；

（三）两次催收至少间隔三十日；

（四）符合催收的有关规定或者约定。

对于是否属于有效催收，应当根据发卡银行提供的电话录音、信息送达记录、信函送达回执、电子邮件送达记录、持卡人或者其家属签字以及其他催收原始证据材料作出判断。

发卡银行提供的相关证据材料，应当有银行工作人员签名和银行公章。

第八条 恶意透支，数额在五万元以上不满五十万元的，应当认定为刑法第一百九十六条规定的“数额较大”；数额在五十万元以上不满五百万元的，应当认定为刑法第一百九十六条规定的“数额巨大”；数额在五百万元以上的，应当认定为刑法第一百九十六条规定的“数额特别巨大”。

第九条 恶意透支的数额，是指公安机关刑事立案时尚未归还的实际透支的本金数额，不包括利息、复利、滞纳金、手续费等发卡银行收取的费用。归还或者支付的数额，应当认定为归还实际透支的本金。

检察机关在审查起诉、提起公诉时，应当根据发卡银行提供的交易明细、分类账单(透支账单、还款账单)等证据材料，结合犯罪嫌疑人、被告人及其辩护人所提辩解、辩护意见及相关证据材料，审查认定恶意透支的数额；恶意透支的数额难以确定的，应当依据司法会计、审计报告，结合其他证据材料审查认定。人民法院在审判过程中，应当在对上述证据材料查证属实的基础上，对恶意透支的数额作出认定。

发卡银行提供的相关证据材料，应当有银行工作人员签名和银行公章。

第十条 恶意透支数额较大，在提起公诉前全部归还或者具有其他情节轻微情形的，可以不起诉；在一审判决前全部归还或者具有其他情节轻微情形的，可以免予刑事处罚。但是，曾因信用卡诈骗受过两次以上处罚的除外。

第十一条 发卡银行违规以信用卡透支形式变相发放贷款，持卡人未按规定归还的，不适用刑法第一百九十六条“恶意透支”的规定。构成其他犯罪的，以其他犯罪论处。

第十二条 违反国家规定，使用销售点终端机具(POS 机)等方法，以虚构交易、虚开价格、现金退货等方式向信用卡持卡人直接支付现金，情节严重的，应当依据刑法第二百二十五条的规定，以非法经营罪定罪处罚。

实施前款行为，数额在一百万元以上的，或者造成金融机构资金二十万元以上逾期未还的，或者造成金融机构经济损失十万元以上的，应当认定为刑法第二百二十五条规定的“情节严重”；数额在五百万元以上的，或者造成金融机构资金一百万元以上逾期未还的，或者造成金融机构经济损失五十万元以上的，应当认定为刑法第二百二十五条规定的“情节特别严重”。

持卡人以非法占有为目的，采用上述方式恶意透支，应当追究刑事责任的，依照刑法第一百九十六条的规定，以信用卡诈骗罪定罪处罚。

第十三条 单位实施本解释规定的行为，适用本解释规定的相应自然人犯罪的定罪量刑标准。

最高人民法院、最高人民检察院关于办理非法从事资金支付结算业务、非法买卖外汇刑事案件适用法律若干问题的解释

(2018年9月17日最高人民法院审判委员会第1749次会议、2018年12月12日最高人民检察院第十三届检察委员会第11次会议通过 2019年1月31日最高人民法院、最高人民检察院公告公布 自2019年2月1日起施行 法释〔2019〕1号)

为依法惩治非法从事资金支付结算业务、非法买卖外汇犯罪活动，维护金融市场秩序，根据《中华人民共和国刑法》《中华

人民共和国刑事诉讼法》的规定，现就办理非法从事资金支付结算业务、非法买卖外汇刑事案件适用法律的若干问题解释如下：

第一条 违反国家规定，具有下列情形之一的，属于刑法第二百二十五条第三项规定的“非法从事资金支付结算业务”：

（一）使用受理终端或者网络支付接口等方法，以虚构交易、虚开价格、交易退款等非法方式向指定付款方支付货币资金的；

（二）非法为他人提供单位银行结算账户套现或者单位银行结算账户转个人账户服务的；

（三）非法为他人提供支票套现服务的；

（四）其他非法从事资金支付结算业务的情形。

第二条 违反国家规定，实施倒买倒卖外汇或者变相买卖外汇等非法买卖外汇行为，扰乱金融市场秩序，情节严重的，依照刑法第二百二十五条第四项的规定，以非法经营罪定罪处罚。

第三条 非法从事资金支付结算业务或者非法买卖外汇，具有下列情形之一的，应当认定为非法经营行为“情节严重”：

（一）非法经营数额在五百万元以上的；

（二）违法所得数额在十万元以上的。

非法经营数额在二百五十万元以上，或者违法所得数额在五万元以上，且具有下列情形之一的，可以认定为非法经营行为“情节严重”：

（一）曾因非法从事资金支付结算业务或者非法买卖外汇犯罪行为受过刑事追究的；

（二）二年内因非法从事资金支付结算业务或者非法买卖外汇违法行为受过行政处罚的；

（三）拒不交代涉案资金去向或者拒不配合追缴工作，致使赃款无法追缴的；

（四）造成其他严重后果的。

第四条 非法从事资金支付结算业务或者非法买卖外汇，具有下列情形之一的，应当认定为非法经营行为“情节特别严重”：

（一）非法经营数额在二千五百万元以上的；

（二）违法所得数额在五十万元以上的。

非法经营数额在一千二百五十万元以上，或者违法所得数额在二十五万元以上，且具有本解释第三条第二款规定的四种情形之一的，可以认定为非法经营行为“情节特别严重”。

第五条 非法从事资金支付结算业务或者非法买卖外汇，构成非法经营罪，同时又构成刑法第一百二十条之一规定的帮助恐怖活动罪或者第一百九十一条规定的洗钱罪的，依照处罚较重的规定定罪处罚。

第六条 二次以上非法从事资金支付结算业务或者非法买卖外汇，依法应予行政处理或者刑事处理而未经处理的，非法经营数额或者违法所得数额累计计算。

同一案件中，非法经营数额、违法所得数额分别构成情节严重、情节特别严重的，按照处罚较重的数额定罪处罚。

第七条 非法从事资金支付结算业务或者非法买卖外汇违法所得数额难以确定的，按非法经营数额的千分之一认定违法所得数额，依法并处或者单处违法所得一倍以上五倍以下罚金。

第八条 符合本解释第三条规定的标准,行为人如实供述犯罪事实,认罪悔罪,并积极配合调查,退缴违法所得的,可以从轻处罚;其中犯罪情节轻微的,可以依法不起诉或者免予刑事处罚。

符合刑事诉讼法规定的认罪认罚从宽适用范围和条件的,依照刑事诉讼法的规定处理。

第九条 单位实施本解释第一条、第二条规定的非法从事资金支付结算业务、非法买卖外汇行为,依照本解释规定的定罪量刑标准,对单位判处罚金,并对其直接负责的主管人员和其他直接责任人员定罪处罚。

第十条 非法从事资金支付结算业务、非法买卖外汇刑事案件中的犯罪地,包括犯罪嫌疑人、被告人用于犯罪活动的账户开立地、资金接收地、资金过渡账户开立地、资金账户操作地,以及资金交易对手资金交付和汇出地等。

第十一条 涉及外汇的犯罪数额,按照案发当日中国外汇交易中心或者中国人民银行授权机构公布的人民币对该货币的中间价折合成人民币计算。中国外汇交易中心或者中国人民银行授权机构未公布汇率中间价的境外货币,按照案发当日境内银行人民币对该货币的中间价折算成人民币,或者该货币在境内银行、国际外汇市场对美元汇率,与人民币对美元汇率中间价进行套算。

第十二条 本解释自2019年2月1日起施行。《最高人民法院关于审理骗购外汇、非法买卖外汇刑事案件具体应用法律若干问题的解释》(法释〔1998〕20号)与本解释不一致的,以本解释为准。

最高人民法院、最高人民检察院关于办理操纵证券、期货市场刑事案件适用法律若干问题的解释

(2018年9月3日最高人民法院审判委员会第1747次会议、2018年12月12日最高人民检察院第十三届检察委员会第11次会议通过 2019年6月27日最高人民法院、最高人民检察院公告公布 自2019年7月1日起施行 法释〔2019〕9号)

为依法惩治证券、期货犯罪,维护证券、期货市场管理秩序,促进证券、期货市场稳定健康发展,保护投资者合法权益,根据《中华人民共和国刑法》《中华人民共和国刑事诉讼法》的规定,现就办理操纵证券、期货市场刑事案件适用法律的若干问题解释如下:

第一条 行为人具有下列情形之一的,可以认定为刑法第一百八十二条第一款第四项规定的"以其他方法操纵证券、期货市场":

(一)利用虚假或者不确定的重大信息,诱导投资者作出投资决策,影响证券、期货交易价格或者证券、期货交易量,并进行相关交易或者谋取相关利益的;

(二)通过对证券及其发行人、上市公司、期货交易标的公开作出评价、预测或者投资建议,误导投资者作出投资决策,影响证券、期货交易价格或者证券、期货交易量,并进行与其评价、预测、投资建议方向相反的证券交易或者相关期货交易的;

(三)通过策划、实施资产收购或者重

组、投资新业务、股权转让、上市公司收购等虚假重大事项，误导投资者作出投资决策，影响证券交易价格或者证券交易量，并进行相关交易或者谋取相关利益的；

（四）通过控制发行人、上市公司信息的生成或者控制信息披露的内容、时点、节奏，误导投资者作出投资决策，影响证券交易价格或者证券交易量，并进行相关交易或者谋取相关利益的；

（五）不以成交为目的，频繁申报、撤单或者大额申报、撤单，误导投资者作出投资决策，影响证券、期货交易价格或者证券、期货交易量，并进行与申报相反的交易或者谋取相关利益的；

（六）通过囤积现货，影响特定期货品种市场行情，并进行相关期货交易的；

（七）以其他方法操纵证券、期货市场的。

第二条 操纵证券、期货市场，具有下列情形之一的，应当认定为刑法第一百八十二条第一款规定的“情节严重”：

（一）持有或者实际控制证券的流通股份数量达到该证券的实际流通股份总量百分之十以上，实施刑法第一百八十二条第一款第一项操纵证券市场行为，连续十个交易日的累计成交量达到同期该证券总成交量百分之二十以上的；

（二）实施刑法第一百八十二条第一款第二项、第三项操纵证券市场行为，连续十个交易日的累计成交量达到同期该证券总成交量百分之二十以上的；

（三）实施本解释第一条第一项至第四项操纵证券市场行为，证券交易成交额在一千万元以上的；

（四）实施刑法第一百八十二条第一款第一项及本解释第一条第六项操纵期货市场行为，实际控制的账户合并持仓连续十个交易日的最高值超过期货交易所限仓标准的二倍，累计成交量达到同期该期货合约总成交量百分之二十以上，且期货交易占用保证金数额在五百万元以上的；

（五）实施刑法第一百八十二条第一款第二项、第三项及本解释第一条第一项、第二项操纵期货市场行为，实际控制的账户连续十个交易日的累计成交量达到同期该期货合约总成交量百分之二十以上，且期货交易占用保证金数额在五百万元以上的；

（六）实施本解释第一条第五项操纵证券、期货市场行为，当日累计撤回申报量达到同期该证券、期货合约总申报量百分之五十以上，且证券撤回申报额在一千万元以上、撤回申报的期货合约占用保证金数额在五百万元以上的；

（七）实施操纵证券、期货市场行为，违法所得数额在一百万元以上的。

第三条 操纵证券、期货市场，违法所得数额在五十万元以上，具有下列情形之一的，应当认定为刑法第一百八十二条第一款规定的“情节严重”：

（一）发行人、上市公司及其董事、监事、高级管理人员、控股股东或者实际控制人实施操纵证券、期货市场行为的；

（二）收购人、重大资产重组的交易对方及其董事、监事、高级管理人员、控股股东或者实际控制人实施操纵证券、期货市场行为的；

（三）行为人明知操纵证券、期货市场行为被有关部门调查，仍继续实施的；

（四）因操纵证券、期货市场行为受过刑事追究的；

（五）二年内因操纵证券、期货市场行

为受过行政处罚的；

（六）在市场出现重大异常波动等特定时段操纵证券、期货市场的；

（七）造成恶劣社会影响或者其他严重后果的。

第四条 具有下列情形之一的，应当认定为刑法第一百八十二条第一款规定的“情节特别严重”：

（一）持有或者实际控制证券的流通股份数量达到该证券的实际流通股份总量百分之十以上，实施刑法第一百八十二条第一款第一项操纵证券市场行为，连续十个交易日的累计成交量达到同期该证券总成交量百分之五十以上的；

（二）实施刑法第一百八十二条第一款第二项、第三项操纵证券市场行为，连续十个交易日的累计成交量达到同期该证券总成交量百分之五十以上的；

（三）实施本解释第一条第一项至第四项操纵证券市场行为，证券交易成交额在五千万元以上的；

（四）实施刑法第一百八十二条第一款第一项及本解释第一条第六项操纵期货市场行为，实际控制的账户合并持仓连续十个交易日的最高值超过期货交易所限仓标准的五倍，累计成交量达到同期该期货合约总成交量百分之五十以上，且期货交易占用保证金数额在二千五百万元以上的；

（五）实施刑法第一百八十二条第一款第二项、第三项及本解释第一条第一项、第二项操纵期货市场行为，实际控制的账户连续十个交易日的累计成交量达到同期该期货合约总成交量百分之五十以上，且期货交易占用保证金数额在二千五百万元以上的；

（六）实施操纵证券、期货市场行为，违法所得数额在一千万元以上的。

实施操纵证券、期货市场行为，违法所得数额在五百万元以上，并具有本解释第三条规定的七种情形之一的，应当认定为“情节特别严重”。

第五条 下列账户应当认定为刑法第一百八十二条中规定的“自己实际控制的账户”：

（一）行为人以自己名义开户并使用的实名账户；

（二）行为人向账户转入或者从账户转出资金，并承担实际损益的他人账户；

（三）行为人通过第一项、第二项以外的方式管理、支配或者使用的他人账户；

（四）行为人通过投资关系、协议等方式对账户内资产行使交易决策权的他人账户；

（五）其他有证据证明行为人具有交易决策权的账户。

有证据证明行为人对前款第一项至第三项账户内资产没有交易决策权的除外。

第六条 二次以上实施操纵证券、期货市场行为，依法应予行政处理或者刑事处理而未经处理的，相关交易数额或者违法所得数额累计计算。

第七条 符合本解释第二条、第三条规定的标准，行为人如实供述犯罪事实，认罪悔罪，并积极配合调查，退缴违法所得的，可以从轻处罚；其中犯罪情节轻微的，可以依法不起诉或者免予刑事处罚。

符合刑事诉讼法规定的认罪认罚从宽适用范围和条件的，依照刑事诉讼法的规定处理。

第八条 单位实施刑法第一百八十二条第一款行为的，依照本解释规定的定罪量刑标准，对其直接负责的主管人员和其他直接责任人员定罪处罚,并对单位判处罚金。

第九条 本解释所称"违法所得",是指通过操纵证券、期货市场所获利益或者避免的损失。

本解释所称"连续十个交易日",是指证券、期货市场开市交易的连续十个交易日,并非指行为人连续交易的十个交易日。

第十条 对于在全国中小企业股份转让系统中实施操纵证券市场行为,社会危害性大,严重破坏公平公正的市场秩序的,比照本解释的规定执行,但本解释第二条第一项、第二项和第四条第一项、第二项除外。

第十一条 本解释自 2019 年 7 月 1 日起施行。

最高人民法院、最高人民检察院关于办理利用未公开信息交易刑事案件适用法律若干问题的解释

(2018 年 9 月 10 日最高人民法院审判委员会第 1748 次会议、2018 年 11 月 30 日最高人民检察院第十三届检察委员会第 10 次会议通过　2019 年 6 月 27 日最高人民法院、最高人民检察院公告公布　自 2019 年 7 月 1 日起施行　法释〔2019〕10 号)

为依法惩治证券、期货犯罪,维护证券、期货市场管理秩序,促进证券、期货市场稳定健康发展,保护投资者合法权益,根据《中华人民共和国刑法》《中华人民共和国刑事诉讼法》的规定,现就办理利用未公开信息交易刑事案件适用法律的若干问题解释如下:

第一条 刑法第一百八十条第四款规定的"内幕信息以外的其他未公开的信息",包括下列信息:

(一)证券、期货的投资决策、交易执行信息;

(二)证券持仓数量及变化、资金数量及变化、交易动向信息;

(三)其他可能影响证券、期货交易活动的信息。

第二条 内幕信息以外的其他未公开的信息难以认定的,司法机关可以在有关行政主(监)管部门的认定意见的基础上,根据案件事实和法律规定作出认定。

第三条 刑法第一百八十条第四款规定的"违反规定",是指违反法律、行政法规、部门规章、全国性行业规范有关证券、期货未公开信息保护的规定,以及行为人所在的金融机构有关信息保密、禁止交易、禁止利益输送等规定。

第四条 刑法第一百八十条第四款规定的行为人"明示、暗示他人从事相关交易活动",应当综合以下方面进行认定:

(一)行为人具有获取未公开信息的职务便利;

(二)行为人获取未公开信息的初始时间与他人从事相关交易活动的初始时间具有关联性;

(三)行为人与他人之间具有亲友关系、利益关联、交易终端关联等关联关系;

(四)他人从事相关交易的证券、期货品种、交易时间与未公开信息所涉证券、期货品种、交易时间等方面基本一致;

(五)他人从事的相关交易活动明显不具有符合交易习惯、专业判断等正当理由;

(六)行为人对明示、暗示他人从事相关交易活动没有合理解释。

第五条 利用未公开信息交易,具有下列情形之一的,应当认定为刑法第一百八十条第四款规定的"情节严重":

(一)违法所得数额在一百万元以上的;

(二)二年内三次以上利用未公开信息交易的;

(三)明示、暗示三人以上从事相关交易活动的。

第六条 利用未公开信息交易,违法所得数额在五十万元以上,或者证券交易成交额在五百万元以上,或者期货交易占用保证金数额在一百万元以上,具有下列情形之一的,应当认定为刑法第一百八十条第四款规定的"情节严重":

(一)以出售或者变相出售未公开信息等方式,明示、暗示他人从事相关交易活动的;

(二)因证券、期货犯罪行为受过刑事追究的;

(三)二年内因证券、期货违法行为受过行政处罚的;

(四)造成恶劣社会影响或者其他严重后果的。

第七条 刑法第一百八十条第四款规定的"依照第一款的规定处罚",包括该条第一款关于"情节特别严重"的规定。

利用未公开信息交易,违法所得数额在一千万元以上的,应当认定为"情节特别严重"。

违法所得数额在五百万元以上,或者证券交易成交额在五千万元以上,或者期货交易占用保证金数额在一千万元以上,具有本解释第六条规定的四种情形之一的,应当认定为"情节特别严重"。

第八条 二次以上利用未公开信息交易,依法应予行政处理或者刑事处理而未经处理的,相关交易数额或者违法所得数额累计计算。

第九条 本解释所称"违法所得",是指行为人利用未公开信息从事与该信息相关的证券、期货交易活动所获利益或者避免的损失。

行为人明示、暗示他人利用未公开信息从事相关交易活动,被明示、暗示人员从事相关交易活动所获利益或者避免的损失,应当认定为"违法所得"。

第十条 行为人未实际从事与未公开信息相关的证券、期货交易活动的,其罚金数额按照被明示、暗示人员从事相关交易活动的违法所得计算。

第十一条 符合本解释第五条、第六条规定的标准,行为人如实供述犯罪事实,认罪悔罪,并积极配合调查,退缴违法所得的,可以从轻处罚;其中犯罪情节轻微的,可以依法不起诉或者免予刑事处罚。

符合刑事诉讼法规定的认罪认罚从宽适用范围和条件的,依照刑事诉讼法的规定处理。

第十二条 本解释自2019年7月1日起施行。

最高人民法院、最高人民检察院、公安部办理骗汇、逃汇犯罪案件联席会议纪要

(1999年6月7日 公通字〔1999〕39号)

中央部署开展打击骗汇犯罪专项斗争以来,在国务院和中央政法委的统一领导和组织协调下,各级公安机关和人民检察院迅速行动起来,在全国范围内对骗汇犯

罪开展了全面打击行动。1998 年 8 月 28 日最高人民法院《关于审理骗购外汇、非法买卖外汇刑事案件具体应用法律若干问题的解释》发布，对司法机关运用法律武器准确、及时打击犯罪发挥了重要作用。但是，一些地方在办理此类案件过程中，在案件管辖、适用法律及政策把握等方面遇到一些问题，需要予以明确。为了进一步贯彻中央从重从快严厉打击骗汇犯罪的指示精神，准确适用法律，保障专项斗争深入开展，争取尽快起诉、宣判一批骗汇犯罪案件，打击和震慑骗汇犯罪活动，1999 年 3 月 16 日，中央政法委、最高人民法院、最高人民检察院、公安部、中国人民银行、国家外汇管理局、解放军军事法院、军事检察院、总政保卫部等有关部门在北京昌平召开联席会议，共同研究解决打击骗汇犯罪斗争中出现的各种问题。会议纪要如下：

一、各级公安机关、人民检察院、人民法院和军队保卫、检、法部门在办理骗汇案件过程中，要从维护国家外汇管理秩序和国家经济安全的高度认识打击骗汇、逃汇犯罪专项斗争的重大意义，坚决贯彻党中央、国务院部署，积极参加专项斗争，各司其职，互相配合，加强协调，加快办案进度。

二、全国人大常委会《关于惩治骗购外汇、逃汇和非法买卖外汇犯罪的决定》（以下简称《决定》）公布施行后发生的犯罪行为，应当依照《决定》办理；对于《决定》公布施行前发生的公布后尚未处理或者正在处理的行为，依照修订后的刑法第十二条第一款规定的原则办理。

最高人民法院 1998 年 8 月 28 日发布的《关于审理骗购外汇、非法买卖外汇刑事案件具体应用法律若干问题的解释》（以下简称《解释》），是对具体应用修订后的刑法有关问题的司法解释，适用于依照修订后的刑法判处的案件。各执法部门对于《解释》应当准确理解，严格执行。

《解释》第四条规定："公司、企业或者其他单位，违反有关外贸代理业务的规定，采用非法手段、或者明知是伪造、变造的凭证、商业单据，为他人向外汇指定银行骗购外汇，数额在五百万美元以上或者违法所得五十万元人民币以上的，按照刑法第二百二十五条第（三）项的规定定罪处罚；居间介绍骗购外汇一百万美元以上或者违法所得十万元人民币以上的，按照刑法第二百二十五条第（三）项的规定定罪处罚。"上述所称"采用非法手段"，是指有国家批准的进出口经营权的外贸代理企业在经营代理进口业务时，不按国家经济主管部门有关规定履行职责，放任被代理方自带客户、自带货源、自带汇票、自行报关，在不见进口产品、不见供货货主、不见外商的情况下代理进口业务，或者采取法律、行政法规和部门规章禁止的其他手段代理进口业务。

认定《解释》第四条所称的"明知"，要结合案件的具体情节予以综合考虑，不能仅仅因为行为人不供述就不予认定。报关行为先于签订外贸代理协议的，或者委托方提供的购汇凭证明显与真实凭证、商业单据不符的，应当认定为明知。

《解释》第四条所称"居间介绍骗购外汇"，是指收取他人人民币、以虚假购汇凭证委托外贸公司、企业骗购外汇，获取非法收益的行为。

三、公安机关侦查骗汇、逃汇犯罪案件中涉及人民检察院管辖的贪污贿赂、渎职犯罪案件的，应当将贪污贿赂、渎职犯罪案件材料移送有管辖权的人民检察院审查。

对管辖交叉的案件,可以分别立案,共同工作。如果涉嫌主罪属于公安机关管辖,由公安机关为主侦查,人民检察院予以配合;如果涉嫌主罪属于人民检察院管辖,由人民检察院为主侦查,公安机关予以配合。双方意见有较大分歧的,要协商解决,并及时向当地党委、政法委和上级主管机关请示。

四、公安机关侦查骗汇、逃汇犯罪案件,要及时全面收集和固定犯罪证据,抓紧缉捕犯罪分子。人民检察院和人民法院对正在办理的骗汇、逃汇犯罪案件,只要基本犯罪事实清楚,基本证据确实充分,应当及时依法起诉、审判。主犯在逃或者骗购外汇所需人民币资金的来源无法彻底查清,但证明在案的其他犯罪嫌疑人实施犯罪的基本证据确实充分的,为在法定时限内结案,可以对在案的其他犯罪嫌疑人先行处理。对于已收集到外汇指定银行汇出凭证和境外收汇银行收款凭证等证据,能够证明所骗购外汇确已汇至港澳台地区或国外的,应视为骗购外汇既遂。

五、坚持"惩办与宽大相结合"的政策。对骗购外汇共同犯罪的主犯,或者参与伪造、变造购汇凭证的骗汇人员,以及与骗购外汇的犯罪分子相勾结的国家工作人员,要从严惩处。对具有自首、立功或者其他法定从轻、减轻情节的,依法从轻、减轻处理。

六、各地在办理骗汇、逃汇犯罪案件中遇到的有关问题以及侦查、起诉、审判的信息要及时向各自上级主管机关报告。上级机关要加强对案件的督办、检查和指导协调工作。

全国法院审理金融犯罪案件工作座谈会纪要

(2001年1月21日　法〔2001〕8号)

为一步加强人民法院对金融犯罪案件的审判工作,正确理解和适用刑法对金融犯罪的有关规定,更加准确有力地依法打击各种金融犯罪,最高人民法院于2000年9月20日至22日在湖南省长沙市召开了全国法院审理金融犯罪案件工作座谈会。各省、自治区、直辖市高级人民法院和解放军军事法院主管刑事审判工作的副院长、刑事审判庭庭长以及中国人民银行的代表参加了座谈会。最高人民法院副院长刘家琛在座谈会上作了重要讲话。

座谈会总结交流了全国法院审理金融犯罪案件工作的情况和经验,研究讨论了刑法修订以来审理金融犯罪案件中遇到的有关具体适用法律的若干问题,对当前和今后一个时期人民法院审理金融犯罪案件工作提出了明确的要求和意见。纪要如下:

一

座谈会认为,金融是现代经济的核心。随着改革开放的不断深入和社会主义市场经济体制的建立、完善,我国金融体制也发生了重大变革,金融业务大大扩展且日益多元化、国际化,各种现代化的金融手段和信用工具被普遍应用,金融已经广泛深刻地介入我国经济并在其中发挥着越来越重要的作用,成为国民经济的"血液循环系统”,是市场资源配置关系的主要形式和国家宏观调控经济的重要手段。金融的安全、有序、高效、稳健运行,对于经济发展、国家安全以及社会稳定至关重要。如果金融不稳定,势必会危及经济和社会的稳定,影响改革和发展的进程。保持金融的稳定和安全,必须加强金融法制建设,依法强化金融监管,规范金融秩序,依法打击金融领域内的各种违法犯罪活动。

近年来,人民法院充分发挥刑事审判职能,依法严惩了一大批严重破坏金融管理秩序和金融诈骗的犯罪分子,为保障金融安全,防范和化解金融风险,发挥了重要作用。但是,金融犯罪的情况仍然是严重的。从法院受理案件的情况看,金融犯罪的数量在逐年增加;涉案金额越来越大;金融机构工作人员作案和内外勾结共同作案的现象突出;单位犯罪和跨国(境)、跨区域作案增多;犯罪手段趋向专业化、智能化,新类型犯罪不断出现;犯罪分子作案后大肆挥霍、转移赃款或携款外逃的情况时有发生,危害后果越来越严重。金融犯罪严重破坏社会主义市场经济秩序,扰乱金融管理秩序,危害国家信用制度,侵害公私财产权益,造成国家金融资产大量流失,有的地方还由此引发了局部性的金融风波和群体性事件,直接影响了社会稳定。必须清醒地看到,目前,我国经济体制中长期存在的一些矛盾和困难已经或正在向金融领域转移并积聚,从即将到来的新世纪开始,我国将进入加快推进现代化的新的发展阶段,随着经济的快速发展、改革的不断深化以及对外开放的进一步扩大,我国金融业在获得更大发展机遇的同时,也面临着维护金融稳定更加严峻的形势。依法打击各种金融犯罪是人民法院刑事审判工作一项长期的重要任务。

座谈会认为,人民法院审理金融犯罪案件工作过去虽已取得了很大成绩,但由于修订后的刑法增加了不少金融犯罪的新罪名,审判实践中遇到了大量新情况和新问题,如何进一步提高适用法律的水平,依法审理好不断增多的金融犯罪案件,仍然是各级法院面临的新的课题。各级法院特别是法院的领导,一定要进一步提高打击金融犯罪对于维护金融秩序、防范金融风险、确保国家金融安全,对于保障改革、促进发展和维护稳定重要意义的认识,把审理金融犯罪案件作为当前和今后很长时期内刑事审判工作的重点,切实加强领导和指导,提高审判业务水平,加大审判工作力度,以更好地适应改革开放和现代化建设的新形势对人民法院刑事审判工作的要求。为此,必须做好以下几方面的工作:

首先,金融犯罪是严重破坏社会主义市场经济秩序的犯罪,审理金融犯罪案件要继续贯彻依法从严惩处严重经济犯罪分子的方针。修订后的刑法和全国人大常委会的有关决定,对危害严重的金融犯罪规定了更加严厉的刑罚,体现了对金融犯罪从严惩处的精神,为人民法院审判各种金融犯罪案件提供了有力的法律依据。各级法院要坚决贯彻立法精神,严格依法惩处破坏金融管理秩序和金融诈骗的犯罪单位和犯罪个人。

第二,进一步加强审理金融犯罪案件工作,促进金融制度的健全与完善。各级法院要切实加强对金融犯罪案件审判工作的组织领导,调整充实审判力量,确保起诉到法院的破坏金融管理秩序和金融诈骗犯罪案件依法及时审结。对于针对金融机构的抢劫、盗窃和发生在金融领域的贪污、侵占、挪用、受贿等其他刑事犯罪案件，也要抓紧依法审理，及时宣判。对于各种专项斗争中破获的金融犯罪案件，要集中力量抓紧审理，依法从严惩处。可选择典型案件到案发当地和案发单位公开宣判，并通过各种新闻媒体广泛宣传，形成对金融违法犯罪的强大威慑力，教育广大干部群众增强金融法制观念，维护金融安全，促进金融制度的不断健全与完善。

第三，要加强学习培训，不断提高审判水平。审理金融犯罪案件，是一项政策性很强的工作，而且涉及很多金融方面的专业知识。各级法院要重视对刑事法官的业务学习和培训，采取请进来、走出去等灵活多样的形式，组织刑事审判人员认真学习银行法、证券法、票据法、保险法等金融法律和公司法、担保法、会计法、审计法等相关法律，学习有关金融政策法规以及一些基本业务知识，以确保正确理解和适用刑法，处理好金融犯罪案件。

第四，要结合审判工作加强调查研究。金融犯罪案件比较复杂，新情况、新问题多，审理难度大，加强调查研究工作尤为必要。各级法院都要结合审理金融犯罪，有针对性地开展调查研究。对办案中发现的管理制度方面存在的漏洞和隐患，要及时提出司法建议。最高法院和高级法院要进一步加强对下级法院的工作指导，及时研究解决实践中遇到的适用法律上的新问题，需要通过制定司法解释加以明确的，要及时逐级报请最高法院研究。

二

座谈会重点研究讨论了人民法院审理金融犯罪案件中遇到的一些有关适用法律问题。与会同志认为，对于修订后的刑法实施过程中遇到的具体适用法律问题，在最高法院相应的新的司法解释出台前，原有司法解释与现行刑法不相冲突的仍然可以参照执行。对于法律和司法解释没有具体规定或规定不够明确，司法实践中又亟需解决的一些问题，与会同志结合审判实践进行了深入的探讨，并形成了一致意见：

（一）关于单位犯罪问题

根据刑法和《最高人民法院关于单位犯罪案件具体应用法律有关问题的解释》的规定，以单位名义实施犯罪，违法所得归单位所有的，是单位犯罪。

1. 单位的分支机构或者内设机构、部门实施犯罪行为的处理。以单位的分支机构或者内设机构、部门的名义实施犯罪，违法所得亦归分支机构或者内设机构、部门所有的，应认定为单位犯罪。不能因为单位的分支机构或者内设机构、部门没有可供执行罚金的财产，就不将其认定为单位犯罪，而按照个人犯罪处理。

2. 单位犯罪直接负责的主管人员和其他直接责任人员的认定。直接负责的主管人员，是在单位实施的犯罪中起决定、批准、授意、纵容、指挥等作用的人员，一般是单位的主管负责人，包括法定代表人。其他直接责任人员，是在单位犯罪中具体实施犯罪并起较大作用的人员，既可以是单位的经营管理人员，也可以是单位的职工，包括聘任、雇佣的人员。应当注意的是，在单位犯罪中，对于受单位领导指派或奉命而参与实施了一定犯罪行为的人员，一般不宜作为直接责任人员追究刑事责任。对单位犯罪中的直接负责的主管人员和其他直接责任人员，应根据其在单位犯罪中的地位、作用和犯罪情节，分别处以相应的刑罚,主管人员与直接责任人员,在个案中,不是当然的主、从犯关系,有的案件,主管人员与直接责任人员在实施犯罪行为的主从关系不明显的,可不分主、从犯。但具体案件可以分清主、从犯,且不分清主、从犯,在同一法定刑档次、幅度内量刑无法做到罪刑相适应的,应当分清主、从犯,依法处罚。

3. 对未作为单位犯罪起诉的单位犯罪案件的处理。对于应当认定为单位犯罪的案件,检察机关只作为自然人犯罪案件起诉的,人民法院应及时与检察机关协商,建议检察机关对犯罪单位补充起诉。如检察机关不补充起诉的,人民法院仍应依法审理,对被起诉的自然人根据指控的犯罪事实、证据及庭审查明的事实,依法按单位犯罪中的直接负责的主管人员或者其他直接责任人员追究刑事责任,并应引用刑罚分则关于单位犯罪追究直接负责的主管人员和其他直接责任人员刑事责任的有关条款。

4. 单位共同犯罪的处理。两个以上单位以共同故意实施的犯罪,应根据各单位在共同犯罪中的地位、作用大小,确定犯罪单位的主、从犯。

(二)关于破坏金融管理秩序罪

1. 非金融机构非法从事金融活动案件的处理

1998 年 7 月 13 日,国务院发布了《非法金融机构和非法金融业务活动取缔办法》。1998 年 8 月 11 日,国务院办公厅转发了中国人民银行整顿乱集资、乱批设金融机构和乱办金融业务实施方案,对整顿金融“三乱”工作的政策措施等问题作出了规定。各地根据整顿金融“三乱”工作实施方案的规定,对于未经中国人民银行批准,但是根据地方政策或有关部门文件设立并从事或变相从事金融业务的各类基金会、互助会、储金会等机构和组织,由各地人民政府和各有关部门限期进行清理整顿。超过实施方案规定期限继续从事非法金融业务活动的,依法予以取缔;情节严重、构成犯罪的,依法追究刑事责任。因此,上述非法从事金融活动的机构和组织只要在实施方案规定期限之前停止非法金融业务活动的,对有关单位和责任人员,不应以擅自设立金融机构罪处理;对其以前从事的非法金融活动,一般也不作犯罪处理;这些机构和组织的人员利用职务实施的个人犯罪,如贪污罪、职务侵占罪、挪用公款罪、挪用资金罪等,应当根据具体案情分别依法定罪处罚。

2. 关于假币犯罪

假币犯罪的认定。假币犯罪是一种严重破坏金融管理秩序的犯罪。只要有证据证明行为人实施了出售、购买、运输、使用假币行为,且数额较大,就构成犯罪。伪造货币的,只要实施了伪造行为,不论是否完成全部印制工序,即构成伪造货币罪;对于尚未制造出成品,无法计算伪造、销售假币面额的,或者制造、销售用于伪造货币的版样的,不认定犯罪数额,依据犯罪情节决定刑罚。明知是伪造的货币而持有,数额较大,根据现有证据不能认定行为人是为了进行其他假币犯罪的,以持有假币罪定罪处罚;如果有证据证明其持有的假币已构成其他假币犯罪的,应当以其他假币犯罪定罪处罚。

假币犯罪罪名的确定。假币犯罪案件中犯罪分子实施数个相关行为的,在确定罪名时应把握以下原则:

(1)对同一宗假币实施了法律规定为选择性罪名的行为,应根据行为人所实施的数个行为,按相关罪名刑法规定的排列顺序并列确定罪名,数额不累计计算,不实行数罪并罚。

(2)对不同宗假币实施法律规定为选择性罪名的行为,并列确定罪名,数额按全部假币面额累计计算,不实行数罪并罚。

(3)对同一宗假币实施了刑法没有规定为选择性罪名的数个犯罪行为,择一重罪从重处罚。如伪造货币或者购买假币后使用的,以伪造货币罪或购买假币罪定罪,从重处罚。

(4)对不同宗假币实施了刑法没有规定为选择性罪名的数个犯罪行为,分别定罪,数罪并罚。

出售假币被查获部分的处理。在出售假币时被抓获的,除现场查获的假币应认定为出售假币的犯罪数额外,现场之外在行为人住所或者其他藏匿地查获的假币,亦应认定为出售假币的犯罪数额。但有证据证实后者是行为人有实施其他假币犯罪的除外。

制造或者出售伪造的台币行为的处理。对于伪造台币的,应当以伪造货币罪定罪处罚;出售伪造的台币的,应当以出售假币罪定罪处罚。

3. 用账外客户资金非法拆借、发放贷款行为的认定和处罚

银行或者其他金融机构及其工作人员以牟利为目的,采取吸收客户资金不入账的方式,将客户资金用于非法拆借、发放贷款,造成重大损失的,构成用账外客户资金非法拆借、发放贷款罪。以牟利为目的,是指金融机构及其工作人员为本单位或者个人牟利,不具有这种目的,不构成该罪。这里的“牟利”,一般是指谋取用账外客户资金非法拆借、发放贷款所产生的非法收益,如利息、差价等。对于用款人为取得贷款而支付的回扣、手续费等,应根据具体情况分别处理:银行或者其他金融机构用账外客户资金非法拆借、发放贷款,收取的回扣、手续费等,应认定为“牟利”;银行或者其他金融机构的工作人员利用职务上的便利,用账外客户资金非法拆借、发放贷款,收取回扣、手续费等,数额较小的,以“牟利”论处;银行或者其他金融机构的工作人员将用款人支付给单位的回扣、手续费秘密占为已有,数额较大的,以贪污罪定罪处罚;银行或者其他金融机构的工作人员利用职务便利,用账外客户资金非法拆借、发放贷款,索取用款人的财物,或者非法收受其他财物,或者收取回扣、手续费等,数额较大的,以受贿罪定罪处罚。吸收客户资金不入账,是指不记入金融机构的法定存款账目,以逃避国家金融监管,至于是否记入法定账目以外设立的账目,不影响该罪成立。

审理银行或者其他金融机构及其工作人员用账外客户资金非法拆借、发放贷款案件,要注意将用账外客户资金非法拆借、发放贷款的行为与挪用公款罪和挪用资金罪区别开来。对于利用职务上的便利,挪用已经记入金融机构法定存款账户的客户资金归个人使用的,或者吸收客户资金不入账,却给客户开具银行存单,客户也认为将款已存入银行,该款却被行为人以个人名义借贷给他人的,均应认定为挪用公款罪或者挪用资金罪。

4. 破坏金融管理秩序相关犯罪数额和情节的认定

最高人民法院先后颁行了《关于审理伪造货币等案件具体应用法律若干问题的解释》、《关于审理走私刑事案件具体应用

法律若干问题的解释》,对伪造货币,走私、出售、购买、运输假币等犯罪的定罪处刑标准以及相关适用法律问题作出了明确规定。为正确执行刑法,在其他有关的司法解释出台之前,对假币犯罪以外的破坏金融管理秩序犯罪的数额和情节,可参照以下标准掌握:

关于非法吸收公众存款罪。非法吸收或者变相吸收公众存款的,要从非法吸收公众存款的数额、范围以及给存款人造成的损失等方面来判定扰乱金融秩序造成危害的程度。根据司法实践,具有下列情形之一的,可以按非法吸收公众存款罪定罪处罚:

(1)个人非法吸收或者变相吸收公众存款20万元以上的,单位非法吸收或者变相吸收公众存款100万元以上的;

(2)个人非法吸收或者变相吸收公众存款30户以上的,单位非法吸收或者变相吸收公众存款150户以上的;

(3)个人非法吸收或者变相吸收公众存款给存款人造成损失10万元以上的,单位非法吸收或者变相吸收公众存款给存款人造成损失50万元以上的,或者造成其他严重后果的。个人非法吸收或者变相吸收公众存款100万元以上,单位非法吸收或者变相吸收公众存款500万元以上的,可以认定为"数额巨大"。

关于违法向关系人发放贷款罪。银行或者其他金融机构工作人员违反法律、行政法规规定,向关系人发放信用贷款或者发放担保贷款的条件优于其他借款人同类贷款条件,造成10—30万元以上损失的,可以认定为"造成较大损失";造成50—100万元以上损失的,可以认定为"造成重大损失"。

关于违法发放贷款罪。银行或者其他金融机构工作人员违反法律、行政法规规定,向关系人以外的其他人发放贷款,造成50—100万元以上损失的,可以认定为"造成重大损失";造成300—500万元以上损失的,可以认定为"造成特别重大损失"。

关于用账外客户资金非法拆借、发放贷款罪。对于银行或者其他金融机构工作人员以牟利为目的,采取吸收客户资金不入账的方式,将资金用于非法拆借、发放贷款,造成50—100万元以上损失的,可以认定为"造成重大损失";造成300—500万元以上损失的,可以认定为"造成特别重大损失"。

对于单位实施违法发放贷款和用账外客户资金非法拆借、发放贷款造成损失构成犯罪的数额标准,可按个人实施上述犯罪的数额标准二至四倍掌握。

由于各地经济发展不平衡,各省、自治区、直辖市高级人民法院可参照上述数额标准或幅度,根据本地的具体情况,确定在本地区掌握的具体标准。

(三)关于金融诈骗罪

1. 金融诈骗罪中非法占有目的的认定

金融诈骗犯罪都是以非法占有为目的的犯罪。在司法实践中,认定是否具有非法占有为目的,应当坚持主客观相一致的原则,既要避免单纯根据损失结果客观归罪,也不能仅凭被告人自己的供述,而应当根据案件具体情况具体分析。根据司法实践,对于行为人通过诈骗的方法非法获取资金,造成数额较大资金不能归还,并具有下列情形之一的,可以认定为具有非法占有的目的:

(1)明知没有归还能力而大量骗取资

金的；

(2)非法获取资金后逃跑的；

(3)肆意挥霍骗取资金的；

(4)使用骗取的资金进行违法犯罪活动的；

(5)抽逃、转移资金、隐匿财产，以逃避返还资金的；

(6)隐匿、销毁账目，或者搞假破产、假倒闭，以逃避返还资金的；

(7)其他非法占有资金、拒不返还的行为。但是，在处理具体案件的时候，对于有证据证明行为人不具有非法占有目的的，不能单纯以财产不能归还就按金融诈骗罪处罚。

2. 贷款诈骗罪的认定和处理。贷款诈骗犯罪是目前案发较多的金融诈骗犯罪之一。审理贷款诈骗犯罪案件，应当注意以下两个问题：

一是单位不能构成贷款诈骗罪。根据刑法第三十条和第一百九十三条的规定，单位不构成贷款诈骗罪。对于单位实施的贷款诈骗行为，不能以贷款诈骗罪定罪处罚，也不能以贷款诈骗罪追究直接负责的主管人员和其他直接责任人员的刑事责任。但是，在司法实践中，对于单位十分明显地以非法占有为目的，利用签订、履行借款合同诈骗银行或其他金融机构贷款，符合刑法第二百二十四条规定的合同诈骗罪构成要件的，应当以合同诈骗罪定罪处罚。

二是要严格区分贷款诈骗与贷款纠纷的界限。对于合法取得贷款后，没有按规定的用途使用贷款，到期没有归还贷款的，不能以贷款诈骗罪定罪处罚；对于确有证据证明行为人不具有非法占有的目的，因不具备贷款的条件而采取了欺骗手段获取贷款，案发时有能力履行还贷义务，或者案发时不能归还贷款是因为意志以外的原因，如因经营不善、被骗、市场风险等，不应以贷款诈骗罪定罪处罚。

3. 集资诈骗罪的认定和处理。集资诈骗罪和欺诈发行股票、债券罪、非法吸收公众存款罪在客观上均表现为向社会公众非法募集资金。区别的关键在于行为人是否具有非法占有的目的。对于以非法占有为目的而非法集资，或者在非法集资过程中产生了非法占有他人资金的故意，均构成集资诈骗罪。但是，在处理具体案件时要注意以下两点：一是不能仅凭较大数额的非法集资款不能返还的结果，推定行为人具有非法占有的目的；二是行为人将大部分资金用于投资或生产经营活动，而将少量资金用于个人消费或挥霍的，不应仅以此便认定具有非法占有的目的。

4. 金融诈骗犯罪定罪量刑的数额标准和犯罪数额的计算。金融诈骗的数额不仅是定罪的重要标准，也是量刑的主要依据。在没有新的司法解释之前，可参照1996年《最高人民法院关于审理诈骗案件具体应用法律的若干问题的解释》的规定执行。在具体认定金融诈骗犯罪的数额时，应当以行为人实际骗取的数额计算。对于行为人为实施金融诈骗活动而支付的中介费、手续费、回扣等，或者用于行贿、赠与等费用，均应计入金融诈骗的犯罪数额。但应当将案发前已归还的数额扣除。

(四)死刑的适用

刑法对危害特别严重的金融诈骗犯罪规定了死刑。人民法院应当运用这一法律武器，有力地打击金融诈骗犯罪。对于罪行极其严重、依法该判死刑的犯罪分子，一定要坚决判处死刑。但需要强调的是，金融诈骗犯罪的数额特别巨大不是判处死刑的唯一标准,只有诈骗“数额特别巨大并且给国家和人民利益造成特别重大损失”的犯罪分子,才能依法选择适用死刑。对于犯罪数额特别巨大,但追缴、退赔后,挽回了损失或者损失不大的,一般不应当判处死刑立即执行;对具有法定从轻、减轻处罚情节的,一般不应当判处死刑。

(五)财产刑的适用

金融犯罪是图利型犯罪,惩罚和预防此类犯罪,应当注重同时从经济上制裁犯罪分子。刑法对金融犯罪都规定了财产刑,人民法院应当严格依法判处。罚金的数额,应当根据被告人的犯罪情节,在法律规定的数额幅度内确定。对于具有从轻、减轻或者免除处罚情节的被告人,对于本应并处的罚金刑原则上也应当从轻、减轻或者免除。

单位金融犯罪中直接负责的主管人员和其他直接责任人员,是否适用罚金刑,应当根据刑法的具体规定。刑法分则条文规定有罚金刑,并规定对单位犯罪中直接负责的主管人员和其他直接责任人员依照自然人犯罪条款处罚的,应当判处罚金刑,但是对直接负责的主管人员和其他直接责任人员判处罚金的数额,应当低于对单位判处罚金的数额;刑法分则条文明确规定对单位犯罪中直接负责的主管人员和其他直接责任人员只判处自由刑的,不能附加判处罚金刑。

最高人民法院、最高人民检察院、公安部、中国证券监督管理委员会关于整治非法证券活动有关问题的通知

(2008年1月2日　证监发〔2008〕1号)

各省、自治区、直辖市高级人民法院、人民检察院、公安厅(局),解放军军事法院、军事检察院,新疆维吾尔自治区高级人民法院生产建设兵团分院,新疆生产建设兵团人民检察院、公安局,中国证监会各省、自治区、直辖市、计划单列市监管局:

国务院办公厅《关于严厉打击非法发行股票和非法经营证券业务有关问题的通知》(国办发〔2006〕99号,以下简称“国办发99号文”)和国务院《关于同意建立整治非法证券活动协调小组工作制度的批复》(国函〔2007〕14号)下发后,整治非法证券活动协调小组(以下简称“协调小组”)各成员单位和地方人民政府高度重视,周密部署,重点查处了一批大案要案,初步遏制了非法证券活动的蔓延势头,各类非法证券活动新发量明显减少,打击非法证券活动工作取得了明显成效,相当一部分案件已进入司法程序。但在案件办理过程中,相关单位也遇到了一些分工协作、政策法律界限不够明确等问题。为此,协调小组专门召开会议对这些问题进行了研究。根据协调小组会议精神,现就打击非法证券活动工作中的有关问题通知如下:

一、统一思想,高度重视非法证券类案件办理工作

非法证券活动是一种典型的涉众型的

违法犯罪活动,严重干扰正常的经济金融秩序,破坏社会和谐与稳定。从近期办理的一些案件看,非法证券活动具有以下特征:一是按照最高人民检察院、公安部《关于经济犯罪案件追诉标准的规定》(公发〔2001〕11号),绝大多数非法证券活动都涉嫌犯罪。二是花样不断翻新,隐蔽性强,欺骗性大,仿效性高。三是案件涉及地域广,涉案金额大,涉及人员多,同时资产易被转移,证据易被销毁,人员易潜逃,案件办理难度大。四是不少案件涉及到境外资本市场,办理该类案件政策性强,专业水平要求高。五是投资者多为离退休人员、下岗职工等困难群众,承受能力差,极易引发群体事件。各有关部门要进一步统一思想,高度重视,充分认识此类违法犯罪活动的严重性、危害性,增强政治责任感,密切分工协作,提高工作效率,及时查处一批大案要案,维护法律法规权威,维护社会公平正义,维护投资者的合法权益。

二、明确法律政策界限,依法打击非法证券活动

(一)关于公司及其股东向社会公众擅自转让股票行为的性质认定。《证券法》第十条第三款规定:"非公开发行证券,不得采用广告、公开劝诱和变相公开方式。"国办发99号文规定:"严禁任何公司股东自行或委托他人以公开方式向社会公众转让股票。向特定对象转让股票,未依法报经证监会核准的,转让后,公司股东累计不得超过200人。"公司、公司股东违反上述规定,擅自向社会公众转让股票,应当追究其擅自发行股票的责任。公司与其股东合谋,实施上述行为的,公司与其股东共同承担责任。

(二)关于擅自发行证券的责任追究。未经依法核准,擅自发行证券,涉嫌犯罪的,依照《刑法》第一百七十九条之规定,以擅自发行股票、公司、企业债券罪追究刑事责任。未经依法核准,以发行证券为幌子,实施非法证券活动,涉嫌犯罪的,依照《刑法》第一百七十六条、第一百九十二条等规定,以非法吸收公众存款罪、集资诈骗罪等罪名追究刑事责任。未构成犯罪的,依照《证券法》和有关法律的规定给予行政处罚。

(三)关于非法经营证券业务的责任追究。任何单位和个人经营证券业务,必须经证监会批准。未经批准的,属于非法经营证券业务,应予以取缔;涉嫌犯罪的,依照《刑法》第二百二十五条之规定,以非法经营罪追究刑事责任。对于中介机构非法代理买卖非上市公司股票,涉嫌犯罪的,应当依照《刑法》第二百二十五条之规定,以非法经营罪追究刑事责任;所代理的非上市公司涉嫌擅自发行股票,构成犯罪的,应当依照《刑法》第一百七十九条之规定,以擅自发行股票罪追究刑事责任。非上市公司和中介机构共谋擅自发行股票,构成犯罪的,以擅自发行股票罪的共犯论处。未构成犯罪的,依照《证券法》和有关法律的规定给予行政处罚。

(四)关于非法证券活动性质的认定。非法证券活动是否涉嫌犯罪,由公安机关、司法机关认定。公安机关、司法机关认为需要有关行政主管机关进行性质认定的,行政主管机关应当出具认定意见。对因案情复杂、意见分歧,需要进行协调的,协调小组应当根据办案部门的要求,组织有关单位进行研究解决。

(五)关于修订后的《证券法》与修订前的《证券法》中针对擅自发行股票和非法

经营证券业务规定的衔接。修订后的《证券法》与修订前的《证券法》针对擅自发行股票和非法经营证券业务的规定是一致的,是相互衔接的,因此在修订后的《证券法》实施之前发生的擅自发行股票和非法经营证券业务行为,也应予以追究。

(六)关于非法证券活动受害人的救济途径。根据1998年3月25日《国务院办公厅转发证监会关于清理整顿场外非法股票交易方案的通知》(国办发〔1998〕10号)的规定,最高人民法院于1998年12月4日发布了《关于中止审理、中止执行涉及场外非法股票交易经济纠纷案件的通知》(法〔1998〕145号),目的是为配合国家当时解决STAQ、NET交易系统发生的问题,而非针对目前非法证券活动所产生的纠纷。如果非法证券活动构成犯罪,被害人应当通过公安、司法机关刑事追赃程序追偿;如果非法证券活动仅是一般违法行为而没有构成犯罪,当事人符合民事诉讼法规定的起诉条件的,可以通过民事诉讼程序请求赔偿。

三、加强协作配合,提高办案效率

涉嫌犯罪的非法证券类案件从调查取证到审理终结,主要涉及证监、公安、检察、法院四个部门。从工作实践看,大部分地区的上述四个部门能够做到既有分工,也有协作,案件办理进展顺利,但也有部分地区的一些案件久拖不决,有的甚至出现“踢皮球”的现象,案件办理周期过长。究其原因,有的是工作不扎实,有的是认识上存在差距,有的是协调沟通不畅。协调小组工作会议高度重视存在的问题,并对各相关部门的工作分工及协调配合做了总体部署。

证监系统要督促、协调、指导各地落实已出台的贯彻国办发99号文实施意见,将打击非法证券活动长效机制落到实处;根据司法机关需要,对非法证券类案件及时出具性质认定意见;创新办案模式,在当地政府的领导下,密切与其他行政执法机关的联合执法,提高快速反应能力;根据工作需要,可组织当地公、检、法等部门相关人员进行业务培训或案情会商;加强对境外资本市场的跟踪研究。

公安机关对涉嫌犯罪的非法证券类案件要及时进行立案侦查,并做好与证监、工商等部门的工作衔接;上级公安机关要加强案件的协调、指导、督办工作,提高办案效率;密切与检察院、法院的协调配合,及时交流信息,通报情况,加大对大要案的侦办力度。

检察机关要及时做好此类案件的批捕、起诉和诉讼监督工作;加强与相关部门的沟通联系,及时处理需要协调的事项。

人民法院要加强与相关部门的沟通协调,及时受理、审理各类涉及非法证券活动的民事、刑事案件,对性质恶劣、社会危害大的案件依法予以严惩。

各相关部门在办理非法证券类案件过程中遇到重大问题的,可提请协调小组协助解决。

最高人民法院、最高人民检察院、公安部关于严厉打击假币犯罪活动的通知

(2009年9月15日　公通字〔2009〕45号)

各省、自治区、直辖市高级人民法院,人民检察院,公安厅、局,新疆维吾尔自治区高

级人民法院生产建设兵团分院，新疆生产建设兵团人民检察院、公安局：

近年来，全国公安局司法机关始终把严厉打击假币犯罪作为一项重要任务，依法查处了一大批假币犯罪案件，打击了一大批假币犯罪分子，为维护人民币信誉和国家金融管理秩序，保护广大群众切身利益作出了重要贡献。但是，由于各方面因素的影响，当前假币犯罪形势仍然十分严峻，发案量居高不下，犯罪手段越来越隐蔽，查处难度越来越大。为了依法严厉打击假币犯罪，有效遏制假币犯罪活动的蔓延，现就有关工作要求通知如下：

一、统一思想，提高认识。假币犯罪严重影响国家金融秩序和经济安全，侵害群众利益，破坏社会稳定，影响国家形象。世界各国无不对假币犯罪特别重视，严厉打击。特别是在国际金融危机影响不断加深加剧，人民币国际化已经迈出实质性步伐的背景下，严厉打击假币犯罪，意义特别重大。各地公安司法机关要进一步统一思想，提高认识，深刻认识到假币犯罪的严重危害性，把反假币工作作为一项十分重要的任务，始终摆在突出位置抓紧抓好。

二、密切配合，强化合力。在办理假币犯罪案件中，各地公安机关、人民检察院、人民法院要加强协调配合，及时沟通情况，形成打击合力，提高工作成效。公安机关要主动加强与检察机关的沟通，重大案件请检察机关提前介入；需要补充侦查的，要根据检察机关的要求尽快补充侦查。检察机关对公安机关立案侦查的假币犯罪案件，要及时介入，参加对重大案件的讨论，对案件的法律适用和证据的收集、固定等提出意见和建议。人民法院对于重大假币犯罪案件，要加强审理力量，依法快审快结。

根据刑事诉讼法的有关规定，假币犯罪案件的地域管辖应当遵循以犯罪地管辖为主，犯罪嫌疑人居住地管辖为辅的原则。假币犯罪案件中的犯罪地，既包括犯罪预谋地、行为发生地，也包括运输假币的途经地。假币犯罪案件中的犯罪嫌疑人居住地，不仅包括犯罪嫌疑人经常居住地和户籍所在地，也包括其临时居住地。几个公安机关都有权管辖的假币犯罪案件，由最初立案地或者主要犯罪地公安机关管辖；对管辖有争议或者情况特殊的，由共同的上级公安机关指定管辖。如需人民检察院、人民法院指定管辖的，公安机关要及时提出相关建议。经审查需要指定的，人民检察院、人民法院要依法指定管辖。

三、严格依法，从严惩处。各地公安司法机关办理假币犯罪案件要始终坚持依法严惩的原则，坚决杜绝以罚代刑、以拘代刑、重罪轻判、降格处理，充分发挥刑罚的震慑力。公安机关对于涉嫌假币犯罪的，必须依法立案，认真查证；对有证据证明有犯罪事实，可能判处徒刑以上刑罚的犯罪嫌疑人，要尽快提请批准逮捕并抓紧侦办，及时移送审查起诉。检察机关对于公安机关提请批准逮捕、移送审查起诉的假币犯罪案件，符合批捕、起诉条件的，要依法尽快予以批捕、起诉。共同犯罪案件中虽然有同案犯在逃，但对于有证据证明有犯罪事实的已抓获的犯罪嫌疑人，要依法批捕、起诉；对于确实需要补充侦查的案件，要制作具体、详细的补充侦查提纲。人民法院对于假币犯罪要依法从严惩处，对于假币犯罪累犯、惯犯、涉案假币数额巨大或者全部流入社会的犯罪分子，要坚决重判；对于伪造货币集团的首要分子、骨干分子，伪造货币数额特别巨大或有其他特别严重情节，罪行极其严重的犯罪分子，应当判处死刑的，要坚决依法判处死刑。上级法院要加强对下级法院审判工作的指导，保障依法及时正确审判假币犯罪案件。

四、强化宣传，营造声势。各地公安局司法机关要选择典型案例，充分利用各种新闻媒体，采取多种形式，大力开展宣传教育工作，让广大群众充分认识假币犯罪的社会危害性和严重法律后果，自觉抵制并积极检举揭发假币违法犯罪活动，形成严厉打击假币犯罪的强大舆论声势。

各地接此通知后，请迅速传达至各基层人民法院、人民检察院、公安机关，并认真贯彻执行、执行中遇到的问题，请及时报最高人民法院、最高人民检察院、公安部。

最高人民法院研究室关于信用卡犯罪法律适用若干问题的复函

（2010 年 7 月 5 日　法研〔2010〕105 号）

公安部经济犯罪侦查局：

你局公经金融〔2010〕110 号《关于公安机关办理信用卡犯罪案件法律适用若干问题征求意见的函》收悉。经研究，提出以下意见供参考：

一、对于一人持有多张信用卡进行恶意透支，每张信用卡透支数额均未达到 1 万元的立案追诉标准的，原则上可以累计数额进行追诉。但考虑到一人办多张信用卡的情况复杂，如累计透支数额不大的，应分别不同情况慎重处理。

二、发卡银行的“催收”应有电话录音、持卡人或其家属签字等证据证明。“两次催收”一般应分别采用电话、信函、上门等两种以上催收形式。

三、若持卡人在透支大额款项后，仅向发卡行偿还远低于最低还款额的欠款，具有非法占有目的的，可以认定为“恶意透支”；行为人确实不具有非法占有目的的，不能认定为“恶意透支”。

四、非法套现犯罪的证据规格，仍应遵循刑事诉讼法规定的证据确实、充分的证明标准。原则上应向各持卡人询问并制作笔录。如因持卡人数量众多、下落不明等客观原因导致无法取证，且其他证据已能确实、充分地证明使用信用卡非法套现的犯罪事实及套现数额的，则可以不向所有持卡人询问并制作笔录。

5. 金融诈骗罪

最高人民检察院关于拾得他人信用卡并在自动柜员机（ATM 机）上使用的行为如何定性问题的批复

（2008 年 4 月 18 日　高检发释字〔2008〕1 号）

浙江省人民检察院：

你院《关于拾得他人信用卡并在 ATM 机上使用的行为应如何定性的请示》（浙检研〔2007〕227 号）收悉。经研究，批复如下：

拾得他人信用卡并在自动柜员机（ATM 机）上使用的行为，属于刑法第一百九十六条第一款第（三）项规定的“冒用他人信用卡”的情形，构成犯罪的，以信用卡诈骗罪追究刑事责任。

最高人民检察院法律政策研究室关于保险诈骗未遂能否按犯罪处理问题的答复

（1998年11月27日 〔1998〕高检研发第20号）

河南省人民检察院：

你院《关于保险诈骗未遂能否按犯罪处理的请示》（豫检捕〔1998〕11号）收悉。经研究，并经高检院领导同意，答复如下：

行为人已经着手实施保险诈骗行为，但由于其意志以外的原因未能获得保险赔偿的，是诈骗未遂，情节严重的，应依法追究刑事责任。

6. 危害税收征管罪

最高人民法院关于适用《全国人民代表大会常务委员会关于惩治虚开、伪造和非法出售增值税专用发票犯罪的决定》的若干问题的解释

（1996年10月17日 法发〔1996〕30号）

为正确执行《全国人民代表大会常务委员会关于惩治虚开、伪造和非法出售增值税专用发票犯罪的决定》（以下简称《决定》），依法惩治虚开、伪造和非法出售增值税专用发票和其他发票犯罪，现就适用《决定》的若干具体问题解释如下：

一、根据《决定》第一条规定，虚开增值税专用发票的，构成虚开增值税专用发票罪。

具有下列行为之一的，属于“虚开增值税专用发票”：（1）没有货物购销或者没有提供或接受应税劳务而为他人、为自己、让他人为自己、介绍他人开具增值税专用发票；（2）有货物购销或者提供或接受了应税劳务但为他人、为自己、让他人为自己、介绍他人开具数量或者金额不实的增值税专用发票；（3）进行了实际经营活动，但让他人为自己代开增值税专用发票。

虚开税款数额1万元以上的或者虚开增值税专用发票致使国家税款被骗取5千元以上的，应当依法定罪处罚。

虚开税款数额10万元以上的，属于“虚开的税款数额较大”；具有下列情形之一的，属于“有其他严重情节”：（1）因虚开增值税专用发票致使国家税款被骗取5万元以上的；（2）曾因虚开增值税专用发票受过刑事处罚的；（3）具有其他严重情节的。

虚开税款数额50万元以上的，属于“虚开的税款数额巨大”；具有下列情形之一的，属于“有其他特别严重情节”：（1）因虚开增值税专用发票致使国家税款被骗取30万元以上的；（2）虚开的税款数额接近巨大并有其他严重情节的；（3）具有其他特别严重情节的。

利用虚开的增值税专用发票实际抵扣税款或者骗取出口退税100万元以上的，属于“骗取国家税款数额特别巨大”；造成国家税款损失50万元以上并且在侦查终结前仍无法追回的，属于“给国家利益造成特别重大损失”。利用虚开的增值税专用发票骗取国家税款数额特别巨大、给国家

利益造成特别重大损失，为“情节特别严重”的基本内容。

虚开增值税专用发票犯罪分子与骗取税款犯罪分子均应当对虚开的税款数额和实际骗取的国家税款数额承担刑事责任。

利用虚开的增值税专用发票抵扣税款或者骗取出口退税的，应当依照《决定》第一条的规定定罪处罚；以其他手段骗取国家税款的，仍应依照《全国人民代表大会常务委员会关于惩治偷税、抗税犯罪的补充规定》的有关规定定罪处罚。

二、根据《决定》第二条规定，伪造或者出售伪造的增值税专用发票的，构成伪造、出售伪造的增值税专用发票罪。

伪造或者出售伪造的增值税专用发票25份以上或者票面额（千元版以每份1000元，万元版以每份1万元计算，以此类推。下同）累计10万元以上的应当依法定罪处罚。

伪造或者出售伪造的增值税专用发票100份以上或者票面额累计50万元以上的，属于“数量较大”；具有下列情形之一的，属于“有其他严重情节”：（1）违法所得数额在1万元以上的；（2）伪造并出售伪造的增值税专用发票60份以上或者票面额累计30万元以上的；（3）造成严重后果或者具有其他严重情节的。

伪造或者出售伪造的增值税专用发票500份以上或者票面额累计250万元以上的，属于“数量巨大”；具有下列情形之一的，属于“有其他特别严重情节”：（1）违法所得数额在5万元以上的；（2）伪造并出售伪造的增值税专用发票300份以上或者票面额累计200万元以上的；（3）伪造或者出售伪造的增值税专用发票接近“数量巨大”并有其他严重情节的；（4）造成特别严重后果或者具有其他特别严重情节的。

伪造并出售伪造的增值税专用发票1000份以上或者票面额累计1000万元以上的，属于“伪造并出售伪造的增值税专用发票数量特别巨大”；具有下列情形之一的，属于“情节特别严重”：（1）违法所得数额在5万元以上的；（2）因伪造、出售伪造的增值税专用发票致使国家税款被骗取100万元以上的；（3）给国家税款造成实际损失50万元以上的；（4）具有其他特别严重情节的。对于伪造并出售伪造的增值税专用发票数量达到特别巨大，又具有特别严重情节，严重破坏经济秩序的，应当依照《决定》第二条第二款的规定处罚。

伪造并出售同一宗增值税专用发票的，数量或者票面额不重复计算。

变造增值税专用发票的，按照伪造增值税专用发票行为处理。

三、根据《决定》第三条规定，非法出售增值税专用发票的，构成非法出售增值税专用发票罪。

非法出售增值税专用发票案件的定罪量刑数量标准按照本解释第二条第二、三、四款的规定执行。

四、根据《决定》第四条规定，非法购买增值税专用发票或者购买伪造的增值税专用发票的，构成非法购买增值税专用发票、伪造的增值税专用发票罪。

非法购买增值税专用发票或者购买伪造的增值税专用发票25份以上或者票面额累计10万元以上的，应当依法定罪处罚。

非法购买真、伪两种增值税专用发票的，数量累计计算，不实行数罪并罚。

五、根据《决定》第五条规定，虚开用于

骗取出口退税、抵扣税款的其他发票的，构成虚开专用发票罪，依照《决定》第一条的规定处罚。

“用于骗取出口退税、抵扣税款的其他发票”是指可以用于申请出口退税、抵扣税款的非增值税专用发票，如运输发票、废旧物品收购发票、农业产品收购发票等。

六、根据《决定》第六条规定，伪造、擅自制造或者出售伪造、擅自制造的可以用于骗取出口退税、抵扣税款的其他发票的，构成非法制造专用发票罪或出售非法制造的专用发票罪。

伪造、擅自制造或者出售伪造、擅自制造的可以用于骗取出口退税、抵扣税款的其他发票50份以上的，应当依法定罪处罚；伪造、擅自制造或者出售伪造、擅自制造的可以用于骗取出口退税、抵扣税款的其他发票200份以上的，属于“数量巨大”；伪造、擅自制造或者出售伪造、擅自制造的可以用于骗取出口退税、抵扣税款的其他发票1000份以上的，属于“数量特别巨大”。

七、盗窃增值税专用发票或者可以用于骗取出口退税、抵扣税款的其他发票25份以上，或者其他发票50份以上的；诈骗增值税专用发票或者可以用于骗取出口退税、抵扣税款的其他发票50份以上，或者其他发票100份以上的，依照刑法第一百五十一条的规定处罚。

盗窃增值税专用发票或者可以用于骗取出口退税、抵扣税款的其他发票250份以上，或者其他发票500份以上的；诈骗增值税专用发票或者可以用于骗取出口退税、抵扣税款的其他发票500份以上，或者其他发票1000份以上的，依照刑法第一百五十二条的规定处罚。

盗窃增值税专用发票或者其他发票情节特别严重的，依照《全国人民代表大会常务委员会关于严惩严重破坏经济的罪犯的决定》第一条第(一)项的规定处罚。

盗窃、诈骗增值税专用发票或者其他发票后，又实施《决定》规定的虚开、出售等犯罪的，按照其中的重罪定罪处罚，不实行数罪并罚。

最高人民法院关于审理骗取出口退税刑事案件具体应用法律若干问题的解释

(2002年9月9日最高人民法院审判委员会第1241次会议通过　2002年9月17日最高人民法院公告公布　自2002年9月23日起施行　法释〔2002〕30号)

为依法惩治骗取出口退税犯罪活动，根据《中华人民共和国刑法》的有关规定，现就审理骗取出口退税刑事案件具体应用法律的若干问题解释如下：

第一条　刑法第二百零四条规定的“假报出口”，是指以虚构已税货物出口事实为目的，具有下列情形之一的行为：

(一)伪造或者签订虚假的买卖合同；

(二)以伪造、变造或者其他非法手段取得出口货物报关单、出口收汇核销单、出口货物专用缴款书等有关出口退税单据、凭证；

(三)虚开、伪造、非法购买增值税专用发票或者其他可以用于出口退税的发票；

(四)其他虚构已税货物出口事实的行为。

第二条　具有下列情形之一的，应当认定为刑法第二百零四条规定的“其他欺骗手段”：

（一）骗取出口货物退税资格的；

（二）将未纳税或者免税货物作为已税货物出口的；

（三）虽有货物出口，但虚构该出口货物的品名、数量、单价等要素，骗取未实际纳税部分出口退税款的；

（四）以其他手段骗取出口退税款的。

第三条　骗取国家出口退税款5万元以上的，为刑法第二百零四条规定的“数额较大”；骗取国家出口退税款50万元以上的，为刑法第二百零四条规定的“数额巨大”；骗取国家出口退税款250万元以上的，为刑法第二百零四条规定的“数额特别巨大”。

第四条　具有下列情形之一的，属于刑法第二百零四条规定的“其他严重情节”：

（一）造成国家税款损失30万元以上并且在第一审判决宣告前无法追回的；

（二）因骗取国家出口退税行为受过行政处罚，两年内又骗取国家出口退税款数额在30万元以上的；

（三）情节严重的其他情形。

第五条　具有下列情形之一的，属于刑法第二百零四条规定的“其他特别严重情节”：

（一）造成国家税款损失150万元以上并且在第一审判决宣告前无法追回的；

（二）因骗取国家出口退税行为受过行政处罚，两年内又骗取国家出口退税款数额在150万元以上的；

（三）情节特别严重的其他情形。

第六条　有进出口经营权的公司、企业，明知他人意欲骗取国家出口退税款，仍违反国家有关进出口经营的规定，允许他人自带客户、自带货源、自带汇票并自行报关，骗取国家出口退税款的，依照刑法第二百零四条第一款、第二百一十一条的规定定罪处罚。

第七条　实施骗取国家出口退税行为，没有实际取得出口退税款的，可以比照既遂犯从轻或者减轻处罚。

第八条　国家工作人员参与实施骗取出口退税犯罪活动的，依照刑法第二百零四条第一款的规定从重处罚。

第九条　实施骗取出口退税犯罪，同时构成虚开增值税专用发票罪等其他犯罪的，依照刑法处罚较重的规定定罪处罚。

最高人民法院关于审理偷税抗税刑事案件具体应用法律若干问题的解释

（2002年11月4日最高人民法院审判委员会第1254次会议通过　2002年11月5日最高人民法院公告公布　自2002年11月7日起施行　法释〔2002〕33号）

为依法惩处偷税、抗税犯罪活动，根据刑法的有关规定，现就审理偷税、抗税刑事案件具体应用法律的若干问题解释如下：

第一条　纳税人实施下列行为之一，不缴或者少缴应纳税款，偷税数额占应纳税额的百分之十以上且偷税数额在一万元以上的，依照刑法第二百零一条第一款的规定定罪处罚：

（一）伪造、变造、隐匿、擅自销毁账簿、记账凭证；

（二）在账簿上多列支出或者不列、少列收入；

（三）经税务机关通知申报而拒不申报纳税；

（四）进行虚假纳税申报；

（五）缴纳税款后，以假报出口或者其他欺骗手段，骗取所缴纳的税款。

扣缴义务人实施前款行为之一，不缴或者少缴已扣、已收税款，数额在一万元以上且占应缴税额百分之十以上的，依照刑法第二百零一条第一款的规定定罪处罚。扣缴义务人书面承诺代纳税人支付税款的，应当认定扣缴义务人"已扣、已收税款"。

实施本条第一款、第二款规定的行为，偷税数额在五万元以下，纳税人或者扣缴义务人在公安机关立案侦查以前已经足额补缴应纳税款和滞纳金，犯罪情节轻微，不需要判处刑罚的，可以免予刑事处罚。

第二条 纳税人伪造、变造、隐匿、擅自销毁用于记账的发票等原始凭证的行为，应当认定为刑法第二百零一条第一款规定的伪造、变造、隐匿、擅自销毁记账凭证的行为。

具有下列情形之一的，应当认定为刑法第二百零一条第一款规定的"经税务机关通知申报"：

（一）纳税人、扣缴义务人已经依法办理税务登记或者扣缴税款登记的；

（二）依法不需要办理税务登记的纳税人，经税务机关依法书面通知其申报的；

（三）尚未依法办理税务登记、扣缴税款登记的纳税人、扣缴义务人，经税务机关依法书面通知其申报的。

刑法第二百零一条第一款规定的"虚假的纳税申报"，是指纳税人或者扣缴义务人向税务机关报送虚假的纳税申报表、财务报表、代扣代缴、代收代缴税款报告表或者其他纳税申报资料，如提供虚假申请，编造减税、免税、抵税、先征收后退还税款等虚假资料等。

刑法第二百零一条第三款规定的"未经处理"，是指纳税人或者扣缴义务人在五年内多次实施偷税行为，但每次偷税数额均未达到刑法第二百零一条规定的构成犯罪的数额标准，且未受行政处罚的情形。

纳税人、扣缴义务人因同一偷税犯罪行为受到行政处罚，又被移送起诉的，人民法院应当依法受理。依法定罪并判处罚金的，行政罚款折抵罚金。

第三条 偷税数额，是指在确定的纳税期间，不缴或者少缴各税种税款的总额。

偷税数额占应纳税额的百分比，是指一个纳税年度中的各税种偷税总额与该纳税年度应纳税总额的比例。不按纳税年度确定纳税期的其他纳税人，偷税数额占应纳税额的百分比，按照行为人最后一次偷税行为发生之日前一年中各税种偷税总额与该年纳税总额的比例确定。纳税义务存续期间不足一个纳税年度的，偷税数额占应纳税额的百分比，按照各税种偷税总额与实际发生纳税义务期间应当缴纳税款总额的比例确定。

偷税行为跨越若干个纳税年度，只要其中一个纳税年度的偷税数额及百分比达到刑法第二百零一条第一款规定的标准，即构成偷税罪。各纳税年度的偷税数额应当累计计算，偷税百分比应当按照最高的百分比确定。

第四条 两年内因偷税受过二次行政处罚，又偷税且数额在一万元以上的，应当以偷税罪定罪处罚。

第五条 实施抗税行为具有下列情形之一的，属于刑法第二百零二条规定的"情节严重"：

（一）聚众抗税的首要分子；

（二）抗税数额在十万元以上的；

（三）多次抗税的；

（四）故意伤害致人轻伤的；

（五）具有其他严重情节。

第六条 实施抗税行为致人重伤、死亡，构成故意伤害罪、故意杀人罪的，分别依照刑法第二百三十四条第二款、第二百三十二条的规定定罪处罚。

与纳税人或者扣缴义务人共同实施抗税行为的，以抗税罪的共犯依法处罚。

财政部、税务总局关于处理偷税抗税案件追缴的税款和罚款如何交库问题的批复

（1986年12月17日 财税计〔1986〕60号）

你局（86）税征（8）字第69号报告收悉。对于在贯彻执行最高人民检察院、财政部（86）高检会（二）字第9号文件中，由司法机关审理的偷税、抗税案件所追缴的税款和罚款，是通过税务机关以税款、罚款入库，还是由司法机关以罚没收入上交财政的问题。按刑法第一百二十一条规定和（86）高检会（二）字第9号文件精神，对违反税收法规，偷税、抗税的案件。按税收法规补税并且可以处以罚款，是为了维护国家税法尊严，保证国家税收收入。因此，我们同意你局意见，由司法机关审理的偷税、抗税案件所追缓的税款和罚款（包括滞纳金），均应交由税务机关分别以税款、罚款按规定缴入国库。

国家税务总局、公安部、最高人民检察院、海关总署、中国人民银行、国家外汇管理局关于严厉打击骗取留抵退税违法犯罪行为的通知

（2022年5月17日 税总稽查发〔2022〕42号）

为深入贯彻落实党中央、国务院关于实施大规模增值税留抵退税政策的重大决策部署，国家税务总局、公安部、最高人民检察院、海关总署、中国人民银行、国家外汇管理局研究决定，把打击骗取留抵退税违法犯罪行为作为2022年常态化打击虚开骗税工作的重点，集中力量开展联合打击。现将有关要求通知如下：

一、统一思想，深刻认识做好留抵退税工作的重大意义

实施大规模增值税留抵退税是稳定宏观经济大盘、为各类市场主体纾困减负的关键性举措，也是进一步优化增值税制度的重要措施，意义重大。各地税务、公安、检察、海关、人民银行、外汇管理等部门要深刻领会“两个确立”的决定性意义，增强“四个意识”、坚定“四个自信”、做到“两个维护”，不断提升政治判断力、政治领悟力、政治执行力，以强烈的政治担当、使命担当、责任担当，从讲政治的高度深刻认识做好留抵退税工作的重要意义，将严厉打击骗取留抵退税违法行为作为一项重大政治任务，充分认识“严打”与“快退”间相辅相成、相互促进的关系，高标准高质量履行好打击虚开、偷税、骗税、骗补等违法犯罪行

为的职能责任，为留抵退税政策落快落准落稳保驾护航。

二、周密部署，切实加强对联合打击工作的组织领导

根据国务院关于留抵退税工作的整体部署和阶段性工作重点，国家税务总局、公安部、最高人民检察院、海关总署、中国人民银行、国家外汇管理局联合选取骗取留抵退税重点案源，部署各地六部门开展联合查处。各地根据工作需要和具体案件情况，采取联合执法、共同办案等方式组织开展案件查处工作，联合调查取证，积极推动涉税违法犯罪及相关犯罪活动的联合检查调查。

三、突出重点，严厉打击骗取留抵退税违法犯罪行为

各地税务、公安、海关、人民银行、外汇管理等部门要结合各自工作职责，高度关注增值税留抵退税落实中的各类风险，对骗取留抵退税违法犯罪行为快速发现，快速应对，露头就打。要聚焦团伙式、跨区域、虚开发票虚增进项骗取留抵退税，恶意造假骗取留抵退税，有涉税违法行为前科、曾被税务部门行政处罚又发生偷税或骗取留抵退税等违法犯罪行为，以零容忍的态度，加大联合打击力度，依法严查重处。

四、密切配合，充分发挥六部门协作共治合力

各地税务、公安、检察、海关、人民银行、外汇管理等部门要充分发挥六部门常态化打击虚开骗税违法犯罪工作机制，加强协调配合，加强办案指导，加强检察监督，加强信息共享，坚持数据导查、情报导侦理念，开展联合分析研判、联合确定案源、联合推进案件查办。税务部门负责实施案件查办，牵头组织联合专项行动；公安部门负责涉税刑事案件侦办；检察机关对于符合逮捕、起诉条件的犯罪嫌疑人，应当及时批准逮捕、提起公诉，对重大疑难复杂案件，可以根据公安机关提请，提前介入或者进行会商；海关部门负责对相关案件研判、查处提供数据信息支持；中国人民银行负责涉税案件资金查询及相关金融机构的协调支持；外汇管理局负责涉案外汇数据查询及违规资金查处，努力实现对骗取留抵退税等违法犯罪行为实施全链条、一体化打击。

五、依法办案，确保打击涉税犯罪在法治轨道上运行

各地税务、公安部门要用足用好现有法律法规和政策规定，有力有效开展检查调查。要注重分类施策，把握好政策界限，对个别非主观故意违规取得留抵退税的企业，税务部门进行约谈提醒，促其整改；对恶意造假骗取留抵退税的企业，依法从严从重处理，全面延伸检查。要做好行政检查和刑事侦查衔接，税务部门充分运用行政手段尽职调查取证，发现涉嫌犯罪的及时作出认定并移交公安部门，公安部门依法及时办理。税务机关、公安机关和检察机关要准确适用法律，严格把握罪与非罪的界限，加强法律适用研究，严格按照刑法规定的构成要件准确定性，确保不枉不纵。准确把握宽严相济刑事政策，把打击骗取留抵退税违法犯罪与贯彻少捕慎诉慎押的刑事司法政策、落实认罪认罚从宽制度有机结合。对于骗取留抵退税犯罪数额巨大、情节恶劣、危害严重的行为，坚决从严惩治。对于初犯、偶犯，及时补缴税款、挽回税收损失的实体企业，可以依法从宽处罚，确保办案政治效果、社会效果、法律效果有机统一。在工作中遇到的政策把握、法律适用等问题，要加强请示报告。

六、宣传曝光,充分发挥案件查办的震慑作用

各级相关部门要加强舆论正面引导,创新宣传形式,丰富宣传内容,积极宣传联合打击骗取留抵退税等违法犯罪行为的工作成效,大力营造“不敢、不能、不想”偷骗税的社会氛围。一方面要加强政策宣传,通过主流媒体权威发声,释放严查重处骗取留抵退税等违法行为的强烈信号;另一方面要加大案件曝光力度,分类分级开展典型案件曝光,不断强化对不法分子的警示震慑。

最高人民检察院法律政策研究室关于税务机关工作人员通过企业以“高开低征”的方法代开增值税专用发票的行为如何适用法律问题的答复

(2004年3月17日　高检研发〔2004〕6号)

江苏省人民检察院法律政策研究室:

你室《关于税务机关通过企业代开增值税专用发票以“高开低征”的方法吸引税源的行为是否构成犯罪的请示》(苏检研请字〔2003〕第4号)收悉。经研究,答复如下:

税务机关及其工作人员将不具备条件的小规模纳税人虚报为一般纳税人,并让其采用“高开低征”的方法为他人代开增值税专用发票的行为,属于虚开增值税专用发票。对于造成国家税款损失,构成犯罪的,应当依照刑法第二百零五条的规定追究刑事责任。

公安部关于对未依法办理税务登记的纳税人能否成为偷税犯罪主体问题的批复

(2007年5月23日　公复字〔2007〕3号)

甘肃省公安厅:

你厅《关于无证经营的行为能否构成偷税主体的请示》(甘公(法)发〔2007〕17号)收悉。现批复如下:

根据《中华人民共和国税收管理法》第四条、第三十七条的规定,未按照规定办理税务登记的从事生产、经营的纳税人以及临时从事经营的纳税人,可以构成偷税罪的犯罪主体。其行为触犯《中华人民共和国刑法》第二百零一条规定的,公安机关应当以偷税罪立案侦查,依法追究刑事责任。

2002年1月23日公安部《关于无证经营的行为人能否成为偷税主体问题的批复》(公复字〔2002〕1号)不再适用。

7. 侵犯知识产权罪

最高人民法院关于审理非法出版物刑事案件具体应用法律若干问题的解释

(1998年12月11日最高人民法院审判委员会第1032次会议通过　1998年12月17日最高人民法院公告公布　自1998年12月23日起施行　法释〔1998〕30号)

为依法惩治非法出版物犯罪活动,根

据刑法的有关规定，现对审理非法出版物刑事案件具体应用法律的若干问题解释如下：

第一条 明知出版物中载有煽动分裂国家、破坏国家统一或者煽动颠覆国家政权、推翻社会主义制度的内容，而予以出版、印刷、复制、发行、传播的，依照刑法第一百零三条第二款或者第一百零五条第二款的规定，以煽动分裂国家罪或者煽动颠覆国家政权罪定罪处罚。

第二条 以营利为目的，实施刑法第二百一十七条所列侵犯著作权行为之一，个人违法所得数额在五万元以上，单位违法所得数额在二十万元以上的，属于"违法所得数额较大"；具有下列情形之一的，属于"有其他严重情节"：

(一)因侵犯著作权曾经两次以上被追究行政责任或者民事责任，两年内又实施刑法第二百一十七条所列侵犯著作权行为之一的；

(二)个人非法经营数额在二十万元以上，单位非法经营数额在一百万元以上的；

(三)造成其他严重后果的。

以营利为目的，实施刑法第二百一十七条所列侵犯著作权行为之一，个人违法所得数额在二十万元以上，单位违法所得数额在一百万元以上的，属于"违法所得数额巨大"；具有下列情形之一的，属于"有其他特别严重情节"：

(一)个人非法经营数额在一百万元以上，单位非法经营数额在五百万元以上的；

(二)造成其他特别严重后果的。

第三条 刑法第二百一十七条第(一)项中规定的"复制发行"，是指行为人以营利为目的，未经著作权人许可而实施的复制、发行或者既复制又发行其文字作品、音乐、电影、电视、录像作品、计算机软件及其他作品的行为。

第四条 以营利为目的，实施刑法第二百一十八条规定的行为，个人违法所得数额在十万元以上，单位违法所得数额在五十万元以上的，依照刑法第二百一十八条的规定，以销售侵权复制品罪定罪处罚。

第五条 实施刑法第二百一十七条规定的侵犯著作权行为，又销售该侵权复制品，违法所得数额巨大的，只定侵犯著作权罪，不实行数罪并罚。

实施刑法第二百一十七条规定的侵犯著作权的犯罪行为，又明知是他人的侵权复制品而予以销售，构成犯罪的，应当实行数罪并罚。

第六条 在出版物中公然侮辱他人或者捏造事实诽谤他人，情节严重的，依照刑法第二百四十六条的规定，分别以侮辱罪或者诽谤罪定罪处罚。

第七条 出版刊载歧视、侮辱少数民族内容的作品，情节恶劣，造成严重后果的，依照刑法第二百五十条的规定，以出版歧视、侮辱少数民族作品罪定罪处罚。

第八条 以牟利为目的，实施刑法第三百六十三条第一款规定的行为，具有下列情形之一的，以制作、复制、出版、贩卖、传播淫秽物品牟利罪定罪处罚：

(一)制作、复制、出版淫秽影碟、软件、录像带五十至一百张(盒)以上，淫秽音碟、录音带一百至二百张(盒)以上，淫秽扑克、书刊、画册一百至二百副(册)以上，淫秽照片、画片五百至一千张以上的；

(二)贩卖淫秽影碟、软件、录像带一百至二百张(盒)以上，淫秽音碟、录音带二百至四百张(盒)以上，淫秽扑克、书刊、画册二百至四百副(册)以上，淫秽照片、画片一千至二千张以上的；

（三）向他人传播淫秽物品达二百至五百人次以上，或者组织播放淫秽影、像达十至二十场次以上的；

（四）制作、复制、出版、贩卖、传播淫秽物品，获利五千至一万元以上的。

以牟利为目的，实施刑法第三百六十三条第一款规定的行为，具有下列情形之一的，应当认定为制作、复制、出版、贩卖、传播淫秽物品牟利罪"情节严重"：

（一）制作、复制、出版淫秽影碟、软件、录像带二百五十至五百张（盒）以上，淫秽音碟、录音带五百至一千张（盒）以上，淫秽扑克、书刊、画册五百至一千副（册）以上，淫秽照片、画片二千五百至五千张以上的；

（二）贩卖淫秽影碟、软件、录像带五百至一千张（盒）以上，淫秽音碟、录音带一千至二千张（盒）以上，淫秽扑克、书刊、画册一千至二千副（册）以上，淫秽照片、画片五千至一万张以上的；

（三）向他人传播淫秽物品达一千至二千人次以上，或者组织播放淫秽影、像达五十至一百场次以上的；

（四）制作、复制、出版、贩卖、传播淫秽物品，获利三万至五万元以上的。

以牟利为目的，实施刑法第三百六十三条第一款规定的行为，其数量（数额）达到前款规定的数量（数额）五倍以上的，应当认定为制作、复制、出版、贩卖、传播淫秽物品牟利罪"情节特别严重"。

第九条 为他人提供书号、刊号，出版淫秽书刊的，依照刑法第三百六十三条第二款的规定，以为他人提供书号出版淫秽书刊罪定罪处罚。

为他人提供版号，出版淫秽音像制品的，依照前款规定定罪处罚。

明知他人用于出版淫秽书刊而提供书号、刊号的，依照刑法第三百六十三条第一款的规定，以出版淫秽物品牟利罪定罪处罚。

第十条 向他人传播淫秽的书刊、影片、音像、图片等出版物达三百至六百人次以上或者造成恶劣社会影响的，属于"情节严重"，依照刑法第三百六十四条第一款的规定，以传播淫秽物品罪定罪处罚。

组织播放淫秽的电影、录像等音像制品达十五至三十场次以上或者造成恶劣社会影响的，依照刑法第三百六十四条第二款的规定，以组织播放淫秽音像制品罪定罪处罚。

第十一条 违反国家规定，出版、印刷、复制、发行本解释第一条至第十条规定以外的其他严重危害社会秩序和扰乱市场秩序的非法出版物，情节严重的，依照刑法第二百二十五条第（三）项的规定，以非法经营罪定罪处罚。

第十二条 个人实施本解释第十一条规定的行为，具有下列情形之一的，属于非法经营行为"情节严重"：

（一）经营数额在五万元至十万元以上的；

（二）违法所得数额在二万元至三万元以上的；

（三）经营报纸五千份或者期刊五千本或者图书二千册或者音像制品、电子出版物五百张（盒）以上的。

具有下列情形之一的，属于非法经营行为"情节特别严重"：

（一）经营数额在十五万元至三十万元以上的；

（二）违法所得数额在五万元至十万元以上的；

(三)经营报纸一万五千份或者期刊一万五千本或者图书五千册或者音像制品、电子出版物一千五百张(盒)以上的。

第十三条 单位实施本解释第十一条规定的行为,具有下列情形之一的,属于非法经营行为"情节严重":

(一)经营数额在十五万元至三十万元以上的;

(二)违法所得数额在五万元至十万元以上的;

(三)经营报纸一万五千份或者期刊一万五千本或者图书五千册或者音像制品、电子出版物一千五百张(盒)以上的。

具有下列情形之一的,属于非法经营行为"情节特别严重":

(一)经营数额在五十万元至一百万元以上的;

(二)违法所得数额在十五万元至三十万元以上的;

(三)经营报纸五万份或者期刊五万本或者图书一万五千册或者音像制品、电子出版物五千张(盒)以上的。

第十四条 实施本解释第十一条规定的行为,经营数额、违法所得数额或者经营数量接近非法经营行为"情节严重"、"情节特别严重"的数额、数量起点标准,并具有下列情形之一的,可以认定为非法经营行为"情节严重"、"情节特别严重":

(一)两年内因出版、印刷、复制、发行非法出版物受过行政处罚两次以上的;

(二)因出版、印刷、复制、发行非法出版物造成恶劣社会影响或者其他严重后果的。

第十五条 非法从事出版物的出版、印刷、复制、发行业务,严重扰乱市场秩序,情节特别严重,构成犯罪的,可以依照刑法第二百二十五条第(三)项的规定,以非法经营罪定罪处罚。

第十六条 出版单位与他人事前通谋,向其出售、出租或者以其他形式转让该出版单位的名称、书号、刊号、版号,他人实施本解释第二条、第四条、第八条、第九条、第十条、第十一条规定的行为,构成犯罪的,对该出版单位应当以共犯论处。

第十七条 本解释所称"经营数额",是指以非法出版物的定价数额乘以行为人经营的非法出版物数量所得的数额。

本解释所称"违法所得数额",是指获利数额。

非法出版物没有定价或者以境外货币定价的,其单价数额应当按照行为人实际出售的价格认定。

第十八条 各省、自治区、直辖市高级人民法院可以根据本地的情况和社会治安状况,在本解释第八条、第十条、第十二条、第十三条规定的有关数额、数量标准的幅度内,确定本地执行的具体标准,并报最高人民法院备案。

最高人民法院、最高人民检察院关于办理侵犯知识产权刑事案件具体应用法律若干问题的解释

(2004年11月2日最高人民法院审判委员会第1331次会议、2004年11月11日最高人民检察院第十届检察委员会第28次会议通过　2004年12月8日最高人民法院、最高人民检察院公告公布　自2004年12月22日起施行　法释〔2004〕19号)

为依法惩治侵犯知识产权犯罪活动,维护社会主义市场经济秩序,根据刑法有

关规定，现就办理侵犯知识产权刑事案件具体应用法律的若干问题解释如下：

第一条 未经注册商标所有人许可，在同一种商品上使用与其注册商标相同的商标，具有下列情形之一的，属于刑法第二百一十三条规定的“情节严重”，应当以假冒注册商标罪判处三年以下有期徒刑或者拘役，并处或者单处罚金：

（一）非法经营数额在五万元以上或者违法所得数额在三万元以上的；

（二）假冒两种以上注册商标，非法经营数额在三万元以上或者违法所得数额在二万元以上的；

（三）其他情节严重的情形。

具有下列情形之一的，属于刑法第二百一十三条规定的“情节特别严重”，应当以假冒注册商标罪判处三年以上七年以下有期徒刑，并处罚金：

（一）非法经营数额在二十五万元以上或者违法所得数额在十五万元以上的；

（二）假冒两种以上注册商标，非法经营数额在十五万元以上或者违法所得数额在十万元以上的；

（三）其他情节特别严重的情形。

第二条 销售明知是假冒注册商标的商品，销售金额在五万元以上的，属于刑法第二百一十四条规定的“数额较大”，应当以销售假冒注册商标的商品罪判处三年以下有期徒刑或者拘役，并处或者单处罚金。

销售金额在二十五万元以上的，属于刑法第二百一十四条规定的“数额巨大”，应当以销售假冒注册商标的商品罪判处三年以上七年以下有期徒刑，并处罚金。

第三条 伪造、擅自制造他人注册商标标识或者销售伪造、擅自制造的注册商标标识，具有下列情形之一的，属于刑法第二百一十五条规定的“情节严重”，应当以非法制造、销售非法制造的注册商标标识罪判处三年以下有期徒刑、拘役或者管制，并处或者单处罚金：

（一）伪造、擅自制造或者销售伪造、擅自制造的注册商标标识数量在二万件以上，或者非法经营数额在五万元以上，或者违法所得数额在三万元以上的；

（二）伪造、擅自制造或者销售伪造、擅自制造两种以上注册商标标识数量在一万件以上，或者非法经营数额在三万元以上，或者违法所得数额在二万元以上的；

（三）其他情节严重的情形。

具有下列情形之一的，属于刑法第二百一十五条规定的“情节特别严重”，应当以非法制造、销售非法制造的注册商标标识罪判处三年以上七年以下有期徒刑，并处罚金：

（一）伪造、擅自制造或者销售伪造、擅自制造的注册商标标识数量在十万件以上，或者非法经营数额在二十五万元以上，或者违法所得数额在十五万元以上的；

（二）伪造、擅自制造或者销售伪造、擅自制造两种以上注册商标标识数量在五万件以上，或者非法经营数额在十五万元以上，或者违法所得数额在十万元以上的；

（三）其他情节特别严重的情形。

第四条 假冒他人专利，具有下列情形之一的，属于刑法第二百一十六条规定的“情节严重”，应当以假冒专利罪判处三年以下有期徒刑或者拘役，并处或者单处罚金：

（一）非法经营数额在二十万元以上或者违法所得数额在十万元以上的；

（二）给专利权人造成直接经济损失五十万元以上的；

（三）假冒两项以上他人专利，非法经

营数额在十万元以上或者违法所得数额在五万元以上的；

（四）其他情节严重的情形。

第五条 以营利为目的，实施刑法第二百一十七条所列侵犯著作权行为之一，违法所得数额在三万元以上的，属于"违法所得数额较大"；具有下列情形之一的，属于"有其他严重情节"，应当以侵犯著作权罪判处三年以下有期徒刑或者拘役，并处或者单处罚金：

（一）非法经营数额在五万元以上的；

（二）未经著作权人许可，复制发行其文字作品、音乐、电影、电视、录像作品、计算机软件及其他作品，复制品数量合计在一千张（份）以上的；

（三）其他严重情节的情形。

以营利为目的，实施刑法第二百一十七条所列侵犯著作权行为之一，违法所得数额在十五万元以上的，属于"违法所得数额巨大"；具有下列情形之一的，属于"有其他特别严重情节"，应当以侵犯著作权罪判处三年以上七年以下有期徒刑，并处罚金：

（一）非法经营数额在二十五万元以上的；

（二）未经著作权人许可，复制发行其文字作品、音乐、电影、电视、录像作品、计算机软件及其他作品，复制品数量合计在五千张（份）以上的；

（三）其他特别严重情节的情形。

第六条 以营利为目的，实施刑法第二百一十八条规定的行为，违法所得数额在十万元以上的，属于"违法所得数额巨大"，应当以销售侵权复制品罪判处三年以下有期徒刑或者拘役，并处或者单处罚金。

第七条 实施刑法第二百一十九条规定的行为之一，给商业秘密的权利人造成损失数额在五十万元以上的，属于"给商业秘密的权利人造成重大损失"，应当以侵犯商业秘密罪判处三年以下有期徒刑或者拘役，并处或者单处罚金。

给商业秘密的权利人造成损失数额在二百五十万元以上的，属于刑法第二百一十九条规定的"造成特别严重后果"，应当以侵犯商业秘密罪判处三年以上七年以下有期徒刑，并处罚金。

第八条 刑法第二百一十三条规定的"相同的商标"，是指与被假冒的注册商标完全相同，或者与被假冒的注册商标在视觉上基本无差别、足以对公众产生误导的商标。

刑法第二百一十三条规定的"使用"，是指将注册商标或者假冒的注册商标用于商品、商品包装或者容器以及产品说明书、商品交易文书，或者将注册商标或者假冒的注册商标用于广告宣传、展览以及其他商业活动等行为。

第九条 刑法第二百一十四条规定的"销售金额"，是指销售假冒注册商标的商品后所得和应得的全部违法收入。

具有下列情形之一的，应当认定为属于刑法第二百一十四条规定的"明知"：

（一）知道自己销售的商品上的注册商标被涂改、调换或者覆盖的；

（二）因销售假冒注册商标的商品受到过行政处罚或者承担过民事责任、又销售同一种假冒注册商标的商品的；

（三）伪造、涂改商标注册人授权文件或者知道该文件被伪造、涂改的；

（四）其他知道或者应当知道是假冒注册商标的商品的情形。

第十条 实施下列行为之一的，属于刑法第二百一十六条规定的"假冒他人专利”的行为：

（一）未经许可，在其制造或者销售的产品、产品的包装上标注他人专利号的；

（二）未经许可，在广告或者其他宣传材料中使用他人的专利号，使人将所涉及的技术误认为是他人专利技术的；

（三）未经许可，在合同中使用他人的专利号，使人将合同涉及的技术误认为是他人专利技术的；

（四）伪造或者变造他人的专利证书、专利文件或者专利申请文件的。

第十一条 以刊登收费广告等方式直接或者间接收取费用的情形，属于刑法第二百一十七条规定的“以营利为目的”。

刑法第二百一十七条规定的“未经著作权人许可”，是指没有得到著作权人授权或者伪造、涂改著作权人授权许可文件或者超出授权许可范围的情形。

通过信息网络向公众传播他人文字作品、音乐、电影、电视、录像作品、计算机软件及其他作品的行为，应当视为刑法第二百一十七条规定的“复制发行”。

第十二条 本解释所称“非法经营数额”，是指行为人在实施侵犯知识产权行为过程中，制造、储存、运输、销售侵权产品的价值。已销售的侵权产品的价值，按照实际销售的价格计算。制造、储存、运输和未销售的侵权产品的价值，按照标价或者已经查清的侵权产品的实际销售平均价格计算。侵权产品没有标价或者无法查清其实际销售价格的，按照被侵权产品的市场中间价格计算。

多次实施侵犯知识产权行为，未经行政处理或者刑事处罚的，非法经营数额、违法所得数额或者销售金额累计计算。

本解释第三条所规定的“件”，是指标有完整商标图样的一份标识。

第十三条 实施刑法第二百一十三条规定的假冒注册商标犯罪，又销售该假冒注册商标的商品，构成犯罪的，应当依照刑法第二百一十三条的规定，以假冒注册商标罪定罪处罚。

实施刑法第二百一十三条规定的假冒注册商标犯罪，又销售明知是他人的假冒注册商标的商品，构成犯罪的，应当实行数罪并罚。

第十四条 实施刑法第二百一十七条规定的侵犯著作权犯罪，又销售该侵权复制品，构成犯罪的，应当依照刑法第二百一十七条的规定，以侵犯著作权罪定罪处罚。

实施刑法第二百一十七条规定的侵犯著作权犯罪，又销售明知是他人的侵权复制品，构成犯罪的，应当实行数罪并罚。

第十五条 单位实施刑法第二百一十三条至第二百一十九条规定的行为，按照本解释规定的相应个人犯罪的定罪量刑标准的三倍定罪量刑。

第十六条 明知他人实施侵犯知识产权犯罪，而为其提供贷款、资金、账号、发票、证明、许可证件，或者提供生产、经营场所或者运输、储存、代理进出口等便利条件、帮助的，以侵犯知识产权犯罪的共犯论处。

第十七条 以前发布的有关侵犯知识产权犯罪的司法解释，与本解释相抵触的，自本解释施行后不再适用。

最高人民法院、最高人民检察院关于办理侵犯知识产权刑事案件具体应用法律若干问题的解释(二)

(2007年4月4日最高人民法院审判委员会第1422次会议、最高人民检察院第十届检察委员会第75次会议通过　2007年4月5日最高人民法院、最高人民检察院公告公布　自2007年4月5日施行　法释〔2007〕6号)

为维护社会主义市场经济秩序,依法惩治侵犯知识产权犯罪活动,根据刑法、刑事诉讼法有关规定,现就办理侵犯知识产权刑事案件具体应用法律的若干问题解释如下:

第一条　以营利为目的,未经著作权人许可,复制发行其文字作品、音乐、电影、电视、录像作品、计算机软件及其他作品,复制品数量合计在五百张(份)以上的,属于刑法第二百一十七条规定的"有其他严重情节";复制品数量在二千五百张(份)以上的,属于刑法第二百一十七条规定的"有其他特别严重情节"。

第二条　刑法第二百一十七条侵犯著作权罪中的"复制发行",包括复制、发行或者既复制又发行的行为。

侵权产品的持有人通过广告、征订等方式推销侵权产品的,属于刑法第二百一十七条规定的"发行"。

非法出版、复制、发行他人作品,侵犯著作权构成犯罪的,按照侵犯著作权罪定罪处罚。

第三条　侵犯知识产权犯罪,符合刑法规定的缓刑条件的,依法适用缓刑。有下列情形之一的,一般不适用缓刑:

(一)因侵犯知识产权被刑事处罚或者行政处罚后,再次侵犯知识产权构成犯罪的;

(二)不具有悔罪表现的;

(三)拒不交出违法所得的;

(四)其他不宜适用缓刑的情形。

第四条　对于侵犯知识产权犯罪的,人民法院应当综合考虑犯罪的违法所得、非法经营数额、给权利人造成的损失、社会危害性等情节,依法判处罚金。罚金数额一般在违法所得的一倍以上五倍以下,或者按照非法经营数额的50%以上一倍以下确定。

第五条　被害人有证据证明的侵犯知识产权刑事案件,直接向人民法院起诉的,人民法院应当依法受理;严重危害社会秩序和国家利益的侵犯知识产权刑事案件,由人民检察院依法提起公诉。

第六条　单位实施刑法第二百一十三条至第二百一十九条规定的行为,按照《最高人民法院、最高人民检察院关于办理侵犯知识产权刑事案件具体应用法律若干问题的解释》和本解释规定的相应个人犯罪的定罪量刑标准定罪处罚。

第七条　以前发布的司法解释与本解释不一致的,以本解释为准。

最高人民法院、最高人民检察院关于办理侵犯知识产权刑事案件具体应用法律若干问题的解释(三)

(2020年8月31日最高人民法院审判委员会第1811次会议、2020年8月21日最高人民检察院第十三届检察委员会第48次会议通过　2020年9月12日最高人民法院、最高人民检察院公告公布　自2020年9月14日起施行　法释〔2020〕10号)

为依法惩治侵犯知识产权犯罪,维护社会主义市场经济秩序,根据《中华人民共和国刑法》《中华人民共和国刑事诉讼法》等有关规定,现就办理侵犯知识产权刑事案件具体应用法律的若干问题解释如下:

第一条　具有下列情形之一的,可以认定为刑法第二百一十三条规定的"与其注册商标相同的商标":

(一)改变注册商标的字体、字母大小写或者文字横竖排列,与注册商标之间基本无差别的;

(二)改变注册商标的文字、字母、数字等之间的间距,与注册商标之间基本无差别的;

(三)改变注册商标颜色,不影响体现注册商标显著特征的;

(四)在注册商标上仅增加商品通用名称、型号等缺乏显著特征要素,不影响体现注册商标显著特征的;

(五)与立体注册商标的三维标志及平面要素基本无差别的;

(六)其他与注册商标基本无差别、足以对公众产生误导的商标。

第二条　在刑法第二百一十七条规定的作品、录音制品上以通常方式署名的自然人、法人或者非法人组织,应当推定为著作权人或者录音制作者,且该作品、录音制品上存在着相应权利,但有相反证明的除外。

在涉案作品、录音制品种类众多且权利人分散的案件中,有证据证明涉案复制品系非法出版、复制发行,且出版者、复制发行者不能提供获得著作权人、录音制作者许可的相关证据材料的,可以认定为刑法第二百一十七条规定的"未经著作权人许可""未经录音制作者许可"。但是,有证据证明权利人放弃权利、涉案作品的著作权或者录音制品的有关权利不受我国著作权法保护、权利保护期限已经届满的除外。

第三条　采取非法复制、未经授权或者超越授权使用计算机信息系统等方式窃取商业秘密的,应当认定为刑法第二百一十九条第一款第一项规定的"盗窃"。

以贿赂、欺诈、电子侵入等方式获取权利人的商业秘密的,应当认定为刑法第二百一十九条第一款第一项规定的"其他不正当手段"。

第四条　实施刑法第二百一十九条规定的行为,具有下列情形之一的,应当认定为"给商业秘密的权利人造成重大损失":

(一)给商业秘密的权利人造成损失数额或者因侵犯商业秘密违法所得数额在三十万元以上的;

(二)直接导致商业秘密的权利人因重大经营困难而破产、倒闭的;

(三)造成商业秘密的权利人其他重大

损失的。

给商业秘密的权利人造成损失数额或者因侵犯商业秘密违法所得数额在二百五十万元以上的，应当认定为刑法第二百一十九条规定的“造成特别严重后果”。

第五条 实施刑法第二百一十九条规定的行为造成的损失数额或者违法所得数额，可以按照下列方式认定：

（一）以不正当手段获取权利人的商业秘密，尚未披露、使用或者允许他人使用的，损失数额可以根据该项商业秘密的合理许可使用费确定；

（二）以不正当手段获取权利人的商业秘密后，披露、使用或者允许他人使用的，损失数额可以根据权利人因被侵权造成销售利润的损失确定，但该损失数额低于商业秘密合理许可使用费的，根据合理许可使用费确定；

（三）违反约定、权利人有关保守商业秘密的要求，披露、使用或者允许他人使用其所掌握的商业秘密的，损失数额可以根据权利人因被侵权造成销售利润的损失确定；

（四）明知商业秘密是不正当手段获取或者是违反约定、权利人有关保守商业秘密的要求披露、使用、允许使用，仍获取、使用或者披露的，损失数额可以根据权利人因被侵权造成销售利润的损失确定；

（五）因侵犯商业秘密行为导致商业秘密已为公众所知悉或者灭失的，损失数额可以根据该项商业秘密的商业价值确定。商业秘密的商业价值，可以根据该项商业秘密的研究开发成本、实施该项商业秘密的收益综合确定；

（六）因披露或者允许他人使用商业秘密而获得的财物或者其他财产性利益，应当认定为违法所得。

前款第二项、第三项、第四项规定的权利人因被侵权造成销售利润的损失，可以根据权利人因被侵权造成销售量减少的总数乘以权利人每件产品的合理利润确定；销售量减少的总数无法确定的，可以根据侵权产品销售量乘以权利人每件产品的合理利润确定；权利人因被侵权造成销售量减少的总数和每件产品的合理利润均无法确定的，可以根据侵权产品销售量乘以每件侵权产品的合理利润确定。商业秘密系用于服务等其他经营活动的，损失数额可以根据权利人因被侵权而减少的合理利润确定。

商业秘密的权利人为减轻对商业运营、商业计划的损失或者重新恢复计算机信息系统安全、其他系统安全而支出的补救费用，应当计入给商业秘密的权利人造成的损失。

第六条 在刑事诉讼程序中，当事人、辩护人、诉讼代理人或者案外人书面申请对有关商业秘密或者其他需要保密的商业信息的证据、材料采取保密措施的，应当根据案件情况采取组织诉讼参与人签署保密承诺书等必要的保密措施。

违反前款有关保密措施的要求或者法律法规规定的保密义务的，依法承担相应责任。擅自披露、使用或者允许他人使用在刑事诉讼程序中接触、获取的商业秘密，符合刑法第二百一十九条规定的，依法追究刑事责任。

第七条 除特殊情况外，假冒注册商标的商品、非法制造的注册商标标识、侵犯著作权的复制品、主要用于制造假冒注册商标的商品、注册商标标识或者侵权复制品的材料和工具,应当依法予以没收和销毁。

上述物品需要作为民事、行政案件的证据使用的,经权利人申请,可以在民事、行政案件终结后或者采取取样、拍照等方式对证据固定后予以销毁。

第八条 具有下列情形之一的,可以酌情从重处罚,一般不适用缓刑:

(一)主要以侵犯知识产权为业的;

(二)因侵犯知识产权被行政处罚后再次侵犯知识产权构成犯罪的;

(三)在重大自然灾害、事故灾难、公共卫生事件期间,假冒抢险救灾、防疫物资等商品的注册商标的;

(四)拒不交出违法所得的。

第九条 具有下列情形之一的,可以酌情从轻处罚:

(一)认罪认罚的;

(二)取得权利人谅解的;

(三)具有悔罪表现的;

(四)以不正当手段获取权利人的商业秘密后尚未披露、使用或者允许他人使用的。

第十条 对于侵犯知识产权犯罪的,应当综合考虑犯罪违法所得数额、非法经营数额、给权利人造成的损失数额、侵权假冒物品数量及社会危害性等情节,依法判处罚金。

罚金数额一般在违法所得数额的一倍以上五倍以下确定。违法所得数额无法查清的,罚金数额一般按照非法经营数额的百分之五十以上一倍以下确定。违法所得数额和非法经营数额均无法查清,判处三年以下有期徒刑、拘役、管制或者单处罚金的,一般在三万元以上一百万元以下确定罚金数额;判处三年以上有期徒刑的,一般在十五万元以上五百万元以下确定罚金数额。

第十一条 本解释发布施行后,之前发布的司法解释和规范性文件与本解释不一致的,以本解释为准。

第十二条 本解释自2020年9月14日起施行。

最高人民法院、最高人民检察院关于办理侵犯著作权刑事案件中涉及录音录像制品有关问题的批复

(2005年9月26日最高人民法院审判委员会第1365次会议、2005年9月23日最高人民检察院第十届检察委员会第39次会议通过 2005年10月13日最高人民法院、最高人民检察院公告公布 自2005年10月18日起施行 法释〔2005〕12号)

各省、自治区、直辖市高级人民法院、人民检察院,解放军军事法院、军事检察院,新疆维吾尔自治区高级人民法院生产建设兵团分院、新疆生产建设兵团人民检察院:

《最高人民法院、最高人民检察院关于办理侵犯知识产权刑事案件具体应用法律若干问题的解释》发布以后,部分高级人民法院、省级人民检察院就关于办理侵犯著作权刑事案件中涉及录音录像制品的有关问题提出请示。经研究,批复如下:

以营利为目的,未经录音录像制作者许可,复制发行其制作的录音录像制品的行为,复制品的数量标准分别适用《最高人民法院、最高人民检察院关于办理侵犯知

识产权刑事案件具体应用法律若干问题的解释》第五条第一款第(二)项、第二款第(二)项的规定。

未经录音录像制作者许可,通过信息网络传播其制作的录音录像制品的行为,应当视为刑法第二百一十七条第(三)项规定的“复制发行”。

最高人民法院、最高人民检察院、公安部关于办理侵犯知识产权刑事案件适用法律若干问题的意见

(2011年1月10日 法发〔2011〕3号)

为解决近年来公安机关、人民检察院、人民法院在办理侵犯知识产权刑事案件中遇到的新情况、新问题,依法惩治侵犯知识产权犯罪活动,维护社会主义市场经济秩序,根据刑法、刑事诉讼法及有关司法解释的规定,结合侦查、起诉、审判实践,制定本意见。

一、关于侵犯知识产权犯罪案件的管辖问题

侵犯知识产权犯罪案件由犯罪地公安机关立案侦查。必要时,可以由犯罪嫌疑人居住地公安机关立案侦查。侵犯知识产权犯罪案件的犯罪地,包括侵权产品制造地、储存地、运输地、销售地,传播侵权作品、销售侵权产品的网站服务器所在地、网络接入地、网站建立者或者管理者所在地,侵权作品上传者所在地,权利人受到实际侵害的犯罪结果发生地。对有多个侵犯知识产权犯罪地的,由最初受理的公安机关或者主要犯罪地公安机关管辖。多个侵犯知识产权犯罪地的公安机关对管辖有争议的,由共同的上级公安机关指定管辖,需要提请批准逮捕、移送审查起诉、提起公诉的,由该公安机关所在地的同级人民检察院、人民法院受理。

对于不同犯罪嫌疑人、犯罪团伙跨地区实施的涉及同一批侵权产品的制造、储存、运输、销售等侵犯知识产权犯罪行为,符合并案处理要求的,有关公安机关可以一并立案侦查,需要提请批准逮捕、移送审查起诉、提起公诉的,由该公安机关所在地的同级人民检察院、人民法院受理。

二、关于办理侵犯知识产权刑事案件中行政执法部门收集、调取证据的效力问题

行政执法部门依法收集、调取、制作的物证、书证、视听资料、检验报告、鉴定结论、勘验笔录、现场笔录,经公安机关、人民检察院审查,人民法院庭审质证确认,可以作为刑事证据使用。

行政执法部门制作的证人证言、当事人陈述等调查笔录,公安机关认为有必要作为刑事证据使用的,应当依法重新收集、制作。

三、关于办理侵犯知识产权刑事案件的抽样取证问题和委托鉴定问题

公安机关在办理侵犯知识产权刑事案件时,可以根据工作需要抽样取证,或者商请同级行政执法部门、有关检验机构协助抽样取证。法律、法规对抽样机构或者抽样方法有规定的,应当委托规定的机构并按照规定方法抽取样品。

公安机关、人民检察院、人民法院在办理侵犯知识产权刑事案件时,对于需要鉴定的事项,应当委托国家认可的有鉴定资质的鉴定机构进行鉴定。

公安机关、人民检察院、人民法院应当

对鉴定结论进行审查,听取权利人、犯罪嫌疑人、被告人对鉴定结论的意见,可以要求鉴定机构作出相应说明。

四、关于侵犯知识产权犯罪自诉案件的证据收集问题

人民法院依法受理侵犯知识产权刑事自诉案件,对于当事人因客观原因不能取得的证据,在提起自诉时能够提供有关线索,申请人民法院调取的,人民法院应当依法调取。

五、关于刑法第二百一十三条规定的"同一种商品"的认定问题

名称相同的商品以及名称不同但指同一事物的商品,可以认定为"同一种商品"。"名称"是指国家工商行政管理总局商标局在商标注册工作中对商品使用的名称,通常即《商标注册用商品和服务国际分类》中规定的商品名称。"名称不同但指同一事物的商品"是指在功能、用途、主要原料、消费对象、销售渠道等方面相同或者基本相同,相关公众一般认为是同一种事物的商品。

认定"同一种商品",应当在权利人注册商标核定使用的商品和行为人实际生产销售的商品之间进行比较。

六、关于刑法第二百一十三条规定的"与其注册商标相同的商标"的认定问题

具有下列情形之一,可以认定为"与其注册商标相同的商标":

(一)改变注册商标的字体、字母大小写或者文字横竖排列,与注册商标之间仅有细微差别的;

(二)改变注册商标的文字、字母、数字等之间的间距,不影响体现注册商标显著特征的;

(三)改变注册商标颜色的;

(四)其他与注册商标在视觉上基本无差别、足以对公众产生误导的商标。

七、关于尚未附着或者尚未全部附着假冒注册商标标识的侵权产品价值是否计入非法经营数额的问题

在计算制造、储存、运输和未销售的假冒注册商标侵权产品价值时,对于已经制作完成但尚未附着(含加贴)或者尚未全部附着(含加贴)假冒注册商标标识的产品,如果有确实、充分证据证明该产品将假冒他人注册商标,其价值计入非法经营数额。

八、关于销售假冒注册商标的商品犯罪案件中尚未销售或者部分销售情形的定罪量刑问题

销售明知是假冒注册商标的商品,具有下列情形之一的,依照刑法第二百一十四条的规定,以销售假冒注册商标的商品罪(未遂)定罪处罚:

(一)假冒注册商标的商品尚未销售,货值金额在十五万元以上的;

(二)假冒注册商标的商品部分销售,已销售金额不满五万元,但与尚未销售的假冒注册商标的商品的货值金额合计在十五万元以上的。

假冒注册商标的商品尚未销售,货值金额分别达到十五万元以上不满二十五万元、二十五万元以上的,分别依照刑法第二百一十四条规定的各法定刑幅度定罪处罚。

销售金额和未销售货值金额分别达到不同的法定刑幅度或者均达到同一法定刑幅度的,在处罚较重的法定刑或者同一法定刑幅度内酌情从重处罚。

九、关于销售他人非法制造的注册商标标识犯罪案件中尚未销售或者部分销售情形的定罪问题

销售他人伪造、擅自制造的注册商标

标识,具有下列情形之一的,依照刑法第二百一十五条的规定,以销售非法制造的注册商标标识罪(未遂)定罪处罚:

(一)尚未销售他人伪造、擅自制造的注册商标标识数量在六万件以上的;

(二)尚未销售他人伪造、擅自制造的两种以上注册商标标识数量在三万件以上的;

(三)部分销售他人伪造、擅自制造的注册商标标识,已销售标识数量不满二万件,但与尚未销售标识数量合计在六万件以上的;

(四)部分销售他人伪造、擅自制造的两种以上注册商标标识,已销售标识数量不满一万件,但与尚未销售标识数量合计在三万件以上的。

十、关于侵犯著作权犯罪案件"以营利为目的"的认定问题

除销售外,具有下列情形之一的,可以认定为"以营利为目的":

(一)以在他人作品中刊登收费广告、捆绑第三方作品等方式直接或者间接收取费用的;

(二)通过信息网络传播他人作品,或者利用他人上传的侵权作品,在网站或者网页上提供刊登收费广告服务,直接或者间接收取费用的;

(三)以会员制方式通过信息网络传播他人作品,收取会员注册费或者其他费用的;

(四)其他利用他人作品牟利的情形。

十一、关于侵犯著作权犯罪案件"未经著作权人许可"的认定问题

"未经著作权人许可"一般应当依据著作权人或者其授权的代理人、著作权集体管理组织、国家著作权行政管理部门指定的著作权认证机构出具的涉案作品版权认证文书,或者证明出版者、复制发行者伪造、涂改授权许可文件或者超出授权许可范围的证据,结合其他证据综合予以认定。

在涉案作品种类众多且权利人分散的案件中,上述证据确实难以一一取得,但有证据证明涉案复制品系非法出版、复制发行的,且出版者、复制发行者不能提供获得著作权人许可的相关证明材料的,可以认定为"未经著作权人许可"。但是,有证据证明权利人放弃权利、涉案作品的著作权不受我国著作权法保护,或者著作权保护期限已经届满的除外。

十二、关于刑法第二百一十七条规定的"发行"的认定及相关问题

"发行",包括总发行、批发、零售、通过信息网络传播以及出租、展销等活动。

非法出版、复制、发行他人作品,侵犯著作权构成犯罪的,按照侵犯著作权罪定罪处罚,不认定为非法经营罪等其他犯罪。

十三、关于通过信息网络传播侵权作品行为的定罪处罚标准问题

以营利为目的,未经著作权人许可,通过信息网络向公众传播他人文字作品、音乐、电影、电视、美术、摄影、录像作品、录音录像制品、计算机软件及其他作品,具有下列情形之一的,属于刑法第二百一十七条规定的"其他严重情节":

(一)非法经营数额在五万元以上的;

(二)传播他人作品的数量合计在五百件(部)以上的;

(三)传播他人作品的实际被点击数达到五万次以上的;

(四)以会员制方式传播他人作品,注册会员达到一千人以上的;

（五）数额或者数量虽未达到第（一）项至第（四）项规定标准，但分别达到其中两项以上标准一半以上的；

（六）其他严重情节的情形。

实施前款规定的行为，数额或者数量达到前款第（一）项至第（五）项规定标准五倍以上的，属于刑法第二百一十七条规定的“其他特别严重情节”。

十四、关于多次实施侵犯知识产权行为累计计算数额问题

依照《最高人民法院、最高人民检察院关于办理侵犯知识产权刑事案件具体应用法律若干问题的解释》第十二条第二款的规定，多次实施侵犯知识产权行为，未经行政处理或者刑事处罚的，非法经营数额、违法所得数额或者销售金额累计计算。

二年内多次实施侵犯知识产权违法行为，未经行政处理，累计数额构成犯罪的，应当依法定罪处罚。实施侵犯知识产权犯罪行为的追诉期限，适用刑法的有关规定，不受前述二年的限制。

十五、关于为他人实施侵犯知识产权犯罪提供原材料、机械设备等行为的定性问题

明知他人实施侵犯知识产权犯罪，而为其提供生产、制造侵权产品的主要原材料、辅助材料、半成品、包装材料、机械设备、标签标识、生产技术、配方等帮助，或者提供互联网接入、服务器托管、网络存储空间、通讯传输通道、代收费、费用结算等服务的，以侵犯知识产权犯罪的共犯论处。

十六、关于侵犯知识产权犯罪竞合的处理问题

行为人实施侵犯知识产权犯罪，同时构成生产、销售伪劣商品犯罪的，依照侵犯知识产权犯罪与生产、销售伪劣商品犯罪中处罚较重的规定定罪处罚。

最高人民检察院、公安部关于修改侵犯商业秘密刑事案件立案追诉标准的决定

（2020年9月17日　高检发〔2020〕15号）

为依法惩治侵犯商业秘密犯罪，加大对知识产权的刑事司法保护力度，维护社会主义市场经济秩序，将《最高人民检察院、公安部关于公安机关管辖的刑事案件立案追诉标准的规定（二）》第七十三条侵犯商业秘密刑事案件立案追诉标准修改为：【侵犯商业秘密案（刑法第二百一十九条）】侵犯商业秘密，涉嫌下列情形之一的，应予立案追诉：

（一）给商业秘密权利人造成损失数额在三十万元以上的；

（二）因侵犯商业秘密违法所得数额在三十万元以上的；

（三）直接导致商业秘密的权利人因重大经营困难而破产、倒闭的；

（四）其他给商业秘密权利人造成重大损失的情形。

前款规定的造成损失数额或者违法所得数额，可以按照下列方式认定：

（一）以不正当手段获取权利人的商业秘密，尚未披露、使用或者允许他人使用的，损失数额可以根据该项商业秘密的合理许可使用费确定；

（二）以不正当手段获取权利人的商业秘密后，披露、使用或者允许他人使用的，

损失数额可以根据权利人因被侵权造成销售利润的损失确定,但该损失数额低于商业秘密合理许可使用费的,根据合理许可使用费确定;

(三)违反约定、权利人有关保守商业秘密的要求,披露、使用或者允许他人使用其所掌握的商业秘密的,损失数额可以根据权利人因被侵权造成销售利润的损失确定;

(四)明知商业秘密是不正当手段获取或者是违反约定、权利人有关保守商业秘密的要求披露、使用、允许使用,仍获取、使用或者披露的,损失数额可以根据权利人因被侵权造成销售利润的损失确定;

(五)因侵犯商业秘密行为导致商业秘密已为公众所知悉或者灭失的,损失数额可以根据该项商业秘密的商业价值确定。商业秘密的商业价值,可以根据该项商业秘密的研究开发成本、实施该项商业秘密的收益综合确定;

(六)因披露或者允许他人使用商业秘密而获得的财物或者其他财产性利益,应当认定为违法所得。

前款第二项、第三项、第四项规定的权利人因被侵权造成销售利润的损失,可以根据权利人因被侵权造成销售量减少的总数乘以权利人每件产品的合理利润确定;销售量减少的总数无法确定的,可以根据侵权产品销售量乘以权利人每件产品的合理利润确定;权利人因被侵权造成销售量减少的总数和每件产品的合理利润均无法确定的,可以根据侵权产品销售量乘以每件侵权产品的合理利润确定。商业秘密系用于服务等其他经营活动的,损失数额可以根据权利人因被侵权而减少的合理利润确定。

商业秘密的权利人为减轻对商业运营、商业计划的损失或者重新恢复计算机信息系统安全、其他系统安全而支出的补救费用,应当计入给商业秘密的权利人造成的损失。

公安部关于对侵犯著作权案件中尚未印制完成的侵权复制品如何计算非法经营数额问题的批复

(2003年6月20日)

辽宁省公安厅:

你厅《关于侵犯著作权案件中的半成品书籍如何计算非法经营数额的请示》(辽公传发〔2003〕257号)收悉。现批复如下:

根据《最高人民法院关于审理非法出版物刑事案件具体应用法律若干问题的解释》(法释〔1998〕30号)第17条的规定,侵犯著作权案件,应以非法出版物的定价数额乘以行为人经营的非法出版物数量所得的数额计算其经营数额。因此,对于行为人尚未印制完成侵权复制品的,应当以侵权复制品的定价数额乘以承印数量所得的数额计算其经营数额。但由于上述行为属于犯罪未遂,对于需要追究刑事责任的,公安机关应当在起诉意见书中予以说明。

最高人民法院刑事审判第二庭关于集体商标是否属于我国刑法的保护范围问题的复函

（2009年4月10日 〔2009〕刑二函字第28号）

公安部经济犯罪侦查局：

贵局公经知产（2009）29号《关于就一起涉嫌假冒注册商标案征求意见的函》收悉。经研究，答复如下：

一、我国《商标法》第三条规定："经商标局核准注册的商标为注册商标，包括商品商标、服务商标和集体商标、证明商标；商标注册人享有商标专用权，受法律保护。"因此，刑法第二百一十三条至二百一十五条所规定的"注册商标"应当涵盖"集体商标"。

二、商标标识中注明了自己的注册商标的同时，又使用了他人注册为集体商标的地理名称，可以认定为刑法规定的"相同的商标"。根据贵局提供的材料，山西省清徐县溢美源醋业有限公司在其生产的食用醋的商标上用大号字体在显著位置上清晰地标明"镇江香（陈）醋"，说明其已经使用了与江苏省镇江市醋业协会所注册的"镇江香（陈）醋"集体商标相同的商标。而且，山西省清徐县溢美源醋业有限公司还在其商标标识上注明了江苏省镇江市丹阳市某香醋厂的厂名厂址和QS标志，也说明其实施假冒注册"镇江香（陈）醋"集体商标的行为。

综上，山西省清徐县溢美源醋业有限公司的行为涉嫌触犯刑法第二百一十三条至二百一十五条的规定。

以上意见，供参考。

8. 扰乱市场秩序罪

最高人民法院关于审理倒卖车票刑事案件有关问题的解释

（1999年9月2日最高人民法院审判委员会第1074次会议通过 1999年9月6日最高人民法院公告公布 自1999年9月14日起施行 法释〔1999〕17号）

为依法惩处倒卖车票的犯罪活动，根据刑法的有关规定，现就审理倒卖车票刑事案件的有关问题解释如下：

第一条 高价、变相加价倒卖车票或者倒卖坐席、卧铺签字号及订购车票凭证，票面数额在五千元以上，或者非法获利数额在二千元以上的，构成刑法第二百二十七条第二款规定的"倒卖车票情节严重"。

第二条 对于铁路职工倒卖车票或者与其他人员勾结倒卖车票；组织倒卖车票的首要分子；曾因倒卖车票受过治安处罚两次以上或者被劳动教养一次以上，两年内又倒卖车票，构成倒卖车票罪的，依法从重处罚。

最高人民法院关于审理扰乱电信市场管理秩序案件具体应用法律若干问题的解释

（2000年4月28日最高人民法院审判委员会第1113次会议通过　2000年5月12日最高人民法院公告公布　自2000年5月24日起施行　法释〔2000〕12号）

为依法惩处扰乱电信市场管理秩序的犯罪活动，根据刑法的有关规定，现就审理这类案件具体应用法律的若干问题解释如下：

第一条　违反国家规定，采取租用国际专线、私设转接设备或者其他方法，擅自经营国际电信业务或者涉港澳台电信业务进行营利活动，扰乱电信市场管理秩序，情节严重的，依照刑法第二百二十五条第（四）项的规定，以非法经营罪定罪处罚。

第二条　实施本解释第一条规定的行为，具有下列情形之一的，属于非法经营行为"情节严重"：

（一）经营去话业务数额在一百万元以上的；

（二）经营来话业务造成电信资费损失数额在一百万元以上的。

具有下列情形之一的，属于非法经营行为"情节特别严重"：

（一）经营去话业务数额在五百万元以上的；

（二）经营来话业务造成电信资费损失数额在五百万元以上的。

第三条　实施本解释第一条规定的行为，经营数额或者造成电信资费损失数额接近非法经营行为"情节严重"、"情节特别严重"的数额起点标准，并具有下列情形之一的，可以分别认定为非法经营行为"情节严重"、"情节特别严重"：

（一）两年内因非法经营国际电信业务或者涉港澳台电信业务行为受过行政处罚两次以上的；

（二）因非法经营国际电信业务或者涉港澳台电信业务行为造成其他严重后果的。

第四条　单位实施本解释第一条规定的行为构成犯罪的，对单位判处罚金，并对其直接负责的主管人员和其他直接责任人员，依照本解释第二条、第三条的规定处罚。

第五条　违反国家规定，擅自设置、使用无线电台（站），或者擅自占用频率，非法经营国际电信业务或者涉港澳台电信业务进行营利活动，同时构成非法经营罪和刑法第二百八十八条规定的扰乱无线电通讯管理秩序罪的，依照处罚较重的规定定罪处罚。

第六条　国有电信企业的工作人员，由于严重不负责任或者滥用职权，造成国有电信企业破产或者严重损失，致使国家利益遭受重大损失的，依照刑法第一百六十八条的规定定罪处罚。

第七条　将电信卡非法充值后使用，造成电信资费损失数额较大的，依照刑法第二百六十四条的规定，以盗窃罪定罪处罚。

第八条　盗用他人公共信息网络上网账号、密码上网，造成他人电信资费损失数额较大的，依照刑法第二百六十四条的规定，以盗窃罪定罪处罚。

第九条 以虚假、冒用的身份证件办理入网手续并使用移动电话，造成电信资费损失数额较大的，依照刑法第二百六十六条的规定，以诈骗罪定罪处罚。

第十条 本解释所称“经营去话业务数额”，是指以行为人非法经营国际电信业务或者涉港澳台电信业务的总时长（分钟数）乘以行为人每分钟收取的用户使用费所得的数额。

本解释所称“电信资费损失数额”，是指以行为人非法经营国际电信业务或者涉港澳台电信业务的总时长（分钟数）乘以在合法电信业务中我国应当得到的每分钟国际结算价格所得的数额。

最高人民法院关于对变造、倒卖变造邮票行为如何适用法律问题的解释

（2000年11月15日最高人民法院审判委员会第1139次会议通过　2000年12月5日最高人民法院公告公布　自2000年12月9日起施行　法释〔2000〕41号）

为了正确适用刑法，现对审理变造、倒卖变造邮票案件如何适用法律问题解释如下：

对变造或者倒卖变造的邮票数额较大的，应当依照刑法第二百二十七条第一款的规定定罪处罚。

最高人民法院、最高人民检察院关于办理非法生产、销售烟草专卖品等刑事案件具体应用法律若干问题的解释

（2009年12月28日最高人民法院审判委员会第1481次会议、2010年2月4日最高人民检察院第十一届检察委员会第29次会议通过　2010年3月2日最高人民法院、最高人民检察院公告公布　自2010年3月26日起施行　法释〔2010〕7号）

为维护社会主义市场经济秩序，依法惩治非法生产、销售烟草专卖品等犯罪，根据刑法有关规定，现就办理这类刑事案件具体应用法律的若干问题解释如下：

第一条 生产、销售伪劣卷烟、雪茄烟等烟草专卖品，销售金额在五万元以上的，依照刑法第一百四十条的规定，以生产、销售伪劣产品罪定罪处罚。

未经卷烟、雪茄烟等烟草专卖品注册商标所有人许可，在卷烟、雪茄烟等烟草专卖品上使用与其注册商标相同的商标，情节严重的，依照刑法第二百一十三条的规定，以假冒注册商标罪定罪处罚。

销售明知是假冒他人注册商标的卷烟、雪茄烟等烟草专卖品，销售金额较大的，依照刑法第二百一十四条的规定，以销售假冒注册商标的商品罪定罪处罚。

伪造、擅自制造他人卷烟、雪茄烟注册商标标识或者销售伪造、擅自制造的卷烟、雪茄烟注册商标标识，情节严重的，依照刑法第二百一十五条的规定，以非法制造、销售非法制造的注册商标标识罪定罪处罚。

违反国家烟草专卖管理法律法规，未经烟草专卖行政主管部门许可，无烟草专卖生产企业许可证、烟草专卖批发企业许可证、特种烟草专卖经营企业许可证、烟草专卖零售许可证等许可证明，非法经营烟草专卖品，情节严重的，依照刑法第二百二十五条的规定，以非法经营罪定罪处罚。

第二条 伪劣卷烟、雪茄烟等烟草专卖品尚未销售，货值金额达到刑法第一百四十条规定的销售金额定罪起点数额标准的三倍以上的，或者销售金额未达到五万元，但与未销售货值金额合计达到十五万元以上的，以生产、销售伪劣产品罪(未遂)定罪处罚。

销售金额和未销售货值金额分别达到不同的法定刑幅度或者均达到同一法定刑幅度的，在处罚较重的法定刑幅度内酌情从重处罚。

查获的未销售的伪劣卷烟、雪茄烟，能够查清销售价格的，按照实际销售价格计算。无法查清实际销售价格，有品牌的，按照该品牌卷烟、雪茄烟的查获地省级烟草专卖行政主管部门出具的零售价格计算；无品牌的，按照查获地省级烟草专卖行政主管部门出具的上年度卷烟平均零售价格计算。

第三条 非法经营烟草专卖品，具有下列情形之一的，应当认定为刑法第二百二十五条规定的“情节严重”：

(一)非法经营数额在五万元以上的，或者违法所得数额在二万元以上的；

(二)非法经营卷烟二十万支以上的；

(三)曾因非法经营烟草专卖品三年内受过二次以上行政处罚，又非法经营烟草专卖品且数额在三万元以上的。

具有下列情形之一的，应当认定为刑法第二百二十五条规定的“情节特别严重”：

(一)非法经营数额在二十五万元以上，或者违法所得数额在十万元以上的；

(二)非法经营卷烟一百万支以上的。

第四条 非法经营烟草专卖品，能够查清销售或者购买价格的，按照其销售或者购买的价格计算非法经营数额。无法查清销售或者购买价格的，按照下列方法计算非法经营数额：

(一)查获的卷烟、雪茄烟的价格，有品牌的，按照该品牌卷烟、雪茄烟的查获地省级烟草专卖行政主管部门出具的零售价格计算；无品牌的，按照查获地省级烟草专卖行政主管部门出具的上年度卷烟平均零售价格计算；

(二)查获的复烤烟叶、烟叶的价格按照查获地省级烟草专卖行政主管部门出具的上年度烤烟调拨平均基准价格计算；

(三)烟丝的价格按照第(二)项规定价格计算标准的一点五倍计算；

(四)卷烟辅料的价格，有品牌的，按照该品牌辅料的查获地省级烟草专卖行政主管部门出具的价格计算；无品牌的，按照查获地省级烟草专卖行政主管部门出具的上年度烟草行业生产卷烟所需该类卷烟辅料的平均价格计算；

(五)非法生产、销售、购买烟草专用机械的价格按照国务院烟草专卖行政主管部门下发的全国烟草专用机械产品指导价格目录进行计算；目录中没有该烟草专用机械的，按照省级以上烟草专卖行政主管部门出具的目录中同类烟草专用机械的平均价格计算。

第五条 行为人实施非法生产、销售烟草专卖品犯罪，同时构成生产、销售伪劣产品罪、侵犯知识产权犯罪、非法经营罪的,依照处罚较重的规定定罪处罚。

第六条 明知他人实施本解释第一条所列犯罪,而为其提供贷款、资金、账号、发票、证明、许可证件,或者提供生产、经营场所、设备、运输、仓储、保管、邮寄、代理进出口等便利条件,或者提供生产技术、卷烟配方的,应当按照共犯追究刑事责任。

第七条 办理非法生产、销售烟草专卖品等刑事案件,需要对伪劣烟草专卖品鉴定的,应当委托国务院产品质量监督管理部门和省、自治区、直辖市人民政府产品质量监督管理部门指定的烟草质量检测机构进行。

第八条 以暴力、威胁方法阻碍烟草专卖执法人员依法执行职务,构成犯罪的,以妨害公务罪追究刑事责任。

煽动群众暴力抗拒烟草专卖法律实施,构成犯罪的,以煽动暴力抗拒法律实施罪追究刑事责任。

第九条 本解释所称“烟草专卖品”,是指卷烟、雪茄烟、烟丝、复烤烟叶、烟叶、卷烟纸、滤嘴棒、烟用丝束、烟草专用机械。

本解释所称“卷烟辅料”,是指卷烟纸、滤嘴棒、烟用丝束。

本解释所称“烟草专用机械”,是指由国务院烟草专卖行政主管部门烟草专用机械名录所公布的,在卷烟、雪茄烟、烟丝、复烤烟叶、烟叶、卷烟纸、滤嘴棒、烟用丝束的生产加工过程中,能够完成一项或者多项特定加工工序,可以独立操作的机械设备。

本解释所称“同类烟草专用机械”,是指在卷烟、雪茄烟、烟丝、复烤烟叶、烟叶、卷烟纸、滤嘴棒、烟用丝束的生产加工过程中,能够完成相同加工工序的机械设备。

第十条 以前发布的有关规定与本解释不一致的,以本解释为准。

最高人民检察院关于非法经营国际或港澳台地区电信业务行为法律适用问题的批复

(2002年1月8日最高人民检察院第九届检察委员会第102次会议通过 2002年2月6日最高人民检察院公告公布 自2002年2月11日起施行 高检发释字〔2002〕1号)

福建省人民检察院:

你院《关于如何适用刑法第二百二十五条第(四)项规定的请示》(闽检〔2000〕65号)收悉。经研究,批复如下:

违反《中华人民共和国电信条例》规定,采取租用电信国际专线、私设转接设备或者其他方法,擅自经营国际或者香港特别行政区、澳门特别行政区和台湾地区电信业务进行营利活动,扰乱电信市场管理秩序,情节严重的,应当依照《刑法》第二百二十五条第(四)项的规定,以非法经营罪追究刑事责任。

最高人民法院、最高人民检察院、公安部办理非法经营国际电信业务犯罪案件联席会议纪要

(2003年4月22日 公通字〔2002〕29号)

非法经营国际电信业务,不仅扰乱国际电信市场的管理秩序,造成国家电信收入的巨大损失,而且严重危害国家信息安全。

2000年5月12日最高人民法院《关于审理扰乱电信市场管理秩序案件具体应用法律若干问题的解释》(以下简称《解释》),2001年4月18日最高人民检察院、公安部《关于经济犯罪案件追诉标准的规定》、2002年2月6日最高人民检察院《关于非法经营国际或港澳台地区电信业务行为法律适用问题的批复》先后发布实施,为公安、司法机关运用法律武器准确、及时打击此类犯罪发挥了重要作用。自2002年9月17日开始,各级公安机关在全国范围内开展了打击非法经营国际电信业务的专项行动。由于非法经营国际电信业务犯罪活动的情况比较复杂,专业性、技术性很强,犯罪手段不断翻新,出现了一些新情况、新问题,如电信运营商与其他企业或个人互相勾结,共同实施非法经营行为;非法经营行为人使用新的技术手段进行犯罪等。为准确、统一适用法律,保障专项行动的深入开展,依法惩处非法经营国际电信业务的犯罪活动,2002年11月20日,最高人民法院、最高人民检察院、公安部、信息产业部等部门在北京召开联席会议,共同研究打击非法经营国际电信业务犯罪工作中的法律适用问题,对有些问题取得了一致认识。会议纪要如下:

一、各级公安机关、人民检察院、人民法院在办理非法经营国际电信业务犯罪案件中,要从维护国家信息安全、维护电信市场管理秩序和保障国家电信收入的高度认识打击非法经营国际电信业务犯罪活动的重要意义,积极参加专项行动,各司其职,相互配合,加强协调,加快办案进度。

二、《解释》第一条规定:"违反国家规定,采取租用国际专线、私设转接设备或者其他方法,擅自经营国际电信业务或者涉港澳台电信业务进行营利活动,扰乱电信市场管理秩序,情节严重的,依照刑法第二百二十五条第(四)项的规定,以非法经营罪定罪处罚。"对于未取得国际电信业务(含涉港澳台电信业务,下同)经营许可证而经营,或被终止国际电信业务经营资格后继续经营,应认定为"擅自经营国际电信业务或者涉港澳台电信业务";情节严重的,应按上述规定以非法经营罪追究刑事责任。

《解释》第一条所称"其他方法",是指在边境地区私自架设跨境通信线路;利用互联网跨境传送IP话音并设立转接设备,将国际话务转接至我境内公用电话网或转接至其他国家或地区;在境内以租用、托管、代维等方式设立转接平台;私自设置国际通信出入口等方法。

三、获得国际电信业务经营许可的经营者(含涉港澳台电信业务经营者)明知他人非法从事国际电信业务,仍违反国家规定,采取出租、合作、授权等手段,为他人提供经营和技术条件,利用现有设备或另设国际话务转接设备并从中营利,情节严重的,应以非法经营罪的共犯追究刑事责任。

四、公安机关侦查非法经营国际电信业务犯罪案件,要及时全面收集和固定犯罪证据,抓紧缉捕犯罪嫌疑人。人民检察院、人民法院对正在办理的非法经营国际电信业务犯罪案件,只要基本犯罪事实清楚,基本证据确实、充分,应当依法及时起诉、审判。主犯在逃,但在案的其他犯罪嫌疑人、被告人实施犯罪的基本证据确实充分的,可以依法先行处理。

五、坚持"惩办与宽大相结合"的刑事政策。对非法经营国际电信业务共同犯罪的主犯,以及与犯罪分子相勾结的国家工作人员,应依法从严惩处。对具有自首、立功或者其他法定从轻、减轻情节的,应依法从轻、减轻处理。

六、各地在办理非法经营国际电信业务犯罪案件中遇到的有关问题,以及侦查、起诉、审判的信息要及时向各自上级主管机关报告。上级机关要加强对案件的督办、检查、指导和协调工作。

最高人民检察院关于公证员出具公证书有重大失实行为如何适用法律问题的批复

(2009年1月6日最高人民检察院第十一届检察委员会第7次会议通过 2009年1月7日最高人民检察院公告公布 自2009年1月15日起施行 高检发释字〔2009〕1号)

甘肃省人民检察院:

你院《关于公证员出具证明文件重大失实是否构成犯罪的请示》(甘检发研〔2008〕17号)收悉。经研究,批复如下:

《中华人民共和国公证法》施行以后,公证员在履行公证职责过程中,严重不负责任,出具的公证书有重大失实,造成严重后果的,依照刑法第二百二十九条第三款的规定,以出具证明文件重大失实罪追究刑事责任。

最高人民法院、最高人民检察院、公安部、国家安全监管总局关于依法加强对涉嫌犯罪的非法生产经营烟花爆竹行为刑事责任追究的通知

(2012年9月6日 安监总管三〔2012〕116号)

各省、自治区、直辖市高级人民法院、人民检察院、公安厅(局)、安全生产监督管理局,新疆维吾尔自治区高级人民法院生产建设兵团分院,新疆生产建设兵团人民检察院、公安局、安全生产监督管理局:

近年来,一些地区非法生产、经营烟花爆竹问题十分突出,由此引发的事故时有发生,给人民群众生命财产安全造成严重危害。为依法严惩非法生产、经营烟花爆竹违法犯罪行为,现就依法加强对涉嫌犯罪的非法生产、经营烟花爆竹行为刑事责任追究有关要求通知如下:

一、非法生产、经营烟花爆竹及相关行为涉及非法制造、买卖、运输、邮寄、储存黑火药、烟火药,构成非法制造、买卖、运输、邮寄、储存爆炸物罪的,应当依照刑法第一百二十五条的规定定罪处罚;非法生产、经营烟花爆竹及相关行为涉及生产、销售伪劣产品或不符合安全标准产品,构成生产、销售伪劣产品罪或生产、销售不符合安全标准产品罪的,应当依照刑法第一百四十条、第一百四十六条的规定定罪处罚;非法生产、经营烟花爆竹及相关行为构成非法经营罪的,应当依照刑法第二百二十五条的规定定罪处罚。上述非法生产经营烟花

爆竹行为的定罪量刑和立案追诉标准，分别按照《最高人民法院关于审理非法制造、买卖、运输枪支、弹药、爆炸物等刑事案件具体应用法律若干问题的解释》（法释〔2009〕18号）、《最高人民法院最高人民检察院关于办理生产、销售伪劣商品刑事案件具体应用法律若干问题的解释》（法释〔2001〕10号）、《最高人民检察院、公安部关于公安机关管辖的刑事案件立案追诉标准的规定（一）》（公通字〔2008〕36号）、《最高人民检察院、公安部关于公安机关管辖的刑事案件立案追诉标准的规定（二）》（公通字〔2010〕23号）等有关规定执行。

二、各相关行政执法部门在查处非法生产、经营烟花爆竹行为过程中，发现涉嫌犯罪，依法需要追究刑事责任的，应当依照《行政执法机关移送涉嫌犯罪案件的规定》（国务院令第310号）向公安机关移送，并配合公安机关做好立案侦查工作。公安机关应当依法对相关行政执法部门移送的涉嫌犯罪案件进行审查，认为有犯罪事实，需要追究刑事责任的，应当依法立案，并书面通知移送案件的部门；认为不需要追究刑事责任的，应当说明理由，并书面通知移送案件的部门。公安机关在治安管理工作中，发现非法生产、经营烟花爆竹行为涉嫌犯罪的，应当依法立案侦查。

三、检察机关对于公安机关提请批准逮捕、移送审查起诉的上述涉嫌犯罪的案件，对符合逮捕和提起公诉法定条件的，要依法予以批捕、起诉；要加强对移送、立案案件的监督，对应当移送而不移送、应当立案而不立案的，要及时监督。人民法院对于起诉到法院的上述涉嫌犯罪的案件，要按照宽严相济的政策，依法从快审判，对同时构成多项犯罪或屡次违法犯罪的，要从重处罚；上级人民法院要加强对下级人民法院审判工作的指导，保障依法及时审判。要坚持"以事实为根据，以法律为准绳"的原则，严把案件的事实关、证据关、程序关和适用法律关，切实做到事实清楚，证据确凿，定性准确，量刑适当。人民法院、人民检察院、公安机关、安全生产监督管理部门要积极沟通、相互配合，充分发挥联动机制功能，加大对相关犯罪案件查处、审判情况的宣传，充分发挥刑事审判和处罚的震慑作用，教育群众自觉抵制、检举揭发相关违法犯罪活动。

最高人民法院、最高人民检察院、公安部关于办理组织领导传销活动刑事案件适用法律若干问题的意见

（2013年11月14日　公通字〔2013〕37号）

各省、自治区、直辖市高级人民法院，人民检察院，公安厅、局，解放军军事法院、军事检察院，新疆维吾尔自治区高级人民法院生产建设兵团分院，新疆生产建设兵团人民检察院、公安局：

为解决近年来公安机关、人民检察院、人民法院在办理组织、领导传销活动刑事案件中遇到的问题，依法惩治组织、领导传销活动犯罪，根据刑法、刑事诉讼法的规定，结合司法实践，现就办理组织、领导传销活动刑事案件适用法律问题提出以下意见：

一、关于传销组织层级及人数的认定问题

以推销商品、提供服务等经营活动为

名，要求参加者以缴纳费用或者购买商品、服务等方式获得加入资格，并按照一定顺序组成层级，直接或者间接以发展人员的数量作为计酬或者返利依据，引诱、胁迫参加者继续发展他人参加，骗取财物，扰乱经济社会秩序的传销组织，其组织内部参与传销活动人员在三十人以上且层级在三级以上的，应当对组织者、领导者追究刑事责任。

组织、领导多个传销组织，单个或者多个组织中的层级已达三级以上的，可将在各个组织中发展的人数合并计算。

组织者、领导者形式上脱离原传销组织后，继续从原传销组织获取报酬或者返利的，原传销组织在其脱离后发展人员的层级数和人数，应当计算为其发展的层级数和人数。

办理组织、领导传销活动刑事案件中，确因客观条件的限制无法逐一收集参与传销活动人员的言词证据的，可以结合依法收集并查证属实的缴纳、支付费用及计酬、返利记录，视听资料，传销人员关系图，银行账户交易记录，互联网电子数据，鉴定意见等证据，综合认定参与传销的人数、层级数等犯罪事实。

二、关于传销活动有关人员的认定和处理问题

下列人员可以认定为传销活动的组织者、领导者：

（一）在传销活动中起发起、策划、操纵作用的人员；

（二）在传销活动中承担管理、协调等职责的人员；

（三）在传销活动中承担宣传、培训等职责的人员；

（四）曾因组织、领导传销活动受过刑事处罚，或者一年以内因组织、领导传销活动受过行政处罚，又直接或者间接发展参与传销活动人员在十五人以上且层级在三级以上的人员；

（五）其他对传销活动的实施、传销组织的建立、扩大等起关键作用的人员。

以单位名义实施组织、领导传销活动犯罪的，对于受单位指派，仅从事劳务性工作的人员，一般不予追究刑事责任。

三、关于“骗取财物”的认定问题

传销活动的组织者、领导者采取编造、歪曲国家政策，虚构、夸大经营、投资、服务项目及盈利前景，掩饰计酬、返利真实来源或者其他欺诈手段，实施刑法第二百二十四条之一规定的行为，从参与传销活动人员缴纳的费用或者购买商品、服务的费用中非法获利的，应当认定为骗取财物。参与传销活动人员是否认为被骗，不影响骗取财物的认定。

四、关于“情节严重”的认定问题

对符合本意见第一条第一款规定的传销组织的组织者、领导者，具有下列情形之一的，应当认定为刑法第二百二十四条之一规定的“情节严重”：

（一）组织、领导的参与传销活动人员累计达一百二十人以上的；

（二）直接或者间接收取参与传销活动人员缴纳的传销资金数额累计达二百五十万元以上的；

（三）曾因组织、领导传销活动受过刑事处罚，或者一年以内因组织、领导传销活动受过行政处罚，又直接或者间接发展参与传销活动人员累计达六十人以上的；

（四）造成参与传销活动人员精神失常、自杀等严重后果的；

（五）造成其他严重后果或者恶劣社会影响的。

五、关于“团队计酬”行为的处理问题

传销活动的组织者或者领导者通过发展人员，要求传销活动的被发展人员发展其他人员加入，形成上下线关系，并以下线的销售业绩为依据计算和给付上线报酬，牟取非法利益的，是“团队计酬”式传销活动。

以销售商品为目的、以销售业绩为计酬依据的单纯的“团队计酬”式传销活动，不作为犯罪处理。形式上采取“团队计酬”方式，但实质上属于“以发展人员的数量作为计酬或者返利依据”的传销活动，应当依照刑法第二百二十四条之一的规定，以组织、领导传销活动罪定罪处罚。

六、关于罪名的适用问题

以非法占有为目的，组织、领导传销活动，同时构成组织、领导传销活动罪和集资诈骗罪的，依照处罚较重的规定定罪处罚。

犯组织、领导传销活动罪，并实施故意伤害、非法拘禁、敲诈勒索、妨害公务、聚众扰乱社会秩序、聚众冲击国家机关、聚众扰乱公共场所秩序、交通秩序等行为，构成犯罪的，依照数罪并罚的规定处罚。

七、其他问题

本意见所称“以上”、“以内”，包括本数。

本意见所称“层级”和“级”，系指组织者、领导者与参与传销活动人员之间的上下线关系层次，而非组织者、领导者在传销组织中的身份等级。

对传销组织内部人数和层级数的计算，以及对组织者、领导者直接或者间接发展参与传销活动人员人数和层级数的计算，包括组织者、领导者本人及其本层级在内。

最高人民检察院关于强迫借贷行为适用法律问题的批复

（2014年4月17日最高人民检察院第十二届检察委员会第19次会议通过　2014年4月17日最高人民检察院公告公布　自2014年4月17日起施行　高检发释字〔2014〕1号）

广东省人民检察院：

你院《关于强迫借贷案件法律适用的请示》（粤检发研字〔2014〕9号）收悉。经研究，批复如下：

以暴力、胁迫手段强迫他人借贷，属于刑法第二百二十六条第二项规定的“强迫他人提供或者接受服务”，情节严重的，以强迫交易罪追究刑事责任；同时构成故意伤害罪等其他犯罪的，依照处罚较重的规定定罪处罚。以非法占有为目的，以借贷为名采用暴力、胁迫手段获取他人财物，符合刑法第二百六十三条或者第二百七十四条规定的，以抢劫罪或者敲诈勒索罪追究刑事责任。

最高人民法院、最高人民检察院、公安部、司法部关于办理非法放贷刑事案件若干问题的意见

（2019年7月23日　发法〔2019〕24号）

为依法惩治非法放贷犯罪活动，切实维护国家金融市场秩序与社会和谐稳定，有效防范因非法放贷诱发涉黑涉恶以及其

他违法犯罪活动,保护公民、法人和其他组织合法权益,根据刑法、刑事诉讼法及有关司法解释、规范性文件的规定,现对办理非法放贷刑事案件若干问题提出如下意见:

一、违反国家规定,未经监管部门批准,或者超越经营范围,以营利为目的,经常性地向社会不特定对象发放贷款,扰乱金融市场秩序,情节严重的,依照刑法第二百二十五条第(四)项的规定,以非法经营罪定罪处罚。

前款规定中的"经常性地向社会不特定对象发放贷款",是指2年内向不特定多人(包括单位和个人)以借款或其他名义出借资金10次以上。

贷款到期后延长还款期限的,发放贷款次数按照1次计算。

二、以超过36%的实际年利率实施符合本意见第一条规定的非法放贷行为,具有下列情形之一的,属于刑法第二百二十五条规定的"情节严重",但单次非法放贷行为实际年利率未超过36%的,定罪量刑时不得计入:

(一)个人非法放贷数额累计在200万元以上的,单位非法放贷数额累计在1000万元以上的;

(二)个人违法所得数额累计在80万元以上的,单位违法所得数额累计在400万元以上的;

(三)个人非法放贷对象累计在50人以上的,单位非法放贷对象累计在150人以上的;

(四)造成借款人或者其近亲属自杀、死亡或者精神失常等严重后果的。

具有下列情形之一的,属于刑法第二百二十五条规定的"情节特别严重":

(一)个人非法放贷数额累计在1000万元以上的,单位非法放贷数额累计在5000万元以上的;

(二)个人违法所得数额累计在400万元以上的,单位违法所得数额累计在2000万元以上的;

(三)个人非法放贷对象累计在250人以上的,单位非法放贷对象累计在750人以上的;

(四)造成多名借款人或者其近亲属自杀、死亡或者精神失常等特别严重后果的。

三、非法放贷数额、违法所得数额、非法放贷对象数量接近本意见第二条规定的"情节严重""情节特别严重"的数额、数量起点标准,并具有下列情形之一的,可以分别认定为"情节严重""情节特别严重":

(一)2年内因实施非法放贷行为受过行政处罚2次以上的;

(二)以超过72%的实际年利率实施非法放贷行为10次以上的。

前款规定中的"接近",一般应当掌握在相应数额、数量标准的80%以上。

四、仅向亲友、单位内部人员等特定对象出借资金,不得适用本意见第一条的规定定罪处罚。但具有下列情形之一的,定罪量刑时应当与向不特定对象非法放贷的行为一并处理:

(一)通过亲友、单位内部人员等特定对象向不特定对象发放贷款的;

(二)以发放贷款为目的,将社会人员吸收为单位内部人员,并向其发放贷款的;

(三)向社会公开宣传,同时向不特定多人和亲友、单位内部人员等特定对象发放贷款的。

五、非法放贷数额应当以实际出借给借款人的本金金额认定。非法放贷行为人以介绍费、咨询费、管理费、逾期利息、违约金等名义和以从本金中预先扣除等方式收取利息的，相关数额在计算实际年利率时均应计入。

非法放贷行为人实际收取的除本金之外的全部财物，均应计入违法所得。

非法放贷行为未经处理的，非法放贷次数和数额、违法所得数额、非法放贷对象数量等应当累计计算。

六、为从事非法放贷活动，实施擅自设立金融机构、套取金融机构资金高利转贷、骗取贷款、非法吸收公众存款等行为，构成犯罪的，应当择一重罪处罚。

为强行索要因非法放贷而产生的债务，实施故意杀人、故意伤害、非法拘禁、故意毁坏财物、寻衅滋事等行为，构成犯罪的，应当数罪并罚。

纠集、指使、雇佣他人采用滋扰、纠缠、哄闹、聚众造势等手段强行索要债务，尚不单独构成犯罪，但实施非法放贷行为已构成非法经营罪的，应当按照非法经营罪的规定酌情从重处罚。

以上规定的情形，刑法、司法解释另有规定的除外。

七、有组织地非法放贷，同时又有其他违法犯罪活动，符合黑社会性质组织或者恶势力、恶势力犯罪集团认定标准的，应当分别按照黑社会性质组织或者恶势力、恶势力犯罪集团侦查、起诉、审判。

黑恶势力非法放贷的，据以认定"情节严重""情节特别严重"的非法放贷数额、违法所得数额、非法放贷对象数量起点标准，可以分别按照本意见第二条规定中相应数额、数量标准的50%确定；同时具有本意见第三条第一款规定情形的，可以分别按照相应数额、数量标准的40%确定。

八、本意见自2019年10月21日起施行。对于本意见施行前发生的非法放贷行为，依照最高人民法院《关于准确理解和适用刑法中"国家规定"的有关问题的通知》（法发〔2011〕155号）的规定办理。

最高人民检察院法律政策研究室关于1998年4月18日以前的传销或者变相传销行为如何处理的答复

（2003年3月21日　〔2003〕高检研发第7号）

湖南省人民检察院研究室：

你院《关于1998年4月18日以前情节严重或特别严重的非法传销行为是否以非法经营罪定罪处罚问题的请示》（湘检发公请字〔2002〕02号）收悉。经研究，答复如下：

对1998年4月18日国务院发布《关于禁止传销经营活动的通知》以前的传销或者变相传销行为，不宜以非法经营罪追究刑事责任。行为人在传销或者变相传销活动中实施销售假冒伪劣产品、诈骗、非法集资、虚报注册资本、偷税等行为，构成犯罪的，应当依照刑法的相关规定追究刑事责任。

指导案例

指导案例61号：马乐利用未公开信息交易案

【关键词】

刑事　利用未公开信息交易罪　援引法定刑　情节特别严重

【裁判要点】

刑法第一百八十条第四款规定的利用未公开信息交易罪援引法定刑的情形，应当是对第一款内幕交易、泄露内幕信息罪全部法定刑的引用，即利用未公开信息交易罪应有“情节严重”“情节特别严重”两种情形和两个量刑档次。

【相关法条】

《中华人民共和国刑法》第180条

【基本案情】

2011年3月9日至2013年5月30日期间，被告人马乐担任博时基金管理有限公司旗下的博时精选股票证券投资经理，全权负责投资基金投资股票市场，掌握了博时精选股票证券投资基金交易的标的股票、交易时间和交易数量等未公开信息。马乐在任职期间利用其掌控的上述未公开信息，从事与该信息相关的证券交易活动，操作自己控制的“金某”“严某甲”“严某乙”三个股票账户，通过临时购买的不记名神州行电话卡下单，先于（1~5个交易日）、同期或稍晚于（1~2个交易日）其管理的“博时精选”基金账户买卖相同股票76只，累计成交金额10.5亿余元，非法获利18833374.74元。2013年7月17日，马乐主动到深圳市公安局投案，且到案之后能如实供述其所犯罪行，属自首；马乐认罪态度良好，违法所得能从扣押、冻结的财产中全额返还，判处的罚金亦能全额缴纳。

【裁判结果】

广东省深圳市中级人民法院（2014）深中法刑二初字第27号刑事判决认为，被告人马乐的行为已构成利用未公开信息交易罪。但刑法中并未对利用未公开信息交易罪规定“情节特别严重”的情形，因此只能认定马乐的行为属于“情节严重”。马乐自首，依法可以从轻处罚；马乐认罪态度良好，违法所得能全额返还，罚金亦能全额缴纳，确有悔罪表现；另经深圳市福田区司法局社区矫正和安置帮教科调查评估，对马乐宣告缓刑对其所居住的社区没有重大不良影响，符合适用缓刑的条件。遂以利用未公开信息交易罪判处马乐有期徒刑三年，缓刑五年，并处罚金人民币1884万元；违法所得人民币18833374.74元依法予以追缴，上缴国库。

宣判后，深圳市人民检察院提出抗诉认为，被告人马乐的行为应认定为犯罪情节特别严重，依照“情节特别严重”的量刑档次处罚。一审判决适用法律错误，量刑明显不当，应当依法改判。

广东省高级人民法院（2014）粤高法刑二终字第137号刑事裁定认为，刑法第一百八十条第四款规定，利用未公开信息交易，情节严重的，依照第一款的规定处罚，该条款并未对利用未公开信息交易罪规定有“情节特别严重”情形；而根据第一百八十条第一款的规定，情节严重的，处五年以下有期徒刑或者拘役，并处或者单处违法所得一倍以上五倍以下罚金，故马乐利用未公开信息交易，属于犯罪情节严重，应在该量刑幅度内判处刑罚。原审判决量刑适当，抗诉机关的抗诉理由不成立，不予采纳。遂裁定驳回抗诉，维持原判。

二审裁定生效后，广东省人民检察院提请最高人民检察院按照审判监督程序向最高人民法院提出抗诉。最高人民检察院抗诉提出，刑法第一百八十条第四款属于援引法定刑的情形，应当引用第一款处罚的全部规定；利用未公开信息交易罪与内幕交易、泄露内幕信息罪的违法与责任程度相当，法定刑亦应相当；马乐的行为应当认定为犯罪情节特别严重,对其适用缓刑明显不当。本案终审裁定以刑法第一百八十条第四款未对利用未公开信息交易罪规定有"情节特别严重"为由,降格评价马乐的犯罪行为,属于适用法律确有错误,导致量刑不当,应当依法纠正。

最高人民法院依法组成合议庭对该案直接进行再审,并公开开庭审理了本案。再审查明的事实与原审基本相同,原审认定被告人马乐非法获利数额为18833374.74元存在计算错误,实际为19120246.98元,依法应当予以更正。最高人民法院(2015)刑抗字第1号刑事判决认为,原审被告人马乐的行为已构成利用未公开信息交易罪。马乐利用未公开信息交易股票76只,累计成交额10.5亿余元,非法获利1912万余元,属于情节特别严重。鉴于马乐具有主动从境外回国投案自首法定从轻、减刑处罚情节;在未受控制的情况下,将股票兑成现金存在涉案三个账户中并主动向中国证券监督管理委员会说明情况,退还了全部违法所得,认罪悔罪态度好,赃款未挥霍,原判罚金刑得已全部履行等酌定从轻处罚情节,对马乐可予减轻处罚。第一审判决、第二审裁定认定事实清楚,证据确实、充分,定罪准确,但因对法律条文理解错误,导致量刑不当,应予纠正。依照《中华人民共和国刑法》第一百八十条第四款、第一款、第六十七条第一款、第五十二条、第五十三条、第六十四条及《最高人民法院关于适用〈中华人民共和国刑事诉讼法〉的解释》第三百八十九条第(三)项的规定,判决如下:一、维持广东省高级人民法院(2014)粤高法刑二终字第137号刑事裁定和深圳市中级人民法院(2014)深中法刑二初字第27号刑事判决中对原审被告人马乐的定罪部分;二、撤销广东省高级人民法院(2014)粤高法刑二终字第137号刑事裁定和深圳市中级人民法院(2014)深中法刑二初字第27号刑事判决中对原审被告人马乐的量刑及追缴违法所得部分;三、原审被告人马乐犯利用未公开信息交易罪,判处有期徒刑三年,并处罚金人民币1913万元;四、违法所得人民币19120246.98元依法予以追缴,上缴国库。

【裁判理由】

法院生效裁判认为:本案事实清楚,定罪准确,争议的焦点在于如何正确理解刑法第一百八十条第四款对于第一款的援引以及如何把握利用未公开信息交易罪"情节特别严重"的认定标准。

一、对刑法第一百八十条第四款援引第一款量刑情节的理解和把握

刑法第一百八十条第一款对内幕交易、泄露内幕信息罪规定为:"证券、期货交易内幕信息的知情人员或者非法获取证券、期货交易内幕信息的人员,在涉及证券的发行,证券、期货交易或者其他对证券、期货交易价格有重大影响的信息尚未公开前,买入或者卖出该证券,或者从事与该内幕信息有关的期货交易,或者泄露该信息,或者明示、暗示他人从事上述交易活动,情节严重的,处五年以下有期徒刑或者拘役,并处或者单处违法所得一倍以上五倍以下罚金;情节特别严重的,处五年以上十年以下有期徒刑,并处违法所得一倍以上五倍以下罚金。"第四款对利用未公开信息交易罪规定为:"证券交易所、期货交易所、证券公司、期货经纪公司、基金管理公司、商业银行、保险公司等金融机构的从业人员以及有关监管部门或者行业协会的工作人员,利用因职务便利获取的内幕信息以外

的其他未公开的信息,违反规定,从事与该信息相关的证券、期货交易活动,或者明示、暗示他人从事相关交易活动,情节严重的,依照第一款的规定处罚。”

对于第四款中“情节严重的,依照第一款的规定处罚”应如何理解,在司法实践中存在不同的认识。一种观点认为,第四款中只规定了“情节严重”的情形,而未规定“情节特别严重”的情形,因此,这里的“情节严重的,依照第一款的规定处罚”只能是依照第一款中“情节严重”的量刑档次予以处罚;另一种观点认为,第四款中的“情节严重”只是入罪条款,即达到了情节严重以上的情形,依据第一款的规定处罚。至于具体处罚,应看符合第一款中的“情节严重”还是“情节特别严重”的情形,分别情况依法判处。情节严重的,“处五年以下有期徒刑”,情节特别严重的,“处五年以上十年以下有期徒刑”。

最高人民法院认为,刑法第一百八十条第四款援引法定刑的情形,应当是对第一款全部法定刑的引用,即利用未公开信息交易罪应有“情节严重”“情节特别严重”两种情形和两个量刑档次。这样理解的具体理由如下:

(一)符合刑法的立法目的。由于我国基金、证券、期货等领域中,利用未公开信息交易行为比较多发,行为人利用公众投入的巨额资金作后盾,以提前买入或者提前卖出的手段获得巨额非法利益,将风险与损失转嫁到其他投资者,不仅对其任职单位的财产利益造成损害,而且严重破坏了公开、公正、公平的证券市场原则,严重损害客户投资者或处于信息弱势的散户利益,严重损害金融行业信誉,影响投资者对金融机构的信任,进而对资产管理和基金、证券、期货市场的健康发展产生严重影响。为此,《中华人民共和国刑法修正案(七)》新增利用未公开信息交易罪,并将该罪与内幕交易、泄露内幕信息罪规定在同一法条中,说明两罪的违法与责任程度相当。利用未公开信息交易罪也应当适用“情节特别严重”。

(二)符合法条的文意。首先,刑法第一百八十条第四款中的“情节严重”是入罪条款。《最高人民检察院、公安部关于公安机关管辖的刑事案件立案追诉标准的规定(二)》,对利用未公开信息交易罪规定了追诉的情节标准,说明该罪需达到“情节严重”才能被追诉。利用未公开信息交易罪属情节犯,立法要明确其情节犯属性,就必须借助“情节严重”的表述,以避免“情节不严重”的行为入罪。其次,该款中“情节严重”并不兼具量刑条款的性质。刑法条文中大量存在“情节严重”兼具定罪条款及量刑条款性质的情形,但无一例外均在其后列明了具体的法定刑。刑法第一百八十条第四款中“情节严重”之后,并未列明具体的法定刑,而是参照内幕交易、泄露内幕信息罪的法定刑。因此,本款中的“情节严重”仅具有定罪条款的性质,而不具有量刑条款的性质。

(三)符合援引法定刑立法技术的理解。援引法定刑是指对某一犯罪并不规定独立的法定刑,而是援引其他犯罪的法定刑作为该犯罪的法定刑。刑法第一百八十条第四款援引法定刑的目的是为了避免法条文字表述重复,并不属于法律规定不明确的情形。

综上,刑法第一百八十条第四款虽然没有明确表述“情节特别严重”,但是根据本条款设立的立法目的、法条文意及立法技术,应当包含“情节特别严重”的情形和量刑档次。

二、利用未公开信息交易罪"情节特别严重"的认定标准

目前虽然没有关于利用未公开信息交易罪"情节特别严重"认定标准的专门规定,但鉴于刑法规定利用未公开信息交易罪是参照内幕交易、泄露内幕信息罪的规定处罚,最高人民法院、最高人民检察院《关于办理内幕交易、泄露内幕信息刑事案件具体应用法律若干问题的解释》将成交额250万元以上、获利75万元以上等情形认定为内幕交易、泄露内幕信息罪"情节特别严重"的标准,利用未公开信息交易罪也应当遵循相同的标准。马乐利用未公开信息进行交易活动,累计成交额达10.5亿余元,非法获利达1912万余元,已远远超过上述标准,且在案发时属全国查获的该类犯罪数额最大者,参照最高人民法院、最高人民检察院《关于办理内幕交易、泄露内幕信息刑事案件具体应用法律若干问题的解释》,马乐的犯罪情节应当属于"情节特别严重"。

检例第24号:
马乐利用未公开信息交易案

【关键词】

适用法律错误　刑事抗诉　援引法定刑　情节特别严重

【基本案情】

马乐,男,1982年8月生。

2011年3月9日至2013年5月30日期间,马乐担任博时基金管理有限公司旗下博时精选股票证券投资基金经理,全权负责投资基金投资股票市场,掌握了博时精选股票证券投资基金交易的标的股票、交易时点和交易数量等未公开信息。马乐在任职期间利用其掌控的上述未公开信息,操作自己控制的"金某""严某进""严某雯"三个股票账户,通过临时购买的不记名神州行电话卡下单,从事相关证券交易活动,先于、同期或稍晚于其管理的"博时精选"基金账户,买卖相同股票76只,累计成交金额人民币10.5亿余元,非法获利人民币19120246.98元。

【诉讼过程】

2013年6月21日,中国证监会决定对马乐涉嫌利用未公开信息交易行为立案稽查,交深圳证监局办理。2013年7月17日,马乐到广东省深圳市公安局投案。2014年1月2日,深圳市人民检察院向深圳市中级人民法院提起公诉,指控被告人马乐构成利用未公开信息交易罪,情节特别严重。2014年3月24日,深圳市中级人民法院作出一审判决,认定马乐构成利用未公开信息交易罪,鉴于刑法第一百八十条第四款未对利用未公开信息交易罪情节特别严重作出相关规定,马乐属于犯罪情节严重,同时考虑其具有自首、退赃、认罪态度良好、罚金能全额缴纳等可以从轻处罚情节,因此判处其有期徒刑三年,缓刑五年,并处罚金1884万元,同时对其违法所得1883万余元予以追缴。

深圳市人民检察院于2014年4月4日向广东省高级人民法院提出抗诉,认为被告人马乐的行为应当认定为犯罪情节特别严重,依照"情节特别严重"的量刑档次处罚;马乐的行为不属于退赃,应当认定为司法机关追赃。一审判决适用法律错误,量刑明显不当,应当依法改判。2014年8月28日,广东省人民检察院向广东省高级人民法院发出《支持刑事抗诉意见书》,认为一审判决认定情节错误,导致量刑不当,应当依法纠正。

广东省高级人民法院于2014年10月20日作出终审裁定,认为刑法第一百八十条第四款并未对利用未公开信息交易罪规定有“情节特别严重”情形,马乐的行为属“情节严重”,应在该量刑幅度内判处刑罚,抗诉机关提出马乐的行为应认定为“情节特别严重”缺乏法律依据;驳回抗诉,维持原判。

广东省人民检察院认为终审裁定理解法律规定错误,导致认定情节错误,适用缓刑不当,于2014年11月27日提请最高人民检察院抗诉。2014年12月8日,最高人民检察院按照审判监督程序向最高人民法院提出抗诉。

【抗诉理由】

最高人民检察院审查认为,原审被告人马乐利用因职务便利获取的未公开信息,违反规定从事相关证券交易活动,累计成交额人民币10.5亿余元,非法获利人民币1883万余元,属于利用未公开信息交易罪“情节特别严重”的情形。本案终审裁定以刑法第一百八十条第四款并未对利用未公开信息交易罪有“情节特别严重”规定为由,对此情形不作认定,降格评价被告人的犯罪行为,属于适用法律确有错误,导致量刑不当。理由如下:

一、刑法第一百八十条第四款属于援引法定刑的情形,应当引用第一款处罚的全部规定。按照立法精神,刑法第一百八十条第四款中的“情节严重”是入罪标准,在处罚上应当依照本条第一款的全部罚则处罚,即区分情形依照第一款规定的“情节严重”和“情节特别严重”两个量刑档次处罚。首先,援引的重要作用就是减少法条重复表述,只需就该罪的基本构成要件作出表述,法定刑全部援引即可;如果法定刑不是全部援引,才需要对不同量刑档次作出明确表述,规定独立的罚则。刑法分则多个条文都存在此种情形,这是业已形成共识的立法技术问题。其次,刑法第一百八十条第四款“情节严重”的规定是入罪标准,作此规定是为了避免“情节不严重”也入罪,而非量刑档次的限缩。最后,从立法和司法解释先例来看,刑法第二百八十五条第三款也存在相同的文字表述,2011年《最高人民法院、最高人民检察院关于办理危害计算机信息系统安全刑事案件应用法律若干问题的解释》第三条明确规定了刑法第二百八十五条第三款包含有“情节严重”“情节特别严重”两个量刑档次。司法解释的这一规定,表明了最高司法机关对援引法定刑立法例的一贯理解。

二、利用未公开信息交易罪与内幕交易、泄露内幕信息罪的违法与责任程度相当,法定刑亦应相当。内幕交易、泄露内幕信息罪和利用未公开信息交易罪,都属于特定人员利用未公开的可能对证券、期货市场交易价格产生影响的信息从事交易活动的犯罪。两罪的主要差别在于信息范围不同,其通过信息的未公开性和价格影响性获利的本质相同,均严重破坏了金融管理秩序,损害了公众投资者利益。刑法将两罪放在第一百八十条中分款予以规定,亦是对两罪违法和责任程度相当的确认。因此,从社会危害性理解,两罪的法定刑也应相当。

三、马乐的行为应当认定为“情节特别严重”,对其适用缓刑明显不当。《最高人民检察院、公安部关于公安机关管辖的刑事案件立案追诉标准的规定(二)》对内幕交易、泄露内幕信息罪和利用未公开信息交易罪“情节严重”规定了相同的追诉标准,《最高人民法院、最高人民检察院关于办理内幕交易、泄露内幕信息刑事案件具体应用法律若干问题的解释》将成交额250万元以上、获利75万元以上等情形认定为内幕交易、泄露内幕信息罪"情节特别严重"。如前所述,利用未公开信息交易罪"情节特别严重"的,也应当依照第一款的规定,遵循相同的标准。马乐利用未公开信息进行交易活动,累计成交额人民币10.5亿余元,从中非法获利人民币1883万余元,显然属于"情节特别严重",应当在"五年以上十年以下有期徒刑"的幅度内量刑。其虽有自首情节,但适用缓刑无法体现罪责刑相适应,无法实现惩罚和预防犯罪的目的,量刑明显不当。

四、本案所涉法律问题的正确理解和适用,对司法实践和维护我国金融市场的健康发展具有重要意义。自刑法修正案(七)增设利用未公开信息交易罪以来,司法机关对该罪是否存在"情节特别严重"、是否有两个量刑档次长期存在分歧,亟须统一认识。正确理解和适用本案所涉法律问题,对明确同类案件的处理、同类从业人员犯罪的处罚具有重要指导作用,对于加大打击"老鼠仓"等严重破坏金融管理秩序的行为,维护社会主义市场经济秩序,保障资本市场健康发展具有重要意义。

【案件结果】

2015年7月8日,最高人民法院第一巡回法庭公开开庭审理此案,最高人民检察院依法派员出庭履行职务,原审被告人马乐的辩护人当庭发表了辩护意见。最高人民法院审理认为,最高人民检察院对刑法第一百八十条第四款援引法定刑的理解及原审被告人马乐的行为属于犯罪情节特别严重的抗诉意见正确,应予采纳;辩护人的辩护意见不能成立,不予采纳。原审裁判因对刑法第一百八十条第四款援引法定刑的理解错误,导致降格认定了马乐的犯罪情节,进而对马乐判处缓刑确属不当,应予纠正。

2015年12月11日,最高人民法院作出再审终审判决:维持原刑事判决中对被告人马乐的定罪部分;撤销原刑事判决中对原审被告人马乐的量刑及追缴违法所得部分;原审被告人马乐犯利用未公开信息交易罪,判处有期徒刑三年,并处罚金人民币1913万元;违法所得人民币19120246.98元依法予以追缴,上缴国库。

【要旨】

刑法第一百八十条第四款利用未公开信息交易罪为援引法定刑的情形,应当是对第一款法定刑的全部援引。其中,"情节严重"是入罪标准,在处罚上应当依照本条第一款内幕交易、泄露内幕信息罪的全部法定刑处罚,即区分不同情形分别依照第一款规定的"情节严重"和"情节特别严重"两个量刑档次处罚。

【指导意义】

我国刑法分则"罪状+法定刑"的立法模式决定了在性质相近、危害相当罪名的法条规范上,基本采用援引法定刑的立法技术。本案对刑法第一百八十条第四款援引法定刑理解的争议是刑法解释的理论问题。正确理解刑法条文,应当以文义解释为起点,综合运用体系解释、目的解释等多种解释方法,按照罪刑法定原则和罪责刑相适应原则的要求,从整个刑法体系中把握立法目的,平衡法益保护。

1. 从法条文义理解,刑法第一百八十条第四款中的"情节严重"是入罪条款,为犯罪构成要件,表明该罪情节犯的属性,具有限定处罚范围的作用,以避免“情节不严重”的行为也入罪,而非量刑档次的限缩。本条款中“情节严重”之后并未列明具体的法定刑,不兼具量刑条款的性质,量刑条款为“依照第一款的规定处罚”,应当理解为对第一款法定刑的全部援引而非部分援引,即同时存在“情节严重”“情节特别严重”两种情形和两个量刑档次。

2. 从刑法体系的协调性考量,一方面,刑法中存在与第一百八十条第四款表述类似的条款,印证了援引法定刑为全部援引。如刑法第二百八十五条第三款规定“情节严重的,依照前款的规定处罚”,2011年《最高人民法院、最高人民检察院关于办理危害计算机信息系统安全刑事案件应用法律若干问题的解释》第三条明确了本款包含有“情节严重”“情节特别严重”两个量刑档次。另一方面,从刑法其他条文的反面例证看,法定刑设置存在细微差别时即无法援引。如刑法第一百八十条第二款关于内幕交易、泄露内幕信息罪单位犯罪的规定,没有援引前款个人犯罪的法定刑,而是单独明确规定处五年以下有期徒刑或者拘役。这是因为第一款规定了情节严重、情节特别严重两个量刑档次,而第二款只有一个量刑档次,并且不对直接负责的主管人员和其他直接责任人员并处罚金。在这种情况下,为避免发生歧义,立法不会采用援引法定刑的方式,而是对相关法定刑作出明确表述。

3. 从设置利用未公开信息交易罪的立法目的分析,刑法将本罪与内幕交易、泄露内幕信息罪一并放在第一百八十条中分款予以规定,就是由于两罪虽然信息范围不同,但是其通过信息的未公开性和价格影响性获利的本质相同,对公众投资者利益和金融管理秩序的实质危害性相当,行为人的主观恶性相当,应当适用相同的法定量刑幅度,具体量刑标准也应一致。如果只截取情节严重部分的法定刑进行援引,势必违反罪刑法定原则和罪刑相适应原则,无法实现惩罚和预防犯罪的目的。

【相关法律规定】

《中华人民共和国刑法》

第一百八十条　证券、期货交易内幕信息的知情人员或者非法获取证券、期货交易内幕信息的人员,在涉及证券的发行,证券、期货交易或者其他对证券、期货交易价格有重大影响的信息尚未公开前,买入或者卖出该证券,或者从事与该内幕信息有关的期货交易,或者泄露该信息,或者明示、暗示他人从事上述交易活动,情节严重的,处五年以下有期徒刑或者拘役,并处或者单处违法所得一倍以上五倍以下罚金;情节特别严重的,处五年以上十年以下有期徒刑,并处违法所得一倍以上五倍以下罚金。

单位犯前款罪的,对单位判处罚金,并对其直接负责的主管人员和其他直接责任人员,处五年以下有期徒刑或者拘役。

内幕信息、知情人员的范围,依照法律、行政法规的规定确定。

证券交易所、期货交易所、证券公司、期货经纪公司、基金管理公司、商业银行、保险公司等金融机构的从业人员以及有关监管部门或者行业协会的工作人员,利用因职务便利获取的内幕信息以外的其他未公开的信息,违反规定,从事与该信息相关的证券、期货交易活动,或者明示、暗示他人从事相关交易活动,情节严重的,依照第一款的规定处罚。

指导案例62号：
王新明合同诈骗案

【关键词】

刑事　合同诈骗　数额犯　既遂　未遂

【裁判要点】

在数额犯中，犯罪既遂部分与未遂部分分别对应不同法定刑幅度的，应当先决定对未遂部分是否减轻处罚，确定未遂部分对应的法定刑幅度，再与既遂部分对应的法定刑幅度进行比较，选择适用处罚较重的法定刑幅度，并酌情从重处罚；二者在同一量刑幅度的，以犯罪既遂酌情从重处罚。

【相关法条】

《中华人民共和国刑法》第23条

【基本案情】

2012年7月29日，被告人王新明使用伪造的户口本、身份证，冒充房主即王新明之父的身份，在北京市石景山区链家房地产经纪有限公司古城公园店，以出售该区古城路28号楼一处房屋为由，与被害人徐某签订房屋买卖合同，约定购房款为100万元，并当场收取徐某定金1万元。同年8月12日，王新明又收取徐某支付的购房首付款29万元，并约定余款过户后给付。后双方在办理房产过户手续时，王新明虚假身份被石景山区住建委工作人员发现，余款未取得。2013年4月23日，王新明被公安机关查获。次日，王新明的亲属将赃款退还被害人徐某，被害人徐某对王新明表示谅解。

【裁判结果】

北京市石景山区人民法院经审理于2013年8月23日作出（2013）石刑初字第239号刑事判决，认为被告人王新明的行为已构成合同诈骗罪，数额巨大，同时鉴于其如实供述犯罪事实，在亲属帮助下退赔全部赃款，取得了被害人的谅解，依法对其从轻处罚。公诉机关北京市石景山区人民检察院指控罪名成立，但认为数额特别巨大且系犯罪未遂有误，予以更正。遂认定被告人王新明犯合同诈骗罪，判处有期徒刑六年，并处罚金人民币六千元。宣判后，公诉机关提出抗诉，认为犯罪数额应为100万元，数额特别巨大，而原判未评价70万元未遂，仅依据既遂30万元认定犯罪数额巨大，系适用法律错误。北京市人民检察院第一分院的支持抗诉意见与此一致。王新明以原判量刑过重为由提出上诉，在法院审理过程中又申请撤回上诉。北京市第一中级人民法院经审理于2013年12月2日作出（2013）一中刑终字第4134号刑事裁定：准许上诉人王新明撤回上诉，维持原判。

【裁判理由】

法院生效裁判认为：王新明以非法占有为目的，冒用他人名义签订合同，其行为已构成合同诈骗罪。一审判决事实清楚，证据确实、充分，定性准确，审判程序合法，但未评价未遂70万元的犯罪事实不当，予以纠正。根据刑法及司法解释的有关规定，考虑王新明合同诈骗既遂30万元，未遂70万元但可对该部分减轻处罚，王新明如实供述犯罪事实，退赔全部赃款取得被害人的谅解等因素，原判量刑在法定刑幅度之内，且抗诉机关亦未对量刑提出异议，故应予维持。北京市石景山区人民检察院的抗诉意见及北京市人民检察院第一分院的支持抗诉意见，酌予采纳。鉴于二审期间王新明申请撤诉，撤回上诉的申请符合法律规定，故二审法院裁定依法准许撤回上诉，维持原判。

本案争议焦点是，在数额犯中犯罪既遂与未遂并存时如何量刑。最高人民法院、最高人民检察院《关于办理诈骗刑事案件具体应用法律若干问题的解释》第六条规定："诈骗既有既遂，又有未遂，分别达到不同量刑幅度的，依照处罚较重的规定处罚；达到同一量刑幅度的，以诈骗罪既遂处罚。"因此，对于数额犯中犯罪行为既遂与未遂并存且均构成犯罪的情况，在确定全案适用的法定刑幅度时，先就未遂部分进行是否减轻处罚的评价，确定未遂部分所对应的法定刑幅度，再与既遂部分对应的法定刑幅度比较，确定全案适用的法定刑幅度。如果既遂部分对应的法定刑幅度较重或者二者相同的，应当以既遂部分对应的法定刑幅度确定全案适用的法定刑幅度，将包括未遂部分在内的其他情节作为确定量刑起点的调节要素进而确定基准刑。如果未遂部分对应的法定刑幅度较重的，应当以未遂部分对应的法定刑幅度确定全案适用的法定刑幅度，将包括既遂部分在内的其他情节，连同未遂部分的未遂情节一并作为量刑起点的调节要素进而确定基准刑。

本案中，王新明的合同诈骗犯罪行为既遂部分为30万元，根据司法解释及北京市的具体执行标准，对应的法定刑幅度为有期徒刑三年以上十年以下；未遂部分为70万元，结合本案的具体情况，应当对该未遂部分减一档处罚，未遂部分法定刑幅度应为有期徒刑三年以上十年以下，与既遂部分30万元对应的法定刑幅度相同。因此，以合同诈骗既遂30万元的基本犯罪事实确定对王新明适用的法定刑幅度为有期徒刑三年以上十年以下，将未遂部分70万元的犯罪事实，连同其如实供述犯罪事实、退赔全部赃款、取得被害人谅解等一并作为量刑情节，故对王新明从轻处罚，判处有期徒刑六年，并处罚金人民币六千元。

指导案例70号：
北京阳光一佰生物技术开发有限公司、习文有等生产、销售有毒、有害食品案

【关键词】

刑事　生产、销售有毒、有害食品罪　有毒有害的非食品原料

【裁判要点】

行为人在食品生产经营中添加的虽然不是国务院有关部门公布的《食品中可能违法添加的非食用物质名单》和《保健食品中可能非法添加的物质名单》中的物质，但如果该物质与上述名单中所列物质具有同等属性，并且根据检验报告和专家意见等相关材料能够确定该物质对人体具有同等危害的，应当认定为《中华人民共和国刑法》第一百四十四条规定的"有毒、有害的非食品原料"。

【相关法条】

《中华人民共和国刑法》第144条

【基本案情】

被告人习文有于2001年注册成立了北京阳光一佰生物技术开发有限公司（以下简称阳光一佰公司），系公司的实际生产经营负责人。2010年以来，被告单位阳光一佰公司从被告人谭国民处以600元/公斤的价格购进生产保健食品的原料，该原料系被告人谭国民从被告人尹立新处以2500元/公斤的价格购进后进行加工，阳光一佰公司购进原料后加工制作成用于辅助

降血糖的保健食品阳光一佰牌山芪参胶囊,以每盒100元左右的价格销售至扬州市广陵区金福海保健品店及全国多个地区。被告人杨立峰具体负责生产,被告人钟立檬、王海龙负责销售。2012年5月至9月,销往上海、湖南、北京等地的山芪参胶囊分别被检测出含有盐酸丁二胍,食品药品监督管理部门将检测结果告知阳光一佰公司及习文有。被告人习文有在得知检测结果后随即告知被告人谭国民、尹立新,被告人习文有明知其所生产、销售的保健品中含有盐酸丁二胍后,仍然继续向被告人谭国民、尹立新购买原料,组织杨立峰、钟立檬、王海龙等人生产山芪参胶囊并销售。被告人谭国民、尹立新在得知检测结果后继续向被告人习文有销售该原料。

盐酸丁二胍是丁二胍的盐酸盐。目前盐酸丁二胍未获得国务院药品监督管理部门批准生产或进口,不得作为药物在我国生产、销售和使用。扬州大学医学院葛晓群教授出具的专家意见和南京医科大学司法鉴定所的鉴定意见证明:盐酸丁二胍具有降低血糖的作用,很早就撤出我国市场,长期使用添加盐酸丁二胍的保健食品可能对机体产生不良影响,甚至危及生命。

从2012年8月底至2013年1月案发,阳光一佰公司生产、销售金额达800余万元。其中,习文有、尹立新、谭国民参与生产、销售的含有盐酸丁二胍的山芪参胶囊金金额达800余万元;杨立峰参与生产的含有盐酸丁二胍的山芪参胶囊金额达800余万元;钟立檬、王海龙参与销售的含有盐酸丁二胍的山芪参胶囊金额达40余万元。尹立新、谭国民与阳光一佰公司共同故意实施犯罪,系共同犯罪,尹立新、谭国民系提供有毒、有害原料用于生产、销售有毒、有害食品的帮助犯,其在共同犯罪中均系从犯。习文有与杨立峰、钟立檬、王海龙共同故意实施犯罪,系共同犯罪,杨立峰、钟立檬、王海龙系受习文有指使实施生产、销售有毒、有害食品的犯罪行为,均系从犯。习文有在共同犯罪中起主要作用,系主犯。杨立峰、谭国民犯罪后主动投案,并如实供述犯罪事实,系自首,当庭自愿认罪。习文有、尹立新、王海龙归案后如实供述犯罪事实,当庭自愿认罪。钟立檬归案后如实供述部分犯罪事实,当庭对部分犯罪事实自愿认罪。

【裁判结果】

江苏省扬州市广陵区人民法院于2014年1月10日作出(2013)扬广刑初字第0330号刑事判决:被告单位北京阳光一佰生物技术开发有限公司犯生产、销售有毒、有害食品罪,判处罚金人民币一千五百万元;被告人习文有犯生产、销售有毒、有害食品罪,判处有期徒刑十五年,剥夺政治权利三年,并处罚金人民币九百万元;被告人尹立新犯生产、销售有毒、有害食品罪,判处有期徒刑十二年,剥夺政治权利二年,并处罚金人民币一百万元;被告人谭国民犯生产、销售有毒、有害食品罪,判处有期徒刑十一年,剥夺政治权利二年,并处罚金人民币一百万元;被告人杨立峰犯生产有毒、有害食品罪,判处有期徒刑五年,并处罚金人民币十万元;被告人钟立檬犯销售有毒、有害食品罪,判处有期徒刑四年,并处罚金人民币八万元;被告人王海龙犯销售有毒、有害食品罪,判处有期徒刑三年六个月,并处罚金人民币六万元;继续向被告单位北京阳光一佰生物技术开发有限公司追缴违法所得人民币八百万元,向被告人尹立新追缴违法所得人民币六十七万一千五百元，向被告人谭国民追缴违法所得人民币一百三十二万元；扣押的含有盐酸丁二胍的山芪参胶囊、颗粒，予以没收。宣判后，被告单位和各被告人均提出上诉。江苏省扬州市中级人民法院于2014年6月13日作出（2014）扬刑二终字第0032号刑事裁定：驳回上诉、维持原判。

【裁判理由】

法院生效裁判认为：刑法第一百四十四条规定，“在生产、销售的食品中掺入有毒、有害的非食品原料的，或者销售明知掺有有毒、有害的非食品原料的食品的，处五年以下有期徒刑，并处罚金；对人体健康造成严重危害或者有其他严重情节的，处五年以上十年以下有期徒刑，并处罚金；致人死亡或者有其他特别严重情节的，依照本法第一百四十一条的规定处罚”。最高人民法院、最高人民检察院《关于办理危害食品安全刑事案件适用法律若干问题的解释》（以下简称《解释》）第二十条规定，“下列物质应当认定为‘有毒、有害的非食品原料’：（一）法律、法规禁止在食品生产经营活动中添加、使用的物质；（二）国务院有关部门公布的《食品中可能违法添加的非食用物质名单》《保健食品中可能非法添加的物质名单》上的物质；（三）国务院有关部门公告禁止使用的农药、兽药以及其他有毒、有害物质；（四）其他危害人体健康的物质”。第二十一条规定，“‘足以造成严重食物中毒事故或者其他严重食源性疾病’‘有毒、有害非食品原料’难以确定的，司法机关可以根据检验报告并结合专家意见等相关材料进行认定。必要时，人民法院可以依法通知有关专家出庭作出说明”。本案中，盐酸丁二胍系在我国未获得药品监督管理部门批准生产或进口，不得作为药品在我国生产、销售和使用的化学物质；其亦非食品添加剂。盐酸丁二胍也不属于上述《解释》第二十条第二项、第三项规定的物质。根据扬州大学医学院葛晓群教授出具的专家意见和南京医科大学司法鉴定所的鉴定意见证明，盐酸丁二胍与《解释》第二十条第二项《保健食品中可能非法添加的物质名单》中的其他降糖类西药（盐酸二甲双胍、盐酸苯乙双胍）具有同等属性和同等危害。长期服用添加有盐酸丁二胍的“阳光一佰牌山芪参胶囊”有对人体产生毒副作用的风险，影响人体健康，甚至危害生命。因此，对盐酸丁二胍应当依照《解释》第二十条第四项、第二十一条的规定，认定为刑法第一百四十四条规定的“有毒、有害的非食品原料”。

被告单位阳光一佰公司、被告人习文有作为阳光一佰公司生产、销售山芪参胶囊的直接负责的主管人员，被告人杨立峰、钟立檬、王海龙作为阳光一佰公司生产、销售山芪参胶囊的直接责任人员，明知阳光一佰公司生产、销售的保健食品山芪参胶囊中含有国家禁止添加的盐酸丁二胍成分，仍然进行生产、销售；被告人尹立新、谭国民明知其提供的含有国家禁止添加的盐酸丁二胍的原料被被告人习文有用于生产保健食品山芪参胶囊并进行销售，仍然向习文有提供该种原料，因此，上述单位和被告人均依法构成生产、销售有毒、有害食品罪。其中，被告单位阳光一佰公司、被告人习文有、尹立新、谭国民的行为构成生产、销售有毒、有害食品罪。被告人杨立峰的行为构成生产有毒、有害食品罪；被告人钟立檬、王海龙的行为均已构成销售有毒、有害食品罪。根据被告单位及各被告人犯罪情节、犯罪数额,综合考虑各被告人在共同犯罪的地位作用、自首、认罪态度等量刑情节,作出如上判决。

指导案例97号:王力军非法经营再审改判无罪案

【关键词】

刑事/非法经营罪/严重扰乱市场秩序/社会危害性/刑事违法性/刑事处罚必要性

【裁判要点】

1. 对于刑法第二百二十五条第四项规定的“其他严重扰乱市场秩序的非法经营行为”的适用,应当根据相关行为是否具有与刑法第二百二十五条前三项规定的非法经营行为相当的社会危害性、刑事违法性和刑事处罚必要性进行判断。

2. 判断违反行政管理有关规定的经营行为是否构成非法经营罪,应当考虑该经营行为是否属于严重扰乱市场秩序。对于虽然违反行政管理有关规定,但尚未严重扰乱市场秩序的经营行为,不应当认定为非法经营罪。

【相关法条】

《中华人民共和国刑法》第225条

【基本案情】

内蒙古自治区巴彦淖尔市临河区人民检察院指控被告人王力军犯非法经营罪一案,内蒙古自治区巴彦淖尔市临河区人民法院经审理认为,2014年11月至2015年1月期间,被告人王力军未办理粮食收购许可证,未经工商行政管理机关核准登记并颁发营业执照,擅自在临河区白脑包镇附近村组无证照违法收购玉米,将所收购的玉米卖给巴彦淖尔市粮油公司杭锦后旗蛮会分库,非法经营数额218288.6元,非法获利6000元。案发后,被告人王力军主动退缴非法获利6000元。2015年3月27日,被告人王力军主动到巴彦淖尔市临河区公安局经侦大队投案自首。原审法院认为,被告人王力军违反国家法律和行政法规规定,未经粮食主管部门许可及工商行政管理机关核准登记并颁发营业执照,非法收购玉米,非法经营数额218288.6元,数额较大,其行为构成非法经营罪。鉴于被告人王力军案发后主动到公安机关投案自首,主动退缴全部违法所得,有悔罪表现,对其适用缓刑确实不致再危害社会,决定对被告人王力军依法从轻处罚并适用缓刑。宣判后,王力军未上诉,检察机关未抗诉,判决发生法律效力。

最高人民法院于2016年12月16日作出(2016)最高法刑监6号再审决定,指令内蒙古自治区巴彦淖尔市中级人民法院对本案进行再审。

再审中,原审被告人王力军及检辩双方对原审判决认定的事实无异议,再审查明的事实与原审判决认定的事实一致。内蒙古自治区巴彦淖尔市人民检察院提出了原审被告人王力军的行为虽具有行政违法性,但不具有与刑法第二百二十五条规定的非法经营行为相当的社会危害性和刑事处罚必要性,不构成非法经营罪,建议再审依法改判。原审被告人王力军在庭审中对原审认定的事实及证据无异议,但认为其行为不构成非法经营罪。辩护人提出了原审被告人王力军无证收购玉米的行为,不具有社会危害性、刑事违法性和应受惩罚性,不符合刑法规定的非法经营罪的构成要件,也不符合刑法谦抑性原则,应宣告原审被告人王力军无罪。

【裁判结果】

内蒙古自治区巴彦淖尔市临河区人民法院于2016年4月15日作出(2016)内0802刑初54号刑事判决,认定被告人王力军犯非法经营罪,判处有期徒刑一年,缓刑二年,并处罚金人民币二万元;被告人王力军退缴的非法获利款人民币六千元,由侦查机关上缴国库。最高人民法院于2016年12月16日作出(2016)最高法刑监6号再审决定,指令内蒙古自治区巴彦淖尔市中级人民法院对本案进行再审。内蒙古自治区巴彦淖尔市中级人民法院于2017年2月14日作出(2017)内08刑再1号刑事判决:一、撤销内蒙古自治区巴彦淖尔市临河区人民法院(2016)内0802刑初54号刑事判决;二、原审被告人王力军无罪。

【裁判理由】

内蒙古自治区巴彦淖尔市中级人民法院再审认为,原判决认定的原审被告人王力军于2014年11月至2015年1月期间,没有办理粮食收购许可证及工商营业执照买卖玉米的事实清楚,其行为违反了当时的国家粮食流通管理有关规定,但尚未达到严重扰乱市场秩序的危害程度,不具备与刑法第二百二十五条规定的非法经营罪相当的社会危害性、刑事违法性和刑事处罚必要性,不构成非法经营罪。原审判决认定王力军构成非法经营罪适用法律错误,检察机关提出的王力军无证照买卖玉米的行为不构成非法经营罪的意见成立,原审被告人王力军及其辩护人提出的王力军的行为不构成犯罪的意见成立。

检例第12号:柳立国等人生产、销售有毒、有害食品,生产、销售伪劣产品案

【要旨】

明知对方是食用油经销者,仍将用餐厨废弃油(俗称“地沟油”)加工而成的劣质油脂销售给对方,导致劣质油脂流入食用油市场供人食用的,构成生产、销售有毒、有害食品罪;明知油脂经销者向饲料生产企业和药品生产企业等单位销售豆油等食用油,仍将用餐厨废弃油加工而成的劣质油脂销售给对方,导致劣质油脂流向饲料生产企业和药品生产企业等单位的,构成生产、销售伪劣产品罪。

【基本案情】

被告人柳立国,男,山东省人,1975年出生,原系山东省济南博汇生物科技有限公司(以下简称博汇公司)、山东省济南格林生物能源有限公司(以下简称格林公司)实际经营者。

被告人鲁军,男,山东省人,1968年出生,原系博汇公司生产负责人。

被告人李树军,男,山东省人,1974年出生,原系博汇公司、格林公司采购员。

被告人柳立海,男,山东省人,1965年出生,原系格林公司等企业管理后勤员工。

被告人于双迎,男,山东省人,1970年出生,原系格林公司员工。

被告人刘凡金,男,山东省人,1975年出生,原系博汇公司、格林公司驾驶员。

被告人王波,男,山东省人,1981年出生,原系博汇公司、格林公司驾驶员。

自2003年始,被告人柳立国在山东省平阴县孔村镇经营油脂加工厂,后更名为

中兴脂肪酸甲酯厂，并转向餐厨废弃油（俗称“地沟油”）回收再加工。2009 年 3 月、2010 年 6 月，柳立国又先后注册成立了博汇公司、格林公司，扩大生产，进一步将地沟油加工提炼成劣质油脂。自 2007 年 12 月起，柳立国从四川、江苏、浙江等地收购地沟油加工提炼成劣质油脂，在明知他人将向其所购的劣质成品油冒充正常豆油等食用油进行销售的情况下，仍将上述劣质油脂销售给他人，从中赚取利润。柳立国先后将所加工提炼的劣质油脂销售给经营食用油生意的山东聊城昌泉粮油实业公司、河南郑州宏大粮油商行等（均另案处理）。前述粮油公司等明知从柳立国处购买的劣质油脂系地沟油加工而成，仍然直接或经勾兑后作为食用油销售给个体粮油店、饮食店、食品加工厂以及学校食堂，或冒充豆油等油脂销售给饲料、药品加工等企业。截至 2011 年 7 月案发，柳立国等人的行为最终导致金额为 926 万余元的此类劣质油脂流向食用油市场供人食用，金额为 9065 万余元的劣质油脂流入非食用油加工市场。

期间，经被告人柳立国招募，被告人鲁军负责格林公司的筹建、管理；被告人李树军负责地沟油采购并曾在格林公司分提车间工作；被告人柳立海从事后勤工作；被告人于双迎负责格林公司机器设备维护及管理水解车间；被告人刘凡金作为驾驶员运输成品油脂；被告人王波作为驾驶员运输半成品和厂内污水，并提供个人账户供柳立国收付货款。上述被告人均在明知柳立国用地沟油加工劣质油脂并对外销售的情况下，仍予以帮助。其中，鲁军、于双迎参与生产、销售上述销往食用油市场的劣质油脂的金额均为 134 万余元，李树军为 765 万余元，柳立海为 457 万余元，刘凡金为 138 万余元，王波为 270 万余元；鲁军、于双迎参与生产、销售上述流入非食用油市场的劣质油脂金额均为 699 万余元，李树军为 9065 万余元，柳立海为 4961 万余元，刘凡金为 2221 万余元，王波为 6534 万余元。

【诉讼过程】

2011 年 7 月 5 日，柳立国、鲁军、李树军、柳立海、于双迎、刘凡金、王波因涉嫌生产、销售不符合安全标准的食品罪被刑事拘留，8 月 11 日被逮捕。

该案侦查终结后，移送浙江省宁波市人民检察院审查起诉。浙江省宁波市人民检察院经审查认为，被告人柳立国、鲁军、李树军、柳立海、于双迎、刘凡金、王波违反国家食品管理法规，结伙将餐厨废弃油等非食品原料进行生产、加工，并将加工提炼而成且仍含有有毒、有害物质的非食用油冒充食用油予以销售，并供人食用，严重危害了人民群众的身体健康和生命安全，其行为均触犯了《中华人民共和国刑法》第一百四十四条，犯罪事实清楚，证据确实充分，应当以生产、销售有毒、有害食品罪追究其刑事责任。被告人柳立国、鲁军、李树军、柳立海、于双迎、刘凡金、王波又违反国家食品管理法规，结伙将餐厨废弃油等非食品原料进行生产、加工，并将加工提炼而成的非食用油冒充食用油予以销售，以假充真，销售给饲料加工、药品加工单位，其行为均触犯了《中华人民共和国刑法》第一百四十条，犯罪事实清楚，证据确实充分，应当以生产、销售伪劣产品罪追究其刑事责任。2012 年 6 月 12 日，宁波市人民检察院以被告人柳立国等人犯生产、销售有毒、有害食品罪和生产、销售伪劣产品罪向宁波市中级人民法院提起公诉。

2013年4月11日，宁波市中级人民法院一审判决：被告人柳立国犯生产、销售有毒、有害食品罪和生产、销售伪劣产品罪，数罪并罚，判处无期徒刑，剥夺政治权利终身，并处没收个人全部财产；被告人鲁军犯生产、销售有毒、有害食品罪和生产、销售伪劣产品罪，数罪并罚，判处有期徒刑十四年，并处罚金人民币四十万元；被告人李树军犯生产、销售有毒、有害食品罪和生产、销售伪劣产品罪，数罪并罚，判处有期徒刑十一年，并处罚金人民币四十万元；被告人柳立海犯生产、销售有毒、有害食品罪和生产、销售伪劣产品罪，数罪并罚，判处有期徒刑十年六个月，并处罚金人民币四十万元；被告人于双迎犯生产、销售有毒、有害食品罪和生产、销售伪劣产品罪，数罪并罚，判处有期徒刑十年，并处罚金人民币四十万元；被告人刘凡金犯生产、销售有毒、有害食品罪和生产、销售伪劣产品罪，数罪并罚，判处有期徒刑七年，并处罚金人民币三十万元；被告人王波犯生产、销售有毒、有害食品罪和生产、销售伪劣产品罪，数罪并罚，判处有期徒刑七年，并处罚金人民币三十万元。

一审宣判后，柳立国、鲁军、李树军、柳立海、于双迎、刘凡金、王波提出上诉。

浙江省高级人民法院二审认为，柳立国利用餐厨废弃油加工劣质食用油脂，销往粮油食品经营户，并致劣质油脂流入食堂、居民家庭等，供人食用，其行为已构成生产、销售有毒、有害食品罪。柳立国还明知下家购买其用餐厨废弃油加工的劣质油脂冒充合格豆油等，仍予以生产、销售，流入饲料、药品加工等企业，其行为又构成生产、销售伪劣产品罪，应予二罪并罚。柳立国生产、销售有毒、有害食品的犯罪行为持续时间长，波及范围广，严重危害食品安全，严重危及人民群众的身体健康，情节特别严重，应依法严惩。鲁军、李树军、柳立海、于双迎、刘凡金、王波明知柳立国利用餐厨废弃油加工劣质油脂并予销售，仍积极参与，其行为分别构成生产、销售有毒、有害食品罪和生产、销售伪劣产品罪，亦应并罚。在共同犯罪中，柳立国起主要作用，系主犯；鲁军、李树军、柳立海、于双迎、刘凡金、王波起次要或辅助作用，系从犯，原审均予减轻处罚。原判定罪和适用法律正确，量刑适当；审判程序合法。2013年6月4日，浙江省高级人民法院二审裁定驳回上诉，维持原判。

检例第13号：徐孝伦等人生产、销售有害食品案

【要旨】

在食品加工过程中，使用有毒、有害的非食品原料加工食品并出售的，应当认定为生产、销售有毒、有害食品罪；明知是他人使用有毒、有害的非食品原料加工出的食品仍然购买并出售的，应当认定为销售有毒、有害食品罪。

【基本案情】

被告人徐孝伦，男，贵州省人，1969年出生，经商。

被告人贾昌容，女，贵州省人，1966年出生，经商。

被告人徐体斌，男，贵州省人，1986年出生，经商。

被告人叶建勇，男，贵州省人，1980年出生，经商。

被告人杨玉美，女，安徽省人，1971年出生，经商。

2010年3月起，被告人徐孝伦、贾昌容在瑞安市鲍田前北村育英街12号的加工点内使用工业松香加热的方式对生猪头进行脱毛，并将加工后的猪头分离出猪头肉、猪耳朵、猪舌头、肥肉等销售给当地菜市场内的熟食店，销售金额达61万余元。被告人徐体斌、叶建勇、杨玉美明知徐孝伦所销售的猪头系用工业松香加工脱毛仍予以购买，并做成熟食在其经营的熟食店进行销售，其中徐体斌的销售金额为3.4万元，叶建勇和杨玉美的销售金额均为2.5万余元。2012年8月8日，徐孝伦、贾昌容、徐体斌在瑞安市的加工点内被公安机关及瑞安市动物卫生监督所当场抓获，并现场扣押猪头(已分割)50个，猪耳朵、猪头肉等600公斤，松香10公斤及销售单。经鉴定，被扣押的松香系工业松香，属食品添加剂外的化学物质，内含重金属铅，经反复高温使用后，铅等重金属含量升高，长期食用工业松香脱毛的禽畜类肉可能会对人体造成伤害。案发后徐体斌协助公安机关抓获两名犯罪嫌疑人。

【诉讼过程】

2012年8月8日，徐孝伦、贾昌容因涉嫌生产、销售有毒、有害食品罪被刑事拘留，9月15日被逮捕。2012年8月8日，徐体斌因涉嫌生产、销售有毒、有害食品罪被刑事拘留，8月13日被取保候审，2013年3月12日被逮捕。2012年9月27日，叶建勇、杨玉美因涉嫌生产、销售有毒、有害食品罪被取保候审，2013年3月12日被逮捕。

该案由浙江省瑞安市公安局侦查终结后，移送瑞安市人民检察院审查起诉。瑞安市人民检察院经审查认为，被告人徐孝伦、贾昌容在生产、销售的食品中掺有有害物质，被告人徐体斌、叶建勇、杨玉美销售明知掺有有害物质的食品，其中被告人徐孝伦、贾昌容有其他特别严重情节，其行为均已触犯《中华人民共和国刑法》第一百四十四条之规定，犯罪事实清楚、证据确实充分，应当以生产、销售有害食品罪追究被告人徐孝伦、贾昌容的刑事责任；以销售有害食品罪追究被告人徐体斌、叶建勇、杨玉美的刑事责任。被告人徐孝伦、贾昌容、徐体斌、叶建勇、杨玉美归案后均能如实供述自己的罪行，依法可以从轻处罚。2013年3月1日，瑞安市人民检察院以被告人徐孝伦、贾昌容犯生产、销售有害食品罪，被告人徐体斌、叶建勇、杨玉美犯销售有害食品罪向瑞安市人民法院提起公诉。

2013年5月22日，瑞安市人民法院一审认为，被告人徐孝伦、贾昌容在生产、销售的食品中掺入有害物质，有其他特别严重情节，其行为均已触犯刑法，构成生产、销售有害食品罪；徐体斌、叶建勇、杨玉美销售明知掺有有害物质的食品，其行为均已触犯刑法，构成销售有害食品罪。被告人徐孝伦、贾昌容共同经营猪头加工厂，生产、销售猪头，系共同犯罪。在共同犯罪中，被告人徐孝伦起主要作用，系主犯；被告人贾昌容起次要作用，系从犯，依法减轻处罚。被告人贾昌容、徐体斌、叶建勇归案后均能如实供述自己的罪行，依法从轻处罚。被告人徐体斌有立功表现，依法从轻处罚。依照刑法和司法解释有关规定，判决被告人徐孝伦犯生产、销售有害食品罪，判处有期徒刑十年六个月，并处罚金人民币一百二十五万元；被告人贾昌容犯生产、销售有害食品罪，判处有期徒刑六年，并处罚金人民币六十万元；被告人徐体斌犯销售有害食品罪，判处有期徒刑一年六个月，并处罚金人民币七万元；被告人叶建勇犯销售有害食品罪，判处有期徒刑一年六个月，并处罚金人民币五万元；被告人杨玉美犯销售有害食品罪，判处有期徒刑一年六个月，并处罚金人民币五万元。

一审宣判后，徐孝伦、贾昌容、杨玉美提出上诉。

2013年6月21日，浙江省温州市中级人民法院二审裁定驳回上诉，维持原判。

检例第14号：孙建亮等人生产、销售有毒有害食品案

【要旨】

明知盐酸克伦特罗（俗称"瘦肉精"）是国家禁止在饲料和动物饮用水中使用的药品，而用以养殖供人食用的动物并出售的，应当认定为生产、销售有毒、有害食品罪。明知盐酸克伦特罗是国家禁止在饲料和动物饮用水中使用的药品，而买卖和代买盐酸克伦特罗片，供他人用以养殖供人食用的动物的，应当认定为生产、销售有毒、有害食品罪的共犯。

【基本案情】

被告人孙建亮，男，天津市人，1958年出生，农民。

被告人陈林，男，天津市人，1964年出生，农民。

被告人郝云旺，男，天津市人，1973年出生，农民。

被告人唐连庆，男，天津市人，1946年出生，农民。

被告人唐民，男，天津市人，1971年出生，农民。

2011年5月，被告人陈林、郝云旺、唐连庆、唐民明知盐酸克伦特罗（俗称"瘦肉精"）属于国家禁止在饲料和动物饮用水中使用的药品而进行买卖，郝云旺从唐连庆、唐民处购买三箱盐酸克伦特罗片（每箱100袋，每袋1000片），后陈林从郝云旺处为自己购买一箱该药品，同时帮助被告人孙建亮购买一箱该药品。孙建亮在自己的养殖场内，使用陈林从郝云旺处购买的盐酸克伦特罗片喂养肉牛。2011年12月3日，孙建亮将喂养过盐酸克伦特罗片的9头肉牛出售，被天津市宝坻区动物卫生监督所查获。经检测，其中4头肉牛尿液样品中所含盐酸克伦特罗超过国家规定标准。郝云旺、唐连庆、唐民主动到公安机关投案。

【诉讼过程】

2011年12月14日，孙建亮因涉嫌生产、销售有毒、有害食品罪被刑事拘留，2012年1月9日被取保候审，10月25日被逮捕。2011年12月21日，陈林因涉嫌生产、销售有毒、有害食品罪被刑事拘留，2012年1月9日被取保候审，10月25日被逮捕。2011年12月20日，郝云旺因涉嫌生产、销售有毒、有害食品罪被取保候审，2012年10月25日被逮捕。2011年12月28日，唐连庆、唐民因涉嫌生产、销售有毒、有害食品罪被取保候审。

该案由天津市公安局宝坻分局侦查终结后，移送天津市宝坻区人民检察院审查起诉。天津市宝坻区人民检察院经审查认为，被告人孙建亮使用违禁药品盐酸克伦特罗饲养肉牛并将使用该药品饲养的肉牛出售，被告人陈林、郝云旺、唐连庆、唐民明知盐酸克伦特罗是禁止用于饲养供人食用

的动物的药品而进行买卖，其行为均触犯了《中华人民共和国刑法》第一百四十四条之规定，应当以生产、销售有毒、有害食品罪追究刑事责任。2012年8月15日，天津市宝坻区人民检察院以被告人孙建亮、陈林、郝云旺、唐连庆、唐民犯生产、销售有毒、有害食品罪向宝坻区人民法院提起公诉。

2012年10月29日，宝坻区人民法院一审认为，被告人孙建亮使用违禁药品盐酸克伦特罗饲养肉牛并将肉牛出售，其行为已构成生产、销售有毒、有害食品罪；被告人陈林、郝云旺、唐连庆、唐民明知盐酸克伦特罗是禁止用于饲养供人食用的动物药品而代购或卖给他人，供他人用于饲养供人食用的肉牛，属于共同犯罪，应依法以生产、销售有毒、有害食品罪予以处罚。在共同犯罪中，孙建亮起主要作用，系主犯；被告人陈林、郝云旺、唐连庆、唐民起次要作用，系从犯，依法应当从轻处罚。被告人郝云旺、唐连庆、唐民在案发后主动到公安机关投案，并如实供述犯罪事实，属自首，依法可以从轻处罚。被告人孙建亮、陈林到案后如实供述犯罪事实，属坦白，依法可以从轻处罚。依照刑法相关条款规定，判决如下：被告人孙建亮犯生产、销售有毒、有害食品罪，判处有期徒刑二年，并处罚金人民币七万五千元；被告人陈林犯生产、销售有毒、有害食品罪，判处有期徒刑一年，并处罚金人民币二万元；被告人郝云旺犯生产、销售有毒、有害食品罪，判处有期徒刑一年，并处罚金人民币二万元；被告人唐连庆犯生产、销售有毒、有害食品罪，判处有期徒刑六个月，缓刑一年，并处罚金人民币五千元；被告人唐民犯生产、销售有毒、有害食品罪，判处有期徒刑六个月，缓刑一年，并处罚金人民币五千元。

一审宣判后，郝云旺提出上诉。

2012年12月12日，天津市第一中级人民法院二审裁定驳回上诉，维持原判。

检例第39号：朱炜明操纵证券市场案

【关键词】

操纵证券市场　“抢帽子”交易　公开荐股

【基本案情】

被告人朱炜明，男，1982年7月出生，原系国开证券有限责任公司上海龙华西路证券营业部(以下简称国开证券营业部)证券经纪人，上海电视台第一财经频道《谈股论金》节目(以下简称《谈股论金》节目)特邀嘉宾。

2013年2月1日至2014年8月26日，被告人朱炜明在任国开证券营业部证券经纪人期间，先后多次在其担任特邀嘉宾的《谈股论金》电视节目播出前，使用实际控制的三个证券账户买入多支股票，于当日或次日在《谈股论金》节目播出中，以特邀嘉宾身份对其先期买入的股票进行公开评价、预测及推介，并于节目首播后一至二个交易日内抛售相关股票，人为地影响前述股票的交易量和交易价格，获取利益。经查，其买入股票交易金额共计人民币2094.22万余元，卖出股票交易金额共计人民币2169.70万余元，非法获利75.48万余元。

【要旨】

证券公司、证券咨询机构、专业中介机构及其工作人员违背从业禁止规定，买卖或者持有证券，并在对相关证券作出公开评价、预测或者投资建议后，通过预期的市场波动反向操作，谋取利益，情节严重的，以操纵证券市场罪追究其刑事责任。

【指控与证明犯罪】

2016年11月29日，上海市公安局以朱炜明涉嫌操纵证券市场罪移送上海市人民检察院第一分院审查起诉。

审查起诉阶段，朱炜明辩称：1. 涉案账户系其父亲朱某实际控制，其本人并未建议和参与相关涉案股票的买卖；2. 节目播出时，已隐去股票名称和代码，仅展示K线图、描述股票特征及信息，不属于公开评价、预测、推介个股；3. 涉案账户资金系家庭共同财产，其本人并未从中受益。

检察机关审查认为，现有证据足以认定犯罪嫌疑人在媒体上公开进行了股票推介行为，并且涉案账户在公开推介前后进行了涉案股票反向操作。但是，犯罪嫌疑人与涉案账户的实际控制关系，公开推介是否构成"抢帽子"交易操纵中的"公开荐股"以及行为能否认定为"操纵证券市场"等问题，有待进一步查证。针对需要进一步查证的问题，上海市人民检察院第一分院分别于2017年1月13日、3月24日二次将案件退回上海市公安局补充侦查，要求公安机关补充查证犯罪嫌疑人的淘宝、网银等IP地址、MAC地址（硬件设备地址，用来定义网络设备的位置），并与涉案账户证券交易IP地址做筛选比对；将涉案账户资金出入与犯罪嫌疑人个人账户资金往来做关联比对；进一步对其父朱某在关键细节上做针对性询问，以核实朱炜明的辩解；由证券监管部门对本案犯罪嫌疑人的行为是否构成"公开荐股""操纵证券市场"提出认定意见。

经补充侦查，上海市公安局进一步收集了朱炜明父亲朱某等证人证言、中国证监会对朱炜明操纵证券市场行为性质的认定函、司法会计鉴定意见书等证据。中国证监会出具的认定函认定：2013年2月1日至2014年8月26日，朱炜明在《谈股论金》节目中通过明示股票名称或描述股票特征的方法，对15支股票进行公开评价和预测。朱炜明通过其控制的三个证券账户在节目播出前一至二个交易日或当天买入推荐的股票，交易金额2094.22万余元，并于节目播出后一至二个交易日内卖出上述股票，交易金额2169.70万余元，获利75.48万余元。朱炜明所荐股票次日交易价量明显上涨，偏离行业板块和大盘走势。其行为构成操纵证券市场，扰乱了证券市场秩序，并造成了严重社会影响。

结合补充收集的证据，上海市人民检察院第一分院办案人员再次提讯朱炜明，并听取其辩护律师意见。朱炜明在展示的证据面前，承认其在节目中公开荐股，称其明知所推荐股票价格在节目播出后会有所上升，故在公开荐股前建议其父朱某买入涉案15支股票，并在节目播出后随即卖出，以谋取利益。但对于指控其实际控制涉案账户买卖股票的事实予以否认。

针对其辩解，办案人员将相关证据向朱炜明及其辩护人出示，并一一阐明证据与朱炜明行为之间的证明关系。1. 账户登录、交易IP地址大量位于朱炜明所在的办公地点，与朱炜明出行等电脑数据轨迹一致。例如，2014年7月17日、18日，涉案的朱某证券账户登录、交易IP地址在重庆，与朱炜明的出行记录一致。2. 涉案三个账户之间与朱炜明个人账户资金往来频繁，初始资金有部分来自于朱炜明账户，转出资金中有部分转入朱炜明银行账户后由其消费,证明涉案账户资金由朱炜明控制。经过上述证据展示,朱炜明对自己实施"抢帽子"交易操纵他人证券账户买卖股票牟利的事实供认不讳。

2017年5月18日,上海市人民检察院第一分院以被告人朱炜明犯操纵证券市场罪向上海市第一中级人民法院提起公诉。7月20日,上海市第一中级人民法院公开开庭审理了本案。

法庭调查阶段,公诉人宣读起诉书指控被告人朱炜明违反从业禁止规定,以"抢帽子"交易的手段操纵证券市场谋取利益,其行为构成操纵证券市场罪。对以上指控的犯罪事实,公诉人出示了四组证据予以证明:

一是关于被告人朱炜明主体身份情况的证据。包括:1. 国开证券公司与朱炜明签订的劳动合同、委托代理合同等工作关系书证;2.《谈股论金》节目编辑陈某等证人证言;3. 户籍资料、从业资格证书等书证;4. 被告人朱炜明的供述。证明:朱炜明于2013年2月至2014年8月担任国开证券营业部证券经纪人期间,先后多次受邀担任《谈股论金》节目特邀嘉宾。

二是关于涉案账户登录异常的证据。包括:1. 证人朱某等证人的证言;2. 朱炜明出入境及国内出行记录等书证;3. 司法会计鉴定意见书、搜查笔录等;4. 被告人朱炜明的供述。证明:2013年2月至2014年8月,"朱某""孙某""张某"三个涉案证券账户的实际控制人为朱炜明。

三是关于涉案账户交易异常的证据。包括:1. 证人陈某等证人的证言;2. 证监会行政处罚决定书及相关认定意见、调查报告等书证;3. 司法会计鉴定意见书;4. 节目视频拷贝光盘、QQ群聊天记录等视听资料、电子数据;5. 被告人朱炜明的供述。证明:朱炜明在节目中推荐的15支股票,均被其在节目播出前一至二个交易日或播出当天买入,并于节目播出后一至二个交易日内卖出。

四是关于涉案证券账户资金来源及获利的证据。包括:1. 证人朱某的证言;2. 证监会查询通知书等书证;3. 司法会计鉴定意见书等;4. 被告人朱炜明的供述。证明:朱炜明在公开推荐股票后,股票交易量、交易价格涨幅明显。"朱某""孙某""张某"三个证券账户交易初始资金大部分来自朱炜明,且与朱炜明个人账户资金往来频繁。上述账户在涉案期间累计交易金额人民币4263.92万余元,获利人民币75.48万余元。

法庭辩论阶段,公诉人发表公诉意见:

第一,关于本案定性。证券公司、证券咨询机构、专业中介机构及其工作人员,买卖或者持有相关证券,并对该证券或其发行人、上市公司公开作出评价、预测或者投资建议,以便通过期待的市场波动取得经济利益的行为是"抢帽子"交易操纵行为。根据刑法第一百八十二条第一款第(四)项的规定,属于"以其他方法操纵"证券市场,情节严重的,构成操纵证券市场罪。

第二,关于控制他人账户的认定。综合本案证据,可以认定朱炜明通过实际控制的"朱某""孙某""张某"三个证券账户在公开荐股前买入涉案15支股票,荐股后随即卖出谋取利益,涉案股票价量均因荐股有实际影响,朱炜明实际获利75万余元。

第三,关于公开荐股的认定。结合证据,朱炜明在电视节目中,或明示股票名称,或介绍股票标识性信息、展示K线图等,投资者可以依据上述信息确定涉案股票名称,系在电视节目中对涉案股票公开作出评价、预测、推介,可以认定构成公开荐股。

第四,关于本案量刑建议。根据刑法第一百八十二条的规定,被告人朱炜明的行为构成操纵证券市场罪,依法应在五年以下有期徒刑至拘役之间量刑,并处违法所得一倍以上五倍以下罚金。建议对被告人朱炜明酌情判处三年以下有期徒刑,并处违法所得一倍以上的罚金。

被告人朱炜明及其辩护人对公诉意见没有异议,被告人当庭表示愿意退缴违法所得。辩护人提出,考虑被告人认罪态度好,建议从轻处罚。

法庭经审理,认定公诉人提交的证据能够相互印证,予以确认。综合考虑全案犯罪事实、情节,对朱炜明处以相应刑罚。2017 年 7 月 28 日,上海市第一中级人民法院作出一审判决,以操纵证券市场罪判处被告人朱炜明有期徒刑十一个月,并处罚金人民币 76 万元,其违法所得予以没收。一审宣判后,被告人未上诉,判决已生效。

【指导意义】

证券公司、证券咨询机构、专业中介机构及其工作人员,违反规定买卖或者持有相关证券后,对该证券或者其发行人、上市公司作出公开评价、预测或者提出投资建议,通过期待的市场波动谋取利益的,构成“抢帽子”交易操纵行为。发布投资咨询意见的机构或者证券从业人员往往具有一定的社会知名度,他们借助影响力较大的传播平台发布诱导性信息,容易对普通投资者交易决策产生影响。其在发布信息后,又利用证券价格波动实施与投资者反向交易的行为获利,破坏了证券市场管理秩序,违反了证券市场公开、公平、公正原则,具有较大的社会危害性,情节严重的,构成操纵证券市场罪。

证券犯罪具有专业性、隐蔽性、间接性等特征,检察机关办理该类案件时,应当根据证券犯罪案件特点,引导公安机关从证券交易记录、资金流向等问题切入,全面收集涉及犯罪的书证、电子数据、证人证言等证据,并结合案件特点开展证据审查。对书证,要重点审查涉及证券交易记录的凭据,有关交易数量、交易额、成交价格、资金走向等证据。对电子数据,要重点审查收集程序是否合法,是否采取必要的保全措施,是否经过篡改,是否感染病毒等。对证人证言,要重点审查证人与犯罪嫌疑人的关系,证言能否与客观证据相印证等。

办案中,犯罪嫌疑人或被告人及其辩护人经常会提出涉案账户实际控制人及操作人非其本人的辩解。对此,检察机关可以通过行为人资金往来记录,MAC 地址(硬件设备地址)、IP 地址与互联网访问轨迹的重合度与连贯性,身份关系和资金关系的紧密度,涉案股票买卖与公开荐股在时间及资金比例上的高度关联性,相关证人证言在细节上是否吻合等入手,构建严密证据体系,确定被告人与涉案账户的实际控制关系。

非法证券活动涉嫌犯罪的案件,来源往往是证券监管部门向公安机关移送。审查案件过程中,人民检察院可以与证券监管部门加强联系和沟通。证券监管部门在行政执法和查办案件中收集的物证、书证、视听资料、电子数据等证据材料,在刑事诉讼中可以作为证据使用。检察机关通过办理证券犯罪案件,可以建议证券监管部门针对案件反映出的问题,加强资本市场监管和相关制度建设。

【相关规定】

《中华人民共和国刑法》第一百八十二条

《最高人民检察院、公安部关于公安机关管辖的刑事案件立案追诉标准的规定(二)》第三十九条

检例第40号：周辉集资诈骗案

【关键词】

集资诈骗　非法占有目的　网络借贷信息中介机构

【基本案情】

被告人周辉，男，1982年2月出生，原系浙江省衢州市中宝投资有限公司(以下简称中宝投资公司)法定代表人。

2011年2月，被告人周辉注册成立中宝投资公司，担任法定代表人。公司上线运营"中宝投资"网络平台，借款人(发标人)在网络平台注册、缴纳会费后，可发布各种招标信息，吸引投资人投资。投资人在网络平台注册成为会员后可参与投标，通过银行汇款、支付宝、财付通等方式将投资款汇至周辉公布在网站上的8个其个人账户或第三方支付平台账户。借款人可直接从周辉处取得所融资金。项目完成后，借款人返还资金，周辉将收益给予投标人。

运行前期，周辉通过网络平台为13个借款人提供总金额约170万余元的融资服务，因部分借款人未能还清借款造成公司亏损。此后，周辉除用本人真实身份信息在公司网络平台注册2个会员外，自2011年5月至2013年12月陆续虚构34个借款人，并利用上述虚假身份自行发布大量虚假抵押标、宝石标等，以支付投资人约20%的年化收益率及额外奖励等为诱饵，向社会不特定公众募集资金。所募资金未进入公司账户，全部由周辉个人掌控和支配。除部分用于归还投资人到期的本金及收益外，其余主要用于购买房产、高档车辆、首饰等。这些资产绝大部分登记在周辉名下或供周辉个人使用。2011年5月至案发，周辉通过中宝投资网络平台累计向全国1586名不特定对象非法集资共计10.3亿余元，除支付本金及收益回报6.91亿余元外，尚有3.56亿余元无法归还。案发后，公安机关从周辉控制的银行账户内扣押现金1.80亿余元。

【要旨】

网络借贷信息中介机构或其控制人，利用网络借贷平台发布虚假信息，非法建立资金池募集资金，所得资金大部分未用于生产经营活动，主要用于借新还旧和个人挥霍，无法归还所募资金数额巨大，应认定为具有非法占有目的，以集资诈骗罪追究刑事责任。

【指控与证明犯罪】

2014年7月15日，浙江省衢州市公安局以周辉涉嫌集资诈骗罪移送衢州市人民检察院审查起诉。

审查起诉阶段，衢州市人民检察院审查了全案卷宗，讯问了犯罪嫌疑人。针对该案犯罪行为涉及面广，众多集资参与人财产遭受损失的情况，检察机关充分听取了辩护人和部分集资参与人意见，进一步核实了非法集资金额，对扣押的房产等作出司法鉴定或价格评估。针对辩护人提出的非法证据排除申请，检察机关审查后发现，涉案证据存在以下瑕疵：公安机关向部分证人取证时存在取证地点不符合刑事诉

讼法规定以及个别辨认笔录缺乏见证人等情况。为此,检察机关要求公安机关予以补正或作出合理解释。公安机关作出情况说明:证人从外地赶来,经证人本人同意,取证在宾馆进行。关于此项情况说明,检察机关审查后予以采信。对于缺乏见证人的个别辨认笔录,检察机关审查后予以排除。

2015年1月19日,浙江省衢州市人民检察院以周辉犯集资诈骗罪向浙江省衢州市中级人民法院提起公诉。6月25日,衢州市中级人民法院公开开庭审理本案。

法庭调查阶段,公诉人宣读起诉书指控被告人周辉以高息为诱饵,虚构借款人和借款用途,利用网络P2P形式,面向社会公众吸收资金,主要用于个人肆意挥霍,其行为构成集资诈骗罪。对于指控的犯罪事实,公诉人出示了四组证据予以证明:一是被告人周辉的立案情况及基本信息;二是中宝投资公司的发标、招投标情况及相关证人证言;三是集资情况的证据,包括银行交易清单,司法会计鉴定意见书等;四是集资款的去向,包括购买车辆、房产等物证及相关证人证言。

法庭辩论阶段,公诉人发表公诉意见:被告人周辉注册网络借贷信息平台,早期从事少量融资信息服务。在公司亏损、经营难以为继的情况下,虚构借款人和借款标的,以欺诈方式面向不特定投资人吸收资金,自建资金池。在公安机关立案查处时,虽暂可通过“拆东墙补西墙”的方式偿还部分旧债维持周转,但根据其所募资金主要用于还本付息和个人肆意挥霍,未投入生产经营,不可能产生利润回报的事实,可以判断其后续资金缺口势必不断扩大,无法归还所募全部资金,故可以认定其具有非法占有的目的,应以集资诈骗罪对其定罪处罚。

辩护人提出:一是周辉行为系单位行为;二是周辉一直在偿还集资款,主观上不具有非法占有集资款的故意;三是周辉利用互联网从事P2P借贷融资,不构成集资诈骗罪,构成非法吸收公众存款罪。

公诉人针对辩护意见进行答辩:第一,中宝投资公司是由被告人周辉控制的一人公司,不具有经营实体,不具备单位意志,集资款未纳入公司财务进行核算,而是由周辉一人掌控和支配,因此周辉的行为不构成单位犯罪。第二,周辉本人主观上认识到资金不足,少量投资赚取的收益不足以支付许诺的高额回报,没有将集资款用于生产经营活动,而是主要用于个人肆意挥霍,其主观上对集资款具有非法占有的目的。第三,P2P网络借贷,是指个人利用中介机构的网络平台,将自己的资金出借给资金短缺者的商业模式。根据中国银行业监管委员会、工业和信息化部、公安部、国家互联网信息办公室制定的《网络借贷信息中介机构业务活动管理暂行办法》等监管规定,P2P作为新兴金融业态,必须明确其信息中介性质,平台本身不得提供担保,不得归集资金搞资金池,不得非法吸收公众资金。周辉吸收资金建资金池,不属于合法的P2P网络借贷。非法吸收公众存款罪与集资诈骗罪的区别,关键在于行为人对吸收的资金是否具有非法占有的目的。利用网络平台发布虚假高利借款标募集资金,采取借新还旧的手段,短期内募集大量资金,不用于生产经营活动,或者用于生产经营活动与筹集资金规模明显不成比例,致使集资款不能返还的,是典型的利用网络中介平台实施集资诈骗行为。本案中，周辉采用编造虚假借款人、虚假投标项目等欺骗手段集资，所融资金未投入生产经营，大量集资款被其个人肆意挥霍，具有明显的非法占有目的，其行为构成集资诈骗罪。

法庭经审理，认为公诉人出示的证据能够相互印证，予以确认。对周辉及其辩护人提出的不构成集资诈骗罪及本案属于单位犯罪的辩解、辩护意见，不予采纳。综合考虑犯罪事实和量刑情节，2015 年 8 月 14 日，浙江省衢州市中级人民法院作出一审判决，以集资诈骗罪判处被告人周辉有期徒刑十五年，并处罚金人民币 50 万元。继续追缴违法所得，返还各集资参与人。

一审宣判后，浙江省衢州市人民检察院认为，被告人周辉非法集资 10.3 亿余元，属于刑法规定的集资诈骗数额特别巨大并且给人民利益造成特别重大损失的情形，依法应处无期徒刑或者死刑，并处没收财产，一审判决量刑过轻。2015 年 8 月 24 日，向浙江省高级人民法院提出抗诉。被告人周辉不服一审判决，提出上诉。其上诉理由是量刑畸重，应判处缓刑。

本案二审期间，2015 年 8 月 29 日，第十二届全国人大常委会第十六次会议审议通过了《中华人民共和国刑法修正案(九)》，删去《刑法》第一百九十九条关于犯集资诈骗罪“数额特别巨大并且给国家和人民利益造成特别重大损失的，处无期徒刑或者死刑，并处没收财产”的规定。刑法修正案(九)于 2015 年 11 月 1 日起施行。

浙江省高级人民法院经审理后认为，刑法修正案(九)取消了集资诈骗罪死刑的规定，根据从旧兼从轻原则，一审法院判处周辉有期徒刑十五年符合修订后的法律规定。上诉人周辉具有集资诈骗的主观故意及客观行为，原审定性准确。2016 年 4 月 29 日，二审法院作出裁定，维持原判。终审判决作出后，周辉及其父亲不服判决提出申诉，浙江省高级人民法院受理申诉并经审查后，认为原判事实清楚，证据确实充分，定性准确，量刑适当，于 2017 年 12 月 22 日驳回申诉，维持原裁判。

【指导意义】

是否具有非法占有目的，是正确区分非法吸收公众存款罪和集资诈骗罪的关键。对非法占有目的的认定，应当围绕融资项目真实性、资金去向、归还能力等事实、证据进行综合判断。行为人将所吸收资金大部分未用于生产经营活动，或名义上投入生产经营，但又通过各种方式抽逃转移资金，或供其个人肆意挥霍，归还本息主要通过借新还旧来实现，造成数额巨大的募集资金无法归还的，可以认定具有非法占有的目的。

集资诈骗罪是近年来检察机关重点打击的金融犯罪之一。对该类犯罪，检察机关应着重从以下几个方面开展工作：一是强化证据审查。非法集资类案件由于参与人数多、涉及面广，受主客观因素影响，取证工作易出现瑕疵和问题。检察机关对重大复杂案件要及时介入侦查、引导取证。在审查案件中要强化对证据的审查，需要退回补充侦查或者自行补充侦查的，要及时退查或补查，建立起完整、牢固的证据锁链，夯实认定案件事实的证据基础。二是在法庭审理中要突出指控和证明犯罪的重点。要紧紧围绕集资诈骗罪构成要件，特别是行为人主观上具有非法占有目的、客观上以欺骗手段非法集资的事实梳理组合证据，运用完整的证据体系对认定犯罪的关键事实予以清晰证明。三是要将办理案件与追赃挽损相结合。检察机关办理相关案件,要积极配合公安机关、人民法院依法开展追赃挽损、资产处置等工作,最大限度减少人民群众的实际损失。四是要结合办案开展以案释法,增强社会公众的法治观念和风险防范意识,有效预防相关犯罪的发生。

【相关规定】

《中华人民共和国刑法》第一百九十二条

《最高人民法院关于审理非法集资刑事案件具体应用法律若干问题的解释》第四条

《最高人民检察院、公安部关于公安机关管辖的刑事案件立案追诉标准的规定(二)》第四十九条

检例第41号:
叶经生等组织、领导传销活动案

【关键词】

组织、领导传销活动　网络传销　骗取财物

【基本案情】

被告人叶经生,男,1975年12月出生,原系上海宝乔网络科技有限公司(以下简称宝乔公司)总经理。

被告人叶青松,男,1973年10月出生,原系宝乔公司浙江省区域总代理。

2011年6月,被告人叶经生等人成立宝乔公司,先后开发"经销商管理系统网站""金乔网商城网站"(以下简称金乔网)。以网络为平台,或通过招商会、论坛等形式,宣传、推广金乔网的经营模式。

金乔网的经营模式是:1. 经上线经销商会员推荐并缴纳保证金成为经销商会员,无需购买商品,只需发展下线经销商,根据直接或者间接发展下线人数获得推荐奖金,晋升级别成为股权会员,享受股权分红。2. 经销商会员或消费者在金乔网经销商会员处购物消费满120元以上,向宝乔公司支付消费金额10%的现金,即可注册成为返利会员参与消费额双倍返利,可获一倍现金返利和一倍的金乔币(虚拟电子货币)返利。3. 金乔网在全国各地设立省、地区、县(市、区)三级区域运营中心,各运营中心设区域代理,由经销商会员负责本区域会员的发展和管理,享受区域范围内不同种类业绩一定比例的提成奖励。

2011年11月,被告人叶青松经他人推荐加入金乔网,缴纳三份保证金并注册了三个经销商会员号。因发展会员积极,经金乔网审批成为浙江省区域总代理,负责金乔网在浙江省的推广和发展。

截至案发,金乔网注册会员3万余人,其中注册经销商会员1.8万余人。在全国各地发展省、地区、县三级区域代理300余家,涉案金额1.5亿余元。其中,叶青松直接或间接发展下线经销商会员1886人,收取浙江省区域会员保证金、参与返利的消费额10%现金、区域代理费等共计3000余万元,通过银行转汇给叶经生。叶青松通过抽取保证金推荐奖金、股权分红、消费返利等提成的方式非法获利70余万元。

【要旨】

组织者或者经营者利用网络发展会员,要求被发展人员以缴纳或者变相缴纳"入门费"为条件,获得提成和发展下线的资格。通过发展人员组成层级关系,并以直接或者间接发展的人员数量作为计酬或者返利的依据,引诱被发展人员继续发展

他人参加，骗取财物，扰乱经济社会秩序的，以组织、领导传销活动罪追究刑事责任。

【指控与证明犯罪】

2012年8月28日、2012年11月9日，浙江省松阳县公安局分别以叶青松、叶经生涉嫌组织、领导传销活动罪移送浙江省松阳县人民检察院审查起诉。因叶经生、叶青松系共同犯罪，松阳县人民检察院作并案处理。

2013年3月11日，浙江省松阳县人民检察院以被告人叶经生、叶青松犯组织、领导传销活动罪向松阳县人民法院提起公诉。松阳县人民法院公开开庭审理了本案。

法庭调查阶段，公诉人宣读起诉书指控被告人叶经生、叶青松利用网络，以会员消费双倍返利为名，吸引不特定公众成为会员、经销商，组成一定层级，采取区域累计计酬方式，引诱参加者继续发展他人参与，骗取财物，扰乱经济社会秩序，其行为构成组织、领导传销活动罪。在共同犯罪中，被告人叶经生起主要作用，系主犯；被告人叶青松起辅助作用，系从犯。

针对起诉书指控的犯罪事实，被告人叶经生辩解认为，宝乔公司系依法成立，没有组织、领导传销的故意，金乔网模式是消费模式的创新。

公诉人针对涉及传销的关键问题对被告人叶经生进行讯问：

第一，针对成为金乔网会员是否要向金乔网缴纳费用，公诉人讯问：如何成为金乔网会员，获得推荐奖金、消费返利？被告人叶经生回答：注册成为金乔网会员，需缴纳诚信保证金7200元，成为会员后发展一个经销商就可以获得奖励1250元；参与返利，消费要达到120元以上，并向公司缴纳10%的消费款。公诉人这一讯问揭示了缴纳保证金、缴纳10%的消费款才有资格获得推荐奖励、返利，保证金及10%的消费款其实质就是入门费。金乔网的经营模式符合传销组织要求参加者以缴纳费用或者购买商品、服务等方式获得加入资格的组织特征。

第二，针对金乔网利润来源、计酬或返利的资金来源，公诉人讯问：除了收取的保证金和10%的消费款费用，金乔网还有无其他收入？被告人叶经生回答：收取的10%的消费款就足够天天返利了，金乔网的主要收入是保证金、10%的消费款，支出主要是天天返利及推荐奖、运营费用。公诉人讯问：公司收取消费款有多少，需返利多少？被告人叶经生回答：收到4000万左右，返利也要4000万，我们的经营模式不需要盈利。公诉人通过讯问，揭示了金乔网没有实质性的经营活动，其利润及资金的真实来源系后加入人员缴纳的费用。如果没有新的人员加入，根本不可能维持其“经营活动”的运转，符合传销活动骗取财物的本质特征。

同时，公诉人向法庭出示了四组证据证明犯罪事实：

一是宝乔公司的工商登记、资金投入、人员组成、公司财务资料、网站功能等书证。证明：宝乔公司实际投入仅300万元，没有资金实力建立与其宣传匹配的电子商务系统。

二是宝乔公司内部人员证言及被告人的供述等证据。证明：公司缺乏售后服务人员、系统维护人员、市场推广及监管人员，员工主要从事虚假宣传，收取保证金及消费款，推荐佣金，发放返利。

三是宝乔公司银行明细、公司财务资料、款项开支情况等证据，证明：公司收入来源于会员缴纳的保证金、消费款。技术人员的证言等证据，证明：网站功能简单，不具备第三方支付功能，不能适应电子商务的需求。

四是金乔网网站系统的电子数据及鉴定意见，并由鉴定人出庭作证。鉴定人揭示网络数据库显示了金乔网会员加入时间、缴纳费用数额、会员之间的推荐（发展）关系、获利数额等信息。鉴定人当庭通过对上述信息的分析，指出数据库表格中的会员账号均列明了推荐人，按照推荐人关系排列，会员层级呈金字塔状，共有68层。每个结点有左右两个分支，左右分支均有新增单数，则可获得推荐奖金，奖金实行无限代计酬。证明：金乔网会员层级呈现金字塔状，上线会员可通过下线、下下线会员发展会员获得收益。

法庭辩论阶段，公诉人发表公诉意见，指出金乔网的人财物及主要活动目的，在于引诱消费者缴纳保证金、消费款，并从中非法牟利。其实质是借助公司的合法形式，打着电子商务旗号进行网络传销。同时阐述了这种新型传销活动的本质和社会危害。

辩护人提出：金乔网没有入门费，所有的人员都可以在金乔网注册，不缴纳费用也可以成为金乔网的会员。金乔网没有设层级，经销商、会员、区域代理之间不存在层级关系，没有证据证实存在层级获利。金乔网没有拉人头，没有以发展人员的数量作为计酬或返利依据。直接推荐才有奖金，间接推荐没有奖金，没有骗取财物，不符合组织、领导传销活动罪的特征。

公诉人答辩：金乔网缴纳保证金和消费款才能获得推荐佣金和返利的资格，本质系入门费。上线会员可以通过发展下线人员获取收益，并组成会员、股权会员、区域代理等层级，本质为设层级。以推荐的人数作为发放佣金的依据系直接以发展的人员数量作为计酬依据，区域业绩及返利资金主要取决于参加人数的多少，实质属于以发展人员的数量作为提成奖励及返利的依据，本质为拉人头。金乔网缺乏实质的经营活动，不产生利润，以后期收到的保证金、消费款支付前期的推荐佣金、返利，与所有的传销活动一样，人员不可能无限增加，资金链必然断裂。传销组织人员不断增加的过程实际也是风险不断积累和放大的过程。金乔网所谓经营活动本质是从被发展人员缴纳的费用中非法牟利，具有骗取财物的特征。

法庭经审理，认定检察机关出示的证据能够相互印证，予以确认。被告人及其辩护人提出的不构成组织、领导传销活动罪的辩解、辩护意见不能成立。

2013年8月23日，浙江省松阳县人民法院作出一审判决，以组织、领导传销活动罪判处被告人叶经生有期徒刑七年，并处罚金人民币150万元。以组织、领导传销活动罪判处被告人叶青松有期徒刑三年，并处罚金人民币30万元。扣押和冻结的涉案财物予以没收，继续追缴二被告人的违法所得。

二被告人不服一审判决，提出上诉。叶经生的上诉理由是其行为不构成组织、领导传销活动罪。叶青松的上诉理由是量刑过重。浙江省丽水市中级人民法院经审理，认定原判事实清楚，证据确实、充分，定罪准确，量刑适当，审判程序合法，驳回上诉，维持原判。

【指导意义】

随着互联网技术的广泛应用,微信、语音视频聊天室等社交平台作为新的营销方式被广泛运用。传销组织在手段上借助互联网不断翻新,打着“金融创新”的旗号,以“资本运作”“消费投资”“网络理财”“众筹”“慈善互助”等为名从事传销活动。常见的表现形式有:组织者、经营者注册成立电子商务企业,以此名义建立电子商务网站。以网络营销、网络直销等名义,变相收取入门费,设置各种返利机制,激励会员发展下线,上线从直接或者间接发展的下线的销售业绩中计酬,或以直接或者间接发展的人员数量为依据计酬或者返利。这类行为,不管其手段如何翻新,只要符合传销组织骗取财物、扰乱市场经济秩序本质特征的,应以组织、领导传销活动罪论处。

检察机关办理组织、领导传销活动犯罪案件,要紧扣传销活动骗取财物的本质特征和构成要件,收集、审查、运用证据。特别要注意针对传销网站的经营特征与其他合法经营网站的区别,重点收集涉及入门费、设层级、拉人头等传销基本特征的证据及企业资金投入、人员组成、资金来源去向、网站功能等方面的证据,揭示传销犯罪没有创造价值,经营模式难以持续,用后加入者的财物支付给先加入者,通过发展下线牟利骗取财物的本质特征。

【相关规定】

《中华人民共和国刑法》第二百二十四条之一

《最高人民检察院、公安部关于公安机关管辖的刑事案件立案追诉标准的规定(二)》第七十八条

检例第61号:王敏生产、销售伪劣种子案

【关键词】

生产、销售伪劣种子罪　假种子　农业生产损失认定

【要旨】

以同一科属的此品种种子冒充彼品种种子,属于刑法上的“假种子”。行为人对假种子进行小包装分装销售,使农业生产遭受较大损失的,应当以生产、销售伪劣种子罪追究刑事责任。

【基本案情】

被告人王敏,男,1991年3月出生,江西农业大学农学院毕业,原四川隆平高科种业有限公司(以下简称隆平高科)江西省宜春地区区域经理。

2017年3月,江西省南昌县种子经销商郭宝珍询问隆平高科的经销商之一江西省丰城市“民生种业”经营部的闵生如、闵蜀蓉父子(以下简称闵氏父子)是否有“T优705”水稻种子出售,在得到闵蜀蓉的肯定答复并报价后,先后汇款共30万元给闵生如用于购买种子。

闵氏父子找到王敏订购种子,王敏向隆平高科申报了“陵两优711”稻种计划,后闵生如汇款20万元给隆平高科作为订购种子款(单价13元/公斤)。王敏找到金海环保包装有限公司的曹传宝,向其提供制版样式,印制了标有“四川隆平高科种业有限公司”“T优705”字样的小包装袋29850个。收到隆平高科寄来的“陵两优711”散装种子后,王敏请闵氏父子帮忙雇工人将运来的散装种子分装到此前印好的标有“T优705”的小包装袋(每袋1公斤)

内,并将分装好的24036斤种子运送给郭宝珍。郭宝珍销售给南昌县等地的农户。农户播种后,禾苗未能按期抽穗、结实,导致200余户农户4000余亩农田绝收,造成直接经济损失460余万元。

经查,隆平高科不生产"T优705"种子,其生产的"陵两优711"种子也未通过江西地区的审定,不能在江西地区进行终端销售。

【指控与证明犯罪】

2018年5月8日,江西省南昌县公安局以王敏涉嫌销售伪劣种子罪,将案件移送南昌县人民检察院审查起诉。

审查起诉阶段,王敏辩称自己的行为不构成犯罪,不知道销售的种子为伪劣种子。王敏还辩解:1. 印制小包装袋经过隆平高科的许可;2. 自己没有请工人进行分装,也没有进行技术指导;3. 没有造成大的损失。

检察机关审查认为,现有证据足以认定犯罪嫌疑人王敏将"陵两优711"冒充"T优705"销售给农户,但其是否明知为伪劣种子、"陵两优711"是如何变换成"T优705"的、隆平高科是否授权王敏印刷小包装袋、造成的损失如何认定、哪些人员涉嫌犯罪等问题,有待进一步查证。针对上述问题,南昌县人民检察院两次退回公安机关补充侦查,要求公安机关补充收集订购种子的货运单、合同、签收单、交易记录等书证;核实印制小包装袋有无得到隆平高科的授权,是否有合格证等细节;种子从四川发出,中途有无调换等,"陵两优711"是怎么变换成"T优705"的物流情况;对于损失认定,充分听取辩护人及受害农户的意见,收集受害农户订购种子数量的原始凭证等。

经补充侦查,南昌县公安局进一步收集了物流司机等人的证言、农户购买谷种小票、农作物不同生长期照片、货运单、王敏任职证明等证据。物流司机证言证明货物没有被调换,但货运单上只写了种子,并没有写明具体的种子品名;隆平高科方面一致声称王敏订购的是"陵两优711",出库单上也注明是"陵两优711"(散子),散子销售不受区域限制,并且该公司从不生产"T优705";而闵氏父子辩称自己是应农户要求订购"T优705",到货也是应王敏要求提供场地,王敏代表公司进行分装。因双方没有签订种子订购合同且各执一词,无法查实闵氏父子订购的是哪种种子。但可以明确的是2010年5月17日广西农作物品种审定委员会对"陵两优711"审定通过,可在桂南稻作区或者桂中稻作区南部适宜种植感光型品种的地区作为晚稻种植,在江西省未审定通过。王敏作为隆平高科的区域经理,对公司不生产"T优705"种子应该明知,对"陵两优711"在江西省未被审定通过也应明知。另查实,隆平高科从未授权王敏进行设计、印制"T优705"小包装袋。

针对损失认定,公安机关补充收集了购种票据、证人证言等,认定南昌县及其他地区受害农户合计205户,绝收面积合计4000余亩。为评估损失,公安机关开展现场勘查,邀请农科院土肥、农业、气象方面专家进行评估。评估认定:1. 南昌县部分稻田种植的"陵两优711"尚处始穗期,已无法正常结实,导致绝收。2. 2017年10月下旬评估时,部分稻田种植的"陵两优711"处于齐穗期,但南昌地区晚稻的安全齐穗期是9月20日左右,根据南昌往年气象资料,10月下旬齐穗的水稻将会受到11

月份低温影响，无法正常结实，严重时会绝收。3. 根据种子包装袋上注明的平均亩产 444.22 公斤的数据，结合南昌县往年晚稻平均亩产量，考虑到晚稻因品种和种植方式不同存在差异，产量评估可以以种子包装袋上注明的平均亩产 444.22 公斤为依据，结合当年晚稻平均单价 2.60 元/公斤计算损失。205 户农户因种植假种子造成的经济损失为 444.22 公斤/亩×2.60 元/公斤×4000 亩=4619888 元。

综合上述证据情况，检察机关采信评估意见，认定损失为 461 万余元，王敏及辩护人对此均不再提出异议。

2018 年 7 月 16 日，南昌县人民检察院以被告人王敏犯生产、销售伪劣种子罪向南昌县人民法院提起公诉。9 月 10 日，南昌县人民法院公开开庭审理了本案。

法庭调查阶段，公诉人宣读起诉书指控被告人王敏身为隆平高科宜春地区区域经理，负有对隆平高科销售种子的质量进行审查监管的职责，其将未通过江西地区审定的"陵两优 711"种子冒充"T 优 705"种子，违背职责分装并销售，使农业生产遭受特别重大损失，其行为构成生产、销售伪劣种子罪。针对以上指控的犯罪事实，公诉人向法庭出示了四组证据予以证明：

一是被告人王敏的立案情况及任职身份信息，证明王敏从农业大学毕业后就从事种子销售业务，有着多年的种子销售经验。2015 年 8 月至 2018 年 2 月在隆平高科从事销售工作，身份是江西宜春地区区域经理，职责是介绍和推广公司种子，并代表公司销售种子，对所销售的种子品种、质量负责。

二是相关证人证言，证明王敏接受闵氏父子种子订单，并向公司订购了"陵两优 711"种子，印制"T 优 705"小包装袋分装种子并予以冒充销售。其中，闵蜀蓉证言证明郭宝珍需要"T 优 705"种子，自己向王敏提出采购种子计划，王敏表示有该种种子，并承诺有提成；证人曹传宝等的证言，证明其按王敏要求印制了"T 优 705"种子小包装袋，王敏予以签字确认。证人闵生如的证言，证明王敏明知印制"T 优 705"小包装袋用于包装"陵两优 711"种子，仍予以签字确认。

三是相关证人证言，证明四川隆平高科研发、运送"陵两优 711"到江西丰城等情况。其中，四川隆平高科副总张友强证言证明：王敏向隆平高科江西省级负责人杨剑辉报购了订购"陵两优 711"计划；杨剑辉证言证明公司收到"陵两优 711"计划并向江西发出"陵两优 711"散子，该散子可以销往江西，由江西有资质的经销商卖到广西，但不能在江西直接销售。隆平高科票据显示收到王敏订购"陵两优 711"计划并发货至江西。

四是造成损失情况、相关鉴定意见及被害人陈述、证人证言等，证明农户购买种子后造成绝收等损失。

王敏对以上证据无异议，但提出在小包装袋印制版式上签字是闵生如让他签的。

法庭辩论阶段，被告人王敏及其辩护人认为王敏没有主观犯罪故意，其行为不构成犯罪。

公诉人针对辩护意见进行答辩：

第一，从主观方面看，王敏明知公司不生产"T 优 705"种子，却将其订购的"陵两优 711"分装成"T 优 705"予以销售。王敏主观上明知销售的种子不是订购时的种子，仍对种子进行名实不符的分装，具有销售伪劣种子的主观故意。

第二,从职责角度看,不论王敏还是四川隆平高科的工作人员,都证明所有种子订购,是由经销商报单给区域经理,区域经理再报单给公司,公司发货后,由区域经理分销。王敏作为四川隆平高科宜春地区区域经理,具有对种子质量进行审查的职责,其明知隆平高科不生产“T优705”种子,出于谋利,仍以此种子冒充彼种子进行包装、销售,具备犯罪故意,社会危害性大。

第三,王敏的供述证明,其实施了“在百度上搜索‘T优705’及‘T优705’审定公告内容”的行为,并将手机上搜索到的“T优705”种子包装袋版式提供给印刷商,后在“T优705”包装袋版式上签字;曹传宝和李亚东(江西运城制版有限公司设计师)都证实“T优705”小包装袋的制版、印刷都是王敏主动联系,还拿出公司的授权书给他们看,并特别交代要在印刷好的袋子上打一个洞,说种子要呼吸;刘英(隆平高科在南昌县的经销商)也证实,从种子公司运过来的种子不可以换其他品种的包装袋卖,这是犯法的事。王敏能够认识“在包装袋印制版式上签字就是对种子的种类、质量负责”的法律意义,仍予以签字。

第四,王敏作为隆平高科的区域经理,实施申报销售计划、设计包装规格、寻找印刷点、签字确认、指导分包作业等行为,均表明王敏积极实施生产、销售伪劣种子犯罪行为,王敏提出是闵生如让他签字,与事实不符,其辩护理由无法成立。

法庭经审理,认为公诉人提交的证据能够相互印证,予以确认。2018年10月25日,江西省南昌县人民法院作出一审判决,以生产、销售伪劣种子罪判处被告人王敏有期徒刑八年,并处罚金人民币十五万元。

王敏不服一审判决,提出上诉。其间,王敏及其家属向南昌县农业局支付460万元用于赔偿受害农民损失。2018年12月26日,南昌市中级人民法院作出终审判决,维持一审法院对上诉人王敏的定性,鉴于上诉期间王敏已积极赔偿损失,改判其有期徒刑七年,并处罚金人民币十五万元。

【指导意义】

生产、销售伪劣种子的行为严重危害国家农业生产安全,损害农民合法利益,及时、准确打击该类犯罪,是检察机关保护农民权益,维护农村稳定的职责。检察机关办理该类案件,应注意把握两方面问题:

(一)以此种子冒充彼种子应认定为假种子。根据刑法第一百四十七条规定,生产、销售假种子,使生产遭受较大损失的,应认定为生产、销售伪劣种子罪。假种子有不符型假种子(种类、名称、产地与标注不符)和冒充型假种子(以甲冒充乙、非种子冒充种子)。现实生活中,完全以非种子冒充种子的,比较少见。犯罪嫌疑人往往抓住种子专业性强、农户识别能力低的弱点,以此种子冒充彼种子或者以不合格种子冒充合格种子进行销售。因农作物生产周期较长,案发较为隐蔽,冒充型假种子往往造成农民投入种植成本,得不到应有收成回报,严重影响农业生产,应当依据刑法予以追诉。

(二)对伪劣种子造成的损失应予综合认定。伪劣种子造成的损失是涉假种子类案件办理时的疑难问题。实践中,可由专业人员根据现场勘查情况,对农业生产产量及其损失进行综合计算。具体可考察以下几方面:一是根据现场实地勘察,邀请农业、气象、土壤等方面专家,分析鉴定农作物生育期异常的原因,能否正常结实,是减产还是绝收等,分析减产或者绝收面积、产量。二是通过审定的农作物区试平均产量与根据现场调查的往年产量，结合当年可能影响产量的气候、土肥等因素，综合评估平均产量。三是根据农作物市场行情及平均单价等，确定直接经济损失。

【相关规定】

《中华人民共和国刑法》第一百四十七条

《中华人民共和国种子法》第四十九条、第九十一条

《最高人民法院、最高人民检察院关于办理生产、销售伪劣商品刑事案件具体应用法律若干问题的解释》第七条

《最高人民检察院、公安部关于公安机关管辖的刑事案件立案追诉标准的规定(一)》第二十三条

《农作物种子生产经营许可管理办法》第三十三条

检例第62号：南京百分百公司等生产、销售伪劣农药案

【关键词】

生产、销售伪劣农药罪　借证生产农药　田间试验

【要旨】

1. 未取得农药登记证的企业或者个人，借用他人农药登记证、生产许可证、质量标准证等许可证明文件生产、销售农药，使生产遭受较大损失的，以生产、销售伪劣农药罪追究刑事责任。

2. 对于使用伪劣农药造成的农业生产损失，可采取田间试验的方法确定受损原因，并以农作物绝收折损面积、受害地区前三年该类农作物的平均亩产量和平均销售价格为基准，综合计算认定损失金额。

【基本案情】

被告单位南京百分百化学有限责任公司(以下简称百分百公司)。

被告单位中土化工(安徽)有限公司(以下简称中土公司)。

被告单位安徽喜洋洋农资连锁有限公司(以下简称喜洋洋公司)。

被告人许全民，男，1971年12月出生，喜洋洋公司法定代表人、百分百公司实际经营人。

被告人朱桦，男，1971年3月出生，中土公司副总经理。

被告人王友定，男，1970年10月出生，安徽久易农业股份有限公司(以下简称久易公司)市场运营部经理。

2014年5月，被告单位喜洋洋公司、百分百公司准备从事50%吡蚜酮农药(以下简称吡蚜酮)经营活动，被告人许全民以百分百公司的名义与被告人王友定商定，借用久易公司吡蚜酮的农药登记证、生产许可证、质量标准证(以下简称“农药三证”)。双方约定：王友定提供吡蚜酮“农药三证”及电子标签，并对百分百公司设计的产品外包装进行审定，百分百公司按久易公司的标准生产并对产品质量负责。经查，王友定擅自出借“农药三证”，久易公司并未从中营利。

2014年5月18日、6月16日，许全民代表百分百公司与中土公司负责销售的副总经理朱桦先后签订4吨(单价93000元)、5吨(单价87000元)采购合同，向朱桦采购吡蚜酮，并约定质量标准、包装标准、付款方式等内容，合同金额计813000元。

2014年5月至6月，中土公司在未取得吡蚜酮“农药三证”的情况下，由朱桦负责采购吡蚜酮的主要生产原料，安排人员

自研配方,生产吡蚜酮。许全民联系设计吡蚜酮包装袋,并经王友定审定,提供给中土公司分装。该包装袋印制有百分百公司持有的“金鼎”商标,久易公司获得批准的“农药三证”,生产企业标注为久易公司。同年6月至8月,中土公司先后向百分百公司销售吡蚜酮计2324桶(6.972吨),销售金额计629832元。百分百公司出售给喜洋洋公司,由喜洋洋公司分售给江苏多家农资公司,农资公司销售给农户。泰州市姜堰区农户使用该批农药后,发生不同程度的药害,水稻心叶发黄,秧苗矮缩,根系生长受抑制。经调查,初步认定发生药害水稻面积5800余亩,折损面积计2800余亩,造成经济损失计270余万元。经检验,药害原因是因农药中含有烟嘧磺隆(除草剂)成分。但对涉案农药为何混入烟嘧磺隆,被告人无法给出解释,且农药生产涉及原料收购、加工、分装等一系列流程,客观上亦无法查证。

案发后,许全民自动投案并如实供述犯罪事实,朱桦、王友定到案后如实供述犯罪事实。久易公司及王友定向姜堰区农业委员会共同缴纳赔偿款150万元,中土公司缴纳赔偿款150万元,喜洋洋公司缴纳赔偿款55万元,百分百公司及许全民缴纳赔偿款95万元,朱桦缴纳赔偿款80万元,合计530万元。

【指控与证明犯罪】

本案由泰州市姜堰区农业委员会于2015年8月12日移送至姜堰区公安局。8月14日,姜堰区公安局立案侦查。2016年5月13日,泰州市姜堰区公安局以许全民等涉嫌生产、销售伪劣农药罪移送泰州市姜堰区人民检察院审查起诉。11月1日,泰州市姜堰区人民检察院以被告单位及被告人涉嫌生产、销售伪劣农药罪向泰州市姜堰区人民法院提起公诉。12月14日,泰州市姜堰区人民法院公开开庭审理了本案。

法庭调查阶段,公诉人宣读起诉书,指控被告人及被告单位在无“农药三证”的情况下,生产、销售有药害成分的农药,并造成特别重大损失,其行为构成生产、销售伪劣农药罪。针对以上指控的犯罪事实,公诉人向法庭出示了三组证据予以证明:

一是销售合同、出库清单、协议书等证据,证明被告单位、被告人借证生产、销售农药的事实。

二是田间试验公证书、农作物生产事故技术鉴定书、检验报告等证据,证明被告单位、被告人生产、销售的吡呀酮中含有烟嘧磺隆(除草剂)成分,是造成水稻受损的直接原因。

三是证人证言、被害人陈述、被告人供述和辩解等证据,证明被告单位、被告人共谋借用“农药三证”,违法生产、销售伪劣农药,造成水稻大面积受损,及农户损失已经得到赔偿的事实。

法庭辩论阶段,被告人及辩护人提出:1. 涉案农药不应认定为伪劣农药,行为人不具有生产伪劣农药的故意。2. 盐城市产品质量监督检验所并非司法鉴定机构,其出具的检验报告不具有证据效力;泰州市农作物事故技术鉴定书是依据农药检测报告等作出的,不应作为定案依据。3. 水稻受损原因不明,不能排除天气、施药方法等因素导致。

公诉人针对辩护意见进行答辩:

第一,虽然因客观原因无法查证涉案农药吡呀酮如何混入烟嘧磺隆(除草剂)成分,但现有证据足以证明,涉案吡呀酮含有烟嘧磺隆(除草剂)成分,并造成水稻大面积减产的危害后果，可以认定为伪劣农药。被告单位、被告人无“农药三证”，未按照经国务院农业主管部门审批获得登记的农药配方进行生产，生产完成后未进行严格检验即出厂销售，主观上具有生产、销售伪劣农药的故意。

第二，盐城市产品质量监督检验所具有农药成分检验资质，其出具的检验报告符合书证有关要求，可证明涉案吡蚜酮含有烟嘧磺隆(除草剂)成分这一事实。泰州市农业委员会依据该检验报告和田间试验结果出具的《农作物事故技术鉴定书》，系按照《江苏省农作物生产事故技术鉴定实施办法》组成专家组开展鉴定后作出的，符合证据规定，能证明受害水稻受损是使用涉案吡蚜酮导致。

第三，为科学确定水稻受损原因，田间试验结果系由泰州市新农农资有限公司申请，在泰州市姜堰公证处的全程监督下，进行拍照、摄像固定取得的。“七种配方，八块试验田”的试验方法，是根据农户将吡呀酮与阿维氟铃尿、戊唑醇、咪鲜三环唑混合施用的实际情况，并考虑涉案吡呀酮仅存在于两个批次，确定第一到第四块试验田分别施用两个批次、不同剂量(20克和40克)的吡呀酮；第五和第六块试验田分别将两个批次吡呀酮与其他农药混合施用；第七块试验田混合施用不含吡呀酮的其他农药；第八块试验田未施用农药。结果显示凡施用涉案农药的试验田，水稻均出现典型的除草剂药害情况，排除了天气等因素影响，证明水稻受害系因农户使用的涉案农药吡呀酮中含有烟嘧磺隆造成。

法庭经审理，认为公诉人提交的证据能够相互印证，予以确认。因被告人许全民自动投案，如实供述罪行，且判决前主动足额赔付了农户损失，达成了谅解，构成自首，依法减轻处罚，2017年9月19日，江苏省泰州市姜堰区人民法院作出一审判决，以生产、销售伪劣农药罪判处被告单位百分百公司罚金五十万元，中土公司罚金四十万元，喜洋洋公司罚金三十五万元；以生产、销售伪劣农药罪判处被告人许全民有期徒刑三年，缓刑五年，并处罚金八万元；因被告人朱桦及王友定系从犯，如实供述，积极赔偿损失，依法减轻处罚，以生产、销售伪劣农药罪判处被告人朱桦有期徒刑三年，缓刑四年，并处罚金五万元；判处被告人王友定有期徒刑三年，缓刑三年，并处罚金人民币二万元。一审宣判后，被告单位及被告人均未上诉，判决已生效。

【指导意义】

(一)借用或通过非法转让获得他人“农药三证”生产农药，并经检验鉴定含有药害成分，使生产遭受较大损失的，应予追诉。根据我国《农药管理条例》规定，农药生产销售应具备“农药三证”。一些企业通过非法转让或者购买等手段非法获取“农药三证”生产不合格农药，扰乱农药市场，往往造成农业生产重大损失，危害农民利益。借用或者通过非法转让获得“农药三证”生产不符合资质农药，经检验鉴定含有药害成分，致使农业生产遭受损失二万元以上的，应当依据刑法予以追诉。农药生产企业将“农药三证”出借给未取得生产资质的企业或者个人，且明知借用方生产、销售伪劣农药的，构成生产、销售伪劣农药罪共同犯罪。其中使农业生产遭受损失五十万元以上，销售金额不满二百万元的，依据刑法第一百四十七条生产、销售伪劣农药罪追诉；销售金额二百万元以上的，依据刑法第一百四十九条从重处罚原则，以生产、销售伪劣产品罪予以追诉。

(二)生产损失认定方法。生产、销售伪劣农药罪为结果犯,需以"使生产遭受较大损失"为前提。办理此类案件,可以采用以下方法认定生产损失:一是运用田间试验确定涉案农药与生产损失的因果关系。可在公证部门见证下,依据农业生产专家指导,根据农户对受损作物实际使用的农药种类,合理确定试验方法和试验所需样本田块数量,综合认定农药使用与生产损失的因果关系。二是及时引导侦查机关收集、固定受损作物折损情况证据。检察机关应结合农业生产具有时令性的特点,引导侦查机关走访受损农户了解情况,实地考察受损农田,及时收集证据,防止作物收割、复播影响生产损失的认定。三是综合评估损害数额。农业生产和粮食作物价格具有一定的波动性,办案中对损害具体数额的评估,应以绝收折损面积为基准,综合考察受损地区前三年农作物平均亩产量和平均销售价格,计算损害后果。

【相关规定】

《中华人民共和国刑法》第一百四十七条、第一百四十九条、第一百五十条

《最高人民法院、最高人民检察院关于办理生产、销售伪劣商品刑事案件具体应用法律若干问题的解释》第七条、第九条

《最高人民检察院、公安部关于公安机关管辖的刑事案件立案追诉标准的规定(一)》第二十三条

《农药管理条例》第四十五条、第四十七条、第五十二条

《农药登记管理办法》第二条

《农药生产许可管理办法》第五条、第二十八条

检例第64号:
杨卫国等人非法吸收公众存款案

【关键词】

非法吸收公众存款　网络借贷　资金池

【要旨】

单位或个人假借开展网络借贷信息中介业务之名,未经依法批准,归集不特定公众的资金设立资金池,控制、支配资金池中的资金,并承诺还本付息的,构成非法吸收公众存款罪。

【基本案情】

被告人杨卫国,男,浙江望洲集团有限公司法定代表人、实际控制人。

被告人张雯婷,女,浙江望洲集团有限公司出纳,主要负责协助杨卫国调度、使用非法吸收的资金。

被告人刘蓓蕾,女,上海望洲财富投资管理有限公司总经理,负责该公司业务。

被告人吴梦,女,浙江望洲集团有限公司经理、望洲集团清算中心负责人,主要负责资金池运作有关业务。

浙江望洲集团有限公司(以下简称望洲集团)于2013年2月28日成立,被告人杨卫国为法定代表人、董事长。自2013年9月起,望洲集团开始在线下进行非法吸收公众存款活动。2014年,杨卫国利用其实际控制的公司又先后成立上海望洲财富投资管理有限公司(以下简称望洲财富)、望洲普惠投资管理有限公司(以下简称望洲普惠),通过线下和线上两个渠道开展非法吸收公众存款活动。其中,望洲普惠主要负责发展信贷客户(借款人),望洲财富负责发展不特定社会公众成为理财客户

(出借人),根据理财产品的不同期限约定7%-15%不等的年化利率募集资金。在线下渠道,望洲集团在全国多个省、市开设门店,采用发放宣传单、举办年会、发布广告等方式进行宣传,理财客户或者通过与杨卫国签订债权转让协议,或者通过匹配望洲集团虚构的信贷客户借款需求进行投资,将投资款转账至杨卫国个人名下42个银行账户,被望洲集团用于还本付息、生产经营等活动。在线上渠道,望洲集团及其关联公司以网络借贷信息中介活动的名义进行宣传,理财客户根据望洲集团的要求在第三方支付平台上开设虚拟账户并绑定银行账户。理财客户选定投资项目后将投资款从银行账户转入第三方支付平台的虚拟账户进行投资活动,望洲集团、杨卫国及望洲集团实际控制的担保公司为理财客户的债权提供担保。望洲集团对理财客户虚拟账户内的资金进行调配,划拨出借资金和还本付息资金到相应理财客户和信贷客户账户,并将剩余资金直接转至杨卫国在第三方支付平台上开设的托管账户,再转账至杨卫国开设的个人银行账户,与线下资金混同,由望洲集团支配使用。

因资金链断裂,望洲集团无法按期兑付本息。截止到2016年4月20日,望洲集团通过线上、线下两个渠道非法吸收公众存款共计64亿余元,未兑付资金共计26亿余元,涉及集资参与人13400余人。其中,通过线上渠道吸收公众存款11亿余元。

【指控与证明犯罪】

2017年2月15日,浙江省杭州市江干区人民检察院以非法吸收公众存款罪对杨卫国等4名被告人依法提起公诉,杭州市江干区人民法院公开开庭审理本案。

法庭调查阶段,公诉人宣读起诉书指控杨卫国等被告人的行为构成非法吸收公众存款罪,并对杨卫国等被告人进行讯问。杨卫国对望洲集团通过线下渠道非法吸收公众存款的犯罪事实和性质没有异议,但辩称望洲集团的线上平台经营的是正常P2P业务,线上的信贷客户均真实存在,不存在资金池,不是吸收公众存款,不需要取得金融许可牌照,在营业执照许可的经营范围内即可开展经营。针对杨卫国的辩解,公诉人围绕理财资金的流转对被告人进行了重点讯问。

公诉人:(杨卫国)如果线上理财客户进来的资金大于借款方的资金,如何操作?

杨卫国:一般有两种操作方式。一种是停留在客户的操作平台上,另一种是转移到我开设的托管账户。如果转移到托管账户,客户就没有办法自主提取了。如果客户需要提取,我们根据客户指令再将资金返回到客户账户。

公诉人:(吴梦)理财客户充值到第三方支付平台的虚拟账户后,望洲集团操作员是否可以对第三方支付平台上的资金进行划拨。

吴梦:可以。

公诉人:(吴梦)请叙述一下划拨资金的方式。

吴梦:直接划拨到借款人的账户,如果当天资金充足,有时候会划拨到杨卫国在第三方支付平台上设立的托管账户,再提现到杨卫国绑定的银行账户,用来兑付线下的本息。

公诉人补充讯问:(吴梦)如果投资进来的资金大于借款方,如何操作?

吴梦:会对一部分进行冻结,也会提现一部分。资金优先用于归还客户的本息,然后配给借款方，然后再提取。

被告人的当庭供述证明，望洲集团通过直接控制理财客户在第三方平台上的虚拟账户和设立托管账户，实现对理财客户资金的归集和控制、支配、使用，形成了资金池。

举证阶段，公诉人出示证据，全面证明望洲集团线上、线下业务活动本质为非法吸收公众存款，并就线上业务相关证据重点举证。

第一，通过出示书证、审计报告、电子数据、证人证言、被告人供述和辩解等证据，证实望洲集团的线上业务归集客户资金设立资金池并进行控制、支配、使用，不是网络借贷信息中介业务。(1)第三方支付平台赋予望洲集团对所有理财客户虚拟账户内的资金进行冻结、划拨、查询的权限。线上理财客户在合同中也明确授权望洲集团对其虚拟账户内的资金进行冻结、划拨、查询，且虚拟账户销户需要望洲集团许可。(2)理财客户将资金转入第三方平台的虚拟账户后，望洲集团每日根据理财客户出借资金和信贷客户的借款需求，以多对多的方式进行人工匹配。当理财客户资金总额大于信贷客户借款需求时，剩余资金划入杨卫国在第三方支付平台开设的托管账户。望洲集团预留第二天需要支付的到期本息后，将剩余资金提现至杨卫国的银行账户，用于线下非法吸收公众存款活动或其他经营活动。(3)信贷客户的借款期限与理财客户的出借期限不匹配，存在期限错配等问题。(4)杨卫国及其控制的公司承诺为信贷客户提供担保，当信贷客户不能按时还本付息时，杨卫国保证在债权期限届满之日起3个工作日内代为偿还本金和利息。实际操作中，归还出借人的资金都来自于线上的托管账户或者杨卫国用于线下经营的银行账户。(5)望洲集团通过多种途径向不特定公众进行宣传，发展理财客户，并通过明示年化收益率、提供担保等方式承诺向理财客户还本付息。

第二，通过出示理财、信贷余额列表，扣押清单，银行卡照片，银行卡交易明细，审计报告，证人证言，被告人供述和辩解等证据，证实望洲集团资金池内的资金去向：(1)望洲集团吸收的资金除用于还本付息外，主要用于扩大望洲集团下属公司的经营业务。(2)望洲集团线上资金与线下资金混同使用，互相弥补资金不足，望洲集团从第三方支付平台提现到杨卫国银行账户资金为2.7亿余元，杨卫国个人银行账户转入第三方支付平台资金为2亿余元。(3)望洲集团将吸收的资金用于公司自身的投资项目，并有少部分用于个人支出，案发时线下、线上的理财客户均遭遇资金兑付困难。

法庭辩论阶段，公诉人发表公诉意见，论证杨卫国等被告人构成非法吸收公众存款罪，起诉书指控的犯罪事实清楚，证据确实、充分。其中，望洲集团在线上经营所谓网络借贷信息中介业务时，承诺为理财客户提供保底和增信服务，获取对理财客户虚拟账户内资金进行冻结、划拨、查询等权限，归集客户资金设立资金池，实际控制、支配、使用客户资金，用于还本付息和其他生产经营活动，超出了网络借贷信息中介的业务范围，属于变相非法吸收公众存款。杨卫国等被告人明知其吸收公众存款的行为未经依法批准而实施，具有犯罪的主观故意。

杨卫国认为望洲集团的线上业务不构成犯罪，不应计入犯罪数额。杨卫国的辩护人认为，国家允许P2P行业先行先试，望洲集团设立资金池、开展自融行为的时间在国家对P2P业务进行规范之前，没有违反刑事法律，属民事法律调整范畴，不应受到刑事处罚，犯罪数额应扣除通过线上模式流入的资金。

公诉人针对杨卫国及其辩护人的辩护意见进行答辩：望洲集团在线上开展网络借贷中介业务已从信息中介异化为信用中介，望洲集团对理财客户投资款的归集、控制、支配、使用以及还本付息的行为，本质与商业银行吸收存款业务相同，并非国家允许创新的网络借贷信息中介行为，不论国家是否出台有关网络借贷信息中介的规定，未经批准实施此类行为，都应当依法追究刑事责任。因此，线上吸收的资金应当计入犯罪数额。

法庭经审理认为，望洲集团以提供网络借贷信息中介服务为名，实际从事直接或间接归集资金、甚至自融或变相自融行为，本质是吸收公众存款。判断金融业务的非法性，应当以现行刑事法律和金融管理法律规定为依据，不存在被告人开展P2P业务时没有禁止性法律规定的问题。望洲集团的行为已经扰乱金融秩序，破坏国家金融管理制度，应受刑事处罚。

2018年2月8日，杭州市江干区人民法院作出一审判决，以非法吸收公众存款罪，分别判处被告人杨卫国有期徒刑九年六个月，并处罚金人民币五十万元；判处被告人刘蓓蕾有期徒刑四年六个月，并处罚金人民币十万元；判处被告人吴梦有期徒刑三年，缓刑五年，并处罚金人民币十万元；判处被告人张雯婷有期徒刑三年，缓刑五年，并处罚金人民币十万元。在案扣押冻结款项分别按损失比例发还；在案查封、扣押的房产、车辆、股权等变价后分别按损失比例发还。不足部分责令继续退赔。宣判后，被告人杨卫国提出上诉后又撤回上诉，一审判决已生效。本案追赃挽损工作仍在进行中。

【指导意义】

1. 向不特定社会公众吸收存款是商业银行专属金融业务，任何单位和个人未经批准不得实施。根据《中华人民共和国商业银行法》第十一条规定，未经国务院银行业监督管理机构批准，任何单位和个人不得从事吸收公众存款等商业银行业务，这是判断吸收公众存款行为合法与非法的基本法律依据。任何单位或个人，包括非银行金融机构，未经国务院银行业监督管理机构批准，面向社会吸收公众存款或者变相吸收公众存款均属非法。国务院《非法金融机构和非法金融业务活动取缔办法》进一步明确规定，未经依法批准，非法吸收公众存款、变相吸收公众存款、以任何名义向社会不特定对象进行的非法集资都属于非法金融活动，必须予以取缔。为了解决传统金融机构覆盖不了、满足不好的社会资金需求，缓解个体经营者、小微企业经营当中的小额资金困难，国务院金融监管机构于2016年发布了《网络借贷信息中介机构业务活动管理暂行办法》等“一个办法、三个指引”，允许单位或个人在规定的借款余额范围内通过网络借贷信息中介机构进行小额借贷，并且对单一组织、单一个人在单一平台、多个平台的借款余额上限作了明确限定。检察机关在办案中要准确把握法律法规、金融管理规定确定的界限、标准和原则精神，准确区分融资借款活动的性质，对于违反规定达到追诉标准的，依法追究刑事责任。

2. 金融创新必须遵守金融管理法律规定，不得触犯刑法规定。金融是现代经济的核心和血脉,金融活动引发的风险具有较强的传导性、扩张性、潜在性和不确定性。为了发挥金融服务经济社会发展的作用,有效防控金融风险,国家制定了完善的法律法规,对商业银行、保险、证券等金融业务进行严格的规制和监管。金融也需要发展和创新,但金融创新必须有效地防控可能产生的风险,必须遵守金融管理法律法规,尤其是依法须经许可才能从事的金融业务,不允许未经许可而以创新的名义擅自开展。检察机关办理涉金融案件,要深入分析、清楚认识各类新金融现象,准确把握金融的本质,透过复杂多样的表现形式,准确区分是真的金融创新还是披着创新外衣的伪创新,是合法金融活动还是以金融创新为名实施金融违法犯罪活动,为防范化解金融风险提供及时、有力的司法保障。

3. 网络借贷中介机构非法控制、支配资金,构成非法吸收公众存款。网络借贷信息中介机构依法只能从事信息中介业务,为借款人与出借人实现直接借贷提供信息搜集、信息公布、资信评估、信息交互、借贷撮合等服务。信息中介机构不得提供增信服务,不得直接或间接归集资金,包括设立资金池控制、支配资金或者为自己控制的公司融资。网络借贷信息中介机构利用互联网发布信息归集资金,不仅超出了信息中介业务范围,同时也触犯了刑法第一百七十六条的规定。检察机关在办案中要通过对网络借贷平台的股权结构、实际控制关系、资金来源、资金流向、中间环节和最终投向的分析,综合全流程信息,分析判断是规范的信息中介,还是假借信息中介名义从事信用中介活动,是否存在违法设立资金池、自融、变相自融等违法归集、控制、支配、使用资金的行为,准确认定行为性质。

【相关规定】

《中华人民共和国刑法》第一百七十六条

《中华人民共和国商业银行法》第十一条

《最高人民法院关于审理非法集资刑事案件具体应用法律若干问题的解释》(法释〔2010〕18号)第一条

检例第65号:王鹏等人利用未公开信息交易案

【关键词】

利用未公开信息交易　间接证据　证明方法

【要旨】

具有获取未公开信息职务便利条件的金融机构从业人员及其近亲属从事相关证券交易行为明显异常,且与未公开信息相关交易高度趋同,即使其拒不供述未公开信息传递过程等犯罪事实,但其他证据之间相互印证,能够形成证明利用未公开信息犯罪的完整证明体系,足以排除其他可能的,可以依法认定犯罪事实。

【基本案情】

被告人王鹏,男,某基金管理有限公司原债券交易员。

被告人王慧强,男,无业,系王鹏父亲。

被告人宋玲祥,女,无业,系王鹏母亲。

2008年11月至2014年5月,被告人王鹏担任某基金公司交易管理部债券交易员。在工作期间,王鹏作为债券交易员的个人账号为6610。因工作需要,某基金公司为王鹏等债券交易员开通了恒生系统6609账号的站点权限。自2008年7月7

日起，该6609账号开通了股票交易指令查询权限，王鹏有权查询证券买卖方向、投资类别、证券代码、交易价格、成交金额、下达人等股票交易相关未公开信息；自2009年7月6日起又陆续增加了包含委托流水、证券成交回报、证券资金流水、组合证券持仓、基金资产情况等未公开信息查询权限。2011年8月9日，因新系统启用，某基金公司交易管理部申请关闭了所有债券交易员登录6609账号的权限。

2009年3月2日至2011年8月8日期间，被告人王鹏多次登录6609账号获取某基金公司股票交易指令等未公开信息，王慧强、宋玲祥操作牛某、宋某祥、宋某珍的证券账户，同期或稍晚于某基金公司进行证券交易，与某基金公司交易指令高度趋同，证券交易金额共计8.78亿余元，非法获利共计1773万余元。其中，王慧强交易金额9661万余元，非法获利201万余元；宋玲祥交易金额7.8亿余元，非法获利1572万余元。

【指控与证明犯罪】

2015年6月5日，重庆市公安局以被告人王鹏、王慧强、宋玲祥涉嫌利用未公开信息交易罪移送重庆市人民检察院第一分院审查起诉。

审查起诉阶段，重庆市人民检察院第一分院审查了全案卷宗，讯问了被告人。被告人王鹏辩称，没有获取未公开信息的条件，也没有向其父母传递过未公开信息。被告人王慧强、宋玲祥辩称，王鹏没有向其传递过未公开信息，买卖股票均根据自己的判断进行。针对三人均不供认犯罪事实的情况，为进一步查清王鹏与王慧强、宋玲祥是否存在利用未公开信息交易行为，重庆市人民检察院第一分院将本案两次退回重庆市公安局补充侦查，并提出补充侦查意见：(1)继续讯问三被告人，以查明三人之间传递未公开信息的情况；(2)询问某基金公司有关工作人员，调取工作制度规定，核查工作区通讯设备保管情况，调取某基金债券交易工作区现场图，以查明王鹏是否具有传递信息的条件；(3)调查王慧强、宋玲祥的亲友关系，买卖股票的资金来源及获利去向，以查明王鹏是否为未公开信息的唯一来源，三人是否共同参与利用未公开信息交易；(4)询问某基金公司其他债券交易员，收集相关债券交易员登录工作账号与6609账号的查询记录，以查明王鹏登录6609账号是否具有异常性；(5)调取王慧强、宋玲祥在王鹏不具有获取未公开信息的职务便利期间买卖股票情况、与某基金股票交易指令趋同情况，以查明王慧强、宋玲祥在被指控犯罪时段的交易行为与其他时段的交易行为是否明显异常。经补充侦查，三被告人仍不供认犯罪事实，重庆市公安局补充收集了前述第2项至第5项证据，进一步补强证明王鹏具有获取和传递信息的条件，王慧强、宋玲祥交易习惯的显著异常性等事实。

2015年12月18日，重庆市人民检察院第一分院以利用未公开信息交易罪对王鹏、王慧强、宋玲祥提起公诉。重庆市第一中级人民法院公开开庭审理本案。

法庭调查阶段，公诉人宣读起诉书指控三名被告人构成利用未公开信息交易罪，并对三名被告人进行了讯问。三被告人均不供认犯罪事实。公诉人全面出示证据，并针对被告人不供认犯罪事实的情况进行重点举证。

第一，出示王鹏与某基金公司的《劳动合同》、《保密管理办法》、6609账号使用权限、操作方法和操作日志、某基金公司交易室照片等证据,证实:王鹏在2009年1月15日至2011年8月9日期间能够通过6609账号登录恒生系统查询到某基金公司对股票和债券的整体持仓和交易情况、指令下达情况、实时头寸变化情况等,王鹏具有获取某基金公司未公开信息的条件。

第二,出示王鹏登录6610个人账号的日志、6609账号权限设置和登录日志、某基金公司工作人员证言等证据,证实:交易员的账号只能在本人电脑上登录,具有唯一性,可以锁定王鹏的电脑只有王鹏一人使用;王鹏通过登录6609账号查看了未公开信息,且登录次数明显多于6610个人账号,与其他债券交易员登录6609账号情况相比存在异常。

第三,出示某基金公司股票指令下达执行情况,牛某、宋某祥、宋某珍三个证券账户不同阶段的账户资金对账单、资金流水、委托流水及成交流水以及牛某、宋某祥、宋某珍的证言等证据,证实:(1)三个证券账户均替王慧强、宋玲祥开设并由他们使用。(2)三个账户证券交易与某基金公司交易指令高度趋同。在王鹏拥有登录6609账号权限之后,王慧强操作牛某证券账户进行股票交易,牛某证券账户在2009年3月6日至2011年8月2日间,买入与某基金旗下股票基金产品趋同股票233只、占比93.95%,累计趋同买入成交金额9661.26万元、占比95.25%。宋玲祥操作宋某祥、宋某珍证券账户进行股票交易,宋某祥证券账户在2009年3月2日至2011年8月8日期间,买入趋同股票343只、占比83.05%,累计趋同买入成交金额1.04亿余元、占比90.87%。宋某珍证券账户在2010年5月13日至2011年8月8日期间,买入趋同股票183只、占比96.32%,累计趋同买入成交金额6.76亿元、占比97.03%。(3)交易异常频繁,明显背离三个账户在王鹏具有获取未公开信息条件前的交易习惯。从买入股数看,2009年之前每笔买入股数一般为数百股,2009年之后买入股数多为数千甚至上万股;从买卖间隔看,2009年之前买卖间隔时间多为几天甚至更久,但2009年之后买卖交易频繁,买卖间隔时间明显缩短,多为一至两天后卖出。(4)牛某、宋某祥、宋某珍三个账户停止股票交易时间与王鹏无权查看6609账号时间即2011年8月9日高度一致。

第四,出示王鹏、王慧强、宋玲祥和牛某、宋某祥、宋某珍的银行账户资料、交易明细、取款转账凭证等证据,证实:三个账户证券交易资金来源于王慧强、宋玲祥和王鹏,王鹏与宋玲祥、王慧强及其控制的账户之间存在大额资金往来记录。

法庭辩论阶段,公诉人发表公诉意见指出,虽然三名被告人均拒不供认犯罪事实,但在案其他证据能够相互印证,形成完整的证据链条,足以证明:王鹏具有获取某基金公司未公开信息的条件,王慧强、宋玲祥操作的证券账户在王鹏具有获取未公开信息条件期间的交易行为与某基金公司的股票交易指令高度趋同,且二人的交易行为与其在其他时间段的交易习惯存在重大差异,明显异常。对上述异常交易行为,二人均不能作出合理解释。王鹏作为基金公司的从业人员,在利用职务便利获取未公开信息后,由王慧强、宋玲祥操作他人账户从事与该信息相关的证券交易活动,情节特别严重,均应当以利用未公开信息交易罪追究刑事责任。

王鹏辩称,没有利用职务便利获取未

公开信息，亦未提供信息让王慧强、宋玲祥交易股票，对王慧强、宋玲祥交易股票的事情并不知情；其辩护人认为，现有证据只能证明王鹏有条件获取未公开信息，而不能证明王鹏实际获取了该信息，同时也不能证明王鹏本人利用未公开信息从事交易活动，或王鹏让王慧强、宋玲祥从事相关交易活动。王慧强辩称，王鹏从未向其传递过未公开信息，王鹏到某基金公司后就不知道其还在进行证券交易；其辩护人认为，现有证据不能证实王鹏向王慧强传递了未公开信息，及王慧强利用了王鹏传递的未公开信息进行证券交易。宋玲祥辩称，没有利用王鹏的职务之便获取未公开信息，也未利用未公开信息进行证券交易；其辩护人认为，宋玲祥不是本罪的适格主体，本案指控证据不足。

针对被告人及其辩护人辩护意见，公诉人结合在案证据进行答辩，进一步论证本案证据确实、充分，足以排除其他可能。首先，王慧强、宋玲祥与王鹏为亲子关系，关系十分密切，从王慧强、宋玲祥的年龄、从业经历、交易习惯来看，王慧强、宋玲祥不具备专业股票投资人的背景和经验，且始终无法对交易异常行为作出合理解释。其次，王鹏在证监会到某基金公司对其调查时，畏罪出逃，且离开后再没有回到某基金公司工作，亦未办理请假或离职手续。其辩称系因担心证监会工作人员到他家中调查才离开，逃跑行为及理由明显不符合常理。第三，刑法规定利用未公开信息罪的主体为特殊主体，虽然王慧强、宋玲祥本人不具有特殊主体身份，但其与具有特殊主体身份的王鹏系共同犯罪，主体适格。

法庭经审理认为，本案现有证据已形成完整锁链，能够排除合理怀疑，足以认定王鹏、王慧强、宋玲祥构成利用未公开信息交易罪，被告人及其辩护人提出的本案证据不足的意见不予采纳。

2018年3月28日，重庆市第一中级人民法院作出一审判决，以利用未公开信息交易罪，分别判处被告人王鹏有期徒刑六年六个月，并处罚金人民币900万元；判处被告人宋玲祥有期徒刑四年，并处罚金人民币690万元；判处被告人王慧强有期徒刑三年六个月，并处罚金人民币210万元。对三被告人违法所得依法予以追缴，上缴国库。宣判后，三名被告人均未提出上诉，判决已生效。

【指导意义】

经济金融犯罪大多属于精心准备、组织实施的故意犯罪，犯罪嫌疑人、被告人熟悉法律规定和相关行业规则，犯罪隐蔽性强、专业程度高，证据容易被隐匿、毁灭，证明犯罪难度大。特别是在犯罪嫌疑人、被告人不供认犯罪事实、缺乏直接证据的情形下，要加强对间接证据的审查判断，拓宽证明思路和证明方法，通过对间接证据的组织运用，构建证明体系，准确认定案件事实。

1. 明确指控的思路和方法，全面客观补充完善证据。检察机关办案人员应当准确把握犯罪的主要特征和证明的基本要求，明确指控思路和方法，构建清晰明确的证明体系。对于证明体系中证明环节有缺陷的以及关键节点需要补强证据的，要充分发挥检察机关主导作用，通过引导侦查取证、退回补充侦查，准确引导侦查取证方向，明确侦查取证的目的和要求，及时补充完善证据。必要时要与侦查人员直接沟通，说明案件的证明思路、证明方法以及需要补充完善的证据在证明体系中的证明价值、证明方向和证明作用。在涉嫌利用未公开信息交易的犯罪嫌疑人、被告人不供认犯罪事实,缺乏证明犯意联络、信息传递和利用的直接证据的情形下,应当根据指控思路,围绕犯罪嫌疑人、被告人获取信息的便利条件、时间吻合程度、交易异常程度、利益关联程度、行为人专业背景等关键要素,通过引导侦查取证、退回补充侦查或者自行侦查,全面收集相关证据。

2. 加强对间接证据的审查,根据证据反映的客观事实判断案件事实。在缺乏直接证据的情形下,通过对间接证据证明的客观事实的综合判断,运用经验法则和逻辑规则,依法认定案件事实,建立从间接证据证明客观事实,再从客观事实判断案件事实的完整证明体系。本案中,办案人员首先通过对三名被告人被指控犯罪时段和其他时段证券交易数据、未公开信息相关交易信息等证据,证明其交易与未公开信息的关联性、趋同度及与其平常交易习惯的差异性;通过身份关系、资金往来等证据,证明双方具备传递信息的动机和条件;通过专业背景、职业经历、接触人员等证据,证明交易行为不符合其个人能力经验;然后借助证券市场的基本规律和一般人的经验常识,对上述客观事实进行综合判断,认定了案件事实。

3. 合理排除证据矛盾,确保证明结论唯一。运用间接证据证明案件事实,构成证明体系的间接证据应当相互衔接、相互支撑、相互印证,证据链条完整、证明结论唯一。基于经验和逻辑作出的判断结论并不必然具有唯一性,还要通过审查证据,进一步分析是否存在与指控方向相反的信息,排除其他可能性。既要审查证明体系中单一证据所包含的信息之间以及不同证据之间是否存在矛盾,又要注重审查证明体系之外的其他证据中是否存在相反信息。在犯罪嫌疑人、被告人不供述、不认罪案件中,要高度重视犯罪嫌疑人、被告人的辩解和其他相反证据,综合判断上述证据中的相反信息是否会实质性阻断由各项客观事实到案件事实的判断过程、是否会削弱整个证据链条的证明效力。与证明体系存在实质矛盾并且不能排除其他可能性的,不能认定案件事实。但不能因为犯罪嫌疑人、被告人不供述或者提出辩解,就认为无法排除其他可能性。犯罪嫌疑人、被告人的辩解不具有合理性、正当性,可以认定证明结论唯一。

【相关规定】

《中华人民共和国刑法》第一百八十条第四款

《中华人民共和国刑事诉讼法》(2018修正)第五十五条

《最高人民法院 最高人民检察院关于办理利用未公开信息交易刑事案件适用法律若干问题的解释》(法释〔2019〕10号)第四条

检例第66号:
博元投资股份有限公司、余蒂妮等人违规披露、不披露重要信息案

【关键词】

违规披露、不披露重要信息　犯罪与刑罚

【要旨】

刑法规定违规披露、不披露重要信息罪只处罚单位直接负责的主管人员和其他直接责任人员,不处罚单位。公安机关以本罪将单位移送起诉的,检察机关应当对单位直接负责的主管人员及其他直接责任

人员提起公诉,对单位依法作出不起诉决定。对单位需要给予行政处罚的,检察机关应当提出检察意见,移送证券监督管理部门依法处理。

【基本案情】

被告人余蒂妮,女,广东省珠海市博元投资股份有限公司董事长、法定代表人,华信泰投资有限公司法定代表人。

被告人陈杰,男,广东省珠海市博元投资股份有限公司总裁。

被告人伍宝清,男,广东省珠海市博元投资股份有限公司财务总监、华信泰投资有限公司财务人员。

被告人张丽萍,女,广东省珠海市博元投资股份有限公司董事、财务总监。

被告人罗静元,女,广东省珠海市博元投资股份有限公司监事。

被不起诉单位广东省珠海市博元投资股份有限公司,住所广东省珠海市。

广东省珠海市博元投资股份有限公司(以下简称博元公司)原系上海证券交易所上市公司,股票名称:ST 博元,股票代码:600656。华信泰投资有限公司(以下简称华信泰公司)为博元公司控股股东。在博元公司并购重组过程中,有关人员作出了业绩承诺,在业绩不达标时需向博元公司支付股改业绩承诺款。2011 年 4 月,余蒂妮、陈杰、伍宝清、张丽萍、罗静元等人采取循环转账等方式虚构华信泰公司已代全体股改义务人支付股改业绩承诺款 3.84 亿余元的事实,在博元公司临时报告、半年报中进行披露。为掩盖以上虚假事实,余蒂妮、伍宝清、张丽萍、罗静元采取将 1000 万元资金循环转账等方式,虚构用股改业绩承诺款购买 37 张面额共计 3.47 亿元银行承兑汇票的事实,在博元公司 2011 年的年报中进行披露。2012 年至 2014 年,余蒂妮、张丽萍多次虚构银行承兑汇票贴现等交易事实,并根据虚假的交易事实进行记账,制作虚假的财务报表,虚增资产或者虚构利润均达到当期披露的资产总额或利润总额的 30%以上,并在博元公司当年半年报、年报中披露。此外,博元公司还违规不披露博元公司实际控制人及其关联公司等信息。

【指控与证明犯罪】

2015 年 12 月 9 日,珠海市公安局以余蒂妮等人涉嫌违规披露、不披露重要信息罪,伪造金融票证罪向珠海市人民检察院移送起诉;2016 年 2 月 22 日,珠海市公安局又以博元公司涉嫌违规披露、不披露重要信息罪,伪造、变造金融票证罪移送起诉。随后,珠海市人民检察院指定珠海市香洲区人民检察院审查起诉。

检察机关审查认为,犯罪嫌疑单位博元公司依法负有信息披露义务,在 2011 年至 2014 年期间向股东和社会公众提供虚假的或者隐瞒主要事实的财务会计报告,对依法应当披露的其他重要信息不按照规定披露,严重损害股东以及其他人员的利益,情节严重。余蒂妮、陈杰作为博元公司直接负责的主管人员,伍宝清、张丽萍、罗静元作为其他直接责任人员,已构成违规披露、不披露重要信息罪,应当提起公诉。根据刑法第一百六十一条规定,不追究单位的刑事责任,对博元公司应当依法不予起诉。

2016 年 7 月 18 日,珠海市香洲区人民检察院对博元公司作出不起诉决定。检察机关同时认为,虽然依照刑法规定不能追究博元公司的刑事责任,但对博元公司需要给予行政处罚。2016 年 9 月 30 日,检察机关向中国证券监督管理委员会发出《检察意见书》,建议对博元公司依法给予行政处罚。

2016年9月22日,珠海市香洲区人民检察院将余蒂妮等人违规披露、不披露重要信息案移送珠海市人民检察院审查起诉。2016年11月3日,珠海市人民检察院对余蒂妮等5名被告人以违规披露、不披露重要信息罪依法提起公诉。珠海市中级人民法院公开开庭审理本案。法庭经审理认为,博元公司作为依法负有信息披露义务的公司,在2011年至2014年期间向股东和社会公众提供虚假的或者隐瞒主要事实的财务会计报告,或者对依法应当披露的其他重要信息不按照规定披露,严重损害股东或者其他人的利益,情节严重,被告人余蒂妮、陈杰作为公司直接负责的主管人员,被告人伍宝清、张丽萍、罗静元作为其他直接责任人员,其行为均构成违规披露、不披露重要信息罪。2017年2月22日,珠海市中级人民法院以违规披露、不披露重要信息罪判处被告人余蒂妮等五人有期徒刑一年七个月至拘役三个月不等刑罚,并处罚金。宣判后,五名被告人均未提出上诉,判决已生效。

【指导意义】

1. 违规披露、不披露重要信息犯罪不追究单位的刑事责任。上市公司依法负有信息披露义务,违反相关义务的,刑法规定了相应的处罚。由于上市公司所涉利益群体的多元性,为避免中小股东利益遭受双重损害,刑法规定对违规披露、不披露重要信息罪只追究直接负责的主管人员和其他直接责任人员的刑事责任,不追究单位的刑事责任。刑法第一百六十二条妨害清算罪、第一百六十二条之二虚假破产罪、第一百八十五条之一违法运用资金罪等也属于此种情形。对于此类犯罪案件,检察机关应当注意审查公安机关移送起诉的内容,区分刑事责任边界,准确把握追诉的对象和范围。

2. 刑法没有规定追究单位刑事责任的,应当对单位作出不起诉决定。对公安机关将单位一并移送起诉的案件,如果刑法没有规定对单位判处刑罚,检察机关应当对构成犯罪的直接负责的主管人员和其他直接责任人员依法提起公诉,对单位应当不起诉。鉴于刑事诉讼法没有规定与之对应的不起诉情形,检察机关可以根据刑事诉讼法规定的最相近的不起诉情形,对单位作出不起诉决定。

3. 对不追究刑事责任的单位,人民检察院应当依法提出检察意见督促有关机关追究行政责任。不追究单位的刑事责任并不表示单位不需要承担任何法律责任。检察机关不追究单位刑事责任,容易引起当事人、社会公众产生单位对违规披露、不披露重要信息没有任何法律责任的误解。由于违规披露、不披露重要信息行为,还可能产生上市公司强制退市等后果,这种误解还会进一步引起当事人、社会公众对证券监督管理部门、证券交易所采取措施的质疑,影响证券市场秩序。检察机关在审查起诉时,应当充分考虑办案效果,根据证券法等法律规定认真审查是否需要对单位给予行政处罚;需要给予行政处罚的,应当及时向证券监督管理部门提出检察意见,并进行充分的释法说理,消除当事人、社会公众因检察机关不追究可能产生的单位无任何责任的误解,避免对证券市场秩序造成负面影响。

【相关规定】

《中华人民共和国刑法》第三十条、第三十一条、第一百六十一条

《中华人民共和国证券法》第一百九十三条

检例第81号：无锡F警用器材公司虚开增值税专用发票案

【关键词】

单位认罪认罚　不起诉　移送行政处罚　合规经营

【要旨】

民营企业违规经营触犯刑法情节较轻，认罪认罚的，对单位和直接责任人员依法能不捕的不捕，能不诉的不诉。检察机关应当督促认罪认罚的民营企业合法规范经营。拟对企业作出不起诉处理的，可以通过公开听证听取意见。对被不起诉人（单位）需要给予行政处罚、处分或者需要没收其违法所得的，应当依法提出检察意见，移送有关主管机关处理。

【基本案情】

被不起诉单位，无锡F警用器材新技术有限公司（以下简称“F警用器材公司”），住所地江苏省无锡市。

被不起诉人乌某某，男，F警用器材公司董事长。

被不起诉人陈某某，女，F警用器材公司总监。

被不起诉人倪某，男，F警用器材公司采购员。

被不起诉人杜某某，女，无锡B科技有限公司法定代表人。

2015年12月间，乌某某、陈某某为了F警用器材公司少缴税款，商议在没有货物实际交易的情况下，从其他公司虚开增值税专用发票抵扣税款，并指使倪某通过公司供应商杜某某等人介绍，采用伪造合同、虚构交易、支付开票费等手段，从王某某（另案处理）实际控制的商贸公司、电子科技公司虚开增值税专用发票24份，税额计人民币377344.79元，后F警用器材公司从税务机关抵扣了税款。

乌某某、陈某某、倪某、杜某某分别于2018年11月22日、23日至公安机关投案，均如实供述犯罪事实。11月23日，公安机关对乌某某等四人依法取保候审。案发后，F警用器材公司补缴全部税款并缴纳滞纳金。2019年11月8日，无锡市公安局新吴分局以F警用器材公司及乌某某等人涉嫌虚开增值税专用发票罪移送检察机关审查起诉。检察机关经审查，综合案件情况拟作出不起诉处理，举行了公开听证。该公司及乌某某等人均自愿认罪认罚，在律师的见证下签署了《认罪认罚具结书》。2020年3月6日，无锡市新吴区人民检察院依据《中华人民共和国刑事诉讼法》第一百七十七条第二款规定，对该公司及乌某某等四人作出不起诉决定，就没收被不起诉人违法所得及对被不起诉单位予以行政处罚向公安机关和税务机关分别提出检察意见。后公安机关对倪某、杜某某没收违法所得共计人民币45503元，税务机关对该公司处以行政罚款人民币466131.8元。

【检察履职情况】

1. 开展释法说理，促使被不起诉单位和被不起诉人认罪认罚。新吴区人民检察院受理案件后，向F警用器材公司及乌某某等四人送达《认罪认罚从宽制度告知书》，结合案情进行释法说理，并依法听取意见。乌某某等四人均表示认罪认罚，该公司提交了书面意见，表示对本案事实及罪名不持异议，愿意认罪认罚，请求检察机关从宽处理。

2. 了解企业状况，评估案件对企业生

产经营的影响。检察机关为全面评估案件的处理对企业生产经营的影响,通过实地走访、调查,查明该公司成立于1997年,系科技创新型民营企业,无违法经营处罚记录,近三年销售额人民币7000余万元,纳税额人民币692万余元。该公司拥有数十项专利技术、计算机软件著作权和省级以上科学技术成果,曾参与制定10项公共安全行业标准,在业内有较好的技术创新影响力。审查起诉期间,公司参与研发的项目获某创新大赛金奖。

3. 提出检察建议,考察涉罪企业改进合规经营情况。该企业发案前有基本的经营管理制度,但公司治理制度尚不健全。在评估案件情况后,检察机关围绕如何推动企业合法规范经营提出具体的检察建议,督促涉罪企业健全完善公司管理制度。该公司根据检察机关建议,制定合规经营方案,修订公司规章制度,明确岗位职责,对员工开展合法合规管理培训,并努力完善公司治理结构。结合该企业上述改进情况,根据单位犯罪特点,在检察机关主持下,由单位诉讼代表人签字、企业盖章,在律师见证下签署《认罪认罚具结书》。

4. 举行公开听证,听取各方意见后作出不起诉决定,并提出检察意见。考虑到本案犯罪情节较轻且涉罪企业和直接责任人员认罪认罚,检察机关拟对涉罪企业及有关人员作出不起诉处理。为提升不起诉决定的公信力和公正性,新吴区人民检察院举行公开听证会,邀请侦查机关代表、人民监督员、特约检察员参加听证,通知涉罪企业法定代表人、犯罪嫌疑人、辩护人到场听证。经听取各方意见,新吴区人民检察院依法作出不起诉决定,同时依法向公安机关、税务机关提出行政处罚的检察意见。公安机关、税务机关对该公司作出相应行政处罚,并没收违法所得。

【指导意义】

1. 对犯罪情节较轻且认罪认罚的涉罪民营企业及其有关责任人员,应当依法从宽处理。检察机关办理涉罪民营企业刑事案件,应当充分考虑促进经济发展,促进职工就业,维护国家和社会公共利益的需要,积极做好涉罪企业及其有关责任人员的认罪认罚工作,促使涉罪企业退缴违法所得、赔偿损失、修复损害、挽回影响,从而将犯罪所造成的危害降到最低。对犯罪情节较轻且认罪认罚、积极整改的企业及其相关责任人员,符合不捕、不诉条件的,坚持能不捕的不捕,能不诉的不诉,符合判处缓刑条件的要提出适用缓刑的建议。

2. 把建章立制落实合法规范经营要求,作为悔罪表现和从宽处罚的考量因素。检察机关在办理企业涉罪案件过程中,通过对自愿认罪认罚的民营企业进行走访、调查,查明企业犯罪的诱发因素、制度漏洞、刑事风险等,提出检察建议。企业通过主动整改、建章立制落实合法规范经营要求体现悔罪表现。检察机关可以协助和督促企业执行,帮助企业增强风险意识,规范经营行为,有效预防犯罪并据此作为从宽处罚的考量因素。

3. 依法做好刑事不起诉与行政处罚、处分有效衔接。检察机关依法作出不起诉决定的案件,要执行好《中华人民共和国刑事诉讼法》第一百七十七条第三款的规定,对被不起诉人需要给予行政处罚、处分或者需要没收其违法所得的,应当提出检察意见,移送有关主管机关处理。有关主管机关应当将处理结果及时通知人民检察院。有关主管机关未及时通知处理结果的,人民检察院应当依法予以督促。

【相关规定】

《中华人民共和国刑法》第三十七条、第二百零五条

《中华人民共和国刑事诉讼法》第十五条、第一百七十三条、第一百七十四条、第一百七十七条

《人民检察院刑事诉讼规则》第三百七十三条

最高人民法院、最高人民检察院、公安部、国家安全部、司法部《关于适用认罪认罚从宽制度的指导意见》

最高人民法院《关于虚开增值税专用发票定罪量刑标准有关问题的通知》第二条

检例第85号:
刘远鹏涉嫌生产、销售“伪劣产品”(不起诉)案

【关键词】

民营企业 创新产品 强制标准 听证 不起诉

【要旨】

检察机关办理涉企案件,应当注意保护企业创新发展。对涉及创新的争议案件,可以通过听证方式开展审查。对专业性问题,应当加强与行业主管部门沟通,充分听取行业意见和专家意见,促进完善相关行业领域标准。

【基本案情】

被不起诉人刘远鹏(化名),男,1982年5月出生,浙江动迈有限公司(化名)法定代表人。

2017年10月26日,刘远鹏以每台1200元的价格将其公司生产的“T600D”型电动跑步机对外出售,销售金额合计5万余元。浙江省永康市市场监督管理部门通过产品质量抽查,委托浙江省家具与五金研究所对所抽样品的18个项目进行检验,发现该跑步机“外部结构”“脚踏平台”不符合国家强制标准,被鉴定为不合格产品。2017年11月至12月,刘远鹏将研发的“智能平板健走跑步机”以跑步机的名义对外出售,销售金额共计701.4万元。经市场监督管理部门委托宁波出入境检验检疫技术中心检验,该产品未根据“跑步机附加的特殊安全要求和试验方法”加装“紧急停止开关”,且“安全扶手”“脚踏平台”不符合国家强制标准,被鉴定为不合格产品。

【检察机关履职过程】

2018年9月21日,浙江省永康市公安局以刘远鹏涉嫌生产、销售伪劣产品罪对其立案侦查并采取刑事拘留强制措施。案发后,永康市人民检察院介入侦查时了解到涉案企业系当地纳税优胜企业,涉案“智能平板健走跑步机”是该公司历经三年的研发成果,拥有十余项专利。在案件基本事实查清,主要证据已固定的情况下,考虑到刘远鹏系企业负责人和核心技术人员,为保障企业的正常生产经营,检察机关建议对刘远鹏变更强制措施。2018年10月16日,公安机关决定对刘远鹏改为取保候审。

2018年11月2日,公安机关将案件移送永康市人民检察院审查起诉。经审查,本案的关键问题在于:“智能平板健走跑步机”是创新产品还是不合格产品?能否按照跑步机的国家强制标准认定该产品为不合格产品?经赴该企业实地调查核实,永康市人民检察院发现“智能平板健走跑步机”运行速度与传统跑步机有明显区别。通过电话回访,了解到消费者对该产品的

质量投诉为零，且普遍反映该产品使用便捷，未造成人身伤害和财产损失。检察机关经进一步审查，鉴定报告中认定“智能平板健走跑步机”为不合格产品的主要依据，是该产品没有根据跑步机的国家强制标准，加装紧急停止装置、安全扶手、脚踏平台等特殊安全配置。经进一步核实，涉案“智能平板健走跑步机”最高限速仅8公里/小时，远低于传统跑步机20公里/小时的速度，加装该公司自主研发的红外感应智能控速、启停系统后，实际使用安全可靠，并无加装前述特殊安全配置的必要。检察机关又进一步咨询了行业协会和专业人士，业内认为“智能平板健走跑步机”是一种新型健身器材，对其适用传统跑步机标准认定是否安全不尽合理。综合全案证据，永康市人民检察院认为，“智能平板健走跑步机”可能是一种区别于传统跑步机的创新产品，鉴定报告依据传统跑步机质量标准认定其为伪劣产品，合理性存疑。

2019年3月11日，永康市人民检察院对本案进行听证，邀请侦查人员、辩护律师、人大代表、相关职能部门代表和跑步机协会代表共20余人参加听证。经评议，与会听证员一致认为，涉案“智能平板健走跑步机”是企业创新产品，从消费者使用体验和技术参数分析，使用该产品不存在现实隐患，在国家标准出台前，不宜以跑步机的强制标准为依据认定其为不合格产品。

结合听证意见，永康市人民检察院经审查，认定刘远鹏生产、销售的“智能平板健走跑步机”在运行速度、结构设计等方面与传统意义上的跑步机有明显区别，是一种创新产品。对其质量不宜以传统跑步机的标准予以认定，因其性能指标符合“固定式健身器材通用安全要求和试验方法”的国家标准，不属于伪劣产品，刘远鹏生产、销售该创新产品的行为不构成犯罪。综合全案事实，2019年4月28日，永康市人民检察院依法对刘远鹏作出不起诉决定。

该案办理后，经与行业主管、监管部门研究，永康市人民检察院建议永康市市场监督管理部门层报国家有关部委请示“智能平板健走跑步机”的标准适用问题。经层报国家市场监督管理总局，总局书面答复：“智能平板健走跑步机”因具有运行速度较慢、结构相对简单、外形小巧等特点，是一种“创新产品”，不适用跑步机的国家标准。总局同时还就“走跑步机”类产品的名称、宣传、安全标准等方面，提出了规范性意见。

【指导意义】

（一）对创新产品要进行实质性审查判断，不宜简单套用现有产品标准认定为“伪劣产品”。刑法规定，以不合格产品冒充合格产品的，构成生产、销售伪劣产品罪。认定“不合格产品”，以违反《产品质量法》规定的相关质量要求为前提。《产品质量法》要求产品“不存在危及人身、财产安全的不合理的危险”，“有保障人体健康和人身、财产安全的国家标准、行业标准的，应当符合该标准”的要求；同时，产品还应当具备使用性能。根据这些要求，对于已有国家标准、行业标准的传统产品，只有符合标准的才能认定为合格产品；对于尚无国家标准、行业标准的创新产品，应当本着既鼓励创新，又保证人身、财产安全的原则，多方听取意见，进行实质性研判。创新产品在使用性能方面与传统产品存在实质性差别的，不宜简单化套用传统产品的标准认定是否“合格”。创新产品不存在危及人身、财产安全隐患，且具备应有使用性能的，不应当认定为伪劣产品。相关质量检验机构作出鉴定意见的,检察机关应当进行实质审查。

(二)改进办案方式,加强对民营企业的平等保护。办理涉民营企业案件,要有针对性地转变理念,改进方法,严格把握罪与非罪、捕与不捕、诉与不诉的界限标准,把办案与保护企业经营结合起来,通过办案保护企业创新,在办案过程中,注重保障企业正常经营活动。要注重运用听证方式办理涉企疑难案件,善于听取行业意见和专家意见,准确理解法律规定,将法律判断、专业判断与民众的朴素认知结合起来,力争办案"三个效果"的统一。

(三)立足办案积极参与社会治理,促进相关规章制度和行业标准的制定完善。办理涉及企业经营管理和产品技术革新的案件,发现个案反映出的问题带有普遍性、行业性的,应当及时通过与行业主管部门进行沟通并采取提出检察建议等方式,促使行业主管部门制定完善相关制度规范和行业标准等,推进相关领域规章制度健全完善,促进提升治理效果。

【相关规定】

《中华人民共和国刑法》第一百四十条

《中华人民共和国刑事诉讼法》第一百七十七条

《中华人民共和国产品质量法》第二十六条

《最高人民法院、最高人民检察院关于办理生产、销售伪劣商品刑事案件具体应用法律若干问题的解释》第一条

检例第90号:许某某、包某某串通投标立案监督案

【关键词】

串通拍卖　串通投标　竞拍国有资产　罪刑法定　监督撤案

【要旨】

刑法规定了串通投标罪,但未规定串通拍卖行为构成犯罪。对于串通拍卖行为,不能以串通投标罪予以追诉。公安机关对串通竞拍国有资产行为以涉嫌串通投标罪刑事立案的,检察机关应当通过立案监督,依法通知公安机关撤销案件。

【基本案情】

犯罪嫌疑人许某某,男,1975年9月出生,江苏某事业有限公司实际控制人。

犯罪嫌疑人包某某,男,1964年9月出生,连云港某建设工程质量检测有限公司负责人。

江苏省连云港市海州区锦屏磷矿"尾矿坝"系江苏海州发展集团有限公司(以下简称海发集团,系国有独资)的项目资产,矿区占地面积近1200亩,存有尾矿砂1610万吨,与周边村庄形成35米的落差。该"尾矿坝"是应急管理部要求整改的重大危险源,曾两次发生泄露事故,长期以来维护难度大、资金要求高,国家曾拨付专项资金5000万元用于安全维护。2016年至2017年间,经多次对外招商,均未能吸引到合作企业投资开发。2017年4月10日,海州区政府批复同意海发集团对该项目进行拍卖。同年5月26日,海发集团委托江苏省大众拍卖有限公司进行拍卖,并主动联系许某某参加竞拍。之后,许某某联系包某

某,二人分别与江苏甲建设集团有限公司(以下简称甲公司)、江苏乙工程集团有限公司(以下简称乙公司)合作参与竞拍,武汉丙置业发展有限公司(以下简称丙公司,代理人王某某)也报名参加竞拍。2017年7月26日,甲公司、乙公司、丙公司三家单位经两次举牌竞价,乙公司以高于底价竞拍成功。2019年4月26日,连云港市公安局海州分局(以下简称海州公安分局)根据举报,以涉嫌串通投标罪对许某某、包某某立案侦查。

【检察机关履职过程】

线索发现。2019年6月19日,许某某、包某某向连云港市海州区人民检察院提出监督申请,认为海州公安分局立案不当,严重影响企业生产经营,请求检察机关监督撤销案件。海州区人民检察院经审查,决定予以受理。

调查核实。海州区人民检察院通过向海州公安分局调取侦查卷宗,走访海发集团、拍卖公司,实地勘查"尾矿坝"项目开发现场,并询问相关证人,查明:一是海州区锦屏磷矿"尾矿坝"项目长期闲置,存在重大安全隐患,政府每年需投入大量资金进行安全维护,海发集团曾邀请多家企业参与开发,均未成功;二是海州区政府批复同意对该项目进行拍卖,海发集团为防止项目流拍,主动邀请许某某等多方参与竞拍,最终仅许某某、王某某,以及许某某邀请的包某某报名参加;三是许某某邀请包某某参与竞拍,目的在于防止项目流拍,并未损害他人利益;四是"尾矿坝"项目后期开发运行良好,解决了长期存在的重大安全隐患,盘活了国有不良资产。

监督意见。2019年7月2日,海州区人民检察院向海州公安分局发出《要求说明立案理由通知书》。公安机关回复认为,许某某、包某某的串通竞买行为与串通投标行为具有同样的社会危害性,可以扩大解释为串通投标行为。海州区人民检察院认为,投标与拍卖行为性质不同,分别受招标投标法和拍卖法规范,对于串通投标行为,法律规定了刑事责任,而对于串通拍卖行为,法律仅规定了行政责任和民事赔偿责任,串通拍卖行为不能类推为串通投标行为。并且,许某某、包某某的串通拍卖行为,目的在于防止项目流拍,该行为实际上盘活了国有不良资产,消除了长期存在的重大安全隐患,不具有刑法规定的社会危害性。因此,公安机关以涉嫌串通投标罪对二人予以立案的理由不能成立。同时,许某某、包某某的行为亦不符合刑法规定的其他犯罪的构成要件。2019年7月18日,海州区人民检察院向海州公安分局发出《通知撤销案件书》,并与公安机关充分沟通,得到公安机关认同。

监督结果。2019年7月22日,海州公安分局作出《撤销案件决定书》,决定撤销许某某、包某某串通投标案。

【指导意义】

(一)检察机关发现公安机关对串通拍卖行为以涉嫌串通投标罪刑事立案的,应当依法监督撤销案件。严格遵循罪刑法定原则,法律没有明文规定为犯罪行为的,不得予以追诉。拍卖与投标虽然都是竞争性的交易方式,形式上具有一定的相似性,但二者行为性质不同,分别受不同法律规范调整。刑法第二百二十三条规定,投标人相互串通投标报价,损害招标人或者其他投标人利益,情节严重的,或者投标人与招标人串通投标,损害国家、集体、公民的合法利益的,以串通投标罪追究刑事责任。刑法未规定串通拍卖行为构成犯罪，拍卖法亦未规定串通拍卖行为可以追究刑事责任。公安机关将串通拍卖行为类推为串通投标行为予以刑事立案的，检察机关应当通过立案监督，通知公安机关撤销案件。

（二）准确把握法律政策界限，依法保护企业合法权益和正常经济活动。坚持法治思维，贯彻“谦抑、审慎”理念，严格区分案件性质及应承担的责任类型。对企业的经济行为，法律政策界限不明，罪与非罪不清的，应充分考虑其行为动机和对于社会有无危害及其危害程度，加强研究分析，慎重妥善处理，不能轻易进行刑事追诉。对于民营企业参与国有资产处置过程中的串通拍卖行为，不应以串通投标罪论处。如果在串通拍卖过程中有其他犯罪行为或者一般违法违规行为的，依照刑法、拍卖法等法律法规追究相应责任。

【相关规定】

《中华人民共和国刑法》第三条、第二百二十三条

《中华人民共和国拍卖法》第六十五条

《中华人民共和国招标投标法》第五十三条

《人民检察院刑事诉讼规则》第五百五十七至五百六十一条、第五百六十三条

《最高人民检察院、公安部关于刑事立案监督有关问题的规定（试行）》第六至九条

检例第93号：丁某某、林某某等人假冒注册商标立案监督案

【关键词】

制假售假　假冒注册商标　监督立案　关联案件管辖

【要旨】

检察机关在办理售假犯罪案件时，应当注意审查发现制假犯罪事实，强化对人民群众切身利益和企业知识产权的保护力度。对于公安机关未立案侦查的制假犯罪与已立案侦查的售假犯罪不属于共同犯罪的，应当按照立案监督程序，监督公安机关立案侦查。对于跨地域实施的关联制假售假犯罪，检察机关可以建议公安机关并案管辖。

【基本案情】

被告人丁某某，女，1969年9月出生，福建省晋江市个体经营者。

被告人林某某，男，1986年8月出生，福建省晋江市个体经营者。

被告人张某，男，1991年7月出生，河南省光山县个体经营者。

其他被告人基本情况略。

玛氏食品（嘉兴）有限公司（以下简称玛氏公司）是注册于浙江省嘉兴市的一家知名食品生产企业，依法取得“德芙”商标专用权，该注册商标的核定使用商品为巧克力等。2016年8月至2016年12月期间，丁某某等人雇佣多人在福建省晋江市某小区民房生产假冒“德芙”巧克力，累计生产2400箱，价值人民币96万元。2017年9月至2018年1月期间，林某某等人雇佣多人在福建省晋江市某工业园区厂房生产假冒“德芙”巧克力，累计生产1392箱，价值人民币55.68万元。2016年下半年至2017年年底，张某等人购进上述部分假冒“德芙”巧克力，通过注册的网店向社会公开销售。

【检察机关履职过程】

线索发现。2018年1月23日，嘉兴市公安局接玛氏公司报案，称有网店销售假

冒其公司生产的“德芙”巧克力,该局指定南湖公安分局立案侦查。2018年4月6日,南湖公安分局以涉嫌销售伪劣产品罪提请南湖区人民检察院审查批准逮捕网店经营者张某等人,南湖区人民检察院进行审查后,作出批准逮捕决定。在审查批准逮捕过程中,南湖区人民检察院发现,公安机关只对销售假冒“德芙”巧克力的行为进行立案侦查,而没有继续追查假冒“德芙”巧克力的供货渠道、生产源头,可能存在对制假犯罪应当立案侦查而未立案侦查的情况。

调查核实。南湖区人民检察院根据犯罪嫌疑人张某等人关于进货渠道的供述,调阅、梳理公安机关提取的相关微信聊天记录、网络交易记录、账户资金流水等电子数据,并主动联系被害单位玛氏公司,深入了解“德芙”商标的注册、许可使用情况、产品生产工艺流程、成分配料、质量标准等。经调查核实发现,本案中的制假行为涉嫌生产销售伪劣产品、侵犯知识产权等犯罪。

监督意见。经与公安机关沟通,南湖公安分局认为,本案的造假窝点位于福建省晋江市,销售下家散布于福建、浙江等地,案件涉及多个侵权行为实施地,制假犯罪不属本地管辖。南湖区人民检察院认为,本案是注册地位于嘉兴市的玛氏公司最先报案,且有南湖区消费者网购收到假冒“德芙”巧克力的证据,无论是根据最初受理地、侵权结果发生地管辖原则,还是基于制假售假行为的关联案件管辖原则,南湖公安分局对本案中的制假犯罪均具有管辖权。鉴于此,2018年5月15日,南湖区人民检察院向南湖公安分局发出《要求说明不立案理由通知书》。

监督结果。南湖公安分局收到《要求说明不立案理由通知书》后,审查认为该案现有事实证据符合立案条件,决定以涉嫌生产、销售伪劣产品罪对丁某某、林某某等人立案侦查,其后陆续将犯罪嫌疑人抓获归案,并一举捣毁位于福建省晋江市的造假窝点。南湖公安分局侦查终结,以丁某某、林某某、张某等人涉嫌生产、销售伪劣产品罪移送起诉。南湖区人民检察院经委托食品检验机构进行检验,不能认定本案中的假冒“德芙”巧克力为伪劣产品和有毒有害食品,但丁某某、林某某等人未经注册商标所有人许可,在生产巧克力上使用“德芙”商标,应当按假冒注册商标罪起诉,张某等人通过网络公开销售假冒“德芙”巧克力,应当按销售假冒注册商标的商品罪起诉。2019年1月14日,南湖区人民检察院以被告人丁某某、林某某等人犯假冒注册商标罪,被告人张某等人犯销售假冒注册商标的商品罪,向南湖区人民法院提起公诉。2019年11月1日,南湖区人民法院以假冒注册商标罪判处丁某某、林某某等7人有期徒刑一年二个月至四年二个月,并处罚金;以销售假冒注册商标的商品罪判处张某等4人有期徒刑一年至三年四个月,并处罚金。一审宣判后,被告人均未提出上诉,判决已生效。

【指导意义】

(一)检察机关审查批准逮捕售假犯罪嫌疑人时,发现公安机关对制假犯罪未立案侦查的,应当履行监督职责。制假售假犯罪严重损害国家和人民利益,危及广大人民群众的生命和财产安全,侵害企业的合法权益,破坏社会主义市场经济秩序,应当依法惩治。检察机关办理售假犯罪案件时,应当注意全面审查、追根溯源,防止遗漏对制假犯罪的打击。对于公安机关未立案侦查的制假犯罪与已立案侦查的售假犯罪不属于共同犯罪的，按照立案监督程序办理；属于共同犯罪的，按照纠正漏捕漏诉程序办理。

（二）加强对企业知识产权的保护，依法惩治侵犯商标专用权犯罪。保护知识产权就是保护创新，检察机关应当依法追诉破坏企业创新发展的侵犯商标专用权、专利权、著作权、商业秘密等知识产权犯罪，营造公平竞争、诚信有序的市场环境。对于实施刑法第二百一十三条规定的假冒注册商标行为，又销售该假冒注册商标的商品，构成犯罪的，以假冒注册商标罪予以追诉。如果同时构成刑法分则第三章第一节生产、销售伪劣商品罪各条规定之罪的，应当依照处罚较重的罪名予以追诉。

（三）对于跨地域实施的关联制假售假案件，检察机关可以建议公安机关并案管辖。根据《最高人民法院、最高人民检察院、公安部、国家安全部、司法部、全国人大常委会法制工作委员会关于实施刑事诉讼法若干问题的规定》第三条第四项和《最高人民法院、最高人民检察院、公安部关于办理侵犯知识产权刑事案件适用法律若干问题的意见》第一条的规定，对于跨地域实施的关联制假售假犯罪，并案处理有利于查明案件事实、及时打击制假售假犯罪的，检察机关可以建议公安机关并案管辖。

【相关规定】

《中华人民共和国刑法》第二百一十三条、第二百一十四条

《中华人民共和国刑事诉讼法》第一百一十三条

《人民检察院刑事诉讼规则》第五百五十七条、第五百五十九条、第五百六十条

《最高人民法院、最高人民检察院、公安部关于办理侵犯知识产权刑事案件适用法律若干问题的意见》第一条

《最高人民法院、最高人民检察院、公安部、国家安全部、司法部、全国人大常委会法制工作委员会关于实施刑事诉讼法若干问题的规定》第三条

《最高人民检察院、公安部关于刑事立案监督有关问题的规定（试行）》第四条、第七条

检例第98号：
邓秋城、双善食品（厦门）有限公司等销售假冒注册商标的商品案

【关键词】

销售假冒注册商标的商品　食品安全　上下游犯罪　公益诉讼

【要旨】

办理侵犯注册商标类犯罪案件，应注意结合被告人销售假冒商品数量、扩散范围、非法获利数额及在上下游犯罪中的地位、作用等因素，综合判断犯罪行为的社会危害性，确保罪责刑相适应。在认定犯罪的主观明知时，不仅考虑被告人供述，还应综合考虑交易场所、交易时间、交易价格等客观行为，坚持主客观相一致。对侵害众多消费者利益的情形，可以建议相关社会组织或自行提起公益诉讼。

【基本案情】

被告人邓秋城，男，1981年生，广州市百益食品贸易有限公司（以下简称百益公司）负责人。

被告单位双善食品（厦门）有限公司（以下简称双善公司），住所地福建省厦门市。

被告人陈新文，男，1981年生，双善公

司实际控制人。

被告人甄连连,女,1984 年生,双善公司法定代表人。

被告人张泗泉,男,1984 年生,双善公司销售员。

被告人甄政,男,1986 年生,双善公司发货员。

2017 年 5 月至 2019 年 1 月初,被告人邓秋城明知从香港购入的速溶咖啡为假冒“星巴克”“STARBUCKS VIA”等注册商标的商品,仍伙同张晓建(在逃)以每件人民币 180 元这一明显低于市场价(正品每件 800 元,每件 20 盒,每盒 4 条)的价格,将 21304 件假冒速溶咖啡(每件 20 盒,每盒 5 条,下同)销售给被告单位双善公司,销售金额 383 万余元。被告人邓秋城、陈新文明知百益公司没有“星巴克”公司授权,为便于假冒咖啡销往商业超市,伪造了百益公司许可双善公司销售“星巴克”咖啡的授权文书。2017 年 12 月至 2019 年 1 月初,被告人陈新文、甄连连、张泗泉、甄政以双善公司名义从邓秋城处购入假冒“星巴克”速溶咖啡后,使用伪造的授权文书,以双善公司名义将 19264 件假冒“星巴克”速溶咖啡销售给无锡、杭州、汕头、乌鲁木齐等全国 18 个省份 50 余家商户,销售金额共计 724 万余元。

案发后,公安机关在百益公司仓库内查获待售假冒“星巴克”速溶咖啡 6480 余件,按实际销售价格每件 180 元计算,价值 116 万余元;在被告单位双善公司仓库内查获假冒“星巴克”速溶咖啡 2040 件,由于双善公司向不同销售商销售的价格不同,对于尚未销售的假冒商品的货值金额以每件 340 元的最低销售价格计算,价值 69 万余元。

【检察机关履职情况】

审查起诉　2019 年 4 月 1 日,江苏省无锡市公安局新吴分局(以下简称新吴分局)以犯罪单位双善公司、被告人陈新文、甄连连、甄政涉嫌销售假冒注册商标的商品罪向江苏省无锡市新吴区人民检察院(以下简称新吴区检察院)移送起诉。同年 8 月 22 日,新吴分局以被告人邓秋城涉嫌假冒注册商标罪、销售假冒注册商标的商品罪移送起诉。新吴区检察院并案审查,重点开展以下工作:

一是准确认定罪名及犯罪主体。涉案咖啡系假冒注册商标的商品,是否属于有毒有害或不符合安全标准的食品,将影响案件定性,但在案证据没有关于假冒咖啡是否含有有毒有害成分、是否符合安全标准及咖啡质量的鉴定意见。鉴于该部分事实不清,检察机关要求公安机关对照 GB7101-2015《食品安全国家标准 饮料》等的规定,对扣押在案的多批次咖啡分别抽样鉴定。经鉴定,涉案咖啡符合我国食品安全标准,不构成生产、销售有毒、有害食品罪等罪名。公安机关基于被告人邓秋城销售假冒咖啡的行为,认定其涉嫌构成销售假冒注册商标的商品罪;基于在百益公司仓库内查获的假冒咖啡的制作和灌装工具,认为邓秋城亦实施了生产、制造假冒咖啡的行为,认定其同时构成假冒注册商标罪,故以涉嫌两罪移送起诉。检察机关经审查认为,现场仅有咖啡制作和罐装工具,无其他证据,且同案犯未到案,证明邓秋城实施制造假冒咖啡行为的证据不足,在案证据只能证实邓秋城将涉案假冒咖啡销售给犯罪单位双善公司,故改变邓秋城行为的定性,只认定销售假冒注册商标的商品罪一罪。检察机关还依职权主动对百益公司是否构成单位犯罪、是否需要追加起诉进行了审查，认定百益公司系邓秋城等为经营假冒咖啡于2018年4月专门设立。根据最高人民法院《关于办理单位犯罪案件具体应用法律有关问题的解释》第二条的规定，个人为进行违法犯罪活动而设立的公司、企业、事业单位实施犯罪的，不以单位犯罪论，故对百益公司的行为不应认定为单位犯罪。

二是追加认定犯罪数额。检察机关从销售单和买家证言等证据材料中发现，除公安机关移送起诉的被告人邓秋城销售金额121万元、犯罪单位双善公司销售金额324万元的事实外，邓秋城、双善公司还另有向其他客户销售大量假冒咖啡的行为。检察机关就百益公司、双善公司收取、使用货款的交易明细、公司员工聊天记录等证据退回公安机关补充侦查，公安机关补充调取了百益公司与双善公司以及邓秋城与被告人甄连连个人账户之间合计600万余元的转账记录、双善公司员工工作微信内涉案咖啡发货单照片120余份后，检察机关全面梳理核对销售单、快递单、汇款记录等证据，对邓秋城销售金额补充认定了172万余元，对双善公司销售金额补充认定了400万余元。

三是综合判断被告人主观上是否明知是假冒注册商标的商品。被告人邓秋城、陈新文、甄连连处于售假上游，有伪造并使用虚假授权文书、以明显低于市场价格进行交易的行为，应认定三人具有主观明知。在侦查阶段初期，被告人甄政否认自己明知涉案咖啡系假冒注册商标的商品，公安机关根据其他被告人供述、证人证言等证据，证实其采用夜间收发货、隐蔽包装运输等异常交易方式，认定其对售假行为具有主观明知。后甄政供认了自己的罪行，并表示愿意认罪认罚。经补充侦查，公安机关结合销售商证言，查明被告人张泗泉明知涉案咖啡被超市认定为假货被下架、退货，但仍继续销售涉案咖啡，金额达364万余元，可认定张泗泉具有主观明知。鉴于公安机关未将张泗泉一并移送，检察机关遂书面通知对张泗泉补充移送起诉。

四是综合考量量刑情节，提出量刑建议。针对销售假冒注册商标的商品罪的特点，在根据销售金额确定基准刑的前提下，充分考虑各被告人所处售假环节、假冒产品类别、销售数量、扩散范围等各项情节，在辩护人或值班律师的见证下，5名被告人均自愿认罪认罚，认可检察机关指控的全部犯罪事实和罪名，接受检察机关提出的有期徒刑一年九个月至五年不等，罚金10万元至300万元不等的量刑建议。2019年9月26日，新吴区检察院以被告人邓秋城、被告单位双善公司及陈新文、甄连连、张泗泉、甄政构成销售假冒注册商标的商品罪向江苏省无锡市新吴区人民法院（以下简称新吴区法院）提起公诉。

指控与证明犯罪　2019年11月7日，新吴区法院依法公开开庭审理本案。庭审过程中，部分辩护人提出以下辩护意见：1. 商品已销售，但仅收到部分货款，货款未收到的部分事实应当认定为犯罪未遂；2. 被告人邓秋城获利较少，且涉案重大事项均由未到案的同案犯决定，制假售假源头均来自未到案同案犯，其在全案中作用较小，在共同犯罪中起次要作用，系从犯。公诉人答辩如下：第一，根据被告单位双善公司内部销售流程，销售员已向被告人甄连连发送销售确认单，表明相关假冒商品已发至客户,销售行为已经完成,应认定为犯罪既遂,是否收到货款不影响犯罪既遂的认定。第二,邓秋城处于整个售假环节上游,在全案中地位作用突出,不应认定为从犯。首先,邓秋城实施了从香港进货、骗取报关单据、出具虚假授权书、与下家双善公司签订购销合同、收账走账等关键行为;其次,邓秋城销售金额低于双善公司,是因为其处于售假产业链的上游环节,销售单价低于下游经销商所致,但其销售数量高于双善公司。正是由于邓秋城实施伪造授权文书、提供进口报关单等行为,导致假冒咖啡得以进入大型商业超市,销售范围遍布全国,受害消费者数量众多,被侵权商标知名度高,媒体高度关注。合议庭对公诉意见和量刑建议予以采纳。

处理结果　2019 年 12 月 6 日,新吴区法院作出一审判决,以销售假冒注册商标的商品罪判处被告单位双善公司罚金 320 万元;分别判处被告人邓秋城、陈新文等五人有期徒刑一年九个月至五年不等,对被告人张泗泉、甄政适用缓刑,并对邓秋城等五人各处罚金 10 万元至 300 万元不等。判决宣告后,被告单位和被告人均未提出上诉,判决已生效。

鉴于此案侵害众多消费者合法权益,损害社会公共利益,新吴区检察院提出检察建议,建议江苏省消费者权益保护委员会(以下简称江苏消保委)对双善公司提起消费民事公益诉讼。江苏消保委依法向江苏省无锡市中级人民法院(以下简称无锡中院)提起侵害消费者权益民事公益诉讼,主张涉案金额三倍的惩罚性赔偿。无锡中院于 2020 年 9 月 18 日立案受理。

【指导意义】

(一)依法严惩假冒注册商标类犯罪,切实维护权利人和消费者合法权益

依法严厉惩治侵犯注册商标犯罪行为,保护权利人对注册商标的合法权益是检察机关贯彻国家知识产权战略,营造良好知识产权法治环境的重要方面。在办理侵犯注册商标犯罪案件中,检察机关应当全面强化职责担当。对于商品可能涉及危害食品药品安全、社会公共安全的,应当引导公安机关通过鉴定检验等方式就产品质量进行调查取证,查明假冒商品是否符合国家产品安全标准,是否涉嫌构成生产、销售有毒有害食品罪等罪名。如果一行为同时触犯数个罪名,则应当按照法定刑较重的犯罪进行追诉。制假售假犯罪链条中由于层层加价销售,往往出现上游制售假冒商品数量大但销售金额小、下游销售数量小而销售金额大的现象。检察机关在提出量刑建议时,不能仅考虑犯罪金额,还要综合考虑被告人在上下游犯罪中的地位与作用、所处的制假售假环节、销售数量、扩散范围、非法获利数额、社会影响等多种因素,客观评价社会危害性,体现重点打击制假售假源头的政策导向,做到罪刑相适应,有效惩治犯罪行为。

(二)对销售假冒注册商标的商品犯罪的上下游人员,应注意结合相关证据准确认定不同环节被告人的主观明知

司法实践中,对于销售主观明知的认定,应注意审查被告人在上下游犯罪中的客观行为。对售假源头者,可以通过是否伪造授权文件等进行认定;对批发环节的经营者,可以通过进出货价格是否明显低于市场价格,以及交易场所与交易方式是否合乎常理等因素进行甄别;对终端销售人员,可以通过客户反馈是否异常等情况进行判断;对确受伪造变造文件蒙蔽或主

观明知证据不足的人员，应坚持主客观相一致原则，依法不予追诉。

（三）一体发挥刑事检察和公益诉讼检察职能，维护社会公共利益

检察机关依法履职的同时，要善于发挥刑事检察和公益诉讼检察职能合力，用好检察建议等法律监督措施，以此推动解决刑事案件涉及的公共利益保护和社会治理问题。对于侵害众多消费者利益，涉案金额大，侵权行为严重的，检察机关可以建议有关社会组织提起民事公益诉讼，也可以自行提起民事公益诉讼，以维护社会公众合法权益。

【相关规定】

《中华人民共和国刑法》第二十三条、第二十六条、第二十七条、第二百一十三条、第二百一十四条

《最高人民法院、最高人民检察院关于办理侵犯知识产权刑事案件具体应用法律若干问题的解释》第九条

《最高人民法院关于审理单位犯罪案件具体应用法律有关问题的解释》第二条

检例第100号：陈力等八人侵犯著作权案

【关键词】

网络侵犯视听作品著作权　未经著作权人许可　引导侦查　电子数据

【要旨】

办理网络侵犯视听作品著作权犯罪案件，应注意及时提取、固定和保全相关电子数据，并围绕客观性、合法性、关联性要求对电子数据进行全面审查。对涉及众多作品的案件，在认定“未经著作权人许可”时，应围绕涉案复制品是否系非法出版、复制发行且被告人能否提供获得著作权人许可的相关证明材料进行审查。

【基本案情】

被告人陈力，男，1984年生，2014年11月10日因犯侵犯著作权罪被安徽省合肥市高新技术开发区人民法院判处有期徒刑七个月，罚金人民币十五万元，2014年12月25日刑满释放。

被告人林鉴等其他7名被告人基本情况略。

2017年7月至2019年3月，被告人陈力受境外人员委托，先后招募被告人林鉴、赖冬、严杰、杨小明、黄亚胜、吴兵峰、伍健兴，组建QQ聊天群，更新维护“www.131zy.net”“www.zuikzy.com”等多个盗版影视资源网站。其中，陈力负责发布任务并给群内其他成员发放报酬；林鉴负责招募部分人员、培训督促其他成员完成工作任务、统计工作量等；赖冬、严杰、杨小明等人通过从正版网站下载、云盘分享等方式获取片源，通过云转码服务器进行切片、转码、增加赌博网站广告及水印、生成链接，最后将该链接复制粘贴至上述盗版影视资源网站。其间，陈力收到境外人员汇入的盗版影视资源网站运营费用共计1250万余元，各被告人从中获利50万至1.8万余元不等。

案发后，公安机关从上述盗版影视网站内固定、保全了被告人陈力等人复制、上传的大量侵权影视作品，包括《流浪地球》《廉政风云》《疯狂外星人》等2019年春节档电影。

【检察机关履职情况】

审查逮捕　2019年春节，《流浪地球》等八部春节档电影在院线期间集体遭高清盗版，盗版电影通过各种途径流入网络。上海市人民检察院第三分院（以下简称上

海三分院)应公安机关邀请介入侦查,引导公安机关开展取证固证工作。一是通过调取和恢复QQ群聊天记录并结合各被告人到案后的供述,查明陈力团伙系共同犯罪,确定各被告人对共同实施的运营盗版影视资源网站行为的主观认知。二是联系侵权作品较为集中的美日韩等国家的著作权集体管理组织,由其出具涉案作品的版权认证文书。2019年4月8日,公安机关对陈力团伙中的8名被告人提请逮捕,上海三分院依法批准逮捕。

审查起诉　2019年8月29日,上海市公安局以被告人陈力等人涉嫌侵犯著作权罪向上海三分院移送起诉。本案涉及的大量影视作品涵盖电影、电视剧、综艺、动漫等多种类型,相关著作权人分布国内外。收集、审查是否获得权利人许可的证据存在难度。为进一步夯实证据基础,检察机关要求公安机关及时向国家广播电视总局调取"信息网络传播视听节目许可证"持证机构名单,以证实被告人陈力操纵的涉案网站均系非法提供网络视听服务的网站。同时,要求公安机关对陈力设置的多个网站中相对固定的美日韩剧各个版块,按照从每个网站下载300部的均衡原则抽取了2425部作品,委托相关著作权认证机构出具权属证明,证实抽样作品均系未经著作权人许可的侵权作品,且陈力等网站经营者无任何著作权人许可的相关证明材料。在事实清楚、证据确实、充分的基础上,8名被告人在辩护人或值班律师的见证下均自愿认罪认罚,接受检察机关提出的有期徒刑十个月至四年六个月不等、罚金2万元至50万元不等的确定刑量刑建议,并签署了认罪认罚具结书。

2019年9月27日,上海三分院以被告人陈力等8人构成侵犯著作权罪向上海市第三中级人民法院(以下简称上海三中院)提起公诉。

指控与证明犯罪　2019年11月15日,上海三中院召开庭前会议,检察机关及辩护人就举证方式、鉴定人出庭、非法证据排除等事项达成共识,明确案件事实、证据和法律适用存在的分歧。同年11月20日,本案依法公开开庭审理。8名被告人及其辩护人对指控的罪名均无异议,但对本案非法经营数额的计算提出各自辩护意见。陈力的辩护人提出,陈力租借服务器的费用及为各被告人发放的工资应予扣除,其他辩护人提出应按照各被告人实得报酬计算非法经营数额。此外,本案辩护人均提出境外人员归案后会对各被告人产生影响,应当对各被告人适用缓刑。公诉人对此答辩:第一,通过经营盗版资源网站的方式侵犯著作权,其网站经营所得即为非法经营数额,租借服务器以及用于发放各被告人的报酬等支出系犯罪成本,不应予以扣除。公诉机关按照各被告人加入QQ群以及获取第一笔报酬的时间,认定各被告人参与犯罪的起始时间,并结合对应期间网站的整体运营情况,计算出各被告人应承担的非法经营数额,证据确实、充分。第二,本案在案证据已能充分证实各被告人实施了共同犯罪及其在犯罪中所起的作用,按照相关法律和司法解释规定,境外人员是否归案不影响各被告人的量刑。第三,本案量刑建议是根据各被告人的犯罪事实、证据、法定酌定情节、社会危害性等因素综合判定,并经各被告人具结认可,而且本案侵权作品数量多、传播范围广、经营时间长,具有特别严重情节,且被告人陈力在刑罚执行完毕后五年内又犯应当判处有期徒刑以上刑罚之罪，构成累犯，故不应适用缓刑。合议庭采纳了公诉意见和量刑建议。

处理结果　2019年11月20日，上海三中院作出一审判决，以侵犯著作权罪分别判处被告人陈力等8人有期徒刑十个月至四年六个月不等，各处罚金2万元至50万元不等。判决宣告后，被告人均未提出上诉，判决已生效。

【指导意义】

（一）充分发挥检察职能，依法惩治网络侵犯视听作品著作权犯罪，切实维护权利人合法权益

依法保护著作权是国家知识产权战略的重要内容。检察机关坚决依法惩治侵犯著作权犯罪，尤其是注重惩治网络信息环境下的侵犯著作权犯罪。网络环境下侵犯视听作品著作权犯罪具有手段日益隐蔽、组织分工严密、地域跨度大、证据易毁损和隐匿等特点，且日益呈现高发多发态势，严重破坏网络安全与秩序，应予严惩。为准确指控和证明犯罪，检察机关在适时介入侦查、引导取证时，应注意以下方面：一是提取、固定和保全涉案网站视频链接、链接所指向的视频文件、涉案网站影视作品目录、涉案网站视频播放界面；二是固定、保全涉案网站对应的云转码服务器后台及该后台中的视频链接；三是比对确定云转码后台形成的链接与涉案网站播放的视频链接是否具有同一性；四是对犯罪过程中涉及的多个版本盗版影片，技术性地针对片头片中片尾分别进行作品的同一性对比。

（二）检察机关办理网络侵犯著作权犯罪案件，应围绕电子数据的客观性、合法性和关联性进行全面审查，依法适用认罪认罚从宽制度，提高办案质效

网络环境下侵犯著作权犯罪呈现出跨国境、跨区域以及智能化、产业化特征，证据多表现为电子数据且难以获取。在办理此类案件时，一方面要着重围绕电子数据的客观性、合法性和关联性进行全面审查，区分不同类别的电子数据，采取有针对性的审查方法，特别要注意审查电子数据与案件事实之间的多元关联，综合运用电子数据与其他证据，准确认定案件事实。另一方面，面对网络犯罪的复杂性，检察机关要注意结合不同被告人的地位与作用，充分运用认罪认罚从宽制度，推动查明犯罪手段、共犯分工、人员关系、违法所得分配等案件事实，提高办案效率。

（三）准确把握“未经著作权人许可”的证明方法

对于涉案作品种类众多且权利人分散的案件，在认定“未经著作权人许可”时，应围绕涉案复制品是否系非法出版、复制发行，被告人能否提供获得著作权人许可的相关证明材料予以综合判断。为证明涉案网站系非法提供网络视听服务的网站，可以收集“信息网络传播视听节目许可证”持证机构名单等证据，补强对涉案复制品系非法出版、复制发行的证明。涉案侵权作品数量众多时，可进行抽样取证，但应注意审查所抽取的样本是否具有代表性、抽样范围与其他在案证据是否相符、抽样是否具备随机性等影响抽样客观性的因素。在达到追诉标准的侵权数量基础上，对抽样作品提交著作权人进行权属认证，以确认涉案作品是否均系侵权作品。

【相关规定】

《中华人民共和国刑法》第二百一十七条

《中华人民共和国著作权法》第十条

《中华人民共和国刑事诉讼法》第十五条

《音像制品管理条例》第三条

《计算机信息网络国际互联网安全保护管理办法》第五条

《最高人民法院、最高人民检察院关于办理侵犯知识产权刑事案件具体应用法律若干问题的解释》第五条、第十一条

《最高人民法院、最高人民检察院、公安部关于办理侵犯知识产权刑事案件适用法律若干问题的意见》第十一条、第十五条

《人民检察院刑事诉讼规则》第二百五十二条

检例第 101 号：姚常龙等五人假冒注册商标案

【关键词】

假冒注册商标　境内制造境外销售　共同犯罪

【要旨】

凡在我国合法注册且在有效期内的商标，商标所有人享有的商标专用权依法受我国法律保护。未经商标所有人许可，无论假冒商品是否销往境外，情节严重构成犯罪的，依法应予追诉。判断侵犯注册商标犯罪案件是否构成共同犯罪，应重点审查假冒商品生产者和销售者之间的意思联络情况、对假冒违法性的认知程度、对销售价格与正品价格差价的认知情况等因素综合判断。

【基本案情】

被告人姚常龙，男，1983 年生，日照市东港区万能国际贸易有限公司（以下简称万能国际公司）法定代表人。

被告人古进，男，1989 年生，万能国际公司采购员。

被告人魏子皓，男，1990 年生，万能国际公司销售组长。

被告人张超，男，1990 年生，万能国际公司销售组长。

被告人庄乾星，女，1989 年生，万能国际公司销售组长。

2015 年至 2019 年 4 月，被告人姚常龙安排被告人古进购进打印机、标签纸、光纤模块等材料，伪造“CISCO”“HP”“HUAWEI”光纤模块等商品，并安排被告人魏子皓、张超、庄乾星向境外销售。姚常龙、古进共生产、销售假冒上述注册商标的光纤模块 10 万余件，销售金额共计人民币 3162 万余元；现场扣押假冒光纤模块、交换机等 11975 件，价值 383 万余元；姚常龙、古进的违法所得数额分别为 400 万元、24 万余元。魏子皓、张超、庄乾星销售金额分别为 745 万余元、429 万余元、352 万余元；违法所得数额分别为 20 万元、18.5 万元和 14 万元。

【检察机关履职情况】

审查逮捕　2019 年 4 月，山东省日照市公安局（以下简称日照市公安局）接到惠普公司报案后立案侦查。同年 5 月 24 日，山东省日照市人民检察院（以下简称日照市检察院）以涉嫌假冒注册商标罪对被告人姚常龙、古进批准逮捕；对被告人魏子皓、张超、庄乾星因无法证实犯罪故意和犯罪数额不批准逮捕，同时要求公安机关调取国外买方证言及相关书证，以查明魏子皓、张超、庄乾星是否具有共同犯罪故意及各自的犯罪数额。

审查起诉　2019 年 7 月 19 日，日照市

公安局补充证据后以被告人姚常龙、古进涉嫌假冒注册商标罪，被告人魏子皓、张超、庄乾星涉嫌销售假冒注册商标的商品罪，移送日照市检察院起诉。同年7月23日，日照市检察院将该案交由山东省日照市东港区人民检察院（以下简称东港区检察院）办理。

东港区检察院在审查起诉期间要求公安机关补充完善了以下证据：一是调取被告人姚常龙等5人之间的QQ聊天记录、往来电子邮件等电子数据，证实庄乾星、张超、魏子皓主观上明知销售的商品系姚常龙、古进假冒注册商标的商品，仍根据姚常龙的安排予以销售，构成无事前通谋的共同犯罪。二是调取电子合同、发货通知、订单等电子数据，结合扣押在案的销售台账及被告人供述、证人证言等证据，证实本案各被告人在共同犯罪中所起的作用大小。三是调取涉案商标的商标注册证、核准商标转让、续展注册证明等书证，证实涉案商标系在我国注册，且在有效期内。经对上述证据进行审查，东港区检察院认为，现有证据能够证实被告人庄乾星、张超、魏子皓三人在加入万能国际公司担任销售人员后，曾对公司产品的价格与正品进行对比，且收悉产品质量差的客户反馈意见，在售假过程中发现是由古进负责对问题产品更换序列号并换货等，上述证据足以证实庄乾星、张超、魏子皓三人对其销售的光纤模块系姚常龙、古进贴牌制作的假冒注册商标的商品具有主观明知。故认定该三人构成假冒注册商标罪，与姚常龙、古进构成共同犯罪。检察机关还依法对万能国际公司是否构成单位犯罪进行了审查，认定万能国际公司自2014年成立后截至案发，并未开展其他业务，实际以实施犯罪活动为主，相关犯罪收益也均未归属于万能国际公司。根据最高人民法院《关于办理单位犯罪案件具体应用法律有关问题的解释》第二条的规定，公司、企业、事业单位设立后，以实施犯罪为主要活动的，不以单位犯罪论处，故不构成单位犯罪。

2019年9月6日，东港区检察院变更公安机关移送起诉的罪名，以被告人姚常龙、古进、庄乾星、张超、魏子皓均构成假冒注册商标罪向山东省日照市东港区人民法院（以下简称东港区法院）提起公诉。

指控与证明犯罪　2019年10月10日，东港区法院依法公开开庭审理本案。庭审过程中，部分辩护人提出以下辩护意见：1. 被告人庄乾星、张超、魏子皓与被告人姚常龙不构成共同犯罪；2. 本案商品均销往境外，社会危害性较小。公诉人答辩如下：第一，庄乾星、张超、魏子皓明知自己销售的假冒注册商标的商品系姚常龙、古进贴牌生产仍继续销售，具有假冒注册商标的主观故意，构成假冒注册商标的共同犯罪。第二，本案中涉案商品均销往境外，但是被侵权商标均在我国注册登记，假冒注册商标犯罪行为发生在我国境内，无论涉案商品是否销往境外均对注册商标所有人合法权益造成侵害。合议庭对公诉意见予以采纳。

处理结果　2019年12月12日，东港区法院作出一审判决，以假冒注册商标罪分别判处被告人姚常龙、古进、庄乾星、张超、魏子皓有期徒刑二年二个月至四年不等，对古进、庄乾星、张超、魏子皓适用缓刑。同时对姚常龙判处罚金500万元，对古进等四人各处罚金14万元至25万元不等。一审判决后，上述被告人均未上诉，判决已生效。

【指导意义】

（一）假冒在我国取得注册商标的商品销往境外，情节严重构成犯罪的，依法应予追诉

凡在我国合法注册且在有效期内的商标，商标所有权人享有的商标专用权依法受我国法律保护。未经注册商标所有人许可，假冒在我国注册的商标的商品，无论由境内生产销往境外，还是由境外生产销往境内，均属违反我国商标管理法律法规，侵害商标专用权，损害商品信誉，情节严重的，构成犯罪。司法实践中，要加强对跨境侵犯注册商标类犯罪的惩治，营造良好营商环境。

（二）假冒注册商标犯罪中的上下游被告人是否构成共同犯罪，应结合假冒商品生产者和销售者之间的意思联络、对违法性的认知程度、对销售价格与正品价格差价认知情况等因素综合判断

侵犯注册商标犯罪案件往往涉案人数较多，呈现团伙作案、分工有序实施犯罪的特点。实践中，对被告人客观行为表现为生产、销售等分工负责情形的，检察机关应结合假冒商品生产者和销售者之间的意思联络情况，销售者对商品生产、商标标识制作等违法性认知程度，对销售价格与正品价格差价的认知情况，销售中对客户有无刻意隐瞒、回避商品系假冒，以及销售者的从业经历等因素，综合判断是否构成共同犯罪。对于部分被告人在假冒注册商标行为持续过程中产生主观明知，形成分工负责的共同意思联络，并继续维持或者实施帮助销售行为的，应认定构成共同犯罪。

【相关规定】

《中华人民共和国刑法》第二十五条、第二十七条、第三十条、第六十四条、第六十七条、第二百一十三条

《最高人民法院、最高人民检察院关于办理侵犯知识产权刑事案件具体应用法律若干问题的解释》第一条、第十二条、第十三条

《最高人民法院关于审理单位犯罪案件具体应用法律有关问题的解释》第二条

检例第102号：
金义盈侵犯商业秘密案

【关键词】

侵犯商业秘密　司法鉴定　专家辅助办案　证据链

【要旨】

办理侵犯商业秘密犯罪案件，被告人作无罪辩解的，既要注意审查商业秘密的成立及侵犯商业秘密的证据，又要依法排除被告人取得商业秘密的合法来源，形成指控犯罪的证据链。对鉴定意见的审查，必要时可聘请或指派有专门知识的人辅助办案。

【基本案情】

被告人金义盈，1981年生，案发前系温州菲涅尔光学仪器有限公司（以下简称菲涅尔公司）法定代表人、总经理。

温州明发光学科技有限公司（以下简称明发公司）成立于1993年，主要生产、销售放大镜、望远镜等光学塑料制品。明发公司自1997年开始研发超薄型平面放大镜生产技术，研发出菲涅尔放大镜（“菲涅尔放大镜”系一种超薄放大镜产品的通用名称）批量生产的制作方法——耐高温抗磨专用胶板、不锈钢板、电铸镍模板三合一塑成制作方法和镍模制作方法。明发公司根据其特殊设计，将胶板、模板、液压机分别交给温州市光大橡塑制品公司、宁波市江东

精杰模具加工厂、瑞安市永鑫液压机厂生产。随着生产技术的研发推进,明发公司不断调整胶板、模板、液压机的规格和功能,不断变更对供应商的要求,经过长期合作,三家供应商能够提供匹配的产品及设备。

被告人金义盈于2005年应聘到明发公司工作,双方签订劳动合同,最后一次合同约定工作期限为2009年7月16日至2011年7月16日。其间,金义盈先后担任业务员、销售部经理、副总经理,对菲涅尔超薄放大镜制作方法有一定了解,并掌握设备供销渠道、客户名单等信息。金义盈与明发公司签订有保密协议,其承担保密义务的信息包括:(1)技术信息,包括产品设计、产品图纸、生产模具、生产制造工艺、制造技术、技术数据、专利技术、科研成果等;(2)经营信息,包括商品产、供、销渠道,客户名单,买卖意向,成交或商谈的价格,商品性能、质量、数量、交货日期等。并约定劳动合同期限内、终止劳动合同后两年内及上述保密内容未被公众知悉期内,不得向第三方公开上述保密内容。

2011年初,金义盈从明发公司离职,当年3月24日以其姐夫应某甲、应某乙的名义成立菲涅尔公司,该公司2011年度浙江省地方税(费)纳税综合申报表载明金义盈为财务负责人。菲涅尔公司成立后随即向上述三家供应商购买与明发公司相同的胶板、模具和液压机等材料、设备,使用与明发公司相同的工艺生产同一种放大镜进入市场销售,造成明发公司经济损失人民币122万余元。

【检察机关履职情况】

审查起诉　2018年1月23日,浙江省温州市公安局以金义盈涉嫌侵犯商业秘密罪移送温州市人民检察院(以下简称温州市检察院)审查起诉。1月25日,温州市检察院将本案交由瑞安市人民检察院(以下简称瑞安市检察院)办理。本案被告人未作有罪供述,为进一步夯实证据基础,检察机关退回公安机关就以下事项补充侦查:金义盈是否系菲涅尔公司实际经营者,该公司生产技术的取得途径,明发公司向金义盈支付保密费情况以及金义盈到案经过等事实。

8月16日,瑞安市检察院以被告人金义盈构成侵犯商业秘密罪向浙江省瑞安市人民法院(瑞安市法院)提起公诉。

指控与证明犯罪　庭审过程中,检察机关申请两名鉴定人员出庭,辩护人申请有专门知识的人出庭,就《司法鉴定意见书》质证。被告人金义盈及辩护人提出以下辩护意见:1. 鉴定人检索策略错误、未进行技术特征比对、鉴定材料厚度未能全覆盖鉴定结论,故现有证据不足以证明明发公司掌握的菲涅尔超薄放大镜生产工艺属于"不为公众所知悉"的技术信息。2. 涉案三家供应商信息属于通过公开途径可以获取的信息,不属于商业秘密。3. 菲涅尔公司系通过正常渠道获知相关信息,其使用的生产工艺系公司股东应某甲通过向其他厂家学习、询问而得知,金义盈没有使用涉案技术、经营信息的行为及故意,并提供了8份文献证明涉案技术信息已公开。4. 保密协议仅对保密内容作了原则性规定,不具有可操作性,保密协议约定了保密津贴,但明发公司未按约向被告人金义盈发放保密津贴。

公诉人答辩如下:第一,涉案工艺具备非公知性。上海市科技咨询服务中心知识产权司法鉴定所鉴定人通过对现有专利、国内外文献以及明发公司对外宣传材料等内容进行检索、鉴定后认为,明发公司菲涅尔超薄放大镜的特殊制作工艺不能从公开渠道获取，属于“不为公众所知悉”的技术信息。该《司法鉴定意见书》系侦查机关委托具备知识产权司法鉴定资质的机构作出的，鉴定程序合法，意见明确，具有证据证明力。涉案菲涅尔超薄放大镜的制作工艺集成了多种技术，不是仅涉及产品尺寸、结构、材料、部件的简单组合，无法通过公开的产品进行直观或简单的测绘、拆卸或投入少量劳动、技术、资金便能直接轻易获得，相反，须经本领域专业技术人员进行长期研究、反复试验方能实现。故该辩护意见不能对鉴定意见形成合理怀疑。

第二，涉案供应商信息属于商业秘密。供应商、明发公司员工证言等证据证实，三家供应商提供的胶板、模具、液压机产品和设备均系明发公司技术研发过程中通过密切合作，对规格、功能逐步调整最终符合批量生产要求后固定下来的，故相关供应商供货能力的信息为明发公司独有的经营信息，具有秘密性。明发公司会计凭证、增值税专用发票以及供应商、明发公司员工证言证实，涉案加工设备、原材料供应商均系明发公司花费大量人力、时间和资金，根据明发公司生产工艺的特定要求，对所供产品及设备的规格、功能进行逐步调试、改装后选定，能够给明发公司带来成本优势，具有价值性。明发公司与员工签订的《保密协议》中明确约定了保密事项，应当认定明发公司对该供应商信息采取了合理的保护措施，具有保密性。

第三，金义盈在明发公司任职期间接触并掌握明发公司的商业秘密。明发公司员工证言等证据证实，金义盈作为公司分管销售的副总经理，因工作需要熟悉菲涅尔超薄放大镜生产制作工艺、生产过程、加工流程等技术信息，知悉生产所需的特定设备和原材料的采购信息及销售信息。

第四，金义盈使用了明发公司的商业秘密。明发公司的菲涅尔超薄放大镜制作工艺涉及多种技术，加工时的温度、压力、保压时间等工艺参数均有特定化的要求。根据鉴定意见和专家意见，金义盈使用的超薄放大镜生产工艺与明发公司菲涅尔超薄放大镜生产工艺在相关的技术秘点比对上均实质相同，能够认定金义盈使用了商业秘密。

第五，现有证据足以排除金义盈通过其他合法渠道获取或自行研发超薄放大镜生产工艺的可能。经对菲涅尔公司账册及企业营收情况进行审计，证实该公司无任何研发资金投入，公司相关人员均无超薄放大镜等同类产品经营、技术研发背景，不具有自行研发的能力和行为。金义盈辩称其技术系由其姐夫应某甲从放大镜设备厂家蔡某处习得，但经调查蔡某并未向其传授过放大镜生产技术，且蔡某本人亦不了解该技术。

第六，保密协议约定明确，被告人金义盈应当知晓其对涉案技术信息和经营信息负有保密义务。证人证言、权利人陈述以及保密协议中保密津贴与月工资同时发放的约定，能够证实明发公司支付了保密费。合议庭对公诉意见予以采纳。

处理结果　2019年9月6日，瑞安市法院以侵犯商业秘密罪判处被告人金义盈有期徒刑一年六个月，并处罚金70万元。宣判后，被告人提出上诉，温州市中级人民法院裁定驳回上诉，维持原判。

【指导意义】

（一）依法惩治侵犯商业秘密犯罪，首先要准确把握商业秘密的界定

商业秘密作为企业的核心竞争力，凝聚了企业在社会活动中创造的智力成果，

关系到企业生存与发展。依法保护商业秘密是国家知识产权战略的重要组成部分。检察机关依法严惩侵害商业秘密犯罪，对保护企业合法权益，营造良好营商环境，推进科技强国均有十分重要的意义。商业秘密是否成立，是认定是否构成侵犯商业秘密罪的前提条件。检察机关应着重审查以下方面：第一，涉案信息是否不为公众所知悉。注意审查涉案商业秘密是否不为其所属领域的相关人员普遍知悉和容易获得，是否属于《最高人民法院关于审理侵犯商业秘密民事案件适用法律若干问题的规定》第四条规定的已为公众所知悉的情形。第二，涉案信息是否具有商业价值。注意审查证明商业秘密形成过程中权利人投入研发成本、支付商业秘密许可费、转让费的证据；审查反映权利人实施该商业秘密获取的收益、利润、市场占有率等会计账簿、财务分析报告及其他体现商业秘密市场价值的证据。第三，权利人是否采取了相应的保密措施。注意审查权利人是否采取了《最高人民法院关于审理侵犯商业秘密民事案件适用法律若干问题的规定》第六条规定的保密措施，并注意审查该保密措施与商业秘密的商业价值、重要程度是否相适应、是否得到实际执行。

（二）对于被告人不认罪的情形，要善于运用证据规则，排除被告人合法取得商业秘密的可能性，形成指控犯罪的证据链

由于商业秘密的非公开性和犯罪手段的隐蔽性，认定被告人是否实施了侵犯商业秘密的行为往往面临证明困境。在被告人不作有罪供述时，为查明犯罪事实，检察机关应注意引导公安机关从被告人使用的信息与权利人的商业秘密是否实质上相同、是否具有知悉和掌握权利人商业秘密的条件、有无取得和使用商业秘密的合法来源，全面客观收集证据。特别是要着重审查被告人是否存在合法取得商业秘密的情形，应注意围绕辩方提出的商业秘密系经许可、承继、自行研发、受让、反向工程等合法方式获得的辩解，引导公安机关收集被告人会计账目、支出凭证等能够证明是否有研发费用、资金投入、研发人员工资等研发成本支出的证据；收集被告人所在单位研发人员名单、研发资质能力、实施研发行为、研发过程的证据；收集有关商业秘密的转让合同、许可合同、支付转让费、许可费的证据；收集被告人是否通过公开渠道取得产品并实施反向工程对产品进行拆卸、测绘、分析的证据，以及被告人因传承、承继商业秘密的书证等证据。通过证据之间的相互印证，排除被告人获取、使用商业秘密来源合法的可能性的，可以证实其实施侵犯商业秘密的犯罪行为。

（三）应注重对鉴定意见的审查，必要时引入有专门知识的人参与案件办理

办理侵犯商业秘密犯罪案件，由于商业秘密的认定，以及是否构成对商业秘密的侵犯，往往具有较强专业性，通常需要由鉴定机构出具专门的鉴定意见。检察机关对鉴定意见应予全面细致审查，以决定是否采信。对鉴定意见的审查应注意围绕以下方面：一是审查鉴定主体的合法性，包括鉴定机构、鉴定人员是否具有鉴定资质，委托鉴定事项是否符合鉴定机构的业务范围，鉴定人员是否存在应予回避等情形；二是审查鉴定材料的客观性，包括鉴定材料是否真实、完整、充分，取得方式是否合法，是否与原始材料一致等；三是审查鉴定方法的科学性，包括鉴定方法是否符合国家标准、行业标准，方法和标准的选用是否符合相关规

定。同时，要注意审查鉴定意见与其他在案证据能否相互印证，证据之间的矛盾能否得到合理解释。必要时，可聘请或指派有专门知识的人辅助审查案件，出庭公诉时可申请鉴定人及其他有专门知识的人出庭，对鉴定意见的科学依据以及合理性、客观性发表意见，通过对技术性问题的充分质证，准确认定案件事实，加强指控和证明犯罪。

【相关规定】

《中华人民共和国刑法》第二百一十九条

《最高人民法院关于适用〈中华人民共和国刑事诉讼法〉的解释》第一百零五条

《最高人民检察院、公安部关于公安机关管辖的刑事案件立案追诉标准的规定(二)》第七十三条

《最高人民法院关于审理侵犯商业秘密民事案件适用法律若干问题的规定》第四条、第六条

《最高人民检察院关于指派、聘请有专门知识的人参与办案若干问题的规定(试行)》

检例第175号：张业强等人非法集资案

【关键词】

私募基金　非法集资　非法占有目的　证据审查

【要旨】

违反私募基金管理有关规定，以发行销售私募基金形式公开宣传，向社会公众吸收资金，并承诺还本付息的，属于变相非法集资。向私募基金投资者隐瞒未将募集资金用于约定项目的事实，虚构投资项目经营情况，应当认定为使用诈骗方法。非法集资人虽然将部分集资款投入生产经营活动，但投资随意，明知经营活动盈利能力不具有支付本息的现实可能性，仍然向社会公众大规模吸收资金，还本付息主要通过募新还旧实现，致使集资款不能返还的，应当认定其具有非法占有目的。在共同犯罪或者单位犯罪中，应当根据非法集资人是否具有非法占有目的，认定其构成集资诈骗罪还是非法吸收公众存款罪。检察机关应当围绕私募基金宣传推介方式、收益分配规则、投资人信息、资金实际去向等重点判断非法集资人是否具有非法占有目的，针对性开展指控证明工作。

【基本案情】

被告人张业强，男，国盈资产管理有限公司、国盈投资基金管理(北京)有限公司等7家国盈系公司实际控制人。

被告人白中杰，男，国盈系公司实际控制人。

被告人鹿梅，女，自2016年8月起任国盈系公司财务负责人。

2012年7月至2018年间，被告人张业强、白中杰相继成立国盈系公司，其实际控制的国盈投资基金管理(北京)有限公司、中兴联合投资有限公司、国盈资产管理有限公司在中国证券投资基金业协会(以下简称“中基协”)先后取得私募股权、创业投资基金管理人、私募证券投资基金管理人资格(以下均简称“私募基金管理人”)。

2014年10月至2018年8月间，张业强、白中杰将其投资并实际控制的公司的经营项目作为发行私募基金的投资标的，并在南京等多地设立分公司，采取电话联络、微信推广、发放宣传册、召开推介会等方式公开虚假宣传，夸大项目公司经营规模和投资价值，骗取投资人信任，允许不适

格投资者以"拼单""代持"等方式购买私募基金,与投资人订立私募基金份额回购合同,承诺给予年化收益率7.5%至14%不等的回报。鹿梅自2016年8月起负责国盈系公司"资金池"及其投资项目公司之间的资金调度、划拨以及私募基金本金、收益的兑付。张业强、白中杰控制国盈系公司通过上述方式先后发行销售133只私募基金,非法公开募集资金人民币76.81亿余元。张业强、白中杰指定部分公司账户作为国盈系公司"资金池"账户,将绝大部分募集资金从项目公司划转至"资金池"账户进行统一控制、支配。上述集资款中,以募新还旧方式兑付已发行私募基金本金及收益49.76亿余元,用于股权、股票投资3.2亿余元,用于"溢价收购"项目公司股权2.3亿余元,用于支付员工薪酬佣金、国盈系公司运营费用、归还国盈系公司及项目公司欠款等17.03亿余元,用于挥霍及支付张业强个人欠款等4.52亿余元。张业强所投资的项目公司绝大部分长期处于亏损状态,国盈系公司主要依靠募新还旧维持运转。案发时,集资参与人本金损失共计28.53亿余元。

【检察机关履职过程】

2018年12月14日,江苏省南京市公安局以张业强、白中杰、鹿梅涉嫌集资诈骗罪向南京市人民检察院移送起诉。

(一)审查起诉

侦查阶段,张业强等人辩称不构成集资诈骗罪,移送起诉后进一步辩称国盈系公司在中基协进行了私募基金管理人登记,发行销售的133只私募基金中有119只私募基金按规定进行了备案,是对项目公司投资前景的认可,公司与投资人签订回购协议是出于降低单个项目风险的考量,未将募集款全部投入项目公司是基于公司计划进行内部调配,使用后期募集款归还前期私募基金本息仅是违规操作。

针对张业强等人的辩解,南京市人民检察院对在案证据审查后认为,证明张业强等人销售私募基金违反有关规定,公开向不特定对象吸收资金以及具有非法占有目的的证据尚有不足,要求公安机关围绕国盈系公司在募集、投资、管理、退出各环节实际运作情况进行补充侦查:(1)调取国盈系公司私募基金备案资料,与实际募集资金的相关资料进行比对,查明国盈系公司是否存在向中基协隐匿承诺保本保收益、引诱投资人投资等违规事实。(2)询问集资参与人、发行销售工作人员,核实营销方式及发行销售过程中是否有承诺还本付息、突破合格投资者确认程序等事实。(3)调取发行销售人员背景资料、培训宣传相关证据,查明是否存在公开宣传情形。(4)调取相关项目公司的账册、审计材料等相关证据,询问张业强指派的项目公司管理人员及项目公司相关工作人员,查明项目公司的实际经营情况和盈利能力。(5)对募集资金流向进行逐项审计,查明募集资金实际去向,是否存在募新还旧情形等。

公安机关根据补充侦查提纲收集并移送了相关证据。南京市人民检察院审查后认为,在案证据足以证明张业强、白中杰、鹿梅通过销售私募基金方式,以非法占有目的,使用诈骗方法非法集资,造成集资参与人损失数额特别巨大,于2019年6月28日以三被告人犯集资诈骗罪提起公诉,2020年1月10日又补充起诉了部分集资诈骗犯罪事实。

(二)指控和证明犯罪

2020年8月11日至12日,南京市中

级人民法院公开开庭审理本案。庭审阶段,公诉人结合在案证据指控和证明张业强等人的行为构成集资诈骗罪。

首先,公诉人出示证明张业强、白中杰控制国盈系公司利用私募基金非法吸收公众存款的有关证据,包括:一是出示国盈系公司微信公众号发布信息,组织投资人参加文旅活动方案,私募基金投资人、销售人员、活动组织人员关于招揽投资人、推介项目等方面的证言等,证实张业强等人进行了公开宣传。二是出示回购合同,资金交易记录,审计报告,被告人供述及私募基金投资人、销售人员证言等,证实张业强等人变相承诺还本付息。三是出示有关投资人实际信息相关书证、资金交易记录、被告人供述和私募基金投资人、销售人员证言等,证实张业强等人以"拼单""代持"等方式将不适格人员包装成合格投资者,向社会公众销售私募基金产品。公诉人指出,张业强等人实际控制的国盈系公司虽然具有私募基金管理人资格,发行销售的119只私募基金经过备案,但是其通过电话联络、微信推广、发放宣传册、召开推介会等方式招揽投资人,公开推介宣传、销售经过备案或者未经备案的私募基金,虚化合格投资者确认程序,允许不合格投资者通过"拼单""代持"等购买私募基金,并利用实际控制的关联公司与投资人签订回购协议变相承诺还本付息,既违反了《中华人民共和国证券投资基金法》等私募基金管理有关规定,也违反了《中华人民共和国商业银行法》关于任何单位和个人未经国务院金融管理部门批准不得从事吸收公众存款的规定。上述行为符合非法吸收公众存款活动所具有的"非法性""公开性""利诱性""社会性"特征。

随后,公诉人出示募集资金实际去向和项目公司经营状况等相关证据,证明张业强等人在非法集资过程中使用诈骗方法,并具有非法占有目的。一是出示国盈系公司及其项目公司账册,关于项目经营状况、募集资金去向等被告人供述、证人证言、审计报告等,证实募集资金转入项目公司后,绝大部分资金在鹿梅等人的操作下回流至国盈系公司"资金池"账户。二是出示被告人、项目公司负责人、财务人员等关于项目公司投资决策过程、经营管理状况等言词证据,项目公司涉诉资料等,证实张业强等人在对外投资时不进行尽职调查,随意进行"溢价收购",收购后经营管理不负责任,任由公司持续亏损。三是出示项目公司财务账册资料、"利益分配款"(即利息)有关审计报告等,证实张业强等人投资的绝大多数项目持续亏损,自2015年1月起国盈系公司已依靠募新还旧维持运转。四是出示张业强等人供述、有关资金交易记录、审计报告等证据,证实张业强将巨额募集资金用于购买豪车、别墅、归还个人欠款等。公诉人指出,张业强等人实际发行销售的133只私募基金中,有131只未按照合同约定的投资方向使用募集资金,并向投资人隐瞒了私募基金投资的项目公司系由张业强实际控制且连年亏损等事实,属于使用诈骗方法非法集资。张业强等人募集的资金大部分未用于生产经营活动,少部分募集资金虽用于投资项目经营过程中,但张业强等人投资决策和经营管理随意,项目公司持续亏损、没有实际盈利能力,长期以来张业强等人主要通过募新还旧支付承诺的本息,最终造成巨额资金无法返还,足以认定被告人具有非法占有目的。综上,被告人张业强、白中杰、鹿梅构成集资诈骗罪。

庭审中,张业强、白中杰、鹿梅及辩护人对指控的主要犯罪事实及罪名没有异议。

(三)处理结果

2021年8月11日,南京市中级人民法院以犯集资诈骗罪判处被告人张业强无期徒刑,剥夺政治权利终身,并处没收个人全部财产;判处被告人白中杰有期徒刑十五年,没收财产一千五百万元;判处被告人鹿梅有期徒刑十二年,没收财产一千万元。张业强、白中杰、鹿梅提出上诉,同年12月29日,江苏省高级人民法院裁定驳回上诉,维持原判。

此外,国盈系公司在南京、苏州、广州设立的分公司负责人组织业务人员以销售私募基金为由,向社会不特定公众公开宣传,以获取定期收益、承诺担保回购为诱饵,向社会公众公开募集资金,根据案件证据不能证明相关人员具有非法占有目的,应以非法吸收公众存款罪追究刑事责任。经南京、苏州、广州相关检察机关依法起诉,相关人民法院以犯非法吸收公众存款罪,分别对28名分公司负责人、业务经理判处有期徒刑一年至五年(部分人适用缓刑)不等,并处罚金一万元至五十万元不等。

【指导意义】

(一)打着发行销售私募基金的幌子,进行公开宣传,向社会公众吸收资金,并承诺还本付息的,属于变相非法集资。私募基金是我国多层次资本市场的有机组成部分,在资本市场中发挥着重要作用。与公募基金不同,私募基金只需经过备案、无需审批,但不能以私募为名公开募集资金。检察机关办理以私募基金为名非法集资的案件,应当结合《中华人民共和国证券投资基金法》《私募投资基金监督管理暂行办法》等有关私募基金宣传推介途径、收益分配、募集对象等方面的具体规定,对涉案私募基金是否符合非法集资特征作出判断。违反私募基金有关管理规定,通过公众媒体或者讲座、报告会、分析会等方式向不特定对象宣传,属于向社会公开宣传;通过签订回购协议等方式向投资者承诺投资本金不受损失或者承诺最低收益,属于变相承诺还本付息;通过"拼单""代持"等方式向合格投资者之外的单位和个人募集资金或者投资者累计超过规定人数,属于向社会公众吸收资金。在发行销售私募基金过程中同时具有上述情形的,本质上系假借私募之名变相非法集资,应当依法追究刑事责任。

(二)以发行销售私募基金名义,使用诈骗的方法非法集资,对集资款具有非法占有目的的,应当认定集资诈骗罪。非法集资人是否使用诈骗方法、是否具有非法占有目的,应当根据涉案私募基金信息披露情况、募集资金实际用途、非法集资人归还能力等要素综合判断。向私募基金投资者隐瞒募集资金未用于约定项目的事实,虚构投资项目经营情况,应当认定为使用诈骗方法。非法集资人虽然将部分集资款投入生产经营活动,但投资决策随意,明知经营活动盈利能力不具有支付本息的现实可能性,仍然向社会公众大规模吸收资金,兑付本息主要通过募新还旧实现,致使集资款不能返还的,应当认定其具有非法占有目的。在共同犯罪或者单位犯罪中,由于行为人层级、职责分工、获利方式、对全部犯罪事实的知情程度不同,其犯罪目的也存在不同,应当根据非法集资人是否具有非法占有目的分别认定构成集资诈骗罪还是非法吸收公众存款罪。

（三）围绕私募基金宣传推介方式、收益分配规则、投资人信息、资金实际去向等重点，有针对性开展引导取证、指控证明工作。检察机关指控证明犯罪时，不能局限于备案材料、正式合同等表面合乎规定的材料，必须穿透表象查清涉案私募基金实际运作全过程，提出引导取证意见，构建指控证明体系。(1)注重收集私募基金宣传推介方式、合格投资者确认过程、投资资金实际来源、实际投资人信息、实际利益分配方案等与募集过程相关的客观证据，查清资金募集过程及其具体违法违规情形。(2)注重收集募集资金投资项目、募集资金流向等与项目投资决策过程、经营管理状况、实际盈亏情况等相关客观性证据，在全面收集财务资料等证据的基础上，要求审计机构尽可能对资金流向进行全面审计，以查清募集资金全部流转过程和最终实际用途。(3)注重对犯罪嫌疑人、被告人的针对性讯问和有关人员的针对性询问，结合客观证据共同证明募集资金方式、资金去向、项目公司经营情况等关键性事实。

【相关规定】

《中华人民共和国刑法》第一百七十六条、第一百九十二条

《中华人民共和国商业银行法》第十一条

《中华人民共和国证券投资基金法》第八十七条、第九十一条

《最高人民法院关于审理非法集资刑事案件具体应用法律若干问题的解释》（法释〔2022〕5号）第一条、第二条、第七条

《私募投资基金监督管理暂行办法》（中国证券监督管理委员会令第105号）第十一条、第十二条、第十四条、第十五条、第二十四条

检例第176号：郭四记、徐维伦等人伪造货币案

【关键词】

伪造货币　网络犯罪　共同犯罪　主犯　全链条惩治

【要旨】

行为人为直接实施伪造货币人员提供专门用于伪造货币的技术或者物资的，应当认定其具有伪造货币的共同犯罪故意。通过网络积极宣传、主动为直接实施伪造货币人员提供伪造货币的关键技术、物资，或者明知他人有伪造货币意图，仍积极提供专门从事伪造货币相关技术、物资等，应当认定其在共同伪造货币犯罪中起主要作用，系主犯，对其实际参与的伪造货币犯罪总额负责。对于通过网络联络、分工负责、共同实施伪造货币犯罪案件，检察机关应当注重对伪造货币犯罪全链条依法追诉。

【基本案情】

被告人郭四记，男，防伪纸网络代理商。

被告人徐维伦，男，防伪纸网络代理商。

被告人胡春云、于文星、胡甲武、胡康康、宋金星，均系无业人员。

2018年9月，徐维伦成为某品牌防伪纸网络代理商后，组建多个QQ群，发布销售防伪纸广告。徐维伦利用该防伪纸自行制造假币，在QQ群发布视频炫耀，至案发共伪造人民币2.906万元。郭四记等意图伪造货币的人员通过网络广告加入徐维伦建立的QQ群，购买防伪纸用于制造假币。

郭四记认识徐维伦后,也成为该防伪纸销售代理商,徐维伦向其出售防伪纸、印章、假币电子模板等设备、材料,并传授制造假币技术。

2018 年 9 月至 11 月,徐维伦通过网络与胡春云、于文星、胡甲武、胡康康、宋金星共同伪造货币:(1)徐维伦通过网络向意图伪造货币的胡春云出售防伪纸、印油、丝印台、假币电子模板等制造假币材料,胡春云纠集同村村民于文星、胡甲武共同制造假币。在胡春云等人制造假币遇到困难时,徐维伦通过 QQ 远程操控电脑提供制假技术支持。胡春云等人共伪造人民币 1.8 万元,并使用了部分假币。(2)徐维伦通过网络向胡康康出售防伪纸、丝印网版等制造假币的材料,并赠送假币电子模板,胡康康纠集其堂弟宋金星共同伪造人民币 1.636 万元,并使用了部分假币。

期间,郭四记、徐维伦还通过网络分别或者共同与山西、贵州、河北、福建、山东等地相关人员伪造货币:(1)郭四记通过网络向意图伪造货币的张鑫出售防伪纸、打印机、假币模板、丝印网版等制造假币设备材料,并传授制造假币技术,张鑫据此伪造人民币 3.822 万元。(2)郭四记通过网络向意图伪造货币的廖波出售防伪纸、丝印网版、印油、丝印网水等制造假币的材料,并赠送假币电子模板,廖波与汪钰芳、陈香等人据此共同伪造人民币 96.85 万元。(3)徐维伦通过网络向意图伪造货币的王刚刚、郭四记出售防伪纸、印章、假币模板等制造假币设备材料,王刚刚、郭四记据此共同伪造人民币 4000 张(多为面值 20 元)并销往全国各地,徐维伦参与介绍贩卖。(4)徐维伦通过网络向意图伪造货币的邸天佑出售防伪纸、印油、印章等制造假币的材料,赠送假币电子模板,传授制造假币技术,邸天佑与赵春杰据此共同伪造人民币 1.876 万元。(5)徐维伦通过网络向意图伪造货币的白青沛出售防伪纸,白青沛据此伪造人民币 3.352 万元。张鑫、廖波等上述其他地区的人员均因伪造货币罪被当地法院判处刑罚。

【检察机关履职过程】

(一)审查起诉

2019 年 2 月 12 日,江西省庐山市公安局以郭四记、徐维伦、胡春云、于文星、胡甲武、胡康康、宋金星涉嫌伪造货币罪移送起诉。

江西省庐山市人民检察院审查发现,郭四记、徐维伦为全国多地伪造货币人员提供了大量制造假币所用防伪纸、丝印网版,并传授制假技术,但是直接实施伪造货币人员身份未查实,两名犯罪嫌疑人是否参与他人制造假币的事实以及具体犯罪数额不清。庐山市人民检察院将案件退回公安机关补充侦查,要求公安机关对全部直接实施伪造货币人员犯罪情况侦查取证。侦查人员赴相关省份提讯相关犯罪嫌疑人,并向当地公安机关调取犯罪嫌疑人供述、证人证言、制假设备及假币相关物证照片、扣押清单、假币鉴定意见等证明郭四记、徐维伦与直接实施伪造货币人员共同制造假币的证据材料,固定了共同犯罪的证据。2019 年 8 月 19 日,江西省庐山市人民检察院以伪造货币罪对郭四记、徐维伦等七名被告人提起公诉。

(二)指控和证明犯罪

2019 年 10 月 12 日,江西省庐山市人民法院依法公开开庭审理。

庭审中,被告人郭四记对指控罪名无异议,但对犯罪事实和犯罪数额提出异议。

郭四记的辩护人提出，郭四记只是出售制造假币设备材料和提供制造假币技术，未直接实施伪造货币活动，不应认定为伪造货币的共犯，不应对直接实施伪造货币人员的犯罪数额负责。郭四记的行为属于制造、销售用于伪造货币的版样，应根据犯罪情节量刑。被告人徐维伦及其辩护人对犯罪数额提出异议，认为不应将郭四记等人伪造货币的数额计入到徐维伦名下。

公诉人答辩指出，被告人计算机、手机、U盘等电子设备中的聊天记录、电子邮件、交易记录、制作假币相关应用程序等电子数据以及被告人供述证实，被告人郭四记、徐维伦在向直接实施伪造货币的人员销售可用于制造假币的防伪纸、打印机等通用设备材料以外，还销售专门用于制造假币的电子模板、印章、丝印网版，足以认定其与伪造货币人员具有制造假币的共同故意。而且，二被告人不仅销售制造假币所需的设备材料，还提供制造假币技术，被告人徐维伦在他人制造假币遇到问题时，甚至远程控制他人电脑直接操作，足以认定二被告人在各自参与的伪造货币共同犯罪中起主要作用，系主犯，应当对他人实际使用二被告人提供的设备材料、技术伪造货币的总额负责。被告人胡春云、胡康康主动联系徐维伦购买制造假币材料、学习制造假币技术并制造假币，均系主犯。被告人于文星、胡甲武、宋金星按照指令从事从属性工作，在共同犯罪中起次要、辅助作用，系从犯。

（三）处理结果

2019年11月14日，庐山市人民法院以伪造货币罪判处被告人郭四记有期徒刑十四年，并处罚金十万元；判处被告人徐维伦有期徒刑十二年，并处罚金五万元；判处胡春云等其他五名被告人二年至四年有期徒刑，并处罚金。宣判后，七名被告人均未上诉，判决已生效。

【指导意义】

（一）明知他人意图伪造货币，通过网络提供伪造货币技术或者设备、材料的人员，与直接实施伪造货币的人员构成伪造货币共同犯罪。为直接实施伪造货币人员提供专门用于伪造货币的技术或者设备、材料的，应当认定其具有伪造货币的共同犯罪故意。

（二）对于提供伪造货币的技术或者设备、材料但未直接实施伪造货币行为的人员，应当根据具体行为判断在共同伪造货币中的地位和作用。通过网络积极宣传、主动为直接实施伪造货币人员提供伪造货币的关键技术、设备、材料，或者明知他人有伪造货币意图，仍积极提供专门从事伪造货币的相关技术、设备、材料等，应当认定其在共同伪造货币犯罪中起主要作用，系主犯，对其实际参与的伪造货币犯罪总额负责。

（三）注重依法能动履职，对伪造货币犯罪全链条追诉。对于通过网络联络、分工负责、共同实施伪造货币犯罪案件，检察机关在审查逮捕、审查起诉时要注重审查伪造货币全链条行为人的犯罪事实是否全部查清，是否遗漏共同犯罪事实。办理利用网络共同伪造货币案件，要注重引导公安机关及时查封、扣押犯罪嫌疑人的计算机、手机、U盘等电子设备，全面提取社交通讯工具中留存的通讯记录、交易信息、制造假币应用程序等相关电子数据，以此为基础查清共同犯罪事实。

【相关规定】

《中华人民共和国刑法》第二十五条、第二十六条、第一百七十条

《中华人民共和国刑事诉讼法》第一百

七十一条、第一百七十五条

《最高人民法院关于审理伪造货币等案件具体应用法律若干问题的解释》第一条

检例第177号：孙旭东非法经营案

【关键词】

非法经营罪　POS机套现　违反国家规定　自行侦查

【要旨】

对于为恶意透支的信用卡持卡人非法套现的行为，应当根据其与信用卡持卡人有无犯意联络、是否具有非法占有目的等，区分非法经营罪与信用卡诈骗罪。经二次退回补充侦查仍未达到起诉条件，但根据已查清的事实认为犯罪嫌疑人仍然有遗漏犯罪重大嫌疑的，检察机关依法可以自行侦查。应当结合相关类型犯罪的特点，对在案证据、需要补充的证据和可能的侦查方向进行分析研判，明确自行侦查的可行性和路径。检察机关办理信用卡诈骗案件时发现涉及上下游非法经营金融业务等犯罪线索的，应当通过履行立案监督等职责，依法追诉遗漏犯罪嫌疑人和遗漏犯罪事实。

【基本案情】

被告人孙旭东，男，曾用名孙旭，别名孙盼盼。

2013年间，孙旭东对外谎称是某银行工作人员，可以帮助不符合信用卡申办条件的人代办该银行大额度信用卡。因某银行要求申办大额度信用卡的人员必须在该行储蓄卡内有一定存款，孙旭东与某银行北京分行某支行负责办理信用卡的工作人员王某君（在逃国外）商议，先帮助申办人办理某银行储蓄卡，并将孙旭东本人银行账户中的资金转入该储蓄卡以达到申办标准，审核通过后再将转入申办人储蓄卡的资金转回，随后由孙旭东帮助信用卡申办人填写虚假的工作单位、收入情况等信用卡申办资料，再由王某君负责办理某银行大额度信用卡。代办信用卡后，孙旭东使用其同乡潘兰军（因犯信用卡诈骗罪被判刑）经营的北京君香博业食品有限公司（以下简称“博业食品公司”）注册办理的POS机，以虚构交易的方式全额刷卡套现，并按照事先约定截留部分套现资金作为申办信用卡和套现的好处费，剩余资金连同信用卡交给申办人。通过上述方式，孙旭东为他人申办信用卡46张，套现资金共计1324万元。截至案发时，16张信用卡无欠款，30张信用卡持卡人逾期后未归还套现资金共计458万余元。

【检察机关履职过程】

（一）发现线索

2016年9月，在北京市西城区人民检察院（以下简称“西城区检察院”）办理史悦信用卡诈骗案过程中，史悦供称其信用卡系一名为“陈旭”的男子代办，“陈旭”帮助其套现40万元后截留10万元作为好处费。检察机关认为，该“陈旭”为他人套现信用卡资金的行为可能涉嫌非法经营罪，遂将线索移交公安机关。经公安机关核查，“陈旭”是孙旭东。

2016年12月24日，西城区检察院对史悦信用卡诈骗案提起公诉的同时，建议公安机关对孙旭东涉嫌犯罪问题进行调查核实。公安机关经调取相关银行账户交易流水、信用卡申办材料、交易记录等，证实孙旭东为史悦等4人办理了大额度信用卡，上述信用卡通过POS机将卡内额度全额刷卡消费,交易记录显示收款方为北京顺通泰达货运代理有限公司(以下简称“顺通货运代理公司”)。2017 年 6 月 26 日,北京市西城区人民法院以信用卡诈骗罪判处史悦有期徒刑五年八个月,并处罚金六万元。同年 12 月 19 日,公安机关将孙旭东抓获归案。

(二)审查起诉和退回补充侦查

2018 年 3 月 19 日,北京市公安局西城分局将孙旭东作为史悦信用卡诈骗罪的共犯移送起诉。

在审查起诉期间,孙旭东辩称仅帮助某银行工作人员王某君将现金转交给办卡人,没有帮助他人进行信用卡套现。因在案证据不能证明孙旭东系套现 POS 机的实际使用人,西城区检察院将案件两次退回补充侦查,要求查明 POS 机开户信息、王某君相关情况、孙旭东银行卡交易记录及帮助办卡、套现等相关事实。公安机关经过补充侦查,发现孙旭东为 40 余人以同样方式办卡、套现,交易金额达 1000 余万元,交易收款方显示为顺通货运代理公司。因侦查时相关信用卡交易涉及的 POS 机商户信息已超过法定保存期限,无法查询。

公安机关重新移送起诉后,经对补充侦查的证据进行审查,检察机关认为,套现资金去向不明,王某君在逃国外,无法找到交易记录显示的商户顺通货运代理公司,孙旭东亦不供认使用该 POS 机套现,证明孙旭东使用 POS 机套现的证据尚不符合起诉条件。因相关证据无法查实,西城区检察院就孙旭东在史悦信用卡诈骗中的犯罪事实先行提起公诉,并要求公安机关对孙旭东遗漏罪行继续补充侦查。

(三)自行侦查

根据公安机关补充侦查后移送的相关证据仍无法找到 POS 机对应的商户,西城区检察院结合已有证据和已查清的案件事实对进一步侦查的方向和自行侦查的必要性、可行性进行研判。该院认为,涉案 POS 机对犯罪事实的认定具有重要作用,且根据已查明的事实孙旭东仍有遗漏犯罪的重大嫌疑,具有自行侦查的必要性。同时,从缺失证据情况看,检察机关也有自行侦查的可行性:第一,孙旭东为多人办理某银行信用卡,此前该院办理的其他信用卡诈骗案中不排除存在孙旭东帮助办理信用卡的情况,从中可能发现 POS 机商户信息的相关证据。第二,可以从已经查明的孙旭东相关银行交易记录中,进一步筛查可能包含涉案 POS 机商户信息的线索。研判后,该院决定围绕涉案 POS 机的真实商户和使用人以及套现资金去向等关键问题自行侦查。

西城区检察院对孙旭东名下 20 余张银行卡交易记录梳理发现,上述银行卡内转入大量资金,很有可能来自于套现 POS 机账户,遂对 20 余张银行卡交易记录进行筛查,发现其中 1 张银行卡涉及的 1 笔交易对手方是博业食品公司名下的 POS 机,检察机关以此为突破口调取了博业食品公司 POS 机开户信息和交易记录,进而证实孙旭东使用该 POS 机进行非法套现,套现资金经博业食品公司对公账户流入孙旭东名下的银行账户,使用过程中交易记录显示的商户名被违规设置为顺通货运代理公司。同时,西城区检察院对该院近年办理的涉及某银行大额度信用卡诈骗案件逐案排查,发现已判决的一起信用卡诈骗案中被告人名字与孙旭东代办卡中的申办人相同,均为潘兰军。经调阅卷宗发现,两起案件中的潘兰军为同一人,且潘兰军曾供述其信用卡系一名为“孙盼盼”的人代为办理和套现。根据这一线索，检察机关提审潘兰军、询问相关证人、调取开户信息及交易明细，证实“孙盼盼”就是孙旭东，孙旭东曾以潘兰军经营的博业食品公司名义办理POS机并实际控制使用，博业食品公司对公账户由孙旭东代办，该账户接收过大量转账资金，又转至孙旭东名下多张银行卡，由此解开了此前侦查中无法找到顺通货运代理公司涉案证据的关键疑问。

根据自行侦查收集的POS机信息及相关交易记录，检察机关认定孙旭东为史悦之外的其他45人办理信用卡后，使用以博业食品公司名义开户的POS机，以顺通货运代理公司作为代收款方进行刷卡套现。2019年8月2日，西城区检察院以孙旭东犯非法经营罪补充起诉。

（四）指控和证明犯罪

2019年10月30日、12月6日，北京市西城区人民法院两次公开开庭审理。庭审中，孙旭东辩称其未办理涉案POS机，未帮助他人进行信用卡套现，相关资金系王某君提供，不构成犯罪。孙旭东的辩护人提出，没有证据证明孙旭东申办POS机刷卡套现，也无法确定涉案信用卡申请人与孙旭东有关联，孙旭东不构成非法经营罪。

公诉人针对上述辩护意见答辩指出，在案证据能够证实，孙旭东代办多张信用卡并使用实际控制的他人POS机进行非法套现活动，其行为已构成非法经营罪。一是POS机开户信息及交易明细、博业食品公司在某银行的开户资料、交易记录、证人证言等证实，孙旭东使用博业食品公司名义申办POS机并实际使用，但是该POS机交易记录显示的商户名称被违规设置为顺通货运代理公司。二是史悦等证人证言、POS机交易记录、孙旭东银行卡交易明细、史悦信用卡及其他45张信用卡交易记录证实，孙旭东以虚构交易的方式使用该POS机刷卡套现，套现资金进入博业食品公司账户后转入孙旭东实际控制的银行账户，再由孙旭东转账或者直接取现支付给信用卡申办人。三是潘兰军和史悦的刑事判决书、某银行提供的催收记录等证据材料证实，孙旭东帮助大量无申卡资质的人员办卡套现，多名信用卡持卡人未按期归还欠款给银行造成重大损失，孙旭东的行为严重扰乱了市场经济秩序。综上，孙旭东违反国家规定，使用销售点终端机具（POS机），以虚构交易方式向信用卡持卡人直接支付现金，构成非法经营罪，情节特别严重，应当依法追究刑事责任。

（五）处理结果

北京市西城区人民法院认为，孙旭东构成非法经营罪，根据《最高人民法院、最高人民检察院关于办理妨害信用卡管理刑事案件具体应用法律若干问题的解释》第十二条的规定，非法经营数额在500万元以上的，属于情节特别严重，于2019年12月6日以非法经营罪判处孙旭东有期徒刑六年，并处罚金十五万元。孙旭东提出上诉。2020年3月10日，北京市第二中级人民法院裁定驳回上诉，维持原判。

【指导意义】

（一）对于为恶意透支的信用卡持卡人非法套现的行为人，应当根据其与信用卡持卡人有无犯意联络、有无非法占有目的等证据，区分非法经营罪与信用卡诈骗罪。使用销售点终端机具（POS机）等方法，以虚构交易等方式向信用卡持卡人支付货币资金，违反了《中华人民共和国商业银行法》第三条、第十一条和2021年实施的《防范和处置非法集资条例》第三十九条等规定，系非法从事资金支付结算业务，构成非法经营罪。与恶意透支的信用卡持卡人通谋，或者明知信用卡持卡人意图恶意透支信用卡，仍然使用销售点终端机具（POS机）等方法帮助其非法套现，构成信用卡诈骗罪的共同犯罪。虽然信用卡持卡人通过非法套现恶意透支，但证明从事非法套现的行为人构成信用卡诈骗罪共同犯罪证据不足的，对其非法经营POS机套现的行为依法以非法经营罪定罪处罚。

（二）对二次退回公安机关补充侦查，仍未达到起诉条件的，检察机关应当结合在案证据和案件情况充分研判自行侦查的必要性和可行性。经二次退回补充侦查的案件，虽然证明犯罪事实的证据仍有缺失，但根据已查清的事实认为犯罪嫌疑人仍然有遗漏犯罪重大嫌疑的，具有自行侦查的必要性。检察机关应当结合相关类型金融业务的特点、在案证据、需要补充的证据和可能的侦查方向进行分析研判，明确自行侦查是否具有可行性，决定自行侦查的具体措施，依照法定程序进行自行侦查。

（三）检察机关办理信用卡诈骗案件时发现涉及非法从事金融活动等犯罪线索的，应当依法追诉遗漏犯罪嫌疑人和遗漏犯罪事实。信用卡诈骗案件中，恶意透支与非法套现相互勾结的问题较为突出。检察机关办理此类案件时发现涉及POS机套现等非法经营金融业务犯罪线索的，应当对相关线索进行核查，积极运用立案监督、引导取证、退回补充侦查、自行侦查等措施，对犯罪进行全链条惩治。

【相关规定】

《中华人民共和国刑法》第二百二十五条

《中华人民共和国刑事诉讼法》第一百七十五条

《中华人民共和国商业银行法》第三条、第十一条

《防范和处置非法集资条例》第三十九条

《最高人民法院、最高人民检察院关于办理妨害信用卡管理刑事案件具体应用法律若干问题的解释》（法释〔2018〕19号）第十二条

《人民检察院刑事诉讼规则》（高检发释字〔2019〕4号）第三百四十五条、第四百二十三条

检例第193号：梁永平、王正航等十五人侵犯著作权案

【关键词】

知识产权保护　侵犯著作权罪　信息网络传播　“避风港规则”适用　实质性相似　分层分类处理

【要旨】

办理网络侵犯著作权刑事案件，应当准确理解把握“避风港规则”适用条件，通过审查网络服务提供者是否明知侵权，认定其无罪辩解是否成立。涉案侵权视听作品数量较大的，可通过鉴定机构抽样鉴定的方式，结合权利人鉴别意见，综合认定作品是否构成实质性相似。对于涉案人员众多的网络知识产权案件，应根据涉案人员在案件中的地位、作用、参与程度以及主观恶性等因素，按照宽严相济刑事政策分层分类处理。

【基本案情】

被告人梁永平，男，武汉快译星科技有限公司实际控制人。

被告人王正航等其他14名被告人基本情况略。

自2018年起，梁永平先后成立武汉链世界科技有限公司、武汉快译星科技有限公司，指使王正航聘用万萌军等人开发、运营“人人影视字幕组”网站及安卓、苹果、TV等客户端；梁永平又聘用谢明洪等人组织翻译人员，从境外网站下载未经授权的影视作品，翻译、制作、上传至相关服务器，通过所经营的“人人影视字幕组”网站及相关客户端为用户提供在线观看和下载服务。经鉴定及审计，“人人影视字幕组”网站及相关客户端内共有未授权影视作品32824部，会员数量共计683万余个。为牟取非法利益，梁永平安排谢文翔负责网站和客户端广告招商业务；安排丛军凯负责在网站上销售拷贝有未经授权影视作品的移动硬盘。自2018年1月至2021年1月，非法经营数额总计人民币1200余万元，其中收取会员费人民币270余万元，赚取广告费人民币880余万元，销售硬盘获利人民币100余万元。

【检察机关履职过程】

审查逮捕及引导取证。2020年9月8日，上海市公安机关对“人人影视字幕组”侵犯著作权案立案侦查。鉴于本案有重大社会影响，上海市公安局对主犯梁永平立案侦查，其他同案犯罪嫌疑人由虹口区公安分局(以下简称虹口分局)立案侦查。2021年1月29日，上海市虹口区人民检察院(以下简称虹口区检察院)对王正航等12名犯罪嫌疑人批准逮捕。同年2月1日，上海市人民检察院第三分院(以下简称上海三分院)对犯罪嫌疑人梁永平批准逮捕。

公安机关根据检察机关的建议，在执行逮捕后重点开展了以下侦查取证工作：一是研判涉案单位的组织架构、涉案人员的行为性质、分工内容，对团伙重要成员抓捕到案；对于参与程度较低的翻译、校对等非核心人员，以证人身份取证。二是对涉案影视作品与权利人作品是否实质性相似取证。鉴于犯罪嫌疑人主要以完整复制作品方式作案，采用鉴定机构抽样鉴定的方式，结合权利人鉴别意见，综合认定涉案影视作品与权利人作品是否构成实质性相似。由中国版权保护中心版权鉴定委员会在所有影片中随机抽取50部进行实质性相似鉴定。同时，综合考虑涉案作品的权属来源、内容类别、网站板块分布，对涉案作品进行分层抽样，抽取电影、电视剧、纪录片等多个种类影片800部，由相关权利人通过逐一阅看并截图比对的方式进行鉴别。鉴定和鉴别结果均为构成实质性相似。将结果依法告知梁永平等在案犯罪嫌疑人，各犯罪嫌疑人均认可上述取证方式和结果。三是查明本案非法经营数额、侵权作品数量及涉案网站会员数量。公安机关对“人人影视字幕组”服务器上查获的合计52683部影片，去除重复的影片、公益影片及超过50年著作权有效期限的影片，统计得出侵权影片数量为32824部。另对网站收取的会员费、广告费和售卖拷贝有未授权影视作品的硬盘收入以及会员数量进行审计，得出非法经营数额合计人民币1200万余元，会员数量683万余个。

审查起诉。根据上海市知识产权案件管辖规定，2021年7月5日，上海市公安局将梁永平移送上海三分院审查起诉，虹口分局将另外14名犯罪嫌疑人移送虹口区检察院审查起诉。检察机关重点开展以下工作：

一是准确认定犯罪情节和社会危害性。经审查确认非法经营数额、会员数量，认定该案属于"有其他特别严重情节"的情形。

二是及时变更强制措施。审查起诉阶段在犯罪事实基本审定后，虹口区检察院综合考量各犯罪嫌疑人在共同犯罪中的地位和作用、退出违法所得情节、认罪认罚具结情况，对王正航等14名犯罪情节较轻的犯罪嫌疑人变更强制措施为取保候审。

2021年8月20日，上海三分院以侵犯著作权罪对被告人梁永平向上海市第三中级人民法院提起公诉，虹口区检察院以侵犯著作权罪对被告人王正航等14人向上海市杨浦区人民法院（知识产权案件集中管辖法院）提起公诉。

指控与证明犯罪。2021年11月22日，上海市第三中级人民法院、上海市杨浦区人民法院分别对两案开庭审理。庭审中，梁永平的辩护人提出：1. 涉案网站的大量作品为用户上传，被告人已尽到"通知—删除"义务，因此适用"避风港规则"，不应认定为侵权；2. 网站接受用户"捐赠"的方式不应认定为非法经营数额。公诉人答辩：第一，涉案网站侵权作品除部分系用户上传外，另有大量侵权作品系同案犯谢明洪等人上传，梁永平明知网站内存在大量侵权作品，仍指使同案犯上传，并放任用户继续上传侵权作品，未采取有效措施遏止侵权作品传播，其"避风港规则"抗辩不成立。第二，被告人梁永平在涉案网站上公布有支付宝"捐赠"二维码，会员"捐赠"以后，能获得包括在线观看、免除部分或全部广告、不同点播次数等会员权益，这是影视类网站平台常见的盈利模式，其本质是以"捐赠"的名义收取会员费，有偿提供视听服务。

处理结果。2021年11月22日，上海市第三中级人民法院以侵犯著作权罪判处被告人梁永平有期徒刑三年六个月，并处罚金人民币一百五十万元；上海市杨浦区人民法院以侵犯著作权罪判处被告人王正航等14名从犯一年六个月至三年不等的有期徒刑，适用缓刑，并处罚金人民币四万元至三十五万元不等。一审判决后，15名被告人均未上诉。

【指导意义】

（一）准确把握"避风港规则"适用条件，通过审查侵权作品来源、网络服务提供者是否明知侵权等因素，认定其无罪辩解是否成立。"避风港规则"通常是指权利人发现网络用户利用网络服务侵害其合法权益、向网络服务提供者发出通知后，网络服务提供者及时采取必要措施的，不承担侵权责任。司法实践中，部分网络服务提供者依据该规则主张不具有侵犯著作权的主观故意，进而提出不构成犯罪的辩解。对此，检察机关应准确把握"避风港规则"适用条件，重点从以下两个方面审查判断其无罪辩解是否成立：一是审查侵权作品来源。网络服务提供者组织上传侵权作品的，属于直接实施侵犯信息网络传播权的行为，不适用"避风港规则"。二是在网络用户上传侵权作品情形下，审查网络服务提供者是否明知侵权。如有证据证实网络服务提供者主观上明知作品侵权仍放任网络用户上传，或者未采取必要措施的，应认定具有主观故意，其无罪辩解不成立。

（二）涉案侵权视听作品数量较大的，可通过鉴定机构抽样鉴定的方式，结合权利人鉴别意见，综合认定作品是否构成实质性相似。基于视听作品创作特性，侵权人大量改编难度较大，且为迎合用户需求，一般采取完整复制作品的手段。检察机关办理涉及作品数量众多的侵犯视听作品著作权案件，可由鉴定机构抽取一定比例的作品开展实质性相似鉴定。同时，组织权利人鉴别。具体操作中，可按照一定标准，如影视作品特点、种类、来源、作案手法等，将涉案作品整体划分为多个互不重复的类别，再分别在每一类别中随机抽样。在此基础上，将抽样方法、鉴定和鉴别方法以及认定意见告知在案犯罪嫌疑人，听取意见。经审查，鉴别意见符合法定要求的，可作为证据使用。

（三）对于涉案人员众多的网络侵犯知识产权犯罪，应根据宽严相济刑事政策对涉案人员分层分类处理。近年来，通过信息网络侵犯知识产权案件呈现出组织化、链条化特征，分工精细、人员结构复杂。检察机关办理涉案人员众多的网络侵犯著作权案件，应严格落实宽严相济刑事政策，依据涉案人员在共同犯罪中的地位、作用、参与程度、主观恶性等因素，区分对象分层分类予以处理。对于具有提起犯意、主导利益分配、组织管理平台等行为的，或者在共同犯罪中起主要作用的主犯，重点打击，从严追究；对于在共同犯罪中参与程度较低、受雇实施犯罪的其他涉案人员可认定为从犯，酌情从宽处理；对于临时招募人员，共犯意思联络较弱、情节轻微、危害不大的，综合考量处理效果，可不予追究刑事责任。

【相关规定】

《中华人民共和国刑法》（1997 年修订）第二百一十七条

《中华人民共和国民法典》（2021 年施行）第一千一百九十五条、第一千一百九十七条

《最高人民法院、最高人民检察院关于办理侵犯知识产权刑事案件具体应用法律若干问题的解释》（2004 年施行）第五条第二款第一项、第十一条

《最高人民法院、最高人民检察院关于办理侵犯知识产权刑事案件具体应用法律若干问题的解释（二）》（2007 年施行）第一条

《最高人民法院、最高人民检察院关于办理侵犯知识产权刑事案件具体应用法律若干问题的解释（三）》（2020 年施行）第二条、第十条

《关于办理侵犯知识产权刑事案件适用法律若干问题的意见》（2011 年实施）第三条

检例第 194 号：
上海某公司、许林、陶伟侵犯著作权案

【关键词】

知识产权保护　侵犯著作权罪　计算机软件　二进制代码　复制发行　避免“二次侵害”

【要旨】

通过反向工程获取芯片中二进制代码后，未经许可以复制二进制代码方式制售权利人芯片的，应认定为复制发行计算机软件行为，违法所得数额较大或有其他严重情节的，以侵犯著作权罪追究刑事责任。对于以复制二进制代码方式制售权利人芯片的，应以二进制代码作为比对客体，综合全案证据认定计算机软件是否构成实质性相似。办案中应完善涉商业秘密证据的取证、鉴定、审查、质证方法，避免知识产权遭受“二次侵害”。

【基本案情】

被告单位上海某公司，住所地上海市徐汇区。

被告人许林,男,上海某公司总经理。

被告人陶伟,男,上海某公司销售部经理。

南京某公司享有C型芯片内置固件程序软件V3.0计算机软件著作权。该计算机软件应用于南京某公司生产并对外销售的C型芯片中。C型芯片广泛应用于导航仪、扫码枪、3D打印机、教育机器人、POS机等领域。

上海某公司于2003年成立。2016年,陶伟作为上海某公司销售人员,在市场调研和推广中发现南京某公司的C型芯片销量大、市场占有率高,遂从市场获取正版C型芯片用于复制。许林作为上海某公司总经理,负责公司生产经营等全部事务,在明知上海某公司未获得南京某公司授权许可的情况下,委托其他公司对C型芯片进行破解,提取GDS文件(graphic data system,即图形数据系统,是用于集成电路芯片的工业标准数据文件,其中记录了芯片各图层、图层内的平面几何形状、文本标签等信息),再组织生产掩模工具、晶圆并封装,以上海某公司G型芯片对外销售,牟取不法利益。

2016年9月至2019年12月,上海某公司销售G型芯片共计830余万片,非法经营数额人民币730余万元,上述收益均归单位所有。其中,陶伟对外销售侵权芯片780余万片,非法经营数额人民币680余万元。

【检察机关履职过程】

审查逮捕及引导取证。2020年1月19日,江苏省南京市公安局雨花台分局(以下简称雨花台分局)以犯罪嫌疑人许林、陶伟涉嫌销售假冒注册商标的商品罪提请南京市雨花台区人民检察院(以下简称雨花台区检察院)批准逮捕。雨花台区检察院经审查认为,虽然涉案芯片拆解内层上有类似南京某公司的商标,但该标识并非用于标明商品来源,上海某公司没有假冒注册商标的故意,不构成销售假冒注册商标的商品罪,但C型芯片中的固化二进制代码属于计算机软件一种表现形式,该案可能涉嫌侵犯计算机软件著作权犯罪。对许林、陶伟依法作出不批准逮捕决定,同时建议公安机关对二人涉嫌侵犯著作权罪从以下方面补充侦查取证:调取犯罪嫌疑人的聊天记录等电子证据、上海某公司内部会议记录、审批报告、测试报告、对外加工委托合同等书证,查明其是否具有仿制他人芯片的主观明知和客观行为;委托鉴定机构对侵权芯片与正版芯片的内在结构、运行环境、配套软件等技术性内容进行比对鉴定。2020年1月23日,雨花台分局对许林、陶伟取保候审。

审查起诉。2020年12月4日,雨花台分局以许林、陶伟涉嫌侵犯著作权罪移送审查起诉。检察机关重点开展以下工作:一是准确认定罪名。经审查认为,上海某公司未经授权,复制南京某公司享有著作权的二进制代码制造芯片并对外销售,属于对计算机软件的复制发行,复制品数量、非法经营数额均达到情节特别严重,构成侵犯著作权罪。二是审查实质性相似鉴定意见。检察机关在对侦查阶段委托鉴定材料审查时,发现检材来源不明。经与公安机关、鉴定人员充分沟通,由公安机关侦查人员主持,从5个地点查扣的17万片侵权芯片中随机抽取10片送检。经鉴定比对,侵权芯片与南京某公司的正版芯片表层布图90%以上相似;生产侵权芯片所使用的GDS文件ROM层二进制代码与南京某公司源代码经编译转换生成的二进制代码相同,相似度100%,与南京某公司芯片的GDS文件ROM层二进制代码相同,相似度100%,从而认定上海某公司量产的830余万片芯片均系侵权产品。三是追加上海某公司为被告单位。鉴于该案以上海某公司名义实施,违法所得归公司所有,检察机关依法追加其为被告单位。四是做好涉案商业秘密保护工作。南京某公司将涉案计算机软件源代码作为商业秘密予以保护,为防止源代码外泄,兼顾权利人的保密诉求,检察机关建议侦查人员在南京某公司内勘验、提取、封存相关电子证据。在后续诉讼程序中,鉴定人员、辩护人及其他诉讼参与人签订保密协议后,在公司专门用于封存证据的保密区域,开展鉴定比对和证据审查、质证工作。

指控与证明犯罪。2021年4月26日,雨花台区检察院以侵犯著作权罪对上海某公司、许林、陶伟向江苏省南京市雨花台区人民法院(以下简称雨花台区法院)提起公诉。

庭审过程中,被告人陶伟翻供,辩称自己不知道上海某公司直接复制了其购买的芯片二进制代码。同时,辩护人提出:首先,许林、陶伟在仿制芯片过程中,仅明知可能侵犯集成电路布图设计权,对侵犯内置固件著作权并不明知;其次,芯片固件程序仅占芯片价值的小部分,以芯片销售价格认定犯罪金额依据不足;最后,鉴定意见无法得出830万片芯片都是侵权产品的结论。公诉人答辩认为:首先,上海某公司对陶伟购买的C型芯片反向破解后,批量生产G型芯片,再由陶伟本人以明显低价对外推销,并宣称该产品可完全替代C型芯片;许林、陶伟具有芯片专业知识背景,从事芯片行业多年,作案期间许林曾告诉陶伟"不能打南京某公司的标,必须白板出货,防止侵权……一次不要出太多,防止被南京某公司发现",所以主观不明知侵犯著作权的辩解不成立。其次,芯片的核心价值在于实现产品功能的软件程序,即软件著作权价值为其主要价值构成,应以芯片整体销售价格作为非法经营数额的认定依据,且该案侵权复制品的数量和非法经营数额均达到情节特别严重。最后,对于量产程度高的芯片,在科学抽样基础上进行多重比对均100%相似,鉴定方法科学、程序透明、比对充分,被告单位也不能提供原创代码,据此可以认定销售的芯片均为侵权产品。

处理结果。2021年7月14日,雨花台区法院以侵犯著作权罪判处被告单位上海某公司罚金人民币四百万元;判处被告人许林有期徒刑四年,并处罚金人民币三十六万元;判处被告人陶伟有期徒刑三年二个月,并处罚金人民币十万元。被告单位及被告人均不服一审判决,提出上诉。2021年10月28日,南京市中级人民法院裁定驳回上诉,维持原判。

【指导意义】

(一)注重把握不同罪名认定标准,准确定性涉计算机软件类刑事案件。侵犯计算机软件的知识产权犯罪行为,可能触犯侵犯商标权犯罪、侵犯著作权犯罪和侵犯商业秘密犯罪。检察机关办理此类案件,需要结合案件事实和证据,依据不同罪名的构成要件准确定性,精准打击犯罪行为。司法实践中,对于通过反向工程获取芯片中二进制代码后,未经许可以复制二进制代码方式制售权利人芯片的,应认定为复制发行计算机软件行为,违法所得数额较大或有其他严重情节的,以侵犯著作权罪追究刑事责任。行为人制售的芯片上附着有与他人注册商标相同的标识,但该标识封闭于产品内部,未用于区分商品来源,不构成侵犯商标权犯罪。对于行为人从公开渠道购买芯片并从中提取二进制代码的,应注重审查其反向工程的辩解是否成立,综合认定是否构成侵犯商业秘密罪。

(二)对于以复制二进制代码方式制售权利人芯片的,应以二进制代码作为比对客体,综合全案证据认定计算机软件是否构成实质性相似。计算机软件实质性相似的认定,是办理侵犯著作权刑事案件的难点,司法实践中多通过源代码比对的形式审查认定。在行为人通过复制芯片中的固化二进制代码复制发行计算机软件情形下,无法通过计算机软件源代码比对的方式开展实质性相似鉴定。因同一计算机程序的源程序和目标程序为同一作品,可通过对芯片中二进制代码进行比对的方式,解决计算机软件实质性相似认定问题。对于查获侵权产品数量较大、采用抽样鉴定方式的,应确保样品具有代表性、随机性,规范样品提取、保存、送检流程。

(三)完善涉商业秘密证据的取证、鉴定、审查、质证方法,避免知识产权遭受"二次侵害"。商业秘密是高新技术型企业创新发展的核心竞争力,具有重大商业价值。检察机关在办理涉计算机软件类案件时,如接触到软件源代码等企业核心技术信息,相关信息可能属于商业秘密的,应充分考虑权利人保护知识产权和经营成果的现实需求,会同相关部门,兼顾办案要求与企业实际诉求,根据取证对象特性及时调整固证和审查思路,创新涉软件源代码的电子数据取证、审查、封存、质证方法,避免权利人遭受"二次侵害",并确保收集固定的案件证据具备合法性、真实性和关联性。检察机关可依据当事人、辩护人、诉讼代理人或者案外人书面申请,或根据办案需要,采取组织诉讼参与人签署保密承诺书等必要保密措施。

【相关规定】

《中华人民共和国刑法》(1997年修订)第二百一十七条、第二百二十条

《中华人民共和国著作权法》(2010年修正)第三条、第十条第一款

《最高人民法院、最高人民检察院关于办理侵犯知识产权刑事案件具体应用法律若干问题的解释》(2004年施行)第五条第二款、第十二条

《最高人民法院、最高人民检察院关于办理侵犯知识产权刑事案件具体应用法律若干问题的解释(二)》(2007年施行)第四条

《计算机软件保护条例》(2013年修订)第三条第一款

公报案例

1. 上海市人民检察院第二分院诉周某隆等人侵犯商业秘密案①

【裁判摘要】

一、违反与原单位的保密约定,伙同他人利用原单位专利技术以外不为公众知悉的工艺技术信息,生产与原单位相同的产品,并给原单位造成重大经济损失的,应根据刑法第二百一十九条第一款第(三)项和第二款的规定,按侵犯商业秘密罪论处。

① 案例来源:《最高人民法院公报》2005年第3期。

2. 上海市人民检察院第二分院诉顾某地等人非法经营案①

【裁判摘要】

根据刑法第二百一十八条的规定，被告人以营利为目的，在未取得《音像制品经营许可证》的情况下，低价购进明知是侵权的音像复制品后高价向境外售出，违法所得数额巨大，构成了销售侵权复制品罪。

3. 重庆市渝中区人民检察院诉朱某伟、雷某平抢劫案②

【裁判摘要】

出租车驾驶员在正常营运过程中，为牟取非法利益，采用暴力、威胁手段，强行向乘客索取与合理价格相差悬殊的高额出租车服务费，情节严重的，其行为构成刑法第二百二十六条规定的强迫交易罪，不应以抢劫罪定罪处罚。

4. 陕西省渭南市人民检察院诉渭南市某有限责任公司、惠某祥、陈某、冯某达非法吸收公众存款，惠某祥挪用资金案③

【裁判摘要】

未经中国人民银行批准，不以吸收公众存款的名义，向社会不特定对象吸收资金，但承诺履行的义务与吸收公众存款性质相同，即承诺在一定期限内返本付息的，属于《中华人民共和国刑法》第一百七十六条规定的“变相吸收公众存款”。只要行为人实施了非法吸收公众存款的行为，无论采取何种非法吸收公众存款的手段、方式，均不影响非法吸收公众存款罪的成立。

5. 浙江省宁波市人民检察院诉宁波某投资咨询有限公司、陈某纬、王某泽、郑某中非法经营案④

【裁判摘要】

行为人为非法经营证券业务而设立公司，超越工商行政管理部门核准登记的公司经营范围，未经法定机关批准，向不特定的社会公众代理销售非上市股份有限公司的股权(股票)，其行为属未经批准非法经营证券业务、扰乱国家证券市场的非法经营行为，情节严重的，应当以非法经营罪定罪处罚。

6. 上海市浦东新区人民检察院诉上海某生物科技股份有限公司、郑某擅自发行股票案⑤

【裁判摘要】

非上市股份有限公司为筹集经营资金，在未经证券监管部门批准的情况下，委托中介机构向不特定社会公众转让公司股东的股权，其行为属于未经批准擅自发行股票的

① 案例来源：《最高人民法院公报》2005 年第 9 期。
② 案例来源：《最高人民法院公报》2006 年第 4 期。
③ 案例来源：《最高人民法院公报》2008 年第 6 期。
④ 案例来源：《最高人民法院公报》2009 年第 1 期。
⑤ 案例来源：《最高人民法院公报》2010 年第 9 期。

行为,数额巨大、后果严重或者有其他严重情节的,应当以擅自发行股票罪定罪处罚。

7. 江苏省苏州市虎丘区人民检察院诉成都某科技有限公司、孙某忠、张某平、洪某、梁某勇侵犯著作权案①

【裁判摘要】

一、根据《中华人民共和国刑法》第二百一十七条的规定,行为人以营利为目的,未经著作权人许可复制发行其文字作品、音乐、电影、电视、录像作品、计算机软件及其他作品,违法所得数额较大或者有其他严重情节的,构成侵犯著作权罪。判断行为人的行为是否构成侵犯著作权罪,应当从行为人是否以营利为目的、复制行为是否未经著作权人许可、是否实施了发行行为等方面加以分析。

二、行为人未经著作权人许可复制其计算机软件,通过修改相应程序捆绑其他软件后在互联网上发布供他人下载,并因此获取广告费等收益的,属于刑法第二百一十七条规定的"以营利为目的"的"复制发行"行为。

8. 江苏省南通市人民检察院诉申某兰生产、销售假药,赵某侠等销售假药案②

【裁判摘要】

《中华人民共和国刑法》第一百四十一条规定了生产、销售假药罪。行为人主观上有无生产、销售假药的故意,是认定生产、销售假药罪成立与否的主观要件。在审理时,被告人供述是重要但不是唯一的依据。对于行为人主观故意的判断,可以根据涉案药品交易的销售渠道是否正规、销售价格是否合理、药品包装是否完整、药品本身是否存在明显瑕疵,结合行为人的职业、文化程度等因素,进行全面分析。

9. 上海市静安区人民检察院诉许某茂利用未公开信息交易案③

【裁判摘要】

行为人在担任基金经理期间,违反规定,利用掌握的未公开的信息,从事与该信息相关的证券交易活动,先于或同步多次买入、卖出相同个股,情节严重,应当按照《中华人民共和国刑法》第一百八十条第四款的规定,以利用未公开信息交易罪定罪处罚。

10. 江苏省南通市人民检察院诉刘某春、陈某玲内幕交易案④

【裁判摘要】

国家工作人员因履行工作职责而获取对证券交易价格具有重大影响的、尚未公开的信息的,属于内幕信息的知情人员。在内幕信息敏感期内,知情人员与关系密切人共同从事证券交易活动,情节严重的,应当以内幕交易罪定罪处罚。

---

① 案例来源:《最高人民法院公报》2010 年第 9 期。
② 案例来源:《最高人民法院公报》2010 年第 12 期。
③ 案例来源:《最高人民法院公报》2012 年第 10 期。
④ 案例来源:《最高人民法院公报》2013 年第 1 期。

11. 江苏省南京市雨花台区人民检察院诉董某超、谢某浩破坏生产经营案①

【裁判摘要】

一、被告人主观上具有报复和从中获利的目的,客观上通过在网络交易平台恶意大量购买他人商品或服务,导致相关单位被网络交易平台认定为虚假交易进而被采取商品搜索降权的管控措施,造成相关单位遭受损失10万元以上,其行为应以破坏生产经营罪定罪处罚。

二、网络交易平台的搜索排序属于互联网经济的运营方式,应认定为生产要素。在刑法解释上,可以比照实体经济的信誉、商誉予以解释。反向炒信既损害了对方的商业信誉,同时也破坏了生产经营,二者竞合的,应择一重处。

三、被害单位因被告人犯罪行为遭受的损失,可以综合案发时行业发展趋势、被害单位日常收入情况、案发时收入情况,依照有利于被告人的原则,综合予以认定和评估。

12. 广东省深圳市南山区人民检察院诉王江浩挪用资金案②

【裁判摘要】

小区业主委员会向市场监督管理部门登记注册并取得组织机构代码证,符合同类职务犯罪司法解释所规定的"其他单位"的特征,属于作为被害单位的"其他单位"范畴的,业主委员会工作人员可以成为挪用资金罪的犯罪主体。业主委员会在银行开立基本存款账户,账户内资金属于全体业主共有,业主委员会具有属于自己的财产,业主委员会名下的银行账户内资金应视为"本单位资金"。业主委员会工作人员利用职务上的便利,挪用业主委员会资金归个人使用,用于营利活动或借贷给他人,数额较大,超过三个月未还的,应当依照《中华人民共和国刑法》第二百七十二条第一款的规定,以挪用资金罪定罪处罚。

13. 上海市闵行区人民检察院诉卞飞非法经营案③

【裁判摘要】

人民法院认定非法经营行为,应依据行政法律、法规的规定,对于行政机关内部文件,应当全面审查其是否符合行政法律法规的相关规定,不得单独据以认定行为人的行为构成犯罪。

① 案例来源:《最高人民法院公报》2018年第8期。
② 案例来源:《最高人民法院公报》2020年第5期。
③ 案例来源:《最高人民法院公报》2022年第11期。

五、侵犯公民人身权利、民主权利罪

最高人民法院关于审理拐卖妇女案件适用法律有关问题的解释

（1999年12月23日最高人民法院审判委员会第1094次会议通过　2000年1月3日最高人民法院公告公布　自2000年1月25日起施行　法释〔2000〕1号）

为依法惩治拐卖妇女的犯罪行为，根据刑法和刑事诉讼法的有关规定，现就审理拐卖妇女案件具体适用法律的有关问题解释如下：

第一条　刑法第二百四十条规定的拐卖妇女罪中的“妇女”，既包括具有中国国籍的妇女，也包括具有外国国籍和无国籍的妇女。被拐卖的外国妇女没有身份证明的，不影响对犯罪分子的定罪处罚。

第二条　外国人或者无国籍人拐卖外国妇女到我国境内被查获的，应当根据刑法第六条的规定，适用我国刑法定罪处罚。

第三条　对于外国籍被告人身份无法查明或者其国籍国拒绝提供有关身份证明，人民检察院根据刑事诉讼法第一百二十八条第二款的规定起诉的案件，人民法院应当依法受理。

最高人民法院关于对为索取法律不予保护的债务非法拘禁他人行为如何定罪问题的解释

（2000年6月30日最高人民法院审判委员会第1121次会议通过　2000年7月13日最高人民法院公告公布　自2000年7月19日起施行　法释〔2000〕19号）

为了正确适用刑法，现就为索取高利贷、赌债等法律不予保护的债务，非法拘禁他人行为如何定罪问题解释如下：

行为人为索取高利贷、赌债等法律不予保护的债务，非法扣押、拘禁他人的，依照刑法第二百三十八条的规定定罪处罚。

最高人民法院、最高人民检察院关于办理利用信息网络实施诽谤等刑事案件适用法律若干问题的解释

（2013年9月5日最高人民法院审判委员会第1589次会议、2013年9月2日最高人民检察院第十二届检察委员会第9次会议通过　2013年9月6日最高人民法院、最高人民检察院公告公布　自2013年9月10日起施行　法释〔2013〕21号）

为保护公民、法人和其他组织的合法

权益，维护社会秩序，根据《中华人民共和国刑法》《全国人民代表大会常务委员会关于维护互联网安全的决定》等规定，对办理利用信息网络实施诽谤、寻衅滋事、敲诈勒索、非法经营等刑事案件适用法律的若干问题解释如下：

第一条 具有下列情形之一的，应当认定为刑法第二百四十六条第一款规定的“捏造事实诽谤他人”：

（一）捏造损害他人名誉的事实，在信息网络上散布，或者组织、指使人员在信息网络上散布的；

（二）将信息网络上涉及他人的原始信息内容篡改为损害他人名誉的事实，在信息网络上散布，或者组织、指使人员在信息网络上散布的；

明知是捏造的损害他人名誉的事实，在信息网络上散布，情节恶劣的，以“捏造事实诽谤他人”论。

第二条 利用信息网络诽谤他人，具有下列情形之一的，应当认定为刑法第二百四十六条第一款规定的“情节严重”：

（一）同一诽谤信息实际被点击、浏览次数达到五千次以上，或者被转发次数达到五百次以上的；

（二）造成被害人或者其近亲属精神失常、自残、自杀等严重后果的；

（三）二年内曾因诽谤受过行政处罚，又诽谤他人的；

（四）其他情节严重的情形。

第三条 利用信息网络诽谤他人，具有下列情形之一的，应当认定为刑法第二百四十六条第二款规定的“严重危害社会秩序和国家利益”：

（一）引发群体性事件的；

（二）引发公共秩序混乱的；

（三）引发民族、宗教冲突的；

（四）诽谤多人，造成恶劣社会影响的；

（五）损害国家形象，严重危害国家利益的；

（六）造成恶劣国际影响的；

（七）其他严重危害社会秩序和国家利益的情形。

第四条 一年内多次实施利用信息网络诽谤他人行为未经处理，诽谤信息实际被点击、浏览、转发次数累计计算构成犯罪的，应当依法定罪处罚。

第五条 利用信息网络辱骂、恐吓他人，情节恶劣，破坏社会秩序的，依照刑法第二百九十三条第一款第（二）项的规定，以寻衅滋事罪定罪处罚。

编造虚假信息，或者明知是编造的虚假信息，在信息网络上散布，或者组织、指使人员在信息网络上散布，起哄闹事，造成公共秩序严重混乱的，依照刑法第二百九十三条第一款第（四）项的规定，以寻衅滋事罪定罪处罚。

第六条 以在信息网络上发布、删除等方式处理网络信息为由，威胁、要挟他人，索取公私财物，数额较大，或者多次实施上述行为的，依照刑法第二百七十四条的规定，以敲诈勒索罪定罪处罚。

第七条 违反国家规定，以营利为目的，通过信息网络有偿提供删除信息服务，或者明知是虚假信息，通过信息网络有偿提供发布信息等服务，扰乱市场秩序，具有下列情形之一的，属于非法经营行为“情节严重”，依照刑法第二百二十五条第（四）项的规定，以非法经营罪定罪处罚：

（一）个人非法经营数额在五万元以上，或者违法所得数额在二万元以上的；

（二）单位非法经营数额在十五万元以

上,或者违法所得数额在五万元以上的。

实施前款规定的行为,数额达到前款规定的数额五倍以上的,应当认定为刑法第二百二十五条规定的“情节特别严重”。

第八条 明知他人利用信息网络实施诽谤、寻衅滋事、敲诈勒索、非法经营等犯罪,为其提供资金、场所、技术支持等帮助的,以共同犯罪论处。

第九条 利用信息网络实施诽谤、寻衅滋事、敲诈勒索、非法经营犯罪,同时又构成刑法第二百二十一条规定的损害商业信誉、商品声誉罪,第二百七十八条规定的煽动暴力抗拒法律实施罪,第二百九十一条之一规定的编造、故意传播虚假恐怖信息罪等犯罪的,依照处罚较重的规定定罪处罚。

第十条 本解释所称信息网络,包括以计算机、电视机、固定电话机、移动电话机等电子设备为终端的计算机互联网、广播电视网、固定通信网、移动通信网等信息网络,以及向公众开放的局域网络。

最高人民法院关于审理拐卖妇女儿童犯罪案件具体应用法律若干问题的解释

(2016年11月14日最高人民法院审判委员会第1699次会议通过　2016年12月21日最高人民法院公告公布　自2017年1月1日起施行　法释〔2016〕28号)

为依法惩治拐卖妇女、儿童犯罪,切实保障妇女、儿童的合法权益,维护家庭和谐与社会稳定,根据刑法有关规定,结合司法实践,现就审理此类案件具体应用法律的若干问题解释如下:

第一条 对婴幼儿采取欺骗、利诱等手段使其脱离监护人或者看护人的,视为刑法第二百四十条第一款第(六)项规定的“偷盗婴幼儿”。

第二条 医疗机构、社会福利机构等单位的工作人员以非法获利为目的,将所诊疗、护理、抚养的儿童出卖给他人的,以拐卖儿童罪论处。

第三条 以介绍婚姻为名,采取非法扣押身份证件、限制人身自由等方式,或者利用妇女人地生疏、语言不通、孤立无援等境况,违背妇女意志,将其出卖给他人的,应当以拐卖妇女罪追究刑事责任。

以介绍婚姻为名,与被介绍妇女串通骗取他人钱财,数额较大的,应当以诈骗罪追究刑事责任。

第四条 在国家机关工作人员排查来历不明儿童或者进行解救时,将所收买的儿童藏匿、转移或者实施其他妨碍解救行为,经说服教育仍不配合的,属于刑法第二百四十一条第六款规定的“阻碍对其进行解救”。

第五条 收买被拐卖的妇女,业已形成稳定的婚姻家庭关系,解救时被买妇女自愿继续留在当地共同生活的,可以视为“按照被买妇女的意愿,不阻碍其返回原居住地”。

第六条 收买被拐卖的妇女、儿童后又组织、强迫卖淫或者组织乞讨、进行违反治安管理活动等构成其他犯罪的,依照数罪并罚的规定处罚。

第七条 收买被拐卖的妇女、儿童,又以暴力、威胁方法阻碍国家机关工作人员解救被收买的妇女、儿童,或者聚众阻碍国家机关工作人员解救被收买的妇女、儿童,构成妨害公务罪、聚众阻碍解救被收买的妇女、儿童罪的,依照数罪并罚的规定处罚。

第八条 出于结婚目的收买被拐卖的妇女,或者出于抚养目的收买被拐卖的儿童,涉及多名家庭成员、亲友参与的,对其中起主要作用的人员应当依法追究刑事责任。

第九条 刑法第二百四十条、第二百四十一条规定的儿童,是指不满十四周岁的人。其中,不满一周岁的为婴儿,一周岁以上不满六周岁的为幼儿。

第十条 本解释自2017年1月1日起施行。

最高人民法院、最高人民检察院关于办理侵犯公民个人信息刑事案件适用法律若干问题的解释

(2017年3月20日最高人民法院审判委员会第1712次会议、2017年4月26日最高人民检察院第十二届检察委员会第63次会议通过 2017年5月8日最高人民法院、最高人民检察院公告公布 自2017年6月1日起施行 法释〔2017〕10号)

为依法惩治侵犯公民个人信息犯罪活动,保护公民个人信息安全和合法权益,根据《中华人民共和国刑法》《中华人民共和国刑事诉讼法》的有关规定,现就办理此类刑事案件适用法律的若干问题解释如下:

第一条 刑法第二百五十三条之一规定的"公民个人信息",是指以电子或者其他方式记录的能够单独或者与其他信息结合识别特定自然人身份或者反映特定自然人活动情况的各种信息,包括姓名、身份证件号码、通信通讯联系方式、住址、账号密码、财产状况、行踪轨迹等。

第二条 违反法律、行政法规、部门规章有关公民个人信息保护的规定的,应当认定为刑法第二百五十三条之一规定的"违反国家有关规定"。

第三条 向特定人提供公民个人信息,以及通过信息网络或者其他途径发布公民个人信息的,应当认定为刑法第二百五十三条之一规定的"提供公民个人信息"。

未经被收集者同意,将合法收集的公民个人信息向他人提供的,属于刑法第二百五十三条之一规定的"提供公民个人信息",但是经过处理无法识别特定个人且不能复原的除外。

第四条 违反国家有关规定,通过购买、收受、交换等方式获取公民个人信息,或者在履行职责、提供服务过程中收集公民个人信息的,属于刑法第二百五十三条之一第三款规定的"以其他方法非法获取公民个人信息"。

第五条 非法获取、出售或者提供公民个人信息,具有下列情形之一的,应当认定为刑法第二百五十三条之一规定的"情节严重":

(一)出售或者提供行踪轨迹信息,被他人用于犯罪的;

(二)知道或者应当知道他人利用公民个人信息实施犯罪,向其出售或者提供的;

(三)非法获取、出售或者提供行踪轨迹信息、通信内容、征信信息、财产信息五十条以上的;

(四)非法获取、出售或者提供住宿信息、通信记录、健康生理信息、交易信息等其他可能影响人身、财产安全的公民个人信息五百条以上的;

（五）非法获取、出售或者提供第三项、第四项规定以外的公民个人信息五千条以上的；

（六）数量未达到第三项至第五项规定标准，但是按相应比例合计达到有关数量标准的；

（七）违法所得五千元以上的；

（八）将在履行职责或者提供服务过程中获得的公民个人信息出售或者提供给他人，数量或者数额达到第三项至第七项规定标准一半以上的；

（九）曾因侵犯公民个人信息受过刑事处罚或者二年内受过行政处罚，又非法获取、出售或者提供公民个人信息的；

（十）其他情节严重的情形。

实施前款规定的行为，具有下列情形之一的，应当认定为刑法第二百五十三条之一第一款规定的"情节特别严重"：

（一）造成被害人死亡、重伤、精神失常或者被绑架等严重后果的；

（二）造成重大经济损失或者恶劣社会影响的；

（三）数量或者数额达到前款第三项至第八项规定标准十倍以上的；

（四）其他情节特别严重的情形。

第六条　为合法经营活动而非法购买、收受本解释第五条第一款第三项、第四项规定以外的公民个人信息，具有下列情形之一的，应当认定为刑法第二百五十三条之一规定的"情节严重"：

（一）利用非法购买、收受的公民个人信息获利五万元以上的；

（二）曾因侵犯公民个人信息受过刑事处罚或者二年内受过行政处罚，又非法购买、收受公民个人信息的；

（三）其他情节严重的情形。

实施前款规定的行为，将购买、收受的公民个人信息非法出售或者提供的，定罪量刑标准适用本解释第五条的规定。

第七条　单位犯刑法第二百五十三条之一规定之罪的，依照本解释规定的相应自然人犯罪的定罪量刑标准，对直接负责的主管人员和其他直接责任人员定罪处罚，并对单位判处罚金。

第八条　设立用于实施非法获取、出售或者提供公民个人信息违法犯罪活动的网站、通讯群组，情节严重的，应当依照刑法第二百八十七条之一的规定，以非法利用信息网络罪定罪处罚；同时构成侵犯公民个人信息罪的，依照侵犯公民个人信息罪定罪处罚。

第九条　网络服务提供者拒不履行法律、行政法规规定的信息网络安全管理义务，经监管部门责令采取改正措施而拒不改正，致使用户的公民个人信息泄露，造成严重后果的，应当依照刑法第二百八十六条之一的规定，以拒不履行信息网络安全管理义务罪定罪处罚。

第十条　实施侵犯公民个人信息犯罪，不属于"情节特别严重"，行为人系初犯，全部退赃，并确有悔罪表现的，可以认定为情节轻微，不起诉或者免予刑事处罚；确有必要判处刑罚的，应当从宽处罚。

第十一条　非法获取公民个人信息后又出售或者提供的，公民个人信息的条数不重复计算。

向不同单位或者个人分别出售、提供同一公民个人信息的，公民个人信息的条数累计计算。

对批量公民个人信息的条数，根据查获的数量直接认定，但是有证据证明信息不真实或者重复的除外。

第十二条 对于侵犯公民个人信息犯罪,应当综合考虑犯罪的危害程度、犯罪的违法所得数额以及被告人的前科情况、认罪悔罪态度等,依法判处罚金。罚金数额一般在违法所得的一倍以上五倍以下。

第十三条 本解释自 2017 年 6 月 1 日起施行。

最高人民法院、最高人民检察院关于办理强奸、猥亵未成年人刑事案件适用法律若干问题的解释

(2023 年 1 月 3 日最高人民法院审判委员会第 1878 次会议、2023 年 3 月 2 日最高人民检察院第十三届检察委员会第 114 次会议通过 2023 年 5 月 24 日最高人民法院、最高人民检察院公告公布 自 2023 年 6 月 1 日起施行 法释〔2023〕3 号)

为依法惩处强奸、猥亵未成年人犯罪,保护未成年人合法权益,根据《中华人民共和国刑法》等法律规定,现就办理此类刑事案件适用法律的若干问题解释如下:

第一条 奸淫幼女的,依照刑法第二百三十六条第二款的规定从重处罚。具有下列情形之一的,应当适用较重的从重处罚幅度:

(一)负有特殊职责的人员实施奸淫的;

(二)采用暴力、胁迫等手段实施奸淫的;

(三)侵入住宅或者学生集体宿舍实施奸淫的;

(四)对农村留守女童、严重残疾或者精神发育迟滞的被害人实施奸淫的;

(五)利用其他未成年人诱骗、介绍、胁迫被害人的;

(六)曾因强奸、猥亵犯罪被判处刑罚的。

强奸已满十四周岁的未成年女性,具有前款第一项、第三项至第六项规定的情形之一,或者致使被害人轻伤、患梅毒、淋病等严重性病的,依照刑法第二百三十六条第一款的规定定罪,从重处罚。

第二条 强奸已满十四周岁的未成年女性或者奸淫幼女,具有下列情形之一的,应当认定为刑法第二百三十六条第三款第一项规定的“强奸妇女、奸淫幼女情节恶劣”:

(一)负有特殊职责的人员多次实施强奸、奸淫的;

(二)有严重摧残、凌辱行为的;

(三)非法拘禁或者利用毒品诱骗、控制被害人的;

(四)多次利用其他未成年人诱骗、介绍、胁迫被害人的;

(五)长期实施强奸、奸淫的;

(六)奸淫精神发育迟滞的被害人致使怀孕的;

(七)对强奸、奸淫过程或者被害人身体隐私部位制作视频、照片等影像资料,以此胁迫对被害人实施强奸、奸淫,或者致使影像资料向多人传播,暴露被害人身份的;

(八)其他情节恶劣的情形。

第三条 奸淫幼女,具有下列情形之一的,应当认定为刑法第二百三十六条第三款第五项规定的“造成幼女伤害”:

(一)致使幼女轻伤的;

(二)致使幼女患梅毒、淋病等严重性病的;

（三）对幼女身心健康造成其他伤害的情形。

第四条 强奸已满十四周岁的未成年女性或者奸淫幼女，致使其感染艾滋病病毒的，应当认定为刑法第二百三十六第三款第六项规定的“致使被害人重伤”。

第五条 对已满十四周岁不满十六周岁的未成年女性负有特殊职责的人员，与该未成年女性发生性关系，具有下列情形之一的，应当认定为刑法第二百三十六条之一规定的“情节恶劣”：

（一）长期发生性关系的；

（二）与多名被害人发生性关系的；

（三）致使被害人感染艾滋病病毒或者患梅毒、淋病等严重性病的；

（四）对发生性关系的过程或者被害人身体隐私部位制作视频、照片等影像资料，致使影像资料向多人传播，暴露被害人身份的；

（五）其他情节恶劣的情形。

第六条 对已满十四周岁的未成年女性负有特殊职责的人员，利用优势地位或者被害人孤立无援的境地，迫使被害人与其发生性关系的，依照刑法第二百三十六条的规定，以强奸罪定罪处罚。

第七条 猥亵儿童，具有下列情形之一的，应当认定为刑法第二百三十七条第三款第三项规定的“造成儿童伤害或者其他严重后果”：

（一）致使儿童轻伤以上的；

（二）致使儿童自残、自杀的；

（三）对儿童身心健康造成其他伤害或者严重后果的情形。

第八条 猥亵儿童，具有下列情形之一的，应当认定为刑法第二百三十七条第三款第四项规定的“猥亵手段恶劣或者有其他恶劣情节”：

（一）以生殖器侵入肛门、口腔或者以生殖器以外的身体部位、物品侵入被害人生殖器、肛门等方式实施猥亵的；

（二）有严重摧残、凌辱行为的；

（三）对猥亵过程或者被害人身体隐私部位制作视频、照片等影像资料，以此胁迫对被害人实施猥亵，或者致使影像资料向多人传播，暴露被害人身份的；

（四）采取其他恶劣手段实施猥亵或者有其他恶劣情节的情形。

第九条 胁迫、诱骗未成年人通过网络视频聊天或者发送视频、照片等方式，暴露身体隐私部位或者实施淫秽行为，符合刑法第二百三十七条规定的，以强制猥亵罪或者猥亵儿童罪定罪处罚。

胁迫、诱骗未成年人通过网络直播方式实施前款行为，同时符合刑法第二百三十七条、第三百六十五条的规定，构成强制猥亵罪、猥亵儿童罪、组织淫秽表演罪的，依照处罚较重的规定定罪处罚。

第十条 实施猥亵未成年人犯罪，造成被害人轻伤以上后果，同时符合刑法第二百三十四条或者第二百三十二条的规定，构成故意伤害罪、故意杀人罪的，依照处罚较重的规定定罪处罚。

第十一条 强奸、猥亵未成年人的成年被告人认罪认罚的，是否从宽处罚及从宽幅度应当从严把握。

第十二条 对强奸未成年人的成年被告人判处刑罚时，一般不适用缓刑。

对于判处刑罚同时宣告缓刑的，可以根据犯罪情况，同时宣告禁止令，禁止犯罪分子在缓刑考验期限内从事与未成年人有关的工作、活动，禁止其进入中小学校、幼儿园及其他未成年人集中的场所。确因本人就学、居住等原因，经执行机关批准的除外。

第十三条 对于利用职业便利实施强奸、猥亵未成年人等犯罪的，人民法院应当依法适用从业禁止。

第十四条 对未成年人实施强奸、猥亵等犯罪造成人身损害的，应当赔偿医疗费、护理费、交通费、营养费、住院伙食补助费等为治疗和康复支付的合理费用，以及因误工减少的收入。

根据鉴定意见、医疗诊断书等证明需要对未成年人进行精神心理治疗和康复，所需的相关费用，应当认定为前款规定的合理费用。

第十五条 本解释规定的“负有特殊职责的人员”，是指对未成年人负有监护、收养、看护、教育、医疗等职责的人员，包括与未成年人具有共同生活关系且事实上负有照顾、保护等职责的人员。

第十六条 本解释自2023年6月1日起施行。

全国法院维护农村稳定刑事审判工作座谈会纪要

（1999年10月27日　法〔1999〕217号）

为了贯彻党的十五届三中全会作出的《中共中央关于农业和农村工作若干重大问题的决定》（以下简称《决定》），落实1999年8月最高人民法院在上海召开的全国高级法院院长座谈会（以下简称“上海会议”）关于推进人民法院改革、切实把人民法院的工作重点放在基层的精神，进一步探索和开拓刑事审判为农村稳定和农业发展服务的工作思路，最高人民法院于1999年9月8日至10日在山东省济南市召开了全国法院维护农村稳定刑事审判工作座谈会。出席会议的有各省、自治区、直辖市高级人民法院主管刑事审判工作的副院长、刑事审判庭庭长。解放军军事法院和新疆维吾尔自治区高级人民法院生产建设兵团分院也派代表参加会议。最高人民法院副院长刘家琛在座谈会上作了重要讲话。

与会同志总结交流了近年来自地法院审理农村中刑事案件的情况和经验，分析了当前农村治安形势和农村中刑事案件及农民犯罪的特点，认真讨论了当前审理农村几类主要刑事案件和农民犯罪案件应当注意的若干问题；对当前及今后一个时期加强刑事审判工作，维护农村稳定提出了明确要求，现纪要如下：

一

会议认为，农村稳定是巩固工农联盟的政权、维护国家长治久安的坚实基础。农村社会治安稳定、农业发展，是从根本上改变长期以来我国城乡犯罪中农民占大多数的状况的社会条件和物质基础。改革开放以来，我国农村政治稳定、农业稳步发展、农村治安形势总的是平稳的，这是主流。但是在一些地方，还存在影响治安稳定的不容忽视的突出问题。其主要特点表现为：

一是农村社会矛盾复杂化，有的导致群体性械斗和上访事件，有的激化为严重治安犯罪案件；二是非法宗教和邪教组织在一些农村乡镇有重新抬头之势；三是农村金融和市场管理秩序混乱，损害了农民的合法权益，严重影响农村稳定和农业发展；四是农民间因生产生活、邻里纠纷、婚姻家庭等内部矛盾激化为刑事犯罪的情况比较突出。这一状况，如不得到有效控制，长期下去，将导致党和政府在农村依靠的基本队伍结构发生变化，不利用于基层政权的巩固与发展；五是一些地方出现的“村霸”、“乡霸”等恶势力及封建宗族势力横行乡里，有的犯罪团伙带有明显的黑社会组织性质，成为威胁农村治安稳定的一大祸端；六是卖淫嫖娼、贩卖、吸食毒品，赌博等社会丑恶现象在一些农村地区发展蔓延，诱发了多种犯罪。以上问题，在广大农村有一定的普遍性，有的还很突出，不仅影响农村的稳定、改革和农业的发展，也与整个社会的稳定息息相关。尤其值得重视是，农村中刑事犯罪案件和农民犯罪案件在我国所有刑事犯罪案件和罪犯中所占比例逐年增加，特别是在杀人、抢劫、盗窃、伤害案件中，农民罪犯占了大部分，所占比例连年上升。在判处死刑的罪犯中，农民罪犯所占的比例近年来也呈上升趋势。

上述情况表明，农村中农民犯罪问题已成为影响我国社会治安稳定的重要因素，并在很大程度上决定着我国治安形势的走向。解决好这一问题实际上也就找到了我国解决犯罪问题的一个重要突破口。认真分析研究这些问题，提出具体对策意见。对于解决农村稳定、全国社会治安问题具有重大意义。

会议认为，涉及农村中犯罪案件、农民犯罪案件的审判工作，直接关系到党在农村工作中的方针、政策能否得到贯彻落实。正确处理好这类案件，不仅仅是审判工作的问题，而且是一个严肃的政治问题。因此，加强对农村中犯罪案件、农民犯罪案件的审判工作，维护农村和整个社会稳定，应当始终是人民法院面临的一项重要而紧迫的政治任务。

二

会议在认真学习《决定》和“上海会议”文件的基础上，结合执行刑法、刑事诉讼法的审判实践，对审理农村中犯罪案件、农民犯罪案件中的一些重要问题进行了研究、讨论。一致认为，对于故意杀人、故意伤害、抢劫、强奸、绑架等严重危害农村社会治安的暴力犯罪以及带有黑社会性质的团伙犯罪，一定要继续坚持从重从快严厉打击的方针。要根据当地社会治安的特点，将经常性“严打”和集中打击、专项斗争结合起来，始终保持“严打”的高压态势，有效地遏制严重刑事犯罪活动蔓延的势头，尽一切努力维护好农村社会治安的稳定。同时，对正确适用法律，处理好农村常见多发案件，全面、正确掌握党的刑事政策，取得了一致意见：

（一）关于故意杀人、故意伤害案件

要准确把握故意杀人犯罪适用死刑的标准。对故意杀人犯罪是否判处死刑，不仅要看是否造成了被害人死亡结果，还要综合考虑案件的全部情况。对于因婚姻家庭、邻里纠纷等民间矛盾激化引发的故意杀人犯罪，适用死刑一定要十分慎重，应当与发生在社会上的严重危害社会治安的其他故意杀人犯罪案件有所区别。对于被害人一方有明显过错或对矛盾激化负有直接责任，或者被告人有法定从轻处罚情节的，一般不应判处死刑立即执行。

要注意严格区分故意杀人罪与故意伤害罪的界限。在直接故意杀人与间接故意杀人案件中,犯罪人的主观恶性程度是不同的,在处刑上也应有所区别。间接故意杀人与故意伤害致人死亡,虽然都造成了死亡后果,但行为人故意的性质和内容是截然不同的。不注意区分犯罪的性质和故意的内容,只要有死亡后果就判处死刑的做法是错误的,这在今后的工作中,应当予以纠正。对于故意伤害致人死亡,手段特别残忍,情节特别恶劣的,才可以判处死刑。

要准确把握故意伤害致人重伤造成"严重残疾"的标准。参照1996年国家技术监督局颁布的《职工工伤与职业病致残程度鉴定标准》(以下简称"工伤标准"),刑法第二百三十四条第二款规定的"严重残疾"是指下列情形之一:被害人身体器官大部缺损、器官明显畸形、身体器官有中等功能障碍、造成严重并发症等。残疾程序可以分为一般残疾(十至七级)、严重残疾(六至三级)、特别严重残疾(二至一级),六级以上视为"严重残疾"。在有关司法解释出台前,可统一参照"工伤标准"确定残疾等级。实践中,并不是只要达到"严重残疾"就判处死刑,还要根据伤害致人"严重残疾"的具体情况,综合考虑犯罪情节和危害后果来决定刑罚。故意伤害致重伤造成严重残疾,只有犯罪手段特别残忍,后果特别严重的,才能考虑适用死刑(包括死刑,缓期二年执行)。

(二)关于盗窃案件

要重点打击的是:盗窃农业生产资料和承包经营的山林、果林、渔塘产品等严重影响和破坏农村经济发展的犯罪;盗窃农民生活资料,严重影响农民生活和社会稳定的犯罪;结伙盗窃、盗窃集团和盗、运、销一条龙的犯罪;盗窃铁路、油田、重点工程物资的犯罪等。

对盗窃集团的首要分子、盗窃惯犯、累犯,盗窃活动造成特别严重后果的,要依法从严惩处。对于盗窃牛、马、骡、拖拉机等生产经营工具或者生产资料的,应当依法从重处罚。对盗窃犯罪的初犯、未成年犯,或者确因生活困难而实施盗窃犯罪,或积极退赃、赔偿损失的,应当注意体现政策,酌情从轻处罚。其中,具备判处管制、单处罚金或者宣告缓刑条件的,应区分不同情况尽可能适用管制、罚金或者缓刑。

最高人民法院《关于审理盗窃案件具体应用法律若干问题的解释》第四条中"入户盗窃"的"户",是指家庭及其成员与外界相对隔离的生活场所,包括封闭的院落、为家庭生活租用的房屋、牧民的帐篷以及渔民作为家庭生活场所的渔船等。集生活、经营于一体的处所,在经营时间内一般不视为"户"。

(三)关于农村恶势力犯罪案件

修订后的刑法将原"流氓罪"分解为若干罪名,分别规定了相应的刑罚,更有利于打击此类犯罪,也便于实践中操作。对实施多种原刑法规定的"流氓"行为,构成犯罪的,应按照修订后刑法的罪名分别定罪量刑,按数罪并罚原则处理。对于团伙成员相对固定,以暴力、威胁手段称霸一方,欺压百姓,采取收取"保护费"、代人强行收债、违规强行承包等手段,公然与政府对抗的,应按照黑社会性质组织犯罪处理;其中,又有故意杀人、故意伤害等犯罪行为的,按数罪并罚的规定处罚。

(四)关于破坏农业生产坑农害农案件

对于起诉到法院的坑农害农案件,要及时依法处理。对犯罪分子判处刑罚时,要注意尽最大可能挽回农民群众的损失。被告人积极赔偿损失的,可以考虑适当从轻处罚。被害人提起刑事自诉的，要分别不同情况处理：受害群众较多的，应依靠当地党委，并与有关政法部门协调，尽量通过公诉程序处理；被害人直接向法院起诉并符合自诉案件立案规定的，应当立案并依法审理。对于生产、销售伪劣农药、兽药、化肥、种子罪所造成的损失数额标准，在最高法院作出司法解释前，各高级法院可结合本地具体情况制定参照执行的标准。

（五）关于村民群体械斗案件

处理此类案件要十分注意政策界限。案件经审理并提出处理意见后，要征求当地党委和有关部门的意见。既要严格依法办事，又要做好耐心细致的解释工作，把处理案件与根治械斗发生的原因结合起来，防止发生意外和出现新的矛盾冲突。

要查清事实，分清责任，正确适用刑罚。处理的重点应是械斗的组织者、策划者和实施犯罪的骨干分子。一般来说，械斗的组织者和策划者，应对组织、策划的犯罪承担全部责任；直接实施犯罪行为的，应对其实施的犯罪行为负责。要注意缩小打击面，扩大教育面。对积极参与犯罪的从犯，应当依法从轻或者减轻处罚。其中符合缓刑条件的，应当适用缓刑；对被煽动、欺骗、裹挟而参与械斗，情节较轻，经教育确有悔改表现的，可不按犯罪处理。

要注意做好被害人的工作。对因参与械斗而受伤的被害人，也应指出其行为的违法性质；对因受害造成生产、生活上困难的，要协助有关部门解决好，努力依法做好善后工作，消除对立情绪，根除伺机再度报复的潜在隐患。

（六）关于拐卖妇女、儿童犯罪案件

要从严惩处拐卖妇女、儿童犯罪团伙的首要分子和以拐卖妇女、儿童为常业的“人贩子”。

要严格把握此类案件罪与非罪的界限。对于买卖至亲的案件，要区别对待：以贩卖牟利为目的“收养”子女的，应以拐卖儿童罪处理；对那些迫于生活困难、受重男轻女思想影响而出卖亲生子女或收养子女的，可不作为犯罪处理；对于出卖子女确属情节恶劣的，可按遗弃罪处罚；对于那些确属介绍婚姻，且被介绍的男女双方相互了解对方的基本情况，或者确属介绍收养，并经被收养人父母同意的，尽管介绍的人数较多，从中收取财物较多，也不应作犯罪处理。

三

会议在认真分析了农村中犯罪、农民犯罪的原因和特点的基础上，结合我国农村基层组织的作用和现状，对处理农村中犯罪案件和农民犯罪案件应当把握的政策界限进行了研究；对正确处理以下问题取得了一致意见：

（一）关于正确处理干群关系矛盾引发的刑事案件问题

开庭审理此类案件，一般要深入发案地，认真查清事实，了解案件发生真实原因，分清双方责任，合情、合理、合法地予以处理。

对利用手中掌握的权力欺压百姓、胡作非为，严重损害群众和集体利益，构成犯罪的，要依法严惩；对只是因工作方法简单粗暴构成犯罪的，要做好工作，取得群众谅解后，酌情予以处理。

对抗拒基层组织正常管理，纯属打击报复农村干部的犯罪分子，一定要依法严惩；对事出有因而构成犯罪的农民被告人，则要体现从宽政策。群体事件中,处罚的应只是构成犯罪的极少数为首者和组织者;对于其他一般参与的群众,要以教育为主,不作犯罪处理。

要充分依靠当地党委和政府,充分征求有关部门对此类案件判决的意见。对当地政府强烈要求判处死刑的案件,要了解有关背景。对于依法应当判处死刑的,不能因为担心被告方人多势众会闹事而不判处死刑;相反,对不应当判处死刑的,也不能因为被害方闹事就判处死刑。要依靠党政部门努力做好法制宣传教育工作,在未做好群众思想工作的情况下,不要急于下判。

(二)关于对农民被告人依法判处缓刑、管制、免予刑事处罚问题

对农民被告人适用刑罚,既要严格遵循罪刑相适应的原则,又要充分考虑到农民犯罪主体的特殊性。要依靠当地党委做好相关部门的工作,依法适当多适用非监禁刑罚。对于已经构成犯罪,但不需要判处刑罚的,或者法律规定有管制刑的,应当依法免予刑事处罚或判处管制刑。对于罪行较轻且认罪态度好,符合宣告缓刑条件的,应当依法适用缓刑。

要努力配合有关部门落实非监禁刑的监管措施。在监管措施落实问题上可以探索多种有效的方式,如在城市应加强与适用缓刑的犯罪人原籍的政府和基层组织联系落实帮教措施;在农村应通过基层组织和被告人亲属、家属、好友做好帮教工作等等。

(三)关于村委会和村党支部成员利用职务便利侵吞集体财产犯罪的定性问题

为了保证案件的及时审理,在没有司法解释规定之前,对于已起诉到法院的这类案件,原则上以职务侵占罪定罪处罚。

(四)关于财产刑问题

凡法律规定并处罚金或者没收财产的,均应当依法并处,被告人的执行能力不能作为是否判处财产刑的依据。确实无法执行或不能执行的,可以依法执行终结或者减免。对法律规定主刑有死刑、无期徒刑和有期徒刑,同时并处没收财产或罚金的,如决定判处死刑,只能并处没收财产;判处无期徒刑的,可以并处没收财产,也可以并处罚金;判处有期徒刑的,只能并处罚金。

对于法律规定有罚金刑的犯罪,罚金的具体数额应根据犯罪的情节确定。刑法和司法解释有明确规定的,按规定判处;没有规定的,各地可依照法律规定的原则和具体情况,在总结审判经验的基础上统一规定参照执行的数额标准。

对自由刑与罚金刑均可选择适用的案件,如盗窃罪,在决定刑罚时,既要避免以罚金刑代替自由刑,又要克服机械执法只判处自由刑的倾向。对于可执行财产刑且罪行又不严重的初犯、偶犯、从犯等,可单处罚金刑。对于应当并处罚金刑的犯罪,如被告人能积极缴纳罚金,认罪态度较好,且判处的罚金数量较大,自由刑可适当从轻,或考虑宣告缓刑。这符合罪刑相适应原则,因为罚金刑也是刑罚。

被告人犯数罪的,应避免判处罚金刑的同时,判处没收部分财产。对于判处没收全部财产,同时判处罚金刑的,应决定执行没收全部财产,不再执行罚金刑。

(五)关于刑事附带民事诉讼问题

人民法院审理附带民事诉讼案件的受案范围,应只限于被害人因人身权利受到犯罪行为侵犯和财物被犯罪行为损毁而遭受的物质损失,不包括因犯罪分子非法占

有、处置被害人财产而使其遭受的物质损失。对因犯罪分子非法占有、处置被害人财产而使其遭受的物质损失,应当根据刑法第六十四条的规定处理,即应通过追缴赃款赃物、责令退赔的途径解决。如赃款赃物尚在的,应一律追缴;已被用掉、毁坏或挥霍的,应责令退赔。无法退赃的,在决定刑罚时,应作为酌定从重处罚的情节予以考虑。

关于附带民事诉讼的赔偿范围,在没有司法解释规定之前,应注意把握以下原则:一是要充分运用现有法律规定,在法律许可的范围内最大限度地补偿被害人因被告人的犯罪行为而遭受的物质损失。物质损失应包括已造成的损失,也包括将来必然遭受的损失。二是赔偿只限于犯罪行为直接造成的物质损失,不包括精神损失和间接造成的物质损失。三是要适当考虑被告人的赔偿能力。被告人的赔偿能力包括现在的赔偿能力和将来的赔偿能力,对未成年被告人还应考虑到其监护人的赔偿能力,以避免数额过大的空判引起的负面效应,被告人的民事赔偿情况可作为量刑的酌定情节。四是要切实维护被害人的合法权益。附带民事原告人提出起诉的,对于没有构成犯罪的共同致害人,也要追究其民事赔偿责任。未成年致害人由其法定代表人或者监护人承担赔偿责任。但是,在逃的同案犯不应列为附带民事诉讼的被告人。关于赔偿责任的分担:共同致害人应当承担连带赔偿责任;在学校等单位内部发生犯罪造成受害人损失,在管理上有过错责任的学校等单位有赔偿责任,但不承担连带赔偿责任;交通肇事犯罪的车辆所有人(单位)在犯罪分子无赔偿能力的情况下,承担代为赔偿或者垫付的责任。

(六)关于刑事自诉案件问题

要把自诉案件的立案关。有的地方为了便于具体操作,制定了具体立案标准,也有的地方实行"立案听证",让合议庭听取有关方面的意见,审查证据材料,决定是否立案。这些做法可以进一步总结,效果好的,可逐步推广。

要注重指导和协助双方当事人自行取证举证。由于广大农民群众法律水平尚不高,个人取证有相当难度,一般情况下很难达到法律规定的证据要求。如果因证据不足而简单、轻率地决定对自诉案件不予受理,就有可能使矛盾激化,引发新的刑事案件。因此,对于当事人所举证据不充分的,在指导自诉人取证的基础上,对于确有困难的,人民法院应当依法调查取证。

要正确适用调解。调解应查清事实、分清责任,在双方自愿的基础上依法进行,不能强迫调解,更不能违法调解。

要正确适用强制措施和刑罚。自诉案件经审查初步认定构成犯罪且较为严重的,对有可能逃避刑事责任和民事责任的被告人,要依法及时采取强制措施。对可能判处管制、拘役或者独立适用附加刑或者能及时到案,不致发生社会危险的被告人,不应当决定逮捕。在处刑上,对自诉案件被告人更应当注意尽量依法多适用非监禁刑罚。

最高人民法院、最高人民检察院、公安部、民政部、司法部、中华全国妇女联合会关于打击拐卖妇女儿童犯罪有关问题的通知

(2000年3月20日　公通字〔2000〕26号)

各省、自治区、直辖市高级人民法院,人民检察院,公安厅、局,民政厅、局,司法厅、局,妇联:

近年来,一些地方拐卖妇女、儿童犯罪活动猖獗,并呈发展蔓延之势,犯罪团伙组织日趋严密,犯罪手段更加隐蔽、狡猾、残忍,盗抢儿童、强迫被拐卖的妇女卖淫的案件突出,因拐卖妇女、儿童引起的伤害、杀人、强奸等恶性案件逐年增多,危害日益严重。拐卖妇女、儿童犯罪严重侵犯被拐卖的妇女、儿童的人身权利,致使许多家庭骨肉分离、家破人亡,并由此引发一系列社会问题,直接影响社会稳定。为有效遏制此类犯罪的上升势头,切实保护妇女、儿童的合法权益,维护社会稳定,今年上半年将在全国范围内开展"打击人贩子、解救被拐卖妇女儿童"专项斗争(以下简称"打拐"专项斗争)。为搞好这次"打拐"专项斗争,依法惩处拐卖妇女、儿童的犯罪分子,解救被拐卖的妇女、儿童,现就有关问题通知如下:

一、切实提高对开展"打拐"专项斗争重要性的认识,加强组织领导和协作配合。开展"打拐"专项斗争,是贯彻全心全意为人民服务的宗旨,保护公民合法权益,解除人民群众疾苦的一项"民心工程"、"爱心工程"。做好这项工作,有利于提高党和政府在人民群众中的威信,树立良好的形象。各级政法机关及有关部门和组织一定要充分认识拐卖妇女、儿童犯罪的严重性和危害性,充分认识开展"打拐"专项斗争的重大意义,将这项工作作为维护社会稳定的大事来抓。有关部门和组织要高度重视,切实加强组织领导,充分发挥本部门的职能作用,协同作战,坚决杜绝地方保护主义。公安机关、人民检察院、人民法院要依法及时侦查、逮捕、起诉、审判拐卖妇女、儿童的犯罪分子,解救被拐卖的妇女、儿童;司法行政机关要做好宣传教育、协查、收监和法律援助工作;民政部门要做好对被拐卖妇女和儿童的救济工作,及查找不到父母的儿童的收养工作;妇联等组织要维护妇女、儿童的合法权益,协助有关部门做好宣传、解救、安置工作。各有关部门、组织应当加强联系和沟通,相互支持,密切配合,共同做好打击人贩子、解救被拐卖的妇女儿童的各项工作,确保"打拐"专项斗争取得预期效果。

二、大力敦促犯罪分子投案自首,坦白交待罪行,揭发犯罪,争取从宽处理。要采取多种形式,广泛宣传刑法关于自首、立功等从宽处理的刑事政策。各地还可选择一些因主动投案自首或者有立功表现而给予从轻、减轻、免除处罚的典型案件,公开宣传报道,敦促在逃的犯罪分子尽快投案自首,坦白交待罪行,检举、揭发他人的犯罪行为,提供破案线索,争取从宽处理。要做好对犯罪分子家属、亲友的政策宣传工作,动员他们规劝、陪同有拐卖妇女、儿童犯罪行为的亲友投案自首,或者将犯罪嫌疑人送往司法机关投案。对窝藏、包庇犯罪分子、阻碍解救、妨害公务,构成犯罪的,要依法追究刑事责任。监狱、看守所等监管部

门要对在押人员加大宣传攻势,鼓励坦白、检举、揭发拐卖妇女、儿童犯罪行为。对于投案自首、坦白交待罪行、有立功表现的犯罪嫌疑人、被告人,司法机关应当切实落实刑事政策,依法从轻、减轻处罚。对于自首的犯罪分子,犯罪较轻的,可以免除处罚;对有重大立功表现的犯罪分子,可以减轻或者免除处罚;对犯罪后自首又有重大立功表现的,应当减轻或者免除处罚。

三、深入开展法制宣传教育,广泛发动群众参与“打拐”专项斗争,防止发生阻碍解救事件。各级公安机关和司法行政机关要组织专门班子,制定宣传计划,充分利用广播、电视、报刊、网络等媒体和“148”法律服务热线等渠道,结合打击人贩子、处理买主、解救被拐卖的妇女、儿童的典型案例,大张旗鼓地开展宣传教育活动。要大力宣传党和政府打击拐卖妇女、儿童犯罪的态度和决心,宣传拐卖妇女、儿童犯罪的严重危害,宣传国家禁止买卖妇女、儿童和惩处人贩子、买主的法律规定,宣传“打拐”专项斗争中涌现出的不怕牺牲不辞劳苦打击人贩子、解救被拐卖的妇女、儿童的英雄模范事迹,形成宣传攻势,提高广大人民群众的法制观念,教育群众自觉守法。特别是在拐卖妇女、儿童以及收买被拐卖的妇女、儿童情况较严重的地区,要深入村村户户进行法制宣传教育,真正做到家喻户晓、人人皆知。要以案说法,使广大干部和群众能够认识到拐卖妇女、儿童,收买被拐卖的妇女、儿童,阻碍解救被拐卖的妇女、儿童都是违法犯罪行为,要受到法律制裁。在不通广播、电视的贫困、边远地区,要采取印发宣传材料、召开座谈会等多种形式进行宣传。

要广泛发动社会各界以及基层干部、群众,积极投入“打拐”专项斗争,主动配合、协助有关部门做好解救被拐卖妇女、儿童的工作,号召群众检举、揭发拐卖、收买妇女、儿童的犯罪行为,自觉同拐卖妇女、儿童犯罪活动作斗争。各地公安机关要设立“打拐”热线电话,接受群众举报,对提供重要犯罪线索、协助抓获重大犯罪嫌疑人的人员,要给予奖励。

四、正确适用法律,依法严厉打击拐卖妇女、儿童的犯罪活动。这次“打拐”专项斗争的重点是打击拐卖妇女、儿童的人贩子。凡是拐卖妇女、儿童的,不论是哪个环节,只要是以出卖为目的,有拐骗、绑架、收买、贩卖、接送、中转、窝藏妇女、儿童的行为之一的,不论拐卖人数多少,是否获利,均应以拐卖妇女、儿童罪追究刑事责任。对收买被拐卖的妇女、儿童的,以及阻碍解救被拐卖妇女、儿童构成犯罪的,也要依法惩处。出卖亲生子女的,由公安机关依法没收非法所得,并处以罚款;以营利为目的,出卖不满14周岁子女,情节恶劣的,借收养名义拐卖儿童的,以及出卖捡拾的儿童的,均应以拐卖儿童罪追究刑事责任。出卖14周岁以上女性亲属或者其他不满14周岁亲属的,以拐卖妇女、儿童罪追究刑事责任。

办案中,要正确区分罪与非罪、罪与罪的界限,特别是拐卖妇女罪与介绍婚姻收取钱物行为、拐卖儿童罪与收养中介行为、拐卖儿童罪与拐骗儿童罪,以及绑架儿童罪与拐卖儿童罪的界限,防止扩大打击面或者放纵犯罪。

五、各级政法机关和有关部门应当密切配合,形成合力,共同打好“打拐”专项斗争。公安机关应当组织专门力量,扎扎实实地做好侦查工作,全力侦破拐卖妇女、儿童犯罪案件，抓捕犯罪嫌疑人，并切实做好证据的收集工作，为起诉和审判打下坚实基础；人民检察院对公安机关提请逮捕和移送审查起诉的犯罪嫌疑人，应当依法及时批捕和提起公诉；人民法院对人民检察院提起公诉的案件，应当依法及时审判；监狱应当做好对罪犯收监执行和在押、在逃罪犯的协查工作。民政部门、妇联在工作中发现犯罪线索或者犯罪嫌疑人的，应当及时移交司法机关依法处理。

各级政法机关要全力以赴，提高办案效率，加快办案进度，力争在"打拐"专项斗争中逮捕一批、起诉一批、审判一批拐卖妇女、儿童的犯罪嫌疑人和被告人，震慑犯罪。人民检察院对公安机关侦查终结、移送审查起诉的案件，人民法院对人民检察院提起公诉的案件，应当坚持基本事实清楚，基本证据确凿的原则，及时起诉、审判，防止久拖不决。同时要严格遵守法律规定的诉讼程序和时限要求，依法办案，严禁刑讯逼供，防止滥用强制措施，超期羁押。

拐入地、拐出地或中转地公安机关立案侦查的拐卖妇女、儿童案件，应当向同级人民检察院提请批准逮捕、移送审查起诉。对于有多次倒卖情形的拐卖妇女、儿童案件，无论行为人是第几道贩子，只要其犯罪行为已经查证属实的，就应当及时起诉、审判。对于其他犯罪线索，公安机关应当组织力量继续进行侦查。对同案犯在逃的，已抓获的犯罪嫌疑人、被告人的犯罪事实已经查清，并有确实、充分证据的，应当及时起诉、审判。一人犯数罪的，对其中主要罪行或某一罪行事实清楚，证据确实充分，而其他罪行一时难以查清的，可先对其已查清的主要罪行或某一罪行作出处理。

六、切实做好解救和善后安置工作，保护被拐卖妇女、儿童的合法权益。解救被拐卖的妇女、儿童，是人民政府和政法机关的重要职责。公安、司法行政、民政、妇联等有关部门和组织要明确责任，各司其职，相互配合，通力合作。解救工作要充分依靠当地党委、政府的支持，做好对基层干部和群众的说服教育工作，注意方式、方法，慎用警械、武器，避免激化矛盾，防止出现围攻执法人员、聚众阻碍解救等突发事件。

对于被拐卖的未成年女性、现役军人配偶、遭受摧残虐待的、被强迫卖淫或者从事其他色情服务的妇女，以及本人要求解救的妇女，要立即解救。对于自愿继续留在现住地生活的成年女性，应尊重本人意愿，愿在现住地结婚且符合法定结婚条件的，应当依法办理结婚登记手续。被拐卖妇女与买主所生子女的抚养问题，可由双方协商解决或由人民法院裁决。对于遭受摧残虐待、被强迫乞讨或从事违法犯罪活动的，以及本人要求解救的被拐卖儿童，应当立即解救。对于解救的被拐卖儿童，由其父母或者其他监护人户口所在地公安机关负责接回。

公安、民政、妇联等有关部门和组织应当密切配合，做好被解救妇女、儿童的善后安置工作。任何单位和个人不得歧视被拐卖的妇女、儿童。对被解救回的未成年人，其父母及其他监护人应当接收并认真履行抚养义务。拒绝接收，拒不履行抚养义务，构成犯罪的，以遗弃罪追究刑事责任。

七、进一步开展综合治理，预防拐卖妇女、儿童犯罪发生。各级政法机关和有关部门要通过"打拐"专项斗争，及时发现问题，总结经验教训，动员全社会的力量，开展群防群治，常抓不懈，从根本上预防拐卖妇女、儿童犯罪的发生。公安、民政等有关部门要严格执行户口管理、暂住人口、流动人口登记、婚姻登记、收养登记等各项法律、法规和规章制度,堵塞漏洞。妇联等组织要积极维护妇女、儿童的合法权益,对妇女进行宣传教育,帮助她们提高自身素质,不断增强防拐防骗意识和自我保护能力。

各地接到本通知后,应当立即部署贯彻执行。执行中遇到的问题,请及时分别报告最高人民法院、最高人民检察院、公安部、民政部、司法部、全国妇联。

最高人民法院关于对在绑架过程中以暴力、胁迫等手段当场劫取被害人财物的行为如何适用法律问题的答复

(2001年11月8日　法函〔2001〕68号)

福建省高级人民法院:

你院闽高法〔2001〕128号《关于在绑架过程中实施暴力或以暴力相威胁当场劫取被害人财物的行为如何适用法律问题的请示》收悉。经研究,答复如下:

行为人在绑架过程中,又以暴力、胁迫等手段当场劫取被害人财物,构成犯罪的,择一重罪处罚。

最高人民法院、最高人民检察院、公安部、司法部关于依法惩治拐卖妇女儿童犯罪的意见

(2010年3月15日　法发〔2010〕7号)

为加大对妇女、儿童合法权益的司法保护力度,贯彻落实《中国反对拐卖妇女儿童行动计划(2008-2012)》,根据刑法、刑事诉讼法等相关法律及司法解释的规定,最高人民法院、最高人民检察院、公安部、司法部就依法惩治拐卖妇女、儿童犯罪提出如下意见:

一、总体要求

1. 依法加大打击力度,确保社会和谐稳定。自1991年全国范围内开展打击拐卖妇女、儿童犯罪专项行动以来,侦破并依法处理了一大批拐卖妇女、儿童犯罪案件,犯罪分子受到依法严惩。2008年,全国法院共审结拐卖妇女、儿童犯罪案件1353件,比2007年上升9.91%;判决发生法律效力的犯罪分子2161人,同比增长11.05%,其中,被判处五年以上有期徒刑、无期徒刑至死刑的1319人,同比增长10.1%,重刑率为61.04%,高出同期全部刑事案件重刑率45.27个百分点。2009年,全国法院共审结拐卖妇女、儿童犯罪案件1636件,比2008年上升20.9%;判决发生法律效力的犯罪分子2413人,同比增长11.7%,其中被判处五年以上有期徒刑、无期徒刑至死刑的1475人,同比增长11.83%。

但是,必须清醒地认识到,由于种种原因,近年来,拐卖妇女、儿童犯罪在部分地

区有所上升的势头仍未得到有效遏制。此类犯罪严重侵犯被拐卖妇女、儿童的人身权利,致使许多家庭骨肉分离,甚至家破人亡,严重危害社会和谐稳定。人民法院、人民检察院、公安机关、司法行政机关应当从维护人民群众切身利益、确保社会和谐稳定的大局出发,进一步依法加大打击力度,坚决有效遏制拐卖妇女、儿童犯罪的上升势头。

2. 注重协作配合,形成有效合力。人民法院、人民检察院、公安机关应当各司其职,各负其责,相互支持,相互配合,共同提高案件办理的质量与效率,保证办案的法律效果与社会效果的统一;司法行政机关应当切实做好有关案件的法律援助工作,维护当事人的合法权益。各地司法机关要统一思想认识,进一步加强涉案地域协调和部门配合,努力形成依法严惩拐卖妇女、儿童犯罪的整体合力。

3. 正确贯彻政策,保证办案效果。拐卖妇女、儿童犯罪往往涉及多人、多个环节,要根据宽严相济刑事政策和罪责刑相适应的刑法基本原则,综合考虑犯罪分子在共同犯罪中的地位、作用及人身危险性的大小,依法准确量刑。对于犯罪集团的首要分子、组织策划者、多次参与者、拐卖多人者或者具有累犯等从严、从重处罚情节的,必须重点打击,坚决依法严惩。对于罪行严重,依法应当判处重刑乃至死刑的,坚决依法判处。要注重铲除"买方市场",从源头上遏制拐卖妇女、儿童犯罪。对于收买被拐卖的妇女、儿童,依法应当追究刑事责任的,坚决依法追究。同时,对于具有从宽处罚情节的,要在综合考虑犯罪事实、性质、情节和危害程度的基础上,依法从宽,体现政策,以分化瓦解犯罪,鼓励犯罪人悔过自新。

二、管辖

4. 拐卖妇女、儿童犯罪案件依法由犯罪地的司法机关管辖。拐卖妇女、儿童犯罪的犯罪地包括拐出地、中转地、拐入地以及拐卖活动的途经地。如果由犯罪嫌疑人、被告人居住地的司法机关管辖更为适宜的,可以由犯罪嫌疑人、被告人居住地的司法机关管辖。

5. 几个地区的司法机关都有权管辖的,一般由最先受理的司法机关管辖。犯罪嫌疑人、被告人或者被拐卖的妇女、儿童人数较多,涉及多个犯罪地的,可以移送主要犯罪地或者主要犯罪嫌疑人、被告人居住地的司法机关管辖。

6. 相对固定的多名犯罪嫌疑人、被告人分别在拐出地、中转地、拐入地实施某一环节的犯罪行为,犯罪所跨地域较广,全案集中管辖有困难的,可以由拐出地、中转地、拐入地的司法机关对不同犯罪分子分别实施的拐出、中转和拐入犯罪行为分别管辖。

7. 对管辖权发生争议的,争议各方应当本着有利于迅速查清犯罪事实,及时解救被拐卖的妇女、儿童,以及便于起诉、审判的原则,在法定期间内尽快协商解决;协商不成的,报请共同的上级机关确定管辖。

正在侦查中的案件发生管辖权争议的,在上级机关作出管辖决定前,受案机关不得停止侦查工作。

三、立案

8. 具有下列情形之一,经审查,符合管辖规定的,公安机关应当立即以刑事案件立案,迅速开展侦查工作:

(1)接到拐卖妇女、儿童的报案、控告、举报的;

(2)接到儿童失踪或者已满十四周岁不满十八周岁的妇女失踪报案的;

(3)接到已满十八周岁的妇女失踪,可能被拐卖的报案的;

(4)发现流浪、乞讨的儿童可能系被拐卖的;

(5)发现有收买被拐卖妇女、儿童行为,依法应当追究刑事责任的;

(6)表明可能有拐卖妇女、儿童犯罪事实发生的其他情形的。

9. 公安机关在工作中发现犯罪嫌疑人或者被拐卖的妇女、儿童,不论案件是否属于自己管辖,都应当首先采取紧急措施。经审查,属于自己管辖的,依法立案侦查;不属于自己管辖的,及时移送有管辖权的公安机关处理。

10. 人民检察院要加强对拐卖妇女、儿童犯罪案件的立案监督,确保有案必立、有案必查。

四、证据

11. 公安机关应当依照法定程序,全面收集能够证实犯罪嫌疑人有罪或者无罪、犯罪情节轻重的各种证据。

要特别重视收集、固定买卖妇女、儿童犯罪行为交易环节中钱款的存取证明、犯罪嫌疑人的通话清单、乘坐交通工具往来有关地方的票证、被拐卖儿童的DNA鉴定结论、有关监控录像、电子信息等客观性证据。

取证工作应当及时,防止时过境迁,难以弥补。

12. 公安机关应当高度重视并进一步加强DNA数据库的建设和完善。对失踪儿童的父母,或者疑似被拐卖的儿童,应当及时采集血样进行检验,通过全国DNA数据库,为查获犯罪,帮助被拐卖的儿童及时回归家庭提供科学依据。

13. 拐卖妇女、儿童犯罪所涉地区的办案单位应当加强协作配合。需要到异地调查取证的,相关司法机关应当密切配合;需要进一步补充查证的,应当积极支持。

五、定性

14. 犯罪嫌疑人、被告人参与拐卖妇女、儿童犯罪活动的多个环节,只有部分环节的犯罪事实查证清楚、证据确实、充分的,可以对该环节的犯罪事实依法予以认定。

15. 以出卖为目的强抢儿童,或者捡拾儿童后予以出卖,符合刑法第二百四十条第二款规定的,应当以拐卖儿童罪论处。

以抚养为目的偷盗婴幼儿或者拐骗儿童,之后予以出卖的,以拐卖儿童罪论处。

16. 以非法获利为目的,出卖亲生子女的,应当以拐卖妇女、儿童罪论处。

17. 要严格区分借送养之名出卖亲生子女与民间送养行为的界限。区分的关键在于行为人是否具有非法获利的目的。应当通过审查将子女"送"人的背景和原因、有无收取钱财及收取钱财的多少、对方是否具有抚养目的及有无抚养能力等事实,综合判断行为人是否具有非法获利的目的。

具有下列情形之一的,可以认定属于出卖亲生子女,应当以拐卖妇女、儿童罪论处:

(1)将生育作为非法获利手段,生育后即出卖子女的;

(2)明知对方不具有抚养目的,或者根本不考虑对方是否具有抚养目的,为收取钱财将子女"送"给他人的;

(3)为收取明显不属于"营养费"、"感谢费"的巨额钱财将子女"送"给他人的;

(4)其他足以反映行为人具有非法获

利目的的“送养”行为的。

不是出于非法获利目的，而是迫于生活困难，或者受重男轻女思想影响，私自将没有独立生活能力的子女送给他人抚养，包括收取少量“营养费”、“感谢费”的，属于民间送养行为，不能以拐卖妇女、儿童罪论处。对私自送养导致子女身心健康受到严重损害，或者具有其他恶劣情节，符合遗弃罪特征的，可以遗弃罪论处；情节显著轻微危害不大的，可由公安机关依法予以行政处罚。

18. 将妇女拐卖给有关场所，致使被拐卖的妇女被迫卖淫或者从事其他色情服务的，以拐卖妇女罪论处。

有关场所的经营管理人员事前与拐卖妇女的犯罪人通谋的，对该经营管理人员以拐卖妇女罪的共犯论处；同时构成拐卖妇女罪和组织卖淫罪的，择一重罪论处。

19. 医疗机构、社会福利机构等单位的工作人员以非法获利为目的，将所诊疗、护理、抚养的儿童贩卖给他人的，以拐卖儿童罪论处。

20. 明知是被拐卖的妇女、儿童而收买，具有下列情形之一的，以收买被拐卖的妇女、儿童罪论处；同时构成其他犯罪的，依照数罪并罚的规定处罚：

(1)收买被拐卖的妇女后，违背被收买妇女的意愿，阻碍其返回原居住地的；

(2)阻碍对被收买妇女、儿童进行解救的；

(3)非法剥夺、限制被收买妇女、儿童的人身自由，情节严重，或者对被收买妇女、儿童有强奸、伤害、侮辱、虐待等行为的；

(4)所收买的妇女、儿童被解救后又再次收买，或者收买多名被拐卖的妇女、儿童的；

(5)组织、诱骗、强迫被收买的妇女、儿童从事乞讨、苦役，或者盗窃、传销、卖淫等违法犯罪活动的；

(6)造成被收买妇女、儿童或者其亲属重伤、死亡以及其他严重后果的；

(7)具有其他严重情节的。

被追诉前主动向公安机关报案或者向有关单位反映，愿意让被收买妇女返回原居住地，或者将被收买儿童送回其家庭，或者将被收买妇女、儿童交给公安、民政、妇联等机关、组织，没有其他严重情节的，可以不追究刑事责任。

六、共同犯罪

21. 明知他人拐卖妇女、儿童，仍然向其提供被拐卖妇女、儿童的健康证明、出生证明或者其他帮助的，以拐卖妇女、儿童罪的共犯论处。

明知他人收买被拐卖的妇女、儿童，仍然向其提供被收买妇女、儿童的户籍证明、出生证明或者其他帮助的，以收买被拐卖的妇女、儿童罪的共犯论处，但是，收买人未被追究刑事责任的除外。

认定是否“明知”，应当根据证人证言、犯罪嫌疑人、被告人及其同案人供述和辩解，结合提供帮助的人次，以及是否明显违反相关规章制度、工作流程等，予以综合判断。

22. 明知他人系拐卖儿童的“人贩子”，仍然利用从事诊疗、福利救助等工作的便利或者了解被拐卖方情况的条件，居间介绍的，以拐卖儿童罪的共犯论处。

23. 对于拐卖妇女、儿童犯罪的共犯，应当根据各被告人在共同犯罪中的分工、地位、作用，参与拐卖的人数、次数，以及分赃数额等，准确区分主从犯。

对于组织、领导、指挥拐卖妇女、儿童

的某一个或者某几个犯罪环节,或者积极参与实施拐骗、绑架、收买、贩卖、接送、中转妇女、儿童等犯罪行为,起主要作用的,应当认定为主犯。

对于仅提供被拐卖妇女、儿童信息或者相关证明文件,或者进行居间介绍,起辅助或者次要作用,没有获利或者获利较少的,一般可认定为从犯。

对于各被告人在共同犯罪中的地位、作用区别不明显的,可以不区分主从犯。

七、一罪与数罪

24. 拐卖妇女、儿童,又奸淫被拐卖的妇女、儿童,或者诱骗、强迫被拐卖的妇女、儿童卖淫的,以拐卖妇女、儿童罪处罚。

25. 拐卖妇女、儿童,又对被拐卖的妇女、儿童实施故意杀害、伤害、猥亵、侮辱等行为,构成其他犯罪的,依照数罪并罚的规定处罚。

26. 拐卖妇女、儿童或者收买被拐卖的妇女、儿童,又组织、教唆被拐卖、收买的妇女、儿童进行犯罪的,以拐卖妇女、儿童罪或者收买被拐卖的妇女、儿童罪与其所组织、教唆的罪数罪并罚。

27. 拐卖妇女、儿童或者收买被拐卖的妇女、儿童,又组织、教唆被拐卖、收买的未成年妇女、儿童进行盗窃、诈骗、抢夺、敲诈勒索等违反治安管理活动的,以拐卖妇女、儿童罪或者收买被拐卖的妇女、儿童罪与组织未成年人进行违反治安管理活动罪数罪并罚。

八、刑罚适用

28. 对于拐卖妇女、儿童犯罪集团的首要分子,情节严重的主犯,累犯,偷盗婴幼儿、强抢儿童情节严重,将妇女、儿童卖往境外情节严重,拐卖妇女、儿童多人多次、造成伤亡后果,或者具有其他严重情节的,依法从重处罚;情节特别严重的,依法判处死刑。

拐卖妇女、儿童,并对被拐卖的妇女、儿童实施故意杀害、伤害、猥亵、侮辱等行为,数罪并罚决定执行的刑罚应当依法体现从严。

29. 对于拐卖妇女、儿童的犯罪分子,应当注重依法适用财产刑,并切实加大执行力度,以强化刑罚的特殊预防与一般预防效果。

30. 犯收买被拐卖的妇女、儿童罪,对被收买妇女、儿童实施违法犯罪活动或者将其作为牟利工具的,处罚时应当依法体现从严。

收买被拐卖的妇女、儿童,对被收买妇女、儿童没有实施摧残、虐待行为或者与其已形成稳定的婚姻家庭关系,但仍应依法追究刑事责任的,一般应当从轻处罚;符合缓刑条件的,可以依法适用缓刑。

收买被拐卖的妇女、儿童,犯罪情节轻微的,可以依法免予刑事处罚。

31. 多名家庭成员或者亲友共同参与出卖亲生子女,或者“买人为妻”、“买人为子”构成收买被拐卖的妇女、儿童罪的,一般应当在综合考察犯意提起、各行为人在犯罪中所起作用等情节的基础上,依法追究其中罪责较重者的刑事责任。对于其他情节显著轻微危害不大,不认为是犯罪的,依法不追究刑事责任;必要时可以由公安机关予以行政处罚。

32. 具有从犯、自首、立功等法定从宽处罚情节的,依法从轻、减轻或者免除处罚。

对被拐卖的妇女、儿童没有实施摧残、虐待等违法犯罪行为,或者能够协助解救被拐卖的妇女、儿童,或者具有其他酌定从宽处罚情节的,可以依法酌情从轻处罚。

33. 同时具有从严和从宽处罚情节的,要在综合考察拐卖妇女、儿童的手段、拐卖妇女、儿童或者收买被拐卖妇女、儿童的人次、危害后果以及被告人主观恶性、人身危险性等因素的基础上,结合当地此类犯罪发案情况和社会治安状况,决定对被告人总体从严或者从宽处罚。

九、涉外犯罪

34. 要进一步加大对跨国、跨境拐卖妇女、儿童犯罪的打击力度。加强双边或者多边"反拐"国际交流与合作,加强对被跨国、跨境拐卖的妇女、儿童的救助工作。依照我国缔结或者参加的国际条约的规定,积极行使所享有的权利,履行所承担的义务,及时请求或者提供各项司法协助,有效遏制跨国、跨境拐卖妇女、儿童犯罪。

最高人民法院、最高人民检察院、公安部关于依法惩处侵害公民个人信息犯罪活动的通知

(2013年4月23日　公通字〔2013〕12号)

各省、自治区、直辖市高级人民法院,人民检察院,公安厅、局,新疆维吾尔自治区高级人民法院生产建设兵团分院,新疆生产建设兵团人民检察院、公安局:

近年来,随着我国经济快速发展和信息网络的广泛普及,侵害公民个人信息的违法犯罪日益突出,互联网上非法买卖公民个人信息泛滥,由此滋生的电信诈骗、网络诈骗、敲诈勒索、绑架和非法讨债等犯罪屡打不绝,社会危害严重,群众反响强烈。为有效遏制、惩治侵害公民个人信息犯罪,切实保障广大人民群众的个人信息安全和合法权益,促进社会协调发展,维护社会稳定,现就有关事项通知如下:

一、切实提高认识,坚决打击侵害公民个人信息犯罪活动。当前,一些犯罪分子为追求不法利益,利用互联网大肆倒卖公民个人信息,已逐渐形成庞大"地下产业"和黑色利益链。买卖的公民个人信息包括户籍、银行、电信开户资料等,涉及公民个人生活的方方面面。部分国家机关和金融、电信、交通、教育、医疗以及物业公司、房产中介、保险、快递等企事业单位的一些工作人员,将在履行职责或者提供服务过程中获取的公民个人信息出售、非法提供给他人。获取信息的中间商在互联网上建立数据平台,大肆出售信息谋取暴利。非法调查公司根据这些信息从事非法讨债、诈骗和敲诈勒索等违法犯罪活动。此类犯罪不仅危害公民的信息安全,而且极易引发多种犯罪,成为电信诈骗、网络诈骗以及滋扰型"软暴力"等信息犯罪的根源,甚至与绑架、敲诈勒索、暴力追债等犯罪活动相结合,影响人民群众的安全感,威胁社会和谐稳定。各级公安机关、人民检察院、人民法院务必清醒认识此类犯罪的严重危害,以对党和人民高度负责的精神,统一思想,提高认识,精心组织,周密部署,依法惩处侵害公民个人信息犯罪活动。

二、正确适用法律,实现法律效果与社会效果的有机统一。侵害公民个人信息犯罪是新型犯罪,各级公安机关、人民检察院、人民法院要从切实保护公民个人信息安全和维护社会和谐稳定的高度,借鉴以往的成功判例,综合考虑出售、非法提供或非法获取个人信息的次数、数量、手段和牟利数额、造成的损害后果等因素,依法加大

打击力度,确保取得良好的法律效果和社会效果。出售、非法提供公民个人信息罪的犯罪主体,除国家机关或金融、电信、交通、医疗单位的工作人员之外,还包括在履行职责或者提供服务过程中获得公民个人信息的商业、房地产业等服务业中其他企事业单位的工作人员。公民个人信息包括公民的姓名、年龄、有效证件号码、婚姻状况、工作单位、学历、履历、家庭住址、电话号码等能够识别公民个人身份或者涉及公民个人隐私的信息、数据资料。对于在履行职责或者提供服务过程中,将获得的公民个人信息出售或者非法提供给他人,被他人用以实施犯罪,造成受害人人身伤害或者死亡,或者造成重大经济损失、恶劣社会影响的,或者出售、非法提供公民个人信息数量较大,或者违法所得数额较大的,均应当依法以非法出售、非法提供公民个人信息罪追究刑事责任。对于窃取或者以购买等方法非法获取公民个人信息数量较大,或者违法所得数额较大,或者造成其他严重后果的,应当依法以非法获取公民个人信息罪追究刑事责任。对使用非法获取的个人信息,实施其他犯罪行为,构成数罪的,应当依法予以并罚。单位实施侵害公民个人信息罪的,应当追究直接负责的主管人员和其他直接责任人员的刑事责任。要依法加大对财产刑的适用力度,剥夺犯罪分子非法获利和再次犯罪的资本。

三、加强协作配合,确保执法司法及时高效。侵害公民个人信息犯罪网络覆盖面大,关系错综复杂。犯罪行为发生地、犯罪结果发生地、犯罪分子所在地等往往不在一地。同时,由于犯罪行为大多依托互联网、移动电子设备,通过即时通讯工具、电子邮件等多种方式实施,调查取证难度很大、各级公安机关、人民检察院、人民法院要在分工负责、依法高效履行职责的基础上,进一步加强沟通协调,通力配合,密切协作,保证立案、侦查、批捕、审查起诉、审判等各个环节顺利进行。对查获的及时立案侦查,及时移送审查起诉。对于几个公安机关都有权管辖的案件,由最初受理的公安机关管辖。必要时,可以由主要犯罪地的公安机关管辖。对管辖不明确或者有争议的刑事案件,可以由公安机关协商。协商不成的,由共同上级公安机关指定管辖。对于指定管辖的案件,需要逮捕犯罪嫌疑人的,由被指定管辖的公安机关提请同级人民检察院审查批准;需要提起公诉的,由该公安机关移送同级人民检察院审查决定;认为应当由上级人民检察院或者同级其他人民检察院起诉的,应当将案件移交有管辖权的人民检察院;人民检察院认为需要依照刑事诉讼法的规定指定审判管辖的,应当协商同级人民法院办理指定管辖有关事宜。在办理侵害公民个人信息犯罪案件的过程中,对于疑难、复杂案件,人民检察院可以适时派员会同公安机关共同就证据收集等方面进行研究和沟通协调。人民检察院对于公安机关提请批准逮捕、移送审查起诉的相关案件,符合批捕、起诉条件的,要依法尽快予以批捕、起诉;对于确需补充侦查的,要制作具体、详细的补充侦查提纲。人民法院要加强审判力量,准确定性,依法快审快结。

四、推进综合治理,建立防范、打击长效工作机制。预防和打击侵害公民个人信息犯罪是一项艰巨任务,必须标本兼治,积极探索和构建防范、打击的长效工作机制。各地公安机关、人民检察院、人民法院在依法惩处此类犯罪的同时,要积极参与综合治理,注意发现保护公民个人信息工作中的疏漏和隐患,及时通报相关部门,提醒和督促有关部门和单位加强监管、完善制度。要充分利用报纸、广播、电视、网络等多种媒体平台,大力宣传党和国家打击此类犯罪的决心和力度,宣传相关的政策和法律法规,提醒和教育广大群众运用法律保障和维护自身合法权益,提高自我防范的意识和能力。

各地接此通知后,请迅速传达至各级人民法院、人民检察院、公安机关。执行中遇到的问题,请及时报最高人民法院、最高人民检察院、公安部。

最高人民法院、最高人民检察院、公安部、民政部关于依法处理监护人侵害未成年人权益行为若干问题的意见

(2014 年 12 月 18 日　法发〔2014〕24 号)

为切实维护未成年人合法权益,加强未成年人行政保护和司法保护工作,确保未成年人得到妥善监护照料,根据民法通则、民事诉讼法、未成年人保护法等法律规定,现就处理监护人侵害未成年人权益行为(以下简称监护侵害行为)的有关工作制定本意见。

一、一般规定

1. 本意见所称监护侵害行为,是指父母或者其他监护人(以下简称监护人)性侵害、出卖、遗弃、虐待、暴力伤害未成年人,教唆、利用未成年人实施违法犯罪行为,胁迫、诱骗、利用未成年人乞讨,以及不履行监护职责严重危害未成年人身心健康等行为。

2. 处理监护侵害行为,应当遵循未成年人最大利益原则,充分考虑未成年人身心特点和人格尊严,给予未成年人特殊、优先保护。

3. 对于监护侵害行为,任何组织和个人都有权劝阻、制止或者举报。

公安机关应当采取措施,及时制止在工作中发现以及单位、个人举报的监护侵害行为,情况紧急时将未成年人带离监护人。

民政部门应当设立未成年人救助保护机构(包括救助管理站、未成年人救助保护中心),对因受到监护侵害进入机构的未成年人承担临时监护责任,必要时向人民法院申请撤销监护人资格。

人民法院应当依法受理人身安全保护裁定申请和撤销监护人资格案件并作出裁判。

人民检察院对公安机关、人民法院处理监护侵害行为的工作依法实行法律监督。

人民法院、人民检察院、公安机关设有办理未成年人案件专门工作机构的,应当优先由专门工作机构办理监护侵害案件。

4. 人民法院、人民检察院、公安机关、民政部门应当充分履行职责,加强指导和培训,提高保护未成年人的能力和水平;加强沟通协作,建立信息共享机制,实现未成年人行政保护和司法保护的有效衔接。

5. 人民法院、人民检察院、公安机关、民政部门应当加强与妇儿工委、教育部门、卫生部门、共青团、妇联、关工委、未成年人住所地村(居)民委员会等的联系和协作,

积极引导、鼓励、支持法律服务机构、社会工作服务机构、公益慈善组织和志愿者等社会力量,共同做好受监护侵害的未成年人的保护工作。

二、报告和处置

6. 学校、医院、村(居)民委员会、社会工作服务机构等单位及其工作人员,发现未成年人受到监护侵害的,应当及时向公安机关报案或者举报。

其他单位及其工作人员、个人发现未成年人受到监护侵害的,也应当及时向公安机关报案或者举报。

7. 公安机关接到涉及监护侵害行为的报案、举报后,应当立即出警处置,制止正在发生的侵害行为并迅速进行调查。符合刑事立案条件的,应当立即立案侦查。

8. 公安机关在办理监护侵害案件时,应当依照法定程序,及时、全面收集固定证据,保证办案质量。

询问未成年人,应当考虑未成年人的身心特点,采取和缓的方式进行,防止造成进一步伤害。

未成年人有其他监护人的,应当通知其他监护人到场。其他监护人无法通知或者未能到场的,可以通知未成年人的其他成年亲属、所在学校、村(居)民委员会、未成年人保护组织的代表以及专业社会工作者等到场。

9. 监护人的监护侵害行为构成违反治安管理行为的,公安机关应当依法给予治安管理处罚,但情节特别轻微不予治安管理处罚的,应当给予批评教育并通报当地村(居)民委员会;构成犯罪的,依法追究刑事责任。

10. 对于疑似患有精神障碍的监护人,已实施危害未成年人安全的行为或者有危害未成年人安全危险的,其近亲属、所在单位、当地公安机关应当立即采取措施予以制止,并将其送往医疗机构进行精神障碍诊断。

11. 公安机关在出警过程中,发现未成年人身体受到严重伤害、面临严重人身安全威胁或者处于无人照料等危险状态的,应当将其带离实施监护侵害行为的监护人,就近护送至其他监护人、亲属、村(居)民委员会或者未成年人救助保护机构,并办理书面交接手续。未成年人有表达能力的,应当就护送地点征求未成年人意见。

负责接收未成年人的单位和人员(以下简称临时照料人)应当对未成年人予以临时紧急庇护和短期生活照料,保护未成年人的人身安全,不得侵害未成年人合法权益。

公安机关应当书面告知临时照料人有权依法向人民法院申请人身安全保护裁定和撤销监护人资格。

12. 对身体受到严重伤害需要医疗的未成年人,公安机关应当先行送医救治,同时通知其他有监护资格的亲属照料,或者通知当地未成年人救助保护机构开展后续救助工作。

监护人应当依法承担医疗救治费用。其他亲属和未成年人救助保护机构等垫付医疗救治费用的,有权向监护人追偿。

13. 公安机关将受监护侵害的未成年人护送至未成年人救助保护机构的,应当在五个工作日内提供案件侦办查处情况说明。

14. 监护侵害行为可能构成虐待罪的,公安机关应当告知未成年人及其近亲属有权告诉或者代为告诉,并通报所在地同级人民检察院。

未成年人及其近亲属没有告诉的，由人民检察院起诉。

三、临时安置和人身安全保护裁定

15. 未成年人救助保护机构应当接收公安机关护送来的受监护侵害的未成年人，履行临时监护责任。

未成年人救助保护机构履行临时监护责任一般不超过一年。

16. 未成年人救助保护机构可以采取家庭寄养、自愿助养、机构代养或者委托政府指定的寄宿学校安置等方式，对未成年人进行临时照料，并为未成年人提供心理疏导、情感抚慰等服务。

未成年人因临时监护需要转学、异地入学接受义务教育的，教育行政部门应当予以保障。

17. 未成年人的其他监护人、近亲属要求照料未成年人的，经公安机关或者村(居)民委员会确认其身份后，未成年人救助保护机构可以将未成年人交由其照料，终止临时监护。

关系密切的其他亲属、朋友要求照料未成年人的，经未成年人父、母所在单位或者村(居)民委员会同意，未成年人救助保护机构可以将未成年人交由其照料，终止临时监护。

未成年人救助保护机构将未成年人送交亲友临时照料的，应当办理书面交接手续，并书面告知临时照料人有权依法向人民法院申请人身安全保护裁定和撤销监护人资格。

18. 未成年人救助保护机构可以组织社会工作服务机构等社会力量，对监护人开展监护指导、心理疏导等教育辅导工作，并对未成年人的家庭基本情况、监护情况、监护人悔过情况、未成年人身心健康状况以及未成年人意愿等进行调查评估。监护人接受教育辅导及后续表现情况应当作为调查评估报告的重要内容。

有关单位和个人应当配合调查评估工作的开展。

19. 未成年人救助保护机构应当与公安机关、村(居)民委员会、学校以及未成年人亲属等进行会商，根据案件侦办查处情况说明、调查评估报告和监护人接受教育辅导等情况，并征求有表达能力的未成年人意见，形成会商结论。

经会商认为本意见第 11 条第 1 款规定的危险状态已消除，监护人能够正确履行监护职责的，未成年人救助保护机构应当及时通知监护人领回未成年人。监护人应当在三日内领回未成年人并办理书面交接手续。会商形成结论前，未成年人救助保护机构不得将未成年人交由监护人领回。

经会商认为监护侵害行为属于本意见第 35 条规定情形的，未成年人救助保护机构应当向人民法院申请撤销监护人资格。

20. 未成年人救助保护机构通知监护人领回未成年人的，应当将相关情况通报未成年人所在学校、辖区公安派出所、村(居)民委员会，并告知其对通报内容负有保密义务。

21. 监护人领回未成年人的，未成年人救助保护机构应当指导村(居)民委员会对监护人的监护情况进行随访，开展教育辅导工作。

未成年人救助保护机构也可以组织社会工作服务机构等社会力量，开展前款工作。

22. 未成年人救助保护机构或者其他临时照料人可以根据需要，在诉讼前向未成年人住所地、监护人住所地或者侵害行为地人民法院申请人身安全保护裁定。

未成年人救助保护机构或者其他临时照料人也可以在诉讼中向人民法院申请人身安全保护裁定。

23. 人民法院接受人身安全保护裁定申请后,应当按照民事诉讼法第一百条、第一百零一条、第一百零二条的规定作出裁定。经审查认为存在侵害未成年人人身安全危险的,应当作出人身安全保护裁定。

人民法院接受诉讼前人身安全保护裁定申请后,应当在四十八小时内作出裁定。接受诉讼中人身安全保护裁定申请,情况紧急的,也应当在四十八小时内作出裁定。人身安全保护裁定应当立即执行。

24. 人身安全保护裁定可以包括下列内容中的一项或者多项:

(一)禁止被申请人暴力伤害、威胁未成年人及其临时照料人;

(二)禁止被申请人跟踪、骚扰、接触未成年人及其临时照料人;

(三)责令被申请人迁出未成年人住所;

(四)保护未成年人及其临时照料人人身安全的其他措施。

25. 被申请人拒不履行人身安全保护裁定,危及未成年人及其临时照料人人身安全或者扰乱未成年人救助保护机构工作秩序的,未成年人、未成年人救助保护机构或者其他临时照料人有权向公安机关报告,由公安机关依法处理。

被申请人有其他拒不履行人身安全保护裁定行为的,未成年人、未成年人救助保护机构或者其他临时照料人有权向人民法院报告,人民法院根据民事诉讼法第一百一十一条、第一百一十五条、第一百一十六条的规定,视情节轻重处以罚款、拘留;构成犯罪的,依法追究刑事责任。

26. 当事人对人身安全保护裁定不服的,可以申请复议一次。复议期间不停止裁定的执行。

四、申请撤销监护人资格诉讼

27. 下列单位和人员(以下简称有关单位和人员)有权向人民法院申请撤销监护人资格:

(一)未成年人的其他监护人,祖父母、外祖父母、兄、姐,关系密切的其他亲属、朋友;

(二)未成年人住所地的村(居)民委员会,未成年人父、母所在单位;

(三)民政部门及其设立的未成年人救助保护机构;

(四)共青团、妇联、关工委、学校等团体和单位。

申请撤销监护人资格,一般由前款中负责临时照料未成年人的单位和人员提出,也可以由前款中其他单位和人员提出。

28. 有关单位和人员向人民法院申请撤销监护人资格的,应当提交相关证据。

有包含未成年人基本情况、监护存在问题、监护人悔过情况、监护人接受教育辅导情况、未成年人身心健康状况以及未成年人意愿等内容的调查评估报告的,应当一并提交。

29. 有关单位和人员向公安机关、人民检察院申请出具相关案件证明材料的,公安机关、人民检察院应当提供证明案件事实的基本材料或者书面说明。

30. 监护人因监护侵害行为被提起公诉的案件,人民检察院应当书面告知未成年人及其临时照料人有权依法申请撤销监护人资格。

对于监护侵害行为符合本意见第35条规定情形而相关单位和人员没有提起诉

讼的，人民检察院应当书面建议当地民政部门或者未成年人救助保护机构向人民法院申请撤销监护人资格。

31. 申请撤销监护人资格案件，由未成年人住所地、监护人住所地或者侵害行为地基层人民法院管辖。

人民法院受理撤销监护人资格案件，不收取诉讼费用。

五、撤销监护人资格案件审理和判后安置

32. 人民法院审理撤销监护人资格案件，比照民事诉讼法规定的特别程序进行，在一个月内审理结案。有特殊情况需要延长的，由本院院长批准。

33. 人民法院应当全面审查调查评估报告等证据材料，听取被申请人、有表达能力的未成年人以及村（居）民委员会、学校、邻居等的意见。

34. 人民法院根据案件需要可以聘请适当的社会人士对未成年人进行社会观护，并可以引入心理疏导和测评机制，组织专业社会工作者、儿童心理问题专家等专业人员参与诉讼，为未成年人和被申请人提供心理辅导和测评服务。

35. 被申请人有下列情形之一的，人民法院可以判决撤销其监护人资格：

（一）性侵害、出卖、遗弃、虐待、暴力伤害未成年人，严重损害未成年人身心健康的；

（二）将未成年人置于无人监管和照看的状态，导致未成年人面临死亡或者严重伤害危险，经教育不改的；

（三）拒不履行监护职责长达六个月以上，导致未成年人流离失所或者生活无着的；

（四）有吸毒、赌博、长期酗酒等恶习无法正确履行监护职责或者因服刑等原因无法履行监护职责，且拒绝将监护职责部分或者全部委托给他人，致使未成年人处于困境或者危险状态的；

（五）胁迫、诱骗、利用未成年人乞讨，经公安机关和未成年人救助保护机构等部门三次以上批评教育拒不改正，严重影响未成年人正常生活和学习的；

（六）教唆、利用未成年人实施违法犯罪行为，情节恶劣的；

（七）有其他严重侵害未成年人合法权益行为的。

36. 判决撤销监护人资格，未成年人有其他监护人的，应当由其他监护人承担监护职责。其他监护人应当采取措施避免未成年人继续受到侵害。

没有其他监护人的，人民法院根据最有利于未成年人的原则，在民法通则第十六条第二款、第四款规定的人员和单位中指定监护人。指定个人担任监护人的，应当综合考虑其意愿、品行、身体状况、经济条件、与未成年人的生活情感联系以及有表达能力的未成年人的意愿等。

没有合适人员和其他单位担任监护人的，人民法院应当指定民政部门担任监护人，由其所属儿童福利机构收留抚养。

37. 判决不撤销监护人资格的，人民法院可以根据需要走访未成年人及其家庭，也可以向当地民政部门、辖区公安派出所、村（居）民委员会、共青团、妇联、未成年人所在学校、监护人所在单位等发出司法建议，加强对未成年人的保护和对监护人的监督指导。

38. 被撤销监护人资格的侵害人，自监护人资格被撤销之日起三个月至一年内，可以书面向人民法院申请恢复监护人资格，并应当提交相关证据。

人民法院应当将前款内容书面告知侵

害人和其他监护人、指定监护人。

39. 人民法院审理申请恢复监护人资格案件,按照变更监护关系的案件审理程序进行。

人民法院应当征求未成年人现任监护人和有表达能力的未成年人的意见,并可以委托申请人住所地的未成年人救助保护机构或者其他未成年人保护组织,对申请人监护意愿、悔改表现、监护能力、身心状况、工作生活情况等进行调查,形成调查评估报告。

申请人正在服刑或者接受社区矫正的,人民法院应当征求刑罚执行机关或者社区矫正机构的意见。

40. 人民法院经审理认为申请人确有悔改表现并且适宜担任监护人的,可以判决恢复其监护人资格,原指定监护人的监护人资格终止。

申请人具有下列情形之一的,一般不得判决恢复其监护人资格:

(一)性侵害、出卖未成年人的;

(二)虐待、遗弃未成年人六个月以上、多次遗弃未成年人,并且造成重伤以上严重后果的;

(三)因监护侵害行为被判处五年有期徒刑以上刑罚的。

41. 撤销监护人资格诉讼终结后六个月内,未成年人及其现任监护人可以向人民法院申请人身安全保护裁定。

42. 被撤销监护人资格的父、母应当继续负担未成年人的抚养费用和因监护侵害行为产生的各项费用。相关单位和人员起诉的,人民法院应予支持。

43. 民政部门应当根据有关规定,将符合条件的受监护侵害的未成年人纳入社会救助和相关保障范围。

44. 民政部门担任监护人的,承担抚养职责的儿童福利机构可以送养未成年人。

送养未成年人应当在人民法院作出撤销监护人资格判决一年后进行。侵害人有本意见第40条第2款规定情形的,不受一年后送养的限制。

最高人民检察院关于强制隔离戒毒所工作人员能否成为虐待被监管人罪主体问题的批复

(2015年1月29日最高人民检察院第十二届检察委员会第34次会议通过 2015年2月15日中华人民共和国最高人民检察院公告公布 自2015年2月15日起施行 高检发释字〔2015〕2号)

河北省人民检察院:

你院冀检呈字〔2014〕46号《关于强制隔离戒毒所工作人员能否成为刑法第二百四十八条虐待被监管人罪主体的请示》收悉。经研究,批复如下:

根据有关法律规定,强制隔离戒毒所是对符合特定条件的吸毒成瘾人员限制人身自由,进行强制隔离戒毒的监管机构,其履行监管职责的工作人员属于刑法第二百四十八条规定的监管人员。

对于强制隔离戒毒所监管人员殴打或者体罚虐待戒毒人员,或者指使戒毒人员殴打、体罚虐待其他戒毒人员,情节严重的,应当适用刑法第二百四十八条的规定,以虐待被监管人罪追究刑事责任;造成戒毒人员伤残、死亡后果的,应当依照刑法第二百三十四条、第二百三十二条的规定,以故意伤害罪、故意杀人罪从重处罚。

最高人民法院、最高人民检察院、公安部、司法部关于依法办理家庭暴力犯罪案件的意见

（2015年3月2日　法发〔2015〕4号）

发生在家庭成员之间，以及具有监护、扶养、寄养、同居等关系的共同生活人员之间的家庭暴力犯罪，严重侵害公民人身权利，破坏家庭关系，影响社会和谐稳定。人民法院、人民检察院、公安机关、司法行政机关应当严格履行职责，充分运用法律，积极预防和有效惩治各种家庭暴力犯罪，切实保障人权，维护社会秩序。为此，根据刑法、刑事诉讼法、婚姻法、未成年人保护法、老年人权益保障法、妇女权益保障法等法律，结合司法实践经验，制定本意见。

一、基本原则

1. 依法及时、有效干预。针对家庭暴力持续反复发生，不断恶化升级的特点，人民法院、人民检察院、公安机关、司法行政机关对已发现的家庭暴力，应当依法采取及时、有效的措施，进行妥善处理，不能以家庭暴力发生在家庭成员之间，或者属于家务事为由而置之不理，互相推诿。

2. 保护被害人安全和隐私。办理家庭暴力犯罪案件，应当首先保护被害人的安全。通过对被害人进行紧急救治、临时安置，以及对施暴人采取刑事强制措施、判处刑罚、宣告禁止令等措施，制止家庭暴力并防止再次发生，消除家庭暴力的现实侵害和潜在危险。对与案件有关的个人隐私，应当保密，但法律有特别规定的除外。

3. 尊重被害人意愿。办理家庭暴力犯罪案件，既要严格依法进行，也要尊重被害人的意愿。在立案、采取刑事强制措施、提起公诉、判处刑罚、减刑、假释时，应当充分听取被害人意见，在法律规定的范围内作出合情、合理的处理。对法律规定可以调解、和解的案件，应当在当事人双方自愿的基础上进行调解、和解。

4. 对未成年人、老年人、残疾人、孕妇、哺乳期妇女、重病患者特殊保护。办理家庭暴力犯罪案件，应当根据法律规定和案件情况，通过代为告诉、法律援助等措施，加大对未成年人、老年人、残疾人、孕妇、哺乳期妇女、重病患者的司法保护力度，切实保障他们的合法权益。

二、案件受理

5. 积极报案、控告和举报。依照刑事诉讼法第一百零八条第一款“任何单位和个人发现有犯罪事实或者犯罪嫌疑人，有权利也有义务向公安机关、人民检察院或者人民法院报案或者举报”的规定，家庭暴力被害人及其亲属、朋友、邻居、同事，以及村（居）委会、人民调解委员会、妇联、共青团、残联、医院、学校、幼儿园等单位、组织，发现家庭暴力，有权利也有义务及时向公安机关、人民检察院、人民法院报案、控告或者举报。

公安机关、人民检察院、人民法院对于报案人、控告人和举报人不愿意公开自己的姓名和报案、控告、举报行为的，应当为其保守秘密，保护报案人、控告人和举报人的安全。

6. 迅速审查、立案和转处。公安机关、人民检察院、人民法院接到家庭暴力的报案、控告或者举报后，应当立即问明案件的初步情况，制作笔录，迅速进行审查，按

照刑事诉讼法关于立案的规定,根据自己的管辖范围,决定是否立案。对于符合立案条件的,要及时立案。对于可能构成犯罪但不属于自己管辖的,应当移送主管机关处理,并且通知报案人、控告人或者举报人;对于不属于自己管辖而又必须采取紧急措施的,应当先采取紧急措施,然后移送主管机关。

经审查,对于家庭暴力行为尚未构成犯罪,但属于违反治安管理行为的,应当将案件移送公安机关,依照治安管理处罚法的规定进行处理,同时告知被害人可以向人民调解委员会提出申请,或者向人民法院提起民事诉讼,要求施暴人承担停止侵害、赔礼道歉、赔偿损失等民事责任。

7. 注意发现犯罪案件。公安机关在处理人身伤害、虐待、遗弃等行政案件过程中,人民法院在审理婚姻家庭、继承、侵权责任纠纷等民事案件过程中,应当注意发现可能涉及的家庭暴力犯罪。一旦发现家庭暴力犯罪线索,公安机关应当将案件转为刑事案件办理,人民法院应当将案件移送公安机关;属于自诉案件的,公安机关、人民法院应当告知被害人提起自诉。

8. 尊重被害人的程序选择权。对于被害人有证据证明的轻微家庭暴力犯罪案件,在立案审查时,应当尊重被害人选择公诉或者自诉的权利。被害人要求公安机关处理的,公安机关应当依法立案、侦查。在侦查过程中,被害人不再要求公安机关处理或者要求转为自诉案件的,应当告知被害人向公安机关提交书面申请。经审查确系被害人自愿提出的,公安机关应当依法撤销案件。被害人就这类案件向人民法院提起自诉的,人民法院应当依法受理。

9. 通过代为告诉充分保障被害人自诉权。对于家庭暴力犯罪自诉案件,被害人无法告诉或者不能亲自告诉的,其法定代理人、近亲属可以告诉或者代为告诉;被害人是无行为能力人、限制行为能力人,其法定代理人、近亲属没有告诉或者代为告诉的,人民检察院可以告诉;侮辱、暴力干涉婚姻自由等告诉才处理的案件,被害人因受强制、威吓无法告诉的,人民检察院也可以告诉。人民法院对告诉或者代为告诉的,应当依法受理。

10. 切实加强立案监督。人民检察院要切实加强对家庭暴力犯罪案件的立案监督,发现公安机关应当立案而不立案的,或者被害人及其法定代理人、近亲属,有关单位、组织就公安机关不予立案向人民检察院提出异议的,人民检察院应当要求公安机关说明不立案的理由。人民检察院认为不立案理由不成立的,应当通知公安机关立案,公安机关接到通知后应当立案;认为不立案理由成立的,应当将理由告知提出异议的被害人及其法定代理人、近亲属或者有关单位、组织。

11. 及时、全面收集证据。公安机关在办理家庭暴力案件时,要充分、全面地收集、固定证据,除了收集现场的物证、被害人陈述、证人证言等证据外,还应当注意及时向村(居)委会、人民调解委员会、妇联、共青团、残联、医院、学校、幼儿园等单位、组织的工作人员,以及被害人的亲属、邻居等收集涉及家庭暴力的处理记录、病历、照片、视频等证据。

12. 妥善救治、安置被害人。人民法院、人民检察院、公安机关等负有保护公民人身安全职责的单位和组织,对因家庭暴力受到严重伤害需要紧急救治的被害人,应当立即协助联系医疗机构救治;对面临家庭暴力严重威胁，或者处于无人照料等危险状态，需要临时安置的被害人或者相关未成年人，应当通知并协助有关部门进行安置。

13. 依法采取强制措施。人民法院、人民检察院、公安机关对实施家庭暴力的犯罪嫌疑人、被告人，符合拘留、逮捕条件的，可以依法拘留、逮捕；没有采取拘留、逮捕措施的，应当通过走访、打电话等方式与被害人或者其法定代理人、近亲属联系，了解被害人的人身安全状况。对于犯罪嫌疑人、被告人再次实施家庭暴力的，应当根据情况，依法采取必要的强制措施。

人民法院、人民检察院、公安机关决定对实施家庭暴力的犯罪嫌疑人、被告人取保候审的，为了确保被害人及其子女和特定亲属的安全，可以依照刑事诉讼法第六十九条第二款的规定，责令犯罪嫌疑人、被告人不得再次实施家庭暴力；不得侵扰被害人的生活、工作、学习；不得进行酗酒、赌博等活动；经被害人申请且有必要的，责令不得接近被害人及其未成年子女。

14. 加强自诉案件举证指导。家庭暴力犯罪案件具有案发周期较长、证据难以保存，被害人处于相对弱势、举证能力有限，相关事实难以认定等特点。有些特点在自诉案件中表现得更为突出。因此，人民法院在审理家庭暴力自诉案件时，对于因当事人举证能力不足等原因，难以达到法律规定的证据要求的，应当及时对当事人进行举证指导，告知需要收集的证据及收集证据的方法。对于因客观原因不能取得的证据，当事人申请人民法院调取的，人民法院应当认真审查，认为确有必要的，应当调取。

15. 加大对被害人的法律援助力度。人民检察院自收到移送审查起诉的案件材料之日起三日内，人民法院自受理案件之日起三日内，应当告知被害人及其法定代理人或者近亲属有权委托诉讼代理人，如果经济困难，可以向法律援助机构申请法律援助；对于被害人是未成年人、老年人、重病患者或者残疾人等，因经济困难没有委托诉讼代理人的，人民检察院、人民法院应当帮助其申请法律援助。

法律援助机构应当依法为符合条件的被害人提供法律援助，指派熟悉反家庭暴力法律法规的律师办理案件。

三、定罪处罚

16. 依法准确定罪处罚。对故意杀人、故意伤害、强奸、猥亵儿童、非法拘禁、侮辱、暴力干涉婚姻自由、虐待、遗弃等侵害公民人身权利的家庭暴力犯罪，应当根据犯罪的事实、犯罪的性质、情节和对社会的危害程度，严格依照刑法的有关规定判处。对于同一行为同时触犯多个罪名的，依照处罚较重的规定定罪处罚。

17. 依法惩处虐待犯罪。采取殴打、冻饿、强迫过度劳动、限制人身自由、恐吓、侮辱、谩骂等手段，对家庭成员的身体和精神进行摧残、折磨，是实践中较为多发的虐待性质的家庭暴力。根据司法实践，具有虐待持续时间较长、次数较多；虐待手段残忍；虐待造成被害人轻微伤或者患较严重疾病；对未成年人、老年人、残疾人、孕妇、哺乳期妇女、重病患者实施较为严重的虐待行为等情形，属于刑法第二百六十条第一款规定的虐待"情节恶劣"，应当依法以虐待罪定罪处罚。

准确区分虐待犯罪致人重伤、死亡与故意伤害、故意杀人犯罪致人重伤、死亡的界限，要根据被告人的主观故意、所实施的暴力手段与方式、是否立即或者直接造成被害人伤亡后果等进行综合判断。对于被告人主观上不具有侵害被害人健康或者剥夺被害人生命的故意,而是出于追求被害人肉体和精神上的痛苦,长期或者多次实施虐待行为,逐渐造成被害人身体损害,过失导致被害人重伤或者死亡的;或者因虐待致使被害人不堪忍受而自残、自杀,导致重伤或者死亡的,属于刑法第二百六十条第二款规定的虐待"致使被害人重伤、死亡",应当以虐待罪定罪处罚。对于被告人虽然实施家庭暴力呈现出经常性、持续性、反复性的特点,但其主观上具有希望或者放任被害人重伤或者死亡的故意,持凶器实施暴力,暴力手段残忍,暴力程度较强,直接或者立即造成被害人重伤或者死亡的,应当以故意伤害罪或者故意杀人罪定罪处罚。

依法惩处遗弃犯罪。负有扶养义务且有扶养能力的人,拒绝扶养年幼、年老、患病或者其他没有独立生活能力的家庭成员,是危害严重的遗弃性质的家庭暴力。根据司法实践,具有对被害人长期不予照顾、不提供生活来源;驱赶、逼迫被害人离家,致使被害人流离失所或者生存困难;遗弃患严重疾病或者生活不能自理的被害人;遗弃致使被害人身体严重损害或者造成其他严重后果等情形,属于刑法第二百六十一条规定的遗弃"情节恶劣",应当依法以遗弃罪定罪处罚。

准确区分遗弃罪与故意杀人罪的界限,要根据被告人的主观故意、所实施行为的时间与地点、是否立即造成被害人死亡,以及被害人对被告人的依赖程度等进行综合判断。对于只是为了逃避扶养义务,并不希望或者放任被害人死亡,将生活不能自理的被害人弃置在福利院、医院、派出所等单位或者广场、车站等行人较多的场所,希望被害人得到他人救助的,一般以遗弃罪定罪处罚。对于希望或者放任被害人死亡,不履行必要的扶养义务,致使被害人因缺乏生活照料而死亡,或者将生活不能自理的被害人带至荒山野岭等人迹罕至的场所扔弃,使被害人难以得到他人救助的,应当以故意杀人罪定罪处罚。

18. 切实贯彻宽严相济刑事政策。对于实施家庭暴力构成犯罪的,应当根据罪刑法定、罪刑相适应原则,兼顾维护家庭稳定、尊重被害人意愿等因素综合考虑,宽严并用,区别对待。根据司法实践,对于实施家庭暴力手段残忍或者造成严重后果;出于恶意侵占财产等卑劣动机实施家庭暴力;因酗酒、吸毒、赌博等恶习而长期或者多次实施家庭暴力;曾因实施家庭暴力受到刑事处罚、行政处罚;或者具有其他恶劣情形的,可以酌情从重处罚。对于实施家庭暴力犯罪情节较轻,或者被告人真诚悔罪,获得被害人谅解,从轻处罚有利于被扶养人的,可以酌情从轻处罚;对于情节轻微不需要判处刑罚的,人民检察院可以不起诉,人民法院可以判处免予刑事处罚。

对于实施家庭暴力情节显著轻微危害不大不构成犯罪的,应当撤销案件、不起诉,或者宣告无罪。

人民法院、人民检察院、公安机关应当充分运用训诫,责令施暴人保证不再实施家庭暴力,或者向被害人赔礼道歉、赔偿损失等非刑罚处罚措施,加强对施暴人的教育与惩戒。

19. 准确认定对家庭暴力的正当防卫。为了使本人或者他人的人身权利免受不法侵害,对正在进行的家庭暴力采取制止行为，只要符合刑法规定的条件，就应当依法认定为正当防卫，不负刑事责任。防卫行为造成施暴人重伤、死亡，且明显超过必要限度，属于防卫过当，应当负刑事责任，但是应当减轻或者免除处罚。

认定防卫行为是否“明显超过必要限度”，应当以足以制止并使防卫人免受家庭暴力不法侵害的需要为标准，根据施暴人正在实施家庭暴力的严重程度、手段的残忍程度，防卫人所处的环境、面临的危险程度、采取的制止暴力的手段、造成施暴人重大损害的程度，以及既往家庭暴力的严重程度等进行综合判断。

20. 充分考虑案件中的防卫因素和过错责任。对于长期遭受家庭暴力后，在激愤、恐惧状态下为了防止再次遭受家庭暴力，或者为了摆脱家庭暴力而故意杀害、伤害施暴人，被告人的行为具有防卫因素，施暴人在案件起因上具有明显过错或者直接责任的，可以酌情从宽处罚。对于因遭受严重家庭暴力，身体、精神受到重大损害而故意杀害施暴人；或者因不堪忍受长期家庭暴力而故意杀害施暴人，犯罪情节不是特别恶劣，手段不是特别残忍的，可以认定为刑法第二百三十二条规定的故意杀人“情节较轻”。在服刑期间确有悔改表现的，可以根据其家庭情况，依法放宽减刑的幅度，缩短减刑的起始时间与间隔时间；符合假释条件的，应当假释。被杀害施暴人的近亲属表示谅解的，在量刑、减刑、假释时应当予以充分考虑。

四、其他措施

21. 充分运用禁止令措施。人民法院对实施家庭暴力构成犯罪被判处管制或者宣告缓刑的犯罪分子，为了确保被害人及其子女和特定亲属的人身安全，可以依照刑法第三十八条第二款、第七十二条第二款的规定，同时禁止犯罪分子再次实施家庭暴力，侵扰被害人的生活、工作、学习，进行酗酒、赌博等活动；经被害人申请且有必要的，禁止接近被害人及其未成年子女。

22. 告知申请撤销施暴人的监护资格。人民法院、人民检察院、公安机关对于监护人实施家庭暴力，严重侵害被监护人合法权益的，在必要时可以告知被监护人及其他有监护资格的人员、单位，向人民法院提出申请，要求撤销监护人资格，依法另行指定监护人。

23. 充分运用人身安全保护措施。人民法院为了保护被害人的人身安全，避免其再次受到家庭暴力的侵害，可以根据申请，依照民事诉讼法等法律的相关规定，作出禁止施暴人再次实施家庭暴力、禁止接近被害人、迁出被害人的住所等内容的裁定。对于施暴人违反裁定的行为，如对被害人进行威胁、恐吓、殴打、伤害、杀害，或者未经被害人同意拒不迁出住所的，人民法院可以根据情节轻重予以罚款、拘留；构成犯罪的，应当依法追究刑事责任。

24. 充分运用社区矫正措施。社区矫正机构对因实施家庭暴力构成犯罪被判处管制、宣告缓刑、假释或者暂予监外执行的犯罪分子，应当依法开展家庭暴力行为矫治，通过制定有针对性的监管、教育和帮助措施，矫正犯罪分子的施暴心理和行为恶习。

25. 加强反家庭暴力宣传教育。人民法院、人民检察院、公安机关、司法行政机关应当结合本部门工作职责，通过以案说法、社区普法、针对重点对象法制教育等多种形式，开展反家庭暴力宣传教育活动，有效预防家庭暴力，促进平等、和睦、文明的家庭关系，维护社会和谐、稳定。

最高人民检察院、教育部、公安部关于建立教职员工准入查询性侵违法犯罪信息制度的意见

（2020年8月20日　高检发〔2020〕14号）

第一章　总　　则

第一条　为贯彻未成年人特殊、优先保护原则，加强对学校教职员工的管理，预防利用职业便利实施的性侵未成年人违法犯罪，根据《中华人民共和国刑法》《中华人民共和国刑事诉讼法》《中华人民共和国未成年人保护法》《中华人民共和国治安管理处罚法》《中华人民共和国教师法》《中华人民共和国劳动合同法》等法律，制定本意见。

第二条　最高人民检察院、教育部与公安部联合建立信息共享工作机制。教育部统筹、指导各级教育行政部门及教师资格认定机构实施教职员工准入查询制度。公安部协助教育部开展信息查询工作。最高人民检察院对相关工作情况开展法律监督。

第三条　本意见所称的学校，是指中小学校（含中等职业学校和特殊教育学校）、幼儿园。

第二章　内容与方式

第四条　本意见所称的性侵违法犯罪信息，是指符合下列条件的违法犯罪信息，公安部根据本条规定建立性侵违法犯罪人员信息库：

（一）因触犯刑法第二百三十六条、第二百三十七条规定的强奸，强制猥亵，猥亵儿童犯罪行为被人民法院依法作出有罪判决的人员信息；

（二）因触犯刑法第二百三十六条、第二百三十七条规定的强奸，强制猥亵，猥亵儿童犯罪行为被人民检察院根据刑事诉讼法第一百七十七条第二款之规定作出不起诉决定的人员信息；

（三）因触犯治安管理处罚法第四十四条规定的猥亵行为被行政处罚的人员信息。

符合刑事诉讼法第二百八十六条规定的未成年人犯罪记录封存条件的信息除外。

第五条　学校新招录教师、行政人员、勤杂人员、安保人员等在校园内工作的教职员工，在入职前应当进行性侵违法犯罪信息查询。

在认定教师资格前，教师资格认定机构应当对申请人员进行性侵违法犯罪信息查询。

第六条　教育行政部门应当做好在职教职员工性侵违法犯罪信息的筛查。

第三章　查询与异议

第七条　教育部建立统一的信息查询平台，与公安部部门间信息共享与服务平台对接，实现性侵违法犯罪人员信息核查，面向地方教育行政部门提供教职员工准入查询服务。

地方教育行政部门主管本行政区内的教职员工准入查询。

根据属地化管理原则，县级及以上教育行政部门根据拟聘人员和在职教职员工的授权，对其性侵违法犯罪信息进行查询。

对教师资格申请人员的查询，由受理申请的教师资格认定机构组织开展。

第八条 公安部根据教育部提供的最终查询用户身份信息和查询业务类别,向教育部信息查询平台反馈被查询人是否有性侵违法犯罪信息。

第九条 查询结果只反映查询时性侵违法犯罪人员信息库里录入和存在的信息。

第十条 查询结果告知的内容包括:

(一)有无性侵违法犯罪信息;

(二)有性侵违法犯罪信息的,应当根据本意见第四条规定标注信息类型;

(三)其他需要告知的内容。

第十一条 被查询人对查询结果有异议的,可以向其授权的教育行政部门提出复查申请,由教育行政部门通过信息查询平台提交申请,由教育部统一提请公安部复查。

第四章 执行与责任

第十二条 学校拟聘用人员应当在入职前进行查询。对经查询发现有性侵违法犯罪信息的,教育行政部门或学校不得录用。在职教职员工经查询发现有性侵违法犯罪信息的,应当立即停止其工作,按照规定及时解除聘用合同。

教师资格申请人员取得教师资格前应当进行教师资格准入查询。对经查询发现有性侵违法犯罪信息的,应当不予认定。已经认定的按照法律法规和国家有关规定处理。

第十三条 地方教育行政部门未对教职员工性侵违法犯罪信息进行查询,或者经查询有相关违法犯罪信息,地方教育行政部门或学校仍予以录用的,由上级教育行政部门责令改正,并追究相关教育行政部门和学校相关人员责任。

教师资格认定机构未对申请教师资格人员性侵违法犯罪信息进行查询,或者未依法依规对经查询有相关违法犯罪信息的人员予以处理的,由上级教育行政部门予以纠正,并报主管部门依法依规追究相关人员责任。

第十四条 有关单位和个人应当严格按照本意见规定的程序和内容开展查询,并对查询获悉的有关性侵违法犯罪信息保密,不得散布或者用于其他用途。违反规定的,依法追究相应责任。

第五章 其他规定

第十五条 最高人民检察院、教育部、公安部应当建立沟通联系机制,及时总结工作情况,研究解决存在的问题,指导地方相关部门及学校开展具体工作,促进学校安全建设和保护未成年人健康成长。

第十六条 教师因对学生实施性骚扰等行为,被用人单位解除聘用关系或者开除,但其行为不属于本意见第四条规定情形的,具体处理办法由教育部另行规定。

第十七条 对高校教职员工以及面向未成年人的校外培训机构工作人员的性侵违法犯罪信息查询,参照本意见执行。

第十八条 各地正在开展的其他密切接触未成年人行业入职查询工作,可以按照原有方式继续实施。

最高人民法院、最高人民检察院、公安部、司法部关于办理性侵害未成年人刑事案件的意见

(2023 年 5 月 24 日 高检发〔2023〕4 号)

为深入贯彻习近平法治思想,依法惩

治性侵害未成年人犯罪，规范办理性侵害未成年人刑事案件，加强未成年人司法保护，根据《中华人民共和国刑法》《中华人民共和国刑事诉讼法》《中华人民共和国未成年人保护法》等相关法律规定，结合司法实际，制定本意见。

一、总　　则

第一条　本意见所称性侵害未成年人犯罪，包括《中华人民共和国刑法》第二百三十六条、第二百三十六条之一、第二百三十七条、第三百五十八条、第三百五十九条规定的针对未成年人实施的强奸罪，负有照护职责人员性侵罪，强制猥亵、侮辱罪，猥亵儿童罪，组织卖淫罪，强迫卖淫罪，协助组织卖淫罪，引诱、容留、介绍卖淫罪，引诱幼女卖淫罪等。

第二条　办理性侵害未成年人刑事案件，应当坚持以下原则：

（一）依法从严惩处性侵害未成年人犯罪；

（二）坚持最有利于未成年人原则，充分考虑未成年人身心发育尚未成熟、易受伤害等特点，切实保障未成年人的合法权益；

（三）坚持双向保护原则，对于未成年人实施性侵害未成年人犯罪的，在依法保护未成年被害人的合法权益时，也要依法保护未成年犯罪嫌疑人、未成年被告人的合法权益。

第三条　人民法院、人民检察院、公安机关应当确定专门机构或者指定熟悉未成年人身心特点的专门人员，负责办理性侵害未成年人刑事案件。未成年被害人系女性的，应当有女性工作人员参与。

法律援助机构应当指派熟悉未成年人身心特点的律师为未成年人提供法律援助。

第四条　人民法院、人民检察院在办理性侵害未成年人刑事案件中发现社会治理漏洞的，依法提出司法建议、检察建议。

人民检察院依法对涉及性侵害未成年人的诉讼活动等进行监督，发现违法情形的，应当及时提出监督意见。发现未成年人合法权益受到侵犯，涉及公共利益的，应当依法提起公益诉讼。

二、案 件 办 理

第五条　公安机关接到未成年人被性侵害的报案、控告、举报，应当及时受理，迅速审查。符合刑事立案条件的，应当立即立案侦查，重大、疑难、复杂案件立案审查期限原则上不超过七日。具有下列情形之一，公安机关应当在受理后直接立案侦查：

（一）精神发育明显迟滞的未成年人或者不满十四周岁的未成年人怀孕、妊娠终止或者分娩的；

（二）未成年人的生殖器官或者隐私部位遭受明显非正常损伤的；

（三）未成年人被组织、强迫、引诱、容留、介绍卖淫的；

（四）其他有证据证明性侵害未成年人犯罪发生的。

第六条　公安机关发现可能有未成年人被性侵害或者接报相关线索的，无论案件是否属于本单位管辖，都应当及时采取制止侵害行为、保护被害人、保护现场等紧急措施。必要时，应当通报有关部门对被害人予以临时安置、救助。

第七条　公安机关受理案件后，经过审查,认为有犯罪事实需要追究刑事责任,但因犯罪地、犯罪嫌疑人无法确定,管辖权不明的,受理案件的公安机关应当先立案侦查,经过侦查明确管辖后,及时将案件及证据材料移送有管辖权的公安机关。

第八条 人民检察院、公安机关办理性侵害未成年人刑事案件,应当坚持分工负责、互相配合、互相制约,加强侦查监督与协作配合,健全完善信息双向共享机制,形成合力。在侦查过程中,公安机关可以商请人民检察院就案件定性、证据收集、法律适用、未成年人保护要求等提出意见建议。

第九条 人民检察院认为公安机关应当立案侦查而不立案侦查的,或者被害人及其法定代理人、对未成年人负有特殊职责的人员据此向人民检察院提出异议,经审查其诉求合理的,人民检察院应当要求公安机关说明不立案的理由。人民检察院认为不立案理由不成立的,应当通知公安机关立案,公安机关接到通知后应当立案。

第十条 对性侵害未成年人的成年犯罪嫌疑人、被告人,应当依法从严把握适用非羁押强制措施,依法追诉,从严惩处。

第十一条 公安机关办理性侵害未成年人刑事案件,在提请批准逮捕、移送起诉时,案卷材料中应当包含证明案件来源与案发过程的有关材料和犯罪嫌疑人归案(抓获)情况的说明等。

第十二条 人民法院、人民检察院办理性侵害未成年人案件,应当及时告知未成年被害人及其法定代理人或者近亲属有权委托诉讼代理人,并告知其有权依法申请法律援助。

第十三条 人民法院、人民检察院、公安机关办理性侵害未成年人刑事案件,除有碍案件办理的情形外,应当将案件进展情况、案件处理结果及时告知未成年被害人及其法定代理人,并对有关情况予以说明。

第十四条 人民法院确定性侵害未成年人刑事案件开庭日期后,应当将开庭的时间、地点通知未成年被害人及其法定代理人。

第十五条 人民法院开庭审理性侵害未成年人刑事案件,未成年被害人、证人一般不出庭作证。确有必要出庭的,应当根据案件情况采取不暴露外貌、真实声音等保护措施,或者采取视频等方式播放询问未成年人的录音录像,播放视频亦应当采取技术处理等保护措施。

被告人及其辩护人当庭发问的方式或者内容不当,可能对未成年被害人、证人造成身心伤害的,审判长应当及时制止。未成年被害人、证人在庭审中出现恐慌、紧张、激动、抗拒等影响庭审正常进行的情形的,审判长应当宣布休庭,并采取相应的情绪安抚疏导措施,评估未成年被害人、证人继续出庭作证的必要性。

第十六条 办理性侵害未成年人刑事案件,对于涉及未成年人的身份信息及可能推断出身份信息的资料和涉及性侵害的细节等内容,审判人员、检察人员、侦查人员、律师及参与诉讼、知晓案情的相关人员应当保密。

对外公开的诉讼文书,不得披露未成年人身份信息及可能推断出身份信息的其他资料,对性侵害的事实必须以适当方式叙述。

办案人员到未成年人及其亲属所在学校、单位、住所调查取证的,应当避免驾驶警车、穿着制服或者采取其他可能暴露未成年人身份、影响未成年人名誉、隐私的方式。

第十七条 知道或者应当知道对方是不满十四周岁的幼女,而实施奸淫等性侵害行为的,应当认定行为人"明知"对方是幼女。

对不满十二周岁的被害人实施奸淫等性侵害行为的,应当认定行为人"明知"对方是幼女。

对已满十二周岁不满十四周岁的被害人,从其身体发育状况、言谈举止、衣着特征、生活作息规律等观察可能是幼女,而实施奸淫等性侵害行为的,应当认定行为人"明知"对方是幼女。

第十八条 在校园、游泳馆、儿童游乐场、学生集体宿舍等公共场所对未成年人实施强奸、猥亵犯罪,只要有其他多人在场,不论在场人员是否实际看到,均可以依照刑法第二百三十六条第三款、第二百三十七条的规定,认定为在公共场所"当众"强奸、猥亵。

第十九条 外国人在中华人民共和国领域内实施强奸、猥亵未成年人等犯罪的,在依法判处刑罚时,可以附加适用驱逐出境。对于尚不构成犯罪但构成违反治安管理行为的,或者有性侵害未成年人犯罪记录不适宜在境内继续停留居留的,公安机关可以依法适用限期出境或者驱逐出境。

第二十条 对性侵害未成年人的成年犯罪分子严格把握减刑、假释、暂予监外执行的适用条件。纳入社区矫正的,应当严管严控。

三、证据收集与审查判断

第二十一条 公安机关办理性侵害未成年人刑事案件,应当依照法定程序,及时、全面收集固定证据。对与犯罪有关的场所、物品、人身等及时进行勘验、检查,提取与案件有关的痕迹、物证、生物样本;及时调取与案件有关的住宿、通行、银行交易记录等书证,现场监控录像等视听资料,手机短信、即时通讯记录、社交软件记录、手机支付记录、音视频、网盘资料等电子数据。视听资料、电子数据等证据因保管不善灭失的,应当向原始数据存储单位重新调取,或者提交专业机构进行技术性恢复、修复。

第二十二条 未成年被害人陈述、未成年证人证言中提到其他犯罪线索,属于公安机关管辖的,公安机关应当及时调查核实;属于其他机关管辖的,应当移送有管辖权的机关。

具有密切接触未成年人便利条件的人员涉嫌性侵害未成年人犯罪的,公安机关应当注意摸排犯罪嫌疑人可能接触到的其他未成年人,以便全面查清犯罪事实。

对于发生在犯罪嫌疑人住所周边或者相同、类似场所且犯罪手法雷同的性侵害案件,符合并案条件的,应当及时并案侦查,防止遗漏犯罪事实。

第二十三条 询问未成年被害人,应当选择"一站式"取证场所、未成年人住所或者其他让未成年人心理上感到安全的场所进行,并通知法定代理人到场。法定代理人不能到场或者不宜到场的,应当通知其他合适成年人到场,并将相关情况记录在案。

询问未成年被害人,应当采取和缓的方式,以未成年人能够理解和接受的语言进行。坚持一次询问原则,尽可能避免多次反复询问,造成次生伤害。确有必要再次询问的,应当针对确有疑问需要核实的内容进行。

询问女性未成年被害人应当由女性工作人员进行。

第二十四条 询问未成年被害人应当进行同步录音录像。录音录像应当全程不间断进行,不得选择性录制,不得剪接、删改。录音录像声音、图像应当清晰稳定,被询问人面部应当清楚可辨,能够真实反映未成年被害人回答询问的状态。录音录像应当随案移送。

第二十五条 询问未成年被害人应当问明与性侵害犯罪有关的事实及情节,包括被害人的年龄等身份信息、与犯罪嫌疑人、被告人交往情况、侵害方式、时间、地点、次数、后果等。

询问尽量让被害人自由陈述,不得诱导,并将提问和未成年被害人的回答记录清楚。记录应当保持未成年人的语言特点,不得随意加工或者归纳。

第二十六条 未成年被害人陈述和犯罪嫌疑人、被告人供述中具有特殊性、非亲历不可知的细节,包括身体特征、行为特征和环境特征等,办案机关应当及时通过人身检查、现场勘查等调查取证方法固定证据。

第二十七条 能够证实未成年被害人和犯罪嫌疑人、被告人相识交往、矛盾纠纷及其异常表现、特殊癖好等情况,对完善证据链条、查清全部案情具有证明作用的证据,应当全面收集。

第二十八条 能够证实未成年人被性侵害后心理状况或者行为表现的证据,应当全面收集。未成年被害人出现心理创伤、精神抑郁或者自杀、自残等伤害后果的,应当及时检查、鉴定。

第二十九条 认定性侵害未成年人犯罪,应当坚持事实清楚,证据确实、充分,排除合理怀疑的证明标准。对案件事实的认定要立足证据,结合经验常识,考虑性侵害案件的特殊性和未成年人的身心特点,准确理解和把握证明标准。

第三十条 对未成年被害人陈述,应当着重审查陈述形成的时间、背景,被害人年龄、认知、记忆和表达能力,生理和精神状态是否影响陈述的自愿性、完整性,陈述与其他证据之间能否相互印证,有无矛盾。

低龄未成年人对被侵害细节前后陈述存在不一致的,应当考虑其身心特点,综合判断其陈述的主要事实是否客观、真实。

未成年被害人陈述了与犯罪嫌疑人、被告人或者性侵害事实相关的非亲历不可知的细节,并且可以排除指证、诱证、诬告、陷害可能的,一般应当采信。

未成年被害人询问笔录记载的内容与询问同步录音录像记载的内容不一致的,应当结合同步录音录像记载准确客观认定。

对未成年证人证言的审查判断,依照本条前四款规定进行。

第三十一条 对十四周岁以上未成年被害人真实意志的判断,不以其明确表示反对或者同意为唯一证据,应当结合未成年被害人的年龄、身体状况、被侵害前后表现以及双方关系、案发环境、案发过程等进行综合判断。

四、未成年被害人保护与救助

第三十二条 人民法院、人民检察院、公安机关办理性侵害未成年人刑事案件,应当根据未成年被害人的实际需要及当地情况，协调有关部门为未成年被害人提供心理疏导、临时照料、医疗救治、转学安置、经济帮扶等救助保护措施。

第三十三条 犯罪嫌疑人到案后，办案人员应当第一时间了解其有无艾滋病，发现犯罪嫌疑人患有艾滋病的，在征得未成年被害人监护人同意后，应当及时配合或者会同有关部门对未成年被害人采取阻断治疗等保护措施。

第三十四条 人民法院、人民检察院、公安机关办理性侵害未成年人刑事案件，发现未成年人的父母或者其他监护人不依法履行监护职责或者侵犯未成年人合法权益的，应当予以训诫，并书面督促其依法履行监护职责。必要时，可以责令未成年人父母或者其他监护人接受家庭教育指导。

第三十五条 未成年人受到监护人性侵害，其他具有监护资格的人员、民政部门等有关单位和组织向人民法院提出申请，要求撤销监护人资格，另行指定监护人的，人民法院依法予以支持。

有关个人和组织未及时向人民法院申请撤销监护人资格的，人民检察院可以依法督促、支持其提起诉讼。

第三十六条 对未成年人因被性侵害而造成人身损害，不能及时获得有效赔偿，生活困难的，人民法院、人民检察院、公安机关可会同有关部门，优先考虑予以救助。

五、其　　他

第三十七条 人民法院、人民检察院、公安机关、司法行政机关应当积极推动侵害未成年人案件强制报告制度落实。未履行报告义务造成严重后果的，应当依照《中华人民共和国未成年人保护法》等法律法规追究责任。

第三十八条 人民法院、人民检察院、公安机关、司法行政机关应当推动密切接触未成年人相关行业依法建立完善准入查询性侵害违法犯罪信息制度，建立性侵害违法犯罪人员信息库，协助密切接触未成年人单位开展信息查询工作。

第三十九条 办案机关应当建立完善性侵害未成年人案件"一站式"办案救助机制，通过设立专门场所、配置专用设备、完善工作流程和引入专业社会力量等方式，尽可能一次性完成询问、人身检查、生物样本采集、侦查辨认等取证工作，同步开展救助保护工作。

六、附　　则

第四十条 本意见自2023年6月1日起施行。本意见施行后，《最高人民法院 最高人民检察院 公安部 司法部关于依法惩治性侵害未成年人犯罪的意见》(法发〔2013〕12号)同时废止。

最高人民法院、最高人民检察院、公安部关于依法惩治网络暴力违法犯罪的指导意见

(2023年9月20日　法发〔2023〕14号)

为依法惩治网络暴力违法犯罪活动，有效维护公民人格权益和网络秩序，根据刑法、刑事诉讼法、民法典、民事诉讼法、个人信息保护法、治安管理处罚法及《最高人民法院、最高人民检察院关于办理利用信息网络实施诽谤等刑事案件适用法律若干

问题的解释》等法律、司法解释规定，结合执法司法实践，制定本意见。

一、充分认识网络暴力的社会危害，依法维护公民权益和网络秩序

1. 在信息网络上针对个人肆意发布谩骂侮辱、造谣诽谤、侵犯隐私等信息的网络暴力行为，贬损他人人格，损害他人名誉，有的造成了他人“社会性死亡”甚至精神失常、自杀等严重后果；扰乱网络秩序，破坏网络生态，致使网络空间戾气横行，严重影响社会公众安全感。与传统违法犯罪不同，网络暴力往往针对素不相识的陌生人实施，受害人在确认侵害人、收集证据等方面存在现实困难，维权成本极高。人民法院、人民检察院、公安机关要充分认识网络暴力的社会危害，坚持严惩立场，依法能动履职，为受害人提供有效法律救济，维护公民合法权益，维护公众安全感，维护网络秩序。

二、准确适用法律，依法严惩网络暴力违法犯罪

2. 依法惩治网络诽谤行为。在信息网络上制造、散布谣言，贬损他人人格、损害他人名誉，情节严重，符合刑法第二百四十六条规定的，以诽谤罪定罪处罚。

3. 依法惩治网络侮辱行为。在信息网络上采取肆意谩骂、恶意诋毁、披露隐私等方式，公然侮辱他人，情节严重，符合刑法第二百四十六条规定的，以侮辱罪定罪处罚。

4. 依法惩治侵犯公民个人信息行为。组织“人肉搜索”，违法收集并向不特定多数人发布公民个人信息，情节严重，符合刑法第二百五十三条之一规定的，以侵犯公民个人信息罪定罪处罚；依照刑法和司法解释规定，同时构成其他犯罪的，依照处罚较重的规定定罪处罚。

5. 依法惩治借网络暴力事件实施的恶意营销炒作行为。基于蹭炒热度、推广引流等目的，利用互联网用户公众账号等推送、传播有关网络暴力违法犯罪的信息，符合刑法第二百八十七条之一规定的，以非法利用信息网络罪定罪处罚；依照刑法和司法解释规定，同时构成其他犯罪的，依照处罚较重的规定定罪处罚。

6. 依法惩治拒不履行信息网络安全管理义务行为。网络服务提供者对于所发现的有关网络暴力违法犯罪的信息不依法履行信息网络安全管理义务，经监管部门责令采取改正措施而拒不改正，致使违法信息大量传播或者有其他严重情节，符合刑法第二百八十六条之一规定的，以拒不履行信息网络安全管理义务罪定罪处罚；依照刑法和司法解释规定，同时构成其他犯罪的，依照处罚较重的规定定罪处罚。

7. 依法惩治网络暴力违法行为。实施网络侮辱、诽谤等网络暴力行为，尚不构成犯罪，符合治安管理处罚法等规定的，依法予以行政处罚。

8. 依法严惩网络暴力违法犯罪。对网络暴力违法犯罪，应当体现从严惩治精神，让人民群众充分感受到公平正义。坚持严格执法司法，对于网络暴力违法犯罪，依法严肃追究，切实矫正“法不责众”的错误倾向。要重点打击恶意发起者、组织者、恶意推波助澜者以及屡教不改者。实施网络暴力违法犯罪，具有下列情形之一的，依法从重处罚：

（1）针对未成年人、残疾人实施的；

（2）组织“水军”、“打手”或者其他人员实施的；

（3）编造“涉性”话题侵害他人人格尊严的；

(4)利用“深度合成”等生成式人工智能技术发布违法信息的；

(5)网络服务提供者发起、组织的。

9. 依法支持民事维权。针对他人实施网络暴力行为，侵犯他人名誉权、隐私权等人格权，受害人请求行为人承担民事责任的，人民法院依法予以支持。

10. 准确把握违法犯罪行为的认定标准。通过信息网络检举、揭发他人犯罪或者违法违纪行为，只要不是故意捏造事实或者明知是捏造的事实而故意散布的，不应当认定为诽谤违法犯罪。针对他人言行发表评论、提出批评，即使观点有所偏颇、言论有些偏激，只要不是肆意谩骂、恶意诋毁的，不应当认定为侮辱违法犯罪。

三、畅通诉讼程序，及时提供有效法律救济

11. 落实公安机关协助取证的法律规定。根据刑法第二百四十六条第三款的规定，对于被害人就网络侮辱、诽谤提起自诉的案件，人民法院经审查认为被害人提供证据确有困难的，可以要求公安机关提供协助。公安机关应当根据人民法院要求和案件具体情况，及时查明行为主体，收集相关侮辱、诽谤信息传播扩散情况及造成的影响等证据材料。网络服务提供者应当依法为公安机关取证提供必要的技术支持和协助。经公安机关协助取证，达到自诉案件受理条件的，人民法院应当决定立案；无法收集相关证据材料的，公安机关应当书面向人民法院说明情况。

12. 准确把握侮辱罪、诽谤罪的公诉条件。根据刑法第二百四十六条第二款的规定，实施侮辱、诽谤犯罪，严重危害社会秩序和国家利益的，应当依法提起公诉。对于网络侮辱、诽谤是否严重危害社会秩序，应当综合侵害对象、动机目的、行为方式、信息传播范围、危害后果等因素作出判定。

实施网络侮辱、诽谤行为，具有下列情形之一的，应当认定为刑法第二百四十六条第二款规定的“严重危害社会秩序”：

(1)造成被害人或者其近亲属精神失常、自杀等严重后果，社会影响恶劣的；

(2)随意以普通公众为侵害对象，相关信息在网络上大范围传播，引发大量低俗、恶意评论，严重破坏网络秩序，社会影响恶劣的；

(3)侮辱、诽谤多人或者多次散布侮辱、诽谤信息，社会影响恶劣的；

(4)组织、指使人员在多个网络平台大量散布侮辱、诽谤信息，社会影响恶劣的；

(5)其他严重危害社会秩序的情形。

13. 依法适用侮辱、诽谤刑事案件的公诉程序。对于严重危害社会秩序的网络侮辱、诽谤行为，公安机关应当依法及时立案。被害人同时向人民法院提起自诉的，人民法院可以请自诉人撤回自诉或者裁定不予受理；已经受理的，应当裁定终止审理，并将相关材料移送公安机关，原自诉人可以作为被害人参与诉讼。对于网络侮辱、诽谤行为，被害人在公安机关立案前提起自诉，人民法院经审查认为有关行为严重危害社会秩序的，应当将案件移送公安机关。

对于网络侮辱、诽谤行为，被害人或者其近亲属向公安机关报案，公安机关经审查认为已构成犯罪但不符合公诉条件的，可以告知报案人向人民法院提起自诉。

14. 加强立案监督工作。人民检察院依照有关法律和司法解释的规定，对网络暴力犯罪案件加强立案监督工作。

上级公安机关应当加强对下级公安机

关网络暴力案件立案工作的业务指导和内部监督。

15. 依法适用人格权侵害禁令制度。权利人有证据证明行为人正在实施或者即将实施侵害其人格权的违法行为，不及时制止将使其合法权益受到难以弥补的损害，依据民法典第九百九十七条向人民法院申请采取责令行为人停止有关行为的措施的，人民法院可以根据案件具体情况依法作出人格权侵害禁令。

16. 依法提起公益诉讼。网络暴力行为损害社会公共利益的，人民检察院可以依法向人民法院提起公益诉讼。

网络服务提供者对于所发现的网络暴力信息不依法履行信息网络安全管理义务，致使违法信息大量传播或者有其他严重情节，损害社会公共利益的，人民检察院可以依法向人民法院提起公益诉讼。

人民检察院办理网络暴力治理领域公益诉讼案件，可以依法要求网络服务提供者提供必要的技术支持和协助。

四、落实工作要求，促进强化综合治理

17. 有效保障受害人权益。办理网络暴力案件，应当及时告知受害人及其法定代理人或者近亲属有权委托诉讼代理人，并告知其有权依法申请法律援助。针对相关网络暴力信息传播范围广、社会危害大、影响消除难的现实情况，要依法及时向社会发布案件进展信息，澄清事实真相，有效消除不良影响。依法适用认罪认罚从宽制度，促使被告人认罪认罚，真诚悔罪，通过媒体公开道歉等方式，实现对受害人人格权的有效保护。对于被判处刑罚的被告人，可以依法宣告职业禁止或者禁止令。

18. 强化衔接配合。人民法院、人民检察院、公安机关要加强沟通协调，统一执法司法理念，有序衔接自诉程序与公诉程序，确保案件顺利侦查、起诉、审判。对重大、敏感、复杂案件，公安机关听取人民检察院意见建议的，人民检察院应当及时提供，确保案件依法稳妥处理。完善行政执法和刑事司法衔接机制，加强协调配合，形成各单位各司其职、高效联动的常态化工作格局，依法有效惩治、治理网络暴力违法犯罪。

19. 做好法治宣传。要认真贯彻“谁执法谁普法”普法责任制，充分发挥执法办案的规则引领、价值导向和行为规范作用。发布涉网络暴力典型案例，明确传导“网络空间不是法外之地”，教育引导广大网民自觉守法，引领社会文明风尚。

20. 促进网络暴力综合治理。立足执法司法职能，在依法办理涉网络暴力相关案件的基础上，做实诉源治理，深入分析滋生助推网络暴力发生的根源，通过提出司法建议、检察建议、公安提示函等方式，促进对网络暴力的多元共治，夯实网络信息服务提供者的主体责任，不断健全长效治理机制，从根本上减少网络暴力的发生，营造清朗网络空间。

最高人民检察院法律政策研究室关于以出卖为目的的倒卖外国妇女的行为是否构成拐卖妇女罪的答复

（1998 年 12 月 24 日 〔1998〕高检研发第 21 号）

吉林省人民检察院研究室：

你院吉检发研字〔1998〕4 号《关于以

出卖为目的倒卖外国妇女的行为是否构成拐卖妇女罪的请示》收悉。经研究,现答复如下:

刑法第二百四十条明确规定:“拐卖妇女、儿童是以出卖为目的,有拐骗、绑架、收买、贩卖、接送、中转妇女、儿童的行为之一的。”其中作为“收买”对象的妇女、儿童并不要求必须是“被拐骗、绑架的妇女、儿童”。因此,以出卖为目的,收买、贩卖外国妇女,从中牟取非法利益的,应以拐卖妇女罪追究刑事责任。但确属为他人介绍婚姻收取介绍费,而非以出卖为目的的,不能追究刑事责任。

公安部关于打击拐卖妇女儿童犯罪适用法律和政策有关问题的意见

(2000年3月24日 公通字〔2000〕25号)

一、关于立案、管辖问题

(一)对发现的拐卖妇女、儿童案件,拐出地(即妇女、儿童被拐骗地)、拐入地或者中转地公安机关应当立案管辖。两个以上公安机关都有管辖权的,由最先立案的公安机关侦查。必要时,可以由主要犯罪地或者主要犯罪嫌疑人居住地公安机关管辖。有关公安机关不得相互推诿。对管辖有争议的案件,应报请争议双方共同的上一级公安机关指定管辖。

铁路、交通、民航公安机关按照《公安机关办理刑事案件程序规定》第20条的规定立案侦查拐卖妇女、儿童案件。在运输途中查获的拐卖妇女、儿童案件,可以直接移送拐出地公安机关处理。

(二)对于公民报案、控告、举报的与拐卖妇女、儿童有关的犯罪嫌疑人、犯罪线索或者材料,扭送的犯罪嫌疑人,或者犯罪嫌疑人自首的,公安机关都应当接受。对于接受的案件或者发现的犯罪线索,应当迅速进行审查。对于需要采取解救被拐卖的妇女、儿童等紧急措施的,应当先采取紧急措施。

(三)经过审查,认为有犯罪事实,需要追究刑事责任的,应当区别情况,作出如下处理:

1. 属于本公安机关管辖的案件,应当及时立案侦查。

2. 属于其他公安机关管辖的案件,应当在二十四小时内移送有管辖权的公安机关办理。

3. 不属于公安机关管辖的案件,如属于人民检察院管辖的不解救被拐卖、绑架妇女、儿童案和阻碍解救被拐卖、绑架妇女、儿童案等,属于人民法院管辖的重婚案等,应当及时将案件材料和有关证据送交有管辖权的人民检察院、人民法院,并告知报案人、控告人、举报人到人民检察院、人民法院报案、控告、举报或者起诉。

二、关于拐卖妇女、儿童犯罪

(一)要正确认定拐卖妇女、儿童罪。凡是拐卖妇女、儿童的,不论是哪个环节,只要是以出卖为目的,有拐骗、绑架、收买、贩卖、接送、中转妇女、儿童的行为之一的,均以拐卖妇女、儿童罪立案侦查。

(二)在办理拐卖妇女、儿童案件中,不论拐卖人数多少,是否获利,只要实施拐卖妇女、儿童行为的,均应当以拐卖妇女、儿童罪立案侦查。

(三)明知是拐卖妇女、儿童的犯罪分子而事先通谋,为其拐卖行为提供资助或者其他便利条件的,应当以拐卖妇女、儿童罪的共犯立案侦查。

(四)对拐卖过程中奸淫被拐卖妇女的;诱骗、强迫被拐卖的妇女卖淫或者将被拐卖的妇女卖给他人迫使其卖淫的;以出卖为目的使用暴力、胁迫、麻醉等方法绑架妇女、儿童的;以出卖为目的,偷盗婴幼儿的;造成被拐卖的妇女、儿童或者其亲属重伤、死亡或者其他严重后果的,均以拐卖妇女、儿童罪立案侦查。

(五)教唆他人实施拐卖妇女、儿童犯罪的,以拐卖妇女、儿童罪的共犯立案侦查。向他人传授拐卖妇女、儿童的犯罪方法的,以传授犯罪方法罪立案侦查。明知是拐卖妇女、儿童的犯罪分子,而在其实施犯罪后为其提供隐藏处所、财物,帮助其逃匿或者作假证明包庇的,以窝藏、包庇罪立案侦查。

(六)出卖亲生子女的,由公安机关依法没收非法所得,并处以罚款;以营利为目的,出卖不满十四周岁子女,情节恶劣的,以拐卖儿童罪立案侦查。

(七)出卖十四周岁以上女性亲属或者其他不满十四周岁亲属的,以拐卖妇女、儿童罪立案侦查。

(八)借收养名义拐卖儿童的,出卖捡拾的儿童的,均以拐卖儿童罪立案侦查。

(九)以勒索财物为目的,偷盗婴幼儿的,以绑架罪立案侦查。

(十)犯组织他人偷越国(边)境罪,对被组织的妇女、儿童有拐卖犯罪行为的,以组织他人偷越国(边)境罪和拐卖妇女、儿童罪立案侦查。

(十一)非以出卖为目的,拐骗不满14周岁的未成年人脱离家庭或者监护人的,以拐骗儿童罪立案侦查。

(十二)教唆被拐卖、拐骗、收买的未成年人实施盗窃、诈骗等犯罪行为的,应当以盗窃罪、诈骗罪等犯罪的共犯立案侦查。

办案中,要正确区分罪与非罪、罪与罪的界限,特别是拐卖妇女罪与介绍婚姻收取钱物行为、拐卖儿童罪与收养中介行为、拐卖儿童罪与拐骗儿童罪,以及绑架儿童罪与拐卖儿童罪的界限,防止扩大打击面或者放纵犯罪。

三、关于收买被拐卖的妇女、儿童犯罪

(一)收买被拐卖的妇女、儿童的,以收买被拐卖的妇女、儿童罪立案侦查。

(二)收买被拐卖的妇女、儿童,并有下列犯罪行为的,同时以收买被拐卖的妇女、儿童罪和下列罪名立案侦查:

1. 违背被拐卖妇女的意志,强行与其发生性关系的,以强奸罪立案侦查。

2. 明知收买的妇女是精神病患者(间歇性精神病患者在发病期间)或者痴呆者(程度严重的)而与其发生性关系的,以强奸罪立案侦查。

3. 与收买的不满十四周岁的幼女发生性关系的,不论被害人是否同意,均以奸淫幼女罪立案侦查。

4. 非法剥夺、限制被拐卖的妇女、儿童人身自由的,或者对其实施伤害、侮辱、猥亵等犯罪行为的,以非法拘禁罪,或者伤害罪、侮辱罪、强制猥亵妇女罪、猥亵儿童罪等犯罪立案侦查。

5. 明知被拐卖的妇女是现役军人的妻子而与之同居或者结婚的,以破坏军婚罪立案侦查。

(三)收买被拐卖的妇女、儿童后又出卖的,以拐卖妇女、儿童罪立案侦查。

(四)凡是帮助买主实施强奸、伤害、非法拘禁被拐卖的妇女、儿童等犯罪行为的,应当分别以强奸罪、伤害罪,非法拘禁罪等犯罪的共犯立案侦查。

(五)收买被拐卖的妇女、儿童,按照被买妇女的意愿,不阻碍其返回原居住地的,对被买儿童没有虐待行为,不阻碍对其进行解救的,可以不追究刑事责任。

四、关于自首和立功

(一)要采取多种形式,广泛宣传刑法关于自首、立功等从宽处理的刑事政策。各地可选择一些因主动投案自首或者有立功表现而给予从轻、减轻、免除处罚的典型案件,公安宣传报道,敦促在逃的犯罪分子尽快投案自首,坦白交待罪行,检举、揭发他人的犯罪行为,提供破案线索,争取立功表现。

(二)要做好对犯罪分子家属、亲友的政策宣传工作,动员他们规劝、陪同有拐卖妇女、儿童犯罪行为的亲友投案自首,或者将犯罪嫌疑人送往司法机关投案。对窝藏、包庇犯罪分子、阻碍解救、妨害公务,构成犯罪的,要依法追究刑事责任。

(三)对于投案自首、坦白交待罪行、有立功表现的犯罪嫌疑人,公安机关在移送人民检察院审查起诉时应当依法提出从轻、减轻、免除处罚的意见。

五、关于解救工作

(一)解救妇女、儿童工作由拐入地公安机关负责。对于拐出地公安机关主动派工作组到拐入地进行解救的,也要以拐入地公安机关为主开展工作。对解救的被拐卖妇女,由其户口所在地公安机关负责接回;对解救的被拐卖儿童,由其父母或者其他监护人户口所在地公安机关负责接回。拐出地、拐入地、中转地公安机关应当积极协作配合,坚决杜绝地方保护主义。

(二)要充分依靠当地党委、政府的支持,做好对基层干部和群众的法制宣传和说服教育工作,注意方式、方法,慎用警械、武器,避免激化矛盾,防止出现围攻执法人员、聚众阻碍解救等突发事件。

以暴力、威胁方法阻碍国家机关工作人员解救被收买的妇女、儿童的,以妨害公务罪立案侦查。对聚众阻碍国家机关工作人员解救被收买的妇女、儿童的首要分子,以聚众阻碍解救被收买的妇女、儿童罪立案侦查。其他使用暴力、威胁方法的参与者,以妨害公务罪立案侦查。阻碍解救被收买的妇女、儿童,没有使用暴力、威胁方法的,依照《中华人民共和国治安管理处罚条例》的有关规定处罚。

(三)对于被拐卖的未成年女性、现役军人配偶、受到买主摧残虐待的、被强迫卖淫或从事其他色情服务的妇女,以及本人要求解救的妇女,要立即解救。

对于自愿继续留在现住地生活的成年女性,应当尊重本人意愿,愿在现住地结婚且符合法定结婚条件的,应当依法办理结婚登记手续。被拐卖妇女与买主所生子女的抚养问题,可由双方协商解决或者由人民法院裁决。

(四)对于遭受摧残虐待的、被强迫乞讨或从事违法犯罪活动的,以及本人要求解救的被拐卖儿童,应当立即解救。

对于被解救的儿童,暂时无法查明其父母或者其他监护人的,依法交由民政部门收容抚养。

对于被解救的儿童,如买主对该儿童既没有虐待行为又不阻碍解救,其父母又自愿送养,双方符合收养和送养条件的,可依法办理收养手续。

(五)任何个人或者组织不得向被拐卖的妇女、儿童及其家属索要收买妇女、儿童的费用和生活费用;已经索取的,应当予以返还。

（六）被解救的妇女、儿童户口所在地公安机关应当协助民政等有关部门妥善安置其生产和生活。

六、关于不解救或者阻碍解救被拐卖的妇女、儿童等渎职犯罪

对被拐卖的妇女、儿童负有解救职责的国家机关工作人员不履行解救职责，或者袒护、纵容甚至支持买卖妇女、儿童，为买卖妇女、儿童人员通风报信，或者以其他方法阻碍解救工作的，要依法处理：

（一）对被拐卖的妇女、儿童负有解救职责的公安、司法等国家机关工作人员接到被拐卖的妇女、儿童及其家属的解救要求或者接到其他人的举报，而对被拐卖的妇女、儿童不进行解救的，要交由其主管部门进行党纪、政纪、警纪处分；构成犯罪的，应当以不解救被拐卖妇女、儿童罪移送人民检察院追究刑事责任。

（二）对被拐卖的妇女、儿童负有解救职责的公安、司法等国家机关工作人员利用职务阻碍解救被拐卖的妇女、儿童，构成犯罪的，应当以阻碍解救被拐卖妇女、儿童罪移送人民检察院追究刑事责任。

（三）行政执法人员徇私情、私利，伪造材料，隐瞒情况，弄虚作假，对依法应当移交司法机关追究刑事责任的拐卖妇女、儿童犯罪案件不移交司法机关处理，构成犯罪的，以徇私舞弊不移交刑事案件罪移送人民检察院追究刑事责任。

（四）有查禁拐卖妇女、儿童犯罪活动职责的国家机关工作人员，向拐卖妇女、儿童的犯罪分子通风报信、提供便利，帮助犯罪分子逃避处罚，构成犯罪的，以帮助犯罪分子逃避处罚罪移送人民检察院追究刑事责任。

七、关于严格执法、文明办案

（一）各级公安机关必须严格依照《刑法》、《刑事诉讼法》和《公安机关办理刑事案件程序规定》以及其他有关规定，严格执法，文明办案，防止滥用强制措施、超期羁押，严禁刑讯逼供和以威胁、引诱、欺骗以及其他非法的方法收集证据。

（二）依法保障律师在侦查阶段参与刑事诉讼活动，保障犯罪嫌疑人聘请律师提供法律帮助的权利。对于律师提出会见犯罪嫌疑人的，公安机关应当依法及时安排会见，不得借故阻碍、拖延。

（三）对犯罪分子违法所得的一切财物及其产生的孳息，应当依法追缴。对依法扣押的犯罪工具及犯罪嫌疑人的财物及其孳息，应当妥为保管，不得挪用、毁损和自行处理。对作为证据使用的实物，应当随案移送；对不宜移送的，应当将其清单、照片或者其他证明文件随案移送，待人民法院作出生效判决后，由扣押的公安机关按照人民法院的通知，上缴国库或者返还受害人。

（四）认真做好办案协作工作。需要异地公安机关协助调查、执行强制措施的，要及时向有关地区公安机关提出协作请求。接受请求的公安机关应当及时予以协作配合，并尽快回复。对不履行办案协作职责造成严重后果的，对直接负责的主管人员和其他直接责任人员，应当给予行政处分；构成犯罪的，依法追究刑事责任。对在逃的拐卖妇女、儿童的犯罪分子，有关公安机关应密切配合，及时通缉，追捕归案。

八、关于办理涉外案件

（一）外国人或者无国籍人拐卖外国妇女、儿童到我国境内被查获的，应当适用我国刑法，以拐卖妇女、儿童罪立案侦查。

（二）拐卖妇女犯罪中的“妇女”，既包括具有中国国籍的妇女，也包括具有外国国籍和无国籍的妇女。被拐卖的外国妇女没有身份证明的，不影响对犯罪分子的立案侦查。

（三）对外国人依法作出取保候审、监视居住决定或者执行拘留、逮捕后，由有关省、自治区、直辖市公安厅、局在规定的期限内，将外国人的有关情况、涉嫌犯罪的主要事实、已采取的强制措施及其法律依据，通知该外国人所属国家的驻华使、领馆，同时报告公安部。

（四）对于外国籍犯罪嫌疑人身份无法查明或者其国籍国拒绝提供有关身份证明的，也可以按其自报的姓名依法提请人民检察院批准逮捕、移送审查起诉。

（五）对非法入出我国国境、非法居留的外国人，应当依照《中华人民共和国外国人入境出境管理法》及其实施细则进行处罚；情节严重，构成犯罪的，依法追究刑事责任。

九、关于法制宣传工作

各地公安机关要与司法行政、宣传、广播电视、民政、妇联、共青团等有关部门和组织密切配合，利用广播、电视、报刊、网络等媒体，结合打击人贩子、处理买主、解救被拐卖的妇女、儿童的典型案例，大张旗鼓地开展法制宣传教育活动。要大力宣传党和政府打击拐卖妇女、儿童犯罪的态度和决心，宣传拐卖妇女、儿童犯罪的严重危害，宣传国家禁止买卖妇女、儿童和惩处人贩子、买主的法律规定，宣传专项斗争中涌现出的不怕牺牲、不辞劳苦打击人贩子、解救被拐卖的妇女、儿童的英雄模范事迹，形成宣传攻势，提高广大人民群众的法制观念，教育群众自觉守法。特别是在拐卖妇女、儿童以及收买被拐卖的妇女、儿童情况较严重的地区，要深入村村户户进行法制宣传教育，真正做到家喻户晓、人人皆知。要以案说法，使广大干部和群众能够认识到拐卖妇女、儿童，收买被拐卖的妇女、儿童，阻碍解救被拐卖的妇女、儿童都是违法犯罪行为，都要受到法律制裁。在不通广播、电视的贫困、边远地区，要采取印发宣传材料、召开座谈会等多种形式进行宣传。

要广泛发动社会各界以及基层干部、群众，积极投入“打拐”专项斗争，主动配合、协助有关部门做好解救被拐卖妇女、儿童的工作，号召群众检举、揭发拐卖、收买妇女、儿童的犯罪行为，自觉同拐卖妇女、儿童犯罪活动作斗争。各地公安机关要设立“打拐”热线电话，接受群众举报，对提供重要犯罪线索、协助抓获重大犯罪嫌疑人的人员，要给予奖励。

指导案例

指导案例4号：王志才故意杀人案

【关键词】

刑事　故意杀人罪　婚恋纠纷引发　坦白悔罪　死刑缓期执行　限制减刑

【裁判要点】

因恋爱、婚姻矛盾激化引发的故意杀人案件，被告人犯罪手段残忍，论罪应当判处死刑，但被告人具有坦白悔罪、积极赔偿等从轻处罚情节，同时被害人亲属要求严惩的，人民法院根据案件性质、犯罪情节、危害后果和被告人的主观恶性及人身危险性，可以依法判处被告人死刑，缓期二年执行,同时决定限制减刑,以有效化解社会矛盾,促进社会和谐。

【相关法条】

《中华人民共和国刑法》第五十条第二款

【基本案情】

被告人王志才与被害人赵某某(女,殁年26岁)在山东省潍坊市科技职业学院同学期间建立恋爱关系。2005年,王志才毕业后参加工作,赵某某考入山东省曲阜师范大学继续专升本学习。2007年赵某某毕业参加工作后,王志才与赵某某商议结婚事宜,因赵某某家人不同意,赵某某多次提出分手,但在王志才的坚持下二人继续保持联系。2008年10月9日中午,王志才在赵某某的集体宿舍再次谈及婚恋问题,因赵某某明确表示二人不可能在一起,王志才感到绝望,愤而产生杀死赵某某然后自杀的念头,即持赵某某宿舍内的一把单刃尖刀,朝赵的颈部、胸腹部、背部连续捅刺,致其失血性休克死亡。次日8时30分许,王志才服农药自杀未遂,被公安机关抓获归案。王志才平时表现较好,归案后如实供述自己罪行,并与其亲属积极赔偿,但未与被害人亲属达成赔偿协议。

【裁判结果】

山东省潍坊市中级人民法院于2009年10月14日以(2009)潍刑一初字第35号刑事判决,认定被告人王志才犯故意杀人罪,判处死刑,剥夺政治权利终身。宣判后,王志才提出上诉。山东省高级人民法院于2010年6月18日以(2010)鲁刑四终字第2号刑事裁定,驳回上诉,维持原判,并依法报请最高人民法院核准。最高人民法院根据复核确认的事实,以(2010)刑三复22651920号刑事裁定,不核准被告人王志才死刑,发回山东省高级人民法院重新审判。山东省高级人民法院经依法重新审理,于2011年5月3日作出(2010)鲁刑四终字第2-1号刑事判决,以故意杀人罪改判被告人王志才死刑,缓期二年执行,剥夺政治权利终身,同时决定对其限制减刑。

【裁判理由】

山东省高级人民法院经重新审理认为:被告人王志才的行为已构成故意杀人罪,罪行极其严重,论罪应当判处死刑。鉴于本案系因婚恋纠纷引发,王志才求婚不成,恼怒并起意杀人,归案后坦白悔罪,积极赔偿被害方经济损失,且平时表现较好,故对其判处死刑,可不立即执行。同时考虑到王志才故意杀人手段特别残忍,被害人亲属不予谅解,要求依法从严惩处,为有效化解社会矛盾,依照《中华人民共和国刑法》第五十条第二款等规定,判处被告人王志才死刑,缓期二年执行,同时决定对其限制减刑。

指导案例12号:李飞故意杀人案

【关键词】

刑事　故意杀人罪　民间矛盾引发　亲属协助抓捕　累犯　死刑缓期执行　限制减刑

【裁判要点】

对于因民间矛盾引发的故意杀人案件,被告人犯罪手段残忍,且系累犯,论罪应当判处死刑,但被告人亲属主动协助公安机关将其抓捕归案,并积极赔偿的,人民法院根据案件具体情节,从尽量化解社会矛盾角度考虑,可以依法判处被告人死刑,缓期二年执行,同时决定限制减刑。

【相关法条】

《中华人民共和国刑法》第五十条第二款

【基本案情】

2006年4月14日，被告人李飞因犯盗窃罪被判处有期徒刑二年，2008年1月2日刑满释放。2008年4月，经他人介绍，李飞与被害人徐某某（女，殁年26岁）建立恋爱关系。同年8月，二人因经常吵架而分手。8月24日，当地公安机关到李飞的工作单位给李飞建立重点人档案时，其单位得知李飞曾因犯罪被判刑一事，并以此为由停止了李飞的工作。李飞认为其被停止工作与徐某某有关。

同年9月12日21时许，被告人李飞拨打徐某某的手机，因徐某某外出，其表妹王某某（被害人，时年16岁）接听了李飞打来的电话，并告知李飞，徐某某已外出。后李飞又多次拨打徐某某的手机，均未接通。当日23时许，李飞到哈尔滨市呼兰区徐某某开设的“小天使形象设计室”附近，再次拨打徐某某的手机，与徐某某在电话中发生吵骂。后李飞破门进入徐某某在“小天使形象设计室”内的卧室，持室内的铁锤多次击打徐某某的头部，击打徐某某表妹王某某头部、双手数下。稍后，李飞又持铁锤先后再次击打徐某某、王某某的头部，致徐某某当场死亡、王某某轻伤。为防止在场的“小天使形象设计室”学徒工佟某报警，李飞将徐某某、王某某及佟某的手机带离现场抛弃，后潜逃。同月23日22时许，李飞到其姑母李某某家中，委托其姑母转告其母亲梁某某送钱。梁某某得知此情后，及时报告公安机关，并于次日晚协助公安机关将来姑母家取钱的李飞抓获。在本案审理期间，李飞的母亲梁某某代为赔偿被害人亲属4万元。

【裁判结果】

黑龙江省哈尔滨市中级人民法院于2009年4月30日以（2009）哈刑二初字第51号刑事判决，认定被告人李飞犯故意杀人罪，判处死刑，剥夺政治权利终身。宣判后，李飞提出上诉。黑龙江省高级人民法院于2009年10月29日以（2009）黑刑三终字第70号刑事裁定，驳回上诉，维持原判，并依法报请最高人民法院核准。最高人民法院根据复核确认的事实和被告人母亲协助抓捕被告人的情况，以（2010）刑五复66820039号刑事裁定，不核准被告人李飞死刑，发回黑龙江省高级人民法院重新审判。黑龙江省高级人民法院经依法重新审理，于2011年5月3日作出（2011）黑刑三终字第63号刑事判决，以故意杀人罪改判被告人李飞死刑，缓期二年执行，剥夺政治权利终身，同时决定对其限制减刑。

【裁判理由】

黑龙江省高级人民法院经重新审理认为：被告人李飞的行为已构成故意杀人罪，罪行极其严重，论罪应当判处死刑。本案系因民间矛盾引发的犯罪；案发后李飞的母亲梁某某在得知李飞杀人后的行踪时，主动、及时到公安机关反映情况，并积极配合公安机关将李飞抓获归案；李飞在公安机关对其进行抓捕时，顺从归案，没有反抗行为，并在归案后始终如实供述自己的犯罪事实，认罪态度好；在本案审理期间，李飞的母亲代为赔偿被害方经济损失；李飞虽系累犯，但此前所犯盗窃罪的情节较轻。综合考虑上述情节，可以对李飞酌情从宽处罚，对其可不判处死刑立即执行。同时，鉴于其故意杀人手段残忍，又系累犯，且被害人亲属不予谅解，故依法判处被告人李飞死刑,缓期二年执行,同时决定对其限制减刑。

指导案例63号:徐加富强制医疗案

【关键词】

刑事诉讼　强制医疗　有继续危害社会可能

【裁判要点】

审理强制医疗案件,对被申请人或者被告人是否“有继续危害社会可能”,应当综合被申请人或者被告人所患精神病的种类、症状,案件审理时其病情是否已经好转,以及其家属或者监护人有无严加看管和自行送医治疗的意愿和能力等情况予以判定。必要时,可以委托相关机构或者专家进行评估。

【相关法条】

《中华人民共和国刑法》第18条第1款

《中华人民共和国刑事诉讼法》第284条

【基本案情】

被申请人徐加富在2007年下半年开始出现精神异常,表现为凭空闻声,认为别人在议论他,有人要杀他,紧张害怕,夜晚不睡,随时携带刀自卫,外出躲避。因未接受治疗,病情加重。2012年11月18日4时许,被申请人在其经常居住地听到有人开车来杀他,遂携带刀和榔头欲外出撞车自杀。其居住地的门卫张友发得知其出去要撞车自杀,未给其开门。被申请人见被害人手持一部手机,便认为被害人要叫人来对其加害。被申请人当即用携带的刀刺杀被害人身体,用榔头击打其的头部,致其当场死亡。经法医学鉴定,被害人系头部受到钝器打击,造成严重颅脑损伤死亡。

2012年12月10日,被申请人被公安机关送往成都市第四人民医院住院治疗。2012年12月17日,成都精卫司法鉴定所接受成都市公安局武侯区分局的委托,对被申请人进行精神疾病及刑事责任能力鉴定,同月26日该所出具成精司鉴所(2012)病鉴字第105号鉴定意见书,载明:1.被鉴定人徐加富目前患有精神分裂症,幻觉妄想型;2.被鉴定人徐加富2012年11月18日4时作案时无刑事责任能力。2013年1月成都市第四人民医院对被申请人的病情作出证明,证实徐加富需要继续治疗。

【裁判结果】

四川省武侯区人民法院于2013年1月24日作出(2013)武侯刑强初字第1号强制医疗决定书:对被申请人徐加富实施强制医疗。

【裁判理由】

法院生效裁判认为:本案被申请人徐加富实施了故意杀人的暴力行为后,经鉴定属于依法不负刑事责任的精神疾病人,其妄想他人欲对其加害而必须携带刀等防卫工具外出的行为,在其病症未能减轻并需继续治疗的情况下,认定其放置社会有继续危害社会的可能。成都市武侯区人民检察院提出对被申请人强制医疗的申请成立,予以支持。诉讼代理人提出了被申请人是否有继续危害社会的可能应由医疗机构作出评估,本案没有医疗机构的评估报告,对被申请人的强制医疗的证据不充分的辩护意见。法院认为,在强制医疗中如何认定被申请人是否有继续危害社会的可能,需要根据以往被申请人的行为及本案的证据进行综合判断,而医疗机构对其评估也只是对其病情痊愈的评估,法律没有赋予医疗机构对患者是否有继续危害社会可能性方面的评估权利。本案被申请人的病症是被害幻觉妄想症,经常假想要被他人杀害,外出害怕被害必带刀等防卫工具。如果不加约束治疗,被申请人不可能不外出,其外出必携带刀的行为,具有危害社会的可能,故诉讼代理人的意见不予采纳。

指导案例93号:于欢故意伤害案

【关键词】

刑事/故意伤害罪/非法限制人身自由/正当防卫/防卫过当

【裁判要点】

1. 对正在进行的非法限制他人人身自由的行为,应当认定为刑法第二十条第一款规定的"不法侵害",可以进行正当防卫。

2. 对非法限制他人人身自由并伴有侮辱、轻微殴打的行为,不应当认定为刑法第二十条第三款规定的"严重危及人身安全的暴力犯罪"。

3. 判断防卫是否过当,应当综合考虑不法侵害的性质、手段、强度、危害程度,以及防卫行为的性质、时机、手段、强度、所处环境和损害后果等情节。对非法限制他人人身自由并伴有侮辱、轻微殴打,且并不十分紧迫的不法侵害,进行防卫致人死亡重伤的,应当认定为刑法第二十条第二款规定的"明显超过必要限度造成重大损害"。

4. 防卫过当案件,如系因被害人实施严重贬损他人人格尊严或者亵渎人伦的不法侵害引发的,量刑时对此应予充分考虑,以确保司法裁判既经得起法律检验,也符合社会公平正义观念。

【相关法条】

《中华人民共和国刑法》第二十条

【基本案情】

被告人于欢的母亲苏某在山东省冠县工业园区经营山东源大工贸有限公司(以下简称源大公司),于欢系该公司员工。2014年7月28日,苏某及其丈夫于某1向吴某、赵某1借款100万元,双方口头约定月息10%。至2015年10月20日,苏某共计还款154万元。其间,吴某、赵某1因苏某还款不及时,曾指使被害人郭某1等人采取在源大公司车棚内驻扎、在办公楼前支锅做饭等方式催债。2015年11月1日,苏某、于某1再向吴某、赵某1借款35万元。其中10万元,双方口头约定月息10%;另外25万元,通过签订房屋买卖合同,用于某1名下的一套住房作为抵押,双方约定如逾期还款,则将该住房过户给赵某1。2015年11月2日至2016年1月6日,苏某共计向赵某1还款29.8万元。吴某、赵某1认为该29.8万元属于偿还第一笔100万元借款的利息,而苏某夫妇认为是用于偿还第二笔借款。吴某、赵某1多次催促苏某夫妇继续还款或办理住房过户手续,但苏某夫妇未再还款,也未办理住房过户。

2016年4月1日,赵某1与被害人杜某2、郭某1等人将于某1上述住房的门锁更换并强行入住,苏某报警。赵某1出示房屋买卖合同,民警调解后离去。同月13日上午,吴某、赵某1与杜某2、郭某1、杜某7等人将上述住房内的物品搬出,苏某报警。民警处警时,吴某称系房屋买卖纠纷,民警告知双方协商或通过诉讼解决。民警离开后,吴某责骂苏某,并将苏某头部按入座便器接近水面位置。当日下午,赵某1等人将上述住房内物品搬至源大公司门口。其间，苏某、于某1多次拨打市长热线求助。当晚，于某1通过他人调解，与吴某达成口头协议，约定次日将住房过户给赵某1，此后再付30万元，借款本金及利息即全部结清。

4月14日，于某1、苏某未去办理住房过户手续。当日16时许，赵某1纠集郭某2、郭某1、苗某、张某3到源大公司讨债。为找到于某1、苏某，郭某1报警称源大公司私刻财务章。民警到达源大公司后，苏某与赵某1等人因还款纠纷发生争吵。民警告知双方协商解决或到法院起诉后离开。李某3接赵某1电话后，伙同么某、张某2和被害人严某、程某到达源大公司。赵某1等人先后在办公楼前呼喊，在财务室内、餐厅外盯守，在办公楼门厅外烧烤、饮酒，催促苏某还款。其间，赵某1、苗某离开。20时许，杜某2、杜某7赶到源大公司，与李某3等人一起饮酒。20时48分，苏某按郭某1要求到办公楼一楼接待室，于欢及公司员工张某1、马某陪同。21时53分，杜某2等人进入接待室讨债，将苏某、于欢的手机收走放在办公桌上。杜某2用污秽言语辱骂苏某、于欢及其家人，将烟头弹到苏某胸前衣服上，将裤子褪至大腿处裸露下体，朝坐在沙发上的苏某等人左右转动身体。在马某、李某3劝阻下，杜某2穿好裤子，又脱下于欢的鞋让苏某闻，被苏某打掉。杜某2还用手拍打于欢面颊，其他讨债人员实施了揪抓于欢头发或按压于欢肩部不准其起身等行为。22时07分，公司员工刘某打电话报警。22时17分，民警朱某带领辅警宋某、郭某3到达源大公司接待室了解情况，苏某和于欢指认杜某2殴打于欢，杜某2等人否认并称系讨债。22时22分，朱某警告双方不能打架，然后带领辅警到院内寻找报警人，并给值班民警徐某打电话通报警情。于欢、苏某想随民警离开接待室，杜某2等人阻拦，并强迫于欢坐下，于欢拒绝。杜某2等人卡于欢颈部，将于欢推拉至接待室东南角。于欢持刃长15.3厘米的单刃尖刀，警告杜某2等人不要靠近。杜某2出言挑衅并逼近于欢，于欢遂捅刺杜某2腹部一刀，又捅刺围逼在其身边的程某胸部、严某腹部、郭某1背部各一刀。22时26分，辅警闻声返回接待室。经辅警连续责令，于欢交出尖刀。杜某2等四人受伤后，被杜某7等人驾车送至冠县人民医院救治。次日2时18分，杜某2经抢救无效，因腹部损伤造成肝固有动脉裂伤及肝右叶创伤导致失血性休克死亡。严某、郭某1的损伤均构成重伤二级，程某的损伤构成轻伤二级。

【裁判结果】

山东省聊城市中级人民法院于2017年2月17日作出(2016)鲁15刑初33号刑事附带民事判决，认定被告人于欢犯故意伤害罪，判处无期徒刑，剥夺政治权利终身，并赔偿附带民事原告人经济损失。

宣判后，被告人于欢及部分原审附带民事诉讼原告人不服，分别提出上诉。山东省高级人民法院经审理于2017年6月23日作出(2017)鲁刑终151号刑事附带民事判决：驳回附带民事上诉，维持原判附带民事部分；撤销原判刑事部分，以故意伤害罪改判于欢有期徒刑五年。

【裁判理由】

法院生效裁判认为：被告人于欢持刀捅刺杜某2等四人，属于制止正在进行的不法侵害，其行为具有防卫性质；其防卫行为造成一人死亡、二人重伤、一人轻伤的严重后果,明显超过必要限度造成重大损害,构成故意伤害罪,依法应负刑事责任。鉴于于欢的行为属于防卫过当,于欢归案后如实供述主要罪行,且被害方有以恶劣手段侮辱于欢之母的严重过错等情节,对于欢依法应当减轻处罚。原判认定于欢犯故意伤害罪正确,审判程序合法,但认定事实不全面,部分刑事判项适用法律错误,量刑过重,遂依法改判于欢有期徒刑五年。

本案在法律适用方面的争议焦点主要有两个方面:一是于欢的捅刺行为性质,即是否具有防卫性、是否属于特殊防卫、是否属于防卫过当;二是如何定罪处罚。

一、关于于欢的捅刺行为性质

《中华人民共和国刑法》(以下简称《刑法》)第二十条第一款规定:“为了使国家、公共利益、本人或者他人的人身、财产和其他权利免受正在进行的不法侵害,而采取的制止不法侵害的行为,对不法侵害人造成损害的,属于正当防卫,不负刑事责任。”由此可见,成立正当防卫必须同时具备以下五项条件:一是防卫起因,不法侵害现实存在。不法侵害是指违背法律的侵袭和损害,既包括犯罪行为,又包括一般违法行为;既包括侵害人身权利的行为,又包括侵犯财产及其他权利的行为。二是防卫时间,不法侵害正在进行。正在进行是指不法侵害已经开始并且尚未结束的这段时期。对尚未开始或已经结束的不法侵害,不能进行防卫,否则即是防卫不适时。三是防卫对象,即针对不法侵害者本人。正当防卫的对象只能是不法侵害人本人,不能对不法侵害人之外的人实施防卫行为。在共同实施不法侵害的场合,共同侵害具有整体性,可对每一个共同侵害人进行正当防卫。四是防卫意图,出于制止不法侵害的目的,有防卫认识和意志。五是防卫限度,尚未明显超过必要限度造成重大损害。这就是说正当防卫的成立条件包括客观条件、主观条件和限度条件。客观条件和主观条件是定性条件,确定了正当防卫“正”的性质和前提条件,不符合这些条件的不是正当防卫;限度条件是定量条件,确定了正当防卫“当”的要求和合理限度,不符合该条件的虽然仍有防卫性质,但不是正当防卫,属于防卫过当。防卫过当行为具有防卫的前提条件和制止不法侵害的目的,只是在制止不法侵害过程中,没有合理控制防卫行为的强度,明显超过正当防卫必要限度,并造成不应有的重大损害后果,从而转化为有害于社会的违法犯罪行为。根据本案认定的事实、证据和我国刑法有关规定,于欢的捅刺行为虽然具有防卫性,但属于防卫过当。

首先,于欢的捅刺行为具有防卫性。案发当时杜某2等人对于欢、苏某持续实施着限制人身自由的非法拘禁行为,并伴有侮辱人格和对于欢推搡、拍打等行为;民警到达现场后,于欢和苏某想随民警走出接待室时,杜某2等人阻止二人离开,并对于欢实施推拉、围堵等行为,在于欢持刀警告时仍出言挑衅并逼近,实施正当防卫所要求的不法侵害客观存在并正在进行;于欢是在人身自由受到违法侵害、人身安全面临现实威胁的情况下持刀捅刺,且捅刺的对象都是在其警告后仍向其靠近围逼的人。因此,可以认定其是为了使本人和其母亲的人身权利免受正在进行的不法侵害,而采取的制止不法侵害行为,具备正当防卫的客观和主观条件,具有防卫性质。

其次,于欢的捅刺行为不属于特殊防卫。《刑法》第二十条第三款规定:“对正在进行行凶、杀人、抢劫、强奸、绑架以及其他严重危及人身安全的暴力犯罪,采取防卫行为,造成不法侵害人伤亡的,不属于防卫过当,不负刑事责任。”根据这一规定,特殊防卫的适用前提条件是存在严重危及本人或他人人身安全的暴力犯罪。本案中,虽然杜某2等人对于欢母子实施了非法限制人身自由、侮辱、轻微殴打等人身侵害行为,但这些不法侵害不是严重危及人身安全的暴力犯罪。其一,杜某2等人实施的非法限制人身自由、侮辱等不法侵害行为,虽然侵犯了于欢母子的人身自由、人格尊严等合法权益,但并不具有严重危及于欢母子人身安全的性质;其二,杜某2等人按肩膀、推拉等强制或者殴打行为,虽然让于欢母子的人身安全、身体健康权遭受了侵害,但这种不法侵害只是轻微的暴力侵犯,既不是针对生命权的不法侵害,又不是发生严重侵害于欢母子身体健康权的情形,因而不属于严重危及人身安全的暴力犯罪。其三,苏某、于某1系主动通过他人协调、担保,向吴某借贷,自愿接受吴某所提10%的月息。既不存在苏某、于某1被强迫向吴某高息借贷的事实,又不存在吴某强迫苏某、于某1借贷的事实,与司法解释以借贷为名采用暴力、胁迫手段获取他人财物以抢劫罪论处的规定明显不符。可见杜某2等人实施的多种不法侵害行为,符合可以实施一般防卫行为的前提条件,但不具备实施特殊防卫的前提条件,故于欢的捅刺行为不属于特殊防卫。

最后,于欢的捅刺行为属于防卫过当。《刑法》第二十条第二款规定:“正当防卫明显超过必要限度造成重大损害的,应当负刑事责任,但是应当减轻或者免除处罚。”由此可见,防卫过当是在具备正当防卫客观和主观前提条件下,防卫反击明显超越必要限度,并造成致人重伤或死亡的过当结果。认定防卫是否“明显超过必要限度”,应当从不法侵害的性质、手段、强度、危害程度,以及防卫行为的性质、时机、手段、强度、所处环境和损害后果等方面综合分析判定。本案中,杜某2一方虽然人数较多,但其实施不法侵害的意图是给苏某夫妇施加压力以催讨债务,在催债过程中未携带、使用任何器械;在民警朱某等进入接待室前,杜某2一方对于欢母子实施的是非法限制人身自由、侮辱和对于欢拍打面颊、揪抓头发等行为,其目的仍是逼迫苏某夫妇尽快还款;在民警进入接待室时,双方没有发生激烈对峙和肢体冲突,当民警警告不能打架后,杜某2一方并无打架的言行;在民警走出接待室寻找报警人期间,于欢和讨债人员均可透过接待室玻璃清晰看见停在院内的警车警灯闪烁,应当知道民警并未离开;在于欢持刀警告不要逼过来时,杜某2等人虽有出言挑衅并向于欢围逼的行为,但并未实施强烈的攻击行为。因此,于欢面临的不法侵害并不紧迫和严重,而其却持刃长15.3厘米的单刃尖刀连续捅刺四人,致一人死亡、二人重伤、一人轻伤,且其中一人系被背后捅伤,故应当认定于欢的防卫行为明显超过必要限度造成重大损害,属于防卫过当。

二、关于定罪量刑

首先,关于定罪。本案中,于欢连续捅刺四人,但捅刺对象都是当时围逼在其身边的人,未对离其较远的其他不法侵害人进行捅刺,对不法侵害人每人捅刺一刀,未对同一不法侵害人连续捅刺。可见,于欢的目的在于制止不法侵害并离开接待室,在案证据不能证实其具有追求或放任致人死亡危害结果发生的故意，故于欢的行为不构成故意杀人罪，但他为了追求防卫效果的实现，对致多人伤亡的过当结果的发生持听之任之的态度，已构成防卫过当情形下的故意伤害罪。认定于欢的行为构成故意伤害罪，既是严格司法的要求，又符合人民群众的公平正义观念。

其次，关于量刑。《刑法》第二十条第二款规定："正当防卫明显超过必要限度造成重大损害的，应当负刑事责任，但是应当减轻或者免除处罚。"综合考虑本案防卫权益的性质、防卫方法、防卫强度、防卫起因、损害后果、过当程度、所处环境等情节，对于欢应当减轻处罚。

被害方对引发本案具有严重过错。本案案发前，吴某、赵某1指使杜某2等人实施过侮辱苏某、干扰源大公司生产经营等逼债行为，苏某多次报警，吴某等人的不法逼债行为并未收敛。案发当日，杜某2等人对于欢、苏某实施非法限制人身自由、侮辱及对于欢间有推搡、拍打、卡颈部等行为，于欢及其母亲苏某连日来多次遭受催逼、骚扰、侮辱，导致于欢实施防卫行为时难免带有恐惧、愤怒等因素。尤其是杜某2裸露下体侮辱苏某对引发本案有重大过错。案发当日，杜某2当着于欢之面公然以裸露下体的方式侮辱其母亲苏某。虽然距于欢实施防卫行为已间隔约二十分钟，但于欢捅刺杜某2等人时难免带有报复杜某2辱母的情绪，故杜某2裸露下体侮辱苏某的行为是引发本案的重要因素，在刑罚裁量上应当作为对于欢有利的情节重点考虑。

杜某2的辱母行为严重违法、亵渎人伦，应当受到惩罚和谴责，但于欢在民警尚在现场调查，警车仍在现场闪烁警灯的情形下，为离开接待室摆脱围堵而持刀连续捅刺四人，致一人死亡、二人重伤、一人轻伤，且其中一重伤者系于欢从背部捅刺，损害后果严重，且除杜某2以外，其他三人并未实施侮辱于欢母亲的行为，其防卫行为造成损害远远大于其保护的合法权益，防卫明显过当。于欢及其母亲的人身自由和人格尊严应当受到法律保护，但于欢的防卫行为明显超过必要限度并造成多人伤亡严重后果，超出法律所容许的限度，依法也应当承担刑事责任。

根据我国刑法规定，故意伤害致人死亡的，处十年以上有期徒刑、无期徒刑或者死刑；防卫过当的，应当减轻或者免除处罚。如上所述，于欢的防卫行为明显超过必要限度造成重大伤亡后果，减轻处罚依法应当在三至十年有期徒刑的法定刑幅度内量刑。鉴于于欢归案后如实供述主要罪行，且被害方有以恶劣手段侮辱于欢之母的严重过错等可以从轻处罚情节，综合考虑于欢犯罪的事实、性质、情节和危害后果，遂判处于欢有期徒刑五年。

指导性案例192号：李开祥侵犯公民个人信息刑事附带民事公益诉讼案

【关键词】

刑事/侵犯公民个人信息/刑事附带民事公益诉讼/人脸识别/人脸信息

【裁判要点】

使用人脸识别技术处理的人脸信息以及基于人脸识别技术生成的人脸信息均具有高度的可识别性，能够单独或者与其他信息结合识别特定自然人身份或者反映特定自然人活动情况，属于刑法规定的公民个人信息。行为人未经公民本人同意，未具备获得法律、相关部门授权等个人信息保护法规定的处理个人信息的合法事由，利用软件程序等方式窃取或者以其他方法非法获取上述信息，情节严重的，应依照《最高人民法院、最高人民检察院关于办理侵犯公民个人信息刑事案件适用法律若干问题的解释》第五条第一款第四项等规定定罪处罚。

【相关法条】

《中华人民共和国刑法》第253条之一

【基本案情】

2020年6月至9月间，被告人李开祥制作一款具有非法窃取安装者相册照片功能的手机"黑客软件"，打包成安卓手机端的"APK安装包"，发布于暗网"茶马古道"论坛售卖，并伪装成"颜值检测"软件发布于"芥子论坛"（后更名为"快猫社区"）提供访客免费下载。用户下载安装"颜值检测"软件使用时，"颜值检测"软件会自动在后台获取手机相册里的照片，并自动上传到被告人搭建的腾讯云服务器后台，从而窃取安装者相册照片共计1751张，其中部分照片含有人脸信息、自然人姓名、身份号码、联系方式、家庭住址等公民个人信息100余条。

2020年9月，被告人李开祥在暗网"茶马古道"论坛看到"黑客资料"帖子，后用其此前在暗网售卖"APK安装包"部分所得购买、下载标题为"社工库资料"数据转存于"MEGA"网盘，经其本人查看，确认含有个人真实信息。2021年2月，被告人李开祥明知"社工库资料"中含有户籍信息、QQ账号注册信息、京东账号注册信息、车主信息、借贷信息等，仍将网盘链接分享至其担任管理员的"翠湖庄园业主交流"QQ群，提供给群成员免费下载。经鉴定，"社工库资料"经去除无效数据并进行合并去重后，包含各类公民个人信息共计8100万余条。

上海市奉贤区人民检察院以社会公共利益受到损害为由，向上海市奉贤区人民法院提起刑事附带民事公益诉讼。

被告人李开祥对起诉指控的基本犯罪事实及定性无异议，且自愿认罪认罚。

辩护人提出被告人李开祥系初犯，到案后如实供述所犯罪行，且自愿认罪认罚等辩护意见，建议对被告人李开祥从轻处罚，请求法庭对其适用缓刑。辩护人另辩称，检察机关未对涉案8100万余条数据信息的真实性核实确认。

【裁判结果】

上海市奉贤区人民法院于2021年8月23日以（2021）沪0120刑初828号刑事判决，认定被告人李开祥犯侵犯公民个人信息罪，判处有期徒刑三年，宣告缓刑三年，并处罚金人民币一万元；扣押在案的犯罪工具予以没收。判决李开祥在国家级新闻媒体上对其侵犯公民个人信息的行为公开赔礼道歉、删除"颜值检测"软件及相关代码、删除腾讯云网盘上存储的涉案照片、删除存储在"MEGA"网盘上相关公民个人信息，并注销侵权所用QQ号码。一审判决后，没有抗诉、上诉，判决现已生效。

【裁判理由】

法院生效裁判认为：本案争议焦点为利用涉案"颜值检测"软件窃取的"人脸信息"是否属于刑法规制范畴的"公民个人信息"。法院经审理认为，"人脸信息"属于刑法第二百五十三条之一规定的公民个人信息，利用"颜值检测"黑客软件窃取软件使用者"人脸信息"等公民个人信息的行为，属于刑法中“窃取或者以其他方法非法获取公民个人信息”的行为，依法应予惩处。主要理由如下：第一，“人脸信息”与其他明确列举的个人信息种类均具有明显的“可识别性”特征。《最高人民法院、最高人民检察院关于办理侵犯公民个人信息刑事案件适用法律若干问题的解释》（以下简称《解释》）中列举了公民个人信息种类，虽未对“人脸信息”单独列举，但允许依法在列举之外认定其他形式的个人信息。《解释》中对公民个人信息的定义及明确列举与民法典等法律规定中有关公民个人信息的认定标准一致，即将“可识别性”作为个人信息的认定标准，强调信息与信息主体之间被直接或间接识别出来的可能性。“人脸信息”属于生物识别信息，其具有不可更改性和唯一性，人脸与自然人个体一一对应，无需结合其他信息即可直接识别到特定自然人身份，具有极高的“可识别性”。第二，将“人脸信息”认定为公民个人信息遵循了法秩序统一性原理。民法等前置法将“人脸信息”作为公民个人信息予以保护。民法典第一千零三十四条规定了个人信息的定义和具体种类，个人信息保护法进一步将“人脸信息”纳入个人信息的保护范畴，侵犯“人脸信息”的行为构成侵犯自然人人格权益等侵权行为的，须承担相应的民事责任或行政、刑事责任。第三，采用“颜值检测”黑客软件窃取“人脸信息”具有较大的社会危害性和刑事可罚性。因“人脸信息”是识别特定个人的敏感信息，亦是社交属性较强、采集方便的个人信息，极易被他人直接利用或制作合成，从而破解人脸识别验证程序，引发侵害隐私权、名誉权等违法行为，甚至盗窃、诈骗等犯罪行为，社会危害较大。被告人李开祥操纵黑客软件伪装的“颜值检测”软件窃取用户自拍照片和手机相册中的存储照片，利用了互联网平台的开放性，以不特定公众为目标，手段隐蔽、欺骗性强、窃取面广，具有明显的社会危害性，需用刑法加以规制。

关于辩护人提出本案公民个人信息数量认定依据不足的辩护意见，法院经审理认为，公安机关侦查过程中采用了抽样验证的方法，随机挑选部分个人信息进行核实，能够确认涉案个人信息的真实性，被告人、辩护人亦未提出涉案信息不真实的线索或证据。司法鉴定机构通过去除无效信息，并采用合并去重的方法进行鉴定，检出有效个人信息 8100 万余条，公诉机关指控的公民个人信息数量客观、真实，且符合《解释》中确立的对批量公民个人信息具体数量的认定规则，故对辩护人的辩护意见不予采纳。

综上，被告人李开祥违反国家有关规定，非法获取并向他人提供公民个人信息，情节特别严重，其行为已构成侵犯公民个人信息罪。被告人李开祥到案后能如实供述自己的罪行，依法可以从轻处罚，且自愿认罪认罚，依法可以从宽处理。李开祥非法获取并向他人提供公民个人信息的侵权行为，侵害了众多公民个人信息安全，损害社会公共利益，应当承担相应的民事责任。故依法作出上述判决。

指导性案例 193 号：闻巍等侵犯公民个人信息案

【关键词】

刑事/侵犯公民个人信息/居民身份证信息

【裁判要点】

居民身份证信息包含自然人姓名、人

脸识别信息、身份号码、户籍地址等多种个人信息，属于《最高人民法院、最高人民检察院关于办理侵犯公民个人信息刑事案件适用法律若干问题的解释》第五条第一款第四项规定的"其他可能影响人身、财产安全的公民个人信息"。非法获取、出售或者提供居民身份证信息，情节严重的，依照刑法第二百五十三条之一第一款规定，构成侵犯公民个人信息罪。

【相关法条】

《中华人民共和国刑法》第253条之一

【基本案情】

2019年6月至8月间，被告人闻巍(时任上海好体信息科技有限公司运营总监)经事先联系，与微信、QQ名为"发乐"、"来立中"、"我怕冷风吹"等人约定，以人民币6元/张的价格为上述人员批量注册激活该公司"爱球钱包"APP应用的"中银通·魔方元"联名预付费卡，并从上述人员处通过利用微信、QQ获得百度网盘分享链接的方式获取公民个人信息(居民身份证正反面照片)，由被告人朱旭东从该网盘链接中下载至移动硬盘内，交由中银通工作人员用于批量注册激活。

2019年9月至2020年2月间，被告人朱旭东在被告人闻巍离职后，负责上述联名预付费卡的批量注册激活工作，以人民币6元/张的价格以上述相同方式继续从"发乐"、"来立中"、"我怕冷风吹"等人处通过利用微信、QQ获得百度网盘分享链接的方式获取公民个人信息(居民身份证正反面照片)并存储于其百度网盘内，后下载至其电脑硬盘内，交由中银通工作人员用于批量注册激活。

2019年10月，被告人朱旭东与张坤(另案处理)经事先用微信联系，朱旭东以人民币6元/张的价格以上述相同方式从张坤处通过利用QQ获得百度网盘分享链接的方式获取公民个人信息(居民身份证正反面照片)并存储于其百度网盘内，后下载至其电脑硬盘内，交由中银通工作人员用于批量注册激活。

2019年12月，被告人张江涛通过其所在的QQ群向他人购买公民个人信息数据并转存在其百度网盘账号内，同时将数据分多次转卖给张坤，分多次收取费用共计人民币19600元。

经核实，从被告人闻巍"ErnieGullit"网盘内清点公民个人信息(居民身份证正反面照片)10000余组，从被告人朱旭东"zhuxudn"网盘内清点公民个人信息(居民身份证正反面照片)3000余组，从张坤分享给朱旭东的网盘内清点公民个人信息(居民身份证正反面照片)41654组，从被告人张江涛的网盘内清点公民个人信息60101组。

上海市虹口区人民检察院指控被告人闻巍、朱旭东、张江涛犯侵犯公民个人信息罪，情节特别严重，其行为均应当以侵犯公民个人信息罪追究其刑事责任。

被告人闻巍及朱旭东的辩护人均提出本案指控的公民信息种类应认定为《最高人民法院、最高人民检察院关于办理侵犯公民个人信息刑事案件适用法律若干问题的解释》(以下简称《解释》)第五条第一款第五项中的普通信息范围，并非第五条第一款第四项中的特定信息种类范围，故根据现查获的数量，尚未构成情节特别严重。

【裁判结果】

上海市虹口区人民法院于2021年8月30日以(2020)沪0109刑初957号刑事判决，认定被告人闻巍犯侵犯公民个人信息罪,判处有期徒刑三年,并处罚金人民币一万元;被告人朱旭东犯侵犯公民个人信息罪,判处有期徒刑三年三个月,并处罚金人民币一万元;被告人张江涛犯侵犯公民个人信息罪,判处有期徒刑三年,并处罚金人民币二万元;违法所得及作案工具予以追缴没收。宣判后,被告人闻巍、朱旭东提起上诉。上海市第二中级人民法院于2021年11月11日以(2021)沪02刑终1055号刑事裁定,驳回上诉,维持原判。

【裁判理由】

法院生效裁判认为:本案争议焦点在于涉案居民身份证信息是否属于《解释》第五条第一款第四项中"其他可能影响人身、财产安全的公民个人信息"。根据《解释》第五条第一款第四项规定,非法获取、出售或者提供住宿信息、通讯信息、健康生理信息、交易信息等其它可能影响人身、财产安全的公民个人信息五百条以上的可认定为"情节严重"。同款第五项规定,非法获取、出售或者提供第三项、第四项规定以外的公民个人信息五千条以上的可认定为"情节严重"。即,如果认定涉案居民身份证信息属于《解释》第五条第一款第四项中"其他可能影响人身、财产安全的公民个人信息"的,那么交易五百条以上个人信息即可认定"情节严重",五千条以上构成"情节特别严重"。

一审法院经审理认为,居民身份证上的住址是公民的实际居住地址或者名义户籍地址,无论何者,均与公民及其家人的人身安全、财产安全存在十分紧密而又重要的联系,家庭住址被非法曝光、泄露将对公民个人及其家人的人身安全、财产安全造成重大隐患,为精准实施各类违法犯罪行为大开方便之门,故理应予以重点保护,从举轻以明重的一般法理解释原则出发,其重要性也应高于作为公民临时性、过去性住所的"住宿信息",故应被认定为《解释》第五条第一款第四项中所规定的信息种类。

二审法院经审理认为,居民身份证除包含户籍地址信息外,还是公民的姓名、人脸信息、唯一身份号码等信息的综合体,是公民重要的身份证件,在信息网络社会,居民身份证信息整体均系敏感信息,可用来注册、认证、绑定网络账号。公民的人脸信息、身份号码、姓名、地址信息结合后所形成的公民个人信息具备唯一性,可与公民个人精准匹配,并可诱发公民其他个人信息的进一步泄露,对公民个人信息权益侵害极大,应将居民身份证信息整体认定为涉公民人身、财产安全的信息。一审、二审法院虽认定思路和认定标准不同,但结论一致,认定一审法院对闻巍、朱旭东的定罪和适用法律正确,结合其犯罪手段、情节所作量刑并无不当,且审判程序合法。据此,裁定驳回上诉,维持原判。

指导性案例194号:
熊昌恒等侵犯公民个人信息案

【关键词】

刑事/侵犯公民个人信息/微信号/社交媒体账号/非法获取/合理处理

【裁判要点】

1. 违反国家有关规定,购买已注册但未使用的微信账号等社交媒体账号,通过具有智能群发、添加好友、建立讨论群组等功能的营销软件,非法制作带有公民个人信息可用于社交活动的微信账号等社交媒体账号出售、提供给他人,情节严重的,属于刑法

第二百五十三条之一第一款规定的"违反国家有关规定,向他人出售或者提供公民个人信息"行为,构成侵犯公民个人信息罪。

2. 未经公民本人同意,或未具备具有法律授权等个人信息保护法规定的理由,通过购买、收受、交换等方式获取在一定范围内已公开的公民个人信息进行非法利用,改变了公民公开个人信息的范围、目的和用途,不属于法律规定的合理处理,属于刑法第二百五十三条之一第三款规定的"以其他方法非法获取公民个人信息"行为,情节严重的,构成侵犯公民个人信息罪。

【相关法条】

《中华人民共和国刑法》第253条之一

【基本案情】

2020年6月份,被告人熊昌恒邀集被告人熊昌林、熊恭浪、熊昌强一起从事贩卖载有公民个人信息可用于社交活动的成品微信号的经营活动,因缺乏经验,在此期间获利较少。为谋取更多利益,2020年9月底,被告人熊昌恒、熊昌林、熊恭浪、熊昌强共同出资在网上购买了一款名叫"微骑兵"的软件(一款基于电脑版微信运行拥有多开、多号智能群发、加人、拉群、退群、清粉的营销软件),用于非法添加微信好友,并制作成品微信号予以贩卖。2020年10月份,被告人熊昌恒的朋友秦英斌(在逃)投入5万元(占股百分之四十),熊昌恒投入2万元(占股百分之二十),被告人熊昌林、熊恭浪、熊昌强分别投入一定数量的电脑及手机(分别占股百分之十),被告人范佳聪未投资(占股百分之五),另百分之五的股份收益用于公司日常开支。后结伙共同购置办公桌、电脑、二手手机等物品,租赁江西省丰城市河洲街道物华路玲珑阁楼,挂牌成立了"丰城市昌文贸易公司"。由秦英斌负责对外采购空白微信号、销售成品微信号。被告人熊昌恒负责公司内部管理,并负责聘请公司员工。被告人熊昌林、熊恭浪、熊昌强、范佳聪与聘请的公司员工均直接参与,用"微骑兵"软件非法制作成品微信号。制作好的成品微信号通过秦英斌高价卖出,从中非法获取利益。

2021年1月,被告人熊昌恒、熊昌林、熊恭浪、熊昌强、范佳聪与秦英斌结伙,在贩卖成品微信号的同时,通过网上购买的方式,非法获取他人求职信息(含姓名、性别、电话号码等公民个人基本身份信息)后,将求职人员的信息分发给公司工作人员。以员工每添加到一名求职人员的微信号,赚约10元不等佣金的奖励方法,让员工谎称自己是"公共科技传媒"的工作人员,并通过事先准备好的"话术"以刷单兼职为理由,让求职者添加"导师"的微信,招揽被害人进群,致使部分被害人上当受骗。

经营期间,被告人熊昌恒、熊昌林、熊恭浪、熊昌强、范佳聪与秦英斌在支付工资及相关开支后,其获得的分红款共计人民币20余万元,按各自所占股份份额予以分配。具体获利数额如下:被告人熊昌恒5.8万余元,被告人熊昌林2.9万余元、被告人熊恭浪2.9万余元、被告人熊昌强2.9万余元、被告人范佳聪1.45万余元。

【裁判结果】

江西省丰城市人民法院于2021年9月23日以(2021)赣0981刑初376号刑事判决,认定被告人熊昌恒犯侵犯公民个人信息罪,判处有期徒刑三年零二个月,并处罚金人民币十万元;被告人熊昌林犯侵犯公民个人信息罪,判处有期徒刑一年零十个月,并处罚金人民币六万元;被告人熊恭浪犯侵犯公民个人信息罪，判处有期徒刑一年零十个月，并处罚金人民币六万元；被告人熊昌强犯侵犯公民个人信息罪，判处有期徒刑一年零十个月，并处罚金人民币六万元；被告人范佳聪犯侵犯公民个人信息罪，判处有期徒刑十个月，并处罚金人民币三万元（已缴纳）；被告人范佳聪退缴的违法所得人民币1.45万元予以没收，依法上缴国库；继续追缴被告人熊昌恒的违法所得人民币5.8万元、被告人熊昌林的违法所得人民币2.9万元、被告人熊恭浪的违法所得人民币2.9万元、被告人熊昌强的违法所得人民币2.9万元予以没收，依法上缴国库；扣押的手机予以没收，由扣押机关依法处理。

【裁判理由】

生效裁判认为，被告人熊昌恒等人违反国家有关规定，结伙出资购买空白微信号和一款智能群发、加人、拉群的营销软件，以及通过网络购买他人求职信息等方式，非法添加微信好友，制作成品微信号出售或者将非法获取的公民个人信息提供给他人，并从中获利，情节特别严重，其行为均已构成侵犯公民个人信息罪。本罪中的公民个人信息是指与公民个人密切相关的、不愿该信息被特定人群以外的其他人群所知悉的信息，非法获取的公民个人信息如属于公民隐私类信息或泄露后可能会产生极其不良后果的信息，不仅严重侵害公民个人信息安全和合法权益，也为网络赌博、电信网络诈骗等违法犯罪活动提供了帮助，严重扰乱了社会公共秩序，具有极大的社会危害性。微信不仅作为一种通讯工具，同时还具备社交、支付等功能。微信号和手机实名绑定，与银行卡绑定，和自然人一一对应，故微信号可认为是公民个人信息。

被告人违法处理已公开的个人信息并从中获利，违背了该信息公开的目的或者明显改变其用途，该信息被进一步利用后危及个人的人身或财产安全，情节特别严重，其行为构成侵犯公民个人信息罪。

综上，各被告人在未取得权利人同意及授权的前提下，非法获取他人微信号并转卖牟利，或者非法处理已公开的公民个人信息，使他人个人信息陷入泄露、失控风险，并从中获取巨额违法所得，其行为违反国家规定，侵犯了公民个人信息权利，构成侵犯公民个人信息罪。

指导性案例195号：罗文君、瞿小珍侵犯公民个人信息刑事附带民事公益诉讼案

【关键词】

刑事/侵犯公民个人信息/验证码/出售

【裁判要点】

服务提供者专门发给特定手机号码的数字、字母等单独或者其组合构成的验证码具有独特性、隐秘性，能够单独或者与其他信息结合识别特定自然人身份或者反映特定自然人活动情况的，属于刑法规定的公民个人信息。行为人将提供服务过程中获得的验证码及对应手机号码出售给他人，情节严重的，依照侵犯公民个人信息罪定罪处罚。

【相关法条】

《中华人民共和国刑法》第253条之一

【基本案情】

2019年12月，被告人罗文君了解到通过获取他人手机号和随机验证码用以注册新的淘宝、京东等APP账号（简称“拉新”）

可以赚钱,其便与微信昵称“悠悠 141319”(身份不明)、“A 我已成年爱谁睡”(身份不明)、“捷京淘”(身份不明)、“胖娥”(身份不明)、“河北黑志伟 80 后的见证”(身份不明)等专门从事“拉新”的人联系。“悠悠 141319”等人在知道罗文君手里有许多学员为电信员工,学员可以直接获取客户的手机号码和随机验证码等资源时,利用罗文君担任电信公司培训老师的便利,约定由罗文君建立、管理、维护微信群,并在群内公布“拉新”的规则、需求和具体价格;学员则根据要求,将非法获取的客户手机号码和随机验证码发送至群内;“悠悠 141319”等人根据发送的手机号及验证码注册淘宝、京东 APP 等新账号。罗文君可对每条成功“拉新”的手机号码信息,获取 0.2–2 元/条报酬;而学员以每条 1 至 13 元不等的价格获取报酬,该报酬由罗文君分发或者直接由“悠悠 141319”等人按照群内公布的价格发送给学员。

2019 年 12 月至 2021 年 7 月期间,被告人罗文君利用株洲联盛通信有限责任公司渌口手机店、中国移动营业厅销售员瞿小珍和谢青、黄英、贺长青(三人均已被行政处罚)等人的职务之便,非法获取并且贩卖被害人彭某某、谭某某等个人信息手机号码和随机验证码给“悠悠 141319”等人。其中,被告人罗文君获利 13000 元,被告人瞿小珍获利 9266.5 元。

案发后,被告人瞿小珍已退缴违法所得 9926.5 元,罗文君已退缴违法所得 13000 元。被告人罗文君、瞿小珍均如实供述自己的犯罪事实并自愿认罪认罚。

另查明,株洲市渌口区人民检察院于 2021 年 7 月 22 日公告了案件情况,公告期内未有法律规定机关和有关组织提起民事公益诉讼,即株洲市渌口区人民检察院系提起附带民事公益诉讼的适格主体。

【裁判结果】

湖南省株洲市渌口区人民法院于 2021 年 11 月 30 日以(2021)湘 0212 刑初 149 号刑事判决,认定被告人罗文君犯侵犯公民个人信息罪,判处有期徒刑八个月,并处罚金人民币二万元。被告人瞿小珍犯侵犯公民个人信息罪,判处有期徒刑六个月,并处罚金人民币一万五千元。作案工具 OPPORENO 手机 1 台、华为 P30Pro 手机 1 台,予以没收,依法处理。被告人罗文君的违法所得人民币 13000 元、瞿小珍违法所得人民币 9266.5 元,予以没收,上缴国库。

【裁判理由】

法院生效裁判认为:被告人罗文君违反国家有关规定,设立出售、提供公民个人信息的通讯群组,情节严重,其行为同时构成非法利用信息网络罪和侵犯公民个人信息罪,依法应以侵犯公民个人信息罪定罪;被告人瞿小珍违反国家有关规定,在提供服务过程中将获得的公民个人信息出售给他人,情节严重,其行为已构成侵犯公民个人信息罪。公诉机关指控的犯罪事实和罪名成立,予以支持。

在共同犯罪中,被告人罗文君、瞿小珍所起作用相当,均应以主犯论。被告人瞿小珍在提供服务过程中将获得的公民个人信息出售给他人,应从重处罚;罗文君、瞿小珍到案后,如实交代全部犯罪事实,均系坦白,积极退缴全部赃款,且认罪认罚,可以从宽处理。公诉机关的量刑建议适当,予以采纳。罗文君辩护人提出手机号和验证码不属于个人信息,且“拉新”未造成具体损失的辩护意见。经查,个人信息是以电子或者其他方式记录的能够单独或者与其他信息结合识别特定自然人的各种信息,包括电话号码等;验证码系专门发给特定手机号的独一无二的数字组合,且依规不能发送给他人,证明验证码系具有识别、验证个人身份的通信内容,即二者均为能识别自然人身份的个人信息;侵犯公民个人信息罪不以造成具体损失为构成要件,故该辩护意见不予采纳。罗文君辩护人提出罗文君没有自行提供手机号和验证码。经查,罗文君不仅纠集瞿小珍等人“拉新”,还专门设立了提供、出售公民个人信息违法犯罪的通讯群组,并因此获利,依法应当从重处罚,故该意见不予采纳。罗文君辩护人提出对罗文君适用缓刑的意见。经查,综合本案的犯罪情节、对于社会的危害程度及被告人的悔罪表现,对被告人罗文君不适用缓刑,故该意见不予采纳。但其提出罗文君其他可从轻处罚的辩护意见与事实相符,予以采纳。瞿小珍辩护人提出瞿小珍有立功情节。经查,瞿小珍提供了罗文君的住址及联系方式等基本信息,系其应当交代的、与本人犯罪事实有关联的事实,不构成立功,故该意见不予采纳。其提出的可从轻处罚的辩护意见与事实相符,予以采纳。被告人罗文君、瞿小珍侵犯公民个人信息,其在承担刑事责任的同时,还应承担相应的民事责任。鉴于二被告对侵权行为均无异议,且均表示愿意公开赔礼道歉,以及永久删除涉案个人信息,故对附带民事公益诉讼起诉人的诉请,予以支持。

检例第2号:忻元龙绑架案

【要旨】

对于死刑案件的抗诉,要正确把握适用死刑的条件,严格证明标准,依法履行刑事审判法律监督职责。

【基本案情】

被告人忻元龙,男,1959年2月1日出生,汉族,浙江省宁波市人,高中文化。2005年9月15日,因涉嫌绑架罪被刑事拘留,2005年9月27日被逮捕。

被告人忻元龙因经济拮据而产生绑架儿童并勒索家长财物的意图,并多次到浙江省慈溪市进行踩点和物色被绑架人。2005年8月18日上午,忻元龙驾驶自己的浙B3C751通宝牌面包车从宁波市至慈溪市浒山街道团圈支路老年大学附近伺机作案。当日下午1时许,忻元龙见女孩杨某某(女,1996年6月1日出生。浙江省慈溪市浒山东门小学三年级学生,因本案遇害,殁年9岁)背着书包独自一人经过,即以“陈老师找你”为由将杨某某骗上车,将其扣在一个塑料洗澡盆下,开车驶至宁波市东钱湖镇“钱湖人家”后山。当晚10时许,忻元龙从杨某某处骗得其父亲的手机号码和家中的电话号码后,又开车将杨某某带至宁波市北仑区新碶镇算山村防空洞附近,采用捂口、鼻的方式将杨某某杀害后掩埋。8月19日,忻元龙乘火车到安徽省广德县购买了一部波导1220型手机,于20日凌晨0时许拨打杨某某家电话,称自己已经绑架杨某某并要求杨某某的父亲于当月25日下午6时前带60万元赎金到浙江省湖州市长兴县交换其女儿。尔后,忻元龙又乘火车到安徽省芜湖市打勒索电话,因其将记录电话的纸条丢失,将被害人家的电话号码后四位2353误记为7353,电话接通后听到接电话的人操宁波口音,而杨某某的父亲讲普通话,由此忻元龙怀疑是公安人员已介入,遂停止了勒索。2005年9月15日忻元龙被公安机关抓获,忻元龙供述了绑架杀人经过，并带领公安人员指认了埋尸现场，公安机关起获了一具尸骨，从其浙B3C751通宝牌面包车上提取了杨某某头发两根(经法医学DNA检验鉴定，是被害人杨某某的尸骨和头发)。公安机关从被告人忻元龙处扣押波导1220型手机一部。

【诉讼过程】

被告人忻元龙绑架一案，由浙江省慈溪市公安局立案侦查，于2005年11月21日移送慈溪市人民检察院审查起诉。慈溪市人民检察院于同年11月22日告知了忻元龙有权委托辩护人等诉讼权利，也告知了被害人的近亲属有权委托诉讼代理人等诉讼权利。按照案件管辖的规定，同年11月28日，慈溪市人民检察院将案件报送宁波市人民检察院审查起诉。宁波市人民检察院依法讯问了被告人忻元龙，审查了全部案件材料。2006年1月4日，宁波市人民检察院以忻元龙涉嫌绑架罪向宁波市中级人民法院提起公诉。

2006年1月17日，浙江省宁波市中级人民法院依法组成合议庭，公开审理了此案。法庭审理认为：被告人忻元龙以勒索财物为目的，绑架并杀害他人，其行为已构成绑架罪。手段残忍、后果严重，依法应予严惩。检察机关指控的罪名成立。

2006年2月7日，宁波市中级人民法院作出一审判决：一、被告人忻元龙犯绑架罪，判处死刑，剥夺政治权利终身，并处没收个人全部财产。二、被告人忻元龙赔偿附带民事诉讼原告人杨宝风、张玉彬应得的被害人死亡赔偿金317640元、丧葬费11380元，合计人民币329020元。三、供被告人忻元龙犯罪使用的浙B3C751通宝牌面包车一辆及波导1220型手机一部，予以没收。

忻元龙对一审刑事部分的判决不服，向浙江省高级人民法院提出上诉。

2006年10月12日，浙江省高级人民法院依法组成合议庭，公开审理了此案。法庭审理认为：被告人忻元龙以勒索财物为目的，绑架并杀害他人，其行为已构成绑架罪。犯罪情节特别严重，社会危害极大，依法应予严惩。但鉴于本案的具体情况，对忻元龙判处死刑，可不予立即执行。2007年4月28日，浙江省高级人民法院作出二审判决：一、撤销浙江省宁波市中级人民法院(2006)甬刑初字第16号刑事附带民事判决中对忻元龙的量刑部分，维持判决的其余部分；二、被告人忻元龙犯绑架罪，判处死刑，缓期二年执行，剥夺政治权利终身。

被害人杨某某的父亲不服，于2007年6月25日向浙江省人民检察院申诉，请求提出抗诉。

浙江省人民检察院经审查认为，浙江省高级人民法院二审判决改判忻元龙死刑缓期二年执行确有错误，于2007年8月10日提请最高人民检察院按照审判监督程序提出抗诉。最高人民检察院派员到浙江专门核查了案件相关情况。最高人民检察院检察委员会两次审议了该案，认为被告人忻元龙绑架犯罪事实清楚，证据确实、充分，依法应当判处死刑立即执行，浙江省高级人民法院以“鉴于本案具体情况”为由改判忻元龙死刑缓期二年执行确有错误，应予纠正。理由如下：

一、忻元龙绑架犯罪事实清楚，证据确实、充分。本案定案的物证、书证、证人证言、被告人供述、鉴定结论、现场勘查笔录等证据能够形成完整的证据体系。公安机关根据忻元龙的供述找到被害人杨某某尸骨，忻元龙供述的诸多隐蔽细节，如埋尸地点、尸体在土中的姿势、尸体未穿鞋袜、埋尸坑中没有书包、打错勒索电话的原因、打勒索电话的通话次数、通话内容，接电话人的口音等，得到了其他证据的印证。

二、浙江省高级人民法院二审判决确有错误。二审改判是认为本案证据存在两个疑点。一是卖给忻元龙波导1220型手机的证人傅世红在证言中讲该手机的串号与公安人员扣押在案手机的串号不一致，手机的同一性存有疑问；二是证人宋丽娟和艾力买买提尼牙子证实，在案发当天看见一中年妇女将一个与被害人特征相近的小女孩带走，不能排除有他人作案的可能。经审查，这两个疑点均能够排除。一是关于手机同一性问题。经审查，公安人员在询问傅世红时，将波导1220型手机原机主洪义军的身份证号码误记为手机的串号。宁波市人民检察院移送给宁波市中级人民法院的《随案移送物品文件清单》中写明波导1220型手机的串号是350974114389275，且洪义军将手机卖给傅世红的《旧货交易凭证》等证据，清楚地证明了从忻元龙身上扣押的手机即是索要赎金时使用的手机，且手机就在宁波市中级人民法院，手机同一性的疑点能够排除。二是关于是否存在中年妇女作案问题。案卷原有证据能够证实宋丽娟、艾力买买提尼牙子证言证明的"中年妇女带走小女孩"与本案无关。宋丽娟、艾力买买提尼牙子证言证明的中年妇女带走小女孩的地点在绑架现场东侧200米左右，与忻元龙绑架杨某某并非同一地点。艾力买买提尼牙子证言证明的是迪欧咖啡厅南边的电脑培训学校门口，不是忻元龙实施绑架的地点；宋丽娟证言证明的中年妇女带走小女孩的地点是迪欧咖啡厅南边的十字路口，而不是老年大学北围墙外的绑架现场，因为宋丽娟所在位置被建筑物阻挡，看不到老年大学北围墙外的绑架玑场，此疑问也已经排除。此外，二人提到的小女孩的外貌特征等细节也与杨某某不符。

三、忻元龙所犯罪行极其严重，对其应当判处死刑立即执行。一是忻元龙精心预谋犯罪、主观恶性极深。忻元龙为实施绑架犯罪进行了精心预谋，多次到慈溪市"踩点"，并选择了相对僻静无人的地方作为行车路线。忻元龙以"陈老师找你"为由将杨某某骗上车实施绑架，与慈溪市老年大学剑桥英语培训班负责人陈老师的姓氏相符。忻元龙居住在宁波市的鄞州区，选择在宁波市的慈溪市实施绑架，选择在宁波市的北仑区杀害被害人，之后又精心实施勒索赎金行为，赴安徽省广德县购买波导1220型手机，使用异地购买的手机卡，赴安徽省宣城市、芜湖市打勒索电话并要求被害人父亲到浙江省长兴县交付赎金。二是忻元龙犯罪后果极其严重、社会危害性极大。忻元龙实施绑架犯罪后，为使自己的罪行不被发现，在得到被害人家庭信息后，当天就将年仅9岁的杨某某杀害，并烧掉了杨某某的书包，扔掉了杨某某挣扎时脱落的鞋子，实施了毁灭罪证的行为。忻元龙归案后认罪态度差。开始不供述犯罪，并隐瞒作案所用手机的来源，后来虽供述犯罪，但编造他人参与共同作案。忻元龙的犯罪行为不仅剥夺了被害人的生命、给被害人家属造成了无法弥补的巨大痛苦，也严重影响了当地群众的安全感。三是二审改判忻元龙死刑缓期二年执行不被被害人家属和当地群众接受。被害人家属强烈要求判处忻元龙死刑立即执行，当地群众对二审改判忻元龙死刑缓期二年执行亦难以接受，要求司法机关严惩忻元龙。

2008 年 10 月 22 日，最高人民检察院依照《中华人民共和国刑事诉讼法》第二百零五条第三款之规定，向最高人民法院提出抗诉。2009 年 3 月 18 日，最高人民法院指令浙江省高级人民法院另行组成合议庭，对忻元龙案件进行再审。

2009 年 5 月 14 日，浙江省高级人民法院另行组成合议庭公开开庭审理本案。法庭审理认为：被告人忻元龙以勒索财物为目的，绑架并杀害他人，其行为已构成绑架罪，且犯罪手段残忍、情节恶劣，社会危害极大，无任何悔罪表现，依法应予严惩。检察机关要求纠正二审判决的意见能够成立。忻元龙及其辩护人要求维持二审判决的意见，理由不足，不予采纳。

2009 年 6 月 26 日，浙江省高级人民法院依照《中华人民共和国刑事诉讼法》第二百零五条第二款、第二百零六条、第一百八十九条第二项，《中华人民共和国刑法》第二百三十九条第一款、第五十七条第一款、第六十四条之规定，作出判决：一、撤销浙江省高级人民法院(2006)浙刑一终字第146号刑事判决中对原审被告人忻元龙的量刑部分，维持该判决的其余部分和宁波市中级人民法院(2006)甬刑初字第16号刑事附带民事判决；二、原审被告人忻元龙犯绑架罪，判处死刑，剥夺政治权利终身，并处没收个人全部财产，并依法报请最高人民法院核准。

最高人民法院复核认为：被告人忻元龙以勒索财物为目的，绑架并杀害他人的行为已构成绑架罪。其犯罪手段残忍，情节恶劣，后果严重，无法定从轻处罚情节。浙江省高级人民法院再审判决认定的事实清楚，证据确实、充分，定罪准确，量刑适当，审判程序合法。

2009 年 11 月 13 日，最高人民法院依照《中华人民共和国刑事诉讼法》第一百九十九条和《最高人民法院关于复核死刑案件若干问题的规定》第二条第一款之规定，作出裁定：核准浙江省高级人民法院(2009)浙刑再字第3号以原审被告人忻元龙犯绑架罪，判处死刑，剥夺政治权利终身，并处没收个人全部财产的刑事判决。

2009 年 12 月 11 日，被告人忻元龙被依法执行死刑。

检例第 18 号：
郭明先参加黑社会性质组织、故意杀人、故意伤害案

【关键词】

第二审程序刑事抗诉

故意杀人　罪行极其严重　死刑立即执行

【基本案情】

被告人郭明先，男，四川省人，1972 年出生，无业。1997 年 9 月因犯盗窃罪被判有期徒刑五年六个月，2001 年 12 月刑满释放。

2003 年 5 月 7 日，李泽荣(另案处理，已判刑)等人在四川省三台县“经典歌城”唱歌结账时与该歌城老板何春发生纠纷，被告人郭明先受李泽荣一方纠集，伙同李泽荣、王成鹏、王国军(另案处理，均已判刑)打砸“经典歌城”，郭明先持刀砍人，致何春重伤、顾客吴启斌轻伤。

2008 年 1 月 1 日，闵思金(另案处理，已判刑)与王元军在四川省三台县里程乡岩崖坪发生交通事故，双方因闵思金摩托车受损赔偿问题发生争执。王元军电话通知被害人兰金、李西秀等人，闵思金电话召

集郭明先及闵思勇、陈强(另案处理,均已判刑)等人。闵思勇与其朋友代安全、兰在伟先到现场,因代安全、兰在伟与争执双方均认识,即进行劝解,事情已基本平息。后郭明先、陈强等人亦分别骑摩托车赶至现场。闵思金向郭明先指认兰金后,郭明先持菜刀欲砍兰金,被路过并劝架的被害人蓝继宇(殁年26岁)阻拦,郭明先遂持菜刀猛砍蓝继宇头部,致蓝继宇严重颅脑损伤死亡。兰金、李西秀等见状,持木棒击打郭明先,郭明先持菜刀乱砍,致兰金重伤,致李西秀轻伤。后郭明先搭乘闵思勇所驾摩托车逃跑。

2008年5月,郭明先负案潜逃期间,应同案被告人李进(犯组织、领导黑社会性质组织罪、故意伤害罪等,被判处有期徒刑十四年)的邀约,到四川省绵阳市安县参加了同案被告人王术华(犯组织、领导黑社会性质组织罪、故意伤害罪等罪名,被判处有期徒刑二十年)组织、领导的黑社会性质组织,充当打手。因王术华对胡建不满,让李进安排人教训胡建及其手下。2009年5月17日,李进见胡建两名手下范平、张选辉在安县花荄镇姜记烧烤店吃烧烤,便打电话叫来郭明先。经指认,郭明先蒙面持菜刀砍击范平、张选辉,致该二人轻伤。

【诉讼过程】

2009年7月28日,郭明先因涉嫌故意伤害罪被四川省绵阳市安县公安局刑事拘留,同年8月18日被逮捕,经查犯罪嫌疑人郭明先还涉嫌王术华等人黑社会性质组织系列犯罪案件。四川省绵阳市安县公安局侦查终结后,移送四川省绵阳市安县人民检察院审查起诉。该院受理后,于2010年1月3日报送四川省绵阳市人民检察院审查起诉。2010年7月19日,四川省绵阳市人民检察院对王术华等人参与的黑社会性质组织系列犯罪案件向绵阳市中级人民法院提起公诉,其中指控该案被告人郭明先犯参加黑社会性质组织罪、故意伤害罪和故意杀人罪。

2010年12月17日,绵阳市中级人民法院一审认为,被告人郭明先1997年因犯盗窃罪被判处有期徒刑,2001年12月26日刑满释放后,又于2003年故意伤害他人,2008年故意杀人、参加黑社会性质组织,均应判处有期徒刑以上刑罚,系累犯,应当从重处罚。依法判决:被告人郭明先犯参加黑社会性质组织罪,处有期徒刑两年;犯故意杀人罪,处死刑,缓期二年执行,剥夺政治权利终身;犯故意伤害罪,处有期徒刑五年;数罪并罚,决定执行死刑,缓期二年执行,剥夺政治权利终身。

2010年12月30日,四川省绵阳市人民检察院认为一审判决对被告人郭明先量刑畸轻,依法向四川省高级人民法院提出抗诉。2012年4月16日,四川省高级人民法院二审判决采纳抗诉意见,改判郭明先死刑立即执行。2012年10月26日,最高人民法院裁定核准四川省高级人民法院对被告人郭明先的死刑判决。2012年11月22日,被告人郭明先被执行死刑。

【抗诉理由】

一审宣判后,四川省绵阳市人民检察院经审查认为原审判决对被告人郭明先量刑畸轻,依法向四川省高级人民法院提出抗诉;四川省人民检察院支持抗诉。抗诉和支持抗诉理由是:一审判处被告人郭明先死刑,缓期二年执行,量刑畸轻。郭明先1997年因犯盗窃罪被判有期徒刑五年六个月,2001年12月刑满释放后,不思悔改,继续犯罪。于2003年5月7日,伙同他人打砸三台县“经典歌城”,并持刀行凶致一人重伤,一人轻伤,其行为构成故意伤害罪。负案潜逃期间,于2008年1月1日在三台县里程乡岩崖坪持刀行凶,致一人死亡,一人重伤,一人轻伤,其行为构成故意杀人罪和故意伤害罪。此后,又积极参加黑社会性质组织,充当他人打手,并于2009年5月17日受该组织安排,蒙面持刀行凶,致两人轻伤,其行为构成参加黑社会性质组织罪和故意伤害罪。根据本案事实和证据,被告人郭明先的罪行极其严重、犯罪手段残忍、犯罪后果严重,主观恶性极大,根据罪责刑相适应原则,应当依法判处其死刑立即执行。

【终审结果】

四川省高级人民法院二审认为,本案事实清楚,证据确实、充分,原审被告人郭明先犯参加黑社会性质组织罪、故意杀人罪、故意伤害罪,系累犯,主观恶性极深,依法应当从重处罚。检察机关认为“原判对郭明先量刑畸轻”的抗诉理由成立。据此,依法撤销一审判决关于原审被告人郭明先量刑部分,改判郭明先犯参加黑社会性质组织罪,处有期徒刑两年;犯故意杀人罪,处死刑;犯故意伤害罪,处有期徒刑五年;数罪并罚,决定执行死刑,并剥夺政治权利终身。经报最高人民法院核准,已被执行死刑。

【要旨】

死刑依法只适用于罪行极其严重的犯罪分子。对故意杀人、故意伤害、绑架、爆炸等涉黑、涉恐、涉暴刑事案件中罪行极其严重,严重危害国家安全和公共安全、严重危害公民生命权,或者严重危害社会秩序的被告人,依法应当判处死刑,人民法院未判处死刑的,人民检察院应当依法提出抗诉。

【相关法律规定】

《中华人民共和国刑法》第二百三十二条、第二百三十四条、第二百九十四条;《中华人民共和国刑事诉讼法》第二百一十七条、第二百二十五条第一款第二项。

检例第21号:丁国山等(故意伤害)核准追诉案

【关键词】

核准追诉　情节恶劣　无悔罪表现

【基本案情】

犯罪嫌疑人丁国山,男,1963年生,黑龙江省齐齐哈尔市人。

犯罪嫌疑人常永龙,男,1973年生,辽宁省朝阳市人。

犯罪嫌疑人丁国义,男,1965年生,黑龙江省齐齐哈尔市人。

犯罪嫌疑人闫立军,男,1970年生,黑龙江省齐齐哈尔市人。

1991年12月21日,李万山、董立君、魏江等三人上山打猎,途中借宿在莫旗红彦镇大韭菜沟村(后改名干拉抛沟村)丁国义家中。李万山酒后因琐事与丁国义侄子常永龙发生争吵并殴打了常永龙。12月22日上午7时许,丁国山、丁国义、常永龙、闫立军为报复泄愤,对李万山、董立君、魏江三人进行殴打,并将李万山、董立君装进麻袋,持木棒继续殴打三人要害部位。后丁国山等四人用绳索将李万山和董立君捆绑吊于房梁上,将魏江捆绑在柱子上后逃离现场。李万山头部、面部多处受伤,经救治无效于当日死亡。

【核准追诉案件办理过程】

案发后丁国山等四名犯罪嫌疑人潜逃。莫旗公安局当时没有立案手续,也未对犯罪嫌疑人采取强制措施。2010 年全国追逃行动期间，莫旗公安局经对未破命案进行梳理，并通过网上信息研判、证人辨认，确定了丁国山等四名犯罪嫌疑人下落。2013 年 12 月 25 日，犯罪嫌疑人丁国山、丁国义、闫立军被抓获归案；2014 年 1 月 17 日，犯罪嫌疑人常永龙被抓获归案。2014 年 1 月 25 日，莫旗公安局通过莫旗人民检察院层报最高人民检察对丁国山等四名犯罪嫌疑人核准追诉。

莫旗人民检察院、呼伦贝尔市人民检察院、内蒙古自治区人民检察院对案件进行审查并开展了必要的调查。2014 年 4 月 10 日，内蒙古自治区人民检察院报最高人民检察院对丁国山等四名犯罪嫌疑人核准追诉。

另据查明：(一)案发后四名犯罪嫌疑人即逃跑，在得知李万山死亡后分别更名潜逃到黑龙江、陕西等地，其间对于死伤者及其家属未给予任何赔偿。(二)被害人家属强烈要求严惩犯罪嫌疑人。(三)案发地部分村民及村委会出具证明表示，本案虽然过了 20 多年，但在当地造成的影响没有消失。

最高人民检察院审查认为：犯罪嫌疑人丁国山、丁国义、常永龙、闫立军涉嫌故意伤害罪，并造成一人死亡的严重后果，依据《中华人民共和国刑法》第十二条、1979 年《中华人民共和国刑法》第一百三十四条、全国人民代表大会常务委员会《关于严惩严重危害社会治安的犯罪分子的决定》第一条规定，应当适用的法定量刑幅度的最高刑为死刑。本案情节恶劣、后果严重，虽然已过 20 年追诉期限，但社会影响没有消失，不追诉可能严重影响社会稳定或者产生其他严重后果。本案系共同犯罪，四名犯罪嫌疑人具有共同犯罪故意，共同实施了故意伤害行为，应当对犯罪结果共同承担责任。综合上述情况，依据 1979 年《中华人民共和国刑法》第七十六条第四项规定，决定对犯罪嫌疑人丁国山、常永龙、丁国义、闫立军核准追诉。

【案件结果】

2014 年 6 月 13 日，最高人民检察院作出对丁国山、常永龙、丁国义、闫立军核准追诉决定。2015 年 2 月 26 日，内蒙古自治区呼伦贝尔市中级人民法院以犯故意伤害罪，同时考虑审理期间被告人向被害人进行赔偿等因素，判处主犯丁国山、常永龙、丁国义有期徒刑十四年、十三年、十二年，从犯闫立军有期徒刑三年。被告人均未上诉，检察机关未抗诉，一审判决生效。

【要旨】

涉嫌犯罪情节恶劣、后果严重，并且犯罪后积极逃避侦查，经过二十年追诉期限，犯罪嫌疑人没有明显悔罪表现，也未通过赔礼道歉、赔偿损失等获得被害方谅解，犯罪造成的社会影响没有消失，不追诉可能影响社会稳定或者产生其他严重后果的，对犯罪嫌疑人应当追诉。

【相关法律规定】

《中华人民共和国刑法》第十二条；1979 年《中华人民共和国刑法》第二十二条、第七十六条、第一百三十四条。

检例第 22 号：杨菊云（故意杀人）不核准追诉案

【关键词】

不予核准追诉　家庭矛盾　被害人谅解

【基本案情】

犯罪嫌疑人杨菊云，女，1962 年生，四川省简阳市人。

1989年9月2日晚，杨菊云与丈夫吴德禄因琐事发生口角，吴德禄因此殴打杨菊云。杨菊云乘吴德禄熟睡，手持家中一节柏树棒击打吴德禄头部，后因担心吴德禄继续殴打自己，便用剥菜尖刀将吴德禄杀死。案发后杨菊云携带儿子吴某（当时不满1岁）逃离简阳。9月4日中午，吴德禄继父魏某去吴德禄家中，发现吴德禄被杀死在床上，于是向公安机关报案。公安机关随即开展了尸体检验、现场勘查等调查工作，并于9月26日立案侦查，但未对杨菊云采取强制措施。

【核准追诉案件办理过程】

杨菊云潜逃后辗转多地，后被拐卖嫁与安徽省凤阳县农民曹某。2013年3月，吴德禄亲属得知杨菊云联系方式、地址后，多次到简阳市公安局、资阳市公安局进行控告，要求追究杨菊云刑事责任。同年4月22日，简阳市及资阳市公安局在安徽省凤阳县公安机关协助下将杨菊云抓获，后依法对其刑事拘留、逮捕，并通过简阳市人民检察院层报最高人民检察院核准追诉。

简阳市人民检察院、资阳市人民检察院、四川省人民检察院先后对案件进行审查并开展了必要的调查。2013年6月8日，四川省人民检察院报最高人民检察院对杨菊云核准追诉。

另据查明：（一）杨菊云与吴德禄之子吴某得知自己身世后，恳求吴德禄父母及其他亲属原谅杨菊云。吴德禄的父母等亲属向公安机关递交谅解书，称鉴于杨菊云将吴某抚养成人，成立家庭，不再要求追究杨菊云刑事责任。（二）案发地部分群众表示，吴德禄被杀害，当时社会影响很大，现在事情过去二十多年，已经没有什么影响。

最高人民检察院审查认为：犯罪嫌疑人杨菊云故意非法剥夺他人生命，依据《中华人民共和国刑法》第十二条、1979年《中华人民共和国刑法》第一百三十二条规定，应当适用的法定量刑幅度的最高刑为死刑。本案虽然情节、后果严重，但属于因家庭矛盾引发的刑事案件，且多数被害人家属已经表示原谅杨菊云，被害人与犯罪嫌疑人杨菊云之子吴某也要求不追究杨菊云刑事责任。案发地群众反映案件造成的社会影响已经消失。综合上述情况，本案不属于必须追诉的情形，依据1979年《中华人民共和国刑法》第七十六条第四项规定，决定对杨菊云不予核准追诉。

【案件结果】

2013年7月19日，最高人民检察院作出对杨菊云不予核准追诉决定。2013年7月29日，简阳市公安局对杨菊云予以释放。

【要旨】

1. 因婚姻家庭等民间矛盾激化引发的犯罪，经过二十年追诉期限，犯罪嫌疑人没有再犯罪危险性，被害人及其家属对犯罪嫌疑人表示谅解，不追诉有利于化解社会矛盾、恢复正常社会秩序，同时不会影响社会稳定或者产生其他严重后果的，对犯罪嫌疑人可以不再追诉。

2. 须报请最高人民检察院核准追诉的案件，侦查机关在核准之前可以依法对犯罪嫌疑人采取强制措施。侦查机关报请核准追诉并提请逮捕犯罪嫌疑人，人民检察院经审查认为必须追诉而且符合法定逮捕条件的，可以依法批准逮捕。

【相关法律规定】

《中华人民共和国刑法》第十二条；1979年《中华人民共和国刑法》第七十六条、第一百三十二条。

检例第25号:于英生申诉案

【关键词】

刑事申诉　再审检察建议　改判无罪

【基本案情】

于英生,男,1962年3月生。

1996年12月2日,于英生的妻子韩某在家中被人杀害。安徽省蚌埠市中区公安分局侦查认为于英生有重大犯罪嫌疑,于1996年12月12日将其刑事拘留。1996年12月21日,蚌埠市中市区人民检察院以于英生涉嫌故意杀人罪,将其批准逮捕。在侦查阶段的审讯中,于英生供认了杀害妻子的主要犯罪事实。蚌埠市中区公安分局侦查终结后,移送蚌埠市中市区人民检察院审查起诉。蚌埠市中市区人民检察院审查后,依法移送蚌埠市人民检察院审查起诉。1997年12月24日,蚌埠市人民检察院以涉嫌故意杀人罪对于英生提起公诉。蚌埠市中级人民法院一审判决认定以下事实:1996年12月1日,于英生一家三口在逛商场时,韩某将2800元现金交给于英生让其存入银行,但却不愿告诉这笔钱的来源,引起于英生的不满。12月2日7时20分,于英生送其子去上学,回家后再次追问韩某2800元现金是哪来的。因韩某坚持不愿说明来源,二人发生争吵厮打。厮打过程中,于英生见韩某声音越来越大,即恼羞成怒将其推倒在床上,然后从厨房拿了一根塑料绳,将韩某的双手拧到背后捆上。接着又用棉被盖住韩某头面部并隔着棉被用双手紧捂其口鼻,将其捂昏迷后匆忙离开现场到单位上班。约9时50分,于英生从单位返回家中,发现韩某已经死亡,便先解开捆绑韩某的塑料绳,用菜刀对韩某的颈部割了数刀,然后将其内衣向上推至胸部、将其外面穿的毛线衣拉平,并将尸体翻成俯卧状。接着又将屋内家具的柜门、抽屉拉开,将物品翻乱,造成家中被抢劫、韩某被奸杀的假象。临走时,于英生又将液化气打开并点燃一根蜡烛放在床头柜上的烟灰缸里,企图使液化气排放到一定程度,烛火引燃液化气,达到烧毁现场的目的。后因被及时发现而未引燃。经法医鉴定:死者韩某口、鼻腔受暴力作用,致机械性窒息死亡。

【诉讼过程】

1998年4月7日,蚌埠市中级人民法院以故意杀人罪判处于英生死刑,缓期二年执行。于英生不服,向安徽省高级人民法院提出上诉。

1998年9月14日,安徽省高级人民法院以原审判决认定于英生故意杀人的部分事实不清,证据不足为由,裁定撤销原判,发回重审。被害人韩某的父母提起附带民事诉讼。

1999年9月16日,蚌埠市中级人民法院以故意杀人罪判处于英生死刑,缓期二年执行。于英生不服,再次向安徽省高级人民法院提出上诉。

2000年5月15日,安徽省高级人民法院以原审判决事实不清,证据不足为由,裁定撤销原判,发回重审。

2000年10月25日,蚌埠市中级人民法院以故意杀人罪判处于英生无期徒刑。于英生不服,向安徽省高级人民法院提出上诉。2002年7月1日,安徽省高级人民法院裁定驳回上诉,维持原判。

2002年12月8日,于英生向安徽省高级人民法院提出申诉。2004年8月9日,安徽省高级人民法院驳回于英生的申诉。

后于英生向安徽省人民检察院提出申诉。

安徽省人民检察院经复查，提请最高人民检察院按照审判监督程序提出抗诉。最高人民检察院经审查，于2013年5月24日向最高人民法院提出再审检察建议。

【建议再审理由】

最高人民检察院审查认为，原审判决、裁定认定于英生故意杀人的事实不清，证据不足，案件存在的矛盾和疑点无法得到合理排除，案件事实结论不具有唯一性。

一、原审判决认定事实的证据不确实、不充分。一是根据安徽省人民检察院复查调取的公安机关侦查内卷中的手写"现场手印检验报告"及其他相关证据，能够证实现场存在的2枚指纹不是于英生及其家人所留，但侦查机关并未将该情况写入检验报告。原审判决依据该"现场手印检验报告"得出"没有发现外人进入现场的痕迹"的结论与客观事实不符。二是关于于英生送孩子上学以及到单位上班的时间，缺少明确证据支持，且证人证言之间存在矛盾。原审判决认定于英生9时50分回家伪造现场，10时20分回到单位，而于英生辩解其在10时左右回到单位，后接到传呼并用办公室电话回此传呼，并在侦查阶段将传呼机提交侦查机关。安徽省人民检察院复查及最高人民检察院审查时，相关人员证实侦查机关曾对有关人员及传呼机信息问题进行了调查，并调取了通话记录，但案卷中并没有相关调查材料及通话记录，于英生关于在10时左右回到单位的辩解不能合理排除。因此依据现有证据，原审判决认定于英生具有20分钟作案时间和30分钟伪造现场时间的证据不足。

二、原审判决定罪的主要证据之间存在矛盾。原审判决认定于英生有罪的证据主要是现场勘查笔录、尸检报告以及于英生曾作过的有罪供述。而于英生在侦查阶段虽曾作过有罪供述，但其有罪供述不稳定，时供时翻，供述前后矛盾。且其有罪供述与现场勘查笔录、尸检报告等证据亦存在诸多不一致的地方，如于英生曾作有罪供述中有关菜刀放置的位置、拽断电话线、用于点燃蜡烛的火柴梗丢弃在现场以及与被害人发生性行为等情节与现场勘查笔录、尸检报告等证据均存在矛盾。

三、原审判决认定于英生故意杀人的结论不具有唯一性。根据从公安机关侦查内卷中调取的手写"手印检验报告"以及DNA鉴定意见，现场提取到外来指纹，被害人阴道提取的精子也不是于英生的精子，因此存在其他人作案的可能。同时，根据侦查机关蜡烛燃烧试验反映的情况，该案存在杀害被害人并伪造现场均在8时之前完成的可能。原审判决认定于英生故意杀害韩某的证据未形成完整的证据链，认定的事实不能排除合理怀疑。

【案件结果】

2013年6月6日，最高人民法院将最高人民检察院再审检察建议转安徽省高级人民法院。2013年6月27日，安徽省高级人民法院对该案决定再审。2013年8月5日，安徽省高级人民法院不公开开庭审理了该案。安徽省高级人民法院审理认为，原判决、裁定根据于英生的有罪供述、现场勘查笔录、尸体检验报告、刑事科学技术鉴定、证人证言等证据，认定原审被告人于英生杀害了韩某。但于英生供述中部分情节与现场勘查笔录、尸体检验报告、刑事科学技术鉴定等证据存在矛盾，且韩某阴道擦拭纱布及三角内裤上的精子经DNA鉴定不是于英生的，安徽省人民检察院提供的侦查人员从现场提取的没有比对结果的他人指纹等证据没有得到合理排除，因此原审判决、裁定认定于英生犯故意杀人罪的事实不清、证据不足，指控的犯罪不能成立。2013 年 8 月 8 日，安徽省高级人民法院作出再审判决：撤销原审判决裁定，原审被告人于英生无罪。

【要旨】

坚守防止冤假错案底线，是保障社会公平正义的重要方面。检察机关既要依法监督纠正确有错误的生效刑事裁判，又要注意在审查逮捕、审查起诉等环节有效发挥监督制约作用，努力从源头上防止冤假错案发生。在监督纠正冤错案件方面，要严格把握纠错标准，对于被告人供述反复，有罪供述前后矛盾，且有罪供述的关键情节与其他在案证据存在无法排除的重大矛盾，不能排除有其他人作案可能的，应当依法进行监督。

【指导意义】

1. 对案件事实结论应当坚持“唯一性”证明标准。刑事诉讼法第一百九十五条第一项规定：“案件事实清楚，证据确实、充分，依据法律认定被告人有罪的，应当作出有罪判决。”刑事诉讼法第五十三条第二款对于认定“证据确实、充分”的条件进行了规定：“（一）定罪量刑的事实都有证据证明；（二）据以定案的证据均经法定程序查证属实；（三）综合全案证据，对所认定的案件事实已排除合理怀疑。”排除合理怀疑，要求对于认定的案件事实，从证据角度已经没有符合常理的、有根据的怀疑，特别在是否存在犯罪事实和被告人是否实施了犯罪等关键问题上，确信证据指向的案件结论具有唯一性。只有坚持对案件事实结论的唯一性标准，才能够保证裁判认定的案件事实与客观事实相符，最大限度避免冤假错案的发生。

2. 坚持全面收集证据，严格把握纠错标准。在复查刑事申诉案件过程中，除全面审查原有证据外，还应当注意补充收集、调取能够证实被告人有罪或者无罪、犯罪情节轻重的新证据，通过正向肯定与反向否定，检验原审裁判是否做到案件事实清楚，证据确实、充分。要坚持疑罪从无原则，严格把握纠错标准，对于被告人有罪供述出现反复且前后矛盾，关键情节与其他在案证据存在无法排除的重大矛盾，不能排除有其他人作案可能的，应当认为认定主要案件事实的结论不具有唯一性。人民法院据此判决被告人有罪的，人民检察院应当按照审判监督程序向人民法院提出抗诉，或者向同级人民法院提出再审检察建议。

【相关法律规定】

《中华人民共和国刑事诉讼法》

第五十三条　对一切案件的判处都要重证据，重调查研究，不轻信口供。只有被告人供述，没有其他证据的，不能认定被告人有罪和处以刑罚；没有被告人供述，证据确实、充分的，可以认定被告人有罪和处以刑罚。

证据确实、充分，应当符合以下条件：

（一）定罪量刑的事实都有证据证明；

（二）据以定案的证据均经法定程序查证属实；

（三）综合全案证据，对所认定事实已排除合理怀疑。

第二百四十二条　当事人及其法定代理人、近亲属的申诉符合下列情形之一的，人民法院应当重新审判：

（一）有新的证据证明原判决、裁定认定的事实确有错误，可能影响定罪量刑的；

（二）据以定罪量刑的证据不确实、不

充分、依法应当予以排除，或者证明案件事实的主要证据之间存在矛盾的；

（三）原判决、裁定适用法律确有错误的；

（四）违反法律规定的诉讼程序，可能影响公正审判的；

（五）审判人员在审理该案件的时候，有贪污受贿，徇私舞弊，枉法裁判行为的。

第二百四十三条　各级人民法院院长对本院已经发生法律效力的判决和裁定，如果发现在认定事实上或者在适用法律上确有错误，必须提交审判委员会处理。

最高人民法院对各级人民法院已经发生法律效力的判决和裁定，上级人民法院对下级人民法院已经发生法律效力的判决和裁定，如果发现确有错误，有权提审或者指令下级人民法院再审。

最高人民检察院对各级人民法院已经发生法律效力的判决和裁定，上级人民检察院对下级人民法院已经发生法律效力的判决和裁定，如果发现确有错误，有权按照审判监督程序向同级人民法院提出抗诉。

人民检察院抗诉的案件，接受抗诉的人民法院应当组成合议庭重新审理，对于原判决事实不清楚或者证据不足的，可以指令下级人民法院再审。

检例第26号：陈满申诉案

【关键词】

刑事申诉　刑事抗诉　改判无罪

【基本案情】

陈满，男，1963年2月生。

1992年12月25日19时30分许，海南省海口市振东区上坡下村109号发生火灾。19时58分，海口市消防中队接警后赶到现场救火，并在灭火过程中发现室内有一具尸体，立即向公安机关报案。20时30分，海口市公安局接报警后派员赴现场进行现场勘查及调查工作。经走访调查后确定，死者是居住在109号的钟某，曾经在此处租住的陈满有重大作案嫌疑。同年12月28日凌晨，公安机关将犯罪嫌疑人陈满抓获。1993年9月25日，海口市人民检察院以陈满涉嫌故意杀人罪，将其批准逮捕。1993年11月29日，海口市人民检察院以涉嫌故意杀人罪对陈满提起公诉。海口市中级人民法院一审判决认定以下事实：1992年1月，被告人陈满搬到海口市上坡下村109号钟某所在公司的住房租住。期间，陈满因未交房租等，与钟某发生矛盾，钟某声称要向公安机关告发陈满私刻公章帮他人办工商执照之事，并于同年12月17日要陈满搬出上坡下村109号房。陈满怀恨在心，遂起杀害钟某的歹念。同年12月25日19时许，陈满发现上坡下村停电并得知钟某要返回四川老家，便从宁屯大厦窜至上坡下村109号，见钟某正在客厅喝酒，便与其聊天，随后从厨房拿起一把菜刀，趁钟某不备，向其头部、颈部、躯干部等处连砍数刀，致钟某当即死亡。后陈满将厨房的煤气罐搬到钟某卧室门口，用打火机点着火焚尸灭迹。大火烧毁了钟某卧室里的床及办公桌等家具，消防队员及时赶到，才将大火扑灭。经法医鉴定：被害人钟某身上有多处锐器伤、颈动脉被割断造成失血性休克死亡。

【诉讼过程】

1994年11月9日，海口市中级人民法院以故意杀人罪判处陈满死刑，缓期二年执行，剥夺政治权利终身；以放火罪，判处有期徒刑九年，决定执行死刑，缓期二年执行，剥夺政治权利终身。

1994年11月13日，海口市人民检察院以原审判决量刑过轻，应当判处死刑立即执行为由提出抗诉。1999年4月15日，海南省高级人民法院驳回抗诉，维持原判。判决生效后，陈满的父母提出申诉。

2001年11月8日，海南省高级人民法院经复查驳回申诉。陈满的父母仍不服，向海南省人民检察院提出申诉。2013年4月9日，海南省人民检察院经审查，认为申诉人的申诉理由不成立，不符合立案复查条件。陈满不服，向最高人民检察院提出申诉。

2015年2月10日，最高人民检察院按照审判监督程序向最高人民法院提出抗诉。

【抗诉理由】

最高人民检察院复查认为，原审判决据以定案的证据不确实、不充分，认定原审被告人陈满故意杀人、放火的事实不清，证据不足。

一、原审裁判认定陈满具有作案时间与在案证据证明的案件事实不符。原审裁判认定原审被告人陈满于1992年12月25日19时许，在海口市振东区上坡下村109号房间持刀将钟某杀死。根据证人杨某春、刘某生、章某胜的证言，能够证实在当日19时左右陈满仍在宁屯大厦，而根据证人何某庆、刘某清的证言，19时多一点听到109号传出上气不接下气的“啊啊”声，大约过了30分钟看见109号起火。据此，有证据证明陈满案发时仍然在宁屯大厦，不可能在同一时间出现在案发现场，原审裁判认定陈满在19时许进入109号并实施杀人、放火行为与证人提供的情况不符。

二、原审裁判认定事实的证据不足，部分重要证据未经依法查证属实。原审裁判认定原审被告人陈满实施杀人、放火行为的主要证据，除陈满有罪供述为直接证据外，其他如公安机关火灾原因认定书、现场勘查笔录、现场照片、物证照片、法医检验报告书、物证检验报告书、刑事科学技术鉴定书等仅能证明被害人钟某被人杀害，现场遭到人为纵火；在案证人证言只是证明了发案时的相关情况、案发前后陈满的活动情况以及陈满与被害人的关系等情况，但均不能证实犯罪行为系陈满所为。而在现场提取的带血白衬衫、黑色男西装等物品在侦查阶段丢失，没有在原审法院庭审中出示并接受检验，因此不能作为定案的根据。

三、陈满有罪供述的真实性存在疑问。陈满在侦查阶段虽曾作过有罪供述，但其有罪供述不稳定，时供时翻，且与现场勘查笔录、法医检验报告等证据存在矛盾。如陈满供述杀人后厨房水龙头没有关，而现场勘查时，厨房水龙头呈关闭状，而是卫生间的水龙头没有关；陈满供述杀人后菜刀扔到被害人的卧室中，而现场勘查时，该菜刀放在厨房的砧板上，且在菜刀上未发现血迹、指纹等痕迹；陈满供述将“工作证”放在被害人身上，是为了制造自己被烧死假象的说法，与案发后其依然正常工作、并未逃避侦查的实际情况相矛盾。

【案件结果】

2015年4月24日，最高人民法院作出再审决定，指令浙江省高级人民法院再审。2015年12月29日，浙江省高级人民法院公开开庭审理了本案。法院经过审理认为，原审裁判据以定案的主要证据即陈满的有罪供述及辨认笔录的客观性、真实性存疑，依法不能作为定案依据；本案除原被告人陈满有罪供述外无其他证据指向陈满作案。因此,原审裁判认定原审被告人陈满故意杀人并放火焚尸灭迹的事实不清、证据不足,指控的犯罪不能成立。2016 年 1 月 25 日,浙江省高级人民法院作出再审判决:撤销原审判决裁定,原审被告人陈满无罪。

【要旨】

证据是刑事诉讼的基石,认定案件事实,必须以证据为根据。证据未经当庭出示、辨认、质证等法庭调查程序查证属实,不能作为定案的根据。对于在案发现场提取的物证等实物证据,未经鉴定,且在诉讼过程中丢失或者毁灭,无法在庭审中出示、质证,有罪供述的主要情节又得不到其他证据印证,而原审裁判认定被告人有罪的,应当依法进行监督。

【指导意义】

1. 切实强化证据裁判和证据审查意识。证据裁判原则是现代刑事诉讼的一项基本原则,是正确惩治犯罪,防止冤假错案的重要保障。证据裁判原则不仅要求认定案件事实必须以证据为依据,而且所依据的证据必须客观真实、合法有效。我国刑事诉讼法第四十八条第三款规定:"证据必须经过查证属实,才能作为定案的根据。"这是证据使用的根本原则,违背这一原则就有可能导致冤假错案,放纵罪犯或者侵犯公民的合法权利。检察机关审查逮捕、审查起诉和复查刑事申诉案件,都必须注意对证据的客观性、合法性进行审查,及时防止和纠正冤假错案。对于刑事申诉案件,经审查,如果原审裁判据以定案的有关证据,在原审过程中未经法定程序证明其真实性、合法性,而人民法院据此认定被告人有罪的,人民检察院应当依法进行监督。

2. 坚持综合审查判断证据规则。刑事诉讼法第一百九十五条第一项规定:"案件事实清楚,证据确实、充分,依据法律认定被告人有罪的,应当作出有罪判决。"证据确实、充分,不仅是对单一证据的要求,而且是对审查判断全案证据的要求。只有使各项证据相互印证,合理解释消除证据之间存在的矛盾,才能确保查明案件事实真相,避免出现冤假错案。特别是在将犯罪嫌疑人、被告人有罪供述作为定罪主要证据的案件中,尤其要重视以客观性证据检验补强口供等言词证据。只有口供而没有其他客观性证据,或者口供与其他客观性证据相互矛盾、不能相互印证,对所认定的事实不能排除合理怀疑的,应当坚持疑罪从无原则,不能认定被告人有罪。

【相关法律规定】

《中华人民共和国刑事诉讼法》

第四十八条　可以用于证明案件事实的材料,都是证据。

证据包括:

(一)物证;

(二)书证;

(三)证人证言;

(四)被害人陈述;

(五)犯罪嫌疑人、被告人供述和辩解;

(六)鉴定意见;

(七)勘验、检查、辨认、侦查实验等笔录;

(八)视听资料、电子数据。

证据必须经过查证属实,才能作为定案的根据。

第一百九十三条　法庭审理过程中,对与定罪、量刑有关的事实、证据都应当进行调查、辩论。

经审判长许可,公诉人、当事人和辩护人、诉讼代理人可以对证据和案件情况发表意见并且可以相互辩论。

审判长在宣布辩论终结后,被告人有最后陈述的权利。

检例第 27 号:王玉雷不批准逮捕案

【关键词】

侦查活动监督　排除非法证据　不批准逮捕

【基本案情】

王玉雷,男,1968 年 3 月生。

2014 年 2 月 18 日 22 时许,河北省顺平县公安局接王玉雷报案称:当日 22 时许,其在回家路上发现一名男子躺在地上,旁边有血迹。次日,顺平县公安局对此案立案侦查。经排查,顺平县公安局认为报案人王玉雷有重大嫌疑,遂于 2014 年 3 月 8 日以涉嫌故意杀人罪对王玉雷刑事拘留。

【诉讼过程】

2014 年 3 月 15 日,顺平县公安局提请顺平县人民检察院批准逮捕王玉雷。顺平县人民检察院办案人员在审查案件时,发现该案事实证据存在许多疑点和矛盾。在提讯过程中,王玉雷推翻了在公安机关所作的全部有罪供述,称有罪供述系被公安机关对其采取非法取证手段后作出。顺平县人民检察院认为,该案事实不清,证据不足,不符合批准逮捕条件。鉴于案情重大,顺平县人民检察院向保定市人民检察院进行了汇报。保定市人民检察院同意顺平县人民检察院的意见。2014 年 3 月 22 日,顺平县人民检察院对王玉雷作出不批准逮捕的决定。

【不批准逮捕理由】

顺平县人民检察院在审查公安机关的报捕材料和证据后认为:

一、该案主要证据之间存在矛盾,案件存在的疑点不能合理排除。公安机关认为王玉雷涉嫌故意杀人罪,但除王玉雷的有罪供述外,没有其他证据证实王玉雷实施了杀人行为,且有罪供述与其他证据相互矛盾。王玉雷先后九次接受侦查机关询问、讯问,其中前五次为无罪供述,后四次为有罪供述,前后供述存在矛盾;在有罪供述中,对作案工具有斧子、锤子、刨锛三种不同说法,但去向均未查明;供述的作案工具与尸体照片显示的创口形状不能同一认定。

二、影响定案的相关事实和部分重要证据未依法查证,关键物证未收集在案。侦查机关在办案过程中,对以下事实和证据未能依法查证属实:被害人尸检报告没有判断出被害人死亡的具体时间,公安机关认定王玉雷的作案时间不足信;王玉雷作案的动机不明;现场提取的手套没有进行 DNA 鉴定;王玉雷供述的三种凶器均未收集在案。

三、犯罪嫌疑人有罪供述属非法言词证据,应当依法予以排除。2014 年 3 月 18 日,顺平县人民检察院办案人员首次提审王玉雷时发现,其右臂被石膏固定、活动吃力,在询问该伤情原因时,其极力回避,虽然对杀人行为予以供认,但供述内容无法排除案件存在的疑点。在顺平县人民检察院驻所检察室人员发现王玉雷胳膊打了绷带并进行询问时,王玉雷自称是骨折旧伤复发。监所检察部门认为公安机关可能存在违法提讯情况,遂通报顺平县人民检察院侦查监督部门,提示在批捕过程中予以关注。鉴于王玉雷伤情可疑,顺平县人民检察院办案人员向检察长进行了汇报,检察长在阅卷后,亲自到看守所提审犯罪嫌疑人,并对讯问过程进行全程录音录像。经过耐心细致的思想疏导,王玉雷消除顾虑,推翻了在公安机关所作的全部有罪供述,称被害人王某被杀不是其所为,其有罪供述系被公安机关采取非法取证手段后作出。

2014年3月22日,顺平县人民检察院检察委员会研究认为,王玉雷有罪供述系采用非法手段取得,属于非法言词证据,依法应当予以排除。在排除王玉雷有罪供述后,其他在案证据不能证实王玉雷实施了犯罪行为,因此不应对其作出批准逮捕决定。

【案件结果】

2014年3月22日,顺平县人民检察院对王玉雷作出不批准逮捕决定。后公安机关依法解除王玉雷强制措施,予以释放。

顺平县人民检察院对此案进行跟踪监督,依法引导公安机关调查取证并抓获犯罪嫌疑人王斌。2014年7月14日,顺平县人民检察院以涉嫌故意杀人罪对王斌批准逮捕。2015年1月17日,保定市中级人民法院以故意杀人罪判处被告人王斌死刑,缓期二年执行,剥夺政治权利终身。被告人王斌未上诉,一审判决生效。

【要旨】

检察机关办理审查逮捕案件,要严格坚持证据合法性原则,既要善于发现非法证据,又要坚决排除非法证据。非法证据排除后,其他在案证据不能证明犯罪嫌疑人实施犯罪行为的,应当依法对犯罪嫌疑人作出不批准逮捕的决定。要加强对审查逮捕案件的跟踪监督,引导侦查机关全面及时收集证据,促进侦查活动依法规范进行。

【指导意义】

1. 严格坚持非法证据排除规则。根据我国刑事诉讼法第七十九条规定,逮捕的证据条件是"有证据证明有犯罪事实",这里的"证据"必须是依法取得的合法证据,不包括采取刑讯逼供、暴力取证等非法方法取得的证据。检察机关在审查逮捕过程中,要高度重视对证据合法性的审查,如果接到犯罪嫌疑人及其辩护人或者证人、被害人等关于刑讯逼供、暴力取证等非法行为的控告、举报及提供的线索,或者在审查案件材料时发现可能存在非法取证行为,以及刑事执行检察部门反映可能存在违法提讯情况的,应当认真进行审查,通过当面讯问犯罪嫌疑人、查看犯罪嫌疑人身体状况、识别犯罪嫌疑人供述是否自然可信以及调阅提审登记表、犯罪嫌疑人入所体检记录等途径,及时发现非法证据,坚决排除非法证据。

2. 严格把握作出批准逮捕决定的条件。构建以客观证据为核心的案件事实认定体系,高度重视无法排除合理怀疑的矛盾证据,注意利用收集在案的客观证据验证、比对全案证据,守住"犯罪事实不能没有、犯罪嫌疑人不能搞错"的逮捕底线。要坚持惩罚犯罪与保障人权并重的理念,重视犯罪嫌疑人不在犯罪现场、没有作案时间等方面的无罪证据以及侦查机关可能存在的非法取证行为的线索。综合审查全案证据,不能证明犯罪嫌疑人实施了犯罪行为的,应当依法作出不批准逮捕的决定。要结合办理审查逮捕案件,注意发挥检察机关侦查监督作用,引导侦查机关及时收集、补充其他证据,促进侦查活动依法规范进行。

【相关法律规定】

《中华人民共和国刑事诉讼法》

第五十四条　采用刑讯逼供等非法方法收集的犯罪嫌疑人、被告人供述和采用暴力、威胁等非法方法收集的证人证言、被害人陈述，应当予以排除。收集物证、书证不符合法定程序，可能严重影响司法公正的，应当予以补正或者作出合理解释；不能补正或者作出合理解释的，对该证据应当予以排除。

在侦查、审查起诉、审判时发现有应当排除的证据的，应当依法予以排除，不得作为起诉意见、起诉决定和判决的依据。

第七十九条　对有证据证明有犯罪事实，可能判处徒刑以上刑罚的犯罪嫌疑人、被告人，采取取保候审尚不足以防止发生下列社会危险性的，应当予以逮捕：

（一）可能实施新的犯罪的；

（二）有危害国家安全、公共安全或者社会秩序的现实危险的；

（三）可能毁灭、伪造证据，干扰证人作证或者串供的；

（四）可能对被害人、举报人、控告人实施打击报复的；

（五）企图自杀或者逃跑的。

对有证据证明有犯罪事实，可能判处十年有期徒刑以上刑罚的，或者有证据证明有犯罪事实，可能判处徒刑以上刑罚，曾经故意犯罪或者身份不明的，应当予以逮捕。

被取保候审、监视居住的犯罪嫌疑人、被告人违反取保候审、监视居住的规定，情节严重的，可以予以逮捕。

第八十六条　人民检察院审查批准逮捕，可以讯问犯罪嫌疑人；有下列情形之一的，应当讯问犯罪嫌疑人：

（一）对是否符合逮捕条件有疑问的；

（二）犯罪嫌疑人要求向检察人员当面陈述的；

（三）侦查活动可能有重大违法行为的。

人民检察院审查批准逮捕，可以询问证人等诉讼参与人，听取辩护律师的意见；辩护律师提出要求的，应当听取辩护律师的意见。

第八十八条　人民检察院对于公安机关提请批准逮捕的案件进行审查后，应当根据情况分别作出批准逮捕或者不批准逮捕的决定。对于批准逮捕的决定，公安机关应当立即执行，并且将执行情况及时通知人民检察院。对于不批准逮捕的，人民检察院应当说明理由，需要补充侦查的，应当同时通知公安机关。

检例第42号：
齐某强奸、猥亵儿童案

【关键词】

强奸罪　猥亵儿童罪　情节恶劣　公共场所当众

【基本案情】

被告人齐某，男，1969年1月出生，原系某县某小学班主任。

2011年夏天至2012年10月，被告人齐某在担任班主任期间，利用午休、晚自习及宿舍查寝等机会，在学校办公室、教室、洗澡堂、男生宿舍等处多次对被害女童A（10岁）、B（10岁）实施奸淫、猥亵，并以带A女童外出看病为由，将其带回家中强奸。齐某还在女生集体宿舍等地多次猥亵被害女童C（11岁）、D（11岁）、E（10岁），猥亵被害女童F（11岁）、G（11岁）各一次。

【要旨】

1. 性侵未成年人犯罪案件中,被害人陈述稳定自然,对于细节的描述符合正常记忆认知、表达能力,被告人辩解没有证据支持,结合生活经验对全案证据进行审查,能够形成完整证明体系的,可以认定案件事实。

2. 奸淫幼女具有《最高人民法院、最高人民检察院、公安部、司法部关于依法惩治性侵害未成年人犯罪的意见》规定的从严处罚情节,社会危害性与刑法第二百三十六条第三款第二至四项规定的情形相当的,可以认定为该款第一项规定的“情节恶劣”。

3. 行为人在教室、集体宿舍等场所实施猥亵行为,只要当时有多人在场,即使在场人员未实际看到,也应当认定犯罪行为是在“公共场所当众”实施。

【指控与证明犯罪】

(一)提起公诉及原审判决情况

2013年4月14日,某市人民检察院以齐某犯强奸罪、猥亵儿童罪对其提起公诉。5月9日,某市中级人民法院依法不公开开庭审理本案。9月23日,该市中级人民法院作出判决,认定齐某犯强奸罪,判处死刑缓期二年执行,剥夺政治权利终身;犯猥亵儿童罪,判处有期徒刑四年六个月;决定执行死刑,缓期二年执行,剥夺政治权利终身。被告人未上诉,判决生效后,报某省高级人民法院复核。

2013年12月24日,某省高级人民法院以原判认定部分事实不清为由,裁定撤销原判,发回重审。

2014年11月13日,某市中级人民法院经重新审理,作出判决,认定齐某犯强奸罪,判处无期徒刑,剥夺政治权利终身;犯猥亵儿童罪,判处有期徒刑四年六个月;决定执行无期徒刑,剥夺政治权利终身。齐某不服提出上诉。

2016年1月20日,某省高级人民法院经审理,作出终审判决,认定齐某犯强奸罪,判处有期徒刑六年,剥夺政治权利一年;犯猥亵儿童罪,判处有期徒刑四年六个月;决定执行有期徒刑十年,剥夺政治权利一年。

(二)提起审判监督程序及再审改判情况

某省人民检察院认为该案终审判决确有错误,提请最高人民检察院抗诉。最高人民检察院经审查,认为该案适用法律错误,量刑不当,应予纠正。2017年3月3日,最高人民检察院依照审判监督程序向最高人民法院提出抗诉。

2017年12月4日,最高人民法院依法不公开开庭审理本案,最高人民检察院指派检察员出席法庭,辩护人出庭为原审被告人进行辩护。

法庭调查阶段,针对原审被告人不认罪的情况,检察员着重就齐某辩解与在案证据是否存在矛盾,以及有无其他证据或线索支持其辩解进行发问和举证,重点核实以下问题:案发前齐某与被害人及其家长关系如何,是否到女生宿舍查寝,是否多次单独将女生叫出教室,是否带女生回家过夜。齐某当庭供述与被害人及其家长没有矛盾,承认曾到女生宿舍查寝,为女生揉肚子,单独将女生叫出教室问话,带女生外出看病以及回家过夜。通过当庭讯问,进一步印证了被害人陈述细节的真实性、客观性。

法庭辩论阶段,检察员发表出庭意见:

首先,原审被告人齐某犯强奸罪、猥亵

儿童罪的犯罪事实清楚，证据确实充分。1. 各被害人及其家长和齐某在案发前没有矛盾。报案及时，无其他介入因素，可以排除诬告的可能。2. 各被害人陈述内容自然合理，可信度高，且有同学的证言予以印证。被害人对于细节的描述符合正常记忆认知、表达能力，如齐某实施性侵害的大致时间、地点、方式、次数等内容基本一致。因被害人年幼、报案及作证距案发时间较长等客观情况，具体表达存在不尽一致之处，完全正常。3. 各被害人陈述的基本事实得到本案其他证据印证，如齐某卧室勘验笔录、被害人辨认现场的笔录、现场照片、被害人生理状况诊断证明等。

其次，原审被告人齐某犯强奸罪情节恶劣，且在公共场所当众猥亵儿童，某省高级人民法院判决对此不予认定，属于适用法律错误，导致量刑畸轻。1. 齐某奸淫幼女"情节恶劣"。齐某利用教师身份，多次强奸二名幼女，犯罪时间跨度长。本案发生在校园内，对被害人及其家人伤害非常大，对其他学生造成了恐惧。齐某的行为具备《最高人民法院、最高人民检察院、公安部、司法部关于依法惩治性侵害未成年人犯罪的意见》第25条规定的多项"更要依法从严惩处"的情节，综合评判应认定为"情节恶劣"，判处十年有期徒刑以上刑罚。2. 本案中齐某的行为属于在"公共场所当众"猥亵儿童。公共场所系供社会上多数人从事工作、学习、文化、娱乐、体育、社交、参观、旅游和满足部分生活需求的一切公用建筑物、场所及其设施的总称，具备由多数人进出、使用的特征。基于对未成年人保护的需要，《最高人民法院、最高人民检察院、公安部、司法部关于依法惩治性侵害未成年人犯罪的意见》第23条明确将"校园"这种除师生外，其他人不能随便进出的场所认定为公共场所。司法实践中也已将教室这种相对封闭的场所认定为公共场所。本案中女生宿舍是20多人的集体宿舍，和教室一样属于校园的重要组成部分，具有相对涉众性、公开性，应当是公共场所。《最高人民法院、最高人民检察院、公安部、司法部关于依法惩治性侵害未成年人犯罪的意见》第23条规定，在公共场所对未成年人实施猥亵犯罪，"只要有其他多人在场，不论在场人员是否实际看到"，均可认定为当众猥亵。本案中齐某在熄灯后进入女生集体宿舍，当时就寝人数较多，床铺之间没有遮挡，其猥亵行为易被同寝他人所感知，符合上述规定"当众"的要求。

原审被告人及其辩护人坚持事实不清、证据不足的辩护意见，理由是：一是认定犯罪的直接证据只有被害人陈述，齐某始终不认罪，其他证人证言均是传来证据，没有物证，证据链条不完整。二是被害人陈述前后有矛盾，不一致。且其中一个被害人在第一次陈述中只讲到被猥亵，第二次又讲到被强奸，前后有重大矛盾。

针对辩护意见，检察员答辩：一是被害人陈述的一些细节，如强奸的地点、姿势等，结合被害人年龄及认知能力，不亲身经历，难以编造。二是齐某性侵次数多、时间跨度长，被害人年龄小，前后陈述有些细节上的差异和模糊是正常的，恰恰符合被害人的记忆特征。且被害人对基本事实和情节的描述是稳定的。有的被害人虽然在第一次询问时没有陈述被强奸，但在此后对没有陈述的原因做了解释，即当时学校老师在场，不敢讲。这一理由符合孩子的心理。三是被害人同学证言虽然是传来证据，但其是在犯罪发生之后即得知有关情况，因此证明力较强。四是齐某及其辩护人对其辩解没有提供任何证据或者线索的支持。

2018年6月11日,最高人民法院召开审判委员会会议审议本案,最高人民检察院检察长列席会议并发表意见:一是最高人民检察院抗诉书认定的齐某犯罪事实、情节符合客观实际。性侵害未成年人案件具有客观证据、直接证据少,被告人往往不认罪等特点。本案中,被害人家长与原审被告人之前不存在矛盾,案发过程自然。被害人陈述及同学证言符合案发实际和儿童心理,证明力强。综合全案证据看,足以排除合理怀疑,能够认定原审被告人强奸、猥亵儿童的犯罪事实。二是原审被告人在女生宿舍猥亵儿童的犯罪行为属于在"公共场所当众"猥亵。考虑本案具体情节,原审被告人猥亵儿童的犯罪行为应当判处十年有期徒刑以上刑罚。三是某省高级人民法院二审判决确有错误,依法应当改判。

2018年7月27日,最高人民法院作出终审判决,认定原审被告人齐某犯强奸罪,判处无期徒刑,剥夺政治权利终身;犯猥亵儿童罪,判处有期徒刑十年;决定执行无期徒刑,剥夺政治权利终身。

【指导意义】

(一)准确把握性侵未成年人犯罪案件证据审查判断标准

对性侵未成年人犯罪案件证据的审查,要根据未成年人的身心特点,按照有别于成年人的标准予以判断。审查言词证据,要结合全案情况予以分析。根据经验和常识,未成年人的陈述合乎情理、逻辑,对细节的描述符合其认知和表达能力,且有其他证据予以印证,被告人的辩解没有证据支持,结合双方关系不存在诬告可能的,应当采纳未成年人的陈述。

(二)准确适用奸淫幼女"情节恶劣"的规定

刑法第二百三十六条第三款第一项规定,奸淫幼女"情节恶劣"的,处十年以上有期徒刑、无期徒刑或者死刑。《最高人民法院、最高人民检察院、公安部、司法部关于依法惩治性侵害未成年人犯罪的意见》第25条规定了针对未成年人实施强奸、猥亵犯罪"更要依法从严惩处"的七种情形。实践中,奸淫幼女具有从严惩处情形,社会危害性与刑法第二百三十六条第三款第二至四项相当的,可以认为属于该款第一项规定的"情节恶劣"。例如,该款第二项规定的"奸淫幼女多人",一般是指奸淫幼女三人以上。本案中,被告人具备教师的特殊身份,奸淫二名幼女,且分别奸淫多次,其危害性并不低于奸淫幼女三人的行为,据此可以认定符合"情节恶劣"的规定。

(三)准确适用"公共场所当众"实施强奸、猥亵未成年人犯罪的规定

刑法对"公共场所当众"实施强奸、猥亵未成年人犯罪,作出了从重处罚的规定。《最高人民法院、最高人民检察院、公安部、司法部关于依法惩治性侵害未成年人犯罪的意见》第23条规定了在"校园、游泳馆、儿童游乐场等公共场所"对未成年人实施强奸、猥亵犯罪,可以认定为在"公共场所当众"实施犯罪。适用这一规定,是否属于"当众"实施犯罪至为关键。对在规定列举之外的场所实施强奸、猥亵未成年人犯罪的,只要场所具有相对公开性,且有其他多人在场,有被他人感知可能的,就可以认定为在"公共场所当众"犯罪。最高人民法院对本案的判决表明:学校中的教室、集体宿舍、公共厕所、集体洗澡间等,是不特定未

成年人活动的场所,在这些场所实施强奸、猥亵未成年人犯罪的,应当认定为在“公共场所当众”实施犯罪。

【相关规定】

《中华人民共和国刑法》第236条、第237条

《中华人民共和国刑事诉讼法》第55条

《最高人民法院、最高人民检察院、公安部、司法部关于依法惩治性侵害未成年人犯罪的意见》第2条、第23条、第25条

检例第43号:骆某猥亵儿童案

【关键词】

猥亵儿童罪　网络猥亵　犯罪既遂

【基本案情】

被告人骆某,男,1993年7月出生,无业。

2017年1月,被告人骆某使用化名,通过QQ软件将13岁女童小羽加为好友。聊天中得知小羽系初二学生后,骆某仍通过言语恐吓,向其索要裸照。在被害人拒绝并在QQ好友中将其删除后,骆某又通过小羽的校友周某对其施加压力,再次将小羽加为好友。同时骆某还虚构“李某”的身份,注册另一QQ号并添加小羽为好友。之后,骆某利用“李某”的身份在QQ聊天中对小羽进行威胁恐吓,同时利用周某继续施压。小羽被迫按照要求自拍裸照十张,通过QQ软件传送给骆某观看。后骆某又以在网络上公布小羽裸照相威胁,要求与其见面并在宾馆开房,企图实施猥亵行为。因小羽向公安机关报案,骆某在依约前往宾馆途中被抓获。

【要旨】

行为人以满足性刺激为目的,以诱骗、强迫或者其他方法要求儿童拍摄裸体、敏感部位照片、视频等供其观看,严重侵害儿童人格尊严和心理健康的,构成猥亵儿童罪。

【指控与证明犯罪】

(一)提起、支持公诉和一审判决情况

2017年6月5日,某市某区人民检察院以骆某犯猥亵儿童罪对其提起公诉。7月20日,该区人民法院依法不公开开庭审理本案。

法庭调查阶段,公诉人出示了指控犯罪的证据:被害人陈述、证人证言及被告人供述,证明骆某对小羽实施了威胁恐吓,强迫其自拍裸照的行为;QQ聊天记录截图、小羽自拍裸体照片、身份信息等,证明骆某明知小羽系儿童及强迫其拍摄裸照的事实等。

法庭辩论阶段,公诉人发表公诉意见:被告人骆某为满足性刺激,通过网络对不满14周岁的女童进行威胁恐吓,强迫被害人按照要求的动作、姿势拍摄裸照供其观看,并以公布裸照相威胁欲进一步实施猥亵,犯罪事实清楚,证据确实、充分,应当以猥亵儿童罪对其定罪处罚。

辩护人对指控的罪名无异议,但提出以下辩护意见:一是认定被告人明知被害人未满14周岁的证据不足。二是认定被告人利用小羽的校友周某对小羽施压、威胁并获取裸照的证据不足。三是被告人猥亵儿童的行为未得逞,系犯罪未遂。四是被告人归案后如实供述,认罪态度较好,可酌情从轻处罚。

针对辩护意见,公诉人答辩:一是被告人骆某供述在QQ聊天中已知小羽系初二学生,可能不满14周岁,看过其生活照、小

视频,了解其身体发育状况,通过周某了解过小羽的基本信息,证明被告人骆某应当知道小羽系未满14周岁的幼女。二是证人周某二次证言均证实其被迫帮助骆某威胁小羽,能够与被害人陈述、被告人供述相互印证,同时有相关聊天记录等予以印证,足以认定被告人骆某通过周某对小羽施压、威胁的事实。三是被告人骆某前后实施两类猥亵儿童的行为,构成猥亵儿童罪。1. 骆某强迫小羽自拍裸照通过网络传输供其观看。该行为虽未直接接触被害人,但实质上已使儿童人格尊严和心理健康受到严重侵害。骆某已获得裸照并观看,应认定为犯罪既遂。2. 骆某利用公开裸照威胁小羽,要求与其见面在宾馆开房,并供述意欲实施猥亵行为。因小羽报案,该猥亵行为未及实施,应认定为犯罪未遂。

一审判决情况:法庭经审理,认定被告人骆某强迫被害女童拍摄裸照,并通过QQ软件获得裸照的行为不构成猥亵儿童罪。但被告人骆某以公开裸照相威胁,要求与被害女童见面,准备对其实施猥亵,因被害人报案未能得逞,该行为构成猥亵儿童罪,系犯罪未遂。2017年8月14日,某区人民法院作出一审判决,认定被告人骆某犯猥亵儿童罪(未遂),判处有期徒刑一年。

(二)抗诉及终审判决情况

一审宣判后,某区人民检察院认为,一审判决在事实认定、法律适用上均存在错误,并导致量刑偏轻。被告人骆某利用网络强迫儿童拍摄裸照并观看的行为构成猥亵儿童罪,且犯罪形态为犯罪既遂。2017年8月18日,该院向某市中级人民法院提出抗诉。某市人民检察院经依法审查,支持某区人民检察院的抗诉意见。

2017年11月15日,某市中级人民法院开庭审理本案。某市人民检察院指派检察员出庭支持抗诉。检察员认为:1. 关于本案的定性。一审判决认定骆某强迫被害人拍摄裸照并传输观看的行为不是猥亵行为,系对猥亵儿童罪犯罪本质的错误理解。一审判决未从猥亵儿童罪侵害儿童人格尊严和心理健康的实质要件进行判断,导致法律适用错误。2. 关于本案的犯罪形态。骆某获得并观看了儿童裸照,猥亵行为已经实施终了,应认定为犯罪既遂。3. 关于本案量刑情节。根据《最高人民法院、最高人民检察院、公安部、司法部关于依法惩治性侵害未成年人犯罪的意见》第25条的规定,采取胁迫手段猥亵儿童的,依法从严惩处。一审判决除法律适用错误外,还遗漏了应当从重处罚的情节,导致量刑偏轻。

原审被告人骆某的辩护人认为,骆某与被害人没有身体接触,该行为不构成猥亵儿童罪。检察机关的抗诉意见不能成立,请求二审法院维持原判。

某市中级人民法院经审理,认为原审被告人骆某以寻求性刺激为目的,通过网络聊天对不满14周岁的女童进行言语威胁,强迫被害人按照要求自拍裸照供其观看,已构成猥亵儿童罪(既遂),依法应当从重处罚。对于市人民检察院的抗诉意见,予以采纳。2017年12月11日,某市中级人民法院作出终审判决,认定原审被告人骆某犯猥亵儿童罪,判处有期徒刑二年。

【指导意义】

猥亵儿童罪是指以淫秽下流的手段猥亵不满14周岁儿童的行为。刑法没有对猥亵儿童的具体方式作出列举,需要根据实际情况进行判断和认定。实践中,只要行为人主观上以满足性刺激为目的,客观上实施了猥亵儿童的行为,侵害了特定儿童人格尊严和身心健康的，应当认定构成猥亵儿童罪。

网络环境下，以满足性刺激为目的，虽未直接与被害儿童进行身体接触，但是通过QQ、微信等网络软件，以诱骗、强迫或者其他方法要求儿童拍摄、传送暴露身体的不雅照片、视频，行为人通过画面看到被害儿童裸体、敏感部位的，是对儿童人格尊严和心理健康的严重侵害，与实际接触儿童身体的猥亵行为具有相同的社会危害性，应当认定构成猥亵儿童罪。

检察机关办理利用网络对儿童实施猥亵行为的案件，要及时固定电子数据，证明行为人出于满足性刺激的目的，利用网络，采取诱骗、强迫或者其他方法要求被害人拍摄、传送暴露身体的不雅照片、视频供其观看的事实。要准确把握猥亵儿童罪的本质特征，全面收集客观证据，证明行为人通过网络不接触被害儿童身体的猥亵行为，具有与直接接触被害儿童身体的猥亵行为相同的性质和社会危害性。

【相关规定】

《中华人民共和国刑法》第237条

《最高人民法院、最高人民检察院、公安部、司法部关于依法惩治性侵害未成年人犯罪的意见》第2条、第19条、第25条

检例第44号：于某虐待案

【关键词】

虐待罪　告诉能力　支持变更抚养权

【基本案情】

被告人于某，女，1986年5月出生，无业。

2016年9月以来，因父母离婚，父亲丁某常年在外地工作，被害人小田（女，11岁）一直与继母于某共同生活。于某以小田学习及生活习惯有问题为由，长期、多次对其实施殴打。2017年11月21日，于某又因小田咬手指甲等问题，用衣服撑、挠痒工具等对其实施殴打，致小田离家出走。小田被爷爷找回后，经鉴定，其头部、四肢等多处软组织挫伤，身体损伤程度达到轻微伤等级。

【要旨】

1. 被虐待的未成年人，因年幼无法行使告诉权利的，属于刑法第二百六十条第三款规定的“被害人没有能力告诉”的情形，应当按照公诉案件处理，由检察机关提起公诉，并可以依法提出适用禁止令的建议。

2. 抚养人对未成年人未尽抚养义务，实施虐待或者其他严重侵害未成年人合法权益的行为，不适宜继续担任抚养人的，检察机关可以支持未成年人或者其他监护人向人民法院提起变更抚养权诉讼。

【指控与证明犯罪】

2017年11月22日，网络披露11岁女童小田被继母虐待的信息，引起舆论关注。某市某区人民检察院未成年人检察部门的检察人员得知信息后，会同公安机关和心理咨询机构的人员对被害人小田进行询问和心理疏导。通过调查发现，其继母于某存在长期、多次殴打小田的行为，涉嫌虐待罪。本案被害人系未成年人，没有向人民法院告诉的能力，也没有近亲属代为告诉。检察机关建议公安机关对于某以涉嫌虐待罪立案侦查。11月24日，公安机关作出立案决定。次日，犯罪嫌疑人于某投案自首。2018年4月26日，公安机关以于某涉嫌虐待罪向检察机关移送审查起诉。

审查起诉阶段，某区人民检察院依法讯问了犯罪嫌疑人，听取了被害人及其法定代理人的意见，核实了案件事实与证据。检察机关经审查认为，犯罪嫌疑人供述与被害人陈述能够相互印证，并得到其他家庭成员的证言证实，能够证明于某长期、多次对被害人进行殴打，致被害人轻微伤，属于情节恶劣，其行为涉嫌构成虐待罪。

2018年5月16日，某区人民检察院以于某犯虐待罪对其提起公诉。5月31日，该区人民法院适用简易程序开庭审理本案。

法庭调查阶段，公诉人宣读起诉书，指控被告人于某虐待家庭成员，情节恶劣，应当以虐待罪追究其刑事责任。被告人对起诉书指控的犯罪事实及罪名无异议。

法庭辩论阶段，公诉人发表公诉意见：被告人于某虐待未成年家庭成员，情节恶劣，其行为触犯了《中华人民共和国刑法》第二百六十条第一款，犯罪事实清楚，证据确实充分，应当以虐待罪追究其刑事责任。被告人于某案发后主动投案，如实供述自己的犯罪行为，系自首，可以从轻或者减轻处罚。综合法定、酌定情节，建议在有期徒刑六个月至八个月之间量刑。考虑到被告人可能被宣告缓刑，公诉人向法庭提出应适用禁止令，禁止被告人于某再次对被害人实施家庭暴力。

最后陈述阶段，于某表示对检察机关指控的事实和证据无异议，并当庭认罪。

法庭经审理，认为公诉人指控的罪名成立，出示的证据能够相互印证，提出的量刑建议适当，予以采纳。当庭作出一审判决，认定被告人于某犯虐待罪，判处有期徒刑六个月，缓刑一年。禁止被告人于某再次对被害人实施家庭暴力。一审宣判后，被告人未上诉，判决已生效。

【支持提起变更抚养权诉讼】

某市某区人民检察院在办理本案中发现，2015年9月，小田的亲生父母因感情不和协议离婚，约定其随父亲生活。小田的父亲丁某于2015年12月再婚。丁某长期在外地工作，没有能力亲自抚养被害人。检察人员征求小田生母武某的意见，武某愿意抚养小田。检察人员支持武某到人民法院起诉变更抚养权。2018年1月15日，小田生母武某向某市某区人民法院提出变更抚养权诉讼。法庭经过调解，裁定变更小田的抚养权，改由生母武某抚养，生父丁某给付抚养费至其独立生活为止。

【指导意义】

《中华人民共和国刑法》第二百六十条规定，虐待家庭成员，情节恶劣的，告诉的才处理，但被害人没有能力告诉，或者因受到强制、威吓无法告诉的除外。虐待未成年人犯罪案件中，未成年人往往没有能力告诉，应按照公诉案件处理，由检察机关提起公诉，维护未成年被害人的合法权利。

《最高人民法院、最高人民检察院、公安部、司法部关于对判处管制、宣告缓刑的犯罪分子适用禁止令有关问题的规定（试行）》第七条规定，人民检察院在提起公诉时，对可能宣告缓刑的被告人，可以建议禁止其从事特定活动，进入特定区域、场所，接触特定的人。对未成年人遭受家庭成员虐待的案件，结合犯罪情节，检察机关可以在提出量刑建议的同时，有针对性地向人民法院提出适用禁止令的建议，禁止被告人再次对被害人实施家庭暴力，依法保障未成年人合法权益，督促被告人在缓刑考验期内认真改造。

夫妻离婚后，与未成年子女共同生活的一方不尽抚养义务，对未成年人实施虐待或者其他严重侵害合法权益的行为，不适宜继续担任抚养人的，根据《中华人民共和国民事诉讼法》第十五条的规定，检察机关可以支持未成年人或者其他监护人向人民法院提起变更抚养权诉讼，切实维护未成年人合法权益。

【相关规定】

《中华人民共和国刑法》第 72 条、第 260 条

《中华人民共和国未成年人保护法》第 50 条

《中华人民共和国民事诉讼法》第 15 条

《最高人民法院、最高人民检察院、公安部、民政部关于依法处理监护人侵害未成年人权益行为若干问题的意见》第 2 条、第 14 条

《最高人民法院、最高人民检察院、公安部、司法部关于依法办理家庭暴力犯罪案件的意见》第 9 条、第 17 条

《最高人民法院、最高人民检察院、公安部、司法部关于对判处管制、宣告缓刑的犯罪分子适用禁止令有关问题的规定(试行)》第 7 条

检例第 46 号：朱凤山故意伤害(防卫过当)案

【关键词】

民间矛盾　故意伤害　防卫过当　二审检察

【要旨】

在民间矛盾激化过程中，对正在进行的非法侵入住宅、轻微人身侵害行为，可以进行正当防卫，但防卫行为的强度不具有必要性并致不法侵害人重伤、死亡的，属于明显超过必要限度造成重大损害，应当负刑事责任，但是应当减轻或者免除处罚。

【基本案情】

朱凤山，男，1961 年 5 月 6 日出生，农民。

朱凤山之女朱某与齐某系夫妻，朱某于 2016 年 1 月提起离婚诉讼并与齐某分居，朱某带女儿与朱凤山夫妇同住。齐某不同意离婚，为此经常到朱凤山家吵闹。4 月 4 日，齐某在吵闹过程中，将朱凤山家门窗玻璃和朱某的汽车玻璃砸坏。朱凤山为防止齐某再进入院子，将院子一侧的小门锁上并焊上铁窗。5 月 8 日 22 时许，齐某酒后驾车到朱凤山家，欲从小门进入院子，未得逞后在大门外叫骂。朱某不在家中，仅朱凤山夫妇带外孙女在家。朱凤山将情况告知齐某，齐某不肯作罢。朱凤山又分别给邻居和齐某的哥哥打电话，请他们将齐某劝离。在邻居的劝说下，齐某驾车离开。23 时许，齐某驾车返回，站在汽车引擎盖上摇晃、攀爬院子大门，欲强行进入，朱凤山持铁叉阻拦后报警。齐某爬上院墙，在墙上用瓦片掷砸朱凤山。朱凤山躲到一边，并从屋内拿出宰羊刀防备。随后齐某跳入院内徒手与朱凤山撕扯，朱凤山刺中齐某胸部一刀。朱凤山见齐某受伤把大门打开，民警随后到达。齐某因主动脉、右心房及肺脏被刺破致急性大失血死亡。朱凤山在案发过程中报警，案发后在现场等待民警抓捕，属于自动投案。

一审阶段，辩护人提出朱凤山的行为属于防卫过当，公诉人认为朱凤山的行为不具有防卫性质。一审判决认定，根据朱凤山与齐某的关系及具体案情，齐某的违法行为尚未达到朱凤山必须通过持刀刺扎进行防卫制止的程度，朱凤山的行为不具

有防卫性质,不属于防卫过当;朱凤山自动投案后如实供述主要犯罪事实,系自首,依法从轻处罚,朱凤山犯故意伤害罪,判处有期徒刑十五年,剥夺政治权利五年。

朱凤山以防卫过当为由提出上诉。河北省人民检察院二审出庭认为,根据查明的事实,依据《中华人民共和国刑法》第二十条第二款的规定,朱凤山的行为属于防卫过当,应当负刑事责任,但是应当减轻或者免除处罚,朱凤山的上诉理由成立。河北省高级人民法院二审判决认定,朱凤山持刀致死被害人,属防卫过当,应当依法减轻处罚,对河北省人民检察院的出庭意见予以支持,判决撤销一审判决的量刑部分,改判朱凤山有期徒刑七年。

【检察机关二审审查和出庭意见】

检察机关二审审查认为,朱凤山及其辩护人所提防卫过当的意见成立,一审公诉和判决对此未作认定不当,属于适用法律错误,二审应当作出纠正,并据此发表了出庭意见。主要意见和理由如下:

第一,齐某的行为属于正在进行的不法侵害。齐某与朱某已经分居,齐某当晚的行为在时间、方式上也显然不属于探视子女,故在朱凤山拒绝其进院后,其摇晃、攀爬大门并跳入院内,属于非法侵入住宅。齐某先用瓦片掷砸随后进行撕扯,侵犯了朱凤山的人身权利。齐某的这些行为,均属于正在进行的不法侵害。

第二,朱凤山的行为具有防卫的正当性。齐某的行为从吵闹到侵入住宅、侵犯人身,呈现升级趋势,具有一定的危险性。齐某经人劝离后再次返回,执意在深夜时段实施侵害,不法行为具有一定的紧迫性。朱凤山先是找人规劝,继而报警求助,始终没有与齐某斗殴的故意,提前准备工具也是出于防卫的目的,因此其反击行为具有防卫的正当性。

第三,朱凤山的防卫行为明显超过必要限度造成重大损害,属于防卫过当。齐某上门闹事、滋扰的目的是不愿离婚,希望能与朱某和好继续共同生活,这与离婚后可能实施报复的行为有很大区别。齐某虽实施了投掷瓦片、撕扯的行为,但整体仍在闹事的范围内,对朱凤山人身权利的侵犯尚属轻微,没有危及朱凤山及其家人的健康或生命的明显危险。朱凤山已经报警,也有继续周旋、安抚、等待的余地,但却选择使用刀具,在撕扯过程中直接捅刺齐某的要害部位,最终造成了齐某伤重死亡的重大损害。综合来看,朱凤山的防卫行为,在防卫措施的强度上不具有必要性,在防卫结果与所保护的权利对比上也相差悬殊,应当认定为明显超过必要限度造成重大损害,属于防卫过当,依法应当负刑事责任,但是应当减轻或者免除处罚。

【指导意义】

刑法第二十条第二款规定,“正当防卫明显超过必要限度造成重大损害的,应当负刑事责任,但是应当减轻或者免除处罚”。司法实践通常称本款规定的情况为“防卫过当”。

防卫过当中,重大损害是指造成不法侵害人死亡、重伤的后果,造成轻伤及以下损伤的不属于重大损害;明显超过必要限度是指,根据所保护的权利性质、不法侵害的强度和紧迫程度等综合衡量,防卫措施缺乏必要性,防卫强度与侵害程度对比也相差悬殊。司法实践中,重大损害的认定比较好把握,但明显超过必要限度的认定相对复杂,对此应当根据不法侵害的性质、手段、强度和危害程度,以及防卫行为的性质、手段、强度、时机和所处环境等因素，进行综合判断。本案中，朱凤山为保护住宅安宁和免受可能的一定人身侵害，而致侵害人丧失生命，就防卫与侵害的性质、手段、强度和结果等因素的对比来看，既不必要也相差悬殊，属于明显超过必要限度造成重大损害。

民间矛盾引发的案件极其复杂，涉及防卫性质争议的，应当坚持依法、审慎的原则，准确作出判断和认定，从而引导公民理性平和解决争端，避免在争议纠纷中不必要地使用武力。针对实践当中的常见情形，可注意把握以下几点：一是应作整体判断，即分清前因后果和是非曲直，根据查明的事实，当事人的行为具有防卫性质的，应当依法作出认定，不能惟结果论，也不能因矛盾暂时没有化解等因素而不去认定或不敢认定；二是对于近亲属之间发生的不法侵害，对防卫强度必须结合具体案情作出更为严格的限制；三是对于被害人有无过错与是否正在进行的不法侵害，应当通过细节的审查、补查，作出准确的区分和认定。

人民检察院办理刑事案件，必须高度重视犯罪嫌疑人、被告人及其辩护人所提正当防卫或防卫过当的意见，对于所提意见成立的，应当及时予以采纳或支持，依法保障当事人的合法权利。

【相关规定】

《中华人民共和国刑法》第二十条、第二百三十四条

《中华人民共和国刑事诉讼法》第二百三十五条

检例第82号：钱某故意伤害案

【关键词】

认罪认罚　律师参与协商　量刑建议说理　司法救助

【要旨】

检察机关应当健全量刑协商机制，规范认罪认罚案件量刑建议的形成过程。依法听取犯罪嫌疑人、辩护人或者值班律师的意见，通过出示有关证据、释法说理等方式，结合案件事实和情节开展量刑协商，促进协商一致。注重运用司法救助等制度措施化解矛盾，提升办案质效。

【基本案情】

被告人钱某，1982年5月生，浙江嵊州人，嵊州市某工厂工人。

2019年9月28日晚，钱某应朋友邀请在嵊州市长乐镇某餐馆与被害人马某某等人一起吃饭。其间，钱某与马某某因敬酒发生争吵，马某某不满钱某喝酒态度持玻璃酒杯用力砸向钱某头部，致其额头受伤流血。钱某随后从餐馆门口其电瓶车内取出一把折叠刀，在厮打过程中刺中马某某胸部、腹部。马某某随即被送往医院救治，经医治无效于同年11月27日死亡。案发后，钱某即向公安机关主动投案，如实供述了自己的犯罪行为。案件移送检察机关审查起诉后，钱某表示愿意认罪认罚，在辩护人见证下签署了《认罪认罚具结书》。案发后，被告人钱某向被害人亲属进行了民事赔偿，取得被害人亲属谅解。

绍兴市人民检察院以钱某犯故意伤害罪于2020年5月15日向绍兴市中级人民法院提起公诉，提出有期徒刑十二年的量

刑建议。绍兴市中级人民法院经开庭审理，当庭判决采纳检察机关指控的罪名和量刑建议。被告人未上诉，判决已生效。

【检察履职情况】

1. 依法听取意见，开展量刑协商。本案被告人自愿认罪认罚，检察机关在依法审查证据、认定事实基础上，围绕如何确定量刑建议开展了听取意见、量刑协商等工作。根据犯罪事实和量刑情节，检察机关初步拟定有期徒刑十五年的量刑建议。针对辩护人提出钱某有正当防卫性质，属防卫过当的辩护意见，检察机关结合证据阐明被告人激愤之下报复伤害的犯罪故意明显，不属于针对不法侵害实施的防卫行为，辩护人表示认同，同时提交了钱某与被害人亲属达成的调解协议及被害人亲属出具的谅解书。检察机关审查并听取被害方意见后予以采纳，经与被告人及其辩护人沟通协商，将量刑建议调整为有期徒刑十二年，控辩双方达成一致意见。

2. 量刑建议说理。被告人签署具结书前，检察机关向被告人和辩护人详细阐释了本案拟起诉认定的事实、罪名、情节，量刑建议的理由和依据，自首、认罪认罚、赔偿损失及取得谅解等情节的量刑从宽幅度等。被告人表示接受，并在辩护人见证下签署了《认罪认罚具结书》。检察机关提起公诉时随案移送《量刑建议说理书》。

3. 开展司法救助。检察机关受理案件后，检察官多次到被害人家中慰问，了解到被害人家中仅有年迈的父亲和年幼的儿子二人，无力支付被害人医疗费和丧葬费，被告人也家境困难，虽然尽力赔付但不足以弥补被害方的损失。检察机关积极为被害人家属申请了司法救助金，帮助其解决困难，促进双方矛盾化解。

【指导意义】

1. 有效保障辩护人或者值班律师参与量刑协商。办理认罪认罚案件，检察机关应当与被告人、辩护人或者值班律师进行充分有效的量刑协商。检察机关组织开展量刑协商时，应当充分听取被告人、辩护人或者值班律师的意见。检察机关可以通过向被告人出示证据、释法说理等形式，说明量刑建议的理由和依据，保障协商的充分性。被告人及其辩护人或者值班律师提出新的证据材料或者不同意见的，应当重视并认真审查，及时反馈是否采纳并说明理由，需要核实或一时难以达成一致的，可以在充分准备后再开展协商。检察机关应当听取被害方及其诉讼代理人的意见，促进和解谅解，并作为对被告人从宽处罚的重要因素。

2. 运用司法救助促进矛盾化解。对于因民间矛盾纠纷引发，致人伤亡的案件，被告人认罪悔罪态度好，但因家庭经济困难没有赔偿能力或者赔偿能力有限，而被害方又需要救助的，检察机关应当积极促使被告人尽力赔偿被害方损失，争取被害方谅解，促进矛盾化解。同时要积极开展司法救助，落实帮扶措施，切实为被害方纾解困难提供帮助，做实做细化解矛盾等社会治理工作。

【相关规定】

《中华人民共和国刑法》第二百三十四条、第六十七条第一款

《中华人民共和国刑事诉讼法》第十五条、第一百七十三条、第一百七十四条、第一百七十六条

最高人民法院、最高人民检察院、公安部、国家安全部、司法部《关于适用认罪认罚从宽制度的指导意见》

《人民检察院国家司法救助工作细则(试行)》

检例第106号：牛某非法拘禁案

【关键词】

非法拘禁　共同犯罪　补充社会调查　附条件不起诉　异地考察帮教

【要旨】

检察机关对于公安机关移送的社会调查报告应当认真审查,报告内容不能全面反映未成年人成长经历、犯罪原因、监护教育等情况的,可以商公安机关补充调查,也可以自行或者委托其他有关组织、机构补充调查。对实施犯罪行为时系未成年人但诉讼过程中已满十八周岁的犯罪嫌疑人,符合条件的,可以适用附条件不起诉。对于外地户籍未成年犯罪嫌疑人,办案检察机关可以委托未成年人户籍所在地检察机关开展异地协作考察帮教,两地检察机关要各司其职,密切配合,确保帮教取得实效。

【基本案情】

被附条件不起诉人牛某,女,作案时17周岁,初中文化,无业。

2015年初,牛某初中三年级辍学后打工,其间经人介绍加入某传销组织,后随该组织到某市进行传销活动。2016年4月21日,被害人瞿某(男,成年人)被其女友卢某(另案处理)骗至该传销组织。4月24日上午,瞿某在听课过程中发现自己进入的是传销组织,便要求卢某与其一同离开。乔某(传销组织负责人,到案前因意外事故死亡)得知情况后,安排牛某与卢某、孙某(另案处理)等人进行阻拦。次日上午,瞿某再次开门欲离开时,在乔某指使下,牛某积极参与对被害人瞿某实施堵门、言语威胁等行为,程某(另案处理)等人在客厅内以打牌名义进行看管。15时许,瞿某在其被拘禁的四楼房间窗户前探身欲呼救时不慎坠至一楼,经法医鉴定,瞿某为重伤二级。

因该案系八名成年人与一名未成年人共同犯罪,公安机关进行分案办理。八名成年人除乔某已死亡外,均被提起公诉,人民法院以非法拘禁罪分别判处被告人有期徒刑一年至三年不等。

【检察机关履职过程】

(一)依法对牛某作出不批准逮捕决定。公安机关对未成年犯罪嫌疑人牛某提请批准逮捕后,检察机关依法讯问牛某,听取其法定代理人、辩护人及被害人的意见。经审查,检察机关认为牛某因被骗加入传销组织后,积极参与实施了非法拘禁致被害人重伤的共同犯罪行为,已构成非法拘禁罪,但在犯罪中起次要作用,且归案后供述稳定,认罪悔罪态度好,愿意尽力赔偿被害人经济损失,采取取保候审足以防止社会危险性的发生,依法对牛某作出不批准逮捕决定,并联合司法社工、家庭教育专家、心理咨询师及其法定代理人组成帮教小组,建立微信群,开展法治教育、心理疏导、就业指导等,预防其再犯。同时,商公安机关对牛某的成长经历、家庭情况、犯罪原因等进行社会调查。

(二)开展补充社会调查。案件移送起诉后,检察机关审查认为,随案移送的社会调查报告不够全面细致。为进一步查明牛某犯罪原因、犯罪后表现等情况,检察机关遂列出详细的社会调查提纲,并通过牛某户籍所在地检察机关委托当地公安机关对牛某的成长经历、犯罪原因、平时表现、社会交往、家庭监护条件、取保候审期间的表现等进行补充社会调查。调查人员通过走访牛某父母、邻居、村委会干部及打工期间的同事了解到，牛某家庭成员共五人，家庭关系融洽，母亲常年在外打工，父亲在家务农，牛某平时表现良好，服从父母管教，村委会愿意协助家庭对其开展帮教。取保候审期间，牛某在一家烧烤店打工，同事评价良好。综合上述情况，检察机关认为牛某能够被社会接纳，具备社会化帮教条件。

（三）促成与被害人和解。本案成年被告人赔偿后，被害人瞿某要求牛某赔偿五万元医药费。牛某及家人虽有赔偿意愿，但因家庭经济困难，无法一次性支付赔偿款。检察机关向被害人详细说明牛某和家人的诚意及困难，并提出先支付部分现金，剩余分期还款的赔偿方案，引导双方减少分歧。经做工作，牛某与被害人接受了检察机关的建议，牛某当面向被害人赔礼道歉，并支付现金两万元，剩余三万元承诺按月还款，两年内付清，被害人为牛某出具了谅解书。

（四）召开听证会，依法作出附条件不起诉决定。鉴于本案涉及传销，造成被害人重伤，社会关注度较高，且牛某在诉讼过程中已满十八周岁，对是否适宜作附条件不起诉存在不同认识，检察机关举行不公开听证会，牛某及其法定代理人、辩护人和侦查人员、帮教人员等参加。听证人员结合具体案情、法律规定和现场提问情况发表意见，一致赞同对牛某附条件不起诉。2018 年 5 月 16 日，检察机关依法对牛某作出附条件不起诉决定。综合考虑其一贯表现和犯罪性质、情节、后果、认罪悔罪表现及尚未完全履行赔偿义务等因素，参考同案人员判决情况以及其被起诉后可能判处的刑期，确定考验期为一年。

（五）开展异地协作考察帮教。鉴于牛某及其家人请求回户籍地接受帮教，办案检察机关决定委托牛某户籍地检察机关开展异地考察帮教，并指派承办检察官专程前往牛某户籍地检察机关进行工作衔接。牛某户籍地检察机关牵头成立了由检察官、司法社工、法定代理人等组成的帮教小组，根据所附条件共同制定帮助牛某提升法律意识和辨别是非能力、树立正确消费观、提高就业技能等方面的个性化帮教方案，要求牛某按照方案内容接受当地检察机关的帮教，定期向帮教检察官汇报思想、生活状况，根据协议按时、足额将赔偿款汇到被害人账户。办案检察机关定期与当地检察机关帮教小组联系，及时掌握对牛某的考察帮教情况。牛某认真接受帮教，并提前还清赔偿款。考验期满，检察机关综合牛某表现，依法作出不起诉决定。经回访，目前牛某工作稳定，各方面表现良好，生活已经走上正轨。

【指导意义】

（一）办理附条件不起诉案件，应当进行社会调查，社会调查报告内容不完整的，应当补充开展社会调查。社会调查报告是检察机关认定未成年犯罪嫌疑人主观恶性大小、是否适合作附条件不起诉以及附什么样的条件、如何制定具体的帮教方案等的重要参考。社会调查报告的内容主要包括涉罪未成年人个人基本情况、家庭情况、成长经历、社会生活状况、犯罪原因、犯罪前后表现、是否具备有效监护条件、社会帮教条件等，应具有个性化和针对性。公安机关、人民检察院、人民法院办理未成年人刑事案件，根据法律规定和案件情况可以进行社会调查。公安机关侦查未成年人犯罪案件，检察机关可以商请公安机关进行社会调查。认为公安机关随案移送的社会调查报告内容不完整、不全面的，可以商请公安机关补充进行社会调查，也可以自行补充开展社会调查。

（二）对于犯罪时系未成年人但诉讼过程中已满十八周岁的犯罪嫌疑人，可以适用附条件不起诉。刑事诉讼法第二百八十二条规定，对于涉嫌刑法分则第四章、第五章、第六章规定的犯罪，可能判处一年有期徒刑以下刑罚，符合起诉条件，但有悔罪表现的未成年人刑事案件，可以作出附条件不起诉决定。未成年人刑事案件是指犯罪嫌疑人实施犯罪时系未成年人的案件。对于实施犯罪行为时未满十八周岁，但诉讼中已经成年的犯罪嫌疑人，符合适用附条件不起诉案件条件的，人民检察院可以作出附条件不起诉决定。

（三）对外地户籍未成年人，可以开展异地协作考察帮教，确保帮教效果。被附条件不起诉人户籍地或经常居住地与办案检察机关属于不同地区，被附条件不起诉人希望返回户籍地或经常居住地生活工作的，办案检察机关可以委托其户籍地或经常居住地检察机关协助进行考察帮教，户籍地或经常居住地检察机关应当予以支持。两地检察机关应当根据被附条件不起诉人的具体情况，共同制定有针对性的帮教方案并积极沟通协作。当地检察机关履行具体考察帮教职责，重点关注未成年人行踪轨迹、人际交往、思想动态等情况，定期走访被附条件不起诉人的法定代理人以及所在社区、单位，并将考察帮教情况及时反馈办案检察机关。办案检察机关应当根据考察帮教需要提供协助。考验期届满前，当地检察机关应当出具被附条件不起诉人考察帮教情况总结报告，作为办案检察机关对被附条件不起诉人是否最终作出不起诉决定的重要依据。

【相关规定】

《中华人民共和国刑法》第二百三十八条

《中华人民共和国刑事诉讼法》第二百七十九条、第二百八十二条、第二百八十三条、第二百八十四条

《人民检察院刑事诉讼规则》第四百六十一条、第四百六十三条、第四百九十六条

《人民检察院办理未成年人刑事案件的规定》第三十条、第三十一条、第四十条、第四十四条

《未成年人刑事检察工作指引（试行）》第二十一条、第三十条、第六十九条、第一百八十一条、第一百九十四条、第一百九十六条

检例第 137 号：郎某、何某诽谤案

【关键词】

网络诽谤　严重危害社会秩序　能动司法　自诉转公诉

【要旨】

利用信息网络诽谤他人，破坏公众安全感，严重扰乱网络社会秩序，符合刑法第二百四十六条第二款“严重危害社会秩序”的，检察机关应当依法履行追诉职责，作为公诉案件办理。对公安机关未立案侦查，被害人已提出自诉的，检察机关应当处理好由自诉向公诉程序的转换。

【基本案情】

被告人郎某，男，1993 年出生，个体工商户。

被告人何某,男,1996年出生,务工。

被害人谷某,女,1992年出生,务工。

2020年7月7日18时许,郎某在杭州市余杭区某小区东门快递驿站内,使用手机偷拍正在等待取快递的被害人谷某,并将视频发布在某微信群。后郎某、何某分别假扮快递员和谷某,捏造谷某结识快递员并多次发生不正当性关系的微信聊天记录。为增强聊天记录的可信度,郎某、何某还捏造"赴约途中""约会现场"等视频、图片。7月7日至7月16日期间,郎某将上述捏造的微信聊天记录截图39张及视频、图片陆续发布在该微信群,引发群内大量低俗、侮辱性评论。

8月5日,上述偷拍的视频以及捏造的微信聊天记录截图27张被他人合并转发,并相继扩散到110余个微信群(群成员约2.6万)、7个微信公众号(阅读数2万余次)及1个网站(浏览量1000次)等网络平台,引发大量低俗、侮辱性评论,严重影响了谷某的正常工作生活。

8月至12月,此事经多家媒体报道引发网络热议,其中,仅微博话题"被造谣出轨女子至今找不到工作"阅读量就达4.7亿次、话题讨论5.8万人次。该事件在网络上广泛传播,给广大公众造成不安全感,严重扰乱了网络社会公共秩序。

【检察履职情况】

(一)推动案件转为公诉程序办理

2020年8月7日,谷某就郎某、何某涉嫌诽谤向浙江省杭州市公安局余杭分局报案。8月13日,余杭分局作出对郎某、何某行政拘留9日的决定。10月26日,谷某委托诉讼代理人向浙江省杭州市余杭区人民法院提起刑事自诉,并根据法院通知补充提交了相关材料。12月14日,法院立案受理并对郎某、何某采取取保候审强制措施。

因相关事件及视频在网络上进一步传播、蔓延,案件情势发生重大变化。检察机关认为,郎某、何某的行为不仅侵害被害人的人格权,而且经网络迅速传播,已经严重扰乱网络社会公共秩序。由于本案被侵害对象系随意选取,具有不特定性,任何人都可能成为被侵害对象,严重破坏了广大公众安全感。对此类案件,由自诉人收集证据并达到事实清楚,证据确实、充分的证明标准难度很大,只有通过公诉程序追诉才能及时、有效收集、固定证据,依法惩罚犯罪、维护社会公共秩序。12月22日,浙江省杭州市余杭区人民检察院建议公安机关立案侦查。

12月25日,余杭分局对郎某、何某涉嫌诽谤罪立案侦查。12月26日,谷某向余杭区人民法院撤回起诉。

(二)引导侦查取证

余杭区人民检察院围绕诽谤罪"情节严重"的标准以及"严重危害社会秩序"的公诉情形,向公安机关提出对诽谤信息传播侵害被害人人格权与社会秩序、公众安全感遭受破坏的相关证据一并收集固定的意见。公安机关经侦查,及时收集、固定了诽谤信息传播扩散情况、引发的低俗评论以及该案给广大公众造成的不安全感等关键证据。

(三)审查起诉

2021年1月20日,余杭分局将该案移送审查起诉。余杭区人民检察院审查认为,郎某、何某为寻求刺激、博取关注,捏造损害他人名誉的事实,在网络上散布,造成该信息被大量阅读、转发,严重侵害谷某的人格权,导致谷某被公司劝退,随后多次求职被拒,使谷某遭受一定经济损失,社会评价也遭受严重贬损，且二被告人侵害对象选择随意，造成不特定公众恐慌和社会安全感、秩序感下降；诽谤信息在网络上大范围流传，引发大量低俗评论，对网络公共秩序造成严重冲击，严重危害社会秩序，符合刑法第二百四十六条第二款“严重危害社会秩序”的规定。

2月26日，余杭区人民检察院依法对郎某、何某以涉嫌诽谤罪提起公诉。鉴于二被告人认罪认罚，对被害人进行赔偿并取得谅解，余杭区人民检察院对二被告人提出有期徒刑一年，缓刑二年的量刑建议。

（四）指控与证明犯罪

2021年4月30日，余杭区人民法院依法公开开庭审理本案。庭审中，二被告人再次表示认罪认罚。

辩护人对检察机关指控事实、定性均无异议。郎某的辩护人提出，诽谤信息的传播介入了他人的编辑、转发，属于多因一果。公诉人答辩指出，郎某作为成年人应当知道网络具有开放性、不可控性，诽谤信息会被他人转发或者评论，因此，他人的扩散行为应当由其承担责任。而且，被他人转发，恰恰说明该诽谤信息对社会秩序的破坏。

（五）处理结果

余杭区人民法院审理后当庭宣判，采纳检察机关指控的犯罪事实和量刑建议，判决二被告人有期徒刑一年，缓刑二年。宣判后，二被告人未提出上诉，判决已生效。

【指导意义】

（一）准确把握网络诽谤犯罪“严重危害社会秩序”的认定条件。网络涉及面广、浏览量大，一旦扩散，往往造成较大社会影响，与传统的发生在熟人之间、社区传播形式的诽谤案件不同，通过网络诽谤他人，诽谤信息经由网络广泛传播，严重损害被害人人格权，如果破坏了公序良俗和公众安全感，严重扰乱网络社会公共秩序的，应当认定为《最高人民法院、最高人民检察院关于办理利用信息网络实施诽谤等刑事案件适用法律若干问题的解释》第三条规定的“其他严重危害社会秩序的情形”。对此，可以根据犯罪方式、对象、内容、主观目的、传播范围和造成后果等，综合全案事实、性质、情节和危害程度等予以评价。

（二）坚持能动司法，依法惩治网络诽谤犯罪。网络诽谤传播广、危害大、影响难消除，被害人往往面临举证难、维权难，通过自诉很难实现权利救济，更无法通过自诉有效追究犯罪嫌疑人刑事责任。如果网络诽谤犯罪侵害了社会公共利益，就应当适用公诉程序处理。检察机关要适应新时代人民群众对人格尊严保护的更高需求，针对网络诽谤犯罪的特点，积极主动履职，加强与其他执法司法机关沟通协调，依法启动公诉程序，及时有效打击犯罪，加强对公民人格权的刑法保护，维护网络社会秩序，营造清朗网络空间。

（三）被害人已提起自诉的网络诽谤犯罪案件，因同时侵害公共利益需要适用公诉程序办理的，应当依法处理好程序转换。对自诉人已经提起自诉的网络诽谤犯罪案件，检察机关审查认为属于“严重危害社会秩序”，应当适用公诉程序的，应当履行法律监督职责，建议公安机关立案侦查。在公安机关立案后，对自诉人提起的自诉案件，人民法院尚未受理的，检察机关可以征求自诉人意见，由其撤回起诉。人民法院对自诉人的自诉案件受理以后，公安机关又立案的，检察机关可以征求自诉人意见，由其撤回起诉,或者建议人民法院依法裁定终止自诉案件的审理,以公诉案件审理。

【相关规定】

《中华人民共和国刑法》第二百四十六条

《中华人民共和国民法典》第九百九十条、第九百九十一条、第一千零二十四条

《最高人民法院、最高人民检察院关于办理利用信息网络实施诽谤等刑事案件适用法律若干问题的解释》第二条、第三条

《最高人民法院关于适用〈中华人民共和国刑事诉讼法〉的解释》第一条、第三百二十条

检例第138号:岳某侮辱案

【关键词】

网络侮辱　裸照　情节严重　严重危害社会秩序　公诉程序

【要旨】

利用信息网络散布被害人的裸体视频、照片及带有侮辱性的文字,公然侮辱他人,贬损他人人格、破坏他人名誉,导致出现被害人自杀等后果,严重危害社会秩序的,应当按照公诉程序,以侮辱罪依法追究刑事责任。

【基本案情】

被告人岳某,男,1982年出生,农民。

被害人张某,女,殁年34岁。

二人系同村村民,自2014年开始交往。交往期间,岳某多次拍摄张某裸露身体的照片和视频。2020年2月,张某与岳某断绝交往。岳某为报复张某及其家人,在自己的微信朋友圈、快手APP散布二人交往期间拍摄的张某的裸体照片、视频,并发送给张某的家人。后岳某的该快手账号因张某举报被封号。5月,岳某再次申请快手账号,继续散布张某的上述视频及写有侮辱性文字的张某照片,该快手APP散布的视频、照片的浏览量达到600余次。

上述侮辱信息在当地迅速扩散、发酵,造成恶劣社会影响。同时,岳某还多次通过电话、微信骚扰、挑衅张某的丈夫。张某倍受舆论压力,最终不堪受辱服毒身亡。

【检察履职情况】

(一)审查逮捕

2020年7月6日,张某的丈夫以张某被岳某强奸为由到公安机关报案。7月7日,河北省肃宁县公安局立案侦查。7月13日,肃宁县公安局以岳某涉嫌强奸罪向河北省肃宁县人民检察院提请批准逮捕。

肃宁县人民检察院审查认为,因张某死亡,且无其他证据,无法证实岳某实施了强奸行为,但岳某为报复张某,将张某的裸体视频及带有侮辱性文字的照片发送到微信朋友圈和快手等网络平台,公然贬损张某人格、破坏其名誉,致张某自杀,情节严重,应当以侮辱罪追究其刑事责任。岳某侮辱他人,在当地造成恶劣影响,范围较广,严重危害社会秩序,应当适用公诉程序追诉。7月20日,肃宁县人民检察院以岳某涉嫌侮辱罪对其批准逮捕。

(二)审查起诉

2020年9月18日,肃宁县公安局以岳某涉嫌侮辱罪移送审查起诉。肃宁县人民检察院受理后,根据审查情况,要求公安机关向腾讯、快手公司补充调取岳某的账号信息及发布内容,确定发布内容的浏览量,以及在当地造成的社会影响。审查后,肃宁县人民检察院于10月9日以岳某涉嫌侮辱罪提起公诉,并结合认罪认罚情况,对

岳某提出有期徒刑二年八个月的量刑建议。

（三）指控与证明犯罪

2020年11月25日，河北省肃宁县人民法院依法不公开开庭审理本案。

被告人岳某表示认罪认罚。岳某的辩护人提出，岳某的行为不构成犯罪。一是岳某的行为属于民事侵权行为，散布隐私尚未达到“情节严重”；二是岳某出于专门散布张某隐私视频和照片的目的而开设快手账号，两个账号粉丝共4人，不会有粉丝以外的人浏览，不符合侮辱罪“公然性”要求。公诉人答辩指出，岳某的行为已构成侮辱罪。一是张某因岳某的侮辱行为而自杀，该侮辱行为与死亡结果存在因果关系，属于“情节严重”；二是侮辱行为具有“公然性”。岳某将被害人的裸照、视频发送到网络上，使不特定多数人均可以看到，符合侮辱罪“公然性”的规定。而且，快手APP并非只有成为粉丝才能浏览，粉丝人数少不代表浏览人数少，在案证据证实视频和照片的浏览量分别为222次、429次，且证人岳某坤等证实曾接收到快手同城推送的带有侮辱性文字的张某照片。

（四）处理结果

2020年12月3日，肃宁县人民法院作出判决，采纳检察机关指控的犯罪事实和量刑建议，以侮辱罪判处岳某有期徒刑二年八个月。判决宣告后，岳某未提出上诉，判决已生效。

【指导意义】

（一）侮辱他人行为恶劣或者造成被害人精神失常、自残、自杀等严重后果的，可以认定为“情节严重”。行为人以破坏他人名誉、贬低他人人格为目的，故意在网络上对他人实施侮辱行为，如散布被害人的个人隐私、生理缺陷等，情节严重的，应当认定为侮辱罪。侮辱罪“情节严重”，包括行为恶劣、后果严重等情形，如当众撕光妇女衣服的，当众向被害人泼洒粪便、污物的，造成被害人或者其近亲属精神失常、自残、自杀的，二年内曾因侮辱受过行政处罚又侮辱他人的，在网络上散布被害人隐私导致被广泛传播的，以及其他情节严重情形。

（二）侮辱罪“严重危害社会秩序”可以结合行为方式、社会影响等综合认定。侮辱罪属于告诉才处理的犯罪，但严重危害社会秩序和国家利益的除外。行为人利用信息网络侮辱他人犯罪案件中，是否属于“严重危害社会秩序”的情形，可以根据《最高人民法院、最高人民检察院关于办理利用信息网络实施诽谤等刑事案件适用法律若干问题的解释》的相关规定予以认定。行为人在网络上散布被害人裸照、视频等严重侵犯他人隐私的信息，造成恶劣社会影响的，或者在网络上散布侮辱他人的信息，导致对被害人产生大量负面评价，造成恶劣社会影响的，不仅侵害被害人人格权，而且严重扰乱社会秩序的，可以认定为“其他严重危害社会秩序的情形”，按照公诉程序依法追诉。

（三）准确认定利用网络散布他人裸照、视频等隐私的行为性质。行为人在与被害人交往期间，获得了被害人的裸照、视频等，无论其获取行为是否合法，是否得到被害人授权，只要恶意对外散布，均应当承担相应法律责任，情节严重的，要依法追究刑事责任。对上述行为认定为侮辱罪还是强制侮辱罪，要结合行为人的主客观方面综合判断。如果行为人以破坏特定人名誉、贬低特定人人格为目的，故意在网络上对特定对象实施侮辱行为，情节严重的，应当认定为侮辱罪。如果行为人出于寻求精神刺激等动机,以暴力、胁迫或者其他方式,对妇女进行身体或者精神强制,使之不能反抗或者不敢反抗,进而实施侮辱的行为,应当认定为强制侮辱罪。

【相关规定】

《中华人民共和国刑法》第二百四十六条

《最高人民法院、最高人民检察院关于办理利用信息网络实施诽谤等刑事案件适用法律若干问题的解释》第二条、第三条、第五条

检例第140号:柯某侵犯公民个人信息案

【关键词】

侵犯公民个人信息　业主房源信息　身份识别　信息主体另行授权

【要旨】

业主房源信息是房产交易信息和身份识别信息的组合,包含姓名、通信通讯联系方式、住址、交易价格等内容,属于法律保护的公民个人信息。未经信息主体另行授权,非法获取、出售限定使用范围的业主房源信息,系侵犯公民个人信息的行为,情节严重、构成犯罪的,应当依法追究刑事责任。检察机关办理案件时应当对涉案公民个人信息具体甄别,筛除模糊、无效及重复信息,准确认定侵犯公民个人信息数量。

【基本案情】

被告人柯某,男,1980年出生,系安徽某信息技术有限公司经营者,开发了"房利帮"网站。

2016年1月起,柯某开始运营"房利帮"网站并开发同名手机APP,以对外售卖上海市二手房租售房源信息为主营业务。运营期间,柯某对网站会员上传真实业主房源信息进行现金激励,吸引掌握该类信息的房产中介人员(另案处理)注册会员并向网站提供信息,有偿获取了大量包含房屋门牌号码及业主姓名、电话等非公开内容的业主房源信息。

柯某在获取上述业主房源信息后,安排员工冒充房产中介人员逐一电话联系业主进行核实,将有效的信息以会员套餐形式提供给网站会员付费查询使用。上述员工在联系核实信息过程中亦未如实告知业主获取、使用业主房源信息的情况。

自2016年1月至案发,柯某通过运营"房利帮"网站共非法获取业主房源信息30余万条,以会员套餐方式出售获利达人民币150余万元。

上海市公安局金山分局在侦办一起侵犯公民个人信息案时,发现该案犯罪嫌疑人非法出售的部分信息购自"房利帮"网站,根据最高人民法院、最高人民检察院、公安部《关于办理网络犯罪案件适用刑事诉讼法若干问题的意见》的规定,柯某获取的均为上海地区的业主信息,遂对柯某立案侦查。

【检察履职情况】

(一)引导侦查取证

2017年11月17日,金山分局以柯某涉嫌侵犯公民个人信息罪向上海市金山区人民检察院提请批准逮捕。

11月24日,金山区人民检察院作出批准逮捕决定,并建议公安机关从电子数据、言词证据两方面,针对信息性质和经营模式继续取证。公安机关根据建议,一是调取了完整的运营数据库进行鉴定,确认了信息数量;二是结合"房利帮"网站员工证

言,进一步向柯某确认了该公司是由其个人控制经营,以有偿获取、出售个人信息为业,查明本案属自然人犯罪而非单位犯罪。

(二)审查起诉

2018年1月19日,金山分局将本案移送审查起诉。经退回补充侦查并完善证据,查清了案件事实。一是对信息数据甄别去重,结合网站的资金支出和柯某供述,进一步明确了有效业主房源信息的数量;二是对相关业主开展随机调查,证实房产中介人员向"房利帮"网站上传信息未经业主事先同意或者另行授权,以及业主在信息泄露后频遭滋扰等情况。

7月27日,金山区人民检察院以柯某涉嫌侵犯公民个人信息罪提起公诉。

(三)指控与证明犯罪

2019年1月16日,上海市金山区人民法院依法公开开庭审理本案。审理中,柯某及其辩护人对柯某的业务模式、涉案信息数量等事实问题无异议,但认为柯某的行为不构成犯罪。

辩护人提出,第一,房源信息是用于房产交易的商用信息,部分信息没有业主实名,不属于刑法保护的公民个人信息;第二,网站的房源信息多由房产中介人员上传,房产中介人员获取该信息时已得到业主许可,系公开信息,网站属合理使用,无须另行授权;第三,网站对信息核实后,将真实房源信息整合,主要向房产中介人员出售,促进房产交易,符合业主意愿和利益。

公诉人答辩指出,柯某的行为依法构成犯罪。第一,业主房源信息中的门牌号码、业主电话,组合后足以识别特定自然人,且部分信息有业主姓名,符合刑法对公民个人信息的界定;第二,业主委托房产中介时提供姓名、电话等,目的是供相对的房产中介提供服务时联系使用,不能以此视为业主同意或者授权中介对社会公开;第三,柯某安排员工冒充房产中介向业主核实时,仍未如实告知信息获取的途径及用途。而且,该网站并不从事中介业务帮助业主寻找交易对象,只是将公民个人信息用于倒卖牟利。

(四)处理结果

2019年12月31日,金山区人民法院作出判决,采纳金山区人民检察院指控的犯罪事实和意见,以侵犯公民个人信息罪判处柯某有期徒刑三年,缓刑四年,并处罚金人民币一百六十万元。宣判后,柯某未提出上诉,判决已生效。

【指导意义】

(一)包含房产信息和身份识别信息的业主房源信息属于公民个人信息。公民个人信息,是指以电子或者其他方式记录的能够单独或者与其他信息结合识别特定自然人身份或者反映特定自然人活动情况的各种信息,包括姓名、身份证件号码、通信通讯联络方式、住址、账号密码、财产状况、行踪轨迹等。业主房源信息包括房产坐落区域、面积、售租价格等描述房产特征的信息,也包含门牌号码、业主电话、姓名等具有身份识别性的信息,上述信息组合,使业主房源信息符合公民个人信息"识别特定自然人"的规定。上述信息非法流入公共领域存在较大风险。现实生活中,被害人因信息泄露被频繁滋扰,更有大量信息进入黑灰产业链,被用于电信网络诈骗、敲诈勒索等犯罪活动,严重威胁公民人身财产安全、社会公共利益,甚至危及国家信息安全,应当依法惩处。

(二)获取限定使用范围的信息需信息

主体同意、授权。对生物识别、宗教信仰、特定身份、医疗健康、金融账户、行踪轨迹等敏感个人信息,进行信息处理须得到信息主体明确同意、授权。对非敏感个人信息,如上述业主电话、姓名等,应当根据具体情况作出不同处理。信息主体自愿、主动向社会完全公开的信息,可以认定同意他人获取,在不侵犯其合法利益的情况下可以合法、合理利用。但限定用途、范围的信息,如仅提供给中介供服务使用的,他人在未经另行授权的情况下,非法获取、出售,情节严重的,应当以侵犯公民个人信息罪追究刑事责任。

(三)认定公民个人信息数量,应当在全面固定数据基础上有效甄别。侵犯公民个人信息案件中,信息一般以电子数据形式存储,往往数据庞杂、真伪交织、形式多样。检察机关应当把握公民个人信息"可识别特定自然人身份或者反映特定自然人活动情况"的标准,准确提炼出关键性的识别要素,如家庭住址、电话号码、姓名等,对信息数据有效甄别。对包含上述信息的认定为有效的公民个人信息,以准确认定信息数量。

【相关规定】

《中华人民共和国刑法》第二百五十三条之一

《中华人民共和国网络安全法》第四十一条、第四十二条

《最高人民法院、最高人民检察院关于办理侵犯公民个人信息刑事案件适用法律若干问题的解释》第一条、第二条、第三条、第四条、第十一条

检例第161号:董某娟刑事申诉简易公开听证案

【关键词】

刑事申诉　自诉案件　简易公开听证　现场释惑　心理疏导

【要旨】

检察机关办理申诉人走访申诉的案件,可以在12309检察服务中心等申诉案件办理场所举行简易公开听证,由检察官和听证员现场解答申诉人关于案件事实认定、证据采信和法律适用等方面的疑问。心理咨询师可以作为听证员或者辅助人员,参与检察听证,有针对性地给予申诉人专业化的心理疏导,纾解其心结,增强释法说理效果,促进矛盾化解、案结事了。

【基本案情】

申诉人董某娟,系王某某故意伤害案的自诉人。

2014年9月16日,董某娟因家庭矛盾与刘某甲(董某娟之嫂)、刘某乙(刘某甲之妹)发生口角和推搡。途经案发地并与刘某甲相熟的王某某见状,用拳数次击打董某娟鼻部,导致董某娟先后住院治疗21天,医疗费等各项经济损失共计15841.08元。经鉴定,董某娟的损伤程度为轻伤二级,十级伤残。董某娟以刘某甲、刘某乙、王某某犯故意伤害罪为由,向吉林省四平市铁西区人民法院提起自诉。2015年12月31日,四平市铁西区人民法院判决被告人刘某甲、刘某乙无罪;被告人王某某犯故意伤害罪,判处有期徒刑六个月,赔偿董某娟15841.08元。董某娟不服,认为刘某甲、刘某乙、王某某系共同犯罪,不应当只追究王某某的刑事责任,也应当追究刘某

甲、刘某乙的刑事责任,提出上诉。2016年4月28日,四平市中级人民法院裁定驳回上诉,维持原判。董某娟仍不服,先后向四平市人民检察院和吉林省人民检察院申诉。两级检察院经审查,均认为原审裁判认定事实清楚,证据确实充分,适用法律正确,申诉人申诉理由不成立,予以结案。申诉人仍不服,到最高人民检察院12309检察服务中心走访申诉。

【检察听证过程】

听证前准备。最高人民检察院12309检察服务中心信访接待检察官受理案件后,初步审查并与申诉人沟通交流后认为,原审裁判认定事实清楚,证据确实、充分,定性准确,处理适当。两级检察机关的处理决定正确。本案系发生在亲属之间的矛盾纠纷案件,案情简单,申诉人之所以不服原审裁判及检察机关处理结论持续申诉的原因是,原案办理时未充分和清晰播放现场监控录像,没有就关键视频影像逐一进行说明质证,也未对申诉人进行充分的释法说理。两级检察机关在审查本案时,亦未对申诉人充分释法说理。因此,申诉人不信任司法机关的处理结论,不断信访申诉。

为回应申诉人的疑问,解开其"心结",检察官在征得董某娟本人同意后,决定在12309检察服务中心举行简易公开听证。为依法有据向申诉人释法说理,检察官委托四平市铁西区人民检察院到四平市铁西区人民法院调取案发现场监控录像,查阅相关案例,为公开听证做好准备。由于调取案发现场监控录像需要时间,检察官与申诉人约定了简易公开听证的时间。

公开听证。2021年6月9日,董某娟刑事申诉案简易公开听证会在最高人民检察院12309检察服务中心召开,由当天在12309检察服务中心值班的律师、心理咨询师和从最高人民检察院控告申诉检察专家咨询库中邀请的一名刑事律师,共三人担任听证员。为纾解申诉人的对立情绪和消极心态,听证会前,在检察官的主持下,心理咨询师与申诉人进行了沟通交流,给予心理疏导。

听证会上,检察官播放了案发现场监控录像,就申诉人申诉的关键环节逐帧播放,向申诉人详细分析讲解案发时的情况。监控录像证实,董某娟与刘某甲、刘某乙发生口角,进而相互撕扯、踢踹,但并未伤及董某娟鼻子部位;随后,王某某来到案发现场,用拳击打董某娟,致董某娟鼻子受伤。检察官指出,刘某甲、刘某乙与董某娟之间因家庭矛盾引发争执,进而发生撕扯、踢踹等行为,双方在冲突过程中没有使用凶器,能够保持一定的克制,均不具备伤害对方的主观故意,不属于刑法意义上的故意伤害行为。王某某路过案发现场后,用拳击打董某娟头面部,其击打力度、击打部位和损害后果已经达到了严重损害人体健康的程度,属于刑法意义上的故意伤害行为。没有证据证实王某某与刘某甲、刘某乙事先、事中有通谋。检察官还结合原审裁判文书中被告人王某某供述、申诉人董某娟的陈述以及现场目击证人证言等证据,从证据采信、事实认定、法律适用等方面逐一回应申诉人的疑问。

听证员围绕案发起因、共同犯罪认定、诉讼程序适用等焦点问题发表了专业、客观的意见,一致认为,原审裁判并无不当,申诉人的申诉理由不能成立,并对申诉人进行了劝慰。

听证会让申诉人多年的疑惑得以明晰,

打开了心结,主动表示相信法律的公平公正,接受司法机关的处理决定,息诉罢访。

后续工作。最高人民检察院依法作出决定,委托申诉人所在地检察机关上门向董某娟送达刑事申诉结果通知书,并再次向其释法说理。同时,结合其家庭困难等因素,由申诉人所在地检察机关给予其适当的司法救助。董某娟主动签订了息诉息访协议,一起申诉6年的案件圆满化解。

【指导意义】

(一)人民检察院对于申诉人走访申诉的案件,根据案件情况,可以举行简易公开听证。简易公开听证是检察机关办理刑事申诉案件,化解矛盾纠纷的方式创新。承办检察官经审查申诉材料、相关法律文书等,认为司法机关对原案的处理决定并无不当,只是未对申诉人充分释法说理的,可以采取即时或者预约的方式在12309检察服务中心等申诉案件办理场所举行简易公开听证,由听证员和检察官向申诉人充分释法说理,消除申诉人对司法机关处理决定的疑惑。简易公开听证是对普通听证程序的简化,一般不需要制定听证方案、发布听证会公告等,通常也无需邀请被申诉人、原案承办人员等参加听证会。出席简易公开听证的主要是办理刑事申诉案件的检察官、申诉人和听证员。听证员可由当天在12309检察服务中心值班的律师、心理咨询师等组成,一般为3人。听证过程中,听证员可以休会评议,也可以直接发表意见。

(二)对于因原案办理时释法说理不充分,矛盾没有得到有效化解而导致长年申诉、对立情绪和消极心态比较强烈的申诉人,可以邀请心理咨询师介入,做好申诉人的心理疏导工作。心理咨询师作为听证员参加检察听证,或者作为辅助人员参与听证过程,有针对性地进行专业的心理疏导,可以有效平复申诉人的心态,增强释法说理效果,促进矛盾化解。

【相关规定】

《中华人民共和国刑法》第二百三十四条

《人民检察院审查案件听证工作规定》(2020年9月14日施行)第二条、第四条

检例第172号:阻断性侵犯罪未成年被害人感染艾滋病风险综合司法保护案

【关键词】

奸淫幼女　情节恶劣　认罪认罚　艾滋病暴露后预防　检察建议

【要旨】

检察机关办理性侵害未成年人案件,在受邀介入侦查时,应当及时协同做好取证和未成年被害人保护救助工作。对于遭受艾滋病病人或感染者性侵的未成年被害人,应当立即开展艾滋病暴露后预防并进行心理干预、司法救助,最大限度降低犯罪给其造成的危害后果和长期影响。行为人明知自己系艾滋病病人或感染者,奸淫幼女,造成艾滋病传播重大现实风险的,应当认定为奸淫幼女"情节恶劣"。对于犯罪情节恶劣,社会危害严重,主观恶性大的成年人性侵害未成年人案件,即使认罪认罚也不足以从宽处罚的,依法不予从宽。发现类案风险和社会治理漏洞,应当积极推动风险防控和相关领域制度完善。

【基本案情】

被告人王某某,男,1996年8月出生,2016年6月因犯盗窃罪被刑事拘留,入所

体检时确诊为艾滋病病毒感染者，同年10月被依法判处有期徒刑6个月。2017年10月确诊为艾滋病病人，但王某某一直未按县疾病预防控制中心要求接受艾滋病抗病毒治疗。

被告人王某某与被害人林某某（女，案发时13周岁）于案发前一周在奶茶店相识，被害人告诉王某某自己在某中学初一就读，其父母均在外务工，自己跟随奶奶生活。2020年8月25日晚，被告人王某某和朋友曹某某、被害人林某某在奶茶店玩时，王某某提出到林某某家里拿酒喝。21时许，王某某骑摩托车搭乘林某某、曹某某一同前往林某某家，到达林某某所住小区后曹某某有事离开。王某某进入林某某家后产生奸淫之意，明知林某某为初一学生，以扇耳光等暴力手段，强行与林某某发生性关系。当晚林某某报警。次日下午，王某某被抓获归案，但未主动向公安机关供述自己系艾滋病病人的事实。

【检察机关履职过程】

开展保护救助。2020年，四川省某县人民检察院与各镇（街道）政法委员和村（社区）治保委员建立了应急处置、线索收集、协作协同等涉未成年人保护联动机制。2020年8月26日上午，县公安局向县检察院通报有留守儿童在8月25日晚被性侵，县检察院通过联动机制获知该犯罪嫌疑人已被确诊艾滋病。县检察院受邀介入侦查，一方面建议公安机关围绕行为人是否明知自己患有艾滋病、是否明知被害人系不满十四周岁的幼女，以及被害人遭受性侵后身心状况等情况调查取证；另一方面，启动未成年人保护联动应急处置机制，协同公安机关和卫生健康部门对被害人开展艾滋病暴露后预防，指导被害人服用阻断药物。因阻断工作启动及时，取得较好效果，被害人在受到侵害后进行了三次艾滋病病毒抗体检测，均呈阴性。检察机关还会同公安机关全面了解被害人家庭情况，协调镇、村妇联、教育行政部门开展临时生活照料、情绪安抚、心理干预、法律援助、转学复课、家庭教育指导工作，并对被害人开展司法救助。

组织不公开听证。本案审查过程中，对于犯罪嫌疑人王某某的行为已构成强奸罪不存在争议，但对于能否适用《中华人民共和国刑法》第二百三十六条第三款第一项“奸淫幼女情节恶劣”存在认识分歧。为保护被害人隐私，2021年1月13日，县检察院组织召开不公开听证会，听取艾滋病防治专家、法学专家和未成年人保护单位等各方面意见。听证员认为，犯罪嫌疑人已经确诊为艾滋病病人，案发时处于发病期，其体内病毒载量高，传染性极强，给被害人带来了极大的感染风险。犯罪嫌疑人明知自己系艾滋病病人，性侵幼女，严重危及被害人身心健康，其社会危害性与《中华人民共和国刑法》第二百三十六条第三款第二项至五项规定的严重情形具有相当性。经评议，听证员一致认为本案应按照“奸淫幼女情节恶劣”论处。

指控和证明犯罪。某县人民检察院根据案件事实、证据并参考听证意见审查认为，王某某属奸淫幼女“情节恶劣”，决定以强奸罪提起公诉，综合王某某系累犯，以及具有进入未成年人住所、采取暴力手段、对农村留守儿童实施犯罪等司法解释性文件规定的从严惩处情节，提出判处有期徒刑十五年、剥夺政治权利五年的量刑建议。

2021年2月8日，某县人民法院依法不公开开庭审理本案。被告人王某某及其辩护人对检察机关指控的主要犯罪事实、证据无异议,但提出以下辩解及辩护意见:一是被告人的行为没有造成被害人感染艾滋病的后果,不应当认定为奸淫幼女情节恶劣的情形;二是被告人认罪认罚,建议从宽处理。

针对第一条辩解及辩护意见,公诉人答辩指出:本案适用的是《中华人民共和国刑法》第二百三十六条第三款第一项情节加重,而不是第五项结果加重。本案被告人的行为应当评价为"情节恶劣",主要理由:一是王某某明知自己患有艾滋病,亦明知自己的行为可能导致的严重危害后果,仍强行与不满14周岁的幼女发生性关系,无视他人的健康权和生命权,其行为主观恶性大。二是不满十四周岁的幼女自我保护能力更弱,是刑法特殊保护对象。本案被害人是只有13周岁的幼女,被艾滋病病人王某某性侵,有可能因感染艾滋病导致身体健康终身受害,被告人王某某的行为造成艾滋病传播重大现实风险,犯罪性质恶劣,社会危害严重。三是虽然被害人目前未检出艾滋病病毒,但危害后果的阻断得益于司法机关和卫生健康部门的及时干预,不能因此减轻被告人的罪责。而且,由于检测窗口期和个体差异的存在,尚不能完全排除被害人感染艾滋病病毒的可能。这种不确定性将长期影响未成年被害人及其家人的生活。因此,应当认定被告人奸淫幼女"情节恶劣"。

针对第二条辩解及辩护意见,公诉人答辩指出:根据《最高人民法院、最高人民检察院、公安部、国家安全部、司法部关于适用认罪认罚从宽制度的指导意见》,被告人认罪认罚后是否从宽,由司法机关根据案件具体情况决定。本案被告人王某某犯罪情节恶劣,社会危害严重,主观恶性大。且王某某系累犯,又有采取暴力手段奸淫幼女、对农村留守儿童实施犯罪等多项从严惩处情节,虽然认罪认罚,但根据其犯罪事实、性质、情节和影响,不属于《中华人民共和国刑事诉讼法》第十五条规定的"可以依法从宽处理"的情形。

处理结果。2021年2月,某县人民法院采纳检察机关的公诉意见和量刑建议,以强奸罪判处王某某有期徒刑十五年,剥夺政治权利五年。判决宣告后,王某某未提出上诉,判决已生效。

制发检察建议。艾滋病病人或感染者性侵害犯罪案件,若不能及时发现和确认犯罪嫌疑人系艾滋病病人或感染者,并立即开展病毒阻断治疗,将给被害人带来感染艾滋病的极大风险。结合本案暴露出的问题,检察机关开展了专项调查,通过调阅本县2017年至2020年性侵案件犯罪嫌疑人第一次讯问、拘留入所体检等相关材料,以及到卫生健康部门、公安机关走访了解、查阅档案、询问相关人员、听取意见等,查明:按照《艾滋病防治条例》的规定,公安机关对依法拘留的艾滋病病人或感染者应当采取相应的防治措施防止艾滋病传播,卫生健康部门要对建档的艾滋病病人或感染者进行医学随访,对公安机关采取的防治措施应当予以配合。但实践中,犯罪嫌疑人一般不会主动告知被害人和公安机关自己系艾滋病病人或感染者,公安机关主要通过拘留入所体检才能发现犯罪嫌疑人系艾滋病病人或感染者。通过办案数据分析,拘留入所体检超过案发时间24小时的占比达85.7%,这就势必会错失对被艾滋病病人或感染者性侵的被害人开展暴露后预防的24小时黄金时间。存在此问题的原因主要在于公安机关和卫生健康部门之间对案发后第一时间查明犯罪嫌疑人是否系艾滋病病人或感染者缺乏有效沟通核查机制，对性侵害被害人健康权、生命权保护存在安全漏洞。某县人民检察院随即向县公安局制发检察建议并抄送县卫生健康局，建议完善相关信息沟通核查机制，对性侵害案件犯罪嫌疑人应当第一时间开展艾滋病信息核查，对被害人开展艾滋病暴露后预防时间一般应当在案发后24小时之内。检察建议引起相关部门高度重视，县检察院会同县公安局、卫生健康局多次进行研究磋商，三部门联合制定《关于建立性侵害案件艾滋病信息核查制度的意见》，明确了对性侵害案件犯罪嫌疑人进行艾滋病信息核查的时间要求和方式、对被害人开展暴露后预防的用药时间，以及持续跟踪关爱保护未成年被害人等措施，切实预防艾滋病病毒通过性侵害等行为向被害人特别是未成年被害人传播。

【指导意义】

（一）对于性侵害未成年人犯罪案件，检察机关受邀介入侦查时应当同步开展未成年被害人保护救助工作。性侵害未成年人案件存在发现难、取证难、危害大的特点，检察机关在受邀介入侦查时，应当建议侦查机关围绕犯罪嫌疑人主观恶性、作案手段、被害人遭受侵害后身心状况等进行全面取证。同时，建议或协同公安机关第一时间核查犯罪嫌疑人是否系艾滋病病人或感染者。确定犯罪嫌疑人系艾滋病病人或感染者的，应当立即协同公安机关和卫生健康部门开展艾滋病暴露后预防，切实保护未成年被害人健康权益。检察机关应当发挥未成年人检察社会支持体系作用，从介入侦查阶段就及时启动心理干预、司法救助、家庭教育指导等保护救助措施，尽可能将犯罪的伤害降至最低。

（二）犯罪嫌疑人明知自己是艾滋病病人或感染者，奸淫幼女，造成艾滋病传播重大现实风险的，应当认定为奸淫幼女“情节恶劣”。行为人明知自己患有艾滋病或者感染艾滋病病毒，仍对幼女实施奸淫，放任艾滋病传播风险的发生，客观上极易造成被害人感染艾滋病的严重后果，主观上体现出行为人对幼女健康权、生命权的极度漠视，其社会危害程度与《中华人民共和国刑法》第二百三十六条第三款第二项至六项规定的情形具有相当性，应当依法认定为奸淫幼女“情节恶劣”，适用十年以上有期徒刑、无期徒刑或者死刑的刑罚。对成年人性侵害未成年人犯罪，应综合考虑案件性质、主观恶性、具体情节、社会危害等因素，从严适用认罪认罚从宽制度。对于犯罪性质和危害后果严重、犯罪手段残忍、社会影响恶劣的，可依法不予从宽。

（三）办理案件中发现未成年人保护工作机制存在漏洞的，应当着眼于最有利于未成年人原则和社会公共利益维护，推动相关领域制度机制完善。对于案件中暴露出的未成年人保护重大风险隐患，检察机关应当深入调查，针对性采取措施，促进相关制度和工作机制完善，促使职能部门更加积极有效依法履职尽责，推动形成损害修复与风险防控相结合，事前保护与事后救助相结合的未成年人综合保护模式。艾滋病暴露后预防有时间窗口，及时发现和确定性侵犯罪嫌疑人系艾滋病人或感染者是关键。办案机关同卫生健康部门之间建立顺畅有效的相关信息沟通核查机制是基础。检察机关针对这方面存在的机制漏洞，会同相关部门建章立制、完善制度措施，有利于最大化保护性侵害案件未成年被害人的生命健康权。

【相关规定】

《中华人民共和国刑法》(2020 年修正)第二百三十六条

《中华人民共和国未成年人保护法》(2020 年修订)第一百条

《艾滋病防治条例》(2019 年修订)第三十一条

《最高人民法院、最高人民检察院、公安部、司法部关于依法惩治性侵害未成年人犯罪的意见》(2013 年施行)第二十五条

《最高人民法院、最高人民检察院、公安部、国家安全部、司法部关于适用认罪认罚从宽制度的指导意见》(2019 年施行)第五条

《人民检察院检察建议工作规定》(2019 年施行)第十一条

检例第 173 号：惩治组织未成年人进行违反治安管理活动犯罪综合司法保护案

【关键词】

组织未成年人进行违反治安管理活动罪　有偿陪侍　情节严重　督促监护令　社会治理

【要旨】

对组织未成年人在 KTV 等娱乐场所进行有偿陪侍的，检察机关应当以组织未成年人进行违反治安管理活动罪进行追诉，并可以从被组织人数、持续时间、组织手段、陪侍情节、危害后果等方面综合认定本罪的“情节严重”。检察机关应当针对案件背后的家庭监护缺失、监护不力问题开展督促监护工作，综合评估监护履责中存在的具体问题，制发个性化督促监护令，并跟踪落实。检察机关应当坚持未成年人保护治罪与治理并重，针对个案发生的原因开展诉源治理。

【基本案情】

原审被告人张某，女，1986 年 11 月出生，个体工商户。

自 2018 年开始，张某为获取非法利益，采用殴打、言语威胁等暴力手段，以及专人看管、“打欠条”经济控制、扣押身份证等限制人身自由的手段，控制 17 名未成年女性在其经营的 KTV 内提供有偿陪侍服务。张某要求未成年女性着装暴露，提供陪酒以及让客人搂抱等色情陪侍服务。17 名未成年被害人因被组织有偿陪侍而沾染吸烟、酗酒、夜不归宿等不良习惯，其中吴某等因被组织有偿陪侍而辍学，杜某某等出现性格孤僻、自暴自弃等情形。

【检察机关履职过程】

刑事案件办理。2019 年 6 月 27 日，山东省某市公安局接群众举报，依法查处张某经营的 KTV，7 月 14 日张某到公安机关投案。同年 11 月，某市人民检察院以组织未成年人进行违反治安管理活动罪对张某提起公诉。2020 年 4 月，某市人民法院作出判决，认定张某具有自首情节，以组织未成年人进行违反治安管理活动罪判处张某有期徒刑二年，并处罚金十万元。一审宣判后，张某以量刑过重为由提出上诉，某市中级人民法院以“积极主动缴纳罚金”为由对其从轻处罚，改判张某有期徒刑一年六个月，并处罚金十万元。

同级检察机关认为二审判决对张某量刑畸轻，改判并减轻刑罚理由不当，确有错误，按照审判监督程序提请山东省人民检察院抗诉。2021 年 2 月，山东省人民检察院依法向山东省高级人民法院提出抗诉，省高级人民法院依法开庭审理。原审被告

人张某及其辩护人在再审庭审中提出本罪"情节严重"目前无明确规定,从有利于被告人角度出发,不应予以认定,且张某构成自首,原审判决量刑适当。省检察院派员出庭发表意见:一是侵害未成年人犯罪依法应予严惩,本案查实的未成年陪侍人员达 17 名,被侵害人数众多;二是张某自 2018 年开始组织未成年人进行有偿陪侍活动,持续时间较长;三是张某采用殴打、言语威胁、扣押身份证、强制"打欠条"等手段,对被害人进行人身和经济控制,要求陪侍人员穿着暴露,提供陪酒以及让客人搂抱、摸胸等色情陪侍服务,对被害人身心健康损害严重;四是 17 名被害人因被组织有偿陪侍,沾染吸烟、酗酒、夜不归宿等不良习惯,部分未成年人出现辍学、自暴自弃、心理障碍等情况,危害后果严重。综合上述情节,本案应认定为"情节严重"。此外,张某虽自动投案,但在投案后拒不承认其经营 KTV 的陪侍人员中有未成年人,在公安机关掌握其主要犯罪事实后才如实供述,依法不应认定为自首。2021 年 11 月 29 日,山东省高级人民法院依法作出判决,采纳检察机关意见,改判张某有期徒刑五年,并处罚金三十万元。

制发督促监护令。检察机关办案中发现,17 名未成年被害人均存在家庭监护缺失、监护不力等问题,影响未成年人健康成长,甚至导致未成年人遭受犯罪侵害。检察机关对涉案未成年人的生活环境、家庭教育、监护人监护履责状况等进行调查评估,针对不同的家庭问题,向未成年被害人的监护人分别制发个性化督促监护令:针对监护人长期疏于管教,被害人沾染不良习气及义务教育阶段辍学问题,督促监护人纠正未成年被害人无心向学、沉迷网络等不良习惯,帮助其返校入学;针对监护人教养方式不当,导致亲子关系紧张问题,督促监护人接受家庭教育指导,改变简单粗暴或溺爱的教养方式,提高亲子沟通能力;针对被害人自护意识、能力不足的问题,督促监护人认真学习青春期性教育知识,引导孩子加强自我防护等。检察机关还与公安机关、村委会协作联动,通过电话回访、实地走访等方式推动督促监护令落实。对落实不力的监护人,检察机关委托家庭教育指导师制定改进提升方案,并协调妇联、关工委安排村妇联主席、"五老"志愿者每周两次入户指导。通过上述措施,本案未成年被害人家庭监护中存在的问题得到明显改善。

制发检察建议。针对办案中发现的 KTV 等娱乐场所违规接纳未成年人问题,2020 年 9 月,检察机关向负有监督管理职责的市文化和旅游局等行政职能部门制发检察建议,督促依法履职。收到检察建议后,相关行政职能部门组织开展了娱乐场所无证无照经营专项整治、校园周边文化环境治理等专项行动,重点对违规接纳未成年人、未悬挂未成年人禁入或者限入标志等违法经营行为进行查处,共检查各类经营场所 80 余家次,查处整改问题 20 余个,关停 4 家无证经营歌舞娱乐场所。针对多名被害人未完成义务教育的情形,2020 年 12 月,检察机关向市教育和体育局制发检察建议,督促其履行职责,市教育和体育局组织全面排查工作,劝导 78 名未成年人返回课堂,完善了适龄入学儿童基础信息共享、入学情况全面核查、辍学劝返、教师家访全覆盖、初中毕业生去向考核等义务教育阶段"控辍保学"机制。针对本案 17 名被害人均来自农村,成长过程中法治教育和保护措施相对缺乏，检察机关延伸履职，主动向市委政法委专题报告，推动将未成年人保护纳入村域网格化管理体系。在市委政法委的统一领导下，检察机关依托村级活动站建立未成年人检察联系点，择优选聘915名儿童主任、村妇联主席协助检察机关开展法治宣传、社会调查、督促监护、强制报告、公益诉讼线索收集等工作，共同织密未成年人保护工作网络。

【指导意义】

（一）准确把握组织未成年人有偿陪侍行为的定罪处罚，从严惩处侵害未成年人犯罪。《刑法修正案（七）》增设组织未成年人进行违反治安管理活动罪，旨在加强未成年人保护，维护社会治安秩序。《娱乐场所管理条例》将以营利为目的的陪侍与卖淫嫖娼、赌博等行为并列，一并予以禁止，并规定了相应的处罚措施，明确了该行为具有妨害社会治安管理的行政违法性。处于人生成长阶段的未成年人被组织从事有偿陪侍服务，不仅败坏社会风气，危害社会治安秩序，更严重侵害未成年人的人格尊严和身心健康，构成组织未成年人进行违反治安管理活动罪。检察机关办理此类案件，可以围绕被组织人数众多，犯罪行为持续时间长，采用控制手段的强制程度，色情陪侍方式严重损害未成年人身心健康等情形，综合认定为“情节严重”。

（二）聚焦案件背后的问题，统筹使用督促监护令、检察建议等方式，以检察司法保护促进家庭、社会、政府等保护责任落实。在办理涉未成年人案件过程中，检察机关应当注重分析案件暴露出的家庭、社会等方面的问题，结合办案对未成年人的生活环境、家庭教育、监护人监护履责状况等进行调查评估，制定个性化督促监护方案，并跟踪落实，指导、帮助和监督监护人履行监护职责。检察机关应当依法能动履行法律监督职能，督促相关职能部门加强管理、落实责任。检察机关还可以加强与相关部门的协作联动，形成整体合力，积极促进区域未成年人保护制度完善和社会综合治理，更好保护未成年人合法权益和公共利益。

【相关规定】

《中华人民共和国刑法》（2020年修正）第二百六十二条之二

《中华人民共和国刑事诉讼法》（2018年修正）第二百五十四条

《中华人民共和国未成年人保护法》（2020年修订）第七条、第一百一十八条

《中华人民共和国家庭教育促进法》（2022年施行）第四十九条

《娱乐场所管理条例》（2020年修订）第三条、第十四条

检例第178号：王某等人故意伤害等犯罪二审抗诉案

【关键词】

二审抗诉　恶势力犯罪　胁迫未成年人犯罪　故意伤害致死　赔偿谅解协议的审查

【要旨】

检察机关在办案中要加强对未成年人的特殊、优先保护，对于侵害未成年人犯罪手段残忍、情节恶劣、后果严重的，应当依法从严惩处。胁迫未成年人实施毒品犯罪、参加恶势力犯罪集团，采用暴力手段殴打致该未成年人死亡的，属于“罪行极其严重”，应当依法适用死刑。对于人民法院以被告方与被害方达成赔偿谅解协议为由，从轻判处的，人民检察院应当对赔偿谅解

协议进行实质性审查,全面、准确分析从宽处罚是否合适。虽达成赔偿谅解但并不足以从宽处罚的,人民检察院应当依法提出抗诉,监督纠正确有错误的判决,贯彻罪责刑相适应原则,维护公平正义。

【基本案情】

被告人王某,男,1985年3月出生,无业,曾因犯盗窃罪被判处有期徒刑六个月。

被告人龙某,男,1989年12月出生,无业。

被告人王某湘,男,1963年1月出生,无业。

被告人米某华,女,1974年10月出生,无业。

被害人安某甲,男,2007年3月出生,殁年11岁。

被害人安某乙,男,2010年5月出生,系安某甲之弟。

2017年11月底至2019年1月,王某为牟取非法利益,组织龙某、王某湘、米某华在四川省攀枝花市零包贩卖毒品海洛因36次,并容留多人在其租住房内吸毒。2018年6、7月,为掩盖毒品犯罪事实,王某以赠送吸毒人员吉某货值100元的海洛因为条件,"收养"其两个儿子安某甲和安某乙,并控制、胁迫二人帮助其贩毒,还对二人长期殴打、虐待。自2018年8月起,王某在其租住房内,多次强迫安某乙吸食海洛因等毒品(经检测,在安某乙头发样本中检出吗啡、单乙酰吗啡和甲基苯丙胺成分,安某乙左侧外耳廓因被王某等人殴打未及时医治而出现明显畸形)。2018年11月以来,王某安排龙某带领8岁的安某乙在市东区华山一带贩卖毒品,王某带领11岁的安某甲购买用于贩卖的毒品后"零星贩毒"。王某等人还备有塑料管、电击棍等工具,用于殴打、控制安某甲和安某乙。2019年1月22日晚至次日凌晨,王某从龙某处得知安某甲将团伙贩毒情况告知其母吉某后,不顾王某湘劝阻,伙同龙某在租住房内用烟头烫,用塑料管、电击棍等工具殴打、电击安某甲,并强迫安某乙殴打安某甲,还指使龙某逼迫安某甲吸毒。23日上午,安某甲因全身大面积皮肤及软组织挫伤,皮下出血致失血性和创伤性休克死亡。案发后,王某亲属与吉某达成赔偿协议,约定赔偿10万元,先行支付5万元并由吉某出具谅解书,余款于2021年12月31日前付清。2019年12月5日,吉某在其家人收到5万元后出具了谅解书。

2019年11月14日,攀枝花市人民检察院提起公诉,指控被告人王某犯故意伤害罪、贩卖毒品罪、强迫他人吸毒罪、容留他人吸毒罪,且王某等人构成恶势力犯罪集团。2020年5月29日,攀枝花市中级人民法院经审理认为,以被告人王某为首的恶势力犯罪集团,多次实施贩卖毒品、故意伤害、容留他人吸毒、强迫他人吸毒犯罪活动,应依法从严惩处,特别是王某在故意伤害犯罪中,手段残忍、情节恶劣,本应严惩,但考虑其赔偿了被害方部分经济损失并取得谅解,以故意伤害罪判处死刑,缓期二年执行,剥夺政治权利终身;以贩卖毒品罪判处有期徒刑十四年,并处罚金五万元;以强迫他人吸毒罪判处有期徒刑八年,并处罚金二万元;以容留他人吸毒罪判处有期徒刑三年,并处罚金一万元,数罪并罚,决定执行死刑,缓期二年执行,剥夺政治权利终身,并处罚金八万元,并限制减刑。对另3名被告人分别以故意伤害罪、贩卖毒品罪、容留他人吸毒罪判处有期徒刑五年至无期徒刑不等刑罚。被告人王某、龙某、米某华不服一审判决,提出上诉。

【检察机关履职过程】

(一)提出和支持抗诉

2020年6月7日,攀枝花市人民检察院以量刑不当为由,向四川省高级人民法院提出抗诉,并报请四川省人民检察院支持抗诉。同年8月21日,四川省人民检察院支持抗诉。

四川省人民检察院在审查案件期间围绕"赔偿谅解情节是否足以影响量刑""王某是否可以判处死缓"等关键问题,补充完善了部分证据:一是复勘现场、复核部分证人及走访调查,重点研判伤害行为的方式及强度;二是询问证人,查明二被害人在被王某等人控制前均身体健康且没有吸毒行为;三是针对一审期间租住房周边居民因恐慌不愿作证的情况,释法说理,收集补强了王某等人长期殴打、虐待两名儿童,并威胁恐吓周边群众等恶势力犯罪证据;四是核实赔偿谅解情况,查明被告方的赔偿附加了被害方出具谅解书、法院不判处死刑、余款于两年后付清等条件。

(二)抗诉意见和理由

四川省检察机关认为,一审法院对被告人王某等人涉毒犯罪定罪准确、量刑适当;对王某等人故意伤害致未成年人死亡的行为定性准确,但量刑畸轻。根据2020年3月《最高人民法院、最高人民检察院、公安部、司法部关于依法严惩利用未成年人实施黑恶势力犯罪的意见》,对于胁迫未达到刑事责任年龄的未成年人参加恶势力犯罪集团的行为,应当依法严厉打击、从重处罚。被告人王某作为恶势力犯罪集团的首要分子,长期控制、利用未成年人贩卖毒品,具有殴打、虐待并残害未成年人致死的行为,犯罪动机卑劣、手段残忍,情节恶劣,属于"罪行极其严重"的犯罪分子,依法应当适用死刑立即执行。具体理由如下:

1. 一审法院以被告人王某亲属代为赔偿并取得被害方谅解为由判处王某死缓,量刑明显不当。一是被告人"赔偿"被害方损失属于其应当依法履行的义务,并非从宽处罚的必要性条件,而且本案的"赔偿"附加了被害人亲属出具谅解书、法院不判处死刑立即执行、两年后才支付全款等条件,并非真诚悔罪;二是被害人母亲吉某系吸毒人员,仅为收取货值100元的海洛因,就放弃法定抚养义务,将两名幼童交由毒贩控制、虐待,并对二被害人的伤痕长期不闻不问、置之不理,由吉某作为谅解主体出具的谅解书,不足以产生从宽处罚的法律后果;三是被告人王某"收养"两名儿童并故意伤害的动机和目的是为了控制、胁迫两名儿童实施毒品犯罪,对于这类罪行极其严重的犯罪,即使达成了赔偿谅解协议,也不足以产生从宽处罚的法律后果。

2. 综合评判本案的事实、情节和后果,一审法院对王某判处死缓不当。一是侵害对象系未成年人,该群体普遍缺乏自我保护能力,是法律予以特别保护的对象,本案被告人王某胁迫儿童吸毒、贩毒,殴打、虐待、残害两名儿童并致一人死亡,犯罪对象特殊;二是犯罪动机卑劣,王某长期控制、利用被害人贩毒,又唯恐罪行败露而迁怒于被害人,对其实施长时间、高强度殴打;三是犯罪手段残忍,尤其在被害人受长时间折磨、身体越来越虚弱的情况下,被告人还逼迫被害人吸毒,加速了被害人的死亡;四是社会影响极其恶劣,王某等人为实施毒品犯罪,长期强迫、驱使儿童实施毒品犯罪行为,强迫儿童吸毒,致使一名儿童死亡,造成严重社会后果,犯罪行为令人发指,严重挑战社会道德底线。因此，王某的行为既侵害未成年人生命健康权，又严重扰乱社会秩序，社会危害性极大，罪行极其严重。同时，王某具有恶势力犯罪集团首要分子、盗窃犯罪前科等从重处罚情节，并在故意伤害犯罪中起主要作用，主观恶性极深，人身危险性极大，应当依法从严惩处。

（三）抗诉结果

2020年10月30日，四川省高级人民法院作出二审判决，采纳人民检察院抗诉意见，以故意伤害罪改判王某死刑，数罪并罚，决定执行死刑。2021年3月，最高人民法院裁定核准死刑。

（四）注重做好未成年人保护工作

四川省检察机关在办案过程中，关注涉案未成年人保护情况，通过多种方式推动全社会一体保护未成年人，为未成年人健康成长营造良好社会环境。被害人安某甲、安某乙的母亲吉某于2019年8月因贩卖毒品罪被判刑并在监狱服刑，父亲是吸毒人员且已失踪多年，四川省人民检察院积极推动当地民政部门认定被害人安某乙为“事实无人抚养儿童”，变更监护人为其外祖父，协调解决户籍、入学、生活补贴等问题，开展心理辅导，给予司法救助，并委托第三方对司法救助资金进行监管。针对本案暴露出的城市房屋租赁监管、重点人员管理、街面治安巡查等问题，攀枝花市人民检察院向相关部门制发检察建议，推进落实整改，加强社会治安防控。

【指导意义】

（一）检察机关要对“赔偿谅解协议”作实质性审查，准确提出量刑建议。赔偿谅解是刑事案件常见的酌定从轻处罚情节，是评价被告人认罪悔罪态度和人身危险性的因素之一。审查时应主要考虑：一是赔偿谅解是“可以”从轻处罚，不是“必须”从轻处罚，且适用的前提是被告人认罪、悔罪；二是赔偿谅解要考察被犯罪行为破坏的社会关系是否得到一定程度的修复，在被害人死亡或者无法独立表达意志的情况下，对被害人亲属出具的赔偿谅解协议更要严格审查和全面准确把握；三是对于严重危害社会治安和影响人民群众安全感的犯罪，必须结合犯罪事实、性质及其他情节进行综合衡量，予以适当、准确的评价。在此基础上，检察机关要对赔偿谅解协议进行实质性审查，如审查谅解主体是否适格、谅解意愿是否自愿真实、谅解内容是否合法、是否附有不合理条件等，综合案件全部量刑情节，准确提出量刑建议。

（二）对于“罪行极其严重”的侵害未成年人犯罪，应当坚决依法适用死刑。死刑只适用于极少数罪行极其严重的犯罪分子。根据《最高人民法院、最高人民检察院、公安部、司法部关于依法严惩利用未成年人实施黑恶势力犯罪的意见》，应当依法严厉打击、从重处罚胁迫未达到刑事责任年龄的未成年人参加恶势力犯罪集团的行为。此类恶势力犯罪集团的首要分子，利用未成年人实施毒品犯罪，强迫未成年人吸毒，并致该未成年人死亡，犯罪手段残忍、情节恶劣、社会危害性极大的，属于“罪行极其严重”，应当坚决依法适用死刑。

（三）加强对未成年人的特殊、优先保护，依法从严惩处侵害未成年人犯罪。关心关爱未成年人的健康成长，是全社会的共同责任。检察机关在办案中，一方面，对于侵害未成年人犯罪手段残忍、情节恶劣、后果严重的，应当依法从严惩处；另一方面，要注重做好未成年人保护工作，通过开展司法救助、心理辅导、公益诉讼、提出社会治理类检察建议等方式，推进对涉案未成年人的综合帮扶，努力为未成年人健康成长营造良好环境。

【相关规定】

《中华人民共和国刑法》第四十八条、第二百三十四条

《中华人民共和国刑事诉讼法》(2018年修正)第二百二十八条、第二百三十二条、第二百三十六条

《中华人民共和国未成年人保护法》(2012年修正)第三条、第十条(现为2020年修订的《中华人民共和国未成年人保护法》第四条、第七条)

《最高人民法院、最高人民检察院、公安部、司法部关于依法严惩利用未成年人实施黑恶势力犯罪的意见》(2020年3月施行)第一条、第二条

《人民检察院刑事抗诉工作指引》(2018年施行)第九条

检例第180号：
李某抢劫、强奸、强制猥亵二审抗诉案

【关键词】

二审抗诉　间接证据的审查运用　电子数据　发现新的犯罪事实　补充起诉

【要旨】

对于认定事实、适用法律存在争议的抗诉案件，人民检察院要全面收集、审查判断和综合运用证据，充分利用技术手段收集电子数据，注重运用间接证据完善证据链条，确保准确认定犯罪事实和适用法律。如果在二审抗诉案件办理过程中，发现漏罪线索，应当及时移送公安机关侦查，经查证属实的，建议人民法院发回重审，由人民检察院对新的犯罪事实补充起诉，依法保障被告人的上诉权。人民检察院要加强反向审视，通过办理抗诉案件，发现和改进审查逮捕、审查起诉工作中存在的问题和不足。

【基本案情】

被告人李某，男，1986年11月出生，无业。

2016年6月26日16时许，被害人荣某向天津市公安局和平分局某派出所报案称，李某盗窃其支付宝账户4000元。公安机关经侦查发现，李某于2016年3至6月间通过网络社交平台结识多名女性。2016年6月24日18时许，李某在某商场附近约见被害人荣某，当日22时许将其带至李某预定的快捷酒店房间内，随后趁荣某昏睡之际，使用其指纹解锁手机，窃取荣某支付宝账户内人民币4000元。李某还采用同样手段，分别于同年3月、5月在同一酒店窃取被害人于某、常某人民币500元、1000元。7月13日，李某被抓获归案。10月18日，公安机关以李某涉嫌盗窃罪移送天津市和平区人民检察院审查起诉。

2017年4月25日，天津市和平区人民检察院以抢劫罪对李某提起公诉，指控李某于2016年6月24日约见被害人荣某，在吃饭过程中，趁其不备，向饮料中投放可致人昏迷的不明物质，并于当日22时许将其带至快捷酒店房间内。其间，李某趁荣某昏睡之际，使用其指纹解锁，打开其手机并将其支付宝账户内4000元转入自己支付宝账户。李某还采用同样手段，分别于同年3月、5月在上述酒店劫取被害人于某、常某人民币500元、1000元。

2018年3月20日，天津市和平区人民法院作出一审判决，仅认定李某秘密窃取被害人荣某4000元的犯罪事实，且认为李某基本能够如实供述盗窃犯罪事实，退缴

赃款，从轻判处李某有期徒刑一年十一个月，并处罚金4000元。

【检察机关履职过程】

(一)提出和支持抗诉

天津市和平区人民检察院认为，一审判决认定被告人李某犯盗窃罪系事实认定错误、适用法律不当，量刑畸轻，李某的行为符合抢劫罪的构成要件，应当认定为抢劫罪。2018年3月30日，天津市和平区人民检察院向天津市第一中级人民法院提出抗诉，并报请天津市人民检察院第一分院支持抗诉。2018年9月28日，天津市人民检察院第一分院支持抗诉。

天津市人民检察院第一分院在审查支持抗诉期间，针对一审阶段检法之间存在的分歧，特别是一审法院认为本案在缺乏直接证据的情况下，间接证据构筑的证明体系不能排除合理怀疑的观点，组织技术力量破解了在一审阶段始终未能破解的李某电脑硬盘加密分区，发现李某还涉嫌在2013年至2016年6月间，强奸、强制猥亵犯罪及其他抢劫犯罪线索，遂移送公安机关进一步侦查。通过提取到的大量不雅照片和视频，确定了15名潜在被害人的身份信息，进而发现有多名女性在不知情的情况下被强奸、猥亵并被拍摄视频和照片。这些被害人互不相识，但与李某的交往经历和受侵害的遭遇基本相似，充分印证了被李某投放药物后处于"不知反抗、不能反抗"的状态。同时，转换侦查思路，多方查找李某获取精神类药物的途径和方式。通过调取李某社保卡记录，发现其多次以失眠抑郁、癫痫疾病为由开具精神类药物，并收集证据证实其从未患有过精神类疾病的客观事实。

(二)抗诉意见和理由

天津市检察机关认为，一审法院关于"不能证实被告人李某向被害人饮品中投放不明物质；不能证实被害人的血液、尿液中有可致人昏迷的不明物质；不能证实被害人系在'不知反抗、不能反抗'状态下被劫取财物；无法排除李某与被害人之间存在正当经济往来的合理辩解，检察机关指控的抢劫罪名不能成立"的认定不当。本案区分盗窃罪与抢劫罪的关键在于被告人是否使用暴力、胁迫以外的其他方法使被害人不能反抗以劫取财物。在案证据能够证实被告人李某构成抢劫罪而不是盗窃罪，李某系有预谋、有准备地采用投放药物致人昏迷的惯用手段，多次实施抢劫、强奸、强制猥亵犯罪。具体理由如下：

1. 在案证据能够证实被告人李某在饮品中投放了可以致人昏迷的药物。饭店监控录像、被害人陈述与证人证言相互印证，证实李某与被害人用餐之前或者就餐期间外出购买饮料向被害人提供；多名被告人的同学、朋友及同监室人员证实李某曾向其"炫耀"给人下药并发生性关系的犯罪事实；社保卡购药记录、证人证言均证实李某在未患有相关疾病情况下却购买了精神类药物。

2. 现有证据可以证实被害人与李某之间不存在正常经济往来。从转账金额看，多名被害人证实支付宝转账金额与李某辩称的AA制消费金额存在矛盾；从转账时间看，被害人证实在此段时间自己并不需要现金，不存在转账后从李某处换取现金的必要性；从转账时的状态看，多名被害人陈述自己当时出现头晕、意识不清的状况，后被带至酒店或者居住地昏睡，转账时段处于昏迷状态，不可能主动转账给李某，且有的被害人直至公安人员向其询问，才发现曾经转账给李某的事实。

3. 在案证据已经形成完整证据链。各被害人对于同李某交往过程中的经历和受侵害的情况高度相似，均是喝了李某提供的水或者饮料后从头晕到意识不清再到完全昏迷，被害人之间互不相识，这种特殊经历绝非偶然；李某的手机搜索浏览记录，证实其曾多次查询“怀疑被下药没证据报警管用吗”“某时尚广场5楼及影院有监控吗”“女人被下药是什么表现”等信息；李某在作案后，为逃避法律制裁，还曾假借被害人名义在网上向律师咨询“未经同意支付宝转账行为”的法律后果；多名被害人证实李某在与其交往过程中或者见面吃饭时，存在劝说被害人将手机支付密码改为指纹支付的情况；被害人陈述案发时处于昏迷状态，与在案照片、视频录像显示的情况一致，且与专家意见证实的药物药理、药效相互印证，被害人荣某报案时已近48小时，因药物代谢原因身体内未提取到药物成分残留具有合理性。

综上，全案证据证实，被告人李某通过网络社交平台专门结识年轻女性，犯罪对象不特定，且同时与多名被害人交往，交往中劝说对方将手机屏保更改为指纹解锁，并提前购买精神类药物、预定酒店房间，见面后观察被害人手机支付方式、打探支付密码，在饮品中投放精神类药物，随后将饮用饮品后意识不清的被害人带至酒店房间，实施犯罪。

（三）发回重审和补充起诉

2018年9月29日，天津市第一中级人民法院采纳检察机关意见，裁定撤销原判，发回重审。2019年5月31日，天津市和平区人民检察院补充起诉，指控被告人李某于2013年至2016年间，采用在饮料中投放精神类物质致被害人昏迷的方式，劫取被害人吴某银行卡内钱款1500元；强行与李某某、刘某、常某、于某等4人发生性关系，强制猥亵杨某1人。

（四）抗诉结果及后续情况

2019年12月20日，天津市和平区人民法院经审理，采纳人民检察院抗诉意见和指控意见，认定被告人李某犯抢劫罪，判处有期徒刑十五年，剥夺政治权利二年，并处罚金人民币二十万元；犯强奸罪，判处有期徒刑十五年，剥夺政治权利二年；犯强制猥亵罪，判处有期徒刑三年，数罪并罚，决定执行有期徒刑二十年，剥夺政治权利四年，并处罚金人民币二十万元。一审宣判后，李某提出上诉。天津市第一中级人民法院二审裁定驳回上诉，维持原判。

天津市人民检察院第一分院针对李某骗购精神类药物的管理漏洞，依法向医疗卫生主管部门制发检察建议，推动医疗卫生主管部门开展药品使用管理专项整治，出台精神类药物管理规范；沟通协商市妇女联合会，邀请妇女法律心理帮助中心的专业心理咨询师，对受害女性进行心理疏导；围绕本案起诉指控犯罪过程中存在的问题，建立重大疑难复杂刑事案件审查起诉报告机制、刑事抗诉案件会商机制，进一步改进、规范和提高办案质量，提升办案效果。

【指导意义】

（一）注重收集电子数据在内的客观性证据，充分运用间接证据，综合其他在案证据形成完整证据链证明案件事实。对于以间接证据认定犯罪的，要综合在案证据之间相互印证，运用证据推理符合逻辑和经验，根据证据认定事实排除合理怀疑，全案证据形成完整的证据链等准确认定。对每一份间接证据，均要确认其真实性、合法性，充分挖掘证据与事实之间、证据与证据之间的关联性,增强间接证据的证明力。在收集、固定证据过程中,要注意收集和运用电子数据证实犯罪,实现科技强检在完善证据链条,追诉漏罪漏犯,指控证明犯罪等方面的效能。

(二)在二审抗诉案件办理过程中,如发现新的犯罪事实的,人民检察院应当移送公安机关侦查,查证属实的,建议人民法院发回重审,由人民检察院补充起诉。人民检察院在二审抗诉过程中,如果发现原判决事实不清楚,存在新的犯罪事实的,应当要求公安机关侦查并移送起诉。为充分保障被告人对补充起诉的犯罪事实的上诉权,人民检察院应当建议二审法院裁定撤销原判、发回重审,待公安机关侦查终结移送审查起诉后,由人民检察院补充起诉,做到既全面、准确、有力打击犯罪,又保障被告人依法享有的上诉权。

(三)在办理抗诉案件中要加强反向审视,发现和改进捕诉工作中存在的问题和不足。高质效办好每一个案件,事实证据是基础和前提。有的抗诉案件会暴露出审查逮捕、审查起诉环节存在的审查不细、把关不严、举证不力等问题。人民检察院应当通过办理抗诉案件,加强反向审视,及时分析和研究这些问题产生的原因,加以改进、规范和提高,提升办案能力,确保办案质量。

【相关规定】

《中华人民共和国刑法》第二百三十六条、第二百三十七条、第二百六十三条、第二百六十四条

《中华人民共和国刑事诉讼法》(2018年修正)第二百二十八条、第二百三十二条、第二百三十六条

《人民检察院刑事诉讼规则(试行)》(2013年1月施行)第三百六十八条、第五百八十二条、第五百八十四条、第五百八十九条(现为2019年施行的《人民检察院刑事诉讼规则》第三百三十四条、第五百八十三条、第五百八十四条、第五百八十九条)

《人民检察院检察建议工作规定》(2019年施行)第三条、第十一条

六、侵犯财产罪

1. 抢劫罪、抢夺罪

最高人民法院关于审理抢劫案件具体应用法律若干问题的解释

（2000年11月17日最高人民法院审判委员会第1141次会议通过　2000年11月22日最高人民法院公告公布　自2000年11月28日起施行　法释〔2000〕35号）

为依法惩处抢劫犯罪活动，根据刑法的有关规定，现就审理抢劫案件具体应用法律的若干问题解释如下：

第一条　刑法第二百六十三条第（一）项规定的"入户抢劫"，是指为实施抢劫行为而进入他人生活的与外界相对隔离的住所，包括封闭的院落、牧民的帐篷、渔民作为家庭生活场所的渔船、为生活租用的房屋等进行抢劫的行为。

对于入户盗窃，因被发现而当场使用暴力或者以暴力相威胁的行为，应当认定为入户抢劫。

第二条　刑法第二百六十三条第（二）项规定的"在公共交通工具上抢劫"，既包括在从事旅客运输的各种公共汽车，大、中型出租车，火车，船只，飞机等正在运营中的机动公共交通工具上对旅客、司售、乘务人员实施的抢劫，也包括对运行途中的机动公共交通工具加以拦截后，对公共交通工具上的人员实施的抢劫。

第三条　刑法第二百六十三条第（三）项规定的"抢劫银行或者其他金融机构"，是指抢劫银行或者其他金融机构的经营资金、有价证券和客户的资金等。

抢劫正在使用中的银行或者其他金融机构的运钞车的，视为"抢劫银行或者其他金融机构"。

第四条　刑法第二百六十三条第（四）项规定的"抢劫数额巨大"的认定标准，参照各地确定的盗窃罪数额巨大的认定标准执行。

第五条　刑法第二百六十三条第（七）项规定的"持枪抢劫"，是指行为人使用枪支或者向被害人显示持有、佩带的枪支进行抢劫的行为。"枪支"的概念和范围，适用《中华人民共和国枪支管理法》的规定。

第六条　刑法第二百六十七条第二款规定的"携带凶器抢夺"，是指行为人随身携带枪支、爆炸物、管制刀具等国家禁止个人携带的器械进行抢夺或者为了实施犯罪而携带其他器械进行抢夺的行为。

最高人民法院、最高人民检察院关于办理与盗窃、抢劫、诈骗、抢夺机动车相关刑事案件具体应用法律若干问题的解释

（2006年12月25日最高人民法院审判委员会第1411次会议、2007年2月14日最高人民检察院第十届检察委员会第71次会议通过　2007年5月9日最高人民法院、最高人民检察院公告公布　自2007年5月11日起施行　法释〔2007〕11号）

为依法惩治与盗窃、抢劫、诈骗、抢夺机动车相关的犯罪活动，根据刑法、刑事诉讼法等有关法律的规定，现对办理这类案件具体应用法律的若干问题解释如下：

第一条　明知是盗窃、抢劫、诈骗、抢夺的机动车，实施下列行为之一的，依照刑法第三百一十二条的规定，以掩饰、隐瞒犯罪所得、犯罪所得收益罪定罪，处三年以下有期徒刑、拘役或者管制，并处或者单处罚金：

（一）买卖、介绍买卖、典当、拍卖、抵押或者用其抵债的；

（二）拆解、拼装或者组装的；

（三）修改发动机号、车辆识别代号的；

（四）更改车身颜色或者车辆外形的；

（五）提供或者出售机动车来历凭证、整车合格证、号牌以及有关机动车的其他证明和凭证的；

（六）提供或者出售伪造、变造的机动车来历凭证、整车合格证、号牌以及有关机动车的其他证明和凭证的。

实施第一款规定的行为涉及盗窃、抢劫、诈骗、抢夺的机动车五辆以上或者价值总额达到五十万元以上的，属于刑法第三百一十二条规定的“情节严重”，处三年以上七年以下有期徒刑，并处罚金。

第二条　伪造、变造、买卖机动车行驶证、登记证书，累计三本以上的，依照刑法第二百八十条第一款的规定，以伪造、变造、买卖国家机关证件罪定罪，处三年以下有期徒刑、拘役、管制或者剥夺政治权利。

伪造、变造、买卖机动车行驶证、登记证书，累计达到第一款规定数量标准五倍以上的，属于刑法第二百八十条第一款规定中的“情节严重”，处三年以上十年以下有期徒刑。

第三条　国家机关工作人员滥用职权，有下列情形之一，致使盗窃、抢劫、诈骗、抢夺的机动车被办理登记手续，数量达到三辆以上或者价值总额达到三十万元以上的，依照刑法第三百九十七条第一款的规定，以滥用职权罪定罪，处三年以下有期徒刑或者拘役：

（一）明知是登记手续不全或者不符合规定的机动车而办理登记手续的；

（二）指使他人为明知是登记手续不全或者不符合规定的机动车办理登记手续的；

（三）违规或者指使他人违规更改、调换车辆档案的；

（四）其他滥用职权的行为。

国家机关工作人员疏于审查或者审查不严，致使盗窃、抢劫、诈骗、抢夺的机动车被办理登记手续，数量达到五辆以上或者价值总额达到五十万元以上的，依照刑法第三百九十七条第一款的规定，以玩忽职守罪定罪，处三年以下有期徒刑或者

拘役。

国家机关工作人员实施前两款规定的行为，致使盗窃、抢劫、诈骗、抢夺的机动车被办理登记手续，分别达到前两款规定数量、数额标准五倍以上的，或者明知是盗窃、抢劫、诈骗、抢夺的机动车而办理登记手续的，属于刑法第三百九十七条第一款规定的“情节特别严重”，处三年以上七年以下有期徒刑。

国家机关工作人员徇私舞弊，实施上述行为，构成犯罪的，依照刑法第三百九十七条第二款的规定定罪处罚。

第四条 实施本解释第一条、第二条、第三条第一款或者第三款规定的行为，事前与盗窃、抢劫、诈骗、抢夺机动车的犯罪分子通谋的，以盗窃罪、抢劫罪、诈骗罪、抢夺罪的共犯论处。

第五条 对跨地区实施的涉及同一机动车的盗窃、抢劫、诈骗、抢夺以及掩饰、隐瞒犯罪所得、犯罪所得收益行为，有关公安机关可以依照法律和有关规定一并立案侦查，需要提请批准逮捕、移送审查起诉、提起公诉的，由该公安机关所在地的同级人民检察院、人民法院受理。

第六条 行为人实施本解释第一条、第三条第三款规定的行为，涉及的机动车有下列情形之一的，应当认定行为人主观上属于上述条款所称“明知”：

（一）没有合法有效的来历凭证；

（二）发动机号、车辆识别代号有明显更改痕迹，没有合法证明的。

最高人民法院、最高人民检察院关于办理抢夺刑事案件适用法律若干问题的解释

（2013年9月30日最高人民法院审判委员会第1592次会议、2013年10月22日最高人民检察院第十二届检察委员会第12次会议通过　2013年11月11日最高人民法院、最高人民检察院公告公布　自2013年11月18日起施行　法释〔2013〕25号）

为依法惩治抢夺犯罪，保护公私财产，根据《中华人民共和国刑法》的有关规定，现就办理此类刑事案件适用法律的若干问题解释如下：

第一条 抢夺公私财物价值一千元至三千元以上、三万元至八万元以上、二十万元至四十万元以上的，应当分别认定为刑法第二百六十七条规定的“数额较大”“数额巨大”“数额特别巨大”。

各省、自治区、直辖市高级人民法院、人民检察院可以根据本地区经济发展状况，并考虑社会治安状况，在前款规定的数额幅度内，确定本地区执行的具体数额标准，报最高人民法院、最高人民检察院批准。

第二条 抢夺公私财物，具有下列情形之一的，“数额较大”的标准按照前条规定标准的百分之五十确定：

（一）曾因抢劫、抢夺或者聚众哄抢受过刑事处罚的；

（二）一年内曾因抢夺或者哄抢受过行政处罚的；

（三）一年内抢夺三次以上的；

（四）驾驶机动车、非机动车抢夺的；

（五）组织、控制未成年人抢夺的；

（六）抢夺老年人、未成年人、孕妇、携带婴幼儿的人、残疾人、丧失劳动能力人的财物的；

（七）在医院抢夺病人或者其亲友财物的；

（八）抢夺救灾、抢险、防汛、优抚、扶贫、移民、救济款物的；

（九）自然灾害、事故灾害、社会安全事件等突发事件期间，在事件发生地抢夺的；

（十）导致他人轻伤或者精神失常等严重后果的。

第三条 抢夺公私财物，具有下列情形之一的，应当认定为刑法第二百六十七条规定的“其他严重情节”：

（一）导致他人重伤的；

（二）导致他人自杀的；

（三）具有本解释第二条第三项至第十项规定的情形之一，数额达到本解释第一条规定的“数额巨大”百分之五十的。

第四条 抢夺公私财物，具有下列情形之一的，应当认定为刑法第二百六十七条规定的“其他特别严重情节”：

（一）导致他人死亡的；

（二）具有本解释第二条第三项至第十项规定的情形之一，数额达到本解释第一条规定的“数额特别巨大”百分之五十的。

第五条 抢夺公私财物数额较大，但未造成他人轻伤以上伤害，行为人系初犯，认罪、悔罪，退赃、退赔，且具有下列情形之一的，可以认定为犯罪情节轻微，不起诉或者免予刑事处罚；必要时，由有关部门依法予以行政处罚：

（一）具有法定从宽处罚情节的；

（二）没有参与分赃或者获赃较少，且不是主犯的；

（三）被害人谅解的；

（四）其他情节轻微、危害不大的。

第六条 驾驶机动车、非机动车夺取他人财物，具有下列情形之一的，应当以抢劫罪定罪处罚：

（一）夺取他人财物时因被害人不放手而强行夺取的；

（二）驾驶车辆逼挤、撞击或者强行逼倒他人夺取财物的；

（三）明知会致人伤亡仍然强行夺取并放任造成财物持有人轻伤以上后果的。

第七条 本解释公布施行后，《最高人民法院关于审理抢夺刑事案件具体应用法律若干问题的解释》（法释〔2002〕18号）同时废止；之前发布的司法解释和规范性文件与本解释不一致的，以本解释为准。

最高人民法院、最高人民检察院、公安部、国家工商行政管理局关于依法查处盗窃、抢劫机动车案件的规定

（1998年5月8日 公通字〔1998〕31号）

为依法严厉打击盗窃、抢劫机动车犯罪活动，堵塞盗窃、抢劫机动车犯罪分子的销赃渠道，保护国家、集体财产和公民的合法财产，根据《中华人民共和国刑法》（以下简称《刑法》）、《中华人民共和国刑事诉讼法》（以下简称《刑事诉讼法》）和其他有关法律、法规的规定，制定本规定。

一、司法机关依法查处盗窃、抢劫机动车案件，任何单位和个人都应当予以协助。以暴力、威胁方法阻碍司法工作人员依法

办案的，依照《刑法》第二百七十七条第一款的规定处罚。

二、明知是盗窃、抢劫所得机动车而予以窝藏、转移、收购或者代为销售的，依照《刑法》第三百一十二条的规定处罚。

对明知是盗窃、抢劫所得机动车而予以拆解、改装、拼装、典当、倒卖的，视为窝藏、转移、收购或者代为销售，依照《刑法》第三百一十二条的规定处罚。

三、国家指定的车辆交易市场、机动车经营企业（含典当、拍卖行）以及从事机动车修理、零部件销售企业的主管人员或者其他直接责任人员，明知是盗窃、抢劫的机动车而予以窝藏、转移、拆解、改装、拼装、收购或者代为销售的，依照《刑法》第三百一十二条的规定处罚。单位组织实施上述行为的，由工商行政管理机关予以处罚。

四、本规定第二条和第三条中的行为人事先与盗窃、抢劫机动车辆的犯罪分子通谋的，分别以盗窃、抢劫罪的共犯论处。

五、机动车交易必须在国家指定的交易市场或合法经营企业进行，其交易凭证经工商行政管理机关验证盖章后办理登记或过户手续，私下交易机动车辆属于违法行为，由工商行政管理机关依法处理。

明知是赃车而购买，以收购赃物罪定罪处罚。单位的主管人员或者其他直接责任人员明知是赃车购买的，以收购赃物罪定罪处罚。

明知是赃车而介绍买卖的，以收购、销售赃物罪的共犯论处。

六、非法出售机动车有关发票的，或者伪造、擅自制造或者出售伪造、擅自制造的机动车有关发票的，依照《刑法》第二百零九条的规定处罚。

七、伪造、变造、买卖机动车牌证及机动车入户、过户、验证的有关证明文件的，依照《刑法》第二百八十条第一款的规定处罚。

八、公安、工商行政管理人员利用职务上的便利，索取或者非法收受他人财物，为赃车入户、过户、验证构成犯罪的，依照《刑法》第三百八十五条、第三百八十六条的规定处罚。

九、公安、工商行政管理人员或者其他国家机关工作人员滥用职权或者玩忽职守、徇私舞弊，致使赃车入户、过户、验证的，给予行政处分；致使公共财产、国家和人民利益遭受重大损失的，依照《刑法》第三百九十七条的规定处罚。

十、公安人员对盗窃、抢劫的机动车辆，非法提供机动车牌证或者为其取得机动车牌证提供便利，帮助犯罪分子逃避处罚的，依照《刑法》第四百一十七条规定处罚。

十一、对犯罪分子盗窃、抢劫所得的机动车辆及其变卖价款，应当依照《刑法》第六十四条的规定予以追缴。

十二、对明知是赃车而购买的，应将车辆无偿追缴；对违反国家规定购买车辆，经查证是赃车的，公安机关可以根据《刑事诉讼法》第一百一十条和第一百一十四条规定进行追缴和扣押。对不明知是赃车而购买的，结案后予以退还买主。

十三、对购买赃车后使用非法提供的入户、过户手续或者使用伪造、变造的入户、过户手续为赃车入户、过户的，应当吊销牌证，并将车辆无偿追缴；已将入户、过户车辆变卖的，追缴变卖所得并责令赔偿经济损失。

十四、对直接从犯罪分子处追缴的被盗窃、抢劫的机动车辆，经检验鉴定，查证属实后，可依法先行返还失主，移送案件时附清单、照片及其他证据。在返还失主前，按照赃物管理规定管理，任何单位和个人都不得挪用、损毁或者自行处理。

十五、盗窃、抢劫机动车案件，由案件发生地公安机关立案侦查，赃车流入地公安机关应当予以配合。跨地区系列盗窃、抢劫机动车案件，由最初受理的公安机关立案侦查；必要时，可由主要犯罪地公安机关立案侦查，或者由上级公安机关指定立案侦查。

十六、各地公安机关扣押或者协助管辖单位追回的被盗窃、抢劫的机动车应当移送管辖单位依法处理，不得以任何理由扣留或者索取费用。拖延不交的，给予单位领导行政处分。

十七、本规定所称的"明知"，是指知道或者应当知道。有下列情形之一的，可视为应当知道，但有证据证明确属被蒙骗的除外：

（一）在非法的机动车交易场所和销售单位购买的；

（二）机动车证件手续不全或者明显违反规定的；

（三）机动车发动机号或者车架号有更改痕迹，没有合法证明的；

（四）以明显低于市场价格购买机动车的。

十八、本规定自公布之日起执行。对侵占、抢夺、诈骗机动车案件的查处参照本规定的原则办理。本规定公布后尚未办结的案件，适用本规定。

最高人民法院关于抢劫过程中故意杀人案件如何定罪问题的批复

（2001年5月22日最高人民法院审判委员会第1176次会议通过　2001年5月23日最高人民法院公告公布　自2001年5月26日起施行　法释〔2001〕16号）

上海市高级人民法院：

你院沪高法〔2000〕117号《关于抢劫过程中故意杀人案件定性问题的请示》收悉。经研究，答复如下：

行为人为劫取财物而预谋故意杀人，或者在劫取财物过程中，为制服被害人反抗而故意杀人的，以抢劫罪定罪处罚。

行为人实施抢劫后，为灭口而故意杀人的，以抢劫罪和故意杀人罪定罪，实行数罪并罚。

最高人民法院关于审理抢劫、抢夺刑事案件适用法律若干问题的意见

（2005年6月8日　法发〔2005〕8号）

抢劫、抢夺是多发性的侵犯财产犯罪。1997年刑法修订后，为了更好地指导审判工作，最高人民法院先后发布了《关于审理抢劫案件具体应用法律若干问题的解释》（以下简称《抢劫解释》）和《关于审理抢夺刑事案件具体应用法律若干问题的解释》（以下简称《抢夺解释》）。但是，抢劫、抢夺犯罪案件的情况比较复杂，各地法院在

审判过程中仍然遇到了不少新情况、新问题。为准确、统一适用法律,现对审理抢劫、抢夺犯罪案件中较为突出的几个法律适用问题,提出意见如下:

一、关于“入户抢劫”的认定

根据《抢劫解释》第一条规定,认定“入户抢劫”时,应当注意以下三个问题:一是“户”的范围。“户”在这里是指住所,其特征表现为供他人家庭生活和与外界相对隔离两个方面,前者为功能特征,后者为场所特征。一般情况下,集体宿舍、旅店宾馆、临时搭建工棚等不应认定为“户”,但在特定情况下,如果确实具有上述两个特征的,也可以认定为“户”。二是“入户”目的的非法性。进入他人住所须以实施抢劫等犯罪为目的。抢劫行为虽然发生在户内,但行为人不以实施抢劫等犯罪为目的进入他人住所,而是在户内临时起意实施抢劫的,不属于“入户抢劫”。三是暴力或者暴力胁迫行为必须发生在户内。入户实施盗窃被发现,行为人为窝藏赃物、抗拒抓捕或者毁灭罪证而当场使用暴力或者以暴力相威胁的,如果暴力或者暴力胁迫行为发生在户内,可以认定为“入户抢劫”;如果发生在户外,不能认定为“入户抢劫”。

二、关于“在公共交通工具上抢劫”的认定

公共交通工具承载的旅客具有不特定多数人的特点。根据《抢劫解释》第二条规定,“在公共交通工具上抢劫”主要是指在从事旅客运输的各种公共汽车、大、中型出租车、火车、船只、飞机等正在运营中的机动公共交通工具上对旅客、司售、乘务人员实施的抢劫。在未运营中的大、中型公共交通工具上针对司售、乘务人员抢劫的,或者在小型出租车上抢劫的,不属于“在公共交通工具上抢劫”。

三、关于“多次抢劫”的认定

刑法第二百六十三条第(四)项中的“多次抢劫”是指抢劫三次以上。

对于“多次”的认定,应以行为人实施的每一次抢劫行为均已构成犯罪为前提,综合考虑犯罪故意的产生、犯罪行为实施的时间、地点等因素,客观分析、认定。对于行为人基于一个犯意实施犯罪的,如在同一地点同时对在场的多人实施抢劫的;或基于同一犯意在同一地点实施连续抢劫犯罪的,如在同一地点连续地对途经此地的多人进行抢劫的;或在一次犯罪中对一栋居民楼房中的几户居民连续实施入户抢劫的,一般应认定为一次犯罪。

四、关于“携带凶器抢夺”的认定

《抢劫解释》第六条规定,“携带凶器抢夺”,是指行为人随身携带枪支、爆炸物、管制刀具等国家禁止个人携带的器械进行抢夺或者为了实施犯罪而携带其他器械进行抢夺的行为。行为人随身携带国家禁止个人携带的器械以外的其他器械抢夺,但有证据证明该器械确实不是为了实施犯罪准备的,不以抢劫罪定罪;行为人将随身携带凶器有意加以显示、能为被害人察觉到的,直接适用刑法第二百六十三条的规定定罪处罚;行为人携带凶器抢夺后,在逃跑过程中为窝藏赃物、抗拒抓捕或者毁灭罪证而当场使用暴力或者以暴力相威胁的,适用刑法第二百六十七条第二款的规定定罪处罚。

五、关于转化抢劫的认定

行为人实施盗窃、诈骗、抢夺行为,未达到“数额较大”,为窝藏赃物、抗拒抓捕或者毁灭罪证当场使用暴力或者以暴力相威胁,情节较轻、危害不大的,一般不以犯罪

论处;但具有下列情节之一的,可依照刑法第二百六十九条的规定,以抢劫罪定罪处罚;

(1)盗窃、诈骗、抢夺接近“数额较大”标准的;

(2)入户或在公共交通工具上盗窃、诈骗、抢夺后在户外或交通工具外实施上述行为的;

(3)使用暴力致人轻微伤以上后果的;

(4)使用凶器或以凶器相威胁的;

(5)具有其他严重情节的。

六、关于抢劫犯罪数额的计算

抢劫信用卡后使用、消费的,其实际使用、消费的数额为抢劫数额;抢劫信用卡后未实际使用、消费的,不计数额,根据情节轻重量刑。所抢信用卡数额巨大,但未实际使用、消费或者实际使用、消费的数额未达到巨大标准的,不适用“抢劫数额巨大”的法定刑。

为抢劫其他财物,劫取机动车辆当作犯罪工具或者逃跑工具使用的,被劫取机动车辆的价值计入抢劫数额;为实施抢劫以外的其他犯罪劫取机动车辆的,以抢劫罪和实施的其他犯罪实行数罪并罚。

抢劫存折、机动车辆的数额计算,参照执行《关于审理盗窃案件具体应用法律若干问题的解释》的相关规定。

七、关于抢劫特定财物行为的定性

以毒品、假币、淫秽物品等违禁品为对象,实施抢劫的,以抢劫罪定罪;抢劫的违禁品数量作为量刑情节予以考虑。抢劫违禁品后又以违禁品实施其他犯罪的,应以抢劫罪与具体实施的其他犯罪实行数罪并罚。

抢劫赌资、犯罪所得的赃款赃物的,以抢劫罪定罪,但行为人仅以其所输赌资或所赢赌债为抢劫对象,一般不以抢劫罪定罪处罚。构成其他犯罪的,依照刑法的相关规定处罚。

为个人使用,以暴力、胁迫等手段取得家庭成员或近亲属财产的,一般不以抢劫罪定罪处罚,构成其他犯罪的,依照刑法的相关规定处理;教唆或者伙同他人采取暴力、胁迫等手段劫取家庭成员或近亲属财产的,可以抢劫罪定罪处罚。

八、关于抢劫罪数的认定

行为人实施伤害、强奸等犯罪行为,在被害人未失去知觉,利用被害人不能反抗、不敢反抗的处境,临时起意劫取他人财物的,应以此前所实施的具体犯罪与抢劫罪实行数罪并罚;在被害人失去知觉或者没有发觉的情形下,以及实施故意杀人犯罪行为之后,临时起意拿走他人财物的,应以此前所实施的具体犯罪与盗窃罪实行数罪并罚。

九、关于抢劫罪与相似犯罪的界限

1. 冒充正在执行公务的人民警察、联防人员,以抓卖淫嫖娼、赌博等违法行为为名非法占有财物的行为定性

行为人冒充正在执行公务的人民警察“抓赌”、“抓嫖”,没收赌资或者罚款的行为,构成犯罪的,以招摇撞骗罪从重处罚;在实施上述行为中使用暴力或者暴力威胁的,以抢劫罪定罪处罚。行为人冒充治安联防队员“抓赌”、“抓嫖”、没收赌资或者罚款的行为,构成犯罪的,以敲诈勒索罪定罪处罚;在实施上述行为中使用暴力或者暴力威胁的,以抢劫罪定罪处罚。

2. 以暴力、胁迫手段索取超出正常交易价钱、费用的钱财的行为定性

从事正常商品买卖、交易或者劳动服务的人,以暴力、胁迫手段迫使他人交出与

合理价钱、费用相差不大钱物，情节严重的，以强迫交易罪定罪处罚；以非法占有为目的，以买卖、交易、服务为幌子采用暴力、胁迫手段迫使他人交出与合理价钱、费用相差悬殊的钱物的，以抢劫罪定罪处刑。在具体认定时，既要考虑超出合理价钱、费用的绝对数额，还要考虑超出合理价钱、费用的比例，加以综合判断。

3. 抢劫罪与绑架罪的界限

绑架罪是侵害他人人身自由权利的犯罪，其与抢劫罪的区别在于：第一，主观方面不尽相同。抢劫罪中，行为人一般出于非法占有他人财物的故意实施抢劫行为，绑架罪中，行为人既可能为勒索他人财物而实施绑架行为，也可能出于其他非经济目的实施绑架行为；第二，行为手段不尽相同。抢劫罪表现为行为人劫取财物一般应在同一时间、同一地点，具有“当场性”；绑架罪表现为行为人以杀害、伤害等方式向被绑架人的亲属或其他人或单位发出威胁，索取赎金或提出其他非法要求，劫取财物一般不具有“当场性”。

绑架过程中又当场劫取被害人随身携带财物的，同时触犯绑架罪和抢劫罪两罪名，应择一重罪定罪处罚。

4. 抢劫罪与寻衅滋事罪的界限

寻衅滋事罪是严重扰乱社会秩序的犯罪，行为人实施寻衅滋事的行为时，客观上也可能表现为强拿硬要公私财物的特征。这种强拿硬要的行为与抢劫罪的区别在于：前者行为人主观上还具有逞强好胜和通过强拿硬要来填补其精神空虚等目的，后者行为人一般只具有非法占有他人财物的目的；前者行为人客观上一般不以严重侵犯他人人身权利的方法强拿硬要财物，而后者行为人则以暴力、胁迫等方式作为劫取他人财物的手段。司法实践中，对于未成年人使用或威胁使用轻微暴力强抢少量财物的行为，一般不宜以抢劫罪定罪处罚。其行为符合寻衅滋事罪特征的，可以寻衅滋事罪定罪处罚。

5. 抢劫罪与故意伤害罪的界限

行为人为索取债务，使用暴力、暴力威胁等手段的，一般不以抢劫罪定罪处罚。构成故意伤害等其他犯罪的，依照刑法第二百三十四条等规定处罚。

十、抢劫罪的既遂、未遂的认定

抢劫罪侵犯的是复杂客体，既侵犯财产权利又侵犯人身权利，具备劫取财物或者造成他人轻伤以上后果两者之一的，均属抢劫既遂；既未劫取财物，又未造成他人人身伤害后果的，属抢劫未遂。据此，刑法第二百六十三条规定的八种处罚情节中除“抢劫致人重伤、死亡的”这一结果加重情节之外，其余七种处罚情节同样存在既遂、未遂问题，其中属抢劫未遂的，应当根据刑法关于加重情节的法定刑规定，结合未遂犯的处理原则量刑。

十一、驾驶机动车、非机动车夺取他人财物行为的定性

对于驾驶机动车、非机动车（以下简称“驾驶车辆”）夺取他人财物的，一般以抢夺罪从重处罚。但具有下列情形之一，应当以抢劫罪定罪处罚：

（1）驾驶车辆，逼挤、撞击或强行逼倒他人以排除他人反抗，乘机夺取财物的；

（2）驾驶车辆强抢财物时，因被害人不放手而采取强拉硬拽方法劫取财物的；

（3）行为人明知其驾驶车辆强行夺取他人财物的手段会造成他人伤亡的后果，仍然强行夺取并放任造成财物持有人轻伤以上后果的。

最高人民法院关于审理抢劫刑事案件适用法律若干问题的指导意见

（2016年1月6日　法发〔2016〕2号）

抢劫犯罪是多发性的侵犯财产和侵犯公民人身权利的犯罪。1997年刑法修订后，最高人民法院先后发布了《关于审理抢劫案件具体应用法律若干问题的解释》（以下简称《抢劫解释》）和《关于审理抢劫、抢夺刑事案件适用法律问题的意见》（以下简称《两抢意见》），对抢劫案件的法律适用作出了规范，发挥了重要的指导作用。但是，抢劫犯罪案件的情况越来越复杂，各级法院在审判过程中不断遇到新情况、新问题。为统一适用法律，根据刑法和司法解释的规定，结合近年来人民法院审理抢劫案件的经验，现对审理抢劫犯罪案件中较为突出的几个法律适用问题和刑事政策把握问题提出如下指导意见：

一、关于审理抢劫刑事案件的基本要求

坚持贯彻宽严相济刑事政策。对于多次结伙抢劫，针对农村留守妇女、儿童及老人等弱势群体实施抢劫，在抢劫中实施强奸等暴力犯罪的，要在法律规定的量刑幅度内从重判处。

对于罪行严重或者具有累犯情节的抢劫犯罪分子，减刑、假释时应当从严掌握，严格控制减刑的幅度和频度。对因家庭成员就医等特定原因初次实施抢劫，主观恶性和犯罪情节相对较轻的，要与多次抢劫以及为了挥霍、赌博、吸毒等实施抢劫的案件在量刑上有所区分。对于犯罪情节较轻，或者具有法定、酌定从轻、减轻处罚情节的，坚持依法从宽处理。

确保案件审判质量。审理抢劫刑事案件，要严格遵守证据裁判原则，确保事实清楚，证据确实、充分。特别是对因抢劫可能判处死刑的案件，更要切实贯彻执行刑事诉讼法及相关司法解释、司法文件，严格依法审查判断和运用证据，坚决防止冤错案件的发生。

对抢劫刑事案件适用死刑，应当坚持“保留死刑，严格控制和慎重适用死刑”的刑事政策，以最严格的标准和最审慎的态度，确保死刑只适用于极少数罪行极其严重的犯罪分子。对被判处死刑缓期二年执行的抢劫犯罪分子，根据犯罪情节等情况，可以同时决定对其限制减刑。

二、关于抢劫犯罪部分加重处罚情节的认定

1. 认定“入户抢劫”，要注重审查行为人“入户”的目的，将“入户抢劫”与“在户内抢劫”区别开来。以侵害户内人员的人身、财产为目的，入户后实施抢劫，包括入户实施盗窃、诈骗等犯罪而转化为抢劫的，应当认定为“入户抢劫”。因访友办事等原因经户内人员允许入户后，临时起意实施抢劫，或者临时起意实施盗窃、诈骗等犯罪而转化为抢劫的，不应认定为“入户抢劫”。

对于部分时间从事经营、部分时间用于生活起居的场所，行为人在非营业时间强行入内抢劫或者以购物等为名骗开房门入内抢劫的，应认定为“入户抢劫”。对于部分用于经营、部分用于生活且之间有明确隔离的场所，行为人进入生活场所实施抢劫的，应认定为“入户抢劫”；如场所之间没有明确隔离，行为人在营业时间入内实施抢劫的，不认定为“入户抢劫”，但在非营业时间入内实施抢劫的，应认定为“入户抢劫”。

2.“公共交通工具”，包括从事旅客运输的各种公共汽车，大、中型出租车，火车，地铁，轻轨，轮船，飞机等，不含小型出租车。对于虽不具有商业营运执照，但实际从事旅客运输的大、中型交通工具，可认定为“公共交通工具”。接送职工的单位班车、接送师生的校车等大、中型交通工具，视为“公共交通工具”。

“在公共交通工具上抢劫”，既包括在处于运营状态的公共交通工具上对旅客及司售、乘务人员实施抢劫，也包括拦截运营途中的公共交通工具对旅客及司售、乘务人员实施抢劫，但不包括在未运营的公共交通工具上针对司售、乘务人员实施抢劫。以暴力、胁迫或者麻醉等手段对公共交通工具上的特定人员实施抢劫的，一般应认定为“在公共交通工具上抢劫”。

3. 认定“抢劫数额巨大”，参照各地认定盗窃罪数额巨大的标准执行。抢劫数额以实际抢劫到的财物数额为依据。对以数额巨大的财物为明确目标，由于意志以外的原因，未能抢到财物或实际抢得的财物数额不大的，应同时认定“抢劫数额巨大”和犯罪未遂的情节，根据刑法有关规定，结合未遂犯的处理原则量刑。

根据《两抢意见》第六条第一款规定，抢劫信用卡后使用、消费的，以行为人实际使用、消费的数额为抢劫数额。由于行为人意志以外的原因无法实际使用、消费的部分，虽不计入抢劫数额，但应作为量刑情节考虑。通过银行转账或者电子支付、手机银行等支付平台获取抢劫财物的，以行为人实际获取的财物为抢劫数额。

4. 认定“冒充军警人员抢劫”，要注重对行为人是否穿着军警制服、携带枪支、是否出示军警证件等情节进行综合审查，判断是否足以使他人误以为是军警人员。对于行为人仅穿着类似军警的服装或仅以言语宣称系军警人员但未携带枪支、也未出示军警证件而实施抢劫的，要结合抢劫地点、时间、暴力或威胁的具体情形，依照常人判断标准，确定是否认定为“冒充军警人员抢劫”。

军警人员利用自身的真实身份实施抢劫的，不认定为“冒充军警人员抢劫”，应依法从重处罚。

三、关于转化型抢劫犯罪的认定

根据刑法第二百六十九条的规定，“犯盗窃、诈骗、抢夺罪，为窝藏赃物、抗拒抓捕或者毁灭罪证而当场使用暴力或者以暴力相威胁的”，依照抢劫罪定罪处罚。“犯盗窃、诈骗、抢夺罪”，主要是指行为人已经着手实施盗窃、诈骗、抢夺行为，一般不考察盗窃、诈骗、抢夺行为是否既遂。但是所涉财物数额明显低于“数额较大”的标准，又不具有《两抢意见》第五条所列五种情节之一的，不构成抢劫罪。“当场”是指在盗窃、诈骗、抢夺的现场以及行为人刚离开现场即被他人发现并抓捕的情形。

对于以摆脱的方式逃脱抓捕，暴力强度较小，未造成轻伤以上后果的，可不认定为“使用暴力”，不以抢劫罪论处。

入户或者在公共交通工具上盗窃、诈骗、抢夺后，为了窝藏赃物、抗拒抓捕或者毁灭罪证，在户内或者公共交通工具上当场使用暴力或者以暴力相威胁的，构成“入户抢劫”或者“在公共交通工具上抢劫”。

两人以上共同实施盗窃、诈骗、抢夺犯罪，其中部分行为人为窝藏赃物、抗拒抓捕或者毁灭罪证而当场使用暴力或者以暴力相威胁的,对于其余行为人是否以抢劫罪共犯论处,主要看其对实施暴力或者以暴力相威胁的行为人是否形成共同犯意、提供帮助。基于一定意思联络,对实施暴力或者以暴力相威胁的行为人提供帮助或实际成为帮凶的,可以抢劫共犯论处。

四、具有法定八种加重处罚情节的刑罚适用

1. 根据刑法第二百六十三条的规定,具有"抢劫致人重伤、死亡"等八种法定加重处罚情节的,处十年以上有期徒刑、无期徒刑或者死刑,并处罚金或者没收财产。应当根据抢劫的次数及数额、抢劫对人身的损害、对社会治安的危害等情况,结合被告人的主观恶性及人身危险程度,并根据量刑规范化的有关规定,确定具体的刑罚。判处无期徒刑以上刑罚的,一般应并处没收财产。

2. 具有下列情形之一的,可以判处无期徒刑以上刑罚:

(1)抢劫致三人以上重伤,或者致人重伤造成严重残疾的;

(2)在抢劫过程中故意杀害他人,或者故意伤害他人,致人死亡的;

(3)具有除"抢劫致人重伤、死亡"外的两种以上加重处罚情节,或者抢劫次数特别多、抢劫数额特别巨大的。

3. 为劫取财物而预谋故意杀人,或者在劫取财物过程中为制服被害人反抗、抗拒抓捕而杀害被害人,且被告人无法定从宽处罚情节的,可依法判处死刑立即执行。对具有自首、立功等法定从轻处罚情节的,判处死刑立即执行应当慎重。对于采取故意杀人以外的其他手段实施抢劫并致人死亡的案件,要从犯罪的动机、预谋、实行行为等方面分析被告人主观恶性的大小,并从有无前科及平时表现、认罪悔罪情况等方面判断被告人的人身危险程度,不能不加区别,仅以出现被害人死亡的后果,一律判处死刑立即执行。

4. 抢劫致人重伤案件适用死刑,应当更加慎重、更加严格,除非具有采取极其残忍的手段造成被害人严重残疾等特别恶劣的情节或者造成特别严重后果的,一般不判处死刑立即执行。

5. 具有刑法第二百六十三条规定的"抢劫致人重伤、死亡"以外其他七种加重处罚情节,且犯罪情节特别恶劣、危害后果特别严重的,可依法判处死刑立即执行。认定"情节特别恶劣、危害后果特别严重",应当从严掌握,适用死刑必须非常慎重、非常严格。

五、抢劫共同犯罪的刑罚适用

1. 审理抢劫共同犯罪案件,应当充分考虑共同犯罪的情节及后果、共同犯罪人在抢劫中的作用以及被告人的主观恶性、人身危险性等情节,做到准确认定主从犯,分清罪责,以责定刑,罚当其罪。一案中有两名以上主犯的,要从犯罪提意、预谋、准备、行为实施、赃物处理等方面区分出罪责最大者和较大者;有两名以上从犯的,要在从犯中区分出罪责相对更轻者和较轻者。对从犯的处罚,要根据案件的具体事实、从犯的罪责,确定从轻还是减轻处罚。对具有自首、立功或者未成年人且初次抢劫等情节的从犯,可以依法免除处罚。

2. 对于共同抢劫致一人死亡的案件,依法应当判处死刑的,除犯罪手段特别残忍、情节及后果特别严重、社会影响特别恶劣、严重危害社会治安的外,一般只对共同抢劫犯罪中作用最突出、罪行最严重的那名主犯判处死刑立即执行。罪行最严重的主犯如因系未成年人而不适用死刑，或者因具有自首、立功等法定从宽处罚情节而不判处死刑立即执行的，不能不加区别地对其他主犯判处死刑立即执行。

3. 在抢劫共同犯罪案件中，有同案犯在逃的，应当根据现有证据尽量分清在押犯与在逃犯的罪责，对在押犯应按其罪责处刑。罪责确实难以分清，或者不排除在押犯的罪责可能轻于在逃犯的，对在押犯适用刑罚应当留有余地，判处死刑立即执行要格外慎重。

六、累犯等情节的适用

根据刑法第六十五条第一款的规定，对累犯应当从重处罚。抢劫犯罪被告人具有累犯情节的，适用刑罚时要综合考虑犯罪的情节和后果，所犯前后罪的性质、间隔时间及判刑轻重等情况，决定从重处罚的力度。对于前罪系抢劫等严重暴力犯罪的累犯，应当依法加大从重处罚的力度。对于虽不构成累犯，但具有抢劫犯罪前科的，一般不适用减轻处罚和缓刑。对于可能判处死刑的罪犯具有累犯情节的也应慎重，不能只要是累犯就一律判处死刑立即执行；被告人同时具有累犯和法定从宽处罚情节的，判处死刑立即执行应当综合考虑，从严掌握。

七、关于抢劫案件附带民事赔偿的处理原则

要妥善处理抢劫案件附带民事赔偿工作。审理抢劫刑事案件，一般情况下人民法院不主动开展附带民事调解工作。但是，对于犯罪情节不是特别恶劣或者被害方生活、医疗陷入困境，被告人与被害方自行达成民事赔偿和解协议的，民事赔偿情况可作为评价被告人悔罪态度的依据之一，在量刑上酌情予以考虑。

2. 盗窃罪、诈骗罪、敲诈勒索罪

最高人民法院、最高人民检察院关于办理诈骗刑事案件具体应用法律若干问题的解释

（2011年2月21日最高人民法院审判委员会第1512次会议、2010年11月24日最高人民检察院第十一届检察委员会第49次会议通过　2011年3月1日最高人民法院、最高人民检察院公告公布　自2011年4月8日起施行　法释〔2011〕7号）

为依法惩治诈骗犯罪活动，保护公私财产所有权，根据刑法、刑事诉讼法有关规定，结合司法实践的需要，现就办理诈骗刑事案件具体应用法律的若干问题解释如下：

第一条　诈骗公私财物价值三千元至一万元以上、三万元至十万元以上、五十万元以上的，应当分别认定为刑法第二百六十六条规定的“数额较大”、“数额巨大”、“数额特别巨大”。

各省、自治区、直辖市高级人民法院、人民检察院可以结合本地区经济社会发展状况，在前款规定的数额幅度内，共同研究确定本地区执行的具体数额标准，报最高人民法院、最高人民检察院备案。

第二条　诈骗公私财物达到本解释第一条规定的数额标准，具有下列情形之一的，可以依照刑法第二百六十六条的规定

酌情从严惩处：

（一）通过发送短信、拨打电话或者利用互联网、广播电视、报刊杂志等发布虚假信息，对不特定多数人实施诈骗的；

（二）诈骗救灾、抢险、防汛、优抚、扶贫、移民、救济、医疗款物的；

（三）以赈灾募捐名义实施诈骗的；

（四）诈骗残疾人、老年人或者丧失劳动能力人的财物的；

（五）造成被害人自杀、精神失常或者其他严重后果的。

诈骗数额接近本解释第一条规定的“数额巨大”、“数额特别巨大”的标准，并具有前款规定的情形之一或者属于诈骗集团首要分子的，应当分别认定为刑法第二百六十六条规定的“其他严重情节”、“其他特别严重情节”。

第三条 诈骗公私财物虽已达到本解释第一条规定的“数额较大”的标准，但具有下列情形之一，且行为人认罪、悔罪的，可以根据刑法第三十七条、刑事诉讼法第一百四十二条的规定不起诉或者免予刑事处罚：

（一）具有法定从宽处罚情节的；

（二）一审宣判前全部退赃、退赔的；

（三）没有参与分赃或者获赃较少且不是主犯的；

（四）被害人谅解的；

（五）其他情节轻微、危害不大的。

第四条 诈骗近亲属的财物，近亲属谅解的，一般可不按犯罪处理。

诈骗近亲属的财物，确有追究刑事责任必要的，具体处理也应酌情从宽。

第五条 诈骗未遂，以数额巨大的财物为诈骗目标的，或者具有其他严重情节的，应当定罪处罚。

利用发送短信、拨打电话、互联网等电信技术手段对不特定多数人实施诈骗，诈骗数额难以查证，但具有下列情形之一的，应当认定为刑法第二百六十六条规定的“其他严重情节”，以诈骗罪（未遂）定罪处罚：

（一）发送诈骗信息五千条以上的；

（二）拨打诈骗电话五百人次以上的；

（三）诈骗手段恶劣、危害严重的。

实施前款规定行为，数量达到前款第（一）、（二）项规定标准十倍以上的，或者诈骗手段特别恶劣、危害特别严重的，应当认定为刑法第二百六十六条规定的“其他特别严重情节”，以诈骗罪（未遂）定罪处罚。

第六条 诈骗既有既遂，又有未遂，分别达到不同量刑幅度的，依照处罚较重的规定处罚；达到同一量刑幅度的，以诈骗罪既遂处罚。

第七条 明知他人实施诈骗犯罪，为其提供信用卡、手机卡、通讯工具、通讯传输通道、网络技术支持、费用结算等帮助的，以共同犯罪论处。

第八条 冒充国家机关工作人员进行诈骗，同时构成诈骗罪和招摇撞骗罪的，依照处罚较重的规定定罪处罚。

第九条 案发后查封、扣押、冻结在案的诈骗财物及其孳息，权属明确的，应当发还被害人；权属不明确的，可按被骗款物占查封、扣押、冻结在案的财物及其孳息总额的比例发还被害人，但已获退赔的应予扣除。

第十条 行为人已将诈骗财物用于清偿债务或者转让给他人，具有下列情形之一的，应当依法追缴：

（一）对方明知是诈骗财物而收取的；

（二）对方无偿取得诈骗财物的；

（三）对方以明显低于市场的价格取得诈骗财物的；

（四）对方取得诈骗财物系源于非法债务或者违法犯罪活动的。

他人善意取得诈骗财物的，不予追缴。

第十一条 以前发布的司法解释与本解释不一致的，以本解释为准。

最高人民法院、最高人民检察院关于办理盗窃刑事案件适用法律若干问题的解释

（2013年3月8日最高人民法院审判委员会第1571次会议、2013年3月18日最高人民检察院第十二届检察委员会第1次会议通过　2013年4月2日最高人民法院、最高人民检察院公告公布　自2013年4月4日起施行　法释〔2013〕8号）

为依法惩治盗窃犯罪活动，保护公私财产，根据《中华人民共和国刑法》、《中华人民共和国刑事诉讼法》的有关规定，现就办理盗窃刑事案件适用法律的若干问题解释如下：

第一条 盗窃公私财物价值一千元至三千元以上、三万元至十万元以上、三十万元至五十万元以上的，应当分别认定为刑法第二百六十四条规定的“数额较大”、“数额巨大”、“数额特别巨大”。

各省、自治区、直辖市高级人民法院、人民检察院可以根据本地区经济发展状况，并考虑社会治安状况，在前款规定的数额幅度内，确定本地区执行的具体数额标准，报最高人民法院、最高人民检察院批准。

在跨地区运行的公共交通工具上盗窃，盗窃地点无法查证的，盗窃数额是否达到“数额较大”、“数额巨大”、“数额特别巨大”，应当根据受理案件所在地省、自治区、直辖市高级人民法院、人民检察院确定的有关数额标准认定。

盗窃毒品等违禁品，应当按照盗窃罪处理的，根据情节轻重量刑。

第二条 盗窃公私财物，具有下列情形之一的，“数额较大”的标准可以按照前条规定标准的百分之五十确定：

（一）曾因盗窃受过刑事处罚的；

（二）一年内曾因盗窃受过行政处罚的；

（三）组织、控制未成年人盗窃的；

（四）自然灾害、事故灾害、社会安全事件等突发事件期间，在事件发生地盗窃的；

（五）盗窃残疾人、孤寡老人、丧失劳动能力人的财物的；

（六）在医院盗窃病人或者其亲友财物的；

（七）盗窃救灾、抢险、防汛、优抚、扶贫、移民、救济款物的；

（八）因盗窃造成严重后果的。

第三条 二年内盗窃三次以上的，应当认定为“多次盗窃”。

非法进入供他人家庭生活，与外界相对隔离的住所盗窃的，应当认定为“入户盗窃”。

携带枪支、爆炸物、管制刀具等国家禁止个人携带的器械盗窃，或者为了实施违法犯罪携带其他足以危害他人人身安全的器械盗窃的，应当认定为“携带凶器盗窃”。

在公共场所或者公共交通工具上盗窃他人随身携带的财物的，应当认定为“扒窃”。

第四条 盗窃的数额，按照下列方法认定：

（一）被盗财物有有效价格证明的，根据有效价格证明认定；无有效价格证明，或者根据价格证明认定盗窃数额明显不合理

的,应当按照有关规定委托估价机构估价;

(二)盗窃外币的,按照盗窃时中国外汇交易中心或者中国人民银行授权机构公布的人民币对该货币的中间价折合成人民币计算;中国外汇交易中心或者中国人民银行授权机构未公布汇率中间价的外币,按照盗窃时境内银行人民币对该货币的中间价折算成人民币,或者该货币在境内银行、国际外汇市场对美元汇率,与人民币对美元汇率中间价进行套算;

(三)盗窃电力、燃气、自来水等财物,盗窃数量能够查实的,按照查实的数量计算盗窃数额;盗窃数量无法查实的,以盗窃前六个月月均正常用量减去盗窃后计量仪表显示的月均用量推算盗窃数额;盗窃前正常使用不足六个月的,按照正常使用期间的月均用量减去盗窃后计量仪表显示的月均用量推算盗窃数额;

(四)明知是盗接他人通信线路、复制他人电信码号的电信设备、设施而使用的,按照合法用户为其支付的费用认定盗窃数额;无法直接确认的,以合法用户的电信设备、设施被盗接、复制后的月缴费额减去被盗接、复制前六个月的月均电话费推算盗窃数额;合法用户使用电信设备、设施不足六个月的,按照实际使用的月均电话费推算盗窃数额;

(五)盗接他人通信线路、复制他人电信码号出售的,按照销赃数额认定盗窃数额。

盗窃行为给失主造成的损失大于盗窃数额的,损失数额可以作为量刑情节考虑。

第五条 盗窃有价支付凭证、有价证券、有价票证的,按照下列方法认定盗窃数额:

(一)盗窃不记名、不挂失的有价支付凭证、有价证券、有价票证的,应当按票面数额和盗窃时应得的孳息、奖金或者奖品等可得收益一并计算盗窃数额;

(二)盗窃记名的有价支付凭证、有价证券、有价票证,已经兑现的,按照兑现部分的财物价值计算盗窃数额;没有兑现,但失主无法通过挂失、补领、补办手续等方式避免损失的,按照给失主造成的实际损失计算盗窃数额。

第六条 盗窃公私财物,具有本解释第二条第三项至第八项规定情形之一,或者入户盗窃、携带凶器盗窃,数额达到本解释第一条规定的“数额巨大”、“数额特别巨大”百分之五十的,可以分别认定为刑法第二百六十四条规定的“其他严重情节”或者“其他特别严重情节”。

第七条 盗窃公私财物数额较大,行为人认罪、悔罪,退赃、退赔,且具有下列情形之一,情节轻微的,可以不起诉或者免予刑事处罚;必要时,由有关部门予以行政处罚:

(一)具有法定从宽处罚情节的;

(二)没有参与分赃或者获赃较少且不是主犯的;

(三)被害人谅解的;

(四)其他情节轻微、危害不大的。

第八条 偷拿家庭成员或者近亲属的财物,获得谅解的,一般可不认为是犯罪;追究刑事责任的,应当酌情从宽。

第九条 盗窃国有馆藏一般文物、三级文物、二级以上文物的,应当分别认定为刑法第二百六十四条规定的“数额较大”、“数额巨大”、“数额特别巨大”。

盗窃多件不同等级国有馆藏文物的,三件同级文物可以视为一件高一级文物。

盗窃民间收藏的文物的,根据本解释第四条第一款第一项的规定认定盗窃数额。

第十条 偷开他人机动车的,按照下列规定处理：

（一）偷开机动车，导致车辆丢失的，以盗窃罪定罪处罚；

（二）为盗窃其他财物，偷开机动车作为犯罪工具使用后非法占有车辆，或者将车辆遗弃导致丢失的，被盗车辆的价值计入盗窃数额；

（三）为实施其他犯罪，偷开机动车作为犯罪工具使用后非法占有车辆，或者将车辆遗弃导致丢失的，以盗窃罪和其他犯罪数罪并罚；将车辆送回未造成丢失的，按照其所实施的其他犯罪从重处罚。

第十一条 盗窃公私财物并造成财物损毁的，按照下列规定处理：

（一）采用破坏性手段盗窃公私财物，造成其他财物损毁的，以盗窃罪从重处罚；同时构成盗窃罪和其他犯罪的，择一重罪从重处罚；

（二）实施盗窃犯罪后，为掩盖罪行或者报复等，故意毁坏其他财物构成犯罪的，以盗窃罪和构成的其他犯罪数罪并罚；

（三）盗窃行为未构成犯罪，但损毁财物构成其他犯罪的，以其他犯罪定罪处罚。

第十二条 盗窃未遂，具有下列情形之一的，应当依法追究刑事责任：

（一）以数额巨大的财物为盗窃目标的；

（二）以珍贵文物为盗窃目标的；

（三）其他情节严重的情形。

盗窃既有既遂，又有未遂，分别达到不同量刑幅度的，依照处罚较重的规定处罚；达到同一量刑幅度的，以盗窃罪既遂处罚。

第十三条 单位组织、指使盗窃，符合刑法第二百六十四条及本解释有关规定的，以盗窃罪追究组织者、指使者、直接实施者的刑事责任。

第十四条 因犯盗窃罪，依法判处罚金刑的，应当在一千元以上盗窃数额的二倍以下判处罚金；没有盗窃数额或者盗窃数额无法计算的，应当在一千元以上十万元以下判处罚金。

第十五条 本解释发布实施后，《最高人民法院关于审理盗窃案件具体应用法律若干问题的解释》（法释〔1998〕4 号）同时废止；之前发布的司法解释和规范性文件与本解释不一致的，以本解释为准。

最高人民法院、最高人民检察院关于办理敲诈勒索刑事案件适用法律若干问题的解释

（2013 年 4 月 15 日最高人民法院审判委员会第 1575 次会议、2013 年 4 月 1 日最高人民检察院第十二届检察委员会第 2 次会议通过　2013 年 4 月 23 日最高人民法院、最高人民检察院公告公布　自 2013 年 4 月 27 日起施行　法释〔2013〕10 号）

为依法惩治敲诈勒索犯罪，保护公私财产权利，根据《中华人民共和国刑法》、《中华人民共和国刑事诉讼法》的有关规定，现就办理敲诈勒索刑事案件适用法律的若干问题解释如下：

第一条 敲诈勒索公私财物价值二千元至五千元以上、三万元至十万元以上、三十万元至五十万元以上的，应当分别认定为刑法第二百七十四条规定的“数额较大”、“数额巨大”、“数额特别巨大”。

各省、自治区、直辖市高级人民法院、人民检察院可以根据本地区经济发展状况和社会治安状况，在前款规定的数额幅度

内,共同研究确定本地区执行的具体数额标准,报最高人民法院、最高人民检察院批准。

第二条 敲诈勒索公私财物,具有下列情形之一的,“数额较大”的标准可以按照本解释第一条规定标准的百分之五十确定:

(一)曾因敲诈勒索受过刑事处罚的;

(二)一年内曾因敲诈勒索受过行政处罚的;

(三)对未成年人、残疾人、老年人或者丧失劳动能力人敲诈勒索的;

(四)以将要实施放火、爆炸等危害公共安全犯罪或者故意杀人、绑架等严重侵犯公民人身权利犯罪相威胁敲诈勒索的;

(五)以黑恶势力名义敲诈勒索的;

(六)利用或者冒充国家机关工作人员、军人、新闻工作者等特殊身份敲诈勒索的;

(七)造成其他严重后果的。

第三条 二年内敲诈勒索三次以上的,应当认定为刑法第二百七十四条规定的“多次敲诈勒索”。

第四条 敲诈勒索公私财物,具有本解释第二条第三项至第七项规定的情形之一,数额达到本解释第一条规定的“数额巨大”、“数额特别巨大”百分之八十的,可以分别认定为刑法第二百七十四条规定的“其他严重情节”、“其他特别严重情节”。

第五条 敲诈勒索数额较大,行为人认罪、悔罪,退赃、退赔,并具有下列情形之一的,可以认定为犯罪情节轻微,不起诉或者免予刑事处罚,由有关部门依法予以行政处罚:

(一)具有法定从宽处罚情节的;

(二)没有参与分赃或者获赃较少且不是主犯的;

(三)被害人谅解的;

(四)其他情节轻微、危害不大的。

第六条 敲诈勒索近亲属的财物,获得谅解的,一般不认为是犯罪;认定为犯罪的,应当酌情从宽处理。

被害人对敲诈勒索的发生存在过错的,根据被害人过错程度和案件其他情况,可以对行为人酌情从宽处理;情节显著轻微危害不大的,不认为是犯罪。

第七条 明知他人实施敲诈勒索犯罪,为其提供信用卡、手机卡、通讯工具、通讯传输通道、网络技术支持等帮助的,以共同犯罪论处。

第八条 对犯敲诈勒索罪的被告人,应当在二千元以上、敲诈勒索数额的二倍以下判处罚金;被告人没有获得财物的,应当在二千元以上十万元以下判处罚金。

第九条 本解释公布施行后,《最高人民法院关于敲诈勒索罪数额认定标准问题的规定》(法释〔2000〕11号)同时废止;此前发布的司法解释与本解释不一致的,以本解释为准。

最高人民检察院关于单位有关人员组织实施盗窃行为如何适用法律问题的批复

(2002年7月8日最高人民检察院第九届检察委员会第112次会议通过 2002年8月9日最高人民检察院公告公布 自2002年8月13日起施行 高检发释字〔2002〕5号)

各省、自治区、直辖市人民检察院,军事检察院,新疆生产建设兵团人民检察院:

近来,一些省人民检察院就单位有关人员为谋取单位利益组织实施盗窃行为如何适用法律问题向我院请示。根据刑法有关规定,现批复如下:

单位有关人员为谋取单位利益组织实施盗窃行为,情节严重的,应当依照刑法第二百六十四条的规定以盗窃罪追究直接责任人员的刑事责任。

最高人民法院、最高人民检察院、公安部、工业和信息化部、中国人民银行、中国银行业监督管理委员会关于防范和打击电信网络诈骗犯罪的通告

(2016年9月23日)

电信网络诈骗犯罪是严重影响人民群众合法权益、破坏社会和谐稳定的社会公害,必须坚决依法严惩。为切实保障广大人民群众合法权益,维护社会和谐稳定,根据《中华人民共和国刑法》《中华人民共和国刑事诉讼法》《全国人民代表大会常务委员会关于加强网络信息保护的决定》等有关规定,现就防范和打击电信网络诈骗犯罪相关事项通告如下:

一、凡是实施电信网络诈骗犯罪的人员,必须立即停止一切违法犯罪活动。自本通告发布之日起至2016年10月31日,主动投案、如实供述自己罪行的,依法从轻或者减轻处罚,在此规定期限内拒不投案自首的,将依法从严惩处。

二、公安机关要主动出击,将电信网络诈骗案件依法立为刑事案件,集中侦破一批案件、打掉一批犯罪团伙、整治一批重点地区,坚决拔掉一批地域性职业电信网络诈骗犯罪"钉子"。对电信网络诈骗案件,公安机关、人民检察院、人民法院要依法快侦、快捕、快诉、快审、快判,坚决遏制电信网络诈骗犯罪发展蔓延势头。

三、电信企业(含移动转售企业,下同)要严格落实电话用户真实身份信息登记制度,确保到2016年10月底前全部电话实名率达到96%,年底前达到100%。未实名登记的单位和个人,应按要求对所持有的电话进行实名登记,在规定时间内未完成真实身份信息登记的,一律予以停机。电信企业在为新入网用户办理真实身份信息登记手续时,要通过采取二代身份证识别设备、联网核验等措施验证用户身份信息,并现场拍摄和留存用户照片。

四、电信企业立即开展一证多卡用户的清理,对同一用户在同一家基础电信企业或同一移动转售企业办理有效使用的电话卡达到5张的,该企业不得为其开办新的电话卡。电信企业和互联网企业要采取措施阻断改号软件网上发布、搜索、传播、销售渠道,严禁违法网络改号电话的运行、经营。电信企业要严格规范国际通信业务出入口局主叫号码传送,全面实施语音专线规范清理和主叫鉴权,加大网内和网间虚假主叫发现与拦截力度,立即清理规范一号通、商务总机、400等电话业务,对违规经营的网络电话业务一律依法予以取缔,对违规经营的各级代理商责令限期整改,逾期不改的一律由相关部门吊销执照,并严肃追究民事、行政责任。移动转售企业要依法开展业务,对整治不力、屡次违规的移动转售企业,将依法坚决查处,直至取消相应资质。

五、各商业银行要抓紧完成借记卡存

量清理工作,严格落实“同一客户在同一商业银行开立借记卡原则上不得超过4张”等规定。任何单位和个人不得出租、出借、出售银行账户(卡)和支付账户,构成犯罪的依法追究刑事责任。自2016年12月1日起,同一个人在同一家银行业金融机构只能开立一个Ⅰ类银行账户,在同一家非银行支付机构只能开立一个Ⅲ类支付账户。自2017年起,银行业金融机构和非银行支付机构对经设区市级及以上公安机关认定的出租、出借、出售、购买银行账户(卡)或支付账户的单位和个人及相关组织者,假冒他人身份或虚构代理关系开立银行账户(卡)或支付账户的单位和个人,5年内停止其银行账户(卡)非柜面业务、支付账户所有业务,3年内不得为其新开立账户。对经设区市级及以上公安机关认定为被不法分子用于电信网络诈骗作案的涉案账户,将对涉案账户开户人名下其他银行账户暂停非柜面业务,支付账户暂停全部业务。自2016年12月1日起,个人通过银行自助柜员机向非同名账户转账的,资金24小时后到账。

六、严禁任何单位和个人非法获取、非法出售、非法向他人提供公民个人信息。对泄露、买卖个人信息的违法犯罪行为,坚决依法打击。对互联网上发布的贩卖信息、软件、木马病毒等要及时监控、封堵、删除,对相关网站和网络账号要依法关停,构成犯罪的依法追究刑事责任。

七、电信企业、银行、支付机构和银联,要切实履行主体责任,对责任落实不到位导致被不法分子用于实施电信网络诈骗犯罪的,要依法追究责任。各级行业主管部门要落实监管责任,对监管不到位的,要严肃问责。对因重视不够,防范、打击、整治措施不落实,导致电信网络诈骗犯罪问题严重的地区、部门、国有电信企业、银行和支付机构,坚决依法实行社会治安综合治理“一票否决”,并追究相关责任人的责任。

八、各地各部门要加大宣传力度,广泛开展宣传报道,形成强大舆论声势。要运用多种媒体渠道,及时向公众发布电信网络犯罪预警提示,普及法律知识,提高公众对各类电信网络诈骗的鉴别能力和安全防范意识。

九、欢迎广大人民群众积极举报相关违法犯罪线索,对在捣毁特大犯罪窝点、打掉特大犯罪团伙中发挥重要作用的,予以重奖,并依法保护举报人的个人信息及安全。

本通告自发布之日起施行。

最高人民法院、最高人民检察院、公安部关于办理电信网络诈骗等刑事案件适用法律若干问题的意见

(2016年12月19日　法发〔2016〕32号)

为依法惩治电信网络诈骗等犯罪活动,保护公民、法人和其他组织的合法权益,维护社会秩序,根据《中华人民共和国刑法》《中华人民共和国刑事诉讼法》等法律和有关司法解释的规定,结合工作实际,制定本意见。

一、总体要求

近年来,利用通讯工具、互联网等技术手段实施的电信网络诈骗犯罪活动持续高发,侵犯公民个人信息,扰乱无线电通讯管

理秩序,掩饰、隐瞒犯罪所得、犯罪所得收益等上下游关联犯罪不断蔓延。此类犯罪严重侵害人民群众财产安全和其他合法权益,严重干扰电信网络秩序,严重破坏社会诚信,严重影响人民群众安全感和社会和谐稳定,社会危害性大,人民群众反映强烈。

人民法院、人民检察院、公安机关要针对电信网络诈骗等犯罪的特点,坚持全链条全方位打击,坚持依法从严从快惩处,坚持最大力度最大限度追赃挽损,进一步健全工作机制,加强协作配合,坚决有效遏制电信网络诈骗等犯罪活动,努力实现法律效果和社会效果的高度统一。

二、依法严惩电信网络诈骗犯罪

(一)根据《最高人民法院、最高人民检察院关于办理诈骗刑事案件具体应用法律若干问题的解释》第一条的规定,利用电信网络技术手段实施诈骗,诈骗公私财物价值三千元以上、三万元以上、五十万元以上的,应当分别认定为刑法第二百六十六条规定的"数额较大""数额巨大""数额特别巨大"。

二年内多次实施电信网络诈骗未经处理,诈骗数额累计计算构成犯罪的,应当依法定罪处罚。

(二)实施电信网络诈骗犯罪,达到相应数额标准,具有下列情形之一的,酌情从重处罚:

1. 造成被害人或其近亲属自杀、死亡或者精神失常等严重后果的;

2. 冒充司法机关等国家机关工作人员实施诈骗的;

3. 组织、指挥电信网络诈骗犯罪团伙的;

4. 在境外实施电信网络诈骗的;

5. 曾因电信网络诈骗犯罪受过刑事处罚或者二年内曾因电信网络诈骗受过行政处罚的;

6. 诈骗残疾人、老年人、未成年人、在校学生、丧失劳动能力人的财物,或者诈骗重病患者及其亲属财物的;

7. 诈骗救灾、抢险、防汛、优抚、扶贫、移民、救济、医疗等款物的;

8. 以赈灾、募捐等社会公益、慈善名义实施诈骗的;

9. 利用电话追呼系统等技术手段严重干扰公安机关等部门工作的;

10. 利用"钓鱼网站"链接、"木马"程序链接、网络渗透等隐蔽技术手段实施诈骗的。

(三)实施电信网络诈骗犯罪,诈骗数额接近"数额巨大""数额特别巨大"的标准,具有前述第(二)条规定的情形之一的,应当分别认定为刑法第二百六十六条规定的"其他严重情节""其他特别严重情节"。

上述规定的"接近",一般应掌握在相应数额标准的百分之八十以上。

(四)实施电信网络诈骗犯罪,犯罪嫌疑人、被告人实际骗得财物的,以诈骗罪(既遂)定罪处罚。诈骗数额难以查证,但具有下列情形之一的,应当认定为刑法第二百六十六条规定的"其他严重情节",以诈骗罪(未遂)定罪处罚:

1. 发送诈骗信息五千条以上的,或者拨打诈骗电话五百人次以上的;

2. 在互联网上发布诈骗信息,页面浏览量累计五千次以上的。

具有上述情形,数量达到相应标准十倍以上的,应当认定为刑法第二百六十六条规定的"其他特别严重情节",以诈骗罪

(未遂)定罪处罚。

上述“拨打诈骗电话”,包括拨出诈骗电话和接听被害人回拨电话。反复拨打、接听同一电话号码,以及反复向同一被害人发送诈骗信息的,拨打、接听电话次数、发送信息条数累计计算。

因犯罪嫌疑人、被告人故意隐匿、毁灭证据等原因,致拨打电话次数、发送信息条数的证据难以收集的,可以根据经查证属实的日拨打人次数、日发送信息条数,结合犯罪嫌疑人、被告人实施犯罪的时间、犯罪嫌疑人、被告人的供述等相关证据,综合予以认定。

(五)电信网络诈骗既有既遂,又有未遂,分别达到不同量刑幅度的,依照处罚较重的规定处罚;达到同一量刑幅度的,以诈骗罪既遂处罚。

(六)对实施电信网络诈骗犯罪的被告人裁量刑罚,在确定量刑起点、基准刑时,一般应就高选择。确定宣告刑时,应当综合全案事实情节,准确把握从重、从轻量刑情节的调节幅度,保证罪责刑相适应。

(七)对实施电信网络诈骗犯罪的被告人,应当严格控制适用缓刑的范围,严格掌握适用缓刑的条件。

(八)对实施电信网络诈骗犯罪的被告人,应当更加注重依法适用财产刑,加大经济上的惩罚力度,最大限度剥夺被告人再犯的能力。

三、全面惩处关联犯罪

(一)在实施电信网络诈骗活动中,非法使用“伪基站”“黑广播”,干扰无线电通讯秩序,符合刑法第二百八十八条规定的,以扰乱无线电通讯管理秩序罪追究刑事责任。同时构成诈骗罪的,依照处罚较重的规定定罪处罚。

(二)违反国家有关规定,向他人出售或者提供公民个人信息,窃取或者以其他方法非法获取公民个人信息,符合刑法第二百五十三条之一规定的,以侵犯公民个人信息罪追究刑事责任。

使用非法获取的公民个人信息,实施电信网络诈骗犯罪行为,构成数罪的,应当依法予以并罚。

(三)冒充国家机关工作人员实施电信网络诈骗犯罪,同时构成诈骗罪和招摇撞骗罪的,依照处罚较重的规定定罪处罚。

(四)非法持有他人信用卡,没有证据证明从事电信网络诈骗犯罪活动,符合刑法第一百七十七条之一第一款第(二)项规定的,以妨害信用卡管理罪追究刑事责任。

(五)明知是电信网络诈骗犯罪所得及其产生的收益,以下列方式之一予以转账、套现、取现的,依照刑法第三百一十二条第一款的规定,以掩饰、隐瞒犯罪所得、犯罪所得收益罪追究刑事责任。但有证据证明确实不知道的除外:

1. 通过使用销售点终端机具(POS 机)刷卡套现等非法途径,协助转换或者转移财物的;

2. 帮助他人将巨额现金散存于多个银行账户,或在不同银行账户之间频繁划转的;

3. 多次使用或者使用多个非本人身份证明开设的信用卡、资金支付结算账户或者多次采用遮蔽摄像头、伪装等异常手段,帮助他人转账、套现、取现的;

4. 为他人提供非本人身份证明开设的信用卡、资金支付结算账户后,又帮助他人转账、套现、取现的;

5. 以明显异于市场的价格,通过手机充值、交易游戏点卡等方式套现的。

实施上述行为,事前通谋的,以共同犯罪论处。

实施上述行为,电信网络诈骗犯罪嫌疑人尚未到案或案件尚未依法裁判,但现有证据足以证明该犯罪行为确实存在的,不影响掩饰、隐瞒犯罪所得、犯罪所得收益罪的认定。

实施上述行为,同时构成其他犯罪的,依照处罚较重的规定定罪处罚。法律和司法解释另有规定的除外。

(六)网络服务提供者不履行法律、行政法规规定的信息网络安全管理义务,经监管部门责令采取改正措施而拒不改正,致使诈骗信息大量传播,或者用户信息泄露造成严重后果的,依照刑法第二百八十六条之一的规定,以拒不履行信息网络安全管理义务罪追究刑事责任。同时构成诈骗罪的,依照处罚较重的规定定罪处罚。

(七)实施刑法第二百八十七条之一、第二百八十七条之二规定之行为,构成非法利用信息网络罪、帮助信息网络犯罪活动罪,同时构成诈骗罪的,依照处罚较重的规定定罪处罚。

(八)金融机构、网络服务提供者、电信业务经营者等在经营活动中,违反国家有关规定,被电信网络诈骗犯罪分子利用,使他人遭受财产损失的,依法承担相应责任。构成犯罪的,依法追究刑事责任。

四、准确认定共同犯罪与主观故意

(一)三人以上为实施电信网络诈骗犯罪而组成的较为固定的犯罪组织,应依法认定为诈骗犯罪集团。对组织、领导犯罪集团的首要分子,按照集团所犯的全部罪行处罚。对犯罪集团中组织、指挥、策划者和骨干分子依法从严惩处。

对犯罪集团中起次要、辅助作用的从犯,特别是在规定期限内投案自首、积极协助抓获主犯、积极协助追赃的,依法从轻或减轻处罚。

对犯罪集团首要分子以外的主犯,应当按照其所参与的或者组织、指挥的全部犯罪处罚。全部犯罪包括能够查明具体诈骗数额的事实和能够查明发送诈骗信息条数、拨打诈骗电话人次数、诈骗信息网页浏览次数的事实。

(二)多人共同实施电信网络诈骗,犯罪嫌疑人、被告人应对其参与期间该诈骗团伙实施的全部诈骗行为承担责任。在其所参与的犯罪环节中起主要作用的,可以认定为主犯;起次要作用的,可以认定为从犯。

上述规定的“参与期间”,从犯罪嫌疑人、被告人着手实施诈骗行为开始起算。

(三)明知他人实施电信网络诈骗犯罪,具有下列情形之一的,以共同犯罪论处,但法律和司法解释另有规定的除外:

1. 提供信用卡、资金支付结算账户、手机卡、通讯工具的;

2. 非法获取、出售、提供公民个人信息的;

3. 制作、销售、提供“木马”程序和“钓鱼软件”等恶意程序的;

4. 提供“伪基站”设备或相关服务的;

5. 提供互联网接入、服务器托管、网络存储、通讯传输等技术支持,或者提供支付结算等帮助的;

6. 在提供改号软件、通话线路等技术服务时,发现主叫号码被修改为国内党政机关、司法机关、公共服务部门号码,或者境外用户改为境内号码,仍提供服务的;

7. 提供资金、场所、交通、生活保障等帮助的;

8.帮助转移诈骗犯罪所得及其产生的收益,套现、取现的。

上述规定的“明知他人实施电信网络诈骗犯罪”,应当结合被告人的认知能力,既往经历,行为次数和手段,与他人关系,获利情况,是否曾因电信网络诈骗受过处罚,是否故意规避调查等主客观因素进行综合分析认定。

(四)负责招募他人实施电信网络诈骗犯罪活动,或者制作、提供诈骗方案、术语清单、语音包、信息等的,以诈骗共同犯罪论处。

(五)部分犯罪嫌疑人在逃,但不影响对已到案共同犯罪嫌疑人、被告人的犯罪事实认定的,可以依法先行追究已到案共同犯罪嫌疑人、被告人的刑事责任。

五、依法确定案件管辖

(一)电信网络诈骗犯罪案件一般由犯罪地公安机关立案侦查,如果由犯罪嫌疑人居住地公安机关立案侦查更为适宜的,可以由犯罪嫌疑人居住地公安机关立案侦查。犯罪地包括犯罪行为发生地和犯罪结果发生地。

“犯罪行为发生地”包括用于电信网络诈骗犯罪的网站服务器所在地,网站建立者、管理者所在地,被侵害的计算机信息系统或其管理者所在地,犯罪嫌疑人、被害人使用的计算机信息系统所在地,诈骗电话、短信息、电子邮件等的拨打地、发送地、到达地、接受地,以及诈骗行为持续发生的实施地、预备地、开始地、途经地、结束地。

“犯罪结果发生地”包括被害人被骗时所在地,以及诈骗所得财物的实际取得地、藏匿地、转移地、使用地、销售地等。

(二)电信网络诈骗最初发现地公安机关侦办的案件,诈骗数额当时未达到“数额较大”标准,但后续累计达到“数额较大”标准,可由最初发现地公安机关立案侦查。

(三)具有下列情形之一的,有关公安机关可以在其职责范围内并案侦查:

1.一人犯数罪的;

2.共同犯罪的;

3.共同犯罪的犯罪嫌疑人还实施其他犯罪的;

4.多个犯罪嫌疑人实施的犯罪存在直接关联,并案处理有利于查明案件事实的。

(四)对因网络交易、技术支持、资金支付结算等关系形成多层级链条、跨区域的电信网络诈骗等犯罪案件,可由共同上级公安机关按照有利于查清犯罪事实、有利于诉讼的原则,指定有关公安机关立案侦查。

(五)多个公安机关都有权立案侦查的电信网络诈骗等犯罪案件,由最初受理的公安机关或者主要犯罪地公安机关立案侦查。有争议的,按照有利于查清犯罪事实、有利于诉讼的原则,协商解决。经协商无法达成一致的,由共同上级公安机关指定有关公安机关立案侦查。

(六)在境外实施的电信网络诈骗等犯罪案件,可由公安部按照有利于查清犯罪事实、有利于诉讼的原则,指定有关公安机关立案侦查。

(七)公安机关立案、并案侦查,或因有争议,由共同上级公安机关指定立案侦查的案件,需要提请批准逮捕、移送审查起诉、提起公诉的,由该公安机关所在地的人民检察院、人民法院受理。

对重大疑难复杂案件和境外案件,公安机关应在指定立案侦查前,向同级人民检察院、人民法院通报。

(八)已确定管辖的电信诈骗共同犯罪

案件,在逃的犯罪嫌疑人归案后,一般由原管辖的公安机关、人民检察院、人民法院管辖。

六、证据的收集和审查判断

(一)办理电信网络诈骗案件,确因被害人人数众多等客观条件的限制,无法逐一收集被害人陈述的,可以结合已收集的被害人陈述,以及经查证属实的银行账户交易记录、第三方支付结算账户交易记录、通话记录、电子数据等证据,综合认定被害人人数及诈骗资金数额等犯罪事实。

(二)公安机关采取技术侦查措施收集的案件证明材料,作为证据使用的,应当随案移送批准采取技术侦查措施的法律文书和所收集的证据材料,并对其来源等作出书面说明。

(三)依照国际条约、刑事司法协助、互助协议或平等互助原则,请求证据材料所在地司法机关收集,或通过国际警务合作机制、国际刑警组织启动合作取证程序收集的境外证据材料,经查证属实,可以作为定案的依据。公安机关应对其来源、提取人、提取时间或者提供人、提供时间以及保管移交的过程等作出说明。

对其他来自境外的证据材料,应当对其来源、提供人、提供时间以及提取人、提取时间进行审查。能够证明案件事实且符合刑事诉讼法规定的,可以作为证据使用。

七、涉案财物的处理

(一)公安机关侦办电信网络诈骗案件,应当随案移送涉案赃款赃物,并附清单。人民检察院提起公诉时,应一并移交受理案件的人民法院,同时就涉案赃款赃物的处理提出意见。

(二)涉案银行账户或者涉案第三方支付账户内的款项,对权属明确的被害人的合法财产,应当及时返还。确因客观原因无法查实全部被害人,但有证据证明该账户系用于电信网络诈骗犯罪,且被告人无法说明款项合法来源的,根据刑法第六十四条的规定,应认定为违法所得,予以追缴。

(三)被告人已将诈骗财物用于清偿债务或者转让给他人,具有下列情形之一的,应当依法追缴:

1. 对方明知是诈骗财物而收取的;

2. 对方无偿取得诈骗财物的;

3. 对方以明显低于市场的价格取得诈骗财物的;

4. 对方取得诈骗财物系源于非法债务或者违法犯罪活动的。

他人善意取得诈骗财物的,不予追缴。

最高人民法院、最高人民检察院、公安部关于办理电信网络诈骗等刑事案件适用法律若干问题的意见(二)

(2021年6月17日 法发〔2021〕22号)

为进一步依法严厉惩治电信网络诈骗犯罪,对其上下游关联犯罪实行全链条、全方位打击,根据《中华人民共和国刑法》《中华人民共和国刑事诉讼法》等法律和有关司法解释的规定,针对司法实践中出现的新的突出问题,结合工作实际,制定本意见。

一、电信网络诈骗犯罪地,除《最高人民法院、最高人民检察院、公安部关于办理电信网络诈骗等刑事案件适用法律若干问题的意见》规定的犯罪行为发生地和结果

发生地外,还包括:

(一)用于犯罪活动的手机卡、流量卡、物联网卡的开立地、销售地、转移地、藏匿地;

(二)用于犯罪活动的信用卡的开立地、销售地、转移地、藏匿地、使用地以及资金交易对手资金交付和汇出地;

(三)用于犯罪活动的银行账户、非银行支付账户的开立地、销售地、使用地以及资金交易对手资金交付和汇出地;

(四)用于犯罪活动的即时通讯信息、广告推广信息的发送地、接受地、到达地;

(五)用于犯罪活动的"猫池"(Modem Pool)、GOIP设备、多卡宝等硬件设备的销售地、入网地、藏匿地;

(六)用于犯罪活动的互联网账号的销售地、登录地。

二、为电信网络诈骗犯罪提供作案工具、技术支持等帮助以及掩饰、隐瞒犯罪所得及其产生的收益,由此形成多层级犯罪链条的,或者利用同一网站、通讯群组、资金账户、作案窝点实施电信网络诈骗犯罪的,应当认定为多个犯罪嫌疑人、被告人实施的犯罪存在关联,人民法院、人民检察院、公安机关可以在其职责范围内并案处理。

三、有证据证实行为人参加境外诈骗犯罪集团或犯罪团伙,在境外针对境内居民实施电信网络诈骗犯罪行为,诈骗数额难以查证,但一年内出境赴境外诈骗犯罪窝点累计时间30日以上或多次出境赴境外诈骗犯罪窝点的,应当认定为刑法第二百六十六条规定的"其他严重情节",以诈骗罪依法追究刑事责任。有证据证明其出境从事正当活动的除外。

四、无正当理由持有他人的单位结算卡的,属于刑法第一百七十七条之一第一款第(二)项规定的"非法持有他人信用卡"。

五、非法获取、出售、提供具有信息发布、即时通讯、支付结算等功能的互联网账号密码、个人生物识别信息,符合刑法第二百五十三条之一规定的,以侵犯公民个人信息罪追究刑事责任。

对批量前述互联网账号密码、个人生物识别信息的条数,根据查获的数量直接认定,但有证据证明信息不真实或者重复的除外。

六、在网上注册办理手机卡、信用卡、银行账户、非银行支付账户时,为通过网上认证,使用他人身份证件信息并替换他人身份证件相片,属于伪造身份证件行为,符合刑法第二百八十条第三款规定的,以伪造身份证件罪追究刑事责任。

使用伪造、变造的身份证件或者盗用他人身份证件办理手机卡、信用卡、银行账户、非银行支付账户,符合刑法第二百八十条之一第一款规定的,以使用虚假身份证件、盗用身份证件罪追究刑事责任。

实施上述两款行为,同时构成其他犯罪的,依照处罚较重的规定定罪处罚。法律和司法解释另有规定的除外。

七、为他人利用信息网络实施犯罪而实施下列行为,可以认定为刑法第二百八十七条之二规定的"帮助"行为:

(一)收购、出售、出租信用卡、银行账户、非银行支付账户、具有支付结算功能的互联网账号密码、网络支付接口、网上银行数字证书的;

(二)收购、出售、出租他人手机卡、流量卡、物联网卡的。

八、认定刑法第二百八十七条之二规

定的行为人明知他人利用信息网络实施犯罪,应当根据行为人收购、出售、出租前述第七条规定的信用卡、银行账户、非银行支付账户、具有支付结算功能的互联网账号密码、网络支付接口、网上银行数字证书,或者他人手机卡、流量卡、物联网卡等的次数、张数、个数,并结合行为人的认知能力、既往经历、交易对象、与实施信息网络犯罪的行为人的关系、提供技术支持或者帮助的时间和方式、获利情况以及行为人的供述等主客观因素,予以综合认定。

收购、出售、出租单位银行结算账户、非银行支付机构单位支付账户,或者电信、银行、网络支付等行业从业人员利用履行职责或提供服务便利,非法开办并出售、出租他人手机卡、信用卡、银行账户、非银行支付账户等的,可以认定为《最高人民法院、最高人民检察院关于办理非法利用信息网络、帮助信息网络犯罪活动等刑事案件适用法律若干问题的解释》第十一条第(七)项规定的“其他足以认定行为人明知的情形”。但有相反证据的除外。

九、明知他人利用信息网络实施犯罪,为其犯罪提供下列帮助之一的,可以认定为《最高人民法院、最高人民检察院关于办理非法利用信息网络、帮助信息网络犯罪活动等刑事案件适用法律若干问题的解释》第十二条第一款第(七)项规定的“其他情节严重的情形”:

(一)收购、出售、出租信用卡、银行账户、非银行支付账户、具有支付结算功能的互联网账号密码、网络支付接口、网上银行数字证书5张(个)以上的;

(二)收购、出售、出租他人手机卡、流量卡、物联网卡20张以上的。

十、电商平台预付卡、虚拟货币、手机充值卡、游戏点卡、游戏装备等经销商,在公安机关调查案件过程中,被明确告知其交易对象涉嫌电信网络诈骗犯罪,仍与其继续交易,符合刑法第二百八十七条之二规定的,以帮助信息网络犯罪活动罪追究刑事责任。同时构成其他犯罪的,依照处罚较重的规定定罪处罚。

十一、明知是电信网络诈骗犯罪所得及其产生的收益,以下列方式之一予以转账、套现、取现,符合刑法第三百一十二条第一款规定的,以掩饰、隐瞒犯罪所得、犯罪所得收益罪追究刑事责任。但有证据证明确实不知道的除外。

(一)多次使用或者使用多个非本人身份证明开设的收款码、网络支付接口等,帮助他人转账、套现、取现的;

(二)以明显异于市场的价格,通过电商平台预付卡、虚拟货币、手机充值卡、游戏点卡、游戏装备等转换财物、套现的;

(三)协助转换或者转移财物,收取明显高于市场的“手续费”的。

实施上述行为,事前通谋的,以共同犯罪论处;同时构成其他犯罪的,依照处罚较重的规定定罪处罚。法律和司法解释另有规定的除外。

十二、为他人实施电信网络诈骗犯罪提供技术支持、广告推广、支付结算等帮助,或者窝藏、转移、收购、代为销售及以其他方法掩饰、隐瞒电信网络诈骗犯罪所得及其产生的收益,诈骗犯罪行为可以确认,但实施诈骗的行为人尚未到案,可以依法先行追究已到案的上述犯罪嫌疑人、被告人的刑事责任。

十三、办案地公安机关可以通过公安机关信息化系统调取异地公安机关依法制作、收集的刑事案件受案登记表、立案决定书、被害人陈述等证据材料。调取时不得少于两名侦查人员,并应记载调取的时间、使用的信息化系统名称等相关信息,调取人签名并加盖办案地公安机关印章。经审核证明真实的,可以作为证据使用。

十四、通过国(区)际警务合作收集或者境外警方移交的境外证据材料,确因客观条件限制,境外警方未提供相关证据的发现、收集、保管、移交情况等材料的,公安机关应当对上述证据材料的来源、移交过程以及种类、数量、特征等作出书面说明,由两名以上侦查人员签名并加盖公安机关印章。经审核能够证明案件事实的,可以作为证据使用。

十五、对境外司法机关抓获并羁押的电信网络诈骗犯罪嫌疑人,在境内接受审判的,境外的羁押期限可以折抵刑期。

十六、办理电信网络诈骗犯罪案件,应当充分贯彻宽严相济刑事政策。在侦查、审查起诉、审判过程中,应当全面收集证据、准确甄别犯罪嫌疑人、被告人在共同犯罪中的层级地位及作用大小,结合其认罪态度和悔罪表现,区别对待,宽严并用,科学量刑,确保罚当其罪。

对于电信网络诈骗犯罪集团、犯罪团伙的组织者、策划者、指挥者和骨干分子,以及利用未成年人、在校学生、老年人、残疾人实施电信网络诈骗的,依法从严惩处。

对于电信网络诈骗犯罪集团、犯罪团伙中的从犯,特别是其中参与时间相对较短、诈骗数额相对较低或者从事辅助性工作并领取少量报酬,以及初犯、偶犯、未成年人、在校学生等,应当综合考虑其在共同犯罪中的地位作用、社会危害程度、主观恶性、人身危险性、认罪悔罪表现等情节,可以依法从轻、减轻处罚。犯罪情节轻微的,可以依法不起诉或者免予刑事处罚;情节显著轻微危害不大的,不以犯罪论处。

十七、查扣的涉案账户内资金,应当优先返还被害人,如不足以全额返还的,应当按照比例返还。

最高人民法院、最高人民检察院、公安部、司法部关于办理“套路贷”刑事案件若干问题的意见

(2019年2月28日　法发〔2019〕11号)

为持续深入开展扫黑除恶专项斗争,准确甄别和依法严厉惩处“套路贷”违法犯罪分子,根据刑法、刑事诉讼法、有关司法解释以及最高人民法院、最高人民检察院、公安部、司法部《关于办理黑恶势力犯罪案件若干问题的指导意见》等规范性文件的规定,现对办理“套路贷”刑事案件若干问题提出如下意见:

一、准确把握“套路贷”与民间借贷的区别

1.“套路贷”,是对以非法占有为目的,假借民间借贷之名,诱使或迫使被害人签订“借贷”或变相“借贷”“抵押”“担保”等相关协议,通过虚增借贷金额、恶意制造违约、肆意认定违约、毁匿还款证据等方式形成虚假债权债务,并借助诉讼、仲裁、公证或者采用暴力、威胁以及其他手段非法占有被害人财物的相关违法犯罪活动的概括性称谓。

2.“套路贷”与平等主体之间基于意思自治而形成的民事借贷关系存在本质区别,民间借贷的出借人是为了到期按照协

议约定的内容收回本金并获取利息，不具有非法占有他人财物的目的，也不会在签订、履行借贷协议过程中实施虚增借贷金额、制造虚假给付痕迹、恶意制造违约、肆意认定违约、毁匿还款证据等行为。

司法实践中，应当注意非法讨债引发的案件与“套路贷”案件的区别，犯罪嫌疑人、被告人不具有非法占有目的，也未使用“套路”与借款人形成虚假债权债务，不应视为“套路贷”。因使用暴力、威胁以及其他手段强行索债构成犯罪的，应当根据具体案件事实定罪处罚。

3. 实践中，“套路贷”的常见犯罪手法和步骤包括但不限于以下情形：

(1)制造民间借贷假象。犯罪嫌疑人、被告人往往以“小额贷款公司”“投资公司”“咨询公司”“担保公司”“网络借贷平台”等名义对外宣传，以低息、无抵押、无担保、快速放款等为诱饵吸引被害人借款，继而以“保证金”“行规”等虚假理由诱使被害人基于错误认识签订金额虚高的“借贷”协议或相关协议。有的犯罪嫌疑人、被告人还会以被害人先前借贷违约等理由，迫使对方签订金额虚高的“借贷”协议或相关协议。

(2)制造资金走账流水等虚假给付事实。犯罪嫌疑人、被告人按照虚高的“借贷”协议金额将资金转入被害人账户，制造已将全部借款交付被害人的银行流水痕迹，随后便采取各种手段将其中全部或者部分资金收回，被害人实际上并未取得或者完全取得“借贷”协议、银行流水上显示的钱款。

(3)故意制造违约或者肆意认定违约。犯罪嫌疑人、被告人往往会以设置违约陷阱、制造还款障碍等方式，故意造成被害人违约，或者通过肆意认定违约，强行要求被害人偿还虚假债务。

(4)恶意垒高借款金额。当被害人无力偿还时，有的犯罪嫌疑人、被告人会安排其所属公司或者指定的关联公司、关联人员为被害人偿还“借款”，继而与被害人签订金额更大的虚高“借贷”协议或相关协议，通过这种“转单平账”“以贷还贷”的方式不断垒高“债务”。

(5)软硬兼施“索债”。在被害人未偿还虚高“借款”的情况下，犯罪嫌疑人、被告人借助诉讼、仲裁、公证或者采用暴力、威胁以及其他手段向被害人或者被害人的特定关系人索取“债务”。

二、依法严惩“套路贷”犯罪

4. 实施“套路贷”过程中，未采用明显的暴力或者威胁手段，其行为特征从整体上表现为以非法占有为目的，通过虚构事实、隐瞒真相骗取被害人财物的，一般以诈骗罪定罪处罚；对于在实施“套路贷”过程中多种手段并用，构成诈骗、敲诈勒索、非法拘禁、虚假诉讼、寻衅滋事、强迫交易、抢劫、绑架等多种犯罪的，应当根据具体案件事实，区分不同情况，依照刑法及有关司法解释的规定数罪并罚或者择一重处。

5. 多人共同实施“套路贷”犯罪，犯罪嫌疑人、被告人在所参与的犯罪中起主要作用的，应当认定为主犯，对其参与或组织、指挥的全部犯罪承担刑事责任；起次要或辅助作用的，应当认定为从犯。

明知他人实施“套路贷”犯罪，具有以下情形之一的，以相关犯罪的共犯论处，但刑法和司法解释等另有规定的除外：

(1)组织发送“贷款”信息、广告，吸引、介绍被害人“借款”的；

(2)提供资金、场所、银行卡、账号、交

通工具等帮助的；

(3)出售、提供、帮助获取公民个人信息的；

(4)协助制造走账记录等虚假给付事实的；

(5)协助办理公证的；

(6)协助以虚假事实提起诉讼或者仲裁的；

(7)协助套现、取现、办理动产或不动产过户等，转移犯罪所得及其产生的收益的；

(8)其他符合共同犯罪规定的情形。

上述规定中的"明知他人实施'套路贷'犯罪"，应当结合行为人的认知能力、既往经历、行为次数和手段、与同案人、被害人的关系、获利情况、是否曾因"套路贷"受过处罚、是否故意规避查处等主客观因素综合分析认定。

6. 在认定"套路贷"犯罪数额时，应当与民间借贷相区别，从整体上予以否定性评价，"虚高债务"和以"利息""保证金""中介费""服务费""违约金"等名目被犯罪嫌疑人、被告人非法占有的财物，均应计入犯罪数额。

犯罪嫌疑人、被告人实际给付被害人的本金数额，不计入犯罪数额。

已经着手实施"套路贷"，但因意志以外原因未得逞的，可以根据相关罪名所涉及的刑法、司法解释规定，按照已着手非法占有的财物数额认定犯罪未遂。既有既遂，又有未遂，犯罪既遂部分与未遂部分分别对应不同法定刑幅度的，应当先决定对未遂部分是否减轻处罚，确定未遂部分对应的法定刑幅度，再与既遂部分对应的法定刑幅度进行比较，选择处罚较重的法定刑幅度，并酌情从重处罚；二者在同一量刑幅度的，以犯罪既遂酌情从重处罚。

7. 犯罪嫌疑人、被告人实施"套路贷"违法所得的一切财物，应当予以追缴或者责令退赔；对被害人的合法财产，应当及时返还。有证据证明是犯罪嫌疑人、被告人为实施"套路贷"而交付给被害人的本金，赔偿被害人损失后如有剩余，应依法予以没收。

犯罪嫌疑人、被告人已将违法所得的财物用于清偿债务、转让或者设置其他权利负担，具有下列情形之一的，应当依法追缴：

(1)第三人明知是违法所得财物而接受的；

(2)第三人无偿取得或者以明显低于市场的价格取得违法所得财物的；

(3)第三人通过非法债务清偿或者违法犯罪活动取得违法所得财物的；

(4)其他应当依法追缴的情形。

8. 以老年人、未成年人、在校学生、丧失劳动能力的人为对象实施"套路贷"，或者因实施"套路贷"造成被害人或其特定关系人自杀、死亡、精神失常、为偿还"债务"而实施犯罪活动的，除刑法、司法解释另有规定的外，应当酌情从重处罚。

在坚持依法从严惩处的同时，对于认罪认罚、积极退赃、真诚悔罪或者具有其他法定、酌定从轻处罚情节的被告人，可以依法从宽处罚。

9. 对于"套路贷"犯罪分子，应当根据其所触犯的具体罪名，依法加大财产刑适用力度。符合刑法第三十七条之一规定的，可以依法禁止从事相关职业。

10. 三人以上为实施"套路贷"而组成的较为固定的犯罪组织，应当认定为犯罪集团。对首要分子应按照集团所犯全部罪行处罚。

符合黑恶势力认定标准的，应当按照黑社会性质组织、恶势力或者恶势力犯罪集团侦查、起诉、审判。

三、依法确定“套路贷”刑事案件管辖

11.“套路贷”犯罪案件一般由犯罪地公安机关侦查，如果由犯罪嫌疑人居住地公安机关立案侦查更为适宜的，可以由犯罪嫌疑人居住地公安机关立案侦查。犯罪地包括犯罪行为发生地和犯罪结果发生地。

“犯罪行为发生地”包括为实施“套路贷”所设立的公司所在地、“借贷”协议或相关协议签订地、非法讨债行为实施地、为实施“套路贷”而进行诉讼、仲裁、公证的受案法院、仲裁委员会、公证机构所在地，以及“套路贷”行为的预备地、开始地、途经地、结束地等。

“犯罪结果发生地”包括违法所得财物的支付地、实际取得地、藏匿地、转移地、使用地、销售地等。

除犯罪地、犯罪嫌疑人居住地外，其他地方公安机关对于公民扭送、报案、控告、举报或者犯罪嫌疑人自首的“套路贷”犯罪案件，都应当立即受理，经审查认为有犯罪事实的，移送有管辖权的公安机关处理。

黑恶势力实施的“套路贷”犯罪案件，由侦办黑社会性质组织、恶势力或者恶势力犯罪集团案件的公安机关进行侦查。

12.具有下列情形之一的，有关公安机关可以在其职责范围内并案侦查：

（1）一人犯数罪的；

（2）共同犯罪的；

（3）共同犯罪的犯罪嫌疑人还实施其他犯罪的；

（4）多个犯罪嫌疑人实施的犯罪存在直接关联，并案处理有利于查明案件事实的。

13.本意见自2019年4月9日起施行。

最高人民法院、最高人民检察院、公安部关于依法办理“碰瓷”违法犯罪案件的指导意见

（2020年9月22日　公通字〔2020〕12号）

各省、自治区、直辖市高级人民法院、人民检察院、公安厅（局），新疆维吾尔自治区高级人民法院生产建设兵团分院，新疆生产建设兵团人民检察院、公安局：

近年来，“碰瓷”现象时有发生。所谓“碰瓷”，是指行为人通过故意制造或者编造其被害假象，采取诈骗、敲诈勒索等方式非法索取财物的行为。实践中，一些不法分子有的通过“设局”制造或者捏造他人对其人身、财产造成损害来实施；有的通过自伤、造成同伙受伤或者利用自身原有损伤，诬告系被害人所致来实施；有的故意制造交通事故，利用被害人违反道路通行规定或者酒后驾驶、无证驾驶、机动车手续不全等违法违规行为，通过被害人害怕被查处的心理来实施；有的在“碰瓷”行为被识破后，直接对被害人实施抢劫、抢夺、故意伤害等违法犯罪活动等。此类违法犯罪行为性质恶劣，危害后果严重，败坏社会风气，且易滋生黑恶势力，人民群众反响强烈。为依法惩治“碰瓷”违法犯罪活动，保障人民群众合法权益，维护社会秩序，根据刑法、刑事诉讼法、治安管理处罚法等法律的规定，制定本意见。

一、实施“碰瓷”，虚构事实、隐瞒真相，骗取赔偿，符合刑法第二百六十六条规定的，以诈骗罪定罪处罚；骗取保险金，符合刑法第一百九十八条规定的，以保险诈骗罪定罪处罚。

实施“碰瓷”，捏造人身、财产权益受到侵害的事实，虚构民事纠纷，提起民事诉讼，符合刑法第三百零七条之一规定的，以虚假诉讼罪定罪处罚；同时构成其他犯罪的，依照处罚较重的规定定罪从重处罚。

二、实施“碰瓷”，具有下列行为之一，敲诈勒索他人财物，符合刑法第二百七十四条规定的，以敲诈勒索罪定罪处罚：

1. 实施撕扯、推搡等轻微暴力或者围困、阻拦、跟踪、贴靠、滋扰、纠缠、哄闹、聚众造势、扣留财物等软暴力行为的；

2. 故意制造交通事故，进而利用被害人违反道路通行规定或者其他违法违规行为相要挟的；

3. 以揭露现场掌握的当事人隐私相要挟的；

4. 扬言对被害人及其近亲属人身、财产实施侵害的。

三、实施“碰瓷”，当场使用暴力、胁迫或者其他方法，当场劫取他人财物，符合刑法第二百六十三条规定的，以抢劫罪定罪处罚。

四、实施“碰瓷”，采取转移注意力、趁人不备等方式，窃取、夺取他人财物，符合刑法第二百六十四条、第二百六十七条规定的，分别以盗窃罪、抢夺罪定罪处罚。

五、实施“碰瓷”，故意造成他人财物毁坏，符合刑法第二百七十五条规定的，以故意毁坏财物罪定罪处罚。

六、实施“碰瓷”，驾驶机动车对其他机动车进行追逐、冲撞、挤别、拦截或者突然加减速、急刹车等可能影响交通安全的行为，因而发生重大事故，致人重伤、死亡或者使公私财物遭受重大损失，符合刑法第一百三十三条规定的，以交通肇事罪定罪处罚。

七、为实施“碰瓷”而故意杀害、伤害他人或者过失致人重伤、死亡，符合刑法第二百三十二条、第二百三十四条、第二百三十三条、第二百三十五条规定的，分别以故意杀人罪、故意伤害罪、过失致人死亡罪、过失致人重伤罪定罪处罚。

八、实施“碰瓷”，为索取财物，采取非法拘禁等方法非法剥夺他人人身自由或者非法搜查他人身体，符合刑法第二百三十八条、第二百四十五条规定的，分别以非法拘禁罪、非法搜查罪定罪处罚。

九、共同故意实施“碰瓷”犯罪，起主要作用的，应当认定为主犯，对其参与或者组织、指挥的全部犯罪承担刑事责任；起次要或者辅助作用的，应当认定为从犯，依法予以从轻、减轻处罚或者免除处罚。

三人以上为共同故意实施“碰瓷”犯罪而组成的较为固定的犯罪组织，应当认定为犯罪集团。对首要分子应当按照集团所犯全部罪行处罚。

符合黑恶势力认定标准的，应当按照黑社会性质组织、恶势力或者恶势力犯罪集团侦查、起诉、审判。

十、对实施“碰瓷”，尚不构成犯罪，但构成违反治安管理行为的，依法给予治安管理处罚。

各级人民法院、人民检察院和公安机关要严格依法办案，加强协作配合，对“碰瓷”违法犯罪行为予以快速处理、准确定性、依法严惩。一要依法及时开展调查处置、批捕、起诉、审判工作。公安机关接到报案、控告、举报后应当立即赶到现场,及时制止违法犯罪,妥善保护案发现场,控制行为人。对于符合立案条件的及时开展立案侦查,全面收集证据,调取案发现场监控视频,收集在场证人证言,核查涉案人员、车辆信息等,并及时串并案进行侦查。人民检察院对于公安机关提请批准逮捕、移送审查起诉的"碰瓷"案件,符合逮捕、起诉条件的,应当依法尽快予以批捕、起诉。对于"碰瓷"案件,人民法院应当依法及时审判,构成犯罪的,严格依法追究犯罪分子刑事责任。二要加强协作配合。公安机关、人民检察院要加强沟通协调,解决案件定性、管辖、证据标准等问题,确保案件顺利办理。对于疑难复杂案件,公安机关可以听取人民检察院意见。对于确需补充侦查的,人民检察院要制作明确、详细的补充侦查提纲,公安机关应当及时补充证据。人民法院要加强审判力量,严格依法公正审判。三要严格贯彻宽严相济的刑事政策,落实认罪认罚从宽制度。要综合考虑主观恶性大小、行为的手段、方式、危害后果以及在案件中所起作用等因素,切实做到区别对待。对于"碰瓷"犯罪集团的首要分子、积极参加的犯罪分子以及屡教不改的犯罪分子,应当作为打击重点依法予以严惩。对犯罪性质和危害后果特别严重、社会影响特别恶劣的犯罪分子,虽具有酌定从宽情节但不足以从宽处罚的,依法不予从宽处罚。具有自首、立功、坦白、认罪认罚等情节的,依法从宽处理。同时,应当准确把握法律尺度,注意区分"碰瓷"违法犯罪同普通民事纠纷、行政违法的界限,既防止出现"降格处理",也要防止打击面过大等问题。四要强化宣传教育。人民法院、人民检察院、公安机关在依法惩处此类犯罪的过程中,要加大法制宣传教育力度,在依法办案的同时,视情通过新闻媒体、微信公众号、微博等形式,向社会公众揭露"碰瓷"违法犯罪的手段和方式,引导人民群众加强自我保护意识,遇到此类情形,应当及时报警,依法维护自身合法权益。要适时公开曝光一批典型案例,通过对案件解读,有效震慑违法犯罪分子,在全社会营造良好法治环境。

各地各相关部门要认真贯彻执行。执行中遇有问题,请及时上报各自上级机关。

最高人民法院研究室关于在审理盗窃案件中有关适用法律问题的答复

(2010年3月15日　法研〔2010〕48号)

青海省高级人民法院:

你院青刑再字〔2009〕7号《关于在审理盗窃案件中有关适用法律问题的请示报告》收悉。经研究,同意你院审判委员会的第二种意见,即可按审判监督程序审理,加重原审被告人刑罚。理由如下:

1. 判决生效后追回的被盗物品与原判认定的被盗物品属于同一次盗窃行为所得,原审判决却仅涉及部分被盗物品,故可以认定事实不清、适用法律不当为由启动审判监督程序。

2. 本案属于检察院提出抗诉的案件,加重刑罚不受上诉不加刑的限制。

中国银行业监督管理委员会关于银行业打击治理电信网络新型违法犯罪有关工作事项的通知

(2015年11月13日　银监发〔2015〕48号)

各银监局,各政策性银行、大型银行、股份制银行,邮储银行,外资银行,金融资产管理公司,其他会管金融机构:

国务院打击治理电信网络新型违法犯罪工作部际联席会议办公室决定,2015年11月至2016年4月在全国范围内开展打击治理电信网络新型违法犯罪专项行动。现将《公安部关于印发〈打击治理电信网络新型违法犯罪专项行动工作方案〉的通知》(公刑〔2015〕3410号)印发给你们,请结合以下工作要求抓好贯彻落实。

一、统一思想,高度重视,增强打击治理电信网络新型违法犯罪专项行动的责任感

各银监局和银行业金融机构要深刻认识当前电信网络新型违法犯罪形势的严峻性、复杂性,进一步增强责任感、紧迫感,积极回应人民群众迫切期待。坚持标本兼治、综合治理、落实责任,整合各方面资源,统筹各方面力量,全面落实打击治理、源头监管、宣传防范等各项工作措施,坚决遏制电信网络新型违法犯罪发展蔓延势头,切实维护人民群众合法权益,切实维护社会和谐稳定。

二、积极协助,全力配合,确保做好涉案账户查控工作

各银监局和银行业金融机构要严格执行《银行业金融机构协助人民检察院公安机关国家安全机关查询冻结工作规定》(银监发〔2014〕53号)。根据《打击治理电信网络新型违法犯罪专项行动工作方案》部署,积极配合公安机关做好涉案账户的及时查询、紧急止付、快速冻结等查控工作。同时,各银监局和银行业金融机构要根据银监会和公安部相关工作部署,大力推进涉案账户资金网络查控平台建设应用,切实提高涉案资金查控的合法性、及时性、准确性。

三、认真核实,限制开卡数量,严格执行实名制管理规定

各银行业金融机构要严格执行《个人存款账户实名制规定》(国务院令第285号),充分利用身份证联网核查等技术手段,认真审核办理人身份证件,坚决杜绝违规代开卡、乱开卡、批量开卡等问题。同一客户在同一商业银行开立借记卡原则上不得超过4张;如该客户之前已持有同一商业银行全国范围内4张(含)以上借记卡的,商业银行不得为其开立或激活新的借记卡,社会保障卡、医疗保险卡、军人保障卡、已销户的借记卡除外。同一代理人在同一商业银行代理开卡原则上不得超过3张。确有正当理由,需要超出上述开卡数量限制的,由商业银行核实后酌情办理。对已办理4张以上借记卡的客户,银行业金融机构要主动与开卡客户进行联系,开展核查工作,发现非本人意愿办理的,应当中止服务。

对于公安机关或司法机关正式提供的文件显示客户(持卡人、申请人、代理人等)曾参与出租、出借、出售本人或他人借记卡账户以及相关各类验证工具的,同一商业银行在全国范围内对该客户(持卡人、申请人、代理人)等开立的借记卡账户数量不得超过2个。如该客户(持卡人、申请人、代理人等)之前已持有同一商业银行全国范围内2个(含)以上借记卡账户的,商业银行不得为其开立或激活新的借记卡账户。限制时间自收到公安机关或司法机关正式文件之日起至少5年。社会保障卡、医疗保险卡、军人保障卡、已销户的借记卡账户除外。

对于代理开立的借记卡,需被代理人持本人有效身份证件在柜面办理卡片启用后方可正常使用,在启用前应只支持存款转入等贷方交易,不支持取款、转出、消费、理财投资等借方交易。对于存款人因病残、出国等特殊原因无法由本人办理启用业务的,银行核实情况后应开设绿色通道,做到特事特办。其中,16岁以下中国公民由监护人代理开立的借记卡,不受上述限制。

对于新开银行卡客户,原则上应预留本人实名登记的手机号码;确无手机号码的,可以不予预留。对于新开办网银、手机银行、电话银行等业务的客户,应当要求预留本人实名登记的手机号码。若客户预留非本人实名登记的手机号码,一经发现,银行业金融机构有权停用该银行卡,待客户更新本人实名登记的手机号码再恢复使用。16岁以下中国公民由监护人代理开立的银行账户,可留存监护人或存款人本人经实名认证的手机号码。

对于个人客户主动向银行业金融机构提出申请,要求对其名下非本人意愿办理的本地和异地银行卡进行处置的,银行业金融机构在核实后,应中止银行卡服务。

四、强化内控,完善流程,提升银行卡安全管理水平

各银行业金融机构要全面梳理完善业务流程,提升内控水平,切实加强银行卡安全管理,不断强化行业自律,严格落实社会责任。同时,应尽快建立涉嫌电信网络诈骗账户黑名单制度,依法限制涉嫌电信网络诈骗银行卡的境内、境外使用功能。

五、密切联系,协调配合,形成打击治理电信网络新型违法犯罪的强大合力

各银监局、银行业金融机构应参照《关于进一步做好涉恐案件资金查控工作的通知》(公刑〔2015〕846号)要求,建立健全与公安机关的资金查控联系人机制。在专项行动和资金查控工作中,各方确定的联系人应切实负起责任,直接对接、直接联络、快速反应,共同做好涉案资金的查询、冻结工作。对于重大、复杂案件,各银监局应配合公安机关进行重点协调和部署,做好有关银行业金融机构的督促和指导工作,努力形成打击治理电信网络新型违法犯罪的强大合力。

六、大力宣传,打防结合,着力提升广大群众防范电信网络诈骗的意识和能力

各银监局、银行业金融机构要精心组织开展宣传教育活动,采取群众喜闻乐见的方式,推动电信网络新型违法犯罪防范工作宣传教育活动进社区、进学校、进家庭。各银行业金融机构应综合运用柜台、ATM等终端,积极借助手机短信、互联网等载体,通过悬挂警示标语、张贴防范提示、发放宣传资料等方式,深入开展经常性防范宣传教育活动,及时揭露不法分子犯罪手法和伎俩,切实提高广大群众防范意识和能力。特别是在客户办理业务过程中,要主动提示核查本人名下全部银行账户信息,发现异常,及时处置。

七、落实责任,严肃查处,建立健全考核奖惩和责任追究制度

各银监局、银行业金融机构要按照电信网络新型违法犯罪打击治理职责分工,严格落实工作责任,建立健全考核奖惩和责任追究制度。对于工作成绩突出的,要予以表彰奖励;对于重视不够,措施不力的,要予以通报批评。对于在协助查控工作中通风报信、拖延推诿、协助隐匿转移财产的,以及涉及违规办卡的银行业金融机构和从业人员,要对责任机构和责任人予以严厉处罚。构成犯罪的,依法移交司法机关追究刑事责任。

本通知执行中遇有问题,请及时与银监会法规部联系。银监会将适时对银行业金融机构打击治理电信网络新型违法犯罪工作情况进行监督检查。

电信网络新型违法犯罪案件冻结资金返还若干规定

(2016年8月4日　银监发〔2016〕41号)

第一条　为维护公民、法人和其他组织的财产权益,减少电信网络新型违法犯罪案件被害人的财产损失,确保依法、及时、便捷返还冻结资金,根据《中华人民共和国刑法》、《中华人民共和国刑事诉讼法》、《中华人民共和国银行业监督管理法》、《中华人民共和国商业银行法》等法律、行政法规,制定本规定。

第二条　本规定所称电信网络新型违法犯罪案件,是指不法分子利用电信、互联网等技术,通过发送短信、拨打电话、植入木马等手段,诱骗(盗取)被害人资金汇(存)入其控制的银行账户,实施的违法犯罪案件。

本规定所称冻结资金,是指公安机关依照法律规定对特定银行账户实施冻结措施,并由银行业金融机构协助执行的资金。

本规定所称被害人,包括自然人、法人和其他组织。

第三条　公安机关应当依照法律、行政法规和本规定的职责、范围、条件和程序,坚持客观、公正、便民的原则,实施涉案冻结资金返还工作。

银行业金融机构应当依照有关法律、行政法规和本规定,协助公安机关实施涉案冻结资金返还工作。

第四条　公安机关负责查清被害人资金流向,及时通知被害人,并作出资金返还决定,实施返还。

银行业监督管理机构负责督促、检查辖区内银行业金融机构协助查询、冻结、返还工作,并就执行中的问题与公安机关进行协调。

银行业金融机构依法协助公安机关查清被害人资金流向,将所涉资金返还至公安机关指定的被害人账户。

第五条　被害人在办理被骗(盗)资金返还过程中,应当提供真实有效的信息,配合公安机关和银行业金融机构开展相应的工作。

被害人应当由本人办理冻结资金返还手续。本人不能办理的,可以委托代理人办理;公安机关应当核实委托关系的真实性。

被害人委托代理人办理冻结资金返还手续的,应当出具合法的委托手续。

第六条　对电信网络新型违法犯罪案件,公安机关冻结涉案资金后,应当主动告知被害人。

被害人向冻结公安机关或者受理案件地公安机关提出冻结涉案资金返还请求的,应当填写《电信网络新型违法犯罪涉案资金返还申请表》(附件1)。

冻结公安机关应当对被害人的申请进

行审核,经查明冻结资金确属被害人的合法财产,权属明确无争议的,制作《电信网络新型违法犯罪涉案资金流向表》和《呈请返还资金报告书》(附件2),由设区的市一级以上公安机关批准并出具《电信网络新型违法犯罪冻结资金返还决定书》(附件3)。

受理案件地公安机关与冻结公安机关不是同一机关的,受理案件地公安机关应当及时向冻结公安机关移交受、立案法律手续、询问笔录、被骗盗银行卡账户证明、身份信息证明、《电信网络新型违法犯罪涉案资金返还申请表》等相关材料,冻结公安机关按照前款规定进行审核决定。

冻结资金应当返还至被害人原汇出银行账户,如原银行账户无法接受返还,也可以向被害人提供的其他银行账户返还。

第七条 冻结公安机关对依法冻结的涉案资金,应当以转账时间戳(银行电子系统记载的时间点)为标记,核查各级转账资金走向,一一对应还原资金流向,制作《电信网络新型违法犯罪案件涉案资金流向表》。

第八条 冻结资金以溯源返还为原则,由公安机关区分不同情况按以下方式返还:

(一)冻结账户内仅有单笔汇(存)款记录,可直接溯源被害人的,直接返还被害人;

(二)冻结账户内有多笔汇(存)款记录,按照时间戳记载可以直接溯源被害人的,直接返还被害人;

(三)冻结账户内有多笔汇(存)款记录,按照时间戳记载无法直接溯源被害人的,按照被害人被骗(盗)金额占冻结在案资金总额的比例返还(返还计算公式见附件4)。

按比例返还的,公安机关应当发出公告,公告期为30日,公告期间内被害人、其他利害关系人可就返还冻结提出异议,公安机关依法进行审核。

冻结账户返还后剩余资金在原冻结期内继续冻结;公安机关根据办案需要可以在冻结期满前依法办理续冻手续。如查清新的被害人,公安机关可以按照本规定启动新的返还程序。

第九条 被害人以现金通过自动柜员机或者柜台存入涉案账户内的,涉案账户交易明细账中的存款记录与被害人笔录核对相符的,可以依照本规定第八条的规定,予以返还。

第十条 公安机关办理资金返还工作时,应当制作《电信网络新型违法犯罪冻结资金协助返还通知书》(附件5),由两名以上公安机关办案人员持本人有效人民警察证和《电信网络新型违法犯罪冻结资金协助返还通知书》前往冻结银行办理返还工作。

第十一条 立案地涉及多地,对资金返还存在争议的,应当由共同上级公安机关确定一个公安机关负责返还工作。

第十二条 银行业金融机构办理返还时,应当对办案人员的人民警察证和《电信网络新型违法犯罪冻结资金协助返还通知书》进行审查。对于提供的材料不完备的,有权要求办案公安机关补正。

银行业金融机构应当及时协助公安机关办理返还。能够现场办理完毕的,应当现场办理;现场无法办理完毕的,应当在三个工作日内办理完毕。银行业金融机构应当将回执反馈公安机关。

银行业金融机构应当留存《电信网络新型违法犯罪冻结资金协助返还通知书》原件、人民警察证复印件,并妥善保管留存,不得挪作他用。

第十三条 银行业金融机构应当指定

专门机构和人员，承办电信网络新型违法犯罪涉案资金返还工作。

第十四条 公安机关违法办理资金返还，造成当事人合法权益损失的，依法承担法律责任。

第十五条 中国银监会和公安部应当加强对新型电信网络违法犯罪冻结资金返还工作的指导和监督。

银行业金融机构违反协助公安机关资金返还义务的，按照《银行业金融机构协助人民检察院公安机关国家安全机关查询冻结工作规定》第二十八条的规定，追究相应机构和人员的责任。

第十六条 本规定由中国银监会和公安部共同解释。执行中遇有具体应用问题，可以向银监会法律部门和公安部刑事侦查局报告。

第十七条 本规定自发布之日起施行。

附件：1. 电信网络新型违法犯罪案件冻结资金返还申请表（略）

2. 呈请返还资金报告书（略）

3. 电信网络新型违法犯罪冻结资金返还决定书（略）

4. 电信网络新型违法犯罪冻结资金协助返还通知书（略）

5. 资金返还比例计算方法（略）

电信网络新型违法犯罪案件冻结资金返还若干规定实施细则

（2016年12月2日 银监办发〔2016〕170号）

第一条 根据《电信网络新型违法犯罪案件冻结资金返还若干规定》（以下简称《返还规定》）制定本实施细则（以下简称《实施细则》）。

第二条 《返还规定》目前仅适用于我国公安机关立案侦办的电信网络犯罪案件。外国通过有关国际条约、协议、规定的联系途径、外交途径，提出刑事司法协助请求的，由银监会和公安部批准后，可参照此规定执行。

第三条 《返还规定》第二条第二款所称的冻结资金不包括止付资金。

第四条 《返还规定》第五条第一款中的"真实有效的信息"，是指受害人应当提供本人有效身份证件、接受资金返还银行卡（卡状态为正常）原件及复印件，并在复印件上注明"此复印件由本人提供，经核对，与原件无误，此件只做冻结资金返还使用"。

第五条 被害人委托代理人办理资金返还手续时，委托代理人需提供本人有效身份证件、被害人有效证件以及被害人签名或盖章的授权委托书。

被害人为无民事行为能力或者限制民事行为能力的，由其监护人办理资金返还；被害人死亡的，由其继承人办理资金返还。被害人的监护人或继承人需提供相应证明文件。

第六条 《返还规定》第五条中的"公安机关"是指受理案件地公安机关。

第七条 受理地公安机关应当制作返还资金询问笔录，笔录中应详细记明被害人接收资金返还的银行账户、银行有无赔偿垫付等内容。告知被返还人应当承担的法律责任，对返还错误的款项应及时退回，如故意伪造证据材料或拒不归还的，将依法追究其法律责任。

第八条 《返还规定》第六条第一款中

的“应当主动告知被害人”，是指受理案件地公安机关应当口头或书面告知被害人，告知应当包括以下内容：

（一）涉案资金的冻结情况；

（二）已冻结资金是否属于被害人，需公安机关进一步查证；

（三）资金返还工作一般在立案3个月后启动。

第九条 被害人原则上只能向受理案件地公安机关提出申请。《返还规定》第六条第二款中的“冻结公安机关或者受理案件地公安机关”是指“冻结公安机关和受理案件地公安机关为同一公安机关”情形。

第十条 《电信网络新型违法犯罪案件冻结资金返还申请表》应当一人一表、一卡（账户）一表，对多个申请人涉及一个账户或一个申请人涉及多个账户需要办理资金返还的，应当分别填表。

第十一条 《电信网络新型违法犯罪案件冻结资金返还申请表》中“返还银行账户”栏应当填写户名、账号、开户网点、所属银行。立案单位一栏中加盖的公章应与立案决定书的公章一致。冻结单位一栏中加盖的公章应与冻结通知书的公章一致。“冻结金额”栏应当填写返还金额。

第十二条 受理案件地公安机关与冻结公安机关不是同一机关的，由受理案件地公安机关负责核查各级转账资金流向，并负责制作《电信网络新型违法犯罪涉案资金流向表》（附件1）。

第十三条 《电信网络新型违法犯罪冻结资金返还决定书》应一式两份，一份由冻结地公安机关留存，一份交办理返还工作的银行。

第十四条 《呈请返还资金报告书》中“返还银行账号”栏应当填写户名、账号、开户网点、所属银行。“返还金额”栏金额应当用大写汉字填写（精确到分）。“审核意见”栏签字由冻结公安机关负责人审批并加盖单位公章；“领导批示”栏由设区的市一级以上公安机关负责人审批，并加盖公章。

第十五条 《返还规定》第六条第四款中的“移交”，是指受理案件地公安机关派2名民警持本人有效人民警察证，携带相关材料赴冻结地公安机关移交。移交证据材料时，除《返还规定》第六条第四款规定的材料外，还需出具冻结资金返还工作协作函（附件2）和涉案账户的交易流水明细（加盖公章）。冻结地公安机关收到材料后，应当填写回执交受理地公安机关。

第十六条 《返还规定》第六条第五款中的“如原银行账户无法接受返还”时，原则上应返还至本人的其他银行账户，如确需返还至非本人银行账户，需要由本人出具书面申请，详细说明原因、其与返还账户持有人的关系以及自愿要求返还至该账户的声明，并签字确认。

第十七条 按比例返还的，应当制作《按比例返还资金流向参照表》（附件3）。冻结公安机关通过其官方网站、微信公众号、官方微博、主流电视、广播、报纸等多种方式发出公告。已明确被害人的，冻结公安机关应当以电话、书面等形式通知所有被害人，并做好记录。

公告期间内被害人、其他利害关系人可就返还被冻结资金提出异议并提供相关证明材料，公安机关应当予以受理，制作书面记录并出具回执。公安机关应当对材料进行审核并作出异议是否成立的决定，同时通知被害人、其他利害关系人。异议成立的,公安机关应当中止冻结资金返还,重新确定返还比例。异议不成立或者公告期内被害人、其他利害关系人未提出异议的,公安机关应当按照原确定的比例返还被冻结资金。

第十八条 冻结资金返还的金额以冻结账户的实际到账金额为准。资金返还产生的手续费从返还金额中扣除。

第十九条 办理资金返还后账户仍有余额的,冻结地公安机关应当在冻结期满前办理续冻手续。

第二十条 被害人以现金通过自动柜员机或者柜台存入涉案账户内的,在返还资金时受理案件地公安机关除向冻结公安机关提供账户交易明细中的存款记录与被害人笔录外,还应当提供银行柜台、ATM柜员机存(汇)款监控录像、存(汇)款底单等材料。

第二十一条 《返还规定》第十条中"公安机关"是指冻结公安机关。

第二十二条 办理冻结资金返还时,由两名以上冻结公安机关办案人员持本人有效人民警察证、《电信网络新型违法犯罪冻结资金返还决定书》原件和《电信网络新型违法犯罪冻结资金协助返还通知书》原件前往冻结银行办理返还工作,商业银行对相关手续材料内容进行形式审查,并可留存《电信网络新型违法犯罪冻结资金返还决定书》复印件。冻结公安机关在办理冻结资金返还时,应同时告知所在地省级反诈骗中心。

第二十三条 《电信网络新型违法犯罪冻结资金协助返还通知书》中"类型"栏一般填写"银行存款";"所在机构"、"户名或权利人"、"被冻结账号"栏均应填写被冻结账户的信息;"返还接受账号"栏应填写户名、账号、开户网点及所属银行;加盖公章应与原冻结通知书一致。

第二十四条 银行业金融机构应当指定各省的专门分支机构和人员,负责资金返还的办理工作(另件下发)。《返还规定》第十条中"冻结银行"指冻结账户的归属行在冻结地公安机关所在的省一级分支机构。如该银行在冻结地尚未设立分支机构的,冻结公安机关可就近选择该行公安机关所在地其他省一级分支机构办理。

第二十五条 冻结银行受理资金返还时,可以向冻结公安机关所在地的省级反诈骗中心(附件4)电话核实办案民警身份,并按照第二十二条、第二十三条规定,审核冻结公安机关提供的材料。身份有疑问或材料不齐全的,冻结银行有权拒绝办理资金返还工作。

第二十六条 资金返还时,冻结银行发现该冻结账户还有被其他司法部门冻结的,可暂停资金返还工作。协商一致同意并出具加盖司法部门公章函件后,方可启动资金返还工作。

第二十七条 银行业金融机构仅承担审核司法手续齐全性、完备性和核实民警身份的责任,不承担因执行公安机关返还通知书而产生的责任。

第二十八条 各级公安机关和银行业金融机构要认真贯彻落实《返还规定》,切实做好涉案冻结资金返还工作。银监会、公安部将对相关工作进行监督检查,对于不落实《返还规定》造成不良影响的,严肃追究责任,并进行通报。

第二十九条 本《实施细则》自印发之日起施行。

附件:(略)

3. 职务侵占罪、挪用资金罪

最高人民法院关于村民小组组长利用职务便利非法占有公共财物行为如何定性问题的批复

（1999年6月18日最高人民法院审判委员会第1069次会议通过　1999年6月25日最高人民法院公告公布　自1999年7月3日起施行　法释〔1999〕12号）

四川省高级人民法院：

你院川高法〔一九九八〕三百二十四号《关于村民小组组长利用职务便利侵吞公共财物如何定性的问题的请示》收悉。经研究，答复如下：

对村民小组组长利用职务上的便利，将村民小组集体财产非法占为已有，数额较大的行为，应当依照刑法第二百七十一条第一款的规定，以职务侵占罪定罪处罚。

最高人民法院关于对受委托管理、经营国有财产人员挪用国有资金行为如何定罪问题的批复

（2000年2月13日最高人民法院审判委员会第1099次会议通过　2000年2月16日最高人民法院公告公布　自2000年2月24日起施行　法释〔2000〕5号）

江苏省高级人民法院：

你院苏高法〔1999〕94号《关于受委托管理、经营国有财产的人员能否作为挪用公款罪主体问题的请示》收悉。经研究，答复如下：

对于受国家机关、国有公司、企业、事业单位、人民团体委托，管理、经营国有财产的非国家工作人员，利用职务上的便利，挪用国有资金归个人使用构成犯罪的，应当依照刑法第二百七十二条第一款的规定定罪处罚。

最高人民法院关于如何理解刑法第二百七十二条规定的“挪用本单位资金归个人使用或者借贷给他人”问题的批复

（2000年6月30日最高人民法院审判委员会第1121次会议通过　2000年7月20日最高人民法院公告公布　自2000年7月27日起施行　法释〔2000〕22号）

新疆维吾尔自治区高级人民法院：

你院新高法〔1998〕193号《关于对刑法第二百七十二条“挪用本单位资金归个人使用或者借贷给他人”的规定应如何理解的请示》收悉。经研究，答复如下：

公司、企业或者其他单位的非国家工作人员，利用职务上的便利，挪用本单位资金归本人或者其他自然人使用，或者挪用人以个人名义将所挪用的资金借给其他自然人和单位，构成犯罪的，应当依照刑法第二百七十二条第一款的规定定罪处罚。

最高人民检察院关于挪用尚未注册成立公司资金的行为适用法律问题的批复

（2000 年 10 月 9 日　高检发研字〔2000〕19 号）

江苏省人民检察院：

你院苏检发研字〔1999〕第 8 号《关于挪用尚未注册成立的公司资金能否构成挪用资金罪的请示》收悉。经研究，批复如下：

筹建公司的工作人员在公司登记注册前，利用职务上的便利，挪用准备设立的公司在银行开设的临时账户上的资金，归个人使用或者借贷给他人，数额较大、超过三个月未还的，或者虽未超过三个月，但数额较大、进行营利活动的，或者进行非法活动的，应当根据刑法第二百七十二条的规定，追究刑事责任。

最高人民法院关于在国有资本控股、参股的股份有限公司中从事管理工作的人员利用职务便利非法占有本公司财物如何定罪问题的批复

（2001 年 5 月 22 日最高人民法院审判委员会第 1176 次会议通过　2001 年 5 月 23 日最高人民法院公告公布　自 2001 年 5 月 26 日起施行　法释〔2001〕17 号）

重庆市高级人民法院：

你院渝高法明传〔2000〕38 号《关于在股份有限公司中从事管理工作的人员侵占本公司财物如何定性的请示》收悉。经研究，答复如下：

在国有资本控股、参股的股份有限公司中从事管理工作的人员，除受国家机关、国有公司、企业、事业单位委派从事公务的以外，不属于国家工作人员。对其利用职务上的便利，将本单位财物非法占为己有，数额较大的，应当依照刑法第二百七十一条第一款的规定，以职务侵占罪定罪处罚。

全国人民代表大会常务委员会法制工作委员会刑法室关于挪用资金罪有关问题的答复

（2004 年 9 月 8 日　法工委刑发〔2004〕第 28 号）

公安部经济犯罪侦查局：

你局 2004 年 7 月 19 日（公经〔2004〕141 号）来函收悉，经研究，答复如下：

刑法第二百七十二条规定的挪用资金罪中的“归个人使用”与刑法第三百八十四条规定的挪用公款罪中的“归个人使用”的含义基本相同。97 年修改刑法时，针对当时挪用资金中比较突出的情况，在规定“归个人使用时”的同时，进一步明确了“借贷给他人”属于挪用资金罪的一种表现形式。

公安部经济犯罪侦查局关于对挪用资金罪中“归个人使用”有关问题的批复

（2004 年 9 月 8 日　公经〔2004〕1455 号）

湖北省公安厅经侦总队：

你总队《关于对贺平等人行为是否涉嫌挪用单位资金罪进行认定的请示》（厅经侦〔2004〕67 号）收悉。经研究并征求全国人大法工委刑法室的意见，现答复如下：

《中华人民共和国刑法》第二百七十二条规定的挪用资金罪中的“归个人使用”与《中华人民共和国刑法》第三百八十四条规定的挪用公款罪中的“归个人使用”的含义基本相同。在理解时，可以参照 2002 年 4 月 28 日第九届全国人民代表大会常务委员会第二十七次会议通过的全国人大常委会关于《中华人民共和国刑法》第三百八十四条第一款的解释。

4. 拒不支付劳动报酬罪

最高人民法院关于审理拒不支付劳动报酬刑事案件适用法律若干问题的解释

（2013 年 1 月 14 日最高人民法院审判委员会第 1567 次会议通过　2013 年 1 月 16 日最高人民法院公告公布　自 2013 年 1 月 23 日起施行　法释〔2013〕3 号）

为依法惩治拒不支付劳动报酬犯罪，维护劳动者的合法权益，根据《中华人民共和国刑法》有关规定，现就办理此类刑事案件适用法律的若干问题解释如下：

第一条　劳动者依照《中华人民共和国劳动法》和《中华人民共和国劳动合同法》等法律的规定应得的劳动报酬，包括工资、奖金、津贴、补贴、延长工作时间的工资报酬及特殊情况下支付的工资等，应当认定为刑法第二百七十六条之一第一款规定的“劳动者的劳动报酬”。

第二条　以逃避支付劳动者的劳动报酬为目的，具有下列情形之一的，应当认定为刑法第二百七十六条之一第一款规定的“以转移财产、逃匿等方法逃避支付劳动者的劳动报酬”：

（一）隐匿财产、恶意清偿、虚构债务、虚假破产、虚假倒闭或者以其他方法转移、处分财产的；

（二）逃跑、藏匿的；

（三）隐匿、销毁或者篡改账目、职工名册、工资支付记录、考勤记录等与劳动报酬相关的材料的；

（四）以其他方法逃避支付劳动报酬的。

第三条　具有下列情形之一的，应当认定为刑法第二百七十六条之一第一款规定的“数额较大”：

（一）拒不支付一名劳动者三个月以上的劳动报酬且数额在五千元至二万元以上的；

（二）拒不支付十名以上劳动者的劳动报酬且数额累计在三万元至十万元以上的。

各省、自治区、直辖市高级人民法院可以根据本地区经济社会发展状况，在前款规定的数额幅度内，研究确定本地区执行的具体数额标准，报最高人民法院备案。

第四条　经人力资源社会保障部门或

者政府其他有关部门依法以限期整改指令书、行政处理决定书等文书责令支付劳动者的劳动报酬后，在指定的期限内仍不支付的，应当认定为刑法第二百七十六条之一第一款规定的“经政府有关部门责令支付仍不支付”，但有证据证明行为人有正当理由未知悉责令支付或者未及时支付劳动报酬的除外。

行为人逃匿，无法将责令支付文书送交其本人、同住成年家属或者所在单位负责收件的人的，如果有关部门已通过在行为人的住所地、生产经营场所等地张贴责令支付文书等方式责令支付，并采用拍照、录像等方式记录的，应当视为“经政府有关部门责令支付”。

第五条 拒不支付劳动者的劳动报酬，符合本解释第三条的规定，并具有下列情形之一的，应当认定为刑法第二百七十六条之一第一款规定的“造成严重后果”：

（一）造成劳动者或者其被赡养人、被扶养人、被抚养人的基本生活受到严重影响、重大疾病无法及时医治或者失学的；

（二）对要求支付劳动报酬的劳动者使用暴力或者进行暴力威胁的；

（三）造成其他严重后果的。

第六条 拒不支付劳动者的劳动报酬，尚未造成严重后果，在刑事立案前支付劳动者的劳动报酬，并依法承担相应赔偿责任的，可以认定为情节显著轻微危害不大，不认为是犯罪；在提起公诉前支付劳动者的劳动报酬，并依法承担相应赔偿责任的，可以减轻或者免除刑事处罚；在一审宣判前支付劳动者的劳动报酬，并依法承担相应赔偿责任的，可以从轻处罚。

对于免除刑事处罚的，可以根据案件的不同情况，予以训诫、责令具结悔过或者赔礼道歉。

拒不支付劳动者的劳动报酬，造成严重后果，但在宣判前支付劳动者的劳动报酬，并依法承担相应赔偿责任的，可以酌情从宽处罚。

第七条 不具备用工主体资格的单位或者个人，违法用工且拒不支付劳动者的劳动报酬，数额较大，经政府有关部门责令支付仍不支付的，应当依照刑法第二百七十六条之一的规定，以拒不支付劳动报酬罪追究刑事责任。

第八条 用人单位的实际控制人实施拒不支付劳动报酬行为，构成犯罪的，应当依照刑法第二百七十六条之一的规定追究刑事责任。

第九条 单位拒不支付劳动报酬，构成犯罪的，依照本解释规定的相应个人犯罪的定罪量刑标准，对直接负责的主管人员和其他直接责任人员定罪处罚，并对单位判处罚金。

最高人民法院、最高人民检察院、人力资源和社会保障部、公安部关于加强涉嫌拒不支付劳动报酬犯罪案件查处衔接工作的通知

（2014 年 12 月 23 日　人社部发〔2014〕100 号）

各省、自治区、直辖市高级人民法院、人民检察院、人力资源社会保障厅（局）、公安厅（局），新疆维吾尔自治区高级人民法院生产建设兵团分院，新疆生产建设兵团人民检察院、人力资源社会保障局、公安局：

为贯彻执行《中华人民共和国刑法》和

《最高人民法院关于审理拒不支付劳动报酬刑事案件适用法律若干问题的解释》(法释〔2013〕3号)关于拒不支付劳动报酬罪的相关规定,进一步完善人力资源社会保障行政执法和刑事司法衔接制度,加大对拒不支付劳动报酬犯罪行为的打击力度,切实维护劳动者合法权益,根据《行政执法机关移送涉嫌犯罪案件的规定》(国务院2001年第310号令)及有关规定,现就进一步做好涉嫌拒不支付劳动报酬犯罪案件查处衔接工作通知如下:

一、切实加强涉嫌拒不支付劳动报酬违法犯罪案件查处工作

(一)由于行为人逃匿导致工资账册等证据材料无法调取或用人单位在规定的时间内未提供有关工资支付等相关证据材料的,人力资源社会保障部门应及时对劳动者进行调查询问并制作询问笔录,同时应积极收集可证明劳动用工、欠薪数额等事实的相关证据,依据劳动者提供的工资数额及其他有关证据认定事实。调查询问过程一般要录音录像。

(二)行为人拖欠劳动者劳动报酬后,人力资源社会保障部门通过书面、电话、短信等能够确认其收悉的方式,通知其在指定的时间内到指定的地点配合解决问题,但其在指定的时间内未到指定的地点配合解决问题或明确表示拒不支付劳动报酬的,视为刑法第二百七十六条之一第一款规定的"以逃匿方法逃避支付劳动者的劳动报酬"。但是,行为人有证据证明因自然灾害、突发重大疾病等非人力所能抗拒的原因造成其无法在指定的时间内到指定的地点配合解决问题的除外。

(三)企业将工程或业务分包、转包给不具备用工主体资格的单位或个人,该单位或个人违法招用劳动者不支付劳动报酬的,人力资源社会保障部门应向具备用工主体资格的企业下达限期整改指令书或行政处罚决定书,责令该企业限期支付劳动者劳动报酬。对于该企业有充足证据证明已向不具备用工主体资格的单位或个人支付了劳动者全部的劳动报酬,该单位或个人仍未向劳动者支付的,应向不具备用工主体资格的单位或个人下达限期整改指令书或行政处理决定书,并要求企业监督该单位或个人向劳动者发放到位。

(四)经人力资源社会保障部门调查核实,行为人拖欠劳动者劳动报酬事实清楚、证据确凿、数额较大的,应及时下达责令支付文书。对于行为人逃匿,无法将责令支付文书送交其同住成年家属或所在单位负责收件人的,人力资源社会保障部门可以在行为人住所地、办公地、生产经营场所、建筑施工项目所在地等地张贴责令支付文书,并采用拍照、录像等方式予以记录,相关影像资料应当纳入案卷。

二、切实规范涉嫌拒不支付劳动报酬犯罪案件移送工作

(一)人力资源社会保障部门向公安机关移送涉嫌拒不支付劳动报酬犯罪案件应按照《行政执法机关移送涉嫌犯罪案件的规定》的要求,履行相关手续,并制作《涉嫌犯罪案件移送书》,在规定的期限内将案件移送公安机关。移送的案件卷宗中应当附有以下材料:

1. 涉嫌犯罪案件移送书;

2. 涉嫌拒不支付劳动报酬犯罪案件调查报告;

3. 涉嫌犯罪案件移送审批表;

4. 限期整改指令书或行政处理决定书等执法文书及送达证明材料;

5. 劳动者本人或劳动者委托代理人调查询问笔录；

6. 拖欠劳动者劳动报酬的单位或个人的基本信息；

7. 涉案的书证、物证等有关涉嫌拒不支付劳动报酬的证据材料。

人力资源社会保障部门向公安机关移送涉嫌犯罪案件应当移送与案件相关的全部材料，同时应将案件移送书及有关材料目录抄送同级人民检察院。在移送涉嫌犯罪案件时已经作出行政处罚决定的，应当将行政处罚决定书一并抄送公安机关、人民检察院。

（二）公安机关收到人力资源社会保障部门移送的涉嫌犯罪案件，应当在涉嫌犯罪案件移送书回执上签字，对移送材料不全的，可通报人力资源社会保障部门按上述规定补充移送。受理后认为不属于本机关管辖的，应当及时转送有管辖权的机关，并书面告知移送案件的人力资源社会保障部门。对受理的案件，公安机关应当及时审查，依法作出立案或者不予立案的决定，并书面通知人力资源社会保障部门，同时抄送人民检察院。公安机关立案后决定撤销案件的，应当书面通知人力资源社会保障部门，同时抄送人民检察院。公安机关作出不立案决定或者撤销案件的，应当同时将案卷材料退回人力资源社会保障部门，并书面说明理由。

（三）人力资源社会保障部门对于公安机关不接受移送的涉嫌犯罪案件或者已受理的案件未依法及时作出立案或不立案决定的，可以建议人民检察院依法进行立案监督。对公安机关受理后作出不予立案决定的，可在接到不予立案通知书后3日内向作出决定的公安机关提请复议，也可以建议人民检察院依法进行立案监督。

（四）人民检察院发现人力资源社会保障部门对应当移送公安机关的涉嫌拒不支付劳动报酬犯罪案件不移送或者逾期不移送的，应当督促移送。人力资源社会保障部门接到人民检察院提出移送涉嫌犯罪案件的书面意见后，应当及时移送案件。人民检察院发现相关部门拒不移送案件和拒不立案行为中存在职务犯罪线索的，应当认真审查，依法处理。

三、切实完善劳动保障监察行政执法与刑事司法衔接机制

（一）人力资源社会保障部门在依法查处涉嫌拒不支付劳动报酬犯罪案件过程中，对案情复杂、性质难以认定的案件可就犯罪标准、证据固定等问题向公安机关或人民检察院咨询；对跨区域犯罪、涉及人员众多、社会影响较大的案件，人力资源社会保障部门通报公安机关的，公安机关应依法及时处置。

（二）对于涉嫌拒不支付劳动报酬犯罪案件，公安机关、人民检察院、人民法院在侦查、审查起诉和审判期间提请人力资源社会保障部门协助的，人力资源社会保障部门应当予以配合。

（三）在办理拒不支付劳动报酬犯罪案件过程中，各级人民法院、人民检察院、人力资源社会保障部门、公安机关要加强联动配合，建立拒不支付劳动报酬犯罪案件移送的联席会议制度，定期互相通报案件办理情况，及时了解案件信息，研究解决查处拒不支付劳动报酬犯罪案件衔接工作中存在的问题，进一步完善监察行政执法与刑事司法衔接工作机制，切实发挥刑法打击拒不支付劳动报酬犯罪行为的有效作用。

指导案例

指导案例 14 号：董某某、宋某某抢劫案

【关键词】

刑事　抢劫罪　未成年人犯罪　禁止令

【裁判要点】

对判处管制或者宣告缓刑的未成年被告人，可以根据其犯罪的具体情况以及禁止事项与所犯罪行的关联程度，对其适用“禁止令”。对于未成年人因上网诱发犯罪的，可以禁止其在一定期限内进入网吧等特定场所。

【相关法条】

《中华人民共和国刑法》第七十二条第二款

【基本案情】

被告人董某某、宋某某（时年 17 周岁）迷恋网络游戏，平时经常结伴到网吧上网，时常彻夜不归。2010 年 7 月 27 日 11 时许，因在网吧上网的网费用完，二被告人即伙同王某（作案时未达到刑事责任年龄）到河南省平顶山市红旗街社区健身器材处，持刀对被害人张某某和王某某实施抢劫，抢走张某某 5 元现金及手机一部。后将所抢的手机卖掉，所得赃款用于上网。

【裁判结果】

河南省平顶山市新华区人民法院于 2011 年 5 月 10 日作出（2011）新刑未初字第 29 号刑事判决，认定被告人董某某、宋某某犯抢劫罪，分别判处有期徒刑二年六个月，缓刑三年，并处罚金人民币 1000 元。同时禁止董某某和宋某某在 36 个月内进入网吧、游戏机房等场所。宣判后，二被告人均未上诉，判决已发生法律效力。

【裁判理由】

法院生效裁判认为：被告人董某某、宋某某以非法占有为目的，以暴力威胁方法劫取他人财物，其行为均已构成抢劫罪。鉴于董某某、宋某某系持刀抢劫；犯罪时不满十八周岁，且均为初犯，到案后认罪悔罪态度较好，宋某某还是在校学生，符合缓刑条件，决定分别判处二被告人有期徒刑二年六个月，缓刑三年。考虑到被告人主要是因上网吧需要网费而诱发了抢劫犯罪；二被告人长期迷恋网络游戏，网吧等场所与其犯罪有密切联系；如果将被告人与引发其犯罪的场所相隔离，有利于家长和社区在缓刑期间对其进行有效管教，预防再次犯罪；被告人犯罪时不满十八周岁，平时自我控制能力较差，对其适用禁止令的期限确定为与缓刑考验期相同的三年，有利于其改过自新。因此，依法判决禁止二被告人在缓刑考验期内进入网吧等特定场所。

指导案例 27 号：臧进泉等盗窃、诈骗案

【关键词】

刑事　盗窃　诈骗　利用信息网络

【裁判要旨】

行为人利用信息网络，诱骗他人点击虚假链接而实际通过预先植入的计算机程序窃取财物构成犯罪的，以盗窃罪定罪处罚；虚构可供交易的商品或者服务，欺骗他人点击付款链接而骗取财物构成犯罪的，以诈骗罪定罪处罚。

【相关法条】

《中华人民共和国刑法》第二百六十四

条、第二百六十六条

【基本案情】

一、盗窃事实

2010年6月1日，被告人郑必玲骗取被害人金某195元后，获悉金某的建设银行网银账户内有305000余元存款且无每日支付限额，遂电话告知被告人臧进泉，预谋合伙作案。臧进泉赶至网吧后，以尚未看到金某付款成功的记录为由，发送给金某一个交易金额标注为1元而实际植入了支付305000元的计算机程序的虚假链接，谎称金某点击该1元支付链接后，其即可查看到付款成功的记录。金某在诱导下点击了该虚假链接，其建设银行网银账户中的305000元随即通过臧进泉预设的计算机程序，经上海快钱信息服务有限公司的平台支付到臧进泉提前在福州海都阳光信息科技有限公司注册的“kissa123”账户中。臧进泉使用其中的116863元购买大量游戏点卡，并在“小泉先生哦”的淘宝网店上出售套现。案发后，公安机关追回赃款187126.31元发还被害人。

二、诈骗事实

2010年5月至6月间，被告人臧进泉、郑必玲、刘涛分别以虚假身份开设无货可供的淘宝网店铺，并以低价吸引买家。三被告人事先在网游网站注册一账户，并对该账户预设充值程序，充值金额为买家欲支付的金额，后将该充值程序代码植入到一个虚假淘宝网链接中。与买家商谈好商品价格后，三被告人各自以方便买家购物为由，将该虚假淘宝网链接通过阿里旺旺聊天工具发送给买家。买家误以为是淘宝网链接而点击该链接进行购物、付款，并认为所付货款会汇入支付宝公司为担保交易而设立的公用账户，但该货款实际通过预设程序转入网游网站在支付宝公司的私人账户，再转入被告人事先在网游网站注册的充值账户中。三被告人获取买家货款后，在网游网站购买游戏点卡、腾讯Q币等，然后将其按事先约定统一放在臧进泉的“小泉先生哦”的淘宝网店铺上出售套现，所得款均汇入臧进泉的工商银行卡中，由臧进泉按照获利额以约定方式分配。

被告人臧进泉、郑必玲、刘涛经预谋后，先后到江苏省苏州市、无锡市、昆山市等地网吧采用上述手段作案。臧进泉诈骗22000元，获利5000余元，郑必玲诈骗获利5000余元，刘涛诈骗获利12000余元。

【裁判结果】

浙江省杭州市中级人民法院于2011年6月1日作出(2011)浙杭刑初字第91号刑事判决：一、被告人臧进泉犯盗窃罪，判处有期徒刑十三年，剥夺政治权利一年，并处罚金人民币三万元；犯诈骗罪，判处有期徒刑二年，并处罚金人民币五千元，决定执行有期徒刑十四年六个月，剥夺政治权利一年，并处罚金人民币三万五千元。二、被告人郑必玲犯盗窃罪，判处有期徒刑十年，剥夺政治权利一年，并处罚金人民币一万元；犯诈骗罪，判处有期徒刑六个月，并处罚金人民币二千元，决定执行有期徒刑十年三个月，剥夺政治权利一年，并处罚金人民币一万二千元。三、被告人刘涛犯诈骗罪，判处有期徒刑一年六个月，并处罚金人民币五千元。宣判后，臧进泉提出上诉。浙江省高级人民法院于2011年8月9日作出(2011)浙刑三终字第132号刑事裁定，驳回上诉，维持原判。

【裁判理由】

法院生效裁判认为：盗窃是指以非法占有为目的，秘密窃取公私财物的行为；诈骗是指以非法占有为目的,采用虚构事实或者隐瞒真相的方法,骗取公私财物的行为。对既采取秘密窃取手段又采取欺骗手段非法占有财物行为的定性,应从行为人采取主要手段和被害人有无处分财物意识方面区分盗窃与诈骗。如果行为人获取财物时起决定性作用的手段是秘密窃取,诈骗行为只是为盗窃创造条件或作掩护,被害人也没有"自愿"交付财物的,就应当认定为盗窃;如果行为人获取财物时起决定性作用的手段是诈骗,被害人基于错误认识而"自愿"交付财物,盗窃行为只是辅助手段的,就应当认定为诈骗。在信息网络情形下,行为人利用信息网络,诱骗他人点击虚假链接而实际上通过预先植入的计算机程序窃取他人财物构成犯罪的,应当以盗窃罪定罪处罚;行为人虚构可供交易的商品或者服务,欺骗他人为支付货款点击付款链接而获取财物构成犯罪的,应当以诈骗罪定罪处罚。本案中,被告人臧进泉、郑必玲使用预设计算机程序并植入的方法,秘密窃取他人网上银行账户内巨额钱款,其行为均已构成盗窃罪。臧进泉、郑必玲和被告人刘涛以非法占有为目的,通过开设虚假的网络店铺和利用伪造的购物链接骗取他人数额较大的货款,其行为均已构成诈骗罪。对臧进泉、郑必玲所犯数罪,应依法并罚。

关于被告人臧进泉及其辩护人所提非法获取被害人金某的网银账户内305000元的行为,不构成盗窃罪而是诈骗罪的辩解与辩护意见,经查,臧进泉和被告人郑必玲在得知金某网银账户内有款后,即产生了通过植入计算机程序非法占有目的;随后在网络聊天中诱导金某同意支付1元钱,而实际上制作了一个表面付款"1元"却支付305000元的假淘宝网链接,致使金某点击后,其网银账户内305000元即被非法转移到臧进泉的注册账户中,对此金某既不知情,也非自愿。可见,臧进泉、郑必玲获取财物时起决定性作用的手段是秘密窃取,诱骗被害人点击"1元"的虚假链接系实施盗窃的辅助手段,只是为盗窃创造条件或作掩护,被害人也没有"自愿"交付巨额财物,获取银行存款实际上是通过隐藏的事先植入的计算机程序来窃取的,符合盗窃罪的犯罪构成要件,依照刑法第二百六十四条、第二百八十七条的规定,应当以盗窃罪定罪处罚。故臧进泉及其辩护人所提上述辩解和辩护意见与事实和法律规定不符,不予采纳。

指导案例28号:
胡克金拒不支付劳动报酬案

【关键词】

刑事　拒不支付劳动报酬罪　不具备用工主体资格的单位或者个人

【裁判要旨】

1. 不具备用工主体资格的单位或者个人(包工头),违法用工且拒不支付劳动者报酬,数额较大,经政府有关部门责令支付仍不支付的,应当以拒不支付劳动报酬罪追究刑事责任。

2. 不具备用工主体资格的单位或者个人(包工头)拒不支付劳动报酬,即使其他单位或者个人在刑事立案前为其垫付了劳动报酬的,也不影响追究该用工单位或者个人(包工头)拒不支付劳动报酬罪的刑事责任。

【相关法条】

《中华人民共和国刑法》第二百七十六

条之一第一款

【基本案情】

被告人胡克金于2010年12月分包了位于四川省双流县黄水镇的三盛翡俪山一期景观工程的部分施工工程，之后聘用多名民工入场施工。施工期间，胡克金累计收到发包人支付的工程款51万余元，已超过结算时确认的实际工程款。2011年6月5日工程完工后，胡克金以工程亏损为由拖欠李朝文等20余名民工工资12万余元。6月9日，双流县人力资源和社会保障局责令胡克金支付拖欠的民工工资，胡却于当晚订购机票并在次日早上乘飞机逃匿。6月30日，四川锦天下园林工程有限公司作为工程总承包商代胡克金垫付民工工资12万余元。7月4日，公安机关对胡克金拒不支付劳动报酬案立案侦查。7月12日，胡克金在浙江省慈溪市被抓获。

【裁判结果】

四川省双流县人民法院于2011年12月29日作出(2011)双流刑初字第544号刑事判决，认定被告人胡克金犯拒不支付劳动报酬罪，判处有期徒刑一年，并处罚金人民币二万元。宣判后被告人未上诉，判决已发生法律效力。

【裁判理由】

法院生效裁判认为：被告人胡克金拒不支付20余名民工的劳动报酬达12万余元，数额较大，且在政府有关部门责令其支付后逃匿，其行为构成拒不支付劳动报酬罪。被告人胡克金虽然不具有合法的用工资格，又属没有相应建筑工程施工资质而承包建筑工程施工项目，且违法招用民工进行施工，上述情况不影响以拒不支付劳动报酬罪追究其刑事责任。本案中，胡克金逃匿后，工程总承包企业按照有关规定清偿了胡克金拖欠的民工工资，其清偿拖欠民工工资的行为属于为胡克金垫付，这一行为虽然消减了拖欠行为的社会危害性，但并不能免除胡克金应当支付劳动报酬的责任，因此，对胡克金仍应当以拒不支付劳动报酬罪追究刑事责任。鉴于胡克金系初犯、认罪态度好，依法作出如上判决。

检例第17号：陈邓昌抢劫、盗窃，付志强盗窃案

【关键词】

第二审程序刑事抗诉　入户抢劫盗窃罪补充起诉

【基本案情】

被告人陈邓昌，男，贵州省人，1989年出生，无业。

被告人付志强，男，贵州省人，1981年出生，农民。

一、抢劫罪

2012年2月18日15时，被告人陈邓昌携带螺丝刀等作案工具来到广东省佛山市禅城区澜石石头后二村田边街10巷1号的一间出租屋，撬门进入房间盗走现金人民币100元，后在客厅遇到被害人陈南姐，陈邓昌拿起铁锤威胁不让其喊叫，并逃离现场。

二、盗窃罪

1. 2012年2月23日，被告人付志强携带作案工具来到广东省佛山市高明区荷城街道井溢村398号302房间，撬门进入房间内盗走现金人民币300元。

2. 2012年2月25日，被告人付志强、陈邓昌密谋后携带作案工具到佛山市高明区荷城街道井溢村287号502出租屋，撬

锁进入房间盗走一台华硕笔记本电脑(价值人民币2905元)。后二人以1300元的价格销赃。

3. 2012年2月28日,被告人付志强携带作案工具来到佛山市高明区荷城街道井溢村243号402房间,撬锁进入房间后盗走现金人民币1500元。

4. 2012年3月3日,被告人付志强、陈邓昌密谋后携带六角匙等作案工具到佛山市高明区荷城街道官当村34号401房,撬锁进入房间后盗走现金人民币700元。

5. 2012年3月28日,被告人陈邓昌、叶其元、韦圣伦(后二人另案处理,均已判刑)密谋后携带作案工具来到佛山市禅城区跃进路31号501房间,叶其元负责望风,陈邓昌、韦圣伦二人撬锁进入房间后盗走联想一体化电脑一台(价值人民币3928元)、尼康P300数码相机一台(价值人民币1813元)及600元现金人民币。后在逃离现场的过程中被人发现,陈邓昌等人将一体化电脑丢弃。

6. 2012年4月3日,被告人付志强携带作案工具来到佛山市高明区荷城街道岗头冯村283号301房间,撬锁进入房间后盗走现金人民币7000元。

7. 2012年4月13日,被告人陈邓昌、叶其元、韦圣伦密谋后携带作案工具来到佛山市禅城区石湾凤凰路隔田坊63号5座303房间,叶其元负责望风,陈邓昌、韦圣伦二人撬锁进入房间后盗走现金人民币6000元、港币900元以及一台诺基亚N86手机(价值人民币608元)。

【诉讼过程】

2012年4月6日,付志强因涉嫌盗窃罪被广东省佛山市公安局高明分局刑事拘留,同年5月9日被逮捕。2012年5月29日,陈邓昌因涉嫌盗窃罪被佛山市公安局高明分局刑事拘留,同年7月2日被逮捕。2012年7月6日,佛山市公安局高明分局以犯罪嫌疑人付志强、陈邓昌涉嫌盗窃罪向佛山市高明区人民检察院移送审查起诉。2012年7月23日,高明区人民检察院以被告人付志强、陈邓昌犯盗窃罪向佛山市高明区人民法院提起公诉。

一审期间,高明区人民检察院经进一步审查,发现被告人陈邓昌有三起遗漏犯罪事实。2012年9月24日,高明区人民检察院依法补充起诉被告人陈邓昌入室盗窃转化为抢劫的犯罪事实一起和陈邓昌伙同叶其元、韦圣伦共同盗窃的犯罪事实二起。

2012年11月14日,佛山市高明区人民法院一审认为,检察机关指控被告人陈邓昌犯抢劫罪、盗窃罪,被告人付志强犯盗窃罪的犯罪事实清楚,证据确实充分,罪名成立。被告人陈邓昌在入户盗窃后被发现,为抗拒抓捕而当场使用凶器相威胁,其行为符合转化型抢劫的构成要件,应以抢劫罪定罪处罚,但不应认定为“入户抢劫”。理由是陈邓昌入户并不以实施抢劫为犯罪目的,而是在户内临时起意以暴力相威胁,且未造成被害人任何损伤,依法判决:被告人陈邓昌犯抢劫罪,处有期徒刑三年九个月,并处罚金人民币四千元;犯盗窃罪,处有期徒刑一年九个月,并处罚金人民币二千元;决定执行有期徒刑五年,并处罚金人民币六千元。被告人付志强犯盗窃罪,处有期徒刑二年,并处罚金人民币二千元。

2012年11月19日,佛山市高明区人民检察院认为一审判决适用法律错误,造成量刑不当,依法向佛山市中级人民法院提出抗诉。2013年3月21日,佛山市中级人民法院二审判决采纳了抗诉意见,撤销原判对原审被告人陈邓昌抢劫罪量刑部分及决定合并执行部分,依法予以改判。

【抗诉理由】

一审宣判后,佛山市高明区人民检察院审查认为一审判决未认定被告人陈邓昌的行为属于"入户抢劫",属于适用法律错误,且造成量刑不当,应予纠正,遂依法向佛山市中级人民法院提出抗诉;佛山市人民检察院支持抗诉。抗诉和支持抗诉理由是:

1. 原判决对"入户抢劫"的理解存在偏差。原判决以"暴力行为虽然发生在户内,但是其不以实施抢劫为目的,而是在户内临时起意并以暴力相威胁,且未造成被害人任何损害"为由,未认定被告人陈邓昌所犯抢劫罪具有"入户"情节。根据2005年7月《最高人民法院关于审理抢劫、抢夺刑事案件适用法律若干问题的意见》关于认定"入户抢劫"的规定,"入户"必须以实施抢劫等犯罪为目的。但是,这里"目的"的非法性不是以抢劫罪为限,还应当包括盗窃等其他犯罪。

2. 原判决适用法律错误。2000年11月《最高人民法院关于审理抢劫案件具体应用法律若干问题的解释》(以下简称《解释》)第一条第二款规定,"对于入户盗窃,因被发现而当场使用暴力或者以暴力相威胁的行为,应当认定为入户抢劫。"依据刑法和《解释》的有关规定,本案中,被告人陈邓昌入室盗窃被发现后当场使用暴力相威胁的行为,应当认定为"入户抢劫"。

3. 原判决适用法律错误,导致量刑不当。"户"对一般公民而言属于最安全的地方。"入户抢劫"不仅严重侵犯公民的财产所有权,更是危及公民的人身安全。因为被害人处于封闭的场所,通常无法求救,与发生在户外的一般抢劫相比,被害人的身心会受到更为严重的惊吓或者伤害。根据刑法第二百六十三条第一项的规定,"入户抢劫"应当判处十年以上有期徒刑、无期徒刑或者死刑,并处罚金或者没收财产。原判决对陈邓昌抢劫罪判处三年九个月有期徒刑,属于适用法律错误,导致量刑不当。

【终审判决】

广东省佛山市中级人民法院二审认为,一审判决认定原审被告人陈邓昌犯抢劫罪,原审被告人陈邓昌、付志强犯盗窃罪的事实清楚,证据确实、充分。陈邓昌入户盗窃后,被被害人当场发现,意图抗拒抓捕,当场使用暴力威胁被害人不许其喊叫,然后逃离案发现场,依法应当认定为"入户抢劫"。原判决未认定陈邓昌所犯的抢劫罪具有"入户"情节,系适用法律错误,应当予以纠正。检察机关抗诉意见成立,予以采纳。据此,依法判决:撤销一审判决对陈邓昌抢劫罪量刑部分及决定合并执行部分;判决陈邓昌犯抢劫罪,处有期徒刑十年,并处罚金人民币一万元,犯盗窃罪,处有期徒刑一年九个月,并处罚金二千元,决定执行有期徒刑十一年,并处罚金一万二千元。

【要旨】

1. 对于入户盗窃,因被发现而当场使用暴力或者以暴力相威胁的行为,应当认定为"入户抢劫"。

2. 在人民法院宣告判决前,人民检察院发现被告人有遗漏的罪行可以一并起诉和审理的,可以补充起诉。

3. 人民检察院认为同级人民法院第一审判决重罪轻判,适用刑罚明显不当的,应当提出抗诉。

【相关法律规定】

《中华人民共和国刑法》第二百六十三

条、第二百六十四条、第二百六十九条、第二十五条、第六十九条;《中华人民共和国刑事诉讼法》第二百一十七条、第二百二十五条第一款第二项。

检例第19号:
张某、沈某某等七人抢劫案

【关键词】

第二审程序刑事抗诉

未成年人与成年人共同犯罪　分案起诉　累犯

【基本案情】

被告人沈某某,男,1995年1月出生。2010年3月因抢劫罪被判拘役六个月,缓刑六个月,并处罚金五百元。

被告人胡某某,男,1995年4月出生。

被告人许某,男,1993年1月出生。2008年6月因抢劫罪被判有期徒刑六个月,并处罚金五百元;2010年1月因犯盗窃罪被判有期徒刑七个月,并处罚金一千四百元。

另四名被告人张某、吕某、蒋某、杨某,均为成年人。

被告人张某为牟利,介绍沈某某、胡某某、吕某、蒋某认识,教唆他们以暴力方式劫取助力车,并提供砍刀等犯罪工具,事后负责联系销赃分赃。2010年3月,被告人沈某某、胡某某、吕某、蒋某经被告人张某召集,并伙同被告人许某、杨某等人,经预谋,相互结伙,持砍刀、断线钳、撬棍等作案工具,在上海市内公共场所抢劫助力车。其中,被告人张某、沈某某、胡某某参与抢劫四次;被告人吕某、蒋某参与抢劫三次;被告人许某参与抢劫二次;被告人杨某参与抢劫一次。具体如下:

1. 2010年3月4日11时许,沈某某、胡某某、吕某、蒋某随身携带砍刀,至上海市长寿路699号国美电器商场门口,由吕、沈撬窃停放在该处的一辆黑色本凌牌助力车,当被害人甲制止时,沈、胡、蒋拿出砍刀威胁,沈砍击被害人致其轻伤。后吕、沈等人因撬锁不成,砸坏该车外壳后逃离现场。经鉴定,该助力车价值人民币1930元。

2. 2010年3月4日12时许,沈某某、胡某某、吕某、蒋某随身携带砍刀,结伙至上海市老沪太路万荣路路口的临时菜场门口,由胡、吕撬窃停放在该处的一辆白色南方雅马哈牌助力车,当被害人乙制止时,沈、蒋等人拿出砍刀威胁,沈砍击被害人致其轻微伤,后吕等人撬开锁将车开走。经鉴定,该助力车价值人民币2058元。

3. 2010年3月11日14时许,沈某某、胡某某、吕某、蒋某、许某随身携带砍刀,结伙至上海市胶州路669号东方典当行门口,由沈撬窃停放在该处的一辆黑色宝雕牌助力车,当被害人丙制止时,胡、蒋、沈拿出砍刀将被害人逼退到东方典当行店内,许则在一旁接应,吕上前帮助撬开车锁后由胡将车开走。经鉴定,该助力车价值人民币2660元。

4. 2010年3月18日14时许,沈某某、胡某某、许某、杨某及王某(男,13岁)随身携带砍刀,结伙至上海市上大路沪太路路口地铁七号线出口处的停车点,由胡持砍刀威胁该停车点的看车人员,杨在旁接应,沈、许等人则当场劫得助力车三辆。其中被害人丁的一辆黑色珠峰牌助力车,经鉴定,该助力车价值人民币2090元。

【诉讼过程】

2010年3、4月,张某、吕某、蒋某、杨某以及三名未成年人沈某某、胡某某、许某因涉嫌抢劫罪先后被刑事拘留、逮捕。2010年6月21日,上海市公安局静安分局侦查终结,以犯罪嫌疑人张某、沈某某、胡某某、吕某、蒋某、许某、杨某等七人涉嫌抢劫罪向静安区人民检察院移送审查起诉。静安区人民检察院经审查认为,本案虽系未成年人与成年人共同犯罪案件,但鉴于本案多名未成年人系共同犯罪中的主犯,不宜分案起诉。2010年9月25日,静安区人民检察院以上述七名被告人犯抢劫罪依法向静安区人民法院提起公诉。

2010年12月15日,静安区人民法院一审认为,七名被告人行为均构成抢劫罪,其中许某系累犯。依法判决:(一)对未成年被告人量刑如下:沈某某判处有期徒刑五年六个月,并处罚金人民币五千元,撤销缓刑,决定执行有期徒刑五年六个月,罚金人民币五千元;胡某某判处有期徒刑七年,并处罚金人民币七千元;许某判处有期徒刑五年,并处罚金人民币五千元。(二)对成年被告人量刑如下:张某判处有期徒刑十四年,剥夺政治权利二年,并处罚金人民币一万五千元;吕某判处有期徒刑十二年六个月,剥夺政治权利一年,并处罚金人民币一万二千元;蒋某判处有期徒刑十二年,剥夺政治权利一年,并处罚金人民币一万二千元;杨某判处有期徒刑二年,并处罚金人民币二千元。

2010年12月30日,上海市静安区人民检察院认为一审判决适用法律错误,对未成年被告人的量刑不当,遂依法向上海市第二中级人民法院提出抗诉。张某以未参与抢劫,量刑过重为由,提出上诉。2011年6月16日,上海市第二中级人民法院二审判决采纳抗诉意见,驳回上诉,撤销原判决对原审被告人沈某某、胡某某、许某抢劫罪量刑部分,依法予以改判。

【抗诉理由】

一审宣判后,上海市静安区人民检察院审查认为,一审判决对犯罪情节相对较轻的胡某某判处七年有期徒刑量刑失衡,对未成年被告人沈某某、胡某某、许某判处罚金刑未依法从宽处罚,属适用法律错误,量刑不当,遂依法向上海市第二中级人民法院提出抗诉;上海市人民检察院第二分院支持抗诉。抗诉和支持抗诉的理由是:

1. 一审判决量刑失衡,对被告人胡某某量刑偏重。本案中,被告人胡某某、沈某某均参与了四次抢劫犯罪,虽然均系主犯,但是被告人胡某某行为的社会危害性及人身危险性均小于被告人沈某某。从犯罪情节看,沈某某实施抢劫过程中直接用砍刀造成一名被害人轻伤,一名被害人轻微伤;被告人胡某某只有持刀威胁及撬车锁的行为。从犯罪时年龄看,沈某某已满十五周岁,胡某某尚未满十五周岁。从人身危险性看,沈某某因抢劫罪于2010年3月4日被判处拘役六个月,缓刑六个月,缓刑期间又犯新罪;胡某某系初犯。一审判决分别以抢劫罪判胡某某有期徒刑七年、沈某某有期徒刑五年六个月,属于量刑不当。

2. 一审判决适用法律错误,对未成年被告人罚金刑的适用既没有体现依法从宽,也没有体现与成年被告人罚金刑适用的区别。根据最高人民法院《关于适用财产刑若干问题的规定》、《关于审理未成年人刑事案件具体应用法律若干问题的解释》的规定,对未成年人犯罪应当从轻或者减轻判处罚金。一审判决对未成年被告人判处罚金未依法从宽,均是按照同案成年被告人罚金的标准判处五千元以上的罚金,属于适用法律错误。

此外,2010年12月21日一审判决认定未成年被告人许某系累犯正确,但审判后刑法有所修改。根据2011年2月全国人大常委会通过的《中华人民共和国刑法修正案(八)》和2011年5月最高人民法院《关于〈中华人民共和国刑法修正案(八)时间效力问题的解释〉》的有关规定,被告人许某实施犯罪时不满十八周岁,依法不构成累犯。

【终审判决】

上海市第二中级人民法院二审认为,原审判决认定抢劫罪事实清楚,定性准确,证据确实、充分。鉴于胡某某在抢劫犯罪中的地位作用略低于沈某某及对未成年犯并处罚金应当从轻或减轻处罚等实际情况,原判对胡某某主刑及对沈某某、胡某某、许某罚金刑的量刑不当,应予纠正。检察机关的抗诉意见正确,应予支持。另依法认定许某不构成累犯。据此,依法判决:撤销一审判决对原审三名未成年被告人沈某某、胡某某、许某的量刑部分;改判沈某某犯抢劫罪,处有期徒刑五年六个月,并处罚金人民币二千元,撤销缓刑,决定执行有期徒刑五年六个月,罚金人民币二千元;胡某某犯抢劫罪,处有期徒刑五年,罚金人民币二千元;许某犯抢劫罪,处有期徒刑四年,罚金人民币一千五百元。

【要旨】

1. 办理未成年人与成年人共同犯罪案件,一般应当将未成年人与成年人分案起诉,但对于未成年人系犯罪集团的组织者或者其他共同犯罪中的主犯,或者具有其他不宜分案起诉情形的,可以不分案起诉。

2. 办理未成年人与成年人共同犯罪案件,应当根据未成年人在共同犯罪中的地位、作用,综合考量未成年人实施犯罪行为的动机和目的、犯罪时的年龄、是否属于初犯、偶犯、犯罪后的悔罪表现、个人成长经历和一贯表现等因素,依法从轻或者减轻处罚。

3. 未成年人犯罪不构成累犯。

【相关法律规定】

《中华人民共和国刑法》第二百六十三条、第二十五条、第二十六条、第六十一条、第六十五条、第七十七条;《中华人民共和国刑事诉讼法》第二百一十七条、第二百二十五条第一款第二项。

检例第20号:
马世龙(抢劫)核准追诉案

【关键词】

核准追诉　后果严重　影响恶劣

【基本案情】

犯罪嫌疑人马世龙,男,1970年生,吉林省公主岭市人。

1989年5月19日下午,犯罪嫌疑人马世龙、许云刚、曹立波(后二人另案处理,均已判刑)预谋到吉林省公主岭市苇子沟街獾子洞村李树振家抢劫,并准备了面罩、匕首等作案工具。5月20日零时许,三人蒙面持刀进入被害人李树振家大院,将屋门玻璃撬开后拉开门锁进入李树振卧室。马世龙、许云刚、曹立波分别持刀逼住李树振及其妻子王某,并强迫李树振及其妻子拿钱。李树振和妻子王某喊救命,曹立波、许云刚随即逃离。马世龙在逃离时被李树振拉住,遂持刀在李树振身上乱捅,随后逃脱。曹立波、许云刚、马世龙会合后将抢得的现金380余元分掉。李树振被送往医院抢救无效死亡。

【核准追诉案件办理过程】

案发后马世龙逃往黑龙江省七台河市打工。公安机关没有立案,也未对马世龙采取强制措施。2014 年 3 月 10 日,吉林省公主岭市公安局接到黑龙江省七台河市桃山区桃山街派出所移交案件:当地民警在对辖区内一名叫"李红"的居民进行盘查时,"李红"交待其真实姓名为马世龙,1989 年 5 月伙同他人闯入吉林省公主岭市苇子沟街獾子洞村李树振家抢劫,并将李树振用刀扎死后逃跑。当日,公主岭市公安局对马世龙立案侦查,3 月 18 日通过公主岭市人民检察院层报最高人民检察院核准追诉。

公主岭市人民检察院、四平市人民检察院、吉林省人民检察院对案件进行审查并开展了必要的调查。2014 年 4 月 8 日,吉林省人民检察院报最高人民检察院对马世龙核准追诉。

另据查明:(一)被害人妻子王某和儿子因案发时受到惊吓患上精神病,靠捡破烂为生,生活非常困难,王某强烈要求追究马世龙刑事责任。(二)案发地群众表示,李树振被抢劫杀害一案在当地造成很大恐慌,影响至今没有消除,对犯罪嫌疑人应当追究刑事责任。

最高人民检察院审查认为:犯罪嫌疑人马世龙伙同他人入室抢劫,造成一人死亡的严重后果,依据《中华人民共和国刑法》第十二条、1979 年《中华人民共和国刑法》第一百五十条规定,应当适用的法定量刑幅度的最高刑为死刑。本案对被害人家庭和亲属造成严重伤害,在案发当地造成恶劣影响,虽然经过二十年追诉期限,被害方以及案发地群众反映强烈,社会影响没有消失,不追诉可能严重影响社会稳定或者产生其他严重后果。综合上述情况,依据 1979 年《中华人民共和国刑法》第七十六条第四项规定,决定对犯罪嫌疑人马世龙核准追诉。

【案件结果】

2014 年 6 月 26 日,最高人民检察院作出对马世龙核准追诉决定。2014 年 11 月 5 日,吉林省四平市中级人民法院以马世龙犯抢劫罪,同时考虑其具有自首情节,判处其有期徒刑十五年,并处罚金 1000 元。被告人马世龙未上诉,检察机关未抗诉,一审判决生效。

【要旨】

故意杀人、抢劫、强奸、绑架、爆炸等严重危害社会治安的犯罪,经过二十年追诉期限,仍然严重影响人民群众安全感,被害方、案发地群众、基层组织等强烈要求追究犯罪嫌疑人刑事责任,不追诉可能影响社会稳定或者产生其他严重后果的,对犯罪嫌疑人应当追诉。

【相关法律规定】

《中华人民共和国刑法》第十二条、第六十七条;1979 年《中华人民共和国刑法》第七十六条、第一百五十条。

检例第 23 号:蔡金星、陈国辉等(抢劫)不核准追诉案

【关键词】

不予核准追诉　悔罪表现　共同犯罪

【基本案情】

犯罪嫌疑人蔡金星,男,1963 年生,福建省莆田市人。

犯罪嫌疑人陈国辉,男,1963 年生,福建省莆田市人。

犯罪嫌疑人蔡金星、林俊雄于 1991 年

初认识了在福建、安徽两地从事鳗鱼苗经营的一男子(姓名身份不详),该男子透露莆田市多人集资14万余元赴芜湖市购买鳗鱼苗,让蔡金星、林俊雄设法将钱款偷走或抢走,自己作为内应。蔡金星、林俊雄遂召集陈国辉、李建忠、蔡金文、陈锦城赶到芜湖市。经事先"踩点",蔡金星、陈国辉等六人携带凶器及作案工具,于1991年3月12日上午租乘一辆面包车到被害人林文忠租住的房屋附近。按照事先约定,蔡金星在车上等候,其余五名犯罪嫌疑人进入屋内,陈国辉上前按住林文忠,其他人用水果刀逼迫林文忠,抢到装在一个密码箱内的14万余元现金后逃跑。

【核准追诉案件办理过程】

1991年3月12日,被害人林文忠到芜湖市公安局报案,4月18日芜湖市公安局对犯罪嫌疑人李建忠、蔡金文、陈锦城进行通缉,4月23日对三人作出刑事拘留决定。李建忠于2011年9月21日被江苏省连云港市公安局抓获,蔡金文、陈锦城于2011年12月8日在福建省莆田市投案(三名犯罪嫌疑人另案处理,均已判刑)。李建忠、蔡金文、陈锦城到案后,供出同案犯罪嫌疑人蔡金星、陈国辉、林俊雄(已死亡)三人。莆田市公安局于2012年3月9日将犯罪嫌疑人蔡金星、陈国辉抓获。2012年3月12日,芜湖市公安局对两名犯罪嫌疑人刑事拘留(后取保候审),并通过芜湖市人民检察院层报最高人民检察院核准追诉。

芜湖市人民检察院、安徽省人民检察院分别对案件进行审查并开展了必要的调查。2012年12月4日,安徽省人民检察院报最高人民检察院对蔡金星、陈国辉核准追诉。

另据查明:(一)犯罪嫌疑人蔡金星、陈国辉与被害人(林文忠等当年集资做生意的群众)达成和解协议,并支付被害人40余万元赔偿金(包括直接损失和间接损失),各被害人不再要求追究其刑事责任。(二)蔡金星、陈国辉居住地基层组织未发现二人有违法犯罪行为,建议司法机关酌情不予追诉。

最高人民检察院审查认为:犯罪嫌疑人蔡金星、陈国辉伙同他人入户抢劫14万余元,依据《中华人民共和国刑法》第十二条、1979年《中华人民共和国刑法》第一百五十条规定,应当适用的法定量刑幅度的最高刑为死刑。本案发生在1991年3月12日,案发后公安机关只发现了犯罪嫌疑人李建忠、蔡金文、陈锦城,在追诉期限内没有发现犯罪嫌疑人蔡金星、陈国辉,二人在案发后也没有再犯罪,因此已超过二十年追诉期限。本案虽然犯罪数额巨大,但未造成被害人人身伤害等其他严重后果。犯罪嫌疑人与被害人达成和解协议,并实际赔偿了被害人损失,被害人不再要求追究其刑事责任。综合上述情况,本案不属于必须追诉的情形,依据1979年《中华人民共和国刑法》第七十六条第四项规定,决定对蔡金星、陈国辉不予核准追诉。

【案件结果】

2012年12月31日,最高人民检察院作出对蔡金星、陈国辉不予核准追诉决定。2013年2月20日,芜湖市公安局对蔡金星、陈国辉解除取保候审。

【要旨】

1. 涉嫌犯罪已过二十年追诉期限,犯罪嫌疑人没有再犯罪危险性,并且通过赔礼道歉、赔偿损失等方式积极消除犯罪影响,被害方对犯罪嫌疑人表示谅解,犯罪破坏的社会秩序明显恢复，不追诉不会影响社会稳定或者产生其他严重后果的，对犯罪嫌疑人可以不再追诉。

2. 1997年9月30日以前实施的共同犯罪，已被司法机关采取强制措施的犯罪嫌疑人逃避侦查或者审判的，不受追诉期限限制。司法机关在追诉期限内未发现或者未采取强制措施的犯罪嫌疑人，应当受追诉期限限制；涉嫌犯罪应当适用的法定量刑幅度的最高刑为无期徒刑、死刑，犯罪行为发生二十年以后认为必须追诉的，须报请最高人民检察院核准。

【相关法律规定】

《中华人民共和国刑法》第十二条；1979年《中华人民共和国刑法》第二十二条、七十六条、第一百五十条。

检例第37号：张四毛盗窃案

【关键词】

盗窃　网络域名　财产属性　域名价值

【基本案情】

被告人张四毛，男，1989年7月生，无业。

2009年5月，被害人陈某在大连市西岗区登录网络域名注册网站，以人民币11.85万元竞拍取得“www.8.cc”域名，并交由域名维护公司维护。

被告人张四毛预谋窃取陈某拥有的域名“www.8.cc”，其先利用技术手段破解该域名所绑定的邮箱密码，后将该网络域名转移绑定到自己的邮箱上。2010年8月6日，张四毛将该域名从原有的维护公司转移到自己在另一网络公司申请的ID上，又于2011年3月16日将该网络域名再次转移到张四毛冒用“龙嫦”身份申请的ID上，并更换绑定邮箱。2011年6月，张四毛在网上域名交易平台将网络域名“www.8.cc”以人民币12.5万元出售给李某。2015年9月29日，张四毛被公安机关抓获。

【诉讼过程和结果】

本案由辽宁省大连市西岗区人民检察院于2016年3月22日以被告人张四毛犯盗窃罪向大连市西岗区人民法院提起公诉。2016年5月5日，大连市西岗区人民法院作出判决，认定被告人张四毛的行为构成盗窃罪，判处有期徒刑四年七个月，并处罚金人民币五万元。一审宣判后，当事人未上诉，判决已生效。

【要旨】

网络域名具备法律意义上的财产属性，盗窃网络域名可以认定为盗窃行为。

【指导意义】

网络域名是网络用户进入门户网站的一种便捷途径，是吸引网络用户进入其网站的窗口。网络域名注册人注册了某域名后，该域名将不能再被其他人申请注册并使用，因此网络域名具有专属性和唯一性。网络域名属稀缺资源，其所有人可以对域名行使出售、变更、注销、抛弃等处分权利。网络域名具有市场交换价值，所有人可以以货币形式进行交易。通过合法途径获得的网络域名，其注册人利益受法律承认和保护。本案中，行为人利用技术手段，通过变更网络域名绑定邮箱及注册ID，实现了对域名的非法占有，并使原所有人丧失了对网络域名的合法占有和控制，其目的是为了非法获取网络域名的财产价值，其行为给网络域名的所有人带来直接的经济损失。该行为符合以非法占有为目的窃取他人财产利益的盗窃罪本质属性，应以盗窃罪论处。对于网络域名的价值,当前可综合考虑网络域名的购入价、销赃价、域名升值潜力、市场热度等综合认定。

【相关法律规定】

《中华人民共和国刑法》

第二百六十四条　盗窃公私财物,数额较大的,或者多次盗窃、入户盗窃、携带凶器盗窃、扒窃的,处三年以下有期徒刑、拘役或者管制,并处或者单处罚金;数额巨大或者有其他严重情节的,处三年以上十年以下有期徒刑,并处罚金;数额特别巨大或者有其他特别严重情节的,处十年以上有期徒刑或者无期徒刑,并处罚金或者没收财产。

《中国互联网络域名管理办法》

第二十八条　域名注册申请者应当提交真实、准确、完整的域名注册信息,并与域名注册服务机构签订用户注册协议。

域名注册完成后,域名注册申请者即成为其注册域名的持有者。

第二十九条　域名持有者应当遵守国家有关互联网络的法律、行政法规和规章。

因持有或使用域名而侵害他人合法权益的责任,由域名持有者承担。

第三十条　注册域名应当按期缴纳域名运行费用。域名注册管理机构应当制定具体的域名运行费用收费办法,并报信息产业部备案。

检例第 38 号:董亮等四人诈骗案

【关键词】

诈骗　自我交易　打车软件　骗取补贴

【基本案情】

被告人董亮,男,1981 年 9 月生,无固定职业。

被告人谈申贤,男,1984 年 7 月生,无固定职业。

被告人高炯,男,1974 年 12 月生,无固定职业。

被告人宋瑞华,女,1977 年 4 月生,原系上海杨浦火车站员工。

2015 年,某网约车平台注册登记司机董亮、谈申贤、高炯、宋瑞华,分别用购买、租赁未实名登记的手机号注册网约车乘客端,并在乘客端账户内预充打车费一二十元。随后,他们各自虚构用车订单,并用本人或其实际控制的其他司机端账户接单,发起较短距离用车需求,后又故意变更目的地延长乘车距离,致使应付车费大幅提高。由于乘客端账户预存打车费较少,无法支付全额车费。网约车公司为提升市场占有率,按照内部规定,在这种情况下由公司垫付车费,同样给予司机承接订单的补贴。四被告人采用这一手段,分别非法获取网约车公司垫付车费及公司给予司机承接订单的补贴。董亮获取 40664.94 元,谈申贤获取 14211.99 元,高炯获取 38943.01 元,宋瑞华获取 6627.43 元。

【诉讼过程和结果】

本案由上海市普陀区人民检察院于 2016 年 4 月 1 日以被告人董亮、谈申贤、高炯、宋瑞华犯诈骗罪向上海市普陀区人民法院提起公诉。2016 年 4 月 18 日,上海市普陀区人民法院作出判决,认定被告人董亮、谈申贤、高炯、宋瑞华的行为构成诈骗罪,综合考虑四被告人到案后能如实供述自己的罪行,依法可从轻处罚,四被告人家属均已代为全额退赔赃款,可酌情从轻处罚,分别判处被告人董亮有期徒刑一年,并处罚金人民币一千元;被告人谈申贤有期徒刑十个月,并处罚金人民币一千元;被告人高炯有期徒刑一年,并处罚金人民币一千元;被告人宋瑞华有期徒刑八个月,并处罚金人民币一千元;四被告人所得赃款依法发还被害单位。一审宣判后,四被告人未上诉,判决已生效。

【要旨】

以非法占有为目的,采用自我交易方式,虚构提供服务事实,骗取互联网公司垫付费用及订单补贴,数额较大的行为,应认定为诈骗罪。

【指导意义】

当前,网络约车、网络订餐等互联网经济新形态发展迅速。一些互联网公司为抢占市场,以提供订单补贴的形式吸引客户参与。某些不法分子采取违法手段,骗取互联网公司给予的补贴,数额较大的,可以构成诈骗罪。

在网络约车中,行为人以非法占有为目的,通过网约车平台与网约车公司进行交流,发出虚构的用车需求,使网约车公司误认为是符合公司补贴规则的订单,基于错误认识,给予行为人垫付车费及订单补贴的行为,符合诈骗罪的本质特征,是一种新型诈骗罪的表现形式。

【相关法律规定】

《中华人民共和国刑法》

第二百六十六条　诈骗公私财物,数额较大的,处三年以下有期徒刑、拘役或者管制,并处或者单处罚金;数额巨大或者有其他严重情节的,处三年以上十年以下有期徒刑,并处罚金;数额特别巨大或者有其他特别严重情节的,处十年以上有期徒刑或者无期徒刑,并处罚金或者没收财产。本法另有规定的,依照规定。

检例第67号:
张凯闵等52人电信网络诈骗案

【关键词】

跨境电信网络诈骗　境外证据审查　电子数据　引导取证

【要旨】

跨境电信网络诈骗犯罪往往涉及大量的境外证据和庞杂的电子数据。对境外获取的证据应着重审查合法性,对电子数据应着重审查客观性。主要成员固定,其他人员有一定流动性的电信网络诈骗犯罪组织,可认定为犯罪集团。

【基本案情】

被告人张凯闵,男,1981年11月21日出生,中国台湾地区居民,无业。

林金德等其他被告人、被不起诉人基本情况略。

2015年6月至2016年4月间,被告人张凯闵等52人先后在印度尼西亚共和国和肯尼亚共和国参加对中国大陆居民进行电信网络诈骗的犯罪集团。在实施电信网络诈骗过程中,各被告人分工合作,其中部分被告人负责利用电信网络技术手段对大陆居民的手机和座机电话进行语音群呼,群呼的主要内容为“有快递未签收,经查询还有护照签证即将过期,将被限制出境管制,身份信息可能遭泄露”等。当被害人按照语音内容操作后,电话会自动接通冒充快递公司客服人员的一线话务员。一线话务员以帮助被害人报案为由,在被害人不挂断电话时,将电话转接至冒充公安局办案人员的二线话务员。二线话务员向被害人谎称“因泄露的个人信息被用于犯罪活动,需对被害人资金流向进行调查”,欺骗被害人转账、汇款至指定账户。如果被害人对二线话务员的说法仍有怀疑，二线话务员会将电话转给冒充检察官的三线话务员继续实施诈骗。

至案发，张凯闵等被告人通过上述诈骗手段骗取75名被害人钱款共计人民币2300余万元。

【指控与证明犯罪】

（一）介入侦查引导取证

由于本案被害人均是中国大陆居民，根据属地管辖优先原则，2016年4月，肯尼亚将76名电信网络诈骗犯罪嫌疑人（其中大陆居民32人，台湾地区居民44人）遣返中国大陆。经初步审查，张凯闵等41人与其他被遣返的人分属互不关联的诈骗团伙，公安机关依法分案处理。2016年5月，北京市人民检察院第二分院经指定管辖本案，并应公安机关邀请，介入侦查引导取证。

鉴于肯尼亚在遣返犯罪嫌疑人前已将起获的涉案笔记本电脑、语音网关（指能将语音通信集成到数据网络中实现通信功能的设备）、手机等物证移交我国公安机关，为确保证据的客观性、关联性和合法性，检察机关就案件证据需要达到的证明标准以及涉外电子数据的提取等问题与公安机关沟通，提出提取、恢复涉案的Skype聊天记录、Excel和Word文档、网络电话拨打记录清单等电子数据，并对电子数据进行无污损鉴定的意见。在审查电子数据的过程中，检察人员与侦查人员在恢复的Excel文档中找到多份“返乡订票记录单”以及早期大量的Skype聊天记录。依据此线索，查实部分犯罪嫌疑人在去肯尼亚之前曾在印度尼西亚两度针对中国大陆居民进行诈骗，诈骗数额累计达2000余万元人民币。随后，11名曾在印度尼西亚参与张凯闵团伙实施电信诈骗，未赴肯尼亚继续诈骗的犯罪嫌疑人陆续被缉捕到案。至此，张凯闵案52名犯罪嫌疑人全部到案。

（二）审查起诉

审查起诉期间，在案犯罪嫌疑人均表示认罪，但对其在犯罪集团中的作用和参与犯罪数额各自作出辩解。

经审查，北京市人民检察院第二分院认为现有证据足以证实张凯闵等人利用电信网络实施诈骗，但案件证据还存在以下问题：一是电子数据无污损鉴定意见的鉴定起始基准时间晚于犯罪嫌疑人归案的时间近11个小时，不能确定在此期间电子数据是否被增加、删除、修改。二是被害人与诈骗犯罪组织间的关联性证据调取不完整，无法证实部分被害人系本案犯罪组织所骗。三是台湾地区警方提供的台湾地区犯罪嫌疑人出入境记录不完整，北京市公安局出入境管理总队出具的出入境记录与犯罪嫌疑人的供述等其他证据不尽一致，现有证据不能证实各犯罪嫌疑人参加诈骗犯罪组织的具体时间。

针对上述问题，北京市人民检察院第二分院于2016年12月17日、2017年3月7日两次将案件退回公安机关补充侦查，并提出以下补充侦查意见：一是通过中国驻肯尼亚大使馆确认抓获犯罪嫌疑人和外方起获物证的具体时间，将此时间作为电子数据无污损鉴定的起始基准时间，对电子数据重新进行无污损鉴定，以确保电子数据的客观性。二是补充调取犯罪嫌疑人使用网络电话与被害人通话的记录、被害人向犯罪嫌疑人指定银行账户转账汇款的记录、犯罪嫌疑人的收款账户交易明细等证据，以准确认定本案被害人。三是调取各犯罪嫌疑人护照，由北京市公安局出入境管理总队结合护照，出具完整的出入境记录，补充讯问负责管理护照的犯罪嫌疑人，核实部分犯罪嫌疑人是否中途离开过诈骗窝点，以准确认定各犯罪嫌疑人参加犯罪组织的具体时间。补充侦查期间，检察机关就补侦事项及时与公安机关加强当面沟通，落实补证要求。与此同时，检察人员会同侦查人员共赴国家信息中心电子数据司法鉴定中心，就电子数据提取和无污损鉴定等问题向行业专家咨询，解决了无污损鉴定的具体要求以及提取、固定电子数据的范围、程序等问题。检察机关还对公安机关以《司法鉴定书》记录电子数据勘验过程的做法提出意见，要求将《司法鉴定书》转化为勘验笔录。通过上述工作，全案证据得到进一步完善，最终形成补充侦查卷21册，为案件的审查和提起公诉奠定了坚实基础。

检察机关经审查认为，根据肯尼亚警方出具的《调查报告》、我国驻肯尼亚大使馆出具的《情况说明》以及公安机关出具的扣押决定书、扣押清单等，能够确定境外获取的证据来源合法，移交过程真实、连贯、合法。国家信息中心电子数据司法鉴定中心重新作出的无污损鉴定，鉴定的起始基准时间与肯尼亚警方抓获犯罪嫌疑人并起获涉案设备的时间一致，能够证实电子数据的真实性。涉案笔记本电脑和手机中提取的Skype账户登录信息等电子数据与犯罪嫌疑人的供述相互印证，能够确定犯罪嫌疑人的网络身份和现实身份具有一致性。75名被害人与诈骗犯罪组织间的关联性证据已补充到位，具体表现为：网络电话、Skype聊天记录等与被害人陈述的诈骗电话号码、银行账号等证据相互印证；电子数据中的聊天时间、通话时间与银行交易记录中的转账时间相互印证；被害人陈述的被骗经过与被告人供述的诈骗方式相互印证。本案的75名被害人被骗的证据均满足上述印证关系。

（三）出庭指控犯罪

2017年4月1日，北京市人民检察院第二分院根据犯罪情节，对该诈骗犯罪集团中的52名犯罪嫌疑人作出不同处理决定。对张凯闵等50人以诈骗罪分两案向北京市第二中级人民法院提起公诉，对另2名情节较轻的犯罪嫌疑人作出不起诉决定。7月18日、7月19日，北京市第二中级人民法院公开开庭审理了本案。

庭审中，50名被告人对指控的罪名均未提出异议，部分被告人及其辩护人主要提出以下辩解及辩护意见：一是认定犯罪集团缺乏法律依据，应以被告人实际参与诈骗成功的数额认定其犯罪数额。二是被告人系犯罪组织雇佣的话务员，在本案中起次要和辅助作用，应认定为从犯。三是检察机关指控的犯罪金额证据不足，没有形成完整的证据链条，不能证明被害人是被告人所骗。

针对上述辩护意见，公诉人答辩如下：

一是该犯罪组织以共同实施电信网络诈骗犯罪为目的而组建，首要分子虽然没有到案，但在案证据充分证明该犯罪组织在首要分子的领导指挥下，有固定人员负责窝点的组建管理、人员的召集培训，分工担任一线、二线、三线话务员，该诈骗犯罪组织符合刑法关于犯罪集团的规定，应当认定为犯罪集团。

二是在案证据能够证实二线、三线话务员不仅实施了冒充警察、检察官接听拨打电话的行为，还在犯罪集团中承担了组织管理工作,在共同犯罪中起主要作用,应认定为主犯。对从事一线接听拨打诈骗电话的被告人,已作区别对待。该犯罪集团在印度尼西亚和肯尼亚先后设立3个窝点,参加过2个以上窝点犯罪的一线人员属于积极参加犯罪,在犯罪中起主要作用,应认定为主犯;仅参加其中一个窝点犯罪的一线人员,参与时间相对较短,实际获利较少,可认定为从犯。

三是本案认定诈骗犯罪集团与被害人之间关联性的证据主要有:犯罪集团使用网络电话与被害人电话联系的通话记录;犯罪集团的Skype聊天记录中提到了被害人姓名、公民身份号码等个人信息;被害人向被告人指定银行账户转账汇款的记录。起诉书认定的75名被害人至少包含上述一种关联方式,实施诈骗与被骗的证据能够形成印证关系,足以认定75名被害人被本案诈骗犯罪组织所骗。

(四)处理结果

2017年12月21日,北京市第二中级人民法院作出一审判决,认定被告人张凯闵等50人以非法占有为目的,参加诈骗犯罪集团,利用电信网络技术手段,分工合作,冒充国家机关工作人员或其他单位工作人员,诈骗被害人钱财,各被告人的行为均已构成诈骗罪,其中28人系主犯,22人系从犯。法院根据犯罪事实、情节并结合各被告人的认罪态度、悔罪表现,对张凯闵等50人判处十五年至一年九个月不等有期徒刑,并处剥夺政治权利及罚金。张凯闵等部分被告人以量刑过重为由提出上诉。2018年3月,北京市高级人民法院二审裁定驳回上诉,维持原判。

【指导意义】

(一)对境外实施犯罪的证据应着重审查合法性

对在境外获取的实施犯罪的证据,一是要审查是否符合我国刑事诉讼法的相关规定,对能够证明案件事实且符合刑事诉讼法规定的,可以作为证据使用。二是对基于有关条约、司法互助协定、两岸司法互助协议或通过国际组织委托调取的证据,应注意审查相关办理程序、手续是否完备,取证程序和条件是否符合有关法律文件的规定。对不具有规定规范的,一般应当要求提供所在国公证机关证明,由所在国中央外交主管机关或其授权机关认证,并经我国驻该国使、领馆认证。三是对委托取得的境外证据,移交过程中应注意审查过程是否连续、手续是否齐全、交接物品是否完整、双方的交接清单记载的物品信息是否一致、交接清单与交接物品是否一一对应。四是对当事人及其辩护人、诉讼代理人提供的来自境外的证据材料,要审查其是否按照条约等相关规定办理了公证和认证,并经我国驻该国使、领馆认证。

(二)对电子数据应重点审查客观性

一要审查电子数据存储介质的真实性。通过审查存储介质的扣押、移交等法律手续及清单,核实电子数据存储介质在收集、保管、鉴定、检查等环节中是否保持原始性和同一性。二要审查电子数据本身是否客观、真实、完整。通过审查电子数据的来源和收集过程,核实电子数据是否从原始存储介质中提取,收集的程序和方法是否符合法律和相关技术规范。对从境外起获的存储介质中提取、恢复的电子数据应当进行无污损鉴定,将起获设备的时间作为鉴定的起始基准时间,以保证电子数据的客观、真实、完整。三要审查电子数据内容的真实性。通过审查在案言词证据能否与电子数据相互印证，不同的电子数据间能否相互印证等，核实电子数据包含的案件信息能否与在案的其他证据相互印证。

（三）紧紧围绕电话卡和银行卡审查认定案件事实

办理电信网络诈骗犯罪案件，认定被害人数量及诈骗资金数额的相关证据，应当紧紧围绕电话卡和银行卡等证据的关联性来认定犯罪事实。一是通过电话卡建立被害人与诈骗犯罪组织间的关联。通过审查诈骗犯罪组织使用的网络电话拨打记录清单、被害人接到诈骗电话号码的陈述以及被害人提供的通话记录详单等通讯类证据，认定被害人与诈骗犯罪组织间的关联性。二是通过银行卡建立被害人与诈骗犯罪组织间的关联。通过审查被害人提供的银行账户交易明细、银行客户通知书、诈骗犯罪集团指定银行账户信息等书证以及诈骗犯罪组织使用的互联网软件聊天记录，核实聊天记录中是否出现被害人的转账账户，以确定被害人与诈骗犯罪组织间的关联性。三是将电话卡和银行卡结合起来认定被害人及诈骗数额。审查被害人接到诈骗电话的时间、向诈骗犯罪组织指定账户转款的时间，诈骗犯罪组织手机或电脑中储存的聊天记录中出现的被害人的账户信息和转账时间是否印证。相互关联印证的，可以认定为案件被害人，被害人实际转账的金额可以认定为诈骗数额。

（四）有明显首要分子，主要成员固定，其他人员有一定流动性的电信网络诈骗犯罪组织，可以认定为诈骗犯罪集团

实施电信网络诈骗犯罪，大都涉案人员众多、组织严密、层级分明、各环节分工明确。对符合刑法关于犯罪集团规定，有明确首要分子，主要成员固定，其他人员虽有一定流动性的电信网络诈骗犯罪组织，依法可以认定为诈骗犯罪集团。对出资筹建诈骗窝点、掌控诈骗所得资金、制定犯罪计划等起组织、指挥管理作用的，依法可以认定为诈骗犯罪集团首要分子，按照集团所犯的全部罪行处罚。对负责协助首要分子组建窝点、招募培训人员等起积极作用的，或加入时间较长，通过接听拨打电话对受害人进行诱骗，次数较多、诈骗金额较大的，依法可以认定为主犯，按照其参与或组织、指挥的全部犯罪处罚。对诈骗次数较少、诈骗金额较小，在共同犯罪中起次要或者辅助作用的，依法可以认定为从犯，依法从轻、减轻或免除处罚。

【相关规定】

《中华人民共和国刑法》第六条、第二十六条、第二百六十六条

《中华人民共和国刑事诉讼法》第十八条、第二十五条

《中华人民共和国国际刑事司法协助法》第九条、第十条、第二十五条、第二十六条、第三十九条、第四十条、第四十一条、第六十八条

《最高人民法院、最高人民检察院关于办理诈骗刑事案件具体应用法律若干问题的解释》第一条、第二条

《最高人民法院、最高人民检察院、公安部关于办理电信网络诈骗等刑事案件适用法律若干问题的意见》

《最高人民法院、最高人民检察院、公安部关于办理刑事案件收集提取和审查判断电子数据若干问题的规定》

《检察机关办理电信网络诈骗案件指引》

《最高人民法院关于适用〈中华人民共和国刑事诉讼法〉的解释》第四百零五条

检例第83号：
琚某忠盗窃案

【关键词】

认罪认罚　无正当理由上诉　抗诉　取消从宽量刑

【要旨】

对于犯罪事实清楚，证据确实、充分，被告人自愿认罪认罚，一审法院采纳从宽量刑建议判决的案件，因被告人无正当理由上诉而不再具有认罪认罚从宽的条件，检察机关可以依法提出抗诉，建议法院取消因认罪认罚给予被告人的从宽量刑。

【基本案情】

被告人琚某忠，男，1985年11月生，浙江省常山县人，农民。

2017年11月16日下午，被告人琚某忠以爬窗入室的方式，潜入浙江省杭州市下城区某小区502室，盗取被害人张某、阮某某贵金属制品9件（共计价值人民币28213元）、现金人民币400余元、港币600余元。案发后公安机关追回上述9件贵金属制品，并已发还被害人。

审查起诉期间，检察机关依法告知被告人琚某忠诉讼权利义务、认罪认罚的具体规定，向琚某忠核实案件事实和证据，并出示监控录像等证据后，之前认罪态度反复的被告人琚某忠表示愿意认罪认罚。经与值班律师沟通、听取意见，并在值班律师见证下，检察官向琚某忠详细说明本案量刑情节和量刑依据，提出有期徒刑二年三个月，并处罚金人民币三千元的量刑建议，琚某忠表示认可和接受，自愿签署《认罪认罚具结书》。2018年3月6日，杭州市下城区人民检察院以被告人琚某忠犯盗窃罪提起公诉。杭州市下城区人民法院适用刑事速裁程序审理该案，判决采纳检察机关指控的罪名和量刑建议。

同年3月19日，琚某忠以量刑过重为由提出上诉，下城区人民检察院提出抗诉。杭州市中级人民法院认为，被告人琚某忠不服原判量刑提出上诉，导致原审适用认罪认罚从宽制度的基础已不存在，为保障案件公正审判，裁定撤销原判，发回重审。下城区人民法院经重新审理，维持原判认定的被告人琚某忠犯盗窃罪的事实和定性，改判琚某忠有期徒刑二年九个月，并处罚金人民币三千元。判决后，琚某忠未上诉。

【检察履职情况】

1. 全面了解上诉原因。琚某忠上诉后，检察机关再次阅卷审查，了解上诉原因，核实认罪认罚从宽制度的适用过程，确认本案不存在事实不清、证据不足、定性错误、量刑不当等情形；确认权利告知规范、量刑建议准确适当、具结协商依法进行。被告人提出上诉并无正当理由，违背了认罪认罚的具结承诺。

2. 依法提出抗诉。琚某忠无正当理由上诉表明其认罪不认罚的主观心态，其因认罪认罚而获得从宽量刑的条件已不存在，由此导致一审判决罪责刑不相适应。在这种情况下，检察机关以"被告人不服判决并提出上诉，导致本案适用认罪认罚从宽制度的条件不再具备，并致量刑不当"为由提出抗诉，并在抗诉书中就审查起诉和一审期间依法开展认罪认罚工作情况作出详细阐述。

【指导意义】

被告人通过认罪认罚获得量刑从宽后，在没有新事实、新证据的情况下，违背具结承诺以量刑过重为由提出上诉，无正当理由引起二审程序，消耗国家司法资源，检察机关可以依法提出抗诉。一审判决量刑适当、自愿性保障充分，因为认罪认罚后反悔上诉导致量刑不当的案件，检察机关依法提出抗诉有利于促使被告人遵守协商承诺，促进认罪认罚从宽制度健康稳定运行。检察机关提出抗诉时，应当建议法院取消基于认罪认罚给予被告人的从宽量刑，但不能因被告人反悔行为对其加重处罚。

【相关规定】

《中华人民共和国刑法》第二百六十四条

《中华人民共和国刑事诉讼法》第十五条、第一百七十三条、第一百七十四条、第一百七十六条

最高人民法院、最高人民检察院、公安部、国家安全部、司法部《关于适用认罪认罚从宽制度的指导意见》

检例第91号：温某某合同诈骗立案监督案

【关键词】

合同诈骗　合同欺诈　不应当立案而立案　侦查环节“挂案”　监督撤案

【要旨】

检察机关办理涉企业合同诈骗犯罪案件，应当严格区分合同诈骗与民事违约行为的界限。要注意审查涉案企业在签订、履行合同过程中是否具有非法占有目的和虚构事实、隐瞒真相的行为，准确认定是否具有诈骗故意。发现公安机关对企业之间的合同纠纷以合同诈骗进行刑事立案的，应当依法监督撤销案件。对于立案后久侦不结的“挂案”，检察机关应当向公安机关提出纠正意见。

【基本案情】

犯罪嫌疑人温某某，男，1975年10月出生，广西壮族自治区钦州市甲水务有限公司（以下简称甲公司）负责人。

2010年4月至5月间，甲公司分别与乙建设有限公司（以下简称乙公司）、丙建设股份有限公司（以下简称丙公司）签订钦州市钦北区引水供水工程《建设工程施工合同》。根据合同约定，乙公司和丙公司分别向甲公司支付70万元和110万元的施工合同履约保证金。工程报建审批手续完成后，甲公司和乙公司、丙公司因工程款支付问题发生纠纷。2011年8月31日，丙公司广西分公司经理王某某到南宁市公安局良庆分局（以下简称良庆公安分局）报案，该局于2011年10月14日对甲公司负责人温某某以涉嫌合同诈骗罪刑事立案。此后，公安机关未传唤温某某，也未采取刑事强制措施，直至2019年8月13日，温某某被公安机关采取刑事拘留措施，并被延长刑事拘留期限至9月12日。

【检察机关履职过程】

线索发现。2019年8月26日，温某某的辩护律师向南宁市良庆区人民检察院提出监督申请，认为甲公司与乙公司、丙公司之间的纠纷系支付工程款方面的经济纠纷，并非合同诈骗，请求检察机关监督公安机关撤销案件。良庆区人民检察院经审查，决定予以受理。

调查核实。经走访良庆公安分局，查阅侦查卷宗，核实有关问题，并听取辩护律师意见，接收辩护律师提交的证据材料，良庆区人民检察院查明：一是甲公司案发前处于正常生产经营状态，2006年至2009年间，经政府有关部门审批，同意甲公司建设

钦州市钦北区引水供水工程项目，资金由甲公司自筹；二是甲公司与乙公司、丙公司签订《建设工程施工合同》后，向钦州市环境保护局钦北分局等政府部门递交了办理“钦北区引水工程项目管道线路走向意见”的报批手续，但报建审批手续未能在约定的开工日前完成审批，双方因此另行签订补充协议，约定了甲公司所应承担的违约责任；三是报建审批手续完成后，乙公司、丙公司要求先支付工程预付款才进场施工，甲公司要求按照工程进度支付工程款，双方协商不下，乙公司、丙公司未进场施工，甲公司也未退还履约保证金；四是甲公司在该项目工程中投入勘测、复垦、自来水厂建设等资金3000多万元，收取的180万元履约保证金已用于自来水厂的生产经营。

监督意见。2019年9月16日，良庆区人民检察院向良庆公安分局发出《要求说明立案理由通知书》。良庆公安分局回复认为，温某某以甲公司钦州市钦北区引水供水工程项目与乙公司、丙公司签订合同，并收取履约保证金，而该项目的建设环评及规划许可均未获得政府相关部门批准，不具备实际履行建设工程能力，其行为涉嫌合同诈骗。良庆区人民检察院认为，甲公司与乙公司、丙公司签订《建设工程施工合同》时，引水供水工程项目已经政府有关部门审批同意。合同签订后，甲公司按约定向政府职能部门提交该项目报建手续，得到了相关职能部门的答复，在项目工程未能如期开工后，甲公司又采取签订补充协议、承担相应违约责任等补救措施，并且甲公司在该项目工程中投入大量资金，收取的履约保证金也用于公司生产经营。因此，不足以认定温某某在签订合同时具有虚构事实或者隐瞒真相的行为和非法占有对方财物的目的，公安机关以合同诈骗罪予以刑事立案的理由不能成立。对于甲公司不退还施工合同履约保证金的行为，乙公司、丙公司可以向人民法院提起民事诉讼。同时，良庆区人民检察院审查认为，该案系公安机关立案后久侦未结形成的侦查环节“挂案”，应当监督公安机关依法处理。2019年9月27日，良庆区人民检察院向良庆公安分局发出《通知撤销案件书》。

监督结果。良庆公安分局接受监督意见，于2019年9月30日作出《撤销案件决定书》，决定撤销温某某合同诈骗案。在此之前，良庆公安分局已于2019年9月12日依法释放了温某某。

【指导意义】

（一）检察机关对公安机关不应当立案而立案的，应当依法监督撤销案件。检察机关负有立案监督职责，有权监督纠正公安机关不应当立案而立案的行为。涉案企业认为公安机关对企业之间的合同纠纷以合同诈骗进行刑事立案，向检察机关提出监督申请的，检察机关应当受理并进行审查。认为需要公安机关说明立案理由的，应当书面通知公安机关。认为公安机关立案理由不能成立的，应当制作《通知撤销案件书》，通知公安机关撤销案件。

（二）严格区分合同诈骗与民事违约行为的界限。注意审查涉案企业在签订、履行合同过程中是否具有虚构事实、隐瞒真相的行为，是否有刑法第二百二十四条规定的五种情形之一。注重从合同项目真实性、标的物用途、有无实际履约行为、是否有逃匿和转移资产的行为、资金去向、违约原因等方面，综合认定是否具有诈骗的故意，避免片面关注行为结果而忽略主观上是否具有非法占有的目的。对于签订合同时具有部分履约能力,其后完善履约能力并积极履约的,不能以合同诈骗罪追究刑事责任。

(三)对于公安机关立案后久侦未结形成的"挂案",检察机关应当提出监督意见。由于立案标准、工作程序和认识分歧等原因,有些涉民营企业刑事案件逾期滞留在侦查环节,既未被撤销,又未被移送审查起诉,形成"挂案",导致民营企业及企业相关人员长期处于被追诉状态,严重影响企业的正常生产经营,破坏当地营商环境,也损害了司法机关的公信力。检察机关发现侦查环节"挂案"的,应当对公安机关的立案行为进行监督,同时也要对公安机关侦查过程中的违法行为依法提出纠正意见。

【相关规定】

《中华人民共和国刑法》第二百二十四条

《人民检察院刑事诉讼规则》第五百五十七至五百六十一条、第五百六十三条

《最高人民检察院、公安部关于刑事立案监督有关问题的规定(试行)》第六至九条

检例第103号:
胡某某抢劫案

【关键词】

抢劫　在校学生　附条件不起诉　调整考验期

【要旨】

办理附条件不起诉案件,应当准确把握其与不起诉的界限。对于涉罪未成年在校学生附条件不起诉,应当坚持最有利于未成年人健康成长原则,找准办案、帮教与保障学业的平衡点,灵活掌握办案节奏和考察帮教方式。要阶段性评估帮教成效,根据被附条件不起诉人角色转变和个性需求,动态调整考验期限和帮教内容。

【基本案情】

被附条件不起诉人胡某某,男,作案时17周岁,高中学生。

2015年7月20日晚,胡某某到某副食品商店,谎称购买饮料,趁店主方某某不备,用网购的电击器杵方某某腰部索要钱款,致方某某轻微伤。后方某某将电击器夺下,胡某某逃跑,未劫得财物。归案后,胡某某的家长赔偿了被害人全部损失,获得谅解。

【检察机关履职过程】

(一)补充社会调查,依法作出不批准逮捕决定。案件提请批准逮捕后,针对公安机关移送的社会调查报告不能充分反映胡某某犯罪原因的问题,检察机关及时补充开展社会调查,查明:胡某某高一时父亲离世,为减轻经济负担,母亲和姐姐忙于工作,与胡某某沟通日渐减少。丧父打击、家庭氛围变化、缺乏关爱等多重因素导致胡某某逐渐沾染吸烟、饮酒等劣习,高二时因成绩严重下滑转学重读高一。案发前,胡某某与母亲就是否直升高三参加高考问题发生激烈冲突,母亲希望其重读高二以提高成绩,胡某某则希望直升高三报考个人感兴趣的表演类院校。在学习、家庭的双重压力下,胡某某产生了制造事端迫使母亲妥协的想法,继而实施抢劫。案发后,胡某某母亲表示愿意改进教育方式,加强监护。检察机关针对胡某某的心理问题,委托心理咨询师对其开展心理测评和心理疏导。在上述工作基础上,检察机关综合评

估认为：胡某某此次犯罪主要是由于家庭变故、亲子矛盾、青春期叛逆，加之法治意识淡薄，冲动犯罪，认罪悔罪态度好，具备帮教条件，同时鉴于其赔偿了被害人损失，取得了被害人谅解，遂依法作出不批准逮捕决定。

（二）综合评估，依法适用附条件不起诉。案件审查起诉过程中，有观点认为，胡某某罪行较轻，具有未成年、犯罪未遂、坦白等情节，认罪悔罪，取得被害人谅解，其犯罪原因主要是身心不成熟，亲子矛盾处理不当，因此可直接作出不起诉决定。检察机关认真审查并听取各方面意见后认为，抢劫罪法定刑为三年有期徒刑以上刑罚，根据各种量刑情节，调节基准刑后测算胡某某可能判处有期徒刑十个月至一年，不符合犯罪情节轻微不需要判处刑罚或可以免除刑罚，直接作出不起诉决定的条件。同时，胡某某面临的学习压力短期内无法缓解，参考社会调查、心理疏导的情况，判断其亲子关系调适、不良行为矫正尚需一个过程，为保障其学业、教育管束和预防再犯，从最有利于未成年人健康成长出发，对胡某某附条件不起诉更有利于其回归社会。2016年3月11日，检察机关对胡某某作出附条件不起诉决定，考验期一年。

（三）立足帮教目标，对照负面行为清单设置所附条件，协调各方开展精准帮教。检察机关立足胡某某系在校学生的实际，围绕亲子共同需求，确立"学业提升进步，亲子关系改善"的帮教目标，并且根据社会调查列出阻碍目标实现的负面行为清单设置所附条件，如：遵守校纪校规；不得进入娱乐场所；不得吸烟、饮酒；接受心理辅导；接受监护人监管；定期参加社区公益劳动；阅读法治书籍并提交学习心得等。在此基础上，检察机关联合学校、社区、家庭三方成立考察帮教小组，围绕所附条件，制定方案，分解任务，精准帮教。学校选派老师督促备考，关注心理动态，社区为其量身定制公益劳动项目，家庭成员接受"正面管教"家庭教育指导，改善亲子关系。检察机关立足保障学业，灵活掌握帮教的频率与方式，最大程度减少对其学习、生活的影响。组建帮教小组微信群，定期反馈与实时监督相结合，督促各方落实帮教责任，对帮教进度和成效进行跟踪考察，同时要求控制知情范围，保护胡某某隐私。针对胡某某的犯罪源于亲子矛盾这一"症结"，检察机关协同公安民警、被害人、法律援助律师、法定代理人从法、理、情三个层面真情劝诫，胡某某表示要痛改前非。

（四）阶段性评估，动态调整考验期限和帮教措施。考验期内，胡某某表现良好，参加高考并考上某影视职业学院，还积极参与公益活动。鉴于胡某某表现良好、考上大学后角色转变等情况，检察机关组织家长、学校、心理咨询师、社区召开"圆桌会议"听取各方意见。经综合评估，各方一致认为原定考验期限和帮教措施已不适应当前教育矫治需求，有必要作出调整。2016年9月，检察机关决定将胡某某的考验期缩短为八个月，并对最后两个月的帮教内容进行针对性调整：开学前安排其参加企业实习，引导职业规划，开学后指导阅读法律读物，继续筑牢守法堤坝。11月10日考验期届满，检察机关依法对其作出不起诉决定，并进行相关记录封存。目前，胡某某已经大学毕业，在某公司从事设计工作，心态乐观积极，家庭氛围融洽。

【指导意义】

（一）办理附条件不起诉案件，应当注

意把握附条件不起诉与不起诉之间的界限。根据刑事诉讼法第一百七十七条第二款,检察机关对于犯罪情节轻微,依照刑法规定不需要判处刑罚或者可以免除刑罚的犯罪嫌疑人,可以决定不起诉。而附条件不起诉的适用条件是可能判处一年有期徒刑以下刑罚,符合起诉条件,但有悔罪表现的未成年犯罪嫌疑人,且只限定于涉嫌刑法分则第四章、第五章、第六章规定的犯罪。对于犯罪情节轻微符合不起诉条件的未成年犯罪嫌疑人,应依法适用不起诉,不能以附条件不起诉代替不起诉。对于未成年犯罪嫌疑人涉嫌刑法分则第四章、第五章、第六章规定的犯罪,根据犯罪情节和悔罪表现,尚未达到不需要判处刑罚或者可以免除刑罚程度,综合考虑可能判处一年有期徒刑以下刑罚,适用附条件不起诉能更好地达到矫正效果,促使其再社会化的,应依法适用附条件不起诉。

(二)对涉罪未成年在校学生适用附条件不起诉,应当最大限度减少对其学习、生活的影响。坚持最有利于未成年人健康成长原则,立足涉罪在校学生教育矫治和回归社会,应尽可能保障其正常学习和生活。在法律规定的办案期限内,检察机关可灵活掌握办案节奏和方式,利用假期和远程方式办案帮教,在心理疏导、隐私保护等方面提供充分保障,达到教育、管束和保护的有机统一。

(三)对于已确定的考验期限和考察帮教措施,经评估后认为不能适应教育矫治需求的,可以适时动态调整。对于在考验期中经历考试、升学、求职等角色转变的被附条件不起诉人,应当及时对考察帮教情况、效果进行评估,根据考察帮教的新情况和新变化,有针对性地调整考验期限和帮教措施,巩固提升帮教成效,促其早日顺利回归社会。考验期限和帮教措施在调整前,应当充分听取各方意见。

【相关规定】

《中华人民共和国刑法》第二百六十三条

《中华人民共和国刑事诉讼法》第一百七十七条、第二百七十七条、第二百七十九条、第二百八十二条、第二百八十三条、第二百八十四条

《人民检察院刑事诉讼规则》第四百六十一条、第四百六十三条、第四百七十六条、第四百八十条

《人民检察院办理未成年人刑事案件的规定》第二十九条、第四十条、第四十一条、第四十二条、第四十三条

《未成年人刑事检察工作指引(试行)》第一百九十四条

检例第104号:庄某等人敲诈勒索案

【关键词】

敲诈勒索　未成年人共同犯罪　附条件不起诉　个性化附带条件　精准帮教

【要旨】

检察机关对共同犯罪的未成年人适用附条件不起诉时,应当遵循精准帮教的要求对每名涉罪未成年人设置个性化附带条件。监督考察时,要根据涉罪未成年人回归社会的不同需求,督促制定所附条件执行的具体计划,分阶段评估帮教效果,发现问题及时调整帮教方案,提升精准帮教实效。

【基本案情】

被附条件不起诉人庄某,男,作案时17

周岁,初中文化,在其父的印刷厂帮工。

被附条件不起诉人顾某,女,作案时16周岁,职业高中在读。

被附条件不起诉人常某,男,作案时17周岁,职业高中在读。

被附条件不起诉人章某,女,作案时16周岁,职业高中在读。

被附条件不起诉人汪某,女,作案时17周岁,职业高中在读。

2019年6月8日,庄某因被害人焦某给其女友顾某发暧昧短信,遂与常某、章某、汪某及女友顾某共同商量向焦某索要钱财。顾某、章某、汪某先用微信把被害人约至某酒店,以顾某醉酒为由让被害人开房。进入房间后,章某和汪某借故离开,庄某和常某随即闯入,用言语威胁的手段逼迫焦某写下一万元的欠条,后实际获得五千元,用于共同观看球赛等消费。案发后,庄某等五人的家长在侦查阶段赔偿了被害人全部损失,均获得谅解。

【检察机关履职过程】

(一)开展补充社会调查和心理测评,找出每名未成年人需要矫正的"矫治点",设置个性化附带条件。该案公安机关未提请批准逮捕,直接移送起诉。检察机关经审查认为,庄某等五人已涉嫌敲诈勒索罪,可能判处一年以下有期徒刑,均有悔罪表现,符合附条件不起诉条件,但前期所作社会调查不足以全面反映犯罪原因和需要矫正的关键点,故委托司法社工补充社会调查,并在征得各未成年犯罪嫌疑人及法定代理人同意后进行心理测评。经分析,五人具有法治观念淡薄、交友不当、家长失管失教等共性犯罪原因,同时各有特点:庄某因被父亲强行留在家庭小厂帮工而存在不满和抵触情绪;顾某因被过分宠溺而缺乏责任感,且沉迷网络游戏;汪某身陷网瘾;常某与单亲母亲长期关系紧张;章某因经常被父亲打骂心理创伤严重。据此,检察官和司法社工研究确定了五名未成年人具有共性特点的"矫治点",包括认知偏差、行为偏差、不良"朋友"等,和每名未成年人个性化的"矫治点",如庄某的不良情绪、章某的心理创伤等,据此对五人均设置共性化的附带条件:参加线上、线下法治教育以及行为认知矫正活动,记录学习感受;在司法社工指导下筛选出不良"朋友"并制定远离行动方案;参加每周一次的团体心理辅导。同时,设置个性化附带条件:庄某学习管理情绪的方法,定期参加专题心理辅导;顾某、汪某主动承担家务,定期参加公益劳动,逐渐递减网络游戏时间;常某在司法社工指导下逐步修复亲子关系;章某接受心理咨询师的创伤处理。检察机关综合考虑五名未成年人共同犯罪的事实、情节及需要矫正的问题,对五名未成年人均设置了六个月考验期,并在听取每名未成年人及法定代理人对附条件不起诉的意见时,就所附条件、考验期限等进行充分沟通、解释,要求法定代理人依法配合监督考察工作。在听取公安机关、被害人意见后,检察机关于2019年10月9日对五人作出附条件不起诉决定。

(二)制定具体的帮教计划并及时评估帮教效果,调整帮教方法。在监督考察期间,检察官与司法社工共同制定了督促执行所附条件的具体帮教计划:帮教初期(第1–3周)注重训诫教育工作,且司法社工与被附条件不起诉人及法定代理人密切接触,增强信任度;帮教中期(第4–9周)通过法治教育、亲子关系修复、行为偏差矫正、团体心理辅导等多措并举,提升被附条件不起诉人法律意识，促使不良行为转变；帮教后期（第10-26周）注重促使被附条件不起诉人逐步树立正确的人生观、价值观，自觉遵纪守法。每个阶段结束前通过心理测评、自评、他评等方式评估帮教效果，发现问题及时进行研判，调整帮教方法。比如，帮教初期发现庄某和章某对负责帮教的社工有一定的抵触情绪和回避、对抗行为，通过与司法社工机构共同评估双方信任度和匹配度后，及时更换社工。再如，针对章某在三次心理创伤处理后仍呈现易怒情绪，建议社工及时增加情绪管理能力培养的内容。又如，针对汪某远离不良“朋友”后亟需正面榜样力量引领的情况，联合团委确定大学生志愿者一对一结对引导。

（三）根据未成年人个体需求，协调借助相关社会资源提供帮助，促进回归社会。针对案发后学校打算劝退其中四人的情况，检察机关与教育局、学校沟通协调，确保四人不中断学业。根据五名被附条件不起诉人对就学就业的需求，检察机关积极协调教育部门为顾某、章某分别提供声乐、平面设计辅导，联系爱心企业为常某提供模型设计的实习机会，联系人力资源部门为庄某、汪某提供免费的职业培训，让矫治干预与正向培养双管齐下。经过六个月考察帮教，五名被附条件不起诉人逐步摒弃不良行为，法治观念、守法意识增强，良好生活学习习惯开始养成。2020年4月9日，检察机关综合五人考察期表现，均作出不起诉决定。目前，庄某已成为某西点店烘焙师，常某在模具企业学习模型设计，顾某、章某、汪某都实现了在大专院校理想专业学习的愿望。五个家庭也有较大改变，亲子关系融洽。

【指导意义】

（一）附条件不起诉设定的附带条件，应根据社会调查情况合理设置，具有个性化，体现针对性。检察机关办理附条件不起诉案件，应当坚持因案而异，根据社会调查情况，针对涉罪未成年人的具体犯罪原因和回归社会的具体需求等设置附带条件。对共同犯罪未成年人既要针对其共同存在的问题，又要考虑每名涉罪未成年人的实际情况，设定符合个体特点的附带条件并制定合理的帮教计划，做到“对症下药”，确保附条件不起诉制度教育矫治功能的实现。

（二）加强沟通，争取未成年犯罪嫌疑人及其法定代理人、学校的理解、配合和支持。检察机关应当就附带条件、考验期限等与未成年犯罪嫌疑人充分沟通，使其自觉遵守并切实执行。未成年犯罪嫌疑人的法定代理人和其所在学校是参与精准帮教的重要力量，检察机关应当通过释法说理、开展家庭教育指导等工作，与各方达成共识，形成帮教合力。

（三）加强对附带条件执行效果的动态监督，实现精准帮教。检察机关对于附条件不起诉所附带条件的执行要加强全程监督、指导，掌握落实情况，动态评估帮教效果，发现问题及时调整帮教方式和措施。为保证精准帮教目标的实现，可以联合其他社会机构、组织、爱心企业等共同开展帮教工作，帮助涉罪未成年人顺利回归社会。

【相关规定】

《中华人民共和国刑法》第二百七十四条

《中华人民共和国刑事诉讼法》第一百七十七条、第二百八十二条、第二百八十三

条、第二百八十四条、第二百八十六条

《人民检察院刑事诉讼规则》第四百六十一条、第四百七十六条、第四百八十条

《人民检察院办理未成年人刑事案件的规定》第四十二条、第四十三条

《未成年人刑事检察工作指引(试行)》第三十一条、第一百八十一条、第一百九十四条、第一百九十五条、第一百九十六条

检例第105号:李某诈骗、传授犯罪方法牛某等人诈骗案

【关键词】

涉嫌数罪　听证　认罪认罚从宽　附条件不起诉　家庭教育指导　社会支持

【要旨】

对于一人犯数罪符合起诉条件,但根据其认罪认罚等情况,可能判处一年有期徒刑以下刑罚的,检察机关可以依法适用附条件不起诉。对于涉罪未成年人存在家庭教育缺位或者不当问题的,应当突出加强家庭教育指导,因案因人进行精准帮教。通过个案办理和法律监督,积极推进社会支持体系建设。

【基本案情】

被附条件不起诉人李某,男,作案时16周岁,高中学生。

被附条件不起诉人牛某,男,作案时17周岁,高中学生。

被附条件不起诉人黄某,男,作案时17周岁,高中学生。

被附条件不起诉人关某,男,作案时16周岁,高中学生。

被附条件不起诉人包某,男,作案时17周岁,高中学生。

2018年11月至2019年3月,李某利用某电商超市7天无理由退货规则,多次在某电商超市网购香皂、洗发水、方便面等日用商品,收到商品后上传虚假退货快递单号,骗取某电商超市退回购物款累计8445.53元。后李某将此犯罪方法先后传授给牛某、黄某、关某、包某,并收取1200元“传授费用”。得知这一方法的牛某、黄某、关某、包某以此方法各自骗取某电商超市15598.86元、8925.19元、6617.71元、6206.73元。

涉案五人虽不是共同犯罪,但犯罪对象和犯罪手段相同,案件之间存在关联,为便于查明案件事实和保障诉讼顺利进行,公安机关采纳检察机关建议,对五人依法并案处理。

【检察机关履职过程】

(一)适用认罪认罚从宽制度,发挥惩教结合优势。审查逮捕期间,检察机关依法分别告知五名未成年犯罪嫌疑人及其法定代理人认罪认罚从宽制度的法律规定,促其认罪认罚。五名犯罪嫌疑人均表达了认罪认罚的意愿,并主动退赃,取得了被害方某电商超市的谅解。检察机关认为五人虽利用网络实施诈骗,但并非针对不特定多数人,系普通诈骗犯罪,且主观恶性不大,犯罪情节较轻,无逮捕必要,加上五人均面临高考,因而依法作出不批准逮捕决定。审查起诉阶段,检察机关通知派驻检察院的值班律师向五人及其法定代理人提供法律帮助,并根据五人犯罪情节,认罪悔罪态度,认为符合附条件不起诉条件,提出适用附条件不起诉的意见,将帮教方案和附带条件作为具结书的内容一并签署。

(二)召开不公开听证会,依法决定附

条件不起诉。司法实践中，对犯数罪可否适用附条件不起诉，因缺乏明确的法律规定而很少适用。本案中，李某虽涉嫌诈骗和传授犯罪方法两罪，但综合全案事实、社会调查情况以及犯罪后表现，依据有关量刑指导意见，李某的综合刑期应在一年以下有期徒刑，对其适用附条件不起诉制度，有利于顺利进行特殊预防、教育改造。为此，检察机关专门针对李某涉嫌数罪是否可以适用附条件不起诉召开不公开听证会，邀请了未成年犯管教干部、少年审判法官、律师、心理咨询师、公益组织负责人等担任听证员。经听证评议，听证员一致认为应对李某作附条件不起诉，以最大限度促进其改恶向善、回归正途。通过听证，李某认识到自己行为的严重性，李某父母认识到家庭教育中存在的问题，参加听证的各方面代表达成了协同帮教意向。2019年12月23日，检察机关对李某等五人依法作出附条件不起诉决定，考验期为六个月。

（三）开展家庭教育指导，因人施策精准帮教。针对家庭责任缺位导致五人对法律缺乏认知与敬畏的共性问题，检察官会同司法社工开展了家庭教育指导，要求五人及其法定代理人在监督考察期间定期与心理咨询师沟通、与检察官和司法社工面谈，并分享法律故事、参加预防违法犯罪宣讲活动。同时，针对五人各自特点分别设置了个性化附带条件：鉴于李某父母疏于管教，亲子关系紧张，特别安排追寻家族故事、追忆成长历程以增强家庭认同感和责任感，修复家庭关系；鉴于包某性格内向无主见、极易被误导，安排其参加"您好陌生人"志愿服务队，以走上街头送爱心的方式锻炼与陌生人的沟通能力，同时对其进行"朋辈群体干扰场景模拟"小组训练，通过场景模拟，帮助其向不合理要求勇敢说"不"；鉴于黄某因达不到父母所盼而缺乏自信，鼓励其发挥特长，担任禁毒教育、网络安全等普法活动主持人，使其在学习法律知识的同时，增强个人荣誉感和家庭认同感；鉴于牛某因单亲家庭而自卑，带领其参加照料空巢老人、探访留守儿童等志愿活动，通过培养同理心增强自我认同，实现"爱人以自爱"；鉴于关某沉迷网络游戏挥霍消费，督促其担任家庭记账员，激发其责任意识克制网瘾，养成良好习惯。

（四）联合各类帮教资源，构建社会支持体系。案件办理过程中，引入司法社工全流程参与精准帮教。检察机关充分发挥"3+1"（检察院、未管所、社会组织和涉罪未成年人）帮教工作平台优势，并结合法治进校园"百千万工程"，联合团委、妇联、教育局共同组建"手拉手法治宣讲团"，要求五人及法定代理人定期参加法治教育讲座。检察机关还与辖区内广播电台、敬老院、图书馆、爱心企业签订观护帮教协议，组织五人及法定代理人接受和参与优秀传统文化教育或实践。2020年6月22日，检察机关根据五人在附条件不起诉考察期间的表现，均作出不起诉决定。五人在随后的高考中全部考上大学。

【指导意义】

（一）办理未成年人犯罪案件，对于涉嫌数罪但认罪认罚，可能判处一年有期徒刑以下刑罚的，也可以适用附条件不起诉。检察机关应当根据涉罪未成年人的犯罪行为性质、情节、后果，并结合犯罪原因、犯罪前后的表现等，综合评估可能判处的刑罚。"一年有期徒刑以下刑罚"是指将犯罪嫌疑人交付审判，法院对其可能判处的刑罚。目前刑法规定的量刑幅度均是以成年人犯罪为基准设计，检察机关对涉罪未成年人刑罚的预估要充分考虑“教育、感化、挽救”的需要及其量刑方面的特殊性。对于既可以附条件不起诉也可以起诉的，应当优先适用附条件不起诉。存在数罪情形时，要全面综合考量犯罪事实、性质和情节以及认罪认罚等情况，认为并罚后其刑期仍可能为一年有期徒刑以下刑罚的，可以依法适用附条件不起诉，以充分发挥附条件不起诉制度的特殊功能，促使涉罪未成年人及早摆脱致罪因素，顺利回归社会。

（二）加强家庭教育指导，提升考察帮教效果。未成年人犯罪原因往往关联家庭，预防涉罪未成年人再犯，同样需要家长配合。检察机关在办理附条件不起诉案件中，不仅要做好对涉罪未成年人自身的考察帮教，还要通过家庭教育指导，争取家长的信任理解，引导家长转变家庭教育方式，自愿配合监督考察，及时解决问题少年背后的家庭问题，让涉罪未成年人知法悔过的同时，在重温亲情中获取自新力量，真正实现矫治教育预期目的。

（三）依托个案办理整合帮教资源，推动未成年人检察工作社会支持体系建设。检察机关办理未成年人犯罪案件，要在社会调查、人格甄别、认罪教育、不公开听证、监督考察、跟踪帮教等各个环节，及时引入司法社工、心理咨询师等各种专门力量，积极与教育、民政、团委、妇联、关工委等各方联合，依托党委、政府牵头搭建的多元化协作平台，做到专业化办案与社会化支持相结合，最大限度地实现对涉罪未成年人的教育、感化和挽救。

【相关规定】

《中华人民共和国刑法》第二百六十六条、第二百九十五条

《中华人民共和国刑事诉讼法》第一百七十三条、第二百七十七条、第二百八十二条

《人民检察院刑事诉讼规则》第十八条、第四百五十七条、第四百六十三条、第四百八十条

《未成年人刑事检察工作指引（试行）》第一百七十七条、第一百八十八条

《关于适用认罪认罚从宽制度的指导意见》第十九条、第二十三条、第二十六条、第二十七条、第二十八条、第二十九条、第三十条、第三十一条

公报案例

1. 上海市嘉定区人民检察院诉魏某明等人抢劫案①

【裁判摘要】

根据刑法第二百六十三条和《最高人民法院关于审理抢劫案件具体应用法律若干问题的解释》第一条第一款的规定，被告人以假借购物为由，进入他人经营和生活区域缺乏明显隔离的商店抢劫财物的行为，虽构成抢劫罪，但不构成入户抢劫的情节。

① 案例来源：《最高人民法院公报》2005 年第 4 期。

2. 南京市玄武区人民检察院诉余某等四人盗窃案①

【裁判摘要】

根据刑法第二百六十四条的规定,被告人利用编写、传播病毒程序在网上截取他人的银行账号、密码,窃取或实际控制他人网上银行账户内存款的行为,构成盗窃罪。

3. 滨海县人民检察院诉刘某仲合同诈骗案②

【裁判摘要】

福利彩票是国家为筹集社会福利事业发展资金,特许中国福利彩票发行中心垄断发行的有价凭证。受彩票发行机构委托,在彩票投注站代销福利彩票的非国家工作人员,如果以不交纳彩票投注金的方式擅自打印并获取彩票,是侵犯彩票发行机构管理的社会公益性财产的行为。根据刑法第二百七十二条第一款规定,对这种行为应当按挪用资金罪定罪处罚。

4. 西安市人民检察院诉韦某权盗窃案③

【裁判摘要】

机动车为具有特殊属性的物,所有权人必须以所有权凭证来主张自己的所有权。机动车交易只有在办理过户登记手续后,才发生所有权的转移。同时,机动车牌号登记制度也进一步增强了所有人或占有人对车辆的控制力。因此,即使机动车所有人或者占有人在离开车辆时忘记关闭车窗、车灯,将车钥匙忘记在车上,也不能认定其完全丧失对车辆的控制,并由此推定该机动车属于遗忘物。在此情形下,行为人出于非法占有的目的,以秘密窃取的方式取得该机动车辆的,应当以盗窃罪定罪处罚。

5. 上海市黄浦区人民检察院诉孟某、何某康网络盗窃案④

【裁判摘要】

一、依照法定程序收集的电子文件如果与案件关联,并在与其他证据印证后能够客观地反映案件真实情况,依法可成为刑事诉讼中的证据。

二、行为人通过网络实施的虚拟行为如果对现实生活中刑法所保护的客体造成危害构成犯罪的,应当受刑罚惩罚。

三、秘密窃取网络环境中的虚拟财产构成盗窃罪的,应当按该虚拟财产在现实生活中对应的实际财产遭受损失的数额确定盗窃数额。虚拟财产在现实生活中对应的财产数额,可以通过该虚拟财产在现实生活中的实际交易价格来确定。

四、盗窃罪的犯罪对象是种类繁多的公私财物,盗窃公私财物的种类不同,认定盗窃既遂、未遂的方法就会不同。审判实

① 案例来源:《最高人民法院公报》2005 年第 8 期。
② 案例来源:《最高人民法院公报》2006 年第 2 期。
③ 案例来源:《最高人民法院公报》2006 年第 4 期。
④ 案例来源:《最高人民法院公报》2006 年第 11 期。

践中,不存在唯一的具体案件盗窃未遂认定标准,应当根据刑法第二十三条规定的“着手实行犯罪”、“犯罪未得逞”、“犯罪未得逞是由于犯罪分子意志以外的原因”等三个条件,结合盗窃财物种类等具体情况,认定盗窃犯罪行为是否未遂。行为人在网络中盗窃他人的虚拟财产,只要盗窃行为已实现了非法占有该虚拟财产在现实生活中所对应的被害人财产,理当认定犯罪既遂。至于行为人是否对赃物作出最终处理,以及被害人事后是否追回该虚拟财产,均与行为人已完成的犯罪形态无关。

6. 上海市黄浦区人民检察院诉陈某国绑架案①

【裁判摘要】

一、勒索财物型的绑架罪,是指行为人绑架他人作为人质,以人质的安危来要挟被绑架人以外的第三人,向该第三人勒索财物的行为。行为人虽然控制了被害人的人身自由,但其目的不是以被害人为人质来要挟被害人以外的第三人并向第三人勒索财物,而是对被害人实施暴力、胁迫以直接劫取财物,其行为不构成绑架罪。

二、索债型的非法拘禁罪,是指行为人以索取债务(包括合法债务与非法债务)为目的,以拘留、禁闭或者其他方法故意非法剥夺他人人身自由的行为。如果不能证实行为人与被害人之间存在债权债务关系,则不构成索债型的非法拘禁罪。

三、行为人以暴力、胁迫的方法要求被害人交出自己的财产,由于被害人的财产不在身边,行为人不得不同意被害人通知其他人送来财产,也不得不与被害人一起等待财产的到来。这种行为不是以被害人为人质向被害人以外的第三人勒索财物,而是符合“使用暴力、胁迫方法当场强行劫取财物”的抢劫罪特征,应当按照刑法第二百六十三条的规定定罪处罚。

7. 四川省泸县人民检察院诉黄某、袁某军等诈骗案②

【裁判摘要】

行为人出于非法占有他人财产的目的,采取虚构事实、隐瞒真相、设置圈套的方法诱使他人参加赌博,并以欺诈手段控制赌局的输赢结果,从而骗取他人财物,数额较大的,构成诈骗罪,应当依照《中华人民共和国刑法》第二百六十六条的规定定罪处罚。

8. 河南省郑州市金水区人民检察院诉杨某成盗窃案③

【裁判摘要】

根据《中华人民共和国刑法》第二百七十一条关于职务侵占罪的规定,所谓“利用职务上的便利”,是指在行为人在实施犯罪时,利用自身的职权,或者利用自身因执行职务而获取的主管、管理、经手本单位财物的便利条件。这里的“主管”,是指行为人在一定范围内拥有调配、处置本单位财产

① 案例来源:《最高人民法院公报》2007年第1期。
② 案例来源:《最高人民法院公报》2007年第8期。
③ 案例来源:《最高人民法院公报》2008年第11期。

的权力；所谓“管理”，是指行为人对本单位财物直接负有保管、处理、使用的职责，亦即对本单位财产具有一定的处分权；所谓“经手”，是指行为人虽然不负有主管或者管理本单位财物的职责，但因工作需要而在特定的时间、空间内实际控制本单位财物。因此，构成职务侵占罪，就必然要求行为人在非法占有本单位财产时，以其本人职务范围内的权限、职责为基础，利用其对本单位财产具有一定的主管、管理或者经手的职责，在实际支配、控制、处置本单位财物时实施非法占有行为。如果行为人仅仅是在自身工作中易于接触他人主管、管理、经手的本单位财物，或者熟悉作案环境，而利用上述工作中形成的便利条件秘密窃取本单位的财产，则不属于“利用职务上的便利”，应依照《中华人民共和国刑法》第二百六十四条的规定，以盗窃罪定罪处罚。

9. 上海市长宁区人民检察院诉李某职务侵占案①

【裁判摘要】

根据《中华人民共和国刑法》第二百七十一条的规定，职务侵占罪是指公司、企业或者其他单位的人员，利用职务上的便利，将本单位数额较大的财物非法占为己有的行为。所谓“利用职务上的便利”，是指行为人在实施犯罪时，利用自身的职权，或者利用自身因执行职务而获取的主管、管理、经手本单位财物的便利条件。

普通货物运输的承运人不仅负有将货物安全及时地送达目的地的职责，同时对该货物负有直接保管的义务。货运驾驶员在运输途中，利用其运输、保管货物的职务便利窃取货物的行为，构成职务侵占罪。

10. 广东省肇庆市人民检察院诉梁某财等抢劫案②

【裁判摘要】

最高人民法院《关于对为索取法律不予保护的债务非法拘禁他人行为如何定罪问题的解释》规定，行为人为索取高利贷、赌债等法律不予保护的债务，非法扣押、拘禁他人的，依照刑法第二百三十八条的规定定罪处罚。据此，在上述规定情形下构成非法拘禁罪的前提条件，是实际存在高利贷、赌债等法律不予保护的债务。行为人仅是主观上怀疑受害人在赌局中对其设计骗局，为追回赌资而非法劫持受害人，逼迫受害人交出财物的，不属于上述司法解释规定的情形。

根据刑法第二百六十三条的规定，抢劫罪是指以非法占有为目的，对财物的所有人、保管人当场使用暴力、胁迫或其他方法，强行将公私财物抢走的行为。行为人当场使用暴力控制受害人，迫使受害人通过网上银行转账的形式将钱款转入行为人指定的账户，其行为属于迫使受害人当场交出财物，符合抢劫罪的犯罪构成，应依照刑法第二百六十三条的规定定罪处罚。

---

① 案例来源：《最高人民法院公报》2009年第8期。

② 案例来源：《最高人民法院公报》2010年第6期。

11. 陕西省府谷县人民检察院诉郝某东盗窃案①

【裁判摘要】

《中华人民共和国刑法》第三十七条规定,对于犯罪情节轻微不需要判处刑罚的,可以免予刑事处罚。在审理盗窃案件中,盗窃数额是判断犯罪情节及社会危害性的重要依据,但不是唯一依据,还应综合考虑案件其他情节及被告人的主观恶性和人身危险性等因素。如果盗窃犯罪的案情特殊,综合判断犯罪情节确属轻微的,即使犯罪数额巨大,也可以免予刑事处罚。

判断某一盗窃犯罪行为是否属于刑法第三十七条的"情节轻微",要根据刑法及相关司法解释的规定,综合考虑犯罪手段、犯罪对象、退赃情况及社会反应等情况,客观评价刑罚处罚的必要性。在案件具有特殊的事实、情节等情况下,要切实贯彻落实宽严相济的刑事政策,真正做到正确裁量、罪刑相当。

12. 上海市黄浦区人民检察院诉崔某、仇某宾、张某国盗窃案②

【裁判摘要】

行为人将银行卡出租给他人使用,租用人更改银行卡密码后,因使用不慎,银行卡被 ATM 机吞掉。行为人出于非法占有的目的,利用租用人请求其帮助取卡之机,在租用人掌握密码并实际占有、控制银行卡内存款的情况下,通过挂失、补卡等手段将银行卡内租用人的存款取出并占为己有,其行为属于秘密窃取他人财物,应以盗窃罪定罪处罚。

13. 上海市长宁区人民检察院诉韩某某盗窃案③

【裁判摘要】

刑事案件被告人年龄认定尤其是临界年龄认定发生争议,穷尽证据调查和证明手段仍无法查明,或者查实的证据有瑕疵、相互矛盾或者证明力较低的,一般采用以下规则处理:一是户籍优先原则。《出生医学证明》是户口登记机关登记出生的重要依据,公安机关作出确认当事人身份关系包括年龄的具体行政行为具有法律效力。在调取的户籍资料与其他书证如学籍资料记载的入学日期、与其他证人证言等存在相互矛盾时,以认定户籍登记资料为原则,对户籍登记资料不予采信为例外。二是书证优先原则。有关部门存档的书证,尤其是在案发前形成的书证客观性较强,其证明的内容与证人证言存在相互矛盾时,以书证认定优于证人证言为原则,对书证不予采信为例外。三是参考鉴定原则。司法骨龄鉴定意见对判断被鉴定人年龄有科学参考价值。如果骨龄鉴定意见不能准确确定被告人实施犯罪行为时的实际年龄,存在一定的跨龄鉴定幅度,该鉴定意见不能单独作为认定年龄的证据加以适用,应当

① 案例来源:《最高人民法院公报》2011 年第 5 期。
② 案例来源:《最高人民法院公报》2011 年第 9 期。
③ 案例来源:《最高人民法院公报》2018 年第 1 期。

结合其他证据且必须是有效证据慎重判断才能作出综合认定。不能排除证据之间的矛盾,无充分证据证明被告人实施被指控犯罪时已满十八周岁且确实无法查明的,应按有利于被告人的原则,推定其不满十八周岁。

14. 上海市长宁区人民检察院诉顾立、顾全飞诈骗案[①]

【案例要旨】

在计算机信息系统具有处分财产功能且正常运行的情况下,行为人通过非法手段满足计算机信息系统控制者的预设条件,如实施添加、删除数据等破坏计算机信息系统的行为,使控制者陷入错误认识并授予行为人通过计算机信息系统获取财物权限的,该行为构成诈骗罪。

① 案例来源:《最高人民法院公报》2023 年第 7 期。

七、妨害社会管理秩序罪

1. 扰乱公共秩序罪

最高人民法院关于审理黑社会性质组织犯罪的案件具体应用法律若干问题的解释

(2000年12月4日最高人民法院审判委员会第1148次会议通过 2000年12月5日最高人民法院公告公布 自2000年12月10日起施行 法释〔2000〕42号)

为依法惩治黑社会性质组织的犯罪活动,根据刑法有关规定,现就审理黑社会性质组织的犯罪案件具体应用法律的若干问题解释如下:

第一条 刑法第二百九十四条规定的"黑社会性质的组织",一般应具备以下特征:

(一)组织结构比较紧密,人数较多,有比较明确的组织者、领导者,骨干成员基本固定,有较为严格的组织纪律;

(二)通过违法犯罪活动或者其他手段获取经济利益,具有一定的经济实力;

(三)通过贿赂、威胁等手段,引诱、逼迫国家工作人员参加黑社会性质组织活动,或者为其提供非法保护;

(四)在一定区域或者行业范围内,以暴力、威胁、滋扰等手段,大肆进行敲诈勒索、欺行霸市、聚众斗殴、寻衅滋事、故意伤害等违法犯罪活动,严重破坏经济、社会生活秩序。

第二条 刑法第二百九十四条第二款规定的"发展组织成员",是指将境内、外人员吸收为该黑社会组织成员的行为。对黑社会组织成员进行内部调整等行为,可视为"发展组织成员"。

港、澳、台黑社会组织到内地发展组织成员的,适用刑法第二百九十四条第二款的规定定罪处罚。

第三条 组织、领导、参加黑社会性质的组织又有其他犯罪行为的,根据刑法第二百九十四条第三款的规定,依照数罪并罚的规定处罚;对于黑社会性质组织的组织者、领导者,应当按照其所组织、领导的黑社会性质组织所犯的全部罪行处罚;对于黑社会性质组织的参加者,应当按照其所参与的犯罪处罚。

对于参加黑社会性质的组织,没有实施其他违法犯罪活动的,或者受蒙蔽、胁迫参加黑社会性质的组织,情节轻微的,可以不作为犯罪处理。

第四条 国家机关工作人员组织、领导、参加黑社会性质组织的,从重处罚。

第五条 刑法第二百九十四条第四款规定的"包庇",是指国家机关工作人员为使黑社会性质组织及其成员逃避查禁，而通风报信，隐匿、毁灭、伪造证据，阻止他人作证、检举揭发，指使他人作伪证，帮助逃匿，或者阻挠其他国家机关工作人员依法查禁等行为。

刑法第二百九十四条第四款规定的“纵容”，是指国家机关工作人员不依法履行职责，放纵黑社会性质组织进行违法犯罪活动的行为。

第六条 国家机关工作人员包庇、纵容黑社会性质的组织，有下列情形之一的，属于刑法第二百九十四条第四款规定的“情节严重”：

（一）包庇、纵容黑社会性质组织跨境实施违法犯罪活动的；

（二）包庇、纵容境外黑社会组织在境内实施违法犯罪活动的；

（三）多次实施包庇、纵容行为的；

（四）致使某一区域或者行业的经济、社会生活秩序遭受黑社会性质组织特别严重破坏的；

（五）致使黑社会性质组织的组织者、领导者逃匿，或者致使对黑社会性质组织的查禁工作严重受阻的；

（六）具有其他严重情节的。

第七条 对黑社会性质组织和组织、领导、参加黑社会性质组织的犯罪分子聚敛的财物及其收益，以及用于犯罪的工具等，应当依法追缴、没收。

最高人民法院、最高人民检察院关于办理伪造、贩卖伪造的高等院校学历、学位证明刑事案件如何适用法律问题的解释

（2001年6月21日最高人民法院审判委员会第1181次会议、2001年7月2日最高人民检察院第九届检察委员会第91次会议通过 2001年7月3日最高人民法院、最高人民检察院公告 自2001年7月5日起施行 法释〔2001〕22号）

为依法惩处伪造、贩卖伪造的高等院校学历、学位证明的犯罪活动，现就办理这类案件适用法律的有关问题解释如下：

对于伪造高等院校印章制作学历、学位证明的行为，应当依照刑法第二百八十条第二款的规定，以伪造事业单位印章罪定罪处罚。

明知是伪造高等院校印章制作的学历、学位证明而贩卖的，以伪造事业单位印章罪的共犯论处。

最高人民法院、最高人民检察院关于办理赌博刑事案件具体应用法律若干问题的解释

（2005年4月26日最高人民法院审判委员会第1349次会议、2005年5月8日最高人民检察院第十届检察委员会第34次会议通过 2005年5月11日最高人民法院、最高人民检察院公告公布 自2005年5月13日起施行 法释〔2005〕3号）

为依法惩治赌博犯罪活动，根据刑法

的有关规定，现就办理赌博刑事案件具体应用法律的若干问题解释如下：

第一条 以营利为目的，有下列情形之一的，属于刑法第三百零三条规定的“聚众赌博”：

（一）组织3人以上赌博，抽头渔利数额累计达到5000元以上的；

（二）组织3人以上赌博，赌资数额累计达到5万元以上的；

（三）组织3人以上赌博，参赌人数累计达到20人以上的；

（四）组织中华人民共和国公民10人以上赴境外赌博，从中收取回扣、介绍费的。

第二条 以营利为目的，在计算机网络上建立赌博网站，或者为赌博网站担任代理，接受投注的，属于刑法第三百零三条规定的“开设赌场”。

第三条 中华人民共和国公民在我国领域外周边地区聚众赌博、开设赌场，以吸引中华人民共和国公民为主要客源，构成赌博罪的，可以依照刑法规定追究刑事责任。

第四条 明知他人实施赌博犯罪活动，而为其提供资金、计算机网络、通讯、费用结算等直接帮助的，以赌博罪的共犯论处。

第五条 实施赌博犯罪，有下列情形之一的，依照刑法第三百零三条的规定从重处罚：

（一）具有国家工作人员身份的；

（二）组织国家工作人员赴境外赌博的；

（三）组织未成年人参与赌博，或者开设赌场吸引未成年人参与赌博的。

第六条 未经国家批准擅自发行、销售彩票，构成犯罪的，依照刑法第二百二十五条第（四）项的规定，以非法经营罪定罪处罚。

第七条 通过赌博或者为国家工作人员赌博提供资金的形式实施行贿、受贿行为，构成犯罪的，依照刑法关于贿赂犯罪的规定定罪处罚。

第八条 赌博犯罪中用作赌注的款物、换取筹码的款物和通过赌博赢取的款物属于赌资。通过计算机网络实施赌博犯罪的，赌资数额可以按照在计算机网络上投注或者赢取的点数乘以每一点实际代表的金额认定。

赌资应当依法予以追缴；赌博用具、赌博违法所得以及赌博犯罪分子所有的专门用于赌博的资金、交通工具、通讯工具等，应当依法予以没收。

第九条 不以营利为目的，进行带有少量财物输赢的娱乐活动，以及提供棋牌室等娱乐场所只收取正常的场所和服务费用的经营行为等，不以赌博论处。

最高人民法院、最高人民检察院关于办理危害计算机信息系统安全刑事案件应用法律若干问题的解释

（2011年6月20日最高人民法院审判委员会第1524次会议、2011年7月11日最高人民检察院第十一届检察委员会第63次会议通过 2011年8月1日最高人民法院、最高人民检察院公告公布 自2011年9月1日起施行 法释〔2011〕19号）

为依法惩治危害计算机信息系统安全的犯罪活动，根据《中华人民共和国刑法》、

《全国人民代表大会常务委员会关于维护互联网安全的决定》的规定，现就办理这类刑事案件应用法律的若干问题解释如下：

第一条 非法获取计算机信息系统数据或者非法控制计算机信息系统，具有下列情形之一的，应当认定为刑法第二百八十五条第二款规定的“情节严重”：

（一）获取支付结算、证券交易、期货交易等网络金融服务的身份认证信息十组以上的；

（二）获取第（一）项以外的身份认证信息五百组以上的；

（三）非法控制计算机信息系统二十台以上的；

（四）违法所得五千元以上或者造成经济损失一万元以上的；

（五）其他情节严重的情形。

实施前款规定行为，具有下列情形之一的，应当认定为刑法第二百八十五条第二款规定的“情节特别严重”：

（一）数量或者数额达到前款第（一）项至第（四）项规定标准五倍以上的；

（二）其他情节特别严重的情形。

明知是他人非法控制的计算机信息系统，而对该计算机信息系统的控制权加以利用的，依照前两款的规定定罪处罚。

第二条 具有下列情形之一的程序、工具，应当认定为刑法第二百八十五条第三款规定的“专门用于侵入、非法控制计算机信息系统的程序、工具”：

（一）具有避开或者突破计算机信息系统安全保护措施，未经授权或者超越授权获取计算机信息系统数据的功能的；

（二）具有避开或者突破计算机信息系统安全保护措施，未经授权或者超越授权对计算机信息系统实施控制的功能的；

（三）其他专门设计用于侵入、非法控制计算机信息系统、非法获取计算机信息系统数据的程序、工具。

第三条 提供侵入、非法控制计算机信息系统的程序、工具，具有下列情形之一的，应当认定为刑法第二百八十五条第三款规定的“情节严重”：

（一）提供能够用于非法获取支付结算、证券交易、期货交易等网络金融服务身份认证信息的专门性程序、工具五人次以上的；

（二）提供第（一）项以外的专门用于侵入、非法控制计算机信息系统的程序、工具二十人次以上的；

（三）明知他人实施非法获取支付结算、证券交易、期货交易等网络金融服务身份认证信息的违法犯罪行为而为其提供程序、工具五人次以上的；

（四）明知他人实施第（三）项以外的侵入、非法控制计算机信息系统的违法犯罪行为而为其提供程序、工具二十人次以上的；

（五）违法所得五千元以上或者造成经济损失一万元以上的；

（六）其他情节严重的情形。

实施前款规定行为，具有下列情形之一的，应当认定为提供侵入、非法控制计算机信息系统的程序、工具“情节特别严重”：

（一）数量或者数额达到前款第（一）项至第（五）项规定标准五倍以上的；

（二）其他情节特别严重的情形。

第四条 破坏计算机信息系统功能、数据或者应用程序，具有下列情形之一的，应当认定为刑法第二百八十六条第一款和第二款规定的“后果严重”：

（一）造成十台以上计算机信息系统的

主要软件或者硬件不能正常运行的；

（二）对二十台以上计算机信息系统中存储、处理或者传输的数据进行删除、修改、增加操作的；

（三）违法所得五千元以上或者造成经济损失一万元以上的；

（四）造成为一百台以上计算机信息系统提供域名解析、身份认证、计费等基础服务或者为一万以上用户提供服务的计算机信息系统不能正常运行累计一小时以上的；

（五）造成其他严重后果的。

实施前款规定行为，具有下列情形之一的，应当认定为破坏计算机信息系统"后果特别严重"：

（一）数量或者数额达到前款第（一）项至第（三）项规定标准五倍以上的；

（二）造成为五百台以上计算机信息系统提供域名解析、身份认证、计费等基础服务或者为五万以上用户提供服务的计算机信息系统不能正常运行累计一小时以上的；

（三）破坏国家机关或者金融、电信、交通、教育、医疗、能源等领域提供公共服务的计算机信息系统的功能、数据或者应用程序，致使生产、生活受到严重影响或者造成恶劣社会影响的；

（四）造成其他特别严重后果的。

第五条　具有下列情形之一的程序，应当认定为刑法第二百八十六条第三款规定的"计算机病毒等破坏性程序"：

（一）能够通过网络、存储介质、文件等媒介，将自身的部分、全部或者变种进行复制、传播，并破坏计算机系统功能、数据或者应用程序的；

（二）能够在预先设定条件下自动触发，并破坏计算机系统功能、数据或者应用程序的；

（三）其他专门设计用于破坏计算机系统功能、数据或者应用程序的程序。

第六条　故意制作、传播计算机病毒等破坏性程序，影响计算机系统正常运行，具有下列情形之一的，应当认定为刑法第二百八十六条第三款规定的"后果严重"：

（一）制作、提供、传输第五条第（一）项规定的程序，导致该程序通过网络、存储介质、文件等媒介传播的；

（二）造成二十台以上计算机系统被植入第五条第（二）、（三）项规定的程序的；

（三）提供计算机病毒等破坏性程序十人次以上的；

（四）违法所得五千元以上或者造成经济损失一万元以上的；

（五）造成其他严重后果的。

实施前款规定行为，具有下列情形之一的，应当认定为破坏计算机信息系统"后果特别严重"：

（一）制作、提供、传输第五条第（一）项规定的程序，导致该程序通过网络、存储介质、文件等媒介传播，致使生产、生活受到严重影响或者造成恶劣社会影响的；

（二）数量或者数额达到前款第（二）项至第（四）项规定标准五倍以上的；

（三）造成其他特别严重后果的。

第七条　明知是非法获取计算机信息系统数据犯罪所获取的数据、非法控制计算机信息系统犯罪所获取的计算机信息系统控制权，而予以转移、收购、代为销售或者以其他方法掩饰、隐瞒，违法所得五千元以上的，应当依照刑法第三百一十二条第一款的规定，以掩饰、隐瞒犯罪所得罪定罪处罚。

实施前款规定行为,违法所得五万元以上的,应当认定为刑法第三百一十二条第一款规定的“情节严重”。

单位实施第一款规定行为的,定罪量刑标准依照第一款、第二款的规定执行。

第八条 以单位名义或者单位形式实施危害计算机信息系统安全犯罪,达到本解释规定的定罪量刑标准的,应当依照刑法第二百八十五条、第二百八十六条的规定追究直接负责的主管人员和其他直接责任人员的刑事责任。

第九条 明知他人实施刑法第二百八十五条、第二百八十六条规定的行为,具有下列情形之一的,应当认定为共同犯罪,依照刑法第二百八十五条、第二百八十六条的规定处罚:

(一)为其提供用于破坏计算机信息系统功能、数据或者应用程序的程序、工具,违法所得五千元以上或者提供十人次以上的;

(二)为其提供互联网接入、服务器托管、网络存储空间、通讯传输通道、费用结算、交易服务、广告服务、技术培训、技术支持等帮助,违法所得五千元以上的;

(三)通过委托推广软件、投放广告等方式向其提供资金五千元以上的。

实施前款规定行为,数量或者数额达到前款规定标准五倍以上的,应当认定为刑法第二百八十五条、第二百八十六条规定的“情节特别严重”或者“后果特别严重”。

第十条 对于是否属于刑法第二百八十五条、第二百八十六条规定的“国家事务、国防建设、尖端科学技术领域的计算机信息系统”、“专门用于侵入、非法控制计算机信息系统的程序、工具”、“计算机病毒等破坏性程序”难以确定的,应当委托省级以上负责计算机信息系统安全保护管理工作的部门检验。司法机关根据检验结论,并结合案件具体情况认定。

第十一条 本解释所称“计算机信息系统”和“计算机系统”,是指具备自动处理数据功能的系统,包括计算机、网络设备、通信设备、自动化控制设备等。

本解释所称“身份认证信息”,是指用于确认用户在计算机信息系统上操作权限的数据,包括账号、口令、密码、数字证书等。

本解释所称“经济损失”,包括危害计算机信息系统犯罪行为给用户直接造成的经济损失,以及用户为恢复数据、功能而支出的必要费用。

最高人民法院、最高人民检察院关于办理寻衅滋事刑事案件适用法律若干问题的解释

(2013年5月27日最高人民法院审判委员会第1579次会议、2013年4月28日最高人民检察院第十二届检察委员会第5次会议通过 2013年7月15日最高人民法院、最高人民检察院公告公布 自2013年7月22日起施行 法释〔2013〕18号)

为依法惩治寻衅滋事犯罪,维护社会秩序,根据《中华人民共和国刑法》的有关规定,现就办理寻衅滋事刑事案件适用法律的若干问题解释如下:

第一条 行为人为寻求刺激、发泄情绪、逞强耍横等,无事生非,实施刑法第二百九十三条规定的行为的,应当认定为“寻衅滋事”。

行为人因日常生活中的偶发矛盾纠纷，借故生非，实施刑法第二百九十三条规定的行为的，应当认定为“寻衅滋事”，但矛盾系由被害人故意引发或者被害人对矛盾激化负有主要责任的除外。

行为人因婚恋、家庭、邻里、债务等纠纷，实施殴打、辱骂、恐吓他人或者损毁、占用他人财物等行为的，一般不认定为“寻衅滋事”，但经有关部门批评制止或者处理处罚后，继续实施前列行为，破坏社会秩序的除外。

第二条 随意殴打他人，破坏社会秩序，具有下列情形之一的，应当认定为刑法第二百九十三条第一款第一项规定的“情节恶劣”：

（一）致一人以上轻伤或者二人以上轻微伤的；

（二）引起他人精神失常、自杀等严重后果的；

（三）多次随意殴打他人的；

（四）持凶器随意殴打他人的；

（五）随意殴打精神病人、残疾人、流浪乞讨人员、老年人、孕妇、未成年人，造成恶劣社会影响的；

（六）在公共场所随意殴打他人，造成公共场所秩序严重混乱的；

（七）其他情节恶劣的情形。

第三条 追逐、拦截、辱骂、恐吓他人，破坏社会秩序，具有下列情形之一的，应当认定为刑法第二百九十三条第一款第二项规定的“情节恶劣”：

（一）多次追逐、拦截、辱骂、恐吓他人，造成恶劣社会影响的；

（二）持凶器追逐、拦截、辱骂、恐吓他人的；

（三）追逐、拦截、辱骂、恐吓精神病人、残疾人、流浪乞讨人员、老年人、孕妇、未成年人，造成恶劣社会影响的；

（四）引起他人精神失常、自杀等严重后果的；

（五）严重影响他人的工作、生活、生产、经营的；

（六）其他情节恶劣的情形。

第四条 强拿硬要或者任意损毁、占用公私财物，破坏社会秩序，具有下列情形之一的，应当认定为刑法第二百九十三条第一款第三项规定的“情节严重”：

（一）强拿硬要公私财物价值一千元以上，或者任意损毁、占用公私财物价值二千元以上的；

（二）多次强拿硬要或者任意损毁、占用公私财物，造成恶劣社会影响的；

（三）强拿硬要或者任意损毁、占用精神病人、残疾人、流浪乞讨人员、老年人、孕妇、未成年人的财物，造成恶劣社会影响的；

（四）引起他人精神失常、自杀等严重后果的；

（五）严重影响他人的工作、生活、生产、经营的；

（六）其他情节严重的情形。

第五条 在车站、码头、机场、医院、商场、公园、影剧院、展览会、运动场或者其他公共场所起哄闹事，应当根据公共场所的性质、公共活动的重要程度、公共场所的人数、起哄闹事的时间、公共场所受影响的范围与程度等因素，综合判断是否“造成公共场所秩序严重混乱”。

第六条 纠集他人三次以上实施寻衅滋事犯罪，未经处理的，应当依照刑法第二百九十三条第二款的规定处罚。

第七条 实施寻衅滋事行为，同时符合寻衅滋事罪和故意杀人罪、故意伤害罪、故意毁坏财物罪、敲诈勒索罪、抢夺罪、抢劫罪等罪的构成要件的，依照处罚较重的犯罪定罪处罚。

第八条 行为人认罪、悔罪，积极赔偿被害人损失或者取得被害人谅解的，可以从轻处罚；犯罪情节轻微的，可以不起诉或者免予刑事处罚。

最高人民法院关于审理编造、故意传播虚假恐怖信息刑事案件适用法律若干问题的解释

（2013年9月16日最高人民法院审判委员会第1591次会议通过 2013年9月18日最高人民法院公告公布 自2013年9月30日起施行 法释〔2013〕24号）

为依法惩治编造、故意传播虚假恐怖信息犯罪活动，维护社会秩序，维护人民群众生命、财产安全，根据刑法有关规定，现对审理此类案件具体适用法律的若干问题解释如下：

第一条 编造恐怖信息，传播或者放任传播，严重扰乱社会秩序的，依照刑法第二百九十一条之一的规定，应认定为编造虚假恐怖信息罪。

明知是他人编造的恐怖信息而故意传播，严重扰乱社会秩序的，依照刑法第二百九十一条之一的规定，应认定为故意传播虚假恐怖信息罪。

第二条 编造、故意传播虚假恐怖信息，具有下列情形之一的，应当认定为刑法第二百九十一条之一的“严重扰乱社会秩序”：

（一）致使机场、车站、码头、商场、影剧院、运动场馆等人员密集场所秩序混乱，或者采取紧急疏散措施的；

（二）影响航空器、列车、船舶等大型客运交通工具正常运行的；

（三）致使国家机关、学校、医院、厂矿企业等单位的工作、生产、经营、教学、科研等活动中断的；

（四）造成行政村或者社区居民生活秩序严重混乱的；

（五）致使公安、武警、消防、卫生检疫等职能部门采取紧急应对措施的；

（六）其他严重扰乱社会秩序的。

第三条 编造、故意传播虚假恐怖信息，严重扰乱社会秩序，具有下列情形之一的，应当依照刑法第二百九十一条之一的规定，在五年以下有期徒刑范围内酌情从重处罚：

（一）致使航班备降或返航；或者致使列车、船舶等大型客运交通工具中断运行的；

（二）多次编造、故意传播虚假恐怖信息的；

（三）造成直接经济损失二十万元以上的；

（四）造成乡镇、街道区域范围居民生活秩序严重混乱的；

（五）具有其他酌情从重处罚情节的。

第四条 编造、故意传播虚假恐怖信息，严重扰乱社会秩序，具有下列情形之一的，应当认定为刑法第二百九十一条之一的“造成严重后果”，处五年以上有期徒刑：

（一）造成三人以上轻伤或者一人以上重伤的；

（二）造成直接经济损失五十万元以上的；

（三）造成县级以上区域范围居民生活

秩序严重混乱的；

（四）妨碍国家重大活动进行的；

（五）造成其他严重后果的。

第五条 编造、故意传播虚假恐怖信息，严重扰乱社会秩序，同时又构成其他犯罪的，择一重罪处罚。

第六条 本解释所称的“虚假恐怖信息”，是指以发生爆炸威胁、生化威胁、放射威胁、劫持航空器威胁、重大灾情、重大疫情等严重威胁公共安全的事件为内容，可能引起社会恐慌或者公共安全危机的不真实信息。

最高人民法院、最高人民检察院关于办理组织、利用邪教组织破坏法律实施等刑事案件适用法律若干问题的解释

（2017年1月4日最高人民法院审判委员会第1706次会议、2016年12月8日最高人民检察院第十二届检察委员会第58次会议通过 2017年1月25日最高人民法院、最高人民检察院公告公布 自2017年2月1日起施行 法释〔2017〕3号）

为依法惩治组织、利用邪教组织破坏法律实施等犯罪活动，根据《中华人民共和国刑法》《中华人民共和国刑事诉讼法》有关规定，现就办理此类刑事案件适用法律的若干问题解释如下：

第一条 冒用宗教、气功或者以其他名义建立，神化、鼓吹首要分子，利用制造、散布迷信邪说等手段蛊惑、蒙骗他人，发展、控制成员，危害社会的非法组织，应当认定为刑法第三百条规定的“邪教组织”。

第二条 组织、利用邪教组织，破坏国家法律、行政法规实施，具有下列情形之一的，应当依照刑法第三百条第一款的规定，处三年以上七年以下有期徒刑，并处罚金：

（一）建立邪教组织，或者邪教组织被取缔后又恢复、另行建立邪教组织的；

（二）聚众包围、冲击、强占、哄闹国家机关、企业事业单位或者公共场所、宗教活动场所，扰乱社会秩序的；

（三）非法举行集会、游行、示威，扰乱社会秩序的；

（四）使用暴力、胁迫或者以其他方法强迫他人加入或者阻止他人退出邪教组织的；

（五）组织、煽动、蒙骗成员或者他人不履行法定义务的；

（六）使用“伪基站”“黑广播”等无线电台（站）或者无线电频率宣扬邪教的；

（七）曾因从事邪教活动被追究刑事责任或者二年内受过行政处罚，又从事邪教活动的；

（八）发展邪教组织成员五十人以上的；

（九）敛取钱财或者造成经济损失一百万元以上的；

（十）以货币为载体宣扬邪教，数量在五百张（枚）以上的；

（十一）制作、传播邪教宣传品，达到下列数量标准之一的：

1. 传单、喷图、图片、标语、报纸一千份（张）以上的；

2. 书籍、刊物二百五十册以上的；

3. 录音带、录像带等音像制品二百五十盒（张）以上的；

4. 标识、标志物二百五十件以上的；

5. 光盘、U盘、储存卡、移动硬盘等移动存储介质一百个以上的；

6. 横幅、条幅五十条(个)以上的。

(十二)利用通讯信息网络宣扬邪教,具有下列情形之一的:

1. 制作、传播宣扬邪教的电子图片、文章二百张(篇)以上,电子书籍、刊物、音视频五十册(个)以上,或者电子文档五百万字符以上、电子音视频二百五十分钟以上的;

2. 编发信息、拨打电话一千条(次)以上的;

3. 利用在线人数累计达到一千以上的聊天室,或者利用群组成员、关注人员等账号数累计一千以上的通讯群组、微信、微博等社交网络宣扬邪教的;

4. 邪教信息实际被点击、浏览数达到五千次以上的。

(十三)其他情节严重的情形。

第三条 组织、利用邪教组织,破坏国家法律、行政法规实施,具有下列情形之一的,应当认定为刑法第三百条第一款规定的"情节特别严重",处七年以上有期徒刑或者无期徒刑,并处罚金或者没收财产:

(一)实施本解释第二条第一项至第七项规定的行为,社会危害特别严重的;

(二)实施本解释第二条第八项至第十二项规定的行为,数量或者数额达到第二条规定相应标准五倍以上的;

(三)其他情节特别严重的情形。

第四条 组织、利用邪教组织,破坏国家法律、行政法规实施,具有下列情形之一的,应当认定为刑法第三百条第一款规定的"情节较轻",处三年以下有期徒刑、拘役、管制或者剥夺政治权利,并处或者单处罚金:

(一)实施本解释第二条第一项至第七项规定的行为,社会危害较轻的;

(二)实施本解释第二条第八项至第十二项规定的行为,数量或者数额达到相应标准五分之一以上的;

(三)其他情节较轻的情形。

第五条 为了传播而持有、携带,或者传播过程中被当场查获,邪教宣传品数量达到本解释第二条至第四条规定的有关标准的,按照下列情形分别处理:

(一)邪教宣传品是行为人制作的,以犯罪既遂处理;

(二)邪教宣传品不是行为人制作,尚未传播的,以犯罪预备处理;

(三)邪教宣传品不是行为人制作,传播过程中被查获的,以犯罪未遂处理;

(四)邪教宣传品不是行为人制作,部分已经传播出去的,以犯罪既遂处理,对于没有传播的部分,可以在量刑时酌情考虑。

第六条 多次制作、传播邪教宣传品或者利用通讯信息网络宣扬邪教,未经处理的,数量或者数额累计计算。

制作、传播邪教宣传品,或者利用通讯信息网络宣扬邪教,涉及不同种类或者形式的,可以根据本解释规定的不同数量标准的相应比例折算后累计计算。

第七条 组织、利用邪教组织,制造、散布迷信邪说,蒙骗成员或者他人绝食、自虐等,或者蒙骗病人不接受正常治疗,致人重伤、死亡的,应当认定为刑法第三百条第二款规定的组织、利用邪教组织"蒙骗他人,致人重伤、死亡"。

组织、利用邪教组织蒙骗他人,致一人以上死亡或者三人以上重伤的,处三年以上七年以下有期徒刑,并处罚金。

组织、利用邪教组织蒙骗他人,具有下列情形之一的,处七年以上有期徒刑或者无期徒刑,并处罚金或者没收财产:

（一）造成三人以上死亡的；

（二）造成九人以上重伤的；

（三）其他情节特别严重的情形。

组织、利用邪教组织蒙骗他人，致人重伤的，处三年以下有期徒刑、拘役、管制或者剥夺政治权利，并处或者单处罚金。

第八条 实施本解释第二条至第五条规定的行为，具有下列情形之一的，从重处罚：

（一）与境外机构、组织、人员勾结，从事邪教活动的；

（二）跨省、自治区、直辖市建立邪教组织机构、发展成员或者组织邪教活动的；

（三）在重要公共场所、监管场所或者国家重大节日、重大活动期间聚集滋事，公开进行邪教活动的；

（四）邪教组织被取缔后，或者被认定为邪教组织后，仍然聚集滋事，公开进行邪教活动的；

（五）国家工作人员从事邪教活动的；

（六）向未成年人宣扬邪教的；

（七）在学校或者其他教育培训机构宣扬邪教的。

第九条 组织、利用邪教组织破坏国家法律、行政法规实施，符合本解释第四条规定情形，但行为人能够真诚悔罪，明确表示退出邪教组织、不再从事邪教活动的，可以不起诉或者免予刑事处罚。其中，行为人系受蒙蔽、胁迫参加邪教组织的，可以不作为犯罪处理。

组织、利用邪教组织破坏国家法律、行政法规实施，行为人在一审判决前能够真诚悔罪，明确表示退出邪教组织、不再从事邪教活动的，分别依照下列规定处理：

（一）符合本解释第二条规定情形的，可以认定为刑法第三百条第一款规定的“情节较轻”；

（二）符合本解释第三条规定情形的，可以不认定为刑法第三百条第一款规定的“情节特别严重”，处三年以上七年以下有期徒刑，并处罚金。

第十条 组织、利用邪教组织破坏国家法律、行政法规实施过程中，又有煽动分裂国家、煽动颠覆国家政权或者侮辱、诽谤他人等犯罪行为的，依照数罪并罚的规定定罪处罚。

第十一条 组织、利用邪教组织，制造、散布迷信邪说，组织、策划、煽动、胁迫、教唆、帮助其成员或者他人实施自杀、自伤的，依照刑法第二百三十二条、第二百三十四条的规定，以故意杀人罪或者故意伤害罪定罪处罚。

第十二条 邪教组织人员以自焚、自爆或者其他危险方法危害公共安全的，依照刑法第一百一十四条、第一百一十五条的规定，以放火罪、爆炸罪、以危险方法危害公共安全罪等定罪处罚。

第十三条 明知他人组织、利用邪教组织实施犯罪，而为其提供经费、场地、技术、工具、食宿、接送等便利条件或者帮助的，以共同犯罪论处。

第十四条 对于犯组织、利用邪教组织破坏法律实施罪、组织、利用邪教组织致人重伤、死亡罪，严重破坏社会秩序的犯罪分子，根据刑法第五十六条的规定，可以附加剥夺政治权利。

第十五条 对涉案物品是否属于邪教宣传品难以确定的，可以委托地市级以上公安机关出具认定意见。

第十六条 本解释自2017年2月1日起施行。《最高人民法院、最高人民检察院关于办理组织和利用邪教组织犯罪案件具体应用法律若干问题的解释》(法释〔1999〕18号),《最高人民法院、最高人民检察院关于办理组织和利用邪教组织犯罪案件具体应用法律若干问题的解释(二)》(法释〔2001〕19号),以及《最高人民法院、最高人民检察院关于办理组织和利用邪教组织犯罪案件具体应用法律若干问题的解答》(法发〔2002〕7号)同时废止。

最高人民法院、最高人民检察院关于办理扰乱无线电通讯管理秩序等刑事案件适用法律若干问题的解释

(2017年4月17日最高人民法院审判委员会第1715次会议、2017年5月25日最高人民检察院第十二届检察委员会第64次会议通过　2017年6月27日最高人民法院、最高人民检察院公告公布　自2017年7月1日起施行　法释〔2017〕11号)

为依法惩治扰乱无线电通讯管理秩序犯罪,根据《中华人民共和国刑法》《中华人民共和国刑事诉讼法》的有关规定,现就办理此类刑事案件适用法律的若干问题解释如下:

第一条　具有下列情形之一的,应当认定为刑法第二百八十八条第一款规定的“擅自设置、使用无线电台(站),或者擅自使用无线电频率,干扰无线电通讯秩序”:

(一)未经批准设置无线电广播电台(以下简称“黑广播”),非法使用广播电视专用频段的频率的;

(二)未经批准设置通信基站(以下简称“伪基站”),强行向不特定用户发送信息,非法使用公众移动通信频率的;

(三)未经批准使用卫星无线电频率的;

(四)非法设置、使用无线电干扰器的;

(五)其他擅自设置、使用无线电台(站),或者擅自使用无线电频率,干扰无线电通讯秩序的情形。

第二条　违反国家规定,擅自设置、使用无线电台(站),或者擅自使用无线电频率,干扰无线电通讯秩序,具有下列情形之一的,应当认定为刑法第二百八十八条第一款规定的“情节严重”:

(一)影响航天器、航空器、铁路机车、船舶专用无线电导航、遇险救助和安全通信等涉及公共安全的无线电频率正常使用的;

(二)自然灾害、事故灾难、公共卫生事件、社会安全事件等突发事件期间,在事件发生地使用“黑广播”“伪基站”的;

(三)举办国家或者省级重大活动期间,在活动场所及周边使用“黑广播”“伪基站”的;

(四)同时使用三个以上“黑广播”“伪基站”的;

(五)“黑广播”的实测发射功率五百瓦以上,或者覆盖范围十公里以上的;

(六)使用“伪基站”发送诈骗、赌博、招嫖、木马病毒、钓鱼网站链接等违法犯罪信息,数量在五千条以上,或者销毁发送数量等记录的;

(七)雇佣、指使未成年人、残疾人等特定人员使用“伪基站”的;

(八)违法所得三万元以上的;

(九)曾因扰乱无线电通讯管理秩序受过刑事处罚,或者二年内曾因扰乱无线电通讯管理秩序受过行政处罚,又实施刑法第二百八十八条规定的行为的;

（十）其他情节严重的情形。

第三条 违反国家规定，擅自设置、使用无线电台（站），或者擅自使用无线电频率，干扰无线电通讯秩序，具有下列情形之一的，应当认定为刑法第二百八十八条第一款规定的"情节特别严重"：

（一）影响航天器、航空器、铁路机车、船舶专用无线电导航、遇险救助和安全通信等涉及公共安全的无线电频率正常使用，危及公共安全的；

（二）造成公共秩序混乱等严重后果的；

（三）自然灾害、事故灾难、公共卫生事件和社会安全事件等突发事件期间，在事件发生地使用"黑广播""伪基站"，造成严重影响的；

（四）对国家或者省级重大活动造成严重影响的；

（五）同时使用十个以上"黑广播""伪基站"的；

（六）"黑广播"的实测发射功率三千瓦以上，或者覆盖范围二十公里以上的；

（七）违法所得十五万元以上的；

（八）其他情节特别严重的情形。

第四条 非法生产、销售"黑广播""伪基站"、无线电干扰器等无线电设备，具有下列情形之一的，应当认定为刑法第二百二十五条规定的"情节严重"：

（一）非法生产、销售无线电设备三套以上的；

（二）非法经营数额五万元以上的；

（三）其他情节严重的情形。

实施前款规定的行为，数量或者数额达到前款第一项、第二项规定标准五倍以上，或者具有其他情节特别严重的情形的，应当认定为刑法第二百二十五条规定的"情节特别严重"。

在非法生产、销售无线电设备窝点查扣的零件，以组装完成的套数以及能够组装的套数认定；无法组装为成套设备的，每三套广播信号调制器（激励器）认定为一套"黑广播"设备，每三块主板认定为一套"伪基站"设备。

第五条 单位犯本解释规定之罪的，对单位判处罚金，并对直接负责的主管人员和其他直接责任人员，依照本解释规定的自然人犯罪的定罪量刑标准定罪处罚。

第六条 擅自设置、使用无线电台（站），或者擅自使用无线电频率，同时构成其他犯罪的，按照处罚较重的规定定罪处罚。

明知他人实施诈骗等犯罪，使用"黑广播""伪基站"等无线电设备为其发送信息或者提供其他帮助，同时构成其他犯罪的，按照处罚较重的规定定罪处罚。

第七条 负有无线电监督管理职责的国家机关工作人员滥用职权或者玩忽职守，致使公共财产、国家和人民利益遭受重大损失的，应当依照刑法第三百九十七条的规定，以滥用职权罪或者玩忽职守罪追究刑事责任。

有查禁扰乱无线电管理秩序犯罪活动职责的国家机关工作人员，向犯罪分子通风报信、提供便利，帮助犯罪分子逃避处罚的，应当依照刑法第四百一十七条的规定，以帮助犯罪分子逃避处罚罪追究刑事责任；事先通谋的，以共同犯罪论处。

第八条 为合法经营活动，使用"黑广播""伪基站"或者实施其他扰乱无线电通讯管理秩序的行为，构成扰乱无线电通讯管理秩序罪，但不属于"情节特别严重"，行为人系初犯，并确有悔罪表现的，可以认定为情节轻微，不起诉或者免予刑事处罚；确有必要判处刑罚的，应当从宽处罚。

第九条 对案件所涉的有关专门性问题难以确定的,依据司法鉴定机构出具的鉴定意见,或者下列机构出具的报告,结合其他证据作出认定:

(一)省级以上无线电管理机构、省级无线电管理机构依法设立的派出机构、地市级以上广播电视主管部门就是否系"伪基站""黑广播"出具的报告;

(二)省级以上广播电视主管部门及其指定的检测机构就"黑广播"功率、覆盖范围出具的报告;

(三)省级以上航空、铁路、船舶等主管部门就是否干扰导航、通信等出具的报告。

对移动终端用户受影响的情况,可以依据相关通信运营商出具的证明,结合被告人供述、终端用户证言等证据作出认定。

第十条 本解释自2017年7月1日起施行。

最高人民法院、最高人民检察院关于办理组织考试作弊等刑事案件适用法律若干问题的解释

(2019年4月8日最高人民法院审判委员会第1765次会议、2019年6月28日最高人民检察院第十三届检察委员会第20次会议通过 2019年9月2日最高人民法院、最高人民检察院公告公布 自2019年9月4日起施行 法释〔2019〕13号)

为依法惩治组织考试作弊、非法出售、提供试题、答案、代替考试等犯罪,维护考试公平与秩序,根据《中华人民共和国刑法》《中华人民共和国刑事诉讼法》的规定,现就办理此类刑事案件适用法律的若干问题解释如下:

第一条 刑法第二百八十四条之一规定的"法律规定的国家考试",仅限于全国人民代表大会及其常务委员会制定的法律所规定的考试。

根据有关法律规定,下列考试属于"法律规定的国家考试":

(一)普通高等学校招生考试、研究生招生考试、高等教育自学考试、成人高等学校招生考试等国家教育考试;

(二)中央和地方公务员录用考试;

(三)国家统一法律职业资格考试、国家教师资格考试、注册会计师全国统一考试、会计专业技术资格考试、资产评估师资格考试、医师资格考试、执业药师职业资格考试、注册建筑师考试、建造师执业资格考试等专业技术资格考试;

(四)其他依照法律由中央或者地方主管部门以及行业组织的国家考试。

前款规定的考试涉及的特殊类型招生、特殊技能测试、面试等考试,属于"法律规定的国家考试"。

第二条 在法律规定的国家考试中,组织作弊,具有下列情形之一的,应当认定为刑法第二百八十四条之一第一款规定的"情节严重":

(一)在普通高等学校招生考试、研究生招生考试、公务员录用考试中组织考试作弊的;

(二)导致考试推迟、取消或者启用备用试题的;

(三)考试工作人员组织考试作弊的;

(四)组织考生跨省、自治区、直辖市作弊的;

(五)多次组织考试作弊的;

(六)组织三十人次以上作弊的;

（七）提供作弊器材五十件以上的；

（八）违法所得三十万元以上的；

（九）其他情节严重的情形。

第三条 具有避开或者突破考场防范作弊的安全管理措施，获取、记录、传递、接收、存储考试试题、答案等功能的程序、工具，以及专门设计用于作弊的程序、工具，应当认定为刑法第二百八十四条之一第二款规定的“作弊器材”。

对于是否属于刑法第二百八十四条之一第二款规定的“作弊器材”难以确定的，依据省级以上公安机关或者考试主管部门出具的报告，结合其他证据作出认定；涉及专用间谍器材、窃听、窃照专用器材、“伪基站”等器材的，依照相关规定作出认定。

第四条 组织考试作弊，在考试开始之前被查获，但已经非法获取考试试题、答案或者具有其他严重扰乱考试秩序情形的，应当认定为组织考试作弊罪既遂。

第五条 为实施考试作弊行为，非法出售或者提供法律规定的国家考试的试题、答案，具有下列情形之一的，应当认定为刑法第二百八十四条之一第三款规定的“情节严重”：

（一）非法出售或者提供普通高等学校招生考试、研究生招生考试、公务员录用考试的试题、答案的；

（二）导致考试推迟、取消或者启用备用试题的；

（三）考试工作人员非法出售或者提供试题、答案的；

（四）多次非法出售或者提供试题、答案的；

（五）向三十人次以上非法出售或者提供试题、答案的；

（六）违法所得三十万元以上的；

（七）其他情节严重的情形。

第六条 为实施考试作弊行为，向他人非法出售或者提供法律规定的国家考试的试题、答案，试题不完整或者答案与标准答案不完全一致的，不影响非法出售、提供试题、答案罪的认定。

第七条 代替他人或者让他人代替自己参加法律规定的国家考试的，应当依照刑法第二百八十四条之一第四款的规定，以代替考试罪定罪处罚。

对于行为人犯罪情节较轻，确有悔罪表现，综合考虑行为人替考情况以及考试类型等因素，认为符合缓刑适用条件的，可以宣告缓刑；犯罪情节轻微的，可以不起诉或者免予刑事处罚；情节显著轻微危害不大的，不以犯罪论处。

第八条 单位实施组织考试作弊、非法出售、提供试题、答案等行为的，依照本解释规定的相应定罪量刑标准，追究组织者、策划者、实施者的刑事责任。

第九条 以窃取、刺探、收买方法非法获取法律规定的国家考试的试题、答案，又组织考试作弊或者非法出售、提供试题、答案，分别符合刑法第二百八十二条和刑法第二百八十四条之一规定的，以非法获取国家秘密罪和组织考试作弊罪或者非法出售、提供试题、答案罪数罪并罚。

第十条 在法律规定的国家考试以外的其他考试中，组织作弊，为他人组织作弊提供作弊器材或者其他帮助，或者非法出售、提供试题、答案，符合非法获取国家秘密罪、非法生产、销售窃听、窃照专用器材罪、非法使用窃听、窃照专用器材罪、非法利用信息网络罪、扰乱无线电通讯管理秩序罪等犯罪构成要件的，依法追究刑事责任。

第十一条 设立用于实施考试作弊的网站、通讯群组或者发布有关考试作弊的信息，情节严重的，应当依照刑法第二百八十七条之一的规定，以非法利用信息网络罪定罪处罚；同时构成组织考试作弊罪、非法出售、提供试题、答案罪、非法获取国家秘密罪等其他犯罪的，依照处罚较重的规定定罪处罚。

第十二条 对于实施本解释规定的犯罪被判处刑罚的，可以根据犯罪情况和预防再犯罪的需要，依法宣告职业禁止；被判处管制、宣告缓刑的，可以根据犯罪情况，依法宣告禁止令。

第十三条 对于实施本解释规定的行为构成犯罪的，应当综合考虑犯罪的危害程度、违法所得数额以及被告人的前科情况、认罪悔罪态度等，依法判处罚金。

第十四条 本解释自2019年9月4日起施行。

最高人民法院、最高人民检察院关于办理非法利用信息网络、帮助信息网络犯罪活动等刑事案件适用法律若干问题的解释

（2019年6月3日最高人民法院审判委员会第1771次会议、2019年9月4日最高人民检察院第十三届检察委员会第23次会议通过　2019年10月21日最高人民法院、最高人民检察院公告公布　自2019年11月1日起施行　法释〔2019〕15号）

为依法惩治拒不履行信息网络安全管理义务、非法利用信息网络、帮助信息网络犯罪活动等犯罪，维护正常网络秩序，根据《中华人民共和国刑法》《中华人民共和国刑事诉讼法》的规定，现就办理此类刑事案件适用法律的若干问题解释如下：

第一条 提供下列服务的单位和个人，应当认定为刑法第二百八十六条之一第一款规定的“网络服务提供者”：

（一）网络接入、域名注册解析等信息网络接入、计算、存储、传输服务；

（二）信息发布、搜索引擎、即时通讯、网络支付、网络预约、网络购物、网络游戏、网络直播、网站建设、安全防护、广告推广、应用商店等信息网络应用服务；

（三）利用信息网络提供的电子政务、通信、能源、交通、水利、金融、教育、医疗等公共服务。

第二条 刑法第二百八十六条之一第一款规定的“监管部门责令采取改正措施”，是指网信、电信、公安等依照法律、行政法规的规定承担信息网络安全监管职责的部门，以责令整改通知书或者其他文书形式，责令网络服务提供者采取改正措施。

认定“经监管部门责令采取改正措施而拒不改正”，应当综合考虑监管部门责令改正是否具有法律、行政法规依据，改正措施及期限要求是否明确、合理，网络服务提供者是否具有按照要求采取改正措施的能力等因素进行判断。

第三条 拒不履行信息网络安全管理义务，具有下列情形之一的，应当认定为刑法第二百八十六条之一第一款第一项规定的“致使违法信息大量传播”：

（一）致使传播违法视频文件二百个以上的；

（二）致使传播违法视频文件以外的其他违法信息二千个以上的；

（三）致使传播违法信息，数量虽未达

到第一项、第二项规定标准，但是按相应比例折算合计达到有关数量标准的；

（四）致使向二千个以上用户账号传播违法信息的；

（五）致使利用群组成员账号数累计三千以上的通讯群组或者关注人员账号数累计三万以上的社交网络传播违法信息的；

（六）致使违法信息实际被点击数达到五万以上的；

（七）其他致使违法信息大量传播的情形。

第四条 拒不履行信息网络安全管理义务，致使用户信息泄露，具有下列情形之一的，应当认定为刑法第二百八十六条之一第一款第二项规定的“造成严重后果”：

（一）致使泄露行踪轨迹信息、通信内容、征信信息、财产信息五百条以上的；

（二）致使泄露住宿信息、通信记录、健康生理信息、交易信息等其他可能影响人身、财产安全的用户信息五千条以上的；

（三）致使泄露第一项、第二项规定以外的用户信息五万条以上的；

（四）数量虽未达到第一项至第三项规定标准，但是按相应比例折算合计达到有关数量标准的；

（五）造成他人死亡、重伤、精神失常或者被绑架等严重后果的；

（六）造成重大经济损失的；

（七）严重扰乱社会秩序的；

（八）造成其他严重后果的。

第五条 拒不履行信息网络安全管理义务，致使影响定罪量刑的刑事案件证据灭失，具有下列情形之一的，应当认定为刑法第二百八十六条之一第一款第三项规定的“情节严重”：

（一）造成危害国家安全犯罪、恐怖活动犯罪、黑社会性质组织犯罪、贪污贿赂犯罪案件的证据灭失的；

（二）造成可能判处五年有期徒刑以上刑罚犯罪案件的证据灭失的；

（三）多次造成刑事案件证据灭失的；

（四）致使刑事诉讼程序受到严重影响的；

（五）其他情节严重的情形。

第六条 拒不履行信息网络安全管理义务，具有下列情形之一的，应当认定为刑法第二百八十六条之一第一款第四项规定的“有其他严重情节”：

（一）对绝大多数用户日志未留存或者未落实真实身份信息认证义务的；

（二）二年内经多次责令改正拒不改正的；

（三）致使信息网络服务被主要用于违法犯罪的；

（四）致使信息网络服务、网络设施被用于实施网络攻击，严重影响生产、生活的；

（五）致使信息网络服务被用于实施危害国家安全犯罪、恐怖活动犯罪、黑社会性质组织犯罪、贪污贿赂犯罪或者其他重大犯罪的；

（六）致使国家机关或者通信、能源、交通、水利、金融、教育、医疗等领域提供公共服务的信息网络受到破坏，严重影响生产、生活的；

（七）其他严重违反信息网络安全管理义务的情形。

第七条 刑法第二百八十七条之一规定的“违法犯罪”，包括犯罪行为和属于刑法分则规定的行为类型但尚未构成犯罪的违法行为。

第八条 以实施违法犯罪活动为目的

而设立或者设立后主要用于实施违法犯罪活动的网站、通讯群组，应当认定为刑法第二百八十七条之一第一款第一项规定的“用于实施诈骗、传授犯罪方法、制作或者销售违禁物品、管制物品等违法犯罪活动的网站、通讯群组”。

第九条 利用信息网络提供信息的链接、截屏、二维码、访问账号密码及其他指引访问服务的，应当认定为刑法第二百八十七条之一第一款第二项、第三项规定的“发布信息”。

第十条 非法利用信息网络，具有下列情形之一的，应当认定为刑法第二百八十七条之一第一款规定的“情节严重”：

（一）假冒国家机关、金融机构名义，设立用于实施违法犯罪活动的网站的；

（二）设立用于实施违法犯罪活动的网站，数量达到三个以上或者注册账号数累计达到二千以上的；

（三）设立用于实施违法犯罪活动的通讯群组，数量达到五个以上或者群组成员账号数累计达到一千以上的；

（四）发布有关违法犯罪的信息或者为实施违法犯罪活动发布信息，具有下列情形之一的：

1. 在网站上发布有关信息一百条以上的；

2. 向二千个以上用户账号发送有关信息的；

3. 向群组成员数累计达到三千以上的通讯群组发送有关信息的；

4. 利用关注人员账号数累计达到三万以上的社交网络传播有关信息的；

（五）违法所得一万元以上的；

（六）二年内曾因非法利用信息网络、帮助信息网络犯罪活动、危害计算机信息系统安全受过行政处罚，又非法利用信息网络的；

（七）其他情节严重的情形。

第十一条 为他人实施犯罪提供技术支持或者帮助，具有下列情形之一的，可以认定行为人明知他人利用信息网络实施犯罪，但是有相反证据的除外：

（一）经监管部门告知后仍然实施有关行为的；

（二）接到举报后不履行法定管理职责的；

（三）交易价格或者方式明显异常的；

（四）提供专门用于违法犯罪的程序、工具或者其他技术支持、帮助的；

（五）频繁采用隐蔽上网、加密通信、销毁数据等措施或者使用虚假身份，逃避监管或者规避调查的；

（六）为他人逃避监管或者规避调查提供技术支持、帮助的；

（七）其他足以认定行为人明知的情形。

第十二条 明知他人利用信息网络实施犯罪，为其犯罪提供帮助，具有下列情形之一的，应当认定为刑法第二百八十七条之二第一款规定的“情节严重”：

（一）为三个以上对象提供帮助的；

（二）支付结算金额二十万元以上的；

（三）以投放广告等方式提供资金五万元以上的；

（四）违法所得一万元以上的；

（五）二年内曾因非法利用信息网络、帮助信息网络犯罪活动、危害计算机信息系统安全受过行政处罚，又帮助信息网络犯罪活动的；

（六）被帮助对象实施的犯罪造成严重后果的；

（七）其他情节严重的情形。

实施前款规定的行为，确因客观条件限制无法查证被帮助对象是否达到犯罪的程度，但相关数额总计达到前款第二项至第四项规定标准五倍以上，或者造成特别严重后果的，应当以帮助信息网络犯罪活动罪追究行为人的刑事责任。

第十三条 被帮助对象实施的犯罪行为可以确认，但尚未到案、尚未依法裁判或者因未达到刑事责任年龄等原因依法未予追究刑事责任的，不影响帮助信息网络犯罪活动罪的认定。

第十四条 单位实施本解释规定的犯罪的，依照本解释规定的相应自然人犯罪的定罪量刑标准，对直接负责的主管人员和其他直接责任人员定罪处罚，并对单位判处罚金。

第十五条 综合考虑社会危害程度、认罪悔罪态度等情节，认为犯罪情节轻微的，可以不起诉或者免予刑事处罚；情节显著轻微危害不大的，不以犯罪论处。

第十六条 多次拒不履行信息网络安全管理义务、非法利用信息网络、帮助信息网络犯罪活动构成犯罪，依法应当追诉的，或者二年内多次实施前述行为未经处理的，数量或者数额累计计算。

第十七条 对于实施本解释规定的犯罪被判处刑罚的，可以根据犯罪情况和预防再犯罪的需要，依法宣告职业禁止；被判处管制、宣告缓刑的，可以根据犯罪情况，依法宣告禁止令。

第十八条 对于实施本解释规定的犯罪的，应当综合考虑犯罪的危害程度、违法所得数额以及被告人的前科情况、认罪悔罪态度等，依法判处罚金。

第十九条 本解释自2019年11月1日起施行。

最高人民法院关于对设置圈套诱骗他人参赌又向索还钱财的受骗者施以暴力或暴力威胁的行为应如何定罪问题的批复

（1995年11月6日　法复〔1995〕8号）

贵州省高级人民法院：

你院“关于设置圈套诱骗他人参赌，当参赌者要求退还所输钱财时，设赌者以暴力相威胁，甚至将参赌者打伤、杀伤并将钱财带走的行为如何定性”的请示收悉。经研究，答复如下：

行为人设置圈套诱骗他人参赌获取钱财，属赌博行为，构成犯罪的，应当以赌博罪定罪处罚。参赌者识破骗局要求退还所输钱财，设赌者又使用暴力或者以暴力相威胁，拒绝退还的，应以赌博罪从重处罚；致参赌者伤害或者死亡的，应以赌博罪和故意伤害罪或者故意杀人罪，依法实行数罪并罚。

最高人民检察院关于以暴力威胁方法阻碍事业编制人员依法执行行政执法职务是否可对侵害人以妨害公务罪论处的批复

（2000年4月24日　高检发释字〔2000〕2号）

重庆市人民检察院：

你院《关于以暴力、威胁方法阻碍事业编制人员行政执法活动是否可以对侵害人

适用妨害公务罪的请示》收悉。经研究,批复如下:

对于以暴力、威胁方法阻碍国有事业单位人员依照法律、行政法规的规定执行行政执法职务的,或者以暴力、威胁方法阻碍国家机关中受委托从事行政执法活动的事业编制人员执行行政执法职务的,可以对侵害人以妨害公务罪追究刑事责任。

最高人民法院、最高人民检察院、公安部办理黑社会性质组织犯罪案件座谈会纪要

(2009 年 12 月 9 日　法〔2009〕382 号)

为正确理解和适用刑法、立法解释、司法解释关于黑社会性质组织犯罪的规定,依法及时、准确、有力地惩治黑社会性质组织犯罪,最高人民法院、最高人民检察院、公安部于 2009 年 7 月 15 日在北京召开了办理黑社会性质组织犯罪案件座谈会。会议总结了各级人民法院、人民检察院和公安机关办理黑社会性质组织犯罪案件所取得的经验,分析了当前依法严惩黑社会性质组织犯罪面临的严峻形势,研究了办理黑社会性质组织犯罪案件遇到的适用法律问题,就人民法院、人民检察院和公安机关正确使用法律,严厉打击黑社会性质组织犯罪形成了具体意见。会议纪要如下:

一、与会同志一致认为,自 2006 年初全国开展打黑除恶专项斗争以来,各级人民法院、人民检察院和公安机关依法履行各自职责,密切配合,惩治了一批黑社会性质组织犯罪分子,遏制了黑社会性质组织犯罪高发的势头,为维护社会稳定,构建社会主义和谐社会做出了重要贡献。但是,在我国,黑社会性质组织犯罪仍处于活跃期,犯罪的破坏性不断加大,犯罪分子逃避法律制裁的行为方式不断变换,向政治领域的渗透日益明显,对人民群众的生命、财产安全,对经济、社会生活秩序和基层政权建设都构成了严重威胁。因此,严厉打击黑社会性质组织犯罪,遏制并最大限度地减少黑社会性质组织犯罪案件的发生,是当前乃至今后相当长一个时期政法机关的重要任务。为此,各级人民法院、人民检察院和公安机关必须坚持做好以下几方面工作:

首先,要切实提高对打击黑社会性质组织犯罪重要性的认识。依法严惩黑社会性质组织犯罪,不仅是保障民生、维护稳定的迫切需要,而且事关政权安危,容不得丝毫懈怠。各级人民法院、人民检察院和公安机关要充分认识这项工作的重要性、紧迫性、复杂性、艰巨性和长期性,在思想上始终与党中央的决策保持高度一致,坚决克服麻痹、松懈情绪,把依法打击黑社会性质组织犯罪,实现社会治安的持续稳定作为一项重要任务常抓不懈。

其次,要严格坚持法定标准,切实贯彻落实宽严相济的刑事政策。各级人民法院、人民检察院和公安机关要严格依照刑法、刑事诉讼法及有关法律解释的规定办理案件,确保认定的事实清楚,据以定案的证据确实、充分,黑社会性质组织的认定准确无误。既要防止将已构成黑社会性质组织犯罪的案件“降格”处理,也不能因为强调严厉打击而将不构成此类犯罪的共同犯罪案件“拔高”认定。要严格贯彻落实宽严相济的刑事政策,对黑社会性质组织的组织者、领导者及其他骨干成员要依法从严

惩处；对犯罪情节较轻的其他参加人员以及初犯、偶犯、未成年犯，要依法从轻、减轻处罚，以分化、瓦解犯罪分子，减少社会对抗、促进社会和谐，取得法律效果和社会效果的统一。

第三，要充分发挥各自的职能作用，密切配合，相互支持，有效形成打击合力。各级人民法院、人民检察院和公安机关要积极总结和交流工作经验，不断统一执法思想，共同加强长效机制建设。为了及时、有效地打击黑社会性质组织犯罪，公安机关在办案中要紧紧围绕法律规定的黑社会性质组织的"四个特征"，严格按照刑事诉讼法及有关规定全面收集、固定证据，严禁刑讯逼供、滥用强制措施和超期羁押，对重要犯罪嫌疑人的审讯以及重要取证活动要全程录音、录像。人民检察院不仅要把好批捕、起诉关，还要加强对看守所监管活动的检查监督，防止串供、翻供、订立攻守同盟、搞假立功等情况的发生。人民法院要严格审查事实、证据，不断强化程序意识，全面提高审判工作质量和效率。

第四，要严惩"保护伞"，采取多种措施深入推进打黑除恶工作。黑社会性质组织之所以能在一些地方坐大成势，与个别国家工作人员的包庇、纵容有着直接关系。各级人民法院、人民检察院和公安机关要把查处"保护伞"与办理涉黑案件有机地结合起来，与反腐败工作紧密地结合起来，与纪检、监察部门做好衔接配合，加大打击力度，确保实现"除恶务尽"的目标。打击黑社会性质组织犯罪是一项复杂的系统工程，各级人民法院、人民检察院和公安机关在办理好案件的同时，还要通过积极参与社会治安综合治理、加强法制宣传、广泛发动群众等多种手段，从源头上有效防控此类犯罪。

二、会议认为，自 1997 年刑法增设黑社会性质组织犯罪的规定以来，全国人大常委会、最高人民法院分别作出了《关于〈中华人民共和国刑法〉第二百九十四条第一款的解释》(以下简称《立法解释》)、《关于审理黑社会性质组织犯罪的案件具体应用法律若干问题的解释》(以下简称《司法解释》)，对于指导司法实践发挥了重要作用。但由于黑社会性质组织犯罪的构成要件和所涉及的法律关系较为复杂，在办案过程中对法律规定的理解还不尽相同。为了进一步统一司法标准，会议就实践中争议较大的问题进行了深入研讨，并取得了一致意见：

(一)关于黑社会性质组织的认定

黑社会性质组织必须同时具备《立法解释》中规定的"组织特征"、"经济特征"、"行为特征"和"危害性特征"。由于实践中许多黑社会性质组织并非这"四个特征"都很明显，因此，在具体认定时，应根据立法本意，认真审查、分析黑社会性质组织"四个特征"相互间的内在联系，准确评价涉案犯罪组织所造成的社会危害，确保不枉不纵。

1. 关于组织特征。黑社会性质组织不仅有明确的组织者、领导者，骨干成员基本固定，而且组织结构较为稳定，并有比较明确的层级和职责分工。

当前，一些黑社会性质组织为了增强隐蔽性，往往采取各种手段制造"人员频繁更替、组织结构松散"的假象。因此，在办案时，要特别注意审查组织者、领导者，以及对组织运行、活动起着突出作用的积极参加者等骨干成员是否基本固定、联系是否紧密，不要被其组织形式的表象所左右。

关于组织者、领导者、积极参加者和其他参加者的认定。组织者、领导者,是指黑社会性质组织的发起者、创建者,或者在组织中实际处于领导地位,对整个组织及其运行、活动起着决策、指挥、协调、管理作用的犯罪分子,既包括通过一定形式产生的有明确职务、称谓的组织者、领导者,也包括在黑社会性质组织中被公认的事实上的组织者、领导者;积极参加者,是指接受黑社会性质组织的领导和管理,多次积极参与黑社会性质组织的违法犯罪活动,或者积极参与较严重的黑社会性质组织的犯罪活动且作用突出,以及其他在组织中起重要作用的犯罪分子,如具体主管黑社会性质组织的财务、人员管理等事项的犯罪分子;其他参加者,是指除上述组织成员之外,其他接受黑社会性质组织的领导和管理的犯罪分子。根据《司法解释》第三条第二款的规定,对于参加黑社会性质的组织,没有实施其他违法犯罪活动的,或者受蒙蔽、胁迫参加黑社会性质的组织,情节轻微的,可以不作为犯罪处理。

关于黑社会性质组织成员的主观明知问题。在认定黑社会性质组织的成员时,并不要求其主观上认为自己参加的是黑社会性质组织,只要其知道或者应当知道该组织具有一定规模,且是以实施违法犯罪为主要活动的,即可认定。

对于黑社会性质组织存在时间、成员人数及组织纪律等问题的把握。黑社会性质组织一般在短时间内难以形成,而且成员人数较多,但鉴于普通犯罪集团、"恶势力"团伙向黑社会性质组织发展是一个渐进的过程,没有明显的性质转变的节点,故对黑社会性质组织存在时间、成员人数问题不宜作出"一刀切"的规定。对于那些已存在一定时间,且成员人数较多的犯罪组织,在定性时要根据其是否已具备一定的经济实力,是否已在一定区域或行业内形成非法控制或重大影响等情况综合分析判断。此外在通常情况下,黑社会性质组织为了维护自身的安全和稳定,一般会有一些约定俗成的纪律、规约,有些甚至还有明确的规定。因此,具有一定的组织纪律、活动规约,也是认定黑社会性质组织特征时的重要参考依据。

2. 关于经济特征。一定的经济实力是黑社会性质组织坐大成势,称霸一方的基础。由于不同地区的经济发展水平、不同行业的利润空间均存在很大差异,加之黑社会性质组织存在、发展的时间也各有不同,因此,在办案时不能一般性地要求黑社会性质组织所具有的经济实力必须达到特定规模或特定数额。此外,黑社会性质组织的敛财方式也具有多样性。实践中,黑社会性质组织不仅会通过实施赌博、敲诈、贩毒等违法犯罪活动攫取经济利益,而且还往往会通过开办公司、企业等方式"以商养黑"、"以黑护商"。因此,无论其财产是通过非法手段聚敛,还是通过合法的方式获取,只要将其中部分或全部用于违法犯罪活动或者维系犯罪组织的生存、发展即可。

"用于违法犯罪活动或者维系犯罪组织的生存、发展",一般是指购买作案工具、提供作案经费,为受伤、死亡的组织成员提供医疗费、丧葬费,为组织成员及其家属提供工资、奖励、福利、生活费用,为组织寻求非法保护以及其他与实施有组织的违法犯罪活动有关的费用支出等。

3. 关于行为特征。暴力性、胁迫性和有组织性是黑社会性质组织行为方式的主要特征,但有时也会采取一些“其他手段”。

根据司法实践经验,《立法解释》中规定的“其他手段”主要包括:以暴力、威胁为基础,在利用组织势力和影响已对他人形成心理强制或威慑的情况下,进行所谓的“谈判”、“协商”、“调解”;滋扰、哄闹、聚众等其他干扰、破坏正常经济、社会生活秩序的非暴力手段。

“黑社会性质组织实施的违法犯罪活动”主要包括以下情形:由组织者、领导者直接组织、策划、指挥、参与实施的违法犯罪活动;由组织成员以组织名义实施,并得到组织者、领导者认可或者默许的违法犯罪活动;多名组织成员为逞强争霸、插手纠纷、报复他人、替人行凶、非法敛财而共同实施,并得到组织者、领导者认可或者默许的违法犯罪活动;组织成员为组织争夺势力范围、排除竞争对手、确立强势地位、谋取经济利益、维护非法权威或者按照组织的纪律、惯例、共同遵守的约定而实施的违法犯罪活动;由黑社会性质组织实施的其他违法犯罪活动。

会议认为,在办案时还应准确理解《立法解释》中关于“多次进行违法犯罪活动”的规定。黑社会性质组织实施犯罪活动过程中,往往伴随着大量的违法活动,对此均应作为黑社会性质组织的违法犯罪事实予以认定。但如果仅实施了违法活动,而没有实施犯罪活动的,则不能认定为黑社会性质组织。此外,“多次进行违法犯罪活动”只是认定黑社会性质组织的必要条件之一,最终能否认定为黑社会性质组织,还要结合危害性特征来加以判断。即使有些案件中的违法犯罪活动已符合“多次”的标准,但根据其性质和严重程度,尚不足以形成非法控制或者重大影响的,也不能认定为黑社会性质组织。

4. 关于危害性特征。称霸一方,在一定区域或者行业内,形成非法控制或者重大影响,从而严重破坏经济、社会生活秩序,是黑社会性质组织的本质特征,也是黑社会性质组织区别于一般犯罪集团的关键所在。

对于“一定区域”的理解和把握。区域的大小具有相对性,且黑社会性质组织非法控制和影响的对象并不是区域本身,而是在一定区域中生活的人,以及该区域内的经济、社会生活秩序。因此,不能简单地要求“一定区域”必须达到某一特定的空间范围,而应当根据具体案情,并结合黑社会性质组织对经济、社会生活秩序的危害程度加以综合分析判断。

对于“一定行业”的理解和把握。黑社会性质组织所控制和影响的行业,既包括合法行业,也包括黄、赌、毒等非法行业。这些行业一般涉及生产、流通、交换、消费等一个或多个市场环节。

通过实施违法犯罪活动,或者利用国家工作人员的包庇、纵容,称霸一方,并具有以下情形之一的,可认定为“在一定区域或者行业内,形成非法控制或者重大影响,严重破坏经济、社会生活秩序”:对在一定区域内生活或者在一定行业内从事生产、经营的群众形成心理强制、威慑,致使合法利益受损的群众不敢举报、控告的;对一定行业的生产、经营形成垄断,或者对涉及一定行业的准入、经营、竞争等经济活动形成重要影响的;插手民间纠纷、经济纠纷,在相关区域或者行业内造成严重影响的;干扰、破坏他人正常生产、经营、生活,并在相关区域或者行业内造成严重影响的;干扰、破坏公司、企业、事业单位及社会团体的正常生产、经营、工作秩序，在相关区域、行业内造成严重影响，或者致使其不能正常生产、经营、工作的；多次干扰、破坏国家机关、行业管理部门以及村委会、居委会等基层群众自治组织的工作秩序，或者致使上述单位、组织的职能不能正常行使的；利用组织的势力、影响，使组织成员获取政治地位，或者在党政机关、基层群众自治组织中担任一定职务的；其他形成非法控制或者重大影响，严重破坏经济、社会生活秩序的情形。

（二）关于办理黑社会性质组织犯罪案件的其他问题

1. 关于包庇、纵容黑社会性质组织罪主观要件的认定。本罪主观方面要求必须是出于故意，过失不能构成本罪。会议认为，只要行为人知道或者应当知道是从事违法犯罪活动的组织，仍对该组织及其成员予以包庇，或者纵容其实施违法犯罪活动，即可认定本罪。至于行为人是否明知该组织系黑社会性质组织，不影响本罪的成立。

2. 关于黑社会性质组织成员的刑事责任。对黑社会性质组织的组织者、领导者，应根据法律规定和本纪要中关于“黑社会性质组织实施的违法犯罪活动”的规定，按照该组织所犯的全部罪行承担刑事责任。组织者、领导者对于具体犯罪所承担的刑事责任，应当根据其在该起犯罪中的具体地位、作用来确定。对黑社会性质组织中的积极参加者和其他参加者，应按照其所参与的犯罪，根据其在具体犯罪中的地位和作用，依照罪责刑相适应的原则，确定应承担的刑事责任。

3. 关于涉黑犯罪财物及其收益的认定和处置。在办案时，要依法运用查封、扣押、冻结、追缴、没收等手段，彻底摧毁黑社会性质组织的经济基础，防止其死灰复燃。对于涉黑犯罪财物及其收益以及犯罪工具，均应按照刑法第六十四条和《司法解释》第七条的规定予以追缴、没收。黑社会性质组织及其成员通过犯罪活动聚敛的财物及其收益，是指在黑社会性质组织的形成、发展过程中，该组织及组织成员通过违法犯罪活动或其他不正当手段聚敛的全部财物、财产性权益及其孳息、收益。在办案工作中，应认真审查涉案财产的来源、性质，对被告人及其他单位、个人的合法财产应依法予以保护。

4. 关于认定黑社会性质组织犯罪的证据要求。办理涉黑案件同样应当坚持案件“事实清楚，证据确实、充分”的法定证明标准。但应当注意的是，“事实清楚”是指能够对定罪量刑产生影响的事实必须清楚，而不是指整个案件的所有事实和情节都要一一查证属实；“证据确实、充分”是指能够据以定罪量刑的证据确实、充分，而不是指案件中所涉全部问题的证据都要达到确实、充分的程度。对此，一定要准确理解和把握，不要纠缠那些不影响定罪量刑的枝节问题。比如，在可以认定某犯罪组织已将所获经济利益部分用于组织活动的情况下，即使此部分款项的具体数额难以全部查实，也不影响定案。

5. 关于黑社会性质组织成员的立功问题。积极参加者、其他参加者配合司法机关查办案件，有提供线索、帮助收集证据或者其他协助行为，并对侦破黑社会性质组织犯罪案件起到一定作用的，即使依法不能认定立功，一般也应酌情对其从轻处罚。组织者、领导者检举揭发与该黑社会性质组织及其违法犯罪活动有关联的其他犯罪线索，即使依法构成立功或者重大立功,在量刑时也应从严掌握。

6. 关于对"恶势力"团伙的认定和处理。"恶势力"是黑社会性质组织的雏形,有的最终发展成为了黑社会性质组织。因此,及时严惩"恶势力"团伙犯罪,是遏制黑社会性质组织滋生,防止违法犯罪活动造成更大社会危害的有效途径。

会议认为,"恶势力"是指经常纠集在一起,以暴力、威胁或其他手段,在一定区域或者行业内多次实施违法犯罪活动,为非作恶,扰乱经济、社会生活秩序,造成较为恶劣的社会影响,但尚未形成黑社会性质组织的犯罪团伙。"恶势力"一般为三人以上,纠集者、骨干成员相对固定,违法犯罪活动一般表现为敲诈勒索、强迫交易、欺行霸市、聚众斗殴、寻衅滋事、非法拘禁、故意伤害、抢劫、抢夺或者黄、赌、毒等。各级人民法院、人民检察院和公安机关在办案时应根据本纪要的精神,结合组织化程度的高低、经济实力的强弱、有无追求和实现对社会的非法控制等特征,对黑社会性质组织与"恶势力"团伙加以正确区分。同时,还要本着实事求是的态度,正确理解和把握"打早打小"方针。在准确查明"恶势力"团伙具体违法犯罪事实的基础上,构成什么罪,就按什么罪处理,并充分运用刑法总则关于共同犯罪的规定,依法惩处。对符合犯罪集团特征的,要按照犯罪集团处理,以切实加大对"恶势力"团伙依法惩处的力度。

7. 关于视听资料的收集、使用。公安机关在侦查时要特别重视对涉黑犯罪视听资料的收集。对于那些能够证明涉案犯罪组织具备黑社会性质组织的"四个特征"及其实施的具体违法犯罪活动的录音、录像资料,要及时提取、固定、移送。通过特殊侦查措施获取的视听资料,在移送审查起诉时,公安机关对证据的来源、提取经过应予说明。

8. 庭审时应注意的有关问题。为确保庭审效果,人民法院在开庭审理涉黑案件之前,应认真做好庭审预案。法庭调查时,除必须传唤共同被告人同时到庭质证外,对各被告人应当分别讯问,以防止被告人当庭串供或者不敢如实供述、作证。对于诉讼参与人、旁听人员破坏法庭秩序、干扰法庭审理的,法庭应按照刑事诉讼法及有关司法解释的规定及时作出处理。构成犯罪的,应当依法追究刑事责任。

最高人民法院、最高人民检察院、公安部关于办理网络赌博犯罪案件适用法律若干问题的意见

(2010年8月31日　公通字〔2010〕40号)

各省、自治区、直辖市高级人民法院、人民检察院、公安厅、局,新疆维吾尔自治区高级人民法院生产建设兵团分院、新疆生产建设兵团人民检察院、公安局:

为依法惩治网络赌博犯罪活动,根据《中华人民共和国刑法》、《中华人民共和国刑事诉讼法》和《最高人民法院、最高人民检察院关于办理赌博刑事案件具体应用法律若干问题的解释》等有关规定,结合司法实践,现就办理网络赌博犯罪案件适用法律的若干问题,提出如下意见:

一、关于网上开设赌场犯罪的定罪量刑标准

利用互联网、移动通讯终端等传输赌博视频、数据,组织赌博活动,具有下列情

形之一的,属于刑法第三百零三条第二款规定的"开设赌场"行为:

(一)建立赌博网站并接受投注的;

(二)建立赌博网站并提供给他人组织赌博的;

(三)为赌博网站担任代理并接受投注的;

(四)参与赌博网站利润分成的。

实施前款规定的行为,具有下列情形之一的,应当认定为刑法第三百零三条第二款规定的"情节严重":

(一)抽头渔利数额累计达到3万元以上的;

(二)赌资数额累计达到30万元以上的;

(三)参赌人数累计达到120人以上的;

(四)建立赌博网站后通过提供给他人组织赌博,违法所得数额在3万元以上的;

(五)参与赌博网站利润分成,违法所得数额在3万元以上的;

(六)为赌博网站招募下级代理,由下级代理接受投注的;

(七)招揽未成年人参与网络赌博的;

(八)其他情节严重的情形。

二、关于网上开设赌场共同犯罪的认定和处罚

明知是赌博网站,而为其提供下列服务或者帮助的,属于开设赌场罪的共同犯罪,依照刑法第三百零三条第二款的规定处罚:

(一)为赌博网站提供互联网接入、服务器托管、网络存储空间、通讯传输通道、投放广告、发展会员、软件开发、技术支持等服务,收取服务费数额在2万元以上的;

(二)为赌博网站提供资金支付结算服务,收取服务费数额在1万元以上或者帮助收取赌资20万元以上的;

(三)为10个以上赌博网站投放与网址、赔率等信息有关的广告或者为赌博网站投放广告累计100条以上的。

实施前款规定的行为,数量或者数额达到前款规定标准5倍以上的,应当认定为刑法第三百零三条第二款规定的"情节严重"。

实施本条第一款规定的行为,具有下列情形之一的,应当认定行为人"明知",但是有证据证明确实不知道的除外:

(一)收到行政主管机关书面等方式的告知后,仍然实施上述行为的;

(二)为赌博网站提供互联网接入、服务器托管、网络存储空间、通讯传输通道、投放广告、软件开发、技术支持、资金支付结算等服务,收取服务费明显异常的;

(三)在执法人员调查时,通过销毁、修改数据、账本等方式故意规避调查或者向犯罪嫌疑人通风报信的;

(四)其他有证据证明行为人明知的。

如果有开设赌场的犯罪嫌疑人尚未到案,但是不影响对已到案共同犯罪嫌疑人、被告人的犯罪事实认定的,可以依法对已到案者定罪处罚。

三、关于网络赌博犯罪的参赌人数、赌资数额和网站代理的认定

赌博网站的会员账号数可以认定为参赌人数,如果查实一个账号多人使用或者多个账号一人使用的,应当按照实际使用的人数计算参赌人数。

赌资数额可以按照在网络上投注或者赢取的点数乘以每一点实际代表的金额认定。

对于将资金直接或间接兑换为虚拟货

币、游戏道具等虚拟物品，并用其作为筹码投注的，赌资数额按照购买该虚拟物品所需资金数额或者实际支付资金数额认定。

对于开设赌场犯罪中用于接收、流转赌资的银行账户内的资金，犯罪嫌疑人、被告人不能说明合法来源的，可以认定为赌资。向该银行账户转入、转出资金的银行账户数量可以认定为参赌人数。如果查实一个账户多人使用或多个账户一人使用的，应当按照实际使用的人数计算参赌人数。

有证据证明犯罪嫌疑人在赌博网站上的账号设置有下级账号的，应当认定其为赌博网站的代理。

四、关于网络赌博犯罪案件的管辖

网络赌博犯罪案件的地域管辖，应当坚持以犯罪地管辖为主、被告人居住地管辖为辅的原则。

“犯罪地”包括赌博网站服务器所在地、网络接入地，赌博网站建立者、管理者所在地，以及赌博网站代理人、参赌人实施网络赌博行为地等。

公安机关对侦办跨区域网络赌博犯罪案件的管辖权有争议的，应本着有利于查清犯罪事实、有利于诉讼的原则，认真协商解决。经协商无法达成一致的，报共同的上级公安机关指定管辖。对即将侦查终结的跨省(自治区、直辖市)重大网络赌博案件，必要时可由公安部商最高人民法院和最高人民检察院指定管辖。

为保证及时结案，避免超期羁押，人民检察院对于公安机关提请审查逮捕、移送审查起诉的案件，人民法院对于已进入审判程序的案件，犯罪嫌疑人、被告人及其辩护人提出管辖异议或者办案单位发现没有管辖权的，受案人民检察院、人民法院经审查可以依法报请上级人民检察院、人民法院指定管辖，不再自行移送有管辖权的人民检察院、人民法院。

五、关于电子证据的收集与保全

侦查机关对于能够证明赌博犯罪案件真实情况的网站页面、上网记录、电子邮件、电子合同、电子交易记录、电子账册等电子数据，应当作为刑事证据予以提取、复制、固定。

侦查人员应当对提取、复制、固定电子数据的过程制作相关文字说明，记录案由、对象、内容以及提取、复制、固定的时间、地点、方法，电子数据的规格、类别、文件格式等，并由提取、复制、固定电子数据的制作人、电子数据的持有人签名或者盖章，附所提取、复制、固定的电子数据一并随案移送。

对于电子数据存储在境外的计算机上的，或者侦查机关从赌博网站提取电子数据时犯罪嫌疑人未到案的，或者电子数据的持有人无法签字或者拒绝签字的，应当由能够证明提取、复制、固定过程的见证人签名或者盖章，记明有关情况。必要时，可对提取、复制、固定有关电子数据的过程拍照或者录像。

最高人民法院、最高人民检察院、公安部关于办理利用赌博机开设赌场案件适用法律若干问题的意见

(2014年3月26日 公通字〔2014〕17号)

各省、自治区、直辖市高级人民法院，人民检察院，公安厅、局，解放军军事法院、军事检察院，新疆维吾尔自治区高级人民法院生产建设兵团分院，新疆生产建设兵团人

民检察院、公安局：

为依法惩治利用具有赌博功能的电子游戏设施设备开设赌场的犯罪活动，根据《中华人民共和国刑法》、《最高人民法院、最高人民检察院关于办理赌博刑事案件具体应用法律若干问题的解释》等有关规定，结合司法实践，现就办理此类案件适用法律问题提出如下意见：

一、关于利用赌博机组织赌博的性质认定

设置具有退币、退分、退钢珠等赌博功能的电子游戏设施设备，并以现金、有价证券等贵重款物作为奖品，或者以回购奖品方式给予他人现金、有价证券等贵重款物（以下简称设置赌博机）组织赌博活动的，应当认定为刑法第三百零三条第二款规定的"开设赌场"行为。

二、关于利用赌博机开设赌场的定罪处罚标准

设置赌博机组织赌博活动，具有下列情形之一的，应当按照刑法第三百零三条第二款规定的开设赌场罪定罪处罚：

（一）设置赌博机10台以上的；

（二）设置赌博机2台以上，容留未成年人赌博的；

（三）在中小学校附近设置赌博机2台以上的；

（四）违法所得累计达到5000元以上的；

（五）赌资数额累计达到5万元以上的；

（六）参赌人数累计达到20人以上的；

（七）因设置赌博机被行政处罚后，两年内再设置赌博机5台以上的；

（八）因赌博、开设赌场犯罪被刑事处罚后，五年内再设置赌博机5台以上的；

（九）其他应当追究刑事责任的情形。

设置赌博机组织赌博活动，具有下列情形之一的，应当认定为刑法第三百零三条第二款规定的"情节严重"：

（一）数量或者数额达到第二条第一款第一项至第六项规定标准六倍以上的；

（二）因设置赌博机被行政处罚后，两年内再设置赌博机30台以上的；

（三）因赌博、开设赌场犯罪被刑事处罚后，五年内再设置赌博机30台以上的；

（四）其他情节严重的情形。

可同时供多人使用的赌博机，台数按照能够独立供一人进行赌博活动的操作基本单元的数量认定。

在两个以上地点设置赌博机，赌博机的数量、违法所得、赌资数额、参赌人数等均合并计算。

三、关于共犯的认定

明知他人利用赌博机开设赌场，具有下列情形之一的，以开设赌场罪的共犯论处：

（一）提供赌博机、资金、场地、技术支持、资金结算服务的；

（二）受雇参与赌场经营管理并分成的；

（三）为开设赌场者组织客源，收取回扣、手续费的；

（四）参与赌场管理并领取高额固定工资的；

（五）提供其他直接帮助的。

四、关于生产、销售赌博机的定罪量刑标准

以提供给他人开设赌场为目的，违反国家规定，非法生产、销售具有退币、退分、退钢珠等赌博功能的电子游戏设施设备或者其专用软件，情节严重的，依照刑法第二百二十五条的规定，以非法经营罪定罪处罚。

实施前款规定的行为，具有下列情形之一的，属于非法经营行为“情节严重”：

（一）个人非法经营数额在五万元以上，或者违法所得数额在一万元以上的；

（二）单位非法经营数额在五十万元以上，或者违法所得数额在十万元以上的；

（三）虽未达到上述数额标准，但两年内因非法生产、销售赌博机行为受过二次以上行政处罚，又进行同种非法经营行为的；

（四）其他情节严重的情形。

具有下列情形之一的，属于非法经营行为“情节特别严重”：

（一）个人非法经营数额在二十五万元以上，或者违法所得数额在五万元以上的；

（二）单位非法经营数额在二百五十万元以上，或者违法所得数额在五十万元以上的。

五、关于赌资的认定

本意见所称赌资包括：

（一）当场查获的用于赌博的款物；

（二）代币、有价证券、赌博积分等实际代表的金额；

（三）在赌博机上投注或赢取的点数实际代表的金额。

六、关于赌博机的认定

对于涉案的赌博机，公安机关应当采取拍照、摄像等方式及时固定证据，并予以认定。对于是否属于赌博机难以确定的，司法机关可以委托地市级以上公安机关出具检验报告。司法机关根据检验报告，并结合案件具体情况作出认定。必要时，人民法院可以依法通知检验人员出庭作出说明。

七、关于宽严相济刑事政策的把握

办理利用赌博机开设赌场的案件，应当贯彻宽严相济刑事政策，重点打击赌场的出资者、经营者。对受雇佣为赌场从事接送参赌人员、望风看场、发牌坐庄、兑换筹码等活动的人员，除参与赌场利润分成或者领取高额固定工资的以外，一般不追究刑事责任，可由公安机关依法给予治安管理处罚。对设置游戏机，单次换取少量奖品的娱乐活动，不以违法犯罪论处。

八、关于国家机关工作人员渎职犯罪的处理

负有查禁赌博活动职责的国家机关工作人员，徇私枉法，包庇、放纵开设赌场违法犯罪活动，或者为违法犯罪分子通风报信、提供便利、帮助犯罪分子逃避处罚，构成犯罪的，依法追究刑事责任。

国家机关工作人员参与利用赌博机开设赌场犯罪的，从重处罚。

最高人民法院、最高人民检察院公安部、司法部、国家卫生和计划生育委员会关于依法惩处涉医违法犯罪维护正常医疗秩序的意见

（2014年4月22日　法发〔2014〕5号）

为依法惩处涉医违法犯罪，维护正常医疗秩序，构建和谐医患关系，根据《中华人民共和国刑法》《中华人民共和国治安管理处罚法》等法律法规，结合工作实践，制定本意见。

一、充分认识依法惩处涉医违法犯罪维护正常医疗秩序的重要性

加强医药卫生事业建设，是实现人民群众病有所医，提高全民健康水平的重要社会建设工程。经过多年努力，我国医药

卫生事业发展取得显著成就,但医疗服务能力、医疗保障水平与人民群众不断增长的医疗服务需求之间仍存在一定差距。一段时期以来,个别地方相继发生暴力杀医、伤医以及在医疗机构聚众滋事等违法犯罪行为,严重扰乱了正常医疗秩序,侵害了人民群众的合法利益。良好的医疗秩序是社会和谐稳定的重要体现,也是增进人民福祉的客观要求。依法惩处涉医违法犯罪,维护正常医疗秩序,有利于保障医患双方的合法权益,为患者创造良好的看病就医环境,为医务人员营造安全的执业环境,从而促进医疗服务水平的整体提高和医药卫生事业的健康发展。

二、严格依法惩处涉医违法犯罪

对涉医违法犯罪行为,要依法严肃追究、坚决打击。公安机关要加大对暴力杀医、伤医、扰乱医疗秩序等违法犯罪活动的查处力度,接到报警后应当及时出警、快速处置,需要追究刑事责任的,及时立案侦查,全面、客观地收集、调取证据,确保侦查质量。人民检察院应当及时依法批捕、起诉,对于重大涉医犯罪案件要加强法律监督,必要时可以对收集证据、适用法律提出意见。人民法院应当加快审理进度,在全面查明案件事实的基础上依法准确定罪量刑,对于犯罪手段残忍、主观恶性深、人身危险性大的被告人或者社会影响恶劣的涉医犯罪行为,要依法从严惩处。

(一)在医疗机构内殴打医务人员或者故意伤害医务人员身体、故意损毁公私财物,尚未造成严重后果的,分别依照治安管理处罚法第四十三条、第四十九条的规定处罚;故意杀害医务人员,或者故意伤害医务人员造成轻伤以上严重后果,或者随意殴打医务人员情节恶劣、任意损毁公私财物情节严重,构成故意杀人罪、故意伤害罪、故意毁坏财物罪、寻衅滋事罪的,依照刑法的有关规定定罪处罚。

(二)在医疗机构私设灵堂、摆放花圈、焚烧纸钱、悬挂横幅、堵塞大门或者以其他方式扰乱医疗秩序,尚未造成严重损失,经劝说、警告无效的,要依法驱散,对拒不服从的人员要依法带离现场,依照治安管理处罚法第二十三条的规定处罚;聚众实施的,对首要分子和其他积极参加者依法予以治安处罚;造成严重损失或者扰乱其他公共秩序情节严重,构成寻衅滋事罪、聚众扰乱社会秩序罪、聚众扰乱公共场所秩序、交通秩序罪的,依照刑法的有关规定定罪处罚。

在医疗机构的病房、抢救室、重症监护室等场所及医疗机构的公共开放区域违规停放尸体,影响医疗秩序,经劝说、警告无效的,依照治安管理处罚法第六十五条的规定处罚;严重扰乱医疗秩序或者其他公共秩序,构成犯罪的,依照前款的规定定罪处罚。

(三)以不准离开工作场所等方式非法限制医务人员人身自由的,依照治安管理处罚法第四十条的规定处罚;构成非法拘禁罪的,依照刑法的有关规定定罪处罚。

(四)公然侮辱、恐吓医务人员的,依照治安管理处罚法第四十二条的规定处罚;采取暴力或者其他方法公然侮辱、恐吓医务人员情节严重(恶劣),构成侮辱罪、寻衅滋事罪的,依照刑法的有关规定定罪处罚。

(五)非法携带枪支、弹药、管制器具或者爆炸性、放射性、毒害性、腐蚀性物品进入医疗机构的,依照治安管理处罚法第三十条、第三十二条的规定处罚;危及公共安全情节严重,构成非法携带枪支、弹药、管制刀具、危险物品危及公共安全罪的，依照刑法的有关规定定罪处罚。

（六）对于故意扩大事态，教唆他人实施针对医疗机构或者医务人员的违法犯罪行为，或者以受他人委托处理医疗纠纷为名实施敲诈勒索、寻衅滋事等行为的，依照治安管理处罚法和刑法的有关规定从严惩处。

三、积极预防和妥善处理医疗纠纷

（一）卫生计生行政部门应当加强医疗行业监管，指导医疗机构提高医疗服务能力，保障医疗安全和医疗质量。医疗机构及其医务人员要严格遵守医疗卫生管理法律、行政法规、部门规章和诊疗护理规范，加强医德医风建设，改善服务态度，注重人文关怀，尊重患者的隐私权、知情权、选择权等权利，根据患者病情、预后不同以及患者实际需求，采取适当方式进行沟通，做好解释说理工作，从源头上预防和减少医疗纠纷。

（二）卫生计生行政部门应当指导医疗机构加强投诉管理，设立医患关系办公室或者指定部门统一承担医疗机构投诉管理工作，建立畅通、便捷的投诉渠道。

医疗机构投诉管理部门应当在医疗机构显著位置公布该部门及医疗纠纷人民调解组织等相关机构的联系方式、医疗纠纷的解决程序，加大对患者法律知识的宣传，引导患者依法、理性解决医疗纠纷。有条件的医疗机构可设立网络投诉平台，并安排专人处理、回复患者投诉。要做到投诉必管、投诉必复，在规定期限内向投诉人反馈处理情况。

对于医患双方自行协商解决不成的医疗纠纷，医疗机构应当及时通过向人民调解委员会申请调解等其他合法途径解决。

（三）司法行政机关应当会同卫生计生行政部门加快推进医疗纠纷人民调解组织建设，在医疗机构集中、医疗纠纷突出的地区建立独立的医疗纠纷人民调解委员会。

司法行政机关应当会同人民法院加强对医疗纠纷人民调解委员会的指导，帮助完善医疗纠纷人民调解受理、调解、回访、反馈等各项工作制度，加强医疗纠纷人民调解员队伍建设和业务培训，建立医学、法律等专家咨询库，确保调解依法、规范、有效进行。

司法行政机关应当组织法律援助机构为有需求并符合条件的医疗纠纷患者及其家属提供法律援助，指导律师事务所、公证机构等为医疗纠纷当事人提供法律服务，指导律师做好代理服务工作，促使医疗纠纷双方当事人妥善解决争议。

（四）人民法院对起诉的医疗损害赔偿案件应当及时立案受理，积极开展诉讼调解，对调解不成的，及时依法判决，切实维护医患双方的合法利益。在诉讼过程中应当加强诉讼指导，并做好判后释疑工作。

（五）卫生计生行政部门应当会同公安机关指导医疗机构建立健全突发事件预警应对机制和警医联动联防联控机制，提高应对突发事件的现场处置能力。公安机关可根据实际需要在医疗机构设立警务室，及时受理涉医报警求助，加强动态管控。医疗机构在诊治过程中发现有暴力倾向的患者，或者在处理医疗纠纷过程中发现有矛盾激化，可能引发治安案件、刑事案件的情况，应当及时报告公安机关。

四、建立健全协调配合工作机制

各有关部门要高度重视打击涉医违法犯罪、维护正常医疗秩序的重要性，认真落实党中央、国务院关于构建和谐医患关系的决策部署,加强组织领导与协调配合,形成构建和谐医患关系的合力。地市级以上卫生计生行政部门应当积极协调相关部门建立联席会议等工作制度,定期互通信息,及时研究解决问题,共同维护医疗秩序,促进我国医药卫生事业健康发展。

最高人民法院、最高人民检察院、公安部、司法部关于办理黑恶势力犯罪案件若干问题的指导意见

(2018 年 1 月 16 日　法发〔2018〕1 号)

为贯彻落实《中共中央、国务院关于开展扫黑除恶专项斗争的通知》精神,统一执法思想,提高执法效能,依法、准确、有力惩处黑恶势力犯罪,严厉打击"村霸"、宗族恶势力、"保护伞"以及"软暴力"等犯罪,根据《刑法》、《刑事诉讼法》及有关司法解释等规定,针对实践中遇到的新情况、新问题,现就办理黑恶势力犯罪案件若干问题制定如下指导意见:

一、总体要求

1. 各级人民法院、人民检察院、公安机关和司法行政机关应充分发挥职能作用,密切配合,相互支持,相互制约,形成打击合力,加强预防惩治黑恶势力犯罪长效机制建设。正确运用法律规定加大对黑恶势力违法犯罪以及"保护伞"惩处力度,在侦查、起诉、审判、执行各阶段体现依法从严惩处精神,严格掌握取保候审,严格掌握不起诉,严格掌握缓刑、减刑、假释,严格掌握保外就医适用条件,充分运用《刑法》总则关于共同犯罪和犯罪集团的规定加大惩处力度,充分利用资格刑、财产刑降低再犯可能性。对黑恶势力犯罪;注意串并研判、深挖彻查,防止就案办案,依法加快办理。坚持依法办案、坚持法定标准、坚持以审判为中心,加强法律监督,强化程序意识和证据意识,正确把握"打早打小"与"打准打实"的关系,贯彻落实宽严相济刑事政策,切实做到宽严有据,罚当其罪,实现政治效果、法律效果和社会效果的统一。

2. 各级人民法院、人民检察院、公安机关和司法行政机关应聚焦黑恶势力犯罪突出的重点地区、重点行业和重点领域,重点打击威胁政治安全特别是政权安全、制度安全以及向政治领域渗透的黑恶势力;把持基层政权、操纵破坏基层换届选举、垄断农村资源、侵吞集体资产的黑恶势力;利用家族、宗族势力横行乡里、称霸一方、欺压残害百姓的"村霸"等黑恶势力;在征地、租地、拆迁、工程项目建设等过程中煽动闹事的黑恶势力;在建筑工程、交通运输、矿产资源、渔业捕捞等行业、领域,强揽工程、恶意竞标、非法占地、滥开滥采的黑恶势力;在商贸集市、批发市场、车站码头、旅游景区等场所欺行霸市、强买强卖、收保护费的市霸、行霸等黑恶势力;操纵、经营"黄赌毒"等违法犯罪活动的黑恶势力;非法高利放贷、暴力讨债的黑恶势力;插手民间纠纷,充当"地下执法队"的黑恶势力;组织或雇佣网络"水军"在网上威胁、恐吓、侮辱、诽谤、滋扰的黑恶势力;境外黑社会入境发展渗透以及跨国跨境的黑恶势力。同时,坚决深挖黑恶势力"保护伞"。

二、依法认定和惩处黑社会性质组织犯罪

3. 黑社会性质组织应同时具备《刑法》第二百九十四条第五款中规定的"组织特征""经济特征""行为特征"和"危害性

特征”。由于实践中许多黑社会性质组织并非这“四个特征”都很明显，在具体认定时，应根据立法本意，认真审查、分析黑社会性质组织“四个特征”相互间的内在联系，准确评价涉案犯罪组织所造成的社会危害，做到不枉不纵。

4. 发起、创建黑社会性质组织，或者对黑社会性质组织进行合并、分立、重组的行为，应当认定为“组织黑社会性质组织”；实际对整个组织的发展、运行、活动进行决策、指挥、协调、管理的行为，应当认定为“领导黑社会性质组织”。黑社会性质组织的组织者、领导者，既包括通过一定形式产生的有明确职务、称谓的组织者、领导者，也包括在黑社会性质组织中被公认的事实上的组织者、领导者。

5. 知道或者应当知道是以实施违法犯罪为基本活动内容的组织，仍加入并接受其领导和管理的行为，应当认定为“参加黑社会性质组织”。没有加入黑社会性质组织的意愿，受雇到黑社会性质组织开办的公司、企业、社团工作，未参与黑社会性质组织违法犯罪活动的，不应认定为“参加黑社会性质组织”。

参加黑社会性质组织并具有以下情形之一的，一般应当认定为“积极参加黑社会性质组织”：多次积极参与黑社会性质组织的违法犯罪活动，或者积极参与较严重的黑社会性质组织的犯罪活动且作用突出，以及其他在组织中起重要作用的情形，如具体主管黑社会性质组织的财务、人员管理等事项。

6. 组织形成后，在一定时期内持续存在，应当认定为“形成较稳定的犯罪组织”。

黑社会性质组织一般在短时间内难以形成，而且成员人数较多，但鉴于“恶势力”团伙和犯罪集团向黑社会性质组织发展是一个渐进的过程，没有明显的性质转变的节点，故对黑社会性质组织存在时间、成员人数问题不宜作出“一刀切”的规定。

黑社会性质组织未举行成立仪式或者进行类似活动的，成立时间可以按照足以反映其初步形成非法影响的标志性事件的发生时间认定。没有明显标志性事件的，可以按照本意见中关于黑社会性质组织违法犯罪活动认定范围的规定，将组织者、领导者与其他组织成员首次共同实施该组织犯罪活动的时间认定为该组织的形成时间。该组织者、领导者因未到案或者因死亡等法定情形未被起诉的，不影响认定。

黑社会性质组织成员既包括已有充分证据证明但尚未归案的组织成员，也包括虽有参加黑社会性质组织的行为但因尚未达到刑事责任年龄或因其他法定情形而未被起诉，或者根据具体情节不作为犯罪处理的组织成员。

7. 在组织的形成、发展过程中通过以下方式获取经济利益的，应当认定为“有组织地通过违法犯罪活动或者其他手段获取经济利益”：

(1)有组织地通过违法犯罪活动或其他不正当手段聚敛；

(2)有组织地以投资、控股、参股、合伙等方式通过合法的生产、经营活动获取；

(3)由组织成员提供或通过其他单位、组织、个人资助取得。

8. 通过上述方式获得一定数量的经济利益，应当认定为“具有一定的经济实力”，同时也包括调动一定规模的经济资源用以支持该组织活动的能力。通过上述方式获取的经济利益，即使是由部分组织成员个人掌控，也应计入黑社会性质组织的

"经济实力"。组织成员主动将个人或者家庭资产中的一部分用于支持该组织活动,其个人或者家庭资产可全部计入"一定的经济实力",但数额明显较小或者仅提供动产、不动产使用权的除外。

由于不同地区的经济发展水平、不同行业的利润空间均存在很大差异,加之黑社会性质组织存在、发展的时间也各有不同,在办案时不能一般性地要求黑社会性质组织所具有的经济实力必须达到特定规模或特定数额。

9. 黑社会性质组织实施的违法犯罪活动包括非暴力性的违法犯罪活动,但暴力或以暴力相威胁始终是黑社会性质组织实施违法犯罪活动的基本手段,并随时可能付诸实施。暴力、威胁色彩虽不明显,但实际是以组织的势力、影响和犯罪能力为依托,以暴力、威胁的现实可能性为基础,足以使他人产生恐惧、恐慌进而形成心理强制或者足以影响、限制人身自由、危及人身财产安全或者影响正常生产、工作、生活的手段,属于《刑法》第二百九十四条第五款第(三)项中的"其他手段",包括但不限于所谓的"谈判""协商""调解"以及滋扰、纠缠、哄闹、聚众造势等手段。

10. 为确立、维护、扩大组织的势力、影响、利益或者按照纪律规约、组织惯例多次实施违法犯罪活动,侵犯不特定多人的人身权利、民主权利、财产权利,破坏经济秩序、社会秩序,应当认定为"有组织地多次进行违法犯罪活动,为非作恶,欺压、残害群众"。

符合以下情形之一的,应当认定为是黑社会性质组织实施的违法犯罪活动:

(1)为该组织争夺势力范围、打击竞争对手、形成强势地位、谋取经济利益、树立非法权威、扩大非法影响、寻求非法保护、增强犯罪能力等实施的;

(2)按照该组织的纪律规约、组织惯例实施的;

(3)组织者、领导者直接组织、策划、指挥、参与实施的;

(4)由组织成员以组织名义实施,并得到组织者、领导者认可或者默许的;

(5)多名组织成员为逞强争霸、插手纠纷、报复他人、替人行凶、非法敛财而共同实施,并得到组织者、领导者认可或者默许的;

(6)其他应当认定为黑社会性质组织实施的。

11. 鉴于黑社会性质组织非法控制和影响的"一定区域"的大小具有相对性,不能简单地要求"一定区域"必须达到某一特定的空间范围,而应当根据具体案情,并结合黑社会性质组织对经济、社会生活秩序的危害程度加以综合分析判断。

通过实施违法犯罪活动,或者利用国家工作人员的包庇或者不依法履行职责,放纵黑社会性质组织进行违法犯罪活动的行为,称霸一方,并具有以下情形之一的,可认定为"在一定区域或者行业内,形成非法控制或者重大影响,严重破坏经济、社会生活秩序":

(1)致使在一定区域内生活或者在一定行业内从事生产、经营的多名群众,合法利益遭受犯罪或严重违法活动侵害后,不敢通过正当途径举报、控告的;

(2)对一定行业的生产、经营形成垄断,或者对涉及一定行业的准入、经营、竞争等经济活动形成重要影响的;

(3)插手民间纠纷、经济纠纷,在相关区域或者行业内造成严重影响的;

(4)干扰、破坏他人正常生产、经营、生活,并在相关区域或者行业内造成严重影响的;

(5)干扰、破坏公司、企业、事业单位及社会团体的正常生产,经营、工作秩序,在相关区域、行业内造成严重影响,或者致使其不能正常生产、经营、工作的;

(6)多次干扰、破坏党和国家机关、行业管理部门以及村委会、居委会等基层群众自治组织的工作秩序,或者致使上述单位、组织的职能不能正常行使的;

(7)利用组织的势力、影响,帮助组织成员或他人获取政治地位,或者在党政机关、基层群众自治组织中担任一定职务的;

(8)其他形成非法控制或者重大影响,严重破坏经济、社会生活秩序的情形。

12. 对于组织者、领导者和因犯参加黑社会性质组织罪被判处五年以上有期徒刑的积极参加者,可根据《刑法》第五十六条第一款的规定适用附加剥夺政治权利。对于符合《刑法》第三十七条之一规定的组织成员,应当依法禁止其从事相关职业。符合《刑法》第六十六条规定的组织成员,应当认定为罪犯,依法从重处罚。

对于因有组织的暴力性犯罪被判处死刑缓期执行的黑社会性质组织犯罪分子,可以根据《刑法》第五十条第二款的规定同时决定对其限制减刑。对于因有组织的暴力性犯罪被判处十年以上有期徒刑、无期徒刑的黑社会性质组织犯罪分子,应当根据《刑法》第八十一条第二款规定,不得假释。

13. 对于组织者、领导者一般应当并处没收个人全部财产。对于确属骨干成员或者为该组织转移、隐匿资产的积极参加者,可以并处没收个人全部财产。对于其他组织成员,应当根据所参与实施违法犯罪活动的次数、性质、地位、作用、违法所得数额以及造成损失的数额等情节,依法决定财产刑的适用。

三、依法惩处恶势力犯罪

14. 具有下列情形的组织,应当认定为"恶势力":经常纠集在一起,以暴力、威胁或者其他手段,在一定区域或者行业内多次实施违法犯罪活动,为非作恶,欺压百姓,扰乱经济、社会生活秩序,造成较为恶劣的社会影响,但尚未形成黑社会性质组织的违法犯罪组织。恶势力一般为三人以上,纠集者相对固定,违法犯罪活动主要为强迫交易、故意伤害、非法拘禁、敲诈勒索、故意毁坏财物、聚众斗殴、寻衅滋事等,同时还可能伴随实施开设赌场、组织卖淫、强迫卖淫、贩卖毒品、运输毒品、制造毒品、抢劫、抢夺、聚众扰乱社会秩序、聚众扰乱公共场所秩序、交通秩序以及聚众"打砸抢"等。

在相关法律文书中的犯罪事实认定部分,可使用"恶势力"等表述加以描述。

15. 恶势力犯罪集团是符合犯罪集团法定条件的恶势力犯罪组织,其特征表现为:有三名以上的组织成员,有明显的首要分子,重要成员较为固定,组织成员经常纠集在一起,共同故意实施三次以上恶势力惯常实施的犯罪活动或者其他犯罪活动。

16. 公安机关、人民检察院、人民法院在办理恶势力犯罪案件时,应当依照上述规定,区别于普通刑事案件,充分运用《刑法》总则关于共同犯罪和犯罪集团的规定,依法从严惩处。

四、依法惩处利用"软暴力"实施的犯罪

17. 黑恶势力为谋取不法利益或形成非法影响,有组织地采用滋扰、纠缠、哄闹、聚众造势等手段侵犯人身权利、财产权利，破坏经济秩序、社会秩序，构成犯罪的，应当分别依照《刑法》相关规定处理：

（1）有组织地采用滋扰、纠缠、哄闹、聚众造势等手段扰乱正常的工作、生活秩序，使他人产生心理恐惧或者形成心理强制，分别属于《刑法》第二百九十三条第一款第（二）项规定的“恐吓”、《刑法》第二百二十六规定的“威胁”，同时符合其他犯罪构成条件的，应分别以寻衅滋事罪、强迫交易罪定罪处罚。

《关于办理寻衅滋事刑事案件适用法律若干问题的解释》第二条至第四条中的“多次”一般应当理解为二年内实施寻衅滋事行为三次以上。二年内多次实施不同种类寻衅滋事行为的，应当追究刑事责任。

（2）以非法占有为目的强行索取公私财物，有组织地采用滋扰、纠缠、哄闹、聚众造势等手段扰乱正常的工作、生活秩序，同时符合《刑法》第二百七十四条规定的其他犯罪构成条件的，应当以敲诈勒索罪定罪处罚。同时由多人实施或者以统一着装、显露纹身、特殊标识以及其他明示或者暗示方式，足以使对方感知相关行为的有组织性的，应当认定为《关于办理敲诈勒索刑事案件适用法律若干问题的解释》第二条第（五）项规定的“以黑恶势力名义敲诈勒索”。

采用上述手段，同时又构成其他犯罪的，应当依法按照处罚较重的规定定罪处罚。

雇佣、指使他人有组织地采用上述手段强迫交易、敲诈勒索，构成强迫交易罪、敲诈勒索罪的，对雇佣者、指使者，一般应当以共同犯罪中的主犯论处。为强索不受法律保护的债务或者因其他非法目的，雇佣、指使他人有组织地采用上述手段寻衅滋事，构成寻衅滋事罪的，对雇佣者、指使者，一般应当以共同犯罪中的主犯论处；为追讨合法债务或者因婚恋、家庭、邻里纠纷等民间矛盾而雇佣、指使，没有造成严重后果的，一般不作为犯罪处理，但经有关部门批评制止或者处理处罚后仍继续实施的除外。

18. 黑恶势力有组织地多次短时间非法拘禁他人的，应当认定为《刑法》第二百三十八条规定的“以其他方法非法剥夺他人人身自由”。非法拘禁他人三次以上、每次持续时间在四小时以上，或者非法拘禁他人累计时间在十二小时以上的，应以非法拘禁罪定罪处罚。

五、依法打击非法放贷讨债的犯罪活动

19. 在民间借贷活动中，如有擅自设立金融机构、非法吸收公众存款、骗取贷款、套取金融机构资金发放高利贷以及为强索债务而实施故意杀人、故意伤害、非法拘禁、故意毁坏财物等行为的，应当按照具体犯罪侦查、起诉、审判。依法符合数罪并罚条件的，应当并罚。

20. 对于以非法占有为目的，假借民间借贷之名，通过“虚增债务”“签订虚假借款协议”“制造资金走账流水”“肆意认定违约”“转单平账”“虚假诉讼”等手段非法占有他人财产，或者使用暴力、威胁手段强立债权、强行索债的，应当根据案件具体事实，以诈骗、强迫交易、敲诈勒索、抢劫、虚假诉讼等罪名侦查、起诉、审判。对于非法占有的被害人实际所得借款以外的虚高“债务”和以“保证金”“中介费”“服务费”等各种名目扣除或收取的额外费用，均应计入违法所得。对于名义上为被害人所得、但在案证据能够证明实际上却为犯罪嫌疑人、被告人实施后续犯罪所使用的“借款”，应予以没收。

21. 对采用讨债公司、“地下执法队”等各种形式有组织地进行上述活动,符合黑社会性质组织、犯罪集团认定标准的,应当按照组织、领导、参加黑社会性质组织罪或者犯罪集团侦查、起诉、审判。

六、依法严惩“保护伞”

22.《刑法》第二百九十四条第三款中规定的“包庇”行为,不要求相关国家机关工作人员利用职务便利。利用职务便利包庇黑社会性质组织的,酌情从重处罚。包庇、纵容黑社会性质组织,事先有通谋的,以具体犯罪的共犯论处。

23. 公安机关、人民检察院、人民法院对办理黑恶势力犯罪案件中发现的涉嫌包庇、纵容黑社会性质组织犯罪、收受贿赂、渎职侵权等违法违纪线索,应当及时移送有关主管部门和其他相关部门,坚决依法严惩充当黑恶势力“保护伞”的职务犯罪。

24. 依法严惩农村“两委”等人员在涉农惠农补贴申领与发放、农村基础设施建设、征地拆迁补偿、救灾扶贫优抚、生态环境保护等过程中,利用职权恃强凌弱、吃拿卡要、侵吞挪用国家专项资金的犯罪,以及放纵、包庇“村霸”和宗族恶势力,致使其坐大成患;或者收受贿赂、徇私舞弊,为“村霸”和宗族恶势力充当“保护伞”的犯罪。

25. 公安机关在侦办黑恶势力犯罪案件中,应当注意及时深挖其背后的腐败问题,对于涉嫌特别重大贿赂犯罪案件的犯罪嫌疑人,及时会同有关机关,执行《刑事诉讼法》第三十七条的相关规定,辩护律师在侦查期间会见在押犯罪嫌疑人的,应当经相关侦查机关许可。

七、依法处置涉案财产

26. 公安机关、人民检察院、人民法院根据黑社会性质组织犯罪案件的诉讼需要,应当依法查询、查封、扣押、冻结全部涉案财产。公安机关侦查期间,要会同工商、税务、国土、住建、审计、人民银行等部门全面调查涉黑组织及其成员的财产状况。

对于不宜查封、扣押、冻结的经营性资产,可以申请当地政府指定有关部门或者委托有关机构代管或者托管。

对黑社会性质组织及其成员聚敛的财产及其孳息、收益的数额,办案单位可以委托专门机构评估;确实无法准确计算的,可以根据有关法律规定及查明的事实、证据合理估算。

27. 对于依法查封、冻结、扣押的黑社会性质组织涉案财产,应当全面收集、审查证明其来源、性质、用途、权属及价值大小的有关证据。符合下列情形之一的,应当依法追缴、没收:

(1)组织及其成员通过违法犯罪活动或其他不正当手段聚敛的财产及其孳息、收益;

(2)组织成员通过个人实施违法犯罪活动聚敛的财产及其孳息、收益;

(3)其他单位、组织、个人为支持该组织活动资助或主动提供的财产;

(4)通过合法的生产、经营活动获取的财产或者组织成员个人、家庭合法资产中,实际用于支持该组织活动的部分;

(5)组织成员非法持有的违禁品以及供犯罪所用的本人财物;

(6)其他单位、组织、个人利用黑社会性质组织及其成员的违法犯罪活动获取的财产及其孳息、收益;

(7)其他应当追缴、没收的财产。

28. 违法所得已用于清偿债务或者转让给他人,具有下列情形之一的,应当依法追缴:

(1)对方明知是通过违法犯罪活动或者其他不正当手段聚敛的财产及其孳息、收益的;

(2)对方无偿或者以明显低于市场价格取得的;

(3)对方是因非法债务或者违法犯罪活动而取得的;

(4)通过其他方式恶意取得的。

29. 依法应当追缴、没收的财产无法找到、被他人善意取得、价值灭失或者与其他合法财产混合且不可分割的,可以追缴、没收其他等值财产。

30. 黑社会性质组织犯罪嫌疑人、被告人逃匿,在通缉一年后不能到案,或者犯罪嫌疑人、被告人死亡的,应当依照法定程序没收其违法所得。

31. 对于依法查封、扣押、冻结的涉案财产,有证据证明确属被害人合法财产,或者确与黑社会性质组织及其违法犯罪活动无关的应予以返还。

八、其他

32. 司法行政机关应当加强对律师办理黑社会性质组织犯罪案件辩护代理工作的指导监督。办案机关应当依法保障律师各项诉讼权利,为律师履行辩护代理职责提供便利,防止因妨碍辩护律师依法履行职责,对案件办理带来影响。

对于律师违反会见规定的;以串联组团,联署签名、发表公开信,组织网上聚集、声援等方式或者借个案研讨之名,制造舆论压力,攻击、诋毁司法机关和司法制度,干扰诉讼活动正常进行的;煽动、教唆和组织当事人或者其他人员到司法机关或者其他国家机关静坐、举牌、打横幅、喊口号等,扰乱公共秩序、危害公共安全的;违反规定披露、散布不公开审理案件的信息、材料,或者本人、其他律师在办案过程中获悉的有关案件重要信息、证据材料的,司法行政机关应当依照有关规定予以处罚,构成犯罪的,依法追究刑事责任。对于律师辩护、代理活动中的违法违规行为,相关办案机关要注意收集固定证据,提出司法建议。

33. 监狱应当从严管理组织、领导、参加黑社会性质组织的罪犯,严格罪犯会见、减刑、假释、暂予监外执行等执法活动。对于判处十年以上有期徒刑、无期徒刑,判处死刑缓期二年执行减为有期徒刑、无期徒刑的黑社会性质组织的组织者、领导者,实行跨省、自治区、直辖市异地关押。积极开展黑恶势力犯罪线索排查,教育引导服刑人员检举揭发。社区矫正机构对拟适用社区矫正的黑恶势力犯罪案件的犯罪嫌疑人、被告人,应当认真开展调查评估,为准确适用非监禁刑提供参考。社区矫正机构对组织、领导、参加黑社会性质组织的社区服刑人员要严格监管教育。公安机关、人民检察院、人民法院、司法行政机关要加强协调联动,完善应急处置工作机制,妥善处理社区服刑人员脱管漏管和重新违法犯罪等情形。

34. 办理黑恶势力犯罪案件,要依法建立完善重大疑难案件会商、案件通报等工作机制,进一步加强政法机关之间的配合,形成打击合力;对群众关注度高、社会影响力大的黑恶势力犯罪案件,依法采取挂牌督办、上提一级、异地管辖、指定管辖以及现场联合督导等措施,确保案件质量。根据办理黑恶势力犯罪案件的实际情况,及时汇总问题,归纳经验,适时出台有关证据标准,切实保障有力打击。

35. 公安机关、人民检察院、人民法院办理黑社会性质组织犯罪案件,应当按照

《刑事诉讼法》《关于办理黑社会性质组织犯罪案件若干问题的规定》《公安机关办理刑事案件证人保护工作规定》的有关规定,对证人、报案人、控告人、举报人、鉴定人、被害人采取保护措施。

犯罪嫌疑人、被告人,积极配合侦查、起诉、审判工作,在查明黑社会性质组织的组织结构和组织者、领导者的地位作用,组织实施的重大犯罪事实,追缴、没收赃款赃物,打击"保护伞"等方面提供重要线索和证据,经查证属实的,可以根据案件具体情况,依法从轻、减轻或者免除处罚,并对其参照证人保护的有关规定采取保护措施。前述规定,对于确属组织者、领导者的犯罪嫌疑人、被告人应当严格掌握。

对于确有重大立功或者对于认定重大犯罪事实或追缴、没收涉黑财产具有重要作用的组织成员,确有必要通过分案审理予以保护的,公安机关可以与人民检察院、人民法院在充分沟通的基础上作出另案处理的决定。

对于办理黑社会性质组织犯罪案件的政法干警及其近亲属,需要采取保护措施的,可以参照《刑事诉讼法》等关于证人保护的有关规定,采取禁止特定的人员接触、对人身和住宅予以专门性保护等必要的措施,以确保办理案件的司法工作人员及其近亲属的人身安全。

36. 本意见颁布实施后,最高人民法院、最高人民检察院、公安部、司法部联合发布或者单独制定的其他相关规范性文件,内容如与本意见中有关规定不一致的,应当按照本意见执行。

最高人民法院、最高人民检察院、公安部、司法部关于办理恶势力刑事案件若干问题的意见

(2019 年 2 月 28 日　法发〔2019〕10 号)

为认真贯彻落实中央开展扫黑除恶专项斗争的部署要求,正确理解和适用最高人民法院、最高人民检察院、公安部、司法部《关于办理黑恶势力犯罪案件若干问题的指导意见》(法发〔2018〕1 号,以下简称《指导意见》),根据刑法、刑事诉讼法及有关司法解释、规范性文件的规定,现对办理恶势力刑事案件若干问题提出如下意见:

一、办理恶势力刑事案件的总体要求

1. 人民法院、人民检察院、公安机关和司法行政机关要深刻认识恶势力违法犯罪的严重社会危害,毫不动摇地坚持依法严惩方针,在侦查、起诉、审判、执行各阶段,运用多种法律手段全面体现依法从严惩处精神,有力震慑恶势力违法犯罪分子,有效打击和预防恶势力违法犯罪。

2. 人民法院、人民检察院、公安机关和司法行政机关要严格坚持依法办案,确保在案件事实清楚,证据确实、充分的基础上,准确认定恶势力和恶势力犯罪集团,坚决防止人为拔高或者降低认定标准。要坚持贯彻落实宽严相济刑事政策,根据犯罪嫌疑人、被告人的主观恶性、人身危险性、在恶势力、恶势力犯罪集团中的地位、作用以及在具体犯罪中的罪责,切实做到宽严有据,罚当其罪,实现政治效果、法律效果和社会效果的统一。

3.人民法院、人民检察院、公安机关和司法行政机关要充分发挥各自职能,分工负责,互相配合,互相制约,坚持以审判为中心的刑事诉讼制度改革要求,严格执行"三项规程",不断强化程序意识和证据意识,有效加强法律监督,确保严格执法、公正司法,充分保障当事人、诉讼参与人的各项诉讼权利。

二、恶势力、恶势力犯罪集团的认定标准

4.恶势力,是指经常纠集在一起,以暴力、威胁或者其他手段,在一定区域或者行业内多次实施违法犯罪活动,为非作恶,欺压百姓,扰乱经济、社会生活秩序,造成较为恶劣的社会影响,但尚未形成黑社会性质组织的违法犯罪组织。

5.单纯为牟取不法经济利益而实施的"黄、赌、毒、盗、抢、骗"等违法犯罪活动,不具有为非作恶、欺压百姓特征的,或者因本人及近亲属的婚恋纠纷、家庭纠纷、邻里纠纷、劳动纠纷、合法债务纠纷而引发以及其他确属事出有因的违法犯罪活动,不应作为恶势力案件处理。

6.恶势力一般为3人以上,纠集者相对固定。纠集者,是指在恶势力实施的违法犯罪活动中起组织、策划、指挥作用的违法犯罪分子。成员较为固定且符合恶势力其他认定条件,但多次实施违法犯罪活动是由不同的成员组织、策划、指挥,也可以认定为恶势力,有前述行为的成员均可以认定为纠集者。

恶势力的其他成员,是指知道或应当知道与他人经常纠集在一起是为了共同实施违法犯罪,仍按照纠集者的组织、策划、指挥参与违法犯罪活动的违法犯罪分子,包括已有充分证据证明但尚未归案的人员,以及因法定情形不予追究法律责任,或者因参与实施恶势力违法犯罪活动已受到行政或刑事处罚的人员。仅因临时雇佣或被雇佣、利用或被利用以及受蒙蔽参与少量恶势力违法犯罪活动的,一般不应认定为恶势力成员。

7."经常纠集在一起,以暴力、威胁或者其他手段,在一定区域或者行业内多次实施违法犯罪活动",是指犯罪嫌疑人、被告人于2年之内,以暴力、威胁或者其他手段,在一定区域或者行业内多次实施违法犯罪活动,且包括纠集者在内,至少应有2名相同的成员多次参与实施违法犯罪活动。对于"纠集在一起"时间明显较短,实施违法犯罪活动刚刚达到"多次"标准,且尚不足以造成较为恶劣影响的,一般不应认定为恶势力。

8.恶势力实施的违法犯罪活动,主要为强迫交易、故意伤害、非法拘禁、敲诈勒索、故意毁坏财物、聚众斗殴、寻衅滋事,但也包括具有为非作恶、欺压百姓特征,主要以暴力、威胁为手段的其他违法犯罪活动。

恶势力还可能伴随实施开设赌场、组织卖淫、强迫卖淫、贩卖毒品、运输毒品、制造毒品、抢劫、抢夺、聚众扰乱社会秩序、聚众扰乱公共场所秩序、交通秩序以及聚众"打砸抢"等违法犯罪活动,但仅有前述伴随实施的违法犯罪活动,且不能认定具有为非作恶、欺压百姓特征的,一般不应认定为恶势力。

9.办理恶势力刑事案件,"多次实施违法犯罪活动"至少应包括1次犯罪活动。对于反复实施强迫交易、非法拘禁、敲诈勒索、寻衅滋事等单一性质的违法行为,单次情节、数额尚不构成犯罪,但按照刑法或者有关司法解释、规范性文件的规定累加后应作为犯罪处理的,在认定是否属于"多次实施违法犯罪活动"时,可将已用于累加的违法行为计为1次犯罪活动,其他违法行为单独计算违法活动的次数。

已被处理或者已作为民间纠纷调处,后经查证确属恶势力违法犯罪活动的,均可以作为认定恶势力的事实依据,但不符合法定情形的,不得重新追究法律责任。

10. 认定"扰乱经济、社会生活秩序,造成较为恶劣的社会影响",应当结合侵害对象及其数量、违法犯罪次数、手段、规模、人身损害后果、经济损失数额、违法所得数额、引起社会秩序混乱的程度以及对人民群众安全感的影响程度等因素综合把握。

11. 恶势力犯罪集团,是指符合恶势力全部认定条件,同时又符合犯罪集团法定条件的犯罪组织。

恶势力犯罪集团的首要分子,是指在恶势力犯罪集团中起组织、策划、指挥作用的犯罪分子。恶势力犯罪集团的其他成员,是指知道或者应当知道是为共同实施犯罪而组成的较为固定的犯罪组织,仍接受首要分子领导、管理、指挥,并参与该组织犯罪活动的犯罪分子。

恶势力犯罪集团应当有组织地实施多次犯罪活动,同时还可能伴随实施违法活动。恶势力犯罪集团所实施的违法犯罪活动,参照《指导意见》第十条第二款的规定认定。

12. 全部成员或者首要分子、纠集者以及其他重要成员均为未成年人、老年人、残疾人的,认定恶势力、恶势力犯罪集团时应当特别慎重。

三、正确运用宽严相济刑事政策的有关要求

13. 对于恶势力的纠集者、恶势力犯罪集团的首要分子、重要成员以及恶势力、恶势力犯罪集团共同犯罪中罪责严重的主犯,要正确运用法律规定加大惩处力度,对依法应当判处重刑或死刑的,坚决判处重刑或死刑。同时要严格掌握取保候审,严格掌握不起诉,严格掌握缓刑、减刑、假释,严格掌握保外就医适用条件,充分利用资格刑、财产刑等法律手段全方位从严惩处。对于符合刑法第三十七条之一规定的,可以依法禁止其从事相关职业。

对于恶势力、恶势力犯罪集团的其他成员,在共同犯罪中罪责相对较小、人身危险性、主观恶性相对不大的,具有自首、立功、坦白、初犯等法定或酌定从宽处罚情节,可以依法从轻、减轻或免除处罚。认罪认罚或者仅参与实施少量的犯罪活动且只起次要、辅助作用,符合缓刑条件的,可以适用缓刑。

14. 恶势力犯罪集团的首要分子检举揭发与该犯罪集团及其违法犯罪活动有关联的其他犯罪线索,如果在认定立功的问题上存在事实、证据或法律适用方面的争议,应当严格把握。依法应认定为立功或者重大立功的,在决定是否从宽处罚、如何从宽处罚时,应当根据罪责刑相一致原则从严掌握。可能导致全案量刑明显失衡的,不予从宽处罚。

恶势力犯罪集团的其他成员如果能够配合司法机关查办案件,有提供线索、帮助收集证据或者其他协助行为,并在侦破恶势力犯罪集团案件、查处"保护伞"等方面起到较大作用的,即使依法不能认定立功,一般也应酌情对其从轻处罚。

15. 犯罪嫌疑人、被告人同时具有法定、酌定从严和法定、酌定从宽处罚情节的,量刑时要根据所犯具体罪行的严重程度，结合被告人在恶势力、恶势力犯罪集团中的地位、作用、主观恶性、人身危险性等因素整体把握。对于恶势力的纠集者、恶势力犯罪集团的首要分子、重要成员，量刑时要体现总体从严。对于在共同犯罪中罪责相对较小、人身危险性、主观恶性相对不大，且能够真诚认罪悔罪的其他成员，量刑时要体现总体从宽。

16. 恶势力刑事案件的犯罪嫌疑人、被告人自愿如实供述自己的罪行，承认指控的犯罪事实，愿意接受处罚的，可以依法从宽处理，并适用认罪认罚从宽制度。对于犯罪性质恶劣、犯罪手段残忍、社会危害严重的犯罪嫌疑人、被告人，虽然认罪认罚，但不足以从轻处罚的，不适用该制度。

四、办理恶势力刑事案件的其他问题

17. 人民法院、人民检察院、公安机关经审查认为案件符合恶势力认定标准的，应当在起诉意见书、起诉书、判决书、裁定书等法律文书中的案件事实部分明确表述，列明恶势力的纠集者、其他成员、违法犯罪事实以及据以认定的证据；符合恶势力犯罪集团认定标准的，应当在上述法律文书中明确定性，列明首要分子、其他成员、违法犯罪事实以及据以认定的证据，并引用刑法总则关于犯罪集团的相关规定。被告人及其辩护人对恶势力定性提出辩解和辩护意见，人民法院可以在裁判文书中予以评析回应。

恶势力刑事案件的起诉意见书、起诉书、判决书、裁定书等法律文书，可以在案件事实部分先概述恶势力、恶势力犯罪集团的概括事实，再分述具体的恶势力违法犯罪事实。

18. 对于公安机关未在起诉意见书中明确认定，人民检察院在审查起诉期间发现构成恶势力或者恶势力犯罪集团，且相关违法犯罪事实已经查清，证据确实、充分，依法应追究刑事责任的，应当作出起诉决定，根据查明的事实向人民法院提起公诉，并在起诉书中明确认定为恶势力或者恶势力犯罪集团。人民检察院认为恶势力相关违法犯罪事实不清、证据不足，或者存在遗漏恶势力违法犯罪事实、遗漏同案犯罪嫌疑人等情形需要补充侦查的，应当提出具体的书面意见，连同案卷材料一并退回公安机关补充侦查；人民检察院也可以自行侦查，必要时可以要求公安机关提供协助。

对于人民检察院未在起诉书中明确认定，人民法院在审判期间发现构成恶势力或恶势力犯罪集团的，可以建议人民检察院补充或者变更起诉；人民检察院不同意或者在七日内未回复意见的，人民法院不应主动认定，可仅就起诉指控的犯罪事实依照相关规定作出判决、裁定。

审理被告人或者被告人的法定代理人、辩护人、近亲属上诉的案件时，一审判决认定黑社会性质组织有误的，二审法院应当纠正，符合恶势力、恶势力犯罪集团认定标准，应当作出相应认定；一审判决认定恶势力或恶势力犯罪集团有误的，应当纠正，但不得升格认定；一审判决未认定恶势力或恶势力犯罪集团的，不得增加认定。

19. 公安机关、人民检察院、人民法院应当分别以起诉意见书、起诉书、裁判文书所明确的恶势力、恶势力犯罪集团，作为相关数据的统计依据。

20. 本意见自2019年4月9日起施行。

最高人民法院、最高人民检察院、公安部、司法部关于办理利用信息网络实施黑恶势力犯罪刑事案件若干问题的意见

（2019 年 7 月 23 日）

为认真贯彻中央关于开展扫黑除恶专项斗争的部署要求，正确理解和适用最高人民法院、最高人民检察院、公安部、司法部《关于办理黑恶势力犯罪案件若干问题的指导意见》（法发〔2018〕1 号，以下简称《指导意见》），根据刑法、刑事诉讼法、网络安全法及有关司法解释、规范性文件的规定，现对办理利用信息网络实施黑恶势力犯罪案件若干问题提出以下意见：

一、总体要求

1. 各级人民法院、人民检察院、公安机关及司法行政机关应当统一执法思想、提高执法效能，坚持“打早打小”，坚决依法严厉惩处利用信息网络实施的黑恶势力犯罪，有效维护网络安全和经济、社会生活秩序。

2. 各级人民法院、人民检察院、公安机关及司法行政机关应当正确运用法律，严格依法办案，坚持“打准打实”，认真贯彻落实宽严相济刑事政策，切实做到宽严有据、罚当其罪，实现政治效果、法律效果和社会效果的统一。

3. 各级人民法院、人民检察院、公安机关及司法行政机关应当分工负责，互相配合、互相制约，切实加强与相关行政管理部门的协作，健全完善风险防控机制，积极营造线上线下社会综合治理新格局。

二、依法严惩利用信息网络实施的黑恶势力犯罪

4. 对通过发布、删除负面或虚假信息，发送侮辱性信息、图片，以及利用信息、电话骚扰等方式，威胁、要挟、恐吓、滋扰他人，实施黑恶势力违法犯罪的，应当准确认定，依法严惩。

5. 利用信息网络威胁他人，强迫交易，情节严重的，依照刑法第二百二十六条的规定，以强迫交易罪定罪处罚。

6. 利用信息网络威胁、要挟他人，索取公私财物，数额较大，或者多次实施上述行为的，依照刑法第二百七十四条的规定，以敲诈勒索罪定罪处罚。

7. 利用信息网络辱骂、恐吓他人，情节恶劣，破坏社会秩序的，依照刑法第二百九十三条第一款第二项的规定，以寻衅滋事罪定罪处罚。

编造虚假信息，或者明知是编造的虚假信息，在信息网络上散布，或者组织、指使人员在信息网络上散布，起哄闹事，造成公共秩序严重混乱的，依照刑法第二百九十三条第一款第四项的规定，以寻衅滋事罪定罪处罚。

8. 侦办利用信息网络实施的强迫交易、敲诈勒索等非法敛财类案件，确因被害人人数众多等客观条件的限制，无法逐一收集被害人陈述的，可以结合已收集的被害人陈述，以及经查证属实的银行账户交易记录、第三方支付结算账户交易记录、通话记录、电子数据等证据，综合认定被害人人数以及涉案资金数额等。

三、准确认定利用信息网络实施犯罪的黑恶势力

9. 利用信息网络实施违法犯罪活动，符合刑法、《指导意见》以及最高人民法院、

最高人民检察院、公安部、司法部《关于办理恶势力刑事案件若干问题的意见》等规定的恶势力、恶势力犯罪集团、黑社会性质组织特征和认定标准的，应当依法认定为恶势力、恶势力犯罪集团、黑社会性质组织。

认定利用信息网络实施违法犯罪活动的黑社会性质组织时，应当依照刑法第二百九十四条第五款规定的“四个特征”进行综合审查判断，分析“四个特征”相互间的内在联系，根据在网络空间和现实社会中实施违法犯罪活动对公民人身、财产、民主权利和经济、社会生活秩序所造成的危害，准确评价，依法予以认定。

10. 认定利用信息网络实施违法犯罪的黑恶势力组织特征，要从违法犯罪的起因、目的，以及组织、策划、指挥、参与人员是否相对固定，组织形成后是否持续进行犯罪活动、是否有明确的职责分工、行为规范、利益分配机制等方面综合判断。利用信息网络实施违法犯罪的黑恶势力组织成员之间一般通过即时通讯工具、通讯群组、电子邮件、网盘等信息网络方式联络，对部分组织成员通过信息网络方式联络实施黑恶势力违法犯罪活动，即使相互未见面、彼此不熟识，不影响对组织特征的认定。

11. 利用信息网络有组织地通过实施违法犯罪活动或者其他手段获取一定数量的经济利益，用于违法犯罪活动或者支持该组织生存、发展的，应当认定为符合刑法第二百九十四条第五款第二项规定的黑社会性质组织经济特征。

12. 通过线上线下相结合的方式，有组织地多次利用信息网络实施违法犯罪活动，侵犯不特定多人的人身权利、民主权利、财产权利，破坏经济秩序、社会秩序的，应当认定为符合刑法第二百九十四条第五款第三项规定的黑社会性质组织行为特征。单纯通过线上方式实施的违法犯罪活动，且不具有为非作恶、欺压残害群众特征的，一般不应作为黑社会性质组织行为特征的认定依据。

13. 对利用信息网络实施黑恶势力犯罪非法控制和影响的“一定区域或者行业”，应当结合危害行为发生地或者危害行业的相对集中程度，以及犯罪嫌疑人、被告人在网络空间和现实社会中的控制和影响程度综合判断。虽然危害行为发生地、危害的行业比较分散，但涉案犯罪组织利用信息网络多次实施强迫交易、寻衅滋事、敲诈勒索等违法犯罪活动，在网络空间和现实社会造成重大影响，严重破坏经济、社会生活秩序的，应当认定为“在一定区域或者行业内，形成非法控制或者重大影响”。

四、利用信息网络实施黑恶势力犯罪案件管辖

14. 利用信息网络实施的黑恶势力犯罪案件管辖依照《关于办理黑社会性质组织犯罪案件若干问题的规定》和《关于办理网络犯罪案件适用刑事诉讼程序若干问题的意见》的有关规定确定，坚持以犯罪地管辖为主、被告人居住地管辖为辅的原则。

15. 公安机关可以依法对利用信息网络实施的黑恶势力犯罪相关案件并案侦查或者指定下级公安机关管辖，并案侦查或者由上级公安机关指定管辖的公安机关应当全面调查收集能够证明黑恶势力犯罪事实的证据，各涉案地公安机关应当积极配合。并案侦查或者由上级公安机关指定管辖的案件，需要提请批准逮捕、移送审查起诉、提起公诉的，由立案侦查的公安机关所在地的人民检察院、人民法院受理。

16. 人民检察院对于公安机关提请批准逮捕、移送审查起诉的利用信息网络实施的黑恶势力犯罪案件,人民法院对于已进入审判程序的利用信息网络实施的黑恶势力犯罪案件,被告人及其辩护人提出的管辖异议成立,或者办案单位发现没有管辖权的,受案人民检察院、人民法院经审查,可以依法报请与有管辖权的人民检察院、人民法院共同的上级人民检察院、人民法院指定管辖,不再自行移交。对于在审查批准逮捕阶段,上级检察机关已经指定管辖的案件,审查起诉工作由同一人民检察院受理。人民检察院、人民法院认为应当分案起诉、审理的,可以依法分案处理。

17. 公安机关指定下级公安机关办理利用信息网络实施的黑恶势力犯罪案件的,应当同时抄送同级人民检察院、人民法院。人民检察院认为需要依法指定审判管辖的,应当协商同级人民法院办理指定管辖有关事宜。

18. 本意见自 2019 年 10 月 21 日起施行。

最高人民法院、最高人民检察院、公安部、司法部关于依法严惩利用未成年人实施黑恶势力犯罪的意见

(2020 年 3 月 23 日　高检发〔2020〕4 号)

扫黑除恶专项斗争开展以来,各级人民法院、人民检察院、公安机关和司法行政机关坚决贯彻落实中央部署,严格依法办理涉黑涉恶案件,取得了显著成效。近期,不少地方在办理黑恶势力犯罪案件时,发现一些未成年人被胁迫、利诱参与、实施黑恶势力犯罪,严重损害了未成年人健康成长,严重危害社会和谐稳定。为保护未成年人合法权益,依法从严惩治胁迫、教唆、引诱、欺骗等利用未成年人实施黑恶势力犯罪的行为,根据有关法律规定,制定本意见。

一、突出打击重点,依法严惩利用未成年人实施黑恶势力犯罪的行为

(一)黑社会性质组织、恶势力犯罪集团、恶势力,实施下列行为之一的,应当认定为“利用未成年人实施黑恶势力犯罪”:

1. 胁迫、教唆未成年人参加黑社会性质组织、恶势力犯罪集团、恶势力,或者实施黑恶势力违法犯罪活动的;

2. 拉拢、引诱、欺骗未成年人参加黑社会性质组织、恶势力犯罪集团、恶势力,或者实施黑恶势力违法犯罪活动的;

3. 招募、吸收、介绍未成年人参加黑社会性质组织、恶势力犯罪集团、恶势力,或者实施黑恶势力违法犯罪活动的;

4. 雇佣未成年人实施黑恶势力违法犯罪活动的;

5. 其他利用未成年人实施黑恶势力犯罪的情形。

黑社会性质组织、恶势力犯罪集团、恶势力,根据刑法和《最高人民法院、最高人民检察院、公安部、司法部关于办理黑恶势力犯罪案件若干问题的指导意见》《最高人民法院、最高人民检察院、公安部、司法部关于办理恶势力刑事案件若干问题的意见》等法律、司法解释性质文件的规定认定。

(二)利用未成年人实施黑恶势力犯罪,具有下列情形之一的,应当从重处罚:

1. 组织、指挥未成年人实施故意杀人、

故意伤害致人重伤或者死亡、强奸、绑架、抢劫等严重暴力犯罪的；

2. 向未成年人传授实施黑恶势力犯罪的方法、技能、经验的；

3. 利用未达到刑事责任年龄的未成年人实施黑恶势力犯罪的；

4. 为逃避法律追究，让未成年人自首、做虚假供述顶罪的；

5. 利用留守儿童、在校学生实施犯罪的；

6. 利用多人或者多次利用未成年人实施犯罪的；

7. 针对未成年人实施违法犯罪的；

8. 对未成年人负有监护、教育、照料等特殊职责的人员利用未成年人实施黑恶势力违法犯罪活动的；

9. 其他利用未成年人违法犯罪应当从重处罚的情形。

（三）黑社会性质组织、恶势力犯罪集团利用未成年人实施犯罪的，对犯罪集团首要分子，按照集团所犯的全部罪行，从重处罚。对犯罪集团的骨干成员，按照其组织、指挥的犯罪，从重处罚。

恶势力利用未成年人实施犯罪的，对起组织、策划、指挥作用的纠集者，恶势力共同犯罪中罪责严重的主犯，从重处罚。

黑社会性质组织、恶势力犯罪集团、恶势力成员直接利用未成年人实施黑恶势力犯罪的，从重处罚。

（四）有胁迫、教唆、引诱等利用未成年人参加黑社会性质组织、恶势力犯罪集团、恶势力，或者实施黑恶势力犯罪的行为，虽然未成年人并没有加入黑社会性质组织、恶势力犯罪集团、恶势力，或者没有实际参与实施黑恶势力违法犯罪活动，对黑社会性质组织、恶势力犯罪集团、恶势力的首要分子、骨干成员、纠集者、主犯和直接利用的成员，即便有自首、立功、坦白等从轻减轻情节的，一般也不予从轻或者减轻处罚。

（五）被黑社会性质组织、恶势力犯罪集团、恶势力利用，偶尔参与黑恶势力犯罪活动的未成年人，按其所实施的具体犯罪行为定性，一般不认定为黑恶势力犯罪组织成员。

二、严格依法办案，形成打击合力

（一）人民法院、人民检察院、公安机关和司法行政机关要加强协作配合，对利用未成年人实施黑恶势力犯罪的，在侦查、起诉、审判、执行各阶段，要全面体现依法从严惩处精神，及时查明利用未成年人的犯罪事实，避免纠缠细枝末节。要加强对下指导，对利用未成年人实施黑恶势力犯罪的重特大案件，可以单独或者联合挂牌督办。对于重大疑难复杂和社会影响较大的案件，办案部门应当及时层报上级人民法院、人民检察院、公安机关和司法行政机关。

（二）公安机关要注意发现涉黑涉恶案件中利用未成年人犯罪的线索，落实以审判为中心的刑事诉讼制度改革要求，强化程序意识和证据意识，依法收集、固定和运用证据，并可以就案件性质、收集证据和适用法律等听取人民检察院意见建议。从严掌握取保候审、监视居住的适用，对利用未成年人实施黑恶势力犯罪的首要分子、骨干成员、纠集者、主犯和直接利用的成员，应当依法提请人民检察院批准逮捕。

（三）人民检察院要加强对利用未成年人实施黑恶势力犯罪案件的立案监督，发现应当立案而不立案的，应当要求公安机关说明理由，认为理由不能成立的，应当依法通知公安机关立案。对于利用未成年人实施黑恶势力犯罪的案件,人民检察院可以对案件性质、收集证据和适用法律等提出意见建议。对于符合逮捕条件的依法坚决批准逮捕,符合起诉条件的依法坚决起诉。不批准逮捕要求公安机关补充侦查、审查起诉阶段退回补充侦查的,应当分别制作详细的补充侦查提纲,写明需要补充侦查的事项、理由、侦查方向、需要补充收集的证据及其证明作用等,送交公安机关开展相关侦查补证活动。

(四)办理利用未成年人实施黑恶势力犯罪案件要将依法严惩与认罪认罚从宽有机结合起来。对利用未成年人实施黑恶势力犯罪的,人民检察院要考虑其利用未成年人的情节,向人民法院提出从严处罚的量刑建议。对于虽然认罪,但利用未成年人实施黑恶势力犯罪,犯罪性质恶劣、犯罪手段残忍、严重损害未成年人身心健康,不足以从宽处罚的,在提出量刑建议时要依法从严从重。对被黑恶势力利用实施犯罪的未成年人,自愿如实认罪、真诚悔罪,愿意接受处罚的,应当依法提出从宽处理的量刑建议。

(五)人民法院要对利用未成年人实施黑恶势力犯罪案件及时审判,从严处罚。严格掌握缓刑、减刑、假释的适用,严格掌握暂予监外执行的适用条件。依法运用财产刑、资格刑,最大限度铲除黑恶势力"经济基础"。对于符合刑法第三十七条之一规定的,应当依法禁止其从事相关职业。

三、积极参与社会治理,实现标本兼治

(一)认真落实边打边治边建要求,积极参与社会治理。深挖黑恶势力犯罪分子利用未成年人实施犯罪的根源,剖析重点行业领域监管漏洞,及时预警预判,及时通报相关部门、提出加强监管和行政执法的建议,从源头遏制黑恶势力向未成年人群体侵蚀蔓延。对被黑恶势力利用尚未实施犯罪的未成年人,要配合有关部门及早发现、及时挽救。对实施黑恶势力犯罪但未达到刑事责任年龄的未成年人,要通过落实家庭监护、强化学校教育管理、送入专门学校矫治、开,展社会化帮教等措施做好教育挽救和犯罪预防工作。

(二)加强各职能部门协调联动,有效预防未成年人被黑恶势力利用。建立与共青团、妇联、教育等部门的协作配合工作机制,开展针对未成年人监护人的家庭教育指导、针对教职工的法治教育培训,教育引导未成年人远离违法犯罪。推动建立未成年人涉黑涉恶预警机制,及时阻断未成年人与黑恶势力的联系,防止未成年人被黑恶势力诱导利用。推动网信部门开展专项治理,加强未成年人网络保护。加强与街道、社区等基层组织的联系,重视和发挥基层组织在预防未成年人涉黑涉恶犯罪中的重要作用,进一步推进社区矫正机构对未成年社区矫正对象采取有针对性的矫正措施。

(三)开展法治宣传教育,为严惩利用未成年人实施黑恶势力犯罪营造良好社会环境。充分发挥典型案例的宣示、警醒、引领、示范作用,通过以案释法,选择典型案件召开新闻发布会,向社会公布严惩利用未成年人实施黑恶势力犯罪的经验和做法,揭露利用未成年人实施黑恶势力犯罪的严重危害性。加强重点青少年群体的法治教育,在黑恶势力犯罪案件多发的地区、街道、社区等,强化未成年人对黑恶势力违法犯罪行为的认识,提高未成年人防范意识和法治观念,远离黑恶势力及其违法犯罪。

国家监察委员会、最高人民法院、最高人民检察院、公安部、司法部关于在扫黑除恶专项斗争中分工负责、互相配合、互相制约严惩公职人员涉黑涉恶违法犯罪问题的通知

（2019年10月20日　国监发〔2019〕3号）

为认真贯彻党中央关于开展扫黑除恶专项斗争的重大决策部署，全面落实习近平总书记关于扫黑除恶与反腐败结合起来，与基层"拍蝇"结合起来的重要批示指示精神，进一步规范和加强各级监察机关、人民法院、人民检察院、公安机关、司法行政机关在惩治公职人员涉黑涉恶违法犯罪中的协作配合，推动扫黑除恶专项斗争取得更大成效，根据刑法、刑事诉讼法、监察法及最高人民法院、最高人民检察院、公安部、司法部《关于办理黑恶势力犯罪若干问题的指导意见》的规定，现就有关问题通知如下：

一、总体要求

1. 进一步提升政治站位。坚持以习近平新时代中国特色社会主义思想为指导，从增强"四个意识"、坚定"四个自信"、做到"两个维护"的政治高度，立足党和国家工作大局，深刻认识和把握开展扫黑除恶专项斗争的重大意义。深挖黑恶势力滋生根源，铲除黑恶势力生存根基，严惩公职人员涉黑涉恶违法犯罪，除恶务尽，切实维护群众利益，进一步净化基层政治生态，推动扫黑除恶专项斗争不断向纵深发展，推进全面从严治党不断向基层延伸。

2. 坚持实事求是。坚持以事实为依据，以法律为准绳，综合考虑行为人的主观故意、客观行为、具体情节和危害后果，以及相关黑恶势力的犯罪事实、犯罪性质、犯罪情节和对社会的危害程度，准确认定问题性质，做到不偏不倚、不枉不纵。坚持惩前毖后、治病救人方针，严格区分罪与非罪的界限，区别对待、宽严相济。

3. 坚持问题导向。找准扫黑除恶与反腐"拍蝇"工作的结合点，聚焦涉黑涉恶问题突出、群众反映强烈的重点地区、行业和领域，紧盯农村和城乡结合部，紧盯建筑工程、交通运输、矿产资源、商贸集市、渔业捕捞、集资放贷等涉黑涉恶问题易发多发的行业和领域，紧盯村"两委"、乡镇基层站所及其工作人员，严肃查处公职人员涉黑涉恶违法犯罪行为。

二、严格查办公职人员涉黑涉恶违法犯罪案件

4. 各级监察机关、人民法院、人民检察院、公安机关应聚焦黑恶势力违法犯罪案件及坐大成势的过程，严格查办公职人员涉黑涉恶违法犯罪案件。重点查办以下案件：公职人员直接组织、领导、参与黑恶势力违法犯罪活动的案件；公职人员包庇、纵容、支持黑恶势力犯罪及其他严重刑事犯罪的案件；公职人员收受贿赂、滥用职权，帮助黑恶势力人员获取公职或政治荣誉，侵占国家和集体资金、资源、资产，破坏公平竞争秩序，或为黑恶势力提供政策、项目、资金、金融信贷等支持帮助的案件；负有查禁监管职责的国家机关工作人员滥用职权、玩忽职守帮助犯罪分子逃避处罚的案件；司法工作人员徇私枉法、民事枉法裁判、执行判决裁定失职或滥用职权、私放在押人员以及徇私舞弊减刑、假释、暂予监外

执行的案件；在扫黑除恶专项斗争中发生的公职人员滥用职权，徇私舞弊，包庇、阻碍查处黑恶势力犯罪的案件，以及泄露国家秘密、商业秘密、工作秘密，为犯罪分子通风报信的案件；公职人员利用职权打击报复办案人员的案件。

公职人员的范围，根据《中华人民共和国监察法》第十五条的规定认定。

5. 以上情形，由有关机关依规依纪依法调查处置，涉嫌犯罪的，依法追究刑事责任。

三、准确适用法律

6. 国家机关工作人员包庇黑社会性质的组织，或者纵容黑社会性质的组织进行违法犯罪活动的，以包庇、纵容黑社会性质组织罪定罪处罚。

国家机关工作人员既组织、领导、参加黑社会性质组织，又对该组织进行包庇、纵容的，应当以组织、领导、参加黑社会性质组织罪从重处罚。

国家机关工作人员包庇、纵容黑社会性质组织，该包庇、纵容行为同时还构成包庇罪、伪证罪、妨害作证罪、徇私枉法罪、滥用职权罪、帮助犯罪分子逃避处罚罪、徇私舞弊不移交刑事案件罪，以及徇私舞弊减刑、假释、暂予监外执行罪等其他犯罪的，应当择一重罪处罚。

7. 非国家机关工作人员与国家机关工作人员共同包庇、纵容黑社会性质组织，且不属于该组织成员的，以包庇、纵容黑社会性质组织罪的共犯论处。非国家机关工作人员的行为同时还构成其他犯罪，应当择一重罪处罚。

8. 公职人员利用职权或职务便利实施包庇、纵容黑恶势力、伪证、妨害作证，帮助毁灭、伪造证据，以及窝藏、包庇等犯罪行为的，应酌情从重处罚。事先有通谋而实施支持帮助、包庇纵容等保护行为的，以具体犯罪的共犯论处。

四、形成打击公职人员涉黑涉恶违法犯罪的监督制约、配合衔接机制

9. 监察机关、公安机关、人民检察院、人民法院在查处、办理公职人员涉黑涉恶违法犯罪案件过程中，应当分工负责，互相配合，互相制约，通过对办理的黑恶势力犯罪案件逐案筛查、循线深挖等方法，保证准确有效地执行法律，彻查公职人员涉黑涉恶违法犯罪。

10. 监察机关、公安机关、人民检察院、人民法院要建立完善查处公职人员涉黑涉恶违法犯罪重大疑难案件研判分析、案件通报等工作机制，进一步加强监察机关、政法机关之间的配合，共同研究和解决案件查处、办理过程中遇到的疑难问题，相互及时通报案件进展情况，进一步增强工作整体性、协同性。

11. 监察机关、公安机关、人民检察院、人民法院、司法行政机关要建立公职人员涉黑涉恶违法犯罪线索移送制度，对工作中收到、发现的不属于本单位管辖的公职人员涉黑涉恶违法犯罪线索，应当及时移送有管辖权的单位处置。

移送公职人员涉黑涉恶违法犯罪线索，按照以下规定执行：

(1) 公安机关、人民检察院、人民法院、司法行政机关在工作中发现公职人员涉黑涉恶违法犯罪中的涉嫌贪污贿赂、失职渎职等职务违法和职务犯罪等应由监察机关管辖的问题线索，应当移送监察机关。

(2) 监察机关在信访举报、监督检查、审查调查等工作中发现公职人员涉黑涉恶违法犯罪线索的，应当将其中涉嫌包庇、纵容黑社会性质组织犯罪等由公安机关管辖的案件线索移送公安机关处理。

(3)监察机关、公安机关、人民检察院、人民法院、司法行政机关在工作中发现司法工作人员涉嫌利用职权实施的侵犯公民权利、损害司法公正案件线索的,根据有关规定,经沟通后协商确定管辖机关。

12. 监察机关、公安机关、人民检察院接到移送的公职人员涉黑涉恶违法犯罪线索,应当按各自职责及时处置、核查,依法依规作出处理,并做好沟通反馈工作;必要时,可以与相关线索或案件并案处理。

对于重大疑难复杂的公职人员涉黑涉恶违法犯罪案件,监察机关、公安机关、人民检察院可以同步立案、同步查处,根据案件办理需要,相互移送相关证据,加强沟通配合,做到协同推进。

13. 公职人员涉黑涉恶违法犯罪案件中,既涉嫌贪污贿赂、失职渎职等严重职务违法或职务犯罪,又涉嫌公安机关、人民检察院管辖的违法犯罪的,一般应当以监察机关为主调查,公安机关、人民检察院予以协助。监察机关和公安机关、人民检察院分别立案调查(侦查)的,由监察机关协调调查和侦查工作。犯罪行为仅涉及公安机关、人民检察院管辖的,由有关机关依法按照管辖职能进行侦查。

14. 公安机关、人民检察院、人民法院对公职人员涉黑涉恶违法犯罪移送审查起诉、提起公诉、作出裁判,必要时听取监察机关的意见。

15. 公职人员涉黑涉恶违法犯罪案件开庭审理时,人民法院应当通知监察机关派员旁听,也可以通知涉罪公职人员所在单位、部门、行业以及案件涉及的单位、部门、行业等派员旁听。

最高人民法院、最高人民检察院、公安部、司法部关于办理实施“软暴力”的刑事案件若干问题的意见

(2019年4月9日)

为深入贯彻落实中央关于开展扫黑除恶专项斗争的决策部署,正确理解和适用最高人民法院、最高人民检察院、公安部、司法部《关于办理黑恶势力犯罪案件若干问题的指导意见》(法发〔2018〕1号,以下简称《指导意见》)关于对依法惩处采用“软暴力”实施犯罪的规定,依法办理相关犯罪案件,根据《刑法》《刑事诉讼法》及有关司法解释、规范性文件,提出如下意见:

一、“软暴力”是指行为人为谋取不法利益或形成非法影响,对他人或者在有关场所进行滋扰、纠缠、哄闹、聚众造势等,足以使他人产生恐惧、恐慌进而形成心理强制,或者足以影响、限制人身自由、危及人身财产安全,影响正常生活、工作、生产、经营的违法犯罪手段。

二、“软暴力”违法犯罪手段通常的表现形式有:

(一)侵犯人身权利、民主权利、财产权利的手段,包括但不限于跟踪贴靠、扬言传播疾病、揭发隐私、恶意举报、诬告陷害、破坏、霸占财物等;

(二)扰乱正常生活、工作、生产、经营秩序的手段,包括但不限于非法侵入他人住宅、破坏生活设施、设置生活障碍、贴报喷字、拉挂横幅、燃放鞭炮、播放哀乐、摆放花圈、泼洒污物、断水断电、堵门阻工,以及

通过驱赶从业人员、派驻人员据守等方式直接或间接地控制厂房、办公区、经营场所等；

（三）扰乱社会秩序的手段，包括但不限于摆场架势示威、聚众哄闹滋扰、拦路闹事等；

（四）其他符合本意见第一条规定的“软暴力”手段。

通过信息网络或者通讯工具实施，符合本意见第一条规定的违法犯罪手段，应当认定为“软暴力”。

三、行为人实施“软暴力”，具有下列情形之一，可以认定为足以使他人产生恐惧、恐慌进而形成心理强制或者足以影响、限制人身自由、危及人身财产安全或者影响正常生活、工作、生产、经营：

（一）黑恶势力实施的；

（二）以黑恶势力名义实施的；

（三）曾因组织、领导、参加黑社会性质组织、恶势力犯罪集团、恶势力以及因强迫交易、非法拘禁、敲诈勒索、聚众斗殴、寻衅滋事等犯罪受过刑事处罚后又实施的；

（四）携带凶器实施的；

（五）有组织地实施的或者足以使他人认为暴力、威胁具有现实可能性的；

（六）其他足以使他人产生恐惧、恐慌进而形成心理强制或者足以影响、限制人身自由、危及人身财产安全或者影响正常生活、工作、生产、经营的情形。

由多人实施的，编造或明示暴力违法犯罪经历进行恐吓的，或者以自报组织、头目名号、统一着装、显露纹身、特殊标识以及其他明示、暗示方式，足以使他人感知相关行为的有组织性的，应当认定为“以黑恶势力名义实施”。

由多人实施的，只要有部分行为人符合本条第一款第（一）项至第（四）项所列情形的，该项即成立。

虽然具体实施“软暴力”的行为人不符合本条第一款第（一）项、第（三）项所列情形，但雇佣者、指使者或者纠集者符合的，该项成立。

四、“软暴力”手段属于《刑法》第二百九十四条第五款第（三）项“黑社会性质组织行为特征”以及《指导意见》第 14 条“恶势力”概念中的“其他手段”。

五、采用“软暴力”手段，使他人产生心理恐惧或者形成心理强制，分别属于《刑法》第二百二十六条规定的“威胁”、《刑法》第二百九十三条第一款第（二）项规定的“恐吓”，同时符合其他犯罪构成要件的，应当分别以强迫交易罪、寻衅滋事罪定罪处罚。

《关于办理寻衅滋事刑事案件适用法律若干问题的解释》第二条至第四条中的“多次”一般应当理解为二年内实施寻衅滋事行为三次以上。三次以上寻衅滋事行为既包括同一类别的行为，也包括不同类别的行为；既包括未受行政处罚的行为，也包括已受行政处罚的行为。

六、有组织地多次短时间非法拘禁他人的，应当认定为《刑法》第二百三十八条规定的“以其他方法非法剥夺他人人身自由”。非法拘禁他人三次以上、每次持续时间在四小时以上，或者非法拘禁他人累计时间在十二小时以上的，应当以非法拘禁罪定罪处罚。

七、以“软暴力”手段非法进入或者滞留他人住宅的，应当认定为《刑法》第二百四十五条规定的“非法侵入他人住宅”，同时符合其他犯罪构成要件的，应当以非法侵入住宅罪定罪处罚。

八、以非法占有为目的，采用“软暴力”手段强行索取公私财物，同时符合《刑法》第二百七十四条规定的其他犯罪构成要件的，应当以敲诈勒索罪定罪处罚。

《关于办理敲诈勒索刑事案件适用法律若干问题的解释》第三条中“二年内敲诈勒索三次以上”，包括已受行政处罚的行为。

九、采用“软暴力”手段，同时构成两种以上犯罪的，依法按照处罚较重的犯罪定罪处罚，法律另有规定的除外。

十、根据本意见第五条、第八条规定，对已受行政处罚的行为追究刑事责任的，行为人先前所受的行政拘留处罚应当折抵刑期，罚款应当抵扣罚金。

十一、雇佣、指使他人采用“软暴力”手段强迫交易、敲诈勒索，构成强迫交易罪、敲诈勒索罪的，对雇佣者、指使者，一般应当以共同犯罪中的主犯论处。

为强索不受法律保护的债务或者因其他非法目的，雇佣、指使他人采用“软暴力”手段非法剥夺他人人身自由构成非法拘禁罪，或者非法侵入他人住宅、寻衅滋事，构成非法侵入住宅罪、寻衅滋事罪的，对雇佣者、指使者，一般应当以共同犯罪中的主犯论处；因本人及近亲属合法债务、婚恋、家庭、邻里纠纷等民间矛盾而雇佣、指使，没有造成严重后果的，一般不作为犯罪处理，但经有关部门批评制止或者处理处罚后仍继续实施的除外。

十二、本意见自2019年4月9日起施行。

最高人民法院、最高人民检察院、公安部、司法部关于办理黑恶势力刑事案件中财产处置若干问题的意见

（2019年4月9日）

为认真贯彻中央关于开展扫黑除恶专项斗争的重大决策部署，彻底铲除黑恶势力犯罪的经济基础，根据刑法、刑事诉讼法及最高人民法院、最高人民检察院、公安部、司法部《关于办理黑恶势力犯罪案件若干问题的指导意见》（法发〔2018〕1号）等规定，现对办理黑恶势力刑事案件中财产处置若干问题提出如下意见：

一、总体工作要求

1. 公安机关、人民检察院、人民法院在办理黑恶势力犯罪案件时，在查明黑恶势力组织违法犯罪事实并对黑恶势力成员依法定罪量刑的同时，要全面调查黑恶势力组织及其成员的财产状况，依法对涉案财产采取查询、查封、扣押、冻结等措施，并根据查明的情况，依法作出处理。

前款所称处理既包括对涉案财产中犯罪分子违法所得、违禁品、供犯罪所用的本人财物以及其他等值财产等依法追缴、没收，也包括对被害人的合法财产等依法返还。

2. 对涉案财产采取措施，应当严格依照法定条件和程序进行。严禁在立案之前查封、扣押、冻结财物。凡查封、扣押、冻结的财物，都应当及时进行审查，防止因程序违法、工作瑕疵等影响案件审理以及涉案财产处置。

3. 对涉案财产采取措施，应当为犯罪

嫌疑人、被告人及其所扶养的亲属保留必需的生活费用和物品。

根据案件具体情况,在保证诉讼活动正常进行的同时,可以允许有关人员继续合理使用有关涉案财产,并采取必要的保值保管措施,以减少案件办理对正常办公和合法生产经营的影响。

4. 要彻底摧毁黑社会性质组织的经济基础,防止其死灰复燃。对于组织者、领导者一般应当并处没收个人全部财产。对于确属骨干成员或者为该组织转移、隐匿资产的积极参加者,可以并处没收个人全部财产。对于其他组织成员,应当根据所参与实施违法犯罪活动的次数、性质、地位、作用、违法所得数额以及造成损失的数额等情节,依法决定财产刑的适用。

5. 要深挖细查并依法打击黑恶势力组织进行的洗钱以及掩饰、隐瞒犯罪所得、犯罪所得收益等转变涉案财产性质的关联犯罪。

二、依法采取措施全面收集证据

6. 公安机关侦查期间,要根据《公安机关办理刑事案件适用查封、冻结措施相关规定》(公通字〔2013〕30号)等有关规定,会同有关部门全面调查黑恶势力及其成员的财产状况,并可以根据诉讼需要,先行依法对下列财产采取查询、查封、扣押、冻结等措施:

(1)黑恶势力组织的财产;

(2)犯罪嫌疑人个人所有的财产;

(3)犯罪嫌疑人实际控制的财产;

(4)犯罪嫌疑人出资购买的财产;

(5)犯罪嫌疑人转移至他人名下的财产;

(6)犯罪嫌疑人涉嫌洗钱以及掩饰、隐瞒犯罪所得、犯罪所得收益等犯罪涉及的财产;

(7)其他与黑恶势力组织及其违法犯罪活动有关的财产。

7. 查封、扣押、冻结已登记的不动产、特定动产及其他财产,应当通知有关登记机关,在查封、扣押、冻结期间禁止被查封、扣押、冻结的财产流转,不得办理被查封、扣押、冻结财产权属变更、抵押等手续。必要时可以提取有关产权证照。

8. 公安机关对于采取措施的涉案财产,应当全面收集证明其来源、性质、用途、权属及价值的有关证据,审查判断是否应当依法追缴、没收。

证明涉案财产来源、性质、用途、权属及价值的有关证据一般包括:

(1)犯罪嫌疑人、被告人关于财产来源、性质、用途、权属、价值的供述;

(2)被害人、证人关于财产来源、性质、用途、权属、价值的陈述、证言;

(3)财产购买凭证、银行往来凭据、资金注入凭据、权属证明等书证;

(4)财产价格鉴定、评估意见;

(5)可以证明财产来源、性质、用途、权属、价值的其他证据。

9. 公安机关对应当依法追缴、没收的财产中黑恶势力组织及其成员聚敛的财产及其孳息、收益的数额,可以委托专门机构评估;确实无法准确计算的,可以根据有关法律规定及查明的事实、证据合理估算。

人民检察院、人民法院对于公安机关委托评估、估算的数额有不同意见的,可以重新委托评估、估算。

10. 人民检察院、人民法院根据案件诉讼的需要,可以依法采取上述相关措施。

三、准确处置涉案财产

11. 公安机关、人民检察院应当加强对

在案财产审查甄别。在移送审查起诉、提起公诉时,一般应当对采取措施的涉案财产提出处理意见建议,并将采取措施的涉案财产及其清单随案移送。

人民检察院经审查,除对随案移送的涉案财产提出处理意见外,还需要对继续追缴的尚未被足额查封、扣押的其他违法所得提出处理意见建议。

涉案财产不宜随案移送的,应当按照相关法律、司法解释的规定,提供相应的清单、照片、录像、封存手续、存放地点说明、鉴定、评估意见、变价处理凭证等材料。

12. 对于不宜查封、扣押、冻结的经营性财产,公安机关、人民检察院、人民法院可以申请当地政府指定有关部门或者委托有关机构代管或者托管。

对易损毁、灭失、变质等不宜长期保存的物品,易贬值的汽车、船艇等物品,或者市场价格波动大的债券、股票、基金等财产,有效期即将届满的汇票、本票、支票等,经权利人同意或者申请,并经县级以上公安机关、人民检察院或者人民法院主要负责人批准,可以依法出售、变现或者先行变卖、拍卖,所得价款由扣押、冻结机关保管,并及时告知当事人或者其近亲属。

13. 人民检察院在法庭审理时应当对证明黑恶势力犯罪涉案财产情况进行举证质证,对于既能证明具体个罪又能证明经济特征的涉案财产情况相关证据在具体个罪中出示后,在经济特征中可以简要说明,不再重复出示。

14. 人民法院作出的判决,除应当对随案移送的涉案财产作出处理外,还应当在判决书中写明需要继续追缴尚未被足额查封、扣押的其他违法所得;对随案移送财产进行处理时,应当列明相关财产的具体名称、数量、金额、处置情况等。涉案财产或者有关当事人人数较多,不宜在判决书正文中详细列明的,可以概括叙述并另附清单。

15. 涉案财产符合下列情形之一的,应当依法追缴、没收:

(1)黑恶势力组织及其成员通过违法犯罪活动或者其他不正当手段聚敛的财产及其孳息、收益;

(2)黑恶势力组织成员通过个人实施违法犯罪活动聚敛的财产及其孳息、收益;

(3)其他单位、组织、个人为支持该黑恶势力组织活动资助或者主动提供的财产;

(4)黑恶势力组织及其成员通过合法的生产、经营活动获取的财产或者组织成员个人、家庭合法财产中,实际用于支持该组织活动的部分;

(5)黑恶势力组织成员非法持有的违禁品以及供犯罪所用的本人财物;

(6)其他单位、组织、个人利用黑恶势力组织及其成员违法犯罪活动获取的财产及其孳息、收益;

(7)其他应当追缴、没收的财产。

16. 应当追缴、没收的财产已用于清偿债务或者转让、或者设置其他权利负担,具有下列情形之一的,应当依法追缴:

(1)第三人明知是违法犯罪所得而接受的;

(2)第三人无偿或者以明显低于市场的价格取得涉案财物的;

(3)第三人通过非法债务清偿或者违法犯罪活动取得涉案财物的;

(4)第三人通过其他方式恶意取得涉案财物的。

17. 涉案财产符合下列情形之一的,应当依法返还:

(1)有证据证明确属被害人合法财产;

（2）有证据证明确与黑恶势力及其违法犯罪活动无关。

18. 有关违法犯罪事实查证属实后，对于有证据证明权属明确且无争议的被害人、善意第三人或者其他人员合法财产及其孳息，凡返还不损害其他利害关系人的利益，不影响案件正常办理的，应当在登记、拍照或者录像后，依法及时返还。

四、依法追缴、没收其他等值财产

19. 有证据证明依法应当追缴、没收的涉案财产无法找到、被他人善意取得、价值灭失或者与其他合法财产混合且不可分割的，可以追缴、没收其他等值财产。

对于证明前款各种情形的证据，公安机关或者人民检察院应当及时调取。

20. 本意见第19条所称“财产无法找到”，是指有证据证明存在依法应当追缴、没收的财产，但无法查证财产去向、下落的。被告人有不同意见的，应当出示相关证据。

21. 追缴、没收的其他等值财产的数额，应当与无法直接追缴、没收的具体财产的数额相对应。

五、其他

22. 本意见所称孳息，包括天然孳息和法定孳息。

本意见所称收益，包括但不限于以下情形：

（1）聚敛、获取的财产直接产生的收益，如使用聚敛、获取的财产购买彩票中奖所得收益等；

（2）聚敛、获取的财产用于违法犯罪活动产生的收益，如使用聚敛、获取的财产赌博赢利所得收益、非法放贷所得收益、购买并贩卖毒品所得收益等；

（3）聚敛、获取的财产投资、置业形成的财产及其收益；

（4）聚敛、获取的财产和其他合法财产共同投资或者置业形成的财产中，与聚敛、获取的财产对应的份额及其收益；

（5）应当认定为收益的其他情形。

23. 本意见未规定的黑恶势力刑事案件财产处置工作其他事宜，根据相关法律法规、司法解释等规定办理。

24. 本意见自2019年4月9日起施行。

最高人民法院、最高人民检察院、公安部关于依法惩治袭警违法犯罪行为的指导意见

（2020年1月10日）

人民警察代表国家行使执法权，肩负着打击违法犯罪、维护社会稳定、维持司法秩序、执行生效裁判等重要职责。在依法履职过程中，人民警察遭受违法犯罪分子暴力侵害、打击报复的事件时有发生，一些犯罪分子气焰嚣张、手段残忍，甚至出现预谋性、聚众性袭警案件，不仅危害民警人身安全，更严重损害国家法律权威、破坏国家正常管理秩序。为切实维护国家法律尊严，维护民警执法权威，保障民警人身安全，依法惩治袭警违法犯罪行为，根据有关法律法规，经最高人民法院、最高人民检察院、公安部共同研究决定，制定本意见。

一、对正在依法执行职务的民警实施下列行为的，属于刑法第二百七十七条第五款规定的“暴力袭击正在依法执行职务的人民警察”，应当以妨害公务罪定罪从重处罚：

1. 实施撕咬、踢打、抱摔、投掷等，对民警人身进行攻击的；

2. 实施打砸、毁坏、抢夺民警正在使用的警用车辆、警械等警用装备,对民警人身进行攻击的;

对正在依法执行职务的民警虽未实施暴力袭击,但以实施暴力相威胁,符合刑法第二百七十七条第一款规定的,以妨害公务罪定罪处罚。

醉酒的人实施袭警犯罪行为,应当负刑事责任。

教唆、煽动他人实施袭警犯罪行为或者为他人实施袭警犯罪行为提供工具、帮助的,以共同犯罪论处。

对袭警情节轻微或者辱骂民警,尚不构成犯罪,但构成违反治安管理行为的,应当依法从重给予治安管理处罚。

二、实施暴力袭警行为,具有下列情形之一的,在第一条规定的基础上酌情从重处罚:

1. 使用凶器或者危险物品袭警、驾驶机动车袭警的;

2. 造成民警轻微伤或者警用装备严重毁损的;

3. 妨害民警依法执行职务,造成他人伤亡、公私财产损失或者造成犯罪嫌疑人脱逃、毁灭证据等严重后果的;

4. 造成多人围观、交通堵塞等恶劣社会影响的;

5. 纠集多人袭警或者袭击民警二人以上的;

6. 曾因袭警受过处罚,再次袭警的;

7. 实施其他严重袭警行为的。

实施上述行为,构成犯罪的,一般不得适用缓刑。

三、驾车冲撞、碾轧、拖拽、剐蹭民警,或者挤别、碰撞正在执行职务的警用车辆,危害公共安全或者民警生命、健康安全,符合刑法第一百一十四条、第一百一十五条、第二百三十二条、第二百三十四条规定的,应当以以危险方法危害公共安全罪、故意杀人罪或者故意伤害罪定罪,酌情从重处罚。

暴力袭警,致使民警重伤、死亡,符合刑法第二百三十四条、第二百三十二条规定的,应当以故意伤害罪、故意杀人罪定罪,酌情从重处罚。

四、抢劫、抢夺民警枪支,符合刑法第一百二十七条第二款规定的,应当以抢劫枪支罪、抢夺枪支罪定罪。

五、民警在非工作时间,依照《中华人民共和国人民警察法》等法律履行职责的,应当视为执行职务。

六、在民警非执行职务期间,因其职务行为对其实施暴力袭击、拦截、恐吓等行为,符合刑法第二百三十四条、第二百三十二条、第二百九十三条等规定的,应当以故意伤害罪、故意杀人罪、寻衅滋事罪等定罪,并根据袭警的具体情节酌情从重处罚。

各级人民法院、人民检察院和公安机关要加强协作配合,对袭警违法犯罪行为快速处理、准确定性、依法严惩。一要依法及时开展调查处置、批捕、起诉、审判工作。民警对于袭警违法犯罪行为应当依法予以制止,并根据现场条件,妥善保护案发现场,控制犯罪嫌疑人。负责侦查办理袭警案件的民警应当全面收集、提取证据,特别是注意收集民警现场执法记录仪和周边监控等视听资料、在场人员证人证言等证据,查清案件事实。对造成民警或者他人受伤、财产损失的,依法进行鉴定。在处置过程中,民警依法依规使用武器、警械或者采取其他必要措施制止袭警行为,受法律保护。人民检察院对于公安机关提请批准逮捕、移送审查起诉的袭警案件,应当从严掌握无逮捕必要性、犯罪情节轻微等不捕不诉情形，慎重作出不批捕、不起诉决定，对于符合逮捕、起诉条件的，应当依法尽快予以批捕、起诉。对于袭警行为构成犯罪的，人民法院应当依法及时审判，严格依法追究犯罪分子刑事责任。二要依法适用从重处罚。暴力袭警是刑法第二百七十七条规定的从重处罚情形。人民法院、人民检察院和公安机关在办理此类案件时，要准确认识袭警行为对于国家法律秩序的严重危害，不能将袭警行为等同于一般的故意伤害行为，不能仅以造成民警身体伤害作为构成犯罪的标准，要综合考虑袭警行为的手段、方式以及对执行职务的影响程度等因素，准确认定犯罪性质，从严追究刑事责任。对袭警违法犯罪行为，依法不适用刑事和解和治安调解。对于构成犯罪，但具有初犯、偶犯、给予民事赔偿并取得被害人谅解等情节的，在酌情从宽时，应当从严把握从宽幅度。对犯罪性质和危害后果特别严重、犯罪手段特别残忍、社会影响特别恶劣的犯罪分子，虽具有上述酌定从宽情节但不足以从轻处罚的，依法不予从宽处罚。三要加强规范执法和法制宣传教育。人民警察要严格按照法律规定的程序和标准正确履职，特别是要规范现场执法，以法为据、以理服人，妥善化解矛盾，谨慎使用强制措施和武器警械。人民法院、人民检察院、公安机关在依法办案的同时，要加大法制宣传教育力度，对于社会影响大、舆论关注度高的重大案件，视情通过新闻媒体、微信、微博等多种形式，向社会通报案件进展情况，澄清事实真相，并结合案情释法说理，说明袭警行为的危害性。要适时公开曝光一批典型案例，向社会揭露袭警行为的违法性和严重危害性，教育人民群众遵纪守法，在全社会树立“敬畏法律、尊重执法者”的良好法治环境。

各地各相关部门在执行中遇有问题，请及时上报各自上级机关。

最高人民检察院法律政策研究室关于买卖伪造的国家机关证件行为是否构成犯罪问题的答复

（1999年6月21日　〔1999〕高检研发第5号）

辽宁省人民检察院研究室：

你院《关于买卖伪造的国家机关证件行为是否构成犯罪的请示》（辽检发研字〔1999〕3号）收悉。经研究，并根据高检院领导的批示，答复如下：

对于买卖伪造的国家机关证件的行为，依法应当追究刑事责任的，可适用刑法第二百八十条第一款的规定以买卖国家机关证件罪追究刑事责任。

最高人民检察院法律政策研究室关于盗窃骨灰行为如何处理问题的答复

（2002年9月18日　〔2002〕高检研发第14号）

吉林省人民检察院法律政策研究室：

你院《关于对盗窃骨灰行为可否比照盗窃尸体罪定性问题的请示》（吉检发请字〔2002〕1号）收悉。经研究，我们认为，“骨灰”不属于刑法第三百零二条规定的“尸体”。对于盗窃骨灰的行为不能以刑法第三百零二条的规定追究刑事责任。

最高人民检察院法律政策研究室关于伪造、变造、买卖政府设立的临时性机构的公文、证件、印章行为如何适用法律问题的答复

（2003 年 6 月 3 日）

江苏省人民检察院研究室：

你院《关于伪造、变造、买卖政府设立的临时性机构公文、证件、印章的行为能否适用刑法第二百八十条第一款规定的请示》（苏检发研字〔2003〕4 号）收悉。经研究，答复如下：

伪造、变造、买卖各级人民政府设立的行使行政管理权的临时性机构的公文、证件、印章行为，构成犯罪的，应当依照刑法第二百八十条第一款的规定，以伪造、变造、买卖国家机关公文、证件、印章罪追究刑事责任。

最高人民法院研究室关于对行为人通过伪造国家机关公文、证件担任国家工作人员职务并利用职务上的便利侵占本单位财物、收受贿赂、挪用本单位资金等行为如何适用法律问题的答复

（2004 年 3 月 20 日　法研〔2004〕38 号）

北京市高级人民法院：

你院〔2004〕15 号《关于通过伪造国家机关公文、证件担任国家工作人员职务后利用职务便利侵占本单位财物、收受贿赂、挪用本单位资金的行为如何定性的请示》收悉。经研究，答复如下：

行为人通过伪造国家机关公文、证件担任国家工作人员职务以后，又利用职务上的便利实施侵占本单位财物、收受贿赂、挪用本单位资金等行为，构成犯罪的，应当分别以伪造国家机关公文、证件罪和相应的贪污罪、受贿罪、挪用公款罪等追究刑事责任，实行数罪并罚。

最高人民法院研究室关于对参加聚众斗殴受重伤或者死亡的人及其家属提出的民事赔偿请求能否予以支持问题的答复

（2004 年 11 月 11 日　法研〔2004〕179 号）

江苏省高级人民法院：

你院苏高法〔2004〕296 号《关于对聚众斗殴案件中受伤或死亡的当事人及其家属提出的民事赔偿请求能否予以支持问题的请示》收悉。经研究，答复如下：

根据《刑法》第二百九十二条第一款的规定，聚众斗殴的参加者，无论是否首要分子，均明知自己的行为有可能产生伤害他人以及自己被他人的行为伤害的后果，其仍然参加聚众斗殴的，应当自行承担相应的刑事和民事责任。根据《刑法》第二百九十二条第二款的规定，对于参加聚众斗殴，造成他人重伤或者死亡的，行为性质发生变化，应认定为故意伤害罪或者故意杀人罪。聚众斗殴中受重伤或者死亡的人，既

是故意伤害罪或者故意杀人罪的受害人，又是聚众斗殴犯罪的行为人。对于参加聚众斗殴受重伤或者死亡的人或其家属提出的民事赔偿请求，依法应予支持，并适用混合过错责任原则。

2. 妨害司法罪

最高人民法院、最高人民检察院关于办理虚假诉讼刑事案件适用法律若干问题的解释

（2018年1月25日最高人民法院审判委员会第1732次会议、2018年6月13日最高人民检察院第十三届检察委员会第2次会议通过　2018年9月26日最高人民法院、最高人民检察院公告公布　自2018年10月1日起施行　法释〔2018〕17号）

为依法惩治虚假诉讼犯罪活动，维护司法秩序，保护公民、法人和其他组织合法权益，根据《中华人民共和国刑法》《中华人民共和国刑事诉讼法》《中华人民共和国民事诉讼法》等法律规定，现就办理此类刑事案件适用法律的若干问题解释如下：

第一条　采取伪造证据、虚假陈述等手段，实施下列行为之一，捏造民事法律关系，虚构民事纠纷，向人民法院提起民事诉讼的，应当认定为刑法第三百零七条之一第一款规定的“以捏造的事实提起民事诉讼”：

（一）与夫妻一方恶意串通，捏造夫妻共同债务的；

（二）与他人恶意串通，捏造债权债务关系和以物抵债协议的；

（三）与公司、企业的法定代表人、董事、监事、经理或者其他管理人员恶意串通，捏造公司、企业债务或者担保义务的；

（四）捏造知识产权侵权关系或者不正当竞争关系的；

（五）在破产案件审理过程中申报捏造的债权的；

（六）与被执行人恶意串通，捏造债权或者对查封、扣押、冻结财产的优先权、担保物权的；

（七）单方或者与他人恶意串通，捏造身份、合同、侵权、继承等民事法律关系的其他行为。

隐瞒债务已经全部清偿的事实，向人民法院提起民事诉讼，要求他人履行债务的，以“以捏造的事实提起民事诉讼”论。

向人民法院申请执行基于捏造的事实作出的仲裁裁决、公证债权文书，或者在民事执行过程中以捏造的事实对执行标的提出异议、申请参与执行财产分配的，属于刑法第三百零七条之一第一款规定的“以捏造的事实提起民事诉讼”。

第二条　以捏造的事实提起民事诉讼，有下列情形之一的，应当认定为刑法第三百零七条之一第一款规定的“妨害司法秩序或者严重侵害他人合法权益”：

（一）致使人民法院基于捏造的事实采取财产保全或者行为保全措施的；

（二）致使人民法院开庭审理，干扰正常司法活动的；

（三）致使人民法院基于捏造的事实作出裁判文书、制作财产分配方案，或者立案执行基于捏造的事实作出的仲裁裁决、公证债权文书的；

（四）多次以捏造的事实提起民事诉

讼的；

（五）曾因以捏造的事实提起民事诉讼被采取民事诉讼强制措施或者受过刑事追究的；

（六）其他妨害司法秩序或者严重侵害他人合法权益的情形。

第三条 以捏造的事实提起民事诉讼，有下列情形之一的，应当认定为刑法第三百零七条之一第一款规定的“情节严重”：

（一）有本解释第二条第一项情形，造成他人经济损失一百万元以上的；

（二）有本解释第二条第二项至第四项情形之一，严重干扰正常司法活动或者严重损害司法公信力的；

（三）致使义务人自动履行生效裁判文书确定的财产给付义务或者人民法院强制执行财产权益，数额达到一百万元以上的；

（四）致使他人债权无法实现，数额达到一百万元以上的；

（五）非法占有他人财产，数额达到十万元以上的；

（六）致使他人因为不执行人民法院基于捏造的事实作出的判决、裁定，被采取刑事拘留、逮捕措施或者受到刑事追究的；

（七）其他情节严重的情形。

第四条 实施刑法第三百零七条之一第一款行为，非法占有他人财产或者逃避合法债务，又构成诈骗罪，职务侵占罪，拒不执行判决、裁定罪，贪污罪等犯罪的，依照处罚较重的规定定罪从重处罚。

第五条 司法工作人员利用职权，与他人共同实施刑法第三百零七条之一前三款行为的，从重处罚；同时构成滥用职权罪，民事枉法裁判罪，执行判决、裁定滥用职权罪等犯罪的，依照处罚较重的规定定罪从重处罚。

第六条 诉讼代理人、证人、鉴定人等诉讼参与人与他人通谋，代理提起虚假民事诉讼、故意作虚假证言或者出具虚假鉴定意见，共同实施刑法第三百零七条之一前三款行为的，依照共同犯罪的规定定罪处罚；同时构成妨害作证罪，帮助毁灭、伪造证据罪等犯罪的，依照处罚较重的规定定罪从重处罚。

第七条 采取伪造证据等手段篡改案件事实，骗取人民法院裁判文书，构成犯罪的，依照刑法第二百八十条、第三百零七条等规定追究刑事责任。

第八条 单位实施刑法第三百零七条之一第一款行为的，依照本解释规定的定罪量刑标准，对其直接负责的主管人员和其他直接责任人员定罪处罚，并对单位判处罚金。

第九条 实施刑法第三百零七条之一第一款行为，未达到情节严重的标准，行为人系初犯，在民事诉讼过程中自愿具结悔过，接受人民法院处理决定，积极退赃、退赔的，可以认定为犯罪情节轻微，不起诉或者免予刑事处罚；确有必要判处刑罚的，可以从宽处罚。

司法工作人员利用职权，与他人共同实施刑法第三百零七条之一第一款行为的，对司法工作人员不适用本条第一款规定。

第十条 虚假诉讼刑事案件由虚假民事诉讼案件的受理法院所在地或者执行法院所在地人民法院管辖。有刑法第三百零七条之一第四款情形的，上级人民法院可以指定下级人民法院将案件移送其他人民法院审判。

第十一条 本解释所称裁判文书，是指人民法院依照民事诉讼法、企业破产法等民事法律作出的判决、裁定、调解书、支付令等文书。

第十二条 本解释自2018年10月1日起施行。

最高人民法院关于审理拒不执行判决、裁定刑事案件适用法律若干问题的解释

（2015年7月6日最高人民法院审判委员会第1657次会议通过 根据2020年12月23日最高人民法院审判委员会第1823次会议通过的《最高人民法院关于修改〈关于人民法院扣押铁路运输货物若干问题的规定〉等十八件执行类司法解释的决定》修正 2020年12月29日最高人民法院公告公布 自2021年1月1日起施行 法释〔2020〕21号）

为依法惩治拒不执行判决、裁定犯罪，确保人民法院判决、裁定依法执行，切实维护当事人合法权益，根据《中华人民共和国刑法》《中华人民共和国刑事诉讼法》《中华人民共和国民事诉讼法》等法律规定，就审理拒不执行判决、裁定刑事案件适用法律若干问题，解释如下：

第一条 被执行人、协助执行义务人、担保人等负有执行义务的人对人民法院的判决、裁定有能力执行而拒不执行，情节严重的，应当依照刑法第三百一十三条的规定，以拒不执行判决、裁定罪处罚。

第二条 负有执行义务的人有能力执行而实施下列行为之一的，应当认定为全国人民代表大会常务委员会关于刑法第三百一十三条的解释中规定的“其他有能力执行而拒不执行，情节严重的情形”：

（一）具有拒绝报告或者虚假报告财产情况、违反人民法院限制高消费及有关消费令等拒不执行行为，经采取罚款或者拘留等强制措施后仍拒不执行的；

（二）伪造、毁灭有关被执行人履行能力的重要证据，以暴力、威胁、贿买方法阻止他人作证或者指使、贿买、胁迫他人作伪证，妨碍人民法院查明被执行人财产情况，致使判决、裁定无法执行的；

（三）拒不交付法律文书指定交付的财物、票证或者拒不迁出房屋、退出土地，致使判决、裁定无法执行的；

（四）与他人串通，通过虚假诉讼、虚假仲裁、虚假和解等方式妨害执行，致使判决、裁定无法执行的；

（五）以暴力、威胁方法阻碍执行人员进入执行现场或者聚众哄闹、冲击执行现场，致使执行工作无法进行的；

（六）对执行人员进行侮辱、围攻、扣押、殴打，致使执行工作无法进行的；

（七）毁损、抢夺执行案件材料、执行公务车辆和其他执行器械、执行人员服装以及执行公务证件，致使执行工作无法进行的；

（八）拒不执行法院判决、裁定，致使债权人遭受重大损失的。

第三条 申请执行人有证据证明同时具有下列情形，人民法院认为符合刑事诉讼法第二百一十条第三项规定的，以自诉案件立案审理：

（一）负有执行义务的人拒不执行判决、裁定，侵犯了申请执行人的人身、财产权利，应当依法追究刑事责任的；

（二）申请执行人曾经提出控告，而公

安机关或者人民检察院对负有执行义务的人不予追究刑事责任的。

第四条 本解释第三条规定的自诉案件,依照刑事诉讼法第二百一十二条的规定,自诉人在宣告判决前,可以同被告人自行和解或者撤回自诉。

第五条 拒不执行判决、裁定刑事案件,一般由执行法院所在地人民法院管辖。

第六条 拒不执行判决、裁定的被告人在一审宣告判决前,履行全部或部分执行义务的,可以酌情从宽处罚。

第七条 拒不执行支付赡养费、扶养费、抚育费、抚恤金、医疗费用、劳动报酬等判决、裁定的,可以酌情从重处罚。

第八条 本解释自发布之日起施行。此前发布的司法解释和规范性文件与本解释不一致的,以本解释为准。

最高人民法院关于审理掩饰、隐瞒犯罪所得、犯罪所得收益刑事案件适用法律若干问题的解释

(2015 年 5 月 11 日最高人民法院审判委员会第 1651 次会议通过 根据 2021 年 4 月 7 日最高人民法院审判委员会第 1835 次会议《关于修改〈关于审理掩饰、隐瞒犯罪所得、犯罪所得收益刑事案件适用法律若干问题的解释〉的决定》修正 2021 年 4 月 13 日最高人民法院公告公布 自 2021 年 4 月 15 日起施行 法释〔2021〕8 号)

为依法惩治掩饰、隐瞒犯罪所得、犯罪所得收益犯罪活动,根据刑法有关规定,结合人民法院刑事审判工作实际,现就审理此类案件具体适用法律的若干问题解释如下:

第一条 明知是犯罪所得及其产生的收益而予以窝藏、转移、收购、代为销售或者以其他方法掩饰、隐瞒,具有下列情形之一的,应当依照刑法第三百一十二条第一款的规定,以掩饰、隐瞒犯罪所得、犯罪所得收益罪定罪处罚:

(一)一年内曾因掩饰、隐瞒犯罪所得及其产生的收益行为受过行政处罚,又实施掩饰、隐瞒犯罪所得及其产生的收益行为的;

(二)掩饰、隐瞒的犯罪所得系电力设备、交通设施、广播电视设施、公用电信设施、军事设施或者救灾、抢险、防汛、优抚、扶贫、移民、救济款物的;

(三)掩饰、隐瞒行为致使上游犯罪无法及时查处,并造成公私财物损失无法挽回的;

(四)实施其他掩饰、隐瞒犯罪所得及其产生的收益行为,妨害司法机关对上游犯罪进行追究的。

人民法院审理掩饰、隐瞒犯罪所得、犯罪所得收益刑事案件,应综合考虑上游犯罪的性质、掩饰、隐瞒犯罪所得及其收益的情节、后果及社会危害程度等,依法定罪处罚。

司法解释对掩饰、隐瞒涉及计算机信息系统数据、计算机信息系统控制权的犯罪所得及其产生的收益行为构成犯罪已有规定的,审理此类案件依照该规定。

依照全国人民代表大会常务委员会《关于〈中华人民共和国刑法〉第三百四十一条、第三百一十二条的解释》,明知是非法狩猎的野生动物而收购,数量达到五十只以上的,以掩饰、隐瞒犯罪所得罪定罪处罚。

第二条 掩饰、隐瞒犯罪所得及其产生的收益行为符合本解释第一条的规定，认罪、悔罪并退赃、退赔，且具有下列情形之一的，可以认定为犯罪情节轻微，免予刑事处罚：

（一）具有法定从宽处罚情节的；

（二）为近亲属掩饰、隐瞒犯罪所得及其产生的收益，且系初犯、偶犯的；

（三）有其他情节轻微情形的。

第三条 掩饰、隐瞒犯罪所得及其产生的收益，具有下列情形之一的，应当认定为刑法第三百一十二条第一款规定的"情节严重"：

（一）掩饰、隐瞒犯罪所得及其产生的收益价值总额达到十万元以上的；

（二）掩饰、隐瞒犯罪所得及其产生的收益十次以上，或者三次以上且价值总额达到五万元以上的；

（三）掩饰、隐瞒的犯罪所得系电力设备、交通设施、广播电视设施、公用电信设施、军事设施或者救灾、抢险、防汛、优抚、扶贫、移民、救济款物，价值总额达到五万元以上的；

（四）掩饰、隐瞒行为致使上游犯罪无法及时查处，并造成公私财物重大损失无法挽回或其他严重后果的；

（五）实施其他掩饰、隐瞒犯罪所得及其产生的收益行为，严重妨害司法机关对上游犯罪予以追究的。

司法解释对掩饰、隐瞒涉及机动车、计算机信息系统数据、计算机信息系统控制权的犯罪所得及其产生的收益行为认定"情节严重"已有规定的，审理此类案件依照该规定。

第四条 掩饰、隐瞒犯罪所得及其产生的收益的数额，应当以实施掩饰、隐瞒行为时为准。收购或者代为销售财物的价格高于其实际价值的，以收购或者代为销售的价格计算。

多次实施掩饰、隐瞒犯罪所得及其产生的收益行为，未经行政处罚，依法应当追诉的，犯罪所得、犯罪所得收益的数额应当累计计算。

第五条 事前与盗窃、抢劫、诈骗、抢夺等犯罪分子通谋，掩饰、隐瞒犯罪所得及其产生的收益的，以盗窃、抢劫、诈骗、抢夺等犯罪的共犯论处。

第六条 对犯罪所得及其产生的收益实施盗窃、抢劫、诈骗、抢夺等行为，构成犯罪的，分别以盗窃罪、抢劫罪、诈骗罪、抢夺罪等定罪处罚。

第七条 明知是犯罪所得及其产生的收益而予以掩饰、隐瞒，构成刑法第三百一十二条规定的犯罪，同时构成其他犯罪的，依照处罚较重的规定定罪处罚。

第八条 认定掩饰、隐瞒犯罪所得、犯罪所得收益罪，以上游犯罪事实成立为前提。上游犯罪尚未依法裁判，但查证属实的，不影响掩饰、隐瞒犯罪所得、犯罪所得收益罪的认定。

上游犯罪事实经查证属实，但因行为人未达到刑事责任年龄等原因依法不予追究刑事责任的，不影响掩饰、隐瞒犯罪所得、犯罪所得收益罪的认定。

第九条 盗用单位名义实施掩饰、隐瞒犯罪所得及其产生的收益行为，违法所得由行为人私分的，依照刑法和司法解释有关自然人犯罪的规定定罪处罚。

第十条 通过犯罪直接得到的赃款、赃物，应当认定为刑法第三百一十二条规定的"犯罪所得"。上游犯罪的行为人对犯罪所得进行处理后得到的孳息、租金等，应当认定为刑法第三百一十二条规定的“犯罪所得产生的收益”。

明知是犯罪所得及其产生的收益而采取窝藏、转移、收购、代为销售以外的方法，如居间介绍买卖，收受，持有，使用，加工，提供资金账户，协助将财物转换为现金、金融票据、有价证券，协助将资金转移、汇往境外等，应当认定为刑法第三百一十二条规定的“其他方法”。

第十一条 掩饰、隐瞒犯罪所得、犯罪所得收益罪是选择性罪名，审理此类案件，应当根据具体犯罪行为及其指向的对象，确定适用的罪名。

最高人民法院、最高人民检察院关于办理窝藏、包庇刑事案件适用法律若干问题的解释

（2020年3月2日最高人民法院审判委员会第1794次会议、2020年12月28日最高人民检察院第十三届检察委员会第58次会议通过　2021年8月9日最高人民法院、最高人民检察院公告公布　自2021年8月11日起施行　法释〔2021〕16号）

为依法惩治窝藏、包庇犯罪，根据《中华人民共和国刑法》《中华人民共和国刑事诉讼法》的有关规定，结合司法工作实际，现就办理窝藏、包庇刑事案件适用法律的若干问题解释如下：

第一条 明知是犯罪的人，为帮助其逃匿，实施下列行为之一的，应当依照刑法第三百一十条第一款的规定，以窝藏罪定罪处罚：

（一）为犯罪的人提供房屋或者其他可以用于隐藏的处所的；

（二）为犯罪的人提供车辆、船只、航空器等交通工具，或者提供手机等通讯工具的；

（三）为犯罪的人提供金钱的；

（四）其他为犯罪的人提供隐藏处所、财物，帮助其逃匿的情形。

保证人在犯罪的人取保候审期间，协助其逃匿，或者明知犯罪的人的藏匿地点、联系方式，但拒绝向司法机关提供的，应当依照刑法第三百一十条第一款的规定，对保证人以窝藏罪定罪处罚。

虽然为犯罪的人提供隐藏处所、财物，但不是出于帮助犯罪的人逃匿的目的，不以窝藏罪定罪处罚；对未履行法定报告义务的行为人，依法移送有关主管机关给予行政处罚。

第二条 明知是犯罪的人，为帮助其逃避刑事追究，或者帮助其获得从宽处罚，实施下列行为之一的，应当依照刑法第三百一十条第一款的规定，以包庇罪定罪处罚：

（一）故意顶替犯罪的人欺骗司法机关的；

（二）故意向司法机关作虚假陈述或者提供虚假证明，以证明犯罪的人没有实施犯罪行为，或者犯罪的人所实施行为不构成犯罪的；

（三）故意向司法机关提供虚假证明，以证明犯罪的人具有法定从轻、减轻、免除处罚情节的；

（四）其他作假证明包庇的行为。

第三条 明知他人有间谍犯罪或者恐怖主义、极端主义犯罪行为，在司法机关向其调查有关情况、收集有关证据时，拒绝提供，情节严重的，依照刑法第三百一十一条的规定，以拒绝提供间谍犯罪、恐怖主义犯

罪、极端主义犯罪证据罪定罪处罚;作假证明包庇的,依照刑法第三百一十条的规定,以包庇罪从重处罚。

第四条 窝藏、包庇犯罪的人,具有下列情形之一的,应当认定为刑法第三百一十条第一款规定的"情节严重":

(一)被窝藏、包庇的人可能被判处无期徒刑以上刑罚的;

(二)被窝藏、包庇的人犯危害国家安全犯罪、恐怖主义或者极端主义犯罪,或者系黑社会性质组织犯罪的组织者、领导者,且可能被判处十年有期徒刑以上刑罚的;

(三)被窝藏、包庇的人系犯罪集团的首要分子,且可能被判处十年有期徒刑以上刑罚的;

(四)被窝藏、包庇的人在被窝藏、包庇期间再次实施故意犯罪,且新罪可能被判处五年有期徒刑以上刑罚的;

(五)多次窝藏、包庇犯罪的人,或者窝藏、包庇多名犯罪的人的;

(六)其他情节严重的情形。

前款所称"可能被判处"刑罚,是指根据被窝藏、包庇的人所犯罪行,在不考虑自首、立功、认罪认罚等从宽处罚情节时应当依法判处的刑罚。

第五条 认定刑法第三百一十条第一款规定的"明知",应当根据案件的客观事实,结合行为人的认知能力,接触被窝藏、包庇的犯罪人的情况,以及行为人和犯罪人的供述等主、客观因素进行认定。

行为人将犯罪的人所犯之罪误认为其他犯罪的,不影响刑法第三百一十条第一款规定的"明知"的认定。

行为人虽然实施了提供隐藏处所、财物等行为,但现有证据不能证明行为人知道犯罪的人实施了犯罪行为的,不能认定为刑法第三百一十条第一款规定的"明知"。

第六条 认定窝藏、包庇罪,以被窝藏、包庇的人的行为构成犯罪为前提。

被窝藏、包庇的人实施的犯罪事实清楚,证据确实、充分,但尚未到案、尚未依法裁判或者因不具有刑事责任能力依法未予追究刑事责任的,不影响窝藏、包庇罪的认定。但是,被窝藏、包庇的人归案后被宣告无罪的,应当依照法定程序宣告窝藏、包庇行为人无罪。

第七条 为帮助同一个犯罪的人逃避刑事处罚,实施窝藏、包庇行为,又实施洗钱行为,或者掩饰、隐瞒犯罪所得及其收益行为,或者帮助毁灭证据行为,或者伪证行为的,依照处罚较重的犯罪定罪,并从重处罚,不实行数罪并罚。

第八条 共同犯罪人之间互相实施的窝藏、包庇行为,不以窝藏、包庇罪定罪处罚,但对共同犯罪以外的犯罪人实施窝藏、包庇行为的,以所犯共同犯罪和窝藏、包庇罪并罚。

第九条 本解释自2021年8月11日起施行。

最高人民法院、最高人民检察院、公安部关于依法严肃查处拒不执行判决裁定和暴力抗拒法院执行犯罪行为有关问题的通知

(2007年8月30日 法发〔2007〕29号)

各省、自治区、直辖市高级人民法院、人民检察院、公安厅(局),新疆维吾尔自治区高

级人民法院生产建设兵团分院,新疆生产建设兵团人民检察院、公安局:

近年来,在人民法院强制执行生效法律文书过程中,一些地方单位、企业和个人拒不执行或以暴力手段抗拒人民法院执行的事件时有发生且呈逐年上升的势头。这种违法犯罪行为性质恶劣,社会危害大,严重影响了法律的尊严和执法机关的权威,已经引起了党中央的高度重视。中央政法委在《关于切实解决人民法院执行难问题的通知》(政法〔2005〕52号文件)中,特别提出公、检、法机关应当统一执法思想,加强协作配合,完善法律制度,依法严厉打击暴力抗拒法院执行的犯罪行为。为贯彻中央政法委指示精神,加大对拒不执行判决、裁定和暴力抗拒执行犯罪行为的惩处力度,依据《中华人民共和国刑法》、《中华人民共和国刑事诉讼法》、全国人大常委会《关于〈中华人民共和国刑法〉第三百一十三条的解释》等规定,现就有关问题通知如下:

一、对下列拒不执行判决、裁定的行为,依照刑法第三百一十三条的规定,以拒不执行判决、裁定罪论处。

(一)被执行人隐藏、转移、故意毁损财产或者无偿转让财产、以明显不合理的低价转让财产,致使判决、裁定无法执行的;

(二)担保人或者被执行人隐藏、转移、故意毁损或者转让已向人民法院提供担保的财产,致使判决、裁定无法执行的;

(三)协助执行义务人接到人民法院协助执行通知书后,拒不协助执行,致使判决、裁定无法执行的;

(四)被执行人、担保人、协助执行义务人与国家机关工作人员通谋,利用国家机关工作人员的职权妨害执行,致使判决、裁定无法执行的;

(五)其他有能力执行而拒不执行,情节严重的情形。

二、对下列暴力抗拒执行的行为,依照刑法第二百七十七条的规定,以妨害公务罪论处。

(一)聚众哄闹、冲击执行现场,围困、扣押、殴打执行人员,致使执行工作无法进行的;

(二)毁损、抢夺执行案件材料、执行公务车辆和其他执行器械、执行人员服装以及执行公务证件,造成严重后果的;

(三)其他以暴力、威胁方法妨害或者抗拒执行,致使执行工作无法进行的。

三、负有执行人民法院判决、裁定义务的单位直接负责的主管人员和其他直接责任人员,为了本单位的利益实施本《通知》第一条、第二条所列行为之一的,对该主管人员和其他直接责任人员,依照刑法第三百一十三条和第二百七十七条的规定,分别以拒不执行判决、裁定罪和妨害公务罪论处。

四、国家机关工作人员有本《通知》第一条第四项行为的,以拒不执行判决、裁定罪的共犯追究刑事责任。

国家机关工作人员收受贿赂或者滥用职权,有本《通知》第一条第四项行为的,同时又构成刑法第三百八十五条、第三百九十七条规定罪的,依照处罚较重的规定定罪处罚。

五、拒不执行判决、裁定案件由犯罪行为发生地的公安机关、人民检察院、人民法院管辖。如果由犯罪嫌疑人、被告人居住地的人民法院管辖更为适宜的,可以由犯罪嫌疑人、被告人居住地的公安机关、人民检察院、人民法院管辖。

六、以暴力、威胁方法妨害或者抗拒执行的,公安机关接到报警后,应当立即出警,依法处置。

七、人民法院在执行判决、裁定过程中,对拒不执行判决、裁定情节严重的人,可以先行司法拘留;拒不执行判决、裁定的行为人涉嫌犯罪的,应当将案件依法移送有管辖权的公安机关立案侦查。

八、人民法院、人民检察院和公安机关在办理拒不执行判决、裁定和妨害公务案件过程中,应当密切配合、加强协作。对于人民法院移送的涉嫌拒不执行判决、裁定罪和妨害公务罪的案件,公安机关应当及时立案侦查,检察机关应当及时提起公诉,人民法院应当及时审判。

在办理拒不执行判决、裁定和妨害公务案件过程中,应当根据案件的具体情况,正确区分罪与非罪的界限,认真贯彻"宽严相济"的刑事政策。

九、人民法院认为公安机关应当立案侦查而不立案侦查的,可提请人民检察院予以监督。人民检察院认为需要立案侦查的,应当要求公安机关说明不立案的理由。人民检察院认为公安机关不立案理由不能成立的,应当通知公安机关立案,公安机关接到通知后应当立案。

十、公安机关侦查终结后移送人民检察院审查起诉的拒不执行判决、裁定和妨害公务案件,人民检察院决定不起诉,公安机关认为不起诉决定有错误的,可以要求复议;如果意见不被接受,可以向上一级人民检察院提请复核。

十一、公安司法人员在办理拒不执行判决、裁定和妨害公务案件中,消极履行法定职责,造成严重后果的,应当依法依纪追究直接责任人责任直至追究刑事责任。

十二、本通知自印发之日起执行,执行中遇到的情况和问题,请分别报告最高人民法院、最高人民检察院、公安部。

最高人民法院、最高人民检察院、公安部、司法部关于进一步加强虚假诉讼犯罪惩治工作的意见

(2021年3月4日　法发〔2021〕10号)

第一章　总　　则

第一条　为了进一步加强虚假诉讼犯罪惩治工作,维护司法公正和司法权威,保护自然人、法人和非法人组织的合法权益,促进社会诚信建设,根据《中华人民共和国刑法》《中华人民共和国刑事诉讼法》《中华人民共和国民事诉讼法》和《最高人民法院、最高人民检察院关于办理虚假诉讼刑事案件适用法律若干问题的解释》等规定,结合工作实际,制定本意见。

第二条　本意见所称虚假诉讼犯罪,是指行为人单独或者与他人恶意串通,采取伪造证据、虚假陈述等手段,捏造民事案件基本事实,虚构民事纠纷,向人民法院提起民事诉讼,妨害司法秩序或者严重侵害他人合法权益,依照法律应当受刑罚处罚的行为。

第三条　人民法院、人民检察院、公安机关、司法行政机关应当按照法定职责分工负责、配合协作,加强沟通协调,在履行职责过程中发现可能存在虚假诉讼犯罪的,应当及时相互通报情况,共同防范和惩治虚假诉讼犯罪。

第二章 虚假诉讼犯罪的甄别和发现

第四条 实施《最高人民法院、最高人民检察院关于办理虚假诉讼刑事案件适用法律若干问题的解释》第一条第一款、第二款规定的捏造事实行为,并有下列情形之一的,应当认定为刑法第三百零七条之一第一款规定的“以捏造的事实提起民事诉讼”:

(一)提出民事起诉的;

(二)向人民法院申请宣告失踪、宣告死亡,申请认定公民无民事行为能力、限制民事行为能力,申请认定财产无主,申请确认调解协议,申请实现担保物权,申请支付令,申请公示催告的;

(三)在民事诉讼过程中增加独立的诉讼请求、提出反诉,有独立请求权的第三人提出与本案有关的诉讼请求的;

(四)在破产案件审理过程中申报债权的;

(五)案外人申请民事再审的;

(六)向人民法院申请执行仲裁裁决、公证债权文书的;

(七)案外人在民事执行过程中对执行标的提出异议,债权人在民事执行过程中申请参与执行财产分配的;

(八)以其他手段捏造民事案件基本事实,虚构民事纠纷,提起民事诉讼的。

第五条 对于下列虚假诉讼犯罪易发的民事案件类型,人民法院、人民检察院在履行职责过程中应当予以重点关注:

(一)民间借贷纠纷案件;

(二)涉及房屋限购、机动车配置指标调控的以物抵债案件;

(三)以离婚诉讼一方当事人为被告的财产纠纷案件;

(四)以已经资不抵债或者已经被作为被执行人的自然人、法人和非法人组织为被告的财产纠纷案件;

(五)以拆迁区划范围内的自然人为当事人的离婚、分家析产、继承、房屋买卖合同纠纷案件;

(六)公司分立、合并和企业破产纠纷案件;

(七)劳动争议案件;

(八)涉及驰名商标认定的案件;

(九)其他需要重点关注的民事案件。

第六条 民事诉讼当事人有下列情形之一的,人民法院、人民检察院在履行职责过程中应当依法严格审查,及时甄别和发现虚假诉讼犯罪:

(一)原告起诉依据的事实、理由不符合常理,存在伪造证据、虚假陈述可能的;

(二)原告诉请司法保护的诉讼标的额与其自身经济状况严重不符的;

(三)在可能影响案外人利益的案件中,当事人之间存在近亲属关系或者关联企业等共同利益关系的;

(四)当事人之间不存在实质性民事权益争议和实质性诉辩对抗的;

(五)一方当事人对于另一方当事人提出的对其不利的事实明确表示承认,且不符合常理的;

(六)认定案件事实的证据不足,但双方当事人主动迅速达成调解协议,请求人民法院制作调解书的;

(七)当事人自愿以价格明显不对等的财产抵付债务的;

(八)民事诉讼过程中存在其他异常情况的。

第七条 民事诉讼代理人、证人、鉴定人等诉讼参与人有下列情形之一的,人民法院、人民检察院在履行职责过程中应当依法严格审查,及时甄别和发现虚假诉讼犯罪:

(一)诉讼代理人违规接受对方当事人或者案外人给付的财物或者其他利益,与对方当事人或者案外人恶意串通,侵害委托人合法权益的;

(二)故意提供虚假证据,指使、引诱他人伪造、变造证据、提供虚假证据或者隐匿、毁灭证据的;

(三)采取其他不正当手段干扰民事诉讼活动正常进行的。

第三章 线索移送和案件查处

第八条 人民法院、人民检察院、公安机关发现虚假诉讼犯罪的线索来源包括:

(一)民事诉讼当事人、诉讼代理人和其他诉讼参与人、利害关系人、其他自然人、法人和非法人组织的报案、控告、举报和法律监督申请;

(二)被害人有证据证明对被告人通过实施虚假诉讼行为侵犯自己合法权益的行为应当依法追究刑事责任,且有证据证明曾经提出控告,而公安机关或者人民检察院不予追究被告人刑事责任,向人民法院提出的刑事自诉;

(三)人民法院、人民检察院、公安机关、司法行政机关履行职责过程中主动发现;

(四)有关国家机关移送的案件线索;

(五)其他线索来源。

第九条 虚假诉讼刑事案件由相关虚假民事诉讼案件的受理法院所在地或者执行法院所在地人民法院管辖。有刑法第三百零七条之一第四款情形的,上级人民法院可以指定下级人民法院将案件移送其他人民法院审判。

前款所称相关虚假民事诉讼案件的受理法院,包括该民事案件的一审、二审和再审法院。

虚假诉讼刑事案件的级别管辖,根据刑事诉讼法的规定确定。

第十条 人民法院、人民检察院向公安机关移送涉嫌虚假诉讼犯罪案件,应当附下列材料:

(一)案件移送函,载明移送案件的人民法院或者人民检察院名称、民事案件当事人名称和案由、所处民事诉讼阶段、民事案件办理人及联系电话等。案件移送函应当附移送材料清单和回执,经人民法院或者人民检察院负责人批准后,加盖人民法院或者人民检察院公章;

(二)移送线索的情况说明,载明案件来源、当事人信息、涉嫌虚假诉讼犯罪的事实、法律依据等,并附相关证据材料;

(三)与民事案件有关的诉讼材料,包括起诉书、答辩状、庭审笔录、调查笔录、谈话笔录等。

人民法院、人民检察院应当指定专门职能部门负责涉嫌虚假诉讼犯罪案件的移送。

人民法院将涉嫌虚假诉讼犯罪案件移送公安机关的,同时将有关情况通报同级人民检察院。

第十一条 人民法院、人民检察院认定民事诉讼当事人和其他诉讼参与人的行为涉嫌虚假诉讼犯罪,除民事诉讼当事人、其他诉讼参与人或者案外人的陈述、证言外,一般还应有物证、书证或者其他证人证言等证据相印证。

第十二条 人民法院、人民检察院将涉嫌虚假诉讼犯罪案件有关材料移送公安机关的,接受案件的公安机关应当出具接受案件的回执或者在案件移送函所附回执上签收。

公安机关收到有关材料后,分别作出以下处理:

(一)认为移送的案件材料不全的,应当在收到有关材料之日起三日内通知移送的人民法院或者人民检察院在三日内补正。不得以材料不全为由不接受移送案件;

(二)认为有犯罪事实,需要追究刑事责任的,应当在收到有关材料之日起三十日内决定是否立案,并通知移送的人民法院或者人民检察院;

(三)认为有犯罪事实,但是不属于自己管辖的,应当立即报经县级以上公安机关负责人批准,在二十四小时内移送有管辖权的机关处理,并告知移送的人民法院或者人民检察院。对于必须采取紧急措施的,应当先采取紧急措施,然后办理手续,移送主管机关;

(四)认为没有犯罪事实,或者犯罪情节显著轻微不需要追究刑事责任的,或者具有其他依法不追究刑事责任情形的,经县级以上公安机关负责人批准,不予立案,并应当说明理由,制作不予立案通知书在三日内送达移送的人民法院或者人民检察院,退回有关材料。

第十三条 人民检察院依法对公安机关的刑事立案实行监督。

人民法院对公安机关的不予立案决定有异议的,可以建议人民检察院进行立案监督。

第四章 程序衔接

第十四条 人民法院向公安机关移送涉嫌虚假诉讼犯罪案件,民事案件必须以相关刑事案件的审理结果为依据的,应当依照民事诉讼法第一百五十条第一款第五项的规定裁定中止诉讼。刑事案件的审理结果不影响民事诉讼程序正常进行的,民事案件应当继续审理。

第十五条 刑事案件裁判认定民事诉讼当事人的行为构成虚假诉讼犯罪,相关民事案件尚在审理或者执行过程中的,作出刑事裁判的人民法院应当及时函告审理或者执行该民事案件的人民法院。

人民法院对于与虚假诉讼刑事案件的裁判存在冲突的已经发生法律效力的民事判决、裁定、调解书,应当及时依法启动审判监督程序予以纠正。

第十六条 公安机关依法自行立案侦办虚假诉讼刑事案件的,应当在立案后三日内将立案决定书等法律文书和相关材料复印件抄送对相关民事案件正在审理、执行或者作出生效裁判文书的人民法院并说明立案理由,同时通报办理民事案件人民法院的同级人民检察院。对相关民事案件正在审理、执行或者作出生效裁判文书的人民法院应当依法审查,依照相关规定做出处理,并在收到材料之日起三十日内将处理意见书面通报公安机关。

公安机关在办理刑事案件过程中,发现犯罪嫌疑人还涉嫌实施虚假诉讼犯罪的,可以一并处理。需要逮捕犯罪嫌疑人的,由侦查该案件的公安机关提请同级人民检察院审查批准;需要提起公诉的,由侦查该案件的公安机关移送同级人民检察院审查决定。

第十七条 有管辖权的公安机关接受民事诉讼当事人、诉讼代理人和其他诉讼参与人、利害关系人、其他自然人、法人和非法人组织的报案、控告、举报或者在履行职责过程中发现存在虚假诉讼犯罪嫌疑的,可以开展调查核实工作。经县级以上公安机关负责人批准,公安机关可以依照有关规定拷贝电子卷或者查阅、复制、摘录人民法院的民事诉讼卷宗,人民法院予以配合。

公安机关在办理刑事案件过程中,发现犯罪嫌疑人还涉嫌实施虚假诉讼犯罪的,适用前款规定。

第十八条 人民检察院发现已经发生法律效力的判决、裁定、调解书系民事诉讼当事人通过虚假诉讼获得的,应当依照民事诉讼法第二百零八条第一款、第二款等法律和相关司法解释的规定,向人民法院提出再审检察建议或者抗诉。

第十九条 人民法院对人民检察院依照本意见第十八条的规定提出再审检察建议或者抗诉的民事案件,应当依照民事诉讼法等法律和相关司法解释的规定处理。按照审判监督程序决定再审、需要中止执行的,裁定中止原判决、裁定、调解书的执行。

第二十条 人民检察院办理民事诉讼监督案件过程中,发现存在虚假诉讼犯罪嫌疑的,可以向民事诉讼当事人或者案外人调查核实有关情况。有关单位和个人无正当理由拒不配合调查核实、妨害民事诉讼的,人民检察院可以建议有关人民法院依照民事诉讼法第一百一十一条第一款第五项等规定处理。

人民检察院针对存在虚假诉讼犯罪嫌疑的民事诉讼监督案件依照有关规定调阅人民法院的民事诉讼卷宗的,人民法院予以配合。通过拷贝电子卷、查阅、复制、摘录等方式能够满足办案需要的,可以不调阅诉讼卷宗。

人民检察院发现民事诉讼监督案件存在虚假诉讼犯罪嫌疑的,可以听取人民法院原承办人的意见。

第二十一条 对于存在虚假诉讼犯罪嫌疑的民事案件,人民法院可以依职权调查收集证据。

当事人自认的事实与人民法院、人民检察院依职权调查并经审理查明的事实不符的,人民法院不予确认。

第五章　责任追究

第二十二条 对于故意制造、参与虚假诉讼犯罪活动的民事诉讼当事人和其他诉讼参与人,人民法院应当加大罚款、拘留等对妨害民事诉讼的强制措施的适用力度。

民事诉讼当事人、其他诉讼参与人实施虚假诉讼,人民法院向公安机关移送案件有关材料前,可以依照民事诉讼法的规定先行予以罚款、拘留。

对虚假诉讼刑事案件被告人判处罚金、有期徒刑或者拘役的,人民法院已经依照民事诉讼法的规定给予的罚款、拘留,应当依法折抵相应罚金或者刑期。

第二十三条 人民检察院可以建议人民法院依照民事诉讼法的规定,对故意制造、参与虚假诉讼的民事诉讼当事人和其他诉讼参与人采取罚款、拘留等强制措施。

第二十四条 司法工作人员利用职权参与虚假诉讼的,应当依照法律法规从严处理；构成犯罪的，依法从严追究刑事责任。

第二十五条 司法行政机关、相关行业协会应当加强对律师、基层法律服务工作者、司法鉴定人、公证员、仲裁员的教育和管理，发现上述人员利用职务之便参与虚假诉讼的，应当依照规定进行行政处罚或者行业惩戒；构成犯罪的，依法移送司法机关处理。律师、基层法律服务工作者、司法鉴定人、公证员、仲裁员利用职务之便参与虚假诉讼的，依照有关规定从严追究法律责任。

人民法院、人民检察院、公安机关在办理案件过程中，发现律师、基层法律服务工作者、司法鉴定人、公证员、仲裁员利用职务之便参与虚假诉讼，尚未构成犯罪的，可以向司法行政机关、相关行业协会或者上述人员所在单位发出书面建议。司法行政机关、相关行业协会或者上述人员所在单位应当在收到书面建议之日起三个月内作出处理决定，并书面回复作出书面建议的人民法院、人民检察院或者公安机关。

第六章 协作机制

第二十六条 人民法院、人民检察院、公安机关、司法行政机关探索建立民事判决、裁定、调解书等裁判文书信息共享机制和信息互通数据平台，综合运用信息化手段发掘虚假诉讼违法犯罪线索，逐步实现虚假诉讼违法犯罪案件信息、数据共享。

第二十七条 人民法院、人民检察院、公安机关、司法行政机关落实“谁执法谁普法”的普法责任制要求，通过定期开展法治宣传、向社会公开发布虚假诉讼典型案例、开展警示教育等形式，增强全社会对虚假诉讼违法犯罪的防范意识，震慑虚假诉讼违法犯罪。

第七章 附 则

第二十八条 各省、自治区、直辖市高级人民法院、人民检察院、公安机关、司法行政机关可以根据本地区实际情况，制定实施细则。

第二十九条 本意见自2021年3月10日起施行。

最高人民法院关于深入开展虚假诉讼整治工作的意见

（2021年11月4日 法〔2021〕281号）

为进一步加强虚假诉讼整治工作，维护司法秩序、实现司法公正、树立司法权威，保护当事人合法权益，营造公平竞争市场环境，促进社会诚信建设，根据《中华人民共和国民法典》《中华人民共和国刑法》《中华人民共和国民事诉讼法》等规定，结合工作实际，制定本意见。

一、提高思想认识，强化责任担当。 整治虚假诉讼工作，是党的十八届四中全会部署的重大任务，是人民法院肩负的政治责任、法律责任和社会责任，对于建设诚信社会、保护群众权利、保障经济发展、维护司法权威、建设法治国家具有重要意义。各级人民法院要坚持以习近平新时代中国特色社会主义思想为指导，深入学习贯彻习近平法治思想，依法贯彻民事诉讼诚实信用原则，坚持制度的刚性，扎紧制度的笼子，压缩虚假诉讼存在的空间，铲除虚假诉讼滋生的土壤，积极引导人民群众依法诚信诉讼，让法安天下、德润人心，大力弘扬诚实守信的社会主义核心价值观。

二、精准甄别查处，依法保护诉权。单独或者与他人恶意串通，采取伪造证据、虚假陈述等手段，捏造民事案件基本事实，虚构民事纠纷，向人民法院提起民事诉讼，损害国家利益、社会公共利益或者他人合法权益，妨害司法秩序的，构成虚假诉讼。向人民法院申请执行基于捏造的事实作出的仲裁裁决、调解书及公证债权文书，在民事执行过程中以捏造的事实对执行标的提出异议、申请参与执行财产分配的，也属于虚假诉讼。诉讼代理人、证人、鉴定人、公证人等与他人串通，共同实施虚假诉讼的，属于虚假诉讼行为人。在整治虚假诉讼的同时，应当依法保护当事人诉权。既要防止以保护当事人诉权为由，放松对虚假诉讼的甄别、查处，又要防止以整治虚假诉讼为由，当立案不立案，损害当事人诉权。

三、把准特征表现，做好靶向整治。各级人民法院要积极总结司法实践经验，准确把握虚假诉讼的特征表现，做到精准施治、靶向整治。对存在下列情形的案件，要高度警惕、严格审查，有效防范虚假诉讼：原告起诉依据的事实、理由不符合常理；诉讼标的额与原告经济状况严重不符；当事人之间存在亲属关系、关联关系等利害关系，诉讼结果可能涉及案外人利益；当事人之间不存在实质性民事权益争议，在诉讼中没有实质性对抗辩论；当事人的自认不符合常理；当事人身陷沉重债务负担却以明显不合理的低价转让财产、以明显不合理的高价受让财产或者放弃财产权利；认定案件事实的证据不足，当事人却主动迅速达成调解协议，请求人民法院制作调解书；当事人亲历案件事实却不能完整准确陈述案件事实或者陈述前后矛盾等。

四、聚焦重点领域，加大整治力度。民间借贷纠纷，执行异议之诉，劳动争议，离婚析产纠纷，诉离婚案件一方当事人的财产纠纷，企业破产纠纷，公司分立（合并）纠纷，涉驰名商标的商标纠纷，涉拆迁的离婚、分家析产、继承、房屋买卖合同纠纷，涉房屋限购和机动车配置指标调控等宏观调控政策的买卖合同、以物抵债纠纷等各类纠纷，是虚假诉讼易发领域。对上述案件，各级人民法院应当重点关注、严格审查，加大整治虚假诉讼工作力度。

五、坚持分类施策，提高整治实效。人民法院认定为虚假诉讼的案件，原告申请撤诉的，不予准许，应当根据民事诉讼法第一百一十二条规定，驳回其诉讼请求。虚假诉讼行为情节恶劣、后果严重或者多次参与虚假诉讼、制造系列虚假诉讼案件的，要加大处罚力度。虚假诉讼侵害他人民事权益的，行为人应当承担赔偿责任。人民法院在办理案件过程中发现虚假诉讼涉嫌犯罪的，应当依法及时将相关材料移送刑事侦查机关；公职人员或者国有企事业单位人员制造、参与虚假诉讼的，应当通报所在单位或者监察机关；律师、基层法律服务工作者、鉴定人、公证人等制造、参与虚假诉讼的，可以向有关行政主管部门、行业协会发出司法建议，督促及时予以行政处罚或者行业惩戒。司法工作人员利用职权参与虚假诉讼的，应当依法从严惩处，构成犯罪的，应当依法从严追究刑事责任。

六、加强立案甄别，做好警示提醒。立案阶段，可以通过立案辅助系统、中国裁判文书网等信息系统检索案件当事人是否有关联案件，核查当事人身份信息。当事人存在多件未结案件、关联案件或者发现其他可能存在虚假诉讼情形的，应当对当事人信息进行重点核实。发现存在虚假诉讼嫌疑的，应当对行为人进行警示提醒，并在办案系统中进行标记，提示审判和执行部门重点关注案件可能存在虚假诉讼风险。

七、坚持多措并举，查明案件事实。审理涉嫌虚假诉讼的案件，在询问当事人之前或者证人作证之前，应当要求当事人、证人签署保证书。保证书应当载明据实陈述、如有虚假陈述愿意接受处罚等内容。负有举证责任的当事人拒绝到庭、拒绝接受询问或者拒绝签署保证书，待证事实又欠缺其他证据证明的，对其主张的事实不予认定。证人拒绝签署保证书的，不得作证，自行承担相关费用。涉嫌通过虚假诉讼损害国家利益、社会公共利益或者他人合法权益的案件，人民法院应当调查收集相关证据，查明案件基本事实。

八、慎查调解协议，确保真实合法。当事人对诉讼标的无实质性争议，主动达成调解协议并申请人民法院出具调解书的，应当审查协议内容是否符合案件基本事实、是否违反法律规定、是否涉及案外人利益、是否规避国家政策。调解协议涉及确权内容的，应当在查明权利归属的基础上决定是否出具调解书。不能仅以当事人可自愿处分民事权益为由，降低对调解协议所涉法律关系真实性、合法性的审查标准，尤其要注重审查调解协议是否损害国家利益、社会公共利益或者他人合法权益。当事人诉前达成调解协议，申请司法确认的，应当着重审查调解协议是否存在违反法律、行政法规强制性规定、违背公序良俗或者侵害国家利益、社会公共利益、他人合法权益等情形；诉前调解协议内容涉及物权、知识产权确权的，应当裁定不予受理，已经受理的，应当裁定驳回申请。

九、严格依法执行，严防虚假诉讼。在执行异议、复议、参与分配等程序中应当加大对虚假诉讼的查处力度。对可能发生虚假诉讼的情形应当重点审查。从诉讼主体、证据与案件事实的关联程度、各证据之间的联系等方面，全面审查案件事实及法律关系的真实性，综合判断是否存在以捏造事实对执行标的提出异议、申请参与分配或者其他导致人民法院错误执行的行为。对涉嫌虚假诉讼的案件，应当传唤当事人、证人到庭，就相关案件事实当庭询问。主动向当事人释明参与虚假诉讼的法律后果，引导当事人诚信诉讼。认定为虚假诉讼的案件，应当裁定不予受理或者驳回申请；已经受理的，应当裁定驳回其请求。

十、加强执行审查，严查虚假非诉法律文书。重点防范依据虚假仲裁裁决、仲裁调解书、公证债权文书等非诉法律文书申请执行行为。在非诉法律文书执行中，当事人存在通过恶意串通、捏造事实等方式取得生效法律文书申请执行嫌疑的，应当依法进行严格实质审查。加大依职权调取证据力度，结合当事人关系、案件事实、仲裁和公证过程等多方面情况审查判断相关法律文书是否存在虚假情形，是否损害国家利益、社会公共利益或者他人合法权益。存在上述情形的，应当依法裁定不予执行，必要时可以向仲裁机构或者公证机关发出司法建议。

十一、加强证据审查，查处虚假执行异议之诉。执行异议之诉是当前虚假诉讼增长较快的领域，要高度重视执行异议之诉中防范和惩治虚假诉讼的重要性、紧迫性。正确分配举证责任,无论是案外人执行异议之诉还是申请执行人执行异议之诉,均应当由案外人就其对执行标的享有足以排除强制执行的民事权益承担举证责任。严格审查全案证据的真实性、合法性、关联性,对涉嫌虚假诉讼的案件,可以通过传唤案外人到庭陈述、通知当事人提交原始证据、依职权调查核实等方式,严格审查案外人权益的真实性、合法性。

十二、厘清法律关系,防止恶意串通逃避执行。执行异议之诉涉及三方当事人之间多个法律关系,利益冲突主要发生在案外人与申请执行人之间,对于被执行人就涉案外人权益相关事实的自认,应当审慎认定。被执行人与案外人具有亲属关系、关联关系等利害关系,诉讼中相互支持,缺乏充分证据证明案外人享有足以排除强制执行的民事权益的,不应支持案外人主张。案外人依据执行标的被查封、扣押、冻结后作出的另案生效确权法律文书,提起执行异议之诉主张排除强制执行的,应当注意审查是否存在当事人恶意串通等事实。

十三、加强甄别查处,防范虚假民间借贷诉讼。民间借贷是虚假诉讼较为活跃的领域,要审慎审查民间借贷案件,依照《最高人民法院关于审理民间借贷案件适用法律若干问题的规定》的有关规定,准确甄别、严格防范、严厉惩治虚假民间借贷诉讼。对涉嫌虚假诉讼的民间借贷案件,当事人主张以现金方式支付大额借款的,应当对出借人现金来源、取款凭证、交付情况等细节事实进行审查,结合出借人经济能力、当地交易习惯、交易过程是否符合常理等事实对借贷关系作出认定。当事人主张通过转账方式支付大额借款的,应当对是否存在"闭环"转账、循环转账、明走账贷款暗现金还款等事实进行审查。负有举证责任的原告无正当理由拒不到庭,经审查现有证据无法确认借贷行为、借贷金额、支付方式等案件基本事实的,对原告主张的事实不予认定。

十四、严查借贷本息,依法整治违法民间借贷。对涉嫌虚假诉讼的民间借贷案件,应当重点审查借贷关系真实性、本金借贷数额和利息保护范围等问题。虚构民间借贷关系,逃避执行、逃废债务的,对原告主张不应支持。通过"断头息"、伪造证据等手段,虚增借贷本金的,应当依据出借人实际出借金额认定借款本金数额。以"罚息""违约金""服务费""中介费""保证金""延期费"等名义从事高利贷的,对于超过法定利率保护上限的利息,不予保护。

十五、严审合同效力,整治虚假房屋买卖诉讼。为逃废债务、逃避执行、获得非法拆迁利益、规避宏观调控政策等非法目的,虚构房屋买卖合同关系提起诉讼的,应当认定合同无效。买受人虚构购房资格参与司法拍卖房产活动且竞拍成功,当事人、利害关系人以违背公序良俗为由主张该拍卖行为无效的,应予支持。买受人虚构购房资格导致拍卖行为无效的,应当依法承担赔偿责任。

十六、坚持查假纠错,依法救济受害人的权利。对涉嫌虚假诉讼的案件,可以通知与案件裁判结果可能存在利害关系的人作为第三人参加诉讼。对查处的虚假诉讼案件,应当依法对虚假诉讼案件生效裁判进行纠错。对造成他人损失的虚假诉讼案件,受害人请求虚假诉讼行为人承担赔偿责任的,应予支持。虚假诉讼行为人赔偿责任大小可以根据其过错大小、情节轻重、受害人损失大小等因素作出认定。

十七、依法认定犯罪，从严追究虚假诉讼刑事责任。虚假诉讼行为符合刑法和司法解释规定的定罪标准的，要依法认定为虚假诉讼罪等罪名，从严追究行为人的刑事责任。实施虚假诉讼犯罪，非法占有他人财产或者逃避合法债务，又构成诈骗罪、职务侵占罪、拒不执行判决、裁定罪、贪污罪等犯罪的，依照处罚较重的罪名定罪并从重处罚。对于多人结伙实施的虚假诉讼共同犯罪中罪责最突出的主犯、有虚假诉讼违法犯罪前科再次实施虚假诉讼犯罪的被告人，要充分体现从严，控制缓刑、免予刑事处罚的适用范围。

十八、保持高压态势，严惩“套路贷”虚假诉讼犯罪。及时甄别、依法严厉打击“套路贷”中的虚假诉讼违法犯罪行为，符合黑恶势力认定标准的，应当依法认定。对于被告人实施“套路贷”违法所得的一切财物，应当予以追缴或者责令退赔，依法保护被害人的财产权利。保持对“套路贷”虚假诉讼违法犯罪的高压严打态势，将依法严厉打击“套路贷”虚假诉讼违法犯罪作为常态化开展扫黑除恶斗争的重要内容，切实维护司法秩序和人民群众合法权益，满足人民群众对公平正义的心理期待。

十九、做好程序衔接，保持刑民协同。经审理认为民事诉讼当事人的行为构成虚假诉讼犯罪的，作出生效刑事裁判的人民法院应当及时函告审理或者执行该民事案件的人民法院。生效刑事裁判认定构成虚假诉讼犯罪的，有关人民法院应当及时依法启动审判监督程序对相关民事判决、裁定、调解书予以纠正。当事人、案外人以生效刑事裁判认定构成虚假诉讼犯罪为由对生效民事判决、裁定、调解书申请再审的，应当依法及时进行审查。

二十、加强队伍建设，提升整治能力。各级人民法院要及时组织法院干警学习掌握中央和地方各项经济社会政策；将甄别和查处虚假诉讼纳入法官培训范围；通过典型案例分析、审判业务交流、庭审观摩等多种形式，提高法官甄别和查处虚假诉讼的司法能力；严格落实司法责任制，对参与虚假诉讼的法院工作人员依规依纪严肃处理，建设忠诚干净担当的人民法院队伍。法院工作人员利用职权与他人共同实施虚假诉讼行为，构成虚假诉讼罪的，依法从重处罚，同时构成其他犯罪的，依照处罚较重的规定定罪并从重处罚。法院工作人员不正确履行职责，玩忽职守，致使虚假诉讼案件进入诉讼程序，导致公共财产、国家和人民利益遭受重大损失，符合刑法规定的犯罪构成要件的，依照玩忽职守罪、执行判决、裁定失职罪等罪名定罪处罚。

二十一、强化配合协调，形成整治合力。各级人民法院要积极探索与人民检察院、公安机关、司法行政机关等职能部门建立完善虚假诉讼案件信息共享机制、虚假诉讼违法犯罪线索移送机制、虚假诉讼刑民交叉案件协调惩治机制、整治虚假诉讼联席会议机制等工作机制；与各政法单位既分工负责、又沟通配合，推动建立信息互联共享、程序有序衔接、整治协调配合、制度共商共建的虚假诉讼整治工作格局。

二十二、探索信用惩戒，助力诚信建设。各级人民法院要积极探索建立虚假诉讼“黑名单”制度。建立虚假诉讼失信人名单信息库，在“立、审、执”环节自动识别虚假诉讼人员信息，对办案人员进行自动提示、自动预警，提醒办案人员对相关案件进行重点审查。积极探索虚假诉讼人员名单向社会公开和信用惩戒机制，争取与征信机构的信息数据库对接，推动社会信用体系建设。通过信用惩戒增加虚假诉讼人员违法成本，积极在全社会营造不敢、不能、不愿虚假诉讼的法治环境，助力诚信社会建设，保障市场经济平稳、有序、高效发展。

二十三、开展普法宣传，弘扬诉讼诚信。各级人民法院要贯彻落实“谁执法谁普法”的普法责任制要求，充分发挥人民法院处于办案一线的优势，深入剖析虚假诉讼典型案例，及时向全社会公布，加大宣传力度，弘扬诚实信用民事诉讼原则，彰显人民法院严厉打击虚假诉讼的决心，增强全社会对虚假诉讼违法行为的防范意识，对虚假诉讼行为形成强大震慑。通过在诉讼服务大厅、诉讼服务网、12368热线、移动微法院等平台和“人民法院民事诉讼风险提示书”等途径，告知诚信诉讼义务，释明虚假诉讼法律责任，引导当事人依法诚信诉讼，让公正司法、全民守法、诚实守信的理念深深植根于人民群众心中。

二十四、本意见自2021年11月10日起施行。

最高人民法院研究室关于拒不执行人民法院调解书的行为是否构成拒不执行判决、裁定罪的答复

(2000年12月14日　法研〔2000〕117号)

河南省高级人民法院：

你院《关于刑法第三百一十三条规定的拒不执行判决、裁定罪是否包括人民法院制作生效的调解书的请示》收悉。经研究，答复如下：刑法第三百一十三条规定的“判决、裁定”，不包括人民法院的调解书。对于行为人拒不执行人民法院调解书的行为，不能依照刑法第三百一十三条的规定定罪处罚。

最高人民检察院法律政策研究室关于通过伪造证据骗取法院民事裁判占有他人财物的行为如何适用法律问题的答复

(2002年10月24日　〔2002〕高检研发第18号)

山东省人民检察院研究室：

你院《关于通过伪造证据骗取法院民事裁决占有他人财物的行为能否构成诈骗罪的请示》(鲁检发研字〔2001〕第11号)收悉经研究答复如下：

以非法占有为目的，通过伪造证据骗取法院民事裁判占有他人财物的行为所侵害的主要是人民法院正常的审判活动可以由人民法院依照民事诉讼法的有关规定作出处理，不宜以诈骗罪追究行为人的刑事责任。如果行为人伪造证据时，实施了伪造公司、企业、事业单位、人民团体印章的行为，构成犯罪的，应当依照刑法第二百八十条第二款的规定，以伪造公司、企业、事业单位、人民团体印章罪追究刑事责任；如果行为人有指使他人作伪证行为，构成犯罪的应当依照刑法第三百零七条第一款的规定，以妨害作证罪追究刑事责任。

3. 妨害国(边)境管理罪

最高人民法院、最高人民检察院关于办理妨害国(边)境管理刑事案件应用法律若干问题的解释

(2012年8月20日最高人民法院审判委员会第1553次会议、2012年11月19日最高人民检察院第十一届检察委员会第82次会议通过　2012年12月12日最高人民法院、最高人民检察院公告公布　自2012年12月20日起施行　法释〔2012〕17号)

为依法惩处妨害国(边)境管理犯罪活动,维护国(边)境管理秩序,根据《中华人民共和国刑法》《中华人民共和国刑事诉讼法》的有关规定,现就办理这类案件应用法律的若干问题解释如下:

第一条　领导、策划、指挥他人偷越国(边)境或者在首要分子指挥下,实施拉拢、引诱、介绍他人偷越国(边)境等行为的,应当认定为刑法第三百一十八条规定的"组织他人偷越国(边)境"。

组织他人偷越国(边)境人数在十人以上的,应当认定为刑法第三百一十八条第一款第(二)项规定的"人数众多";违法所得数额在二十万元以上的,应当认定为刑法第三百一十八条第一款第(六)项规定的"违法所得数额巨大"。

以组织他人偷越国(边)境为目的,招募、拉拢、引诱、介绍、培训偷越国(边)境人员,策划、安排偷越国(边)境行为,在他人偷越国(边)境之前或者偷越国(边)境过程中被查获的,应当以组织他人偷越国(边)境罪(未遂)论处;具有刑法第三百一十八条第一款规定的情形之一的,应当在相应的法定刑幅度基础上,结合未遂犯的处罚原则量刑。

第二条　为组织他人偷越国(边)境,编造出境事由、身份信息或者相关的境外关系证明的,应当认定为刑法第三百一十九条第一款规定的"弄虚作假"。

刑法第三百一十九条第一款规定的"出境证件",包括护照或者代替护照使用的国际旅行证件,中华人民共和国海员证,中华人民共和国出入境通行证,中华人民共和国旅行证,中国公民往来香港、澳门、台湾地区证件,边境地区出入境通行证,签证、签注,出国(境)证明、名单,以及其他出境时需要查验的资料。

具有下列情形之一的,应当认定为刑法第三百一十九条第一款规定的"情节严重":

(一)骗取出境证件五份以上的;

(二)非法收取费用三十万元以上的;

(三)明知是国家规定的不准出境的人员而为其骗取出境证件的;

(四)其他情节严重的情形。

第三条　刑法第三百二十条规定的"出入境证件",包括本解释第二条第二款所列的证件以及其他入境时需要查验的资料。

具有下列情形之一的,应当认定为刑法第三百二十条规定的"情节严重":

(一)为他人提供伪造、变造的出入境证件或者出售出入境证件五份以上的;

(二)非法收取费用三十万元以上的;

(三)明知是国家规定的不准出入境的人员而为其提供伪造、变造的出入境证件

或者向其出售出入境证件的；

（四）其他情节严重的情形。

第四条 运送他人偷越国（边）境人数在十人以上的，应当认定为刑法第三百二十一条第一款第（一）项规定的“人数众多”；违法所得数额在二十万元以上的，应当认定为刑法第三百二十一条第一款第（三）项规定的“违法所得数额巨大”。

第五条 偷越国（边）境，具有下列情形之一的，应当认定为刑法第三百二十二条规定的“情节严重”：

（一）在境外实施损害国家利益行为的；

（二）偷越国（边）境三次以上或者三人以上结伙偷越国（边）境的；

（三）拉拢、引诱他人一起偷越国（边）境的；

（四）勾结境外组织、人员偷越国（边）境的；

（五）因偷越国（边）境被行政处罚后一年内又偷越国（边）境的；

（六）其他情节严重的情形。

第六条 具有下列情形之一的，应当认定为刑法第六章第三节规定的“偷越国（边）境”行为：

（一）没有出入境证件出入国（边）境或者逃避接受边防检查的；

（二）使用伪造、变造、无效的出入境证件出入国（边）境的；

（三）使用他人出入境证件出入国（边）境的；

（四）使用以虚假的出入境事由、隐瞒真实身份、冒用他人身份证件等方式骗取的出入境证件出入国（边）境的；

（五）采用其他方式非法出入国（边）境的。

第七条 以单位名义或者单位形式组织他人偷越国（边）境、为他人提供伪造、变造的出入境证件或者运送他人偷越国（边）境的，应当依照刑法第三百一十八条、第三百二十条、第三百二十一条的规定追究直接负责的主管人员和其他直接责任人员的刑事责任。

第八条 实施组织他人偷越国（边）境犯罪，同时构成骗取出境证件罪、提供伪造、变造的出入境证件罪、出售出入境证件罪、运送他人偷越国（边）境罪的，依照处罚较重的规定定罪处罚。

第九条 对跨地区实施的不同妨害国（边）境管理犯罪，符合并案处理要求，有关地方公安机关依照法律和相关规定一并立案侦查，需要提请批准逮捕、移送审查起诉、提起公诉的，由该公安机关所在地的同级人民检察院、人民法院依法受理。

第十条 本解释发布实施后，《最高人民法院关于审理组织、运送他人偷越国（边）境等刑事案件适用法律若干问题的解释》（法释〔2002〕3号）不再适用。

最高人民法院、最高人民检察院、公安部、司法部、海关总署关于进一步加强国境卫生检疫工作依法惩治妨害国境卫生检疫违法犯罪的意见

（2020年3月13日 署法发〔2020〕50号）

为进一步加强国境卫生检疫工作，依法惩治妨害国境卫生检疫违法犯罪行为，维护公共卫生安全，保障人民群众生命安全和身体健康，根据有关法律、司法解释的

规定，制定本意见。

一、充分认识国境卫生检疫对于维护公共卫生安全的重要意义

国境卫生检疫对防止传染病传入传出国境，保障人民群众生命安全和身体健康，维护公共卫生安全和社会安定有序发挥着重要作用。党中央、国务院高度重视国境卫生检疫工作，特别是新冠肺炎疫情发生以来，习近平总书记对强化公共卫生法治保障、改革完善疾病预防控制体系、健全防治结合、联防联控、群防群治工作机制作出一系列重要指示批示。各级人民法院、人民检察院、公安机关、司法行政机关、海关要切实提高政治站位，把思想和行动统一到习近平总书记重要指示批示精神上来，坚决贯彻落实党中央决策部署，增强“四个意识”、坚定“四个自信”、做到“两个维护”；从贯彻落实总体国家安全观、推动构建人类命运共同体的高度，始终将人民群众的生命安全和身体健康放在第一位，切实提升国境卫生检疫行政执法和司法办案水平。特别是面对当前新冠肺炎疫情在境外呈现扩散态势、通过口岸向境内蔓延扩散风险加剧的严峻形势，要依法及时、从严惩治妨害国境卫生检疫的各类违法犯罪行为，切实筑牢国境卫生检疫防线，坚决遏制疫情通过口岸传播扩散，为维护公共卫生安全提供有力的法治保障。

二、依法惩治妨害国境卫生检疫的违法犯罪行为

为加强国境卫生检疫工作，防止传染病传入传出国境，保护人民群众健康安全，刑法、国境卫生检疫法对妨害国境卫生检疫违法犯罪行为及其处罚作出规定。人民法院、人民检察院、公安机关、海关在办理妨害国境卫生检疫案件时，应当准确理解和严格适用刑法、国境卫生检疫法等有关规定，依法惩治相关违法犯罪行为。

（一）进一步加强国境卫生检疫行政执法。海关要在各口岸加强国境卫生检疫工作宣传，引导出入境人员以及接受检疫监管的单位和人员严格遵守国境卫生检疫法等法律法规的规定，配合和接受海关国境卫生检疫。同时，要加大国境卫生检疫行政执法力度，对于违反国境卫生检疫法及其实施细则，尚不构成犯罪的行为，依法给予行政处罚。

（二）依法惩治妨害国境卫生检疫犯罪。根据刑法第三百三十二条规定，违反国境卫生检疫规定，实施下列行为之一的，属于妨害国境卫生检疫行为：

1. 检疫传染病染疫人或者染疫嫌疑人拒绝执行海关依照国境卫生检疫法等法律法规提出的健康申报、体温监测、医学巡查、流行病学调查、医学排查、采样等卫生检疫措施，或者隔离、留验、就地诊验、转诊等卫生处理措施的；

2. 检疫传染病染疫人或者染疫嫌疑人采取不如实填报健康申明卡等方式隐瞒疫情，或者伪造、涂改检疫单、证等方式伪造情节的；

3. 知道或者应当知道实施审批管理的微生物、人体组织、生物制品、血液及其制品等特殊物品可能造成检疫传染病传播，未经审批仍逃避检疫，携运、寄递出入境的；

4. 出入境交通工具上发现有检疫传染病染疫人或者染疫嫌疑人，交通工具负责人拒绝接受卫生检疫或者拒不接受卫生处理的；

5. 来自检疫传染病流行国家、地区的出入境交通工具上出现非意外伤害死亡且死因不明的人员，交通工具负责人故意隐

瞒情况的;

6. 其他拒绝执行海关依照国境卫生检疫法等法律法规提出的检疫措施的。

实施上述行为,引起鼠疫、霍乱、黄热病以及新冠肺炎等国务院确定和公布的其他检疫传染病传播或者有传播严重危险的,依照刑法第三百三十二条的规定,以妨害国境卫生检疫罪定罪处罚。

对于单位实施妨害国境卫生检疫行为,引起鼠疫、霍乱、黄热病以及新冠肺炎等国务院确定和公布的其他检疫传染病传播或者有传播严重危险的,应当对单位判处罚金,并对其直接负责的主管人员和其他直接责任人员定罪处罚。

三、健全完善工作机制,保障依法科学有序防控

(一)做好行刑衔接。海关要严把口岸疫情防控第一关,严厉追究违反国境卫生检疫规定的行政法律责任,完善执法办案流程,坚持严格执法和依法办案。做好行政执法和刑事司法的衔接,对符合国境卫生检疫监管领域刑事案件立案追诉标准的案件,要依照有关规定,及时办理移送公安机关的相关手续,不得以行政处罚代替刑事处罚。

(二)加快案件侦办。公安机关对于妨害国境卫生检疫犯罪案件,要依法及时立案查处,全面收集固定证据。对新冠肺炎疫情防控期间发生的妨害国境卫生检疫犯罪,要快侦快破,并及时予以曝光,形成强大震慑。

(三)强化检察职能。人民检察院要加强对妨害国境卫生检疫犯罪案件的立案监督,发现应当立案而不立案的,应当要求公安机关说明理由,认为理由不成立的,应当依法通知公安机关立案。对于妨害国境卫生检疫犯罪案件,人民检察院可以对案件性质、收集证据和适用法律等向公安机关提出意见建议。对于符合逮捕、起诉条件的涉嫌妨害国境卫生检疫罪的犯罪嫌疑人,应当及时批准逮捕、提起公诉。发挥检察建议的作用,促进疫情防控体系化治理。

(四)加强沟通协调。人民法院、人民检察院、公安机关、司法行政机关、海关要加强沟通协调,畅通联系渠道,建立常态化合作机制。既要严格履行法定职责,各司其职,各负其责,又要相互配合,相互协作,实现资源共享和优势互补,形成依法惩治妨害国境卫生检疫违法犯罪的合力。对社会影响大、舆论关注度高的重大案件,要按照依法处置、舆论引导、社会面管控"三同步"要求,及时澄清事实真相,做好舆论引导和舆情应对工作。

(五)坚持过罚相当。进一步规范国境卫生检疫执法活动,切实做到严格规范公正文明执法。注重把握宽严相济政策:对于行政违法行为,要根据违法行为的危害程度和悔过态度,综合确定处罚种类和幅度。对于涉嫌犯罪的,要重点打击情节恶劣、后果严重的犯罪行为;对于情节轻微且真诚悔改的,依法予以从宽处理。

(六)维护公平正义。人民法院、人民检察院、公安机关要依法保障犯罪嫌疑人、被告人的各项诉讼权利特别是辩护权,切实维护当事人合法权益,维护法律正确实施。司法行政机关要加强对律师辩护代理工作的指导监督,促进律师依法依规执业。人民法院、人民检察院、公安机关、司法行政机关、海关要认真落实"谁执法谁普法"责任制,选取典型案例,开展以案释法,加大警示教育,震慑不法分子,释放正能量,为疫情防控营造良好的法治和社会环境。

最高人民法院、最高人民检察院、公安部、国家移民管理局关于依法惩治妨害国(边)境管理违法犯罪的意见

(2022年6月29日 法发〔2022〕18号)

为依法惩治妨害国(边)境管理违法犯罪活动,切实维护国(边)境管理秩序,根据《中华人民共和国刑法》《中华人民共和国刑事诉讼法》《中华人民共和国出境入境管理法》《最高人民法院、最高人民检察院关于办理妨害国(边)境管理刑事案件应用法律若干问题的解释》(法释〔2012〕17号,以下简称《解释》)等有关规定,结合执法、司法实践,制定本意见。

一、总体要求

1. 近年来,妨害国(边)境管理违法犯罪活动呈多发高发态势,与跨境赌博、电信网络诈骗以及边境地区毒品、走私、暴恐等违法犯罪活动交织滋长,严重扰乱国(边)境管理秩序,威胁公共安全和人民群众人身财产安全。人民法院、人民检察院、公安机关和移民管理机构要进一步提高政治站位,深刻认识妨害国(边)境管理违法犯罪的严重社会危害,充分发挥各自职能作用,依法准确认定妨害国(边)境管理犯罪行为,完善执法、侦查、起诉、审判的程序衔接,加大对组织者、运送者、犯罪集团骨干成员以及屡罚屡犯者的惩治力度,最大限度削弱犯罪分子再犯能力,切实维护国(边)境管理秩序,确保社会安全稳定,保障人民群众切身利益,努力实现案件办理法律效果与社会效果的有机统一。

二、关于妨害国(边)境管理犯罪的认定

2. 具有下列情形之一的,应当认定为刑法第三百一十八条规定的"组织他人偷越国(边)境"行为:

(1)组织他人通过虚构事实、隐瞒真相等方式掩盖非法出入境目的,骗取出入境边防检查机关核准出入境的;

(2)组织依法限定在我国边境地区停留、活动的人员,违反国(边)境管理法规,非法进入我国非边境地区的。

对于前述行为,在决定是否追究刑事责任以及如何裁量刑罚时,应当综合考虑组织者前科情况、行为手段、组织人数和次数、违法所得数额及被组织人员偷越国(边)境的目的等情节,依法妥当处理。

3. 事前与组织、运送他人偷越国(边)境的犯罪分子通谋,在偷越国(边)境人员出境前或者入境后,提供接驳、容留、藏匿等帮助的,以组织他人偷越国(边)境罪或者运送他人偷越国(边)境罪的共同犯罪论处。

4. 明知是偷越国(边)境人员,分段运送其前往国(边)境的,应当认定为刑法第三百二十一条规定的"运送他人偷越国(边)境",以运送他人偷越国(边)境罪定罪处罚。但是,在决定是否追究刑事责任以及如何裁量刑罚时,应当充分考虑行为人在运送他人偷越国(边)境过程中所起作用等情节,依法妥当处理。

5.《解释》第一条第二款、第四条规定的"人数",以实际组织、运送的人数计算;未到案人员经查证属实的,应当计算在内。

6. 明知他人实施骗取出境证件犯罪,提供虚假证明、邀请函件以及面签培训等帮助的,以骗取出境证件罪的共同犯罪论

处;符合刑法第三百一十八条规定的,以组织他人偷越国(边)境罪定罪处罚。

7. 事前与组织他人偷越国(边)境的犯罪分子通谋,为其提供虚假证明、邀请函件以及面签培训等帮助,骗取入境签证等入境证件,为组织他人偷越国(边)境使用的,以组织他人偷越国(边)境罪的共同犯罪论处。

8. 对于偷越国(边)境的次数,按照非法出境、入境的次数分别计算。但是,对于非法越境后及时返回,或者非法出境后又入境投案自首的,一般应当计算为一次。

9. 偷越国(边)境人员相互配合,共同偷越国(边)境的,属于《解释》第五条第二项规定的"结伙"。偷越国(边)境人员在组织者、运送者安排下偶然同行的,不属于"结伙"。

在认定偷越国(边)境"结伙"的人数时,不满十六周岁的人不计算在内。

10. 偷越国(边)境,具有下列情形之一的,属于《解释》第五条第六项规定的"其他情节严重的情形":

(1)犯罪后为逃避刑事追究偷越国(边)境的;

(2)破坏边境物理隔离设施后,偷越国(边)境的;

(3)以实施电信网络诈骗、开设赌场等犯罪为目的,偷越国(边)境的;

(4)曾因妨害国(边)境管理犯罪被判处刑罚,刑罚执行完毕后二年内又偷越国(边)境的。

实施偷越国(边)境犯罪,又实施妨害公务、袭警、妨害传染病防治等行为,并符合有关犯罪构成的,应当数罪并罚。

11. 徒步带领他人通过隐蔽路线逃避边防检查偷越国(边)境的,属于运送他人偷越国(边)境。领导、策划、指挥他人偷越国(边)境,并实施徒步带领行为的,以组织他人偷越国(边)境罪论处。

徒步带领偷越国(边)境的人数较少,行为人系初犯,确有悔罪表现,综合考虑行为动机、一贯表现、违法所得、实际作用等情节,认为对国(边)境管理秩序妨害程度明显较轻的,可以认定为犯罪情节轻微,依法不起诉或者免予刑事处罚;情节显著轻微危害不大的,不作为犯罪处理。

12. 对于刑法第三百二十一条第一款规定的"多次实施运送行为",累计运送人数一般应当接近十人。

三、关于妨害国(边)境管理刑事案件的管辖

13. 妨害国(边)境管理刑事案件由犯罪地的公安机关立案侦查。如果由犯罪嫌疑人居住地的公安机关立案侦查更为适宜的,可以由犯罪嫌疑人居住地的公安机关立案侦查。

妨害国(边)境管理犯罪的犯罪地包括妨害国(边)境管理犯罪行为的预备地、过境地、查获地等与犯罪活动有关的地点。

14. 对于有多个犯罪地的妨害国(边)境管理刑事案件,由最初受理的公安机关或者主要犯罪地的公安机关立案侦查。有争议的,按照有利于查清犯罪事实、有利于诉讼的原则,由共同上级公安机关指定有关公安机关立案侦查。

15. 具有下列情形之一的,有关公安机关可以在其职责范围内并案侦查:

(1)一人犯数罪的;

(2)共同犯罪的;

(3)共同犯罪的犯罪嫌疑人、被告人还实施其他犯罪的;

(4)多个犯罪嫌疑人、被告人实施的犯罪存在关联,并案处理有利于查明案件事实的。

四、关于证据的收集与审查

16. 对于妨害国(边)境管理案件所涉主观明知的认定,应当结合行为实施的过程、方式、被查获时的情形和环境,行为人的认知能力、既往经历、与同案人的关系、非法获利等,审查相关辩解是否明显违背常理,综合分析判断。

在组织他人偷越国(边)境、运送他人偷越国(边)境等案件中,具有下列情形之一的,可以认定行为人主观明知,但行为人作出合理解释或者有相反证据证明的除外:

(1)使用遮蔽、伪装、改装等隐蔽方式接送、容留偷越国(边)境人员的;

(2)与其他妨害国(边)境管理行为人使用同一通讯群组、暗语等进行联络的;

(3)采取绕关避卡等方式躲避边境检查,或者出境前、入境后途经边境地区的时间、路线等明显违反常理的;

(4)接受执法检查时故意提供虚假的身份、事由、地点、联系方式等信息的;

(5)支付、收取或者约定的报酬明显不合理的;

(6)遇到执法检查时企图逃跑,阻碍、抗拒执法检查,或者毁灭证据的;

(7)其他足以认定行为人明知的情形。

17. 对于不通晓我国通用语言文字的嫌疑人、被告人、证人及其他相关人员,人民法院、人民检察院、公安机关、移民管理机构应当依法为其提供翻译。

翻译人员在案件办理规定时限内无法到场的,办案机关可以通过视频连线方式进行翻译,并对翻译过程进行全程不间断录音录像,不得选择性录制,不得剪接、删改。

翻译人员应当在翻译文件上签名。

18. 根据国际条约规定或者通过刑事司法协助和警务合作等渠道收集的境外证据材料,能够证明案件事实且符合刑事诉讼法规定的,可以作为证据使用,但提供人或者我国与有关国家签订的双边条约对材料的使用范围有明确限制的除外。

办案机关应当移送境外执法机构对所收集证据的来源、提取人、提取时间或者提供人、提供时间以及保管移交的过程等相关说明材料;确因客观条件限制,境外执法机构未提供相关说明材料的,办案机关应当说明原因,并对所收集证据的有关事项作出书面说明。

19. 采取技术侦查措施收集的材料,作为证据使用的,应当随案移送,并附采取技术侦查措施的法律文书、证据清单和有关情况说明。

20. 办理案件中发现的可用以证明犯罪嫌疑人、被告人有罪或者无罪的各种财物,应当严格依照法定条件和程序进行查封、扣押、冻结。不得查封、扣押、冻结与案件无关的财物。凡查封、扣押、冻结的财物,都要及时进行审查。经查明确实与案件无关的,应当在三日以内予以解除、退还,并通知有关当事人。

查封、扣押、冻结涉案财物及其孳息,应当制作清单,妥善保管,随案移送。待人民法院作出生效判决后,依法作出处理。

公安机关、人民检察院应当对涉案财物审查甄别。在移送审查起诉、提起公诉时,应当对涉案财物提出处理意见。人民法院对随案移送的涉案财物,应当依法作出判决。

五、关于宽严相济刑事政策的把握

21. 办理妨害国(边)境管理刑事案件,应当综合考虑行为人的犯罪动机、行为方式、目的以及造成的危害后果等因素,全面把握犯罪事实和量刑情节,依法惩治。做好行政执法与刑事司法的衔接,对涉嫌妨害国(边)境管理犯罪的案件,要及时移送立案侦查,不得以行政处罚代替刑事追究。

对于实施相关行为被不起诉或者免予刑事处罚的行为人,依法应当给予行政处罚、政务处分或者其他处分的,依法移送有关主管机关处理。

22. 突出妨害国(边)境管理刑事案件的打击重点,从严惩处组织他人偷越国(边)境犯罪,坚持全链条、全环节、全流程对妨害国(边)境管理的产业链进行刑事惩治。对于为组织他人偷越国(边)境实施骗取出入境证件,提供伪造、变造的出入境证件,出售出入境证件,或者运送偷越国(边)境等行为,形成利益链条的,要坚决依法惩治,深挖犯罪源头,斩断利益链条,不断挤压此类犯罪滋生蔓延空间。

对于运送他人偷越国(边)境犯罪,要综合考虑运送人数、违法所得、前科情况等依法定罪处罚,重点惩治以此为业、屡罚屡犯、获利巨大和其他具有重大社会危害的情形。

对于偷越国(边)境犯罪,要综合考虑偷越动机、行为手段、前科情况等依法定罪处罚,重点惩治越境实施犯罪、屡罚屡犯和其他具有重大社会危害的情形。

23. 对于妨害国(边)境管理犯罪团伙、犯罪集团,应当重点惩治首要分子、主犯和积极参加者。对受雇佣或者被利用从事信息登记、材料递交等辅助性工作人员,未直接实施妨害国(边)境管理行为的,一般不追究刑事责任,可以由公安机关、移民管理机构依法作出行政处罚或者其他处理。

24. 对于妨害国(边)境管理犯罪所涉及的在偷越国(边)境之后的相关行为,要区分情况作出处理。对于组织、运送他人偷越国(边)境,进而在他人偷越国(边)境之后组织实施犯罪的,要作为惩治重点,符合数罪并罚规定的,应当数罪并罚。

对于为非法用工而组织、运送他人偷越国(边)境,或者明知是偷越国(边)境的犯罪分子而招募用工的,在决定是否追究刑事责任以及如何裁量刑罚时,应当综合考虑越境人数、违法所得、前科情况、造成影响或者后果等情节,恰当评估社会危害性,依法妥当处理。其中,单位实施上述行为,对组织者、策划者、实施者依法追究刑事责任的,定罪量刑应作综合考量,适当体现区别,确保罪责刑相适应。

25. 对以牟利为目的实施妨害国(边)境管理犯罪,要注重适用财产刑和追缴犯罪所得、没收作案工具等处置手段,加大财产刑的执行力度,最大限度剥夺其重新犯罪的能力和条件。

26. 犯罪嫌疑人、被告人提供重要证据或者重大线索,对侦破、查明重大妨害国(边)境管理刑事案件起关键作用,经查证属实的,可以依法从宽处理。

4. 妨害文物管理罪

最高人民法院、最高人民检察院关于办理妨害文物管理等刑事案件适用法律若干问题的解释

（2015年10月12日最高人民法院审判委员会第1663次会议、2015年11月18日最高人民检察院第十二届检察委员会第43次会议通过　2015年12月30日最高人民法院、最高人民检察院公告公布　自2016年1月1日起施行　法释〔2015〕23号）

为依法惩治文物犯罪，保护文物，根据《中华人民共和国刑法》《中华人民共和国刑事诉讼法》《中华人民共和国文物保护法》的有关规定，现就办理此类刑事案件适用法律的若干问题解释如下：

第一条　刑法第一百五十一条规定的"国家禁止出口的文物"，依照《中华人民共和国文物保护法》规定的"国家禁止出境的文物"的范围认定。

走私国家禁止出口的二级文物的，应当依照刑法第一百五十一条第二款的规定，以走私文物罪处五年以上十年以下有期徒刑，并处罚金；走私国家禁止出口的一级文物的，应当认定为刑法第一百五十一条第二款规定的"情节特别严重"；走私国家禁止出口的三级文物的，应当认定为刑法第一百五十一条第二款规定的"情节较轻"。

走私国家禁止出口的文物，无法确定文物等级，或者按照文物等级定罪量刑明显过轻或者过重的，可以按照走私的文物价值定罪量刑。走私的文物价值在二十万元以上不满一百万元的，应当依照刑法第一百五十一条第二款的规定，以走私文物罪处五年以上十年以下有期徒刑，并处罚金；文物价值在一百万元以上的，应当认定为刑法第一百五十一条第二款规定的"情节特别严重"；文物价值在五万元以上不满二十万元的，应当认定为刑法第一百五十一条第二款规定的"情节较轻"。

第二条　盗窃一般文物、三级文物、二级以上文物的，应当分别认定为刑法第二百六十四条规定的"数额较大""数额巨大""数额特别巨大"。

盗窃文物，无法确定文物等级，或者按照文物等级定罪量刑明显过轻或者过重的，按照盗窃的文物价值定罪量刑。

第三条　全国重点文物保护单位、省级文物保护单位的本体，应当认定为刑法第三百二十四条第一款规定的"被确定为全国重点文物保护单位、省级文物保护单位的文物"。

故意损毁国家保护的珍贵文物或者被确定为全国重点文物保护单位、省级文物保护单位的文物，具有下列情形之一的，应当认定为刑法第三百二十四条第一款规定的"情节严重"：

（一）造成五件以上三级文物损毁的；

（二）造成二级以上文物损毁的；

（三）致使全国重点文物保护单位、省级文物保护单位的本体严重损毁或者灭失的；

（四）多次损毁或者损毁多处全国重点文物保护单位、省级文物保护单位的本

体的；

（五）其他情节严重的情形。

实施前款规定的行为，拒不执行国家行政主管部门作出的停止侵害文物的行政决定或者命令的，酌情从重处罚。

第四条 风景名胜区的核心景区以及未被确定为全国重点文物保护单位、省级文物保护单位的古文化遗址、古墓葬、古建筑、石窟寺、石刻、壁画、近代现代重要史迹和代表性建筑等不可移动文物的本体，应当认定为刑法第三百二十四条第二款规定的“国家保护的名胜古迹”。

故意损毁国家保护的名胜古迹，具有下列情形之一的，应当认定为刑法第三百二十四条第二款规定的“情节严重”：

（一）致使名胜古迹严重损毁或者灭失的；

（二）多次损毁或者损毁多处名胜古迹的；

（三）其他情节严重的情形。

实施前款规定的行为，拒不执行国家行政主管部门作出的停止侵害文物的行政决定或者命令的，酌情从重处罚。

故意损毁风景名胜区内被确定为全国重点文物保护单位、省级文物保护单位的文物的，依照刑法第三百二十四条第一款和本解释第三条的规定定罪量刑。

第五条 过失损毁国家保护的珍贵文物或者被确定为全国重点文物保护单位、省级文物保护单位的文物，具有本解释第三条第二款第一项至第三项规定情形之一的，应当认定为刑法第三百二十四条第三款规定的“造成严重后果”。

第六条 出售或者为出售而收购、运输、储存《中华人民共和国文物保护法》规定的“国家禁止买卖的文物”的，应当认定为刑法第三百二十六条规定的“倒卖国家禁止经营的文物”。

倒卖国家禁止经营的文物，具有下列情形之一的，应当认定为刑法第三百二十六条规定的“情节严重”：

（一）倒卖三级文物的；

（二）交易数额在五万元以上的；

（三）其他情节严重的情形。

实施前款规定的行为，具有下列情形之一的，应当认定为刑法第三百二十六条规定的“情节特别严重”：

（一）倒卖二级以上文物的；

（二）倒卖三级文物五件以上的；

（三）交易数额在二十五万元以上的；

（四）其他情节特别严重的情形。

第七条 国有博物馆、图书馆以及其他国有单位，违反文物保护法规，将收藏或者管理的国家保护的文物藏品出售或者私自送给非国有单位或者个人的，依照刑法第三百二十七条的规定，以非法出售、私赠文物藏品罪追究刑事责任。

第八条 刑法第三百二十八条第一款规定的“古文化遗址、古墓葬”包括水下古文化遗址、古墓葬。“古文化遗址、古墓葬”不以公布为不可移动文物的古文化遗址、古墓葬为限。

实施盗掘行为，已损害古文化遗址、古墓葬的历史、艺术、科学价值的，应当认定为盗掘古文化遗址、古墓葬罪既遂。

采用破坏性手段盗窃古文化遗址、古墓葬以外的古建筑、石窟寺、石刻、壁画、近代现代重要史迹和代表性建筑等其他不可移动文物的，依照刑法第二百六十四条的规定，以盗窃罪追究刑事责任。

第九条 明知是盗窃文物、盗掘古文化遗址、古墓葬等犯罪所获取的三级以上文物,而予以窝藏、转移、收购、加工、代为销售或者以其他方法掩饰、隐瞒的,依照刑法第三百一十二条的规定,以掩饰、隐瞒犯罪所得罪追究刑事责任。

实施前款规定的行为,事先通谋的,以共同犯罪论处。

第十条 国家机关工作人员严重不负责任,造成珍贵文物损毁或者流失,具有下列情形之一的,应当认定为刑法第四百一十九条规定的"后果严重":

(一)导致二级以上文物或者五件以上三级文物损毁或者流失的;

(二)导致全国重点文物保护单位、省级文物保护单位的本体严重损毁或者灭失的;

(三)其他后果严重的情形。

第十一条 单位实施走私文物、倒卖文物等行为,构成犯罪的,依照本解释规定的相应自然人犯罪的定罪量刑标准,对直接负责的主管人员和其他直接责任人员定罪处罚,并对单位判处罚金。

公司、企业、事业单位、机关、团体等单位实施盗窃文物,故意损毁文物、名胜古迹,过失损毁文物,盗掘古文化遗址、古墓葬等行为的,依照本解释规定的相应定罪量刑标准,追究组织者、策划者、实施者的刑事责任。

第十二条 针对不可移动文物整体实施走私、盗窃、倒卖等行为的,根据所属不可移动文物的等级,依照本解释第一条、第二条、第六条的规定定罪量刑:

(一)尚未被确定为文物保护单位的不可移动文物,适用一般文物的定罪量刑标准;

(二)市、县级文物保护单位,适用三级文物的定罪量刑标准;

(三)全国重点文物保护单位、省级文物保护单位,适用二级以上文物的定罪量刑标准。

针对不可移动文物中的建筑构件、壁画、雕塑、石刻等实施走私、盗窃、倒卖等行为的,根据建筑构件、壁画、雕塑、石刻等文物本身的等级或者价值,依照本解释第一条、第二条、第六条的规定定罪量刑。建筑构件、壁画、雕塑、石刻等所属不可移动文物的等级,应当作为量刑情节予以考虑。

第十三条 案件涉及不同等级的文物的,按照高级别文物的量刑幅度量刑;有多件同级文物的,五件同级文物视为一件高一级文物,但是价值明显不相当的除外。

第十四条 依照文物价值定罪量刑的,根据涉案文物的有效价格证明认定文物价值;无有效价格证明,或者根据价格证明认定明显不合理的,根据销赃数额认定,或者结合本解释第十五条规定的鉴定意见、报告认定。

第十五条 在行为人实施有关行为前,文物行政部门已对涉案文物及其等级作出认定的,可以直接对有关案件事实作出认定。

对案件涉及的有关文物鉴定、价值认定等专门性问题难以确定的,由司法鉴定机构出具鉴定意见,或者由国务院文物行政部门指定的机构出具报告。其中,对于文物价值,也可以由有关价格认证机构作出价格认证并出具报告。

第十六条 实施本解释第一条、第二条、第六条至第九条规定的行为,虽已达到应当追究刑事责任的标准,但行为人系初犯,积极退回或者协助追回文物,未造成文物损毁,并确有悔罪表现的,可以认定为犯罪情节轻微,不起诉或者免予刑事处罚。

实施本解释第三条至第五条规定的行为,虽已达到应当追究刑事责任的标准,但行为人系初犯,积极赔偿损失,并确有悔罪表现的,可以认定为犯罪情节轻微,不起诉或者免予刑事处罚。

第十七条 走私、盗窃、损毁、倒卖、盗掘或者非法转让具有科学价值的古脊椎动物化石、古人类化石的,依照刑法和本解释的有关规定定罪量刑。

第十八条 本解释自2016年1月1日起施行。本解释公布施行后,《最高人民法院、最高人民检察院关于办理盗窃、盗掘、非法经营和走私文物的案件具体应用法律的若干问题的解释》(法(研)发〔1987〕32号)同时废止;之前发布的司法解释与本解释不一致的,以本解释为准。

最高人民法院、最高人民检察院、公安部、国家文物局关于办理妨害文物管理等刑事案件若干问题的意见

(2022年8月16日 公通字〔2022〕18号)

各省、自治区、直辖市高级人民法院、人民检察院、公安厅(局)、文物局(文化和旅游厅/局),新疆维吾尔自治区高级人民法院生产建设兵团分院,新疆生产建设兵团人民检察院、公安局、文物局:

为依法惩治文物犯罪,加强对文物的保护,根据《中华人民共和国刑法》《中华人民共和国刑事诉讼法》《中华人民共和国文物保护法》和《最高人民法院、最高人民检察院关于办理妨害文物管理等刑事案件适用法律若干问题的解释》(法释〔2015〕23号,以下简称《文物犯罪解释》)等有关规定,结合司法实践,制定本意见。

一、总体要求

文物承载灿烂文明,传承历史文化,维系民族精神,是国家和民族历史发展的见证,是弘扬中华优秀传统文化的珍贵财富,是培育社会主义核心价值观、凝聚共筑中国梦磅礴力量的深厚滋养。保护文物功在当代、利在千秋。当前,我国文物安全形势依然严峻,文物犯罪时有发生,犯罪团伙专业化、智能化趋势明显,犯罪活动向网络发展蔓延,犯罪产业链日趋成熟,地下市场非法交易猖獗,具有严重的社会危害性。各级人民法院、人民检察院、公安机关、文物行政部门要坚持以习近平新时代中国特色社会主义思想为指导,坚决贯彻落实习近平总书记关于文物工作系列重要论述精神,从传承中华文明、对国家对民族对子孙后代负责的战略高度,提高对文物保护工作重要性的认识,增强责任感使命感紧迫感,勇于担当作为、忠诚履职尽责,依法惩治和有效防范文物犯罪,切实保护国家文化遗产安全。

二、依法惩处文物犯罪

(一)准确认定盗掘行为

1. 针对古建筑、石窟寺等不可移动文物中包含的古文化遗址、古墓葬部分实施盗掘,符合刑法第三百二十八条规定的,以盗掘古文化遗址、古墓葬罪追究刑事责任。

盗掘对象是否属于古文化遗址、古墓葬,应当按照《文物犯罪解释》第八条、第十五条的规定作出认定。

2. 以盗掘为目的,在古文化遗址、古墓葬表层进行钻探、爆破、挖掘等作业,因意志以外的原因,尚未损害古文化遗址、古墓葬的历史、艺术、科学价值的,属于盗掘

古文化遗址、古墓葬未遂,应当区分情况分别处理:

(1)以被确定为全国重点文物保护单位、省级文物保护单位的古文化遗址、古墓葬为盗掘目标的,应当追究刑事责任;

(2)以被确定为市、县级文物保护单位的古文化遗址、古墓葬为盗掘目标的,对盗掘团伙的纠集者、积极参加者,应当追究刑事责任;

(3)以其他古文化遗址、古墓葬为盗掘目标的,对情节严重者,依法追究刑事责任。

实施前款规定的行为,同时构成刑法第三百二十四条第一款、第二款规定的故意损毁文物罪、故意损毁名胜古迹罪的,依照处罚较重的规定定罪处罚。

3. 刑法第三百二十八条第一款第三项规定的"多次盗掘"是指盗掘三次以上。对于行为人基于同一或者概括犯意,在同一古文化遗址、古墓葬本体周边一定范围内实施连续盗掘,已损害古文化遗址、古墓葬的历史、艺术、科学价值的,一般应认定为一次盗掘。

(二)准确认定盗窃行为

采用破坏性手段盗窃古建筑、石窟寺、石刻、壁画、近现代重要史迹和代表性建筑等不可移动文物未遂,具有下列情形之一的,应当依法追究刑事责任:

1. 针对全国重点文物保护单位、省级文物保护单位中的建筑构件、壁画、雕塑、石刻等实施盗窃,损害文物本体历史、艺术、科学价值,情节严重的;

2. 以被确定为市、县级以上文物保护单位整体为盗窃目标的;

3. 造成市、县级以上文物保护单位的不可移动文物本体损毁的;

4. 针对不可移动文物中的建筑构件、壁画、雕塑、石刻等实施盗窃,所涉部分具有等同于三级以上文物历史、艺术、科学价值的;

5. 其他情节严重的情形。

实施前款规定的行为,同时构成刑法第三百二十四条第一款、第二款规定的故意损毁文物罪、故意损毁名胜古迹罪的,依照处罚较重的规定定罪处罚。

(三)准确认定掩饰、隐瞒与倒卖行为

1. 明知是盗窃文物、盗掘古文化遗址、古墓葬等犯罪所获取的文物,而予以窝藏、转移、收购、加工、代为销售或者以其他方法掩饰、隐瞒的,符合《文物犯罪解释》第九条规定的,以刑法第三百一十二条规定的掩饰、隐瞒犯罪所得罪追究刑事责任。

对是否"明知",应当结合行为人的认知能力、既往经历、行为次数和手段,与实施盗掘、盗窃、倒卖文物等犯罪行为人的关系,获利情况,是否故意规避调查,涉案文物外观形态、价格等主、客观因素进行综合审查判断。具有下列情形之一,行为人不能做出合理解释的,可以认定其"明知",但有相反证据的除外:

(1)采用黑话、暗语等方式进行联络交易的;

(2)通过伪装、隐匿文物等方式逃避检查,或者以暴力等方式抗拒检查的;

(3)曾因实施盗掘、盗窃、走私、倒卖文物等犯罪被追究刑事责任,或者二年内受过行政处罚的;

(4)有其他证据足以证明行为人应当知道的情形。

2. 出售或者为出售而收购、运输、储存《中华人民共和国文物保护法》第五十一条规定的"国家禁止买卖的文物",可以结合行为人的从业经历、认知能力、违法犯罪记录、供述情况，交易的价格、次数、件数、场所，文物的来源、外观形态等综合审查判断，认定其行为系刑法第三百二十六条规定的“以牟利为目的”，但文物来源符合《中华人民共和国文物保护法》第五十条规定的除外。

三、涉案文物的认定和鉴定评估

对案件涉及的文物等级、类别、价值等专门性问题，如是否属于古文化遗址、古墓葬、古建筑、石窟寺、石刻、壁画、近代现代重要史迹和代表性建筑等不可移动文物，是否具有历史、艺术、科学价值，是否属于各级文物保护单位，是否属于珍贵文物，以及有关行为对文物造成的损毁程度和对文物价值造成的影响等，案发前文物行政部门已作认定的，可以直接对有关案件事实作出认定；案发前未作认定的，可以结合国务院文物行政部门指定的机构出具的《涉案文物鉴定评估报告》作出认定，必要时，办案机关可以依法提请文物行政部门对有关问题作出说明。《涉案文物鉴定评估报告》应当依照《涉案文物鉴定评估管理办法》（文物博发〔2018〕4 号）规定的程序和格式文本出具。

四、文物犯罪案件管辖

文物犯罪案件一般由犯罪地的公安机关管辖，包括文物犯罪的预谋地、工具准备地、勘探地、盗掘地、盗窃地、途经地、交易地、倒卖信息发布地、出口（境）地、涉案不可移动文物的所在地、涉案文物的实际取得地、藏匿地、转移地、加工地、储存地、销售地等。多个公安机关都有权立案侦查的文物犯罪案件，由主要犯罪地公安机关立案侦查。

具有下列情形之一的，有关公安机关可以在其职责范围内并案处理：

（1）一人犯数罪的；

（2）共同犯罪的；

（3）共同犯罪的犯罪嫌疑人还实施其他犯罪的；

（4）三人以上时分时合，交叉结伙作案的；

（5）多个犯罪嫌疑人实施的盗掘、盗窃、倒卖、掩饰、隐瞒、走私等犯罪存在直接关联，或者形成多层级犯罪链条，并案处理有利于查明案件事实的。

五、宽严相济刑事政策的应用

（一）要着眼出资、勘探、盗掘、盗窃、倒卖、收赃、走私等整个文物犯罪网络开展打击，深挖幕后金主，斩断文物犯罪链条，对虽未具体参与实施有关犯罪实行行为，但作为幕后纠集、组织、指挥、筹划、出资、教唆者，在共同犯罪中起主要作用的，可以依法认定为主犯。

（二）对曾因文物违法犯罪而受过行政处罚或者被追究刑事责任、多次实施文物违法犯罪行为、以及国家工作人员实施本意见规定相关犯罪行为的，可以酌情从重处罚。

（三）正确运用自首、立功、认罪认罚从宽等制度，充分发挥刑罚的惩治和预防功能。对积极退回或协助追回文物，协助抓捕重大文物犯罪嫌疑人，以及提供重要线索，对侦破、查明其他重大文物犯罪案件起关键作用的，依法从宽处理。

（四）人民法院、人民检察院、公安机关应当加强与文物行政等部门的沟通协调，强化行刑衔接，对不构成犯罪的案件，依据有关规定及时移交。公安机关依法扣押的国家禁止经营的文物，经审查与案件无关的，应当交由文物行政等有关部门依法予以处理。文物行政等部门在查办案件中，发现涉嫌构成犯罪的案件，依据有关规定及时向公安机关移送。

5. 危害公共卫生罪

最高人民法院、最高人民检察院关于办理非法采供血液等刑事案件具体应用法律若干问题的解释

（2008年2月18日最高人民法院审判委员会第1444次会议、2008年5月8日最高人民检察院第十一届检察委员会第1次会议通过　2008年9月22日最高人民法院、最高人民检察院公告公布　自2008年9月23日起施行　法释〔2008〕12号）

为保障公民的身体健康和生命安全，依法惩处非法采供血液等犯罪，根据刑法有关规定，现对办理此类刑事案件具体应用法律的若干问题解释如下：

第一条　对未经国家主管部门批准或者超过批准的业务范围，采集、供应血液或者制作、供应血液制品的，应认定为刑法第三百三十四条第一款规定的“非法采集、供应血液或者制作、供应血液制品”。

第二条　对非法采集、供应血液或者制作、供应血液制品，具有下列情形之一的，应认定为刑法第三百三十四条第一款规定的“不符合国家规定的标准，足以危害人体健康”，处五年以下有期徒刑或者拘役，并处罚金：

（一）采集、供应的血液含有艾滋病病毒、乙型肝炎病毒、丙型肝炎病毒、梅毒螺旋体等病原微生物的；

（二）制作、供应的血液制品含有艾滋病病毒、乙型肝炎病毒、丙型肝炎病毒、梅毒螺旋体等病原微生物，或者将含有上述病原微生物的血液用于制作血液制品的；

（三）使用不符合国家规定的药品、诊断试剂、卫生器材，或者重复使用一次性采血器材采集血液，造成传染病传播危险的；

（四）违反规定对献血者、供血浆者超量、频繁采集血液、血浆，足以危害人体健康的；

（五）其他不符合国家有关采集、供应血液或者制作、供应血液制品的规定标准，足以危害人体健康的。

第三条　对非法采集、供应血液或者制作、供应血液制品，具有下列情形之一的，应认定为刑法第三百三十四条第一款规定的“对人体健康造成严重危害”，处五年以上十年以下有期徒刑，并处罚金：

（一）造成献血者、供血浆者、受血者感染乙型肝炎病毒、丙型肝炎病毒、梅毒螺旋体或者其他经血液传播的病原微生物的；

（二）造成献血者、供血浆者、受血者重度贫血、造血功能障碍或者其他器官组织损伤导致功能障碍等身体严重危害的；

（三）对人体健康造成其他严重危害的。

第四条　对非法采集、供应血液或者制作、供应血液制品，具有下列情形之一的，应认定为刑法第三百三十四条第一款规定的“造成特别严重后果”，处十年以上有期徒刑或者无期徒刑，并处罚金或者没收财产：

（一）因血液传播疾病导致人员死亡或者感染艾滋病病毒的；

（二）造成五人以上感染乙型肝炎病毒、丙型肝炎病毒、梅毒螺旋体或者其他经

血液传播的病原微生物的；

（三）造成五人以上重度贫血、造血功能障碍或者其他器官组织损伤导致功能障碍等身体严重危害的；

（四）造成其他特别严重后果的。

第五条 对经国家主管部门批准采集、供应血液或者制作、供应血液制品的部门，具有下列情形之一的，应认定为刑法第三百三十四条第二款规定的“不依照规定进行检测或者违背其他操作规定”：

（一）血站未用两个企业生产的试剂对艾滋病病毒抗体、乙型肝炎病毒表面抗原、丙型肝炎病毒抗体、梅毒抗体进行两次检测的；

（二）单采血浆站不依照规定对艾滋病病毒抗体、乙型肝炎病毒表面抗原、丙型肝炎病毒抗体、梅毒抗体进行检测的；

（三）血液制品生产企业在投料生产前未用主管部门批准和检定合格的试剂进行复检的；

（四）血站、单采血浆站和血液制品生产企业使用的诊断试剂没有生产单位名称、生产批准文号或者经检定不合格的；

（五）采供血机构在采集检验标本、采集血液和成分血分离时，使用没有生产单位名称、生产批准文号或者超过有效期的一次性注射器等采血器材的；

（六）不依照国家规定的标准和要求包装、储存、运输血液、原料血浆的；

（七）对国家规定检测项目结果呈阳性的血液未及时按照规定予以清除的；

（八）不具备相应资格的医务人员进行采血、检验操作的；

（九）对献血者、供血浆者超量、频繁采集血液、血浆的；

（十）采供血机构采集血液、血浆前，未对献血者或供血浆者进行身份识别，采集冒名顶替者、健康检查不合格者血液、血浆的；

（十一）血站擅自采集原料血浆，单采血浆站擅自采集临床用血或者向医疗机构供应原料血浆的；

（十二）重复使用一次性采血器材的；

（十三）其他不依照规定进行检测或者违背操作规定的。

第六条 对经国家主管部门批准采集、供应血液或者制作、供应血液制品的部门，不依照规定进行检测或者违背其他操作规定，具有下列情形之一的，应认定为刑法第三百三十四条第二款规定的“造成危害他人身体健康后果”，对单位判处罚金，并对其直接负责的主管人员和其他直接责任人员，处五年以下有期徒刑或者拘役：

（一）造成献血者、供血浆者、受血者感染艾滋病病毒、乙型肝炎病毒、丙型肝炎病毒、梅毒螺旋体或者其他经血液传播的病原微生物的；

（二）造成献血者、供血浆者、受血者重度贫血、造血功能障碍或者其他器官组织损伤导致功能障碍等身体严重危害的；

（三）造成其他危害他人身体健康后果的。

第七条 经国家主管部门批准的采供血机构和血液制品生产经营单位，应认定为刑法第三百三十四条第二款规定的“经国家主管部门批准采集、供应血液或者制作、供应血液制品的部门”。

第八条 本解释所称“血液”，是指全血、成分血和特殊血液成分。

本解释所称“血液制品”，是指各种人血浆蛋白制品。

本解释所称“采供血机构”，包括血液

中心、中心血站、中心血库、脐带血造血干细胞库和国家卫生行政主管部门根据医学发展需要批准、设置的其他类型血库、单采血浆站。

最高人民法院关于审理非法行医刑事案件具体应用法律若干问题的解释

（2008年4月28日最高人民法院审判委员会第1446次会议通过　根据2016年12月12日最高人民法院审判委员会第1703次会议通过的《最高人民法院关于修改〈关于审理非法行医刑事案件具体应用法律若干问题的解释〉的决定》修正　2016年12月16日最高人民法院公告公布　自2016年12月20日起施行　法释〔2016〕27号）

为依法惩处非法行医犯罪，保障公民身体健康和生命安全，根据刑法的有关规定，现对审理非法行医刑事案件具体应用法律的若干问题解释如下：

第一条　具有下列情形之一的，应认定为刑法第三百三十六条第一款规定的“未取得医生执业资格的人非法行医”：

（一）未取得或者以非法手段取得医师资格从事医疗活动的；

（二）被依法吊销医师执业证书期间从事医疗活动的；

（三）未取得乡村医生执业证书，从事乡村医疗活动的；

（四）家庭接生员实施家庭接生以外的医疗行为的。

第二条　具有下列情形之一的，应认定为刑法第三百三十六条第一款规定的“情节严重”：

（一）造成就诊人轻度残疾、器官组织损伤导致一般功能障碍的；

（二）造成甲类传染病传播、流行或者有传播、流行危险的；

（三）使用假药、劣药或不符合国家规定标准的卫生材料、医疗器械，足以严重危害人体健康的；

（四）非法行医被卫生行政部门行政处罚两次以后，再次非法行医的；

（五）其他情节严重的情形。

第三条　具有下列情形之一的，应认定为刑法第三百三十六条第一款规定的“严重损害就诊人身体健康”：

（一）造成就诊人中度以上残疾、器官组织损伤导致严重功能障碍的；

（二）造成三名以上就诊人轻度残疾、器官组织损伤导致一般功能障碍的。

第四条　非法行医行为系造成就诊人死亡的直接、主要原因的，应认定为刑法第三百三十六条第一款规定的“造成就诊人死亡”。

非法行医行为并非造成就诊人死亡的直接、主要原因的，可不认定为刑法第三百三十六条第一款规定的“造成就诊人死亡”。但是，根据案件情况，可以认定为刑法第三百三十六条第一款规定的“情节严重”。

第五条　实施非法行医犯罪，同时构成生产、销售假药罪，生产、销售劣药罪，诈骗罪等其他犯罪的，依照刑法处罚较重的规定定罪处罚。

第六条　本解释所称“医疗活动”“医疗行为”，参照《医疗机构管理条例实施细则》中的“诊疗活动”“医疗美容”认定。

本解释所称"轻度残疾、器官组织损伤导致一般功能障碍""中度以上残疾、器官组织损伤导致严重功能障碍",参照《医疗事故分级标准(试行)》认定。

6. 破坏环境资源保护罪

最高人民法院关于审理破坏土地资源刑事案件具体应用法律若干问题的解释

(2000年6月16日最高人民法院审判委员会第1119次会议通过 2000年6月19日最高人民法院公告公布 自2000年6月22日起施行 法释〔2000〕14号)

为依法惩处破坏土地资源犯罪活动,根据刑法的有关规定,现就审理这类案件具体应用法律的若干问题解释如下:

第一条 以牟利为目的,违反土地管理法规,非法转让、倒卖土地使用权,具有下列情形之一的,属于非法转让、倒卖土地使用权"情节严重",依照刑法第二百二十八条的规定,以非法转让、倒卖土地使用权罪定罪处罚:

(一)非法转让、倒卖基本农田五亩以上的;

(二)非法转让、倒卖基本农田以外的耕地十亩以上的;

(三)非法转让、倒卖其他土地二十亩以上的;

(四)非法获利五十万元以上的;

(五)非法转让、倒卖土地接近上述数量标准并具有其他恶劣情节的,如曾因非法转让、倒卖土地使用权受过行政处罚或者造成严重后果等。

第二条 实施第一条规定的行为,具有下列情形之一的,属于非法转让、倒卖土地使用权"情节特别严重":

(一)非法转让、倒卖基本农田十亩以上的;

(二)非法转让、倒卖基本农田以外的耕地二十亩以上的;

(三)非法转让、倒卖其他土地四十亩以上的;

(四)非法获利一百万元以上的;

(五)非法转让、倒卖土地接近上述数量标准并具有其他恶劣情节,如造成严重后果等。

第三条 违反土地管理法规,非法占用耕地改作他用,数量较大,造成耕地大量毁坏的,依照刑法第三百四十二条的规定,以非法占用耕地罪定罪处罚:

(一)非法占用耕地"数量较大",是指非法占用基本农田五亩以上或者非法占用基本农田以外的耕地十亩以上。

(二)非法占用耕地"造成耕地大量毁坏",是指行为人非法占用耕地建窑、建坟、建房、挖沙、采石、采矿、取土、堆放固体废弃物或者进行其他非农业建设,造成基本农田五亩以上或者基本农田以外的耕地十亩以上种植条件严重毁坏或者严重污染。

第四条 国家机关工作人员徇私舞弊,违反土地管理法规,滥用职权,非法批准征用、占用土地,具有下列情形之一的,属于非法批准征用、占用土地"情节严重",依照刑法第四百一十条的规定,以非法批准征用、占用土地罪定罪处罚:

(一)非法批准征用、占用基本农田十亩以上的;

（二）非法批准征用、占用基本农田以外的耕地三十亩以上的；

（三）非法批准征用、占用其他土地五十亩以上的；

（四）虽未达到上述数量标准，但非法批准征用、占用土地造成直接经济损失三十万元以上；造成耕地大量毁坏等恶劣情节的。

第五条 实施第四条规定的行为，具有下列情形之一的，属于非法批准征用、占用土地"致使国家或者集体利益遭受特别重大损失"：

（一）非法批准征用、占用基本农田二十亩以上的；

（二）非法批准征用、占用基本农田以外的耕地六十亩以上的；

（三）非法批准征用、占用其他土地一百亩以上的；

（四）非法批准征用、占用土地，造成基本农田五亩以上，其他耕地十亩以上严重毁坏的；

（五）非法批准征用、占用土地造成直接经济损失五十万元以上等恶劣情节的。

第六条 国家机关工作人员徇私舞弊，违反土地管理法规，非法低价出让国有土地使用权，具有下列情形之一的，属于"情节严重"，依照刑法第四百一十条的规定，以非法低价出让国有土地使用权罪定罪处罚：

（一）出让国有土地使用权面积在三十亩以上，并且出让价额低于国家规定的最低价额标准的百分之六十的；

（二）造成国有土地资产流失价额在三十万元以上的。

第七条 实施第六条规定的行为，具有下列情形之一的，属于非法低价出让国有土地使用权，"致使国家和集体利益遭受特别重大损失"：

（一）非法低价出让国有土地使用权面积在六十亩以上，并且出让价额低于国家规定的最低价额标准的百分之四十的；

（二）造成国有土地资产流失价额在五十万元以上的。

第八条 单位犯非法转让、倒卖土地使用权罪、非法占有耕地罪的定罪量刑标准，依照本解释第一条、第二条、第三条的规定执行。

第九条 多次实施本解释规定的行为依法应当追诉的，或者一年内多次实施本解释规定的行为未经处理的，按照累计的数量、数额处罚。

最高人民法院关于审理破坏草原资源刑事案件应用法律若干问题的解释

（2012年10月22日最高人民法院审判委员会第1558次会议通过　2012年11月2日最高人民法院公告公布　自2012年11月22日起施行　法释〔2012〕15号）

为依法惩处破坏草原资源犯罪活动，依照《中华人民共和国刑法》的有关规定，现就审理此类刑事案件应用法律的若干问题解释如下：

第一条 违反草原法等土地管理法规，非法占用草原，改变被占用草原用途，数量较大，造成草原大量毁坏的，依照刑法第三百四十二条的规定，以非法占用农用地罪定罪处罚。

第二条 非法占用草原，改变被占用草原用途，数量在二十亩以上的，或者曾因非法占用草原受过行政处罚，在三年内又非法占用草原，改变被占用草原用途，数量在十亩以上的，应当认定为刑法第三百四十二条规定的“数量较大”。

非法占用草原，改变被占用草原用途，数量较大，具有下列情形之一的，应当认定为刑法第三百四十二条规定的“造成耕地、林地等农用地大量毁坏”：

（一）开垦草原种植粮食作物、经济作物、林木的；

（二）在草原上建窑、建房、修路、挖砂、采石、采矿、取土、剥取草皮的；

（三）在草原上堆放或者排放废弃物，造成草原的原有植被严重毁坏或者严重污染的；

（四）违反草原保护、建设、利用规划种植牧草和饲料作物，造成草原沙化或者水土严重流失的；

（五）其他造成草原严重毁坏的情形。

第三条　国家机关工作人员徇私舞弊，违反草原法等土地管理法规，具有下列情形之一的，应当认定为刑法第四百一十条规定的“情节严重”：

（一）非法批准征收、征用、占用草原四十亩以上的；

（二）非法批准征收、征用、占用草原，造成二十亩以上草原被毁坏的；

（三）非法批准征收、征用、占用草原，造成直接经济损失三十万元以上，或者具有其他恶劣情节的。

具有下列情形之一，应当认定为刑法第四百一十条规定的“致使国家或者集体利益遭受特别重大损失”：

（一）非法批准征收、征用、占用草原八十亩以上的；

（二）非法批准征收、征用、占用草原，造成四十亩以上草原被毁坏的；

（三）非法批准征收、征用、占用草原，造成直接经济损失六十万元以上，或者具有其他特别恶劣情节的。

第四条　以暴力、威胁方法阻碍草原监督检查人员依法执行职务，构成犯罪的，依照刑法第二百七十七条的规定，以妨害公务罪追究刑事责任。

煽动群众暴力抗拒草原法律、行政法规实施，构成犯罪的，依照刑法第二百七十八条的规定，以煽动暴力抗拒法律实施罪追究刑事责任。

第五条　单位实施刑法第三百四十二条规定的行为，对单位判处罚金，并对其直接负责的主管人员和其他直接责任人员，依照本解释规定的定罪量刑标准定罪处罚。

第六条　多次实施破坏草原资源的违法犯罪行为，未经处理，应当依法追究刑事责任的，按照累计的数量、数额定罪处罚。

第七条　本解释所称“草原”，是指天然草原和人工草地，天然草原包括草地、草山和草坡，人工草地包括改良草地和退耕还草地，不包括城镇草地。

最高人民法院、最高人民检察院关于办理非法采矿、破坏性采矿刑事案件适用法律若干问题的解释

（2016年9月26日最高人民法院审判委员会第1694次会议、2016年11月4日最高人民检察院第十二届检察委员会第57次会议通过　2016年11月28日最高人民法院、最高人民检察院公告公布　自2016年12月1日起施行　法释〔2016〕25号）

为依法惩处非法采矿、破坏性采矿犯罪活动，根据《中华人民共和国刑法》《中华人民共和国刑事诉讼法》的有关规定，现就办理此类刑事案件适用法律的若干问题解释如下：

第一条　违反《中华人民共和国矿产资源法》《中华人民共和国水法》等法律、行政法规有关矿产资源开发、利用、保护和管理的规定的，应当认定为刑法第三百四十三条规定的“违反矿产资源法的规定”。

第二条　具有下列情形之一的，应当认定为刑法第三百四十三条第一款规定的“未取得采矿许可证”：

（一）无许可证的；

（二）许可证被注销、吊销、撤销的；

（三）超越许可证规定的矿区范围或者开采范围的；

（四）超出许可证规定的矿种的（共生、伴生矿种除外）；

（五）其他未取得许可证的情形。

第三条　实施非法采矿行为，具有下列情形之一的，应当认定为刑法第三百四十三条第一款规定的“情节严重”：

（一）开采的矿产品价值或者造成矿产资源破坏的价值在十万元至三十万元以上的；

（二）在国家规划矿区、对国民经济具有重要价值的矿区采矿，开采国家规定实行保护性开采的特定矿种，或者在禁采区、禁采期内采矿，开采的矿产品价值或者造成矿产资源破坏的价值在五万元至十五万元以上的；

（三）二年内曾因非法采矿受过两次以上行政处罚，又实施非法采矿行为的；

（四）造成生态环境严重损害的；

（五）其他情节严重的情形。

实施非法采矿行为，具有下列情形之一的，应当认定为刑法第三百四十三条第一款规定的“情节特别严重”：

（一）数额达到前款第一项、第二项规定标准五倍以上的；

（二）造成生态环境特别严重损害的；

（三）其他情节特别严重的情形。

第四条　在河道管理范围内采砂，具有下列情形之一，符合刑法第三百四十三条第一款和本解释第二条、第三条规定的，以非法采矿罪定罪处罚：

（一）依据相关规定应当办理河道采砂许可证，未取得河道采砂许可证的；

（二）依据相关规定应当办理河道采砂许可证和采矿许可证，既未取得河道采砂许可证，又未取得采矿许可证的。

实施前款规定行为，虽不具有本解释第三条第一款规定的情形，但严重影响河势稳定，危害防洪安全的，应当认定为刑法第三百四十三条第一款规定的“情节严重”。

第五条　未取得海砂开采海域使用权

证，且未取得采矿许可证，采挖海砂，符合刑法第三百四十三条第一款和本解释第二条、第三条规定的，以非法采矿罪定罪处罚。

实施前款规定行为，虽不具有本解释第三条第一款规定的情形，但造成海岸线严重破坏的，应当认定为刑法第三百四十三条第一款规定的“情节严重”。

第六条 造成矿产资源破坏的价值在五十万元至一百万元以上，或者造成国家规划矿区、对国民经济具有重要价值的矿区和国家规定实行保护性开采的特定矿种资源破坏的价值在二十五万元至五十万元以上的，应当认定为刑法第三百四十三条第二款规定的“造成矿产资源严重破坏”。

第七条 明知是犯罪所得的矿产品及其产生的收益，而予以窝藏、转移、收购、代为销售或者以其他方法掩饰、隐瞒的，依照刑法第三百一十二条的规定，以掩饰、隐瞒犯罪所得、犯罪所得收益罪定罪处罚。

实施前款规定的犯罪行为，事前通谋的，以共同犯罪论处。

第八条 多次非法采矿、破坏性采矿构成犯罪，依法应当追诉的，或者二年内多次非法采矿、破坏性采矿未经处理的，价值数额累计计算。

第九条 单位犯刑法第三百四十三条规定之罪的，依照本解释规定的相应自然人犯罪的定罪量刑标准，对直接负责的主管人员和其他直接责任人员定罪处罚，并对单位判处罚金。

第十条 实施非法采矿犯罪，不属于“情节特别严重”，或者实施破坏性采矿犯罪，行为人系初犯，全部退赃退赔，积极修复环境，并确有悔改表现的，可以认定为犯罪情节轻微，不起诉或者免予刑事处罚。

第十一条 对受雇佣为非法采矿、破坏性采矿犯罪提供劳务的人员，除参与利润分成或者领取高额固定工资的以外，一般不以犯罪论处，但曾因非法采矿、破坏性采矿受过处罚的除外。

第十二条 对非法采矿、破坏性采矿犯罪的违法所得及其收益，应当依法追缴或者责令退赔。

对用于非法采矿、破坏性采矿犯罪的专门工具和供犯罪所用的本人财物，应当依法没收。

第十三条 非法开采的矿产品价值，根据销赃数额认定；无销赃数额，销赃数额难以查证，或者根据销赃数额认定明显不合理的，根据矿产品价格和数量认定。

矿产品价值难以确定的，依据下列机构出具的报告，结合其他证据作出认定：

（一）价格认证机构出具的报告；

（二）省级以上人民政府国土资源、水行政、海洋等主管部门出具的报告；

（三）国务院水行政主管部门在国家确定的重要江河、湖泊设立的流域管理机构出具的报告。

第十四条 对案件所涉的有关专门性问题难以确定的，依据下列机构出具的鉴定意见或者报告，结合其他证据作出认定：

（一）司法鉴定机构就生态环境损害出具的鉴定意见；

（二）省级以上人民政府国土资源主管部门就造成矿产资源破坏的价值、是否属于破坏性开采方法出具的报告；

（三）省级以上人民政府水行政主管部门或者国务院水行政主管部门在国家确定的重要江河、湖泊设立的流域管理机构就是否危害防洪安全出具的报告；

（四）省级以上人民政府海洋主管部门就是否造成海岸线严重破坏出具的报告。

第十五条 各省、自治区、直辖市高级人民法院、人民检察院,可以根据本地区实际情况,在本解释第三条、第六条规定的数额幅度内,确定本地区执行的具体数额标准,报最高人民法院、最高人民检察院备案。

第十六条 本解释自2016年12月1日起施行。本解释施行后,《最高人民法院关于审理非法采矿、破坏性采矿刑事案件具体应用法律若干问题的解释》(法释〔2003〕9号)同时废止。

最高人民法院、最高人民检察院关于办理环境污染刑事案件适用法律若干问题的解释

(2023年3月27日最高人民法院审判委员会第1882次会议、2023年7月27日最高人民检察院第十四届检察委员会第10次会议通过 2023年8月8日最高人民法院、最高人民检察院公告公布 自2023年8月15日起施行 法释〔2023〕7号)

为依法惩治环境污染犯罪,根据《中华人民共和国刑法》、《中华人民共和国刑事诉讼法》、《中华人民共和国环境保护法》等法律的有关规定,现就办理此类刑事案件适用法律的若干问题解释如下:

第一条 实施刑法第三百三十八条规定的行为,具有下列情形之一的,应当认定为"严重污染环境":

(一)在饮用水水源保护区、自然保护地核心保护区等依法确定的重点保护区域排放、倾倒、处置有放射性的废物、含传染病病原体的废物、有毒物质的;

(二)非法排放、倾倒、处置危险废物三吨以上的;

(三)排放、倾倒、处置含铅、汞、镉、铬、砷、铊、锑的污染物,超过国家或者地方污染物排放标准三倍以上的;

(四)排放、倾倒、处置含镍、铜、锌、银、钒、锰、钴的污染物,超过国家或者地方污染物排放标准十倍以上的;

(五)通过暗管、渗井、渗坑、裂隙、溶洞、灌注、非紧急情况下开启大气应急排放通道等逃避监管的方式排放、倾倒、处置有放射性的废物、含传染病病原体的废物、有毒物质的;

(六)二年内曾因在重污染天气预警期间,违反国家规定,超标排放二氧化硫、氮氧化物等实行排放总量控制的大气污染物受过二次以上行政处罚,又实施此类行为的;

(七)重点排污单位、实行排污许可重点管理的单位篡改、伪造自动监测数据或者干扰自动监测设施,排放化学需氧量、氨氮、二氧化硫、氮氧化物等污染物的;

(八)二年内曾因违反国家规定,排放、倾倒、处置有放射性的废物、含传染病病原体的废物、有毒物质受过二次以上行政处罚,又实施此类行为的;

(九)违法所得或者致使公私财产损失三十万元以上的;

(十)致使乡镇集中式饮用水水源取水中断十二小时以上的;

(十一)其他严重污染环境的情形。

第二条 实施刑法第三百三十八条规定的行为,具有下列情形之一的,应当认定为"情节严重":

(一)在饮用水水源保护区、自然保护地核心保护区等依法确定的重点保护区域

排放、倾倒、处置有放射性的废物、含传染病病原体的废物、有毒物质，造成相关区域的生态功能退化或者野生生物资源严重破坏的；

（二）向国家确定的重要江河、湖泊水域排放、倾倒、处置有放射性的废物、含传染病病原体的废物、有毒物质，造成相关水域的生态功能退化或者水生生物资源严重破坏的；

（三）非法排放、倾倒、处置危险废物一百吨以上的；

（四）违法所得或者致使公私财产损失一百万元以上的；

（五）致使县级城区集中式饮用水水源取水中断十二小时以上的；

（六）致使永久基本农田、公益林地十亩以上，其他农用地二十亩以上，其他土地五十亩以上基本功能丧失或者遭受永久性破坏的；

（七）致使森林或者其他林木死亡五十立方米以上，或者幼树死亡二千五百株以上的；

（八）致使疏散、转移群众五千人以上的；

（九）致使三十人以上中毒的；

（十）致使一人以上重伤、严重疾病或者三人以上轻伤的；

（十一）其他情节严重的情形。

第三条 实施刑法第三百三十八条规定的行为，具有下列情形之一的，应当处七年以上有期徒刑，并处罚金：

（一）在饮用水水源保护区、自然保护地核心保护区等依法确定的重点保护区域排放、倾倒、处置有放射性的废物、含传染病病原体的废物、有毒物质，具有下列情形之一的：

1. 致使设区的市级城区集中式饮用水水源取水中断十二小时以上的；

2. 造成自然保护地主要保护的生态系统严重退化，或者主要保护的自然景观损毁的；

3. 造成国家重点保护的野生动植物资源或者国家重点保护物种栖息地、生长环境严重破坏的；

4. 其他情节特别严重的情形。

（二）向国家确定的重要江河、湖泊水域排放、倾倒、处置有放射性的废物、含传染病病原体的废物、有毒物质，具有下列情形之一的：

1. 造成国家确定的重要江河、湖泊水域生态系统严重退化的；

2. 造成国家重点保护的野生动植物资源严重破坏的；

3. 其他情节特别严重的情形。

（三）致使永久基本农田五十亩以上基本功能丧失或者遭受永久性破坏的；

（四）致使三人以上重伤、严重疾病，或者一人以上严重残疾、死亡的。

第四条 实施刑法第三百三十九条第一款规定的行为，具有下列情形之一的，应当认定为“致使公私财产遭受重大损失或者严重危害人体健康”：

（一）致使公私财产损失一百万元以上的；

（二）具有本解释第二条第五项至第十项规定情形之一的；

（三）其他致使公私财产遭受重大损失或者严重危害人体健康的情形。

第五条 实施刑法第三百三十八条、第三百三十九条规定的犯罪行为，具有下列情形之一的，应当从重处罚：

（一）阻挠环境监督检查或者突发环境

事件调查，尚不构成妨害公务等犯罪的；

（二）在医院、学校、居民区等人口集中地区及其附近，违反国家规定排放、倾倒、处置有放射性的废物、含传染病病原体的废物、有毒物质或者其他有害物质的；

（三）在突发环境事件处置期间或者被责令限期整改期间，违反国家规定排放、倾倒、处置有放射性的废物、含传染病病原体的废物、有毒物质或者其他有害物质的；

（四）具有危险废物经营许可证的企业违反国家规定排放、倾倒、处置有放射性的废物、含传染病病原体的废物、有毒物质或者其他有害物质的；

（五）实行排污许可重点管理的企业事业单位和其他生产经营者未依法取得排污许可证，排放、倾倒、处置有放射性的废物、含传染病病原体的废物、有毒物质或者其他有害物质的。

第六条 实施刑法第三百三十八条规定的行为，行为人认罪认罚，积极修复生态环境，有效合规整改的，可以从宽处罚；犯罪情节轻微的，可以不起诉或者免予刑事处罚；情节显著轻微危害不大的，不作为犯罪处理。

第七条 无危险废物经营许可证从事收集、贮存、利用、处置危险废物经营活动，严重污染环境的，按照污染环境罪定罪处罚；同时构成非法经营罪的，依照处罚较重的规定定罪处罚。

实施前款规定的行为，不具有超标排放污染物、非法倾倒污染物或者其他违法造成环境污染的情形的，可以认定为非法经营情节显著轻微危害不大，不认为是犯罪；构成生产、销售伪劣产品等其他犯罪的，以其他犯罪论处。

第八条 明知他人无危险废物经营许可证，向其提供或者委托其收集、贮存、利用、处置危险废物，严重污染环境的，以共同犯罪论处。

第九条 违反国家规定，排放、倾倒、处置含有毒害性、放射性、传染病病原体等物质的污染物，同时构成污染环境罪、非法处置进口的固体废物罪、投放危险物质罪等犯罪的，依照处罚较重的规定定罪处罚。

第十条 承担环境影响评价、环境监测、温室气体排放检验检测、排放报告编制或者核查等职责的中介组织的人员故意提供虚假证明文件，具有下列情形之一的，应当认定为刑法第二百二十九条第一款规定的“情节严重”：

（一）违法所得三十万元以上的；

（二）二年内曾因提供虚假证明文件受过二次以上行政处罚，又提供虚假证明文件的；

（三）其他情节严重的情形。

实施前款规定的行为，在涉及公共安全的重大工程、项目中提供虚假的环境影响评价等证明文件，致使公共财产、国家和人民利益遭受特别重大损失的，应当依照刑法第二百二十九条第一款的规定，处五年以上十年以下有期徒刑，并处罚金。

实施前两款规定的行为，同时索取他人财物或者非法收受他人财物构成犯罪的，依照处罚较重的规定定罪处罚。

第十一条 违反国家规定，针对环境质量监测系统实施下列行为，或者强令、指使、授意他人实施下列行为，后果严重的，应当依照刑法第二百八十六条的规定，以破坏计算机信息系统罪定罪处罚：

（一）修改系统参数或者系统中存储、处理、传输的监测数据的；

（二）干扰系统采样，致使监测数据因

系统不能正常运行而严重失真的；

（三）其他破坏环境质量监测系统的行为。

重点排污单位、实行排污许可重点管理的单位篡改、伪造自动监测数据或者干扰自动监测设施，排放化学需氧量、氨氮、二氧化硫、氮氧化物等污染物，同时构成污染环境罪和破坏计算机信息系统罪的，依照处罚较重的规定定罪处罚。

从事环境监测设施维护、运营的人员实施或者参与实施篡改、伪造自动监测数据、干扰自动监测设施、破坏环境质量监测系统等行为的，依法从重处罚。

第十二条 对于实施本解释规定的相关行为被不起诉或者免予刑事处罚的行为人，需要给予行政处罚、政务处分或者其他处分的，依法移送有关主管机关处理。有关主管机关应当将处理结果及时通知人民检察院、人民法院。

第十三条 单位实施本解释规定的犯罪的，依照本解释规定的定罪量刑标准，对直接负责的主管人员和其他直接责任人员定罪处罚，并对单位判处罚金。

第十四条 环境保护主管部门及其所属监测机构在行政执法过程中收集的监测数据，在刑事诉讼中可以作为证据使用。

公安机关单独或者会同环境保护主管部门，提取污染物样品进行检测获取的数据，在刑事诉讼中可以作为证据使用。

第十五条 对国家危险废物名录所列的废物，可以依据涉案物质的来源、产生过程、被告人供述、证人证言以及经批准或者备案的环境影响评价文件、排污许可证、排污登记表等证据，结合环境保护主管部门、公安机关等出具的书面意见作出认定。

对于危险废物的数量，依据案件事实，综合被告人供述，涉案企业的生产工艺、物耗、能耗情况，以及经批准或者备案的环境影响评价文件等证据作出认定。

第十六条 对案件所涉的环境污染专门性问题难以确定的，依据鉴定机构出具的鉴定意见，或者国务院环境保护主管部门、公安部门指定的机构出具的报告，结合其他证据作出认定。

第十七条 下列物质应当认定为刑法第三百三十八条规定的“有毒物质”：

（一）危险废物，是指列入国家危险废物名录，或者根据国家规定的危险废物鉴别标准和鉴别方法认定的，具有危险特性的固体废物；

（二）《关于持久性有机污染物的斯德哥尔摩公约》附件所列物质；

（三）重金属含量超过国家或者地方污染物排放标准的污染物；

（四）其他具有毒性，可能污染环境的物质。

第十八条 无危险废物经营许可证，以营利为目的，从危险废物中提取物质作为原材料或者燃料，并具有超标排放污染物、非法倾倒污染物或者其他违法造成环境污染的情形的行为，应当认定为“非法处置危险废物”。

第十九条 本解释所称“二年内”，以第一次违法行为受到行政处罚的生效之日与又实施相应行为之日的时间间隔计算确定。

本解释所称“重点排污单位”，是指设区的市级以上人民政府环境保护主管部门依法确定的应当安装、使用污染物排放自动监测设备的重点监控企业及其他单位。

本解释所称“违法所得”，是指实施刑法第二百二十九条、第三百三十八条、第三百三十九条规定的行为所得和可得的全部违法收入。

本解释所称“公私财产损失”，包括实施刑法第三百三十八条、第三百三十九条规定的行为直接造成财产损毁、减少的实际价值，为防止污染扩大、消除污染而采取必要合理措施所产生的费用，以及处置突发环境事件的应急监测费用。

本解释所称“无危险废物经营许可证”，是指未取得危险废物经营许可证，或者超出危险废物经营许可证的经营范围。

第二十条 本解释自2023年8月15日起施行。本解释施行后，《最高人民法院、最高人民检察院关于办理环境污染刑事案件适用法律若干问题的解释》(法释〔2016〕29号)同时废止；之前发布的司法解释与本解释不一致的，以本解释为准。

最高人民法院、最高人民检察院、公安部、司法部、生态环境部关于办理环境污染刑事案件有关问题座谈会纪要

(2019年2月20日)

2018年6月16日，中共中央、国务院发布《关于全面加强生态环境保护坚决打好污染防治攻坚战的意见》。7月10日，全国人民代表大会常务委员会通过了《关于全面加强生态环境保护依法推动打好污染防治攻坚战的决议》。为深入学习贯彻习近平生态文明思想，认真落实党中央重大决策部署和全国人大常委会决议要求，全力参与和服务保障打好污染防治攻坚战，推进生态文明建设，形成各部门依法惩治环境污染犯罪的合力，2018年12月，最高人民法院、最高人民检察院、公安部、司法部、生态环境部在北京联合召开座谈会。会议交流了当前办理环境污染刑事案件的工作情况，分析了遇到的突出困难和问题，研究了解决措施。会议对办理环境污染刑事案件中的有关问题形成了统一认识。纪要如下：

一

会议指出，2018年5月18日至19日，全国生态环境保护大会在北京胜利召开，习近平总书记出席会议并发表重要讲话，着眼人民福祉和民族未来，从党和国家事业发展全局出发，全面总结党的十八大以来我国生态文明建设和生态环境保护工作取得的历史性成就、发生的历史性变革，深刻阐述加强生态文明建设的重大意义，明确提出加强生态文明建设必须坚持的重要原则，对加强生态环境保护、打好污染防治攻坚战作出了全面部署。这次大会最大的亮点，就是确立了习近平生态文明思想。习近平生态文明思想站在坚持和发展中国特色社会主义、实现中华民族伟大复兴中国梦的战略高度，把生态文明建设摆在治国理政的突出位置，作为统筹推进“五位一体”总体布局和协调推进“四个全面”战略布局的重要内容，深刻回答了为什么建设生态文明、建设什么样的生态文明、怎样建设生态文明的重大理论和实践问题，是习近平新时代中国特色社会主义思想的重要组成部分。各部门要认真学习、深刻领会、全面贯彻习近平生态文明思想，将其作为生态环境行政执法和司法办案的行动指南和根本遵循，为守护绿水青山蓝天、建设美

丽中国提供有力保障。

会议强调,打好防范化解重大风险、精准脱贫、污染防治的攻坚战,是以习近平同志为核心的党中央深刻分析国际国内形势,着眼党和国家事业发展全局作出的重大战略部署,对于夺取全面建成小康社会伟大胜利、开启全面建设社会主义现代化强国新征程具有重大的现实意义和深远的历史意义。服从服务党和国家工作大局,充分发挥职能作用,努力为打好打赢三大攻坚战提供优质法治环境和司法保障,是当前和今后一个时期人民法院、人民检察院、公安机关、司法行政机关、生态环境部门的重点任务。

会议指出,2018年12月19日至21日召开的中央经济工作会议要求,打好污染防治攻坚战,要坚守阵地、巩固成果,聚焦做好打赢蓝天保卫战等工作,加大工作和投入力度,同时要统筹兼顾,避免处置措施简单粗暴。各部门要认真领会会议精神,紧密结合实际,强化政治意识、大局意识和责任担当,以加大办理环境污染刑事案件工作力度作为切入点和着力点,主动调整工作思路,积极谋划工作举措,既要全面履职、积极作为,又要综合施策、精准发力,保障污染防治攻坚战顺利推进。

二

会议要求,各部门要正确理解和准确适用刑法和《最高人民法院、最高人民检察院关于办理环境污染刑事案件适用法律若干问题的解释》(法释〔2016〕29号,以下称《环境解释》)的规定,坚持最严格的环保司法制度、最严密的环保法治理念,统一执法司法尺度,加大对环境污染犯罪的惩治力度。

1.关于单位犯罪的认定

会议针对一些地方存在追究自然人犯罪多,追究单位犯罪少,单位犯罪认定难的情况和问题进行了讨论。会议认为,办理环境污染犯罪案件,认定单位犯罪时,应当依法合理把握追究刑事责任的范围,贯彻宽严相济刑事政策,重点打击出资者、经营者和主要获利者,既要防止不当缩小追究刑事责任的人员范围,又要防止打击面过大。

为了单位利益,实施环境污染行为,并具有下列情形之一的,应当认定为单位犯罪:(1)经单位决策机构按照决策程序决定的;(2)经单位实际控制人、主要负责人或者授权的分管负责人决定、同意的;(3)单位实际控制人、主要负责人或者授权的分管负责人得知单位成员个人实施环境污染犯罪行为,并未加以制止或者及时采取措施,而是予以追认、纵容或者默许的;(4)使用单位营业执照、合同书、公章、印鉴等对外开展活动,并调用单位车辆、船舶、生产设备、原辅材料等实施环境污染犯罪行为的。

单位犯罪中的"直接负责的主管人员",一般是指对单位犯罪起决定、批准、组织、策划、指挥、授意、纵容等作用的主管人员,包括单位实际控制人、主要负责人或者授权的分管负责人、高级管理人员等;"其他直接责任人员",一般是指在直接负责的主管人员的指挥、授意下积极参与实施单位犯罪或者对具体实施单位犯罪起较大作用的人员。

对于应当认定为单位犯罪的环境污染犯罪案件,公安机关未作为单位犯罪移送审查起诉的,人民检察院应当退回公安机关补充侦查。对于应当认定为单位犯罪的环境污染犯罪案件,人民检察院只作为自然人犯罪起诉的,人民法院应当建议人民检察院对犯罪单位补充起诉。

2. 关于犯罪未遂的认定

会议针对当前办理环境污染犯罪案件中,能否认定污染环境罪(未遂)的问题进行了讨论。会议认为,当前环境执法工作形势比较严峻,一些行为人拒不配合执法检查、接受检查时弄虚作假、故意逃避法律追究的情形时有发生,因此对于行为人已经着手实施非法排放、倾倒、处置有毒有害污染物的行为,由于有关部门查处或者其他意志以外的原因未得逞的情形,可以污染环境罪(未遂)追究刑事责任。

3. 关于主观过错的认定

会议针对当前办理环境污染犯罪案件中,如何准确认定犯罪嫌疑人、被告人主观过错的问题进行了讨论。会议认为,判断犯罪嫌疑人、被告人是否具有环境污染犯罪的故意,应当依据犯罪嫌疑人、被告人的任职情况、职业经历、专业背景、培训经历、本人因同类行为受到行政处罚或者刑事追究情况以及污染物种类、污染方式、资金流向等证据,结合其供述,进行综合分析判断。

实践中,具有下列情形之一,犯罪嫌疑人、被告人不能作出合理解释的,可以认定其故意实施环境污染犯罪,但有证据证明确系不知情的除外:(1)企业没有依法通过环境影响评价,或者未依法取得排污许可证,排放污染物,或者已经通过环境影响评价并且防治污染设施验收合格后,擅自更改工艺流程、原辅材料,导致产生新的污染物质的;(2)不使用验收合格的防治污染设施或者不按规范要求使用的;(3)防治污染设施发生故障,发现后不及时排除,继续生产放任污染物排放的;(4)生态环境部门责令限制生产、停产整治或者予以行政处罚后,继续生产放任污染物排放的;(5)将危险废物委托第三方处置,没有尽到查验经营许可的义务,或者委托处置费用明显低于市场价格或者处置成本的;(6)通过暗管、渗井、渗坑、裂隙、溶洞、灌注等逃避监管的方式排放污染物的;(7)通过篡改、伪造监测数据的方式排放污染物的;(8)其他足以认定的情形。

4. 关于生态环境损害标准的认定

会议针对如何适用《环境解释》第一条、第三条规定的"造成生态环境严重损害的""造成生态环境特别严重损害的"定罪量刑标准进行了讨论。会议指出,生态环境损害赔偿制度是生态文明制度体系的重要组成部分。党中央、国务院高度重视生态环境损害赔偿工作,党的十八届三中全会明确提出对造成生态环境损害的责任者严格实行赔偿制度。2015年,中央办公厅、国务院办公厅印发《生态环境损害赔偿制度改革试点方案》(中办发〔2015〕57号),在吉林等7个省市部署开展改革试点,取得明显成效。2017年,中央办公厅、国务院办公厅印发《生态环境损害赔偿制度改革方案》(中办发〔2017〕68号),在全国范围内试行生态环境损害赔偿制度。

会议指出,《环境解释》将造成生态环境损害规定为污染环境罪的定罪量刑标准之一,是为了与生态环境损害赔偿制度实现衔接配套,考虑到该制度尚在试行过程中,《环境解释》作了较原则的规定。司法实践中,一些省市结合本地区工作实际制定了具体标准。会议认为,在生态环境损害赔偿制度试行阶段,全国各省(自治区、直辖市)可以结合本地实际情况,因地制宜,因时制宜,根据案件具体情况准确认定“造成生态环境严重损害”和“造成生态环境特别严重损害”。

5. 关于非法经营罪的适用

会议针对如何把握非法经营罪与污染环境罪的关系以及如何具体适用非法经营罪的问题进行了讨论。会议强调,要高度重视非法经营危险废物案件的办理,坚持全链条、全环节、全流程对非法排放、倾倒、处置、经营危险废物的产业链进行刑事打击,查清犯罪网络,深挖犯罪源头,斩断利益链条,不断挤压和铲除此类犯罪滋生蔓延的空间。

会议认为,准确理解和适用《环境解释》第六条的规定应当注意把握两个原则:一要坚持实质判断原则,对行为人非法经营危险废物行为的社会危害性作实质性判断。比如,一些单位或者个人虽未依法取得危险废物经营许可证,但其收集、贮存、利用、处置危险废物经营活动,没有超标排放污染物、非法倾倒污染物或者其他违法造成环境污染情形的,则不宜以非法经营罪论处。二要坚持综合判断原则,对行为人非法经营危险废物行为根据其在犯罪链条中的地位、作用综合判断其社会危害性。比如,有证据证明单位或者个人的无证经营危险废物行为属于危险废物非法经营产业链的一部分,并且已经形成了分工负责、利益均沾、相对固定的犯罪链条,如果行为人或者与其联系紧密的上游或者下游环节具有排放、倾倒、处置危险废物违法造成环境污染的情形,且交易价格明显异常的,对行为人可以根据案件具体情况在污染环境罪和非法经营罪中,择一重罪处断。

6. 关于投放危险物质罪的适用

会议强调,目前我国一些地方环境违法犯罪活动高发多发,刑事处罚威慑力不强的问题仍然突出,现阶段在办理环境污染犯罪案件时必须坚决贯彻落实中央领导同志关于重典治理污染的指示精神,把刑法和《环境解释》的规定用足用好,形成对环境污染违法犯罪的强大震慑。

会议认为,司法实践中对环境污染行为适用投放危险物质罪追究刑事责任时,应当重点审查判断行为人的主观恶性、污染行为恶劣程度、污染物的毒害性危险性、污染持续时间、污染结果是否可逆、是否对公共安全造成现实、具体、明确的危险或者危害等各方面因素。对于行为人明知其排放、倾倒、处置的污染物含有毒害性、放射性、传染病病原体等危险物质,仍实施环境污染行为放任其危害公共安全,造成重大人员伤亡、重大公私财产损失等严重后果,以污染环境罪论处明显不足以罚当其罪的,可以按投放危险物质罪定罪量刑。实践中,此类情形主要是向饮用水水源保护区,饮用水供水单位取水口和出水口,南水北调水库、干渠、涵洞等配套工程,重要渔业水体以及自然保护区核心区等特殊保护区域,排放、倾倒、处置毒害性极强的污染物,危害公共安全并造成严重后果的情形。

7. 关于涉大气污染环境犯罪的处理

会议针对涉大气污染环境犯罪的打击处理问题进行了讨论。会议强调,打赢蓝天保卫战是打好污染防治攻坚战的重中之重。各级人民法院、人民检察院、公安机关、生态环境部门要认真分析研究全国人大常委会大气污染防治法执法检查发现的问题和提出的建议,不断加大对涉大气污染环境犯罪的打击力度,毫不动摇地以法律武器治理污染,用法治力量保卫蓝天,推动解决人民群众关注的突出大气环境问题。

会议认为,司法实践中打击涉大气污染环境犯罪,要抓住关键问题,紧盯薄弱环节,突出打击重点。对重污染天气预警期间,违反国家规定,超标排放二氧化硫、氮氧化物,受过行政处罚后又实施上述行为或者具有其他严重情节的,可以适用《环境解释》第一条第十八项规定的"其他严重污染环境的情形"追究刑事责任。

8. 关于非法排放、倾倒、处置行为的认定

会议针对如何准确认定环境污染犯罪中非法排放、倾倒、处置行为进行了讨论。会议认为,司法实践中认定非法排放、倾倒、处置行为时,应当根据《固体废物污染环境防治法》和《环境解释》的有关规定精神,从其行为方式是否违反国家规定或者行业操作规范、污染物是否与外环境接触、是否造成环境污染的危险或者危害等方面进行综合分析判断。对名为运输、贮存、利用,实为排放、倾倒、处置的行为应当认定为非法排放、倾倒、处置行为,可以依法追究刑事责任。比如,未采取相应防范措施将没有利用价值的危险废物长期贮存、搁置,放任危险废物或者其有毒有害成分大量扬散、流失、泄漏、挥发,污染环境的。

9. 关于有害物质的认定

会议针对如何准确认定刑法第三百三十八条规定的"其他有害物质"的问题进行了讨论。会议认为,办理非法排放、倾倒、处置其他有害物质的案件,应当坚持主客观相一致原则,从行为人的主观恶性、污染行为恶劣程度、有害物质危险性毒害性等方面进行综合分析判断,准确认定其行为的社会危害性。实践中,常见的有害物质主要有:工业危险废物以外的其他工业固体废物;未经处理的生活垃圾;有害大气污染物、受控消耗臭氧层物质和有害水污染物;在利用和处置过程中必然产生有毒有害物质的其他物质;国务院生态环境保护主管部门会同国务院卫生主管部门公布的有毒有害污染物名录中的有关物质等。

10. 关于从重处罚情形的认定

会议强调,要坚决贯彻党中央推动长江经济带发展的重大决策,为长江经济带共抓大保护、不搞大开发提供有力的司法保障。实践中,对于发生在长江经济带十一省(直辖市)的下列环境污染犯罪行为,可以从重处罚:(1)跨省(直辖市)排放、倾倒、处置有放射性的废物、含传染病病原体的废物、有毒物质或者其他有害物质的;(2)向国家确定的重要江河、湖泊或者其他跨省(直辖市)江河、湖泊排放、倾倒、处置有放射性的废物、含传染病病原体的废物、有毒物质或者其他有害物质的。

11. 关于严格适用不起诉、缓刑、免予刑事处罚

会议针对当前办理环境污染犯罪案件中如何严格适用不起诉、缓刑、免予刑事处罚的问题进行了讨论。会议强调,环境污染犯罪案件的刑罚适用直接关系加强生态环境保护打好污染防治攻坚战的实际效果。各级人民法院、人民检察院要深刻认识环境污染犯罪的严重社会危害性,正确贯彻宽严相济刑事政策,充分发挥刑罚的惩治和预防功能。要在全面把握犯罪事实和量刑情节的基础上严格依照刑法和刑事诉讼法规定的条件适用不起诉、缓刑、免予刑事处罚,既要考虑从宽情节,又要考虑从严情节;既要做到刑罚与犯罪相当,又要做到刑罚执行方式与犯罪相当,切实避免不

起诉、缓刑、免予刑事处罚不当适用造成的消极影响。

会议认为,具有下列情形之一的,一般不适用不起诉、缓刑或者免予刑事处罚:(1)不如实供述罪行的;(2)属于共同犯罪中情节严重的主犯的;(3)犯有数个环境污染犯罪依法实行并罚或者以一罪处理的;(4)曾因环境污染违法犯罪行为受过行政处罚或者刑事处罚的;(5)其他不宜适用不起诉、缓刑、免予刑事处罚的情形。

会议要求,人民法院审理环境污染犯罪案件拟适用缓刑或者免予刑事处罚的,应当分析案发前后的社会影响和反映,注意听取控辩双方提出的意见。对于情节恶劣、社会反映强烈的环境污染犯罪,不得适用缓刑、免予刑事处罚。人民法院对判处缓刑的被告人,一般应当同时宣告禁止令,禁止其在缓刑考验期内从事与排污或者处置危险废物有关的经营活动。生态环境部门根据禁止令,对上述人员担任实际控制人、主要负责人或者高级管理人员的单位,依法不得发放排污许可证或者危险废物经营许可证。

三

会议要求,各部门要认真执行《环境解释》和原环境保护部、公安部、最高人民检察院《环境保护行政执法与刑事司法衔接工作办法》(环环监〔2017〕17号)的有关规定,进一步理顺部门职责,畅通衔接渠道,建立健全环境行政执法与刑事司法衔接的长效工作机制。

12. 关于管辖的问题

会议针对环境污染犯罪案件的管辖问题进行了讨论。会议认为,实践中一些环境污染犯罪案件属于典型的跨区域刑事案件,容易存在管辖不明或者有争议的情况,各级人民法院、人民检察院、公安机关要加强沟通协调,共同研究解决。

会议提出,跨区域环境污染犯罪案件由犯罪地的公安机关管辖。如果由犯罪嫌疑人居住地的公安机关管辖更为适宜的,可以由犯罪嫌疑人居住地的公安机关管辖。犯罪地包括环境污染行为发生地和结果发生地。“环境污染行为发生地”包括环境污染行为的实施地以及预备地、开始地、途经地、结束地以及排放、倾倒污染物的车船停靠地、始发地、途经地、到达地等地点;环境污染行为有连续、持续或者继续状态的,相关地方都属于环境污染行为发生地。“环境污染结果发生地”包括污染物排放地、倾倒地、堆放地、污染发生地等。

多个公安机关都有权立案侦查的,由最初受理的或者主要犯罪地的公安机关立案侦查,管辖有争议的,按照有利于查清犯罪事实、有利于诉讼的原则,由共同的上级公安机关协调确定的公安机关立案侦查,需要提请批准逮捕、移送审查起诉、提起公诉的,由该公安机关所在地的人民检察院、人民法院受理。

13. 关于危险废物的认定

会议针对危险废物如何认定以及是否需要鉴定的问题进行了讨论。会议认为,根据《环境解释》的规定精神,对于列入《国家危险废物名录》的,如果来源和相应特征明确,司法人员根据自身专业技术知识和工作经验认定难度不大的,司法机关可以依据名录直接认定。对于来源和相应特征不明确的,由生态环境部门、公安机关等出具书面意见,司法机关可以依据涉案物质的来源、产生过程、被告人供述、证人证言以及经批准或者备案的环境影响评价文件等证据,结合上述书面意见作出是否属于危险废物的认定。对于需要生态环境部门、公安机关等出具书面认定意见的,区分下列情况分别处理:(1)对已确认固体废物产生单位,且产废单位环评文件中明确为危险废物的,根据产废单位建设项目环评文件和审批、验收意见、案件笔录等材料,可对照《国家危险废物名录》等出具认定意见。(2)对已确认固体废物产生单位,但产废单位环评文件中未明确为危险废物的,应进一步分析废物产生工艺,对照判断其是否列入《国家危险废物名录》。列入名录的可以直接出具认定意见;未列入名录的,应根据原辅材料、产生工艺等进一步分析其是否具有危险特性,不可能具有危险特性的,不属于危险废物;可能具有危险特性的,抽取典型样品进行检测,并根据典型样品检测指标浓度,对照《危险废物鉴别标准》(GB5085.1-7)出具认定意见。(3)对固体废物产生单位无法确定的,应抽取典型样品进行检测,根据典型样品检测指标浓度,对照《危险废物鉴别标准》(GB5085.1-7)出具认定意见。对确需进一步委托有相关资质的检测鉴定机构进行检测鉴定的,生态环境部门或者公安机关按照有关规定开展检测鉴定工作。

14. 关于鉴定的问题

会议指出,针对当前办理环境污染犯罪案件中存在的司法鉴定有关问题,司法部将会同生态环境部,加快准入一批诉讼急需、社会关注的环境损害司法鉴定机构,加快对环境损害司法鉴定相关技术规范和标准的制定、修改和认定工作,规范鉴定程序,指导各地司法行政机关会同价格主管部门制定出台环境损害司法鉴定收费标准,加强与办案机关的沟通衔接,更好地满足办案机关需求。

会议要求,司法部应当根据《关于严格准入严格监管提高司法鉴定质量和公信力的意见》(司发〔2017〕11号)的要求,会同生态环境部加强对环境损害司法鉴定机构的事中事后监管,加强司法鉴定社会信用体系建设,建立黑名单制度,完善退出机制,及时向社会公开违法违规的环境损害司法鉴定机构和鉴定人行政处罚、行业惩戒等监管信息,对弄虚作假造成环境损害鉴定评估结论严重失实或者违规收取高额费用、情节严重的,依法撤销登记。鼓励有关单位或者个人向司法部、生态环境部举报环境损害司法鉴定机构的违法违规行为。

会议认为,根据《环境解释》的规定精神,对涉及案件定罪量刑的核心或者关键专门性问题难以确定的,由司法鉴定机构出具鉴定意见。实践中,这类核心或者关键专门性问题主要是案件具体适用的定罪量刑标准涉及的专门性问题,比如公私财产损失数额、超过排放标准倍数、污染物性质判断等。对案件的其他非核心或者关键专门性问题,或者可鉴定也可不鉴定的专门性问题,一般不委托鉴定。比如,适用《环境解释》第一条第二项"非法排放、倾倒、处置危险废物三吨以上"的规定对当事人追究刑事责任的,除可能适用公私财产损失第二档定罪量刑标准的以外,则不应再对公私财产损失数额或者超过排放标准倍数进行鉴定。涉及案件定罪量刑的核心或者关键专门性问题难以鉴定或者鉴定费用明显过高的,司法机关可以结合案件其他证据,并参考生态环境部门意见、专家意见等作出认定。

15. 关于监测数据的证据资格问题

会议针对实践中地方生态环境部门及其所属监测机构委托第三方监测机构出具报告的证据资格问题进行了讨论。会议认为，地方生态环境部门及其所属监测机构委托第三方监测机构出具的监测报告，地方生态环境部门及其所属监测机构在行政执法过程中予以采用的，其实质属于《环境解释》第十二条规定的“环境保护主管部门及其所属监测机构在行政执法过程中收集的监测数据”，在刑事诉讼中可以作为证据使用。

最高人民法院关于审理破坏森林资源刑事案件适用法律若干问题的解释

（2023年6月19日最高人民法院审判委员会第1891次会议通过　2023年8月13日最高人民法院公告公布　自2023年8月15日起施行　法释〔2023〕8号）

为依法惩治破坏森林资源犯罪，保护生态环境，根据《中华人民共和国刑法》、《中华人民共和国刑事诉讼法》、《中华人民共和国森林法》等法律的有关规定，现就审理此类刑事案件适用法律的若干问题解释如下：

第一条　违反土地管理法规，非法占用林地，改变被占用林地用途，具有下列情形之一的，应当认定为刑法第三百四十二条规定的造成林地“毁坏”：

（一）在林地上实施建窑、建坟、建房、修路、硬化等工程建设的；

（二）在林地上实施采石、采砂、采土、采矿等活动的；

（三）在林地上排放污染物、堆放废弃物或者进行非林业生产、建设，造成林地被严重污染或者原有植被、林业生产条件被严重破坏的。

实施前款规定的行为，具有下列情形之一的，应当认定为刑法第三百四十二条规定的“数量较大，造成耕地、林地等农用地大量毁坏”：

（一）非法占用并毁坏公益林地五亩以上的；

（二）非法占用并毁坏商品林地十亩以上的；

（三）非法占用并毁坏的公益林地、商品林地数量虽未分别达到第一项、第二项规定标准，但按相应比例折算合计达到有关标准的；

（四）二年内曾因非法占用农用地受过二次以上行政处罚，又非法占用林地，数量达到第一项至第三项规定标准一半以上的。

第二条　违反国家规定，非法采伐、毁坏列入《国家重点保护野生植物名录》的野生植物，或者非法收购、运输、加工、出售明知是非法采伐、毁坏的上述植物及其制品，具有下列情形之一的，应当依照刑法第三百四十四条的规定，以危害国家重点保护植物罪定罪处罚：

（一）危害国家一级保护野生植物一株以上或者立木蓄积一立方米以上的；

（二）危害国家二级保护野生植物二株以上或者立木蓄积二立方米以上的；

（三）危害国家重点保护野生植物，数量虽未分别达到第一项、第二项规定标准，但按相应比例折算合计达到有关标准的；

（四）涉案国家重点保护野生植物及其制品价值二万元以上的。

实施前款规定的行为，具有下列情形之一的，应当认定为刑法第三百四十四条规定的“情节严重”：

（一）危害国家一级保护野生植物五株以上或者立木蓄积五立方米以上的；

（二）危害国家二级保护野生植物十株以上或者立木蓄积十立方米以上的；

（三）危害国家重点保护野生植物，数量虽未分别达到第一项、第二项规定标准，但按相应比例折算合计达到有关标准的；

（四）涉案国家重点保护野生植物及其制品价值二十万元以上的；

（五）其他情节严重的情形。

违反国家规定，非法采伐、毁坏古树名木，或者非法收购、运输、加工、出售明知是非法采伐、毁坏的古树名木及其制品，涉案树木未列入《国家重点保护野生植物名录》的，根据涉案树木的树种、树龄以及历史、文化价值等因素，综合评估社会危害性，依法定罪处罚。

第三条 以非法占有为目的，具有下列情形之一的，应当认定为刑法第三百四十五条第一款规定的“盗伐森林或者其他林木”：

（一）未取得采伐许可证，擅自采伐国家、集体或者他人所有的林木的；

（二）违反森林法第五十六条第三款的规定，擅自采伐国家、集体或者他人所有的林木的；

（三）在采伐许可证规定的地点以外采伐国家、集体或者他人所有的林木的。

不以非法占有为目的，违反森林法的规定，进行开垦、采石、采砂、采土或者其他活动，造成国家、集体或者他人所有的林木毁坏，符合刑法第二百七十五条规定的，以故意毁坏财物罪定罪处罚。

第四条 盗伐森林或者其他林木，涉案林木具有下列情形之一的，应当认定为刑法第三百四十五条第一款规定的“数量较大”：

（一）立木蓄积五立方米以上的；

（二）幼树二百株以上的；

（三）数量虽未分别达到第一项、第二项规定标准，但按相应比例折算合计达到有关标准的；

（四）价值二万元以上的。

实施前款规定的行为，达到第一项至第四项规定标准十倍、五十倍以上的，应当分别认定为刑法第三百四十五条第一款规定的“数量巨大”、“数量特别巨大”。

实施盗伐林木的行为，所涉林木系风倒、火烧、水毁或者林业有害生物等自然原因死亡或者严重毁损的，在决定应否追究刑事责任和裁量刑罚时，应当从严把握；情节显著轻微危害不大的，不作为犯罪处理。

第五条 具有下列情形之一的，应当认定为刑法第三百四十五条第二款规定的“滥伐森林或者其他林木”：

（一）未取得采伐许可证，或者违反采伐许可证规定的时间、地点、数量、树种、方式，任意采伐本单位或者本人所有的林木的；

（二）违反森林法第五十六条第三款的规定，任意采伐本单位或者本人所有的林木的；

（三）在采伐许可证规定的地点，超过规定的数量采伐国家、集体或者他人所有的林木的。

林木权属存在争议，一方未取得采伐许可证擅自砍伐的，以滥伐林木论处。

第六条 滥伐森林或者其他林木，涉案林木具有下列情形之一的，应当认定为刑法第三百四十五条第二款规定的“数量较大”：

（一）立木蓄积二十立方米以上的；

（二）幼树一千株以上的；

（三）数量虽未分别达到第一项、第二项规定标准，但按相应比例折算合计达到有关标准的；

（四）价值五万元以上的。

实施前款规定的行为，达到第一项至第四项规定标准五倍以上的，应当认定为刑法第三百四十五条第二款规定的“数量巨大”。

实施滥伐林木的行为，所涉林木系风倒、火烧、水毁或者林业有害生物等自然原因死亡或者严重毁损的，一般不以犯罪论处；确有必要追究刑事责任的，应当从宽处理。

第七条 认定刑法第三百四十五条第三款规定的“明知是盗伐、滥伐的林木”，应当根据涉案林木的销售价格、来源以及收购、运输行为违反有关规定等情节，结合行为人的职业要求、经历经验、前科情况等作出综合判断。

具有下列情形之一的，可以认定行为人明知是盗伐、滥伐的林木，但有相反证据或者能够作出合理解释的除外：

（一）收购明显低于市场价格出售的林木的；

（二）木材经营加工企业伪造、涂改产品或者原料出入库台账的；

（三）交易方式明显不符合正常习惯的；

（四）逃避、抗拒执法检查的；

（五）其他足以认定行为人明知的情形。

第八条 非法收购、运输明知是盗伐、滥伐的林木，具有下列情形之一的，应当认定为刑法第三百四十五条第三款规定的“情节严重”：

（一）涉案林木立木蓄积二十立方米以上的；

（二）涉案幼树一千株以上的；

（三）涉案林木数量虽未分别达到第一项、第二项规定标准，但按相应比例折算合计达到有关标准的；

（四）涉案林木价值五万元以上的；

（五）其他情节严重的情形。

实施前款规定的行为，达到第一项至第四项规定标准五倍以上或者具有其他特别严重情节的，应当认定为刑法第三百四十五条第三款规定的“情节特别严重”。

第九条 多次实施本解释规定的行为，未经处理，且依法应当追诉的，数量、数额累计计算。

第十条 伪造、变造、买卖采伐许可证，森林、林地、林木权属证书以及占用或者征用林地审核同意书等国家机关批准的林业证件、文件构成犯罪的，依照刑法第二百八十条第一款的规定，以伪造、变造、买卖国家机关公文、证件罪定罪处罚。

买卖允许进出口证明书等经营许可证明，同时构成刑法第二百二十五条、第二百八十条规定之罪的，依照处罚较重的规定定罪处罚。

第十一条 下列行为，符合刑法第二百六十四条规定的，以盗窃罪定罪处罚：

（一）盗窃国家、集体或者他人所有并已经伐倒的树木的；

（二）偷砍他人在自留地或者房前屋后种植的零星树木的。

非法实施采种、采脂、掘根、剥树皮等行为，符合刑法第二百六十四条规定的，以盗窃罪论处。在决定应否追究刑事责任和裁量刑罚时,应当综合考虑对涉案林木资源的损害程度以及行为人获利数额、行为动机、前科情况等情节;认为情节显著轻微危害不大的,不作为犯罪处理。

第十二条 实施破坏森林资源犯罪,具有下列情形之一的,从重处罚:

(一)造成林地或者其他农用地基本功能丧失或者遭受永久性破坏的;

(二)非法占用自然保护地核心保护区内的林地或者其他农用地的;

(三)非法采伐国家公园、国家级自然保护区内的林木的;

(四)暴力抗拒、阻碍国家机关工作人员依法执行职务,尚不构成妨害公务罪、袭警罪的;

(五)经行政主管部门责令停止违法行为后,继续实施相关行为的。

实施本解释规定的破坏森林资源行为,行为人系初犯,认罪认罚,积极通过补种树木、恢复植被和林业生产条件等方式修复生态环境,综合考虑涉案林地的类型、数量、生态区位或者涉案植物的种类、数量、价值,以及行为人获利数额、行为手段等因素,认为犯罪情节轻微的,可以免予刑事处罚;认为情节显著轻微危害不大的,不作为犯罪处理。

第十三条 单位犯刑法第三百四十二条、第三百四十四条、第三百四十五条规定之罪的,依照本解释规定的相应自然人犯罪的定罪量刑标准,对直接负责的主管人员和其他直接责任人员定罪处罚,并对单位判处罚金。

第十四条 针对国家、集体或者他人所有的国家重点保护植物和其他林木实施犯罪的违法所得及其收益,应当依法追缴或者责令退赔。

第十五条 组织他人实施本解释规定的破坏森林资源犯罪的,应当按照其组织实施的全部罪行处罚。

对于受雇佣为破坏森林资源犯罪提供劳务的人员,除参与利润分成或者领取高额固定工资的以外,一般不以犯罪论处,但曾因破坏森林资源受过处罚的除外。

第十六条 对于实施本解释规定的相关行为未被追究刑事责任的行为人,依法应当给予行政处罚、政务处分或者其他处分的,移送有关主管机关处理。

第十七条 涉案国家重点保护植物或者其他林木的价值,可以根据销赃数额认定;无销赃数额,销赃数额难以查证,或者根据销赃数额认定明显不合理的,根据市场价格认定。

第十八条 对于涉案农用地类型、面积,国家重点保护植物或者其他林木的种类、立木蓄积、株数、价值,以及涉案行为对森林资源的损害程度等问题,可以由林业主管部门、侦查机关依据现场勘验、检查笔录等出具认定意见;难以确定的,依据鉴定机构出具的鉴定意见或者下列机构出具的报告,结合其他证据作出认定:

(一)价格认证机构出具的报告;

(二)国务院林业主管部门指定的机构出具的报告;

(三)地、市级以上人民政府林业主管部门出具的报告。

第十九条 本解释所称"立木蓄积"的计算方法为:原木材积除以该树种的出材率。

本解释所称"幼树",是指胸径五厘米以下的树木。

滥伐林木的数量,应当在伐区调查设

计允许的误差额以上计算。

第二十条 本解释自2023年8月15日起施行。本解释施行后,《最高人民法院关于滥伐自己所有权的林木其林木应如何处理的问题的批复》(法复〔1993〕5号)、《最高人民法院关于审理破坏森林资源刑事案件具体应用法律若干问题的解释》(法释〔2000〕36号)、《最高人民法院关于在林木采伐许可证规定的地点以外采伐本单位或者本人所有的森林或者其他林木的行为如何适用法律问题的批复》(法释〔2004〕3号)、《最高人民法院关于审理破坏林地资源刑事案件具体应用法律若干问题的解释》(法释〔2005〕15号)同时废止;之前发布的司法解释与本解释不一致的,以本解释为准。

最高人民法院、最高人民检察院、公安部、国土资源部关于在查处国土资源违法犯罪工作中加强协作配合的若干意见

(2008年9月28日 国土资发〔2008〕204号)

各省、自治区、直辖市高级人民法院、人民检察院、公安厅(局)、国土资源厅(局),解放军军事法院、军事检察院、土地管理局,新疆维吾尔自治区高级人民法院建设兵团分院,新疆生产建设兵团人民检察院、公安局、国土资源局:

为加强国土资源行政主管部门与人民法院、人民检察院、公安机关之间的沟通联系,建立相应工作机制,及时制止和有效查处国土资源违法犯罪行为,根据相关法律法规,提出以下意见。

一、建立联席会议工作制度

国土资源部与最高人民法院、最高人民检察院、公安部建立制止和查处国土资源违法犯罪行为联席会议工作制度。国土资源部为牵头单位,最高人民法院、最高人民检察院和公安部为成员单位。国土资源部分管部领导担任联席会议召集人,各成员单位分管的部级领导及有关司(局、厅、庭、室)负责同志为联席会议成员。各成员单位确定一名处级干部为联络员。联席会议原则上每年召开一次例会。联席会议设办公室,由各成员单位有关司(局、厅、庭、室)负责同志和联络员组成。联席会议办公室设在国土资源部,承担联席会议的日常工作,督促落实联席会议议定事项。联席会议办公室根据工作需要,可临时召集办公室成员会议。

联席会议主要通报涉及国土资源违法犯罪案件查处的工作情况;研究国土资源违法犯罪形势,分析新情况、新问题;协调解决工作配合上存在的重大问题;研究制定预防和查处国土资源违法犯罪行为的措施;研究决定当年需要联席会议成员单位督办的重大国土资源违法犯罪案件;联席会议成员单位认为需要提请联席会议讨论和研究的其他事项。

地方各级国土资源行政主管部门、人民法院、人民检察院、公安机关根据需要建立制止和查处国土资源违法犯罪行为联席会议工作制度。

二、建立信息情况通报制度

各级国土资源行政主管部门、人民法院、人民检察院、公安机关根据需要建立信息情况通报制度,及时通报和交换相关信息。有条件的地方,在加强保密工作的前提下,充分利用计算机信息管理技术,依托

政务局域网络，实现国土资源行政主管部门管理信息系统与人民法院、人民检察院、公安机关的信息联网共享。国土资源行政主管部门要及时向人民法院、人民检察院和公安机关通报国土资源违法犯罪案件查处情况、移送涉嫌犯罪案件情况；人民法院、人民检察院和公安机关要及时向国土资源行政主管部门通报有关国土资源违法犯罪案件的立案查处和审判情况，以及申请强制执行案件的执行情况。

三、建立制止违法犯罪行为的联系配合机制

国土资源行政主管部门在制止国土资源违法犯罪行为过程中，要注意方式方法，避免引发群体性事件，影响社会稳定。一旦出现暴力抗法或者引发群体性事件，公安机关要依法妥善处置。处置工作中，要坚持“三个慎用”原则，以教育疏导为主，防止矛盾激化。各级国土资源行政主管部门和公安机关要建立专门的联系渠道，确定具体负责日常工作联系的部门和人员，切实加强执法衔接与沟通配合。

四、加强涉嫌犯罪案件调查中的协助配合

各级国土资源行政主管部门与人民检察院、公安机关在调查国土资源违法犯罪案件过程中要互相协助和支持。

人民检察院、公安机关查办涉嫌国土资源违法犯罪案件，根据需要可以邀请同级国土资源行政主管部门派员协助，或者向有关国土资源行政主管部门调取查办案件所需的相关材料；就政策性、专业性问题提出咨询的，相关国土资源行政主管部门应当予以协助配合。

国土资源行政主管部门查办涉嫌国土资源违法犯罪案件，根据需要可以邀请同级人民检察院、公安机关派员协助调查或参加案件讨论；就罪与非罪、此罪与彼罪的界限，证据的固定和保全等问题向人民检察院、公安机关进行咨询；对有证据证明涉嫌犯罪的，应依法移送人民检察院或者公安机关，如果行为人可能逃匿或者销毁证据，应在移送时一并告知受理案件机关。

人民检察院、公安机关在侦查、批准逮捕、公诉过程中，需要确定耕地破坏程度的，可以向国土资源行政主管部门提出申请，由国土资源行政主管部门出具鉴定结论，并及时向申请单位提供。矿产资源破坏价值的鉴定，按照最高人民法院《关于审理非法采矿、破坏性采矿刑事案件具体应用法律若干问题的解释》（法释〔2003〕9号）和国土资源部《非法采矿、破坏性采矿造成矿产资源破坏价值鉴定程序的规定》（国土资发〔2005〕175号）办理。

五、积极做好违法犯罪案件移送工作

各级国土资源行政主管部门、人民检察院、公安机关在查办国土资源违法犯罪案件过程中，要严格按照国务院《行政执法机关移送涉嫌犯罪案件的规定》（国务院2001年第310号令）、最高人民检察院、全国整顿和规范市场经济秩序领导小组办公室、公安部、监察部《关于在行政执法中及时移送涉嫌犯罪案件的意见》（高检会〔2006〕2号）和国土资源部、最高人民检察院、公安部《关于国土资源行政主管部门移送涉嫌国土资源犯罪案件的若干意见》（国土资发〔2008〕203号）做好案件移送工作。国土资源行政主管部门发现国家机关工作人员有非法批准征用、占用土地、非法低价出让国有土地使用权以及其他贪污贿赂、渎职等行为，达到刑事追诉标准、涉嫌犯罪的，要依法及时向人民检察院移送；发现单位或者个人有非法转让、倒卖土地使用权、非法占用农用地、非法采矿、破坏性采矿等行为,达到刑事追诉标准、涉嫌犯罪的,要依法及时向公安机关移送。

国土资源行政主管部门、人民检察院、公安机关要建立移送工作制度,进一步规范案件移送工作。

六、加强对重大问题的研究

当前国土资源非诉行政执行案件难以执行到位、国土资源违法犯罪行为难以有效遏制、国土资源违法犯罪人员难以得到应有的法律制裁等问题非常突出,严重影响了国土资源的保护和合理利用。国土资源部将配合最高人民法院、最高人民检察院、公安部对有关问题进行认真调查研究,在坚持依法、有效原则的前提下,由最高人民法院、最高人民检察院、公安部按照各自职权范围,适时出台有关司法解释或者规范性文件,逐步加以解决。

最高人民法院、最高人民检察院、国家林业局、公安部、海关总署关于破坏野生动物资源刑事案件中涉及的CITES附录Ⅰ和附录Ⅱ所列陆生野生动物制品价值核定问题的通知

(2012年9月17日　林濒发〔2012〕239号)

各省、自治区、直辖市高级人民法院、人民检察院、林业厅(局)、公安厅(局),解放军军事法院,解放军军事检察院,新疆维吾尔自治区高级人民法院生产建设兵团分院,新疆生产建设兵团人民检察院、林业局、公安局,海关总署广东分署,各直属海关:

我国是《濒危野生动植物种国际贸易公约》(CITES)缔约国,非原产我国的CITES附录Ⅰ和附录Ⅱ所列陆生野生动物已依法被分别核准为国家一级、二级保护野生动物。近年来,各地严格按照CITES和我国野生动物保护法律法规的规定,查获了大量非法收购、运输、出售和走私CITES附录Ⅰ、附录Ⅱ所列陆生野生动物及其制品案件。为确保依法办理上述案件,依据《陆生野生动物保护实施条例》第二十四条、《最高人民法院关于审理走私刑事案件具体应用法律若干问题的解释》(法释〔2000〕30号)第四条,以及《最高人民法院关于审理破坏野生动物资源刑事案件具体应用法律若干问题的解释》(法释〔2000〕37号)第十条和第十一条的有关规定,结合《林业部关于在野生动物案件中如何确定国家重点保护野生动物及其产品价值标准的通知》(林策通字〔1996〕8号),现将破坏野生动物资源案件中涉及的CITES附录Ⅰ和附录Ⅱ所列陆生野生动物制品的价值标准规定如下:

一、CITES附录Ⅰ、附录Ⅱ所列陆生野生动物制品的价值,参照与其同属的国家重点保护陆生野生动物的同类制品价值标准核定;没有与其同属的国家重点保护陆生野生动物的,参照与其同科的国家重点保护陆生野生动物的同类制品价值标准核定;没有与其同科的国家重点保护陆生野生动物的,参照与其同目的国家重点保护陆生野生动物的同类制品价值标准核定;没有与其同目的国家重点保护陆生野生动物的,参照与其同纲或者同门的国家重点保护陆生野生动物的同类制品价值标准核定。

二、同属、同科、同目、同纲或者同门

中，如果存在多种不同保护级别的国家重点保护陆生野生动物的，应当参照该分类单元中相同保护级别的国家重点保护陆生野生动物的同类制品价值标准核定；如果存在多种相同保护级别的国家重点保护陆生野生动物的，应当参照该分类单元中价值标准最低的国家重点保护陆生野生动物的同类制品价值标准核定；如果CITES附录Ⅰ和附录Ⅱ所列陆生野生动物所处分类单元有多种国家重点保护陆生野生动物，但保护级别不同的，应当参照该分类单元中价值标准最低的国家重点保护陆生野生动物的同类制品价值标准核定；如果仅有一种国家重点保护陆生野生动物的，应当参照该种国家重点保护陆生野生动物的同类制品价值标准核定。

三、同一案件中缴获的同一动物个体的不同部分的价值总和，不得超过该种动物个体的价值。

四、核定价值低于非法贸易实际交易价格的，以非法贸易实际交易价格认定。

五、犀牛角、象牙等野生动物制品的价值，继续依照《国家林业局关于发布破坏野生动物资源刑事案中涉及走私的象牙及其制品价值标准的通知》（林濒发〔2001〕234号），以及《国家林业局关于发布破坏野生动物资源刑事案件中涉及犀牛角价值标准的通知》（林护发〔2002〕130号）的规定核定。

人民法院、人民检察院、公安、海关等办案单位可以依据上述价值标准，核定破坏野生动物资源刑事案件中涉及的CITES附录Ⅰ和附录Ⅱ所列陆生野生动物制品的价值。核定有困难的，县级以上林业主管部门、国家濒危物种进出口管理机构或其指定的鉴定单位应该协助。

特此通知。

最高人民法院、最高人民检察院关于适用《中华人民共和国刑法》第三百四十四条有关问题的批复

（2019年11月19日最高人民法院审判委员会第1783次会议、2020年1月13日最高人民检察院第十三届检察委员会第32次会议通过　2020年3月19日最高人民法院、最高人民检察院公告公布　自2020年3月21日起施行　法释〔2020〕2号）

各省、自治区、直辖市高级人民法院、人民检察院，解放军军事法院、军事检察院，新疆维吾尔自治区高级人民法院生产建设兵团分院、新疆生产建设兵团人民检察院：

近来，部分省、自治区、直辖市高级人民法院、人民检察院请示适用刑法第三百四十四条的有关问题。经研究，批复如下：

一、古树名木以及列入《国家重点保护野生植物名录》的野生植物，属于刑法第三百四十四条规定的"珍贵树木或者国家重点保护的其他植物"。

二、根据《中华人民共和国野生植物保护条例》的规定，野生植物限于原生地天然生长的植物。人工培育的植物，除古树名木外，不属于刑法第三百四十四条规定的"珍贵树木或者国家重点保护的其他植物"。非法采伐、毁坏或者非法收购、运输人工培育的植物（古树名木除外），构成盗伐林木罪、滥伐林木罪、非法收购、运输盗伐、滥伐的林木罪等犯罪的，依照相关规定追究刑事责任。

三、对于非法移栽珍贵树木或者国家

重点保护的其他植物，依法应当追究刑事责任的，依照刑法第三百四十四条的规定，以非法采伐国家重点保护植物罪定罪处罚。

鉴于移栽在社会危害程度上与砍伐存在一定差异，对非法移栽珍贵树木或者国家重点保护的其他植物的行为，在认定是否构成犯罪以及裁量刑罚时，应当考虑植物的珍贵程度、移栽目的、移栽手段、移栽数量、对生态环境的损害程度等情节，综合评估社会危害性，确保罪责刑相适应。

四、本批复自 2020 年 3 月 21 日起施行，之前发布的司法解释与本批复不一致的，以本批复为准。

最高人民法院、最高人民检察院、公安部、农业农村部关于依法惩治长江流域非法捕捞等违法犯罪的意见

（2020 年 12 月 17 日　公通字〔2020〕17 号）

为依法惩治长江流域非法捕捞等危害水生生物资源的各类违法犯罪，保障长江流域禁捕工作顺利实施，加强长江流域水生生物资源保护，推进水域生态保护修复，促进生态文明建设，根据有关法律、司法解释的规定，制定本意见。

一、提高政治站位，充分认识长江流域禁捕的重大意义

长江流域禁捕是贯彻习近平总书记关于"共抓大保护、不搞大开发"的重要指示精神，保护长江母亲河和加强生态文明建设的重要举措，是为全局计、为子孙谋，功在当代、利在千秋的重要决策。各级人民法院、人民检察院、公安机关、农业农村（渔政）部门要增强"四个意识"、坚定"四个自信"、做到"两个维护"，深入学习领会习近平总书记重要指示批示精神，把长江流域重点水域禁捕工作作为当前重大政治任务，用足用好法律规定，依法严惩非法捕捞等危害水生生物资源的各类违法犯罪，加强行政执法与刑事司法衔接，全力摧毁"捕、运、销"地下产业链，为推进长江流域水生生物资源和水域生态保护修复，助力长江经济带高质量绿色发展提供有力法治保障。

二、准确适用法律，依法严惩非法捕捞等危害水生生物资源的各类违法犯罪

（一）依法严惩非法捕捞犯罪。违反保护水产资源法规，在长江流域重点水域非法捕捞水产品，具有下列情形之一的，依照刑法第三百四十条的规定，以非法捕捞水产品罪定罪处罚：

1. 非法捕捞水产品五百公斤以上或者一万元以上的；

2. 非法捕捞具有重要经济价值的水生动物苗种、怀卵亲体或者在水产种质资源保护区内捕捞水产品五十公斤以上或者一千元以上的；

3. 在禁捕区域使用电鱼、毒鱼、炸鱼等严重破坏渔业资源的禁用方法捕捞的；

4. 在禁捕区域使用农业农村部规定的禁用工具捕捞的；

5. 其他情节严重的情形。

（二）依法严惩危害珍贵、濒危水生野生动物资源犯罪。在长江流域重点水域非法猎捕、杀害中华鲟、长江鲟、长江江豚或者其他国家重点保护的珍贵、濒危水生野生动物，价值二万元以上不满二十万元的，应当依照刑法第三百四十一条的规定，以非法猎捕、杀害珍贵、濒危野生动物罪，处

五年以下有期徒刑或者拘役,并处罚金;价值二十万元以上不满二百万元的,应当认定为"情节严重",处五年以上十年以下有期徒刑,并处罚金;价值二百万元以上的,应当认定为"情节特别严重",处十年以上有期徒刑,并处罚金或者没收财产。

(三)依法严惩非法渔获物交易犯罪。明知是在长江流域重点水域非法捕捞犯罪所得的水产品而收购、贩卖,价值一万元以上的,应当依照刑法第三百一十二条的规定,以掩饰、隐瞒犯罪所得罪定罪处罚。

非法收购、运输、出售在长江流域重点水域非法猎捕、杀害的中华鲟、长江鲟、长江江豚或者其他国家重点保护的珍贵、濒危水生野生动物及其制品,价值二万元以上不满二十万元的,应当依照刑法第三百四十一条的规定,以非法收购、运输、出售珍贵、濒危野生动物、珍贵、濒危野生动物制品罪,处五年以下有期徒刑或者拘役,并处罚金;价值二十万元以上不满二百万元的,应当认定为"情节严重",处五年以上十年以下有期徒刑,并处罚金;价值二百万元以上的,应当认定为"情节特别严重",处十年以上有期徒刑,并处罚金或者没收财产。

(四)依法严惩危害水生生物资源的单位犯罪。水产品交易公司、餐饮公司等单位实施本意见规定的行为,构成单位犯罪的,依照本意见规定的定罪量刑标准,对直接负责的主管人员和其他直接责任人员定罪处罚,并对单位判处罚金。

(五)依法严惩危害水生生物资源的渎职犯罪。对长江流域重点水域水生生物资源保护负有监督管理、行政执法职责的国家机关工作人员,滥用职权或者玩忽职守,致使公共财产、国家和人民利益遭受重大损失的,应当依照刑法第三百九十七条的规定,以滥用职权罪或者玩忽职守罪定罪处罚。

负有查禁破坏水生生物资源犯罪活动职责的国家机关工作人员,向犯罪分子通风报信、提供便利,帮助犯罪分子逃避处罚的,应当依照刑法第四百一十七条的规定,以帮助犯罪分子逃避处罚罪定罪处罚。

(六)依法严惩危害水生生物资源的违法行为。实施上述行为,不构成犯罪的,由农业农村(渔政)部门等依据《渔业法》等法律法规予以行政处罚;构成违反治安管理行为的,由公安机关依法给予治安管理处罚。

(七)贯彻落实宽严相济刑事政策。多次实施本意见规定的行为构成犯罪,依法应当追诉的,或者二年内二次以上实施本意见规定的行为未经处理的,数量数额累计计算。

实施本意见规定的犯罪,具有下列情形之一的,从重处罚:(1)暴力抗拒、阻碍国家机关工作人员依法履行职务,尚未构成妨害公务罪的;(2)二年内曾因实施本意见规定的行为受过处罚的;(3)对长江生物资源或水域生态造成严重损害的;(4)具有造成重大社会影响等恶劣情节的。具有上述情形的,一般不适用不起诉、缓刑、免予刑事处罚。

非法捕捞水产品,根据渔获物的数量、价值和捕捞方法、工具等情节,认为对水生生物资源危害明显较轻的,可以认定为犯罪情节轻微,依法不起诉或者免予刑事处罚,但是曾因破坏水产资源受过处罚的除外。

非法猎捕、收购、运输、出售珍贵、濒危水生野生动物,尚未造成动物死亡,综合考虑行为手段、主观罪过、犯罪动机、获利数额、涉案水生生物的濒危程度、数量价值以及行为人的认罪悔罪态度、修复生态环境情况等情节，认为适用本意见规定的定罪量刑标准明显过重的，可以结合具体案件的实际情况依法作出妥当处理，确保罪责刑相适应。

三、健全完善工作机制，保障相关案件的办案效果

（一）做好退捕转产工作。根据有关规定，对长江流域捕捞渔民按照国家和所在地相关政策开展退捕转产，重点区域分类实行禁捕。要按照中央要求，加大投入力度，落实相关补助资金，根据渔民具体情况，分类施策、精准帮扶，通过发展产业、务工就业、支持创业、公益岗位等多种方式促进渔民转产就业，切实维护退捕渔民的权益，保障退捕渔民的生计。

（二）加强禁捕行政执法工作。长江流域各级农业农村（渔政）部门要加强禁捕宣传教育引导，对重点水域禁捕区域设立标志，建立“护渔员”协管巡护制度，不断提高人防技防水平，确保禁捕制度顺利实施。要强化执法队伍和能力建设，严格执法监管，加快配备禁捕执法装备设施，加大行政执法和案件查处力度，有效落实长江禁捕要求。对非法捕捞涉及的无船名船号、无船籍港、无船舶证书的船舶，要完善处置流程，依法予以没收、拆解、处置。要加大对制销禁用渔具等违法行为的查处力度，对制造、销售禁用渔具的，依法没收禁用渔具和违法所得，并予以罚款。要加强与相关部门协同配合，强化禁捕水域周边区域管理和行政执法，加强水产品交易市场、餐饮行业管理，依法依规查处非法捕捞和收购、加工、销售、利用非法渔获物等行为，斩断地下产业链。要加强行政执法与刑事司法衔接，对于涉嫌犯罪的案件，依法及时向公安机关移送。对水生生物资源保护负有监管职责的行政机关违法行使职权或者不作为，致使国家利益或者社会公共利益受到侵害的，检察机关可以依法提起行政公益诉讼。

（三）全面收集涉案证据材料。对于农业农村（渔政）部门等行政机关在行政执法和查办案件过程中收集的物证、书证、视听资料、电子数据等证据材料，在刑事诉讼或者公益诉讼中可以作为证据使用。农业农村（渔政）部门等行政机关和公安机关要依法及时、全面收集与案件相关的各类证据，并依法进行录音录像，为案件的依法处理奠定事实根基。对于涉案船只、捕捞工具、渔获物等，应当在采取拍照、录音录像、称重、提取样品等方式固定证据后，依法妥善保管；公安机关保管有困难的，可以委托农业农村（渔政）部门保管；对于需要放生的渔获物，可以在固定证据后先行放生；对于已死亡且不宜长期保存的渔获物，可以由农业农村（渔政）部门采取捐赠捐献用于科研、公益事业或者销毁等方式处理。

（四）准确认定相关专门性问题。对于长江流域重点水域禁捕范围（禁捕区域和时间），依据农业农村部关于长江流域重点水域禁捕范围和时间的有关通告确定。涉案渔获物系国家重点保护的珍贵、濒危水生野生动物的，动物及其制品的价值可以根据国务院野生动物保护主管部门综合考虑野生动物的生态、科学、社会价值制定的评估标准和方法核算。其他渔获物的价值，根据销赃数额认定；无销赃数额、销赃数额难以查证或者根据销赃数额认定明显偏低的，根据市场价格核算；仍无法认定的，由农业农村（渔政）部门认定或者由有关价格认证机构作出认证并出具报告。对于涉案的禁捕区域、禁捕时间、禁用方法、禁用工具、渔获物品种以及对水生生物资源的危害程度等专门性问题，由农业农村(渔政)部门于二个工作日以内出具认定意见；难以确定的，由司法鉴定机构出具鉴定意见，或者由农业农村部指定的机构出具报告。

(五)正确认定案件事实。要全面审查与定罪量刑有关的证据，确保据以定案的证据均经法定程序查证属实，确保综合全案证据，对所认定的事实排除合理怀疑。既要审查犯罪嫌疑人、被告人的供述和辩解，更要重视对相关物证、书证、证人证言、视听资料、电子数据等其他证据的审查判断。对于携带相关工具但是否实施电鱼、毒鱼、炸鱼等非法捕捞作业，是否进入禁捕水域范围以及非法捕捞渔获物种类、数量等事实难以直接认定的，可以根据现场执法音视频记录、案发现场周边视频监控、证人证言等证据材料，结合犯罪嫌疑人、被告人的供述和辩解等，综合作出认定。

(六)强化工作配合。人民法院、人民检察院、公安机关、农业农村(渔政)部门要依法履行法定职责，分工负责，互相配合，互相制约，确保案件顺利移送、侦查、起诉、审判。对于阻挠执法、暴力抗法的，公安机关要依法及时处置，确保执法安全。犯罪嫌疑人、被告人自愿如实供述自己的罪行，承认指控的犯罪事实，愿意接受处罚的，可以依法从宽处理；对于犯罪情节轻微，依法不需要判处刑罚或者免除刑罚的，人民检察院可以作出不起诉决定。对于实施危害水生生物资源的行为，致使社会公共利益受到侵害的，人民检察院可以依法提起民事公益诉讼。对于人民检察院作出不起诉决定、人民法院作出无罪判决或者免予刑事处罚，需要行政处罚的案件，由农业农村(渔政)部门等依法给予行政处罚。

(七)加强宣传教育。人民法院、人民检察院、公安机关、农业农村(渔政)部门要认真落实“谁执法谁普法”责任制，结合案件办理深入细致开展法治宣传教育工作。要选取典型案例，以案释法，加大警示教育，震慑违法犯罪分子，充分展示依法惩治长江流域非法捕捞等违法犯罪、加强水生生物资源保护和水域生态保护修复的决心。要引导广大群众遵纪守法，依法支持和配合禁捕工作，为长江流域重点水域禁捕的顺利实施营造良好的法治和社会环境。

最高人民法院、最高人民检察院、公安部、司法部关于依法惩治非法野生动物交易犯罪的指导意见

(2020年12月18日　公通字〔2020〕19号)

为依法惩治非法野生动物交易犯罪，革除滥食野生动物的陋习，有效防范重大公共卫生风险，切实保障人民群众生命健康安全，根据有关法律、司法解释的规定，结合侦查、起诉、审判实践，制定本意见。

一、依法严厉打击非法猎捕、杀害野生动物的犯罪行为，从源头上防控非法野生动物交易。

非法猎捕、杀害国家重点保护的珍贵、濒危野生动物，符合刑法第三百四十一条第一款规定的，以非法猎捕、杀害珍贵、濒危野生动物罪定罪处罚。

违反狩猎法规，在禁猎区、禁猎期或者

使用禁用的工具、方法进行狩猎，破坏野生动物资源，情节严重，符合刑法第三百四十一条第二款规定的，以非法狩猎罪定罪处罚。

违反保护水产资源法规，在禁渔区、禁渔期或者使用禁用的工具、方法捕捞水产品，情节严重，符合刑法第三百四十条规定的，以非法捕捞水产品罪定罪处罚。

二、依法严厉打击非法收购、运输、出售、进出口野生动物及其制品的犯罪行为，切断非法野生动物交易的利益链条。

非法收购、运输、出售国家重点保护的珍贵、濒危野生动物及其制品，符合刑法第三百四十一条第一款规定的，以非法收购、运输、出售珍贵、濒危野生动物、珍贵、濒危野生动物制品罪定罪处罚。

走私国家禁止进出口的珍贵动物及其制品，符合刑法第一百五十一条第二款规定的，以走私珍贵动物、珍贵动物制品罪定罪处罚。

三、依法严厉打击以食用或者其他目的非法购买野生动物的犯罪行为，坚决革除滥食野生动物的陋习。

知道或者应当知道是国家重点保护的珍贵、濒危野生动物及其制品，为食用或者其他目的而非法购买，符合刑法第三百四十一条第一款规定的，以非法收购珍贵、濒危野生动物、珍贵、濒危野生动物制品罪定罪处罚。

四、二次以上实施本意见第一条至第三条规定的行为构成犯罪，依法应当追诉的，或者二年内二次以上实施本意见第一条至第三条规定的行为未经处理的，数量、数额累计计算。

五、明知他人实施非法野生动物交易行为，有下列情形之一的，以共同犯罪论处：

（一）提供贷款、资金、账号、车辆、设备、技术、许可证件的；

（二）提供生产、经营场所或者运输、仓储、保管、快递、邮寄、网络信息交互等便利条件或者其他服务的；

（三）提供广告宣传等帮助行为的。

六、对涉案野生动物及其制品价值，可以根据国务院野生动物保护主管部门制定的价值评估标准和方法核算。对野生动物制品，根据实际情况予以核算，但核算总额不能超过该种野生动物的整体价值。具有特殊利用价值或者导致动物死亡的主要部分，核算方法不明确的，其价值标准最高可以按照该种动物整体价值标准的80%予以折算，其他部分价值标准最高可以按整体价值标准的20%予以折算，但是按照上述方法核算的价值明显不当的，应当根据实际情况妥当予以核算。核算价值低于实际交易价格的，以实际交易价格认定。

根据前款规定难以确定涉案野生动物及其制品价值的，依据下列机构出具的报告，结合其他证据作出认定：

（一）价格认证机构出具的报告；

（二）国务院野生动物保护主管部门、国家濒危物种进出口管理机构、海关总署等指定的机构出具的报告；

（三）地、市级以上人民政府野生动物保护主管部门、国家濒危物种进出口管理机构的派出机构、直属海关等出具的报告。

七、对野生动物及其制品种属类别，非法捕捞、狩猎的工具、方法，以及对野生动物资源的损害程度、食用涉案野生动物对人体健康的危害程度等专门性问题，可以由野生动物保护主管部门、侦查机关或者有专门知识的人依据现场勘验、检查笔录等出具认定意见。难以确定的，依据司法鉴定机构出具的鉴定意见,或者本意见第六条第二款所列机构出具的报告,结合其他证据作出认定。

八、办理非法野生动物交易案件中,行政执法部门依法收集的物证、书证、视听资料、电子数据等证据材料,在刑事诉讼中可以作为证据使用。

对不易保管的涉案野生动物及其制品,在做好拍摄、提取检材或者制作足以反映原物形态特征或者内容的照片、录像等取证工作后,可以移交野生动物保护主管部门及其指定的机构依法处置。对存在或者可能存在疫病的野生动物及其制品,应立即通知野生动物保护主管部门依法处置。

九、实施本意见规定的行为,在认定是否构成犯罪以及裁量刑罚时,应当考虑涉案动物是否系人工繁育、物种的濒危程度、野外存活状况、人工繁育情况、是否列入国务院野生动物保护主管部门制定的人工繁育国家重点保护野生动物名录,以及行为手段、对野生动物资源的损害程度、食用涉案野生动物对人体健康的危害程度等情节,综合评估社会危害性,确保罪责刑相适应。相关定罪量刑标准明显不适宜的,可以根据案件的事实、情节和社会危害程度,依法作出妥当处理。

十、本意见自下发之日起施行。

最高人民法院、最高人民检察院关于办理破坏野生动物资源刑事案件适用法律若干问题的解释

(2021年12月13日最高人民法院审判委员会第1856次会议、2022年2月9日最高人民检察院第十三届检察委员会第89次会议通过　2022年4月6日最高人民法院、最高人民检察院公告公布　自2022年4月9日起施行　法释〔2022〕12号)

为依法惩治破坏野生动物资源犯罪,保护生态环境,维护生物多样性和生态平衡,根据《中华人民共和国刑法》《中华人民共和国刑事诉讼法》《中华人民共和国野生动物保护法》等法律的有关规定,现就办理此类刑事案件适用法律的若干问题解释如下:

第一条　具有下列情形之一的,应当认定为刑法第一百五十一条第二款规定的走私国家禁止进出口的珍贵动物及其制品:

(一)未经批准擅自进出口列入经国家濒危物种进出口管理机构公布的《濒危野生动植物种国际贸易公约》附录一、附录二的野生动物及其制品;

(二)未经批准擅自出口列入《国家重点保护野生动物名录》的野生动物及其制品。

第二条　走私国家禁止进出口的珍贵动物及其制品,价值二十万元以上不满二百万元的,应当依照刑法第一百五十一条第二款的规定,以走私珍贵动物、珍贵动物制品罪处五年以上十年以下有期徒刑,并

处罚金;价值二百万元以上的,应当认定为“情节特别严重”,处十年以上有期徒刑或者无期徒刑,并处没收财产;价值二万元以上不满二十万元的,应当认定为“情节较轻”,处五年以下有期徒刑,并处罚金。

实施前款规定的行为,具有下列情形之一的,从重处罚:

(一)属于犯罪集团的首要分子的;

(二)为逃避监管,使用特种交通工具实施的;

(三)二年内曾因破坏野生动物资源受过行政处罚的。

实施第一款规定的行为,不具有第二款规定的情形,且未造成动物死亡或者动物、动物制品无法追回,行为人全部退赃退赔,确有悔罪表现的,按照下列规定处理:

(一)珍贵动物及其制品价值二百万元以上的,可以处五年以上十年以下有期徒刑,并处罚金;

(二)珍贵动物及其制品价值二十万元以上不满二百万元的,可以认定为“情节较轻”,处五年以下有期徒刑,并处罚金;

(三)珍贵动物及其制品价值二万元以上不满二十万元的,可以认定为犯罪情节轻微,不起诉或者免予刑事处罚;情节显著轻微危害不大的,不作为犯罪处理。

第三条 在内陆水域,违反保护水产资源法规,在禁渔区、禁渔期或者使用禁用的工具、方法捕捞水产品,具有下列情形之一的,应当认定为刑法第三百四十条规定的“情节严重”,以非法捕捞水产品罪定罪处罚:

(一)非法捕捞水产品五百公斤以上或者价值一万元以上的;

(二)非法捕捞有重要经济价值的水生动物苗种、怀卵亲体或者在水产种质资源保护区内捕捞水产品五十公斤以上或者价值一千元以上的;

(三)在禁渔区使用电鱼、毒鱼、炸鱼等严重破坏渔业资源的禁用方法或者禁用工具捕捞的;

(四)在禁渔期使用电鱼、毒鱼、炸鱼等严重破坏渔业资源的禁用方法或者禁用工具捕捞的;

(五)其他情节严重的情形。

实施前款规定的行为,具有下列情形之一的,从重处罚:

(一)暴力抗拒、阻碍国家机关工作人员依法履行职务,尚未构成妨害公务罪、袭警罪的;

(二)二年内曾因破坏野生动物资源受过行政处罚的;

(三)对水生生物资源或者水域生态造成严重损害的;

(四)纠集多条船只非法捕捞的;

(五)以非法捕捞为业的。

实施第一款规定的行为,根据渔获物的数量、价值和捕捞方法、工具等,认为对水生生物资源危害明显较轻的,综合考虑行为人自愿接受行政处罚、积极修复生态环境等情节,可以认定为犯罪情节轻微,不起诉或者免予刑事处罚;情节显著轻微危害不大的,不作为犯罪处理。

第四条 刑法第三百四十一条第一款规定的“国家重点保护的珍贵、濒危野生动物”包括:

(一)列入《国家重点保护野生动物名录》的野生动物;

(二)经国务院野生动物保护主管部门核准按照国家重点保护的野生动物管理的野生动物。

第五条 刑法第三百四十一条第一款规定的“收购”包括以营利、自用等为目的的购买行为；“运输”包括采用携带、邮寄、利用他人、使用交通工具等方法进行运送的行为；“出售”包括出卖和以营利为目的的加工利用行为。

刑法第三百四十一条第三款规定的“收购”“运输”“出售”，是指以食用为目的，实施前款规定的相应行为。

第六条 非法猎捕、杀害国家重点保护的珍贵、濒危野生动物，或者非法收购、运输、出售国家重点保护的珍贵、濒危野生动物及其制品，价值二万元以上不满二十万元的，应当依照刑法第三百四十一条第一款的规定，以危害珍贵、濒危野生动物罪处五年以下有期徒刑或者拘役，并处罚金；价值二十万元以上不满二百万元的，应当认定为“情节严重”，处五年以上十年以下有期徒刑，并处罚金；价值二百万元以上的，应当认定为“情节特别严重”，处十年以上有期徒刑，并处罚金或者没收财产。

实施前款规定的行为，具有下列情形之一的，从重处罚：

（一）属于犯罪集团的首要分子的；

（二）为逃避监管，使用特种交通工具实施的；

（三）严重影响野生动物科研工作的；

（四）二年内曾因破坏野生动物资源受过行政处罚的。

实施第一款规定的行为，不具有第二款规定的情形，且未造成动物死亡或者动物、动物制品无法追回，行为人全部退赃退赔，确有悔罪表现的，按照下列规定处理：

（一）珍贵、濒危野生动物及其制品价值二百万元以上的，可以认定为“情节严重”，处五年以上十年以下有期徒刑，并处罚金；

（二）珍贵、濒危野生动物及其制品价值二十万元以上不满二百万元的，可以处五年以下有期徒刑或者拘役，并处罚金；

（三）珍贵、濒危野生动物及其制品价值二万元以上不满二十万元的，可以认定为犯罪情节轻微，不起诉或者免予刑事处罚；情节显著轻微危害不大的，不作为犯罪处理。

第七条 违反狩猎法规，在禁猎区、禁猎期或者使用禁用的工具、方法进行狩猎，破坏野生动物资源，具有下列情形之一的，应当认定为刑法第三百四十一条第二款规定的“情节严重”，以非法狩猎罪定罪处罚：

（一）非法猎捕野生动物价值一万元以上的；

（二）在禁猎区使用禁用的工具或者方法狩猎的；

（三）在禁猎期使用禁用的工具或者方法狩猎的；

（四）其他情节严重的情形。

实施前款规定的行为，具有下列情形之一的，从重处罚：

（一）暴力抗拒、阻碍国家机关工作人员依法履行职务，尚未构成妨害公务罪、袭警罪的；

（二）对野生动物资源或者栖息地生态造成严重损害的；

（三）二年内曾因破坏野生动物资源受过行政处罚的。

实施第一款规定的行为，根据猎获物的数量、价值和狩猎方法、工具等，认为对野生动物资源危害明显较轻的，综合考虑猎捕的动机、目的、行为人自愿接受行政处罚、积极修复生态环境等情节，可以认定为犯罪情节轻微，不起诉或者免予刑事处罚；

情节显著轻微危害不大的,不作为犯罪处理。

第八条 违反野生动物保护管理法规,以食用为目的,非法猎捕、收购、运输、出售刑法第三百四十一条第一款规定以外的在野外环境自然生长繁殖的陆生野生动物,具有下列情形之一的,应当认定为刑法第三百四十一条第三款规定的"情节严重",以非法猎捕、收购、运输、出售陆生野生动物罪定罪处罚:

(一)非法猎捕、收购、运输、出售有重要生态、科学、社会价值的陆生野生动物或者地方重点保护陆生野生动物价值一万元以上的;

(二)非法猎捕、收购、运输、出售第一项规定以外的其他陆生野生动物价值五万元以上的;

(三)其他情节严重的情形。

实施前款规定的行为,同时构成非法狩猎罪的,应当依照刑法第三百四十一条第三款的规定,以非法猎捕陆生野生动物罪定罪处罚。

第九条 明知是非法捕捞犯罪所得的水产品、非法狩猎犯罪所得的猎获物而收购、贩卖或者以其他方法掩饰、隐瞒,符合刑法第三百一十二条规定的,以掩饰、隐瞒犯罪所得罪定罪处罚。

第十条 负有野生动物保护和进出口监督管理职责的国家机关工作人员,滥用职权或者玩忽职守,致使公共财产、国家和人民利益遭受重大损失的,应当依照刑法第三百九十七条的规定,以滥用职权罪或者玩忽职守罪追究刑事责任。

负有查禁破坏野生动物资源犯罪活动职责的国家机关工作人员,向犯罪分子通风报信、提供便利,帮助犯罪分子逃避处罚的,应当依照刑法第四百一十七条的规定,以帮助犯罪分子逃避处罚罪追究刑事责任。

第十一条 对于"以食用为目的",应当综合涉案动物及其制品的特征,被查获的地点,加工、包装情况,以及可以证明来源、用途的标识、证明等证据作出认定。

实施本解释规定的相关行为,具有下列情形之一的,可以认定为"以食用为目的":

(一)将相关野生动物及其制品在餐饮单位、饮食摊点、超市等场所作为食品销售或者运往上述场所的;

(二)通过包装、说明书、广告等介绍相关野生动物及其制品的食用价值或者方法的;

(三)其他足以认定以食用为目的的情形。

第十二条 二次以上实施本解释规定的行为构成犯罪,依法应当追诉的,或者二年内实施本解释规定的行为未经处理的,数量、数额累计计算。

第十三条 实施本解释规定的相关行为,在认定是否构成犯罪以及裁量刑罚时,应当考虑涉案动物是否系人工繁育、物种的濒危程度、野外存活状况、人工繁育情况、是否列入人工繁育国家重点保护野生动物名录,行为手段、对野生动物资源的损害程度,以及对野生动物及其制品的认知程度等情节,综合评估社会危害性,准确认定是否构成犯罪,妥当裁量刑罚,确保罪责刑相适应;根据本解释的规定定罪量刑明显过重的,可以根据案件的事实、情节和社会危害程度,依法作出妥当处理。

涉案动物系人工繁育,具有下列情形之一的,对所涉案件一般不作为犯罪处理;

需要追究刑事责任的,应当依法从宽处理:

(一)列入人工繁育国家重点保护野生动物名录的;

(二)人工繁育技术成熟、已成规模,作为宠物买卖、运输的。

第十四条 对于实施本解释规定的相关行为被不起诉或者免予刑事处罚的行为人,依法应当给予行政处罚、政务处分或者其他处分的,依法移送有关主管机关处理。

第十五条 对于涉案动物及其制品的价值,应当根据下列方法确定:

(一)对于国家禁止进出口的珍贵动物及其制品、国家重点保护的珍贵、濒危野生动物及其制品的价值,根据国务院野生动物保护主管部门制定的评估标准和方法核算;

(二)对于有重要生态、科学、社会价值的陆生野生动物、地方重点保护野生动物、其他野生动物及其制品的价值,根据销赃数额认定;无销赃数额、销赃数额难以查证或者根据销赃数额认定明显偏低的,根据市场价格核算,必要时,也可以参照相关评估标准和方法核算。

第十六条 根据本解释第十五条规定难以确定涉案动物及其制品价值的,依据司法鉴定机构出具的鉴定意见,或者下列机构出具的报告,结合其他证据作出认定:

(一)价格认证机构出具的报告;

(二)国务院野生动物保护主管部门、国家濒危物种进出口管理机构或者海关总署等指定的机构出具的报告;

(三)地、市级以上人民政府野生动物保护主管部门、国家濒危物种进出口管理机构的派出机构或者直属海关等出具的报告。

第十七条 对于涉案动物的种属类别、是否系人工繁育,非法捕捞、狩猎的工具、方法,以及对野生动物资源的损害程度等专门性问题,可以由野生动物保护主管部门、侦查机关依据现场勘验、检查笔录等出具认定意见;难以确定的,依据司法鉴定机构出具的鉴定意见、本解释第十六条所列机构出具的报告,被告人及其辩护人提供的证据材料,结合其他证据材料综合审查,依法作出认定。

第十八条 餐饮公司、渔业公司等单位实施破坏野生动物资源犯罪的,依照本解释规定的相应自然人犯罪的定罪量刑标准,对直接负责的主管人员和其他直接责任人员定罪处罚,并对单位判处罚金。

第十九条 在海洋水域,非法捕捞水产品,非法采捕珊瑚、砗磲或者其他珍贵、濒危水生野生动物,或者非法收购、运输、出售珊瑚、砗磲或者其他珍贵、濒危水生野生动物及其制品的,定罪量刑标准适用《最高人民法院关于审理发生在我国管辖海域相关案件若干问题的规定(二)》(法释〔2016〕17号)的相关规定。

第二十条 本解释自2022年4月9日起施行。本解释公布施行后,《最高人民法院关于审理破坏野生动物资源刑事案件具体应用法律若干问题的解释》(法释〔2000〕37号)同时废止;之前发布的司法解释与本解释不一致的,以本解释为准。

最高人民法院关于充分发挥环境资源审判职能作用依法惩处盗采矿产资源犯罪的意见

（2022年7月1日　法发〔2022〕19号）

党的十八大以来，以习近平同志为核心的党中央把生态文明建设作为关系中华民族永续发展的根本大计，高度重视和持续推进环境资源保护工作。矿产资源是国家的宝贵财富，是人民群众生产、生活的物质基础，是山水林田湖草沙生命共同体的重要组成部分。盗采矿产资源犯罪不仅破坏国家矿产资源及其管理秩序，妨害矿业健康发展，也极易造成生态环境损害，引发安全事故。为充分发挥人民法院环境资源审判职能作用，依法惩处盗采矿产资源犯罪，切实维护矿产资源和生态环境安全，根据有关法律规定，制定本意见。

一、提高政治站位，准确把握依法惩处盗采矿产资源犯罪的根本要求

1. 坚持以习近平新时代中国特色社会主义思想为指导，深入贯彻习近平生态文明思想和习近平法治思想，紧紧围绕党和国家工作大局，用最严格制度、最严密法治筑牢维护矿产资源和生态环境安全的司法屏障。坚持以人民为中心，完整、准确、全面贯彻新发展理念，正确认识和把握惩罚犯罪、保护生态与发展经济、保障民生之间的辩证关系，充分发挥司法的规则引领与价值导向功能，服务经济社会高质量发展。

2. 深刻认识盗采矿产资源犯罪的严重社会危害性，准确把握依法打击盗采矿产资源犯罪的形势任务，增强工作责任感和使命感。严格依法审理各类盗采矿产资源案件，紧盯盗采、运输、销赃等各环节，坚持“全要素、全环节、全链条”标准，确保裁判政治效果、法律效果、社会效果、生态效果相统一。

3. 坚持刑法和刑事诉讼法的基本原则，落实宽严相济刑事政策，依法追究盗采行为人的刑事责任。落实民法典绿色原则及损害担责、全面赔偿原则，注重探索、运用预防性恢复性司法规则，依法认定盗采行为人的民事责任。支持和保障行政主管机关依法行政、严格执法，切实追究盗采行为人的行政责任。贯彻落实全面追责原则，依法妥善协调盗采行为人的刑事、民事、行政责任。

4. 突出打击重点，保持依法严惩态势。落实常态化开展扫黑除恶斗争部署要求，持续依法严惩“沙霸”“矿霸”及其“保护伞”，彻底斩断其利益链条、铲除其滋生土壤。结合环境保护法、长江保护法、黑土地保护法等法律实施，依法严惩在划定生态保护红线区域、大江大河流域、黑土地保护区域以及在禁采区、禁采期实施的盗采矿产资源犯罪。立足维护矿产资源安全与科学开发利用，依法严惩针对战略性稀缺性矿产资源实施的盗采犯罪。

二、正确适用法律，充分发挥依法惩处盗采矿产资源犯罪的职能作用

5. 严格依照刑法第三百四十三条及《最高人民法院、最高人民检察院关于办理非法采矿、破坏性采矿刑事案件适用法律若干问题的解释》（以下简称《解释》）的规定，对盗采矿产资源行为定罪量刑。对犯罪分子主观恶性深、人身危险性大，犯罪情节恶劣、后果严重的，坚决依法从严惩处。

6. 正确理解和适用《解释》第二条、第

四条第一款、第五条第一款规定，准确把握盗采矿产资源行为入罪的前提条件。对是否构成“未取得采矿许可证”情形，要在综合考量案件具体事实、情节的基础上依法认定。

7. 正确理解和适用《解释》第三条、第四条第二款、第五条第二款规定，对实施盗采矿产资源行为同时构成两种以上“情节严重”或者“情节特别严重”情形的，要综合考虑各情节，精准量刑。对在河道管理范围、海域实施盗采砂石行为的，要充分关注和考虑其危害堤防安全、航道畅通、通航安全或者造成岸线破坏等因素。

8. 充分关注和考虑实施盗采矿产资源行为对生态环境的影响，加强生态环境保护力度。对具有破坏生态环境情节但非依据生态环境损害严重程度确定法定刑幅度的，要酌情从重处罚。盗采行为人积极修复生态环境、赔偿损失的，可以依法从轻或者减轻处罚；符合《解释》第十条规定的，可以免予刑事处罚。

9. 正确理解和适用《解释》第十三条规定，准确把握矿产品价值认定规则。为获取非法利益而对矿产品进行加工、保管、运输的，其成本支出一般不从销赃数额中扣除。销赃数额与评估、鉴定的矿产品价值不一致的，要结合案件的具体事实、情节作出合理认定。

10. 依法用足用好罚金刑，提高盗采矿产资源犯罪成本，要综合考虑矿产品价值或者造成矿产资源破坏的价值、生态环境损害程度、社会影响等情节决定罚金数额。法律、行政法规对同类盗采矿产资源行为行政罚款标准有规定的，决定罚金数额时可以参照行政罚款标准。盗采行为人就同一事实已经支付了生态环境损害赔偿金、修复费用的，决定罚金数额时可予酌情考虑，但不能直接抵扣。

11. 准确理解和把握刑法第七十二条规定，依法正确适用缓刑。对盗采矿产资源犯罪分子具有“涉黑”“涉恶”或者属于“沙霸”“矿霸”，曾因非法采矿或者破坏性采矿受过刑事处罚，与国家工作人员相互勾结实施犯罪或者以行贿等非法手段逃避监管，毁灭、伪造、隐藏证据或者转移财产逃避责任，或者数罪并罚等情形的，要从严把握缓刑适用。依法宣告缓刑的，可以根据犯罪情况，同时禁止犯罪分子在缓刑考验期限内从事与开采矿产资源有关的特定活动。

12. 准确理解和把握法律关于共同犯罪的规定，对明知他人盗采矿产资源，而为其提供重要资金、工具、技术、单据、证明、手续等便利条件或者居间联络，结合全案证据可以认定为形成通谋的，以共同犯罪论处。

13. 正确理解和适用《解释》第十二条规定，加强涉案财物处置力度。对盗采矿产资源犯罪的违法所得及其收益，用于盗采矿产资源犯罪的专门工具和供犯罪所用的本人财物，坚决依法追缴、责令退赔或者没收。对在盗采、运输、销赃等环节使用的机械设备、车辆、船舶等大型工具，要综合考虑案件的具体事实、情节及工具的属性、权属等因素，依法妥善认定是否用于盗采矿产资源犯罪的专门工具。

14. 依法妥善审理国家规定的机关或者法律规定的组织提起的生态环境保护附带民事公益诉讼，综合考虑盗采行为人的刑事责任与民事责任。既要依法全面追责，又要关注盗采行为人的担责能力，保证裁判的有效执行。鼓励根据不同环境要素的修复需求，依法适用劳务代偿、补种复绿、替代修复等多种修复责任承担方式，以及代履行、公益信托等执行方式。支持各方依法达成调解协议，鼓励盗采行为人主动、及时承担民事责任。

三、坚持多措并举，健全完善有效惩治盗采矿产资源犯罪的制度机制

15. 完善环境资源审判刑事、民事、行政审判职能“三合一”体制，综合运用刑事、民事、行政法律手段惩治盗采矿产资源犯罪，形成组合拳。推进以湿地、森林、海洋等生态系统，或者以国家公园、自然保护区等生态功能区为单位的环境资源案件跨行政区划集中管辖，推广人民法院之间协商联动合作模式，努力实现一体化司法保护和法律统一适用。全面加强队伍专业能力建设，努力培养既精通法律法规又熟悉相关领域知识的专家型法官，不断提升环境资源审判能力水平。

16. 加强与纪检监察机关、检察机关、公安机关、行政主管机关的协作配合，推动构建专业咨询和信息互通渠道，建立健全打击盗采矿产资源行政执法与刑事司法衔接长效工作机制，有效解决专业性问题评估、鉴定，涉案物品保管、移送和处理，案件信息共享等问题。依法延伸审判职能，积极参与综合治理工作，对审判中发现的违法犯罪线索、监管疏漏等问题，及时向有关单位移送、通报，必要时发送司法建议，形成有效惩治合力。

17. 因应信息化发展趋势，以人工智能、大数据、区块链为依托，促进信息技术与执法办案、调查研究深度融合，提升环境资源审判的便捷性、高效性和透明度。加速建设全国环境资源审判信息平台，构建上下贯通、横向联通的全国环境资源审判“一张网”，为实现及时、精准惩处和预防盗采矿产资源犯罪提供科技支持。

18. 落实人民陪审员参加盗采矿产资源社会影响重大的案件和公益诉讼案件审理的制度要求，积极发挥专业人员在专业事实查明中的作用，充分保障人民群众知情权、参与权和监督权。着力提升巡回审判、典型案例发布等制度机制的普法功能，深入开展法治宣传和以案释法工作，积极营造依法严惩盗采矿产资源犯罪的社会氛围，引导人民群众增强环境资源保护法治意识，共建天蓝、地绿、水清的美丽家园。

最高人民法院、最高人民检察院、中国海警局依法打击涉海砂违法犯罪座谈会纪要

（2023年6月6日　法发〔2023〕9号）

党的二十大作出“发展海洋经济，保护海洋生态环境，加快建设海洋强国”的战略部署，将海洋强国建设作为推动中国式现代化的有机组成和重要任务。面对严峻复杂的海洋形势与国际形势，我国作为海洋贸易和航运大国，依法打击涉海洋违法犯罪活动，加快推进海洋法治建设，是深入学习贯彻习近平新时代中国特色社会主义思想，贯彻落实习近平生态文明思想和习近平法治思想，完善涉外法治体系的必然要求。2022年7月、2023年2月，最高人民法院、最高人民检察院、中国海警局先后在福建、广东、海南、浙江四省召开座谈会，分析研判当前涉海砂违法犯罪的严峻形势，总结交流办理涉海砂刑事案件的经验做法，研究探讨办案中的疑难问题，对人民法

院、人民检察院、海警机构依法打击涉海砂违法犯罪、统一法律适用标准达成了共识。

会议指出，近年来，涉海砂违法犯罪活动高发多发，威胁海洋生态环境安全，催生海上黑恶势力，危害建筑工程安全，影响海上通航安全，具有较大的社会危害性。会议要求，各部门要切实提高政治站位，牢记"国之大者"，紧紧围绕党和国家工作大局，用最严格制度、最严密法治筑牢维护海洋生态环境和海砂资源安全的执法司法屏障。会议强调，各部门要正确理解和准确适用刑法和《最高人民法院、最高人民检察院关于办理非法采矿、破坏性采矿刑事案件适用法律若干问题的解释》（法释〔2016〕25号，以下简称《非法采矿解释》）、《最高人民法院关于充分发挥环境资源审判职能作用依法惩处盗采矿产资源犯罪的意见》（法发〔2022〕19号）等规定，坚持宽严相济刑事政策，统一执法司法尺度，依法加大对涉海砂违法犯罪的惩治力度，切实维护海洋生态环境和矿产资源安全。现形成纪要如下。

一、关于罪名适用

1. 未取得海砂开采海域使用权证，且未取得采矿许可证，在中华人民共和国内水、领海采挖海砂，符合刑法第三百四十三条第一款和《非法采矿解释》第二条、第三条规定的，以非法采矿罪定罪处罚。

对于在中华人民共和国毗连区、专属经济区、大陆架以及中华人民共和国管辖的其他海域实施前款规定的行为，适用我国刑法追究刑事责任的案件，参照前款规定定罪处罚。

2. 具有下列情形之一的，对过驳和运输海砂的船主或者船长，依照刑法第三百四十三条第一款的规定，以非法采矿罪定罪处罚：

（1）与非法采挖海砂犯罪分子事前通谋，指使或者驾驶运砂船前往指定海域直接从采砂船过驳和运输海砂的；

（2）未与非法采挖海砂犯罪分子事前通谋，但受其雇佣，指使或者驾驶运砂船前往指定海域，在非法采砂行为仍在进行时，明知系非法采挖的海砂，仍直接从采砂船过驳和运输海砂的；

（3）未与非法采挖海砂犯罪分子事前通谋，也未受其雇佣，在非法采砂行为仍在进行时，明知系非法采挖的海砂，临时与非法采挖海砂犯罪分子约定时间、地点，直接从采砂船过驳和运输海砂的。

具有下列情形之一的，对过驳和运输海砂的船主或者船长，依照刑法第三百一十二条的规定，以掩饰、隐瞒犯罪所得罪定罪处罚：

（1）未与非法采挖海砂犯罪分子事前通谋，指使或者驾驶运砂船前往相关海域，在非法采砂行为已经完成后，明知系非法采挖的海砂，仍直接从采砂船过驳和运输海砂的；

（2）与非法收购海砂犯罪分子事前通谋，指使或者驾驶运砂船前往指定海域过驳和运输海砂的；

（3）无证据证明非法采挖、运输、收购海砂犯罪分子之间存在事前通谋或者事中共同犯罪故意，但受其中一方雇佣后，指使或者驾驶运砂船前往指定海域，明知系非法采挖的海砂，仍从其他运砂船上过驳和运输海砂的。

二、关于主观故意认定

3. 判断过驳和运输海砂的船主或者船长是否具有犯罪故意，应当依据其任职情况、职业经历、专业背景、培训经历、本人因同类行为受到行政处罚或者刑事责任追究情况等证据,结合其供述,进行综合分析判断。

实践中,具有下列情形之一,行为人不能作出合理解释的,一般可以认定其“明知系非法采挖的海砂”,但有相反证据的除外:

(1)故意关闭船舶自动识别系统,或者船舶上有多套船舶自动识别系统,或者故意毁弃船载卫星电话、船舶自动识别系统、定位系统数据及手机存储数据的;

(2)故意绕行正常航线和码头、在隐蔽水域或者在明显不合理的隐蔽时间过驳和运输,或者使用暗号、暗语、信物等方式进行联络、接头的;

(3)使用“三无”船舶、虚假船名船舶或非法改装船舶,或者故意遮蔽船号,掩盖船体特征的;

(4)虚假记录船舶航海日志、轮机日志,或者进出港未申报、虚假申报的;

(5)套用相关许可证、拍卖手续、合同等合法文件资料,或者使用虚假、伪造文件资料的;

(6)无法出具合法有效海砂来源证明,或者拒不提供海砂真实来源证明的;

(7)以明显低于市场价格进行交易的;

(8)支付、收取或者约定的报酬明显不合理,或者使用控制的他人名下银行账户收付海砂交易款项的;

(9)逃避、抗拒执法检查,或者事前制定逃避检查预案的;

(10)其他足以认定的情形。

4. 明知他人实施非法采挖、运输、收购海砂犯罪,仍为其提供资金、场地、工具、技术、单据、证明、手续等重要便利条件或者居间联络,对犯罪产生实质性帮助作用的,以非法采矿罪或者掩饰、隐瞒犯罪所得罪的共同犯罪论处。

三、关于下游行为的处理

5. 认定非法运输、收购、代为销售或者以其他方法掩饰、隐瞒非法采挖的海砂及其产生的收益构成掩饰、隐瞒犯罪所得、犯罪所得收益罪,以上游非法采矿犯罪事实成立为前提。上游犯罪尚未依法裁判,但查证属实的,不影响掩饰、隐瞒犯罪所得、犯罪所得收益罪的认定。上游非法采挖海砂未达到非法采矿罪“情节严重”标准的,对下游对应的掩饰、隐瞒行为可以依照海洋环境保护法、海域使用管理法、治安管理处罚法等法律法规给予行政处罚。

6. 明知是非法采挖的海砂及其产生的收益,而予以运输、收购、代为销售或者以其他方法掩饰、隐瞒,一年内曾因实施此类行为受过行政处罚,又实施此类行为的,应当依照刑法第三百一十二条的规定,以掩饰、隐瞒犯罪所得、犯罪所得收益罪定罪处罚。多次实施此类行为,未经行政处罚,依法应当追诉的,犯罪所得、犯罪所得收益的数额应当累计计算。

7. 以掩饰、隐瞒犯罪所得、犯罪所得收益罪定罪处罚的,应当注意与上游非法采矿犯罪保持量刑均衡。

四、关于劳务人员的责任认定

8.《非法采矿解释》第十一条规定,对受雇佣提供劳务的人员,除参与利润分成或者领取高额固定工资的以外,一般不以犯罪论处,但曾因非法采矿、破坏性采矿受过处罚的除外。对于该条中“高额固定工资”的理解,不宜停留在对“高额”的字面理解层面,应当结合其在整个犯罪活动中的职责分工、参与程度等因素进行综合判断。

实践中,要注意结合本地区经济社会发展水平,以及采矿行业提供劳务人员的平均工资水平审查认定。一般情况下,领取或者约定领取上一年度本省(自治区、直辖市)同种类采矿、运输等行业提供劳务人员平均工资二倍以上固定财产性收益的,包括工资、奖金、补贴、物质奖励等,可以认定为“高额固定工资”。

9. 具有下列情形之一的,一般不适用《非法采矿解释》第十一条“一般不以犯罪论处”的规定:

(1)明知他人实施非法采挖、运输、收购海砂犯罪,仍多次为其提供开采、装卸、运输、销售等实质性帮助或者重要技术支持,情节较重的;

(2)在相关犯罪活动中,承担一定发起、策划、操纵、管理、协调职责的;

(3)多次逃避检查,或者采取通风报信等方式为非法采挖海砂犯罪活动逃避监管或者为犯罪分子逃避处罚提供帮助的。

五、关于涉案海砂价格的认定

10. 对于涉案海砂价值,有销赃数额的,一般根据销赃数额认定;对于无销赃数额,销赃数额难以查证,或者根据销赃数额认定明显不合理的,根据海砂市场交易价格和数量认定。

非法采挖的海砂在不同环节销赃,非法采挖、运输、保管等过程中产生的成本支出,在销赃数额中不予扣除。

11. 海砂价值难以确定的,依据当地政府相关部门所属价格认证机构出具的报告认定,或者依据省级以上人民政府自然资源、水行政、海洋等主管部门出具的报告,结合其他证据作出认定。

12. 确定非法开采的海砂价值,一般应当以实施犯罪行为终了时当地海砂市场交易价格或者非法采挖期间当地海砂的平均市场价格为基准。犯罪行为存在明显时段连续性的,可以分别按照不同时段实施犯罪行为时当地海砂市场交易价格为基准。如当地县(市、区)无海砂市场交易价格,可参照周边地区海砂市场交易价格。

六、关于涉案船舶、财物的处置

13. 对涉案船舶,海警机构应当依法及时查封、扣押,扣押后一般由海警机构自行保管,特殊情况下,也可以交由船主或者船长暂时保管。

14. 具有下列情形之一的,一般可以认定为《非法采矿解释》第十二条第二款规定的“用于犯罪的专门工具”,并依法予以没收:

(1)犯罪分子所有,并专门用于非法采挖海砂犯罪的工具;

(2)长期不作登记或者系“三无”船舶或者挂靠、登记在他人名下,但实为犯罪分子控制,并专门用于非法采挖海砂犯罪的工具;

(3)船舶、机具所有人明知犯罪分子专门用于非法采挖海砂违法犯罪而出租、出借船舶、机具,构成共同犯罪或者相关犯罪的。

15. 具有下列情形之一的,一般可以认定为船舶所有人明知他人专门用于非法采挖海砂违法犯罪而出租、出借船舶,但是能够作出合理解释或者有相反证据的除外:

(1)未经有关部门批准,擅自将船舶改装为可用于采挖、运输海砂的船舶或者进行伪装的;

(2)同意或者默许犯罪分子将船舶改装为可用于采挖、运输海砂的船舶或者进行伪装的;

（3）曾因出租、出借船舶用于非法采挖、运输海砂受过行政处罚，又将船舶出租、出借给同一违法犯罪分子的；

（4）拒不提供真实的实际使用人信息，或者提供虚假的实际使用人信息的；

（5）其他足以认定明知的情形。

16. 非法采挖、运输海砂犯罪分子为逃避专门用于犯罪的船舶被依法罚没，或者为逃避一年内曾因非法采挖、运输海砂受过行政处罚，又实施此类行为被追究刑事责任，而通过虚构买卖合同、口头协议等方式转让船舶所有权，但并未进行物权变动登记，也未实际支付船舶转让价款的，可以依法认定涉案船舶为"用于犯罪的专门工具"。

17. 涉案船舶的价值与涉案金额过于悬殊，且涉案船舶证件真实有效、权属明确、船证一致的，一般不予没收。实践中，应当综合行为的性质、情节、后果、社会危害程度及行为人认罪悔罪表现等因素，对涉案船舶依法处置。

18. 船主以非法运输海砂为业，明知是非法采挖海砂仍一年内多次实施非法运输海砂犯罪活动，构成共同犯罪或者相关犯罪的，涉案船舶可以认定为《非法采矿解释》第十二条第二款规定的"供犯罪所用的本人财物"，并依法予以没收。

19. 海警机构对查扣的涉案海砂，在固定证据和留存样本后，经县级以上海警机构主要负责人批准，可以依法先行拍卖，并对拍卖进行全流程监管。拍卖所得价款暂予保管，诉讼终结后依法处理。

对于涉案船舶上采运砂机具等设施设备，海警机构在侦查过程中应当及时查封、扣押，人民法院原则上应当依法判决没收，或者交由相关主管部门予以拆除。

七、关于加强协作配合与监督制约

20. 案件发生后，犯罪嫌疑人、被告人从海上返回陆地的登陆地的海警机构、人民检察院、人民法院可以依法行使管辖权。"登陆地"既包括犯罪嫌疑人、被告人自行或者通过其他途径"主动登陆地"，也包括被海警机构等执法部门押解返回陆地的"被动登陆地"。海警机构应当按照就近登陆、便利侦查的原则选择登陆地。

21. 各级人民法院、人民检察院、海警机构办理涉海砂刑事案件和刑事附带民事公益诉讼案件，应当充分发挥职能作用，分工负责，互相配合，互相制约，有效形成打击合力。各级海警机构要加强串并研判，注重深挖彻查，依法全面收集、固定、完善相关证据，提升办案质量，依法提请批准逮捕、移送审查起诉。各级人民检察院要依法充分履行法律监督职责，高质效开展涉海砂刑事案件审查批准逮捕、审查起诉等工作。必要时，人民检察院可提前介入侦查，引导海警机构全面收集、固定刑事案件和刑事附带民事公益诉讼案件证据。各级人民法院在审理涉海砂刑事案件时，要切实发挥审判职能，贯彻宽严相济刑事政策，准确适用法律，确保罚当其罪。

22. 各级人民法院、人民检察院、海警机构应当建立健全日常联络、信息通报、案件会商、类案研判等制度机制，及时对涉海砂违法犯罪活动出现的新情况新问题进行研究，解决重大疑难复杂问题，提升案件办理效果。

23. 各级人民法院、人民检察院、海警机构在办理涉海砂刑事案件时，应当结合工作职责，认真分析研判涉海砂违法犯罪规律、形成原因，统筹运用制发司法建议、检察建议、开展检察公益诉讼、进行法治宣传、以案释法等方式,构建惩防并举、预防为先、治理为本的综合性防控体系;在注重打击犯罪的同时,积极推动涉海砂违法犯罪的诉源治理、综合治理,斩断利益链条,铲除犯罪滋生土壤。

7. 走私、贩卖、运输、制造毒品罪

最高人民法院关于审理毒品犯罪案件适用法律若干问题的解释

(2016年1月25日最高人民法院审判委员会第1676次会议通过 2016年4月6日最高人民法院公告公布 自2016年4月11日起施行 法释〔2016〕8号)

为依法惩治毒品犯罪,根据《中华人民共和国刑法》的有关规定,现就审理此类刑事案件适用法律的若干问题解释如下:

第一条 走私、贩卖、运输、制造、非法持有下列毒品,应当认定为刑法第三百四十七条第二款第一项、第三百四十八条规定的“其他毒品数量大”:

(一)可卡因五十克以上;

(二)3,4-亚甲二氧基甲基苯丙胺(MDMA)等苯丙胺类毒品(甲基苯丙胺除外)、吗啡一百克以上;

(三)芬太尼一百二十五克以上;

(四)甲卡西酮二百克以上;

(五)二氢埃托啡十毫克以上;

(六)哌替啶(度冷丁)二百五十克以上;

(七)氯胺酮五百克以上;

(八)美沙酮一千克以上;

(九)曲马多、γ-羟丁酸二千克以上;

(十)大麻油五千克、大麻脂十千克、大麻叶及大麻烟一百五十千克以上;

(十一)可待因、丁丙诺啡五千克以上;

(十二)三唑仑、安眠酮五十千克以上;

(十三)阿普唑仑、恰特草一百千克以上;

(十四)咖啡因、罂粟壳二百千克以上;

(十五)巴比妥、苯巴比妥、安钠咖、尼美西泮二百五十千克以上;

(十六)氯氮卓、艾司唑仑、地西泮、溴西泮五百千克以上;

(十七)上述毒品以外的其他毒品数量大的。

国家定点生产企业按照标准规格生产的麻醉药品或者精神药品被用于毒品犯罪的,根据药品中毒品成分的含量认定涉案毒品数量。

第二条 走私、贩卖、运输、制造、非法持有下列毒品,应当认定为刑法第三百四十七条第三款、第三百四十八条规定的“其他毒品数量较大”:

(一)可卡因十克以上不满五十克;

(二)3,4-亚甲二氧基甲基苯丙胺(MDMA)等苯丙胺类毒品(甲基苯丙胺除外)、吗啡二十克以上不满一百克;

(三)芬太尼二十五克以上不满一百二十五克;

(四)甲卡西酮四十克以上不满二百克;

(五)二氢埃托啡二毫克以上不满十毫克;

(六)哌替啶(度冷丁)五十克以上不

满二百五十克；

（七）氯胺酮一百克以上不满五百克；

（八）美沙酮二百克以上不满一千克；

（九）曲马多、γ-羟丁酸四百克以上不满二千克；

（十）大麻油一千克以上不满五千克、大麻脂二千克以上不满十千克、大麻叶及大麻烟三十千克以上不满一百五十千克；

（十一）可待因、丁丙诺啡一千克以上不满五千克；

（十二）三唑仑、安眠酮十千克以上不满五十千克；

（十三）阿普唑仑、恰特草二十千克以上不满一百千克；

（十四）咖啡因、罂粟壳四十千克以上不满二百千克；

（十五）巴比妥、苯巴比妥、安钠咖、尼美西泮五十千克以上不满二百五十千克；

（十六）氯氮卓、艾司唑仑、地西泮、溴西泮一百千克以上不满五百千克；

（十七）上述毒品以外的其他毒品数量较大的。

第三条 在实施走私、贩卖、运输、制造毒品犯罪的过程中，携带枪支、弹药或者爆炸物用于掩护的，应当认定为刑法第三百四十七条第二款第三项规定的“武装掩护走私、贩卖、运输、制造毒品”。枪支、弹药、爆炸物种类的认定，依照相关司法解释的规定执行。

在实施走私、贩卖、运输、制造毒品犯罪的过程中，以暴力抗拒检查、拘留、逮捕，造成执法人员死亡、重伤、多人轻伤或者具有其他严重情节的，应当认定为刑法第三百四十七条第二款第四项规定的“以暴力抗拒检查、拘留、逮捕，情节严重”。

第四条 走私、贩卖、运输、制造毒品，具有下列情形之一的，应当认定为刑法第三百四十七条第四款规定的“情节严重”：

（一）向多人贩卖毒品或者多次走私、贩卖、运输、制造毒品的；

（二）在戒毒场所、监管场所贩卖毒品的；

（三）向在校学生贩卖毒品的；

（四）组织、利用残疾人、严重疾病患者、怀孕或者正在哺乳自己婴儿的妇女走私、贩卖、运输、制造毒品的；

（五）国家工作人员走私、贩卖、运输、制造毒品的；

（六）其他情节严重的情形。

第五条 非法持有毒品达到刑法第三百四十八条或者本解释第二条规定的“数量较大”标准，且具有下列情形之一的，应当认定为刑法第三百四十八条规定的“情节严重”：

（一）在戒毒场所、监管场所非法持有毒品的；

（二）利用、教唆未成年人非法持有毒品的；

（三）国家工作人员非法持有毒品的；

（四）其他情节严重的情形。

第六条 包庇走私、贩卖、运输、制造毒品的犯罪分子，具有下列情形之一的，应当认定为刑法第三百四十九条第一款规定的“情节严重”：

（一）被包庇的犯罪分子依法应当判处十五年有期徒刑以上刑罚的；

（二）包庇多名或者多次包庇走私、贩卖、运输、制造毒品的犯罪分子的；

（三）严重妨害司法机关对被包庇的犯罪分子实施的毒品犯罪进行追究的；

（四）其他情节严重的情形。

为走私、贩卖、运输、制造毒品的犯罪分子窝藏、转移、隐瞒毒品或者毒品犯罪所得的财物,具有下列情形之一的,应当认定为刑法第三百四十九条第一款规定的“情节严重”:

(一)为犯罪分子窝藏、转移、隐瞒毒品达到刑法第三百四十七条第二款第一项或者本解释第一条第一款规定的“数量大”标准的;

(二)为犯罪分子窝藏、转移、隐瞒毒品犯罪所得的财物价值达到五万元以上的;

(三)为多人或者多次为他人窝藏、转移、隐瞒毒品或者毒品犯罪所得的财物的;

(四)严重妨害司法机关对该犯罪分子实施的毒品犯罪进行追究的;

(五)其他情节严重的情形。

包庇走私、贩卖、运输、制造毒品的近亲属,或者为其窝藏、转移、隐瞒毒品或者毒品犯罪所得的财物,不具有本条前两款规定的“情节严重”情形,归案后认罪、悔罪、积极退赃,且系初犯、偶犯,犯罪情节轻微不需要判处刑罚的,可以免予刑事处罚。

第七条 违反国家规定,非法生产、买卖、运输制毒物品、走私制毒物品,达到下列数量标准的,应当认定为刑法第三百五十条第一款规定的“情节较重”:

(一)麻黄碱(麻黄素)、伪麻黄碱(伪麻黄素)、消旋麻黄碱(消旋麻黄素)一千克以上不满五千克;

(二)1-苯基-2-丙酮、1-苯基-2-溴-1-丙酮、3,4-亚甲基二氧苯基-2-丙酮、羟亚胺二千克以上不满十千克;

(三)3-氧-2-苯基丁腈、邻氯苯基环戊酮、去甲麻黄碱(去甲麻黄素)、甲基麻黄碱(甲基麻黄素)四千克以上不满二十千克;

(四)醋酸酐十千克以上不满五十千克;

(五)麻黄浸膏、麻黄浸膏粉、胡椒醛、黄樟素、黄樟油、异黄樟素、麦角酸、麦角胺、麦角新碱、苯乙酸二十千克以上不满一百千克;

(六)N-乙酰邻氨基苯酸、邻氨基苯甲酸、三氯甲烷、乙醚、哌啶五十千克以上不满二百五十千克;

(七)甲苯、丙酮、甲基乙基酮、高锰酸钾、硫酸、盐酸一百千克以上不满五百千克;

(八)其他制毒物品数量相当的。

违反国家规定,非法生产、买卖、运输制毒物品、走私制毒物品,达到前款规定的数量标准最低值的百分之五十,且具有下列情形之一的,应当认定为刑法第三百五十条第一款规定的“情节较重”:

(一)曾因非法生产、买卖、运输制毒物品、走私制毒物品受过刑事处罚的;

(二)二年内曾因非法生产、买卖、运输制毒物品、走私制毒物品受过行政处罚的;

(三)一次组织五人以上或者多次非法生产、买卖、运输制毒物品、走私制毒物品,或者在多个地点非法生产制毒物品的;

(四)利用、教唆未成年人非法生产、买卖、运输制毒物品、走私制毒物品的;

(五)国家工作人员非法生产、买卖、运输制毒物品、走私制毒物品的;

(六)严重影响群众正常生产、生活秩序的;

(七)其他情节较重的情形。

易制毒化学品生产、经营、购买、运输单位或者个人未办理许可证明或者备案证明,生产、销售、购买、运输易制毒化学品,确实用于合法生产、生活需要的,不以制毒物品犯罪论处。

第八条 违反国家规定,非法生产、买卖、运输制毒物品、走私制毒物品,具有下列情形之一的,应当认定为刑法第三百五十条第一款规定的"情节严重":

(一)制毒物品数量在本解释第七条第一款规定的最高数量标准以上,不满最高数量标准五倍的;

(二)达到本解释第七条第一款规定的数量标准,且具有本解释第七条第二款第三项至第六项规定的情形之一的;

(三)其他情节严重的情形。

违反国家规定,非法生产、买卖、运输制毒物品、走私制毒物品,具有下列情形之一的,应当认定为刑法第三百五十条第一款规定的"情节特别严重":

(一)制毒物品数量在本解释第七条第一款规定的最高数量标准五倍以上的;

(二)达到前款第一项规定的数量标准,且具有本解释第七条第二款第三项至第六项规定的情形之一的;

(三)其他情节特别严重的情形。

第九条 非法种植毒品原植物,具有下列情形之一的,应当认定为刑法第三百五十一条第一款第一项规定的"数量较大":

(一)非法种植大麻五千株以上不满三万株的;

(二)非法种植罂粟二百平方米以上不满一千二百平方米、大麻二千平方米以上不满一万二千平方米,尚未出苗的;

(三)非法种植其他毒品原植物数量较大的。

非法种植毒品原植物,达到前款规定的最高数量标准的,应当认定为刑法第三百五十一条第二款规定的"数量大"。

第十条 非法买卖、运输、携带、持有未经灭活的毒品原植物种子或者幼苗,具有下列情形之一的,应当认定为刑法第三百五十二条规定的"数量较大":

(一)罂粟种子五十克以上、罂粟幼苗五千株以上的;

(二)大麻种子五十千克以上、大麻幼苗五万株以上的;

(三)其他毒品原植物种子或者幼苗数量较大的。

第十一条 引诱、教唆、欺骗他人吸食、注射毒品,具有下列情形之一的,应当认定为刑法第三百五十三条第一款规定的"情节严重":

(一)引诱、教唆、欺骗多人或者多次引诱、教唆、欺骗他人吸食、注射毒品的;

(二)对他人身体健康造成严重危害的;

(三)导致他人实施故意杀人、故意伤害、交通肇事等犯罪行为的;

(四)国家工作人员引诱、教唆、欺骗他人吸食、注射毒品的;

(五)其他情节严重的情形。

第十二条 容留他人吸食、注射毒品,具有下列情形之一的,应当依照刑法第三百五十四条的规定,以容留他人吸毒罪定罪处罚:

(一)一次容留多人吸食、注射毒品的;

(二)二年内多次容留他人吸食、注射毒品的;

(三)二年内曾因容留他人吸食、注射毒品受过行政处罚的;

(四)容留未成年人吸食、注射毒品的;

(五)以牟利为目的容留他人吸食、注射毒品的;

(六)容留他人吸食、注射毒品造成严

重后果的；

（七）其他应当追究刑事责任的情形。

向他人贩卖毒品后又容留其吸食、注射毒品，或者容留他人吸食、注射毒品并向其贩卖毒品，符合前款规定的容留他人吸毒罪的定罪条件的，以贩卖毒品罪和容留他人吸毒罪数罪并罚。

容留近亲属吸食、注射毒品，情节显著轻微危害不大的，不作为犯罪处理；需要追究刑事责任的，可以酌情从宽处罚。

第十三条 依法从事生产、运输、管理、使用国家管制的麻醉药品、精神药品的人员，违反国家规定，向吸食、注射毒品的人提供国家规定管制的能够使人形成瘾癖的麻醉药品、精神药品，具有下列情形之一的，应当依照刑法第三百五十五条第一款的规定，以非法提供麻醉药品、精神药品罪定罪处罚：

（一）非法提供麻醉药品、精神药品达到刑法第三百四十七条第三款或者本解释第二条规定的“数量较大”标准最低值的百分之五十，不满“数量较大”标准的；

（二）二年内曾因非法提供麻醉药品、精神药品受过行政处罚的；

（三）向多人或者多次非法提供麻醉药品、精神药品的；

（四）向吸食、注射毒品的未成年人非法提供麻醉药品、精神药品的；

（五）非法提供麻醉药品、精神药品造成严重后果的；

（六）其他应当追究刑事责任的情形。

具有下列情形之一的，应当认定为刑法第三百五十五条第一款规定的“情节严重”：

（一）非法提供麻醉药品、精神药品达到刑法第三百四十七条第三款或者本解释第二条规定的“数量较大”标准的；

（二）非法提供麻醉药品、精神药品达到前款第一项规定的数量标准，且具有前款第三项至第五项规定的情形之一的；

（三）其他情节严重的情形。

第十四条 利用信息网络，设立用于实施传授制造毒品、非法生产制毒物品的方法，贩卖毒品，非法买卖制毒物品或者组织他人吸食、注射毒品等违法犯罪活动的网站、通讯群组，或者发布实施前述违法犯罪活动的信息，情节严重的，应当依照刑法第二百八十七条之一的规定，以非法利用信息网络罪定罪处罚。

实施刑法第二百八十七条之一、第二百八十七条之二规定的行为，同时构成贩卖毒品罪、非法买卖制毒物品罪、传授犯罪方法罪等犯罪的，依照处罚较重的规定定罪处罚。

第十五条 本解释自 2016 年 4 月 11 日起施行。《最高人民法院关于审理毒品案件定罪量刑标准有关问题的解释》（法释〔2000〕13 号）同时废止；之前发布的司法解释和规范性文件与本解释不一致的，以本解释为准。

最高人民法院、最高人民检察院、公安部关于办理毒品犯罪案件适用法律若干问题的意见

（2007 年 12 月 18 日 公通字〔2007〕84 号）

一、关于毒品犯罪案件的管辖问题

根据刑事诉讼法的规定，毒品犯罪案件的地域管辖，应当坚持以犯罪地管辖为

主、被告人居住地管辖为辅的原则。

“犯罪地”包括犯罪预谋地，毒资筹集地，交易进行地，毒品生产地，毒资、毒赃和毒品的藏匿地、转移地，走私或者贩运毒品的目的地以及犯罪嫌疑人被抓获地等。

“被告人居住地”包括被告人常住地、户籍地及其临时居住地。

对怀孕、哺乳期妇女走私、贩卖、运输毒品案件，查获地公安机关认为移交其居住地管辖更有利于采取强制措施和查清犯罪事实的，可以报请共同的上级公安机关批准，移送犯罪嫌疑人居住地公安机关办理，查获地公安机关应继续配合。

公安机关对侦办跨区域毒品犯罪案件的管辖权有争议的，应本着有利于查清犯罪事实，有利于诉讼，有利于保障案件侦查安全的原则，认真协商解决。经协商无法达成一致的，报共同的上级公安机关指定管辖。对即将侦查终结的跨省（自治区、直辖市）重大毒品案件，必要时可由公安部商最高人民法院和最高人民检察院指定管辖。

为保证及时结案，避免超期羁押，人民检察院对于公安机关移送审查起诉的案件，人民法院对于已进入审判程序的案件，被告人及其辩护人提出管辖异议或者办案单位发现没有管辖权的，受案人民检察院、人民法院经审可以依法报请上级人民检察院、人民法院指定管辖，不再自行移送有管辖权的人民检察院、人民法院。

二、关于毒品犯罪嫌疑人、被告人主观明知的认定问题

走私、贩卖、运输、非法持有毒品主观故意中的“明知”，是指行为人知道或者应当知道所实施的行为是走私、贩卖、运输、非法持有毒品行为。具有下列情形之一，并且犯罪嫌疑人、被告人不能做出合理解释的，可以认定其“应当知道”，但有证据证明确属被蒙骗的除外：

（一）执法人员在口岸、机场、车站、港口和其他检查站检查时，要求行为人申报为他人携带的物品和其他疑似毒品物，并告知其法律责任，而行为人未如实申报，在其所携带的物品内查获毒品的；

（二）以伪报、藏匿、伪装等蒙蔽手段逃避海关、边防等检查，在其携带、运输、邮寄的物品中查获毒品的；

（三）执法人员检查时，有逃跑、丢弃携带物品或逃避、抗拒检查等行为，在其携带或丢弃的物品中查获毒品的；

（四）体内藏匿毒品的；

（五）为获取不同寻常的高额或不等值的报酬而携带、运输毒品的；

（六）采用高度隐蔽的方式携带、运输毒品的；

（七）采用高度隐蔽的方式交接毒品，明显违背合法物品惯常交接方式的；

（八）其他有证据足以证明行为人应当知道的。

三、关于办理氯胺酮等毒品案件定罪量刑标准问题

（一）走私、贩卖、运输、制造、非法持有下列毒品，应当认定为刑法第三百四十七条第二款第（一）项、第三百四十八条规定的“其他毒品数量大”：

1. 二亚甲基双氧安非他明（MDMA）等苯丙胺类毒品（甲基苯丙胺除外）100 克以上；

2. 氯胺酮、美沙酮 1 千克以上；

3. 三唑仑、安眠酮 50 千克以上；

4. 氯氮卓、艾司唑仑、地西泮、溴西泮 500 千克以上；

5. 上述毒品以外的其他毒品数量大的。

(二)走私、贩卖、运输、制造、非法持有下列毒品,应当认定为刑法第三百四十七条第三款、第三百四十八条规定的“其他毒品数量较大”:

1. 二亚甲基双氧安非他明(MDMA)等苯丙胺类毒品(甲基苯丙胺除外)20克以上不满100克的;

2. 氯胺酮、美沙酮200克以上不满1千克的;

3. 三唑仑、安眠酮10千克以上不满50千克的;

4. 氯氮卓、艾司唑仑、地西泮、溴西泮100千克以上不满500千克的;

5. 上述毒品以外的其他毒品数量较大的。

(三)走私、贩卖、运输、制造下列毒品,应当认定为刑法第三百四十七条第四款规定的“其他少量毒品”:

1. 二亚甲基双氧安非他明(MDMA)等苯丙胺类毒品(甲基苯丙胺除外)不满20克的;

2. 氯胺酮、美沙酮不满200克的;

3. 三唑仑、安眠酮不满10千克的;

4. 氯氮卓、艾司唑仑、地西泮、溴西泮不满100千克的;

5. 上述毒品以外的其他少量毒品的。

(四)上述毒品品种包括其盐和制剂。毒品鉴定结论中毒品品名的认定应当以国家食品药品监督管理局、公安部、卫生部最新发布的《麻醉药品品种目录》、《精神药品品种目录》为依据。

四、关于死刑案件的毒品含量鉴定问题

可能判处死刑的毒品犯罪案件,毒品鉴定结论中应有含量鉴定的结论。

全国部分法院审理毒品犯罪案件工作座谈会纪要

(2008年12月1日　法〔2008〕324号)

近年来,全国法院认真贯彻落实国家禁毒法律和政策,始终把打击毒品犯罪作为刑事审判工作的一项重要任务,依法严惩了一大批毒品犯罪分子,为净化社会环境,保护公民身心健康,维护社会和谐稳定作出了重要贡献。但是,由于国际国内各方面因素的影响,我国的禁毒形势仍然十分严峻。人民法院一定要从民族兴衰和国家安危的高度,深刻认识惩治毒品犯罪的极端重要性和紧迫性,认真贯彻执行刑法、刑事诉讼法和禁毒法的有关规定,坚持“预防为主,综合治理,禁种、禁制、禁贩、禁吸并举”的禁毒工作方针,贯彻宽严相济的刑事政策,充分发挥刑事审判职能,严厉打击严重毒品犯罪,积极参与禁毒人民战争和综合治理工作,有效遏制毒品犯罪发展蔓延的势头。

为了进一步加强毒品犯罪案件的审判工作,依法惩治毒品犯罪,最高人民法院于2008年9月23日至24日在辽宁省大连市召开了全国部分法院审理毒品犯罪案件工作座谈会。最高人民法院张军副院长出席座谈会并作讲话。座谈会在2000年在南宁市召开的“全国法院审理毒品犯罪案件工作座谈会”及其会议纪要、2004年在佛山市召开的“全国法院刑事审判工作座谈会”和2007年在南京市召开的“全国部分法院刑事审判工作座谈会”精神的基础上,根据最高人民法院统一行使死刑案件核准权后毒品犯罪法律适用出现的新情况，适应审理毒品案件尤其是毒品死刑案件的需要，对最高人民法院“关于全国法院审理毒品犯罪案件工作座谈会纪要”（即“南宁会议纪要”）、有关会议领导讲话和有关审理毒品犯罪案件规范性文件的相关内容进行了系统整理和归纳完善，同时认真总结了近年来全国法院审理毒品犯罪案件的经验，研究分析了审理毒品犯罪案件中遇到的新情况、新问题，对人民法院审理毒品犯罪案件尤其是毒品死刑案件具体应用法律的有关问题取得了共识。现纪要如下：

一、毒品案件的罪名确定和数量认定问题

刑法第三百四十七条规定的走私、贩卖、运输、制造毒品罪是选择性罪名，对同一宗毒品实施了两种以上犯罪行为并有相应确凿证据的，应当按照所实施的犯罪行为的性质并列确定罪名，毒品数量不重复计算，不实行数罪并罚。对同一宗毒品可能实施了两种以上犯罪行为，但相应证据只能认定其中一种或者几种行为，认定其他行为的证据不够确实充分的，则只按照依法能够认定的行为的性质定罪。如涉嫌为贩卖而运输毒品，认定贩卖的证据不够确实充分的，则只定运输毒品罪。对不同宗毒品分别实施了不同种犯罪行为的，应对不同行为并列确定罪名，累计毒品数量，不实行数罪并罚。对被告人一人走私、贩卖、运输、制造两种以上毒品的，不实行数罪并罚，量刑时可综合考虑毒品的种类、数量及危害，依法处理。

罪名不以行为实施的先后、毒品数量或者危害大小排列，一律以刑法条文规定的顺序表述。如对同一宗毒品制造后又走私的，以走私、制造毒品罪定罪。下级法院在判决中确定罪名不准确的，上级法院可以减少选择性罪名中的部分罪名或者改动罪名顺序，在不加重原判刑罚的情况下，也可以改变罪名，但不得增加罪名。

对于吸毒者实施的毒品犯罪，在认定犯罪事实和确定罪名时要慎重。吸毒者在购买、运输、存储毒品过程中被查获的，如没有证据证明其是为了实施贩卖等其他毒品犯罪行为，毒品数量未超过刑法第三百四十八条规定的最低数量标准的，一般不定罪处罚；查获毒品数量达到较大以上的，应以其实际实施的毒品犯罪行为定罪处罚。

对于以贩养吸的被告人，其被查获的毒品数量应认定为其犯罪的数量，但量刑时应考虑被告人吸食毒品的情节，酌情处理；被告人购买了一定数量的毒品后，部分已被其吸食的，应当按能够证明的贩卖数量及查获的毒品数量认定其贩毒的数量，已被吸食部分不计入在内。

有证据证明行为人不以牟利为目的，为他人代购仅用于吸食的毒品，毒品数量超过刑法第三百四十八条规定的最低数量标准的，对托购者、代购者应以非法持有毒品罪定罪。代购者从中牟利，变相加价贩卖毒品的，对代购者应以贩卖毒品罪定罪。明知他人实施毒品犯罪而为其居间介绍、代购代卖的，无论是否牟利，都应以相关毒品犯罪的共犯论处。

盗窃、抢夺、抢劫毒品的，应当分别以盗窃罪、抢夺罪或者抢劫罪定罪，但不计犯罪数额，根据情节轻重予以定罪量刑。盗窃、抢夺、抢劫毒品后又实施其他毒品犯罪的，对盗窃罪、抢夺罪、抢劫罪和所犯的具体毒品犯罪分别定罪，依法数罪并罚。走私毒品，又走私其他物品构成犯罪的，以走私毒品罪和其所犯的其他走私罪分别定罪,依法数罪并罚。

二、毒品犯罪的死刑适用问题

审理毒品犯罪案件,应当切实贯彻宽严相济的刑事政策,突出毒品犯罪的打击重点。必须依法严惩毒枭、职业毒犯、再犯、累犯、惯犯、主犯等主观恶性深、人身危险性大、危害严重的毒品犯罪分子,以及具有将毒品走私入境,多次、大量或者向多人贩卖,诱使多人吸毒,武装掩护、暴力抗拒检查、拘留或者逮捕,或者参与有组织的国际贩毒活动等情节的毒品犯罪分子。对其中罪行极其严重依法应当判处死刑的,必须坚决依法判处死刑。

毒品数量是毒品犯罪案件量刑的重要情节,但不是唯一情节。对被告人量刑时,特别是在考虑是否适用死刑时,应当综合考虑毒品数量、犯罪情节、危害后果、被告人的主观恶性、人身危险性以及当地禁毒形势等各种因素,做到区别对待。近期,审理毒品犯罪案件掌握的死刑数量标准,应当结合本地毒品犯罪的实际情况和依法惩治、预防毒品犯罪的需要,并参照最高人民法院复核的毒品死刑案件的典型案例,恰当把握。量刑既不能只片面考虑毒品数量,不考虑犯罪的其他情节,也不能只片面考虑其他情节,而忽视毒品数量。

对虽然已达到实际掌握的判处死刑的毒品数量标准,但是具有法定、酌定从宽处罚情节的被告人,可以不判处死刑;反之,对毒品数量接近实际掌握的判处死刑的数量标准,但具有从重处罚情节的被告人,也可以判处死刑。毒品数量达到实际掌握的死刑数量标准,既有从重处罚情节,又有从宽处罚情节的,应当综合考虑各方面因素决定刑罚,判处死刑立即执行应当慎重。

具有下列情形之一的,可以判处被告人死刑:(1)具有毒品犯罪集团首要分子、武装掩护毒品犯罪、暴力抗拒检查、拘留或者逮捕、参与有组织的国际贩毒活动等严重情节的;(2)毒品数量达到实际掌握的死刑数量标准,并具有毒品再犯、累犯,利用、教唆未成年人走私、贩卖、运输、制造毒品,或者向未成年人出售毒品等法定从重处罚情节的;(3)毒品数量达到实际掌握的死刑数量标准,并具有多次走私、贩卖、运输、制造毒品,向多人贩毒,在毒品犯罪中诱使、容留多人吸毒,在戒毒监管场所贩毒,国家工作人员利用职务便利实施毒品犯罪,或者职业犯、惯犯、主犯等情节的;(4)毒品数量达到实际掌握的死刑数量标准,并具有其他从重处罚情节的;(5)毒品数量超过实际掌握的死刑数量标准,且没有法定、酌定从轻处罚情节的。

毒品数量达到实际掌握的死刑数量标准,具有下列情形之一的,可以不判处被告人死刑立即执行:(1)具有自首、立功等法定从宽处罚情节的;(2)已查获的毒品数量未达到实际掌握的死刑数量标准,到案后坦白尚未被司法机关掌握的其他毒品犯罪,累计数量超过实际掌握的死刑数量标准的;(3)经鉴定毒品含量极低,掺假之后的数量才达到实际掌握的死刑数量标准的,或者有证据表明可能大量掺假但因故不能鉴定的;(4)因特情引诱毒品数量才达到实际掌握的死刑数量标准的;(5)以贩养吸的被告人,被查获的毒品数量刚达到实际掌握的死刑数量标准的;(6)毒品数量刚达到实际掌握的死刑数量标准,确属初次犯罪即被查获,未造成严重危害后果的;(7)共同犯罪毒品数量刚达到实际掌握的死刑数量标准,但各共同犯罪人作用相当,或者责任大小难以区分的;(8)家庭成员共同实施毒品犯罪,其中起主要作用的被告人已被判处死刑立即执行,其他被告人罪行相对较轻的;(9)其他不是必须判处死刑立即执行的。

有些毒品犯罪案件,往往由于毒品、毒资等证据已不存在,导致审查证据和认定事实困难。在处理这类案件时,只有被告人的口供与同案其他被告人供述吻合,并且完全排除诱供、逼供、串供等情形,被告人的口供与同案被告人的供述才可以作为定案的证据。仅有被告人口供与同案被告人供述作为定案证据的,对被告人判处死刑立即执行要特别慎重。

三、运输毒品罪的刑罚适用问题

对于运输毒品犯罪,要注意重点打击指使、雇佣他人运输毒品的犯罪分子和接应、接货的毒品所有者、买家或者卖家。对于运输毒品犯罪集团首要分子,组织、指使、雇佣他人运输毒品的主犯或者毒枭、职业毒犯、毒品再犯,以及具有武装掩护、暴力抗拒检查、拘留或者逮捕、参与有组织的国际毒品犯罪、以运输毒品为业、多次运输毒品或者其他严重情节的,应当按照刑法、有关司法解释和司法实践实际掌握的数量标准,从严惩处,依法应判处死刑的必须坚决判处死刑。

毒品犯罪中,单纯的运输毒品行为具有从属性、辅助性特点,且情况复杂多样。部分涉案人员系受指使、雇佣的贫民、边民或者无业人员,只是为了赚取少量运费而为他人运输毒品,他们不是毒品的所有者、买家或者卖家,与幕后的组织、指使、雇佣者相比,在整个毒品犯罪环节中处于从属、辅助和被支配地位,所起作用和主观恶性相对较小,社会危害性也相对较小。因此,对于运输毒品犯罪中的这部分人员,在量刑标准的把握上,应当与走私、贩卖、制造毒品和前述具有严重情节的运输毒品犯罪分子有所区别,不应单纯以涉案毒品数量的大小决定刑罚适用的轻重。

对有证据证明被告人确属受人指使、雇佣参与运输毒品犯罪,又系初犯、偶犯的,可以从轻处罚,即使毒品数量超过实际掌握的死刑数量标准,也可以不判处死刑立即执行。

毒品数量超过实际掌握的死刑数量标准,不能证明被告人系受人指使、雇佣参与运输毒品犯罪的,可以依法判处重刑直至死刑。

涉嫌为贩卖而自行运输毒品,由于认定贩卖毒品的证据不足,因而认定为运输毒品罪的,不同于单纯的受指使为他人运输毒品行为,其量刑标准应当与单纯的运输毒品行为有所区别。

四、制造毒品的认定与处罚问题

鉴于毒品犯罪分子制造毒品的手段复杂多样、不断翻新,采用物理方法加工、配制毒品的情况大量出现,有必要进一步准确界定制造毒品的行为、方法。制造毒品不仅包括非法用毒品原植物直接提炼和用化学方法加工、配制毒品的行为,也包括以改变毒品成分和效用为目的,用混合等物理方法加工、配制毒品的行为,如将甲基苯丙胺或者其他苯丙胺类毒品与其他毒品混合成麻古或者摇头丸。为便于隐蔽运输、销售、使用、欺骗购买者,或者为了增重,对毒品掺杂使假,添加或者去除其他非毒品物质,不属于制造毒品的行为。

已经制成毒品,达到实际掌握的死刑数量标准的,可以判处死刑;数量特别巨大的,应当判处死刑。已经制造出粗制毒品或者半成品的,以制造毒品罪的既遂论处。购进制造毒品的设备和原材料,开始着手制造毒品,但尚未制造出粗制毒品或者半成品的,以制造毒品罪的未遂论处。

五、毒品含量鉴定和混合型、新类型毒品案件处理问题

鉴于大量掺假毒品和成分复杂的新类型毒品不断出现,为做到罪刑相当、罚当其罪,保证毒品案件的审判质量,并考虑目前毒品鉴定的条件和现状,对可能判处被告人死刑的毒品犯罪案件,应当根据最高人民法院、最高人民检察院、公安部 2007 年 12 月颁布的《办理毒品犯罪案件适用法律若干问题的意见》,作出毒品含量鉴定;对涉案毒品可能大量掺假或者系成分复杂的新类型毒品的,亦应当作出毒品含量鉴定。

对于含有二种以上毒品成分的毒品混合物,应进一步作成分鉴定,确定所含的不同毒品成分及比例。对于毒品中含有海洛因、甲基苯丙胺的,应以海洛因、甲基苯丙胺分别确定其毒品种类;不含海洛因、甲基苯丙胺的,应以其中毒性较大的毒品成分确定其毒品种类;如果毒性相当或者难以确定毒性大小的,以其中比例较大的毒品成分确定其毒品种类,并在量刑时综合考虑其他毒品成分、含量和全案所涉毒品数量。对于刑法、司法解释等已规定了量刑数量标准的毒品,按照刑法、司法解释等规定适用刑罚;对于刑法、司法解释等没有规定量刑数量标准的毒品,有条件折算为海洛因的,参照国家食品药品监督管理局制定的《非法药物折算表》,折算成海洛因的数量后适用刑罚。

对于国家管制的精神药品和麻醉药品,刑法、司法解释等尚未明确规定量刑数量标准,也不具备折算条件的,应由有关专业部门确定涉案毒品毒效的大小、有毒成分的多少、吸毒者对该毒品的依赖程度,综合考虑其致瘾癖性、戒断性、社会危害性等依法量刑。因条件限制不能确定的,可以参考涉案毒品非法交易的价格因素等,决定对被告人适用的刑罚,但一般不宜判处死刑立即执行。

六、特情介入案件的处理问题

运用特情侦破毒品案件,是依法打击毒品犯罪的有效手段。对特情介入侦破的毒品案件,要区别不同情形予以分别处理。

对已持有毒品待售或者有证据证明已准备实施大宗毒品犯罪者,采取特情贴靠、接洽而破获的案件,不存在犯罪引诱,应当依法处理。

行为人本没有实施毒品犯罪的主观意图,而是在特情诱惑和促成下形成犯意,进而实施毒品犯罪的,属于"犯意引诱"。对因"犯意引诱"实施毒品犯罪的被告人,根据罪刑相适应原则,应当依法从轻处罚,无论涉案毒品数量多大,都不应判处死刑立即执行。行为人在特情既为其安排上线,又提供下线的双重引诱,即"双套引诱"下实施毒品犯罪的,处刑时可予以更大幅度的从宽处罚或者依法免予刑事处罚。

行为人本来只有实施数量较小的毒品犯罪的故意,在特情引诱下实施了数量较大甚至达到实际掌握的死刑数量标准的毒品犯罪的,属于"数量引诱"。对因"数量引诱"实施毒品犯罪的被告人,应当依法从轻处罚,即使毒品数量超过实际掌握的死刑数量标准,一般也不判处死刑立即执行。

对不能排除"犯意引诱"和"数量引诱"的案件,在考虑是否对被告人判处死刑立即执行时,要留有余地。

对被告人受特情间接引诱实施毒品犯罪的,参照上述原则依法处理。

七、毒品案件的立功问题

共同犯罪中同案犯的基本情况,包括同案犯姓名、住址、体貌特征、联络方式等信息,属于被告人应当供述的范围。公安机关根据被告人供述抓获同案犯的,不应认定其有立功表现。被告人在公安机关抓获同案犯过程中确实起到协助作用的,例如,经被告人现场指认、辨认抓获了同案犯;被告人带领公安人员抓获了同案犯;被告人提供了不为有关机关掌握或者有关机关按照正常工作程序无法掌握的同案犯藏匿的线索,有关机关据此抓获了同案犯;被告人交代了与同案犯的联系方式,又按要求与对方联络,积极协助公安机关抓获了同案犯等,属于协助司法机关抓获同案犯,应认定为立功。

关于立功从宽处罚的把握,应以功是否足以抵罪为标准。在毒品共同犯罪案件中,毒枭、毒品犯罪集团首要分子、共同犯罪的主犯、职业毒犯、毒品惯犯等,由于掌握同案犯、从犯、马仔的犯罪情况和个人信息,被抓获后往往能协助抓捕同案犯,获得立功或者重大立功。对其是否从宽处罚以及从宽幅度的大小,应当主要看功是否足以抵罪,即应结合被告人罪行的严重程度、立功大小综合考虑。要充分注意毒品共同犯罪人以及上、下家之间的量刑平衡。对于毒枭等严重毒品犯罪分子立功的,从轻或者减轻处罚应当从严掌握。如果其罪行极其严重,只有一般立功表现,功不足以抵罪的,可不予从轻处罚;如果其检举、揭发的是其他犯罪案件中罪行同样严重的犯罪分子,或者协助抓获的是同案中的其他首要分子、主犯,功足以抵罪的,原则上可以从轻或者减轻处罚;如果协助抓获的只是同案中的从犯或者马仔,功不足以抵罪,或者从轻处罚后全案处刑明显失衡的,不予从轻处罚。相反,对于从犯、马仔立功,特别是协助抓获毒枭、首要分子、主犯的,应当从轻处罚,直至依法减轻或者免除处罚。

被告人亲属为了使被告人得到从轻处罚,检举、揭发他人犯罪或者协助司法机关抓捕其他犯罪人的,不能视为被告人立功。同监犯将本人或者他人尚未被司法机关掌握的犯罪事实告知被告人,由被告人检举揭发的,如经查证属实,虽可认定被告人立功,但是否从宽处罚、从宽幅度大小,应与通常的立功有所区别。通过非法手段或者非法途径获取他人犯罪信息,如从国家工作人员处贿买他人犯罪信息,通过律师、看守人员等非法途径获取他人犯罪信息,由被告人检举揭发的,不能认定为立功,也不能作为酌情从轻处罚情节。

八、毒品再犯问题

根据刑法第三百五十六条规定,只要因走私、贩卖、运输、制造、非法持有毒品罪被判过刑,不论是在刑罚执行完毕后,还是在缓刑、假释或者暂予监外执行期间,又犯刑法分则第六章第七节规定的犯罪的,都是毒品再犯,应当从重处罚。

因走私、贩卖、运输、制造、非法持有毒品罪被判刑的犯罪分子,在缓刑、假释或者暂予监外执行期间又犯刑法分则第六章第七节规定的犯罪的,应当在对其所犯新的毒品犯罪适用刑法第三百五十六条从重处罚的规定确定刑罚后,再依法数罪并罚。

对同时构成累犯和毒品再犯的被告人,应当同时引用刑法关于累犯和毒品再犯的条款从重处罚。

九、毒品案件的共同犯罪问题

毒品犯罪中,部分共同犯罪人未到案,如现有证据能够认定已到案被告人为共同犯罪,或者能够认定为主犯或者从犯的,应当依法认定。没有实施毒品犯罪的共同故意,仅在客观上为相互关联的毒品犯罪上下家,不构成共同犯罪,但为了诉讼便利可并案审理。审理毒品共同犯罪案件应当注意以下几个方面的问题:

一是要正确区分主犯和从犯。区分主犯和从犯,应当以各共同犯罪人在毒品共同犯罪中的地位和作用为根据。要从犯意提起、具体行为分工、出资和实际分得毒赃多少以及共犯之间相互关系等方面,比较各个共同犯罪人在共同犯罪中的地位和作用。在毒品共同犯罪中,为主出资者、毒品所有者或者起意、策划、纠集、组织、雇佣、指使他人参与犯罪以及其他起主要作用的是主犯;起次要或者辅助作用的是从犯。受雇佣、受指使实施毒品犯罪的,应根据其在犯罪中实际发挥的作用具体认定为主犯或者从犯。对于确有证据证明在共同犯罪中起次要或者辅助作用的,不能因为其他共同犯罪人未到案而不认定为从犯,甚至将其认定为主犯或者按主犯处罚。只要认定为从犯,无论主犯是否到案,均应依照刑法关于从犯的规定从轻、减轻或者免除处罚。

二是要正确认定共同犯罪案件中主犯和从犯的毒品犯罪数量。对于毒品犯罪集团的首要分子,应按集团毒品犯罪的总数量处罚;对一般共同犯罪的主犯,应按其所参与的或者组织、指挥的毒品犯罪数量处罚;对于从犯,应当按照其所参与的毒品犯罪的数量处罚。

三是要根据行为人在共同犯罪中的作用和罪责大小确定刑罚。不同案件不能简单类比,一个案件的从犯参与犯罪的毒品数量可能比另一案件的主犯参与犯罪的毒品数量大,但对这一案件从犯的处罚不是必然重于另一案件的主犯。共同犯罪中能分清主从犯的,不能因为涉案的毒品数量特别巨大,就不分主从犯而一律将被告人认定为主犯或者实际上都按主犯处罚,一律判处重刑甚至死刑。对于共同犯罪中有多个主犯或者共同犯罪人的,处罚上也应做到区别对待。应当全面考察各主犯或者共同犯罪人在共同犯罪中实际发挥作用的差别,主观恶性和人身危险性方面的差异,对罪责或者人身危险性更大的主犯或者共同犯罪人依法判处更重的刑罚。

十、主观明知的认定问题

毒品犯罪中,判断被告人对涉案毒品是否明知,不能仅凭被告人供述,而应当依据被告人实施毒品犯罪行为的过程、方式、毒品被查获时的情形等证据,结合被告人的年龄、阅历、智力等情况,进行综合分析判断。

具有下列情形之一,被告人不能做出合理解释的,可以认定其"明知"是毒品,但有证据证明确属被蒙骗的除外:(1)执法人员在口岸、机场、车站、港口和其他检查站点检查时,要求行为人申报为他人携带的物品和其他疑似毒品物,并告知其法律责任,而行为人未如实申报,在其携带的物品中查获毒品的;(2)以伪报、藏匿、伪装等蒙蔽手段,逃避海关、边防等检查,在其携带、运输、邮寄的物品中查获毒品的;(3)执法人员检查时,有逃跑、丢弃携带物品或者逃避、抗拒检查等行为,在其携带或者丢弃的物品中查获毒品的;(4)体内或者贴身隐秘处藏匿毒品的;(5)为获取不同寻常的高额、不等值报酬为他人携带、运输物品,从中查获毒品的;(6)采用高度隐蔽的方式携带、运输物品,从中查获毒品的;(7)采用高度隐蔽的方式交接物品,明显违背合法物品惯常交接方式,从中查获毒品的;(8)行程路线故意绕开检查站点,在其携带、运输的物品中查获毒品的;(9)以虚假身份或者地址办理托运手续,在其托运的物品中查获毒品的;(10)有其他证据足以认定行为人应当知道的。

十一、毒品案件的管辖问题

毒品犯罪的地域管辖,应当依照刑事诉讼法的有关规定,实行以犯罪地管辖为主、被告人居住地管辖为辅的原则。考虑到毒品犯罪的特殊性和毒品犯罪侦查体制,"犯罪地"不仅可以包括犯罪预谋地、毒资筹集地、交易进行地、运输途经地以及毒品生产地,也包括毒资、毒赃和毒品藏匿地、转移地、走私或者贩运毒品目的地等。"被告人居住地",不仅包括被告人常住地和户籍所在地,也包括其临时居住地。

对于已进入审判程序的案件,被告人及其辩护人提出管辖异议,经审查异议成立的,或者受案法院发现没有管辖权,而案件由本院管辖更适宜的,受案法院应当报请与有管辖权的法院共同的上级法院依法指定本院管辖。

十二、特定人员参与毒品犯罪问题

近年来,一些毒品犯罪分子为了逃避打击,雇佣孕妇、哺乳期妇女、急性传染病人、残疾人或者未成年人等特定人员进行毒品犯罪活动,成为影响我国禁毒工作成效的突出问题。对利用、教唆特定人员进行毒品犯罪活动的组织、策划、指挥和教唆者,要依法严厉打击,该判处重刑直至死刑的,坚决依法判处重刑直至死刑。对于被利用、被诱骗参与毒品犯罪的特定人员,可以从宽处理。

要积极与检察机关、公安机关沟通协调,妥善解决涉及特定人员的案件管辖、强制措施、刑罚执行等问题。对因特殊情况依法不予羁押的,可以依法采取取保候审、监视居住等强制措施,并根据被告人具体情况和案情变化及时变更强制措施;对于被判处有期徒刑或者拘役的罪犯,符合刑事诉讼法第二百一十四条规定情形的,可以暂予监外执行。

十三、毒品案件财产刑的适用和执行问题

刑法对毒品犯罪规定了并处罚金或者没收财产刑,司法实践中应当依法充分适用。不仅要依法追缴被告人的违法所得及其收益,还要严格依法判处被告人罚金刑或者没收财产刑,不能因为被告人没有财产,或者其财产难以查清、难以分割或者难以执行,就不依法判处财产刑。

要采取有力措施,加大财产刑执行力度。要加强与公安机关、检察机关的协作,对毒品犯罪分子来源不明的巨额财产,依法及时采取查封、扣押、冻结等措施,防止犯罪分子及其亲属转移、隐匿、变卖或者洗钱,逃避依法追缴。要加强不同地区法院之间的相互协作配合。毒品犯罪分子的财产在异地的,第一审人民法院可以委托财产所在地人民法院代为执行。要落实和运用有关国际禁毒公约规定,充分利用国际刑警组织等渠道,最大限度地做好境外追赃工作。

最高人民法院、最高人民检察院、公安部关于办理制毒物品犯罪案件适用法律若干问题的意见

(2009年6月23日 公通字〔2009〕33号)

为依法惩治走私制毒物品、非法买卖制毒物品犯罪活动,根据刑法有关规定,结合司法实践,现就办理制毒物品犯罪案件适用法律的若干问题制定如下意见:

一、关于制毒物品犯罪的认定

(一)本意见中的"制毒物品",是指刑法第三百五十条第一款规定的醋酸酐、乙醚、三氯甲烷或者其他用于制造毒品的原料或者配剂,具体品种范围按照国家关于易制毒化学品管理的规定确定。

(二)违反国家规定,实施下列行为之一的,认定为刑法第三百五十条规定的非法买卖制毒物品行为:

1. 未经许可或者备案,擅自购买、销售易制毒化学品的;

2. 超出许可证明或者备案证明的品种、数量范围购买、销售易制毒化学品的;

3. 使用他人的或者伪造、变造、失效的许可证明或者备案证明购买、销售易制毒化学品的;

4. 经营单位违反规定,向无购买许可证明、备案证明的单位、个人销售易制毒化学品的,或者明知购买者使用他人的或者伪造、变造、失效的购买许可证明、备案证明,向其销售易制毒化学品的;

5. 以其他方式非法买卖易制毒化学品的。

(三)易制毒化学品生产、经营、使用单位或者个人未办理许可证明或者备案证明,购买、销售易制毒化学品,如果有证据证明确实用于合法生产、生活需要,依法能够办理只是未及时办理许可证明或者备案证明,且未造成严重社会危害的,可不以非法买卖制毒物品罪论处。

(四)为了制造毒品或者走私、非法买卖制毒物品犯罪而采用生产、加工、提炼等方法非法制造易制毒化学品的,根据刑法第二十二条的规定,按照其制造易制毒化学品的不同目的,分别以制造毒品、走私制毒物品、非法买卖制毒物品的预备行为论处。

(五)明知他人实施走私或者非法买卖制毒物品犯罪,而为其运输、储存、代理进出口或者以其他方式提供便利的,以走私或者非法买卖制毒物品罪的共犯论处。

(六)走私、非法买卖制毒物品行为同时构成其他犯罪的,依照处罚较重的规定定罪处罚。

二、关于制毒物品犯罪嫌疑人、被告人主观明知的认定

对于走私或者非法买卖制毒物品行为,有下列情形之一,且查获了易制毒化学品,结合犯罪嫌疑人、被告人的供述和其他证据,经综合审查判断,可以认定其"明知"是制毒物品而走私或者非法买卖,但有证据证明确属被蒙骗的除外:

1. 改变产品形状、包装或者使用虚假标签、商标等产品标志的;

2. 以藏匿、夹带或者其他隐蔽方式运输、携带易制毒化学品逃避检查的;

3. 抗拒检查或者在检查时丢弃货物逃跑的;

4. 以伪报、藏匿、伪装等蒙蔽手段逃避海关、边防等检查的;

5. 选择不设海关或者边防检查站的

路段绕行出入境的；

6. 以虚假身份、地址办理托运、邮寄手续的；

7. 以其他方法隐瞒真相，逃避对易制毒化学品依法监管的。

三、关于制毒物品犯罪定罪量刑的数量标准

（一）违反国家规定，非法运输、携带制毒物品进出境或者在境内非法买卖制毒物品达到下列数量标准的，依照刑法第三百五十条第一款的规定，处三年以下有期徒刑、拘役或者管制，并处罚金：

1. 1-苯基-2-丙酮五千克以上不满五十千克；

2. 3,4-亚甲基二氧苯基-2-丙酮、去甲麻黄素（去甲麻黄碱）、甲基麻黄素（甲基麻黄碱）、羟亚胺及其盐类十千克以上不满一百千克；

3. 胡椒醛、黄樟素、黄樟油、异黄樟素、麦角酸、麦角胺、麦角新碱、苯乙酸二十千克以上不满二百千克；

4. N-乙酰邻氨基苯酸、邻氨基苯甲酸、哌啶一百五十千克以上不满一千五百千克；

5. 甲苯、丙酮、甲基乙基酮、高锰酸钾、硫酸、盐酸四百千克以上不满四千千克；

6. 其他用于制造毒品的原料或者配剂相当数量的。

（二）违反国家规定，非法买卖或者走私制毒物品，达到或者超过前款所列最高数量标准的，认定为刑法第三百五十条第一款规定的“数量大的”，处三年以上十年以下有期徒刑，并处罚金。

最高人民法院、最高人民检察院、公安部关于办理走私、非法买卖麻黄碱类复方制剂等刑事案件适用法律若干问题的意见

（2012年6月18日　法发〔2012〕12号）

为从源头上打击、遏制毒品犯罪，根据刑法等有关规定，结合司法实践，现就办理走私、非法买卖麻黄碱类复方制剂等刑事案件适用法律的若干问题，提出以下意见：

一、关于走私、非法买卖麻黄碱类复方制剂等行为的定性

以加工、提炼制毒物品制造毒品为目的，购买麻黄碱类复方制剂，或者运输、携带、寄递麻黄碱类复方制剂进出境的，依照刑法第三百四十七条的规定，以制造毒品罪定罪处罚。

以加工、提炼制毒物品为目的，购买麻黄碱类复方制剂，或者运输、携带、寄递麻黄碱类复方制剂进出境的，依照刑法第三百五十条第一款、第三款的规定，分别以非法买卖制毒物品罪、走私制毒物品罪定罪处罚。

将麻黄碱类复方制剂拆除包装、改变形态后进行走私或者非法买卖，或者明知是已拆除包装、改变形态的麻黄碱类复方制剂而进行走私或者非法买卖的，依照刑法第三百五十条第一款、第三款的规定，分别以走私制毒物品罪、非法买卖制毒物品罪定罪处罚。

非法买卖麻黄碱类复方制剂或者运输、携带、寄递麻黄碱类复方制剂进出境，没有证据证明系用于制造毒品或者走私、

非法买卖制毒物品，或者未达到走私制毒物品罪、非法买卖制毒物品罪的定罪数量标准，构成非法经营罪、走私普通货物、物品罪等其他犯罪的，依法定罪处罚。

实施第一款、第二款规定的行为，同时构成其他犯罪的，依照处罚较重的规定定罪处罚。

二、关于利用麻黄碱类复方制剂加工、提炼制毒物品行为的定性

以制造毒品为目的，利用麻黄碱类复方制剂加工、提炼制毒物品的，依照刑法第三百四十七条的规定，以制造毒品罪定罪处罚。

以走私或者非法买卖为目的，利用麻黄碱类复方制剂加工、提炼制毒物品的，依照刑法第三百五十条第一款、第三款的规定，分别以走私制毒物品罪、非法买卖制毒物品罪定罪处罚。

三、关于共同犯罪的认定

明知他人利用麻黄碱类制毒物品制造毒品，向其提供麻黄碱类复方制剂，为其利用麻黄碱类复方制剂加工、提炼制毒物品，或者为其获取、利用麻黄碱类复方制剂提供其他帮助的，以制造毒品罪的共犯论处。

明知他人走私或者非法买卖麻黄碱类制毒物品，向其提供麻黄碱类复方制剂，为其利用麻黄碱类复方制剂加工、提炼制毒物品，或者为其获取、利用麻黄碱类复方制剂提供其他帮助的，分别以走私制毒物品罪、非法买卖制毒物品罪的共犯论处。

四、关于犯罪预备、未遂的认定

实施本意见规定的行为，符合犯罪预备或者未遂情形的，依照法律规定处罚。

五、关于犯罪嫌疑人、被告人主观目的与明知的认定

对于本意见规定的犯罪嫌疑人、被告人的主观目的与明知，应当根据物证、书证、证人证言以及犯罪嫌疑人、被告人供述和辩解等在案证据，结合犯罪嫌疑人、被告人的行为表现，重点考虑以下因素综合予以认定：

1. 购买、销售麻黄碱类复方制剂的价格是否明显高于市场交易价格；

2. 是否采用虚假信息、隐蔽手段运输、寄递、存储麻黄碱类复方制剂；

3. 是否采用伪报、伪装、藏匿或者绕行进出境等手段逃避海关、边防等检查；

4. 提供相关帮助行为获得的报酬是否合理；

5. 此前是否实施过同类违法犯罪行为；

6. 其他相关因素。

六、关于制毒物品数量的认定

实施本意见规定的行为，以走私制毒物品罪、非法买卖制毒物品罪定罪处罚的，应当以涉案麻黄碱类复方制剂中麻黄碱类物质的含量作为涉案制毒物品的数量。

实施本意见规定的行为，以制造毒品罪定罪处罚的，应当将涉案麻黄碱类复方制剂所含的麻黄碱类物质可以制成的毒品数量作为量刑情节考虑。

多次实施本意见规定的行为未经处理的，涉案制毒物品的数量累计计算。

七、关于定罪量刑的数量标准

实施本意见规定的行为，以走私制毒物品罪、非法买卖制毒物品罪定罪处罚的，涉案麻黄碱类复方制剂所含的麻黄碱类物质应当达到以下数量标准：麻黄碱、伪麻黄碱、消旋麻黄碱及其盐类五千克以上不满五十千克；去甲麻黄碱、甲基麻黄碱及其盐类十千克以上不满一百千克；麻黄浸膏、麻黄浸膏粉一百千克以上不满一千千克。达到上述数量标准上限的,认定为刑法第三百五十条第一款规定的"数量大"。

实施本意见规定的行为,以制造毒品罪定罪处罚的,无论涉案麻黄碱类复方制剂所含的麻黄碱类物质数量多少,都应当追究刑事责任。

八、关于麻黄碱类复方制剂的范围

本意见所称麻黄碱类复方制剂是指含有《易制毒化学品管理条例》(国务院令第445号)品种目录所列的麻黄碱(麻黄素)、伪麻黄碱(伪麻黄素)、消旋麻黄碱(消旋麻黄素)、去甲麻黄碱(去甲麻黄素)、甲基麻黄碱(甲基麻黄素)及其盐类,或者麻黄浸膏、麻黄浸膏粉等麻黄碱类物质的药品复方制剂。

最高人民法院、最高人民检察院、公安部、农业部、食品药品监督管理总局关于进一步加强麻黄草管理严厉打击非法买卖麻黄草等违法犯罪活动的通知

(2013年5月21日 公通字〔2013〕16号)

各省、自治区、直辖市高级人民法院,人民检察院,公安厅、局,农业(农牧、畜牧)厅、局,食品药品监督管理局(药品监督管理局),解放军军事法院、军事检察院,新疆维吾尔自治区高级人民法院生产建设兵团分院,新疆生产建设兵团人民检察院、公安局、畜牧兽医局:

近年来,随着我国对麻黄碱类制毒物品及其复方制剂监管力度的不断加大,利用麻黄碱类制毒物品及其复方制剂制造冰毒的犯罪活动得到有效遏制。但是,利用麻黄草提取麻黄碱类制毒物品制造冰毒的问题日益凸显,麻黄草已成为目前国内加工制造冰毒的又一主要原料。2012年,全国共破获利用麻黄草提取麻黄碱类制毒物品制造冰毒案件46起、缴获麻黄草964.4吨,同比分别上升91.7%、115.5%。为进一步加强麻黄草管理,严厉打击非法买卖麻黄草等违法犯罪活动,根据《中华人民共和国刑法》、《国务院关于禁止采集和销售发菜制止滥挖甘草和麻黄草有关问题的通知》(国发〔2000〕13号)等相关规定,现就有关要求通知如下:

一、严格落实麻黄草采集、收购许可证制度

麻黄草的采集、收购实行严格的许可证制度,未经许可,任何单位和个人不得采集、收购麻黄草,麻黄草收购单位只能将麻黄草销售给药品生产企业。农牧主管部门要从严核发麻黄草采集证,统筹确定各地麻黄草采挖量,禁止任何单位和个人无证采挖麻黄草;严格监督采挖单位和个人凭采集证销售麻黄草;严格控制麻黄草采挖量,严禁无证或超量采挖麻黄草。食品药品监管部门要督促相关药品生产企业严格按照《药品生产质量管理规范(2010年修订)》规定,建立和完善药品质量管理体系,特别是建立麻黄草收购、产品加工和销售台账,并保存2年备查。

二、切实加强对麻黄草采挖、买卖和运输的监督检查

农牧主管部门要认真调查麻黄草资源的分布和储量,加强对麻黄草资源的监管;要严肃查处非法采挖麻黄草和伪造、倒卖、转让采集证行为,上述行为一经发现,一律按最高限处罚。食品药品监管部门要加强对药品生产、经营企业的监督检查,对违反《药品管理法》及相关规定生产、经营麻黄

草及其制品的,要依法处理。公安机关要会同农牧主管等部门,加强对麻黄草运输活动的检查,在重点公路、出入省通道要部署力量进行查缉,对没有采集证或者收购证以及不能说明合法用途运输麻黄草的,一律依法扣押审查。

三、依法查处非法采挖、买卖麻黄草等犯罪行为

各地人民法院、人民检察院、公安机关要依法查处非法采挖、买卖麻黄草等犯罪行为,区别情形予以处罚:

(一)以制造毒品为目的,采挖、收购麻黄草的,依照刑法第三百四十七条的规定,以制造毒品罪定罪处罚。

(二)以提取麻黄碱类制毒物品后进行走私或者非法贩卖为目的,采挖、收购麻黄草,涉案麻黄草所含的麻黄碱类制毒物品达到相应定罪数量标准的,依照刑法第三百五十条第一款、第三款的规定,分别以走私制毒物品罪、非法买卖制毒物品罪定罪处罚。

(三)明知他人制造毒品或者走私、非法买卖制毒物品,向其提供麻黄草或者提供运输、储存麻黄草等帮助的,分别以制造毒品罪、走私制毒物品罪、非法买卖制毒物品罪的共犯论处。

(四)违反国家规定采挖、销售、收购麻黄草,没有证据证明以制造毒品或者走私、非法买卖制毒物品为目的,依照刑法第二百二十五条的规定构成犯罪的,以非法经营罪定罪处罚。

(五)实施以上行为,以制造毒品罪、走私制毒物品罪、非法买卖制毒物品罪定罪处罚的,涉案制毒物品的数量按照三百千克麻黄草折合一千克麻黄碱计算;以制造毒品罪定罪处罚的,无论涉案麻黄草数量多少,均应追究刑事责任。

最高人民法院、最高人民检察院、公安部关于办理邻氯苯基环戊酮等三种制毒物品犯罪案件定罪量刑数量标准的通知

(2014年9月5日 公通字〔2014〕32号)

各省、自治区、直辖市高级人民法院,人民检察院,公安厅、局,解放军军事法院、军事检察院,新疆维吾尔自治区高级人民法院生产建设兵团分院,新疆生产建设兵团人民检察院、公安局:

近年来,随着制造合成毒品犯罪的迅速增长,制毒物品流入非法渠道形势严峻。利用邻氯苯基环戊酮合成羟亚胺进而制造氯胺酮,利用1-苯基-2-溴-1-丙酮(又名溴代苯丙酮、2-溴代苯丙酮、α-溴代苯丙酮等)合成麻黄素和利用3-氧-2-苯基丁腈(又名α-氰基苯丙酮、α-苯乙酰基乙腈、2-苯乙酰基乙腈等)合成1-苯基-2-丙酮进而制造甲基苯丙胺(冰毒)等犯罪尤为突出。2012年9月和2014年5月,国务院先后将邻氯苯基环戊酮、1-苯基-2-溴-1-丙酮和3-氧-2-苯基丁腈增列为第一类易制毒化学品管制。为遏制上述物品流入非法渠道被用于制造毒品,根据刑法和《最高人民法院关于审理毒品案件定罪量刑标准有关问题的解释》《最高人民法院、最高人民检察院、公安部关于办理制毒物品犯罪案件适用法律若干问题的意见》等相关规定,现就办理上述三种制毒物品犯罪案件的定罪量刑数量标准通知如下:

一、违反国家规定,非法运输、携带邻氯苯基环戊酮、1-苯基-2-溴-1-丙酮或者

3-氧-2-苯基丁腈进出境，或者在境内非法买卖上述物品，达到下列数量标准的，依照刑法第三百五十条第一款的规定，处三年以下有期徒刑、拘役或者管制，并处罚金：

（一）邻氯苯基环戊酮二十千克以上不满二百千克；

（二）1-苯基-2-溴-1-丙酮、3-氧-2-苯基丁腈十五千克以上不满一百五十千克。

二、违反国家规定，实施上述行为，达到或者超过第一条所列最高数量标准的，应当认定为刑法第三百五十条第一款规定的"数量大"，处三年以上十年以下有期徒刑，并处罚金。

全国法院毒品犯罪审判工作座谈会纪要

（2015年5月18日　法〔2015〕129号）

为深入学习习近平总书记等中央领导同志关于禁毒工作的重要指示批示精神，贯彻落实《中共中央国务院关于加强禁毒工作的意见》和全国禁毒工作会议精神，进一步统一思想认识，提高毒品犯罪审判工作水平，推动人民法院禁毒工作取得更大成效，最高人民法院于2014年12月11日至12日在湖北省武汉市召开了全国法院毒品犯罪审判工作座谈会。出席会议的有各省、自治区、直辖市高级人民法院、解放军军事法院和新疆维吾尔自治区高级人民法院生产建设兵团分院主管刑事审判工作的副院长、刑事审判庭庭长及部分中级人民法院主管刑事审判工作的副院长。最高人民法院副院长李少平出席会议并讲话。

会议传达学习了中央对禁毒工作的一系列重大决策部署，总结了近年来人民法院禁毒工作取得的成绩和存在的问题，分析了当前我国毒品犯罪的总体形势和主要特点，明确了继续依法从严惩处毒品犯罪的审判指导思想，研究了毒品犯罪审判中遇到的若干法律适用问题，并对当前和今后一个时期人民法院的禁毒工作作出具体安排部署。现纪要如下：

一、关于进一步加强人民法院禁毒工作的总体要求

禁毒工作关系国家安危、民族兴衰和人民福祉，厉行禁毒是党和政府的一贯立场和坚决主张。近年来，在党中央的高度重视和坚强领导下，各地区、各有关部门按照国家禁毒委员会的统一部署，深入开展禁毒人民战争，全面落实综合治理措施，有效遏制了毒品问题快速发展蔓延的势头，禁毒工作取得了阶段性成效。2014年6月，中央政治局常委会议、国务院常务会议分别听取禁毒工作专题汇报，习近平总书记、李克强总理分别对禁毒工作作出重要指示批示。中共中央、国务院首次印发了《关于加强禁毒工作的意见》，并下发了贯彻落实分工方案。国家禁毒委员会制定了《禁毒工作责任制》，并召开全国禁毒工作会议对全面加强禁毒工作作出部署。

依法审理毒品犯罪案件，积极参与禁毒工作是人民法院肩负的一项重要职责任务。长期以来，全国各级人民法院认真贯彻落实中央和国家禁毒委员会的决策部署，扎实履行刑事审判职责，坚持依法从严惩处毒品犯罪，大力加强禁毒法制建设，积极参与禁毒综合治理，各项工作均取得显著成效，为全面、深入推进禁毒工作提供了有力司法保障。同时,应当清醒地看到,受国际毒潮持续泛滥和国内多种因素影响,当前和今后一个时期,我国仍将处于毒品问题加速蔓延期、毒品犯罪高发多发期、毒品治理集中攻坚期,禁毒斗争形势严峻复杂,禁毒工作任务十分艰巨。加强禁毒工作,治理毒品问题,对深入推进平安中国、法治中国建设,维护国家长治久安,保障人民群众幸福安康,实现"两个一百年"奋斗目标和中华民族伟大复兴的中国梦,具有重要意义。各级人民法院要从维护重要战略机遇期国家安全和社会稳定的政治高度,充分认识毒品问题的严峻性、长期性和禁毒工作的艰巨性、复杂性,切实增强做好禁毒工作的责任感、使命感和紧迫感。要认真学习领会、坚决贯彻落实党中央对禁毒工作的一系列重大决策部署和全国禁毒工作会议精神,切实采取有力措施,进一步加强人民法院禁毒工作。

一是毫不动摇地坚持依法从严惩处毒品犯罪。充分发挥审判职能作用,依法运用刑罚惩治毒品犯罪,是治理毒品问题的重要手段,也是人民法院参与禁毒斗争的主要方式。面对严峻的毒品犯罪形势,各级人民法院要继续坚持依法从严惩处毒品犯罪的指导思想。要继续依法严惩走私、制造毒品和大宗贩卖毒品等源头性犯罪,严厉打击毒枭、职业毒犯、累犯、毒品再犯等主观恶性深、人身危险性大的毒品犯罪分子,该判处重刑和死刑的坚决依法判处。要加大对制毒物品犯罪、多次零包贩卖毒品、引诱、教唆、欺骗、强迫他人吸毒及非法持有毒品等犯罪的惩处力度,严惩向农村地区贩卖毒品及国家工作人员实施的毒品犯罪。要更加注重从经济上制裁毒品犯罪,依法追缴犯罪分子违法所得,充分适用罚金刑、没收财产刑并加大执行力度,依法从严惩处涉毒洗钱犯罪和为毒品犯罪提供资金的犯罪。要严厉打击因吸毒诱发的杀人、伤害、抢劫、以危险方法危害公共安全等次生犯罪。要规范和限制毒品犯罪的缓刑适用,从严把握毒品罪犯减刑条件,严格限制严重毒品罪犯假释,确保刑罚执行效果。同时,为全面发挥刑罚功能,也要贯彻好宽严相济刑事政策,突出打击重点,体现区别对待。对于罪行较轻,或者具有从犯、自首、立功、初犯等法定、酌定从宽处罚情节的毒品犯罪分子,根据罪刑相适应原则,依法给予从宽处罚,以分化瓦解毒品犯罪分子,预防和减少毒品犯罪。要牢牢把握案件质量这条生命线,既要考虑到毒品犯罪隐蔽性强、侦查取证难度大的现实情况,也要严格贯彻证据裁判原则,引导取证、举证工作围绕审判工作的要求展开,切实发挥每一级审判程序的职能作用,确保案件办理质量。对于拟判处被告人死刑的毒品犯罪案件,在证据质量上要始终坚持最高的标准和最严的要求。

二是深入推进毒品犯罪审判规范化建设。各级人民法院要结合审判工作实际,积极开展调查研究,不断总结经验,及时发现并解决审判中遇到的突出法律适用问题。各高、中级人民法院要加大审判指导力度,在做好毒品犯罪审判工作的同时,通过编发典型案例、召开工作座谈会等形式,不断提高辖区法院毒品犯罪审判工作水平。最高人民法院对于复核毒品犯罪死刑案件中发现的问题,要继续通过随案附函、集中通报、发布典型案例等形式,加强审判指导;对于毒品犯罪法律适用方面存在的突出问题,要适时制定司法解释或规范性文件,统一法律适用;对于需要与公安、检察机关共同解决的问题，要加强沟通、协调，必要时联合制发规范性文件；对于立法方面的问题，要继续提出相关立法建议，推动禁毒法律的修改完善。

三是不断完善毒品犯罪审判工作机制。各级人民法院要严格落实禁毒工作责任，按照《禁毒工作责任制》的要求和同级禁毒委员会的部署认真开展工作，将禁毒工作列入本单位整体工作规划，制定年度工作方案，抓好贯彻落实。要进一步加强专业审判机构建设，各高级人民法院要确定专门承担毒品犯罪审判指导任务的审判庭，毒品犯罪相对集中地区的高、中级人民法院可以根据当地实际和工作需要，探索确立专门承担毒品犯罪审判工作的合议庭或者审判庭。要建立健全业务学习、培训机制，通过举办业务培训班、组织交流研讨会等多种形式，不断提高毒品犯罪审判队伍专业化水平。要推动与相关职能部门建立禁毒长效合作机制，在中央层面和毒品犯罪集中地区建立公检法三机关打击毒品犯罪联席会议制度，探索建立重大毒品犯罪案件信息通报、反馈机制，提升打击毒品犯罪的合力。

四是加大参与禁毒综合治理工作力度。要充分利用有利时机集中开展禁毒宣传，最高人民法院和毒品犯罪高发地区的高级人民法院要将“6·26”国际禁毒日新闻发布会制度化，并利用网络、平面等媒体配合报道，向社会公众介绍人民法院毒品犯罪审判及禁毒综合治理工作情况，公布毒品犯罪典型案例。要加强日常禁毒法制宣传，充分利用审判资源优势，通过庭审直播、公开宣判、举办禁毒法制讲座、建立禁毒对象帮教制度、与社区、学校、团体建立禁毒协作机制等多种形式，广泛、深入地开展禁毒宣传教育活动。要突出宣传重点，紧紧围绕青少年群体和合成毒品滥用问题，有针对性地组织开展宣传教育工作，增强人民群众自觉抵制毒品的意识和能力。要延伸审判职能，针对毒品犯罪审判中发现的治安隐患和社会管理漏洞，及时向有关职能部门提出加强源头治理、强化日常管控的意见和建议，推动构建更为严密的禁毒防控体系。

二、关于毒品犯罪法律适用的若干具体问题

会议认为，2008年印发的《全国部分法院审理毒品犯罪案件工作座谈会纪要》（以下简称《大连会议纪要》）较好地解决了办理毒品犯罪案件面临的一些突出法律适用问题，其中大部分规定在当前的审判实践中仍有指导意义，应当继续参照执行。同时，随着毒品犯罪形势的发展变化，近年来出现了一些新情况、新问题，需要加以研究解决。与会代表对审判实践中反映较为突出，但《大连会议纪要》没有作出规定，或者规定不尽完善的毒品犯罪法律适用问题进行了认真研究讨论，就下列问题取得了共识。

（一）罪名认定问题

贩毒人员被抓获后，对于从其住所、车辆等处查获的毒品，一般均应认定为其贩卖的毒品。确有证据证明查获的毒品并非贩毒人员用于贩卖，其行为另构成非法持有毒品罪、窝藏毒品罪等其他犯罪的，依法定罪处罚。

吸毒者在购买、存储毒品过程中被查获，没有证据证明其是为了实施贩卖毒品等其他犯罪，毒品数量达到刑法第三百四十八条规定的最低数量标准的，以非法持有毒品罪定罪处罚。吸毒者在运输毒品过程中被查获,没有证据证明其是为了实施贩卖毒品等其他犯罪,毒品数量达到较大以上的,以运输毒品罪定罪处罚。

行为人为吸毒者代购毒品,在运输过程中被查获,没有证据证明托购者、代购者是为了实施贩卖毒品等其他犯罪,毒品数量达到较大以上的,对托购者、代购者以运输毒品罪的共犯论处。行为人为他人代购仅用于吸食的毒品,在交通、食宿等必要开销之外收取"介绍费"、"劳务费",或者以贩卖为目的收取部分毒品作为酬劳的,应视为从中牟利,属于变相加价贩卖毒品,以贩卖毒品罪定罪处罚。

购毒者接收贩毒者通过物流寄递方式交付的毒品,没有证据证明其是为了实施贩卖毒品等其他犯罪,毒品数量达到刑法第三百四十八条规定的最低数量标准的,一般以非法持有毒品罪定罪处罚。代收者明知是物流寄递的毒品而代购毒者接收,没有证据证明其与购毒者有实施贩卖、运输毒品等犯罪的共同故意,毒品数量达到刑法第三百四十八条规定的最低数量标准的,对代收者以非法持有毒品罪定罪处罚。

行为人利用信息网络贩卖毒品、在境内非法买卖用于制造毒品的原料或者配剂、传授制造毒品等犯罪的方法,构成贩卖毒品罪、非法买卖制毒物品罪、传授犯罪方法罪等犯罪的,依法定罪处罚。行为人开设网站、利用网络聊天室等组织他人共同吸毒,构成引诱、教唆、欺骗他人吸毒罪等犯罪的,依法定罪处罚。

(二)共同犯罪认定问题

办理贩卖毒品案件,应当准确认定居间介绍买卖毒品行为,并与居中倒卖毒品行为相区别。居间介绍者在毒品交易中处于中间人地位,发挥介绍联络作用,通常与交易一方构成共同犯罪,但不以牟利为要件;居中倒卖者属于毒品交易主体,与前后环节的交易对象是上下家关系,直接参与毒品交易并从中获利。居间介绍者受贩毒者委托,为其介绍联络购毒者的,与贩毒者构成贩卖毒品罪的共同犯罪;明知购毒者以贩卖为目的购买毒品,受委托为其介绍联络贩毒者的,与购毒者构成贩卖毒品罪的共同犯罪;受以吸食为目的的购毒者委托,为其介绍联络贩毒者,毒品数量达到刑法第三百四十八条规定的最低数量标准的,一般与购毒者构成非法持有毒品罪的共同犯罪;同时与贩毒者、购毒者共谋,联络促成双方交易的,通常认定与贩毒者构成贩卖毒品罪的共同犯罪。居间介绍者实施为毒品交易主体提供交易信息、介绍交易对象等帮助行为,对促成交易起次要、辅助作用的,应当认定为从犯;对于以居间介绍者的身份介入毒品交易,但在交易中超出居间介绍者的地位,对交易的发起和达成起重要作用的被告人,可以认定为主犯。

两人以上同行运输毒品的,应当从是否明知他人带有毒品,有无共同运输毒品的意思联络,有无实施配合、掩护他人运输毒品的行为等方面综合审查认定是否构成共同犯罪。受雇于同一雇主同行运输毒品,但受雇者之间没有共同犯罪故意,或者虽然明知他人受雇运输毒品,但各自的运输行为相对独立,既没有实施配合、掩护他人运输毒品的行为,又分别按照各自运输的毒品数量领取报酬的,不应认定为共同犯罪。受雇于同一雇主分段运输同一宗毒品,但受雇者之间没有犯罪共谋的,也不应认定为共同犯罪。雇用他人运输毒品的雇主,及其他对受雇者起到一定组织、指挥作用的人员,与各受雇者分别构成运输毒品罪的共同犯罪,对运输的全部毒品数量承担刑事责任。

（三）毒品数量认定问题

走私、贩卖、运输、制造、非法持有两种以上毒品的,可以将不同种类的毒品分别折算为海洛因的数量,以折算后累加的毒品总量作为量刑的根据。对于刑法、司法解释或者其他规范性文件明确规定了定罪量刑数量标准的毒品,应当按照该毒品与海洛因定罪量刑数量标准的比例进行折算后累加。对于刑法、司法解释及其他规范性文件没有规定定罪量刑数量标准,但《非法药物折算表》规定了与海洛因的折算比例的毒品,可以按照《非法药物折算表》折算为海洛因后进行累加。对于既未规定定罪量刑数量标准,又不具备折算条件的毒品,综合考虑其致瘾癖性、社会危害性、数量、纯度等因素依法量刑。在裁判文书中,应当客观表述涉案毒品的种类和数量,并综合认定为数量大、数量较大或者少量毒品等,不明确表述将不同种类毒品进行折算后累加的毒品总量。

对于未查获实物的甲基苯丙胺片剂（俗称"麻古"等）、MDMA片剂（俗称"摇头丸"）等混合型毒品,可以根据在案证据证明的毒品粒数,参考本案或者本地区查获的同类毒品的平均重量计算出毒品数量。在裁判文书中,应当客观表述根据在案证据认定的毒品粒数。

对于有吸毒情节的贩毒人员,一般应当按照其购买的毒品数量认定其贩卖毒品的数量,量刑时酌情考虑其吸食毒品的情节;购买的毒品数量无法查明的,按照能够证明的贩卖数量及查获的毒品数量认定其贩毒数量;确有证据证明其购买的部分毒品并非用于贩卖的,不应计入其贩毒数量。

办理毒品犯罪案件,无论毒品纯度高低,一般均应将查证属实的毒品数量认定为毒品犯罪的数量,并据此确定适用的法定刑幅度,但司法解释另有规定或者为了隐蔽运输而临时改变毒品常规形态的除外。涉案毒品纯度明显低于同类毒品的正常纯度的,量刑时可以酌情考虑。

制造毒品案件中,毒品成品、半成品的数量应当全部认定为制造毒品的数量,对于无法再加工出成品、半成品的废液、废料则不应计入制造毒品的数量。对于废液、废料的认定,可以根据其毒品成分的含量、外观形态,结合被告人对制毒过程的供述等证据进行分析判断,必要时可以听取鉴定机构的意见。

（四）死刑适用问题

当前,我国毒品犯罪形势严峻,审判工作中应当继续坚持依法从严惩处毒品犯罪的指导思想,充分发挥死刑对于预防和惩治毒品犯罪的重要作用。要继续按照《大连会议纪要》的要求,突出打击重点,对罪行极其严重、依法应当判处死刑的被告人,坚决依法判处。同时,应当全面、准确贯彻宽严相济刑事政策,体现区别对待,做到罚当其罪,量刑时综合考虑毒品数量、犯罪性质、情节、危害后果、被告人的主观恶性、人身危险性及当地的禁毒形势等因素,严格审慎地决定死刑适用,确保死刑只适用于极少数罪行极其严重的犯罪分子。

1. 运输毒品犯罪的死刑适用

对于运输毒品犯罪,应当继续按照《大连会议纪要》的有关精神,重点打击运输毒品犯罪集团首要分子,组织、指使、雇用他人运输毒品的主犯或者毒枭、职业毒犯、毒品再犯,以及具有武装掩护运输毒品、以运输毒品为业、多次运输毒品等严重情节的被告人,对其中依法应当判处死刑的,坚决依法判处。

对于受人指使、雇用参与运输毒品的被告人,应当综合考虑毒品数量、犯罪次数、犯罪的主动性和独立性、在共同犯罪中的地位作用、获利程度和方式及其主观恶性、人身危险性等因素,予以区别对待,慎重适用死刑。对于有证据证明确属受人指使、雇用运输毒品,又系初犯、偶犯的被告人,即使毒品数量超过实际掌握的死刑数量标准,也可以不判处死刑;尤其对于其中被动参与犯罪,从属性、辅助性较强,获利程度较低的被告人,一般不应当判处死刑。对于不能排除受人指使、雇用初次运输毒品的被告人,毒品数量超过实际掌握的死刑数量标准,但尚不属数量巨大的,一般也可以不判处死刑。

一案中有多人受雇运输毒品的,在决定死刑适用时,除各被告人运输毒品的数量外,还应结合其具体犯罪情节、参与犯罪程度、与雇用者关系的紧密性及其主观恶性、人身危险性等因素综合考虑,同时判处二人以上死刑要特别慎重。

2. 毒品共同犯罪、上下家犯罪的死刑适用

毒品共同犯罪案件的死刑适用应当与该案的毒品数量、社会危害及被告人的犯罪情节、主观恶性、人身危险性相适应。涉案毒品数量刚超过实际掌握的死刑数量标准,依法应当适用死刑的,要尽量区分主犯间的罪责大小,一般只对其中罪责最大的一名主犯判处死刑;各共同犯罪人地位作用相当,或者罪责大小难以区分的,可以不判处被告人死刑;二名主犯的罪责均很突出,且均具有法定从重处罚情节的,也要尽可能比较其主观恶性、人身危险性方面的差异,判处二人死刑要特别慎重。涉案毒品数量达到巨大以上,二名以上主犯的罪责均很突出,或者罪责稍次的主犯具有法定、重大酌定从重处罚情节,判处二人以上死刑符合罪刑相适应原则,并有利于全案量刑平衡的,可以依法判处。

对于部分共同犯罪人未到案的案件,在案被告人与未到案共同犯罪人均属罪行极其严重,即使共同犯罪人到案也不影响对在案被告人适用死刑的,可以依法判处在案被告人死刑;在案被告人的罪行不足以判处死刑,或者共同犯罪人归案后全案只宜判处其一人死刑的,不能因为共同犯罪人未到案而对在案被告人适用死刑;在案被告人与未到案共同犯罪人的罪责大小难以准确认定,进而影响准确适用死刑的,不应对在案被告人判处死刑。

对于贩卖毒品案件中的上下家,要结合其贩毒数量、次数及对象范围,犯罪的主动性,对促成交易所发挥的作用,犯罪行为的危害后果等因素,综合考虑其主观恶性和人身危险性,慎重、稳妥地决定死刑适用。对于买卖同宗毒品的上下家,涉案毒品数量刚超过实际掌握的死刑数量标准的,一般不能同时判处死刑;上家主动联络销售毒品,积极促成毒品交易的,通常可以判处上家死刑;下家积极筹资,主动向上家约购毒品,对促成毒品交易起更大作用的,可以考虑判处下家死刑。涉案毒品数量达到巨大以上的,也要综合上述因素决定死刑适用,同时判处上下家死刑符合罪刑相适应原则,并有利于全案量刑平衡的,可以依法判处。

一案中有多名共同犯罪人、上下家针对同宗毒品实施犯罪的,可以综合运用上述毒品共同犯罪、上下家犯罪的死刑适用原则予以处理。

办理毒品犯罪案件,应当尽量将共同犯罪案件或者密切关联的上下游案件进行并案审理;因客观原因造成分案处理的,办案时应当及时了解关联案件的审理进展和处理结果,注重量刑平衡。

3. 新类型、混合型毒品犯罪的死刑适用

甲基苯丙胺片剂(俗称"麻古"等)是以甲基苯丙胺为主要毒品成分的混合型毒品,其甲基苯丙胺含量相对较低,危害性亦有所不同。为体现罚当其罪,甲基苯丙胺片剂的死刑数量标准一般可以按照甲基苯丙胺(冰毒)的2倍左右掌握,具体可以根据当地的毒品犯罪形势和涉案毒品含量等因素确定。

涉案毒品为氯胺酮(俗称"K粉")的,结合毒品数量、犯罪性质、情节及危害后果等因素,对符合死刑适用条件的被告人可以依法判处死刑。综合考虑氯胺酮的致瘾癖性、滥用范围和危害性等因素,其死刑数量标准一般可以按照海洛因的10倍掌握。

涉案毒品为其他滥用范围和危害性相对较小的新类型、混合型毒品的,一般不宜判处被告人死刑。但对于司法解释、规范性文件明确规定了定罪量刑数量标准,且涉案毒品数量特别巨大,社会危害大,不判处死刑难以体现罚当其罪的,必要时可以判处被告人死刑。

(五)缓刑、财产刑适用及减刑、假释问题

对于毒品犯罪应当从严掌握缓刑适用条件。对于毒品再犯,一般不得适用缓刑。对于不能排除多次贩毒嫌疑的零包贩毒被告人,因认定构成贩卖毒品等犯罪的证据不足而认定为非法持有毒品罪的被告人,实施引诱、教唆、欺骗、强迫他人吸毒犯罪及制毒物品犯罪的被告人,应当严格限制缓刑适用。

办理毒品犯罪案件,应当依法追缴犯罪分子的违法所得,充分发挥财产刑的作用,切实加大对犯罪分子的经济制裁力度。对查封、扣押、冻结的涉案财物及其孳息,经查确属违法所得或者依法应当追缴的其他涉案财物的,如购毒款、供犯罪所用的本人财物、毒品犯罪所得的财物及其收益等,应当判决没收,但法律另有规定的除外。判处罚金刑时,应当结合毒品犯罪的性质、情节、危害后果及被告人的获利情况、经济状况等因素合理确定罚金数额。对于决定并处没收财产的毒品犯罪,判处被告人有期徒刑的,应当按照上述确定罚金数额的原则确定没收个人部分财产的数额;判处无期徒刑的,可以并处没收个人全部财产;判处死缓或者死刑的,应当并处没收个人全部财产。

对于具有毒枭、职业毒犯、累犯、毒品再犯等情节的毒品罪犯,应当从严掌握减刑条件,适当延长减刑起始时间、间隔时间,严格控制减刑幅度,延长实际执行刑期。对于刑法未禁止假释的前述毒品罪犯,应当严格掌握假释条件

(六)累犯、毒品再犯问题

累犯、毒品再犯是法定从重处罚情节,即使本次毒品犯罪情节较轻,也要体现从严惩处的精神。尤其对于曾因实施严重暴力犯罪被判刑的累犯、刑满释放后短期内又实施毒品犯罪的再犯,以及在缓刑、假释、暂予监外执行期间又实施毒品犯罪的

再犯,应当严格体现从重处罚。

对于因同一毒品犯罪前科同时构成累犯和毒品再犯的被告人,在裁判文书中应当同时引用刑法关于累犯和毒品再犯的条款,但在量刑时不得重复予以从重处罚。对于因不同犯罪前科同时构成累犯和毒品再犯的被告人,量刑时的从重处罚幅度一般应大于前述情形。

(七)非法贩卖麻醉药品、精神药品行为的定性问题

行为人向走私、贩卖毒品的犯罪分子或者吸食、注射毒品的人员贩卖国家规定管制的能够使人形成瘾癖的麻醉药品或者精神药品的,以贩卖毒品罪定罪处罚。

行为人出于医疗目的,违反有关药品管理的国家规定,非法贩卖上述麻醉药品或者精神药品,扰乱市场秩序,情节严重的,以非法经营罪定罪处罚。

最高人民检察院法律政策研究室关于安定注射液是否属于刑法第三百五十五条规定的精神药品问题的答复

(2002年10月24日 〔2002〕高检研发第23号)

福建省人民检察院研究室:

你院《关于安定注射液是否属于〈刑法〉第三百五十五条规定的精神药品的请示》(闽检〔2001〕6号)收悉。经研究并征求有关部门意见,答复如下:

根据《精神药品管理办法》等国家有关规定,"能够使人形成瘾癖"的精神药品,是指使用后能使人的中枢神经系统兴奋或者抑制连续使用能使人产生依赖性的药品。安定注射液属于刑法第三百五十五条第一款规定的"国家规定管制的能够使人形成瘾癖的"精神药品。鉴于安定注射液属于《精神药品管理办法》规定的第二类精神药品,医疗实践中使用较多,在处理此类案件时,应当慎重掌握罪与非罪的界限。对于明知他人是吸毒人员而多次向其出售安定注射液,或者贩卖安定注射液数量较大的,可以依法追究行为人的刑事责任。

公安部关于在成品药中非法添加阿普唑仑和曲马多进行销售能否认定为制造贩卖毒品有关问题的批复

(2009年3月19日 公复字〔2009〕1号)

海南省公安厅:

你厅《关于在成品药中非法添加阿普唑仑和曲马多进行销售能否认定为毒品的请示》(琼公发〔2009〕2号)收悉。经商最高人民检察院有关部门,现批复如下:

一、阿普唑仑和曲马多为国家管制的二类精神药品。根据《中华人民共和国刑法》第三百五十五条的规定,如果行为人具有生产、管理、使用阿普唑仑和曲马多的资质,却将其掺加在其他药品中,违反国家规定向吸食、注射毒品的人提供的,构成非法提供精神药品罪;向走私、贩卖毒品的犯罪分子或以牟利为目的向吸食、注射毒品的人提供的,构成走私、贩卖毒品罪。根据《中华人民共和国刑法》第三百四十七条的规定,如果行为人没有生产、管理、使用阿普唑仑和曲马多的资质,而将其掺加在其

他药品中予以贩卖,构成贩卖、制造毒品罪。

二、在办案中应当注意区别为治疗、戒毒依法合理使用的行为与上述犯罪行为的界限。只有违反国家规定,明知是走私、贩卖毒品的人员而向其提供阿普唑仑和曲马多,或者明知是吸毒人员而向其贩卖或超出规定的次数、数量向其提供阿普唑仑和曲马多的,才可以认定为犯罪。

最高人民法院研究室关于被告人对不同种毒品实施同一犯罪行为是否按比例折算成一种毒品予以累加后量刑的答复

(2009年8月17日 法研〔2009〕146号)

四川省高级人民法院:

你院川高法〔2009〕390号《关于被告人对不同种毒品实施同一犯罪行为是否按比例折算成一种毒品予以累加后量刑的请示》收悉。经研究,答复如下:

根据《全国部分法院审理毒品犯罪案件工作座谈会纪要》的规定,对被告人一人走私、贩卖、运输、制造两种以上毒品的,不实行数罪并罚,量刑时可综合考虑毒品的种类、数量及危害,依法处理。故同意你院处理意见。

8. 组织、强迫、引诱、容留、介绍卖淫罪

最高人民法院、最高人民检察院关于办理组织、强迫、引诱、容留、介绍卖淫刑事案件适用法律若干问题的解释

(2017年5月8日最高人民法院审判委员会第1716次会议、2017年7月4日最高人民检察院第十二届检察委员会第66次会议通过 2017年7月21日最高人民法院、最高人民检察院公告公布 自2017年7月25日起施行 法释〔2017〕13号)

为依法惩治组织、强迫、引诱、容留、介绍卖淫犯罪活动,根据刑法有关规定,结合司法工作实际,现就办理这类刑事案件具体应用法律的若干问题解释如下:

第一条 以招募、雇佣、纠集等手段,管理或者控制他人卖淫,卖淫人员在三人以上的,应当认定为刑法第三百五十八条规定的"组织他人卖淫"。

组织卖淫者是否设置固定的卖淫场所、组织卖淫者人数多少、规模大小,不影响组织卖淫行为的认定。

第二条 组织他人卖淫,具有下列情形之一的,应当认定为刑法第三百五十八条第一款规定的"情节严重":

(一)卖淫人员累计达十人以上的;

(二)卖淫人员中未成年人、孕妇、智障人员、患有严重性病的人累计达五人以

上的；

（三）组织境外人员在境内卖淫或者组织境内人员出境卖淫的；

（四）非法获利人民币一百万元以上的；

（五）造成被组织卖淫的人自残、自杀或者其他严重后果的；

（六）其他情节严重的情形。

第三条 在组织卖淫犯罪活动中，对被组织卖淫的人有引诱、容留、介绍卖淫行为的，依照处罚较重的规定定罪处罚。但是，对被组织卖淫的人以外的其他人有引诱、容留、介绍卖淫行为的，应当分别定罪，实行数罪并罚。

第四条 明知他人实施组织卖淫犯罪活动而为其招募、运送人员或者充当保镖、打手、管账人等的，依照刑法第三百五十八条第四款的规定，以协助组织卖淫罪定罪处罚，不以组织卖淫罪的从犯论处。

在具有营业执照的会所、洗浴中心等经营场所担任保洁员、收银员、保安员等，从事一般服务性、劳务性工作，仅领取正常薪酬，且无前款所列协助组织卖淫行为的，不认定为协助组织卖淫罪。

第五条 协助组织他人卖淫，具有下列情形之一的，应当认定为刑法第三百五十八条第四款规定的"情节严重"：

（一）招募、运送卖淫人员累计达十人以上的；

（二）招募、运送的卖淫人员中未成年人、孕妇、智障人员、患有严重性病的人累计达五人以上的；

（三）协助组织境外人员在境内卖淫或者协助组织境内人员出境卖淫的；

（四）非法获利人民币五十万元以上的；

（五）造成被招募、运送或者被组织卖淫的人自残、自杀或者其他严重后果的；

（六）其他情节严重的情形。

第六条 强迫他人卖淫，具有下列情形之一的，应当认定为刑法第三百五十八条第一款规定的"情节严重"：

（一）卖淫人员累计达五人以上的；

（二）卖淫人员中未成年人、孕妇、智障人员、患有严重性病的人累计达三人以上的；

（三）强迫不满十四周岁的幼女卖淫的；

（四）造成被强迫卖淫的人自残、自杀或者其他严重后果的；

（五）其他情节严重的情形。

行为人既有组织卖淫犯罪行为，又有强迫卖淫犯罪行为，且具有下列情形之一的，以组织、强迫卖淫"情节严重"论处：

（一）组织卖淫、强迫卖淫行为中具有本解释第二条、本条前款规定的"情节严重"情形之一的；

（二）卖淫人员累计达到本解释第二条第一、二项规定的组织卖淫"情节严重"人数标准的；

（三）非法获利数额相加达到本解释第二条第四项规定的组织卖淫"情节严重"数额标准的。

第七条 根据刑法第三百五十八条第三款的规定，犯组织、强迫卖淫罪，并有杀害、伤害、强奸、绑架等犯罪行为的，依照数罪并罚的规定处罚。协助组织卖淫行为人参与实施上述行为的，以共同犯罪论处。

根据刑法第三百五十八条第二款的规定，组织、强迫未成年人卖淫的，应当从重处罚。

第八条 引诱、容留、介绍他人卖淫，具有下列情形之一的，应当依照刑法第三百五十九条第一款的规定定罪处罚：

（一）引诱他人卖淫的；

（二）容留、介绍二人以上卖淫的；

（三）容留、介绍未成年人、孕妇、智障人员、患有严重性病的人卖淫的；

（四）一年内曾因引诱、容留、介绍卖淫行为被行政处罚，又实施容留、介绍卖淫行为的；

（五）非法获利人民币一万元以上的。

利用信息网络发布招嫖违法信息，情节严重的，依照刑法第二百八十七条之一的规定，以非法利用信息网络罪定罪处罚。同时构成介绍卖淫罪的，依照处罚较重的规定定罪处罚。

引诱、容留、介绍他人卖淫是否以营利为目的，不影响犯罪的成立。

引诱不满十四周岁的幼女卖淫的，依照刑法第三百五十九条第二款的规定，以引诱幼女卖淫罪定罪处罚。

被引诱卖淫的人员中既有不满十四周岁的幼女，又有其他人员的，分别以引诱幼女卖淫罪和引诱卖淫罪定罪，实行并罚。

第九条 引诱、容留、介绍他人卖淫，具有下列情形之一的，应当认定为刑法第三百五十九条第一款规定的“情节严重”：

（一）引诱五人以上或者引诱、容留、介绍十人以上卖淫的；

（二）引诱三人以上的未成年人、孕妇、智障人员、患有严重性病的人卖淫，或者引诱、容留、介绍五人以上该类人员卖淫的；

（三）非法获利人民币五万元以上的；

（四）其他情节严重的情形。

第十条 组织、强迫、引诱、容留、介绍他人卖淫的次数，作为酌定情节在量刑时考虑。

第十一条 具有下列情形之一的，应当认定为刑法第三百六十条规定的“明知”：

（一）有证据证明曾到医院或者其他医疗机构就医或者检查，被诊断为患有严重性病的；

（二）根据本人的知识和经验，能够知道自己患有严重性病的；

（三）通过其他方法能够证明行为人是“明知”的。

传播性病行为是否实际造成他人患上严重性病的后果，不影响本罪的成立。

刑法第三百六十条规定所称的“严重性病”，包括梅毒、淋病等。其他性病是否认定为“严重性病”，应当根据《中华人民共和国传染病防治法》《性病防治管理办法》的规定，在国家卫生与计划生育委员会规定实行性病监测的性病范围内，依照其危害、特点与梅毒、淋病相当的原则，从严掌握。

第十二条 明知自己患有艾滋病或者感染艾滋病病毒而卖淫、嫖娼的，依照刑法第三百六十条的规定，以传播性病罪定罪，从重处罚。

具有下列情形之一，致使他人感染艾滋病病毒的，认定为刑法第九十五条第三项“其他对于人身健康有重大伤害”所指的“重伤”，依照刑法第二百三十四条第二款的规定，以故意伤害罪定罪处罚：

（一）明知自己感染艾滋病病毒而卖淫、嫖娼的；

（二）明知自己感染艾滋病病毒，故意不采取防范措施而与他人发生性关系的。

第十三条 犯组织、强迫、引诱、容留、介绍卖淫罪的，应当依法判处犯罪所得二倍以上的罚金。共同犯罪的，对各共同犯罪人合计判处的罚金应当在犯罪所得的二倍以上。

对犯组织、强迫卖淫罪被判处无期徒刑的，应当并处没收财产。

第十四条 根据刑法第三百六十二条、第三百一十条的规定，旅馆业、饮食服务业、文化娱乐业、出租汽车业等单位的人员，在公安机关查处卖淫、嫖娼活动时，为违法犯罪分子通风报信，情节严重的，以包庇罪定罪处罚。事前与犯罪分子通谋的，以共同犯罪论处。

具有下列情形之一的，应当认定为刑法第三百六十二条规定的“情节严重”：

（一）向组织、强迫卖淫犯罪集团通风报信的；

（二）二年内通风报信三次以上的；

（三）一年内因通风报信被行政处罚，又实施通风报信行为的；

（四）致使犯罪集团的首要分子或者其他共同犯罪的主犯未能及时归案的；

（五）造成卖淫嫖娼人员逃跑，致使公安机关查处犯罪行为因取证困难而撤销刑事案件的；

（六）非法获利人民币一万元以上的；

（七）其他情节严重的情形。

第十五条 本解释自2017年7月25日起施行。

9. 制作、贩卖、传播淫秽物品罪

最高人民法院、最高人民检察院关于办理利用互联网、移动通讯终端、声讯台制作、复制、出版、贩卖、传播淫秽电子信息刑事案件具体应用法律若干问题的解释

（2004年9月1日最高人民法院审判委员会第1323次会议、2004年9月2日最高人民检察院第十届检察委员会第26次会议通过 2004年9月3日最高人民法院、最高人民检察院公告公布 自2004年9月6日起施行 法释〔2004〕11号）

为依法惩治利用互联网、移动通讯终端制作、复制、出版、贩卖、传播淫秽电子信息、通过声讯台传播淫秽语音信息等犯罪活动，维护公共网络、通讯的正常秩序，保障公众的合法权益，根据《中华人民共和国刑法》、《全国人民代表大会常务委员会关于维护互联网安全的决定》的规定，现对办理该类刑事案件具体应用法律的若干问题解释如下：

第一条 以牟利为目的，利用互联网、移动通讯终端制作、复制、出版、贩卖、传播淫秽电子信息，具有下列情形之一的，依照刑法第三百六十三条第一款的规定，以制作、复制、出版、贩卖、传播淫秽物品牟利罪定罪处罚：

（一）制作、复制、出版、贩卖、传播淫秽

电影、表演、动画等视频文件二十个以上的；

（二）制作、复制、出版、贩卖、传播淫秽音频文件一百个以上的；

（三）制作、复制、出版、贩卖、传播淫秽电子刊物、图片、文章、短信息等二百件以上的；

（四）制作、复制、出版、贩卖、传播的淫秽电子信息，实际被点击数达到一万次以上的；

（五）以会员制方式出版、贩卖、传播淫秽电子信息，注册会员达二百人以上的；

（六）利用淫秽电子信息收取广告费、会员注册费或者其他费用，违法所得一万元以上的；

（七）数量或者数额虽未达到第（一）项至第（六）项规定标准，但分别达到其中两项以上标准一半以上的；

（八）造成严重后果的。

利用聊天室、论坛、即时通信软件、电子邮件等方式，实施第一款规定行为的，依照刑法第三百六十三条第一款的规定，以制作、复制、出版、贩卖、传播淫秽物品牟利罪定罪处罚。

第二条 实施第一条规定的行为，数量或者数额达到第一条第一款第（一）项至第（六）项规定标准五倍以上的，应当认定为刑法第三百六十三条第一款规定的“情节严重”；达到规定标准二十五倍以上的，应当认定为“情节特别严重”。

第三条 不以牟利为目的，利用互联网或者转移通讯终端传播淫秽电子信息，具有下列情形之一的，依照刑法第三百六十四条第一款的规定，以传播淫秽物品罪定罪处罚：

（一）数量达到第一条第一款第（一）项至第（五）项规定标准二倍以上的；

（二）数量分别达到第一条第一款第（一）项至第（五）项两项以上标准的；

（三）造成严重后果的。

利用聊天室、论坛、即时通信软件、电子邮件等方式，实施第一款规定行为的，依照刑法第三百六十四条第一款的规定，以传播淫秽物品罪定罪处罚。

第四条 明知是淫秽电子信息而在自己所有、管理或者使用的网站或者网页上提供直接链接的，其数量标准根据所链接的淫秽电子信息的种类计算。

第五条 以牟利为目的，通过声讯台传播淫秽语音信息，具有下列情形之一的，依照刑法第三百六十三条第一款的规定，对直接负责的主管人员和其他直接责任人员以传播淫秽物品牟利罪定罪处罚：

（一）向一百人次以上传播的；

（二）违法所得一万元以上的；

（三）造成严重后果的。

实施前款规定行为，数量或者数额达到前款第（一）项至第（二）项规定标准五倍以上的，应当认定为刑法第三百六十三条第一款规定的“情节严重”；达到规定标准二十五倍以上的，应当认定为“情节特别严重”。

第六条 实施本解释前五条规定的犯罪，具有下列情形之一的，依照刑法第三百六十三条第一款、第三百六十四条第一款的规定从重处罚：

（一）制作、复制、出版、贩卖、传播具体描绘不满十八周岁未成年人性行为的淫秽电子信息的；

（二）明知是具体描绘不满十八周岁的未成年人性行为的淫秽电子信息而在自己所有、管理或者使用的网站或者网页上提供直接链接的；

（三）向不满十八周岁的未成年人贩卖、传播淫秽电子信息和语音信息的；

（四）通过使用破坏性程序、恶意代码修改用户计算机设置等方法，强制用户访问、下载淫秽电子信息的。

第七条 明知他人实施制作、复制、出版、贩卖、传播淫秽电子信息犯罪，为其提供互联网接入、服务器托管、网络存储空间、通讯传输通道、费用结算等帮助的，对直接负责的主管人员和其他直接责任人员，以共同犯罪论处。

第八条 利用互联网、移动通讯终端、声讯台贩卖、传播淫秽书刊、影片、录像带、录音带等以实物为载体的淫秽物品的，依照《最高人民法院关于审理非法出版物刑事案件具体应用法律若干问题的解释》的有关规定定罪处罚。

第九条 刑法第三百六十七条第一款规定的“其他淫秽物品”，包括具体描绘性行为或者露骨宣扬色情的诲淫性的视频文件、音频文件、电子刊物、图片、文章、短信息等互联网、移动通讯终端电子信息和声讯台语音信息。

有关人体生理、医学知识的电子信息和声讯台语音信息不是淫秽物品。包含色情内容的有艺术价值的电子文学、艺术作品不视为淫秽物品。

最高人民法院、最高人民检察院关于办理利用互联网、移动通讯终端、声讯台制作、复制、出版、贩卖、传播淫秽电子信息刑事案件具体应用法律若干问题的解释（二）

（2010年1月18日最高人民法院审判委员会第1483次会议、2010年1月14日最高人民检察院第十一届检察委员会第28次会议通过　2010年2月2日最高人民法院、最高人民检察院公告公布　自2010年2月4日起施行　法释〔2010〕3号）

为依法惩治利用互联网、移动通讯终端制作、复制、出版、贩卖、传播淫秽电子信息，通过声讯台传播淫秽语音信息等犯罪活动，维护社会秩序，保障公民权益，根据《中华人民共和国刑法》、《全国人民代表大会常务委员会关于维护互联网安全的决定》的规定，现对办理该类刑事案件具体应用法律的若干问题解释如下：

第一条 以牟利为目的，利用互联网、移动通讯终端制作、复制、出版、贩卖、传播淫秽电子信息的，依照《最高人民法院、最高人民检察院关于办理利用互联网、移动通讯终端、声讯台制作、复制、出版、贩卖、传播淫秽电子信息刑事案件具体应用法律若干问题的解释》第一条、第二条的规定定罪处罚。

以牟利为目的，利用互联网、移动通讯终端制作、复制、出版、贩卖、传播内容含有不满十四周岁未成年人的淫秽电子信息，具有下列情形之一的，依照刑法第三百六

十三条第一款的规定,以制作、复制、出版、贩卖、传播淫秽物品牟利罪定罪处罚:

(一)制作、复制、出版、贩卖、传播淫秽电影、表演、动画等视频文件十个以上的;

(二)制作、复制、出版、贩卖、传播淫秽音频文件五十个以上的;

(三)制作、复制、出版、贩卖、传播淫秽电子刊物、图片、文章等一百件以上的;

(四)制作、复制、出版、贩卖、传播的淫秽电子信息,实际被点击数达到五千次以上的;

(五)以会员制方式出版、贩卖、传播淫秽电子信息,注册会员达一百人以上的;

(六)利用淫秽电子信息收取广告费、会员注册费或者其他费用,违法所得五千元以上的;

(七)数量或者数额虽未达到第(一)项至第(六)项规定标准,但分别达到其中两项以上标准一半以上的;

(八)造成严重后果的。

实施第二款规定的行为,数量或者数额达到第二款第(一)项至第(七)项规定标准五倍以上的,应当认定为刑法第三百六十三条第一款规定的"情节严重";达到规定标准二十五倍以上的,应当认定为"情节特别严重"。

第二条 利用互联网、移动通讯终端传播淫秽电子信息的,依照《最高人民法院、最高人民检察院关于办理利用互联网、移动通讯终端、声讯台制作、复制、出版、贩卖、传播淫秽电子信息刑事案件具体应用法律若干问题的解释》第三条的规定定罪处罚。

利用互联网、移动通讯终端传播内容含有不满十四周岁未成年人的淫秽电子信息,具有下列情形之一的,依照刑法第三百六十四条第一款的规定,以传播淫秽物品罪定罪处罚:

(一)数量达到第一条第二款第(一)项至第(五)项规定标准二倍以上的;

(二)数量分别达到第一条第二款第(一)项至第(五)项两项以上标准的;

(三)造成严重后果的。

第三条 利用互联网建立主要用于传播淫秽电子信息的群组,成员达三十人以上或者造成严重后果的,对建立者、管理者和主要传播者,依照刑法第三百六十四条第一款的规定,以传播淫秽物品罪定罪处罚。

第四条 以牟利为目的,网站建立者、直接负责的管理者明知他人制作、复制、出版、贩卖、传播的是淫秽电子信息,允许或者放任他人在自己所有、管理的网站或者网页上发布,具有下列情形之一的,依照刑法第三百六十三条第一款的规定,以传播淫秽物品牟利罪定罪处罚:

(一)数量或者数额达到第一条第二款第(一)项至第(六)项规定标准五倍以上的;

(二)数量或者数额分别达到第一条第二款第(一)项至第(六)项两项以上标准二倍以上的;

(三)造成严重后果的。

实施前款规定的行为,数量或者数额达到第一条第二款第(一)项至第(七)项规定标准二十五倍以上的,应当认定为刑法第三百六十三条第一款规定的"情节严重";达到规定标准一百倍以上的,应当认定为"情节特别严重"。

第五条 网站建立者、直接负责的管理者明知他人制作、复制、出版、贩卖、传播的是淫秽电子信息,允许或者放任他人在自己所有、管理的网站或者网页上发布，具有下列情形之一的，依照刑法第三百六十四条第一款的规定，以传播淫秽物品罪定罪处罚：

（一）数量达到第一条第二款第（一）项至第（五）项规定标准十倍以上的；

（二）数量分别达到第一条第二款第（一）项至第（五）项两项以上标准五倍以上的；

（三）造成严重后果的。

第六条 电信业务经营者、互联网信息服务提供者明知是淫秽网站，为其提供互联网接入、服务器托管、网络存储空间、通讯传输通道、代收费等服务，并收取服务费，具有下列情形之一的，对直接负责的主管人员和其他直接责任人员，依照刑法第三百六十三条第一款的规定，以传播淫秽物品牟利罪定罪处罚：

（一）为五个以上淫秽网站提供上述服务的；

（二）为淫秽网站提供互联网接入、服务器托管、网络存储空间、通讯传输通道等服务，收取服务费数额在二万元以上的；

（三）为淫秽网站提供代收费服务，收取服务费数额在五万元以上的；

（四）造成严重后果的。

实施前款规定的行为，数量或者数额达到前款第（一）项至第（三）项规定标准五倍以上的，应当认定为刑法第三百六十三条第一款规定的"情节严重"；达到规定标准二十五倍以上的，应当认定为"情节特别严重"。

第七条 明知是淫秽网站，以牟利为目的，通过投放广告等方式向其直接或者间接提供资金，或者提供费用结算服务，具有下列情形之一的，对直接负责的主管人员和其他直接责任人员，依照刑法第三百六十三条第一款的规定，以制作、复制、出版、贩卖、传播淫秽物品牟利罪的共同犯罪处罚：

（一）向十个以上淫秽网站投放广告或者以其他方式提供资金的；

（二）向淫秽网站投放广告二十条以上的；

（三）向十个以上淫秽网站提供费用结算服务的；

（四）以投放广告或者其他方式向淫秽网站提供资金数额在五万元以上的；

（五）为淫秽网站提供费用结算服务，收取服务费数额在二万元以上的；

（六）造成严重后果的。

实施前款规定的行为，数量或者数额达到前款第（一）项至第（五）项规定标准五倍以上的，应当认定为刑法第三百六十三条第一款规定的"情节严重"；达到规定标准二十五倍以上的，应当认定为"情节特别严重"。

第八条 实施第四条至第七条规定的行为，具有下列情形之一的，应当认定行为人"明知"，但是有证据证明确实不知道的除外：

（一）行政主管机关书面告知后仍然实施上述行为的；

（二）接到举报后不履行法定管理职责的；

（三）为淫秽网站提供互联网接入、服务器托管、网络存储空间、通讯传输通道、代收费、费用结算等服务，收取服务费明显高于市场价格的；

（四）向淫秽网站投放广告，广告点击率明显异常的；

（五）其他能够认定行为人明知的情形。

第九条 一年内多次实施制作、复制、出版、贩卖、传播淫秽电子信息行为未经处理，数量或者数额累计计算构成犯罪的，应当依法定罪处罚。

第十条 单位实施制作、复制、出版、贩卖、传播淫秽电子信息犯罪的，依照《中华人民共和国刑法》、《最高人民法院、最高人民检察院关于办理利用互联网、移动通讯终端、声讯台制作、复制、出版、贩卖、传播淫秽电子信息刑事案件具体应用法律若干问题的解释》和本解释规定的相应个人犯罪的定罪量刑标准，对直接负责的主管人员和其他直接责任人员定罪处罚，并对单位判处罚金。

第十一条 对于以牟利为目的，实施制作、复制、出版、贩卖、传播淫秽电子信息犯罪的，人民法院应当综合考虑犯罪的违法所得、社会危害性等情节，依法判处罚金或者没收财产。罚金数额一般在违法所得的一倍以上五倍以下。

第十二条 《最高人民法院、最高人民检察院关于办理利用互联网、移动通讯终端、声讯台制作、复制、出版、贩卖、传播淫秽电子信息刑事案件具体应用法律若干问题的解释》和本解释所称网站，是指可以通过互联网域名、IP 地址等方式访问的内容提供站点。

以制作、复制、出版、贩卖、传播淫秽电子信息为目的建立或者建立后主要从事制作、复制、出版、贩卖、传播淫秽电子信息活动的网站，为淫秽网站。

第十三条 以前发布的司法解释与本解释不一致的，以本解释为准。

最高人民法院、最高人民检察院关于利用网络云盘制作、复制、贩卖、传播淫秽电子信息牟利行为定罪量刑问题的批复

（2017 年 8 月 28 日最高人民法院审判委员会第 1724 次会议、2017 年 10 月 10 日最高人民检察院第十二届检察委员会第 70 次会议通过　2017 年 11 月 22 日最高人民法院、最高人民检察院公告公布　自 2017 年 12 月 1 日起施行　法释〔2017〕19 号）

各省、自治区、直辖市高级人民法院、人民检察院，解放军军事法院、军事检察院，新疆维吾尔自治区高级人民法院生产建设兵团分院、新疆生产建设兵团人民检察院：

近来，部分高级人民法院、省级人民检察院就如何对利用网络云盘制作、复制、贩卖、传播淫秽电子信息牟利行为定罪量刑的问题提出请示。经研究，批复如下：

一、对于以牟利为目的，利用网络云盘制作、复制、贩卖、传播淫秽电子信息的行为，是否应当追究刑事责任，适用刑法和《最高人民法院、最高人民检察院关于办理利用互联网、移动通讯终端、声讯台制作、复制、出版、贩卖、传播淫秽电子信息刑事案件具体应用法律若干问题的解释》（法释〔2004〕11 号）、《最高人民法院、最高人民检察院关于办理利用互联网、移动通讯终端、声讯台制作、复制、出版、贩卖、传播淫秽电子信息刑事案件具体应用法律若干问题的解释（二）》（法释〔2010〕3 号）的有关规定。

二、对于以牟利为目的，利用网络云盘

制作、复制、贩卖、传播淫秽电子信息的行为，在追究刑事责任时，鉴于网络云盘的特点，不应单纯考虑制作、复制、贩卖、传播淫秽电子信息的数量，还应充分考虑传播范围、违法所得、行为人一贯表现以及淫秽电子信息、传播对象是否涉及未成年人等情节，综合评估社会危害性，恰当裁量刑罚，确保罪责刑相适应。

指导案例

指导案例71号：毛建文拒不执行判决、裁定案

【关键词】

刑事　拒不执行判决、裁定罪　起算时间

【裁判要点】

有能力执行而拒不执行判决、裁定的时间从判决、裁定发生法律效力时起算。具有执行内容的判决、裁定发生法律效力后，负有执行义务的人有隐藏、转移、故意毁损财产等拒不执行行为，致使判决、裁定无法执行，情节严重的，应当以拒不执行判决、裁定罪定罪处罚。

【相关法条】

《中华人民共和国刑法》第313条

【基本案情】

浙江省平阳县人民法院于2012年12月11日作出(2012)温平鳌商初字第595号民事判决，判令被告人毛建文于判决生效之日起15日内返还陈先银挂靠在其名下的温州宏源包装制品有限公司投资款200000元及利息。该判决于2013年1月6日生效。因毛建文未自觉履行生效法律文书确定的义务，陈先银于2013年2月16日向平阳县人民法院申请强制执行。立案后，平阳县人民法院在执行中查明，毛建文于2013年1月17日将其名下的浙CVU661小型普通客车以150000元的价格转卖，并将所得款项用于个人开销，拒不执行生效判决。毛建文于2013年11月30日被抓获归案后如实供述了上述事实。

【裁判结果】

浙江省平阳县人民法院于2014年6月17日作出(2014)温平刑初字第314号刑事判决：被告人毛建文犯拒不执行判决罪，判处有期徒刑十个月。宣判后，毛建文未提起上诉，公诉机关未提出抗诉，判决已发生法律效力。

【裁判理由】

法院生效裁判认为：被告人毛建文负有履行生效裁判确定的执行义务，在人民法院具有执行内容的判决、裁定发生法律效力后，实施隐藏、转移财产等拒不执行行为，致使判决、裁定无法执行，情节严重，其行为已构成拒不执行判决罪。公诉机关指控的罪名成立。毛建文归案后如实供述了自己的罪行，可以从轻处罚。

本案的争议焦点为，拒不执行判决、裁定罪中规定的“有能力执行而拒不执行”的行为起算时间如何认定，即被告人毛建文拒不执行判决的行为是从相关民事判决发生法律效力时起算，还是从执行立案时起算。对此，法院认为，生效法律文书进入强制执行程序并不是构成拒不执行判决、裁定罪的要件和前提，毛建文拒不执行判决的行为应从相关民事判决于2013年1月6日发生法律效力时起算。主要理由如下：第一，符合立法原意。全国人民代表大会

常务委员会对刑法第三百一十三条规定解释时指出,该条中的“人民法院的判决、裁定”,是指人民法院依法作出的具有执行内容并已发生法律效力的判决、裁定。这就是说,只有具有执行内容的判决、裁定发生法律效力后,才具有法律约束力和强制执行力,义务人才有及时、积极履行生效法律文书确定义务的责任。生效法律文书的强制执行力不是在进入强制执行程序后才产生的,而是自法律文书生效之日起即产生。第二,与民事诉讼法及其司法解释协调一致。《中华人民共和国民事诉讼法》第一百一十一条规定:诉讼参与人或者其他人拒不履行人民法院已经发生法律效力的判决、裁定的,人民法院可以根据情节轻重予以罚款、拘留;构成犯罪的,依法追究刑事责任。《最高人民法院关于适用〈中华人民共和国民事诉讼法〉的解释》第一百八十八条规定:民事诉讼法第一百一十一条第一款第六项规定的拒不履行人民法院已经发生法律效力的判决、裁定的行为,包括在法律文书发生法律效力后隐藏、转移、变卖、毁损财产或者无偿转让财产、以明显不合理的价格交易财产、放弃到期债权、无偿为他人提供担保等,致使人民法院无法执行的。由此可见,法律明确将拒不执行行为限定在法律文书发生法律效力后,并未将拒不执行的主体仅限定为进入强制执行程序后的被执行人或者协助执行义务人等,更未将拒不执行判决、裁定罪的调整范围仅限于生效法律文书进入强制执行程序后发生的行为。第三,符合立法目的。拒不执行判决、裁定罪的立法目的在于解决法院生效判决、裁定的“执行难”问题。将判决、裁定生效后立案执行前逃避履行义务的行为纳入拒不执行判决、裁定罪的调整范围,是法律设定该罪的应有之意。将判决、裁定生效之日确定为拒不执行判决、裁定罪中拒不执行行为的起算时间点,能有效地促使义务人在判决、裁定生效后即迫于刑罚的威慑力而主动履行生效裁判确定的义务,避免生效裁判沦为一纸空文,从而使社会公众真正尊重司法裁判,维护法律权威,从根本上解决“执行难”问题,实现拒不执行判决、裁定罪的立法目的。

指导案例102号:付宣豪、黄子超破坏计算机信息系统案

【关键词】

刑事/破坏计算机信息系统罪/DNS劫持/后果严重/后果特别严重

【裁判要点】

1. 通过修改路由器、浏览器设置、锁定主页或者弹出新窗口等技术手段,强制网络用户访问指定网站的“DNS劫持”行为,属于破坏计算机信息系统,后果严重的,构成破坏计算机信息系统罪。

2. 对于“DNS劫持”,应当根据造成不能正常运行的计算机信息系统数量、相关计算机信息系统不能正常运行的时间,以及所造成的损失或者影响等,认定其是“后果严重”还是“后果特别严重”。

【相关法条】

《中华人民共和国刑法》第286条

【基本案情】

2013年底至2014年10月,被告人付宣豪、黄子超等人租赁多台服务器,使用恶意代码修改互联网用户路由器的DNS设置,进而使用户登录“2345.com”等导航网站时跳转至其设置的“5w.com”导航网站,

被告人付宣豪、黄子超等人再将获取的互联网用户流量出售给杭州久尚科技有限公司(系“5w. com”导航网站所有者),违法所得合计人民币754,762. 34元。

2014年11月17日,被告人付宣豪接民警电话通知后自动至公安机关,被告人黄子超主动投案,二被告人到案后均如实供述了上述犯罪事实。

被告人及辩护人对罪名及事实均无异议。

【裁判结果】

上海市浦东新区人民法院于2015年5月20日作出(2015)浦刑初字第1460号刑事判决:一、被告人付宣豪犯破坏计算机信息系统罪,判处有期徒刑三年,缓刑三年。二、被告人黄子超犯破坏计算机信息系统罪,判处有期徒刑三年,缓刑三年。三、扣押在案的作案工具以及退缴在案的违法所得予以没收,上缴国库。一审宣判后,二被告人均未上诉,公诉机关未抗诉,判决已发生法律效力。

【裁判理由】

法院生效裁判认为,根据《中华人民共和国刑法》第二百八十六条的规定,对计算机信息系统功能进行破坏,造成计算机信息系统不能正常运行,后果严重的,构成破坏计算机信息系统罪。本案中,被告人付宣豪、黄子超实施的是流量劫持中的“DNS劫持”。DNS是域名系统的英文首字母缩写,作用是提供域名解析服务。“DNS劫持”通过修改域名解析,使对特定域名的访问由原IP地址转入到篡改后的指定IP地址,导致用户无法访问原IP地址对应的网站或者访问虚假网站,从而实现窃取资料或者破坏网站原有正常服务的目的。二被告人使用恶意代码修改互联网用户路由器的DNS设置,将用户访问“2345. com”等导航网站的流量劫持到其设置的“5w. com”导航网站,并将获取的互联网用户流量出售,显然是对网络用户的计算机信息系统功能进行破坏,造成计算机信息系统不能正常运行,符合破坏计算机信息系统罪的客观行为要件。

根据《最高人民法院、最高人民检察院关于办理危害计算机信息系统安全刑事案件应用法律若干问题的解释》,破坏计算机信息系统,违法所得人民币二万五千元以上或者造成经济损失人民币五万元以上的,应当认定为“后果特别严重”。本案中,二被告人的违法所得达人民币754,762. 34元,属于“后果特别严重”。

综上,被告人付宣豪、黄子超实施的“DNS劫持”行为系违反国家规定,对计算机信息系统中存储的数据进行修改,后果特别严重,依法应处五年以上有期徒刑。鉴于二被告人在家属的帮助下退缴全部违法所得,未获取、泄露公民个人信息,且均具有自首情节,无前科劣迹,故依法对其减轻处罚并适用缓刑。

指导案例103号:
徐强破坏计算机信息系统案

【关键词】

刑事/破坏计算机信息系统罪/机械远程监控系统

【裁判要点】

企业的机械远程监控系统属于计算机信息系统。违反国家规定,对企业的机械远程监控系统功能进行破坏,造成计算机信息系统不能正常运行,后果严重的,构成破坏计算机信息系统罪。

【相关法条】

《中华人民共和国刑法》第286条第1款、第2款

【基本案情】

为了加强对分期付款的工程机械设备的管理,中联重科股份有限公司(以下简称中联重科)投入使用了中联重科物联网GPS信息服务系统,该套计算机信息系统由中联重科物联网远程监控平台、GPS终端、控制器和显示器等构成,该系统具备自动采集、处理、存储、回传、显示数据和自动控制设备的功能,其中,控制器、GPS终端和显示器由中联重科在工程机械设备的生产制造过程中安装到每台设备上。

中联重科对"按揭销售"的泵车设备均安装了中联重科物联网GPS信息服务系统,并在产品买卖合同中明确约定"如买受人出现违反合同约定的行为,出卖人有权采取停机、锁机等措施"以及"在买受人付清全部货款前,产品所有权归出卖人所有。即使在买受人已经获得机动车辆登记文件的情况下,买受人未付清全部货款前,产品所有权仍归出卖人所有"的条款。然后由中联重科总部的远程监控维护平台对泵车进行监控,如发现客户有拖欠、赖账等情况,就会通过远程监控系统进行"锁机",泵车接收到"锁机"指令后依然能发动,但不能作业。

2014年5月间,被告人徐强使用"GPS干扰器"先后为钟某某、龚某某、张某某名下或管理的五台中联重科泵车解除锁定。具体事实如下:

1. 2014年4月初,钟某某发现其购得的牌号为贵A77462的泵车即将被中联重科锁机后,安排徐关伦帮忙打听解锁人。徐某某遂联系龚某某告知钟某某泵车需解锁一事。龚某某表示同意后,即通过电话联系被告人徐强给泵车解锁。2014年5月18日,被告人徐强携带"GPS干扰器"与龚某某一起来到贵阳市清镇市,由被告人徐强将"GPS干扰器"上的信号线连接到泵车右侧电控柜,再将"GPS干扰器"通电后使用干扰器成功为牌号为贵A77462的泵车解锁。事后,钟某某向龚某某支付了解锁费用人民币40000元,龚某某亦按约定将其中人民币9600元支付给徐某某作为介绍费。当日及次日,龚某某还带着被告人徐强为其管理的其妹夫黄某从中联重科及长沙中联重科二手设备销售有限公司以分期付款方式购得的牌号分别为湘AB0375、湘AA6985、湘AA6987的三台泵车进行永久解锁。事后,龚某某向被告人徐强支付四台泵车的解锁费用共计人民币30000元。

2. 2014年5月间,张某某从中联重科以按揭贷款的方式购买泵车一台,因拖欠货款被中联重科使用物联网系统将泵车锁定,无法正常作业。张某某遂通过电话联系到被告人徐强为其泵车解锁。2014年5月17日,被告人徐强携带"GPS干扰器"来到湖北襄阳市,采用上述同样的方式为张某某名下牌号为鄂FE7721的泵车解锁。事后,张某某向被告人徐强支付解锁费用人民币15000元。

经鉴定,中联重科的上述牌号为贵A77462、湘AB0375、湘AA6985、湘AA6987泵车GPS终端被拆除及控制程序被修改后,中联重科物联网GPS信息服务系统无法对泵车进行实时监控和远程锁车。

2014年11月7日,被告人徐强主动到公安机关投案。在本院审理过程中,被告人徐强退缴了违法所得人民币45000元。

【裁判结果】

湖南省长沙市岳麓区人民法院于2015

年12月17日作出(2015)岳刑初字第652号刑事判决:一、被告人徐强犯破坏计算机信息系统罪,判处有期徒刑二年六个月。二、追缴被告人徐强的违法所得人民币四万五千元,上缴国库。被告人徐强不服,提出上诉。湖南省长沙市中级人民法院于2016年8月9日作出(2016)湘01刑终58号刑事裁定:驳回上诉,维持原判。该裁定已发生法律效力。

【裁判理由】

法院生效裁判认为,《最高人民法院、最高人民检察院关于办理危害计算机信息系统安全刑事案件应用法律若干问题的解释》第十一条规定,"计算机信息系统"和"计算机系统",是指具备自动处理数据功能的系统,包括计算机、网络设备、通信设备、自动化控制设备等。本案中,中联重科物联网GPS信息服务系统由中联重科物联网远程监控平台、GPS终端、控制器和显示器等构成,具备自动采集、处理、存储、回传、显示数据和自动控制设备的功能。该系统属于具备自动处理数据功能的通信设备与自动化控制设备,属于刑法意义上的计算机信息系统。被告人徐强利用"GPS干扰器"对中联重科物联网GPS信息服务系统进行修改、干扰,造成该系统无法对案涉泵车进行实时监控和远程锁车,是对计算机信息系统功能进行破坏,造成计算机信息系统不能正常运行的行为,且后果特别严重。根据刑法第二百八十六条的规定,被告人徐强构成破坏计算机信息系统罪。徐强犯罪以后自动投案,如实供述了自己的罪行,系自首,依法可减轻处罚。徐强退缴全部违法所得,有悔罪表现,可酌情从轻处罚。针对徐强及辩护人提出"自己系自首,且全部退缴违法所得,一审量刑过重"的上诉意见与辩护意见,经查,徐强破坏计算机信息系统,违法所得45000元,后果特别严重,应当判处五年以上有期徒刑,一审判决综合考虑其自首、退缴全部违法所得等情节,对其减轻处罚,判处有期徒刑二年六个月,量刑适当。该上诉意见、辩护意见,不予采纳。原审判决认定事实清楚,证据确实充分,适用法律正确,量刑适当,审判程序合法。

指导案例104号:李森、何利民、张锋勃等人破坏计算机信息系统案

【关键词】

刑事/破坏计算机信息系统罪/干扰环境质量监测采样/数据失真/后果严重

【裁判要点】

环境质量监测系统属于计算机信息系统。用棉纱等物品堵塞环境质量监测采样设备,干扰采样,致使监测数据严重失真的,构成破坏计算机信息系统罪。

【相关法条】

《中华人民共和国刑法》第286条第1款

【基本案情】

西安市长安区环境空气自动监测站(以下简称长安子站)系国家环境保护部(以下简称环保部)确定的西安市13个国控空气站点之一,通过环境空气质量自动监测系统采集、处理监测数据,并将数据每小时传输发送至中国环境监测总站(以下简称监测总站),一方面通过网站实时向社会公布,一方面用于编制全国环境空气质量状况月报、季报和年报,向全国发布。长安子站为全市两个国家直管监测子站之一,由监测总站委托武汉宇虹环保产业股

份有限公司进行运行维护,不经允许,非运维方工作人员不得擅自进入。

2016年2月4日,长安子站回迁至西安市长安区西安邮电大学南区动力大楼房顶。被告人李森利用协助子站搬迁之机私自截留子站钥匙并偷记子站监控电脑密码,此后至2016年3月6日间,被告人李森、张锋勃多次进入长安子站内,用棉纱堵塞采样器的方法,干扰子站内环境空气质量自动监测系统的数据采集功能。被告人何利民明知李森等人的行为而没有阻止,只是要求李森把空气污染数值降下来。被告人李森还多次指使被告人张楠、张肖采用上述方法对子站自动监测系统进行干扰,造成该站自动监测数据多次出现异常,多个时间段内监测数据严重失真,影响了国家环境空气质量自动监测系统正常运行。为防止罪行败露,2016年3月7日、3月9日,在被告人李森的指使下,被告人张楠、张肖两次进入长安子站将监控视频删除。2016年2、3月间,长安子站每小时的监测数据已实时传输发送至监测总站,通过网站向社会公布,并用于环保部编制2016年2月、3月和第一季度全国74个城市空气质量状况评价、排名。2016年3月5日,监测总站在例行数据审核时发现长安子站数据明显偏低,检查时发现了长安子站监测数据弄虚作假问题,后公安机关将五被告人李森、何利民、张楠、张肖、张锋勃抓获到案。被告人李森、被告人张锋勃、被告人张楠、被告人张肖在庭审中均承认指控属实,被告人何利民在庭审中辩解称其对李森堵塞采样器的行为仅是默许、放任,请求宣告其无罪。

【裁判结果】

陕西省西安市中级人民法院于2017年6月15日作出(2016)陕01刑初233号刑事判决:一、被告人李森犯破坏计算机信息系统罪,判处有期徒刑一年十个月。二、被告人何利民犯破坏计算机信息系统罪,判处有期徒刑一年七个月。三、被告人张锋勃犯破坏计算机信息系统罪,判处有期徒刑一年四个月。四、被告人张楠犯破坏计算机信息系统罪,判处有期徒刑一年三个月。五、被告人张肖犯破坏计算机信息系统罪,判处有期徒刑一年三个月。宣判后,各被告人均未上诉,判决已发生法律效力。

【裁判理由】

法院生效裁判认为,五被告人的行为违反了国家规定。《中华人民共和国环境保护法》第六十八条规定禁止篡改、伪造或者指使篡改、伪造监测数据,《中华人民共和国环境大气污染防治法》第一百二十六条规定禁止对大气环境保护监督管理工作弄虚作假,《中华人民共和国环境计算机信息系统安全保护条例》第七条规定不得危害计算机信息系统的安全。本案五被告人采取堵塞采样器的方法伪造或者指使伪造监测数据,弄虚作假,违反了上述国家规定。

五被告人的行为破坏了计算机信息系统。《最高人民法院、最高人民检察院关于办理危害计算机信息系统安全刑事案件应用法律若干问题的解释》第十一条规定,计算机信息系统和计算机系统,是指具备自动处理数据功能的系统,包括计算机、网络设备、通信设备、自动化控制设备等。根据《最高人民法院、最高人民检察院关于办理环境污染刑事案件适用法律若干问题的解释》第十条第一款的规定,干扰环境质量监测系统的采样,致使监测数据严重失真的行为,属于破坏计算机信息系统。长安子站系国控环境空气质量自动监测站点，产生的监测数据经过系统软件直接传输至监测总站，通过环保部和监测总站的政府网站实时向社会公布，参与计算环境空气质量指数并实时发布。空气采样器是环境空气质量监测系统的重要组成部分。PM10、PM2.5监测数据作为环境空气综合污染指数评估中的最重要两项指标，被告人用棉纱堵塞采样器的采样孔或拆卸采样器的行为，必然造成采样器内部气流场的改变，造成监测数据失真，影响对环境空气质量的正确评估，属于对计算机信息系统功能进行干扰，造成计算机信息系统不能正常运行的行为。

五被告人的行为造成了严重后果。(1)被告人李森、张锋勃、张楠、张肖均多次堵塞、拆卸采样器干扰采样，被告人何利民明知李森等人的行为而没有阻止，只是要求李森把空气污染数值降下来。(2)被告人的干扰行为造成了监测数据的显著异常。2016年2至3月间，长安子站颗粒物监测数据多次出现与周边子站变化趋势不符的现象。长安子站PM2.5数据分别在2月24日18时至25日16时、3月3日4时至6日19时两个时段内异常，PM10数据分别在2月18日18时至19日8时、2月25日20时至21日8时、3月5日19时至6日23时三个时段内异常。其中，长安子站的PM10数据在2016年3月5日19时至22时由361下降至213，下降了41%，其他周边子站均值升高了14%(由316上升至361)，6日16时至17时长安子站监测数值由188上升至426，升高了127%，其他子站均值变化不大(由318降至310)，6日17时至19时长安子站数值由426下降至309，下降了27%，其他子站均值变化不大(由310降至304)。可见，被告人堵塞采样器的行为足以造成监测数据的严重失真。上述数据的严重失真，与监测总站在例行数据审核时发现长安子站PM10数据明显偏低可以印证。(3)失真的监测数据已实时发送至监测总站，并向社会公布。长安子站空气质量监测的小时浓度均值数据已经通过互联网实时发布。(4)失真的监测数据已被用于编制环境评价的月报、季报。环保部在2016年二、三月及第一季度的全国74个重点城市空气质量排名工作中已采信上述虚假数据，已向社会公布并上报国务院，影响了全国大气环境治理情况评估，损害了政府公信力，误导了环境决策。据此，五被告人干扰采样的行为造成了严重后果，符合刑法第二百八十六条规定的“后果严重”要件。

综上，五被告人均已构成破坏计算机信息系统罪。鉴于五被告人到案后均能坦白认罪，有悔罪表现，依法可以从轻处罚。

指导案例105号：洪小强、洪礼沃、洪清泉、李志荣开设赌场案

【关键词】

刑事/开设赌场罪/网络赌博/微信群

【裁判要点】

以营利为目的，通过邀请人员加入微信群的方式招揽赌客，根据竞猜游戏网站的开奖结果等方式进行赌博，设定赌博规则，利用微信群进行控制管理，在一段时间内持续组织网络赌博活动的，属于刑法第三百零三条第二款规定的“开设赌场”。

【相关法条】

《中华人民共和国刑法》第303条第

2款

【基本案情】

2016年2月14日，被告人李志荣、洪礼沃、洪清泉伙同洪某1、洪某2(均在逃)以福建省南安市英都镇阀门基地旁一出租房为据点(后搬至福建省南安市英都镇环江路大众电器城五楼的套房)，雇佣洪某3等人，运用智能手机、电脑等设备建立微信群(群昵称为“寻龙诀”，经多次更名后为“(新)九八届同学聊天”)拉拢赌客进行网络赌博。洪某1、洪某2作为发起人和出资人，负责幕后管理整个团伙；被告人李志荣主要负责财务、维护赌博软件；被告人洪礼沃主要负责后勤；被告人洪清泉主要负责处理与赌客的纠纷；被告人洪小强为出资人，并介绍了陈某某等赌客加入微信群进行赌博。该微信赌博群将启动资金人民币300000元分成100份资金股，并另设10份技术股。其中，被告人洪小强占资金股6股，被告人洪礼沃、洪清泉各占技术股4股，被告人李志荣占技术股2股。

参赌人员加入微信群，通过微信或支付宝将赌资转至庄家(昵称为“白龙账房”、“青龙账房”)的微信或者支付宝账号计入分值(一元相当于一分)后，根据“PC蛋蛋”等竞猜游戏网站的开奖结果，以押大小、单双等方式在群内投注赌博。该赌博群24小时运转，每局参赌人员数十人，每日赌注累计达数十万元。截至案发时，该团伙共接受赌资累计达3237300元。赌博群运行期间共分红2次，其中被告人洪小强分得人民币36000元，被告人李志荣分得人民币6000元，被告人洪礼沃分得人民币12000元，被告人洪清泉分得人民币12000元。

【裁判结果】

江西省赣州市章贡区人民法院于2017年3月27日作出(2016)赣0702刑初367号刑事判决：一、被告人洪小强犯开设赌场罪，判处有期徒刑四年，并处罚金人民币五万元。二、被告人洪礼沃犯开设赌场罪，判处有期徒刑四年，并处罚金人民币五万元。三、被告人洪清泉犯开设赌场罪，判处有期徒刑四年，并处罚金人民币五万元。四、被告人李志荣犯开设赌场罪，判处有期徒刑四年，并处罚金人民币五万元。五、将四被告人所退缴的违法所得共计人民币66000元以及随案移送的6部手机、1台笔记本电脑、3台台式电脑主机等供犯罪所用的物品，依法予以没收，上缴国库。宣判后，四被告人均未提出上诉，判决已发生法律效力。

【裁判理由】

法院生效裁判认为，被告人洪小强、洪礼沃、洪清泉、李志荣以营利为目的，通过邀请人员加入微信群的方式招揽赌客，根据竞猜游戏网站的开奖结果，以押大小、单双等方式进行赌博，并利用微信群进行控制管理，在一段时间内持续组织网络赌博活动的行为，属于刑法第三百零三条第二款规定的“开设赌场”。被告人洪小强、洪礼沃、洪清泉、李志荣开设和经营赌场，共接受赌资累计达3237300元，应认定为刑法第三百零三条第二款规定的“情节严重”，其行为均已构成开设赌场罪。

指导案例106号：谢检军、高垒、高尔樵、杨泽彬开设赌场案

【关键词】

刑事/开设赌场罪/网络赌博/微信群/微信群抢红包

【裁判要点】

以营利为目的，通过邀请人员加入微信群，利用微信群进行控制管理，以抢红包方式进行赌博，在一段时间内持续组织赌博活动的行为，属于刑法第三百零三条第二款规定的“开设赌场”。

【相关法条】

《中华人民共和国刑法》第 303 条第 2 款

【基本案情】

2015 年 9 月至 2015 年 11 月，向某（已判决）在杭州市萧山区活动期间，分别伙同被告人谢检军、高垒、高尔樵、杨泽彬等人，以营利为目的，邀请他人加入其建立的微信群，组织他人在微信群里采用抢红包的方式进行赌博。期间，被告人谢检军、高垒、高尔樵、杨泽彬分别帮助向某在赌博红包群内代发红包，并根据发出赌博红包的个数，从抽头款中分得好处费。

【裁判结果】

浙江省杭州市萧山区人民法院于 2016 年 11 月 9 日作出（2016）浙 0109 刑初 1736 号刑事判决：一、被告人谢检军犯开设赌场罪，判处有期徒刑三年六个月，并处罚金人民币 25000 元。二、被告人高垒犯开设赌场罪，判处有期徒刑三年三个月，并处罚金人民币 20000 元。三、被告人高尔樵犯开设赌场罪，判处有期徒刑三年三个月，并处罚金人民币 15000 元。四、被告人杨泽彬犯开设赌场罪，判处有期徒刑三年，并处罚金人民币 10000 元。五、随案移送的四被告人犯罪所用工具手机 6 只予以没收，上缴国库；尚未追回的四被告人犯罪所得赃款，继续予以追缴。宣判后，谢检军、高尔樵、杨泽彬不服，分别向浙江省杭州市中级人民法院提出上诉。浙江省杭州市中级人民法院于 2016 年 12 月 29 日作出（2016）浙 01 刑终 1143 号刑事判决：一、维持杭州市萧山区人民法院（2016）浙 0109 刑初 1736 号刑事判决第一项、第二项、第三项、第四项的定罪部分及第五项没收犯罪工具、追缴赃款部分。二、撤销杭州市萧山区人民法院（2016）浙 0109 刑初 1736 号刑事判决第一项、第二项、第三项、第四项的量刑部分。三、上诉人（原审被告人）谢检军犯开设赌场罪，判处有期徒刑三年，并处罚金人民币 25000 元。四、原审被告人高垒犯开设赌场罪，判处有期徒刑二年六个月，并处罚金人民币 20000 元。五、上诉人（原审被告人）高尔樵犯开设赌场罪，判处有期徒刑二年六个月，并处罚金人民币 15000 元。六、上诉人（原审被告人）杨泽彬犯开设赌场罪，判处有期徒刑一年六个月，并处罚金人民币 10000 元。

【裁判理由】

法院生效裁判认为，以营利为目的，通过邀请人员加入微信群，利用微信群进行控制管理，以抢红包方式进行赌博，设定赌博规则，在一段时间内持续组织赌博活动的行为，属于刑法第三百零三条第二款规定的“开设赌场”。谢检军、高垒、高尔樵、杨泽彬伙同他人开设赌场，均已构成开设赌场罪，且系情节严重。谢检军、高垒、高尔樵、杨泽彬在共同犯罪中地位和作用较轻，均系从犯，原判未认定从犯不当，依法予以纠正，并对谢检军予以从轻处罚，对高尔樵、杨泽彬、高垒均予以减轻处罚。杨泽彬犯罪后自动投案，并如实供述自己的罪行，系自首，依法予以从轻处罚。谢检军、高尔樵、高垒到案后如实供述犯罪事实，依法予以从轻处罚。谢检军、高尔樵、杨泽彬、高垒案发后退赃，二审审理期间杨泽彬的家人又代为退赃，均酌情予以从轻处罚。

指导案例 145 号：张竣杰等非法控制计算机信息系统案

【关键词】

刑事/非法控制计算机信息系统罪/破坏计算机信息系统罪/采用其他技术手段/修改增加数据/木马程序

【裁判要点】

1. 通过植入木马程序的方式，非法获取网站服务器的控制权限，进而通过修改、增加计算机信息系统数据，向相关计算机信息系统上传网页链接代码的，应当认定为刑法第二百八十五条第二款"采用其他技术手段"非法控制计算机信息系统的行为。

2. 通过修改、增加计算机信息系统数据，对该计算机信息系统实施非法控制，但未造成系统功能实质性破坏或者不能正常运行的，不应当认定为破坏计算机信息系统罪，符合刑法第二百八十五条第二款规定的，应当认定为非法控制计算机信息系统罪。

【相关法条】

《中华人民共和国刑法》第 285 条第 1 款、第 2 款

【基本案情】

自 2017 年 7 月开始，被告人张竣杰、彭玲珑、祝东、姜宇豪经事先共谋，为赚取赌博网站广告费用，在马来西亚吉隆坡市租住的 Trillion 公寓 B 幢 902 室内，相互配合，对存在防护漏洞的目标服务器进行检索、筛查后，向目标服务器植入木马程序（后门程序）进行控制，再使用"菜刀"等软件链接该木马程序，获取目标服务器后台浏览、增加、删除、修改等操作权限，将添加了赌博关键字并设置自动跳转功能的静态网页，上传至目标服务器，提高赌博网站广告被搜索引擎命中几率。截止 2017 年 9 月底，被告人张竣杰、彭玲珑、祝东、姜宇豪链接被植入木马程序的目标服务器共计 113 台，其中部分网站服务器还被植入了含有赌博关键词的广告网页。后公安机关将被告人张竣杰、彭玲珑、祝东、姜宇豪抓获到案。公诉机关以破坏计算机信息系统罪对四人提起公诉。被告人张竣杰、彭玲珑、祝东、姜宇豪及其辩护人在庭审中均对指控的主要事实予以承认；被告人张竣杰、彭玲珑、祝东及其辩护人提出，各被告人的行为仅是对目标服务器的侵入或非法控制，非破坏，应定性为非法侵入计算机信息系统罪或非法控制计算机信息系统罪，不构成破坏计算机信息系统罪。

【裁判结果】

江苏省南京市鼓楼区人民法院于 2019 年 7 月 29 日作出（2018）苏 0106 刑初 487 号刑事判决：一、被告人张竣杰犯非法控制计算机信息系统罪，判处有期徒刑四年，罚金人民币五万元。二、被告人彭玲珑犯非法控制计算机信息系统罪，判处有期徒刑三年九个月，罚金人民币五万元。三、被告人祝东犯非法控制计算机信息系统罪，判处有期徒刑三年六个月，罚金人民币四万元。四、被告人姜宇豪犯非法控制计算机信息系统罪，判处有期徒刑二年三个月，罚金人民币二万元。一审宣判后，被告人姜宇豪以一审量刑过重为由提出上诉，其辩护人请求对被告人姜宇豪宣告缓刑。江苏省南京市中级人民法院于 2019 年 9 月 16 日作出（2019）苏 01 刑终 768 号裁定：驳回上诉，维持原判。

【裁判理由】

法院生效裁判认为,被告人张竣杰、彭玲珑、祝东、姜宇豪共同违反国家规定,对我国境内计算机信息系统实施非法控制,情节特别严重,其行为均已构成非法控制计算机信息系统罪,且系共同犯罪。南京市鼓楼区人民检察院指控被告人张竣杰、彭玲珑、祝东、姜宇豪实施侵犯计算机信息系统犯罪的事实清楚,证据确实、充分,但以破坏计算机信息系统罪予以指控不当。经查,被告人张竣杰、彭玲珑、祝东、姜宇豪虽对目标服务器的数据实施了修改、增加的侵犯行为,但未造成该信息系统功能实质性的破坏,或不能正常运行,也未对该信息系统内有价值的数据进行增加、删改,其行为不属于破坏计算机信息系统犯罪中的对计算机信息系统中存储、处理或者传输的数据进行删除、修改、增加的行为,应认定为非法控制计算机信息系统罪。部分被告人及辩护人提出相同定性的辩解、辩护意见,予以采纳。关于上诉人姜宇豪提出"量刑过重"的上诉理由及辩护人提出宣告缓刑的辩护意见,经查,该上诉人及其他被告人链接被植入木马程序的目标服务器共计 113 台,属于情节特别严重。一审法院依据本案的犯罪事实和上诉人的犯罪情节,对上诉人减轻处罚,量刑适当且与其他被告人的刑期均衡。综合上诉人犯罪行为的性质、所造成的后果及其社会危害性,不宜对上诉人适用缓刑。故对上诉理由及辩护意见,不予采纳。

指导案例 146 号:陈庆豪、陈淑娟、赵延海开设赌场案

【关键词】

刑事/开设赌场罪/"二元期权"/赌博网站

【裁判要点】

以"二元期权"交易的名义,在法定期货交易场所之外利用互联网招揽"投资者",以未来某段时间外汇品种的价格走势为交易对象,按照"买涨""买跌"确定盈亏,买对涨跌方向的"投资者"得利,买错的本金归网站(庄家)所有,盈亏结果不与价格实际涨跌幅度挂钩的,本质是"押大小、赌输赢",是披着期权交易外衣的赌博行为。对相关网站应当认定为赌博网站。

【相关法条】

《中华人民共和国刑法》第 303 条

【基本案情】

2016 年 6 月,北京龙汇联创教育科技有限公司(以下简称"龙汇公司")设立,负责为龙汇网站的经营提供客户培训、客户维护、客户发展服务,幕后实际控制人周熙坤。周熙坤利用上海麦曦商务咨询有限公司聘请讲师、经理、客服等工作人员,并假冒上海哲荔网络科技有限公司等在智付电子支付有限公司的支付账户,接收全国各地会员注册交易资金。

龙汇网站以经营"二元期权"交易为业,通过招揽会员以"买涨"或"买跌"的方式参与赌博。会员在龙汇网站注册充值后,下载安装市场行情接收软件和龙汇网站自制插件,选择某一外汇交易品种,并选择 1M(分钟)到 60M 不等的到期时间,下单交易金额,并点击"买涨"或"买跌"按钮完成交易。买定离手之后,不可更改交易内容,不能止损止盈,若买对涨跌方向即可盈利交易金额的 76%-78%,若买错涨跌方向则本金全亏,盈亏情况不与外汇实际涨跌幅度挂钩。龙汇网站建立了等级经纪人制度及对应的佣金制度,等级经纪人包括

SB 银级至 PB 铂金三星级六个等级。截止案发,龙汇网站在全国约有 10 万会员。

2017 年 1 月,陈庆豪受周熙坤聘请为顾问、市场总监,从事日常事务协调管理,维系龙汇网站与高级经纪人之间的关系,出席"培训会""说明会"并进行宣传,发展会员,拓展市场。2016 年 1 月,陈淑娟在龙汇网站注册账号,通过发展会员一度成为 PB 铂金一星级经纪人,下有 17000 余个会员账号。2016 年 2 月,赵延海在龙汇网站注册账号,通过发展会员一度成为 PB 铂金级经纪人,下有 8000 余个会员账号。经江西大众司法鉴定中心司法会计鉴定,2017 年 1 月 1 日至 2017 年 7 月 5 日,陈淑娟从龙汇网站提款 180 975.04 美元,赵延海从龙汇网站提款 11598.11 美元。2017 年 7 月 5 日,陈庆豪、陈淑娟和赵延海被抓获归案。陈庆豪归案后,于 2017 年 8 月 8 日退缴 35 万元违法所得。

【裁判结果】

江西省吉安市中级人民法院于 2019 年 3 月 22 日作出(2018)赣 08 刑初 21 号刑事判决,以被告人陈庆豪犯开设赌场罪,判处有期徒刑三年,并处罚金人民币五十万元,驱逐出境;被告人陈淑娟犯赌博罪,判处有期徒刑二年,并处罚金人民币三十万元;被告人赵延海犯赌博罪,判处有期徒刑一年十个月,并处罚金人民币二十万元;继续追缴被告人陈淑娟和赵延海的违法所得。宣判后,陈庆豪、陈淑娟提出上诉。江西省高级人民法院于 2019 年 9 月 26 日作出(2019)赣刑终 93 号刑事判决,以上诉人陈庆豪犯开设赌场罪,改判有期徒刑二年六个月,并处罚金人民币五十万元,驱逐出境;上诉人陈淑娟犯开设赌场罪,判处有期徒刑二年,并处罚金人民币三十万元;被告人赵延海犯开设赌场罪,判处有期徒刑一年十个月,并处罚金人民币二十万元;继续追缴陈淑娟和赵延海的违法所得。

【裁判理由】

法院生效裁判认为,根据国务院 2017 年修订的《期货交易管理条例》第一条、第四条、第六条规定,期权合约是指期货交易场所统一制定的、规定买方有权在将来某一时间以特定价格买入或者卖出约定标的物的标准化合约。期货交易应当在期货交易所等法定期货交易场所进行,禁止期货交易场所之外进行期货交易。未经国务院或者国务院期货监督管理机构批准,任何单位或者个人不得以任何形式组织期货交易。简言之,期权是一种以股票、期货等品种的价格为标的,在法定期货交易场所进行交易的金融产品,在交易过程中需完成买卖双方权利的转移,具有规避价格风险、服务实体经济的功能。

龙汇"二元期权"的交易方法是下载市场行情接收软件和龙汇网站自制插件,会员选择外汇品种和时间段,点击"买涨"或"买跌"按钮完成交易,买对涨跌方向即可盈利交易金额的 76%-78%,买错涨跌方向则本金即归网站(庄家)所有,盈亏结果与外汇交易品种涨跌幅度无关,实则是以未来某段时间外汇、股票等品种的价格走势为交易对象,以标的价格走势的涨跌决定交易者的财产损益,交易价格与盈亏幅度事前确定,盈亏结果与价格实际涨跌幅度不挂钩,交易者没有权利行使和转移环节,交易结果具有偶然性、投机性和射幸性。因此,龙汇"二元期权"与"押大小、赌输赢"的赌博行为本质相同,实为网络平台与投资者之间的对赌,是披着期权外衣的赌博行为。

被告人陈庆豪在龙汇公司担任中国区域市场总监,从事日常事务协调管理,维护公司与经纪人关系,参加各地说明会、培训会并宣传龙汇“二元期权”,发展新会员和开拓新市场,符合《最高人民法院最高人民检察院公安部关于办理网络赌博犯罪案件适用法律若干问题的意见》(以下简称《意见》)第二条规定的明知是赌博网站,而为其提供投放广告、发展会员等服务的行为,构成开设赌场罪,其非法所得已达到《意见》第二条规定的“收取服务费数额在2万元以上的”5倍以上,应认定为开设赌场“情节严重”。但考虑到其犯罪事实、行为性质、在共同犯罪中的地位作用和从轻量刑情节,对其有期徒刑刑期予以酌减,对罚金刑依法予以维持。陈淑娟、赵延海面向社会公众招揽赌客参加赌博,属于为赌博网站担任代理并接受投注行为,且行为具有组织性、持续性、开放性,构成开设赌场罪,并达到“情节严重”。原判认定陈淑娟、赵延海的罪名不当,二审依法改变其罪名,但根据上诉不加刑原则,维持一审对其量刑。

指导案例147号:张永明、毛伟明、张鹭故意损毁名胜古迹案

【关键词】

刑事/故意损毁名胜古迹罪/国家保护的名胜古迹/情节严重/专家意见

【裁判要点】

1. 风景名胜区的核心景区属于刑法第三百二十四条第二款规定的“国家保护的名胜古迹”。对核心景区内的世界自然遗产实施打岩钉等破坏活动,严重破坏自然遗产的自然性、原始性、完整性和稳定性的,综合考虑有关地质遗迹的特点、损坏程度等,可以认定为故意损毁国家保护的名胜古迹“情节严重”。

2. 对刑事案件中的专门性问题需要鉴定,但没有鉴定机构的,可以指派、聘请有专门知识的人就案件的专门性问题出具报告,相关报告在刑事诉讼中可以作为证据使用。

【相关法条】

《中华人民共和国刑法》第324条

【基本案情】

2017年4月份左右,被告人张永明、毛伟明、张鹭三人通过微信联系,约定前往三清山风景名胜区攀爬“巨蟒出山”岩柱体(又称巨蟒峰)。2017年4月15日凌晨4时左右,张永明、毛伟明、张鹭三人携带电钻、岩钉(即膨胀螺栓,不锈钢材质)、铁锤、绳索等工具到达巨蟒峰底部。被告人张永明首先攀爬,毛伟明、张鹭在下面拉住绳索保护张永明的安全。在攀爬过程中,张永明在有危险的地方打岩钉,使用电钻在巨蟒峰岩体上钻孔,再用铁锤将岩钉打入孔内,用扳手拧紧,然后在岩钉上布绳索。张永明通过这种方式于早上6时49分左右攀爬至巨蟒峰顶部。毛伟明一直跟在张永明后面为张永明拉绳索做保护,并沿着张永明布好的绳索于早上7时左右攀爬到巨蟒峰顶部。在巨蟒峰顶部,张永明将多余的工具给毛伟明,毛伟明顺着绳索下降,将多余的工具带回宾馆,随后又返回巨蟒峰,攀爬至巨蟒峰10多米处,被三清山管委会工作人员发现后劝下并被民警控制。在张永明、毛伟明攀爬开始时,张鹭为张永明拉绳索做保护,之后张鹭回宾馆拿无人机,再返回巨蟒峰,沿着张永明布好的绳索于早

上7时30分左右攀爬至巨蟒峰顶部,在顶部使用无人机进行拍摄。在工作人员劝说下,张鹭、张永明先后于上午9时左右、9时40分左右下到巨蟒峰底部并被民警控制。经现场勘查,张永明在巨蟒峰上打入岩钉26个。经专家论证,三被告人的行为对巨蟒峰地质遗迹点造成了严重损毁。

【裁判结果】

江西省上饶市中级人民法院于2019年12月26日作出(2018)赣11刑初34号刑事判决:一、被告人张永明犯故意损毁名胜古迹罪,判处有期徒刑一年,并处罚金人民币十万元。二、被告人毛伟明犯故意损毁名胜古迹罪,判处有期徒刑六个月,缓刑一年,并处罚金人民币五万元。三、被告人张鹭犯故意损毁名胜古迹罪,免予刑事处罚。四、对扣押在案的犯罪工具手机四部、无人机一台、对讲机二台、攀岩绳、铁锤、电钻、岩钉等予以没收。宣判后,张永明提出上诉。江西省高级人民法院于2020年5月18日作出(2020)赣刑终44号刑事裁定,驳回被告人张永明的上诉,维持原判。

【裁判理由】

法院生效裁判认为,本案焦点问题主要为:

一、关于本案的证据采信问题

本案中,三被告人打入26个岩钉的行为对巨蟒峰造成严重损毁的程度,目前全国没有法定司法鉴定机构可以进行鉴定,但是否构成严重损毁又是被告人是否构成犯罪的关键。根据《最高人民法院关于适用〈中华人民共和国刑事诉讼法〉的解释》第八十七条规定:"对案件中的专门性问题需要鉴定,但没有法定司法鉴定机构,或者法律、司法解释规定可以进行检验的,可以指派、聘请有专门知识的人进行检验,检验报告可以作为定罪量刑的参考。……经人民法院通知,检验人拒不出庭作证的,检验报告不得作为定罪量刑的参考。"故对打入26个岩钉的行为是否对巨蟒峰造成严重损毁的这一事实,依法聘请有专门知识的人进行检验合情合理合法。本案中的四名地学专家,都长期从事地学领域的研究,都具有地学领域的专业知识,在地学领域发表过大量论文或专著,或主持过地学方面的重大科研课题,具有对巨蟒峰受损情况这一地学领域的专门问题进行评价的能力。四名专家均属于"有专门知识的人"。四名专家出具专家意见系接受侦查机关的有权委托,依据自己的专业知识和现场实地勘查、证据查验,经充分讨论、分析,从专业的角度对打岩钉造成巨蟒峰的损毁情况给出了明确的专业意见,并共同签名。且经法院通知,四名专家中的两名专家以检验人的身份出庭,对"专家意见"的形成过程进行了详细的说明,并接受了控、辩双方及审判人员的质询。"专家意见"结论明确,程序合法,具有可信性。综上,本案中的"专家意见"从主体到程序均符合法定要求,从证据角度而言,"专家意见"完全符合刑事诉讼法第一百九十七条的规定,以及《最高人民法院关于适用〈中华人民共和国刑事诉讼法〉的解释》第八十七条关于有专门知识的人出具检验报告的规定,可以作为定罪量刑的参考。

二、关于本案的损害结果问题

三清山于1988年经国务院批准列为国家重点风景名胜区,2008年被列入世界自然遗产名录,2012年被列入世界地质公园名录。巨蟒峰作为三清山核心标志性景观独一无二、弥足珍贵,其不仅是不可再生的珍稀自然资源型资产,也是可持续利用的自然资产，对于全人类而言具有重大科学价值、美学价值和经济价值。巨蟒峰是经由长期自然风化和重力崩解作用形成的巨型花岗岩体石柱，垂直高度128米，最细处直径仅7米。本案中，侦查机关依法聘请的四名专家经过现场勘查、证据查验、科学分析，对巨蟒峰地质遗迹点的价值、成因、结构特点及三被告人的行为给巨蟒峰柱体造成的损毁情况给出了“专家意见”。四名专家从地学专业角度，认为被告人的打岩钉攀爬行为对世界自然遗产的核心景观巨蟒峰造成了永久性的损害，破坏了自然遗产的基本属性即自然性、原始性、完整性，特别是在巨蟒峰柱体的脆弱段打入至少4个岩钉，加重了巨蟒峰柱体结构的脆弱性，即对巨蟒峰的稳定性产生了破坏，26个岩钉会直接诱发和加重物理、化学、生物风化，形成新的裂隙，加快花岗岩柱体的侵蚀进程，甚至造成崩解。根据《最高人民法院最高人民检察院关于办理妨害文物管理等刑事案件适用法律若干问题的解释》第四条第二款第一项规定，结合“专家意见”，应当认定三被告人的行为造成了名胜古迹“严重损毁”，已触犯刑法第三百二十四条第二款的规定，构成故意损毁名胜古迹罪。

风景名胜区的核心景区是受我国刑法保护的名胜古迹。三清山风景名胜区列入世界自然遗产、世界地质公园名录，巨蟒峰地质遗迹点是其珍贵的标志性景观和最核心的部分，既是不可再生的珍稀自然资源性资产，也是可持续利用的自然资产，具有重大科学价值、美学价值和经济价值。被告人张永明、毛伟明、张鹭违反社会管理秩序，采用破坏性攀爬方式攀爬巨蟒峰，在巨蟒峰花岗岩柱体上钻孔打入26个岩钉，对巨蟒峰造成严重损毁，情节严重，其行为已构成故意损毁名胜古迹罪，应依法惩处。本案对三被告人的入刑，不仅是对其所实施行为的否定评价，更是警示世人不得破坏国家保护的名胜古迹，从而引导社会公众树立正确的生态文明观，珍惜和善待人类赖以生存和发展的自然资源和生态环境。一审法院根据三被告人在共同犯罪中的地位、作用及量刑情节所判处的刑罚并无不当。张永明及其辩护人请求改判无罪等上诉意见不能成立，不予采纳。原审判决认定三被告人犯罪事实清楚，证据确实、充分，定罪准确，对三被告人的量刑适当，审判程序合法。

指导案例186号：龚品文等组织、领导、参加黑社会性质组织案

【关键词】

刑事/组织、领导、参加黑社会性质组织罪/行为特征/软暴力

【裁判要点】

犯罪组织以其势力、影响和暴力手段的现实可能性为依托，有组织地长期采用多种“软暴力”手段实施大量违法犯罪行为，同时辅之以“硬暴力”，“软暴力”有向“硬暴力”转化的现实可能性，足以使群众产生恐惧、恐慌进而形成心理强制，并已造成严重危害后果，严重破坏经济、社会生活秩序的，应认定该犯罪组织具有黑社会性质组织的行为特征。

【相关法条】

《中华人民共和国刑法》第294条

【基本案情】

2013年以来，被告人龚品文、刘海涛在江苏省常熟市从事开设赌场、高利放贷活

动,并主动结识社会闲杂人员,逐渐积累经济实力。2014年7月起,被告人龚品文、刘海涛组织被告人马海波、赵杰、王海东、王德运、陈春雷等人,形成了以被告人龚品文、刘海涛为首的较为稳定的犯罪组织,并于2015年4月实施了首次有组织犯罪。2016年下半年、2017年8月梁立志、崔海华先后加入该组织。

该组织人数众多,组织者、领导者明确,骨干成员固定。被告人龚品文为该组织的组织者、领导者,被告人刘海涛为该组织的领导者,被告人马海波、赵杰、王海东、王德运、陈春雷等人为积极参加者,被告人崔海华、梁立志等人为一般成员。该组织内部分工明确,龚品文、刘海涛负责决策和指挥整个组织的运转;被告人马海波、赵杰、王海东、王德运、陈春雷受被告人龚品文、刘海涛的指派开设赌场牟取利益,并在赌场内抽取"庄风款""放水"、记账,按照被告人龚品文、刘海涛的指派为讨债而实施非法拘禁、寻衅滋事、敲诈勒索、强迫交易等违法犯罪行为,崔海华、梁立志参与寻衅滋事违法犯罪行为。该组织为规避侦查,强化管理,维护自身利益,逐步形成了"红钱按比例分配""放贷本息如实上报,不得做手脚"等不成文的规约,对成员的行动进行约束。在借款时使用同伙名义,资金出借时留下痕迹,讨债时规避法律。建立奖惩制度,讨债积极者予以奖励,讨债不积极者予以训斥。该组织通过有组织地实施开设赌场、高利放贷等违法手段聚敛资产,具有较强的经济实力。其中,该组织通过开设赌场非法获利的金额仅查实的就达人民币300余万元。另,在上述被告人处搜查到放贷借条金额高达人民币4000余万元,资金流水人民币上亿元。该组织以非法聚敛的财产用于支持违法犯罪活动,或为违法犯罪活动"善后",如购买GPS等装备、赔付因讨债而砸坏的物品,以及支付被刑事拘留后聘请律师的费用。该组织为维护其非法利益,以暴力、威胁等手段,有组织地实施了开设赌场、寻衅滋事、非法拘禁、强迫交易、敲诈勒索等违法犯罪活动,并长期实施多种"软暴力"行为,为非作恶,欺压、残害群众,严重破坏社会治安,妨害社会管理秩序,在江苏省常熟市及周边地区造成了恶劣的社会影响。该黑社会性质组织在形成、发展过程中,为寻求建立稳定犯罪组织,牟取高额非法利益而实施大量违法犯罪活动。主要犯罪事实如下:

(一)开设赌场罪

2015年4月至2018年2月,被告人龚品文、刘海涛、马海波、王海东、赵杰、王德运、陈春雷多次伙同他人在江苏省常熟市海虞镇、辛庄镇等地开设赌场,仅查明的非法获利就达人民币300余万元。

(二)寻衅滋事罪

2014年至2018年,被告人龚品文、刘海涛伙同其他被告人,在江苏省常熟市原虞山镇、梅李镇、辛庄镇等多地,发放年息84%-360%的高利贷,并为索要所谓"利息",有组织地对被害人及其亲属采取拦截、辱骂、言语威胁、砸玻璃、在被害人住所喷漆、拉横幅等方式进行滋事,共计56起120余次。

(三)非法拘禁罪

2015年至2016年,被告人龚品文、刘海涛、马海波、王海东、赵杰、王德运、陈春雷在江苏省常熟市等多地,为索要高利贷等目的非法拘禁他人10起,其中对部分被害人实施辱骂、泼水、打砸物品等行为。

(四)强迫交易罪

1. 2013 年 3 月,被告人龚品文向胡某某发放高利贷,张某某担保。为索要高利贷本金及利息,在非法拘禁被害人后,被告人龚品文强迫被害人张某某到王某某家提供家政服务长达一年有余,被告人龚品文从中非法获利人民币 25500 元。

2. 2014 年 11 月,被告人刘海涛、王海东向陈某某发放高利贷,陶某某担保。在多次进行滋事后,被告人王海东、刘海涛强迫被害人陶某某于 2017 年 4 月至 2018 年 1 月到被告人住处提供约定价值人民币 6000 余元的家政服务共计 80 余次。

(五)敲诈勒索罪

2017 年 8 月 31 日至 2018 年 1 月 21 日,被告人刘海涛、王海东、王德运、陈春雷实施敲诈勒索 3 起,以签订"车辆抵押合同"、安装 GPS 的方式,与被害人签订高出实际出借资金的借条并制造相应的资金走账流水,通过拖走车辆等方式对被害人进行要挟,并非法获利合计人民币 5.83 万元。

【裁判结果】

江苏省常熟市人民法院于 2018 年 10 月 19 日作出(2018)苏 0581 刑初 1121 号刑事判决,认定被告人龚品文犯组织、领导黑社会性质组织罪,与其所犯开设赌场罪、寻衅滋事罪、非法拘禁罪等数罪并罚,决定执行有期徒刑二十年,剥夺政治权利二年,并处没收个人全部财产,罚金人民币十二万元;认定被告人刘海涛犯领导黑社会性质组织罪,与其所犯开设赌场罪、寻衅滋事罪、非法拘禁罪等数罪并罚,决定执行有期徒刑十八年,剥夺政治权利二年,并处没收个人全部财产,罚金人民币十一万元;对其他参加黑社会性质组织的成员亦判处了相应刑罚。一审宣判后,龚品文、刘海涛等人提出上诉。江苏省苏州市中级人民法院于 2019 年 1 月 7 日作出(2018)苏 05 刑终 1055 号刑事裁定:驳回上诉,维持原判。

【裁判理由】

法院生效裁判认为:

(一)关于组织特征。一是该犯罪组织的成长轨迹明确。龚品文与刘海涛二人于 2007 年左右先后至江苏省常熟市打工,后龚品文从少量资金起步,与刘海涛等人合作开设赌场并放高利贷,逐步积累经济实力,后其他组织成员相继加入,参股放贷。在高利放贷过程中,因互相占股分利,组织成员利益相互交织,关系日趋紧密,架构不断成熟,并最终形成了以龚品文为组织者、领导者,刘海涛为领导者,王海东、王德运、陈春雷、马海波、赵杰为积极参加者,崔海华、梁立志为一般参加者的较稳定的违法犯罪组织。二是该犯罪组织的行为方式和组织意图明确,该组织通过开设赌场和高利放贷聚敛非法财富,在讨债过程中,以滋扰纠缠、打砸恐吓、出场摆势、言语威胁、围堵拦截等"软暴力"方式为惯常行为手段,实施一系列违法犯罪活动,目的是实现非法债权,意图最大限度攫取经济利益。由于组织成员系互相占股出资及分利,故无论组织中哪些成员实施违法犯罪活动,相关非法利益的实现均惠及全体出资的组织成员,符合组织利益及组织意图,为组织不断扩大非法放贷规模,增强犯罪能力等进一步发展提供基础,创造条件。三是该犯罪组织的层级结构明确,该组织以龚品文、刘海涛为基础,龚品文吸收发展马海波、赵杰,刘海涛吸收发展王海东、王德运、陈春雷,形成二元层级关系,各被告人对所谓"替谁帮忙、找谁商量"均有明确认识。在具体违法犯罪活动中,以共同开设赌场并非法放贷为标志,两股势力由合作进而汇流,互相占股出资放贷,共同违法犯罪讨债,后期又吸收崔海华、梁立志加入,形成三元层级结构。在组织架构中,组织、领导者非常明显,积极参加者和骨干成员基本固定,人员规模逐渐增大,且本案后续所涉及的黑社会性质组织的其他犯罪均是由这些组织成员所为。四是该犯罪组织的行为规则明确,组织成员均接受并认同出资后按比例记公账分利、讨债时替组织出头等行为规则。这些规则不仅有组织成员供述,也与组织的实际运作模式和实际违法犯罪活动情况相吻合,相关行事规则为纠合组织成员,形成共同利益,保持组织正常运转起到重要作用。综上,该组织有一定规模,人员基本稳定,有明确的组织者、领导者,骨干成员固定,内部层次分明,符合黑社会性质组织的组织特征。

(二)关于经济特征。一是该犯罪组织通过违法犯罪活动快速聚敛经济利益。该组织以开设赌场、非法高利放贷为基础和资金来源,通过大量实施寻衅滋事、非法拘禁等违法犯罪活动保障非法债权实现,大量攫取非法经济利益。其中,开设赌场并实施非法高利放贷部分,有据可查的非法获利金额就达人民币300余万元,且大部分被继续用于非法放贷。在案查获的部分放贷单据显示该组织放贷规模已达人民币4000余万元,查实银行资金流水已过亿元,具有较强的经济实力。二是该犯罪组织以经济实力支持该组织的活动。该组织获得的经济利益部分用于支持为组织利益而实施的违法犯罪活动,该组织经济利益的获取过程也是强化组织架构的过程。综上,该组织聚敛大量钱财,又继续用于维系和强化组织生存发展,符合黑社会性质组织的经济特征。

(三)关于行为特征。该组织为争取、维护组织及组织成员的经济利益,利用组织势力和形成的便利条件,有组织地多次实施开设赌场、寻衅滋事、非法拘禁、强迫交易等不同种类的违法犯罪活动,违法犯罪手段以"软暴力"为主,并体现出明显的组织化特点,多人出场摆势、分工配合,并以"硬暴力"为依托,实施多种"软暴力"讨债等违法犯罪活动,软硬暴力行为交织,"软暴力"可随时向"硬暴力"转化。这些行为系相关组织成员为确立强势地位、实现非法债权、牟取不法利益、按照组织惯常的行为模式与手段实施的,相关违法犯罪行为符合组织利益,体现组织意志,黑社会性质组织的行为特征明显。

(四)关于危害性特征。该犯罪组织通过实施一系列违法犯罪活动,为非作恶,欺压、残害群众。在社会秩序层面上,该犯罪组织长期实施开设赌场、非法放贷,"软暴力"讨债等违法犯罪活动,范围波及江苏省常熟市多个街道,给被害人及其家庭正常生活带来严重影响,给部分被害人企业的正常生产经营带来严重破坏,给部分被害人所在机关学校的正常工作和教学秩序带来严重冲击。相关违法犯罪行为败坏社会风气,冲击治安秩序,严重降低群众安全感、幸福感,影响十分恶劣。在管理秩序层面上,该犯罪组织刻意逃避公安机关的管理、整治和打击,破坏了正常社会管理秩序。在社会影响层面上,这些违法犯罪活动在一定区域内致使多名群众合法权益遭受侵害,从在案证据证实的群众切身感受看,群众普遍感觉心里恐慌,安全感下降,群众普遍要求进行整治,恢复经济、社会生活秩序。

综上所述，本案犯罪组织符合黑社会性质组织认定标准。该组织已经形成了“以黑养黑”的组织运作模式，这一模式使该组织明显区别于一般的共同犯罪和恶势力犯罪集团。龚品文犯罪组织虽然未发现“保护伞”，但通过实施违法犯罪行为，使当地群众产生心理恐惧和不安全感，严重破坏了当地的社会治安秩序、市场经济秩序。对黑社会组织的认定，不能仅根据一个或数个孤立事实来认定，而是要通过一系列的违法犯罪事实来反映。因为以“软暴力”为手段的行为通常不是实施一次就能符合刑法规定的犯罪构成，其单个的行为通常因为情节轻微或显著轻微、后果不严重而不作为犯罪处理或不能认定为犯罪，此时必须综合考虑“软暴力”行为的长期性、多样性来判断其社会影响及是否构成黑恶犯罪。黑社会性质组织犯罪的危害性特征所要求的“造成重大影响”是通过一系列的违法犯罪活动形成的，具有一定的深度和广度，而非个别的、一时的，特别是在以“软暴力”为主要手段的犯罪组织中，要结合违法犯罪活动的次数、时间跨度、性质、后果、侵害对象的个数、是否有向“硬暴力”转化的现实可能、造成的社会影响及群众安全感是否下降等因素综合判断，不能局限在必须要求具体的违法犯罪活动都要造成严重后果或者在社会上造成恶劣影响，也不能简单地以当地普通群众不知晓、非法控制不明显等，认为其危害性不严重。从本案中被告人非法放贷后通过“软暴力”讨债造成的被害人及其家庭、单位所受的具体影响和周边群众的切身感受等来看，社会危害性极其严重，构成了组织、领导、参加黑社会性质组织罪。

指导案例187号：吴强等敲诈勒索、抢劫、故意伤害案

【关键词】

刑事/犯罪集团/恶势力犯罪集团/公然性

【裁判要点】

恶势力犯罪集团是符合犯罪集团法定条件的恶势力犯罪组织。恶势力犯罪集团应当具备“为非作恶、欺压百姓”特征，其行为“造成较为恶劣的社会影响”，因而实施违法犯罪活动必然具有一定的公然性，且手段应具有较严重的强迫性、压制性。普通犯罪集团实施犯罪活动如仅为牟取不法经济利益，缺乏造成较为恶劣社会影响的意图，在行为方式的公然性、犯罪手段的强迫压制程度等方面与恶势力犯罪集团存在区别，可按犯罪集团处理，但不应认定为恶势力犯罪集团。

【相关法条】

《中华人民共和国刑法》第26条

【基本案情】

2017年2月初，被告人吴强、季少廷为牟取不法利益，与被告人曹兵共同商定，通过约熟人吃饭时“劝酒”，诱使被害人酒后驾驶机动车，而后再制造交通事故，以被害人系酒后驾驶机动车欲报警相要挟，索要他人钱财。后被告人曹静怡、李颖明知被告人吴强等人欲实施上述违法犯罪活动而积极加入。并在被告人吴强、季少廷的组织、安排下，逐步形成相对稳定、分工明确的犯罪团伙，开始实施敲诈勒索犯罪。在实施违法犯罪的过程中，为了增加人手，被告人吴强又通过被告人邵添麒将季某某、徐某某（均系未成年人，另案处理）带入敲

诈勒索犯罪团伙。

2017年2月底至3月初,季某某、徐某某随被告人吴强共同居住于江苏省南通市通州高新技术产业开发区的租住地,并由吴强负责二人的起居、生活及日常开销。在短时间内,快速形成以吴强为首的犯罪集团,其中吴强为该犯罪集团的首要分子,被告人季少廷及季某某、徐某某为该犯罪集团的骨干成员,被告人曹静怡、李颖、邵添麒等人为该集团的主要成员,被告人季凯文、曹立强、姜东东、曹兵以及应某某(未成年人,另案处理)、邱某某(另案处理)为该犯罪集团的积极参加者。期间,吴强纠集季少廷、曹静怡、李颖、邵添麒、曹兵以及季某某、徐某某等人,以威胁、恐吓等手段,先后五次实施敲诈勒索的犯罪行为。后吴强发现赌场内的流动资金较多,且参与赌博人员害怕处理一般不敢报警,遂又纠集季凯文、曹立强、姜东东及季某某、徐某某、应某某等人持气手枪、管制刀具、电棍等,采用暴力手段实施抢劫。

2017年12月,江苏省南通市通州区人民检察院以被告人吴强等人犯抢劫罪、敲诈勒索罪,向江苏省南通市通州区人民法院提起公诉。审理中,江苏省南通市通州区人民检察院追加起诉吴强犯故意伤害罪,同时追加认定本案是以吴强为首带有恶势力性质的犯罪集团。

【裁判结果】

江苏省南通市通州区人民法院于2018年6月28日作出(2017)苏0612刑初830号刑事判决,认定被告人吴强犯抢劫罪,判处有期徒刑十二年,剥夺政治权利二年,并处罚金人民币四千元;犯敲诈勒索罪,判处有期徒刑二年,并处罚金人民币一万元;犯故意伤害罪,判处有期徒刑十个月,决定执行有期徒刑十三年六个月,剥夺政治权利二年,并处罚金人民币一万四千元。对本案其他被告人亦判处了相应刑罚。一审宣判后,被告人均未上诉,检察机关亦未抗诉。一审判决已发生法律效力。

【裁判理由】

法院生效裁判认为:被告人吴强、季少廷、曹静怡、李颖、邵添麒、季凯文、姜东东、曹立强、曹兵等人与另案处理的季某某、徐某某、应某某等人为共同实施犯罪而组成较为固定的犯罪组织,期间采取以暴力、威胁等手段,在一定区域内多次实施敲诈勒索、抢劫等违法犯罪活动,且在实施犯罪过程中目的明确、分工明细,严重扰乱经济、社会生活秩序,造成较为恶劣的社会影响,可以认定为犯罪集团。

被告人吴强组织、领导该犯罪集团实施一系列犯罪活动,是该犯罪集团的首要分子;被告人季少廷及季某某、徐某某等人参与谋划被告人吴强组织实施的敲诈勒索犯罪或抢劫犯罪,是该犯罪集团的骨干成员;被告人曹静怡、李颖多次积极参与该犯罪集团的敲诈勒索犯罪活动,被告人邵添麒将平时跟随其的未成年人季某某、徐某某介绍给被告人吴强,并同意让季某某、徐某某加入该犯罪集团,且其本人也亲自参与该犯罪集团的敲诈勒索犯罪活动,上述被告人是该集团的主要成员;被告人季凯文、曹立强、姜东东、曹兵以及未成年人应某某明知被告人吴强为首的犯罪集团实施违法犯罪活动,而积极参与商量、实施,上述被告人是该犯罪集团的积极参加者。对公诉机关指控本案属犯罪集团,人民法院予以支持。

被告人吴强等人实施的犯罪活动明显是为了牟取不法经济利益,但缺乏"形成非法影响、谋求强势地位”,进而造成较为恶劣社会影响的意图。在敲诈勒索犯罪中,被告人吴强等人的主要犯罪手段是约熟人吃饭,设局“劝酒”造成被害人酒后驾车,再制造交通事故,进而以报警相要挟,通过所谓的“协商”实现对被害人财物的非法占有。吴强等人在单纯“谋财”意图的支配下实施敲诈勒索、抢劫犯罪,“为非作恶,欺压百姓”的特征尚不明显,犯罪手段、行为方式与典型的恶势力犯罪集团存在明显差异,实际所侵犯的法益也基本集中在公民财产权利方面。恶势力犯罪集团是符合犯罪集团法定条件的恶势力犯罪组织,其特征表现为:有三名以上的组织成员,有明显的首要分子,重要成员较为固定,组织成员经常纠集在一起,共同故意实施三次以上恶势力惯常实施的犯罪活动或其他犯罪活动。本案被告人系单纯为牟取不法经济利益而实施违法犯罪活动,不具有“为非作恶,欺压百姓”特征,参照《最高人民法院、最高人民检察院、公安部、司法部关于办理黑恶势力犯罪案件若干问题的指导意见》中关于恶势力、恶势力犯罪集团应符合“经常纠集在一起,以暴力、威胁或者其他手段,在一定区域或者行业内多次实施违法犯罪活动,为非作恶,欺压百姓,扰乱经济、社会生活秩序,造成较为恶劣的社会影响,但尚未形成黑社会性质组织的违法犯罪组织”的认定要求,本案不能认定为恶势力犯罪集团,应按一般犯罪集团对各被告人定罪量刑。

指导案例188号:史广振等组织、领导、参加黑社会性质组织案

【关键词】

刑事诉讼/组织、领导、参加黑社会性质组织罪/涉案财物权属/案外人

【裁判要点】

在涉黑社会性质组织犯罪案件审理中,应当对查封、扣押、冻结财物及其孳息的权属进行调查,案外人对查封、扣押、冻结财物及其孳息提出权属异议的,人民法院应当听取其意见,确有必要的,人民法院可以通知其出庭,以查明相关财物权属。

【相关法条】

《中华人民共和国刑法》第294条

【基本案情】

被告人史广振2007年12月即开始进行违法犯罪活动。2014年以来,被告人史广振、赵振、付利刚等人先后实施组织、领导、参加黑社会性质组织,开设赌场,非法拘禁,聚众斗殴,寻衅滋事,妨害公务等违法犯罪行为。公安机关在侦查阶段查扣史广振前妻王某某房产一套及王某某出售其名下路虎越野车所得车款60万元,另查扣王某某工商银行卡一张,冻结存款2221元。河南省修武县人民检察院提起公诉后,王某某就扣押财物权属提出异议并向法院提供相关证据。审理期间,人民法院通知王某某出庭。

法院经审理查明,被告人史广振与王某某2012年9月结婚。2013年7月,王某某在河南省焦作市购置房产一处,现由王某某及其父母、女儿居住;2014年2月,史广振、王某某以王某某名义购买路虎越野

车一辆;另扣押王某某工商银行卡一张,冻结存款2221元。2014年12月,史广振与王某某协议离婚,案涉房产、路虎越野车归王某某所有。路虎越野车已被王某某处分,得款60万元,现已查扣在案。

【裁判结果】

河南省修武县人民法院于2018年12月28日作出(2018)豫0821刑初331号刑事判决,认定被告人史广振犯组织、领导黑社会性质组织罪,聚众斗殴罪,寻衅滋事罪,开设赌场罪,非法拘禁罪,妨害公务罪,数罪并罚,决定执行有期徒刑十六年,剥夺政治权利四年,并处没收个人全部财产(含路虎越野车的全部卖车款60万元及王某某银行卡存款2221元)。本案其他被告人分别被判处有期徒刑七年零六个月至有期徒刑六个月不等的刑罚。宣判后,史广振、赵振、付利刚等被告人提出上诉,河南省焦作市中级人民法院于2019年4月19日作出(2019)豫08刑终68号刑事裁定:驳回上诉,维持原判。

【裁判理由】

法院生效裁判认为:被告人史广振、赵振、付利刚等人的行为分别构成组织、领导、参加黑社会性质组织罪,聚众斗殴罪,寻衅滋事罪,开设赌场罪,非法拘禁罪,妨害公务罪。

被告人史广振前妻王某某名下的路虎越野车系史广振与王某某夫妻关系存续期间购买,但史广振与王某某均无正当职业,以二人合法收入无力承担路虎越野车的购置费用。史广振因被网上追逃无法办理银行卡,其一直使用王某某的银行卡,该卡流水显示有大量资金进出。综上所述,可以认定购置路虎越野车的费用及该银行卡中剩余钱款均属于违法所得,故已查扣的卖车款60万元及银行卡中剩余钱款均应当予以没收。

指导性案例213号:
黄某辉、陈某等8人非法捕捞水产品刑事附带民事公益诉讼案

【关键词】

刑事/刑事附带民事公益诉讼/非法捕捞水产品/生态环境修复/从轻处罚/增殖放流

【裁判要点】

1. 破坏环境资源刑事案件中,附带民事公益诉讼被告具有认罪认罚、主动修复受损生态环境等情节的,可以依法从轻处罚。

2. 人民法院判决生态环境侵权人采取增殖放流方式恢复水生生物资源、修复水域生态环境的,应当遵循自然规律,遵守水生生物增殖放流管理规定,根据专业修复意见合理确定放流水域、物种、规格、种群结构、时间、方式等,并可以由渔业行政主管部门协助监督执行。

【基本案情】

2020年9月,被告人黄某辉、陈某共谋后决定在长江流域重点水域禁捕区湖南省岳阳市东洞庭湖江豚自然保护区实验区和东洞庭湖鲤、鲫、黄颡国家级水产种质资源保护区捕鱼。两人先后邀请被告人李某忠、唐某崇、艾某云、丁某德、吴某峰(另案处理)、谢某兵以及丁某勇,在湖南省岳阳县东洞庭湖壕坝水域使用丝网、自制电网等工具捕鱼,其中黄某辉负责在岸上安排人员运送捕获的渔获物并予以销售,陈某、李某忠、唐某崇、艾某云、丁某德负责驾船下湖捕鱼,吴某峰、谢某兵、丁某勇负责使

用三轮车运送捕获的渔获物。自2020年10月底至2021年4月13日,八被告人先后参与非法捕捞三、四十次,捕获渔获物一万余斤,非法获利十万元。

2021年8月20日,岳阳县人民检察院委托鉴定机构对八被告人非法捕捞水产品行为造成渔业生态资源、渔业资源造成的损害进行评估。鉴定机构于2021年10月21日作出《关于黄某辉等人在禁渔期非法捕捞导致的生态损失评估报告》,评估意见为:涉案非法捕捞行为中2000公斤为电捕渔获,3000公斤为网捕渔获。电捕造成鱼类损失约8000公斤,结合网捕共计11000公斤,间接减少5000000尾鱼种的补充;建议通过以补偿性鱼类放流的方式对破坏的鱼类资源进行生态修复。岳阳县价格认证中心认定,本案渔类资源损失价值为211000元,建议向东洞庭湖水域放流草、鲤鱼等鱼苗的方式对渔业资源和水域生态环境进行修复。

岳阳县人民检察院于2021年7月30日依法履行公告程序,公告期内无法律规定的机关和有关组织反馈情况或提起诉讼,该院遂以被告人黄某辉、陈某、唐某崇、艾某云、丁某德、李某忠、谢某兵、丁某勇八人涉嫌犯非法捕捞水产品罪向岳阳县人民法院提起公诉,并以其行为破坏长江流域渔业生态资源,影响自然保护区内各类水生动物的种群繁衍,损害社会公共利益为由,向岳阳县人民法院提起刑事附带民事公益诉讼,请求判令上述八被告在市级新闻媒体上赔礼道歉;判令上述八被告按照生态损失评估报告提出的生态修复建议确定的放流种类、规格和数量、以及物价鉴定意见,在各自参与非法捕捞渔获物范围内共同购置相应价值的成鱼和苗种,在洞庭湖水域进行放流,修复渔业资源与环境。被告逾期不履行生态修复义务时,应按照放流种类和数量对应的鱼类市场价格连带承担相应渔业资源和生态修复费用211000元;判令上述被告连带承担本案的生态评估费用3000元。

被告人黄某辉、陈某、唐某崇、艾某云、丁某德、李某忠、谢某兵、丁某勇对公诉机关指控的罪名及犯罪事实均无异议,自愿认罪;同时对刑事附带民事公益诉讼起诉人提出的诉讼请求和事实理由予以认可,并对向东洞庭湖投放规定品种内价值211000元成鱼或鱼苗的方式对渔业资源和水域生态环境进行修复的建议亦无异议,表示愿意承担修复生态环境的责任。

【裁判结果】

在案件审理过程中,岳阳县人民法院组织附带民事公益诉讼起诉人和附带民事公益诉讼被告人黄某辉、陈某、唐某崇、艾某云、丁某德、李某忠、谢某兵、丁某勇调解,双方自愿达成了如下协议:1. 由被告人黄某辉、陈某、唐某崇、艾某云、丁某德、李某忠、谢某兵、丁某勇按照生态损失评估报告提出的生态修复建议确定的放流种类、规格和数量以及物价鉴定意见,在各自参与非法捕捞渔获物范围内共同购置符合增殖放流规定的成鱼或鱼苗(具体鱼种以渔政管理部门要求的标准为准),在洞庭湖水域进行放流,修复渔业资源与环境;2. 由八被告人共同承担本案的生态评估费用3000元,直接缴纳给湖南省岳阳县人民检察院;3. 八被告人在市级新闻媒体上赔礼道歉。

调解达成后,湖南省岳阳县人民法院将调解协议内容依法公告,社会公众未提出异议,30日公告期满后,湖南省岳阳县人民法院经审查认为调解协议的内容不违反社会公共利益,出具了(2021)湘0621刑初244号刑事附带民事调解书,将调解书送达给八被告人及岳阳县人民检察院,并向社会公开。2021年12月21日,在岳阳县东洞庭湖渔政监察执法局监督执行下,根据专业评估意见,被告人李某忠、谢某兵、丁某勇及其他被告人家属在东洞庭湖鹿角码头投放3-5厘米鱼苗446万尾,其中鲢鱼150万尾、鳙鱼150万尾、草鱼100万尾、青鱼46万尾,符合增殖放流的规定。

刑事附带民事调解书执行完毕后,岳阳县人民法院于2022年1月13日以(2021)湘0621刑初244号刑事附带民事判决,认定被告人黄某辉犯非法捕捞水产品罪,判处有期徒刑一年一个月;被告人陈某犯非法捕捞水产品罪,判处有期徒刑一年一个月;被告人唐某崇犯非法捕捞水产品罪,判处有期徒刑一年;被告人艾某云犯非法捕捞水产品罪,判处有期徒刑十一个月;被告人丁某德犯非法捕捞水产品罪,判处有期徒刑九个月;被告人李某忠犯非法捕捞水产品罪,判处拘役三个月,缓刑四个月;被告人谢某兵犯非法捕捞水产品罪,判处拘役三个月,缓刑四个月;被告人丁某勇犯非法捕捞水产品罪,判处拘役三个月,缓刑四个月;对被告人黄某辉、陈某、唐某崇、艾某云、丁某德、李某忠、谢某兵、丁某勇的非法获利十万元予以追缴,上缴国库,等等。

【裁判理由】

法院生效刑事附带民事调解书认为,被告人黄某辉、陈某、唐某崇、艾某云、丁某德、李某忠、谢某兵、丁某勇非法捕捞水产品的行为破坏了生态环境,损害了社会公共利益,应当承担赔偿责任。附带民事公益诉讼起诉人和附带民事公益诉讼被告人黄某辉、陈某、唐某崇、艾某云、丁某德、李某忠、谢某兵、丁某勇达成的调解协议不违反社会公共利益,人民法院予以确认并出具调解书。

法院生效刑事附带民事判决认为,被告人黄某辉、陈某、唐某崇、艾某云、丁某德、李某忠、谢某兵、丁某勇为谋取非法利益,在禁捕期,使用禁用工具、方法捕捞水产品,情节严重,触犯了《中华人民共和国刑法》第三百四十条之规定,犯罪事实清楚,证据确实、充分,应当分别以非法捕捞水产品罪追究其刑事责任。

在非法捕捞水产品罪的共同犯罪中,被告人黄某辉、陈某、唐某崇、艾某云、丁某德、李某忠起主要作用,系主犯,谢某兵、丁某勇起次要作用,系从犯,应当从轻处罚。八被告人如实供述犯罪事实,属于坦白,可从轻处罚;八被告人自愿认罪认罚,依法从宽处理;八被告人按照法院生效调解书内容积极主动购置成鱼或鱼苗在洞庭湖水域放流,主动履行修复渔业资源和生态的责任,可酌情从轻处罚。被告人李某忠、谢某兵、丁某勇犯罪情节较轻,且有悔罪表现,结合司法行政部门社区矫正调查评估报告意见,被告人李某忠、谢某兵、丁某勇没有再犯罪的危险,判处缓刑对居住的社区没有重大不良影响,依法可以宣告缓刑。公诉机关针对八被告人参与网捕、电捕和运输的次数,结合捕捞数量及参与度,分别提出的量刑建议恰当,法院依法予以采信。八被告人的非法捕捞行为破坏生态环境,损害社会公共利益,应当承担相应的民事责任,刑事附带民事公益诉讼起诉人的诉讼请求,符合法律规定,依法予以支持,对在诉讼过程中就刑事附带民事达成调解已依法予以确认。

【相关法条】

1.《中华人民共和国长江保护法》第53条、第93条

2.《中华人民共和国刑法》第340条

3.《中华人民共和国民法典》第1234条

4.《最高人民法院、最高人民检察院关于检察公益诉讼案件适用法律若干问题的解释》第20条

检例第1号：施某某等17人聚众斗殴案

【要旨】

检察机关办理群体性事件引发的犯罪案件，要从促进社会矛盾化解的角度，深入了解案件背后的各种复杂因素，依法慎重处理，积极参与调处矛盾纠纷，以促进社会和谐，实现法律效果与社会效果的有机统一。

【基本案情】

犯罪嫌疑人施某某等9人系福建省石狮市永宁镇西岑村人。

犯罪嫌疑人李某某等8人系福建省石狮市永宁镇子英村人。

福建省石狮市永宁镇西岑村与子英村相邻，原本关系友好。近年来，两村因土地及排水问题发生纠纷。永宁镇政府为解决两村之间的纠纷，曾组织人员对发生土地及排水问题的地界进行现场施工，但被多次阻挠未果。2008年12月17日上午8时许，该镇组织镇干部与施工队再次进行施工。上午9时许，犯罪嫌疑人施某某等9人以及数十名西岑村村民头戴安全帽，身背装有石头的袋子，手持木棍、铁锹等器械到达两村交界处的施工地界，犯罪嫌疑人李某某等8人以及数十名子英村村民随后也到达施工地界，手持木棍、铁锹等器械与西岑村村民对峙.双方互相谩骂、互扔石头。出警到达现场的石狮市公安局工作人员把双方村民隔开并劝说离去，但仍有村民不听劝说，继续叫骂并扔掷石头，致使二辆警车被砸损（经鉴定损失价值人民币761元），三名民警手部被打伤（经鉴定均未达轻微伤）。

【诉讼过程】

案发后，石狮市公安局对积极参与斗殴的西岑村施某某等9人和子英村李某某等8人以涉嫌聚众斗殴罪向石狮市人民检察院提请批准逮捕。为避免事态进一步扩大，也为矛盾化解创造有利条件，石狮市人民检察院在依法作出批准逮捕决定的同时，建议公安机关和有关部门联合两村村委会做好矛盾化解工作，促成双方和解。2010年3月16日，石狮市公安局将本案移送石狮市人民检察院审查起诉。石狮市人民检察院在办案中，抓住化解积怨这一关键，专门成立了化解矛盾工作小组，努力促成两村之间矛盾的化解。在取得地方党委、人大、政府支持后，工作小组多次走访两村所在的永宁镇党委、政府，深入两村争议地点现场查看，并与村委会沟通，制订工作方案。随后协调镇政府牵头征求专家意见并依照镇排水、排污规划对争议地点进行施工，从交通安全与保护环境的角度出发，在争议的排水沟渠所在地周围修建起护栏和人行道，并纳入镇政府的统一规划。这一举措得到了两村村民的普遍认同。化解矛盾工作期间，工作小组还耐心、细致地进行释法说理、政策教育、情绪疏导和思想感化等工作，两村相关当事人及其家属均对用聚众斗殴这种违法行为解决矛盾纠纷的做法进行反省并表示后悔，都表现出明

确的和解意愿。2010 年 4 月 23 日，西岑村、子英村两村村委会签订了两村和解协议，涉案人员也分别出具承诺书，表示今后不再就此滋生事端，并保证遵纪守法。至此，两村纠纷得到妥善解决，矛盾根源得以消除。

石狮市人民检察院认为：施某某等 17 人的行为均已触犯了《中华人民共和国刑法》第二百九十二条第一款、第二十五条第一款之规定，涉嫌构成聚众斗殴罪，依法应当追究刑事责任。鉴于施某某等 17 人参与聚众斗殴的目的并非为了私仇或争霸一方，且造成的财产损失及人员伤害均属轻微，并未造成严重后果；两村村委会达成了和解协议，施某某等 17 人也出具了承诺书，从惩罚与教育相结合的原则出发以及有利于促进社会和谐的角度考虑，2010 年 4 月 28 日，石狮市人民检察院根据《中华人民共和国刑事诉讼法》第一百四十二条第二款之规定，决定对施某某等 17 人不起诉。

检例第 9 号：李泽强编造、故意传播虚假恐怖信息案

【关键词】

编造、故意传播虚假恐怖信息罪

【要旨】

编造、故意传播虚假恐怖信息罪是选择性罪名。编造恐怖信息以后向特定对象散布，严重扰乱社会秩序的，构成编造虚假恐怖信息罪。编造恐怖信息以后向不特定对象散布，严重扰乱社会秩序的，构成编造、故意传播虚假恐怖信息罪。

对于实施数个编造、故意传播虚假恐怖信息行为的，不实行数罪并罚，但应当将其作为量刑情节予以考虑。

【相关立法】

《中华人民共和国刑法》第二百九十一条之一

【基本案情】

被告人李泽强，男，河北省人，1975 年出生，原系北京欣和物流仓储中心电工。

2010 年 8 月 4 日 22 时许，被告人李泽强为发泄心中不满，在北京市朝阳区小营北路 13 号工地施工现场，用手机编写短信“今晚要炸北京首都机场”，并向数十个随意编写的手机号码发送。天津市的彭某收到短信后于 2010 年 8 月 5 日向当地公安机关报案，北京首都国际机场公安分局于当日接警后立即通知首都国际机场运行监控中心。首都国际机场运行监控中心随即启动紧急预案，对东、西航站楼和机坪进行排查，并加强对行李物品的检查和监控工作，耗费大量人力、物力，严重影响了首都国际机场的正常工作秩序。

【诉讼过程】

2010 年 8 月 7 日，李泽强因涉嫌编造、故意传播虚假恐怖信息罪被北京首都国际机场公安分局刑事拘留，9 月 7 日被逮捕，11 月 9 日侦查终结移送北京市朝阳区人民检察院审查起诉。2010 年 12 月 3 日，朝阳区人民检察院以被告人李泽强犯编造、故意传播虚假恐怖信息罪向朝阳区人民法院提起公诉。2010 年 12 月 14 日，朝阳区人民法院作出一审判决，认为被告人李泽强法制观念淡薄，为泄私愤，编造虚假恐怖信息并故意向他人传播，严重扰乱社会秩序，已构成编造、故意传播虚假恐怖信息罪；鉴于被告人李泽强自愿认罪，可酌情从轻处罚，依照《中华人民共和国刑法》第二百九十一条之一、第六十一条之规定，判决被告

人李泽强犯编造、故意传播虚假恐怖信息罪，判处有期徒刑一年。一审判决后，被告人李泽强在法定期限内未上诉，检察机关也未提出抗诉，一审判决发生法律效力。

检例第10号：卫学臣编造虚假恐怖信息案

【裁判要点】

关于编造虚假恐怖信息造成"严重扰乱社会秩序"的认定，应当结合行为对正常的工作、生产、生活、经营、教学、科研等秩序的影响程度、对公众造成的恐慌程度以及处置情况等因素进行综合分析判断。对于编造、故意传播虚假恐怖信息威胁民航安全，引起公众恐慌，或者致使航班无法正常起降的，应当认定为"严重扰乱社会秩序"。

【基本案情】

被告人卫学臣，男，辽宁省人，1987年出生，原系大连金色假期旅行社导游。

2010年6月13日14时46分，被告人卫学臣带领四川来大连的旅游团用完午餐后，对四川导游李忠键说自己可以让飞机停留半小时，遂用手机拨打大连周水子国际机场问询处电话，询问3U8814航班起飞时间后，告诉接电话的机场工作人员说"飞机上有两名恐怖分子，注意安全"。大连周水子国际机场接到电话后，立即启动防恐预案，将飞机安排到隔离机位，组织公安、安检对飞机客、货舱清仓，对每位出港旅客资料核对确认排查，查看安检现场录像，确认没有可疑问题后，当日19时33分，3U8814航班飞机起飞，晚点33分钟。

【诉讼过程】

2010年6月13日，卫学臣因涉嫌编造虚假恐怖信息罪被大连市公安局机场分局刑事拘留，6月25日被逮捕，8月12日侦查终结移送大连市甘井子区人民检察院审查起诉。2010年9月20日，甘井子区人民检察院以被告人卫学臣涉嫌编造虚假恐怖信息罪向甘井子区人民法院提起公诉。2010年10月11日，甘井子区人民法院作出一审判决，认为被告人卫学臣故意编造虚假恐怖信息，严重扰乱社会秩序，其行为已构成编造虚假恐怖信息罪；鉴于被告人卫学臣自愿认罪，可酌情从轻处罚，依照《中华人民共和国刑法》第二百九十一条之一之规定，判决被告人卫学臣犯编造虚假恐怖信息罪，判处有期徒刑一年六个月。一审判决后，被告人卫学臣在法定期限内未上诉，检察机关也未提出抗诉，一审判决发生法律效力。

检例第11号：袁才彦编造虚假恐怖信息案

【裁判要点】

对于编造虚假恐怖信息造成有关部门实施人员疏散，引起公众极度恐慌的，或者致使相关单位无法正常营业，造成重大经济损失的，应当认定为"造成严重后果"。

以编造虚假恐怖信息的方式，实施敲诈勒索等其他犯罪的，应当根据案件事实和证据情况，择一重罪处断。

【基本案情】

被告人袁才彦，男，湖北省人，1956年出生，无业。

被告人袁才彦因经济拮据，意图通过编造爆炸威胁的虚假恐怖信息勒索钱财。2004年9月29日，被告人袁才彦冒用名为"张锐"的假身份证，在河南省工商银行信阳分行红星路支行体彩广场分理处申请办理了牡丹灵通卡账户。

2005年1月24日14时许,被告人袁才彦拨打上海太平洋百货有限公司徐汇店的电话,编造已经放置炸弹的虚假恐怖信息,以不给钱就在商场内引爆炸弹自杀相威胁,要求上海太平洋百货有限公司徐汇店在1小时内向其指定的牡丹灵通卡账户内汇款人民币5万元。上海太平洋百货有限公司徐汇店即向公安机关报警,并进行人员疏散。接警后,公安机关启动防爆预案,出动警力300余名对商场进行安全排查。被告人袁才彦的行为造成上海太平洋百货有限公司徐汇店暂停营业3个半小时。

1月25日10时许,被告人袁才彦拨打福州市新华都百货商场的电话,称已在商场内放置炸弹,要求福州市新华都百货商场在半小时内将人民币5万元汇入其指定的牡丹灵通卡账户。接警后,公安机关出动大批警力进行人员疏散、搜爆检查,并对现场及周边地区实施交通管制。

1月27日11时,被告人袁才彦拨打上海市铁路局春运办公室的电话,称已在火车上放置炸弹,并以引爆炸弹相威胁要求春运办公室在半小时内将人民币10万元汇入其指定的牡丹灵通卡账户。接警后,上海铁路公安局抽调大批警力对旅客、列车和火车站进行安全检查。

1月27日14时,被告人袁才彦拨打广州市天河城百货有限公司的电话,要求广州市天河城百货有限公司在半小时内将人民币2万元汇入其指定的牡丹灵通卡账户,否则就在商场内引爆炸弹自杀。

1月27日16时,被告人袁才彦拨打深圳市天虹商场的电话,要求深圳市天虹商场在1小时内将人民币2万元汇入其指定的牡丹灵通卡账户,否则就在商场内引爆炸弹。

1月27日16时32分,被告人袁才彦拨打南宁市百货商场的电话,要求南宁市百货商场在1小时内将人民币2万元汇入其指定的牡丹灵通卡账户,否则就在商场门口引爆炸弹。接警后,公安机关出动警力300余名在商场进行搜爆和安全检查。

【诉讼过程】

2005年1月28日,袁才彦因涉嫌敲诈勒索罪被广州市公安局天河区分局刑事拘留。2005年2月案件移交袁才彦的主要犯罪地上海市公安局徐汇区分局管辖,3月4日袁才彦被逮捕,4月5日侦查终结移送上海市徐汇区人民检察院审查起诉。2005年4月14日,上海市人民检察院将案件指定上海市人民检察院第二分院管辖,4月18日上海市人民检察院第二分院以被告人袁才彦涉嫌编造虚假恐怖信息罪向上海市第二中级人民法院提起公诉。2005年6月24日,上海市第二中级人民法院作出一审判决,认为被告人袁才彦为勒索钱财故意编造爆炸威胁等虚假恐怖信息,严重扰乱社会秩序,其行为已构成编造虚假恐怖信息罪,且造成严重后果,依照《中华人民共和国刑法》第二百九十一条之一、第五十五条第一款、第五十六条第一款、第六十四条的规定,判决被告人袁才彦犯编造虚假恐怖信息罪,判处有期徒刑十二年,剥夺政治权利三年。一审判决后,被告人袁才彦提出上诉。2005年8月25日,上海市高级人民法院二审终审裁定,驳回上诉,维持原判。

检例第33号：
李丙龙破坏计算机信息系统案

【关键词】

破坏计算机信息系统　劫持域名

【基本案情】

被告人李丙龙，男，1991年8月生，个体工商户。

被告人李丙龙为牟取非法利益，预谋以修改大型互联网网站域名解析指向的方法，劫持互联网流量访问相关赌博网站，获取境外赌博网站广告推广流量提成。2014年10月20日，李丙龙冒充某知名网站工作人员，采取伪造该网站公司营业执照等方式，骗取该网站注册服务提供商信任，获取网站域名解析服务管理权限。10月21日，李丙龙通过其在域名解析服务网站平台注册的账号，利用该平台相关功能自动生成了该知名网站二级子域名部分DNS（域名系统）解析列表，修改该网站子域名的IP指向，使其连接至自己租用境外虚拟服务器建立的赌博网站广告发布页面。当日19时许，李丙龙对该网站域名解析服务器指向的修改生效，致使该网站不能正常运行。23时许，该知名网站经技术排查恢复了网站正常运行。11月25日，李丙龙被公安机关抓获。至案发时，李丙龙未及获利。

经司法鉴定，该知名网站共有559万有效用户，其中邮箱系统有36万有效用户。按日均电脑客户端访问量计算，10月7日至10月20日邮箱系统日均访问量达12.3万。李丙龙的行为造成该知名网站10月21日19时至23时长达四小时左右无法正常发挥其服务功能，案发当日仅邮件系统电脑客户端访问量就从12.3万减少至4.43万。

【诉讼过程和结果】

本案由上海市徐汇区人民检察院于2015年4月9日以被告人李丙龙犯破坏计算机信息系统罪向上海市徐汇区人民法院提起公诉。11月4日，徐汇区人民法院作出判决，认定李丙龙的行为构成破坏计算机信息系统罪。根据《最高人民法院、最高人民检察院关于办理危害计算机信息系统安全刑事案件应用法律若干问题的解释》第四条规定，李丙龙的行为符合"造成为五万以上用户提供服务的计算机信息系统不能正常运行累计一小时以上""后果特别严重"的情形。结合量刑情节，判处李丙龙有期徒刑五年。一审宣判后，被告人李丙龙提出上诉，经上海市第一中级人民法院终审裁定，维持原判。

【要旨】

以修改域名解析服务器指向的方式劫持域名，造成计算机信息系统不能正常运行，是破坏计算机信息系统的行为。

【指导意义】

修改域名解析服务器指向，强制用户偏离目标网站或网页进入指定网站或网页，是典型的域名劫持行为。行为人使用恶意代码修改目标网站域名解析服务器，目标网站域名被恶意解析到其他IP地址，无法正常发挥网站服务功能，这种行为实质是对计算机信息系统功能的修改、干扰，符合刑法第二百八十六条第一款"对计算机信息系统功能进行删除、修改、增加、干扰"的规定。根据《最高人民法院、最高人民检察院关于办理危害计算机信息系统安全刑事案件应用法律若干问题的解释》第四条的规定，造成为一万以上用户提供服务的计算机信息系统不能正常运行累计一小时以上的，属于“后果严重”，应以破坏计算机信息系统罪论处；造成为五万以上用户提供服务的计算机信息系统不能正常运行累计一小时以上的，属于“后果特别严重”。

认定遭受破坏的计算机信息系统服务用户数，可以根据计算机信息系统的功能和使用特点，结合网站注册用户、浏览用户等具体情况，作出客观判断。

【相关法律规定】

《中华人民共和国刑法》

第二百八十六条　违反国家规定，对计算机信息系统功能进行删除、修改、增加、干扰，造成计算机信息系统不能正常运行，后果严重的，处五年以下有期徒刑或者拘役；后果特别严重的，处五年以上有期徒刑。

《最高人民法院、最高人民检察院关于办理危害计算机信息系统安全刑事案件应用法律若干问题的解释》

第四条　破坏计算机信息系统功能、数据或者应用程序，具有下列情形之一的，应当认定为刑法第二百八十六条第一款和第二款规定的“后果严重”：

……

（四）造成为一百台以上计算机信息系统提供域名解析、身份认证、计费等基础服务或者为一万以上用户提供服务的计算机信息系统不能正常运行累计一小时以上的；

……

实施前款规定行为，具有下列情形之一的，应当认定为破坏计算机信息系统“后果特别严重”：

……

（二）造成为五百台以上计算机信息系统提供域名解析、身份认证、计费等基础服务或者为五万以上用户提供服务的计算机信息系统不能正常运行累计一小时以上的；

……

检例第34号：李骏杰等破坏计算机信息系统案

【关键词】

破坏计算机信息系统　删改购物评价　购物网站评价系统

【基本案情】

被告人李骏杰，男，1985年7月生，原系浙江杭州某网络公司员工。

被告人胡榕，男，1975年1月生，原系江西省九江市公安局民警。

被告人黄福权，男，1987年9月生，务工。

被告人董伟，男，1983年5月生，无业。

被告人王凤昭，女，1988年11月生，务工。

2011年5月至2012年12月，被告人李骏杰在工作单位及自己家中，单独或伙同他人通过聊天软件联系需要修改中差评的某购物网站卖家，并从被告人黄福权等处购买发表中差评的该购物网站买家信息300余条。李骏杰冒用买家身份，骗取客服审核通过后重置账号密码，登录该购物网站内部评价系统，删改买家的中差评347个，获利9万余元。

经查：被告人胡榕利用职务之便，将获取的公民个人信息分别出售给被告人黄福权、董伟、王凤昭。

2012年12月11日，被告人李骏杰被

公安机关抓获归案。此后,因涉嫌出售公民个人信息、非法获取公民个人信息,被告人胡榕、黄福权、董伟、王凤昭等人也被公安机关先后抓获。

【诉讼过程和结果】

本案由浙江省杭州市滨江区人民检察院于2014年3月24日以被告人李骏杰犯破坏计算机信息系统罪、被告人胡榕犯出售公民个人信息罪、被告人黄福权等人犯非法获取公民个人信息罪,向浙江省杭州市滨江区人民法院提起公诉。2015年1月12日,杭州市滨江区人民法院作出判决,认定被告人李骏杰的行为构成破坏计算机信息系统罪,判处有期徒刑五年;被告人胡榕的行为构成出售公民个人信息罪,判处有期徒刑十个月,并处罚金人民币二万元;被告人黄福权、董伟、王凤昭的行为构成非法获取公民个人信息罪,分别判处有期徒刑、拘役,并处罚金。一审宣判后,被告人董伟提出上诉。杭州市中级人民法院二审裁定驳回上诉,维持原判。判决已生效。

【要旨】

冒用购物网站买家身份进入网站内部评价系统删改购物评价,属于对计算机信息系统内存储数据进行修改操作,应当认定为破坏计算机信息系统的行为。

【指导意义】

购物网站评价系统是对店铺销量、买家评价等多方面因素进行综合计算分值的系统,其内部储存的数据直接影响到搜索流量分配、推荐排名、营销活动报名资格、同类商品在消费者购买比较时的公平性等。买家在购买商品后,根据用户体验对所购商品分别给出好评、中评、差评三种不同评价。所有的评价都是以数据形式存储于买家评价系统之中,成为整个购物网站计算机信息系统整体数据的重要组成部分。

侵入评价系统删改购物评价,其实质是对计算机信息系统内存储的数据进行删除、修改操作的行为。这种行为危害到计算机信息系统数据采集和流量分配体系运行,使网站注册商户及其商品、服务的搜索受到影响,导致网站商品、服务评价功能无法正常运作,侵害了购物网站所属公司的信息系统安全和消费者的知情权。行为人因删除、修改某购物网站中差评数据违法所得25000元以上,构成破坏计算机信息系统罪,属于"后果特别严重"的情形,应当依法判处五年以上有期徒刑。

【相关法律规定】

《中华人民共和国刑法》

第二百八十六条　违反国家规定,对计算机信息系统功能进行删除、修改、增加、干扰,造成计算机信息系统不能正常运行,后果严重的,处五年以下有期徒刑或者拘役;后果特别严重的,处五年以上有期徒刑。

违反国家规定,对计算机信息系统中存储、处理或者传输的数据和应用程序进行删除、修改、增加的操作,后果严重的,依照前款的规定处罚。

《最高人民法院、最高人民检察院关于办理危害计算机信息系统安全刑事案件应用法律若干问题的解释》

第四条　破坏计算机信息系统功能、数据或者应用程序,具有下列情形之一的,应当认定为刑法第二百八十六条第一款和第二款规定的"后果严重":

……

(三)违法所得五千元以上或者造成经济损失一万元以上的;

……

实施前款规定行为，具有下列情形之一的，应当认定为破坏计算机信息系统“后果特别严重”：

（一）数量或者数额达到前款第（一）项至第（三）项规定标准五倍以上的；

……

《计算机信息网络国际联网安全保护管理办法》

第六条　任何单位和个人不得从事下列危害计算机信息网络安全的活动：

（一）未经允许，进入计算机信息网络或者使用计算机信息网络资源的；

（二）未经允许，对计算机信息网络功能进行删除、修改或者增加的；

（三）未经允许，对计算机信息网络中存储、处理或者传输的数据和应用程序进行删除、修改或者增加的；

（四）故意制作、传播计算机病毒等破坏性程序的；

（五）其他危害计算机信息网络安全的。

检例第35号：曾兴亮、王玉生破坏计算机信息系统案

【关键词】

破坏计算机信息系统　智能手机终端　远程锁定

【基本案情】

被告人曾兴亮，男，1997年8月生，农民。

被告人王玉生，男，1992年2月生，农民。

2016年10月至11月，被告人曾兴亮与王玉生结伙或者单独使用聊天社交软件，冒充年轻女性与被害人聊天，谎称自己的苹果手机因故障无法登录“iCloud”（云存储），请被害人代为登录，诱骗被害人先注销其苹果手机上原有的ID，再使用被告人提供的ID及密码登录。随后，曾、王二人立即在电脑上使用新的ID及密码登录苹果官方网站，利用苹果手机相关功能将被害人的手机设置修改，并使用“密码保护问题”修改该ID的密码，从而远程锁定被害人的苹果手机。曾、王二人再在其个人电脑上，用网络聊天软件与被害人联系，以解锁为条件索要钱财。采用这种方式，曾兴亮单独或合伙作案共21起，涉及苹果手机22部，锁定苹果手机21部，索得人民币合计7290元；王玉生参与作案12起，涉及苹果手机12部，锁定苹果手机11部，索得人民币合计4750元。2016年11月24日，二人被公安机关抓获。

【诉讼过程和结果】

本案由江苏省海安县人民检察院于2016年12月23日以被告人曾兴亮、王玉生犯破坏计算机信息系统罪向海安县人民法院提起公诉。2017年1月20日，海安县人民法院作出判决，认定被告人曾兴亮、王玉生的行为构成破坏计算机信息系统罪，分别判处有期徒刑一年三个月、有期徒刑六个月。一审宣判后，二被告人未上诉，判决已生效。

【要旨】

智能手机终端，应当认定为刑法保护的计算机信息系统。锁定智能手机导致不能使用的行为，可认定为破坏计算机信息系统。

【指导意义】

计算机信息系统包括计算机、网络设备、通信设备、自动化控制设备等。智能手机和计算机一样，使用独立的操作系统、独

立的运行空间，可以由用户自行安装软件等程序，并可以通过移动通讯网络实现无线网络接入，应当认定为刑法上的“计算机信息系统”。

行为人通过修改被害人手机的登录密码，远程锁定被害人的智能手机设备，使之成为无法开机的“僵尸机”，属于对计算机信息系统功能进行修改、干扰的行为。造成10台以上智能手机系统不能正常运行，符合刑法第二百八十六条破坏计算机信息系统罪构成要件中“对计算机信息系统功能进行修改、干扰”“后果严重”的情形，构成破坏计算机信息系统罪。

行为人采用非法手段锁定手机后以解锁为条件，索要钱财，在数额较大或多次敲诈的情况下，其目的行为又构成敲诈勒索罪。在这类犯罪案件中，手段行为构成的破坏计算机信息系统罪与目的行为构成的敲诈勒索罪之间成立牵连犯。牵连犯应当从一重罪处断。破坏计算机信息系统罪后果严重的情况下，法定刑为五年以下有期徒刑或者拘役；敲诈勒索罪在数额较大的情况下，法定刑为三年以下有期徒刑、拘役或管制，并处或者单处罚金。本案应以重罪即破坏计算机信息系统罪论处。

【相关法律规定】

《中华人民共和国刑法》

第二百八十六条　违反国家规定，对计算机信息系统功能进行删除、修改、增加、干扰，造成计算机信息系统不能正常运行，后果严重的，处五年以下有期徒刑或者拘役；后果特别严重的，处五年以上有期徒刑。

第二百七十四条　敲诈勒索公私财物，数额较大或者多次敲诈勒索的，处三年以下有期徒刑、拘役或者管制，并处或者单处罚金；数额巨大或者有其他严重情节的，处三年以上十年以下有期徒刑，并处罚金；数额特别巨大或者有其他特别严重情节的，处十年以上有期徒刑，并处罚金。

《最高人民法院、最高人民检察院关于办理危害计算机信息系统安全刑事案件应用法律若干问题的解释》

第十一条　本解释所称“计算机信息系统”和“计算机系统”，是指具备自动处理数据功能的系统，包括计算机、网络设备、通信设备、自动化控制设备等。

……

《最高人民法院、最高人民检察院关于办理敲诈勒索刑事案件适用法律若干问题的解释》

第一条　敲诈勒索公私财物价值二千元至五千元以上、三万元至十万元以上、三十万元至五十万元以上的，应当分别认定为刑法第二百七十四条规定的“数额较大”、“数额巨大”、“数额特别巨大”。

各省、自治区、直辖市高级人民法院、人民检察院可以根据本地区经济发展状况和社会治安状况，在前款规定的数额幅度内，共同研究确定本地区执行的具体数额标准，报最高人民法院、最高人民检察院批准。

《江苏省高级人民法院、江苏省人民检察院、江苏省公安厅关于我省执行敲诈勒索公私财物“数额较大”、“数额巨大”、“数额特别巨大”标准的意见》

根据《最高人民法院、最高人民检察院关于办理敲诈勒索刑事案件适用法律若干问题的解释》的规定，结合我省经济发展和社会治安实际状况，确定我省执行刑法第二百七十四条规定的敲诈勒索公私财物“数额较大”、“数额巨大”、“数额特别巨大”标准如下：

一、敲诈勒索公私财物价值人民币四

千元以上的，为“数额较大”；

二、敲诈勒索公私财物价值人民币六万元以上的，为“数额巨大”；

……

检例第36号：卫梦龙、龚旭、薛东东非法获取计算机信息系统数据案

【关键词】

非法获取计算机信息系统数据　超出授权范围登录　侵入计算机信息系统

【基本案情】

被告人卫梦龙，男，1987年10月生，原系北京某公司经理。

被告人龚旭，女，1983年9月生，原系北京某大型网络公司运营规划管理部员工。

被告人薛东东，男，1989年12月生，无固定职业。

被告人卫梦龙曾于2012年至2014年在北京某大型网络公司工作，被告人龚旭供职于该大型网络公司运营规划管理部，两人原系同事。被告人薛东东系卫梦龙商业合作伙伴。

因工作需要，龚旭拥有登录该大型网络公司内部管理开发系统的账号、密码、Token令牌（计算机身份认证令牌），具有查看工作范围内相关数据信息的权限。但该大型网络公司禁止员工私自在内部管理开发系统查看、下载非工作范围内的电子数据信息。

2016年6月至9月，经事先合谋，龚旭向卫梦龙提供自己所掌握的该大型网络公司内部管理开发系统账号、密码、Token令牌。卫梦龙利用龚旭提供的账号、密码、Token令牌，违反规定多次在异地登录该大型网络公司内部管理开发系统，查询、下载该计算机信息系统中储存的电子数据。后卫梦龙将非法获取的电子数据交由薛东东通过互联网出售牟利，违法所得共计37000元。

【诉讼过程和结果】

本案由北京市海淀区人民检察院于2017年2月9日以被告人卫梦龙、龚旭、薛东东犯非法获取计算机信息系统数据罪，向北京市海淀区人民法院提起公诉。6月6日，北京市海淀区人民法院作出判决，认定被告人卫梦龙、龚旭、薛东东的行为构成非法获取计算机信息系统数据罪，情节特别严重。判处卫梦龙有期徒刑四年，并处罚金人民币四万元；判处龚旭有期徒刑三年九个月，并处罚金人民币四万元；判处薛东东有期徒刑四年，并处罚金人民币四万元。一审宣判后，三被告人未上诉，判决已生效。

【要旨】

超出授权范围使用账号、密码登录计算机信息系统，属于侵入计算机信息系统的行为；侵入计算机信息系统后下载其储存的数据，可以认定为非法获取计算机信息系统数据。

【指导意义】

非法获取计算机信息系统数据罪中的“侵入”，是指违背被害人意愿、非法进入计算机信息系统的行为。其表现形式既包括采用技术手段破坏系统防护进入计算机信息系统，也包括未取得被害人授权擅自进入计算机信息系统，还包括超出被害人授权范围进入计算机信息系统。

本案中，被告人龚旭将自己因工作需要掌握的本公司账号、密码、Token令牌等交由卫梦龙登录该公司管理开发系统获取

数据，虽不属于通过技术手段侵入计算机信息系统，但内外勾结擅自登录公司内部管理开发系统下载数据，明显超出正常授权范围。超出授权范围使用账号、密码、Token 令牌登录系统，也属于侵入计算机信息系统的行为。行为人违反《计算机信息系统安全保护条例》第七条、《计算机信息网络国际联网安全保护管理办法》第六条第一项等国家规定，实施了非法侵入并下载获取计算机信息系统中存储的数据的行为，构成非法获取计算机信息系统数据罪。按照 2011 年《最高人民法院、最高人民检察院关于办理危害计算机信息系统安全刑事案件应用法律若干问题的解释》规定，构成犯罪，违法所得二万五千元以上，应当认定为“情节特别严重”，处三年以上七年以下有期徒刑，并处罚金。

【相关法律规定】

《中华人民共和国刑法》

第二百八十五条　违反国家规定，侵入国家事务、国防建设、尖端科学技术领域的计算机信息系统的，处三年以下有期徒刑或者拘役。

违反国家规定，侵入前款规定以外的计算机信息系统或者采用其他技术手段，获取该计算机信息系统中存储、处理或者传输的数据，或者对该计算机信息系统实施非法控制，情节严重的，处三年以下有期徒刑或者拘役，并处或者单处罚金；情节特别严重的，处三年以上七年以下有期徒刑，并处罚金。

《最高人民法院、最高人民检察院关于办理危害计算机信息系统安全刑事案件应用法律若干问题的解释》

第一条　非法获取计算机信息系统数据或者非法控制计算机信息系统，具有下列情形之一的，应当认定为刑法第二百八十五条第二款规定的“情节严重”：

……

（四）违法所得五千元以上或者造成经济损失一万元以上的；

……

实施前款规定行为，具有下列情形之一的，应当认定为刑法第二百八十五条第二款规定的“情节特别严重”：

（一）数量或者数额达到前款第（一）项至第（四）项规定标准五倍以上的；

……

《中华人民共和国计算机信息系统安全保护条例》

第七条　任何组织或者个人，不得利用计算机信息系统从事危害国家利益、集体利益和公民合法利益的活动，不得危害计算机信息系统的安全。

《计算机信息网络国际联网安全保护管理办法》

第六条　任何单位和个人不得从事下列危害计算机信息网络安全的活动：

（一）未经允许，进入计算机信息网络或者使用计算机信息网络资源的；

（二）未经允许，对计算机信息网络功能进行删除、修改或者增加的；

（三）未经允许，对计算机信息网络中存储、处理或者传输的数据和应用程序进行删除、修改或者增加的；

（四）故意制作、传播计算机病毒等破坏性程序的；

（五）其他危害计算机信息网络安全的。

检例第60号：刘强非法占用农用地案

【关键词】

非法占用农用地罪　永久基本农田　“大棚房”　非农建设改造

【要旨】

行为人违反土地管理法规，在耕地上建设“大棚房”“生态园”“休闲农庄”等，非法占用耕地数量较大，造成耕地等农用地大量毁坏的，应当以非法占用农用地罪追究实际建设者、经营者的刑事责任。

【基本案情】

被告人刘强，男，1979年10月出生，北京大道千字文文化发展有限公司法定代表人。2008年1月，因犯敲诈勒索罪被北京市海淀区人民法院判处有期徒刑二年，缓刑二年。

2016年3月，被告人刘强经人介绍以人民币1000万元的价格与北京春杰种植专业合作社（以下简称合作社）的法定代表人池杰商定，受让合作社位于延庆区延庆镇广积屯村东北蔬菜大棚377亩集体土地使用权。同年4月15日，刘强指使其司机刘广岐与池杰签订转让意向书，约定将合作社土地使用权及地上物转让给刘广岐。同年10月21日，合作社的法定代表人变更为刘广岐。其间，刘强未经国土资源部门批准，以合作社的名义组织人员对蔬菜大棚园区进行非农建设改造，并将园区命名为“紫薇庄园”。截至2016年9月28日，刘强先后组织人员在园区内建设鱼池、假山、规划外道路等设施，同时将原有蔬菜大棚加高、改装钢架，并将其一分为二，在其中各建房间，每个大棚门口铺设透水砖路面，外垒花墙。截至案发，刘强组织人员共建设“大棚房”260余套（每套面积350平方米至550平方米不等，内部置橱柜、沙发、藤椅、马桶等各类生活起居设施），并对外出租。经北京市国土资源局延庆分局组织测绘鉴定，该项目占用耕地28.75亩，其中含永久基本农田22.84亩，造成耕地种植条件被破坏。

截至2017年4月，北京市规划和国土资源管理委员会、延庆区延庆镇人民政府先后对该项目下达《行政处罚决定书》《责令停止建设通知书》《限期拆除决定书》，均未得到执行。2017年5月，延庆区延庆镇人民政府组织有关部门将上述违法建设强制拆除。

【指控与证明犯罪】

2017年5月10日，北京市国土资源局延庆分局向北京市公安局延庆分局移送刘广岐涉嫌非法占用农用地一案，5月13日，北京市公安局延庆分局对刘广岐涉嫌非法占用农用地案立案侦查，经调查发现刘强有重大嫌疑。2017年12月5日，北京市公安局延庆分局以刘强涉嫌非法占用农用地罪，将案件移送北京市延庆区人民检察院审查起诉。

审查起诉阶段，刘强拒不承认犯罪事实，辩称：1. 自己从未参与紫薇庄园项目建设，没有实施非法占地的行为。2. 紫薇庄园项目的实际建设者、经营者是刘广岐。3. 自己与紫薇庄园无资金往来。4. 蔬菜大棚改造项目系设施农业，属于政府扶持项目，不属于违法行为。刘广岐虽承认自己是合作社的法定代表人、项目建设的出资人，但对于转让意向书内容、资金来源、大棚内施工建设情况语焉不详。

为进一步查证紫薇庄园的实际建设

者、经营者,北京市延庆区人民检察院将案件退回公安机关补充侦查,要求补充查证:1.调取刘强、刘广岐、池杰、张红军(工程承包方)之间的资金往来凭证,核实每笔资金往来的具体操作人,对全案账目进行司法会计鉴定,了解资金的来龙去脉,查实资金实际出让人和受让人。2.寻找关键证人会计李祥彬,核实合作社账目与刘强个人账户的资金往来,确定刘强、刘广岐在紫薇庄园项目中的地位作用。3.就测量技术报告听取专业测量人员的意见,查清所占耕地面积。

经补充侦查,北京市公安局延庆分局收集到证人李祥彬的证言,证实了合作社是刘强出资从池杰手中购买,李祥彬受刘强邀请负责核算合作社的收入和支出。会计师事务所出具的司法鉴定意见书,证实了资金往来去向。在补充侦查过程中,侦查机关调取了紫薇庄园临时工作人员胡楠等人的证言,证实刘广岐是刘强的司机;刘广岐受刘强指使在转让意向书中签字,并担任合作社法定代表人,但其并未与刘强共谋参与非农建设改造事宜。针对辩护律师对测量技术报告数据的质疑,承办检察官专门听取了参与测量人员的意见,准确掌握所占耕地面积。

2018年5月23日,北京市延庆区人民检察院以刘强犯非法占用农用地罪向北京市延庆区人民法院提起公诉。7月2日,北京市延庆区人民法院公开开庭审理了本案。

法庭调查阶段,公诉人宣读起诉书,指控被告人刘强违反土地管理法规,非法占用耕地进行非农建设改造,改变被占土地用途,造成耕地大量毁坏,其行为构成非法占用农用地罪。针对以上指控的犯罪事实,公诉人向法庭出示了四组证据予以证明:

一是现场勘测笔录、《测量技术报告书》《非法占用耕地破坏程度鉴定意见》、现场照片78张等,证明紫薇庄园园区内存在非法占地行为,改变被占土地用途且数量较大,造成耕地大量毁坏。

二是合作社土地租用合同,设立、变更登记材料,转让意向书,合作社大棚改造工程相关资料,延庆镇政府、北京市国土资源局延庆分局提供的相关书证等证据,证明合作社土地使用权受让相关事宜,以及未经国土资源部门批准,刘强擅自对园区土地进行非农建设改造,并拒不执行行政处罚。

三是司法鉴定意见书、案件相关银行账户的交易流水及凭证、合作社转让改造项目的参与人证言及被告人的供述与辩解等证据材料,证明刘强是紫薇庄园非农建设改造的实际建设者、经营者及合作社改造项目资金来源、获利情况等。

四是紫薇庄园宣传材料、租赁合同、大棚房租户、池杰、李祥彬证人证言等,证明刘强修建大棚共196个,其中东院136个,西院60个,每个大棚都配有耳房,面积约10至20平方米;刘强将大棚改造后,命名为"紫薇庄园"对外宣传,"大棚房"内有休闲、娱乐、居住等生活设施,对外出租,造成不良社会影响。

被告人刘强对公诉人指控的上述犯罪事实没有异议,当庭认罪。

法庭辩论阶段,公诉人发表了公诉意见,指出刘强作为合作社的实际建设者、经营者,在没有行政批准的情况下,擅自对园区内农用地进行非农建设改造并对外出租,造成严重危害,应当追究刑事责任。

辩护人提出:1. 刘强不存在主观故意,社会危害性小。2. 建造蔬菜“大棚房”符合设施农业政策。3. 刘强认罪态度较好,主动到公安机关投案,具有自首情节。4. 起诉书中指控的假山、鱼池等设施,仅在测量报告中有描述且描述模糊。5. 相关设施已被有关部门拆除。请求法庭对被告人刘强从轻处罚。

公诉人针对辩护意见进行答辩:

第一,刘强受让合作社时指使司机刘广岐代其签字,证明其具有规避法律责任的行为,主观上存在违法犯罪的故意,刘强非法占用农用地,造成大量农用地被严重毁坏,其行为具有严重社会危害性。

第二,关于符合国家政策的说法不实,农业大棚与违法建造的非农“大棚房”存在本质区别,刘强建设的“大棚房”集休闲、娱乐、居住为一体,对农用地进行非农改造,严重违反《土地管理法》永久基本农田保护政策。该项目因违法建设受到行政处罚,但刘强未按照处罚决定积极履行耕地修复义务,直至案发,也未缴纳行政罚款,其行为明显违法。

第三,刘强直到开庭审理时才表示认罪,不符合自首条件。

第四,测量技术报告对案发时合作社建设情况作了详细的记录和专业说明,现场勘验笔录和现场照片均证实了蔬菜大棚改造的实际情况,另有相关证人证言也能证实假山、鱼池存在。

第五,违法设施应由刘强承担拆除并恢复原状的责任,有关行政部门进行拆除违法设施,恢复耕地的行为,不能成为刘强从轻处罚的理由。

法庭经审理,认为公诉人提交的证据能够相互印证,予以确认。对辩护人提出的被告人当庭认罪态度较好的辩护意见予以采纳,其他辩护意见缺乏事实依据,不予采纳。2018 年 10 月 16 日,北京市延庆区人民法院作出一审判决,以非法占用农用地罪判处被告人刘强有期徒刑一年六个月,并处罚金人民币五万元。一审宣判后,被告人刘强未上诉,判决已生效。

刘广岐在明知刘强是合作社非农建设改造的实际建设者、经营者,且涉嫌犯罪的情况下,故意隐瞒上述事实和真相,向公安机关做虚假证明。经北京市延庆区人民检察院追诉,2019 年 3 月 13 日,北京市延庆区人民法院以包庇罪判处被告人刘广岐有期徒刑六个月。一审宣判后,被告人刘广岐未上诉,判决已生效。

本案中,延庆镇规划管理与环境保护办公室虽然采取了约谈、下发《责令停止建设通知书》和《限期拆除决定书》等方式对违法建设予以制止,但未遏制住违法建设,履职不到位,北京市延庆区监察委员会给予延庆镇副镇长等 3 人行政警告处分,1 人行政记过处分,广积屯村村党支部给予该村党支部书记党内警告处分。

【指导意义】

十分珍惜、合理利用土地和切实保护耕地是我国的基本国策。近年来,随着传统农业向产业化、规模化的现代农业转变,以温室大棚为代表的设施农业快速发展。一些地区出现了假借发展设施农业之名,擅自或者变相改变农业用途,在耕地甚至永久基本农田上建设“大棚房”“生态园”“休闲农庄”等现象,造成土地资源被大量非法占用和毁坏,严重侵害农民权益和农业农村的可持续发展,在社会上造成恶劣影响。2018 年,自然资源部和农业农村部在全国开展了“大棚房”问题专项整治行动,推进落实永久基本农田保护制度和最严格的耕地保护政策。在基本农田上建设"大棚房"予以出租出售,违反《中华人民共和国土地管理法》,属于破坏耕地或者非法占地的违法行为。非法占用耕地数量较大或者造成耕地大量毁坏的,应当以非法占用农用地罪追究实际建设者、经营者的刑事责任。

该类案件中,实际建设者、经营者为逃避法律责任,经常隐藏于幕后。对此,检察机关可以通过引导公安机关查询非农建设项目涉及的相关账户交易信息、资金走向等,辅以相关证人证言,形成严密证据体系,查清证实实际建设者、经营者的法律责任。对于受其操控签订合同或者作假证明包庇,涉嫌共同犯罪或者伪证罪、包庇罪的相关行为人,也要一并查实惩处。对于非法占用农用地面积这一关键问题,可由专业机构出具测量技术报告,必要时可申请测量人员出庭作证。

【相关规定】

《中华人民共和国刑法》第三百一十条、第三百四十二条

《全国人民代表大会常务委员会关于〈中华人民共和国刑法〉第二百二十八条、第三百四十二条、第四百一十条的解释》

《中华人民共和国土地管理法》第七十五条

《最高人民法院关于审理破坏土地资源刑事案件具体应用法律若干问题的解释》第三条

《最高人民检察院、公安部关于公安机关管辖的刑事案件立案追诉标准的规定(一)》第六十七条

检例第68号:叶源星、张剑秋提供侵入计算机信息系统程序、谭房妹非法获取计算机信息系统数据案

【关键词】

专门用于侵入计算机信息系统的程序 非法获取计算机信息系统数据 撞库 打码

【要旨】

对有证据证明用途单一,只能用于侵入计算机信息系统的程序,司法机关可依法认定为"专门用于侵入计算机信息系统的程序";难以确定的,应当委托专门部门或司法鉴定机构作出检验或鉴定。

【基本案情】

叶源星,男,1977年3月10日出生,超市网络维护员。

张剑秋,男,1972年8月14日出生,小学教师。

谭房妹,男,1993年4月5日出生,农民。

2015年1月,被告人叶源星编写了用于批量登录某电商平台账户的"小黄伞"撞库软件("撞库"是指黑客通过收集已泄露的用户信息,利用账户使用者相同的注册习惯,如相同的用户名和密码,尝试批量登陆其他网站,从而非法获取可登录用户信息的行为)供他人免费使用。"小黄伞"撞库软件运行时,配合使用叶源星编写的打码软件("打码"是指利用人工大量输入验证码的行为)可以完成撞库过程中对大量验证码的识别。叶源星通过网络向他人有偿提供打码软件的验证码识别服务,同时将其中的人工输入验证码任务交由被告人

张剑秋完成,并向其支付费用。

2015年1月至9月,被告人谭房妹通过下载使用"小黄伞"撞库软件,向叶源星购买打码服务,获取到某电商平台用户信息2.2万余组。

被告人叶源星、张剑秋通过实施上述行为,从被告人谭房妹处获取违法所得共计人民币4万余元。谭房妹通过向他人出售电商平台用户信息,获取违法所得共计人民币25万余元。法院审理期间,叶源星、张剑秋、谭房妹退缴了全部违法所得。

【指控与证明犯罪】

(一)审查起诉

2016年10月10日,浙江省杭州市公安局余杭区分局以犯罪嫌疑人叶源星、张剑秋、谭房妹涉嫌非法获取计算机信息系统数据罪移送杭州市余杭区人民检察院审查起诉。期间,叶源星、张剑秋的辩护人向检察机关提出二名犯罪嫌疑人无罪的意见。叶源星的辩护人认为,叶源星利用"小黄伞"软件批量验证已泄露信息的行为,不构成非法获取计算机信息系统数据罪。张剑秋的辩护人认为,张剑秋不清楚组织打码是为了非法获取某电商平台的用户信息。张剑秋与叶源星没有共同犯罪故意,不构成非法获取计算机信息系统数据罪。

杭州市余杭区人民检察院经审查认为,犯罪嫌疑人叶源星编制"小黄伞"撞库软件供他人使用,犯罪嫌疑人张剑秋组织码工打码,犯罪嫌疑人谭房妹非法获取网络用户信息并出售牟利的基本事实清楚,但需要进一步补强证据。2016年11月25日、2017年2月7日,检察机关二次将案件退回公安机关补充侦查,明确提出需要补查的内容、目的和要求。一是完善"小黄伞"软件的编制过程、运作原理、功能等方面的证据,以便明确"小黄伞"软件是否具有避开或突破某电商平台服务器的安全保护措施,非法获取计算机信息系统数据的功能。二是对扣押的张剑秋电脑进行补充勘验,以便确定张剑秋主观上是否明知其组织打码行为是为他人非法获取某电商平台用户信息提供帮助;调取张剑秋与叶源星的QQ聊天记录,以便查明二人是否有犯意联络。三是提取叶源星被扣押电脑的MAC地址(又叫网卡地址,由12个16进制数组成,是上网设备在网络中的唯一标识),分析"小黄伞"软件源代码中是否含有叶源星电脑的MAC地址,以便查明某电商平台被非法登陆过的账号与叶源星编制的"小黄伞"撞库软件之间是否存在关联性。四是对被扣押的谭房妹电脑和U盘进行补充勘验,调取其中含有账号、密码的文件,查明文件的生成时间和特征,以便确定被查获的存储介质中的某电商平台用户信息是否系谭房妹使用"小黄伞"软件获取。

公安机关按照检察机关的要求,对证据作了进一步补充完善。同时,检察机关就"小黄伞"软件的运行原理等问题,听取了技术专家意见。结合公安机关两次退查后补充的证据,案件证据中存在的问题已经得到解决:

一是明确了"小黄伞"软件具有以下功能特征:(1)"小黄伞"软件用途单一,仅针对某电商平台账号进行撞库和接入打码平台,这种非法侵入计算机信息系统获取用户数据的程序没有合法用途。(2)"小黄伞"软件具有避开或突破计算机信息系统安全保护措施的功能。在实施撞库过程中,一个IP地址需要多次登录大量账号,为防止被某电商平台识别为非法登陆,导致IP地址被封锁,"小黄伞"软件被编入自动拨号功能,在批量登陆几组账号后,会自动切换新的 IP 地址,从而达到避开该电商平台安全防护的目的。(3)“小黄伞”软件具有绕过验证码识别防护措施的功能。在他人利用非法获取的该电商平台账号登录时,需要输入验证码。“小黄伞”软件会自动抓取验证码图片发送到打码平台,由张剑秋组织的码工对验证码进行识别。(4)“小黄伞”软件具有非法获取计算机信息系统数据的功能。“小黄伞”软件对登陆成功的某电商平台账号,在未经授权的情况下,会自动抓取账号对应的昵称、注册时间、账号等级等信息数据。根据以上特征,可以认定“小黄伞”软件属于刑法规定的“专门用于侵入计算机信息系统的程序”。

二是从张剑秋和叶源星电脑中补充勘查到的 QQ 聊天记录等电子数据证实,叶源星与张剑秋聊天过程中曾提及“扫平台”、“改一下平台程序”、“那些人都是出码的”;通过补充讯问张剑秋和叶源星,明确了张剑秋明知其帮叶源星打验证码可能被用于非法目的,仍然帮叶源星做打码代理。上述证据证实张剑秋与叶源星之间已经形成犯意联络,具有共同犯罪故意。

三是通过进一步补充证据,证实了使用撞库软件的终端设备的 MAC 地址与叶源星电脑的 MAC 地址、小黄伞软件的源代码里包含的 MAC 地址一致。上述证据证实叶源星就是“小黄伞”软件的编制者。

四是通过对谭房妹所有包含某电商平台用户账号和密码的文件进行比对,查明了谭房妹利用“小黄伞”撞库软件非法获取的某电商平台用户信息文件不仅包含账号、密码,还包含了注册时间、账号等级、是否验证等信息,而谭房妹从其他渠道非法获取的账号信息文件并不包含这些信息。通过对谭房妹电脑的进一步勘查和对谭房妹的进一步讯问,确定了谭房妹利用“小黄伞”软件登陆某电商平台用户账号的过程和具体时间,该登录时间与部分账号信息文件的生成时间均能一一对应。根据上述证据,最终确定谭房妹利用“小黄伞”撞库所得的网络用户信息为 2.2 万余组。

综上,检察机关认为案件事实已查清,但公安机关对犯罪嫌疑人叶源星、张剑秋移送起诉适用的罪名不准确。叶源星、张剑秋共同为他人提供专门用于侵入计算机信息系统的程序,均已涉嫌提供侵入计算机信息系统程序罪;犯罪嫌疑人谭房妹的行为已涉嫌非法获取计算机信息系统数据罪。

(二)出庭指控犯罪

2017 年 6 月 20 日,杭州市余杭区人民检察院以被告人叶源星、张剑秋构成提供侵入计算机信息系统程序罪,被告人谭房妹构成非法获取计算机信息系统数据罪,向杭州市余杭区人民法院提起公诉。11 月 17 日,法院公开开庭审理了本案。

庭审中,3 名被告人对检察机关的指控均无异议。谭房妹的辩护人提出,谭房妹系初犯,归案后能如实供述罪行,自愿认罪,请求法庭从轻处罚。叶源星和张剑秋的辩护人提出以下辩护意见:一是检察机关未提供省级以上有资质机构的检验结论,现有证据不足以认定“小黄伞”软件是“专门用于侵入计算机信息系统的程序”。二是张剑秋与叶源星间没有共同犯罪的主观故意。三是叶源星和张剑秋的违法所得金额应扣除支付给码工的钱款。

针对上述辩护意见,公诉人答辩如下:一是在案电子数据、勘验笔录、技术人员的证言、被告人供述等证据相互印证,足以证实“小黄伞”软件具有避开和突破计算机信息系统安全保护措施，未经授权获取计算机信息系统数据的功能，属于法律规定的"专门用于侵入计算机信息系统的程序"。二是被告人叶源星与张剑秋具有共同犯罪的故意。QQ 聊天记录反映两人曾提及非法获取某电商平台用户信息的内容，能证实张剑秋主观明知其组织他人打码系用于批量登录该电商平台账号。张剑秋组织他人帮助打码的行为和叶源星提供撞库软件的行为相互配合，相互补充，系共同犯罪。三是被告人叶源星、张剑秋的违法所得应以其出售验证码服务的金额认定，给码工等相关支出均属于犯罪成本，不应扣除。二人系共同犯罪，应当对全部犯罪数额承担责任。四是 3 名被告人在庭审中认罪态度较好且上交了全部违法所得，建议从轻处罚。

（三）处理结果

浙江省杭州市余杭区人民法院采纳了检察机关的指控意见，判决认定被告人叶源星、张剑秋的行为已构成提供侵入计算机信息系统程序罪，且系共同犯罪；被告人谭房妹的行为已构成非法获取计算机信息系统数据罪。鉴于 3 名被告人均自愿认罪，并退出违法所得，对 3 名被告人判处三年有期徒刑，适用缓刑，并处罚金。宣判后，3 名被告人均未提出上诉，判决已生效。

【指导意义】

审查认定"专门用于侵入计算机信息系统的程序"，一般应要求公安机关提供以下证据：一是从被扣押、封存的涉案电脑、U 盘等原始存储介质中收集、提取相关的电子数据。二是对涉案程序、被侵入的计算机信息系统及电子数据进行勘验、检查后制作的笔录。三是能够证实涉案程序的技术原理、制作目的、功能用途和运行效果的书证材料。四是涉案程序的制作人、提供人、使用人对该程序的技术原理、制作目的、功能用途和运行效果进行阐述的言词证据，或能够展示涉案程序功能的视听资料。五是能够证实被侵入计算机信息系统安全保护措施的技术原理、功能以及被侵入后果的专业人员的证言等证据。六是对有运行条件的，应要求公安机关进行侦查实验。对有充分证据证明涉案程序是专门设计用于侵入计算机信息系统、非法获取计算机信息系统数据的，可直接认定为"专门用于侵入计算机信息系统的程序"。

证据审查中，可从以下方面对涉案程序是否属于"专门用于侵入计算机信息系统的程序"进行判断：一是结合被侵入的计算机信息系统的安全保护措施，分析涉案程序是否具有侵入的目的，是否具有避开或者突破计算机信息系统安全保护措施的功能。二是结合计算机信息系统被侵入的具体情形，查明涉案程序是否在未经授权或超越授权的情况下，获取计算机信息系统数据。三是分析涉案程序是否属于"专门"用于侵入计算机信息系统的程序。

根据《最高人民法院、最高人民检察院关于办理危害计算机信息系统安全刑事案件应用法律若干问题的解释》第十条和《最高人民法院、最高人民检察院、公安部关于办理刑事案件收集提取和审查判断电子数据若干问题的规定》第十七条的规定，对是否属于"专门用于侵入计算机信息系统的程序"难以确定的，一般应当委托省级以上负责计算机信息系统安全保护管理工作的部门检验，也可由司法鉴定机构出具鉴定意见，或者由公安部指定的机构出具报告。实践中，应重点审查检验报告、鉴定意见对程序运行过程和运行结果的判断，结合案件具体情况，认定涉案程序是否具有突破或避开计算机信息系统安全保护措施,未经授权或超越授权获取计算机信息系统数据的功能。

【相关规定】

《中华人民共和国刑法》第二百八十五条、第二十五条

《最高人民法院、最高人民检察院关于办理危害计算机信息系统安全刑事案件应用法律若干问题的解释》第一条、第二条、第三条、第十条、第十一条

《最高人民法院、最高人民检察院、公安部关于办理刑事案件收集提取和审查判断电子数据若干问题的规定》第十七条

检例第69号:姚晓杰等11人破坏计算机信息系统案

【关键词】

破坏计算机信息系统　网络攻击　引导取证　损失认定

【要旨】

为有效打击网络攻击犯罪,检察机关应加强与公安机关的配合,及时介入侦查引导取证,结合案件特点提出明确具体的补充侦查意见。对被害互联网企业提供的证据和技术支持意见,应当结合其他证据进行审查认定,客观全面准确认定破坏计算机信息系统罪的危害后果。

【基本案情】

被告人姚晓杰,男,1983年3月27日出生,无固定职业。

被告人丁虎子,男,1998年2月7日出生,无固定职业。

其他9名被告人基本情况略。

2017年初,被告人姚晓杰等人接受王某某(另案处理)雇佣,招募多名网络技术人员,在境外成立“暗夜小组”黑客组织。“暗夜小组”从被告人丁虎子等3人处购买大量服务器资源,再利用木马软件操控控制端服务器实施DDoS攻击(指黑客通过远程控制服务器或计算机等资源,对目标发动高频服务请求,使目标服务器因来不及处理海量请求而瘫痪)。2017年2—3月间,“暗夜小组”成员三次利用14台控制端服务器下的计算机,持续对某互联网公司云服务器上运营的三家游戏公司的客户端IP进行DDoS攻击。攻击导致三家游戏公司的IP被封堵,出现游戏无法登录、用户频繁掉线、游戏无法正常运行等问题。为恢复云服务器的正常运营,某互联网公司组织人员对服务器进行了抢修并为此支付4万余元。

【指控与证明犯罪】

(一)介入侦查引导取证

2017年初,某互联网公司网络安全团队在日常工作中监测到多起针对该公司云服务器的大流量高峰值DDoS攻击,攻击源IP地址来源不明,该公司随即报案。公安机关立案后,同步邀请广东省深圳市人民检察院介入侦查、引导取证。

针对案件专业性、技术性强的特点,深圳市人民检察院会同公安机关多次召开案件讨论会,就被害单位云服务器受到的DDoS攻击的特点和取证策略进行研究,建议公安机关及时将被害单位报案提供的电子数据送国家计算机网络应急技术处理协调中心广东分中心进行分析,确定主要攻击源的IP地址。

2017年6—9月间,公安机关陆续将11名犯罪嫌疑人抓获。侦查发现,“暗夜小组”成员为逃避打击,在作案后已串供并

将手机、笔记本电脑等作案工具销毁或者进行了加密处理。“暗夜小组”成员到案后大多作无罪辩解。有证据证实丁虎子等人实施了远程控制大量计算机的行为，但证明其将控制权出售给“暗夜小组”用于DDoS网络攻击的证据薄弱。

鉴于此，深圳市检察机关与公安机关多次会商研究“暗夜小组”团伙内部结构、犯罪行为和技术特点等问题，建议公安机关重点做好以下三方面工作：一是查明导致云服务器不能正常运行的原因与“暗夜小组”攻击行为间的关系。具体包括：对被害单位提供的受攻击IP和近20万个攻击源IP作进一步筛查分析，找出主要攻击源的IP地址，并与丁虎子等人出售的控制端服务器IP地址进行比对；查清主要攻击源的波形特征和网络协议，并和丁虎子等人控制的攻击服务器特征进行比对，以确定主要攻击是否来自于该控制端服务器；查清攻击时间和云服务器因被攻击无法为三家游戏公司提供正常服务的时间；查清攻击的规模；调取“暗夜小组”实施攻击后给三家游戏公司发的邮件。二是做好犯罪嫌疑人线上身份和线下身份同一性的认定工作，并查清“暗夜小组”各成员在犯罪中的分工、地位和作用。三是查清犯罪行为造成的危害后果。

（二）审查起诉

2017年9月19日，公安机关将案件移送广东省深圳市南山区人民检察院审查起诉。鉴于在案证据已基本厘清“暗夜小组”实施犯罪的脉络，“暗夜小组”成员的认罪态度开始有了转变。经审查，全案基本事实已经查清，基本证据已经调取，能够认定姚晓杰等人的行为已涉嫌破坏计算机信息系统罪：一是可以认定系“暗夜小组”对某互联网公司云服务器实施了大流量攻击。国家计算机网络应急技术处理协调中心广东分中心出具的报告证实，筛选出的大流量攻击源IP中有198个IP为僵尸网络中的被控主机，这些主机由14个控制端服务器控制。通过比对丁虎子等人电脑中的电子数据，证实丁虎子等人控制的服务器就是对三家游戏公司客户端实施网络攻击的服务器。分析报告还明确了云服务器受到的攻击类型和攻击采用的网络协议、波形特征，这些证据与“暗夜小组”成员供述的攻击资源特征一致。网络聊天内容和银行交易流水等证据证实“暗夜小组”向丁虎子等三人购买上述14个控制端服务器控制权的事实。电子邮件等证据进一步印证了“暗夜小组”实施攻击的事实。二是通过进一步提取犯罪嫌疑人网络活动记录、犯罪嫌疑人之间的通讯信息、资金往来等证据，结合对电子数据的分析，查清了“暗夜小组”成员虚拟身份与真实身份的对应关系，查明了小组成员在招募人员、日常管理、购买控制端服务器、实施攻击和后勤等各个环节中的分工负责情况。

审查中，检察机关发现，攻击行为造成的损失仍未查清：部分犯罪嫌疑人实施犯罪的次数，上下游间交易的证据仍欠缺。针对存在的问题，深圳市南山区人民检察院与公安机关进行了积极沟通，于2017年11月2日和2018年1月16日两次将案件退回公安机关补充侦查。一是鉴于证实受影响计算机信息系统和用户数量的证据已无法调取，本案只能以造成的经济损失认定危害后果。因此要求公安机关补充调取能够证实某互联网公司直接经济损失或为恢复网络正常运行支出的必要费用等证据，并交专门机构作出评估。二是进一步补充证实“暗夜小组”成员参与每次网络攻击具体情况以及攻击服务器控制权在“暗夜小组”与丁虎子等人间流转情况的证据。三是对丁虎子等人向“暗夜小组”提供攻击服务器控制权的主观明知证据作进一步补强。

公安机关按要求对证据作了补强和完善，全案事实已查清，案件证据确实充分，已经形成了完整的证据链条。

（三）出庭指控犯罪

2018年3月6日，深圳市南山区人民检察院以被告人姚晓杰等11人构成破坏计算机信息系统罪向深圳市南山区人民法院提起公诉。4月27日，法院公开开庭审理了本案。

庭审中，11名被告人对检察机关的指控均表示无异议。部分辩护人提出以下辩护意见：一是网络攻击无处不在，现有证据不能认定三家网络游戏公司受到的攻击均是“暗夜小组”发动的，不能排除攻击来自其他方面。二是即便认定“暗夜小组”参与对三家网络游戏公司的攻击，也不能将某互联网公司支付给抢修系统数据的员工工资认定为本案的经济损失。

针对辩护意见，公诉人答辩如下：一是案发时并不存在其他大规模网络攻击，在案证据足以证实只有“暗夜小组”针对云服务器进行了DDoS高流量攻击，每次的攻击时间和被攻击的时间完全吻合，攻击手法、流量波形、攻击源IP和攻击路径与被告人供述及其他证据相互印证，现有证据足以证明三家网络游戏公司客户端不能正常运行系受“暗夜小组”攻击导致。二是根据法律规定，“经济损失”包括危害计算机信息系统犯罪行为给用户直接造成的经济损失以及用户为恢复数据、功能而支出的必要费用。某互联网公司为修复系统数据、功能而支出的员工工资系因犯罪产生的必要费用，应当认定为本案的经济损失。

（四）处理结果

2018年6月8日，广东省深圳市南山区人民法院判决认定被告人姚晓杰等11人犯破坏计算机信息系统罪；鉴于各被告人均表示认罪悔罪，部分被告人具有自首等法定从轻、减轻处罚情节，对11名被告人分别判处有期徒刑一年至二年不等。宣判后，11名被告人均未提出上诉，判决已生效。

【指导意义】

（一）立足网络攻击犯罪案件特点引导公安机关收集调取证据。对重大、疑难、复杂的网络攻击类犯罪案件，检察机关可以适时介入侦查引导取证，会同公安机关研究侦查方向，在收集、固定证据等方面提出法律意见。一是引导公安机关及时调取证明网络攻击犯罪发生、证明危害后果达到追诉标准的证据。委托专业技术人员对收集提取到的电子数据等进行检验、鉴定，结合在案其他证据，明确网络攻击类型、攻击特点和攻击后果。二是引导公安机关调取证明网络攻击是犯罪嫌疑人实施的证据。借助专门技术对攻击源进行分析，溯源网络犯罪路径。审查认定犯罪嫌疑人网络身份与现实身份的同一性时，可通过核查IP地址、网络活动记录、上网终端归属，以及证实犯罪嫌疑人与网络终端、存储介质间的关联性综合判断。犯罪嫌疑人在实施网络攻击后，威胁被害人的证据可作为认定攻击事实和因果关系的证据。有证据证明犯罪嫌疑人实施了攻击行为，网络攻击类型和特点与犯罪嫌疑人实施的攻击一致，攻击时间和被攻击时间吻合的，可以认定网络攻击系犯罪嫌疑人实施。三是网络攻击类犯罪多为共同犯罪，应重点审查各犯罪嫌疑人的供述和辩解、手机通信记录等，通过审查自供和互证的情况以及与其他证据间的印证情况，查明各犯罪嫌疑人间的犯意联络、分工和作用，准确认定主、从犯。四是对需要通过退回补充侦查进一步完善上述证据的，在提出补充侦查意见时，应明确列出每一项证据的补侦目的，以及为了达到目的需要开展的工作。在补充侦查过程中，要适时与公安机关面对面会商，了解和掌握补充侦查工作的进展，共同研究分析补充到的证据是否符合起诉和审判的标准和要求，为补充侦查工作提供必要的引导和指导。

（二）对被害单位提供的证据和技术支持意见需结合其他在案证据作出准确认定。网络攻击类犯罪案件的被害人多为大型互联网企业。在打击该类犯罪的过程中，司法机关往往会借助被攻击的互联网企业在网络技术、网络资源和大数据等方面的优势，进行溯源分析或对攻击造成的危害进行评估。由于互联网企业既是受害方，有时也是技术支持协助方，为确保被害单位提供的证据客观真实，必须特别注意审查取证过程的规范性；有条件的，应当聘请专门机构对证据的完整性进行鉴定。如条件不具备，应当要求提供证据的被害单位对证据作出说明。同时要充分运用印证分析审查思路，将被害单位提供的证据与在案其他证据，如从犯罪嫌疑人处提取的电子数据、社交软件聊天记录、银行流水、第三方机构出具的鉴定意见、证人证言、犯罪嫌疑人供述等证据作对照分析，确保不存在人为改变案件事实或改变案件危害后果的情形。

（三）对破坏计算机信息系统的危害后果应作客观全面准确认定。实践中，往往倾向于依据犯罪违法所得数额或造成的经济损失认定破坏计算机信息系统罪的危害后果。但是在一些案件中，违法所得或经济损失并不能全面、准确反映出犯罪行为所造成的危害。有的案件违法所得或者经济损失的数额并不大，但网络攻击行为导致受影响的用户数量特别大，有的导致用户满意度降低或用户流失，有的造成了恶劣社会影响。对这类案件，如果仅根据违法所得或经济损失数额来评估危害后果，可能会导致罪刑不相适应。因此，在办理破坏计算机信息系统犯罪案件时，检察机关应发挥好介入侦查引导取证的作用，及时引导公安机关按照法律规定，从扰乱公共秩序的角度，收集、固定能够证实受影响的计算机信息系统数量或用户数量、受影响或被攻击的计算机信息系统不能正常运行的累计时间、对被害企业造成的影响等证据，对危害后果作出客观、全面、准确认定，做到罪责相当、罚当其罪，使被告人受到应有惩处。

【相关规定】

《中华人民共和国刑法》第二百八十六条

《最高人民法院、最高人民检察院关于办理危害计算机信息系统安全刑事案件应用法律若干问题的解释》第四条、第六条、第十一条

检例第84号：林某彬等人组织、领导、参加黑社会性质组织案

【关键词】

认罪认罚　黑社会性质组织犯罪　宽严相济　追赃挽损

【要旨】

认罪认罚从宽制度可以适用于所有刑事案件，没有适用罪名和可能判处刑罚的限定，涉黑涉恶犯罪案件依法可以适用该制度。认罪认罚从宽制度贯穿刑事诉讼全过程，适用于侦查、起诉、审判各个阶段。检察机关办理涉黑涉恶犯罪案件，要积极履行主导责任，发挥认罪认罚从宽制度在查明案件事实、提升指控效果、有效追赃挽损等方面的作用。

【基本案情】

被告人林某彬，男，1983年8月生，北京某投资有限公司法定代表人，某金融服务外包（北京）有限公司实际控制人。

胡某某等其他51名被告人基本情况略。

被告人林某彬自2013年9月至2018年10月，以实际控制的北京某投资有限公司、某金融服务外包（北京）有限公司，通过招募股东、吸收业务员的方式，逐步形成了以林某彬为核心，被告人增某、胡某凯等9人为骨干，被告人林某强、杨某明等9人为成员的黑社会性质组织。该组织以老年人群体为主要目标，专门针对房产实施系列"套路贷"犯罪活动，勾结个别公安民警、公证员、律师以及暴力清房团伙，先后实施了诈骗、敲诈勒索、寻衅滋事、虚假诉讼等违法犯罪活动，涉及北京市朝阳区、海淀区等11个区、72名被害人、74套房产，造成被害人经济损失人民币1.8亿余元。

林某彬黑社会性质组织拉拢公安民警被告人庞某天入股，利用其身份查询被害人信息，利用其专业知识为暴力清房人员谋划支招。拉拢律师被告人李某杰以法律顾问身份帮助林某彬犯罪组织修改"套路贷"合同模板、代为应诉，并实施虚假诉讼处置房产。公证员被告人王某等人为获得费用提成或收受林某彬黑社会性质组织给予的财物，出具虚假公证文书。

在北京市人民检察院第三分院主持下，全案52名被告人中先后有36名签署了《认罪认罚具结书》。2019年12月30日，北京市第三中级人民法院依法判决，全部采纳检察机关量刑建议。林某彬等人上诉后，2020年7月16日，北京市高级人民法院二审裁定驳回上诉，维持原判。

【检察履职情况】

1. 通过部分被告人认罪认罚，进一步查清案件事实，教育转化同案犯。在案件侦查过程中，检察机关在梳理全案证据基础上，引导侦查机关根据先认罪的胡某凯负责公司财务、熟悉公司全部运作的情况，向其讲明认罪认罚的法律规定，促使其全面供述，查清了林某彬黑社会性质组织诈骗被害人房产所实施的多个步骤，证实了林某彬等人以房产抵押借款并非民间借贷，而是为骗取被害人房产所实施的"套路贷"犯罪行为，推动了全案取证工作。审查起诉阶段，通过胡某凯认罪认罚以及根据其供述调取的微信股东群聊天记录等客观证据，对股东韩某军、庞某天等被告人进行教育转化。同时开展对公司业务人员的教育转化工作，后业务人员白某金、吴某等被告人认罪认罚。审查起诉阶段共有12名被告人签署了《认罪认罚具结书》。通过被告人的供述及据此补充完善的相关证据，林某彬黑社会性质组织的人员结构、运作模式、资金分配等事实更加清晰。庭前会议阶段，围绕定罪量刑重点，展示全案证据，释明认定犯罪依据，促成14名被告人认罪认罚，在庭前会议结束后签署了《认罪认罚具结书》。开庭前，又有10名被告人表示愿意认罪认罚，签署了《认罪认罚具结书》。

2. 根据被告人在犯罪中的地位和作用以及认罪认罚的阶段，坚持宽严相济刑事政策，依法确定是否从宽以及从宽幅度。一是将被告人划分为“三类三档”。“三类”分别是公司股东及业务员、暴力清房人员、公证人员，“三档”是根据每一类被告人在犯罪中的地位和作用确定三档量刑范围，为精细化提出量刑建议提供基础。二是是否从宽以及从宽幅度坚持区别对待。一方面，坚持罪责刑相适应，对黑社会性质组织的组织者、领导者林某彬从严惩处，建议法庭依法不予从宽；对积极参加者，从严把握从宽幅度。另一方面，根据被告人认罪认罚的时间先后、对查明案件事实所起的作用、认罪悔罪表现、退赃退赔等不同情况，提出更具针对性的量刑建议。

3. 发挥认罪认罚从宽制度的积极作用，提升出庭公诉效果。出庭公诉人通过讯问和举证质证，继续开展认罪认罚教育，取得良好庭审效果。首要分子林某彬当庭表示愿意认罪认罚，在暴力清房首犯万某春当庭否认知晓“套路贷”运作流程的情况下，林某彬主动向法庭指证万某春的犯罪事实，使万某春的辩解不攻自破。在法庭最后陈述阶段，不认罪的被告人受到触动，也向被害人表达了歉意。

4. 运用认罪认罚做好追赃挽损，最大限度为被害人挽回经济损失。审查起诉阶段，通过强化对认罪认罚被告人的讯问，及时发现涉案房产因多次过户、抵押而涉及多起民事诉讼，已被法院查封或执行的关键线索，查清涉案财产走向。审判阶段，通过继续推动认罪认罚，不断扩大追赃挽损的效果。在庭前会议阶段，林某彬等多名被告人表示愿意退赃退赔；在庭审阶段，针对当庭认罪态度较好，部分退赔已落实到位或者明确表示退赔的被告人，公诉人向法庭建议在退赔到位时可以在检察机关量刑建议幅度以下判处适当的刑罚，促使被告人退赃退赔。全案在起诉时已查封、扣押、冻结涉案财产的基础上，一审宣判前，被告人又主动退赃退赔人民币 400 余万元。

【指导意义】

1. 对于黑社会性质组织犯罪等共同犯罪案件，适用认罪认罚从宽制度有助于提升指控犯罪质效。检察机关应当注重认罪认罚从宽制度的全流程适用，通过犯罪嫌疑人、被告人认罪认罚，有针对性地收集、完善和固定证据，同时以点带面促使其他被告人认罪认罚，完善指控犯罪的证据体系。对于黑社会性质组织等涉案人数众多的共同犯罪案件，通过对被告人开展认罪认罚教育转化工作，有利于分化瓦解犯罪组织，提升指控犯罪的效果。

2. 将认罪认罚与追赃挽损有机结合，彻底清除有组织犯罪的经济基础，尽力挽回被害人损失。检察机关应当运用认罪认罚深挖涉案财产线索，将退赃退赔情况作为是否认罚的考察重点，灵活运用量刑建议从宽幅度激励被告人退赃退赔，通过认罪认罚成果巩固和扩大追赃挽损的效果。

3. 区别对待，准确贯彻宽严相济刑事政策。认罪认罚从宽制度可以适用于所有案件，但“可以”适用不是一律适用，被告人认罪认罚后是否从宽，要根据案件性质、情节和对社会造成的危害后果等具体情况，坚持罪责刑相适应原则，区分情况、区别对待，做到该宽则宽，当严则严，宽严相济，罚当其罪。对犯罪性质恶劣、犯罪手段残忍、危害后果严重的犯罪分子,即使认罪认罚也不足以从宽处罚的,依法可不予以从宽处罚。

【相关规定】

《中华人民共和国刑法》第二百六十六条、第二百七十四条、第二百九十三条、第二百九十四条、第三百零七条之一

《中华人民共和国刑事诉讼法》第十五条、第一百七十三条、第一百七十四条、第一百七十六条

最高人民法院、最高人民检察院、公安部、国家安全部、司法部《关于适用认罪认罚从宽制度的指导意见》

最高人民法院、最高人民检察院、公安部、司法部《关于办理“套路贷”刑事案件若干问题的意见》

检例第87号:李卫俊等“套路贷”虚假诉讼案

【关键词】

虚假诉讼　套路贷　刑民检察协同　类案监督　金融监管

【要旨】

检察机关办理涉及“套路贷”案件时,应当查清是否存在通过虚假诉讼行为实现非法利益的情形。对虚假诉讼中涉及的民事判决、裁定、调解协议书等,应当依法开展监督。针对办案中发现的非法金融活动和监管漏洞,应当运用检察建议等方式,促进依法整治并及时堵塞行业监管漏洞。

【基本案情】

被告人李卫俊,男,1979年10月出生,无业。

2015年10月以来,李卫俊以其开设的江苏省常州市金坛区汇丰金融小额贷款公司为载体,纠集冯小陶、王岩、陆云波、丁众等多名社会闲散人员,实施高利放贷活动,逐步形成以李卫俊为首要分子的恶势力犯罪集团。该集团长期以欺骗、利诱等手段,让借款人虚写远高于本金的借条、签订虚假房屋租赁合同等,并要求借款人提供抵押物、担保人,制造虚假给付事实。随后,采用电话骚扰、言语恐吓、堵锁换锁等“软暴力”手段,向借款人、担保人及其家人索要高额利息,或者以收取利息为名让其虚写借条。在借款人无法给付时,又以虚假的借条、租赁合同等向法院提起民事诉讼,欺骗法院作出民事判决或者主持签订调解协议。李卫俊等并通过申请法院强制执行,逼迫借款人、担保人及其家人偿还债务,造成5人被司法拘留,26人被限制高消费,21人被纳入失信被执行人名单,11名被害人名下房产6处、车辆7辆被查封。

【检察机关履职过程】

(一)提起公诉追究刑事责任

2018年3月,被害人吴某向公安机关报警,称其在李卫俊等人开办的小额贷款公司借款被骗。公安机关对李卫俊等人以涉嫌诈骗罪立案侦查。经侦查终结,2018年8月20日,公安机关以李卫俊等涉嫌诈骗罪移送江苏省常州市金坛区人民检察院审查起诉。金坛区人民检察院审查发现,李卫俊等人长期从事职业放贷活动,具有“套路贷”典型特征,有涉嫌黑恶犯罪嫌疑。办案检察官随即向人民法院调取李卫俊等人提起的民事诉讼情况,发现2015年至2018年间,李卫俊等人提起民事诉讼上百起,多为民间借贷纠纷,且借条均为格式合

同,多数案件被人民法院缺席判决。经初步判断,金坛区人民检察院认为该犯罪集团存在通过虚假诉讼的方式实施"套路贷"犯罪活动的情形。检察机关遂将案件退回公安机关补充侦查。经公安机关补充侦查,查清"套路贷"犯罪事实后,2018年12月13日,公安机关以李卫俊等涉嫌诈骗罪、敲诈勒索罪、虚假诉讼罪、寻衅滋事罪再次移送审查起诉。

2019年1月25日,金坛区人民检察院对本案刑事部分提起公诉,金坛区人民法院于2019年1月至10月四次开庭审理。经审理查明李卫俊等人犯罪事实后,金坛区人民法院依法认定其为恶势力犯罪集团。2019年11月1日,金坛区人民法院以诈骗罪、敲诈勒索罪、虚假诉讼罪、寻衅滋事罪判处李卫俊有期徒刑十二年,并处罚金人民币二十八万元;其余被告人分别被判处有期徒刑八年至三年六个月不等,并处罚金。

(二)开展虚假诉讼案件民事监督

针对审查起诉中发现的李卫俊等人套路贷中可能存在虚假诉讼问题,常州市金坛区人民检察院在做好审查起诉追究刑事责任的同时,依职权启动民事诉讼监督程序,并重点开展了以下调查核实工作:一是对李卫俊等人提起民事诉讼的案件进行摸底排查,查明李卫俊等人共向当地法院提起民间借贷、房屋租赁、买卖合同纠纷等民事诉讼113件,申请民事执行案件80件,涉案金额共计400余万元。二是向相关民事诉讼当事人进行调查核实,查明相关民间借贷案件借贷事实不清,金额虚高,当事人因李卫俊等实施"软暴力"催债,被迫还款。三是对民事判决中的主要证据进行核实,查明作出相关民事判决、裁定、调解确无合法证据。四是对案件是否存在重大金融风险隐患进行核实,查明包括本案在内的小额贷款公司、商贸公司均存在无资质经营、团伙性放贷等问题,金融监管缺位,存在重大风险隐患。

经调查核实,检察机关认为李卫俊等人主要采取签写虚高借条、肆意制造违约、隐瞒抵押事实等手段,假借诉讼侵占他人合法财产。人民法院在相关民事判决中,认定案件基本事实所依据的证据虚假,相关民事判决应予纠正;对于李卫俊等与其他当事人的民事调解书,因李卫俊等人的犯罪行为属于利用法院审判活动,非法侵占他人合法财产,严重妨害司法秩序,损害国家利益与社会公共利益,也应当予以纠正。2019年6月至7月,金坛区人民检察院对该批50件涉虚假诉讼案件向人民法院提出再审检察建议42件,对具有典型意义的8件案件提请常州市人民检察院抗诉。2019年7月,常州市人民检察院向常州市中级人民法院提出抗诉,同年8月,常州市中级人民法院裁定将8件案件指令金坛区人民法院再审。9月,金坛区人民法院对42件案件裁定再审。10月,金坛区人民法院对该批50件案件一并作出民事裁定,撤销原审判决。案件办结后,经调查,2020年1月,金坛区纪委监委对系列民事案件中存在失职问题的涉案审判人员作出了相应的党纪政纪处分。

(三)结合办案参与社会治理

针对办案中发现的社会治理问题,检察机关立足法律监督职能,开展了以下工作。一是推动全市开展集中打击虚假诉讼的专项活动,共办理虚假诉讼案件103件,移送犯罪线索12件15人;与人民法院协商建立民事案件正副卷一并调阅制度及民事案件再审信息共享机制，与纪委监委、公安、司法等相关部门建立线索移送、案件协作机制，有效形成社会治理合力。二是针对发现的小微金融行业无证照开展金融服务等管理漏洞，向行政主管部门发出检察建议7份；联合公安、金融监管、市场监管等部门，在全市范围内开展金融整治专项活动，对重点区域进行清理整顿，对非法金融活动集中的写字楼开展“扫楼”行动，清理取缔133家非法理财公司，查办6起非法经营犯罪案件。三是向常州市人大常委会专题报告民事虚假诉讼检察监督工作情况，推动出台《常州市人大常委会关于全市民事虚假诉讼法律监督工作情况的审议意见》，要求全市相关职能部门加强协作配合，推动政法机关信息大平台建设、实施虚假诉讼联防联惩等9条举措。四是针对办案中发现的律师违规代理和公民违法代理的行为，分别向常州市律师协会和相关法院发出检察建议并获采纳。常州市律师协会由此开展专项教育整顿，规范全市律师执业行为，推进加强社会诚信体系建设。

【指导意义】

（一）刑民检察协同，加强涉黑涉恶犯罪中“套路贷”行为的审查。检察机关在办理涉黑涉恶案件存在“套路贷”行为时，应当注重强化刑事检察和民事检察职能协同。既充分发挥刑事检察职能，严格审查追诉犯罪，又发挥民事检察职能，以发现的异常案件线索为基础，开展关联案件的研判分析，并予以精准监督。刑事检察和民事检察联动，形成监督合力，加大打击黑恶犯罪力度，提升法律监督质效。

（二）办理“套路贷”案件要注重审查是否存在虚假诉讼行为。对涉黑涉恶案件中存在“套路贷”行为的，检察机关应当注重审查是否存在通过虚假诉讼手段实现“套路贷”非法利益的情形。对此，可围绕案件中是否存在疑似职业放贷人，借贷合同是否为统一格式，原告提供的证据形式是否不合常理，被告是否缺席判决等方面进行审查。发现虚假诉讼严重损害当事人利益，妨害司法秩序的，应当依职权启动监督，及时纠正错误判决、裁定和调解协议书。

（三）综合运用多种手段促进金融行业治理。针对办案中发现的非法金融活动、行业监管漏洞、诚信机制建设等问题，检察机关应当分析监管缺位的深层次原因，注重运用检察建议等方式，促进行业监管部门建章立制、堵塞管理漏洞。同时，还应当积极会同纪委监委、法院、公安、金融监管、市场监管等单位建立金融风险联防联惩体系，形成监管合力和打击共识。对所发现的倾向性、苗头性问题，可以通过联席会议的方式，加强研判，建立健全信息共享、线索移送、案件协查等工作机制，促进从源头上铲除非法金融活动的滋生土壤。

【相关规定】

《中华人民共和国民事诉讼法》第二百零八条

《中华人民共和国刑法》第二百三十八条、第二百六十六条、第二百七十四条、第二百九十三条、第三百零七条之一

《最高人民法院关于审理民间借贷案件适用法律若干问题的规定》第十九条

检例第92号：
上海甲建筑装饰有限公司、吕某拒不执行判决立案监督案

【关键词】

拒不执行判决　调查核实　应当立案而不立案　监督立案

【要旨】

负有执行义务的单位和个人以更换企业名称、隐瞒到期收入等方式妨害执行，致使已经发生法律效力的判决、裁定无法执行，情节严重的，应当以拒不执行判决、裁定罪予以追诉。申请执行人认为公安机关对拒不执行判决、裁定的行为应当立案侦查而不立案侦查，向检察机关提出监督申请的，检察机关应当要求公安机关说明不立案的理由。经调查核实，认为公安机关不立案理由不能成立的，应当通知公安机关立案。对于通知立案的涉企业犯罪案件，应当依法适用认罪认罚从宽制度。

【基本案情】

被告单位上海甲建筑装饰有限公司（以下简称甲公司）。

被告人吕某，男，1964年8月出生，甲公司实际经营人。

2017年5月17日，上海乙实业有限公司（以下简称乙公司）因与甲公司合同履行纠纷诉至上海市青浦区人民法院。同年8月16日，青浦区人民法院判决甲公司支付乙公司人民币3250995.5元及相关利息。甲公司提出上诉，上海市第二中级人民法院判决驳回上诉，维持原判。2017年11月7日，乙公司向青浦区人民法院申请执行。青浦区人民法院调查发现，被执行人甲公司经营地不明，无可供执行的财产，经乙公司确认并同意后，于2018年2月27日裁定终结本次执行程序。2018年5月9日，青浦区人民法院恢复执行程序，组织乙公司、甲公司达成执行和解协议，但甲公司经多次催讨仍拒绝履行协议。2019年5月6日，乙公司以甲公司拒不执行判决为由，向上海市公安局青浦分局（以下简称青浦公安分局）报案，青浦公安分局决定不予立案。

【检察机关履职过程】

线索发现。2019年6月3日，乙公司向上海市青浦区人民检察院提出监督申请，认为甲公司拒不执行法院生效判决，已构成犯罪，但公安机关不予立案，请求检察机关监督立案。青浦区人民检察院经审查，决定予以受理。

调查核实。针对乙公司提出的监督申请，青浦区人民检察院调阅青浦公安分局相关材料和青浦区人民法院执行卷宗，调取甲公司银行流水，听取乙公司法定代表人金某意见，并查询国家企业信用信息公示系统。查明甲公司实际经营人吕某在同乙公司诉讼过程中，将甲公司更名并变更法定代表人为马某某，以致法院判决甲公司败诉后，在执行阶段无法找到甲公司资产。为调查核实甲公司资产情况，青浦区人民检察院又调取甲公司与丙控股集团江西南昌房地产事业部（以下简称丙集团）业务往来账目以及银行流水、银行票据等证据，进一步查明：2018年5月至2019年1月期间，在甲公司银行账户被法院冻结的情况下，吕某要求丙集团将甲公司应收工程款人民币2506.99万元以银行汇票形式支付，其后吕某将该银行汇票背书转让给由其实际经营的上海丁装饰工程有限公司，该笔资金用于甲公司日常经营

活动。

监督意见。2019年7月9日,青浦区人民检察院向青浦公安分局发出《要求说明不立案理由通知书》。青浦公安分局回复认为,本案尚在执行期间,甲公司未逃避执行判决,没有犯罪事实,不符合立案条件。青浦区人民检察院认为,甲公司在诉讼期间更名并变更法定代表人,导致法院在执行阶段无法查找到甲公司资产,并裁定终结本次执行程序。并且在执行同期,甲公司舍弃电子支付、银行转账等便捷方式,要求丙集团以银行汇票形式向其结算并支付大量款项,该款未进入甲公司账户,但实际用于甲公司日常经营活动,其目的就是利用汇票背书形式规避法院的执行。因此,甲公司存在隐藏、转移财产,致使法院生效判决无法执行的行为,已符合刑法第三百一十三条规定的"有能力执行而拒不执行,情节严重"的情形,公安机关的不立案理由不能成立。2019年8月6日,青浦区人民检察院向青浦公安分局发出《通知立案书》,并将调查获取的证据一并移送公安机关。

监督结果。2019年8月11日,青浦公安分局决定对甲公司以涉嫌拒不执行判决罪立案侦查,同年9月4日将甲公司实际经营人吕某传唤到案并刑事拘留。2019年9月6日,甲公司向乙公司支付了全部执行款项人民币371万元,次日,公安机关对吕某变更强制措施为取保候审。案件移送起诉后,经依法告知诉讼权利和认罪认罚的法律规定,甲公司和吕某自愿认罪认罚。2019年11月28日,青浦区人民检察院以甲公司、吕某犯拒不执行判决罪向青浦区人民法院提起公诉,并提出对甲公司判处罚金人民币15万元,对吕某判处有期徒刑十个月、缓刑一年的量刑建议。2019年12月10日,青浦区人民法院判决甲公司、吕某犯拒不执行判决罪,并全部采纳了检察机关的量刑建议。一审宣判后,被告单位和被告人均未提出上诉,判决已生效。

【指导意义】

(一)检察机关发现公安机关对拒不执行判决、裁定的行为应当立案侦查而不立案侦查的,应当依法监督公安机关立案。执行人民法院依法作出并已发生法律效力的判决、裁定,是被执行人的法定义务。负有执行义务的单位和个人有能力执行而故意以更改企业名称、隐瞒到期收入等方式,隐藏、转移财产,致使判决、裁定无法执行的,应当认定为刑法第三百一十三条规定的"有能力执行而拒不执行,情节严重"的情形,以拒不执行判决、裁定罪予以追诉。申请执行人认为公安机关对拒不执行判决、裁定的行为应当立案侦查而不立案侦查,向检察机关提出监督申请的,检察机关应当要求公安机关说明不立案的理由,认为公安机关不立案理由不能成立的,应当制作《通知立案书》,通知公安机关立案。

(二)检察机关进行立案监督,应当开展调查核实。检察机关受理立案监督申请后,应当根据事实、法律进行审查,并依法开展调查核实。对于拒不执行判决、裁定案件,检察机关可以调阅公安机关相关材料、人民法院执行卷宗和相关法律文书,询问公安机关办案人员、法院执行人员和有关当事人,并可以调取涉案企业、人员往来账目、合同、银行票据等书证,综合研判是否属于"有能力执行而拒不执行,情节严重"的情形。决定监督立案的,应当同时将调查收集的证据材料送达公安机关。

（三）办理涉企业犯罪案件，应当依法适用认罪认罚从宽制度。检察机关应当坚持惩治犯罪与保护市场主体合法权益、引导企业守法经营并重。对于拒不执行判决、裁定案件，应当积极促使涉案企业执行判决、裁定，向被害方履行赔偿义务、赔礼道歉。涉案企业及其直接负责的主管人员和其他直接责任人员自愿如实供述自己的罪行，承认指控的犯罪事实，愿意接受处罚的，对涉案企业和个人可以提出依法从宽处理的确定刑量刑建议。

【相关规定】

《中华人民共和国刑法》第三百一十三条

《中华人民共和国刑事诉讼法》第一百一十三条

《全国人民代表大会常务委员会关于〈中华人民共和国刑法〉第三百一十三条的解释》

《人民检察院刑事诉讼规则》第五百五十七至五百六十一条、第五百六十三条

《最高人民法院关于审理拒不执行判决、裁定刑事案件适用法律若干问题的解释》第一条、第二条

《最高人民检察院、公安部关于刑事立案监督有关问题的规定（试行）》第四条、第五条、第七至九条

检例第107号：唐某等人聚众斗殴案

【关键词】

聚众斗殴　违反监督管理规定　撤销附条件不起诉　提起公诉

【要旨】

对于被附条件不起诉人在考验期内多次违反监督管理规定，逃避或脱离矫治和教育，经强化帮教措施后仍无悔改表现，附条件不起诉的挽救功能无法实现，符合“违反考察机关监督管理规定，情节严重”的，应当依法撤销附条件不起诉决定，提起公诉。

【基本案情】

被附条件不起诉人唐某，男，作案时17周岁，辍学无业。

2017年3月15日，唐某与潘某（男，作案时14周岁）因琐事在电话中发生口角，相约至某广场斗殴。唐某纠集十余名未成年人，潘某纠集八名未成年人前往约架地点。上午8时许，双方所乘车辆行至某城市主干道红绿灯路口时，唐某等人下车对正在等红绿灯的潘某一方所乘两辆出租车进行拦截，对拦住的一辆车上的四人进行殴打，未造成人员伤亡。

【检察机关履职过程】

（一）依法适用附条件不起诉。2017年6月20日，公安机关以唐某涉嫌聚众斗殴罪将该案移送检察机关审查起诉。检察机关审查后认为：1. 唐某涉嫌聚众斗殴罪，可能判处一年有期徒刑以下刑罚。唐某虽系聚众斗殴的纠集者，在上班高峰期的交通要道斗殴，但未造成严重后果，且案发时其不满十八周岁，参照最高人民法院量刑指导意见以及当地同类案件已生效判决，评估唐某可能判处有期徒刑八个月至十个月。2. 唐某归案后如实供述犯罪事实，通过亲情会见、心理疏导以及看守所提供的表现良好书面证明材料，综合评估其具有悔罪表现。3. 亲子关系紧张、社会交往不当是唐某涉嫌犯罪的重要原因。唐某的母亲常年外出务工，其与父母缺乏沟通交流；唐某与社会闲散人员交往过密，经常出入

夜店,夜不归宿;遇事冲动、爱逞能、好面子,对斗殴行为性质及后果存在认知偏差。4.具备帮教矫治条件。心理咨询师对唐某进行心理疏导时,其明确表示认识到自己行为的危害性,不再跟以前的朋友来往,并提出想要学厨艺的强烈意愿。对其法定代理人开展家庭教育指导后,其母亲愿意返回家中履行监护职责,唐某明确表示将接受父母的管教和督促。检察机关综合唐某的犯罪情节、悔罪表现、犯罪成因及帮教条件并征求公安机关、法定代理人意见后,认定唐某符合附条件不起诉条件,于 2017 年 7 月 21 日依法对其作出附条件不起诉决定,考验期六个月。

(二)设置可评价考察条件,有针对性地调整强化帮教措施。检察机关成立由检察官、唐某的法定代理人和某酒店负责人组成的帮教小组,开展考察帮教工作。针对唐某的实际情况,为其提供烹饪技能培训,促其参加义务劳动和志愿者活动,要求法定代理人加强监管并禁止其出入特定场所。同时,委托专业心理咨询师对其多次开展心理疏导,对其父母开展家庭教育指导,改善亲子关系。在考验前期,唐某能够遵守各项监督管理规定,表现良好,但后期其开始无故迟到、旷工,还出入酒吧、夜店等娱乐场所。为此,检察机关及时调整强化帮教措施:第一,通过不定时电话访谈、委托公安机关不定期调取其出入网吧、住宿记录等形式监督唐某是否存在违反禁止性规定的行为,一旦发现立即训诫,并通过心理咨询师进行矫治。第二,针对唐某法定代理人监督不力的行为,重申违反考验期规定的严重后果,及时开展家庭教育指导和司法训诫。第三,安排唐某到黄河水上救援队接受先进事迹教育感化,引导其树立正确的价值观,选择具有正能量的人交往。

(三)认定违反监督管理规定情节严重,依法撤销附条件不起诉决定。因唐某自控能力较差,无法彻底阻断与社会不良人员的交往,法定代理人监管意识和监管能力不足,在经过检察机关多次训诫及心理疏导后,唐某仍擅自离开工作的酒店,并明确表示拒绝接受帮教。检察机关全面评估唐某考验期表现,认为其在考验期内,多次夜不归宿,经常在凌晨出入酒吧、夜店、KTV 等娱乐场所;与他人结伴为涉嫌寻衅滋事犯罪的人员助威;多次醉酒,上班迟到、旷工;未向检察机关和酒店负责人报告,擅自离开帮教单位,经劝说仍拒绝上班。同时,唐某的法定代理人也未如实报告唐某日常表现,在检察机关调查核实时,帮助唐某欺瞒。因此,检察机关认定唐某违反考察机关附条件不起诉的监督管理规定,情节严重。2018 年 1 月 15 日,检察机关依法撤销唐某的附条件不起诉决定。

(四)依法提起公诉,建议不适用缓刑。2018 年 1 月 17 日,检察机关以唐某涉嫌聚众斗殴罪对其提起公诉。法庭审理阶段,公诉人指出应当以聚众斗殴罪追究其刑事责任,且根据附条件不起诉考验期间调查核实的情况,认为唐某虽认罪但没有悔罪表现,且频繁出入娱乐场所,长期与社会闲散人员交往,再犯可能性较高,不适用缓刑。2018 年 3 月 16 日,法院作出一审判决,以被告人唐某犯聚众斗殴罪判处有期徒刑八个月。一审宣判后,被告人唐某未上诉。

【指导意义】

(一)针对被附条件不起诉人的实际表现,及时调整监督矫治措施,加大帮教力度。检察机关对干预矫治的情形和再犯风险应当进行动态评估，发现被附条件不起诉人在考验期内违反帮教协议的相关规定时，要及时分析原因，对仍有帮教可能性的，应当调整措施，通过延长帮教期限、心理疏导、司法训诫、家庭教育指导等多种措施加大帮教力度，及时矫正被附条件不起诉未成年人的行为认知偏差。

（二）准确把握“违反考察机关监督管理规定”行为频次、具体情节、有无继续考察帮教必要等因素，依法认定“情节严重”。检察机关经调查核实、动态评估后发现被附条件不起诉人多次故意违反禁止性监督管理规定，或者进入特定场所后违反治安管理规定，或者违反指示性监督管理规定，经检察机关采取训诫提醒、心理疏导等多种措施后仍无悔改表现，脱离、拒绝帮教矫治，导致通过附条件不起诉促进涉罪未成年人悔过自新、回归社会的功能无法实现时，应当认定为刑事诉讼法第二百八十四条第一款第（二）项规定的“情节严重”，依法撤销附条件不起诉决定，提起公诉。

【相关规定】

《中华人民共和国刑法》第二百九十二条

《中华人民共和国刑事诉讼法》第一百七十六条、第二百八十二条、第二百八十三条、第二百八十四条

《人民检察院刑事诉讼规则》第四百六十三条、第四百七十九条

《未成年人刑事检察工作指引（试行）》第一百九十四条、第一百九十五条、第一百九十六条、第二百零四条

检例第136号：仇某侵害英雄烈士名誉、荣誉案

【关键词】

侵害英雄烈士名誉、荣誉　情节严重　刑事附带民事公益诉讼

【要旨】

侵害英雄烈士名誉、荣誉罪中的“英雄烈士”，是指已经牺牲、逝世的英雄烈士。在同一案件中，行为人所侵害的群体中既有烈士，又有健在的英雄模范人物时，应当整体评价为侵害英雄烈士名誉、荣誉的行为，不宜区别适用侵害英雄烈士名誉、荣誉罪和侮辱罪、诽谤罪。《刑法修正案（十一）》实施后，以侮辱、诽谤或者其他方式侵害英雄烈士名誉、荣誉的行为，情节严重的，构成侵害英雄烈士名誉、荣誉罪。行为人利用信息网络侵害英雄烈士名誉、荣誉，引起广泛传播，造成恶劣社会影响的，应当认定为“情节严重”。英雄烈士没有近亲属或者近亲属不提起民事诉讼的，检察机关在提起公诉时，可以一并提起附带民事公益诉讼。

【基本案情】

被告人仇某，男，1982年出生，南京某投资管理有限公司法定代表人。

2020年6月，印度军队公然违背与我方达成的共识，悍然越线挑衅。在与之交涉和激烈斗争中，团长祁发宝身先士卒，身负重伤；营长陈红军、战士陈祥榕突入重围营救，奋力反击，英勇牺牲；战士肖思远突围后义无反顾返回营救战友，战斗至生命最后一刻；战士王焯冉在渡河支援途中，拼力救助被冲散的战友脱险，自己却淹没在冰河中。边防官兵誓死捍卫祖国领土，彰

显了新时代卫国戍边官兵的昂扬风貌。同年6月,陈红军、陈祥榕、肖思远、王焯冉被评定为烈士;2021年2月,中央军委追授陈红军"卫国戍边英雄"荣誉称号,追记陈祥榕、肖思远、王焯冉一等功,授予祁发宝"卫国戍边英雄团长"荣誉称号。

2021年2月19日上午,仇某在卫国戍边官兵英雄事迹宣传报道后,为博取眼球,获得更多关注,在住处使用其新浪微博账号"辣笔小球"(粉丝数250余万),先后发布2条微博,歪曲卫国戍边官兵祁发宝、陈红军、陈祥榕、肖思远、王焯冉等人的英雄事迹,诋毁、贬损卫国戍边官兵的英雄精神。

上述微博在网络上迅速扩散,引起公众强烈愤慨,造成恶劣社会影响。截至当日15时30分,仇某删除微博时,上述2条微博共计被阅读202569次、转发122次、评论280次。

【检察履职情况】

(一)引导侦查取证

2021年2月20日,江苏省南京市公安局建邺分局对仇某以涉嫌寻衅滋事罪立案侦查并刑事拘留。当日,江苏省南京市建邺区人民检察院经公安机关商请介入侦查,围绕犯罪对象、动机、情节、行为方式及造成的社会影响等方面提出收集证据的意见,并同步开展公益诉讼立案调查。

(二)审查逮捕

2021年2月25日,建邺分局以仇某涉嫌寻衅滋事罪提请批准逮捕。3月1日,建邺区人民检察院以仇某涉嫌侵害英雄烈士名誉、荣誉罪批准逮捕。检察机关认为:首先,仇某发布微博,以戏谑口吻贬损英雄团长"临阵脱逃",并提出四名战士因为营救团长而牺牲、立功,质疑牺牲人数、诋毁牺牲战士的价值,侵害了祁发宝等整个战斗团体的名誉、荣誉,根据刑法第二百九十三条、《最高人民法院、最高人民检察院关于办理利用信息网络实施诽谤等刑事案件适用法律若干问题的解释》(以下简称《网络诽谤的解释》)第五条的规定,已涉嫌寻衅滋事罪;其次,仇某的行为符合3月1日实施的《刑法修正案(十一)》增设的侵害英雄烈士名誉、荣誉罪的规定,根据刑法第十二条规定的"从旧兼从轻"原则,应当按《刑法修正案(十一)》处理;再次,仇某作为有250余万粉丝的微博博主,在国家弘扬卫国戍边官兵英雄事迹的特定时间节点实施上述行为,其言论在网络迅速、广泛扩散,造成恶劣社会影响,应当认定为"情节严重"。

(三)审查起诉

2021年3月11日,建邺分局以仇某涉嫌侵害英雄烈士名誉、荣誉罪移送审查起诉。因本案系新罪名案件,没有类案和量刑指导意见供参考,建邺区人民检察院在依法审查证据、认定事实基础上,邀请不同职业、年龄、文化程度的群众参加听证,就量刑问题听取意见,并对仇某依法开展认罪认罚教育工作。仇某认罪认罚,同意量刑建议和程序适用,在辩护人见证下自愿签署具结书。

4月26日,建邺区人民检察院以仇某涉嫌侵害英雄烈士名誉、荣誉罪提起公诉,提出有期徒刑八个月的量刑建议。同时,检察机关就公益诉讼听取祁发宝和烈士近亲属的意见,他们提出希望检察机关依法办理。检察机关遂提起附带民事公益诉讼,请求判令仇某在国内主要门户网站及全国性媒体公开赔礼道歉、消除影响。

(四)指控与证明犯罪

2021年5月31日,江苏省南京市建邺

区人民法院依法公开开庭审理本案。仇某对检察机关指控的事实、证据及量刑建议均无异议，当庭再次表示认罪认罚，真诚向英雄烈士及其家属道歉，向社会各界忏悔。辩护人对指控罪名不持异议，认为仇某主观恶性较小，发布的微博虽多次发酵，但绝大多数网友对仇某的观点是不赞同的，造成的不良影响较小。公诉人答辩指出，仇某作为具有媒体从业经历的“网络大V”，恶意用游戏术语诋毁、贬损卫国戍边官兵，主观恶性明显。其微博账户拥有250余万粉丝，其不当言论在网络上迅速扩散、蔓延，网友对其口诛笔伐，恰恰说明其言论严重伤害民众情感，损害社会公共利益。

公益诉讼起诉人出示证据，证明仇某的行为、后果，发表了公益诉讼的意见。仇某及其诉讼代理人对检察机关提起刑事附带民事公益诉讼的事实、证据及诉讼请求均无异议。

（五）处理结果

建邺区人民法院审理后当庭宣判，采纳检察机关指控的事实、罪名及量刑建议，支持检察机关的公益诉讼，以仇某犯侵害英雄烈士名誉、荣誉罪判处有期徒刑八个月，并责令仇某自判决生效之日起十日内通过国内主要门户网站及全国性媒体公开赔礼道歉，消除影响。判决宣告后，仇某未提出上诉，判决已生效。2021年6月25日，仇某在《法治日报》及法制网发布道歉声明。

【指导意义】

（一）对侵害英雄烈士名誉、荣誉罪中的“英雄烈士”应当依照刑法修正案的本意作适当解释。本罪中的“英雄烈士”，是指已经牺牲、逝世的英雄烈士。如果行为人以侮辱、诽谤或者其他方式侵害健在的英雄模范人物名誉、荣誉，构成犯罪的，可以适用侮辱罪、诽谤罪追究刑事责任。但是，如果在同一案件中，行为人的行为所侵害的群体中既有已牺牲的烈士，又有健在的英雄模范人物时，应当整体评价为侵害英雄烈士名誉、荣誉的行为，不宜区别适用侵害英雄烈士名誉、荣誉罪和侮辱罪、诽谤罪。虽不属于烈士，但事迹、精神被社会普遍公认的已故英雄模范人物的名誉、荣誉被侵害的，因他们为国家、民族和人民作出巨大贡献和牺牲，其名誉、荣誉承载着社会主义核心价值观，应当纳入侵害英雄烈士名誉、荣誉罪的犯罪对象，与英雄烈士的名誉、荣誉予以刑法上的一体保护。

（二）《刑法修正案（十一）》实施后，侮辱、诽谤英雄烈士名誉、荣誉，情节严重的，构成侵害英雄烈士名誉、荣誉罪。《刑法修正案（十一）》实施前，实施侮辱、诽谤英雄烈士名誉、荣誉的行为，构成犯罪的，可以按照寻衅滋事罪追究刑事责任。《刑法修正案（十一）》实施后，对上述行为认定为侵害英雄烈士名誉、荣誉罪，符合立法精神，更具有针对性，更有利于实现对英雄烈士名誉、荣誉的特殊保护。发生在《刑法修正案（十一）》实施前的行为，实施后尚未处理或者正在处理的，应当根据刑法第十二条规定的“从旧兼从轻”原则，以侵害英雄烈士名誉、荣誉罪追究刑事责任。

（三）侵害英雄烈士名誉、荣誉罪中“情节严重”的认定，可以参照《网络诽谤的解释》的规定，并可以结合案发时间节点、社会影响等综合认定。《网络诽谤的解释》第二条规定，同一诽谤信息实际被点击、浏览次数达到5000次以上，或者被转发次数达到500次以上的；造成被害人或者其近亲属精神失常、自残、自杀等严重后果的;二年内曾因诽谤受过行政处罚,又诽谤他人的;具有其他情节严重的情形的,属于"情节严重"。办理利用信息网络侵害英雄烈士名誉、荣誉案件时,可以参照上述标准,或者虽未达到上述数量、情节要求,但在特定时间节点通过具有公共空间属性的网络平台和媒介公然侵害英雄烈士名誉、荣誉,引起广泛传播,造成恶劣社会影响的,也可以认定为"情节严重"。对于只是在相对封闭的网络空间,如在亲友微信群、微信朋友圈等发表不当言论,没有造成大范围传播的,可以不认定为"情节严重"。

(四)刑事检察和公益诉讼检察依法协同履职,维护社会公共利益。检察机关办理侵害英雄烈士名誉、荣誉案件,在英雄烈士没有近亲属,或者经征询意见,近亲属不提出民事诉讼时,应当充分履行刑事检察和公益诉讼检察职能,提起公诉的同时,可以向人民法院一并提起附带民事公益诉讼,同步推进刑事责任和民事责任的追究,实现审判阶段刑事诉讼、附带民事公益诉讼由人民法院同一合议庭审理、同步判决,提高诉讼效率、确保庭审效果。

【相关规定】

《中华人民共和国刑法》第十二条、第二百九十九条之一

《中华人民共和国民法典》第一百八十五条

《中华人民共和国英雄烈士保护法》第二十二条、第二十五条、第二十六条

《中华人民共和国国家勋章和国家荣誉称号法》第二条、第三条、第四条

《国家功勋荣誉表彰条例》第一条、第二条、第五条、第六条、第七条、第八条、第十四条

《最高人民法院、最高人民检察院关于办理利用信息网络实施诽谤等刑事案件适用法律若干问题的解释》第二条、第五条

《最高人民法院、最高人民检察院关于检察公益诉讼案件适用法律若干问题的解释》第二十条

检例第139号:钱某制作、贩卖、传播淫秽物品牟利案

【关键词】

制作、贩卖、传播淫秽物品牟利　私密空间行为　偷拍　淫秽物品

【要旨】

自然人在私密空间的日常生活属于民法典保护的隐私。行为人以牟利为目的,偷拍他人性行为并制作成视频文件,以贩卖、传播方式予以公开,不仅侵犯他人隐私,而且该偷拍视频公开后具有描绘性行为、宣扬色情的客观属性,符合刑法关于"淫秽物品"的规定,构成犯罪的,应当以制作、贩卖、传播淫秽物品牟利罪追究刑事责任。以牟利为目的提供互联网链接,使他人可以通过偷拍设备实时观看或者下载视频文件的,属于该罪的"贩卖、传播"行为。检察机关办理涉及偷拍他人隐私的刑事案件时,应当根据犯罪的主客观方面依法适用不同罪名追究刑事责任。

【基本案情】

被告人钱某,男,1990年出生,无固定职业。

钱某曾因偷拍他人性行为被行政拘留,仍不思悔改,产生通过互联网贩卖偷拍视频文件从中牟利的想法。2017年11月,钱某从网络上购买了多个偷拍设备,分别安装在多家酒店客房内,先后偷拍51对入住旅客的性行为,并将编辑、加工的偷拍视

频文件保存至互联网云盘,通过非法网站、即时通讯软件发布贩卖信息。2018年5月9日,公安机关将钱某抓获,并在上述互联网云盘中检出偷拍视频114个。

此外,钱某还以“付费包月观看”的方式,先后182次为他人通过偷拍设备实时观看入住旅客性行为或者下载偷拍视频提供互联网链接。

【检察履职情况】

(一)引导侦查取证

2018年6月8日,四川省成都市公安局锦江分局以钱某涉嫌传播淫秽物品罪向检察机关提请批准逮捕。

四川省成都市锦江区人民检察院审查认为,钱某偷拍他人性行为后既有传播扩散行为,也有编辑加工、贩卖牟利行为,故以制作淫秽物品牟利罪对钱某批准逮捕,并向公安机关提出对扣押在案的手机进行电子数据检查和恢复,对其注册使用的互联网云盘信息进行提取和固定的取证意见。此后,公安机关进一步查明了钱某的作案方式、获利情况和危害后果。

(二)审查起诉

2018年8月15日,锦江分局以钱某涉嫌制作、贩卖、传播淫秽物品牟利罪移送锦江区人民检察院审查起诉。审查起诉期间,钱某辩解其上传到互联网云盘的淫秽视频文件并非偷拍所得,而是从他人处获取后上传互联网用于个人观看。对此,检察机关自行补充侦查,对涉案多家酒店实地察看,详细了解装有偷拍设备的酒店客房布局、特征和偷拍设备安装位置、取景场域,通过与起获的视频文件中拍摄的客房画面逐一比对,结合其有罪供述,发现有114个视频文件中的场景与偷拍现场具有同一性,结合其他证据认定相关视频确系钱某偷拍。

2019年1月29日,锦江区人民检察院以钱某涉嫌制作、贩卖、传播淫秽物品牟利罪提起公诉。

(三)指控与证明犯罪

2019年7月17日、7月24日,四川省成都市锦江区人民法院不公开开庭审理本案。

庭审中,辩护人对视频文件的性质和数量认定等提出了辩护意见。一是涉案的视频文件形式上不具有实物特征,内容上不具有淫秽特征,不属于淫秽物品;二是多个视频文件描绘的是同一对旅客的性行为,即便属于淫秽物品,也应当以被偷拍的旅客的对数认定数量,不能以设备自动分段或人为编辑制作的数量认定。

公诉人答辩指出,偷拍的视频文件属于淫秽物品,数量应当以钱某编辑、制作的数量为标准。一是涉案的视频文件属于淫秽物品。形式上,淫秽物品的视频文件形式与刊物、光盘等有形物具有同质性。对此,《全国人民代表大会常务委员会关于维护互联网安全的决定》明确规定,在互联网上建立淫秽网站、网页,提供淫秽站点链接服务,或者传播淫秽书刊、影片、音像、图片的,依照刑法有关规定追究刑事责任。最高人民法院、最高人民检察院的司法解释对制作、贩卖、传播视频文件、音频文件等淫秽电子信息也有明确规定。内容上,自然人在私密空间的性行为本身不具有淫秽性,但被告人将其编辑、贩卖、对外传播,则具有描绘性行为或者露骨宣扬色情的客观属性,符合刑法对“淫秽物品”的界定;二是视频文件的数量应当以钱某编辑、制作数量为标准,而非依据旅客区分。本案中每个视频文件都是钱某偷拍后通过筛选、剪辑而成;每个视频文件都能够独立播放,内容涉及不同性行为;每个视频文件都是露骨宣扬色情,被非法传播后都能给观看者带来淫秽性刺激,社会危害性不会因为数个片段均反映同一对旅客的性行为而降低。

（四）处理结果

2019年7月26日,锦江区人民法院作出判决,采纳检察机关指控的犯罪事实和意见,以制作、贩卖、传播淫秽物品牟利罪判处钱某有期徒刑三年六个月,并处罚金人民币五千元。宣判后,钱某未提出上诉,判决已生效。

（五）制发检察建议

旅客入住酒店偷拍事件频发,导致隐私安全无法得到保障,严重侵犯消费者的个人隐私,暴露出相关行业主管部门监管不力、经营者管理不善问题,检察机关从建立健全旅客隐私保护、落实实名登记入住制度、增加安防设施投入、加强日常检查巡查等方面,向治安主管部门和行业组织发出检察建议。治安主管部门落实整改,对辖区旅馆业进行滚动摸排、对场所软硬件开展检查,强化旅客入住“人证合一”,开展公民隐私权法制宣传,会同市场监管部门联合核查网络摄像头生产、销售商家,督促落实市场主体责任。行业组织开展了旅馆、酒店会员单位法制宣传、隐私安全保护培训,增加安防设备,会同治安主管部门制定治安安全防范规范,加强旅馆业安全管理水平,加大保护公民隐私安全力度。

【指导意义】

（一）准确界定“淫秽物品”“贩卖、传播行为”,依法严惩网络背景下传播淫秽物品犯罪。自然人的私人生活安宁和不愿受他人干扰的私密空间、私密活动、私密信息,依法不受侵犯。发生在酒店、旅馆、民宿等非公开空间内的性行为,属于隐私保护的范围。行为人偷拍他人性行为并经互联网传播扩散的视频,不仅侵害个人隐私,而且客观上具有描绘性行为的诲淫性,具有宣扬色情的危害性,符合刑法对“淫秽物品”的界定。行为人有偿提供互联网链接,他人付费后可以实时在线观看,与建立并运营“点对面”式互联网直播平台的传播行为性质相同,应当认定为贩卖、传播行为。

（二）行为人偷拍他人隐私,行为方式、目的多样,应当区分不同情形依法惩处。行为人非法使用偷拍设备窥探他人隐私,未贩卖、传播的,如果相关设备经鉴定属于窃听、窃照专用器材,造成严重后果的,应当以非法使用窃听、窃照专用器材罪追究刑事责任;如果行为人又将偷拍的内容贩卖、传播的,应当按照处罚较重的罪名追究刑事责任。行为人通过远程操控侵入他人自行安装的摄像头后台信息系统,对他人私密空间、行为进行窥探,进行遥控并自行观看,情节严重的,应当以非法控制计算机信息系统罪追究刑事责任;如果行为人在侵入上述计算机信息系统以后,又将偷拍的视频贩卖、传播的,应当按照处罚较重的罪名追究刑事责任。行为人以非法占有他人财物为目的,通过偷拍获取他人隐私,进而要挟他人、获取财物,构成犯罪的,应当以敲诈勒索罪追究刑事责任。上述行为尚未构成犯罪的,应当依法从严追究其行政违法责任。

（三）通过制发检察建议促进社会治理。个人隐私被非法收集、买卖,成为电信网络诈骗、网络传播淫秽物品等犯罪的源头,并催生出一条黑灰产业链,严重侵扰公民生活安宁、财产安全,破坏社会秩序。检察机关办案中要注意剖析案发地区、案发领域管理、制度上的漏洞，研究提出有针对性、可操作性的检察建议，推动有关部门建章立制、堵塞漏洞、消除隐患，促进完善社会治理。

【相关规定】

《中华人民共和国刑法》第三百六十三条、第三百六十七条

《最高人民法院、最高人民检察院关于办理利用互联网、移动通讯终端、声讯台制作、复制、出版、贩卖、传播淫秽电子信息刑事案件具体应用法律若干问题的解释》第一条

《最高人民法院、最高人民检察院关于办理利用互联网、移动通讯终端、声讯台制作、复制、出版、贩卖、传播淫秽电子信息刑事案件具体应用法律若干问题的解释（二）》第一条

检例第 150 号：王某贩卖、制造毒品案

【关键词】

贩卖、制造毒品罪　国家管制化学品　麻醉药品、精神药品　毒品含量　涉毒资产查处

【要旨】

行为人利用未列入国家管制的化学品为原料，生产、销售含有国家管制的麻醉药品、精神药品成分的食品，明知该成分毒品属性的，应当认定为贩卖、制造毒品罪。检察机关办理新型毒品犯罪案件，应当审查毒品含量，依法准确适用刑罚。对于毒品犯罪所得的财物及其孳息、收益和供犯罪所用的本人财物，应当依法予以追缴、没收。

【基本案情】

被告人王某，男，1979 年出生，原系某公司法定代表人。

2016 年，被告人王某明知国家管制的精神药品 γ-羟丁酸可以由当时尚未被国家列管的化学品 γ-丁内酯（2021 年被列管为易制毒化学品）通过特定方法生成，为谋取非法利益，多次购进 γ-丁内酯，添加香精制成混合液体，委托广东某公司（另案处理）为混合液体粘贴“果味香精 CD123”的商品标签，交由广东另一公司（另案处理）按其配方和加工方法制成“咔哇氿”饮料。王某通过四川某公司将饮料销往多地娱乐场所。至案发，共销售“咔哇氿”饮料 52355 件（24 瓶/件，275ml/瓶），销售金额人民币 1158 万余元。

2017 年 9 月 9 日，公安机关将王某抓获，当场查获“咔哇氿”饮料 720 余件，后追回售出的 18505 件。经鉴定，“果味香精 CD123”“咔哇氿”饮料中均检出 γ-羟丁酸成分，含量分别为 2000-44000μg/ml、80.3-7358μg/ml。

【检察机关履职过程】

（一）引导取证

2017 年 10 月 11 日，四川省成都市公安局青羊区分局以王某涉嫌生产、销售有毒、有害食品罪提请批准逮捕。10 月 18 日，成都市青羊区人民检察院对王某依法批准逮捕。检察机关审查认为，“咔哇氿”饮料中含有国家管制的一类精神药品 γ-羟丁酸，王某可能涉嫌毒品犯罪。为准确认定犯罪性质，检察机关引导公安机关重点围绕王某涉嫌犯罪主观故意开展侦查：一是核查王某的从业经历及知识背景；二是调取王某通讯记录和委托生产饮料的情况；三是调取王某隐瞒饮料成分、规避检查

的情况;四是核查饮料销售价格等异常情况。

(二)审查起诉

2017年12月11日,公安机关认为王某在制造饮料过程中添加有毒、有害物质,以王某涉嫌生产、销售有毒、有害食品罪移送审查起诉。

成都市青羊区人民检察院认为本案定性存在疑问,继续引导公安机关侦查取证。一是收集、固定网络检索记录等电子证据,查明王某在生产"咔哇氿"饮料前,已明知γ-丁内酯可生成γ-羟丁酸,且明知γ-羟丁酸是国家管制的精神药品。二是收集、固定"咔哇氿"饮料包装标签等证据,结合王某的供述及其与他人的聊天记录,查明王某在家多次实验,明知γ-羟丁酸的性质和危害。三是对查获的饮料取样、送检、鉴定,收集专家的证言,证实γ-丁内酯自然状态下水解可少量生成γ-羟丁酸,但含量不稳定,在人工干预等特定条件下生成的含量较为稳定。四是调取快递发货单等书证,查明王某贩卖"咔哇氿"饮料的数量、途径。五是调查王某的涉案财物、资金流向及不动产登记情况,查封、扣押其涉案房产和资金。

检察机关综合全案事实证据审查认为,王某明知γ-丁内酯能生成γ-羟丁酸,γ-羟丁酸系国家管制的精神药品,而将γ-丁内酯作为原料生产含有γ-羟丁酸成分的饮料并进行销售,饮用后有麻醉、致幻和成瘾等后果,具有制造、贩卖毒品的主观故意和客观行为,符合贩卖、制造毒品罪的构成要件。

2018年6月15日,成都市青羊区人民检察院以王某犯贩卖、制造毒品罪依法提起公诉。

(三)指控与证明犯罪

2020年1月15日,成都市青羊区人民法院依法公开开庭审理本案。被告人王某及其辩护人对检察机关指控的主要犯罪事实、证据无异议,但提出以下辩解及辩护意见:一是"咔哇氿"饮料中含有的γ-羟丁酸,可能是原料自然生成;二是王某没有制造和贩卖毒品的主观故意;三是王某超限量滥用食品添加剂γ-丁内酯,应构成生产、销售不符合安全标准的食品罪。

针对第一条辩解及辩护意见,公诉人答辩指出:一是公安机关对原料厂商仓库内的γ-丁内酯进行抽样鉴定,未检出γ-羟丁酸成分,而对查获的"咔哇氿"饮料进行抽样鉴定,均检出γ-羟丁酸成分,能够排除"咔哇氿"饮料中γ-羟丁酸系自然生成。二是γ-丁内酯在自然状态下生成的γ-羟丁酸含量不稳定,而以γ-丁内酯为原料人工合成的γ-羟丁酸含量较为稳定,本案查获的"果味香精CD123"和"咔哇氿"饮料中γ-羟丁酸含量均相对稳定,系特定条件下水解生成。三是王某以γ-丁内酯为原料制造混合液体"果味香精CD123",再以"果味香精CD123"为原料通过特定方法制成"咔哇氿"饮料。在制造"咔哇氿"饮料过程中,虽然"果味香精CD123"被饮料用水稀释,但鉴定意见显示成品饮料中γ-羟丁酸的含量却上升。综上,"咔哇氿"饮料中的γ-羟丁酸不是原料自然生成,而是王某通过加工生成。

针对第二条辩解及辩护意见,公诉人答辩指出:一是根据王某所作供述、通讯记录、网络搜索记录等证据,结合王某长期经营酒类、饮料工作经历,能够认定王某预谋用γ-丁内酯生成国家管制的γ-羟丁酸。二是王某通过长期实验制造出"咔哇氿"饮料，其不仅独自掌握配方，且在委托加工时刻意隐瞒使用γ-丁内酯的事实，具有隐蔽性和欺骗性，证实王某明知γ-丁内酯的特性及加工方法，仍将其作为原料加工生成γ-羟丁酸。三是王某委托生产时要求包装瓶上印刷“每日饮用量小于三瓶”“饮用后不宜驾驶汽车”等提示，配料表上用“γ-氨基丁酸”掩盖“γ-羟丁酸”，且将该饮料以远超“γ-氨基丁酸”类饮料价格销往娱乐场所，证实王某明知γ-羟丁酸的危害性，而将含有该成分的饮料销售。综上，现有证据足以证明王某具有制造、贩卖毒品的主观故意。

针对第三条辩解及辩护意见，公诉人答辩指出：超限量使用食品添加剂足以造成严重食物中毒事故的，可构成生产、销售不符合安全标准的食品罪。但本案中，王某明知γ-羟丁酸系国家管制的精神药品，在生产饮料过程中使用工业用的非食品原料γ-丁内酯生成γ-羟丁酸，以达到麻醉、致幻和成瘾的效果，其行为与生产、销售不符合安全标准的食品罪构成要件不符，应当认定为贩卖、制造毒品罪。

另外，公诉人当庭指出，被扣押的两套房产及人民币643万余元，其中有的房产登记在他人名下，部分资产存于他人账户，但均系王某的毒品犯罪所得，应当依法予以没收。

（四）处理结果

2020年6月22日，成都市青羊区人民法院作出一审判决，采纳成都市青羊区人民检察院的指控，以贩卖、制造毒品罪判处王某有期徒刑十五年，并处没收个人财产人民币四百二十七万元；依法没收扣押的用毒资购买的两套房产及违法所得、收益、孳息人民币六百四十三万余元。宣判后，王某提出上诉。2020年9月18日，成都市中级人民法院依法裁定驳回上诉，维持原判。

（五）制发检察建议

含新型毒品成分的饮料、食品向社会销售扩散，严重危害公众，特别是青少年的身心健康。针对主管部门监管不到位问题，成都市青羊区人民检察院从建立食品安全监管平台、开展综合整治、加强日常宣传及警示教育等方面，向食品安全监管部门制发检察建议。食品安全监管部门积极整改，对酒吧、KTV等娱乐场所加大监管力度，与卫生部门建立食品风险监测合作机制，加强了联合执法和饮料、食品安全监管。

【指导意义】

（一）对于生产、销售含有国家管制的麻醉药品、精神药品成分的食品的行为，应当区分不同情形依法惩处。行为人利用未被国家管制的化学品为原料，生产、销售含有国家管制的麻醉药品、精神药品成分的食品，明知该成分毒品属性的，应当认定为贩卖、制造毒品罪。行为人对化学品可生成毒品的特性或者相关成分毒品属性不明知，如果化学品系食品原料，超限量、超范围添加足以造成严重食物中毒事故或者其他严重食源性疾病的，依法构成生产、销售不符合安全标准的食品罪；如果化学品系有毒、有害非食品原料，依法构成生产、销售有毒、有害食品罪。行为人犯贩卖、制造毒品罪，同时构成生产、销售不符合安全标准的食品罪或者生产、销售有毒、有害食品罪的，应当按照处罚较重的罪名追究刑事责任。行为人对于相关毒品成分主观上是否明知，不能仅凭其口供，还应当根据其对相关物质属性认识、从业经历、生产制作工艺、产品标签标注、销售场所及价格等情况综合认定。

（二）办理新型毒品犯罪案件，应当审查涉案毒品含量。根据刑法第三百五十七条的规定，毒品数量以查证属实的走私、贩卖、运输、制造、非法持有毒品的数量计算，不以纯度折算。新型毒品混于饮料、食品中，往往含有大量水分或者其他物质，不同于传统毒品。检察机关应当综合考虑涉案新型毒品的纯度和致瘾癖性、社会危害性及其非法所得等因素，依法提出量刑建议。

（三）认真审查涉案财物性质及流转情况，依法追缴涉毒资产。追缴涉毒资产是惩治毒品犯罪的重要内容，对于提升惩治毒品犯罪质效具有重要意义。检察机关应当依法引导侦查机关及时对涉案资产进行查封、扣押，全面收集、固定证据。对于侦查机关移送的涉案资产，要着重审查性质、权属及流转，严格区分违法所得与合法财产、本人财产与其家庭成员的财产，并在提起公诉时提出明确的处置意见。对于毒品犯罪所得的财物及其孳息、收益和供犯罪所用的本人财物，应当依法予以追缴、没收。

【相关规定】

《中华人民共和国刑法》第六十四条、第一百四十三条、第一百四十四条、第三百四十七条、第三百五十七条

《中华人民共和国禁毒法》第二条、第二十一条、第二十五条、第五十九条

《麻醉药品和精神药品管理条例》（2016年2月6日修订）第三条、第四条

《最高人民法院关于审理毒品犯罪案件适用法律若干问题的解释》第一条

《最高人民检察院、公安部关于公安机关管辖的刑事案件立案追诉标准的规定（三）》第一条

《最高人民法院、最高人民检察院、公安部办理毒品犯罪案件毒品提取、扣押、称量、取样和送检程序若干问题的规定》第三十三条

检例第151号：马某某走私、贩卖毒品案

【关键词】

走私、贩卖毒品罪　麻醉药品、精神药品　主观明知　非法用途　贩卖毒品既遂

【要旨】

行为人明知系国家管制的麻醉药品、精神药品，出于非法用途走私、贩卖的，应当以走私、贩卖毒品罪追究刑事责任。行为人出于非法用途，以贩卖为目的非法购买国家管制的麻醉药品、精神药品的，应当认定为贩卖毒品罪既遂。检察机关应当综合评价新型毒品犯罪的社会危害性，依法提出量刑建议。

【基本案情】

被告人马某某，男，1996年出生，原系某社区卫生服务中心药剂师。

2020年8月16日，马某某在网络上发布信息，称有三唑仑及其他违禁品出售。2021年4月16日，马某某通过网络向境外卖家求购咪达唑仑，并支付人民币1100元。后境外卖家通过快递将一盒咪达唑仑从德国邮寄至马某某的住处，马某某以虚构的“李某英”作为收件人领取包裹。

2021年4月20日至25日，马某某以名为“李医生”的QQ账号，与“阳光男孩”等多名QQ用户商议出售三唑仑、咪达唑仑等精神药品，马某某尚未卖出即于同年7月15日被民警抓获。民警在其住处查获透明液体12支（净重36ml，经鉴定，检出咪达唑仑成分）、蓝色片剂13粒（净重

3.25mg,经鉴定,检出三唑仑成分)、白色片剂72粒(净重28.8mg,经鉴定,检出阿普唑仑成分)等物品。

【检察机关履职过程】

(一)引导取证

广东省广州市公安局海珠区分局以马某某涉嫌走私毒品罪提请批准逮捕。2021年8月20日,广州市海珠区人民检察院对其批准逮捕。根据走私类案件管辖规定,广州市人民检察院及时派出检察官介入侦查,引导取证。通过阅卷审查,承办检察官发现有较充分证据证明马某某实施了通过网络从境外购买、走私精神药品咪达唑仑的犯罪行为,但没有证据证明从其家中搜出的其他精神药品三唑仑、阿普唑仑的来源和用途。对于走私精神药品的目的,马某某时而称拟用于非法用途,时而称拟用于贩卖,可能同时存在走私和贩卖的行为。为查明其主观上是否明知药品性质及危害,广州市人民检察院发出意见书,引导侦查机关调取马某某任职情况、学历证书、网页截图、网络聊天记录等证据,并查清涉案精神药品的来源和用途。

(二)审查起诉

2021年10月12日,广州市公安局海珠区分局以马某某涉嫌走私毒品罪移送审查起诉。广州市海珠区人民检察院根据走私案件管辖规定,于2021年11月5日将案件报送广州市人民检察院。马某某的辩护人向检察机关提出意见认为,国家管制的麻醉药品和精神药品种类繁多,马某某案发时并不明知所购买的咪达唑仑、三唑仑等精神药品属于国家管制名录中的毒品,马某某的行为不构成毒品犯罪。

检察机关审查认为,一是涉案毒品均已列入向社会公布的《精神药品品种目录》,马某某作为药学专业毕业生和药剂师,具备专业知识,对于精神药品属性具有认知能力。二是据马某某供述,其明知涉案药物不能在市面上随意流通和购买,只能通过翻墙软件、借助境外网络聊天工具购买,并假报姓名作为收货人,通过隐秘手段付款,将精神药品走私入境。后马某某又在网上发布出售广告,称相关药品可用于非法用途,与多名买家商谈价格和发货方式。可见,马某某的行为构成走私、贩卖毒品罪。

经检察机关依法告知诉讼权利义务,马某某表示自愿认罪认罚。检察机关结合马某某的犯罪行为、目的、毒品效能及用量,提出了判处有期徒刑八个月,并处罚金的量刑建议。马某某在辩护人见证下自愿签署认罪认罚具结书。

2021年12月2日,广州市人民检察院以马某某涉嫌走私、贩卖毒品罪依法提起公诉。

(三)指控与证明犯罪

2021年12月3日,广州市中级人民法院依法公开开庭审理本案。被告人马某某对检察机关指控的事实、证据及量刑建议均无异议,当庭再次表示认罪认罚。马某某的辩护人认为,马某某自愿认罪悔罪,平时表现良好;涉案毒品数量少,未贩卖成功,也未实际使用,属于贩卖毒品未遂。

公诉人答辩指出,对于马某某的认罪态度、平时表现以及涉案毒品数量等情节,已在提出量刑建议时得到体现。马某某以贩卖为目的走私入境咪达唑仑等毒品,后又在网上发布出售毒品的信息,且与多名买家商谈交易事宜,根据相关司法解释性文件的规定,其行为已构成贩卖毒品罪既遂。

(四)处理结果

2022年2月18日,广州市中级人民法院作出一审判决,采纳检察机关的指控意见和量刑建议,以走私、贩卖毒品罪判处被告人马某某有期徒刑八个月,并处罚金人民币五千元。马某某未上诉,判决已生效。

【指导意义】

(一)审查涉案麻醉药品、精神药品的用途和行为人主观认知,依法认定走私、贩卖麻醉药品、精神药品行为的性质。麻醉药品、精神药品可以在医疗、教学、科研用途合法使用,也会被违法犯罪分子作为毒品使用。行为人向走私、贩卖毒品的犯罪分子或者吸毒人员贩卖国家管制的麻醉药品、精神药品,应当以贩卖毒品罪追究刑事责任。行为人出于其他非法用途,走私、贩卖国家管制的麻醉药品、精神药品,应当以走私、贩卖毒品罪追究刑事责任。行为人未核实购买人购买麻醉药品、精神药品具体用途,但知道其不是用于合法用途,为非法获利,基于放任的故意,向用于非法用途的人贩卖的,应当认定为贩卖毒品罪。对于"非法用途",可以从行为人买卖麻醉药品、精神药品是否用于医疗等合法目的予以认定。判断行为人对涉案毒品性质是否明知,除审查其供述外,还应结合其认知能力、学历、从业背景、是否曾有同类药物服用史、是否使用虚假身份交易等证据进行综合认定。

(二)准确认定非法贩卖国家管制的麻醉药品、精神药品行为的犯罪既遂。根据《最高人民检察院、公安部关于公安机关管辖的刑事案件立案追诉标准的规定(三)》的规定,贩卖毒品是指明知是毒品而非法销售或者以贩卖为目的而非法收买的行为。行为人出于非法用途,以贩卖为目的非法购买国家管制的麻醉药品、精神药品的,应当认定为贩卖毒品罪既遂。

(三)综合评价新型毒品犯罪行为的社会危害性,确保罪责刑相适应。涉案麻醉药品、精神药品往往具有数量小、纯度低等特点,检察机关提出量刑建议时,应当考虑毒品数量、折算比例、效能及浓度、交易价格、犯罪次数、违法所得、危害后果、行为人的主观恶性及人身危险性等各种因素。对于将麻醉药品和精神药品用于实施其他犯罪的,还应当考量其用途、可能作用的人数及后果、其他犯罪的社会危害性等,确保罪责刑相适应。

【相关规定】

《中华人民共和国刑法》第三百四十七条、第三百五十七条

《中华人民共和国禁毒法》第二条、第二十一条、第二十五条、第五十九条

《麻醉药品和精神药品管理条例》(2016年2月6日修订)第三条、第四条

《最高人民检察院、公安部关于公安机关管辖的刑事案件立案追诉标准的规定(三)》第一条

检例第152号:郭某某欺骗他人吸毒案

【关键词】

欺骗他人吸毒罪　麻醉药品、精神药品　情节严重　自行补充侦查　客观性证据审查

【要旨】

行为人明知系国家管制的麻醉药品、精神药品而向他人的饮料、食物中投放,欺骗他人吸食的,应当以欺骗他人吸毒罪追究刑事责任。对于有证据证明行为人为实

施强奸、抢劫等犯罪而欺骗他人吸食麻醉药品、精神药品的,应当按照处罚较重的罪名追究刑事责任。检察机关应当加强自行补充侦查,强化电子数据等客观性证据审查,准确认定犯罪事实。

【基本案情】

被告人郭某某,男,1990年出生,原系某公司工程技术部副经理。

2015年,郭某某为寻求刺激,产生给其女友张某甲下"迷药"的想法。此后,郭某某通过网络了解药物属性后多次购买三唑仑、γ-羟丁酸。2015年至2020年间,郭某某趁张某甲不知情,多次将购买的"迷药"放入张某甲的酒水饮料中,致其出现头晕、恶心、呕吐、昏睡等症状。其中,2017年1月,郭某某将三唑仑片偷偷放入张某甲酒中让其饮下,致其昏迷两天。

2020年10月5日,郭某某邀请某养生馆工作人员张某乙及其同事王某某(均为女性)到火锅店吃饭。郭某某趁两人离开座位之际,将含有γ-羟丁酸成分的药水倒入两人啤酒杯中。后张某乙将啤酒喝下,王某某察觉味道不对将啤酒吐出。不久,张某乙出现头晕、呕吐、昏迷等症状,被送医救治。张某乙的同事怀疑郭某某下药,遂向公安机关报案。

【检察机关履职过程】

(一)引导取证

因案件涉及新型毒品犯罪,浙江省舟山市普陀区人民检察院应公安机关商请参与案件会商,根据郭某某给人下"迷药"的事实和证据,引导公安机关从欺骗他人吸毒罪的角度取证,重点调取涉案电子数据及书证。同时,检察机关发现郭某某属于国企工作人员,向公安机关提出收集、固定其岗位职责等方面的证据。2021年1月7日,公安机关以郭某某涉嫌欺骗他人吸毒罪立案侦查。

(二)审查起诉

2021年3月2日,舟山市公安局普陀区分局以郭某某涉嫌欺骗他人吸毒罪移送审查起诉。审查期间,郭某某辩解对张某甲未使用三唑仑片,对张某乙和王某某使用的"迷药"是在外地酒吧陌生人处购买的"拼酒药",不知道该药成分,认为可能是高度酒精。舟山市普陀区人民检察院以查证毒品来源为主线自行补充侦查,从郭某某上网记录海量电子数据中,发现了其购买药品的名称、药效、使用方法、支付方式、收货地址等诸多细节,最终查明了其在火锅店使用的γ-羟丁酸的来源,形成了客观性证据锁链。

舟山市普陀区人民检察院审查认为,郭某某明知三唑仑、γ-羟丁酸为国家管制的精神药品,仍在酒水饮料中掺入含上述成分的药物,欺骗多人吸食,其行为构成欺骗他人吸毒罪。郭某某作为国企工作人员,欺骗多人吸食毒品,按照相关司法解释规定,应当认定为刑法第三百五十三条第一款的规定"情节严重"的情形。

2021年4月28日,舟山市普陀区人民检察院以郭某某犯欺骗他人吸毒罪依法提起公诉,结合郭某某的认罪态度提出了判处其有期徒刑三年六个月,并处罚金的量刑建议。

(三)指控与证明犯罪

2021年6月3日、8月23日,舟山市普陀区人民法院两次依法不公开开庭审理本案。庭审中,郭某某不供认犯罪事实,称对所下药物的成分不明知,药物不是毒品。郭某某的辩护人认为,郭某某的行为不构成犯罪。理由:一是现有证据无法证实郭某某给张某甲下的药系三唑仑片；二是郭某某缺乏对其所下“迷药”属于毒品的认知；三是郭某某的行为构成自首；四是郭某某不是国家工作人员且在本案中未造成被害人成瘾，也未出现严重后果，属于情节显著轻微，可不作为犯罪处理。

公诉人答辩指出，郭某某的行为构成欺骗他人吸毒罪，且应认定为“情节严重”。一是涉案“迷药”为国家管制精神药品三唑仑和γ-羟丁酸。郭某某的网络交易记录、浏览历史记录和聊天记录等客观性证据足以证明其所使用精神药品的药名、药效、购买方式等事实，特别是购买记录与作案时间的先后顺序和时间间隔对应，结合被害人张某甲、张某乙、王某某的陈述内容，就医症状和鉴定意见等，足以认定涉案“迷药”为国家管制的精神药品三唑仑和γ-羟丁酸。二是郭某某主观上对“迷药”的性质和毒品性状具有明知。从郭某某与网络卖家的聊天记录、郭某某浏览相关药品信息以及其通过网上邮寄、假名收货的方式进行交易等情节，足以推定其明知此类药物的性质属于毒品。三是郭某某得知他人报案后虽主动投案，但到案后拒不供认主要犯罪事实，不构成自首。四是欺骗他人吸毒罪不需要具备特定的动机或目的，亦不要求造成实害结果，郭某某“为寻求感官刺激”而下药，未让被害人染上毒瘾等不成为否定其构成欺骗他人吸毒罪的抗辩理由。五是在案证据证实郭某某系国有公司管理人员，且欺骗多人吸毒，符合《最高人民法院关于审理毒品犯罪案件适用法律若干问题的解释》规定的“情节严重”的情形。

（四）处理结果

2021年8月26日，舟山市普陀区人民法院作出一审判决，采纳舟山市普陀区人民检察院的指控和量刑建议，以欺骗他人吸毒罪判处郭某某有期徒刑三年六个月，并处罚金人民币三千元。郭某某不服一审判决，提出上诉。同年11月16日，舟山市中级人民法院作出二审裁定，驳回上诉，维持原判。

【指导意义】

（一）准确认定欺骗他人吸食国家管制的麻醉药品、精神药品行为的性质。当前，一些不法分子给他人投放新型毒品的违法犯罪案件增多，社会危害性大。对于行为人明知系国家管制的麻醉药品、精神药品而向他人的饮料、食物中投放，欺骗他人吸食的，应当以欺骗他人吸毒罪追究刑事责任。对于有证据证明行为人为实施强奸、抢劫等犯罪而欺骗他人吸食麻醉药品、精神药品的，应当按照处罚较重的罪名追究刑事责任。

（二）针对不同情形，依法认定涉案麻醉药品、精神药品为毒品。麻醉药品、精神药品的镇静、安眠等药用功效，往往成为行为人抗辩其毒品属性的借口，对此检察机关应当严格审查。对于有证据证明行为人明知系国家管制的麻醉药品、精神药品，仍利用其毒品属性和用途的，应当依法认定相关物品为毒品；行为人对于涉案物品系毒品主观上是否明知，应当根据其年龄、职业、生活阅历、有无吸贩毒史以及对物品的交付、使用方式等证据，运用经验法则和逻辑规则综合分析判断。

（三）办理新型毒品犯罪案件，依法做好补充侦查工作。检察机关应当及时引导侦查机关对新型毒品成分、来源和用途等事实进行补充侦查，制作具体可行的补查提纲，跟踪落实补查情况。必要时，检察机关应当依法履行自行补充侦查职能，充分发掘客观性证据，尤其要重视电子数据的恢复、勘验、检索和提取，加强对电子数据的审查，全面、公正评价行为人实施的犯罪行为及后果。

【相关规定】

《中华人民共和国刑法》第三百五十三条第一款、第三百五十七条

《中华人民共和国禁毒法》第二条、第二十一条、第二十五条、第五十九条

《麻醉药品和精神药品管理条例》(2016 年 2 月 6 日修订)第三条、第四条

《最高人民法院关于审理毒品犯罪案件适用法律若干问题的解释》第十一条

《最高人民检察院、公安部关于公安机关管辖的刑事案件立案追诉标准的规定(三)》第九条

检例第 153 号：何某贩卖、制造毒品案

【关键词】

贩卖、制造毒品罪　麻醉药品、精神药品　未管制原生植物侦查实验

【要旨】

行为人利用原生植物为原料，通过提炼等方法制成含有国家管制的麻醉药品、精神药品的物质，并予以贩卖的，应当认定为贩卖、制造毒品罪。办理新型毒品犯罪案件，检察机关应当依法引导侦查机关开展侦查实验，查明案件事实。

【基本案情】

被告人何某，男，1992 年出生，原系某单位医务人员。

2018 年 1 月至 2019 年 6 月间，被告人何某明知某类树皮含有国家管制的精神药品成分，为谋取非法利益，通过网络购买某类树皮，磨成粉末后按特定方法熬制成水溶液“死藤水”，先后三次贩卖给袁某某、傅某某、汪某吸食，非法获利人民币 1800 元。2019 年 9 月 23 日，何某被公安机关抓获，在其住处查获某类树皮粉末，净重 256.55 克。

归案后，被告人何某检举揭发他人犯罪并查证属实。

【检察机关履职过程】

(一)引导取证

2019 年 9 月 1 日，公安机关对何某涉嫌贩卖毒品罪立案侦查。公安机关认为，查获的树皮粉末中检出二甲基色胺，树皮粉末和制成的“死藤水”均是毒品，何某买入树皮加工成“死藤水”销售获利的行为构成贩卖毒品罪，其应当对查获的树皮粉末以及售出的“死藤水”的总数量承担刑事责任。

鉴于本案系新类型案件，应公安机关商请，江苏省南京市秦淮区人民检察院依法介入侦查。检察机关认为，某类树属于原生态天然植物，目前并未列入国家管制，并非毒品原植物，不能仅因其含有国家管制的麻醉药品或精神药品成分而直接认定为毒品；在树皮实物灭失无法鉴定的情况下，不能直接认定犯罪嫌疑人何某通过熬制等方式制作出的“死藤水”含有该种成分。检察机关建议公安机关开展侦查实验，并列明实验要求和注意事项。公安机关按照何某供述的制作方法和流程进行侦查实验，获取“死藤水”样本一份，现场提取、封存并形成侦查实验笔录，该份“死藤水”经送检后检出二甲基色胺成分。

(二)审查起诉

2021 年 5 月 11 日，公安机关以何某涉

嫌贩卖毒品罪移送审查起诉。南京市秦淮区人民检察院审查认为，除公安机关移送审查起诉的何某三次贩卖“死藤水”的犯罪事实外，何某从树皮提炼“死藤水”的行为还涉嫌制造毒品罪。在听取辩护人意见过程中，辩护人提出，无论是何某将树皮磨成粉末的行为，还是对树皮熬制提炼成“死藤水”的行为，都只包含物理方法，不存在化学加工行为，因此也没有产生与树皮有本质区别或是新的国家管制麻醉药品、精神药品成分，其行为不构成制造毒品罪。

检察机关审查认为：第一，制造毒品的行为不仅包括以化学方法加工、配制毒品的行为，还包括以改变毒品成分和效用为目的，用混合等物理方法加工、配制毒品的行为。何某通过特定方法对树皮粉末进行反复熬制，提炼出“死藤水”，目的就是将其中的二甲基色胺从树皮粉末中溶解并浓缩至易于人体服用的液体中，从根本上改变了原树皮的天然状态和效用，该提炼行为将原生植物转变成“毒品”，应认定为制造毒品的行为。同时，何某将制成的“死藤水”贩卖给他人吸食，应当以贩卖、制造毒品罪追究其刑事责任。第二，何某将树皮磨成粉末，改变了树皮的物理形状，未改变其内部成分比例和效用，不属于刑法意义上的“制造毒品”行为，故查获的树皮粉末系可用于制造毒品的“原料”，不应当将其计入毒品数量。

经检察机关依法告知诉讼权利义务，何某自愿认罪认罚。检察机关据此提出对其判处有期徒刑一年九个月，并处罚金人民币三千元的量刑建议。何某在辩护人的见证下签署了认罪认罚具结书，认可检察机关指控的事实、罪名以及提出的量刑建议。

2021年7月1日，南京市秦淮区人民检察院以被告人何某犯贩卖、制造毒品罪依法提起公诉。

（三）指控与证明犯罪

2021年7月21日，南京市秦淮区人民法院依法公开开庭审理本案。庭审中，被告人何某对检察机关指控的事实、证据及量刑建议均无异议，当庭再次表示认罪认罚，希望从宽处理。辩护人对指控事实和定性不持异议，提出被告人何某贩卖、制造的毒品数量不多，有立功表现，社会危害性不大，建议宣告缓刑。

公诉人答辩指出，被告人何某多次贩卖含有国家管制的精神药品成分的“死藤水”，且所贩卖的“死藤水”是其本人购入未管制原生植物的某类树皮作为原料，提炼其中的国家管制精神药品成分所制成，应当以贩卖、制造毒品罪追究其刑事责任。何某不仅制造毒品“死藤水”用于自吸，还多次向他人贩卖牟利，结合其犯罪性质及相关量刑情节，可以依法减轻处罚，但不宜适用缓刑。

（四）处理结果

2021年7月29日，南京市秦淮区人民法院作出一审判决，采纳检察机关的指控和量刑建议，以贩卖、制造毒品罪判处被告人何某有期徒刑一年九个月，并处罚金人民币三千元；依法没收扣押在案的“死藤水”、树皮粉末，追缴违法所得人民币一千八百元。宣判后，何某未提出上诉，判决已生效。

【指导意义】

（一）准确区分利用原生植物制成的毒品和未管制原生植物。根据禁毒法第十九条的规定，禁止非法种植罂粟、古柯植物、大麻植物以及国家规定管制的可以用于提炼加工毒品的其他原植物。以国家未管制但含有国家管制的麻醉药品、精神药品成分的原生植物为原料，通过特定方法，将植物中国家管制的麻醉药品、精神药品成分提炼制成相关物质，相关物质具有使人形成瘾癖的毒品特征，应当认定为毒品。对于未被国家管制的原生植物，以及通过研磨等方式简单改变外在形态的植物载体，虽含有国家管制的麻醉药品、精神药品成分，不认定为毒品。

（二）依法认定从未管制原生植物中提炼麻醉药品、精神药品成分行为的性质。根据《最高人民检察院、公安部关于公安机关管辖的刑事案件立案追诉标准的规定（三）》的规定，制造毒品是指非法利用毒品原植物直接提炼或者用化学方法加工、配制毒品，或者以改变毒品成分和效用为目的，用混合等物理方法加工、配制毒品的行为。行为人明知某类植物系未被国家管制的原生植物，但含有国家管制的麻醉药品、精神药品成分，采取特定方法提炼出植物中国家管制的麻醉药品、精神药品成分，改变了原生植物的物理形态，使其具备毒品效用，应当认定为制造毒品行为。行为人从未管制原生植物中提炼出毒品并予以贩卖的，应当认定为贩卖、制造毒品罪。

（三）办理新型毒品犯罪案件，应当充分运用有效的侦查方法。检察机关应当引导侦查机关采取各项侦查措施，全面收集、固定新型毒品犯罪案件关于主观明知和制造、贩卖行为认定等方面的证据。在制造毒品方法存疑等情形下，根据案件具体情况，引导侦查机关开展侦查实验，列明实验要求和注意事项，依法及时固定证据，以查明案件事实。

【相关规定】

《中华人民共和国刑法》第三百四十七条、第三百五十七条

《中华人民共和国刑事诉讼法》（2018年10月26日修正）第一百三十五条

《中华人民共和国禁毒法》第二条、第十九条、第二十一条、第二十五条、第五十九条

《麻醉药品和精神药品管理条例》（2016年2月6日修订）第三条、第四条

《最高人民检察院、公安部关于公安机关管辖的刑事案件立案追诉标准的规定（三）》第一条

检例第179号：
刘某某贩卖毒品二审抗诉案

【关键词】

二审抗诉　贩卖毒品罪　被告人不认罪　排除合理怀疑　直接改判

【要旨】

对于人民法院以存在“合理怀疑”为由宣告被告人无罪的案件，人民检察院认为在案证据能够形成完整的证据链，且被告人的无罪辩解没有证据证实的，应当提出抗诉。同时，对于确有必要的，要补充完善证据，对人民法院认为存在的“合理怀疑”作出解释，以准确排除“合理怀疑”，充分支持抗诉意见和理由。对于查清事实后足以定罪量刑的抗诉案件，如未超出起诉指控范围，人民检察院可以建议人民法院依法直接改判。

【基本案情】

被告人刘某某，女，1982年6月出生，无业。

2015年12月21日，公安机关接周某

举报，在广东省广州市番禺区某小区附近刘某某所驾驶车辆的副驾驶位的脚踏板上，查获装在茶叶袋内的甲基苯丙胺1千克，在驾驶位座椅上缴获金色手机1部，在刘某某手上缴获黑色手机1部，在副驾驶座椅上缴获黑色钱包1个，内有银行卡8张。刘某某称自己经营燕窝生意，车内毒品系刚下车的朋友周某所留。次日，刘某某被刑事拘留。经公安机关询问，周某称车内毒品系刘某某所有，刘某某让其帮助卖掉，其乘坐刘某某车辆谎称去找购毒人，下车后即报警。

2016年9月22日，广州市番禺区人民检察院以非法持有毒品罪对刘某某提起公诉，后以贩卖毒品罪变更起诉。番禺区人民法院经三次开庭审理，认为被告人可能被判处无期徒刑以上刑罚，报送广州市中级人民法院管辖。2017年7月4日，广州市人民检察院以贩卖毒品罪对刘某某提起公诉。广州市中级人民法院经两次开庭审理，认为虽然在被告人刘某某的车上发现了涉案毒品，但是周某举报前刚从涉案车辆副驾驶位离开，毒品又系从副驾驶位的脚踏板上查获，无法排除刘某某提出的毒品归周某所有的合理辩解。因此，检察机关指控被告人刘某某贩卖毒品罪的事实不清、证据不足，遂于2018年2月2日一审宣告刘某某无罪。

【检察机关履职过程】

（一）提出和支持抗诉

2018年2月12日，广州市人民检察院提出抗诉。同年7月31日，广东省人民检察院支持抗诉。

广东省人民检察院在审查支持抗诉期间和支持抗诉后，围绕争议焦点进一步补充完善了相关证据：一是核查刘某某与周某之间关系及经济往来情况，进一步查清周某不具备购买1千克甲基苯丙胺的经济条件，且没有陷害刘某某的动机；二是通过梳理刘某某的社会关系和5起毒品犯罪关联案件，发现凌某等4人贩卖毒品案与刘某某的毒品上家均为陈某，并发现陈某身份信息。经报告最高人民检察院协调公安部，成功抓获陈某。随后围绕陈某展开调查，证实陈某从未做过燕窝生意，且具有长期从事毒品犯罪活动的重大嫌疑，而扣押在案的刘某某手机在案发前的2015年12月5日至21日与陈某有28次通话记录、26次短信息来往记录。

（二）抗诉意见和理由

广东省检察机关认为，一审法院在对被告人刘某某所驾驶的车辆内发现涉案毒品的归属问题上，片面采信刘某某的不合理辩解，进而不合理地怀疑毒品为证人周某所有，认定刘某某构成贩卖毒品罪的证据没有形成完整的证明体系，不能排除合理怀疑，据此宣告刘某某无罪的判决确有错误。本案侦查工作中存在的取证问题和瑕疵并未切断证据链条，刘某某的无罪辩解与其他在案证据存在矛盾，全案证据足以证实刘某某具有贩卖毒品的主观故意和客观行为。具体理由如下：

1.“合理怀疑”不尽合理。被告人刘某某的辩解明显与其他在案证据相互矛盾，人民法院以存在“合理怀疑”为由作出无罪判决系确有错误。刘某某辩解自己经营燕窝生意，案发前一天去过汕尾购买走私燕窝，却无法验证和登录自己的微商账号，也提供不出下线微商或者客户的联系方式；刘某某辩解其与周某交易的系燕窝，但双方言语隐晦，短信、微信记录有大量疑似毒品交易的行话、黑话，与燕窝交易习惯不符;刘某某称开车带“货”贩卖,但车上的“货”只有毒品没有燕窝;周某不具备购买甲基苯丙胺1千克的经济条件,刘某某辩解毒品归周某所有无其他证据印证。本案侦查工作中存在的问题和部分证言的变化并不影响证据的真实性、客观性,并未切断全案证据链条。证人周某在举报电话中,称她与被举报人刘某某认识,因担心被打击报复而不愿意提供自己的个人情况、不愿意进行指认,并在开庭审理时当庭改变部分证言,但其一直稳定陈述本案基本事实,不能就此否认其证言的证据效力。

2. 在案证据足以证实刘某某具有贩卖毒品的主观故意和客观行为。检察机关提起公诉时提交的被告人刘某某手机中的微信语音、声纹鉴定书、通话清单和银行交易流水,以及刘某某驾车赴粤东往返的交通监控视频截图等证据,足以证实刘某某从粤东不法分子处购得毒品,并准备在案发当天通过周某卖出。从刘某某手机里存储的大量毒品交易行话和暗语,可以看出其从事毒品交易至少一年时间,案发前一天还有周某以外的其他人准备向刘某某购买毒品。综合原有证据及抗诉期间补充完善的毒品上家陈某的有罪供述、周某关于部分证言改变的原因等证据,足以证实涉案毒品系刘某某案发前在陆丰市向陈某购买并带回广州准备贩卖的事实。

需要说明的是,本案已在三级法院七次开庭审理,而且人民检察院在开庭审理前已向刘某某及其辩护人开示新证据,充分听取了辩方意见,依法充分保障了当事人诉讼权利,鉴于本案事实清楚,证据确实、充分,广东省人民检察院建议省高级人民法院依法改判被告人有罪。

(三)抗诉结果及案件后续情况

2019年6月7日,广东省高级人民法院经审理依法作出终审判决,采纳抗诉意见,以贩卖毒品罪判处刘某某无期徒刑。

判决生效后,刘某某约见检察官,认罪悔罪,主动承认人民检察院指控的全部犯罪事实,并指认了上家陈某。2020年7月6日,陈某因贩卖甲基苯丙胺22千克,被广州市中级人民法院判处死刑立即执行,陈某未提出上诉,2023年3月已被执行死刑;向陈某购买甲基苯丙胺21千克的凌某等4人,被广州市中级人民法院以贩卖毒品罪判处死刑、无期徒刑等刑罚,判决已生效。

【指导意义】

(一)正确适用排除合理怀疑的证据规则。合理怀疑是指以证据、逻辑和经验法则为根据的怀疑,即案件存在被告人无罪的现实可能性。办理刑事案件要综合审查全案证据,考虑各方面因素,对所认定事实排除合理怀疑并得出唯一性结论。对于不当适用“合理怀疑”作出无罪判决的,人民检察院要根据案件证据情况,认真审查法院判决无罪的理由。对于确有必要的,要补充完善证据,以准确排除“合理怀疑”,充分支持抗诉意见和理由。针对被告人的无罪辩解,要注意审查辩解是否具有合理性,与案件事实和证据是否存在矛盾。对于证人改变证言的情形,要结合证人改变的理由、证人之前的证言以及与在案其他证据印证情况进行综合判断。经综合审查,如果案件确实存在“合理怀疑”,应当坚持疑罪从无原则,依法作出无罪的结论;如果被告人的辩解与全案证据矛盾,或者无客观性证据印证,且与经验法则、逻辑法则不相符,应当认定不属于“合理怀疑”。

(二)对于行为人不认罪的毒品犯罪案件,要根据在案证据,结合案件实际情况综合判断行为人对毒品犯罪的主观“明知”。人民检察院在办理案件中，判断行为人是否“知道或者应当知道行为对象是毒品”，应综合考虑案件中的各种客观实际情况，依据实施毒品犯罪行为的过程、行为方式、毒品被查获时的情形和环境等证据，结合行为人的年龄、阅历、智力及掌握相关知识情况，进行综合分析判断。并且用作推定行为人“知道或者应当知道行为对象是毒品”的前提的事实基础必须有确凿的证据证明。

(三)对于查清事实后足以定罪量刑的抗诉案件，如未超出起诉指控范围的，人民检察院可以建议人民法院依法直接改判。根据《中华人民共和国刑事诉讼法》第二百三十六条规定，对于原判决事实不清或者证据不足的，第二审人民法院在查清事实后可以依法改判或者发回重审。司法实践中，对于人民检察院提出抗诉后补充的证据，如果该证据属于补强证据，认定的案件事实没有超出起诉指控的范围，且案件已经多次开庭审理，应当综合考虑诉讼经济原则和人权保障的关系，建议人民法院在查明案件事实后依法改判。

【相关规定】

《中华人民共和国刑法》第三百四十七条

《中华人民共和国刑事诉讼法》(2018年修正)第五十五条、第二百二十八条、第二百三十二条、第二百三十六条

《人民检察院刑事诉讼规则(试行)》(2013年1月施行)第五百八十二条、第五百八十四条、第五百八十九条(现为2019年施行的《人民检察院刑事诉讼规则》第五百八十三条、第五百八十四条、第五百八十九条)

检例第181号：孟某某等人组织、领导、参加黑社会性质组织、寻衅滋事等犯罪再审抗诉案

【关键词】

再审抗诉　裁定准许撤回上诉　自行侦查　补充追加起诉　强化监督履职

【要旨】

被告人不服第一审判决，上诉后又在上诉期满后申请撤回上诉、人民法院裁定准许的，如果人民检察院认为该一审判决确有错误，作出准许撤回上诉裁定人民法院的同级人民检察院有权依照审判监督程序提出抗诉。抗诉后人民法院指令按照第一审程序审理的案件，人民检察院发现原案遗漏犯罪事实的，应当补充起诉；发现遗漏同案犯罪嫌疑人的，应当追加起诉，并建议人民法院对指令再审的案件与补充、追加起诉的案件并案审理，数罪并罚。人民检察院在办案中应当强化监督，充分运用自行侦查与侦查机关(部门)补充侦查相结合的方式，加强侦检监衔接，深挖漏罪漏犯，推进诉源治理，把监督办案持续做深做实。

【基本案情】

被告人孟某某，男，1971年1月出生，某采砂场主。

被告人张某，男，1989年10月出生，无业，孟某某黑社会犯罪集团积极参加者。

其余10名被告人基本情况略。

2014年至2016年5月，被告人孟某某等人在没有办理采砂许可证的情况下，在微山湖水域前程子段(可采砂区域，需持有采砂许可证)租用他人鱼塘私自开挖航道，

利用砂泵船非法采砂共29万余吨，价值人民币800余万元；2014年11月至2016年5月，被告人孟某某等人在明知南四湖水域系国家禁止采砂区域的情况下，仍在南四湖水域刘香庄段开辟非法采砂区域，非法采砂共23万余吨，价值人民币749余万元。

2014年3月3日，被告人孟某某等人阻碍渔政站执法人员查获采砂船上用于非法采砂的两桶柴油和一些维修工具，用汽车将执法车辆前后堵住，言语辱骂、威胁执法人员，抢走被依法扣押的柴油和维修工具。2014年4月3日，被告人孟某某等人驾车将在微山县张楼水域执法的警车截停，言语威胁执法民警，整个过程持续约10分钟，后孟某某等人见目的无法达到遂离去。2015年3月12日，被告人张某等人驾驶多艘摩托艇冲撞在微山湖张楼水域执法巡逻的船只，并在执法船周围快速行驶盘旋，形成巨大波浪，阻碍执法船接近采砂船。张某还驾驶摩托艇冲撞执法船，造成执法船进水，并向执法船投掷石块、泥块等。

2016年2月26日，被告人孟某某等人驾驶快艇围堵在微山湖水域张楼湖面捕鱼的韩某某、李某某，并在湖面的一个土堆上，使用竹竿等对二人进行殴打，致韩某某轻伤、李某某轻微伤。

2016年12月7日，江苏省徐州市沛县人民检察院以非法采矿罪、妨害公务罪、寻衅滋事罪对孟某某等12人提起公诉。沛县人民法院经审理认为，检察机关指控的非法采矿罪不构成禁采区的从重规定；3起妨害公务犯罪事实仅能够认定1起；寻衅滋事罪定性不当，应当认定为故意伤害罪。2017年6月26日，沛县人民法院对孟某某等12人以非法采矿罪、妨害公务罪、故意伤害罪判处十个月至四年十个月不等的有期徒刑。一审宣判后，有两名被告人提出上诉，后又申请撤回上诉。2018年2月9日，徐州市中级人民法院裁定准许撤回上诉，一审判决自裁定送达之日起生效。

【检察机关履职过程】

（一）提出抗诉

徐州市人民检察院在对同级人民法院作出的裁定进行审查时发现，原审判决事实认定、法律适用错误，量刑畸轻，且存在遗漏犯罪事实、遗漏同案犯的重大线索，2018年3月15日，按照审判监督程序向徐州市中级人民法院提出抗诉。

（二）抗诉意见和理由

徐州市人民检察院认为，原审判决事实认定、法律适用错误，量刑畸轻。具体理由如下：

1. 原审判决未认定禁采区情节不当。行政机关依法公告微山湖水域为禁采区，并多次开展执法检查，同期多起类似案件的生效判决亦认定该区域为禁采区；

2. 原审判决未认定妨害公务犯罪部分事实不当。证人证言、执法记录仪以及执法人员陈述能够证实孟某某等人多次抗拒执法，纠集多人威胁、辱骂执法人员，驾车逼停执法车辆，破坏执法船只，抢夺被扣押物品，导致执法活动无法正常进行。

3. 原审判决改变寻衅滋事定性不当。被害人韩某某、李某某陈述称案发当天去湖里逮鱼时，遭到孟某某等人围堵、殴打，强迫下跪并被录像。不能因为此前双方存在纠纷就将孟某某等人的围堵、殴打行为认定为故意伤害罪。孟某某等人为谋取不法利益或者形成非法影响，有组织地非法划定水域采砂，追逐、拦截、殴打渔民，致人轻伤,严重破坏社会秩序,情节恶劣,应认定为寻衅滋事罪。

2018年9月21日,徐州市中级人民法院指令沛县人民法院再审。2019年4月1日,因沛县人民法院存在不适宜继续审理的情形,徐州市中级人民法院裁定撤销原判,指定云龙区人民法院按照第一审程序审判。

(三)检察机关自行侦查

徐州市人民检察院组织专门力量,调取关联案件,审查发现以孟某某为首的非法采矿团伙成员共20余人,已有多起案件在山东、江苏的法院审查处理,另有多起犯罪事实、多条犯罪线索未查证,还存在公职人员入股经营等问题,很可能是涉及自然资源领域的黑社会性质组织犯罪,于是开展了自行侦查工作。

1. 走访行政执法人员、周边群众等相关证人56人,调取禁止非法采砂通告、渔政部门执法录像、未有效处理报警记录、伤情鉴定等证据32份,补强了微山湖水域系禁采区及孟某某等人妨害公务犯罪的证据。

2. 围绕该团伙暴力抗拒执法、争夺采砂区域、组织架构层次、"保护伞"线索等方面,查实了孟某某等人利用组织势力和影响力强行购买渔民鱼塘,与其他非法采砂势力争夺地盘、聚众斗殴,拉拢腐蚀执法人员、基层组织人员,随意殴打、辱骂村民,在禁渔期内非法捕捞水产品等未处理的违法犯罪事实和线索。

3. 向公安机关通报案件情况,对孟某某等人组织、领导、参加黑社会性质组织、对非国家工作人员行贿等犯罪行为监督立案,对遗漏的楚某等人非法采矿、寻衅滋事等犯罪要求侦查并移送起诉,共涉及漏犯16人、新增罪名7个、新增犯罪事实18起。

4. 深挖职务犯罪并向纪委监委移送违法违纪线索。

(四)裁判结果及职务犯罪线索查处情况

2019年6月,云龙区人民检察院对孟某某等28人以涉嫌组织、领导、参加黑社会性质组织罪,抢劫罪,强迫交易罪,聚众斗殴罪,非法捕捞水产品罪,行贿罪,对非国家工作人员行贿罪等补充、追加起诉。2020年9月29日,云龙区人民法院采纳人民检察院抗诉意见和指控意见,对被告人孟某某以组织、领导、参加黑社会性质组织罪、抢劫罪、非法采矿罪、强迫交易罪、聚众斗殴罪、寻衅滋事罪、妨害公务罪、非法捕捞水产品罪、行贿罪、对非国家工作人员行贿罪,数罪并罚,决定执行有期徒刑十九年,其余27名被告人分别被判处二年三个月至十二年六个月不等的有期徒刑。一审宣判后,孟某某等人提出上诉。2021年3月15日,徐州市中级人民法院裁定驳回上诉,维持原判。

该组织"保护伞"沛县公安局原民警张某、郑某,沛县国土资源局矿管科原科长李某等5人,分别犯受贿罪、徇私枉法罪被判处五年六个月至一年六个月不等的有期徒刑,另有11名公职人员被给予党纪政纪处分。

(五)依法能动履职,推进诉源治理

在案件办理期间,云龙区人民检察院对孟某某等人非法采矿、非法捕捞水产品行为,依法提起刑事附带民事公益诉讼。2021年4月6日,云龙区人民法院判决孟某某等人承担生态环境修复费用451万元。同时,针对案件反映出来的基层治理问题,云龙区人民检察院与沛县人民检察院沟通后发出检察建议,推动政府职能部门从加强廉政教育、基层组织建设等方面进行整改；沛县人民检察院牵头公安、水利、环保、南四湖下级湖水利管理局等单位联合召开“打击破坏环境犯罪，保护微山湖生态座谈会”，与山东省微山县人民检察院建立扫黑除恶专项斗争协作机制，开展沛微“南四湖自然保护区生态环境保护暨公益诉讼专项活动”协作，以个案办理推动微山湖周边综合治理。

【指导意义】

（一）法院裁定准许撤回上诉后，生效的第一审裁判确有错误应当提出抗诉的，作出裁定的人民法院的同级人民检察院有权依照审判监督程序提出抗诉；法院指令再审后，人民检察院发现漏罪漏犯的，应当补充追加起诉。依据《最高人民法院关于适用〈中华人民共和国刑事诉讼法〉的解释》，在上诉期满后要求撤回上诉的，二审法院经审查作出准许被告人撤回上诉裁定后，第一审判决、裁定自准许撤回上诉裁定书送达上诉人之日起生效。法院对案件作出实体处理并发生法律效力的判决是第一审判决，如果上一级人民检察院认为该判决确有错误的，有权依照审判监督程序提出抗诉。抗诉后人民法院指令按照第一审程序再审的案件，人民检察院发现原案遗漏犯罪事实的，应当补充起诉；发现遗漏同案犯罪嫌疑人的，应当追加起诉，并建议人民法院对指令再审的案件与补充、追加起诉的案件并案审理，数罪并罚。

（二）检察机关要强化监督意识，充分发挥监督职能，加强自行侦查，积极引导侦查取证。对同案不同判、漏罪漏犯的审判监督线索，人民检察院应当以必要性、适度性、有效性为原则，开展自行侦查。灵活运用多种取证手段，通过实地勘查、调取书证、走访询问证人等方式，增强办案亲历性，完善指控证据体系；对事实、证据存在问题的案件，检察机关应当及时退回侦查机关开展补充侦查，列明详细的补充侦查提纲，督促及时补充完善证据。强化检警协作和监检衔接，通报研判案情，准确列明补充侦查提纲，与侦查、调查人员充分沟通查证要点，深挖彻查漏罪漏犯，全面、准确打击犯罪。

（三）人民检察院应当以个案的能动履职、融合履职，助推诉源治理。人民检察院在办案过程中，要全面深入履行法律监督职责，加强立案监督、侦查活动监督和审判监督，深挖漏罪漏犯，监督纠正确有错误的判决，做到罚当其罪；要强化能动履职，将检察办案职能向社会治理延伸，针对个案发现的社会治理问题，通过提出检察建议、开展司法救助、做好普法宣传、开展区域联合、部门协作等方式，促进相关行业、领域健全完善规章制度，推进源头防治；对环境资源领域的犯罪行为，要融合发力，同步提起刑事附带民事公益诉讼，助力生态环境保护，实现“治罪”与“治理”并重，服务经济社会发展大局。

【相关规定】

《中华人民共和国刑法》第二百七十七条、第二百九十三条、第三百四十三条

《中华人民共和国刑事诉讼法》（2018年修正）第一百一十三条、第二百五十四条

《最高人民法院关于适用〈中华人民共和国刑事诉讼法〉的解释》（2013年1月施行）第三百零八条（现为2021年施行的《最高人民法院关于适用〈中华人民共和国刑事诉讼法〉的解释》第三百八十六条）

《人民检察院检察建议工作规定》（2019年施行）第三条、第十一条

检例第192号：周某某与项某某、李某某著作权权属、侵权纠纷等系列虚假诉讼监督案

【关键词】

知识产权保护　著作权纠纷　著作权登记　虚假诉讼　数字检察　综合履职

【要旨】

冒充作者身份，以他人创作的作品骗取著作权登记，并以此为主要证据提起诉讼谋取不正当利益，损害他人合法权益，妨害司法秩序的，构成虚假诉讼。检察机关应积极推进数字检察，以大数据赋能创新法律监督模式，破解虚假诉讼监督瓶颈。对于知识产权领域虚假诉讼案件，检察机关应依职权启动监督程序，通过监督民事生效裁判、移送刑事案件线索、提出社会治理意见建议等方式促进综合治理。

【基本案情】

民事诉讼原告周某某。

民事诉讼被告项某某、李某某。

本系列案件共涉及虚假诉讼64件，其他案件当事人情况略。

2007年10月，周福仁、陈员兰成立杭州美速版权代理有限公司（以下简称美速公司），主要经营版权登记和版权维权业务，并先后招募杨保全、王江梅等人为工作人员。其中，周福仁负责公司的日常管理和起诉维权，陈员兰负责公司部分财务和维权取证，杨保全负责宣传和跟客户对接著作权登记，王江梅负责编写花型创作说明、描稿和维权取证。自2008年起，美速公司非法诱导绍兴柯桥中国轻纺城市场的部分经营户将他人创作的纺织花型图案交由该公司进行著作权登记，并委托该公司维权。周福仁在明知其客户无实际著作权的情况下，仍指使王江梅等人编造花型创作思路、说明，并将创作日期提前一年，帮助代理著作权登记。在发现市场其他经营户使用该部分花型后，美速公司假借维权之名，以侵犯其客户著作权为由，通过发律师函、提起诉讼等方式要求赔偿，诈骗金额累计人民币340余万元。其中涉及虚假诉讼64件，周某某与项某某、李某某著作权权属、侵权纠纷案即为其中一例。

2012年10月，周某某通过美速公司从浙江省版权局取得美术作品《婀娜多姿》的著作权登记。2014年7月，周某某以项某某、李某某为被告向浙江省绍兴市柯桥区人民法院（以下简称柯桥区法院）提起诉讼，主张《婀娜多姿》花型系其自己独立创作，诉请判令项某某、李某某立即停止侵权，并赔偿经济损失人民币2万元。2014年12月15日，柯桥区法院作出（2014）绍柯知初字第162号民事判决，查明：周某某于2012年12月10日取得浙江省版权局颁发的美术作品《婀娜多姿》的著作权登记证，登记号为浙作登字11-2013-F-14787。后周某某发现柯桥区柯桥街道中国轻纺城"现代布艺"门市部销售似《婀娜多姿》花型的窗帘布，遂委托王江梅与公证人员一起，以普通消费者的身份从"现代布艺"门市部购买了该花型的窗帘布。该"现代布艺"门市部当时系项某某经营，项某某销售的该花型窗帘布是从李某某处购买。该院认为，《婀娜多姿》花型系蕴含自然人想象完成的作品，周某某系该美术作品的著作权人，"现代布艺"门市部未经周某某许可销售该花型窗帘布，构成侵权，应承担相应民事责任。因该门市部是个体工商户，其

责任由其个体经营者项某某承担。但项某某披露涉案窗帘布系从李某某处购买，具有合法来源。故判决项某某、李某某停止销售印有《婀娜多姿》花型的窗帘布，李某某赔偿周某某经济损失人民币1.4万元。

【检察机关履职过程】

线索发现。2020年初，浙江省绍兴市柯桥区人民检察院（以下简称柯桥区检察院）在履职中发现，柯桥区纺织品市场存在职业化的纺织花样著作权维权现象，怀疑涉及恶意诉讼，遂启动对相关诉讼情况的调查。检察机关主要开展以下工作：一是走访该区窗帘布协会、绣花布协会、印染协会等行业协会，了解花型著作权恶意维权问题。二是通过绍兴市人民检察院“民事裁判文书智慧监督系统”对柯桥区法院审理的“著作权权属、侵权纠纷”类案件进行检索分析，共检索出案件2916件。三是审查案件原告对涉案花型是否享有著作权。柯桥区检察院调取了2916件案件涉及的纺织品花型，并通过纺织品花型“AI智审系统”，对涉案纺织品花型进行数据检索比对，发现涉案的部分花型早已在市场流通，是否系原告独立创作存疑，相关案件可能属于虚假诉讼。四是梳理筛选出由同一律师事务所代理的民事诉讼案件601件。并根据案件处理结果，剔除撤诉结案、驳回诉讼请求案件等481件，进一步将审查重点聚焦在以判决和调解结案的120件案件。五是通过大数据碰撞进一步聚焦线索。经查询部分被告向原告支付侵权赔偿款的银行账号发现，原告收取的侵权赔偿款全部流向了周福仁的银行账号。对该账号进行数据分析，又挖掘出周福仁资金密集关联人员陈员兰、王江梅和杨保全。通过企业工商信息查询系统，确认周福仁系美速公司的实际控制人。

受理及线索移交。2021年1月12日，柯桥区检察院依职权启动对包括本案在内的系列著作权权属、侵权纠纷案件的民事监督程序，并于2021年5月13日将周福仁等人涉嫌犯罪的线索移交绍兴市公安局柯桥分局（以下简称柯桥分局），柯桥分局于当日对周福仁等人以敲诈勒索罪立案侦查。

审查情况。结合相关刑事案件的侦查，检察机关重点围绕周某某著作权的权利基础进行审查。查明，周某某系从市场现有的花型中找出自己需要的花型元素，交由制版公司予以组合、修改，并向其支付相应报酬（人民币300元左右），在既未与制版公司签订委托创作合同，也未约定著作权归属的情况下，以该花型系其自己独立创作为由，委托美速公司从浙江省版权局取得11-2013-F-14787号美术作品《婀娜多姿》的著作权登记。且本案所涉《婀娜多姿》花型系根据已有花型拼凑得来，不符合著作权法关于作品“独创性”的要求，不应认定为著作权法上的作品。周某某冒充作者身份提起本案诉讼，应认定为虚假诉讼。

监督意见。2022年9月26日，绍兴市人民检察院就本案向绍兴市中级人民法院提出抗诉，认为周某某对涉案花型《婀娜多姿》不享有著作权，其冒充作者身份提起诉讼，系捏造事实提起诉讼，妨害司法秩序，损害他人合法权益，构成虚假诉讼。同时，绍兴市人民检察院就另外11件类似情形的虚假诉讼提出抗诉，浙江省人民检察院也就2件案件向浙江省高级人民法院提出抗诉。此前，柯桥区检察院已于2022年4月28日对涉及虚假诉讼的50件案件向柯桥区法院发出再审检察建议书，建议法院再审。

监督结果。绍兴市中级人民法院作出民事裁定书，指令柯桥区法院对本案再审。2022年11月28日，柯桥区法院作出(2022)浙0603民再67号民事判决，采纳检察机关抗诉意见，认定构成虚假诉讼，判决撤销原审判决，驳回周某某诉讼请求。其余63件案件再审均认定构成虚假诉讼，改判驳回原审原告的诉讼请求。

办案期间，检察机关对著作权登记环节存在的问题进行梳理分析，积极与版权管理职能部门签署《关于加强版权保护工作合作备忘录》。建立协同保护长效机制，并将案件办理中发现应予撤销的著作权登记线索移送版权管理职能部门撤销。

刑事案件办理情况。2021年8月至11月间，柯桥区检察院对周福仁、陈员兰、杨保全、王江梅等人以诈骗罪批准逮捕。2022年4月21日，杨保全、王江梅被取保候审。2022年5月5日，柯桥区检察院以诈骗罪对被告人周福仁、陈员兰、杨保全、王江梅向柯桥区法院提起公诉。

庭审中，被告人周福仁及部分辩护人提出如下辩护意见：周福仁等人不明知客户无实际著作权，其没有对作品的独创性和权利归属进行实质审查的专业能力和法律义务；在合作作品、委托作品、职务作品等情形中，部分申请人作为作品的委托人、受让人和合作人，可以申请著作权登记；虚构完成时间及代写创作说明仅意味着申请文件存在瑕疵，利用瑕疵的著作权登记证书进行诉讼，均不能被认定虚构事实、隐瞒真相的诈骗行为。公诉人答辩：涉案花型系申请人通过低价购买或者委托第三方修改、与第三方合作等方式获得，而出售人及第三方则是以简单修改已有公开花型的方式获得，并不具备著作权法上要求的独创性。申请版权登记必须依法提交材料，如果是合作、委托、买卖等，则须附相关合同及作品权属证明材料。周福仁长期从事版权登记代理业务，熟悉当地市场花型创作情况，明知申请人不具备版权登记申请权利情况下，仍指使同案人员编写花型创作思路和说明，伪造创作时间，代签著作权保证书，后申请登记著作权。在获得版权证书后，取得版权登记人的"维权"业务，通过发送律师函、起诉等方式"维权"要求被害人支付赔偿，符合虚构事实、隐瞒真相，骗取他人财产的诈骗罪构成要件。

2022年7月28日，柯桥区法院作出一审判决，以诈骗罪判处被告人周福仁有期徒刑十一年六个月，并处罚金人民币二十万元；判处被告人陈员兰有期徒刑三年，缓刑五年，并处罚金人民币八万元；判处被告人杨保全有期徒刑三年，缓刑五年，并处罚金人民币二万元；判处被告人王江梅有期徒刑三年，缓刑四年，并处罚金人民币一万元。并判处没收电脑、手机等作案工具，被告人共同退赔被害人损失。周福仁、陈员兰、杨保全、王江梅提出上诉。2022年9月13日，绍兴市中级人民法院裁定驳回上诉，维持原判。

【指导意义】

(一)冒充作者身份，以他人创作的作品骗取著作权登记，并以此为主要证据提起诉讼谋取不正当利益，损害他人合法权益、妨害司法秩序的，构成虚假诉讼。著作权登记证书作为著作权权属的初步证明，是著作权权属、侵权纠纷中最常见的证据之一。但是著作权登记时，对相关作品是否系申请人创作、是否具有独创性不做实质审查,客观上难以防范恶意登记著作权行为。故意提交虚假申请材料以他人作品或者公有领域的作品骗取著作权登记,再利用骗取的著作权登记证书提起诉讼谋取不正当利益,是知识产权领域一类比较典型的虚假诉讼。检察机关办理著作权权属、侵权纠纷民事诉讼监督案件,除审查著作权登记证书外,还应重点审查创作底稿、原件等证据材料,并调查核实作品是否为他人创作、在登记证书载明的创作完成日前是否已存在等事实,综合判断著作权权属。

(二)检察机关应积极推进数字检察,以大数据赋能创新法律监督模式,破解虚假诉讼监督瓶颈。知识产权案件专业性强,虚假诉讼线索发现、甄别、认定较其他案件难度更大。司法实践中,检察机关应切实强化数字理念、思维,以大数据赋能法律监督,着力破解虚假诉讼案件办理瓶颈。一方面要做好数据资源的集纳、管理。既要注重各类检察业务数据的汇聚管理,又要通过跨部门大数据协同办案机制等拓宽数据来源渠道,加强对行政执法、司法办案等相关数据的共享。另一方面,要及时总结知识产权领域虚假诉讼办案经验,把握案件特点和规律,构建知识产权案件法律监督模型。具体办案中,对于有虚假诉讼嫌疑的案件或线索,应注重选取诉讼请求,知识产权权属证明,抗辩事由,当事人、代理人信息等要素进行碰撞、比对、分析,精准识别虚假诉讼。

(三)对于知识产权领域虚假诉讼案件,检察机关应依职权启动监督程序,通过监督民事生效裁判、移送刑事案件线索、提出社会治理意见建议等方式促进综合治理。虚假诉讼当事人伪造证据,捏造知识产权侵权关系或者不正当竞争关系,提起民事诉讼以谋取非法利益,损害他人合法权益、妨害司法秩序,应予以依法打击。司法实践中,检察机关发现虚假诉讼案件线索的,应当依职权启动监督程序,综合案件事实认定、法律适用以及案件办理效果等因素,统筹运用抗诉、检察建议等方式进行监督。同时,针对案件办理中发现的刑事犯罪线索,及时移送公安机关;对于案件反映的社会管理漏洞,及时提出社会治理意见建议,强化综合司法保护。

【相关规定】

《中华人民共和国刑法》(1997 年修订)第二百六十六条、第三百零七条之一

《中华人民共和国民事诉讼法》(2021 年修正)第二百一十五条第二款

《中华人民共和国著作权法》(2010 年修正)第十一条

公报案例

1. 海南省洋浦经济开发区初级检察院诉谢某威、梁某玲走私制毒物品案①

【裁判摘要】

一、判断某种物品是否为制毒物品,应当依据国家相关法律、行政法规的规定。国家相关法律、行政法规未规定为制毒物品的,即使该物品可以用于制造毒品,亦不能将其认定为制毒物品。

① 案例来源:《最高人民法院公报》2007 年第 9 期。

二、根据刑法第三百五十条的规定，构成走私制毒物品罪必须要求行为人具有明知是制毒物品而走私的犯罪故意。如果行为人确实不知道所走私的物品是制毒物品，且其走私目的系用于正当生产经营，则即使该物品可以用于制毒，亦不能认定行为人具有走私制毒物品的犯罪故意。

2. 江苏省无锡市滨湖区人民检察院诉马某松等破坏计算机信息系统案①

【裁判摘要】

根据《中华人民共和国刑法》第二百八十六条的规定，违反国家规定，对计算机信息系统功能进行删除、修改、增加、干扰或者对计算机信息系统中存储、处理或者传输的数据和应用程序进行删除、修改、增加的操作或者故意制作、传播计算机病毒等破坏性程序，造成计算机信息系统不能正常运行，后果严重的，构成破坏计算机信息系统罪。

行为人违反国家规定，采用干扰的技术手段攻击劫持互联网运营商的公共域名服务器，在域名服务器中添加指令，在大量个人计算机信息系统中植入木马病毒，造成计算机信息系统不能正常运行，后果严重的，应以破坏计算机信息系统罪定罪处罚。

3. 天津市人民检察院第一分院诉刘某力、曹某庆、赵某永等盗掘古文化遗址、倒卖文物、转移赃物案②

【裁判摘要】

行为人明知文物系他人盗掘所得，为从中牟取非法利益而帮助他人积极联系买主，居中促成非法文物交易的，其行为不构成销赃罪，应以倒卖文物罪定罪处罚。

4. 张某民、李某等非法猎捕、收购、运输、出售珍贵、濒危野生动物案③

【裁判摘要】

对野生动物的乱捕滥猎、非法交易破坏生物链的完整性和生物多样性，进而破坏整个生态环境，需要加大对野生动物的刑事司法保护。行为人只要实施了非法猎捕或者非法收购、运输、出售国家重点保护的野生动物的行为，即构成犯罪。

5. 上海市崇明区人民检察院诉张某杰、陈某鸣、包某鑫组织考试作弊案④

【裁判摘要】

组织考试作弊罪中的考试是指法律规定的国家考试，这里的“法律”应当限缩解释为全国人大及其常委会制定的法律。若某部法律中未对国家考试作出直接规定，

---

① 案例来源：《最高人民法院公报》2009 年第 2 期。
② 案例来源：《最高人民法院公报》2009 年第 5 期。
③ 案例来源：《最高人民法院公报》2018 年第 2 期。
④ 案例来源：《最高人民法院公报》2018 年第 12 期。

但明确规定由相关国家机关制定有关制度,相关国家机关据此制定了行政法规或部门规章对国家考试作出规定,则该考试仍应认定为法律规定的国家考试。在该考试中组织作弊的,应依法以组织考试作弊罪追究刑事责任。

6. 江西省吉安市人民检察院诉陈庆豪、陈淑娟、赵延海开设赌场案①

【裁判摘要】

一、未经国务院或证监会批准,游离于监管部门监督管理之外,在法定期货交易场所之外利用互联网招揽投资者,冠以"期权"的交易,属于非法期权交易。

二、交易不以真实的资产为标的,也不以行使、转移或放弃行使权利为内容,仅以未来某段时间外汇品种的价格走势为交易对象,以"买涨""买跌"形式确定盈亏,盈亏结果与价格实际涨跌幅度不挂钩,交易结果具有偶然性、投机性和射幸性,其实质是网络平台与投资者之间的对赌,属于赌博行为。

三、明知是赌博网站,而为其提供投放广告、发展会员等服务,以及以营利为目的,采用发展会员的方式,为赌博网站担任代理并接受投注的行为,构成开设赌场罪。

7. 库尔勒铁路运输检察院诉伊敏·萨衣木滥伐林木案②

【裁判摘要】

滥伐林木类案件中,被告人认罪认罚,积极缴纳补植复绿保证金,并承诺按受损林木倍数补种树木用于生态修复的,可对其从轻处罚。

8. 重庆市渝北区人民检察院诉胡仁国非法采伐国家重点保护植物案③

【案例要旨】

未办理林木采伐许可证,非法移植国家重点保护植物的行为,属于刑法第三百四十四条规定的"非法采伐国家重点保护植物"。认定被告人是否具有非法采伐国家重点保护植物的主观故意,可结合野生植物是否具有可普遍识别的外观特征、被告人是否具有林木行业工作经验、自然保护区是否设置特殊的林木保护设施等因素予以确定。

9. 江苏省建湖县人民检察院诉张少山等32人非法采矿、马朝玉掩饰、隐瞒犯罪所得刑事附带民事公益诉讼案④

【案例要旨】

在非法采砂犯罪中,采砂者与购砂者事前通谋,通过采运一体的方式非法采砂,形成产销利益链条,应当认定购砂者与采砂者构成非法采砂的共同犯罪。

在认定非法采砂犯罪造成的生态环境损害时应当根据采砂量、鱼类资源直接损失量、底栖生物损害数、生态系统服务价值

① 案例来源:《最高人民法院公报》2020年第12期。
② 案例来源:《最高人民法院公报》2022年第10期。
③ 案例来源:《最高人民法院公报》2023年第4期。
④ 案例来源:《最高人民法院公报》2023年第6期。

量等量化指标，综合予以认定。

对具有非法采砂犯罪前科、非法采砂犯罪取保候审期间再次实施非法采砂犯罪的被告人，应当认定其具有破坏生态环境的故意，公诉机关要求其承担惩罚性赔偿责任的，人民法院应予支持。

八、贪污贿赂罪、渎职罪

1. 贪污、挪用公款罪

最高人民法院关于审理挪用公款案件具体应用法律若干问题的解释

（1998年4月6日最高人民法院审判委员会第972次会议通过 1998年4月29日最高人民法院公告公布 自1998年5月9日起施行 法释〔1998〕9号）

为依法惩处挪用公款犯罪，根据刑法的有关规定，现对办理挪用公款案件具体应用法律的若干问题解释如下：

第一条 刑法第三百八十四条规定的，"挪用公款归个人使用"，包括挪用者本人使用或者给他人使用。

挪用公款给私有公司、私有企业使用的，属于挪用公款归个人使用。

第二条 对挪用公款罪，应区分三种不同情况予以认定：

（一）挪用公款归个人使用，数额较大、超过三个月未还的，构成挪用公款罪。

挪用正在生息或者需要支付利息的公款归个人使用，数额较大，超过三个月但在案发前全部归还本金的，可以从轻处罚或者免除处罚。给国家、集体造成的利息损失应予追缴。挪用公款数额巨大，超过三个月，案发前全部归还的，可以酌情从轻处罚。

（二）挪用公款数额较大，归个人进行营利活动的，构成挪用公款罪，不受挪用时间和是否归还的限制。在案发前部分或者全部归还本息的，可以从轻处罚；情节轻微的，可以免除处罚。

挪用公款存入银行、用于集资、购买股票、国债等，属于挪用公款进行营利活动。所获取的利息、收益等违法所得，应当追缴，但不计入挪用公款的数额。

（三）挪用公款归个人使用，进行赌博、走私等非法活动的，构成挪用公款罪，不受"数额较大"和挪用时间的限制。

挪用公款给他人使用，不知道使用人用公款进行营利活动或者用于非法进行营利活动或者用于非法活动，数额较大、超过三个月未还的，构成挪用公款罪；明知使用人用于营利活动或者非法活动的，应当认定为挪用人挪用公款进行营利活动或者非法活动。

第三条 挪用公款归个人使用，"数额较大、进行营利活动的"，或者"数额较大、超过三个月未还的"，以挪用公款一万元至三万元为"数额较大"的起点，以挪用公款十五万元至二十万元为"数额巨大"的起点。挪用公款"情节严重"，是指挪用公款数额巨大，或者数额虽未达到巨大，但挪用公款手段恶劣；多次挪用公款；因挪用公款严重影响生产、经营，造成严重损失等情形。

"挪用公款归个人使用，进行非法活动的"，以挪用公款五千元至一万元为追究刑事责任的数额起点。挪用公款五万元至十万元以上的，属于挪用公款归个人使用，进行非法活动，"情节严重"的情形之一。挪用公款归个人使用，进行非法活动，情节严重的其他情形，按照本条第一款的规定执行。

各高级人民法院可以根据本地实际情况，按照本解释规定的数额幅度，确定本地区执行的具体数额标准，并报最高人民法院备案。

挪用救灾、抢险、防汛、优抚、扶贫、移民、救济款物归个人使用的数额标准，参照挪用公款归个人使用进行非法活动的数额标准。

第四条 多次挪用公款不还，挪用公款数额累计计算；多次挪用公款，并以后次挪用的公款归还前次挪用的公款，挪用公款数额以案发时未还的实际数额认定。

第五条 "挪用公款数额巨大不退还的"，是指挪用公款数额巨大，因客观原因在一审宣判前不能退还的。

第六条 携带挪用的公款潜逃的，依照刑法第三百八十二条、第三百八十三条的规定定罪处罚。

第七条 因挪用公款索取、收受贿赂构成犯罪的，依照数罪并罚的规定处罚。

挪用公款进行非法活动构成其他犯罪的，依照数罪并罚的规定处罚。

第八条 挪用公款给他人使用，使用人与挪用人共谋，指使或者参与策划取得挪用款的，以挪用公款罪的共犯定罪处罚。

最高人民法院关于审理贪污、职务侵占案件如何认定共同犯罪几个问题的解释

（2000年6月27日最高人民法院审判委员会第1120次会议通过　2000年6月30日最高人民法院公告公布　自2000年7月8日起施行　法释〔2000〕15号）

为依法审理贪污或者职务侵占犯罪案件，现就这类案件如何认定共同犯罪问题解释如下：

第一条 行为人与国家工作人员勾结，利用国家工作人员的职务便利，共同侵吞、窃取、骗取或者以其他手段非法占有公共财物的，以贪污罪共犯论处。

第二条 行为人与公司、企业或者其他单位的人员勾结，利用公司、企业或者其他单位人员的职务便利，共同将该单位财物非法占为己有，数额较大的，以职务侵占罪共犯论处。

第三条 公司、企业或者其他单位中，不具有国家工作人员身份的人与国家工作人员勾结，分别利用各自的职务便利，共同将本单位财物非法占为己有的，按照主犯的犯罪性质定罪。

最高人民检察院关于挪用国库券如何定性问题的批复

（1997年10月13日　高检发释字〔1997〕5号）

宁夏回族自治区人民检察院：

你院宁检发字〔1997〕43号《关于国库券等有价证券是否可以成为挪用公款罪所侵犯的对象以及以国库券抵押贷款的行为如何定性等问题的请示》收悉。关于挪用国库券如何定性的问题，经研究，批复如下：

国家工作人员利用职务上的便利，挪用公有或本单位的国库券的行为以挪用公款论；符合刑法第384条、第272条第2款规定的情形构成犯罪的，按挪用公款罪追究刑事责任。

最高人民检察院关于国家工作人员挪用非特定公物能否定罪的请示的批复

（2000年3月6日　高检发释字〔2000〕1号）

山东省人民检察院：

你院鲁检发研字〔1999〕第3号《关于国家工作人员挪用非特定公物能否定罪的请示》收悉。经研究认为，刑法第384条规定的挪用公款罪中未包括挪用非特定公物归个人使用的行为，对该行为不以挪用公款罪论处。如构成其他犯罪的，依照刑法的相关规定定罪处罚。

最高人民检察院关于挪用失业保险基金和下岗职工基本生活保障资金的行为适用法律问题的批复

（2003年1月28日　高检发释字〔2003〕1号）

辽宁省人民检察院：

你院辽检发研字（2002）9号《关于挪用职工失业保险金和下岗职工生活保障金是否属于挪用特定款物的请示》收悉。经研究，批复如下：

挪用失业保险基金和下岗职工基本生活保障资金属于挪用救济款物。挪用失业保险基金和下岗职工基本生活保障资金，情节严重，致使国家和人民群众利益遭受重大损害的，对直接责任人员，应当依照刑法第二百七十三条的规定，以挪用特定款物罪追究刑事责任；国家工作人员利用职务上的便利，挪用失业保险基金和下岗职工基本生活保障资金归个人使用，构成犯罪的，应当依照刑法第三百八十四条的规定，以挪用公款罪追究刑事责任。

最高人民法院关于挪用公款犯罪如何计算追诉期限问题的批复

（2003年9月18日最高人民法院审判委员会第1290次会议通过　2003年9月22日最高人民法院公告公布　自2003年10月10日起施行　法释〔2003〕16号）

天津市高级人民法院：

你院津高法〔2002〕4号《关于挪用公款犯罪如何计算追诉期限问题的请示》收悉。经研究,答复如下:

根据刑法第八十九条、第三百八十四条的规定,挪用公款归个人使用,进行非法活动的,或者挪用公款数额较大、进行营利活动的,犯罪的追诉期限从挪用行为实施完毕之日起计算;挪用公款数额较大、超过三个月未还的,犯罪的追诉期限从挪用公款罪成立之日起计算。挪用公款行为有连续状态的,犯罪的追诉期限应当从最后一次挪用行为实施完毕之日或者犯罪成立之日起计算。

全国法院审理经济犯罪案件工作座谈会纪要

(2003年11月13日　法发〔2003〕167号)

为了进一步加强人民法院审判经济犯罪案件工作,最高人民法院于2002年6月4日至6日在重庆市召开了全国法院审理经济犯罪案件工作座谈会。各省、自治区、直辖市高级人民法院和解放军军事法院主管刑事审判工作的副院长和刑庭庭长参加了座谈会,全国人大常委会法制工作委员会、最高人民检察院、公安部也应邀派员参加了座谈会。座谈会总结了刑法和刑事诉讼法修订实施以来人民法院审理经济犯罪案件工作的情况和经验,分析了审理经济犯罪案件工作面临的形势和任务,对当前和今后一个时期进一步加强人民法院审判经济犯罪案件的工作做了部署。座谈会重点讨论了人民法院在审理贪污贿赂和渎职犯罪案件中遇到的有关适用法律的若干问题,并就其中一些带有普遍性的问题形成了共识。经整理并征求有关部门的意见,纪要如下:

一、关于贪污贿赂犯罪和渎职犯罪的主体

(一)国家机关工作人员的认定

刑法中所称的国家机关工作人员,是指在国家机关中从事公务的人员,包括在各级国家权力机关、行政机关、司法机关和军事机关中从事公务的人员。

根据有关立法解释的规定,在依照法律、法规规定行使国家行政管理职权的组织中从事公务的人员,或者在受国家机关委托代表国家行使职权的组织中从事公务的人员,或者虽未列入国家机关人员编制但在国家机关中从事公务的人员,视为国家机关工作人员。在乡(镇)以上中国共产党机关、人民政协机关中从事公务的人员,司法实践中也应当视为国家机关工作人员。

(二)国家机关、国有公司、企业、事业单位委派到非国有公司、企业、事业单位、社会团体从事公务的人员的认定

所谓委派,即委任、派遣,其形式多种多样,如任命、指派、提名、批准等。不论被委派的人身份如何,只要是接受国家机关、国有公司、企业、事业单位委派,代表国家机关、国有公司、企业、事业单位在非国有公司、企业、事业单位、社会团体中从事组织、领导、监督、管理等工作,都可以认定为国家机关、国有公司、企业、事业单位委派到非国有公司、企业、事业单位、社会团体从事公务的人员。如国家机关、国有公司、企业、事业单位委派在国有控股或者参股的股份有限公司从事组织、领导、监督、管理等工作的人员,应当以国家工作人员论。

国有公司、企业改制为股份有限公司后,原国有公司、企业的工作人员和股份有限公司新任命的人员中,除代表国有投资主体行使监督、管理职权的人外,不以国家工作人员论。

(三)“其他依照法律从事公务的人员”的认定

刑法第九十三条第二款规定的“其他依照法律从事公务的人员”应当具有两个特征:一是在特定条件下行使国家管理职能;二是依照法律规定从事公务。具体包括:

(1)依法履行职责的各级人民代表大会代表;

(2)依法履行审判职责的人民陪审员;

(3)协助乡镇人民政府、街道办事处从事行政管理工作的村民委员会、居民委员会等农村和城市基层组织人员;

(4)其他由法律授权从事公务的人员。

(四)关于“从事公务”的理解

从事公务,是指代表国家机关、国有公司、企业、事业单位、人民团体等履行组织、领导、监督、管理等职责。公务主要表现为与职权相联系的公共事务以及监督、管理国有财产的职务活动。如国家机关工作人员依法履行职责,国有公司的董事、经理、监事、会计、出纳人员等管理、监督国有财产等活动,属于从事公务。那些不具备职权内容的劳务活动、技术服务工作,如售货员、售票员等所从事的工作,一般不认为是公务。

二、关于贪污罪

(一)贪污罪既遂与未遂的认定

贪污罪是一种以非法占有为目的的财产性职务犯罪,与盗窃、诈骗、抢夺等侵犯财产罪一样,应当以行为人是否实际控制财物作为区分贪污罪既遂与未遂的标准。对于行为人利用职务上的便利,实施了虚假平账等贪污行为,但公共财物尚未实际转移,或者尚未被行为人控制就被查获的,应当认定为贪污未遂。行为人控制公共财物后,是否将财物据为己有,不影响贪污既遂的认定。

(二)“受委托管理、经营国有财产”的认定

刑法第三百八十二条第二款规定的“受委托管理、经营国有财产”,是指因承包、租赁、临时聘用等管理、经营国有财产。

(三)国家工作人员与非国家工作人员勾结共同非法占有单位财物行为的认定

对于国家工作人员与他人勾结,共同非法占有单位财物的行为,应当按照《最高人民法院关于审理贪污、职务侵占案件如何认定共同犯罪几个问题的解释》的规定定罪处罚。对于在公司、企业或者其他单位中,非国家工作人员与国家工作人员勾结,分别利用各自的职务便利,共同将本单位财物非法占有的,应当尽量区分主从犯,按照主犯的犯罪性质定罪。司法实践中,如果根据案件的实际情况,各共同犯罪人在共同犯罪中的地位、作用相当,难以区分主从犯的,可以贪污罪定罪处罚。

(四)共同贪污犯罪中“个人贪污数额”的认定

刑法第三百八十三条第一款规定的“个人贪污数额”,在共同贪污犯罪案件中应理解为个人所参与或者组织、指挥共同贪污的数额,不能只按个人实际分得的赃款数额来认定。对共同贪污犯罪中的从犯,应当按照其所参与的共同贪污的数额确定量刑幅度,并依照刑法第二十七条第二款的规定,从轻、减轻处罚或者免除处罚。

三、关于受贿罪

（一）关于“利用职务上的便利”的认定

刑法第三百八十五条第一款规定的“利用职务上的便利”，既包括利用本人职务上主管、负责、承办某项公共事务的职权，也包括利用职务上有隶属、制约关系的其他国家工作人员的职权。担任单位领导职务的国家工作人员通过不属自己主管的下级部门的国家工作人员的职务为他人谋取利益的，应当认定为“利用职务上的便利”为他人谋取利益。

（二）“为他人谋取利益”的认定

为他人谋取利益包括承诺、实施和实现三个阶段的行为。只要具有其中一个阶段的行为，如国家工作人员收受他人财物时，根据他人提出的具体请托事项，承诺为他人谋取利益的，就具备了为他人谋取利益的要件。明知他人有具体请托事项而收受其财物的，视为承诺为他人谋取利益。

（三）“利用职权或地位形成的便利条件”的认定

刑法第三百八十八条规定的“利用本人职权或者地位形成的便利条件”，是指行为人与被其利用的国家工作人员之间在职务上虽然没有隶属、制约关系，但是行为人利用了本人职权或者地位产生的影响和一定的工作联系，如单位内不同部门的国家工作人员之间、上下级单位没有职务上隶属、制约关系的国家工作人员之间、有工作联系的不同单位的国家工作人员之间等。

（四）离职国家工作人员收受财物行为的处理

参照《最高人民法院关于国家工作人员利用职务上的便利为他人谋取利益离退休后收受财物行为如何处理问题的批复》规定的精神，国家工作人员利用职务上的便利为请托人谋取利益，并与请托人事先约定，在其离职后收受请托人财物，构成犯罪的，以受贿罪定罪处罚。

（五）共同受贿犯罪的认定

根据刑法关于共同犯罪的规定，非国家工作人员与国家工作人员勾结，伙同受贿的，应当以受贿罪的共犯追究刑事责任。非国家工作人员是否构成受贿罪共犯，取决于双方有无共同受贿的故意和行为。国家工作人员的近亲属向国家工作人员代为转达请托事项，收受请托人财物并告知该国家工作人员，或者国家工作人员明知其近亲属收受了他人财物，仍按照近亲属的要求利用职权为他人谋取利益的，对该国家工作人员应认定为受贿罪，其近亲属以受贿罪共犯论处。近亲属以外的其他人与国家工作人员通谋，由国家工作人员利用职务上的便利为请托人谋取利益，收受请托人财物后双方共同占有的，构成受贿罪共犯。国家工作人员利用职务上的便利为他人谋取利益，并指定他人将财物送给其他人，构成犯罪的，应以受贿罪定罪处罚。

（六）以借款为名索取或者非法收受财物行为的认定

国家工作人员利用职务上的便利，以借为名向他人索取财物，或者非法收受财物为他人谋取利益的，应当认定为受贿。具体认定时，不能仅仅看是否有书面借款手续，应当根据以下因素综合判定：

（1）有无正当、合理的借款事由；

（2）款项的去向；

（3）双方平时关系如何、有无经济往来；

（4）出借方是否要求国家工作人员利用职务上的便利为其谋取利益；

（5）借款后是否有归还的意思表示及

行为;

(6)是否有归还的能力;

(7)未归还的原因;等等。

(七)涉及股票受贿案件的认定

在办理涉及股票的受贿案件时,应当注意:

(1)国家工作人员利用职务上的便利,索取或非法收受股票,没有支付股本金,为他人谋取利益,构成受贿罪的,其受贿数额按照收受股票时的实际价格计算。

(2)行为人支付股本金而购买较有可能升值的股票,由于不是无偿收受请托人财物,不以受贿罪论处。

(3)股票已上市且已升值,行为人仅支付股本金,其"购买"股票时的实际价格与股本金的差价部分应认定为受贿。

四、关于挪用公款罪

(一)单位决定将公款给个人使用行为的认定

经单位领导集体研究决定将公款给个人使用,或者单位负责人为了单位的利益,决定将公款给个人使用的,不以挪用公款罪定罪处罚。上述行为致使单位遭受重大损失,构成其他犯罪的,依照刑法的有关规定对责任人员定罪处罚。

(二)挪用公款供其他单位使用行为的认定

根据全国人大常委会《关于〈中华人民共和国刑法〉第三百八十四条第一款的解释》的规定,"以个人名义将公款供其他单位使用的"、"个人决定以单位名义将公款供其他单位使用,谋取个人利益的",属于挪用公款"归个人使用"。在司法实践中,对于将公款供其他单位使用的,认定是否属于"以个人名义",不能只看形式,要从实质上把握。对于行为人逃避财务监管,或者与使用人约定以个人名义进行,或者借款、还款都以个人名义进行,将公款给其他单位使用的,应认定为"以个人名义"。"个人决定"既包括行为人在职权范围内决定,也包括超越职权范围决定。"谋取个人利益",既包括行为人与使用人事先约定谋取个人利益实际尚未获取的情况,也包括虽未事先约定但实际已获取了个人利益的情况。其中的"个人利益",既包括不正当利益,也包括正当利益;既包括财产性利益,也包括非财产性利益,但这种非财产性利益应当是具体的实际利益,如升学、就业等。

(三)国有单位领导向其主管的具有法人资格的下级单位借公款归个人使用的认定

国有单位领导利用职务上的便利指令具有法人资格的下级单位将公款供个人使用的,属于挪用公款行为,构成犯罪的,应以挪用公款罪定罪处罚。

(四)挪用有价证券、金融凭证用于质押行为性质的认定

挪用金融凭证、有价证券用于质押,使公款处于风险之中,与挪用公款为他人提供担保没有实质的区别,符合刑法关于挪用公款罪规定的,以挪用公款罪定罪处罚,挪用公款数额以实际或者可能承担的风险数额认定。

(五)挪用公款归还个人欠款行为性质的认定

挪用公款归还个人欠款的,应当根据产生欠款的原因,分别认定属于挪用公款的何种情形。归还个人进行非法活动或者进行营利活动产生的欠款,应当认定为挪用公款进行非法活动或者进行营利活动。

(六)挪用公款用于注册公司、企业行

为性质的认定

申报注册资本是为进行生产经营活动作准备,属于成立公司、企业进行营利活动的组成部分。因此。挪用公款归个人用于公司、企业注册资本验资证明的,应当认定为挪用公款进行营利活动。

(七)挪用公款后尚未投入实际使用的行为性质的认定

挪用公款后尚未投入实际使用的,只要同时具备"数额较大"和"超过三个月未还"的构成要件,应当认定为挪用公款罪,但可以酌情从轻处罚。

(八)挪用公款转化为贪污的认定

挪用公款罪与贪污罪的主要区别在于行为人主观上是否具有非法占有公款的目的。挪用公款是否转化为贪污,应当按照主客观相一致的原则,具体判断和认定行为人主观上是否具有非法占有公款的目的。在司法实践中,具有以下情形之一的,可以认定行为人具有非法占有公款的目的:

1. 根据《最高人民法院关于审理挪用公款案件具体应用法律若干问题的解释》第六条的规定,行为人"携带挪用的公款潜逃的",对其携带挪用的公款部分,以贪污罪定罪处罚。

2. 行为人挪用公款后采取虚假发票平账、销毁有关账目等手段,使所挪用的公款已难以在单位财务账目上反映出来,且没有归还行为的,应当以贪污罪定罪处罚。

3. 行为人截取单位收入不入账,非法占有,使所占有的公款难以在单位财务账目上反映出来,且没有归还行为的,应当以贪污罪定罪处罚。

4. 有证据证明行为人有能力归还所挪用的公款而拒不归还,并隐瞒挪用的公款去向的,应当以贪污罪定罪处罚。

五、关于巨额财产来源不明罪

(一)行为人不能说明巨额财产来源合法的认定

刑法第三百九十五条第一款规定的"不能说明",包括以下情况:

(1)行为人拒不说明财产来源;

(2)行为人无法说明财产的具体来源;

(3)行为人所说的财产来源经司法机关查证并不属实;

(4)行为人所说的财产来源因线索不具体等原因,司法机关无法查实,但能排除存在来源合法的可能性和合理性的。

(二)"非法所得"的数额计算

刑法第三百九十五条规定的"非法所得",一般是指行为人的全部财产与能够认定的所有支出的总和减去能够证实的有真实来源的所得。在具体计算时,应注意以下问题:

(1)应把国家工作人员个人财产和与其共同生活的家庭成员的财产、支出等一并计算,而且一并减去他们所有的合法收入以及确属与其共同生活的家庭成员个人的非法收入。

(2)行为人所有的财产包括房产、家具、生活用品、学习用品及股票、债券、存款等动产和不动产;行为人的支出包括合法支出和不合法的支出,包括日常生活、工作、学习费用、罚款及向他人行贿的财物等;行为人的合法收入包括工资、奖金、稿酬、继承等法律和政策允许的各种收入。

(3)为了便于计算犯罪数额,对于行为人的财产和合法收入,一般可以从行为人有比较确定的收入和财产时开始计算。

六、关于渎职罪

(一)渎职犯罪行为造成的公共财产重大损失的认定

根据刑法规定，玩忽职守、滥用职权等渎职犯罪是以致使公共财产、国家和人民利益遭受重大损失为构成要件的。其中，公共财产的重大损失，通常是指渎职行为已经造成的重大经济损失。在司法实践中，有以下情形之一的，虽然公共财产作为债权存在，但已无法实现债权的，可以认定为行为人的渎职行为造成了经济损失：

（1）债务人已经法定程序被宣告破产；

（2）债务人潜逃，去向不明；

（3）因行为人责任，致使超过诉讼时效；

（4）有证据证明债权无法实现的其他情况。

（二）玩忽职守罪的追诉时效

玩忽职守行为造成的重大损失当时没有发生，而是玩忽职守行为之后一定时间发生的，应从危害结果发生之日起计算玩忽职守罪的追诉期限。

（三）国有公司、企业人员渎职犯罪的法律适用

对于1999年12月24日《中华人民共和国刑法修正案》实施以前发生的国有公司、企业人员渎职行为（不包括徇私舞弊行为），尚未处理或者正在处理的，不能按照刑法修正案追究刑事责任。

（四）关于“徇私”的理解

徇私舞弊型渎职犯罪的“徇私”应理解为徇个人私情、私利。国家机关工作人员为了本单位的利益，实施滥用职权、玩忽职守行为，构成犯罪的，依照刑法第三百九十七条第一款的规定定罪处罚。

最高人民法院、最高人民检察院关于办理国家出资企业中职务犯罪案件具体应用法律若干问题的意见

（2010年11月26日　法发〔2010〕49号）

随着企业改制的不断推进，人民法院、人民检察院在办理国家出资企业中的贪污、受贿等职务犯罪案件时遇到了一些新情况、新问题。这些新情况、新问题具有一定的特殊性和复杂性，需要结合企业改制的特定历史条件，依法妥善地进行处理。现根据刑法规定和相关政策精神，就办理此类刑事案件具体应用法律的若干问题，提出以下意见：

一、关于国家出资企业工作人员在改制过程中隐匿公司、企业财产归个人持股的改制后公司、企业所有的行为的处理

国家工作人员或者受国家机关、国有公司、企业、事业单位、人民团体委托管理、经营国有财产的人员利用职务上的便利，在国家出资企业改制过程中故意通过低估资产、隐瞒债权、虚设债务、虚构产权交易等方式隐匿公司、企业财产，转为本人持有股份的改制后公司、企业所有，应当依法追究刑事责任的，依照刑法第三百八十二条、第三百八十三条的规定，以贪污罪定罪处罚。贪污数额一般应当以所隐匿财产全额计算；改制后公司、企业仍有国有股份的，按股份比例扣除归于国有的部分。

所隐匿财产在改制过程中已为行为人实际控制，或者国家出资企业改制已经完成的，以犯罪既遂处理。

第一款规定以外的人员实施该款行为的，依照刑法第二百七十一条的规定，以职务侵占罪定罪处罚；第一款规定以外的人员与第一款规定的人员共同实施该款行为的，以贪污罪的共犯论处。

在企业改制过程中未采取低估资产、隐瞒债权、虚设债务、虚构产权交易等方式故意隐匿公司、企业财产的，一般不应当认定为贪污；造成国有资产重大损失，依法构成刑法第一百六十八条或者第一百六十九条规定的犯罪的，依照该规定定罪处罚。

二、关于国有公司、企业在改制过程中隐匿公司、企业财产归职工集体持股的改制后公司、企业所有的行为的处理

国有公司、企业违反国家规定，在改制过程中隐匿公司、企业财产，转为职工集体持股的改制后公司、企业所有的，对其直接负责的主管人员和其他直接责任人员，依照刑法第三百九十六条第一款的规定，以私分国有资产罪定罪处罚。

改制后的公司、企业中只有改制前公司、企业的管理人员或者少数职工持股，改制前公司、企业的多数职工未持股的，依照本意见第一条的规定，以贪污罪定罪处罚。

三、关于国家出资企业工作人员使用改制公司、企业的资金担保个人贷款，用于购买改制公司、企业股份的行为的处理

国家出资企业的工作人员在公司、企业改制过程中为购买公司、企业股份，利用职务上的便利，将公司、企业的资金或者金融凭证、有价证券等用于个人贷款担保的，依照刑法第二百七十二条或者第三百八十四条的规定，以挪用资金罪或者挪用公款罪定罪处罚。

行为人在改制前的国家出资企业持有股份的，不影响挪用数额的认定，但量刑时应当酌情考虑。

经有关主管部门批准或者按照有关政策规定，国家出资企业的工作人员为购买改制公司、企业股份实施前款行为的，可以视具体情况不作为犯罪处理。

四、关于国家工作人员在企业改制过程中的渎职行为的处理

国家出资企业中的国家工作人员在公司、企业改制或者国有资产处置过程中严重不负责任或者滥用职权，致使国家利益遭受重大损失的，依照刑法第一百六十八条的规定，以国有公司、企业人员失职罪或者国有公司、企业人员滥用职权罪定罪处罚。

国家出资企业中的国家工作人员在公司、企业改制或者国有资产处置过程中徇私舞弊，将国有资产低价折股或者低价出售给其本人未持有股份的公司、企业或者其他个人，致使国家利益遭受重大损失的，依照刑法第一百六十九条的规定，以徇私舞弊低价折股、出售国有资产罪定罪处罚。

国家出资企业中的国家工作人员在公司、企业改制或者国有资产处置过程中徇私舞弊，将国有资产低价折股或者低价出售给特定关系人持有股份或者本人实际控制的公司、企业，致使国家利益遭受重大损失的，依照刑法第三百八十二条、第三百八十三条的规定，以贪污罪定罪处罚。贪污数额以国有资产的损失数额计算。

国家出资企业中的国家工作人员因实施第一款、第二款行为收受贿赂，同时又构成刑法第三百八十五条规定之罪的，依照处罚较重的规定定罪处罚。

五、关于改制前后主体身份发生变化的犯罪的处理

国家工作人员在国家出资企业改制前

利用职务上的便利实施犯罪,在其不再具有国家工作人员身份后又实施同种行为,依法构成不同犯罪的,应当分别定罪,实行数罪并罚。

国家工作人员利用职务上的便利,在国家出资企业改制过程中隐匿公司、企业财产,在其不再具有国家工作人员身份后将所隐匿财产据为己有的,依照刑法第三百八十二条、第三百八十三条的规定,以贪污罪定罪处罚。

国家工作人员在国家出资企业改制过程中利用职务上的便利为请托人谋取利益,事先约定在其不再具有国家工作人员身份后收受请托人财物,或者在身份变化前后连续收受请托人财物的,依照刑法第三百八十五条、第三百八十六条的规定,以受贿罪定罪处罚。

六、关于国家出资企业中国家工作人员的认定

经国家机关、国有公司、企业、事业单位提名、推荐、任命、批准等,在国有控股、参股公司及其分支机构中从事公务的人员,应当认定为国家工作人员。具体的任命机构和程序,不影响国家工作人员的认定。

经国家出资企业中负有管理、监督国有资产职责的组织批准或者研究决定,代表其在国有控股、参股公司及其分支机构中从事组织、领导、监督、经营、管理工作的人员,应当认定为国家工作人员。

国家出资企业中的国家工作人员,在国家出资企业中持有个人股份或者同时接受非国有股东委托的,不影响其国家工作人员身份的认定。

七、关于国家出资企业的界定

本意见所称"国家出资企业",包括国家出资的国有独资公司、国有独资企业,以及国有资本控股公司、国有资本参股公司。

是否属于国家出资企业不清楚的,应遵循"谁投资、谁拥有产权"的原则进行界定。企业注册登记中的资金来源与实际出资不符的,应根据实际出资情况确定企业的性质。企业实际出资情况不清楚的,可以综合工商注册、分配形式、经营管理等因素确定企业的性质。

八、关于宽严相济刑事政策的具体贯彻

办理国家出资企业中的职务犯罪案件时,要综合考虑历史条件、企业发展、职工就业、社会稳定等因素,注意具体情况具体分析,严格把握犯罪与一般违规行为的区分界限。对于主观恶意明显、社会危害严重、群众反映强烈的严重犯罪,要坚决依法从严惩处;对于特定历史条件下、为了顺利完成企业改制而实施的违反国家政策法律规定的行为,行为人无主观恶意或者主观恶意不明显,情节较轻,危害不大的,可以不作为犯罪处理。

对于国家出资企业中的职务犯罪,要加大经济上的惩罚力度,充分重视财产刑的适用和执行,最大限度地挽回国家和人民利益遭受的损失。不能退赃的,在决定刑罚时,应当作为重要情节予以考虑。

最高人民检察院、公安部、财政部关于保护、奖励职务犯罪举报人的若干规定

(2016年3月30日　高检会〔2016〕6号)

第一条　为维护举报人合法权益,鼓励个人和单位依法举报职务犯罪,根据《中华人民共和国宪法》《中华人民共和国刑事

诉讼法》有关规定，结合司法实际，制定本规定。

第二条 鼓励个人和单位依法实名举报职务犯罪。

使用真实姓名或者单位名称举报，有具体联系方式并认可举报行为的，属于实名举报。

第三条 人民检察院、公安机关、财政部门应当密切配合，共同做好举报人保护和奖励工作。

第四条 任何个人和单位依法向人民检察院举报职务犯罪的，其合法权益受法律保护。人民检察院对于举报内容和举报人信息，必须严格保密。

第五条 人民检察院对职务犯罪举报应当采取下列保密措施：

（一）受理举报应当由专人负责，在专门场所或者通过专门网站、电话进行，无关人员不得在场。

（二）举报线索应当由专人录入专用计算机，加密码严格管理。专用计算机应当与互联网实行物理隔离。未经检察长批准，其他工作人员不得查看。

（三）举报材料应当存放于符合保密规定的场所，无关人员不得进入。

（四）向检察长报送举报线索时，应当将相关材料用机要袋密封，并填写机要编号，由检察长亲自拆封。

（五）严禁泄露举报内容以及举报人姓名、住址、电话等个人信息，严禁将举报材料转给被举报人或者被举报单位。

（六）调查核实情况时，严禁出示举报材料原件或者复印件；除因侦查工作需要并经检察长批准外，严禁对匿名举报材料进行笔迹鉴定。

（七）通过专门的举报网站联系、答复举报人时，应当核对举报人在举报时获得的查询密码，答复时不得涉及举报具体内容。

（八）其他应当采取的保密措施。

第六条 人民检察院受理实名举报后，应当按照相关规定，对可能发生的风险及其性质、程度和影响等进行综合评估，拟定风险等级，并根据确定的风险等级制定举报人保护预案。

在办案过程中，人民检察院应当根据实际情况的变化，及时调整风险等级。

第七条 有下列情形之一的，属于对举报人实施打击报复行为：

（一）以暴力、威胁或者非法限制人身自由等方法侵犯举报人及其近亲属的人身安全的；

（二）非法占有或者损毁举报人及其近亲属财产的；

（三）栽赃陷害举报人及其近亲属的；

（四）侮辱、诽谤举报人及其近亲属的；

（五）违反规定解聘、辞退或者开除举报人及其近亲属的；

（六）克扣或者变相克扣举报人及其近亲属的工资、奖金或者其他福利待遇的；

（七）对举报人及其近亲属无故给予党纪、政纪处分或者故意违反规定加重处分的；

（八）在职务晋升、岗位安排、评级考核等方面对举报人及其近亲属进行刁难、压制的；

（九）对举报人及其近亲属提出的合理申请应当批准而不予批准或者拖延的；

（十）其他侵害举报人及其近亲属合法权益的行为。

第八条 举报人向人民检察院实名举报后，其本人及其近亲属遭受或者可能遭受打击报复，向人民检察院请求保护的，人民检察院应当迅速进行核实，分别不同情况采取下列措施：

（一）举报人及其近亲属人身、财产安全受到威胁的，应当依照本规定第九条的规定采取必要的保护措施；

（二）举报人及其近亲属因遭受打击报复受到错误处理的，应当建议有关部门予以纠正；

（三）举报人及其近亲属因遭受打击报复受到严重人身伤害或者重大财产损失的，应当协调有关部门依照规定予以救助。

有证据表明举报人及其近亲属可能会遭受单位负责人利用职权或者影响打击报复的，人民检察院应当要求相关单位或者个人作出解释或说明。应当给予组织处理或者纪律处分的，人民检察院可以将相关证据等材料移送组织部门和纪检监察机关，由组织部门和纪检监察机关依照有关规定处理。

第九条 举报人及其近亲属人身、财产安全受到威胁的，人民检察院应当采取以下一项或者多项保护措施：

（一）禁止特定的人员接触举报人及其近亲属；

（二）对举报人及其近亲属人身、财产和住宅采取专门性保护措施；

（三）其他必要的保护措施。

人民检察院在开展保护举报人工作中，需要公安机关提供协助的，应当商请公安机关办理，公安机关应当在职责范围内予以协助。

举报人直接向公安机关请求保护而又必须采取紧急措施的，公安机关应当先采取紧急措施，并及时通知受理举报的人民检察院。

第十条 举报人及其近亲属因受打击报复，造成人身伤害、名誉损害或者财产损失的，人民检察院应当支持其依法提出赔偿请求。

第十一条 举报人确有必要在诉讼中作证，其本人及其近亲属因作证面临遭受打击报复危险的，人民检察院应当采取不公开真实姓名、住址和工作单位等个人信息的保护措施，可以在起诉书、询问笔录等法律文书、证据材料中使用化名代替举报人的个人信息，但是应当书面说明使用化名的情况并标明密级，单独成卷。

人民法院通知作为证人的举报人出庭作证，举报人及其近亲属因作证面临遭受打击报复危险的，人民检察院应当建议人民法院采取不暴露举报人外貌、真实声音等出庭作证措施。

第十二条 打击报复或者指使他人打击报复举报人及其近亲属的，依纪依法给予处分；构成违反治安管理行为的，依法给予治安管理处罚；构成犯罪的，依法追究刑事责任。

被取保候审、监视居住的犯罪嫌疑人打击报复或者指使他人打击报复举报人及其近亲属的，人民检察院应当对犯罪嫌疑人依法予以逮捕。决定逮捕前，可以先行拘留。

第十三条 人民检察院对举报人的保护工作由举报中心负责协调实施，侦查部门、公诉部门、司法警察部门应当加强配合协作，共同做好保护工作。

第十四条 举报线索经查证属实，被举报人构成犯罪的，应当对积极提供举报线索、协助侦破案件有功的实名举报人，按照国家有关规定给予一定的精神及物质奖励。

单位举报有功的，可以按照国家有关规定给予奖励。但是举报单位为案发单位的，应当综合考虑该单位的实际情况和在案件侦破中的作用等因素，确定是否给予奖励。

第十五条 对举报有功人员根据国家有关规定给予奖励。个人奖励方式为荣誉奖励和奖金奖励。荣誉奖励包括颁发奖旗、奖状、奖章、证书等。

对举报有功单位的奖励,一般采取荣誉奖励方式。

第十六条 对职务犯罪举报人的奖励由人民检察院决定。

给予奖金奖励的,人民检察院应当根据所举报犯罪的性质、情节和举报线索的价值等因素确定奖励金额。每案奖金数额一般不超过二十万元。举报人有重大贡献的,经省级人民检察院批准,可以在二十万元以上给予奖励,最高不超过五十万元。有特别重大贡献的,经最高人民检察院批准,不受上述数额的限制。

第十七条 对多人联名举报同一案件的,实行一案一奖,对各举报有功人员的奖励金额总和不得超过本规定第十六条规定的每案奖励金额上限。

对多人先后举报同一案件的,原则上奖励最先举报或者对侦破案件起主要作用的举报人。其他举报人提供的举报材料对侦破案件起到直接作用的,可以酌情给予奖励。

第十八条 奖励举报人,一般应当在有关判决或者裁定生效后进行。

人民检察院按照《中华人民共和国刑事诉讼法》第一百七十三条第二款对被举报人作出不起诉决定的,可以根据案件的具体情况,决定是否给予举报人奖励。

第十九条 奖励可以由举报人向人民检察院举报中心提出申请,也可以由人民检察院依职权决定。

第二十条 拟予奖励的人员名单、奖励方式和金额由人民检察院举报中心提出意见,报检察长决定。

第二十一条 举报奖金的发放由人民检察院举报中心负责。举报中心可以通过适当方式,通知受奖人员到人民检察院或者其认为适宜的地方领取。发放时,应当有两名以上检察人员在场。

第二十二条 人民检察院适时向社会公布举报奖励工作的情况。涉及披露举报人信息的,应当征得举报人同意。

第二十三条 符合奖励条件的举报人在获得奖励之前死亡、被宣告死亡或者丧失行为能力的,人民检察院应当将奖金发放给其继承人或者监护人。

第二十四条 举报奖励资金由财政部门列入预算,统筹安排。

第二十五条 人民检察院应当加强对举报奖励工作的监督。举报中心、侦查部门、公诉部门、计划财务装备部门发现举报奖励工作中存在弄虚作假等违反规定行为的,应当报告检察长予以纠正。上级人民检察院发现下级人民检察院在举报奖励工作中有违反规定情形的,应当予以纠正。

第二十六条 具有下列情形之一,对直接负责的主管人员和其他直接责任人员,依纪依法给予处分;构成犯罪的,由司法机关依法追究刑事责任:

(一)故意或者过失泄露举报人姓名、地址、电话、举报内容等,或者将举报材料转给被举报人的;

(二)应当制作举报人保护预案、采取保护措施而未制定或采取,导致举报人及其近亲属受到严重人身伤害或者重大财产损失的;

(三)截留、侵占、私分、挪用举报奖励资金,或者违反规定发放举报奖励资金的。

第二十七条 本规定所称职务犯罪，是指国家工作人员实施的刑法分则第八章规定的贪污贿赂犯罪及其他章中明确规定依照第八章相关条文定罪处罚的犯罪，刑法分则第九章规定的渎职犯罪，国家机关工作人员利用职权实施的非法拘禁、刑讯逼供、报复陷害、非法搜查的侵犯公民人身权利的犯罪以及侵犯公民民主权利的犯罪。

第二十八条 个人和单位向纪检监察机关举报违纪行为，相关案件因涉嫌职务犯罪移送人民检察院立案侦查后，对举报人的保护适用本规定。

第二十九条 本规定自发布之日起施行。

2. 贿赂犯罪

最高人民法院、最高人民检察院关于办理行贿刑事案件具体应用法律若干问题的解释

（2012年5月14日最高人民法院审判委员会第1547次会议、2012年8月21日最高人民检察院第十一届检察委员会第77次会议通过 2012年12月26日最高人民法院、最高人民检察院公告公布 自2013年1月1日起施行 法释〔2012〕22号）

为依法惩治行贿犯罪活动，根据刑法有关规定，现就办理行贿刑事案件具体应用法律的若干问题解释如下：

第一条 为谋取不正当利益，向国家工作人员行贿，数额在一万元以上的，应当依照刑法第三百九十条的规定追究刑事责任。

第二条 因行贿谋取不正当利益，具有下列情形之一的，应当认定为刑法第三百九十条第一款规定的“情节严重”：

（一）行贿数额在二十万元以上不满一百万元的；

（二）行贿数额在十万元以上不满二十万元，并具有下列情形之一的：

1. 向三人以上行贿的；

2. 将违法所得用于行贿的；

3. 为实施违法犯罪活动，向负有食品、药品、安全生产、环境保护等监督管理职责的国家工作人员行贿，严重危害民生、侵犯公众生命财产安全的；

4. 向行政执法机关、司法机关的国家工作人员行贿，影响行政执法和司法公正的；

（三）其他情节严重的情形。

第三条 因行贿谋取不正当利益，造成直接经济损失数额在一百万元以上的，应当认定为刑法第三百九十条第一款规定的“使国家利益遭受重大损失”。

第四条 因行贿谋取不正当利益，具有下列情形之一的，应当认定为刑法第三百九十条第一款规定的“情节特别严重”：

（一）行贿数额在一百万元以上的；

（二）行贿数额在五十万元以上不满一百万元，并具有下列情形之一的：

1. 向三人以上行贿的；

2. 将违法所得用于行贿的；

3. 为实施违法犯罪活动，向负有食品、药品、安全生产、环境保护等监督管理职责的国家工作人员行贿，严重危害民生、侵犯公众生命财产安全的；

4. 向行政执法机关、司法机关的国家工作人员行贿，影响行政执法和司法公正的；

（三）造成直接经济损失数额在五百万元以上的；

（四）其他情节特别严重的情形。

第五条 多次行贿未经处理的，按照累计行贿数额处罚。

第六条 行贿人谋取不正当利益的行为构成犯罪的，应当与行贿犯罪实行数罪并罚。

第七条 因行贿人在被追诉前主动交待行贿行为而破获相关受贿案件的，对行贿人不适用刑法第六十八条关于立功的规定，依照刑法第三百九十条第二款的规定，可以减轻或者免除处罚。

单位行贿的，在被追诉前，单位集体决定或者单位负责人决定主动交待单位行贿行为的，依照刑法第三百九十条第二款的规定，对单位及相关责任人员可以减轻处罚或者免除处罚；受委托直接办理单位行贿事项的直接责任人员在被追诉前主动交待自己知道的单位行贿行为的，对该直接责任人员可以依照刑法第三百九十条第二款的规定减轻处罚或者免除处罚。

第八条 行贿人被追诉后如实供述自己罪行的，依照刑法第六十七条第三款的规定，可以从轻处罚；因其如实供述自己罪行，避免特别严重后果发生的，可以减轻处罚。

第九条 行贿人揭发受贿人与其行贿无关的其他犯罪行为，查证属实的，依照刑法第六十八条关于立功的规定，可以从轻、减轻或者免除处罚。

第十条 实施行贿犯罪，具有下列情形之一的，一般不适用缓刑和免予刑事处罚：

（一）向三人以上行贿的；

（二）因行贿受过行政处罚或者刑事处罚的；

（三）为实施违法犯罪活动而行贿的；

（四）造成严重危害后果的；

（五）其他不适用缓刑和免予刑事处罚的情形。

具有刑法第三百九十条第二款规定的情形的，不受前款规定的限制。

第十一条 行贿犯罪取得的不正当财产性利益应当依照刑法第六十四条的规定予以追缴、责令退赔或者返还被害人。

因行贿犯罪取得财产性利益以外的经营资格、资质或者职务晋升等其他不正当利益，建议有关部门依照相关规定予以处理。

第十二条 行贿犯罪中的“谋取不正当利益”，是指行贿人谋取的利益违反法律、法规、规章、政策规定，或者要求国家工作人员违反法律、法规、规章、政策、行业规范的规定，为自己提供帮助或者方便条件。

违背公平、公正原则，在经济、组织人事管理等活动中，谋取竞争优势的，应当认定为“谋取不正当利益”。

第十三条 刑法第三百九十条第二款规定的“被追诉前”，是指检察机关对行贿人的行贿行为刑事立案前。

最高人民法院、最高人民检察院关于办理贪污贿赂刑事案件适用法律若干问题的解释

（2016年3月28日最高人民法院审判委员会第1680次会议、2016年3月25日最高人民检察院第十二届检察委员会第50次会议通过　2016年4月18日最高人民法院、最高人民检察院公告公布　自2016年4月18日起施行　法释〔2016〕9号）

为依法惩治贪污贿赂犯罪活动，根据刑法有关规定，现就办理贪污贿赂刑事案

件适用法律的若干问题解释如下：

第一条 贪污或者受贿数额在三万元以上不满二十万元的，应当认定为刑法第三百八十三条第一款规定的“数额较大”，依法判处三年以下有期徒刑或者拘役，并处罚金。

贪污数额在一万元以上不满三万元，具有下列情形之一的，应当认定为刑法第三百八十三条第一款规定的“其他较重情节”，依法判处三年以下有期徒刑或者拘役，并处罚金：

（一）贪污救灾、抢险、防汛、优抚、扶贫、移民、救济、防疫、社会捐助等特定款物的；

（二）曾因贪污、受贿、挪用公款受过党纪、行政处分的；

（三）曾因故意犯罪受过刑事追究的；

（四）赃款赃物用于非法活动的；

（五）拒不交待赃款赃物去向或者拒不配合追缴工作，致使无法追缴的；

（六）造成恶劣影响或者其他严重后果的。

受贿数额在一万元以上不满三万元，具有前款第二项至第六项规定的情形之一，或者具有下列情形之一的，应当认定为刑法第三百八十三条第一款规定的“其他较重情节”，依法判处三年以下有期徒刑或者拘役，并处罚金：

（一）多次索贿的；

（二）为他人谋取不正当利益，致使公共财产、国家和人民利益遭受损失的；

（三）为他人谋取职务提拔、调整的。

第二条 贪污或者受贿数额在二十万元以上不满三百万元的，应当认定为刑法第三百八十三条第一款规定的“数额巨大”，依法判处三年以上十年以下有期徒刑，并处罚金或者没收财产。

贪污数额在十万元以上不满二十万元，具有本解释第一条第二款规定的情形之一的，应当认定为刑法第三百八十三条第一款规定的“其他严重情节”，依法判处三年以上十年以下有期徒刑，并处罚金或者没收财产。

受贿数额在十万元以上不满二十万元，具有本解释第一条第三款规定的情形之一的，应当认定为刑法第三百八十三条第一款规定的“其他严重情节”，依法判处三年以上十年以下有期徒刑，并处罚金或者没收财产。

第三条 贪污或者受贿数额在三百万元以上的，应当认定为刑法第三百八十三条第一款规定的“数额特别巨大”，依法判处十年以上有期徒刑、无期徒刑或者死刑，并处罚金或者没收财产。

贪污数额在一百五十万元以上不满三百万元，具有本解释第一条第二款规定的情形之一的，应当认定为刑法第三百八十三条第一款规定的“其他特别严重情节”，依法判处十年以上有期徒刑、无期徒刑或者死刑，并处罚金或者没收财产。

受贿数额在一百五十万元以上不满三百万元，具有本解释第一条第三款规定的情形之一的，应当认定为刑法第三百八十三条第一款规定的“其他特别严重情节”，依法判处十年以上有期徒刑、无期徒刑或者死刑，并处罚金或者没收财产。

第四条 贪污、受贿数额特别巨大，犯罪情节特别严重、社会影响特别恶劣、给国家和人民利益造成特别重大损失的，可以判处死刑。

符合前款规定的情形，但具有自首，立功，如实供述自己罪行、真诚悔罪、积极退赃,或者避免、减少损害结果的发生等情节,不是必须立即执行的,可以判处死刑缓期二年执行。

符合第一款规定情形的,根据犯罪情节等情况可以判处死刑缓期二年执行,同时裁判决定在其死刑缓期执行二年期满依法减为无期徒刑后,终身监禁,不得减刑、假释。

第五条 挪用公款归个人使用,进行非法活动,数额在三万元以上的,应当依照刑法第三百八十四条的规定以挪用公款罪追究刑事责任;数额在三百万元以上的,应当认定为刑法第三百八十四条第一款规定的"数额巨大"。具有下列情形之一的,应当认定为刑法第三百八十四条第一款规定的"情节严重":

(一)挪用公款数额在一百万元以上的;

(二)挪用救灾、抢险、防汛、优抚、扶贫、移民、救济特定款物,数额在五十万元以上不满一百万元的;

(三)挪用公款不退还,数额在五十万元以上不满一百万元的;

(四)其他严重的情节。

第六条 挪用公款归个人使用,进行营利活动或者超过三个月未还,数额在五万元以上的,应当认定为刑法第三百八十四条第一款规定的"数额较大";数额在五百万元以上的,应当认定为刑法第三百八十四条第一款规定的"数额巨大"。具有下列情形之一的,应当认定为刑法第三百八十四条第一款规定的"情节严重":

(一)挪用公款数额在二百万元以上的;

(二)挪用救灾、抢险、防汛、优抚、扶贫、移民、救济特定款物,数额在一百万元以上不满二百万元的;

(三)挪用公款不退还,数额在一百万元以上不满二百万元的;

(四)其他严重的情节。

第七条 为谋取不正当利益,向国家工作人员行贿,数额在三万元以上的,应当依照刑法第三百九十条的规定以行贿罪追究刑事责任。

行贿数额在一万元以上不满三万元,具有下列情形之一的,应当依照刑法第三百九十条的规定以行贿罪追究刑事责任:

(一)向三人以上行贿的;

(二)将违法所得用于行贿的;

(三)通过行贿谋取职务提拔、调整的;

(四)向负有食品、药品、安全生产、环境保护等监督管理职责的国家工作人员行贿,实施非法活动的;

(五)向司法工作人员行贿,影响司法公正的;

(六)造成经济损失数额在五十万元以上不满一百万元的。

第八条 犯行贿罪,具有下列情形之一的,应当认定为刑法第三百九十条第一款规定的"情节严重":

(一)行贿数额在一百万元以上不满五百万元的;

(二)行贿数额在五十万元以上不满一百万元,并具有本解释第七条第二款第一项至第五项规定的情形之一的;

(三)其他严重的情节。

为谋取不正当利益,向国家工作人员行贿,造成经济损失数额在一百万元以上不满五百万元的,应当认定为刑法第三百九十条第一款规定的"使国家利益遭受重大损失"。

第九条 犯行贿罪,具有下列情形之

一的,应当认定为刑法第三百九十条第一款规定的"情节特别严重":

(一)行贿数额在五百万元以上的;

(二)行贿数额在二百五十万元以上不满五百万元,并具有本解释第七条第二款第一项至第五项规定的情形之一的;

(三)其他特别严重的情节。

为谋取不正当利益,向国家工作人员行贿,造成经济损失数额在五百万元以上的,应当认定为刑法第三百九十条第一款规定的"使国家利益遭受特别重大损失"。

第十条 刑法第三百八十八条之一规定的利用影响力受贿罪的定罪量刑适用标准,参照本解释关于受贿罪的规定执行。

刑法第三百九十条之一规定的对有影响力的人行贿罪的定罪量刑适用标准,参照本解释关于行贿罪的规定执行。

单位对有影响力的人行贿数额在二十万元以上的,应当依照刑法第三百九十条之一的规定以对有影响力的人行贿罪追究刑事责任。

第十一条 刑法第一百六十三条规定的非国家工作人员受贿罪、第二百七十一条规定的职务侵占罪中的"数额较大""数额巨大"的数额起点,按照本解释关于受贿罪、贪污罪相对应的数额标准规定的二倍、五倍执行。

刑法第二百七十二条规定的挪用资金罪中的"数额较大""数额巨大"以及"进行非法活动"情形的数额起点,按照本解释关于挪用公款罪"数额较大""情节严重"以及"进行非法活动"的数额标准规定的二倍执行。

刑法第一百六十四条第一款规定的对非国家工作人员行贿罪中的"数额较大""数额巨大"的数额起点,按照本解释第七条、第八条第一款关于行贿罪的数额标准规定的二倍执行。

第十二条 贿赂犯罪中的"财物",包括货币、物品和财产性利益。财产性利益包括可以折算为货币的物质利益如房屋装修、债务免除等,以及需要支付货币的其他利益如会员服务、旅游等。后者的犯罪数额,以实际支付或者应当支付的数额计算。

第十三条 具有下列情形之一的,应当认定为"为他人谋取利益",构成犯罪的,应当依照刑法关于受贿犯罪的规定定罪处罚:

(一)实际或者承诺为他人谋取利益的;

(二)明知他人有具体请托事项的;

(三)履职时未被请托,但事后基于该履职事由收受他人财物的。

国家工作人员索取、收受具有上下级关系的下属或者具有行政管理关系的被管理人员的财物价值三万元以上,可能影响职权行使的,视为承诺为他人谋取利益。

第十四条 根据行贿犯罪的事实、情节,可能被判处三年有期徒刑以下刑罚的,可以认定为刑法第三百九十条第二款规定的"犯罪较轻"。

根据犯罪的事实、情节,已经或者可能被判处十年有期徒刑以上刑罚的,或者案件在本省、自治区、直辖市或者全国范围内有较大影响的,可以认定为刑法第三百九十条第二款规定的"重大案件"。

具有下列情形之一的,可以认定为刑法第三百九十条第二款规定的"对侦破重大案件起关键作用":

(一)主动交待办案机关未掌握的重大案件线索的;

(二)主动交待的犯罪线索不属于重大

案件的线索,但该线索对于重大案件侦破有重要作用的;

(三)主动交待行贿事实,对于重大案件的证据收集有重要作用的;

(四)主动交待行贿事实,对于重大案件的追逃、追赃有重要作用的。

第十五条 对多次受贿未经处理的,累计计算受贿数额。

国家工作人员利用职务上的便利为请托人谋取利益前后多次收受请托人财物,受请托之前收受的财物数额在一万元以上的,应当一并计入受贿数额。

第十六条 国家工作人员出于贪污、受贿的故意,非法占有公共财物、收受他人财物之后,将赃款赃物用于单位公务支出或者社会捐赠的,不影响贪污罪、受贿罪的认定,但量刑时可以酌情考虑。

特定关系人索取、收受他人财物,国家工作人员知道后未退还或者上交的,应当认定国家工作人员具有受贿故意。

第十七条 国家工作人员利用职务上的便利,收受他人财物,为他人谋取利益,同时构成受贿罪和刑法分则第三章第三节、第九章规定的渎职犯罪的,除刑法另有规定外,以受贿罪和渎职犯罪数罪并罚。

第十八条 贪污贿赂犯罪分子违法所得的一切财物,应当依照刑法第六十四条的规定予以追缴或者责令退赔,对被害人的合法财产应当及时返还。对尚未追缴到案或者尚未足额退赔的违法所得,应当继续追缴或者责令退赔。

第十九条 对贪污罪、受贿罪判处三年以下有期徒刑或者拘役的,应当并处十万元以上五十万元以下的罚金;判处三年以上十年以下有期徒刑的,应当并处二十万元以上犯罪数额二倍以下的罚金或者没收财产;判处十年以上有期徒刑或者无期徒刑的,应当并处五十万元以上犯罪数额二倍以下的罚金或者没收财产。

对刑法规定并处罚金的其他贪污贿赂犯罪,应当在十万元以上犯罪数额二倍以下判处罚金。

第二十条 本解释自2016年4月18日起施行。最高人民法院、最高人民检察院此前发布的司法解释与本解释不一致的,以本解释为准。

最高人民法院、最高人民检察院关于在办理受贿犯罪大要案的同时要严肃查处严重行贿犯罪分子的通知

(1999年3月4日 高检会〔1999〕1号)

各省、自治区、直辖市高级人民法院、人民检察院,解放军军事法院、军事检察院:

近一时期,各级人民法院、人民检察院依法严肃惩处了一批严重受贿犯罪分子,取得了良好的社会效果。但是还有一些大肆拉拢、腐蚀国家工作人员的行贿犯罪分子却没有受到应有的法律追究,他们继续进行行贿犯罪,严重危害了党和国家的廉政建设。为依法严肃惩处严重行贿犯罪,特作如下通知:

一、要充分认识严肃惩处行贿犯罪,对于全面落实党中央反腐败工作部署,把反腐败斗争引向深入,从源头上遏制和预防受贿犯罪的重要意义。各级人民法院、人民检察院要把严肃惩处行贿犯罪作为反腐败斗争中的一项重要和紧迫的工作,在继续严肃惩处受贿犯罪分子的同时,对严重

行贿犯罪分子,必须依法严肃惩处,坚决打击。

二、对于为谋取不正当利益而行贿,构成行贿罪、向单位行贿罪、单位行贿罪的,必须依法追究刑事责任。“谋取不正当利益”是指谋取违反法律、法规、国家政策和国务院各部门规章规定的利益,以及要求国家工作人员或者有关单位提供违反法律、法规、国家政策和国务院各部门规章规定的帮助或者方便条件。

对于向国家工作人员介绍贿赂,构成犯罪的案件,也要依法查处。

三、当前要特别注意依法严肃惩处下列严重行贿犯罪行为:

1. 行贿数额巨大、多次行贿或者向多人行贿的;

2. 向党政干部和司法工作人员行贿的;

3. 为进行走私、偷税、骗税、骗汇、逃汇、非法买卖外汇等违法犯罪活动,向海关、工商、税务、外汇管理等行政执法机关工作人员行贿的;

4. 为非法办理金融、证券业务,向银行等金融机构、证券管理机构工作人员行贿,致使国家利益遭受重大损失的;

5. 为非法获取工程、项目的开发、承包、经营权,向有关主管部门及其主管领导行贿,致使公共财产、国家和人民利益遭受重大损失的;

6. 为制售假冒伪劣产品,向有关国家机关、国有单位及国家工作人员行贿,造成严重后果的;

7. 其他情节严重的行贿犯罪行为。

四、在查处严重行贿、介绍贿赂犯罪案件中,既要坚持从严惩处的方针,又要注意体现政策。行贿人、介绍贿赂人具有刑法第三百九十条第二款、第三百九十二条第二款规定的在被追诉前主动交代行贿、介绍贿赂犯罪情节的,依法分别可以减轻或者免除处罚;行贿人、介绍贿赂人在被追诉后如实交待行贿、介绍贿赂行为的,也可以酌情从轻处罚。

五、在依法严肃查处严重行贿、介绍贿赂犯罪案件中,要讲究斗争策略,注意工作方法。要把查处受贿犯罪大案要案同查处严重行贿、介绍贿赂犯罪案件有机地结合起来,通过打击行贿、介绍贿赂犯罪,促进受贿犯罪大案要案的查处工作,推动查办贪污贿赂案件工作的全面、深入开展。

六、各级人民法院、人民检察院要结合办理贿赂犯罪案件情况,认真总结经验、教训,找出存在的问题,提出切实可行的解决办法,以改变对严重行贿犯罪打击不力的状况。工作中遇到什么情况和问题,要及时报告最高人民法院、最高人民检察院。

以上通知,望认真遵照执行。

最高人民法院关于国家工作人员利用职务上的便利为他人谋取利益离退休后收受财物行为如何处理问题的批复

(2000年6月30日最高人民法院审判委员会第1121次会议通过　2000年7月13日最高人民法院公告公布　自2000年7月21日起施行　法释〔2000〕21号)

江苏省高级人民法院:

你院苏高法〔1999〕65号《关于国家工作人员在职时为他人谋利,离退休后收受财物是否构成受贿罪的请示》收悉。经研究，答复如下：

国家工作人员利用职务上的便利为请托人谋取利益，并与请托人事先约定，在其离退休后收受请托人财物，构成犯罪的，以受贿罪定罪处罚。

最高人民检察院关于行贿罪立案标准的规定

（2000年12月22日）

一、行贿案（刑法第三百八十九条、第三百九十条）

行贿罪是指为谋取不正当利益，给予国家工作人员以财物的行为。

在经济往来中，违反国家规定，给予国家工作人员以财物，数额较大的，或者违反国家规定，给予国家工作人员以各种名义的回扣、手续费的，以行贿罪追究刑事责任。

涉嫌下列情形之一的，应予立案：

1. 行贿数额在一万元以上的；

2. 行贿数额不满一万元，但具有下列情形之一的：

（1）为谋取非法利益而行贿的；

（2）向三人以上行贿的；

（3）向党政领导、司法工作人员、行政执法人员行贿的；

（4）致使国家或者社会利益遭受重大损失的。

因被勒索给予国家工作人员以财物，已获得不正当利益的，以行贿罪追究刑事责任。

二、对单位行贿案（刑法第三百九十一条）

对单位行贿罪是指为谋取不正当利益，给予国家机关、国有公司、企业、事业单位、人民团体以财物，或者在经济往来中，违反国家规定，给予上述单位各种名义的回扣、手续费的行为。

涉嫌下列情形之一的，应予立案：

1. 个人行贿数额在十万元以上、单位行贿数额在二十万元以上的；

2. 个人行贿数额不满十万元、单位行贿数额在十万元以上不满二十万元，但具有下列情形之一的：

（1）为谋取非法利益而行贿的；

（2）向三个以上单位行贿的；

（3）向党政机关、司法机关、行政执法机关行贿的；

（4）致使国家或者社会利益遭受重大损失的。

三、单位行贿案（刑法第三百九十三条）

单位行贿罪是指公司、企业、事业单位、机关、团体为谋取不正当利益而行贿，或者违反国家规定，给予国家工作人员以回扣、手续费，情节严重的行为。

涉嫌下列情形之一的，应予立案：

1. 单位行贿数额在二十万元以上的；

2. 单位为谋取不正当利益而行贿，数额在十万元以上不满二十万元，但具有下列情形之一的：

（1）为谋取非法利益而行贿的；

（2）向三人以上行贿的；

（3）向党政领导、司法工作人员、行政执法人员行贿的；

（4）致使国家或者社会利益遭受重大损失的。

因行贿取得的违法所得归个人所有的，依照本规定关于个人行贿的规定立案，追究其刑事责任。

最高人民法院、最高人民检察院关于办理受贿刑事案件适用法律若干问题的意见

（2007年7月8日　法发〔2007〕22号）

为依法惩治受贿犯罪活动，根据刑法有关规定，现就办理受贿刑事案件具体适用法律若干问题，提出以下意见：

一、关于以交易形式收受贿赂问题

国家工作人员利用职务上的便利为请托人谋取利益，以下列交易形式收受请托人财物的，以受贿论处：

（1）以明显低于市场的价格向请托人购买房屋、汽车等物品的；

（2）以明显高于市场的价格向请托人出售房屋、汽车等物品的；

（3）以其他交易形式非法收受请托人财物的。

受贿数额按照交易时当地市场价格与实际支付价格的差额计算。

前款所列市场价格包括商品经营者事先设定的不针对特定人的最低优惠价格。根据商品经营者事先设定的各种优惠交易条件，以优惠价格购买商品的，不属于受贿。

二、关于收受干股问题

干股是指未出资而获得的股份。国家工作人员利用职务上的便利为请托人谋取利益，收受请托人提供的干股的，以受贿论处。进行了股权转让登记，或者相关证据证明股份发生了实际转让的，受贿数额按转让行为时股份价值计算，所分红利按受贿孳息处理。股份未实际转让，以股份分红名义获取利益的，实际获利数额应当认定为受贿数额。

三、关于以开办公司等合作投资名义收受贿赂问题

国家工作人员利用职务上的便利为请托人谋取利益，由请托人出资，“合作”开办公司或者进行其他“合作”投资的，以受贿论处。受贿数额为请托人给国家工作人员的出资额。

国家工作人员利用职务上的便利为请托人谋取利益，以合作开办公司或者其他合作投资的名义获取“利润”，没有实际出资和参与管理、经营的，以受贿论处。

四、关于以委托请托人投资证券、期货或者其他委托理财的名义收受贿赂问题

国家工作人员利用职务上的便利为请托人谋取利益，以委托请托人投资证券、期货或者其他委托理财的名义，未实际出资而获取“收益”，或者虽然实际出资，但获取“收益”明显高于出资应得收益的，以受贿论处。受贿数额，前一情形，以“收益”额计算；后一情形，以“收益”额与出资应得收益额的差额计算。

五、关于以赌博形式收受贿赂的认定问题

根据《最高人民法院、最高人民检察院关于办理赌博刑事案件具体应用法律若干问题的解释》第七条规定，国家工作人员利用职务上的便利为请托人谋取利益，通过赌博方式收受请托人财物的，构成受贿。

实践中应注意区分贿赂与赌博活动、娱乐活动的界限。具体认定时，主要应当结合以下因素进行判断：（1）赌博的背景、场合、时间、次数；（2）赌资来源；（3）其他赌博参与者有无事先通谋；（4）输赢钱物的具体情况和金额大小。

**六、关于特定关系人“挂名”领取薪酬

问题

国家工作人员利用职务上的便利为请托人谋取利益,要求或者接受请托人以给特定关系人安排工作为名,使特定关系人不实际工作却获取所谓薪酬的,以受贿论处。

七、关于由特定关系人收受贿赂问题

国家工作人员利用职务上的便利为请托人谋取利益,授意请托人以本意见所列形式,将有关财物给予特定关系人的,以受贿论处。

特定关系人与国家工作人员通谋,共同实施前款行为的,对特定关系人以受贿罪的共犯论处。特定关系人以外的其他人与国家工作人员通谋,由国家工作人员利用职务上的便利为请托人谋取利益,收受请托人财物后双方共同占有的,以受贿罪的共犯论处。

八、关于收受贿赂物品未办理权属变更问题

国家工作人员利用职务上的便利为请托人谋取利益,收受请托人房屋、汽车等物品,未变更权属登记或者借用他人名义办理权属变更登记的,不影响受贿的认定。

认定以房屋、汽车等物品为对象的受贿,应注意与借用的区分。具体认定时,除双方交代或者书面协议之外,主要应当结合以下因素进行判断:(1)有无借用的合理事由;(2)是否实际使用;(3)借用时间的长短;(4)有无归还的条件;(5)有无归还的意思表示及行为。

九、关于收受财物后退还或者上交问题

国家工作人员收受请托人财物后及时退还或者上交的,不是受贿。

国家工作人员受贿后,因自身或者与其受贿有关联的人、事被查处,为掩饰犯罪而退还或者上交的,不影响认定受贿罪。

十、关于在职时为请托人谋利,离职后收受财物问题

国家工作人员利用职务上的便利为请托人谋取利益之前或者之后,约定在其离职后收受请托人财物,并在离职后收受的,以受贿论处。

国家工作人员利用职务上的便利为请托人谋取利益,离职前后连续收受请托人财物的,离职前后收受部分均应计入受贿数额。

十一、关于"特定关系人"的范围

本意见所称"特定关系人",是指与国家工作人员有近亲属、情妇(夫)以及其他共同利益关系的人。

十二、关于正确贯彻宽严相济刑事政策的问题

依照本意见办理受贿刑事案件,要根据刑法关于受贿罪的有关规定和受贿罪权钱交易的本质特征,准确区分罪与非罪、此罪与彼罪的界限,惩处少数,教育多数。在从严惩处受贿犯罪的同时,对于具有自首、立功等情节的,依法从轻、减轻或者免除处罚。

最高人民法院、最高人民检察院关于办理商业贿赂刑事案件适用法律若干问题的意见

(2008年11月20日　法发〔2008〕33号)

为依法惩治商业贿赂犯罪,根据刑法有关规定,结合办案工作实际,现就办理商业贿赂刑事案件适用法律的若干问题,提出如下意见:

一、商业贿赂犯罪涉及刑法规定的以

下八种罪名:(1)非国家工作人员受贿罪(刑法第一百六十三条);(2)对非国家工作人员行贿罪(刑法第一百六十四条);(3)受贿罪(刑法第三百八十五条);(4)单位受贿罪(刑法第三百八十七条);(5)行贿罪(刑法第三百八十九条);(6)对单位行贿罪(刑法第三百九十一条);(7)介绍贿赂罪(刑法第三百九十二条);(8)单位行贿罪(刑法第三百九十三条)。

二、刑法第一百六十三条、第一百六十四条规定的“其他单位”,既包括事业单位、社会团体、村民委员会、居民委员会、村民小组等常设性的组织,也包括为组织体育赛事、文艺演出或者其他正当活动而成立的组委会、筹委会、工程承包队等非常设性的组织。

三、刑法第一百六十三条、第一百六十四条规定的“公司、企业或者其他单位的工作人员”,包括国有公司、企业以及其他国有单位中的非国家工作人员。

四、医疗机构中的国家工作人员,在药品、医疗器械、医用卫生材料等医药产品采购活动中,利用职务上的便利,索取销售方财物,或者非法收受销售方财物,为销售方谋取利益,构成犯罪的,依照刑法第三百八十五条的规定,以受贿罪定罪处罚。

医疗机构中的非国家工作人员,有前款行为,数额较大的,依照刑法第一百六十三条的规定,以非国家工作人员受贿罪定罪处罚。

医疗机构中的医务人员,利用开处方的职务便利,以各种名义非法收受药品、医疗器械、医用卫生材料等医药产品销售方财物,为医药产品销售方谋取利益,数额较大的,依照刑法第一百六十三条的规定,以非国家工作人员受贿罪定罪处罚。

五、学校及其他教育机构中的国家工作人员,在教材、教具、校服或者其他物品的采购等活动中,利用职务上的便利,索取销售方财物,或者非法收受销售方财物,为销售方谋取利益,构成犯罪的,依照刑法第三百八十五条的规定,以受贿罪定罪处罚。

学校及其他教育机构中的非国家工作人员,有前款行为,数额较大的,依照刑法第一百六十三条的规定,以非国家工作人员受贿罪定罪处罚。

学校及其他教育机构中的教师,利用教学活动的职务便利,以各种名义非法收受教材、教具、校服或者其他物品销售方财物,为教材、教具、校服或者其他物品销售方谋取利益,数额较大的,依照刑法第一百六十三条的规定,以非国家工作人员受贿罪定罪处罚。

六、依法组建的评标委员会、竞争性谈判采购中谈判小组、询价采购中询价小组的组成人员,在招标、政府采购等事项的评标或者采购活动中,索取他人财物或者非法收受他人财物,为他人谋取利益,数额较大的,依照刑法第一百六十三条的规定,以非国家工作人员受贿罪定罪处罚。

依法组建的评标委员会、竞争性谈判采购中谈判小组、询价采购中询价小组中国家机关或者其他国有单位的代表有前款行为的,依照刑法第三百八十五条的规定,以受贿罪定罪处罚。

七、商业贿赂中的财物,既包括金钱和实物,也包括可以用金钱计算数额的财产性利益,如提供房屋装修、含有金额的会员卡、代币卡(券)、旅游费用等。具体数额以实际支付的资费为准。

八、收受银行卡的,不论受贿人是否实际取出或者消费,卡内的存款数额一般应全额认定为受贿数额。使用银行卡透支的,如果由给予银行卡的一方承担还款责任,透支数额也应当认定为受贿数额。

九、在行贿犯罪中,“谋取不正当利益”,是指行贿人谋取违反法律、法规、规章或者政策规定的利益,或者要求对方违反法律、法规、规章、政策、行业规范的规定提供帮助或者方便条件。

在招标投标、政府采购等商业活动中,违背公平原则,给予相关人员财物以谋取竞争优势的,属于“谋取不正当利益”。

十、办理商业贿赂犯罪案件,要注意区分贿赂与馈赠的界限。主要应当结合以下因素全面分析、综合判断:(1)发生财物往来的背景,如双方是否存在亲友关系及历史上交往的情形和程度;(2)往来财物的价值;(3)财物往来的缘由、时机和方式,提供财物方对于接受方有无职务上的请托;(4)接受方是否利用职务上的便利为提供方谋取利益。

十一、非国家工作人员与国家工作人员通谋,共同收受他人财物,构成共同犯罪的,根据双方利用职务便利的具体情形分别定罪追究刑事责任:

(1)利用国家工作人员的职务便利为他人谋取利益的,以受贿罪追究刑事责任。

(2)利用非国家工作人员的职务便利为他人谋取利益的,以非国家工作人员受贿罪追究刑事责任。

(3)分别利用各自的职务便利为他人谋取利益的,按照主犯的犯罪性质追究刑事责任,不能分清主从犯的,可以受贿罪追究刑事责任。

最高人民检察院关于贪污养老、医疗等社会保险基金能否适用《最高人民法院、最高人民检察院关于办理贪污贿赂刑事案件适用法律若干问题的解释》第一条第二款第一项规定的批复

(2017年7月19日最高人民检察院第十二届检察委员会第67次会议通过 2017年7月26日最高人民检察院公告公布 自2017年8月7日起施行 高检发释字〔2017〕1号)

各省、自治区、直辖市人民检察院,解放军军事检察院,新疆生产建设兵团人民检察院:

近来,一些地方人民检察院就贪污养老、医疗等社会保险基金能否适用《最高人民法院、最高人民检察院关于办理贪污贿赂刑事案件适用法律若干问题的解释》第一条第二款第一项规定请示我院。经研究,批复如下:

养老、医疗、工伤、失业、生育等社会保险基金可以认定为《最高人民法院、最高人民检察院关于办理贪污贿赂刑事案件适用法律若干问题的解释》第一条第二款第一项规定的“特定款物”。

根据刑法和有关司法解释规定,贪污罪和挪用公款罪中的“特定款物”的范围有所不同,实践中应注意区分,依法适用。

最高人民检察院法律政策研究室关于集体性质的乡镇卫生院院长利用职务之便收受他人财物的行为如何适用法律问题的答复

(2003年4月2日 〔2003〕高检研发第9号)

山东省人民检察院研究室：

你院《关于工人身份的乡镇卫生院院长利用职务之便收受贿赂如何适用法律问题的请示》(鲁检发研字〔2001〕第10号)收悉。经研究，答复如下：

经过乡镇政府或者主管行政机关任命的乡镇卫生院院长，在依法从事本区域卫生工作的管理与业务技术指导，承担医疗预防保健服务工作等公务活动时，属于刑法第九十三条第二款规定的其他依照法律从事公务的人员。对其利用职务上的便利，索取他人财物的，或者非法收受他人财物，为他人谋取利益的，应当依照刑法第三百八十五条、第三百八十六条的规定，以受贿罪追究刑事责任。

最高人民检察院法律政策研究室关于国有单位的内设机构能否构成单位受贿罪主体问题的答复

(2006年9月12日 〔2006〕高检研发8号)

陕西省人民检察院法律政策研究室：

你室《关于国家机关、国有公司、企业、事业单位、人民团体的内设机构能否构成单位受贿罪主体的请示》(陕检研发〔2005〕13号)收悉。经研究，答复如下：

国有单位的内设机构利用其行使职权的便利，索取、非法收受他人财物并归该内设机构所有或者支配，为他人谋取利益，情节严重的，依照刑法第三百八十七条的规定以单位受贿罪追究刑事责任。

上述内设机构在经济往来中，在账外暗中收受各种名义的回扣、手续费的，以受贿论。

3. 渎职罪

最高人民检察院关于工人等非监管机关在编监管人员私放在押人员行为和失职致使在押人员脱逃行为适用法律问题的解释

(2001年3月2日 高检发释字〔2001〕2号)

为依法办理私放在押人员犯罪案件和失职致使在押人员脱逃犯罪案件，对工人等非监管机关在编监管人员私放在押人员行为和失职致使在押人员脱逃行为如何适用法律问题解释如下：

工人等非监管机关在编监管人员在被监管机关聘用受委托履行监管职责的过程中私放在押人员的，应当依照刑法第四百条第一款的规定，以私放在押人员罪追究刑事责任；由于严重不负责任，致使在押人员脱逃，造成严重后果的，应当依照刑法第四百条第二款的规定，以失职致使在押人员脱逃罪追究刑事责任。

最高人民法院、最高人民检察院关于办理渎职刑事案件适用法律若干问题的解释(一)

(2012年7月9日最高人民法院审判委员会第1552次会议、2012年9月12日最高人民检察院第十一届检察委员会第79次会议通过 2012年12月7日最高人民法院、最高人民检察院公告公布 自2013年1月9日起施行 法释〔2012〕18号)

为依法惩治渎职犯罪,根据刑法有关规定,现就办理渎职刑事案件适用法律的若干问题解释如下:

第一条 国家机关工作人员滥用职权或者玩忽职守,具有下列情形之一的,应当认定为刑法第三百九十七条规定的"致使公共财产、国家和人民利益遭受重大损失":

(一)造成死亡1人以上,或者重伤3人以上,或者轻伤9人以上,或者重伤2人、轻伤3人以上,或者重伤1人、轻伤6人以上的;

(二)造成经济损失30万元以上的;

(三)造成恶劣社会影响的;

(四)其他致使公共财产、国家和人民利益遭受重大损失的情形。

具有下列情形之一的,应当认定为刑法第三百九十七条规定的"情节特别严重":

(一)造成伤亡达到前款第(一)项规定人数3倍以上的;

(二)造成经济损失150万元以上的;

(三)造成前款规定的损失后果,不报、迟报、谎报或者授意、指使、强令他人不报、迟报、谎报事故情况,致使损失后果持续、扩大或者抢救工作延误的;

(四)造成特别恶劣社会影响的;

(五)其他特别严重的情节。

第二条 国家机关工作人员实施滥用职权或者玩忽职守犯罪行为,触犯刑法分则第九章第三百九十八条至第四百一十九条规定的,依照该规定定罪处罚。

国家机关工作人员滥用职权或者玩忽职守,因不具备徇私舞弊等情形,不符合刑法分则第九章第三百九十八条至第四百一十九条的规定,但依法构成第三百九十七条规定的犯罪的,以滥用职权罪或者玩忽职守罪定罪处罚。

第三条 国家机关工作人员实施渎职犯罪并收受贿赂,同时构成受贿罪的,除刑法另有规定外,以渎职犯罪和受贿罪数罪并罚。

第四条 国家机关工作人员实施渎职行为,放纵他人犯罪或者帮助他人逃避刑事处罚,构成犯罪的,依照渎职罪的规定定罪处罚。

国家机关工作人员与他人共谋,利用其职务行为帮助他人实施其他犯罪行为,同时构成渎职犯罪和共谋实施的其他犯罪共犯的,依照处罚较重的规定定罪处罚。

国家机关工作人员与他人共谋,既利用其职务行为帮助他人实施其他犯罪,又以非职务行为与他人共同实施该其他犯罪行为,同时构成渎职犯罪和其他犯罪的共犯的,依照数罪并罚的规定定罪处罚。

第五条 国家机关负责人员违法决定,或者指使、授意、强令其他国家机关工作人员违法履行职务或者不履行职务,构成刑法分则第九章规定的渎职犯罪的,应当依法追究刑事责任。

以"集体研究"形式实施的渎职犯罪,应当依照刑法分则第九章的规定追究国家机关负有责任的人员的刑事责任。对于具体执行人员,应当在综合认定其行为性质、是否提出反对意见、危害结果大小等情节的基础上决定是否追究刑事责任和应当判处的刑罚。

第六条 以危害结果为条件的渎职犯罪的追诉期限,从危害结果发生之日起计算;有数个危害结果的,从最后一个危害结果发生之日起计算。

第七条 依法或者受委托行使国家行政管理职权的公司、企业、事业单位的工作人员,在行使行政管理职权时滥用职权或者玩忽职守,构成犯罪的,应当依照《全国人民代表大会常务委员会关于〈中华人民共和国刑法〉第九章渎职罪主体适用问题的解释》的规定,适用渎职罪的规定追究刑事责任。

第八条 本解释规定的"经济损失",是指渎职犯罪或者与渎职犯罪相关联的犯罪立案时已经实际造成的财产损失,包括为挽回渎职犯罪所造成损失而支付的各种开支、费用等。立案后至提起公诉前持续发生的经济损失,应一并计入渎职犯罪造成的经济损失。

债务人经法定程序被宣告破产,债务人潜逃、去向不明,或者因行为人的责任超过诉讼时效等,致使债权已经无法实现的,无法实现的债权部分应当认定为渎职犯罪的经济损失。

渎职犯罪或者与渎职犯罪相关联的犯罪立案后,犯罪分子及其亲友自行挽回的经济损失,司法机关或者犯罪分子所在单位及其上级主管部门挽回的经济损失,或者因客观原因减少的经济损失,不予扣减,但可以作为酌定从轻处罚的情节。

第九条 负有监督管理职责的国家机关工作人员滥用职权或者玩忽职守,致使不符合安全标准的食品、有毒有害食品、假药、劣药等流入社会,对人民群众生命、健康造成严重危害后果的,依照渎职罪的规定从严惩处。

第十条 最高人民法院、最高人民检察院此前发布的司法解释与本解释不一致的,以本解释为准。

人民检察院直接受理立案侦查的渎职侵权重特大案件标准(试行)

(2001年8月24日 高检发〔2001〕13号)

根据《人民检察院直接受理立案侦查案件立案标准的规定(试行)》和其他有关规定,对人民检察院直接受理立案侦查的渎职侵权重特大案件标准规定如下:

一、滥用职权案

(一)重大案件

1. 致人死亡二人以上,或者重伤五人以上,或者轻伤十人以上的;

2. 造成直接经济损失五十万元以上的。

(二)特大案件

1. 致人死亡五人以上,或者重伤十人以上,或者轻伤二十人以上的;

2. 造成直接经济损失一百万元以上的。

二、玩忽职守案

(一)重大案件

1. 致人死亡三人以上,或者重伤十人以上,或者轻伤十五人以上的;

2. 造成直接经济损失一百万元以上的。

(二)特大案件

1. 致人死亡七人以上,或者重伤十五人以上,或者轻伤三十人以上的;

2. 造成直接经济损失二百万元以上的。

三、故意泄露国家秘密案

（一）重大案件

1. 故意泄露绝密级国家秘密一项以上，或者泄露机密级国家秘密三项以上，或者泄露秘密级国家秘密五项以上的；

2. 故意泄露国家秘密造成直接经济损失五十万元以上的；

3. 故意泄露国家秘密对国家安全构成严重危害的；

4. 故意泄露国家秘密对社会秩序造成严重危害的。

（二）特大案件

1. 故意泄露绝密级国家秘密二项以上，或者泄露机密级国家秘密五项以上，或者泄露秘密级国家秘密七项以上的；

2. 故意泄露国家秘密造成直接经济损失一百万元以上的；

3. 故意泄露国家秘密对国家安全构成特别严重危害的；

4. 故意泄露国家秘密对社会秩序造成特别严重危害的。

四、过失泄露国家秘密案

（一）重大案件

1. 过失泄露绝密级国家秘密一项以上，或者泄露机密级国家秘密五项以上，或者泄露秘密级国家秘密七项以上并造成严重危害后果的；

2. 过失泄露国家秘密造成直接经济损失一百万元以上的；

3. 过失泄露国家秘密对国家安全构成严重危害的；

4. 过失泄露国家秘密对社会秩序造成严重危害的。

（二）特大案件

1. 过失泄露绝密级国家秘密二项以上，或者泄露机密级国家秘密七项以上，或者泄露秘密级国家秘密十项以上的；

2. 过失泄露国家秘密造成直接经济损失二百万元以上的；

3. 过失泄露国家秘密对国家安全构成特别严重危害的；

4. 过失泄露国家秘密对社会秩序造成特别严重危害的。

五、枉法追诉、裁判案

（一）重大案件

1. 对依法可能判处三年以上七年以下有期徒刑的犯罪分子，故意包庇不使其受追诉的；

2. 致使无罪的人被判处三年以上七年以下有期徒刑的。

（二）特大案件

1. 对依法可能判处七年以上有期徒刑、无期徒刑、死刑的犯罪分子，故意包庇不使其受追诉的；

2. 致使无罪的人被判处七年以上有期徒刑、无期徒刑、死刑的。

六、民事、行政枉法裁判案

（一）重大案件

1. 枉法裁判，致使公民的财产损失十万元以上、法人或者其他组织财产损失五十万元以上的；

2. 枉法裁判，引起当事人及其亲属精神失常或者重伤的。

（二）特大案件

1. 枉法裁判，致使公民的财产损失五十万元以上、法人或者其他组织财产损失一百万元以上的；

2. 引起当事人及其亲属自杀死亡的。

七、私放在押人员案

（一）重大案件

1. 私放三人以上的；

2. 私放可能判处有期徒刑十年以上或者余刑在五年以上的重大刑事犯罪分子的；

3. 在押人员被私放后又实施重大犯罪的。

（二）特大案件

1. 私放五人以上的；

2. 私放可能判处无期徒刑以上的重大刑事犯罪分子的；

3. 在押人员被私放后又犯罪致人死亡的。

八、失职致使在押人员脱逃案

（一）重大案件

1. 致使脱逃五人以上的；

2. 致使可能判处无期徒刑或者死刑缓期2年执行的重大刑事犯罪分子脱逃的；

3. 在押人员脱逃后实施重大犯罪致人死亡的。

（二）特大案件

1. 致使脱逃十人以上的；

2. 致使可能判处死刑的重大刑事犯罪分子脱逃的；

3. 在押人员脱逃后实施重大犯罪致人死亡二人以上的。

九、徇私舞弊减刑、假释、暂予监外执行案

（一）重大案件

1. 办理三次以上或者一次办理三人以上的；

2. 为重大刑事犯罪分子办理减刑、假释、暂予监外执行的。

（二）特大案件

1. 办理五次以上或者一次办理五人以上的；

2. 为特别重大刑事犯罪分子办理减刑、假释、暂予监外执行的。

十、徇私舞弊不移交刑事案件案

（一）重大案件

1. 对犯罪嫌疑人依法可能判处五年以上十年以下有期徒刑的重大刑事案件不移交的；

2. 五次以上不移交犯罪案件，或者一次不移交犯罪案件涉及五名以上犯罪嫌疑人的；

3. 以罚代刑，放纵犯罪嫌疑人，致使犯罪嫌疑人继续进行刑事犯罪的。

（二）特大案件

1. 对犯罪嫌疑人依法可能判处十年以上有期徒刑、无期徒刑、死刑的特别重大刑事案件不移交的；

2. 七次以上不移交犯罪案件，或者一次不移交犯罪案件涉及七名以上犯罪嫌疑人的；

3. 以罚代刑，放纵犯罪嫌疑人，致使犯罪嫌疑人继续进行严重刑事犯罪的。

十一、滥用管理公司、证券职权案

（一）重大案件

1. 造成直接经济损失五十万元以上的；

2. 因违法批准或者登记致使发生刑事犯罪的。

（二）特大案件

1. 造成直接经济损失一百万元以上的；

2. 因违法批准或者登记致使发生重大刑事犯罪的。

十二、徇私舞弊不征、少征税款案

（一）重大案件

造成国家税收损失累计达三十万元以上的。

（二）特大案件

造成国家税收损失累计达五十万元以上的。

十三、徇私舞弊发售发票、抵扣税款、出口退税案

（一）重大案件

造成国家税收损失累计达三十万元以上的。

（二）特大案件

造成国家税收损失累计达五十万元以上的。

十四、违法提供出口退税凭证案

（一）重大案件

造成国家税收损失累计达三十万元以上的。

（二）特大案件

造成国家税收损失累计达五十万元以上的。

十五、国家机关工作人员签订、履行合同失职被骗案

（一）重大案件

造成直接经济损失一百万元以上的。

（二）特大案件

造成直接经济损失二百万元以上的。

十六、违法发放林木采伐许可证案

（一）重大案件

1. 发放林木采伐许可证允许采伐数量累计超过批准的年采伐限额，导致林木被采伐数量在二十立方米以上的；

2. 滥发林木采伐许可证，导致林木被滥伐四十立方米以上的；

3. 滥发林木采伐许可证，导致珍贵树木被滥伐二株或者二立方米以上的；

4. 批准采伐国家禁止采伐的林木，情节特别恶劣的。

（二）特大案件

1. 发放林木采伐许可证允许采伐数量累计超过批准的年采伐限额，导致林木被采伐数量超过三十立方米的；

2. 滥发林木采伐许可证，导致林木被滥伐六十立方米以上的；

3. 滥发林木采伐许可证，导致珍贵树木被滥伐五株或者五立方米以上的；

4. 批准采伐国家禁止采伐的林木，造成严重后果的。

十七、环境监管失职案

（一）重大案件

1. 造成直接经济损失一百万元以上的；

2. 致人死亡二人以上或者重伤五人以上的；

3. 致使一定区域生态环境受到严重危害的。

（二）特大案件

1. 造成直接经济损失三百万元以上的；

2. 致人死亡五人以上或者重伤十人以上的；

3. 致使一定区域生态环境受到严重破坏的。

十八、传染病防治失职案

（一）重大案件

1. 导致乙类、丙类传染病流行的；

2. 致人死亡二人以上或者残疾五人以上的。

（二）特大案件

1. 导致甲类传染病传播的；

2. 致人死亡五人以上或者残疾十人以上的。

十九、非法批准征用、占用土地案

（一）重大案件

1. 非法批准征用、占用基本农田二十亩以上的；

2. 非法批准征用、占用基本农田以外的耕地六十亩以上的；

3. 非法批准征用、占用其他土地一百亩以上的；

4. 非法批准征用、占用土地，造成基本农田五亩以上，其他耕地十亩以上严重毁坏的；

5. 非法批准征用、占用土地造成直接经济损失五十万元以上的。

（二）特大案件

1. 非法批准征用、占用基本农田三十亩以上的；

2. 非法批准征用、占用基本农田以外的耕地九十亩以上的；

3. 非法批准征用、占用其他土地一百五十亩以上的；

4. 非法批准征用、占用土地，造成基本农田十亩以上，其他耕地二十亩以上严重毁坏的；

5. 非法批准征用、占用土地造成直接经济损失一百万元以上的。

二十、非法低价出让国有土地使用权案

（一）重大案件

1. 出让国有土地使用权面积在六十亩以上，并且出让价额低于国家规定的最低价额标准的百分之六十的；

2. 造成国有土地资产流失价额在五十万元以上的。

（二）特大案件

1. 出让国有土地使用权面积在九十亩以上，并且出让价额低于国家规定的最低价额标准的百分之四十的；

2. 造成国有土地资产流失价额在一百万元以上的。

二十一、放纵走私案

（一）重大案件

造成国家税收损失累计达三十万元以上的。

（二）特大案件

造成国家税收损失累计达五十万元以上的。

二十二、商检徇私舞弊案

（一）重大案件

1. 造成直接经济损失五十万元以上的；

2. 徇私舞弊，三次以上伪造检验结果的。

（二）特大案件

1. 造成直接经济损失一百万元以上的；

2. 徇私舞弊，五次以上伪造检验结果的。

二十三、商检失职案

（一）重大案件

1. 造成直接经济损失一百万元以上的；

2. 五次以上不检验或者延误检验出证、错误出证的。

（二）特大案件

1. 造成直接经济损失三百万元以上的；

2. 七次以上不检验或者延误检验出证、错误出证的。

二十四、动植物检疫徇私舞弊案

（一）重大案件

1. 徇私舞弊，三次以上伪造检疫结果的；

2. 造成直接经济损失五十万元以上的。

（二）特大案件

1. 徇私舞弊，五次以上伪造检疫结果的；

2. 造成直接经济损失一百万元以上的。

二十五、动植物检疫失职案

（一）重大案件

1. 造成直接经济损失一百万元以上的；

2. 导致疫情发生，造成人员死亡二人

以上的；

3. 五次以上不检疫，或者延误检疫出证、错误出证，严重影响国家对外经贸关系和国家声誉的。

（二）特大案件

1. 造成直接经济损失三百万元以上的；

2. 导致疫情发生，造成人员死亡五人以上的；

3. 七次以上不检疫，或者延误检疫出证、错误出证，严重影响国家对外经贸关系和国家声誉的。

二十六、放纵制售伪劣商品犯罪行为案

（一）重大案件

1. 放纵生产、销售假药或者有毒、有害食品犯罪行为，情节恶劣或者后果严重的；

2. 放纵依法可能判处五年以上十年以下有期徒刑刑罚的生产、销售伪劣商品犯罪行为的；

3. 五次以上或者对五个以上有生产、销售伪劣商品犯罪行为的单位或者个人不履行追究职责的。

（二）特大案件

1. 放纵生产、销售假药或者有毒、有害食品犯罪行为，造成人员死亡的；

2. 放纵依法可能判处十年以上刑罚的生产、销售伪劣商品犯罪行为的；

3. 七次以上或者对七个以上有生产、销售伪劣商品犯罪行为的单位或者个人不履行追究职责的。

二十七、办理偷越国（边）境人员出入境证件案

（一）重大案件

1. 违法办理三人以上的；

2. 违法办理三次以上的；

3. 违法为刑事犯罪分子办证的。

（二）特大案件

1. 违法办理五人以上的；

2. 违法办理五次以上的；

3. 违法为严重刑事犯罪分子办证的。

二十八、放行偷越国（边）境人员案

（一）重大案件

1. 违法放行三人以上的；

2. 违法放行三次以上的；

3. 违法放行刑事犯罪分子的。

（二）特大案件

1. 违法放行五人以上的；

2. 违法放行五次以上的；

3. 违法放行严重刑事犯罪分子的。

二十九、不解救被拐卖、绑架妇女、儿童案

（一）重大案件

1. 五次或者对五名以上被拐卖、绑架的妇女、儿童不进行解救的；

2. 因不解救致人死亡的。

（二）特大案件

1. 七次或者对七名以上被拐卖、绑架的妇女、儿童不进行解救的；

2. 因不解救致人死亡三人以上的。

三十、阻碍解救被拐卖、绑架妇女、儿童案

（一）重大案件

1. 三次或者对三名以上被拐卖、绑架的妇女、儿童阻碍解救的；

2. 阻碍解救致人死亡的。

（二）特大案件

1. 五次或者对五名以上被拐卖、绑架的妇女、儿童阻碍解救的；

2. 阻碍解救致人死亡二人以上的。

三十一、帮助犯罪分子逃避处罚案

（一）重大案件

1. 三次或者使三名以上犯罪分子逃

避处罚的；

2. 帮助重大刑事犯罪分子逃避处罚的。

（二）特大案件

1. 五次或者使五名以上犯罪分子逃避处罚的；

2. 帮助二名以上重大刑事犯罪分子逃避处罚的。

三十二、招收公务员、学生徇私舞弊案

（一）重大案件

1. 五次以上招收不合格公务员、学生或者一次招收五名以上不合格公务员、学生的；

2. 造成县区范围内招收公务员、学生工作重新进行的；

3. 因招收不合格公务员、学生，导致被排挤的合格人员或者其亲属精神失常的。

（二）特大案件

1. 七次以上招收不合格公务员、学生或者一次招收七名以上不合格公务员、学生的；

2. 造成地市范围内招收公务员、学生工作重新进行的；

3. 因招收不合格公务员、学生，导致被排挤的合格人员或者其亲属自杀的。

三十三、失职造成珍贵文物损毁、流失案

（一）重大案件

1. 导致国家一级文物损毁或者流失一件以上的；

2. 导致国家二级文物损毁或者流失三件以上的；

3. 导致国家三级文物损毁或者流失五件以上的；

4. 导致省级文物保护单位严重损毁的。

（二）特大案件

1. 导致国家一级文物损毁或者流失三件以上的；

2. 导致国家二级文物损毁或者流失五件以上的；

3. 导致国家三级文物损毁或者流失十件以上的；

4. 导致全国重点文物保护单位严重损毁的。

三十四、国家机关工作人员利用职权实施的非法拘禁案

（一）重大案件

1. 致人重伤或者精神失常的；

2. 明知是人大代表而非法拘禁的，或者明知是无辜的人而非法拘禁的；

3. 非法拘禁持续时间超过一个月，或者一次非法拘禁十人以上的。

（二）特大案件

非法拘禁致人死亡的。

三十五、国家机关工作人员利用职权实施的非法搜查案

（一）重大案件

1. 五次以上或者一次对五人（户）以上非法搜查的；

2. 引起被搜查人精神失常的。

（二）特大案件

1. 七次以上或者一次对七人（户）以上非法搜查的；

2. 引起被搜查人自杀的。

三十六、刑讯逼供案

（一）重大案件

1. 致人重伤或者精神失常的；

2. 五次以上或者对五人以上刑讯逼供的；

3. 造成冤、假、错案的。

（二）特大案件

1. 致人死亡的；

2. 七次以上或者对七人以上刑讯逼供的；

3. 致使无辜的人被判处十年以上有期徒刑、无期徒刑、死刑的。

三十七、暴力取证案

(一) 重大案件

1. 致人重伤或者精神失常的;

2. 五次以上或者对五人以上暴力取证的。

(二) 特大案件

1. 致人死亡的;

2. 七次以上或者对七人以上暴力取证的。

三十八、虐待被监管人案

(一) 重大案件

1. 致使被监管人重伤或者精神失常的;

2. 对被监管人五人以上或五次以上实施虐待的。

(二) 特大案件

1. 致使被监管人死亡的;

2. 对被监管人七人以上或七次以上实施虐待的。

三十九、报复陷害案

(一) 重大案件

1. 致人精神失常的;

2. 致人其他合法权益受到损害,后果严重的。

(二) 特大案件

1. 致人自杀死亡的;

2. 后果特别严重,影响特别恶劣的。

四十、国家机关工作人员利用职权实施的破坏选举案

(一) 重大案件

1. 导致乡镇级选举无法进行或者选举无效的;

2. 实施破坏选举行为,取得县级领导职务或者人大代表资格的。

(二) 特大案件

1. 导致县级以上选举无法进行或者选举无效的;

2. 实施破坏选举行为,取得市级以上领导职务或者人大代表资格的。

最高人民检察院关于镇财政所所长是否适用国家机关工作人员的批复

(2000年5月4日　高检发研字〔2000〕9号)

上海市人民检察院:

你院沪检发〔2000〕30号文收悉。经研究,批复如下:

对于属行政执法事业单位的镇财政所中按国家机关在编干部管理的工作人员,在履行政府行政公务活动中,滥用职权或玩忽职守构成犯罪的,应以国家机关工作人员论。

最高人民检察院关于合同制民警能否成为玩忽职守罪主体问题的批复

(2000年10月9日　高检发研字〔2000〕20号)

辽宁省人民检察院:

你院辽检发诉字〔1999〕76号《关于犯罪嫌疑人李海玩忽职守一案的请示》收悉,经研究,批复如下:

根据刑法第九十三条第二款的规定,

合同制民警在依法执行公务期间，属其他依照法律从事公务的人员，应以国家机关工作人员论。对合同制民警在依法执行公务活动中的玩忽职守行为，符合刑法第三百九十七条规定的玩忽职守罪构成要件的，依法以玩忽职守罪追究刑事责任。

最高人民检察院关于属工人编制的乡(镇)工商所所长能否依照刑法第三百九十七条的规定追究刑事责任问题的批复

(2000年10月31日　高检发研字〔2000〕23号)

江西省人民检察院：

你院赣检研发〔2000〕3号《关于乡(镇)工商所所长(工人编制)是否属于国家机关工作人员的请示》收悉。经研究，批复如下：

根据刑法第93条第2款的规定，经人事部门任命，但为工人编制的乡(镇)工商所所长，依法履行工商行政管理职责时，属其他依照法律从事公务的人员，应以国家机关工作人员论。如果玩忽职守，致使公共财产、国家和人民利益遭受重大损失，可适用刑法第397条的规定，以玩忽职守罪追究刑事责任。

最高人民检察院关于企业事业单位的公安机构在机构改革过程中其工作人员能否构成渎职侵权犯罪主体问题的批复

(2002年4月24日最高人民检察院第九届检察委员会第107次会议通过　2002年4月29日最高人民检察院公告公布　自2002年5月16日起施行　高检发释字〔2002〕3号)

陕西省人民检察院：

你院陕检发研〔2001〕159号《关于对企业事业单位的公安机构在机构改革过程中其工作人员能否构成渎职侵权犯罪主体问题的请示》收悉。经研究，批复如下：

企业事业单位的公安机构在机构改革过程中虽尚未列入公安机关建制，其工作人员在行使侦查职责时，实施渎职侵权行为的，可以成为渎职侵权犯罪的主体。

最高人民检察院关于对林业主管部门工作人员在发放林木采伐许可证之外滥用职权玩忽职守致使森林遭受严重破坏的行为适用法律问题的批复

(2007年5月14日最高人民检察院第十届检察委员会第77次会议通过　2007年5月16日最高人民检察院公告公布　自2007年5月16日起施行　高检发释字〔2007〕1号)

福建省人民检察院：

你院《关于林业主管部门工作人员滥用职权、玩忽职守造成森林资源损毁立案标准问题的请示》(闽检〔2007〕14号)收悉。经研究,批复如下:

林业主管部门工作人员违法发放林木采伐许可证,致使森林遭受严重破坏的,依照刑法第四百零七条的规定,以违法发放林木采伐许可证罪追究刑事责任;以其他方式滥用职权或者玩忽职守,致使森林遭受严重破坏的,依照刑法第三百九十七条的规定,以滥用职权罪或者玩忽职守罪追究刑事责任,立案标准依照《最高人民检察院关于渎职侵权犯罪案件立案标准的规定》第一部分渎职犯罪案件第十八条第三款的规定执行。

最高人民检察院研究室关于买卖尚未加盖印章的空白《边境证》行为如何适用法律问题的答复

(2002年9月25日 〔2002〕高检研发第19号)

重庆市人民检察院研究室:

你院《关于对买卖尚未加盖印章的空白〈边境证〉案件适用法律问题的请示》(渝检(研)〔2002〕11号)收悉。经研究,答复如下:

对买卖尚未加盖发证机关的行政印章或者通行专用章印鉴的空白《中华人民共和国边境管理区通行证》的行为,不宜以买卖国家机关证件罪追究刑事责任。国家机关工作人员实施上述行为,构成犯罪的,可以按滥用职权等相关犯罪依法追究刑事责任。

最高人民检察院法律政策研究室关于对海事局工作人员如何使用法律问题的答复

(2003年1月13日 〔2003〕高检研发第1号)

辽宁省人民检察院研究室:

你院《关于辽宁海事局的工作人员是否为国家机关工作人员的主体认定请示》(辽检发渎检字〔2002〕1号)收悉。经研究,答复如下:

根据国办发〔1999〕90号、中编办函〔2000〕184号等文件的规定,海事局负责行使国家水上安全监督和防止船舶污染及海上设施检验、航海保障的管理职权,是国家执法监督机构。海事局及其分支机构工作人员在从事上述公务活动中,滥用职权或者玩忽职守,致使公共财产、国家和人民利益遭受重大损失的,应当依照刑法第三百九十七条的规定,以滥用职权罪或者玩忽职守罪追究刑事责任。

最高人民检察院法律政策研究室关于非司法工作人员是否可以构成徇私枉法罪共犯问题的答复

(2003年4月16日 〔2003〕高检研发第11号)

江西省人民检察院法律政策研究室:

你院《关于非国家机关工作人员是否可以构成徇私枉法罪共犯问题的请示》(赣

检发研字〔2002〕7号)收悉。经研究,答复如下:

非司法工作人员与司法工作人员勾结,共同实施徇私枉法行为,构成犯罪的,应当以徇私枉法罪的共犯追究刑事责任。

最高人民法院研究室关于对滥用职权致使公共财产、国家和人民利益遭受重大损失如何认定问题的答复

(2004年11月22日 法研〔2004〕136号)

浙江省高级人民法院:

你院浙〔2004〕194号《关于对滥用职权致使公共财产、国家和人民利益遭受重大损失如何认定的请示》收悉。经研究答复如下:

人民法院在审判过程中,对于行为人滥用职权,致使公共财产、国家和人民利益遭受的损失计算至侦查机关立案之时。立案以后,判决宣告以前追回的损失,作为量刑情节予以考虑。

最高人民法院刑事审判第二庭关于国有公司人员滥用职权犯罪追溯期限等问题的答复

(2005年1月13日)

公安部经济犯罪侦查局:

你局公经〔2004〕1914号《关于对一案件法律适用问题征求意见的函》收悉。经研究,答复如下:

一、对于本案行为人的行为应适用1999年12月25日《中华人民共和国刑法修正案(二)》的规定,以国有公司失职罪或滥用职权罪追究其刑事责任。

二、国有公司人员滥用职权或失职罪的追诉期限应从损失结果发生之日起计算。就本案而言,追诉期限应以法律意义上的损失发生为标准,即以人民法院民事终审判决之日起计算。

指导案例

指导案例3号:潘玉梅、陈宁受贿案

【关键词】

刑事 受贿罪 “合办”公司受贿 低价购房受贿 承诺谋利 受贿数额计算 掩饰受贿退赃

【裁判要点】

1. 国家工作人员利用职务上的便利为请托人谋取利益,并与请托人以“合办”公司的名义获取“利润”,没有实际出资和参与经营管理的,以受贿论处。

2. 国家工作人员明知他人有请托事项而收受其财物,视为承诺“为他人谋取利益”,是否已实际为他人谋取利益或谋取到利益,不影响受贿的认定。

3. 国家工作人员利用职务上的便利为请托人谋取利益,以明显低于市场的价格向请托人购买房屋等物品的,以受贿论处,受贿数额按照交易时当地市场价格与实际支付价格的差额计算。

4. 国家工作人员收受财物后,因与其受贿有关联的人、事被查处,为掩饰犯罪而退还的,不影响认定受贿罪。

【相关法条】

《中华人民共和国刑法》第三百八十五条第一款

【基本案情】

2003年8、9月间，被告人潘玉梅、陈宁分别利用担任江苏省南京市栖霞区迈皋桥街道工委书记、迈皋桥办事处主任的职务便利，为南京某房地产开发有限公司总经理陈某在迈皋桥创业园区低价获取100亩土地等提供帮助，并于9月3日分别以其亲属名义与陈某共同注册成立南京多贺工贸有限责任公司（简称多贺公司），以“开发”上述土地。潘玉梅、陈宁既未实际出资，也未参与该公司经营管理。2004年6月，陈某以多贺公司的名义将该公司及其土地转让给南京某体育用品有限公司，潘玉梅、陈宁以参与利润分配名义，分别收受陈某给予的480万元。2007年3月，陈宁因潘玉梅被调查，在美国出差期间安排其驾驶员退给陈某80万元。案发后，潘玉梅、陈宁所得赃款及赃款收益均被依法追缴。

2004年2月至10月，被告人潘玉梅、陈宁分别利用担任迈皋桥街道工委书记、迈皋桥办事处主任的职务之便，为南京某置业发展有限公司在迈皋桥创业园购买土地提供帮助，并先后4次各收受该公司总经理吴某某给予的50万元。

2004年上半年，被告人潘玉梅利用担任迈皋桥街道工委书记的职务便利，为南京某发展有限公司受让金桥大厦项目减免100万元费用提供帮助，并在购买对方开发的一处房产时接受该公司总经理许某某为其支付的房屋差价款和相关税费61万余元（房价含税费121.0817万元，潘支付60万元）。2006年4月，潘玉梅因检察机关从许某某的公司账上已掌握其购房仅支付部分款项的情况而补还给许某某55万元。

此外，2000年春节前至2006年12月，被告人潘玉梅利用职务便利，先后收受迈皋桥办事处一党支部书记兼南京某商贸有限责任公司总经理高某某人民币201万元和美元49万元、浙江某房地产集团南京置业有限公司范某某美元1万元。2002年至2005年间，被告人陈宁利用职务便利，先后收受迈皋桥办事处一党支部书记高某某21万元、迈皋桥办事处副主任刘某8万元。

综上，被告人潘玉梅收受贿赂人民币792万余元、美元50万元（折合人民币398.1234万元），共计收受贿赂1190.2万余元；被告人陈宁收受贿赂559万元。

【裁判结果】

江苏省南京市中级人民法院于2009年2月25日以（2008）宁刑初字第49号刑事判决，认定被告人潘玉梅犯受贿罪，判处死刑，缓期二年执行，剥夺政治权利终身，并处没收个人全部财产；被告人陈宁犯受贿罪，判处无期徒刑，剥夺政治权利终身，并处没收个人全部财产。宣判后，潘玉梅、陈宁提出上诉。江苏省高级人民法院于2009年11月30日以同样的事实和理由作出（2009）苏刑二终字第0028号刑事裁定，驳回上诉，维持原判，并核准一审以受贿罪判处被告人潘玉梅死刑，缓期二年执行，剥夺政治权利终身，并处没收个人全部财产的刑事判决。

【裁判理由】

法院生效裁判认为：关于被告人潘玉梅、陈宁及其辩护人提出二被告人与陈某共同开办多贺公司开发土地获取“利润”480万元不应认定为受贿的辩护意见。经查，潘玉梅时任迈皋桥街道工委书记，陈宁时任迈皋桥街道办事处主任,对迈皋桥创业园区的招商工作、土地转让负有领导或协调职责,二人分别利用各自职务便利,为陈某低价取得创业园区的土地等提供了帮助,属于利用职务上的便利为他人谋取利益;在此期间,潘玉梅、陈宁与陈某商议合作成立多贺公司用于开发上述土地,公司注册资金全部来源于陈某,潘玉梅、陈宁既未实际出资,也未参与公司的经营管理。因此,潘玉梅、陈宁利用职务便利为陈某谋取利益,以与陈某合办公司开发该土地的名义而分别获取的480万元,并非所谓的公司利润,而是利用职务便利使陈某低价获取土地并转卖后获利的一部分,体现了受贿罪权钱交易的本质,属于以合办公司为名的变相受贿,应以受贿论处。

关于被告人潘玉梅及其辩护人提出潘玉梅没有为许某某实际谋取利益的辩护意见。经查,请托人许某某向潘玉梅行贿时,要求在受让金桥大厦项目中减免100万元的费用,潘玉梅明知许某某有请托事项而收受贿赂;虽然该请托事项没有实现,但"为他人谋取利益"包括承诺、实施和实现不同阶段的行为,只要具有其中一项,就属于为他人谋取利益。承诺"为他人谋取利益",可以从为他人谋取利益的明示或默示的意思表示予以认定。潘玉梅明知他人有请托事项而收受其财物,应视为承诺为他人谋取利益,至于是否已实际为他人谋取利益或谋取到利益,只是受贿的情节问题,不影响受贿的认定。

关于被告人潘玉梅及其辩护人提出潘玉梅购买许某某的房产不应认定为受贿的辩护意见。经查,潘玉梅购买的房产,市场价格含税费共计应为121万余元,潘玉梅仅支付60万元,明显低于该房产交易时当地市场价格。潘玉梅利用职务之便为请托人谋取利益,以明显低于市场的价格向请托人购买房产的行为,是以形式上支付一定数额的价款来掩盖其受贿权钱交易本质的一种手段,应以受贿论处,受贿数额按照涉案房产交易时当地市场价格与实际支付价格的差额计算。

关于被告人潘玉梅及其辩护人提出潘玉梅购买许某某开发的房产,在案发前已将房产差价款给付了许某某,不应认定为受贿的辩护意见。经查,2006年4月,潘玉梅在案发前将购买许某某开发房产的差价款中的55万元补给许某某,相距2004年上半年其低价购房有近两年时间,没有及时补还巨额差价;潘玉梅的补还行为,是由于许某某因其他案件被检察机关找去谈话,检察机关从许某某的公司账上已掌握潘玉梅购房仅支付部分款项的情况后,出于掩盖罪行目的而采取的退赃行为。因此,潘玉梅为掩饰犯罪而补还房屋差价款,不影响对其受贿罪的认定。

综上所述,被告人潘玉梅、陈宁及其辩护人提出的上述辩护意见不能成立,不予采纳。潘玉梅、陈宁作为国家工作人员,分别利用各自的职务便利,为他人谋取利益,收受他人财物的行为均已构成受贿罪,且受贿数额特别巨大,但同时鉴于二被告人均具有归案后如实供述犯罪、认罪态度好,主动交代司法机关尚未掌握的同种余罪,案发前退出部分赃款,案发后配合追缴涉案全部赃款等从轻处罚情节,故一、二审法院依法作出如上裁判。

指导案例11号：杨延虎等贪污案

【关键词】

刑事　贪污罪　职务便利　骗取工地使用权

【裁判要点】

1. 贪污罪中的"利用职务上的便利"，是指利用职务上主管、管理、经手公共财物的权力及方便条件，既包括利用本人职务上主管、管理公共财物的职务便利，也包括利用职务上有隶属关系的其他国家工作人员的职务便利。

2. 土地使用权具有财产性利益，属于刑法第三百八十二条第一款规定中的"公共财物"，可以成为贪污的对象。

【相关法条】

《中华人民共和国刑法》第三百八十二条第一款

【基本案情】

被告人杨延虎1996年8月任浙江省义乌市委常委，2003年3月任义乌市人大常委会副主任，2000年8月兼任中国小商品城福田市场（2003年3月改称中国义乌国际商贸城，简称国际商贸城）建设领导小组副组长兼指挥部总指挥，主持指挥部全面工作。2002年，杨延虎得知义乌市稠城街道共和村将列入拆迁和旧村改造范围后，决定在该村购买旧房，利用其职务便利，在拆迁安置时骗取非法利益。杨延虎遂与被告人王月芳（杨延虎的妻妹）、被告人郑新潮（王月芳之夫）共谋后，由王、郑二人出面，通过共和村王某某，以王月芳的名义在该村购买赵某某的3间旧房（房产证登记面积61.87平方米，发证日期1998年8月3日）。按当地拆迁和旧村改造政策，赵某某有无该旧房，其所得安置土地面积均相同，事实上赵某某也按无房户得到了土地安置。2003年3、4月份，为使3间旧房所占土地确权到王月芳名下，在杨延虎指使和安排下，郑新潮再次通过共和村王某某，让该村村民委员会及其成员出具了该3间旧房系王月芳1983年所建的虚假证明。杨延虎利用职务便利，要求兼任国际商贸城建设指挥部分管土地确权工作的副总指挥、义乌市国土资源局副局长吴某某和指挥部确权报批科人员，对王月芳拆迁安置、土地确权予以关照。国际商贸城建设指挥部遂将王月芳所购房屋作为有村证明但无产权证的旧房进行确权审核，上报义乌市国土资源局确权，并按丈量结果认定其占地面积64.7平方米。

此后，被告人杨延虎与郑新潮、王月芳等人共谋，在其岳父王某祥在共和村拆迁中可得25.5平方米土地确权的基础上，于2005年1月编造了由王月芳等人签名的申请报告，谎称"王某祥与王月芳共有三间半房屋，占地90.2平方米，二人在1986年分家，王某祥分得36.1平方米，王月芳分得54.1平方米，有关部门确认王某祥房屋25.5平方米、王月芳房屋64平方米有误"，要求义乌市国土资源局更正。随后，杨延虎利用职务便利，指使国际商贸城建设指挥部工作人员以该部名义对该申请报告盖章确认，并使该申请报告得到义乌市国土资源局和义乌市政府认可，从而让王月芳、王某祥分别获得72和54平方米（共126平方米）的建设用地审批。按王某祥的土地确权面积仅应得36平方米建设用地审批，其余90平方米系非法所得。2005年5月，杨延虎等人在支付选位费24.552万元后，在国际商贸城拆迁安置区获得两间店面72平方米土地的拆迁安置补偿（案发后，该72平方米的土地使用权被依法冻结）。该处地块在用作安置前已被国家征用并转为建设用地，属国有划拨土地。经评估，该处每平方米的土地使用权价值35270元。杨延虎等人非法所得的建设用地90平方米，按照当地拆迁安置规定，折合拆迁安置区店面的土地面积为72平方米，价值253.944万元，扣除其支付的24.552万元后，实际非法所得229.392万元。

此外，2001年至2007年间，被告人杨延虎利用职务便利，为他人承揽工程、拆迁安置、国有土地受让等谋取利益，先后非法收受或索取57万元，其中索贿5万元。

【裁判结果】

浙江省金华市中级人民法院于2008年12月15日作出（2008）金中刑二初字第30号刑事判决：一、被告人杨延虎犯贪污罪，判处有期徒刑十五年，并处没收财产二十万元；犯受贿罪，判处有期徒刑十一年，并处没收财产十万元；决定执行有期徒刑十八年，并处没收财产三十万元。二、被告人郑新潮犯贪污罪，判处有期徒刑五年。三、被告人王月芳犯贪污罪，判处有期徒刑三年。宣判后，三被告人均提出上诉。浙江省高级人民法院于2009年3月16日作出（2009）浙刑二终字第34号刑事裁定，驳回上诉，维持原判。

【裁判理由】

法院生效裁判认为：关于被告人杨延虎的辩护人提出杨延虎没有利用职务便利的辩护意见。经查，义乌国际商贸城指挥部系义乌市委、市政府为确保国际商贸城建设工程顺利进行而设立的机构，指挥部下设确权报批科，工作人员从国土资源局抽调，负责土地确权、建房建设用地的审核及报批工作，分管该科的副总指挥吴某某也是国土资源局的副局长。确权报批科作为指挥部下设机构，同时受指挥部的领导，作为指挥部总指挥的杨延虎具有对该科室的领导职权。贪污罪中的“利用职务上的便利”，是指利用职务上主管、管理、经手公共财物的权力及方便条件，既包括利用本人职务上主管、管理公共财物的职务便利，也包括利用职务上有隶属关系的其他国家工作人员的职务便利。本案中，杨延虎正是利用担任义乌市委常委、义乌市人大常委会副主任和兼任指挥部总指挥的职务便利，给下属的土地确权报批科人员及其分管副总指挥打招呼，才使得王月芳等人虚报的拆迁安置得以实现。

关于被告人杨延虎等人及其辩护人提出被告人王月芳应当获得土地安置补偿，涉案土地属于集体土地，不能构成贪污罪的辩护意见。经查，王月芳购房时系居民户口，按照法律规定和义乌市拆迁安置有关规定，不属于拆迁安置对象，不具备获得土地确权的资格，其在共和村所购房屋既不能获得土地确权，又不能得到拆迁安置补偿。杨延虎等人明知王月芳不符合拆迁安置条件，却利用杨延虎的职务便利，通过将王月芳所购房屋谎报为其祖传旧房、虚构王月芳与王某祥分家事实，骗得旧房拆迁安置资格，骗取国有土地确权。同时，由于杨延虎利用职务便利，杨延虎、王月芳等人弄虚作假，既使王月芳所购旧房的房主赵某某按无房户得到了土地安置补偿，又使本来不应获得土地安置补偿的王月芳获得了土地安置补偿。《中华人民共和国土地管理法》第二条、第九条规定，我国土地实行社会主义公有制，即全民所有制和劳动群众集体所有制，并可以依法确定给单位或者个人使用。对土地进行占有、使用、开发、经营、交易和流转,能够带来相应经济收益。因此,土地使用权自然具有财产性利益,无论国有土地,还是集体土地,都属于刑法第三百八十二条第一款规定中的"公共财物",可以成为贪污的对象。王月芳名下安置的地块已在2002年8月被征为国有并转为建设用地,义乌市政府文件抄告单也明确该处的拆迁安置土地使用权登记核发国有土地使用权证。因此,杨延虎等人及其辩护人所提该项辩护意见,不能成立。

综上,被告人杨延虎作为国家工作人员,利用担任义乌市委常委、义乌市人大常委会副主任和兼任国际商贸城指挥部总指挥的职务便利,伙同被告人郑新潮、王月芳以虚构事实的手段,骗取国有土地使用权,非法占有公共财物,三被告人的行为均已构成贪污罪。杨延虎还利用职务便利,索取或收受他人贿赂,为他人谋取利益,其行为又构成受贿罪,应依法数罪并罚。在共同贪污犯罪中,杨延虎起主要作用,系主犯,应当按照其所参与或者组织、指挥的全部犯罪处罚;郑新潮、王月芳起次要作用,系从犯,应减轻处罚。故一、二审法院依法作出如上裁判。

检例第3号:林志斌徇私舞弊暂予监外执行案

【要旨】

司法工作人员收受贿赂,对不符合减刑、假释、暂予监外执行条件的罪犯,予以减刑、假释或者暂予监外执行的,应根据案件的具体情况,依法追究刑事责任。

【基本案情】

被告人林志斌,男,1964年8月21日出生,汉族,原系吉林省吉林监狱第三监区监区长,大学文化。2008年11月1日,因涉嫌徇私舞弊暂予监外执行罪被刑事拘留,2008年11月14日被逮捕。

2003年12月,高俊宏因犯合同诈骗罪,被北京市东城区人民法院判处有期徒刑十二年,2004年1月入吉林省吉林监狱服刑。服刑期间,高俊宏认识了服刑犯人赵金喜,并请赵金喜为其办理保外就医。赵金喜找到时任吉林监狱第五监区副监区长的被告人林志斌,称高俊宏愿意出钱办理保外就医,让林志斌帮忙把手续办下来。林志斌答应帮助沟通此事。之后赵金喜找到服刑犯人杜迎涛,由杜迎涛配制了能表现出患病症状的药物。在赵金喜的安排下,高俊宏于同年3月24日服药后"发病"住院。林志斌明知高俊宏伪造病情,仍找到吉林监狱刑罚执行科的王连发(另案处理),让其为高俊宏办理保外就医,并主持召开了对高俊宏提请保外就医的监区干部讨论会。会上,林志斌隐瞒了高俊宏伪造病情的情况,致使讨论会通过了高俊宏的保外就医申请,然后其将高俊宏的保外就医相关材料报到刑罚执行科。期间高俊宏授意其弟高俊卫与赵金喜向林志斌行贿人民币5万元(林志斌将其中3万元交王连发)。2004年4月28日,经吉林监狱呈报,吉林省监狱管理局以高俊宏双肺肺炎、感染性休克、呼吸衰竭,批准高俊宏暂予监外执行一年。同年4月30日,高俊宏被保外就医。2006年5月18日,高俊宏被收监。

【诉讼过程】

2008年10月28日,吉林省长春市宽城区人民检察院对林志斌涉嫌徇私舞弊暂予监外执行一案立案侦查。2009年8月4日,长春市宽城区人民检察院以林志斌涉嫌徇私舞弊暂予监外执行罪向长春市宽城区人民法院提起公诉。2009年10月20日,长春市宽城区人民法院作出(2009)宽刑初字第223号刑事判决,以被告人林志斌犯徇私舞弊暂予监外执行罪,判处有期徒刑三年。

检例第4号:崔建国环境监管失职案

【关键词】

渎职罪主体　国有事业单位工作人员　环境监管失职罪

【要旨】

实践中,一些国有公司、企业和事业单位经合法授权从事具体的管理市场经济和社会生活的工作,拥有一定管理公共事务和社会事务的职权,这些实际行使国家行政管理职权的公司、企业和事业单位工作人员,符合渎职罪主体要求;对其实施渎职行为构成犯罪的,应当依照刑法关于渎职罪的规定追究刑事责任。

【相关立法】

《中华人民共和国刑法》第四百零八条,全国人民代表大会常务委员会《关于〈中华人民共和国刑法〉第九章渎职罪主体适用问题的解释》。

【基本案情】

被告人崔建国,男,1960年出生,原系江苏省盐城市饮用水源保护区环境监察支队二大队大队长。

江苏省盐城市标新化工有限公司(以下简称标新公司)位于该市二级饮用水保护区内的饮用水取水河蟒蛇河上游。根据国家、市、区的相关法律法规文件规定,标新公司为重点污染源,系"零排污"企业。标新公司于2002年5月经过江苏省盐城市环保局审批建设年产500吨氯代醚酮项目,2004年8月通过验收。2005年11月,标新公司未经批准在原有氯代醚酮生产车间套产甘宝素。2006年9月建成甘宝素生产专用车间,含11台生产反应釜。氯代醚酮的生产过程中所产生的废水有钾盐水、母液、酸性废水、间接冷却水及生活污水。根据验收报告的要求,母液应外售,钾盐水、酸性废水、间接冷却水均应经过中和、吸附后回用(钾盐水也可收集后出售给有资质的单位)。但标新公司自生产以来,从未使用有关排污的技术处理设施。除在2006年至2007年部分钾盐废水(共50吨左右)外售至阜宁助剂厂外,标新公司生产产生的钾盐废水及其他废水直接排放至厂区北侧或者东侧的河流中,导致2009年2月发生盐城市区饮用水源严重污染事件。盐城市城西水厂、越河水厂水源遭受严重污染,所生产的自来水中酚类物质严重超标,近20万盐城市居民生活饮用水和部分单位供水被迫中断66小时40分钟,造成直接经济损失543万余元,并在社会上造成恶劣影响。

盐城市环保局饮用水源保护区环境监察支队负责盐城市区饮用水源保护区的环境保护、污染防治工作,标新公司位于市饮用水源二级保护区范围内,属该支队二大队管辖。被告人崔建国作为二大队大队长,对标新公司环境保护监察工作负有直接领导责任。崔建国不认真履行环境保护监管职责,并于2006年到2008年多次收受标新公司法定代表人胡某某小额财物。崔建国在日常检查中多次发现标新公司有冷却水和废水外排行为,但未按规定要求标新公司提供母液台账、合同、发票等材料,只是填写现场监察记录,也未向盐城市饮用水源保护区环境监察支队汇报标新公司违法排污情况。2008年12月6日,盐城市饮用水源保护区环境监察支队对保护区内重点化工企业进行专项整治活动,并对标新公司发出整改通知,但崔建国未组织二大队监察人员对标新公司进行跟踪检查,监督标新公司整改。直至2009年2月18日,崔建国对标新公司进行检查时,只在该公司办公室填写了1份现场监察记录,未对排污情况进行现场检查,没有能及时发现和阻止标新公司向厂区外河流排放大量废液,以致发生盐城市饮用水源严重污染。在水污染事件发生后,崔建国为掩盖其工作严重不负责任,于2009年2月21日伪造了日期为2008年12月10日和2009年2月16日两份虚假监察记录,以逃避有关部门的查处。

【诉讼过程】

2009年3月14日,崔建国因涉嫌环境监管失职罪由江苏省盐城市阜宁县人民检察院立案侦查,同日被刑事拘留,3月27日被逮捕,5月13日侦查终结移送审查起诉。2009年6月26日,江苏省盐城市阜宁县人民检察院以被告人崔建国犯环境监管失职罪向阜宁县人民法院提起公诉。2009年12月16日,阜宁县人民法院作出一审判决,认为被告人崔建国作为负有环境保护监督管理职责的国家机关工作人员,在履行环境监管职责过程中,严重不负责任,导致发生重大环境污染事故,致使公私财产遭受重大损失,其行为构成环境监管失职罪;依照《中华人民共和国刑法》第四百零八条的规定,判决崔建国犯环境监管失职罪,判处有期徒刑二年。一审判决后,崔建国以自己对标新公司只具有督查的职责,不具有监管的职责,不符合环境监管失职罪的主体要求等为由提出上诉。盐城市中级人民法院认为,崔建国身为国有事业单位的工作人员,在受国家机关的委托代表国家机关履行环境监督管理职责过程中,严重不负责任,导致发生重大环境污染事故,致使公私财产遭受重大损失,其行为构成环境监管失职罪。崔建国所在的盐城市饮用水源保护区环境监察支队为国有事业单位,由盐城市人民政府设立,其系受国家机关委托代表国家机关行使环境监管职权,原判决未引用全国人民代表大会常务委员会《关于〈中华人民共和国刑法〉第九章渎职罪主体适用问题的解释》的相关规定,直接认定崔建国系国家机关工作人员不当,予以纠正;原判认定崔建国犯罪事实清楚,定性正确,量刑恰当,审判程序合法。2010年1月21日,盐城市中级人民法院二审终审裁定,驳回上诉,维持原判。

检例第5号:陈根明、林福娟、李德权滥用职权案

【关键词】

渎职罪主体　村基层组织人员　滥用职权罪

【要旨】

随着我国城镇建设和社会主义新农村建设逐步深入推进,村民委员会、居民委员会等基层组织协助人民政府管理社会发挥越来越重要的作用。实践中,对村民委员会、居民委员会等基层组织人员协助人民政府从事行政管理工作时,滥用职权、玩忽职守构成犯罪的,应当依照刑法关于渎职罪的规定追究刑事责任。

【相关立法】

《中华人民共和国刑法》第三百九十七条,全国人民代表大会常务委员会《关于

〈中华人民共和国刑法〉第九章渎职罪主体适用问题的解释》。

【基本案情】

被告人陈根明,男,1946 年出生,原系上海市奉贤区四团镇推进小城镇社会保险(以下简称镇保)工作领导小组办公室负责人。

被告人林福娟,女,1960 年出生,原系上海市奉贤区四团镇杨家宅村党支部书记、村民委员会主任、村镇保工作负责人。

被告人李德权(曾用名李德元),男,1958 年出生,原系上海市奉贤区四团镇杨家宅村党支部委员、村民委员会副主任、村镇保工作经办人。

2004 年 1 月至 2006 年 6 月期间,被告人陈根明利用担任上海市奉贤区四团镇推进镇保工作领导小组办公室负责人的职务便利,被告人林福娟、李德权利用受上海市奉贤区四团镇人民政府委托分别担任杨家宅村镇保工作负责人、经办人的职务便利,在从事被征用农民集体所有土地负责农业人员就业和社会保障工作过程中,违反相关规定,采用虚增被征用土地面积等方法徇私舞弊,共同或者单独将杨家宅村、良民村、横桥村 114 名不符合镇保条件的人员纳入镇保范围,致使奉贤区四团镇人民政府为上述人员缴纳镇保费用共计人民币 600 余万元、上海市社会保险事业基金结算管理中心(以下简称市社保中心)为上述人员实际发放镇保资金共计人民币 178 万余元,并造成了恶劣的社会影响。其中,被告人陈根明共同及单独将 71 名不符合镇保条件人员纳入镇保范围,致使镇政府缴纳镇保费用共计人民币 400 余万元、市社保中心实际发放镇保资金共计人民币 114 万余元;被告人林福娟共同及单独将 79 名不符合镇保条件人员纳入镇保范围,致使镇政府缴纳镇保费用共计人民币 400 余万元、市社保中心实际发放镇保资金共计人民币 124 万余元;被告人李德权共同及单独将 60 名不符合镇保条件人员纳入镇保范围,致使镇政府缴纳镇保费用共计人民币 300 余万元,市社保中心实际发放镇保资金共计人民币 95 万余元。

【诉讼过程】

2008 年 4 月 15 日,陈根明、林福娟、李德权因涉嫌滥用职权罪由上海市奉贤区人民检察院立案侦查,陈根明于 4 月 15 日被刑事拘留,4 月 29 日被逮捕,林福娟、李德权于 4 月 15 日被取保候审,6 月 27 日侦查终结移送审查起诉。2008 年 7 月 28 日,上海市奉贤区人民检察院以被告人陈根明、林福娟、李德权犯滥用职权罪向奉贤区人民法院提起公诉。2008 年 12 月 15 日,上海市奉贤区人民法院作出一审判决,认为被告人陈根明身为国家机关工作人员,被告人林福娟、李德权作为在受国家机关委托代表国家机关行使职权的组织中从事公务的人员,在负责或经办被征地人员就业和保障工作过程中,故意违反有关规定,共同或单独擅自将不符合镇保条件的人员纳入镇保范围,致使公共财产遭受重大损失,并造成恶劣社会影响,其行为均已触犯刑法,构成滥用职权罪,且有徇个人私情、私利的徇私舞弊情节。其中被告人陈根明、林福娟情节特别严重。犯罪后,三被告人在尚未被司法机关采取强制措施时,如实供述自己的罪行,属自首,依法可从轻或减轻处罚。依照《中华人民共和国刑法》第三百九十七条,第二十五条第一款,第六十七条第一款,第七十二条第一款,第七十三条第二、三款之规定,判决被告人陈根明犯滥用职权罪,判处有期徒刑二年;被告人林福娟犯滥用职权罪,判处有期徒刑一年六个月,宣告缓刑一年六个月;被告人李德权犯滥用职权罪,判处有期徒刑一年,宣告缓刑一年。一审判决后,被告人林福娟提出上诉。上海市第一中级人民法院二审终审裁定,驳回上诉,维持原判。

检例第 6 号:罗建华、罗镜添、朱炳灿、罗锦游滥用职权案

【关键词】

滥用职权罪　重大损失　恶劣社会影响

【要旨】

根据刑法规定,滥用职权罪是指国家机关工作人员滥用职权,致使"公共财产、国家和人民利益遭受重大损失"的行为。实践中,对滥用职权"造成恶劣社会影响的",应当依法认定为"致使公共财产、国家和人民利益遭受重大损失"。

【相关立法】

《中华人民共和国刑法》第三百九十七条,全国人民代表大会常务委员会《关于〈中华人民共和国刑法〉第九章渎职罪主体适用问题的解释》。

【基本案情】

被告人罗建华,男,1963 年出生,原系广州市城市管理综合执法局黄埔分局大沙街执法队协管员。

被告人罗镜添,男,1967 年出生,原系广州市城市管理综合执法局黄埔分局大沙街执法队协管员。

被告人朱炳灿,男,1964 年出生,原系广州市城市管理综合执法局黄埔分局大沙街执法队协管员。

被告人罗锦游,男,1987 年出生,原系广州市城市管理综合执法局黄埔分局大沙街执法队协管员。

2008 年 8 月至 2009 年 12 月期间,被告人罗建华、罗镜添、朱炳灿、罗锦游先后被广州市黄埔区人民政府大沙街道办事处招聘为广州市城市管理综合执法局黄埔分局大沙街执法队(以下简称执法队)协管员。上述四名被告人的工作职责是街道城市管理协管工作,包括动态巡查,参与街道、社区日常性的城管工作;劝阻和制止并督促改正违反城市管理法规的行为;配合综合执法部门,开展集中统一整治行动等。工作任务包括坚持巡查与守点相结合,及时劝导中心城区的乱摆卖行为等。罗建华、罗镜添从 2009 年 8 月至 2011 年 5 月担任协管员队长和副队长,此后由罗镜添担任队长,罗建华担任副队长。协管员队长职责是负责协管员人员召集,上班路段分配和日常考勤工作;副队长职责是协助队长开展日常工作,队长不在时履行队长职责。上述四名被告人上班时,身着统一发放的迷彩服,臂上戴着写有"大沙街城市管理督导员"的红袖章,手持一根木棍。2010 年 8 月至 2011 年 9 月期间,罗建华、罗镜添、朱炳灿、罗锦游和罗丁(另案处理)利用职务便利,先后多次向多名无照商贩索要 12 元、10 元、5 元不等的少量现金、香烟或直接在该路段的"士多店"拿烟再让部分无照商贩结账,后放弃履行职责,允许给予好处的无照商贩在严禁乱摆卖的地段非法占道经营。由于上述被告人的行为,导致该地段的无照商贩非法占道经营十分严重,几百档流动商贩恣意乱摆卖,严重影响了市容市貌和环境卫生,给周边商铺和住户的经营、生活、出行造成极大不便。由于执法不公,对给予钱财的商贩放任其占道经

营,对其他没给好处费的无照商贩则进行驱赶或通知城管部门到场处罚,引起了群众强烈不满,城市管理执法部门执法人员在依法执行公务过程中遭遇多次暴力抗法,数名执法人员受伤住院。上述四名被告人的行为严重危害和影响了该地区的社会秩序、经济秩序、城市管理和治安管理,造成了恶劣的社会影响。

【诉讼过程】

2011年10月1日,罗建华、罗镜添、朱炳灿、罗锦游四人因涉嫌敲诈勒索罪被广州市公安局黄埔分局刑事拘留,11月7日被逮捕。11月10日,广州市公安局黄埔分局将本案移交广州市黄埔区人民检察院。2011年11月10日,罗建华、罗镜添、朱炳灿、罗锦游四人因涉嫌滥用职权罪由广州市黄埔区人民检察院立案侦查,12月9日侦查终结移送审查起诉。2011年12月28日,广州市黄埔区人民检察院以被告人罗建华、罗镜添、朱炳灿、罗锦游犯滥用职权罪向黄埔区人民法院提起公诉。2012年4月18日,黄埔区人民法院一审判决,认为被告人罗建华、罗镜添、朱炳灿、罗锦游身为虽未列入国家机关人员编制但在国家机关中从事公务的人员,在代表国家行使职权时,长期不正确履行职权,大肆勒索辖区部分无照商贩的钱财,造成无照商贩非法占道经营十分严重,暴力抗法事件不断发生,社会影响相当恶劣,其行为触犯了《中华人民共和国刑法》第三百九十七条第一款的规定,构成滥用职权罪。被告人罗建华与罗镜添身为城管协管员前、后任队长及副队长不仅参与勒索无照商贩的钱财,放任无照商贩非法占道经营,而且也收受其下属勒索来的香烟,放任其下属胡作非为,在共同犯罪中所起作用相对较大,可对其酌情从重处罚。鉴于四被告人归案后能供述自己的罪行,可对其酌情从轻处罚。依照《中华人民共和国刑法》第三百九十七条第一款、第六十一条,《全国人民代表大会常务委员会关于〈中华人民共和国刑法〉第九章渎职罪主体适用问题的解释》的规定,判决被告人罗建华犯滥用职权罪,判处有期徒刑一年六个月;被告人罗镜添犯滥用职权罪,判处有期徒刑一年五个月;被告人朱炳灿犯滥用职权罪,判处有期徒刑一年二个月;被告人罗锦游犯滥用职权罪,判处有期徒刑一年二个月。一审判决后,四名被告人在法定期限内均未上诉,检察机关也没有提出抗诉,一审判决发生法律效力。

检例第7号:胡宝刚、郑伶徇私舞弊不移交刑事案件案

【关键词】

诉讼监督　徇私舞弊不移交刑事案件罪

【要旨】

诉讼监督,是人民检察院依法履行法律监督的重要内容。实践中,检察机关和办案人员应当坚持办案与监督并重,建立健全行政执法与刑事司法有效衔接的工作机制,善于在办案中发现各种职务犯罪线索;对于行政执法人员徇私舞弊,不移送有关刑事案件构成犯罪的,应当依法追究刑事责任。

【相关立法】

《中华人民共和国刑法》第四百零二条

【基本案情】

被告人胡宝刚,男,1956年出生,原系天津市工商行政管理局河西分局公平交易科科长。

被告人郑伶,男,1957 年出生,原系天津市工商行政管理局河西分局公平交易科科员。

被告人胡宝刚在担任天津市工商行政管理局河西分局(以下简称工商河西分局)公平交易科科长期间,于 2006 年 1 月 11 日上午,带领被告人郑伶等该科工作人员对群众举报的天津华夏神龙科贸发展有限公司(以下简称神龙公司)涉嫌非法传销问题进行现场检查,当场扣押财务报表及宣传资料若干,并于当日询问该公司法定代表人李蓬,李蓬承认其公司营业额为 114 万余元(与所扣押财务报表上数额一致),后由被告人郑伶具体负责办理该案。2006 年 3 月 16 日,被告人胡宝刚、郑伶在案件调查终结报告及处罚决定书中,认定神龙公司的行为属于非法传销行为,却隐瞒该案涉及经营数额巨大的事实,为牟取小集体罚款提成的利益,提出行政罚款的处罚意见。被告人胡宝刚在局长办公会上汇报该案时亦隐瞒涉及经营数额巨大的事实。2006 年 4 月 11 日,工商河西分局同意被告人胡宝刚、郑伶的处理意见,对当事人作出“责令停止违法行为,罚款 50 万元”的行政处罚,后李蓬分数次将 50 万元罚款交给工商河西分局。被告人胡宝刚、郑伶所在的公平交易科因此案得到 2.5 万元罚款提成。

李蓬在分期缴纳工商罚款期间,又成立河西、和平、南开分公司,由王福荫担任河西分公司负责人,继续进行变相传销活动,并造成被害人华某某等人经济损失共计 40 万余元人民币。公安机关接被害人举报后,查明李蓬进行传销活动非法经营数额共计 2277 万余元人民币(工商查处时为 1600 多万元)。天津市河西区人民检察院在审查起诉被告人李蓬、王福荫非法经营案过程中,办案人员发现胡宝刚、郑伶涉嫌徇私舞弊不移交被告人李蓬、王福荫非法经营刑事案件的犯罪线索。

【诉讼过程】

2010 年 1 月 13 日,胡宝刚、郑伶因涉嫌徇私舞弊不移交刑事案件罪由天津市河西区人民检察院立案侦查,并于同日被取保候审,3 月 15 日侦查终结移送审查起诉,因案情复杂,4 月 22 日依法延长审查起诉期限半个月,5 月 6 日退回补充侦查,6 月 4 日侦查终结重新移送审查起诉。2010 年 6 月 12 日,天津市河西区人民检察院以被告人胡宝刚、郑伶犯徇私舞弊不移交刑事案件罪向河西区人民法院提起公诉。2010 年 9 月 14 日,河西区人民法院作出一审判决,认为被告人胡宝刚、郑伶身为工商行政执法人员,在明知查处的非法传销行为涉及经营数额巨大,依法应当移交公安机关追究刑事责任的情况下,为牟取小集体利益,隐瞒不报违法事实涉及的金额,以罚代刑,不移交公安机关处理,致使犯罪嫌疑人在行政处罚期间,继续进行违法犯罪活动,情节严重,二被告人负有不可推卸的责任,其行为均已构成徇私舞弊不移交刑事案件罪,且系共同犯罪。依照《中华人民共和国刑法》第四百零二条、第二十五条第一款、第三十七条之规定,判决被告人胡宝刚、郑伶犯徇私舞弊不移交刑事案件罪。一审判决后,被告人胡宝刚、郑伶在法定期限内均没有上诉,检察机关也没有提出抗诉,一审判决发生法律效力。

检例第8号：杨周武玩忽职守、徇私枉法、受贿案

【关键词】

玩忽职守罪　徇私枉法罪　受贿罪　因果关系　数罪并罚

【要旨】

本案要旨有两点：一是渎职犯罪因果关系的认定。如果负有监管职责的国家机关工作人员没有认真履行其监管职责，从而未能有效防止危害结果发生，那么，这些对危害结果具有“原因力”的渎职行为，应认定与危害结果之间具有刑法意义上的因果关系。二是渎职犯罪同时受贿的处罚原则。对于国家机关工作人员实施渎职犯罪并收受贿赂，同时构成受贿罪的，除刑法第三百九十九条有特别规定的外，以渎职犯罪和受贿罪数罪并罚。

【相关立法】

《中华人民共和国刑法》第三百九十七条、第三百九十九条、第三百八十五条、第六十九条。

【基本案情】

被告人杨周武，男，1958年出生，原系深圳市公安局龙岗分局同乐派出所所长。

犯罪事实如下：

一、玩忽职守罪

1999年7月9日，王静（另案处理）经营的深圳市龙岗区舞王歌舞厅经深圳市工商行政管理部门批准成立，经营地址在龙岗区龙平路。2006年该歌舞厅被依法吊销营业执照。2007年9月8日，王静未经相关部门审批，在龙岗街道龙东社区三和村经营舞王俱乐部，辖区派出所为同乐派出所。被告人杨周武自2001年10月开始担任同乐派出所所长。开业前几天，王静为取得同乐派出所对舞王俱乐部的关照，在杨周武之妻何晓经营的川香酒家宴请了被告人杨周武等人。此后，同乐派出所三和责任区民警在对舞王俱乐部采集信息建档和日常检查中，发现王静无法提供消防许可证、娱乐经营许可证等必需证件，提供的营业执照复印件上的名称和地址与实际不符，且已过有效期。杨周武得知情况后没有督促责任区民警依法及时取缔舞王俱乐部。责任区民警还发现舞王俱乐部经营过程中存在超时超员、涉黄涉毒、未配备专业保安人员、发生多起治安案件等治安隐患，杨周武既没有依法责令舞王俱乐部停业整顿，也没有责令责任区民警跟踪监督舞王俱乐部进行整改。

2008年3月，根据龙岗区“扫雷”行动的安排和部署，同乐派出所成立“扫雷”专项行动小组，杨周武担任组长。有关部门将舞王俱乐部存在治安隐患和消防隐患等于2008年3月12日通报同乐派出所，但杨周武没有督促责任区民警跟踪落实整改措施，导致舞王俱乐部的安全隐患没有得到及时排除。

2008年6月至8月期间，广东省公安厅组织开展“百日信息会战”，杨周武没有督促责任区民警如实上报舞王俱乐部无证无照经营，没有对舞王俱乐部采取相应处理措施。舞王俱乐部未依照《消防法》、《建筑工程消防监督审核管理规定》等规定要求取得消防验收许可，未通过申报开业前消防安全检查，擅自开业、违法经营，营业期间不落实安全管理制度和措施，导致2008年9月20日晚发生特大火灾，造成44人死亡、64人受伤的严重后果。在这起特大消防事故中，杨周武及其他有关单位的

人员负有重要责任。

二、徇私枉法罪

2008年8月12日凌晨，江军、汪春蓉、赵志高等人在舞王俱乐部消费后乘坐电梯离开时与同时乘坐电梯的另外几名顾客发生口角，舞王俱乐部的保安员前来劝阻。争执过程中，舞王俱乐部的保安员易承桂及员工罗贤涛等五人与江军等人在舞王俱乐部一楼发生打斗，致江军受轻伤，汪春蓉、赵志高受轻微伤。杨周武指示以涉嫌故意伤害对舞王俱乐部罗贤涛、易承桂等五人立案侦查。次日，同乐派出所依法对涉案人员刑事拘留。案发后，舞王俱乐部负责人王静多次打电话给杨周武，并通过杨周武之妻何晓帮忙请求调解，要求使其员工免受刑事处罚。王静并为此在龙岗中心城邮政局停车场处送给何晓人民币3万元。何晓收到钱后发短信告诉杨周武。杨周武明知该案不属于可以调解处理的案件，仍答应帮忙，并指派不是本案承办民警的刘力飚负责协调调解工作，于2008年9月6日促成双方以赔偿人民币11万元达成和解。杨周武随即安排办案民警将案件作调解结案。舞王俱乐部有关人员于9月7日被解除刑事拘留，未被追究刑事责任。

三、受贿罪

2007年9月至2008年9月，杨周武利用职务便利，为舞王俱乐部负责人王静谋取好处，单独收受或者通过妻子何晓收受王静好处费，共计人民币30万元。

【诉讼过程】

2008年9月28日，杨周武因涉嫌徇私枉法罪由深圳市人民检察院立案侦查，10月25日被刑事拘留，11月7日被逮捕，11月13日侦查终结移交深圳市龙岗区人民检察院审查起诉。2008年11月24日，深圳市龙岗区人民检察院以被告人杨周武犯玩忽职守罪、徇私枉法罪和受贿罪向龙岗区人民法院提起公诉。一审期间，延期审理一次。2009年5月9日，深圳市龙岗区人民法院作出一审判决，认为被告人杨周武作为同乐派出所的所长，对辖区内的娱乐场所负有监督管理职责，其明知舞王俱乐部未取得合法的营业执照擅自经营，且存在众多消防、治安隐患，但严重不负责任，不认真履行职责，使本应停业整顿或被取缔的舞王俱乐部持续违法经营达一年之久，并最终导致发生44人死亡、64人受伤的特大消防事故，造成了人民群众生命财产的重大损失，其行为已构成玩忽职守罪，情节特别严重；被告人杨周武明知舞王俱乐部发生的江军等人被打案应予刑事处罚，不符合调解结案的规定，仍指示将该案件予以调解结案，构成徇私枉法罪，但是鉴于杨周武在实施徇私枉法行为的同时有受贿行为，且该受贿事实已被起诉，依照刑法第三百九十九条的规定，应以受贿罪一罪定罪处罚；被告人杨周武作为国家工作人员，利用职务上的便利，非法收受舞王俱乐部负责人王静的巨额钱财，为其谋取利益，其行为已构成受贿罪；被告人杨周武在未被采取强制措施前即主动交代自己全部受贿事实，属于自首，并由其妻何晓代为退清全部赃款，依法可以从轻处罚。依照《中华人民共和国刑法》第三百九十七条第一款，第三百九十九条第一款、第四款，第三百八十五条第一款，第三百八十六条，第三百八十三条第一款第（一）项、第二款，第六十四条，第六十七条第一款，第六十九条第一款之规定，判决被告人杨周武犯玩忽职守罪，判处有期徒刑五年；犯受贿罪，判处有期徒刑十年；总和刑期十五年，决定执行有期徒刑十三年;追缴受贿所得的赃款人民币30万元,依法予以没收并上缴国库。一审判决后,被告人杨周武在法定期限内没有上诉,检察机关也没有提出抗诉,一审判决发生法律效力。

检例第15号:胡林贵等人生产、销售有毒、有害食品,行贿;骆梅等人销售伪劣产品;朱伟全等人生产、销售伪劣产品;黎达文等人受贿,食品监管渎职案

【关键词】

生产、销售有毒、有害食品罪　生产、销售伪劣产品罪　食品监管渎职罪　受贿罪　行贿罪

【要旨】

实施生产、销售有毒、有害食品犯罪,为逃避查处向负有食品安全监管职责的国家工作人员行贿的,应当以生产、销售有毒、有害食品罪和行贿罪实行数罪并罚。

负有食品安全监督管理职责的国家机关工作人员,滥用职权,向生产、销售有毒、有害食品的犯罪分子通风报信,帮助逃避处罚的,应当认定为食品监管渎职罪;在渎职过程中受贿的,应当以食品监管渎职罪和受贿罪实行数罪并罚。

【相关立法】

《中华人民共和国刑法》第一百四十四条　第一百四十条　第四百零八条之一　第三百八十五条　第三百八十九条

【基本案情】

被告人胡林贵,男,1968年出生,重庆市人,原系广东省东莞市渝湘腊味食品有限公司股东。

被告人刘康清,男,1964年出生,重庆市人,原系广东省东莞市渝湘腊味食品有限公司股东。

被告人叶在均,男,1954年出生,重庆市人,原系广东省东莞市渝湘腊味食品有限公司股东。

被告人刘国富,男,1976年出生,重庆市人,原系广东省东莞市渝湘腊味食品有限公司股东。

被告人张永富,男,1969年出生,重庆市人,原系广东省东莞市渝湘腊味食品有限公司股东。

被告人叶世科,男,1979年出生,重庆市人,原系广东省东莞市渝湘腊味食品有限公司驾驶员。

被告人骆梅,女,1977年出生,重庆市人,原系广东省东莞市大岭山镇信立农产品批发市场销售人员。

被告人刘康素,女,1971年出生,重庆市人,原系广东省东莞市中堂镇江南农产品批发市场销售人员。

被告人朱伟全,男,1958年出生,广东省人,无业。

被告人曾伟中,男,1971年出生,广东省人,无业。

被告人黎达文,男,1973年出生,广东省人,原系广东省东莞市中堂镇人民政府经济贸易办公室(简称经贸办)副主任、中堂镇食品药品监督站站长,兼任中堂镇食品安全委员会(简称食安委)副主任及办公室主任。

被告人王伟昌,男,1965年出生,广东省人,原系广东省东莞市中堂中心屠场稽查队队长。

被告人陈伟基,男,1982年出生,广东省人,原系广东省东莞市中堂中心屠场稽查队队员。

被告人余忠东，男，1963年出生，湖南省人，原系广东省东莞市江南市场经营管理有限公司仓储加工管理部主管。

（一）被告人胡林贵、刘康清、叶在均、刘国富、张永富等人于2011年6月以每人出资2万元，在未取得工商营业执照和卫生许可证的情况下，在东莞市中堂镇江南农产品批发市场租赁加工区建立加工厂，利用病、死、残猪猪肉为原料，加入亚硝酸钠、工业用盐等调料，生产腊肠、腊肉。并将生产出来的腊肠、腊肉运至该市农产品批发市场固定铺位进行销售，平均每天销售约500公斤。该工厂主要由胡林贵负责采购病、死、残猪猪肉，刘康清负责销售，刘国富等人负责加工生产，张永富、叶在均等人负责打杂及协作，该加工厂还聘请了被告人叶世科等人负责运输，聘请了骆梅、刘康素等人负责销售上述加工厂生产出的腊肠、腊肉，其中骆梅于2011年8月初开始受聘担任销售，刘康素于2011年9月初开始受聘担任销售。

2011年10月17日，经群众举报，执法部门查处了该加工厂，当场缴获腊肠500公斤、腊肉500公斤、未检验的腊肉半成品2吨、工业用盐24包（每包50公斤）、“敌百虫”8支、亚硝酸钠11支等物品；10月25日，公安机关在农产品批发市场固定铺位缴获胡林贵等人存放的半成品猪肉7980公斤，经广东省质量监督检测中心抽样检测，该半成品含“敌百虫”等有害物质严重超标。

（二）自2010年12月至2011年6月份期间，被告人朱伟全、曾伟中等人收购病、死、残猪后私自屠宰，每月运行20天，并将每天生产出的约500公斤猪肉销售给被告人胡林贵、刘康清等人。后曾伟中退出经营，朱伟全等人于2011年9月份开始至案发期间，继续每天向胡林贵等人合伙经营的腊肉加工厂出售病、死、残猪猪肉约500公斤。

（三）被告人黎达文于2008年起先后兼任中堂镇产品质量和食品安全工作领导小组成员、经贸办副主任、中堂食安委副主任兼办公室主任、食品药品监督站站长，负责对中堂镇全镇食品安全的监督管理，包括中堂镇内食品安全综合协调职能和依法组织各执法部门查处食品安全方面的举报等工作。被告人余忠东于2005年起在东莞市江南市场经营管理有限公司任仓储加工管理部的主管。

2010年至2011年期间，黎达文在组织执法人员查处江南农产品批发市场的无证照腊肉、腊肠加工窝点过程中，收受被告人刘康清、胡林贵、余忠东等人贿款共十一次，每次5000元，合计55000元，其中胡林贵参与行贿十一次，计55000元，刘康清参与行贿十次，计50000元，余忠东参与行贿六次，计30000元。

被告人黎达文在收受被告人刘康清、胡林贵、余忠东等人的贿款之后，滥用食品安全监督管理的职权，多次在组织执法人员检查江南农产品批发市场之前打电话通知余忠东或胡林贵，让胡林贵等人做好准备，把加工场内的病、死、残猪猪肉等生产原料和腊肉、腊肠藏好，逃避查处，导致胡林贵等人在一年多时间内持续非法利用病、死、残猪猪肉生产“敌百虫”和亚硝酸盐成分严重超标的腊肠、腊肉，销往东莞市及周边城市的食堂和餐馆。

被告人王伟昌自2007年起任中堂中心屠场稽查队队长，被告人陈伟基自2009年2月起任中堂中心屠场稽查队队员，二人负责中堂镇内私宰猪肉的稽查工作。2009年7月至2011年10月间，王伟昌、陈伟基在执法过程中收受刘康清、刘国富等人贿款，其中王伟昌、陈伟基共同收受贿款13100元，王伟昌单独受贿3000元。

王伟昌、陈伟基受贿后，滥用食品安全监督管理的职权，多次在带队稽查过程中，明知刘康清和刘国富等人非法销售死猪猪肉、排骨而不履行查处职责，王伟昌还多次在参与中堂镇食安委组织的联合执法行动前打电话给刘康清通风报信，让刘康清等人逃避查处。

【诉讼过程】

2011年10月22日，胡林贵、刘康清因涉嫌生产、销售有毒、有害食品罪被刑事拘留，11月24日被逮捕；10月23日，叶在均、刘国富、张永富、叶世科、骆梅、刘康素因涉嫌生产、销售有毒、有害食品罪被刑事拘留，11月24日被逮捕；10月28日，朱伟全、曾伟中因涉嫌生产、销售有毒、有害食品罪被刑事拘留，11月24日被逮捕。2012年3月6日，黎达文因涉嫌受贿罪被刑事拘留，3月20日被逮捕。2012年4月26日，王伟昌、陈伟基因涉嫌受贿罪被刑事拘留，5月10日被逮捕。2012年3月6日，余忠东因涉嫌受贿罪被刑事拘留，3月20日被逮捕。

被告人胡林贵、刘康清、叶在均、刘国富、张永富、叶世科、骆梅、刘康素、曾伟中、朱伟全涉嫌生产、销售有毒、有害食品罪一案，由广东省东莞市公安局侦查终结，移送东莞市第一市区人民检察院审查起诉。被告人黎达文、王伟昌、陈伟基涉嫌受贿、食品监管渎职罪，被告人胡林贵、刘康清、余忠东涉嫌行贿罪一案，由东莞市人民检察院侦查终结，移送东莞市第一市区人民检察院审查起诉。因上述两个案件系关联案件，东莞市第一市区人民检察院决定并案审查。东莞市第一市区人民检察院经审查认为，被告人胡林贵、刘康清、叶在均、刘国富、张永富、叶世科无视国法，在生产、销售的食品中掺入有毒、有害的非食品原料，胡林贵、刘康清还为谋取不正当利益，多次向被告人黎达文、王伟昌、陈伟基等人行贿，胡林贵、刘康清的行为均已触犯了《中华人民共和国刑法》第一百四十四条、第三百八十九条第一款之规定，被告人叶在均、刘国富、张永富、叶世科的行为均已触犯了《中华人民共和国刑法》第一百四十四条之规定；被告人骆梅、刘康素在销售中以不合格产品冒充合格产品，其中骆梅销售的金额五十万元以上，刘康素销售的金额二十万元以上，二人的行为均已触犯了《中华人民共和国刑法》第一百四十条之规定；被告人朱伟全、曾伟中在生产、销售中以不合格产品冒充合格产品，生产、销售金额五十万元以上，二人的行为均已触犯了《中华人民共和国刑法》第一百四十条之规定；被告人黎达文、王伟昌、陈伟基身为国家机关工作人员，利用职务之便，多次收受贿款，同时黎达文、王伟昌、陈伟基身为负有食品安全监督管理职责的国家机关工作人员，滥用职权为刘康清等人谋取非法利益，造成恶劣社会影响，三人的行为已分别触犯了《中华人民共和国刑法》第三百八十五条第一款、第四百零八条之一之规定；被告人余忠东为谋取不正当利益，多次向被告人黎达文、王伟昌、陈伟基等人行贿，其行为已触犯《中华人民共和国刑法》第三百八十九条第一款之规定。2012年5月29日，东莞市第一市区人民检察院以被告人胡林贵、刘康清犯生产、销售有毒、有害食品罪、行贿罪，叶在均、刘国富、张永富、叶世科犯生产、销售有毒、有害食品罪，骆梅、刘康素犯销售伪劣产品罪，朱伟全、曾伟中犯生产、销售伪劣产品罪，黎达文、王伟昌、陈伟基犯受贿罪、食品监管渎职罪，余忠东犯行贿罪，向东莞市第一人民法院提起公诉。

2012 年 7 月 9 日，东莞市第一人民法院一审认为，被告人胡林贵、刘康清、叶在均、刘国富、张永富、叶世科无视国法，在生产、销售的食品中掺入有毒、有害的非食品原料，其行为已构成生产、销售有毒、有害食品罪，且属情节严重；被告人骆梅、刘康素作为产品销售者，以不合格产品冒充合格产品，其中被告人骆梅销售金额为五十万元以上不满二百万元，被告人刘康素销售金额为二十万元以上不满五十万元，其二人的行为已构成销售伪劣产品罪；被告人朱伟全、曾伟中在生产、销售中以不合格产品冒充合格产品，涉案金额五十万元以上不满二百万元，其二人的行为已构成生产、销售伪劣产品罪；被告人黎达文身为国家工作人员，被告人王伟昌、陈伟基身为受国家机关委托从事公务的人员，均利用职务之便，多次收受贿款，同时，被告人黎达文、王伟昌、陈伟基还违背所负的食品安全监督管理职责，滥用职权为刘康清等人谋取非法利益，造成严重后果，被告人黎达文、王伟昌、陈伟基的行为已构成受贿罪、食品监管渎职罪；被告人胡林贵、刘康清、余忠东为谋取不正当利益，多次向黎达文、王伟昌、陈伟基等人行贿，其三人的行为均已构成行贿罪。对上述被告人的犯罪行为，依法均应惩处，对被告人胡林贵、刘康清、黎达文、王伟昌、陈伟基依法予以数罪并罚。被告人刘康清系累犯，依法应从重处罚；刘康清在被追诉前主动交代其行贿行为，依法可以从轻处罚；刘康清还举报了胡林贵向黎达文行贿 5000 元的事实，并经查证属实，是立功，依法可以从轻处罚。被告人黎达文、王伟昌、陈伟基归案后已向侦查机关退出全部赃款，对其从轻处罚。被告人胡林贵、刘康清、张永富、叶世科、余忠东归案后如实供述犯罪事实，认罪态度较好，均可从轻处罚；被告人黎达文在法庭上认罪态度较好，可酌情从轻处罚。依照刑法相关条款规定，判决：

（一）被告人胡林贵犯生产、销售有毒、有害食品罪和行贿罪，数罪并罚，判处有期徒刑九年九个月，并处罚金人民币十万元。被告人刘康清犯生产、销售有毒、有害食品罪和行贿罪，数罪并罚，判处有期徒刑九年，并处罚金人民币九万元。被告人叶在均、刘国富、张永富、叶世科犯生产、销售有毒、有害食品罪，分别判处有期徒刑八年六个月并处罚金人民币十万元、有期徒刑八年六个月并处罚金人民币十万元、有期徒刑八年三个月并处罚金人民币十万元、有期徒刑七年九个月并处罚金人民币五万元。被告人骆梅、刘康素犯销售伪劣产品罪，分别判处有期徒刑七年六个月并处罚金人民币三万元、有期徒刑六年并处罚金人民币二万元。

（二）被告人朱伟全、曾伟中犯生产、销售伪劣产品罪，分别判处有期徒刑八年并处罚金人民币七万元、有期徒刑七年六个月并处罚金人民币六万元。

（三）被告人黎达文犯受贿罪和食品监管渎职罪，数罪并罚，判处有期徒刑七年六个月，并处没收个人财产人民币一万元。被告人王伟昌犯受贿罪和食品监管渎职罪，数罪并罚，判处有期徒刑三年三个月。被告人陈伟基犯受贿罪和食品监管渎职罪，数罪并罚，判处有期徒刑二年六个月。

被告人余忠东犯行贿罪,判处有期徒刑十个月。

一审宣判后,被告人胡林贵、刘康清、叶在均、刘国富、张永富、叶世科、骆梅、刘康素、曾伟中、黎达文、王伟昌、陈伟基提出上诉。

2012年8月21日,广东省东莞市中级人民法院二审裁定驳回上诉,维持原判。

检例第16号:赛跃、韩成武受贿、食品监管渎职案

【关键词】

受贿罪　食品监管渎职罪

【要旨】

负有食品安全监督管理职责的国家机关工作人员,滥用职权或玩忽职守,导致发生重大食品安全事故或者造成其他严重后果的,应当认定为食品监管渎职罪。在渎职过程中受贿的,应当以食品监管渎职罪和受贿罪实行数罪并罚。

【相关立法】

《中华人民共和国刑法》第三百八十五条　第四百零八条之一

【基本案情】

被告人赛跃,男,云南省人,1965年出生,原系云南省嵩明县质量技术监督局(以下简称嵩明县质监局)局长。

被告人韩成武,男,云南省人,1963年出生,原系嵩明县质监局副局长。

2011年9月17日,根据群众举报称云南丰瑞粮油工业产业有限公司(位于云南省嵩明县杨林工业园区,以下简称杨林丰瑞公司)违法生产地沟油,时任嵩明县质监局局长、副局长的赛跃、韩成武等人到杨林丰瑞公司现场检查,查获该公司无生产许可证,其生产区域的配套的食用油加工设备以"调试设备"之名在生产,现场有生产用原料毛猪油2244.912吨,其中有的外包装无标签标识等,不符合食品安全标准。9月21日,被告人赛跃、韩成武没有计量核实毛猪油数量、来源,仅凭该公司人员陈述500吨,而对毛猪油591.4吨及生产用活性土30吨、无证生产的菜油100吨进行封存。同年10月22日,韩成武以"杨林丰瑞公司采购的原料共59.143吨不符合食品安全标准"建议立案查处,赛跃同意立案,并召开案审会经集体讨论,决定对杨林丰瑞公司给予行政处罚。10月24日,嵩明县质监局作出对杨林丰瑞公司给予销毁不符合安全标准的原材料和罚款1419432元的行政处罚告知,并将行政处罚告知书送达该公司。之后,该公司申请从轻、减轻处罚。同年12月9日,赛跃、韩成武以企业配合调查及经济困难为由,未经集体讨论,决定减轻对杨林丰瑞公司的行政处罚,嵩明县质监局于12月12日作出行政处罚决定书,对杨林丰瑞公司作出销毁不符合食品安全标准的原料和罚款20万元的处罚,并下达责令改正通知书,责令杨林丰瑞公司于2011年12月27日前改正"采购的原料毛猪油不符合食品安全标准"的违法行为。12月13日,嵩明县质监局解除了对毛猪油、活性土、菜油的封存,实际并未销毁该批原料。致使杨林丰瑞公司在2011年11月至2012年3月期间,使用已查获的原料无证生产食用猪油并流入社会,对人民群众的生命健康造成较大隐患。

2011年10月至11月间,被告人赛跃、韩成武在查处该案的过程中,先后两次在办公室收受该公司吴庆伟(另案处理)分别送给的人民币10万元、3万元。

2012年3月13日，公安机关以该公司涉嫌生产、销售有毒、有害食品罪立案侦查。3月20日，赛跃和韩成武得知该情况后，更改相关文书材料、销毁原始行政处罚文书、伪造质监局分析协调会、案审会记录及杨林丰瑞公司毛猪油原材料的销毁材料，将所收受的13万受贿款作为对杨林丰瑞公司的罚款存入罚没账户。

【诉讼过程】

2012年5月4日，赛跃、韩成武因涉嫌徇私舞弊不移交刑事案件罪、受贿罪被云南省嵩明县人民检察院立案侦查，韩成武于5月7日被刑事拘留，赛跃于5月8日被刑事拘留，5月21日二人被逮捕。

该案由云南省嵩明县人民检察院反渎职侵权局侦查终结后，移送该院公诉部门审查起诉。云南省嵩明县人民检察院经审查认为，被告人赛跃、韩成武作为负有食品安全监督管理职责的国家机关工作人员，未认真履行职责，失职、渎职造成大量的问题猪油流向市场，后果特别严重；同时二被告人利用职务上的便利，非法收受他人贿赂，为他人谋取利益，二被告人之行为已触犯《中华人民共和国刑法》第四百零八条之一、第三百八十五条第一款之规定，应当以食品监管渎职罪、受贿罪追究刑事责任。2012年9月5日，云南省嵩明县人民检察院以被告人赛跃、韩成武犯食品监管渎职罪、受贿罪向云南省嵩明县人民法院提起公诉。

2012年11月26日，云南省嵩明县人民法院一审认为，被告人赛跃、韩成武作为国家工作人员，利用职务上的便利，非法收受他人财物，为他人谋取利益，其行为已构成受贿罪；被告人赛跃、韩成武作为质监局工作人员，在查办杨林丰瑞公司无生产许可证生产有毒、有害食品案件中玩忽职守、滥用职权，致使查获的不符合食品安全标准的原料用于生产，有毒、有害油脂流入社会，造成严重后果，其行为还构成食品监管渎职罪。鉴于杨林丰瑞公司被公安机关查处后，赛跃、韩成武向领导如实汇报受贿事实，且将受贿款以“罚款”上交，属自首，可从轻、减轻处罚。依照刑法相关条款之规定，判决被告人赛跃犯受贿罪和食品监管渎职罪，数罪并罚，判处有期徒刑六年；韩成武犯受贿罪和食品监管渎职罪，数罪并罚，判处有期徒刑二年六个月。

一审宣判后，赛跃、韩成武提出上诉。

2013年4月20日，云南省昆明市中级人民法院二审裁定驳回上诉，维持原判。

检例第73号：浙江省某县图书馆及赵某、徐某某单位受贿、私分国有资产、贪污案

【关键词】

单位犯罪　追加起诉　移送线索

【要旨】

人民检察院在对职务犯罪案件审查起诉时，如果认为相关单位亦涉嫌犯罪，且单位犯罪事实清楚、证据确实充分，经与监察机关沟通，可以依法对犯罪单位提起公诉。检察机关在审查起诉中发现遗漏同案犯或犯罪事实的，应当及时与监察机关沟通，依法处理。

【基本案情】

被告单位浙江省某县图书馆，全额拨款的国有事业单位。

被告人赵某，男，某县图书馆原馆长。

被告人徐某某，男，某县图书馆原副馆长。

(一)单位受贿罪

2012年至2016年，为提高福利待遇，经赵某、徐某某等人集体讨论决定，某县图书馆通过在书籍采购过程中账外暗中收受回扣的方式，收受A书社梁某某、B公司、C图书经营部潘某某所送人民币共计36万余元，用于发放工作人员福利及支付本单位其他开支。

(二)私分国有资产罪

2012年至2016年，某县图书馆通过从A书社、B公司、C图书经营部虚开购书发票、虚列劳务支出、采购价格虚高的借书卡等手段套取财政资金63万余元，经赵某、徐某某等人集体讨论决定，将其中的56万余元以单位名义集体私分给本单位工作人员。

(三)贪污罪

2015年，被告人徐某某利用担任某县图书馆副馆长，分管采购业务的职务之便，通过从C图书经营部采购价格虚高的借书卡的方式，套取财政资金3.8万元归个人所有。

【检察工作情况】

(一)提前介入提出完善证据体系意见，为案件准确定性奠定基础。某县监察委员会以涉嫌贪污罪、受贿罪对赵某立案调查，县人民检察院提前介入后，通过梳理分析相关证据材料，提出完善证据的意见。根据检察机关意见，监察机关进一步收集证据，完善了证据体系。2018年9月28日，县监察委员会调查终结，以赵某涉嫌单位受贿罪、私分国有资产罪移送县人民检察院起诉。

(二)对监察机关未移送起诉的某县图书馆，直接以单位受贿罪提起公诉。某县监察委员会对赵某移送起诉后，检察机关审查认为，某县图书馆作为全额拨款的国有事业单位，在经济往来中，账外暗中收受各种名义的回扣，情节严重，根据《刑法》第三百八十七条之规定，应当以单位受贿罪追究其刑事责任，且单位犯罪事实清楚，证据确实充分。经与监察机关充分沟通，2018年11月12日，县人民检察院对某县图书馆以单位受贿罪，对赵某以单位受贿罪、私分国有资产罪提起公诉。

(三)审查起诉阶段及时移送徐某某涉嫌贪污犯罪问题线索，依法追诉漏犯漏罪。检察机关对赵某案审查起诉时，认为徐某某作为参与集体研究并具体负责采购业务的副馆长，属于其他直接责任人员，也应以单位受贿罪、私分国有资产罪追究其刑事责任。同时在审查供书商账目时发现，其共有两次帮助某县图书馆以虚增借书卡制作价格方式套取财政资金，但赵某供述只套取一次财政资金用于私分，检察人员分析另一次套取的3.8万元财政资金很有可能被经手该笔资金的徐某某贪污，检察机关遂将徐某某涉嫌贪污犯罪线索移交监察机关。监察机关立案调查后，通过进一步补充证据，查明了徐某某参与单位受贿、私分国有资产以及个人贪污的犯罪事实。2018年11月16日，县监察委员会调查终结，以徐某某涉嫌单位受贿罪、私分国有资产罪、贪污罪移送县人民检察院起诉。2018年12月27日，县人民检察院对徐某某以单位受贿罪、私分国有资产罪、贪污罪提起公诉。

2018年12月20日，某县人民法院以单位受贿罪判处某县图书馆罚金人民币二十万元；以单位受贿罪、私分国有资产罪判处赵某有期徒刑一年二个月，并处罚金人民币十万元。2019年1月10日，某县人民法院以单位受贿罪、私分国有资产罪、贪污罪判处徐某某有期徒刑一年，并处罚金人民币二十万元。

【指导意义】

（一）检察机关对单位犯罪可依法直接追加起诉。人民检察院审查监察机关移送起诉的案件，应当查明有无遗漏罪行和其他应当追究刑事责任的人。对于单位犯罪案件，监察机关只对直接负责的主管人员和其他直接责任人员移送起诉，未移送起诉涉嫌犯罪单位的，如果犯罪事实清楚，证据确实充分，经与监察机关沟通，检察机关对犯罪单位可以依法直接提起公诉。

（二）检察机关在审查起诉中发现遗漏同案犯或犯罪事实的，应当及时与监察机关沟通，依法处理。检察机关在审查起诉中，如果发现监察机关移送起诉的案件遗漏同案职务犯罪人或犯罪事实的，应当及时与监察机关沟通，依法处理。如果监察机关在本案审查起诉期限内调查终结移送起诉，且犯罪事实清楚，证据确实充分的，可以并案起诉；如果监察机关不能在本案审查起诉期限内调查终结移送起诉，或者虽然移送起诉，但因案情重大复杂等原因不能及时审结的，也可分案起诉。

【相关规定】

《中华人民共和国刑法》第三十条，第三十一条，第三百八十二条第一款，第三百八十三条第一款第一项、第三款，第三百八十七条，第三百九十六条第一款

《中华人民共和国刑事诉讼法》第一百七十六条

《中华人民共和国监察法》第三十四条

检例第74号：李华波贪污案

【关键词】

违法所得没收程序　犯罪嫌疑人到案程序衔接

【要旨】

对于贪污贿赂等重大职务犯罪案件，犯罪嫌疑人、被告人逃匿，在通缉一年后不能到案，如果有证据证明有犯罪事实，依照刑法规定应当追缴其违法所得及其他涉案财产的，应当依法适用违法所得没收程序办理。违法所得没收裁定生效后，在逃的职务犯罪嫌疑人自动投案或者被抓获，监察机关调查终结移送起诉的，检察机关应当依照普通刑事诉讼程序办理，并与原没收裁定程序做好衔接。

【基本案情】

被告人李华波，男，江西省上饶市鄱阳县财政局经济建设股原股长。

2006年10月至2010年12月间，李华波利用担任鄱阳县财政局经济建设股股长管理该县基本建设专项资金的职务便利，伙同该股副股长张庆华（已判刑）、鄱阳县农村信用联社城区信用社主任徐德堂（已判刑）等人，采取套用以往审批手续、私自开具转账支票并加盖假印鉴、制作假银行对账单等手段，骗取鄱阳县财政局基建专项资金共计人民币9400万元。除李华波与徐德堂赌博挥霍及同案犯分得部分赃款外，其余赃款被李华波占有。李华波用上述赃款中的人民币240余万元为其本人及家人办理了移民新加坡的手续及在新加坡购置房产；将上述赃款中的人民币2700余万元通过新加坡中央人民币汇款服务私人有限公司兑换成新加坡元，转入本人及妻

子在新加坡大华银行的个人账户内。后李华波夫妇使用转入个人账户内的新加坡元用于购买房产及投资,除用于项目投资的150万新加坡元外,其余均被新加坡警方查封扣押,合计540余万新加坡元(折合人民币约2600余万元)。

【检察工作情况】

(一)国际合作追逃,异地刑事追诉。2011年1月29日,李华波逃往新加坡。2011年2月13日,鄱阳县人民检察院以涉嫌贪污罪对李华波立案侦查,同月16日,上饶市人民检察院以涉嫌贪污罪对李华波决定逮捕。中新两国未签订双边引渡和刑事司法协助条约,经有关部门充分沟通协商,决定依据两国共同批准加入的《联合国反腐败公约》和司法协助互惠原则,务实开展该案的国际司法合作。为有效开展工作,中央追逃办先后多次组织召开案件协调会,由监察、检察、外交、公安、审判和司法行政以及地方执法部门组成联合工作组先后8次赴新加坡开展工作。因中新两国最高检察机关均被本国指定为实施《联合国反腐败公约》司法协助的中央机关,其中6次由最高人民检察院牵头组团与新方进行工作磋商,拟定李华波案国际司法合作方案,相互配合,分步骤组织实施。

2011年2月23日,公安部向国际刑警组织请求对李华波发布红色通报,并向新加坡国际刑警发出协查函。2011年3月初,新加坡警方拘捕李华波。随后新加坡法院发出冻结令,冻结李华波夫妇转移到新加坡的涉案财产。2012年9月,新加坡总检察署以三项“不诚实盗取赃物罪”指控李华波。2013年8月15日,新加坡法院一审判决认定对李华波的所有指控罪名成立,判处其15个月监禁。

(二)适用特别程序,没收违法所得。李华波贪污公款9400万元人民币的犯罪事实,有相关书证、证人证言及同案犯供述等予以证明。根据帮助李华波办理转账、移民事宜的相关证人证言、银行转账凭证复印件、新加坡警方提供的《事实概述》、新加坡法院签发的扣押财产报告等证据,能够证明被新加坡警方查封、扣押、冻结的李华波夫妇名下财产,属于李华波贪污犯罪违法所得。

李华波在红色通报发布一年后不能到案,2013年3月6日,上饶市人民检察院向上饶市中级人民法院提出没收李华波违法所得申请。2015年3月3日,上饶市中级人民法院作出一审裁定,认定李华波涉嫌重大贪污犯罪,其逃匿新加坡后被通缉,一年后未能到案。现有证据能够证明,被新加坡警方扣押的李华波夫妇名下财产共计540余万新加坡元,均系李华波的违法所得,依法予以没收。相关人员均未在法定期限内提出上诉,没收裁定生效。2016年6月29日,新加坡高等法院作出判决,将扣押的李华波夫妇名下共计540余万新加坡元涉案财产全部返还中方。

(三)迫使回国投案,依法接受审判。为迫使李华波回国投案,中方依法吊销李华波全家四人中国护照并通知新方。2015年1月,新加坡移民局作出取消李华波全家四人新加坡永久居留权的决定。2015年2月2日,李华波主动写信要求回国投案自首。2015年5月9日,李华波被遣返回国,同日被执行逮捕。2015年12月30日,上饶市人民检察院以李华波犯贪污罪,向上饶市中级人民法院提起公诉。2017年1月23日,上饶市中级人民法院以贪污罪判处李华波无期徒刑,剥夺政治权利终身,并处没收个人全部财产。扣除同案犯徐德堂等人已被追缴的赃款以及依照违法所得没收程序裁定没收的赃款，剩余赃款继续予以追缴。

【指导意义】

（一）对于犯罪嫌疑人、被告人逃匿的贪污贿赂等重大职务犯罪案件，符合法定条件的，人民检察院应当依法适用违法所得没收程序办理。对于贪污贿赂等重大职务犯罪案件，犯罪嫌疑人、被告人逃匿，在通缉一年后不能到案，如果有证据证明有犯罪事实，依照刑法规定应当追缴其违法所得及其他涉案财产的，人民检察院应当依法向人民法院提出没收违法所得的申请，促进追赃追逃工作开展。

（二）违法所得没收裁定生效后，犯罪嫌疑人、被告人到案的，人民检察院应当依照普通刑事诉讼程序审查起诉。人民检察院依照特别程序提出没收违法所得申请，人民法院作出没收裁定生效后，犯罪嫌疑人、被告人自动投案或者被抓获的，检察机关应当依照普通刑事诉讼程序进行审查。人民检察院审查后，认为犯罪事实清楚，证据确实充分的，应当向原作出裁定的人民法院提起公诉。

（三）在依照普通刑事诉讼程序办理案件过程中，要与原违法所得没收程序做好衔接。对扣除已裁定没收财产后需要继续追缴违法所得的，检察机关应当依法审查提出意见，由人民法院判决后追缴。

【相关规定】

《中华人民共和国刑法》第五十七条第一款，第五十九条，第六十四条，第六十七条第一款，第三百八十二条第一款，第三百八十三条第一款第三项

《中华人民共和国刑事诉讼法》（2012年3月14日修正）第十七条，第二百八十条，第二百八十一条，第二百八十二条，第二百八十三条

《中华人民共和国监察法》第四十八条

《最高人民法院、最高人民检察院关于办理贪污贿赂刑事案件适用法律若干问题的解释》第三条第一款，第十九条第一款

《最高人民法院、最高人民检察院关于适用犯罪嫌疑人、被告人逃匿、死亡案件违法所得没收程序若干问题的规定》

检例第75号：金某某受贿案

【关键词】

职务犯罪　认罪认罚　确定刑量刑建议

【要旨】

对于犯罪嫌疑人自愿认罪认罚的职务犯罪案件，应当依法适用认罪认罚从宽制度办理。在适用认罪认罚从宽制度办理职务犯罪案件过程中，检察机关应切实履行主导责任，与监察机关、审判机关互相配合，互相制约，充分保障犯罪嫌疑人、被告人的程序选择权。要坚持罪刑法定和罪责刑相适应原则，对符合有关规定条件的，一般应当就主刑、附加刑、是否适用缓刑等提出确定刑量刑建议。

【基本案情】

被告人金某某，女，安徽省某医院原党委书记、院长。

2007年至2018年，被告人金某某在担任安徽省某医院党委书记、院长期间，利用职务上的便利，为请托人在承建工程项目、销售医疗设备、销售药品、支付货款、结算工程款、职务晋升等事项上提供帮助，非法收受他人财物共计人民币1161.1万元、

4000欧元。

【检察工作情况】

（一）提前介入全面掌握案情，充分了解被调查人的认罪悔罪情况。安徽省检察机关在提前介入金某某案件过程中，通过对安徽省监察委员会调查的证据材料进行初步审查，认为金某某涉嫌受贿犯罪的基本事实清楚，基本证据确实充分。同时注意到，金某某到案后，不但如实交代了监察机关已经掌握的受贿170余万元的犯罪事实，还主动交代了监察机关尚未掌握的受贿980余万元的犯罪事实，真诚认罪悔罪，表示愿意接受处罚，并已积极退缴全部赃款。初步判定本案具备适用认罪认罚从宽制度条件。

（二）检察长直接承办，积极推动认罪认罚从宽制度适用。安徽省监察委员会调查终结后，于2019年1月16日以金某某涉嫌受贿罪移送安徽省人民检察院起诉，安徽省人民检察院于同月29日将案件交由淮北市人民检察院审查起诉，淮北市人民检察院检察长作为承办人办案。经全面审查认定，金某某受贿案数额特别巨大，在安徽省医疗卫生系统有重大影响，但其自愿如实供述自己的罪行，真诚悔罪，愿意接受处罚，全部退赃，符合刑事诉讼法规定的认罪认罚从宽制度适用条件，检察机关经慎重研究，依法决定适用认罪认罚从宽制度办理。

（三）严格依法确保认罪认罚的真实性、自愿性、合法性。一是及时告知权利。案件移送起诉后，淮北市人民检察院在第一次讯问时，告知金某某享有的诉讼权利和认罪认罚相关法律规定，加强释法说理，充分保障其程序选择权和认罪认罚的真实性、自愿性。二是充分听取意见。切实保障金某某辩护律师的阅卷权、会见权，就金某某涉嫌的犯罪事实、罪名及适用的法律规定，从轻处罚建议，认罪认罚后案件审理适用的程序等，充分听取金某某及其辩护律师的意见，记录在案并附卷。三是提出确定刑量刑建议。金某某虽然犯罪持续时间长、犯罪数额特别巨大，但其自监委调查阶段即自愿如实供述自己的罪行，尤其是主动交代了监察机关尚未掌握的大部分犯罪事实，具有法定从轻处罚的坦白情节；且真诚悔罪，认罪彻底稳定，全部退赃，自愿表示认罪认罚，应当在法定刑幅度内相应从宽，检察机关综合上述情况，提出确定刑量刑建议。四是签署具结书。金某某及其辩护律师同意检察机关量刑建议，并同意适用普通程序简化审理，在辩护律师见证下，金某某自愿签署了《认罪认罚具结书》。

2019年3月13日，淮北市人民检察院以被告人金某某犯受贿罪，向淮北市中级人民法院提起公诉，建议判处金某某有期徒刑十年，并处罚金人民币五十万元，并建议适用普通程序简化审理。2019年4月10日，淮北市中级人民法院公开开庭，适用普通程序简化审理本案。经过庭审，认定起诉书指控被告人金某某犯受贿罪事实清楚、证据确实充分，采纳淮北市人民检察院提出的量刑建议并当庭宣判，金某某当庭表示服判不上诉。

【指导意义】

（一）对于犯罪嫌疑人自愿认罪认罚的职务犯罪案件，检察机关应当依法适用认罪认罚从宽制度办理。依据刑事诉讼法第十五条规定，认罪认罚从宽制度贯穿刑事诉讼全过程，没有适用罪名和可能判处刑罚的限定，所有刑事案件都可以适用。职务犯罪案件适用认罪认罚从宽制度，符合宽严相济刑事政策，有利于最大限度实现办理职务犯罪案件效果,有利于推进反腐败工作。职务犯罪案件的犯罪嫌疑人自愿如实供述自己的罪行,真诚悔罪,愿意接受处罚,检察机关应当依法适用认罪认罚从宽制度办理。

(二)适用认罪认罚从宽制度办理职务犯罪案件,检察机关应切实履行主导责任。检察机关通过提前介入监察机关办理职务犯罪案件工作,即可根据案件事实、证据、性质、情节、被调查人态度等基本情况,初步判定能否适用认罪认罚从宽制度。案件移送起诉后,人民检察院应当及时告知犯罪嫌疑人享有的诉讼权利和认罪认罚从宽制度相关法律规定,保障犯罪嫌疑人的程序选择权。犯罪嫌疑人自愿认罪认罚的,人民检察院应当就涉嫌的犯罪事实、罪名及适用的法律规定,从轻、减轻或者免除处罚等从宽处罚的建议,认罪认罚后案件审理适用的程序及其他需要听取意见的情形,听取犯罪嫌疑人、辩护人或者值班律师的意见并记录在案,同时加强与监察机关、审判机关的沟通,听取意见。

(三)依法提出量刑建议,提升职务犯罪案件适用认罪认罚从宽制度效果。检察机关办理认罪认罚职务犯罪案件,应当根据犯罪的事实、性质、情节和对社会的危害程度,结合法定、酌定的量刑情节,综合考虑认罪认罚的具体情况,依法决定是否从宽、如何从宽。对符合有关规定条件的,一般应当就主刑、附加刑、是否适用缓刑等提出确定刑量刑建议。对于减轻、免除处罚,应当于法有据;不具备减轻处罚情节的,应当在法定幅度以内提出从轻处罚的量刑建议。

【相关规定】

《中华人民共和国刑法》第六十七条第三款,第三百八十三条第一款第三项、第二款、第三款,第三百八十五条第一款,第三百八十六条

《中华人民共和国刑事诉讼法》第十五条,第一百七十三条,第一百七十四条第一款,第一百七十六条,第二百零一条

《最高人民法院、最高人民检察院关于办理职务犯罪案件认定自首、立功等量刑情节若干问题的意见》第三部分

检例第76号:张某受贿,郭某行贿、职务侵占、诈骗案

【关键词】

受贿罪　改变提前介入意见　案件管辖　追诉漏罪

【要旨】

检察机关提前介入应认真审查案件事实和证据,准确把握案件定性,依法提出提前介入意见。检察机关在审查起诉阶段仍应严格审查,提出审查起诉意见。审查起诉意见改变提前介入意见的,应及时与监察机关沟通。对于在审查起诉阶段发现漏罪,如该罪属于公安机关管辖,但犯罪事实清楚,证据确实充分,符合起诉条件的,检察机关在征得相关机关同意后,可以直接追加起诉。

【基本案情】

被告人张某,男,北京市东城区某街道办事处环卫所原副所长。

被告人郭某,女,北京某物业公司原客服部经理。

2014年11月,甲小区和乙小区被北京市东城区某街道办事处确定为环卫项目示范推广单位。按照规定,两小区应选聘19名指导员从事宣传、指导、监督、服务等工

作,政府部门按每名指导员每月600元标准予以补贴。上述两小区由北京某物业公司负责物业管理,两小区19名指导员补贴款由该物业公司负责领取发放。2014年11月至2017年3月,郭某在担任该物业公司客服部经理期间,将代表物业公司领取的指导员补贴款共计人民币33.06万元据为己有。郭某从物业公司离职后,仍以物业公司客服部经理名义,于2017年6月、9月,冒领指导员补贴款共计人民币6.84万元据为己有。2014年11月至2017年9月期间,张某接受郭某请托,利用担任某街道办事处环卫所职员、副所长的职务便利,不严格监督检查上述补贴款发放,非法收受郭某给予的人民币8.85万元。2018年1月,张某担心事情败露,与郭某共同筹集人民币35万元退还给物业公司。2018年2月28日,张某、郭某自行到北京市东城区监察委员会接受调查,并如实供述全部犯罪事实。

【检察工作情况】

(一)提前介入准确分析案件定性,就法律适用及证据完善提出意见。调查阶段,东城区监委对张某、郭某构成贪污罪共犯还是行受贿犯罪存在意见分歧,书面商请东城区人民检察院提前介入。主张认定二人构成贪污罪共犯的主要理由:一是犯罪对象上,郭某侵占并送给张某的资金性质为国家财政拨款,系公款;二是主观认识上,二人对截留的补贴款系公款的性质明知,并对截留补贴款达成一定共识;三是客观行为上,二人系共同截留补贴款进行分配。

检察机关分析在案证据后认为,应认定二人构成行受贿犯罪,主要理由:一是主观上没有共同贪污故意。二人从未就补贴款的处理使用有过明确沟通,郭某给张某送钱,就是为了让张某放松监管,张某怠于履行监管职责,就是因为收受了郭某所送贿赂,而非自己要占有补贴款。二是客观上没有共同贪污行为。张某收受郭某给予的钱款后怠于履行监管职责,正是利用职务之便为郭某谋取利益的行为,但对于郭某侵占补贴款,在案证据不能证实张某主观上有明确认识,郭某也从未想过与张某共同瓜分补贴款。三是款项性质对受贿罪认定没有影响。由于二人缺乏共同贪占补贴款的故意和行为,不应构成贪污罪共犯,而应分别构成行贿罪和受贿罪,并应针对主客观方面再补强相关证据。检察机关将法律适用和补充完善证据的意见书面反馈给东城区监委。东城区监委采纳了检察机关的提前介入意见,补充证据后,以张某涉嫌受贿罪、郭某涉嫌行贿罪,于2018年11月12日将两案移送起诉。

(二)审查起诉阶段不囿于提前介入意见,依法全面审查证据,及时发现漏罪。案件移送起诉后,检察机关全面严格审查在案证据,认为郭某领取和侵吞补贴款的行为分为两个阶段:第一阶段,郭某作为上述物业公司客服部经理,利用领取补贴款的职务便利,领取并将补贴款非法占为己有,其行为构成职务侵占罪;第二阶段,郭某从物业公司客服部经理岗位离职后,仍冒用客服部经理的身份领取补贴款并非法占为己有,其行为构成诈骗罪。

(三)提起公诉直接追加指控罪名,法院判决予以确认。检察机关在对郭某行贿案审查起诉时发现,郭某侵吞补贴款的行为构成职务侵占罪和诈骗罪,且犯罪事实清楚,证据确实充分,已符合起诉条件。经与相关机关沟通后,检察机关在起诉时追加认定郭某构成职务侵占罪、诈骗罪。

2018年12月28日，北京市东城区人民检察院对张某以受贿罪提起公诉；对郭某以行贿罪、职务侵占罪、诈骗罪提起公诉。2019年1月17日，北京市东城区人民法院作出一审判决，以受贿罪判处张某有期徒刑八个月，缓刑一年，并处罚金人民币十万元；以行贿罪、职务侵占罪、诈骗罪判处郭某有期徒刑二年，缓刑三年，并处罚金人民币十万一千元。

【指导意义】

（一）检察机关依法全面审查监察机关移送起诉案件，审查起诉意见与提前介入意见不一致的，应当及时与监察机关沟通。检察机关提前介入监察机关办理的职务犯罪案件时，已对证据收集、事实认定、案件定性、法律适用等提出意见。案件进入审查起诉阶段后，检察机关仍应依法全面审查，可以改变提前介入意见。审查起诉意见改变提前介入意见的，检察机关应当及时与监察机关沟通。

（二）对于监察机关在调查其管辖犯罪时已经查明，但属于公安机关管辖的犯罪，检察机关可以依法追加起诉。对于监察机关移送起诉的案件，检察机关在审查起诉阶段发现漏罪，如该罪属于公安机关管辖，但犯罪事实清楚，证据确实充分，符合起诉条件的，经征求监察机关、公安机关意见后，没有不同意见的，可以直接追加起诉；提出不同意见，或者事实不清、证据不足的，应当将案件退回监察机关并说明理由，建议其移送有管辖权的机关办理，必要时可以自行补充侦查。

（三）根据主客观相统一原则，准确区分受贿罪和贪污罪。对于国家工作人员收受贿赂后故意不履行监管职责，使非国家工作人员非法占有财物的，如该财物又涉及公款，应根据主客观相统一原则，准确认定案件性质。一要看主观上是否对侵吞公款进行过共谋，二要看客观上是否共同实施侵吞公款行为。如果具有共同侵占公款故意，且共同实施了侵占公款行为，应认定为贪污罪共犯；如果国家工作人员主观上没有侵占公款故意，只是收受贿赂后放弃职守，客观上使非国家工作人员任意处理其经手的钱款成为可能，应认定为为他人谋取利益，国家工作人员构成受贿罪，非国家工作人员构成行贿罪。如果国家工作人员行为同时构成玩忽职守罪的，以受贿罪和玩忽职守罪数罪并罚。

【相关规定】

《中华人民共和国刑法》第六十七条第一款，第二百六十六条，第二百七十一条第一款，第三百八十三条第一款第一项，第三百八十五条第一款，第三百八十六条，第三百八十九条第一款，第三百九十条

《最高人民法院、最高人民检察院关于办理贪污贿赂刑事案件适用法律若干问题的解释》第一条第一款，第七条第一款，第十一条第一款，第十九条

《最高人民法院、最高人民检察院关于办理诈骗刑事案件具体应用法律的若干问题的解释》第一条，第三条

检例第127号：白静贪污违法所得没收案

【关键词】

违法所得没收　证明标准　鉴定人出庭　举证重点

【要旨】

检察机关提出没收违法所得申请，应有证据证明申请没收的财产直接或者间接

来源于犯罪所得,或者能够排除财产合法来源的可能性。人民检察院出席申请没收违法所得案件庭审,应当重点对于申请没收的财产属于违法所得进行举证。对于专业性较强的案件,可以申请鉴定人出庭。

【基本案情】

犯罪嫌疑人白静,男,A国有银行金融市场部投资中心本币投资处原处长。

利害关系人邢某某,白静亲属。

诉讼代理人牛某,邢某某儿子。

2008至2010年间,白静伙同樊某某(曾任某国有控股的B证券公司投资银行事业部固定收益证券总部总经理助理、固定收益证券总部销售交易部总经理等职务,另案处理)等人先后成立了甲公司及乙公司,并在C银行股份有限公司为上述两公司开设了资金一般账户和进行银行间债券交易的丙类账户。白静、樊某某利用各自在A银行、B证券公司负责债券买卖业务的职务便利,在A银行购入或卖出债券,或者利用B证券公司的资质、信用委托其他银行代为购入、经营银行债券过程中,增加交易环节,将白静实际控制的甲公司和乙公司引入交易流程,使上述两公司与A银行、B证券公司进行关联交易,套取A银行、B证券公司的应得利益。通过上述方式对73支债券交易进行操纵,甲公司和乙公司在未投入任何资金的情况下,套取国有资金共计人民币2.06亿余元。其中,400余万元由樊某某占有使用,其他大部分资金由白静占有使用,白静使用1.45亿余元以全额付款方式购买9套房产,登记在自己妻子及其他亲属名下。该9套房产被办案机关依法查封。

【诉讼过程】

2013年9月9日,内蒙古自治区公安厅以涉嫌职务侵占罪对白静立案侦查,查明白静已于2013年7月31日逃匿境外。2013年12月7日,内蒙古自治区人民检察院对白静批准逮捕,同年12月17日国际刑警组织对白静发布红色通报。2019年2月2日,内蒙古自治区公安厅将白静涉嫌贪污罪线索移送内蒙古自治区监察委员会,同年2月28日,内蒙古自治区监察委员会对白静立案调查。同年5月20日,内蒙古自治区监察委员会向内蒙古自治区人民检察院移送没收违法所得意见书。同年5月24日,内蒙古自治区人民检察院将案件交由呼和浩特市人民检察院办理。同年6月6日,呼和浩特市人民检察院向呼和浩特市中级人民法院提出没收违法所得申请。利害关系人及其诉讼代理人在法院公告期间申请参加诉讼,对检察机关没收违法所得申请没有提出异议。2020年11月13日,呼和浩特市中级人民法院作出违法所得没收裁定,依法没收白静使用贪污违法所得购买的9套房产。

【检察履职情况】

(一)提前介入完善主体身份证据,依法妥善处理共同犯罪案件。内蒙古自治区检察机关提前介入白静案时,审查发现证明白静构成贪污罪主体身份的证据不足,而共同犯罪人樊某某已经被呼和浩特市赛罕区人民检察院以职务侵占罪提起公诉。检察机关依法将白静案和樊某某案一并审查,建议内蒙古自治区监察委员会针对二人主体身份进一步补充调取证据。监察机关根据检察机关列出的补充完善证据清单,补充调取了A银行党委会议纪要、B证券公司党政联席会议纪要、任命文件等证据,证明白静与樊某某均系国家工作人员,二人利用职务上的便利侵吞国有资产的共同犯罪行为应当定性为贪污罪。检察机关在与监察机关、公安机关、人民法院就案件新证据和适用程序等问题充分沟通后，依法适用违法所得没收程序申请没收白静贪污犯罪所得，依法对樊某某案变更起诉指控罪名。

（二）严格审查监察机关没收违法所得意见，准确界定申请没收的财产范围。监察机关调查期间依法查封、扣押、冻结了白静亲属名下11套房产及部分资金，没收违法所得意见书认定上述财产均来源于白静贪污犯罪所得，建议检察机关依法申请没收。检察机关审查认为，监察机关查封的9套房产系以全额付款方式购买，均登记在白静亲属名下，但登记购买人均未出资且对该9套房产不知情；9套房产的购买资金均来源于白静实际控制的甲公司和乙公司银行账户；白静伙同樊某某利用职务便利套取A银行和B证券公司资金后转入甲公司和乙公司银行账户。根据现有证据，可以认定该9套房产来源于白静贪污犯罪所得。

其余2套房产，现有证据证明其中1套系白静妻兄向白静借钱购买，且事后已将购房款项归还，检察机关认为无法认定该套房产属于白静贪污犯罪所得，不应列入申请没收的财产范围；另1套房产由樊某某购买并登记在樊名下，现有证据能够证明购房资金来源于二人贪污犯罪所得，但在樊某某案中处理更为妥当。监察机关冻结、扣押的资金，检察机关审查认为来源不清，且白静夫妇案发前一直在金融单位工作，收入较高，同时使用家庭收入进行了股票等金融类投资，现有证据尚达不到认定高度可能属于白静贪污违法所得的证明标准，不宜列入申请没收范围。监察机关认可上述意见。

（三）申请鉴定人出庭作证，增强庭审举证效果。本案证据繁杂、专业性强，白静贪污犯罪手段隐秘、过程复杂，在看似正常的银行间债券买卖过程中将其所控制公司引入交易流程，通过增加交易环节、控制交易价格，以低买高卖的方式套取A银行、B证券公司应得利益。犯罪行为涉及银行间债券买卖的交易流程、交易策略、交易要素等专业知识，不为普通大众所熟知。2020年10月14日，呼和浩特市中级人民法院公开开庭审理白静贪污违法所得没收案时，检察机关申请鉴定人出庭，就会计鉴定意见内容进行解释说明，对白静操纵债券交易过程和违法资金流向等进行全面分析，有力证明了白静贪污犯罪事实及贪污所得流向，增强了庭审举证效果。

（四）突出庭审举证重点，着重证明申请没收的财产属于违法所得。庭审中，检察机关针对白静有贪污犯罪事实出示相关证据。通过出示任职文件、会议纪要等证据，证明白静符合贪污罪主体要件；运用多媒体分类示证方式，分步骤展示白静对债券交易的操纵过程，证明其利用职务便利实施了贪污犯罪。对申请没收的9套房产属于白静贪污违法所得进行重点举证。出示购房合同、房产登记信息等书证及登记购买人证言，证明申请没收的9套房产系以全额付款方式购买，但登记购买人对房产不知情且未出资；出示委托付款书、付款凭证等书证，证明申请没收的9套房产的购买资金全部来源于白静控制的甲公司和乙公司银行账户；出示银行开户资料、银行流水等书证，相关证人证言，另案被告人樊某某供述及鉴定意见，并申请鉴定人出庭对鉴定意见进行说明，证明甲公司和乙公司银行账户的资金高度可能属于白静套取的A银行和B证券公司的国有资金,且部分用于购买房产等消费;出示查封、扣押通知书、接收协助执行法律文书登记表等书证,证明申请没收的9套房产已全部被监察机关依法查封。利害关系人及其诉讼代理人对检察机关出示的证据未提出异议。人民法院采信上述证据,依法裁定没收白静使用贪污违法所得购买的9套房产。

【指导意义】

(一)准确把握认定违法所得的证明标准,依法提出没收申请。检察机关提出没收违法所得申请,应当有证据证明有犯罪事实。除因犯罪嫌疑人、被告人逃匿无法收集的证据外,其他能够证明犯罪事实的证据都应当收集在案。在案证据应能够证明申请没收的财产具有高度可能系直接或者间接来源于违法所得或者系犯罪嫌疑人、被告人非法持有的违禁品、供犯罪所用的本人财物。对于在案证据无法证明部分财产系犯罪嫌疑人、被告人违法所得及其他涉案财产的,则不应列入申请没收的财产范围。

(二)证明申请没收的财产属于违法所得,是检察机关庭审举证的重点。人民法院开庭审理申请没收违法所得案件,人民检察院应当派员出席法庭承担举证责任。针对犯罪嫌疑人、被告人实施了法律规定的重大犯罪出示相关证据后,应当着重针对申请没收的财产属于违法所得进行举证。对于涉及金融证券类等重大复杂、专业性强的案件,检察机关可以申请人民法院通知鉴定人出庭作证,以增强证明效果。

【相关规定】

《中华人民共和国监察法》第四十八条

《中华人民共和国刑法》第三百八十二条第一款

《中华人民共和国刑事诉讼法》第二百九十八条、第二百九十九条、第三百条

《人民检察院刑事诉讼规则》第十二章第四节

《最高人民法院、最高人民检察院关于适用犯罪嫌疑人、被告人逃匿、死亡案件违法所得没收程序若干问题的规定》第一条至第三条,第五条至第十条,第十三条至第十七条

检例第128号:彭旭峰受贿,贾斯语受贿、洗钱违法所得没收案

【关键词】

违法所得没收　主犯　洗钱罪　境外财产　国际刑事司法协助

【要旨】

对于跨境转移贪污贿赂所得的洗钱犯罪案件,检察机关应当依法适用特别程序追缴贪污贿赂违法所得。对于犯罪嫌疑人、被告人转移至境外的财产,如果有证据证明具有高度可能属于违法所得及其他涉案财产的,可以依法申请予以没收。对于共同犯罪的主犯逃匿境外,其他共同犯罪人已经在境内依照普通刑事诉讼程序处理的案件,应当充分考虑主犯应对全案事实负责以及国际刑事司法协助等因素,依法审慎适用特别程序追缴违法所得。

【基本案情】

犯罪嫌疑人彭旭峰,男,某市基础建设投资集团有限公司原党委书记,曾任某市住房和城乡建设委员会副主任、轨道交通集团有限公司党委书记、董事长。

犯罪嫌疑人贾斯语，女，自由职业，彭旭峰妻子。

利害关系人贾某，贾斯语亲属。

利害关系人蔡某，贾斯语亲属。

利害关系人邱某某，北京某国际投资咨询有限公司实际经营者。

另案被告人彭某一，彭旭峰弟弟，已被判刑。

(一)涉嫌受贿犯罪事实

2010至2017年，彭旭峰利用担任某市住房和城乡建设委员会副主任、轨道交通集团有限公司党委书记、董事长等职务上的便利，为有关单位或个人在承揽工程、承租土地及设备采购等事项上谋取利益，单独或者伙同贾斯语及彭某一等人非法收受上述单位或个人给予的财物共计折合人民币2.3亿余元和美元12万元。其中，彭旭峰伙同贾斯语非法收受他人给予的财物共计折合人民币31万余元、美元2万元。

2015至2017年，彭旭峰安排彭某一使用两人共同受贿所得人民币2085万余元，在长沙市购买7套房产。案发后，彭某一出售该7套房产，并向办案机关退缴房款人民币2574万余元。

2015年9月至2016年11月，彭旭峰安排彭某一将两人共同受贿所得人民币4500万元借给邱某某；2016年11月，彭旭峰和彭某一收受他人所送对邱某某人民币3000万元的债权，并收取了315万元利息。上述7500万元债权，邱某某以北京某国际投资咨询有限公司在某商业有限公司的40%股权设定抵押担保。案发后，办案机关冻结了上述股份，并将上述315万元利息予以扣押。

2010至2015年，彭旭峰、贾斯语将收受有关单位或个人所送黄金制品，分别存放于彭旭峰家中和贾某、蔡某家中。办案机关提取并扣押上述黄金制品。

(二)涉嫌洗钱犯罪事实

2012年至2017年，贾斯语将彭旭峰受贿犯罪所得人民币4299万余元通过地下钱庄或者借用他人账户转移至境外。

2014年至2017年，彭旭峰、贾斯语先后安排彭某一等人将彭旭峰受贿款兑换成外币后，转至贾斯语在其他国家开设的银行账户，先后用于在4个国家购买房产、国债及办理移民事宜等。应中华人民共和国刑事司法协助请求，相关国家对涉案房产、国债、资金等依法予以监管和控制。

【诉讼过程】

2017年4月1日，湖南省岳阳市人民检察院以涉嫌受贿罪对彭旭峰立案侦查，查明彭旭峰已于同年3月24日逃匿境外。同年4月25日，湖南省人民检察院对彭旭峰决定逮捕，同年5月10日，国际刑警组织对彭旭峰发布红色通报。

2017年4月21日，岳阳市人民检察院以涉嫌受贿罪、洗钱罪对贾斯语立案侦查，查明贾斯语已于同年3月10日逃匿境外。同年4月25日，湖南省人民检察院对贾斯语决定逮捕，同年5月10日，国际刑警组织对贾斯语发布红色通报。

2018年9月5日，岳阳市人民检察院将本案移交岳阳市监察委员会办理。岳阳市监察委员会对彭旭峰、贾斯语涉嫌职务犯罪案件立案调查，并向岳阳市人民检察院移送没收违法所得意见书。2019年6月22日，岳阳市人民检察院向岳阳市中级人民法院提出没收违法所得申请。利害关系人贾某、蔡某、邱某某在法院公告期间申请参加诉讼。其中贾某、蔡某对在案扣押的38万元提出异议，认为在案证据不能证明该38万元属于违法所得，同时提出彭旭峰、贾斯语未成年儿子在国内由其夫妇抚养，请求法庭从没收财产中为其预留生活、教育费用；邱某某对检察机关没收违法所得申请无异议，建议司法机关在执行时将冻结的某商业有限公司40%股份变卖后，扣除7500万元违法所得，剩余部分返还给其公司。2020年1月3日，岳阳市中级人民法院作出违法所得没收裁定，依法没收彭旭峰实施受贿犯罪、贾斯语实施受贿、洗钱犯罪境内违法所得共计人民币1亿余元、黄金制品以及境外违法所得共计5处房产、250万欧元国债及孳息、50余万美元及孳息。同时对贾某、蔡某提出异议的38万元解除扣押，予以返还；对邱某某所提意见予以支持，在执行程序中依法处置。

【检察履职情况】

（一）提前介入完善证据体系。本案涉嫌受贿、洗钱犯罪数额特别巨大，涉案境外财产分布在4个国家，涉及大量通过刑事司法协助获取的境外证据。检察机关发挥提前介入作用，对监察机关提供的案卷材料进行全面审查，详尽梳理案件涉及的上下游犯罪、关联犯罪关系以及电子证据、境外证据、再生证据等，以受贿罪为主线，列明监察机关应予补充调查的问题，并对每一项补证内容进行分解细化，分析论证补证目的和方向。经过监察机关补充调查，进一步完善了有关受贿犯罪所得去向和涉嫌洗钱犯罪的证据。

（二）证明境外财产属于违法所得。在案证据显示彭旭峰、贾斯语将受贿所得转移至4个国家，用于购买房产、国债等。其中对在某国购买的房产，欠缺该国资金流向和购买过程的证据。检察机关认为，在案证据证明，贾斯语通过其外国银行账户向境外某公司转账59.2万美元，委托该境外公司购买上述某国房产，该公司将其中49.4万美元汇往某国，购房合同价款为43.5万美元。同一时期内彭旭峰多次安排他人，将共计人民币390余万元（折合60余万美元）受贿所得汇至贾斯语外国银行账户，汇款数额大于购房款。因此，可以认定彭旭峰、贾斯语在该国的房产高度可能来源于彭旭峰受贿所得，应当认定该房产为违法所得予以申请没收。检察机关对彭旭峰、贾斯语在上述4个国家的境外财产均提出没收申请，利害关系人及其诉讼代理人均未提出异议，法院裁定均予以支持。

（三）依法审慎适用特别程序追缴违法所得。本案彭旭峰涉嫌受贿犯罪事实，大部分系伙同彭某一共同实施，彭某一并未逃匿，其受贿案在国内依照普通刑事诉讼程序办理，二人共同受贿犯罪涉及的部分境内财产已在彭某一案中予以查封、扣押或冻结。检察机关审查认为，本案系利用彭旭峰的职权实施，彭旭峰系本案主犯，对受贿行为起到了决定作用，宜将彭某一案中与彭旭峰有关联的境内财产，如兄弟二人在长沙市购买的房产、共同借款给他人的资金等，均纳入违法所得没收程序申请没收。利害关系人及其诉讼代理人和彭某一对此均未提出异议。人民法院作出的违法所得没收裁定生效后，通过国际刑事司法协助申请境外执行，目前已得到部分国家承认。

【指导意义】

（一）依法加大对跨境转移贪污贿赂所得的洗钱犯罪打击力度。犯罪嫌疑人、被告人逃匿境外的贪污贿赂犯罪案件，一般均已先期将巨额资产转移至境外，我国刑法第一百九十一条明确规定此类跨境转移资产行为属于洗钱犯罪。《最高人民法院、最高人民检察院关于适用犯罪嫌疑人、被告人逃匿、死亡案件违法所得没收程序若干问题的规定》明确规定对于洗钱犯罪案件,可以适用特别程序追缴违法所得及其他涉案财产。检察机关在办理贪污贿赂犯罪案件中,应当加大对涉嫌洗钱犯罪线索的审查力度,对于符合法定条件的,应积极适用违法所得没收程序追缴违法所得。

(二)准确认定需要没收违法所得的境外财产。《最高人民法院、最高人民检察院关于适用犯罪嫌疑人、被告人逃匿、死亡案件违法所得没收程序若干问题的规定》明确规定对于适用违法所得没收程序案件,适用"具有高度可能"的证明标准。经审查,有证据证明犯罪嫌疑人、被告人将违法所得转移至境外,在境外购置财产的支出小于所转移的违法所得,且犯罪嫌疑人、被告人没有足以支付其在境外购置财产的其他收入来源的,可以认定其在境外购置的财产具有高度可能属于需要申请没收的违法所得。

(三)对于主犯逃匿境外的共同犯罪案件,依法审慎适用特别程序追缴违法所得。共同犯罪中,主犯对全部案件事实负责,犯罪后部分犯罪嫌疑人、被告人逃匿境外,部分犯罪嫌疑人、被告人在境内被司法机关依法查办的,如果境内境外均有涉案财产,且逃匿的犯罪嫌疑人、被告人是共同犯罪的主犯,依法适用特别程序追缴共同犯罪违法所得,有利于全面把握涉案事实,取得较好办案效果。

【相关规定】

《中华人民共和国监察法》第四十八条

《中华人民共和国刑法》第一百九十一条第一款、第三百八十五条第一款

《中华人民共和国刑事诉讼法》第二百九十八条、第二百九十九条、第三百条

《人民检察院刑事诉讼规则》第十二章第四节

《最高人民法院、最高人民检察院关于适用犯罪嫌疑人、被告人逃匿、死亡案件违法所得没收程序若干问题的规定》第一条至第三条,第五条至第十条,第十三条至第十七条

检例第129号:
黄艳兰贪污违法所得没收案

【关键词】

违法所得没收　利害关系人异议　善意第三方

【要旨】

检察机关在适用违法所得没收程序中,应当承担证明有犯罪事实以及申请没收的财产属于违法所得及其他涉案财产的举证责任。利害关系人及其诉讼代理人参加诉讼并主张权利,但不能提供合法证据或者其主张明显与事实不符的,应当依法予以辩驳。善意第三方对申请没收财产享有合法权利的,应当依法予以保护。

【基本案情】

犯罪嫌疑人黄艳兰,女,原某市物资总公司(简称物资总公司)总经理、法定代表人。

利害关系人施某某,黄艳兰朋友。

利害关系人邓某某,黄艳兰亲属。

利害关系人A银行股份有限公司上海分行(简称A银行上海分行)。

利害关系人B银行股份有限公司上海市南支行(简称B银行市南支行)。

利害关系人C银行股份有限公司上海市虹桥开发区支行(简称C银行虹桥支行)。

1993年5月至1998年8月,物资总公司用自有资金、银行贷款及融资借款经营期货等业务,由黄艳兰等人具体操作执行。其间,黄艳兰利用职务上的便利,先后控制和使用包括D商贸有限公司(简称D公司)等多个银行账户和证券账户进行期货交易,累计盈利人民币1.8亿余元,其中1.1亿余元未纳入物资总公司管理,由黄艳兰实际控制。

1997年7月至1999年4月,黄艳兰直接或指使他人先后从D公司等六个账户转出人民币3000.35万元,以全额付款方式在上海购买2套房产,又向A银行上海分行、B银行市南支行、C银行虹桥支行按揭贷款在上海购买50套房产,分别登记在李某某(黄艳兰亲属)、施某某等人名下。在公司改制过程中,黄艳兰隐匿并占有上述房产。

2000年12月,涉案20套房产因涉及民事纠纷被法院查封。为逃避债务,黄艳兰指使其亲属李某某将另外32套房产的合同权益虚假转让给施某某和高某某(施某某朋友),后又安排邓某某与施某某、高某某签订委托合同,继续由邓某某全权管理该房产。之后,黄艳兰指使邓某某出售15套,用部分售房款和剩余的17套房产(登记在施某某、高某某名下)出租所得款项又购买6套房产,其中4套登记在施某某名下,2套登记在蒋某(邓某某亲属)名下,另将部分售房款和出租款存入以施某某等人名义开设的银行账户。经查,上述23套房产均以按揭贷款方式购买。2002年12月至2003年5月,广西壮族自治区桂林市人民检察院依法查封了涉案23套房产,依法冻结施某某等人银行账户内存款人民币90余万元、美元2.7万余元。

【诉讼过程】

2002年8月14日,桂林市人民检察院以涉嫌贪污罪对黄艳兰立案侦查,查明黄艳兰已于2001年12月8日逃匿境外。2002年8月16日,桂林市人民检察院决定对黄艳兰刑事拘留,同年12月30日决定逮捕。2005年5月23日,国际刑警组织对黄艳兰发布红色通报。2016年12月23日,桂林市人民检察院向桂林市中级人民法院提出没收违法所得申请。利害关系人施某某、邓某某、A银行上海分行、B银行市南支行、C银行虹桥支行申请参加诉讼,对涉案财产主张权利。2018年11月15日,桂林市中级人民法院作出裁定,依法没收黄艳兰实施贪污犯罪所得23套房产、银行账户内存款人民币90余万元、美元2.7万余元及利息,依法向A银行上海分行、B银行市南支行、C银行虹桥支行支付贷款欠款本金、利息及实现债权的费用。利害关系人施某某、邓某某不服提出上诉。2019年6月29日,广西壮族自治区高级人民法院驳回上诉,维持一审裁定。

【检察履职情况】

(一)详细梳理贪污资金流向,依法认定涉案财产属于贪污违法所得。检察机关经审查在案资金流向相关证据,结合对黄艳兰实施贪污犯罪行为的分析,证实黄艳兰贪污公款后购买52套房产,其中2套以全额付款方式购买,50套以抵押贷款方式购买。司法机关已在相关民事诉讼中依法强制执行20套,黄艳兰指使邓某某出售15套,后用售房款和出租剩余17套房产所得款项又购买6套房产,另将部分售房款和出租房屋所得款项存入施某某等人名下银行账户。因此,在案23套房产以及存入施某某等人名下银行账户中的款项,均系黄艳兰贪污犯罪所得,依法应予以没收。

(二)针对性开展举证、质证、答辩,依法驳斥利害关系人不当异议。在开庭审理过程中,利害关系人邓某某及其诉讼代理人提出,以李某某名义开设的E期货账户曾转出3077万元至黄艳兰控制的D公司账户,购房资金来源于李某某从事期货交易的收益,并向法庭提交了开户资料等证据。出庭检察员对此从证据的合法性、真实性和关联性等方面,发表质证意见,提出邓某某及其诉讼代理人提交的开户资料等证据均为复印件,均未加盖出具单位公章,并有明显涂改痕迹,不具备证据的真实性。同时,根据证监会对涉案部分期货合约交易中有关单位和个人违规行为的处罚决定、期货公司出具的说明等书证、司法会计鉴定意见、检验鉴定意见以及相关证人证言,足以证实E期货账户系由黄艳兰指挥物资总公司工作人员开设和操作,账户内的保证金和资金高度可能属于物资总公司的公款。邓某某及其诉讼代理人所提意见与本案证据证明的事实不符,建议法庭不予采纳。另一利害关系人施某某及其诉讼代理人提出,施某某、高某某名下房产系施某某合法财产。对此,出庭检察员答辩指出,上述房产是相关民事纠纷过程中,黄艳兰为逃避债务,与李某某、黄某一(黄艳兰亲属)串通,将涉案房产登记到二人名下。且在变更登记后,施某某即将涉案房产委托给邓某某全权管理,涉案房产仍由邓某某实际控制,售房款、出租款等也均由邓某某控制和使用。施某某无法提交购房资金来源的证据,以证明其实际支付了购房款。因此,施某某及其诉讼代理人所提意见,与本案证据证明的事实不符,不应支持。法院对检察机关上述意见均予采纳。

(三)依法认定其他利害关系人身份,切实保护善意第三方合法权益。涉案23套房产均系黄艳兰利用贪污所得资金支付首付款后,向A银行上海分行、B银行市南支行、C银行虹桥支行以按揭贷款方式购买,三家银行对按揭贷款房产依法进行抵押,约定了担保债权的范围。诉讼期间,三家银行及其诉讼代理人提出,涉案房产的借款合同均合法有效,并享有抵押权,依法应当优先受偿。检察机关经审查认为,三家银行既未与黄艳兰串通,亦不明知黄艳兰购房首付款系贪污赃款,依法应当认定为善意第三方,其合法权益应当予以保护。根据《最高人民法院、最高人民检察院关于适用犯罪嫌疑人、被告人逃匿、死亡案件违法所得没收程序若干问题的规定》第七条第一款、第二款规定,检察机关依法认定上述三家银行系本案的"其他利害关系人",对三家银行主张的优先受偿权,依法予以支持。

【指导意义】

(一)利害关系人对申请没收财产提出异议或主张权利的,检察人员出庭时应当作为质证重点。根据《最高人民法院、最高人民检察院关于适用犯罪嫌疑人、被告人逃匿、死亡案件违法所得没收程序若干问题的规定》第十五条的规定,利害关系人在诉讼中对检察机关申请没收的财产属于违法所得及其他涉案财产等相关事实及证据有异议的,可以提出意见;对申请没收财产主张权利的,应当出示相关证据。对于其提供的证据不合法,或其异议明显与客观事实不符的,出庭检察人员应当围绕财产状态、财产来源、与违法犯罪的关系等内容,有针对性地予以驳斥,建议人民法院依法不予支持。

(二)善意第三方对申请没收财产享有合法权益的,应当依法保护。对申请没收财产因抵押而享有优先受偿权的债权人,或者享有其他合法权利的利害关系人,如果在案证据能够证明其在抵押权设定时对该财产系违法所得不知情,或者有理由相信该财产为合法财产,依法应当认定为善意第三方,对其享有的担保物权或其他合法权利,依法应当予以保护。

【相关规定】

《中华人民共和国刑法》第三百八十二条第一款

《中华人民共和国合同法》第一百零七条、第二百零五条

《中华人民共和国担保法》第三十三条、第四十六条

《中华人民共和国刑事诉讼法》第二百九十八条、第二百九十九条、第三百条

《人民检察院刑事诉讼规则》第十二章第四节

《最高人民法院、最高人民检察院关于适用犯罪嫌疑人、被告人逃匿、死亡案件违法所得没收程序若干问题的规定》第一条至第三条,第五条至第十条,第十三条至十七条

检例第130号:任润厚受贿、巨额财产来源不明违法所得没收案

【关键词】

违法所得没收　巨额财产来源不明　财产混同　孳息

【要旨】

涉嫌巨额财产来源不明犯罪的人在立案前死亡,依照刑法规定应当追缴其违法所得及其他涉案财产的,可以依法适用违法所得没收程序。对涉案的巨额财产,可以由其近亲属或其他利害关系人说明来源。没有近亲属或其他利害关系人主张权利或者说明来源,或者近亲属或其他利害关系人主张权利所提供的证据达不到相应证明标准,或说明的来源经查证不属实的,依法认定为违法所得予以申请没收。违法所得与合法财产混同并产生孳息的,可以按照违法所得占比计算孳息予以申请没收。

【基本案情】

犯罪嫌疑人任润厚,男,某省人民政府原副省长,曾任A矿业(集团)有限责任公司(简称A集团)董事长、总经理,B环保能源开发股份有限公司(简称B环能公司)董事长。

利害关系人任某一,任润厚亲属。

利害关系人任某二,任润厚亲属。

利害关系人袁某,任润厚亲属。

(一)涉嫌受贿犯罪事实

2001至2013年,犯罪嫌疑人任润厚利用担任A集团董事长、总经理,B环能公司董事长,某省人民政府副省长等职务上的便利,为相关请托人在职务晋升、调整等事项上提供帮助,向下属单位有关人员索要人民币共计70万元用于贿选;要求具有行政管理关系的被管理单位为其支付旅游、疗养费用,共计人民币123万余元;收受他人所送人民币共计30万元,被办案机关依法扣押、冻结。

(二)涉嫌巨额财产来源不明犯罪事实

2000年9月至2014年8月,犯罪嫌疑人任润厚及其亲属名下的财产和支出共计

人民币3100余万元，港币43万余元，美元104万余元，欧元21万余元，加元1万元，英镑100镑；珠宝、玉石、黄金制品、字画、手表等物品155件。

任润厚的合法收入以及其亲属能够说明来源的财产为人民币1835万余元，港币800元，美元1489元，欧元875元，英镑132镑；物品20件。任润厚亲属对扣押、冻结在案的人民币1265万余元，港币42万余元，美元104万余元，欧元21万余元，加元1万元及物品135件不能说明来源。

【诉讼过程】

2014年9月20日，任润厚因严重违纪被免职，同年9月30日因病死亡。经最高人民检察院指定管辖，江苏省人民检察院于2016年7月11日启动违法所得没收程序。同年10月19日，江苏省人民检察院将案件交由扬州市人民检察院办理。同年12月2日，扬州市人民检察院向扬州市中级人民法院提出没收违法所得申请。

利害关系人任某一、任某二、袁某申请参加诉讼。2017年6月21日，扬州市中级人民法院公开开庭审理。同年7月25日，扬州市中级人民法院作出违法所得没收裁定，依法没收任润厚受贿犯罪所得人民币30万元及孳息；巨额财产来源不明犯罪所得人民币1265万余元、港元42万余元、美元104万余元、欧元21万余元、加元1万元及孳息，以及珠宝、玉石、黄金制品、字画、手表等物品135件。

【检察履职情况】

（一）准确把握立法精神，依法对立案前死亡的涉嫌贪污贿赂犯罪行为人适用违法所得没收程序。任润厚在纪检监察机关对其涉嫌严重违纪违法问题线索调查期间因病死亡。检察机关认为，与普通刑事诉讼程序旨在解决涉嫌犯罪人的定罪与量刑问题不同，违法所得没收作为特别程序主要解决涉嫌犯罪人的违法所得及其他涉案财产的追缴问题，不涉及对其刑事责任的追究。因此，涉嫌贪污贿赂犯罪行为人在立案前死亡的，虽然依法不再追究其刑事责任，但也应当通过违法所得没收程序追缴其违法所得。本案中，任润厚涉嫌受贿、巨额财产来源不明等重大犯罪，虽然未被刑事立案即死亡，但其犯罪所得及其他涉案财产依法仍应予以追缴，应当通过违法所得没收程序进行处理。

（二）认真核查财产来源证据，依法认定巨额财产来源不明的涉嫌犯罪事实及违法所得数额。办案中，检察机关对任润厚本人及其转移至亲属名下的财产情况、任润厚家庭支出及合法收入情况，进行了重点审查，通过对涉案270余个银行账户存款、现金、155件物品的查封、扣押、冻结，对160余名证人复核取证等工作，查明了任润厚家庭财产的支出和收入情况。根据核查情况，将任润厚家庭的购房费用、购车费用、女儿留学费用、结婚赠与及债权共929万元纳入重大支出范围，计入财产总额。鉴于任润厚已经死亡，且死亡前未对本人及转移至亲属名下的财产和支出来源作出说明，检察机关依法向任润厚的亲属调查询问，由任润厚亲属说明财产和支出来源，并根据其说明情况向相关单位、人员核实，调取相关证据。对于相关证据证实及任润厚亲属能够说明合法来源的工资奖金、房租收入、卖房所得、投资盈利等共计1806万余元，以及手表、玉石、黄金制品等物品，依法在涉案财产总额中予以扣减。将犯罪嫌疑人及其亲属名下财产和家庭重大支出数额，减去家庭合法收入及其近亲属等利害关系人能说明合法来源的收入,作为任润厚涉嫌巨额财产来源不明罪的违法所得,据此提出没收违法所得申请。利害关系人任某一和袁某对检察机关没收申请没有提出异议。任某二对于检察机关将任润厚夫妇赠与的50万元购车款作为重大支出计入财产总额,提出异议,并提供购车发票证明其购买汽车裸车价格为30万元,提出余款20万元不能作为重大支出,应从没收金额中扣减。检察机关根据在案证据认为不应扣减,并在出庭时指出:该50万元系由任润厚夫妇赠与任某二,支出去向明确,且任润厚家庭财产与任某二家庭财产并无混同;购车费用除裸车价格外,还包括车辆购置税、保险费等其他费用;任某二没有提供证据,证明购车款结余部分返还给任润厚夫妇。因此,其主张在没收金额中扣减20万元的依据不足,不应支持。该意见被法院裁定采纳。

(三)依法审查合法财产与违法所得混同的财产,按违法所得所占比例认定和申请没收违法所得孳息。经审查认定,依法应当申请没收的巨额财产来源不明犯罪所得为人民币1265万余元、部分外币以及其他物品。冻结在案的任润厚及其亲属名下财产为人民币1800余万存款、部分外币以及其他物品。其中本金1800余万元存款产生了169万余元孳息。关于如何确定应当没收的孳息,检察机关认为,可以按该笔存款总额中违法所得所占比例(约1265/1800=70.2%),计算出违法所得相应的孳息,依法予以申请没收,剩余部分为合法财产及孳息,返还给其近亲属。法院经审理予以采纳。

【指导意义】

(一)涉嫌贪污贿赂等重大犯罪的人立案前死亡的,依法可以适用违法所得没收程序。违法所得没收程序的目的在于解决违法所得及其他涉案财产的追缴问题,不是追究被申请人的刑事责任。涉嫌实施贪污贿赂等重大犯罪行为的人,依照刑法规定应当追缴其犯罪所得及其他涉案财产的,无论立案之前死亡或立案后作为犯罪嫌疑人、被告人在诉讼中死亡,都可以适用违法所得没收程序。

(二)巨额财产来源不明犯罪案件中,本人因死亡不能对财产来源作出说明的,应当结合其近亲属说明的来源,或者其他利害关系人主张权利以及提供的证据情况,依法认定是否属于违法所得。已死亡人员的近亲属或其他利害关系人主张权利或说明来源的,应要求其提供相关证据或线索,并进行调查核实。没有近亲属或其他利害关系人主张权利或说明来源,或者近亲属或其他利害关系人虽然主张权利但提供的证据没有达到相应证明标准,或者说明的来源经查证不属实的,应当依法认定为违法所得,予以申请没收。

(三)违法所得与合法财产混同并产生孳息的,可以按照比例计算违法所得孳息。在依法查封、扣押、冻结的犯罪嫌疑人财产中,对违法所得与合法财产混同后产生的孳息,可以按照全案中合法财产与违法所得的比例,计算违法所得的孳息数额,依法申请没收。对合法财产及其产生的孳息,及时予以返还。

【相关规定】

《中华人民共和国刑法》第三百八十二条第一款、第三百八十五条第一款、第三百九十五条第一款

《中华人民共和国刑事诉讼法》第二百八十条第一款、第二百八十二条第一款

《人民检察院刑事诉讼规则》第十二章第四节

《最高人民法院、最高人民检察院关于适用犯罪嫌疑人、被告人逃匿、死亡案件违法所得没收程序若干问题的规定》第一条至第三条,第五条至第十条,第十三条至十七条

检例第187号:沈某某、郑某某贪污案

【关键词】

贪污罪　期货交易　交易异常点　贪污数额认定

【要旨】

对于国家工作人员利用职务便利,在期货交易中通过增设相互交易环节侵吞公款的行为,可以依法认定为贪污罪。审查时重点围绕交易行为的异常性、行为人获利与职务便利之间的关联性进行分析论证。对于贪污犯罪数额,可以结合案件具体情况,根据行为人实际获利数额予以认定。庭审中,检察机关采取多媒体示证方式,综合运用动态流程模拟图、思维导图等全面展示证据,揭示犯罪行为和结果,增强庭审指控效果。

【基本案情】

被告人沈某某,男,甲国有公司期货部原主任。

被告人郑某某,男,甲国有公司期货部原副总监。

2012年7月至2020年5月,沈某某先后任甲国有公司期货部操盘手、期货部临时负责人、副主任及主任,其间负责期货部日常经营管理工作,参与制定甲国有公司期货交易策略,依据市场行情确定具体的操盘价格,下达期货交易指令并实际操盘。2014年2月至2020年5月,郑某某先后担任甲国有公司期货部经理、高级经理及副总监,参与制定甲国有公司期货交易策略,根据决策指令对相关期货账户进行实际操盘。

2015年7月至2020年5月间,沈某某、郑某某二人经合谋,向他人借用了多个期货账户,利用前述职务便利,在事先获知公司期货交易策略后,以借用的个人账户提前在有利价位买入或卖出与甲国有公司策略相同的期货产品进行埋单,采用与公司报单价格相同或接近、报单时间衔接紧凑以及公司大单覆盖等方式,与公司期货账户进行低买高卖或者高卖低买的相互交易,使二人实际控制的账户获利共计人民币3000余万元,赃款由二人平分并占为己有。

其间,沈某某在郑某某不知情的情况下,利用职务便利,采用前述相同方式,以其个人借用并实际控制的多个期货账户及其本人期货账户,与甲国有公司期货账户进行相互交易,个人获利共计人民币1000余万元。

本案由上海市虹口区监察委员会调查终结后移送起诉。2021年6月23日,上海市人民检察院第二分院(以下简称上海市检二分院)以被告人沈某某、郑某某犯贪污罪依法提起公诉。2022年6月29日,上海市第二中级人民法院作出一审判决,以贪污罪判处沈某某有期徒刑十三年,剥夺政治权利三年,并处罚金人民币四百万元;郑某某具有自首、立功情节,自愿认罪认罚,依法可以减轻处罚,法院以贪污罪判处其有期徒刑五年,并处罚金人民币一百万元。一审宣判后,沈某某提出上诉,上海市高级

人民法院二审裁定驳回上诉,维持原判。

【检察机关履职过程】

(一)审查起诉

本案系以在期货交易中增设交易环节的方式侵吞国有资产的新型职务犯罪案件。审查起诉阶段,上海市检二分院围绕查明事实、弄懂期货交易专业知识、阐明定性等方面进行审查论证。

一是查实涉案账户的控制使用情况,确认涉案账户相互交易均系沈某某、郑某某操作。检察机关建议监察机关调取涉案违法交易终端信息并就MAC地址(局域网地址)、IP地址(互联网协议地址)等进行匹配,对涉案电脑、手机等设备依法扣押并进行电子数据鉴定,查明了个人控制账户与公司账户登录设备的MAC地址及IP地址大量重合,涉案账户系被告人控制使用;同时,经与监察机关沟通,检察机关开展自行补充侦查,询问甲国有公司期货交易员等证人,调取微信聊天数据等客观证据,交叉比对涉案期货账户登录数据、交易数据等,进一步排除案发时间段其他人使用相关账户的可能性。

二是开展数据建模,发现和分析各类异常数据背后的真实情况。检察机关通过建立"风险承受异常性模型""交易时间差额模型""先报价比例及价格模型"等,查明相关账户之间的交易具有不同于正常期货交易特点的交易时间紧密、盈利比例畸高以及交易手数显著增加等异常点。

三是加强与期货专业机构的沟通,厘清正常期货交易和增设期货交易环节非法获利的贪污行为的界限。检察机关深入研究期货交易规则,与上海期货交易所专业人员就涉案期货交易相关问题及数据分析难点进行研讨,合力解决基础数据分析运用、交易模式异常特征、获利手法认定等关键问题。

四是论证了贪污罪和国有公司人员滥用职权罪的区别。沈某某、郑某某利用提前知悉的公司交易指令和操盘便利,使用个人控制账户提前买入或卖出同一期货产品,后续与国有公司相互交易获利,造成甲国有公司交易成本增加,属于国有公司人员滥用职权的行为。但是,国有公司人员滥用职权罪没有评价行为人将国有财产直接据为己有的故意和行为,且在一个行为同时触犯该罪与贪污罪的情形下,属于想象竞合,应当从一重罪处罚,由于贪污罪的法定刑更重,且能够更为全面地评价被告人的犯罪行为,故应以贪污罪追究刑事责任。

(二)指控与证明犯罪

为增强庭审指控效果,检察机关创新举证示证模式,通过适用思维导图、交易结构模型图、获利过程示意图、交易对比分析表等图表对证据进行展示,直观地揭示了犯罪手段、过程和结果。针对庭审中被告人和辩护律师提出的行为系正常期货交易,并未侵吞公共财物,未造成国有公司损失的辩解,检察机关进行有针对性的答辩。

一是被告人增设期货交易环节获利并非正常的市场交易行为,职务行为与交易获利之间具有高度关联。从基本交易模式看,沈某某等人利用职务便利获知国有公司相关交易指令后随即操纵个人控制账户提前建仓埋单,在数秒至数分钟后即操作公司账户挂单与个人控制账户成交,具有时间上的紧密关联性和交易种类的一致性;从交易手数看,沈某某等人控制账户与公司成交手数相比其他主体明显增加,手数倍数差达10倍至50倍,具有交易习惯的异常性;从交易盈亏情况看,沈某某等人所控制账户盈利比例高达91%以上,部分账户甚至100%盈利,具有盈利比例的异常性;从交易对象看,在沈某某和郑某某合谋前,二人控制账户几乎没有和公司有过交易,合谋后即开始与公司有大量成交,具有交易对象的异常性。

二是被告人通过期货交易侵吞国有公司财产,国有公司因交易成本增加造成实际损失。由于公司交易指令仅包括交易对象、方向、区间价格及总手数,被告人通过个人控制账户以更有利价格先与其他市场主体交易后,再报单以低买高卖(个人控制账户先买后卖)或高卖低买(个人控制账户先卖后买)方式与本公司成交,虽然并未违反指令单操作,但是直接导致公司以更高价格买入期货合约或者以更低价格卖出期货合约,造成公司交易成本提高,使得本应归属于公司的利益归个人所有,属于侵吞国有公司财产的行为。

三是被告人使用个人控制账户与公司相互交易获利部分应认定为贪污数额。本案中,公司在被告人控制账户提前埋单后与个人账户成交,直接造成公司在该相互交易中多支出成本,该部分数额与被告人实际获利数额相一致,具体应以公司交易成本扣减被告人提前埋单支付的交易成本的差额计算贪污数额。此外,本案中被告人控制账户交易亏损部分不应从犯罪数额中扣除。个人控制账户提前"埋单"后,由于市场行情突然发生反向变化,无法以预设盈利价格转让给公司,此时如果以正常市场价交易必然产生较大亏损。被告人遂操作公司账户以优于当时市场价的价格"接盘",与个人控制账户成交,使得被告人减少了部分交易损失。对于被告人的实际损失部分,公司交易成本并未因此降低,故被告人交易亏损部分属于其在非法牟利过程中所支出的犯罪成本,不应从犯罪金额中扣除。

【指导意义】

(一)对于国家工作人员利用职务便利,在期货交易中通过增设相互交易环节侵吞公款的行为,可以依法认定为贪污罪。国家工作人员利用职务便利提前获知国有公司期货交易指令后,先用个人控制账户买入或卖出期货产品,再与国有公司账户进行相互交易的行为,属于在正常期货交易过程中增设相互交易环节,该行为直接造成国有公司交易成本提高,使本应归属国有公司的利益被个人占有,增设交易环节的行为与个人非法获利之间具有刑法上的因果关系,具有侵吞公共财产的性质,可依法认定为贪污罪。

(二)对于利用期货交易手段实施贪污犯罪的数额,可以结合案件具体情况,根据行为人实际获利数额予以认定,不扣除交易中亏损部分。行为人在期货交易中增加相互交易环节提高国有公司支出成本,侵占公共财产获利的,在认定贪污犯罪数额时,可以根据行为人获利手段、公共财产损失以及因果关系等情况,以行为人实际获利数额计算。对于行为人与国有公司交易的亏损部分,如果系行为人交易不当、市场反向变化造成,且国有公司并未因此降低交易成本的,可以认定为犯罪成本,不在犯罪数额中扣减。

(三)针对证券期货类犯罪复杂程度高、专业性强等特点,可以借助多媒体方式展示证据,强化举证效果。运用动态流程模拟图、思维导图,全面揭示被告人犯罪过程和行为模式,解析检察机关指控证明犯罪的思维逻辑;运用交易结构模型图、交易对比分析表等，对庞杂的证据进行归纳分析后系统展示，将较为抽象晦涩的专业概念和数据具体化、可视化，切实增强庭审指控效果。

【相关规定】

《中华人民共和国刑法》第二十五条、第三百八十二条、第三百八十三条

《中华人民共和国刑事诉讼法》(2018年修订)第一百七十条

检例第188号：桑某受贿、国有公司人员滥用职权、利用未公开信息交易案

【关键词】

受贿罪　国有公司人员滥用职权罪　利用未公开信息交易罪　股权收益权　损失认定

【要旨】

检察机关在办理投融资领域受贿犯罪案件时，要准确认定利益输送行为的性质，着重审查投融资的背景、投融资方式、融资需求的真实性、行为人是否需要承担风险、风险与所获收益是否相符等证据。在办理国有公司人员滥用职权犯罪案件时，要客观认定行为造成公共财产损失的范围，对于国有公司应得而未获得的预期收益，可以认定为损失数额。在办理利用未公开信息交易犯罪案件时，对于内幕信息、未公开信息的范围、趋同性交易盈利数额等关键要件的认定，要调取证券监督管理部门、证券交易所等专业机构出具的认定意见，综合全案证据审查判断。

【基本案情】

被告人桑某，男，甲资产管理股份有限公司(国有非银行金融机构，以下简称甲公司)原总裁助理、投资投行事业部总经理，乙投资管理有限公司(甲公司的全资子公司，以下简称乙公司)原总经理、董事长。

(一)受贿罪。2009年至2017年，被告人桑某利用担任甲公司投资投行部总经理，乙公司总经理、董事长等职务上的便利，为相关公司或个人在企业融资等事项上提供帮助，收受公司、个人给予的股权、钱款共计折合人民币1.05亿余元。

其中，2015年至2017年，桑某利用职务便利，为郭某实际控制的泉州某公司借壳黑龙江某公司上市、获得乙公司融资支持等事项提供帮助。借壳上市成功后，黑龙江某公司股票更名为泉州某公司股票。2016年9月，桑某安排朋友蒋某与郭某签订股权收益权代持协议，约定郭某低价将泉州某公司股票500万股股份收益权以上市前的价格即每股7.26元转让给蒋某，协议有效期至少为一年，按照退出日前20个交易日均价的9折计算回购股份金额，蒋某向郭某支付3630万元。2017年3月，协议有效期尚未到期，蒋某见市场行情较好，遂与郭某签订协议，约定由郭某提前回购股权收益权，回购总价款为6200万元。同年4月至7月，郭某分两次将6200万元转账给蒋某。蒋某实际获益2570万元，并与桑某约定平分。

(二)国有公司人员滥用职权罪。2015年6月，乙公司管理的一个基金项目成立，桑某让其朋友温某的云南某公司投资1.61亿余元作为基金劣后级，后其中的1.3亿元出让给乙公司，云南某公司剩余3132.55万元劣后级份额。为帮助云南某公司提前转让该剩余部分份额获利，2018年2月，桑某找到朱某帮助承接，同时未经乙公司经营决策委员会及董事会研究决定，违规安

排乙公司向朱某实际控制的上海某公司出具函件,表示知晓上海某公司出资1.01亿元购买云南某公司剩余的全部劣后级份额,并承诺将来按照其出资份额而非基金份额分配股票。2018年3月,上海某公司出资1.01亿元承接云南某公司劣后级份额后,云南某公司早于乙公司退出该基金项目,并获利7000余万元。因云南某公司提前退出,导致改变了劣后级合伙人分配协议等文件约定的浮动收益分配规则,使得基金份额年化收益出现差别,经会计师事务所测算,乙公司少分得投资收益1986.99万元。

桑某其他国有公司人员滥用职权事实略。

(三)利用未公开信息交易罪。2015年6月至2016年9月,桑某利用职务便利,获取乙公司及该公司实际控制的某基金证券账户投资股票名称、交易时间、交易价格等未公开信息。经证监会认定,上述信息属于内幕信息以外的其他未公开信息。其间,桑某违反相关规定,利用上述未公开信息,操作其本人控制的公司和他人名下证券账户进行关联趋同交易,非法获利441.66万元。

本案由北京市监察委员会调查终结后移送起诉。2020年3月3日,北京市人民检察院第二分院以桑某犯受贿罪、利用未公开信息交易罪、国有公司人员滥用职权罪依法提起公诉。2021年8月27日,北京市第二中级人民法院作出一审判决,以桑某犯受贿罪,判处无期徒刑,剥夺政治权利终身,并处没收个人全部财产;犯利用未公开信息交易罪,判处有期徒刑三年,并处罚金人民币四百五十万元;犯国有公司人员滥用职权罪,判处有期徒刑五年;决定执行无期徒刑,剥夺政治权利终身,并处没收个人全部财产。一审宣判后,桑某提出上诉。北京市高级人民法院二审裁定驳回上诉,维持原判。

【检察机关履职过程】

(一)提前介入

检察机关根据监察机关商请提前介入审查,围绕利用未公开信息交易罪中桑某的主观故意、未公开信息的认定等,提出具体补证意见,全面夯实关键证据。一是调取乙公司的交易指令,并由乙公司对桑某签字的相关交易指令进行说明,查明桑某对未公开信息的主观明知。二是调取证监会专业认定意见,证实桑某利用职务便利所掌握的乙公司和某基金证券账户在投资决策、交易执行、持仓、资金数量及变化、投资规模等方面的信息,属于"内幕信息以外的其他未公开信息"。

(二)审查起诉

审查起诉阶段,检察机关依法审查了桑某涉案全部犯罪事实和证据。针对受贿犯罪中所涉金融专业问题,咨询了证券行业人士和刑法学专家,了解正常的股权收益权代持融资协议的性质和交易形式,厘清与本案中所涉协议的区别,揭示涉案协议系行受贿双方输送利益的手段。针对利用未公开信息交易犯罪中获利数额的认定问题,听取了证券交易所等机构的意见,确定了趋同性交易股票"前五后二"的比对原则、交易金额及盈利计算方法即"先进先出法"、盈利数额的计算公式,最终以上海、深圳证券交易所提供的交易数据为依据,认定桑某非法获利共计441.66万元。

(三)指控与证明犯罪

庭审中,针对被告人和辩护人提出的桑某、蒋某和郭某之间签订的股权收益权代持融资协议属于正常商业投资,涉案基金项目并未造成公共财产损失等意见,有针对性地进行了质证和答辩。

关于收受郭某贿赂的事实,公诉人指出,该笔系以股权收益权代持融资协议的方式受贿,不属于资本市场正常的投融资行为。一是签订股权收益权代持融资协议的背景异常。桑某安排蒋某与郭某签订协议时,郭某公司没有大额融资需求,且当时公司已经上市,股权价格正处于上涨区间,郭某将500万股股权收益权转让给他人,属于让渡具有高度确定性的预期利益,不符合常理。二是转让价格异常。双方签订协议时公司已经上市,桑某方按照公司上市前的价格计算应支付的价款,显然与正常交易价格不符。三是回购时间异常。股权收益权代持融资协议约定协议有效期至少为一年,也就是桑某方至少在一年后方能要求郭某公司回购股权收益权,但在协议签订后六个月左右,桑某方为兑现收益,即要求郭某提前回购,有违协议约定的主要条款。此外,桑某利用职务便利为郭某实际控制的公司借壳上市、获得乙公司融资支持等事项提供帮助。综上,涉案股权收益权代持融资协议具有虚假性,实为权钱交易、输送利益的手段。

关于滥用职权的事实,公诉人指出,桑某未经董事会、经营决策委员会审议,擅自决定采用会签形式向上海某公司出具承诺函,朱某据此同意上海某公司高价受让云南某公司劣后级基金份额,由于云南某公司提前退出基金项目,直接改变了合伙协议等文件约定的浮动收益分配规则,使得同为劣后级有限合伙人的乙公司持有的基金份额年化收益减少,损害了乙公司的利益。桑某滥用职权行为与公共财产损失的结果之间具有因果关系。

【指导意义】

(一)办理以投融资方式收受贿赂的职务犯罪案件,要综合审查投融资的背景、方式、真实性、风险性、风险与收益是否相符等证据,判断是否具备受贿罪权钱交易的本质特征。对于利用股权收益权代持融资等投融资手段进行利益输送的受贿案件,检察机关应当着重审查投融资的背景情况、请托方是否有真实融资需求、投融资的具体方式、受贿人是否支付对价以及是否需要承担投资风险、风险是否与所获收益相符等情况。对于资本运作或相关交易异于正常市场投资,受贿人职务行为和非法获利之间紧密关联,受贿人所支付对价与所获收益明显不对等,具备受贿犯罪权钱交易特征的,依法认定构成受贿罪。

(二)渎职犯罪造成公共财产损失的范围包括国有单位因错失交易机会、压缩利润空间、让渡应有权益进而造成应得而未得的收益损失。实践中,渎职犯罪造成公共财产的损失范围一般为国有单位现有财产的实际损失,但在金融领域渎职犯罪案件中,介入交易规则变化、收益分配方式调整等因素,可能导致国有单位压缩利润空间、让渡应有权益,进而造成国有单位预期收益应得而未得。检察机关应当注重审查造成损失的原因是市场因素还是渎职行为,渎职行为的违规性、违法性,是否具有徇私舞弊情节等要素。对因渎职行为而不是市场因素造成预期收益损失的部分,一般应当计入公共财产损失范围。

(三)办理证券期货类犯罪案件,对于内幕信息、未公开信息的范围、趋同性交易盈利数额等关键要件的认定,一般应调取证券监督管理部门、证券交易所等专业机构的认定意见,并依法进行审查判断。行为人利用职务便利实施的内幕交易、利用未公开信息交易犯罪，此类犯罪中的内幕信息、未公开信息等关键要件的认定，以及对趋同性交易盈利数额等重要情节的认定，专业性较强，要以证券监督管理部门、证券交易所等专业机构出具的认定意见为依据，如在审查中发现缺少专业认定意见，应及时与监察机关沟通，补充完善相关证据材料。

【相关规定】

《中华人民共和国刑法》第一百六十八条、第一百八十条、第三百八十三条、第三百八十五条、第三百八十六条

《最高人民法院、最高人民检察院关于办理利用未公开信息交易刑事案件适用法律若干问题的解释》第五条

检例第189号：李某等人挪用公款案

【关键词】

挪用公款罪　归个人使用　追缴违法所得

【要旨】

办理金融领域挪用公款犯罪案件，应从实质上把握“归个人使用”等要件。对于为个人从事营利活动而违规使用单位公款，给公款安全造成风险，如果公款形式上归单位使用，但是实质上为个人使用的，可以认定挪用公款“归个人使用”。他人因行为人挪用公款犯罪直接获利，虽不构成犯罪或未被追究刑事责任，但主观上对利益违法性有认知的，对他人的直接获利应认定为违法所得，检察机关可以向监察机关提出建议，依法予以追缴或者责令退赔。

【基本案情】

被告人李某，男，甲国有银行原行长，曾任甲国有银行副行长。

被告人王某、邵某、余某，甲国有银行资金营运中心原工作人员。

被告人赵某、钱某，乙证券公司固定收益证券部原工作人员。

2006年，某政策性银行发行“2006年第三期黄河信贷资产支持证券”的次级档产品（以下简称“黄河3C证券”），乙证券公司系承销商之一，该公司固定收益证券部副总经理赵某、业务经理钱某掌握该证券极可能盈利的信息后，为追求个人利益，商议由赵某联系甲国有银行发行分级理财产品对接该证券。后赵某联系时任甲国有银行副行长李某、资金营运中心副总经理王某等人。经商议，李某决定由甲国有银行发行理财产品，再通过信托合同将理财产品所募集资金用于购买“黄河3C证券”。2008年6月，甲国有银行发行“天山5号”理财产品，募集资金人民币4.25亿元，通过丙信托公司发行信托计划投资“黄河3C证券”。该理财产品分为稳健级和进取级，其中稳健级募集人民币3.65亿元，由商业银行等金融机构认购；进取级募集人民币0.6亿元，由李某、赵某、王某等70余人认购。甲国有银行收取投资管理费。

2008年底，为实现个人利益最大化，赵某与钱某商议后，向李某、王某等人提议提前兑付“天山5号”理财产品，另行设立稳健级收益更低、进取级收益更高的理财平台用于投资“黄河3C证券”。2009年7月，在不符合提前终止条件且“黄河3C证券”预期收益较好的情况下，李某在专题会议上否决了银行风控部门的意见，力主提前终止“天山5号”理财产品，又在行长办公会上虚构了“黄河3C证券”存在较大风险的事实，隐瞒了提前兑付是为了获取更

大个人利益的真实目的,促使该国有银行作出了提前兑付决定,会议中未研究兑付方式和资金来源。因短期内无法从其他渠道募集到足额资金,经赵某提议、李某同意,王某、余某、邵某审批或具体经办,违规使用甲国有银行备付金人民币4.8亿余元提前兑付了“天山5号”理财产品。

2009年8月,李某经与王某等人商议,通过签订转让协议的方式,将甲国有银行持有的“黄河3C证券”的收益权以人民币4.85亿余元的价格,转让给丁信托公司另行设立的信托计划,并用该信托计划募集的资金归还了甲国有银行被挪用款项。经查,另行设立的信托计划募集资金人民币4.9亿元,6名被告人及李某、王某、邵某、余某介绍的15名甲国有银行、金融监管机构的相关人员认购进取级产品共计0.6亿元。截至2010年10月到期兑付,上述21人共计获利人民币1.26亿余元,其中李某等6名被告人获利0.8亿余元,其余15人获利0.4亿余元。

本案由A市监察委员会及A市B区监察委员会调查终结后分别移送起诉。2019年10月12日、11月8日,A市人民检察院以李某等六人犯挪用公款罪分两个案件依法提起公诉。2020年10月13日,A市中级人民法院作出一审判决,认定上述六名被告人构成挪用公款罪,且分别具有自首、从犯等从轻、减轻处罚情节,判处五年六个月到一年二个月不等的有期徒刑。一审宣判后,李某、赵某提出上诉,2021年8月31日,C省高级人民法院二审裁定驳回上诉、维持原判。

【检察机关履职过程】

(一)提前介入

监察机关商请检察机关派员提前介入,检察机关围绕事实认定、法律适用及调查取证方向等方面开展工作。

一是研讨案件定性。有观点认为,甲国有银行使用银行备付金兑付理财产品后,即获得“黄河3C证券”的收益权,李某决定将该证券的收益权转让给另行成立且自己参与的信托计划,侵吞了本该由甲国有银行获得的收益,符合贪污罪特征。另有观点认为,李某等人的行为使甲国有银行丧失了应得收益,造成了国家利益的损失,应评价为国有公司人员滥用职权罪。检察机关研究认为,李某为谋取个人利益最大化,违规使用公款,主观上是挪用而非侵吞的故意;使用银行备付金提前兑付未到期理财产品,到期后银行能否获益无法确定,银行损失的仅是可能获益的机会,不符合贪污罪的构成要件。被挪用款项案发前均已归还,未造成银行财产性利益损失,也不宜评价为国有公司人员滥用职权罪。李某等人为了进行营利活动,违规使用银行备付金提前兑付理财产品,使银行承担了本不应该承担的证券投资风险,符合挪用公款罪的特征,该意见得到监察机关认可。

二是提出补证意见。为进一步查明全案事实,检察机关建议调取钱某对“黄河3C证券”进行分析所依据的基础资料和相关样本,以查明信息来源和信息性质;补充银行财务人员的证言和规章制度、会议记录等书证,以查明银行备付金管理规定和审批流程;调取其他进取级投资人的证言及相关银行流水,以查明上述人员参与投资、获取利益的情况。监察机关均予以采纳。

(二)审查起诉

检察机关进一步审查案件事实证据,论证构成挪用公款罪,在梳理中还发现,另行设立的信托计划中参与认购进取级的共21

人,除6名被告人获利0.8亿余元外,尚有15人获利0.4亿余元。经审查认为,上述15人是银行高级管理人员或监管机构工作人员,具备相应的专业知识和从业资历,认购信息和渠道均来自李某等人,主观上对巨额收益的违法性存在认知;实际获利均直接来自于李某等人挪用公款犯罪后产生的投资收益,虽因缺乏主观罪责未被追究刑事责任,但对其所获收益应一并认定为违法所得。后检察机关向监察机关提出依法追缴建议,监察机关采纳建议并予以追缴。

(三)指控与证明犯罪

庭审中,被告人李某、赵某及其辩护人提出以下辩解及辩护意见:一是公款的使用是经领导集体研究决定;二是李某等人的行为不属于"归个人使用";三是挪用行为未导致公款处于风险之中。

针对上述意见,公诉人答辩指出:一是本案中李某为实现个人目的,在银行风控部门强烈反对下坚持己见,在行长办公会讨论研究时虚构事实、隐瞒真相,引导作出提前终止理财产品的决策。之后李某利用职务便利违规签批使用银行备付金兑付,并指使王某等人审批或经办。可见,公款的使用是李某个人意志和擅用职权的体现。二是被挪用钱款的使用主体虽是甲国有银行,但银行在兑付理财产品后,被挪用的备付金实际转移给了原认购人,甲国有银行获得了"黄河3C证券"的收益权,即甲国有银行成为"黄河3C证券"的投资主体,将本应由不特定投资人承担的证券投资风险不当转嫁给银行,使巨额公款脱离单位控制,损害了单位对公款的管理、使用权。三是李某等人违规使用银行备付金提前兑付理财产品,是为其后利用信托计划承接"黄河3C证券"做准备,最终目的是为了谋取个人利益。综上,李某等人的行为属于挪用公款"归个人使用",符合挪用公款罪的构成要件。

【指导意义】

(一)依法惩治金融领域挪用公款犯罪,应准确把握"个人决定""归个人使用"的本质特征。检察机关应将打击金融领域职务犯罪与防范化解金融风险紧密结合,针对内外勾结、手段复杂隐蔽的挪用公款犯罪,要从实质上把握犯罪构成要件。对于为下一步个人擅自挪用公款做铺垫准备,相关负责人在集体研究时采取虚构事实、隐瞒真相的方式,引导形成错误决策的,不影响对个人责任的认定。对于为个人从事营利活动而违规使用单位公款的行为,应重点审查使用公款目的、公款流转去向、公款潜在风险、违法所得归属等要素,如公款形式上归单位使用、实质上为个人使用的,可以认定挪用公款"归个人使用"。

(二)对于挪用公款犯罪中"归个人使用"后进行营利活动取得的财物和孳息,如能排除系善意取得,应依法追缴。对于行为人实施挪用公款犯罪取得的非法获利,应按照犯罪所得依法予以追缴。在特定情况下,其他不构成犯罪或未被追究刑事责任的相关人员也可能因行为人实施挪用公款行为获利,如能够证实该获利系因挪用公款犯罪行为而直接产生,相关人员主观上对收益的违法性有认知,不属于善意取得,检察机关可以建议监察机关根据《中华人民共和国刑法》《中华人民共和国监察法》《中华人民共和国监察法实施条例》等相关法律法规的规定,将该部分获利作为违法所得,依法予以没收、追缴。

【相关规定】

《中华人民共和国刑法》第二十五条、

第六十四条、第三百八十四条

《中华人民共和国监察法》第四十六条

《中华人民共和国监察法实施条例》第二百零八条

《最高人民法院、最高人民检察院关于办理贪污贿赂刑事案件适用法律若干问题的解释》第六条

《最高人民法院关于审理挪用公款案件具体应用法律若干问题的解释》第一条、第八条

检例第190号：宋某某违规出具金融票证、违法发放贷款、非国家工作人员受贿案

【关键词】

违规出具金融票证　违法发放贷款　非国家工作人员受贿责任主体

【要旨】

集体经济组织中行使公权力的人员是否属于国家工作人员，应当依据该集体经济组织股权结构、是否从事公务等要素审查判断。银行或其他金融机构工作人员违反规定，不正当履行职权或超越职权出具信用证或者保函、票据、存单、资信证明，情节严重的，构成违规出具金融票证罪。

【基本案情】

被告人宋某某，男，四川省甲县农村信用合作联社（以下简称甲信用联社）原党委书记、理事长，曾任四川省乙县农村信用合作联社（以下简称乙信用联社）党委书记、理事长，四川省乙县农村商业银行（以下简称乙农商银行）党委书记、董事长。

（一）违规出具金融票证罪。2015年初，四川某某实业有限公司（以下简称某某公司）开发的房地产项目急需资金周转，但因不符合国家相关贷款政策，无法从银行申请获得贷款。2015年4月，某某公司法定代表人叶某通过融资中介介绍，决定以非标准化债权资产方式融资（简称非标融资）4亿元。随后，叶某通过某投资公司将某某公司的房地产项目包装为4亿元的理财产品，并联系四川某农商银行、河北某农商银行出资购买。两家银行要求某某公司为该4亿元理财产品提供担保，叶某遂找到时任乙农商银行党委书记、董事长宋某某，希望乙农商银行为该4亿元理财产品出具保函提供担保，同时承诺按照保函金额的2%给予宋某某好处费。宋某某明知乙农商银行经营范围不包括出具融资性保函，未通过调查审核，未经集体研究，私自决定以乙农商银行的名义出具4亿元融资性保函。截至案发，某某公司无力支付4亿元理财产品本金及收益，乙农商银行承担连带偿还责任。目前，四川某农商银行1亿元本金及收益由某某公司开发的房地产项目资产逐步偿还，河北某农商银行已就3亿元本金及收益偿还问题起诉乙农商银行，案件处于法院审理阶段。

（二）违法发放贷款罪。2018年，宋某某在担任甲信用联社党委书记、理事长期间，为避免其在乙农商银行任职期间帮助某某公司和四川某房地产开发有限公司非标融资的事情案发受到牵连，违反《中华人民共和国商业银行法》《贷款通则》等法律法规的规定，和叶某、该房地产公司法定代表人孙某某商议，以二人控制的未实际开展经营活动的公司名义向甲信用联社申请贷款。为了规避甲信用联社对企业贷款授信额度超过4000万元应上报上级联社进行风险审查的监管要求，宋某某决定将大额贷款分解为多笔不超过4000万元的小额贷

款。在叶某等人申请贷款后,宋某某违规提前向本单位企业部、信贷管理部相关人员打招呼,要求不做实质审查尽快办理相关贷款。宋某某向叶某、孙某某二人的关联公司违法发放贷款共计4.128亿元,至案发,上述贷款本息逾期后无法收回。

(三)非国家工作人员受贿罪。2013年至2019年,宋某某在担任乙信用联社、乙农商银行、甲信用联社主要负责人期间,利用职务上的便利,为叶某等人在贷款融资、工程承建等方面谋取利益,收受上述人员所送财物共计962万元。其中,按照出具保函金额2%收受叶某所送财物800万元。

本案由四川省广安市监察委员会调查终结后移送起诉,2020年5月20日,四川省广安市广安区人民检察院以宋某某犯违法发放贷款罪、违规出具金融票证罪、非国家工作人员受贿罪提起公诉。2020年12月31日,四川省广安市广安区人民法院作出一审判决,以违规出具金融票证罪判处有期徒刑九年;以违法发放贷款罪判处有期徒刑九年,并处罚金人民币二十万元;以非国家工作人员受贿罪判处有期徒刑七年,并处没收个人财产人民币五十万元;数罪并罚,决定执行有期徒刑十九年,并处罚金人民币二十万元、没收个人财产人民币五十万元。一审宣判后,宋某某提出上诉,四川省广安市中级人民法院二审裁定驳回上诉,维持原判。

【检察机关履职过程】

(一)提前介入

经监察机关商请,检察机关提前介入案件。经查阅卷宗材料、听取调查人员对案件情况的介绍,对证据调取、案件定性、法律适用等提出书面反馈意见。一是补充完善宋某某主体身份证据,明确职能管辖主体。建议监察机关补充调取四川省农村信用社联合社(以下简称省信用联社)章程,省委组织部关于全省农村信用社干部管理权限的相关文件,乙信用联社、乙农商银行及甲信用联社章程、营业执照,宋某某的任免审批手续等书证,以便准确认定涉案单位的性质以及宋某某主体身份。经补充相关证据,查明省信用联社由省政府组建,履行省政府对全省农村信用社的服务、指导、协调和行业管理职能,宋某某案发前所任职的信用联社属于集体经济组织,其经省信用联社党委任命提名后,从事组织、领导、管理、监督工作,属于《中华人民共和国监察法》第十五条第六项、《中华人民共和国监察法实施条例》第四十三条第三项所列举的"其他依法履行公职的人员"。二是提出宋某某不属于国家工作人员的意见。经查,虽然省政府和省信用联社对宋某某任职的涉案相关企业有一定管理职责,但企业的性质应当以章程、企业工商登记情况进行认定,涉案相关企业注册资本中均没有国有资本,不属于国有出资企业,因此宋某某不负有管理、经营、监督国有资产的职责,其职务不具有"从事公务"性质,不属于《中华人民共和国刑法》第九十三条中的"国家工作人员"。宋某某利用职务便利收受他人财物的行为应当认定为非国家工作人员受贿罪。

(二)审查起诉

审查起诉阶段,检察机关围绕案件事实和法律适用争议开展审查工作。

一是查明宋某某发放贷款中的"违法点"。围绕违法发放贷款的具体行为方式,从三个方面构建完善证据体系。梳理叶某等人设立空壳公司或借他人名义申请贷款的资料、银行审批文件、放贷资金流向等证据，锁定“借名贷款”事实；梳理宋某某的供述和叶某等人的证言，查清宋某某与叶某等人为规避大额信贷风险提示及监管要求，将大额贷款分解为多笔审批程序相对宽松的小额贷款的“化整为零”作案手段；梳理违法放贷各关键环节的书证和证人证言，查明看似合法合规，实则是宋某某先打招呼，后走贷款审批流程的“逆程序操作”事实。

二是查明乙农商银行的经营范围，研究论证超越职权出具保函的行为性质。检察机关梳理了涉案金融机构的担保资质、公司章程、银监部门对涉案金融机构经营范围的批复、违规出具金融票据各流程节点的客观证据，查明乙农商银行属于商业银行，出具融资性保函属于担保业务，根据《中华人民共和国商业银行法》相关规定“商业银行经营范围由商业银行章程规定，报国务院银行业监督管理机构批准”，乙农商银行公司章程中未规定从事融资性担保业务的相关内容，银监部门也未批准其开展该项业务，其出具融资性保函属于超越职权的行为。

(三)指控和证明犯罪

庭审过程中，公诉人围绕宋某某是否构成违规出具金融票证罪、发放贷款是否系宋某某个人决定等焦点问题，有针对性地提出质证和答辩意见。

一是宋某某明知乙农商银行无出具融资性保函资质，违反《中华人民共和国商业银行法》等法律法规的规定，擅自决定以乙农商银行名义出具融资性保函，其行为构成违规出具金融票证罪。尽管乙农商银行不具有出具融资性保函的资质，但是其作为银行类金融机构，其出具保函的行为与其经营业务范围紧密相关，且难以为善意第三人所明知，其超越职权出具保函的行为，不仅破坏了金融交易安全、银行信用，也给银行资金带来巨额损失风险，侵害了违规出具金融票证罪所保护的法益。

二是宋某某明知相关公司不符合发放贷款条件，仍和贷款申请人商议规避相关规定提交贷款申请，同时在贷款发放各个环节，宋某某作为单位“一把手”提前给相关部门工作人员打招呼，要求不做实质审查尽快发放，使得本单位信贷审查核实职能形同虚设，最终贷款的发放是其利用职务便利推动的结果，是其个人意志的体现。

(四)制发检察建议

宋某某违法犯罪时间长、涉及金额特别巨大，实施的犯罪行为涉及多项主要业务，反映出相关金融机构存在关键人员、关键岗位监管不力，关键环节把关不严等漏洞。2020 年 7 月 12 日，检察机关向甲信用联社制发检察建议，提出依法依规妥善处理相关违规人员、警示教育干部职工、完善贷款管理制度、加强“一把手”监督等建议。甲信用联社对此高度重视，对 22 名相关人员作出行政记大过、警告、免职、调离岗位、撤销党内职务等问责处理，采取措施收回贷款 90 余万元，轮候查封担保人资金 2261 万元，召开全员案件警示教育大会，完善对“一把手”的监督制约机制、落实“贷款三查”等制度。

【指导意义】

(一)对监察机关移送起诉的集体经济组织中行使公权力的人员所涉犯罪案件，应当重点审查其是否属于国家工作人员。对于集体经济组织注册资本中没有国有资本，所从事工作不具有“从事公务”属性的，相关人员不属于国家工作人员。农村信用合作社受计划经济体制影响和农村经济发展需要，在其改制为农村商业银行或农村合作银行前，系由农民、农村工商户、企业法人和其他经济组织以及本社职工自愿入股组成的农村合作金融机构,性质属于集体经济组织。根据《中华人民共和国监察法》第十五条第六项、《中华人民共和国监察法实施条例》第四十三条第三项规定,其管理人员是“其他依法履行公职的人员”。检察机关在审查监察机关移送起诉的此类人员涉嫌职务犯罪案件时,应当审查其是否具有国家工作人员身份,对其行为定性和所涉罪名作出准确认定。一般应当根据其所在信用社的股权结构进行判断,注册资本中没有国有资本,所从事工作不具有“从事公务”属性的,相关人员不属于国家工作人员。

(二)不具备出具保函、票据等金融票证资质的银行或其他金融机构工作人员,违规为他人出具金融票证,情节严重的,应当认定构成违规出具金融票证罪。国家有关金融法律、法规对金融票证出具条件及程序有严格规定,银行及其他金融机构内部也有严格的规章制度和业务规程,有出具金融票证资质的银行、金融机构工作人员违反法定程序、超越职权范围出具金融票证,情节严重的,构成违规出具金融票证罪。对于明知所在金融机构不具备出具金融票证资质,仍为他人出具相关金融票证,属于超越职权范围滥用职权,行为人主观恶性更深、社会危害性更大,对其依法定罪处罚不仅是刑法的应有之义,也符合常情常理和社会大众普遍认知,符合违规出具金融票证罪的,应依法予以认定。

【相关规定】

《中华人民共和国刑法》第九十三条、第一百六十三条、第一百八十四条第一款、第一百八十六条、第一百八十八条第一款

《中华人民共和国监察法》第十五条

《中华人民共和国监察法实施条例》第三十一条、第四十三条

公报案例

1. 晋中市人民检察院诉刘某平挪用资金案①

【裁判摘要】

在无法查明企业经济性质的情况下,对企业负责人将企业资金转移到个人账户进行股票交易的行为,不应按刑法第二百七十二条第一款的规定认定为挪用资金罪。

2. 河南省新郑市人民检察院诉歹某学挪用公款案②

【裁判摘要】

一、国有企业工作人员因单位经营的需要,根据集体决定的意见,将公款划拨至名为个体实为集体的其他企业使用,没有从中谋取私人利益的,其行为不构成挪用公款罪。

二、工商行政管理机关核发的营业执照标明的企业性质,与企业的实际情况不一致时,应当根据企业的成立过程、资金来源、利润分配、管理经营方式等情况,如实认定企业性质。

① 案例来源:《最高人民法院公报》2004 年第 8 期。
② 案例来源:《最高人民法院公报》2005 年第 5 期。

九、其他各罪

1. 危害国家安全罪

反分裂国家法

(2005年3月14日第十届全国人民代表大会第三次会议通过　2005年3月14日中华人民共和国主席令第34号公布　自公布之日起施行)

第一条　为了反对和遏制"台独"分裂势力分裂国家,促进祖国和平统一,维护台湾海峡地区和平稳定,维护国家主权和领土完整,维护中华民族的根本利益,根据宪法,制定本法。

第二条　世界上只有一个中国,大陆和台湾同属一个中国,中国的主权和领土完整不容分割。维护国家主权和领土完整是包括台湾同胞在内的全中国人民的共同义务。

台湾是中国的一部分。国家绝不允许"台独"分裂势力以任何名义、任何方式把台湾从中国分裂出去。

第三条　台湾问题是中国内战的遗留问题。

解决台湾问题,实现祖国统一,是中国的内部事务,不受任何外国势力的干涉。

第四条　完成统一祖国的大业是包括台湾同胞在内的全中国人民的神圣职责。

第五条　坚持一个中国原则,是实现祖国和平统一的基础。

以和平方式实现祖国统一,最符合台湾海峡两岸同胞的根本利益。国家以最大的诚意,尽最大的努力,实现和平统一。

国家和平统一后,台湾可以实行不同于大陆的制度,高度自治。

第六条　国家采取下列措施,维护台湾海峡地区和平稳定,发展两岸关系:

(一)鼓励和推动两岸人员往来,增进了解,增强互信;

(二)鼓励和推动两岸经济交流与合作,直接通邮通航通商,密切两岸经济关系,互利互惠;

(三)鼓励和推动两岸教育、科技、文化、卫生、体育交流,共同弘扬中华文化的优秀传统;

(四)鼓励和推动两岸共同打击犯罪;

(五)鼓励和推动有利于维护台湾海峡地区和平稳定、发展两岸关系的其他活动。

国家依法保护台湾同胞的权利和利益。

第七条　国家主张通过台湾海峡两岸平等的协商和谈判,实现和平统一。协商和谈判可以有步骤、分阶段进行,方式可以灵活多样。

台湾海峡两岸可以就下列事项进行协商和谈判:

(一)正式结束两岸敌对状态;

(二)发展两岸关系的规划;

（三）和平统一的步骤和安排；

（四）台湾当局的政治地位；

（五）台湾地区在国际上与其地位相适应的活动空间；

（六）与实现和平统一有关的其他任何问题。

第八条 “台独”分裂势力以任何名义、任何方式造成台湾从中国分裂出去的事实，或者发生将会导致台湾从中国分裂出去的重大事变，或者和平统一的可能性完全丧失，国家得采取非和平方式及其他必要措施，捍卫国家主权和领土完整。

依照前款规定采取非和平方式及其他必要措施，由国务院、中央军事委员会决定和组织实施，并及时向全国人民代表大会常务委员会报告。

第九条 依照本法规定采取非和平方式及其他必要措施并组织实施时，国家尽最大可能保护台湾平民和在台湾的外国人的生命财产安全和其他正当权益，减少损失；同时，国家依法保护台湾同胞在中国其他地区的权利和利益。

第十条 本法自公布之日起施行。

中华人民共和国反间谍法

（2014年11月1日第十二届全国人民代表大会常务委员会第十一次会议通过　2023年4月26日第十四届全国人民代表大会常务委员会第二次会议修订　2023年4月26日中华人民共和国主席令第4号公布　自2023年7月1日起施行）

第一章　总　　则

第一条 为了加强反间谍工作，防范、制止和惩治间谍行为，维护国家安全，保护人民利益，根据宪法，制定本法。

第二条 反间谍工作坚持党中央集中统一领导，坚持总体国家安全观，坚持公开工作与秘密工作相结合、专门工作与群众路线相结合，坚持积极防御、依法惩治、标本兼治，筑牢国家安全人民防线。

第三条 反间谍工作应当依法进行，尊重和保障人权，保障个人和组织的合法权益。

第四条 本法所称间谍行为，是指下列行为：

（一）间谍组织及其代理人实施或者指使、资助他人实施，或者境内外机构、组织、个人与其相勾结实施的危害中华人民共和国国家安全的活动；

（二）参加间谍组织或者接受间谍组织及其代理人的任务，或者投靠间谍组织及其代理人；

（三）间谍组织及其代理人以外的其他境外机构、组织、个人实施或者指使、资助他人实施，或者境内机构、组织、个人与其相勾结实施的窃取、刺探、收买、非法提供国家秘密、情报以及其他关系国家安全和利益的文件、数据、资料、物品，或者策动、引诱、胁迫、收买国家工作人员叛变的活动；

（四）间谍组织及其代理人实施或者指使、资助他人实施，或者境内外机构、组织、个人与其相勾结实施针对国家机关、涉密单位或者关键信息基础设施等的网络攻击、侵入、干扰、控制、破坏等活动；

（五）为敌人指示攻击目标；

（六）进行其他间谍活动。

间谍组织及其代理人在中华人民共和国领域内，或者利用中华人民共和国的公民、组织或者其他条件，从事针对第三国的间谍活动，危害中华人民共和国国家安全的，适用本法。

第五条 国家建立反间谍工作协调机制，统筹协调反间谍工作中的重大事项，研究、解决反间谍工作中的重大问题。

第六条 国家安全机关是反间谍工作的主管机关。

公安、保密等有关部门和军队有关部门按照职责分工，密切配合，加强协调，依法做好有关工作。

第七条 中华人民共和国公民有维护国家的安全、荣誉和利益的义务，不得有危害国家的安全、荣誉和利益的行为。

一切国家机关和武装力量、各政党和各人民团体、企业事业组织和其他社会组织，都有防范、制止间谍行为，维护国家安全的义务。

国家安全机关在反间谍工作中必须依靠人民的支持，动员、组织人民防范、制止间谍行为。

第八条 任何公民和组织都应当依法支持、协助反间谍工作，保守所知悉的国家秘密和反间谍工作秘密。

第九条 国家对支持、协助反间谍工作的个人和组织给予保护。

对举报间谍行为或者在反间谍工作中做出重大贡献的个人和组织，按照国家有关规定给予表彰和奖励。

第十条 境外机构、组织、个人实施或者指使、资助他人实施的，或者境内机构、组织、个人与境外机构、组织、个人相勾结实施的危害中华人民共和国国家安全的间谍行为，都必须受到法律追究。

第十一条 国家安全机关及其工作人员在工作中，应当严格依法办事，不得超越职权、滥用职权，不得侵犯个人和组织的合法权益。

国家安全机关及其工作人员依法履行反间谍工作职责获取的个人和组织的信息，只能用于反间谍工作。对属于国家秘密、工作秘密、商业秘密和个人隐私、个人信息的，应当保密。

第二章 安全防范

第十二条 国家机关、人民团体、企业事业组织和其他社会组织承担本单位反间谍安全防范工作的主体责任，落实反间谍安全防范措施，对本单位的人员进行维护国家安全的教育，动员、组织本单位的人员防范、制止间谍行为。

地方各级人民政府、相关行业主管部门按照职责分工，管理本行政区域、本行业有关反间谍安全防范工作。

国家安全机关依法协调指导、监督检查反间谍安全防范工作。

第十三条 各级人民政府和有关部门应当组织开展反间谍安全防范宣传教育，将反间谍安全防范知识纳入教育、培训、普法宣传内容，增强全民反间谍安全防范意识和国家安全素养。

新闻、广播、电视、文化、互联网信息服务等单位，应当面向社会有针对性地开展反间谍宣传教育。

国家安全机关应当根据反间谍安全防范形势，指导有关单位开展反间谍宣传教育活动，提高防范意识和能力。

第十四条 任何个人和组织都不得非法获取、持有属于国家秘密的文件、数据、资料、物品。

第十五条 任何个人和组织都不得非

法生产、销售、持有、使用间谍活动特殊需要的专用间谍器材。专用间谍器材由国务院国家安全主管部门依照国家有关规定确认。

第十六条 任何公民和组织发现间谍行为，应当及时向国家安全机关举报；向公安机关等其他国家机关、组织举报的，相关国家机关、组织应当立即移送国家安全机关处理。

国家安全机关应当将受理举报的电话、信箱、网络平台等向社会公开，依法及时处理举报信息，并为举报人保密。

第十七条 国家建立反间谍安全防范重点单位管理制度。

反间谍安全防范重点单位应当建立反间谍安全防范工作制度，履行反间谍安全防范工作要求，明确内设职能部门和人员承担反间谍安全防范职责。

第十八条 反间谍安全防范重点单位应当加强对工作人员反间谍安全防范的教育和管理，对离岗离职人员脱密期内履行反间谍安全防范义务的情况进行监督检查。

第十九条 反间谍安全防范重点单位应当加强对涉密事项、场所、载体等的日常安全防范管理，采取隔离加固、封闭管理、设置警戒等反间谍物理防范措施。

第二十条 反间谍安全防范重点单位应当按照反间谍技术防范的要求和标准，采取相应的技术措施和其他必要措施，加强对要害部门部位、网络设施、信息系统的反间谍技术防范。

第二十一条 在重要国家机关、国防军工单位和其他重要涉密单位以及重要军事设施的周边安全控制区域内新建、改建、扩建建设项目的，由国家安全机关实施涉及国家安全事项的建设项目许可。

县级以上地方各级人民政府编制国民经济和社会发展规划、国土空间规划等有关规划，应当充分考虑国家安全因素和划定的安全控制区域，征求国家安全机关的意见。

安全控制区域的划定应当统筹发展和安全，坚持科学合理、确有必要的原则，由国家安全机关会同发展改革、自然资源、住房城乡建设、保密、国防科技工业等部门以及军队有关部门共同划定，报省、自治区、直辖市人民政府批准并动态调整。

涉及国家安全事项的建设项目许可的具体实施办法，由国务院国家安全主管部门会同有关部门制定。

第二十二条 国家安全机关根据反间谍工作需要，可以会同有关部门制定反间谍技术防范标准，指导有关单位落实反间谍技术防范措施，对存在隐患的单位，经过严格的批准手续，可以进行反间谍技术防范检查和检测。

第三章 调查处置

第二十三条 国家安全机关在反间谍工作中依法行使本法和有关法律规定的职权。

第二十四条 国家安全机关工作人员依法执行反间谍工作任务时，依照规定出示工作证件，可以查验中国公民或者境外人员的身份证明，向有关个人和组织问询有关情况，对身份不明、有间谍行为嫌疑的人员，可以查看其随带物品。

第二十五条 国家安全机关工作人员依法执行反间谍工作任务时，经设区的市级以上国家安全机关负责人批准，出示工作证件，可以查验有关个人和组织的电子设备、设施及有关程序、工具。查验中发现存在危害国家安全情形的，国家安全机关应当责令其采取措施立即整改。拒绝整改或者整改后仍存在危害国家安全隐患的，可以予以查封、扣押。

对依照前款规定查封、扣押的电子设备、设施及有关程序、工具，在危害国家安全的情形消除后，国家安全机关应当及时解除查封、扣押。

第二十六条 国家安全机关工作人员依法执行反间谍工作任务时，根据国家有关规定，经设区的市级以上国家安全机关负责人批准，可以查阅、调取有关的文件、数据、资料、物品，有关个人和组织应当予以配合。查阅、调取不得超出执行反间谍工作任务所需的范围和限度。

第二十七条 需要传唤违反本法的人员接受调查的，经国家安全机关办案部门负责人批准，使用传唤证传唤。对现场发现的违反本法的人员，国家安全机关工作人员依照规定出示工作证件，可以口头传唤，但应当在询问笔录中注明。传唤的原因和依据应当告知被传唤人。对无正当理由拒不接受传唤或者逃避传唤的人，可以强制传唤。

国家安全机关应当在被传唤人所在市、县内的指定地点或者其住所进行询问。

国家安全机关对被传唤人应当及时询问查证。询问查证的时间不得超过八小时；情况复杂，可能适用行政拘留或者涉嫌犯罪的，询问查证的时间不得超过二十四小时。国家安全机关应当为被传唤人提供必要的饮食和休息时间。严禁连续传唤。

除无法通知或者可能妨碍调查的情形以外，国家安全机关应当及时将传唤的原因通知被传唤人家属。在上述情形消失后，应当立即通知被传唤人家属。

第二十八条 国家安全机关调查间谍行为，经设区的市级以上国家安全机关负责人批准，可以依法对涉嫌间谍行为的人身、物品、场所进行检查。

检查女性身体的，应当由女性工作人员进行。

第二十九条 国家安全机关调查间谍行为，经设区的市级以上国家安全机关负责人批准，可以查询涉嫌间谍行为人员的相关财产信息。

第三十条 国家安全机关调查间谍行为，经设区的市级以上国家安全机关负责人批准，可以对涉嫌用于间谍行为的场所、设施或者财物依法查封、扣押、冻结；不得查封、扣押、冻结与被调查的间谍行为无关的场所、设施或者财物。

第三十一条 国家安全机关工作人员在反间谍工作中采取查阅、调取、传唤、检查、查询、查封、扣押、冻结等措施，应当由二人以上进行，依照有关规定出示工作证件及相关法律文书，并由相关人员在有关笔录等书面材料上签名、盖章。

国家安全机关工作人员进行检查、查封、扣押等重要取证工作，应当对全过程进行录音录像，留存备查。

第三十二条 在国家安全机关调查了解有关间谍行为的情况、收集有关证据时，有关个人和组织应当如实提供，不得拒绝。

第三十三条 对出境后可能对国家安全造成危害，或者对国家利益造成重大损失的中国公民，国务院国家安全主管部门可以决定其在一定期限内不准出境，并通知移民管理机构。

对涉嫌间谍行为人员，省级以上国家

安全机关可以通知移民管理机构不准其出境。

第三十四条 对入境后可能进行危害中华人民共和国国家安全活动的境外人员，国务院国家安全主管部门可以通知移民管理机构不准其入境。

第三十五条 对国家安全机关通知不准出境或者不准入境的人员，移民管理机构应当按照国家有关规定执行；不准出境、入境情形消失的，国家安全机关应当及时撤销不准出境、入境决定，并通知移民管理机构。

第三十六条 国家安全机关发现涉及间谍行为的网络信息内容或者网络攻击等风险，应当依照《中华人民共和国网络安全法》规定的职责分工，及时通报有关部门，由其依法处置或者责令电信业务经营者、互联网服务提供者及时采取修复漏洞、加固网络防护、停止传输、消除程序和内容、暂停相关服务、下架相关应用、关闭相关网站等措施，保存相关记录。情况紧急，不立即采取措施将对国家安全造成严重危害的，由国家安全机关责令有关单位修复漏洞、停止相关传输、暂停相关服务，并通报有关部门。

经采取相关措施，上述信息内容或者风险已经消除的，国家安全机关和有关部门应当及时作出恢复相关传输和服务的决定。

第三十七条 国家安全机关因反间谍工作需要，根据国家有关规定，经过严格的批准手续，可以采取技术侦察措施和身份保护措施。

第三十八条 对违反本法规定，涉嫌犯罪，需要对有关事项是否属于国家秘密或者情报进行鉴定以及需要对危害后果进行评估的，由国家保密部门或者省、自治区、直辖市保密部门按照程序在一定期限内进行鉴定和组织评估。

第三十九条 国家安全机关经调查，发现间谍行为涉嫌犯罪的，应当依照《中华人民共和国刑事诉讼法》的规定立案侦查。

第四章 保障与监督

第四十条 国家安全机关工作人员依法履行职责，受法律保护。

第四十一条 国家安全机关依法调查间谍行为，邮政、快递等物流运营单位和电信业务经营者、互联网服务提供者应当提供必要的支持和协助。

第四十二条 国家安全机关工作人员因执行紧急任务需要，经出示工作证件，享有优先乘坐公共交通工具、优先通行等通行便利。

第四十三条 国家安全机关工作人员依法执行任务时，依照规定出示工作证件，可以进入有关场所、单位；根据国家有关规定，经过批准，出示工作证件，可以进入限制进入的有关地区、场所、单位。

第四十四条 国家安全机关因反间谍工作需要，根据国家有关规定，可以优先使用或者依法征用国家机关、人民团体、企业事业组织和其他社会组织以及个人的交通工具、通信工具、场地和建筑物等，必要时可以设置相关工作场所和设施设备，任务完成后应当及时归还或者恢复原状，并依照规定支付相应费用；造成损失的，应当给予补偿。

第四十五条 国家安全机关因反间谍工作需要，根据国家有关规定，可以提请海关、移民管理等检查机关对有关人员提供通关便利，对有关资料、器材等予以免检。有关检查机关应当依法予以协助。

第四十六条 国家安全机关工作人员因执行任务，或者个人因协助执行反间谍工作任务，本人或者其近亲属的人身安全受到威胁时，国家安全机关应当会同有关部门依法采取必要措施，予以保护、营救。

个人因支持、协助反间谍工作，本人或者其近亲属的人身安全面临危险的，可以向国家安全机关请求予以保护。国家安全机关应当会同有关部门依法采取保护措施。

个人和组织因支持、协助反间谍工作导致财产损失的，根据国家有关规定给予补偿。

第四十七条 对为反间谍工作做出贡献并需要安置的人员，国家给予妥善安置。

公安、民政、财政、卫生健康、教育、人力资源和社会保障、退役军人事务、医疗保障、移民管理等有关部门以及国有企业事业单位应当协助国家安全机关做好安置工作。

第四十八条 对因开展反间谍工作或者支持、协助反间谍工作导致伤残或者牺牲、死亡的人员，根据国家有关规定给予相应的抚恤优待。

第四十九条 国家鼓励反间谍领域科技创新，发挥科技在反间谍工作中的作用。

第五十条 国家安全机关应当加强反间谍专业力量人才队伍建设和专业训练，提升反间谍工作能力。

对国家安全机关工作人员应当有计划地进行政治、理论和业务培训。培训应当坚持理论联系实际、按需施教、讲求实效，提高专业能力。

第五十一条 国家安全机关应当严格执行内部监督和安全审查制度，对其工作人员遵守法律和纪律等情况进行监督，并依法采取必要措施，定期或者不定期进行安全审查。

第五十二条 任何个人和组织对国家安全机关及其工作人员超越职权、滥用职权和其他违法行为，都有权向上级国家安全机关或者监察机关、人民检察院等有关部门检举、控告。受理检举、控告的国家安全机关或者监察机关、人民检察院等有关部门应当及时查清事实，依法处理，并将处理结果及时告知检举人、控告人。

对支持、协助国家安全机关工作或者依法检举、控告的个人和组织，任何个人和组织不得压制和打击报复。

第五章 法律责任

第五十三条 实施间谍行为，构成犯罪的，依法追究刑事责任。

第五十四条 个人实施间谍行为，尚不构成犯罪的，由国家安全机关予以警告或者处十五日以下行政拘留，单处或者并处五万元以下罚款，违法所得在五万元以上的，单处或者并处违法所得一倍以上五倍以下罚款，并可以由有关部门依法予以处分。

明知他人实施间谍行为，为其提供信息、资金、物资、劳务、技术、场所等支持、协助，或者窝藏、包庇，尚不构成犯罪的，依照前款的规定处罚。

单位有前两款行为的，由国家安全机关予以警告，单处或者并处五十万元以下罚款，违法所得在五十万元以上的，单处或者并处违法所得一倍以上五倍以下罚款，并对直接负责的主管人员和其他直接责任人员,依照第一款的规定处罚。

国家安全机关根据相关单位、人员违法情节和后果,可以建议有关主管部门依法责令停止从事相关业务、提供相关服务或者责令停产停业、吊销有关证照、撤销登记。有关主管部门应当将作出行政处理的情况及时反馈国家安全机关。

第五十五条 实施间谍行为,有自首或者立功表现的,可以从轻、减轻或者免除处罚;有重大立功表现的,给予奖励。

在境外受胁迫或者受诱骗参加间谍组织、敌对组织,从事危害中华人民共和国国家安全的活动,及时向中华人民共和国驻外机构如实说明情况,或者入境后直接或者通过所在单位及时向国家安全机关如实说明情况,并有悔改表现的,可以不予追究。

第五十六条 国家机关、人民团体、企业事业组织和其他社会组织未按照本法规定履行反间谍安全防范义务的,国家安全机关可以责令改正;未按照要求改正的,国家安全机关可以约谈相关负责人,必要时可以将约谈情况通报该单位上级主管部门;产生危害后果或者不良影响的,国家安全机关可以予以警告、通报批评;情节严重的,对负有责任的领导人员和直接责任人员,由有关部门依法予以处分。

第五十七条 违反本法第二十一条规定新建、改建、扩建建设项目的,由国家安全机关责令改正,予以警告;拒不改正或者情节严重的,责令停止建设或者使用、暂扣或者吊销许可证件,或者建议有关主管部门依法予以处理。

第五十八条 违反本法第四十一条规定的,由国家安全机关责令改正,予以警告或者通报批评;拒不改正或者情节严重的,由有关主管部门依照相关法律法规予以处罚。

第五十九条 违反本法规定,拒不配合数据调取的,由国家安全机关依照《中华人民共和国数据安全法》的有关规定予以处罚。

第六十条 违反本法规定,有下列行为之一,构成犯罪的,依法追究刑事责任;尚不构成犯罪的,由国家安全机关予以警告或者处十日以下行政拘留,可以并处三万元以下罚款:

(一)泄露有关反间谍工作的国家秘密;

(二)明知他人有间谍犯罪行为,在国家安全机关向其调查有关情况、收集有关证据时,拒绝提供;

(三)故意阻碍国家安全机关依法执行任务;

(四)隐藏、转移、变卖、损毁国家安全机关依法查封、扣押、冻结的财物;

(五)明知是间谍行为的涉案财物而窝藏、转移、收购、代为销售或者以其他方法掩饰、隐瞒;

(六)对依法支持、协助国家安全机关工作的个人和组织进行打击报复。

第六十一条 非法获取、持有属于国家秘密的文件、数据、资料、物品,以及非法生产、销售、持有、使用专用间谍器材,尚不构成犯罪的,由国家安全机关予以警告或者处十日以下行政拘留。

第六十二条 国家安全机关对依照本法查封、扣押、冻结的财物,应当妥善保管,并按照下列情形分别处理:

(一)涉嫌犯罪的,依照《中华人民共和国刑事诉讼法》等有关法律的规定处理;

(二)尚不构成犯罪,有违法事实的,对

依法应当没收的予以没收，依法应当销毁的予以销毁；

（三）没有违法事实的，或者与案件无关的，应当解除查封、扣押、冻结，并及时返还相关财物；造成损失的，应当依法予以赔偿。

第六十三条 涉案财物符合下列情形之一的，应当依法予以追缴、没收，或者采取措施消除隐患：

（一）违法所得的财物及其孳息、收益，供实施间谍行为所用的本人财物；

（二）非法获取、持有的属于国家秘密的文件、数据、资料、物品；

（三）非法生产、销售、持有、使用的专用间谍器材。

第六十四条 行为人及其近亲属或者其他相关人员，因行为人实施间谍行为从间谍组织及其代理人获取的所有利益，由国家安全机关依法采取追缴、没收等措施。

第六十五条 国家安全机关依法收缴的罚款以及没收的财物，一律上缴国库。

第六十六条 境外人员违反本法的，国务院国家安全主管部门可以决定限期出境，并决定其不准入境的期限。未在规定期限内离境的，可以遣送出境。

对违反本法的境外人员，国务院国家安全主管部门决定驱逐出境的，自被驱逐出境之日起十年内不准入境，国务院国家安全主管部门的处罚决定为最终决定。

第六十七条 国家安全机关作出行政处罚决定之前，应当告知当事人拟作出的行政处罚内容及事实、理由、依据，以及当事人依法享有的陈述、申辩、要求听证等权利，并依照《中华人民共和国行政处罚法》的有关规定实施。

第六十八条 当事人对行政处罚决定、行政强制措施决定、行政许可决定不服的，可以自收到决定书之日起六十日内，依法申请复议；对复议决定不服的，可以自收到复议决定书之日起十五日内，依法向人民法院提起诉讼。

第六十九条 国家安全机关工作人员滥用职权、玩忽职守、徇私舞弊，或者有非法拘禁、刑讯逼供、暴力取证、违反规定泄露国家秘密、工作秘密、商业秘密和个人隐私、个人信息等行为，依法予以处分，构成犯罪的，依法追究刑事责任。

第六章　附　　则

第七十条 国家安全机关依照法律、行政法规和国家有关规定，履行防范、制止和惩治间谍行为以外的危害国家安全行为的职责，适用本法的有关规定。

公安机关在依法履行职责过程中发现、惩治危害国家安全的行为，适用本法的有关规定。

第七十一条 本法自 2023 年 7 月 1 日起施行。

中华人民共和国国家安全法

（2015 年 7 月 1 日第十二届全国人民代表大会常务委员会第十五次会议通过　2015 年 7 月 1 日中华人民共和国主席令第 29 号公布　自公布之日起施行）

第一章　总　　则

第一条 为了维护国家安全，保卫人民民主专政的政权和中国特色社会主义制度,保护人民的根本利益,保障改革开放和社会主义现代化建设的顺利进行,实现中华民族伟大复兴,根据宪法,制定本法。

第二条 国家安全是指国家政权、主权、统一和领土完整、人民福祉、经济社会可持续发展和国家其他重大利益相对处于没有危险和不受内外威胁的状态,以及保障持续安全状态的能力。

第三条 国家安全工作应当坚持总体国家安全观,以人民安全为宗旨,以政治安全为根本,以经济安全为基础,以军事、文化、社会安全为保障,以促进国际安全为依托,维护各领域国家安全,构建国家安全体系,走中国特色国家安全道路。

第四条 坚持中国共产党对国家安全工作的领导,建立集中统一、高效权威的国家安全领导体制。

第五条 中央国家安全领导机构负责国家安全工作的决策和议事协调,研究制定、指导实施国家安全战略和有关重大方针政策,统筹协调国家安全重大事项和重要工作,推动国家安全法治建设。

第六条 国家制定并不断完善国家安全战略,全面评估国际、国内安全形势,明确国家安全战略的指导方针、中长期目标、重点领域的国家安全政策、工作任务和措施。

第七条 维护国家安全,应当遵守宪法和法律,坚持社会主义法治原则,尊重和保障人权,依法保护公民的权利和自由。

第八条 维护国家安全,应当与经济社会发展相协调。

国家安全工作应当统筹内部安全和外部安全、国土安全和国民安全、传统安全和非传统安全、自身安全和共同安全。

第九条 维护国家安全,应当坚持预防为主、标本兼治,专门工作与群众路线相结合,充分发挥专门机关和其他有关机关维护国家安全的职能作用,广泛动员公民和组织,防范、制止和依法惩治危害国家安全的行为。

第十条 维护国家安全,应当坚持互信、互利、平等、协作,积极同外国政府和国际组织开展安全交流合作,履行国际安全义务,促进共同安全,维护世界和平。

第十一条 中华人民共和国公民、一切国家机关和武装力量、各政党和各人民团体、企业事业组织和其他社会组织,都有维护国家安全的责任和义务。

中国的主权和领土完整不容侵犯和分割。维护国家主权、统一和领土完整是包括港澳同胞和台湾同胞在内的全中国人民的共同义务。

第十二条 国家对在维护国家安全工作中作出突出贡献的个人和组织给予表彰和奖励。

第十三条 国家机关工作人员在国家安全工作和涉及国家安全活动中,滥用职权、玩忽职守、徇私舞弊的,依法追究法律责任。

任何个人和组织违反本法和有关法律,不履行维护国家安全义务或者从事危害国家安全活动的,依法追究法律责任。

第十四条 每年4月15日为全民国家安全教育日。

第二章 维护国家安全的任务

第十五条 国家坚持中国共产党的领导,维护中国特色社会主义制度,发展社会主义民主政治,健全社会主义法治,强化权力运行制约和监督机制,保障人民当家作主的各项权利。

国家防范、制止和依法惩治任何叛国、分裂国家、煽动叛乱、颠覆或者煽动颠覆人民民主专政政权的行为;防范、制止和依法惩治窃取、泄露国家秘密等危害国家安全的行为;防范、制止和依法惩治境外势力的渗透、破坏、颠覆、分裂活动。

第十六条 国家维护和发展最广大人民的根本利益,保卫人民安全,创造良好生存发展条件和安定工作生活环境,保障公民的生命财产安全和其他合法权益。

第十七条 国家加强边防、海防和空防建设,采取一切必要的防卫和管控措施,保卫领陆、内水、领海和领空安全,维护国家领土主权和海洋权益。

第十八条 国家加强武装力量革命化、现代化、正规化建设,建设与保卫国家安全和发展利益需要相适应的武装力量;实施积极防御军事战略方针,防备和抵御侵略,制止武装颠覆和分裂;开展国际军事安全合作,实施联合国维和、国际救援、海上护航和维护国家海外利益的军事行动,维护国家主权、安全、领土完整、发展利益和世界和平。

第十九条 国家维护国家基本经济制度和社会主义市场经济秩序,健全预防和化解经济安全风险的制度机制,保障关系国民经济命脉的重要行业和关键领域、重点产业、重大基础设施和重大建设项目以及其他重大经济利益安全。

第二十条 国家健全金融宏观审慎管理和金融风险防范、处置机制,加强金融基础设施和基础能力建设,防范和化解系统性、区域性金融风险,防范和抵御外部金融风险的冲击。

第二十一条 国家合理利用和保护资源能源,有效管控战略资源能源的开发,加强战略资源能源储备,完善资源能源运输战略通道建设和安全保护措施,加强国际资源能源合作,全面提升应急保障能力,保障经济社会发展所需的资源能源持续、可靠和有效供给。

第二十二条 国家健全粮食安全保障体系,保护和提高粮食综合生产能力,完善粮食储备制度、流通体系和市场调控机制,健全粮食安全预警制度,保障粮食供给和质量安全。

第二十三条 国家坚持社会主义先进文化前进方向,继承和弘扬中华民族优秀传统文化,培育和践行社会主义核心价值观,防范和抵制不良文化的影响,掌握意识形态领域主导权,增强文化整体实力和竞争力。

第二十四条 国家加强自主创新能力建设,加快发展自主可控的战略高新技术和重要领域核心关键技术,加强知识产权的运用、保护和科技保密能力建设,保障重大技术和工程的安全。

第二十五条 国家建设网络与信息安全保障体系,提升网络与信息安全保护能力,加强网络和信息技术的创新研究和开发应用,实现网络和信息核心技术、关键基础设施和重要领域信息系统及数据的安全可控;加强网络管理,防范、制止和依法惩治网络攻击、网络入侵、网络窃密、散布违法有害信息等网络违法犯罪行为,维护国家网络空间主权、安全和发展利益。

第二十六条 国家坚持和完善民族区域自治制度,巩固和发展平等团结互助和谐的社会主义民族关系。坚持各民族一律平等,加强民族交往、交流、交融,防范、制止和依法惩治民族分裂活动,维护国家统

一、民族团结和社会和谐，实现各民族共同团结奋斗、共同繁荣发展。

第二十七条 国家依法保护公民宗教信仰自由和正常宗教活动，坚持宗教独立自主自办的原则，防范、制止和依法惩治利用宗教名义进行危害国家安全的违法犯罪活动，反对境外势力干涉境内宗教事务，维护正常宗教活动秩序。

国家依法取缔邪教组织，防范、制止和依法惩治邪教违法犯罪活动。

第二十八条 国家反对一切形式的恐怖主义和极端主义，加强防范和处置恐怖主义的能力建设，依法开展情报、调查、防范、处置以及资金监管等工作，依法取缔恐怖活动组织和严厉惩治暴力恐怖活动。

第二十九条 国家健全有效预防和化解社会矛盾的体制机制，健全公共安全体系，积极预防、减少和化解社会矛盾，妥善处置公共卫生、社会安全等影响国家安全和社会稳定的突发事件，促进社会和谐，维护公共安全和社会安定。

第三十条 国家完善生态环境保护制度体系，加大生态建设和环境保护力度，划定生态保护红线，强化生态风险的预警和防控，妥善处置突发环境事件，保障人民赖以生存发展的大气、水、土壤等自然环境和条件不受威胁和破坏，促进人与自然和谐发展。

第三十一条 国家坚持和平利用核能和核技术，加强国际合作，防止核扩散，完善防扩散机制，加强对核设施、核材料、核活动和核废料处置的安全管理、监管和保护，加强核事故应急体系和应急能力建设，防止、控制和消除核事故对公民生命健康和生态环境的危害，不断增强有效应对和防范核威胁、核攻击的能力。

第三十二条 国家坚持和平探索和利用外层空间、国际海底区域和极地，增强安全进出、科学考察、开发利用的能力，加强国际合作，维护我国在外层空间、国际海底区域和极地的活动、资产和其他利益的安全。

第三十三条 国家依法采取必要措施，保护海外中国公民、组织和机构的安全和正当权益，保护国家的海外利益不受威胁和侵害。

第三十四条 国家根据经济社会发展和国家发展利益的需要，不断完善维护国家安全的任务。

第三章 维护国家安全的职责

第三十五条 全国人民代表大会依照宪法规定，决定战争和和平的问题，行使宪法规定的涉及国家安全的其他职权。

全国人民代表大会常务委员会依照宪法规定，决定战争状态的宣布，决定全国总动员或者局部动员，决定全国或者个别省、自治区、直辖市进入紧急状态，行使宪法规定的和全国人民代表大会授予的涉及国家安全的其他职权。

第三十六条 中华人民共和国主席根据全国人民代表大会的决定和全国人民代表大会常务委员会的决定，宣布进入紧急状态，宣布战争状态，发布动员令，行使宪法规定的涉及国家安全的其他职权。

第三十七条 国务院根据宪法和法律，制定涉及国家安全的行政法规，规定有关行政措施，发布有关决定和命令；实施国家安全法律法规和政策；依照法律规定决定省、自治区、直辖市的范围内部分地区进入紧急状态；行使宪法法律规定的和全国人民代表大会及其常务委员会授予的涉及国家安全的其他职权。

第三十八条 中央军事委员会领导全国武装力量，决定军事战略和武装力量的作战方针，统一指挥维护国家安全的军事行动，制定涉及国家安全的军事法规，发布有关决定和命令。

第三十九条 中央国家机关各部门按照职责分工，贯彻执行国家安全方针政策和法律法规，管理指导本系统、本领域国家安全工作。

第四十条 地方各级人民代表大会和县级以上地方各级人民代表大会常务委员会在本行政区域内，保证国家安全法律法规的遵守和执行。

地方各级人民政府依照法律法规规定管理本行政区域内的国家安全工作。

香港特别行政区、澳门特别行政区应当履行维护国家安全的责任。

第四十一条 人民法院依照法律规定行使审判权，人民检察院依照法律规定行使检察权，惩治危害国家安全的犯罪。

第四十二条 国家安全机关、公安机关依法搜集涉及国家安全的情报信息，在国家安全工作中依法行使侦查、拘留、预审和执行逮捕以及法律规定的其他职权。

有关军事机关在国家安全工作中依法行使相关职权。

第四十三条 国家机关及其工作人员在履行职责时，应当贯彻维护国家安全的原则。

国家机关及其工作人员在国家安全工作和涉及国家安全活动中，应当严格依法履行职责，不得超越职权、滥用职权，不得侵犯个人和组织的合法权益。

第四章 国家安全制度

第一节 一般规定

第四十四条 中央国家安全领导机构实行统分结合、协调高效的国家安全制度与工作机制。

第四十五条 国家建立国家安全重点领域工作协调机制，统筹协调中央有关职能部门推进相关工作。

第四十六条 国家建立国家安全工作督促检查和责任追究机制，确保国家安全战略和重大部署贯彻落实。

第四十七条 各部门、各地区应当采取有效措施，贯彻实施国家安全战略。

第四十八条 国家根据维护国家安全工作需要，建立跨部门会商工作机制，就维护国家安全工作的重大事项进行会商研判，提出意见和建议。

第四十九条 国家建立中央与地方之间、部门之间、军地之间以及地区之间关于国家安全的协同联动机制。

第五十条 国家建立国家安全决策咨询机制，组织专家和有关方面开展对国家安全形势的分析研判，推进国家安全的科学决策。

第二节 情报信息

第五十一条 国家健全统一归口、反应灵敏、准确高效、运转顺畅的情报信息收集、研判和使用制度，建立情报信息工作协调机制，实现情报信息的及时收集、准确研判、有效使用和共享。

第五十二条 国家安全机关、公安机关、有关军事机关根据职责分工，依法搜集涉及国家安全的情报信息。

国家机关各部门在履行职责过程中，对于获取的涉及国家安全的有关信息应当及时上报。

第五十三条 开展情报信息工作，应当充分运用现代科学技术手段，加强对情报信息的鉴别、筛选、综合和研判分析。

第五十四条 情报信息的报送应当及时、准确、客观，不得迟报、漏报、瞒报和谎报。

第三节 风险预防、评估和预警

第五十五条 国家制定完善应对各领域国家安全风险预案。

第五十六条 国家建立国家安全风险评估机制，定期开展各领域国家安全风险调查评估。

有关部门应当定期向中央国家安全领导机构提交国家安全风险评估报告。

第五十七条 国家健全国家安全风险监测预警制度，根据国家安全风险程度，及时发布相应风险预警。

第五十八条 对可能即将发生或者已经发生的危害国家安全的事件，县级以上地方人民政府及其有关主管部门应当立即按照规定向上一级人民政府及其有关主管部门报告，必要时可以越级上报。

第四节 审查监管

第五十九条 国家建立国家安全审查和监管的制度和机制，对影响或者可能影响国家安全的外商投资、特定物项和关键技术、网络信息技术产品和服务、涉及国家安全事项的建设项目，以及其他重大事项和活动，进行国家安全审查，有效预防和化解国家安全风险。

第六十条 中央国家机关各部门依照法律、行政法规行使国家安全审查职责，依法作出国家安全审查决定或者提出安全审查意见并监督执行。

第六十一条 省、自治区、直辖市依法负责本行政区域内有关国家安全审查和监管工作。

第五节 危机管控

第六十二条 国家建立统一领导、协同联动、有序高效的国家安全危机管控制度。

第六十三条 发生危及国家安全的重大事件，中央有关部门和有关地方根据中央国家安全领导机构的统一部署，依法启动应急预案，采取管控处置措施。

第六十四条 发生危及国家安全的特别重大事件，需要进入紧急状态、战争状态或者进行全国总动员、局部动员的，由全国人民代表大会、全国人民代表大会常务委员会或者国务院依照宪法和有关法律规定的权限和程序决定。

第六十五条 国家决定进入紧急状态、战争状态或者实施国防动员后，履行国家安全危机管控职责的有关机关依照法律规定或者全国人民代表大会常务委员会规定，有权采取限制公民和组织权利、增加公民和组织义务的特别措施。

第六十六条 履行国家安全危机管控职责的有关机关依法采取处置国家安全危机的管控措施，应当与国家安全危机可能造成的危害的性质、程度和范围相适应；有多种措施可供选择的，应当选择有利于最大程度保护公民、组织权益的措施。

第六十七条 国家健全国家安全危机的信息报告和发布机制。

国家安全危机事件发生后，履行国家

安全危机管控职责的有关机关，应当按照规定准确、及时报告，并依法将有关国家安全危机事件发生、发展、管控处置及善后情况统一向社会发布。

第六十八条 国家安全威胁和危害得到控制或者消除后，应当及时解除管控处置措施，做好善后工作。

第五章 国家安全保障

第六十九条 国家健全国家安全保障体系，增强维护国家安全的能力。

第七十条 国家健全国家安全法律制度体系，推动国家安全法治建设。

第七十一条 国家加大对国家安全各项建设的投入，保障国家安全工作所需经费和装备。

第七十二条 承担国家安全战略物资储备任务的单位，应当按照国家有关规定和标准对国家安全物资进行收储、保管和维护，定期调整更换，保证储备物资的使用效能和安全。

第七十三条 鼓励国家安全领域科技创新，发挥科技在维护国家安全中的作用。

第七十四条 国家采取必要措施，招录、培养和管理国家安全工作专门人才和特殊人才。

根据维护国家安全工作的需要，国家依法保护有关机关专门从事国家安全工作人员的身份和合法权益，加大人身保护和安置保障力度。

第七十五条 国家安全机关、公安机关、有关军事机关开展国家安全专门工作，可以依法采取必要手段和方式，有关部门和地方应当在职责范围内提供支持和配合。

第七十六条 国家加强国家安全新闻宣传和舆论引导，通过多种形式开展国家安全宣传教育活动，将国家安全教育纳入国民教育体系和公务员教育培训体系，增强全民国家安全意识。

第六章 公民、组织的义务和权利

第七十七条 公民和组织应当履行下列维护国家安全的义务：

（一）遵守宪法、法律法规关于国家安全的有关规定；

（二）及时报告危害国家安全活动的线索；

（三）如实提供所知悉的涉及危害国家安全活动的证据；

（四）为国家安全工作提供便利条件或者其他协助；

（五）向国家安全机关、公安机关和有关军事机关提供必要的支持和协助；

（六）保守所知悉的国家秘密；

（七）法律、行政法规规定的其他义务。

任何个人和组织不得有危害国家安全的行为，不得向危害国家安全的个人或者组织提供任何资助或者协助。

第七十八条 机关、人民团体、企业事业组织和其他社会组织应当对本单位的人员进行维护国家安全的教育，动员、组织本单位的人员防范、制止危害国家安全的行为。

第七十九条 企业事业组织根据国家安全工作的要求，应当配合有关部门采取相关安全措施。

第八十条 公民和组织支持、协助国家安全工作的行为受法律保护。

因支持、协助国家安全工作，本人或者

其近亲属的人身安全面临危险的,可以向公安机关、国家安全机关请求予以保护。公安机关、国家安全机关应当会同有关部门依法采取保护措施。

第八十一条 公民和组织因支持、协助国家安全工作导致财产损失的,按照国家有关规定给予补偿;造成人身伤害或者死亡的,按照国家有关规定给予抚恤优待。

第八十二条 公民和组织对国家安全工作有向国家机关提出批评建议的权利,对国家机关及其工作人员在国家安全工作中的违法失职行为有提出申诉、控告和检举的权利。

第八十三条 在国家安全工作中,需要采取限制公民权利和自由的特别措施时,应当依法进行,并以维护国家安全的实际需要为限度。

第七章 附 则

第八十四条 本法自公布之日起施行。

中华人民共和国反恐怖主义法

(2015年12月27日第十二届全国人民代表大会常务委员会第十八次会议通过 根据2018年4月27日第十三届全国人民代表大会常务委员会第二次会议《关于修改〈中华人民共和国国境卫生检疫法〉等六部法律的决定》修正)

第一章 总 则

第一条 为了防范和惩治恐怖活动,加强反恐怖主义工作,维护国家安全、公共安全和人民生命财产安全,根据宪法,制定本法。

第二条 国家反对一切形式的恐怖主义,依法取缔恐怖活动组织,对任何组织、策划、准备实施、实施恐怖活动,宣扬恐怖主义,煽动实施恐怖活动,组织、领导、参加恐怖活动组织,为恐怖活动提供帮助的,依法追究法律责任。

国家不向任何恐怖活动组织和人员作出妥协,不向任何恐怖活动人员提供庇护或者给予难民地位。

第三条 本法所称恐怖主义,是指通过暴力、破坏、恐吓等手段,制造社会恐慌、危害公共安全、侵犯人身财产,或者胁迫国家机关、国际组织,以实现其政治、意识形态等目的的主张和行为。

本法所称恐怖活动,是指恐怖主义性质的下列行为:

(一)组织、策划、准备实施、实施造成或者意图造成人员伤亡、重大财产损失、公共设施损坏、社会秩序混乱等严重社会危害的活动的;

(二)宣扬恐怖主义,煽动实施恐怖活动,或者非法持有宣扬恐怖主义的物品,强制他人在公共场所穿戴宣扬恐怖主义的服饰、标志的;

(三)组织、领导、参加恐怖活动组织的;

(四)为恐怖活动组织、恐怖活动人员、实施恐怖活动或者恐怖活动培训提供信息、资金、物资、劳务、技术、场所等支持、协助、便利的;

(五)其他恐怖活动。

本法所称恐怖活动组织,是指三人以上为实施恐怖活动而组成的犯罪组织。

本法所称恐怖活动人员,是指实施恐怖活动的人和恐怖活动组织的成员。

本法所称恐怖事件,是指正在发生或者已经发生的造成或者可能造成重大社会危害的恐怖活动。

第四条 国家将反恐怖主义纳入国家安全战略,综合施策,标本兼治,加强反恐怖主义的能力建设,运用政治、经济、法律、文化、教育、外交、军事等手段,开展反恐怖主义工作。

国家反对一切形式的以歪曲宗教教义或者其他方法煽动仇恨、煽动歧视、鼓吹暴力等极端主义,消除恐怖主义的思想基础。

第五条 反恐怖主义工作坚持专门工作与群众路线相结合,防范为主、惩防结合和先发制敌、保持主动的原则。

第六条 反恐怖主义工作应当依法进行,尊重和保障人权,维护公民和组织的合法权益。

在反恐怖主义工作中,应当尊重公民的宗教信仰自由和民族风俗习惯,禁止任何基于地域、民族、宗教等理由的歧视性做法。

第七条 国家设立反恐怖主义工作领导机构,统一领导和指挥全国反恐怖主义工作。

设区的市级以上地方人民政府设立反恐怖主义工作领导机构,县级人民政府根据需要设立反恐怖主义工作领导机构,在上级反恐怖主义工作领导机构的领导和指挥下,负责本地区反恐怖主义工作。

第八条 公安机关、国家安全机关和人民检察院、人民法院、司法行政机关以及其他有关国家机关,应当根据分工,实行工作责任制,依法做好反恐怖主义工作。

中国人民解放军、中国人民武装警察部队和民兵组织依照本法和其他有关法律、行政法规、军事法规以及国务院、中央军事委员会的命令,并根据反恐怖主义工作领导机构的部署,防范和处置恐怖活动。

有关部门应当建立联动配合机制,依靠、动员村民委员会、居民委员会、企业事业单位、社会组织,共同开展反恐怖主义工作。

第九条 任何单位和个人都有协助、配合有关部门开展反恐怖主义工作的义务,发现恐怖活动嫌疑或者恐怖活动嫌疑人员的,应当及时向公安机关或者有关部门报告。

第十条 对举报恐怖活动或者协助防范、制止恐怖活动有突出贡献的单位和个人,以及在反恐怖主义工作中作出其他突出贡献的单位和个人,按照国家有关规定给予表彰、奖励。

第十一条 对在中华人民共和国领域外对中华人民共和国国家、公民或者机构实施的恐怖活动犯罪,或者实施的中华人民共和国缔结、参加的国际条约所规定的恐怖活动犯罪,中华人民共和国行使刑事管辖权,依法追究刑事责任。

第二章 恐怖活动组织和人员的认定

第十二条 国家反恐怖主义工作领导机构根据本法第三条的规定,认定恐怖活动组织和人员,由国家反恐怖主义工作领导机构的办事机构予以公告。

第十三条 国务院公安部门、国家安全部门、外交部门和省级反恐怖主义工作领导机构对于需要认定恐怖活动组织和人员的,应当向国家反恐怖主义工作领导机构提出申请。

第十四条 金融机构和特定非金融机构对国家反恐怖主义工作领导机构的办事机构公告的恐怖活动组织和人员的资金或者其他资产,应当立即予以冻结,并按照规定及时向国务院公安部门、国家安全部门和反洗钱行政主管部门报告。

第十五条 被认定的恐怖活动组织和人员对认定不服的,可以通过国家反恐怖主义工作领导机构的办事机构申请复核。国家反恐怖主义工作领导机构应当及时进行复核,作出维持或者撤销认定的决定。复核决定为最终决定。

国家反恐怖主义工作领导机构作出撤销认定的决定的,由国家反恐怖主义工作领导机构的办事机构予以公告;资金、资产已被冻结的,应当解除冻结。

第十六条 根据刑事诉讼法的规定,有管辖权的中级以上人民法院在审判刑事案件的过程中,可以依法认定恐怖活动组织和人员。对于在判决生效后需要由国家反恐怖主义工作领导机构的办事机构予以公告的,适用本章的有关规定。

第三章 安全防范

第十七条 各级人民政府和有关部门应当组织开展反恐怖主义宣传教育,提高公民的反恐怖主义意识。

教育、人力资源行政主管部门和学校、有关职业培训机构应当将恐怖活动预防、应急知识纳入教育、教学、培训的内容。

新闻、广播、电视、文化、宗教、互联网等有关单位,应当有针对性地面向社会进行反恐怖主义宣传教育。

村民委员会、居民委员会应当协助人民政府以及有关部门,加强反恐怖主义宣传教育。

第十八条 电信业务经营者、互联网服务提供者应当为公安机关、国家安全机关依法进行防范、调查恐怖活动提供技术接口和解密等技术支持和协助。

第十九条 电信业务经营者、互联网服务提供者应当依照法律、行政法规规定,落实网络安全、信息内容监督制度和安全技术防范措施,防止含有恐怖主义、极端主义内容的信息传播;发现含有恐怖主义、极端主义内容的信息的,应当立即停止传输,保存相关记录,删除相关信息,并向公安机关或者有关部门报告。

网信、电信、公安、国家安全等主管部门对含有恐怖主义、极端主义内容的信息,应当按照职责分工,及时责令有关单位停止传输、删除相关信息,或者关闭相关网站、关停相关服务。有关单位应当立即执行,并保存相关记录,协助进行调查。对互联网上跨境传输的含有恐怖主义、极端主义内容的信息,电信主管部门应当采取技术措施,阻断传播。

第二十条 铁路、公路、水上、航空的货运和邮政、快递等物流运营单位应当实行安全查验制度,对客户身份进行查验,依照规定对运输、寄递物品进行安全检查或者开封验视。对禁止运输、寄递,存在重大安全隐患,或者客户拒绝安全查验的物品,不得运输、寄递。

前款规定的物流运营单位,应当实行运输、寄递客户身份、物品信息登记制度。

第二十一条 电信、互联网、金融、住宿、长途客运、机动车租赁等业务经营者、服务提供者,应当对客户身份进行查验。

对身份不明或者拒绝身份查验的,不得提供服务。

第二十二条 生产和进口单位应当依照规定对枪支等武器、弹药、管制器具、危险化学品、民用爆炸物品、核与放射物品作出电子追踪标识,对民用爆炸物品添加安检示踪标识物。

运输单位应当依照规定对运营中的危险化学品、民用爆炸物品、核与放射物品的运输工具通过定位系统实行监控。

有关单位应当依照规定对传染病病原体等物质实行严格的监督管理,严密防范传染病病原体等物质扩散或者流入非法渠道。

对管制器具、危险化学品、民用爆炸物品,国务院有关主管部门或者省级人民政府根据需要,在特定区域、特定时间,可以决定对生产、进出口、运输、销售、使用、报废实施管制,可以禁止使用现金、实物进行交易或者对交易活动作出其他限制。

第二十三条 发生枪支等武器、弹药、危险化学品、民用爆炸物品、核与放射物品、传染病病原体等物质被盗、被抢、丢失或者其他流失的情形,案发单位应当立即采取必要的控制措施,并立即向公安机关报告,同时依照规定向有关主管部门报告。公安机关接到报告后,应当及时开展调查。有关主管部门应当配合公安机关开展工作。

任何单位和个人不得非法制作、生产、储存、运输、进出口、销售、提供、购买、使用、持有、报废、销毁前款规定的物品。公安机关发现的,应当予以扣押;其他主管部门发现的,应当予以扣押,并立即通报公安机关;其他单位、个人发现的,应当立即向公安机关报告。

第二十四条 国务院反洗钱行政主管部门、国务院有关部门、机构依法对金融机构和特定非金融机构履行反恐怖主义融资义务的情况进行监督管理。

国务院反洗钱行政主管部门发现涉嫌恐怖主义融资的,可以依法进行调查,采取临时冻结措施。

第二十五条 审计、财政、税务等部门在依照法律、行政法规的规定对有关单位实施监督检查的过程中,发现资金流入流出涉嫌恐怖主义融资的,应当及时通报公安机关。

第二十六条 海关在对进出境人员携带现金和无记名有价证券实施监管的过程中,发现涉嫌恐怖主义融资的,应当立即通报国务院反洗钱行政主管部门和有管辖权的公安机关。

第二十七条 地方各级人民政府制定、组织实施城乡规划,应当符合反恐怖主义工作的需要。

地方各级人民政府应当根据需要,组织、督促有关建设单位在主要道路、交通枢纽、城市公共区域的重点部位,配备、安装公共安全视频图像信息系统等防范恐怖袭击的技防、物防设备、设施。

第二十八条 公安机关和有关部门对宣扬极端主义,利用极端主义危害公共安全、扰乱公共秩序、侵犯人身财产、妨害社会管理的,应当及时予以制止,依法追究法律责任。

公安机关发现极端主义活动的,应当责令立即停止,将有关人员强行带离现场并登记身份信息,对有关物品、资料予以收缴,对非法活动场所予以查封。

任何单位和个人发现宣扬极端主义的物品、资料、信息的,应当立即向公安机关报告。

第二十九条 对被教唆、胁迫、引诱参与恐怖活动、极端主义活动,或者参与恐怖活动、极端主义活动情节轻微,尚不构成犯罪的人员,公安机关应当组织有关部门、村民委员会、居民委员会、所在单位、就读学校、家庭和监护人对其进行帮教。

监狱、看守所、社区矫正机构应当加强对服刑的恐怖活动罪犯和极端主义罪犯的管理、教育、矫正等工作。监狱、看守所对恐怖活动罪犯和极端主义罪犯,根据教育改造和维护监管秩序的需要,可以与普通刑事罪犯混合关押,也可以个别关押。

第三十条 对恐怖活动罪犯和极端主义罪犯被判处徒刑以上刑罚的,监狱、看守所应当在刑满释放前根据其犯罪性质、情节和社会危害程度,服刑期间的表现,释放后对所居住社区的影响等进行社会危险性评估。进行社会危险性评估,应当听取有关基层组织和原办案机关的意见。经评估具有社会危险性的,监狱、看守所应当向罪犯服刑地的中级人民法院提出安置教育建议,并将建议书副本抄送同级人民检察院。

罪犯服刑地的中级人民法院对于确有社会危险性的,应当在罪犯刑满释放前作出责令其在刑满释放后接受安置教育的决定。决定书副本应当抄送同级人民检察院。被决定安置教育的人员对决定不服的,可以向上一级人民法院申请复议。

安置教育由省级人民政府组织实施。安置教育机构应当每年对被安置教育人员进行评估,对于确有悔改表现,不致再危害社会的,应当及时提出解除安置教育的意见,报决定安置教育的中级人民法院作出决定。被安置教育人员有权申请解除安置教育。

人民检察院对安置教育的决定和执行实行监督。

第三十一条 公安机关应当会同有关部门,将遭受恐怖袭击的可能性较大以及遭受恐怖袭击可能造成重大的人身伤亡、财产损失或者社会影响的单位、场所、活动、设施等确定为防范恐怖袭击的重点目标,报本级反恐怖主义工作领导机构备案。

第三十二条 重点目标的管理单位应当履行下列职责:

(一)制定防范和应对处置恐怖活动的预案、措施,定期进行培训和演练;

(二)建立反恐怖主义工作专项经费保障制度,配备、更新防范和处置设备、设施;

(三)指定相关机构或者落实责任人员,明确岗位职责;

(四)实行风险评估,实时监测安全威胁,完善内部安全管理;

(五)定期向公安机关和有关部门报告防范措施落实情况。

重点目标的管理单位应当根据城乡规划、相关标准和实际需要,对重点目标同步设计、同步建设、同步运行符合本法第二十七条规定的技防、物防设备、设施。

重点目标的管理单位应当建立公共安全视频图像信息系统值班监看、信息保存使用、运行维护等管理制度,保障相关系统正常运行。采集的视频图像信息保存期限不得少于九十日。

对重点目标以外的涉及公共安全的其他单位、场所、活动、设施,其主管部门和管理单位应当依照法律、行政法规规定,建立健全安全管理制度,落实安全责任。

第三十三条 重点目标的管理单位应当对重要岗位人员进行安全背景审查。对有不适合情形的人员,应当调整工作岗位,并将有关情况通报公安机关。

第三十四条 大型活动承办单位以及重点目标的管理单位应当依照规定，对进入大型活动场所、机场、火车站、码头、城市轨道交通站、公路长途客运站、口岸等重点目标的人员、物品和交通工具进行安全检查。发现违禁品和管制物品，应当予以扣留并立即向公安机关报告；发现涉嫌违法犯罪人员，应当立即向公安机关报告。

第三十五条 对航空器、列车、船舶、城市轨道车辆、公共电汽车等公共交通运输工具，营运单位应当依照规定配备安保人员和相应设备、设施，加强安全检查和保卫工作。

第三十六条 公安机关和有关部门应当掌握重点目标的基础信息和重要动态，指导、监督重点目标的管理单位履行防范恐怖袭击的各项职责。

公安机关、中国人民武装警察部队应当依照有关规定对重点目标进行警戒、巡逻、检查。

第三十七条 飞行管制、民用航空、公安等主管部门应当按照职责分工，加强空域、航空器和飞行活动管理，严密防范针对航空器或者利用飞行活动实施的恐怖活动。

第三十八条 各级人民政府和军事机关应当在重点国（边）境地段和口岸设置拦阻隔离网、视频图像采集和防越境报警设施。

公安机关和中国人民解放军应当严密组织国（边）境巡逻，依照规定对抵离国（边）境前沿、进出国（边）境管理区和国（边）境通道、口岸的人员、交通运输工具、物品，以及沿海沿边地区的船舶进行查验。

第三十九条 出入境证件签发机关、出入境边防检查机关对恐怖活动人员和恐怖活动嫌疑人员，有权决定不准其出境入境、不予签发出境入境证件或者宣布其出境入境证件作废。

第四十条 海关、出入境边防检查机关发现恐怖活动嫌疑人员或者涉嫌恐怖活动物品的，应当依法扣留，并立即移送公安机关或者国家安全机关。

第四十一条 国务院外交、公安、国家安全、发展改革、工业和信息化、商务、旅游等主管部门应当建立境外投资合作、旅游等安全风险评估制度，对中国在境外的公民以及驻外机构、设施、财产加强安全保护，防范和应对恐怖袭击。

第四十二条 驻外机构应当建立健全安全防范制度和应对处置预案，加强对有关人员、设施、财产的安全保护。

第四章 情报信息

第四十三条 国家反恐怖主义工作领导机构建立国家反恐怖主义情报中心，实行跨部门、跨地区情报信息工作机制，统筹反恐怖主义情报信息工作。

有关部门应当加强反恐怖主义情报信息搜集工作，对搜集的有关线索、人员、行动类情报信息，应当依照规定及时统一归口报送国家反恐怖主义情报中心。

地方反恐怖主义工作领导机构应当建立跨部门情报信息工作机制，组织开展反恐怖主义情报信息工作，对重要的情报信息，应当及时向上级反恐怖主义工作领导机构报告，对涉及其他地方的紧急情报信息，应当及时通报相关地方。

第四十四条 公安机关、国家安全机关和有关部门应当依靠群众，加强基层基础工作,建立基层情报信息工作力量,提高反恐怖主义情报信息工作能力。

第四十五条 公安机关、国家安全机关、军事机关在其职责范围内,因反恐怖主义情报信息工作的需要,根据国家有关规定,经过严格的批准手续,可以采取技术侦察措施。

依照前款规定获取的材料,只能用于反恐怖主义应对处置和对恐怖活动犯罪、极端主义犯罪的侦查、起诉和审判,不得用于其他用途。

第四十六条 有关部门对于在本法第三章规定的安全防范工作中获取的信息,应当根据国家反恐怖主义情报中心的要求,及时提供。

第四十七条 国家反恐怖主义情报中心、地方反恐怖主义工作领导机构以及公安机关等有关部门应当对有关情报信息进行筛查、研判、核查、监控,认为有发生恐怖事件危险,需要采取相应的安全防范、应对处置措施的,应当及时通报有关部门和单位,并可以根据情况发出预警。有关部门和单位应当根据通报做好安全防范、应对处置工作。

第四十八条 反恐怖主义工作领导机构、有关部门和单位、个人应当对履行反恐怖主义工作职责、义务过程中知悉的国家秘密、商业秘密和个人隐私予以保密。

违反规定泄露国家秘密、商业秘密和个人隐私的,依法追究法律责任。

第五章 调　　查

第四十九条 公安机关接到恐怖活动嫌疑的报告或者发现恐怖活动嫌疑,需要调查核实的,应当迅速进行调查。

第五十条 公安机关调查恐怖活动嫌疑,可以依照有关法律规定对嫌疑人员进行盘问、检查、传唤,可以提取或者采集肖像、指纹、虹膜图像等人体生物识别信息和血液、尿液、脱落细胞等生物样本,并留存其签名。

公安机关调查恐怖活动嫌疑,可以通知了解有关情况的人员到公安机关或者其他地点接受询问。

第五十一条 公安机关调查恐怖活动嫌疑,有权向有关单位和个人收集、调取相关信息和材料。有关单位和个人应当如实提供。

第五十二条 公安机关调查恐怖活动嫌疑,经县级以上公安机关负责人批准,可以查询嫌疑人员的存款、汇款、债券、股票、基金份额等财产,可以采取查封、扣押、冻结措施。查封、扣押、冻结的期限不得超过二个月,情况复杂的,可以经上一级公安机关负责人批准延长一个月。

第五十三条 公安机关调查恐怖活动嫌疑,经县级以上公安机关负责人批准,可以根据其危险程度,责令恐怖活动嫌疑人员遵守下列一项或者多项约束措施:

(一)未经公安机关批准不得离开所居住的市、县或者指定的处所;

(二)不得参加大型群众性活动或者从事特定的活动;

(三)未经公安机关批准不得乘坐公共交通工具或者进入特定的场所;

(四)不得与特定的人员会见或者通信;

(五)定期向公安机关报告活动情况;

(六)将护照等出入境证件、身份证件、驾驶证件交公安机关保存。

公安机关可以采取电子监控、不定期

检查等方式对其遵守约束措施的情况进行监督。

采取前两款规定的约束措施的期限不得超过三个月。对不需要继续采取约束措施的,应当及时解除。

第五十四条 公安机关经调查,发现犯罪事实或者犯罪嫌疑人的,应当依照刑事诉讼法的规定立案侦查。本章规定的有关期限届满,公安机关未立案侦查的,应当解除有关措施。

第六章 应对处置

第五十五条 国家建立健全恐怖事件应对处置预案体系。

国家反恐怖主义工作领导机构应当针对恐怖事件的规律、特点和可能造成的社会危害,分级、分类制定国家应对处置预案,具体规定恐怖事件应对处置的组织指挥体系和恐怖事件安全防范、应对处置程序以及事后社会秩序恢复等内容。

有关部门、地方反恐怖主义工作领导机构应当制定相应的应对处置预案。

第五十六条 应对处置恐怖事件,各级反恐怖主义工作领导机构应当成立由有关部门参加的指挥机构,实行指挥长负责制。反恐怖主义工作领导机构负责人可以担任指挥长,也可以确定公安机关负责人或者反恐怖主义工作领导机构的其他成员单位负责人担任指挥长。

跨省、自治区、直辖市发生的恐怖事件或者特别重大恐怖事件的应对处置,由国家反恐怖主义工作领导机构负责指挥;在省、自治区、直辖市范围内发生的涉及多个行政区域的恐怖事件或者重大恐怖事件的应对处置,由省级反恐怖主义工作领导机构负责指挥。

第五十七条 恐怖事件发生后,发生地反恐怖主义工作领导机构应当立即启动恐怖事件应对处置预案,确定指挥长。有关部门和中国人民解放军、中国人民武装警察部队、民兵组织,按照反恐怖主义工作领导机构和指挥长的统一领导、指挥,协同开展打击、控制、救援、救护等现场应对处置工作。

上级反恐怖主义工作领导机构可以对应对处置工作进行指导,必要时调动有关反恐怖主义力量进行支援。

需要进入紧急状态的,由全国人民代表大会常务委员会或者国务院依照宪法和其他有关法律规定的权限和程序决定。

第五十八条 发现恐怖事件或者疑似恐怖事件后,公安机关应当立即进行处置,并向反恐怖主义工作领导机构报告;中国人民解放军、中国人民武装警察部队发现正在实施恐怖活动的,应当立即予以控制并将案件及时移交公安机关。

反恐怖主义工作领导机构尚未确定指挥长的,由在场处置的公安机关职级最高的人员担任现场指挥员。公安机关未能到达现场的,由在场处置的中国人民解放军或者中国人民武装警察部队职级最高的人员担任现场指挥员。现场应对处置人员无论是否属于同一单位、系统,均应当服从现场指挥员的指挥。

指挥长确定后,现场指挥员应当向其请示、报告工作或者有关情况。

第五十九条 中华人民共和国在境外的机构、人员、重要设施遭受或者可能遭受恐怖袭击的,国务院外交、公安、国家安全、商务、金融、国有资产监督管理、旅游、交通运输等主管部门应当及时启动应对处置预案。国务院外交部门应当协调有关国家采取相应措施。

中华人民共和国在境外的机构、人员、重要设施遭受严重恐怖袭击后，经与有关国家协商同意，国家反恐怖主义工作领导机构可以组织外交、公安、国家安全等部门派出工作人员赴境外开展应对处置工作。

第六十条 应对处置恐怖事件，应当优先保护直接受到恐怖活动危害、威胁人员的人身安全。

第六十一条 恐怖事件发生后，负责应对处置的反恐怖主义工作领导机构可以决定由有关部门和单位采取下列一项或者多项应对处置措施：

（一）组织营救和救治受害人员，疏散、撤离并妥善安置受到威胁的人员以及采取其他救助措施；

（二）封锁现场和周边道路，查验现场人员的身份证件，在有关场所附近设置临时警戒线；

（三）在特定区域内实施空域、海（水）域管制，对特定区域内的交通运输工具进行检查；

（四）在特定区域内实施互联网、无线电、通讯管制；

（五）在特定区域内或者针对特定人员实施出境入境管制；

（六）禁止或者限制使用有关设备、设施，关闭或者限制使用有关场所，中止人员密集的活动或者可能导致危害扩大的生产经营活动；

（七）抢修被损坏的交通、电信、互联网、广播电视、供水、排水、供电、供气、供热等公共设施；

（八）组织志愿人员参加反恐怖主义救援工作，要求具有特定专长的人员提供服务；

（九）其他必要的应对处置措施。

采取前款第三项至第五项规定的应对处置措施，由省级以上反恐怖主义工作领导机构决定或者批准；采取前款第六项规定的应对处置措施，由设区的市级以上反恐怖主义工作领导机构决定。应对处置措施应当明确适用的时间和空间范围，并向社会公布。

第六十二条 人民警察、人民武装警察以及其他依法配备、携带武器的应对处置人员，对在现场持枪支、刀具等凶器或者使用其他危险方法，正在或者准备实施暴力行为的人员，经警告无效的，可以使用武器；紧急情况下或者警告后可能导致更为严重危害后果的，可以直接使用武器。

第六十三条 恐怖事件发生、发展和应对处置信息，由恐怖事件发生地的省级反恐怖主义工作领导机构统一发布；跨省、自治区、直辖市发生的恐怖事件，由指定的省级反恐怖主义工作领导机构统一发布。

任何单位和个人不得编造、传播虚假恐怖事件信息；不得报道、传播可能引起模仿的恐怖活动的实施细节；不得发布恐怖事件中残忍、不人道的场景；在恐怖事件的应对处置过程中，除新闻媒体经负责发布信息的反恐怖主义工作领导机构批准外，不得报道、传播现场应对处置的工作人员、人质身份信息和应对处置行动情况。

第六十四条 恐怖事件应对处置结束后，各级人民政府应当组织有关部门帮助受影响的单位和个人尽快恢复生活、生产，稳定受影响地区的社会秩序和公众情绪。

第六十五条 当地人民政府应当及时给予恐怖事件受害人员及其近亲属适当的救助，并向失去基本生活条件的受害人员及其近亲属及时提供基本生活保障。卫生、医疗保障等主管部门应当为恐怖事件受害人员及其近亲属提供心理、医疗等方面的援助。

第六十六条 公安机关应当及时对恐怖事件立案侦查，查明事件发生的原因、经过和结果，依法追究恐怖活动组织、人员的刑事责任。

第六十七条 反恐怖主义工作领导机构应当对恐怖事件的发生和应对处置工作进行全面分析、总结评估，提出防范和应对处置改进措施，向上一级反恐怖主义工作领导机构报告。

第七章 国际合作

第六十八条 中华人民共和国根据缔结或者参加的国际条约，或者按照平等互惠原则，与其他国家、地区、国际组织开展反恐怖主义合作。

第六十九条 国务院有关部门根据国务院授权，代表中国政府与外国政府和有关国际组织开展反恐怖主义政策对话、情报信息交流、执法合作和国际资金监管合作。

在不违背我国法律的前提下，边境地区的县级以上地方人民政府及其主管部门，经国务院或者中央有关部门批准，可以与相邻国家或者地区开展反恐怖主义情报信息交流、执法合作和国际资金监管合作。

第七十条 涉及恐怖活动犯罪的刑事司法协助、引渡和被判刑人移管，依照有关法律规定执行。

第七十一条 经与有关国家达成协议，并报国务院批准，国务院公安部门、国家安全部门可以派员出境执行反恐怖主义任务。

中国人民解放军、中国人民武装警察部队派员出境执行反恐怖主义任务，由中央军事委员会批准。

第七十二条 通过反恐怖主义国际合作取得的材料可以在行政处罚、刑事诉讼中作为证据使用，但我方承诺不作为证据使用的除外。

第八章 保障措施

第七十三条 国务院和县级以上地方各级人民政府应当按照事权划分，将反恐怖主义工作经费分别列入同级财政预算。

国家对反恐怖主义重点地区给予必要的经费支持，对应对处置大规模恐怖事件给予经费保障。

第七十四条 公安机关、国家安全机关和有关部门，以及中国人民解放军、中国人民武装警察部队，应当依照法律规定的职责，建立反恐怖主义专业力量，加强专业训练，配备必要的反恐怖主义专业设备、设施。

县级、乡级人民政府根据需要，指导有关单位、村民委员会、居民委员会建立反恐怖主义工作力量、志愿者队伍，协助、配合有关部门开展反恐怖主义工作。

第七十五条 对因履行反恐怖主义工作职责或者协助、配合有关部门开展反恐怖主义工作导致伤残或者死亡的人员，按照国家有关规定给予相应的待遇。

第七十六条 因报告和制止恐怖活动，在恐怖活动犯罪案件中作证，或者从事反恐怖主义工作，本人或者其近亲属的人身安全面临危险的，经本人或者其近亲属提出申请，公安机关、有关部门应当采取下列一项或者多项保护措施：

（一）不公开真实姓名、住址和工作单

位等个人信息；

（二）禁止特定的人接触被保护人员；

（三）对人身和住宅采取专门性保护措施；

（四）变更被保护人员的姓名，重新安排住所和工作单位；

（五）其他必要的保护措施。

公安机关、有关部门应当依照前款规定，采取不公开被保护单位的真实名称、地址，禁止特定的人接近被保护单位，对被保护单位办公、经营场所采取专门性保护措施，以及其他必要的保护措施。

第七十七条 国家鼓励、支持反恐怖主义科学研究和技术创新，开发和推广使用先进的反恐怖主义技术、设备。

第七十八条 公安机关、国家安全机关、中国人民解放军、中国人民武装警察部队因履行反恐怖主义职责的紧急需要，根据国家有关规定，可以征用单位和个人的财产。任务完成后应当及时归还或者恢复原状，并依照规定支付相应费用；造成损失的，应当补偿。

因开展反恐怖主义工作对有关单位和个人的合法权益造成损害的，应当依法给予赔偿、补偿。有关单位和个人有权依法请求赔偿、补偿。

第九章 法律责任

第七十九条 组织、策划、准备实施、实施恐怖活动，宣扬恐怖主义，煽动实施恐怖活动，非法持有宣扬恐怖主义的物品，强制他人在公共场所穿戴宣扬恐怖主义的服饰、标志，组织、领导、参加恐怖活动组织，为恐怖活动组织、恐怖活动人员、实施恐怖活动或者恐怖活动培训提供帮助的，依法追究刑事责任。

第八十条 参与下列活动之一，情节轻微，尚不构成犯罪的，由公安机关处十日以上十五日以下拘留，可以并处一万元以下罚款：

（一）宣扬恐怖主义、极端主义或者煽动实施恐怖活动、极端主义活动的；

（二）制作、传播、非法持有宣扬恐怖主义、极端主义的物品的；

（三）强制他人在公共场所穿戴宣扬恐怖主义、极端主义的服饰、标志的；

（四）为宣扬恐怖主义、极端主义或者实施恐怖主义、极端主义活动提供信息、资金、物资、劳务、技术、场所等支持、协助、便利的。

第八十一条 利用极端主义，实施下列行为之一，情节轻微，尚不构成犯罪的，由公安机关处五日以上十五日以下拘留，可以并处一万元以下罚款：

（一）强迫他人参加宗教活动，或者强迫他人向宗教活动场所、宗教教职人员提供财物或者劳务的；

（二）以恐吓、骚扰等方式驱赶其他民族或者有其他信仰的人员离开居住地的；

（三）以恐吓、骚扰等方式干涉他人与其他民族或者有其他信仰的人员交往、共同生活的；

（四）以恐吓、骚扰等方式干涉他人生活习俗、方式和生产经营的；

（五）阻碍国家机关工作人员依法执行职务的；

（六）歪曲、诋毁国家政策、法律、行政法规，煽动、教唆抵制人民政府依法管理的；

（七）煽动、胁迫群众损毁或者故意损毁居民身份证、户口簿等国家法定证件以及人民币的；

（八）煽动、胁迫他人以宗教仪式取代结婚、离婚登记的；

（九）煽动、胁迫未成年人不接受义务教育的；

（十）其他利用极端主义破坏国家法律制度实施的。

第八十二条 明知他人有恐怖活动犯罪、极端主义犯罪行为，窝藏、包庇，情节轻微，尚不构成犯罪的，或者在司法机关向其调查有关情况、收集有关证据时，拒绝提供的，由公安机关处十日以上十五日以下拘留，可以并处一万元以下罚款。

第八十三条 金融机构和特定非金融机构对国家反恐怖主义工作领导机构的办事机构公告的恐怖活动组织及恐怖活动人员的资金或者其他资产，未立即予以冻结的，由公安机关处二十万元以上五十万元以下罚款，并对直接负责的董事、高级管理人员和其他直接责任人员处十万元以下罚款；情节严重的，处五十万元以上罚款，并对直接负责的董事、高级管理人员和其他直接责任人员，处十万元以上五十万元以下罚款，可以并处五日以上十五日以下拘留。

第八十四条 电信业务经营者、互联网服务提供者有下列情形之一的，由主管部门处二十万元以上五十万元以下罚款，并对其直接负责的主管人员和其他直接责任人员处十万元以下罚款；情节严重的，处五十万元以上罚款，并对其直接负责的主管人员和其他直接责任人员，处十万元以上五十万元以下罚款，可以由公安机关对其直接负责的主管人员和其他直接责任人员，处五日以上十五日以下拘留：

（一）未依照规定为公安机关、国家安全机关依法进行防范、调查恐怖活动提供技术接口和解密等技术支持和协助的；

（二）未按照主管部门的要求，停止传输、删除含有恐怖主义、极端主义内容的信息，保存相关记录，关闭相关网站或者关停相关服务的；

（三）未落实网络安全、信息内容监督制度和安全技术防范措施，造成含有恐怖主义、极端主义内容的信息传播，情节严重的。

第八十五条 铁路、公路、水上、航空的货运和邮政、快递等物流运营单位有下列情形之一的，由主管部门处十万元以上五十万元以下罚款，并对其直接负责的主管人员和其他直接责任人员处十万元以下罚款：

（一）未实行安全查验制度，对客户身份进行查验，或者未依照规定对运输、寄递物品进行安全检查或者开封验视的；

（二）对禁止运输、寄递，存在重大安全隐患，或者客户拒绝安全查验的物品予以运输、寄递的；

（三）未实行运输、寄递客户身份、物品信息登记制度的。

第八十六条 电信、互联网、金融业务经营者、服务提供者未按规定对客户身份进行查验，或者对身份不明、拒绝身份查验的客户提供服务的，主管部门应当责令改正；拒不改正的，处二十万元以上五十万元以下罚款，并对其直接负责的主管人员和其他直接责任人员处十万元以下罚款；情节严重的，处五十万元以上罚款，并对其直接负责的主管人员和其他直接责任人员，处十万元以上五十万元以下罚款。

住宿、长途客运、机动车租赁等业务经营者、服务提供者有前款规定情形的，由主管部门处十万元以上五十万元以下罚款，并对其直接负责的主管人员和其他直接责任人员处十万元以下罚款。

第八十七条 违反本法规定,有下列情形之一的,由主管部门给予警告,并责令改正;拒不改正的,处十万元以下罚款,并对其直接负责的主管人员和其他直接责任人员处一万元以下罚款:

(一)未依照规定对枪支等武器、弹药、管制器具、危险化学品、民用爆炸物品、核与放射物品作出电子追踪标识,对民用爆炸物品添加安检示踪标识物的;

(二)未依照规定对运营中的危险化学品、民用爆炸物品、核与放射物品的运输工具通过定位系统实行监控的;

(三)未依照规定对传染病病原体等物质实行严格的监督管理,情节严重的;

(四)违反国务院有关主管部门或者省级人民政府对管制器具、危险化学品、民用爆炸物品决定的管制或者限制交易措施的。

第八十八条 防范恐怖袭击重点目标的管理、营运单位违反本法规定,有下列情形之一的,由公安机关给予警告,并责令改正;拒不改正的,处十万元以下罚款,并对其直接负责的主管人员和其他直接责任人员处一万元以下罚款:

(一)未制定防范和应对处置恐怖活动的预案、措施的;

(二)未建立反恐怖主义工作专项经费保障制度,或者未配备防范和处置设备、设施的;

(三)未落实工作机构或者责任人员的;

(四)未对重要岗位人员进行安全背景审查,或者未将有不适合情形的人员调整工作岗位的;

(五)对公共交通运输工具未依照规定配备安保人员和相应设备、设施的;

(六)未建立公共安全视频图像信息系统值班监看、信息保存使用、运行维护等管理制度的。

大型活动承办单位以及重点目标的管理单位未依照规定对进入大型活动场所、机场、火车站、码头、城市轨道交通站、公路长途客运站、口岸等重点目标的人员、物品和交通工具进行安全检查的,公安机关应当责令改正;拒不改正的,处十万元以下罚款,并对其直接负责的主管人员和其他直接责任人员处一万元以下罚款。

第八十九条 恐怖活动嫌疑人员违反公安机关责令其遵守的约束措施的,由公安机关给予警告,并责令改正;拒不改正的,处五日以上十五日以下拘留。

第九十条 新闻媒体等单位编造、传播虚假恐怖事件信息,报道、传播可能引起模仿的恐怖活动的实施细节,发布恐怖事件中残忍、不人道的场景,或者未经批准,报道、传播现场应对处置的工作人员、人质身份信息和应对处置行动情况的,由公安机关处二十万元以下罚款,并对其直接负责的主管人员和其他直接责任人员,处五日以上十五日以下拘留,可以并处五万元以下罚款。

个人有前款规定行为的,由公安机关处五日以上十五日以下拘留,可以并处一万元以下罚款。

第九十一条 拒不配合有关部门开展反恐怖主义安全防范、情报信息、调查、应对处置工作的,由主管部门处二千元以下罚款;造成严重后果的,处五日以上十五日以下拘留,可以并处一万元以下罚款。

单位有前款规定行为的,由主管部门处五万元以下罚款;造成严重后果的,处十万元以下罚款;并对其直接负责的主管人员和其他直接责任人员依照前款规定处罚。

第九十二条 阻碍有关部门开展反恐

怖主义工作的,由公安机关处五日以上十五日以下拘留,可以并处五万元以下罚款。

单位有前款规定行为的,由公安机关处二十万元以下罚款,并对其直接负责的主管人员和其他直接责任人员依照前款规定处罚。

阻碍人民警察、人民解放军、人民武装警察依法执行职务的,从重处罚。

第九十三条 单位违反本法规定,情节严重的,由主管部门责令停止从事相关业务、提供相关服务或者责令停产停业;造成严重后果的,吊销有关证照或者撤销登记。

第九十四条 反恐怖主义工作领导机构、有关部门的工作人员在反恐怖主义工作中滥用职权、玩忽职守、徇私舞弊,或者有违反规定泄露国家秘密、商业秘密和个人隐私等行为,构成犯罪的,依法追究刑事责任;尚不构成犯罪的,依法给予处分。

反恐怖主义工作领导机构、有关部门及其工作人员在反恐怖主义工作中滥用职权、玩忽职守、徇私舞弊或者有其他违法违纪行为的,任何单位和个人有权向有关部门检举、控告。有关部门接到检举、控告后,应当及时处理并回复检举、控告人。

第九十五条 对依照本法规定查封、扣押、冻结、扣留、收缴的物品、资金等,经审查发现与恐怖主义无关的,应当及时解除有关措施,予以退还。

第九十六条 有关单位和个人对依照本法作出的行政处罚和行政强制措施决定不服的,可以依法申请行政复议或者提起行政诉讼。

第十章 附　　则

第九十七条 本法自 2016 年 1 月 1 日起施行。2011 年 10 月 29 日第十一届全国人民代表大会常务委员会第二十三次会议通过的《全国人民代表大会常务委员会关于加强反恐怖工作有关问题的决定》同时废止。

最高人民法院关于审理为境外窃取、刺探、收买、非法提供国家秘密、情报案件具体应用法律若干问题的解释

(2000 年 11 月 20 日最高人民法院审判委员会第 1142 次会议通过　2001 年 1 月 17 日最高人民法院公告公布　自 2001 年 1 月 22 日起施行　法释〔2001〕4 号)

为依法惩治为境外的机构、组织、人员窃取、刺探、收买、非法提供国家秘密、情报犯罪活动,维护国家安全和利益,根据刑法有关规定,现就审理这类案件具体应用法律的若干问题解释如下:

第一条 刑法第一百一十一条规定的"国家秘密",是指《中华人民共和国保守国家秘密法》第二条、第八条以及《中华人民共和国保守国家秘密法实施办法》第四条确定的事项。刑法第一百一十一条规定的"情报",是指关系国家安全和利益、尚未公开或者依照有关规定不应公开的事项。

对为境外机构、组织、人员窃取、刺探、收买、非法提供国家秘密之外的情报的行为,以为境外窃取、刺探、收买、非法提供情报罪定罪处罚。

第二条 为境外窃取、刺探、收买、非法提供国家秘密或者情报,具有下列情形之一的,属于"情节特别严重",处 10 年以

上有期徒刑、无期徒刑,可以并处没收财产:

(一)为境外窃取、刺探、收买、非法提供绝密级国家秘密的;

(二)为境外窃取、刺探、收买、非法提供三项以上机密级国家秘密的;

(三)为境外窃取、刺探、收买、非法提供国家秘密或者情报,对国家安全和利益造成其他特别严重损害的。

实施前款行为,对国家和人民危害特别严重、情节特别恶劣的,可以判处死刑,并处没收财产。

第三条 为境外窃取、刺探、收买、非法提供国家秘密或者情报,具有下列情形之一的,处5年以上10年以下有期徒刑,可以并处没收财产:

(一)为境外窃取、刺探、收买、非法提供机密级国家秘密的;

(二)为境外窃取、刺探、收买、非法提供三项以上秘密级国家秘密的;

(三)为境外窃取、刺探、收买、非法提供国家秘密或者情报,对国家安全和利益造成其他严重损害的。

第四条 为境外窃取、刺探、收买、非法提供秘密级国家秘密或者情报,属于"情节较轻",处5年以下有期徒刑、拘役、管制或者剥夺政治权利,可以并处没收财产。

第五条 行为人知道或者应当知道没有标明密级的事项关系国家安全和利益,而为境外窃取、刺探、收买、非法提供的,依照刑法第一百一十一条的规定以为境外窃取、刺探、收买、非法提供国家秘密罪定罪处罚。

第六条 通过互联网将国家秘密或者情报非法发送给境外的机构、组织、个人的,依照刑法第一百一十一条的规定定罪处罚;将国家秘密通过互联网予以发布,情节严重的,依照刑法第三百九十八条的规定定罪处罚。

第七条 审理为境外窃取、刺探、收买、非法提供国家秘密案件,需要对有关事项是否属于国家秘密以及属于何种密级进行鉴定的,由国家保密工作部门或者省、自治区、直辖市保密工作部门鉴定。

最高人民法院、最高人民检察院、公安部、司法部关于办理恐怖活动和极端主义犯罪案件适用法律若干问题的意见

(2018年3月16日 高检会〔2018〕1号)

为了依法惩治恐怖活动和极端主义犯罪,维护国家安全、社会稳定,保障人民群众生命财产安全,根据《中华人民共和国刑法》《中华人民共和国刑事诉讼法》《中华人民共和国反恐怖主义法》等法律规定,结合司法实践,制定本意见。

一、准确认定犯罪

(一)具有下列情形之一的,应当认定为刑法第一百二十条规定的"组织、领导恐怖活动组织",以组织、领导恐怖组织罪定罪处罚:

1. 发起、建立恐怖活动组织的;

2. 恐怖活动组织成立后,对组织及其日常运行负责决策、指挥、管理的;

3. 恐怖活动组织成立后,组织、策划、指挥该组织成员进行恐怖活动的;

4. 其他组织、领导恐怖活动组织的情形。

具有下列情形之一的,应当认定为刑

法第一百二十条规定的“积极参加”,以参加恐怖组织罪定罪处罚:

1. 纠集他人共同参加恐怖活动组织的;

2. 多次参加恐怖活动组织的;

3. 曾因参加恐怖活动组织、实施恐怖活动被追究刑事责任或者二年内受过行政处罚,又参加恐怖活动组织的;

4. 在恐怖活动组织中实施恐怖活动且作用突出的;

5. 在恐怖活动组织中积极协助组织、领导者实施组织、领导行为的;

6. 其他积极参加恐怖活动组织的情形。

参加恐怖活动组织,但不具有前两款规定情形的,应当认定为刑法第一百二十条规定的“其他参加”,以参加恐怖组织罪定罪处罚。

犯刑法第一百二十条规定的犯罪,又实施杀人、放火、爆炸、绑架、抢劫等犯罪的,依照数罪并罚的规定定罪处罚。

(二)具有下列情形之一的,依照刑法第一百二十条之一的规定,以帮助恐怖活动罪定罪处罚:

1. 以募捐、变卖房产、转移资金等方式为恐怖活动组织、实施恐怖活动的个人、恐怖活动培训筹集、提供经费,或者提供器材、设备、交通工具、武器装备等物资,或者提供其他物质便利的;

2. 以宣传、招收、介绍、输送等方式为恐怖活动组织、实施恐怖活动、恐怖活动培训招募人员的;

3. 以帮助非法出入境,或者为非法出入境提供中介服务、中转运送、停留住宿、伪造身份证明材料等便利,或者充当向导、帮助探查偷越国(边)境路线等方式,为恐怖活动组织、实施恐怖活动、恐怖活动培训运送人员的;

4. 其他资助恐怖活动组织、实施恐怖活动的个人、恐怖活动培训,或者为恐怖活动组织、实施恐怖活动、恐怖活动培训招募、运送人员的情形。

实施恐怖活动的个人,包括已经实施恐怖活动的个人,也包括准备实施、正在实施恐怖活动的个人。包括在我国领域内实施恐怖活动的个人,也包括在我国领域外实施恐怖活动的个人。包括我国公民,也包括外国公民和无国籍人。

帮助恐怖活动罪的主观故意,应当根据案件具体情况,结合行为人的具体行为、认知能力、一贯表现和职业等综合认定。

明知是恐怖活动犯罪所得及其产生的收益,为掩饰、隐瞒其来源和性质,而提供资金账户,协助将财产转换为现金、金融票据、有价证券,通过转账或者其他结算方式协助资金转移,协助将资金汇往境外的,以洗钱罪定罪处罚。事先通谋的,以相关恐怖活动犯罪的共同犯罪论处。

(三)具有下列情形之一的,依照刑法第一百二十条之二的规定,以准备实施恐怖活动罪定罪处罚:

1. 为实施恐怖活动制造、购买、储存、运输凶器,易燃易爆、易制爆品,腐蚀性、放射性、传染性、毒害性物品等危险物品,或者其他工具的;

2. 以当面传授、开办培训班、组建训练营、开办论坛、组织收听收看音频视频资料等方式,或者利用网站、网页、论坛、博客、微博客、网盘、即时通信、通讯群组、聊天室等网络平台、网络应用服务组织恐怖活动培训的,或者积极参加恐怖活动心理体能

培训,传授、学习犯罪技能方法或者进行恐怖活动训练的;

3. 为实施恐怖活动,通过拨打电话、发送短信、电子邮件等方式,或者利用网站、网页、论坛、博客、微博客、网盘、即时通信、通讯群组、聊天室等网络平台、网络应用服务与境外恐怖活动组织、人员联络的;

4. 为实施恐怖活动出入境或者组织、策划、煽动、拉拢他人出入境的;

5. 为实施恐怖活动进行策划或者其他准备的情形。

(四)实施下列行为之一,宣扬恐怖主义、极端主义或者煽动实施恐怖活动的,依照刑法第一百二十条之三的规定,以宣扬恐怖主义、极端主义、煽动实施恐怖活动罪定罪处罚:

1. 编写、出版、印刷、复制、发行、散发、播放载有宣扬恐怖主义、极端主义内容的图书、报刊、文稿、图片或者音频视频资料的;

2. 设计、生产、制作、销售、租赁、运输、托运、寄递、散发、展示带有宣扬恐怖主义、极端主义内容的标识、标志、服饰、旗帜、徽章、器物、纪念品等物品的;

3. 利用网站、网页、论坛、博客、微博客、网盘、即时通信、通讯群组、聊天室等网络平台、网络应用服务等登载、张贴、复制、发送、播放、演示载有恐怖主义、极端主义内容的图书、报刊、文稿、图片或者音频视频资料的;

4. 网站、网页、论坛、博客、微博客、网盘、即时通信、通讯群组,聊天室等网络平台、网络应用服务的建立、开办、经营、管理者,明知他人利用网络平台、网络应用服务散布、宣扬恐怖主义、极端主义内容,经相关行政主管部门处罚后仍允许或者放任他人发布的;

5. 利用教经、讲经、解经、学经、婚礼、葬礼、纪念、聚会和文体活动等宣扬恐怖主义、极端主义、煽动实施恐怖活动的;

6. 其他宣扬恐怖主义、极端主义、煽动实施恐怖活动的行为。

(五)利用极端主义,实施下列行为之一的,依照刑法第一百二十条之四的规定,以利用极端主义破坏法律实施罪定罪处罚:

1. 煽动、胁迫群众以宗教仪式取代结婚、离婚登记,或者干涉婚姻自由的;

2. 煽动、胁迫群众破坏国家法律确立的司法制度实施的;

3. 煽动、胁迫群众干涉未成年人接受义务教育,或者破坏学校教育制度、国家教育考试制度等国家法律规定的教育制度的;

4. 煽动、胁迫群众抵制人民政府依法管理,或者阻碍国家机关工作人员依法执行职务的;

5. 煽动、胁迫群众损毁居民身份证、居民户口簿等国家法定证件以及人民币的;

6. 煽动、胁迫群众驱赶其他民族、有其他信仰的人员离开居住地,或者干涉他人生活和生产经营的;

7. 其他煽动、胁迫群众破坏国家法律制度实施的行为。

(六)具有下列情形之一的,依照刑法第一百二十条之五的规定,以强制穿戴宣扬恐怖主义、极端主义服饰、标志罪定罪处罚:

1. 以暴力、胁迫等方式强制他人在公共场所穿着、佩戴宣扬恐怖主义、极端主义服饰的;

2. 以暴力、胁迫等方式强制他人在公共场所穿着、佩戴含有恐怖主义、极端主义的文字、符号、图形、口号、徽章的服饰、标志的；

3. 其他强制他人穿戴宣扬恐怖主义、极端主义服饰、标志的情形。

（七）明知是载有宣扬恐怖主义、极端主义内容的图书、报刊、文稿、图片、音频视频资料、服饰、标志或者其他物品而非法持有，达到下列数量标准之一的，依照刑法第一百二十条之六的规定，以非法持有宣扬恐怖主义、极端主义物品罪定罪处罚：

1. 图书、刊物二十册以上，或者电子图书、刊物五册以上的；

2. 报纸一百份（张）以上，或者电子报纸二十份（张）以上的；

3. 文稿、图片一百篇（张）以上，或者电子文稿、图片二十篇（张）以上，或者电子文档五十万字符以上的；

4. 录音带、录像带等音像制品二十个以上，或者电子音频视频资料五个以上，或者电子音频视频资料二十分钟以上的；

5. 服饰、标志二十件以上的。

非法持有宣扬恐怖主义、极端主义的物品，虽未达到前款规定的数量标准，但具有多次持有，持有多类物品，造成严重后果或者恶劣社会影响，曾因实施恐怖活动、极端主义违法犯罪被追究刑事责任或者二年内受过行政处罚等情形之一的，也可以定罪处罚。

多次非法持有宣扬恐怖主义、极端主义的物品，未经处理的，数量应当累计计算。非法持有宣扬恐怖主义、极端主义的物品，涉及不同种类或者形式的，可以根据本条规定的不同数量标准的相应比例折算后累计计算。

非法持有宣扬恐怖主义、极端主义物品罪主观故意中的"明知"，应当根据案件具体情况，以行为人实施的客观行为为基础，结合其一贯表现，具体行为、程度、手段、事后态度，以及年龄、认知和受教育程度、所从事的职业等综合审查判断。

具有下列情形之一，行为人不能做出合理解释的，可以认定其"明知"，但有证据证明确属被蒙骗的除外：

1. 曾因实施恐怖活动、极端主义违法犯罪被追究刑事责任，或者二年内受过行政处罚，或者被责令改正后又实施的；

2. 在执法人员检查时，有逃跑、丢弃携带物品或者逃避、抗拒检查等行为，在其携带、藏匿或者丢弃的物品中查获宣扬恐怖主义、极端主义的物品的；

3. 采用伪装、隐匿、暗语、手势、代号等隐蔽方式制作、散发、持有宣扬恐怖主义、极端主义的物品的；

4. 以虚假身份、地址或者其他虚假方式办理托运，寄递手续，在托运、寄递的物品中查获宣扬恐怖主义、极端主义的物品的；

5. 有其他证据足以证明行为人应当知道的情形。

（八）犯刑法第一百二十条规定的犯罪，同时构成刑法第一百二十条之一至之六规定的犯罪的，依照处罚较重的规定定罪处罚。

犯刑法第一百二十条之一至之六规定的犯罪，同时构成其他犯罪的，依照处罚较重的规定定罪处罚。

（九）恐怖主义、极端主义，恐怖活动，恐怖活动组织，根据《中华人民共和国反恐怖主义法》等法律法规认定。

二、正确适用程序

（一）组织、领导、参加恐怖组织罪，帮助恐怖活动罪，准备实施恐怖活动罪，宣扬恐怖主义、煽动实施恐怖活动罪,强制穿戴宣扬恐怖主义服饰、标志罪,非法持有宣扬恐怖主义物品罪的第一审刑事案件由中级人民法院管辖;宣扬极端主义罪,利用极端主义破坏法律实施罪,强制穿戴宣扬极端主义服饰、标志罪,非法持有宣扬极端主义物品罪的第一审刑事案件由基层人民法院管辖。高级人民法院可以根据级别管辖的规定,结合本地区社会治安状况、案件数量等情况,决定实行相对集中管辖,指定辖区内特定的中级人民法院集中审理恐怖活动和极端主义犯罪第一审刑事案件,或者指定辖区内特定的基层人民法院集中审理极端主义犯罪第一审刑事案件,并将指定法院名单报最高人民法院备案。

(二)国家反恐怖主义工作领导机构对恐怖活动组织和恐怖活动人员作出认定并予以公告的,人民法院可以在办案中根据公告直接认定。国家反恐怖主义工作领导机构没有公告的,人民法院应当严格依照《中华人民共和国反恐怖主义法》有关恐怖活动组织和恐怖活动人员的定义认定,必要时,可以商地市级以上公安机关出具意见作为参考。

(三)宣扬恐怖主义、极端主义的图书、音频视频资料,服饰、标志或者其他物品的认定,应当根据《中华人民共和国反恐怖主义法》有关恐怖主义、极端主义的规定,从其记载的内容、外观特征等分析判断。公安机关应当对涉案物品全面审查并逐一标注或者摘录,提出审读意见,与扣押、移交物品清单及涉案物品原件一并移送人民检察院审查。人民检察院、人民法院可以结合在案证据、案件情况、办案经验等综合审查判断。

(四)恐怖活动和极端主义犯罪案件初查过程中收集提取的电子数据,以及通过网络在线提取的电子数据,可以作为证据使用。对于原始存储介质位于境外或者远程计算机信息系统上的恐怖活动和极端主义犯罪电子数据,可以通过网络在线提取。必要时,可以对远程计算机信息系统进行网络远程勘验。立案后,经设区的市一级以上公安机关负责人批准,可以采取技术侦查措施。对于恐怖活动和极端主义犯罪电子数据量大或者提取时间长等需要冻结的,经县级以上公安机关负责人或者检察长批准,可以进行冻结。对于电子数据涉及的专门性问题难以确定的,由具备资格的司法鉴定机构出具鉴定意见,或者由公安部指定的机构出具报告。

三、完善工作机制

(一)人民法院、人民检察院和公安机关办理恐怖活动和极端主义犯罪案件,应当互相配合,互相制约,确保法律有效执行。对于主要犯罪事实、关键证据和法律适用等可能产生分歧或者重大、疑难、复杂的恐怖活动和极端主义犯罪案件,公安机关商请听取有管辖权的人民检察院意见和建议的,人民检察院可以提出意见和建议。

(二)恐怖活动和极端主义犯罪案件一般由犯罪地公安机关管辖,犯罪嫌疑人居住地公安机关管辖更为适宜的,也可以由犯罪嫌疑人居住地公安机关管辖。移送案件应当一案一卷,将案件卷宗、提取物证和扣押物品等全部随案移交。移送案件的公安机关应当指派专人配合接收案件的公安机关开展后续案件办理工作。

(三)人民法院、人民检察院和公安机关办理恐怖活动和极端主义犯罪案件,应当坚持对涉案人员区别对待,实行教育转化。对被教唆、胁迫、引诱参与恐怖活动、极端主义活动,或者参与恐怖活动、极端主义活动情节轻微,尚不构成犯罪的人员,公安机关应当组织有关部门、村民委员会、居民委员会、所在单位、就读学校、家庭和监护人对其进行帮教。对被判处有期徒刑以上刑罚的恐怖活动罪犯和极端主义罪犯,服刑地的中级人民法院应当根据其社会危险性评估结果和安置教育建议,在其刑满释放前作出是否安置教育的决定。人民检察院依法对安置教育进行监督,对于实施安置教育过程中存在违法行为的,应当及时提出纠正意见或者检察建议。

2. 危害国防利益罪

最高人民法院关于审理危害军事通信刑事案件具体应用法律若干问题的解释

(2007年6月18日最高人民法院审判委员会第1430次会议通过　2007年6月26日最高人民法院公告公布　自2007年6月29日起施行　法释〔2007〕13号)

为依法惩治危害军事通信的犯罪活动,维护国防利益和军事通信安全,根据刑法有关规定,现就审理这类刑事案件具体应用法律的若干问题解释如下:

第一条　故意实施损毁军事通信线路、设备,破坏军事通信计算机信息系统,干扰、侵占军事通信电磁频谱等行为的,依照刑法第三百六十九条第一款的规定,以破坏军事通信罪定罪,处三年以下有期徒刑、拘役或者管制;破坏重要军事通信的,处三年以上十年以下有期徒刑。

第二条　实施破坏军事通信行为,具有下列情形之一的,属于刑法第三百六十九条第一款规定的"情节特别严重",以破坏军事通信罪定罪,处十年以上有期徒刑、无期徒刑或者死刑:

(一)造成重要军事通信中断或者严重障碍,严重影响部队完成作战任务或者致使部队在作战中遭受损失的;

(二)造成部队执行抢险救灾、军事演习或者处置突发性事件等任务的通信中断或者严重障碍,并因此贻误部队行动,致使死亡3人以上、重伤10人以上或者财产损失100万元以上的;

(三)破坏重要军事通信三次以上的;

(四)其他情节特别严重的情形。

第三条　过失损坏军事通信,造成重要军事通信中断或者严重障碍的,属于刑法第三百六十九条第二款规定的"造成严重后果",以过失损坏军事通信罪定罪,处三年以下有期徒刑或者拘役。

第四条　过失损坏军事通信,具有下列情形之一的,属于刑法第三百六十九条第二款规定的"造成特别严重后果",以过失损坏军事通信罪定罪,处三年以上七年以下有期徒刑:

(一)造成重要军事通信中断或者严重障碍,严重影响部队完成作战任务或者致使部队在作战中遭受损失的;

(二)造成部队执行抢险救灾、军事演习或者处置突发性事件等任务的通信中断或者严重障碍,并因此贻误部队行动,致使死亡3人以上、重伤10人以上或者财产损

失100万元以上的;

(三)其他后果特别严重的情形。

第五条 建设、施工单位直接负责的主管人员、施工管理人员,明知是军事通信线路、设备而指使、强令、纵容他人予以损毁的,或者不听管护人员劝阻,指使、强令、纵容他人违章作业,造成军事通信线路、设备损毁的,以破坏军事通信罪定罪处罚。

建设、施工单位直接负责的主管人员、施工管理人员,忽视军事通信线路、设备保护标志,指使、纵容他人违章作业,致使军事通信线路、设备损毁,构成犯罪的,以过失损坏军事通信罪定罪处罚。

第六条 破坏、过失损坏军事通信,并造成公用电信设施损毁,危害公共安全,同时构成刑法第一百二十四条和第三百六十九条规定的犯罪的,依照处罚较重的规定定罪处罚。

盗窃军事通信线路、设备,不构成盗窃罪,但破坏军事通信的,依照刑法第三百六十九条第一款的规定定罪处罚;同时构成刑法第一百二十四条、第二百六十四条和第三百六十九条第一款规定的犯罪的,依照处罚较重的规定定罪处罚。

违反国家规定,侵入国防建设、尖端科学技术领域的军事通信计算机信息系统,尚未对军事通信造成破坏的,依照刑法第二百八十五条的规定定罪处罚;对军事通信造成破坏,同时构成刑法第二百八十五条、第二百八十六条、第三百六十九条第一款规定的犯罪的,依照处罚较重的规定定罪处罚。

违反国家规定,擅自设置、使用无线电台、站,或者擅自占用频率,经责令停止使用后拒不停止使用,干扰无线电通讯正常进行,构成犯罪的,依照刑法第二百八十八条的规定定罪处罚;造成军事通信中断或者严重障碍,同时构成刑法第二百八十八条、第三百六十九条第一款规定的犯罪的,依照处罚较重的规定定罪处罚。

第七条 本解释所称"重要军事通信",是指军事首脑机关及重要指挥中心的通信,部队作战中的通信,等级战备通信,飞行航行训练、抢险救灾、军事演习或者处置突发性事件中的通信,以及执行试飞试航、武器装备科研试验或者远洋航行等重要军事任务中的通信。

本解释所称军事通信的具体范围、通信中断和严重障碍的标准,参照中国人民解放军通信主管部门的有关规定确定。

最高人民法院、最高人民检察院关于办理妨害武装部队制式服装、车辆号牌管理秩序等刑事案件具体应用法律若干问题的解释

(2011年3月28日最高人民法院审判委员会第1516次会议、2011年4月13日最高人民检察院第十一届检察委员会第60次会议通过 2011年7月20日最高人民法院、最高人民检察院公告公布 自2011年8月1日起施行 法释〔2011〕16号)

为依法惩治妨害武装部队制式服装、车辆号牌管理秩序等犯罪活动,维护国防利益,根据《中华人民共和国刑法》有关规定,现就办理非法生产、买卖武装部队制式服装,伪造、盗窃、买卖武装部队车辆号牌

等刑事案件的若干问题解释如下：

第一条 伪造、变造、买卖或者盗窃、抢夺武装部队公文、证件、印章，具有下列情形之一的，应当依照刑法第三百七十五条第一款的规定，以伪造、变造、买卖武装部队公文、证件、印章罪或者盗窃、抢夺武装部队公文、证件、印章罪定罪处罚：

（一）伪造、变造、买卖或者盗窃、抢夺武装部队公文一件以上的；

（二）伪造、变造、买卖或者盗窃、抢夺武装部队军官证、士兵证、车辆行驶证、车辆驾驶证或者其他证件二本以上的；

（三）伪造、变造、买卖或者盗窃、抢夺武装部队机关印章、车辆牌证印章或者其他印章一枚以上的。

实施前款规定的行为，数量达到第（一）至（三）项规定标准五倍以上或者造成严重后果的，应当认定为刑法第三百七十五条第一款规定的“情节严重”。

第二条 非法生产、买卖武装部队现行装备的制式服装，具有下列情形之一的，应当认定为刑法第三百七十五条第二款规定的“情节严重”，以非法生产、买卖武装部队制式服装罪定罪处罚：

（一）非法生产、买卖成套制式服装三十套以上，或者非成套制式服装一百件以上的；

（二）非法生产、买卖帽徽、领花、臂章等标志服饰合计一百件（副）以上的；

（三）非法经营数额二万元以上的；

（四）违法所得数额五千元以上的；

（五）具有其他严重情节的。

第三条 伪造、盗窃、买卖或者非法提供、使用武装部队车辆号牌等专用标志，具有下列情形之一的，应当认定为刑法第三百七十五条第三款规定的“情节严重”，以伪造、盗窃、买卖、非法提供、非法使用武装部队专用标志罪定罪处罚：

（一）伪造、盗窃、买卖或者非法提供、使用武装部队军以上领导机关车辆号牌一副以上或者其他车辆号牌三副以上的；

（二）非法提供、使用军以上领导机关车辆号牌之外的其他车辆号牌累计六个月以上的；

（三）伪造、盗窃、买卖或者非法提供、使用军徽、军旗、军种符号或者其他军用标志合计一百件（副）以上的；

（四）造成严重后果或者恶劣影响的。

实施前款规定的行为，具有下列情形之一的，应当认定为刑法第三百七十五条第三款规定的“情节特别严重”：

（一）数量达到前款第（一）、（三）项规定标准五倍以上的；

（二）非法提供、使用军以上领导机关车辆号牌累计六个月以上或者其他车辆号牌累计一年以上的；

（三）造成特别严重后果或者特别恶劣影响的。

第四条 买卖、盗窃、抢夺伪造、变造的武装部队公文、证件、印章的，买卖仿制的现行装备的武装部队制式服装情节严重的，盗窃、买卖、提供、使用伪造、变造的武装部队车辆号牌等专用标志情节严重的，应当追究刑事责任。定罪量刑标准适用本解释第一至第三条的规定。

第五条 明知他人实施刑法第三百七十五条规定的犯罪行为，而为其生产、提供专用材料或者提供资金、账号、技术、生产经营场所等帮助的，以共犯论处。

第六条 实施刑法第三百七十五条规定的犯罪行为，同时又构成逃税、诈骗、冒充军人招摇撞骗等犯罪的，依照处罚较重的规定定罪处罚。

第七条 单位实施刑法第三百七十五条第二款、第三款规定的犯罪行为，对单位判处罚金，并对其直接负责的主管人员和其他直接责任人员，分别依照本解释的有关规定处罚。

3. 军人违反职责罪

最高人民法院、最高人民检察院关于对军人非战时逃离部队的行为能否定罪处罚问题的批复

（2000年12月5日 法释〔2000〕39号）

中国人民解放军军事法院、军事检察院：

〔1999〕军法呈字第19号《关于军人非战时逃离部队情节严重的，能否适用刑法定罪处罚问题的请示》收悉。经研究，答复如下：

军人违反兵役法规，在非战时逃离部队，情节严重的，应当依照刑法第四百三十五条第一款的规定定罪处罚。

军人违反职责罪案件立案标准的规定

（2013年2月26日 政检〔2013〕1号）

为了依法惩治军人违反职责犯罪，保护国家军事利益，根据《中华人民共和国刑法》《中华人民共和国刑事诉讼法》和其他有关规定，结合军队司法实践，制定本规定。

第一条 战时违抗命令案（刑法第四百二十一条）

战时违抗命令罪是指战时违抗命令，对作战造成危害的行为。

违抗命令，是指主观上出于故意，客观上违背、抗拒首长、上级职权范围内的命令，包括拒绝接受命令、拒不执行命令，或者不按照命令的具体要求行动等。

战时涉嫌下列情形之一的，应予立案：

（一）扰乱作战部署或者贻误战机的；

（二）造成作战任务不能完成或者迟缓完成的；

（三）造成我方人员死亡一人以上，或者重伤二人以上，或者轻伤三人以上的；

（四）造成武器装备、军事设施、军用物资损毁，直接影响作战任务完成的；

（五）对作战造成其他危害的。

第二条 隐瞒、谎报军情案（刑法第四百二十二条）

隐瞒、谎报军情罪是指故意隐瞒、谎报军情，对作战造成危害的行为。

涉嫌下列情形之一的，应予立案：

（一）造成首长、上级决策失误的；

（二）造成作战任务不能完成或者迟缓完成的；

（三）造成我方人员死亡一人以上，或者重伤二人以上，或者轻伤三人以上的；

（四）造成武器装备、军事设施、军用物资损毁，直接影响作战任务完成的；

（五）对作战造成其他危害的。

第三条 拒传、假传军令案（刑法第四百二十二条）

拒传军令罪是指负有传递军令职责的军人，明知是军令而故意拒绝传递或者拖

延传递,对作战造成危害的行为。

假传军令罪是指故意伪造、篡改军令,或者明知是伪造、篡改的军令而予以传达或者发布,对作战造成危害的行为。

涉嫌下列情形之一的,应予立案:

(一)造成首长、上级决策失误的;

(二)造成作战任务不能完成或者迟缓完成的;

(三)造成我方人员死亡一人以上,或者重伤二人以上,或者轻伤三人以上的;

(四)造成武器装备、军事设施、军用物资损毁,直接影响作战任务完成的;

(五)对作战造成其他危害的。

第四条 投降案(刑法第四百二十三条)

投降罪是指在战场上贪生怕死,自动放下武器投降敌人的行为。

凡涉嫌投降敌人的,应予立案。

第五条 战时临阵脱逃案(刑法第四百二十四条)

战时临阵脱逃罪是指在战斗中或者在接受作战任务后,逃离战斗岗位的行为。

凡战时涉嫌临阵脱逃的,应予立案。

第六条 擅离、玩忽军事职守案(刑法第四百二十五条)

擅离、玩忽军事职守罪是指指挥人员和值班、值勤人员擅自离开正在履行职责的岗位,或者在履行职责的岗位上,严重不负责任,不履行或者不正确履行职责,造成严重后果的行为。

指挥人员,是指对部队或者部属负有组织、领导、管理职责的人员。专业主管人员在其业务管理范围内,视为指挥人员。

值班人员,是指军队各单位、各部门为保持指挥或者履行职责不间断而设立的、负责处理本单位、本部门特定事务的人员。

值勤人员,是指正在担任警卫、巡逻、观察、纠察、押运等勤务,或者作战勤务工作的人员。

涉嫌下列情形之一的,应予立案:

(一)造成重大任务不能完成或者迟缓完成的;

(二)造成死亡一人以上,或者重伤三人以上,或者重伤二人、轻伤四人以上,或者重伤一人、轻伤七人以上,或者轻伤十人以上的;

(三)造成枪支、手榴弹、爆炸装置或者子弹十发、雷管三十枚、导火索或者导爆索三十米、炸药一千克以上丢失、被盗,或者不满规定数量,但后果严重的,或者造成其他重要武器装备、器材丢失、被盗的;

(四)造成武器装备、军事设施、军用物资或者其他财产损毁,直接经济损失三十万元以上,或者直接经济损失、间接经济损失合计一百五十万元以上的;

(五)造成其他严重后果的。

第七条 阻碍执行军事职务案(刑法第四百二十六条)

阻碍执行军事职务罪是指以暴力、威胁方法,阻碍指挥人员或者值班、值勤人员执行职务的行为。

凡涉嫌阻碍执行军事职务的,应予立案。

第八条 指使部属违反职责案(刑法第四百二十七条)

指使部属违反职责罪是指指挥人员滥用职权,指使部属进行违反职责的活动,造成严重后果的行为。

涉嫌下列情形之一的,应予立案:

(一)造成重大任务不能完成或者迟缓完成的;

（二）造成死亡一人以上，或者重伤二人以上，或者重伤一人、轻伤三人以上，或者轻伤五人以上的；

（三）造成武器装备、军事设施、军用物资或者其他财产损毁，直接经济损失二十万元以上，或者直接经济损失、间接经济损失合计一百万元以上的；

（四）造成其他严重后果的。

第九条 违令作战消极案（刑法第四百二十八条）

违令作战消极罪是指指挥人员违抗命令，临阵畏缩，作战消极，造成严重后果的行为。

违抗命令，临阵畏缩，作战消极，是指在作战中故意违背、抗拒执行首长、上级的命令，面临战斗任务而畏难怕险，怯战怠战，行动消极。

涉嫌下列情形之一的，应予立案：

（一）扰乱作战部署或者贻误战机的；

（二）造成作战任务不能完成或者迟缓完成的；

（三）造成我方人员死亡一人以上，或者重伤二人以上，或者轻伤三人以上的；

（四）造成武器装备、军事设施、军用物资或者其他财产损毁，直接经济损失二十万元以上，或者直接经济损失、间接经济损失合计一百万元以上的；

（五）造成其他严重后果的。

第十条 拒不救援友邻部队案（刑法第四百二十九条）

拒不救援友邻部队罪是指指挥人员在战场上，明知友邻部队面临被敌人包围、追击或者阵地将被攻陷等危急情况请求救援，能救援而不救援，致使友邻部队遭受重大损失的行为。

能救援而不救援，是指根据当时自己部队（分队）所处的环境、作战能力及所担负的任务，有条件组织救援却没有组织救援。

涉嫌下列情形之一的，应予立案：

（一）造成战斗失利的；

（二）造成阵地失陷的；

（三）造成突围严重受挫的；

（四）造成我方人员死亡三人以上，或者重伤十人以上，或者轻伤十五人以上的；

（五）造成武器装备、军事设施、军用物资损毁，直接经济损失一百万元以上的；

（六）造成其他重大损失的。

第十一条 军人叛逃案（刑法第四百三十条）

军人叛逃罪是指军人在履行公务期间，擅离岗位，叛逃境外或者在境外叛逃，危害国家军事利益的行为。

涉嫌下列情形之一的，应予立案：

（一）因反对国家政权和社会主义制度而出逃的；

（二）掌握、携带军事秘密出境后滞留不归的；

（三）申请政治避难的；

（四）公开发表叛国言论的；

（五）投靠境外反动机构或者组织的；

（六）出逃至交战对方区域的；

（七）进行其他危害国家军事利益活动的。

第十二条 非法获取军事秘密案（刑法第四百三十一条第一款）

非法获取军事秘密罪是指违反国家和军队的保密规定，采取窃取、刺探、收买方法，非法获取军事秘密的行为。

军事秘密，是关系国防安全和军事利益，依照规定的权限和程序确定，在一定时间内只限一定范围的人员知悉的事项。内容包括：

（一）国防和武装力量建设规划及其实施情况；

（二）军事部署，作战、训练以及处置突发事件等军事行动中需要控制知悉范围的事项；

（三）军事情报及其来源，军事通信、信息对抗以及其他特种业务的手段、能力，密码以及有关资料；

（四）武装力量的组织编制，部队的任务、实力、状态等情况中需要控制知悉范围的事项，特殊单位以及师级以下部队的番号；

（五）国防动员计划及其实施情况；

（六）武器装备的研制、生产、配备情况和补充、维修能力，特种军事装备的战术技术性能；

（七）军事学术和国防科学技术研究的重要项目、成果及其应用情况中需要控制知悉范围的事项；

（八）军队政治工作中不宜公开的事项；

（九）国防费分配和使用的具体事项，军事物资的筹措、生产、供应和储备等情况中需要控制知悉范围的事项；

（十）军事设施及其保护情况中不宜公开的事项；

（十一）对外军事交流与合作中不宜公开的事项；

（十二）其他需要保密的事项。

凡涉嫌非法获取军事秘密的，应予立案。

第十三条 为境外窃取、刺探、收买、非法提供军事秘密案（刑法第四百三十一条第二款）

为境外窃取、刺探、收买、非法提供军事秘密罪是指违反国家和军队的保密规定，为境外的机构、组织、人员窃取、刺探、收买、非法提供军事秘密的行为。

凡涉嫌为境外窃取、刺探、收买、非法提供军事秘密的，应予立案。

第十四条 故意泄露军事秘密案（刑法第四百三十二条）

故意泄露军事秘密罪是指违反国家和军队的保密规定，故意使军事秘密被不应知悉者知悉或者超出了限定的接触范围，情节严重的行为。

涉嫌下列情形之一的，应予立案：

（一）泄露绝密级或者机密级军事秘密一项（件）以上的；

（二）泄露秘密级军事秘密三项（件）以上的；

（三）向公众散布、传播军事秘密的；

（四）泄露军事秘密造成严重危害后果的；

（五）利用职权指使或者强迫他人泄露军事秘密的；

（六）负有特殊保密义务的人员泄密的；

（七）以牟取私利为目的泄露军事秘密的；

（八）执行重大任务时泄密的；

（九）有其他情节严重行为的。

第十五条 过失泄露军事秘密案（刑法第四百三十二条）

过失泄露军事秘密罪是指违反国家和军队的保密规定，过失泄露军事秘密，致使军事秘密被不应知悉者知悉或者超出了限定的接触范围，情节严重的行为。

涉嫌下列情形之一的，应予立案：

（一）泄露绝密级军事秘密一项（件）以上的；

（二）泄露机密级军事秘密三项（件）以上的；

（三）泄露秘密级军事秘密四项（件）以上的；

（四）负有特殊保密义务的人员泄密的；

（五）泄露军事秘密或者遗失军事秘密载体，不按照规定报告，或者不如实提供有关情况，或者未及时采取补救措施的；

（六）有其他情节严重行为的。

第十六条 战时造谣惑众案（刑法第四百三十三条）

战时造谣惑众罪是指在战时造谣惑众，动摇军心的行为。

造谣惑众，动摇军心，是指故意编造、散布谣言，煽动怯战、厌战或者恐怖情绪，蛊惑官兵，造成或者足以造成部队情绪恐慌、士气不振、军心涣散的行为。

凡战时涉嫌造谣惑众，动摇军心的，应予立案。

第十七条 战时自伤案（刑法第四百三十四条）

战时自伤罪是指在战时为了逃避军事义务，故意伤害自己身体的行为。

逃避军事义务，是指逃避临战准备、作战行动、战场勤务和其他作战保障任务等与作战有关的义务。

凡战时涉嫌自伤致使不能履行军事义务的，应予立案。

第十八条 逃离部队案（刑法第四百三十五条）

逃离部队罪是指违反兵役法规，逃离部队，情节严重的行为。

违反兵役法规，是指违反国防法、兵役法和军队条令条例以及其他有关兵役方面的法律规定。

逃离部队，是指擅自离开部队或者经批准外出逾期拒不归队。

涉嫌下列情形之一的，应予立案：

（一）逃离部队持续时间达三个月以上或者三次以上或者累计时间达六个月以上的；

（二）担负重要职责的人员逃离部队的；

（三）策动三人以上或者胁迫他人逃离部队的；

（四）在执行重大任务期间逃离部队的；

（五）携带武器装备逃离部队的；

（六）有其他情节严重行为的。

第十九条 武器装备肇事案（刑法第四百三十六条）

武器装备肇事罪是指违反武器装备使用规定，情节严重，因而发生责任事故，致人重伤、死亡或者造成其他严重后果的行为。

情节严重，是指故意违反武器装备使用规定，或者在使用过程中严重不负责任。

涉嫌下列情形之一的，应予立案：

（一）影响重大任务完成的；

（二）造成死亡一人以上，或者重伤二人以上，或者轻伤三人以上的；

（三）造成武器装备、军事设施、军用物资或者其他财产损毁，直接经济损失三十万元以上，或者直接经济损失、间接经济损失合计一百五十万元以上的；

（四）严重损害国家和军队声誉，造成恶劣影响的；

（五）造成其他严重后果的。

第二十条 擅自改变武器装备编配用途案（刑法第四百三十七条）

擅自改变武器装备编配用途罪是指违反武器装备管理规定，未经有权机关批准，擅自将编配的武器装备改作其他用途，造成严重后果的行为。

涉嫌下列情形之一的，应予立案：

（一）造成重大任务不能完成或者迟缓完成的；

（二）造成死亡一人以上，或者重伤三人以上，或者重伤二人、轻伤四人以上，或者重伤一人、轻伤七人以上，或者轻伤十人以上的；

（三）造成武器装备、军事设施、军用物资或者其他财产损毁，直接经济损失三十万元以上，或者直接经济损失、间接经济损失合计一百五十万元以上的；

（四）造成其他严重后果的。

第二十一条　盗窃、抢夺武器装备、军用物资案（刑法第四百三十八条）

盗窃武器装备罪是指以非法占有为目的，秘密窃取武器装备的行为。

抢夺武器装备罪是指以非法占有为目的，乘人不备，公然夺取武器装备的行为。

凡涉嫌盗窃、抢夺武器装备的，应予立案。

盗窃军用物资罪是指以非法占有为目的，秘密窃取军用物资的行为。

抢夺军用物资罪是指以非法占有为目的，乘人不备，公然夺取军用物资的行为。

凡涉嫌盗窃、抢夺军用物资价值二千元以上，或者不满规定数额，但后果严重的，应予立案。

第二十二条　非法出卖、转让武器装备案（刑法第四百三十九条）

非法出卖、转让武器装备罪是指非法出卖、转让武器装备的行为。

出卖、转让，是指违反武器装备管理规定，未经有权机关批准，擅自用武器装备换取金钱、财物或者其他利益，或者将武器装备馈赠他人的行为。

涉嫌下列情形之一的，应予立案：

（一）非法出卖、转让枪支、手榴弹、爆炸装置的；

（二）非法出卖、转让子弹十发、雷管三十枚、导火索或者导爆索三十米、炸药一千克以上，或者不满规定数量，但后果严重的；

（三）非法出卖、转让武器装备零部件或者维修器材、设备，致使武器装备报废或者直接经济损失三十万元以上的；

（四）非法出卖、转让其他重要武器装备的。

第二十三条　遗弃武器装备案（刑法第四百四十条）

遗弃武器装备罪是指负有保管、使用武器装备义务的军人，违抗命令，故意遗弃武器装备的行为。

涉嫌下列情形之一的，应予立案：

（一）遗弃枪支、手榴弹、爆炸装置的；

（二）遗弃子弹十发、雷管三十枚、导火索或者导爆索三十米、炸药一千克以上，或者不满规定数量，但后果严重的；

（三）遗弃武器装备零部件或者维修器材、设备，致使武器装备报废或者直接经济损失三十万元以上的；

（四）遗弃其他重要武器装备的。

第二十四条　遗失武器装备案（刑法第四百四十一条）

遗失武器装备罪是指遗失武器装备，不及时报告或者有其他严重情节的行为。

其他严重情节，是指遗失武器装备严重影响重大任务完成的；给人民群众生命财产安全造成严重危害的；遗失的武器装备被敌人或者境外的机构、组织和人员或者国内恐怖组织和人员利用,造成严重后果或者恶劣影响的;遗失的武器装备数量多、价值高的;战时遗失的,等等。

凡涉嫌遗失武器装备不及时报告或者有其他严重情节的,应予立案。

第二十五条 擅自出卖、转让军队房地产案(刑法第四百四十二条)

擅自出卖、转让军队房地产罪是指违反军队房地产管理和使用规定,未经有权机关批准,擅自出卖、转让军队房地产,情节严重的行为。

军队房地产,是指依法由军队使用管理的土地及其地上地下用于营房保障的建筑物、构筑物、附属设施设备,以及其他附着物。

涉嫌下列情形之一的,应予立案:

(一)擅自出卖、转让军队房地产价值三十万元以上的;

(二)擅自出卖、转让军队房地产给境外的机构、组织、人员的;

(三)擅自出卖、转让军队房地产严重影响部队正常战备、训练、工作、生活和完成军事任务的;

(四)擅自出卖、转让军队房地产给军事设施安全造成严重危害的;

(五)有其他情节严重行为的。

第二十六条 虐待部属案(刑法第四百四十三条)

虐待部属罪是指滥用职权,虐待部属,情节恶劣,致人重伤、死亡或者造成其他严重后果的行为。

虐待部属,是指采取殴打、体罚、冻饿或者其他有损身心健康的手段,折磨、摧残部属的行为。

情节恶劣,是指虐待手段残酷的;虐待三人以上的;虐待部属三次以上的;虐待伤病残部属的,等等。

其他严重后果,是指部属不堪忍受虐待而自杀、自残造成重伤或者精神失常的;诱发其他案件、事故的;导致部属一人逃离部队三次以上,或者二人以上逃离部队的;造成恶劣影响的,等等。

凡涉嫌虐待部属,情节恶劣,致人重伤、死亡或者造成其他严重后果的,应予立案。

第二十七条 遗弃伤病军人案(刑法第四百四十四条)

遗弃伤病军人罪是指在战场上故意遗弃我方伤病军人,情节恶劣的行为。

涉嫌下列情形之一的,应予立案:

(一)为挟嫌报复而遗弃伤病军人的;

(二)遗弃伤病军人三人以上的;

(三)导致伤病军人死亡、失踪、被俘的;

(四)有其他恶劣情节的。

第二十八条 战时拒不救治伤病军人案(刑法第四百四十五条)

战时拒不救治伤病军人罪是指战时在救护治疗职位上,有条件救治而拒不救治危重伤病军人的行为。

有条件救治而拒不救治,是指根据伤病军人的伤情或者病情,结合救护人员的技术水平、医疗单位的医疗条件及当时的客观环境等因素,能够给予救治而拒绝抢救、治疗。

凡战时涉嫌拒不救治伤病军人的,应予立案。

第二十九条 战时残害居民、掠夺居民财物案(刑法第四百四十六条)

战时残害居民罪是指战时在军事行动地区残害无辜居民的行为。

无辜居民,是指对我军无敌对行动的平民。

战时涉嫌下列情形之一的,应予立案:

(一)故意造成无辜居民死亡、重伤或者轻伤三人以上的;

(二)强奸无辜居民的;

(三)故意损毁无辜居民财物价值五千元以上,或者不满规定数额,但手段恶劣、后果严重的。

战时掠夺居民财物罪是指战时在军事行动地区抢劫、抢夺无辜居民财物的行为。

战时涉嫌下列情形之一的,应予立案:

(一)抢劫无辜居民财物的;

(二)抢夺无辜居民财物价值二千元以上,或者不满规定数额,但手段恶劣、后果严重的。

第三十条 私放俘虏案(刑法第四百四十七条)

私放俘虏罪是指擅自将俘虏放走的行为。

凡涉嫌私放俘虏的,应予立案。

第三十一条 虐待俘虏案(刑法第四百四十八条)

虐待俘虏罪是指虐待俘虏,情节恶劣的行为。

涉嫌下列情形之一的,应予立案:

(一)指挥人员虐待俘虏的;

(二)虐待俘虏三人以上,或者虐待俘虏三次以上的;

(三)虐待俘虏手段特别残忍的;

(四)虐待伤病俘虏的;

(五)导致俘虏自杀、逃跑等严重后果的;

(六)造成恶劣影响的;

(七)有其他恶劣情节的。

第三十二条 本规定适用于中国人民解放军的现役军官、文职干部、士兵及具有军籍的学员和中国人民武装警察部队的现役警官、文职干部、士兵及具有军籍的学员以及执行军事任务的预备役人员和其他人员涉嫌军人违反职责犯罪的案件。

第三十三条 本规定所称"战时",是指国家宣布进入战争状态、部队受领作战任务或者遭敌突然袭击时。部队执行戒严任务或者处置突发性暴力事件时,以战时论。

第三十四条 本规定中的"违反职责",是指违反国家法律、法规,军事法规、军事规章所规定的军人职责,包括军人的共同职责,士兵、军官和首长的一般职责,各类主管人员和其他从事专门工作的军人的专业职责等。

第三十五条 本规定所称"以上",包括本数;有关犯罪数额"不满",是指已达到该数额百分之八十以上。

第三十六条 本规定中的"直接经济损失",是指与行为有直接因果关系而造成的财产损毁、减少的实际价值;"间接经济损失",是指由直接经济损失引起和牵连的其他损失,包括失去在正常情况下可能获得的利益和为恢复正常管理活动或者为挽回已经造成的损失所支付的各种费用等。

第三十七条 本规定中的"武器装备",是实施和保障军事行动的武器、武器系统和军事技术器材的统称。

第三十八条 本规定中的"军用物资",是除武器装备以外专供武装力量使用的各种物资的统称,包括装备器材、军需物资、医疗物资、油料物资、营房物资等。

第三十九条 本规定中财物价值和损失的确定,由部队驻地人民法院、人民检察院和公安机关指定的价格事务机构进行估价。武器装备、军事设施、军用物资的价值和损失,由部队军以上单位的主管部门确定;有条件的,也可以由部队驻地人民法院、人民检察院和公安机关指定的价格事务机构进行估价。

第四十条 本规定自2013年3月28日起施行。2002年10月31日总政治部发布的《关于军人违反职责罪案件立案标准的规定(试行)》同时废止。

十、刑事程序

中华人民共和国刑事诉讼法

（1979年7月1日第五届全国人民代表大会第二次会议通过 根据1996年3月17日第八届全国人民代表大会第四次会议《关于修改〈中华人民共和国刑事诉讼法〉的决定》第一次修正 根据2012年3月14日第十一届全国人民代表大会第五次会议《关于修改〈中华人民共和国刑事诉讼法〉的决定》第二次修正 根据2018年10月26日第十三届全国人民代表大会常务委员会第六次会议《关于修改〈中华人民共和国刑事诉讼法〉的决定》第三次修正）

第一编 总 则

第一章 任务和基本原则

第一条 【立法宗旨】[①]为了保证刑法的正确实施，惩罚犯罪，保护人民，保障国家安全和社会公共安全，维护社会主义社会秩序，根据宪法，制定本法。

第二条 【本法任务】中华人民共和国刑事诉讼法的任务，是保证准确、及时地查明犯罪事实，正确应用法律，惩罚犯罪分子，保障无罪的人不受刑事追究，教育公民自觉遵守法律，积极同犯罪行为作斗争，维护社会主义法制，尊重和保障人权，保护公民的人身权利、财产权利、民主权利和其他权利，保障社会主义建设事业的顺利进行。

第三条 【刑事诉讼专门机关的职权】【严格遵守法律程序原则】对刑事案件的侦查、拘留、执行逮捕、预审，由公安机关负责。检察、批准逮捕、检察机关直接受理的案件的侦查、提起公诉，由人民检察院负责。审判由人民法院负责。除法律特别规定的以外，其他任何机关、团体和个人都无权行使这些权力。

人民法院、人民检察院和公安机关进行刑事诉讼，必须严格遵守本法和其他法律的有关规定。

第四条 【国家安全机关职权】国家安全机关依照法律规定，办理危害国家安全的刑事案件，行使与公安机关相同的职权。

第五条 【独立行使审判权、检察权】人民法院依照法律规定独立行使审判权，人民检察院依照法律规定独立行使检察权，不受行政机关、社会团体和个人的干涉。

第六条 【以事实为依据、以法律为准绳原则】【平等适用法律原则】人民法院、人民检察院和公安机关进行刑事诉讼，必须依靠群众，必须以事实为根据，以法律为

① 条文主旨均为编者所加。

准绳。对于一切公民，在适用法律上一律平等，在法律面前，不允许有任何特权。

第七条 【分工负责、互相配合、互相监督原则】人民法院、人民检察院和公安机关进行刑事诉讼，应当分工负责，互相配合，互相制约，以保证准确有效地执行法律。

第八条 【检察院法律监督原则】人民检察院依法对刑事诉讼实行法律监督。

第九条 【使用本民族语言文字原则】各民族公民都有用本民族语言文字进行诉讼的权利。人民法院、人民检察院和公安机关对于不通晓当地通用的语言文字的诉讼参与人，应当为他们翻译。

在少数民族聚居或者多民族杂居的地区，应当用当地通用的语言进行审讯，用当地通用的文字发布判决书、布告和其他文件。

第十条 【两审终审制】人民法院审判案件，实行两审终审制。

第十一条 【审判公开原则】【辩护原则】人民法院审判案件，除本法另有规定的以外，一律公开进行。被告人有权获得辩护，人民法院有义务保证被告人获得辩护。

第十二条 【未经法院判决不得确定有罪原则】未经人民法院依法判决，对任何人都不得确定有罪。

第十三条 【人民陪审制度】人民法院审判案件，依照本法实行人民陪审员陪审的制度。

第十四条 【诉讼权利的保障与救济】人民法院、人民检察院和公安机关应当保障犯罪嫌疑人、被告人和其他诉讼参与人依法享有的辩护权和其他诉讼权利。

诉讼参与人对于审判人员、检察人员和侦查人员侵犯公民诉讼权利和人身侮辱的行为，有权提出控告。

第十五条 【认罪认罚从宽原则】犯罪嫌疑人、被告人自愿如实供述自己的罪行，承认指控的犯罪事实，愿意接受处罚的，可以依法从宽处理。

第十六条 【不追究刑事责任的法定情形】有下列情形之一的，不追究刑事责任，已经追究的，应当撤销案件，或者不起诉，或者终止审理，或者宣告无罪：

（一）情节显著轻微、危害不大，不认为是犯罪的；

（二）犯罪已过追诉时效期限的；

（三）经特赦令免除刑罚的；

（四）依照刑法告诉才处理的犯罪，没有告诉或者撤回告诉的；

（五）犯罪嫌疑人、被告人死亡的；

（六）其他法律规定免予追究刑事责任的。

第十七条 【外国人刑事责任的追究】对于外国人犯罪应当追究刑事责任的，适用本法的规定。

对于享有外交特权和豁免权的外国人犯罪应当追究刑事责任的，通过外交途径解决。

第十八条 【刑事司法协助】根据中华人民共和国缔结或者参加的国际条约，或者按照互惠原则，我国司法机关和外国司法机关可以相互请求刑事司法协助。

第二章 管 辖

第十九条 【立案管辖】刑事案件的侦查由公安机关进行，法律另有规定的除外。

人民检察院在对诉讼活动实行法律监督中发现的司法工作人员利用职权实施的非法拘禁、刑讯逼供、非法搜查等侵犯公民权利、损害司法公正的犯罪，可以由人民检察院立案侦查。对于公安机关管辖的国家机关工作人员利用职权实施的重大犯罪案件,需要由人民检察院直接受理的时候,经省级以上人民检察院决定,可以由人民检察院立案侦查。

自诉案件,由人民法院直接受理。

第二十条 【基层法院管辖】基层人民法院管辖第一审普通刑事案件,但是依照本法由上级人民法院管辖的除外。

第二十一条 【中级法院管辖】中级人民法院管辖下列第一审刑事案件:

(一)危害国家安全、恐怖活动案件;

(二)可能判处无期徒刑、死刑的案件。

第二十二条 【高级法院管辖】高级人民法院管辖的第一审刑事案件,是全省(自治区、直辖市)性的重大刑事案件。

第二十三条 【最高法院管辖】最高人民法院管辖的第一审刑事案件,是全国性的重大刑事案件。

第二十四条 【级别管辖变通】上级人民法院在必要的时候,可以审判下级人民法院管辖的第一审刑事案件;下级人民法院认为案情重大、复杂需要由上级人民法院审判的第一审刑事案件,可以请求移送上一级人民法院审判。

第二十五条 【地区管辖】刑事案件由犯罪地的人民法院管辖。如果由被告人居住地的人民法院审判更为适宜的,可以由被告人居住地的人民法院管辖。

第二十六条 【优先管辖】【移送管辖】几个同级人民法院都有权管辖的案件,由最初受理的人民法院审判。在必要的时候,可以移送主要犯罪地的人民法院审判。

第二十七条 【指定管辖】上级人民法院可以指定下级人民法院审判管辖不明的案件,也可以指定下级人民法院将案件移送其他人民法院审判。

第二十八条 【专门管辖】专门人民法院案件的管辖另行规定。

第三章 回　　避

第二十九条 【回避的法定情形】审判人员、检察人员、侦查人员有下列情形之一的,应当自行回避,当事人及其法定代理人也有权要求他们回避:

(一)是本案的当事人或者是当事人的近亲属的;

(二)本人或者他的近亲属和本案有利害关系的;

(三)担任过本案的证人、鉴定人、辩护人、诉讼代理人的;

(四)与本案当事人有其他关系,可能影响公正处理案件的。

第三十条 【办案人员违反禁止行为的回避】审判人员、检察人员、侦查人员不得接受当事人及其委托的人的请客送礼,不得违反规定会见当事人及其委托的人。

审判人员、检察人员、侦查人员违反前款规定的,应当依法追究法律责任。当事人及其法定代理人有权要求他们回避。

第三十一条 【决定回避的程序】审判人员、检察人员、侦查人员的回避,应当分别由院长、检察长、公安机关负责人决定;院长的回避,由本院审判委员会决定;检察长和公安机关负责人的回避,由同级人民检察院检察委员会决定。

对侦查人员的回避作出决定前,侦查人员不能停止对案件的侦查。

对驳回申请回避的决定,当事人及其法定代理人可以申请复议一次。

第三十二条 【回避制度的准用规定】本章关于回避的规定适用于书记员、翻译人员和鉴定人。

辩护人、诉讼代理人可以依照本章的规定要求回避、申请复议。

第四章　辩护与代理

第三十三条　【自行辩护与委托辩护】【辩护人的范围】犯罪嫌疑人、被告人除自己行使辩护权以外,还可以委托一至二人作为辩护人。下列的人可以被委托为辩护人:

(一) 律师;

(二) 人民团体或者犯罪嫌疑人、被告人所在单位推荐的人;

(三) 犯罪嫌疑人、被告人的监护人、亲友。

正在被执行刑罚或者依法被剥夺、限制人身自由的人,不得担任辩护人。

被开除公职和被吊销律师、公证员执业证书的人,不得担任辩护人,但系犯罪嫌疑人、被告人的监护人、近亲属的除外。

第三十四条　【委托辩护的时间及辩护告知】犯罪嫌疑人自被侦查机关第一次讯问或者采取强制措施之日起,有权委托辩护人;在侦查期间,只能委托律师作为辩护人。被告人有权随时委托辩护人。

侦查机关在第一次讯问犯罪嫌疑人或者对犯罪嫌疑人采取强制措施的时候,应当告知犯罪嫌疑人有权委托辩护人。人民检察院自收到移送审查起诉的案件材料之日起三日以内,应当告知犯罪嫌疑人有权委托辩护人。人民法院自受理案件之日起三日以内,应当告知被告人有权委托辩护人。犯罪嫌疑人、被告人在押期间要求委托辩护人的,人民法院、人民检察院和公安机关应当及时转达其要求。

犯罪嫌疑人、被告人在押的,也可以由其监护人、近亲属代为委托辩护人。

辩护人接受犯罪嫌疑人、被告人委托后,应当及时告知办理案件的机关。

第三十五条　【法律援助机构指派辩护】犯罪嫌疑人、被告人因经济困难或者其他原因没有委托辩护人的,本人及其近亲属可以向法律援助机构提出申请。对符合法律援助条件的,法律援助机构应当指派律师为其提供辩护。

犯罪嫌疑人、被告人是盲、聋、哑人,或者是尚未完全丧失辨认或者控制自己行为能力的精神病人,没有委托辩护人的,人民法院、人民检察院和公安机关应当通知法律援助机构指派律师为其提供辩护。

犯罪嫌疑人、被告人可能被判处无期徒刑、死刑,没有委托辩护人的,人民法院、人民检察院和公安机关应当通知法律援助机构指派律师为其提供辩护。

第三十六条　【值班律师】法律援助机构可以在人民法院、看守所等场所派驻值班律师。犯罪嫌疑人、被告人没有委托辩护人,法律援助机构没有指派律师为其提供辩护的,由值班律师为犯罪嫌疑人、被告人提供法律咨询、程序选择建议、申请变更强制措施、对案件处理提出意见等法律帮助。

人民法院、人民检察院、看守所应当告知犯罪嫌疑人、被告人有权约见值班律师,并为犯罪嫌疑人、被告人约见值班律师提供便利。

第三十七条　【辩护人的责任】辩护人的责任是根据事实和法律,提出犯罪嫌疑人、被告人无罪、罪轻或者减轻、免除其刑事责任的材料和意见,维护犯罪嫌疑人、被告人的诉讼权利和其他合法权益。

第三十八条 【侦查期间的辩护】辩护律师在侦查期间可以为犯罪嫌疑人提供法律帮助;代理申诉、控告;申请变更强制措施;向侦查机关了解犯罪嫌疑人涉嫌的罪名和案件有关情况,提出意见。

第三十九条 【辩护人会见、通信】辩护律师可以同在押的犯罪嫌疑人、被告人会见和通信。其他辩护人经人民法院、人民检察院许可,也可以同在押的犯罪嫌疑人、被告人会见和通信。

辩护律师持律师执业证书、律师事务所证明和委托书或者法律援助公函要求会见在押的犯罪嫌疑人、被告人的,看守所应当及时安排会见,至迟不得超过四十八小时。

危害国家安全犯罪、恐怖活动犯罪案件,在侦查期间辩护律师会见在押的犯罪嫌疑人,应当经侦查机关许可。上述案件,侦查机关应当事先通知看守所。

辩护律师会见在押的犯罪嫌疑人、被告人,可以了解案件有关情况,提供法律咨询等;自案件移送审查起诉之日起,可以向犯罪嫌疑人、被告人核实有关证据。辩护律师会见犯罪嫌疑人、被告人时不被监听。

辩护律师同被监视居住的犯罪嫌疑人、被告人会见、通信,适用第一款、第三款、第四款的规定。

第四十条 【辩护人查阅、摘抄、复制卷宗材料】辩护律师自人民检察院对案件审查起诉之日起,可以查阅、摘抄、复制本案的案卷材料。其他辩护人经人民法院、人民检察院许可,也可以查阅、摘抄、复制上述材料。

第四十一条 【辩护人向办案机关申请调取证据】辩护人认为在侦查、审查起诉期间公安机关、人民检察院收集的证明犯罪嫌疑人、被告人无罪或者罪轻的证据材料未提交的,有权申请人民检察院、人民法院调取。

第四十二条 【辩护人向办案机关告知证据】辩护人收集的有关犯罪嫌疑人不在犯罪现场、未达到刑事责任年龄、属于依法不负刑事责任的精神病人的证据,应当及时告知公安机关、人民检察院。

第四十三条 【辩护律师收集材料】【辩护律师申请取证及证人出庭】辩护律师经证人或者其他有关单位和个人同意,可以向他们收集与本案有关的材料,也可以申请人民检察院、人民法院收集、调取证据,或者申请人民法院通知证人出庭作证。

辩护律师经人民检察院或者人民法院许可,并且经被害人或者其近亲属、被害人提供的证人同意,可以向他们收集与本案有关的材料。

第四十四条 【辩护人行为禁止及法律责任】辩护人或者其他任何人,不得帮助犯罪嫌疑人、被告人隐匿、毁灭、伪造证据或者串供,不得威胁、引诱证人作伪证以及进行其他干扰司法机关诉讼活动的行为。

违反前款规定的,应当依法追究法律责任,辩护人涉嫌犯罪的,应当由办理辩护人所承办案件的侦查机关以外的侦查机关办理。辩护人是律师的,应当及时通知其所在的律师事务所或者所属的律师协会。

第四十五条 【被告人拒绝辩护】在审判过程中,被告人可以拒绝辩护人继续为他辩护,也可以另行委托辩护人辩护。

第四十六条 【诉讼代理】公诉案件的被害人及其法定代理人或者近亲属,附带民事诉讼的当事人及其法定代理人,自案件移送审查起诉之日起,有权委托诉讼代理人。自诉案件的自诉人及其法定代理人,附带民事诉讼的当事人及其法定代理人,有权随时委托诉讼代理人。

人民检察院自收到移送审查起诉的案件材料之日起三日以内,应当告知被害人及其法定代理人或者其近亲属、附带民事诉讼的当事人及其法定代理人有权委托诉讼代理人。人民法院自受理自诉案件之日起三日以内,应当告知自诉人及其法定代理人、附带民事诉讼的当事人及其法定代理人有权委托诉讼代理人。

第四十七条　【委托诉讼代理人】委托诉讼代理人,参照本法第三十三条的规定执行。

第四十八条　【辩护律师执业保密及例外】辩护律师对在执业活动中知悉的委托人的有关情况和信息,有权予以保密。但是,辩护律师在执业活动中知悉委托人或者其他人,准备或者正在实施危害国家安全、公共安全以及严重危害他人人身安全的犯罪的,应当及时告知司法机关。

第四十九条　【妨碍辩护人、诉讼代理人行使诉讼权利的救济】辩护人、诉讼代理人认为公安机关、人民检察院、人民法院及其工作人员阻碍其依法行使诉讼权利的,有权向同级或者上一级人民检察院申诉或者控告。人民检察院对申诉或者控告应当及时进行审查,情况属实的,通知有关机关予以纠正。

第五章　证　　据

第五十条　【证据的含义及法定种类】可以用于证明案件事实的材料,都是证据。

证据包括:

(一)物证;

(二)书证;

(三)证人证言;

(四)被害人陈述;

(五)犯罪嫌疑人、被告人供述和辩解;

(六)鉴定意见;

(七)勘验、检查、辨认、侦查实验等笔录;

(八)视听资料、电子数据。

证据必须经过查证属实,才能作为定案的根据。

第五十一条　【举证责任】公诉案件中被告人有罪的举证责任由人民检察院承担,自诉案件中被告人有罪的举证责任由自诉人承担。

第五十二条　【依法收集证据】【不得强迫任何人自证其罪】审判人员、检察人员、侦查人员必须依照法定程序,收集能够证实犯罪嫌疑人、被告人有罪或者无罪、犯罪情节轻重的各种证据。严禁刑讯逼供和以威胁、引诱、欺骗以及其他非法方法收集证据,不得强迫任何人证实自己有罪。必须保证一切与案件有关或者了解案情的公民,有客观地充分地提供证据的条件,除特殊情况外,可以吸收他们协助调查。

第五十三条　【办案机关法律文书的证据要求】公安机关提请批准逮捕书、人民检察院起诉书、人民法院判决书,必须忠实于事实真象。故意隐瞒事实真象的,应当追究责任。

第五十四条　【向单位和个人收集、调取证据】【行政执法办案证据的使用】【证据保密】【伪造、隐匿、毁灭证据的责任】人民法院、人民检察院和公安机关有权向有关单位和个人收集、调取证据。有关单位和个人应当如实提供证据。

行政机关在行政执法和查办案件过程中收集的物证、书证、视听资料、电子数据等证据材料，在刑事诉讼中可以作为证据使用。

对涉及国家秘密、商业秘密、个人隐私的证据，应当保密。

凡是伪造证据、隐匿证据或者毁灭证据的，无论属于何方，必须受法律追究。

第五十五条 【重证据、不轻信口供】【证据确实、充分的法定条件】对一切案件的判处都要重证据，重调查研究，不轻信口供。只有被告人供述，没有其他证据的，不能认定被告人有罪和处以刑罚；没有被告人供述，证据确实、充分的，可以认定被告人有罪和处以刑罚。

证据确实、充分，应当符合以下条件：

（一）定罪量刑的事实都有证据证明；

（二）据以定案的证据均经法定程序查证属实；

（三）综合全案证据，对所认定事实已排除合理怀疑。

第五十六条 【非法证据排除】采用刑讯逼供等非法方法收集的犯罪嫌疑人、被告人供述和采用暴力、威胁等非法方法收集的证人证言、被害人陈述，应当予以排除。收集物证、书证不符合法定程序，可能严重影响司法公正的，应当予以补正或者作出合理解释；不能补正或者作出合理解释的，对该证据应当予以排除。

在侦查、审查起诉、审判时发现有应当排除的证据的，应当依法予以排除，不得作为起诉意见、起诉决定和判决的依据。

第五十七条 【检察院对非法收集证据的法律监督】人民检察院接到报案、控告、举报或者发现侦查人员以非法方法收集证据的，应当进行调查核实。对于确有以非法方法收集证据情形的，应当提出纠正意见；构成犯罪的，依法追究刑事责任。

第五十八条 【对证据收集合法性的法庭调查】【申请排除非法证据】法庭审理过程中，审判人员认为可能存在本法第五十六条规定的以非法方法收集证据情形的，应当对证据收集的合法性进行法庭调查。

当事人及其辩护人、诉讼代理人有权申请人民法院对以非法方法收集的证据依法予以排除。申请排除以非法方法收集的证据的，应当提供相关线索或者材料。

第五十九条 【对证据收集合法性的证明】在对证据收集的合法性进行法庭调查的过程中，人民检察院应当对证据收集的合法性加以证明。

现有证据材料不能证明证据收集的合法性的，人民检察院可以提请人民法院通知有关侦查人员或者其他人员出庭说明情况；人民法院可以通知有关侦查人员或者其他人员出庭说明情况。有关侦查人员或者其他人员也可以要求出庭说明情况。经人民法院通知，有关人员应当出庭。

第六十条 【庭审排除非法证据】对于经过法庭审理，确认或者不能排除存在本法第五十六条规定的以非法方法收集证据情形的，对有关证据应当予以排除。

第六十一条 【证人证言的质证与查实】【有意作伪证或隐匿罪证的责任】证人证言必须在法庭上经过公诉人、被害人和被告人、辩护人双方质证并且查实以后，才能作为定案的根据。法庭查明证人有意作伪证或者隐匿罪证的时候，应当依法处理。

第六十二条 【证人的范围和作证义务】凡是知道案件情况的人，都有作证的义务。

生理上、精神上有缺陷或者年幼，不能辨别是非、不能正确表达的人，不能作证人。

第六十三条 【证人及其近亲属的安全保障】人民法院、人民检察院和公安机关应当保障证人及其近亲属的安全。

对证人及其近亲属进行威胁、侮辱、殴打或者打击报复,构成犯罪的,依法追究刑事责任;尚不够刑事处罚的,依法给予治安管理处罚。

第六十四条 【对特定犯罪中有关诉讼参与人及其近亲属人身安全的保护措施】对于危害国家安全犯罪、恐怖活动犯罪、黑社会性质的组织犯罪、毒品犯罪等案件,证人、鉴定人、被害人因在诉讼中作证,本人或者其近亲属的人身安全面临危险的,人民法院、人民检察院和公安机关应当采取以下一项或者多项保护措施:

(一)不公开真实姓名、住址和工作单位等个人信息;

(二)采取不暴露外貌、真实声音等出庭作证措施;

(三)禁止特定的人员接触证人、鉴定人、被害人及其近亲属;

(四)对人身和住宅采取专门性保护措施;

(五)其他必要的保护措施。

证人、鉴定人、被害人认为因在诉讼中作证,本人或者其近亲属的人身安全面临危险的,可以向人民法院、人民检察院、公安机关请求予以保护。

人民法院、人民检察院、公安机关依法采取保护措施,有关单位和个人应当配合。

第六十五条 【证人作证补助与保障】证人因履行作证义务而支出的交通、住宿、就餐等费用,应当给予补助。证人作证的补助列入司法机关业务经费,由同级政府财政予以保障。

有工作单位的证人作证,所在单位不得克扣或者变相克扣其工资、奖金及其他福利待遇。

第六章 强制措施

第六十六条 【拘传、取保候审或者监视居住】人民法院、人民检察院和公安机关根据案件情况,对犯罪嫌疑人、被告人可以拘传、取保候审或者监视居住。

第六十七条 【取保候审的法定情形与执行】人民法院、人民检察院和公安机关对有下列情形之一的犯罪嫌疑人、被告人,可以取保候审:

(一)可能判处管制、拘役或者独立适用附加刑的;

(二)可能判处有期徒刑以上刑罚,采取取保候审不致发生社会危险性的;

(三)患有严重疾病、生活不能自理,怀孕或者正在哺乳自己婴儿的妇女,采取取保候审不致发生社会危险性的;

(四)羁押期限届满,案件尚未办结,需要采取取保候审的。

取保候审由公安机关执行。

第六十八条 【取保候审的方式】人民法院、人民检察院和公安机关决定对犯罪嫌疑人、被告人取保候审,应当责令犯罪嫌疑人、被告人提出保证人或者交纳保证金。

第六十九条 【保证人的法定条件】保证人必须符合下列条件:

(一)与本案无牵连;

(二)有能力履行保证义务;

(三)享有政治权利,人身自由未受到限制;

(四)有固定的住处和收入。

第七十条 【保证人的法定义务】保证

人应当履行以下义务：

（一）监督被保证人遵守本法第七十一条的规定；

（二）发现被保证人可能发生或者已经发生违反本法第七十一条规定的行为的，应当及时向执行机关报告。

被保证人有违反本法第七十一条规定的行为，保证人未履行保证义务的，对保证人处以罚款，构成犯罪的，依法追究刑事责任。

第七十一条　【被取保候审人应遵守的一般规定和特别规定】【对被取保候审人违反规定的处理】被取保候审的犯罪嫌疑人、被告人应当遵守以下规定：

（一）未经执行机关批准不得离开所居住的市、县；

（二）住址、工作单位和联系方式发生变动的，在二十四小时以内向执行机关报告；

（三）在传讯的时候及时到案；

（四）不得以任何形式干扰证人作证；

（五）不得毁灭、伪造证据或者串供。

人民法院、人民检察院和公安机关可以根据案件情况，责令被取保候审的犯罪嫌疑人、被告人遵守以下一项或者多项规定：

（一）不得进入特定的场所；

（二）不得与特定的人员会见或者通信；

（三）不得从事特定的活动；

（四）将护照等出入境证件、驾驶证件交执行机关保存。

被取保候审的犯罪嫌疑人、被告人违反前两款规定，已交纳保证金的，没收部分或者全部保证金，并且区别情形，责令犯罪嫌疑人、被告人具结悔过，重新交纳保证金、提出保证人，或者监视居住、予以逮捕。

对违反取保候审规定，需要予以逮捕的，可以对犯罪嫌疑人、被告人先行拘留。

第七十二条　【保证金数额的确定与执行】取保候审的决定机关应当综合考虑保证诉讼活动正常进行的需要，被取保候审人的社会危险性，案件的性质、情节，可能判处刑罚的轻重，被取保候审人的经济状况等情况，确定保证金的数额。

提供保证金的人应当将保证金存入执行机关指定银行的专门账户。

第七十三条　【保证金的退还】犯罪嫌疑人、被告人在取保候审期间未违反本法第七十一条规定的，取保候审结束的时候，凭解除取保候审的通知或者有关法律文书到银行领取退还的保证金。

第七十四条　【监视居住的法定情形与执行】人民法院、人民检察院和公安机关对符合逮捕条件，有下列情形之一的犯罪嫌疑人、被告人，可以监视居住：

（一）患有严重疾病、生活不能自理的；

（二）怀孕或者正在哺乳自己婴儿的妇女；

（三）系生活不能自理的人的唯一扶养人；

（四）因为案件的特殊情况或者办理案件的需要，采取监视居住措施更为适宜的；

（五）羁押期限届满，案件尚未办结，需要采取监视居住措施的。

对符合取保候审条件，但犯罪嫌疑人、被告人不能提出保证人，也不交纳保证金的，可以监视居住。

监视居住由公安机关执行。

第七十五条　【监视居住的执行处所与被监视居住人的权利保障】监视居住应当在犯罪嫌疑人、被告人的住处执行；无固定住处的，可以在指定的居所执行。对于涉嫌危害国家安全犯罪、恐怖活动犯罪，在住处执行可能有碍侦查的，经上一级公安机关批准，也可以在指定的居所执行。但是，不得在羁押场所、专门的办案场所执行。

指定居所监视居住的，除无法通知的以外，应当在执行监视居住后二十四小时以内，通知被监视居住人的家属。

被监视居住的犯罪嫌疑人、被告人委托辩护人，适用本法第三十四条的规定。

人民检察院对指定居所监视居住的决定和执行是否合法实行监督。

第七十六条 【监视居住期限的刑期折抵】指定居所监视居住的期限应当折抵刑期。被判处管制的，监视居住一日折抵刑期一日；被判处拘役、有期徒刑的，监视居住二日折抵刑期一日。

第七十七条 【被监视居住人应遵守的规定】【对被监视居住人违反规定的处理】被监视居住的犯罪嫌疑人、被告人应当遵守以下规定：

（一）未经执行机关批准不得离开执行监视居住的处所；

（二）未经执行机关批准不得会见他人或者通信；

（三）在传讯的时候及时到案；

（四）不得以任何形式干扰证人作证；

（五）不得毁灭、伪造证据或者串供；

（六）将护照等出入境证件、身份证件、驾驶证件交执行机关保存。

被监视居住的犯罪嫌疑人、被告人违反前款规定，情节严重的，可以予以逮捕；需要予以逮捕的，可以对犯罪嫌疑人、被告人先行拘留。

第七十八条 【执行机关对被监视居住人的监督与监控】执行机关对被监视居住的犯罪嫌疑人、被告人，可以采取电子监控、不定期检查等监视方法对其遵守监视居住规定的情况进行监督；在侦查期间，可以对被监视居住的犯罪嫌疑人的通信进行监控。

第七十九条 【取保候审、监视居住的法定期限及其解除】人民法院、人民检察院和公安机关对犯罪嫌疑人、被告人取保候审最长不得超过十二个月，监视居住最长不得超过六个月。

在取保候审、监视居住期间，不得中断对案件的侦查、起诉和审理。对于发现不应当追究刑事责任或者取保候审、监视居住期限届满的，应当及时解除取保候审、监视居住。解除取保候审、监视居住，应当及时通知被取保候审、监视居住人和有关单位。

第八十条 【逮捕的批准、决定与执行】逮捕犯罪嫌疑人、被告人，必须经过人民检察院批准或者人民法院决定，由公安机关执行。

第八十一条 【逮捕的法定情形】对有证据证明有犯罪事实，可能判处徒刑以上刑罚的犯罪嫌疑人、被告人，采取取保候审尚不足以防止发生下列社会危险性的，应当予以逮捕：

（一）可能实施新的犯罪的；

（二）有危害国家安全、公共安全或者社会秩序的现实危险的；

（三）可能毁灭、伪造证据，干扰证人作证或者串供的；

（四）可能对被害人、举报人、控告人实施打击报复的；

（五）企图自杀或者逃跑的。

批准或者决定逮捕，应当将犯罪嫌疑人、被告人涉嫌犯罪的性质、情节，认罪认罚等情况，作为是否可能发生社会危险性的考虑因素。

对有证据证明有犯罪事实，可能判处十年有期徒刑以上刑罚的，或者有证据证明有犯罪事实，可能判处徒刑以上刑罚，曾经故意犯罪或者身份不明的，应当予以逮捕。

被取保候审、监视居住的犯罪嫌疑人、被告人违反取保候审、监视居住规定，情节严重的，可以予以逮捕。

第八十二条 【拘留的法定情形】公安机关对于现行犯或者重大嫌疑分子，如果有下列情形之一的，可以先行拘留：

（一）正在预备犯罪、实行犯罪或者在犯罪后即时被发觉的；

（二）被害人或者在场亲眼看见的人指认他犯罪的；

（三）在身边或者住处发现有犯罪证据的；

（四）犯罪后企图自杀、逃跑或者在逃的；

（五）有毁灭、伪造证据或者串供可能的；

（六）不讲真实姓名、住址，身份不明的；

（七）有流窜作案、多次作案、结伙作案重大嫌疑的。

第八十三条 【异地拘留、逮捕】公安机关在异地执行拘留、逮捕的时候，应当通知被拘留、逮捕人所在地的公安机关，被拘留、逮捕人所在地的公安机关应当予以配合。

第八十四条 【扭送的法定情形】对于有下列情形的人，任何公民都可以立即扭送公安机关、人民检察院或者人民法院处理：

（一）正在实行犯罪或者在犯罪后即时被发觉的；

（二）通缉在案的；

（三）越狱逃跑的；

（四）正在被追捕的。

第八十五条 【拘留的程序与通知家属】公安机关拘留人的时候，必须出示拘留证。

拘留后，应当立即将被拘留人送看守所羁押，至迟不得超过二十四小时。除无法通知或者涉嫌危害国家安全犯罪、恐怖活动犯罪通知可能有碍侦查的情形以外，应当在拘留后二十四小时以内，通知被拘留人的家属。有碍侦查的情形消失以后，应当立即通知被拘留人的家属。

第八十六条 【拘留后的讯问与释放】公安机关对被拘留的人，应当在拘留后的二十四小时以内进行讯问。在发现不应当拘留的时候，必须立即释放，发给释放证明。

第八十七条 【提请逮捕】公安机关要求逮捕犯罪嫌疑人的时候，应当写出提请批准逮捕书，连同案卷材料、证据，一并移送同级人民检察院审查批准。必要的时候，人民检察院可以派人参加公安机关对于重大案件的讨论。

第八十八条 【审查批准逮捕】人民检察院审查批准逮捕，可以讯问犯罪嫌疑人；有下列情形之一的，应当讯问犯罪嫌疑人：

（一）对是否符合逮捕条件有疑问的；

（二）犯罪嫌疑人要求向检察人员当面陈述的；

（三）侦查活动可能有重大违法行为的。

人民检察院审查批准逮捕，可以询问证人等诉讼参与人，听取辩护律师的意见；

辩护律师提出要求的，应当听取辩护律师的意见。

第八十九条　【审查批准逮捕的决定】人民检察院审查批准逮捕犯罪嫌疑人由检察长决定。重大案件应当提交检察委员会讨论决定。

第九十条　【批准逮捕与不批准逮捕】人民检察院对于公安机关提请批准逮捕的案件进行审查后，应当根据情况分别作出批准逮捕或者不批准逮捕的决定。对于批准逮捕的决定，公安机关应当立即执行，并且将执行情况及时通知人民检察院。对于不批准逮捕的，人民检察院应当说明理由，需要补充侦查的，应当同时通知公安机关。

第九十一条　【提请批捕对其审查处理】公安机关对被拘留的人，认为需要逮捕的，应当在拘留后的三日以内，提请人民检察院审查批准。在特殊情况下，提请审查批准的时间可以延长一日至四日。

对于流窜作案、多次作案、结伙作案的重大嫌疑分子，提请审查批准的时间可以延长至三十日。

人民检察院应当自接到公安机关提请批准逮捕书后的七日以内，作出批准逮捕或者不批准逮捕的决定。人民检察院不批准逮捕的，公安机关应当在接到通知后立即释放，并且将执行情况及时通知人民检察院。对于需要继续侦查，并且符合取保候审、监视居住条件的，依法取保候审或者监视居住。

第九十二条　【公安机关对不批准逮捕的异议】公安机关对人民检察院不批准逮捕的决定，认为有错误的时候，可以要求复议，但是必须将被拘留的人立即释放。如果意见不被接受，可以向上一级人民检察院提请复核。上级人民检察院应当立即复核，作出是否变更的决定，通知下级人民检察院和公安机关执行。

第九十三条　【逮捕的程序与通知家属】公安机关逮捕人的时候，必须出示逮捕证。

逮捕后，应当立即将被逮捕人送看守所羁押。除无法通知的以外，应当在逮捕后二十四小时以内，通知被逮捕人的家属。

第九十四条　【逮捕后的讯问】人民法院、人民检察院对于各自决定逮捕的人，公安机关对于经人民检察院批准逮捕的人，都必须在逮捕后的二十四小时以内进行讯问。在发现不应当逮捕的时候，必须立即释放，发给释放证明。

第九十五条　【检察院对羁押必要性的审查】犯罪嫌疑人、被告人被逮捕后，人民检察院仍应当对羁押的必要性进行审查。对不需要继续羁押的，应当建议予以释放或者变更强制措施。有关机关应当在十日以内将处理情况通知人民检察院。

第九十六条　【强制措施的撤销与变更】人民法院、人民检察院和公安机关如果发现对犯罪嫌疑人、被告人采取强制措施不当的，应当及时撤销或者变更。公安机关释放被逮捕的人或者变更逮捕措施的，应当通知原批准的人民检察院。

第九十七条　【变更强制措施的申请与决定程序】犯罪嫌疑人、被告人及其法定代理人、近亲属或者辩护人有权申请变更强制措施。人民法院、人民检察院和公安机关收到申请后，应当在三日以内作出决定；不同意变更强制措施的，应当告知申请人，并说明不同意的理由。

第九十八条　【对不能按期结案强制措施的变更】犯罪嫌疑人、被告人被羁押的案件,不能在本法规定的侦查羁押、审查起诉、一审、二审期限内办结的,对犯罪嫌疑人、被告人应当予以释放;需要继续查证、审理的,对犯罪嫌疑人、被告人可以取保候审或者监视居住。

第九十九条 【法定期限届满要求解除强制措施】人民法院、人民检察院或者公安机关对被采取强制措施法定期限届满的犯罪嫌疑人、被告人,应当予以释放、解除取保候审、监视居住或者依法变更强制措施。犯罪嫌疑人、被告人及其法定代理人、近亲属或者辩护人对于人民法院、人民检察院或者公安机关采取强制措施法定期限届满的,有权要求解除强制措施。

第一百条 【侦查监督】人民检察院在审查批准逮捕工作中,如果发现公安机关的侦查活动有违法情况,应当通知公安机关予以纠正,公安机关应当将纠正情况通知人民检察院。

第七章 附带民事诉讼

第一百零一条 【附带民事诉讼的提起】被害人由于被告人的犯罪行为而遭受物质损失的,在刑事诉讼过程中,有权提起附带民事诉讼。被害人死亡或者丧失行为能力的,被害人的法定代理人、近亲属有权提起附带民事诉讼。

如果是国家财产、集体财产遭受损失的,人民检察院在提起公诉的时候,可以提起附带民事诉讼。

第一百零二条 【附带民事诉讼中的保全措施】人民法院在必要的时候,可以采取保全措施,查封、扣押或者冻结被告人的财产。附带民事诉讼原告人或者人民检察院可以申请人民法院采取保全措施。人民法院采取保全措施,适用民事诉讼法的有关规定。

第一百零三条 【附带民事诉讼的调解和裁判】人民法院审理附带民事诉讼案件,可以进行调解,或者根据物质损失情况作出判决、裁定。

第一百零四条 【附带民事诉讼一并审判及例外】附带民事诉讼应当同刑事案件一并审判,只有为了防止刑事案件审判的过分迟延,才可以在刑事案件审判后,由同一审判组织继续审理附带民事诉讼。

第八章 期间、送达

第一百零五条 【期间及其计算】期间以时、日、月计算。

期间开始的时和日不算在期间以内。

法定期间不包括路途上的时间。上诉状或者其他文件在期满前已经交邮的,不算过期。

期间的最后一日为节假日的,以节假日后的第一日为期满日期,但犯罪嫌疑人、被告人或者罪犯在押期间,应当至期满之日为止,不得因节假日而延长。

第一百零六条 【期间的耽误及补救】当事人由于不能抗拒的原因或者有其他正当理由而耽误期限的,在障碍消除后五日以内,可以申请继续进行应当在期满以前完成的诉讼活动。

前款申请是否准许,由人民法院裁定。

第一百零七条 【送达】送达传票、通知书和其他诉讼文件应当交给收件人本人;如果本人不在,可以交给他的成年家属或者所在单位的负责人员代收。

收件人本人或者代收人拒绝接收或者拒绝签名、盖章的时候,送达人可以邀请他的邻居或者其他见证人到场，说明情况，把文件留在他的住处，在送达证上记明拒绝的事由、送达的日期，由送达人签名，即认为已经送达。

第九章 其他规定

第一百零八条 【本法用语解释】本法下列用语的含意是：

（一）"侦查"是指公安机关、人民检察院对于刑事案件，依照法律进行的收集证据、查明案情的工作和有关的强制性措施；

（二）"当事人"是指被害人、自诉人、犯罪嫌疑人、被告人、附带民事诉讼的原告人和被告人；

（三）"法定代理人"是指被代理人的父母、养父母、监护人和负有保护责任的机关、团体的代表；

（四）"诉讼参与人"是指当事人、法定代理人、诉讼代理人、辩护人、证人、鉴定人和翻译人员；

（五）"诉讼代理人"是指公诉案件的被害人及其法定代理人或者近亲属、自诉案件的自诉人及其法定代理人委托代为参加诉讼的人和附带民事诉讼的当事人及其法定代理人委托代为参加诉讼的人；

（六）"近亲属"是指夫、妻、父、母、子、女、同胞兄弟姊妹。

第二编 立案、侦查和提起公诉

第一章 立 案

第一百零九条 【立案侦查机关】公安机关或者人民检察院发现犯罪事实或者犯罪嫌疑人，应当按照管辖范围，立案侦查。

第一百一十条 【报案、举报、控告及自首的处理】任何单位和个人发现有犯罪事实或者犯罪嫌疑人，有权利也有义务向公安机关、人民检察院或者人民法院报案或者举报。

被害人对侵犯其人身、财产权利的犯罪事实或者犯罪嫌疑人，有权向公安机关、人民检察院或者人民法院报案或者控告。

公安机关、人民检察院或者人民法院对于报案、控告、举报，都应当接受。对于不属于自己管辖的，应当移送主管机关处理，并且通知报案人、控告人、举报人；对于不属于自己管辖而又必须采取紧急措施的，应当先采取紧急措施，然后移送主管机关。

犯罪人向公安机关、人民检察院或者人民法院自首的，适用第三款规定。

第一百一十一条 【报案、控告、举报的形式、程序及保障】报案、控告、举报可以用书面或者口头提出。接受口头报案、控告、举报的工作人员，应当写成笔录，经宣读无误后，由报案人、控告人、举报人签名或者盖章。

接受控告、举报的工作人员，应当向控告人、举报人说明诬告应负的法律责任。但是，只要不是捏造事实，伪造证据，即使控告、举报的事实有出入，甚至是错告的，也要和诬告严格加以区别。

公安机关、人民检察院或者人民法院应当保障报案人、控告人、举报人及其近亲属的安全。报案人、控告人、举报人如果不愿公开自己的姓名和报案、控告、举报的行为，应当为他保守秘密。

第一百一十二条 【对报案、控告、举

报和自首的审查】人民法院、人民检察院或者公安机关对于报案、控告、举报和自首的材料，应当按照管辖范围，迅速进行审查，认为有犯罪事实需要追究刑事责任的时候，应当立案；认为没有犯罪事实，或者犯罪事实显著轻微，不需要追究刑事责任的时候，不予立案，并且将不立案的原因通知控告人。控告人如果不服，可以申请复议。

第一百一十三条 【立案监督】人民检察院认为公安机关对应当立案侦查的案件而不立案侦查的，或者被害人认为公安机关对应当立案侦查的案件而不立案侦查，向人民检察院提出的，人民检察院应当要求公安机关说明不立案的理由。人民检察院认为公安机关不立案理由不能成立的，应当通知公安机关立案，公安机关接到通知后应当立案。

第一百一十四条 【自诉案件的起诉与受理】对于自诉案件，被害人有权向人民法院直接起诉。被害人死亡或者丧失行为能力的，被害人的法定代理人、近亲属有权向人民法院起诉。人民法院应当依法受理。

第二章 侦 查

第一节 一般规定

第一百一十五条 【侦查】公安机关对已经立案的刑事案件，应当进行侦查，收集、调取犯罪嫌疑人有罪或者无罪、罪轻或者罪重的证据材料。对现行犯或者重大嫌疑分子可以依法先行拘留，对符合逮捕条件的犯罪嫌疑人，应当依法逮捕。

第一百一十六条 【预审】公安机关经过侦查，对有证据证明有犯罪事实的案件，应当进行预审，对收集、调取的证据材料予以核实。

第一百一十七条 【对违法侦查的申诉、控告与处理】当事人和辩护人、诉讼代理人、利害关系人对于司法机关及其工作人员有下列行为之一的，有权向该机关申诉或者控告：

（一）采取强制措施法定期限届满，不予以释放、解除或者变更的；

（二）应当退还取保候审保证金不退还的；

（三）对与案件无关的财物采取查封、扣押、冻结措施的；

（四）应当解除查封、扣押、冻结不解除的；

（五）贪污、挪用、私分、调换、违反规定使用查封、扣押、冻结的财物的。

受理申诉或者控告的机关应当及时处理。对处理不服的，可以向同级人民检察院申诉；人民检察院直接受理的案件，可以向上一级人民检察院申诉。人民检察院对申诉应当及时进行审查，情况属实的，通知有关机关予以纠正。

第二节 讯问犯罪嫌疑人

第一百一十八条 【讯问的主体】【对被羁押犯罪嫌疑人讯问地点】讯问犯罪嫌疑人必须由人民检察院或者公安机关的侦查人员负责进行。讯问的时候，侦查人员不得少于二人。

犯罪嫌疑人被送交看守所羁押以后，侦查人员对其进行讯问，应当在看守所内进行。

第一百一十九条 【传唤、拘传讯问的地点、持续期间及权利保障】对不需要逮捕、拘留的犯罪嫌疑人，可以传唤到犯罪嫌疑人所在市、县内的指定地点或者到他的住处进行讯问,但是应当出示人民检察院或者公安机关的证明文件。对在现场发现的犯罪嫌疑人,经出示工作证件,可以口头传唤,但应当在讯问笔录中注明。

传唤、拘传持续的时间不得超过十二小时;案情特别重大、复杂,需要采取拘留、逮捕措施的,传唤、拘传持续的时间不得超过二十四小时。

不得以连续传唤、拘传的形式变相拘禁犯罪嫌疑人。传唤、拘传犯罪嫌疑人,应当保证犯罪嫌疑人的饮食和必要的休息时间。

第一百二十条 【讯问程序】侦查人员在讯问犯罪嫌疑人的时候,应当首先讯问犯罪嫌疑人是否有犯罪行为,让他陈述有罪的情节或者无罪的辩解,然后向他提出问题。犯罪嫌疑人对侦查人员的提问,应当如实回答。但是对与本案无关的问题,有拒绝回答的权利。

侦查人员在讯问犯罪嫌疑人的时候,应当告知犯罪嫌疑人享有的诉讼权利,如实供述自己罪行可以从宽处理和认罪认罚的法律规定。

第一百二十一条 【对聋、哑犯罪嫌疑人讯问的要求】讯问聋、哑的犯罪嫌疑人,应当有通晓聋、哑手势的人参加,并且将这种情况记明笔录。

第一百二十二条 【讯问笔录】讯问笔录应当交犯罪嫌疑人核对,对于没有阅读能力的,应当向他宣读。如果记载有遗漏或者差错,犯罪嫌疑人可以提出补充或者改正。犯罪嫌疑人承认笔录没有错误后,应当签名或者盖章。侦查人员也应当在笔录上签名。犯罪嫌疑人请求自行书写供述的,应当准许。必要的时候,侦查人员也可以要犯罪嫌疑人亲笔书写供词。

第一百二十三条 【讯问过程录音录像】侦查人员在讯问犯罪嫌疑人的时候,可以对讯问过程进行录音或者录像;对于可能判处无期徒刑、死刑的案件或者其他重大犯罪案件,应当对讯问过程进行录音或者录像。

录音或者录像应当全程进行,保持完整性。

第三节 询问证人

第一百二十四条 【询问证人的地点、方式】侦查人员询问证人,可以在现场进行,也可以到证人所在单位、住处或者证人提出的地点进行,在必要的时候,可以通知证人到人民检察院或者公安机关提供证言。在现场询问证人,应当出示工作证件,到证人所在单位、住处或者证人提出的地点询问证人,应当出示人民检察院或者公安机关的证明文件。

询问证人应当个别进行。

第一百二十五条 【询问证人的告知事项】询问证人,应当告知他应当如实地提供证据、证言和有意作伪证或者隐匿罪证要负的法律责任。

第一百二十六条 【询问证人笔录】本法第一百二十二条的规定,也适用于询问证人。

第一百二十七条 【询问被害人的法律适用】询问被害人,适用本节各条规定。

第四节 勘验、检查

第一百二十八条 【勘验、检查的主体和范围】侦查人员对于与犯罪有关的场所、物品、人身、尸体应当进行勘验或者检查。在必要的时候,可以指派或者聘请具有专门知识的人，在侦查人员的主持下进行勘验、检查。

第一百二十九条 【犯罪现场保护】任何单位和个人，都有义务保护犯罪现场，并且立即通知公安机关派员勘验。

第一百三十条 【勘验、检查的手续】侦查人员执行勘验、检查，必须持有人民检察院或者公安机关的证明文件。

第一百三十一条 【尸体解剖】对于死因不明的尸体，公安机关有权决定解剖，并且通知死者家属到场。

第一百三十二条 【对被害人、犯罪嫌疑人的人身检查】为了确定被害人、犯罪嫌疑人的某些特征、伤害情况或者生理状态，可以对人身进行检查，可以提取指纹信息，采集血液、尿液等生物样本。

犯罪嫌疑人如果拒绝检查，侦查人员认为必要的时候，可以强制检查。

检查妇女的身体，应当由女工作人员或者医师进行。

第一百三十三条 【勘验、检查笔录制作】勘验、检查的情况应当写成笔录，由参加勘验、检查的人和见证人签名或者盖章。

第一百三十四条 【复验、复查】人民检察院审查案件的时候，对公安机关的勘验、检查，认为需要复验、复查时，可以要求公安机关复验、复查，并且可以派检察人员参加。

第一百三十五条 【侦查实验】为了查明案情，在必要的时候，经公安机关负责人批准，可以进行侦查实验。

侦查实验的情况应当写成笔录，由参加实验的人签名或者盖章。

侦查实验，禁止一切足以造成危险、侮辱人格或者有伤风化的行为。

第五节 搜 查

第一百三十六条 【搜查的主体和范围】为了收集犯罪证据、查获犯罪人，侦查人员可以对犯罪嫌疑人以及可能隐藏罪犯或者犯罪证据的人的身体、物品、住处和其他有关的地方进行搜查。

第一百三十七条 【协助义务】任何单位和个人，有义务按照人民检察院和公安机关的要求，交出可以证明犯罪嫌疑人有罪或者无罪的物证、书证、视听资料等证据。

第一百三十八条 【持证搜查与无证搜查】进行搜查，必须向被搜查人出示搜查证。

在执行逮捕、拘留的时候，遇有紧急情况，不另用搜查证也可以进行搜查。

第一百三十九条 【搜查程序】在搜查的时候，应当有被搜查人或者他的家属，邻居或者其他见证人在场。

搜查妇女的身体，应当由女工作人员进行。

第一百四十条 【搜查笔录制作】搜查的情况应当写成笔录，由侦查人员和被搜查人或者他的家属，邻居或者其他见证人签名或者盖章。如果被搜查人或者他的家属在逃或者拒绝签名、盖章，应当在笔录上注明。

第六节 查封、扣押物证、书证

第一百四十一条 【查封、扣押的范围及保管、封存】在侦查活动中发现的可用以证明犯罪嫌疑人有罪或者无罪的各种财物、文件，应当查封、扣押；与案件无关的财物、文件，不得查封、扣押。

对查封、扣押的财物、文件，要妥善保

管或者封存,不得使用、调换或者损毁。

第一百四十二条 【查封、扣押清单】对查封、扣押的财物、文件,应当会同在场见证人和被查封、扣押财物、文件持有人查点清楚,当场开列清单一式二份,由侦查人员、见证人和持有人签名或者盖章,一份交给持有人,另一份附卷备查。

第一百四十三条 【扣押邮件、电报的程序】侦查人员认为需要扣押犯罪嫌疑人的邮件、电报的时候,经公安机关或者人民检察院批准,即可通知邮电机关将有关的邮件、电报检交扣押。

不需要继续扣押的时候,应即通知邮电机关。

第一百四十四条 【查询、冻结犯罪嫌疑人财产的程序】人民检察院、公安机关根据侦查犯罪的需要,可以依照规定查询、冻结犯罪嫌疑人的存款、汇款、债券、股票、基金份额等财产。有关单位和个人应当配合。

犯罪嫌疑人的存款、汇款、债券、股票、基金份额等财产已被冻结的,不得重复冻结。

第一百四十五条 【查封、扣押、冻结的解除】对查封、扣押的财物、文件、邮件、电报或者冻结的存款、汇款、债券、股票、基金份额等财产,经查明确实与案件无关的,应当在三日以内解除查封、扣押、冻结,予以退还。

第七节 鉴　　定

第一百四十六条 【鉴定的启动】为了查明案情,需要解决案件中某些专门性问题的时候,应当指派、聘请有专门知识的人进行鉴定。

第一百四十七条 【鉴定意见的制作】【故意作虚假鉴定的责任】鉴定人进行鉴定后,应当写出鉴定意见,并且签名。

鉴定人故意作虚假鉴定的,应当承担法律责任。

第一百四十八条 【告知鉴定意见与补充鉴定、重新鉴定】侦查机关应当将用作证据的鉴定意见告知犯罪嫌疑人、被害人。如果犯罪嫌疑人、被害人提出申请,可以补充鉴定或者重新鉴定。

第一百四十九条 【对犯罪嫌疑人作精神病鉴定的期间】对犯罪嫌疑人作精神病鉴定的期间不计入办案期限。

第八节 技术侦查措施

第一百五十条 【技术侦查措施的适用范围和批准手续】公安机关在立案后,对于危害国家安全犯罪、恐怖活动犯罪、黑社会性质的组织犯罪、重大毒品犯罪或者其他严重危害社会的犯罪案件,根据侦查犯罪的需要,经过严格的批准手续,可以采取技术侦查措施。

人民检察院在立案后,对于利用职权实施的严重侵犯公民人身权利的重大犯罪案件,根据侦查犯罪的需要,经过严格的批准手续,可以采取技术侦查措施,按照规定交有关机关执行。

追捕被通缉或者批准、决定逮捕的在逃的犯罪嫌疑人、被告人,经过批准,可以采取追捕所必需的技术侦查措施。

第一百五十一条 【技术侦查措施的有效期限及其延长程序】批准决定应当根据侦查犯罪的需要,确定采取技术侦查措施的种类和适用对象。批准决定自签发之日起三个月以内有效。对于不需要继续采取技术侦查措施的,应当及时解除;对于复杂、疑难案件,期限届满仍有必要继续采取技术侦查措施的,经过批准,有效期可以延长,每次不得超过三个月。

第一百五十二条 【技术侦查措施的执行、保密及获取材料的用途限制】采取技术侦查措施,必须严格按照批准的措施种类、适用对象和期限执行。

侦查人员对采取技术侦查措施过程中知悉的国家秘密、商业秘密和个人隐私,应当保密;对采取技术侦查措施获取的与案件无关的材料,必须及时销毁。

采取技术侦查措施获取的材料,只能用于对犯罪的侦查、起诉和审判,不得用于其他用途。

公安机关依法采取技术侦查措施,有关单位和个人应当配合,并对有关情况予以保密。

第一百五十三条 【隐匿身份侦查及其限制】【控制下交付的适用范围】为了查明案情,在必要的时候,经公安机关负责人决定,可以由有关人员隐匿其身份实施侦查。但是,不得诱使他人犯罪,不得采用可能危害公共安全或者发生重大人身危险的方法。

对涉及给付毒品等违禁品或者财物的犯罪活动,公安机关根据侦查犯罪的需要,可以依照规定实施控制下交付。

第一百五十四条 【技术侦查措施收集材料用作证据的特别规定】依照本节规定采取侦查措施收集的材料在刑事诉讼中可以作为证据使用。如果使用该证据可能危及有关人员的人身安全,或者可能产生其他严重后果的,应当采取不暴露有关人员身份、技术方法等保护措施,必要的时候,可以由审判人员在庭外对证据进行核实。

第九节 通 缉

第一百五十五条 【通缉令的发布】应当逮捕的犯罪嫌疑人如果在逃,公安机关可以发布通缉令,采取有效措施,追捕归案。

各级公安机关在自己管辖的地区以内,可以直接发布通缉令;超出自己管辖的地区,应当报请有权决定的上级机关发布。

第十节 侦查终结

第一百五十六条 【一般侦查羁押期限】对犯罪嫌疑人逮捕后的侦查羁押期限不得超过二个月。案情复杂、期限届满不能终结的案件,可以经上一级人民检察院批准延长一个月。

第一百五十七条 【特殊侦查羁押期限】因为特殊原因,在较长时间内不宜交付审判的特别重大复杂的案件,由最高人民检察院报请全国人民代表大会常务委员会批准延期审理。

第一百五十八条 【重大复杂案件的侦查羁押期限】下列案件在本法第一百五十六条规定的期限届满不能侦查终结的,经省、自治区、直辖市人民检察院批准或者决定,可以延长二个月:

(一)交通十分不便的边远地区的重大复杂案件;

(二)重大的犯罪集团案件;

(三)流窜作案的重大复杂案件;

(四)犯罪涉及面广,取证困难的重大复杂案件。

第一百五十九条 【重刑案件的侦查羁押期限】对犯罪嫌疑人可能判处十年有期徒刑以上刑罚,依照本法第一百五十八条规定延长期限届满,仍不能侦查终结的,经省、自治区、直辖市人民检察院批准或者决定,可以再延长二个月。

第一百六十条 【侦查羁押期限的重新计算】在侦查期间,发现犯罪嫌疑人另有重要罪行的,自发现之日起依照本法第一百五十六条的规定重新计算侦查羁押期限。

犯罪嫌疑人不讲真实姓名、住址,身份不明的,应当对其身份进行调查,侦查羁押期限自查清其身份之日起计算,但是不得停止对其犯罪行为的侦查取证。对于犯罪事实清楚,证据确实、充分,确实无法查明其身份的,也可以按其自报的姓名起诉、审判。

第一百六十一条 【听取辩护律师意见】在案件侦查终结前,辩护律师提出要求的,侦查机关应当听取辩护律师的意见,并记录在案。辩护律师提出书面意见的,应当附卷。

第一百六十二条 【侦查终结的条件和手续】公安机关侦查终结的案件,应当做到犯罪事实清楚,证据确实、充分,并且写出起诉意见书,连同案卷材料、证据一并移送同级人民检察院审查决定;同时将案件移送情况告知犯罪嫌疑人及其辩护律师。

犯罪嫌疑人自愿认罪的,应当记录在案,随案移送,并在起诉意见书中写明有关情况。

第一百六十三条 【撤销案件及其处理】在侦查过程中,发现不应对犯罪嫌疑人追究刑事责任的,应当撤销案件;犯罪嫌疑人已被逮捕的,应当立即释放,发给释放证明,并且通知原批准逮捕的人民检察院。

第十一节 人民检察院对直接受理的案件的侦查

第一百六十四条 【检察院自侦案件的法律适用】人民检察院对直接受理的案件的侦查适用本章规定。

第一百六十五条 【检察院自侦案件的逮捕、拘留】人民检察院直接受理的案件中符合本法第八十一条、第八十二条第四项、第五项规定情形,需要逮捕、拘留犯罪嫌疑人的,由人民检察院作出决定,由公安机关执行。

第一百六十六条 【检察院自侦案件中对被拘留人的讯问】人民检察院对直接受理的案件中被拘留的人,应当在拘留后的二十四小时以内进行讯问。在发现不应当拘留的时候,必须立即释放,发给释放证明。

第一百六十七条 【检察院自侦案件决定逮捕的期限】人民检察院对直接受理的案件中被拘留的人,认为需要逮捕的,应当在十四日以内作出决定。在特殊情况下,决定逮捕的时间可以延长一日至三日。对不需要逮捕的,应当立即释放;对需要继续侦查,并且符合取保候审、监视居住条件的,依法取保候审或者监视居住。

第一百六十八条 【检察院自侦案件侦查终结的处理】人民检察院侦查终结的案件,应当作出提起公诉、不起诉或者撤销案件的决定。

第三章 提起公诉

第一百六十九条 【检察院审查决定公诉】凡需要提起公诉的案件,一律由人民检察院审查决定。

第一百七十条 【对监察机关移送起诉案件的处理】人民检察院对于监察机关移送起诉的案件,依照本法和监察法的有关规定进行审查。人民检察院经审查,认为需要补充核实的,应当退回监察机关补充调查,必要时可以自行补充侦查。

对于监察机关移送起诉的已采取留置措施的案件，人民检察院应当对犯罪嫌疑人先行拘留，留置措施自动解除。人民检察院应当在拘留后的十日以内作出是否逮捕、取保候审或者监视居住的决定。在特殊情况下，决定的时间可以延长一日至四日。人民检察院决定采取强制措施的期间不计入审查起诉期限。

第一百七十一条　【审查起诉的内容】人民检察院审查案件的时候，必须查明：

（一）犯罪事实、情节是否清楚，证据是否确实、充分，犯罪性质和罪名的认定是否正确；

（二）有无遗漏罪行和其他应当追究刑事责任的人；

（三）是否属于不应追究刑事责任的；

（四）有无附带民事诉讼；

（五）侦查活动是否合法。

第一百七十二条　【审查起诉的期限】人民检察院对于监察机关、公安机关移送起诉的案件，应当在一个月以内作出决定，重大、复杂的案件，可以延长十五日；犯罪嫌疑人认罪认罚，符合速裁程序适用条件的，应当在十日以内作出决定，对可能判处的有期徒刑超过一年的，可以延长至十五日。

人民检察院审查起诉的案件，改变管辖的，从改变后的人民检察院收到案件之日起计算审查起诉期限。

第一百七十三条　【审查起诉程序】人民检察院审查案件，应当讯问犯罪嫌疑人，听取辩护人或者值班律师、被害人及其诉讼代理人的意见，并记录在案。辩护人或者值班律师、被害人及其诉讼代理人提出书面意见的，应当附卷。

犯罪嫌疑人认罪认罚的，人民检察院应当告知其享有的诉讼权利和认罪认罚的法律规定，听取犯罪嫌疑人、辩护人或者值班律师、被害人及其诉讼代理人对下列事项的意见，并记录在案：

（一）涉嫌的犯罪事实、罪名及适用的法律规定；

（二）从轻、减轻或者免除处罚等从宽处罚的建议；

（三）认罪认罚后案件审理适用的程序；

（四）其他需要听取意见的事项。

人民检察院依照前两款规定听取值班律师意见的，应当提前为值班律师了解案件有关情况提供必要的便利。

第一百七十四条　【签署认罪认罚具结书】犯罪嫌疑人自愿认罪，同意量刑建议和程序适用的，应当在辩护人或者值班律师在场的情况下签署认罪认罚具结书。

犯罪嫌疑人认罪认罚，有下列情形之一的，不需要签署认罪认罚具结书：

（一）犯罪嫌疑人是盲、聋、哑人，或者是尚未完全丧失辨认或者控制自己行为能力的精神病人的；

（二）未成年犯罪嫌疑人的法定代理人、辩护人对未成年人认罪认罚有异议的；

（三）其他不需要签署认罪认罚具结书的情形。

第一百七十五条　【证据收集合法性说明】【补充侦查】人民检察院审查案件，可以要求公安机关提供法庭审判所必需的证据材料；认为可能存在本法第五十六条规定的以非法方法收集证据情形的，可以要求其对证据收集的合法性作出说明。

人民检察院审查案件，对于需要补充侦查的，可以退回公安机关补充侦查，也可以自行侦查。

对于补充侦查的案件,应当在一个月以内补充侦查完毕。补充侦查以二次为限。补充侦查完毕移送人民检察院后,人民检察院重新计算审查起诉期限。

对于二次补充侦查的案件,人民检察院仍然认为证据不足,不符合起诉条件的,应当作出不起诉的决定。

第一百七十六条 【提起公诉的条件和程序】【提出量刑建议】人民检察院认为犯罪嫌疑人的犯罪事实已经查清,证据确实、充分,依法应当追究刑事责任的,应当作出起诉决定,按照审判管辖的规定,向人民法院提起公诉,并将案卷材料、证据移送人民法院。

犯罪嫌疑人认罪认罚的,人民检察院应当就主刑、附加刑、是否适用缓刑等提出量刑建议,并随案移送认罪认罚具结书等材料。

第一百七十七条 【不起诉的情形及处理】犯罪嫌疑人没有犯罪事实,或者有本法第十六条规定的情形之一的,人民检察院应当作出不起诉决定。

对于犯罪情节轻微,依照刑法规定不需要判处刑罚或者免除刑罚的,人民检察院可以作出不起诉决定。

人民检察院决定不起诉的案件,应当同时对侦查中查封、扣押、冻结的财物解除查封、扣押、冻结。对被不起诉人需要给予行政处罚、处分或者需要没收其违法所得的,人民检察院应当提出检察意见,移送有关主管机关处理。有关主管机关应当将处理结果及时通知人民检察院。

第一百七十八条 【不起诉决定的宣布与释放被不起诉人】不起诉的决定,应当公开宣布,并且将不起诉决定书送达被不起诉人和他的所在单位。如果被不起诉人在押,应当立即释放。

第一百七十九条 【公安机关对不起诉决定的异议】对于公安机关移送起诉的案件,人民检察院决定不起诉的,应当将不起诉决定书送达公安机关。公安机关认为不起诉的决定有错误的时候,可以要求复议,如果意见不被接受,可以向上一级人民检察院提请复核。

第一百八十条 【被害人对不起诉决定的异议】对于有被害人的案件,决定不起诉的,人民检察院应当将不起诉决定书送达被害人。被害人如果不服,可以自收到决定书后七日以内向上一级人民检察院申诉,请求提起公诉。人民检察院应当将复查决定告知被害人。对人民检察院维持不起诉决定的,被害人可以向人民法院起诉。被害人也可以不经申诉,直接向人民法院起诉。人民法院受理案件后,人民检察院应当将有关案件材料移送人民法院。

第一百八十一条 【被不起诉人对不起诉决定的异议】对于人民检察院依照本法第一百七十七条第二款规定作出的不起诉决定,被不起诉人如果不服,可以自收到决定书后七日以内向人民检察院申诉。人民检察院应当作出复查决定,通知被不起诉的人,同时抄送公安机关。

第一百八十二条 【对特殊犯罪嫌疑人的处理】犯罪嫌疑人自愿如实供述涉嫌犯罪的事实,有重大立功或者案件涉及国家重大利益的,经最高人民检察院核准,公安机关可以撤销案件,人民检察院可以作出不起诉决定,也可以对涉嫌数罪中的一项或者多项不起诉。

根据前款规定不起诉或者撤销案件

的,人民检察院、公安机关应当及时对查封、扣押、冻结的财物及其孳息作出处理。

第三编 审 判

第一章 审判组织

第一百八十三条 【审判组织】【合议庭的组成】基层人民法院、中级人民法院审判第一审案件,应当由审判员三人或者由审判员和人民陪审员共三人或者七人组成合议庭进行,但是基层人民法院适用简易程序、速裁程序的案件可以由审判员一人独任审判。

高级人民法院审判第一审案件,应当由审判员三人至七人或者由审判员和人民陪审员共三人或者七人组成合议庭进行。

最高人民法院审判第一审案件,应当由审判员三人至七人组成合议庭进行。

人民法院审判上诉和抗诉案件,由审判员三人或者五人组成合议庭进行。

合议庭的成员人数应当是单数。

第一百八十四条 【合议庭评议规则】合议庭进行评议的时候,如果意见分歧,应当按多数人的意见作出决定,但是少数人的意见应当写入笔录。评议笔录由合议庭的组成人员签名。

第一百八十五条 【合议庭评议案件与审判委员会讨论决定案件】合议庭开庭审理并且评议后,应当作出判决。对于疑难、复杂、重大的案件,合议庭认为难以作出决定的,由合议庭提请院长决定提交审判委员会讨论决定。审判委员会的决定,合议庭应当执行。

第二章 第一审程序

第一节 公诉案件

第一百八十六条 【庭前审查】人民法院对提起公诉的案件进行审查后,对于起诉书中有明确的指控犯罪事实的,应当决定开庭审判。

第一百八十七条 【开庭前的准备】人民法院决定开庭审判后,应当确定合议庭的组成人员,将人民检察院的起诉书副本至迟在开庭十日以前送达被告人及其辩护人。

在开庭以前,审判人员可以召集公诉人、当事人和辩护人、诉讼代理人,对回避、出庭证人名单、非法证据排除等与审判相关的问题,了解情况,听取意见。

人民法院确定开庭日期后,应当将开庭的时间、地点通知人民检察院,传唤当事人,通知辩护人、诉讼代理人、证人、鉴定人和翻译人员,传票和通知书至迟在开庭三日以前送达。公开审判的案件,应当在开庭三日以前先期公布案由、被告人姓名、开庭时间和地点。

上述活动情形应当写入笔录,由审判人员和书记员签名。

第一百八十八条 【公开审理与不公开审理】人民法院审判第一审案件应当公开进行。但是有关国家秘密或者个人隐私的案件,不公开审理;涉及商业秘密的案件,当事人申请不公开审理的,可以不公开审理。

不公开审理的案件,应当当庭宣布不公开审理的理由。

第一百八十九条 【检察院派员出庭】

人民法院审判公诉案件，人民检察院应当派员出席法庭支持公诉。

第一百九十条 【开庭】开庭的时候，审判长查明当事人是否到庭，宣布案由；宣布合议庭的组成人员、书记员、公诉人、辩护人、诉讼代理人、鉴定人和翻译人员的名单；告知当事人有权对合议庭组成人员、书记员、公诉人、鉴定人和翻译人员申请回避；告知被告人享有辩护权利。

被告人认罪认罚的，审判长应当告知被告人享有的诉讼权利和认罪认罚的法律规定，审查认罪认罚的自愿性和认罪认罚具结书内容的真实性、合法性。

第一百九十一条 【宣读起诉书与讯问、发问被告人】公诉人在法庭上宣读起诉书后，被告人、被害人可以就起诉书指控的犯罪进行陈述，公诉人可以讯问被告人。

被害人、附带民事诉讼的原告人和辩护人、诉讼代理人，经审判长许可，可以向被告人发问。

审判人员可以讯问被告人。

第一百九十二条 【证人出庭】【鉴定人出庭】公诉人、当事人或者辩护人、诉讼代理人对证人证言有异议，且该证人证言对案件定罪量刑有重大影响，人民法院认为证人有必要出庭作证的，证人应当出庭作证。

人民警察就其执行职务时目击的犯罪情况作为证人出庭作证，适用前款规定。

公诉人、当事人或者辩护人、诉讼代理人对鉴定意见有异议，人民法院认为鉴定人有必要出庭的，鉴定人应当出庭作证。经人民法院通知，鉴定人拒不出庭作证的，鉴定意见不得作为定案的根据。

第一百九十三条 【强制证人到庭及其例外】【对无正当理由拒绝作证的处罚】经人民法院通知，证人没有正当理由不出庭作证的，人民法院可以强制其到庭，但是被告人的配偶、父母、子女除外。

证人没有正当理由拒绝出庭或者出庭后拒绝作证的，予以训诫，情节严重的，经院长批准，处以十日以下的拘留。被处罚人对拘留决定不服的，可以向上一级人民法院申请复议。复议期间不停止执行。

第一百九十四条 【对出庭证人、鉴定人的发问与询问】证人作证，审判人员应当告知他要如实地提供证言和有意作伪证或者隐匿罪证要负的法律责任。公诉人、当事人和辩护人、诉讼代理人经审判长许可，可以对证人、鉴定人发问。审判长认为发问的内容与案件无关的时候，应当制止。

审判人员可以询问证人、鉴定人。

第一百九十五条 【调查核实实物证据与未到庭证人、鉴定人的言词证据】公诉人、辩护人应当向法庭出示物证，让当事人辨认，对未到庭的证人的证言笔录、鉴定人的鉴定意见、勘验笔录和其他作为证据的文书，应当当庭宣读。审判人员应当听取公诉人、当事人和辩护人、诉讼代理人的意见。

第一百九十六条 【庭外调查核实证据】法庭审理过程中，合议庭对证据有疑问的，可以宣布休庭，对证据进行调查核实。

人民法院调查核实证据，可以进行勘验、检查、查封、扣押、鉴定和查询、冻结。

第一百九十七条 【调取新证据】【申请通知专业人士出庭】法庭审理过程中，当事人和辩护人、诉讼代理人有权申请通知新的证人到庭，调取新的物证，申请重新鉴定或者勘验。

公诉人、当事人和辩护人、诉讼代理人可以申请法庭通知有专门知识的人出庭就鉴定人作出的鉴定意见提出意见。

法庭对于上述申请,应当作出是否同意的决定。

第二款规定的有专门知识的人出庭,适用鉴定人的有关规定。

第一百九十八条 【法庭调查、法庭辩论与被告人最后陈述】法庭审理过程中,对与定罪、量刑有关的事实、证据都应当进行调查、辩论。

经审判长许可,公诉人、当事人和辩护人、诉讼代理人可以对证据和案件情况发表意见并且可以互相辩论。

审判长在宣布辩论终结后,被告人有最后陈述的权利。

第一百九十九条 【对违反法庭秩序的处理】在法庭审判过程中,如果诉讼参与人或者旁听人员违反法庭秩序,审判长应当警告制止。对不听制止的,可以强行带出法庭;情节严重的,处以一千元以下的罚款或者十五日以下的拘留。罚款、拘留必须经院长批准。被处罚人对罚款、拘留的决定不服的,可以向上一级人民法院申请复议。复议期间不停止执行。

对聚众哄闹、冲击法庭或者侮辱、诽谤、威胁、殴打司法工作人员或者诉讼参与人,严重扰乱法庭秩序,构成犯罪的,依法追究刑事责任。

第二百条 【评议与判决】在被告人最后陈述后,审判长宣布休庭,合议庭进行评议,根据已经查明的事实、证据和有关的法律规定,分别作出以下判决:

(一)案件事实清楚,证据确实、充分,依据法律认定被告人有罪的,应当作出有罪判决;

(二)依据法律认定被告人无罪的,应当作出无罪判决;

(三)证据不足,不能认定被告人有罪的,应当作出证据不足、指控的犯罪不能成立的无罪判决。

第二百零一条 【认罪认罚案件中指控罪名和量刑建议的采纳】对于认罪认罚案件,人民法院依法作出判决时,一般应当采纳人民检察院指控的罪名和量刑建议,但有下列情形的除外:

(一)被告人的行为不构成犯罪或者不应当追究其刑事责任的;

(二)被告人违背意愿认罪认罚的;

(三)被告人否认指控的犯罪事实的;

(四)起诉指控的罪名与审理认定的罪名不一致的;

(五)其他可能影响公正审判的情形。

人民法院经审理认为量刑建议明显不当,或者被告人、辩护人对量刑建议提出异议的,人民检察院可以调整量刑建议。人民检察院不调整量刑建议或者调整量刑建议后仍然明显不当的,人民法院应当依法作出判决。

第二百零二条 【宣告判决】宣告判决,一律公开进行。

当庭宣告判决的,应当在五日以内将判决书送达当事人和提起公诉的人民检察院;定期宣告判决的,应当在宣告后立即将判决书送达当事人和提起公诉的人民检察院。判决书应当同时送达辩护人、诉讼代理人。

第二百零三条 【判决书署名与权利告知】判决书应当由审判人员和书记员署名,并且写明上诉的期限和上诉的法院。

第二百零四条 【延期审理】在法庭审判过程中,遇有下列情形之一,影响审判进行的,可以延期审理:

(一)需要通知新的证人到庭,调取新

的物证,重新鉴定或者勘验的;

(二) 检察人员发现提起公诉的案件需要补充侦查,提出建议的;

(三) 由于申请回避而不能进行审判的。

第二百零五条 【庭审中补充侦查期限】依照本法第二百零四条第二项的规定延期审理的案件,人民检察院应当在一个月以内补充侦查完毕。

第二百零六条 【中止审理】在审判过程中,有下列情形之一,致使案件在较长时间内无法继续审理的,可以中止审理:

(一)被告人患有严重疾病,无法出庭的;

(二)被告人脱逃的;

(三)自诉人患有严重疾病,无法出庭,未委托诉讼代理人出庭的;

(四)由于不能抗拒的原因。

中止审理的原因消失后,应当恢复审理。中止审理的期间不计入审理期限。

第二百零七条 【法庭笔录】法庭审判的全部活动,应当由书记员写成笔录,经审判长审阅后,由审判长和书记员签名。

法庭笔录中的证人证言部分,应当当庭宣读或者交给证人阅读。证人在承认没有错误后,应当签名或者盖章。

法庭笔录应当交给当事人阅读或者向他宣读。当事人认为记载有遗漏或者差错的,可以请求补充或者改正。当事人承认没有错误后,应当签名或者盖章。

第二百零八条 【公诉案件的审限】人民法院审理公诉案件,应当在受理后二个月以内宣判,至迟不得超过三个月。对于可能判处死刑的案件或者附带民事诉讼的案件,以及有本法第一百五十八条规定情形之一的,经上一级人民法院批准,可以延长三个月;因特殊情况还需要延长的,报请最高人民法院批准。

人民法院改变管辖的案件,从改变后的人民法院收到案件之日起计算审理期限。

人民检察院补充侦查的案件,补充侦查完毕移送人民法院后,人民法院重新计算审理期限。

第二百零九条 【检察院对法庭审理的法律监督】人民检察院发现人民法院审理案件违反法律规定的诉讼程序,有权向人民法院提出纠正意见。

第二节 自诉案件

第二百一十条 【自诉案件适用范围】自诉案件包括下列案件:

(一) 告诉才处理的案件;

(二) 被害人有证据证明的轻微刑事案件;

(三) 被害人有证据证明对被告人侵犯自己人身、财产权利的行为应当依法追究刑事责任,而公安机关或者人民检察院不予追究被告人刑事责任的案件。

第二百一十一条 【自诉案件审查后的处理】人民法院对于自诉案件进行审查后,按照下列情形分别处理:

(一) 犯罪事实清楚,有足够证据的案件,应当开庭审判;

(二) 缺乏罪证的自诉案件,如果自诉人提不出补充证据,应当说服自诉人撤回自诉,或者裁定驳回。

自诉人经两次依法传唤,无正当理由拒不到庭的,或者未经法庭许可中途退庭的,按撤诉处理。

法庭审理过程中,审判人员对证据有疑问,需要调查核实的,适用本法第一百九十六条的规定。

第二百一十二条 【自诉案件的调解、和解与撤诉】【自诉案件的审限】人民法院对自诉案件,可以进行调解;自诉人在宣告判决前,可以同被告人自行和解或者撤回自诉。本法第二百一十条第三项规定的案件不适用调解。

人民法院审理自诉案件的期限,被告人被羁押的,适用本法第二百零八条第一款、第二款的规定;未被羁押的,应当在受理后六个月以内宣判。

第二百一十三条 【自诉案件中的反诉】自诉案件的被告人在诉讼过程中,可以对自诉人提起反诉。反诉适用自诉的规定。

第三节 简易程序

第二百一十四条 【简易程序的适用条件】基层人民法院管辖的案件,符合下列条件的,可以适用简易程序审判:

(一)案件事实清楚、证据充分的;

(二)被告人承认自己所犯罪行,对指控的犯罪事实没有异议的;

(三)被告人对适用简易程序没有异议的。

人民检察院在提起公诉的时候,可以建议人民法院适用简易程序。

第二百一十五条 【不适用简易程序的情形】有下列情形之一的,不适用简易程序:

(一)被告人是盲、聋、哑人,或者是尚未完全丧失辨认或者控制自己行为能力的精神病人的;

(二)有重大社会影响的;

(三)共同犯罪案件中部分被告人不认罪或者对适用简易程序有异议的;

(四)其他不宜适用简易程序审理的。

第二百一十六条 【简易程序的审判组织】【公诉案件检察院派员出庭】适用简易程序审理案件,对可能判处三年有期徒刑以下刑罚的,可以组成合议庭进行审判,也可以由审判员一人独任审判;对可能判处的有期徒刑超过三年的,应当组成合议庭进行审判。

适用简易程序审理公诉案件,人民检察院应当派员出席法庭。

第二百一十七条 【简易程序的法庭调查】适用简易程序审理案件,审判人员应当询问被告人对指控的犯罪事实的意见,告知被告人适用简易程序审理的法律规定,确认被告人是否同意适用简易程序审理。

第二百一十八条 【简易程序的法庭辩论】适用简易程序审理案件,经审判人员许可,被告人及其辩护人可以同公诉人、自诉人及其诉讼代理人互相辩论。

第二百一十九条 【简易程序的程序简化及保留】适用简易程序审理案件,不受本章第一节关于送达期限、讯问被告人、询问证人、鉴定人、出示证据、法庭辩论程序规定的限制。但在判决宣告前应当听取被告人的最后陈述意见。

第二百二十条 【简易程序的审限】适用简易程序审理案件,人民法院应当在受理后二十日以内审结;对可能判处的有期徒刑超过三年的,可以延长至一个半月。

第二百二十一条 【转化普通程序】人民法院在审理过程中,发现不宜适用简易程序的,应当按照本章第一节或者第二节的规定重新审理。

第四节 速裁程序

第二百二十二条 【速裁程序的适用

范围与条件】基层人民法院管辖的可能判处三年有期徒刑以下刑罚的案件,案件事实清楚,证据确实、充分,被告人认罪认罚并同意适用速裁程序的,可以适用速裁程序,由审判员一人独任审判。

人民检察院在提起公诉的时候,可以建议人民法院适用速裁程序。

第二百二十三条 【不适用速裁程序的情形】有下列情形之一的,不适用速裁程序:

(一)被告人是盲、聋、哑人,或者是尚未完全丧失辨认或者控制自己行为能力的精神病人的;

(二)被告人是未成年人的;

(三)案件有重大社会影响的;

(四)共同犯罪案件中部分被告人对指控的犯罪事实、罪名、量刑建议或者适用速裁程序有异议的;

(五)被告人与被害人或者其法定代理人没有就附带民事诉讼赔偿等事项达成调解或者和解协议的;

(六)其他不宜适用速裁程序审理的。

第二百二十四条 【速裁程序的程序简化及保留】适用速裁程序审理案件,不受本章第一节规定的送达期限的限制,一般不进行法庭调查、法庭辩论,但在判决宣告前应当听取辩护人的意见和被告人的最后陈述意见。

适用速裁程序审理案件,应当当庭宣判。

第二百二十五条 【速裁程序的期限】适用速裁程序审理案件,人民法院应当在受理后十日以内审结;对可能判处的有期徒刑超过一年的,可以延长至十五日。

第二百二十六条 【转化普通程序或简易程序】人民法院在审理过程中,发现有被告人的行为不构成犯罪或者不应当追究其刑事责任、被告人违背意愿认罪认罚、被告人否认指控的犯罪事实或者其他不宜适用速裁程序审理的情形的,应当按照本章第一节或者第三节的规定重新审理。

第三章 第二审程序

第二百二十七条 【上诉主体及上诉权保障】被告人、自诉人和他们的法定代理人,不服地方各级人民法院第一审的判决、裁定,有权用书状或者口头向上一级人民法院上诉。被告人的辩护人和近亲属,经被告人同意,可以提出上诉。

附带民事诉讼的当事人和他们的法定代理人,可以对地方各级人民法院第一审的判决、裁定中的附带民事诉讼部分,提出上诉。

对被告人的上诉权,不得以任何借口加以剥夺。

第二百二十八条 【抗诉主体】地方各级人民检察院认为本级人民法院第一审的判决、裁定确有错误的时候,应当向上一级人民法院提出抗诉。

第二百二十九条 【请求抗诉】被害人及其法定代理人不服地方各级人民法院第一审的判决的,自收到判决书后五日以内,有权请求人民检察院提出抗诉。人民检察院自收到被害人及其法定代理人的请求后五日以内,应当作出是否抗诉的决定并且答复请求人。

第二百三十条 【上诉、抗诉期限】不服判决的上诉和抗诉的期限为十日,不服裁定的上诉和抗诉的期限为五日,从接到判决书、裁定书的第二日起算。

第二百三十一条 【上诉程序】被告

人、自诉人、附带民事诉讼的原告人和被告人通过原审人民法院提出上诉的,原审人民法院应当在三日以内将上诉状连同案卷、证据移送上一级人民法院,同时将上诉状副本送交同级人民检察院和对方当事人。

被告人、自诉人、附带民事诉讼的原告人和被告人直接向第二审人民法院提出上诉的,第二审人民法院应当在三日以内将上诉状交原审人民法院送交同级人民检察院和对方当事人。

第二百三十二条 【抗诉程序】地方各级人民检察院对同级人民法院第一审判决、裁定的抗诉,应当通过原审人民法院提出抗诉书,并且将抗诉书抄送上一级人民检察院。原审人民法院应当将抗诉书连同案卷、证据移送上一级人民法院,并且将抗诉书副本送交当事人。

上级人民检察院如果认为抗诉不当,可以向同级人民法院撤回抗诉,并且通知下级人民检察院。

第二百三十三条 【全面审查原则】第二审人民法院应当就第一审判决认定的事实和适用法律进行全面审查,不受上诉或者抗诉范围的限制。

共同犯罪的案件只有部分被告人上诉的,应当对全案进行审查,一并处理。

第二百三十四条 【二审开庭审理与不开庭审理】第二审人民法院对于下列案件,应当组成合议庭,开庭审理:

(一)被告人、自诉人及其法定代理人对第一审认定的事实、证据提出异议,可能影响定罪量刑的上诉案件;

(二)被告人被判处死刑的上诉案件;

(三)人民检察院抗诉的案件;

(四)其他应当开庭审理的案件。

第二审人民法院决定不开庭审理的,应当讯问被告人,听取其他当事人、辩护人、诉讼代理人的意见。

第二审人民法院开庭审理上诉、抗诉案件,可以到案件发生地或者原审人民法院所在地进行。

第二百三十五条 【二审检察院派员出庭】人民检察院提出抗诉的案件或者第二审人民法院开庭审理的公诉案件,同级人民检察院都应当派员出席法庭。第二审人民法院应当在决定开庭审理后及时通知人民检察院查阅案卷。人民检察院应当在一个月以内查阅完毕。人民检察院查阅案卷的时间不计入审理期限。

第二百三十六条 【二审对一审判决的处理】第二审人民法院对不服第一审判决的上诉、抗诉案件,经过审理后,应当按照下列情形分别处理:

(一)原判决认定事实和适用法律正确、量刑适当的,应当裁定驳回上诉或者抗诉,维持原判;

(二)原判决认定事实没有错误,但适用法律有错误,或者量刑不当的,应当改判;

(三)原判决事实不清楚或者证据不足的,可以在查清事实后改判;也可以裁定撤销原判,发回原审人民法院重新审判。

原审人民法院对于依照前款第三项规定发回重新审判的案件作出判决后,被告人提出上诉或者人民检察院提出抗诉的,第二审人民法院应当依法作出判决或者裁定,不得再发回原审人民法院重新审判。

第二百三十七条 【上诉不加刑原则及其限制】第二审人民法院审理被告人或者他的法定代理人、辩护人、近亲属上诉的案件,不得加重被告人的刑罚。第二审人民法院发回原审人民法院重新审判的案件,除有新的犯罪事实,人民检察院补充起诉的以外,原审人民法院也不得加重被告人的刑罚。

人民检察院提出抗诉或者自诉人提出上诉的,不受前款规定的限制。

第二百三十八条 【违反法定诉讼程序的处理】第二审人民法院发现第一审人民法院的审理有下列违反法律规定的诉讼程序的情形之一的,应当裁定撤销原判,发回原审人民法院重新审判:

(一)违反本法有关公开审判的规定的;

(二)违反回避制度的;

(三)剥夺或者限制了当事人的法定诉讼权利,可能影响公正审判的;

(四)审判组织的组成不合法的;

(五)其他违反法律规定的诉讼程序,可能影响公正审判的。

第二百三十九条 【重新审判】原审人民法院对于发回重新审判的案件,应当另行组成合议庭,依照第一审程序进行审判。对于重新审判后的判决,依照本法第二百二十七条、第二百二十八条、第二百二十九条的规定可以上诉、抗诉。

第二百四十条 【二审后对一审裁定的处理】第二审人民法院对不服第一审裁定的上诉或者抗诉,经过审查后,应当参照本法第二百三十六条、第二百三十八条和第二百三十九条的规定,分别情形用裁定驳回上诉、抗诉,或者撤销、变更原裁定。

第二百四十一条 【发回重审案件审理期限的计算】第二审人民法院发回原审人民法院重新审判的案件,原审人民法院从收到发回的案件之日起,重新计算审理期限。

第二百四十二条 【二审法律程序适用】第二审人民法院审判上诉或者抗诉案件的程序,除本章已有规定的以外,参照第一审程序的规定进行。

第二百四十三条 【二审的审限】第二审人民法院受理上诉、抗诉案件,应当在二个月以内审结。对于可能判处死刑的案件或者附带民事诉讼的案件,以及有本法第一百五十八条规定情形之一的,经省、自治区、直辖市高级人民法院批准或者决定,可以延长二个月;因特殊情况还需要延长的,报请最高人民法院批准。

最高人民法院受理上诉、抗诉案件的审理期限,由最高人民法院决定。

第二百四十四条 【终审判决、裁定】第二审的判决、裁定和最高人民法院的判决、裁定,都是终审的判决、裁定。

第二百四十五条 【查封、扣押、冻结财物及其孳息的保管与处理】公安机关、人民检察院和人民法院对查封、扣押、冻结的犯罪嫌疑人、被告人的财物及其孳息,应当妥善保管,以供核查,并制作清单,随案移送。任何单位和个人不得挪用或者自行处理。对被害人的合法财产,应当及时返还。对违禁品或者不宜长期保存的物品,应当依照国家有关规定处理。

对作为证据使用的实物应当随案移送,对不宜移送的,应当将其清单、照片或者其他证明文件随案移送。

人民法院作出的判决,应当对查封、扣押、冻结的财物及其孳息作出处理。

人民法院作出的判决生效以后,有关机关应当根据判决对查封、扣押、冻结的财物及其孳息进行处理。对查封、扣押、冻结的赃款赃物及其孳息,除依法返还被害人的以外,一律上缴国库。

司法工作人员贪污、挪用或者私自处理查封、扣押、冻结的财物及其孳息的，依法追究刑事责任；不构成犯罪的，给予处分。

第四章　死刑复核程序

第二百四十六条　【死刑核准权】死刑由最高人民法院核准。

第二百四十七条　【死刑核准程序】中级人民法院判处死刑的第一审案件，被告人不上诉的，应当由高级人民法院复核后，报请最高人民法院核准。高级人民法院不同意判处死刑的，可以提审或者发回重新审判。

高级人民法院判处死刑的第一审案件被告人不上诉的，和判处死刑的第二审案件，都应当报请最高人民法院核准。

第二百四十八条　【死刑缓期二年执行核准权】中级人民法院判处死刑缓期二年执行的案件，由高级人民法院核准。

第二百四十九条　【死刑复核合议庭组成】最高人民法院复核死刑案件，高级人民法院复核死刑缓期执行的案件，应当由审判员三人组成合议庭进行。

第二百五十条　【最高法院复核后的处理】最高人民法院复核死刑案件，应当作出核准或者不核准死刑的裁定。对于不核准死刑的，最高人民法院可以发回重新审判或者予以改判。

第二百五十一条　【最高法院复核的程序要求及最高检察院的监督】最高人民法院复核死刑案件，应当讯问被告人，辩护律师提出要求的，应当听取辩护律师的意见。

在复核死刑案件过程中，最高人民检察院可以向最高人民法院提出意见。最高人民法院应当将死刑复核结果通报最高人民检察院。

第五章　审判监督程序

第二百五十二条　【申诉的主体和申诉的效力】当事人及其法定代理人、近亲属，对已经发生法律效力的判决、裁定，可以向人民法院或者人民检察院提出申诉，但是不能停止判决、裁定的执行。

第二百五十三条　【对申诉应当重新审判的法定情形】当事人及其法定代理人、近亲属的申诉符合下列情形之一的，人民法院应当重新审判：

（一）有新的证据证明原判决、裁定认定的事实确有错误，可能影响定罪量刑的；

（二）据以定罪量刑的证据不确实、不充分、依法应当予以排除，或者证明案件事实的主要证据之间存在矛盾的；

（三）原判决、裁定适用法律确有错误的；

（四）违反法律规定的诉讼程序，可能影响公正审判的；

（五）审判人员在审理该案件的时候，有贪污受贿，徇私舞弊，枉法裁判行为的。

第二百五十四条　【提起再审的主体、方式和理由】各级人民法院院长对本院已经发生法律效力的判决和裁定，如果发现在认定事实上或者在适用法律上确有错误，必须提交审判委员会处理。

最高人民法院对各级人民法院已经发生法律效力的判决和裁定，上级人民法院对下级人民法院已经发生法律效力的判决和裁定，如果发现确有错误，有权提审或者指令下级人民法院再审。

最高人民检察院对各级人民法院已经发生法律效力的判决和裁定,上级人民检察院对下级人民法院已经发生法律效力的判决和裁定,如果发现确有错误,有权按照审判监督程序向同级人民法院提出抗诉。

人民检察院抗诉的案件,接受抗诉的人民法院应当组成合议庭重新审理,对于原判决事实不清楚或者证据不足的,可以指令下级人民法院再审。

第二百五十五条 【再审法院】上级人民法院指令下级人民法院再审的,应当指令原审人民法院以外的下级人民法院审理;由原审人民法院审理更为适宜的,也可以指令原审人民法院审理。

第二百五十六条 【再审的程序及效力】人民法院按照审判监督程序重新审判的案件,由原审人民法院审理的,应当另行组成合议庭进行。如果原来是第一审案件,应当依照第一审程序进行审判,所作的判决、裁定,可以上诉、抗诉;如果原来是第二审案件,或者是上级人民法院提审的案件,应当依照第二审程序进行审判,所作的判决、裁定,是终审的判决、裁定。

人民法院开庭审理的再审案件,同级人民检察院应当派员出席法庭。

第二百五十七条 【再审中的强制措施】【中止原判决、裁定执行】人民法院决定再审的案件,需要对被告人采取强制措施的,由人民法院依法决定;人民检察院提出抗诉的再审案件,需要对被告人采取强制措施的,由人民检察院依法决定。

人民法院按照审判监督程序审判的案件,可以决定中止原判决、裁定的执行。

第二百五十八条 【再审的审限】人民法院按照审判监督程序重新审判的案件,应当在作出提审、再审决定之日起三个月以内审结,需要延长期限的,不得超过六个月。

接受抗诉的人民法院按照审判监督程序审判抗诉的案件,审理期限适用前款规定;对需要指令下级人民法院再审的,应当自接受抗诉之日起一个月以内作出决定,下级人民法院审理案件的期限适用前款规定。

第四编　执　　行

第二百五十九条 【执行依据】判决和裁定在发生法律效力后执行。

下列判决和裁定是发生法律效力的判决和裁定:

(一)已过法定期限没有上诉、抗诉的判决和裁定;

(二)终审的判决和裁定;

(三)最高人民法院核准的死刑的判决和高级人民法院核准的死刑缓期二年执行的判决。

第二百六十条 【无罪、免除刑事处罚判决的执行】第一审人民法院判决被告人无罪、免除刑事处罚的,如果被告人在押,在宣判后应当立即释放。

第二百六十一条 【执行死刑的命令】【死刑缓期执行的处理】最高人民法院判处和核准的死刑立即执行的判决,应当由最高人民法院院长签发执行死刑的命令。

被判处死刑缓期二年执行的罪犯,在死刑缓期执行期间,如果没有故意犯罪,死刑缓期执行期满,应当予以减刑的,由执行机关提出书面意见,报请高级人民法院裁定;如果故意犯罪,情节恶劣,查证属实,应当执行死刑的,由高级人民法院报请最高人民法院核准;对于故意犯罪未执行死刑的,死刑缓期执行的期间重新计算,并报最高人民法院备案。

第二百六十二条 【死刑的停止执行】下级人民法院接到最高人民法院执行死刑的命令后,应当在七日以内交付执行。但是发现有下列情形之一的,应当停止执行,并且立即报告最高人民法院,由最高人民法院作出裁定:

(一)在执行前发现判决可能有错误的;

(二)在执行前罪犯揭发重大犯罪事实或者有其他重大立功表现,可能需要改判的;

(三)罪犯正在怀孕。

前款第一项、第二项停止执行的原因消失后,必须报请最高人民法院院长再签发执行死刑的命令才能执行;由于前款第三项原因停止执行的,应当报请最高人民法院依法改判。

第二百六十三条 【死刑的执行程序】人民法院在交付执行死刑前,应当通知同级人民检察院派员临场监督。

死刑采用枪决或者注射等方法执行。

死刑可以在刑场或者指定的羁押场所内执行。

指挥执行的审判人员,对罪犯应当验明正身,讯问有无遗言、信札,然后交付执行人员执行死刑。在执行前,如果发现可能有错误,应当暂停执行,报请最高人民法院裁定。

执行死刑应当公布,不应示众。

执行死刑后,在场书记员应当写成笔录。交付执行的人民法院应当将执行死刑情况报告最高人民法院。

执行死刑后,交付执行的人民法院应当通知罪犯家属。

第二百六十四条 【死刑缓期二年执行、无期徒刑、有期徒刑、拘役的执行程序】罪犯被交付执行刑罚的时候,应当由交付执行的人民法院在判决生效后十日以内将有关的法律文书送达公安机关、监狱或者其他执行机关。

对被判处死刑缓期二年执行、无期徒刑、有期徒刑的罪犯,由公安机关依法将该罪犯送交监狱执行刑罚。对被判处有期徒刑的罪犯,在被交付执行刑罚前,剩余刑期在三个月以下的,由看守所代为执行。对被判处拘役的罪犯,由公安机关执行。

对未成年犯应当在未成年犯管教所执行刑罚。

执行机关应当将罪犯及时收押,并且通知罪犯家属。

判处有期徒刑、拘役的罪犯,执行期满,应当由执行机关发给释放证明书。

第二百六十五条 【暂予监外执行的法定情形和决定程序】对被判处有期徒刑或者拘役的罪犯,有下列情形之一的,可以暂予监外执行:

(一)有严重疾病需要保外就医的;

(二)怀孕或者正在哺乳自己婴儿的妇女;

(三)生活不能自理,适用暂予监外执行不致危害社会的。

对被判处无期徒刑的罪犯,有前款第二项规定情形的,可以暂予监外执行。

对适用保外就医可能有社会危险性的罪犯,或者自伤自残的罪犯,不得保外就医。

对罪犯确有严重疾病,必须保外就医的,由省级人民政府指定的医院诊断并开具证明文件。

在交付执行前,暂予监外执行由交付

执行的人民法院决定；在交付执行后，暂予监外执行由监狱或者看守所提出书面意见，报省级以上监狱管理机关或者设区的市一级以上公安机关批准。

第二百六十六条 【检察院对暂予监外执行的监督】监狱、看守所提出暂予监外执行的书面意见的，应当将书面意见的副本抄送人民检察院。人民检察院可以向决定或者批准机关提出书面意见。

第二百六十七条 【对暂予监外执行的重新核查】决定或者批准暂予监外执行的机关应当将暂予监外执行决定抄送人民检察院。人民检察院认为暂予监外执行不当的，应当自接到通知之日起一个月以内将书面意见送交决定或者批准暂予监外执行的机关，决定或者批准暂予监外执行的机关接到人民检察院的书面意见后，应当立即对该决定进行重新核查。

第二百六十八条 【暂予监外执行的收监、不计入执行刑期的情形及罪犯死亡的通知】对暂予监外执行的罪犯，有下列情形之一的，应当及时收监：

（一）发现不符合暂予监外执行条件的；

（二）严重违反有关暂予监外执行监督管理规定的；

（三）暂予监外执行的情形消失后，罪犯刑期未满的。

对于人民法院决定暂予监外执行的罪犯应当予以收监的，由人民法院作出决定，将有关的法律文书送达公安机关、监狱或者其他执行机关。

不符合暂予监外执行条件的罪犯通过贿赂等非法手段被暂予监外执行的，在监外执行的期间不计入执行刑期。罪犯在暂予监外执行期间脱逃的，脱逃的期间不计入执行刑期。

罪犯在暂予监外执行期间死亡的，执行机关应当及时通知监狱或者看守所。

第二百六十九条 【对管制、缓刑、假释或暂予监外执行罪犯的社区矫正】对被判处管制、宣告缓刑、假释或者暂予监外执行的罪犯，依法实行社区矫正，由社区矫正机构负责执行。

第二百七十条 【剥夺政治权利的执行】对被判处剥夺政治权利的罪犯，由公安机关执行。执行期满，应当由执行机关书面通知本人及其所在单位、居住地基层组织。

第二百七十一条 【罚金的执行】被判处罚金的罪犯，期满不缴纳的，人民法院应当强制缴纳；如果由于遭遇不能抗拒的灾祸等原因缴纳确实有困难的，经人民法院裁定，可以延期缴纳、酌情减少或者免除。

第二百七十二条 【没收财产的执行】没收财产的判决，无论附加适用或者独立适用，都由人民法院执行；在必要的时候，可以会同公安机关执行。

第二百七十三条 【对新罪、漏罪的处理及减刑、假释的程序】罪犯在服刑期间又犯罪的，或者发现了判决的时候所没有发现的罪行，由执行机关移送人民检察院处理。

被判处管制、拘役、有期徒刑或者无期徒刑的罪犯，在执行期间确有悔改或者立功表现，应当依法予以减刑、假释的时候，由执行机关提出建议书，报请人民法院审核裁定，并将建议书副本抄送人民检察院。人民检察院可以向人民法院提出书面意见。

第二百七十四条 【检察院对减刑、假释的监督】人民检察院认为人民法院减刑、假释的裁定不当，应当在收到裁定书副本后二十日以内，向人民法院提出书面纠正意见。人民法院应当在收到纠正意见后一个月以内重新组成合议庭进行审理，作出最终裁定。

第二百七十五条 【刑罚执行中对判决错误和申诉的处理】监狱和其他执行机关在刑罚执行中，如果认为判决有错误或者罪犯提出申诉，应当转请人民检察院或者原判人民法院处理。

第二百七十六条 【检察院对执行刑罚的监督】人民检察院对执行机关执行刑罚的活动是否合法实行监督。如果发现有违法的情况，应当通知执行机关纠正。

第五编 特别程序

第一章 未成年人刑事案件诉讼程序

第二百七十七条 【未成年人刑事案件的办案方针、原则及总体要求】对犯罪的未成年人实行教育、感化、挽救的方针，坚持教育为主、惩罚为辅的原则。

人民法院、人民检察院和公安机关办理未成年人刑事案件，应当保障未成年人行使其诉讼权利，保障未成年人得到法律帮助，并由熟悉未成年人身心特点的审判人员、检察人员、侦查人员承办。

第二百七十八条 【法律援助机构指派辩护律师】未成年犯罪嫌疑人、被告人没有委托辩护人的，人民法院、人民检察院、公安机关应当通知法律援助机构指派律师为其提供辩护。

第二百七十九条 【对未成年犯罪嫌疑人、被告人有关情况的调查】公安机关、人民检察院、人民法院办理未成年人刑事案件，根据情况可以对未成年犯罪嫌疑人、被告人的成长经历、犯罪原因、监护教育等情况进行调查。

第二百八十条 【严格限制适用逮捕措施】【与成年人分别关押、管理和教育】对未成年犯罪嫌疑人、被告人应当严格限制适用逮捕措施。人民检察院审查批准逮捕和人民法院决定逮捕，应当讯问未成年犯罪嫌疑人、被告人，听取辩护律师的意见。

对被拘留、逮捕和执行刑罚的未成年人与成年人应当分别关押、分别管理、分别教育。

第二百八十一条 【讯问、审判、询问未成年诉讼参与人的特别规定】对于未成年人刑事案件，在讯问和审判的时候，应当通知未成年犯罪嫌疑人、被告人的法定代理人到场。无法通知、法定代理人不能到场或者法定代理人是共犯的，也可以通知未成年犯罪嫌疑人、被告人的其他成年亲属，所在学校、单位、居住地基层组织或者未成年人保护组织的代表到场，并将有关情况记录在案。到场的法定代理人可以代为行使未成年犯罪嫌疑人、被告人的诉讼权利。

到场的法定代理人或者其他人员认为办案人员在讯问、审判中侵犯未成年人合法权益的，可以提出意见。讯问笔录、法庭笔录应当交给到场的法定代理人或者其他人员阅读或者向他宣读。

讯问女性未成年犯罪嫌疑人，应当有女工作人员在场。

审判未成年人刑事案件，未成年被告人最后陈述后，其法定代理人可以进行补充陈述。

询问未成年被害人、证人,适用第一款、第二款、第三款的规定。

第二百八十二条 【附条件不起诉的适用及异议】对于未成年人涉嫌刑法分则第四章、第五章、第六章规定的犯罪,可能判处一年有期徒刑以下刑罚,符合起诉条件,但有悔罪表现的,人民检察院可以作出附条件不起诉的决定。人民检察院在作出附条件不起诉的决定以前,应当听取公安机关、被害人的意见。

对附条件不起诉的决定,公安机关要求复议、提请复核或者被害人申诉的,适用本法第一百七十九条、第一百八十条的规定。

未成年犯罪嫌疑人及其法定代理人对人民检察院决定附条件不起诉有异议的,人民检察院应当作出起诉的决定。

第二百八十三条 【对附条件不起诉未成年犯罪嫌疑人的监督考察】在附条件不起诉的考验期内,由人民检察院对被附条件不起诉的未成年犯罪嫌疑人进行监督考察。未成年犯罪嫌疑人的监护人,应当对未成年犯罪嫌疑人加强管教,配合人民检察院做好监督考察工作。

附条件不起诉的考验期为六个月以上一年以下,从人民检察院作出附条件不起诉的决定之日起计算。

被附条件不起诉的未成年犯罪嫌疑人,应当遵守下列规定:

(一)遵守法律法规,服从监督;

(二)按照考察机关的规定报告自己的活动情况;

(三)离开所居住的市、县或者迁居,应当报经考察机关批准;

(四)按照考察机关的要求接受矫治和教育。

第二百八十四条 【附条件不起诉的撤销与不起诉决定的作出】被附条件不起诉的未成年犯罪嫌疑人,在考验期内有下列情形之一的,人民检察院应当撤销附条件不起诉的决定,提起公诉:

(一)实施新的犯罪或者发现决定附条件不起诉以前还有其他犯罪需要追诉的;

(二)违反治安管理规定或者考察机关有关附条件不起诉的监督管理规定,情节严重的。

被附条件不起诉的未成年犯罪嫌疑人,在考验期内没有上述情形,考验期满的,人民检察院应当作出不起诉的决定。

第二百八十五条 【不公开审理及其例外】审判的时候被告人不满十八周岁的案件,不公开审理。但是,经未成年被告人及其法定代理人同意,未成年被告人所在学校和未成年人保护组织可以派代表到场。

第二百八十六条 【犯罪记录封存】犯罪的时候不满十八周岁,被判处五年有期徒刑以下刑罚的,应当对相关犯罪记录予以封存。

犯罪记录被封存的,不得向任何单位和个人提供,但司法机关为办案需要或者有关单位根据国家规定进行查询的除外。依法进行查询的单位,应当对被封存的犯罪记录的情况予以保密。

第二百八十七条 【未成年刑事案件的法律适用】办理未成年人刑事案件,除本章已有规定的以外,按照本法的其他规定进行。

第二章 当事人和解的公诉案件诉讼程序

第二百八十八条 【适用范围】下列公

诉案件,犯罪嫌疑人、被告人真诚悔罪,通过向被害人赔偿损失、赔礼道歉等方式获得被害人谅解,被害人自愿和解的,双方当事人可以和解:

(一)因民间纠纷引起,涉嫌刑法分则第四章、第五章规定的犯罪案件,可能判处三年有期徒刑以下刑罚的;

(二)除渎职犯罪以外的可能判处七年有期徒刑以下刑罚的过失犯罪案件。

犯罪嫌疑人、被告人在五年以内曾经故意犯罪的,不适用本章规定的程序。

第二百八十九条　【对当事人和解的审查】【主持制作和解协议书】双方当事人和解的,公安机关、人民检察院、人民法院应当听取当事人和其他有关人员的意见,对和解的自愿性、合法性进行审查,并主持制作和解协议书。

第二百九十条　【对达成和解协议案件的从宽处理】对于达成和解协议的案件,公安机关可以向人民检察院提出从宽处理的建议。人民检察院可以向人民法院提出从宽处罚的建议;对于犯罪情节轻微,不需要判处刑罚的,可以作出不起诉的决定。人民法院可以依法对被告人从宽处罚。

第三章　缺席审判程序

第二百九十一条　【缺席审判案件范围和管辖】对于贪污贿赂犯罪案件,以及需要及时进行审判,经最高人民检察院核准的严重危害国家安全犯罪、恐怖活动犯罪案件,犯罪嫌疑人、被告人在境外,监察机关、公安机关移送起诉,人民检察院认为犯罪事实已经查清,证据确实、充分,依法应当追究刑事责任的,可以向人民法院提起公诉。人民法院进行审查后,对于起诉书中有明确的指控犯罪事实,符合缺席审判程序适用条件的,应当决定开庭审判。

前款案件,由犯罪地、被告人离境前居住地或者最高人民法院指定的中级人民法院组成合议庭进行审理。

第二百九十二条　【司法文书送达】人民法院应当通过有关国际条约规定的或者外交途径提出的司法协助方式,或者被告人所在地法律允许的其他方式,将传票和人民检察院的起诉书副本送达被告人。传票和起诉书副本送达后,被告人未按要求到案的,人民法院应当开庭审理,依法作出判决,并对违法所得及其他涉案财产作出处理。

第二百九十三条　【被告人辩护权】人民法院缺席审判案件,被告人有权委托辩护人,被告人的近亲属可以代为委托辩护人。被告人及其近亲属没有委托辩护人的,人民法院应当通知法律援助机构指派律师为其提供辩护。

第二百九十四条　【判决书送达】【上诉、抗诉主体】人民法院应当将判决书送达被告人及其近亲属、辩护人。被告人或者其近亲属不服判决的,有权向上一级人民法院上诉。辩护人经被告人或者其近亲属同意,可以提出上诉。

人民检察院认为人民法院的判决确有错误的,应当向上一级人民法院提出抗诉。

第二百九十五条　【缺席被告人、罪犯到案的处理】【财产处理错误的救济】在审理过程中,被告人自动投案或者被抓获的,人民法院应当重新审理。

罪犯在判决、裁定发生法律效力后到案的,人民法院应当将罪犯交付执行刑罚。交付执行刑罚前,人民法院应当告知罪犯有权对判决、裁定提出异议。罪犯对判决、裁定提出异议的,人民法院应当重新审理。

依照生效判决、裁定对罪犯的财产进行的处理确有错误的,应当予以返还、赔偿。

第二百九十六条 【中止审理案件的缺席审判情形】因被告人患有严重疾病无法出庭,中止审理超过六个月,被告人仍无法出庭,被告人及其法定代理人、近亲属申请或者同意恢复审理的,人民法院可以在被告人不出庭的情况下缺席审理,依法作出判决。

第二百九十七条 【被告人死亡案件的缺席审判情形】被告人死亡的,人民法院应当裁定终止审理,但有证据证明被告人无罪,人民法院经缺席审理确认无罪的,应当依法作出判决。

人民法院按照审判监督程序重新审判的案件,被告人死亡的,人民法院可以缺席审理,依法作出判决。

第四章 犯罪嫌疑人、被告人逃匿、死亡案件违法所得的没收程序

第二百九十八条 【适用范围、申请程序及保全措施】对于贪污贿赂犯罪、恐怖活动犯罪等重大犯罪案件,犯罪嫌疑人、被告人逃匿,在通缉一年后不能到案,或者犯罪嫌疑人、被告人死亡,依照刑法规定应当追缴其违法所得及其他涉案财产的,人民检察院可以向人民法院提出没收违法所得的申请。

公安机关认为有前款规定情形的,应当写出没收违法所得意见书,移送人民检察院。

没收违法所得的申请应当提供与犯罪事实、违法所得相关的证据材料,并列明财产的种类、数量、所在地及查封、扣押、冻结的情况。

人民法院在必要的时候,可以查封、扣押、冻结申请没收的财产。

第二百九十九条 【对没收违法所得及其他涉案财产的审理程序】没收违法所得的申请,由犯罪地或者犯罪嫌疑人、被告人居住地的中级人民法院组成合议庭进行审理。

人民法院受理没收违法所得的申请后,应当发出公告。公告期间为六个月。犯罪嫌疑人、被告人的近亲属和其他利害关系人有权申请参加诉讼,也可以委托诉讼代理人参加诉讼。

人民法院在公告期满后对没收违法所得的申请进行审理。利害关系人参加诉讼的,人民法院应当开庭审理。

第三百条 【裁定的作出】人民法院经审理,对经查证属于违法所得及其他涉案财产,除依法返还被害人的以外,应当裁定予以没收;对不属于应当追缴的财产的,应当裁定驳回申请,解除查封、扣押、冻结措施。

对于人民法院依照前款规定作出的裁定,犯罪嫌疑人、被告人的近亲属和其他利害关系人或者人民检察院可以提出上诉、抗诉。

第三百零一条 【本程序的终止】【没收错误的返还与赔偿】在审理过程中,在逃的犯罪嫌疑人、被告人自动投案或者被抓获的,人民法院应当终止审理。

没收犯罪嫌疑人、被告人财产确有错误的,应当予以返还、赔偿。

第五章 依法不负刑事责任的精神病人的强制医疗程序

第三百零二条 【强制医疗的适用范围】实施暴力行为,危害公共安全或者严重

危害公民人身安全，经法定程序鉴定依法不负刑事责任的精神病人，有继续危害社会可能的，可以予以强制医疗。

第三百零三条 【强制医疗的决定程序】【临时保护性约束措施】根据本章规定对精神病人强制医疗的，由人民法院决定。

公安机关发现精神病人符合强制医疗条件的，应当写出强制医疗意见书，移送人民检察院。对于公安机关移送的或者在审查起诉过程中发现的精神病人符合强制医疗条件的，人民检察院应当向人民法院提出强制医疗的申请。人民法院在审理案件过程中发现被告人符合强制医疗条件的，可以作出强制医疗的决定。

对实施暴力行为的精神病人，在人民法院决定强制医疗前，公安机关可以采取临时的保护性约束措施。

第三百零四条 【强制医疗的审理及诉讼权利保障】人民法院受理强制医疗的申请后，应当组成合议庭进行审理。

人民法院审理强制医疗案件，应当通知被申请人或者被告人的法定代理人到场。被申请人或者被告人没有委托诉讼代理人的，人民法院应当通知法律援助机构指派律师为其提供法律帮助。

第三百零五条 【强制医疗决定的作出及复议】人民法院经审理，对于被申请人或者被告人符合强制医疗条件的，应当在一个月以内作出强制医疗的决定。

被决定强制医疗的人、被害人及其法定代理人、近亲属对强制医疗决定不服的，可以向上一级人民法院申请复议。

第三百零六条 【定期评估与强制医疗的解除程序】强制医疗机构应当定期对被强制医疗的人进行诊断评估。对于已不具有人身危险性，不需要继续强制医疗的，应当及时提出解除意见，报决定强制医疗的人民法院批准。

被强制医疗的人及其近亲属有权申请解除强制医疗。

第三百零七条 【检察院对强制医疗程序的监督】人民检察院对强制医疗的决定和执行实行监督。

附 则

第三百零八条 【军队保卫部门、中国海警局、监狱的侦查权】军队保卫部门对军队内部发生的刑事案件行使侦查权。

中国海警局履行海上维权执法职责，对海上发生的刑事案件行使侦查权。

对罪犯在监狱内犯罪的案件由监狱进行侦查。

军队保卫部门、中国海警局、监狱办理刑事案件，适用本法的有关规定。

全国人民代表大会常务委员会关于《中华人民共和国刑事诉讼法》第七十九条第三款的解释

（2014年4月24日第十二届全国人民代表大会常务委员会第八次会议通过）

全国人民代表大会常务委员会根据司法实践中遇到的情况，讨论了刑事诉讼法第七十九条第三款关于违反取保候审、监视居住规定情节严重可以逮捕的规定，是否适用于可能判处徒刑以下刑罚的犯罪嫌疑人、被告人的问题，解释如下：

根据刑事诉讼法第七十九条第三款的

规定，对于被取保候审、监视居住的可能判处徒刑以下刑罚的犯罪嫌疑人、被告人，违反取保候审、监视居住规定，严重影响诉讼活动正常进行的，可以予以逮捕。

现予公告。

全国人民代表大会常务委员会关于《中华人民共和国刑事诉讼法》第二百五十四条第五款、第二百五十七条第二款的解释

（2014 年 4 月 24 日第十二届全国人民代表大会常务委员会第八次会议通过）

全国人民代表大会常务委员会根据司法实践中遇到的情况，讨论了刑事诉讼法第二百五十四条第五款、第二百五十七条第二款的含义及人民法院决定暂予监外执行的案件，由哪个机关负责组织病情诊断、妊娠检查和生活不能自理的鉴别和由哪个机关对予以收监执行的罪犯送交执行刑罚的问题，解释如下：

罪犯在被交付执行前，因有严重疾病、怀孕或者正在哺乳自己婴儿的妇女、生活不能自理的原因，依法提出暂予监外执行的申请的，有关病情诊断、妊娠检查和生活不能自理的鉴别，由人民法院负责组织进行。

根据刑事诉讼法第二百五十七条第二款的规定，对人民法院决定暂予监外执行的罪犯，有刑事诉讼法第二百五十七条第一款规定的情形，依法应当予以收监的，在人民法院作出决定后，由公安机关依照刑事诉讼法第二百五十三条第二款的规定送交执行刑罚。

现予公告。

全国人民代表大会常务委员会关于《中华人民共和国刑事诉讼法》第二百七十一条第二款的解释

（2014 年 4 月 24 日第十二届全国人民代表大会常务委员会第八次会议通过）

全国人民代表大会常务委员会根据司法实践中遇到的情况，讨论了刑事诉讼法第二百七十一条第二款的含义及被害人对附条件不起诉的案件能否依照第一百七十六条的规定向人民法院起诉的问题，解释如下：

人民检察院办理未成年人刑事案件，在作出附条件不起诉的决定以及考验期满作出不起诉的决定以前，应当听取被害人的意见。被害人对人民检察院对未成年犯罪嫌疑人作出的附条件不起诉的决定和不起诉的决定，可以向上一级人民检察院申诉，不适用刑事诉讼法第一百七十六条关于被害人可以向人民法院起诉的规定。

现予公告。

最高人民法院关于适用《中华人民共和国刑事诉讼法》的解释

（2020 年 12 月 7 日最高人民法院审判委员会第 1820 次会议通过　2021 年 1 月 26 日最高人民法院公告公布　自 2021 年 3 月 1 日起施行　法释〔2021〕1 号）

2018 年 10 月 26 日，第十三届全国人民代表大会常务委员会第六次会议通过了《关于修改〈中华人民共和国刑事诉讼法〉

的决定》。为正确理解和适用修改后的刑事诉讼法，结合人民法院审判工作实际，制定本解释。

第一章　管　　辖

第一条　人民法院直接受理的自诉案件包括：

（一）告诉才处理的案件：

1. 侮辱、诽谤案（刑法第二百四十六条规定的，但严重危害社会秩序和国家利益的除外）；

2. 暴力干涉婚姻自由案（刑法第二百五十七条第一款规定的）；

3. 虐待案（刑法第二百六十条第一款规定的，但被害人没有能力告诉或者因受到强制、威吓无法告诉的除外）；

4. 侵占案（刑法第二百七十条规定的）。

（二）人民检察院没有提起公诉，被害人有证据证明的轻微刑事案件：

1. 故意伤害案（刑法第二百三十四条第一款规定的）；

2. 非法侵入住宅案（刑法第二百四十五条规定的）；

3. 侵犯通信自由案（刑法第二百五十二条规定的）；

4. 重婚案（刑法第二百五十八条规定的）；

5. 遗弃案（刑法第二百六十一条规定的）；

6. 生产、销售伪劣商品案（刑法分则第三章第一节规定的，但严重危害社会秩序和国家利益的除外）；

7. 侵犯知识产权案（刑法分则第三章第七节规定的，但严重危害社会秩序和国家利益的除外）；

8. 刑法分则第四章、第五章规定的，可能判处三年有期徒刑以下刑罚的案件。

本项规定的案件，被害人直接向人民法院起诉的，人民法院应当依法受理。对其中证据不足，可以由公安机关受理的，或者认为对被告人可能判处三年有期徒刑以上刑罚的，应当告知被害人向公安机关报案，或者移送公安机关立案侦查。

（三）被害人有证据证明对被告人侵犯自己人身、财产权利的行为应当依法追究刑事责任，且有证据证明曾经提出控告，而公安机关或者人民检察院不予追究被告人刑事责任的案件。

第二条　犯罪地包括犯罪行为地和犯罪结果地。

针对或者主要利用计算机网络实施的犯罪，犯罪地包括用于实施犯罪行为的网络服务使用的服务器所在地，网络服务提供者所在地，被侵害的信息网络系统及其管理者所在地，犯罪过程中被告人、被害人使用的信息网络系统所在地，以及被害人被侵害时所在地和被害人财产遭受损失地等。

第三条　被告人的户籍地为其居住地。经常居住地与户籍地不一致的，经常居住地为其居住地。经常居住地为被告人被追诉前已连续居住一年以上的地方，但住院就医的除外。

被告单位登记的住所地为其居住地。主要营业地或者主要办事机构所在地与登记的住所地不一致的，主要营业地或者主要办事机构所在地为其居住地。

第四条　在中华人民共和国内水、领海发生的刑事案件，由犯罪地或者被告人登陆地的人民法院管辖。由被告人居住地的人民法院审判更为适宜的,可以由被告人居住地的人民法院管辖。

第五条 在列车上的犯罪,被告人在列车运行途中被抓获的,由前方停靠站所在地负责审判铁路运输刑事案件的人民法院管辖。必要时,也可以由始发站或者终点站所在地负责审判铁路运输刑事案件的人民法院管辖。

被告人不是在列车运行途中被抓获的,由负责该列车乘务的铁路公安机关对应的审判铁路运输刑事案件的人民法院管辖;被告人在列车运行途经车站被抓获的,也可以由该车站所在地负责审判铁路运输刑事案件的人民法院管辖。

第六条 在国际列车上的犯罪,根据我国与相关国家签订的协定确定管辖;没有协定的,由该列车始发或者前方停靠的中国车站所在地负责审判铁路运输刑事案件的人民法院管辖。

第七条 在中华人民共和国领域外的中国船舶内的犯罪,由该船舶最初停泊的中国口岸所在地或者被告人登陆地、入境地的人民法院管辖。

第八条 在中华人民共和国领域外的中国航空器内的犯罪,由该航空器在中国最初降落地的人民法院管辖。

第九条 中国公民在中国驻外使领馆内的犯罪,由其主管单位所在地或者原户籍地的人民法院管辖。

第十条 中国公民在中华人民共和国领域外的犯罪,由其登陆地、入境地、离境前居住地或者现居住地的人民法院管辖;被害人是中国公民的,也可以由被害人离境前居住地或者现居住地的人民法院管辖。

第十一条 外国人在中华人民共和国领域外对中华人民共和国国家或者公民犯罪,根据《中华人民共和国刑法》应当受处罚的,由该外国人登陆地、入境地或者入境后居住地的人民法院管辖,也可以由被害人离境前居住地或者现居住地的人民法院管辖。

第十二条 对中华人民共和国缔结或者参加的国际条约所规定的罪行,中华人民共和国在所承担条约义务的范围内行使刑事管辖权的,由被告人被抓获地、登陆地或者入境地的人民法院管辖。

第十三条 正在服刑的罪犯在判决宣告前还有其他罪没有判决的,由原审地人民法院管辖;由罪犯服刑地或者犯罪地的人民法院审判更为适宜的,可以由罪犯服刑地或者犯罪地的人民法院管辖。

罪犯在服刑期间又犯罪的,由服刑地的人民法院管辖。

罪犯在脱逃期间又犯罪的,由服刑地的人民法院管辖。但是,在犯罪地抓获罪犯并发现其在脱逃期间犯罪的,由犯罪地的人民法院管辖。

第十四条 人民检察院认为可能判处无期徒刑、死刑,向中级人民法院提起公诉的案件,中级人民法院受理后,认为不需要判处无期徒刑、死刑的,应当依法审判,不再交基层人民法院审判。

第十五条 一人犯数罪、共同犯罪或者其他需要并案审理的案件,其中一人或者一罪属于上级人民法院管辖的,全案由上级人民法院管辖。

第十六条 上级人民法院决定审判下级人民法院管辖的第一审刑事案件的,应当向下级人民法院下达改变管辖决定书,并书面通知同级人民检察院。

第十七条 基层人民法院对可能判处

无期徒刑、死刑的第一审刑事案件,应当移送中级人民法院审判。

基层人民法院对下列第一审刑事案件,可以请求移送中级人民法院审判:

(一)重大、复杂案件;

(二)新类型的疑难案件;

(三)在法律适用上具有普遍指导意义的案件。

需要将案件移送中级人民法院审判的,应当在报请院长决定后,至迟于案件审理期限届满十五日以前书面请求移送。中级人民法院应当在接到申请后十日以内作出决定。不同意移送的,应当下达不同意移送决定书,由请求移送的人民法院依法审判;同意移送的,应当下达同意移送决定书,并书面通知同级人民检察院。

第十八条 有管辖权的人民法院因案件涉及本院院长需要回避或者其他原因,不宜行使管辖权的,可以请求移送上一级人民法院管辖。上一级人民法院可以管辖,也可以指定与提出请求的人民法院同级的其他人民法院管辖。

第十九条 两个以上同级人民法院都有管辖权的案件,由最初受理的人民法院审判。必要时,可以移送主要犯罪地的人民法院审判。

管辖权发生争议的,应当在审理期限内协商解决;协商不成的,由争议的人民法院分别层报共同的上级人民法院指定管辖。

第二十条 管辖不明的案件,上级人民法院可以指定下级人民法院审判。

有关案件,由犯罪地、被告人居住地以外的人民法院审判更为适宜的,上级人民法院可以指定下级人民法院管辖。

第二十一条 上级人民法院指定管辖,应当将指定管辖决定书送达被指定管辖的人民法院和其他有关的人民法院。

第二十二条 原受理案件的人民法院在收到上级人民法院改变管辖决定书、同意移送决定书或者指定其他人民法院管辖的决定书后,对公诉案件,应当书面通知同级人民检察院,并将案卷材料退回,同时书面通知当事人;对自诉案件,应当将案卷材料移送被指定管辖的人民法院,并书面通知当事人。

第二十三条 第二审人民法院发回重新审判的案件,人民检察院撤回起诉后,又向原第一审人民法院的下级人民法院重新提起公诉的,下级人民法院应当将有关情况层报原第二审人民法院。原第二审人民法院根据具体情况,可以决定将案件移送原第一审人民法院或者其他人民法院审判。

第二十四条 人民法院发现被告人还有其他犯罪被起诉的,可以并案审理;涉及同种犯罪的,一般应当并案审理。

人民法院发现被告人还有其他犯罪被审查起诉、立案侦查、立案调查的,可以参照前款规定协商人民检察院、公安机关、监察机关并案处理,但可能造成审判过分迟延的除外。

根据前两款规定并案处理的案件,由最初受理地的人民法院审判。必要时,可以由主要犯罪地的人民法院审判。

第二十五条 第二审人民法院在审理过程中,发现被告人还有其他犯罪没有判决的,参照前条规定处理。第二审人民法院决定并案审理的,应当发回第一审人民法院,由第一审人民法院作出处理。

第二十六条 军队和地方互涉刑事案件,按照有关规定确定管辖。

第二章 回　避

第二十七条　审判人员具有下列情形之一的，应当自行回避，当事人及其法定代理人有权申请其回避：

（一）是本案的当事人或者是当事人的近亲属的；

（二）本人或者其近亲属与本案有利害关系的；

（三）担任过本案的证人、鉴定人、辩护人、诉讼代理人、翻译人员的；

（四）与本案的辩护人、诉讼代理人有近亲属关系的；

（五）与本案当事人有其他利害关系，可能影响公正审判的。

第二十八条　审判人员具有下列情形之一的，当事人及其法定代理人有权申请其回避：

（一）违反规定会见本案当事人、辩护人、诉讼代理人的；

（二）为本案当事人推荐、介绍辩护人、诉讼代理人，或者为律师、其他人员介绍办理本案的；

（三）索取、接受本案当事人及其委托的人的财物或者其他利益的；

（四）接受本案当事人及其委托的人的宴请，或者参加由其支付费用的活动的；

（五）向本案当事人及其委托的人借用款物的；

（六）有其他不正当行为，可能影响公正审判的。

第二十九条　参与过本案调查、侦查、审查起诉工作的监察、侦查、检察人员，调至人民法院工作的，不得担任本案的审判人员。

在一个审判程序中参与过本案审判工作的合议庭组成人员或者独任审判员，不得再参与本案其他程序的审判。但是，发回重新审判的案件，在第一审人民法院作出裁判后又进入第二审程序、在法定刑以下判处刑罚的复核程序或者死刑复核程序的，原第二审程序、在法定刑以下判处刑罚的复核程序或者死刑复核程序中的合议庭组成人员不受本款规定的限制。

第三十条　依照法律和有关规定应当实行任职回避的，不得担任案件的审判人员。

第三十一条　人民法院应当依法告知当事人及其法定代理人有权申请回避，并告知其合议庭组成人员、独任审判员、法官助理、书记员等人员的名单。

第三十二条　审判人员自行申请回避，或者当事人及其法定代理人申请审判人员回避的，可以口头或者书面提出，并说明理由，由院长决定。

院长自行申请回避，或者当事人及其法定代理人申请院长回避的，由审判委员会讨论决定。审判委员会讨论时，由副院长主持，院长不得参加。

第三十三条　当事人及其法定代理人依照刑事诉讼法第三十条和本解释第二十八条的规定申请回避的，应当提供证明材料。

第三十四条　应当回避的审判人员没有自行回避，当事人及其法定代理人也没有申请其回避的，院长或者审判委员会应当决定其回避。

第三十五条　对当事人及其法定代理人提出的回避申请，人民法院可以口头或者书面作出决定，并将决定告知申请人。

当事人及其法定代理人申请回避被驳

回的,可以在接到决定时申请复议一次。不属于刑事诉讼法第二十九条、第三十条规定情形的回避申请,由法庭当庭驳回,并不得申请复议。

第三十六条 当事人及其法定代理人申请出庭的检察人员回避的,人民法院应当区分情况作出处理:

(一)属于刑事诉讼法第二十九条、第三十条规定情形的回避申请,应当决定休庭,并通知人民检察院尽快作出决定;

(二)不属于刑事诉讼法第二十九条、第三十条规定情形的回避申请,应当当庭驳回,并不得申请复议。

第三十七条 本章所称的审判人员,包括人民法院院长、副院长、审判委员会委员、庭长、副庭长、审判员和人民陪审员。

第三十八条 法官助理、书记员、翻译人员和鉴定人适用审判人员回避的有关规定,其回避问题由院长决定。

第三十九条 辩护人、诉讼代理人可以依照本章的有关规定要求回避、申请复议。

第三章 辩护与代理

第四十条 人民法院审判案件,应当充分保障被告人依法享有的辩护权利。

被告人除自己行使辩护权以外,还可以委托辩护人辩护。下列人员不得担任辩护人:

(一)正在被执行刑罚或者处于缓刑、假释考验期间的人;

(二)依法被剥夺、限制人身自由的人;

(三)被开除公职或者被吊销律师、公证员执业证书的人;

(四)人民法院、人民检察院、监察机关、公安机关、国家安全机关、监狱的现职人员;

(五)人民陪审员;

(六)与本案审理结果有利害关系的人;

(七)外国人或者无国籍人;

(八)无行为能力或者限制行为能力的人。

前款第三项至第七项规定的人员,如果是被告人的监护人、近亲属,由被告人委托担任辩护人的,可以准许。

第四十一条 审判人员和人民法院其他工作人员从人民法院离任后二年内,不得以律师身份担任辩护人。

审判人员和人民法院其他工作人员从人民法院离任后,不得担任原任职法院所审理案件的辩护人,但系被告人的监护人、近亲属的除外。

审判人员和人民法院其他工作人员的配偶、子女或者父母不得担任其任职法院所审理案件的辩护人,但系被告人的监护人、近亲属的除外。

第四十二条 对接受委托担任辩护人的,人民法院应当核实其身份证明和授权委托书。

第四十三条 一名被告人可以委托一至二人作为辩护人。

一名辩护人不得为两名以上的同案被告人,或者未同案处理但犯罪事实存在关联的被告人辩护。

第四十四条 被告人没有委托辩护人的,人民法院自受理案件之日起三日以内,应当告知其有权委托辩护人;被告人因经济困难或者其他原因没有委托辩护人的,应当告知其可以申请法律援助;被告人属于应当提供法律援助情形的,应当告知其将依法通知法律援助机构指派律师为其提供辩护。

被告人没有委托辩护人，法律援助机构也没有指派律师为其提供辩护的，人民法院应当告知被告人有权约见值班律师，并为被告人约见值班律师提供便利。

告知可以采取口头或者书面方式。

第四十五条 审判期间，在押的被告人要求委托辩护人的，人民法院应当在三日以内向其监护人、近亲属或者其指定的人员转达要求。被告人应当提供有关人员的联系方式。有关人员无法通知的，应当告知被告人。

第四十六条 人民法院收到在押被告人提出的法律援助或者法律帮助申请，应当依照有关规定及时转交法律援助机构或者通知值班律师。

第四十七条 对下列没有委托辩护人的被告人，人民法院应当通知法律援助机构指派律师为其提供辩护：

（一）盲、聋、哑人；

（二）尚未完全丧失辨认或者控制自己行为能力的精神病人；

（三）可能被判处无期徒刑、死刑的人。

高级人民法院复核死刑案件，被告人没有委托辩护人的，应当通知法律援助机构指派律师为其提供辩护。

死刑缓期执行期间故意犯罪的案件，适用前两款规定。

第四十八条 具有下列情形之一，被告人没有委托辩护人的，人民法院可以通知法律援助机构指派律师为其提供辩护：

（一）共同犯罪案件中，其他被告人已经委托辩护人的；

（二）案件有重大社会影响的；

（三）人民检察院抗诉的；

（四）被告人的行为可能不构成犯罪的；

（五）有必要指派律师提供辩护的其他情形。

第四十九条 人民法院通知法律援助机构指派律师提供辩护的，应当将法律援助通知书、起诉书副本或者判决书送达法律援助机构；决定开庭审理的，除适用简易程序或者速裁程序审理的以外，应当在开庭十五日以前将上述材料送达法律援助机构。

法律援助通知书应当写明案由、被告人姓名、提供法律援助的理由、审判人员的姓名和联系方式；已确定开庭审理的，应当写明开庭的时间、地点。

第五十条 被告人拒绝法律援助机构指派的律师为其辩护，坚持自己行使辩护权的，人民法院应当准许。

属于应当提供法律援助的情形，被告人拒绝指派的律师为其辩护的，人民法院应当查明原因。理由正当的，应当准许，但被告人应当在五日以内另行委托辩护人；被告人未另行委托辩护人的，人民法院应当在三日以内通知法律援助机构另行指派律师为其提供辩护。

第五十一条 对法律援助机构指派律师为被告人提供辩护，被告人的监护人、近亲属又代为委托辩护人的，应当听取被告人的意见，由其确定辩护人人选。

第五十二条 审判期间，辩护人接受被告人委托的，应当在接受委托之日起三日以内，将委托手续提交人民法院。

接受法律援助机构指派为被告人提供辩护的，适用前款规定。

第五十三条 辩护律师可以查阅、摘抄、复制案卷材料。其他辩护人经人民法院许可，也可以查阅、摘抄、复制案卷材料。合议庭、审判委员会的讨论记录以及其他依法不公开的材料不得查阅、摘抄、复制。

辩护人查阅、摘抄、复制案卷材料的，人民法院应当提供便利，并保证必要的时间。

值班律师查阅案卷材料的，适用前两款规定。

复制案卷材料可以采用复印、拍照、扫描、电子数据拷贝等方式。

第五十四条 对作为证据材料向人民法院移送的讯问录音录像，辩护律师申请查阅的，人民法院应当准许。

第五十五条 查阅、摘抄、复制案卷材料，涉及国家秘密、商业秘密、个人隐私的，应当保密；对不公开审理案件的信息、材料，或者在办案过程中获悉的案件重要信息、证据材料，不得违反规定泄露、披露，不得用于办案以外的用途。人民法院可以要求相关人员出具承诺书。

违反前款规定的，人民法院可以通报司法行政机关或者有关部门，建议给予相应处罚；构成犯罪的，依法追究刑事责任。

第五十六条 辩护律师可以同在押的或者被监视居住的被告人会见和通信。其他辩护人经人民法院许可，也可以同在押的或者被监视居住的被告人会见和通信。

第五十七条 辩护人认为在调查、侦查、审查起诉期间监察机关、公安机关、人民检察院收集的证明被告人无罪或者罪轻的证据材料未随案移送，申请人民法院调取的，应当以书面形式提出，并提供相关线索或者材料。人民法院接受申请后，应当向人民检察院调取。人民检察院移送相关证据材料后，人民法院应当及时通知辩护人。

第五十八条 辩护律师申请向被害人及其近亲属、被害人提供的证人收集与本案有关的材料，人民法院认为确有必要的，应当签发准许调查书。

第五十九条 辩护律师向证人或者有关单位、个人收集、调取与本案有关的证据材料，因证人或者有关单位、个人不同意，申请人民法院收集、调取，或者申请通知证人出庭作证，人民法院认为确有必要的，应当同意。

第六十条 辩护律师直接申请人民法院向证人或者有关单位、个人收集、调取证据材料，人民法院认为确有必要，且不宜或者不能由辩护律师收集、调取的，应当同意。

人民法院向有关单位收集、调取的书面证据材料，必须由提供人签名，并加盖单位印章；向个人收集、调取的书面证据材料，必须由提供人签名。

人民法院对有关单位、个人提供的证据材料，应当出具收据，写明证据材料的名称、收到的时间、件数、页数以及是否为原件等，由书记员、法官助理或者审判人员签名。

收集、调取证据材料后，应当及时通知辩护律师查阅、摘抄、复制，并告知人民检察院。

第六十一条 本解释第五十八条至第六十条规定的申请，应当以书面形式提出，并说明理由，写明需要收集、调取证据材料的内容或者需要调查问题的提纲。

对辩护律师的申请，人民法院应当在五日以内作出是否准许、同意的决定，并通知申请人；决定不准许、不同意的，应当说明理由。

第六十二条 人民法院自受理自诉案件之日起三日以内，应当告知自诉人及其法定代理人、附带民事诉讼当事人及其法定代理人,有权委托诉讼代理人,并告知其如果经济困难,可以申请法律援助。

第六十三条 当事人委托诉讼代理人的,参照适用刑事诉讼法第三十三条和本解释的有关规定。

第六十四条 诉讼代理人有权根据事实和法律,维护被害人、自诉人或者附带民事诉讼当事人的诉讼权利和其他合法权益。

第六十五条 律师担任诉讼代理人的,可以查阅、摘抄、复制案卷材料。其他诉讼代理人经人民法院许可,也可以查阅、摘抄、复制案卷材料。

律师担任诉讼代理人,需要收集、调取与本案有关的证据材料的,参照适用本解释第五十九条至第六十一条的规定。

第六十六条 诉讼代理人接受当事人委托或者法律援助机构指派后,应当在三日以内将委托手续或者法律援助手续提交人民法院。

第六十七条 辩护律师向人民法院告知其委托人或者其他人准备实施、正在实施危害国家安全、公共安全以及严重危害他人人身安全犯罪的,人民法院应当记录在案,立即转告主管机关依法处理,并为反映有关情况的辩护律师保密。

第六十八条 律师担任辩护人、诉讼代理人,经人民法院准许,可以带一名助理参加庭审。律师助理参加庭审的,可以从事辅助工作,但不得发表辩护、代理意见。

第四章 证 据

第一节 一般规定

第六十九条 认定案件事实,必须以证据为根据。

第七十条 审判人员应当依照法定程序收集、审查、核实、认定证据。

第七十一条 证据未经当庭出示、辨认、质证等法庭调查程序查证属实,不得作为定案的根据。

第七十二条 应当运用证据证明的案件事实包括:

(一)被告人、被害人的身份;

(二)被指控的犯罪是否存在;

(三)被指控的犯罪是否为被告人所实施;

(四)被告人有无刑事责任能力,有无罪过,实施犯罪的动机、目的;

(五)实施犯罪的时间、地点、手段、后果以及案件起因等;

(六)是否系共同犯罪或者犯罪事实存在关联,以及被告人在犯罪中的地位、作用;

(七)被告人有无从重、从轻、减轻、免除处罚情节;

(八)有关涉案财物处理的事实;

(九)有关附带民事诉讼的事实;

(十)有关管辖、回避、延期审理等的程序事实;

(十一)与定罪量刑有关的其他事实。

认定被告人有罪和对被告人从重处罚,适用证据确实、充分的证明标准。

第七十三条 对提起公诉的案件,人民法院应当审查证明被告人有罪、无罪、罪重、罪轻的证据材料是否全部随案移送;未随案移送的,应当通知人民检察院在指定时间内移送。人民检察院未移送的,人民法院应当根据在案证据对案件事实作出认定。

第七十四条 依法应当对讯问过程录音录像的案件,相关录音录像未随案移送的，必要时，人民法院可以通知人民检察院在指定时间内移送。人民检察院未移送，导致不能排除属于刑事诉讼法第五十六条规定的以非法方法收集证据情形的，对有关证据应当依法排除；导致有关证据的真实性无法确认的，不得作为定案的根据。

第七十五条 行政机关在行政执法和查办案件过程中收集的物证、书证、视听资料、电子数据等证据材料，经法庭查证属实，且收集程序符合有关法律、行政法规规定的，可以作为定案的根据。

根据法律、行政法规规定行使国家行政管理职权的组织，在行政执法和查办案件过程中收集的证据材料，视为行政机关收集的证据材料。

第七十六条 监察机关依法收集的证据材料，在刑事诉讼中可以作为证据使用。

对前款规定证据的审查判断，适用刑事审判关于证据的要求和标准。

第七十七条 对来自境外的证据材料，人民检察院应当随案移送有关材料来源、提供人、提取人、提取时间等情况的说明。经人民法院审查，相关证据材料能够证明案件事实且符合刑事诉讼法规定的，可以作为证据使用，但提供人或者我国与有关国家签订的双边条约对材料的使用范围有明确限制的除外；材料来源不明或者真实性无法确认的，不得作为定案的根据。

当事人及其辩护人、诉讼代理人提供来自境外的证据材料的，该证据材料应当经所在国公证机关证明，所在国中央外交主管机关或者其授权机关认证，并经中华人民共和国驻该国使领馆认证，或者履行中华人民共和国与该所在国订立的有关条约中规定的证明手续，但我国与该国之间有互免认证协定的除外。

第七十八条 控辩双方提供的证据材料涉及外国语言、文字的，应当附中文译本。

第七十九条 人民法院依照刑事诉讼法第一百九十六条的规定调查核实证据，必要时，可以通知检察人员、辩护人、自诉人及其法定代理人到场。上述人员未到场的，应当记录在案。

人民法院调查核实证据时，发现对定罪量刑有重大影响的新的证据材料的，应当告知检察人员、辩护人、自诉人及其法定代理人。必要时，也可以直接提取，并及时通知检察人员、辩护人、自诉人及其法定代理人查阅、摘抄、复制。

第八十条 下列人员不得担任见证人：

（一）生理上、精神上有缺陷或者年幼，不具有相应辨别能力或者不能正确表达的人；

（二）与案件有利害关系，可能影响案件公正处理的人；

（三）行使勘验、检查、搜查、扣押、组织辨认等监察调查、刑事诉讼职权的监察、公安、司法机关的工作人员或者其聘用的人员。

对见证人是否属于前款规定的人员，人民法院可以通过相关笔录载明的见证人的姓名、身份证件种类及号码、联系方式以及常住人口信息登记表等材料进行审查。

由于客观原因无法由符合条件的人员担任见证人的，应当在笔录材料中注明情况，并对相关活动进行全程录音录像。

第八十一条 公开审理案件时，公诉人、诉讼参与人提出涉及国家秘密、商业秘密或者个人隐私的证据的，法庭应当制止；确与本案有关的，可以根据具体情况，决定将案件转为不公开审理，或者对相关证据的法庭调查不公开进行。

第二节 物证、书证的审查与认定

第八十二条 对物证、书证应当着重审查以下内容：

（一）物证、书证是否为原物、原件，是否经过辨认、鉴定；物证的照片、录像、复制品或者书证的副本、复制件是否与原物、原件相符，是否由二人以上制作，有无制作人关于制作过程以及原物、原件存放于何处的文字说明和签名；

（二）物证、书证的收集程序、方式是否符合法律、有关规定；经勘验、检查、搜查提取、扣押的物证、书证，是否附有相关笔录、清单，笔录、清单是否经调查人员或者侦查人员、物品持有人、见证人签名，没有签名的，是否注明原因；物品的名称、特征、数量、质量等是否注明清楚；

（三）物证、书证在收集、保管、鉴定过程中是否受损或者改变；

（四）物证、书证与案件事实有无关联；对现场遗留与犯罪有关的具备鉴定条件的血迹、体液、毛发、指纹等生物样本、痕迹、物品，是否已作DNA鉴定、指纹鉴定等，并与被告人或者被害人的相应生物特征、物品等比对；

（五）与案件事实有关联的物证、书证是否全面收集。

第八十三条 据以定案的物证应当是原物。原物不便搬运、不易保存、依法应当返还或者依法应当由有关部门保管、处理的，可以拍摄、制作足以反映原物外形和特征的照片、录像、复制品。必要时，审判人员可以前往保管场所查看原物。

物证的照片、录像、复制品，不能反映原物的外形和特征的，不得作为定案的根据。

物证的照片、录像、复制品，经与原物核对无误、经鉴定或者以其他方式确认真实的，可以作为定案的根据。

第八十四条 据以定案的书证应当是原件。取得原件确有困难的，可以使用副本、复制件。

对书证的更改或者更改迹象不能作出合理解释，或者书证的副本、复制件不能反映原件及其内容的，不得作为定案的根据。

书证的副本、复制件，经与原件核对无误、经鉴定或者以其他方式确认真实的，可以作为定案的根据。

第八十五条 对与案件事实可能有关联的血迹、体液、毛发、人体组织、指纹、足迹、字迹等生物样本、痕迹和物品，应当提取而没有提取，应当鉴定而没有鉴定，应当移送鉴定意见而没有移送，导致案件事实存疑的，人民法院应当通知人民检察院依法补充收集、调取、移送证据。

第八十六条 在勘验、检查、搜查过程中提取、扣押的物证、书证，未附笔录或者清单，不能证明物证、书证来源的，不得作为定案的根据。

物证、书证的收集程序、方式有下列瑕疵，经补正或者作出合理解释的，可以采用：

（一）勘验、检查、搜查、提取笔录或者扣押清单上没有调查人员或者侦查人员、物品持有人、见证人签名，或者对物品的名称、特征、数量、质量等注明不详的；

（二）物证的照片、录像、复制品，书证的副本、复制件未注明与原件核对无异，无复制时间，或者无被收集、调取人签名的；

（三）物证的照片、录像、复制品，书证的副本、复制件没有制作人关于制作过程和原物、原件存放地点的说明，或者说明中无签名的；

（四）有其他瑕疵的。

物证、书证的来源、收集程序有疑问，不能作出合理解释的，不得作为定案的根据。

第三节　证人证言、被害人陈述的审查与认定

第八十七条　对证人证言应当着重审查以下内容：

（一）证言的内容是否为证人直接感知；

（二）证人作证时的年龄，认知、记忆和表达能力，生理和精神状态是否影响作证；

（三）证人与案件当事人、案件处理结果有无利害关系；

（四）询问证人是否个别进行；

（五）询问笔录的制作、修改是否符合法律、有关规定，是否注明询问的起止时间和地点，首次询问时是否告知证人有关权利义务和法律责任，证人对询问笔录是否核对确认；

（六）询问未成年证人时，是否通知其法定代理人或者刑事诉讼法第二百八十一条第一款规定的合适成年人到场，有关人员是否到场；

（七）有无以暴力、威胁等非法方法收集证人证言的情形；

（八）证言之间以及与其他证据之间能否相互印证，有无矛盾；存在矛盾的，能否得到合理解释。

第八十八条　处于明显醉酒、中毒或者麻醉等状态，不能正常感知或者正确表达的证人所提供的证言，不得作为证据使用。

证人的猜测性、评论性、推断性的证言，不得作为证据使用，但根据一般生活经验判断符合事实的除外。

第八十九条　证人证言具有下列情形之一的，不得作为定案的根据：

（一）询问证人没有个别进行的；

（二）书面证言没有经证人核对确认的；

（三）询问聋、哑人，应当提供通晓聋、哑手势的人员而未提供的；

（四）询问不通晓当地通用语言、文字的证人，应当提供翻译人员而未提供的。

第九十条　证人证言的收集程序、方式有下列瑕疵，经补正或者作出合理解释的，可以采用；不能补正或者作出合理解释的，不得作为定案的根据：

（一）询问笔录没有填写询问人、记录人、法定代理人姓名以及询问的起止时间、地点的；

（二）询问地点不符合规定的；

（三）询问笔录没有记录告知证人有关权利义务和法律责任的；

（四）询问笔录反映出在同一时段，同一询问人员询问不同证人的；

（五）询问未成年人，其法定代理人或者合适成年人不在场的。

第九十一条　证人当庭作出的证言，经控辩双方质证、法庭查证属实的，应当作为定案的根据。

证人当庭作出的证言与其庭前证言矛盾，证人能够作出合理解释，并有其他证据印证的，应当采信其庭审证言；不能作出合理解释，而其庭前证言有其他证据印证的，可以采信其庭前证言。

经人民法院通知，证人没有正当理由拒绝出庭或者出庭后拒绝作证，法庭对其证言的真实性无法确认的，该证人证言不得作为定案的根据。

第九十二条　对被害人陈述的审查与认定，参照适用本节的有关规定。

第四节 被告人供述和辩解的审查与认定

第九十三条 对被告人供述和辩解应当着重审查以下内容：

（一）讯问的时间、地点，讯问人的身份、人数以及讯问方式等是否符合法律、有关规定；

（二）讯问笔录的制作、修改是否符合法律、有关规定，是否注明讯问的具体起止时间和地点，首次讯问时是否告知被告人有关权利和法律规定，被告人是否核对确认；

（三）讯问未成年被告人时，是否通知其法定代理人或者合适成年人到场，有关人员是否到场；

（四）讯问女性未成年被告人时，是否有女性工作人员在场；

（五）有无以刑讯逼供等非法方法收集被告人供述的情形；

（六）被告人的供述是否前后一致，有无反复以及出现反复的原因；

（七）被告人的供述和辩解是否全部随案移送；

（八）被告人的辩解内容是否符合案情和常理，有无矛盾；

（九）被告人的供述和辩解与同案被告人的供述和辩解以及其他证据能否相互印证，有无矛盾；存在矛盾的，能否得到合理解释。

必要时，可以结合现场执法音视频记录、讯问录音录像、被告人进出看守所的健康检查记录、笔录等，对被告人的供述和辩解进行审查。

第九十四条 被告人供述具有下列情形之一的，不得作为定案的根据：

（一）讯问笔录没有经被告人核对确认的；

（二）讯问聋、哑人，应当提供通晓聋、哑手势的人员而未提供的；

（三）讯问不通晓当地通用语言、文字的被告人，应当提供翻译人员而未提供的；

（四）讯问未成年人，其法定代理人或者合适成年人不在场的。

第九十五条 讯问笔录有下列瑕疵，经补正或者作出合理解释的，可以采用；不能补正或者作出合理解释的，不得作为定案的根据：

（一）讯问笔录填写的讯问时间、讯问地点、讯问人、记录人、法定代理人等有误或者存在矛盾的；

（二）讯问人没有签名的；

（三）首次讯问笔录没有记录告知被讯问人有关权利和法律规定的。

第九十六条 审查被告人供述和辩解，应当结合控辩双方提供的所有证据以及被告人的全部供述和辩解进行。

被告人庭审中翻供，但不能合理说明翻供原因或者其辩解与全案证据矛盾，而其庭前供述与其他证据相互印证的，可以采信其庭前供述。

被告人庭前供述和辩解存在反复，但庭审中供认，且与其他证据相互印证的，可以采信其庭审供述；被告人庭前供述和辩解存在反复，庭审中不供认，且无其他证据与庭前供述印证的，不得采信其庭前供述。

第五节 鉴定意见的审查与认定

第九十七条 对鉴定意见应当着重审查以下内容：

（一）鉴定机构和鉴定人是否具有法定资质；

（二）鉴定人是否存在应当回避的情形；

（三）检材的来源、取得、保管、送检是否符合法律、有关规定，与相关提取笔录、扣押清单等记载的内容是否相符，检材是否可靠；

（四）鉴定意见的形式要件是否完备，是否注明提起鉴定的事由、鉴定委托人、鉴定机构、鉴定要求、鉴定过程、鉴定方法、鉴定日期等相关内容，是否由鉴定机构盖章并由鉴定人签名；

（五）鉴定程序是否符合法律、有关规定；

（六）鉴定的过程和方法是否符合相关专业的规范要求；

（七）鉴定意见是否明确；

（八）鉴定意见与案件事实有无关联；

（九）鉴定意见与勘验、检查笔录及相关照片等其他证据是否矛盾；存在矛盾的，能否得到合理解释；

（十）鉴定意见是否依法及时告知相关人员，当事人对鉴定意见有无异议。

第九十八条 鉴定意见具有下列情形之一的，不得作为定案的根据：

（一）鉴定机构不具备法定资质，或者鉴定事项超出该鉴定机构业务范围、技术条件的；

（二）鉴定人不具备法定资质，不具有相关专业技术或者职称，或者违反回避规定的；

（三）送检材料、样本来源不明，或者因污染不具备鉴定条件的；

（四）鉴定对象与送检材料、样本不一致的；

（五）鉴定程序违反规定的；

（六）鉴定过程和方法不符合相关专业的规范要求的；

（七）鉴定文书缺少签名、盖章的；

（八）鉴定意见与案件事实没有关联的；

（九）违反有关规定的其他情形。

第九十九条 经人民法院通知，鉴定人拒不出庭作证的，鉴定意见不得作为定案的根据。

鉴定人由于不能抗拒的原因或者有其他正当理由无法出庭的，人民法院可以根据情况决定延期审理或者重新鉴定。

鉴定人无正当理由拒不出庭作证的，人民法院应当通报司法行政机关或者有关部门。

第一百条 因无鉴定机构，或者根据法律、司法解释的规定，指派、聘请有专门知识的人就案件的专门性问题出具的报告，可以作为证据使用。

对前款规定的报告的审查与认定，参照适用本节的有关规定。

经人民法院通知，出具报告的人拒不出庭作证的，有关报告不得作为定案的根据。

第一百零一条 有关部门对事故进行调查形成的报告，在刑事诉讼中可以作为证据使用；报告中涉及专门性问题的意见，经法庭查证属实，且调查程序符合法律、有关规定的，可以作为定案的根据。

第六节 勘验、检查、辨认、侦查实验等笔录的审查与认定

第一百零二条 对勘验、检查笔录应当着重审查以下内容：

（一）勘验、检查是否依法进行，笔录制作是否符合法律、有关规定，勘验、检查人员和见证人是否签名或者盖章；

（二）勘验、检查笔录是否记录了提起

勘验、检查的事由,勘验、检查的时间、地点,在场人员、现场方位、周围环境等,现场的物品、人身、尸体等的位置、特征等情况,以及勘验、检查的过程;文字记录与实物或者绘图、照片、录像是否相符;现场、物品、痕迹等是否伪造、有无破坏;人身特征、伤害情况、生理状态有无伪装或者变化等;

(三)补充进行勘验、检查的,是否说明了再次勘验、检查的原由,前后勘验、检查的情况是否矛盾。

第一百零三条 勘验、检查笔录存在明显不符合法律、有关规定的情形,不能作出合理解释的,不得作为定案的根据。

第一百零四条 对辨认笔录应当着重审查辨认的过程、方法,以及辨认笔录的制作是否符合有关规定。

第一百零五条 辨认笔录具有下列情形之一的,不得作为定案的根据:

(一)辨认不是在调查人员、侦查人员主持下进行的;

(二)辨认前使辨认人见到辨认对象的;

(三)辨认活动没有个别进行的;

(四)辨认对象没有混杂在具有类似特征的其他对象中,或者供辨认的对象数量不符合规定的;

(五)辨认中给辨认人明显暗示或者明显有指认嫌疑的;

(六)违反有关规定,不能确定辨认笔录真实性的其他情形。

第一百零六条 对侦查实验笔录应当着重审查实验的过程、方法,以及笔录的制作是否符合有关规定。

第一百零七条 侦查实验的条件与事件发生时的条件有明显差异,或者存在影响实验结论科学性的其他情形的,侦查实验笔录不得作为定案的根据。

第七节　视听资料、电子数据的审查与认定

第一百零八条 对视听资料应当着重审查以下内容:

(一)是否附有提取过程的说明,来源是否合法;

(二)是否为原件,有无复制及复制份数;是复制件的,是否附有无法调取原件的原因、复制件制作过程和原件存放地点的说明,制作人、原视听资料持有人是否签名;

(三)制作过程中是否存在威胁、引诱当事人等违反法律、有关规定的情形;

(四)是否写明制作人、持有人的身份,制作的时间、地点、条件和方法;

(五)内容和制作过程是否真实,有无剪辑、增加、删改等情形;

(六)内容与案件事实有无关联。

对视听资料有疑问的,应当进行鉴定。

第一百零九条 视听资料具有下列情形之一的,不得作为定案的根据:

(一)系篡改、伪造或者无法确定真伪的;

(二)制作、取得的时间、地点、方式等有疑问,不能作出合理解释的。

第一百一十条 对电子数据是否真实,应当着重审查以下内容:

(一)是否移送原始存储介质;在原始存储介质无法封存、不便移动时,有无说明原因,并注明收集、提取过程及原始存储介质的存放地点或者电子数据的来源等情况;

(二)是否具有数字签名、数字证书等特殊标识;

(三)收集、提取的过程是否可以重现;

(四)如有增加、删除、修改等情形的,

是否附有说明；

（五）完整性是否可以保证。

第一百一十一条 对电子数据是否完整，应当根据保护电子数据完整性的相应方法进行审查、验证：

（一）审查原始存储介质的扣押、封存状态；

（二）审查电子数据的收集、提取过程，查看录像；

（三）比对电子数据完整性校验值；

（四）与备份的电子数据进行比较；

（五）审查冻结后的访问操作日志；

（六）其他方法。

第一百一十二条 对收集、提取电子数据是否合法，应当着重审查以下内容：

（一）收集、提取电子数据是否由二名以上调查人员、侦查人员进行，取证方法是否符合相关技术标准；

（二）收集、提取电子数据，是否附有笔录、清单，并经调查人员、侦查人员、电子数据持有人、提供人、见证人签名或者盖章；没有签名或者盖章的，是否注明原因；对电子数据的类别、文件格式等是否注明清楚；

（三）是否依照有关规定由符合条件的人员担任见证人，是否对相关活动进行录像；

（四）采用技术调查、侦查措施收集、提取电子数据的，是否依法经过严格的批准手续；

（五）进行电子数据检查的，检查程序是否符合有关规定。

第一百一十三条 电子数据的收集、提取程序有下列瑕疵，经补正或者作出合理解释的，可以采用；不能补正或者作出合理解释的，不得作为定案的根据：

（一）未以封存状态移送的；

（二）笔录或者清单上没有调查人员或者侦查人员、电子数据持有人、提供人、见证人签名或者盖章的；

（三）对电子数据的名称、类别、格式等注明不清的；

（四）有其他瑕疵的。

第一百一十四条 电子数据具有下列情形之一的，不得作为定案的根据：

（一）系篡改、伪造或者无法确定真伪的；

（二）有增加、删除、修改等情形，影响电子数据真实性的；

（三）其他无法保证电子数据真实性的情形。

第一百一十五条 对视听资料、电子数据，还应当审查是否移送文字抄清材料以及对绰号、暗语、俗语、方言等不易理解内容的说明。未移送的，必要时，可以要求人民检察院移送。

第八节 技术调查、侦查证据的审查与认定

第一百一十六条 依法采取技术调查、侦查措施收集的材料在刑事诉讼中可以作为证据使用。

采取技术调查、侦查措施收集的材料，作为证据使用的，应当随案移送。

第一百一十七条 使用采取技术调查、侦查措施收集的证据材料可能危及有关人员的人身安全，或者可能产生其他严重后果的，可以采取下列保护措施：

（一）使用化名等代替调查、侦查人员及有关人员的个人信息；

（二）不具体写明技术调查、侦查措施使用的技术设备和技术方法；

（三）其他必要的保护措施。

第一百一十八条 移送技术调查、侦查证据材料的,应当附采取技术调查、侦查措施的法律文书、技术调查、侦查证据材料清单和有关说明材料。

移送采用技术调查、侦查措施收集的视听资料、电子数据的,应当制作新的存储介质,并附制作说明,写明原始证据材料、原始存储介质的存放地点等信息,由制作人签名,并加盖单位印章。

第一百一十九条 对采取技术调查、侦查措施收集的证据材料,除根据相关证据材料所属的证据种类,依照本章第二节至第七节的相应规定进行审查外,还应当着重审查以下内容:

(一)技术调查、侦查措施所针对的案件是否符合法律规定;

(二)技术调查措施是否经过严格的批准手续,按照规定交有关机关执行;技术侦查措施是否在刑事立案后,经过严格的批准手续;

(三)采取技术调查、侦查措施的种类、适用对象和期限是否按照批准决定载明的内容执行;

(四)采取技术调查、侦查措施收集的证据材料与其他证据是否矛盾;存在矛盾的,能否得到合理解释。

第一百二十条 采取技术调查、侦查措施收集的证据材料,应当经过当庭出示、辨认、质证等法庭调查程序查证。

当庭调查技术调查、侦查证据材料可能危及有关人员的人身安全,或者可能产生其他严重后果的,法庭应当采取不暴露有关人员身份和技术调查、侦查措施使用的技术设备、技术方法等保护措施。必要时,审判人员可以在庭外对证据进行核实。

第一百二十一条 采用技术调查、侦查证据作为定案根据的,人民法院在裁判文书中可以表述相关证据的名称、证据种类和证明对象,但不得表述有关人员身份和技术调查、侦查措施使用的技术设备、技术方法等。

第一百二十二条 人民法院认为应当移送的技术调查、侦查证据材料未随案移送的,应当通知人民检察院在指定时间内移送。人民检察院未移送的,人民法院应当根据在案证据对案件事实作出认定。

第九节 非法证据排除

第一百二十三条 采用下列非法方法收集的被告人供述,应当予以排除:

(一)采用殴打、违法使用戒具等暴力方法或者变相肉刑的恶劣手段,使被告人遭受难以忍受的痛苦而违背意愿作出的供述;

(二)采用以暴力或者严重损害本人及其近亲属合法权益等相威胁的方法,使被告人遭受难以忍受的痛苦而违背意愿作出的供述;

(三)采用非法拘禁等非法限制人身自由的方法收集的被告人供述。

第一百二十四条 采用刑讯逼供方法使被告人作出供述,之后被告人受该刑讯逼供行为影响而作出的与该供述相同的重复性供述,应当一并排除,但下列情形除外:

(一)调查、侦查期间,监察机关、侦查机关根据控告、举报或者自己发现等,确认或者不能排除以非法方法收集证据而更换调查、侦查人员,其他调查、侦查人员再次讯问时告知有关权利和认罪的法律后果,被告人自愿供述的;

(二)审查逮捕、审查起诉和审判期间,

检察人员、审判人员讯问时告知诉讼权利和认罪的法律后果,被告人自愿供述的。

第一百二十五条 采用暴力、威胁以及非法限制人身自由等非法方法收集的证人证言、被害人陈述,应当予以排除。

第一百二十六条 收集物证、书证不符合法定程序,可能严重影响司法公正的,应当予以补正或者作出合理解释;不能补正或者作出合理解释的,对该证据应当予以排除。

认定"可能严重影响司法公正",应当综合考虑收集证据违反法定程序以及所造成后果的严重程度等情况。

第一百二十七条 当事人及其辩护人、诉讼代理人申请人民法院排除以非法方法收集的证据的,应当提供涉嫌非法取证的人员、时间、地点、方式、内容等相关线索或者材料。

第一百二十八条 人民法院向被告人及其辩护人送达起诉书副本时,应当告知其申请排除非法证据的,应当在开庭审理前提出,但庭审期间才发现相关线索或者材料的除外。

第一百二十九条 开庭审理前,当事人及其辩护人、诉讼代理人申请人民法院排除非法证据的,人民法院应当在开庭前及时将申请书或者申请笔录及相关线索、材料的复制件送交人民检察院。

第一百三十条 开庭审理前,人民法院可以召开庭前会议,就非法证据排除等问题了解情况,听取意见。

在庭前会议中,人民检察院可以通过出示有关证据材料等方式,对证据收集的合法性加以说明。必要时,可以通知调查人员、侦查人员或者其他人员参加庭前会议,说明情况。

第一百三十一条 在庭前会议中,人民检察院可以撤回有关证据。撤回的证据,没有新的理由,不得在庭审中出示。

当事人及其辩护人、诉讼代理人可以撤回排除非法证据的申请。撤回申请后,没有新的线索或者材料,不得再次对有关证据提出排除申请。

第一百三十二条 当事人及其辩护人、诉讼代理人在开庭审理前未申请排除非法证据,在庭审过程中提出申请的,应当说明理由。人民法院经审查,对证据收集的合法性有疑问的,应当进行调查;没有疑问的,驳回申请。

驳回排除非法证据的申请后,当事人及其辩护人、诉讼代理人没有新的线索或者材料,以相同理由再次提出申请的,人民法院不再审查。

第一百三十三条 控辩双方在庭前会议中对证据收集是否合法未达成一致意见,人民法院对证据收集的合法性有疑问的,应当在庭审中进行调查;对证据收集的合法性没有疑问,且无新的线索或者材料表明可能存在非法取证的,可以决定不再进行调查并说明理由。

第一百三十四条 庭审期间,法庭决定对证据收集的合法性进行调查的,应当先行当庭调查。但为防止庭审过分迟延,也可以在法庭调查结束前调查。

第一百三十五条 法庭决定对证据收集的合法性进行调查的,由公诉人通过宣读调查、侦查讯问笔录、出示提讯登记、体检记录、对讯问合法性的核查材料等证据材料,有针对性地播放讯问录音录像,提请法庭通知有关调查人员、侦查人员或者其他人员出庭说明情况等方式,证明证据收集的合法性。

讯问录音录像涉及国家秘密、商业秘密、个人隐私或者其他不宜公开内容的,法庭可以决定对讯问录音录像不公开播放、质证。

公诉人提交的取证过程合法的说明材料,应当经有关调查人员、侦查人员签名,并加盖单位印章。未经签名或者盖章的,不得作为证据使用。上述说明材料不能单独作为证明取证过程合法的根据。

第一百三十六条 控辩双方申请法庭通知调查人员、侦查人员或者其他人员出庭说明情况,法庭认为有必要的,应当通知有关人员出庭。

根据案件情况,法庭可以依职权通知调查人员、侦查人员或者其他人员出庭说明情况。

调查人员、侦查人员或者其他人员出庭的,应当向法庭说明证据收集过程,并就相关情况接受控辩双方和法庭的询问。

第一百三十七条 法庭对证据收集的合法性进行调查后,确认或者不能排除存在刑事诉讼法第五十六条规定的以非法方法收集证据情形的,对有关证据应当排除。

第一百三十八条 具有下列情形之一的,第二审人民法院应当对证据收集的合法性进行审查,并根据刑事诉讼法和本解释的有关规定作出处理:

(一)第一审人民法院对当事人及其辩护人、诉讼代理人排除非法证据的申请没有审查,且以该证据作为定案根据的;

(二)人民检察院或者被告人、自诉人及其法定代理人不服第一审人民法院作出的有关证据收集合法性的调查结论,提出抗诉、上诉的;

(三)当事人及其辩护人、诉讼代理人在第一审结束后才发现相关线索或者材料,申请人民法院排除非法证据的。

第十节 证据的综合审查与运用

第一百三十九条 对证据的真实性,应当综合全案证据进行审查。

对证据的证明力,应当根据具体情况,从证据与案件事实的关联程度、证据之间的联系等方面进行审查判断。

第一百四十条 没有直接证据,但间接证据同时符合下列条件的,可以认定被告人有罪:

(一)证据已经查证属实;

(二)证据之间相互印证,不存在无法排除的矛盾和无法解释的疑问;

(三)全案证据形成完整的证据链;

(四)根据证据认定案件事实足以排除合理怀疑,结论具有唯一性;

(五)运用证据进行的推理符合逻辑和经验。

第一百四十一条 根据被告人的供述、指认提取到了隐蔽性很强的物证、书证,且被告人的供述与其他证明犯罪事实发生的证据相互印证,并排除串供、逼供、诱供等可能性的,可以认定被告人有罪。

第一百四十二条 对监察机关、侦查机关出具的被告人到案经过、抓获经过等材料,应当审查是否有出具该说明材料的办案人员、办案机关的签名、盖章。

对到案经过、抓获经过或者确定被告人有重大嫌疑的根据有疑问的,应当通知人民检察院补充说明。

第一百四十三条 下列证据应当慎重使用,有其他证据印证的,可以采信:

(一)生理上、精神上有缺陷,对案件事实的认知和表达存在一定困难,但尚未丧失正确认知、表达能力的被害人、证人和被告人所作的陈述、证言和供述；

（二）与被告人有亲属关系或者其他密切关系的证人所作的有利于被告人的证言，或者与被告人有利害冲突的证人所作的不利于被告人的证言。

第一百四十四条 证明被告人自首、坦白、立功的证据材料，没有加盖接受被告人投案、坦白、检举揭发等的单位的印章，或者接受人员没有签名的，不得作为定案的根据。

对被告人及其辩护人提出有自首、坦白、立功的事实和理由，有关机关未予认定，或者有关机关提出被告人有自首、坦白、立功表现，但证据材料不全的，人民法院应当要求有关机关提供证明材料，或者要求有关人员作证，并结合其他证据作出认定。

第一百四十五条 证明被告人具有累犯、毒品再犯情节等的证据材料，应当包括前罪的裁判文书、释放证明等材料；材料不全的，应当通知人民检察院提供。

第一百四十六条 审查被告人实施被指控的犯罪时或者审判时是否达到相应法定责任年龄，应当根据户籍证明、出生证明文件、学籍卡、人口普查登记、无利害关系人的证言等证据综合判断。

证明被告人已满十二周岁、十四周岁、十六周岁、十八周岁或者不满七十五周岁的证据不足的，应当作出有利于被告人的认定。

第五章 强制措施

第一百四十七条 人民法院根据案件情况，可以决定对被告人拘传、取保候审、监视居住或者逮捕。

对被告人采取、撤销或者变更强制措施的，由院长决定；决定继续取保候审、监视居住的，可以由合议庭或者独任审判员决定。

第一百四十八条 对经依法传唤拒不到庭的被告人，或者根据案件情况有必要拘传的被告人，可以拘传。

拘传被告人，应当由院长签发拘传票，由司法警察执行，执行人员不得少于二人。

拘传被告人，应当出示拘传票。对抗拒拘传的被告人，可以使用戒具。

第一百四十九条 拘传被告人，持续的时间不得超过十二小时；案情特别重大、复杂，需要采取逮捕措施的，持续的时间不得超过二十四小时。不得以连续拘传的形式变相拘禁被告人。应当保证被拘传人的饮食和必要的休息时间。

第一百五十条 被告人具有刑事诉讼法第六十七条第一款规定情形之一的，人民法院可以决定取保候审。

对被告人决定取保候审的，应当责令其提出保证人或者交纳保证金，不得同时使用保证人保证与保证金保证。

第一百五十一条 对下列被告人决定取保候审的，可以责令其提出一至二名保证人：

（一）无力交纳保证金的；

（二）未成年或者已满七十五周岁的；

（三）不宜收取保证金的其他被告人。

第一百五十二条 人民法院应当审查保证人是否符合法定条件。符合条件的，应当告知其必须履行的保证义务，以及不履行义务的法律后果，并由其出具保证书。

第一百五十三条 对决定取保候审的被告人使用保证金保证的，应当依照刑事诉讼法第七十二条第一款的规定确定保证金的具体数额,并责令被告人或者为其提供保证金的单位、个人将保证金一次性存入公安机关指定银行的专门账户。

第一百五十四条 人民法院向被告人宣布取保候审决定后,应当将取保候审决定书等相关材料送交当地公安机关。

对被告人使用保证金保证的,应当在核实保证金已经存入公安机关指定银行的专门账户后,将银行出具的收款凭证一并送交公安机关。

第一百五十五条 被告人被取保候审期间,保证人不愿继续履行保证义务或者丧失履行保证义务能力的,人民法院应当在收到保证人的申请或者公安机关的书面通知后三日以内,责令被告人重新提出保证人或者交纳保证金,或者变更强制措施,并通知公安机关。

第一百五十六条 人民法院发现保证人未履行保证义务的,应当书面通知公安机关依法处理。

第一百五十七条 根据案件事实和法律规定,认为已经构成犯罪的被告人在取保候审期间逃匿的,如果系保证人协助被告人逃匿,或者保证人明知被告人藏匿地点但拒绝向司法机关提供,对保证人应当依法追究责任。

第一百五十八条 人民法院发现使用保证金保证的被取保候审人违反刑事诉讼法第七十一条第一款、第二款规定的,应当书面通知公安机关依法处理。

人民法院收到公安机关已经没收保证金的书面通知或者变更强制措施的建议后,应当区别情形,在五日以内责令被告人具结悔过,重新交纳保证金或者提出保证人,或者变更强制措施,并通知公安机关。

人民法院决定对被依法没收保证金的被告人继续取保候审的,取保候审的期限连续计算。

第一百五十九条 对被取保候审的被告人的判决、裁定生效后,如果保证金属于其个人财产,且需要用以退赔被害人、履行附带民事赔偿义务或者执行财产刑的,人民法院可以书面通知公安机关移交全部保证金,由人民法院作出处理,剩余部分退还被告人。

第一百六十条 对具有刑事诉讼法第七十四条第一款、第二款规定情形的被告人,人民法院可以决定监视居住。

人民法院决定对被告人监视居住的,应当核实其住处;没有固定住处的,应当为其指定居所。

第一百六十一条 人民法院向被告人宣布监视居住决定后,应当将监视居住决定书等相关材料送交被告人住处或者指定居所所在地的公安机关执行。

对被告人指定居所监视居住后,人民法院应当在二十四小时以内,将监视居住的原因和处所通知其家属;确实无法通知的,应当记录在案。

第一百六十二条 人民检察院、公安机关已经对犯罪嫌疑人取保候审、监视居住,案件起诉至人民法院后,需要继续取保候审、监视居住或者变更强制措施的,人民法院应当在七日以内作出决定,并通知人民检察院、公安机关。

决定继续取保候审、监视居住的,应当重新办理手续,期限重新计算;继续使用保证金保证的,不再收取保证金。

第一百六十三条 对具有刑事诉讼法第八十一条第一款、第三款规定情形的被告人,人民法院应当决定逮捕。

第一百六十四条 被取保候审的被告

人具有下列情形之一的,人民法院应当决定逮捕:

(一)故意实施新的犯罪的;

(二)企图自杀或者逃跑的;

(三)毁灭、伪造证据,干扰证人作证或者串供的;

(四)打击报复、恐吓滋扰被害人、证人、鉴定人、举报人、控告人等的;

(五)经传唤,无正当理由不到案,影响审判活动正常进行的;

(六)擅自改变联系方式或者居住地,导致无法传唤,影响审判活动正常进行的;

(七)未经批准,擅自离开所居住的市、县,影响审判活动正常进行,或者两次未经批准,擅自离开所居住的市、县的;

(八)违反规定进入特定场所、与特定人员会见或者通信、从事特定活动,影响审判活动正常进行,或者两次违反有关规定的;

(九)依法应当决定逮捕的其他情形。

第一百六十五条 被监视居住的被告人具有下列情形之一的,人民法院应当决定逮捕:

(一)具有前条第一项至第五项规定情形之一的;

(二)未经批准,擅自离开执行监视居住的处所,影响审判活动正常进行,或者两次未经批准,擅自离开执行监视居住的处所的;

(三)未经批准,擅自会见他人或者通信,影响审判活动正常进行,或者两次未经批准,擅自会见他人或者通信的;

(四)对因患有严重疾病、生活不能自理,或者因怀孕、正在哺乳自己婴儿而未予逮捕的被告人,疾病痊愈或者哺乳期已满的;

(五)依法应当决定逮捕的其他情形。

第一百六十六条 对可能判处徒刑以下刑罚的被告人,违反取保候审、监视居住规定,严重影响诉讼活动正常进行的,可以决定逮捕。

第一百六十七条 人民法院作出逮捕决定后,应当将逮捕决定书等相关材料送交公安机关执行,并将逮捕决定书抄送人民检察院。逮捕被告人后,人民法院应当将逮捕的原因和羁押的处所,在二十四小时以内通知其家属;确实无法通知的,应当记录在案。

第一百六十八条 人民法院对决定逮捕的被告人,应当在逮捕后二十四小时以内讯问。发现不应当逮捕的,应当立即释放。必要时,可以依法变更强制措施。

第一百六十九条 被逮捕的被告人具有下列情形之一的,人民法院可以变更强制措施:

(一)患有严重疾病、生活不能自理的;

(二)怀孕或者正在哺乳自己婴儿的;

(三)系生活不能自理的人的唯一扶养人。

第一百七十条 被逮捕的被告人具有下列情形之一的,人民法院应当立即释放;必要时,可以依法变更强制措施:

(一)第一审人民法院判决被告人无罪、不负刑事责任或者免予刑事处罚的;

(二)第一审人民法院判处管制、宣告缓刑、单独适用附加刑,判决尚未发生法律效力的;

(三)被告人被羁押的时间已到第一审人民法院对其判处的刑期期限的;

(四)案件不能在法律规定的期限内审结的。

第一百七十一条 人民法院决定释放

被告人的，应当立即将释放通知书送交公安机关执行。

第一百七十二条 被采取强制措施的被告人，被判处管制、缓刑的，在社区矫正开始后，强制措施自动解除；被单处附加刑的，在判决、裁定发生法律效力后，强制措施自动解除；被判处监禁刑的，在刑罚开始执行后，强制措施自动解除。

第一百七十三条 对人民法院决定逮捕的被告人，人民检察院建议释放或者变更强制措施的，人民法院应当在收到建议后十日以内将处理情况通知人民检察院。

第一百七十四条 被告人及其法定代理人、近亲属或者辩护人申请变更、解除强制措施的，应当说明理由。人民法院收到申请后，应当在三日以内作出决定。同意变更、解除强制措施的，应当依照本解释规定处理；不同意的，应当告知申请人，并说明理由。

第六章 附带民事诉讼

第一百七十五条 被害人因人身权利受到犯罪侵犯或者财物被犯罪分子毁坏而遭受物质损失的，有权在刑事诉讼过程中提起附带民事诉讼；被害人死亡或者丧失行为能力的，其法定代理人、近亲属有权提起附带民事诉讼。

因受到犯罪侵犯，提起附带民事诉讼或者单独提起民事诉讼要求赔偿精神损失的，人民法院一般不予受理。

第一百七十六条 被告人非法占有、处置被害人财产的，应当依法予以追缴或者责令退赔。被害人提起附带民事诉讼的，人民法院不予受理。追缴、退赔的情况，可以作为量刑情节考虑。

第一百七十七条 国家机关工作人员在行使职权时，侵犯他人人身、财产权利构成犯罪，被害人或者其法定代理人、近亲属提起附带民事诉讼的，人民法院不予受理，但应当告知其可以依法申请国家赔偿。

第一百七十八条 人民法院受理刑事案件后，对符合刑事诉讼法第一百零一条和本解释第一百七十五条第一款规定的，可以告知被害人或者其法定代理人、近亲属有权提起附带民事诉讼。

有权提起附带民事诉讼的人放弃诉讼权利的，应当准许，并记录在案。

第一百七十九条 国家财产、集体财产遭受损失，受损失的单位未提起附带民事诉讼，人民检察院在提起公诉时提起附带民事诉讼的，人民法院应当受理。

人民检察院提起附带民事诉讼的，应当列为附带民事诉讼原告人。

被告人非法占有、处置国家财产、集体财产的，依照本解释第一百七十六条的规定处理。

第一百八十条 附带民事诉讼中依法负有赔偿责任的人包括：

（一）刑事被告人以及未被追究刑事责任的其他共同侵害人；

（二）刑事被告人的监护人；

（三）死刑罪犯的遗产继承人；

（四）共同犯罪案件中，案件审结前死亡的被告人的遗产继承人；

（五）对被害人的物质损失依法应当承担赔偿责任的其他单位和个人。

附带民事诉讼被告人的亲友自愿代为赔偿的，可以准许。

第一百八十一条 被害人或者其法定代理人、近亲属仅对部分共同侵害人提起附带民事诉讼的，人民法院应当告知其可以对其他共同侵害人，包括没有被追究刑事责任的共同侵害人,一并提起附带民事诉讼,但共同犯罪案件中同案犯在逃的除外。

被害人或者其法定代理人、近亲属放弃对其他共同侵害人的诉讼权利的,人民法院应当告知其相应法律后果,并在裁判文书中说明其放弃诉讼请求的情况。

第一百八十二条 附带民事诉讼的起诉条件是:

(一)起诉人符合法定条件;

(二)有明确的被告人;

(三)有请求赔偿的具体要求和事实、理由;

(四)属于人民法院受理附带民事诉讼的范围。

第一百八十三条 共同犯罪案件,同案犯在逃的,不应列为附带民事诉讼被告人。逃跑的同案犯到案后,被害人或者其法定代理人、近亲属可以对其提起附带民事诉讼,但已经从其他共同犯罪人处获得足额赔偿的除外。

第一百八十四条 附带民事诉讼应当在刑事案件立案后及时提起。

提起附带民事诉讼应当提交附带民事起诉状。

第一百八十五条 侦查、审查起诉期间,有权提起附带民事诉讼的人提出赔偿要求,经公安机关、人民检察院调解,当事人双方已经达成协议并全部履行,被害人或者其法定代理人、近亲属又提起附带民事诉讼的,人民法院不予受理,但有证据证明调解违反自愿、合法原则的除外。

第一百八十六条 被害人或者其法定代理人、近亲属提起附带民事诉讼的,人民法院应当在七日以内决定是否受理。符合刑事诉讼法第一百零一条以及本解释有关规定的,应当受理;不符合的,裁定不予受理。

第一百八十七条 人民法院受理附带民事诉讼后,应当在五日以内将附带民事起诉状副本送达附带民事诉讼被告人及其法定代理人,或者将口头起诉的内容及时通知附带民事诉讼被告人及其法定代理人,并制作笔录。

人民法院送达附带民事起诉状副本时,应当根据刑事案件的审理期限,确定被告人及其法定代理人的答辩准备时间。

第一百八十八条 附带民事诉讼当事人对自己提出的主张,有责任提供证据。

第一百八十九条 人民法院对可能因被告人的行为或者其他原因,使附带民事判决难以执行的案件,根据附带民事诉讼原告人的申请,可以裁定采取保全措施,查封、扣押或者冻结被告人的财产;附带民事诉讼原告人未提出申请的,必要时,人民法院也可以采取保全措施。

有权提起附带民事诉讼的人因情况紧急,不立即申请保全将会使其合法权益受到难以弥补的损害的,可以在提起附带民事诉讼前,向被保全财产所在地、被申请人居住地或者对案件有管辖权的人民法院申请采取保全措施。申请人在人民法院受理刑事案件后十五日以内未提起附带民事诉讼的,人民法院应当解除保全措施。

人民法院采取保全措施,适用民事诉讼法第一百条至第一百零五条的有关规定,但民事诉讼法第一百零一条第三款的规定除外。

第一百九十条 人民法院审理附带民事诉讼案件,可以根据自愿、合法的原则进行调解。经调解达成协议的,应当制作调解书。调解书经双方当事人签收后即具有法律效力。

调解达成协议并即时履行完毕的,可以不制作调解书,但应当制作笔录,经双方当事人、审判人员、书记员签名后即发生法律效力。

第一百九十一条 调解未达成协议或者调解书签收前当事人反悔的,附带民事诉讼应当同刑事诉讼一并判决。

第一百九十二条 对附带民事诉讼作出判决,应当根据犯罪行为造成的物质损失,结合案件具体情况,确定被告人应当赔偿的数额。

犯罪行为造成被害人人身损害的,应当赔偿医疗费、护理费、交通费等为治疗和康复支付的合理费用,以及因误工减少的收入。造成被害人残疾的,还应当赔偿残疾生活辅助器具费等费用;造成被害人死亡的,还应当赔偿丧葬费等费用。

驾驶机动车致人伤亡或者造成公私财产重大损失,构成犯罪的,依照《中华人民共和国道路交通安全法》第七十六条的规定确定赔偿责任。

附带民事诉讼当事人就民事赔偿问题达成调解、和解协议的,赔偿范围、数额不受第二款、第三款规定的限制。

第一百九十三条 人民检察院提起附带民事诉讼的,人民法院经审理,认为附带民事诉讼被告人依法应当承担赔偿责任的,应当判令附带民事诉讼被告人直接向遭受损失的单位作出赔偿;遭受损失的单位已经终止,有权利义务继受人的,应当判令其向继受人作出赔偿;没有权利义务继受人的,应当判令其向人民检察院交付赔偿款,由人民检察院上缴国库。

第一百九十四条 审理刑事附带民事诉讼案件,人民法院应当结合被告人赔偿被害人物质损失的情况认定其悔罪表现,并在量刑时予以考虑。

第一百九十五条 附带民事诉讼原告人经传唤,无正当理由拒不到庭,或者未经法庭许可中途退庭的,应当按撤诉处理。

刑事被告人以外的附带民事诉讼被告人经传唤,无正当理由拒不到庭,或者未经法庭许可中途退庭的,附带民事部分可以缺席判决。

刑事被告人以外的附带民事诉讼被告人下落不明,或者用公告送达以外的其他方式无法送达,可能导致刑事案件审判过分迟延的,可以不将其列为附带民事诉讼被告人,告知附带民事诉讼原告人另行提起民事诉讼。

第一百九十六条 附带民事诉讼应当同刑事案件一并审判,只有为了防止刑事案件审判的过分迟延,才可以在刑事案件审判后,由同一审判组织继续审理附带民事诉讼;同一审判组织的成员确实不能继续参与审判的,可以更换。

第一百九十七条 人民法院认定公诉案件被告人的行为不构成犯罪,对已经提起的附带民事诉讼,经调解不能达成协议的,可以一并作出刑事附带民事判决,也可以告知附带民事原告人另行提起民事诉讼。

人民法院准许人民检察院撤回起诉的公诉案件,对已经提起的附带民事诉讼,可以进行调解;不宜调解或者经调解不能达成协议的,应当裁定驳回起诉,并告知附带民事诉讼原告人可以另行提起民事诉讼。

第一百九十八条 第一审期间未提起附带民事诉讼,在第二审期间提起的,第二审人民法院可以依法进行调解;调解不成的,告知当事人可以在刑事判决、裁定生效后另行提起民事诉讼。

第一百九十九条 人民法院审理附带民事诉讼案件,不收取诉讼费。

第二百条 被害人或者其法定代理人、近亲属在刑事诉讼过程中未提起附带民事诉讼,另行提起民事诉讼的,人民法院可以进行调解,或者根据本解释第一百九十二条第二款、第三款的规定作出判决。

第二百零一条 人民法院审理附带民事诉讼案件,除刑法、刑事诉讼法以及刑事司法解释已有规定的以外,适用民事法律的有关规定。

第七章 期间、送达、审理期限

第二百零二条 以月计算的期间,自本月某日至下月同日为一个月;期限起算日为本月最后一日的,至下月最后一日为一个月;下月同日不存在的,自本月某日至下月最后一日为一个月;半个月一律按十五日计算。

以年计算的刑期,自本年本月某日至次年同月同日的前一日为一年;次年同月同日不存在的,自本年本月某日至次年同月最后一日的前一日为一年。以月计算的刑期,自本月某日至下月同日的前一日为一个月;刑期起算日为本月最后一日的,至下月最后一日的前一日为一个月;下月同日不存在的,自本月某日至下月最后一日的前一日为一个月;半个月一律按十五日计算。

第二百零三条 当事人由于不能抗拒的原因或者有其他正当理由而耽误期限,依法申请继续进行应当在期满前完成的诉讼活动的,人民法院查证属实后,应当裁定准许。

第二百零四条 送达诉讼文书,应当由收件人签收。收件人不在的,可以由其成年家属或者所在单位负责收件的人员代收。收件人或者代收人在送达回证上签收的日期为送达日期。

收件人或者代收人拒绝签收的,送达人可以邀请见证人到场,说明情况,在送达回证上注明拒收的事由和日期,由送达人、见证人签名或者盖章,将诉讼文书留在收件人、代收人的住处或者单位;也可以把诉讼文书留在受送达人的住处,并采用拍照、录像等方式记录送达过程,即视为送达。

第二百零五条 直接送达诉讼文书有困难的,可以委托收件人所在地的人民法院代为送达或者邮寄送达。

第二百零六条 委托送达的,应当将委托函、委托送达的诉讼文书及送达回证寄送受托法院。受托法院收到后,应当登记,在十日以内送达收件人,并将送达回证寄送委托法院;无法送达的,应当告知委托法院,并将诉讼文书及送达回证退回。

第二百零七条 邮寄送达的,应当将诉讼文书、送达回证邮寄给收件人。签收日期为送达日期。

第二百零八条 诉讼文书的收件人是军人的,可以通过其所在部队团级以上单位的政治部门转交。

收件人正在服刑的,可以通过执行机关转交。

收件人正在接受专门矫治教育等的,可以通过相关机构转交。

由有关部门、单位代为转交诉讼文书的,应当请有关部门、单位收到后立即交收件人签收,并将送达回证及时寄送人民法院。

第二百零九条 指定管辖案件的审理

期限,自被指定管辖的人民法院收到指定管辖决定书和案卷、证据材料之日起计算。

第二百一十条 对可能判处死刑的案件或者附带民事诉讼的案件,以及有刑事诉讼法第一百五十八条规定情形之一的案件,上一级人民法院可以批准延长审理期限一次,期限为三个月。因特殊情况还需要延长的,应当报请最高人民法院批准。

申请批准延长审理期限的,应当在期限届满十五日以前层报。有权决定的人民法院不同意的,应当在审理期限届满五日以前作出决定。

因特殊情况报请最高人民法院批准延长审理期限,最高人民法院经审查,予以批准的,可以延长审理期限一至三个月。期限届满案件仍然不能审结的,可以再次提出申请。

第二百一十一条 审判期间,对被告人作精神病鉴定的时间不计入审理期限。

第八章 审判组织

第二百一十二条 合议庭由审判员担任审判长。院长或者庭长参加审理案件时,由其本人担任审判长。

审判员依法独任审判时,行使与审判长相同的职权。

第二百一十三条 基层人民法院、中级人民法院、高级人民法院审判下列第一审刑事案件,由审判员和人民陪审员组成合议庭进行:

(一)涉及群体利益、公共利益的;

(二)人民群众广泛关注或者其他社会影响较大的;

(三)案情复杂或者有其他情形,需要由人民陪审员参加审判的。

基层人民法院、中级人民法院、高级人民法院审判下列第一审刑事案件,由审判员和人民陪审员组成七人合议庭进行:

(一)可能判处十年以上有期徒刑、无期徒刑、死刑,且社会影响重大的;

(二)涉及征地拆迁、生态环境保护、食品药品安全,且社会影响重大的;

(三)其他社会影响重大的。

第二百一十四条 开庭审理和评议案件,应当由同一合议庭进行。合议庭成员在评议案件时,应当独立发表意见并说明理由。意见分歧的,应当按多数意见作出决定,但少数意见应当记入笔录。评议笔录由合议庭的组成人员在审阅确认无误后签名。评议情况应当保密。

第二百一十五条 人民陪审员参加三人合议庭审判案件,应当对事实认定、法律适用独立发表意见,行使表决权。

人民陪审员参加七人合议庭审判案件,应当对事实认定独立发表意见,并与审判员共同表决;对法律适用可以发表意见,但不参加表决。

第二百一十六条 合议庭审理、评议后,应当及时作出判决、裁定。

对下列案件,合议庭应当提请院长决定提交审判委员会讨论决定:

(一)高级人民法院、中级人民法院拟判处死刑立即执行的案件,以及中级人民法院拟判处死刑缓期执行的案件;

(二)本院已经发生法律效力的判决、裁定确有错误需要再审的案件;

(三)人民检察院依照审判监督程序提出抗诉的案件。

对合议庭成员意见有重大分歧的案件、新类型案件、社会影响重大的案件以及其他疑难、复杂、重大的案件,合议庭认为难以作出决定的，可以提请院长决定提交审判委员会讨论决定。

人民陪审员可以要求合议庭将案件提请院长决定是否提交审判委员会讨论决定。

对提请院长决定提交审判委员会讨论决定的案件，院长认为不必要的，可以建议合议庭复议一次。

独任审判的案件，审判员认为有必要的，也可以提请院长决定提交审判委员会讨论决定。

第二百一十七条 审判委员会的决定，合议庭、独任审判员应当执行；有不同意见的，可以建议院长提交审判委员会复议。

第九章 公诉案件第一审普通程序

第一节 审查受理与庭前准备

第二百一十八条 对提起公诉的案件，人民法院应当在收到起诉书（一式八份，每增加一名被告人，增加起诉书五份）和案卷、证据后，审查以下内容：

（一）是否属于本院管辖；

（二）起诉书是否写明被告人的身份，是否受过或者正在接受刑事处罚、行政处罚、处分，被采取留置措施的情况，被采取强制措施的时间、种类、羁押地点，犯罪的时间、地点、手段、后果以及其他可能影响定罪量刑的情节；有多起犯罪事实的，是否在起诉书中将事实分别列明；

（三）是否移送证明指控犯罪事实及影响量刑的证据材料，包括采取技术调查、侦查措施的法律文书和所收集的证据材料；

（四）是否查封、扣押、冻结被告人的违法所得或者其他涉案财物，查封、扣押、冻结是否逾期；是否随案移送涉案财物、附涉案财物清单；是否列明涉案财物权属情况；是否就涉案财物处理提供相关证据材料；

（五）是否列明被害人的姓名、住址、联系方式；是否附有证人、鉴定人名单；是否申请法庭通知证人、鉴定人、有专门知识的人出庭，并列明有关人员的姓名、性别、年龄、职业、住址、联系方式；是否附有需要保护的证人、鉴定人、被害人名单；

（六）当事人已委托辩护人、诉讼代理人或者已接受法律援助的，是否列明辩护人、诉讼代理人的姓名、住址、联系方式；

（七）是否提起附带民事诉讼；提起附带民事诉讼的，是否列明附带民事诉讼当事人的姓名、住址、联系方式等，是否附有相关证据材料；

（八）监察调查、侦查、审查起诉程序的各种法律手续和诉讼文书是否齐全；

（九）被告人认罪认罚的，是否提出量刑建议、移送认罪认罚具结书等材料；

（十）有无刑事诉讼法第十六条第二项至第六项规定的不追究刑事责任的情形。

第二百一十九条 人民法院对提起公诉的案件审查后，应当按照下列情形分别处理：

（一）不属于本院管辖的，应当退回人民检察院；

（二）属于刑事诉讼法第十六条第二项至第六项规定情形的，应当退回人民检察院；属于告诉才处理的案件，应当同时告知被害人有权提起自诉；

（三）被告人不在案的，应当退回人民检察院；但是，对人民检察院按照缺席审判程序提起公诉的，应当依照本解释第二十四章的规定作出处理；

（四）不符合前条第二项至第九项规定之一，需要补充材料的，应当通知人民检察院在三日以内补送；

（五）依照刑事诉讼法第二百条第三项规定宣告被告人无罪后，人民检察院根据新的事实、证据重新起诉的，应当依法受理；

（六）依照本解释第二百九十六条规定裁定准许撤诉的案件，没有新的影响定罪量刑的事实、证据，重新起诉的，应当退回人民检察院；

（七）被告人真实身份不明，但符合刑事诉讼法第一百六十条第二款规定的，应当依法受理。

对公诉案件是否受理，应当在七日以内审查完毕。

第二百二十条 对一案起诉的共同犯罪或者关联犯罪案件，被告人人数众多、案情复杂，人民法院经审查认为，分案审理更有利于保障庭审质量和效率的，可以分案审理。分案审理不得影响当事人质证权等诉讼权利的行使。

对分案起诉的共同犯罪或者关联犯罪案件，人民法院经审查认为，合并审理更有利于查明案件事实、保障诉讼权利、准确定罪量刑的，可以并案审理。

第二百二十一条 开庭审理前，人民法院应当进行下列工作：

（一）确定审判长及合议庭组成人员；

（二）开庭十日以前将起诉书副本送达被告人、辩护人；

（三）通知当事人、法定代理人、辩护人、诉讼代理人在开庭五日以前提供证人、鉴定人名单，以及拟当庭出示的证据；申请证人、鉴定人、有专门知识的人出庭的，应当列明有关人员的姓名、性别、年龄、职业、住址、联系方式；

（四）开庭三日以前将开庭的时间、地点通知人民检察院；

（五）开庭三日以前将传唤当事人的传票和通知辩护人、诉讼代理人、法定代理人、证人、鉴定人等出庭的通知书送达；通知有关人员出庭，也可以采取电话、短信、传真、电子邮件、即时通讯等能够确认对方收悉的方式；对被害人人数众多的涉众型犯罪案件，可以通过互联网公布相关文书，通知有关人员出庭；

（六）公开审理的案件，在开庭三日以前公布案由、被告人姓名、开庭时间和地点。

上述工作情况应当记录在案。

第二百二十二条 审判案件应当公开进行。

案件涉及国家秘密或者个人隐私的，不公开审理；涉及商业秘密，当事人提出申请的，法庭可以决定不公开审理。

不公开审理的案件，任何人不得旁听，但具有刑事诉讼法第二百八十五条规定情形的除外。

第二百二十三条 精神病人、醉酒的人、未经人民法院批准的未成年人以及其他不宜旁听的人不得旁听案件审理。

第二百二十四条 被害人人数众多，且案件不属于附带民事诉讼范围的，被害人可以推选若干代表人参加庭审。

第二百二十五条 被害人、诉讼代理人经传唤或者通知未到庭，不影响开庭审理的，人民法院可以开庭审理。

辩护人经通知未到庭，被告人同意的，人民法院可以开庭审理，但被告人属于应当提供法律援助情形的除外。

第二节　庭前会议与庭审衔接

第二百二十六条　案件具有下列情形之一的，人民法院可以决定召开庭前会议：

（一）证据材料较多、案情重大复杂的；

（二）控辩双方对事实、证据存在较大争议的；

（三）社会影响重大的；

（四）需要召开庭前会议的其他情形。

第二百二十七条　控辩双方可以申请人民法院召开庭前会议，提出申请应当说明理由。人民法院经审查认为有必要的，应当召开庭前会议；决定不召开的，应当告知申请人。

第二百二十八条　庭前会议可以就下列事项向控辩双方了解情况，听取意见：

（一）是否对案件管辖有异议；

（二）是否申请有关人员回避；

（三）是否申请不公开审理；

（四）是否申请排除非法证据；

（五）是否提供新的证据材料；

（六）是否申请重新鉴定或者勘验；

（七）是否申请收集、调取证明被告人无罪或者罪轻的证据材料；

（八）是否申请证人、鉴定人、有专门知识的人、调查人员、侦查人员或者其他人员出庭，是否对出庭人员名单有异议；

（九）是否对涉案财物的权属情况和人民检察院的处理建议有异议；

（十）与审判相关的其他问题。

庭前会议中，人民法院可以开展附带民事调解。

对第一款规定中可能导致庭审中断的程序性事项，人民法院可以在庭前会议后依法作出处理，并在庭审中说明处理决定和理由。控辩双方没有新的理由，在庭审中再次提出有关申请或者异议的，法庭可以在说明庭前会议情况和处理决定理由后，依法予以驳回。

庭前会议情况应当制作笔录，由参会人员核对后签名。

第二百二十九条　庭前会议中，审判人员可以询问控辩双方对证据材料有无异议，对有异议的证据，应当在庭审时重点调查；无异议的，庭审时举证、质证可以简化。

第二百三十条　庭前会议由审判长主持，合议庭其他审判员也可以主持庭前会议。

召开庭前会议应当通知公诉人、辩护人到场。

庭前会议准备就非法证据排除了解情况、听取意见，或者准备询问控辩双方对证据材料的意见的，应当通知被告人到场。有多名被告人的案件，可以根据情况确定参加庭前会议的被告人。

第二百三十一条　庭前会议一般不公开进行。

根据案件情况，庭前会议可以采用视频等方式进行。

第二百三十二条　人民法院在庭前会议中听取控辩双方对案件事实、证据材料的意见后，对明显事实不清、证据不足的案件，可以建议人民检察院补充材料或者撤回起诉。建议撤回起诉的案件，人民检察院不同意的，开庭审理后，没有新的事实和理由，一般不准许撤回起诉。

第二百三十三条　对召开庭前会议的案件，可以在开庭时告知庭前会议情况。对庭前会议中达成一致意见的事项，法庭在向控辩双方核实后，可以当庭予以确认；未达成一致意见的事项，法庭可以归纳控辩双方争议焦点,听取控辩双方意见,依法作出处理。

控辩双方在庭前会议中就有关事项达成一致意见,在庭审中反悔的,除有正当理由外,法庭一般不再进行处理。

第三节　宣布开庭与法庭调查

第二百三十四条　开庭审理前,书记员应当依次进行下列工作:

(一)受审判长委托,查明公诉人、当事人、辩护人、诉讼代理人、证人及其他诉讼参与人是否到庭;

(二)核实旁听人员中是否有证人、鉴定人、有专门知识的人;

(三)请公诉人、辩护人、诉讼代理人及其他诉讼参与人入庭;

(四)宣读法庭规则;

(五)请审判长、审判员、人民陪审员入庭;

(六)审判人员就座后,向审判长报告开庭前的准备工作已经就绪。

第二百三十五条　审判长宣布开庭,传被告人到庭后,应当查明被告人的下列情况:

(一)姓名、出生日期、民族、出生地、文化程度、职业、住址,或者被告单位的名称、住所地、法定代表人、实际控制人以及诉讼代表人的姓名、职务;

(二)是否受过刑事处罚、行政处罚、处分及其种类、时间;

(三)是否被采取留置措施及留置的时间,是否被采取强制措施及强制措施的种类、时间;

(四)收到起诉书副本的日期;有附带民事诉讼的,附带民事诉讼被告人收到附带民事起诉状的日期。

被告人较多的,可以在开庭前查明上述情况,但开庭时审判长应当作出说明。

第二百三十六条　审判长宣布案件的来源、起诉的案由、附带民事诉讼当事人的姓名及是否公开审理;不公开审理的,应当宣布理由。

第二百三十七条　审判长宣布合议庭组成人员、法官助理、书记员、公诉人的名单,以及辩护人、诉讼代理人、鉴定人、翻译人员等诉讼参与人的名单。

第二百三十八条　审判长应当告知当事人及其法定代理人、辩护人、诉讼代理人在法庭审理过程中依法享有下列诉讼权利:

(一)可以申请合议庭组成人员、法官助理、书记员、公诉人、鉴定人和翻译人员回避;

(二)可以提出证据,申请通知新的证人到庭、调取新的证据,申请重新鉴定或者勘验;

(三)被告人可以自行辩护;

(四)被告人可以在法庭辩论终结后作最后陈述。

第二百三十九条　审判长应当询问当事人及其法定代理人、辩护人、诉讼代理人是否申请回避、申请何人回避和申请回避的理由。

当事人及其法定代理人、辩护人、诉讼代理人申请回避的,依照刑事诉讼法及本解释的有关规定处理。

同意或者驳回回避申请的决定及复议决定,由审判长宣布,并说明理由。必要时,也可以由院长到庭宣布。

第二百四十条　审判长宣布法庭调查开始后,应当先由公诉人宣读起诉书;公诉人宣读起诉书后,审判长应当询问被告人对起诉书指控的犯罪事实和罪名有无异议。

有附带民事诉讼的,公诉人宣读起诉书后,由附带民事诉讼原告人或者其法定代理人、诉讼代理人宣读附带民事起诉状。

第二百四十一条 在审判长主持下,被告人、被害人可以就起诉书指控的犯罪事实分别陈述。

第二百四十二条 在审判长主持下,公诉人可以就起诉书指控的犯罪事实讯问被告人。

经审判长准许,被害人及其法定代理人、诉讼代理人可以就公诉人讯问的犯罪事实补充发问;附带民事诉讼原告人及其法定代理人、诉讼代理人可以就附带民事部分的事实向被告人发问;被告人的法定代理人、辩护人,附带民事诉讼被告人及其法定代理人、诉讼代理人可以在控诉方、附带民事诉讼原告方就某一问题讯问、发问完毕后向被告人发问。

根据案件情况,就证据问题对被告人的讯问、发问可以在举证、质证环节进行。

第二百四十三条 讯问同案审理的被告人,应当分别进行。

第二百四十四条 经审判长准许,控辩双方可以向被害人、附带民事诉讼原告人发问。

第二百四十五条 必要时,审判人员可以讯问被告人,也可以向被害人、附带民事诉讼当事人发问。

第二百四十六条 公诉人可以提请法庭通知证人、鉴定人、有专门知识的人、调查人员、侦查人员或者其他人员出庭,或者出示证据。被害人及其法定代理人、诉讼代理人,附带民事诉讼原告人及其诉讼代理人也可以提出申请。

在控诉方举证后,被告人及其法定代理人、辩护人可以提请法庭通知证人、鉴定人、有专门知识的人、调查人员、侦查人员或者其他人员出庭,或者出示证据。

第二百四十七条 控辩双方申请证人出庭作证,出示证据,应当说明证据的名称、来源和拟证明的事实。法庭认为有必要的,应当准许;对方提出异议,认为有关证据与案件无关或者明显重复、不必要,法庭经审查异议成立的,可以不予准许。

第二百四十八条 已经移送人民法院的案卷和证据材料,控辩双方需要出示的,可以向法庭提出申请,法庭可以准许。案卷和证据材料应当在质证后当庭归还。

需要播放录音录像或者需要将证据材料交由法庭、公诉人或者诉讼参与人查看的,法庭可以指令值庭法警或者相关人员予以协助。

第二百四十九条 公诉人、当事人或者辩护人、诉讼代理人对证人证言有异议,且该证人证言对定罪量刑有重大影响,或者对鉴定意见有异议,人民法院认为证人、鉴定人有必要出庭作证的,应当通知证人、鉴定人出庭。

控辩双方对侦破经过、证据来源、证据真实性或者合法性等有异议,申请调查人员、侦查人员或者有关人员出庭,人民法院认为有必要的,应当通知调查人员、侦查人员或者有关人员出庭。

第二百五十条 公诉人、当事人及其辩护人、诉讼代理人申请法庭通知有专门知识的人出庭,就鉴定意见提出意见的,应当说明理由。法庭认为有必要的,应当通知有专门知识的人出庭。

申请有专门知识的人出庭,不得超过二人。有多种类鉴定意见的,可以相应增加人数。

第二百五十一条 为查明案件事实、调查核实证据，人民法院可以依职权通知证人、鉴定人、有专门知识的人、调查人员、侦查人员或者其他人员出庭。

第二百五十二条 人民法院通知有关人员出庭的，可以要求控辩双方予以协助。

第二百五十三条 证人具有下列情形之一，无法出庭作证的，人民法院可以准许其不出庭：

（一）庭审期间身患严重疾病或者行动极为不便的；

（二）居所远离开庭地点且交通极为不便的；

（三）身处国外短期无法回国的；

（四）有其他客观原因，确实无法出庭的。

具有前款规定情形的，可以通过视频等方式作证。

第二百五十四条 证人出庭作证所支出的交通、住宿、就餐等费用，人民法院应当给予补助。

第二百五十五条 强制证人出庭的，应当由院长签发强制证人出庭令，由法警执行。必要时，可以商请公安机关协助。

第二百五十六条 证人、鉴定人、被害人因出庭作证，本人或者其近亲属的人身安全面临危险的，人民法院应当采取不公开其真实姓名、住址和工作单位等个人信息，或者不暴露其外貌、真实声音等保护措施。辩护律师经法庭许可，查阅对证人、鉴定人、被害人使用化名情况的，应当签署保密承诺书。

审判期间，证人、鉴定人、被害人提出保护请求的，人民法院应当立即审查；认为确有保护必要的，应当及时决定采取相应保护措施。必要时，可以商请公安机关协助。

第二百五十七条 决定对出庭作证的证人、鉴定人、被害人采取不公开个人信息的保护措施的，审判人员应当在开庭前核实其身份，对证人、鉴定人如实作证的保证书不得公开，在判决书、裁定书等法律文书中可以使用化名等代替其个人信息。

第二百五十八条 证人出庭的，法庭应当核实其身份、与当事人以及本案的关系，并告知其有关权利义务和法律责任。证人应当保证向法庭如实提供证言，并在保证书上签名。

第二百五十九条 证人出庭后，一般先向法庭陈述证言；其后，经审判长许可，由申请通知证人出庭的一方发问，发问完毕后，对方也可以发问。

法庭依职权通知证人出庭的，发问顺序由审判长根据案件情况确定。

第二百六十条 鉴定人、有专门知识的人、调查人员、侦查人员或者其他人员出庭的，参照适用前两条规定。

第二百六十一条 向证人发问应当遵循以下规则：

（一）发问的内容应当与本案事实有关；

（二）不得以诱导方式发问；

（三）不得威胁证人；

（四）不得损害证人的人格尊严。

对被告人、被害人、附带民事诉讼当事人、鉴定人、有专门知识的人、调查人员、侦查人员或者其他人员的讯问、发问，适用前款规定。

第二百六十二条 控辩双方的讯问、发问方式不当或者内容与本案无关的，对方可以提出异议，申请审判长制止，审判长应当判明情况予以支持或者驳回；对方未提出异议的，审判长也可以根据情况予以制止。

第二百六十三条 审判人员认为必要时，可以询问证人、鉴定人、有专门知识的人、调查人员、侦查人员或者其他人员。

第二百六十四条 向证人、调查人员、侦查人员发问应当分别进行。

第二百六十五条 证人、鉴定人、有专门知识的人、调查人员、侦查人员或者其他人员不得旁听对本案的审理。有关人员作证或者发表意见后，审判长应当告知其退庭。

第二百六十六条 审理涉及未成年人的刑事案件，询问未成年被害人、证人，通知未成年被害人、证人出庭作证，适用本解释第二十二章的有关规定。

第二百六十七条 举证方当庭出示证据后，由对方发表质证意见。

第二百六十八条 对可能影响定罪量刑的关键证据和控辩双方存在争议的证据，一般应当单独举证、质证，充分听取质证意见。

对控辩双方无异议的非关键证据，举证方可以仅就证据的名称及拟证明的事实作出说明。

召开庭前会议的案件，举证、质证可以按照庭前会议确定的方式进行。

根据案件和庭审情况，法庭可以对控辩双方的举证、质证方式进行必要的指引。

第二百六十九条 审理过程中，法庭认为有必要的，可以传唤同案被告人、分案审理的共同犯罪或者关联犯罪案件的被告人等到庭对质。

第二百七十条 当庭出示的证据，尚未移送人民法院的，应当在质证后当庭移交。

第二百七十一条 法庭对证据有疑问的，可以告知公诉人、当事人及其法定代理人、辩护人、诉讼代理人补充证据或者作出说明；必要时，可以宣布休庭，对证据进行调查核实。

对公诉人、当事人及其法定代理人、辩护人、诉讼代理人补充的和审判人员庭外调查核实取得的证据，应当经过当庭质证才能作为定案的根据。但是，对不影响定罪量刑的非关键证据、有利于被告人的量刑证据以及认定被告人有犯罪前科的裁判文书等证据，经庭外征求意见，控辩双方没有异议的除外。

有关情况，应当记录在案。

第二百七十二条 公诉人申请出示开庭前未移送或者提交人民法院的证据，辩护方提出异议的，审判长应当要求公诉人说明理由；理由成立并确有出示必要的，应当准许。

辩护方提出需要对新的证据作辩护准备的，法庭可以宣布休庭，并确定准备辩护的时间。

辩护方申请出示开庭前未提交的证据，参照适用前两款规定。

第二百七十三条 法庭审理过程中，控辩双方申请通知新的证人到庭，调取新的证据，申请重新鉴定或者勘验的，应当提供证人的基本信息、证据的存放地点，说明拟证明的事项，申请重新鉴定或者勘验的理由。法庭认为有必要的，应当同意，并宣布休庭；根据案件情况，可以决定延期审理。

人民法院决定重新鉴定的，应当及时委托鉴定，并将鉴定意见告知人民检察院、当事人及其辩护人、诉讼代理人。

第二百七十四条 审判期间，公诉人发现案件需要补充侦查，建议延期审理的，合议庭可以同意，但建议延期审理不得超过两次。

人民检察院将补充收集的证据移送人民法院的，人民法院应当通知辩护人、诉讼代理人查阅、摘抄、复制。

补充侦查期限届满后，人民检察院未将补充的证据材料移送人民法院的，人民法院可以根据在案证据作出判决、裁定。

第二百七十五条 人民法院向人民检察院调取需要调查核实的证据材料，或者根据被告人、辩护人的申请，向人民检察院调取在调查、侦查、审查起诉期间收集的有关被告人无罪或者罪轻的证据材料，应当通知人民检察院在收到调取证据材料决定书后三日以内移交。

第二百七十六条 法庭审理过程中，对与量刑有关的事实、证据，应当进行调查。

人民法院除应当审查被告人是否具有法定量刑情节外，还应当根据案件情况审查以下影响量刑的情节：

（一）案件起因；

（二）被害人有无过错及过错程度，是否对矛盾激化负有责任及责任大小；

（三）被告人的近亲属是否协助抓获被告人；

（四）被告人平时表现，有无悔罪态度；

（五）退赃、退赔及赔偿情况；

（六）被告人是否取得被害人或者其近亲属谅解；

（七）影响量刑的其他情节。

第二百七十七条 审判期间，合议庭发现被告人可能有自首、坦白、立功等法定量刑情节，而人民检察院移送的案卷中没有相关证据材料的，应当通知人民检察院在指定时间内移送。

审判期间，被告人提出新的立功线索的，人民法院可以建议人民检察院补充侦查。

第二百七十八条 对被告人认罪的案件，在确认被告人了解起诉书指控的犯罪事实和罪名，自愿认罪且知悉认罪的法律后果后，法庭调查可以主要围绕量刑和其他有争议的问题进行。

对被告人不认罪或者辩护人作无罪辩护的案件，法庭调查应当在查明定罪事实的基础上，查明有关量刑事实。

第二百七十九条 法庭审理过程中，应当对查封、扣押、冻结财物及其孳息的权属、来源等情况，是否属于违法所得或者依法应当追缴的其他涉案财物进行调查，由公诉人说明情况、出示证据、提出处理建议，并听取被告人、辩护人等诉讼参与人的意见。

案外人对查封、扣押、冻结的财物及其孳息提出权属异议的，人民法院应当听取案外人的意见；必要时，可以通知案外人出庭。

经审查，不能确认查封、扣押、冻结的财物及其孳息属于违法所得或者依法应当追缴的其他涉案财物的，不得没收。

第四节 法庭辩论与最后陈述

第二百八十条 合议庭认为案件事实已经调查清楚的，应当由审判长宣布法庭调查结束，开始就定罪、量刑、涉案财物处理的事实、证据、适用法律等问题进行法庭辩论。

第二百八十一条 法庭辩论应当在审判长的主持下，按照下列顺序进行：

（一）公诉人发言；

（二）被害人及其诉讼代理人发言；

（三）被告人自行辩护；

（四）辩护人辩护；

（五）控辩双方进行辩论。

第二百八十二条 人民检察院可以提出量刑建议并说明理由；建议判处管制、宣告缓刑的，一般应当附有调查评估报告，或者附有委托调查函。

当事人及其辩护人、诉讼代理人可以对量刑提出意见并说明理由。

第二百八十三条 对被告人认罪的案件，法庭辩论时，应当指引控辩双方主要围绕量刑和其他有争议的问题进行。

对被告人不认罪或者辩护人作无罪辩护的案件，法庭辩论时，可以指引控辩双方先辩论定罪问题，后辩论量刑和其他问题。

第二百八十四条 附带民事部分的辩论应当在刑事部分的辩论结束后进行，先由附带民事诉讼原告人及其诉讼代理人发言，后由附带民事诉讼被告人及其诉讼代理人答辩。

第二百八十五条 法庭辩论过程中，审判长应当充分听取控辩双方的意见，对控辩双方与案件无关、重复或者指责对方的发言应当提醒、制止。

第二百八十六条 法庭辩论过程中，合议庭发现与定罪、量刑有关的新的事实，有必要调查的，审判长可以宣布恢复法庭调查，在对新的事实调查后，继续法庭辩论。

第二百八十七条 审判长宣布法庭辩论终结后，合议庭应当保证被告人充分行使最后陈述的权利。

被告人在最后陈述中多次重复自己的意见的，法庭可以制止；陈述内容蔑视法庭、公诉人，损害他人及社会公共利益，或者与本案无关的，应当制止。

在公开审理的案件中，被告人最后陈述的内容涉及国家秘密、个人隐私或者商业秘密的，应当制止。

第二百八十八条 被告人在最后陈述中提出新的事实、证据，合议庭认为可能影响正确裁判的，应当恢复法庭调查；被告人提出新的辩解理由，合议庭认为可能影响正确裁判的，应当恢复法庭辩论。

第二百八十九条 公诉人当庭发表与起诉书不同的意见，属于变更、追加、补充或者撤回起诉的，人民法院应当要求人民检察院在指定时间内以书面方式提出；必要时，可以宣布休庭。人民检察院在指定时间内未提出的，人民法院应当根据法庭审理情况，就起诉书指控的犯罪事实依法作出判决、裁定。

人民检察院变更、追加、补充起诉的，人民法院应当给予被告人及其辩护人必要的准备时间。

第二百九十条 辩护人应当及时将书面辩护意见提交人民法院。

第五节　评议案件与宣告判决

第二百九十一条 被告人最后陈述后，审判长应当宣布休庭，由合议庭进行评议。

第二百九十二条 开庭审理的全部活动，应当由书记员制作笔录；笔录经审判长审阅后，分别由审判长和书记员签名。

第二百九十三条 法庭笔录应当在庭审后交由当事人、法定代理人、辩护人、诉讼代理人阅读或者向其宣读。

法庭笔录中的出庭证人、鉴定人、有专门知识的人、调查人员、侦查人员或者其他人员的证言、意见部分，应当在庭审后分别交由有关人员阅读或者向其宣读。

前两款所列人员认为记录有遗漏或者差错的,可以请求补充或者改正;确认无误后,应当签名;拒绝签名的,应当记录在案;要求改变庭审中陈述的,不予准许。

第二百九十四条 合议庭评议案件,应当根据已经查明的事实、证据和有关法律规定,在充分考虑控辩双方意见的基础上,确定被告人是否有罪、构成何罪,有无从重、从轻、减轻或者免除处罚情节,应否处以刑罚、判处何种刑罚,附带民事诉讼如何解决,查封、扣押、冻结的财物及其孳息如何处理等,并依法作出判决、裁定。

第二百九十五条 对第一审公诉案件,人民法院审理后,应当按照下列情形分别作出判决、裁定:

(一)起诉指控的事实清楚,证据确实、充分,依据法律认定指控被告人的罪名成立的,应当作出有罪判决;

(二)起诉指控的事实清楚,证据确实、充分,但指控的罪名不当的,应当依据法律和审理认定的事实作出有罪判决;

(三)案件事实清楚,证据确实、充分,依据法律认定被告人无罪的,应当判决宣告被告人无罪;

(四)证据不足,不能认定被告人有罪的,应当以证据不足、指控的犯罪不能成立,判决宣告被告人无罪;

(五)案件部分事实清楚,证据确实、充分的,应当作出有罪或者无罪的判决;对事实不清、证据不足部分,不予认定;

(六)被告人因未达到刑事责任年龄,不予刑事处罚的,应当判决宣告被告人不负刑事责任;

(七)被告人是精神病人,在不能辨认或者不能控制自己行为时造成危害结果,不予刑事处罚的,应当判决宣告被告人不负刑事责任;被告人符合强制医疗条件的,应当依照本解释第二十六章的规定进行审理并作出判决;

(八)犯罪已过追诉时效期限且不是必须追诉,或者经特赦令免除刑罚的,应当裁定终止审理;

(九)属于告诉才处理的案件,应当裁定终止审理,并告知被害人有权提起自诉;

(十)被告人死亡的,应当裁定终止审理;但有证据证明被告人无罪,经缺席审理确认无罪的,应当判决宣告被告人无罪。

对涉案财物,人民法院应当根据审理查明的情况,依照本解释第十八章的规定作出处理。

具有第一款第二项规定情形的,人民法院应当在判决前听取控辩双方的意见,保障被告人、辩护人充分行使辩护权。必要时,可以再次开庭,组织控辩双方围绕被告人的行为构成何罪及如何量刑进行辩论。

第二百九十六条 在开庭后、宣告判决前,人民检察院要求撤回起诉的,人民法院应当审查撤回起诉的理由,作出是否准许的裁定。

第二百九十七条 审判期间,人民法院发现新的事实,可能影响定罪量刑的,或者需要补查补证的,应当通知人民检察院,由其决定是否补充、变更、追加起诉或者补充侦查。

人民检察院不同意或者在指定时间内未回复书面意见的,人民法院应当就起诉指控的事实,依照本解释第二百九十五条的规定作出判决、裁定。

第二百九十八条 对依照本解释第二百一十九条第一款第五项规定受理的案

件，人民法院应当在判决中写明被告人曾被人民检察院提起公诉，因证据不足，指控的犯罪不能成立，被人民法院依法判决宣告无罪的情况；前案依照刑事诉讼法第二百条第三项规定作出的判决不予撤销。

第二百九十九条 合议庭成员、法官助理、书记员应当在评议笔录上签名，在判决书、裁定书等法律文书上署名。

第三百条 裁判文书应当写明裁判依据，阐释裁判理由，反映控辩双方的意见并说明采纳或者不予采纳的理由。

适用普通程序审理的被告人认罪的案件，裁判文书可以适当简化。

第三百零一条 庭审结束后、评议前，部分合议庭成员不能继续履行审判职责的，人民法院应当依法更换合议庭组成人员，重新开庭审理。

评议后、宣判前，部分合议庭成员因调动、退休等正常原因不能参加宣判，在不改变原评议结论的情况下，可以由审判本案的其他审判员宣判，裁判文书上仍署审判本案的合议庭成员的姓名。

第三百零二条 当庭宣告判决的，应当在五日以内送达判决书。定期宣告判决的，应当在宣判前，先期公告宣判的时间和地点，传唤当事人并通知公诉人、法定代理人、辩护人和诉讼代理人；判决宣告后，应当立即送达判决书。

第三百零三条 判决书应当送达人民检察院、当事人、法定代理人、辩护人、诉讼代理人，并可以送达被告人的近亲属。被害人死亡，其近亲属申请领取判决书的，人民法院应当及时提供。

判决生效后，还应当送达被告人的所在单位或者户籍地的公安派出所，或者被告单位的注册登记机关。被告人系外国人，且在境内有居住地的，应当送达居住地的公安派出所。

第三百零四条 宣告判决，一律公开进行。宣告判决结果时，法庭内全体人员应当起立。

公诉人、辩护人、诉讼代理人、被害人、自诉人或者附带民事诉讼原告人未到庭的，不影响宣判的进行。

第六节 法庭纪律与其他规定

第三百零五条 在押被告人出庭受审时，不着监管机构的识别服。

庭审期间不得对被告人使用戒具，但法庭认为其人身危险性大，可能危害法庭安全的除外。

第三百零六条 庭审期间，全体人员应当服从法庭指挥，遵守法庭纪律，尊重司法礼仪，不得实施下列行为：

（一）鼓掌、喧哗、随意走动；

（二）吸烟、进食；

（三）拨打、接听电话，或者使用即时通讯工具；

（四）对庭审活动进行录音、录像、拍照或者使用即时通讯工具等传播庭审活动；

（五）其他危害法庭安全或者扰乱法庭秩序的行为。

旁听人员不得进入审判活动区，不得随意站立、走动，不得发言和提问。

记者经许可实施第一款第四项规定的行为，应当在指定的时间及区域进行，不得干扰庭审活动。

第三百零七条 有关人员危害法庭安全或者扰乱法庭秩序的，审判长应当按照下列情形分别处理：

（一）情节较轻的，应当警告制止；根据具体情况，也可以进行训诫；

(二)训诫无效的,责令退出法庭;拒不退出的,指令法警强行带出法庭;

(三)情节严重的,报经院长批准后,可以对行为人处一千元以下的罚款或者十五日以下的拘留。

未经许可对庭审活动进行录音、录像、拍照或者使用即时通讯工具等传播庭审活动的,可以暂扣相关设备及存储介质,删除相关内容。

有关人员对罚款、拘留的决定不服的,可以直接向上一级人民法院申请复议,也可以通过决定罚款、拘留的人民法院向上一级人民法院申请复议。通过决定罚款、拘留的人民法院申请复议的,该人民法院应当自收到复议申请之日起三日以内,将复议申请、罚款或者拘留决定书和有关事实、证据材料一并报上一级人民法院复议。复议期间,不停止决定的执行。

第三百零八条 担任辩护人、诉讼代理人的律师严重扰乱法庭秩序,被强行带出法庭或者被处以罚款、拘留的,人民法院应当通报司法行政机关,并可以建议依法给予相应处罚。

第三百零九条 实施下列行为之一,危害法庭安全或者扰乱法庭秩序,构成犯罪的,依法追究刑事责任:

(一)非法携带枪支、弹药、管制刀具或者爆炸性、易燃性、毒害性、放射性以及传染病病原体等危险物质进入法庭;

(二)哄闹、冲击法庭;

(三)侮辱、诽谤、威胁、殴打司法工作人员或者诉讼参与人;

(四)毁坏法庭设施,抢夺、损毁诉讼文书、证据;

(五)其他危害法庭安全或者扰乱法庭秩序的行为。

第三百一十条 辩护人严重扰乱法庭秩序,被责令退出法庭、强行带出法庭或者被处以罚款、拘留,被告人自行辩护的,庭审继续进行;被告人要求另行委托辩护人,或者被告人属于应当提供法律援助情形的,应当宣布休庭。

辩护人、诉讼代理人被责令退出法庭、强行带出法庭或者被处以罚款后,具结保证书,保证服从法庭指挥、不再扰乱法庭秩序的,经法庭许可,可以继续担任辩护人、诉讼代理人。

辩护人、诉讼代理人具有下列情形之一的,不得继续担任同一案件的辩护人、诉讼代理人:

(一)擅自退庭的;

(二)无正当理由不出庭或者不按时出庭,严重影响审判顺利进行的;

(三)被拘留或者具结保证书后再次被责令退出法庭、强行带出法庭的。

第三百一十一条 被告人在一个审判程序中更换辩护人一般不得超过两次。

被告人当庭拒绝辩护人辩护,要求另行委托辩护人或者指派律师的,合议庭应当准许。被告人拒绝辩护人辩护后,没有辩护人的,应当宣布休庭;仍有辩护人的,庭审可以继续进行。

有多名被告人的案件,部分被告人拒绝辩护人辩护后,没有辩护人的,根据案件情况,可以对该部分被告人另案处理,对其他被告人的庭审继续进行。

重新开庭后,被告人再次当庭拒绝辩护人辩护的,可以准许,但被告人不得再次另行委托辩护人或者要求另行指派律师,由其自行辩护。

被告人属于应当提供法律援助的情形,重新开庭后再次当庭拒绝辩护人辩护的,不予准许。

第三百一十二条 法庭审理过程中,辩护人拒绝为被告人辩护,有正当理由的,应当准许;是否继续庭审,参照适用前条规定。

第三百一十三条 依照前两条规定另行委托辩护人或者通知法律援助机构指派律师的,自案件宣布休庭之日起至第十五日止,由辩护人准备辩护,但被告人及其辩护人自愿缩短时间的除外。

庭审结束后、判决宣告前另行委托辩护人的,可以不重新开庭;辩护人提交书面辩护意见的,应当接受。

第三百一十四条 有多名被告人的案件,部分被告人具有刑事诉讼法第二百零六条第一款规定情形的,人民法院可以对全案中止审理;根据案件情况,也可以对该部分被告人中止审理,对其他被告人继续审理。

对中止审理的部分被告人,可以根据案件情况另案处理。

第三百一十五条 人民检察院认为人民法院审理案件违反法定程序,在庭审后提出书面纠正意见,人民法院认为正确的,应当采纳。

第十章 自诉案件第一审程序

第三百一十六条 人民法院受理自诉案件必须符合下列条件:

(一)符合刑事诉讼法第二百一十条、本解释第一条的规定;

(二)属于本院管辖;

(三)被害人告诉;

(四)有明确的被告人、具体的诉讼请求和证明被告人犯罪事实的证据。

第三百一十七条 本解释第一条规定的案件,如果被害人死亡、丧失行为能力或者因受强制、威吓等无法告诉,或者是限制行为能力人以及因年老、患病、盲、聋、哑等不能亲自告诉,其法定代理人、近亲属告诉或者代为告诉的,人民法院应当依法受理。

被害人的法定代理人、近亲属告诉或者代为告诉的,应当提供与被害人关系的证明和被害人不能亲自告诉的原因的证明。

第三百一十八条 提起自诉应当提交刑事自诉状;同时提起附带民事诉讼的,应当提交刑事附带民事自诉状。

第三百一十九条 自诉状一般应当包括以下内容:

(一)自诉人(代为告诉人)、被告人的姓名、性别、年龄、民族、出生地、文化程度、职业、工作单位、住址、联系方式;

(二)被告人实施犯罪的时间、地点、手段、情节和危害后果等;

(三)具体的诉讼请求;

(四)致送的人民法院和具状时间;

(五)证据的名称、来源等;

(六)证人的姓名、住址、联系方式等。

对两名以上被告人提出告诉的,应当按照被告人的人数提供自诉状副本。

第三百二十条 对自诉案件,人民法院应当在十五日以内审查完毕。经审查,符合受理条件的,应当决定立案,并书面通知自诉人或者代为告诉人。

具有下列情形之一的,应当说服自诉人撤回起诉;自诉人不撤回起诉的,裁定不予受理:

(一)不属于本解释第一条规定的案件的;

(二)缺乏罪证的;

（三）犯罪已过追诉时效期限的；

（四）被告人死亡的；

（五）被告人下落不明的；

（六）除因证据不足而撤诉的以外，自诉人撤诉后，就同一事实又告诉的；

（七）经人民法院调解结案后，自诉人反悔，就同一事实再行告诉的；

（八）属于本解释第一条第二项规定的案件，公安机关正在立案侦查或者人民检察院正在审查起诉的；

（九）不服人民检察院对未成年犯罪嫌疑人作出的附条件不起诉决定或者附条件不起诉考验期满后作出的不起诉决定，向人民法院起诉的。

第三百二十一条 对已经立案，经审查缺乏罪证的自诉案件，自诉人提不出补充证据的，人民法院应当说服其撤回起诉或者裁定驳回起诉；自诉人撤回起诉或者被驳回起诉后，又提出了新的足以证明被告人有罪的证据，再次提起自诉的，人民法院应当受理。

第三百二十二条 自诉人对不予受理或者驳回起诉的裁定不服的，可以提起上诉。

第二审人民法院查明第一审人民法院作出的不予受理裁定有错误的，应当在撤销原裁定的同时，指令第一审人民法院立案受理；查明第一审人民法院驳回起诉裁定有错误的，应当在撤销原裁定的同时，指令第一审人民法院进行审理。

第三百二十三条 自诉人明知有其他共同侵害人，但只对部分侵害人提起自诉的，人民法院应当受理，并告知其放弃告诉的法律后果；自诉人放弃告诉，判决宣告后又对其他共同侵害人就同一事实提起自诉的，人民法院不予受理。

共同被害人中只有部分人告诉的，人民法院应当通知其他被害人参加诉讼，并告知其不参加诉讼的法律后果。被通知人接到通知后表示不参加诉讼或者不出庭的，视为放弃告诉。第一审宣判后，被通知人就同一事实又提起自诉的，人民法院不予受理。但是，当事人另行提起民事诉讼的，不受本解释限制。

第三百二十四条 被告人实施两个以上犯罪行为，分别属于公诉案件和自诉案件，人民法院可以一并审理。对自诉部分的审理，适用本章的规定。

第三百二十五条 自诉案件当事人因客观原因不能取得的证据，申请人民法院调取的，应当说明理由，并提供相关线索或者材料。人民法院认为有必要的，应当及时调取。

对通过信息网络实施的侮辱、诽谤行为，被害人向人民法院告诉，但提供证据确有困难的，人民法院可以要求公安机关提供协助。

第三百二十六条 对犯罪事实清楚，有足够证据的自诉案件，应当开庭审理。

第三百二十七条 自诉案件符合简易程序适用条件的，可以适用简易程序审理。

不适用简易程序审理的自诉案件，参照适用公诉案件第一审普通程序的有关规定。

第三百二十八条 人民法院审理自诉案件，可以在查明事实、分清是非的基础上，根据自愿、合法的原则进行调解。调解达成协议的，应当制作刑事调解书，由审判人员、法官助理、书记员署名，并加盖人民法院印章。调解书经双方当事人签收后，即具有法律效力。调解没有达成协议，或者调解书签收前当事人反悔的，应当及时作出判决。

刑事诉讼法第二百一十条第三项规定的案件不适用调解。

第三百二十九条 判决宣告前,自诉案件的当事人可以自行和解,自诉人可以撤回自诉。

人民法院经审查,认为和解、撤回自诉确属自愿的,应当裁定准许;认为系被强迫、威吓等,并非自愿的,不予准许。

第三百三十条 裁定准许撤诉的自诉案件,被告人被采取强制措施的,人民法院应当立即解除。

第三百三十一条 自诉人经两次传唤,无正当理由拒不到庭,或者未经法庭准许中途退庭的,人民法院应当裁定按撤诉处理。

部分自诉人撤诉或者被裁定按撤诉处理的,不影响案件的继续审理。

第三百三十二条 被告人在自诉案件审判期间下落不明的,人民法院可以裁定中止审理;符合条件的,可以对被告人依法决定逮捕。

第三百三十三条 对自诉案件,应当参照刑事诉讼法第二百条和本解释第二百九十五条的有关规定作出判决。对依法宣告无罪的案件,有附带民事诉讼的,其附带民事部分可以依法进行调解或者一并作出判决,也可以告知附带民事诉讼原告人另行提起民事诉讼。

第三百三十四条 告诉才处理和被害人有证据证明的轻微刑事案件的被告人或者其法定代理人在诉讼过程中,可以对自诉人提起反诉。反诉必须符合下列条件:

(一)反诉的对象必须是本案自诉人;

(二)反诉的内容必须是与本案有关的行为;

(三)反诉的案件必须符合本解释第一条第一项、第二项的规定。

反诉案件适用自诉案件的规定,应当与自诉案件一并审理。自诉人撤诉的,不影响反诉案件的继续审理。

第十一章 单位犯罪案件的审理

第三百三十五条 人民法院受理单位犯罪案件,除依照本解释第二百一十八条的有关规定进行审查外,还应当审查起诉书是否列明被告单位的名称、住所地、联系方式,法定代表人、实际控制人、主要负责人以及代表被告单位出庭的诉讼代表人的姓名、职务、联系方式。需要人民检察院补充材料的,应当通知人民检察院在三日以内补送。

第三百三十六条 被告单位的诉讼代表人,应当是法定代表人、实际控制人或者主要负责人;法定代表人、实际控制人或者主要负责人被指控为单位犯罪直接责任人员或者因客观原因无法出庭的,应当由被告单位委托其他负责人或者职工作为诉讼代表人。但是,有关人员被指控为单位犯罪直接责任人员或者知道案件情况、负有作证义务的除外。

依据前款规定难以确定诉讼代表人的,可以由被告单位委托律师等单位以外的人员作为诉讼代表人。

诉讼代表人不得同时担任被告单位或者被指控为单位犯罪直接责任人员的有关人员的辩护人。

第三百三十七条 开庭审理单位犯罪案件,应当通知被告单位的诉讼代表人出庭;诉讼代表人不符合前条规定的,应当要求人民检察院另行确定。

被告单位的诉讼代表人不出庭的，应当按照下列情形分别处理：

（一）诉讼代表人系被告单位的法定代表人、实际控制人或者主要负责人，无正当理由拒不出庭的，可以拘传其到庭；因客观原因无法出庭，或者下落不明的，应当要求人民检察院另行确定诉讼代表人；

（二）诉讼代表人系其他人员的，应当要求人民检察院另行确定诉讼代表人。

第三百三十八条 被告单位的诉讼代表人享有刑事诉讼法规定的有关被告人的诉讼权利。开庭时，诉讼代表人席位置于审判台前左侧，与辩护人席并列。

第三百三十九条 被告单位委托辩护人的，参照适用本解释的有关规定。

第三百四十条 对应当认定为单位犯罪的案件，人民检察院只作为自然人犯罪起诉的，人民法院应当建议人民检察院对犯罪单位追加起诉。人民检察院仍以自然人犯罪起诉的，人民法院应当依法审理，按照单位犯罪直接负责的主管人员或者其他直接责任人员追究刑事责任，并援引刑法分则关于追究单位犯罪中直接负责的主管人员和其他直接责任人员刑事责任的条款。

第三百四十一条 被告单位的违法所得及其他涉案财物，尚未被依法追缴或者查封、扣押、冻结的，人民法院应当决定追缴或者查封、扣押、冻结。

第三百四十二条 为保证判决的执行，人民法院可以先行查封、扣押、冻结被告单位的财产，或者由被告单位提出担保。

第三百四十三条 采取查封、扣押、冻结等措施，应当严格依照法定程序进行，最大限度降低对被告单位正常生产经营活动的影响。

第三百四十四条 审判期间，被告单位被吊销营业执照、宣告破产但尚未完成清算、注销登记的，应当继续审理；被告单位被撤销、注销的，对单位犯罪直接负责的主管人员和其他直接责任人员应当继续审理。

第三百四十五条 审判期间，被告单位合并、分立的，应当将原单位列为被告单位，并注明合并、分立情况。对被告单位所判处的罚金以其在新单位的财产及收益为限。

第三百四十六条 审理单位犯罪案件，本章没有规定的，参照适用本解释的有关规定。

第十二章　认罪认罚案件的审理

第三百四十七条 刑事诉讼法第十五条规定的“认罪”，是指犯罪嫌疑人、被告人自愿如实供述自己的罪行，对指控的犯罪事实没有异议。

刑事诉讼法第十五条规定的“认罚”，是指犯罪嫌疑人、被告人真诚悔罪，愿意接受处罚。

被告人认罪认罚的，可以依照刑事诉讼法第十五条的规定，在程序上从简、实体上从宽处理。

第三百四十八条 对认罪认罚案件，应当根据案件情况，依法适用速裁程序、简易程序或者普通程序审理。

第三百四十九条 对人民检察院提起公诉的认罪认罚案件，人民法院应当重点审查以下内容：

（一）人民检察院讯问犯罪嫌疑人时，是否告知其诉讼权利和认罪认罚的法律规定；

（二）是否随案移送听取犯罪嫌疑人、辩护人或者值班律师、被害人及其诉讼代理人意见的笔录；

（三）被告人与被害人达成调解、和解协议或者取得被害人谅解的，是否随案移送调解、和解协议、被害人谅解书等相关材料；

（四）需要签署认罪认罚具结书的，是否随案移送具结书。

未随案移送前款规定的材料的，应当要求人民检察院补充。

第三百五十条 人民法院应当将被告人认罪认罚作为其是否具有社会危险性的重要考虑因素。被告人罪行较轻，采用非羁押性强制措施足以防止发生社会危险性的，应当依法适用非羁押性强制措施。

第三百五十一条 对认罪认罚案件，法庭审理时应当告知被告人享有的诉讼权利和认罪认罚的法律规定，审查认罪认罚的自愿性和认罪认罚具结书内容的真实性、合法性。

第三百五十二条 对认罪认罚案件，人民检察院起诉指控的事实清楚，但指控的罪名与审理认定的罪名不一致的，人民法院应当听取人民检察院、被告人及其辩护人对审理认定罪名的意见，依法作出判决。

第三百五十三条 对认罪认罚案件，人民法院经审理认为量刑建议明显不当，或者被告人、辩护人对量刑建议提出异议的，人民检察院可以调整量刑建议。人民检察院不调整或者调整后仍然明显不当的，人民法院应当依法作出判决。

适用速裁程序审理认罪认罚案件，需要调整量刑建议的，应当在庭前或者当庭作出调整；调整量刑建议后，仍然符合速裁程序适用条件的，继续适用速裁程序审理。

第三百五十四条 对量刑建议是否明显不当，应当根据审理认定的犯罪事实、认罪认罚的具体情况，结合相关犯罪的法定刑、类似案件的刑罚适用等作出审查判断。

第三百五十五条 对认罪认罚案件，人民法院一般应当对被告人从轻处罚；符合非监禁刑适用条件的，应当适用非监禁刑；具有法定减轻处罚情节的，可以减轻处罚。

对认罪认罚案件，应当根据被告人认罪认罚的阶段早晚以及认罪认罚的主动性、稳定性、彻底性等，在从宽幅度上体现差异。

共同犯罪案件，部分被告人认罪认罚的，可以依法对该部分被告人从宽处罚，但应当注意全案的量刑平衡。

第三百五十六条 被告人在人民检察院提起公诉前未认罪认罚，在审判阶段认罪认罚的，人民法院可以不再通知人民检察院提出或者调整量刑建议。

对前款规定的案件，人民法院应当就定罪量刑听取控辩双方意见，根据刑事诉讼法第十五条和本解释第三百五十五条的规定作出判决。

第三百五十七条 对被告人在第一审程序中未认罪认罚，在第二审程序中认罪认罚的案件，应当根据其认罪认罚的具体情况决定是否从宽，并依法作出裁判。确定从宽幅度时应当与第一审程序认罪认罚有所区别。

第三百五十八条 案件审理过程中，被告人不再认罪认罚的，人民法院应当根据审理查明的事实，依法作出裁判。需要转换程序的，依照本解释的相关规定处理。

第十三章 简易程序

第三百五十九条 基层人民法院受理公诉案件后，经审查认为案件事实清楚、证据充分的，在将起诉书副本送达被告人时，应当询问被告人对指控的犯罪事实的意见，告知其适用简易程序的法律规定。被告人对指控的犯罪事实没有异议并同意适用简易程序的，可以决定适用简易程序，并在开庭前通知人民检察院和辩护人。

对人民检察院建议或者被告人及其辩护人申请适用简易程序审理的案件，依照前款规定处理；不符合简易程序适用条件的，应当通知人民检察院或者被告人及其辩护人。

第三百六十条 具有下列情形之一的，不适用简易程序：

（一）被告人是盲、聋、哑人的；

（二）被告人是尚未完全丧失辨认或者控制自己行为能力的精神病人的；

（三）案件有重大社会影响的；

（四）共同犯罪案件中部分被告人不认罪或者对适用简易程序有异议的；

（五）辩护人作无罪辩护的；

（六）被告人认罪但经审查认为可能不构成犯罪的；

（七）不宜适用简易程序审理的其他情形。

第三百六十一条 适用简易程序审理的案件，符合刑事诉讼法第三十五条第一款规定的，人民法院应当告知被告人及其近亲属可以申请法律援助。

第三百六十二条 适用简易程序审理案件，人民法院应当在开庭前将开庭的时间、地点通知人民检察院、自诉人、被告人、辩护人，也可以通知其他诉讼参与人。

通知可以采用简便方式，但应当记录在案。

第三百六十三条 适用简易程序审理案件，被告人有辩护人的，应当通知其出庭。

第三百六十四条 适用简易程序审理案件，审判长或者独任审判员应当当庭询问被告人对指控的犯罪事实的意见，告知被告人适用简易程序审理的法律规定，确认被告人是否同意适用简易程序。

第三百六十五条 适用简易程序审理案件，可以对庭审作如下简化：

（一）公诉人可以摘要宣读起诉书；

（二）公诉人、辩护人、审判人员对被告人的讯问、发问可以简化或者省略；

（三）对控辩双方无异议的证据，可以仅就证据的名称及所证明的事项作出说明；对控辩双方有异议或者法庭认为有必要调查核实的证据，应当出示，并进行质证；

（四）控辩双方对与定罪量刑有关的事实、证据没有异议的，法庭审理可以直接围绕罪名确定和量刑问题进行。

适用简易程序审理案件，判决宣告前应当听取被告人的最后陈述。

第三百六十六条 适用简易程序独任审判过程中，发现对被告人可能判处的有期徒刑超过三年的，应当转由合议庭审理。

第三百六十七条 适用简易程序审理案件，裁判文书可以简化。

适用简易程序审理案件，一般应当当庭宣判。

第三百六十八条 适用简易程序审理案件，在法庭审理过程中，具有下列情形之一的，应当转为普通程序审理：

(一)被告人的行为可能不构成犯罪的；

(二)被告人可能不负刑事责任的；

(三)被告人当庭对起诉指控的犯罪事实予以否认的；

(四)案件事实不清、证据不足的；

(五)不应当或者不宜适用简易程序的其他情形。

决定转为普通程序审理的案件，审理期限应当从作出决定之日起计算。

第十四章 速裁程序

第三百六十九条 对人民检察院在提起公诉时建议适用速裁程序的案件，基层人民法院经审查认为案件事实清楚，证据确实、充分，可能判处三年有期徒刑以下刑罚的，在将起诉书副本送达被告人时，应当告知被告人适用速裁程序的法律规定，询问其是否同意适用速裁程序。被告人同意适用速裁程序的，可以决定适用速裁程序，并在开庭前通知人民检察院和辩护人。

对人民检察院未建议适用速裁程序的案件，人民法院经审查认为符合速裁程序适用条件的，可以决定适用速裁程序，并在开庭前通知人民检察院和辩护人。

被告人及其辩护人可以向人民法院提出适用速裁程序的申请。

第三百七十条 具有下列情形之一的，不适用速裁程序：

(一)被告人是盲、聋、哑人的；

(二)被告人是尚未完全丧失辨认或者控制自己行为能力的精神病人的；

(三)被告人是未成年人的；

(四)案件有重大社会影响的；

(五)共同犯罪案件中部分被告人对指控的犯罪事实、罪名、量刑建议或者适用速裁程序有异议的；

(六)被告人与被害人或者其法定代理人没有就附带民事诉讼赔偿等事项达成调解、和解协议的；

(七)辩护人作无罪辩护的；

(八)其他不宜适用速裁程序的情形。

第三百七十一条 适用速裁程序审理案件，人民法院应当在开庭前将开庭的时间、地点通知人民检察院、被告人、辩护人，也可以通知其他诉讼参与人。

通知可以采用简便方式，但应当记录在案。

第三百七十二条 适用速裁程序审理案件，可以集中开庭，逐案审理。公诉人简要宣读起诉书后，审判人员应当当庭询问被告人对指控事实、证据、量刑建议以及适用速裁程序的意见，核实具结书签署的自愿性、真实性、合法性，并核实附带民事诉讼赔偿等情况。

第三百七十三条 适用速裁程序审理案件，一般不进行法庭调查、法庭辩论，但在判决宣告前应当听取辩护人的意见和被告人的最后陈述。

第三百七十四条 适用速裁程序审理案件，裁判文书可以简化。

适用速裁程序审理案件，应当当庭宣判。

第三百七十五条 适用速裁程序审理案件，在法庭审理过程中，具有下列情形之一的，应当转为普通程序或者简易程序审理：

(一)被告人的行为可能不构成犯罪或者不应当追究刑事责任的；

(二)被告人违背意愿认罪认罚的；

(三)被告人否认指控的犯罪事实的；

(四)案件疑难、复杂或者对适用法律有重大争议的;

(五)其他不宜适用速裁程序的情形。

第三百七十六条 决定转为普通程序或者简易程序审理的案件,审理期限应当从作出决定之日起计算。

第三百七十七条 适用速裁程序审理的案件,第二审人民法院依照刑事诉讼法第二百三十六条第一款第三项的规定发回原审人民法院重新审判的,原审人民法院应当适用第一审普通程序重新审判。

第十五章 第二审程序

第三百七十八条 地方各级人民法院在宣告第一审判决、裁定时,应当告知被告人、自诉人及其法定代理人不服判决和准许撤回起诉、终止审理等裁定的,有权在法定期限内以书面或者口头形式,通过本院或者直接向上一级人民法院提出上诉;被告人的辩护人、近亲属经被告人同意,也可以提出上诉;附带民事诉讼当事人及其法定代理人,可以对判决、裁定中的附带民事部分提出上诉。

被告人、自诉人、附带民事诉讼当事人及其法定代理人是否提出上诉,以其在上诉期满前最后一次的意思表示为准。

第三百七十九条 人民法院受理的上诉案件,一般应当有上诉状正本及副本。

上诉状内容一般包括:第一审判决书、裁定书的文号和上诉人收到的时间,第一审人民法院的名称,上诉的请求和理由,提出上诉的时间。被告人的辩护人、近亲属经被告人同意提出上诉的,还应当写明其与被告人的关系,并应当以被告人作为上诉人。

第三百八十条 上诉、抗诉必须在法定期限内提出。不服判决的上诉、抗诉的期限为十日;不服裁定的上诉、抗诉的期限为五日。上诉、抗诉的期限,从接到判决书、裁定书的第二日起计算。

对附带民事判决、裁定的上诉、抗诉期限,应当按照刑事部分的上诉、抗诉期限确定。附带民事部分另行审判的,上诉期限也应当按照刑事诉讼法规定的期限确定。

第三百八十一条 上诉人通过第一审人民法院提出上诉的,第一审人民法院应当审查。上诉符合法律规定的,应当在上诉期满后三日以内将上诉状连同案卷、证据移送上一级人民法院,并将上诉状副本送交同级人民检察院和对方当事人。

第三百八十二条 上诉人直接向第二审人民法院提出上诉的,第二审人民法院应当在收到上诉状后三日以内将上诉状交第一审人民法院。第一审人民法院应当审查上诉是否符合法律规定。符合法律规定的,应当在接到上诉状后三日以内将上诉状连同案卷、证据移送上一级人民法院,并将上诉状副本送交同级人民检察院和对方当事人。

第三百八十三条 上诉人在上诉期限内要求撤回上诉的,人民法院应当准许。

上诉人在上诉期满后要求撤回上诉的,第二审人民法院经审查,认为原判认定事实和适用法律正确,量刑适当的,应当裁定准许;认为原判确有错误的,应当不予准许,继续按照上诉案件审理。

被判处死刑立即执行的被告人提出上诉,在第二审开庭后宣告裁判前申请撤回上诉的,应当不予准许,继续按照上诉案件审理。

第三百八十四条 地方各级人民检察

院对同级人民法院第一审判决、裁定的抗诉,应当通过第一审人民法院提交抗诉书。第一审人民法院应当在抗诉期满后三日以内将抗诉书连同案卷、证据移送上一级人民法院,并将抗诉书副本送交当事人。

第三百八十五条 人民检察院在抗诉期限内要求撤回抗诉的,人民法院应当准许。

人民检察院在抗诉期满后要求撤回抗诉的,第二审人民法院可以裁定准许,但是认为原判存在将无罪判为有罪、轻罪重判等情形的,应当不予准许,继续审理。

上级人民检察院认为下级人民检察院抗诉不当,向第二审人民法院要求撤回抗诉的,适用前两款规定。

第三百八十六条 在上诉、抗诉期满前撤回上诉、抗诉的,第一审判决、裁定在上诉、抗诉期满之日起生效。在上诉、抗诉期满后要求撤回上诉、抗诉,第二审人民法院裁定准许的,第一审判决、裁定应当自第二审裁定书送达上诉人或者抗诉机关之日起生效。

第三百八十七条 第二审人民法院对第一审人民法院移送的上诉、抗诉案卷、证据,应当审查是否包括下列内容:

(一)移送上诉、抗诉案件函;

(二)上诉状或者抗诉书;

(三)第一审判决书、裁定书八份(每增加一名被告人增加一份)及其电子文本;

(四)全部案卷、证据,包括案件审理报告和其他应当移送的材料。

前款所列材料齐全的,第二审人民法院应当收案;材料不全的,应当通知第一审人民法院及时补送。

第三百八十八条 第二审人民法院审理上诉、抗诉案件,应当就第一审判决、裁定认定的事实和适用法律进行全面审查,不受上诉、抗诉范围的限制。

第三百八十九条 共同犯罪案件,只有部分被告人提出上诉,或者自诉人只对部分被告人的判决提出上诉,或者人民检察院只对部分被告人的判决提出抗诉的,第二审人民法院应当对全案进行审查,一并处理。

第三百九十条 共同犯罪案件,上诉的被告人死亡,其他被告人未上诉的,第二审人民法院应当对死亡的被告人终止审理;但有证据证明被告人无罪,经缺席审理确认无罪的,应当判决宣告被告人无罪。

具有前款规定的情形,第二审人民法院仍应对全案进行审查,对其他同案被告人作出判决、裁定。

第三百九十一条 对上诉、抗诉案件,应当着重审查下列内容:

(一)第一审判决认定的事实是否清楚,证据是否确实、充分;

(二)第一审判决适用法律是否正确,量刑是否适当;

(三)在调查、侦查、审查起诉、第一审程序中,有无违反法定程序的情形;

(四)上诉、抗诉是否提出新的事实、证据;

(五)被告人的供述和辩解情况;

(六)辩护人的辩护意见及采纳情况;

(七)附带民事部分的判决、裁定是否合法、适当;

(八)对涉案财物的处理是否正确;

(九)第一审人民法院合议庭、审判委员会讨论的意见。

第三百九十二条 第二审期间,被告人除自行辩护外,还可以继续委托第一审辩护人或者另行委托辩护人辩护。

共同犯罪案件，只有部分被告人提出上诉，或者自诉人只对部分被告人的判决提出上诉，或者人民检察院只对部分被告人的判决提出抗诉的，其他同案被告人也可以委托辩护人辩护。

第三百九十三条 下列案件，根据刑事诉讼法第二百三十四条的规定，应当开庭审理：

（一）被告人、自诉人及其法定代理人对第一审认定的事实、证据提出异议，可能影响定罪量刑的上诉案件；

（二）被告人被判处死刑的上诉案件；

（三）人民检察院抗诉的案件；

（四）应当开庭审理的其他案件。

被判处死刑的被告人没有上诉，同案的其他被告人上诉的案件，第二审人民法院应当开庭审理。

第三百九十四条 对上诉、抗诉案件，第二审人民法院经审查，认为原判事实不清、证据不足，或者具有刑事诉讼法第二百三十八条规定的违反法定诉讼程序情形，需要发回重新审判的，可以不开庭审理。

第三百九十五条 第二审期间，人民检察院或者被告人及其辩护人提交新证据的，人民法院应当及时通知对方查阅、摘抄或者复制。

第三百九十六条 开庭审理第二审公诉案件，应当在决定开庭审理后及时通知人民检察院查阅案卷。自通知后的第二日起，人民检察院查阅案卷的时间不计入审理期限。

第三百九十七条 开庭审理上诉、抗诉的公诉案件，应当通知同级人民检察院派员出庭。

抗诉案件，人民检察院接到开庭通知后不派员出庭，且未说明原因的，人民法院可以裁定按人民检察院撤回抗诉处理。

第三百九十八条 开庭审理上诉、抗诉案件，除参照适用第一审程序的有关规定外，应当按照下列规定进行：

（一）法庭调查阶段，审判人员宣读第一审判决书、裁定书后，上诉案件由上诉人或者辩护人先宣读上诉状或者陈述上诉理由，抗诉案件由检察员先宣读抗诉书；既有上诉又有抗诉的案件，先由检察员宣读抗诉书，再由上诉人或者辩护人宣读上诉状或者陈述上诉理由；

（二）法庭辩论阶段，上诉案件，先由上诉人、辩护人发言，后由检察员、诉讼代理人发言；抗诉案件，先由检察员、诉讼代理人发言，后由被告人、辩护人发言；既有上诉又有抗诉的案件，先由检察员、诉讼代理人发言，后由上诉人、辩护人发言。

第三百九十九条 开庭审理上诉、抗诉案件，可以重点围绕对第一审判决、裁定有争议的问题或者有疑问的部分进行。根据案件情况，可以按照下列方式审理：

（一）宣读第一审判决书，可以只宣读案由、主要事实、证据名称和判决主文等；

（二）法庭调查应当重点围绕对第一审判决提出异议的事实、证据以及新的证据等进行；对没有异议的事实、证据和情节，可以直接确认；

（三）对同案审理案件中未上诉的被告人，未被申请出庭或者人民法院认为没有必要到庭的，可以不再传唤到庭；

（四）被告人犯有数罪的案件，对其中事实清楚且无异议的犯罪，可以不在庭审时审理。

同案审理的案件，未提出上诉、人民检察院也未对其判决提出抗诉的被告人要求出庭的，应当准许。出庭的被告人可以参加法庭调查和辩论。

第四百条 第二审案件依法不开庭审理的,应当讯问被告人,听取其他当事人、辩护人、诉讼代理人的意见。合议庭全体成员应当阅卷,必要时应当提交书面阅卷意见。

第四百零一条 审理被告人或者其法定代理人、辩护人、近亲属提出上诉的案件,不得对被告人的刑罚作出实质不利的改判,并应当执行下列规定:

(一)同案审理的案件,只有部分被告人上诉的,既不得加重上诉人的刑罚,也不得加重其他同案被告人的刑罚;

(二)原判认定的罪名不当的,可以改变罪名,但不得加重刑罚或者对刑罚执行产生不利影响;

(三)原判认定的罪数不当的,可以改变罪数,并调整刑罚,但不得加重决定执行的刑罚或者对刑罚执行产生不利影响;

(四)原判对被告人宣告缓刑的,不得撤销缓刑或者延长缓刑考验期;

(五)原判没有宣告职业禁止、禁止令的,不得增加宣告;原判宣告职业禁止、禁止令的,不得增加内容、延长期限;

(六)原判对被告人判处死刑缓期执行没有限制减刑、决定终身监禁的,不得限制减刑、决定终身监禁;

(七)原判判处的刑罚不当、应当适用附加刑而没有适用的,不得直接加重刑罚、适用附加刑。原判判处的刑罚畸轻,必须依法改判的,应当在第二审判决、裁定生效后,依照审判监督程序重新审判。

人民检察院抗诉或者自诉人上诉的案件,不受前款规定的限制。

第四百零二条 人民检察院只对部分被告人的判决提出抗诉,或者自诉人只对部分被告人的判决提出上诉的,第二审人民法院不得对其他同案被告人加重刑罚。

第四百零三条 被告人或者其法定代理人、辩护人、近亲属提出上诉,人民检察院未提出抗诉的案件,第二审人民法院发回重新审判后,除有新的犯罪事实且人民检察院补充起诉的以外,原审人民法院不得加重被告人的刑罚。

对前款规定的案件,原审人民法院对上诉发回重新审判的案件依法作出判决后,人民检察院抗诉的,第二审人民法院不得改判为重于原审人民法院第一次判处的刑罚。

第四百零四条 第二审人民法院认为第一审判决事实不清、证据不足的,可以在查清事实后改判,也可以裁定撤销原判,发回原审人民法院重新审判。

有多名被告人的案件,部分被告人的犯罪事实不清、证据不足或者有新的犯罪事实需要追诉,且有关犯罪与其他同案被告人没有关联的,第二审人民法院根据案件情况,可以对该部分被告人分案处理,将该部分被告人发回原审人民法院重新审判。原审人民法院重新作出判决后,被告人上诉或者人民检察院抗诉,其他被告人的案件尚未作出第二审判决、裁定的,第二审人民法院可以并案审理。

第四百零五条 原判事实不清、证据不足,第二审人民法院发回重新审判的案件,原审人民法院重新作出判决后,被告人上诉或者人民检察院抗诉的,第二审人民法院应当依法作出判决、裁定,不得再发回重新审判。

第四百零六条 第二审人民法院发现原审人民法院在重新审判过程中,有刑事诉讼法第二百三十八条规定的情形之一,或者违反第二百三十九条规定的，应当裁定撤销原判，发回重新审判。

第四百零七条 第二审人民法院审理对刑事部分提出上诉、抗诉，附带民事部分已经发生法律效力的案件，发现第一审判决、裁定中的附带民事部分确有错误的，应当依照审判监督程序对附带民事部分予以纠正。

第四百零八条 刑事附带民事诉讼案件，只有附带民事诉讼当事人及其法定代理人上诉的，第一审刑事部分的判决在上诉期满后即发生法律效力。

应当送监执行的第一审刑事被告人是第二审附带民事诉讼被告人的，在第二审附带民事诉讼案件审结前，可以暂缓送监执行。

第四百零九条 第二审人民法院审理对附带民事部分提出上诉，刑事部分已经发生法律效力的案件，应当对全案进行审查，并按照下列情形分别处理：

（一）第一审判决的刑事部分并无不当的，只需就附带民事部分作出处理；

（二）第一审判决的刑事部分确有错误的，依照审判监督程序对刑事部分进行再审，并将附带民事部分与刑事部分一并审理。

第四百一十条 第二审期间，第一审附带民事诉讼原告人增加独立的诉讼请求或者第一审附带民事诉讼被告人提出反诉的，第二审人民法院可以根据自愿、合法的原则进行调解；调解不成的，告知当事人另行起诉。

第四百一十一条 对第二审自诉案件，必要时可以调解，当事人也可以自行和解。调解结案的，应当制作调解书，第一审判决、裁定视为自动撤销。当事人自行和解的，依照本解释第三百二十九条的规定处理；裁定准许撤回自诉的，应当撤销第一审判决、裁定。

第四百一十二条 第二审期间，自诉案件的当事人提出反诉的，应当告知其另行起诉。

第四百一十三条 第二审人民法院可以委托第一审人民法院代为宣判，并向当事人送达第二审判决书、裁定书。第一审人民法院应当在代为宣判后五日以内将宣判笔录送交第二审人民法院，并在送达完毕后及时将送达回证送交第二审人民法院。

委托宣判的，第二审人民法院应当直接向同级人民检察院送达第二审判决书、裁定书。

第二审判决、裁定是终审的判决、裁定的，自宣告之日起发生法律效力。

第十六章 在法定刑以下判处刑罚和特殊假释的核准

第四百一十四条 报请最高人民法院核准在法定刑以下判处刑罚的案件，应当按照下列情形分别处理：

（一）被告人未上诉、人民检察院未抗诉的，在上诉、抗诉期满后三日以内报请上一级人民法院复核。上级人民法院同意原判的，应当书面层报最高人民法院核准；不同意的，应当裁定发回重新审判，或者按照第二审程序提审；

（二）被告人上诉或者人民检察院抗诉的，上一级人民法院维持原判，或者改判后仍在法定刑以下判处刑罚的，应当依照前项规定层报最高人民法院核准。

第四百一十五条 对符合刑法第六十

三条第二款规定的案件，第一审人民法院未在法定刑以下判处刑罚的，第二审人民法院可以在法定刑以下判处刑罚，并层报最高人民法院核准。

第四百一十六条 报请最高人民法院核准在法定刑以下判处刑罚的案件，应当报送判决书、报请核准的报告各五份，以及全部案卷、证据。

第四百一十七条 对在法定刑以下判处刑罚的案件，最高人民法院予以核准的，应当作出核准裁定书；不予核准的，应当作出不核准裁定书，并撤销原判决、裁定，发回原审人民法院重新审判或者指定其他下级人民法院重新审判。

第四百一十八条 依照本解释第四百一十四条、第四百一十七条规定发回第二审人民法院重新审判的案件，第二审人民法院可以直接改判；必须通过开庭查清事实、核实证据或者纠正原审程序违法的，应当开庭审理。

第四百一十九条 最高人民法院和上级人民法院复核在法定刑以下判处刑罚案件的审理期限，参照适用刑事诉讼法第二百四十三条的规定。

第四百二十条 报请最高人民法院核准因罪犯具有特殊情况，不受执行刑期限制的假释案件，应当按照下列情形分别处理：

（一）中级人民法院依法作出假释裁定后，应当报请高级人民法院复核。高级人民法院同意的，应当书面报请最高人民法院核准；不同意的，应当裁定撤销中级人民法院的假释裁定；

（二）高级人民法院依法作出假释裁定的，应当报请最高人民法院核准。

第四百二十一条 报请最高人民法院核准因罪犯具有特殊情况，不受执行刑期限制的假释案件，应当报送报请核准的报告、罪犯具有特殊情况的报告、假释裁定书各五份，以及全部案卷。

第四百二十二条 对因罪犯具有特殊情况，不受执行刑期限制的假释案件，最高人民法院予以核准的，应当作出核准裁定书；不予核准的，应当作出不核准裁定书，并撤销原裁定。

第十七章 死刑复核程序

第四百二十三条 报请最高人民法院核准死刑的案件，应当按照下列情形分别处理：

（一）中级人民法院判处死刑的第一审案件，被告人未上诉、人民检察院未抗诉的，在上诉、抗诉期满后十日以内报请高级人民法院复核。高级人民法院同意判处死刑的，应当在作出裁定后十日以内报请最高人民法院核准；认为原判认定的某一具体事实或者引用的法律条款等存在瑕疵，但判处被告人死刑并无不当的，可以在纠正后作出核准的判决、裁定；不同意判处死刑的，应当依照第二审程序提审或者发回重新审判；

（二）中级人民法院判处死刑的第一审案件，被告人上诉或者人民检察院抗诉，高级人民法院裁定维持的，应当在作出裁定后十日以内报请最高人民法院核准；

（三）高级人民法院判处死刑的第一审案件，被告人未上诉、人民检察院未抗诉的，应当在上诉、抗诉期满后十日以内报请最高人民法院核准。

高级人民法院复核死刑案件，应当讯问被告人。

第四百二十四条 中级人民法院判处死刑缓期执行的第一审案件，被告人未上诉、人民检察院未抗诉的，应当报请高级人民法院核准。

高级人民法院复核死刑缓期执行案件，应当讯问被告人。

第四百二十五条 报请复核的死刑、死刑缓期执行案件，应当一案一报。报送的材料包括报请复核的报告，第一、二审裁判文书，案件综合报告各五份以及全部案卷、证据。案件综合报告，第一、二审裁判文书和审理报告应当附送电子文本。

同案审理的案件应当报送全案案卷、证据。

曾经发回重新审判的案件，原第一、二审案卷应当一并报送。

第四百二十六条 报请复核死刑、死刑缓期执行的报告，应当写明案由、简要案情、审理过程和判决结果。

案件综合报告应当包括以下内容：

（一）被告人、被害人的基本情况。被告人有前科或者曾受过行政处罚、处分的，应当写明；

（二）案件的由来和审理经过。案件曾经发回重新审判的，应当写明发回重新审判的原因、时间、案号等；

（三）案件侦破情况。通过技术调查、侦查措施抓获被告人、侦破案件，以及与自首、立功认定有关的情况，应当写明；

（四）第一审审理情况。包括控辩双方意见，第一审认定的犯罪事实，合议庭和审判委员会意见；

（五）第二审审理或者高级人民法院复核情况。包括上诉理由、人民检察院的意见，第二审审理或者高级人民法院复核认定的事实，证据采信情况及理由，控辩双方意见及采纳情况；

（六）需要说明的问题。包括共同犯罪案件中另案处理的同案犯的处理情况，案件有无重大社会影响，以及当事人的反应等情况；

（七）处理意见。写明合议庭和审判委员会的意见。

第四百二十七条 复核死刑、死刑缓期执行案件，应当全面审查以下内容：

（一）被告人的年龄，被告人有无刑事责任能力、是否系怀孕的妇女；

（二）原判认定的事实是否清楚，证据是否确实、充分；

（三）犯罪情节、后果及危害程度；

（四）原判适用法律是否正确，是否必须判处死刑，是否必须立即执行；

（五）有无法定、酌定从重、从轻或者减轻处罚情节；

（六）诉讼程序是否合法；

（七）应当审查的其他情况。

复核死刑、死刑缓期执行案件，应当重视审查被告人及其辩护人的辩解、辩护意见。

第四百二十八条 高级人民法院复核死刑缓期执行案件，应当按照下列情形分别处理：

（一）原判认定事实和适用法律正确、量刑适当、诉讼程序合法的，应当裁定核准；

（二）原判认定的某一具体事实或者引用的法律条款等存在瑕疵，但判处被告人死刑缓期执行并无不当的，可以在纠正后作出核准的判决、裁定；

（三）原判认定事实正确，但适用法律有错误，或者量刑过重的，应当改判；

（四）原判事实不清、证据不足的，可以裁定不予核准，并撤销原判，发回重新审

判,或者依法改判;

(五)复核期间出现新的影响定罪量刑的事实、证据的,可以裁定不予核准,并撤销原判,发回重新审判,或者依照本解释第二百七十一条的规定审理后依法改判;

(六)原审违反法定诉讼程序,可能影响公正审判的,应当裁定不予核准,并撤销原判,发回重新审判。

复核死刑缓期执行案件,不得加重被告人的刑罚。

第四百二十九条 最高人民法院复核死刑案件,应当按照下列情形分别处理:

(一)原判认定事实和适用法律正确、量刑适当、诉讼程序合法的,应当裁定核准;

(二)原判认定的某一具体事实或者引用的法律条款等存在瑕疵,但判处被告人死刑并无不当的,可以在纠正后作出核准的判决、裁定;

(三)原判事实不清、证据不足的,应当裁定不予核准,并撤销原判,发回重新审判;

(四)复核期间出现新的影响定罪量刑的事实、证据的,应当裁定不予核准,并撤销原判,发回重新审判;

(五)原判认定事实正确、证据充分,但依法不应当判处死刑的,应当裁定不予核准,并撤销原判,发回重新审判;根据案件情况,必要时,也可以依法改判;

(六)原审违反法定诉讼程序,可能影响公正审判的,应当裁定不予核准,并撤销原判,发回重新审判。

第四百三十条 最高人民法院裁定不予核准死刑的,根据案件情况,可以发回第二审人民法院或者第一审人民法院重新审判。

对最高人民法院发回第二审人民法院重新审判的案件,第二审人民法院一般不得发回第一审人民法院重新审判。

第一审人民法院重新审判的,应当开庭审理。第二审人民法院重新审判的,可以直接改判;必须通过开庭查清事实、核实证据或者纠正原审程序违法的,应当开庭审理。

第四百三十一条 高级人民法院依照复核程序审理后报请最高人民法院核准死刑,最高人民法院裁定不予核准,发回高级人民法院重新审判的,高级人民法院可以依照第二审程序提审或者发回重新审判。

第四百三十二条 最高人民法院裁定不予核准死刑,发回重新审判的案件,原审人民法院应当另行组成合议庭审理,但本解释第四百二十九条第四项、第五项规定的案件除外。

第四百三十三条 依照本解释第四百三十条、第四百三十一条发回重新审判的案件,第一审人民法院判处死刑、死刑缓期执行的,上一级人民法院依照第二审程序或者复核程序审理后,应当依法作出判决或者裁定,不得再发回重新审判。但是,第一审人民法院有刑事诉讼法第二百三十八条规定的情形或者违反刑事诉讼法第二百三十九条规定的除外。

第四百三十四条 死刑复核期间,辩护律师要求当面反映意见的,最高人民法院有关合议庭应当在办公场所听取其意见,并制作笔录;辩护律师提出书面意见的,应当附卷。

第四百三十五条 死刑复核期间,最高人民检察院提出意见的,最高人民法院应当审查,并将采纳情况及理由反馈最高人民检察院。

第四百三十六条 最高人民法院应当

根据有关规定向最高人民检察院通报死刑案件复核结果。

第十八章　涉案财物处理

第四百三十七条　人民法院对查封、扣押、冻结的涉案财物及其孳息,应当妥善保管,并制作清单,附卷备查;对人民检察院随案移送的实物,应当根据清单核查后妥善保管。任何单位和个人不得挪用或者自行处理。

查封不动产、车辆、船舶、航空器等财物,应当扣押其权利证书,经拍照或者录像后原地封存,或者交持有人、被告人的近亲属保管,登记并写明财物的名称、型号、权属、地址等详细信息,并通知有关财物的登记、管理部门办理查封登记手续。

扣押物品,应当登记并写明物品名称、型号、规格、数量、重量、质量、成色、纯度、颜色、新旧程度、缺损特征和来源等。扣押货币、有价证券,应当登记并写明货币、有价证券的名称、数额、面额等,货币应当存入银行专门账户,并登记银行存款凭证的名称、内容。扣押文物、金银、珠宝、名贵字画等贵重物品以及违禁品,应当拍照,需要鉴定的,应当及时鉴定。对扣押的物品应当根据有关规定及时估价。

冻结存款、汇款、债券、股票、基金份额等财产,应当登记并写明编号、种类、面值、张数、金额等。

第四百三十八条　对被害人的合法财产,权属明确的,应当依法及时返还,但须经拍照、鉴定、估价,并在案卷中注明返还的理由,将原物照片、清单和被害人的领取手续附卷备查;权属不明的,应当在人民法院判决、裁定生效后,按比例返还被害人,但已获退赔的部分应予扣除。

第四百三十九条　审判期间,对不宜长期保存、易贬值或者市场价格波动大的财产,或者有效期即将届满的票据等,经权利人申请或者同意,并经院长批准,可以依法先行处置,所得款项由人民法院保管。

涉案财物先行处置应当依法、公开、公平。

第四百四十条　对作为证据使用的实物,应当随案移送。第一审判决、裁定宣告后,被告人上诉或者人民检察院抗诉的,第一审人民法院应当将上述证据移送第二审人民法院。

第四百四十一条　对实物未随案移送的,应当根据情况,分别审查以下内容:

(一)大宗的、不便搬运的物品,是否随案移送查封、扣押清单,并附原物照片和封存手续,注明存放地点等;

(二)易腐烂、霉变和不易保管的物品,查封、扣押机关变卖处理后,是否随案移送原物照片、清单、变价处理的凭证(复印件)等;

(三)枪支弹药、剧毒物品、易燃易爆物品以及其他违禁品、危险物品,查封、扣押机关根据有关规定处理后,是否随案移送原物照片和清单等。

上述未随案移送的实物,应当依法鉴定、估价的,还应当审查是否附有鉴定、估价意见。

对查封、扣押的货币、有价证券等,未移送实物的,应当审查是否附有原物照片、清单或者其他证明文件。

第四百四十二条　法庭审理过程中,应当依照本解释第二百七十九条的规定,依法对查封、扣押、冻结的财物及其孳息进行审查。

第四百四十三条 被告人将依法应当追缴的涉案财物用于投资或者置业的，对因此形成的财产及其收益，应当追缴。

被告人将依法应当追缴的涉案财物与其他合法财产共同用于投资或者置业的，对因此形成的财产中与涉案财物对应的份额及其收益，应当追缴。

第四百四十四条 对查封、扣押、冻结的财物及其孳息，应当在判决书中写明名称、金额、数量、存放地点及其处理方式等。涉案财物较多，不宜在判决主文中详细列明的，可以附清单。

判决追缴违法所得或者责令退赔的，应当写明追缴、退赔的金额或者财物的名称、数量等情况；已经发还的，应当在判决书中写明。

第四百四十五条 查封、扣押、冻结的财物及其孳息，经审查，确属违法所得或者依法应当追缴的其他涉案财物的，应当判决返还被害人，或者没收上缴国库，但法律另有规定的除外。

对判决时尚未追缴到案或者尚未足额退赔的违法所得，应当判决继续追缴或者责令退赔。

判决返还被害人的涉案财物，应当通知被害人认领；无人认领的，应当公告通知；公告满一年无人认领的，应当上缴国库；上缴国库后有人认领，经查证属实的，应当申请退库予以返还；原物已经拍卖、变卖的，应当返还价款。

对侵犯国有财产的案件，被害单位已经终止且没有权利义务继受人，或者损失已经被核销的，查封、扣押、冻结的财物及其孳息应当上缴国库。

第四百四十六条 第二审期间，发现第一审判决未对随案移送的涉案财物及其孳息作出处理的，可以裁定撤销原判，发回原审人民法院重新审判，由原审人民法院依法对涉案财物及其孳息一并作出处理。

判决生效后，发现原判未对随案移送的涉案财物及其孳息作出处理的，由原审人民法院依法对涉案财物及其孳息另行作出处理。

第四百四十七条 随案移送的或者人民法院查封、扣押的财物及其孳息，由第一审人民法院在判决生效后负责处理。

实物未随案移送、由扣押机关保管的，人民法院应当在判决生效后十日以内，将判决书、裁定书送达扣押机关，并告知其在一个月以内将执行回单送回，确因客观原因无法按时完成的，应当说明原因。

第四百四十八条 对冻结的存款、汇款、债券、股票、基金份额等财产判决没收的，第一审人民法院应当在判决生效后，将判决书、裁定书送达相关金融机构和财政部门，通知相关金融机构依法上缴国库并在接到执行通知书后十五日以内，将上缴国库的凭证、执行回单送回。

第四百四十九条 查封、扣押、冻结的财物与本案无关但已列入清单的，应当由查封、扣押、冻结机关依法处理。

查封、扣押、冻结的财物属于被告人合法所有的，应当在赔偿被害人损失、执行财产刑后及时返还被告人。

第四百五十条 查封、扣押、冻结财物及其处理，本解释没有规定的，参照适用其他司法解释的有关规定。

第十九章 审判监督程序

第四百五十一条 当事人及其法定代理人、近亲属对已经发生法律效力的判决、裁定提出申诉的,人民法院应当审查处理。

案外人认为已经发生法律效力的判决、裁定侵害其合法权益,提出申诉的,人民法院应当审查处理。

申诉可以委托律师代为进行。

第四百五十二条 向人民法院申诉,应当提交以下材料:

(一)申诉状。应当写明当事人的基本情况、联系方式以及申诉的事实与理由;

(二)原一、二审判决书、裁定书等法律文书。经过人民法院复查或者再审的,应当附有驳回申诉通知书、再审决定书、再审判决书、裁定书;

(三)其他相关材料。以有新的证据证明原判决、裁定认定的事实确有错误为由申诉的,应当同时附有相关证据材料;申请人民法院调查取证的,应当附有相关线索或者材料。

申诉符合前款规定的,人民法院应当出具收到申诉材料的回执。申诉不符合前款规定的,人民法院应当告知申诉人补充材料;申诉人拒绝补充必要材料且无正当理由的,不予审查。

第四百五十三条 申诉由终审人民法院审查处理。但是,第二审人民法院裁定准许撤回上诉的案件,申诉人对第一审判决提出申诉的,可以由第一审人民法院审查处理。

上一级人民法院对未经终审人民法院审查处理的申诉,可以告知申诉人向终审人民法院提出申诉,或者直接交终审人民法院审查处理,并告知申诉人;案件疑难、复杂、重大的,也可以直接审查处理。

对未经终审人民法院及其上一级人民法院审查处理,直接向上级人民法院申诉的,上级人民法院应当告知申诉人向下级人民法院提出。

第四百五十四条 最高人民法院或者上级人民法院可以指定终审人民法院以外的人民法院对申诉进行审查。被指定的人民法院审查后,应当制作审查报告,提出处理意见,层报最高人民法院或者上级人民法院审查处理。

第四百五十五条 对死刑案件的申诉,可以由原核准的人民法院直接审查处理,也可以交由原审人民法院审查。原审人民法院应当制作审查报告,提出处理意见,层报原核准的人民法院审查处理。

第四百五十六条 对立案审查的申诉案件,人民法院可以听取当事人和原办案单位的意见,也可以对原判据以定罪量刑的证据和新的证据进行核实。必要时,可以进行听证。

第四百五十七条 对立案审查的申诉案件,应当在三个月以内作出决定,至迟不得超过六个月。因案件疑难、复杂、重大或者其他特殊原因需要延长审查期限的,参照本解释第二百一十条的规定处理。

经审查,具有下列情形之一的,应当根据刑事诉讼法第二百五十三条的规定,决定重新审判:

(一)有新的证据证明原判决、裁定认定的事实确有错误,可能影响定罪量刑的;

(二)据以定罪量刑的证据不确实、不充分、依法应当排除的;

(三)证明案件事实的主要证据之间存在矛盾的;

(四)主要事实依据被依法变更或者撤销的;

(五)认定罪名错误的;

(六)量刑明显不当的;

(七)对违法所得或者其他涉案财物的

处理确有明显错误的;

(八)违反法律关于溯及力规定的;

(九)违反法定诉讼程序,可能影响公正裁判的;

(十)审判人员在审理该案件时有贪污受贿、徇私舞弊、枉法裁判行为的。

申诉不具有上述情形的,应当说服申诉人撤回申诉;对仍然坚持申诉的,应当书面通知驳回。

第四百五十八条 具有下列情形之一,可能改变原判决、裁定据以定罪量刑的事实的证据,应当认定为刑事诉讼法第二百五十三条第一项规定的“新的证据”:

(一)原判决、裁定生效后新发现的证据;

(二)原判决、裁定生效前已经发现,但未予收集的证据;

(三)原判决、裁定生效前已经收集,但未经质证的证据;

(四)原判决、裁定所依据的鉴定意见,勘验、检查等笔录被改变或者否定的;

(五)原判决、裁定所依据的被告人供述、证人证言等证据发生变化,影响定罪量刑,且有合理理由的。

第四百五十九条 申诉人对驳回申诉不服的,可以向上一级人民法院申诉。上一级人民法院经审查认为申诉不符合刑事诉讼法第二百五十三条和本解释第四百五十七条第二款规定的,应当说服申诉人撤回申诉;对仍然坚持申诉的,应当驳回或者通知不予重新审判。

第四百六十条 各级人民法院院长发现本院已经发生法律效力的判决、裁定确有错误的,应当提交审判委员会讨论决定是否再审。

第四百六十一条 上级人民法院发现下级人民法院已经发生法律效力的判决、裁定确有错误的,可以指令下级人民法院再审;原判决、裁定认定事实正确但适用法律错误,或者案件疑难、复杂、重大,或者有不宜由原审人民法院审理情形的,也可以提审。

上级人民法院指令下级人民法院再审的,一般应当指令原审人民法院以外的下级人民法院审理;由原审人民法院审理更有利于查明案件事实、纠正裁判错误的,可以指令原审人民法院审理。

第四百六十二条 对人民检察院依照审判监督程序提出抗诉的案件,人民法院应当在收到抗诉书后一个月以内立案。但是,有下列情形之一的,应当区别情况予以处理:

(一)不属于本院管辖的,应当将案件退回人民检察院;

(二)按照抗诉书提供的住址无法向被抗诉的原审被告人送达抗诉书的,应当通知人民检察院在三日以内重新提供原审被告人的住址;逾期未提供的,将案件退回人民检察院;

(三)以有新的证据为由提出抗诉,但未附相关证据材料或者有关证据不是指向原起诉事实的,应当通知人民检察院在三日以内补送相关材料;逾期未补送的,将案件退回人民检察院。

决定退回的抗诉案件,人民检察院经补充相关材料后再次抗诉,经审查符合受理条件的,人民法院应当受理。

第四百六十三条 对人民检察院依照审判监督程序提出抗诉的案件,接受抗诉的人民法院应当组成合议庭审理。对原判事实不清、证据不足,包括有新的证据证明原判可能有错误,需要指令下级人民法院再审的,应当在立案之日起一个月以内作出决定,并将指令再审决定书送达抗诉的人民检察院。

第四百六十四条 对决定依照审判监督程序重新审判的案件,人民法院应当制作再审决定书。再审期间不停止原判决、裁定的执行,但被告人可能经再审改判无罪,或者可能经再审减轻原判刑罚而致刑期届满的,可以决定中止原判决、裁定的执行,必要时,可以对被告人采取取保候审、监视居住措施。

第四百六十五条 依照审判监督程序重新审判的案件,人民法院应当重点针对申诉、抗诉和决定再审的理由进行审理。必要时,应当对原判决、裁定认定的事实、证据和适用法律进行全面审查。

第四百六十六条 原审人民法院审理依照审判监督程序重新审判的案件,应当另行组成合议庭。

原来是第一审案件,应当依照第一审程序进行审判,所作的判决、裁定可以上诉、抗诉;原来是第二审案件,或者是上级人民法院提审的案件,应当依照第二审程序进行审判,所作的判决、裁定是终审的判决、裁定。

符合刑事诉讼法第二百九十六条、第二百九十七条规定的,可以缺席审判。

第四百六十七条 对依照审判监督程序重新审判的案件,人民法院在依照第一审程序进行审判的过程中,发现原审被告人还有其他犯罪的,一般应当并案审理,但分案审理更为适宜的,可以分案审理。

第四百六十八条 开庭审理再审案件,再审决定书或者抗诉书只针对部分原审被告人,其他同案原审被告人不出庭不影响审理的,可以不出庭参加诉讼。

第四百六十九条 除人民检察院抗诉的以外,再审一般不得加重原审被告人的刑罚。再审决定书或者抗诉书只针对部分原审被告人的,不得加重其他同案原审被告人的刑罚。

第四百七十条 人民法院审理人民检察院抗诉的再审案件,人民检察院在开庭审理前撤回抗诉的,应当裁定准许;人民检察院接到出庭通知后不派员出庭,且未说明原因的,可以裁定按撤回抗诉处理,并通知诉讼参与人。

人民法院审理申诉人申诉的再审案件,申诉人在再审期间撤回申诉的,可以裁定准许;但认为原判确有错误的,应当不予准许,继续按照再审案件审理。申诉人经依法通知无正当理由拒不到庭,或者未经法庭许可中途退庭的,可以裁定按撤回申诉处理,但申诉人不是原审当事人的除外。

第四百七十一条 开庭审理的再审案件,系人民法院决定再审的,由合议庭组成人员宣读再审决定书;系人民检察院抗诉的,由检察员宣读抗诉书;系申诉人申诉的,由申诉人或者其辩护人、诉讼代理人陈述申诉理由。

第四百七十二条 再审案件经过重新审理后,应当按照下列情形分别处理:

(一)原判决、裁定认定事实和适用法律正确、量刑适当的,应当裁定驳回申诉或者抗诉,维持原判决、裁定;

(二)原判决、裁定定罪准确、量刑适当,但在认定事实、适用法律等方面有瑕疵的,应当裁定纠正并维持原判决、裁定;

(三)原判决、裁定认定事实没有错误,但适用法律错误或者量刑不当的,应当撤销原判决、裁定,依法改判;

(四)依照第二审程序审理的案件,原

判决、裁定事实不清、证据不足的,可以在查清事实后改判,也可以裁定撤销原判,发回原审人民法院重新审判。

原判决、裁定事实不清或者证据不足,经审理事实已经查清的,应当根据查清的事实依法裁判;事实仍无法查清,证据不足,不能认定被告人有罪的,应当撤销原判决、裁定,判决宣告被告人无罪。

第四百七十三条 原判决、裁定认定被告人姓名等身份信息有误,但认定事实和适用法律正确、量刑适当的,作出生效判决、裁定的人民法院可以通过裁定对有关信息予以更正。

第四百七十四条 对再审改判宣告无罪并依法享有申请国家赔偿权利的当事人,人民法院宣判时,应当告知其在判决发生法律效力后可以依法申请国家赔偿。

第二十章 涉外刑事案件的审理和刑事司法协助

第一节 涉外刑事案件的审理

第四百七十五条 本解释所称的涉外刑事案件是指:

(一)在中华人民共和国领域内,外国人犯罪或者我国公民对外国、外国人犯罪的案件;

(二)符合刑法第七条、第十条规定情形的我国公民在中华人民共和国领域外犯罪的案件;

(三)符合刑法第八条、第十条规定情形的外国人犯罪的案件;

(四)符合刑法第九条规定情形的中华人民共和国在所承担国际条约义务范围内行使管辖权的案件。

第四百七十六条 第一审涉外刑事案件,除刑事诉讼法第二十一条至第二十三条规定的以外,由基层人民法院管辖。必要时,中级人民法院可以指定辖区内若干基层人民法院集中管辖第一审涉外刑事案件,也可以依照刑事诉讼法第二十四条的规定,审理基层人民法院管辖的第一审涉外刑事案件。

第四百七十七条 外国人的国籍,根据其入境时持用的有效证件确认;国籍不明的,根据公安机关或者有关国家驻华使领馆出具的证明确认。

国籍无法查明的,以无国籍人对待,适用本章有关规定,在裁判文书中写明"国籍不明"。

第四百七十八条 在刑事诉讼中,外国籍当事人享有我国法律规定的诉讼权利并承担相应义务。

第四百七十九条 涉外刑事案件审判期间,人民法院应当将下列事项及时通报同级人民政府外事主管部门,并依照有关规定通知有关国家驻华使领馆:

(一)人民法院决定对外国籍被告人采取强制措施的情况,包括外国籍当事人的姓名(包括译名)、性别、入境时间、护照或者证件号码、采取的强制措施及法律依据、羁押地点等;

(二)开庭的时间、地点、是否公开审理等事项;

(三)宣判的时间、地点。

涉外刑事案件宣判后,应当将处理结果及时通报同级人民政府外事主管部门。

对外国籍被告人执行死刑的,死刑裁决下达后执行前,应当通知其国籍国驻华使领馆。

外国籍被告人在案件审理中死亡的,

应当及时通报同级人民政府外事主管部门,并通知有关国家驻华使领馆。

第四百八十条 需要向有关国家驻华使领馆通知有关事项的,应当层报高级人民法院,由高级人民法院按照下列规定通知:

(一)外国籍当事人国籍国与我国签订有双边领事条约的,根据条约规定办理;未与我国签订双边领事条约,但参加《维也纳领事关系公约》的,根据公约规定办理;未与我国签订领事条约,也未参加《维也纳领事关系公约》,但与我国有外交关系的,可以根据外事主管部门的意见,按照互惠原则,根据有关规定和国际惯例办理;

(二)在外国驻华领馆领区内发生的涉外刑事案件,通知有关外国驻该地区的领馆;在外国领馆领区外发生的涉外刑事案件,通知有关外国驻华使馆;与我国有外交关系,但未设使领馆的国家,可以通知其代管国家驻华使领馆;无代管国家、代管国家不明的,可以不通知;

(三)双边领事条约规定通知时限的,应当在规定的期限内通知;没有规定的,应当根据或者参照《维也纳领事关系公约》和国际惯例尽快通知,至迟不得超过七日;

(四)双边领事条约没有规定必须通知,外国籍当事人要求不通知其国籍国驻华使领馆的,可以不通知,但应当由其本人出具书面声明。

高级人民法院向外国驻华使领馆通知有关事项,必要时,可以请人民政府外事主管部门协助。

第四百八十一条 人民法院受理涉外刑事案件后,应当告知在押的外国籍被告人享有与其国籍国驻华使领馆联系,与其监护人、近亲属会见、通信,以及请求人民法院提供翻译的权利。

第四百八十二条 涉外刑事案件审判期间,外国籍被告人在押,其国籍国驻华使领馆官员要求探视的,可以向受理案件的人民法院所在地的高级人民法院提出。人民法院应当根据我国与被告人国籍国签订的双边领事条约规定的时限予以安排;没有条约规定的,应当尽快安排。必要时,可以请人民政府外事主管部门协助。

涉外刑事案件审判期间,外国籍被告人在押,其监护人、近亲属申请会见的,可以向受理案件的人民法院所在地的高级人民法院提出,并依照本解释第四百八十六条的规定提供与被告人关系的证明。人民法院经审查认为不妨碍案件审判的,可以批准。

被告人拒绝接受探视、会见的,应当由其本人出具书面声明。拒绝出具书面声明的,应当记录在案;必要时,应当录音录像。

探视、会见被告人应当遵守我国法律规定。

第四百八十三条 人民法院审理涉外刑事案件,应当公开进行,但依法不应公开审理的除外。

公开审理的涉外刑事案件,外国籍当事人国籍国驻华使领馆官员要求旁听的,可以向受理案件的人民法院所在地的高级人民法院提出申请,人民法院应当安排。

第四百八十四条 人民法院审判涉外刑事案件,使用中华人民共和国通用的语言、文字,应当为外国籍当事人提供翻译。翻译人员应当在翻译文件上签名。

人民法院的诉讼文书为中文本。外国籍当事人不通晓中文的,应当附有外文译本,译本不加盖人民法院印章,以中文本为准。

外国籍当事人通晓中国语言、文字，拒绝他人翻译，或者不需要诉讼文书外文译本的，应当由其本人出具书面声明。拒绝出具书面声明的，应当记录在案；必要时，应当录音录像。

第四百八十五条 外国籍被告人委托律师辩护，或者外国籍附带民事诉讼原告人、自诉人委托律师代理诉讼的，应当委托具有中华人民共和国律师资格并依法取得执业证书的律师。

外国籍被告人在押的，其监护人、近亲属或者其国籍国驻华使领馆可以代为委托辩护人。其监护人、近亲属代为委托的，应当提供与被告人关系的有效证明。

外国籍当事人委托其监护人、近亲属担任辩护人、诉讼代理人的，被委托人应当提供与当事人关系的有效证明。经审查，符合刑事诉讼法、有关司法解释规定的，人民法院应当准许。

外国籍被告人没有委托辩护人的，人民法院可以通知法律援助机构为其指派律师提供辩护。被告人拒绝辩护人辩护的，应当由其出具书面声明，或者将其口头声明记录在案；必要时，应当录音录像。被告人属于应当提供法律援助情形的，依照本解释第五十条规定处理。

第四百八十六条 外国籍当事人从中华人民共和国领域外寄交或者托交给中国律师或者中国公民的委托书，以及外国籍当事人的监护人、近亲属提供的与当事人关系的证明，必须经所在国公证机关证明，所在国中央外交主管机关或者其授权机关认证，并经中华人民共和国驻该国使领馆认证，或者履行中华人民共和国与该所在国订立的有关条约中规定的证明手续，但我国与该国之间有互免认证协定的除外。

第四百八十七条 对涉外刑事案件的被告人，可以决定限制出境；对开庭审理案件时必须到庭的证人，可以要求暂缓出境。限制外国人出境的，应当通报同级人民政府外事主管部门和当事人国籍国驻华使领馆。

人民法院决定限制外国人和中国公民出境的，应当书面通知被限制出境的人在案件审理终结前不得离境，并可以采取扣留护照或者其他出入境证件的办法限制其出境；扣留证件的，应当履行必要手续，并发给本人扣留证件的证明。

需要对外国人和中国公民在口岸采取边控措施的，受理案件的人民法院应当按照规定制作边控对象通知书，并附有关法律文书，层报高级人民法院办理交控手续。紧急情况下，需要采取临时边控措施的，受理案件的人民法院可以先向有关口岸所在地出入境边防检查机关交控，但应当在七日以内按照规定层报高级人民法院办理手续。

第四百八十八条 涉外刑事案件，符合刑事诉讼法第二百零八条第一款、第二百四十三条规定的，经有关人民法院批准或者决定，可以延长审理期限。

第四百八十九条 涉外刑事案件宣判后，外国籍当事人国籍国驻华使领馆要求提供裁判文书的，可以向受理案件的人民法院所在地的高级人民法院提出，人民法院可以提供。

第四百九十条 涉外刑事案件审理过程中的其他事项，依照法律、司法解释和其他有关规定办理。

第二节 刑事司法协助

第四百九十一条 请求和提供司法协

助，应当依照《中华人民共和国国际刑事司法协助法》、我国与有关国家、地区签订的刑事司法协助条约、移管被判刑人条约和有关法律规定进行。

对请求书的签署机关、请求书及所附材料的语言文字、有关办理期限和具体程序等事项，在不违反中华人民共和国法律的基本原则的情况下，可以按照刑事司法协助条约规定或者双方协商办理。

第四百九十二条　外国法院请求的事项有损中华人民共和国的主权、安全、社会公共利益以及违反中华人民共和国法律的基本原则的，人民法院不予协助；属于有关法律规定的可以拒绝提供刑事司法协助情形的，可以不予协助。

第四百九十三条　人民法院请求外国提供司法协助的，应当层报最高人民法院，经最高人民法院审核同意后交由有关对外联系机关及时向外国提出请求。

外国法院请求我国提供司法协助，有关对外联系机关认为属于人民法院职权范围的，经最高人民法院审核同意后转有关人民法院办理。

第四百九十四条　人民法院请求外国提供司法协助的请求书，应当依照刑事司法协助条约的规定提出；没有条约或者条约没有规定的，应当载明法律规定的相关信息并附相关材料。请求书及其所附材料应当以中文制作，并附有被请求国官方文字的译本。

外国请求我国法院提供司法协助的请求书，应当依照刑事司法协助条约的规定提出；没有条约或者条约没有规定的，应当载明我国法律规定的相关信息并附相关材料。请求书及所附材料应当附有中文译本。

第四百九十五条　人民法院向在中华人民共和国领域外居住的当事人送达刑事诉讼文书，可以采用下列方式：

（一）根据受送达人所在国与中华人民共和国缔结或者共同参加的国际条约规定的方式送达；

（二）通过外交途径送达；

（三）对中国籍当事人，所在国法律允许或者经所在国同意的，可以委托我国驻受送达人所在国的使领馆代为送达；

（四）当事人是自诉案件的自诉人或者附带民事诉讼原告人的，可以向有权代其接受送达的诉讼代理人送达；

（五）当事人是外国单位的，可以向其在中华人民共和国领域内设立的代表机构或者有权接受送达的分支机构、业务代办人送达；

（六）受送达人所在国法律允许的，可以邮寄送达；自邮寄之日起满三个月，送达回证未退回，但根据各种情况足以认定已经送达的，视为送达；

（七）受送达人所在国法律允许的，可以采用传真、电子邮件等能够确认受送达人收悉的方式送达。

第四百九十六条　人民法院通过外交途径向在中华人民共和国领域外居住的受送达人送达刑事诉讼文书的，所送达的文书应当经高级人民法院审查后报最高人民法院审核。最高人民法院认为可以发出的，由最高人民法院交外交部主管部门转递。

外国法院通过外交途径请求人民法院送达刑事诉讼文书的，由该国驻华使馆将法律文书交我国外交部主管部门转最高人民法院。最高人民法院审核后认为属于人民法院职权范围，且可以代为送达的，应当转有关人民法院办理。

第二十一章　执行程序

第一节　死刑的执行

第四百九十七条　被判处死刑缓期执行的罪犯，在死刑缓期执行期间犯罪的，应当由罪犯服刑地的中级人民法院依法审判，所作的判决可以上诉、抗诉。

认定故意犯罪，情节恶劣，应当执行死刑的，在判决、裁定发生法律效力后，应当层报最高人民法院核准执行死刑。

对故意犯罪未执行死刑的，不再报高级人民法院核准，死刑缓期执行的期间重新计算，并层报最高人民法院备案。备案不影响判决、裁定的生效和执行。

最高人民法院经备案审查，认为原判不予执行死刑错误，确需改判的，应当依照审判监督程序予以纠正。

第四百九十八条　死刑缓期执行的期间，从判决或者裁定核准死刑缓期执行的法律文书宣告或者送达之日起计算。

死刑缓期执行期满，依法应当减刑的，人民法院应当及时减刑。死刑缓期执行期满减为无期徒刑、有期徒刑的，刑期自死刑缓期执行期满之日起计算。

第四百九十九条　最高人民法院的执行死刑命令，由高级人民法院交付第一审人民法院执行。第一审人民法院接到执行死刑命令后，应当在七日以内执行。

在死刑缓期执行期间故意犯罪，最高人民法院核准执行死刑的，由罪犯服刑地的中级人民法院执行。

第五百条　下级人民法院在接到执行死刑命令后、执行前，发现有下列情形之一的，应当暂停执行，并立即将请求停止执行死刑的报告和相关材料层报最高人民法院：

（一）罪犯可能有其他犯罪的；

（二）共同犯罪的其他犯罪嫌疑人到案，可能影响罪犯量刑的；

（三）共同犯罪的其他罪犯被暂停或者停止执行死刑，可能影响罪犯量刑的；

（四）罪犯揭发重大犯罪事实或者有其他重大立功表现，可能需要改判的；

（五）罪犯怀孕的；

（六）判决、裁定可能有影响定罪量刑的其他错误的。

最高人民法院经审查，认为可能影响罪犯定罪量刑的，应当裁定停止执行死刑；认为不影响的，应当决定继续执行死刑。

第五百零一条　最高人民法院在执行死刑命令签发后、执行前，发现有前条第一款规定情形的，应当立即裁定停止执行死刑，并将有关材料移交下级人民法院。

第五百零二条　下级人民法院接到最高人民法院停止执行死刑的裁定后，应当会同有关部门调查核实停止执行死刑的事由，并及时将调查结果和意见层报最高人民法院审核。

第五百零三条　对下级人民法院报送的停止执行死刑的调查结果和意见，由最高人民法院原作出核准死刑判决、裁定的合议庭负责审查；必要时，另行组成合议庭进行审查。

第五百零四条　最高人民法院对停止执行死刑的案件，应当按照下列情形分别处理：

（一）确认罪犯怀孕的，应当改判；

（二）确认罪犯有其他犯罪，依法应当追诉的，应当裁定不予核准死刑，撤销原判，发回重新审判；

（三）确认原判决、裁定有错误或者罪犯有重大立功表现，需要改判的，应当裁定不予核准死刑，撤销原判，发回重新审判；

（四）确认原判决、裁定没有错误，罪犯没有重大立功表现，或者重大立功表现不影响原判决、裁定执行的，应当裁定继续执行死刑，并由院长重新签发执行死刑的命令。

第五百零五条 第一审人民法院在执行死刑前，应当告知罪犯有权会见其近亲属。罪犯申请会见并提供具体联系方式的，人民法院应当通知其近亲属。确实无法与罪犯近亲属取得联系，或者其近亲属拒绝会见的，应当告知罪犯。罪犯申请通过录音录像等方式留下遗言的，人民法院可以准许。

罪犯近亲属申请会见的，人民法院应当准许并及时安排，但罪犯拒绝会见的除外。罪犯拒绝会见的，应当记录在案并及时告知其近亲属；必要时，应当录音录像。

罪犯申请会见近亲属以外的亲友，经人民法院审查，确有正当理由的，在确保安全的情况下可以准许。

罪犯申请会见未成年子女的，应当经未成年子女的监护人同意；会见可能影响未成年人身心健康的，人民法院可以通过视频方式安排会见，会见时监护人应当在场。

会见一般在罪犯羁押场所进行。

会见情况应当记录在案，附卷存档。

第五百零六条 第一审人民法院在执行死刑三日以前，应当通知同级人民检察院派员临场监督。

第五百零七条 死刑采用枪决或者注射等方法执行。

采用注射方法执行死刑的，应当在指定的刑场或者羁押场所内执行。

采用枪决、注射以外的其他方法执行死刑的，应当事先层报最高人民法院批准。

第五百零八条 执行死刑前，指挥执行的审判人员应当对罪犯验明正身，讯问有无遗言、信札，并制作笔录，再交执行人员执行死刑。

执行死刑应当公布，禁止游街示众或者其他有辱罪犯人格的行为。

第五百零九条 执行死刑后，应当由法医验明罪犯确实死亡，在场书记员制作笔录。负责执行的人民法院应当在执行死刑后十五日以内将执行情况，包括罪犯被执行死刑前后的照片，上报最高人民法院。

第五百一十条 执行死刑后，负责执行的人民法院应当办理以下事项：

（一）对罪犯的遗书、遗言笔录，应当及时审查；涉及财产继承、债务清偿、家事嘱托等内容的，将遗书、遗言笔录交给家属，同时复制附卷备查；涉及案件线索等问题的，抄送有关机关；

（二）通知罪犯家属在限期内领取罪犯骨灰；没有火化条件或者因民族、宗教等原因不宜火化的，通知领取尸体；过期不领取的，由人民法院通知有关单位处理，并要求有关单位出具处理情况的说明；对罪犯骨灰或者尸体的处理情况，应当记录在案；

（三）对外国籍罪犯执行死刑后，通知外国驻华使领馆的程序和时限，根据有关规定办理。

第二节 死刑缓期执行、无期徒刑、有期徒刑、拘役的交付执行

第五百一十一条 被判处死刑缓期执行、无期徒刑、有期徒刑、拘役的罪犯，第一

审人民法院应当在判决、裁定生效后十日以内，将判决书、裁定书、起诉书副本、自诉状复印件、执行通知书、结案登记表送达公安机关、监狱或者其他执行机关。

第五百一十二条 同案审理的案件中，部分被告人被判处死刑，对未被判处死刑的同案被告人需要羁押执行刑罚的，应当根据前条规定及时交付执行。但是，该同案被告人参与实施有关死刑之罪的，应当在复核讯问被判处死刑的被告人后交付执行。

第五百一十三条 执行通知书回执经看守所盖章后，应当附卷备查。

第五百一十四条 罪犯在被交付执行前，因有严重疾病、怀孕或者正在哺乳自己婴儿的妇女、生活不能自理的原因，依法提出暂予监外执行的申请的，有关病情诊断、妊娠检查和生活不能自理的鉴别，由人民法院负责组织进行。

第五百一十五条 被判处无期徒刑、有期徒刑或者拘役的罪犯，符合刑事诉讼法第二百六十五条第一款、第二款的规定，人民法院决定暂予监外执行的，应当制作暂予监外执行决定书，写明罪犯基本情况、判决确定的罪名和刑罚、决定暂予监外执行的原因、依据等。

人民法院在作出暂予监外执行决定前，应当征求人民检察院的意见。

人民检察院认为人民法院的暂予监外执行决定不当，在法定期限内提出书面意见的，人民法院应当立即对该决定重新核查，并在一个月以内作出决定。

对暂予监外执行的罪犯，适用本解释第五百一十九条的有关规定，依法实行社区矫正。

人民法院决定暂予监外执行的，由看守所或者执行取保候审、监视居住的公安机关自收到决定之日起十日以内将罪犯移送社区矫正机构。

第五百一十六条 人民法院收到社区矫正机构的收监执行建议书后，经审查，确认暂予监外执行的罪犯具有下列情形之一的，应当作出收监执行的决定：

（一）不符合暂予监外执行条件的；

（二）未经批准离开所居住的市、县，经警告拒不改正，或者拒不报告行踪，脱离监管的；

（三）因违反监督管理规定受到治安管理处罚，仍不改正的；

（四）受到执行机关两次警告，仍不改正的；

（五）保外就医期间不按规定提交病情复查情况，经警告拒不改正的；

（六）暂予监外执行的情形消失后，刑期未满的；

（七）保证人丧失保证条件或者因不履行义务被取消保证人资格，不能在规定期限内提出新的保证人的；

（八）违反法律、行政法规和监督管理规定，情节严重的其他情形。

第五百一十七条 人民法院应当在收到社区矫正机构的收监执行建议书后三十日以内作出决定。收监执行决定书一经作出，立即生效。

人民法院应当将收监执行决定书送达社区矫正机构和公安机关，并抄送人民检察院，由公安机关将罪犯交付执行。

第五百一十八条 被收监执行的罪犯有不计入执行刑期情形的，人民法院应当在作出收监决定时，确定不计入执行刑期的具体时间。

第三节 管制、缓刑、剥夺政治权利的交付执行

第五百一十九条 对被判处管制、宣告缓刑的罪犯，人民法院应当依法确定社区矫正执行地。社区矫正执行地为罪犯的居住地；罪犯在多个地方居住的，可以确定其经常居住地为执行地；罪犯的居住地、经常居住地无法确定或者不适宜执行社区矫正的，应当根据有利于罪犯接受矫正、更好地融入社会的原则，确定执行地。

宣判时，应当告知罪犯自判决、裁定生效之日起十日以内到执行地社区矫正机构报到，以及不按期报到的后果。

人民法院应当自判决、裁定生效之日起五日以内通知执行地社区矫正机构，并在十日以内将判决书、裁定书、执行通知书等法律文书送达执行地社区矫正机构，同时抄送人民检察院和执行地公安机关。人民法院与社区矫正执行地不在同一地方的，由执行地社区矫正机构将法律文书转送所在地的人民检察院和公安机关。

第五百二十条 对单处剥夺政治权利的罪犯，人民法院应当在判决、裁定生效后十日以内，将判决书、裁定书、执行通知书等法律文书送达罪犯居住地的县级公安机关，并抄送罪犯居住地的县级人民检察院。

第四节 刑事裁判涉财产部分和附带民事裁判的执行

第五百二十一条 刑事裁判涉财产部分的执行，是指发生法律效力的刑事裁判中下列判项的执行：

（一）罚金、没收财产；

（二）追缴、责令退赔违法所得；

（三）处置随案移送的赃款赃物；

（四）没收随案移送的供犯罪所用本人财物；

（五）其他应当由人民法院执行的相关涉财产的判项。

第五百二十二条 刑事裁判涉财产部分和附带民事裁判应当由人民法院执行的，由第一审人民法院负责裁判执行的机构执行。

第五百二十三条 罚金在判决规定的期限内一次或者分期缴纳。期满无故不缴纳或者未足额缴纳的，人民法院应当强制缴纳。经强制缴纳仍不能全部缴纳的，在任何时候，包括主刑执行完毕后，发现被执行人有可供执行的财产的，应当追缴。

行政机关对被告人就同一事实已经处以罚款的，人民法院判处罚金时应当折抵，扣除行政处罚已执行的部分。

第五百二十四条 因遭遇不能抗拒的灾祸等原因缴纳罚金确有困难，被执行人申请延期缴纳、酌情减少或者免除罚金的，应当提交相关证明材料。人民法院应当在收到申请后一个月以内作出裁定。符合法定条件的，应当准许；不符合条件的，驳回申请。

第五百二十五条 判处没收财产的，判决生效后，应当立即执行。

第五百二十六条 执行财产刑，应当参照被扶养人住所地政府公布的上年度当地居民最低生活费标准，保留被执行人及其所扶养人的生活必需费用。

第五百二十七条 被判处财产刑，同时又承担附带民事赔偿责任的被执行人，应当先履行民事赔偿责任。

第五百二十八条 执行刑事裁判涉财产部分、附带民事裁判过程中，当事人、利害关系人认为执行行为违反法律规定，或者案外人对被执行标的书面提出异议的，

人民法院应当参照民事诉讼法的有关规定处理。

第五百二十九条 执行刑事裁判涉财产部分、附带民事裁判过程中,具有下列情形之一的,人民法院应当裁定终结执行:

(一)据以执行的判决、裁定被撤销的;

(二)被执行人死亡或者被执行死刑,且无财产可供执行的;

(三)被判处罚金的单位终止,且无财产可供执行的;

(四)依照刑法第五十三条规定免除罚金的;

(五)应当终结执行的其他情形。

裁定终结执行后,发现被执行人的财产有被隐匿、转移等情形的,应当追缴。

第五百三十条 被执行财产在外地的,第一审人民法院可以委托财产所在地的同级人民法院执行。

第五百三十一条 刑事裁判涉财产部分、附带民事裁判全部或者部分被撤销的,已经执行的财产应当全部或者部分返还被执行人;无法返还的,应当依法赔偿。

第五百三十二条 刑事裁判涉财产部分、附带民事裁判的执行,刑事诉讼法及有关刑事司法解释没有规定的,参照适用民事执行的有关规定。

第五节 减刑、假释案件的审理

第五百三十三条 被判处死刑缓期执行的罪犯,在死刑缓期执行期间,没有故意犯罪的,死刑缓期执行期满后,应当裁定减刑;死刑缓期执行期满后,尚未裁定减刑前又犯罪的,应当在依法减刑后,对其所犯新罪另行审判。

第五百三十四条 对减刑、假释案件,应当按照下列情形分别处理:

(一)对被判处死刑缓期执行的罪犯的减刑,由罪犯服刑地的高级人民法院在收到同级监狱管理机关审核同意的减刑建议书后一个月以内作出裁定;

(二)对被判处无期徒刑的罪犯的减刑、假释,由罪犯服刑地的高级人民法院在收到同级监狱管理机关审核同意的减刑、假释建议书后一个月以内作出裁定,案情复杂或者情况特殊的,可以延长一个月;

(三)对被判处有期徒刑和被减为有期徒刑的罪犯的减刑、假释,由罪犯服刑地的中级人民法院在收到执行机关提出的减刑、假释建议书后一个月以内作出裁定,案情复杂或者情况特殊的,可以延长一个月;

(四)对被判处管制、拘役的罪犯的减刑,由罪犯服刑地的中级人民法院在收到同级执行机关审核同意的减刑建议书后一个月以内作出裁定。

对社区矫正对象的减刑,由社区矫正执行地的中级以上人民法院在收到社区矫正机构减刑建议书后三十日以内作出裁定。

第五百三十五条 受理减刑、假释案件,应当审查执行机关移送的材料是否包括下列内容:

(一)减刑、假释建议书;

(二)原审法院的裁判文书、执行通知书、历次减刑裁定书的复制件;

(三)证明罪犯确有悔改、立功或者重大立功表现具体事实的书面材料;

(四)罪犯评审鉴定表、奖惩审批表等;

(五)罪犯假释后对所居住社区影响的调查评估报告;

(六)刑事裁判涉财产部分、附带民事裁判的执行、履行情况;

(七)根据案件情况需要移送的其他材料。

人民检察院对报请减刑、假释案件提出意见的,执行机关应当一并移送受理减刑、假释案件的人民法院。

经审查,材料不全的,应当通知提请减刑、假释的执行机关在三日以内补送;逾期未补送的,不予立案。

第五百三十六条 审理减刑、假释案件,对罪犯积极履行刑事裁判涉财产部分、附带民事裁判确定的义务的,可以认定有悔改表现,在减刑、假释时从宽掌握;对确有履行能力而不履行或者不全部履行的,在减刑、假释时从严掌握。

第五百三十七条 审理减刑、假释案件,应当在立案后五日以内对下列事项予以公示:

(一)罪犯的姓名、年龄等个人基本情况;

(二)原判认定的罪名和刑期;

(三)罪犯历次减刑情况;

(四)执行机关的减刑、假释建议和依据。

公示应当写明公示期限和提出意见的方式。

第五百三十八条 审理减刑、假释案件,应当组成合议庭,可以采用书面审理的方式,但下列案件应当开庭审理:

(一)因罪犯有重大立功表现提请减刑的;

(二)提请减刑的起始时间、间隔时间或者减刑幅度不符合一般规定的;

(三)被提请减刑、假释罪犯系职务犯罪罪犯,组织、领导、参加、包庇、纵容黑社会性质组织罪犯,破坏金融管理秩序罪犯或者金融诈骗罪犯的;

(四)社会影响重大或者社会关注度高的;

(五)公示期间收到不同意见的;

(六)人民检察院提出异议的;

(七)有必要开庭审理的其他案件。

第五百三十九条 人民法院作出减刑、假释裁定后,应当在七日以内送达提请减刑、假释的执行机关、同级人民检察院以及罪犯本人。人民检察院认为减刑、假释裁定不当,在法定期限内提出书面纠正意见的,人民法院应当在收到意见后另行组成合议庭审理,并在一个月以内作出裁定。

对假释的罪犯,适用本解释第五百一十九条的有关规定,依法实行社区矫正。

第五百四十条 减刑、假释裁定作出前,执行机关书面提请撤回减刑、假释建议的,人民法院可以决定是否准许。

第五百四十一条 人民法院发现本院已经生效的减刑、假释裁定确有错误的,应当另行组成合议庭审理;发现下级人民法院已经生效的减刑、假释裁定确有错误的,可以指令下级人民法院另行组成合议庭审理,也可以自行组成合议庭审理。

第六节 缓刑、假释的撤销

第五百四十二条 罪犯在缓刑、假释考验期限内犯新罪或者被发现在判决宣告前还有其他罪没有判决,应当撤销缓刑、假释的,由审判新罪的人民法院撤销原判决、裁定宣告的缓刑、假释,并书面通知原审人民法院和执行机关。

第五百四十三条 人民法院收到社区矫正机构的撤销缓刑建议书后,经审查,确认罪犯在缓刑考验期限内具有下列情形之一的,应当作出撤销缓刑的裁定:

(一)违反禁止令,情节严重的;

(二)无正当理由不按规定时间报到或者接受社区矫正期间脱离监管,超过一个月的；

（三）因违反监督管理规定受到治安管理处罚，仍不改正的；

（四）受到执行机关二次警告，仍不改正的；

（五）违反法律、行政法规和监督管理规定，情节严重的其他情形。

人民法院收到社区矫正机构的撤销假释建议书后，经审查，确认罪犯在假释考验期限内具有前款第二项、第四项规定情形之一，或者有其他违反监督管理规定的行为，尚未构成新的犯罪的，应当作出撤销假释的裁定。

第五百四十四条　被提请撤销缓刑、假释的罪犯可能逃跑或者可能发生社会危险，社区矫正机构在提出撤销缓刑、假释建议的同时，提请人民法院决定对其予以逮捕的，人民法院应当在四十八小时以内作出是否逮捕的决定。决定逮捕的，由公安机关执行。逮捕后的羁押期限不得超过三十日。

第五百四十五条　人民法院应当在收到社区矫正机构的撤销缓刑、假释建议书后三十日以内作出裁定。撤销缓刑、假释的裁定一经作出，立即生效。

人民法院应当将撤销缓刑、假释裁定书送达社区矫正机构和公安机关，并抄送人民检察院，由公安机关将罪犯送交执行。执行以前被逮捕的，羁押一日折抵刑期一日。

第二十二章　未成年人刑事案件诉讼程序

第一节　一般规定

第五百四十六条　人民法院审理未成年人刑事案件，应当贯彻教育、感化、挽救的方针，坚持教育为主、惩罚为辅的原则，加强对未成年人的特殊保护。

第五百四十七条　人民法院应当加强同政府有关部门、人民团体、社会组织等的配合，推动未成年人刑事案件人民陪审、情况调查、安置帮教等工作的开展，充分保障未成年人的合法权益，积极参与社会治安综合治理。

第五百四十八条　人民法院应当加强同政府有关部门、人民团体、社会组织等的配合，对遭受性侵害或者暴力伤害的未成年被害人及其家庭实施必要的心理干预、经济救助、法律援助、转学安置等保护措施。

第五百四十九条　人民法院应当确定专门机构或者指定专门人员，负责审理未成年人刑事案件。审理未成年人刑事案件的人员应当经过专门培训，熟悉未成年人身心特点、善于做未成年人思想教育工作。

参加审理未成年人刑事案件的人民陪审员，可以从熟悉未成年人身心特点、关心未成年人保护工作的人民陪审员名单中随机抽取确定。

第五百五十条　被告人实施被指控的犯罪时不满十八周岁、人民法院立案时不满二十周岁的案件，由未成年人案件审判组织审理。

下列案件可以由未成年人案件审判组织审理：

（一）人民法院立案时不满二十二周岁的在校学生犯罪案件；

（二）强奸、猥亵、虐待、遗弃未成年人等侵害未成年人人身权利的犯罪案件；

（三）由未成年人案件审判组织审理更为适宜的其他案件。

共同犯罪案件有未成年被告人的或者其他涉及未成年人的刑事案件，是否由未成年人案件审判组织审理，由院长根据实际情况决定。

第五百五十一条 对分案起诉至同一人民法院的未成年人与成年人共同犯罪案件，可以由同一个审判组织审理；不宜由同一个审判组织审理的，可以分别审理。

未成年人与成年人共同犯罪案件，由不同人民法院或者不同审判组织分别审理的，有关人民法院或者审判组织应当互相了解共同犯罪被告人的审判情况，注意全案的量刑平衡。

第五百五十二条 对未成年人刑事案件，必要时，上级人民法院可以根据刑事诉讼法第二十七条的规定，指定下级人民法院将案件移送其他人民法院审判。

第五百五十三条 对未成年被告人应当严格限制适用逮捕措施。

人民法院决定逮捕，应当讯问未成年被告人，听取辩护律师的意见。

对被逮捕且没有完成义务教育的未成年被告人，人民法院应当与教育行政部门互相配合，保证其接受义务教育。

第五百五十四条 人民法院对无固定住所、无法提供保证人的未成年被告人适用取保候审的，应当指定合适成年人作为保证人，必要时可以安排取保候审的被告人接受社会观护。

第五百五十五条 人民法院审理未成年人刑事案件，在讯问和开庭时，应当通知未成年被告人的法定代理人到场。法定代理人无法通知、不能到场或者是共犯的，也可以通知合适成年人到场，并将有关情况记录在案。

到场的法定代理人或者其他人员，除依法行使刑事诉讼法第二百八十一条第二款规定的权利外，经法庭同意，可以参与对未成年被告人的法庭教育等工作。

适用简易程序审理未成年人刑事案件，适用前两款规定。

第五百五十六条 询问未成年被害人、证人，适用前条规定。

审理未成年人遭受性侵害或者暴力伤害案件，在询问未成年被害人、证人时，应当采取同步录音录像等措施，尽量一次完成；未成年被害人、证人是女性的，应当由女性工作人员进行。

第五百五十七条 开庭审理时被告人不满十八周岁的案件，一律不公开审理。经未成年被告人及其法定代理人同意，未成年被告人所在学校和未成年人保护组织可以派代表到场。到场代表的人数和范围，由法庭决定。经法庭同意，到场代表可以参与对未成年被告人的法庭教育工作。

对依法公开审理，但可能需要封存犯罪记录的案件，不得组织人员旁听；有旁听人员的，应当告知其不得传播案件信息。

第五百五十八条 开庭审理涉及未成年人的刑事案件，未成年被害人、证人一般不出庭作证；必须出庭的，应当采取保护其隐私的技术手段和心理干预等保护措施。

第五百五十九条 审理涉及未成年人的刑事案件，不得向外界披露未成年人的姓名、住所、照片以及可能推断出未成年人身份的其他资料。

查阅、摘抄、复制的案卷材料，涉及未成年人的，不得公开和传播。

第五百六十条 人民法院发现有关单位未尽到未成年人教育、管理、救助、看护等保护职责的，应当向该单位提出司法建议。

第五百六十一条 人民法院应当结合实际,根据涉及未成年人刑事案件的特点,开展未成年人法治宣传教育工作。

第五百六十二条 审理未成年人刑事案件,本章没有规定的,适用本解释的有关规定。

第二节 开庭准备

第五百六十三条 人民法院向未成年被告人送达起诉书副本时,应当向其讲明被指控的罪行和有关法律规定,并告知其审判程序和诉讼权利、义务。

第五百六十四条 审判时不满十八周岁的未成年被告人没有委托辩护人的,人民法院应当通知法律援助机构指派熟悉未成年人身心特点的律师为其提供辩护。

第五百六十五条 未成年被害人及其法定代理人因经济困难或者其他原因没有委托诉讼代理人的,人民法院应当帮助其申请法律援助。

第五百六十六条 对未成年人刑事案件,人民法院决定适用简易程序审理的,应当征求未成年被告人及其法定代理人、辩护人的意见。上述人员提出异议的,不适用简易程序。

第五百六十七条 被告人实施被指控的犯罪时不满十八周岁,开庭时已满十八周岁、不满二十周岁的,人民法院开庭时,一般应当通知其近亲属到庭。经法庭同意,近亲属可以发表意见。近亲属无法通知、不能到场或者是共犯的,应当记录在案。

第五百六十八条 对人民检察院移送的关于未成年被告人性格特点、家庭情况、社会交往、成长经历、犯罪原因、犯罪前后的表现、监护教育等情况的调查报告,以及辩护人提交的反映未成年被告人上述情况的书面材料,法庭应当接受。

必要时,人民法院可以委托社区矫正机构、共青团、社会组织等对未成年被告人的上述情况进行调查,或者自行调查。

第五百六十九条 人民法院根据情况,可以对未成年被告人、被害人、证人进行心理疏导;根据实际需要并经未成年被告人及其法定代理人同意,可以对未成年被告人进行心理测评。

心理疏导、心理测评可以委托专门机构、专业人员进行。

心理测评报告可以作为办理案件和教育未成年人的参考。

第五百七十条 开庭前和休庭时,法庭根据情况,可以安排未成年被告人与其法定代理人或者合适成年人会见。

第三节 审　　判

第五百七十一条 人民法院应当在辩护台靠近旁听区一侧为未成年被告人的法定代理人或者合适成年人设置席位。

审理可能判处五年有期徒刑以下刑罚或者过失犯罪的未成年人刑事案件,可以采取适合未成年人特点的方式设置法庭席位。

第五百七十二条 未成年被告人或者其法定代理人当庭拒绝辩护人辩护的,适用本解释第三百一十一条第二款、第三款的规定。

重新开庭后,未成年被告人或者其法定代理人再次当庭拒绝辩护人辩护的,不予准许。重新开庭时被告人已满十八周岁的,可以准许,但不得再另行委托辩护人或者要求另行指派律师,由其自行辩护。

第五百七十三条 法庭审理过程中,

审判人员应当根据未成年被告人的智力发育程度和心理状态,使用适合未成年人的语言表达方式。

发现有对未成年被告人威胁、训斥、诱供或者讽刺等情形的,审判长应当制止。

第五百七十四条 控辩双方提出对未成年被告人判处管制、宣告缓刑等量刑建议的,应当向法庭提供有关未成年被告人能够获得监护、帮教以及对所居住社区无重大不良影响的书面材料。

第五百七十五条 对未成年被告人情况的调查报告,以及辩护人提交的有关未成年被告人情况的书面材料,法庭应当审查并听取控辩双方意见。上述报告和材料可以作为办理案件和教育未成年人的参考。

人民法院可以通知作出调查报告的人员出庭说明情况,接受控辩双方和法庭的询问。

第五百七十六条 法庭辩论结束后,法庭可以根据未成年人的生理、心理特点和案件情况,对未成年被告人进行法治教育;判决未成年被告人有罪的,宣判后,应当对未成年被告人进行法治教育。

对未成年被告人进行教育,其法定代理人以外的成年亲属或者教师、辅导员等参与有利于感化、挽救未成年人的,人民法院应当邀请其参加有关活动。

适用简易程序审理的案件,对未成年被告人进行法庭教育,适用前两款规定。

第五百七十七条 未成年被告人最后陈述后,法庭应当询问其法定代理人是否补充陈述。

第五百七十八条 对未成年人刑事案件,宣告判决应当公开进行。

对依法应当封存犯罪记录的案件,宣判时,不得组织人员旁听;有旁听人员的,应当告知其不得传播案件信息。

第五百七十九条 定期宣告判决的未成年人刑事案件,未成年被告人的法定代理人无法通知、不能到场或者是共犯的,法庭可以通知合适成年人到庭,并在宣判后向未成年被告人的成年亲属送达判决书。

第四节　执　　行

第五百八十条 将未成年罪犯送监执行刑罚或者送交社区矫正时,人民法院应当将有关未成年罪犯的调查报告及其在案件审理中的表现材料,连同有关法律文书,一并送达执行机关。

第五百八十一条 犯罪时不满十八周岁,被判处五年有期徒刑以下刑罚以及免予刑事处罚的未成年人的犯罪记录,应当封存。

司法机关或者有关单位向人民法院申请查询封存的犯罪记录的,应当提供查询的理由和依据。对查询申请,人民法院应当及时作出是否同意的决定。

第五百八十二条 人民法院可以与未成年犯管教所等服刑场所建立联系,了解未成年罪犯的改造情况,协助做好帮教、改造工作,并可以对正在服刑的未成年罪犯进行回访考察。

第五百八十三条 人民法院认为必要时,可以督促被收监服刑的未成年罪犯的父母或者其他监护人及时探视。

第五百八十四条 对被判处管制、宣告缓刑、裁定假释、决定暂予监外执行的未成年罪犯,人民法院可以协助社区矫正机构制定帮教措施。

第五百八十五条 人民法院可以适时走访被判处管制、宣告缓刑、免予刑事处罚、裁定假释、决定暂予监外执行等的未成年罪犯及其家庭，了解未成年罪犯的管理和教育情况，引导未成年罪犯的家庭承担管教责任，为未成年罪犯改过自新创造良好环境。

第五百八十六条 被判处管制、宣告缓刑、免予刑事处罚、裁定假释、决定暂予监外执行等的未成年罪犯，具备就学、就业条件的，人民法院可以就其安置问题向有关部门提出建议，并附送必要的材料。

第二十三章 当事人和解的公诉案件诉讼程序

第五百八十七条 对符合刑事诉讼法第二百八十八条规定的公诉案件，事实清楚、证据充分的，人民法院应当告知当事人可以自行和解；当事人提出申请的，人民法院可以主持双方当事人协商以达成和解。

根据案件情况，人民法院可以邀请人民调解员、辩护人、诉讼代理人、当事人亲友等参与促成双方当事人和解。

第五百八十八条 符合刑事诉讼法第二百八十八条规定的公诉案件，被害人死亡的，其近亲属可以与被告人和解。近亲属有多人的，达成和解协议，应当经处于最先继承顺序的所有近亲属同意。

被害人系无行为能力或者限制行为能力人的，其法定代理人、近亲属可以代为和解。

第五百八十九条 被告人的近亲属经被告人同意，可以代为和解。

被告人系限制行为能力人的，其法定代理人可以代为和解。

被告人的法定代理人、近亲属依照前两款规定代为和解的，和解协议约定的赔礼道歉等事项，应当由被告人本人履行。

第五百九十条 对公安机关、人民检察院主持制作的和解协议书，当事人提出异议的，人民法院应当审查。经审查，和解自愿、合法的，予以确认，无需重新制作和解协议书；和解违反自愿、合法原则的，应当认定无效。和解协议被认定无效后，双方当事人重新达成和解的，人民法院应当主持制作新的和解协议书。

第五百九十一条 审判期间，双方当事人和解的，人民法院应当听取当事人及其法定代理人等有关人员的意见。双方当事人在庭外达成和解的，人民法院应当通知人民检察院，并听取其意见。经审查，和解自愿、合法的，应当主持制作和解协议书。

第五百九十二条 和解协议书应当包括以下内容：

（一）被告人承认自己所犯罪行，对犯罪事实没有异议，并真诚悔罪；

（二）被告人通过向被害人赔礼道歉、赔偿损失等方式获得被害人谅解；涉及赔偿损失的，应当写明赔偿的数额、方式等；提起附带民事诉讼的，由附带民事诉讼原告人撤回起诉；

（三）被害人自愿和解，请求或者同意对被告人依法从宽处罚。

和解协议书应当由双方当事人和审判人员签名，但不加盖人民法院印章。

和解协议书一式三份，双方当事人各持一份，另一份交人民法院附卷备查。

对和解协议中的赔偿损失内容，双方当事人要求保密的，人民法院应当准许，并采取相应的保密措施。

第五百九十三条 和解协议约定的赔偿损失内容，被告人应当在协议签署后即时履行。

和解协议已经全部履行，当事人反悔的，人民法院不予支持，但有证据证明和解违反自愿、合法原则的除外。

第五百九十四条 双方当事人在侦查、审查起诉期间已经达成和解协议并全部履行，被害人或者其法定代理人、近亲属又提起附带民事诉讼的，人民法院不予受理，但有证据证明和解违反自愿、合法原则的除外。

第五百九十五条 被害人或者其法定代理人、近亲属提起附带民事诉讼后，双方愿意和解，但被告人不能即时履行全部赔偿义务的，人民法院应当制作附带民事调解书。

第五百九十六条 对达成和解协议的案件，人民法院应当对被告人从轻处罚；符合非监禁刑适用条件的，应当适用非监禁刑；判处法定最低刑仍然过重的，可以减轻处罚；综合全案认为犯罪情节轻微不需要判处刑罚的，可以免予刑事处罚。

共同犯罪案件，部分被告人与被害人达成和解协议的，可以依法对该部分被告人从宽处罚，但应当注意全案的量刑平衡。

第五百九十七条 达成和解协议的，裁判文书应当叙明，并援引刑事诉讼法的相关条文。

第二十四章 缺席审判程序

第五百九十八条 对人民检察院依照刑事诉讼法第二百九十一条第一款的规定提起公诉的案件，人民法院应当重点审查以下内容：

（一）是否属于可以适用缺席审判程序的案件范围；

（二）是否属于本院管辖；

（三）是否写明被告人的基本情况，包括明确的境外居住地、联系方式等；

（四）是否写明被告人涉嫌有关犯罪的主要事实，并附证据材料；

（五）是否写明被告人有无近亲属以及近亲属的姓名、身份、住址、联系方式等情况；

（六）是否列明违法所得及其他涉案财产的种类、数量、价值、所在地等，并附证据材料；

（七）是否附有查封、扣押、冻结违法所得及其他涉案财产的清单和相关法律手续。

前款规定的材料需要翻译件的，人民法院应当要求人民检察院一并移送。

第五百九十九条 对人民检察院依照刑事诉讼法第二百九十一条第一款的规定提起公诉的案件，人民法院审查后，应当按照下列情形分别处理：

（一）符合缺席审判程序适用条件，属于本院管辖，且材料齐全的，应当受理；

（二）不属于可以适用缺席审判程序的案件范围、不属于本院管辖或者不符合缺席审判程序的其他适用条件的，应当退回人民检察院；

（三）材料不全的，应当通知人民检察院在三十日以内补送；三十日以内不能补送的，应当退回人民检察院。

第六百条 对人民检察院依照刑事诉讼法第二百九十一条第一款的规定提起公诉的案件，人民法院立案后，应当将传票和起诉书副本送达被告人，传票应当载明被告人到案期限以及不按要求到案的法律后果等事项；应当将起诉书副本送达被告人近亲属，告知其有权代为委托辩护人，并通知其敦促被告人归案。

第六百零一条 人民法院审理人民检察院依照刑事诉讼法第二百九十一条第一款的规定提起公诉的案件,被告人有权委托或者由近亲属代为委托一至二名辩护人。委托律师担任辩护人的,应当委托具有中华人民共和国律师资格并依法取得执业证书的律师;在境外委托的,应当依照本解释第四百八十六条的规定对授权委托进行公证、认证。

被告人及其近亲属没有委托辩护人的,人民法院应当通知法律援助机构指派律师为被告人提供辩护。

被告人及其近亲属拒绝法律援助机构指派的律师辩护的,依照本解释第五十条第二款的规定处理。

第六百零二条 人民法院审理人民检察院依照刑事诉讼法第二百九十一条第一款的规定提起公诉的案件,被告人的近亲属申请参加诉讼的,应当在收到起诉书副本后、第一审开庭前提出,并提供与被告人关系的证明材料。有多名近亲属的,应当推选一至二人参加诉讼。

对被告人的近亲属提出申请的,人民法院应当及时审查决定。

第六百零三条 人民法院审理人民检察院依照刑事诉讼法第二百九十一条第一款的规定提起公诉的案件,参照适用公诉案件第一审普通程序的有关规定。被告人的近亲属参加诉讼的,可以发表意见,出示证据,申请法庭通知证人、鉴定人等出庭,进行辩论。

第六百零四条 对人民检察院依照刑事诉讼法第二百九十一条第一款的规定提起公诉的案件,人民法院审理后应当参照本解释第二百九十五条的规定作出判决、裁定。

作出有罪判决的,应当达到证据确实、充分的证明标准。

经审理认定的罪名不属于刑事诉讼法第二百九十一条第一款规定的罪名的,应当终止审理。

适用缺席审判程序审理案件,可以对违法所得及其他涉案财产一并作出处理。

第六百零五条 因被告人患有严重疾病导致缺乏受审能力,无法出庭受审,中止审理超过六个月,被告人仍无法出庭,被告人及其法定代理人、近亲属申请或者同意恢复审理的,人民法院可以根据刑事诉讼法第二百九十六条的规定缺席审判。

符合前款规定的情形,被告人无法表达意愿的,其法定代理人、近亲属可以代为申请或者同意恢复审理。

第六百零六条 人民法院受理案件后被告人死亡的,应当裁定终止审理;但有证据证明被告人无罪,经缺席审理确认无罪的,应当判决宣告被告人无罪。

前款所称"有证据证明被告人无罪,经缺席审理确认无罪",包括案件事实清楚,证据确实、充分,依据法律认定被告人无罪的情形,以及证据不足,不能认定被告人有罪的情形。

第六百零七条 人民法院按照审判监督程序重新审判的案件,被告人死亡的,可以缺席审理。有证据证明被告人无罪,经缺席审理确认被告人无罪的,应当判决宣告被告人无罪;虽然构成犯罪,但原判量刑畸重的,应当依法作出判决。

第六百零八条 人民法院缺席审理案件,本章没有规定的,参照适用本解释的有关规定。

第二十五章 犯罪嫌疑人、被告人逃匿、死亡案件违法所得的没收程序

第六百零九条 刑事诉讼法第二百九十八条规定的“贪污贿赂犯罪、恐怖活动犯罪等”犯罪案件,是指下列案件:

(一)贪污贿赂、失职渎职等职务犯罪案件;

(二)刑法分则第二章规定的相关恐怖活动犯罪案件,以及恐怖活动组织、恐怖活动人员实施的杀人、爆炸、绑架等犯罪案件;

(三)危害国家安全、走私、洗钱、金融诈骗、黑社会性质组织、毒品犯罪案件;

(四)电信诈骗、网络诈骗犯罪案件。

第六百一十条 在省、自治区、直辖市或者全国范围内具有较大影响的犯罪案件,或者犯罪嫌疑人、被告人逃匿境外的犯罪案件,应当认定为刑事诉讼法第二百九十八条第一款规定的“重大犯罪案件”。

第六百一十一条 犯罪嫌疑人、被告人死亡,依照刑法规定应当追缴其违法所得及其他涉案财产,人民检察院提出没收违法所得申请的,人民法院应当依法受理。

第六百一十二条 对人民检察院提出的没收违法所得申请,人民法院应当审查以下内容:

(一)是否属于可以适用违法所得没收程序的案件范围;

(二)是否属于本院管辖;

(三)是否写明犯罪嫌疑人、被告人基本情况,以及涉嫌有关犯罪的情况,并附证据材料;

(四)是否写明犯罪嫌疑人、被告人逃匿、被通缉、脱逃、下落不明、死亡等情况,并附证据材料;

(五)是否列明违法所得及其他涉案财产的种类、数量、价值、所在地等,并附证据材料;

(六)是否附有查封、扣押、冻结违法所得及其他涉案财产的清单和法律手续;

(七)是否写明犯罪嫌疑人、被告人有无利害关系人,利害关系人的姓名、身份、住址、联系方式及其要求等情况;

(八)是否写明申请没收的理由和法律依据;

(九)其他依法需要审查的内容和材料。

前款规定的材料需要翻译件的,人民法院应当要求人民检察院一并移送。

第六百一十三条 对没收违法所得的申请,人民法院应当在三十日以内审查完毕,并按照下列情形分别处理:

(一)属于没收违法所得申请受案范围和本院管辖,且材料齐全、有证据证明有犯罪事实的,应当受理;

(二)不属于没收违法所得申请受案范围或者本院管辖的,应当退回人民检察院;

(三)没收违法所得申请不符合“有证据证明有犯罪事实”标准要求的,应当通知人民检察院撤回申请;

(四)材料不全的,应当通知人民检察院在七日以内补送;七日以内不能补送的,应当退回人民检察院。

人民检察院尚未查封、扣押、冻结申请没收的财产或者查封、扣押、冻结期限即将届满,涉案财产有被隐匿、转移或者毁损、灭失危险的,人民法院可以查封、扣押、冻结申请没收的财产。

第六百一十四条 人民法院受理没收

违法所得的申请后，应当在十五日以内发布公告。公告应当载明以下内容：

（一）案由、案件来源；

（二）犯罪嫌疑人、被告人的基本情况；

（三）犯罪嫌疑人、被告人涉嫌犯罪的事实；

（四）犯罪嫌疑人、被告人逃匿、被通缉、脱逃、下落不明、死亡等情况；

（五）申请没收的财产的种类、数量、价值、所在地等以及已查封、扣押、冻结财产的清单和法律手续；

（六）申请没收的财产属于违法所得及其他涉案财产的相关事实；

（七）申请没收的理由和法律依据；

（八）利害关系人申请参加诉讼的期限、方式以及未按照该期限、方式申请参加诉讼可能承担的不利法律后果；

（九）其他应当公告的情况。

公告期为六个月，公告期间不适用中止、中断、延长的规定。

第六百一十五条 公告应当在全国公开发行的报纸、信息网络媒体、最高人民法院的官方网站发布，并在人民法院公告栏发布。必要时，公告可以在犯罪地、犯罪嫌疑人、被告人居住地或者被申请没收财产所在地发布。最后发布的公告的日期为公告日期。发布公告的，应当采取拍照、录像等方式记录发布过程。

人民法院已经掌握境内利害关系人联系方式的，应当直接送达含有公告内容的通知；直接送达有困难的，可以委托代为送达、邮寄送达。经受送达人同意的，可以采用传真、电子邮件等能够确认其收悉的方式告知公告内容，并记录在案。

人民法院已经掌握境外犯罪嫌疑人、被告人、利害关系人联系方式，经受送达人同意的，可以采用传真、电子邮件等能够确认其收悉的方式告知公告内容，并记录在案；受送达人未表示同意，或者人民法院未掌握境外犯罪嫌疑人、被告人、利害关系人联系方式，其所在国、地区的主管机关明确提出应当向受送达人送达含有公告内容的通知的，人民法院可以决定是否送达。决定送达的，应当依照本解释第四百九十三条的规定请求所在国、地区提供司法协助。

第六百一十六条 刑事诉讼法第二百九十九条第二款、第三百条第二款规定的“其他利害关系人”，是指除犯罪嫌疑人、被告人的近亲属以外的，对申请没收的财产主张权利的自然人和单位。

第六百一十七条 犯罪嫌疑人、被告人的近亲属和其他利害关系人申请参加诉讼的，应当在公告期间内提出。犯罪嫌疑人、被告人的近亲属应当提供其与犯罪嫌疑人、被告人关系的证明材料，其他利害关系人应当提供证明其对违法所得及其他涉案财产主张权利的证据材料。

利害关系人可以委托诉讼代理人参加诉讼。委托律师担任诉讼代理人的，应当委托具有中华人民共和国律师资格并依法取得执业证书的律师；在境外委托的，应当依照本解释第四百八十六条的规定对授权委托进行公证、认证。

利害关系人在公告期满后申请参加诉讼，能够合理说明理由的，人民法院应当准许。

第六百一十八条 犯罪嫌疑人、被告人逃匿境外，委托诉讼代理人申请参加诉讼，且违法所得或者其他涉案财产所在国、地区主管机关明确提出意见予以支持的，人民法院可以准许。

人民法院准许参加诉讼的，犯罪嫌疑

人、被告人的诉讼代理人依照本解释关于利害关系人的诉讼代理人的规定行使诉讼权利。

第六百一十九条 公告期满后，人民法院应当组成合议庭对申请没收违法所得的案件进行审理。

利害关系人申请参加或者委托诉讼代理人参加诉讼的，应当开庭审理。没有利害关系人申请参加诉讼的，或者利害关系人及其诉讼代理人无正当理由拒不到庭的，可以不开庭审理。

人民法院确定开庭日期后，应当将开庭的时间、地点通知人民检察院、利害关系人及其诉讼代理人、证人、鉴定人、翻译人员。通知书应当依照本解释第六百一十五条第二款、第三款规定的方式，至迟在开庭审理三日以前送达；受送达人在境外的，至迟在开庭审理三十日以前送达。

第六百二十条 开庭审理申请没收违法所得的案件，按照下列程序进行：

（一）审判长宣布法庭调查开始后，先由检察员宣读申请书，后由利害关系人、诉讼代理人发表意见；

（二）法庭应当依次就犯罪嫌疑人、被告人是否实施了贪污贿赂犯罪、恐怖活动犯罪等重大犯罪并已经通缉一年不能到案，或者是否已经死亡，以及申请没收的财产是否依法应当追缴进行调查；调查时，先由检察员出示证据，后由利害关系人、诉讼代理人出示证据，并进行质证；

（三）法庭辩论阶段，先由检察员发言，后由利害关系人、诉讼代理人发言，并进行辩论。

利害关系人接到通知后无正当理由拒不到庭，或者未经法庭许可中途退庭的，可以转为不开庭审理，但还有其他利害关系人参加诉讼的除外。

第六百二十一条 对申请没收违法所得的案件，人民法院审理后，应当按照下列情形分别处理：

（一）申请没收的财产属于违法所得及其他涉案财产的，除依法返还被害人的以外，应当裁定没收；

（二）不符合刑事诉讼法第二百九十八条第一款规定的条件的，应当裁定驳回申请，解除查封、扣押、冻结措施。

申请没收的财产具有高度可能属于违法所得及其他涉案财产的，应当认定为前款规定的“申请没收的财产属于违法所得及其他涉案财产”。巨额财产来源不明犯罪案件中，没有利害关系人对违法所得及其他涉案财产主张权利，或者利害关系人对违法所得及其他涉案财产虽然主张权利但提供的证据没有达到相应证明标准的，应当视为“申请没收的财产属于违法所得及其他涉案财产”。

第六百二十二条 对没收违法所得或者驳回申请的裁定，犯罪嫌疑人、被告人的近亲属和其他利害关系人或者人民检察院可以在五日以内提出上诉、抗诉。

第六百二十三条 对不服第一审没收违法所得或者驳回申请裁定的上诉、抗诉案件，第二审人民法院经审理，应当按照下列情形分别处理：

（一）第一审裁定认定事实清楚和适用法律正确的，应当驳回上诉或者抗诉，维持原裁定；

（二）第一审裁定认定事实清楚，但适用法律有错误的，应当改变原裁定；

（三）第一审裁定认定事实不清的，可以在查清事实后改变原裁定，也可以撤销原裁定，发回原审人民法院重新审判；

（四）第一审裁定违反法定诉讼程序，可能影响公正审判的，应当撤销原裁定，发回原审人民法院重新审判。

第一审人民法院对发回重新审判的案件作出裁定后，第二审人民法院对不服第一审人民法院裁定的上诉、抗诉，应当依法作出裁定，不得再发回原审人民法院重新审判；但是，第一审人民法院在重新审判过程中违反法定诉讼程序，可能影响公正审判的除外。

第六百二十四条 利害关系人非因故意或者重大过失在第一审期间未参加诉讼，在第二审期间申请参加诉讼的，人民法院应当准许，并撤销原裁定，发回原审人民法院重新审判。

第六百二十五条 在审理申请没收违法所得的案件过程中，在逃的犯罪嫌疑人、被告人到案的，人民法院应当裁定终止审理。人民检察院向原受理申请的人民法院提起公诉的，可以由同一审判组织审理。

第六百二十六条 在审理案件过程中，被告人脱逃或者死亡，符合刑事诉讼法第二百九十八条第一款规定的，人民检察院可以向人民法院提出没收违法所得的申请；符合刑事诉讼法第二百九十一条第一款规定的，人民检察院可以按照缺席审判程序向人民法院提起公诉。

人民检察院向原受理案件的人民法院提出没收违法所得申请的，可以由同一审判组织审理。

第六百二十七条 审理申请没收违法所得案件的期限，参照公诉案件第一审普通程序和第二审程序的审理期限执行。

公告期间和请求刑事司法协助的时间不计入审理期限。

第六百二十八条 没收违法所得裁定生效后，犯罪嫌疑人、被告人到案并对没收裁定提出异议，人民检察院向原作出裁定的人民法院提起公诉的，可以由同一审判组织审理。

人民法院经审理，应当按照下列情形分别处理：

（一）原裁定正确的，予以维持，不再对涉案财产作出判决；

（二）原裁定确有错误的，应当撤销原裁定，并在判决中对有关涉案财产一并作出处理。

人民法院生效的没收裁定确有错误的，除第一款规定的情形外，应当依照审判监督程序予以纠正。

第六百二十九条 人民法院审理申请没收违法所得的案件，本章没有规定的，参照适用本解释的有关规定。

第二十六章 依法不负刑事责任的精神病人的强制医疗程序

第六百三十条 实施暴力行为，危害公共安全或者严重危害公民人身安全，社会危害性已经达到犯罪程度，但经法定程序鉴定依法不负刑事责任的精神病人，有继续危害社会可能的，可以予以强制医疗。

第六百三十一条 人民检察院申请对依法不负刑事责任的精神病人强制医疗的案件，由被申请人实施暴力行为所在地的基层人民法院管辖；由被申请人居住地的人民法院审判更为适宜的，可以由被申请人居住地的基层人民法院管辖。

第六百三十二条 对人民检察院提出的强制医疗申请，人民法院应当审查以下内容：

（一）是否属于本院管辖；

（二）是否写明被申请人的身份，实施暴力行为的时间、地点、手段、所造成的损害等情况，并附证据材料；

（三）是否附有法医精神病鉴定意见和其他证明被申请人属于依法不负刑事责任的精神病人的证据材料；

（四）是否列明被申请人的法定代理人的姓名、住址、联系方式；

（五）需要审查的其他事项。

第六百三十三条 对人民检察院提出的强制医疗申请，人民法院应当在七日以内审查完毕，并按照下列情形分别处理：

（一）属于强制医疗程序受案范围和本院管辖，且材料齐全的，应当受理；

（二）不属于本院管辖的，应当退回人民检察院；

（三）材料不全的，应当通知人民检察院在三日以内补送；三日以内不能补送的，应当退回人民检察院。

第六百三十四条 审理强制医疗案件，应当通知被申请人或者被告人的法定代理人到场；被申请人或者被告人的法定代理人经通知未到场的，可以通知被申请人或者被告人的其他近亲属到场。

被申请人或者被告人没有委托诉讼代理人的，应当自受理强制医疗申请或者发现被告人符合强制医疗条件之日起三日以内，通知法律援助机构指派律师担任其诉讼代理人，为其提供法律帮助。

第六百三十五条 审理强制医疗案件，应当组成合议庭，开庭审理。但是，被申请人、被告人的法定代理人请求不开庭审理，并经人民法院审查同意的除外。

审理强制医疗案件，应当会见被申请人，听取被害人及其法定代理人的意见。

第六百三十六条 开庭审理申请强制医疗的案件，按照下列程序进行：

（一）审判长宣布法庭调查开始后，先由检察员宣读申请书，后由被申请人的法定代理人、诉讼代理人发表意见；

（二）法庭依次就被申请人是否实施了危害公共安全或者严重危害公民人身安全的暴力行为、是否属于依法不负刑事责任的精神病人、是否有继续危害社会的可能进行调查；调查时，先由检察员出示证据，后由被申请人的法定代理人、诉讼代理人出示证据，并进行质证；必要时，可以通知鉴定人出庭对鉴定意见作出说明；

（三）法庭辩论阶段，先由检察员发言，后由被申请人的法定代理人、诉讼代理人发言，并进行辩论。

被申请人要求出庭，人民法院经审查其身体和精神状态，认为可以出庭的，应当准许。出庭的被申请人，在法庭调查、辩论阶段，可以发表意见。

检察员宣读申请书后，被申请人的法定代理人、诉讼代理人无异议的，法庭调查可以简化。

第六百三十七条 对申请强制医疗的案件，人民法院审理后，应当按照下列情形分别处理：

（一）符合刑事诉讼法第三百零二条规定的强制医疗条件的，应当作出对被申请人强制医疗的决定；

（二）被申请人属于依法不负刑事责任的精神病人，但不符合强制医疗条件的，应当作出驳回强制医疗申请的决定；被申请人已经造成危害结果的，应当同时责令其家属或者监护人严加看管和医疗；

（三）被申请人具有完全或者部分刑事责任能力，依法应当追究刑事责任的，应当作出驳回强制医疗申请的决定,并退回人民检察院依法处理。

第六百三十八条 第一审人民法院在审理刑事案件过程中,发现被告人可能符合强制医疗条件的,应当依照法定程序对被告人进行法医精神病鉴定。经鉴定,被告人属于依法不负刑事责任的精神病人的,应当适用强制医疗程序,对案件进行审理。

开庭审理前款规定的案件,应当先由合议庭组成人员宣读对被告人的法医精神病鉴定意见,说明被告人可能符合强制医疗的条件,后依次由公诉人和被告人的法定代理人、诉讼代理人发表意见。经审判长许可,公诉人和被告人的法定代理人、诉讼代理人可以进行辩论。

第六百三十九条 对前条规定的案件,人民法院审理后,应当按照下列情形分别处理:

(一)被告人符合强制医疗条件的,应当判决宣告被告人不负刑事责任,同时作出对被告人强制医疗的决定;

(二)被告人属于依法不负刑事责任的精神病人,但不符合强制医疗条件的,应当判决宣告被告人无罪或者不负刑事责任;被告人已经造成危害结果的,应当同时责令其家属或者监护人严加看管和医疗;

(三)被告人具有完全或者部分刑事责任能力,依法应当追究刑事责任的,应当依照普通程序继续审理。

第六百四十条 第二审人民法院在审理刑事案件过程中,发现被告人可能符合强制医疗条件的,可以依照强制医疗程序对案件作出处理,也可以裁定发回原审人民法院重新审判。

第六百四十一条 人民法院决定强制医疗的,应当在作出决定后五日以内,向公安机关送达强制医疗决定书和强制医疗执行通知书,由公安机关将被决定强制医疗的人送交强制医疗。

第六百四十二条 被决定强制医疗的人、被害人及其法定代理人、近亲属对强制医疗决定不服的,可以自收到决定书第二日起五日以内向上一级人民法院申请复议。复议期间不停止执行强制医疗的决定。

第六百四十三条 对不服强制医疗决定的复议申请,上一级人民法院应当组成合议庭审理,并在一个月以内,按照下列情形分别作出复议决定:

(一)被决定强制医疗的人符合强制医疗条件的,应当驳回复议申请,维持原决定;

(二)被决定强制医疗的人不符合强制医疗条件的,应当撤销原决定;

(三)原审违反法定诉讼程序,可能影响公正审判的,应当撤销原决定,发回原审人民法院重新审判。

第六百四十四条 对本解释第六百三十九条第一项规定的判决、决定,人民检察院提出抗诉,同时被决定强制医疗的人、被害人及其法定代理人、近亲属申请复议的,上一级人民法院应当依照第二审程序一并处理。

第六百四十五条 被强制医疗的人及其近亲属申请解除强制医疗的,应当向决定强制医疗的人民法院提出。

被强制医疗的人及其近亲属提出的解除强制医疗申请被人民法院驳回,六个月后再次提出申请的,人民法院应当受理。

第六百四十六条 强制医疗机构提出解除强制医疗意见,或者被强制医疗的人及其近亲属申请解除强制医疗的,人民法院应当审查是否附有对被强制医疗的人的诊断评估报告。

强制医疗机构提出解除强制医疗意见,未附诊断评估报告的,人民法院应当要求其提供。

被强制医疗的人及其近亲属向人民法院申请解除强制医疗,强制医疗机构未提供诊断评估报告的,申请人可以申请人民法院调取。必要时,人民法院可以委托鉴定机构对被强制医疗的人进行鉴定。

第六百四十七条 强制医疗机构提出解除强制医疗意见,或者被强制医疗的人及其近亲属申请解除强制医疗的,人民法院应当组成合议庭进行审查,并在一个月以内,按照下列情形分别处理:

(一)被强制医疗的人已不具有人身危险性,不需要继续强制医疗的,应当作出解除强制医疗的决定,并可责令被强制医疗的人的家属严加看管和医疗;

(二)被强制医疗的人仍具有人身危险性,需要继续强制医疗的,应当作出继续强制医疗的决定。

对前款规定的案件,必要时,人民法院可以开庭审理,通知人民检察院派员出庭。

人民法院应当在作出决定后五日以内,将决定书送达强制医疗机构、申请解除强制医疗的人、被决定强制医疗的人和人民检察院。决定解除强制医疗的,应当通知强制医疗机构在收到决定书的当日解除强制医疗。

第六百四十八条 人民检察院认为强制医疗决定或者解除强制医疗决定不当,在收到决定书后二十日以内提出书面纠正意见的,人民法院应当另行组成合议庭审理,并在一个月以内作出决定。

第六百四十九条 审理强制医疗案件,本章没有规定的,参照适用本解释的有关规定。

第二十七章　附　　则

第六百五十条 人民法院讯问被告人,宣告判决,审理减刑、假释案件等,可以根据情况采取视频方式。

第六百五十一条 向人民法院提出自诉、上诉、申诉、申请等的,应当以书面形式提出。书写有困难的,除另有规定的以外,可以口头提出,由人民法院工作人员制作笔录或者记录在案,并向口述人宣读或者交其阅读。

第六百五十二条 诉讼期间制作、形成的工作记录、告知笔录等材料,应当由制作人员和其他有关人员签名、盖章。宣告或者送达裁判文书、通知书等诉讼文书的,应当由接受宣告或者送达的人在诉讼文书、送达回证上签名、盖章。

诉讼参与人未签名、盖章的,应当捺指印;刑事被告人除签名、盖章外,还应当捺指印。

当事人拒绝签名、盖章、捺指印的,办案人员应当在诉讼文书或者笔录材料中注明情况,有见证人见证或者有录音录像证明的,不影响相关诉讼文书或者笔录材料的效力。

第六百五十三条 本解释的有关规定适用于军事法院等专门人民法院。

第六百五十四条 本解释有关公安机关的规定,依照刑事诉讼法的有关规定,适用于国家安全机关、军队保卫部门、中国海警局和监狱。

第六百五十五条 本解释自 2021 年 3

月1日起施行。最高人民法院2012年12月20日发布的《关于适用〈中华人民共和国刑事诉讼法〉的解释》(法释〔2012〕21号)同时废止。最高人民法院以前发布的司法解释和规范性文件,与本解释不一致的,以本解释为准。

最高人民法院、最高人民检察院、公安部、国家安全部、司法部、全国人民代表大会常务委员会法制工作委员会关于实施刑事诉讼法若干问题的规定

(2012年12月26日)

一、管辖

1. 公安机关侦查刑事案件涉及人民检察院管辖的贪污贿赂案件时,应当将贪污贿赂案件移送人民检察院;人民检察院侦查贪污贿赂案件涉及公安机关管辖的刑事案件,应当将属于公安机关管辖的刑事案件移送公安机关。在上述情况中,如果涉嫌主罪属于公安机关管辖,由公安机关为主侦查,人民检察院予以配合;如果涉嫌主罪属于人民检察院管辖,由人民检察院为主侦查,公安机关予以配合。

2. 刑事诉讼法第二十四条中规定:"刑事案件由犯罪地的人民法院管辖。"刑事诉讼法规定的"犯罪地",包括犯罪的行为发生地和结果发生地。

3. 具有下列情形之一的,人民法院、人民检察院、公安机关可以在其职责范围内并案处理:

(一)一人犯数罪的;

(二)共同犯罪的;

(三)共同犯罪的犯罪嫌疑人、被告人还实施其他犯罪的;

(四)多个犯罪嫌疑人、被告人实施的犯罪存在关联,并案处理有利于查明案件事实的。

二、辩护与代理

4. 人民法院、人民检察院、公安机关、国家安全机关、监狱的现职人员,人民陪审员,外国人或者无国籍人,以及与本案有利害关系的人,不得担任辩护人。但是,上述人员系犯罪嫌疑人、被告人的监护人或者近亲属,犯罪嫌疑人、被告人委托其担任辩护人的,可以准许。无行为能力或者限制行为能力的人,不得担任辩护人。

一名辩护人不得为两名以上的同案犯罪嫌疑人、被告人辩护,不得为两名以上的未同案处理但实施的犯罪存在关联的犯罪嫌疑人、被告人辩护。

5. 刑事诉讼法第三十四条、第二百六十七条、第二百八十六条对法律援助作了规定。对于人民法院、人民检察院、公安机关根据上述规定,通知法律援助机构指派律师提供辩护或者法律帮助的,法律援助机构应当在接到通知后三日以内指派律师,并将律师的姓名、单位、联系方式书面通知人民法院、人民检察院、公安机关。

6. 刑事诉讼法第三十六条规定:"辩护律师在侦查期间可以为犯罪嫌疑人提供法律帮助;代理申诉、控告;申请变更强制措施;向侦查机关了解犯罪嫌疑人涉嫌的罪名和案件有关情况,提出意见。"根据上述规定,辩护律师在侦查期间可以向侦查机关了解犯罪嫌疑人涉嫌的罪名及当时已查明的该罪的主要事实,犯罪嫌疑人被采取、变更、解除强制措施的情况,侦查机关延长侦查羁押期限等情况。

7. 刑事诉讼法第三十七条第二款规定:“辩护律师持律师执业证书、律师事务所证明和委托书或者法律援助公函要求会见在押的犯罪嫌疑人、被告人的,看守所应当及时安排会见,至迟不得超过四十八小时。”根据上述规定,辩护律师要求会见在押的犯罪嫌疑人、被告人的,看守所应当及时安排会见,保证辩护律师在四十八小时以内见到在押的犯罪嫌疑人、被告人。

8. 刑事诉讼法第四十一条第一款规定:“辩护律师经证人或者其他有关单位和个人同意,可以向他们收集与本案有关的材料,也可以申请人民检察院、人民法院收集、调取证据,或者申请人民法院通知证人出庭作证。”对于辩护律师申请人民检察院、人民法院收集、调取证据,人民检察院、人民法院认为需要调查取证的,应当由人民检察院、人民法院收集、调取证据,不得向律师签发准许调查决定书,让律师收集、调取证据。

9. 刑事诉讼法第四十二条第二款中规定:“违反前款规定的,应当依法追究法律责任,辩护人涉嫌犯罪的,应当由办理辩护人所承办案件的侦查机关以外的侦查机关办理。”根据上述规定,公安机关、人民检察院发现辩护人涉嫌犯罪,或者接受报案、控告、举报、有关机关的移送,依照侦查管辖分工进行审查后认为符合立案条件的,应当按照规定报请办理辩护人所承办案件的侦查机关的上一级侦查机关指定其他侦查机关立案侦查,或者由上一级侦查机关立案侦查。不得指定办理辩护人所承办案件的侦查机关的下级侦查机关立案侦查。

10. 刑事诉讼法第四十七条规定:“辩护人、诉讼代理人认为公安机关、人民检察院、人民法院及其工作人员阻碍其依法行使诉讼权利的,有权向同级或者上一级人民检察院申诉或者控告。人民检察院对申诉或者控告应当及时进行审查,情况属实的,通知有关机关予以纠正。”人民检察院受理辩护人、诉讼代理人的申诉或者控告后,应当在十日以内将处理情况书面答复提出申诉或者控告的辩护人、诉讼代理人。

三、证据

11. 刑事诉讼法第五十六条第一款规定:“法庭审理过程中,审判人员认为可能存在本法第五十四条规定的以非法方法收集证据情形的,应当对证据收集的合法性进行法庭调查。”法庭经对当事人及其辩护人、诉讼代理人提供的相关线索或者材料进行审查后,认为可能存在刑事诉讼法第五十四条规定的以非法方法收集证据情形的,应当对证据收集的合法性进行法庭调查。法庭调查的顺序由法庭根据案件审理情况确定。

12. 刑事诉讼法第六十二条规定,对证人、鉴定人、被害人可以采取“不公开真实姓名、住址和工作单位等个人信息”的保护措施。人民法院、人民检察院和公安机关依法决定不公开证人、鉴定人、被害人的真实姓名、住址和工作单位等个人信息的,可以在判决书、裁定书、起诉书、询问笔录等法律文书、证据材料中使用化名等代替证人、鉴定人、被害人的个人信息。但是,应当书面说明使用化名的情况并标明密级,单独成卷。辩护律师经法庭许可,查阅对证人、鉴定人、被害人使用化名情况的,应当签署保密承诺书。

四、强制措施

13. 被取保候审、监视居住的犯罪嫌

疑人、被告人无正当理由不得离开所居住的市、县或者执行监视居住的处所，有正当理由需要离开所居住的市、县或者执行监视居住的处所，应当经执行机关批准。如果取保候审、监视居住是由人民检察院、人民法院决定的，执行机关在批准犯罪嫌疑人、被告人离开所居住的市、县或者执行监视居住的处所前，应当征得决定机关同意。

14. 对取保候审保证人是否履行了保证义务，由公安机关认定，对保证人的罚款决定，也由公安机关作出。

15. 指定居所监视居住的，不得要求被监视居住人支付费用。

16. 刑事诉讼法规定，拘留由公安机关执行。对于人民检察院直接受理的案件，人民检察院作出的拘留决定，应当送达公安机关执行，公安机关应当立即执行，人民检察院可以协助公安机关执行。

17. 对于人民检察院批准逮捕的决定，公安机关应当立即执行，并将执行回执及时送达批准逮捕的人民检察院。如果未能执行，也应当将回执送达人民检察院，并写明未能执行的原因。对于人民检察院决定不批准逮捕的，公安机关在收到不批准逮捕决定书后，应当立即释放在押的犯罪嫌疑人或者变更强制措施，并将执行回执在收到不批准逮捕决定书后的三日内送达作出不批准逮捕决定的人民检察院。

五、立案

18. 刑事诉讼法第一百一十一条规定："人民检察院认为公安机关对应当立案侦查的案件而不立案侦查的，或者被害人认为公安机关对应当立案侦查的案件而不立案侦查，向人民检察院提出的，人民检察院应当要求公安机关说明不立案的理由。人民检察院认为公安机关不立案理由不能成立的，应当通知公安机关立案，公安机关接到通知后应当立案。"根据上述规定，公安机关收到人民检察院要求说明不立案理由通知书后，应当在七日内将说明情况书面答复人民检察院。人民检察院认为公安机关不立案理由不能成立，发出通知立案书时，应当将有关证明应当立案的材料同时移送公安机关。公安机关收到通知立案书后，应当在十五日内决定立案，并将立案决定书送达人民检察院。

六、侦查

19. 刑事诉讼法第一百二十一条第一款规定："侦查人员在讯问犯罪嫌疑人的时候，可以对讯问过程进行录音或者录像；对于可能判处无期徒刑、死刑的案件或者其他重大犯罪案件，应当对讯问过程进行录音或者录像。"侦查人员对讯问过程进行录音或者录像的，应当在讯问笔录中注明。人民检察院、人民法院可以根据需要调取讯问犯罪嫌疑人的录音或者录像，有关机关应当及时提供。

20. 刑事诉讼法第一百四十九条中规定："批准决定应当根据侦查犯罪的需要，确定采取技术侦查措施的种类和适用对象。"采取技术侦查措施收集的材料作为证据使用的，批准采取技术侦查措施的法律文书应当附卷，辩护律师可以依法查阅、摘抄、复制，在审判过程中可以向法庭出示。

21. 公安机关对案件提请延长羁押期限的，应当在羁押期限届满七日前提出，并书面呈报延长羁押期限案件的主要案情和延长羁押期限的具体理由，人民检察院应当在羁押期限届满前作出决定。

22. 刑事诉讼法第一百五十八条第一款规定:"在侦查期间,发现犯罪嫌疑人另有重要罪行的,自发现之日起依照本法第一百五十四条的规定重新计算侦查羁押期限。"公安机关依照上述规定重新计算侦查羁押期限的,不需要经人民检察院批准,但应当报人民检察院备案,人民检察院可以进行监督。

七、提起公诉

23. 上级公安机关指定下级公安机关立案侦查的案件,需要逮捕犯罪嫌疑人的,由侦查该案件的公安机关提请同级人民检察院审查批准;需要提起公诉的,由侦查该案件的公安机关移送同级人民检察院审查起诉。

人民检察院对于审查起诉的案件,按照刑事诉讼法的管辖规定,认为应当由上级人民检察院或者同级其他人民检察院起诉的,应当将案件移送有管辖权的人民检察院。人民检察院认为需要依照刑事诉讼法的规定指定审判管辖的,应当协商同级人民法院办理指定管辖有关事宜。

24. 人民检察院向人民法院提起公诉时,应当将案卷材料和全部证据移送人民法院,包括犯罪嫌疑人、被告人翻供的材料,证人改变证言的材料,以及对犯罪嫌疑人、被告人有利的其他证据材料。

八、审判

25. 刑事诉讼法第一百八十一条规定:"人民法院对提起公诉的案件进行审查后,对于起诉书中有明确的指控犯罪事实的,应当决定开庭审判。"对于人民检察院提起公诉的案件,人民法院都应当受理。人民法院对提起公诉的案件进行审查后,对于起诉书中有明确的指控犯罪事实并且附有案卷材料、证据的,应当决定开庭审判,不得以上述材料不充足为由而不开庭审判。如果人民检察院移送的材料中缺少上述材料的,人民法院可以通知人民检察院补充材料,人民检察院应当自收到通知之日起三日内补送。

人民法院对提起公诉的案件进行审查的期限计入人民法院的审理期限。

26. 人民法院开庭审理公诉案件时,出庭的检察人员和辩护人需要出示、宣读、播放已移交人民法院的证据的,可以申请法庭出示、宣读、播放。

27. 刑事诉讼法第三十九条规定:"辩护人认为在侦查、审查起诉期间公安机关、人民检察院收集的证明犯罪嫌疑人、被告人无罪或者罪轻的证据材料未提交的,有权申请人民检察院、人民法院调取。"第一百九十一条第一款规定:"法庭审理过程中,合议庭对证据有疑问的,可以宣布休庭,对证据进行调查核实。"第一百九十二条第一款规定:"法庭审理过程中,当事人和辩护人、诉讼代理人有权申请通知新的证人到庭,调取新的物证,申请重新鉴定或者勘验。"根据上述规定,自案件移送审查起诉之日起,人民检察院可以根据辩护人的申请,向公安机关调取未提交的证明犯罪嫌疑人、被告人无罪或者罪轻的证据材料。在法庭审理过程中,人民法院可以根据辩护人的申请,向人民检察院调取未提交的证明被告人无罪或者罪轻的证据材料,也可以向人民检察院调取需要调查核实的证据材料。公安机关、人民检察院应当自收到要求调取证据材料决定书后三日内移交。

28. 人民法院依法通知证人、鉴定人出庭作证的,应当同时将证人、鉴定人出庭通知书送交控辩双方,控辩双方应当予以配合。

29. 刑事诉讼法第一百八十七条第三款规定:“公诉人、当事人或者辩护人、诉讼代理人对鉴定意见有异议,人民法院认为鉴定人有必要出庭的,鉴定人应当出庭作证。经人民法院通知,鉴定人拒不出庭作证的,鉴定意见不得作为定案的根据。”根据上述规定,依法应当出庭的鉴定人经人民法院通知未出庭作证的,鉴定意见不得作为定案的根据。鉴定人由于不能抗拒的原因或者有其他正当理由无法出庭的,人民法院可以根据案件审理情况决定延期审理。

30. 人民法院审理公诉案件,发现有新的事实,可能影响定罪的,人民检察院可以要求补充起诉或者变更起诉,人民法院可以建议人民检察院补充起诉或者变更起诉。人民法院建议人民检察院补充起诉或者变更起诉的,人民检察院应当在七日以内回复意见。

31. 法庭审理过程中,被告人揭发他人犯罪行为或者提供重要线索,人民检察院认为需要进行查证的,可以建议补充侦查。

32. 刑事诉讼法第二百零三条规定:“人民检察院发现人民法院审理案件违反法律规定的诉讼程序,有权向人民法院提出纠正意见。”人民检察院对违反法定程序的庭审活动提出纠正意见,应当由人民检察院在庭审后提出。

九、执行

33. 刑事诉讼法第二百五十四条第五款中规定:“在交付执行前,暂予监外执行由交付执行的人民法院决定”。对于被告人可能被判处拘役、有期徒刑、无期徒刑,符合暂予监外执行条件的,被告人及其辩护人有权向人民法院提出暂予监外执行的申请,看守所可以将有关情况通报人民法院。人民法院应当进行审查,并在交付执行前作出是否暂予监外执行的决定。

34. 刑事诉讼法第二百五十七条第三款规定:“不符合暂予监外执行条件的罪犯通过贿赂等非法手段被暂予监外执行的,在监外执行的期间不计入执行刑期。罪犯在暂予监外执行期间脱逃的,脱逃的期间不计入执行刑期。”对于人民法院决定暂予监外执行的罪犯具有上述情形的,人民法院在决定予以收监的同时,应当确定不计入刑期的期间。对于监狱管理机关或者公安机关决定暂予监外执行的罪犯具有上述情形的,罪犯被收监后,所在监狱或者看守所应当及时向所在地的中级人民法院提出不计入执行刑期的建议书,由人民法院审核裁定。

35. 被决定收监执行的社区矫正人员在逃的,社区矫正机构应当立即通知公安机关,由公安机关负责追捕。

十、涉案财产的处理

36. 对于依照刑法规定应当追缴的违法所得及其他涉案财产,除依法返还被害人的财物以及依法销毁的违禁品外,必须一律上缴国库。查封、扣押的涉案财产,依法不移送的,待人民法院作出生效判决、裁定后,由人民法院通知查封、扣押机关上缴国库,查封、扣押机关应当向人民法院送交执行回单;冻结在金融机构的违法所得及其他涉案财产,待人民法院作出生效判决、裁定后,由人民法院通知有关金融机构上缴国库,有关金融机构应当向人民法院送交执行回单。

对于被扣押、冻结的债券、股票、基金份额等财产,在扣押、冻结期间权利人申请出售,经扣押、冻结机关审查,不损害国家利益、被害人利益,不影响诉讼正常进行的,以及扣押、冻结的汇票、本票、支票的有效期即将届满的,可以在判决生效前依法出售或者变现,所得价款由扣押、冻结机关保管,并及时告知当事人或者其近亲属。

37. 刑事诉讼法第一百四十二条第一款中规定:"人民检察院、公安机关根据侦查犯罪的需要,可以依照规定查询、冻结犯罪嫌疑人的存款、汇款、债券、股票、基金份额等财产。"根据上述规定,人民检察院、公安机关不能扣划存款、汇款、债券、股票、基金份额等财产。对于犯罪嫌疑人、被告人死亡,依照刑法规定应当追缴其违法所得及其他涉案财产的,适用刑事诉讼法第五编第三章规定的程序,由人民检察院向人民法院提出没收违法所得的申请。

38. 犯罪嫌疑人、被告人死亡,现有证据证明存在违法所得及其他涉案财产应当予以没收的,公安机关、人民检察院可以进行调查。公安机关、人民检察院进行调查,可以依法进行查封、扣押、查询、冻结。

人民法院在审理案件过程中,被告人死亡的,应当裁定终止审理;被告人脱逃的,应当裁定中止审理。人民检察院可以依法另行向人民法院提出没收违法所得的申请。

39. 对于人民法院依法作出的没收违法所得的裁定,犯罪嫌疑人、被告人的近亲属和其他利害关系人或者人民检察院可以在五日内提出上诉、抗诉。

十一、其他

40. 刑事诉讼法第一百四十七条规定:"对犯罪嫌疑人作精神病鉴定的期间不计入办案期限。"根据上述规定,犯罪嫌疑人、被告人在押的案件,除对犯罪嫌疑人、被告人的精神病鉴定期间不计入办案期限外,其他鉴定期间都应当计入办案期限。对于因鉴定时间较长,办案期限届满仍不能终结的案件,自期限届满之日起,应当对被羁押的犯罪嫌疑人、被告人变更强制措施,改为取保候审或者监视居住。

国家安全机关依照法律规定,办理危害国家安全的刑事案件,适用本规定中有关公安机关的规定。

本规定自 2013 年 1 月 1 日起施行。1998 年 1 月 19 日发布的《最高人民法院、最高人民检察院、公安部、国家安全部、司法部、全国人大常委会法制工作委员会关于刑事诉讼法实施中若干问题的规定》同时废止。

人民检察院刑事诉讼规则

(2019 年 12 月 2 日最高人民检察院第十三届检察委员会第 28 次会议通过 2019 年 12 月 30 日最高人民检察院公告公布 自 2019 年 12 月 30 日起施行 高检发释字〔2019〕4 号)

第一章 通 则

第一条 为保证人民检察院在刑事诉讼中严格依照法定程序办案,正确履行职权,实现惩罚犯罪与保障人权的统一,根据《中华人民共和国刑事诉讼法》《中华人民共和国人民检察院组织法》和有关法律规定,结合人民检察院工作实际,制定本规则。

第二条 人民检察院在刑事诉讼中的任务,是立案侦查直接受理的案件、审查逮捕、审查起诉和提起公诉、对刑事诉讼实行法律监督，保证准确、及时查明犯罪事实，正确应用法律，惩罚犯罪分子，保障无罪的人不受刑事追究，保障刑事法律的统一正确实施，维护社会主义法制，尊重和保障人权，保护公民的人身权利、财产权利、民主权利和其他权利，保障社会主义建设事业的顺利进行。

第三条 人民检察院办理刑事案件，应当严格遵守《中华人民共和国刑事诉讼法》以及其他法律的有关规定，秉持客观公正的立场，尊重和保障人权，既要追诉犯罪，也要保障无罪的人不受刑事追究。

第四条 人民检察院办理刑事案件，由检察官、检察长、检察委员会在各自职权范围内对办案事项作出决定，并依照规定承担相应司法责任。

检察官在检察长领导下开展工作。重大办案事项，由检察长决定。检察长可以根据案件情况，提交检察委员会讨论决定。其他办案事项，检察长可以自行决定，也可以委托检察官决定。

本规则对应当由检察长或者检察委员会决定的重大办案事项有明确规定的，依照本规则的规定。本规则没有明确规定的，省级人民检察院可以制定有关规定，报最高人民检察院批准。

以人民检察院名义制发的法律文书，由检察长签发；属于检察官职权范围内决定事项的，检察长可以授权检察官签发。

重大、疑难、复杂或者有社会影响的案件，应当向检察长报告。

第五条 人民检察院办理刑事案件，根据案件情况，可以由一名检察官独任办理，也可以由两名以上检察官组成办案组办理。由检察官办案组办理的，检察长应当指定一名检察官担任主办检察官，组织、指挥办案组办理案件。

检察官办理案件，可以根据需要配备检察官助理、书记员、司法警察、检察技术人员等检察辅助人员。检察辅助人员依照法律规定承担相应的检察辅助事务。

第六条 人民检察院根据检察工作需要设置业务机构，在刑事诉讼中按照分工履行职责。

业务机构负责人对本部门的办案活动进行监督管理。需要报请检察长决定的事项和需要向检察长报告的案件，应当先由业务机构负责人审核。业务机构负责人可以主持召开检察官联席会议进行讨论，也可以直接报请检察长决定或者向检察长报告。

第七条 检察长不同意检察官处理意见的，可以要求检察官复核，也可以直接作出决定，或者提请检察委员会讨论决定。

检察官执行检察长决定时，认为决定错误的，应当书面提出意见。检察长不改变原决定的，检察官应当执行。

第八条 对同一刑事案件的审查逮捕、审查起诉、出庭支持公诉和立案监督、侦查监督、审判监督等工作，由同一检察官或者检察官办案组负责，但是审查逮捕、审查起诉由不同人民检察院管辖，或者依照法律、有关规定应当另行指派检察官或者检察官办案组办理的除外。

人民检察院履行审查逮捕和审查起诉职责的办案部门，本规则中统称为负责捕诉的部门。

第九条 最高人民检察院领导地方各级人民检察院和专门人民检察院的工作，上级人民检察院领导下级人民检察院的工作。检察长统一领导人民检察院的工作。

上级人民检察院可以依法统一调用辖区的检察人员办理案件，调用的决定应当以书面形式作出。被调用的检察官可以代表办理案件的人民检察院履行出庭支持公诉等各项检察职责。

第十条 上级人民检察院对下级人民检察院作出的决定，有权予以撤销或者变更；发现下级人民检察院办理的案件有错误的，有权指令下级人民检察院予以纠正。

下级人民检察院对上级人民检察院的决定应当执行。如果认为有错误的，应当在执行的同时向上级人民检察院报告。

第十一条 犯罪嫌疑人、被告人自愿如实供述自己的罪行，承认指控的犯罪事实，愿意接受处罚的，可以依法从宽处理。

认罪认罚从宽制度适用于所有刑事案件。人民检察院办理刑事案件的各个诉讼环节，都应当做好认罪认罚的相关工作。

第十二条 人民检察院办理刑事案件的活动依照规定接受人民监督员监督。

第二章 管 辖

第十三条 人民检察院在对诉讼活动实行法律监督中发现的司法工作人员利用职权实施的非法拘禁、刑讯逼供、非法搜查等侵犯公民权利、损害司法公正的犯罪，可以由人民检察院立案侦查。

对于公安机关管辖的国家机关工作人员利用职权实施的重大犯罪案件，需要由人民检察院直接受理的，经省级以上人民检察院决定，可以由人民检察院立案侦查。

第十四条 人民检察院办理直接受理侦查的案件，由设区的市级人民检察院立案侦查。基层人民检察院发现犯罪线索的，应当报设区的市级人民检察院决定立案侦查。

设区的市级人民检察院根据案件情况也可以将案件交由基层人民检察院立案侦查，或者要求基层人民检察院协助侦查。对于刑事执行派出检察院辖区内与刑事执行活动有关的犯罪线索，可以交由刑事执行派出检察院立案侦查。

最高人民检察院、省级人民检察院发现犯罪线索的，可以自行立案侦查，也可以将犯罪线索交由指定的省级人民检察院或者设区的市级人民检察院立案侦查。

第十五条 对本规则第十三条第二款规定的案件，人民检察院需要直接立案侦查的，应当层报省级人民检察院决定。

报请省级人民检察院决定立案侦查的案件，应当制作提请批准直接受理书，写明案件情况以及需要由人民检察院立案侦查的理由，并附有关材料。

省级人民检察院应当在收到提请批准直接受理书后十日以内作出是否立案侦查的决定。省级人民检察院可以决定由设区的市级人民检察院立案侦查，也可以自行立案侦查。

第十六条 上级人民检察院在必要的时候，可以直接立案侦查或者组织、指挥、参与侦查下级人民检察院管辖的案件。下级人民检察院认为案情重大、复杂，需要由上级人民检察院立案侦查的案件，可以请求移送上级人民检察院立案侦查。

第十七条 人民检察院办理直接受理侦查的案件，发现犯罪嫌疑人同时涉嫌监察机关管辖的职务犯罪线索的,应当及时与同级监察机关沟通。

经沟通,认为全案由监察机关管辖更为适宜的,人民检察院应当将案件和相应职务犯罪线索一并移送监察机关;认为由监察机关和人民检察院分别管辖更为适宜的,人民检察院应当将监察机关管辖的相应职务犯罪线索移送监察机关,对依法由人民检察院管辖的犯罪案件继续侦查。

人民检察院应当及时将沟通情况报告上一级人民检察院。沟通期间不得停止对案件的侦查。

第十八条 人民检察院办理直接受理侦查的案件涉及公安机关管辖的刑事案件,应当将属于公安机关管辖的刑事案件移送公安机关。如果涉嫌的主罪属于公安机关管辖,由公安机关为主侦查,人民检察院予以配合;如果涉嫌的主罪属于人民检察院管辖,由人民检察院为主侦查,公安机关予以配合。

对于一人犯数罪、共同犯罪、共同犯罪的犯罪嫌疑人还实施其他犯罪、多个犯罪嫌疑人实施的犯罪存在关联,并案处理有利于查明案件事实和诉讼进行的,人民检察院可以在职责范围内对相关犯罪案件并案处理。

第十九条 本规则第十三条规定的案件,由犯罪嫌疑人工作单位所在地的人民检察院管辖。如果由其他人民检察院管辖更为适宜的,可以由其他人民检察院管辖。

第二十条 对管辖不明确的案件,可以由有关人民检察院协商确定管辖。

第二十一条 几个人民检察院都有权管辖的案件,由最初受理的人民检察院管辖。必要时,可以由主要犯罪地的人民检察院管辖。

第二十二条 对于下列案件,上级人民检察院可以指定管辖:

(一)管辖有争议的案件;

(二)需要改变管辖的案件;

(三)需要集中管辖的特定类型的案件;

(四)其他需要指定管辖的案件。

对前款案件的审查起诉指定管辖的,人民检察院应当与相应的人民法院协商一致。对前款第三项案件的审查逮捕指定管辖的,人民检察院应当与相应的公安机关协商一致。

第二十三条 军事检察院等专门人民检察院的管辖以及军队与地方互涉刑事案件的管辖,按照有关规定执行。

第三章 回 避

第二十四条 检察人员在受理举报和办理案件过程中,发现有刑事诉讼法第二十九条或者第三十条规定的情形之一的,应当自行提出回避;没有自行提出回避的,人民检察院应当决定其回避,当事人及其法定代理人有权要求其回避。

第二十五条 检察人员自行回避的,应当书面或者口头提出,并说明理由。口头提出的,应当记录在案。

第二十六条 人民检察院应当告知当事人及其法定代理人有依法申请回避的权利,并告知办理相关案件的检察人员、书记员等人员的姓名、职务等有关情况。

第二十七条 当事人及其法定代理人要求检察人员回避的,应当书面或者口头向人民检察院提出,并说明理由。口头提出的,应当记录在案。根据刑事诉讼法第三十条的规定要求检察人员回避的,应当提供有关证明材料。

人民检察院经过审查或者调查,认为检察人员符合回避条件的,应当作出回避决定;不符合回避条件的,应当驳回申请。

第二十八条 在开庭审理过程中,当事人及其法定代理人向法庭申请出庭的检察人员回避的,在收到人民法院通知后,人民检察院应当作出回避或者驳回申请的决定。不属于刑事诉讼法第二十九条、第三十条规定情形的回避申请,出席法庭的检察人员应当建议法庭当庭驳回。

第二十九条 检察长的回避,由检察委员会讨论决定。检察委员会讨论检察长回避问题时,由副检察长主持,检察长不得参加。

其他检察人员的回避,由检察长决定。

第三十条 当事人及其法定代理人要求公安机关负责人回避,向同级人民检察院提出,或者向公安机关提出后,公安机关移送同级人民检察院的,由检察长提交检察委员会讨论决定。

第三十一条 检察长应当回避,本人没有自行回避,当事人及其法定代理人也没有申请其回避的,检察委员会应当决定其回避。

其他检察人员有前款规定情形的,检察长应当决定其回避。

第三十二条 人民检察院作出驳回申请回避的决定后,应当告知当事人及其法定代理人如不服本决定,有权在收到驳回申请回避的决定书后五日以内向原决定机关申请复议一次。

第三十三条 当事人及其法定代理人对驳回申请回避的决定不服申请复议的,决定机关应当在三日以内作出复议决定并书面通知申请人。

第三十四条 对人民检察院直接受理的案件进行侦查的人员或者进行补充侦查的人员在回避决定作出以前和复议期间,不得停止对案件的侦查。

第三十五条 参加过同一案件侦查的人员,不得承办该案的审查逮捕、审查起诉、出庭支持公诉和诉讼监督工作,但在审查起诉阶段参加自行补充侦查的人员除外。

第三十六条 被决定回避的检察长在回避决定作出以前所取得的证据和进行的诉讼行为是否有效,由检察委员会根据案件具体情况决定。

被决定回避的其他检察人员在回避决定作出以前所取得的证据和进行的诉讼行为是否有效,由检察长根据案件具体情况决定。

被决定回避的公安机关负责人在回避决定作出以前所进行的诉讼行为是否有效,由作出决定的人民检察院检察委员会根据案件具体情况决定。

第三十七条 本规则关于回避的规定,适用于书记员、司法警察和人民检察院聘请或者指派的翻译人员、鉴定人。

书记员、司法警察和人民检察院聘请或者指派的翻译人员、鉴定人的回避由检察长决定。

辩护人、诉讼代理人可以依照刑事诉讼法及本规则关于回避的规定要求回避、申请复议。

第四章 辩护与代理

第三十八条 人民检察院在办案过程

中,应当依法保障犯罪嫌疑人行使辩护权利。

第三十九条 辩护人、诉讼代理人向人民检察院提出有关申请、要求或者提交有关书面材料的,负责案件管理的部门应当接收并及时移送办案部门或者与办案部门联系,具体业务由办案部门负责办理,本规则另有规定的除外。

第四十条 人民检察院负责侦查的部门在第一次讯问犯罪嫌疑人或者对其采取强制措施时,应当告知犯罪嫌疑人有权委托辩护人,并告知其如果因经济困难或者其他原因没有委托辩护人的,可以申请法律援助。属于刑事诉讼法第三十五条规定情形的,应当告知犯罪嫌疑人有权获得法律援助。

人民检察院自收到移送起诉案卷材料之日起三日以内,应当告知犯罪嫌疑人有权委托辩护人,并告知其如果因经济困难或者其他原因没有委托辩护人的,可以申请法律援助。属于刑事诉讼法第三十五条规定情形的,应当告知犯罪嫌疑人有权获得法律援助。

当面口头告知的,应当记入笔录,由被告知人签名;电话告知的,应当记录在案;书面告知的,应当将送达回执入卷。

第四十一条 在押或者被指定居所监视居住的犯罪嫌疑人向人民检察院提出委托辩护人要求的,人民检察院应当及时向其监护人、近亲属或者其指定的人员转达要求,并记录在案。

第四十二条 人民检察院办理直接受理侦查案件和审查起诉案件,发现犯罪嫌疑人是盲、聋、哑人或者是尚未完全丧失辨认或者控制自己行为能力的精神病人,或者可能被判处无期徒刑、死刑,没有委托辩护人的,应当自发现之日起三日以内书面通知法律援助机构指派律师为其提供辩护。

第四十三条 人民检察院收到在押或者被指定居所监视居住的犯罪嫌疑人提出的法律援助申请,应当在二十四小时以内将申请材料转交法律援助机构,并通知犯罪嫌疑人的监护人、近亲属或者其委托的其他人员协助提供有关证件、证明等材料。

第四十四条 属于应当提供法律援助的情形,犯罪嫌疑人拒绝法律援助机构指派的律师作为辩护人的,人民检察院应当查明拒绝的原因。有正当理由的,予以准许,但犯罪嫌疑人需另行委托辩护人;犯罪嫌疑人未另行委托辩护人的,应当书面通知法律援助机构另行指派律师为其提供辩护。

第四十五条 辩护人接受委托后告知人民检察院,或者法律援助机构指派律师后通知人民检察院的,人民检察院负责案件管理的部门应当及时登记辩护人的相关信息,并将有关情况和材料及时通知、移交办案部门。

负责案件管理的部门对办理业务的辩护律师,应当查验其律师执业证书、律师事务所证明和授权委托书或者法律援助公函。对其他辩护人、诉讼代理人,应当查验其身份证明和授权委托书。

第四十六条 人民检察院负责案件管理的部门应当依照法律规定对辩护人、诉讼代理人的资格进行审查,办案部门应当予以协助。

第四十七条 自人民检察院对案件审查起诉之日起,应当允许辩护律师查阅、摘抄、复制本案的案卷材料。案卷材料包括案件的诉讼文书和证据材料。

人民检察院直接受理侦查案件移送起诉，审查起诉案件退回补充侦查、改变管辖、提起公诉的，应当及时告知辩护律师。

第四十八条 自人民检察院对案件审查起诉之日起，律师以外的辩护人向人民检察院申请查阅、摘抄、复制本案的案卷材料或者申请同在押、被监视居住的犯罪嫌疑人会见和通信的，由人民检察院负责捕诉的部门进行审查并作出是否许可的决定，在三日以内书面通知申请人。

人民检察院许可律师以外的辩护人同在押或者被监视居住的犯罪嫌疑人通信的，可以要求看守所或者公安机关将书信送交人民检察院进行检查。

律师以外的辩护人申请查阅、摘抄、复制案卷材料或者申请同在押、被监视居住的犯罪嫌疑人会见和通信，具有下列情形之一的，人民检察院可以不予许可：

（一）同案犯罪嫌疑人在逃的；

（二）案件事实不清，证据不足，或者遗漏罪行、遗漏同案犯罪嫌疑人需要补充侦查的；

（三）涉及国家秘密或者商业秘密的；

（四）有事实表明存在串供、毁灭、伪造证据或者危害证人人身安全可能的。

第四十九条 辩护律师或者经过许可的其他辩护人到人民检察院查阅、摘抄、复制本案的案卷材料，由负责案件管理的部门及时安排，由办案部门提供案卷材料。因办案部门工作等原因无法及时安排的，应当向辩护人说明，并自即日起三个工作日以内安排辩护人阅卷，办案部门应当予以配合。

人民检察院应当为辩护人查阅、摘抄、复制案卷材料设置专门的场所或者电子卷宗阅卷终端设备。必要时，人民检察院可以派员在场协助。

辩护人复制案卷材料可以采取复印、拍照、扫描、刻录等方式，人民检察院不收取费用。

第五十条 案件提请批准逮捕或者移送起诉后，辩护人认为公安机关在侦查期间收集的证明犯罪嫌疑人无罪或者罪轻的证据材料未提交，申请人民检察院向公安机关调取的，人民检察院负责捕诉的部门应当及时审查。经审查，认为辩护人申请调取的证据已收集并且与案件事实有联系的，应当予以调取；认为辩护人申请调取的证据未收集或者与案件事实没有联系的，应当决定不予调取并向辩护人说明理由。公安机关移送相关证据材料的，人民检察院应当在三日以内告知辩护人。

人民检察院办理直接受理侦查的案件，适用前款规定。

第五十一条 在人民检察院侦查、审查逮捕、审查起诉过程中，辩护人收集的有关犯罪嫌疑人不在犯罪现场、未达到刑事责任年龄、属于依法不负刑事责任的精神病人的证据，告知人民检察院的，人民检察院应当及时审查。

第五十二条 案件移送起诉后，辩护律师依据刑事诉讼法第四十三条第一款的规定申请人民检察院收集、调取证据的，人民检察院负责捕诉的部门应当及时审查。经审查，认为需要收集、调取证据的，应当决定收集、调取并制作笔录附卷；决定不予收集、调取的，应当书面说明理由。

人民检察院根据辩护律师的申请收集、调取证据时，辩护律师可以在场。

第五十三条 辩护律师申请人民检察

院许可其向被害人或者其近亲属、被害人提供的证人收集与本案有关材料的，人民检察院负责捕诉的部门应当及时进行审查。人民检察院应当在五日以内作出是否许可的决定，通知辩护律师；不予许可的，应当书面说明理由。

第五十四条 在人民检察院侦查、审查逮捕、审查起诉过程中，辩护人要求听取其意见的，办案部门应当及时安排。辩护人提出书面意见的，办案部门应当接收并登记。

听取辩护人意见应当制作笔录或者记录在案，辩护人提出的书面意见应当附卷。

辩护人提交案件相关材料的，办案部门应当将辩护人提交材料的目的、来源及内容等情况记录在案，一并附卷。

第五十五条 人民检察院自收到移送起诉案卷材料之日起三日以内，应当告知被害人及其法定代理人或者其近亲属、附带民事诉讼的当事人及其法定代理人有权委托诉讼代理人。被害人及其法定代理人、近亲属因经济困难没有委托诉讼代理人的，应当告知其可以申请法律援助。

当面口头告知的，应当记入笔录，由被告知人签名；电话告知的，应当记录在案；书面告知的，应当将送达回执入卷。被害人众多或者不确定，无法以上述方式逐一告知的，可以公告告知。无法告知的，应当记录在案。

被害人有法定代理人的，应当告知其法定代理人；没有法定代理人的，应当告知其近亲属。

法定代理人或者近亲属为二人以上的，可以告知其中一人。告知时应当按照刑事诉讼法第一百零八条第三项、第六项列举的顺序择先进行。

当事人及其法定代理人、近亲属委托诉讼代理人的，参照刑事诉讼法第三十三条等法律规定执行。

第五十六条 经人民检察院许可，诉讼代理人查阅、摘抄、复制本案案卷材料的，参照本规则第四十九条的规定办理。

律师担任诉讼代理人，需要申请人民检察院收集、调取证据的，参照本规则第五十二条的规定办理。

第五十七条 辩护人、诉讼代理人认为公安机关、人民检察院、人民法院及其工作人员具有下列阻碍其依法行使诉讼权利行为之一，向同级或者上一级人民检察院申诉或者控告的，人民检察院负责控告申诉检察的部门应当接受并依法办理，其他办案部门应当予以配合：

（一）违反规定，对辩护人、诉讼代理人提出的回避要求不予受理或者对不予回避决定不服的复议申请不予受理的；

（二）未依法告知犯罪嫌疑人、被告人有权委托辩护人的；

（三）未转达在押或者被监视居住的犯罪嫌疑人、被告人委托辩护人的要求或者未转交其申请法律援助材料的；

（四）应当通知而不通知法律援助机构为符合条件的犯罪嫌疑人、被告人或者被申请强制医疗的人指派律师提供辩护或者法律援助的；

（五）在规定时间内不受理、不答复辩护人提出的变更强制措施申请或者解除强制措施要求的；

（六）未依法告知辩护律师犯罪嫌疑人涉嫌的罪名和案件有关情况的；

（七）违法限制辩护律师同在押、被监视居住的犯罪嫌疑人、被告人会见和通信的；

（八）违法不允许辩护律师查阅、摘抄、复制本案的案卷材料的；

（九）违法限制辩护律师收集、核实有关证据材料的；

（十）没有正当理由不同意辩护律师收集、调取证据或者通知证人出庭作证的申请，或者不答复、不说明理由的；

（十一）未依法提交证明犯罪嫌疑人、被告人无罪或者罪轻的证据材料的；

（十二）未依法听取辩护人、诉讼代理人意见的；

（十三）未依法将开庭的时间、地点及时通知辩护人、诉讼代理人的；

（十四）未依法向辩护人、诉讼代理人及时送达本案的法律文书或者及时告知案件移送情况的；

（十五）阻碍辩护人、诉讼代理人在法庭审理过程中依法行使诉讼权利的；

（十六）其他阻碍辩护人、诉讼代理人依法行使诉讼权利的。

对于直接向上一级人民检察院申诉或者控告的，上一级人民检察院可以交下级人民检察院办理，也可以直接办理。

辩护人、诉讼代理人认为看守所及其工作人员有阻碍其依法行使诉讼权利的行为，向人民检察院申诉或者控告的，由负责刑事执行检察的部门接受并依法办理；其他办案部门收到申诉或者控告的，应当及时移送负责刑事执行检察的部门。

第五十八条 辩护人、诉讼代理人认为其依法行使诉讼权利受到阻碍向人民检察院申诉或者控告的，人民检察院应当及时受理并调查核实，在十日以内办结并书面答复。情况属实的，通知有关机关或者本院有关部门、下级人民检察院予以纠正。

第五十九条 辩护律师告知人民检察院其委托人或者其他人员准备实施、正在实施危害国家安全、危害公共安全以及严重危及他人人身安全犯罪的，人民检察院应当接受并立即移送有关机关依法处理。

人民检察院应当为反映情况的辩护律师保密。

第六十条 人民检察院发现辩护人有帮助犯罪嫌疑人、被告人隐匿、毁灭、伪造证据、串供，或者威胁、引诱证人作伪证以及其他干扰司法机关诉讼活动的行为，可能涉嫌犯罪的，应当将涉嫌犯罪的线索或者证据材料移送有管辖权的机关依法处理。

人民检察院发现辩护律师在刑事诉讼中违反法律、法规或者执业纪律的，应当及时向其所在的律师事务所、所属的律师协会以及司法行政机关通报。

第五章 证 据

第六十一条 人民检察院认定案件事实，应当以证据为根据。

公诉案件中被告人有罪的举证责任由人民检察院承担。人民检察院在提起公诉指控犯罪时，应当提出确实、充分的证据，并运用证据加以证明。

人民检察院提起公诉，应当秉持客观公正立场，对被告人有罪、罪重、罪轻的证据都应当向人民法院提出。

第六十二条 证据的审查认定，应当结合案件的具体情况，从证据与待证事实的关联程度、各证据之间的联系、是否依照法定程序收集等方面进行综合审查判断。

第六十三条 人民检察院侦查终结或者提起公诉的案件，证据应当确实、充分。证据确实、充分，应当符合以下条件：

（一）定罪量刑的事实都有证据证明；

（二）据以定案的证据均经法定程序查证属实；

（三）综合全案证据，对所认定事实已排除合理怀疑。

第六十四条 行政机关在行政执法和查办案件过程中收集的物证、书证、视听资料、电子数据等证据材料，经人民检察院审查符合法定要求的，可以作为证据使用。

行政机关在行政执法和查办案件过程中收集的鉴定意见、勘验、检查笔录，经人民检察院审查符合法定要求的，可以作为证据使用。

第六十五条 监察机关依照法律规定收集的物证、书证、证人证言、被调查人供述和辩解、视听资料、电子数据等证据材料，在刑事诉讼中可以作为证据使用。

第六十六条 对采用刑讯逼供等非法方法收集的犯罪嫌疑人供述和采用暴力、威胁等非法方法收集的证人证言、被害人陈述，应当依法排除，不得作为移送审查逮捕、批准或者决定逮捕、移送起诉以及提起公诉的依据。

第六十七条 对采用下列方法收集的犯罪嫌疑人供述，应当予以排除：

（一）采用殴打、违法使用戒具等暴力方法或者变相肉刑的恶劣手段，使犯罪嫌疑人遭受难以忍受的痛苦而违背意愿作出的供述；

（二）采用以暴力或者严重损害本人及其近亲属合法权益等进行威胁的方法，使犯罪嫌疑人遭受难以忍受的痛苦而违背意愿作出的供述；

（三）采用非法拘禁等非法限制人身自由的方法收集的供述。

第六十八条 对采用刑讯逼供方法使犯罪嫌疑人作出供述，之后犯罪嫌疑人受该刑讯逼供行为影响而作出的与该供述相同的重复性供述，应当一并排除，但下列情形除外：

（一）侦查期间，根据控告、举报或者自己发现等，公安机关确认或者不能排除以非法方法收集证据而更换侦查人员，其他侦查人员再次讯问时告知诉讼权利和认罪认罚的法律规定，犯罪嫌疑人自愿供述的；

（二）审查逮捕、审查起诉期间，检察人员讯问时告知诉讼权利和认罪认罚的法律规定，犯罪嫌疑人自愿供述的。

第六十九条 采用暴力、威胁以及非法限制人身自由等非法方法收集的证人证言、被害人陈述，应当予以排除。

第七十条 收集物证、书证不符合法定程序，可能严重影响司法公正的，人民检察院应当及时要求公安机关补正或者作出书面解释；不能补正或者无法作出合理解释的，对该证据应当予以排除。

对公安机关的补正或者解释，人民检察院应当予以审查。经补正或者作出合理解释的，可以作为批准或者决定逮捕、提起公诉的依据。

第七十一条 对重大案件，人民检察院驻看守所检察人员在侦查终结前应当对讯问合法性进行核查并全程同步录音、录像，核查情况应当及时通知本院负责捕诉的部门。

负责捕诉的部门认为确有刑讯逼供等非法取证情形的，应当要求公安机关依法排除非法证据，不得作为提请批准逮捕、移送起诉的依据。

第七十二条 人民检察院发现侦查人员以非法方法收集证据的，应当及时进行调查核实。

当事人及其辩护人或者值班律师、诉讼代理人报案、控告、举报侦查人员采用刑讯逼供等非法方法收集证据,并提供涉嫌非法取证的人员、时间、地点、方式和内容等材料或者线索的,人民检察院应当受理并进行审查。根据现有材料无法证明证据收集合法性的,应当及时进行调查核实。

上一级人民检察院接到对侦查人员采用刑讯逼供等非法方法收集证据的报案、控告、举报,可以直接进行调查核实,也可以交由下级人民检察院调查核实。交由下级人民检察院调查核实的,下级人民检察院应当及时将调查结果报告上一级人民检察院。

人民检察院决定调查核实的,应当及时通知公安机关。

第七十三条 人民检察院经审查认定存在非法取证行为的,对该证据应当予以排除,其他证据不能证明犯罪嫌疑人实施犯罪行为的,应当不批准或者决定逮捕。已经移送起诉的,可以依法将案件退回监察机关补充调查或者退回公安机关补充侦查,或者作出不起诉决定。被排除的非法证据应当随案移送,并写明为依法排除的非法证据。

对于侦查人员的非法取证行为,尚未构成犯罪的,应当依法向其所在机关提出纠正意见。对于需要补正或者作出合理解释的,应当提出明确要求。

对于非法取证行为涉嫌犯罪需要追究刑事责任的,应当依法立案侦查。

第七十四条 人民检察院认为可能存在以刑讯逼供等非法方法收集证据情形的,可以书面要求监察机关或者公安机关对证据收集的合法性作出说明。说明应当加盖单位公章,并由调查人员或者侦查人员签名。

第七十五条 对于公安机关立案侦查的案件,存在下列情形之一的,人民检察院在审查逮捕、审查起诉和审判阶段,可以调取公安机关讯问犯罪嫌疑人的录音、录像,对证据收集的合法性以及犯罪嫌疑人、被告人供述的真实性进行审查:

(一)认为讯问活动可能存在刑讯逼供等非法取证行为的;

(二)犯罪嫌疑人、被告人或者辩护人提出犯罪嫌疑人、被告人供述系非法取得,并提供相关线索或者材料的;

(三)犯罪嫌疑人、被告人提出讯问活动违反法定程序或者翻供,并提供相关线索或者材料的;

(四)犯罪嫌疑人、被告人或者辩护人提出讯问笔录内容不真实,并提供相关线索或者材料的;

(五)案情重大、疑难、复杂的。

人民检察院调取公安机关讯问犯罪嫌疑人的录音、录像,公安机关未提供,人民检察院经审查认为不能排除有刑讯逼供等非法取证行为的,相关供述不得作为批准逮捕、提起公诉的依据。

人民检察院直接受理侦查的案件,负责侦查的部门移送审查逮捕、移送起诉时,应当将讯问录音、录像连同案卷材料一并移送审查。

第七十六条 对于提起公诉的案件,被告人及其辩护人提出审前供述系非法取得,并提供相关线索或者材料的,人民检察院可以将讯问录音、录像连同案卷材料一并移送人民法院。

第七十七条 在法庭审理过程中,被告人或者辩护人对讯问活动合法性提出异议,公诉人可以要求被告人及其辩护人提供相关线索或者材料。必要时，公诉人可以提请法庭当庭播放相关时段的讯问录音、录像，对有关异议或者事实进行质证。

需要播放的讯问录音、录像中涉及国家秘密、商业秘密、个人隐私或者含有其他不宜公开内容的，公诉人应当建议在法庭组成人员、公诉人、侦查人员、被告人及其辩护人范围内播放。因涉及国家秘密、商业秘密、个人隐私或者其他犯罪线索等内容，人民检察院对讯问录音、录像的相关内容进行技术处理的，公诉人应当向法庭作出说明。

第七十八条 人民检察院认为第一审人民法院有关证据收集合法性的审查、调查结论导致第一审判决、裁定错误的，可以依照刑事诉讼法第二百二十八条的规定向人民法院提出抗诉。

第七十九条 人民检察院在办理危害国家安全犯罪、恐怖活动犯罪、黑社会性质的组织犯罪、毒品犯罪等案件过程中，证人、鉴定人、被害人因在诉讼中作证，本人或者其近亲属人身安全面临危险，向人民检察院请求保护的，人民检察院应当受理并及时进行审查。对于确实存在人身安全危险的，应当立即采取必要的保护措施。人民检察院发现存在上述情形的，应当主动采取保护措施。

人民检察院可以采取以下一项或者多项保护措施：

（一）不公开真实姓名、住址和工作单位等个人信息；

（二）建议法庭采取不暴露外貌、真实声音等出庭作证措施；

（三）禁止特定的人员接触证人、鉴定人、被害人及其近亲属；

（四）对人身和住宅采取专门性保护措施；

（五）其他必要的保护措施。

人民检察院依法决定不公开证人、鉴定人、被害人的真实姓名、住址和工作单位等个人信息的，可以在起诉书、询问笔录等法律文书、证据材料中使用化名。但是应当另行书面说明使用化名的情况并标明密级，单独成卷。

人民检察院依法采取保护措施，可以要求有关单位和个人予以配合。

对证人及其近亲属进行威胁、侮辱、殴打或者打击报复，构成犯罪或者应当给予治安管理处罚的，人民检察院应当移送公安机关处理；情节轻微的，予以批评教育、训诫。

第八十条 证人在人民检察院侦查、审查逮捕、审查起诉期间因履行作证义务而支出的交通、住宿、就餐等费用，人民检察院应当给予补助。

第六章　强制措施

第一节　拘　　传

第八十一条 人民检察院根据案件情况，对犯罪嫌疑人可以拘传。

第八十二条 拘传时，应当向被拘传的犯罪嫌疑人出示拘传证。对抗拒拘传的，可以使用戒具，强制到案。

执行拘传的人员不得少于二人。

第八十三条 拘传的时间从犯罪嫌疑人到案时开始计算。犯罪嫌疑人到案后，应当责令其在拘传证上填写到案时间，签名或者盖章，并捺指印，然后立即讯问。拘传结束后，应当责令犯罪嫌疑人在拘传证上填写拘传结束时间。犯罪嫌疑人拒绝填写的,应当在拘传证上注明。

一次拘传持续的时间不得超过十二小时;案情特别重大、复杂,需要采取拘留、逮捕措施的,拘传持续的时间不得超过二十四小时。两次拘传间隔的时间一般不得少于十二小时,不得以连续拘传的方式变相拘禁犯罪嫌疑人。

拘传犯罪嫌疑人,应当保证犯罪嫌疑人的饮食和必要的休息时间。

第八十四条 人民检察院拘传犯罪嫌疑人,应当在犯罪嫌疑人所在市、县内的地点进行。

犯罪嫌疑人工作单位与居住地不在同一市、县的,拘传应当在犯罪嫌疑人工作单位所在的市、县内进行;特殊情况下,也可以在犯罪嫌疑人居住地所在的市、县内进行。

第八十五条 需要对被拘传的犯罪嫌疑人变更强制措施的,应当在拘传期限内办理变更手续。

在拘传期间决定不采取其他强制措施的,拘传期限届满,应当结束拘传。

第二节 取保候审

第八十六条 人民检察院对于具有下列情形之一的犯罪嫌疑人,可以取保候审:

(一)可能判处管制、拘役或者独立适用附加刑的;

(二)可能判处有期徒刑以上刑罚,采取取保候审不致发生社会危险性的;

(三)患有严重疾病、生活不能自理,怀孕或者正在哺乳自己婴儿的妇女,采取取保候审不致发生社会危险性的;

(四)羁押期限届满,案件尚未办结,需要采取取保候审的。

第八十七条 人民检察院对于严重危害社会治安的犯罪嫌疑人,以及其他犯罪性质恶劣、情节严重的犯罪嫌疑人不得取保候审。

第八十八条 被羁押或者监视居住的犯罪嫌疑人及其法定代理人、近亲属或者辩护人向人民检察院申请取保候审,人民检察院应当在三日以内作出是否同意的答复。经审查符合本规则第八十六条规定情形之一的,可以对被羁押或者监视居住的犯罪嫌疑人依法办理取保候审手续。经审查不符合取保候审条件的,应当告知申请人,并说明不同意取保候审的理由。

第八十九条 人民检察院决定对犯罪嫌疑人取保候审,应当责令犯罪嫌疑人提出保证人或者交纳保证金。

对同一犯罪嫌疑人决定取保候审,不得同时使用保证人保证和保证金保证方式。

对符合取保候审条件,具有下列情形之一的犯罪嫌疑人,人民检察院决定取保候审时,可以责令其提供一至二名保证人:

(一)无力交纳保证金的;

(二)系未成年人或者已满七十五周岁的人;

(三)其他不宜收取保证金的。

第九十条 采取保证人保证方式的,保证人应当符合刑事诉讼法第六十九条规定的条件,并经人民检察院审查同意。

第九十一条 人民检察院应当告知保证人履行以下义务:

(一)监督被保证人遵守刑事诉讼法第七十一条的规定;

(二)发现被保证人可能发生或者已经发生违反刑事诉讼法第七十一条规定的行为的,及时向执行机关报告。

保证人保证承担上述义务后,应当在

取保候审保证书上签名或者盖章。

第九十二条 采取保证金保证方式的，人民检察院可以根据犯罪嫌疑人的社会危险性，案件的性质、情节，可能判处刑罚的轻重，犯罪嫌疑人的经济状况等，责令犯罪嫌疑人交纳一千元以上的保证金。对于未成年犯罪嫌疑人，可以责令交纳五百元以上的保证金。

第九十三条 人民检察院决定对犯罪嫌疑人取保候审的，应当制作取保候审决定书，载明取保候审开始的时间、保证方式、被取保候审人应当履行的义务和应当遵守的规定。

人民检察院作出取保候审决定时，可以根据犯罪嫌疑人涉嫌犯罪的性质、危害后果、社会影响，犯罪嫌疑人、被害人的具体情况等，有针对性地责令其遵守以下一项或者多项规定：

（一）不得进入特定的场所；

（二）不得与特定的人员会见或者通信；

（三）不得从事特定的活动；

（四）将护照等出入境证件、驾驶证件交执行机关保存。

第九十四条 人民检察院应当向取保候审的犯罪嫌疑人宣读取保候审决定书，由犯罪嫌疑人签名或者盖章，并捺指印，责令犯罪嫌疑人遵守刑事诉讼法第七十一条的规定，告知其违反规定应负的法律责任。以保证金方式保证的，应当同时告知犯罪嫌疑人一次性将保证金存入公安机关指定银行的专门账户。

第九十五条 向犯罪嫌疑人宣布取保候审决定后，人民检察院应当将执行取保候审通知书送达公安机关执行，并告知公安机关在执行期间拟批准犯罪嫌疑人离开所居住的市、县的，应当事先征得人民检察院同意。以保证人方式保证的，应当将取保候审保证书同时送交公安机关。

人民检察院核实保证金已经交纳到公安机关指定银行的凭证后，应当将银行出具的凭证及其他有关材料与执行取保候审通知书一并送交公安机关。

第九十六条 采取保证人保证方式的，如果保证人在取保候审期间不愿继续保证或者丧失保证条件的，人民检察院应当在收到保证人不愿继续保证的申请或者发现其丧失保证条件后三日以内，责令犯罪嫌疑人重新提出保证人或者交纳保证金，并将变更情况通知公安机关。

第九十七条 采取保证金保证方式的，被取保候审人拒绝交纳保证金或者交纳保证金不足决定数额时，人民检察院应当作出变更取保候审措施、变更保证方式或者变更保证金数额的决定，并将变更情况通知公安机关。

第九十八条 公安机关在执行取保候审期间向人民检察院征询是否同意批准犯罪嫌疑人离开所居住的市、县时，人民检察院应当根据案件的具体情况及时作出决定，并通知公安机关。

第九十九条 人民检察院发现保证人没有履行刑事诉讼法第七十条规定的义务，应当通知公安机关，要求公安机关对保证人作出罚款决定。构成犯罪的，依法追究保证人的刑事责任。

第一百条 人民检察院发现犯罪嫌疑人违反刑事诉讼法第七十一条的规定，已交纳保证金的，应当书面通知公安机关没收部分或者全部保证金，并且根据案件的具体情况，责令犯罪嫌疑人具结悔过，重新交纳保证金、提出保证人，或者决定对其监视居住、予以逮捕。

公安机关发现犯罪嫌疑人违反刑事诉讼法第七十一条的规定,提出没收保证金或者变更强制措施意见的,人民检察院应当在收到意见后五日以内作出决定,并通知公安机关。

重新交纳保证金的程序适用本规则第九十二条的规定;提出保证人的程序适用本规则第九十条、第九十一条的规定。对犯罪嫌疑人继续取保候审的,取保候审的时间应当累计计算。

对犯罪嫌疑人决定监视居住的,应当办理监视居住手续。监视居住的期限应当自执行监视居住决定之日起计算并告知犯罪嫌疑人。

第一百零一条 犯罪嫌疑人有下列违反取保候审规定的行为,人民检察院应当对犯罪嫌疑人予以逮捕:

(一)故意实施新的犯罪;

(二)企图自杀、逃跑;

(三)实施毁灭、伪造证据,串供或者干扰证人作证,足以影响侦查、审查起诉工作正常进行;

(四)对被害人、证人、鉴定人、举报人、控告人及其他人员实施打击报复。

犯罪嫌疑人有下列违反取保候审规定的行为,人民检察院可以对犯罪嫌疑人予以逮捕:

(一)未经批准,擅自离开所居住的市、县,造成严重后果,或者两次未经批准,擅自离开所居住的市、县;

(二)经传讯不到案,造成严重后果,或者经两次传讯不到案;

(三)住址、工作单位和联系方式发生变动,未在二十四小时以内向公安机关报告,造成严重后果;

(四)违反规定进入特定场所、与特定人员会见或者通信、从事特定活动,严重妨碍诉讼程序正常进行。

有前两款情形,需要对犯罪嫌疑人予以逮捕的,可以先行拘留;已交纳保证金的,同时书面通知公安机关没收保证金。

第一百零二条 人民检察院决定对犯罪嫌疑人取保候审,最长不得超过十二个月。

第一百零三条 公安机关决定对犯罪嫌疑人取保候审,案件移送人民检察院审查起诉后,对于需要继续取保候审的,人民检察院应当依法重新作出取保候审决定,并对犯罪嫌疑人办理取保候审手续。取保候审的期限应当重新计算并告知犯罪嫌疑人。对继续采取保证金方式取保候审的,被取保候审人没有违反刑事诉讼法第七十一条规定的,不变更保证金数额,不再重新收取保证金。

第一百零四条 在取保候审期间,不得中断对案件的侦查、审查起诉。

第一百零五条 取保候审期限届满或者发现不应当追究犯罪嫌疑人的刑事责任的,应当及时解除或者撤销取保候审。

解除或者撤销取保候审的决定,应当及时通知执行机关,并将解除或者撤销取保候审的决定书送达犯罪嫌疑人;有保证人的,应当通知保证人解除保证义务。

第一百零六条 犯罪嫌疑人在取保候审期间没有违反刑事诉讼法第七十一条的规定,或者发现不应当追究犯罪嫌疑人刑事责任的,变更、解除或者撤销取保候审时,应当告知犯罪嫌疑人可以凭变更、解除或者撤销取保候审的通知或者有关法律文书到银行领取退还的保证金。

第三节　监视居住

第一百零七条　人民检察院对于符合逮捕条件，具有下列情形之一的犯罪嫌疑人，可以监视居住：

（一）患有严重疾病、生活不能自理的；

（二）怀孕或者正在哺乳自己婴儿的妇女；

（三）系生活不能自理的人的唯一扶养人；

（四）因为案件的特殊情况或者办理案件的需要，采取监视居住措施更为适宜的；

（五）羁押期限届满，案件尚未办结，需要采取监视居住措施的。

前款第三项中的扶养包括父母、祖父母、外祖父母对子女、孙子女、外孙子女的抚养和子女、孙子女、外孙子女对父母、祖父母、外祖父母的赡养以及配偶、兄弟姐妹之间的相互扶养。

对符合取保候审条件，但犯罪嫌疑人不能提出保证人，也不交纳保证金的，可以监视居住。

第一百零八条　人民检察院应当向被监视居住的犯罪嫌疑人宣读监视居住决定书，由犯罪嫌疑人签名或者盖章，并捺指印，责令犯罪嫌疑人遵守刑事诉讼法第七十七条的规定，告知其违反规定应负的法律责任。

指定居所监视居住的，不得要求被监视居住人支付费用。

第一百零九条　人民检察院核实犯罪嫌疑人住处或者为其指定居所后，应当制作监视居住执行通知书，将有关法律文书和案由、犯罪嫌疑人基本情况材料，送交监视居住地的公安机关执行，必要时人民检察院可以协助公安机关执行。

人民检察院应当告知公安机关在执行期间拟批准犯罪嫌疑人离开执行监视居住的处所、会见他人或者通信的，应当事先征得人民检察院同意。

第一百一十条　人民检察院可以根据案件的具体情况，商请公安机关对被监视居住的犯罪嫌疑人采取电子监控、不定期检查等监视方法，对其遵守监视居住规定的情况进行监督。

人民检察院办理直接受理侦查的案件对犯罪嫌疑人采取监视居住的，在侦查期间可以商请公安机关对其通信进行监控。

第一百一十一条　犯罪嫌疑人有下列违反监视居住规定的行为，人民检察院应当对犯罪嫌疑人予以逮捕：

（一）故意实施新的犯罪行为；

（二）企图自杀、逃跑；

（三）实施毁灭、伪造证据或者串供、干扰证人作证行为，足以影响侦查、审查起诉工作正常进行；

（四）对被害人、证人、鉴定人、举报人、控告人及其他人员实施打击报复。

犯罪嫌疑人有下列违反监视居住规定的行为，人民检察院可以对犯罪嫌疑人予以逮捕：

（一）未经批准，擅自离开执行监视居住的处所，造成严重后果，或者两次未经批准，擅自离开执行监视居住的处所；

（二）未经批准，擅自会见他人或者通信，造成严重后果，或者两次未经批准，擅自会见他人或者通信；

（三）经传讯不到案，造成严重后果，或者经两次传讯不到案。

有前两款情形，需要对犯罪嫌疑人予以逮捕的，可以先行拘留。

第一百一十二条 人民检察院决定对犯罪嫌疑人监视居住，最长不得超过六个月。

第一百一十三条 公安机关决定对犯罪嫌疑人监视居住，案件移送人民检察院审查起诉后，对于需要继续监视居住的，人民检察院应当依法重新作出监视居住决定，并对犯罪嫌疑人办理监视居住手续。监视居住的期限应当重新计算并告知犯罪嫌疑人。

第一百一十四条 在监视居住期间，不得中断对案件的侦查、审查起诉。

第一百一十五条 监视居住期限届满或者发现不应当追究犯罪嫌疑人刑事责任的，应当解除或者撤销监视居住。

解除或者撤销监视居住的决定应当通知执行机关，并将解除或者撤销监视居住的决定书送达犯罪嫌疑人。

第一百一十六条 监视居住应当在犯罪嫌疑人的住处执行。犯罪嫌疑人无固定住处的，可以在指定的居所执行。

固定住处是指犯罪嫌疑人在办案机关所在地的市、县内工作、生活的合法居所。

指定的居所应当符合下列条件：

（一）具备正常的生活、休息条件；

（二）便于监视、管理；

（三）能够保证安全。

采取指定居所监视居住，不得在看守所、拘留所、监狱等羁押、监管场所以及留置室、讯问室等专门的办案场所、办公区域执行。

第一百一十七条 在指定的居所执行监视居住，除无法通知的以外，人民检察院应当在执行监视居住后二十四小时以内，将指定居所监视居住的原因通知被监视居住人的家属。无法通知的，应当将原因写明附卷。无法通知的情形消除后，应当立即通知。

无法通知包括下列情形：

（一）被监视居住人无家属；

（二）与其家属无法取得联系；

（三）受自然灾害等不可抗力阻碍。

第一百一十八条 对于公安机关、人民法院决定指定居所监视居住的案件，由批准或者决定的公安机关、人民法院的同级人民检察院负责捕诉的部门对决定是否合法实行监督。

人民检察院决定指定居所监视居住的案件，由负责控告申诉检察的部门对决定是否合法实行监督。

第一百一十九条 被指定居所监视居住人及其法定代理人、近亲属或者辩护人认为指定居所监视居住决定存在违法情形，提出控告或者举报的，人民检察院应当受理。

人民检察院可以要求有关机关提供指定居所监视居住决定书和相关案卷材料。经审查，发现存在下列违法情形之一的，应当及时通知其纠正：

（一）不符合指定居所监视居住的适用条件的；

（二）未按法定程序履行批准手续的；

（三）在决定过程中有其他违反刑事诉讼法规定的行为的。

第一百二十条 对于公安机关、人民法院决定指定居所监视居住的案件，由人民检察院负责刑事执行检察的部门对指定居所监视居住的执行活动是否合法实行监督。发现存在下列违法情形之一的，应当及时提出纠正意见：

（一）执行机关收到指定居所监视居住决定书、执行通知书等法律文书后不派员执行或者不及时派员执行的；

（二）在执行指定居所监视居住后二十四小时以内没有通知被监视居住人的家属的；

（三）在羁押场所、专门的办案场所执行监视居住的；

（四）为被监视居住人通风报信、私自传递信件、物品的；

（五）违反规定安排辩护人同被监视居住人会见、通信，或者违法限制被监视居住人与辩护人会见、通信的；

（六）对被监视居住人刑讯逼供、体罚、虐待或者变相体罚、虐待的；

（七）有其他侵犯被监视居住人合法权利行为或者其他违法行为的。

被监视居住人及其法定代理人、近亲属或者辩护人认为执行机关或者执行人员存在上述违法情形，提出控告或者举报的，人民检察院应当受理。

人民检察院决定指定居所监视居住的案件，由负责控告申诉检察的部门对指定居所监视居住的执行活动是否合法实行监督。

第四节 拘 留

第一百二十一条 人民检察院对于具有下列情形之一的犯罪嫌疑人，可以决定拘留：

（一）犯罪后企图自杀、逃跑或者在逃的；

（二）有毁灭、伪造证据或者串供可能的。

第一百二十二条 人民检察院作出拘留决定后，应当将有关法律文书和案由、犯罪嫌疑人基本情况的材料送交同级公安机关执行。必要时，人民检察院可以协助公安机关执行。

拘留后，应当立即将被拘留人送看守所羁押，至迟不得超过二十四小时。

第一百二十三条 对犯罪嫌疑人拘留后，除无法通知的以外，人民检察院应当在二十四小时以内，通知被拘留人的家属。

无法通知的，应当将原因写明附卷。无法通知的情形消除后，应当立即通知其家属。

第一百二十四条 对被拘留的犯罪嫌疑人，应当在拘留后二十四小时以内进行讯问。

第一百二十五条 对被拘留的犯罪嫌疑人，发现不应当拘留的，应当立即释放；依法可以取保候审或者监视居住的，按照本规则的有关规定办理取保候审或者监视居住手续。

对被拘留的犯罪嫌疑人，需要逮捕的，按照本规则的有关规定办理逮捕手续；决定不予逮捕的，应当及时变更强制措施。

第一百二十六条 人民检察院直接受理侦查的案件，拘留犯罪嫌疑人的羁押期限为十四日，特殊情况下可以延长一日至三日。

第一百二十七条 公民将正在实行犯罪或者在犯罪后即被发觉的、通缉在案的、越狱逃跑的、正在被追捕的犯罪嫌疑人或者犯罪人扭送到人民检察院的，人民检察院应当予以接受，并且根据具体情况决定是否采取相应的紧急措施。不属于自己管辖的，应当移送主管机关处理。

第五节 逮 捕

第一百二十八条 人民检察院对有证据证明有犯罪事实，可能判处徒刑以上刑罚的犯罪嫌疑人，采取取保候审尚不足以

防止发生下列社会危险性的,应当批准或者决定逮捕:

(一)可能实施新的犯罪的;

(二)有危害国家安全、公共安全或者社会秩序的现实危险的;

(三)可能毁灭、伪造证据,干扰证人作证或者串供的;

(四)可能对被害人、举报人、控告人实施打击报复的;

(五)企图自杀或者逃跑的。

有证据证明有犯罪事实是指同时具备下列情形:

(一)有证据证明发生了犯罪事实;

(二)有证据证明该犯罪事实是犯罪嫌疑人实施的;

(三)证明犯罪嫌疑人实施犯罪行为的证据已经查证属实。

犯罪事实既可以是单一犯罪行为的事实,也可以是数个犯罪行为中任何一个犯罪行为的事实。

第一百二十九条 犯罪嫌疑人具有下列情形之一的,可以认定为"可能实施新的犯罪":

(一)案发前或者案发后正在策划、组织或者预备实施新的犯罪的;

(二)扬言实施新的犯罪的;

(三)多次作案、连续作案、流窜作案的;

(四)一年内曾因故意实施同类违法行为受到行政处罚的;

(五)以犯罪所得为主要生活来源的;

(六)有吸毒、赌博等恶习的;

(七)其他可能实施新的犯罪的情形。

第一百三十条 犯罪嫌疑人具有下列情形之一的,可以认定为"有危害国家安全、公共安全或者社会秩序的现实危险":

(一)案发前或者案发后正在积极策划、组织或者预备实施危害国家安全、公共安全或者社会秩序的重大违法犯罪行为的;

(二)曾因危害国家安全、公共安全或者社会秩序受到刑事处罚或者行政处罚的;

(三)在危害国家安全、黑恶势力、恐怖活动、毒品犯罪中起组织、策划、指挥作用或者积极参加的;

(四)其他有危害国家安全、公共安全或者社会秩序的现实危险的情形。

第一百三十一条 犯罪嫌疑人具有下列情形之一的,可以认定为"可能毁灭、伪造证据,干扰证人作证或者串供":

(一)曾经或者企图毁灭、伪造、隐匿、转移证据的;

(二)曾经或者企图威逼、恐吓、利诱、收买证人,干扰证人作证的;

(三)有同案犯罪嫌疑人或者与其在事实上存在密切关联犯罪的犯罪嫌疑人在逃,重要证据尚未收集到位的;

(四)其他可能毁灭、伪造证据,干扰证人作证或者串供的情形。

第一百三十二条 犯罪嫌疑人具有下列情形之一的,可以认定为"可能对被害人、举报人、控告人实施打击报复":

(一)扬言或者准备、策划对被害人、举报人、控告人实施打击报复的;

(二)曾经对被害人、举报人、控告人实施打击、要挟、迫害等行为的;

(三)采取其他方式滋扰被害人、举报人、控告人的正常生活、工作的;

(四)其他可能对被害人、举报人、控告人实施打击报复的情形。

第一百三十三条 犯罪嫌疑人具有下

列情形之一的,可以认定为“企图自杀或者逃跑”:

(一)着手准备自杀、自残或者逃跑的;

(二)曾经自杀、自残或者逃跑的;

(三)有自杀、自残或者逃跑的意思表示的;

(四)曾经以暴力、威胁手段抗拒抓捕的;

(五)其他企图自杀或者逃跑的情形。

第一百三十四条 人民检察院办理审查逮捕案件,应当全面把握逮捕条件,对有证据证明有犯罪事实、可能判处徒刑以上刑罚的犯罪嫌疑人,除具有刑事诉讼法第八十一条第三款、第四款规定的情形外,应当严格审查是否具备社会危险性条件。

第一百三十五条 人民检察院审查认定犯罪嫌疑人是否具有社会危险性,应当以公安机关移送的社会危险性相关证据为依据,并结合案件具体情况综合认定。必要时,可以通过讯问犯罪嫌疑人、询问证人等诉讼参与人、听取辩护律师意见等方式,核实相关证据。

依据在案证据不能认定犯罪嫌疑人符合逮捕社会危险性条件的,人民检察院可以要求公安机关补充相关证据,公安机关没有补充移送的,应当作出不批准逮捕的决定。

第一百三十六条 对有证据证明有犯罪事实,可能判处十年有期徒刑以上刑罚的犯罪嫌疑人,应当批准或者决定逮捕。

对有证据证明有犯罪事实,可能判处徒刑以上刑罚,犯罪嫌疑人曾经故意犯罪或者不讲真实姓名、住址,身份不明的,应当批准或者决定逮捕。

第一百三十七条 人民检察院经审查认为被取保候审、监视居住的犯罪嫌疑人违反取保候审、监视居住规定,依照本规则第一百零一条、第一百一十一条的规定办理。

对于被取保候审、监视居住的可能判处徒刑以下刑罚的犯罪嫌疑人,违反取保候审、监视居住规定,严重影响诉讼活动正常进行的,可以予以逮捕。

第一百三十八条 对实施多个犯罪行为或者共同犯罪案件的犯罪嫌疑人,符合本规则第一百二十八条的规定,具有下列情形之一的,应当批准或者决定逮捕:

(一)有证据证明犯有数罪中的一罪的;

(二)有证据证明实施多次犯罪中的一次犯罪的;

(三)共同犯罪中,已有证据证明有犯罪事实的犯罪嫌疑人。

第一百三十九条 对具有下列情形之一的犯罪嫌疑人,人民检察院应当作出不批准逮捕或者不予逮捕的决定:

(一)不符合本规则规定的逮捕条件的;

(二)具有刑事诉讼法第十六条规定的情形之一的。

第一百四十条 犯罪嫌疑人涉嫌的罪行较轻,且没有其他重大犯罪嫌疑,具有下列情形之一的,可以作出不批准逮捕或者不予逮捕的决定:

(一)属于预备犯、中止犯,或者防卫过当、避险过当的;

(二)主观恶性较小的初犯,共同犯罪中的从犯、胁从犯,犯罪后自首、有立功表现或者积极退赃、赔偿损失、确有悔罪表现的;

(三)过失犯罪的犯罪嫌疑人,犯罪后有悔罪表现,有效控制损失或者积极赔偿损失的；

（四）犯罪嫌疑人与被害人双方根据刑事诉讼法的有关规定达成和解协议，经审查，认为和解系自愿、合法且已经履行或者提供担保的；

（五）犯罪嫌疑人认罪认罚的；

（六）犯罪嫌疑人系已满十四周岁未满十八周岁的未成年人或者在校学生，本人有悔罪表现，其家庭、学校或者所在社区、居民委员会、村民委员会具备监护、帮教条件的；

（七）犯罪嫌疑人系已满七十五周岁的人。

第一百四十一条 对符合刑事诉讼法第七十四条第一款规定的犯罪嫌疑人，人民检察院经审查认为不需要逮捕的，可以在作出不批准逮捕决定的同时，向公安机关提出采取监视居住措施的建议。

第六节 监察机关移送案件的强制措施

第一百四十二条 对于监察机关移送起诉的已采取留置措施的案件，人民检察院应当在受理案件后，及时对犯罪嫌疑人作出拘留决定，交公安机关执行。执行拘留后，留置措施自动解除。

第一百四十三条 人民检察院应当在执行拘留后十日以内，作出是否逮捕、取保候审或者监视居住的决定。特殊情况下，决定的时间可以延长一日至四日。

人民检察院决定采取强制措施的期间不计入审查起诉期限。

第一百四十四条 除无法通知的以外，人民检察院应当在公安机关执行拘留、逮捕后二十四小时以内，通知犯罪嫌疑人的家属。

第一百四十五条 人民检察院应当自收到移送起诉的案卷材料之日起三日以内告知犯罪嫌疑人有权委托辩护人。对已经采取留置措施的，应当在执行拘留时告知。

第一百四十六条 对于监察机关移送起诉的未采取留置措施的案件，人民检察院受理后，在审查起诉过程中根据案件情况，可以依照本规则相关规定决定是否采取逮捕、取保候审或者监视居住措施。

第一百四十七条 对于监察机关移送起诉案件的犯罪嫌疑人采取强制措施，本节未规定的，适用本规则相关规定。

第七节 其他规定

第一百四十八条 人民检察院对担任县级以上各级人民代表大会代表的犯罪嫌疑人决定采取拘传、取保候审、监视居住、拘留、逮捕强制措施的，应当报请该代表所属的人民代表大会主席团或者常务委员会许可。

人民检察院对担任本级人民代表大会代表的犯罪嫌疑人决定采取强制措施的，应当报请本级人民代表大会主席团或者常务委员会许可。

对担任上级人民代表大会代表的犯罪嫌疑人决定采取强制措施的，应当层报该代表所属的人民代表大会同级的人民检察院报请许可。

对担任下级人民代表大会代表的犯罪嫌疑人决定采取强制措施的，可以直接报请该代表所属的人民代表大会主席团或者常务委员会许可，也可以委托该代表所属的人民代表大会同级的人民检察院报请许可。

对担任两级以上的人民代表大会代表的犯罪嫌疑人决定采取强制措施的，分别依照本条第二、三、四款的规定报请许可。

对担任办案单位所在省、市、县(区)以外的其他地区人民代表大会代表的犯罪嫌疑人决定采取强制措施的,应当委托该代表所属的人民代表大会同级的人民检察院报请许可;担任两级以上人民代表大会代表的,应当分别委托该代表所属的人民代表大会同级的人民检察院报请许可。

对于公安机关提请人民检察院批准逮捕的案件,犯罪嫌疑人担任人民代表大会代表的,报请许可手续由公安机关负责办理。

担任县级以上人民代表大会代表的犯罪嫌疑人,经报请该代表所属人民代表大会主席团或者常务委员会许可后被刑事拘留的,适用逮捕措施时不需要再次报请许可。

第一百四十九条 担任县级以上人民代表大会代表的犯罪嫌疑人因现行犯被人民检察院拘留的,人民检察院应当立即向该代表所属的人民代表大会主席团或者常务委员会报告。报告的程序参照本规则第一百四十八条报请许可的程序规定。

对担任乡、民族乡、镇的人民代表大会代表的犯罪嫌疑人决定采取强制措施的,由县级人民检察院向乡、民族乡、镇的人民代表大会报告。

第一百五十条 犯罪嫌疑人及其法定代理人、近亲属或者辩护人认为人民检察院采取强制措施法定期限届满,要求解除、变更强制措施或者释放犯罪嫌疑人的,人民检察院应当在收到申请后三日以内作出决定。

经审查,认为法定期限届满的,应当决定解除、变更强制措施或者释放犯罪嫌疑人,并通知公安机关执行;认为法定期限未满的,书面答复申请人。

第一百五十一条 犯罪嫌疑人及其法定代理人、近亲属或者辩护人向人民检察院提出变更强制措施申请的,人民检察院应当在收到申请后三日以内作出决定。

经审查,同意变更强制措施的,应当在作出决定的同时通知公安机关执行;不同意变更强制措施的,应当书面告知申请人,并说明不同意的理由。

犯罪嫌疑人及其法定代理人、近亲属或者辩护人提出变更强制措施申请的,应当说明理由,有证据和其他材料的,应当附上相关材料。

第一百五十二条 人民检察院在侦查、审查起诉期间,对犯罪嫌疑人拘留、逮捕后发生依法延长侦查羁押期限、审查起诉期限,重新计算侦查羁押期限、审查起诉期限等期限改变的情形的,应当及时将变更后的期限书面通知看守所。

第一百五十三条 人民检察院决定对涉嫌犯罪的机关事业单位工作人员取保候审、监视居住、拘留、逮捕的,应当在采取或者解除强制措施后五日以内告知其所在单位;决定撤销案件或者不起诉的,应当在作出决定后十日以内告知其所在单位。

第一百五十四条 取保候审变更为监视居住,或者取保候审、监视居住变更为拘留、逮捕的,在变更的同时原强制措施自动解除,不再办理解除法律手续。

第一百五十五条 人民检察院已经对犯罪嫌疑人取保候审、监视居住,案件起诉至人民法院后,人民法院决定取保候审、监视居住或者变更强制措施的,原强制措施自动解除,不再办理解除法律手续。

第七章 案件受理

第一百五十六条 下列案件,由人民检察院负责案件管理的部门统一受理：

（一）公安机关提请批准逮捕、移送起诉、提请批准延长侦查羁押期限、要求复议、提请复核、申请复查、移送申请强制医疗、移送申请没收违法所得的案件；

（二）监察机关移送起诉、提请没收违法所得、对不起诉决定提请复议的案件；

（三）下级人民检察院提出或者提请抗诉、报请指定管辖、报请核准追诉、报请核准缺席审判或者提请死刑复核监督的案件；

（四）人民法院通知出席第二审法庭或者再审法庭的案件；

（五）其他依照规定由负责案件管理的部门受理的案件。

第一百五十七条 人民检察院负责案件管理的部门受理案件时，应当接收案卷材料，并立即审查下列内容：

（一）依据移送的法律文书载明的内容确定案件是否属于本院管辖；

（二）案卷材料是否齐备、规范，符合有关规定的要求；

（三）移送的款项或者物品与移送清单是否相符；

（四）犯罪嫌疑人是否在案以及采取强制措施的情况；

（五）是否在规定的期限内移送案件。

第一百五十八条 人民检察院负责案件管理的部门对接收的案卷材料审查后，认为具备受理条件的，应当及时进行登记，并立即将案卷材料和案件受理登记表移送办案部门办理。

经审查，认为案卷材料不齐备的，应当及时要求移送案件的单位补送相关材料。对于案卷装订不符合要求的，应当要求移送案件的单位重新装订后移送。

对于移送起诉的案件，犯罪嫌疑人在逃的，应当要求公安机关采取措施保证犯罪嫌疑人到案后再移送起诉。共同犯罪案件中部分犯罪嫌疑人在逃的，对在案犯罪嫌疑人的移送起诉应当受理。

第一百五十九条 对公安机关送达的执行情况回执和人民法院送达的判决书、裁定书等法律文书，人民检察院负责案件管理的部门应当接收，即时登记。

第一百六十条 人民检察院直接受理侦查的案件，移送审查逮捕、移送起诉的，按照本规则第一百五十六条至第一百五十八条的规定办理。

第一百六十一条 人民检察院负责控告申诉检察的部门统一接受报案、控告、举报、申诉和犯罪嫌疑人投案自首，并依法审查，在七日以内作出以下处理：

（一）属于本院管辖且符合受理条件的，应当予以受理；

（二）不属于本院管辖的报案、控告、举报、自首，应当移送主管机关处理。必须采取紧急措施的，应当先采取紧急措施，然后移送主管机关。不属于本院管辖的申诉，应当告知其向有管辖权的机关提出；

（三）案件情况不明的，应当进行必要的调查核实，查明情况后依法作出处理。

负责控告申诉检察的部门可以向下级人民检察院交办控告、申诉、举报案件，并依照有关规定进行督办。

第一百六十二条 控告、申诉符合下列条件的，人民检察院应当受理：

（一）属于人民检察院受理案件范围；

（二）本院具有管辖权；

（三）申诉人是原案的当事人或者其法定代理人、近亲属；

（四）控告、申诉材料符合受理要求。

控告人、申诉人委托律师代理控告、申诉，符合上述条件的，应当受理。

控告、申诉材料不齐备的，应当告知控告人、申诉人补齐。受理时间从控告人、申诉人补齐相关材料之日起计算。

第一百六十三条 对于收到的群众来信，负责控告申诉检察的部门应当在七日以内进行程序性答复，办案部门应当在三个月以内将办理进展或者办理结果答复来信人。

第一百六十四条 负责控告申诉检察的部门对受理的刑事申诉案件应当根据事实、法律进行审查，必要时可以进行调查核实。认为原案处理可能错误的，应当移送相关办案部门办理；认为原案处理没有错误的，应当书面答复申诉人。

第一百六十五条 办案部门应当在规定期限内办结控告、申诉案件，制作相关法律文书，送达报案人、控告人、申诉人、举报人、自首人，并做好释法说理工作。

第八章 立　　案

第一节 立案审查

第一百六十六条 人民检察院直接受理侦查案件的线索，由负责侦查的部门统一受理、登记和管理。负责控告申诉检察的部门接受的控告、举报，或者本院其他办案部门发现的案件线索，属于人民检察院直接受理侦查案件线索的，应当在七日以内移送负责侦查的部门。

负责侦查的部门对案件线索进行审查后，认为属于本院管辖，需要进一步调查核实的，应当报检察长决定。

第一百六十七条 对于人民检察院直接受理侦查案件的线索，上级人民检察院在必要时，可以直接调查核实或者组织、指挥、参与下级人民检察院的调查核实，可以将下级人民检察院管辖的案件线索指定辖区内其他人民检察院调查核实，也可以将本院管辖的案件线索交由下级人民检察院调查核实；下级人民检察院认为案件线索重大、复杂，需要由上级人民检察院调查核实的，可以提请移送上级人民检察院调查核实。

第一百六十八条 调查核实一般不得接触被调查对象。必须接触被调查对象的，应当经检察长批准。

第一百六十九条 进行调查核实，可以采取询问、查询、勘验、检查、鉴定、调取证据材料等不限制被调查对象人身、财产权利的措施。不得对被调查对象采取强制措施，不得查封、扣押、冻结被调查对象的财产，不得采取技术侦查措施。

第一百七十条 负责侦查的部门调查核实后，应当制作审查报告。

调查核实终结后，相关材料应当立卷归档。立案进入侦查程序的，对于作为诉讼证据以外的其他材料应当归入侦查内卷。

第二节 立案决定

第一百七十一条 人民检察院对于直接受理的案件，经审查认为有犯罪事实需要追究刑事责任的，应当制作立案报告书，经检察长批准后予以立案。

符合立案条件，但犯罪嫌疑人尚未确定的，可以依据已查明的犯罪事实作出立案决定。

对具有下列情形之一的，报请检察长决定不予立案：

(一)具有刑事诉讼法第十六条规定情形之一的;

(二)认为没有犯罪事实的;

(三)事实或者证据尚不符合立案条件的。

第一百七十二条 对于其他机关或者本院其他办案部门移送的案件线索,决定不予立案的,负责侦查的部门应当制作不立案通知书,写明案由和案件来源、决定不立案的原因和法律依据,自作出不立案决定之日起十日以内送达移送案件线索的机关或者部门。

第一百七十三条 对于控告和实名举报,决定不予立案的,应当制作不立案通知书,写明案由和案件来源、决定不立案的原因和法律依据,由负责侦查的部门在十五日以内送达控告人、举报人,同时告知本院负责控告申诉检察的部门。

控告人如果不服,可以在收到不立案通知书后十日以内向上一级人民检察院申请复议。不立案的复议,由上一级人民检察院负责侦查的部门审查办理。

人民检察院认为被控告人、被举报人的行为未构成犯罪,决定不予立案,但需要追究其党纪、政纪、违法责任的,应当移送有管辖权的主管机关处理。

第一百七十四条 错告对被控告人、被举报人造成不良影响的,人民检察院应当自作出不立案决定之日起一个月以内向其所在单位或者有关部门通报调查核实的结论,澄清事实。

属于诬告陷害的,应当移送有关机关处理。

第一百七十五条 人民检察院决定对人民代表大会代表立案,应当按照本规则第一百四十八条、第一百四十九条规定的程序向该代表所属的人民代表大会主席团或者常务委员会进行通报。

第九章 侦 查

第一节 一般规定

第一百七十六条 人民检察院办理直接受理侦查的案件,应当全面、客观地收集、调取犯罪嫌疑人有罪或者无罪、罪轻或者罪重的证据材料,并依法进行审查、核实。办案过程中必须重证据,重调查研究,不轻信口供。严禁刑讯逼供和以威胁、引诱、欺骗以及其他非法方法收集证据,不得强迫任何人证实自己有罪。

第一百七十七条 人民检察院办理直接受理侦查的案件,应当保障犯罪嫌疑人和其他诉讼参与人依法享有的辩护权和其他各项诉讼权利。

第一百七十八条 人民检察院办理直接受理侦查的案件,应当严格依照刑事诉讼法规定的程序,严格遵守刑事案件办案期限的规定,依法提请批准逮捕、移送起诉、不起诉或者撤销案件。

对犯罪嫌疑人采取强制措施,应当经检察长批准。

第一百七十九条 人民检察院办理直接受理侦查的案件,应当对侦查过程中知悉的国家秘密、商业秘密及个人隐私予以保密。

第一百八十条 办理案件的人民检察院需要派员到本辖区以外进行搜查,调取物证、书证等证据材料,或者查封、扣押财物和文件的,应当持相关法律文书和证明文件等与当地人民检察院联系,当地人民检察院应当予以协助。

需要到本辖区以外调取证据材料的，必要时，可以向证据所在地的人民检察院发函调取证据。调取证据的函件应当注明具体的取证对象、地址和内容。证据所在地的人民检察院应当在收到函件后一个月以内将取证结果送达办理案件的人民检察院。

被请求协助的人民检察院有异议的，可以与办理案件的人民检察院进行协商。必要时，报请共同的上级人民检察院决定。

第一百八十一条 人民检察院对于直接受理案件的侦查，可以适用刑事诉讼法第二编第二章规定的各项侦查措施。

刑事诉讼法规定进行侦查活动需要制作笔录的，应当制作笔录。必要时，可以对相关活动进行录音、录像。

第二节 讯问犯罪嫌疑人

第一百八十二条 讯问犯罪嫌疑人，由检察人员负责进行。讯问时，检察人员或者检察人员和书记员不得少于二人。

讯问同案的犯罪嫌疑人，应当个别进行。

第一百八十三条 对于不需要逮捕、拘留的犯罪嫌疑人，可以传唤到犯罪嫌疑人所在市、县内的指定地点或者到他的住处进行讯问。

传唤犯罪嫌疑人，应当出示传唤证和工作证件，并责令犯罪嫌疑人在传唤证上签名或者盖章，并捺指印。

犯罪嫌疑人到案后，应当由其在传唤证上填写到案时间。传唤结束时，应当由其在传唤证上填写传唤结束时间。拒绝填写的，应当在传唤证上注明。

对在现场发现的犯罪嫌疑人，经出示工作证件，可以口头传唤，并将传唤的原因和依据告知被传唤人。在讯问笔录中应当注明犯罪嫌疑人到案时间、到案经过和传唤结束时间。

本规则第八十四条第二款的规定适用于传唤犯罪嫌疑人。

第一百八十四条 传唤犯罪嫌疑人时，其家属在场的，应当当场将传唤的原因和处所口头告知其家属，并在讯问笔录中注明。其家属不在场的，应当及时将传唤的原因和处所通知被传唤人家属。无法通知的，应当在讯问笔录中注明。

第一百八十五条 传唤持续的时间不得超过十二小时。案情特别重大、复杂，需要采取拘留、逮捕措施的，传唤持续的时间不得超过二十四小时。两次传唤间隔的时间一般不得少于十二小时，不得以连续传唤的方式变相拘禁犯罪嫌疑人。

传唤犯罪嫌疑人，应当保证犯罪嫌疑人的饮食和必要的休息时间。

第一百八十六条 犯罪嫌疑人被送交看守所羁押后，检察人员对其进行讯问，应当填写提讯、提解证，在看守所讯问室进行。

因辨认、鉴定、侦查实验或者追缴犯罪有关财物的需要，经检察长批准，可以提押犯罪嫌疑人出所，并应当由两名以上司法警察押解。不得以讯问为目的将犯罪嫌疑人提押出所进行讯问。

第一百八十七条 讯问犯罪嫌疑人一般按照下列顺序进行：

（一）核实犯罪嫌疑人的基本情况，包括姓名、出生年月日、户籍地、公民身份号码、民族、职业、文化程度、工作单位及职务、住所、家庭情况、社会经历、是否属于人大代表、政协委员等；

（二）告知犯罪嫌疑人在侦查阶段的诉

讼权利,有权自行辩护或者委托律师辩护,告知其如实供述自己罪行可以依法从宽处理和认罪认罚的法律规定;

（三）讯问犯罪嫌疑人是否有犯罪行为,让他陈述有罪的事实或者无罪的辩解,应当允许其连贯陈述。

犯罪嫌疑人对检察人员的提问,应当如实回答。但是对与本案无关的问题,有拒绝回答的权利。

讯问犯罪嫌疑人时,应当告知犯罪嫌疑人将对讯问进行全程同步录音、录像。告知情况应当在录音、录像中予以反映,并记明笔录。

讯问时,对犯罪嫌疑人提出的辩解要认真查核。严禁刑讯逼供和以威胁、引诱、欺骗以及其他非法的方法获取供述。

第一百八十八条 讯问犯罪嫌疑人,应当制作讯问笔录。讯问笔录应当忠实于原话,字迹清楚,详细具体,并交犯罪嫌疑人核对。犯罪嫌疑人没有阅读能力的,应当向他宣读。如果记载有遗漏或者差错,应当补充或者改正。犯罪嫌疑人认为讯问笔录没有错误的,由其在笔录上逐页签名或者盖章,并捺指印,在末页写明“以上笔录我看过(向我宣读过),和我说的相符”,同时签名或者盖章,并捺指印,注明日期。如果犯罪嫌疑人拒绝签名、盖章、捺指印的,应当在笔录上注明。讯问的检察人员、书记员也应当在笔录上签名。

第一百八十九条 犯罪嫌疑人请求自行书写供述的,检察人员应当准许。必要时,检察人员也可以要求犯罪嫌疑人亲笔书写供述。犯罪嫌疑人应当在亲笔供述的末页签名或者盖章,并捺指印,注明书写日期。检察人员收到后,应当在首页右上方写明“于某年某月某日收到”,并签名。

第一百九十条 人民检察院办理直接受理侦查的案件,应当在每次讯问犯罪嫌疑人时,对讯问过程实行全程录音、录像,并在讯问笔录中注明。

第三节 询问证人、被害人

第一百九十一条 人民检察院在侦查过程中,应当及时询问证人,并且告知证人履行作证的权利和义务。

人民检察院应当保证一切与案件有关或者了解案情的公民有客观充分地提供证据的条件,并为他们保守秘密。除特殊情况外,人民检察院可以吸收他们协助调查。

第一百九十二条 询问证人,应当由检察人员负责进行。询问时,检察人员或者检察人员和书记员不得少于二人。

第一百九十三条 询问证人,可以在现场进行,也可以到证人所在单位、住处或者证人提出的地点进行。必要时,也可以通知证人到人民检察院提供证言。到证人提出的地点进行询问的,应当在笔录中记明。

询问证人应当个别进行。

在现场询问证人,应当出示工作证件。到证人所在单位、住处或者证人提出的地点询问证人,应当出示人民检察院的证明文件。

第一百九十四条 询问证人,应当问明证人的基本情况以及与当事人的关系,并且告知证人应当如实提供证据、证言和故意作伪证或者隐匿罪证应当承担的法律责任,但是不得向证人泄露案情,不得采用拘禁、暴力、威胁、引诱、欺骗以及其他非法方法获取证言。

询问重大或者有社会影响的案件的重要证人,应当对询问过程实行全程录音、录像,并在询问笔录中注明。

第一百九十五条 询问被害人,适用询问证人的规定。

第四节 勘验、检查

第一百九十六条 检察人员对于与犯罪有关的场所、物品、人身、尸体应当进行勘验或者检查。必要时,可以指派检察技术人员或者聘请其他具有专门知识的人,在检察人员的主持下进行勘验、检查。

第一百九十七条 勘验时,人民检察院应当邀请两名与案件无关的见证人在场。

勘查现场,应当拍摄现场照片。勘查的情况应当写明笔录并制作现场图,由参加勘查的人和见证人签名。勘查重大案件的现场,应当录像。

第一百九十八条 人民检察院解剖死因不明的尸体,应当通知死者家属到场,并让其在解剖通知书上签名或者盖章。

死者家属无正当理由拒不到场或者拒绝签名、盖章的,不影响解剖的进行,但是应当在解剖通知书上记明。对于身份不明的尸体,无法通知死者家属的,应当记明笔录。

第一百九十九条 为了确定被害人、犯罪嫌疑人的某些特征、伤害情况或者生理状态,人民检察院可以对其人身进行检查,可以提取指纹信息,采集血液、尿液等生物样本。

必要时,可以指派、聘请法医或者医师进行人身检查。采集血液等生物样本应当由医师进行。

犯罪嫌疑人如果拒绝检查,检察人员认为必要时可以强制检查。

检查妇女的身体,应当由女工作人员或者医师进行。

人身检查不得采用损害被检查人生命、健康或者贬低其名誉、人格的方法。在人身检查过程中知悉的被检查人的个人隐私,检察人员应当予以保密。

第二百条 为了查明案情,必要时经检察长批准,可以进行侦查实验。

侦查实验,禁止一切足以造成危险、侮辱人格或者有伤风化的行为。

第二百零一条 侦查实验,必要时可以聘请有关专业人员参加,也可以要求犯罪嫌疑人、被害人、证人参加。

第五节 搜 查

第二百零二条 人民检察院有权要求有关单位和个人,交出能够证明犯罪嫌疑人有罪或者无罪以及犯罪情节轻重的证据。

第二百零三条 为了收集犯罪证据,查获犯罪人,经检察长批准,检察人员可以对犯罪嫌疑人以及可能隐藏罪犯或者犯罪证据的人的身体、物品、住处、工作地点和其他有关的地方进行搜查。

第二百零四条 搜查应当在检察人员的主持下进行,可以有司法警察参加。必要时,可以指派检察技术人员参加或者邀请当地公安机关、有关单位协助进行。

执行搜查的人员不得少于二人。

第二百零五条 搜查时,应当向被搜查人或者他的家属出示搜查证。

在执行逮捕、拘留的时候,遇有下列紧急情况之一,不另用搜查证也可以进行搜查:

(一)可能随身携带凶器的;

(二)可能隐藏爆炸、剧毒等危险物品的;

（三）可能隐匿、毁弃、转移犯罪证据的；

（四）可能隐匿其他犯罪嫌疑人的；

（五）其他紧急情况。

搜查结束后，搜查人员应当在二十四小时以内补办有关手续。

第二百零六条 搜查时，应当有被搜查人或者其家属、邻居或者其他见证人在场，并且对被搜查人或者其家属说明阻碍搜查、妨碍公务应负的法律责任。

搜查妇女的身体，应当由女工作人员进行。

第二百零七条 搜查时，如果遇到阻碍，可以强制进行搜查。对以暴力、威胁方法阻碍搜查的，应当予以制止，或者由司法警察将其带离现场。阻碍搜查构成犯罪的，应当依法追究刑事责任。

第六节 调取、查封、扣押、查询、冻结

第二百零八条 检察人员可以凭人民检察院的证明文件，向有关单位和个人调取能够证明犯罪嫌疑人有罪或者无罪以及犯罪情节轻重的证据材料，并且可以根据需要拍照、录像、复印和复制。

第二百零九条 调取物证应当调取原物。原物不便搬运、保存，或者依法应当返还被害人，或者因保密工作需要不能调取原物的，可以将原物封存，并拍照、录像。对原物拍照或者录像应当足以反映原物的外形、内容。

调取书证、视听资料应当调取原件。取得原件确有困难或者因保密需要不能调取原件的，可以调取副本或者复制件。

调取书证、视听资料的副本、复制件和物证的照片、录像的，应当书面记明不能调取原件、原物的原因，制作过程和原件、原物存放地点，并由制作人员和原书证、视听资料、物证持有人签名或者盖章。

第二百一十条 在侦查活动中发现的可以证明犯罪嫌疑人有罪、无罪或者犯罪情节轻重的各种财物和文件，应当查封或者扣押；与案件无关的，不得查封或者扣押。查封或者扣押应当经检察长批准。

不能立即查明是否与案件有关的可疑的财物和文件，也可以查封或者扣押，但应当及时审查。经查明确实与案件无关的，应当在三日以内解除查封或者予以退还。

持有人拒绝交出应当查封、扣押的财物和文件的，可以强制查封、扣押。

对于犯罪嫌疑人、被告人到案时随身携带的物品需要扣押的，可以依照前款规定办理。对于与案件无关的个人用品，应当逐件登记，并随案移交或者退还其家属。

第二百一十一条 对犯罪嫌疑人使用违法所得与合法收入共同购置的不可分割的财产，可以先行查封、扣押、冻结。对无法分割退还的财产，应当在结案后予以拍卖、变卖，对不属于违法所得的部分予以退还。

第二百一十二条 人民检察院根据侦查犯罪的需要，可以依照规定查询、冻结犯罪嫌疑人的存款、汇款、债券、股票、基金份额等财产，并可以要求有关单位和个人配合。

查询、冻结前款规定的财产，应当制作查询、冻结财产通知书，通知银行或者其他金融机构、邮政部门执行。冻结财产的，应当经检察长批准。

第二百一十三条 犯罪嫌疑人的存款、汇款、债券、股票、基金份额等财产已冻结的，人民检察院不得重复冻结，可以轮候冻结。人民检察院应当要求有关银行或者

其他金融机构、邮政部门在解除冻结或者作出处理前通知人民检察院。

第二百一十四条 扣押、冻结债券、股票、基金份额等财产,应当书面告知当事人或者其法定代理人、委托代理人有权申请出售。

对于被扣押、冻结的债券、股票、基金份额等财产,在扣押、冻结期间权利人申请出售,经审查认为不损害国家利益、被害人利益,不影响诉讼正常进行的,以及扣押、冻结的汇票、本票、支票的有效期即将届满的,经检察长批准,可以在案件办结前依法出售或者变现,所得价款由人民检察院指定的银行账户保管,并及时告知当事人或者其近亲属。

第二百一十五条 对于冻结的存款、汇款、债券、股票、基金份额等财产,经查明确实与案件无关的,应当在三日以内解除冻结,并通知财产所有人。

第二百一十六条 查询、冻结与案件有关的单位的存款、汇款、债券、股票、基金份额等财产的办法适用本规则第二百一十二条至第二百一十五条的规定。

第二百一十七条 对于扣押的款项和物品,应当在三日以内将款项存入唯一合规账户,将物品送负责案件管理的部门保管。法律或者有关规定另有规定的除外。

对于查封、扣押在人民检察院的物品、文件、邮件、电报,人民检察院应当妥善保管。经查明确实与案件无关的,应当在三日以内作出解除或者退还决定,并通知有关单位、当事人办理相关手续。

第七节 鉴 定

第二百一十八条 人民检察院为了查明案情,解决案件中某些专门性的问题,可以进行鉴定。

鉴定由人民检察院有鉴定资格的人员进行。必要时,也可以聘请其他有鉴定资格的人员进行,但是应当征得鉴定人所在单位同意。

第二百一十九条 人民检察院应当为鉴定人提供必要条件,及时向鉴定人送交有关检材和对比样本等原始材料,介绍与鉴定有关的情况,并明确提出要求鉴定解决的问题,但是不得暗示或者强迫鉴定人作出某种鉴定意见。

第二百二十条 对于鉴定意见,检察人员应当进行审查,必要时可以进行补充鉴定或者重新鉴定。重新鉴定的,应当另行指派或者聘请鉴定人。

第二百二十一条 用作证据的鉴定意见,人民检察院办案部门应当告知犯罪嫌疑人、被害人;被害人死亡或者没有诉讼行为能力的,应当告知其法定代理人、近亲属或诉讼代理人。

犯罪嫌疑人、被害人或被害人的法定代理人、近亲属、诉讼代理人提出申请,可以补充鉴定或者重新鉴定,鉴定费用由请求方承担。但原鉴定违反法定程序的,由人民检察院承担。

犯罪嫌疑人的辩护人或者近亲属以犯罪嫌疑人有患精神病可能而申请对犯罪嫌疑人进行鉴定的,鉴定费用由申请方承担。

第二百二十二条 对犯罪嫌疑人作精神病鉴定的期间不计入羁押期限和办案期限。

第八节 辨 认

第二百二十三条 为了查明案情,必要时,检察人员可以让被害人、证人和犯罪嫌疑人对与犯罪有关的物品、文件、尸体或场所进行辨认;也可以让被害人、证人对犯罪嫌疑人进行辨认,或者让犯罪嫌疑人对其他犯罪嫌疑人进行辨认。

第二百二十四条 辨认应当在检察人员的主持下进行,执行辨认的人员不得少于二人。在辨认前,应当向辨认人详细询问被辨认对象的具体特征,避免辨认人见到被辨认对象,并应当告知辨认人有意作虚假辨认应负的法律责任。

第二百二十五条 几名辨认人对同一被辨认对象进行辨认时,应当由每名辨认人单独进行。必要时,可以有见证人在场。

第二百二十六条 辨认时,应当将辨认对象混杂在其他对象中。不得在辨认前向辨认人展示辨认对象及其影像资料,不得给辨认人任何暗示。

辨认犯罪嫌疑人时,被辨认的人数不得少于七人,照片不得少于十张。

辨认物品时,同类物品不得少于五件,照片不得少于五张。

对犯罪嫌疑人的辨认,辨认人不愿公开进行时,可以在不暴露辨认人的情况下进行,并应当为其保守秘密。

第九节 技术侦查措施

第二百二十七条 人民检察院在立案后,对于利用职权实施的严重侵犯公民人身权利的重大犯罪案件,经过严格的批准手续,可以采取技术侦查措施,交有关机关执行。

第二百二十八条 人民检察院办理直接受理侦查的案件,需要追捕被通缉或者决定逮捕的在逃犯罪嫌疑人、被告人的,经过批准,可以采取追捕所必需的技术侦查措施,不受本规则第二百二十七条规定的案件范围的限制。

第二百二十九条 人民检察院采取技术侦查措施应当根据侦查犯罪的需要,确定采取技术侦查措施的种类和适用对象,按照有关规定报请批准。批准决定自签发之日起三个月以内有效。对于不需要继续采取技术侦查措施的,应当及时解除;对于复杂、疑难案件,期限届满仍有必要继续采取技术侦查措施的,应当在期限届满前十日以内制作呈请延长技术侦查措施期限报告书,写明延长的期限及理由,经过原批准机关批准,有效期可以延长,每次不得超过三个月。

采取技术侦查措施收集的材料作为证据使用的,批准采取技术侦查措施的法律文书应当附卷,辩护律师可以依法查阅、摘抄、复制。

第二百三十条 采取技术侦查措施收集的物证、书证及其他证据材料,检察人员应当制作相应的说明材料,写明获取证据的时间、地点、数量、特征以及采取技术侦查措施的批准机关、种类等,并签名和盖章。

对于使用技术侦查措施获取的证据材料,如果可能危及特定人员的人身安全、涉及国家秘密或者公开后可能暴露侦查秘密或者严重损害商业秘密、个人隐私的,应当采取不暴露有关人员身份、技术方法等保护措施。必要时,可以建议不在法庭上质证,由审判人员在庭外对证据进行核实。

第二百三十一条 检察人员对采取技术侦查措施过程中知悉的国家秘密、商业秘密和个人隐私,应当保密;对采取技术侦查措施获取的与案件无关的材料,应当及时销毁,并对销毁情况制作记录。

采取技术侦查措施获取的证据、线索及其他有关材料,只能用于对犯罪的侦查、起诉和审判,不得用于其他用途。

第十节 通　　缉

第二百三十二条 人民检察院办理直接受理侦查的案件,应当逮捕的犯罪嫌疑人在逃,或者已被逮捕的犯罪嫌疑人脱逃的,经检察长批准,可以通缉。

第二百三十三条 各级人民检察院需要在本辖区内通缉犯罪嫌疑人的,可以直接决定通缉;需要在本辖区外通缉犯罪嫌疑人的,由有决定权的上级人民检察院决定。

第二百三十四条 人民检察院应当将通缉通知书和通缉对象的照片、身份、特征、案情简况送达公安机关,由公安机关发布通缉令,追捕归案。

第二百三十五条 为防止犯罪嫌疑人等涉案人员逃往境外,需要在边防口岸采取边控措施的,人民检察院应当按照有关规定制作边控对象通知书,商请公安机关办理边控手续。

第二百三十六条 应当逮捕的犯罪嫌疑人潜逃出境的,可以按照有关规定层报最高人民检察院商请国际刑警组织中国国家中心局,请求有关方面协助,或者通过其他法律规定的途径进行追捕。

第十一节 侦查终结

第二百三十七条 人民检察院经过侦查,认为犯罪事实清楚,证据确实、充分,依法应当追究刑事责任的,应当写出侦查终结报告,并且制作起诉意见书。

犯罪嫌疑人自愿认罪的,应当记录在案,随案移送,并在起诉意见书中写明有关情况。

对于犯罪情节轻微,依照刑法规定不需要判处刑罚或者免除刑罚的案件,应当写出侦查终结报告,并且制作不起诉意见书。

侦查终结报告和起诉意见书或者不起诉意见书应当报请检察长批准。

第二百三十八条 负责侦查的部门应当将起诉意见书或者不起诉意见书,查封、扣押、冻结的犯罪嫌疑人的财物及其孳息、文件清单以及对查封、扣押、冻结的涉案财物的处理意见和其他案卷材料,一并移送本院负责捕诉的部门审查。国家或者集体财产遭受损失的,在提出提起公诉意见的同时,可以提出提起附带民事诉讼的意见。

第二百三十九条 在案件侦查过程中,犯罪嫌疑人委托辩护律师的,检察人员可以听取辩护律师的意见。

辩护律师要求当面提出意见的,检察人员应当听取意见,并制作笔录附卷。辩护律师提出书面意见的,应当附卷。

侦查终结前,犯罪嫌疑人提出无罪或者罪轻的辩解,辩护律师提出犯罪嫌疑人无罪或者依法不应当追究刑事责任意见的,人民检察院应当依法予以核实。

案件侦查终结移送起诉时,人民检察院应当同时将案件移送情况告知犯罪嫌疑人及其辩护律师。

第二百四十条 人民检察院侦查终结的案件,需要在异地起诉、审判的,应当在移送起诉前与人民法院协商指定管辖的相关事宜。

第二百四十一条 上级人民检察院侦查终结的案件,依照刑事诉讼法的规定应当由下级人民检察院提起公诉或者不起诉的,应当将有关决定、侦查终结报告连同案卷材料交由下级人民检察院审查。

下级人民检察院认为上级人民检察院的决定有错误的,可以向上级人民检察院报告。上级人民检察院维持原决定的,下级人民检察院应当执行。

第二百四十二条 人民检察院在侦查过程中或者侦查终结后,发现具有下列情形之一的,负责侦查的部门应当制作拟撤销案件意见书,报请检察长决定:

(一)具有刑事诉讼法第十六条规定情形之一的;

(二)没有犯罪事实的,或者依照刑法规定不负刑事责任或者不是犯罪的;

(三)虽有犯罪事实,但不是犯罪嫌疑人所为的。

对于共同犯罪的案件,如有符合本条规定情形的犯罪嫌疑人,应当撤销对该犯罪嫌疑人的立案。

第二百四十三条 地方各级人民检察院决定撤销案件的,负责侦查的部门应当将撤销案件意见书连同本案全部案卷材料,在法定期限届满七日前报上一级人民检察院审查;重大、复杂案件在法定期限届满十日前报上一级人民检察院审查。

对于共同犯罪案件,应当将处理同案犯罪嫌疑人的有关法律文书以及案件事实、证据材料复印件等,一并报送上一级人民检察院。

上一级人民检察院负责侦查的部门应当对案件事实、证据和适用法律进行全面审查。必要时,可以讯问犯罪嫌疑人。

上一级人民检察院负责侦查的部门审查后,应当提出是否同意撤销案件的意见,报请检察长决定。

人民检察院决定撤销案件的,应当告知控告人、举报人,听取其意见并记明笔录。

第二百四十四条 上一级人民检察院审查下级人民检察院报送的拟撤销案件,应当在收到案件后七日以内批复;重大、复杂案件,应当在收到案件后十日以内批复。情况紧急或者因其他特殊原因不能按时送达的,可以先行通知下级人民检察院执行。

第二百四十五条 上一级人民检察院同意撤销案件的,下级人民检察院应当作出撤销案件决定,并制作撤销案件决定书。上一级人民检察院不同意撤销案件的,下级人民检察院应当执行上一级人民检察院的决定。

报请上一级人民检察院审查期间,犯罪嫌疑人羁押期限届满的,应当依法释放犯罪嫌疑人或者变更强制措施。

第二百四十六条 撤销案件的决定,应当分别送达犯罪嫌疑人所在单位和犯罪嫌疑人。犯罪嫌疑人死亡的,应当送达犯罪嫌疑人原所在单位。如果犯罪嫌疑人在押,应当制作决定释放通知书,通知公安机关依法释放。

第二百四十七条 人民检察院作出撤销案件决定的,应当在三十日以内报经检察长批准,对犯罪嫌疑人的违法所得作出处理。情况特殊的,可以延长三十日。

第二百四十八条 人民检察院撤销案件时,对犯罪嫌疑人的违法所得及其他涉案财产应当区分不同情形,作出相应处理:

(一)因犯罪嫌疑人死亡而撤销案件,依照刑法规定应当追缴其违法所得及其他涉案财产的,按照本规则第十二章第四节的规定办理。

(二)因其他原因撤销案件,对于查封、扣押、冻结的犯罪嫌疑人违法所得及其他涉案财产需要没收的,应当提出检察意见,移送有关主管机关处理。

(三)对于冻结的犯罪嫌疑人存款、汇款、债券、股票、基金份额等财产需要返还被害人的,可以通知金融机构、邮政部门返还被害人;对于查封、扣押的犯罪嫌疑人的违法所得及其他涉案财产需要返还被害人的,直接决定返还被害人。

人民检察院申请人民法院裁定处理犯罪嫌疑人涉案财产的,应当向人民法院移送有关案卷材料。

第二百四十九条 人民检察院撤销案件时,对查封、扣押、冻结的犯罪嫌疑人的涉案财物需要返还犯罪嫌疑人的,应当解除查封、扣押或者书面通知有关金融机构、邮政部门解除冻结,返还犯罪嫌疑人或者其合法继承人。

第二百五十条 查封、扣押、冻结的财物,除依法应当返还被害人或者经查明确实与案件无关的以外,不得在诉讼程序终结之前处理。法律或者有关规定另有规定的除外。

第二百五十一条 处理查封、扣押、冻结的涉案财物,应当由检察长决定。

第二百五十二条 人民检察院直接受理侦查的共同犯罪案件,如果同案犯罪嫌疑人在逃,但在案犯罪嫌疑人犯罪事实清楚,证据确实、充分的,对在案犯罪嫌疑人应当根据本规则第二百三十七条的规定分别移送起诉或者移送不起诉。

由于同案犯罪嫌疑人在逃,在案犯罪嫌疑人的犯罪事实无法查清的,对在案犯罪嫌疑人应当根据案件的不同情况分别报请延长侦查羁押期限、变更强制措施或者解除强制措施。

第二百五十三条 人民检察院直接受理侦查的案件,对犯罪嫌疑人没有采取取保候审、监视居住、拘留或者逮捕措施的,负责侦查的部门应当在立案后二年以内提出移送起诉、移送不起诉或者撤销案件的意见;对犯罪嫌疑人采取取保候审、监视居住、拘留或者逮捕措施的,负责侦查的部门应当在解除或者撤销强制措施后一年以内提出移送起诉、移送不起诉或者撤销案件的意见。

第二百五十四条 人民检察院直接受理侦查的案件,撤销案件以后,又发现新的事实或者证据,认为有犯罪事实需要追究刑事责任的,可以重新立案侦查。

第十章 审查逮捕和审查起诉

第一节 一般规定

第二百五十五条 人民检察院办理审查逮捕、审查起诉案件,应当全面审查证明犯罪嫌疑人有罪或者无罪、罪轻或者罪重的证据。

第二百五十六条 经公安机关商请或者人民检察院认为确有必要时,可以派员适时介入重大、疑难、复杂案件的侦查活动,参加公安机关对于重大案件的讨论,对案件性质、收集证据、适用法律等提出意见,监督侦查活动是否合法。

经监察机关商请,人民检察院可以派员介入监察机关办理的职务犯罪案件。

第二百五十七条 对于批准逮捕后要求公安机关继续侦查、不批准逮捕后要求公安机关补充侦查或者审查起诉阶段退回公安机关补充侦查的案件,人民检察院应当分别制作继续侦查提纲或者补充侦查提纲,写明需要继续侦查或者补充侦查的事项、理由、侦查方向、需补充收集的证据及其证明作用等,送交公安机关。

第二百五十八条 人民检察院讯问犯罪嫌疑人时,应当首先查明犯罪嫌疑人的基本情况,依法告知犯罪嫌疑人诉讼权利和义务,以及认罪认罚的法律规定,听取其供述和辩解。犯罪嫌疑人翻供的,应当讯问其原因。犯罪嫌疑人申请排除非法证据的,应当告知其提供相关线索或者材料。犯罪嫌疑人检举揭发他人犯罪的,应当予以记录,并依照有关规定移送有关机关、部门处理。

讯问犯罪嫌疑人应当制作讯问笔录,并交犯罪嫌疑人核对或者向其宣读。经核对无误后逐页签名或者盖章,并捺指印后附卷。犯罪嫌疑人请求自行书写供述的,应当准许,但不得以自行书写的供述代替讯问笔录。

犯罪嫌疑人被羁押的,讯问应当在看守所讯问室进行。

第二百五十九条 办理审查逮捕、审查起诉案件,可以询问证人、被害人、鉴定人等诉讼参与人,并制作笔录附卷。询问时,应当告知其诉讼权利和义务。

询问证人、被害人的地点按照刑事诉讼法第一百二十四条的规定执行。

第二百六十条 讯问犯罪嫌疑人,询问被害人、证人、鉴定人,听取辩护人、被害人及其诉讼代理人的意见,应当由检察人员负责进行。检察人员或者检察人员和书记员不得少于二人。

讯问犯罪嫌疑人,询问证人、鉴定人、被害人,应当个别进行。

第二百六十一条 办理审查逮捕案件,犯罪嫌疑人已经委托辩护律师的,可以听取辩护律师的意见。辩护律师提出要求的,应当听取辩护律师的意见。对辩护律师的意见应当制作笔录,辩护律师提出的书面意见应当附卷。

办理审查起诉案件,应当听取辩护人或者值班律师、被害人及其诉讼代理人的意见,并制作笔录。辩护人或者值班律师、被害人及其诉讼代理人提出书面意见的,应当附卷。

对于辩护律师在审查逮捕、审查起诉阶段多次提出意见的,均应如实记录。

辩护律师提出犯罪嫌疑人不构成犯罪、无社会危险性、不适宜羁押或者侦查活动有违法犯罪情形等书面意见的,检察人员应当审查,并在相关工作文书中说明是否采纳的情况和理由。

第二百六十二条 直接听取辩护人、被害人及其诉讼代理人的意见有困难的,可以通过电话、视频等方式听取意见并记录在案,或者通知辩护人、被害人及其诉讼代理人提出书面意见。无法通知或者在指定期限内未提出意见的,应当记录在案。

第二百六十三条 对于公安机关提请批准逮捕、移送起诉的案件,检察人员审查时发现存在本规则第七十五条第一款规定情形的,可以调取公安机关讯问犯罪嫌疑人的录音、录像并审查相关的录音、录像。对于重大、疑难、复杂的案件,必要时可以审查全部录音、录像。

对于监察机关移送起诉的案件,认为需要调取有关录音、录像的,可以商监察机关调取。

对于人民检察院直接受理侦查的案件,审查时发现负责侦查的部门未按照本规则第七十五条第三款的规定移送录音、录像或者移送不全的,应当要求其补充移送。对取证合法性或者讯问笔录真实性等产生疑问的,应当有针对性地审查相关的录音、录像。对于重大、疑难、复杂的案件,可以审查全部录音、录像。

第二百六十四条 经审查讯问犯罪嫌

疑人录音、录像,发现公安机关、本院负责侦查的部门讯问不规范,讯问过程存在违法行为,录音、录像内容与讯问笔录不一致等情形的,应当逐一列明并向公安机关、本院负责侦查的部门书面提出,要求其予以纠正、补正或者书面作出合理解释。发现讯问笔录与讯问犯罪嫌疑人录音、录像内容有重大实质性差异的,或者公安机关、本院负责侦查的部门不能补正或者作出合理解释的,该讯问笔录不能作为批准或者决定逮捕、提起公诉的依据。

第二百六十五条 犯罪嫌疑人及其辩护人申请排除非法证据,并提供相关线索或者材料的,人民检察院应当调查核实。发现侦查人员以刑讯逼供等非法方法收集证据的,应当依法排除相关证据并提出纠正意见。

审查逮捕期限届满前,经审查无法确定存在非法取证的行为,但也不能排除非法取证可能的,该证据不作为批准逮捕的依据。检察官应当根据在案的其他证据认定案件事实和决定是否逮捕,并在作出批准或者不批准逮捕的决定后,继续对可能存在的非法取证行为进行调查核实。经调查核实确认存在以刑讯逼供等非法方法收集证据情形的,应当向公安机关提出纠正意见。以非法方法收集的证据,不得作为提起公诉的依据。

第二百六十六条 审查逮捕期间,犯罪嫌疑人申请排除非法证据,但未提交相关线索或者材料,人民检察院经全面审查案件事实、证据,未发现侦查人员存在以非法方法收集证据的情形,认为符合逮捕条件的,可以批准逮捕。

审查起诉期间,犯罪嫌疑人及其辩护人又提出新的线索或者证据,或者人民检察院发现新的证据,经调查核实认为侦查人员存在以刑讯逼供等非法方法收集证据情形的,应当依法排除非法证据,不得作为提起公诉的依据。

排除非法证据后,犯罪嫌疑人不再符合逮捕条件但案件需要继续审查起诉的,应当及时变更强制措施。案件不符合起诉条件的,应当作出不起诉决定。

第二节 认罪认罚从宽案件办理

第二百六十七条 人民检察院办理犯罪嫌疑人认罪认罚案件,应当保障犯罪嫌疑人获得有效法律帮助,确保其了解认罪认罚的性质和法律后果,自愿认罪认罚。

人民检察院受理案件后,应当向犯罪嫌疑人了解其委托辩护人的情况。犯罪嫌疑人自愿认罪认罚、没有辩护人的,在审查逮捕阶段,人民检察院应当要求公安机关通知值班律师为其提供法律帮助;在审查起诉阶段,人民检察院应当通知值班律师为其提供法律帮助。符合通知辩护条件的,应当依法通知法律援助机构指派律师为其提供辩护。

第二百六十八条 人民检察院应当商法律援助机构设立法律援助工作站派驻值班律师或者及时安排值班律师,为犯罪嫌疑人提供法律咨询、程序选择建议、申请变更强制措施、对案件处理提出意见等法律帮助。

人民检察院应当告知犯罪嫌疑人有权约见值班律师,并为其约见值班律师提供便利。

第二百六十九条 犯罪嫌疑人认罪认罚的,人民检察院应当告知其享有的诉讼权利和认罪认罚的法律规定,听取犯罪嫌疑人、辩护人或者值班律师、被害人及其诉

讼代理人对下列事项的意见,并记录在案:

(一)涉嫌的犯罪事实、罪名及适用的法律规定;

(二)从轻、减轻或者免除处罚等从宽处罚的建议;

(三)认罪认罚后案件审理适用的程序;

(四)其他需要听取意见的事项。

依照前款规定听取值班律师意见的,应当提前为值班律师了解案件有关情况提供必要的便利。自人民检察院对案件审查起诉之日起,值班律师可以查阅案卷材料,了解案情。人民检察院应当为值班律师查阅案卷材料提供便利。

人民检察院不采纳辩护人或者值班律师所提意见的,应当向其说明理由。

第二百七十条 批准或者决定逮捕,应当将犯罪嫌疑人涉嫌犯罪的性质、情节,认罪认罚等情况,作为是否可能发生社会危险性的考虑因素。

已经逮捕的犯罪嫌疑人认罪认罚的,人民检察院应当及时对羁押必要性进行审查。经审查,认为没有继续羁押必要的,应当予以释放或者变更强制措施。

第二百七十一条 审查起诉阶段,对于在侦查阶段认罪认罚的案件,人民检察院应当重点审查以下内容:

(一)犯罪嫌疑人是否自愿认罪认罚,有无因受到暴力、威胁、引诱而违背意愿认罪认罚;

(二)犯罪嫌疑人认罪认罚时的认知能力和精神状态是否正常;

(三)犯罪嫌疑人是否理解认罪认罚的性质和可能导致的法律后果;

(四)公安机关是否告知犯罪嫌疑人享有的诉讼权利,如实供述自己罪行可以从宽处理和认罪认罚的法律规定,并听取意见;

(五)起诉意见书中是否写明犯罪嫌疑人认罪认罚情况;

(六)犯罪嫌疑人是否真诚悔罪,是否向被害人赔礼道歉。

经审查,犯罪嫌疑人违背意愿认罪认罚的,人民检察院可以重新开展认罪认罚工作。存在刑讯逼供等非法取证行为的,依照法律规定处理。

第二百七十二条 犯罪嫌疑人自愿认罪认罚,同意量刑建议和程序适用的,应当在辩护人或者值班律师在场的情况下签署认罪认罚具结书。具结书应当包括犯罪嫌疑人如实供述罪行、同意量刑建议和程序适用等内容,由犯罪嫌疑人及其辩护人、值班律师签名。

犯罪嫌疑人具有下列情形之一的,不需要签署认罪认罚具结书:

(一)犯罪嫌疑人是盲、聋、哑人,或者是尚未完全丧失辨认或者控制自己行为能力的精神病人的;

(二)未成年犯罪嫌疑人的法定代理人、辩护人对未成年人认罪认罚有异议的;

(三)其他不需要签署认罪认罚具结书的情形。

有前款情形,犯罪嫌疑人未签署认罪认罚具结书的,不影响认罪认罚从宽制度的适用。

第二百七十三条 犯罪嫌疑人认罪认罚,人民检察院经审查,认为符合速裁程序适用条件的,应当在十日以内作出是否提起公诉的决定,对可能判处的有期徒刑超过一年的,可以延长至十五日;认为不符合速裁程序适用条件的,应当在本规则第三百五十一条规定的期限以内作出是否提起公诉的决定。

对于公安机关建议适用速裁程序办理的案件，人民检察院负责案件管理的部门应当在受理案件的当日将案件移送负责捕诉的部门。

第二百七十四条 认罪认罚案件，人民检察院向人民法院提起公诉的，应当提出量刑建议，在起诉书中写明被告人认罪认罚情况，并移送认罪认罚具结书等材料。量刑建议可以另行制作文书，也可以在起诉书中写明。

第二百七十五条 犯罪嫌疑人认罪认罚的，人民检察院应当就主刑、附加刑、是否适用缓刑等提出量刑建议。量刑建议一般应当为确定刑。对新类型、不常见犯罪案件，量刑情节复杂的重罪案件等，也可以提出幅度刑量刑建议。

第二百七十六条 办理认罪认罚案件，人民检察院应当将犯罪嫌疑人是否与被害方达成和解或者调解协议，或者赔偿被害方损失，取得被害方谅解，或者自愿承担公益损害修复、赔偿责任，作为提出量刑建议的重要考虑因素。

犯罪嫌疑人自愿认罪并且愿意积极赔偿损失，但由于被害方赔偿请求明显不合理，未能达成和解或者调解协议的，一般不影响对犯罪嫌疑人从宽处理。

对于符合当事人和解程序适用条件的公诉案件，犯罪嫌疑人认罪认罚的，人民检察院应当积极促使当事人自愿达成和解。和解协议书和被害方出具的谅解意见应当随案移送。被害方符合司法救助条件的，人民检察院应当积极协调办理。

第二百七十七条 犯罪嫌疑人认罪认罚，人民检察院拟提出适用缓刑或者判处管制的量刑建议，可以委托犯罪嫌疑人居住地的社区矫正机构进行调查评估，也可以自行调查评估。

第二百七十八条 犯罪嫌疑人认罪认罚，人民检察院依照刑事诉讼法第一百七十七条第二款作出不起诉决定后，犯罪嫌疑人反悔的，人民检察院应当进行审查，并区分下列情形依法作出处理：

（一）发现犯罪嫌疑人没有犯罪事实，或者符合刑事诉讼法第十六条规定的情形之一的，应当撤销原不起诉决定，依照刑事诉讼法第一百七十七条第一款的规定重新作出不起诉决定；

（二）犯罪嫌疑人犯罪情节轻微，依照刑法不需要判处刑罚或者免除刑罚的，可以维持原不起诉决定；

（三）排除认罪认罚因素后，符合起诉条件的，应当根据案件具体情况撤销原不起诉决定，依法提起公诉。

第二百七十九条 犯罪嫌疑人自愿如实供述涉嫌犯罪的事实，有重大立功或者案件涉及国家重大利益的，经最高人民检察院核准，公安机关可以撤销案件，人民检察院可以作出不起诉决定，也可以对涉嫌数罪中的一项或者多项不起诉。

前款规定的不起诉，应当由检察长决定。决定不起诉的，人民检察院应当及时对查封、扣押、冻结的财物及其孳息作出处理。

第三节 审查批准逮捕

第二百八十条 人民检察院办理审查逮捕案件，可以讯问犯罪嫌疑人；具有下列情形之一的，应当讯问犯罪嫌疑人：

（一）对是否符合逮捕条件有疑问的；

（二）犯罪嫌疑人要求向检察人员当面陈述的；

（三）侦查活动可能有重大违法行为的；

（四）案情重大、疑难、复杂的；

（五）犯罪嫌疑人认罪认罚的；

（六）犯罪嫌疑人系未成年人的；

（七）犯罪嫌疑人是盲、聋、哑人或者是尚未完全丧失辨认或者控制自己行为能力的精神病人的。

讯问未被拘留的犯罪嫌疑人，讯问前应当听取公安机关的意见。

办理审查逮捕案件，对被拘留的犯罪嫌疑人不予讯问的，应当送达听取犯罪嫌疑人意见书，由犯罪嫌疑人填写后及时收回审查并附卷。经审查认为应当讯问犯罪嫌疑人的，应当及时讯问。

第二百八十一条 对有重大影响的案件，可以采取当面听取侦查人员、犯罪嫌疑人及其辩护人等意见的方式进行公开审查。

第二百八十二条 对公安机关提请批准逮捕的犯罪嫌疑人，已经被拘留的，人民检察院应当在收到提请批准逮捕书后七日以内作出是否批准逮捕的决定；未被拘留的，应当在收到提请批准逮捕书后十五日以内作出是否批准逮捕的决定，重大、复杂案件，不得超过二十日。

第二百八十三条 上级公安机关指定犯罪地或者犯罪嫌疑人居住地以外的下级公安机关立案侦查的案件，需要逮捕犯罪嫌疑人的，由侦查该案件的公安机关提请同级人民检察院审查批准逮捕。人民检察院应当依法作出批准或者不批准逮捕的决定。

第二百八十四条 对公安机关提请批准逮捕的犯罪嫌疑人，人民检察院经审查认为符合本规则第一百二十八条、第一百三十六条、第一百三十八条规定情形，应当作出批准逮捕的决定，连同案卷材料送达公安机关执行，并可以制作继续侦查提纲，送交公安机关。

第二百八十五条 对公安机关提请批准逮捕的犯罪嫌疑人，具有本规则第一百三十九条至第一百四十一条规定情形，人民检察院作出不批准逮捕决定的，应当说明理由，连同案卷材料送达公安机关执行。需要补充侦查的，应当制作补充侦查提纲，送交公安机关。

人民检察院办理审查逮捕案件，不另行侦查，不得直接提出采取取保候审措施的意见。

对于因犯罪嫌疑人没有犯罪事实、具有刑事诉讼法第十六条规定的情形之一或者证据不足，人民检察院拟作出不批准逮捕决定的，应当经检察长批准。

第二百八十六条 人民检察院应当将批准逮捕的决定交公安机关立即执行，并要求公安机关将执行回执及时送达作出批准决定的人民检察院。如果未能执行，也应当要求其将回执及时送达人民检察院，并写明未能执行的原因。对于人民检察院不批准逮捕的，应当要求公安机关在收到不批准逮捕决定书后，立即释放在押的犯罪嫌疑人或者变更强制措施，并将执行回执在收到不批准逮捕决定书后三日以内送达作出不批准逮捕决定的人民检察院。

公安机关在收到不批准逮捕决定书后对在押的犯罪嫌疑人不立即释放或者变更强制措施的，人民检察院应当提出纠正意见。

第二百八十七条 对于没有犯罪事实或者犯罪嫌疑人具有刑事诉讼法第十六条规定情形之一，人民检察院作出不批准逮捕决定的，应当同时告知公安机关撤销案件。

对于有犯罪事实需要追究刑事责任，但不是被立案侦查的犯罪嫌疑人实施，或者共同犯罪案件中部分犯罪嫌疑人不负刑事责任，人民检察院作出不批准逮捕决定的，应当同时告知公安机关对有关犯罪嫌疑人终止侦查。

公安机关在收到不批准逮捕决定书后超过十五日未要求复议、提请复核，也不撤销案件或者终止侦查的，人民检察院应当发出纠正违法通知书。公安机关仍不纠正的，报上一级人民检察院协商同级公安机关处理。

第二百八十八条 人民检察院办理公安机关提请批准逮捕的案件，发现遗漏应当逮捕的犯罪嫌疑人的，应当经检察长批准，要求公安机关提请批准逮捕。公安机关不提请批准逮捕或者说明的不提请批准逮捕的理由不成立的，人民检察院可以直接作出逮捕决定，送达公安机关执行。

第二百八十九条 对已经作出的批准逮捕决定发现确有错误的，人民检察院应当撤销原批准逮捕决定，送达公安机关执行。

对已经作出的不批准逮捕决定发现确有错误，需要批准逮捕的，人民检察院应当撤销原不批准逮捕决定，并重新作出批准逮捕决定，送达公安机关执行。

对因撤销原批准逮捕决定而被释放的犯罪嫌疑人或者逮捕后公安机关变更为取保候审、监视居住的犯罪嫌疑人，又发现需要逮捕的，人民检察院应当重新办理逮捕手续。

第二百九十条 对不批准逮捕的案件，公安机关要求复议的，人民检察院负责捕诉的部门应当另行指派检察官或者检察官办案组进行审查，并在收到要求复议意见书和案卷材料后七日以内，经检察长批准，作出是否变更的决定，通知公安机关。

第二百九十一条 对不批准逮捕的案件，公安机关提请上一级人民检察院复核的，上一级人民检察院应当在收到提请复核意见书和案卷材料后十五日以内，经检察长批准，作出是否变更的决定，通知下级人民检察院和公安机关执行。需要改变原决定的，应当通知作出不批准逮捕决定的人民检察院撤销原不批准逮捕决定，另行制作批准逮捕决定书。必要时，上级人民检察院也可以直接作出批准逮捕决定，通知下级人民检察院送达公安机关执行。

对于经复议复核维持原不批准逮捕决定的，人民检察院向公安机关送达复议复核决定时应当说明理由。

第二百九十二条 人民检察院作出不批准逮捕决定，并且通知公安机关补充侦查的案件，公安机关在补充侦查后又要求复议的，人民检察院应当告知公安机关重新提请批准逮捕。公安机关坚持要求复议的，人民检察院不予受理。

对于公安机关补充侦查后应当提请批准逮捕而不提请批准逮捕的，按照本规则第二百八十八条的规定办理。

第二百九十三条 对公安机关提请批准逮捕的案件，负责捕诉的部门应当将批准、变更、撤销逮捕措施的情况书面通知本院负责刑事执行检察的部门。

第二百九十四条 外国人、无国籍人涉嫌危害国家安全犯罪的案件或者涉及国与国之间政治、外交关系的案件以及在适用法律上确有疑难的案件，需要逮捕犯罪嫌疑人的，按照刑事诉讼法关于管辖的规定，分别由基层人民检察院或者设区的市级人民检察院审查并提出意见，层报最高人民检察院审查。最高人民检察院认为需要逮捕的，经征求外交部的意见后，作出批准逮捕的批复；认为不需要逮捕的，作出不批准逮捕的批复。基层人民检察院或者设区的市级人民检察院根据最高人民检察院的批复，依法作出批准或者不批准逮捕的决定。层报过程中，上级人民检察院认为不需要逮捕的，应当作出不批准逮捕的批复。报送的人民检察院根据批复依法作出不批准逮捕的决定。

基层人民检察院或者设区的市级人民检察院认为不需要逮捕的，可以直接依法作出不批准逮捕的决定。

外国人、无国籍人涉嫌本条第一款规定以外的其他犯罪案件，决定批准逮捕的人民检察院应当在作出批准逮捕决定后四十八小时以内报上一级人民检察院备案，同时向同级人民政府外事部门通报。上一级人民检察院经审查发现批准逮捕决定错误的，应当依法及时纠正。

第二百九十五条 人民检察院办理审查逮捕的危害国家安全犯罪案件，应当报上一级人民检察院备案。

上一级人民检察院经审查发现错误的，应当依法及时纠正。

第四节 审查决定逮捕

第二百九十六条 人民检察院办理直接受理侦查的案件，需要逮捕犯罪嫌疑人的，由负责侦查的部门制作逮捕犯罪嫌疑人意见书，连同案卷材料、讯问犯罪嫌疑人录音、录像一并移送本院负责捕诉的部门审查。犯罪嫌疑人已被拘留的，负责侦查的部门应当在拘留后七日以内将案件移送本院负责捕诉的部门审查。

第二百九十七条 对本院负责侦查的部门移送审查逮捕的案件，犯罪嫌疑人已被拘留的，负责捕诉的部门应当在收到逮捕犯罪嫌疑人意见书后七日以内，报请检察长决定是否逮捕，特殊情况下，决定逮捕的时间可以延长一日至三日；犯罪嫌疑人未被拘留的，负责捕诉的部门应当在收到逮捕犯罪嫌疑人意见书后十五日以内，报请检察长决定是否逮捕，重大、复杂案件，不得超过二十日。

第二百九十八条 对犯罪嫌疑人决定逮捕的，负责捕诉的部门应当将逮捕决定书连同案卷材料、讯问犯罪嫌疑人录音、录像移交负责侦查的部门，并可以对收集证据、适用法律提出意见。由负责侦查的部门通知公安机关执行，必要时可以协助执行。

第二百九十九条 对犯罪嫌疑人决定不予逮捕的，负责捕诉的部门应当将不予逮捕的决定连同案卷材料、讯问犯罪嫌疑人录音、录像移交负责侦查的部门，并说明理由。需要补充侦查的，应当制作补充侦查提纲。犯罪嫌疑人已被拘留的，负责侦查的部门应当通知公安机关立即释放。

第三百条 对应当逮捕而本院负责侦查的部门未移送审查逮捕的犯罪嫌疑人，负责捕诉的部门应当向负责侦查的部门提出移送审查逮捕犯罪嫌疑人的建议。建议不被采纳的，应当报请检察长决定。

第三百零一条 逮捕犯罪嫌疑人后，应当立即送看守所羁押。除无法通知的以外，负责侦查的部门应当把逮捕的原因和羁押的处所，在二十四小时以内通知其家属。对于无法通知的，在无法通知的情形消除后，应当立即通知其家属。

第三百零二条 对被逮捕的犯罪嫌疑人,应当在逮捕后二十四小时以内进行讯问。

发现不应当逮捕的,应当经检察长批准,撤销逮捕决定或者变更为其他强制措施,并通知公安机关执行,同时通知负责捕诉的部门。

对按照前款规定被释放或者变更强制措施的犯罪嫌疑人,又发现需要逮捕的,应当重新移送审查逮捕。

第三百零三条 已经作出不予逮捕的决定,又发现需要逮捕犯罪嫌疑人的,应当重新办理逮捕手续。

第三百零四条 犯罪嫌疑人在异地羁押的,负责侦查的部门应当将决定、变更、撤销逮捕措施的情况书面通知羁押地人民检察院负责刑事执行检察的部门。

第五节 延长侦查羁押期限和重新计算侦查羁押期限

第三百零五条 人民检察院办理直接受理侦查的案件,对犯罪嫌疑人逮捕后的侦查羁押期限不得超过二个月。案情复杂、期限届满不能终结的案件,可以经上一级人民检察院批准延长一个月。

第三百零六条 设区的市级人民检察院和基层人民检察院办理直接受理侦查的案件,符合刑事诉讼法第一百五十八条规定,在本规则第三百零五条规定的期限届满前不能侦查终结的,经省级人民检察院批准,可以延长二个月。

省级人民检察院直接受理侦查的案件,有前款情形的,可以直接决定延长二个月。

第三百零七条 设区的市级人民检察院和基层人民检察院办理直接受理侦查的案件,对犯罪嫌疑人可能判处十年有期徒刑以上刑罚,依照本规则第三百零六条的规定依法延长羁押期限届满,仍不能侦查终结的,经省级人民检察院批准,可以再延长二个月。

省级人民检察院办理直接受理侦查的案件,有前款情形的,可以直接决定再延长二个月。

第三百零八条 最高人民检察院办理直接受理侦查的案件,依照刑事诉讼法的规定需要延长侦查羁押期限的,直接决定延长侦查羁押期限。

第三百零九条 公安机关需要延长侦查羁押期限的,人民检察院应当要求其在侦查羁押期限届满七日前提请批准延长侦查羁押期限。

人民检察院办理直接受理侦查的案件,负责侦查的部门认为需要延长侦查羁押期限的,应当按照前款规定向本院负责捕诉的部门移送延长侦查羁押期限意见书及有关材料。

对于超过法定羁押期限提请延长侦查羁押期限的,不予受理。

第三百一十条 人民检察院审查批准或者决定延长侦查羁押期限,由负责捕诉的部门办理。

受理案件的人民检察院对延长侦查羁押期限的意见审查后,应当提出是否同意延长侦查羁押期限的意见,将公安机关延长侦查羁押期限的意见和本院的审查意见层报有决定权的人民检察院审查决定。

第三百一十一条 对于同时具备下列条件的案件,人民检察院应当作出批准延长侦查羁押期限一个月的决定:

(一)符合刑事诉讼法第一百五十六条的规定;

（二）符合逮捕条件；

（三）犯罪嫌疑人有继续羁押的必要。

第三百一十二条 犯罪嫌疑人虽然符合逮捕条件，但经审查，公安机关在对犯罪嫌疑人执行逮捕后二个月以内未有效开展侦查工作或者侦查取证工作没有实质进展的，人民检察院可以作出不批准延长侦查羁押期限的决定。

犯罪嫌疑人不符合逮捕条件，需要撤销下级人民检察院逮捕决定的，上级人民检察院在作出不批准延长侦查羁押期限决定的同时，应当作出撤销逮捕的决定，或者通知下级人民检察院撤销逮捕决定。

第三百一十三条 有决定权的人民检察院作出批准延长侦查羁押期限或者不批准延长侦查羁押期限的决定后，应当将决定书交由最初受理案件的人民检察院送达公安机关。

最初受理案件的人民检察院负责捕诉的部门收到批准延长侦查羁押期限决定书或者不批准延长侦查羁押期限决定书，应当书面告知本院负责刑事执行检察的部门。

第三百一十四条 因为特殊原因，在较长时间内不宜交付审判的特别重大复杂的案件，由最高人民检察院报请全国人民代表大会常务委员会批准延期审理。

第三百一十五条 人民检察院在侦查期间发现犯罪嫌疑人另有重要罪行的，自发现之日起依照本规则第三百零五条的规定重新计算侦查羁押期限。

另有重要罪行是指与逮捕时的罪行不同种的重大犯罪或者同种的影响罪名认定、量刑档次的重大犯罪。

第三百一十六条 人民检察院重新计算侦查羁押期限，应当由负责侦查的部门提出重新计算侦查羁押期限的意见，移送本院负责捕诉的部门审查。负责捕诉的部门审查后应当提出是否同意重新计算侦查羁押期限的意见，报检察长决定。

第三百一十七条 对公安机关重新计算侦查羁押期限的备案，由负责捕诉的部门审查。负责捕诉的部门认为公安机关重新计算侦查羁押期限不当的，应当提出纠正意见。

第三百一十八条 人民检察院直接受理侦查的案件，不能在法定侦查羁押期限内侦查终结的，应当依法释放犯罪嫌疑人或者变更强制措施。

第三百一十九条 负责捕诉的部门审查延长侦查羁押期限、审查重新计算侦查羁押期限，可以讯问犯罪嫌疑人，听取辩护律师和侦查人员的意见，调取案卷及相关材料等。

第六节 核准追诉

第三百二十条 法定最高刑为无期徒刑、死刑的犯罪，已过二十年追诉期限的，不再追诉。如果认为必须追诉的，须报请最高人民检察院核准。

第三百二十一条 须报请最高人民检察院核准追诉的案件，公安机关在核准之前可以依法对犯罪嫌疑人采取强制措施。

公安机关报请核准追诉并提请逮捕犯罪嫌疑人，人民检察院经审查认为必须追诉而且符合法定逮捕条件的，可以依法批准逮捕，同时要求公安机关在报请核准追诉期间不得停止对案件的侦查。

未经最高人民检察院核准，不得对案件提起公诉。

第三百二十二条 报请核准追诉的案件应当同时符合下列条件：

（一）有证据证明存在犯罪事实，且犯罪事实是犯罪嫌疑人实施的；

（二）涉嫌犯罪的行为应当适用的法定量刑幅度的最高刑为无期徒刑或者死刑；

（三）涉嫌犯罪的性质、情节和后果特别严重，虽然已过二十年追诉期限，但社会危害性和影响依然存在，不追诉会严重影响社会稳定或者产生其他严重后果，而必须追诉的；

（四）犯罪嫌疑人能够及时到案接受追诉。

第三百二十三条 公安机关报请核准追诉的案件，由同级人民检察院受理并层报最高人民检察院审查决定。

第三百二十四条 地方各级人民检察院对公安机关报请核准追诉的案件，应当及时进行审查并开展必要的调查。经检察委员会审议提出是否同意核准追诉的意见，制作报请核准追诉案件报告书，连同案卷材料一并层报最高人民检察院。

第三百二十五条 最高人民检察院收到省级人民检察院报送的报请核准追诉案件报告书及案卷材料后，应当及时审查，必要时指派检察人员到案发地了解案件有关情况。经检察长批准，作出是否核准追诉的决定，并制作核准追诉决定书或者不予核准追诉决定书，逐级下达至最初受理案件的人民检察院，由其送达报请核准追诉的公安机关。

第三百二十六条 对已经采取强制措施的案件，强制措施期限届满不能作出是否核准追诉决定的，应当对犯罪嫌疑人变更强制措施或者延长侦查羁押期限。

第三百二十七条 最高人民检察院决定核准追诉的案件，最初受理案件的人民检察院应当监督公安机关的侦查工作。

最高人民检察院决定不予核准追诉，公安机关未及时撤销案件的，同级人民检察院应当提出纠正意见。犯罪嫌疑人在押的，应当立即释放。

第七节 审查起诉

第三百二十八条 各级人民检察院提起公诉，应当与人民法院审判管辖相适应。负责捕诉的部门收到移送起诉的案件后，经审查认为不属于本院管辖的，应当在发现之日起五日以内经由负责案件管理的部门移送有管辖权的人民检察院。

属于上级人民法院管辖的第一审案件，应当报送上级人民检察院，同时通知移送起诉的公安机关；属于同级其他人民法院管辖的第一审案件，应当移送有管辖权的人民检察院或者报送共同的上级人民检察院指定管辖，同时通知移送起诉的公安机关。

上级人民检察院受理同级公安机关移送起诉的案件，认为属于下级人民法院管辖的，可以交下级人民检察院审查，由下级人民检察院向同级人民法院提起公诉，同时通知移送起诉的公安机关。

一人犯数罪、共同犯罪和其他需要并案审理的案件，只要其中一人或者一罪属于上级人民检察院管辖的，全案由上级人民检察院审查起诉。

公安机关移送起诉的案件，需要依照刑事诉讼法的规定指定审判管辖的，人民检察院应当在公安机关移送起诉前协商同级人民法院办理指定管辖有关事宜。

第三百二十九条 监察机关移送起诉的案件，需要依照刑事诉讼法的规定指定审判管辖的，人民检察院应当在监察机关移送起诉二十日前协商同级人民法院办理指定管辖有关事宜。

第三百三十条 人民检察院审查移送起诉的案件，应当查明：

（一）犯罪嫌疑人身份状况是否清楚，包括姓名、性别、国籍、出生年月日、职业和单位等；单位犯罪的，单位的相关情况是否清楚；

（二）犯罪事实、情节是否清楚；实施犯罪的时间、地点、手段、危害后果是否明确；

（三）认定犯罪性质和罪名的意见是否正确；有无法定的从重、从轻、减轻或者免除处罚情节及酌定从重、从轻情节；共同犯罪案件的犯罪嫌疑人在犯罪活动中的责任认定是否恰当；

（四）犯罪嫌疑人是否认罪认罚；

（五）证明犯罪事实的证据材料是否随案移送；证明相关财产系违法所得的证据材料是否随案移送；不宜移送的证据的清单、复制件、照片或者其他证明文件是否随案移送；

（六）证据是否确实、充分，是否依法收集，有无应当排除非法证据的情形；

（七）采取侦查措施包括技术侦查措施的法律手续和诉讼文书是否完备；

（八）有无遗漏罪行和其他应当追究刑事责任的人；

（九）是否属于不应当追究刑事责任的；

（十）有无附带民事诉讼；对于国家财产、集体财产遭受损失的，是否需要由人民检察院提起附带民事诉讼；对于破坏生态环境和资源保护，食品药品安全领域侵害众多消费者合法权益，侵害英雄烈士的姓名、肖像、名誉、荣誉等损害社会公共利益的行为，是否需要由人民检察院提起附带民事公益诉讼；

（十一）采取的强制措施是否适当，对于已经逮捕的犯罪嫌疑人，有无继续羁押的必要；

（十二）侦查活动是否合法；

（十三）涉案财物是否查封、扣押、冻结并妥善保管，清单是否齐备；对被害人合法财产的返还和对违禁品或者不宜长期保存的物品的处理是否妥当，移送的证明文件是否完备。

第三百三十一条 人民检察院办理审查起诉案件应当讯问犯罪嫌疑人。

第三百三十二条 人民检察院认为需要对案件中某些专门性问题进行鉴定而监察机关或者公安机关没有鉴定的，应当要求监察机关或者公安机关进行鉴定。必要时，也可以由人民检察院进行鉴定，或者由人民检察院聘请有鉴定资格的人进行鉴定。

人民检察院自行进行鉴定的，可以商请监察机关或者公安机关派员参加，必要时可以聘请有鉴定资格或者有专门知识的人参加。

第三百三十三条 在审查起诉中，发现犯罪嫌疑人可能患有精神病的，人民检察院应当依照本规则的有关规定对犯罪嫌疑人进行鉴定。

犯罪嫌疑人的辩护人或者近亲属以犯罪嫌疑人可能患有精神病而申请对犯罪嫌疑人进行鉴定的，人民检察院也可以依照本规则的有关规定对犯罪嫌疑人进行鉴定。鉴定费用由申请方承担。

第三百三十四条 人民检察院对鉴定意见有疑问的，可以询问鉴定人或者有专门知识的人并制作笔录附卷，也可以指派有鉴定资格的检察技术人员或者聘请其他有鉴定资格的人进行补充鉴定或者重新鉴定。

人民检察院对鉴定意见等技术性证据材料需要进行专门审查的，按照有关规定交检察技术人员或者其他有专门知识的人进行审查并出具审查意见。

第三百三十五条 人民检察院审查案件时，对监察机关或者公安机关的勘验、检查，认为需要复验、复查的，应当要求其复验、复查，人民检察院可以派员参加；也可以自行复验、复查，商请监察机关或者公安机关派员参加，必要时也可以指派检察技术人员或者聘请其他有专门知识的人参加。

第三百三十六条 人民检察院对物证、书证、视听资料、电子数据及勘验、检查、辨认、侦查实验等笔录存在疑问的，可以要求调查人员或者侦查人员提供获取、制作的有关情况，必要时也可以询问提供相关证据材料的人员和见证人并制作笔录附卷，对物证、书证、视听资料、电子数据进行鉴定。

第三百三十七条 人民检察院在审查起诉阶段认为需要逮捕犯罪嫌疑人的，应当经检察长决定。

第三百三十八条 对于人民检察院正在审查起诉的案件，被逮捕的犯罪嫌疑人及其法定代理人、近亲属或者辩护人认为羁押期限届满，向人民检察院提出释放犯罪嫌疑人或者变更强制措施要求的，人民检察院应当在三日以内审查决定。经审查，认为法定期限届满的，应当决定释放或者依法变更强制措施，并通知公安机关执行；认为法定期限未满的，书面答复申请人。

第三百三十九条 人民检察院对案件进行审查后，应当依法作出起诉或者不起诉以及是否提起附带民事诉讼、附带民事公益诉讼的决定。

第三百四十条 人民检察院对监察机关或者公安机关移送的案件进行审查后，在人民法院作出生效判决之前，认为需要补充提供证据材料的，可以书面要求监察机关或者公安机关提供。

第三百四十一条 人民检察院在审查起诉中发现有应当排除的非法证据，应当依法排除，同时可以要求监察机关或者公安机关另行指派调查人员或者侦查人员重新取证。必要时，人民检察院也可以自行调查取证。

第三百四十二条 人民检察院认为犯罪事实不清、证据不足或者存在遗漏罪行、遗漏同案犯罪嫌疑人等情形需要补充侦查的，应当制作补充侦查提纲，连同案卷材料一并退回公安机关补充侦查。人民检察院也可以自行侦查，必要时可以要求公安机关提供协助。

第三百四十三条 人民检察院对于监察机关移送起诉的案件，认为需要补充调查的，应当退回监察机关补充调查。必要时，可以自行补充侦查。

需要退回补充调查的案件，人民检察院应当出具补充调查决定书、补充调查提纲，写明补充调查的事项、理由、调查方向、需补充收集的证据及其证明作用等，连同案卷材料一并送交监察机关。

人民检察院决定退回补充调查的案件，犯罪嫌疑人已被采取强制措施的，应当将退回补充调查情况书面通知强制措施执行机关。监察机关需要讯问的，人民检察院应当予以配合。

第三百四十四条 对于监察机关移送起诉的案件，具有下列情形之一的，人民检察院可以自行补充侦查：

（一）证人证言、犯罪嫌疑人供述和辩解、被害人陈述的内容主要情节一致，个别情节不一致的；

（二）物证、书证等证据材料需要补充鉴定的；

（三）其他由人民检察院查证更为便利、更有效率、更有利于查清案件事实的情形。

自行补充侦查完毕后，应当将相关证据材料入卷，同时抄送监察机关。人民检察院自行补充侦查的，可以商请监察机关提供协助。

第三百四十五条 人民检察院负责捕诉的部门对本院负责侦查的部门移送起诉的案件进行审查后，认为犯罪事实不清、证据不足或者存在遗漏罪行、遗漏同案犯罪嫌疑人等情形需要补充侦查的，应当制作补充侦查提纲，连同案卷材料一并退回负责侦查的部门补充侦查。必要时，也可以自行侦查，可以要求负责侦查的部门予以协助。

第三百四十六条 退回监察机关补充调查、退回公安机关补充侦查的案件，均应当在一个月以内补充调查、补充侦查完毕。

补充调查、补充侦查以二次为限。

补充调查、补充侦查完毕移送起诉后，人民检察院重新计算审查起诉期限。

人民检察院负责捕诉的部门退回本院负责侦查的部门补充侦查的期限、次数按照本条第一款至第三款的规定执行。

第三百四十七条 补充侦查期限届满，公安机关未将案件重新移送起诉的，人民检察院应当要求公安机关说明理由。

人民检察院发现公安机关违反法律规定撤销案件的，应当提出纠正意见。

第三百四十八条 人民检察院在审查起诉中决定自行侦查的，应当在审查起诉期限内侦查完毕。

第三百四十九条 人民检察院对已经退回监察机关二次补充调查或者退回公安机关二次补充侦查的案件，在审查起诉中又发现新的犯罪事实，应当将线索移送监察机关或者公安机关。对已经查清的犯罪事实，应当依法提起公诉。

第三百五十条 对于在审查起诉期间改变管辖的案件，改变后的人民检察院对于符合刑事诉讼法第一百七十五条第二款规定的案件，可以经原受理案件的人民检察院协助，直接退回原侦查案件的公安机关补充侦查，也可以自行侦查。改变管辖前后退回补充侦查的次数总共不得超过二次。

第三百五十一条 人民检察院对于移送起诉的案件，应当在一个月以内作出决定；重大、复杂的案件，一个月以内不能作出决定的，可以延长十五日。

人民检察院审查起诉的案件，改变管辖的，从改变后的人民检察院收到案件之日起计算审查起诉期限。

第三百五十二条 追缴的财物中，属于被害人的合法财产，不需要在法庭出示的，应当及时返还被害人，并由被害人在发还款物清单上签名或者盖章，注明返还的理由，并将清单、照片附卷。

第三百五十三条 追缴的财物中，属于违禁品或者不宜长期保存的物品，应当依照国家有关规定处理，并将清单、照片、处理结果附卷。

第三百五十四条 人民检察院在审查起诉阶段，可以适用本规则规定的侦查措施和程序。

第八节 起 诉

第三百五十五条 人民检察院认为犯罪嫌疑人的犯罪事实已经查清,证据确实、充分,依法应当追究刑事责任的,应当作出起诉决定。

具有下列情形之一的,可以认为犯罪事实已经查清:

(一)属于单一罪行的案件,查清的事实足以定罪量刑或者与定罪量刑有关的事实已经查清,不影响定罪量刑的事实无法查清的;

(二)属于数个罪行的案件,部分罪行已经查清并符合起诉条件,其他罪行无法查清的;

(三)无法查清作案工具、赃物去向,但有其他证据足以对被告人定罪量刑的;

(四)证人证言、犯罪嫌疑人供述和辩解、被害人陈述的内容主要情节一致,个别情节不一致,但不影响定罪的。

对于符合前款第二项情形的,应当以已经查清的罪行起诉。

第三百五十六条 人民检察院在办理公安机关移送起诉的案件中,发现遗漏罪行或者有依法应当移送起诉的同案犯罪嫌疑人未移送起诉的,应当要求公安机关补充侦查或者补充移送起诉。对于犯罪事实清楚,证据确实、充分的,也可以直接提起公诉。

第三百五十七条 人民检察院立案侦查时认为属于直接受理侦查的案件,在审查起诉阶段发现属于监察机关管辖的,应当及时商监察机关办理。属于公安机关管辖,案件事实清楚,证据确实、充分,符合起诉条件的,可以直接起诉;事实不清、证据不足的,应当及时移送有管辖权的机关办理。

在审查起诉阶段,发现公安机关移送起诉的案件属于监察机关管辖,或者监察机关移送起诉的案件属于公安机关管辖,但案件事实清楚,证据确实、充分,符合起诉条件的,经征求监察机关、公安机关意见后,没有不同意见的,可以直接起诉;提出不同意见,或者事实不清、证据不足的,应当将案件退回移送案件的机关并说明理由,建议其移送有管辖权的机关办理。

第三百五十八条 人民检察院决定起诉的,应当制作起诉书。

起诉书的主要内容包括:

(一)被告人的基本情况,包括姓名、性别、出生年月日、出生地和户籍地、公民身份号码、民族、文化程度、职业、工作单位及职务、住址,是否受过刑事处分及处分的种类和时间,采取强制措施的情况等;如果是单位犯罪,应当写明犯罪单位的名称和组织机构代码、所在地址、联系方式,法定代表人和诉讼代表人的姓名、职务、联系方式;如果还有应当负刑事责任的直接负责的主管人员或其他直接责任人员,应当按上述被告人基本情况的内容叙写;

(二)案由和案件来源;

(三)案件事实,包括犯罪的时间、地点、经过、手段、动机、目的、危害后果等与定罪量刑有关的事实要素。起诉书叙述的指控犯罪事实的必备要素应当明晰、准确。被告人被控有多项犯罪事实的,应当逐一列举,对于犯罪手段相同的同一犯罪可以概括叙写;

(四)起诉的根据和理由,包括被告人触犯的刑法条款、犯罪的性质及认定的罪名、处罚条款、法定从轻、减轻或者从重处罚的情节,共同犯罪各被告人应负的罪责等;

（五）被告人认罪认罚情况，包括认罪认罚的内容、具结书签署情况等。

被告人真实姓名、住址无法查清的，可以按其绰号或者自报的姓名、住址制作起诉书，并在起诉书中注明。被告人自报的姓名可能造成损害他人名誉、败坏道德风俗等不良影响的，可以对被告人编号并按编号制作起诉书，附具被告人的照片，记明足以确定被告人面貌、体格、指纹以及其他反映被告人特征的事项。

起诉书应当附有被告人现在处所，证人、鉴定人、需要出庭的有专门知识的人的名单，需要保护的被害人、证人、鉴定人的化名名单，查封、扣押、冻结的财物及孳息的清单，附带民事诉讼、附带民事公益诉讼情况以及其他需要附注的情况。

证人、鉴定人、有专门知识的人的名单应当列明姓名、性别、年龄、职业、住址、联系方式，并注明证人、鉴定人是否出庭。

第三百五十九条 人民检察院提起公诉的案件，应当向人民法院移送起诉书、案卷材料、证据和认罪认罚具结书等材料。

起诉书应当一式八份，每增加一名被告人增加起诉书五份。

关于被害人姓名、住址、联系方式、被告人被采取强制措施的种类、是否在案及羁押处所等问题，人民检察院应当在起诉书中列明，不再单独移送材料；对于涉及被害人隐私或者为保护证人、鉴定人、被害人人身安全，而不宜公开证人、鉴定人、被害人姓名、住址、工作单位和联系方式等个人信息的，可以在起诉书中使用化名。但是应当另行书面说明使用化名的情况并标明密级，单独成卷。

第三百六十条 人民检察院对于犯罪嫌疑人、被告人或者证人等翻供、翻证的材料以及对犯罪嫌疑人、被告人有利的其他证据材料，应当移送人民法院。

第三百六十一条 人民法院向人民检察院提出书面意见要求补充移送材料，人民检察院认为有必要移送的，应当自收到通知之日起三日以内补送。

第三百六十二条 对提起公诉后，在人民法院宣告判决前补充收集的证据材料，人民检察院应当及时移送人民法院。

第三百六十三条 在审查起诉期间，人民检察院可以根据辩护人的申请，向监察机关、公安机关调取在调查、侦查期间收集的证明犯罪嫌疑人、被告人无罪或者罪轻的证据材料。

第三百六十四条 人民检察院提起公诉的案件，可以向人民法院提出量刑建议。除有减轻处罚或者免除处罚情节外，量刑建议应当在法定量刑幅度内提出。建议判处有期徒刑、管制、拘役的，可以具有一定的幅度，也可以提出具体确定的建议。

提出量刑建议的，可以制作量刑建议书，与起诉书一并移送人民法院。量刑建议书的主要内容应当包括被告人所犯罪行的法定刑、量刑情节、建议人民法院对被告人判处刑罚的种类、刑罚幅度、可以适用的刑罚执行方式以及提出量刑建议的依据和理由等。

认罪认罚案件的量刑建议，按照本章第二节的规定办理。

第九节　不　起　诉

第三百六十五条 人民检察院对于监察机关或者公安机关移送起诉的案件，发现犯罪嫌疑人没有犯罪事实，或者符合刑事诉讼法第十六条规定的情形之一的，经检察长批准，应当作出不起诉决定。

对于犯罪事实并非犯罪嫌疑人所为，需要重新调查或者侦查的，应当在作出不起诉决定后书面说明理由，将案卷材料退回监察机关或者公安机关并建议重新调查或者侦查。

第三百六十六条 负责捕诉的部门对于本院负责侦查的部门移送起诉的案件，发现具有本规则第三百六十五条第一款规定情形的，应当退回本院负责侦查的部门，建议撤销案件。

第三百六十七条 人民检察院对于二次退回补充调查或者补充侦查的案件，仍然认为证据不足，不符合起诉条件的，经检察长批准，依法作出不起诉决定。

人民检察院对于经过一次退回补充调查或者补充侦查的案件，认为证据不足，不符合起诉条件，且没有再次退回补充调查或者补充侦查必要的，经检察长批准，可以作出不起诉决定。

第三百六十八条 具有下列情形之一，不能确定犯罪嫌疑人构成犯罪和需要追究刑事责任的，属于证据不足，不符合起诉条件：

（一）犯罪构成要件事实缺乏必要的证据予以证明的；

（二）据以定罪的证据存在疑问，无法查证属实的；

（三）据以定罪的证据之间、证据与案件事实之间的矛盾不能合理排除的；

（四）根据证据得出的结论具有其他可能性，不能排除合理怀疑的；

（五）根据证据认定案件事实不符合逻辑和经验法则，得出的结论明显不符合常理的。

第三百六十九条 人民检察院根据刑事诉讼法第一百七十五条第四款规定决定不起诉的，在发现新的证据，符合起诉条件时，可以提起公诉。

第三百七十条 人民检察院对于犯罪情节轻微，依照刑法规定不需要判处刑罚或者免除刑罚的，经检察长批准，可以作出不起诉决定。

第三百七十一条 人民检察院直接受理侦查的案件，以及监察机关移送起诉的案件，拟作不起诉决定的，应当报请上一级人民检察院批准。

第三百七十二条 人民检察院决定不起诉的，应当制作不起诉决定书。

不起诉决定书的主要内容包括：

（一）被不起诉人的基本情况，包括姓名、性别、出生年月日、出生地和户籍地、公民身份号码、民族、文化程度、职业、工作单位及职务、住址，是否受过刑事处分，采取强制措施的情况以及羁押处所等；如果是单位犯罪，应当写明犯罪单位的名称和组织机构代码、所在地址、联系方式，法定代表人和诉讼代表人的姓名、职务、联系方式；

（二）案由和案件来源；

（三）案件事实，包括否定或者指控被不起诉人构成犯罪的事实以及作为不起诉决定根据的事实；

（四）不起诉的法律根据和理由，写明作出不起诉决定适用的法律条款；

（五）查封、扣押、冻结的涉案财物的处理情况；

（六）有关告知事项。

第三百七十三条 人民检察院决定不起诉的案件，可以根据案件的不同情况，对被不起诉人予以训诫或者责令具结悔过、赔礼道歉、赔偿损失。

对被不起诉人需要给予行政处罚、政

务处分或者其他处分的,经检察长批准,人民检察院应当提出检察意见,连同不起诉决定书一并移送有关主管机关处理,并要求有关主管机关及时通报处理情况。

第三百七十四条 人民检察院决定不起诉的案件,应当同时书面通知作出查封、扣押、冻结决定的机关或者执行查封、扣押、冻结决定的机关解除查封、扣押、冻结。

第三百七十五条 人民检察院决定不起诉的案件,需要没收违法所得的,经检察长批准,应当提出检察意见,移送有关主管机关处理,并要求有关主管机关及时通报处理情况。具体程序可以参照本规则第二百四十八条的规定办理。

第三百七十六条 不起诉的决定,由人民检察院公开宣布。公开宣布不起诉决定的活动应当记录在案。

不起诉决定书自公开宣布之日起生效。

被不起诉人在押的,应当立即释放;被采取其他强制措施的,应当通知执行机关解除。

第三百七十七条 不起诉决定书应当送达被害人或者其近亲属及其诉讼代理人、被不起诉人及其辩护人以及被不起诉人所在单位。送达时,应当告知被害人或者其近亲属及其诉讼代理人,如果对不起诉决定不服,可以自收到不起诉决定书后七日以内向上一级人民检察院申诉;也可以不经申诉,直接向人民法院起诉。依照刑事诉讼法第一百七十七条第二款作出不起诉决定的,应当告知被不起诉人,如果对不起诉决定不服,可以自收到不起诉决定书后七日以内向人民检察院申诉。

第三百七十八条 对于监察机关或者公安机关移送起诉的案件,人民检察院决定不起诉的,应当将不起诉决定书送达监察机关或者公安机关。

第三百七十九条 监察机关认为不起诉的决定有错误,向上一级人民检察院提请复议的,上一级人民检察院应当在收到提请复议意见书后三十日以内,经检察长批准,作出复议决定,通知监察机关。

公安机关认为不起诉决定有错误要求复议的,人民检察院负责捕诉的部门应当另行指派检察官或者检察官办案组进行审查,并在收到要求复议意见书后三十日以内,经检察长批准,作出复议决定,通知公安机关。

第三百八十条 公安机关对不起诉决定提请复核的,上一级人民检察院应当在收到提请复核意见书后三十日以内,经检察长批准,作出复核决定,通知提请复核的公安机关和下级人民检察院。经复核认为下级人民检察院不起诉决定错误的,应当指令下级人民检察院纠正,或者撤销、变更下级人民检察院作出的不起诉决定。

第三百八十一条 被害人不服不起诉决定,在收到不起诉决定书后七日以内提出申诉的,由作出不起诉决定的人民检察院的上一级人民检察院负责捕诉的部门进行复查。

被害人向作出不起诉决定的人民检察院提出申诉的,作出决定的人民检察院应当将申诉材料连同案卷一并报送上一级人民检察院。

第三百八十二条 被害人不服不起诉决定,在收到不起诉决定书七日以后提出申诉的,由作出不起诉决定的人民检察院负责控告申诉检察的部门进行审查。经审查,认为不起诉决定正确的,出具审查结论直接答复申诉人,并做好释法说理工作;认为不起诉决定可能存在错误的,移送负责捕诉的部门进行复查。

第三百八十三条 人民检察院应当将复查决定书送达被害人、被不起诉人和作出不起诉决定的人民检察院。

上级人民检察院经复查作出起诉决定的,应当撤销下级人民检察院的不起诉决定,交由下级人民检察院提起公诉,并将复查决定抄送移送起诉的监察机关或者公安机关。

第三百八十四条 人民检察院收到人民法院受理被害人对被不起诉人起诉的通知后,应当终止复查,将作出不起诉决定所依据的有关案卷材料移送人民法院。

第三百八十五条 对于人民检察院依照刑事诉讼法第一百七十七条第二款规定作出的不起诉决定,被不起诉人不服,在收到不起诉决定书后七日以内提出申诉的,应当由作出决定的人民检察院负责捕诉的部门进行复查;被不起诉人在收到不起诉决定书七日以后提出申诉的,由负责控告申诉检察的部门进行审查。经审查,认为不起诉决定正确的,出具审查结论直接答复申诉人,并做好释法说理工作;认为不起诉决定可能存在错误的,移送负责捕诉的部门复查。

人民检察院应当将复查决定书送达被不起诉人、被害人。复查后,撤销不起诉决定,变更不起诉的事实或者法律依据的,应当同时将复查决定书抄送移送起诉的监察机关或者公安机关。

第三百八十六条 人民检察院复查不服不起诉决定的申诉,应当在立案后三个月以内报经检察长批准作出复查决定。案情复杂的,不得超过六个月。

第三百八十七条 被害人、被不起诉人对不起诉决定不服提出申诉的,应当递交申诉书,写明申诉理由。没有书写能力的,也可以口头提出申诉。人民检察院应当根据其口头提出的申诉制作笔录。

第三百八十八条 人民检察院发现不起诉决定确有错误,符合起诉条件的,应当撤销不起诉决定,提起公诉。

第三百八十九条 最高人民检察院对地方各级人民检察院的起诉、不起诉决定,上级人民检察院对下级人民检察院的起诉、不起诉决定,发现确有错误的,应当予以撤销或者指令下级人民检察院纠正。

第十一章　出席法庭

第一节　出席第一审法庭

第三百九十条 提起公诉的案件,人民检察院应当派员以国家公诉人的身份出席第一审法庭,支持公诉。

公诉人应当由检察官担任。检察官助理可以协助检察官出庭。根据需要可以配备书记员担任记录。

第三百九十一条 对于提起公诉后人民法院改变管辖的案件,提起公诉的人民检察院参照本规则第三百二十八条的规定将案件移送与审判管辖相对应的人民检察院。

接受移送的人民检察院重新对案件进行审查的,根据刑事诉讼法第一百七十二条第二款的规定自收到案件之日起计算审查起诉期限。

第三百九十二条 人民法院决定开庭审判的,公诉人应当做好以下准备工作:

(一)进一步熟悉案情,掌握证据情况;

(二)深入研究与本案有关的法律政策

问题；

（三）充实审判中可能涉及的专业知识；

（四）拟定讯问被告人、询问证人、鉴定人、有专门知识的人和宣读、出示、播放证据的计划并制定质证方案；

（五）对可能出现证据合法性争议的，拟定证明证据合法性的提纲并准备相关材料；

（六）拟定公诉意见，准备辩论提纲；

（七）需要对出庭证人等的保护向人民法院提出建议或者配合工作的，做好相关准备。

第三百九十三条　人民检察院在开庭审理前收到人民法院或者被告人及其辩护人、被害人、证人等送交的反映证据系非法取得的书面材料的，应当进行审查。对于审查逮捕、审查起诉期间已经提出并经查证不存在非法取证行为的，应当通知人民法院、有关当事人和辩护人，并按照查证的情况做好庭审准备。对于新的材料或者线索，可以要求监察机关、公安机关对证据收集的合法性进行说明或者提供相关证明材料。

第三百九十四条　人民法院通知人民检察院派员参加庭前会议的，由出席法庭的公诉人参加。检察官助理可以协助。根据需要可以配备书记员担任记录。

人民检察院认为有必要召开庭前会议的，可以建议人民法院召开庭前会议。

第三百九十五条　在庭前会议中，公诉人可以对案件管辖、回避、出庭证人、鉴定人、有专门知识的人的名单、辩护人提供的无罪证据、非法证据排除、不公开审理、延期审理、适用简易程序或者速裁程序、庭审方案等与审判相关的问题提出和交换意见，了解辩护人收集的证据等情况。

对辩护人收集的证据有异议的，应当提出，并简要说明理由。

公诉人通过参加庭前会议，了解案件事实、证据和法律适用的争议和不同意见，解决有关程序问题，为参加法庭审理做好准备。

第三百九十六条　当事人、辩护人、诉讼代理人在庭前会议中提出证据系非法取得，人民法院认为可能存在以非法方法收集证据情形的，人民检察院应当对证据收集的合法性进行说明。需要调查核实的，在开庭审理前进行。

第三百九十七条　人民检察院向人民法院移送全部案卷材料后，在法庭审理过程中，公诉人需要出示、宣读、播放有关证据的，可以申请法庭出示、宣读、播放。

人民检察院基于出庭准备和庭审举证工作的需要，可以取回有关案卷材料和证据。

取回案卷材料和证据后，辩护律师要求查阅案卷材料的，应当允许辩护律师在人民检察院查阅、摘抄、复制案卷材料。

第三百九十八条　公诉人在法庭上应当依法进行下列活动：

（一）宣读起诉书，代表国家指控犯罪，提请人民法院对被告人依法审判；

（二）讯问被告人；

（三）询问证人、被害人、鉴定人；

（四）申请法庭出示物证，宣读书证、未到庭证人的证言笔录、鉴定人的鉴定意见、勘验、检查、辨认、侦查实验等笔录和其他作为证据的文书，播放作为证据的视听资料、电子数据等；

（五）对证据采信、法律适用和案件情况发表意见，提出量刑建议及理由，针对被

告人、辩护人的辩护意见进行答辩,全面阐述公诉意见;

(六)维护诉讼参与人的合法权利;

(七)对法庭审理案件有无违反法律规定诉讼程序的情况记明笔录;

(八)依法从事其他诉讼活动。

第三百九十九条 在法庭审理中,公诉人应当客观、全面、公正地向法庭出示与定罪、量刑有关的证明被告人有罪、罪重或者罪轻的证据。

按照审判长要求,或者经审判长同意,公诉人可以按照以下方式举证、质证:

(一)对于可能影响定罪量刑的关键证据和控辩双方存在争议的证据,一般应当单独举证、质证;

(二)对于不影响定罪量刑且控辩双方无异议的证据,可以仅就证据的名称及其证明的事项、内容作出说明;

(三)对于证明方向一致、证明内容相近或者证据种类相同,存在内在逻辑关系的证据,可以归纳、分组示证、质证。

公诉人出示证据时,可以借助多媒体设备等方式出示、播放或者演示证据内容。

定罪证据与量刑证据需要分开的,应当分别出示。

第四百条 公诉人讯问被告人,询问证人、被害人、鉴定人,出示物证,宣读书证、未出庭证人的证言笔录等应当围绕下列事实进行:

(一)被告人的身份;

(二)指控的犯罪事实是否存在,是否为被告人所实施;

(三)实施犯罪行为的时间、地点、方法、手段、结果,被告人犯罪后的表现等;

(四)犯罪集团或者其他共同犯罪案件中参与犯罪人员的各自地位和应负的责任;

(五)被告人有无刑事责任能力,有无故意或者过失,行为的动机、目的;

(六)有无依法不应当追究刑事责任的情况,有无法定的从重或者从轻、减轻以及免除处罚的情节;

(七)犯罪对象、作案工具的主要特征,与犯罪有关的财物的来源、数量以及去向;

(八)被告人全部或者部分否认起诉书指控的犯罪事实的,否认的根据和理由能否成立;

(九)与定罪、量刑有关的其他事实。

第四百零一条 在法庭审理中,下列事实不必提出证据进行证明:

(一)为一般人共同知晓的常识性事实;

(二)人民法院生效裁判所确认并且未依审判监督程序重新审理的事实;

(三)法律、法规的内容以及适用等属于审判人员履行职务所应当知晓的事实;

(四)在法庭审理中不存在异议的程序事实;

(五)法律规定的推定事实;

(六)自然规律或者定律。

第四百零二条 讯问被告人、询问证人不得采取可能影响陈述或者证言客观真实的诱导性发问以及其他不当发问方式。

辩护人向被告人或者证人进行诱导性发问以及其他不当发问可能影响陈述或者证言的客观真实的,公诉人可以要求审判长制止或者要求对该项陈述或者证言不予采纳。

讯问共同犯罪案件的被告人、询问证人应当个别进行。

被告人、证人、被害人对同一事实的陈述存在矛盾的,公诉人可以建议法庭传唤有关被告人、通知有关证人同时到庭对质，必要时可以建议法庭询问被害人。

第四百零三条 被告人在庭审中的陈述与在侦查、审查起诉中的供述一致或者不一致的内容不影响定罪量刑的，可以不宣读被告人供述笔录。

被告人在庭审中的陈述与在侦查、审查起诉中的供述不一致，足以影响定罪量刑的，可以宣读被告人供述笔录，并针对笔录中被告人的供述内容对被告人进行讯问，或者提出其他证据进行证明。

第四百零四条 公诉人对证人证言有异议，且该证人证言对案件定罪量刑有重大影响的，可以申请人民法院通知证人出庭作证。

人民警察就其执行职务时目击的犯罪情况作为证人出庭作证，适用前款规定。

公诉人对鉴定意见有异议的，可以申请人民法院通知鉴定人出庭作证。经人民法院通知，鉴定人拒不出庭作证的，公诉人可以建议法庭不予采纳该鉴定意见作为定案的根据，也可以申请法庭重新通知鉴定人出庭作证或者申请重新鉴定。

必要时，公诉人可以申请法庭通知有专门知识的人出庭，就鉴定人作出的鉴定意见提出意见。

当事人或者辩护人、诉讼代理人对证人证言、鉴定意见有异议的，公诉人认为必要时，可以申请人民法院通知证人、鉴定人出庭作证。

第四百零五条 证人应当由人民法院通知并负责安排出庭作证。

对于经人民法院通知而未到庭的证人或者出庭后拒绝作证的证人的证言笔录，公诉人应当当庭宣读。

对于经人民法院通知而未到庭的证人的证言笔录存在疑问，确实需要证人出庭作证，且可以强制其到庭的，公诉人应当建议人民法院强制证人到庭作证和接受质证。

第四百零六条 证人在法庭上提供证言，公诉人应当按照审判长确定的顺序向证人发问。可以要求证人就其所了解的与案件有关的事实进行陈述，也可以直接发问。

证人不能连贯陈述的，公诉人可以直接发问。

向证人发问，应当针对证言中有遗漏、矛盾、模糊不清和有争议的内容，并着重围绕与定罪量刑紧密相关的事实进行。

发问采取一问一答形式，提问应当简洁、清楚。

证人进行虚假陈述的，应当通过发问澄清事实，必要时可以宣读在侦查、审查起诉阶段制作的该证人的证言笔录或者出示、宣读其他证据。

当事人和辩护人、诉讼代理人向证人发问后，公诉人可以根据证人回答的情况，经审判长许可，再次向证人发问。

询问鉴定人、有专门知识的人参照上述规定进行。

第四百零七条 必要时，公诉人可以建议法庭采取不暴露证人、鉴定人、被害人外貌、真实声音等出庭作证保护措施，或者建议法庭根据刑事诉讼法第一百五十四条的规定在庭外对证据进行核实。

第四百零八条 对于鉴定意见、勘验、检查、辨认、侦查实验等笔录和其他作为证据的文书以及经人民法院通知而未到庭的被害人的陈述笔录，公诉人应当当庭宣读。

第四百零九条 公诉人向法庭出示物证，一般应当出示原物，原物不易搬运、不易保存或者已返还被害人的,可以出示反映原物外形和特征的照片、录像、复制品,并向法庭说明情况及与原物的同一性。

公诉人向法庭出示书证,一般应当出示原件。获取书证原件确有困难的,可以出示书证副本或者复制件,并向法庭说明情况及与原件的同一性。

公诉人向法庭出示物证、书证,应当对该物证、书证所要证明的内容、获取情况作出说明,并向当事人、证人等问明物证的主要特征,让其辨认。对该物证、书证进行鉴定的,应当宣读鉴定意见。

第四百一十条 在法庭审理过程中,被告人及其辩护人提出被告人庭前供述系非法取得,审判人员认为需要进行法庭调查的,公诉人可以通过出示讯问笔录、提讯登记、体检记录、采取强制措施或者侦查措施的法律文书、侦查终结前对讯问合法性进行核查的材料等证据材料,有针对性地播放讯问录音、录像,提请法庭通知调查人员、侦查人员或者其他人员出庭说明情况等方式,对证据收集的合法性加以证明。

审判人员认为可能存在刑事诉讼法第五十六条规定的以非法方法收集其他证据的情形,需要进行法庭调查的,公诉人可以参照前款规定对证据收集的合法性进行证明。

公诉人不能当庭证明证据收集的合法性,需要调查核实的,可以建议法庭休庭或者延期审理。

在法庭审理期间,人民检察院可以要求监察机关或者公安机关对证据收集的合法性进行说明或者提供相关证明材料。必要时,可以自行调查核实。

第四百一十一条 公诉人对证据收集的合法性进行证明后,法庭仍有疑问的,可以建议法庭休庭,由人民法院对相关证据进行调查核实。人民法院调查核实证据,通知人民检察院派员到场的,人民检察院可以派员到场。

第四百一十二条 在法庭审理过程中,对证据合法性以外的其他程序事实存在争议的,公诉人应当出示、宣读有关诉讼文书、侦查或者审查起诉活动笔录。

第四百一十三条 对于搜查、查封、扣押、冻结、勘验、检查、辨认、侦查实验等活动中形成的笔录存在争议,需要调查人员、侦查人员以及上述活动的见证人出庭陈述有关情况的,公诉人可以建议合议庭通知其出庭。

第四百一十四条 在法庭审理过程中,合议庭对证据有疑问或者人民法院根据辩护人、被告人的申请,向人民检察院调取在侦查、审查起诉中收集的有关被告人无罪或者罪轻的证据材料的,人民检察院应当自收到人民法院要求调取证据材料决定书后三日以内移交。没有上述材料的,应当向人民法院说明情况。

第四百一十五条 在法庭审理过程中,合议庭对证据有疑问并在休庭后进行勘验、检查、查封、扣押、鉴定和查询、冻结的,人民检察院应当依法进行监督,发现上述活动有违法情况的,应当提出纠正意见。

第四百一十六条 人民法院根据申请收集、调取的证据或者在合议庭休庭后自行调查取得的证据,应当经过庭审出示、质证才能决定是否作为判决的依据。未经庭审出示、质证直接采纳为判决依据的,人民检察院应当提出纠正意见。

第四百一十七条 在法庭审理过程中,经审判长许可,公诉人可以逐一对正在调查的证据和案件情况发表意见,并同被告人、辩护人进行辩论。证据调查结束时，公诉人应当发表总结性意见。

在法庭辩论中，公诉人与被害人、诉讼代理人意见不一致的，公诉人应当认真听取被害人、诉讼代理人的意见，阐明自己的意见和理由。

第四百一十八条 人民检察院向人民法院提出量刑建议的，公诉人应当在发表公诉意见时提出。

对认罪认罚案件，人民法院经审理认为人民检察院的量刑建议明显不当向人民检察院提出的，或者被告人、辩护人对量刑建议提出异议的，人民检察院可以调整量刑建议。

第四百一十九条 适用普通程序审理的认罪认罚案件，公诉人可以建议适当简化法庭调查、辩论程序。

第四百二十条 在法庭审判过程中，遇有下列情形之一的，公诉人可以建议法庭延期审理：

（一）发现事实不清、证据不足，或者遗漏罪行、遗漏同案犯罪嫌疑人，需要补充侦查或者补充提供证据的；

（二）被告人揭发他人犯罪行为或者提供重要线索，需要补充侦查进行查证的；

（三）发现遗漏罪行或者遗漏同案犯罪嫌疑人，虽不需要补充侦查和补充提供证据，但需要补充、追加起诉的；

（四）申请人民法院通知证人、鉴定人出庭作证或者有专门知识的人出庭提出意见的；

（五）需要调取新的证据，重新鉴定或者勘验的；

（六）公诉人出示、宣读开庭前移送人民法院的证据以外的证据，或者补充、追加、变更起诉，需要给予被告人、辩护人必要时间进行辩护准备的；

（七）被告人、辩护人向法庭出示公诉人不掌握的与定罪量刑有关的证据，需要调查核实的；

（八）公诉人对证据收集的合法性进行证明，需要调查核实的。

在人民法院开庭审理前发现具有前款情形之一的，人民检察院可以建议人民法院延期审理。

第四百二十一条 法庭宣布延期审理后，人民检察院应当在补充侦查期限内提请人民法院恢复法庭审理或者撤回起诉。

公诉人在法庭审理过程中建议延期审理的次数不得超过两次，每次不得超过一个月。

第四百二十二条 在审判过程中，对于需要补充提供法庭审判所必需的证据或者补充侦查的，人民检察院应当自行收集证据和进行侦查，必要时可以要求监察机关或者公安机关提供协助；也可以书面要求监察机关或者公安机关补充提供证据。

人民检察院补充侦查，适用本规则第六章、第九章、第十章的规定。

补充侦查不得超过一个月。

第四百二十三条 人民法院宣告判决前，人民检察院发现被告人的真实身份或者犯罪事实与起诉书中叙述的身份或者指控犯罪事实不符的，或者事实、证据没有变化，但罪名、适用法律与起诉书不一致的，可以变更起诉。发现遗漏同案犯罪嫌疑人或者罪行的，应当要求公安机关补充移送起诉或者补充侦查；对于犯罪事实清楚，证据确实、充分的，可以直接追加、补充起诉。

第四百二十四条 人民法院宣告判决前，人民检察院发现具有下列情形之一的，经检察长批准，可以撤回起诉：

（一）不存在犯罪事实的；

（二）犯罪事实并非被告人所为的；

（三）情节显著轻微、危害不大，不认为是犯罪的；

（四）证据不足或证据发生变化，不符合起诉条件的；

（五）被告人因未达到刑事责任年龄，不负刑事责任的；

（六）法律、司法解释发生变化导致不应当追究被告人刑事责任的；

（七）其他不应当追究被告人刑事责任的。

对于撤回起诉的案件，人民检察院应当在撤回起诉后三十日以内作出不起诉决定。需要重新调查或者侦查的，应当在作出不起诉决定后将案卷材料退回监察机关或者公安机关，建议监察机关或者公安机关重新调查或者侦查，并书面说明理由。

对于撤回起诉的案件，没有新的事实或者新的证据，人民检察院不得再行起诉。

新的事实是指原起诉书中未指控的犯罪事实。该犯罪事实触犯的罪名既可以是原指控罪名的同一罪名，也可以是其他罪名。

新的证据是指撤回起诉后收集、调取的足以证明原指控犯罪事实的证据。

第四百二十五条 在法庭审理过程中，人民法院建议人民检察院补充侦查、补充起诉、追加起诉或者变更起诉的，人民检察院应当审查有关理由，并作出是否补充侦查、补充起诉、追加起诉或者变更起诉的决定。人民检察院不同意的，可以要求人民法院就起诉指控的犯罪事实依法作出裁判。

第四百二十六条 变更、追加、补充或者撤回起诉应当以书面方式在判决宣告前向人民法院提出。

第四百二十七条 出庭的书记员应当制作出庭笔录，详细记载庭审的时间、地点、参加人员、公诉人出庭执行任务情况和法庭调查、法庭辩论的主要内容以及法庭判决结果，由公诉人和书记员签名。

第四百二十八条 人民检察院应当当庭向人民法院移交取回的案卷材料和证据。在审判长宣布休庭后，公诉人应当与审判人员办理交接手续。无法当庭移交的，应当在休庭后三日以内移交。

第四百二十九条 人民检察院对查封、扣押、冻结的被告人财物及其孳息，应当根据不同情况作以下处理：

（一）对作为证据使用的实物，应当依法随案移送；对不宜移送的，应当将其清单、照片或者其他证明文件随案移送。

（二）冻结在金融机构、邮政部门的违法所得及其他涉案财产，应当向人民法院随案移送该金融机构、邮政部门出具的证明文件。待人民法院作出生效判决、裁定后，由人民法院通知该金融机构上缴国库。

（三）查封、扣押的涉案财物，对依法不移送的，应当随案移送清单、照片或者其他证明文件。待人民法院作出生效判决、裁定后，由人民检察院根据人民法院的通知上缴国库，并向人民法院送交执行回单。

（四）对于被扣押、冻结的债券、股票、基金份额等财产，在扣押、冻结期间权利人申请出售的，参照本规则第二百一十四条的规定办理。

第二节 简易程序

第四百三十条 人民检察院对于基层人民法院管辖的案件，符合下列条件的，可以建议人民法院适用简易程序审理：

（一）案件事实清楚、证据充分的；

（二）被告人承认自己所犯罪行，对指控的犯罪事实没有异议的；

（三）被告人对适用简易程序没有异议的。

第四百三十一条 具有下列情形之一的，人民检察院不得建议人民法院适用简易程序：

（一）被告人是盲、聋、哑人，或者是尚未完全丧失辨认或者控制自己行为能力的精神病人的；

（二）有重大社会影响的；

（三）共同犯罪案件中部分被告人不认罪或者对适用简易程序有异议的；

（四）比较复杂的共同犯罪案件；

（五）辩护人作无罪辩护或者对主要犯罪事实有异议的；

（六）其他不宜适用简易程序的。

人民法院决定适用简易程序审理的案件，人民检察院认为具有刑事诉讼法第二百一十五条规定情形之一的，应当向人民法院提出纠正意见；具有其他不宜适用简易程序情形的，人民检察院可以建议人民法院不适用简易程序。

第四百三十二条 基层人民检察院审查案件，认为案件事实清楚、证据充分的，应当在讯问犯罪嫌疑人时，了解其是否承认自己所犯罪行，对指控的犯罪事实有无异议，告知其适用简易程序的法律规定，确认其是否同意适用简易程序。

第四百三十三条 适用简易程序审理的公诉案件，人民检察院应当派员出席法庭。

第四百三十四条 公诉人出席简易程序法庭时，应当主要围绕量刑以及其他有争议的问题进行法庭调查和法庭辩论。在确认被告人庭前收到起诉书并对起诉书指控的犯罪事实没有异议后，可以简化宣读起诉书，根据案件情况决定是否讯问被告人，询问证人、鉴定人和出示证据。

根据案件情况，公诉人可以建议法庭简化法庭调查和法庭辩论程序。

第四百三十五条 适用简易程序审理的公诉案件，公诉人发现不宜适用简易程序审理的，应当建议法庭按照第一审普通程序重新审理。

第四百三十六条 转为普通程序审理的案件，公诉人需要为出席法庭进行准备的，可以建议人民法院延期审理。

第三节 速裁程序

第四百三十七条 人民检察院对基层人民法院管辖的案件，符合下列条件的，在提起公诉时，可以建议人民法院适用速裁程序审理：

（一）可能判处三年有期徒刑以下刑罚；

（二）案件事实清楚，证据确实、充分；

（三）被告人认罪认罚、同意适用速裁程序。

第四百三十八条 具有下列情形之一的，人民检察院不得建议人民法院适用速裁程序：

（一）被告人是盲、聋、哑人，或者是尚未完全丧失辨认或者控制自己行为能力的精神病人的；

（二）被告人是未成年人的；

（三）案件有重大社会影响的；

（四）共同犯罪案件中部分被告人对指控的犯罪事实、罪名、量刑建议或者适用速裁程序有异议的；

（五）被告人与被害人或者其法定代理

人没有就附带民事诉讼赔偿等事项达成调解或者和解协议的;

(六)其他不宜适用速裁程序审理的。

第四百三十九条 公安机关、犯罪嫌疑人及其辩护人建议适用速裁程序,人民检察院经审查认为符合条件的,可以建议人民法院适用速裁程序审理。

公安机关、辩护人未建议适用速裁程序,人民检察院经审查认为符合速裁程序适用条件,且犯罪嫌疑人同意适用的,可以建议人民法院适用速裁程序审理。

第四百四十条 人民检察院建议人民法院适用速裁程序的案件,起诉书内容可以适当简化,重点写明指控的事实和适用的法律。

第四百四十一条 人民法院适用速裁程序审理的案件,人民检察院应当派员出席法庭。

第四百四十二条 公诉人出席速裁程序法庭时,可以简要宣读起诉书指控的犯罪事实、证据、适用法律及量刑建议,一般不再讯问被告人。

第四百四十三条 适用速裁程序审理的案件,人民检察院发现有不宜适用速裁程序审理情形的,应当建议人民法院转为普通程序或者简易程序重新审理。

第四百四十四条 转为普通程序审理的案件,公诉人需要为出席法庭进行准备的,可以建议人民法院延期审理。

第四节 出席第二审法庭

第四百四十五条 对提出抗诉的案件或者公诉案件中人民法院决定开庭审理的上诉案件,同级人民检察院应当指派检察官出席第二审法庭。检察官助理可以协助检察官出庭。根据需要可以配备书记员担任记录。

第四百四十六条 检察官出席第二审法庭的任务是:

(一)支持抗诉或者听取上诉意见,对原审人民法院作出的错误判决或者裁定提出纠正意见;

(二)维护原审人民法院正确的判决或者裁定,建议法庭维持原判;

(三)维护诉讼参与人的合法权利;

(四)对法庭审理案件有无违反法律规定诉讼程序的情况记明笔录;

(五)依法从事其他诉讼活动。

第四百四十七条 对抗诉和上诉案件,第二审人民法院的同级人民检察院可以调取下级人民检察院与案件有关的材料。

人民检察院在接到第二审人民法院决定开庭、查阅案卷通知后,可以查阅或者调阅案卷材料。查阅或者调阅案卷材料应当在接到人民法院的通知之日起一个月以内完成。在一个月以内无法完成的,可以商请人民法院延期审理。

第四百四十八条 检察人员应当客观全面地审查原审案卷材料,不受上诉或者抗诉范围的限制。应当审查原审判决认定案件事实、适用法律是否正确,证据是否确实、充分,量刑是否适当,审判活动是否合法,并应当审查下级人民检察院的抗诉书或者上诉人的上诉状,了解抗诉或者上诉的理由是否正确、充分,重点审查有争议的案件事实、证据和法律适用问题,有针对性地做好庭审准备工作。

第四百四十九条 检察人员在审查第一审案卷材料时,应当复核主要证据,可以讯问原审被告人。必要时,可以补充收集证据、重新鉴定或者补充鉴定。需要原侦查案件的公安机关补充收集证据的,可以要求其补充收集。

被告人、辩护人提出被告人自首、立功等可能影响定罪量刑的材料和线索的,可以移交公安机关调查核实,也可以自行调查核实。发现遗漏罪行或者同案犯罪嫌疑人的,应当建议公安机关侦查。

对于下列原审被告人,应当进行讯问:

(一)提出上诉的;

(二)人民检察院提出抗诉的;

(三)被判处无期徒刑以上刑罚的。

第四百五十条 人民检察院办理死刑上诉、抗诉案件,应当进行下列工作:

(一)讯问原审被告人,听取原审被告人的上诉理由或者辩解;

(二)听取辩护人的意见;

(三)复核主要证据,必要时询问证人;

(四)必要时补充收集证据;

(五)对鉴定意见有疑问的,可以重新鉴定或者补充鉴定;

(六)根据案件情况,可以听取被害人的意见。

第四百五十一条 出席第二审法庭前,检察人员应当制作讯问原审被告人、询问被害人、证人、鉴定人和出示、宣读、播放证据计划,拟写答辩提纲,并制作出庭意见。

第四百五十二条 在法庭审理中,检察官应当针对原审判决或者裁定认定事实或适用法律、量刑等方面的问题,围绕抗诉或者上诉理由以及辩护人的辩护意见,讯问原审被告人,询问被害人、证人、鉴定人,出示和宣读证据,并提出意见和进行辩论。

第四百五十三条 需要出示、宣读、播放第一审期间已移交人民法院的证据的,出庭的检察官可以申请法庭出示、宣读、播放。

在第二审法庭宣布休庭后需要移交证据材料的,参照本规则第四百二十八条的规定办理。

第五节 出席再审法庭

第四百五十四条 人民法院开庭审理再审案件,同级人民检察院应当派员出席法庭。

第四百五十五条 人民检察院对于人民法院按照审判监督程序重新审判的案件,应当对原判决、裁定认定的事实、证据、适用法律进行全面审查,重点审查有争议的案件事实、证据和法律适用问题。

第四百五十六条 人民检察院派员出席再审法庭,如果再审案件按照第一审程序审理,参照本章第一节有关规定执行;如果再审案件按照第二审程序审理,参照本章第四节有关规定执行。

第十二章 特别程序

第一节 未成年人刑事案件诉讼程序

第四百五十七条 人民检察院办理未成年人刑事案件,应当贯彻“教育、感化、挽救”方针和“教育为主、惩罚为辅”的原则,坚持优先保护、特殊保护、双向保护,以帮助教育和预防重新犯罪为目的。

人民检察院可以借助社会力量开展帮助教育未成年人的工作。

第四百五十八条 人民检察院应当指定熟悉未成年人身心特点的检察人员办理未成年人刑事案件。

第四百五十九条 人民检察院办理未成年人与成年人共同犯罪案件,一般应当对未成年人与成年人分案办理、分别起诉。不宜分案处理的,应当对未成年人采取隐私保护、快速办理等特殊保护措施。

第四百六十条 人民检察院受理案件后,应当向未成年犯罪嫌疑人及其法定代理人了解其委托辩护人的情况,并告知其有权委托辩护人。

未成年犯罪嫌疑人没有委托辩护人的,人民检察院应当书面通知法律援助机构指派律师为其提供辩护。

对于公安机关未通知法律援助机构指派律师为未成年犯罪嫌疑人提供辩护的,人民检察院应当提出纠正意见。

第四百六十一条 人民检察院根据情况可以对未成年犯罪嫌疑人的成长经历、犯罪原因、监护教育等情况进行调查,并制作社会调查报告,作为办案和教育的参考。

人民检察院开展社会调查,可以委托有关组织和机构进行。开展社会调查应当尊重和保护未成年人隐私,不得向不知情人员泄露未成年犯罪嫌疑人的涉案信息。

人民检察院应当对公安机关移送的社会调查报告进行审查。必要时,可以进行补充调查。

人民检察院制作的社会调查报告应当随案移送人民法院。

第四百六十二条 人民检察院对未成年犯罪嫌疑人审查逮捕,应当根据未成年犯罪嫌疑人涉嫌犯罪的性质、情节、主观恶性、有无监护与社会帮教条件、认罪认罚等情况,综合衡量其社会危险性,严格限制适用逮捕措施。

第四百六十三条 对于罪行较轻,具备有效监护条件或者社会帮教措施,没有社会危险性或者社会危险性较小的未成年犯罪嫌疑人,应当不批准逮捕。

对于罪行比较严重,但主观恶性不大,有悔罪表现,具备有效监护条件或者社会帮教措施,具有下列情形之一,不逮捕不致发生社会危险性的未成年犯罪嫌疑人,可以不批准逮捕:

(一)初次犯罪、过失犯罪的;

(二)犯罪预备、中止、未遂的;

(三)防卫过当、避险过当的;

(四)有自首或者立功表现的;

(五)犯罪后认罪认罚,或者积极退赃,尽力减少和赔偿损失,被害人谅解的;

(六)不属于共同犯罪的主犯或者集团犯罪中的首要分子的;

(七)属于已满十四周岁不满十六周岁的未成年人或者系在校学生的;

(八)其他可以不批准逮捕的情形。

对于没有固定住所、无法提供保证人的未成年犯罪嫌疑人适用取保候审的,可以指定合适的成年人作为保证人。

第四百六十四条 审查逮捕未成年犯罪嫌疑人,应当重点查清其是否已满十四、十六、十八周岁。

对犯罪嫌疑人实际年龄难以判断,影响对该犯罪嫌疑人是否应当负刑事责任认定的,应当不批准逮捕。需要补充侦查的,同时通知公安机关。

第四百六十五条 在审查逮捕、审查起诉中,人民检察院应当讯问未成年犯罪嫌疑人,听取辩护人的意见,并制作笔录附卷。辩护人提出书面意见的,应当附卷。对于辩护人提出犯罪嫌疑人无罪、罪轻或者减轻、免除刑事责任、不适宜羁押或者侦查活动有违法情形等意见的,检察人员应当进行审查,并在相关工作文书中叙明辩护人提出的意见,说明是否采纳的情况和理由。

讯问未成年犯罪嫌疑人,应当通知其法定代理人到场,告知法定代理人依法享有的诉讼权利和应当履行的义务。到场的法定代理人可以代为行使未成年犯罪嫌疑人的诉讼权利,代为行使权利时不得损害未成年犯罪嫌疑人的合法权益。

无法通知、法定代理人不能到场或者法定代理人是共犯的,也可以通知未成年犯罪嫌疑人的其他成年亲属,所在学校、单位或者居住地的村民委员会、居民委员会、未成年人保护组织的代表到场,并将有关情况记录在案。未成年犯罪嫌疑人明确拒绝法定代理人以外的合适成年人到场,且有正当理由的,人民检察院可以准许,但应当在征求其意见后通知其他合适成年人到场。

到场的法定代理人或者其他人员认为检察人员在讯问中侵犯未成年犯罪嫌疑人合法权益提出意见的,人民检察院应当记录在案。对合理意见,应当接受并纠正。讯问笔录应当交由到场的法定代理人或者其他人员阅读或者向其宣读,并由其在笔录上签名或者盖章,并捺指印。

讯问女性未成年犯罪嫌疑人,应当有女性检察人员参加。

询问未成年被害人、证人,适用本条第二款至第五款的规定。询问应当以一次为原则,避免反复询问。

第四百六十六条 讯问未成年犯罪嫌疑人应当保护其人格尊严。

讯问未成年犯罪嫌疑人一般不得使用戒具。对于确有人身危险性必须使用戒具的,在现实危险消除后应当立即停止使用。

第四百六十七条 未成年犯罪嫌疑人认罪认罚的,人民检察院应当告知本人及其法定代理人享有的诉讼权利和认罪认罚的法律规定,并依照刑事诉讼法第一百七十三条的规定,听取、记录未成年犯罪嫌疑人及其法定代理人、辩护人、被害人及其诉讼代理人的意见。

第四百六十八条 未成年犯罪嫌疑人认罪认罚的,应当在法定代理人、辩护人在场的情况下签署认罪认罚具结书。法定代理人、辩护人对认罪认罚有异议的,不需要签署具结书。

因未成年犯罪嫌疑人的法定代理人、辩护人对其认罪认罚有异议而不签署具结书的,人民检察院应当对未成年人认罪认罚情况,法定代理人、辩护人的异议情况如实记录。提起公诉的,应当将该材料与其他案卷材料一并移送人民法院。

未成年犯罪嫌疑人的法定代理人、辩护人对认罪认罚有异议而不签署具结书的,不影响从宽处理。

法定代理人无法到场的,合适成年人可以代为行使到场权、知情权、异议权等。法定代理人未到场的原因以及听取合适成年人意见等情况应当记录在案。

第四百六十九条 对于符合刑事诉讼法第二百八十二条第一款规定条件的未成年人刑事案件,人民检察院可以作出附条件不起诉的决定。

人民检察院在作出附条件不起诉的决定以前,应当听取公安机关、被害人、未成年犯罪嫌疑人及其法定代理人、辩护人的意见,并制作笔录附卷。

第四百七十条 未成年犯罪嫌疑人及其法定代理人对拟作出附条件不起诉决定提出异议的,人民检察院应当提起公诉。但是,未成年犯罪嫌疑人及其法定代理人提出无罪辩解,人民检察院经审查认为无罪辩解理由成立的,应当按照本规则第三百六十五条的规定作出不起诉决定。

未成年犯罪嫌疑人及其法定代理人对案件作附条件不起诉处理没有异议，仅对所附条件及考验期有异议的，人民检察院可以依法采纳其合理的意见，对考察的内容、方式、时间等进行调整；其意见不利于对未成年犯罪嫌疑人帮教，人民检察院不采纳的，应当进行释法说理。

人民检察院作出起诉决定前，未成年犯罪嫌疑人及其法定代理人撤回异议的，人民检察院可以依法作出附条件不起诉决定。

第四百七十一条 人民检察院作出附条件不起诉的决定后，应当制作附条件不起诉决定书，并在三日以内送达公安机关、被害人或者其近亲属及其诉讼代理人、未成年犯罪嫌疑人及其法定代理人、辩护人。

人民检察院应当当面向未成年犯罪嫌疑人及其法定代理人宣布附条件不起诉决定，告知考验期限、在考验期内应当遵守的规定以及违反规定应负的法律责任，并制作笔录附卷。

第四百七十二条 对附条件不起诉的决定，公安机关要求复议、提请复核或者被害人提出申诉的，具体程序参照本规则第三百七十九条至第三百八十三条的规定。被害人不服附条件不起诉决定的，应当告知其不适用刑事诉讼法第一百八十条关于被害人可以向人民法院起诉的规定，并做好释法说理工作。

前款规定的复议、复核、申诉由相应人民检察院负责未成年人检察的部门进行审查。

第四百七十三条 人民检察院作出附条件不起诉决定的，应当确定考验期。考验期为六个月以上一年以下，从人民检察院作出附条件不起诉的决定之日起计算。

第四百七十四条 在附条件不起诉的考验期内，由人民检察院对被附条件不起诉的未成年犯罪嫌疑人进行监督考察。人民检察院应当要求未成年犯罪嫌疑人的监护人对未成年犯罪嫌疑人加强管教，配合人民检察院做好监督考察工作。

人民检察院可以会同未成年犯罪嫌疑人的监护人、所在学校、单位、居住地的村民委员会、居民委员会、未成年人保护组织等的有关人员，定期对未成年犯罪嫌疑人进行考察、教育，实施跟踪帮教。

第四百七十五条 人民检察院对于被附条件不起诉的未成年犯罪嫌疑人，应当监督考察其是否遵守下列规定：

（一）遵守法律法规，服从监督；

（二）按照规定报告自己的活动情况；

（三）离开所居住的市、县或者迁居，应当报经批准；

（四）按照要求接受矫治和教育。

第四百七十六条 人民检察院可以要求被附条件不起诉的未成年犯罪嫌疑人接受下列矫治和教育：

（一）完成戒瘾治疗、心理辅导或者其他适当的处遇措施；

（二）向社区或者公益团体提供公益劳动；

（三）不得进入特定场所，与特定的人员会见或者通信，从事特定的活动；

（四）向被害人赔偿损失、赔礼道歉等；

（五）接受相关教育；

（六）遵守其他保护被害人安全以及预防再犯的禁止性规定。

第四百七十七条 考验期届满，检察人员应当制作附条件不起诉考察意见书，提出起诉或者不起诉的意见，报请检察长决定。

考验期满作出不起诉的决定以前，应当听取被害人意见。

第四百七十八条 考验期满作出不起诉决定，被害人提出申诉的，依照本规则第四百七十二条规定办理。

第四百七十九条 被附条件不起诉的未成年犯罪嫌疑人，在考验期内具有下列情形之一的，人民检察院应当撤销附条件不起诉的决定，提起公诉：

（一）实施新的犯罪的；

（二）发现决定附条件不起诉以前还有其他犯罪需要追诉的；

（三）违反治安管理规定，造成严重后果，或者多次违反治安管理规定的；

（四）违反有关附条件不起诉的监督管理规定，造成严重后果，或者多次违反有关附条件不起诉的监督管理规定的。

第四百八十条 被附条件不起诉的未成年犯罪嫌疑人，在考验期内没有本规则第四百七十九条规定的情形，考验期满的，人民检察院应当作出不起诉的决定。

第四百八十一条 人民检察院办理未成年人刑事案件过程中，应当对涉案未成年人的资料予以保密，不得公开或者传播涉案未成年人的姓名、住所、照片、图像及可能推断出该未成年人的其他资料。

第四百八十二条 犯罪的时候不满十八周岁，被判处五年有期徒刑以下刑罚的，人民检察院应当在收到人民法院生效判决、裁定后，对犯罪记录予以封存。

生效判决、裁定由第二审人民法院作出的，同级人民检察院依照前款规定封存犯罪记录时，应当通知下级人民检察院对相关犯罪记录予以封存。

第四百八十三条 人民检察院应当将拟封存的未成年人犯罪记录、案卷等相关材料装订成册，加密保存，不予公开，并建立专门的未成年人犯罪档案库，执行严格的保管制度。

第四百八十四条 除司法机关为办案需要或者有关单位根据国家规定进行查询的以外，人民检察院不得向任何单位和个人提供封存的犯罪记录，并不得提供未成年人有犯罪记录的证明。

司法机关或者有关单位需要查询犯罪记录的，应当向封存犯罪记录的人民检察院提出书面申请。人民检察院应当在七日以内作出是否许可的决定。

第四百八十五条 未成年人犯罪记录封存后，没有法定事由、未经法定程序不得解封。

对被封存犯罪记录的未成年人，符合下列条件之一的，应当对其犯罪记录解除封存：

（一）实施新的犯罪，且新罪与封存记录之罪数罪并罚后被决定执行五年有期徒刑以上刑罚的；

（二）发现漏罪，且漏罪与封存记录之罪数罪并罚后被决定执行五年有期徒刑以上刑罚的。

第四百八十六条 人民检察院对未成年犯罪嫌疑人作出不起诉决定后，应当对相关记录予以封存。除司法机关为办案需要进行查询外，不得向任何单位和个人提供。封存的具体程序参照本规则第四百八十三条至第四百八十五条的规定。

第四百八十七条 被封存犯罪记录的未成年人或者其法定代理人申请出具无犯罪记录证明的，人民检察院应当出具。需要协调公安机关、人民法院为其出具无犯罪记录证明的，人民检察院应当予以协助。

第四百八十八条 负责未成年人检察的部门应当依法对看守所、未成年犯管教所监管未成年人的活动实行监督,配合做好对未成年人的教育。发现没有对未成年犯罪嫌疑人、被告人与成年犯罪嫌疑人、被告人分别关押、管理或者违反规定对未成年犯留所执行刑罚的,应当依法提出纠正意见。

负责未成年人检察的部门发现社区矫正机构违反未成年人社区矫正相关规定的,应当依法提出纠正意见。

第四百八十九条 本节所称未成年人刑事案件,是指犯罪嫌疑人实施涉嫌犯罪行为时已满十四周岁、未满十八周岁的刑事案件。

本节第四百六十条、第四百六十五条、第四百六十六条、第四百六十七条、第四百六十八条所称的未成年犯罪嫌疑人,是指在诉讼过程中未满十八周岁的人。犯罪嫌疑人实施涉嫌犯罪行为时未满十八周岁,在诉讼过程中已满十八周岁的,人民检察院可以根据案件的具体情况适用上述规定。

第四百九十条 人民检察院办理侵害未成年人犯罪案件,应当采取适合未成年被害人身心特点的方法,充分保护未成年被害人的合法权益。

第四百九十一条 办理未成年人刑事案件,除本节已有规定的以外,按照刑事诉讼法和其他有关规定进行。

第二节 当事人和解的公诉案件诉讼程序

第四百九十二条 下列公诉案件,双方当事人可以和解:

(一)因民间纠纷引起,涉嫌刑法分则第四章、第五章规定的犯罪案件,可能判处三年有期徒刑以下刑罚的;

(二)除渎职犯罪以外的可能判处七年有期徒刑以下刑罚的过失犯罪案件。

当事人和解的公诉案件应当同时符合下列条件:

(一)犯罪嫌疑人真诚悔罪,向被害人赔偿损失、赔礼道歉等;

(二)被害人明确表示对犯罪嫌疑人予以谅解;

(三)双方当事人自愿和解,符合有关法律规定;

(四)属于侵害特定被害人的故意犯罪或者有直接被害人的过失犯罪;

(五)案件事实清楚,证据确实、充分。

犯罪嫌疑人在五年以内曾经故意犯罪的,不适用本节规定的程序。

犯罪嫌疑人在犯刑事诉讼法第二百八十八条第一款规定的犯罪前五年内曾经故意犯罪,无论该故意犯罪是否已经追究,均应当认定为前款规定的五年以内曾经故意犯罪。

第四百九十三条 被害人死亡的,其法定代理人、近亲属可以与犯罪嫌疑人和解。

被害人系无行为能力或者限制行为能力人的,其法定代理人可以代为和解。

第四百九十四条 犯罪嫌疑人系限制行为能力人的,其法定代理人可以代为和解。

犯罪嫌疑人在押的,经犯罪嫌疑人同意,其法定代理人、近亲属可以代为和解。

第四百九十五条 双方当事人可以就赔偿损失、赔礼道歉等民事责任事项进行和解,并且可以就被害人及其法定代理人或者近亲属是否要求或者同意公安机关、人民检察院、人民法院对犯罪嫌疑人依法从宽处理进行协商,但不得对案件的事实认定、证据采信、法律适用和定罪量刑等依法属于公安机关、人民检察院、人民法院职权范围的事宜进行协商。

第四百九十六条 双方当事人可以自行达成和解,也可以经人民调解委员会、村民委员会、居民委员会、当事人所在单位或者同事、亲友等组织或者个人调解后达成和解。

人民检察院对于本规则第四百九十二条规定的公诉案件,可以建议当事人进行和解,并告知相应的权利义务,必要时可以提供法律咨询。

第四百九十七条 人民检察院应当对和解的自愿性、合法性进行审查,重点审查以下内容:

(一)双方当事人是否自愿和解;

(二)犯罪嫌疑人是否真诚悔罪,是否向被害人赔礼道歉,赔偿数额与其所造成的损害和赔偿能力是否相适应;

(三)被害人及其法定代理人或者近亲属是否明确表示对犯罪嫌疑人予以谅解;

(四)是否符合法律规定;

(五)是否损害国家、集体和社会公共利益或者他人的合法权益;

(六)是否符合社会公德。

审查时,应当听取双方当事人和其他有关人员对和解的意见,告知刑事案件可能从宽处理的法律后果和双方的权利义务,并制作笔录附卷。

第四百九十八条 经审查认为双方自愿和解,内容合法,且符合本规则第四百九十二条规定的范围和条件的,人民检察院应当主持制作和解协议书。

和解协议书的主要内容包括:

(一)双方当事人的基本情况;

(二)案件的主要事实;

(三)犯罪嫌疑人真诚悔罪,承认自己所犯罪行,对指控的犯罪没有异议,向被害人赔偿损失、赔礼道歉等。赔偿损失的,应当写明赔偿的数额、履行的方式、期限等;

(四)被害人及其法定代理人或者近亲属对犯罪嫌疑人予以谅解,并要求或者同意公安机关、人民检察院、人民法院对犯罪嫌疑人依法从宽处理。

和解协议书应当由双方当事人签字,可以写明和解协议书系在人民检察院主持下制作。检察人员不在当事人和解协议书上签字,也不加盖人民检察院印章。

和解协议书一式三份,双方当事人各持一份,另一份交人民检察院附卷备查。

第四百九十九条 和解协议书约定的赔偿损失内容,应当在双方签署协议后立即履行,至迟在人民检察院作出从宽处理决定前履行。确实难以一次性履行的,在提供有效担保并且被害人同意的情况下,也可以分期履行。

第五百条 双方当事人在侦查阶段达成和解协议,公安机关向人民检察院提出从宽处理建议的,人民检察院在审查逮捕和审查起诉时应当充分考虑公安机关的建议。

第五百零一条 人民检察院对于公安机关提请批准逮捕的案件,双方当事人达成和解协议的,可以作为有无社会危险性或者社会危险性大小的因素予以考虑。经审查认为不需要逮捕的,可以作出不批准逮捕的决定;在审查起诉阶段可以依法变更强制措施。

第五百零二条 人民检察院对于公安

机关移送起诉的案件,双方当事人达成和解协议的,可以作为是否需要判处刑罚或者免除刑罚的因素予以考虑。符合法律规定的不起诉条件的,可以决定不起诉。

对于依法应当提起公诉的,人民检察院可以向人民法院提出从宽处罚的量刑建议。

第五百零三条 人民检察院拟对当事人达成和解的公诉案件作出不起诉决定的,应当听取双方当事人对和解的意见,并且查明犯罪嫌疑人是否已经切实履行和解协议、不能即时履行的是否已经提供有效担保,将其作为是否决定不起诉的因素予以考虑。

当事人在不起诉决定作出之前反悔的,可以另行达成和解。不能另行达成和解的,人民检察院应当依法作出起诉或者不起诉决定。

当事人在不起诉决定作出之后反悔的,人民检察院不撤销原决定,但有证据证明和解违反自愿、合法原则的除外。

第五百零四条 犯罪嫌疑人或者其亲友等以暴力、威胁、欺骗或者其他非法方法强迫、引诱被害人和解,或者在协议履行完毕之后威胁、报复被害人的,应当认定和解协议无效。已经作出不批准逮捕或者不起诉决定的,人民检察院根据案件情况可以撤销原决定,对犯罪嫌疑人批准逮捕或者提起公诉。

第三节 缺席审判程序

第五百零五条 对于监察机关移送起诉的贪污贿赂犯罪案件,犯罪嫌疑人、被告人在境外,人民检察院认为犯罪事实已经查清,证据确实、充分,依法应当追究刑事责任的,可以向人民法院提起公诉。

对于公安机关移送起诉的需要及时进行审判的严重危害国家安全犯罪、恐怖活动犯罪案件,犯罪嫌疑人、被告人在境外,人民检察院认为犯罪事实已经查清,证据确实、充分,依法应当追究刑事责任的,经最高人民检察院核准,可以向人民法院提起公诉。

前两款规定的案件,由有管辖权的中级人民法院的同级人民检察院提起公诉。

人民检察院提起公诉的,应当向人民法院提交被告人已出境的证据。

第五百零六条 人民检察院对公安机关移送起诉的需要报请最高人民检察院核准的案件,经检察委员会讨论提出提起公诉意见的,应当层报最高人民检察院核准。报送材料包括起诉意见书、案件审查报告、报请核准的报告及案件证据材料。

第五百零七条 最高人民检察院收到下级人民检察院报请核准提起公诉的案卷材料后,应当及时指派检察官对案卷材料进行审查,提出核准或者不予核准的意见,报检察长决定。

第五百零八条 报请核准的人民检察院收到最高人民检察院核准决定书后,应当提起公诉,起诉书中应当载明经最高人民检察院核准的内容。

第五百零九条 审查起诉期间,犯罪嫌疑人自动投案或者被抓获的,人民检察院应当重新审查。

对严重危害国家安全犯罪、恐怖活动犯罪案件报请核准期间,犯罪嫌疑人自动投案或者被抓获的,报请核准的人民检察院应当及时撤回报请,重新审查案件。

第五百一十条 提起公诉后被告人到案,人民法院拟重新审理的,人民检察院应当商人民法院将案件撤回并重新审查。

第五百一十一条 因被告人患有严重疾病无法出庭,中止审理超过六个月,被告人仍无法出庭,被告人及其法定代理人、近亲属申请或者同意恢复审理的,人民检察院可以建议人民法院适用缺席审判程序审理。

第四节 犯罪嫌疑人、被告人逃匿、死亡案件违法所得的没收程序

第五百一十二条 对于贪污贿赂犯罪、恐怖活动犯罪等重大犯罪案件,犯罪嫌疑人、被告人逃匿,在通缉一年后不能到案,依照刑法规定应当追缴其违法所得及其他涉案财产的,人民检察院可以向人民法院提出没收违法所得的申请。

对于犯罪嫌疑人、被告人死亡,依照刑法规定应当追缴其违法所得及其他涉案财产的,人民检察院也可以向人民法院提出没收违法所得的申请。

第五百一十三条 犯罪嫌疑人、被告人为逃避侦查和刑事追究潜逃、隐匿,或者在刑事诉讼过程中脱逃的,应当认定为"逃匿"。

犯罪嫌疑人、被告人因意外事故下落不明满二年,或者因意外事故下落不明,经有关机关证明其不可能生存的,按照前款规定处理。

第五百一十四条 公安机关发布通缉令或者公安部通过国际刑警组织发布红色国际通报,应当认定为"通缉"。

第五百一十五条 犯罪嫌疑人、被告人通过实施犯罪直接或者间接产生、获得的任何财产,应当认定为"违法所得"。

违法所得已经部分或者全部转变、转化为其他财产的,转变、转化后的财产应当视为前款规定的"违法所得"。

来自违法所得转变、转化后的财产收益,或者来自已经与违法所得相混合财产中违法所得相应部分的收益,也应当视为第一款规定的违法所得。

第五百一十六条 犯罪嫌疑人、被告人非法持有的违禁品、供犯罪所用的本人财物,应当认定为"其他涉案财产"。

第五百一十七条 刑事诉讼法第二百九十九条第三款规定的"利害关系人"包括犯罪嫌疑人、被告人的近亲属和其他对申请没收的财产主张权利的自然人和单位。

刑事诉讼法第二百九十九条第二款、第三百条第二款规定的"其他利害关系人"是指前款规定的"其他对申请没收的财产主张权利的自然人和单位"。

第五百一十八条 人民检察院审查监察机关或者公安机关移送的没收违法所得意见书,向人民法院提出没收违法所得的申请以及对违法所得没收程序中调查活动、审判活动的监督,由负责捕诉的部门办理。

第五百一十九条 没收违法所得的申请,应当由有管辖权的中级人民法院的同级人民检察院提出。

第五百二十条 人民检察院向人民法院提出没收违法所得的申请,应当制作没收违法所得申请书。没收违法所得申请书应当载明以下内容:

(一)犯罪嫌疑人、被告人的基本情况,包括姓名、性别、出生年月日、出生地、户籍地、公民身份号码、民族、文化程度、职业、工作单位及职务、住址等;

(二)案由及案件来源;

(三)犯罪嫌疑人、被告人的犯罪事实及相关证据材料;

(四)犯罪嫌疑人、被告人逃匿、被通缉或者死亡的情况;

(五)申请没收的财产种类、数量、价值、所在地以及查封、扣押、冻结财产清单和相关法律手续;

(六)申请没收的财产属于违法所得及其他涉案财产的相关事实及证据材料;

(七)提出没收违法所得申请的理由和法律依据;

(八)有无近亲属和其他利害关系人以及利害关系人的姓名、身份、住址、联系方式;

(九)其他应当写明的内容。

上述材料需要翻译件的,人民检察院应当随没收违法所得申请书一并移送人民法院。

第五百二十一条 监察机关或者公安机关向人民检察院移送没收违法所得意见书,应当由有管辖权的人民检察院的同级监察机关或者公安机关移送。

第五百二十二条 人民检察院审查监察机关或者公安机关移送的没收违法所得意见书,应当审查下列内容:

(一)是否属于本院管辖;

(二)是否符合刑事诉讼法第二百九十八条第一款规定的条件;

(三)犯罪嫌疑人基本情况,包括姓名、性别、国籍、出生年月日、职业和单位等;

(四)犯罪嫌疑人涉嫌犯罪的事实和相关证据材料;

(五)犯罪嫌疑人逃匿、下落不明、被通缉或者死亡的情况,通缉令或者死亡证明是否随案移送;

(六)违法所得及其他涉案财产的种类、数量、所在地以及查封、扣押、冻结的情况,查封、扣押、冻结的财产清单和相关法律手续是否随案移送;

(七)违法所得及其他涉案财产的相关事实和证据材料;

(八)有无近亲属和其他利害关系人以及利害关系人的姓名、身份、住址、联系方式。

对于与犯罪事实、违法所得及其他涉案财产相关的证据材料,不宜移送的,应当审查证据的清单、复制件、照片或者其他证明文件是否随案移送。

第五百二十三条 人民检察院应当在接到监察机关或者公安机关移送的没收违法所得意见书后三十日以内作出是否提出没收违法所得申请的决定。三十日以内不能作出决定的,可以延长十五日。

对于监察机关或者公安机关移送的没收违法所得案件,经审查认为不符合刑事诉讼法第二百九十八条第一款规定条件的,应当作出不提出没收违法所得申请的决定,并向监察机关或者公安机关书面说明理由;认为需要补充证据的,应当书面要求监察机关或者公安机关补充证据,必要时也可以自行调查。

监察机关或者公安机关补充证据的时间不计入人民检察院办案期限。

第五百二十四条 人民检察院发现公安机关应当启动违法所得没收程序而不启动的,可以要求公安机关在七日以内书面说明不启动的理由。

经审查,认为公安机关不启动理由不能成立的,应当通知公安机关启动程序。

第五百二十五条 人民检察院发现公安机关在违法所得没收程序的调查活动中有违法情形的,应当向公安机关提出纠正意见。

第五百二十六条 在审查监察机关或者公安机关移送的没收违法所得意见书的

过程中,在逃的犯罪嫌疑人、被告人自动投案或者被抓获的,人民检察院应当终止审查,并将案卷退回监察机关或者公安机关处理。

第五百二十七条 人民检察院直接受理侦查的案件,犯罪嫌疑人死亡而撤销案件,符合刑事诉讼法第二百九十八条第一款规定条件的,负责侦查的部门应当启动违法所得没收程序进行调查。

负责侦查的部门进行调查应当查明犯罪嫌疑人涉嫌的犯罪事实,犯罪嫌疑人死亡的情况,以及犯罪嫌疑人的违法所得及其他涉案财产的情况,并可以对违法所得及其他涉案财产依法进行查封、扣押、查询、冻结。

负责侦查的部门认为符合刑事诉讼法第二百九十八条第一款规定条件的,应当写出没收违法所得意见书,连同案卷材料一并移送有管辖权的人民检察院负责侦查的部门,并由有管辖权的人民检察院负责侦查的部门移送本院负责捕诉的部门。

负责捕诉的部门对没收违法所得意见书进行审查,作出是否提出没收违法所得申请的决定,具体程序按照本规则第五百二十二条、第五百二十三条的规定办理。

第五百二十八条 在人民检察院审查起诉过程中,犯罪嫌疑人死亡,或者贪污贿赂犯罪、恐怖活动犯罪等重大犯罪案件的犯罪嫌疑人逃匿,在通缉一年后不能到案,依照刑法规定应当追缴其违法所得及其他涉案财产的,人民检察院可以直接提出没收违法所得的申请。

在人民法院审理案件过程中,被告人死亡而裁定终止审理,或者被告人脱逃而裁定中止审理,人民检察院可以依法另行向人民法院提出没收违法所得的申请。

第五百二十九条 人民法院对没收违法所得的申请进行审理,人民检察院应当承担举证责任。

人民法院对没收违法所得的申请开庭审理的,人民检察院应当派员出席法庭。

第五百三十条 出席法庭的检察官应当宣读没收违法所得申请书,并在法庭调查阶段就申请没收的财产属于违法所得及其他涉案财产等相关事实出示、宣读证据。

第五百三十一条 人民检察院发现人民法院或者审判人员审理没收违法所得案件违反法律规定的诉讼程序,应当向人民法院提出纠正意见。

人民检察院认为同级人民法院按照违法所得没收程序所作的第一审裁定确有错误的,应当在五日以内向上一级人民法院提出抗诉。

最高人民检察院、省级人民检察院认为下级人民法院按照违法所得没收程序所作的已经发生法律效力的裁定确有错误的,应当按照审判监督程序向同级人民法院提出抗诉。

第五百三十二条 在审理案件过程中,在逃的犯罪嫌疑人、被告人自动投案或者被抓获,人民法院按照刑事诉讼法第三百零一条第一款的规定终止审理的,人民检察院应当将案卷退回监察机关或者公安机关处理。

第五百三十三条 对于刑事诉讼法第二百九十八条第一款规定以外需要没收违法所得的,按照有关规定执行。

第五节 依法不负刑事责任的精神病人的强制医疗程序

第五百三十四条 对于实施暴力行为,危害公共安全或者严重危害公民人身安全,已经达到犯罪程度,经法定程序鉴定依法不负刑事责任的精神病人,有继续危害社会可能的,人民检察院应当向人民法院提出强制医疗的申请。

提出强制医疗的申请以及对强制医疗决定的监督,由负责捕诉的部门办理。

第五百三十五条 强制医疗的申请由被申请人实施暴力行为所在地的基层人民检察院提出;由被申请人居住地的人民检察院提出更为适宜的,可以由被申请人居住地的基层人民检察院提出。

第五百三十六条 人民检察院向人民法院提出强制医疗的申请,应当制作强制医疗申请书。强制医疗申请书的主要内容包括:

(一)涉案精神病人的基本情况,包括姓名、性别、出生年月日、出生地、户籍地、公民身份号码、民族、文化程度、职业、工作单位及职务、住址,采取临时保护性约束措施的情况及处所等;

(二)涉案精神病人的法定代理人的基本情况,包括姓名、住址、联系方式等;

(三)案由及案件来源;

(四)涉案精神病人实施危害公共安全或者严重危害公民人身安全的暴力行为的事实,包括实施暴力行为的时间、地点、手段、后果等及相关证据情况;

(五)涉案精神病人不负刑事责任的依据,包括有关鉴定意见和其他证据材料;

(六)涉案精神病人继续危害社会的可能;

(七)提出强制医疗申请的理由和法律依据。

第五百三十七条 人民检察院审查公安机关移送的强制医疗意见书,应当查明:

(一)是否属于本院管辖;

(二)涉案精神病人身份状况是否清楚,包括姓名、性别、国籍、出生年月日、职业和单位等;

(三)涉案精神病人实施危害公共安全或者严重危害公民人身安全的暴力行为的事实;

(四)公安机关对涉案精神病人进行鉴定的程序是否合法,涉案精神病人是否依法不负刑事责任;

(五)涉案精神病人是否有继续危害社会的可能;

(六)证据材料是否随案移送,不宜移送的证据的清单、复制件、照片或者其他证明文件是否随案移送;

(七)证据是否确实、充分;

(八)采取的临时保护性约束措施是否适当。

第五百三十八条 人民检察院办理公安机关移送的强制医疗案件,可以采取以下方式开展调查,调查情况应当记录并附卷:

(一)会见涉案精神病人,听取涉案精神病人的法定代理人、诉讼代理人意见;

(二)询问办案人员、鉴定人;

(三)向被害人及其法定代理人、近亲属了解情况;

(四)向涉案精神病人的主治医生、近亲属、邻居、其他知情人员或者基层组织等了解情况;

(五)就有关专门性技术问题委托具有法定资质的鉴定机构、鉴定人进行鉴定。

第五百三十九条 人民检察院应当在接到公安机关移送的强制医疗意见书后三十日以内作出是否提出强制医疗申请的决定。

对于公安机关移送的强制医疗案件,

经审查认为不符合刑事诉讼法第三百零二条规定条件的,应当作出不提出强制医疗申请的决定,并向公安机关书面说明理由。认为需要补充证据的,应当书面要求公安机关补充证据,必要时也可以自行调查。

公安机关补充证据的时间不计入人民检察院办案期限。

第五百四十条 人民检察院发现公安机关应当启动强制医疗程序而不启动的,可以要求公安机关在七日以内书面说明不启动的理由。

经审查,认为公安机关不启动理由不能成立的,应当通知公安机关启动强制医疗程序。

公安机关收到启动强制医疗程序通知书后,未按要求启动强制医疗程序的,人民检察院应当提出纠正意见。

第五百四十一条 人民检察院对公安机关移送的强制医疗案件,发现公安机关对涉案精神病人进行鉴定违反法律规定,具有下列情形之一的,应当依法提出纠正意见:

(一)鉴定机构不具备法定资质的;

(二)鉴定人不具备法定资质或者违反回避规定的;

(三)鉴定程序违反法律或者有关规定,鉴定的过程和方法违反相关专业规范要求的;

(四)鉴定文书不符合法定形式要件的;

(五)鉴定意见没有依法及时告知相关人员的;

(六)鉴定人故意作虚假鉴定的;

(七)其他违反法律规定的情形。

人民检察院对精神病鉴定程序进行监督,可以要求公安机关补充鉴定或者重新鉴定。必要时,可以询问鉴定人并制作笔录,或者委托具有法定资质的鉴定机构进行补充鉴定或者重新鉴定。

第五百四十二条 人民检察院发现公安机关对涉案精神病人不应当采取临时保护性约束措施而采取的,应当提出纠正意见。

认为公安机关应当采取临时保护性约束措施而未采取的,应当建议公安机关采取临时保护性约束措施。

第五百四十三条 在审查起诉中,犯罪嫌疑人经鉴定系依法不负刑事责任的精神病人的,人民检察院应当作出不起诉决定。认为符合刑事诉讼法第三百零二条规定条件的,应当向人民法院提出强制医疗的申请。

第五百四十四条 人民法院对强制医疗案件开庭审理的,人民检察院应当派员出席法庭。

第五百四十五条 人民检察院发现人民法院强制医疗案件审理活动具有下列情形之一的,应当提出纠正意见:

(一)未通知被申请人或者被告人的法定代理人到场的;

(二)被申请人或者被告人没有委托诉讼代理人,未通知法律援助机构指派律师为其提供法律帮助的;

(三)未组成合议庭或者合议庭组成人员不合法的;

(四)未经被申请人、被告人的法定代理人请求直接作出不开庭审理决定的;

(五)未会见被申请人的;

(六)被申请人、被告人要求出庭且具备出庭条件,未准许其出庭的;

(七)违反法定审理期限的;

(八)收到人民检察院对强制医疗决定

不当的书面纠正意见后,未另行组成合议庭审理或者未在一个月以内作出复议决定的;

（九）人民法院作出的强制医疗决定或者驳回强制医疗申请决定不当的;

（十）其他违反法律规定的情形。

第五百四十六条 出席法庭的检察官发现人民法院或者审判人员审理强制医疗案件违反法律规定的诉讼程序,应当记录在案,并在休庭后及时向检察长报告,由人民检察院在庭审后向人民法院提出纠正意见。

第五百四十七条 人民检察院认为人民法院作出的强制医疗决定或者驳回强制医疗申请的决定,具有下列情形之一的,应当在收到决定书副本后二十日以内向人民法院提出纠正意见:

（一）据以作出决定的事实不清或者确有错误的;

（二）据以作出决定的证据不确实、不充分的;

（三）据以作出决定的证据依法应当予以排除的;

（四）据以作出决定的主要证据之间存在矛盾的;

（五）有确实、充分的证据证明应当决定强制医疗而予以驳回的,或者不应当决定强制医疗而决定强制医疗的;

（六）审理过程中严重违反法定诉讼程序,可能影响公正审理和决定的。

第五百四十八条 人民法院在审理案件过程中发现被告人符合强制医疗条件,适用强制医疗程序对案件进行审理的,人民检察院应当在庭审中发表意见。

人民法院作出宣告被告人无罪或者不负刑事责任的判决和强制医疗决定的,人民检察院应当进行审查。对判决确有错误的,应当依法提出抗诉;对强制医疗决定不当或者未作出强制医疗的决定不当的,应当提出纠正意见。

第五百四十九条 人民法院收到被决定强制医疗的人、被害人及其法定代理人、近亲属复议申请后,未组成合议庭审理,或者未在一个月以内作出复议决定,或者有其他违法行为的,人民检察院应当提出纠正意见。

第五百五十条 人民检察院对于人民法院批准解除强制医疗的决定实行监督,发现人民法院解除强制医疗的决定不当的,应当提出纠正意见。

第十三章 刑事诉讼法律监督

第一节 一般规定

第五百五十一条 人民检察院对刑事诉讼活动实行法律监督,发现违法情形的,依法提出抗诉、纠正意见或者检察建议。

人民检察院对于涉嫌违法的事实,可以采取以下方式进行调查核实:

（一）讯问、询问犯罪嫌疑人;

（二）询问证人、被害人或者其他诉讼参与人;

（三）询问办案人员;

（四）询问在场人员或者其他可能知情的人员;

（五）听取申诉人或者控告人的意见;

（六）听取辩护人、值班律师意见;

（七）调取、查询、复制相关登记表册、法律文书、体检记录及案卷材料等;

（八）调取讯问笔录、询问笔录及相关录音、录像或其他视听资料;

（九）进行伤情、病情检查或者鉴定；

（十）其他调查核实方式。

人民检察院在调查核实过程中不得限制被调查对象的人身、财产权利。

第五百五十二条 人民检察院发现刑事诉讼活动中的违法行为，对于情节较轻的，由检察人员以口头方式提出纠正意见；对于情节较重的，经检察长决定，发出纠正违法通知书。对于带有普遍性的违法情形，经检察长决定，向相关机关提出检察建议。构成犯罪的，移送有关机关、部门依法追究刑事责任。

有申诉人、控告人的，调查核实和纠正违法情况应予告知。

第五百五十三条 人民检察院发出纠正违法通知书的，应当监督落实。被监督单位在纠正违法通知书规定的期限内没有回复纠正情况的，人民检察院应当督促回复。经督促被监督单位仍不回复或者没有正当理由不纠正的，人民检察院应当向上一级人民检察院报告。

第五百五十四条 被监督单位对纠正意见申请复查的，人民检察院应当在收到被监督单位的书面意见后七日以内进行复查，并将复查结果及时通知申请复查的单位。经过复查，认为纠正意见正确的，应当及时向上一级人民检察院报告；认为纠正意见错误的，应当及时予以撤销。

上一级人民检察院经审查，认为下级人民检察院纠正意见正确的，应当及时通报被监督单位的上级机关或者主管机关，并建议其督促被监督单位予以纠正；认为下级人民检察院纠正意见错误的，应当书面通知下级人民检察院予以撤销，下级人民检察院应当执行，并及时向被监督单位说明情况。

第五百五十五条 当事人和辩护人、诉讼代理人、利害关系人对于办案机关及其工作人员有刑事诉讼法第一百一十七条规定的行为，向该机关申诉或者控告，对该机关作出的处理不服或者该机关未在规定时间内作出答复，而向人民检察院申诉的，办案机关的同级人民检察院应当受理。

人民检察院直接受理侦查的案件，当事人和辩护人、诉讼代理人、利害关系人对办理案件的人民检察院的处理不服的，可以向上一级人民检察院申诉，上一级人民检察院应当受理。

未向办案机关申诉或者控告，或者办案机关在规定时间内尚未作出处理决定，直接向人民检察院申诉的，人民检察院应当告知其向办案机关申诉或者控告。人民检察院在审查逮捕、审查起诉中发现有刑事诉讼法第一百一十七规定的违法情形的，可以直接监督纠正。

当事人和辩护人、诉讼代理人、利害关系人对刑事诉讼法第一百一十七条规定情形之外的违法行为提出申诉或者控告的，人民检察院应当受理，并及时审查，依法处理。

第五百五十六条 对人民检察院及其工作人员办理案件中违法行为的申诉、控告，由负责控告申诉检察的部门受理和审查办理。对其他司法机关处理决定不服向人民检察院提出的申诉，由负责控告申诉检察的部门受理后，移送相关办案部门审查办理。

审查办理的部门应当在受理之日起十五日以内提出审查意见。人民检察院对刑事诉讼法第一百一十七条的申诉，经审查认为需要其他司法机关说明理由的，应当要求有关机关说明理由，并在收到理由说明后十五日以内提出审查意见。

人民检察院及其工作人员办理案件中存在的违法情形属实的，应当予以纠正；不存在违法行为的，书面答复申诉人、控告人。

其他司法机关对申诉、控告的处理不正确的，人民检察院应当通知有关机关予以纠正；处理正确的，书面答复申诉人、控告人。

第二节 刑事立案监督

第五百五十七条 被害人及其法定代理人、近亲属或者行政执法机关，认为公安机关对其控告或者移送的案件应当立案侦查而不立案侦查，或者当事人认为公安机关不应当立案而立案，向人民检察院提出的，人民检察院应当受理并进行审查。

人民检察院发现公安机关可能存在应当立案侦查而不立案侦查情形的，应当依法进行审查。

人民检察院接到控告、举报或者发现行政执法机关不移送涉嫌犯罪案件的，经检察长批准，应当向行政执法机关提出检察意见，要求其按照管辖规定向公安机关移送涉嫌犯罪案件。

第五百五十八条 人民检察院负责控告申诉检察的部门受理对公安机关应当立案而不立案或者不应当立案而立案的控告、申诉，应当根据事实、法律进行审查。认为需要公安机关说明不立案或者立案理由的，应当及时将案件移送负责捕诉的部门办理；认为公安机关立案或者不立案决定正确的，应当制作相关法律文书，答复控告人、申诉人。

第五百五十九条 人民检察院经审查，认为需要公安机关说明不立案理由的，应当要求公安机关书面说明不立案的理由。

对于有证据证明公安机关可能存在违法动用刑事手段插手民事、经济纠纷，或者利用立案实施报复陷害、敲诈勒索以及谋取其他非法利益等违法立案情形，尚未提请批准逮捕或者移送起诉的，人民检察院应当要求公安机关书面说明立案理由。

第五百六十条 人民检察院要求公安机关说明不立案或者立案理由，应当书面通知公安机关，并且告知公安机关在收到通知后七日以内，书面说明不立案或者立案的情况、依据和理由，连同有关证据材料回复人民检察院。

第五百六十一条 公安机关说明不立案或者立案的理由后，人民检察院应当进行审查。认为公安机关不立案或者立案理由不能成立的，经检察长决定，应当通知公安机关立案或者撤销案件。

人民检察院认为公安机关不立案或者立案理由成立的，应当在十日以内将不立案或者立案的依据和理由告知被害人及其法定代理人、近亲属或者行政执法机关。

第五百六十二条 公安机关对当事人的报案、控告、举报或者行政执法机关移送的涉嫌犯罪案件受理后未在规定期限内作出是否立案决定，当事人或者行政执法机关向人民检察院提出的，人民检察院应当受理并进行审查。经审查，认为尚未超过规定期限的，应当移送公安机关处理，并答复报案人、控告人、举报人或者行政执法机关；认为超过规定期限的，应当要求公安机关在七日以内书面说明逾期不作出是否立案决定的理由，连同有关证据材料回复人民检察院。公安机关在七日以内不说明理由也不作出立案或者不立案决定的，人民检察院应当提出纠正意见。人民检察院经审查有关证据材料认为符合立案条件的，应当通知公安机关立案。

第五百六十三条 人民检察院通知公安机关立案或者撤销案件，应当制作通知立案书或者通知撤销案件书，说明依据和理由，连同证据材料送达公安机关，并且告知公安机关应当在收到通知立案书后十五日以内立案，对通知撤销案件书没有异议的应当立即撤销案件，并将立案决定书或者撤销案件决定书及时送达人民检察院。

第五百六十四条 人民检察院通知公安机关立案或者撤销案件的，应当依法对执行情况进行监督。

公安机关在收到通知立案书或者通知撤销案件书后超过十五日不予立案或者未要求复议、提请复核也不撤销案件的，人民检察院应当发出纠正违法通知书。公安机关仍不纠正的，报上一级人民检察院协商同级公安机关处理。

公安机关立案后三个月以内未侦查终结的，人民检察院可以向公安机关发出立案监督案件催办函，要求公安机关及时向人民检察院反馈侦查工作进展情况。

第五百六十五条 公安机关认为人民检察院撤销案件通知有错误，要求同级人民检察院复议的，人民检察院应当重新审查。在收到要求复议意见书和案卷材料后七日以内作出是否变更的决定，并通知公安机关。

公安机关不接受人民检察院复议决定，提请上一级人民检察院复核的，上级人民检察院应当在收到提请复核意见书和案卷材料后十五日以内作出是否变更的决定，通知下级人民检察院和公安机关执行。

上级人民检察院复核认为撤销案件通知有错误的，下级人民检察院应当立即纠正；上级人民检察院复核认为撤销案件通知正确的，应当作出复核决定并送达下级公安机关。

第五百六十六条 人民检察院负责捕诉的部门发现本院负责侦查的部门对应当立案侦查的案件不立案侦查或者对不应当立案侦查的案件立案侦查的，应当建议负责侦查的部门立案侦查或者撤销案件。建议不被采纳的，应当报请检察长决定。

第三节 侦查活动监督

第五百六十七条 人民检察院应当对侦查活动中是否存在以下违法行为进行监督：

（一）采用刑讯逼供以及其他非法方法收集犯罪嫌疑人供述的；

（二）讯问犯罪嫌疑人依法应当录音或者录像而没有录音或者录像，或者未在法定羁押场所讯问犯罪嫌疑人的；

（三）采用暴力、威胁以及非法限制人身自由等非法方法收集证人证言、被害人陈述，或者以暴力、威胁等方法阻止证人作证或者指使他人作伪证的；

（四）伪造、隐匿、销毁、调换、私自涂改证据，或者帮助当事人毁灭、伪造证据的；

（五）违反刑事诉讼法关于决定、执行、变更、撤销强制措施的规定，或者强制措施法定期限届满，不予释放、解除或者变更的；

（六）应当退还取保候审保证金不退还的；

（七）违反刑事诉讼法关于讯问、询问、勘验、检查、搜查、鉴定、采取技术侦查措施等规定的；

（八）对与案件无关的财物采取查封、

扣押、冻结措施,或者应当解除查封、扣押、冻结而不解除的;

(九)贪污、挪用、私分、调换、违反规定使用查封、扣押、冻结的财物及其孳息的;

(十)不应当撤案而撤案的;

(十一)侦查人员应当回避而不回避的;

(十二)依法应当告知犯罪嫌疑人诉讼权利而不告知,影响犯罪嫌疑人行使诉讼权利的;

(十三)对犯罪嫌疑人拘留、逮捕、指定居所监视居住后依法应当通知家属而未通知的;

(十四)阻碍当事人、辩护人、诉讼代理人、值班律师依法行使诉讼权利的;

(十五)应当对证据收集的合法性出具说明或者提供证明材料而不出具、不提供的;

(十六)侦查活动中的其他违反法律规定的行为。

第五百六十八条 人民检察院发现侦查活动中的违法情形已涉嫌犯罪,属于人民检察院管辖的,依法立案侦查;不属于人民检察院管辖的,依照有关规定移送有管辖权的机关。

第五百六十九条 人民检察院负责捕诉的部门发现本院负责侦查的部门在侦查活动中有违法情形,应当提出纠正意见。需要追究相关人员违法违纪责任的,应当报告检察长。

上级人民检察院发现下级人民检察院在侦查活动中有违法情形,应当通知其纠正。下级人民检察院应当及时纠正,并将纠正情况报告上级人民检察院。

第四节 审判活动监督

第五百七十条 人民检察院应当对审判活动中是否存在以下违法行为进行监督:

(一)人民法院对刑事案件的受理违反管辖规定的;

(二)人民法院审理案件违反法定审理和送达期限的;

(三)法庭组成人员不符合法律规定,或者依照规定应当回避而不回避的;

(四)法庭审理案件违反法定程序的;

(五)侵犯当事人、其他诉讼参与人的诉讼权利和其他合法权利的;

(六)法庭审理时对有关程序问题所作的决定违反法律规定的;

(七)违反法律规定裁定发回重审的;

(八)故意毁弃、篡改、隐匿、伪造、偷换证据或者其他诉讼材料,或者依据未经法定程序调查、质证的证据定案的;

(九)依法应当调查收集相关证据而不收集的;

(十)徇私枉法,故意违背事实和法律作枉法裁判的;

(十一)收受、索取当事人及其近亲属或者其委托的律师等人财物或者其他利益的;

(十二)违反法律规定采取强制措施或者采取强制措施法定期限届满,不予释放、解除或者变更的;

(十三)应当退还取保候审保证金不退还的;

(十四)对与案件无关的财物采取查封、扣押、冻结措施,或者应当解除查封、扣押、冻结而不解除的;

(十五)贪污、挪用、私分、调换、违反规定使用查封、扣押、冻结的财物及其孳息的;

(十六)其他违反法律规定的行为。

第五百七十一条 人民检察院检察长或者检察长委托的副检察长，可以列席同级人民法院审判委员会会议，依法履行法律监督职责。

第五百七十二条 人民检察院在审判活动监督中，发现人民法院或者审判人员审理案件违反法律规定的诉讼程序，应当向人民法院提出纠正意见。

人民检察院对违反程序的庭审活动提出纠正意见，应当由人民检察院在庭审后提出。出席法庭的检察人员发现法庭审判违反法律规定的诉讼程序，应当在休庭后及时向检察长报告。

第五节 羁押必要性审查

第五百七十三条 犯罪嫌疑人、被告人被逮捕后，人民检察院仍应当对羁押的必要性进行审查。

第五百七十四条 人民检察院在办案过程中可以依职权主动进行羁押必要性审查。

犯罪嫌疑人、被告人及其法定代理人、近亲属或者辩护人可以申请人民检察院进行羁押必要性审查。申请时应当说明不需要继续羁押的理由，有相关证据或者其他材料的应当提供。

看守所根据在押人员身体状况，可以建议人民检察院进行羁押必要性审查。

第五百七十五条 负责捕诉的部门依法对侦查和审判阶段的羁押必要性进行审查。经审查认为不需要继续羁押的，应当建议公安机关或者人民法院释放犯罪嫌疑人、被告人或者变更强制措施。

审查起诉阶段，负责捕诉的部门经审查认为不需要继续羁押的，应当直接释放犯罪嫌疑人或者变更强制措施。

负责刑事执行检察的部门收到有关材料或者发现不需要继续羁押的，应当及时将有关材料和意见移送负责捕诉的部门。

第五百七十六条 办案机关对应的同级人民检察院负责控告申诉检察的部门或者负责案件管理的部门收到羁押必要性审查申请后，应当在当日移送本院负责捕诉的部门。

其他人民检察院收到羁押必要性审查申请的，应当告知申请人向办案机关对应的同级人民检察院提出申请，或者在二日以内将申请材料移送办案机关对应的同级人民检察院，并告知申请人。

第五百七十七条 人民检察院可以采取以下方式进行羁押必要性审查：

（一）审查犯罪嫌疑人、被告人不需要继续羁押的理由和证明材料；

（二）听取犯罪嫌疑人、被告人及其法定代理人、辩护人的意见；

（三）听取被害人及其法定代理人、诉讼代理人的意见，了解是否达成和解协议；

（四）听取办案机关的意见；

（五）调查核实犯罪嫌疑人、被告人的身体健康状况；

（六）需要采取的其他方式。

必要时，可以依照有关规定进行公开审查。

第五百七十八条 人民检察院应当根据犯罪嫌疑人、被告人涉嫌的犯罪事实、主观恶性、悔罪表现、身体状况、案件进展情况、可能判处的刑罚和有无再危害社会的危险等因素，综合评估有无必要继续羁押犯罪嫌疑人、被告人。

第五百七十九条 人民检察院发现犯罪嫌疑人、被告人具有下列情形之一的，应当向办案机关提出释放或者变更强制措施的建议：

（一）案件证据发生重大变化，没有证据证明有犯罪事实或者犯罪行为系犯罪嫌疑人、被告人所为的；

（二）案件事实或者情节发生变化，犯罪嫌疑人、被告人可能被判处拘役、管制、独立适用附加刑、免予刑事处罚或者判决无罪的；

（三）继续羁押犯罪嫌疑人、被告人，羁押期限将超过依法可能判处的刑期的；

（四）案件事实基本查清，证据已经收集固定，符合取保候审或者监视居住条件的。

第五百八十条 人民检察院发现犯罪嫌疑人、被告人具有下列情形之一，且具有悔罪表现，不予羁押不致发生社会危险性的，可以向办案机关提出释放或者变更强制措施的建议：

（一）预备犯或者中止犯；

（二）共同犯罪中的从犯或者胁从犯；

（三）过失犯罪的；

（四）防卫过当或者避险过当的；

（五）主观恶性较小的初犯；

（六）系未成年人或者已满七十五周岁的人；

（七）与被害方依法自愿达成和解协议，且已经履行或者提供担保的；

（八）认罪认罚的；

（九）患有严重疾病、生活不能自理的；

（十）怀孕或者正在哺乳自己婴儿的妇女；

（十一）系生活不能自理的人的唯一扶养人；

（十二）可能被判处一年以下有期徒刑或者宣告缓刑的；

（十三）其他不需要继续羁押的情形。

第五百八十一条 人民检察院向办案机关发出释放或者变更强制措施建议书的，应当说明不需要继续羁押犯罪嫌疑人、被告人的理由和法律依据，并要求办案机关在十日以内回复处理情况。

人民检察院应当跟踪办案机关对释放或者变更强制措施建议的处理情况。办案机关未在十日以内回复处理情况的，应当提出纠正意见。

第五百八十二条 对于依申请审查的案件，人民检察院办结后，应当将提出建议的情况和公安机关、人民法院的处理情况，或者有继续羁押必要的审查意见和理由及时书面告知申请人。

第六节 刑事判决、裁定监督

第五百八十三条 人民检察院依法对人民法院的判决、裁定是否正确实行法律监督，对人民法院确有错误的判决、裁定，应当依法提出抗诉。

第五百八十四条 人民检察院认为同级人民法院第一审判决、裁定具有下列情形之一的，应当提出抗诉：

（一）认定的事实确有错误或者据以定罪量刑的证据不确实、不充分的；

（二）有确实、充分证据证明有罪判无罪，或者无罪判有罪的；

（三）重罪轻判，轻罪重判，适用刑罚明显不当的；

（四）认定罪名不正确，一罪判数罪、数罪判一罪，影响量刑或者造成严重社会影响的；

（五）免除刑事处罚或者适用缓刑、禁止令、限制减刑等错误的；

（六）人民法院在审理过程中严重违反法律规定的诉讼程序的。

第五百八十五条 人民检察院在收到人民法院第一审判决书或者裁定书后,应当及时审查。对于需要提出抗诉的案件,应当报请检察长决定。

第五百八十六条 人民检察院对同级人民法院第一审判决的抗诉,应当在接到判决书后第二日起十日以内提出;对第一审裁定的抗诉,应当在接到裁定书后第二日起五日以内提出。

第五百八十七条 人民检察院对同级人民法院第一审判决、裁定的抗诉,应当制作抗诉书,通过原审人民法院向上一级人民法院提出,并将抗诉书副本连同案卷材料报送上一级人民检察院。

第五百八十八条 被害人及其法定代理人不服地方各级人民法院第一审的判决,在收到判决书后五日以内请求人民检察院提出抗诉的,人民检察院应当立即进行审查,在收到被害人及其法定代理人的请求后五日以内作出是否抗诉的决定,并且答复请求人。经审查认为应当抗诉的,适用本规则第五百八十四条至第五百八十七条的规定办理。

被害人及其法定代理人在收到判决书五日以后请求人民检察院提出抗诉的,由人民检察院决定是否受理。

第五百八十九条 上一级人民检察院对下级人民检察院按照第二审程序提出抗诉的案件,认为抗诉正确的,应当支持抗诉。

上一级人民检察院认为抗诉不当的,应当听取下级人民检察院的意见。听取意见后,仍然认为抗诉不当的,应当向同级人民法院撤回抗诉,并且通知下级人民检察院。

上一级人民检察院在上诉、抗诉期限内,发现下级人民检察院应当提出抗诉而没有提出抗诉的案件,可以指令下级人民检察院依法提出抗诉。

上一级人民检察院支持或者部分支持抗诉意见的,可以变更、补充抗诉理由,及时制作支持抗诉意见书,并通知提出抗诉的人民检察院。

第五百九十条 第二审人民法院发回原审人民法院按照第一审程序重新审判的案件,如果人民检察院认为重新审判的判决、裁定确有错误的,可以按照第二审程序提出抗诉。

第五百九十一条 人民检察院认为人民法院已经发生法律效力的判决、裁定确有错误,具有下列情形之一的,应当按照审判监督程序向人民法院提出抗诉:

(一)有新的证据证明原判决、裁定认定的事实确有错误,可能影响定罪量刑的;

(二)据以定罪量刑的证据不确实、不充分的;

(三)据以定罪量刑的证据依法应当予以排除的;

(四)据以定罪量刑的主要证据之间存在矛盾的;

(五)原判决、裁定的主要事实依据被依法变更或者撤销的;

(六)认定罪名错误且明显影响量刑的;

(七)违反法律关于追诉时效期限的规定的;

(八)量刑明显不当的;

(九)违反法律规定的诉讼程序,可能影响公正审判的;

(十)审判人员在审理案件的时候有贪污受贿,徇私舞弊,枉法裁判行为的。

对于同级人民法院已经发生法律效力

的判决、裁定,人民检察院认为可能有错误的,应当另行指派检察官或者检察官办案组进行审查。经审查,认为有前款规定情形之一的,应当提请上一级人民检察院提出抗诉。

对已经发生法律效力的判决、裁定的审查,参照本规则第五百八十五条的规定办理。

第五百九十二条 对于高级人民法院判处死刑缓期二年执行的案件,省级人民检察院认为确有错误提请抗诉的,一般应当在收到生效判决、裁定后三个月以内提出,至迟不得超过六个月。

第五百九十三条 当事人及其法定代理人、近亲属认为人民法院已经发生法律效力的判决、裁定确有错误,向人民检察院申诉的,由作出生效判决、裁定的人民法院的同级人民检察院依法办理。

当事人及其法定代理人、近亲属直接向上级人民检察院申诉的,上级人民检察院可以交由作出生效判决、裁定的人民法院的同级人民检察院受理;案情重大、疑难、复杂的,上级人民检察院可以直接受理。

当事人及其法定代理人、近亲属对人民法院已经发生法律效力的判决、裁定提出申诉,经人民检察院复查决定不予抗诉后继续提出申诉的,上一级人民检察院应当受理。

第五百九十四条 对不服人民法院已经发生法律效力的判决、裁定的申诉,经两级人民检察院办理且省级人民检察院已经复查的,如果没有新的证据,人民检察院不再复查,但原审被告人可能被宣告无罪或者判决、裁定有其他重大错误可能的除外。

第五百九十五条 人民检察院对已经发生法律效力的判决、裁定的申诉复查后,认为需要提请或者提出抗诉的,报请检察长决定。

地方各级人民检察院对不服同级人民法院已经发生法律效力的判决、裁定的申诉复查后,认为需要提出抗诉的,应当提请上一级人民检察院抗诉。

上级人民检察院对下一级人民检察院提请抗诉的申诉案件进行审查后,认为需要提出抗诉的,应当向同级人民法院提出抗诉。

人民法院开庭审理时,同级人民检察院应当派员出席法庭。

第五百九十六条 人民检察院对不服人民法院已经发生法律效力的判决、裁定的申诉案件复查终结后,应当制作刑事申诉复查通知书,在十日以内通知申诉人。

经复查向上一级人民检察院提请抗诉的,应当在上一级人民检察院作出是否抗诉的决定后制作刑事申诉复查通知书。

第五百九十七条 最高人民检察院发现各级人民法院已经发生法律效力的判决或者裁定,上级人民检察院发现下级人民法院已经发生法律效力的判决或者裁定确有错误时,可以直接向同级人民法院提出抗诉,或者指令作出生效判决、裁定人民法院的上一级人民检察院向同级人民法院提出抗诉。

第五百九十八条 人民检察院按照审判监督程序向人民法院提出抗诉的,应当将抗诉书副本报送上一级人民检察院。

第五百九十九条 对按照审判监督程序提出抗诉的案件,人民检察院认为人民法院再审作出的判决、裁定仍然确有错误的,如果案件是依照第一审程序审判的,同级人民检察院应当按照第二审程序向上一级人民法院提出抗诉；如果案件是依照第二审程序审判的，上一级人民检察院应当按照审判监督程序向同级人民法院提出抗诉。

第六百条 人民检察院办理按照第二审程序、审判监督程序抗诉的案件，认为需要对被告人采取强制措施的，参照本规则相关规定。决定采取强制措施应当经检察长批准。

第六百零一条 人民检察院对自诉案件的判决、裁定的监督，适用本节的规定。

第七节 死刑复核监督

第六百零二条 最高人民检察院依法对最高人民法院的死刑复核活动实行法律监督。

省级人民检察院依法对高级人民法院复核未上诉且未抗诉死刑立即执行案件和死刑缓期二年执行案件的活动实行法律监督。

第六百零三条 最高人民检察院、省级人民检察院通过办理下列案件对死刑复核活动实行法律监督：

（一）人民法院向人民检察院通报的死刑复核案件；

（二）下级人民检察院提请监督或者报告重大情况的死刑复核案件；

（三）当事人及其近亲属或者受委托的律师向人民检察院申请监督的死刑复核案件；

（四）认为应当监督的其他死刑复核案件。

第六百零四条 省级人民检察院对于进入最高人民法院死刑复核程序的案件，发现具有下列情形之一的，应当及时向最高人民检察院提请监督：

（一）案件事实不清、证据不足，依法应当发回重新审判或者改判的；

（二）被告人具有从宽处罚情节，依法不应当判处死刑的；

（三）适用法律错误的；

（四）违反法律规定的诉讼程序，可能影响公正审判的；

（五）其他应当提请监督的情形。

第六百零五条 省级人民检察院发现死刑复核案件被告人有自首、立功、怀孕或者被告人家属与被害人家属达成赔偿谅解协议等新的重大情况，影响死刑适用的，应当及时向最高人民检察院报告。

第六百零六条 当事人及其近亲属或者受委托的律师向最高人民检察院提出不服死刑裁判的申诉，由负责死刑复核监督的部门审查。

第六百零七条 对于适用死刑存在较大分歧或者在全国有重大影响的死刑第二审案件，省级人民检察院应当及时报最高人民检察院备案。

第六百零八条 高级人民法院死刑复核期间，设区的市级人民检察院向省级人民检察院报告重大情况、备案等程序，参照本规则第六百零五条、第六百零七条规定办理。

第六百零九条 对死刑复核监督案件的审查可以采取下列方式：

（一）审查人民法院移送的材料、下级人民检察院报送的相关案卷材料、当事人及其近亲属或者受委托的律师提交的材料；

（二）向下级人民检察院调取案件审查报告、公诉意见书、出庭意见书等，了解案件相关情况；

（三）向人民法院调阅或者查阅案卷

材料；

（四）核实或者委托核实主要证据；

（五）讯问被告人、听取受委托的律师的意见；

（六）就有关技术性问题向专门机构或者有专门知识的人咨询，或者委托进行证据审查；

（七）需要采取的其他方式。

第六百一十条 审查死刑复核监督案件，具有下列情形之一的，应当听取下级人民检察院的意见：

（一）对案件主要事实、证据有疑问的；

（二）对适用死刑存在较大争议的；

（三）可能引起司法办案重大风险的；

（四）其他应当听取意见的情形。

第六百一十一条 最高人民检察院经审查发现死刑复核案件具有下列情形之一的，应当经检察长决定，依法向最高人民法院提出检察意见：

（一）认为适用死刑不当，或者案件事实不清、证据不足，依法不应当核准死刑的；

（二）认为不予核准死刑的理由不成立，依法应当核准死刑的；

（三）发现新的事实和证据，可能影响被告人定罪量刑的；

（四）严重违反法律规定的诉讼程序，可能影响公正审判的；

（五）司法工作人员在办理案件时，有贪污受贿，徇私舞弊，枉法裁判等行为的；

（六）其他需要提出检察意见的情形。

同意最高人民法院核准或者不核准意见的，应当经检察长批准，书面回复最高人民法院。

对于省级人民检察院提请监督、报告重大情况的案件，最高人民检察院认为具有影响死刑适用情形的，应当及时将有关材料转送最高人民法院。

第八节 羁押期限和办案期限监督

第六百一十二条 人民检察院依法对羁押期限和办案期限是否合法实行法律监督。

第六百一十三条 对公安机关、人民法院办理案件相关期限的监督，犯罪嫌疑人、被告人被羁押的，由人民检察院负责刑事执行检察的部门承担；犯罪嫌疑人、被告人未被羁押的，由人民检察院负责捕诉的部门承担。对人民检察院办理案件相关期限的监督，由负责案件管理的部门承担。

第六百一十四条 人民检察院在办理案件过程中，犯罪嫌疑人、被告人被羁押，具有下列情形之一的，办案部门应当在作出决定或者收到决定书、裁定书后十日以内通知本院负有监督职责的部门：

（一）批准或者决定延长侦查羁押期限的；

（二）对于人民检察院直接受理侦查的案件，决定重新计算侦查羁押期限、变更或者解除强制措施的；

（三）对犯罪嫌疑人、被告人进行精神病鉴定的；

（四）审查起诉期间改变管辖、延长审查起诉期限的；

（五）案件退回补充侦查，或者补充侦查完毕移送起诉后重新计算审查起诉期限的；

（六）人民法院决定适用简易程序、速裁程序审理第一审案件，或者将案件由简易程序转为普通程序，由速裁程序转为简易程序、普通程序重新审理的；

（七）人民法院改变管辖，决定延期审

理、中止审理，或者同意人民检察院撤回起诉的。

第六百一十五条 人民检察院发现看守所的羁押期限管理活动具有下列情形之一的，应当依法提出纠正意见：

（一）未及时督促办案机关办理换押手续的；

（二）未在犯罪嫌疑人、被告人羁押期限届满前七日以内向办案机关发出羁押期限即将届满通知书的；

（三）犯罪嫌疑人、被告人被超期羁押后，没有立即书面报告人民检察院并通知办案机关的；

（四）收到犯罪嫌疑人、被告人及其法定代理人、近亲属或者辩护人提出的变更强制措施、羁押必要性审查、羁押期限届满要求释放或者变更强制措施的申请、申诉、控告后，没有及时转送有关办案机关或者人民检察院的；

（五）其他违法情形。

第六百一十六条 人民检察院发现公安机关的侦查羁押期限执行情况具有下列情形之一的，应当依法提出纠正意见：

（一）未按规定办理换押手续的；

（二）决定重新计算侦查羁押期限、经批准延长侦查羁押期限，未书面通知人民检察院和看守所的；

（三）对犯罪嫌疑人进行精神病鉴定，没有书面通知人民检察院和看守所的；

（四）其他违法情形。

第六百一十七条 人民检察院发现人民法院的审理期限执行情况具有下列情形之一的，应当依法提出纠正意见：

（一）在一审、二审和死刑复核阶段未按规定办理换押手续的；

（二）违反刑事诉讼法的规定重新计算审理期限、批准延长审理期限、改变管辖、延期审理、中止审理或者发回重审的；

（三）决定重新计算审理期限、批准延长审理期限、改变管辖、延期审理、中止审理、对被告人进行精神病鉴定，没有书面通知人民检察院和看守所的；

（四）其他违法情形。

第六百一十八条 人民检察院发现同级或者下级公安机关、人民法院超期羁押的，应当向该办案机关发出纠正违法通知书。

发现上级公安机关、人民法院超期羁押的，应当及时层报该办案机关的同级人民检察院，由同级人民检察院向该办案机关发出纠正违法通知书。

对异地羁押的案件，发现办案机关超期羁押的，应当通报该办案机关的同级人民检察院，由其依法向办案机关发出纠正违法通知书。

第六百一十九条 人民检察院发出纠正违法通知书后，有关办案机关未回复意见或者继续超期羁押的，应当及时报告上一级人民检察院。

对于造成超期羁押的直接责任人员，可以书面建议其所在单位或者有关主管机关依照法律或者有关规定予以处分；对于造成超期羁押情节严重，涉嫌犯罪的，应当依法追究其刑事责任。

第六百二十条 人民检察院办理直接受理侦查的案件或者审查逮捕、审查起诉案件，在犯罪嫌疑人侦查羁押期限、办案期限即将届满前，负责案件管理的部门应当依照有关规定向本院办案部门进行期限届满提示。发现办案部门办理案件超过规定期限的，应当依照有关规定提出纠正意见。

第十四章　刑罚执行和监管执法监督

第一节　一般规定

第六百二十一条　人民检察院依法对刑事判决、裁定和决定的执行工作以及监狱、看守所等的监管执法活动实行法律监督。

第六百二十二条　人民检察院根据工作需要，可以对监狱、看守所等场所采取巡回检察、派驻检察等方式进行监督。

第六百二十三条　人民检察院对监狱、看守所等场所进行监督，除可以采取本规则第五百五十一条规定的调查核实措施外，还可以采取实地查看禁闭室、会见室、监区、监舍等有关场所，列席监狱、看守所有关会议，与有关监管民警进行谈话，召开座谈会，开展问卷调查等方式。

第六百二十四条　人民检察院对刑罚执行和监管执法活动实行监督，可以根据下列情形分别处理：

（一）发现执法瑕疵、安全隐患，或者违法情节轻微的，口头提出纠正意见，并记录在案；

（二）发现严重违法，发生重大事故，或者口头提出纠正意见后七日以内未予纠正的，书面提出纠正意见；

（三）发现存在可能导致执法不公问题，或者存在重大监管漏洞、重大安全隐患、重大事故风险等问题的，提出检察建议。

对于在巡回检察中发现的前款规定的问题、线索的整改落实情况，通过巡回检察进行督导。

第二节　交付执行监督

第六百二十五条　人民检察院发现人民法院、公安机关、看守所等机关的交付执行活动具有下列情形之一的，应当依法提出纠正意见：

（一）交付执行的第一审人民法院没有在法定期间内将判决书、裁定书、人民检察院的起诉书副本、自诉状复印件、执行通知书、结案登记表等法律文书送达公安机关、监狱、社区矫正机构等执行机关的；

（二）对被判处死刑缓期二年执行、无期徒刑或者有期徒刑余刑在三个月以上的罪犯，公安机关、看守所自接到人民法院执行通知书等法律文书后三十日以内，没有将成年罪犯送交监狱执行刑罚，或者没有将未成年罪犯送交未成年犯管教所执行刑罚的；

（三）对需要收监执行刑罚而判决、裁定生效前未被羁押的罪犯，第一审人民法院没有及时将罪犯收监送交公安机关，并将判决书、裁定书、执行通知书等法律文书送达公安机关的；

（四）公安机关对需要收监执行刑罚但下落不明的罪犯，在收到人民法院的判决书、裁定书、执行通知书等法律文书后，没有及时抓捕、通缉的；

（五）对被判处管制、宣告缓刑或者人民法院决定暂予监外执行的罪犯，在判决、裁定生效后或者收到人民法院暂予监外执行决定后，未依法交付罪犯居住地社区矫正机构执行，或者对被单处剥夺政治权利的罪犯，在判决、裁定生效后，未依法交付罪犯居住地公安机关执行的，或者人民法院依法交付执行，社区矫正机构或者公安机关应当接收而拒绝接收的；

（六）其他违法情形。

第六百二十六条　人民法院判决被告人无罪、免予刑事处罚、判处管制、宣告缓刑、单处罚金或者剥夺政治权利,被告人被羁押的,人民检察院应当监督被告人是否被立即释放。发现被告人没有被立即释放的,应当立即向人民法院或者看守所提出纠正意见。

第六百二十七条 人民检察院发现公安机关未依法执行拘役、剥夺政治权利,拘役执行期满未依法发给释放证明,或者剥夺政治权利执行期满未书面通知本人及其所在单位、居住地基层组织等违法情形的,应当依法提出纠正意见。

第六百二十八条 人民检察院发现监狱、看守所对服刑期满或者依法应当予以释放的人员没有按期释放,对被裁定假释的罪犯依法应当交付罪犯居住地社区矫正机构实行社区矫正而不交付,对主刑执行完毕仍然需要执行附加剥夺政治权利的罪犯依法应当交付罪犯居住地公安机关执行而不交付,或者对服刑期未满又无合法释放根据的罪犯予以释放等违法行为的,应当依法提出纠正意见。

第三节 减刑、假释、暂予监外执行监督

第六百二十九条 人民检察院发现人民法院、监狱、看守所、公安机关暂予监外执行的活动具有下列情形之一的,应当依法提出纠正意见:

(一)将不符合法定条件的罪犯提请、决定暂予监外执行的;

(二)提请、决定暂予监外执行的程序违反法律规定或者没有完备的合法手续,或者对于需要保外就医的罪犯没有省级人民政府指定医院的诊断证明和开具的证明文件的;

(三)监狱、看守所提出暂予监外执行书面意见,没有同时将书面意见副本抄送人民检察院的;

(四)罪犯被决定或者批准暂予监外执行后,未依法交付罪犯居住地社区矫正机构实行社区矫正的;

(五)对符合暂予监外执行条件的罪犯没有依法提请暂予监外执行的;

(六)人民法院在作出暂予监外执行决定前,没有依法征求人民检察院意见的;

(七)发现罪犯不符合暂予监外执行条件,在暂予监外执行期间严重违反暂予监外执行监督管理规定,或者暂予监外执行的条件消失且刑期未满,应当收监执行而未及时收监执行的;

(八)人民法院决定将暂予监外执行的罪犯收监执行,并将有关法律文书送达公安机关、监狱、看守所后,监狱、看守所未及时收监执行的;

(九)对不符合暂予监外执行条件的罪犯通过贿赂、欺骗等非法手段被暂予监外执行以及在暂予监外执行期间脱逃的罪犯,监狱、看守所未建议人民法院将其监外执行期间、脱逃期间不计入执行刑期或者对罪犯执行刑期计算的建议违法、不当的;

(十)暂予监外执行的罪犯刑期届满,未及时办理释放手续的;

(十一)其他违法情形。

第六百三十条 人民检察院收到监狱、看守所抄送的暂予监外执行书面意见副本后,应当逐案进行审查,发现罪犯不符合暂予监外执行法定条件或者提请暂予监外执行违反法定程序的,应当在十日以内报经检察长批准,向决定或者批准机关提出书面检察意见,同时抄送执行机关。

第六百三十一条 人民检察院接到决定或者批准机关抄送的暂予监外执行决定书后,应当及时审查下列内容:

（一）是否属于被判处有期徒刑或者拘役的罪犯；

（二）是否属于有严重疾病需要保外就医的罪犯；

（三）是否属于怀孕或者正在哺乳自己婴儿的妇女；

（四）是否属于生活不能自理，适用暂予监外执行不致危害社会的罪犯；

（五）是否属于适用保外就医可能有社会危险性的罪犯，或者自伤自残的罪犯；

（六）决定或者批准机关是否符合刑事诉讼法第二百六十五条第五款的规定；

（七）办理暂予监外执行是否符合法定程序。

第六百三十二条 人民检察院经审查认为暂予监外执行不当的，应当自接到通知之日起一个月以内，向决定或者批准暂予监外执行的机关提出纠正意见。下级人民检察院认为暂予监外执行不当的，应当立即层报决定或者批准暂予监外执行的机关的同级人民检察院，由其决定是否向决定或者批准暂予监外执行的机关提出纠正意见。

第六百三十三条 人民检察院向决定或者批准暂予监外执行的机关提出不同意暂予监外执行的书面意见后，应当监督其对决定或者批准暂予监外执行的结果进行重新核查，并监督重新核查的结果是否符合法律规定。对核查不符合法律规定的，应当依法提出纠正意见，并向上一级人民检察院报告。

第六百三十四条 对于暂予监外执行的罪犯，人民检察院发现罪犯不符合暂予监外执行条件、严重违反有关暂予监外执行的监督管理规定或者暂予监外执行的情形消失而罪犯刑期未满的，应当通知执行机关收监执行，或者建议决定或者批准暂予监外执行的机关作出收监执行决定。

第六百三十五条 人民检察院收到执行机关抄送的减刑、假释建议书副本后，应当逐案进行审查。发现减刑、假释建议不当或者提请减刑、假释违反法定程序的，应当在十日以内报经检察长批准，向审理减刑、假释案件的人民法院提出书面检察意见，同时也可以向执行机关提出书面纠正意见。案情复杂或者情况特殊的，可以延长十日。

第六百三十六条 人民检察院发现监狱等执行机关提请人民法院裁定减刑、假释的活动具有下列情形之一的，应当依法提出纠正意见：

（一）将不符合减刑、假释法定条件的罪犯，提请人民法院裁定减刑、假释的；

（二）对依法应当减刑、假释的罪犯，不提请人民法院裁定减刑、假释的；

（三）提请对罪犯减刑、假释违反法定程序，或者没有完备的合法手续的；

（四）提请对罪犯减刑的减刑幅度、起始时间、间隔时间或者减刑后又假释的间隔时间不符合有关规定的；

（五）被提请减刑、假释的罪犯被减刑后实际执行的刑期或者假释考验期不符合有关法律规定的；

（六）其他违法情形。

第六百三十七条 人民法院开庭审理减刑、假释案件，人民检察院应当指派检察人员出席法庭，发表意见。

第六百三十八条 人民检察院收到人民法院减刑、假释的裁定书副本后，应当及时审查下列内容：

（一）被减刑、假释的罪犯是否符合法定条件，对罪犯减刑的减刑幅度、起始时间、间隔时间或者减刑后又假释的间隔时间、罪犯被减刑后实际执行的刑期或者假释考验期是否符合有关规定；

（二）执行机关提请减刑、假释的程序是否合法；

（三）人民法院审理、裁定减刑、假释的程序是否合法；

（四）人民法院对罪犯裁定不予减刑、假释是否符合有关规定；

（五）人民法院减刑、假释裁定书是否依法送达执行并向社会公布。

第六百三十九条 人民检察院经审查认为人民法院减刑、假释的裁定不当，应当在收到裁定书副本后二十日以内，向作出减刑、假释裁定的人民法院提出纠正意见。

第六百四十条 对人民法院减刑、假释裁定的纠正意见，由作出减刑、假释裁定的人民法院的同级人民检察院书面提出。

下级人民检察院发现人民法院减刑、假释裁定不当的，应当向作出减刑、假释裁定的人民法院的同级人民检察院报告。

第六百四十一条 人民检察院对人民法院减刑、假释的裁定提出纠正意见后，应当监督人民法院是否在收到纠正意见后一个月以内重新组成合议庭进行审理，并监督重新作出的裁定是否符合法律规定。对最终裁定不符合法律规定的，应当向同级人民法院提出纠正意见。

第四节 社区矫正监督

第六百四十二条 人民检察院发现社区矫正决定机关、看守所、监狱、社区矫正机构在交付、接收社区矫正对象活动中违反有关规定的，应当依法提出纠正意见。

第六百四十三条 人民检察院发现社区矫正执法活动具有下列情形之一的，应当依法提出纠正意见：

（一）社区矫正对象报到后，社区矫正机构未履行法定告知义务，致使其未按照有关规定接受监督管理的；

（二）违反法律规定批准社区矫正对象离开所居住的市、县，或者违反人民法院禁止令的内容批准社区矫正对象进入特定区域或者场所的；

（三）没有依法监督管理而导致社区矫正对象脱管的；

（四）社区矫正对象违反监督管理规定或者人民法院的禁止令，未依法予以警告、未提请公安机关给予治安管理处罚的；

（五）对社区矫正对象有殴打、体罚、虐待、侮辱人格、强迫其参加超时间或者超体力社区服务等侵犯其合法权利行为的；

（六）未依法办理解除、终止社区矫正的；

（七）其他违法情形。

第六百四十四条 人民检察院发现对社区矫正对象的刑罚变更执行活动具有下列情形之一的，应当依法提出纠正意见：

（一）社区矫正机构未依法向人民法院、公安机关、监狱管理机关提出撤销缓刑、撤销假释建议或者对暂予监外执行的收监执行建议，或者未依法向人民法院提出减刑建议的；

（二）人民法院、公安机关、监狱管理机关未依法作出裁定、决定，或者未依法送达的；

（三）公安机关未依法将罪犯送交看守所、监狱，或者看守所、监狱未依法收监执行的；

（四）公安机关未依法对在逃的罪犯实施追捕的；

（五）其他违法情形。

第五节 刑事裁判涉财产部分执行监督

第六百四十五条 人民检察院发现人民法院执行刑事裁判涉财产部分具有下列情形之一的，应当依法提出纠正意见：

（一）执行立案活动违法的；

（二）延期缴纳、酌情减少或者免除罚金违法的；

（三）中止执行或者终结执行违法的；

（四）被执行人有履行能力，应当执行而不执行的；

（五）损害被执行人、被害人、利害关系人或者案外人合法权益的；

（六）刑事裁判全部或者部分被撤销后未依法返还或者赔偿的；

（七）执行的财产未依法上缴国库的；

（八）其他违法情形。

人民检察院对人民法院执行刑事裁判涉财产部分进行监督，可以对公安机关查封、扣押、冻结涉案财物的情况，人民法院审判部门、立案部门、执行部门移送、立案、执行情况，被执行人的履行能力等情况向有关单位和个人进行调查核实。

第六百四十六条 人民检察院发现被执行人或者其他人员有隐匿、转移、变卖财产等妨碍执行情形的，可以建议人民法院及时查封、扣押、冻结。

公安机关不依法向人民法院移送涉案财物、相关清单、照片和其他证明文件，或者对涉案财物的查封、扣押、冻结、返还、处置等活动存在违法情形的，人民检察院应当依法提出纠正意见。

第六节 死刑执行监督

第六百四十七条 被判处死刑立即执行的罪犯在被执行死刑时，人民检察院应当指派检察官临场监督。

死刑执行临场监督由人民检察院负责刑事执行检察的部门承担。人民检察院派驻看守所、监狱的检察人员应当予以协助，负责捕诉的部门应当提供有关情况。

执行死刑过程中，人民检察院临场监督人员根据需要可以进行拍照、录像。执行死刑后，人民检察院临场监督人员应当检查罪犯是否确已死亡，并填写死刑执行临场监督笔录，签名后入卷归档。

第六百四十八条 省级人民检察院负责案件管理的部门收到高级人民法院报请最高人民法院复核的死刑判决书、裁定书副本后，应当在三日以内将判决书、裁定书副本移送本院负责刑事执行检察的部门。

判处死刑的案件一审是由中级人民法院审理的，省级人民检察院应当及时将死刑判决书、裁定书副本移送中级人民法院的同级人民检察院负责刑事执行检察的部门。

人民检察院收到同级人民法院执行死刑临场监督通知后，应当查明同级人民法院是否收到最高人民法院核准死刑的裁定或者作出的死刑判决、裁定和执行死刑的命令。

第六百四十九条 执行死刑前，人民检察院发现具有下列情形之一的，应当建议人民法院立即停止执行，并层报最高人民检察院负责死刑复核监督的部门：

（一）被执行人并非应当执行死刑的罪犯的；

（二）罪犯犯罪时不满十八周岁，或者审判的时候已满七十五周岁，依法不应当适用死刑的；

（三）罪犯正在怀孕的；

（四）共同犯罪的其他犯罪嫌疑人到

案,共同犯罪的其他罪犯被暂停或者停止执行死刑,可能影响罪犯量刑的;

(五)罪犯可能有其他犯罪的;

(六)罪犯揭发他人重大犯罪事实或者有其他重大立功表现,可能需要改判的;

(七)判决、裁定可能有影响定罪量刑的其他错误的。

在执行死刑活动中,发现人民法院有侵犯被执行死刑罪犯的人身权、财产权或者其近亲属、继承人合法权利等违法情形的,人民检察院应当依法提出纠正意见。

第六百五十条 判处被告人死刑缓期二年执行的判决、裁定在执行过程中,人民检察院监督的内容主要包括:

(一)死刑缓期执行期满,符合法律规定应当减为无期徒刑、有期徒刑条件的,监狱是否及时提出减刑建议提请人民法院裁定,人民法院是否依法裁定;

(二)罪犯在缓期执行期间故意犯罪,监狱是否依法侦查和移送起诉;罪犯确系故意犯罪,情节恶劣,查证属实,应当执行死刑的,人民法院是否依法核准或者裁定执行死刑。

被判处死刑缓期二年执行的罪犯在死刑缓期执行期间故意犯罪,执行机关向人民检察院移送起诉的,由罪犯服刑所在地设区的市级人民检察院审查决定是否提起公诉。

人民检察院发现人民法院对被判处死刑缓期二年执行的罪犯减刑不当的,应当依照本规则第六百三十九条、第六百四十条的规定,向人民法院提出纠正意见。罪犯在死刑缓期执行期间又故意犯罪,经人民检察院起诉后,人民法院仍然予以减刑的,人民检察院应当依照本规则相关规定,向人民法院提出抗诉。

第七节　强制医疗执行监督

第六百五十一条 人民检察院发现人民法院、公安机关、强制医疗机构在对依法不负刑事责任的精神病人的强制医疗的交付执行、医疗、解除等活动中违反有关规定的,应当依法提出纠正意见。

第六百五十二条 人民检察院在强制医疗执行监督中发现被强制医疗的人不符合强制医疗条件或者需要依法追究刑事责任,人民法院作出的强制医疗决定可能错误的,应当在五日以内将有关材料转交作出强制医疗决定的人民法院的同级人民检察院。收到材料的人民检察院负责捕诉的部门应当在二十日以内进行审查,并将审查情况和处理意见反馈负责强制医疗执行监督的人民检察院。

第六百五十三条 人民检察院发现公安机关在对涉案精神病人采取临时保护性约束措施时有违法情形的,应当依法提出纠正意见。

第八节　监管执法监督

第六百五十四条 人民检察院发现看守所收押活动和监狱收监活动中具有下列情形之一的,应当依法提出纠正意见:

(一)没有收押、收监文书、凭证,文书、凭证不齐全,或者被收押、收监人员与文书、凭证不符的;

(二)依法应当收押、收监而不收押、收监,或者对依法不应当关押的人员收押、收监的;

(三)未告知被收押、收监人员权利、义务的;

(四)其他违法情形。

第六百五十五条 人民检察院发现监

狱、看守所等执行机关在管理、教育改造罪犯等活动中有违法行为的,应当依法提出纠正意见。

第六百五十六条 看守所对收押的犯罪嫌疑人进行身体检查时,人民检察院驻看守所检察人员可以在场。发现收押的犯罪嫌疑人有伤或者身体异常的,应当要求看守所进行拍照或者录像,由送押人员、犯罪嫌疑人说明原因,在体检记录中写明,并由送押人员、收押人员和犯罪嫌疑人签字确认。必要时,驻看守所检察人员可以自行拍照或者录像,并将相关情况记录在案。

第六百五十七条 人民检察院发现看守所、监狱等监管场所有殴打、体罚、虐待、违法使用戒具、违法适用禁闭等侵害在押人员人身权利情形的,应当依法提出纠正意见。

第六百五十八条 人民检察院发现看守所违反有关规定,有下列情形之一的,应当依法提出纠正意见:

(一)为在押人员通风报信,私自传递信件、物品,帮助伪造、毁灭、隐匿证据或者干扰证人作证、串供的;

(二)违反规定同意侦查人员将犯罪嫌疑人提出看守所讯问的;

(三)收到在押犯罪嫌疑人、被告人及其法定代理人、近亲属或者辩护人的变更强制措施申请或者其他申请、申诉、控告、举报,不及时转交、转告人民检察院或者有关办案机关的;

(四)应当安排辩护律师依法会见在押的犯罪嫌疑人、被告人而没有安排的;

(五)违法安排辩护律师或者其他人员会见在押的犯罪嫌疑人、被告人的;

(六)辩护律师会见犯罪嫌疑人、被告人时予以监听的;

(七)其他违法情形。

第六百五十九条 人民检察院发现看守所代为执行刑罚的活动具有下列情形之一的,应当依法提出纠正意见:

(一)将被判处有期徒刑剩余刑期在三个月以上的罪犯留所服刑的;

(二)将留所服刑罪犯与犯罪嫌疑人、被告人混押、混管、混教的;

(三)其他违法情形。

第六百六十条 人民检察院发现监狱没有按照规定对罪犯进行分押分管、监狱人民警察没有对罪犯实行直接管理等违反监管规定情形的,应当依法提出纠正意见。

人民检察院发现监狱具有未按照规定安排罪犯与亲属或者监护人会见、对伤病罪犯未及时治疗以及未执行国家规定的罪犯生活标准等侵犯罪犯合法权益情形的,应当依法提出纠正意见。

第六百六十一条 人民检察院发现看守所出所活动和监狱出监活动具有下列情形之一的,应当依法提出纠正意见:

(一)没有出所、出监文书、凭证,文书、凭证不齐全,或者出所、出监人员与文书、凭证不符的;

(二)应当释放而没有释放,不应当释放而释放,或者未依照规定送达释放通知书的;

(三)对提押、押解、转押出所的在押人员,特许离监、临时离监、调监或者暂予监外执行的罪犯,未依照规定派员押送并办理交接手续的;

(四)其他违法情形。

第九节 事故检察

第六百六十二条 人民检察院发现看守所、监狱、强制医疗机构等场所具有下列

情形之一的,应当开展事故检察:

(一)被监管人、被强制医疗人非正常死亡、伤残、脱逃的;

(二)被监管人破坏监管秩序,情节严重的;

(三)突发公共卫生事件的;

(四)其他重大事故。

发生被监管人、被强制医疗人非正常死亡的,应当组织巡回检察。

第六百六十三条 人民检察院应当对看守所、监狱、强制医疗机构等场所或者主管机关的事故调查结论进行审查。具有下列情形之一的,人民检察院应当调查核实:

(一)被监管人、被强制医疗人及其法定代理人、近亲属对调查结论有异议的,人民检察院认为有必要调查的;

(二)人民检察院对调查结论有异议的;

(三)其他需要调查的。

人民检察院应当将调查核实的结论书面通知监管场所或者主管机关和被监管人、被强制医疗人的近亲属。认为监管场所或者主管机关处理意见不当,或者监管执法存在问题的,应当提出纠正意见或者检察建议;认为可能存在违法犯罪情形的,应当移送有关部门处理。

第十五章 案件管理

第六百六十四条 人民检察院负责案件管理的部门对检察机关办理案件的受理、期限、程序、质量等进行管理、监督、预警。

第六百六十五条 人民检察院负责案件管理的部门发现本院办案活动具有下列情形之一的,应当及时提出纠正意见:

(一)查封、扣押、冻结、保管、处理涉案财物不符合有关法律和规定的;

(二)法律文书制作、使用不符合法律和有关规定的;

(三)违反羁押期限、办案期限规定的;

(四)侵害当事人、辩护人、诉讼代理人的诉讼权利的;

(五)未依法对立案、侦查、审查逮捕、公诉、审判等诉讼活动以及执行活动中的违法行为履行法律监督职责的;

(六)其他应当提出纠正意见的情形。

情节轻微的,可以口头提示;情节较重的,应当发送案件流程监控通知书,提示办案部门及时查明情况并予以纠正;情节严重的,应当同时向检察长报告。

办案部门收到案件流程监控通知书后,应当在十日以内将核查情况书面回复负责案件管理的部门。

第六百六十六条 人民检察院负责案件管理的部门对以本院名义制发法律文书实施监督管理。

第六百六十七条 人民检察院办理的案件,办结后需要向其他单位移送案卷材料的,统一由负责案件管理的部门审核移送材料是否规范、齐备。负责案件管理的部门认为材料规范、齐备,符合移送条件的,应当立即由办案部门按照规定移送;认为材料不符合要求的,应当及时通知办案部门补送、更正。

第六百六十八条 监察机关或者公安机关随案移送涉案财物及其孳息的,人民检察院负责案件管理的部门应当在受理案件时进行审查,并及时办理入库保管手续。

第六百六十九条 人民检察院负责案件管理的部门对扣押的涉案物品进行保管,并对查封、扣押、冻结、处理涉案财物工作进行监督管理。对违反规定的行为提出纠正意见；涉嫌违法违纪的，报告检察长。

第六百七十条 人民检察院办案部门需要调用、移送、处理查封、扣押、冻结的涉案财物的，应当按照规定办理审批手续。审批手续齐全的，负责案件管理的部门应当办理出库手续。

第十六章 刑事司法协助

第六百七十一条 人民检察院依据国际刑事司法协助法等有关法律和有关刑事司法协助条约进行刑事司法协助。

第六百七十二条 人民检察院刑事司法协助的范围包括刑事诉讼文书送达，调查取证，安排证人作证或者协助调查，查封、扣押、冻结涉案财物，返还违法所得及其他涉案财物，移管被判刑人以及其他协助。

第六百七十三条 最高人民检察院是检察机关开展国际刑事司法协助的主管机关，负责审核地方各级人民检察院向外国提出的刑事司法协助请求，审查处理对外联系机关转递的外国提出的刑事司法协助请求，审查决定是否批准执行外国的刑事司法协助请求，承担其他与国际刑事司法协助相关的工作。

办理刑事司法协助相关案件的地方各级人民检察院应当向最高人民检察院层报需要向外国提出的刑事司法协助请求，执行最高人民检察院交办的外国提出的刑事司法协助请求。

第六百七十四条 地方各级人民检察院需要向外国请求刑事司法协助的，应当制作刑事司法协助请求书并附相关材料。经省级人民检察院审核同意后，报送最高人民检察院。

刑事司法协助请求书应当依照相关刑事司法协助条约的规定制作；没有条约或者条约没有规定的，可以参照国际刑事司法协助法第十三条的规定制作。被请求方有特殊要求的，在不违反我国法律的基本原则的情况下，可以按照被请求方的特殊要求制作。

第六百七十五条 最高人民检察院收到地方各级人民检察院刑事司法协助请求书及所附相关材料后，应当依照国际刑事司法协助法和有关条约进行审查。对符合规定、所附材料齐全的，最高人民检察院是对外联系机关的，应当及时向外国提出请求；不是对外联系机关的，应当通过对外联系机关向外国提出请求。对不符合规定或者材料不齐全的，应当退回提出请求的人民检察院或者要求其补充、修正。

第六百七十六条 最高人民检察院收到外国提出的刑事司法协助请求后，应当对请求书及所附材料进行审查。对于请求书形式和内容符合要求的，应当按照职责分工，将请求书及所附材料转交有关主管机关或者省级人民检察院处理；对于请求书形式和内容不符合要求的，可以要求请求方补充材料或者重新提出请求。

外国提出的刑事司法协助请求明显损害我国主权、安全和社会公共利益的，可以直接拒绝提供协助。

第六百七十七条 最高人民检察院在收到对外联系机关转交的刑事司法协助请求书及所附材料后，经审查，分别作出以下处理：

（一）根据国际刑事司法协助法和刑事司法协助条约的规定，认为可以协助执行的，作出决定并安排有关省级人民检察院执行；

（二）根据国际刑事司法协助法或者刑

事司法协助条约的规定,认为应当全部或者部分拒绝协助的,将请求书及所附材料退回对外联系机关并说明理由;

(三)对执行请求有保密要求或者有其他附加条件的,通过对外联系机关向外国提出,在外国接受条件并且作出书面保证后,决定附条件执行;

(四)需要补充材料的,书面通过对外联系机关要求请求方在合理期限内提供。

第六百七十八条 有关省级人民检察院收到最高人民检察院交办的外国刑事司法协助请求后,应当依法执行,或者交由下级人民检察院执行。

负责执行的人民检察院收到刑事司法协助请求书和所附材料后,应当立即安排执行,并将执行结果及有关材料报经省级人民检察院审查后,报送最高人民检察院。

对于不能执行的,应当将刑事司法协助请求书和所附材料,连同不能执行的理由,通过省级人民检察院报送最高人民检察院。

因请求书提供的地址不详或者材料不齐全,人民检察院难以执行该项请求的,应当立即通过最高人民检察院书面通知对外联系机关,要求请求方补充提供材料。

第六百七十九条 最高人民检察院应当对执行结果进行审查。对于符合请求要求和有关规定的,通过对外联系机关转交或者转告请求方。

第十七章 附 则

第六百八十条 人民检察院办理国家安全机关、海警机关、监狱移送的刑事案件以及对国家安全机关、海警机关、监狱立案、侦查活动的监督,适用本规则关于公安机关的规定。

第六百八十一条 军事检察院等专门人民检察院办理刑事案件,适用本规则和其他有关规定。

第六百八十二条 本规则所称检察官,包括检察长、副检察长、检察委员会委员、检察员。

本规则所称检察人员,包括检察官和检察官助理。

第六百八十三条 本规则由最高人民检察院负责解释。

第六百八十四条 本规则自2019年12月30日起施行。本规则施行后,《人民检察院刑事诉讼规则(试行)》(高检发释字〔2012〕2号)同时废止;最高人民检察院以前发布的司法解释和规范性文件与本规则不一致的,以本规则为准。

公安机关办理刑事案件程序规定

(2012年12月13日公安部令第127号修订发布 根据2020年7月20日公安部令第159号《公安部关于修改〈公安机关办理刑事案件程序规定〉的决定》修正)

第一章 任务和基本原则

第一条 为了保障《中华人民共和国刑事诉讼法》的贯彻实施,保证公安机关在刑事诉讼中正确履行职权,规范办案程序,确保办案质量,提高办案效率,制定本规定。

第二条 公安机关在刑事诉讼中的任务,是保证准确、及时地查明犯罪事实,正确应用法律,惩罚犯罪分子,保障无罪的人不受刑事追究,教育公民自觉遵守法律,积极同犯罪行为作斗争,维护社会主义法制,尊重和保障人权,保护公民的人身权利、财产权利、民主权利和其他权利,保障社会主义建设事业的顺利进行。

第三条 公安机关在刑事诉讼中的基本职权,是依照法律对刑事案件立案、侦查、预审;决定、执行强制措施;对依法不追究刑事责任的不予立案,已经追究的撤销案件;对侦查终结应当起诉的案件,移送人民检察院审查决定;对不够刑事处罚的犯罪嫌疑人需要行政处理的,依法予以处理或者移送有关部门;对被判处有期徒刑的罪犯,在被交付执行刑罚前,剩余刑期在三个月以下的,代为执行刑罚;执行拘役、剥夺政治权利、驱逐出境。

第四条 公安机关进行刑事诉讼,必须依靠群众,以事实为根据,以法律为准绳。对于一切公民,在适用法律上一律平等,在法律面前,不允许有任何特权。

第五条 公安机关进行刑事诉讼,同人民法院、人民检察院分工负责,互相配合,互相制约,以保证准确有效地执行法律。

第六条 公安机关进行刑事诉讼,依法接受人民检察院的法律监督。

第七条 公安机关进行刑事诉讼,应当建立、完善和严格执行办案责任制度、执法过错责任追究制度等内部执法监督制度。

在刑事诉讼中,上级公安机关发现下级公安机关作出的决定或者办理的案件有错误的,有权予以撤销或者变更,也可以指令下级公安机关予以纠正。

下级公安机关对上级公安机关的决定必须执行,如果认为有错误,可以在执行的同时向上级公安机关报告。

第八条 公安机关办理刑事案件,应当重证据,重调查研究,不轻信口供。严禁刑讯逼供和以威胁、引诱、欺骗以及其他非法方法收集证据,不得强迫任何人证实自己有罪。

第九条 公安机关在刑事诉讼中,应当保障犯罪嫌疑人、被告人和其他诉讼参与人依法享有的辩护权和其他诉讼权利。

第十条 公安机关办理刑事案件,应当向同级人民检察院提请批准逮捕、移送审查起诉。

第十一条 公安机关办理刑事案件,对不通晓当地通用的语言文字的诉讼参与人,应当为他们翻译。

在少数民族聚居或者多民族杂居的地区,应当使用当地通用的语言进行讯问。对外公布的诉讼文书,应当使用当地通用的文字。

第十二条 公安机关办理刑事案件,各地区、各部门之间应当加强协作和配合,依法履行协查、协办职责。

上级公安机关应当加强监督、协调和指导。

第十三条 根据《中华人民共和国引渡法》《中华人民共和国国际刑事司法协助法》,中华人民共和国缔结或者参加的国际条约和公安部签订的双边、多边合作协议,或者按照互惠原则,我国公安机关可以和外国警察机关开展刑事司法协助和警务合作。

第二章 管 辖

第十四条 根据刑事诉讼法的规定,除下列情形外,刑事案件由公安机关管辖:

(一)监察机关管辖的职务犯罪案件;

(二)人民检察院管辖的在对诉讼活动实行法律监督中发现的司法工作人员利用

职权实施的非法拘禁、刑讯逼供、非法搜查等侵犯公民权利、损害司法公正的犯罪，以及经省级以上人民检察院决定立案侦查的公安机关管辖的国家机关工作人员利用职权实施的重大犯罪案件；

（三）人民法院管辖的自诉案件。对于人民法院直接受理的被害人有证据证明的轻微刑事案件，因证据不足驳回起诉，人民法院移送公安机关或者被害人向公安机关控告的，公安机关应当受理；被害人直接向公安机关控告的，公安机关应当受理；

（四）军队保卫部门管辖的军人违反职责的犯罪和军队内部发生的刑事案件；

（五）监狱管辖的罪犯在监狱内犯罪的刑事案件；

（六）海警部门管辖的海（岛屿）岸线以外我国管辖海域内发生的刑事案件。对于发生在沿海港岙口、码头、滩涂、台轮停泊点等区域的，由公安机关管辖；

（七）其他依照法律和规定应当由其他机关管辖的刑事案件。

第十五条 刑事案件由犯罪地的公安机关管辖。如果由犯罪嫌疑人居住地的公安机关管辖更为适宜的，可以由犯罪嫌疑人居住地的公安机关管辖。

法律、司法解释或者其他规范性文件对有关犯罪案件的管辖作出特别规定的，从其规定。

第十六条 犯罪地包括犯罪行为发生地和犯罪结果发生地。犯罪行为发生地，包括犯罪行为的实施地以及预备地、开始地、途经地、结束地等与犯罪行为有关的地点；犯罪行为有连续、持续或者继续状态的，犯罪行为连续、持续或者继续实施的地方都属于犯罪行为发生地。犯罪结果发生地，包括犯罪对象被侵害地、犯罪所得的实际取得地、藏匿地、转移地、使用地、销售地。

居住地包括户籍所在地、经常居住地。经常居住地是指公民离开户籍所在地最后连续居住一年以上的地方，但住院就医的除外。单位登记的住所地为其居住地。主要营业地或者主要办事机构所在地与登记的住所地不一致的，主要营业地或者主要办事机构所在地为其居住地。

第十七条 针对或者主要利用计算机网络实施的犯罪，用于实施犯罪行为的网络服务使用的服务器所在地，网络服务提供者所在地，被侵害的网络信息系统及其管理者所在地，以及犯罪过程中犯罪嫌疑人、被害人使用的网络信息系统所在地，被害人被侵害时所在地和被害人财产遭受损失地公安机关可以管辖。

第十八条 行驶中的交通工具上发生的刑事案件，由交通工具最初停靠地公安机关管辖；必要时，交通工具始发地、途经地、目的地公安机关也可以管辖。

第十九条 在中华人民共和国领域外的中国航空器内发生的刑事案件，由该航空器在中国最初降落地的公安机关管辖。

第二十条 中国公民在中国驻外使、领馆内的犯罪，由其主管单位所在地或者原户籍地的公安机关管辖。

中国公民在中华人民共和国领域外的犯罪，由其入境地、离境前居住地或者现居住地的公安机关管辖；被害人是中国公民的，也可由被害人离境前居住地或者现居住地的公安机关管辖。

第二十一条 几个公安机关都有权管辖的刑事案件，由最初受理的公安机关管辖。必要时，可以由主要犯罪地的公安机关管辖。

具有下列情形之一的，公安机关可以在职责范围内并案侦查：

（一）一人犯数罪的；

（二）共同犯罪的；

（三）共同犯罪的犯罪嫌疑人还实施其他犯罪的；

（四）多个犯罪嫌疑人实施的犯罪存在关联，并案处理有利于查明犯罪事实的。

第二十二条 对管辖不明确或者有争议的刑事案件，可以由有关公安机关协商。协商不成的，由共同的上级公安机关指定管辖。

对情况特殊的刑事案件，可以由共同的上级公安机关指定管辖。

提请上级公安机关指定管辖时，应当在有关材料中列明犯罪嫌疑人基本情况、涉嫌罪名、案件基本事实、管辖争议情况、协商情况和指定管辖理由，经公安机关负责人批准后，层报有权指定管辖的上级公安机关。

第二十三条 上级公安机关指定管辖的，应当将指定管辖决定书分别送达被指定管辖的公安机关和其他有关的公安机关，并根据办案需要抄送同级人民法院、人民检察院。

原受理案件的公安机关，在收到上级公安机关指定其他公安机关管辖的决定书后，不再行使管辖权，同时应当将犯罪嫌疑人、涉案财物以及案卷材料等移送被指定管辖的公安机关。

对指定管辖的案件，需要逮捕犯罪嫌疑人的，由被指定管辖的公安机关提请同级人民检察院审查批准；需要提起公诉的，由该公安机关移送同级人民检察院审查决定。

第二十四条 县级公安机关负责侦查发生在本辖区内的刑事案件。

设区的市一级以上公安机关负责下列犯罪中重大案件的侦查：

（一）危害国家安全犯罪；

（二）恐怖活动犯罪；

（三）涉外犯罪；

（四）经济犯罪；

（五）集团犯罪；

（六）跨区域犯罪。

上级公安机关认为有必要的，可以侦查下级公安机关管辖的刑事案件；下级公安机关认为案情重大需要上级公安机关侦查的刑事案件，可以请求上一级公安机关管辖。

第二十五条 公安机关内部对刑事案件的管辖，按照刑事侦查机构的设置及其职责分工确定。

第二十六条 铁路公安机关管辖铁路系统的机关、厂、段、院、校、所、队、工区等单位发生的刑事案件，车站工作区域内、列车内发生的刑事案件，铁路沿线发生的盗窃或者破坏铁路、通信、电力线路和其他重要设施的刑事案件，以及内部职工在铁路线上工作时发生的刑事案件。

铁路系统的计算机信息系统延伸到地方涉及铁路业务的网点，其计算机信息系统发生的刑事案件由铁路公安机关管辖。

对倒卖、伪造、变造火车票的刑事案件，由最初受理案件的铁路公安机关或者地方公安机关管辖。必要时，可以移送主要犯罪地的铁路公安机关或者地方公安机关管辖。

在列车上发生的刑事案件，犯罪嫌疑人在列车运行途中被抓获的，由前方停靠站所在地的铁路公安机关管辖；必要时，也可以由列车始发站、终点站所在地的铁路公安机关管辖。犯罪嫌疑人不是在列车运行途中被抓获的，由负责该列车乘务的铁路公安机关管辖；但在列车运行途经的车站被抓获的，也可以由该车站所在地的铁路公安机关管辖。

在国际列车上发生的刑事案件，根据我国与相关国家签订的协定确定管辖；没有协定的，由该列车始发或者前方停靠的中国车站所在地的铁路公安机关管辖。

铁路建设施工工地发生的刑事案件由地方公安机关管辖。

第二十七条 民航公安机关管辖民航系统的机关、厂、段、院、校、所、队、工区等单位、机场工作区域内、民航飞机内发生的刑事案件。

重大飞行事故刑事案件由犯罪结果发生地机场公安机关管辖。犯罪结果发生地未设机场公安机关或者不在机场公安机关管辖范围内的，由地方公安机关管辖，有关机场公安机关予以协助。

第二十八条 海关走私犯罪侦查机构管辖中华人民共和国海关关境内发生的涉税走私犯罪和发生在海关监管区内的非涉税走私犯罪等刑事案件。

第二十九条 公安机关侦查的刑事案件的犯罪嫌疑人涉及监察机关管辖的案件时，应当及时与同级监察机关协商，一般应当由监察机关为主调查，公安机关予以协助。

第三十条 公安机关侦查的刑事案件涉及人民检察院管辖的案件时，应当将属于人民检察院管辖的刑事案件移送人民检察院。涉嫌主罪属于公安机关管辖的，由公安机关为主侦查；涉嫌主罪属于人民检察院管辖的，公安机关予以配合。

公安机关侦查的刑事案件涉及其他侦查机关管辖的案件时，参照前款规定办理。

第三十一条 公安机关和军队互涉刑事案件的管辖分工按照有关规定办理。

公安机关和武装警察部队互涉刑事案件的管辖分工依照公安机关和军队互涉刑事案件的管辖分工的原则办理。

第三章 回　　避

第三十二条 公安机关负责人、侦查人员有下列情形之一的，应当自行提出回避申请，没有自行提出回避申请的，应当责令其回避，当事人及其法定代理人也有权要求他们回避：

（一）是本案的当事人或者是当事人的近亲属的；

（二）本人或者他的近亲属和本案有利害关系的；

（三）担任过本案的证人、鉴定人、辩护人、诉讼代理人的；

（四）与本案当事人有其他关系，可能影响公正处理案件的。

第三十三条 公安机关负责人、侦查人员不得有下列行为：

（一）违反规定会见本案当事人及其委托人；

（二）索取、接受本案当事人及其委托人的财物或者其他利益；

（三）接受本案当事人及其委托人的宴请，或者参加由其支付费用的活动；

（四）其他可能影响案件公正办理的不正当行为。

违反前款规定的，应当责令其回避并依法追究法律责任。当事人及其法定代理人有权要求其回避。

第三十四条 公安机关负责人、侦查人员自行提出回避申请的,应当说明回避的理由;口头提出申请的,公安机关应当记录在案。

当事人及其法定代理人要求公安机关负责人、侦查人员回避,应当提出申请,并说明理由;口头提出申请的,公安机关应当记录在案。

第三十五条 侦查人员的回避,由县级以上公安机关负责人决定;县级以上公安机关负责人的回避,由同级人民检察院检察委员会决定。

第三十六条 当事人及其法定代理人对侦查人员提出回避申请的,公安机关应当在收到回避申请后二日以内作出决定并通知申请人;情况复杂的,经县级以上公安机关负责人批准,可以在收到回避申请后五日以内作出决定。

当事人及其法定代理人对县级以上公安机关负责人提出回避申请的,公安机关应当及时将申请移送同级人民检察院。

第三十七条 当事人及其法定代理人对驳回申请回避的决定不服的,可以在收到驳回申请回避决定书后五日以内向作出决定的公安机关申请复议。

公安机关应当在收到复议申请后五日以内作出复议决定并书面通知申请人。

第三十八条 在作出回避决定前,申请或者被申请回避的公安机关负责人、侦查人员不得停止对案件的侦查。

作出回避决定后,申请或者被申请回避的公安机关负责人、侦查人员不得再参与本案的侦查工作。

第三十九条 被决定回避的公安机关负责人、侦查人员在回避决定作出以前所进行的诉讼活动是否有效,由作出决定的机关根据案件情况决定。

第四十条 本章关于回避的规定适用于记录人、翻译人员和鉴定人。

记录人、翻译人员和鉴定人需要回避的,由县级以上公安机关负责人决定。

第四十一条 辩护人、诉讼代理人可以依照本章的规定要求回避、申请复议。

第四章 律师参与刑事诉讼

第四十二条 公安机关应当保障辩护律师在侦查阶段依法从事下列执业活动:

(一)向公安机关了解犯罪嫌疑人涉嫌的罪名和案件有关情况,提出意见;

(二)与犯罪嫌疑人会见和通信,向犯罪嫌疑人了解案件有关情况;

(三)为犯罪嫌疑人提供法律帮助、代理申诉、控告;

(四)为犯罪嫌疑人申请变更强制措施。

第四十三条 公安机关在第一次讯问犯罪嫌疑人或者对犯罪嫌疑人采取强制措施的时候,应当告知犯罪嫌疑人有权委托律师作为辩护人,并告知其如果因经济困难或者其他原因没有委托辩护律师的,可以向法律援助机构申请法律援助。告知的情形应当记录在案。

对于同案的犯罪嫌疑人委托同一名辩护律师的,或者两名以上未同案处理但实施的犯罪存在关联的犯罪嫌疑人委托同一名辩护律师的,公安机关应当要求其更换辩护律师。

第四十四条 犯罪嫌疑人可以自己委托辩护律师。犯罪嫌疑人在押的,也可以由其监护人、近亲属代为委托辩护律师。

犯罪嫌疑人委托辩护律师的请求可以书面提出,也可以口头提出。口头提出的,公安机关应当制作笔录,由犯罪嫌疑人签名、捺指印。

第四十五条 在押的犯罪嫌疑人向看守所提出委托辩护律师要求的,看守所应当及时将其请求转达给办案部门,办案部门应当及时向犯罪嫌疑人委托的辩护律师或者律师事务所转达该项请求。

在押的犯罪嫌疑人仅提出委托辩护律师的要求,但提不出具体对象的,办案部门应当及时通知犯罪嫌疑人的监护人、近亲属代为委托辩护律师。犯罪嫌疑人无监护人或者近亲属的,办案部门应当及时通知当地律师协会或者司法行政机关为其推荐辩护律师。

第四十六条 符合下列情形之一,犯罪嫌疑人没有委托辩护人的,公安机关应当自发现该情形之日起三日以内通知法律援助机构为犯罪嫌疑人指派辩护律师:

(一)犯罪嫌疑人是盲、聋、哑人,或者是尚未完全丧失辨认或者控制自己行为能力的精神病人;

(二)犯罪嫌疑人可能被判处无期徒刑、死刑。

第四十七条 公安机关收到在押的犯罪嫌疑人提出的法律援助申请后,应当在二十四小时以内将其申请转交所在地的法律援助机构,并在三日以内通知申请人的法定代理人、近亲属或者其委托的其他人员协助提供有关证件、证明等相关材料。犯罪嫌疑人的法定代理人、近亲属或者其委托的其他人员地址不详无法通知的,应当在转交申请时一并告知法律援助机构。

犯罪嫌疑人拒绝法律援助机构指派的律师作为辩护人或者自行委托辩护人的,公安机关应当在三日以内通知法律援助机构。

第四十八条 辩护律师接受犯罪嫌疑人委托或者法律援助机构的指派后,应当及时告知公安机关并出示律师执业证书、律师事务所证明和委托书或者法律援助公函。

第四十九条 犯罪嫌疑人、被告人入所羁押时没有委托辩护人,法律援助机构也没有指派律师提供辩护的,看守所应当告知其有权约见值班律师,获得法律咨询、程序选择建议、申请变更强制措施、对案件处理提出意见等法律帮助,并为犯罪嫌疑人、被告人约见值班律师提供便利。

没有委托辩护人、法律援助机构没有指派律师提供辩护的犯罪嫌疑人、被告人,向看守所申请由值班律师提供法律帮助的,看守所应当在二十四小时内通知值班律师。

第五十条 辩护律师向公安机关了解案件有关情况的,公安机关应当依法将犯罪嫌疑人涉嫌的罪名以及当时已查明的该罪的主要事实,犯罪嫌疑人被采取、变更、解除强制措施,延长侦查羁押期限等案件有关情况,告知接受委托或者指派的辩护律师,并记录在案。

第五十一条 辩护律师可以同在押或者被监视居住的犯罪嫌疑人会见、通信。

第五十二条 对危害国家安全犯罪案件、恐怖活动犯罪案件,办案部门应当在将犯罪嫌疑人送看守所羁押时书面通知看守所;犯罪嫌疑人被监视居住的,应当在送交执行时书面通知执行机关。

辩护律师在侦查期间要求会见前款规定案件的在押或者被监视居住的犯罪嫌疑人,应当向办案部门提出申请。

对辩护律师提出的会见申请,办案部门应当在收到申请后三日以内,报经县级以上公安机关负责人批准,作出许可或者不许可的决定,书面通知辩护律师,并及时通知看守所或者执行监视居住的部门。除有碍侦查或者可能泄露国家秘密的情形外,应当作出许可的决定。

公安机关不许可会见的,应当说明理由。有碍侦查或者可能泄露国家秘密的情形消失后,公安机关应当许可会见。

有下列情形之一的,属于本条规定的"有碍侦查":

(一)可能毁灭、伪造证据,干扰证人作证或者串供的;

(二)可能引起犯罪嫌疑人自残、自杀或者逃跑的;

(三)可能引起同案犯逃避、妨碍侦查的;

(四)犯罪嫌疑人的家属与犯罪有牵连的。

第五十三条 辩护律师要求会见在押的犯罪嫌疑人,看守所应当在查验其律师执业证书、律师事务所证明和委托书或者法律援助公函后,在四十八小时以内安排律师会见到犯罪嫌疑人,同时通知办案部门。

侦查期间,辩护律师会见危害国家安全犯罪案件、恐怖活动犯罪案件在押或者被监视居住的犯罪嫌疑人时,看守所或者监视居住执行机关还应当查验侦查机关的许可决定文书。

第五十四条 辩护律师会见在押或者被监视居住的犯罪嫌疑人需要聘请翻译人员的,应当向办案部门提出申请。办案部门应当在收到申请后三日以内,报经县级以上公安机关负责人批准,作出许可或者不许可的决定,书面通知辩护律师。对于具有本规定第三十二条所列情形之一的,作出不予许可的决定,并通知其更换;不具有相关情形的,应当许可。

翻译人员参与会见的,看守所或者监视居住执行机关应当查验公安机关的许可决定文书。

第五十五条 辩护律师会见在押或者被监视居住的犯罪嫌疑人时,看守所或者监视居住执行机关应当采取必要的管理措施,保障会见顺利进行,并告知其遵守会见的有关规定。辩护律师会见犯罪嫌疑人时,公安机关不得监听,不得派员在场。

辩护律师会见在押或者被监视居住的犯罪嫌疑人时,违反法律规定或者会见的规定的,看守所或者监视居住执行机关应当制止。对于严重违反规定或者不听劝阻的,可以决定停止本次会见,并及时通报其所在的律师事务所、所属的律师协会以及司法行政机关。

第五十六条 辩护人或者其他任何人在刑事诉讼中,违反法律规定,实施干扰诉讼活动行为的,应当依法追究法律责任。

辩护人实施干扰诉讼活动行为,涉嫌犯罪,属于公安机关管辖的,应当由办理辩护人所承办案件的公安机关报请上一级公安机关指定其他公安机关立案侦查,或者由上一级公安机关立案侦查。不得指定原承办案件公安机关的下级公安机关立案侦查。辩护人是律师的,立案侦查的公安机关应当及时通知其所在的律师事务所、所属的律师协会以及司法行政机关。

第五十七条 辩护律师对在执业活动中知悉的委托人的有关情况和信息,有权予以保密。但是,辩护律师在执业活动中知悉委托人或者其他人,准备或者正在实施危害国家安全、公共安全以及严重危害他人人身安全的犯罪的,应当及时告知司法机关。

第五十八条 案件侦查终结前，辩护律师提出要求的，公安机关应当听取辩护律师的意见，根据情况进行核实，并记录在案。辩护律师提出书面意见的，应当附卷。

对辩护律师收集的犯罪嫌疑人不在犯罪现场、未达到刑事责任年龄、属于依法不负刑事责任的精神病人的证据，公安机关应当进行核实并将有关情况记录在案，有关证据应当附卷。

第五章 证 据

第五十九条 可以用于证明案件事实的材料，都是证据。

证据包括：

（一）物证；

（二）书证；

（三）证人证言；

（四）被害人陈述；

（五）犯罪嫌疑人供述和辩解；

（六）鉴定意见；

（七）勘验、检查、侦查实验、搜查、查封、扣押、提取、辨认等笔录；

（八）视听资料、电子数据。

证据必须经过查证属实，才能作为认定案件事实的根据。

第六十条 公安机关必须依照法定程序，收集、调取能够证实犯罪嫌疑人有罪或者无罪、犯罪情节轻重的各种证据。必须保证一切与案件有关或者了解案情的公民，有客观地充分地提供证据的条件，除特殊情况外，可以吸收他们协助调查。

第六十一条 公安机关向有关单位和个人收集、调取证据时，应当告知其必须如实提供证据。

对涉及国家秘密、商业秘密、个人隐私的证据，应当保密。

对于伪造证据、隐匿证据或者毁灭证据的，应当追究其法律责任。

第六十二条 公安机关向有关单位和个人调取证据，应当经办案部门负责人批准，开具调取证据通知书，明确调取的证据和提供时限。被调取单位及其经办人、持有证据的个人应当在通知书上盖章或者签名，拒绝盖章或者签名的，公安机关应当注明。必要时，应当采用录音录像方式固定证据内容及取证过程。

第六十三条 公安机关接受或者依法调取的行政机关在行政执法和查办案件过程中收集的物证、书证、视听资料、电子数据、鉴定意见、勘验笔录、检查笔录等证据材料，经公安机关审查符合法定要求的，可以作为证据使用。

第六十四条 收集、调取的物证应当是原物。只有在原物不便搬运、不易保存或者依法应当由有关部门保管、处理或者依法应当返还时，才可以拍摄或者制作足以反映原物外形或者内容的照片、录像或者复制品。

物证的照片、录像或者复制品经与原物核实无误或者经鉴定证明为真实的，或者以其他方式确能证明其真实的，可以作为证据使用。原物的照片、录像或者复制品，不能反映原物的外形和特征的，不能作为证据使用。

第六十五条 收集、调取的书证应当是原件。只有在取得原件确有困难时，才可以使用副本或者复制件。

书证的副本、复制件，经与原件核实无误或者经鉴定证明为真实的，或者以其他方式确能证明其真实的，可以作为证据使用。书证有更改或者更改迹象不能作出合理解释的,或者书证的副本、复制件不能反映书证原件及其内容的,不能作为证据使用。

第六十六条 收集、调取电子数据,能够扣押电子数据原始存储介质的,应当扣押原始存储介质,并制作笔录、予以封存。

确因客观原因无法扣押原始存储介质的,可以现场提取或者网络在线提取电子数据。无法扣押原始存储介质,也无法现场提取或者网络在线提取的,可以采取打印、拍照或者录音录像等方式固定相关证据,并在笔录中注明原因。

收集、调取的电子数据,足以保证完整性,无删除、修改、增加等情形的,可以作为证据使用。经审查无法确定真伪,或者制作、取得的时间、地点、方式等有疑问,不能提供必要证明或者作出合理解释的,不能作为证据使用。

第六十七条 物证的照片、录像或者复制品,书证的副本、复制件,视听资料、电子数据的复制件,应当附有关制作过程及原件、原物存放处的文字说明,并由制作人和物品持有人或者物品持有单位有关人员签名。

第六十八条 公安机关提请批准逮捕书、起诉意见书必须忠实于事实真象。故意隐瞒事实真象的,应当依法追究责任。

第六十九条 需要查明的案件事实包括:

(一)犯罪行为是否存在;

(二)实施犯罪行为的时间、地点、手段、后果以及其他情节;

(三)犯罪行为是否为犯罪嫌疑人实施;

(四)犯罪嫌疑人的身份;

(五)犯罪嫌疑人实施犯罪行为的动机、目的;

(六)犯罪嫌疑人的责任以及与其他同案人的关系;

(七)犯罪嫌疑人有无法定从重、从轻、减轻处罚以及免除处罚的情节;

(八)其他与案件有关的事实。

第七十条 公安机关移送审查起诉的案件,应当做到犯罪事实清楚,证据确实、充分。

证据确实、充分,应当符合以下条件:

(一)认定的案件事实都有证据证明;

(二)认定案件事实的证据均经法定程序查证属实;

(三)综合全案证据,对所认定事实已排除合理怀疑。

对证据的审查,应当结合案件的具体情况,从各证据与待证事实的关联程度、各证据之间的联系等方面进行审查判断。

只有犯罪嫌疑人供述,没有其他证据的,不能认定案件事实;没有犯罪嫌疑人供述,证据确实、充分的,可以认定案件事实。

第七十一条 采用刑讯逼供等非法方法收集的犯罪嫌疑人供述和采用暴力、威胁等非法方法收集的证人证言、被害人陈述,应当予以排除。

收集物证、书证、视听资料、电子数据违反法定程序,可能严重影响司法公正的,应当予以补正或者作出合理解释;不能补正或者作出合理解释的,对该证据应当予以排除。

在侦查阶段发现有应当排除的证据的,经县级以上公安机关负责人批准,应当依法予以排除,不得作为提请批准逮捕、移送审查起诉的依据。

人民检察院认为可能存在以非法方法

收集证据情形,要求公安机关进行说明的,公安机关应当及时进行调查,并向人民检察院作出书面说明。

第七十二条 人民法院认为现有证据材料不能证明证据收集的合法性,通知有关侦查人员或者公安机关其他人员出庭说明情况的,有关侦查人员或者其他人员应当出庭。必要时,有关侦查人员或者其他人员也可以要求出庭说明情况。侦查人员或者其他人员出庭,应当向法庭说明证据收集过程,并就相关情况接受发问。

经人民法院通知,人民警察应当就其执行职务时目击的犯罪情况出庭作证。

第七十三条 凡是知道案件情况的人,都有作证的义务。

生理上、精神上有缺陷或者年幼,不能辨别是非,不能正确表达的人,不能作证人。

对于证人能否辨别是非,能否正确表达,必要时可以进行审查或者鉴别。

第七十四条 公安机关应当保障证人及其近亲属的安全。

对证人及其近亲属进行威胁、侮辱、殴打或者打击报复,构成犯罪的,依法追究刑事责任;尚不够刑事处罚的,依法给予治安管理处罚。

第七十五条 对危害国家安全犯罪、恐怖活动犯罪、黑社会性质的组织犯罪、毒品犯罪等案件,证人、鉴定人、被害人因在侦查过程中作证,本人或者其近亲属的人身安全面临危险的,公安机关应当采取以下一项或者多项保护措施:

(一)不公开真实姓名、住址、通讯方式和工作单位等个人信息;

(二)禁止特定的人员接触被保护人;

(三)对被保护人的人身和住宅采取专门性保护措施;

(四)将被保护人带到安全场所保护;

(五)变更被保护人的住所和姓名;

(六)其他必要的保护措施。

证人、鉴定人、被害人认为因在侦查过程中作证,本人或者其近亲属的人身安全面临危险,向公安机关请求予以保护,公安机关经审查认为符合前款规定的条件,确有必要采取保护措施的,应当采取上述一项或者多项保护措施。

公安机关依法采取保护措施,可以要求有关单位和个人配合。

案件移送审查起诉时,应当将采取保护措施的相关情况一并移交人民检察院。

第七十六条 公安机关依法决定不公开证人、鉴定人、被害人的真实姓名、住址、通讯方式和工作单位等个人信息的,可以在起诉意见书、询问笔录等法律文书、证据材料中使用化名等代替证人、鉴定人、被害人的个人信息。但是,应当另行书面说明使用化名的情况并标明密级,单独成卷。

第七十七条 证人保护工作所必需的人员、经费、装备等,应当予以保障。

证人因履行作证义务而支出的交通、住宿、就餐等费用,应当给予补助。证人作证的补助列入公安机关业务经费。

第六章 强制措施

第一节 拘传

第七十八条 公安机关根据案件情况对需要拘传的犯罪嫌疑人,或者经过传唤没有正当理由不到案的犯罪嫌疑人,可以拘传到其所在市、县公安机关执法办案场所进行讯问。

需要拘传的,应当填写呈请拘传报告

书,并附有关材料,报县级以上公安机关负责人批准。

第七十九条 公安机关拘传犯罪嫌疑人应当出示拘传证,并责令其在拘传证上签名、捺指印。

犯罪嫌疑人到案后,应当责令其在拘传证上填写到案时间;拘传结束后,应当由其在拘传证上填写拘传结束时间。犯罪嫌疑人拒绝填写的,侦查人员应当在拘传证上注明。

第八十条 拘传持续的时间不得超过十二小时;案情特别重大、复杂,需要采取拘留、逮捕措施的,经县级以上公安机关负责人批准,拘传持续的时间不得超过二十四小时。不得以连续拘传的形式变相拘禁犯罪嫌疑人。

拘传期限届满,未作出采取其他强制措施决定的,应当立即结束拘传。

第二节 取保候审

第八十一条 公安机关对具有下列情形之一的犯罪嫌疑人,可以取保候审:

(一)可能判处管制、拘役或者独立适用附加刑的;

(二)可能判处有期徒刑以上刑罚,采取取保候审不致发生社会危险性的;

(三)患有严重疾病、生活不能自理,怀孕或者正在哺乳自己婴儿的妇女,采取取保候审不致发生社会危险性的;

(四)羁押期限届满,案件尚未办结,需要继续侦查的。

对拘留的犯罪嫌疑人,证据不符合逮捕条件,以及提请逮捕后,人民检察院不批准逮捕,需要继续侦查,并且符合取保候审条件的,可以依法取保候审。

第八十二条 对累犯,犯罪集团的主犯,以自伤、自残办法逃避侦查的犯罪嫌疑人,严重暴力犯罪以及其他严重犯罪的犯罪嫌疑人不得取保候审,但犯罪嫌疑人具有本规定第八十一条第一款第三项、第四项规定情形的除外。

第八十三条 需要对犯罪嫌疑人取保候审的,应当制作呈请取保候审报告书,说明取保候审的理由、采取的保证方式以及应当遵守的规定,经县级以上公安机关负责人批准,制作取保候审决定书。取保候审决定书应当向犯罪嫌疑人宣读,由犯罪嫌疑人签名、捺指印。

第八十四条 公安机关决定对犯罪嫌疑人取保候审的,应当责令犯罪嫌疑人提出保证人或者交纳保证金。

对同一犯罪嫌疑人,不得同时责令其提出保证人和交纳保证金。对未成年人取保候审,应当优先适用保证人保证。

第八十五条 采取保证人保证的,保证人必须符合以下条件,并经公安机关审查同意:

(一)与本案无牵连;

(二)有能力履行保证义务;

(三)享有政治权利,人身自由未受到限制;

(四)有固定的住处和收入。

第八十六条 保证人应当履行以下义务:

(一)监督被保证人遵守本规定第八十九条、第九十条的规定;

(二)发现被保证人可能发生或者已经发生违反本规定第八十九条、第九十条规定的行为的,应当及时向执行机关报告。

保证人应当填写保证书,并在保证书上签名、捺指印。

第八十七条 犯罪嫌疑人的保证金起

点数额为人民币一千元。犯罪嫌疑人为未成年人的，保证金起点数额为人民币五百元。具体数额应当综合考虑保证诉讼活动正常进行的需要、犯罪嫌疑人的社会危险性、案件的性质、情节、可能判处刑罚的轻重以及犯罪嫌疑人的经济状况等情况确定。

第八十八条 县级以上公安机关应当在其指定的银行设立取保候审保证金专门账户，委托银行代为收取和保管保证金。

提供保证金的人，应当一次性将保证金存入取保候审保证金专门账户。保证金应当以人民币交纳。

保证金应当由办案部门以外的部门管理。严禁截留、坐支、挪用或者以其他任何形式侵吞保证金。

第八十九条 公安机关在宣布取保候审决定时，应当告知被取保候审人遵守以下规定：

（一）未经执行机关批准不得离开所居住的市、县；

（二）住址、工作单位和联系方式发生变动的，在二十四小时以内向执行机关报告；

（三）在传讯的时候及时到案；

（四）不得以任何形式干扰证人作证；

（五）不得毁灭、伪造证据或者串供。

第九十条 公安机关在决定取保候审时，还可以根据案件情况，责令被取保候审人遵守以下一项或者多项规定：

（一）不得进入与其犯罪活动等相关联的特定场所；

（二）不得与证人、被害人及其近亲属、同案犯以及与案件有关联的其他特定人员会见或者以任何方式通信；

（三）不得从事与其犯罪行为等相关联的特定活动；

（四）将护照等出入境证件、驾驶证件交执行机关保存。

公安机关应当综合考虑案件的性质、情节、社会影响、犯罪嫌疑人的社会关系等因素，确定特定场所、特定人员和特定活动的范围。

第九十一条 公安机关决定取保候审的，应当及时通知被取保候审人居住地的派出所执行。必要时，办案部门可以协助执行。

采取保证人担保形式的，应当同时送交有关法律文书、被取保候审人基本情况、保证人基本情况等材料。采取保证金担保形式的，应当同时送交有关法律文书、被取保候审人基本情况和保证金交纳情况等材料。

第九十二条 人民法院、人民检察院决定取保候审的，负责执行的县级公安机关应当在收到法律文书和有关材料后二十四小时以内，指定被取保候审人居住地派出所核实情况后执行。

第九十三条 执行取保候审的派出所应当履行下列职责：

（一）告知被取保候审人必须遵守的规定，及其违反规定或者在取保候审期间重新犯罪应当承担的法律后果；

（二）监督、考察被取保候审人遵守有关规定，及时掌握其活动、住址、工作单位、联系方式及变动情况；

（三）监督保证人履行保证义务；

（四）被取保候审人违反应当遵守的规定以及保证人未履行保证义务的，应当及时制止、采取紧急措施，同时告知决定机关。

第九十四条 执行取保候审的派出所

应当定期了解被取保候审人遵守取保候审规定的有关情况，并制作笔录。

第九十五条 被取保候审人无正当理由不得离开所居住的市、县。有正当理由需要离开所居住的市、县的，应当经负责执行的派出所负责人批准。

人民法院、人民检察院决定取保候审的，负责执行的派出所在批准被取保候审人离开所居住的市、县前，应当征得决定取保候审的机关同意。

第九十六条 被取保候审人在取保候审期间违反本规定第八十九条、第九十条规定，已交纳保证金的，公安机关应当根据其违反规定的情节，决定没收部分或者全部保证金，并且区别情形，责令其具结悔过、重新交纳保证金、提出保证人，变更强制措施或者给予治安管理处罚；需要予以逮捕的，可以对其先行拘留。

人民法院、人民检察院决定取保候审的，被取保候审人违反应当遵守的规定，负责执行的派出所应当及时通知决定取保候审的机关。

第九十七条 需要没收保证金的，应当经过严格审核后，报县级以上公安机关负责人批准，制作没收保证金决定书。

决定没收五万元以上保证金的，应当经设区的市一级以上公安机关负责人批准。

第九十八条 没收保证金的决定，公安机关应当在三日以内向被取保候审人宣读，并责令其在没收保证金决定书上签名、捺指印；被取保候审人在逃或者具有其他情形不能到场的，应当向其成年家属、法定代理人、辩护人或者单位、居住地的居民委员会、村民委员会宣布，由其成年家属、法定代理人、辩护人或者单位、居住地的居民委员会或者村民委员会的负责人在没收保证金决定书上签名。

被取保候审人或者其成年家属、法定代理人、辩护人或者单位、居民委员会、村民委员会负责人拒绝签名的，公安机关应当在没收保证金决定书上注明。

第九十九条 公安机关在宣读没收保证金决定书时，应当告知如果对没收保证金的决定不服，被取保候审人或者其法定代理人可以在五日以内向作出决定的公安机关申请复议。公安机关应当在收到复议申请后七日以内作出决定。

被取保候审人或者其法定代理人对复议决定不服的，可以在收到复议决定书后五日以内向上一级公安机关申请复核一次。上一级公安机关应当在收到复核申请后七日以内作出决定。对上级公安机关撤销或者变更没收保证金决定的，下级公安机关应当执行。

第一百条 没收保证金的决定已过复议期限，或者复议、复核后维持原决定或者变更没收保证金数额的，公安机关应当及时通知指定的银行将没收的保证金按照国家的有关规定上缴国库。人民法院、人民检察院决定取保候审的，还应当在三日以内通知决定取保候审的机关。

第一百零一条 被取保候审人在取保候审期间，没有违反本规定第八十九条、第九十条有关规定，也没有重新故意犯罪的，或者具有本规定第一百八十六条规定的情形之一的，在解除取保候审、变更强制措施的同时，公安机关应当制作退还保证金决定书，通知银行如数退还保证金。

被取保候审人可以凭退还保证金决定书到银行领取退还的保证金。被取保候审人委托他人领取的，应当出具委托书。

第一百零二条 被取保候审人没有违反本规定第八十九条、第九十条规定,但在取保候审期间涉嫌重新故意犯罪被立案侦查的,负责执行的公安机关应当暂扣其交纳的保证金,待人民法院判决生效后,根据有关判决作出处理。

第一百零三条 被保证人违反应当遵守的规定,保证人未履行保证义务的,查证属实后,经县级以上公安机关负责人批准,对保证人处一千元以上二万元以下罚款;构成犯罪的,依法追究刑事责任。

第一百零四条 决定对保证人罚款的,应当报经县级以上公安机关负责人批准,制作对保证人罚款决定书,在三日以内送达保证人,告知其如果对罚款决定不服,可以在收到决定书之日起五日以内向作出决定的公安机关申请复议。公安机关应当在收到复议申请后七日以内作出决定。

保证人对复议决定不服的,可以在收到复议决定书后五日以内向上一级公安机关申请复核一次。上一级公安机关应当在收到复核申请后七日以内作出决定。对上级公安机关撤销或者变更罚款决定的,下级公安机关应当执行。

第一百零五条 对于保证人罚款的决定已过复议期限,或者复议、复核后维持原决定或者变更罚款数额的,公安机关应当及时通知指定的银行将保证人罚款按照国家的有关规定上缴国库。人民法院、人民检察院决定取保候审的,还应当在三日以内通知决定取保候审的机关。

第一百零六条 对于犯罪嫌疑人采取保证人保证的,如果保证人在取保候审期间情况发生变化,不愿继续担保或者丧失担保条件,公安机关应当责令被取保候审人重新提出保证人或者交纳保证金,或者作出变更强制措施的决定。

人民法院、人民检察院决定取保候审的,负责执行的派出所应当自发现保证人不愿继续担保或者丧失担保条件之日起三日以内通知决定取保候审的机关。

第一百零七条 公安机关在取保候审期间不得中断对案件的侦查,对取保候审的犯罪嫌疑人,根据案情变化,应当及时变更强制措施或者解除取保候审。

取保候审最长不得超过十二个月。

第一百零八条 需要解除取保候审的,应当经县级以上公安机关负责人批准,制作解除取保候审决定书、通知书,并及时通知负责执行的派出所、被取保候审人、保证人和有关单位。

人民法院、人民检察院作出解除取保候审决定的,负责执行的公安机关应当根据决定书及时解除取保候审,并通知被取保候审人、保证人和有关单位。

第三节 监视居住

第一百零九条 公安机关对符合逮捕条件,有下列情形之一的犯罪嫌疑人,可以监视居住:

(一)患有严重疾病、生活不能自理的;

(二)怀孕或者正在哺乳自己婴儿的妇女;

(三)系生活不能自理的人的唯一扶养人;

(四)因案件的特殊情况或者办理案件的需要,采取监视居住措施更为适宜的;

(五)羁押期限届满,案件尚未办结,需要采取监视居住措施的。

对人民检察院决定不批准逮捕的犯罪嫌疑人,需要继续侦查,并且符合监视居住条件的,可以监视居住。

对于符合取保候审条件,但犯罪嫌疑人不能提出保证人,也不交纳保证金的,可以监视居住。

对于被取保候审人违反本规定第八十九条、第九十条规定的,可以监视居住。

第一百一十条 对犯罪嫌疑人监视居住,应当制作呈请监视居住报告书,说明监视居住的理由、采取监视居住的方式以及应当遵守的规定,经县级以上公安机关负责人批准,制作监视居住决定书。监视居住决定书应当向犯罪嫌疑人宣读,由犯罪嫌疑人签名、捺指印。

第一百一十一条 监视居住应当在犯罪嫌疑人、被告人住处执行;无固定住处的,可以在指定的居所执行。对于涉嫌危害国家安全犯罪、恐怖活动犯罪,在住处执行可能有碍侦查的,经上一级公安机关批准,也可以在指定的居所执行。

有下列情形之一的,属于本条规定的"有碍侦查":

(一)可能毁灭、伪造证据,干扰证人作证或者串供的;

(二)可能引起犯罪嫌疑人自残、自杀或者逃跑的;

(三)可能引起同案犯逃避、妨碍侦查的;

(四)犯罪嫌疑人、被告人在住处执行监视居住有人身危险的;

(五)犯罪嫌疑人、被告人的家属或者所在单位人员与犯罪有牵连的。

指定居所监视居住的,不得要求被监视居住人支付费用。

第一百一十二条 固定住处,是指被监视居住人在办案机关所在的市、县内生活的合法住处;指定的居所,是指公安机关根据案件情况,在办案机关所在的市、县内为被监视居住人指定的生活居所。

指定的居所应当符合下列条件:

(一)具备正常的生活、休息条件;

(二)便于监视、管理;

(三)保证安全。

公安机关不得在羁押场所、专门的办案场所或者办公场所执行监视居住。

第一百一十三条 指定居所监视居住的,除无法通知的以外,应当制作监视居住通知书,在执行监视居住后二十四小时以内,由决定机关通知被监视居住人的家属。

有下列情形之一的,属于本条规定的"无法通知":

(一)不讲真实姓名、住址、身份不明的;

(二)没有家属的;

(三)提供的家属联系方式无法取得联系的;

(四)因自然灾害等不可抗力导致无法通知的。

无法通知的情形消失以后,应当立即通知被监视居住人的家属。

无法通知家属的,应当在监视居住通知书中注明原因。

第一百一十四条 被监视居住人委托辩护律师,适用本规定第四十三条、第四十四条、第四十五条规定。

第一百一十五条 公安机关在宣布监视居住决定时,应当告知被监视居住人必须遵守以下规定:

(一)未经执行机关批准不得离开执行监视居住的处所;

(二)未经执行机关批准不得会见他人或者以任何方式通信;

(三)在传讯的时候及时到案;

(四)不得以任何形式干扰证人作证;

（五）不得毁灭、伪造证据或者串供；

（六）将护照等出入境证件、身份证件、驾驶证件交执行机关保存。

第一百一十六条 公安机关对被监视居住人，可以采取电子监控、不定期检查等监视方法对其遵守监视居住规定的情况进行监督；在侦查期间，可以对被监视居住的犯罪嫌疑人的电话、传真、信函、邮件、网络等通信进行监控。

第一百一十七条 公安机关决定监视居住的，由被监视居住人住处或者指定居所所在地的派出所执行，办案部门可以协助执行。必要时，也可以由办案部门负责执行，派出所或者其他部门协助执行。

第一百一十八条 人民法院、人民检察院决定监视居住的，负责执行的县级公安机关应当在收到法律文书和有关材料后二十四小时以内，通知被监视居住人住处或者指定居所所在地的派出所，核实被监视居住人身份、住处或者居所等情况后执行。必要时，可以由人民法院、人民检察院协助执行。

负责执行的派出所应当及时将执行情况通知决定监视居住的机关。

第一百一十九条 负责执行监视居住的派出所或者办案部门应当严格对被监视居住人进行监督考察，确保安全。

第一百二十条 被监视居住人有正当理由要求离开住处或者指定的居所以及要求会见他人或者通信的，应当经负责执行的派出所或者办案部门负责人批准。

人民法院、人民检察院决定监视居住的，负责执行的派出所在批准被监视居住人离开住处或者指定的居所以及与他人会见或者通信前，应当征得决定监视居住的机关同意。

第一百二十一条 被监视居住人违反应当遵守的规定，公安机关应当区分情形责令被监视居住人具结悔过或者给予治安管理处罚。情节严重的，可以予以逮捕；需要予以逮捕的，可以对其先行拘留。

人民法院、人民检察院决定监视居住的，被监视居住人违反应当遵守的规定，负责执行的派出所应当及时通知决定监视居住的机关。

第一百二十二条 在监视居住期间，公安机关不得中断案件的侦查，对被监视居住的犯罪嫌疑人，应当根据案情变化，及时解除监视居住或者变更强制措施。

监视居住最长不得超过六个月。

第一百二十三条 需要解除监视居住的，应当经县级以上公安机关负责人批准，制作解除监视居住决定书，并及时通知负责执行的派出所、被监视居住人和有关单位。

人民法院、人民检察院作出解除、变更监视居住决定的，负责执行的公安机关应当及时解除并通知被监视居住人和有关单位。

第四节 拘　　留

第一百二十四条 公安机关对于现行犯或者重大嫌疑分子，有下列情形之一的，可以先行拘留：

（一）正在预备犯罪、实行犯罪或者在犯罪后即时被发觉的；

（二）被害人或者在场亲眼看见的人指认他犯罪的；

（三）在身边或者住处发现有犯罪证据的；

（四）犯罪后企图自杀、逃跑或者在逃的；

（五）有毁灭、伪造证据或者串供可能的；

（六）不讲真实姓名、住址，身份不明的；

（七）有流窜作案、多次作案、结伙作案重大嫌疑的。

第一百二十五条 拘留犯罪嫌疑人，应当填写呈请拘留报告书，经县级以上公安机关负责人批准，制作拘留证。执行拘留时，必须出示拘留证，并责令被拘留人在拘留证上签名、捺指印，拒绝签名、捺指印的，侦查人员应当注明。

紧急情况下，对于符合本规定第一百二十四条所列情形之一的，经出示人民警察证，可以将犯罪嫌疑人口头传唤至公安机关后立即审查，办理法律手续。

第一百二十六条 拘留后，应当立即将被拘留人送看守所羁押，至迟不得超过二十四小时。

异地执行拘留，无法及时将犯罪嫌疑人押解回管辖地的，应当在宣布拘留后立即将其送抓获地看守所羁押，至迟不得超过二十四小时。到达管辖地后，应当立即将犯罪嫌疑人送看守所羁押。

第一百二十七条 除无法通知或者涉嫌危害国家安全犯罪、恐怖活动犯罪通知可能有碍侦查的情形以外，应当在拘留后二十四小时以内制作拘留通知书，通知被拘留人的家属。拘留通知书应当写明拘留原因和羁押处所。

本条规定的“无法通知”的情形适用本规定第一百一十三条第二款的规定。

有下列情形之一的，属于本条规定的“有碍侦查”：

（一）可能毁灭、伪造证据，干扰证人作证或者串供的；

（二）可能引起同案犯逃避、妨碍侦查的；

（三）犯罪嫌疑人的家属与犯罪有牵连的。

无法通知、有碍侦查的情形消失以后，应当立即通知被拘留人的家属。

对于没有在二十四小时以内通知家属的，应当在拘留通知书中注明原因。

第一百二十八条 对被拘留的人，应当在拘留后二十四小时以内进行讯问。发现不应当拘留的，应当经县级以上公安机关负责人批准，制作释放通知书，看守所凭释放通知书发给被拘留人释放证明书，将其立即释放。

第一百二十九条 对被拘留的犯罪嫌疑人，经过审查认为需要逮捕的，应当在拘留后的三日以内，提请人民检察院审查批准。在特殊情况下，经县级以上公安机关负责人批准，提请审查批准逮捕的时间可以延长一日至四日。

对流窜作案、多次作案、结伙作案的重大嫌疑分子，经县级以上公安机关负责人批准，提请审查批准逮捕的时间可以延长至三十日。

本条规定的“流窜作案”，是指跨市、县管辖范围连续作案，或者在居住地作案后逃跑到外市、县继续作案；“多次作案”，是指三次以上作案；“结伙作案”，是指二人以上共同作案。

第一百三十条 犯罪嫌疑人不讲真实姓名、住址，身份不明的，应当对其身份进行调查。对符合逮捕条件的犯罪嫌疑人，也可以按其自报的姓名提请批准逮捕。

第一百三十一条 对被拘留的犯罪嫌疑人审查后，根据案件情况报经县级以上公安机关负责人批准，分别作出如下处理：

（一）需要逮捕的，在拘留期限内，依法办理提请批准逮捕手续；

（二）应当追究刑事责任，但不需要逮捕的，依法直接向人民检察院移送审查起诉，或者依法办理取保候审或者监视居住手续后，向人民检察院移送审查起诉；

（三）拘留期限届满，案件尚未办结，需要继续侦查的，依法办理取保候审或者监视居住手续；

（四）具有本规定第一百八十六条规定情形之一的，释放被拘留人，发给释放证明书；需要行政处理的，依法予以处理或者移送有关部门。

第一百三十二条 人民检察院决定拘留犯罪嫌疑人的，由县级以上公安机关凭人民检察院送达的决定拘留的法律文书制作拘留证并立即执行。必要时，可以请人民检察院协助。拘留后，应当及时通知人民检察院。

公安机关未能抓获犯罪嫌疑人的，应当将执行情况和未能抓获犯罪嫌疑人的原因通知作出拘留决定的人民检察院。对于犯罪嫌疑人在逃的，在人民检察院撤销拘留决定之前，公安机关应当组织力量继续执行。

第五节 逮 捕

第一百三十三条 对有证据证明有犯罪事实，可能判处徒刑以上刑罚的犯罪嫌疑人，采取取保候审尚不足以防止发生下列社会危险性的，应当提请批准逮捕：

（一）可能实施新的犯罪的；

（二）有危害国家安全、公共安全或者社会秩序的现实危险的；

（三）可能毁灭、伪造证据，干扰证人作证或者串供的；

（四）可能对被害人、举报人、控告人实施打击报复的；

（五）企图自杀或者逃跑的。

对于有证据证明有犯罪事实，可能判处十年有期徒刑以上刑罚的，或者有证据证明有犯罪事实，可能判处徒刑以上刑罚，曾经故意犯罪或者身份不明的，应当提请批准逮捕。

公安机关在根据第一款的规定提请人民检察院审查批准逮捕时，应当对犯罪嫌疑人具有社会危险性说明理由。

第一百三十四条 有证据证明有犯罪事实，是指同时具备下列情形：

（一）有证据证明发生了犯罪事实；

（二）有证据证明该犯罪事实是犯罪嫌疑人实施的；

（三）证明犯罪嫌疑人实施犯罪行为的证据已有查证属实的。

前款规定的“犯罪事实”既可以是单一犯罪行为的事实，也可以是数个犯罪行为中任何一个犯罪行为的事实。

第一百三十五条 被取保候审人违反取保候审规定，具有下列情形之一的，可以提请批准逮捕：

（一）涉嫌故意实施新的犯罪行为的；

（二）有危害国家安全、公共安全或者社会秩序的现实危险的；

（三）实施毁灭、伪造证据或者干扰证人作证、串供行为，足以影响侦查工作正常进行的；

（四）对被害人、举报人、控告人实施打击报复的；

（五）企图自杀、逃跑，逃避侦查的；

（六）未经批准，擅自离开所居住的市、县，情节严重的，或者两次以上未经批准，擅自离开所居住的市、县的；

（七）经传讯无正当理由不到案，情节严重的，或者经两次以上传讯不到案的；

（八）违反规定进入特定场所、从事特定活动或者与特定人员会见、通信两次以上的。

第一百三十六条 被监视居住人违反监视居住规定，具有下列情形之一的，可以提请批准逮捕：

（一）涉嫌故意实施新的犯罪行为的；

（二）实施毁灭、伪造证据或者干扰证人作证、串供行为，足以影响侦查工作正常进行的；

（三）对被害人、举报人、控告人实施打击报复的；

（四）企图自杀、逃跑，逃避侦查的；

（五）未经批准，擅自离开执行监视居住的处所，情节严重的，或者两次以上未经批准，擅自离开执行监视居住的处所的；

（六）未经批准，擅自会见他人或者通信，情节严重的，或者两次以上未经批准，擅自会见他人或者通信的；

（七）经传讯无正当理由不到案，情节严重的，或者经两次以上传讯不到案的。

第一百三十七条 需要提请批准逮捕犯罪嫌疑人的，应当经县级以上公安机关负责人批准，制作提请批准逮捕书，连同案卷材料、证据，一并移送同级人民检察院审查批准。

犯罪嫌疑人自愿认罪认罚的，应当记录在案，并在提请批准逮捕书中写明有关情况。

第一百三十八条 对于人民检察院不批准逮捕并通知补充侦查的，公安机关应当按照人民检察院的补充侦查提纲补充侦查。

公安机关补充侦查完毕，认为符合逮捕条件的，应当重新提请批准逮捕。

第一百三十九条 对于人民检察院不批准逮捕而未说明理由的，公安机关可以要求人民检察院说明理由。

第一百四十条 对于人民检察院决定不批准逮捕的，公安机关在收到不批准逮捕决定书后，如果犯罪嫌疑人已被拘留的，应当立即释放，发给释放证明书，并在执行完毕后三日以内将执行回执送达作出不批准逮捕决定的人民检察院。

第一百四十一条 对人民检察院不批准逮捕的决定，认为有错误需要复议的，应当在收到不批准逮捕决定书后五日以内制作要求复议意见书，报经县级以上公安机关负责人批准后，送交同级人民检察院复议。

如果意见不被接受，认为需要复核的，应当在收到人民检察院的复议决定书后五日以内制作提请复核意见书，报经县级以上公安机关负责人批准后，连同人民检察院的复议决定书，一并提请上一级人民检察院复核。

第一百四十二条 接到人民检察院批准逮捕决定书后，应当由县级以上公安机关负责人签发逮捕证，立即执行，并在执行完毕后三日以内将执行回执送达作出批准逮捕决定的人民检察院。如果未能执行，也应当将回执送达人民检察院，并写明未能执行的原因。

第一百四十三条 执行逮捕时，必须出示逮捕证，并责令被逮捕人在逮捕证上签名、捺指印，拒绝签名、捺指印的，侦查人员应当注明。逮捕后，应当立即将被逮捕人送看守所羁押。

执行逮捕的侦查人员不得少于二人。

第一百四十四条 对被逮捕的人，必须在逮捕后的二十四小时以内进行讯问。发现不应当逮捕的，经县级以上公安机关负责人批准，制作释放通知书，送看守所和原批准逮捕的人民检察院。看守所凭释放通知书立即释放被逮捕人，并发给释放证明书。

第一百四十五条 对犯罪嫌疑人执行逮捕后，除无法通知的情形以外，应当在逮捕后二十四小时以内，制作逮捕通知书，通知被逮捕人的家属。逮捕通知书应当写明逮捕原因和羁押处所。

本条规定的“无法通知”的情形适用本规定第一百一十三条第二款的规定。

无法通知的情形消除后，应当立即通知被逮捕人的家属。

对于没有在二十四小时以内通知家属的，应当在逮捕通知书中注明原因。

第一百四十六条 人民法院、人民检察院决定逮捕犯罪嫌疑人、被告人的，由县级以上公安机关凭人民法院、人民检察院决定逮捕的法律文书制作逮捕证并立即执行。必要时，可以请人民法院、人民检察院协助执行。执行逮捕后，应当及时通知决定机关。

公安机关未能抓获犯罪嫌疑人、被告人的，应当将执行情况和未能抓获的原因通知决定逮捕的人民检察院、人民法院。对于犯罪嫌疑人、被告人在逃的，在人民检察院、人民法院撤销逮捕决定之前，公安机关应当组织力量继续执行。

第一百四十七条 人民检察院在审查批准逮捕工作中发现公安机关的侦查活动存在违法情况，通知公安机关予以纠正的，公安机关应当调查核实，对于发现的违法情况应当及时纠正，并将纠正情况书面通知人民检察院。

第六节 羁　　押

第一百四十八条 对犯罪嫌疑人逮捕后的侦查羁押期限不得超过二个月。案情复杂、期限届满不能侦查终结的案件，应当制作提请批准延长侦查羁押期限意见书，经县级以上公安机关负责人批准后，在期限届满七日前送请同级人民检察院转报上一级人民检察院批准延长一个月。

第一百四十九条 下列案件在本规定第一百四十八条规定的期限届满不能侦查终结的，应当制作提请批准延长侦查羁押期限意见书，经县级以上公安机关负责人批准，在期限届满七日前送请同级人民检察院层报省、自治区、直辖市人民检察院批准，延长二个月：

（一）交通十分不便的边远地区的重大复杂案件；

（二）重大的犯罪集团案件；

（三）流窜作案的重大复杂案件；

（四）犯罪涉及面广，取证困难的重大复杂案件。

第一百五十条 对犯罪嫌疑人可能判处十年有期徒刑以上刑罚，依照本规定第一百四十九条规定的延长期限届满，仍不能侦查终结的，应当制作提请批准延长侦查羁押期限意见书，经县级以上公安机关负责人批准，在期限届满七日前送请同级人民检察院层报省、自治区、直辖市人民检察院批准，再延长二个月。

第一百五十一条 在侦查期间，发现犯罪嫌疑人另有重要罪行的，应当自发现之日起五日以内报县级以上公安机关负责人批准后，重新计算侦查羁押期限，制作变更羁押期限通知书，送达看守所，并报批准逮捕的人民检察院备案。

前款规定的“另有重要罪行”，是指与逮捕时的罪行不同种的重大犯罪以及同种犯罪并将影响罪名认定、量刑档次的重大犯罪。

第一百五十二条 犯罪嫌疑人不讲真实姓名、住址，身份不明的，应当对其身份进行调查。经县级以上公安机关负责人批准，侦查羁押期限自查清其身份之日起计算，但不得停止对其犯罪行为的侦查取证。

对于犯罪事实清楚，证据确实、充分，确实无法查明其身份的，按其自报的姓名移送人民检察院审查起诉。

第一百五十三条 看守所应当凭公安机关签发的拘留证、逮捕证收押被拘留、逮捕的犯罪嫌疑人、被告人。犯罪嫌疑人、被告人被送至看守所羁押时，看守所应当在拘留证、逮捕证上注明犯罪嫌疑人、被告人到达看守所的时间。

查获被通缉、脱逃的犯罪嫌疑人以及执行追捕、押解任务需要临时寄押的，应当持通缉令或者其他有关法律文书并经寄押地县级以上公安机关负责人批准，送看守所寄押。

临时寄押的犯罪嫌疑人出所时，看守所应当出具羁押该犯罪嫌疑人的证明，载明该犯罪嫌疑人基本情况、羁押原因、入所和出所时间。

第一百五十四条 看守所收押犯罪嫌疑人、被告人和罪犯，应当进行健康和体表检查，并予以记录。

第一百五十五条 看守所收押犯罪嫌疑人、被告人和罪犯，应当对其人身和携带的物品进行安全检查。发现违禁物品、犯罪证据和可疑物品，应当制作笔录，由被羁押人签名、捺指印后，送办案机关处理。

对女性的人身检查，应当由女工作人员进行。

第七节 其他规定

第一百五十六条 继续盘问期间发现需要对犯罪嫌疑人拘留、逮捕、取保候审或者监视居住的，应当立即办理法律手续。

第一百五十七条 对犯罪嫌疑人执行拘传、拘留、逮捕、押解过程中，应当依法使用约束性警械。遇有暴力性对抗或者暴力犯罪行为，可以依法使用制服性警械或者武器。

第一百五十八条 公安机关发现对犯罪嫌疑人采取强制措施不当的，应当及时撤销或者变更。犯罪嫌疑人在押的，应当及时释放。公安机关释放被逮捕的人或者变更逮捕措施的，应当通知批准逮捕的人民检察院。

第一百五十九条 犯罪嫌疑人被逮捕后，人民检察院经审查认为不需要继续羁押，建议予以释放或者变更强制措施的，公安机关应当予以调查核实。认为不需要继续羁押的，应当予以释放或者变更强制措施；认为需要继续羁押的，应当说明理由。

公安机关应当在十日以内将处理情况通知人民检察院。

第一百六十条 犯罪嫌疑人及其法定代理人、近亲属或者辩护人有权申请变更强制措施。公安机关应当在收到申请后三日以内作出决定；不同意变更强制措施的，应当告知申请人，并说明理由。

第一百六十一条 公安机关对被采取强制措施法定期限届满的犯罪嫌疑人，应当予以释放，解除取保候审、监视居住或者依法变更强制措施。

犯罪嫌疑人及其法定代理人、近亲属

或者辩护人对于公安机关采取强制措施法定期限届满的，有权要求公安机关解除强制措施。公安机关应当进行审查，对于情况属实的，应当立即解除或者变更强制措施。

对于犯罪嫌疑人、被告人羁押期限即将届满的，看守所应当立即通知办案机关。

第一百六十二条 取保候审变更为监视居住的，取保候审、监视居住变更为拘留、逮捕的，对原强制措施不再办理解除法律手续。

第一百六十三条 案件在取保候审、监视居住期间移送审查起诉后，人民检察院决定重新取保候审、监视居住或者变更强制措施的，对原强制措施不再办理解除法律手续。

第一百六十四条 公安机关依法对县级以上各级人民代表大会代表拘传、取保候审、监视居住、拘留或者提请批准逮捕的，应当书面报请该代表所属的人民代表大会主席团或者常务委员会许可。

第一百六十五条 公安机关对现行犯拘留的时候，发现其是县级以上人民代表大会代表的，应当立即向其所属的人民代表大会主席团或者常务委员会报告。

公安机关在依法执行拘传、取保候审、监视居住、拘留或者逮捕中，发现被执行人是县级以上人民代表大会代表的，应当暂缓执行，并报告决定或者批准机关。如果在执行后发现被执行人是县级以上人民代表大会代表的，应当立即解除，并报告决定或者批准机关。

第一百六十六条 公安机关依法对乡、民族乡、镇的人民代表大会代表拘传、取保候审、监视居住、拘留或者执行逮捕的，应当在执行后立即报告其所属的人民代表大会。

第一百六十七条 公安机关依法对政治协商委员会委员拘传、取保候审、监视居住的，应当将有关情况通报给该委员所属的政协组织。

第一百六十八条 公安机关依法对政治协商委员会委员执行拘留、逮捕前，应当向该委员所属的政协组织通报情况；情况紧急的，可在执行的同时或者执行以后及时通报。

第七章 立案、撤案

第一节 受 案

第一百六十九条 公安机关对于公民扭送、报案、控告、举报或者犯罪嫌疑人自动投案的，都应当立即接受，问明情况，并制作笔录，经核对无误后，由扭送人、报案人、控告人、举报人、投案人签名、捺指印。必要时，应当对接受过程录音录像。

第一百七十条 公安机关对扭送人、报案人、控告人、举报人、投案人提供的有关证据材料等应当登记，制作接受证据材料清单，由扭送人、报案人、控告人、举报人、投案人签名，并妥善保管。必要时，应当拍照或者录音录像。

第一百七十一条 公安机关接受案件时，应当制作受案登记表和受案回执，并将受案回执交扭送人、报案人、控告人、举报人。扭送人、报案人、控告人、举报人无法取得联系或者拒绝接受回执的，应当在回执中注明。

第一百七十二条 公安机关接受控告、举报的工作人员，应当向控告人、举报人说明诬告应负的法律责任。但是，只要不是捏造事实、伪造证据,即使控告、举报的事实有出入,甚至是错告的,也要和诬告严格加以区别。

第一百七十三条 公安机关应当保障扭送人、报案人、控告人、举报人及其近亲属的安全。

扭送人、报案人、控告人、举报人如果不愿意公开自己的身份,应当为其保守秘密,并在材料中注明。

第一百七十四条 对接受的案件,或者发现的犯罪线索,公安机关应当迅速进行审查。发现案件事实或者线索不明的,必要时,经办案部门负责人批准,可以进行调查核实。

调查核实过程中,公安机关可以依照有关法律和规定采取询问、查询、勘验、鉴定和调取证据材料等不限制被调查对象人身、财产权利的措施。但是,不得对被调查对象采取强制措施,不得查封、扣押、冻结被调查对象的财产,不得采取技术侦查措施。

第一百七十五条 经过审查,认为有犯罪事实,但不属于自己管辖的案件,应当立即报经县级以上公安机关负责人批准,制作移送案件通知书,在二十四小时以内移送有管辖权的机关处理,并告知扭送人、报案人、控告人、举报人。对于不属于自己管辖而又必须采取紧急措施的,应当先采取紧急措施,然后办理手续,移送主管机关。

对不属于公安机关职责范围的事项,在接报案时能够当场判断的,应当立即口头告知扭送人、报案人、控告人、举报人向其他主管机关报案。

对于重复报案、案件正在办理或者已经办结的,应当向扭送人、报案人、控告人、举报人作出解释,不再登记,但有新的事实或者证据的除外。

第一百七十六条 经过审查,对告诉才处理的案件,公安机关应当告知当事人向人民法院起诉。

对被害人有证据证明的轻微刑事案件,公安机关应当告知被害人可以向人民法院起诉;被害人要求公安机关处理的,公安机关应当依法受理。

人民法院审理自诉案件,依法调取公安机关已经收集的案件材料和有关证据的,公安机关应当及时移交。

第一百七十七条 经过审查,对于不够刑事处罚需要给予行政处理的,依法予以处理或者移送有关部门。

第二节 立　　案

第一百七十八条 公安机关接受案件后,经审查,认为有犯罪事实需要追究刑事责任,且属于自己管辖的,经县级以上公安机关负责人批准,予以立案;认为没有犯罪事实,或者犯罪事实显著轻微不需要追究刑事责任,或者具有其他依法不追究刑事责任情形的,经县级以上公安机关负责人批准,不予立案。

对有控告人的案件,决定不予立案的,公安机关应当制作不予立案通知书,并在三日以内送达控告人。

决定不予立案后又发现新的事实或者证据,或者发现原认定事实错误,需要追究刑事责任的,应当及时立案处理。

第一百七十九条 控告人对不予立案决定不服的,可以在收到不予立案通知书后七日以内向作出决定的公安机关申请复议;公安机关应当在收到复议申请后三十日以内作出决定,并将决定书送达控告人。

控告人对不予立案的复议决定不服的,可以在收到复议决定书后七日以内向上一级公安机关申请复核;上一级公安机关应当在收到复核申请后三十日以内作出决定。对上级公安机关撤销不予立案决定的,下级公安机关应当执行。

案情重大、复杂的,公安机关可以延长复议、复核时限,但是延长时限不得超过三十日,并书面告知申请人。

第一百八十条 对行政执法机关移送的案件,公安机关应当自接受案件之日起三日以内进行审查,认为有犯罪事实,需要追究刑事责任,依法决定立案的,应当书面通知移送案件的行政执法机关;认为没有犯罪事实,或者犯罪事实显著轻微,不需要追究刑事责任,依法不予立案的,应当说明理由,并将不予立案通知书送达移送案件的行政执法机关,相应退回案件材料。

公安机关认为行政执法机关移送的案件材料不全的,应当在接受案件后二十四小时以内通知移送案件的行政执法机关在三日以内补正,但不得以材料不全为由不接受移送案件。

公安机关认为行政执法机关移送的案件不属于公安机关职责范围的,应当书面通知移送案件的行政执法机关向其他主管机关移送案件,并说明理由。

第一百八十一条 移送案件的行政执法机关对不予立案决定不服的,可以在收到不予立案通知书后三日以内向作出决定的公安机关申请复议;公安机关应当在收到行政执法机关的复议申请后三日以内作出决定,并书面通知移送案件的行政执法机关。

第一百八十二条 对人民检察院要求说明不立案理由的案件,公安机关应当在收到通知书后七日以内,对不立案的情况、依据和理由作出书面说明,回复人民检察院。公安机关作出立案决定的,应当将立案决定书复印件送达人民检察院。

人民检察院通知公安机关立案的,公安机关应当在收到通知书后十五日以内立案,并将立案决定书复印件送达人民检察院。

第一百八十三条 人民检察院认为公安机关不应当立案而立案,提出纠正意见的,公安机关应当进行调查核实,并将有关情况回复人民检察院。

第一百八十四条 经立案侦查,认为有犯罪事实需要追究刑事责任,但不属于自己管辖或者需要由其他公安机关并案侦查的案件,经县级以上公安机关负责人批准,制作移送案件通知书,移送有管辖权的机关或者并案侦查的公安机关,并在移送案件后三日以内书面通知扭送人、报案人、控告人、举报人或者移送案件的行政执法机关;犯罪嫌疑人已经到案的,应当依照本规定的有关规定通知其家属。

第一百八十五条 案件变更管辖或者移送其他公安机关并案侦查时,与案件有关的法律文书、证据、财物及其孳息等应当随案移交。

移交时,由接收人、移交人当面查点清楚,并在交接单据上共同签名。

第三节 撤 案

第一百八十六条 经过侦查,发现具有下列情形之一的,应当撤销案件:

(一)没有犯罪事实的;

(二)情节显著轻微、危害不大,不认为是犯罪的;

(三)犯罪已过追诉时效期限的;

（四）经特赦令免除刑罚的；

（五）犯罪嫌疑人死亡的；

（六）其他依法不追究刑事责任的。

对于经过侦查，发现有犯罪事实需要追究刑事责任，但不是被立案侦查的犯罪嫌疑人实施的，或者共同犯罪案件中部分犯罪嫌疑人不够刑事处罚的，应当对有关犯罪嫌疑人终止侦查，并对该案件继续侦查。

第一百八十七条 需要撤销案件或者对犯罪嫌疑人终止侦查的，办案部门应当制作撤销案件或者终止侦查报告书，报县级以上公安机关负责人批准。

公安机关决定撤销案件或者对犯罪嫌疑人终止侦查时，原犯罪嫌疑人在押的，应当立即释放，发给释放证明书。原犯罪嫌疑人被逮捕的，应当通知原批准逮捕的人民检察院。对原犯罪嫌疑人采取其他强制措施的，应当立即解除强制措施；需要行政处理的，依法予以处理或者移交有关部门。

对查封、扣押的财物及其孳息、文件，或者冻结的财产，除按照法律和有关规定另行处理的以外，应当解除查封、扣押、冻结，并及时返还或者通知当事人。

第一百八十八条 犯罪嫌疑人自愿如实供述涉嫌犯罪的事实，有重大立功或者案件涉及国家重大利益，需要撤销案件的，应当层报公安部，由公安部商请最高人民检察院核准后撤销案件。报请撤销案件的公安机关应当同时将相关情况通报同级人民检察院。

公安机关根据前款规定撤销案件的，应当对查封、扣押、冻结的财物及其孳息作出处理。

第一百八十九条 公安机关作出撤销案件决定后，应当在三日以内告知原犯罪嫌疑人、被害人或者其近亲属、法定代理人以及案件移送机关。

公安机关作出终止侦查决定后，应当在三日以内告知原犯罪嫌疑人。

第一百九十条 公安机关撤销案件以后又发现新的事实或者证据，或者发现原认定事实错误，认为有犯罪事实需要追究刑事责任的，应当重新立案侦查。

对犯罪嫌疑人终止侦查后又发现新的事实或者证据，或者发现原认定事实错误，需要对其追究刑事责任的，应当继续侦查。

第八章 侦　　查

第一节 一般规定

第一百九十一条 公安机关对已经立案的刑事案件，应当及时进行侦查，全面、客观地收集、调取犯罪嫌疑人有罪或者无罪、罪轻或者罪重的证据材料。

第一百九十二条 公安机关经过侦查，对有证据证明有犯罪事实的案件，应当进行预审，对收集、调取的证据材料的真实性、合法性、关联性及证明力予以审查、核实。

第一百九十三条 公安机关侦查犯罪，应当严格依照法律规定的条件和程序采取强制措施和侦查措施，严禁在没有证据的情况下，仅凭怀疑就对犯罪嫌疑人采取强制措施和侦查措施。

第一百九十四条 公安机关开展勘验、检查、搜查、辨认、查封、扣押等侦查活动，应当邀请有关公民作为见证人。

下列人员不得担任侦查活动的见证人：

（一）生理上、精神上有缺陷或者年幼，

不具有相应辨别能力或者不能正确表达的人；

（二）与案件有利害关系，可能影响案件公正处理的人；

（三）公安机关的工作人员或者其聘用的人员。

确因客观原因无法由符合条件的人员担任见证人的，应当对有关侦查活动进行全程录音录像，并在笔录中注明有关情况。

第一百九十五条 公安机关侦查犯罪，涉及国家秘密、商业秘密、个人隐私的，应当保密。

第一百九十六条 当事人和辩护人、诉讼代理人、利害关系人对于公安机关及其侦查人员有下列行为之一的，有权向该机关申诉或者控告：

（一）采取强制措施法定期限届满，不予以释放、解除或者变更的；

（二）应当退还取保候审保证金不退还的；

（三）对与案件无关的财物采取查封、扣押、冻结措施的；

（四）应当解除查封、扣押、冻结不解除的；

（五）贪污、挪用、私分、调换、违反规定使用查封、扣押、冻结的财物的。

受理申诉或者控告的公安机关应当及时进行调查核实，并在收到申诉、控告之日起三十日以内作出处理决定，书面回复申诉人、控告人。发现公安机关及其侦查人员有上述行为之一的，应当立即纠正。

第一百九十七条 上级公安机关发现下级公安机关存在本规定第一百九十六条第一款规定的违法行为或者对申诉、控告事项不按照规定处理的，应当责令下级公安机关限期纠正，下级公安机关应当立即执行。必要时，上级公安机关可以就申诉、控告事项直接作出处理决定。

第二节 讯问犯罪嫌疑人

第一百九十八条 讯问犯罪嫌疑人，除下列情形以外，应当在公安机关执法办案场所的讯问室进行：

（一）紧急情况下在现场进行讯问的；

（二）对有严重伤病或者残疾、行动不便的，以及正在怀孕的犯罪嫌疑人，在其住处或者就诊的医疗机构进行讯问的。

对于已送交看守所羁押的犯罪嫌疑人，应当在看守所讯问室进行讯问。

对于正在被执行行政拘留、强制隔离戒毒的人员以及正在监狱服刑的罪犯，可以在其执行场所进行讯问。

对于不需要拘留、逮捕的犯罪嫌疑人，经办案部门负责人批准，可以传唤到犯罪嫌疑人所在市、县公安机关执法办案场所或者到他的住处进行讯问。

第一百九十九条 传唤犯罪嫌疑人时，应当出示传唤证和侦查人员的人民警察证，并责令其在传唤证上签名、捺指印。

犯罪嫌疑人到案后，应当由其在传唤证上填写到案时间。传唤结束时，应当由其在传唤证上填写传唤结束时间。犯罪嫌疑人拒绝填写的，侦查人员应当在传唤证上注明。

对在现场发现的犯罪嫌疑人，侦查人员经出示人民警察证，可以口头传唤，并将传唤的原因和依据告知被传唤人。在讯问笔录中应当注明犯罪嫌疑人到案方式，并由犯罪嫌疑人注明到案时间和传唤结束时间。

对自动投案或者群众扭送到公安机关的犯罪嫌疑人，可以依法传唤。

第二百条 传唤持续的时间不得超过十二小时。案情特别重大、复杂,需要采取拘留、逮捕措施的,经办案部门负责人批准,传唤持续的时间不得超过二十四小时。不得以连续传唤的形式变相拘禁犯罪嫌疑人。

传唤期限届满,未作出采取其他强制措施决定的,应当立即结束传唤。

第二百零一条 传唤、拘传、讯问犯罪嫌疑人,应当保证犯罪嫌疑人的饮食和必要的休息时间,并记录在案。

第二百零二条 讯问犯罪嫌疑人,必须由侦查人员进行。讯问的时候,侦查人员不得少于二人。

讯问同案的犯罪嫌疑人,应当个别进行。

第二百零三条 侦查人员讯问犯罪嫌疑人时,应当首先讯问犯罪嫌疑人是否有犯罪行为,并告知犯罪嫌疑人享有的诉讼权利,如实供述自己罪行可以从宽处理以及认罪认罚的法律规定,让他陈述有罪的情节或者无罪的辩解,然后向他提出问题。

犯罪嫌疑人对侦查人员的提问,应当如实回答。但是对与本案无关的问题,有拒绝回答的权利。

第一次讯问,应当问明犯罪嫌疑人的姓名、别名、曾用名、出生年月日、户籍所在地、现住地、籍贯、出生地、民族、职业、文化程度、政治面貌、工作单位、家庭情况、社会经历,是否属于人大代表、政协委员,是否受过刑事处罚或者行政处理等情况。

第二百零四条 讯问聋、哑的犯罪嫌疑人,应当有通晓聋、哑手势的人参加,并在讯问笔录上注明犯罪嫌疑人的聋、哑情况,以及翻译人员的姓名、工作单位和职业。

讯问不通晓当地语言文字的犯罪嫌疑人,应当配备翻译人员。

第二百零五条 侦查人员应当将问话和犯罪嫌疑人的供述或者辩解如实地记录清楚。制作讯问笔录应当使用能够长期保持字迹的材料。

第二百零六条 讯问笔录应当交犯罪嫌疑人核对;对于没有阅读能力的,应当向他宣读。如果记录有遗漏或者差错,应当允许犯罪嫌疑人补充或者更正,并捺指印。笔录经犯罪嫌疑人核对无误后,应当由其在笔录上逐页签名、捺指印,并在末页写明"以上笔录我看过(或向我宣读过),和我说的相符"。拒绝签名、捺指印的,侦查人员应当在笔录上注明。

讯问笔录上所列项目,应当按照规定填写齐全。侦查人员、翻译人员应当在讯问笔录上签名。

第二百零七条 犯罪嫌疑人请求自行书写供述的,应当准许;必要时,侦查人员也可以要求犯罪嫌疑人亲笔书写供词。犯罪嫌疑人应当在亲笔供词上逐页签名、捺指印。侦查人员收到后,应当在首页右上方写明"于某年某月某日收到",并签名。

第二百零八条 讯问犯罪嫌疑人,在文字记录的同时,可以对讯问过程进行录音录像。对于可能判处无期徒刑、死刑的案件或者其他重大犯罪案件,应当对讯问过程进行录音录像。

前款规定的"可能判处无期徒刑、死刑的案件",是指应当适用的法定刑或者量刑档次包含无期徒刑、死刑的案件。"其他重大犯罪案件",是指致人重伤、死亡的严重危害公共安全犯罪、严重侵犯公民人身权利犯罪,以及黑社会性质组织犯罪、严重毒品犯罪等重大故意犯罪案件。

对讯问过程录音录像的,应当对每一

次讯问全程不间断进行,保持完整性。不得选择性地录制,不得剪接、删改。

第二百零九条 对犯罪嫌疑人供述的犯罪事实、无罪或者罪轻的事实、申辩和反证,以及犯罪嫌疑人提供的证明自己无罪、罪轻的证据,公安机关应当认真核查;对有关证据,无论是否采信,都应当如实记录、妥善保管,并连同核查情况附卷。

第三节 询问证人、被害人

第二百一十条 询问证人、被害人,可以在现场进行,也可以到证人、被害人所在单位、住处或者证人、被害人提出的地点进行。在必要的时候,可以书面、电话或者当场通知证人、被害人到公安机关提供证言。

询问证人、被害人应当个别进行。

在现场询问证人、被害人,侦查人员应当出示人民警察证。到证人、被害人所在单位、住处或者证人、被害人提出的地点询问证人、被害人,应当经办案部门负责人批准,制作询问通知书。询问前,侦查人员应当出示询问通知书和人民警察证。

第二百一十一条 询问前,应当了解证人、被害人的身份,证人、被害人、犯罪嫌疑人之间的关系。询问时,应当告知证人、被害人必须如实地提供证据、证言和有意作伪证或者隐匿罪证应负的法律责任。

侦查人员不得向证人、被害人泄露案情或者表示对案件的看法,严禁采用暴力、威胁等非法方法询问证人、被害人。

第二百一十二条 本规定第二百零六条、第二百零七条的规定,也适用于询问证人、被害人。

第四节 勘验、检查

第二百一十三条 侦查人员对于与犯罪有关的场所、物品、人身、尸体应当进行勘验或者检查,及时提取、采集与案件有关的痕迹、物证、生物样本等。在必要的时候,可以指派或者聘请具有专门知识的人,在侦查人员的主持下进行勘验、检查。

第二百一十四条 发案地派出所、巡警等部门应当妥善保护犯罪现场和证据,控制犯罪嫌疑人,并立即报告公安机关主管部门。

执行勘查的侦查人员接到通知后,应当立即赶赴现场;勘查现场,应当持有刑事犯罪现场勘查证。

第二百一十五条 公安机关对案件现场进行勘查,侦查人员不得少于二人。

第二百一十六条 勘查现场,应当拍摄现场照片、绘制现场图,制作笔录,由参加勘查的人和见证人签名。对重大案件的现场勘查,应当录音录像。

第二百一十七条 为了确定被害人、犯罪嫌疑人的某些特征、伤害情况或者生理状态,可以对人身进行检查,依法提取、采集肖像、指纹等人体生物识别信息,采集血液、尿液等生物样本。被害人死亡的,应当通过被害人近亲属辨认、提取生物样本鉴定等方式确定被害人身份。

犯罪嫌疑人拒绝检查、提取、采集的,侦查人员认为必要的时候,经办案部门负责人批准,可以强制检查、提取、采集。

检查妇女的身体,应当由女工作人员或者医师进行。

检查的情况应当制作笔录,由参加检查的侦查人员、检查人员、被检查人员和见证人签名。被检查人员拒绝签名的,侦查人员应当在笔录中注明。

第二百一十八条 为了确定死因,经县级以上公安机关负责人批准,可以解剖尸体,并且通知死者家属到场,让其在解剖尸体通知书上签名。

死者家属无正当理由拒不到场或者拒绝签名的,侦查人员应当在解剖尸体通知书上注明。对身份不明的尸体,无法通知死者家属的,应当在笔录中注明。

第二百一十九条 对已查明死因,没有继续保存必要的尸体,应当通知家属领回处理,对于无法通知或者通知后家属拒绝领回的,经县级以上公安机关负责人批准,可以及时处理。

第二百二十条 公安机关进行勘验、检查后,人民检察院要求复验、复查的,公安机关应当进行复验、复查,并可以通知人民检察院派员参加。

第二百二十一条 为了查明案情,在必要的时候,经县级以上公安机关负责人批准,可以进行侦查实验。

进行侦查实验,应当全程录音录像,并制作侦查实验笔录,由参加实验的人签名。

进行侦查实验,禁止一切足以造成危险、侮辱人格或者有伤风化的行为。

第五节 搜 查

第二百二十二条 为了收集犯罪证据、查获犯罪人,经县级以上公安机关负责人批准,侦查人员可以对犯罪嫌疑人以及可能隐藏罪犯或者犯罪证据的人的身体、物品、住处和其他有关的地方进行搜查。

第二百二十三条 进行搜查,必须向被搜查人出示搜查证,执行搜查的侦查人员不得少于二人。

第二百二十四条 执行拘留、逮捕的时候,遇有下列紧急情况之一的,不用搜查证也可以进行搜查:

(一)可能随身携带凶器的;

(二)可能隐藏爆炸、剧毒等危险物品的;

(三)可能隐匿、毁弃、转移犯罪证据的;

(四)可能隐匿其他犯罪嫌疑人的;

(五)其他突然发生的紧急情况。

第二百二十五条 进行搜查时,应当有被搜查人或者他的家属、邻居或者其他见证人在场。

公安机关可以要求有关单位和个人交出可以证明犯罪嫌疑人有罪或者无罪的物证、书证、视听资料等证据。遇到阻碍搜查的,侦查人员可以强制搜查。

搜查妇女的身体,应当由女工作人员进行。

第二百二十六条 搜查的情况应当制作笔录,由侦查人员和被搜查人或者他的家属,邻居或者其他见证人签名。

如果被搜查人拒绝签名,或者被搜查人在逃,他的家属拒绝签名或者不在场的,侦查人员应当在笔录中注明。

第六节 查封、扣押

第二百二十七条 在侦查活动中发现的可用以证明犯罪嫌疑人有罪或者无罪的各种财物、文件,应当查封、扣押;但与案件无关的财物、文件,不得查封、扣押。

持有人拒绝交出应当查封、扣押的财物、文件的,公安机关可以强制查封、扣押。

第二百二十八条 在侦查过程中需要扣押财物、文件的,应当经办案部门负责人批准,制作扣押决定书;在现场勘查或者搜查中需要扣押财物、文件的,由现场指挥人员决定;但扣押财物、文件价值较高或者可能严重影响正常生产经营的,应当经县级以上公安机关负责人批准,制作扣押决定书。

在侦查过程中需要查封土地、房屋等不动产,或者船舶、航空器以及其他不宜移动的大型机器、设备等特定动产的,应当经县级以上公安机关负责人批准并制作查封决定书。

第二百二十九条 执行查封、扣押的侦查人员不得少于二人,并出示本规定第二百二十八条规定的有关法律文书。

查封、扣押的情况应当制作笔录,由侦查人员、持有人和见证人签名。对于无法确定持有人或者持有人拒绝签名的,侦查人员应当在笔录中注明。

第二百三十条 对查封、扣押的财物和文件,应当会同在场见证人和被查封、扣押财物、文件的持有人查点清楚,当场开列查封、扣押清单一式三份,写明财物或者文件的名称、编号、数量、特征及其来源等,由侦查人员、持有人和见证人签名,一份交给持有人,一份交给公安机关保管人员,一份附卷备查。

对于财物、文件的持有人无法确定,以及持有人不在现场或者拒绝签名的,侦查人员应当在清单中注明。

依法扣押文物、贵金属、珠宝、字画等贵重财物的,应当拍照或者录音录像,并及时鉴定、估价。

执行查封、扣押时,应当为犯罪嫌疑人及其所扶养的亲属保留必需的生活费用和物品。能够保证侦查活动正常进行的,可以允许有关当事人继续合理使用有关涉案财物,但应当采取必要的保值、保管措施。

第二百三十一条 对作为犯罪证据但不便提取或者没有必要提取的财物、文件,经登记、拍照或者录音录像、估价后,可以交财物、文件持有人保管或者封存,并且开具登记保存清单一式两份,由侦查人员、持有人和见证人签名,一份交给财物、文件持有人,另一份连同照片或者录音录像资料附卷备查。财物、文件持有人应当妥善保管,不得转移、变卖、毁损。

第二百三十二条 扣押犯罪嫌疑人的邮件、电子邮件、电报,应当经县级以上公安机关负责人批准,制作扣押邮件、电报通知书,通知邮电部门或者网络服务单位检交扣押。

不需要继续扣押的时候,应当经县级以上公安机关负责人批准,制作解除扣押邮件、电报通知书,立即通知邮电部门或者网络服务单位。

第二百三十三条 对查封、扣押的财物、文件、邮件、电子邮件、电报,经查明确实与案件无关的,应当在三日以内解除查封、扣押,退还原主或者原邮电部门、网络服务单位;原主不明确的,应当采取公告方式告知原主认领。在通知原主或者公告后六个月以内,无人认领的,按照无主财物处理,登记后上缴国库。

第二百三十四条 有关犯罪事实查证属实后,对于有证据证明权属明确且无争议的被害人合法财产及其孳息,且返还不损害其他被害人或者利害关系人的利益,不影响案件正常办理的,应当在登记、拍照或者录音录像和估价后,报经县级以上公安机关负责人批准,开具发还清单返还,并在案卷材料中注明返还的理由,将原物照片、发还清单和被害人的领取手续存卷备查。

领取人应当是涉案财物的合法权利人或者其委托的人;委托他人领取的,应当出具委托书。侦查人员或者公安机关其他工作人员不得代为领取。

查找不到被害人,或者通知被害人后,无人领取的,应当将有关财产及其孳息随案移送。

第二百三十五条 对查封、扣押的财物及其孳息、文件,公安机关应当妥善保管,以供核查。任何单位和个人不得违规使用、调换、损毁或者自行处理。

县级以上公安机关应当指定一个内设部门作为涉案财物管理部门,负责对涉案财物实行统一管理,并设立或者指定专门保管场所,对涉案财物进行集中保管。

对价值较低、易于保管,或者需要作为证据继续使用,以及需要先行返还被害人的涉案财物,可以由办案部门设置专门的场所进行保管。办案部门应当指定不承担办案工作的民警负责本部门涉案财物的接收、保管、移交等管理工作;严禁由侦查人员自行保管涉案财物。

第二百三十六条 在侦查期间,对于易损毁、灭失、腐烂、变质而不宜长期保存,或者难以保管的物品,经县级以上公安机关主要负责人批准,可以在拍照或者录音录像后委托有关部门变卖、拍卖,变卖、拍卖的价款暂予保存,待诉讼终结后一并处理。

对于违禁品,应当依照国家有关规定处理;需要作为证据使用的,应当在诉讼终结后处理。

第七节 查询、冻结

第二百三十七条 公安机关根据侦查犯罪的需要,可以依照规定查询、冻结犯罪嫌疑人的存款、汇款、证券交易结算资金、期货保证金等资金,债券、股票、基金份额和其他证券,以及股权、保单权益和其他投资权益等财产,并可以要求有关单位和个人配合。

对于前款规定的财产,不得划转、转账或者以其他方式变相扣押。

第二百三十八条 向金融机构等单位查询犯罪嫌疑人的存款、汇款、证券交易结算资金、期货保证金等资金,债券、股票、基金份额和其他证券,以及股权、保单权益和其他投资权益等财产,应当经县级以上公安机关负责人批准,制作协助查询财产通知书,通知金融机构等单位协助办理。

第二百三十九条 需要冻结犯罪嫌疑人财产的,应当经县级以上公安机关负责人批准,制作协助冻结财产通知书,明确冻结财产的账户名称、账户号码、冻结数额、冻结期限、冻结范围以及是否及于孳息等事项,通知金融机构等单位协助办理。

冻结股权、保单权益的,应当经设区的市一级以上公安机关负责人批准。

冻结上市公司股权的,应当经省级以上公安机关负责人批准。

第二百四十条 需要延长冻结期限的,应当按照原批准权限和程序,在冻结期限届满前办理继续冻结手续。逾期不办理继续冻结手续的,视为自动解除冻结。

第二百四十一条 不需要继续冻结犯罪嫌疑人财产时,应当经原批准冻结的公安机关负责人批准,制作协助解除冻结财产通知书,通知金融机构等单位协助办理。

第二百四十二条 犯罪嫌疑人的财产已被冻结的,不得重复冻结,但可以轮候冻结。

第二百四十三条 冻结存款、汇款、证券交易结算资金、期货保证金等财产的期限为六个月。每次续冻期限最长不得超过六个月。

对于重大、复杂案件,经设区的市一级

以上公安机关负责人批准,冻结存款、汇款、证券交易结算资金、期货保证金等财产的期限可以为一年。每次续冻期限最长不得超过一年。

第二百四十四条 冻结债券、股票、基金份额等证券的期限为二年。每次续冻期限最长不得超过二年。

第二百四十五条 冻结股权、保单权益或者投资权益的期限为六个月。每次续冻期限最长不得超过六个月。

第二百四十六条 对冻结的债券、股票、基金份额等财产,应当告知当事人或者其法定代理人、委托代理人有权申请出售。

权利人书面申请出售被冻结的债券、股票、基金份额等财产,不损害国家利益、被害人、其他权利人利益,不影响诉讼正常进行的,以及冻结的汇票、本票、支票的有效期即将届满的,经县级以上公安机关负责人批准,可以依法出售或者变现,所得价款应当继续冻结在其对应的银行账户中;没有对应的银行账户的,所得价款由公安机关在银行指定专门账户保管,并及时告知当事人或者其近亲属。

第二百四十七条 对冻结的财产,经查明确实与案件无关的,应当在三日以内通知金融机构等单位解除冻结,并通知被冻结财产的所有人。

第八节 鉴 定

第二百四十八条 为了查明案情,解决案件中某些专门性问题,应当指派、聘请有专门知识的人进行鉴定。

需要聘请有专门知识的人进行鉴定,应当经县级以上公安机关负责人批准后,制作鉴定聘请书。

第二百四十九条 公安机关应当为鉴定人进行鉴定提供必要的条件,及时向鉴定人送交有关检材和对比样本等原始材料,介绍与鉴定有关的情况,并且明确提出要求鉴定解决的问题。

禁止暗示或者强迫鉴定人作出某种鉴定意见。

第二百五十条 侦查人员应当做好检材的保管和送检工作,并注明检材送检环节的责任人,确保检材在流转环节中的同一性和不被污染。

第二百五十一条 鉴定人应当按照鉴定规则,运用科学方法独立进行鉴定。鉴定后,应当出具鉴定意见,并在鉴定意见书上签名,同时附上鉴定机构和鉴定人的资质证明或者其他证明文件。

多人参加鉴定,鉴定人有不同意见的,应当注明。

第二百五十二条 对鉴定意见,侦查人员应当进行审查。

对经审查作为证据使用的鉴定意见,公安机关应当及时告知犯罪嫌疑人、被害人或者其法定代理人。

第二百五十三条 犯罪嫌疑人、被害人对鉴定意见有异议提出申请,以及办案部门或者侦查人员对鉴定意见有疑义的,可以将鉴定意见送交其他有专门知识的人员提出意见。必要时,询问鉴定人并制作笔录附卷。

第二百五十四条 经审查,发现有下列情形之一的,经县级以上公安机关负责人批准,应当补充鉴定:

(一)鉴定内容有明显遗漏的;

(二)发现新的有鉴定意义的证物的;

(三)对鉴定证物有新的鉴定要求的;

(四)鉴定意见不完整,委托事项无法确定的;

（五）其他需要补充鉴定的情形。

经审查，不符合上述情形的，经县级以上公安机关负责人批准，作出不准予补充鉴定的决定，并在作出决定后三日以内书面通知申请人。

第二百五十五条 经审查，发现有下列情形之一的，经县级以上公安机关负责人批准，应当重新鉴定：

（一）鉴定程序违法或者违反相关专业技术要求的；

（二）鉴定机构、鉴定人不具备鉴定资质和条件的；

（三）鉴定人故意作虚假鉴定或者违反回避规定的；

（四）鉴定意见依据明显不足的；

（五）检材虚假或者被损坏的；

（六）其他应当重新鉴定的情形。

重新鉴定，应当另行指派或者聘请鉴定人。

经审查，不符合上述情形的，经县级以上公安机关负责人批准，作出不准予重新鉴定的决定，并在作出决定后三日以内书面通知申请人。

第二百五十六条 公诉人、当事人或者辩护人、诉讼代理人对鉴定意见有异议，经人民法院依法通知的，公安机关鉴定人应当出庭作证。

鉴定人故意作虚假鉴定的，应当依法追究其法律责任。

第二百五十七条 对犯罪嫌疑人作精神病鉴定的时间不计入办案期限，其他鉴定时间都应当计入办案期限。

第九节 辨 认

第二百五十八条 为了查明案情，在必要的时候，侦查人员可以让被害人、证人或者犯罪嫌疑人对与犯罪有关的物品、文件、尸体、场所或者犯罪嫌疑人进行辨认。

第二百五十九条 辨认应当在侦查人员的主持下进行。主持辨认的侦查人员不得少于二人。

几名辨认人对同一辨认对象进行辨认时，应当由辨认人个别进行。

第二百六十条 辨认时，应当将辨认对象混杂在特征相类似的其他对象中，不得在辨认前向辨认人展示辨认对象及其影像资料，不得给辨认人任何暗示。

辨认犯罪嫌疑人时，被辨认的人数不得少于七人；对犯罪嫌疑人照片进行辨认的，不得少于十人的照片。

辨认物品时，混杂的同类物品不得少于五件；对物品的照片进行辨认的，不得少于十个物品的照片。

对场所、尸体等特定辨认对象进行辨认，或者辨认人能够准确描述物品独有特征的，陪衬物不受数量的限制。

第二百六十一条 对犯罪嫌疑人的辨认，辨认人不愿意公开进行时，可以在不暴露辨认人的情况下进行，并应当为其保守秘密。

第二百六十二条 对辨认经过和结果，应当制作辨认笔录，由侦查人员、辨认人、见证人签名。必要时，应当对辨认过程进行录音录像。

第十节 技术侦查

第二百六十三条 公安机关在立案后，根据侦查犯罪的需要，可以对下列严重危害社会的犯罪案件采取技术侦查措施：

（一）危害国家安全犯罪、恐怖活动犯罪、黑社会性质的组织犯罪、重大毒品犯罪案件；

(二)故意杀人、故意伤害致人重伤或者死亡、强奸、抢劫、绑架、放火、爆炸、投放危险物质等严重暴力犯罪案件；

(三)集团性、系列性、跨区域性重大犯罪案件；

(四)利用电信、计算机网络、寄递渠道等实施的重大犯罪案件,以及针对计算机网络实施的重大犯罪案件；

(五)其他严重危害社会的犯罪案件,依法可能判处七年以上有期徒刑的。

公安机关追捕被通缉或者批准、决定逮捕的在逃的犯罪嫌疑人、被告人,可以采取追捕所必需的技术侦查措施。

第二百六十四条 技术侦查措施是指由设区的市一级以上公安机关负责技术侦查的部门实施的记录监控、行踪监控、通信监控、场所监控等措施。

技术侦查措施的适用对象是犯罪嫌疑人、被告人以及与犯罪活动直接关联的人员。

第二百六十五条 需要采取技术侦查措施的,应当制作呈请采取技术侦查措施报告书,报设区的市一级以上公安机关负责人批准,制作采取技术侦查措施决定书。

人民检察院等部门决定采取技术侦查措施,交公安机关执行的,由设区的市一级以上公安机关按照规定办理相关手续后,交负责技术侦查的部门执行,并将执行情况通知人民检察院等部门。

第二百六十六条 批准采取技术侦查措施的决定自签发之日起三个月以内有效。

在有效期限内,对不需要继续采取技术侦查措施的,办案部门应当立即书面通知负责技术侦查的部门解除技术侦查措施;负责技术侦查的部门认为需要解除技术侦查措施的,报批准机关负责人批准,制作解除技术侦查措施决定书,并及时通知办案部门。

对复杂、疑难案件,采取技术侦查措施的有效期限届满仍需要继续采取技术侦查措施的,经负责技术侦查的部门审核后,报批准机关负责人批准,制作延长技术侦查措施期限决定书。批准延长期限,每次不得超过三个月。

有效期限届满,负责技术侦查的部门应当立即解除技术侦查措施。

第二百六十七条 采取技术侦查措施,必须严格按照批准的措施种类、适用对象和期限执行。

在有效期限内,需要变更技术侦查措施种类或者适用对象的,应当按照本规定第二百六十五条规定重新办理批准手续。

第二百六十八条 采取技术侦查措施收集的材料在刑事诉讼中可以作为证据使用。使用技术侦查措施收集的材料作为证据时,可能危及有关人员的人身安全,或者可能产生其他严重后果的,应当采取不暴露有关人员身份和使用的技术设备、侦查方法等保护措施。

采取技术侦查措施收集的材料作为证据使用的,采取技术侦查措施决定书应当附卷。

第二百六十九条 采取技术侦查措施收集的材料,应当严格依照有关规定存放,只能用于对犯罪的侦查、起诉和审判,不得用于其他用途。

采取技术侦查措施收集的与案件无关的材料,必须及时销毁,并制作销毁记录。

第二百七十条 侦查人员对采取技术侦查措施过程中知悉的国家秘密、商业秘密和个人隐私,应当保密。

公安机关依法采取技术侦查措施,有关单位和个人应当配合,并对有关情况予以保密。

第二百七十一条 为了查明案情，在必要的时候，经县级以上公安机关负责人决定，可以由侦查人员或者公安机关指定的其他人员隐匿身份实施侦查。

隐匿身份实施侦查时，不得使用促使他人产生犯罪意图的方法诱使他人犯罪，不得采用可能危害公共安全或者发生重大人身危险的方法。

第二百七十二条 对涉及给付毒品等违禁品或者财物的犯罪活动，为查明参与该项犯罪的人员和犯罪事实，根据侦查需要，经县级以上公安机关负责人决定，可以实施控制下交付。

第二百七十三条 公安机关依照本节规定实施隐匿身份侦查和控制下交付收集的材料在刑事诉讼中可以作为证据使用。

使用隐匿身份侦查和控制下交付收集的材料作为证据时，可能危及隐匿身份人员的人身安全，或者可能产生其他严重后果的，应当采取不暴露有关人员身份等保护措施。

第十一节 通 缉

第二百七十四条 应当逮捕的犯罪嫌疑人在逃的，经县级以上公安机关负责人批准，可以发布通缉令，采取有效措施，追捕归案。

县级以上公安机关在自己管辖的地区内，可以直接发布通缉令；超出自己管辖的地区，应当报请有权决定的上级公安机关发布。

通缉令的发送范围，由签发通缉令的公安机关负责人决定。

第二百七十五条 通缉令中应当尽可能写明被通缉人的姓名、别名、曾用名、绰号、性别、年龄、民族、籍贯、出生地、户籍所在地、居住地、职业、身份证号码、衣着和体貌特征、口音、行为习惯，并附被通缉人近期照片，可以附指纹及其他物证的照片。除了必须保密的事项以外，应当写明发案的时间、地点和简要案情。

第二百七十六条 通缉令发出后，如果发现新的重要情况可以补发通报。通报必须注明原通缉令的编号和日期。

第二百七十七条 公安机关接到通缉令后，应当及时布置查缉。抓获犯罪嫌疑人后，报经县级以上公安机关负责人批准，凭通缉令或者相关法律文书羁押，并通知通缉令发布机关进行核实，办理交接手续。

第二百七十八条 需要对犯罪嫌疑人在口岸采取边控措施的，应当按照有关规定制作边控对象通知书，并附有关法律文书，经县级以上公安机关负责人审核后，层报省级公安机关批准，办理全国范围内的边控措施。需要限制犯罪嫌疑人人身自由的，应当附有关限制人身自由的法律文书。

紧急情况下，需要采取边控措施的，县级以上公安机关可以出具公函，先向有关口岸所在地出入境边防检查机关交控，但应当在七日以内按照规定程序办理全国范围内的边控措施。

第二百七十九条 为发现重大犯罪线索，追缴涉案财物、证据，查获犯罪嫌疑人，必要时，经县级以上公安机关负责人批准，可以发布悬赏通告。

悬赏通告应当写明悬赏对象的基本情况和赏金的具体数额。

第二百八十条 通缉令、悬赏通告应当广泛张贴，并可以通过广播、电视、报刊、计算机网络等方式发布。

第二百八十一条 经核实，犯罪嫌疑人已经自动投案、被击毙或者被抓获，以及发现有其他不需要采取通缉、边控、悬赏通告的情形的，发布机关应当在原通缉、通知、通告范围内，撤销通缉令、边控通知、悬赏通告。

第二百八十二条 通缉越狱逃跑的犯罪嫌疑人、被告人或者罪犯，适用本节的有关规定。

第十二节 侦查终结

第二百八十三条 侦查终结的案件，应当同时符合以下条件：

（一）案件事实清楚；

（二）证据确实、充分；

（三）犯罪性质和罪名认定正确；

（四）法律手续完备；

（五）依法应当追究刑事责任。

第二百八十四条 对侦查终结的案件，公安机关应当全面审查证明证据收集合法性的证据材料，依法排除非法证据。排除非法证据后证据不足的，不得移送审查起诉。

公安机关发现侦查人员非法取证的，应当依法作出处理，并可另行指派侦查人员重新调查取证。

第二百八十五条 侦查终结的案件，侦查人员应当制作结案报告。

结案报告应当包括以下内容：

（一）犯罪嫌疑人的基本情况；

（二）是否采取了强制措施及其理由；

（三）案件的事实和证据；

（四）法律依据和处理意见。

第二百八十六条 侦查终结案件的处理，由县级以上公安机关负责人批准；重大、复杂、疑难的案件应当经过集体讨论。

第二百八十七条 侦查终结后，应当将全部案卷材料按照要求装订立卷。

向人民检察院移送案件时，只移送诉讼卷，侦查卷由公安机关存档备查。

第二百八十八条 对查封、扣押的犯罪嫌疑人的财物及其孳息、文件或者冻结的财产，作为证据使用的，应当随案移送，并制作随案移送清单一式两份，一份留存，一份交人民检察院。制作清单时，应当根据已经查明的案情，写明对涉案财物的处理建议。

对于实物不宜移送的，应当将其清单、照片或者其他证明文件随案移送。待人民法院作出生效判决后，按照人民法院送达的生效判决书、裁定书依法作出处理，并向人民法院送交回执。人民法院在判决、裁定中未对涉案财物作出处理的，公安机关应当征求人民法院意见，并根据人民法院的决定依法作出处理。

第二百八十九条 对侦查终结的案件，应当制作起诉意见书，经县级以上公安机关负责人批准后，连同全部案卷材料、证据，以及辩护律师提出的意见，一并移送同级人民检察院审查决定；同时将案件移送情况告知犯罪嫌疑人及其辩护律师。

犯罪嫌疑人自愿认罪的，应当记录在案，随案移送，并在起诉意见书中写明有关情况；认为案件符合速裁程序适用条件的，可以向人民检察院提出适用速裁程序的建议。

第二百九十条 对于犯罪嫌疑人在境外，需要及时进行审判的严重危害国家安全犯罪、恐怖活动犯罪案件，应当在侦查终结后层报公安部批准，移送同级人民检察院审查起诉。

在审查起诉或者缺席审理过程中，犯罪嫌疑人、被告人向公安机关自动投案或者被公安机关抓获的，公安机关应当立即通知人民检察院、人民法院。

第二百九十一条 共同犯罪案件的起诉意见书，应当写明每个犯罪嫌疑人在共同犯罪中的地位、作用、具体罪责和认罪态度，并分别提出处理意见。

第二百九十二条 被害人提出附带民事诉讼的，应当记录在案；移送审查起诉时，应当在起诉意见书末页注明。

第二百九十三条 人民检察院作出不起诉决定的，如果被不起诉人在押，公安机关应当立即办理释放手续。除依法转为行政案件办理外，应当根据人民检察院解除查封、扣押、冻结财物的书面通知，及时解除查封、扣押、冻结。

人民检察院提出对被不起诉人给予行政处罚、处分或者没收其违法所得的检察意见，移送公安机关处理的，公安机关应当将处理结果及时通知人民检察院。

第二百九十四条 认为人民检察院作出的不起诉决定有错误的，应当在收到不起诉决定书后七日以内制作要求复议意见书，经县级以上公安机关负责人批准后，移送人民检察院复议。

要求复议的意见不被接受的，可以在收到人民检察院的复议决定书后七日以内制作提请复核意见书，经县级以上公安机关负责人批准后，连同人民检察院的复议决定书，一并提请上一级人民检察院复核。

第十三节　补充侦查

第二百九十五条 侦查终结，移送人民检察院审查起诉的案件，人民检察院退回公安机关补充侦查的，公安机关接到人民检察院退回补充侦查的法律文书后，应当按照补充侦查提纲在一个月以内补充侦查完毕。

补充侦查以二次为限。

第二百九十六条 对人民检察院退回补充侦查的案件，根据不同情况，报县级以上公安机关负责人批准，分别作如下处理：

（一）原认定犯罪事实不清或者证据不够充分的，应当在查清事实、补充证据后，制作补充侦查报告书，移送人民检察院审查；对确实无法查明的事项或者无法补充的证据，应当书面向人民检察院说明情况；

（二）在补充侦查过程中，发现新的同案犯或者新的罪行，需要追究刑事责任的，应当重新制作起诉意见书，移送人民检察院审查；

（三）发现原认定的犯罪事实有重大变化，不应当追究刑事责任的，应当撤销案件或者对犯罪嫌疑人终止侦查，并将有关情况通知退查的人民检察院；

（四）原认定犯罪事实清楚，证据确实、充分，人民检察院退回补充侦查不当的，应当说明理由，移送人民检察院审查。

第二百九十七条 对于人民检察院在审查起诉过程中以及在人民法院作出生效判决前，要求公安机关提供法庭审判所必需的证据材料的，应当及时收集和提供。

第九章　执行刑罚

第一节　罪犯的交付

第二百九十八条 对被依法判处刑罚的罪犯，如果罪犯已被采取强制措施的，公安机关应当依据人民法院生效的判决书、裁定书以及执行通知书，将罪犯交付执行。

对人民法院作出无罪或者免除刑事处罚的判决，如果被告人在押，公安机关在收到相应的法律文书后应当立即办理释放手续；对人民法院建议给予行政处理的，应当依照有关规定处理或者移送有关部门。

第二百九十九条 对被判处死刑的罪犯，公安机关应当依据人民法院执行死刑的命令，将罪犯交由人民法院执行。

第三百条 公安机关接到人民法院生效的判处死刑缓期二年执行、无期徒刑、有期徒刑的判决书、裁定书以及执行通知书后，应当在一个月以内将罪犯送交监狱执行。

对未成年犯应当送交未成年犯管教所执行刑罚。

第三百零一条 对被判处有期徒刑的罪犯，在被交付执行刑罚前，剩余刑期在三个月以下的，由看守所根据人民法院的判决代为执行。

对被判处拘役的罪犯，由看守所执行。

第三百零二条 对被判处管制、宣告缓刑、假释或者暂予监外执行的罪犯，已被羁押的，由看守所将其交付社区矫正机构执行。

对被判处剥夺政治权利的罪犯，由罪犯居住地的派出所负责执行。

第三百零三条 对被判处有期徒刑由看守所代为执行和被判处拘役的罪犯，执行期间如果没有再犯新罪，执行期满，看守所应当发给刑满释放证明书。

第三百零四条 公安机关在执行刑罚中，如果认为判决有错误或者罪犯提出申诉，应当转请人民检察院或者原判人民法院处理。

第二节 减刑、假释、暂予监外执行

第三百零五条 对依法留看守所执行刑罚的罪犯，符合减刑条件的，由看守所制作减刑建议书，经设区的市一级以上公安机关审查同意后，报请所在地中级以上人民法院审核裁定。

第三百零六条 对依法留看守所执行刑罚的罪犯，符合假释条件的，由看守所制作假释建议书，经设区的市一级以上公安机关审查同意后，报请所在地中级以上人民法院审核裁定。

第三百零七条 对依法留所执行刑罚的罪犯，有下列情形之一的，可以暂予监外执行：

（一）有严重疾病需要保外就医的；

（二）怀孕或者正在哺乳自己婴儿的妇女；

（三）生活不能自理，适用暂予监外执行不致危害社会的。

对罪犯暂予监外执行的，看守所应当提出书面意见，报设区的市一级以上公安机关批准，同时将书面意见抄送同级人民检察院。

对适用保外就医可能有社会危险性的罪犯，或者自伤自残的罪犯，不得保外就医。

对罪犯确有严重疾病，必须保外就医的，由省级人民政府指定的医院诊断并开具证明文件。

第三百零八条 公安机关决定对罪犯暂予监外执行的，应当将暂予监外执行决定书交被暂予监外执行的罪犯和负责监外执行的社区矫正机构，同时抄送同级人民检察院。

第三百零九条 批准暂予监外执行的公安机关接到人民检察院认为暂予监外执行不当的意见后，应当立即对暂予监外执行的决定进行重新核查。

第三百一十条 对暂予监外执行的罪

犯,有下列情形之一的,批准暂予监外执行的公安机关应当作出收监执行决定:

(一)发现不符合暂予监外执行条件的;

(二)严重违反有关暂予监外执行监督管理规定的;

(三)暂予监外执行的情形消失后,罪犯刑期未满的。

对暂予监外执行的罪犯决定收监执行的,由暂予监外执行地看守所将罪犯收监执行。

不符合暂予监外执行条件的罪犯通过贿赂等非法手段被暂予监外执行的,或者罪犯在暂予监外执行期间脱逃的,罪犯被收监执行后,所在看守所应当提出不计入执行刑期的建议,经设区的市一级以上公安机关审查同意后,报请所在地中级以上人民法院审核裁定。

第三节　剥夺政治权利

第三百一十一条　负责执行剥夺政治权利的派出所应当按照人民法院的判决,向罪犯及其所在单位、居住地基层组织宣布其犯罪事实、被剥夺政治权利的期限,以及罪犯在执行期间应当遵守的规定。

第三百一十二条　被剥夺政治权利的罪犯在执行期间应当遵守下列规定:

(一)遵守国家法律、行政法规和公安部制定的有关规定,服从监督管理;

(二)不得享有选举权和被选举权;

(三)不得组织或者参加集会、游行、示威、结社活动;

(四)不得出版、制作、发行书籍、音像制品;

(五)不得接受采访,发表演说;

(六)不得在境内外发表有损国家荣誉、利益或者其他具有社会危害性的言论;

(七)不得担任国家机关职务;

(八)不得担任国有公司、企业、事业单位和人民团体的领导职务。

第三百一十三条　被剥夺政治权利的罪犯违反本规定第三百一十二条的规定,尚未构成新的犯罪的,公安机关依法可以给予治安管理处罚。

第三百一十四条　被剥夺政治权利的罪犯,执行期满,公安机关应当书面通知本人及其所在单位、居住地基层组织。

第四节　对又犯新罪罪犯的处理

第三百一十五条　对留看守所执行刑罚的罪犯,在暂予监外执行期间又犯新罪的,由犯罪地公安机关立案侦查,并通知批准机关。批准机关作出收监执行决定后,应当根据侦查、审判需要,由犯罪地看守所或者暂予监外执行地看守所收监执行。

第三百一十六条　被剥夺政治权利、管制、宣告缓刑和假释的罪犯在执行期间又犯新罪的,由犯罪地公安机关立案侦查。

对留看守所执行刑罚的罪犯,因犯新罪被撤销假释的,应当根据侦查、审判需要,由犯罪地看守所或者原执行看守所收监执行。

第十章　特别程序

第一节　未成年人刑事案件诉讼程序

第三百一十七条　公安机关办理未成年人刑事案件,实行教育、感化、挽救的方针,坚持教育为主、惩罚为辅的原则。

第三百一十八条　公安机关办理未成年人刑事案件,应当保障未成年人行使其诉讼权利并得到法律帮助，依法保护未成年人的名誉和隐私，尊重其人格尊严。

第三百一十九条 公安机关应当设置专门机构或者配备专职人员办理未成年人刑事案件。

未成年人刑事案件应当由熟悉未成年人身心特点，善于做未成年人思想教育工作，具有一定办案经验的人员办理。

第三百二十条 未成年犯罪嫌疑人没有委托辩护人的，公安机关应当通知法律援助机构指派律师为其提供辩护。

第三百二十一条 公安机关办理未成年人刑事案件时，应当重点查清未成年犯罪嫌疑人实施犯罪行为时是否已满十四周岁、十六周岁、十八周岁的临界年龄。

第三百二十二条 公安机关办理未成年人刑事案件，根据情况可以对未成年犯罪嫌疑人的成长经历、犯罪原因、监护教育等情况进行调查并制作调查报告。

作出调查报告的，在提请批准逮捕、移送审查起诉时，应当结合案情综合考虑，并将调查报告与案卷材料一并移送人民检察院。

第三百二十三条 讯问未成年犯罪嫌疑人，应当通知未成年犯罪嫌疑人的法定代理人到场。无法通知、法定代理人不能到场或者法定代理人是共犯的，也可以通知未成年犯罪嫌疑人的其他成年亲属，所在学校、单位、居住地或者办案单位所在地基层组织或者未成年人保护组织的代表到场，并将有关情况记录在案。到场的法定代理人可以代为行使未成年犯罪嫌疑人的诉讼权利。

到场的法定代理人或者其他人员提出侦查人员在讯问中侵犯未成年人合法权益的，公安机关应当认真核查，依法处理。

第三百二十四条 讯问未成年犯罪嫌疑人应当采取适合未成年人的方式，耐心细致地听取其供述或者辩解，认真审核、查证与案件有关的证据和线索，并针对其思想顾虑、恐惧心理、抵触情绪进行疏导和教育。

讯问女性未成年犯罪嫌疑人，应当有女工作人员在场。

第三百二十五条 讯问笔录应当交未成年犯罪嫌疑人、到场的法定代理人或者其他人员阅读或者向其宣读；对笔录内容有异议的，应当核实清楚，准予更正或者补充。

第三百二十六条 询问未成年被害人、证人，适用本规定第三百二十三条、第三百二十四条、第三百二十五条的规定。

询问未成年被害人、证人，应当以适当的方式进行，注意保护其隐私和名誉，尽可能减少询问频次，避免造成二次伤害。必要时，可以聘请熟悉未成年人身心特点的专业人员协助。

第三百二十七条 对未成年犯罪嫌疑人应当严格限制和尽量减少使用逮捕措施。

未成年犯罪嫌疑人被拘留、逮捕后服从管理、依法变更强制措施不致发生社会危险性，能够保证诉讼正常进行的，公安机关应当依法及时变更强制措施；人民检察院批准逮捕的案件，公安机关应当将变更强制措施情况及时通知人民检察院。

第三百二十八条 对被羁押的未成年人应当与成年人分别关押、分别管理、分别教育，并根据其生理和心理特点在生活和学习方面给予照顾。

第三百二十九条 人民检察院在对未成年人作出附条件不起诉的决定前，听取公安机关意见时，公安机关应当提出书面意见,经县级以上公安机关负责人批准,移送同级人民检察院。

第三百三十条 认为人民检察院作出的附条件不起诉决定有错误的,应当在收到不起诉决定书后七日以内制作要求复议意见书,经县级以上公安机关负责人批准,移送同级人民检察院复议。

要求复议的意见不被接受的,可以在收到人民检察院的复议决定书后七日以内制作提请复核意见书,经县级以上公安机关负责人批准后,连同人民检察院的复议决定书,一并提请上一级人民检察院复核。

第三百三十一条 未成年人犯罪的时候不满十八周岁,被判处五年有期徒刑以下刑罚的,公安机关应当依据人民法院已经生效的判决书,将该未成年人的犯罪记录予以封存。

犯罪记录被封存的,除司法机关为办案需要或者有关单位根据国家规定进行查询外,公安机关不得向其他任何单位和个人提供。

被封存犯罪记录的未成年人,如果发现漏罪,合并被判处五年有期徒刑以上刑罚的,应当对其犯罪记录解除封存。

第三百三十二条 办理未成年人刑事案件,除本节已有规定的以外,按照本规定的其他规定进行。

第二节 当事人和解的公诉案件诉讼程序

第三百三十三条 下列公诉案件,犯罪嫌疑人真诚悔罪,通过向被害人赔偿损失、赔礼道歉等方式获得被害人谅解,被害人自愿和解的,经县级以上公安机关负责人批准,可以依法作为当事人和解的公诉案件办理:

(一)因民间纠纷引起,涉嫌刑法分则第四章、第五章规定的犯罪案件,可能判处三年有期徒刑以下刑罚的;

(二)除渎职犯罪以外的可能判处七年有期徒刑以下刑罚的过失犯罪案件。

犯罪嫌疑人在五年以内曾经故意犯罪的,不得作为当事人和解的公诉案件办理。

第三百三十四条 有下列情形之一的,不属于因民间纠纷引起的犯罪案件:

(一)雇凶伤害他人的;

(二)涉及黑社会性质组织犯罪的;

(三)涉及寻衅滋事的;

(四)涉及聚众斗殴的;

(五)多次故意伤害他人身体的;

(六)其他不宜和解的。

第三百三十五条 双方当事人和解的,公安机关应当审查案件事实是否清楚,被害人是否自愿和解,是否符合规定的条件。

公安机关审查时,应当听取双方当事人的意见,并记录在案;必要时,可以听取双方当事人亲属、当地居民委员会或者村民委员会人员以及其他了解案件情况的相关人员的意见。

第三百三十六条 达成和解的,公安机关应当主持制作和解协议书,并由双方当事人及其他参加人员签名。

当事人中有未成年人的,未成年当事人的法定代理人或者其他成年亲属应当在场。

第三百三十七条 和解协议书应当包括以下内容:

(一)案件的基本事实和主要证据;

(二)犯罪嫌疑人承认自己所犯罪行,对指控的犯罪事实没有异议,真诚悔罪;

(三)犯罪嫌疑人通过向被害人赔礼道

歉、赔偿损失等方式获得被害人谅解；涉及赔偿损失的，应当写明赔偿的数额、方式等；提起附带民事诉讼的，由附带民事诉讼原告人撤回附带民事诉讼；

（四）被害人自愿和解，请求或者同意对犯罪嫌疑人依法从宽处罚。

和解协议应当及时履行。

第三百三十八条 对达成和解协议的案件，经县级以上公安机关负责人批准，公安机关将案件移送人民检察院审查起诉时，可以提出从宽处理的建议。

第三节 犯罪嫌疑人逃匿、死亡案件违法所得的没收程序

第三百三十九条 有下列情形之一，依照刑法规定应当追缴其违法所得及其他涉案财产的，经县级以上公安机关负责人批准，公安机关应当写出没收违法所得意见书，连同相关证据材料一并移送同级人民检察院：

（一）恐怖活动犯罪等重大犯罪案件，犯罪嫌疑人逃匿，在通缉一年后不能到案的；

（二）犯罪嫌疑人死亡的。

犯罪嫌疑人死亡，现有证据证明其存在违法所得及其他涉案财产应当予以没收的，公安机关可以进行调查。公安机关进行调查，可以依法进行查封、扣押、查询、冻结。

第三百四十条 没收违法所得意见书应当包括以下内容：

（一）犯罪嫌疑人的基本情况；

（二）犯罪事实和相关的证据材料；

（三）犯罪嫌疑人逃匿、被通缉或者死亡的情况；

（四）犯罪嫌疑人的违法所得及其他涉案财产的种类、数量、所在地；

（五）查封、扣押、冻结的情况等。

第三百四十一条 公安机关将没收违法所得意见书移送人民检察院后，在逃的犯罪嫌疑人自动投案或者被抓获的，公安机关应当及时通知同级人民检察院。

第四节 依法不负刑事责任的精神病人的强制医疗程序

第三百四十二条 公安机关发现实施暴力行为，危害公共安全或者严重危害公民人身安全的犯罪嫌疑人，可能属于依法不负刑事责任的精神病人的，应当对其进行精神病鉴定。

第三百四十三条 对经法定程序鉴定依法不负刑事责任的精神病人，有继续危害社会可能，符合强制医疗条件的，公安机关应当在七日以内写出强制医疗意见书，经县级以上公安机关负责人批准，连同相关证据材料和鉴定意见一并移送同级人民检察院。

第三百四十四条 对实施暴力行为的精神病人，在人民法院决定强制医疗前，经县级以上公安机关负责人批准，公安机关可以采取临时的保护性约束措施。必要时，可以将其送精神病医院接受治疗。

第三百四十五条 采取临时的保护性约束措施时，应当对精神病人严加看管，并注意约束的方式、方法和力度，以避免和防止危害他人和精神病人的自身安全为限度。

对于精神病人已没有继续危害社会可能，解除约束后不致发生社会危险性的，公安机关应当及时解除保护性约束措施。

第十一章 办案协作

第三百四十六条 公安机关在异地执

行传唤、拘传、拘留、逮捕,开展勘验、检查、搜查、查封、扣押、冻结、讯问等侦查活动,应当向当地公安机关提出办案协作请求,并在当地公安机关协助下进行,或者委托当地公安机关代为执行。

开展查询、询问、辨认等侦查活动或者送达法律文书的,也可以向当地公安机关提出办案协作请求,并按照有关规定进行通报。

第三百四十七条 需要异地公安机关协助的,办案地公安机关应当制作办案协作函件,连同有关法律文书和人民警察证复印件一并提供给协作地公安机关。必要时,可以将前述法律手续传真或者通过公安机关有关信息系统传输至协作地公安机关。

请求协助执行传唤、拘传、拘留、逮捕的,应当提供传唤证、拘传证、拘留证、逮捕证;请求协助开展搜查、查封、扣押、查询、冻结等侦查活动的,应当提供搜查证、查封决定书、扣押决定书、协助查询财产通知书、协助冻结财产通知书;请求协助开展勘验、检查、讯问、询问等侦查活动的,应当提供立案决定书。

第三百四十八条 公安机关应当指定一个部门归口接收协作请求,并进行审核。对符合本规定第三百四十七条规定的协作请求,应当及时交主管业务部门办理。

异地公安机关提出协作请求的,只要法律手续完备,协作地公安机关就应当及时无条件予以配合,不得收取任何形式的费用或者设置其他条件。

第三百四十九条 对协作过程中获取的犯罪线索,不属于自己管辖的,应当及时移交有管辖权的公安机关或者其他有关部门。

第三百五十条 异地执行传唤、拘传的,协作地公安机关应当协助将犯罪嫌疑人传唤、拘传到本市、县公安机关执法办案场所或者到他的住处进行讯问。

异地执行拘留、逮捕的,协作地公安机关应当派员协助执行。

第三百五十一条 已被决定拘留、逮捕的犯罪嫌疑人在逃的,可以通过网上工作平台发布犯罪嫌疑人相关信息、拘留证或者逮捕证。各地公安机关发现网上逃犯的,应当立即组织抓捕。

协作地公安机关抓获犯罪嫌疑人后,应当立即通知办案地公安机关。办案地公安机关应当立即携带法律文书及时提解,提解的侦查人员不得少于二人。

办案地公安机关不能及时到达协作地的,应当委托协作地公安机关在拘留、逮捕后二十四小时以内进行讯问。

第三百五十二条 办案地公安机关请求代为讯问、询问、辨认的,协作地公安机关应当制作讯问、询问、辨认笔录,交被讯问、询问人和辨认人签名、捺指印后,提供给办案地公安机关。

办案地公安机关可以委托协作地公安机关协助进行远程视频讯问、询问,讯问、询问过程应当全程录音录像。

第三百五十三条 办案地公安机关请求协查犯罪嫌疑人的身份、年龄、违法犯罪经历等情况的,协作地公安机关应当在接到请求后七日以内将协查结果通知办案地公安机关;交通十分不便的边远地区,应当在十五日以内将协查结果通知办案地公安机关。

办案地公安机关请求协助调查取证或者查询犯罪信息、资料的,协作地公安机关应当及时协查并反馈。

第三百五十四条 对不履行办案协作程序或者协作职责造成严重后果的，对直接负责的主管人员和其他直接责任人员，应当给予处分；构成犯罪的，依法追究刑事责任。

第三百五十五条 协作地公安机关依照办案地公安机关的协作请求履行办案协作职责所产生的法律责任，由办案地公安机关承担。但是，协作行为超出协作请求范围，造成执法过错的，由协作地公安机关承担相应法律责任。

第三百五十六条 办案地和协作地公安机关对于案件管辖、定性处理等发生争议的，可以进行协商。协商不成的，提请共同的上级公安机关决定。

第十二章 外国人犯罪案件的办理

第三百五十七条 办理外国人犯罪案件，应当严格依照我国法律、法规、规章，维护国家主权和利益，并在对等互惠原则的基础上，履行我国所承担的国际条约义务。

第三百五十八条 外国籍犯罪嫌疑人在刑事诉讼中，享有我国法律规定的诉讼权利，并承担相应的义务。

第三百五十九条 外国籍犯罪嫌疑人的国籍，以其在入境时持用的有效证件予以确认；国籍不明的，由出入境管理部门协助予以查明。国籍确实无法查明的，以无国籍人对待。

第三百六十条 确认外国籍犯罪嫌疑人身份，可以依照有关国际条约或者通过国际刑事警察组织、警务合作渠道办理。确实无法查明的，可以按其自报的姓名移送人民检察院审查起诉。

第三百六十一条 犯罪嫌疑人为享有外交或者领事特权和豁免权的外国人的，应当层报公安部，同时通报同级人民政府外事办公室，由公安部商请外交部通过外交途径办理。

第三百六十二条 公安机关办理外国人犯罪案件，使用中华人民共和国通用的语言文字。犯罪嫌疑人不通晓我国语言文字的，公安机关应当为他翻译；犯罪嫌疑人通晓我国语言文字，不需要他人翻译的，应当出具书面声明。

第三百六十三条 外国人犯罪案件，由犯罪地的县级以上公安机关立案侦查。

第三百六十四条 外国人犯中华人民共和国缔结或者参加的国际条约规定的罪行后进入我国领域内的，由该外国人被抓获地的设区的市一级以上公安机关立案侦查。

第三百六十五条 外国人在中华人民共和国领域外对中华人民共和国国家或者公民犯罪，应当受刑罚处罚的，由该外国人入境地或者入境后居住地的县级以上公安机关立案侦查；该外国人未入境的，由被害人居住地的县级以上公安机关立案侦查；没有被害人或者是对中华人民共和国国家犯罪的，由公安部指定管辖。

第三百六十六条 发生重大或者可能引起外交交涉的外国人犯罪案件的，有关省级公安机关应当及时将案件办理情况报告公安部，同时通报同级人民政府外事办公室。必要时，由公安部商外交部将案件情况通知我国驻外使馆、领事馆。

第三百六十七条 对外国籍犯罪嫌疑人依法作出取保候审、监视居住决定或者执行拘留、逮捕后，应当在四十八小时以内层报省级公安机关，同时通报同级人民政府外事办公室。

重大涉外案件应当在四十八小时以内层报公安部，同时通报同级人民政府外事办公室。

第三百六十八条 对外国籍犯罪嫌疑人依法作出取保候审、监视居住决定或者执行拘留、逮捕后，由省级公安机关根据有关规定，将其姓名、性别、入境时间、护照或者证件号码、案件发生的时间、地点，涉嫌犯罪的主要事实，已采取的强制措施及其法律依据等，通知该外国人所属国家的驻华使馆、领事馆，同时报告公安部。经省级公安机关批准，领事通报任务较重的副省级城市公安局可以直接行使领事通报职能。

外国人在公安机关侦查或者执行刑罚期间死亡的，有关省级公安机关应当通知该外国人国籍国的驻华使馆、领事馆，同时报告公安部。

未在华设立使馆、领事馆的国家，可以通知其代管国家的驻华使馆、领事馆；无代管国家或者代管国家不明的，可以不予通知。

第三百六十九条 外国籍犯罪嫌疑人委托辩护人的，应当委托在中华人民共和国的律师事务所执业的律师。

第三百七十条 公安机关侦查终结前，外国驻华外交、领事官员要求探视被监视居住、拘留、逮捕或者正在看守所服刑的本国公民的，应当及时安排有关探视事宜。犯罪嫌疑人拒绝其国籍国驻华外交、领事官员探视的，公安机关可以不予安排，但应当由其本人提出书面声明。

在公安机关侦查羁押期间，经公安机关批准，外国籍犯罪嫌疑人可以与其近亲属、监护人会见、与外界通信。

第三百七十一条 对判处独立适用驱逐出境刑罚的外国人，省级公安机关在收到人民法院的刑事判决书、执行通知书的副本后，应当指定该外国人所在地的设区的市一级公安机关执行。

被判处徒刑的外国人，主刑执行期满后应当执行驱逐出境附加刑的，省级公安机关在收到执行监狱的上级主管部门转交的刑事判决书、执行通知书副本或者复印件后，应当通知该外国人所在地的设区的市一级公安机关或者指定有关公安机关执行。

我国政府已按照国际条约或者《中华人民共和国外交特权与豁免条例》的规定，对实施犯罪，但享有外交或者领事特权和豁免权的外国人宣布为不受欢迎的人，或者不可接受并拒绝承认其外交或者领事人员身份，责令限期出境的人，无正当理由逾期不自动出境的，由公安部凭外交部公文指定该外国人所在地的省级公安机关负责执行或者监督执行。

第三百七十二条 办理外国人犯罪案件，本章未规定的，适用本规定其他各章的有关规定。

第三百七十三条 办理无国籍人犯罪案件，适用本章的规定。

第十三章 刑事司法协助和警务合作

第三百七十四条 公安部是公安机关进行刑事司法协助和警务合作的中央主管机关，通过有关法律、国际条约、协议规定的联系途径、外交途径或者国际刑事警察组织渠道，接收或者向外国提出刑事司法协助或者警务合作请求。

地方各级公安机关依照职责权限办理

刑事司法协助事务和警务合作事务。

其他司法机关在办理刑事案件中，需要外国警方协助的，由其中央主管机关与公安部联系办理。

第三百七十五条 公安机关进行刑事司法协助和警务合作的范围，主要包括犯罪情报信息的交流与合作，调查取证，安排证人作证或者协助调查，查封、扣押、冻结涉案财物，没收、返还违法所得及其他涉案财物，送达刑事诉讼文书，引渡、缉捕和递解犯罪嫌疑人、被告人或者罪犯，以及国际条约、协议规定的其他刑事司法协助和警务合作事宜。

第三百七十六条 在不违背我国法律和有关国际条约、协议的前提下，我国边境地区设区的市一级公安机关和县级公安机关与相邻国家的警察机关，可以按照惯例相互开展执法会晤、人员往来、边境管控、情报信息交流等警务合作，但应当报省级公安机关批准，并报公安部备案；开展其他警务合作的，应当报公安部批准。

第三百七十七条 公安部收到外国的刑事司法协助或者警务合作请求后，应当依据我国法律和国际条约、协议的规定进行审查。对于符合规定的，交有关省级公安机关办理，或者移交其他有关中央主管机关；对于不符合条约或者协议规定的，通过接收请求的途径退回请求方。

对于请求书的签署机关、请求书及所附材料的语言文字、有关办理期限和具体程序等事项，在不违反我国法律基本原则的情况下，可以按照刑事司法协助条约、警务合作协议规定或者双方协商办理。

第三百七十八条 负责执行刑事司法协助或者警务合作的公安机关收到请求书和所附材料后，应当按照我国法律和有关国际条约、协议的规定安排执行，并将执行结果及其有关材料报经省级公安机关审核后报送公安部。

在执行过程中，需要采取查询、查封、扣押、冻结等措施或者返还涉案财物，且符合法律规定的条件的，可以根据我国有关法律和公安部的执行通知办理有关法律手续。

请求书提供的信息不准确或者材料不齐全难以执行的，应当立即通过省级公安机关报请公安部要求请求方补充材料；因其他原因无法执行或者具有应当拒绝协助、合作的情形等不能执行的，应当将请求书和所附材料，连同不能执行的理由通过省级公安机关报送公安部。

第三百七十九条 执行刑事司法协助和警务合作，请求书中附有办理期限的，应当按期完成。未附办理期限的，调查取证应当在三个月以内完成；送达刑事诉讼文书，应当在十日以内完成。不能按期完成的，应当说明情况和理由，层报公安部。

第三百八十条 需要请求外国警方提供刑事司法协助或者警务合作的，应当按照我国有关法律、国际条约、协议的规定提出刑事司法协助或者警务合作请求书，所附文件及相应译文，经省级公安机关审核后报送公安部。

第三百八十一条 需要通过国际刑事警察组织查找或者缉捕犯罪嫌疑人、被告人或者罪犯，查询资料、调查取证的，应当提出申请层报国际刑事警察组织中国国家中心局。

第三百八十二条 公安机关需要外国协助安排证人、鉴定人来中华人民共和国作证或者通过视频、音频作证，或者协助调查的，应当制作刑事司法协助请求书并附相关材料，经公安部审核同意后，由对外联系机关及时向外国提出请求。

来中华人民共和国作证或者协助调查的证人、鉴定人离境前，公安机关不得就其入境前实施的犯罪进行追究；除因入境后实施违法犯罪而被采取强制措施的以外，其人身自由不受限制。

证人、鉴定人在条约规定的期限内或者被通知无需继续停留后十五日内没有离境的，前款规定不再适用，但是由于不可抗力或者其他特殊原因未能离境的除外。

第三百八十三条 公安机关提供或者请求外国提供刑事司法协助或者警务合作，应当收取或者支付费用的，根据有关国际条约、协议的规定，或者按照对等互惠的原则协商办理。

第三百八十四条 办理引渡案件，依照《中华人民共和国引渡法》等法律规定和有关条约执行。

第十四章 附 则

第三百八十五条 本规定所称"危害国家安全犯罪"，包括刑法分则第一章规定的危害国家安全罪以及危害国家安全的其他犯罪；"恐怖活动犯罪"，包括以制造社会恐慌、危害公共安全或者胁迫国家机关、国际组织为目的，采取暴力、破坏、恐吓等手段，造成或者意图造成人员伤亡、重大财产损失、公共设施损坏、社会秩序混乱等严重社会危害的犯罪，以及煽动、资助或者以其他方式协助实施上述活动的犯罪。

第三百八十六条 当事人及其法定代理人、诉讼代理人、辩护律师提出的复议复核请求，由公安机关法制部门办理。

办理刑事复议、复核案件的具体程序，适用《公安机关办理刑事复议复核案件程序规定》。

第三百八十七条 公安机关可以使用电子签名、电子指纹捺印技术制作电子笔录等材料，可以使用电子印章制作法律文书。对案件当事人进行电子签名、电子指纹捺印的过程，公安机关应当同步录音录像。

第三百八十八条 本规定自2013年1月1日起施行。1998年5月14日发布的《公安机关办理刑事案件程序规定》(公安部令第35号)和2007年10月25日发布的《公安机关办理刑事案件程序规定修正案》(公安部令第95号)同时废止。

最高人民法院关于办理死刑复核案件听取辩护律师意见的办法

(2014年12月29日 法〔2014〕346号)

为切实保障死刑复核案件被告人的辩护律师依法行使辩护权，确保死刑复核案件质量，根据《中华人民共和国刑事诉讼法》《中华人民共和国律师法》和有关法律规定，制定本办法。

第一条 死刑复核案件的辩护律师可以向最高人民法院立案庭查询立案信息。辩护律师查询时，应当提供本人姓名、律师事务所名称、被告人姓名、案由，以及报请复核的高级人民法院的名称及案号。

最高人民法院立案庭能够立即答复的，应当立即答复，不能立即答复的，应当在二个工作日内答复，答复内容为案件是否立案及承办案件的审判庭。

第二条 律师接受被告人、被告人近亲属的委托或者法律援助机构的指派,担任死刑复核案件辩护律师的,应当在接受委托或者指派之日起三个工作日内向最高人民法院相关审判庭提交有关手续。

辩护律师应当在接受委托或者指派之日起一个半月内提交辩护意见。

第三条 辩护律师提交委托手续、法律援助手续及辩护意见、证据等书面材料的,可以经高级人民法院同意后代收并随案移送,也可以寄送至最高人民法院承办案件的审判庭或者在当面反映意见时提交;对尚未立案的案件,辩护律师可以寄送至最高人民法院立案庭,由立案庭在立案后随案移送。

第四条 辩护律师可以到最高人民法院办公场所查阅、摘抄、复制案卷材料。但依法不公开的材料不得查阅、摘抄、复制。

第五条 辩护律师要求当面反映意见的,案件承办法官应当及时安排。

一般由案件承办法官与书记员当面听取辩护律师意见,也可以由合议庭其他成员或者全体成员与书记员当面听取。

第六条 当面听取辩护律师意见,应当在最高人民法院或者地方人民法院办公场所进行。辩护律师可以携律师助理参加。当面听取意见的人员应当核实辩护律师和律师助理的身份。

第七条 当面听取辩护律师意见时,应当制作笔录,由辩护律师签名后附卷。辩护律师提交相关材料的,应当接收并开列收取清单一式二份,一份交给辩护律师,另一份附卷。

第八条 当面听取辩护律师意见时,具备条件的人民法院应当指派工作人员全程录音、录像。其他在场人员不得自行录音、录像、拍照。

第九条 复核终结后,受委托进行宣判的人民法院应当在宣判后五个工作日内将最高人民法院裁判文书送达辩护律师。

第十条 本办法自 2015 年 2 月 1 日起施行。

最高人民法院、最高人民检察院关于适用犯罪嫌疑人、被告人逃匿、死亡案件违法所得没收程序若干问题的规定

(2016 年 12 月 26 日最高人民法院审判委员会第 1705 次会议、最高人民检察院第十二届检察委员会第 59 次会议通过 2017 年 1 月 4 日最高人民法院、最高人民检察院公告公布 自 2017 年 1 月 5 日起施行 法释〔2017〕1 号)

为依法适用犯罪嫌疑人、被告人逃匿、死亡案件违法所得没收程序,根据《中华人民共和国刑事诉讼法》《中华人民共和国刑法》《中华人民共和国民事诉讼法》等法律规定,现就办理相关案件具体适用法律若干问题规定如下:

第一条 下列犯罪案件,应当认定为刑事诉讼法第二百八十条第一款规定的“犯罪案件”:

(一)贪污、挪用公款、巨额财产来源不明、隐瞒境外存款、私分国有资产、私分罚没财物犯罪案件;

(二)受贿、单位受贿、利用影响力受贿、行贿、对有影响力的人行贿、对单位行贿、介绍贿赂、单位行贿犯罪案件;

(三)组织、领导、参加恐怖组织,帮助恐怖活动,准备实施恐怖活动,宣扬恐怖主

义、极端主义、煽动实施恐怖活动,利用极端主义破坏法律实施,强制穿戴宣扬恐怖主义、极端主义服饰、标志,非法持有宣扬恐怖主义、极端主义物品犯罪案件;

(四)危害国家安全、走私、洗钱、金融诈骗、黑社会性质的组织、毒品犯罪案件。

电信诈骗、网络诈骗犯罪案件,依照前款规定的犯罪案件处理。

第二条 在省、自治区、直辖市或者全国范围内具有较大影响,或者犯罪嫌疑人、被告人逃匿境外的,应当认定为刑事诉讼法第二百八十条第一款规定的“重大”。

第三条 犯罪嫌疑人、被告人为逃避侦查和刑事追究潜逃、隐匿,或者在刑事诉讼过程中脱逃的,应当认定为刑事诉讼法第二百八十条第一款规定的“逃匿”。

犯罪嫌疑人、被告人因意外事故下落不明满二年,或者因意外事故下落不明,经有关机关证明其不可能生存的,依照前款规定处理。

第四条 犯罪嫌疑人、被告人死亡,依照刑法规定应当追缴其违法所得及其他涉案财产的,人民检察院可以向人民法院提出没收违法所得的申请。

第五条 公安机关发布通缉令或者公安部通过国际刑警组织发布红色国际通报,应当认定为刑事诉讼法第二百八十条第一款规定的“通缉”。

第六条 通过实施犯罪直接或者间接产生、获得的任何财产,应当认定为刑事诉讼法第二百八十条第一款规定的“违法所得”。

违法所得已经部分或者全部转变、转化为其他财产的,转变、转化后的财产应当视为前款规定的“违法所得”。

来自违法所得转变、转化后的财产收益,或者来自已经与违法所得相混合财产中违法所得相应部分的收益,应当视为第一款规定的“违法所得”。

第七条 刑事诉讼法第二百八十一条第三款规定的“利害关系人”包括犯罪嫌疑人、被告人的近亲属和其他对申请没收的财产主张权利的自然人和单位。

刑事诉讼法第二百八十一条第二款、第二百八十二条第二款规定的“其他利害关系人”是指前款规定的“其他对申请没收的财产主张权利的自然人和单位”。

第八条 人民检察院向人民法院提出没收违法所得的申请,应当制作没收违法所得申请书。

没收违法所得申请书应当载明以下内容:

(一)犯罪嫌疑人、被告人的基本情况;

(二)案由及案件来源;

(三)犯罪嫌疑人、被告人涉嫌犯罪的事实及相关证据材料;

(四)犯罪嫌疑人、被告人逃匿、被通缉、脱逃、下落不明、死亡的情况;

(五)申请没收的财产的种类、数量、价值、所在地以及已查封、扣押、冻结财产清单和相关法律手续;

(六)申请没收的财产属于违法所得及其他涉案财产的相关事实及证据材料;

(七)提出没收违法所得申请的理由和法律依据;

(八)有无利害关系人以及利害关系人的姓名、身份、住址、联系方式;

(九)其他应当载明的内容。

上述材料需要翻译件的,人民检察院应当将翻译件随没收违法所得申请书一并移送人民法院。

第九条 对于没收违法所得的申请,

人民法院应当在三十日内审查完毕，并根据以下情形分别处理：

（一）属于没收违法所得申请受案范围和本院管辖，且材料齐全、有证据证明有犯罪事实的，应当受理；

（二）不属于没收违法所得申请受案范围或者本院管辖的，应当退回人民检察院；

（三）对于没收违法所得申请不符合"有证据证明有犯罪事实"标准要求的，应当通知人民检察院撤回申请，人民检察院应当撤回；

（四）材料不全的，应当通知人民检察院在七日内补送，七日内不能补送的，应当退回人民检察院。

第十条 同时具备以下情形的，应当认定为本规定第九条规定的"有证据证明有犯罪事实"：

（一）有证据证明发生了犯罪事实；

（二）有证据证明该犯罪事实是犯罪嫌疑人、被告人实施的；

（三）证明犯罪嫌疑人、被告人实施犯罪行为的证据真实、合法。

第十一条 人民法院受理没收违法所得的申请后，应当在十五日内发布公告，公告期为六个月。公告期间不适用中止、中断、延长的规定。

公告应当载明以下内容：

（一）案由、案件来源以及属于本院管辖；

（二）犯罪嫌疑人、被告人的基本情况；

（三）犯罪嫌疑人、被告人涉嫌犯罪的事实；

（四）犯罪嫌疑人、被告人逃匿、被通缉、脱逃、下落不明、死亡的情况；

（五）申请没收的财产的种类、数量、价值、所在地以及已查封、扣押、冻结财产的清单和相关法律手续；

（六）申请没收的财产属于违法所得及其他涉案财产的相关事实；

（七）申请没收的理由和法律依据；

（八）利害关系人申请参加诉讼的期限、方式以及未按照该期限、方式申请参加诉讼可能承担的不利法律后果；

（九）其他应当公告的情况。

第十二条 公告应当在全国公开发行的报纸、信息网络等媒体和最高人民法院的官方网站刊登、发布，并在人民法院公告栏张贴。必要时，公告可以在犯罪地、犯罪嫌疑人、被告人居住地或者被申请没收财产所在地张贴。公告最后被刊登、发布、张贴日期为公告日期。人民法院张贴公告的，应当采取拍照、录像等方式记录张贴过程。

人民法院已经掌握境内利害关系人联系方式的，应当直接送达含有公告内容的通知；直接送达有困难的，可以委托代为送达、邮寄送达。经受送达人同意的，可以采用传真、电子邮件等能够确认其收悉的方式告知其公告内容，并记录在案；人民法院已经掌握境外犯罪嫌疑人、被告人、利害关系人联系方式，经受送达人同意的，可以采用传真、电子邮件等能够确认其收悉的方式告知其公告内容，并记录在案；受送达人未作出同意意思表示，或者人民法院未掌握境外犯罪嫌疑人、被告人、利害关系人联系方式，其所在地国（区）主管机关明确提出应当向受送达人送达含有公告内容的通知的，受理没收违法所得申请案件的人民法院可以决定是否送达。决定送达的，应当将公告内容层报最高人民法院，由最高人民法院依照刑事司法协助条约、多边公约,或者按照对等互惠原则,请求受送达人所在地国(区)的主管机关协助送达。

第十三条 利害关系人申请参加诉讼的,应当在公告期间内提出,并提供与犯罪嫌疑人、被告人关系的证明材料或者证明其可以对违法所得及其他涉案财产主张权利的证据材料。

利害关系人可以委托诉讼代理人参加诉讼。利害关系人在境外委托的,应当委托具有中华人民共和国律师资格并依法取得执业证书的律师,依照《最高人民法院关于适用〈中华人民共和国刑事诉讼法〉的解释》第四百零三条的规定对授权委托进行公证、认证。

利害关系人在公告期满后申请参加诉讼,能够合理说明理由的,人民法院应当准许。

第十四条 人民法院在公告期满后由合议庭对没收违法所得申请案件进行审理。

利害关系人申请参加及委托诉讼代理人参加诉讼的,人民法院应当开庭审理。利害关系人及其诉讼代理人无正当理由拒不到庭,且无其他利害关系人和其他诉讼代理人参加诉讼的,人民法院可以不开庭审理。

人民法院对没收违法所得申请案件开庭审理的,人民检察院应当派员出席。

人民法院确定开庭日期后,应当将开庭的时间、地点通知人民检察院、利害关系人及其诉讼代理人、证人、鉴定人员、翻译人员。通知书应当依照本规定第十二条第二款规定的方式至迟在开庭审理三日前送达;受送达人在境外的,至迟在开庭审理三十日前送达。

第十五条 出庭的检察人员应当宣读没收违法所得申请书,并在法庭调查阶段就申请没收的财产属于违法所得及其他涉案财产等相关事实出示、宣读证据。

对于确有必要出示但可能妨碍正在或者即将进行的刑事侦查的证据,针对该证据的法庭调查不公开进行。

利害关系人及其诉讼代理人对申请没收的财产属于违法所得及其他涉案财产等相关事实及证据有异议的,可以提出意见;对申请没收的财产主张权利的,应当出示相关证据。

第十六条 人民法院经审理认为,申请没收的财产属于违法所得及其他涉案财产的,除依法应当返还被害人的以外,应当予以没收;申请没收的财产不属于违法所得或者其他涉案财产的,应当裁定驳回申请,解除查封、扣押、冻结措施。

第十七条 申请没收的财产具有高度可能属于违法所得及其他涉案财产的,应当认定为本规定第十六条规定的“申请没收的财产属于违法所得及其他涉案财产”。

巨额财产来源不明犯罪案件中,没有利害关系人对违法所得及其他涉案财产主张权利,或者利害关系人对违法所得及其他涉案财产虽然主张权利但提供的相关证据没有达到相应证明标准的,应当视为本规定第十六条规定的“申请没收的财产属于违法所得及其他涉案财产”。

第十八条 利害关系人非因故意或者重大过失在第一审期间未参加诉讼,在第二审期间申请参加诉讼的,人民法院应当准许,并发回原审人民法院重新审判。

第十九条 犯罪嫌疑人、被告人逃匿境外,委托诉讼代理人申请参加诉讼,且违法所得或者其他涉案财产所在地国(区)主管机关明确提出意见予以支持的,人民法院可以准许。

人民法院准许参加诉讼的，犯罪嫌疑人、被告人的诉讼代理人依照本规定关于利害关系人的诉讼代理人的规定行使诉讼权利。

第二十条 人民检察院、利害关系人对第一审裁定认定的事实、证据没有争议的，第二审人民法院可以不开庭审理。

第二审人民法院决定开庭审理的，应当将开庭的时间、地点书面通知同级人民检察院和利害关系人。

第二审人民法院应当就上诉、抗诉请求的有关事实和适用法律进行审查。

第二十一条 第二审人民法院对不服第一审裁定的上诉、抗诉案件，经审理，应当按照下列情形分别处理：

（一）第一审裁定认定事实清楚和适用法律正确的，应当驳回上诉或者抗诉，维持原裁定；

（二）第一审裁定认定事实清楚，但适用法律有错误的，应当改变原裁定；

（三）第一审裁定认定事实不清的，可以在查清事实后改变原裁定，也可以撤销原裁定，发回原审人民法院重新审判；

（四）第一审裁定违反法定诉讼程序，可能影响公正审判的，应当撤销原裁定，发回原审人民法院重新审判。

第一审人民法院对于依照前款第三项规定发回重新审判的案件作出裁定后，第二审人民法院对不服第一审人民法院裁定的上诉、抗诉，应当依法作出裁定，不得再发回原审人民法院重新审判。

第二十二条 违法所得或者其他涉案财产在境外的，负责立案侦查的公安机关、人民检察院等侦查机关应当制作查封、扣押、冻结的法律文书以及协助执行查封、扣押、冻结的请求函，层报公安、检察院等各系统最高上级机关后，由公安、检察院等各系统最高上级机关依照刑事司法协助条约、多边公约，或者按照对等互惠原则，向违法所得或者其他涉案财产所在地国（区）的主管机关请求协助执行。

被请求国（区）的主管机关提出，查封、扣押、冻结法律文书的制发主体必须是法院的，负责立案侦查的公安机关、人民检察院等侦查机关可以向同级人民法院提出查封、扣押、冻结的申请，人民法院经审查同意后制作查封、扣押、冻结令以及协助执行查封、扣押、冻结令的请求函，层报最高人民法院后，由最高人民法院依照刑事司法协助条约、多边公约，或者按照对等互惠原则，向违法所得或者其他涉案财产所在地国（区）的主管机关请求协助执行。

请求函应当载明以下内容：

（一）案由以及查封、扣押、冻结法律文书的发布主体是否具有管辖权；

（二）犯罪嫌疑人、被告人涉嫌犯罪的事实及相关证据，但可能妨碍正在或者即将进行的刑事侦查的证据除外；

（三）已发布公告的，发布公告情况、通知利害关系人参加诉讼以及保障诉讼参与人依法行使诉讼权利等情况；

（四）请求查封、扣押、冻结的财产的种类、数量、价值、所在地等情况以及相关法律手续；

（五）请求查封、扣押、冻结的财产属于违法所得及其他涉案财产的相关事实及证据材料；

（六）请求查封、扣押、冻结财产的理由和法律依据；

（七）被请求国（区）要求载明的其他内容。

第二十三条 违法所得或者其他涉案财产在境外，受理没收违法所得申请案件的人民法院经审理裁定没收的，应当制作没收令以及协助执行没收令的请求函，层报最高人民法院后，由最高人民法院依照刑事司法协助条约、多边公约，或者按照对等互惠原则，向违法所得或者其他涉案财产所在地国（区）的主管机关请求协助执行。

请求函应当载明以下内容：

（一）案由以及没收令发布主体具有管辖权；

（二）属于生效裁定；

（三）犯罪嫌疑人、被告人涉嫌犯罪的事实及相关证据，但可能妨碍正在或者即将进行的刑事侦查的证据除外；

（四）犯罪嫌疑人、被告人逃匿、被通缉、脱逃、死亡的基本情况；

（五）发布公告情况、通知利害关系人参加诉讼以及保障诉讼参与人依法行使诉讼权利等情况；

（六）请求没收违法所得及其他涉案财产的种类、数量、价值、所在地等情况以及查封、扣押、冻结相关法律手续；

（七）请求没收的财产属于违法所得及其他涉案财产的相关事实及证据材料；

（八）请求没收财产的理由和法律依据；

（九）被请求国（区）要求载明的其他内容。

第二十四条 单位实施本规定第一条规定的犯罪后被撤销、注销，单位直接负责的主管人员和其他直接责任人员逃匿、死亡，导致案件无法适用刑事诉讼普通程序进行审理的，依照本规定第四条的规定处理。

第二十五条 本规定自2017年1月5日起施行。之前发布的司法解释与本规定不一致的，以本规定为准。

最高人民法院、最高人民检察院、公安部、国家安全部、司法部关于办理刑事案件严格排除非法证据若干问题的规定

（2017年6月20日 法发〔2017〕15号）

为准确惩罚犯罪，切实保障人权，规范司法行为，促进司法公正，根据《中华人民共和国刑事诉讼法》及有关司法解释等规定，结合司法实际，制定如下规定。

一、一般规定

第一条 严禁刑讯逼供和以威胁、引诱、欺骗以及其他非法方法收集证据，不得强迫任何人证实自己有罪。对一切案件的判处都要重证据，重调查研究，不轻信口供。

第二条 采取殴打、违法使用戒具等暴力方法或者变相肉刑的恶劣手段，使犯罪嫌疑人、被告人遭受难以忍受的痛苦而违背意愿作出的供述，应当予以排除。

第三条 采用以暴力或者严重损害本人及其近亲属合法权益等进行威胁的方法，使犯罪嫌疑人、被告人遭受难以忍受的痛苦而违背意愿作出的供述，应当予以排除。

第四条 采用非法拘禁等非法限制人身自由的方法收集的犯罪嫌疑人、被告人供述，应当予以排除。

第五条 采用刑讯逼供方法使犯罪嫌疑人、被告人作出供述，之后犯罪嫌疑人、被告人受该刑讯逼供行为影响而作出的与该供述相同的重复性供述，应当一并排除，但下列情形除外：

（一）侦查期间，根据控告、举报或者自己发现等，侦查机关确认或者不能排除以非法方法收集证据而更换侦查人员，其他侦查人员再次讯问时告知诉讼权利和认罪的法律后果，犯罪嫌疑人自愿供述的；

（二）审查逮捕、审查起诉和审判期间，检察人员、审判人员讯问时告知诉讼权利和认罪的法律后果，犯罪嫌疑人、被告人自愿供述的。

第六条 采用暴力、威胁以及非法限制人身自由等非法方法收集的证人证言、被害人陈述，应当予以排除。

第七条 收集物证、书证不符合法定程序，可能严重影响司法公正的，应当予以补正或者作出合理解释；不能补正或者作出合理解释的，对有关证据应当予以排除。

二、侦　　查

第八条 侦查机关应当依照法定程序开展侦查，收集、调取能够证实犯罪嫌疑人有罪或者无罪、罪轻或者罪重的证据材料。

第九条 拘留、逮捕犯罪嫌疑人后，应当按照法律规定送看守所羁押。犯罪嫌疑人被送交看守所羁押后，讯问应当在看守所讯问室进行。因客观原因侦查机关在看守所讯问室以外的场所进行讯问的，应当作出合理解释。

第十条 侦查人员在讯问犯罪嫌疑人的时候，可以对讯问过程进行录音录像；对于可能判处无期徒刑、死刑的案件或者其他重大犯罪案件，应当对讯问过程进行录音录像。

侦查人员应当告知犯罪嫌疑人对讯问过程录音录像，并在讯问笔录中写明。

第十一条 对讯问过程录音录像，应当不间断进行，保持完整性，不得选择性地录制，不得剪接、删改。

第十二条 侦查人员讯问犯罪嫌疑人，应当依法制作讯问笔录。讯问笔录应当交犯罪嫌疑人核对，对于没有阅读能力的，应当向他宣读。对讯问笔录中有遗漏或者差错等情形，犯罪嫌疑人可以提出补充或者改正。

第十三条 看守所应当对提讯进行登记，写明提讯单位、人员、事由、起止时间以及犯罪嫌疑人姓名等情况。

看守所收押犯罪嫌疑人，应当进行身体检查。检查时，人民检察院驻看守所检察人员可以在场。检查发现犯罪嫌疑人有伤或者身体异常的，看守所应当拍照或者录像，分别由送押人员、犯罪嫌疑人说明原因，并在体检记录中写明，由送押人员、收押人员和犯罪嫌疑人签字确认。

第十四条 犯罪嫌疑人及其辩护人在侦查期间可以向人民检察院申请排除非法证据。对犯罪嫌疑人及其辩护人提供相关线索或者材料的，人民检察院应当调查核实。调查结论应当书面告知犯罪嫌疑人及其辩护人。对确有以非法方法收集证据情形的，人民检察院应当向侦查机关提出纠正意见。

侦查机关对审查认定的非法证据，应当予以排除，不得作为提请批准逮捕、移送审查起诉的根据。

对重大案件，人民检察院驻看守所检察人员应当在侦查终结前询问犯罪嫌疑人,核查是否存在刑讯逼供、非法取证情形,并同步录音录像。经核查,确有刑讯逼供、非法取证情形的,侦查机关应当及时排除非法证据,不得作为提请批准逮捕、移送审查起诉的根据。

第十五条 对侦查终结的案件,侦查机关应当全面审查证明证据收集合法性的证据材料,依法排除非法证据。排除非法证据后,证据不足的,不得移送审查起诉。

侦查机关发现办案人员非法取证的,应当依法作出处理,并可另行指派侦查人员重新调查取证。

三、审查逮捕、审查起诉

第十六条 审查逮捕、审查起诉期间讯问犯罪嫌疑人,应当告知其有权申请排除非法证据,并告知诉讼权利和认罪的法律后果。

第十七条 审查逮捕、审查起诉期间,犯罪嫌疑人及其辩护人申请排除非法证据,并提供相关线索或者材料的,人民检察院应当调查核实。调查结论应当书面告知犯罪嫌疑人及其辩护人。

人民检察院在审查起诉期间发现侦查人员以刑讯逼供等非法方法收集证据的,应当依法排除相关证据并提出纠正意见,必要时人民检察院可以自行调查取证。

人民检察院对审查认定的非法证据,应当予以排除,不得作为批准或者决定逮捕、提起公诉的根据。被排除的非法证据应当随案移送,并写明为依法排除的非法证据。

第十八条 人民检察院依法排除非法证据后,证据不足,不符合逮捕、起诉条件的,不得批准或者决定逮捕、提起公诉。

对于人民检察院排除有关证据导致对涉嫌的重要犯罪事实未予认定,从而作出不批准逮捕、不起诉决定,或者对涉嫌的部分重要犯罪事实决定不起诉的,公安机关、国家安全机关可要求复议、提请复核。

四、辩　　护

第十九条 犯罪嫌疑人、被告人申请提供法律援助的,应当按照有关规定指派法律援助律师。

法律援助值班律师可以为犯罪嫌疑人、被告人提供法律帮助,对刑讯逼供、非法取证情形代理申诉、控告。

第二十条 犯罪嫌疑人、被告人及其辩护人申请排除非法证据,应当提供涉嫌非法取证的人员、时间、地点、方式、内容等相关线索或者材料。

第二十一条 辩护律师自人民检察院对案件审查起诉之日起,可以查阅、摘抄、复制讯问笔录、提讯登记、采取强制措施或者侦查措施的法律文书等证据材料。其他辩护人经人民法院、人民检察院许可,也可以查阅、摘抄、复制上述证据材料。

第二十二条 犯罪嫌疑人、被告人及其辩护人向人民法院、人民检察院申请调取公安机关、国家安全机关、人民检察院收集但未提交的讯问录音录像、体检记录等证据材料,人民法院、人民检察院经审查认为犯罪嫌疑人、被告人及其辩护人申请调取的证据材料与证明证据收集的合法性有联系的,应当予以调取;认为与证明证据收集的合法性没有联系的,应当决定不予调取并向犯罪嫌疑人、被告人及其辩护人说明理由。

五、审　　判

第二十三条　人民法院向被告人及其辩护人送达起诉书副本时，应当告知其有权申请排除非法证据。

被告人及其辩护人申请排除非法证据，应当在开庭审理前提出，但在庭审期间发现相关线索或者材料等情形除外。人民法院应当在开庭审理前将申请书和相关线索或者材料的复制件送交人民检察院。

第二十四条　被告人及其辩护人在开庭审理前申请排除非法证据，未提供相关线索或者材料，不符合法律规定的申请条件的，人民法院对申请不予受理。

第二十五条　被告人及其辩护人在开庭审理前申请排除非法证据，按照法律规定提供相关线索或者材料的，人民法院应当召开庭前会议。人民检察院应当通过出示有关证据材料等方式，有针对性地对证据收集的合法性作出说明。人民法院可以核实情况，听取意见。

人民检察院可以决定撤回有关证据，撤回的证据，没有新的理由，不得在庭审中出示。

被告人及其辩护人可以撤回排除非法证据的申请。撤回申请后，没有新的线索或者材料，不得再次对有关证据提出排除申请。

第二十六条　公诉人、被告人及其辩护人在庭前会议中对证据收集是否合法未达成一致意见，人民法院对证据收集的合法性有疑问的，应当在庭审中进行调查；人民法院对证据收集的合法性没有疑问，且没有新的线索或者材料表明可能存在非法取证的，可以决定不再进行调查。

第二十七条　被告人及其辩护人申请人民法院通知侦查人员或者其他人员出庭，人民法院认为现有证据材料不能证明证据收集的合法性，确有必要通知上述人员出庭作证或者说明情况的，可以通知上述人员出庭。

第二十八条　公诉人宣读起诉书后，法庭应当宣布开庭审理前对证据收集合法性的审查及处理情况。

第二十九条　被告人及其辩护人在开庭审理前未申请排除非法证据，在法庭审理过程中提出申请的，应当说明理由。

对前述情形，法庭经审查，对证据收集的合法性有疑问的，应当进行调查；没有疑问的，应当驳回申请。

法庭驳回排除非法证据申请后，被告人及其辩护人没有新的线索或者材料，以相同理由再次提出申请的，法庭不再审查。

第三十条　庭审期间，法庭决定对证据收集的合法性进行调查的，应当先行当庭调查。但为防止庭审过分迟延，也可以在法庭调查结束前进行调查。

第三十一条　公诉人对证据收集的合法性加以证明，可以出示讯问笔录、提讯登记、体检记录、采取强制措施或者侦查措施的法律文书、侦查终结前对讯问合法性的核查材料等证据材料，有针对性地播放讯问录音录像，提请法庭通知侦查人员或者其他人员出庭说明情况。

被告人及其辩护人可以出示相关线索或者材料，并申请法庭播放特定时段的讯问录音录像。

侦查人员或者其他人员出庭，应当向法庭说明证据收集过程，并就相关情况接受发问。对发问方式不当或者内容与证据收集的合法性无关的，法庭应当制止。

公诉人、被告人及其辩护人可以对证据收集的合法性进行质证、辩论。

第三十二条 法庭对控辩双方提供的证据有疑问的,可以宣布休庭,对证据进行调查核实。必要时,可以通知公诉人、辩护人到场。

第三十三条 法庭对证据收集的合法性进行调查后,应当当庭作出是否排除有关证据的决定。必要时,可以宣布休庭,由合议庭评议或者提交审判委员会讨论,再次开庭时宣布决定。

在法庭作出是否排除有关证据的决定前,不得对有关证据宣读、质证。

第三十四条 经法庭审理,确认存在本规定所规定的以非法方法收集证据情形的,对有关证据应当予以排除。法庭根据相关线索或者材料对证据收集的合法性有疑问,而人民检察院未提供证据或者提供的证据不能证明证据收集的合法性,不能排除存在本规定所规定的以非法方法收集证据情形的,对有关证据应当予以排除。

对依法予以排除的证据,不得宣读、质证,不得作为判决的根据。

第三十五条 人民法院排除非法证据后,案件事实清楚,证据确实、充分,依据法律认定被告人有罪的,应当作出有罪判决;证据不足,不能认定被告人有罪的,应当作出证据不足、指控的犯罪不能成立的无罪判决;案件部分事实清楚,证据确实、充分的,依法认定该部分事实。

第三十六条 人民法院对证据收集合法性的审查、调查结论,应当在裁判文书中写明,并说明理由。

第三十七条 人民法院对证人证言、被害人陈述等证据收集合法性的审查、调查,参照上述规定。

第三十八条 人民检察院、被告人及其法定代理人提出抗诉、上诉,对第一审人民法院有关证据收集合法性的审查、调查结论提出异议的,第二审人民法院应当审查。

被告人及其辩护人在第一审程序中未申请排除非法证据,在第二审程序中提出申请的,应当说明理由。第二审人民法院应当审查。

人民检察院在第一审程序中未出示证据证明证据收集的合法性,第一审人民法院依法排除有关证据的,人民检察院在第二审程序中不得出示之前未出示的证据,但在第一审程序后发现的除外。

第三十九条 第二审人民法院对证据收集合法性的调查,参照上述第一审程序的规定。

第四十条 第一审人民法院对被告人及其辩护人排除非法证据的申请未予审查,并以有关证据作为定案根据,可能影响公正审判的,第二审人民法院可以裁定撤销原判,发回原审人民法院重新审判。

第一审人民法院对依法应当排除的非法证据未予排除的,第二审人民法院可以依法排除非法证据。排除非法证据后,原判决认定事实和适用法律正确、量刑适当的,应当裁定驳回上诉或者抗诉,维持原判;原判决认定事实没有错误,但适用法律有错误,或者量刑不当的,应当改判;原判决事实不清楚或者证据不足的,可以裁定撤销原判,发回原审人民法院重新审判。

第四十一条 审判监督程序、死刑复核程序中对证据收集合法性的审查、调查,参照上述规定。

第四十二条 本规定自2017年6月27日起施行。

最高人民检察院、公安部关于公安机关办理经济犯罪案件的若干规定

(2017年11月24日 公通字〔2017〕25号)

第一章 总 则

第一条 为了规范公安机关办理经济犯罪案件程序,加强人民检察院的法律监督,保证严格、规范、公正、文明执法,依法惩治经济犯罪,维护社会主义市场经济秩序,保护公民、法人和其他组织的合法权益,依据《中华人民共和国刑事诉讼法》等有关法律、法规和规章,结合工作实际,制定本规定。

第二条 公安机关办理经济犯罪案件,应当坚持惩罚犯罪与保障人权并重、实体公正与程序公正并重、查证犯罪与挽回损失并重,严格区分经济犯罪与经济纠纷的界限,不得滥用职权、玩忽职守。

第三条 公安机关办理经济犯罪案件,应当坚持平等保护公有制经济与非公有制经济,坚持各类市场主体的诉讼地位平等、法律适用平等、法律责任平等,加强对各种所有制经济产权与合法利益的保护。

第四条 公安机关办理经济犯罪案件,应当严格依照法定程序进行,规范使用调查性侦查措施,准确适用限制人身、财产权利的强制性措施。

第五条 公安机关办理经济犯罪案件,应当既坚持严格依法办案,又注意办案方法,慎重选择办案时机和方式,注重保障正常的生产经营活动顺利进行。

第六条 公安机关办理经济犯罪案件,应当坚持以事实为根据、以法律为准绳,同人民检察院、人民法院分工负责、互相配合、互相制约,以保证准确有效地执行法律。

第七条 公安机关、人民检察院应当按照法律规定的证据裁判要求和标准收集、固定、审查、运用证据,没有确实、充分的证据不得认定犯罪事实,严禁刑讯逼供和以威胁、引诱、欺骗以及其他非法方法收集证据,不得强迫任何人证实自己有罪。

第二章 管 辖

第八条 经济犯罪案件由犯罪地的公安机关管辖。如果由犯罪嫌疑人居住地的公安机关管辖更为适宜的,可以由犯罪嫌疑人居住地的公安机关管辖。

犯罪地包括犯罪行为发生地和犯罪结果发生地。犯罪行为发生地,包括犯罪行为的实施地以及预备地、开始地、途经地、结束地等与犯罪行为有关的地点;犯罪行为有连续、持续或者继续状态的,犯罪行为连续、持续或者继续实施的地方都属于犯罪行为发生地。犯罪结果发生地,包括犯罪对象被侵害地、犯罪所得的实际取得地、藏匿地、转移地、使用地、销售地。

居住地包括户籍所在地、经常居住地。户籍所在地与经常居住地不一致的,由经常居住地的公安机关管辖。经常居住地是指公民离开户籍所在地最后连续居住一年以上的地方,但是住院就医的除外。

单位涉嫌经济犯罪的,由犯罪地或者所在地公安机关管辖。所在地是指单位登记的住所地。主要营业地或者主要办事机

构所在地与登记的住所地不一致的，主要营业地或者主要办事机构所在地为其所在地。

法律、司法解释或者其他规范性文件对有关经济犯罪案件的管辖作出特别规定的，从其规定。

第九条 非国家工作人员利用职务上的便利实施经济犯罪的，由犯罪嫌疑人工作单位所在地公安机关管辖。如果由犯罪行为实施地或者犯罪嫌疑人居住地的公安机关管辖更为适宜的，也可以由犯罪行为实施地或者犯罪嫌疑人居住地的公安机关管辖。

第十条 上级公安机关必要时可以立案侦查或者组织、指挥、参与侦查下级公安机关管辖的经济犯罪案件。

对重大、疑难、复杂或者跨区域性经济犯罪案件，需要由上级公安机关立案侦查的，下级公安机关可以请求移送上一级公安机关立案侦查。

第十一条 几个公安机关都有权管辖的经济犯罪案件，由最初受理的公安机关管辖。必要时，可以由主要犯罪地的公安机关管辖。对管辖不明确或者有争议的，应当协商管辖；协商不成的，由共同的上级公安机关指定管辖。

主要利用通讯工具、互联网等技术手段实施的经济犯罪案件，由最初发现、受理的公安机关或者主要犯罪地的公安机关管辖。

第十二条 公安机关办理跨区域性涉众型经济犯罪案件，应当坚持统一指挥协调、统一办案要求的原则。

对跨区域性涉众型经济犯罪案件，犯罪地公安机关应当立案侦查，并由一个地方公安机关为主侦查，其他公安机关应当积极协助。必要时，可以并案侦查。

第十三条 上级公安机关指定下级公安机关立案侦查的经济犯罪案件，需要逮捕犯罪嫌疑人的，由侦查该案件的公安机关提请同级人民检察院审查批准；需要移送审查起诉的，由侦查该案件的公安机关移送同级人民检察院审查起诉。

人民检察院受理公安机关移送审查起诉的经济犯罪案件，认为需要依照刑事诉讼法的规定指定审判管辖的，应当协商同级人民法院办理指定管辖有关事宜。

对跨区域性涉众型经济犯罪案件，公安机关指定管辖的，应当事先向同级人民检察院、人民法院通报和协商。

第三章 立案、撤案

第十四条 公安机关对涉嫌经济犯罪线索的报案、控告、举报、自动投案，不论是否有管辖权，都应当接受并登记，由最初受理的公安机关依照法定程序办理，不得以管辖权为由推诿或者拒绝。

经审查，认为有犯罪事实，但不属于其管辖的案件，应当及时移送有管辖权的机关处理。对于不属于其管辖又必须采取紧急措施的，应当先采取紧急措施，再移送主管机关。

第十五条 公安机关接受涉嫌经济犯罪线索的报案、控告、举报、自动投案后，应当立即进行审查，并在七日以内决定是否立案；重大、疑难、复杂线索，经县级以上公安机关负责人批准，立案审查期限可以延长至三十日；特别重大、疑难、复杂或者跨区域性的线索，经上一级公安机关负责人批准，立案审查期限可以再延长三十日。

上级公安机关指定管辖或者书面通知

立案的,应当在指定期限以内立案侦查。人民检察院通知立案的,应当在十五日以内立案侦查。

第十六条 公安机关接受行政执法机关移送的涉嫌经济犯罪案件后,移送材料符合相关规定的,应当在三日以内进行审查并决定是否立案,至迟应当在十日以内作出决定。案情重大、疑难、复杂或者跨区域性的,经县级以上公安机关负责人批准,应当在三十日以内决定是否立案。情况特殊的,经上一级公安机关负责人批准,可以再延长三十日作出决定。

第十七条 公安机关经立案审查,同时符合下列条件的,应当立案:

(一)认为有犯罪事实;

(二)涉嫌犯罪数额、结果或者其他情节符合经济犯罪案件的立案追诉标准,需要追究刑事责任;

(三)属于该公安机关管辖。

第十八条 在立案审查中,发现案件事实或者线索不明的,经公安机关办案部门负责人批准,可以依照有关规定采取询问、查询、勘验、鉴定和调取证据材料等不限制被调查对象人身、财产权利的措施。经审查,认为有犯罪事实,需要追究刑事责任的,经县级以上公安机关负责人批准,予以立案。

公安机关立案后,应当采取调查性侦查措施,但是一般不得采取限制人身、财产权利的强制性措施。确有必要采取的,必须严格依照法律规定的条件和程序。严禁在没有证据的情况下,查封、扣押、冻结涉案财物或者拘留、逮捕犯罪嫌疑人。

公安机关立案后,在三十日以内经积极侦查,仍然无法收集到证明有犯罪事实需要对犯罪嫌疑人追究刑事责任的充分证据的,应当立即撤销案件或者终止侦查。重大、疑难、复杂案件,经上一级公安机关负责人批准,可以再延长三十日。

上级公安机关认为不应当立案,责令限期纠正的,或者人民检察院认为不应当立案,通知撤销案件的,公安机关应当及时撤销案件。

第十九条 对有控告人的案件,经审查决定不予立案的,应当在立案审查的期限内制作不予立案通知书,并在三日以内送达控告人。

第二十条 涉嫌经济犯罪的案件与人民法院正在审理或者作出生效裁判文书的民事案件,属于同一法律事实或者有牵连关系,符合下列条件之一的,应当立案:

(一)人民法院在审理民事案件或者执行过程中,发现有经济犯罪嫌疑,裁定不予受理、驳回起诉、中止诉讼、判决驳回诉讼请求或者中止执行生效裁判文书,并将有关材料移送公安机关的;

(二)人民检察院依法通知公安机关立案的;

(三)公安机关认为有证据证明有犯罪事实,需要追究刑事责任,经省级以上公安机关负责人批准的。

有前款第二项、第三项情形的,公安机关立案后,应当严格依照法律规定的条件和程序采取强制措施和侦查措施,并将立案决定书等法律文书及相关案件材料复印件抄送正在审理或者作出生效裁判文书的人民法院并说明立案理由,同时通报与办理民事案件的人民法院同级的人民检察院,必要时可以报告上级公安机关。

在侦查过程中,不得妨碍人民法院民事诉讼活动的正常进行。

第二十一条 公安机关在侦查过程

中、人民检察院在审查起诉过程中，发现具有下列情形之一的，应当将立案决定书、起诉意见书等法律文书及相关案件材料复印件抄送正在审理或者作出生效裁判文书的人民法院，由人民法院依法处理：

（一）侦查、审查起诉的经济犯罪案件与人民法院正在审理或者作出生效裁判文书的民事案件属于同一法律事实或者有牵连关系的；

（二）涉案财物已被有关当事人申请执行的。

有前款规定情形的，公安机关、人民检察院应当同时将有关情况通报与办理民事案件的人民法院同级的人民检察院。

公安机关将相关法律文书及案件材料复印件抄送人民法院后一个月以内未收到回复的，必要时，可以报告上级公安机关。

立案侦查、审查起诉的经济犯罪案件与仲裁机构作出仲裁裁决的民事案件属于同一法律事实或者有牵连关系，且人民法院已经受理与该仲裁裁决相关申请的，依照本条第一款至第三款的规定办理。

第二十二条 涉嫌经济犯罪的案件与人民法院正在审理或者作出生效裁判文书以及仲裁机构作出裁决的民事案件有关联但不属同一法律事实的，公安机关可以立案侦查，但是不得以刑事立案为由要求人民法院移送案件、裁定驳回起诉、中止诉讼、判决驳回诉讼请求、中止执行或者撤销判决、裁定，或者要求人民法院撤销仲裁裁决。

第二十三条 人民法院在办理民事案件过程中，认为该案件不属于民事纠纷而有经济犯罪嫌疑需要追究刑事责任，并将涉嫌经济犯罪的线索、材料移送公安机关的，接受案件的公安机关应当立即审查，并在十日以内决定是否立案。公安机关不立案的，应当及时告知人民法院。

第二十四条 人民法院在办理民事案件过程中，发现与民事纠纷虽然不是同一事实但是有关联的经济犯罪线索、材料，并将涉嫌经济犯罪的线索、材料移送公安机关的，接受案件的公安机关应当立即审查，并在十日以内决定是否立案。公安机关不立案的，应当及时告知人民法院。

第二十五条 在侦查过程中，公安机关发现具有下列情形之一的，应当及时撤销案件：

（一）对犯罪嫌疑人解除强制措施之日起十二个月以内，仍然不能移送审查起诉或者依法作其他处理的；

（二）对犯罪嫌疑人未采取强制措施，自立案之日起二年以内，仍然不能移送审查起诉或者依法作其他处理的；

（三）人民检察院通知撤销案件的；

（四）其他符合法律规定的撤销案件情形的。

有前款第一项、第二项情形，但是有证据证明有犯罪事实需要进一步侦查的，经省级以上公安机关负责人批准，可以不撤销案件，继续侦查。

撤销案件后，公安机关应当立即停止侦查活动，并解除相关的侦查措施和强制措施。

撤销案件后，又发现新的事实或者证据，依法需要追究刑事责任的，公安机关应当重新立案侦查。

第二十六条 公安机关接报案件后，报案人、控告人、举报人、被害人及其法定代理人、近亲属查询立案情况的，应当在三日以内告知立案情况并记录在案。对已经立案的，应当告知立案时间、涉嫌罪名、办案单位等情况。

第二十七条 对报案、控告、举报、移送的经济犯罪案件,公安机关作出不予立案决定、撤销案件决定或者逾期未作出是否立案决定有异议的,报案人、控告人、举报人可以申请人民检察院进行立案监督,移送案件的行政执法机关可以建议人民检察院进行立案监督。

人民检察院认为需要公安机关说明不予立案、撤销案件或者逾期未作出是否立案决定的理由的,应当要求公安机关在七日以内说明理由。公安机关应当书面说明理由,连同有关证据材料回复人民检察院。人民检察院认为不予立案或者撤销案件的理由不能成立的,应当通知公安机关立案。人民检察院要求公安机关说明逾期未作出是否立案决定的理由后,公安机关在七日以内既不说明理由又不作出是否立案的决定的,人民检察院应当发出纠正违法通知书予以纠正,经审查案件有关证据材料,认为符合立案条件的,应当通知公安机关立案。

第二十八条 犯罪嫌疑人及其法定代理人、近亲属或者辩护律师对公安机关立案提出异议的,公安机关应当及时受理、认真核查。

有证据证明公安机关可能存在违法介入经济纠纷,或者利用立案实施报复陷害、敲诈勒索以及谋取其他非法利益等违法立案情形的,人民检察院应当要求公安机关书面说明立案的理由。公安机关应当在七日以内书面说明立案的依据和理由,连同有关证据材料回复人民检察院。人民检察院认为立案理由不能成立的,应当通知公安机关撤销案件。

第二十九条 人民检察院发现公安机关在办理经济犯罪案件过程中适用另案处理存在违法或者不当的,可以向公安机关提出书面纠正意见或者检察建议。公安机关应当认真审查,并将结果及时反馈人民检察院。没有采纳的,应当说明理由。

第三十条 依照本规定,报经省级以上公安机关负责人批准立案侦查或者继续侦查的案件,撤销案件时应当经原审批的省级以上公安机关负责人批准。

人民检察院通知撤销案件的,应当立即撤销案件,并报告原审批的省级以上公安机关。

第四章 强制措施

第三十一条 公安机关决定采取强制措施时,应当考虑犯罪嫌疑人涉嫌犯罪情节的轻重程度、有无继续犯罪和逃避或者妨碍侦查的可能性,使所适用的强制措施同犯罪的严重程度、犯罪嫌疑人的社会危险性相适应,依法慎用羁押性强制措施。

采取取保候审、监视居住措施足以防止发生社会危险性的,不得适用羁押性强制措施。

第三十二条 公安机关应当依照法律规定的条件和程序适用取保候审措施。

采取保证金担保方式的,应当综合考虑保证诉讼活动正常进行的需要,犯罪嫌疑人的社会危险性的大小,案件的性质、情节、涉案金额,可能判处刑罚的轻重以及犯罪嫌疑人的经济状况等情况,确定适当的保证金数额。

在取保候审期间,不得中断对经济犯罪案件的侦查。执行取保候审超过三个月的,应当至少每个月讯问一次被取保候审人。

第三十三条 对于被决定采取强制措施并上网追逃的犯罪嫌疑人，经审查发现不构成犯罪或者依法不予追究刑事责任的，应当立即撤销强制措施决定，并按照有关规定，报请省级以上公安机关删除相关信息。

第三十四条 公安机关办理经济犯罪案件应当加强统一审核，依照法律规定的条件和程序逐案逐人审查采取强制措施的合法性和适当性，发现采取强制措施不当的，应当及时撤销或者变更。犯罪嫌疑人在押的，应当立即释放。公安机关释放被逮捕的犯罪嫌疑人或者变更逮捕措施的，应当及时通知作出批准逮捕决定的人民检察院。

犯罪嫌疑人被逮捕后，人民检察院经审查认为不需要继续羁押提出检察建议的，公安机关应当予以调查核实，认为不需要继续羁押的，应当予以释放或者变更强制措施；认为需要继续羁押的，应当说明理由，并在十日以内将处理情况通知人民检察院。

犯罪嫌疑人及其法定代理人、近亲属或者辩护人有权申请人民检察院进行羁押必要性审查。

第五章　侦查取证

第三十五条 公安机关办理经济犯罪案件，应当及时进行侦查，依法全面、客观、及时地收集、调取、固定、审查能够证实犯罪嫌疑人有罪或者无罪、罪重或者罪轻以及与涉案财物有关的各种证据，并防止犯罪嫌疑人逃匿、销毁证据或者转移、隐匿涉案财物。

严禁调取与经济犯罪案件无关的证据材料，不得以侦查犯罪为由滥用侦查措施为他人收集民事诉讼证据。

第三十六条 公安机关办理经济犯罪案件，应当遵守法定程序，遵循有关技术标准，全面、客观、及时地收集、提取电子数据；人民检察院应当围绕真实性、合法性、关联性审查判断电子数据。

依照规定程序通过网络在线提取的电子数据，可以作为证据使用。

第三十七条 公安机关办理经济犯罪案件，需要采取技术侦查措施的，应当严格依照有关法律、规章和规范性文件规定的范围和程序办理。

第三十八条 公安机关办理非法集资、传销以及利用通讯工具、互联网等技术手段实施的经济犯罪案件，确因客观条件的限制无法逐一收集被害人陈述、证人证言等相关证据的，可以结合已收集的言词证据和依法收集并查证属实的物证、书证、视听资料、电子数据等实物证据，综合认定涉案人员人数和涉案资金数额等犯罪事实，做到证据确实、充分。

第三十九条 公安机关办理生产、销售伪劣商品犯罪案件、走私犯罪案件、侵犯知识产权犯罪案件，对同一批次或者同一类型的涉案物品，确因实物数量较大，无法逐一勘验、鉴定、检测、评估的，可以委托或者商请有资格的鉴定机构、专业机构或者行政执法机关依照程序按照一定比例随机抽样勘验、鉴定、检测、评估，并由其制作取样记录和出具相关书面意见。有关抽样勘验、鉴定、检测、评估的结果可以作为该批次或者该类型全部涉案物品的勘验、鉴定、检测、评估结果，但是不符合法定程序，且不能补正或者作出合理解释，可能严重影响案件公正处理的除外。

法律、法规和规范性文件对鉴定机构或者抽样方法另有规定的,从其规定。

第四十条 公安机关办理经济犯罪案件应当与行政执法机关加强联系、密切配合,保证准确有效地执行法律。

公安机关应当根据案件事实、证据和法律规定依法认定案件性质,对案情复杂、疑难,涉及专业性、技术性问题的,可以参考有关行政执法机关的认定意见。

行政执法机关对经济犯罪案件中有关行为性质的认定,不是案件进入刑事诉讼程序的必经程序或者前置条件。法律、法规和规章另有规定的,从其规定。

第四十一条 公安机关办理重大、疑难、复杂的经济犯罪案件,可以听取人民检察院的意见,人民检察院认为确有必要时,可以派员适时介入侦查活动,对收集证据、适用法律提出意见,监督侦查活动是否合法。对人民检察院提出的意见,公安机关应当认真审查,并将结果及时反馈人民检察院。没有采纳的,应当说明理由。

第四十二条 公安机关办理跨区域性的重大经济犯罪案件,应当向人民检察院通报立案侦查情况,人民检察院可以根据通报情况调度办案力量,开展指导协调等工作。需要逮捕犯罪嫌疑人的,公安机关应当提前与人民检察院沟通。

第四十三条 人民检察院在审查逮捕、审查起诉中发现公安机关办案人员以非法方法收集犯罪嫌疑人供述、被害人陈述、证人证言等证据材料的,应当依法排除非法证据并提出纠正意见。需要重新调查取证的,经县级以上公安机关负责人批准,应当另行指派办案人员重新调查取证。必要时,人民检察院也可以自行收集犯罪嫌疑人供述、被害人陈述、证人证言等证据材料。

公安机关发现收集物证、书证不符合法定程序,可能严重影响司法公正的,应当要求办案人员予以补正或者作出合理解释;不能补正或者作出合理解释的,应当依法予以排除,不得作为提请批准逮捕、移送审查起诉的依据。

人民检察院发现收集物证、书证不符合法定程序,可能严重影响司法公正的,应当要求公安机关予以补正或者作出合理解释,不能补正或者作出合理解释的,应当依法予以排除,不得作为批准逮捕、提起公诉的依据。

第四十四条 对民事诉讼中的证据材料,公安机关在立案后应当依照刑事诉讼法以及相关司法解释的规定进行审查或者重新收集。未经查证核实的证据材料,不得作为刑事证据使用。

第四十五条 人民检察院已经作出不起诉决定的案件,公安机关不得针对同一法律事实的同一犯罪嫌疑人继续侦查或者补充侦查,但是有新的事实或者证据的,可以重新立案侦查。

第六章 涉案财物的控制和处置

第四十六条 查封、扣押、冻结以及处置涉案财物,应当依照法律规定的条件和程序进行。除法律法规和规范性文件另有规定以外,公安机关不得在诉讼程序终结之前处置涉案财物。严格区分违法所得、其他涉案财产与合法财产,严格区分企业法人财产与股东个人财产,严格区分犯罪嫌疑人个人财产与家庭成员财产,不得超权限、超范围、超数额、超时限查封、扣押、冻结,并注意保护利害关系人的合法权益。

对涉众型经济犯罪案件,需要追缴、返

还涉案财物的,应当坚持统一资产处置原则。公安机关移送审查起诉时,应当将有关涉案财物及其清单随案移送人民检察院。人民检察院提起公诉时,应当将有关涉案财物及其清单一并移送受理案件的人民法院,并提出处理意见。

第四十七条 对依照有关规定可以分割的土地、房屋等涉案不动产,应当只对与案件有关的部分进行查封。

对不可分割的土地、房屋等涉案不动产或者车辆、船舶、航空器以及大型机器、设备等特定动产,可以查封、扣押、冻结犯罪嫌疑人提供的与涉案金额相当的其他财物。犯罪嫌疑人不能提供的,可以予以整体查封。

冻结涉案账户的款项数额,应当与涉案金额相当。

第四十八条 对自动投案时主动提交的涉案财物和权属证书等,公安机关可以先行接收,如实登记并出具接收财物凭证,根据立案和侦查情况决定是否查封、扣押、冻结。

第四十九条 已被依法查封、冻结的涉案财物,公安机关不得重复查封、冻结,但是可以轮候查封、冻结。

已被人民法院采取民事财产保全措施的涉案财物,依照前款规定办理。

第五十条 对不宜查封、扣押、冻结的经营性涉案财物,在保证侦查活动正常进行的同时,可以允许有关当事人继续合理使用,并采取必要的保值保管措施,以减少侦查办案对正常办公和合法生产经营的影响。必要时,可以申请当地政府指定有关部门或者委托有关机构代管。

第五十一条 对查封、扣押、冻结的涉案财物及其孳息,以及作为证据使用的实物,公安机关应当如实登记,妥善保管,随案移送,并与人民检察院及时交接,变更法律手续。

在查封、扣押、冻结涉案财物时,应当收集、固定与涉案财物来源、权属、性质等有关的证据材料并随案移送。对不宜移送或者依法不移送的实物,应当将其清单、照片或者其他证明文件随案移送。

第五十二条 涉嫌犯罪事实查证属实后,对有证据证明权属关系明确的被害人合法财产及其孳息,及时返还不损害其他被害人或者利害关系人的利益、不影响诉讼正常进行的,可以在登记、拍照或者录像、估价后,经县级以上公安机关负责人批准,开具发还清单,在诉讼程序终结之前返还被害人。办案人员应当在案卷中注明返还的理由,将原物照片、清单和被害人的领取手续存卷备查。

具有下列情形之一的,不得在诉讼程序终结之前返还:

(一)涉嫌犯罪事实尚未查清的;

(二)涉案财物及其孳息的权属关系不明确或者存在争议的;

(三)案件需要变更管辖的;

(四)可能损害其他被害人或者利害关系人利益的;

(五)可能影响诉讼程序正常进行的;

(六)其他不宜返还的。

第五十三条 有下列情形之一的,除依照有关法律法规和规范性文件另行处理的以外,应当立即解除对涉案财物的查封、扣押、冻结措施,并及时返还有关当事人:

(一)公安机关决定撤销案件或者对犯罪嫌疑人终止侦查的;

(二)人民检察院通知撤销案件或者作出不起诉决定的;

(三)人民法院作出生效判决、裁定应当返还的。

第五十四条 犯罪分子违法所得的一切财物及其孳息,应当予以追缴或者责令退赔。

发现犯罪嫌疑人将经济犯罪违法所得和其他涉案财物用于清偿债务、转让或者设定其他权利负担,具有下列情形之一的,应当依法查封、扣押、冻结:

(一)他人明知是经济犯罪违法所得和其他涉案财物而接受的;

(二)他人无偿或者以明显低于市场价格取得上述财物的;

(三)他人通过非法债务清偿或者违法犯罪活动取得上述财物的;

(四)他人通过其他恶意方式取得上述财物的。

他人明知是经济犯罪违法所得及其产生的收益,通过虚构债权债务关系、虚假交易等方式予以窝藏、转移、收购、代为销售或者以其他方法掩饰、隐瞒,构成犯罪的,应当依法追究刑事责任。

第五十五条 具有下列情形之一,依照刑法规定应当追缴其违法所得及其他涉案财物的,经县级以上公安机关负责人批准,公安机关应当出具没收违法所得意见书,连同相关证据材料一并移送同级人民检察院:

(一)重大的走私、金融诈骗、洗钱犯罪案件,犯罪嫌疑人逃匿,在通缉一年后不能到案的;

(二)犯罪嫌疑人死亡的;

(三)涉嫌重大走私、金融诈骗、洗钱犯罪的单位被撤销、注销,直接负责的主管人员和其他直接责任人员逃匿、死亡,导致案件无法适用普通刑事诉讼程序审理的。

犯罪嫌疑人死亡,现有证据证明其存在违法所得及其他涉案财物应当予以没收的,公安机关可以继续调查,并依法进行查封、扣押、冻结。

第七章 办案协作

第五十六条 公安机关办理经济犯罪案件,应当加强协作和配合,依法履行协查、协办等职责。

上级公安机关应当加强监督、协调和指导,及时解决跨区域性协作的争议事项。

第五十七条 办理经济犯罪案件需要异地公安机关协作的,委托地公安机关应当对案件的管辖、定性、证据认定以及所采取的侦查措施负责,办理有关的法律文书和手续,并对协作事项承担法律责任。但是协作地公安机关超权限、超范围采取相关措施的,应当承担相应的法律责任。

第五十八条 办理经济犯罪案件需要异地公安机关协作的,由委托地的县级以上公安机关制作办案协作函件和有关法律文书,通过协作地的县级以上公安机关联系有关协作事宜。协作地公安机关接到委托地公安机关请求协作的函件后,应当指定主管业务部门办理。

各省、自治区、直辖市公安机关根据本地实际情况,就需要外省、自治区、直辖市公安机关协助对犯罪嫌疑人采取强制措施或者查封、扣押、冻结涉案财物事项制定相关审批程序。

第五十九条 协作地公安机关应当对委托地公安机关出具的法律文书和手续予以审核,对法律文书和手续完备的,协作地公安机关应当及时无条件予以配合,不得收取任何形式的费用。

第六十条 委托地公安机关派员赴异地公安机关请求协助查询资料、调查取证等事项时,应当出具办案协作函件和有关法律文书。

委托地公安机关认为不需要派员赴异地的,可以将办案协作函件和有关法律文书寄送协作地公安机关,协作地公安机关协查不得超过十五日;案情重大、情况紧急的,协作地公安机关应当在七日以内回复;因特殊情况不能按时回复的,协作地公安机关应当及时向委托地公安机关说明情况。

必要时,委托地公安机关可以将办案协作函件和有关法律文书通过电传、网络等保密手段或者相关工作机制传至协作地公安机关,协作地公安机关应当及时协查。

第六十一条 委托地公安机关派员赴异地公安机关请求协助采取强制措施或者搜查,查封、扣押、冻结涉案财物等事项时,应当持办案协作函件、有关侦查措施或者强制措施的法律文书、工作证件及相关案件材料,与协作地县级以上公安机关联系,协作地公安机关应当派员协助执行。

第六十二条 对不及时采取措施,有可能导致犯罪嫌疑人逃匿,或者有可能转移涉案财物以及重要证据的,委托地公安机关可以商请紧急协作,将办案协作函件和有关法律文书通过电传、网络等保密手段传至协作地县级以上公安机关,协作地公安机关收到协作函件后,应当及时采取措施,落实协作事项。委托地公安机关应当立即派员携带法律文书前往协作地办理有关事宜。

第六十三条 协作地公安机关在协作过程中,发现委托地公安机关明显存在违反法律规定的行为时,应当及时向委托地公安机关提出并报上一级公安机关。跨省协作的,应当通过协作地的省级公安机关通报委托地的省级公安机关,协商处理。未能达成一致意见的,协作地的省级公安机关应当及时报告公安部。

第六十四条 立案地公安机关赴其他省、自治区、直辖市办案,应当按照有关规定呈报上级公安机关审查批准。

第八章 保障诉讼参与人合法权益

第六十五条 公安机关办理经济犯罪案件,应当尊重和保障人权,保障犯罪嫌疑人、被害人和其他诉讼参与人依法享有的辩护权和其他诉讼权利,在职责范围内依法保障律师的执业权利。

第六十六条 辩护律师向公安机关了解犯罪嫌疑人涉嫌的罪名以及现已查明的该罪的主要事实,犯罪嫌疑人被采取、变更、解除强制措施,延长侦查羁押期限、移送审查起诉等案件有关情况的,公安机关应当依法将上述情况告知辩护律师,并记录在案。

第六十七条 辩护律师向公安机关提交与经济犯罪案件有关的申诉、控告等材料的,公安机关应当在执法办案场所予以接收,当面了解有关情况并记录在案。对辩护律师提供的材料,公安机关应当及时依法审查,并在三十日以内予以答复。

第六十八条 被害人、犯罪嫌疑人及其法定代理人、近亲属或者律师对案件管辖有异议,向立案侦查的公安机关提出申诉的,接受申诉的公安机关应当在接到申诉后的七日以内予以答复。

第六十九条 犯罪嫌疑人及其法定代理人、近亲属或者辩护人认为公安机关所采取的强制措施超过法定期限,有权向原批准或者决定的公安机关提出申诉,接受该项申诉的公安机关应当在接到申诉之日起三十日以内审查完毕并作出决定,将结果书面通知申诉人。对超过法定期限的强制措施,应当立即解除或者变更。

第七十条 辩护人、诉讼代理人认为公安机关阻碍其依法行使诉讼权利并向人民检察院申诉或者控告,人民检察院经审查情况属实后通知公安机关予以纠正的,公安机关应当立即纠正,并将监督执行情况书面答复人民检察院。

第七十一条 辩护人、诉讼代理人对公安机关侦查活动有异议的,可以向有关公安机关提出申诉、控告,或者提请人民检察院依法监督。

第九章 执法监督与责任追究

第七十二条 公安机关应当依据《中华人民共和国人民警察法》等有关法律法规和规范性文件的规定,加强对办理经济犯罪案件活动的执法监督和督察工作。

上级公安机关发现下级公安机关存在违反法律和有关规定行为的,应当责令其限期纠正。必要时,上级公安机关可以就其违法行为直接作出相关处理决定。

人民检察院发现公安机关办理经济犯罪案件中存在违法行为的,或者对有关当事人及其辩护律师、诉讼代理人、利害关系人的申诉、控告事项查证属实的,应当通知公安机关予以纠正。

第七十三条 具有下列情形之一的,公安机关应当责令依法纠正,或者直接作出撤销、变更或者纠正决定。对发生执法过错的,应当根据办案人员在办案中各自承担的职责,区分不同情况,分别追究案件审批人、审核人、办案人及其他直接责任人的责任。构成犯罪的,依法追究刑事责任。

(一)越权管辖或者推诿管辖的;

(二)违反规定立案、不予立案或者撤销案件的;

(三)违反规定对犯罪嫌疑人采取强制措施的;

(四)违反规定对财物采取查封、扣押、冻结措施的;

(五)违反规定处置涉案财物的;

(六)拒不履行办案协作职责,或者阻碍异地公安机关依法办案的;

(七)阻碍当事人、辩护人、诉讼代理人依法行使诉讼权利的;

(八)其他应当予以追究责任的。

对于导致国家赔偿的责任人员,应当依据《中华人民共和国国家赔偿法》的有关规定,追偿其部分或者全部赔偿费用。

第七十四条 公安机关在受理、立案、移送以及涉案财物处置等过程中,与人民检察院、人民法院以及仲裁机构发生争议的,应当协商解决。必要时,可以报告上级公安机关协调解决。上级公安机关应当加强监督,依法处理。

人民检察院发现公安机关存在执法不当行为的,可以向公安机关提出书面纠正意见或者检察建议。公安机关应当认真审查,并将结果及时反馈人民检察院。没有采纳的,应当说明理由。

第七十五条 公安机关办理经济犯罪案件应当加强执法安全防范工作,规范执法办案活动,执行执法办案规定,加强执法监督,对执法不当造成严重后果的,依据相关规定追究责任。

第十章　附　　则

第七十六条　本规定所称的“经济犯罪案件”，主要是指公安机关经济犯罪侦查部门按照有关规定依法管辖的各种刑事案件，但以资助方式实施的帮助恐怖活动案件，不适用本规定。

公安机关其他办案部门依法管辖刑法分则第三章规定的破坏社会主义市场经济秩序犯罪有关案件的，适用本规定。

第七十七条　本规定所称的“调查性侦查措施”，是指公安机关在办理经济犯罪案件过程中，依照法律规定进行的专门调查工作和有关侦查措施，但是不包括限制犯罪嫌疑人人身、财产权利的强制性措施。

第七十八条　本规定所称的“涉众型经济犯罪案件”，是指基于同一法律事实、利益受损人数众多、可能影响社会秩序稳定的经济犯罪案件，包括但不限于非法吸收公众存款，集资诈骗，组织、领导传销活动，擅自设立金融机构，擅自发行股票、公司企业债券等犯罪。

第七十九条　本规定所称的“跨区域性”，是指涉及两个以上县级行政区域。

第八十条　本规定自2018年1月1日起施行。2005年12月31日发布的《公安机关办理经济犯罪案件的若干规定》(公通字〔2005〕101号)同时废止。本规定发布以前最高人民检察院、公安部制定的关于办理经济犯罪案件的规范性文件与本规定不一致的，适用本规定。

最高人民法院关于印发《人民法院办理刑事案件庭前会议规程(试行)》《人民法院办理刑事案件排除非法证据规程(试行)》《人民法院办理刑事案件第一审普通程序法庭调查规程(试行)》的通知

(2017年11月27日　法发〔2017〕31号)

各省、自治区、直辖市高级人民法院，解放军军事法院，新疆维吾尔自治区高级人民法院生产建设兵团分院；全国地方各中级人民法院，各战区、总直属军事法院，新疆生产建设兵团各中级法院：

为贯彻落实最高人民法院、最高人民检察院、公安部、国家安全部、司法部《关于推进以审判为中心的刑事诉讼制度改革的意见》和《关于办理刑事案件严格排除非法证据若干问题的规定》，深入推进以审判为中心的刑事诉讼制度改革，最高人民法院制定了《人民法院办理刑事案件庭前会议规程(试行)》《人民法院办理刑事案件排除非法证据规程(试行)》和《人民法院办理刑事案件第一审普通程序法庭调查规程(试行)》(以下简称“三项规程”)，现印发给你们，自2018年1月1日起试行。

为了在司法实践中更好地贯彻执行“三项规程”，现提出以下要求：

一、充分认识“三项规程”的重要意义。推进以审判为中心的刑事诉讼制度改革，是党的十八届四中全会作出的重大改革部署，是坚持严格司法、确保刑事司法公正的现实需要。最高人民法院、最高人民检察院、公安部、国家安全部、司法部先后印发《关于推进以审判为中心的刑事诉讼制度改革的意见》《关于办理刑事案件严格排除非法证据若干问题的规定》，提出改革完善刑事诉讼制度的总体方案。为确保中央改革要求落地见效，优化完善审判特别是庭审程序，最高人民法院在出台《关于全面推进以审判为中心的刑事诉讼制度改革的实施意见》的基础上，制定深化庭审实质化改革的“三项规程”，有助于充分发挥审判特别是庭审在刑事诉讼中的决定性作用，构建更加精密化、规范化、实质化的刑事审判制度。各级人民法院要充分认识制定“三项规程”的重要意义，准确把握改革精神，充分发挥审判程序的职能作用，健全落实证据裁判、非法证据排除、疑罪从无等法律原则和要求，通过法庭审判的程序公正实现案件裁判的实体公正，提升司法公信力。

二、准确把握和执行“三项规程”的试行要求。推进以审判为中心的刑事诉讼制度改革，牵涉政法工作全局，各级人民法院要主动向党委、人大汇报试行工作，密切与其他政法机关的沟通联系，形成改革合力，确保改革稳步推进。要推进案件繁简分流，优化司法资源配置，将有限的司法资源用于审理重大复杂疑难案件，完善刑事案件速裁程序和认罪认罚从宽制度，实现“疑案精审”“简案快审”。要以敢于负责、敢于担当的精神，严格落实疑罪从无原则，对定罪证据不足的疑罪案件依法宣告无罪，确保严格执法、公正司法，切实防范冤假错案。在试行期间，各级人民法院包括前期各试点法院要统一贯彻执行“三项规程”的相关规定，不能各行其是。

三、加强对“三项规程”的学习培训工作。最高人民法院在制定“三项规程”过程中，坚持问题导向和目标导向，以中央的改革精神和要求为着眼点，认真总结传统审判经验，充分吸收前期改革成果，注重理念创新和制度创新。根据庭前会议规程，人民法院在庭前会议中可以依法处理可能导致庭审中断的程序性事项，组织控辩双方展示证据，归纳控辩双方争议焦点，明确规范庭前会议与法庭审理的衔接机制。非法证据排除规程重点针对非法证据排除程序适用中存在的启动难、证明难、认定难、排除难等问题，进一步明确人民法院审查和排除非法证据的具体规则和程序。法庭调查规程在总结传统庭审经验基础上，将证据裁判、程序公正、集中审理和诉权保障确立为法庭调查的基本原则，规范开庭讯问、发问程序，落实证人、鉴定人出庭作证制度，完善各类证据的举证、质证、认证规则，确保诉讼证据出示在法庭、案件事实查明在法庭、诉辩意见发表在法庭、裁判结果形成在法庭。各高级人民法院要高度重视，切实督导辖区各级人民法院认真学习“三项规程”，精心组织刑事审判人员参加专项培训，确保每一名办案人员能够深刻领会“三项规程”的精神实质，全面掌握具体内容，以便在具体工作中切实、熟练加以运用。

四、注意总结和推广试行“三项规程”的经验做法。各级人民法院要以贯彻“三项规程”为契机，以提高证人、鉴定人、侦查人员出庭作证率、律师辩护率和当庭宣判率为重点，着力推进庭审制度改革。要采取实地考察、庭审观摩等方式，加强法院之间的沟通交流，共享经验，共同提高。要采取积极稳妥的方法，强化正面宣传报道，营造各方共同推进改革的良好氛围。在贯彻执行过程中遇到的新情况、新问题和探索的新经验、新做法，要认真加以总结，并及时层报最高人民法院。

人民法院办理刑事案件庭前会议规程（试行）

为贯彻落实最高人民法院、最高人民检察院、公安部、国家安全部、司法部《关于推进以审判为中心的刑事诉讼制度改革的意见》，完善庭前会议程序，确保法庭集中持续审理，提高庭审质量和效率，根据法律规定，结合司法实际，制定本规程。

第一条 人民法院适用普通程序审理刑事案件，对于证据材料较多、案情疑难复杂、社会影响重大或者控辩双方对事实证据存在较大争议等情形的，可以决定在开庭审理前召开庭前会议。

控辩双方可以申请人民法院召开庭前会议。申请召开庭前会议的，应当说明需要处理的事项。人民法院经审查认为有必要的，应当决定召开庭前会议；决定不召开庭前会议的，应当告知申请人。

被告人及其辩护人在开庭审理前申请排除非法证据，并依照法律规定提供相关线索或者材料的，人民法院应当召开庭前会议。

第二条 庭前会议中，人民法院可以就与审判相关的问题了解情况，听取意见，依法处理回避、出庭证人名单、非法证据排除等可能导致庭审中断的事项，组织控辩双方展示证据，归纳争议焦点，开展附带民事调解。

第三条 庭前会议由承办法官主持，其他合议庭成员也可以主持或者参加庭前会议。根据案件情况，承办法官可以指导法官助理主持庭前会议。

公诉人、辩护人应当参加庭前会议。根据案件情况，被告人可以参加庭前会议；被告人申请参加庭前会议或者申请排除非法证据等情形的，人民法院应当通知被告人到场；有多名被告人的案件，主持人可以根据案件情况确定参加庭前会议的被告人。

被告人申请排除非法证据，但没有辩护人的，人民法院应当通知法律援助机构指派律师为被告人提供帮助。

庭前会议中进行附带民事调解的，人民法院应当通知附带民事诉讼当事人到场。

第四条 被告人不参加庭前会议的，辩护人应当在召开庭前会议前就庭前会议处理事项听取被告人意见。

第五条 庭前会议一般不公开进行。

根据案件情况，庭前会议可以采用视频会议等方式进行。

第六条 根据案件情况，庭前会议可以在开庭审理前多次召开；休庭后，可以在再次开庭前召开庭前会议。

第七条 庭前会议应当在法庭或者其他办案场所召开。被羁押的被告人参加的，可以在看守所办案场所召开。

被告人参加庭前会议，应当有法警在场。

第八条 人民法院应当根据案件情况，综合控辩双方意见，确定庭前会议需要处理的事项，并在召开庭前会议三日前，将会议的时间、地点、人员和事项等通知参会人员。通知情况应当记录在案。

被告人及其辩护人在开庭审理前申请

排除非法证据的,人民法院应当在召开庭前会议三日前,将申请书及相关线索或者材料的复制件送交人民检察院。

第九条 庭前会议开始后,主持人应当核实参会人员情况,宣布庭前会议需要处理的事项。

有多名被告人参加庭前会议,涉及事实证据问题的,应当组织各被告人分别参加,防止串供。

第十条 庭前会议中,主持人可以就下列事项向控辩双方了解情况,听取意见:

(一)是否对案件管辖有异议;

(二)是否申请有关人员回避;

(三)是否申请不公开审理;

(四)是否申请排除非法证据;

(五)是否申请提供新的证据材料;

(六)是否申请重新鉴定或者勘验;

(七)是否申请调取在侦查、审查起诉期间公安机关、人民检察院收集但未随案移送的证明被告人无罪或者罪轻的证据材料;

(八)是否申请向证人或有关单位、个人收集、调取证据材料;

(九)是否申请证人、鉴定人、侦查人员、有专门知识的人出庭,是否对出庭人员名单有异议;

(十)与审判相关的其他问题。

对于前款规定中可能导致庭审中断的事项,人民法院应当依法作出处理,在开庭审理前告知处理决定,并说明理由。控辩双方没有新的理由,在庭审中再次提出有关申请或者异议的,法庭应当依法予以驳回。

第十一条 被告人及其辩护人对案件管辖提出异议,应当说明理由。人民法院经审查认为异议成立的,应当依法将案件退回人民检察院或者移送有管辖权的人民法院;认为本院不宜行使管辖权的,可以请求上一级人民法院处理。人民法院经审查认为异议不成立的,应当依法驳回异议。

第十二条 被告人及其辩护人申请审判人员、书记员、翻译人员、鉴定人回避,应当说明理由。人民法院经审查认为申请成立的,应当依法决定有关人员回避;认为申请不成立的,应当依法驳回申请。

被告人及其辩护人申请回避被驳回的,可以在接到决定时申请复议一次。对于不属于刑事诉讼法第二十八条、第二十九条规定情形的,回避申请被驳回后,不得申请复议。

被告人及其辩护人申请检察人员回避的,人民法院应当通知人民检察院。

第十三条 被告人及其辩护人申请不公开审理,人民法院经审查认为案件涉及国家秘密或者个人隐私的,应当准许;认为案件涉及商业秘密的,可以准许。

第十四条 被告人及其辩护人在开庭审理前申请排除非法证据,并依照法律规定提供相关线索或者材料的,人民检察院应当在庭前会议中通过出示有关证据材料等方式,有针对性地对证据收集的合法性作出说明。人民法院可以对有关证据材料进行核实;经控辩双方申请,可以有针对性地播放讯问录音录像。

人民检察院可以撤回有关证据,撤回的证据,没有新的理由,不得在庭审中出示。被告人及其辩护人可以撤回排除非法证据的申请,撤回申请后,没有新的线索或者材料,不得再次对有关证据提出排除申请。

控辩双方在庭前会议中对证据收集的合法性未达成一致意见,人民法院应当开展庭审调查,但公诉人提供的相关证据材料确实、充分,能够排除非法取证情形,且没有新的线索或者材料表明可能存在非法取证的,庭审调查举证、质证可以简化。

第十五条 控辩双方申请重新鉴定或者勘验,应当说明理由。人民法院经审查认为理由成立,有关证据材料可能影响定罪量刑且不能补正的,应当准许。

第十六条 被告人及其辩护人书面申请调取公安机关、人民检察院在侦查、审查起诉期间收集但未随案移送的证明被告人无罪或者罪轻的证据材料,并提供相关线索或者材料的,人民法院应当调取,并通知人民检察院在收到调取决定书后三日内移交。

被告人及其辩护人申请向证人或有关单位、个人收集、调取证据材料,应当说明理由。人民法院经审查认为有关证据材料可能影响定罪量刑的,应当准许;认为有关证据材料与案件无关或者明显重复、没有必要的,可以不予准许。

第十七条 控辩双方申请证人、鉴定人、侦查人员、有专门知识的人出庭,应当说明理由。人民法院经审查认为理由成立的,应当通知有关人员出庭。

控辩双方对出庭证人、鉴定人、侦查人员、有专门知识的人的名单有异议,人民法院经审查认为异议成立的,应当依法作出处理;认为异议不成立的,应当依法驳回。

人民法院通知证人、鉴定人、侦查人员、有专门知识的人等出庭后,应当告知控辩双方协助有关人员到庭。

第十八条 召开庭前会议前,人民检察院应当将全部证据材料移送人民法院。被告人及其辩护人应当将收集的有关被告人不在犯罪现场、未达到刑事责任年龄、属于依法不负刑事责任的精神病人等证明被告人无罪或者依法不负刑事责任的全部证据材料提交人民法院。

人民法院收到控辩双方移送或者提交的证据材料后,应当通知对方查阅、摘抄、复制。

第十九条 庭前会议中,对于控辩双方决定在庭审中出示的证据,人民法院可以组织展示有关证据,听取控辩双方对在案证据的意见,梳理存在争议的证据。

对于控辩双方在庭前会议中没有争议的证据材料,庭审时举证、质证可以简化。

人民法院组织展示证据的,一般应当通知被告人到场,听取被告人意见;被告人不到场的,辩护人应当在召开庭前会议前听取被告人意见。

第二十条 人民法院可以在庭前会议中归纳控辩双方的争议焦点。对控辩双方没有争议或者达成一致意见的事项,可以在庭审中简化审理。

人民法院可以组织控辩双方协商确定庭审的举证顺序、方式等事项,明确法庭调查的方式和重点。协商不成的事项,由人民法院确定。

第二十一条 对于被告人在庭前会议前不认罪,在庭前会议中又认罪的案件,人民法院核实被告人认罪的自愿性和真实性后,可以依法适用速裁程序或者简易程序审理。

第二十二条 人民法院在庭前会议中听取控辩双方对案件事实证据的意见后,对于明显事实不清、证据不足的案件,可以建议人民检察院补充材料或者撤回起诉。建议撤回起诉的案件,人民检察院不同意的,人民法院开庭审理后,没有新的事实和理由,一般不准许撤回起诉。

第二十三条 庭前会议情况应当制作笔录,由参会人员核对后签名。

庭前会议结束后应当制作庭前会议报告,说明庭前会议的基本情况、与审判相关的问题的处理结果、控辩双方的争议焦点以及就相关事项达成的一致意见等。

第二十四条 对于召开庭前会议的案件,在宣读起诉书后,法庭应当宣布庭前会议报告的主要内容;有多起犯罪事实的案件,可以在有关犯罪事实的法庭调查开始前,分别宣布庭前会议报告的相关内容;对庭前会议处理管辖异议、申请回避、申请不公开审理等事项的,法庭可以在告知当事人诉讼权利后宣布庭前会议报告的相关内容。

第二十五条 宣布庭前会议报告后,对于庭前会议中达成一致意见的事项,法庭向控辩双方核实后当庭予以确认;对于未达成一致意见的事项,法庭可以归纳控辩双方争议焦点,听取控辩双方意见,依法作出处理。

控辩双方在庭前会议中就有关事项达成一致意见,在庭审中反悔的,除有正当理由外,法庭一般不再进行处理。

第二十六条 第二审人民法院召开庭前会议的,参照上述规定。

第二十七条 本规程自2018年1月1日起试行。

人民法院办理刑事案件排除非法证据规程(试行)

为贯彻落实最高人民法院、最高人民检察院、公安部、国家安全部、司法部《关于推进以审判为中心的刑事诉讼制度改革的意见》和《关于办理刑事案件严格排除非法证据若干问题的规定》,规范非法证据排除程序,准确惩罚犯罪,切实保障人权,有效防范冤假错案,根据法律规定,结合司法实际,制定本规程。

第一条 采用下列非法方法收集的被告人供述,应当予以排除:

(一)采用殴打、违法使用戒具等暴力方法或者变相肉刑的恶劣手段,使被告人遭受难以忍受的痛苦而违背意愿作出的供述;

(二)采用以暴力或者严重损害本人及其近亲属合法权益等进行威胁的方法,使被告人遭受难以忍受的痛苦而违背意愿作出的供述;

(三)采用非法拘禁等非法限制人身自由的方法收集的被告人供述。

采用刑讯逼供方法使被告人作出供述,之后被告人受该刑讯逼供行为影响而作出的与该供述相同的重复性供述,应当一并排除,但下列情形除外:

(一)侦查期间,根据控告、举报或者自己发现等,侦查机关确认或者不能排除以非法方法收集证据而更换侦查人员,其他侦查人员再次讯问时告知诉讼权利和认罪的法律后果,被告人自愿供述的;

(二)审查逮捕、审查起诉和审判期间,检察人员、审判人员讯问时告知诉讼权利和认罪的法律后果,被告人自愿供述的。

第二条 采用暴力、威胁以及非法限制人身自由等非法方法收集的证人证言、被害人陈述,应当予以排除。

第三条 采用非法搜查、扣押等违反法定程序的方法收集物证、书证,可能严重影响司法公正的,应当予以补正或者作出合理解释;不能补正或者作出合理解释的,对有关证据应当予以排除。

第四条 依法予以排除的非法证据，不得宣读、质证，不得作为定案的根据。

第五条 被告人及其辩护人申请排除非法证据，应当提供相关线索或者材料。"线索"是指内容具体、指向明确的涉嫌非法取证的人员、时间、地点、方式等；"材料"是指能够反映非法取证的伤情照片、体检记录、医院病历、讯问笔录、讯问录音录像或者同监室人员的证言等。

被告人及其辩护人申请排除非法证据，应当向人民法院提交书面申请。被告人书写确有困难的，可以口头提出申请，但应当记录在案，并由被告人签名或者捺印。

第六条 证据收集合法性的举证责任由人民检察院承担。

人民检察院未提供证据，或者提供的证据不能证明证据收集的合法性，经过法庭审理，确认或者不能排除以非法方法收集证据情形的，对有关证据应当予以排除。

第七条 开庭审理前，承办法官应当阅卷，并对证据收集的合法性进行审查：

（一）被告人在侦查、审查起诉阶段是否提出排除非法证据申请；提出申请的，是否提供相关线索或者材料；

（二）侦查机关、人民检察院是否对证据收集的合法性进行调查核实；调查核实的，是否作出调查结论；

（三）对于重大案件，人民检察院驻看守所检察人员在侦查终结前是否核查讯问的合法性，是否对核查过程同步录音录像；进行核查的，是否作出核查结论；

（四）对于人民检察院在审查逮捕、审查起诉阶段排除的非法证据，是否随案移送并写明为依法排除的非法证据。

人民法院对证据收集的合法性进行审查后，认为需要补充证据材料的，应当通知人民检察院在三日内补送。

第八条 人民法院向被告人及其辩护人送达起诉书副本时，应当告知其有权在开庭审理前申请排除非法证据并同时提供相关线索或者材料。上述情况应当记录在案。

被告人申请排除非法证据，但没有辩护人的，人民法院应当通知法律援助机构指派律师为其提供辩护。

第九条 被告人及其辩护人申请排除非法证据，应当在开庭审理前提出，但在庭审期间发现相关线索或者材料等情形除外。

第十条 被告人及其辩护人申请排除非法证据，并提供相关线索或者材料的，人民法院应当召开庭前会议，并在召开庭前会议三日前将申请书和相关线索或者材料的复制件送交人民检察院。

被告人及其辩护人申请排除非法证据，未提供相关线索或者材料的，人民法院应当告知其补充提交。被告人及其辩护人未能补充的，人民法院对申请不予受理，并在开庭审理前告知被告人及其辩护人。上述情况应当记录在案。

第十一条 对于可能判处无期徒刑、死刑或者黑社会性质组织犯罪、严重毒品犯罪等重大案件，被告人在驻看守所检察人员对讯问的合法性进行核查询问时，明确表示侦查阶段没有刑讯逼供等非法取证情形，在审判阶段又提出排除非法证据申请的，应当说明理由。人民法院经审查对证据收集的合法性没有疑问的，可以驳回申请。

驻看守所检察人员在重大案件侦查终结前未对讯问的合法性进行核查询问，或者未对核查询问过程全程同步录音录像，被告人及其辩护人在审判阶段提出排除非法证据申请，提供相关线索或者材料，人民法院对证据收集的合法性有疑问的，应当依法进行调查。

第十二条 在庭前会议中，人民法院对证据收集的合法性进行审查的，一般按照以下步骤进行：

（一）被告人及其辩护人说明排除非法证据的申请及相关线索或者材料；

（二）公诉人提供证明证据收集合法性的证据材料；

（三）控辩双方对证据收集的合法性发表意见；

（四）控辩双方对证据收集的合法性未达成一致意见的，审判人员归纳争议焦点。

第十三条 在庭前会议中，人民检察院应当通过出示有关证据材料等方式，有针对性地对证据收集的合法性作出说明。人民法院可以对有关材料进行核实，经控辩双方申请，可以有针对性地播放讯问录音录像。

第十四条 在庭前会议中，人民检察院可以撤回有关证据。撤回的证据，没有新的理由，不得在庭审中出示。

被告人及其辩护人可以撤回排除非法证据的申请。撤回申请后，没有新的线索或者材料，不得再次对有关证据提出排除申请。

第十五条 控辩双方在庭前会议中对证据收集的合法性达成一致意见的，法庭应当在庭审中向控辩双方核实并当庭予以确认。对于一方在庭审中反悔的，除有正当理由外，法庭一般不再进行审查。

控辩双方在庭前会议中对证据收集的合法性未达成一致意见，人民法院应当在庭审中进行调查，但公诉人提供的相关证据材料确实、充分，能够排除非法取证情形，且没有新的线索或者材料表明可能存在非法取证的，庭审调查举证、质证可以简化。

第十六条 审判人员应当在庭前会议报告中说明证据收集合法性的审查情况，主要包括控辩双方的争议焦点以及就相关事项达成的一致意见等内容。

第十七条 被告人及其辩护人在开庭审理前未申请排除非法证据，在庭审过程中提出申请的，应当说明理由。人民法院经审查，对证据收集的合法性有疑问的，应当进行调查；没有疑问的，应当驳回申请。

人民法院驳回排除非法证据的申请后，被告人及其辩护人没有新的线索或者材料，以相同理由再次提出申请的，人民法院不再审查。

第十八条 人民法院决定对证据收集的合法性进行法庭调查的，应当先行当庭调查。对于被申请排除的证据和其他犯罪事实没有关联等情形，为防止庭审过分迟延，可以先调查其他犯罪事实，再对证据收集的合法性进行调查。

在对证据收集合法性的法庭调查程序结束前，不得对有关证据宣读、质证。

第十九条 法庭决定对证据收集的合法性进行调查的，一般按照以下步骤进行：

（一）召开庭前会议的案件，法庭应当在宣读起诉书后，宣布庭前会议中对证据收集合法性的审查情况，以及控辩双方的争议焦点；

（二）被告人及其辩护人说明排除非法证据的申请及相关线索或者材料；

（三）公诉人出示证明证据收集合法性的证据材料，被告人及其辩护人可以对相关证据进行质证，经审判长准许，公诉人、辩护人可以向出庭的侦查人员或者其他人员发问；

（四）控辩双方对证据收集的合法性进行辩论。

第二十条 公诉人对证据收集的合法性加以证明，可以出示讯问笔录、提讯登记、体检记录、采取强制措施或者侦查措施的法律文书、侦查终结前对讯问合法性的核查材料等证据材料，也可以针对被告人及其辩护人提出异议的讯问时段播放讯问录音录像，提请法庭通知侦查人员或者其他人员出庭说明情况。不得以侦查人员签名并加盖公章的说明材料替代侦查人员出庭。

庭审中，公诉人当庭不能举证或者为提供新的证据需要补充侦查，建议延期审理的，法庭可以同意。

第二十一条 被告人及其辩护人可以出示相关线索或者材料，并申请法庭播放特定讯问时段的讯问录音录像。

被告人及其辩护人向人民法院申请调取侦查机关、人民检察院收集但未提交的讯问录音录像、体检记录等证据材料，人民法院经审查认为该证据材料与证据收集的合法性有关的，应当予以调取；认为与证据收集的合法性无关的，应当决定不予调取，并向被告人及其辩护人说明理由。

被告人及其辩护人申请人民法院通知侦查人员或者其他人员出庭说明情况，人民法院认为确有必要的，可以通知上述人员出庭。

第二十二条 法庭对证据收集的合法性进行调查的，应当重视对讯问录音录像的审查，重点审查以下内容：

（一）讯问录音录像是否依法制作。对于可能判处无期徒刑、死刑的案件或者其他重大犯罪案件，是否对讯问过程进行录音录像；

（二）讯问录音录像是否完整。是否对每一次讯问过程录音录像，录音录像是否全程不间断进行，是否有选择性录制、剪接、删改等情形；

（三）讯问录音录像是否同步制作。录音录像是否自讯问开始时制作，至犯罪嫌疑人核对讯问笔录、签字确认后结束；讯问笔录记载的起止时间是否与讯问录音录像反映的起止时间一致；

（四）讯问录音录像与讯问笔录的内容是否存在差异。对与定罪量刑有关的内容，讯问笔录记载的内容与讯问录音录像是否存在实质性差异，存在实质性差异的，以讯问录音录像为准。

第二十三条 侦查人员或者其他人员出庭的，应当向法庭说明证据收集过程，并就相关情况接受发问。对发问方式不当或者内容与证据收集的合法性无关的，法庭应当制止。

经人民法院通知，侦查人员不出庭说明情况，不能排除以非法方法收集证据情形的，对有关证据应当予以排除。

第二十四条 人民法院对控辩双方提供的证据来源、内容等有疑问的，可以告知控辩双方补充证据或者作出说明；必要时，可以宣布休庭，对证据进行调查核实。法庭调查核实证据，可以通知控辩双方到场，并将核实过程记录在案。

对于控辩双方补充的和法庭庭外调查核实取得的证据，未经当庭出示、质证等法庭调查程序查证属实，不得作为证明证据收集合法性的根据。

第二十五条 人民法院对证据收集的合法性进行调查后，应当当庭作出是否排除有关证据的决定。必要时,可以宣布休庭,由合议庭评议或者提交审判委员会讨论,再次开庭时宣布决定。

第二十六条 经法庭审理,具有下列情形之一的,对有关证据应当予以排除:

(一)确认以非法方法收集证据的;

(二)应当对讯问过程录音录像的案件没有提供讯问录音录像,或者讯问录音录像存在选择性录制、剪接、删改等情形,现有证据不能排除以非法方法收集证据的;

(三)侦查机关除紧急情况外没有在规定的办案场所讯问,现有证据不能排除以非法方法收集证据的;

(四)驻看守所检察人员在重大案件侦查终结前未对讯问合法性进行核查,或者未对核查过程同步录音录像,或者录音录像存在选择性录制、剪接、删改等情形,现有证据不能排除以非法方法收集证据的;

(五)其他不能排除存在以非法方法收集证据的。

第二十七条 人民法院对证人证言、被害人陈述、物证、书证等证据收集合法性的审查、调查程序,参照上述规定。

第二十八条 人民法院对证据收集合法性的审查、调查结论,应当在裁判文书中写明,并说明理由。

第二十九条 人民检察院、被告人及其法定代理人提出抗诉、上诉,对第一审人民法院有关证据收集合法性的审查、调查结论提出异议的,第二审人民法院应当审查。

第三十条 被告人及其辩护人在第一审程序中未提出排除非法证据的申请,在第二审程序中提出申请,有下列情形之一的,第二审人民法院应当审查:

(一)第一审人民法院没有依法告知被告人申请排除非法证据的权利的;

(二)被告人及其辩护人在第一审庭审后发现涉嫌非法取证的相关线索或者材料的。

第三十一条 人民检察院应当在第一审程序中全面出示证明证据收集合法性的证据材料。

人民检察院在第一审程序中未出示证明证据收集合法性的证据,第一审人民法院依法排除有关证据的,人民检察院在第二审程序中不得出示之前未出示的证据,但在第一审程序后发现的除外。

第三十二条 第二审人民法院对证据收集合法性的调查,参照上述第一审程序的规定。

第三十三条 第一审人民法院对被告人及其辩护人排除非法证据的申请未予审查,并以有关证据作为定案的根据,可能影响公正审判的,第二审人民法院应当裁定撤销原判,发回原审人民法院重新审判。

第三十四条 第一审人民法院对依法应当排除的非法证据未予排除的,第二审人民法院可以依法排除相关证据。排除非法证据后,应当按照下列情形分别作出处理:

(一)原判决认定事实和适用法律正确、量刑适当的,应当裁定驳回上诉或者抗诉,维持原判;

(二)原判决认定事实没有错误,但适用法律有错误,或者量刑不当的,应当改判;

(三)原判决事实不清或者证据不足的,可以在查清事实后改判;也可以裁定撤销原判,发回原审人民法院重新审判。

第三十五条 审判监督程序、死刑复核程序中对证据收集合法性的审查、调查，参照上述规定。

第三十六条 本规程自2018年1月1日起试行。

人民法院办理刑事案件第一审普通程序法庭调查规程(试行)

为贯彻落实最高人民法院、最高人民检察院、公安部、国家安全部、司法部《关于推进以审判为中心的刑事诉讼制度改革的意见》，规范法庭调查程序，提高庭审质量和效率，确保诉讼证据出示在法庭、案件事实查明在法庭、诉辩意见发表在法庭、裁判结果形成在法庭，根据法律规定，结合司法实际，制定本规程。

一、一般规定

第一条 法庭应当坚持证据裁判原则。认定案件事实，必须以证据为根据。法庭调查应当以证据调查为中心，法庭认定并依法排除的非法证据，不得宣读、质证。证据未经当庭出示、宣读、辨认、质证等法庭调查程序查证属实，不得作为定案的根据。

第二条 法庭应当坚持程序公正原则。人民检察院依法承担被告人有罪的举证责任，被告人不承担证明自己无罪的责任。法庭应当居中裁判，严格执行法定的审判程序，确保控辩双方在法庭调查环节平等对抗，通过法庭审判的程序公正实现案件裁判的实体公正。

第三条 法庭应当坚持集中审理原则。规范庭前准备程序，避免庭审出现不必要的迟延和中断。承办法官应当在开庭前阅卷，确定法庭审理方案，并向合议庭通报开庭准备情况。召开庭前会议的案件，法庭可以依法处理可能导致庭审中断的事项，组织控辩双方展示证据，归纳控辩双方争议焦点。

第四条 法庭应当坚持诉权保障原则。依法保障当事人和其他诉讼参与人的知情权、陈述权、辩护辩论权、申请权、申诉权，依法保障辩护人发问、质证、辩论辩护等权利，完善便利辩护人参与诉讼的工作机制。

二、宣布开庭和讯问、发问程序

第五条 法庭宣布开庭后，应当告知当事人在法庭审理过程中依法享有的诉讼权利。

对于召开庭前会议的案件，在庭前会议中处理诉讼权利事项的，可以在开庭后告知诉讼权利的环节，一并宣布庭前会议对有关事项的处理结果。

第六条 公诉人宣读起诉书后，对于召开庭前会议的案件，法庭应当宣布庭前会议报告的主要内容。有多起犯罪事实的案件，法庭可以在有关犯罪事实的法庭调查开始前，分别宣布庭前会议报告的相关内容。

对于庭前会议中达成一致意见的事项，法庭可以向控辩双方核实后当庭予以确认；对于未达成一致意见的事项，法庭可以在庭审涉及该事项的环节归纳争议焦点，听取控辩双方意见，依法作出处理。

第七条 公诉人宣读起诉书后，审判长应当询问被告人对起诉书指控的犯罪事实是否有异议，听取被告人的供述和辩解。对于被告人当庭认罪的案件，应当核实被告人认罪的自愿性和真实性,听取其供述和辩解。

在审判长主持下,公诉人可以就起诉书指控的犯罪事实讯问被告人,为防止庭审过分迟延,就证据问题向被告人的讯问可在举证、质证环节进行。经审判长准许,被害人及其法定代理人、诉讼代理人可以就公诉人讯问的犯罪事实补充发问;附带民事诉讼原告人及其法定代理人、诉讼代理人可以就附带民事部分的事实向被告人发问;被告人的法定代理人、辩护人,附带民事诉讼被告人及其法定代理人、诉讼代理人可以在控诉一方就某一问题讯问完毕后向被告人发问。有多名被告人的案件,辩护人对被告人的发问,应当在审判长主持下,先由被告人本人的辩护人进行,再由其他被告人的辩护人进行。

第八条 有多名被告人的案件,对被告人的讯问应当分别进行。

被告人供述之间存在实质性差异的,法庭可以传唤有关被告人到庭对质。审判长可以分别讯问被告人,就供述的实质性差异进行调查核实。经审判长准许,控辩双方可以向被告人讯问、发问。审判长认为有必要的,可以准许被告人之间相互发问。

根据案件审理需要,审判长可以安排被告人与证人、被害人依照前款规定的方式进行对质。

第九条 申请参加庭审的被害人众多,且案件不属于附带民事诉讼范围的,被害人可以推选若干代表人参加或者旁听庭审,人民法院也可以指定若干代表人。

对被告人讯问、发问完毕后,其他证据出示前,在审判长主持下,参加庭审的被害人可以就起诉书指控的犯罪事实作出陈述。经审判长准许,控辩双方可以在被害人陈述后向被害人发问。

第十条 为解决被告人供述和辩解中的疑问,审判人员可以讯问被告人,也可以向被害人、附带民事诉讼当事人发问。

第十一条 有多起犯罪事实的案件,对被告人不认罪的事实,法庭调查一般应当分别进行。

被告人不认罪或者认罪后又反悔的案件,法庭应当对与定罪和量刑有关的事实、证据进行全面调查。

被告人当庭认罪的案件,法庭核实被告人认罪的自愿性和真实性,确认被告人知悉认罪的法律后果后,可以重点围绕量刑事实和其他有争议的问题进行调查。

三、出庭作证程序

第十二条 控辩双方可以申请法庭通知证人、鉴定人、侦查人员和有专门知识的人等出庭。

被害人及其法定代理人、诉讼代理人,附带民事诉讼原告人及其诉讼代理人也可以提出上述申请。

第十三条 控辩双方对证人证言、被害人陈述有异议,申请证人、被害人出庭,人民法院经审查认为证人证言、被害人陈述对案件定罪量刑有重大影响的,应当通知证人、被害人出庭。

控辩双方对鉴定意见有异议,申请鉴定人或者有专门知识的人出庭,人民法院经审查认为有必要的,应当通知鉴定人或者有专门知识的人出庭。

控辩双方对侦破经过、证据来源、证据真实性或者证据收集合法性等有异议,申请侦查人员或者有关人员出庭,人民法院经审查认为有必要的，应当通知侦查人员或者有关人员出庭。

为查明案件事实、调查核实证据，人民法院可以依职权通知上述人员到庭。

人民法院通知证人、被害人、鉴定人、侦查人员、有专门知识的人等出庭的，控辩双方协助有关人员到庭。

第十四条 应当出庭作证的证人，在庭审期间因身患严重疾病等客观原因确实无法出庭的，可以通过视频等方式作证。

证人视频作证的，发问、质证参照证人出庭作证的程序进行。

前款规定适用于被害人、鉴定人、侦查人员。

第十五条 人民法院通知出庭的证人，无正当理由拒不出庭的，可以强制其出庭，但是被告人的配偶、父母、子女除外。

强制证人出庭的，应当由院长签发强制证人出庭令，并由法警执行。必要时，可以商请公安机关协助执行。

第十六条 证人、鉴定人、被害人因出庭作证，本人或者其近亲属的人身安全面临危险的，人民法院应当采取不公开其真实姓名、住址和工作单位等个人信息，或者不暴露其外貌、真实声音等保护措施。

决定对出庭作证的证人、鉴定人、被害人采取不公开个人信息的保护措施的，审判人员应当在开庭前核实其身份，对证人、鉴定人如实作证的保证书不得公开，在判决书、裁定书等法律文书中可以使用化名等代替其个人信息。

审判期间，证人、鉴定人、被害人提出保护请求的，人民法院应当立即审查，确有必要的，应当及时决定采取相应的保护措施。必要时，可以商请公安机关采取专门性保护措施。

第十七条 证人、鉴定人和有专门知识的人出庭作证所支出的交通、住宿、就餐等合理费用，除由控辩双方支付的以外，列入出庭作证补助专项经费，在出庭作证后由人民法院依照规定程序发放。

第十八条 证人、鉴定人出庭，法庭应当当庭核实其身份、与当事人以及本案的关系，审查证人、鉴定人的作证能力、专业资质，并告知其有关作证的权利义务和法律责任。

证人、鉴定人作证前，应当保证向法庭如实提供证言、说明鉴定意见，并在保证书上签名。

第十九条 证人出庭后，先向法庭陈述证言，然后先由举证方发问；发问完毕后，对方也可以发问。根据案件审理需要，也可以先由申请方发问。

控辩双方向证人发问完毕后，可以发表本方对证人证言的质证意见。控辩双方如有新的问题，经审判长准许，可以再行向证人发问。

审判人员认为必要时，可以询问证人。法庭依职权通知证人出庭的情形，审判人员应当主导对证人的询问。经审判长准许，被告人可以向证人发问。

第二十条 向证人发问应当遵循以下规则：

（一）发问内容应当与案件事实有关；

（二）不得采用诱导方式发问；

（三）不得威胁或者误导证人；

（四）不得损害证人人格尊严；

（五）不得泄露证人个人隐私。

第二十一条 控辩一方发问方式不当或者内容与案件事实无关，违反有关发问规则的，对方可以提出异议。对方当庭提出异议的，发问方应当说明发问理由，审判长判明情况予以支持或者驳回;对方未当庭提出异议的,审判长也可以根据情况予以制止。

第二十二条 审判长认为证人当庭陈述的内容与案件事实无关或者明显重复的,可以进行必要的提示。

第二十三条 有多名证人出庭作证的案件,向证人发问应当分别进行。

多名证人出庭作证的,应当在法庭指定的地点等候,不得谈论案情,必要时可以采取隔离等候措施。证人出庭作证后,审判长应当通知法警引导其退庭。证人不得旁听对案件的审理。

被害人没有列为当事人参加法庭审理,仅出庭陈述案件事实的,参照适用前款规定。

第二十四条 证人证言之间存在实质性差异的,法庭可以传唤有关证人到庭对质。

审判长可以分别询问证人,就证言的实质性差异进行调查核实。经审判长准许,控辩双方可以向证人发问。审判长认为有必要的,可以准许证人之间相互发问。

第二十五条 证人出庭作证的,其庭前证言一般不再出示、宣读,但下列情形除外:

(一)证人出庭作证时遗忘或者遗漏庭前证言的关键内容,需要向证人作出必要提示的;

(二)证人的当庭证言与庭前证言存在矛盾,需要证人作出合理解释的。

为核实证据来源、证据真实性等问题,或者帮助证人回忆,经审判长准许,控辩双方可以在询问证人时向其出示物证、书证等证据。

第二十六条 控辩双方可以申请法庭通知有专门知识的人出庭,协助本方就鉴定意见进行质证。有专门知识的人可以与鉴定人同时出庭,在鉴定人作证后向鉴定人发问,并对案件中的专门性问题提出意见。

申请有专门知识的人出庭,应当提供人员名单,并不得超过二人。有多种类鉴定意见的,可以相应增加人数。

第二十七条 对被害人、鉴定人、侦查人员、有专门知识的人的发问,参照适用证人的有关规定。

同一鉴定意见由多名鉴定人作出,有关鉴定人以及对该鉴定意见进行质证的有专门知识的人,可以同时出庭,不受分别发问规则的限制。

四、举证、质证程序

第二十八条 开庭讯问、发问结束后,公诉人先行举证。公诉人举证完毕后,被告人及其辩护人举证。

公诉人出示证据后,经审判长准许,被告人及其辩护人可以有针对性地出示证据予以反驳。

控辩一方举证后,对方可以发表质证意见。必要时,控辩双方可以对争议证据进行多轮质证。

被告人及其辩护人认为公诉人出示的有关证据对本方诉讼主张有利的,可以在发表质证意见时予以认可,或者在发表辩护意见时直接援引有关证据。

第二十九条 控辩双方随案移送或者庭前提交,但没有当庭出示的证据,审判长可以进行必要的提示;对于其中可能影响定罪量刑的关键证据,审判长应当提示控辩双方出示。

对于案件中可能影响定罪量刑的事实、证据存在疑问,控辩双方没有提及的,审判长应当引导控辩双方发表质证意见,并依法调查核实。

第三十条 法庭应当重视对证据收集合法性的审查,对证据收集的合法性有疑问的,应当调查核实证明取证合法性的证据材料。

对于被告人及其辩护人申请排除非法证据,依法提供相关线索或者材料,法庭对证据收集的合法性有疑问,决定进行调查的,一般应当先行当庭调查。

第三十一条 对于可能影响定罪量刑的关键证据和控辩双方存在争议的证据,一般应当单独举证、质证,充分听取质证意见。

对于控辩双方无异议的非关键性证据,举证方可以仅就证据的名称及其证明的事项作出说明,对方可以发表质证意见。

召开庭前会议的案件,举证、质证可以按照庭前会议确定的方式进行。根据案件审理需要,法庭可以对控辩双方的举证、质证方式进行必要的提示。

第三十二条 物证、书证、视听资料、电子数据等证据,应当出示原物、原件。取得原物、原件确有困难的,可以出示照片、录像、副本、复制件等足以反映原物、原件外形和特征以及真实内容的材料,并说明理由。

对于鉴定意见和勘验、检查、辨认、侦查实验等笔录,应当出示原件。

第三十三条 控辩双方出示证据,应当重点围绕与案件事实相关的内容或者控辩双方存在争议的内容进行。

出示证据时,可以借助多媒体设备等方式出示、播放或者演示证据内容。

第三十四条 控辩双方对证人证言、被害人陈述、鉴定意见无异议,有关人员不需要出庭的,或者有关人员因客观原因无法出庭且无法通过视频等方式作证的,可以出示、宣读庭前收集的书面证据材料或者作证过程录音录像。

被告人当庭供述与庭前供述的实质性内容一致的,可以不再出示庭前供述;当庭供述与庭前供述存在实质性差异的,可以出示、宣读庭前供述中存在实质性差异的内容。

第三十五条 采用技术侦查措施收集的证据,应当当庭出示。当庭出示、辨认、质证可能危及有关人员的人身安全,或者可能产生其他严重后果的,应当采取不暴露有关人员身份、不公开技术侦查措施和方法等保护措施。

法庭决定在庭外对技术侦查证据进行核实的,可以召集公诉人和辩护律师到场。在场人员应当履行保密义务。

第三十六条 法庭对证据有疑问的,可以告知控辩双方补充证据或者作出说明;必要时,可以在其他证据调查完毕后宣布休庭,对证据进行调查核实。法庭调查核实证据,可以通知控辩双方到场,并将核实过程记录在案。

对于控辩双方补充的和法庭庭外调查核实取得的证据,应当经过庭审质证才能作为定案的根据。但是,对于不影响定罪量刑的非关键性证据和有利于被告人的量刑证据,经庭外征求意见,控辩双方没有异议的除外。

第三十七条 控辩双方申请出示庭前未移送或提交人民法院的证据,对方提出异议的,申请方应当说明理由,法庭经审查认为理由成立并确有出示必要的,应当准许。

对方提出需要对新的证据作辩护准备的,法庭可以宣布休庭,并确定准备的时间。

第三十八条 法庭审理过程中,控辩双方申请通知新的证人到庭,调取新的证据,申请重新鉴定或者勘验的,应当提供证人的基本信息、证据的存放地点,说明拟证明的案件事实、要求重新鉴定或者勘验的理由。法庭认为有必要的,应当同意,并宣布延期审理;不同意的,应当说明理由并继续审理。

第三十九条 公开审理案件时,控辩双方提出涉及国家秘密、商业秘密或者个人隐私的证据的,法庭应当制止。有关证据确与本案有关的,可以根据具体情况,决定将案件转为不公开审理,或者对相关证据的法庭调查不公开进行。

第四十条 审判期间,公诉人发现案件需要补充侦查,建议延期审理的,法庭可以同意,但建议延期审理不得超过两次。

人民检察院将补充收集的证据移送人民法院的,人民法院应当通知辩护人、诉讼代理人查阅、摘抄、复制。辩护方提出需要对补充收集的证据作辩护准备的,法庭可以宣布休庭,并确定准备的时间。

补充侦查期限届满后,经人民法院通知,人民检察院未建议案件恢复审理,且未说明原因的,人民法院可以决定按人民检察院撤诉处理。

第四十一条 人民法院向人民检察院调取需要调查核实的证据材料,或者根据被告人及其辩护人的申请,向人民检察院调取在侦查、审查起诉期间收集的有关被告人无罪或者罪轻的证据材料,应当通知人民检察院在收到调取证据材料决定书后三日内移交。

第四十二条 法庭除应当审查被告人是否具有法定量刑情节外,还应当根据案件情况审查以下影响量刑的情节:

(一)案件起因;

(二)被害人有无过错及过错程度,是否对矛盾激化负有责任及责任大小;

(三)被告人的近亲属是否协助抓获被告人;

(四)被告人平时表现,有无悔罪态度;

(五)退赃、退赔及赔偿情况;

(六)被告人是否取得被害人或者其近亲属谅解;

(七)影响量刑的其他情节。

第四十三条 审判期间,被告人及其辩护人提出有自首、坦白、立功等法定量刑情节,或者人民法院发现被告人可能有上述法定量刑情节,而人民检察院移送的案卷中没有相关证据材料的,应当通知人民检察院移送。

审判期间,被告人及其辩护人提出新的立功情节,并提供相关线索或者材料的,人民法院可以建议人民检察院补充侦查。

第四十四条 被告人当庭不认罪或者辩护人作无罪辩护的,法庭对定罪事实进行调查后,可以对与量刑有关的事实、证据进行调查。被告人及其辩护人可以当庭发表质证意见,出示证明被告人罪轻或者无罪的证据。被告人及其辩护人参加量刑事实、证据的调查,不影响无罪辩解或者辩护。

五、认证规则

第四十五条 经过控辩双方质证的证据,法庭应当结合控辩双方质证意见,从证据与待证事实的关联程度、证据之间的印证联系、证据自身的真实性程度等方面,综合判断证据能否作为定案的根据。

证据与待证事实没有关联，或者证据自身存在无法解释的疑问，或者证据与待证事实以及其他证据存在无法排除的矛盾的，不得作为定案的根据。

第四十六条 通过勘验、检查、搜查等方式收集的物证、书证等证据，未通过辨认、鉴定等方式确定其与案件事实的关联的，不得作为定案的根据。

法庭对鉴定意见有疑问的，可以重新鉴定。

第四十七条 收集证据的程序、方式不符合法律规定，严重影响证据真实性的，人民法院应当建议人民检察院予以补正或者作出合理解释；不能补正或者作出合理解释的，有关证据不得作为定案的根据。

第四十八条 证人没有出庭作证，其庭前证言真实性无法确认的，不得作为定案的根据。

证人当庭作出的证言与其庭前证言矛盾，证人能够作出合理解释，并与相关证据印证的，应当采信其庭审证言；不能作出合理解释，而其庭前证言与相关证据印证的，可以采信其庭前证言。

第四十九条 经人民法院通知，鉴定人拒不出庭作证的，鉴定意见不得作为定案的根据。

有专门知识的人当庭对鉴定意见提出质疑，鉴定人能够作出合理解释，并与相关证据印证的，应当采信鉴定意见；不能作出合理解释，无法确认鉴定意见可靠性的，有关鉴定意见不能作为定案的根据。

第五十条 被告人的当庭供述与庭前供述、自书材料存在矛盾，被告人能够作出合理解释，并与相关证据印证的，应当采信其当庭供述；不能作出合理解释，而其庭前供述、自书材料与相关证据印证的，可以采信其庭前供述、自书材料。

法庭应当结合讯问录音录像对讯问笔录进行全面审查。讯问笔录记载的内容与讯问录音录像存在实质性差异的，以讯问录音录像为准。

第五十一条 对于控辩双方提出的事实证据争议，法庭应当当庭进行审查，经审查后作出处理的，应当当庭说明理由，并在裁判文书中写明；需要庭后评议作出处理的，应当在裁判文书中说明理由。

第五十二条 法庭认定被告人有罪，必须达到犯罪事实清楚，证据确实、充分，对于定罪事实应当综合全案证据排除合理怀疑。定罪证据不足的案件，不能认定被告人有罪，应当作出证据不足、指控的犯罪不能成立的无罪判决。定罪证据确实、充分，量刑证据存疑的，应当作出有利于被告人的认定。

第五十三条 本规程自2018年1月1日起试行。

安全生产行政执法与刑事司法衔接工作办法

（2019年4月16日 应急〔2019〕54号）

第一章 总 则

第一条 为了建立健全安全生产行政执法与刑事司法衔接工作机制，依法惩治安全生产违法犯罪行为，保障人民群众生命财产安全和社会稳定，依据《中华人民共和国刑法》《中华人民共和国刑事诉讼法》《中华人民共和国安全生产法》《中华人民共和国消防法》和《行政执法机关移送涉嫌犯罪案件的规定》《生产安全事故报告和调查处理条例》《最高人民法院 最高人民检察院关于办理危害生产安全刑事案件适用法律若干问题的解释》等法律、行政法规、司法解释及有关规定,制定本办法。

第二条 本办法适用于应急管理部门、公安机关、人民法院、人民检察院办理的涉嫌安全生产犯罪案件。

应急管理部门查处违法行为时发现的涉嫌其他犯罪案件,参照本办法办理。

本办法所称应急管理部门,包括煤矿安全监察机构、消防机构。

属于《中华人民共和国监察法》规定的公职人员在行使公权力过程中发生的依法由监察机关负责调查的涉嫌安全生产犯罪案件,不适用本办法,应当依法及时移送监察机关处理。

第三条 涉嫌安全生产犯罪案件主要包括下列案件:

(一)重大责任事故案件;

(二)强令违章冒险作业案件;

(三)重大劳动安全事故案件;

(四)危险物品肇事案件;

(五)消防责任事故、失火案件;

(六)不报、谎报安全事故案件;

(七)非法采矿,非法制造、买卖、储存爆炸物,非法经营,伪造、变造、买卖国家机关公文、证件、印章等涉嫌安全生产的其他犯罪案件。

第四条 人民检察院对应急管理部门移送涉嫌安全生产犯罪案件和公安机关有关立案活动,依法实施法律监督。

第五条 各级应急管理部门、公安机关、人民检察院、人民法院应当加强协作,统一法律适用,不断完善案件移送、案情通报、信息共享等工作机制。

第六条 应急管理部门在行政执法过程中发现行使公权力的公职人员涉嫌安全生产犯罪的问题线索,或者应急管理部门、公安机关、人民检察院在查处有关违法犯罪行为过程中发现行使公权力的公职人员涉嫌贪污贿赂、失职渎职等职务违法或者职务犯罪的问题线索,应当依法及时移送监察机关处理。

第二章 日常执法中的案件移送与法律监督

第七条 应急管理部门在查处违法行为过程中发现涉嫌安全生产犯罪案件的,应当立即指定2名以上行政执法人员组成专案组专门负责,核实情况后提出移送涉嫌犯罪案件的书面报告。应急管理部门正职负责人或者主持工作的负责人应当自接到报告之日起3日内作出批准移送或者不批准移送的决定。批准移送的,应当在24小时内向同级公安机关移送;不批准移送的,应当将不予批准的理由记录在案。

第八条 应急管理部门向公安机关移送涉嫌安全生产犯罪案件,应当附下列材料,并将案件移送书抄送同级人民检察院。

(一)案件移送书,载明移送案件的应急管理部门名称、违法行为涉嫌犯罪罪名、案件主办人及联系电话等。案件移送书应当附移送材料清单,并加盖应急管理部门公章;

(二)案件调查报告,载明案件来源、查获情况、嫌疑人基本情况、涉嫌犯罪的事实、证据和法律依据、处理建议等;

(三)涉案物品清单,载明涉案物品的名称、数量、特征、存放地等事项,并附采取行政强制措施、现场笔录等表明涉案物品来源的相关材料；

（四）附有鉴定机构和鉴定人资质证明或者其他证明文件的检验报告或者鉴定意见；

（五）现场照片、询问笔录、电子数据、视听资料、认定意见、责令整改通知书等其他与案件有关的证据材料。

对有关违法行为已经作出行政处罚决定的，还应当附行政处罚决定书。

第九条 公安机关对应急管理部门移送的涉嫌安全生产犯罪案件，应当出具接受案件的回执或者在案件移送书的回执上签字。

第十条 公安机关审查发现移送的涉嫌安全生产犯罪案件材料不全的，应当在接受案件的 24 小时内书面告知应急管理部门在 3 日内补正。

公安机关审查发现涉嫌安全生产犯罪案件移送材料不全、证据不充分的，可以就证明有犯罪事实的相关证据要求等提出补充调查意见，由移送案件的应急管理部门补充调查。根据实际情况，公安机关可以依法自行调查。

第十一条 公安机关对移送的涉嫌安全生产犯罪案件，应当自接受案件之日起 3 日内作出立案或者不予立案的决定；涉嫌犯罪线索需要查证的，应当自接受案件之日起 7 日内作出决定；重大疑难复杂案件，经县级以上公安机关负责人批准，可以自受案之日起 30 日内作出决定。依法不予立案的，应当说明理由，相应退回案件材料。

对属于公安机关管辖但不属于本公安机关管辖的案件，应当在接受案件后 24 小时内移送有管辖权的公安机关，并书面通知移送案件的应急管理部门，抄送同级人民检察院。对不属于公安机关管辖的案件，应当在 24 小时内退回移送案件的应急管理部门。

第十二条 公安机关作出立案、不予立案决定的，应当自作出决定之日起 3 日内书面通知应急管理部门，并抄送同级人民检察院。

对移送的涉嫌安全生产犯罪案件，公安机关立案后决定撤销案件的，应当将撤销案件决定书送达移送案件的应急管理部门，并退回案卷材料。对依法应当追究行政法律责任的，可以同时提出书面建议。有关撤销案件决定书应当抄送同级人民检察院。

第十三条 应急管理部门应当自接到公安机关立案通知书之日起 3 日内将涉案物品以及与案件有关的其他材料移交公安机关，并办理交接手续。

对保管条件、保管场所有特殊要求的涉案物品，可以在公安机关采取必要措施固定留取证据后，由应急管理部门代为保管。应急管理部门应当妥善保管涉案物品，并配合公安机关、人民检察院、人民法院在办案过程中对涉案物品的调取、使用及鉴定等工作。

第十四条 应急管理部门接到公安机关不予立案的通知书后，认为依法应当由公安机关决定立案的，可以自接到不予立案通知书之日起 3 日内提请作出不予立案决定的公安机关复议，也可以建议人民检察院进行立案监督。

公安机关应当自收到提请复议的文件之日起 3 日内作出复议决定，并书面通知应急管理部门。应急管理部门对公安机关的复议决定仍有异议的，应当自收到复议决定之日起 3 日内建议人民检察院进行立案监督。

应急管理部门对公安机关逾期未作出是否立案决定以及立案后撤销案件决定有异议的,可以建议人民检察院进行立案监督。

第十五条 应急管理部门建议人民检察院进行立案监督的,应当提供立案监督建议书、相关案件材料,并附公安机关不予立案通知、复议维持不予立案通知或者立案后撤销案件决定及有关说明理由材料。

第十六条 人民检察院应当对应急管理部门立案监督建议进行审查,认为需要公安机关说明不予立案、立案后撤销案件的理由的,应当要求公安机关在7日内说明理由。公安机关应当书面说明理由,回复人民检察院。

人民检察院经审查认为公安机关不予立案或者立案后撤销案件理由充分,符合法律规定情形的,应当作出支持不予立案、撤销案件的检察意见。认为有关理由不能成立的,应当通知公安机关立案。

公安机关收到立案通知书后,应当在15日内立案,并将立案决定书送达人民检察院。

第十七条 人民检察院发现应急管理部门不移送涉嫌安全生产犯罪案件的,可以派员查询、调阅有关案件材料,认为应当移送的,应当提出检察意见。应急管理部门应当自收到检察意见后3日内将案件移送公安机关,并将案件移送书抄送人民检察院。

第十八条 人民检察院对符合逮捕、起诉条件的犯罪嫌疑人,应当依法批准逮捕、提起公诉。

人民检察院对决定不起诉的案件,应当自作出决定之日起3日内,将不起诉决定书送达公安机关和应急管理部门。对依法应当追究行政法律责任的,可以同时提出检察意见,并要求应急管理部门及时通报处理情况。

第三章 事故调查中的案件移送与法律监督

第十九条 事故发生地有管辖权的公安机关根据事故的情况,对涉嫌安全生产犯罪的,应当依法立案侦查。

第二十条 事故调查中发现涉嫌安全生产犯罪的,事故调查组或者负责火灾调查的消防机构应当及时将有关材料或者其复印件移交有管辖权的公安机关依法处理。

事故调查过程中,事故调查组或者负责火灾调查的消防机构可以召开专题会议,向有管辖权的公安机关通报事故调查进展情况。

有管辖权的公安机关对涉嫌安全生产犯罪案件立案侦查的,应当在3日内将立案决定书抄送同级应急管理部门、人民检察院和组织事故调查的应急管理部门。

第二十一条 对有重大社会影响的涉嫌安全生产犯罪案件,上级公安机关采取挂牌督办、派员参与等方法加强指导和督促,必要时,可以按照有关规定直接组织办理。

第二十二条 组织事故调查的应急管理部门及同级公安机关、人民检察院对涉嫌安全生产犯罪案件的事实、性质认定、证据采信、法律适用以及责任追究有意见分歧的,应当加强协调沟通。必要时,可以就法律适用等方面问题听取人民法院意见。

第二十三条 对发生一人以上死亡的情形,经依法组织调查,作出不属于生产安全事故或者生产安全责任事故的书面调查结论的，应急管理部门应当将该调查结论及时抄送同级监察机关、公安机关、人民检察院。

第四章 证据的收集与使用

第二十四条 在查处违法行为的过程中，有关应急管理部门应当全面收集、妥善保存证据材料。对容易灭失的痕迹、物证，应当采取措施提取、固定；对查获的涉案物品，如实填写涉案物品清单，并按照国家有关规定予以处理；对需要进行检验、鉴定的涉案物品，由法定检验、鉴定机构进行检验、鉴定，并出具检验报告或者鉴定意见。

在事故调查的过程中，有关部门根据有关法律法规的规定或者事故调查组的安排，按照前款规定收集、保存相关的证据材料。

第二十五条 在查处违法行为或者事故调查的过程中依法收集制作的物证、书证、视听资料、电子数据、检验报告、鉴定意见、勘验笔录、检查笔录等证据材料以及经依法批复的事故调查报告，在刑事诉讼中可以作为证据使用。

事故调查组依照有关规定提交的事故调查报告应当由其成员签名。没有签名的，应当予以补正或者作出合理解释。

第二十六条 当事人及其辩护人、诉讼代理人对检验报告、鉴定意见、勘验笔录、检查笔录等提出异议，申请重新检验、鉴定、勘验或者检查的，应当说明理由。人民法院经审理认为有必要的，应当同意。人民法院同意重新鉴定申请的，应当及时委托鉴定，并将鉴定意见告知人民检察院、当事人及其辩护人、诉讼代理人；也可以由公安机关自行或者委托相关机构重新进行检验、鉴定、勘验、检查等。

第五章 协作机制

第二十七条 各级应急管理部门、公安机关、人民检察院、人民法院应当建立安全生产行政执法与刑事司法衔接长效工作机制。明确本单位的牵头机构和联系人，加强日常工作沟通与协作。定期召开联席会议，协调解决重要问题，并以会议纪要等方式明确议定事项。

各省、自治区、直辖市应急管理部门、公安机关、人民检察院、人民法院应当每年定期联合通报辖区内有关涉嫌安全生产犯罪案件移送、立案、批捕、起诉、裁判结果等方面信息。

第二十八条 应急管理部门对重大疑难复杂案件，可以就刑事案件立案追诉标准、证据的固定和保全等问题咨询公安机关、人民检察院；公安机关、人民检察院可以就案件办理中的专业性问题咨询应急管理部门。受咨询的机关应当及时答复；书面咨询的，应当在7日内书面答复。

第二十九条 人民法院应当在有关案件的判决、裁定生效后，按照规定及时将判决书、裁定书在互联网公布。适用职业禁止措施的，应当在判决、裁定生效后10日内将判决书、裁定书送达罪犯居住地的县级应急管理部门和公安机关，同时抄送罪犯居住地的县级人民检察院。具有国家工作人员身份的，应当将判决书、裁定书送达罪犯原所在单位。

第三十条 人民检察院、人民法院发现有关生产经营单位在安全生产保障方面存在问题或者有关部门在履行安全生产监督管理职责方面存在违法、不当情形的，可以发出检察建议、司法建议。有关生产经营单位或者有关部门应当按规定及时处理，并将处理情况书面反馈提出建议的人民检察院、人民法院。

第三十一条 各级应急管理部门、公安机关、人民检察院应当运用信息化手段，逐步实现涉嫌安全生产犯罪案件的网上移送、网上受理和网上监督。

第六章 附 则

第三十二条 各省、自治区、直辖市的应急管理部门、公安机关、人民检察院、人民法院可以根据本地区实际情况制定实施办法。

第三十三条 本办法自印发之日起施行。

最高人民法院、最高人民检察院、公安部、国家安全部、司法部关于适用认罪认罚从宽制度的指导意见

（2019年10月11日 高检发〔2019〕13号）

适用认罪认罚从宽制度，对准确及时惩罚犯罪、强化人权司法保障、推动刑事案件繁简分流、节约司法资源、化解社会矛盾、推动国家治理体系和治理能力现代化，具有重要意义。为贯彻落实修改后刑事诉讼法，确保认罪认罚从宽制度正确有效实施，根据法律和有关规定，结合司法工作实际，制定本意见。

一、基本原则

1. 贯彻宽严相济刑事政策。落实认罪认罚从宽制度，应当根据犯罪的具体情况，区分案件性质、情节和对社会的危害程度，实行区别对待，做到该宽则宽，当严则严，宽严相济，罚当其罪。对可能判处三年有期徒刑以下刑罚的认罪认罚案件，要尽量依法从简从快从宽办理，探索相适应的处理原则和办案方式；对因民间矛盾引发的犯罪，犯罪嫌疑人、被告人自愿认罪、真诚悔罪并取得谅解、达成和解、尚未严重影响人民群众安全感的，要积极适用认罪认罚从宽制度，特别是对其中社会危害不大的初犯、偶犯、过失犯、未成年犯，一般应当体现从宽；对严重危害国家安全、公共安全犯罪，严重暴力犯罪，以及社会普遍关注的重大敏感案件，应当慎重把握从宽，避免案件处理明显违背人民群众的公平正义观念。

2. 坚持罪责刑相适应原则。办理认罪认罚案件，既要考虑体现认罪认罚从宽，又要考虑其所犯罪行的轻重、应负刑事责任和人身危险性的大小，依照法律规定提出量刑建议，准确裁量刑罚，确保罚当其罪，避免罪刑失衡。特别是对于共同犯罪案件，主犯认罪认罚，从犯不认罪认罚的，人民法院、人民检察院应当注意两者之间的量刑平衡，防止因量刑失当严重偏离一般的司法认知。

3. 坚持证据裁判原则。办理认罪认罚案件，应当以事实为根据，以法律为准绳，严格按照证据裁判要求，全面收集、固定、审查和认定证据。坚持法定证明标准，侦查终结、提起公诉、作出有罪裁判应当做到犯罪事实清楚，证据确实、充分，防止因犯罪嫌疑人、被告人认罪而降低证据要求和证明标准。对犯罪嫌疑人、被告人认罪认

罚,但证据不足,不能认定其有罪的,依法作出撤销案件、不起诉决定或者宣告无罪。

4. 坚持公检法三机关配合制约原则。办理认罪认罚案件,公、检、法三机关应当分工负责、互相配合、互相制约,保证犯罪嫌疑人、被告人自愿认罪认罚,依法推进从宽落实。要严格执法、公正司法,强化对自身执法司法办案活动的监督,防止产生"权权交易"、"权钱交易"等司法腐败问题。

二、适用范围和适用条件

5. 适用阶段和适用案件范围。认罪认罚从宽制度贯穿刑事诉讼全过程,适用于侦查、起诉、审判各个阶段。

认罪认罚从宽制度没有适用罪名和可能判处刑罚的限定,所有刑事案件都可以适用,不能因罪轻、罪重或者罪名特殊等原因而剥夺犯罪嫌疑人、被告人自愿认罪认罚获得从宽处理的机会。但"可以"适用不是一律适用,犯罪嫌疑人、被告人认罪认罚后是否从宽,由司法机关根据案件具体情况决定。

6. "认罪"的把握。认罪认罚从宽制度中的"认罪",是指犯罪嫌疑人、被告人自愿如实供述自己的罪行,对指控的犯罪事实没有异议。承认指控的主要犯罪事实,仅对个别事实情节提出异议,或者虽然对行为性质提出辩解但表示接受司法机关认定意见的,不影响"认罪"的认定。犯罪嫌疑人、被告人犯数罪,仅如实供述其中一罪或部分罪名事实的,全案不作"认罪"的认定,不适用认罪认罚从宽制度,但对如实供述的部分,人民检察院可以提出从宽处罚的建议,人民法院可以从宽处罚。

7. "认罚"的把握。认罪认罚从宽制度中的"认罚",是指犯罪嫌疑人、被告人真诚悔罪,愿意接受处罚。"认罚",在侦查阶段表现为表示愿意接受处罚;在审查起诉阶段表现为接受人民检察院拟作出的起诉或不起诉决定,认可人民检察院的量刑建议,签署认罪认罚具结书;在审判阶段表现为当庭确认自愿签署具结书,愿意接受刑罚处罚。

"认罚"考察的重点是犯罪嫌疑人、被告人的悔罪态度和悔罪表现,应当结合退赃退赔、赔偿损失、赔礼道歉等因素来考量。犯罪嫌疑人、被告人虽然表示"认罚",却暗中串供、干扰证人作证、毁灭、伪造证据或者隐匿、转移财产,有赔偿能力而不赔偿损失,则不能适用认罪认罚从宽制度。犯罪嫌疑人、被告人享有程序选择权,不同意适用速裁程序、简易程序的,不影响"认罚"的认定。

三、认罪认罚后"从宽"的把握

8. "从宽"的理解。从宽处理既包括实体上从宽处罚,也包括程序上从简处理。"可以从宽",是指一般应当体现法律规定和政策精神,予以从宽处理。但可以从宽不是一律从宽,对犯罪性质和危害后果特别严重、犯罪手段特别残忍、社会影响特别恶劣的犯罪嫌疑人、被告人,认罪认罚不足以从轻处罚的,依法不予从宽处罚。

办理认罪认罚案件,应当依照刑法、刑事诉讼法的基本原则,根据犯罪的事实、性质、情节和对社会的危害程度,结合法定、酌定的量刑情节,综合考虑认罪认罚的具体情况,依法决定是否从宽、如何从宽。对于减轻、免除处罚,应当于法有据;不具备减轻处罚情节的,应当在法定幅度以内提出从轻处罚的量刑建议和量刑;对其中犯罪情节轻微不需要判处刑罚的,可以依法作出不起诉决定或者判决免予刑事处罚。

9. 从宽幅度的把握。办理认罪认罚案

件，应当区别认罪认罚的不同诉讼阶段、对查明案件事实的价值和意义、是否确有悔罪表现，以及罪行严重程度等，综合考量确定从宽的限度和幅度。在刑罚评价上，主动认罪优于被动认罪，早认罪优于晚认罪，彻底认罪优于不彻底认罪，稳定认罪优于不稳定认罪。

认罪认罚的从宽幅度一般应当大于仅有坦白，或者虽认罪但不认罚的从宽幅度。对犯罪嫌疑人、被告人具有自首、坦白情节，同时认罪认罚的，应当在法定刑幅度内给予相对更大的从宽幅度。认罪认罚与自首、坦白不作重复评价。

对罪行较轻、人身危险性较小的，特别是初犯、偶犯，从宽幅度可以大一些；罪行较重、人身危险性较大的，以及累犯、再犯，从宽幅度应当从严把握。

四、犯罪嫌疑人、被告人辩护权保障

10. 获得法律帮助权。人民法院、人民检察院、公安机关办理认罪认罚案件，应当保障犯罪嫌疑人、被告人获得有效法律帮助，确保其了解认罪认罚的性质和法律后果，自愿认罪认罚。

犯罪嫌疑人、被告人自愿认罪认罚，没有辩护人的，人民法院、人民检察院、公安机关（看守所）应当通知值班律师为其提供法律咨询、程序选择建议、申请变更强制措施等法律帮助。符合通知辩护条件的，应当依法通知法律援助机构指派律师为其提供辩护。

人民法院、人民检察院、公安机关（看守所）应当告知犯罪嫌疑人、被告人有权约见值班律师，获得法律帮助，并为其约见值班律师提供便利。犯罪嫌疑人、被告人及其近亲属提出法律帮助请求的，人民法院、人民检察院、公安机关（看守所）应当通知值班律师为其提供法律帮助。

11. 派驻值班律师。法律援助机构可以在人民法院、人民检察院、看守所派驻值班律师。人民法院、人民检察院、看守所应当为派驻值班律师提供必要办公场所和设施。

法律援助机构应当根据人民法院、人民检察院、看守所的法律帮助需求和当地法律服务资源，合理安排值班律师。值班律师可以定期值班或轮流值班，律师资源短缺的地区可以通过探索现场值班和电话、网络值班相结合，在人民法院、人民检察院毗邻设置联合工作站，省内和市内统筹调配律师资源，以及建立政府购买值班律师服务机制等方式，保障法律援助值班律师工作有序开展。

12. 值班律师的职责。值班律师应当维护犯罪嫌疑人、被告人的合法权益，确保犯罪嫌疑人、被告人在充分了解认罪认罚性质和法律后果的情况下，自愿认罪认罚。值班律师应当为认罪认罚的犯罪嫌疑人、被告人提供下列法律帮助：

（一）提供法律咨询，包括告知涉嫌或指控的罪名、相关法律规定，认罪认罚的性质和法律后果等；

（二）提出程序适用的建议；

（三）帮助申请变更强制措施；

（四）对人民检察院认定罪名、量刑建议提出意见；

（五）就案件处理，向人民法院、人民检察院、公安机关提出意见；

（六）引导、帮助犯罪嫌疑人、被告人及其近亲属申请法律援助；

（七）法律法规规定的其他事项。

值班律师可以会见犯罪嫌疑人、被告人，看守所应当为值班律师会见提供便利。

危害国家安全犯罪、恐怖活动犯罪案件,侦查期间值班律师会见在押犯罪嫌疑人的,应当经侦查机关许可。自人民检察院对案件审查起诉之日起,值班律师可以查阅案卷材料、了解案情。人民法院、人民检察院应当为值班律师查阅案卷材料提供便利。

值班律师提供法律咨询、查阅案卷材料、会见犯罪嫌疑人或者被告人、提出书面意见等法律帮助活动的相关情况应当记录在案,并随案移送。

13. 法律帮助的衔接。对于被羁押的犯罪嫌疑人、被告人,在不同诉讼阶段,可以由派驻看守所的同一值班律师提供法律帮助。对于未被羁押的犯罪嫌疑人、被告人,前一诉讼阶段的值班律师可以在后续诉讼阶段继续为犯罪嫌疑人、被告人提供法律帮助。

14. 拒绝法律帮助的处理。犯罪嫌疑人、被告人自愿认罪认罚,没有委托辩护人,拒绝值班律师帮助的,人民法院、人民检察院、公安机关应当允许,记录在案并随案移送。但是审查起诉阶段签署认罪认罚具结书时,人民检察院应当通知值班律师到场。

15. 辩护人职责。认罪认罚案件犯罪嫌疑人、被告人委托辩护人或者法律援助机构指派律师为其辩护的,辩护律师在侦查、审查起诉和审判阶段,应当与犯罪嫌疑人、被告人就是否认罪认罚进行沟通,提供法律咨询和帮助,并就定罪量刑、诉讼程序适用等向办案机关提出意见。

五、被害方权益保障

16. 听取意见。办理认罪认罚案件,应当听取被害人及其诉讼代理人的意见,并将犯罪嫌疑人、被告人是否与被害方达成和解协议、调解协议或者赔偿被害方损失,取得被害方谅解,作为从宽处罚的重要考虑因素。人民检察院、公安机关听取意见情况应当记录在案并随案移送。

17. 促进和解谅解。对符合当事人和解程序适用条件的公诉案件,犯罪嫌疑人、被告人认罪认罚的,人民法院、人民检察院、公安机关应当积极促进当事人自愿达成和解。对其他认罪认罚案件,人民法院、人民检察院、公安机关可以促进犯罪嫌疑人、被告人通过向被害方赔偿损失、赔礼道歉等方式获得谅解,被害方出具的谅解意见应当随案移送。

人民法院、人民检察院、公安机关在促进当事人和解谅解过程中,应当向被害方释明认罪认罚从宽、公诉案件当事人和解适用程序等具体法律规定,充分听取被害方意见,符合司法救助条件的,应当积极协调办理。

18. 被害方异议的处理。被害人及其诉讼代理人不同意对认罪认罚的犯罪嫌疑人、被告人从宽处理的,不影响认罪认罚从宽制度的适用。犯罪嫌疑人、被告人认罪认罚,但没有退赃退赔、赔偿损失,未能与被害方达成调解或者和解协议的,从宽时应当予以酌减。犯罪嫌疑人、被告人自愿认罪并且愿意积极赔偿损失,但由于被害方赔偿请求明显不合理,未能达成调解或者和解协议的,一般不影响对犯罪嫌疑人、被告人从宽处理。

六、强制措施的适用

19. 社会危险性评估。人民法院、人民检察院、公安机关应当将犯罪嫌疑人、被告人认罪认罚作为其是否具有社会危险性的重要考虑因素。对于罪行较轻、采用非羁押性强制措施足以防止发生刑事诉讼法第八十一条第一款规定的社会危险性的犯罪嫌疑人、被告人,根据犯罪性质及可能判处的刑罚,依法可不适用羁押性强制措施。

20. 逮捕的适用。犯罪嫌疑人认罪认罚,公安机关认为罪行较轻、没有社会危险性的,应当不再提请人民检察院审查逮捕。对提请逮捕的,人民检察院认为没有社会危险性不需要逮捕的,应当作出不批准逮捕的决定。

21. 逮捕的变更。已经逮捕的犯罪嫌疑人、被告人认罪认罚的,人民法院、人民检察院应当及时审查羁押的必要性,经审查认为没有继续羁押必要的,应当变更为取保候审或者监视居住。

七、侦查机关的职责

22. 权利告知和听取意见。公安机关在侦查过程中,应当告知犯罪嫌疑人享有的诉讼权利、如实供述罪行可以从宽处理和认罪认罚的法律规定,听取犯罪嫌疑人及其辩护人或者值班律师的意见,记录在案并随案移送。

对在非讯问时间、办案人员不在场情况下,犯罪嫌疑人向看守所工作人员或者辩护人、值班律师表示愿意认罪认罚的,有关人员应当及时告知办案单位。

23. 认罪教育。公安机关在侦查阶段应当同步开展认罪教育工作,但不得强迫犯罪嫌疑人认罪,不得作出具体的从宽承诺。犯罪嫌疑人自愿认罪,愿意接受司法机关处罚的,应当记录在案并附卷。

24. 起诉意见。对移送审查起诉的案件,公安机关应当在起诉意见书中写明犯罪嫌疑人自愿认罪认罚情况。认为案件符合速裁程序适用条件的,可以在起诉意见书中建议人民检察院适用速裁程序办理,并简要说明理由。

对可能适用速裁程序的案件,公安机关应当快速办理,对犯罪嫌疑人未被羁押的,可以集中移送审查起诉,但不得为集中移送拖延案件办理。

对人民检察院在审查逮捕期间或者重大案件听取意见中提出的开展认罪认罚工作的意见或建议,公安机关应当认真听取,积极开展相关工作。

25. 执法办案管理中心建设。加快推进公安机关执法办案管理中心建设,探索在执法办案管理中心设置速裁法庭,对适用速裁程序的案件进行快速办理。

八、审查起诉阶段人民检察院的职责

26. 权利告知。案件移送审查起诉后,人民检察院应当告知犯罪嫌疑人享有的诉讼权利和认罪认罚的法律规定,保障犯罪嫌疑人的程序选择权。告知应当采取书面形式,必要时应当充分释明。

27. 听取意见。犯罪嫌疑人认罪认罚的,人民检察院应当就下列事项听取犯罪嫌疑人、辩护人或者值班律师的意见,记录在案并附卷:

(一)涉嫌的犯罪事实、罪名及适用的法律规定;

(二)从轻、减轻或者免除处罚等从宽处罚的建议;

(三)认罪认罚后案件审理适用的程序;

(四)其他需要听取意见的情形。

人民检察院未采纳辩护人、值班律师意见的,应当说明理由。

28. 自愿性、合法性审查。对侦查阶段认罪认罚的案件,人民检察院应当重点审查以下内容:

(一)犯罪嫌疑人是否自愿认罪认罚,有无因受到暴力、威胁、引诱而违背意愿认罪认罚;

(二)犯罪嫌疑人认罪认罚时的认知能力和精神状态是否正常;

(三)犯罪嫌疑人是否理解认罪认罚的性质和可能导致的法律后果;

(四)侦查机关是否告知犯罪嫌疑人享有的诉讼权利,如实供述自己罪行可以从宽处理和认罪认罚的法律规定,并听取意见;

(五)起诉意见书中是否写明犯罪嫌疑人认罪认罚情况;

(六)犯罪嫌疑人是否真诚悔罪,是否向被害人赔礼道歉。

经审查,犯罪嫌疑人违背意愿认罪认罚的,人民检察院可以重新开展认罪认罚工作。存在刑讯逼供等非法取证行为的,依照法律规定处理。

29. 证据开示。人民检察院可以针对案件具体情况,探索证据开示制度,保障犯罪嫌疑人的知情权和认罪认罚的真实性及自愿性。

30. 不起诉的适用。完善起诉裁量权,充分发挥不起诉的审前分流和过滤作用,逐步扩大相对不起诉在认罪认罚案件中的适用。对认罪认罚后没有争议,不需要判处刑罚的轻微刑事案件,人民检察院可以依法作出不起诉决定。人民检察院应当加强对案件量刑的预判,对其中可能判处免刑的轻微刑事案件,可以依法作出不起诉决定。

对认罪认罚后案件事实不清、证据不足的案件,应当依法作出不起诉决定。

31. 签署具结书。犯罪嫌疑人自愿认罪,同意量刑建议和程序适用的,应当在辩护人或者值班律师在场的情况下签署认罪认罚具结书。犯罪嫌疑人被羁押的,看守所应当为签署具结书提供场所。具结书应当包括犯罪嫌疑人如实供述罪行、同意量刑建议、程序适用等内容,由犯罪嫌疑人、辩护人或者值班律师签名。

犯罪嫌疑人认罪认罚,有下列情形之一的,不需要签署认罪认罚具结书:

(一)犯罪嫌疑人是盲、聋、哑人,或者是尚未完全丧失辨认或者控制自己行为能力的精神病人的;

(二)未成年犯罪嫌疑人的法定代理人、辩护人对未成年人认罪认罚有异议的;

(三)其他不需要签署认罪认罚具结书的情形。

上述情形犯罪嫌疑人未签署认罪认罚具结书的,不影响认罪认罚从宽制度的适用。

32. 提起公诉。人民检察院向人民法院提起公诉的,应当在起诉书中写明被告人认罪认罚情况,提出量刑建议,并移送认罪认罚具结书等材料。量刑建议书可以另行制作,也可以在起诉书中写明。

33. 量刑建议的提出。犯罪嫌疑人认罪认罚的,人民检察院应当就主刑、附加刑、是否适用缓刑等提出量刑建议。人民检察院提出量刑建议前,应当充分听取犯罪嫌疑人、辩护人或者值班律师的意见,尽量协商一致。

办理认罪认罚案件,人民检察院一般应当提出确定刑量刑建议。对新类型、不常见犯罪案件,量刑情节复杂的重罪案件等,也可以提出幅度刑量刑建议。提出量刑建议,应当说明理由和依据。

犯罪嫌疑人认罪认罚没有其他法定量刑情节的,人民检察院可以根据犯罪的事实、性质等,在基准刑基础上适当减让提出确定刑量刑建议。有其他法定量刑情节的,人民检察院应当综合认罪认罚和其他法定量刑情节,参照相关量刑规范提出确定刑量刑建议。

犯罪嫌疑人在侦查阶段认罪认罚的,主刑从宽的幅度可以在前款基础上适当放宽;被告人在审判阶段认罪认罚的,在前款基础上可以适当缩减。建议判处罚金刑的,参照主刑的从宽幅度提出确定的数额。

34. 速裁程序的办案期限。犯罪嫌疑人认罪认罚,人民检察院经审查,认为符合速裁程序适用条件的,应当在十日以内作出是否提起公诉的决定;对可能判处的有期徒刑超过一年的,可以在十五日以内作出是否提起公诉的决定。

九、社会调查评估

35. 侦查阶段的社会调查。犯罪嫌疑人认罪认罚,可能判处管制、宣告缓刑的,公安机关可以委托犯罪嫌疑人居住地的社区矫正机构进行调查评估。

公安机关在侦查阶段委托社区矫正机构进行调查评估,社区矫正机构在公安机关移送审查起诉后完成调查评估的,应当及时将评估意见提交受理案件的人民检察院或者人民法院,并抄送公安机关。

36. 审查起诉阶段的社会调查。犯罪嫌疑人认罪认罚,人民检察院拟提出缓刑或者管制量刑建议的,可以及时委托犯罪嫌疑人居住地的社区矫正机构进行调查评估,也可以自行调查评估。人民检察院提起公诉时,已收到调查材料的,应当将材料一并移送,未收到调查材料的,应当将委托文书随案移送;在提起公诉后收到调查材料的,应当及时移送人民法院。

37. 审判阶段的社会调查。被告人认罪认罚,人民法院拟判处管制或者宣告缓刑的,可以及时委托被告人居住地的社区矫正机构进行调查评估,也可以自行调查评估。

社区矫正机构出具的调查评估意见,是人民法院判处管制、宣告缓刑的重要参考。对没有委托社区矫正机构进行调查评估或者判决前未收到社区矫正机构调查评估报告的认罪认罚案件,人民法院经审理认为被告人符合管制、缓刑适用条件的,可以判处管制、宣告缓刑。

38. 司法行政机关的职责。受委托的社区矫正机构应当根据委托机关的要求,对犯罪嫌疑人、被告人的居所情况、家庭和社会关系、一贯表现、犯罪行为的后果和影响、居住地村(居)民委员会和被害人意见、拟禁止的事项等进行调查了解,形成评估意见,及时提交委托机关。

十、审判程序和人民法院的职责

39. 审判阶段认罪认罚自愿性、合法性审查。办理认罪认罚案件,人民法院应当告知被告人享有的诉讼权利和认罪认罚的法律规定,听取被告人及其辩护人或者值班律师的意见。庭审中应当对认罪认罚的自愿性、具结书内容的真实性和合法性进行审查核实,重点核实以下内容:

(一)被告人是否自愿认罪认罚,有无因受到暴力、威胁、引诱而违背意愿认罪认罚;

(二)被告人认罪认罚时的认知能力和精神状态是否正常;

(三)被告人是否理解认罪认罚的性质和可能导致的法律后果;

(四)人民检察院、公安机关是否履行告知义务并听取意见;

(五)值班律师或者辩护人是否与人民检察院进行沟通,提供了有效法律帮助或者辩护,并在场见证认罪认罚具结书的签署。

庭审中审判人员可以根据具体案情，围绕定罪量刑的关键事实，对被告人认罪认罚的自愿性、真实性等进行发问，确认被告人是否实施犯罪，是否真诚悔罪。

被告人违背意愿认罪认罚，或者认罪认罚后又反悔，依法需要转换程序的，应当按照普通程序对案件重新审理。发现存在刑讯逼供等非法取证行为的，依照法律规定处理。

40. 量刑建议的采纳。对于人民检察院提出的量刑建议，人民法院应当依法进行审查。对于事实清楚，证据确实、充分，指控的罪名准确，量刑建议适当的，人民法院应当采纳。具有下列情形之一的，不予采纳：

（一）被告人的行为不构成犯罪或者不应当追究刑事责任的；

（二）被告人违背意愿认罪认罚的；

（三）被告人否认指控的犯罪事实的；

（四）起诉指控的罪名与审理认定的罪名不一致的；

（五）其他可能影响公正审判的情形。

对于人民检察院起诉指控的事实清楚，量刑建议适当，但指控的罪名与审理认定的罪名不一致的，人民法院可以听取人民检察院、被告人及其辩护人对审理认定罪名的意见，依法作出裁判。

人民法院不采纳人民检察院量刑建议的，应当说明理由和依据。

41. 量刑建议的调整。人民法院经审理，认为量刑建议明显不当，或者被告人、辩护人对量刑建议有异议且有理有据的，人民法院应当告知人民检察院，人民检察院可以调整量刑建议。人民法院认为调整后的量刑建议适当的，应当予以采纳；人民检察院不调整量刑建议或者调整后仍然明显不当的，人民法院应当依法作出判决。

适用速裁程序审理的，人民检察院调整量刑建议应当在庭前或者当庭提出。调整量刑建议后，被告人同意继续适用速裁程序的，不需要转换程序处理。

42. 速裁程序的适用条件。基层人民法院管辖的可能判处三年有期徒刑以下刑罚的案件，案件事实清楚，证据确实、充分，被告人认罪认罚并同意适用速裁程序的，可以适用速裁程序，由审判员一人独任审判。人民检察院提起公诉时，可以建议人民法院适用速裁程序。

有下列情形之一的，不适用速裁程序办理：

（一）被告人是盲、聋、哑人，或者是尚未完全丧失辨认或者控制自己行为能力的精神病人的；

（二）被告人是未成年人的；

（三）案件有重大社会影响的；

（四）共同犯罪案件中部分被告人对指控的犯罪事实、罪名、量刑建议或者适用速裁程序有异议的；

（五）被告人与被害人或者其法定代理人没有就附带民事诉讼赔偿等事项达成调解或者和解协议的；

（六）其他不宜适用速裁程序办理的案件。

43. 速裁程序的审理期限。适用速裁程序审理案件，人民法院应当在受理后十日以内审结；对可能判处的有期徒刑超过一年的，应当在十五日以内审结。

44. 速裁案件的审理程序。适用速裁程序审理案件，不受刑事诉讼法规定的送达期限的限制，一般不进行法庭调查、法庭辩论，但在判决宣告前应当听取辩护人的意见和被告人的最后陈述意见。

人民法院适用速裁程序审理案件，可以在向被告人送达起诉书时一并送达权利义务告知书、开庭传票，并核实被告人自然信息等情况。根据需要，可以集中送达。

人民法院适用速裁程序审理案件，可以集中开庭，逐案审理。人民检察院可以指派公诉人集中出庭支持公诉。公诉人简要宣读起诉书后，审判人员应当当庭询问被告人对指控事实、证据、量刑建议以及适用速裁程序的意见，核实具结书签署的自愿性、真实性、合法性，并核实附带民事诉讼赔偿等情况。

适用速裁程序审理案件，应当当庭宣判。集中审理的，可以集中当庭宣判。宣判时，根据案件需要，可以由审判员进行法庭教育。裁判文书可以简化。

45. 速裁案件的二审程序。被告人不服适用速裁程序作出的第一审判决提出上诉的案件，可以不开庭审理。第二审人民法院审查后，按照下列情形分别处理：

（一）发现被告人以事实不清、证据不足为由提出上诉的，应当裁定撤销原判，发回原审人民法院适用普通程序重新审理，不再按认罪认罚案件从宽处罚；

（二）发现被告人以量刑不当为由提出上诉的，原判量刑适当的，应当裁定驳回上诉，维持原判；原判量刑不当的，经审理后依法改判。

46. 简易程序的适用。基层人民法院管辖的被告人认罪认罚案件，事实清楚、证据充分，被告人对适用简易程序没有异议的，可以适用简易程序审判。

适用简易程序审理认罪认罚案件，公诉人可以简要宣读起诉书，审判人员当庭询问被告人对指控的犯罪事实、证据、量刑建议及适用简易程序的意见，核实具结书签署的自愿性、真实性、合法性。法庭调查可以简化，但对有争议的事实和证据应当进行调查、质证，法庭辩论可以仅围绕有争议的问题进行。裁判文书可以简化。

47. 普通程序的适用。适用普通程序办理认罪认罚案件，可以适当简化法庭调查、辩论程序。公诉人宣读起诉书后，合议庭当庭询问被告人对指控的犯罪事实、证据及量刑建议的意见，核实具结书签署的自愿性、真实性、合法性。公诉人、辩护人、审判人员对被告人的讯问、发问可以简化。对控辩双方无异议的证据，可以仅就证据名称及证明内容进行说明；对控辩双方有异议，或者法庭认为有必要调查核实的证据，应当出示并进行质证。法庭辩论主要围绕有争议的问题进行，裁判文书可以适当简化。

48. 程序转换。人民法院在适用速裁程序审理过程中，发现有被告人的行为不构成犯罪或者不应当追究刑事责任、被告人违背意愿认罪认罚、被告人否认指控的犯罪事实情形的，应当转为普通程序审理。发现其他不宜适用速裁程序但符合简易程序适用条件的，应当转为简易程序重新审理。

发现有不宜适用简易程序审理情形的，应当转为普通程序审理。

人民检察院在人民法院适用速裁程序审理案件过程中，发现有不宜适用速裁程序审理情形的，应当建议人民法院转为普通程序或者简易程序重新审理；发现有不宜适用简易程序审理情形的，应当建议人民法院转为普通程序重新审理。

49. 被告人当庭认罪认罚案件的处理。被告人在侦查、审查起诉阶段没有认罪认罚，但当庭认罪，愿意接受处罚的，人民法院应当根据审理查明的事实，就定罪和量刑听取控辩双方意见,依法作出裁判。

50. 第二审程序中被告人认罪认罚案件的处理。被告人在第一审程序中未认罪认罚,在第二审程序中认罪认罚的,审理程序依照刑事诉讼法规定的第二审程序进行。第二审人民法院应当根据其认罪认罚的价值、作用决定是否从宽,并依法作出裁判。确定从宽幅度时应当与第一审程序认罪认罚有所区别。

十一、认罪认罚的反悔和撤回

51. 不起诉后反悔的处理。因犯罪嫌疑人认罪认罚,人民检察院依照刑事诉讼法第一百七十七条第二款作出不起诉决定后,犯罪嫌疑人否认指控的犯罪事实或者不积极履行赔礼道歉、退赃退赔、赔偿损失等义务的,人民检察院应当进行审查,区分下列情形依法作出处理:

(一)发现犯罪嫌疑人没有犯罪事实,或者符合刑事诉讼法第十六条规定的情形之一的,应当撤销原不起诉决定,依法重新作出不起诉决定;

(二)认为犯罪嫌疑人仍属于犯罪情节轻微,依照刑法规定不需要判处刑罚或者免除刑罚的,可以维持原不起诉决定;

(三)排除认罪认罚因素后,符合起诉条件的,应当根据案件具体情况撤销原不起诉决定,依法提起公诉。

52. 起诉前反悔的处理。犯罪嫌疑人认罪认罚,签署认罪认罚具结书,在人民检察院提起公诉前反悔的,具结书失效,人民检察院应当在全面审查事实证据的基础上,依法提起公诉。

53. 审判阶段反悔的处理。案件审理过程中,被告人反悔不再认罪认罚的,人民法院应当根据审理查明的事实,依法作出裁判。需要转换程序的,依照本意见的相关规定处理。

54. 人民检察院的法律监督。完善人民检察院对侦查活动和刑事审判活动的监督机制,加强对认罪认罚案件办理全过程的监督,规范认罪认罚案件的抗诉工作,确保无罪的人不受刑事追究、有罪的人受到公正处罚。

十二、未成年人认罪认罚案件的办理

55. 听取意见。人民法院、人民检察院办理未成年人认罪认罚案件,应当听取未成年犯罪嫌疑人、被告人的法定代理人的意见,法定代理人无法到场的,应当听取合适成年人的意见,但受案时犯罪嫌疑人已经成年的除外。

56. 具结书签署。未成年犯罪嫌疑人签署认罪认罚具结书时,其法定代理人应当到场并签字确认。法定代理人无法到场的,合适成年人应当到场签字确认。法定代理人、辩护人对未成年人认罪认罚有异议的,不需要签署认罪认罚具结书。

57. 程序适用。未成年人认罪认罚案件,不适用速裁程序,但应当贯彻教育、感化、挽救的方针,坚持从快从宽原则,确保案件及时办理,最大限度保护未成年人合法权益。

58. 法治教育。办理未成年人认罪认罚案件,应当做好未成年犯罪嫌疑人、被告人的认罪服法、悔过教育工作,实现惩教结合目的。

十三、附则

59. 国家安全机关、军队保卫部门、中国海警局、监狱办理刑事案件,适用本意见的有关规定。

60. 本指导意见由会签单位协商解释,自发布之日起施行。

最高人民法院、最高人民检察院关于人民检察院提起刑事附带民事公益诉讼应否履行诉前公告程序问题的批复

（2019 年 9 月 9 日最高人民法院审判委员会第 1776 次会议、2019 年 9 月 12 日最高人民检察院第十三届检察委员会第 24 次会议通过　2019 年 11 月 25 日最高人民法院、最高人民检察院公告公布　自 2019 年 12 月 6 日起施行　法释〔2019〕18 号）

各省、自治区、直辖市高级人民法院、人民检察院，解放军军事法院、军事检察院，新疆维吾尔自治区高级人民法院生产建设兵团分院、新疆生产建设兵团人民检察院：

近来，部分高级人民法院、省级人民检察院就人民检察院提起刑事附带民事公益诉讼应否履行诉前公告程序的问题提出请示。经研究，批复如下：

人民检察院提起刑事附带民事公益诉讼，应履行诉前公告程序。对于未履行诉前公告程序的，人民法院应当进行释明，告知人民检察院公告后再行提起诉讼。

因人民检察院履行诉前公告程序，可能影响相关刑事案件审理期限的，人民检察院可以另行提起民事公益诉讼。

最高人民检察院、公安部关于加强和规范补充侦查工作的指导意见

（2020 年 3 月 27 日　高检发〔2020〕6 号）

第一条　为进一步完善以证据为核心的刑事指控体系，加强和规范补充侦查工作，提高办案质效，根据《中华人民共和国刑事诉讼法》《人民检察院刑事诉讼规则》《公安机关办理刑事案件程序规定》等有关规定，结合办案实践，制定本指导意见。

第二条　补充侦查是依照法定程序，在原有侦查工作的基础上，进一步查清事实，补充完善证据的诉讼活动。

人民检察院审查逮捕提出补充侦查意见，审查起诉退回补充侦查、自行补充侦查，要求公安机关提供证据材料，要求公安机关对证据的合法性作出说明等情形，适用本指导意见的相关规定。

第三条　开展补充侦查工作应当遵循以下原则：

1. 必要性原则。补充侦查工作应当具备必要性，不得因与案件事实、证据无关的原因退回补充侦查。

2. 可行性原则。要求补充侦查的证据材料应当具备收集固定的可行性，补充侦查工作应当具备可操作性，对于无法通过补充侦查收集证据材料的情形，不能适用补充侦查。

3. 说理性原则。补充侦查提纲应当写明补充侦查的理由、案件定性的考虑、补充侦查的方向、每一项补证的目的和意义，对复杂问题、争议问题作适当阐明，具

备条件的,可以写明补充侦查的渠道、线索和方法。

4.配合性原则。人民检察院、公安机关在补充侦查之前和补充侦查过程中,应当就案件事实、证据、定性等方面存在的问题和补充侦查的相关情况,加强当面沟通、协作配合,共同确保案件质量。

5.有效性原则。人民检察院、公安机关应当以增强补充侦查效果为目标,把提高证据质量、解决证据问题贯穿于侦查、审查逮捕、审查起诉全过程。

第四条 人民检察院开展补充侦查工作,应当书面列出补充侦查提纲。补充侦查提纲应当分别归入检察内卷、侦查内卷。

第五条 公安机关提请人民检察院审查批准逮捕的,人民检察院应当接收。经审查,不符合批捕条件的,应当依法作出不批准逮捕决定。人民检察院对于因证据不足作出不批准逮捕决定,需要补充侦查的,应当制作补充侦查提纲,列明证据体系存在的问题、补充侦查方向、取证要求等事项并说明理由。公安机关应当按照人民检察院的要求开展补充侦查。补充侦查完毕,认为符合逮捕条件的,应当重新提请批准逮捕。对于人民检察院不批准逮捕而未说明理由的,公安机关可以要求人民检察院说明理由。对人民检察院不批准逮捕的决定认为有错误的,公安机关可以依法要求复议、提请复核。

对于作出批准逮捕决定的案件,确有必要的,人民检察院可以根据案件证据情况,就完善证据体系、补正证据合法性、全面查清案件事实等事项,向公安机关提出捕后侦查意见。逮捕之后,公安机关应当及时开展侦查工作。

第六条 人民检察院在审查起诉期间发现案件存在事实不清、证据不足或者存在遗漏罪行、遗漏同案犯罪嫌疑人等情形需要补充侦查的,应当制作补充侦查提纲,连同案卷材料一并退回公安机关并引导公安机关进一步查明案件事实、补充收集证据。

人民检察院第一次退回补充侦查时,应当向公安机关列明全部补充侦查事项。在案件事实或证据发生变化、公安机关未补充侦查到位、或者重新报送的材料中发现矛盾和问题的,可以第二次退回补充侦查。

第七条 退回补充侦查提纲一般包括以下内容:

(一)阐明补充侦查的理由,包括案件事实不清、证据不足的具体表现和问题;

(二)阐明补充侦查的方向和取证目的;

(三)明确需要补充侦查的具体事项和需要补充收集的证据目录;

(四)根据起诉和审判的证据标准,明确补充、完善证据需要达到的标准和必备要素;

(五)有遗漏罪行的,应当指出在起诉意见书中没有认定的犯罪嫌疑人的罪行;

(六)有遗漏同案犯罪嫌疑人需要追究刑事责任的,应当建议补充移送;

(七)其他需要列明的事项。

补充侦查提纲、捕后侦查意见可参照本条执行。

第八条 案件退回补充侦查后,人民检察院和公安机关的办案人员应当加强沟通,及时就取证方向、落实补证要求等达成一致意见。公安机关办案人员对于补充侦查提纲有异议的,双方及时沟通。

对于事实证据发生重大变化的案件,

可能改变定性的案件，证据标准难以把握的重大、复杂、疑难、新型案件，以及公安机关提出请求的案件，人民检察院在退回补充侦查期间，可以了解补充侦查开展情况，查阅证据材料，对补充侦查方向、重点、取证方式等提出建议，必要时可列席公安机关的案件讨论并发表意见。

第九条 具有下列情形之一的，一般不退回补充侦查：

（一）查清的事实足以定罪量刑或者与定罪量刑有关的事实已经查清，不影响定罪量刑的事实无法查清的；

（二）作案工具、赃物去向等部分事实无法查清，但有其他证据足以认定，不影响定罪量刑的；

（三）犯罪嫌疑人供述和辩解、证人证言、被害人陈述的主要情节能够相互印证，只有个别情节不一致但不影响定罪量刑的；

（四）遗漏同案犯罪嫌疑人或者同案犯罪嫌疑人在逃，在案犯罪嫌疑人定罪量刑的事实已经查清且符合起诉条件，公安机关不能及时补充移送同案犯罪嫌疑人的；

（五）补充侦查事项客观上已经没有查证可能性的；

（六）其他没有必要退回补充侦查的。

第十条 对于具有以下情形可以及时调取的有关证据材料，人民检察院可以发出《调取证据材料通知书》，通知公安机关直接补充相关证据并移送，以提高办案效率：

（一）案件基本事实清楚，虽欠缺某些证据，但收集、补充证据难度不大且在审查起诉期间内能够完成的；

（二）证据存在书写不规范、漏填、错填等瑕疵，公安机关可以在审查起诉期间补正、说明的；

（三）证据材料制作违反程序规定但程度较轻微，通过补正可以弥补的；

（四）案卷诉讼文书存在瑕疵，需进行必要的修改或补充的；

（五）缺少前科材料、释放证明、抓获经过等材料，侦查人员能够及时提供的；

（六）其他可以通知公安机关直接补充相关证据的。

第十一条 人民检察院在审查起诉过程中，具有下列情形之一，自行补充侦查更为适宜的，可以依法自行开展侦查工作：

（一）影响定罪量刑的关键证据存在灭失风险，需要及时收集和固定证据，人民检察院有条件自行侦查的；

（二）经退回补充侦查未达到要求，自行侦查具有可行性的；

（三）有证据证明或者有迹象表明侦查人员可能存在利用侦查活动插手民事、经济纠纷、实施报复陷害等违法行为和刑讯逼供、非法取证等违法行为，不宜退回补充侦查的；

（四）其他需要自行侦查的。

人民检察院开展自行侦查工作应依法规范开展。

第十二条 自行侦查由检察官组织实施，必要时可以调配办案人员。开展自行侦查的检察人员不得少于二人。自行侦查过程中，需要技术支持和安全保障的，由检察机关的技术部门和警务部门派员协助。

人民检察院通过自行侦查方式补强证据的，公安机关应当依法予以配合。

人民检察院自行侦查，适用《中华人民共和国刑事诉讼法》规定的讯问、询问、勘验、检查、查封、扣押、鉴定等侦查措施，应当遵循法定程序，在法定期限内侦查完毕。

第十三条 人民检察院对公安机关移送的案件进行审查后，在法院作出生效判决前,认为需要补充审判所必需的证据材料的,可以发出《调取证据材料通知书》,要求公安机关提供。人民检察院办理刑事审判监督案件,可以向公安机关发出《调取证据材料通知书》。

第十四条 人民检察院在办理刑事案件过程中,发现可能存在《中华人民共和国刑事诉讼法》第五十六条规定的以非法方法收集证据情形的,可以要求公安机关对证据收集的合法性作出书面说明或者提供相关证明材料,必要时,可以自行调查核实。

第十五条 公安机关经补充侦查重新移送后,人民检察院应当接收,及时审查公安机关制作的书面补充侦查报告和移送的补充证据,根据补充侦查提纲的内容核对公安机关应补充侦查事项是否补查到位,补充侦查活动是否合法,补充侦查后全案证据是否已确实、充分。经审查,公安机关未能按要求开展补充侦查工作,无法达到批捕标准的,应当依法作出不批捕决定;经二次补充侦查仍然证据不足,不符合起诉条件的,人民检察院应当依法作出不起诉决定。对人民检察院不起诉决定认为错误的,公安机关可以依法复议、复核。

对公安机关要求复议的不批准逮捕案件、不起诉案件,人民检察院应当另行指派检察官办理。人民检察院办理公安机关对不批准逮捕决定和不起诉决定要求复议、提请复核的案件,应当充分听取公安机关的意见,相关意见应当附卷备查。

第十六条 公安机关开展补充侦查工作,应当按照人民检察院补充侦查提纲的要求,及时、认真补充完善相关证据材料;对于补充侦查提纲不明确或者有异议的,应当及时与人民检察院沟通;对于无法通过补充侦查取得证据的,应当书面说明原因、补充侦查过程中所做的工作以及采取的补救措施。公安机关补充侦查后,应当单独立卷移送人民检察院,人民检察院应当依法接收案卷。

第十七条 对公安机关未及时有效开展补充侦查工作的,人民检察院应当进行口头督促,对公安机关不及时补充侦查导致证据无法收集影响案件处理的,必要时可以发出检察建议;公安机关存在非法取证等情形的,应当依法启动调查核实程序,根据情节,依法向公安机关发出纠正违法通知书,涉嫌犯罪的,依法进行侦查。

公安机关以非法方法收集的犯罪嫌疑人供述、被害人陈述、证人证言等证据材料,人民检察院应当依法排除并提出纠正意见,同时可以建议公安机关另行指派侦查人员重新调查取证,必要时人民检察院也可以自行调查取证。公安机关发现办案人员非法取证的,应当依法作出处理,并可另行指派侦查人员重新调查取证。

第十八条 案件补充侦查期限届满,公安机关认为原认定的犯罪事实有重大变化,不应当追究刑事责任而未将案件重新移送审查起诉的,应当以书面形式告知人民检察院,并说明理由。公安机关应当将案件重新移送审查起诉而未重新移送审查起诉的,人民检察院应当要求公安机关说明理由。人民检察院认为公安机关理由不成立的,应当要求公安机关重新移送审查起诉。人民检察院发现公安机关不应当撤案而撤案的,应当进行立案监督。公安机关未重新移送审查起诉,且未及时以书面形式告知并说明理由的,人民检察院应当提出纠正意见。

第十九条 人民检察院、公安机关在自行侦查、补充侦查工作中,根据工作需要,可以提出协作要求或者意见、建议,加强沟通协调。

第二十条 人民检察院、公安机关应当建立联席会议、情况通报会等工作机制,定期通报补充侦查工作总体情况,评析证据收集和固定上存在的问题及争议。针对补充侦查工作中发现的突出问题,适时组织联合调研检查,共同下发问题通报并督促整改,加强沟通,统一认识,共同提升补充侦查工作质量。

推行办案人员旁听法庭审理机制,了解指控犯罪、定罪量刑的证据要求和审判标准。

第二十一条 人民检察院各部门之间应当加强沟通,形成合力,提升补充侦查工作质效。人民检察院需要对技术性证据和专门性证据补充侦查的,可以先由人民检察院技术部门或有专门知识的人进行审查,根据审查意见,开展补充侦查工作。

第二十二条 本指导意见自下发之日起实施。

最高人民检察院、国家监察委员会、教育部、公安部、民政部、司法部、国家卫生健康委员会、中国共产主义青年团中央委员会、中华全国妇女联合会关于建立侵害未成年人案件强制报告制度的意见(试行)

(2020年5月7日 高检发〔2020〕9号)

第一条 为切实加强对未成年人的全面综合司法保护,及时有效惩治侵害未成年人违法犯罪,根据《中华人民共和国刑事诉讼法》《中华人民共和国未成年人保护法》《中华人民共和国反家庭暴力法》《中华人民共和国执业医师法》及相关法律法规,结合未成年人保护工作实际,制定本意见。

第二条 侵害未成年人案件强制报告,是指国家机关、法律法规授权行使公权力的各类组织及法律规定的公职人员,密切接触未成年人行业的各类组织及其从业人员,在工作中发现未成年人遭受或者疑似遭受不法侵害以及面临不法侵害危险的,应当立即向公安机关报案或举报。

第三条 本意见所称密切接触未成年人行业的各类组织,是指依法对未成年人负有教育、看护、医疗、救助、监护等特殊职责,或者虽不负有特殊职责但具有密切接触未成年人条件的企事业单位、基层群众自治组织、社会组织。主要包括:居(村)民委员会;中小学校、幼儿园、校外培训机构、未成年人校外活动场所等教育机构及校车服务提供者;托儿所等托育服务机构;医院、妇幼保健院、急救中心、诊所等医疗机构;儿童福利机构、救助管理机构、未成年人救助保护机构、社会工作服务机构;旅店、宾馆等。

第四条 本意见所称在工作中发现未成年人遭受或者疑似遭受不法侵害以及面临不法侵害危险的情况包括:

(一)未成年人的生殖器官或隐私部位遭受或疑似遭受非正常损伤的;

(二)不满十四周岁的女性未成年人遭受或疑似遭受性侵害、怀孕、流产的;

(三)十四周岁以上女性未成年人遭受或疑似遭受性侵害所致怀孕、流产的;

(四)未成年人身体存在多处损伤、严

重营养不良、意识不清,存在或疑似存在受到家庭暴力、欺凌、虐待、殴打或者被人麻醉等情形的;

(五)未成年人因自杀、自残、工伤、中毒、被人麻醉、殴打等非正常原因导致伤残、死亡情形的;

(六)未成年人被遗弃或长期处于无人照料状态的;

(七)发现未成年人来源不明、失踪或者被拐卖、收买的;

(八)发现未成年人被组织乞讨的;

(九)其他严重侵害未成年人身心健康的情形或未成年人正在面临不法侵害危险的。

第五条 根据本意见规定情形向公安机关报案或举报的,应按照主管行政机关要求报告备案。

第六条 具备先期核实条件的相关单位、机构、组织及人员,可以对未成年人疑似遭受不法侵害的情况进行初步核实,并在报案或举报时将相关材料一并提交公安机关。

第七条 医疗机构及其从业人员在收治遭受或疑似遭受人身、精神损害的未成年人时,应当保持高度警惕,按规定书写、记录和保存相关病历资料。

第八条 公安机关接到疑似侵害未成年人权益的报案或举报后,应当立即接受,问明案件初步情况,并制作笔录。根据案件的具体情况,涉嫌违反治安管理的,依法受案审查;涉嫌犯罪的,依法立案侦查。对不属于自己管辖的,及时移送有管辖权的公安机关。

第九条 公安机关侦查未成年人被侵害案件,应当依照法定程序,及时、全面收集固定证据。对于严重侵害未成年人的暴力犯罪案件、社会高度关注的重大、敏感案件,公安机关、人民检察院应当加强办案中的协商、沟通与配合。

公安机关、人民检察院依法向报案人员或者单位调取指控犯罪所需要的处理记录、监控资料、证人证言等证据时,相关单位及其工作人员应当积极予以协助配合,并按照有关规定全面提供。

第十条 公安机关应当在受案或者立案后三日内向报案单位反馈案件进展,并在移送审查起诉前告知报案单位。

第十一条 人民检察院应当切实加强对侵害未成年人案件的立案监督。认为公安机关应当立案而不立案的,应当要求公安机关说明不立案的理由。认为不立案理由不能成立的,应当通知公安机关立案,公安机关接到通知后应当立即立案。

第十二条 公安机关、人民检察院发现未成年人需要保护救助的,应当委托或者联合民政部门或共青团、妇联等群团组织,对未成年人及其家庭实施必要的经济救助、医疗救治、心理干预、调查评估等保护措施。未成年被害人生活特别困难的,司法机关应当及时启动司法救助。

公安机关、人民检察院发现未成年人父母或者其他监护人不依法履行监护职责,或者侵害未成年人合法权益的,应当予以训诫或者责令其接受家庭教育指导。经教育仍不改正,情节严重的,应当依法依规予以惩处。

公安机关、妇联、居民委员会、村民委员会、救助管理机构、未成年人救助保护机构发现未成年人遭受家庭暴力或面临家庭暴力的现实危险,可以依法向人民法院代为申请人身安全保护令。

第十三条 公安机关、人民检察院和司法行政机关及教育、民政、卫生健康等主管行政机关应当对报案人的信息予以保密。违法窃取、泄露报告事项、报告受理情况以及报告人信息的，依法依规予以严惩。

第十四条 相关单位、组织及其工作人员应当注意保护未成年人隐私，对于涉案未成年人身份、案情等信息资料予以严格保密，严禁通过互联网或者以其他方式进行传播。私自传播的，依法给予治安处罚或追究其刑事责任。

第十五条 依法保障相关单位及其工作人员履行强制报告责任，对根据规定报告侵害未成年人案件而引发的纠纷，报告人不予承担相应法律责任；对于干扰、阻碍报告的组织或个人，依法追究法律责任。

第十六条 负有报告义务的单位及其工作人员未履行报告职责，造成严重后果的，由其主管行政机关或者本单位依法对直接负责的主管人员或者其他直接责任人员给予相应处分；构成犯罪的，依法追究刑事责任。相关单位或者单位主管人员阻止工作人员报告的，予以从重处罚。

第十七条 对于行使公权力的公职人员长期不重视强制报告工作，不按规定落实强制报告制度要求的，根据其情节、后果等情况，监察委员会应当依法对相关单位和失职失责人员进行问责，对涉嫌职务违法犯罪的依法调查处理。

第十八条 人民检察院依法对本意见的执行情况进行法律监督。对于工作中发现相关单位对本意见执行、监管不力的，可以通过发出检察建议书等方式进行监督纠正。

第十九条 对于因及时报案使遭受侵害未成年人得到妥善保护、犯罪分子受到依法惩处的，公安机关、人民检察院、民政部门应及时向其主管部门反馈相关情况，单独或联合给予相关机构、人员奖励、表彰。

第二十条 强制报告责任单位的主管部门应当在本部门职能范围内指导、督促责任单位严格落实本意见，并通过年度报告、不定期巡查等方式，对本意见执行情况进行检查。注重加强指导和培训，切实提高相关单位和人员的未成年人保护意识和能力水平。

第二十一条 各级监察委员会、人民检察院、公安机关、司法行政机关、教育、民政、卫生健康部门和妇联、共青团组织应当加强沟通交流，定期通报工作情况，及时研究实践中出现的新情况、新问题。

各部门建立联席会议制度，明确强制报告工作联系人，畅通联系渠道，加强工作衔接和信息共享。人民检察院负责联席会议制度日常工作安排。

第二十二条 相关单位应加强对侵害未成年人案件强制报告的政策和法治宣传，强化全社会保护未成年人、与侵害未成年人违法犯罪行为作斗争的意识，争取理解与支持，营造良好社会氛围。

第二十三条 本意见自印发之日起试行。

人民检察院办理认罪认罚案件监督管理办法

（2020年5月11日最高人民检察院公布）

第一条 为健全办理认罪认罚案件检察权运行监督机制，加强检察官办案廉政风险防控，确保依法规范适用认罪认罚从宽制度,根据《刑事诉讼法》《人民检察院刑事诉讼规则》《关于加强司法权力运行监督管理的意见》等相关规定,结合检察工作实际,制定本办法。

第二条 加强对检察官办理认罪认罚案件监督管理,应当坚持以下原则:

(一)坚持加强对办案活动的监督管理与保障检察官依法行使职权相结合;

(二)坚持检察官办案主体职责与分级分类监督管理职责相结合;

(三)坚持案件管理、流程监控与信息留痕、公开透明相结合;

(四)坚持加强检察机关内部监督管理与外部监督制约相结合。

第三条 办理认罪认罚案件,检察官应当依法履行听取犯罪嫌疑人、被告人及其辩护人或者值班律师、被害人及其诉讼代理人的意见等各项法定职责,依法保障犯罪嫌疑人、被告人诉讼权利和认罪认罚的自愿性、真实性和合法性。

听取意见可以采取当面或者电话、视频等方式进行,听取情况应当记录在案,对提交的书面意见应当附卷。对于有关意见,办案检察官应当认真审查,并将审查意见写入案件审查报告。

第四条 辩护人、被害人及其诉讼代理人要求当面反映意见的,检察官应当在工作时间和办公场所接待。确因特殊且正当原因需要在非工作时间或者非办公场所接待的,检察官应当依照相关规定办理审批手续并获批准后方可会见。因不明情况或者其他原因在非工作时间或者非工作场所接触听取相关意见的,应当在当日或者次日向本院检务督察部门报告有关情况。

辩护人、被害人及其诉讼代理人当面提交书面意见、证据材料的,检察官应当了解其提交材料的目的、材料的来源和主要内容等有关情况并记录在案,与相关材料一并附卷,并出具回执。

当面听取意见时,检察人员不得少于二人,必要时可进行同步录音或者录像。

第五条 办理认罪认罚案件,检察官应当依法在权限范围内提出量刑建议。在确定和提出量刑建议前,应当充分听取犯罪嫌疑人、被告人、辩护人或者值班律师的意见,切实开展量刑协商工作,保证量刑建议依法体现从宽、适当,并在协商一致后由犯罪嫌疑人签署认罪认罚具结书。

第六条 检察官提出量刑建议,应当与审判机关对同一类型、情节相当案件的判罚尺度保持基本均衡。在起诉文书中,应当对量刑建议说明理由和依据,其中拟以速裁程序审理的案件可以在起诉书中概括说明,拟以简易程序、普通程序审理的案件应当在起诉书或者量刑建议书中充分叙明。

第七条 案件提起公诉后,出现新的量刑情节,或者法官经审理认为量刑建议明显不当建议检察官作出调整的,或者被告人、辩护人对量刑建议提出异议的,检察官可以视情作出调整。若原量刑建议由检察官提出的,检察官调整量刑建议后应当向部门负责人报告备案;若原量刑建议由检察长(分管副检察长)决定的,由检察官报请检察长(分管副检察长)决定。

第八条 办理认罪认罚案件,出现以下情形的,检察官应当向部门负责人报告:

(一)案件处理结果可能与同类案件或者关联案件处理结果明显不一致的;

(二)案件处理与监察机关、侦查机关、人民法院存在重大意见分歧的;

(三)犯罪嫌疑人、被告人签署认罪认

罚具结书后拟调整量刑建议的；

（四）因案件存在特殊情形，提出的量刑建议与同类案件相比明显失衡的；

（五）变更、补充起诉的；

（六）犯罪嫌疑人、被告人自愿认罪认罚，拟不适用认罪认罚从宽制度办理的；

（七）法院建议调整量刑建议，或者判决未采纳量刑建议的；

（八）被告人、辩护人、值班律师对事实认定、案件定性、量刑建议存在重大意见分歧的；

（九）一审判决后被告人决定上诉的；

（十）其他应当报告的情形。

部门负责人、分管副检察长承办案件遇有以上情形的，应当向上一级领导报告。

第九条 对于犯罪嫌疑人罪行较轻且认罪认罚，检察官拟作出不批准逮捕或者不起诉决定的案件，应当报请检察长决定。报请检察长决定前，可以提请部门负责人召开检察官联席会议研究讨论。检察官联席会议可以由本部门全体检察官组成，也可以由三名以上检察官（不包括承办检察官）组成。

参加联席会议的检察官应当根据案件的类型、讨论重点等情况，通过查阅卷宗、案件审查报告、听取承办检察官介绍等方式，在全面准确掌握案件事实、情节的基础上参加讨论、发表意见，供承办检察官决策参考，并在讨论笔录上签字确认。

检察官联席会议讨论意见一致或者形成多数意见的，由承办检察官自行决定或者按检察官职权配置规定报请决定。承办检察官与多数意见分歧的，应当提交部门负责人审核后报请检察长（分管副检察长）决定。

第十条 对于下列拟作不批捕、不起诉的认罪认罚从宽案件，可以进行公开听证：

（一）被害人不谅解、不同意从宽处理的；

（二）具有一定社会影响，有必要向社会释法介绍案件情况的；

（三）当事人多次涉诉信访，引发的社会矛盾尚未化解的；

（四）食品、医疗、教育、环境等领域与民生密切相关，公开听证有利于宣扬法治、促进社会综合治理的；

（五）具有一定典型性，有法治宣传教育意义的。

人民检察院办理认罪认罚案件应当按照规定接受人民监督员的监督。对公开听证的认罪认罚案件，可以邀请人民监督员参加，听取人民监督员对案件事实、证据认定和案件处理的意见。

第十一条 检察长、分管副检察长和部门负责人要认真履行检察官办案中的监督管理责任，承担全面从严治党、全面从严治检主体责任，检务督察、案件管理等有关部门承担相应的监督管理责任，自觉接受派驻纪检监察机构的监督检查，对涉嫌违纪违法的依照规定及时移交派驻纪检监察机构处理。

第十二条 部门负责人除作为检察官承办案件，履行检察官职责外，还应当履行以下监督管理职责：

（一）听取或者要求检察官报告办案情况；

（二）对检察官办理的认罪认罚案件进行监督管理，必要时审阅案卷，调阅与案件有关材料，要求承办检察官对案件情况进行说明，要求检察官复核、补充、完善证据；

（三）召集或者根据检察官申请召集并

主持检察官联席会议；

（四）对于应当由检察长（分管副检察长）决定的事项，经审核并提出处理意见后报检察长（分管副检察长）决定；

（五）定期组织分析、汇总通报本部门办案情况，指导检察官均衡把握捕与不捕、诉与不诉法律政策、量刑建议等问题，提请检察委员会审议作出决定；

（六）其他应当履行的职责，或者依据检察长（分管副检察长）授权履行的职责。

第十三条 部门负责人、分管副检察长对检察官办理案件出现以下情形的，应当报请检察长决定：

（一）处理意见与检察官联席会议多数检察官意见存在分歧的；

（二）案件处理与监察机关、侦查机关、人民法院存在重大意见分歧需要报请检察长（分管副检察长）决定的；

（三）发现检察官提出的处理意见错误，量刑建议明显不当，或者明显失衡的，应当及时提示检察官，经提示后承办检察官仍然坚持原处理意见或者量刑建议的；

（四）变更、补充起诉的；

（五）其他应当报告的情形。

第十四条 检察长（分管副检察长）除作为检察官承办案件，履行检察官职责外，还应当履行以下职责：

（一）听取或者要求检察官报告办案情况；

（二）对检察官的办案活动进行监督管理；

（三）发现检察官不正确履行职责的，应当予以纠正；

（四）依据职权清单，在职权范围内对检察官办理的认罪认罚案件作出决定；

（五）听取部门负责人关于认罪认罚案件办理情况的报告；

（六）要求部门负责人对本院办理的认罪认罚案件定期分析、汇总通报，涉及法律、政策理解、适用的办案经验总结、规则明确等，提请检察委员会审议，必要时向上级检察院汇报；

（七）其他应当履行的职责。

第十五条 检察长（分管副检察长）发现检察官办理认罪认罚案件不适当的，可以要求检察官复核，也可以直接作出决定或者提请检察委员会讨论决定。检察长（分管副检察长）要求复核的意见、决定应当以书面形式作出并附卷。

第十六条 案件管理部门对认罪认罚案件办理应当履行以下监督管理职责：

（一）进行案件流程监控，对案件办理期限、诉讼权利保障、文书制作的规范化等进行监督；

（二）组织案件评查，对评查中发现的重要情况及时向检察长报告；

（三）发现违反检察职责行为、违纪违法线索的，及时向相关部门移送；

（四）其他应当履行的职责。

第十七条 下列情形的案件应当作为重点评查案件，经检察长（分管副检察长）批准后进行评查，由案件管理部门或者相关办案部门组织开展：

（一）检察官超越授权范围、职权清单作出处理决定的；

（二）经复议、复核、复查后改变原决定的；

（三）量刑建议明显不当的；

（四）犯罪嫌疑人、被告人认罪认罚后又反悔的；

（五）当事人对人民检察院的处理决定不服提出申诉的；

（六）人民法院裁判宣告无罪、改变指控罪名或者新发现影响定罪量刑重要情节的；

（七）其他需要重点评查的。

第十八条 检务督察部门应当指导办案部门做好认罪认罚案件廉政风险防控和检察官履职督查和失责惩戒工作，重点履行以下监督职责：

（一）对检察官办理认罪认罚案件执行法律、规范性文件和最高人民检察院规定、决定等情况进行执法督察；

（二）在执法督察、巡视巡察、追责惩戒、内部审计中发现以及有关单位、个人举报投诉办案检察官违反检察职责的，依职权进行调查，提出处理意见；

（三）对检察官违反检察职责和违规过问案件，不当接触当事人及其律师、特殊关系人、中介组织等利害关系人的，依职权进行调查，提出处理意见；

（四）针对认罪认罚案件办案廉政风险，加强廉政风险防控制度建设和工作指导，开展司法办案廉政教育；

（五）其他应当监督的情形。

第十九条 上级人民检察院要履行对下级人民检察院办理认罪认罚案件指导、监督管理责任，定期分析、汇总通报本辖区内办案整体情况，通过案件指导、备案备查、专项检查、错案责任倒查、审核决定等方式，对下级人民检察院办理认罪认罚案件进行监督。对存在严重瑕疵或者不规范司法行为，提出监督纠正意见。案件处理决定确有错误的，依法通过指令下级人民检察院批准逮捕、提起公诉、提出抗诉或者撤销逮捕、撤回起诉等方式予以纠正。

第二十条 人民检察院办理认罪认罚案件，应当按照规定公开案件程序性信息、重要案件信息和法律文书，接受社会监督。

第二十一条 严格落实领导干部干预司法活动、插手具体案件处理，司法机关内部或者其他人员过问案件，司法人员不正当接触交往的记录报告和责任追究等相关规定，对违反规定的严肃追责问责。

检察官对存在过问或者干预、插手办案活动，发现有与当事人、律师、特殊关系人、中介组织不当接触交往行为情况的，应当如实记录并及时报告部门负责人。

检察长、分管副检察长和部门负责人口头或者短信、微信、电话等形式向检察官提出指导性意见的，检察官记录在案后，依程序办理。

第二十二条 当事人、律师等举报、投诉检察官违反法律规定办理认罪认罚案件或者有过失行为并提供相关线索或者证据的，检察长（分管副检察长）可以要求检察官报告办案情况。检察长（分管副检察长）认为确有必要的，可以更换承办案件的检察官，将涉嫌违反检察职责行为、违纪违法线索向有关部门移送，并将相关情况记录在案。

第二十三条 对检察官办理认罪认罚案件的质量效果、办案活动等情况进行绩效考核，考核结果纳入司法业绩档案，作为检察官奖惩、晋升、调整职务职级和工资、离岗培训、免职、降职、辞退的重要依据。

第二十四条 检察官因故意违反法律法规或者因重大过失导致案件办理出现错误并造成严重后果的，应当承担司法责任。

检察官在事实认定、证据采信、法律适用、办案程序、文书制作以及司法作风等方面不符合法律和有关规定，存在司法瑕疵但不影响案件结论的正确性和效力的，依照相关纪律规定处理。

第二十五条 负有监督管理职责的检察人员因故意或者重大过失怠于行使或者不当行使职责，造成严重后果的，应当承担司法责任。

法律援助值班律师工作办法

（2020年8月20日 司规〔2020〕6号）

第一章 总 则

第一条 为保障犯罪嫌疑人、被告人依法享有的诉讼权利，加强人权司法保障，进一步规范值班律师工作，根据《中华人民共和国刑事诉讼法》《中华人民共和国律师法》等规定，制定本办法。

第二条 本办法所称值班律师，是指法律援助机构在看守所、人民检察院、人民法院等场所设立法律援助工作站，通过派驻或安排的方式，为没有辩护人的犯罪嫌疑人、被告人提供法律帮助的律师。

第三条 值班律师工作应当坚持依法、公平、公正、效率的原则，值班律师应当提供符合标准的法律服务。

第四条 公安机关（看守所）、人民检察院、人民法院、司法行政机关应当保障没有辩护人的犯罪嫌疑人、被告人获得值班律师法律帮助的权利。

第五条 值班律师工作由司法行政机关牵头组织实施，公安机关（看守所）、人民检察院、人民法院应当依法予以协助。

第二章 值班律师工作职责

第六条 值班律师依法提供以下法律帮助：

（一）提供法律咨询；

（二）提供程序选择建议；

（三）帮助犯罪嫌疑人、被告人申请变更强制措施；

（四）对案件处理提出意见；

（五）帮助犯罪嫌疑人、被告人及其近亲属申请法律援助；

（六）法律法规规定的其他事项。

值班律师在认罪认罚案件中，还应当提供以下法律帮助：

（一）向犯罪嫌疑人、被告人释明认罪认罚的性质和法律规定；

（二）对人民检察院指控罪名、量刑建议、诉讼程序适用等事项提出意见；

（三）犯罪嫌疑人签署认罪认罚具结书时在场。

值班律师办理案件时，可以应犯罪嫌疑人、被告人的约见进行会见，也可以经办案机关允许主动会见；自人民检察院对案件审查起诉之日起可以查阅案卷材料、了解案情。

第七条 值班律师提供法律咨询时，应当告知犯罪嫌疑人、被告人有关法律帮助的相关规定，结合案件所在的诉讼阶段解释相关诉讼权利和程序规定，解答犯罪嫌疑人、被告人咨询的法律问题。

犯罪嫌疑人、被告人认罪认罚的，值班律师应当了解犯罪嫌疑人、被告人对被指控的犯罪事实和罪名是否有异议，告知被指控罪名的法定量刑幅度，释明从宽从重处罚的情节以及认罪认罚的从宽幅度，并结合案件情况提供程序选择建议。

值班律师提供法律咨询的，应当记录犯罪嫌疑人、被告人涉嫌的罪名、咨询的法律问题、提供的法律解答。

第八条 在审查起诉阶段,犯罪嫌疑人认罪认罚的,值班律师可以就以下事项向人民检察院提出意见:

(一)涉嫌的犯罪事实、指控罪名及适用的法律规定;

(二)从轻、减轻或者免除处罚等从宽处罚的建议;

(三)认罪认罚后案件审理适用的程序;

(四)其他需要提出意见的事项。

值班律师对前款事项提出意见的,人民检察院应当记录在案并附卷,未采纳值班律师意见的,应当说明理由。

第九条 犯罪嫌疑人、被告人提出申请羁押必要性审查的,值班律师应当告知其取保候审、监视居住、逮捕等强制措施的适用条件和相关法律规定、人民检察院进行羁押必要性审查的程序;犯罪嫌疑人、被告人已经被逮捕的,值班律师可以帮助其向人民检察院提出羁押必要性审查申请,并协助提供相关材料。

第十条 犯罪嫌疑人签署认罪认罚具结书时,值班律师对犯罪嫌疑人认罪认罚自愿性、人民检察院量刑建议、程序适用等均无异议的,应当在具结书上签名,同时留存一份复印件归档。

值班律师对人民检察院量刑建议、程序适用有异议的,在确认犯罪嫌疑人系自愿认罪认罚后,应当在具结书上签字,同时可以向人民检察院提出法律意见。

犯罪嫌疑人拒绝值班律师帮助的,值班律师无需在具结书上签字,应当将犯罪嫌疑人签字拒绝法律帮助的书面材料留存一份归档。

第十一条 对于被羁押的犯罪嫌疑人、被告人,在不同诉讼阶段,可以由派驻看守所的同一值班律师提供法律帮助。对于未被羁押的犯罪嫌疑人、被告人,前一诉讼阶段的值班律师可以在后续诉讼阶段继续为犯罪嫌疑人、被告人提供法律帮助。

第三章 法律帮助工作程序

第十二条 公安机关、人民检察院、人民法院应当在侦查、审查起诉和审判各阶段分别告知没有辩护人的犯罪嫌疑人、被告人有权约见值班律师获得法律帮助,并为其约见值班律师提供便利。

第十三条 看守所应当告知犯罪嫌疑人、被告人有权约见值班律师,并为其约见值班律师提供便利。

看守所应当将值班律师制度相关内容纳入在押人员权利义务告知书,在犯罪嫌疑人、被告人入所时告知其有权获得值班律师的法律帮助。

犯罪嫌疑人、被告人要求约见值班律师的,可以书面或者口头申请。书面申请的,看守所应当将其填写的法律帮助申请表及时转交值班律师。口头申请的,看守所应当安排代为填写法律帮助申请表。

第十四条 犯罪嫌疑人、被告人没有委托辩护人并且不符合法律援助机构指派律师为其提供辩护的条件,要求约见值班律师的,公安机关、人民检察院、人民法院应当及时通知法律援助机构安排。

第十五条 依法应当通知值班律师提供法律帮助而犯罪嫌疑人、被告人明确拒绝的,公安机关、人民检察院、人民法院应当记录在案。

前一诉讼程序犯罪嫌疑人、被告人明确拒绝值班律师法律帮助的,后一诉讼程序的办案机关仍需告知其有权获得值班律师法律帮助的权利，有关情况应当记录在案。

第十六条 公安机关、人民检察院、人民法院需要法律援助机构通知值班律师为犯罪嫌疑人、被告人提供法律帮助的，应当向法律援助机构出具法律帮助通知书，并附相关法律文书。

单次批量通知的，可以在一份法律帮助通知书后附多名犯罪嫌疑人、被告人相关信息的材料。

除通知值班律师到羁押场所提供法律帮助的情形外，人民检察院、人民法院可以商法律援助机构简化通知方式和通知手续。

第十七条 司法行政机关和法律援助机构应当根据当地律师资源状况、法律帮助需求，会同看守所、人民检察院、人民法院合理安排值班律师的值班方式、值班频次。

值班方式可以采用现场值班、电话值班、网络值班相结合的方式。现场值班的，可以采取固定专人或轮流值班，也可以采取预约值班。

第十八条 法律援助机构应当综合律师政治素质、业务能力、执业年限等确定值班律师人选，建立值班律师名册或值班律师库。并将值班律师库或名册信息、值班律师工作安排，提前告知公安机关（看守所）、人民检察院、人民法院。

第十九条 公安机关、人民检察院、人民法院应当在确定的法律帮助日期前三个工作日，将法律帮助通知书送达法律援助机构，或者直接送达现场值班律师。

该期间没有安排现场值班律师的，法律援助机构应当自收到法律帮助通知书之日起两个工作日内确定值班律师，并通知公安机关、人民检察院、人民法院。

公安机关、人民检察院、人民法院和法律援助机构之间的送达及通知方式，可以协商简化。

适用速裁程序的案件、法律援助机构需要跨地区调配律师等特殊情形的通知和指派时限，不受前款限制。

第二十条 值班律师在人民检察院、人民法院现场值班的，应当按照法律援助机构的安排，或者人民检察院、人民法院送达的通知，及时为犯罪嫌疑人、被告人提供法律帮助。

犯罪嫌疑人、被告人提出法律帮助申请，看守所转交给现场值班律师的，值班律师应当根据看守所的安排及时提供法律帮助。

值班律师通过电话、网络值班的，应当及时提供法律帮助，疑难案件可以另行预约咨询时间。

第二十一条 侦查阶段，值班律师可以向侦查机关了解犯罪嫌疑人涉嫌的罪名及案件有关情况；案件进入审查起诉阶段后，值班律师可以查阅案卷材料，了解案情，人民检察院、人民法院应当及时安排，并提供便利。已经实现卷宗电子化的地方，人民检察院、人民法院可以安排在线阅卷。

第二十二条 值班律师持律师执业证或者律师工作证、法律帮助申请表或者法律帮助通知书到看守所办理法律帮助会见手续，看守所应当及时安排会见。

危害国家安全犯罪、恐怖活动犯罪案件，侦查期间值班律师会见在押犯罪嫌疑人的，应当经侦查机关许可。

第二十三条 值班律师提供法律帮助时，应当出示律师执业证或者律师工作证或者相关法律文书，表明值班律师身份。

第二十四条 值班律师会见犯罪嫌疑人、被告人时不被监听。

第二十五条 值班律师在提供法律帮助过程中,犯罪嫌疑人、被告人向值班律师表示愿意认罪认罚的,值班律师应当及时告知相关的公安机关、人民检察院、人民法院。

第四章 值班律师工作保障

第二十六条 在看守所、人民检察院、人民法院设立的法律援助工作站,由同级司法行政机关所属的法律援助机构负责派驻并管理。

看守所、人民检察院、人民法院等机关办公地点临近的,法律援助机构可以设立联合法律援助工作站派驻值班律师。

看守所、人民检察院、人民法院应当为法律援助工作站提供必要办公场所和设施。有条件的人民检察院、人民法院,可以设置认罪认罚等案件专门办公区域,为值班律师设立专门会见室。

第二十七条 法律援助工作站应当公示法律援助条件及申请程序、值班律师工作职责、当日值班律师基本信息等,放置法律援助格式文书及宣传资料。

第二十八条 值班律师提供法律咨询、查阅案卷材料、会见犯罪嫌疑人或者被告人、提出书面意见等法律帮助活动的相关情况应当记录在案,并随案移送。

值班律师应当将提供法律帮助的情况记入工作台账或者形成工作卷宗,按照规定时限移交法律援助机构。

公安机关(看守所)、人民检察院、人民法院应当与法律援助机构确定工作台账格式,将值班律师履行职责情况记录在案,并定期移送法律援助机构。

第二十九条 值班律师提供法律帮助时,应当遵守相关法律法规、执业纪律和职业道德,依法保守国家秘密、商业秘密和个人隐私,不得向他人泄露工作中掌握的案件情况,不得向受援人收取财物或者谋取不正当利益。

第三十条 司法行政机关应当会同财政部门,根据直接费用、基本劳务费等因素合理制定值班律师法律帮助补贴标准,并纳入预算予以保障。

值班律师提供法律咨询、转交法律援助申请等法律帮助的补贴标准按工作日计算;为认罪认罚案件的犯罪嫌疑人、被告人提供法律帮助的补贴标准,由各地结合本地实际情况按件或按工作日计算。

法律援助机构应当根据值班律师履行工作职责情况,按照规定支付值班律师法律帮助补贴。

第三十一条 法律援助机构应当建立值班律师准入和退出机制,建立值班律师服务质量考核评估制度,保障值班律师服务质量。

法律援助机构应当建立值班律师培训制度,值班律师首次上岗前应当参加培训,公安机关、人民检察院、人民法院应当提供协助。

第三十二条 司法行政机关和法律援助机构应当加强本行政区域值班律师工作的监督和指导。对律师资源短缺的地区,可采取在省、市范围内统筹调配律师资源,建立政府购买值班律师服务机制等方式,保障值班律师工作有序开展。

第三十三条 司法行政机关会同公安机关、人民检察院、人民法院建立值班律师工作会商机制,明确专门联系人,及时沟通情况,协调解决相关问题。

第三十四条 司法行政机关应当加强对值班律师的监督管理,对表现突出的值班律师给予表彰;对违法违纪的值班律师,依职权或移送有权处理机关依法依规处理。

法律援助机构应当向律师协会通报值班律师履行职责情况。

律师协会应当将值班律师履行职责、获得表彰情况纳入律师年度考核及律师诚信服务记录,对违反职业道德和执业纪律的值班律师依法依规处理。

第五章 附 则

第三十五条 国家安全机关、中国海警局、监狱履行刑事诉讼法规定职责,涉及值班律师工作的,适用本办法有关公安机关的规定。

第三十六条 本办法自发布之日起施行。《关于开展法律援助值班律师工作的意见》(司发通〔2017〕84号)同时废止。

最高人民法院、最高人民检察院、公安部、国家安全部、司法部关于规范量刑程序若干问题的意见

(2020年11月5日 法发〔2020〕38号)

为深入推进以审判为中心的刑事诉讼制度改革,落实认罪认罚从宽制度,进一步规范量刑程序,确保量刑公开公正,根据刑事诉讼法和有关司法解释等规定,结合工作实际,制定本意见。

第一条 人民法院审理刑事案件,在法庭审理中应当保障量刑程序的相对独立性。

人民检察院在审查起诉中应当规范量刑建议。

第二条 侦查机关、人民检察院应当依照法定程序,全面收集、审查、移送证明犯罪嫌疑人、被告人犯罪事实、量刑情节的证据。

对于法律规定并处或者单处财产刑的案件,侦查机关应当根据案件情况对被告人的财产状况进行调查,并向人民检察院移送相关证据材料。人民检察院应当审查并向人民法院移送相关证据材料。

人民检察院在审查起诉时发现侦查机关应当收集而未收集量刑证据的,可以退回侦查机关补充侦查,也可以自行侦查。人民检察院退回补充侦查的,侦查机关应当按照人民检察院退回补充侦查提纲的要求及时收集相关证据。

第三条 对于可能判处管制、缓刑的案件,侦查机关、人民检察院、人民法院可以委托社区矫正机构或者有关社会组织进行调查评估,提出意见,供判处管制、缓刑时参考。

社区矫正机构或者有关社会组织收到侦查机关、人民检察院或者人民法院调查评估的委托后,应当根据委托机关的要求依法进行调查,形成评估意见,并及时提交委托机关。

对于没有委托进行调查评估或者判决前没有收到调查评估报告的,人民法院经审理认为被告人符合管制、缓刑适用条件的,可以依法判处管制、宣告缓刑。

第四条 侦查机关在移送审查起诉时,可以根据犯罪嫌疑人涉嫌犯罪的情况,就宣告禁止令和从业禁止向人民检察院提出意见。

人民检察院在提起公诉时，可以提出宣告禁止令和从业禁止的建议。被告人及其辩护人、被害人及其诉讼代理人可以就是否对被告人宣告禁止令和从业禁止提出意见，并说明理由。

人民法院宣告禁止令和从业禁止，应当根据被告人的犯罪原因、犯罪性质、犯罪手段、悔罪表现、个人一贯表现等，充分考虑与被告人所犯罪行的关联程度，有针对性地决定禁止从事特定的职业、活动，进入特定区域、场所，接触特定的人等。

第五条 符合下列条件的案件，人民检察院提起公诉时可以提出量刑建议；被告人认罪认罚的，人民检察院应当提出量刑建议：

（一）犯罪事实清楚，证据确实、充分；

（二）提出量刑建议所依据的法定从重、从轻、减轻或者免除处罚等量刑情节已查清；

（三）提出量刑建议所依据的酌定从重、从轻处罚等量刑情节已查清。

第六条 量刑建议包括主刑、附加刑、是否适用缓刑等。主刑可以具有一定的幅度，也可以根据案件具体情况，提出确定刑期的量刑建议。建议判处财产刑的，可以提出确定的数额。

第七条 对常见犯罪案件，人民检察院应当按照量刑指导意见提出量刑建议。对新类型、不常见犯罪案件，可以参照相关量刑规范提出量刑建议。提出量刑建议，应当说明理由和依据。

第八条 人民检察院指控被告人犯有数罪的，应当对指控的个罪分别提出量刑建议，并依法提出数罪并罚后决定执行的刑罚的量刑建议。

对于共同犯罪案件，人民检察院应当根据各被告人在共同犯罪中的地位、作用以及应当承担的刑事责任分别提出量刑建议。

第九条 人民检察院提出量刑建议，可以制作量刑建议书，与起诉书一并移送人民法院；对于案情简单、量刑情节简单的适用速裁程序的案件，也可以在起诉书中写明量刑建议。

量刑建议书中应当写明人民检察院建议对被告人处以的主刑、附加刑、是否适用缓刑等及其理由和依据。

人民检察院以量刑建议书方式提出量刑建议的，人民法院在送达起诉书副本时，应当将量刑建议书一并送达被告人。

第十条 在刑事诉讼中，自诉人、被告人及其辩护人、被害人及其诉讼代理人可以提出量刑意见，并说明理由，人民检察院、人民法院应当记录在案并附卷。

第十一条 人民法院、人民检察院、侦查机关应当告知犯罪嫌疑人、被告人申请法律援助的权利，对符合法律援助条件的，依法通知法律援助机构指派律师为其提供辩护或者法律帮助。

第十二条 适用速裁程序审理的案件，在确认被告人认罪认罚的自愿性和认罪认罚具结书内容的真实性、合法性后，一般不再进行法庭调查、法庭辩论，但在判决宣告前应当听取辩护人的意见和被告人的最后陈述意见。

适用速裁程序审理的案件，应当当庭宣判。

第十三条 适用简易程序审理的案件，在确认被告人对起诉书指控的犯罪事实和罪名没有异议，自愿认罪且知悉认罪的法律后果后，法庭审理可以直接围绕量刑进行，不再区分法庭调查、法庭辩论，但在判决宣告前应当听取被告人的最后陈述意见。

适用简易程序审理的案件,一般应当当庭宣判。

第十四条 适用普通程序审理的被告人认罪案件,在确认被告人了解起诉书指控的犯罪事实和罪名,自愿认罪且知悉认罪的法律后果后,法庭审理主要围绕量刑和其他有争议的问题进行,可以适当简化法庭调查、法庭辩论程序。

第十五条 对于被告人不认罪或者辩护人做无罪辩护的案件,法庭调查和法庭辩论分别进行。

在法庭调查阶段,应当在查明定罪事实的基础上,查明有关量刑事实,被告人及其辩护人可以出示证明被告人无罪或者罪轻的证据,当庭发表质证意见。

在法庭辩论阶段,审判人员引导控辩双方先辩论定罪问题。在定罪辩论结束后,审判人员告知控辩双方可以围绕量刑问题进行辩论,发表量刑建议或者意见,并说明依据和理由。被告人及其辩护人参加量刑问题的调查的,不影响作无罪辩解或者辩护。

第十六条 在法庭调查中,公诉人可以根据案件的不同种类、特点和庭审的实际情况,合理安排和调整举证顺序。定罪证据和量刑证据分开出示的,应当先出示定罪证据,后出示量刑证据。

对于有数起犯罪事实的案件的量刑证据,可以在对每起犯罪事实举证时分别出示,也可以对同类犯罪事实一并出示;涉及全案综合量刑情节的证据,一般应当在举证阶段最后出示。

第十七条 在法庭调查中,人民法院应当查明对被告人适用具体法定刑幅度的犯罪事实以及法定或者酌定量刑情节。

第十八条 人民法院、人民检察院、侦查机关或者辩护人委托有关方面制作涉及未成年人的社会调查报告的,调查报告应当在法庭上宣读,并进行质证。

第十九条 在法庭审理中,审判人员对量刑证据有疑问的,可以宣布休庭,对证据进行调查核实,必要时也可以要求人民检察院补充调查核实。人民检察院补充调查核实有关证据,必要时可以要求侦查机关提供协助。

对于控辩双方补充的证据,应当经过庭审质证才能作为定案的根据。但是,对于有利于被告人的量刑证据,经庭外征求意见,控辩双方没有异议的除外。

第二十条 被告人及其辩护人、被害人及其诉讼代理人申请人民法院调取在侦查、审查起诉阶段收集的量刑证据材料,人民法院认为确有必要的,应当依法调取;人民法院认为不需要调取的,应当说明理由。

第二十一条 在法庭辩论中,量刑辩论按照以下顺序进行:

(一)公诉人发表量刑建议,或者自诉人及其诉讼代理人发表量刑意见;

(二)被害人及其诉讼代理人发表量刑意见;

(三)被告人及其辩护人发表量刑意见。

第二十二条 在法庭辩论中,出现新的量刑事实,需要进一步调查的,应当恢复法庭调查,待事实查清后继续法庭辩论。

第二十三条 对于人民检察院提出的量刑建议,人民法院应当依法审查。对于事实清楚,证据确实、充分,指控的罪名准确,量刑建议适当的,人民法院应当采纳。

人民法院经审理认为,人民检察院的量刑建议不当的,可以告知人民检察院。

人民检察院调整量刑建议的,应当在法庭审理结束前提出。人民法院认为人民检察院调整后的量刑建议适当的,应当予以采纳;人民检察院不调整量刑建议或者调整量刑建议后仍不当的,人民法院应当依法作出判决。

第二十四条 有下列情形之一,被告人当庭认罪,愿意接受处罚的,人民法院应当根据审理查明的事实,就定罪和量刑听取控辩双方意见,依法作出裁判:

(一)被告人在侦查、审查起诉阶段认罪认罚,但人民检察院没有提出量刑建议的;

(二)被告人在侦查、审查起诉阶段没有认罪认罚的;

(三)被告人在第一审程序中没有认罪认罚,在第二审程序中认罪认罚的;

(四)被告人在庭审过程中不同意量刑建议的。

第二十五条 人民法院应当在刑事裁判文书中说明量刑理由。量刑说理主要包括:

(一)已经查明的量刑事实及其对量刑的影响;

(二)是否采纳公诉人、自诉人、被告人及其辩护人、被害人及其诉讼代理人发表的量刑建议、意见及理由;

(三)人民法院判处刑罚的理由和法律依据。

对于适用速裁程序审理的案件,可以简化量刑说理。

第二十六条 开庭审理的二审、再审案件的量刑程序,依照有关法律规定进行。法律没有规定的,参照本意见进行。

对于不开庭审理的二审、再审案件,审判人员在阅卷、讯问被告人、听取自诉人、辩护人、被害人及其诉讼代理人的意见时,应当注意审查量刑事实和证据。

第二十七条 对于认罪认罚案件量刑建议的提出、采纳与调整等,适用最高人民法院、最高人民检察院、公安部、国家安全部、司法部《关于适用认罪认罚从宽制度的指导意见》的有关规定。

第二十八条 本意见自2020年11月6日起施行。2010年9月13日最高人民法院、最高人民检察院、公安部、国家安全部、司法部《印发〈关于规范量刑程序若干问题的意见(试行)〉的通知》(法发〔2010〕35号)同时废止。

人民检察院办理网络犯罪案件规定

(2021年1月22日最高人民检察院公布)

第一章 一般规定

第一条 为规范人民检察院办理网络犯罪案件,维护国家安全、网络安全、社会公共利益,保护公民、法人和其他组织的合法权益,根据《中华人民共和国刑事诉讼法》《人民检察院刑事诉讼规则》等规定,结合司法实践,制定本规定。

第二条 本规定所称网络犯罪是指针对信息网络实施的犯罪,利用信息网络实施的犯罪,以及其他上下游关联犯罪。

第三条 人民检察院办理网络犯罪案件应当加强全链条惩治,注重审查和发现上下游关联犯罪线索。对涉嫌犯罪,公安机关未立案侦查、应当提请批准逮捕而未提请批准逮捕或者应当移送起诉而未移送起诉的，依法进行监督。

第四条 人民检察院办理网络犯罪案件应当坚持惩治犯罪与预防犯罪并举，建立捕、诉、监、防一体的办案机制，加强以案释法，发挥检察建议的作用，促进有关部门、行业组织、企业等加强网络犯罪预防和治理，净化网络空间。

第五条 网络犯罪案件的管辖适用刑事诉讼法及其他相关规定。

有多个犯罪地的，按照有利于查清犯罪事实、有利于保护被害人合法权益、保证案件公正处理的原则确定管辖。

因跨区域犯罪、共同犯罪、关联犯罪等原因存在管辖争议的，由争议的人民检察院协商解决，协商不成的，报请共同的上级人民检察院指定管辖。

第六条 人民检察院办理网络犯罪案件应当发挥检察一体化优势，加强跨区域协作办案，强化信息互通、证据移交、技术协作，增强惩治网络犯罪的合力。

第七条 人民检察院办理网络犯罪案件应当加强对电子数据收集、提取、保全、固定等的审查，充分运用同一电子数据往往具有的多元关联证明作用，综合运用电子数据与其他证据，准确认定案件事实。

第八条 建立检察技术人员、其他有专门知识的人参与网络犯罪案件办理制度。根据案件办理需要，吸收检察技术人员加入办案组辅助案件办理。积极探索运用大数据、云计算、人工智能等信息技术辅助办案，提高网络犯罪案件办理的专业化水平。

第九条 人民检察院办理网络犯罪案件，对集团犯罪或者涉案人数众多的，根据行为人的客观行为、主观恶性、犯罪情节及地位、作用等综合判断责任轻重和刑事追究的必要性，按照区别对待原则分类处理，依法追诉。

第十条 人民检察院办理网络犯罪案件应当把追赃挽损贯穿始终，主动加强与有关机关协作，保证及时查封、扣押、冻结涉案财物，阻断涉案财物移转链条，督促涉案人员退赃退赔。

第二章 引导取证和案件审查

第十一条 人民检察院办理网络犯罪案件应当重点围绕主体身份同一性、技术手段违法性、上下游行为关联性等方面全面审查案件事实和证据，注重电子数据与其他证据之间的相互印证，构建完整的证据体系。

第十二条 经公安机关商请，根据追诉犯罪的需要，人民检察院可以派员适时介入重大、疑难、复杂网络犯罪案件的侦查活动，并对以下事项提出引导取证意见：

（一）案件的侦查方向及可能适用的罪名；

（二）证据的收集、提取、保全、固定、检验、分析等；

（三）关联犯罪线索；

（四）追赃挽损工作；

（五）其他需要提出意见的事项。

人民检察院开展引导取证活动时，涉及专业性问题的，可以指派检察技术人员共同参与。

第十三条 人民检察院可以通过以下方式了解案件办理情况：

（一）查阅案件材料；

（二）参加公安机关对案件的讨论；

（三）了解讯（询）问犯罪嫌疑人、被害人、证人的情况；

（四）了解、参与电子数据的收集、提取；

（五）其他方式。

第十四条 人民检察院介入网络犯罪案件侦查活动，发现关联犯罪或其他新的犯罪线索，应当建议公安机关依法立案或移送相关部门；对于犯罪嫌疑人不构成犯罪的，依法监督公安机关撤销案件。

第十五条 人民检察院可以根据案件侦查情况，向公安机关提出以下取证意见：

（一）能够扣押、封存原始存储介质的，及时扣押、封存；

（二）扣押可联网设备时，及时采取信号屏蔽、信号阻断或者切断电源等方式，防止电子数据被远程破坏；

（三）及时提取账户密码及相应数据，如电子设备、网络账户、应用软件等的账户密码，以及存储于其中的聊天记录、电子邮件、交易记录等；

（四）及时提取动态数据，如内存数据、缓存数据、网络连接数据等；

（五）及时提取依赖于特定网络环境的数据，如点对点网络传输数据、虚拟专线网络中的数据等；

（六）及时提取书证、物证等客观证据，注意与电子数据相互印证。

第十六条 对于批准逮捕后要求公安机关继续侦查、不批准逮捕后要求公安机关补充侦查或者审查起诉退回公安机关补充侦查的网络犯罪案件，人民检察院应当重点围绕本规定第十二条第一款规定的事项，有针对性地制作继续侦查提纲或者补充侦查提纲。对于专业性问题，应当听取检察技术人员或者其他有专门知识的人的意见。

人民检察院应当及时了解案件继续侦查或者补充侦查的情况。

第十七条 认定网络犯罪的犯罪嫌疑人，应当结合全案证据，围绕犯罪嫌疑人与原始存储介质、电子数据的关联性、犯罪嫌疑人网络身份与现实身份的同一性，注重审查以下内容：

（一）扣押、封存的原始存储介质是否为犯罪嫌疑人所有、持有或者使用；

（二）社交、支付结算、网络游戏、电子商务、物流等平台的账户信息、身份认证信息、数字签名、生物识别信息等是否与犯罪嫌疑人身份关联；

（三）通话记录、短信、聊天信息、文档、图片、语音、视频等文件内容是否能够反映犯罪嫌疑人的身份；

（四）域名、IP 地址、终端 MAC 地址、通信基站信息等是否能够反映电子设备为犯罪嫌疑人所使用；

（五）其他能够反映犯罪嫌疑人主体身份的内容。

第十八条 认定犯罪嫌疑人的客观行为，应当结合全案证据，围绕其利用的程序工具、技术手段的功能及其实现方式、犯罪行为和结果之间的关联性，注重审查以下内容：

（一）设备信息、软件程序代码等作案工具；

（二）系统日志、域名、IP 地址、WiFi 信息、地理位置信息等是否能够反映犯罪嫌疑人的行为轨迹；

（三）操作记录、网络浏览记录、物流信息、交易结算记录、即时通信信息等是否能够反映犯罪嫌疑人的行为内容；

（四）其他能够反映犯罪嫌疑人客观行为的内容。

第十九条 认定犯罪嫌疑人的主观方

面,应当结合犯罪嫌疑人的认知能力、专业水平、既往经历、人员关系、行为次数、获利情况等综合认定,注重审查以下内容:

(一)反映犯罪嫌疑人主观故意的聊天记录、发布内容、浏览记录等;

(二)犯罪嫌疑人行为是否明显违背系统提示要求、正常操作流程;

(三)犯罪嫌疑人制作、使用或者向他人提供的软件程序是否主要用于违法犯罪活动;

(四)犯罪嫌疑人支付结算的对象、频次、数额等是否明显违反正常交易习惯;

(五)犯罪嫌疑人是否频繁采用隐蔽上网、加密通信、销毁数据等措施或者使用虚假身份;

(六)其他能够反映犯罪嫌疑人主观方面的内容。

第二十条 认定犯罪行为的情节和后果,应当结合网络空间、网络行为的特性,从违法所得、经济损失、信息系统的破坏、网络秩序的危害程度以及对被害人的侵害程度等综合判断,注重审查以下内容:

(一)聊天记录、交易记录、音视频文件、数据库信息等能够反映犯罪嫌疑人违法所得、获取和传播数据及文件的性质、数量的内容;

(二)账号数量、信息被点击次数、浏览次数、被转发次数等能够反映犯罪行为对网络空间秩序产生影响的内容;

(三)受影响的计算机信息系统数量、服务器日志信息等能够反映犯罪行为对信息网络运行造成影响程度的内容;

(四)被害人数量、财产损失数额、名誉侵害的影响范围等能够反映犯罪行为对被害人的人身、财产等造成侵害的内容;

(五)其他能够反映犯罪行为情节、后果的内容。

第二十一条 人民检察院办理网络犯罪案件,确因客观条件限制无法逐一收集相关言词证据的,可以根据记录被害人人数、被侵害的计算机信息系统数量、涉案资金数额等犯罪事实的电子数据、书证等证据材料,在审查被告人及其辩护人所提辩解、辩护意见的基础上,综合全案证据材料,对相关犯罪事实作出认定。

第二十二条 对于数量众多的同类证据材料,在证明是否具有同样的性质、特征或者功能时,因客观条件限制不能全部验证的,可以进行抽样验证。

第二十三条 对鉴定意见、电子数据等技术性证据材料,需要进行专门审查的,应当指派检察技术人员或者聘请其他有专门知识的人进行审查并提出意见。

第二十四条 人民检察院在审查起诉过程中,具有下列情形之一的,可以依法自行侦查:

(一)公安机关未能收集的证据,特别是存在灭失、增加、删除、修改风险的电子数据,需要及时收集和固定的;

(二)经退回补充侦查未达到补充侦查要求的;

(三)其他需要自行侦查的情形。

第二十五条 自行侦查由检察官组织实施,开展自行侦查的检察人员不得少于二人。需要技术支持和安全保障的,由人民检察院技术部门和警务部门派员协助。必要时,可以要求公安机关予以配合。

第二十六条 人民检察院办理网络犯罪案件的部门,发现或者收到侵害国家利益、社会公共利益的公益诉讼案件线索的,应当及时移送负责公益诉讼的部门处理。

第三章 电子数据的审查

第二十七条 电子数据是以数字化形式存储、处理、传输的，能够证明案件事实的数据，主要包括以下形式：

（一）网页、社交平台、论坛等网络平台发布的信息；

（二）手机短信、电子邮件、即时通信、通讯群组等网络通讯信息；

（三）用户注册信息、身份认证信息、数字签名、生物识别信息等用户身份信息；

（四）电子交易记录、通信记录、浏览记录、操作记录、程序安装、运行、删除记录等用户行为信息；

（五）恶意程序、工具软件、网站源代码、运行脚本等行为工具信息；

（六）系统日志、应用程序日志、安全日志、数据库日志等系统运行信息；

（七）文档、图片、音频、视频、数字证书、数据库文件等电子文件及其创建时间、访问时间、修改时间、大小等文件附属信息。

第二十八条 电子数据取证主要包括以下方式：收集、提取电子数据；电子数据检查和侦查实验；电子数据检验和鉴定。

收集、提取电子数据可以采取以下方式：

（一）扣押、封存原始存储介质；

（二）现场提取电子数据；

（三）在线提取电子数据；

（四）冻结电子数据；

（五）调取电子数据。

第二十九条 人民检察院办理网络犯罪案件，应当围绕客观性、合法性、关联性的要求对电子数据进行全面审查。注重审查电子数据与案件事实之间的多元关联，加强综合分析，充分发挥电子数据的证明作用。

第三十条 对电子数据是否客观、真实，注重审查以下内容：

（一）是否移送原始存储介质，在原始存储介质无法封存、不便移动时，是否说明原因，并注明相关情况；

（二）电子数据是否有数字签名、数字证书等特殊标识；

（三）电子数据的收集、提取过程及结果是否可以重现；

（四）电子数据有增加、删除、修改等情形的，是否附有说明；

（五）电子数据的完整性是否可以保证。

第三十一条 对电子数据是否完整，注重审查以下内容：

（一）原始存储介质的扣押、封存状态是否完好；

（二）比对电子数据完整性校验值是否发生变化；

（三）电子数据的原件与备份是否相同；

（四）冻结后的电子数据是否生成新的操作日志。

第三十二条 对电子数据的合法性，注重审查以下内容：

（一）电子数据的收集、提取、保管的方法和过程是否规范；

（二）查询、勘验、扣押、调取、冻结等的法律手续是否齐全；

（三）勘验笔录、搜查笔录、提取笔录等取证记录是否完备；

（四）是否由符合法律规定的取证人员、见证人、持有人（提供人）等参与，因客观原因没有见证人、持有人（提供人）签名或者盖章的，是否说明原因；

（五）是否按照有关规定进行同步录音录像；

（六）对于收集、提取的境外电子数据是否符合国（区）际司法协作及相关法律规定的要求。

第三十三条 对电子数据的关联性，注重审查以下内容：

（一）电子数据与案件事实之间的关联性；

（二）电子数据及其存储介质与案件当事人之间的关联性。

第三十四条 原始存储介质被扣押封存的，注重从以下方面审查扣押封存过程是否规范：

（一）是否记录原始存储介质的品牌、型号、容量、序列号、识别码、用户标识等外观信息，是否与实物一一对应；

（二）是否封存或者计算完整性校验值，封存前后是否拍摄被封存原始存储介质的照片，照片是否清晰反映封口或者张贴封条处的状况；

（三）是否由取证人员、见证人、持有人（提供人）签名或者盖章。

第三十五条 对原始存储介质制作数据镜像予以提取固定的，注重审查以下内容：

（一）是否记录原始存储介质的品牌、型号、容量、序列号、识别码、用户标识等外观信息，是否记录原始存储介质的存放位置、使用人、保管人；

（二）是否附有制作数据镜像的工具、方法、过程等必要信息；

（三）是否计算完整性校验值；

（四）是否由取证人员、见证人、持有人（提供人）签名或者盖章。

第三十六条 提取原始存储介质中的数据内容并予以固定的，注重审查以下内容：

（一）是否记录原始存储介质的品牌、型号、容量、序列号、识别码、用户标识等外观信息，是否记录原始存储介质的存放位置、使用人、保管人；

（二）所提取数据内容的原始存储路径，提取的工具、方法、过程等信息，是否一并提取相关的附属信息、关联痕迹、系统环境等信息；

（三）是否计算完整性校验值；

（四）是否由取证人员、见证人、持有人（提供人）签名或者盖章。

第三十七条 对于在线提取的电子数据，注重审查以下内容：

（一）是否记录反映电子数据来源的网络地址、存储路径或者数据提取时的进入步骤等；

（二）是否记录远程计算机信息系统的访问方式、电子数据的提取日期和时间、提取的工具、方法等信息，是否一并提取相关的附属信息、关联痕迹、系统环境等信息；

（三）是否计算完整性校验值；

（四）是否由取证人员、见证人、持有人（提供人）签名或者盖章。

对可能无法重复提取或者可能出现变化的电子数据，是否随案移送反映提取过程的拍照、录像、截屏等材料。

第三十八条 对冻结的电子数据，注重审查以下内容：

（一）冻结手续是否符合规定；

（二）冻结的电子数据是否与案件事实相关；

（三）冻结期限是否即将到期、有无必要继续冻结或者解除；

(四)冻结期间电子数据是否被增加、删除、修改等。

第三十九条 对调取的电子数据,注重审查以下内容:

(一)调取证据通知书是否注明所调取的电子数据的相关信息;

(二)被调取单位、个人是否在通知书回执上签名或者盖章;

(三)被调取单位、个人拒绝签名、盖章的,是否予以说明;

(四)是否计算完整性校验值或者以其他方法保证电子数据的完整性。

第四十条 对电子数据进行检查、侦查实验,注重审查以下内容:

(一)是否记录检查过程、检查结果和其他需要记录的内容,并由检查人员签名或者盖章;

(二)是否记录侦查实验的条件、过程和结果,并由参加侦查实验的人员签名或者盖章;

(三)检查、侦查实验使用的电子设备、网络环境等是否与发案现场一致或者基本一致;

(四)是否使用拍照、录像、录音、通信数据采集等一种或者多种方式客观记录检查、侦查实验过程。

第四十一条 对电子数据进行检验、鉴定,注重审查以下内容:

(一)鉴定主体的合法性。包括审查司法鉴定机构、司法鉴定人员的资质,委托鉴定事项是否符合司法鉴定机构的业务范围,鉴定人员是否存在回避等情形;

(二)鉴定材料的客观性。包括鉴定材料是否真实、完整、充分,取得方式是否合法,是否与原始电子数据一致;

(三)鉴定方法的科学性。包括鉴定方法是否符合国家标准、行业标准,方法标准的选用是否符合相关规定;

(四)鉴定意见的完整性。是否包含委托人、委托时间、检材信息、鉴定或者分析论证过程、鉴定结果以及鉴定人签名、日期等内容;

(五)鉴定意见与其他在案证据能否相互印证。

对于鉴定机构以外的机构出具的检验、检测报告,可以参照本条规定进行审查。

第四十二条 行政机关在行政执法和查办案件过程中依法收集、提取的电子数据,人民检察院经审查符合法定要求的,可以作为刑事案件的证据使用。

第四十三条 电子数据的收集、提取程序有下列瑕疵,经补正或者作出合理解释的,可以采用;不能补正或者作出合理解释的,不得作为定案的根据:

(一)未以封存状态移送的;

(二)笔录或者清单上没有取证人员、见证人、持有人(提供人)签名或者盖章的;

(三)对电子数据的名称、类别、格式等注明不清的;

(四)有其他瑕疵的。

第四十四条 电子数据系篡改、伪造、无法确定真伪的,或者有其他无法保证电子数据客观、真实情形的,不得作为定案的根据。

电子数据有增加、删除、修改等情形,但经司法鉴定、当事人确认等方式确定与案件相关的重要数据未发生变化,或者能够还原电子数据原始状态、查清变化过程的,可以作为定案的根据。

第四十五条 对于无法直接展示的电子数据,人民检察院可以要求公安机关提供电子数据的内容、存储位置、附属信息、功能作用等情况的说明，随案移送人民法院。

第四章　出庭支持公诉

第四十六条　人民检察院依法提起公诉的网络犯罪案件，具有下列情形之一的，可以建议人民法院召开庭前会议：

（一）案情疑难复杂的；

（二）跨国（边）境、跨区域案件社会影响重大的；

（三）犯罪嫌疑人、被害人等人数众多、证据材料较多的；

（四）控辩双方对电子数据合法性存在较大争议的；

（五）案件涉及技术手段专业性强，需要控辩双方提前交换意见的；

（六）其他有必要召开庭前会议的情形。

必要时，人民检察院可以向法庭申请指派检察技术人员或者聘请其他有专门知识的人参加庭前会议。

第四十七条　人民法院开庭审理网络犯罪案件，公诉人出示证据可以借助多媒体示证、动态演示等方式进行。必要时，可以向法庭申请指派检察技术人员或者聘请其他有专门知识的人进行相关技术操作，并就专门性问题发表意见。

公诉人在出示电子数据时，应当从以下方面进行说明：

（一）电子数据的来源、形成过程；

（二）电子数据所反映的犯罪手段、人员关系、资金流向、行为轨迹等案件事实；

（三）电子数据与被告人供述、被害人陈述、证人证言、物证、书证等的相互印证情况；

（四）其他应当说明的内容。

第四十八条　在法庭审理过程中，被告人及其辩护人针对电子数据的客观性、合法性、关联性提出辩解或者辩护意见的，公诉人可以围绕争议点从证据来源是否合法，提取、复制、制作过程是否规范，内容是否真实完整，与案件事实有无关联等方面，有针对性地予以答辩。

第四十九条　支持、推动人民法院开庭审判网络犯罪案件全程录音录像。对庭审全程录音录像资料，必要时人民检察院可以商请人民法院复制，并将存储介质附检察卷宗保存。

第五章　跨区域协作办案

第五十条　对跨区域网络犯罪案件，上级人民检察院应当加强统一指挥和统筹协调，相关人民检察院应当加强办案协作。

第五十一条　上级人民检察院根据办案需要，可以统一调用辖区内的检察人员参与办理网络犯罪案件。

第五十二条　办理关联网络犯罪案件的人民检察院可以相互申请查阅卷宗材料、法律文书，了解案件情况，被申请的人民检察院应当予以协助。

第五十三条　承办案件的人民检察院需要向办理关联网络犯罪案件的人民检察院调取证据材料的，可以持相关法律文书和证明文件申请调取在案证据材料，被申请的人民检察院应当配合。

第五十四条　承办案件的人民检察院需要异地调查取证的，可以将相关法律文书及证明文件传输至证据所在地的人民检察院，请其代为调查取证。相关法律文书应当注明具体的取证对象、方式、内容和期限等。

被请求协助的人民检察院应当予以协助,及时将取证结果送达承办案件的人民检察院;无法及时调取的,应当作出说明。被请求协助的人民检察院有异议的,可以与承办案件的人民检察院进行协商;无法解决的,由承办案件的人民检察院报请共同的上级人民检察院决定。

第五十五条 承办案件的人民检察院需要询问异地证人、被害人的,可以通过远程视频系统进行询问,证人、被害人所在地的人民检察院应当予以协助。远程询问的,应当对询问过程进行同步录音录像。

第六章 跨国(边)境司法协作

第五十六条 办理跨国网络犯罪案件应当依照《中华人民共和国国际刑事司法协助法》及我国批准加入的有关刑事司法协助条约,加强国际司法协作,维护我国主权、安全和社会公共利益,尊重协作国司法主权、坚持平等互惠原则,提升跨国司法协作质效。

第五十七条 地方人民检察院在案件办理中需要向外国请求刑事司法协助的,应当制作刑事司法协助请求书并附相关材料,经报最高人民检察院批准后,由我国与被请求国间司法协助条约规定的对外联系机关向外国提出申请。没有刑事司法协助条约的,通过外交途径联系。

第五十八条 人民检察院参加现场移交境外证据的检察人员不少于二人,外方有特殊要求的除外。

移交、开箱、封存、登记的情况应当制作笔录,由最高人民检察院或者承办案件的人民检察院代表、外方移交人员签名或者盖章,一般应当全程录音录像。有其他见证人的,在笔录中注明。

第五十九条 人民检察院对境外收集的证据,应当审查证据来源是否合法、手续是否齐备以及证据的移交、保管、转换等程序是否连续、规范。

第六十条 人民检察院办理涉香港特别行政区、澳门特别行政区、台湾地区的网络犯罪案件,需要当地有关部门协助的,可以参照本规定及其他相关规定执行。

第七章 附 则

第六十一条 人民检察院办理网络犯罪案件适用本规定,本规定没有规定的,适用其他相关规定。

第六十二条 本规定中下列用语的含义:

(一)信息网络,包括以计算机、电视机、固定电话机、移动电话机等电子设备为终端的计算机互联网、广播电视网、固定通信网、移动通信网等信息网络,以及局域网络;

(二)存储介质,是指具备数据存储功能的电子设备、硬盘、光盘、优盘、记忆棒、存储芯片等载体;

(三)完整性校验值,是指为防止电子数据被篡改或者破坏,使用散列算法等特定算法对电子数据进行计算,得出的用于校验数据完整性的数据值;

(四)数字签名,是指利用特定算法对电子数据进行计算,得出的用于验证电子数据来源和完整性的数据值;

(五)数字证书,是指包含数字签名并对电子数据来源、完整性进行认证的电子文件;

（六）生物识别信息，是指计算机利用人体所固有的生理特征（包括人脸、指纹、声纹、虹膜、DNA等）或者行为特征（步态、击键习惯等）来进行个人身份识别的信息；

（七）运行脚本，是指使用一种特定的计算机编程语言，依据符合语法要求编写的执行指定操作的可执行文件；

（八）数据镜像，是指二进制（0101排序的数据码流）相同的数据复制件，与原件的内容无差别；

（九）MAC地址，是指计算机设备中网卡的唯一标识，每个网卡有且只有一个MAC地址。

第六十三条 人民检察院办理国家安全机关、海警机关、监狱等移送的网络犯罪案件，适用本规定和其他相关规定。

第六十四条 本规定由最高人民检察院负责解释。

第六十五条 本规定自发布之日起施行。

人民法院在线诉讼规则

（2021年5月18日最高人民法院审判委员会第1838次会议通过 2021年6月16日最高人民法院公告公布 自2021年8月1日起施行 法释〔2021〕12号）

为推进和规范在线诉讼活动，完善在线诉讼规则，依法保障当事人及其他诉讼参与人等诉讼主体的合法权利，确保公正高效审理案件，根据《中华人民共和国刑事诉讼法》《中华人民共和国民事诉讼法》《中华人民共和国行政诉讼法》等相关法律规定，结合人民法院工作实际，制定本规则。

第一条 人民法院、当事人及其他诉讼参与人等可以依托电子诉讼平台（以下简称“诉讼平台”），通过互联网或者专用网络在线完成立案、调解、证据交换、询问、庭审、送达等全部或者部分诉讼环节。

在线诉讼活动与线下诉讼活动具有同等法律效力。

第二条 人民法院开展在线诉讼应当遵循以下原则：

（一）公正高效原则。严格依法开展在线诉讼活动，完善审判流程，健全工作机制，加强技术保障，提高司法效率，保障司法公正。

（二）合法自愿原则。尊重和保障当事人及其他诉讼参与人对诉讼方式的选择权，未经当事人及其他诉讼参与人同意，人民法院不得强制或者变相强制适用在线诉讼。

（三）权利保障原则。充分保障当事人各项诉讼权利，强化提示、说明、告知义务，不得随意减少诉讼环节和减损当事人诉讼权益。

（四）便民利民原则。优化在线诉讼服务，完善诉讼平台功能，加强信息技术应用，降低当事人诉讼成本，提升纠纷解决效率。统筹兼顾不同群体司法需求，对未成年人、老年人、残障人士等特殊群体加强诉讼引导，提供相应司法便利。

（五）安全可靠原则。依法维护国家安全，保护国家秘密、商业秘密、个人隐私和个人信息，有效保障在线诉讼数据信息安全。规范技术应用，确保技术中立和平台中立。

第三条 人民法院综合考虑案件情况、当事人意愿和技术条件等因素，可以对以下案件适用在线诉讼：

（一）民事、行政诉讼案件；

（二）刑事速裁程序案件，减刑、假释案件，以及因其他特殊原因不宜线下审理的刑事案件；

（三）民事特别程序、督促程序、破产程序和非诉执行审查案件；

（四）民事、行政执行案件和刑事附带民事诉讼执行案件；

（五）其他适宜采取在线方式审理的案件。

第四条 人民法院开展在线诉讼，应当征得当事人同意，并告知适用在线诉讼的具体环节、主要形式、权利义务、法律后果和操作方法等。

人民法院应当根据当事人对在线诉讼的相应意思表示，作出以下处理：

（一）当事人主动选择适用在线诉讼的，人民法院可以不再另行征得其同意，相应诉讼环节可以直接在线进行；

（二）各方当事人均同意适用在线诉讼的，相应诉讼环节可以在线进行；

（三）部分当事人同意适用在线诉讼，部分当事人不同意的，相应诉讼环节可以采取同意方当事人线上、不同意方当事人线下的方式进行；

（四）当事人仅主动选择或者同意对部分诉讼环节适用在线诉讼的，人民法院不得推定其对其他诉讼环节均同意适用在线诉讼。

对人民检察院参与的案件适用在线诉讼的，应当征得人民检察院同意。

第五条 在诉讼过程中，如存在当事人欠缺在线诉讼能力、不具备在线诉讼条件或者相应诉讼环节不宜在线办理等情形之一的，人民法院应当将相应诉讼环节转为线下进行。

当事人已同意对相应诉讼环节适用在线诉讼，但诉讼过程中又反悔的，应当在开展相应诉讼活动前的合理期限内提出。经审查，人民法院认为不存在故意拖延诉讼等不当情形的，相应诉讼环节可以转为线下进行。

在调解、证据交换、询问、听证、庭审等诉讼环节中，一方当事人要求其他当事人及诉讼参与人在线下参与诉讼的，应当提出具体理由。经审查，人民法院认为案件存在案情疑难复杂、需证人现场作证、有必要线下举证质证、陈述辩论等情形之一的，相应诉讼环节可以转为线下进行。

第六条 当事人已同意适用在线诉讼，但无正当理由不参与在线诉讼活动或者不作出相应诉讼行为，也未在合理期限内申请提出转为线下进行的，应当依照法律和司法解释的相关规定承担相应法律后果。

第七条 参与在线诉讼的诉讼主体应当先行在诉讼平台完成实名注册。人民法院应当通过证件证照在线比对、身份认证平台认证等方式，核实诉讼主体的实名手机号码、居民身份证件号码、护照号码、统一社会信用代码等信息，确认诉讼主体身份真实性。诉讼主体在线完成身份认证后，取得登录诉讼平台的专用账号。

参与在线诉讼的诉讼主体应当妥善保管诉讼平台专用账号和密码。除有证据证明存在账号被盗用或者系统错误的情形外，使用专用账号登录诉讼平台所作出的行为，视为被认证人本人行为。

人民法院在线开展调解、证据交换、庭审等诉讼活动，应当再次验证诉讼主体的身份；确有必要的，应当在线下进一步核实身份。

第八条 人民法院、特邀调解组织、特邀调解员可以通过诉讼平台、人民法院调解平台等开展在线调解活动。在线调解应当按照法律和司法解释相关规定进行，依法保护国家秘密、商业秘密、个人隐私和其他不宜公开的信息。

第九条 当事人采取在线方式提交起诉材料的，人民法院应当在收到材料后的法定期限内，在线作出以下处理：

（一）符合起诉条件的，登记立案并送达案件受理通知书、交纳诉讼费用通知书、举证通知书等诉讼文书；

（二）提交材料不符合要求的，及时通知其补正，并一次性告知补正内容和期限，案件受理时间自收到补正材料后次日重新起算；

（三）不符合起诉条件或者起诉材料经补正仍不符合要求，原告坚持起诉的，依法裁定不予受理或者不予立案；

当事人已在线提交符合要求的起诉状等材料的，人民法院不得要求当事人再提供纸质件。

上诉、申请再审、特别程序、执行等案件的在线受理规则，参照本条第一款、第二款规定办理。

第十条 案件适用在线诉讼的，人民法院应当通知被告、被上诉人或者其他诉讼参与人，询问其是否同意以在线方式参与诉讼。被通知人同意采用在线方式的，应当在收到通知的三日内通过诉讼平台验证身份、关联案件，并在后续诉讼活动中通过诉讼平台了解案件信息、接收和提交诉讼材料，以及实施其他诉讼行为。

被通知人未明确表示同意采用在线方式，且未在人民法院指定期限内注册登录诉讼平台的，针对被通知人的相关诉讼活动在线下进行。

第十一条 当事人可以在诉讼平台直接填写录入起诉状、答辩状、反诉状、代理意见等诉讼文书材料。

当事人可以通过扫描、翻拍、转录等方式，将线下的诉讼文书材料或者证据材料作电子化处理后上传至诉讼平台。诉讼材料为电子数据，且诉讼平台与存储该电子数据的平台已实现对接的，当事人可以将电子数据直接提交至诉讼平台。

当事人提交电子化材料确有困难的，人民法院可以辅助当事人将线下材料作电子化处理后导入诉讼平台。

第十二条 当事人提交的电子化材料，经人民法院审核通过后，可以直接在诉讼中使用。诉讼中存在下列情形之一的，人民法院应当要求当事人提供原件、原物：

（一）对方当事人认为电子化材料与原件、原物不一致，并提出合理理由和依据的；

（二）电子化材料呈现不完整、内容不清晰、格式不规范的；

（三）人民法院卷宗、档案管理相关规定要求提供原件、原物的；

（四）人民法院认为有必要提交原件、原物的。

第十三条 当事人提交的电子化材料，符合下列情形之一的，人民法院可以认定符合原件、原物形式要求：

（一）对方当事人对电子化材料与原件、原物的一致性未提出异议的；

（二）电子化材料形成过程已经过公证机构公证的；

（三）电子化材料已在之前诉讼中提交并经人民法院确认的；

(四)电子化材料已通过在线或者线下方式与原件、原物比对一致的;

(五)有其他证据证明电子化材料与原件、原物一致的。

第十四条 人民法院根据当事人选择和案件情况,可以组织当事人开展在线证据交换,通过同步或者非同步方式在线举证、质证。

各方当事人选择同步在线交换证据的,应当在人民法院指定的时间登录诉讼平台,通过在线视频或者其他方式,对已经导入诉讼平台的证据材料或者线下送达的证据材料副本,集中发表质证意见。

各方当事人选择非同步在线交换证据的,应当在人民法院确定的合理期限内,分别登录诉讼平台,查看已经导入诉讼平台的证据材料,并发表质证意见。

各方当事人均同意在线证据交换,但对具体方式无法达成一致意见的,适用同步在线证据交换。

第十五条 当事人作为证据提交的电子化材料和电子数据,人民法院应当按照法律和司法解释的相关规定,经当事人举证质证后,依法认定其真实性、合法性和关联性。未经人民法院查证属实的证据,不得作为认定案件事实的根据。

第十六条 当事人作为证据提交的电子数据系通过区块链技术存储,并经技术核验一致的,人民法院可以认定该电子数据上链后未经篡改,但有相反证据足以推翻的除外。

第十七条 当事人对区块链技术存储的电子数据上链后的真实性提出异议,并有合理理由的,人民法院应当结合下列因素作出判断:

(一)存证平台是否符合国家有关部门关于提供区块链存证服务的相关规定;

(二)当事人与存证平台是否存在利害关系,并利用技术手段不当干预取证、存证过程;

(三)存证平台的信息系统是否符合清洁性、安全性、可靠性、可用性的国家标准或者行业标准;

(四)存证技术和过程是否符合相关国家标准或者行业标准中关于系统环境、技术安全、加密方式、数据传输、信息验证等方面的要求。

第十八条 当事人提出电子数据上链存储前已不具备真实性,并提供证据证明或者说明理由的,人民法院应当予以审查。

人民法院根据案件情况,可以要求提交区块链技术存储电子数据的一方当事人,提供证据证明上链存储前数据的真实性,并结合上链存储前数据的具体来源、生成机制、存储过程、公证机构公证、第三方见证、关联印证数据等情况作出综合判断。当事人不能提供证据证明或者作出合理说明,该电子数据也无法与其他证据相互印证的,人民法院不予确认其真实性。

第十九条 当事人可以申请具有专门知识的人就区块链技术存储电子数据相关技术问题提出意见。人民法院可以根据当事人申请或者依职权,委托鉴定区块链技术存储电子数据的真实性,或者调取其他相关证据进行核对。

第二十条 经各方当事人同意,人民法院可以指定当事人在一定期限内,分别登录诉讼平台,以非同步的方式开展调解、证据交换、调查询问、庭审等诉讼活动。

适用小额诉讼程序或者民事、行政简易程序审理的案件,同时符合下列情形的,人民法院和当事人可以在指定期限内,按

照庭审程序环节分别录制参与庭审视频并上传至诉讼平台,非同步完成庭审活动:

(一)各方当事人同时在线参与庭审确有困难;

(二)一方当事人提出书面申请,各方当事人均表示同意;

(三)案件经过在线证据交换或者调查询问,各方当事人对案件主要事实和证据不存在争议。

第二十一条 人民法院开庭审理的案件,应当根据当事人意愿、案件情况、社会影响、技术条件等因素,决定是否采取视频方式在线庭审,但具有下列情形之一的,不得适用在线庭审:

(一)各方当事人均明确表示不同意,或者一方当事人表示不同意且有正当理由的;

(二)各方当事人均不具备参与在线庭审的技术条件和能力的;

(三)需要通过庭审现场查明身份、核对原件、查验实物的;

(四)案件疑难复杂、证据繁多,适用在线庭审不利于查明事实和适用法律的;

(五)案件涉及国家安全、国家秘密的;

(六)案件具有重大社会影响,受到广泛关注的;

(七)人民法院认为存在其他不宜适用在线庭审情形的。

采取在线庭审方式审理的案件,审理过程中发现存在上述情形之一的,人民法院应当及时转为线下庭审。已完成的在线庭审活动具有法律效力。

在线询问的适用范围和条件参照在线庭审的相关规则。

第二十二条 适用在线庭审的案件,应当按照法律和司法解释的相关规定开展庭前准备、法庭调查、法庭辩论等庭审活动,保障当事人申请回避、举证、质证、陈述、辩论等诉讼权利。

第二十三条 需要公告送达的案件,人民法院可以在公告中明确线上或者线下参与庭审的具体方式,告知当事人选择在线庭审的权利。被公告方当事人未在开庭前向人民法院表示同意在线庭审的,被公告方当事人适用线下庭审。其他同意适用在线庭审的当事人,可以在线参与庭审。

第二十四条 在线开展庭审活动,人民法院应当设置环境要素齐全的在线法庭。在线法庭应当保持国徽在显著位置,审判人员及席位名称等在视频画面合理区域。因存在特殊情形,确需在在线法庭之外的其他场所组织在线庭审的,应当报请本院院长同意。

出庭人员参加在线庭审,应当选择安静、无干扰、光线适宜、网络信号良好、相对封闭的场所,不得在可能影响庭审音频视频效果或者有损庭审严肃性的场所参加庭审。必要时,人民法院可以要求出庭人员到指定场所参加在线庭审。

第二十五条 出庭人员参加在线庭审应当尊重司法礼仪,遵守法庭纪律。人民法院根据在线庭审的特点,适用《中华人民共和国人民法院法庭规则》相关规定。

除确属网络故障、设备损坏、电力中断或者不可抗力等原因外,当事人无正当理由不参加在线庭审,视为“拒不到庭”;在庭审中擅自退出,经提示、警告后仍不改正的,视为“中途退庭”,分别按照相关法律和司法解释的规定处理。

第二十六条 证人通过在线方式出庭的,人民法院应当通过指定在线出庭场所、设置在线作证室等方式,保证其不旁听案件审理和不受他人干扰。当事人对证人在线出庭提出异议且有合理理由的，或者人民法院认为确有必要的，应当要求证人线下出庭作证。

鉴定人、勘验人、具有专门知识的人在线出庭的，参照前款规定执行。

第二十七条 适用在线庭审的案件，应当按照法律和司法解释的相关规定公开庭审活动。

对涉及国家安全、国家秘密、个人隐私的案件，庭审过程不得在互联网上公开。对涉及未成年人、商业秘密、离婚等民事案件，当事人申请不公开审理的，在线庭审过程可以不在互联网上公开。

未经人民法院同意，任何人不得违法违规录制、截取、传播涉及在线庭审过程的音频视频、图文资料。

第二十八条 在线诉讼参与人故意违反本规则第八条、第二十四条、第二十五条、第二十六条、第二十七条的规定，实施妨害在线诉讼秩序行为的，人民法院可以根据法律和司法解释关于妨害诉讼的相关规定作出处理。

第二十九条 经受送达人同意，人民法院可以通过送达平台，向受送达人的电子邮箱、即时通讯账号、诉讼平台专用账号等电子地址，按照法律和司法解释的相关规定送达诉讼文书和证据材料。

具备下列情形之一的，人民法院可以确定受送达人同意电子送达：

(一)受送达人明确表示同意的；

(二)受送达人在诉讼前对适用电子送达已作出约定或者承诺的；

(三)受送达人在提交的起诉状、上诉状、申请书、答辩状中主动提供用于接收送达的电子地址的；

(四)受送达人通过回复收悉、参加诉讼等方式接受已经完成的电子送达，并且未明确表示不同意电子送达的。

第三十条 人民法院可以通过电话确认、诉讼平台在线确认、线下发送电子送达确认书等方式，确认受送达人是否同意电子送达，以及受送达人接收电子送达的具体方式和地址，并告知电子送达的适用范围、效力、送达地址变更方式以及其他需告知的送达事项。

第三十一条 人民法院向受送达人主动提供或者确认的电子地址送达的，送达信息到达电子地址所在系统时，即为送达。

受送达人未提供或者未确认有效电子送达地址，人民法院向能够确认为受送达人本人的电子地址送达的，根据下列情形确定送达是否生效：

(一)受送达人回复已收悉，或者根据送达内容已作出相应诉讼行为的，即为完成有效送达；

(二)受送达人的电子地址所在系统反馈受送达人已阅知，或者有其他证据可以证明受送达人已经收悉的，推定完成有效送达，但受送达人能够证明存在系统错误、送达地址非本人使用或者非本人阅知等未收悉送达内容的情形除外。

人民法院开展电子送达，应当在系统中全程留痕，并制作电子送达凭证。电子送达凭证具有送达回证效力。

对同一内容的送达材料采取多种电子方式发送受送达人的，以最先完成的有效送达时间作为送达生效时间。

第三十二条 人民法院适用电子送达，可以同步通过短信、即时通讯工具、诉讼平台提示等方式，通知受送达人查阅、接收、下载相关送达材料。

第三十三条 适用在线诉讼的案件，各方诉讼主体可以通过在线确认、电子签章等方式，确认和签收调解协议、笔录、电子送达凭证及其他诉讼材料。

第三十四条 适用在线诉讼的案件，人民法院应当在调解、证据交换、庭审、合议等诉讼环节同步形成电子笔录。电子笔录以在线方式核对确认后，与书面笔录具有同等法律效力。

第三十五条 适用在线诉讼的案件，人民法院应当利用技术手段随案同步生成电子卷宗，形成电子档案。电子档案的立卷、归档、存储、利用等，按照档案管理相关法律法规的规定执行。

案件无纸质材料或者纸质材料已经全部转化为电子材料的，第一审人民法院可以采用电子卷宗代替纸质卷宗进行上诉移送。

适用在线诉讼的案件存在纸质卷宗材料的，应当按照档案管理相关法律法规立卷、归档和保存。

第三十六条 执行裁决案件的在线立案、电子材料提交、执行和解、询问当事人、电子送达等环节，适用本规则的相关规定办理。

人民法院可以通过财产查控系统、网络询价评估平台、网络拍卖平台、信用惩戒系统等，在线完成财产查明、查封、扣押、冻结、划扣、变价和惩戒等执行实施环节。

第三十七条 符合本规定第三条第二项规定的刑事案件，经公诉人、当事人、辩护人同意，可以根据案件情况，采取在线方式讯问被告人、开庭审理、宣判等。

案件采取在线方式审理的，按照以下情形分别处理：

（一）被告人、罪犯被羁押的，可以在看守所、监狱等羁押场所在线出庭；

（二）被告人、罪犯未被羁押的，因特殊原因确实无法到庭的，可以在人民法院指定的场所在线出庭；

（三）证人、鉴定人一般应当在线下出庭，但法律和司法解释另有规定的除外。

第三十八条 参与在线诉讼的相关主体应当遵守数据安全和个人信息保护的相关法律法规，履行数据安全和个人信息保护义务。除人民法院依法公开的以外，任何人不得违法违规披露、传播和使用在线诉讼数据信息。出现上述情形的，人民法院可以根据具体情况，依照法律和司法解释关于数据安全、个人信息保护以及妨害诉讼的规定追究相关单位和人员法律责任，构成犯罪的，依法追究刑事责任。

第三十九条 本规则自2021年8月1日起施行。最高人民法院之前发布的司法解释涉及在线诉讼的规定与本规则不一致的，以本规则为准。

人民检察院羁押听证办法

（2021年8月17日最高人民检察院公布）

第一条 为了依法贯彻落实少捕慎诉慎押刑事司法政策，进一步加强和规范人民检察院羁押审查工作，准确适用羁押措施，依法保障犯罪嫌疑人、被告人的合法权利，根据《中华人民共和国刑事诉讼法》及有关规定，结合检察工作实际，制定本办法。

第二条 羁押听证是指人民检察院办理审查逮捕、审查延长侦查羁押期限、羁押必要性审查案件，以组织召开听证会的形式,就是否决定逮捕、是否批准延长侦查羁押期限、是否继续羁押听取各方意见的案件审查活动。

第三条 具有下列情形之一,且有必要当面听取各方意见,以依法准确作出审查决定的,可以进行羁押听证:

(一)需要核实评估犯罪嫌疑人、被告人是否具有社会危险性,未成年犯罪嫌疑人、被告人是否具有社会帮教条件的;

(二)有重大社会影响的;

(三)涉及公共利益、民生保障、企业生产经营等领域,听证审查有利于实现案件办理政治效果、法律效果和社会效果统一的;

(四)在押犯罪嫌疑人、被告人及其法定代理人、近亲属或者辩护人申请变更强制措施的;

(五)羁押必要性审查案件在事实认定、法律适用、案件处理等方面存在较大争议的;

(六)其他有必要听证审查的。

第四条 羁押听证由负责办理案件的人民检察院组织开展。

经审查符合本办法第三条规定的羁押审查案件,经检察长批准,可以组织羁押听证。犯罪嫌疑人、被告人及其法定代理人、近亲属或者辩护人申请羁押听证的,人民检察院应当及时作出决定并告知申请人。

第五条 根据本办法开展的羁押听证一般不公开进行。人民检察院认为有必要公开的,经检察长批准,听证活动可以公开进行。

未成年人案件羁押听证一律不公开进行。

第六条 羁押听证由承办案件的检察官办案组的主办检察官或者独任办理案件的检察官主持。检察长或者部门负责人参加听证的,应当主持听证。

第七条 除主持听证的检察官外,参加羁押听证的人员一般包括参加案件办理的其他检察人员、侦查人员、犯罪嫌疑人、被告人及其法定代理人和辩护人、被害人及其诉讼代理人。

其他诉讼参与人,犯罪嫌疑人、被告人、被害人的近亲属,未成年犯罪嫌疑人、被告人的合适成年人等其他人员,经人民检察院许可,可以参加听证并发表意见。必要时,人民检察院可以根据相关规定邀请符合条件的社会人士作为听证员参加听证。

有重大影响的审查逮捕案件和羁押必要性审查案件的公开听证,应当邀请人民监督员参加。

第八条 决定开展听证审查的,承办案件的检察官办案组或者独任检察官应当做好以下准备工作:

(一)认真审查案卷材料,梳理、明确听证审查的重点问题;

(二)拟定听证审查提纲,制定听证方案;

(三)及时通知听证参加人员,并告知其听证案由、听证时间和地点。参加听证人员有书面意见或者相关证据材料的,要求其在听证会前提交人民检察院。

第九条 听证审查按照以下程序进行:

(一)主持人宣布听证审查开始,核实犯罪嫌疑人、被告人身份,介绍参加人员。

(二)告知参加人员权利义务。

(三)宣布听证程序和纪律要求。

(四)介绍案件基本情况、明确听证审查重点问题。

(五)侦查人员围绕听证审查重点问

题,说明犯罪嫌疑人、被告人需要羁押或者延长羁押的事实和依据,出示证明社会危险性条件的证据材料。羁押必要性审查听证可以围绕事实认定出示相关证据材料。

(六)犯罪嫌疑人、被告人及其法定代理人和辩护人发表意见,出示相关证据材料。

(七)需要核实评估社会危险性和社会帮教条件的,参加听证的其他相关人员发表意见,提交相关证据材料。

(八)检察官可以向侦查人员、犯罪嫌疑人、被告人、辩护人、被害人及其他相关人员发问。经主持人许可,侦查人员、辩护人可以向犯罪嫌疑人、被告人等相关人员发问。社会人士作为听证员参加听证的,可以向相关人员发问。

(九)经主持人许可,被害人等其他参加人员可以发表意见。

(十)社会人士作为听证员参加听证的,检察官应当听取其意见。必要时,听取意见可以单独进行。

两名以上犯罪嫌疑人、被告人参加听证审查的,应当分别进行。

第十条 涉及国家秘密、商业秘密、侦查秘密和个人隐私案件的羁押听证,参加人员应当严格限制在检察人员和侦查人员、犯罪嫌疑人、被告人及其法定代理人和辩护人、其他诉讼参与人范围内。听证审查过程中认为有必要的,检察官可以在听证会结束后单独听取意见、核实证据。

第十一条 犯罪嫌疑人、被告人认罪认罚的,听证审查时主持听证的检察官应当核实认罪认罚的自愿性、合法性,并听取侦查人员对犯罪嫌疑人是否真诚认罪认罚的意见。

犯罪嫌疑人、被告人认罪认罚的情况是判断其是否具有社会危险性的重要考虑因素。

第十二条 听证过程应当全程录音录像并由书记员制作笔录。

听证笔录由主持听证的检察官、其他参加人和记录人签名或者盖章,与录音录像、相关书面意见等归入案件卷宗。

第十三条 听证员的意见是人民检察院依法提出审查意见和作出审查决定的重要参考。拟不采纳听证员多数意见的,应当向检察长报告并获同意后作出决定。

第十四条 检察官充分听取各方意见后,综合案件情况,依法提出审查意见或者作出审查决定。

当场作出审查决定的,应当当场宣布并说明理由;在听证会后依法作出决定的,应当依照相关规定及时履行宣告、送达和告知义务。

第十五条 人民监督员对羁押听证活动的监督意见,人民检察院应当依照相关规定及时研究处理并做好告知和解释说明等工作。

第十六条 参加羁押听证的人员应当严格遵守有关保密规定,根据案件情况确有必要的,可以要求参加人员签订保密承诺书。

故意或者过失泄露国家秘密、商业秘密、侦查秘密、个人隐私的,依法依纪追究责任人员的法律责任和纪律责任。

第十七条 犯罪嫌疑人、被告人被羁押的,羁押听证应当在看守所进行。犯罪嫌疑人、被告人未被羁押的,听证一般在人民检察院听证室进行。

羁押听证的安全保障、技术保障,由本院司法警察和技术信息等部门负责。

第十八条 本办法自公布之日起施行。

人民检察院办理认罪认罚案件听取意见同步录音录像规定

（2021年12月2日 高检发办字〔2021〕117号）

第一条 为规范人民检察院办理认罪认罚案件听取意见活动，依法保障犯罪嫌疑人、被告人诉讼权利，确保认罪认罚自愿性、真实性、合法性，根据法律和相关规定，结合办案实际，制定本规定。

第二条 人民检察院办理认罪认罚案件，对于检察官围绕量刑建议、程序适用等事项听取犯罪嫌疑人、被告人、辩护人或者值班律师意见、签署具结书活动，应当同步录音录像。

听取意见同步录音录像不包括讯问过程，但是讯问与听取意见、签署具结书同时进行的，可以一并录制。

多次听取意见的，至少要对量刑建议形成、确认以及最后的具结书签署过程进行同步录音录像。对依法不需要签署具结书的案件，应当对能够反映量刑建议形成的环节同步录音录像。

第三条 认罪认罚案件听取意见同步录音录像适用于所有认罪认罚案件。

第四条 同步录音录像一般应当包含如下内容：

（一）告知犯罪嫌疑人、被告人、辩护人或者值班律师对听取意见过程进行同步录音录像的情况；

（二）告知犯罪嫌疑人、被告人诉讼权利义务和认罪认罚法律规定，释明认罪认罚的法律性质和法律后果的情况；

（三）告知犯罪嫌疑人、被告人无正当理由反悔的法律后果的情况；

（四）告知认定的犯罪事实、罪名、处理意见，提出的量刑建议、程序适用建议并进行说明的情况；

（五）检察官听取犯罪嫌疑人、被告人、辩护人或者值班律师意见，犯罪嫌疑人、被告人听取辩护人或者值班律师意见的情况；

（六）根据需要，开示证据的情况；

（七）犯罪嫌疑人、被告人签署具结书及辩护人或者值班律师见证的情况；

（八）其他需要录制的情况。

第五条 认罪认罚案件听取意见应当由检察官主持，检察官助理、检察技术人员、司法警察、书记员协助。犯罪嫌疑人、被告人、辩护人或者值班律师等人员参与。

同步录音录像由检察技术人员或其他检察辅助人员负责录制。

第六条 同步录音录像一般应当在羁押场所或者检察机关办案区进行，有条件的可以探索在上述地点单独设置听取意见室。

采取远程视频等方式听取意见的，应当保存视频音频作为同步录音录像资料。

第七条 听取意见前，人民检察院应当告知辩护人或者值班律师听取意见的时间、地点，并听取辩护人或者值班律师意见。

在听取意见过程中，人民检察院应当为辩护人或者值班律师会见犯罪嫌疑人、查阅案卷材料提供必要的便利。

第八条 同步录音录像，应当客观、全面地反映听取意见的参与人员、听取意见过程，画面完整、端正，声音和影像清晰可辨。同步录音录像应当保持完整、连续，不得选择性录制，不得篡改、删改。

第九条 同步录音录像的起始和结束由检察官宣布。开始录像前,应当告知犯罪嫌疑人、被告人、辩护人或者值班律师。

第十条 听取意见过程中发现可能影响定罪量刑的新情况,需要补充核实的,应当中止听取意见和同步录音录像。核实完毕后,视情决定重新或者继续听取意见并进行同步录音录像。

因技术故障无法录制的,一般应当中止听取意见,待故障排除后再行听取意见和录制。技术故障一时难以排除的,征得犯罪嫌疑人、被告人、辩护人或者值班律师同意,可以继续听取意见,但应当记录在案。

第十一条 同步录音录像结束后,录制人员应当及时制作同步录音录像文件,交由案件承办人员办案使用,案件办结后由案件承办人员随案归档。同步录音录像文件的命名应当与全国检察业务应用系统内案件对应。各级人民检察院应当逐步建立同步录音录像文件管理系统,统一存储和保管同步录音录像文件。同步录音录像文件保存期限为十年。

第十二条 同步录音录像文件是人民检察院办理认罪认罚案件的工作资料,实行有条件调取使用。因人民法院、犯罪嫌疑人、被告人、辩护人或者值班律师对认罪认罚自愿性、真实性、合法性提出异议或者疑问等原因,需要查阅同步录音录像文件的,人民检察院可以出示,也可以将同步录音录像文件移送人民法院,必要时提请法庭播放。

因案件质量评查、复查、检务督察等工作,需要查阅、调取、复制、出示同步录音录像文件的,应当履行审批手续并记录在案。

第十三条 检察人员听取意见应当着检察制服,做到仪表整洁,举止严肃、端庄,用语文明、规范。

第十四条 人民检察院刑事检察、检察技术、计划财务装备、案件管理、司法警察、档案管理等部门应当各司其职、各负其责、协调配合,保障同步录音录像工作规范、高效、有序开展。

第十五条 人民检察院办理未成年人认罪认罚案件开展听取意见同步录音录像工作的,根据相关法律规定,结合未成年人检察工作实际,参照本规定执行。

第十六条 本规定自2022年3月1日起实施。

最高人民法院、司法部关于为死刑复核案件被告人依法提供法律援助的规定(试行)

(2021年12月30日 法〔2021〕348号)

为充分发挥辩护律师在死刑复核程序中的作用,切实保障死刑复核案件被告人的诉讼权利,根据《中华人民共和国刑事诉讼法》《中华人民共和国律师法》《中华人民共和国法律援助法》《最高人民法院关于适用〈中华人民共和国刑事诉讼法〉的解释》等法律及司法解释,制定本规定。

第一条 最高人民法院复核死刑案件,被告人申请法律援助的,应当通知司法部法律援助中心指派律师为其提供辩护。

法律援助通知书应当写明被告人姓名、案由、提供法律援助的理由和依据、案件审判庭和联系方式,并附二审或者高级人民法院复核审裁判文书。

第二条 高级人民法院在向被告人送

达依法作出的死刑裁判文书时，应当书面告知其在最高人民法院复核死刑阶段可以委托辩护律师，也可以申请法律援助；被告人申请法律援助的，应当在十日内提出，法律援助申请书应当随案移送。

第三条 司法部法律援助中心在接到最高人民法院法律援助通知书后，应当采取适当方式指派律师为被告人提供辩护。

第四条 司法部法律援助中心在接到最高人民法院法律援助通知书后，应当在三日内指派具有三年以上刑事辩护执业经历的律师担任被告人的辩护律师，并函告最高人民法院。

司法部法律援助中心出具的法律援助公函应当写明接受指派的辩护律师的姓名、所属律师事务所及联系方式。

第五条 最高人民法院应当告知或者委托高级人民法院告知被告人为其指派的辩护律师的情况。被告人拒绝指派的律师为其辩护的，最高人民法院应当准许。

第六条 被告人在死刑复核期间自行委托辩护律师的，司法部法律援助中心应当作出终止法律援助的决定，并及时函告最高人民法院。

最高人民法院在复核死刑案件过程中发现有前款规定情形的，应当及时函告司法部法律援助中心。司法部法律援助中心应当作出终止法律援助的决定。

第七条 辩护律师应当在接受指派之日起十日内，通过传真或者寄送等方式，将法律援助手续提交最高人民法院。

第八条 辩护律师依法行使辩护权，最高人民法院应当提供便利。

第九条 辩护律师在依法履行辩护职责中遇到困难和问题的，最高人民法院、司法部有关部门应当及时协调解决，切实保障辩护律师依法履行职责。

第十条 辩护律师应当在接受指派之日起一个半月内提交书面辩护意见或者当面反映辩护意见。辩护律师要求当面反映意见的，最高人民法院应当听取辩护律师的意见。

第十一条 死刑复核案件裁判文书应当写明辩护律师姓名及所属律师事务所，并表述辩护律师的辩护意见。受委托宣判的人民法院应当在宣判后五日内将最高人民法院生效裁判文书送达辩护律师。

第十二条 司法部指导、监督全国死刑复核案件法律援助工作，司法部法律援助中心负责具体组织和实施。

第十三条 本规定自 2022 年 1 月 1 日起施行。

最高人民法院、最高人民检察院、公安部、司法部关于未成年人犯罪记录封存的实施办法

（2022 年 5 月 24 日）

第一条 为了贯彻对违法犯罪未成年人教育、感化、挽救的方针，加强对未成年人的特殊、优先保护，坚持最有利于未成年人原则，根据刑法、刑事诉讼法、未成年人保护法、预防未成年人犯罪法等有关法律规定，结合司法工作实际，制定本办法。

第二条 本办法所称未成年人犯罪记录，是指国家专门机关对未成年犯罪人员情况的客观记载。应当封存的未成年人犯罪记录，包括侦查、起诉、审判及刑事执行过程中形成的有关未成年人犯罪或者涉嫌犯罪的全部案卷材料与电子档案信息。

第三条 不予刑事处罚、不追究刑事责任、不起诉、采取刑事强制措施的记录，以及对涉罪未成年人进行社会调查、帮教考察、心理疏导、司法救助等工作的记录，按照本办法规定的内容和程序进行封存。

第四条 犯罪的时候不满十八周岁，被判处五年有期徒刑以下刑罚以及免予刑事处罚的未成年人犯罪记录，应当依法予以封存。

对在年满十八周岁前后实施数个行为，构成一罪或者一并处理的数罪，主要犯罪行为是在年满十八岁周岁前实施的，被判处或者决定执行五年有期徒刑以下刑罚以及免予刑事处罚的未成年人犯罪记录，应当对全案依法予以封存。

第五条 对于分案办理的未成年人与成年人共同犯罪案件，在封存未成年人案卷材料和信息的同时，应当在未封存的成年人卷宗封面标注“含犯罪记录封存信息”等明显标识，并对相关信息采取必要保密措施。对于未分案办理的未成年人与成年人共同犯罪案件，应当在全案卷宗封面标注“含犯罪记录封存信息”等明显标识，并对相关信息采取必要保密措施。

第六条 其他刑事、民事、行政及公益诉讼案件，因办案需要使用了被封存的未成年人犯罪记录信息的，应当在相关卷宗封面标明“含犯罪记录封存信息”，并对相关信息采取必要保密措施。

第七条 未成年人因事实不清、证据不足被宣告无罪的案件，应当对涉罪记录予以封存；但未成年被告人及其法定代理人申请不予封存或者解除封存的，经人民法院同意，可以不予封存或者解除封存。

第八条 犯罪记录封存决定机关在作出案件处理决定时，应当同时向案件被告人或犯罪嫌疑人及其法定代理人或近亲属释明未成年人犯罪记录封存制度，并告知其相关权利义务。

第九条 未成年人犯罪记录封存应当贯彻及时、有效的原则。对于犯罪记录被封存的未成年人，在入伍、就业时免除犯罪记录的报告义务。

被封存犯罪记录的未成年人因涉嫌再次犯罪接受司法机关调查时，应当主动、如实地供述其犯罪记录情况，不得回避、隐瞒。

第十条 对于需要封存的未成年人犯罪记录，应当遵循《中华人民共和国个人信息保护法》不予公开，并建立专门的未成年人犯罪档案库，执行严格的保管制度。

对于电子信息系统中需要封存的未成年人犯罪记录数据，应当加设封存标记，未经法定查询程序，不得进行信息查询、共享及复用。

封存的未成年人犯罪记录数据不得向外部平台提供或对接。

第十一条 人民法院依法对犯罪时不满十八周岁的被告人判处五年有期徒刑以下刑罚以及免予刑事处罚的，判决生效后，应当将刑事裁判文书、《犯罪记录封存通知书》及时送达被告人，并同时送达同级人民检察院、公安机关，同级人民检察院、公安机关在收到上述文书后应当在三日内统筹相关各级检察机关、公安机关将涉案未成年人的犯罪记录整体封存。

第十二条 人民检察院依法对犯罪时不满十八周岁的犯罪嫌疑人决定不起诉后，应当将《不起诉决定书》、《犯罪记录封存通知书》及时送达被不起诉人，并同时送达同级公安机关，同级公安机关收到上述文书后应当在三日内将涉案未成年人的犯罪记录封存。

第十三条 对于被判处管制、宣告缓刑、假释或者暂予监外执行的未成年罪犯，依法实行社区矫正，执行地社区矫正机构应当在刑事执行完毕后三日内将涉案未成年人的犯罪记录封存。

第十四条 公安机关、人民检察院、人民法院和司法行政机关分别负责受理、审核和处理各自职权范围内有关犯罪记录的封存、查询工作。

第十五条 被封存犯罪记录的未成年人本人或者其法定代理人申请为其出具无犯罪记录证明的，受理单位应当在三个工作日内出具无犯罪记录的证明。

第十六条 司法机关为办案需要或者有关单位根据国家规定查询犯罪记录的，应当向封存犯罪记录的司法机关提出书面申请，列明查询理由、依据和使用范围等，查询人员应当出示单位公函和身份证明等材料。

经审核符合查询条件的，受理单位应当在三个工作日内开具有／无犯罪记录证明。许可查询的，查询后，档案管理部门应当登记相关查询情况，并按照档案管理规定将有关申请、审批材料、保密承诺书等一同存入卷宗归档保存。依法不许可查询的，应当在三个工作日内向查询单位出具不许可查询决定书，并说明理由。

对司法机关为办理案件、开展重新犯罪预防工作需要申请查询的，封存机关可以依法允许其查阅、摘抄、复制相关案卷材料和电子信息。对司法机关以外的单位根据国家规定申请查询的，可以根据查询的用途、目的与实际需要告知被查询对象是否受过刑事处罚、被判处的罪名、刑期等信息，必要时，可以提供相关法律文书复印件。

第十七条 对于许可查询被封存的未成年人犯罪记录的，应当告知查询犯罪记录的单位及相关人员严格按照查询目的和使用范围使用有关信息，严格遵守保密义务，并要求其签署保密承诺书。不按规定使用所查询的犯罪记录或者违反规定泄露相关信息，情节严重或者造成严重后果的，应当依法追究相关人员的责任。

因工作原因获知未成年人封存信息的司法机关、教育行政部门、未成年人所在学校、社区等单位组织及其工作人员、诉讼参与人、社会调查员、合适成年人等，应当做好保密工作，不得泄露被封存的犯罪记录，不得向外界披露该未成年人的姓名、住所、照片，以及可能推断出该未成年人身份的其他资料。违反法律规定披露被封存信息的单位或个人，应当依法追究其法律责任。

第十八条 对被封存犯罪记录的未成年人，符合下列条件之一的，封存机关应当对其犯罪记录解除封存：

（一）在未成年时实施新的犯罪，且新罪与封存记录之罪数罪并罚后被决定执行刑罚超过五年有期徒刑的；

（二）发现未成年时实施的漏罪，且漏罪与封存记录之罪数罪并罚后被决定执行刑罚超过五年有期徒刑的；

（三）经审判监督程序改判五年有期徒刑以上刑罚的；

被封存犯罪记录的未成年人，成年后又故意犯罪的，人民法院应当在裁判文书中载明其之前的犯罪记录。

第十九条 符合解除封存条件的案件，自解除封存条件成立之日起，不再受未成年人犯罪记录封存相关规定的限制。

第二十条 承担犯罪记录封存以及保护未成年人隐私、信息工作的公职人员，不当泄露未成年人犯罪记录或者隐私、信息的，应当予以处分；造成严重后果，给国家、个人造成重大损失或者恶劣影响的，依法追究刑事责任。

第二十一条 涉案未成年人应当封存的信息被不当公开，造成未成年人在就学、就业、生活保障等方面未受到同等待遇的，未成年人及其法定代理人可以向相关机关、单位提出封存申请，或者向人民检察院申请监督。

第二十二条 人民检察院对犯罪记录封存工作进行法律监督。对犯罪记录应当封存而未封存，或者封存不当，或者未成年人及其法定代理人提出异议的，人民检察院应当进行审查，对确实存在错误的，应当及时通知有关单位予以纠正。

有关单位应当自收到人民检察院的纠正意见后及时审查处理。经审查无误的，应当向人民检察院说明理由；经审查确实有误的，应当及时纠正，并将纠正措施与结果告知人民检察院。

第二十三条 对于2012年12月31日以前办结的案件符合犯罪记录封存条件的，应当按照本办法的规定予以封存。

第二十四条 本办法所称“五年有期徒刑以下”含本数。

第二十五条 本办法由最高人民法院、最高人民检察院、公安部、司法部共同负责解释。

第二十六条 本办法自2022年5月30日起施行。

附件：1. 无犯罪记录证明（略）

2. 保密承诺书（略）

最高人民法院、最高人民检察院、公安部关于办理信息网络犯罪案件适用刑事诉讼程序若干问题的意见

（2022年8月26日 法发〔2022〕23号）

为依法惩治信息网络犯罪活动，根据《中华人民共和国刑法》《中华人民共和国刑事诉讼法》以及有关法律、司法解释的规定，结合侦查、起诉、审判实践，现就办理此类案件适用刑事诉讼程序问题提出以下意见。

一、关于信息网络犯罪案件的范围

1. 本意见所称信息网络犯罪案件包括：

（1）危害计算机信息系统安全犯罪案件；

（2）拒不履行信息网络安全管理义务、非法利用信息网络、帮助信息网络犯罪活动的犯罪案件；

（3）主要行为通过信息网络实施的诈骗、赌博、侵犯公民个人信息等其他犯罪案件。

二、关于信息网络犯罪案件的管辖

2. 信息网络犯罪案件由犯罪地公安机关立案侦查。必要时，可以由犯罪嫌疑人居住地公安机关立案侦查。

信息网络犯罪案件的犯罪地包括用于实施犯罪行为的网络服务使用的服务器所在地，网络服务提供者所在地，被侵害的信息网络系统及其管理者所在地，犯罪过程中犯罪嫌疑人、被害人或者其他涉案人员使用的信息网络系统所在地，被害人被侵

害时所在地以及被害人财产遭受损失地等。

涉及多个环节的信息网络犯罪案件，犯罪嫌疑人为信息网络犯罪提供帮助的，其犯罪地、居住地或者被帮助对象的犯罪地公安机关可以立案侦查。

3. 有多个犯罪地的信息网络犯罪案件，由最初受理的公安机关或者主要犯罪地公安机关立案侦查。有争议的，按照有利于查清犯罪事实、有利于诉讼的原则，协商解决；经协商无法达成一致的，由共同上级公安机关指定有关公安机关立案侦查。需要提请批准逮捕、移送审查起诉、提起公诉的，由立案侦查的公安机关所在地的人民检察院、人民法院受理。

4. 具有下列情形之一的，公安机关、人民检察院、人民法院可以在其职责范围内并案处理：

（1）一人犯数罪的；

（2）共同犯罪的；

（3）共同犯罪的犯罪嫌疑人、被告人还实施其他犯罪的；

（4）多个犯罪嫌疑人、被告人实施的犯罪行为存在关联，并案处理有利于查明全部案件事实的。

对为信息网络犯罪提供程序开发、互联网接入、服务器托管、网络存储、通讯传输等技术支持，或者广告推广、支付结算等帮助，涉嫌犯罪的，可以依照第一款的规定并案侦查。

有关公安机关依照前两款规定并案侦查的案件，需要提请批准逮捕、移送审查起诉、提起公诉的，由该公安机关所在地的人民检察院、人民法院受理。

5. 并案侦查的共同犯罪或者关联犯罪案件，犯罪嫌疑人人数众多、案情复杂的，公安机关可以分案移送审查起诉。分案移送审查起诉的，应当对并案侦查的依据、分案移送审查起诉的理由作出说明。

对于前款规定的案件，人民检察院可以分案提起公诉，人民法院可以分案审理。

分案处理应当以有利于保障诉讼质量和效率为前提，并不得影响当事人质证权等诉讼权利的行使。

6. 依照前条规定分案处理，公安机关、人民检察院、人民法院在分案前有管辖权的，分案后对相关案件的管辖权不受影响。根据具体情况，分案处理的相关案件可以由不同审级的人民法院分别审理。

7. 对于共同犯罪或者已并案侦查的关联犯罪案件，部分犯罪嫌疑人未到案，但不影响对已到案共同犯罪或者关联犯罪的犯罪嫌疑人、被告人的犯罪事实认定的，可以先行追究已到案犯罪嫌疑人、被告人的刑事责任。之前未到案的犯罪嫌疑人、被告人归案后，可以由原办案机关所在地公安机关、人民检察院、人民法院管辖其所涉及的案件。

8. 对于具有特殊情况，跨省（自治区、直辖市）指定异地公安机关侦查更有利于查清犯罪事实、保证案件公正处理的重大信息网络犯罪案件，以及在境外实施的信息网络犯罪案件，公安部可以商最高人民检察院和最高人民法院指定侦查管辖。

9. 人民检察院对于审查起诉的案件，按照刑事诉讼法的管辖规定，认为应当由上级人民检察院或者同级其他人民检察院起诉的，应当将案件移送有管辖权的人民检察院，并通知移送起诉的公安机关。人民检察院认为需要依照刑事诉讼法的规定指定审判管辖的，应当协商同级人民法院办理指定管辖有关事宜。

10. 犯罪嫌疑人被多个公安机关立案侦查的，有关公安机关一般应当协商并案处理，并依法移送案件。协商不成的，可以报请共同上级公安机关指定管辖。

人民检察院对于审查起诉的案件，发现犯罪嫌疑人还有犯罪被异地公安机关立案侦查的，应当通知移送审查起诉的公安机关。

人民法院对于提起公诉的案件，发现被告人还有其他犯罪被审查起诉、立案侦查的，可以协商人民检察院、公安机关并案处理，但可能造成审判过分迟延的除外。决定对有关犯罪并案处理，符合《中华人民共和国刑事诉讼法》第二百零四条规定的，人民检察院可以建议人民法院延期审理。

三、关于信息网络犯罪案件的调查核实

11. 公安机关对接受的案件或者发现的犯罪线索，在审查中发现案件事实或者线索不明，需要经过调查才能够确认是否达到刑事立案标准的，经公安机关办案部门负责人批准，可以进行调查核实；经过调查核实达到刑事立案标准的，应当及时立案。

12. 调查核实过程中，可以采取询问、查询、勘验、检查、鉴定、调取证据材料等不限制被调查对象人身、财产权利的措施，不得对被调查对象采取强制措施，不得查封、扣押、冻结被调查对象的财产，不得采取技术侦查措施。

13. 公安机关在调查核实过程中依法收集的电子数据等材料，可以根据有关规定作为证据使用。

调查核实过程中收集的材料作为证据使用的，应当随案移送，并附批准调查核实的相关材料。

调查核实过程中收集的证据材料经查证属实，且收集程序符合有关要求的，可以作为定案依据。

四、关于信息网络犯罪案件的取证

14. 公安机关向网络服务提供者调取电子数据的，应当制作调取证据通知书，注明需要调取的电子数据的相关信息。调取证据通知书及相关法律文书可以采用数据电文形式。跨地域调取电子数据的，可以通过公安机关信息化系统传输相关数据电文。

网络服务提供者向公安机关提供电子数据的，可以采用数据电文形式。采用数据电文形式提供电子数据的，应当保证电子数据的完整性，并制作电子证明文件，载明调证法律文书编号、单位电子公章、完整性校验值等保护电子数据完整性方法的说明等信息。

数据电文形式的法律文书和电子证明文件，应当使用电子签名、数字水印等方式保证完整性。

15. 询（讯）问异地证人、被害人以及与案件有关联的犯罪嫌疑人的，可以由办案地公安机关通过远程网络视频等方式进行并制作笔录。

远程询（讯）问的，应当由协作地公安机关事先核实被询（讯）问人的身份。办案地公安机关应当将询（讯）问笔录传输至协作地公安机关。询（讯）问笔录经被询（讯）问人确认并逐页签名、捺指印后，由协作地公安机关协作人员签名或者盖章，并将原件提供给办案地公安机关。询（讯）问人员收到笔录后，应当在首页右上方写明“于某年某月某日收到”，并签名或者盖章。

远程询（讯）问的，应当对询（讯）问过程同步录音录像，并随案移送。

异地证人、被害人以及与案件有关联的犯罪嫌疑人亲笔书写证词、供词的，参照执行本条第二款规定。

16. 人民检察院依法自行侦查、补充侦查，或者人民法院调查核实相关证据的，适用本意见第 14 条、第 15 条的有关规定。

17. 对于依照本意见第 14 条的规定调取的电子数据，人民检察院、人民法院可以通过核验电子签名、数字水印、电子数据完整性校验值及调证法律文书编号是否与证明文件相一致等方式，对电子数据进行审查判断。

对调取的电子数据有疑问的，由公安机关、提供电子数据的网络服务提供者作出说明，或者由原调取机关补充收集相关证据。

五、关于信息网络犯罪案件的其他问题

18. 采取技术侦查措施收集的材料作为证据使用的，应当随案移送，并附采取技术侦查措施的法律文书、证据材料清单和有关说明材料。

移送采取技术侦查措施收集的视听资料、电子数据的，应当由两名以上侦查人员制作复制件，并附制作说明，写明原始证据材料、原始存储介质的存放地点等信息，由制作人签名，并加盖单位印章。

19. 采取技术侦查措施收集的证据材料，应当经过当庭出示、辨认、质证等法庭调查程序查证。

当庭调查技术侦查证据材料可能危及有关人员的人身安全，或者可能产生其他严重后果的，法庭应当采取不暴露有关人员身份和技术侦查措施使用的技术设备、技术方法等保护措施。必要时，审判人员可以在庭外对证据进行核实。

20. 办理信息网络犯罪案件，对于数量特别众多且具有同类性质、特征或者功能的物证、书证、证人证言、被害人陈述、视听资料、电子数据等证据材料，确因客观条件限制无法逐一收集的，应当按照一定比例或者数量选取证据，并对选取情况作出说明和论证。

人民检察院、人民法院应当重点审查取证方法、过程是否科学。经审查认为取证不科学的，应当由原取证机关作出补充说明或者重新取证。

人民检察院、人民法院应当结合其他证据材料，以及犯罪嫌疑人、被告人及其辩护人所提辩解、辩护意见，审查认定取得的证据。经审查，对相关事实不能排除合理怀疑的，应当作出有利于犯罪嫌疑人、被告人的认定。

21. 对于涉案人数特别众多的信息网络犯罪案件，确因客观条件限制无法收集证据逐一证明、逐人核实涉案账户的资金来源，但根据银行账户、非银行支付账户等交易记录和其他证据材料，足以认定有关账户主要用于接收、流转涉案资金的，可以按照该账户接收的资金数额认定犯罪数额，但犯罪嫌疑人、被告人能够作出合理说明的除外。案外人提出异议的，应当依法审查。

22. 办理信息网络犯罪案件，应当依法及时查封、扣押、冻结涉案财物，督促涉案人员退赃退赔，及时追赃挽损。

公安机关应当全面收集证明涉案财物性质、权属情况、依法应予追缴、没收或者责令退赔的证据材料，在移送审查起诉时随案移送并作出说明。其中，涉案财物需要返还被害人的，应当尽可能查明被害人损失情况。人民检察院应当对涉案财物的证据材料进行审查，在提起公诉时提出处理意见。人民法院应当依法作出判决，对涉案财物作出处理。

对应当返还被害人的合法财产，权属明确的，应当依法及时返还；权属不明的，应当在人民法院判决、裁定生效后，按比例返还被害人，但已获退赔的部分应予扣除。

23. 本意见自2022年9月1日起施行。《最高人民法院、最高人民检察院、公安部关于办理网络犯罪案件适用刑事诉讼程序若干问题的意见》（公通字〔2014〕10号）同时废止。

最高人民法院、最高人民检察院、公安部、司法部关于进一步深化刑事案件律师辩护全覆盖试点工作的意见

（2022年10月12日　司发通〔2022〕49号）

各省、自治区、直辖市高级人民法院、人民检察院、公安厅（局）、司法厅（局），新疆维吾尔自治区高级人民法院生产建设兵团分院、新疆生产建设兵团人民检察院、公安局、司法局：

2017年10月，最高人民法院、司法部印发《关于开展刑事案件律师辩护全覆盖试点工作的办法》，在北京等8个省（直辖市）开展刑事案件审判阶段律师辩护全覆盖试点工作。2018年12月，最高人民法院、司法部印发通知，将试点工作扩大至全国，对于审判阶段被告人没有委托辩护人的案件，由人民法院通知法律援助机构指派律师为其提供辩护或者由值班律师提供法律帮助，切实保障被告人合法权益。试点工作开展以来，各地加强统筹部署，理顺沟通衔接机制，加强法律援助质量监管，取得了积极成效。截至目前，全国共有2594个县（市、区）开展了审判阶段刑事案件律师辩护全覆盖试点工作，占县级行政区域总数的90%以上。2021年，各地因开展试点增加法律援助案件32万余件，占审判阶段刑事法律援助案件总数的63.6%，因开展试点值班律师提供法律帮助的案件55万余件，刑事案件律师辩护率大幅提高，刑事案件被告人人权司法保障进一步增强。但是，各地在工作中也暴露出律师资源不均、经费保障不足、工作衔接不畅等问题，需要通过深化试点加以解决。与此同时，认罪认罚从宽制度的广泛适用，也对审查起诉阶段律师辩护和值班律师法律帮助提出了更高要求。

2022年1月1日起，法律援助法正式施行，标志着我国法律援助事业进入了高质量发展的新阶段。法律援助法对扩大通知辩护范围、发挥值班律师法律帮助作用等作出明确规定，为深化刑事案件律师辩护全覆盖试点工作提供了依据。为贯彻落实法律援助法，进一步加强刑事案件犯罪嫌疑人、被告人人权司法保障，现就深化刑事案件律师辩护全覆盖试点工作提出如下意见。

一、充分认识深化刑事案件律师辩护全覆盖试点工作的重大意义

1. 深化刑事案件律师辩护全覆盖试点工作，是全面贯彻习近平法治思想，落实以人民为中心发展思想的必然要求。以人民为中心是习近平法治思想的根本立场。推进全面依法治国，根本目的是依法保障人民权益。在刑事案件中，对犯罪嫌疑人、被告人权利的保障程度，不仅关系他们的切身利益，也体现了司法文明水平。深化刑

事案件律师辩护全覆盖试点工作,在审判阶段全覆盖基础上,逐步把全覆盖延伸到审查起诉阶段,能更好发挥值班律师法律帮助作用,为犯罪嫌疑人、被告人提供更广泛、更深入、更有效的刑事辩护或法律帮助,让每一名犯罪嫌疑人、被告人都能在刑事诉讼中感受到公平正义。

2. 深化刑事案件律师辩护全覆盖试点工作,是贯彻落实法律援助法,不断健全完善法律援助制度的内在要求。2021 年 8 月,全国人大常委会审议通过法律援助法,这是我国法律援助事业法治化制度化发展的里程碑。法律援助法提出了新时代法律援助工作的指导思想和基本原则,扩大了法律援助范围,明确了提高法律援助质量、加强法律援助保障的具体举措,对新时代法律援助工作提出了新的更高要求。深化刑事案件律师辩护全覆盖试点工作,不仅是落实法律援助法有关规定的具体举措,也是进一步扩大刑事法律援助覆盖范围、不断健全完善法律援助制度的现实需要。

3. 深化刑事案件律师辩护全覆盖试点工作,是全面贯彻宽严相济刑事政策,精准适用认罪认罚从宽制度的重要举措。推行认罪认罚从宽制度是司法领域推动国家治理体系和治理能力现代化的重要举措,在及时有效惩治犯罪、加强人权司法保障、优化司法资源配置、提高刑事诉讼效率等方面意义重大。深化刑事案件律师辩护全覆盖试点工作,在办理认罪认罚案件中,提高辩护律师参与率,能充分发挥辩护律师、值班律师在引导犯罪嫌疑人、被告人理解认罪认罚法律后果,就罪名认定、量刑建议、案件处理提出法律意见等方面的作用,为准确适用认罪认罚从宽制度创造积极条件。

二、巩固审判阶段刑事案件律师辩护全覆盖试点工作成效

4. 抓紧实现县域工作全覆盖。尚未实现审判阶段律师辩护全覆盖的省(自治区)司法厅要切实克服律师资源、经费保障等方面的困难,加快工作进度,尽快实现县级行政区域试点工作全覆盖,年底前基本实现审判阶段律师辩护全覆盖。

5. 从有形覆盖转向有效覆盖。各地要对照法律援助法和最高人民法院、司法部《关于扩大刑事案件律师辩护全覆盖试点范围的通知》等文件要求,及时总结审判阶段律师辩护全覆盖试点工作,找准工作中的薄弱环节,加强重要业务数据统计分析,提炼好经验好做法,充分发挥辩护律师、值班律师在审判阶段的职能作用,不断提高审判阶段律师辩护全覆盖试点工作质效。

三、开展审查起诉阶段律师辩护全覆盖试点工作

6. 确定试点区域。各司法厅(局)根据本地工作实际,商检察机关于今年 11 月底前确定 2 至 3 个地市(直辖市的区县)开展审查起诉阶段律师辩护全覆盖试点。已先行开展此项工作的地区,可以根据原工作方案进行。

7. 确定通知辩护范围。犯罪嫌疑人没有委托辩护人,且具有可能判处三年以上有期徒刑、本人或其共同犯罪嫌疑人拒不认罪、案情重大复杂、可能造成重大社会影响情形之一的,人民检察院应当通知法律援助机构指派律师为其提供辩护。已先行开展试点的地区,可以结合本地实际扩大通知辩护案件范围。

8. 确定工作程序。人民检察院自收到移送审查起诉的案件材料之日起三日内,应当告知犯罪嫌疑人有权委托辩护人。犯罪嫌疑人具有本意见第七条规定情形的，人民检察院应当告知其如果不委托辩护人，将通知法律援助机构指派律师为其提供辩护。犯罪嫌疑人决定不自行委托辩护人的，人民检察院应当记录在案并将通知辩护公函送交法律援助机构。通知辩护公函应当载明犯罪嫌疑人的姓名、涉嫌的罪名、羁押场所或者住所、通知辩护的理由、检察人员姓名和联系方式等。法律援助机构应当自收到通知辩护公函之日起三日内，确定承办律师并将辩护律师姓名、所属单位及联系方式函告人民检察院。

9. 辩护律师职责。辩护律师依照刑事诉讼法、律师法等规定，依法履行辩护职责。在审查起诉阶段，辩护律师应当向犯罪嫌疑人释明认罪认罚从宽的法律规定和法律后果，依法向犯罪嫌疑人提供法律咨询、程序选择建议、申请变更强制措施、提出羁押必要性审查申请等法律帮助。犯罪嫌疑人自愿认罪认罚的，辩护律师应当对刑事诉讼法第一百七十三条第二款规定的事项提出意见。法律援助机构指派的辩护律师应当自接到指派通知之日起及时阅卷、会见犯罪嫌疑人。对人民检察院拟建议适用速裁程序办理的犯罪嫌疑人认罪认罚案件，辩护律师应当在人民检察院办案期限内完成阅卷、会见。

10. 切实保障律师辩护权。人民检察院应当依法保障辩护律师会见、阅卷等诉讼权利，为辩护律师履行职责提供便利。人民检察院作出退回补充侦查、延长审查起诉期限、提起公诉、不起诉等重大程序性决定的，应当依法及时告知辩护律师，及时向辩护律师公开案件的流程信息。

11. 及时安排阅卷。辩护律师提出阅卷要求的，人民检察院应当及时安排阅卷，因工作等原因无法及时安排的，应当向辩护律师说明，并自即日起三个工作日内安排阅卷，不得限制辩护律师合理的阅卷次数和时间。有条件的地方可以设立阅卷预约平台，推行电子化阅卷，允许下载、刻录案卷材料。

12. 做好法律帮助衔接。犯罪嫌疑人没有委托辩护人的，也不属于本意见第七条规定由法律援助机构指派律师提供辩护情形的，人民检察院应当及时通知法律援助机构安排值班律师提供法律帮助。

13. 拒绝辩护处理。属于法律援助法第二十五条第一款、本意见第七条规定的应当通知辩护情形，犯罪嫌疑人拒绝法律援助机构指派的律师为其辩护的，人民检察院应当查明原因。理由正当的，应当准许，但犯罪嫌疑人必须另行委托辩护人；犯罪嫌疑人未另行委托辩护人的，应当书面通知法律援助机构另行指派律师为其提供辩护。犯罪嫌疑人拒绝法律援助机构指派的律师为其辩护，坚持自己行使辩护权，人民检察院准许的，法律援助机构应当作出终止法律援助的决定；对于有正当理由要求更换律师的，法律援助机构应当另行指派律师为其提供辩护。

四、实质发挥值班律师法律帮助作用

14. 完善值班律师派驻。人民法院、人民检察院、公安机关应当为法律援助工作站提供必要办公场所和设施，加快推进法律援助工作站建设。司法行政机关和法律援助机构应当根据当地律师资源状况、法律帮助需求灵活采用现场值班、电话值班、网络值班等多种形式，确保值班律师法律帮助全覆盖。

15. 落实权利告知。人民法院、人民检察院、公安机关应当在侦查、审查起诉、审判各阶段分别告知没有辩护人的犯罪嫌疑人、被告人有权约见值班律师获得法律帮助,并为犯罪嫌疑人、被告人约见值班律师提供便利。前一诉讼程序犯罪嫌疑人、被告人拒绝值班律师法律帮助的,后一诉讼程序的办案机关仍需告知其有权获得值班律师法律帮助,有关情况应当记录在案。

16. 及时通知值班律师。犯罪嫌疑人、被告人没有委托辩护人,法律援助机构也没有指派律师提供辩护的,犯罪嫌疑人、被告人申请约见值班律师的,人民法院、人民检察院、公安机关可以直接送达现场派驻的值班律师或即时通知电话、网络值班律师。不能直接安排或即时通知的,应当在二十四小时内将法律帮助通知书送达法律援助机构。法律援助机构应当在收到法律帮助通知书之日起两个工作日内确定值班律师,并将值班律师姓名、单位、联系方式告知办案机关。除通知值班律师到羁押场所提供法律帮助的情形外,人民检察院、人民法院可以商法律援助机构简化通知方式和通知手续。办案机关应当为值班律师与犯罪嫌疑人、被告人会见提供便利。

17. 切实保障值班律师权利。犯罪嫌疑人、被告人没有辩护人的,人民法院、人民检察院、公安机关应当在侦查、审查逮捕、审查起诉和审判阶段分别听取值班律师意见,充分发挥值班律师在各个诉讼阶段的法律帮助作用。人民法院、人民检察院、公安机关应当依法保障值班律师会见等诉讼权利。涉嫌危害国家安全犯罪、恐怖活动犯罪案件,在侦查期间,犯罪嫌疑人会见值班律师的,应当经侦查机关许可;侦查机关同意值班律师会见的,应当及时通知值班律师。值班律师会见犯罪嫌疑人、被告人时不被监听。案件移送审查起诉后,值班律师可以查阅案卷材料,了解案情,人民检察院、人民法院应当及时安排,并提供便利。已经实现卷宗电子化的地方,人民检察院、人民法院可以安排在线阅卷。对于值班律师数量有限、案件量较大的地区,值班律师可采取集中查阅案卷方式。

18. 值班律师依法履行职责。值班律师提供法律帮助应当充分了解案情,对于案情较为复杂的案件,应当在查阅案卷材料并向犯罪嫌疑人、被告人充分释明相关诉讼权利和程序规定后对案件处理提出意见。犯罪嫌疑人、被告人自愿认罪认罚的,值班律师应当结合案情向犯罪嫌疑人、被告人释明认罪认罚的性质和法律规定,对人民检察院指控的罪名、量刑建议、诉讼程序适用等提出意见,在犯罪嫌疑人签署具结书时在场。

19. 值班律师的控告申诉。值班律师在提供法律帮助过程中,认为人民法院、人民检察院、公安机关及其工作人员明显违反法律规定,阻碍其依法提供法律帮助,侵犯律师执业权利的,有权向同级或者上一级人民检察院申诉或者控告。人民检察院对申诉或者控告应当及时审查,情况属实的,通知有关机关予以纠正。

五、健全完善衔接配合机制

20. 健全协调会商机制。人民法院、人民检察院、公安机关、司法行政机关要加强协同配合,建立健全联席会议、定期会商通报等协调机制,明确刑事案件律师辩护全覆盖试点工作联络员,及时沟通工作进展情况,协调解决工作中的困难问题。

21. 建立信息共享机制。人民法院、人民检察院、公安机关、司法行政机关要及时共享重要业务数据,建立工作台账,统一统计口径，做好统计分析，加强业务指导。

22.提高衔接效率。加强信息化建设，推动实现律师辩护全覆盖试点工作通知、指派等各项流程电子化，进一步提高工作效率，给律师开展工作留出必要充足时间，为辩护律师、值班律师履职创造积极条件。

23.强化律师权利保障。人民法院、人民检察院、公安机关、司法行政机关要切实保障辩护律师、值班律师各项权利，不得阻碍或变相阻碍辩护律师、值班律师依法行使诉讼权利。

六、加强组织领导

24.争取党委政府支持。各地要积极争取各级党委、政府的重视支持，主动向党委、政府汇报工作，切实落实党委、政府保障职责。

25.解决律师资源不足问题。建立健全法律服务资源依法跨区域流动机制，鼓励和支持律师事务所、律师等到律师资源严重不足的地区服务。建立完善律师资源动态调配机制，律师资源不平衡问题突出的地方以省级司法行政机关为主统筹调配，其他地方原则上以地市司法行政机关为主统筹调配，采取对口支援等方式提高法律援助服务能力。引导和规范法律援助机构具有律师资格或者法律职业资格的工作人员、具有律师执业证书的法律援助志愿者参与刑事法律援助工作，深入挖掘刑事法律援助人员潜力，进一步充实队伍力量。加强法律援助志愿服务工作，深入开展“1+1”中国法律援助志愿者行动、“援藏律师服务团”等法律援助项目，选派法律援助志愿律师到没有律师和律师资源严重不足的地区服务。

26.解决经费保障不足问题。人民法院、人民检察院、公安机关应当配合司法行政机关加强与财政部门沟通协调，共同推动落实法律援助法有关法律援助业务经费保障相关规定，增加法律援助办案经费，动态调整法律援助补贴标准，切实保障办案工作需要。加大中央补助地方法律援助办案专款总量，发挥好中央补助专款的示范导向作用。司法行政机关应当根据案件难易和参与案件程度，合理确定法律援助补贴标准，推行办案补贴与服务质量挂钩的差别补贴机制，提高法律援助经费使用效率。

27.强化指导监督。各级司法行政机关律师工作部门牵头做好试点工作，统筹调配律师资源，组织引导律师积极履行法律援助义务，加强律师权利保障和执业监管。法律援助管理部门要做好相关保障工作，协调有关部门落实试点工作经费，建立完善法律援助工作异地协作机制，加强对法律援助质量的指导监督。律师协会要发挥行业协会自身优势，配合法律援助管理部门做好律师参与法律援助工作培训等工作。法律援助机构要严格依法做好受理、审查、指派律师等工作，综合运用案卷检查、征询司法机关意见等措施，督促法律援助人员提升服务质量。

公安部关于当事人申请仲裁的案件是否适用《公安机关办理经济犯罪案件的若干规定》有关问题的批复

（2013年5月27日　公复字〔2013〕1号）

陕西省公安厅：

你厅《关于当事人申请仲裁的案件是

否适用〈公安机关办理经济犯罪案件的若干规定〉第十一、十二条的请示》(陕公传发〔2013〕468号)收悉。现批复如下:

仲裁机构已受理当事人一方的仲裁申请,另一方以同一法律事实涉嫌经济犯罪为由向公安机关报案的,应当参照适用《公安机关办理经济犯罪案件的若干规定》第十一条、第十二条的相关规定。

图书在版编目（CIP）数据

中华人民共和国刑法及司法解释指导案例全书 / 中国法制出版社编 . —5 版 . —北京：中国法制出版社，2024. 1

ISBN 978-7-5216-4106-6

Ⅰ. ①中… Ⅱ. ①中… Ⅲ. ①中华人民共和国刑法-法律解释 Ⅳ. ①D924. 05

中国国家版本馆 CIP 数据核字（2024）第 018179 号

责任编辑：程　思　　　　封面设计：杨泽江

中华人民共和国刑法及司法解释指导案例全书

ZHONGHUA RENMIN GONGHEGUO XINGFA JI SIFA JIESHI ZHIDAO ANLI QUANSHU

经销/新华书店
印刷/三河市紫恒印装有限公司
开本/880 毫米×1230 毫米　32 开　　　　印张/ 51　字数/ 1930 千
版次/2024 年 1 月第 5 版　　　　2024 年 1 月第 1 次印刷

中国法制出版社出版
书号 ISBN 978-7-5216-4106-6　　　　定价：138. 00 元

北京市西城区西便门西里甲 16 号西便门办公区
邮政编码：100053　　　　传真：010-63141600
网址：http：//www. zgfzs. com　　　　**编辑部电话：010-63141796**
市场营销部电话：010-63141612　　　　**印务部电话：010-63141606**